SOCIOLOGIA

Anthony Giddens é ex-diretor da London School of Economics and Political Science e atualmente é membro da Câmara dos Lordes do Reino Unido.

Philip W. Sutton foi professor na University of Leeds e na Robert Gordon University e agora é pesquisador independente.

G453s	Giddens, Anthony.
	    Sociologia / Anthony Giddens, Philip W. Sutton ; tradução: Daniel Vieira ; revisão técnica: Fernando Coutinho Cotanda. – 9. ed. – Porto Alegre : Penso, 2023.
	    xvii, 1078 p. : il. ; 28 cm.
	
	    ISBN 978-65-5976-022-0
	
	    1. Sociologia. I. Sutton, Philip W. II. Título.
	
	                                                                CDU 316

Catalogação na publicação: Karin Lorien Menoncin – CRB 10/2147

SOCIOLOGIA
9ª EDIÇÃO

ANTHONY GIDDENS
PHILIP W. SUTTON

Tradução:
Daniel Vieira

Revisão técnica:
Fernando Coutinho Cotanda
Professor do Programa de Pós-graduação em Sociologia da Universidade Federal do Rio Grande do Sul (UFRGS).
Doutor em Sociologia pela UFRGS.

Porto Alegre
2023

Obra originalmente publicada sob o título *Sociology*, 9th Edition
ISBN 9781509539215

Copyright © 2021, Polity Press Ltd., Cambridge. This edition is published by arrangement with Polity Press Ltd., Cambridge.

Gerente editorial
Letícia Bispo de Lima

Colaboraram nesta edição:

Coordenadora editorial
Cláudia Bittencourt

Editor
Lucas Reis Gonçalves

Capa sobre arte original
Kaéle Finalizando Ideias

Preparação de originais
Nathália Bergamaschi Glasenapp

Leitura final
Gabriela Dal Bosco Sitta e Luana R. Truyllio

Editoração
Matriz Visual

Reservados todos os direitos de publicação, em língua portuguesa, ao
GRUPO A EDUCAÇÃO S.A.
(Penso é um selo editorial do GRUPO A EDUCAÇÃO S.A.)
Rua Ernesto Alves, 150 – Bairro Floresta
90220-190 – Porto Alegre – RS
Fone: (51) 3027-7000

SAC 0800 703 3444 – www.grupoa.com.br

É proibida a duplicação ou reprodução deste volume, no todo ou em parte, sob quaisquer formas ou por quaisquer meios (eletrônico, mecânico, gravação, fotocópia, distribuição na Web e outros), sem permissão expressa da Editora.

IMPRESSO NO BRASIL
PRINTED IN BRAZIL

Agradecimentos

A pesquisa, a escrita e a produção deste livro envolvem uma grande quantidade de pessoas criativas, e não apenas dois autores. No entanto, a advertência clássica também se aplica: todos os erros continuam sendo de responsabilidade dos autores. Primeiramente, gostaríamos de agradecer a todos os que revisaram os 22 capítulos. Mais uma vez, seus comentários críticos e construtivos foram uma fonte valiosíssima de conhecimento especializado que nos ajudou a manter o livro na vanguarda da pesquisa e da teoria contemporâneas. Também queremos agradecer aos muitos professores, alunos e leitores da edição anterior, pessoas que realmente utilizam o livro e nos falam a respeito de sua experiência, sugerindo possíveis melhorias. Geralmente, parece que o livro é um meio-termo entre a pesquisa de ponta e o processo de ensino e aprendizagem, que é exatamente o que ele deveria ser.

Conforme o esperado, a equipe da Polity tornou o processo de produção relativamente simples. Mencionamos especialmente Neil de Cort, Sarah Dobson e Breffni O'Connor, que acompanharam toda a produção do livro. Somos muito gratos pelo trabalho meticuloso de Caroline Richmond, que nunca se cansa de apontar nossos erros e inconsistências — e sempre com muito bom humor. Como sempre, agradecemos a Jonathan Skerrett por seus bons conselhos e seu bom senso nas grandes decisões. Por fim, agradecemos a Pat Sutton por mais ou menos tudo.

A. G. e P. W. S

Prefácio

A 9ª edição de *Sociologia* é única — é a primeira a ser finalizada em meio a uma pandemia de saúde global. Enquanto escrevemos este prefácio, em novembro de 2020, muitos países, inclusive o Reino Unido, ainda têm um número sem precedentes de restrições impostas à medida que os governos tentam controlar a disseminação de um novo coronavírus e a doença que ele causa, a covid-19. Esperamos que, neste momento em que você lê este livro, o pior da pandemia já tenha passado e algo que se aproxima à "vida normal" já tenha retornado. Não há dúvida de que os sociólogos e muitos outros estudiosos já estarão trabalhando para aprender as lições advindas dessa crise restritiva global.

A rápida disseminação da covid-19 pelo mundo é uma ilustração das interconexões globais do mundo humano. Antes da pandemia, havia, em média, 176 mil voos diariamente, mais de 4 bilhões de pessoas ao ano viajando entre todos os continentes, seja para negócios, trabalho, migração, turismo ou visitas de família. Não existe um governo global, mas o mundo de hoje certamente se parece menor e mais acessível e tem experimentado cada vez mais a ideia de uma única comunidade humana. O conselho otimista que é dado a todo novo formando, "o mundo é a nossa ostra", a cada ano se torna mais preciso.

Porém, essas extraordinárias oportunidades não estão livres de risco. O setor de aviação contribui para o aquecimento global e usa enormes quantidades de combustíveis fósseis não sustentáveis, em um momento em que o aquecimento global é tido como a ameaça mais séria para o futuro em longo prazo das sociedades humanas. Como podemos equilibrar as oportunidades e os riscos inerentes ao nosso amor e à nossa demanda por viagens internacionais? A aviação é apenas um exemplo do mundo de "alto risco e altas oportunidades" que os seres humanos criaram. Da mesma forma, estamos em meio a uma constante revolução digital, que conecta pessoas de modo sistemático e contínuo, oferecendo oportunidades sem precedentes para comunicação e *networking*. Contudo, ao mesmo tempo, o ambiente digital gera novas possibilidades para rastreamento, vigilância e coleta de dados, o que Estados e corporações utilizam para se aprofundar cada vez mais nas vidas e nos estilos de vida dos indivíduos. Devemos aceitar que é necessário perder a privacidade para colhermos os benefícios da era digital? A pesquisa e a teoria sociológicas podem nos ajudar a refletir sobre essas questões.

A sociologia requer que aprendamos a deixar de lado nossas crenças e opiniões pessoais durante nosso trabalho. Desse modo, aprender a "pensar sociologicamente" é um desafio intelectual e emocional profundo, que pode ser perturbador, embora a maioria dos alunos e sociólogos profissionais diga que mudou, para melhor, pela experiência. A disciplina também nos força a olhar além do contexto imediato de nossas vidas individuais, para enxergar nossa sociedade sob uma nova luz, à medida que alcançamos um conhecimento mais profundo das causas e consequências das nossas próprias ações e das de outras pessoas. Isso também nos faz observar os modos de vida em sociedades muito diferentes, ampliando nossa compreensão da experiência humana por todo o mundo. Convidamos você a dar os primeiros passos nessa jornada.

Sumário

Introdução xi

1. O que é sociologia? 1
2. Questões sociológicas: perguntas e respostas 31
3. Teorias e perspectivas sociológicas 68
4. Globalização e mudança social 109
5. Meio ambiente 151
6. Desigualdade global 197
7. Gênero e sexualidade 241
8. Raça, etnicidade e migração 285
9. Estratificação e classe social 334
10. Saúde, doença e deficiência 380
11. Pobreza, exclusão e bem-estar social 428
12. Interações sociais e vida cotidiana 470
13. Cidades e vida urbana 505
14. O curso da vida 547
15. Famílias e relacionamentos íntimos 591
16. Educação 635
17. Trabalho e emprego 684
18. Religião 728
19. Mídia 767
20. Política, governo e movimentos sociais 814
21. Nações, guerra e terrorismo 862
22. Crime e desvio de conduta 898

Glossário 943
Referências 971
Créditos das figuras 1039
Índice 1043

Introdução

Como disciplina acadêmica que estuda e tenta dar sentido às sociedades e à vida social, a sociologia não pode permanecer parada. Ela precisa se mover com a sociedade, para que seja relevante para as questões e preocupações contemporâneas. Se isso não fosse feito, teríamos que contar com relatos desatualizados e inadequados do mundo social. Uma de nossas tarefas é oferecer explicações e estruturas que nos auxiliem a entender o mundo que estamos ajudando a modelar. Isso significa que os sociólogos estão sempre testando suas estimadas teorias e perspectivas contra a evidência reunida nos estudos de pesquisa. Se descobrimos que nossas teorias são deficientes, temos que estar preparados para modificá-las ou, como quase sempre acontece, idealizar teorias novas e mais adequadas. Isso ajuda a explicar por que as teorias em nossa disciplina parecem mudar com tanta frequência.

A 9ª edição de *Sociologia* tem a mesma finalidade das oito anteriores, a saber, inspirar uma nova geração de sociólogos, introduzindo parte da pesquisa mais entusiasmante de toda a disciplina com questões que abordam desde ambiente, trabalho, desigualdades e mídia até guerra, saúde e gênero. Como sempre, tentamos evitar a discussão abstrata e os jargões da disciplina, que sabemos que os leitores consideram desnecessários. No entanto, por se tratar de um tema científico, a sociologia tem sua própria linguagem técnica, com a qual os alunos precisam se sentir à vontade, e procuramos introduzi-la cuidadosamente e de forma acessível.

O livro segue uma sequência preparada para ajudar os leitores a alcançar um domínio progressivo dos diferentes campos da sociologia, mas há também muita referência cruzada, de modo que os capítulos podem ser abordados conforme a necessidade. Também ilustramos ideias, conceitos e teorias usando exemplos do mundo real, retirados principalmente de estudos sociológicos. A combinação de teoria e evidência é, afinal, um dos marcos da boa sociologia. As descobertas retiradas do que há de mais moderno na disciplina são apresentadas junto com eventos, problemas e dados contemporâneos, e tentamos abordá-las de maneira imparcial, embora não indiscriminada.

A sociologia tem um lugar central dentro das ciências sociais e um papel fundamental na vida intelectual moderna. Este livro é sustentado pela nossa visão compartilhada de que uma abordagem sociológica geral ainda é a melhor forma de definir nossa experiência de vida pessoal em um contexto mais amplo, para que as conexões entre os indivíduos e a sociedade façam mais sentido para nós.

Quatro temas centrais

Este livro consiste em 22 capítulos, e cada um deles lida com um campo de estudos específico — embora existam questões importantes permeando todo o livro. Identificamos quatro temas — globalização, desigualdade social, revolução digital e identidade — que hoje são significativos em muitas áreas da sociologia.

Globalização

O conceito de **globalização** se tornou moeda comum atualmente, e o Capítulo 4 aborda o assunto em detalhes. Alguns argumentam que o processo de integração global, olhando mais de perto, despencou ou, ainda, foi revertido, conforme evidenciado pela popularidade crescente do nacionalismo na esfera política. Nossa avaliação é de que isso não está correto. A globalização da vida social, naturalmente, incentivou uma oposição entre várias correntes, enquanto os supostos benefícios da globalização claramente não têm sido favoráveis para todos. Mas a nossa visão é de que o equilíbrio da evidência mostra que a globalização de assuntos humanos continua sistematicamente aproximando mais as sociedades, independentemente do que podemos pensar sobre isso.

A crise financeira em 2008 e a pandemia da covid-19 em 2019-2020 demonstraram que todos nós compartilhamos um sistema econômico global e a infraestrutura de transportes global, que vinculam as economias nacionais e facilitam o movimento em massa de pessoas por todo o mundo. A globalização da vida social é uma ilustração clara da necessidade de os sociólogos manterem um foco na mudança social, econômica e política no mundo inteiro.

Globalização na 9ª edição

Não há como abranger todos os aspectos da globalização em um único capítulo — o Capítulo 4, intitulado "Globalização e mudança social". Mas o guia de referência rápida a seguir indica os capítulos com conteúdo relevante sobre questões globais e globalização

Capítulo 1, "O que é sociologia?" — introdução à globalização na sociologia e o exemplo ilustrativo do café

Capítulo 3, "Teorias e perspectivas sociológicas" — colonialismo e seu legado, teoria pós-colonial e sociologia descolonizadora, cosmopolitismo e cidadania

Capítulo 5, "Meio ambiente" — a sociedade de risco global, aquecimento global, modernização ecológica

Capítulo 6, "Desigualdade global" — desigualdade global no todo, discursos e modelos de desigualdade global, distribuição da riqueza global, chances de vida desiguais no Sul e no Norte Globais, tendências demográficas globais, teoria do desenvolvimento e críticas pós-desenvolvimento

Capítulo 7, "Gênero e sexualidade" — tráfico humano global e turismo sexual, a ordem de gênero global, teorias e movimentos feministas, direitos de LGBTQ+ ao redor do mundo

Capítulo 8, "Raça, etnicidade e migração" — a "era da migração" global, colonialismo e o comércio de escravos, diásporas globais

Capítulo 9, "Estratificação e classe social" — escravidão moderna, sistemas de globalização e estratificação

Capítulo 10, "Saúde, doença e deficiência" — incapacidade em um contexto global, globalização e pandemias de saúde

Capítulo 11, "Pobreza, exclusão e bem-estar social" — o precariado como uma "classe global" em formação, a reforma do Estado de bem-estar social sob a globalização

Capítulo 13, "Cidades e vida urbana" — cidades globais dentro da globalização, gentrificação global, desenvolvimento urbano no Sul Global

Capítulo 14, "O curso da vida" — expectativa de vida global, envelhecimento ao redor do mundo

Capítulo 15, "Famílias e relacionamentos íntimos" — globalizando tendências familiares, famílias em um contexto global

Capítulo 16, "Educação" — educação em um contexto global, globalização e a universidade *on-line*

Capítulo 17, "Trabalho e emprego" — globalização da manufatura, globalização econômica.

Capítulo 19, "Mídia" — ideia da "vila global", penetração e uso da internet global, reação contra as comunicações globais, indústria global da música e da digitalização, imperialismo e resistência da mídia

Capítulo 20, "Política, governo e movimentos sociais" — a expansão global da democracia, expectativas de governança global, movimentos antiglobalização, globalização e a sociedade do movimento social

Capítulo 21, "Nações, guerra e terrorismo" — colonialismo e identidades pós-coloniais, globalização e a erosão das identidades nacionais, direitos humanos em um contexto global, redes de terror globais, "novas guerras"

Capítulo 22, "Crime e desvio de conduta" — crime organizado global, crime cibernético

Desigualdade social

Nosso segundo tema é a **desigualdade social**, uma questão de base da sociologia desde suas origens no século XIX. Esse realmente pode ser um tema-chave para os dias atuais? A resposta simples é: sim. A desigualdade, tanto dentro de uma única sociedade quanto entre diferentes sociedades, é tão significativa hoje quanto era no passado — e, de algumas formas, se mostra ainda mais significativa. Apesar da extraordinária capacidade produtiva que existe hoje, a distribuição de riquezas continua sendo desigual. Segundo pesquisas recentes, de forma global, a riqueza do mundo tem sido acumulada desproporcionalmente nas mãos de uma parcela minúscula da população. O Capítulo 6, "Desigualdade global", trata mais diretamente dessa questão, embora diversos outros também a abordem. A desigualdade econômica é apenas uma forma de desigualdade reconhecida atualmente pelos sociólogos. Raça e etnicidade, gênero, sexualidade, incapacidade e desigualdade relacionada à idade são todos temas discutidos em diversos pontos do livro. Muitos estudos atuais descobriram que formas de desigualdade aparentemente discretas, na realidade, estão inter-relacionadas, produzindo um conjunto diversificado de experiências de vida individuais. Os sociólogos agora passam rotineiramente a explorar as formas como essas principais desigualdades sociais "se cruzam".

A forma mais austera de desigualdade global é entre os países do Sul Global e aqueles do Norte Global, em grande parte devido ao legado prejudicial do colonialismo. Existe um

Desigualdade social na 9ª edição

A questão da desigualdade social foi e permanece sendo tão fundamental para os estudos sociológicos que se pode dizer, sem hesitar, que ela inspira todos os seus campos especializados. Neste livro, isso significa que cada capítulo contém alguma discussão a respeito de desigualdades. No entanto, alguns deles são mais sistemáticos e focados do que outros. Essas seções específicas são citadas a seguir.

Capítulo 1, "O que é sociologia?" — Karl Max sobre desigualdade baseada em classe social, teoria do conflito na sociologia e uma introdução às teorias feministas de desigualdade de gênero

Capítulo 3, "Teorias e perspectivas sociológicas" — Marx *versus* Weber sobre classe social, introdução à análise interseccional das desigualdades

Capítulo 4, "Globalização e mudança social" — desigualdades em sociedades históricas, discussão da terminologia usada para discutir desigualdades globais, Wallerstein sobre desigualdade no sistema mundial

Capítulo 5, "Meio ambiente" — campanhas de justiça ambiental, racismo ambiental, aquecimento global e desigualdade, a base da classe social da política ambiental

Capítulo 6, "Desigualdade global" — todos os aspectos da desigualdade global, enfatizando o Sul Global

Capítulo 7, "Gênero e sexualidade" — detalhes da desigualdade de gênero, teorias da desigualdade de gênero, análise interseccional, direitos civis de LGBTQ+

Capítulo 8, "Raça, etnicidade e migração" — desigualdades de raça e etnicidade em geral, teorias de desigualdade racial, estudos interseccionais de raça e etnicidade

Capítulo 9, "Estratificação e classe social" — estratificação e desigualdades sociais em geral

Capítulo 10, "Saúde, doença e deficiência" — desigualdades de saúde, classe, raça e etnicidade, incapacidade e saúde

Capítulo 11, "Pobreza, exclusão e bem-estar social" — definição de pobreza, grupos sociais em risco de pobreza, exclusão social

Capítulo 12, "Interações sociais e vida cotidiana" — desigualdade de gênero e sexismo cotidiano

Capítulo 13, "Cidades e vida urbana" — racismo e pobreza urbana, Harvey sobre desenvolvimento desigual no Sul Global, vigilância urbana e desigualdade, agitação urbana

Capítulo 14, "O curso da vida" — socialização e desigualdade de gênero, preconceito de idade e desigualdades na velhice

Capítulo 15, "Famílias e relacionamentos íntimos" — desigualdade de gênero e trabalhos domésticos

Capítulo 16, "Educação" — divisão social na educação, teorias de reprodução e desigualdade cultural, desigualdades globais e o legado colonial na escolaridade e na educação, desigualdade digital

Capítulo 17, "Trabalho e emprego" — desigualdade de gênero no trabalho, insegurança no trabalho e a economia *gig*, sindicatos comerciais e desigualdade movimento significativo, conhecido como pós-colonialismo, que procura compreender as muitas formas como o colonialismo europeu ajudou a modelar o padrão de desigualdade global, e os estudos desse movimento também são representados no decorrer do livro.

A revolução digital

O terceiro tema é a **revolução digital**, que facilitou a conectividade global e transformou quase todos os aspectos do modo como vivemos, trabalhamos e passamos nosso tempo de lazer. As gerações "digitais" mais novas aceitam naturalmente as oportunidades de comunicação que eram, literalmente, fantasia de ficção científica para os seus pais e avós. A internet, a *web* mundial, as mídias sociais, os *smartphones*, a robótica, a inteligência artificial (IA) e muitos outros fatores estão remodelando o nosso mundo. O desenvolvimento implacável do microprocessamento torna os computadores pessoais (PCs) tão poderosos que um único computador tem mais poder de computação do que o que existia para corporações inteiras há apenas 35 anos.

A IA, a robótica e o uso de *big data* também estão ganhando velocidade, promovendo a emergente Internet das Coisas: pequenos dispositivos com diversas funções, possibilitadas por redes *wi-fi* super-rápidas. Estamos ingressando em um mundo de fábricas totalmente automatizadas, carros autoguiados, entregas por *drones* operados remotamente, robôs domésticos e sistemas automatizados no lar, conteúdos de mídia gerados por IA e muito mais. Qual será o impacto sobre o trabalho quando as tarefas puderem ser realizadas e, até mesmo, todas as atribuições de cargos puderem ser levadas adiante sem os seres humanos? A questão mais básica, "como poderemos nos sustentar?", é levantada mais uma vez quando operários, motoristas de táxi, jornalistas e médicos observam parte de seu trabalho (ou todo ele) ser tomada de suas mãos. Podemos estar ainda à beira da revolução digital, mas o livro aborda suas consequências potencialmente profundas para cada indivíduo e todas as sociedades.

Revolução digital na 9ª edição

Cada vez mais, a revolução digital tem influenciado todos os aspectos de nossas vidas. Dessa forma, a presença de temas como comunicações e dispositivos digitais, IA, robótica, análise de *big data*, vigilância intensificada e desigualdades digitais neste livro é mais ampla do que em qualquer outra edição. As principais discussões sobre esses assuntos são as apresentadas a seguir.

Capítulo 2, "Questões sociológicas: perguntas e respostas" — o novo campo da sociologia digital

Capítulo 4, "Globalização e mudança social" — desenvolvimento da infraestrutura digital, papel da tecnologia digital na globalização, uso de mídias sociais no Kuwait

Capítulo 10, "Saúde, doença e deficiência" — novas tecnologias na área de saúde, pandemia e análise de *big data*

Capítulo 12, "Interações sociais e vida cotidiana" — mídia social e interações *on-line*, *cyberbullying*, integração de dispositivos digitais na vida cotidiana, normas de interação *on-line* e "netiqueta"

Capítulo 13, "Cidades e vida urbana" — cidades digitalmente inteligentes, tecnologia digital na mudança para cidades sustentáveis

Capítulo 16, "Educação" — a digitalização do aprendizado, salas de aula digitais, a divisão digital na educação

Capítulo 17, "Trabalho e emprego" — digitalização e a economia do conhecimento, tecnologia digital e o "fim do trabalho", capitalismo de plataforma e a economia *gig*

Capítulo 19, "Mídia" — a revolução digital e seu impacto sobre televisão, música, jornais e outras mídias, mídia social e *fake news*, divisões e desigualdade digital, mídia digital e censura, culturas participativas

Capítulo 20, "Política, governo e movimentos sociais" — organizações de movimentos sociais e mídia social, Castells sobre movimentos sociais em rede

Capítulo 21, "Nações, guerra e terrorismo" — tecnologia digital e terrorismo

Capítulo 22, "Crime e desvio de conduta" — IA e policiamento preditivo, crimes cibernéticos e segurança cibernética

Identidade

Nosso quarto tema é a **identidade**, um conceito que conecta a experiência do indivíduo ao seu contexto social mais amplo. Falar sobre identidade significa considerar as perguntas "quem sou eu?", "quem é você?" e "minha visão a seu respeito corresponde à sua própria visão da sua identidade?". Nossa identidade pessoal muda com o passar do tempo, e, se ela muda, como isso acontece? Para os sociólogos, nosso ponto de partida é que as identidades individuais ou "pessoais" não são dadas biologicamente, mas são criadas socialmente por meio de interações sociais. A conclusão mundana, porém completamente revolucionária, é que, apesar de tudo o que podemos sentir, e não importa o quão forte sintamos, nossa identidade é, de formas altamente significativas, modelada por outras pessoas. Todas as identidades são identidades sociais.

Existem muitas fontes de construção das nossas identidades: nacionalidade, raça, classe social, gênero, ocupação, afiliação política, religião, sexualidade, gosto musical e muito mais. Podemos descobrir que, em diferentes momentos, uma dessas fontes parece definir nossa identidade real, "autêntica", mais do que todas as outras. Ainda assim, se essa percepção mudar, nossa identidade terá mudado também? Estudos sociológicos mostram que questões de identidade têm se tornado mais significativas hoje do que no passado, e o livro contém muitas discussões sobre esse assunto.

Identidade na 9ª edição

Compreender o significado cada vez maior da construção da identidade pessoal e social se tornou uma parte importante da análise sociológica. À medida que a globalização e a revolução digital continuam a progredir e se aprofundar, também aumenta seu impacto sobre os processos de socialização e as identidades. As principais discussões sobre identidade são listadas a seguir.

Capítulo 3, "Teorias e perspectivas sociológicas" — o eu social e a identidade, teorias de formação da identidade

Capítulo 4, "Globalização e mudança social" — impacto da globalização sobre a identidade nacional, glocalização, modernidade e individualismo reflexivo

Capítulo 5, "Meio ambiente" — risco e identidade, teorias do eu ecológico

Capítulo 7, "Gênero e sexualidade" — teorias de identidade de gênero, identidades sexuais, fluidez de gênero e identidades de transgênero, masculinidade/feminilidade e identidade

Capítulo 8, "Raça, etnicidade e migração" — etnicidade e identidade, identidade negra e "novas" etnicidades, interseccionalidade e identidades étnicas, multiculturalismo e múltiplas fontes de identificação, diáspora e identidade

Capítulo 9, "Estratificação e classe social" — interseção de desigualdades e formas de identidade, identidade baseada em classe, estilos de vida do consumidor e identidades, desidentificação com a classe de trabalho

Capítulo 10, "Saúde, doença e deficiência" — distúrbios de alimentação e identidade pessoal, doença e a mudança de percepção da autoidentidade, incapacidade e identidades

Capítulo 12, "Interações sociais e vida cotidiana" — teorias sociológicas de identidade, incorporação e identidade pessoal, teorias de identidade de gênero, identidades em ambientes *on-line*

Capítulo 14, "O curso da vida" — teorias de autoformação e socialização, teorias de identidades de gênero, papéis sociais e identidades, envelhecimento e mudança de identidades

Capítulo 16, "Educação" — escolas e identidades sexuais, reprodução cultural e identidade de gênero

Capítulo 17, "Trabalho e emprego" — trabalho e autoidentidade, consumismo e construção de identidade, impacto do desemprego sobre a identidade

Capítulo 18, "Religião" — *kits* de identidade e neotribos, religião vivida e identidade pessoal

Capítulo 19, "Mídia" — música e construção da identidade, identidades desativadas na mídia de massa

Capítulo 20, "Política, governo e movimentos sociais" — ideologia e formação de identidade, identificação nacional e transnacional, movimentos sociais e mudança de identidade, identidade nos novos movimentos sociais

Capítulo 21, "Nações, guerra e terrorismo" — populismo e identidade nacional, nacionalismo como fonte de identidade fundamental, o legado colonial e a identidade nacional no Sul Global, globalização como um desafio às identidades nacionais

Capítulo 22, "Crime e desvio de conduta" — o ponto de vista da rotulagem e da autoidentidade, crime e o *status* mestre, roubo de identidade

Os elementos principais de nossa abordagem

Há três recursos recorrentes em nossa abordagem geral à sociologia no livro. Primeiro, procuramos conectar encontros sociais de pequena escala, em nível micro, com as instituições sociais e sociedades em grande escala, em nível macro. As interações individuais podem ter um impacto sobre o mundo maior das instituições sociais, mas este último também influencia nossas vidas cotidianas de maneiras muito profundas. Esse é um intercâmbio de mão dupla e se encontra no centro de muitos processos sociais. Entendemos que a análise sociológica abrangente exige que situações e eventos sejam compreendidos nos níveis micro e macro.

Em segundo lugar, o livro adota um ponto de vista histórico-comparativo. Em nossa era globalizada, a sociologia precisa investigar os relacionamentos entre diversas sociedades e as diversas formas como elas influenciam umas às outras. Apresentamos uma variedade de materiais cuja fonte foi retirada de muitas sociedades do mundo todo. Em particular, a maioria dos capítulos aborda sociedades tanto no Sul Global quanto no Norte Global, para que haja um conhecimento mais abrangente. Em nossa visão, a sociologia comparativa, histórica, é essencial se quisermos entender o mundo social globalizante dos dias atuais.

Por último, buscamos continuamente conectar o social com o pessoal. Nesse sentido, seguimos a liderança do sociólogo americano C. Wright Mills, que disse que a sociologia conecta o estudo de problemas pessoais, como perder um emprego ou se divorciar, com problemas sociais mais amplos, como a reestruturação econômica e a mudança nas relações de gênero. A tarefa dos sociólogos é conectar a experiência pessoal com os padrões de mudança social, a fim de chegar a uma melhor compreensão.

O estudo da sociologia pode ser uma experiência libertadora, que amplia nossa imaginação, colocando em ação novas ideias e perspectivas, criando um reconhecimento das áreas da vida social e das culturas que são muito diferentes da nossa própria cultura. A sociologia também pode nos forçar a ver aspectos familiares da vida de novas maneiras, desafiando nossas opiniões fortemente arraigadas. Esse é o ponto de partida para o desenvolvimento de um modo de pensar sociológico, ou aquilo que os sociólogos chamam de imaginação sociológica.

Recursos interativos

Esta edição adota recursos interativos preparados para engajar os leitores ativamente com o texto. O quadro **Estudos clássicos** apresenta parte do trabalho mais influente da sociologia — mas entenda que "clássico" não é apenas outra palavra para "antigo". A sociologia progride testando constantemente ideias, teorias e métodos em milhares de projetos de pesquisa, artigos e livros que constituem a sociologia acadêmica. Naturalmente, a maioria dos estudos de pesquisa nunca chega ao *status* de "clássico", mas isso não quer dizer que esses estudos não têm valor. No entanto, às vezes são feitas descobertas significativas, um método de pesquisa inovador é idealizado ou uma nova teoria exerce uma influência importante sobre a direção da disciplina. Nesses casos, eles podem ser reconhecidos por sociólogos profissionais como "clássicos". Assim, um "clássico" pode ter qualquer idade, e nossas seleções no livro refletem esse fato. Nem todos concordarão com todas as nossas escolhas, mas elas não foram escolhas puramente aleatórias, pessoais. Elas foram testadas por inúmeros revisores anônimos, instrutores e leitores, o que nos garante que são amplamente reconhecidas como significativas.

Há muitos outros elementos interativos no decorrer do livro. O quadro **Reflexão crítica** marca pontos de "parada", em que os leitores podem refletir e pensar no significado do que aprenderam. Recomendamos fortemente a leitura dele, para que se obtenha o máximo do livro. O quadro **Sociedade global** encoraja os alunos a pensarem globalmente sobre as questões aparentemente mais locais ou domésticas. O quadro **Usando sua imaginação sociológica** normalmente contém material inusitado ou notável elaborado para ilustrar ou expandir os temas encontrados no capítulo. O **Glossário** continua a ser expandido à medida que os sociólogos criam conceitos que passam para o uso comum. Todos os termos do glossário são destacados dentro dos capítulos do livro, para facilitar a consulta.

Os "*workshops* sociológicos", ao final de cada capítulo, provaram ser úteis para o ensino e o aprendizado e foram atualizados nesta edição. A **Revisão do capítulo** traz perguntas baseadas no conteúdo do capítulo, e é uma boa ideia respondê-las imediatamente após a leitura, embora também possam servir como base para revisão em um outro momento. A seção **Pesquisa na prática** se concentra nos métodos de pesquisa e sua aplicação nos estudos do mundo real. Aqui, os leitores são levados a um material de pesquisa contemporânea, normalmente um artigo, e pedimos que eles o rastreiem, leiam e façam anotações. Diversas perguntas, então, permitem que os leitores pensem a respeito dos diferentes tipos de pesquisa e métodos, qual a sua finalidade e qual foi o grau de sucesso. Um conhecimento dos métodos de pesquisa é essencial para a prática de "fazer" sociologia.

Os exercícios da seção **Pensando sobre isso** se referem a um artigo teórico, uma discussão *on-line* ou um texto de jornal que levanta questões de teoria e explicação. Parte da atividade é garantir que os leitores compreendam os conceitos utilizados e o significado do artigo. Muitos alunos nos dizem que consideram a "teoria" difícil de entender, principalmente porque ela parece abstrata e distante de suas próprias vidas. Portanto, selecionamos trechos teóricos que se relacionam diretamente a eventos reais, para unir a teoria à vida cotidiana.

A seção **Sociedade nas artes** nos leva para fora da ciência social acadêmica, em direção às artes e humanidades. Nessa seção, sugerimos filmes, programas de televisão ou peças de teatro, romances, trabalhos de arte ou esculturas, música e exposições. Todas as nossas recomendações estão relacionadas de perto com o conteúdo do capítulo, e pedimos aos leitores para que considerem como elas se agregam ao seu conhecimento da sociedade. O que as artes têm de especial? Como a vida social contemporânea é representada nas artes? As artes conseguem nos dizer algo diferente sobre o mundo que as ciências sociais nunca poderiam dizer? Nos exercícios apresentados, encorajamos os leitores a considerarem essas questões cuidadosamente.

Por fim, a seção **Outras leituras** foi atualizada e apresenta pequenas anotações, para que os leitores possam fazer uma escolha mais esclarecida sobre o que decidem ler. Da mesma forma, na seção ***Links* da internet**, os *links* foram verificados e atualizados, para que os leitores possam explorar materiais disponíveis *on-line*. Em **loja.grupoa.com.br**, os leitores podem acessar a página do livro por meio do campo de busca, clicar em Material Complementar e ver as sugestões de leitura em português dadas pelo revisor técnico desta edição, além do Glossário e outros recursos (em inglês).

CAPÍTULO 1

O QUE É SOCIOLOGIA?

SUMÁRIO

Uma introdução à sociologia 4

A imaginação sociológica. 5

Estudando as pessoas e a sociedade 8

O desenvolvimento do pensamento sociológico 9

Teorias e perspectivas teóricas 9

Os fundadores da sociologia 11

Três tradições teóricas 18

Níveis de análise: microssociologia e macrossociologia 25

Os usos da sociologia 25

Sociologia pública e profissional 26

Resumo 27

Revisão do capítulo *28*

Pesquisa na prática *28*

Pensando sobre isso. *29*

Sociedade nas artes. *29*

Outras leituras *29*

Links da internet *30*

Quando a pandemia da covid-19 se espalhou pelo mundo, em 2020, muitos governos nacionais fecharam suas fronteiras ou impuseram restrições à entrada. Isso teve um efeito enorme sobre a aviação global. A maioria das aeronaves do mundo ficou no solo, e muitas das companhias mais conhecidas efetivamente foram fechadas. A aviação é um dos exemplos mais visíveis da globalização e das fabulosas oportunidades que ela oferece, mas o setor de aviação também ajudou a disseminar o vírus e seus riscos à saúde pelo mundo inteiro. Esse exemplo ilustra algo característico do mundo de grandes oportunidades e alto risco dos dias atuais.

O mundo social de hoje oferece incríveis oportunidades para viajar, trabalhar e divertir-se, ampliando as percepções de liberdade e escolha individual. Ainda assim, ao mesmo tempo, muitas pessoas têm ansiedades e preocupações a respeito dos riscos inerentes ao nosso modo de vida moderno. Com o uso generalizado da internet e das mídias sociais, comunicar-se e manter contato entre os continentes é mais imediato e rotineiro do que antes, mas também existem crimes violentos, terrorismo global, conflitos nacionais e guerras, além de persistentes desigualdades econômicas e sociais. O mundo moderno apresenta muitas oportunidades e possibilidades, mas também está repleto de riscos com sérias consequências, como pandemia global, aumento da poluição do ar, mudanças climáticas e a ameaça imposta por armas nucleares e químicas. Vivemos em sociedades com "alto risco e alta recompensa", que parecem flutuar bastante entre os extremos sem uma autoridade ou um controle geral.

A maioria das pessoas que vivem nas nações relativamente ricas do **Norte Global** é materialmente mais rica do que antes, mas, em outras partes do mundo, principalmente no **Sul Global**, muitos milhões vivem na pobreza, e crianças morrem por falta de recursos fundamentais, como alimentação, água potável e cuidados básicos com a saúde. Como isso pode acontecer, já que a humanidade como um todo tem a capacidade de controlar seu próprio destino de uma forma que seria inimaginável para gerações passadas? Como isso aconteceu no mundo? Por que o mundo humano está separado por enormes desigualdades de riqueza e renda? Para onde as sociedades de hoje caminharão no futuro? Essas grandes perguntas estão entre as preocupações mais importantes da sociologia, um campo de estudo que tem um papel fundamental a desempenhar na vida moderna.

A **Sociologia** pode ser definida, de forma simples, como o estudo científico de grupos sociais, sociedades inteiras e o mundo humano como tal. O escopo da sociologia é extremamente amplo, variando desde a análise de encontros passageiros entre indivíduos na rua até mudanças na vida em família, novas formas de identidade pessoal e social e relacionamentos entre Estados-Nação. Quase todos nós vemos o mundo em termos dos recursos familiares de nossas próprias vidas — nossas famílias, nossas amizades e nosso ambiente de trabalho, por exemplo. A sociologia insiste que tenhamos uma visão mais ampla e mais longa, a fim de entender por que agimos das formas como agimos. Ela nos ensina que grande parte do que nos parece ser natural, inevitável, bom e verdadeiro pode não ser bem assim e que as coisas que aceitamos naturalmente são modeladas por eventos históricos e processos sociais. Compreender as formas bastante sutis, porém complexas e profundas, pelas quais nossas vidas individuais refletem o contexto da nossa experiência social é fundamental para o modo de ver do sociólogo.

Uma introdução à sociologia

Este capítulo é o primeiro de um conjunto de três que, juntos, oferecem uma introdução geral à disciplina da sociologia: o que é, como ela se desenvolveu com o tempo, como os sociólogos realizam seu trabalho e que tipos de explicações eles usam. Ele oferece uma breve introdução ao que é a sociologia, como e por que ela passou a existir e para que ela é usada. O Capítulo 2 examina, então, a prática da sociologia: como os sociólogos realmente estudam o assunto. Ele descreve as perguntas que eles fazem, a grande variedade de **métodos de pesquisa** que eles usam para tratar dessas perguntas e como eles avaliam suas descobertas. Ele também trata da difícil questão de se a sociologia pode ou deve ser considerada "científica".

O Capítulo 3 examina as teorias sociológicas. Teorias constituem uma parte essencial de todos os assuntos científicos, pois oferecem explicações, em vez de descrições que simplesmente listam fatos relevantes. Por exemplo, poderíamos descobrir que a proporção de mulheres casadas na Austrália que trabalham hoje é mais alta do que era na década de 1950. Essas estatísticas simples certamente são úteis, mas merecem uma explicação — *por que* há mais mulheres casadas trabalhando hoje do que no passado? Boas teorias oferecem explicações. Elas nos dizem *por que* alguma coisa aconteceu ou mudou e, dessa forma, ampliam nosso conhecimento. No Capítulo 3, introduzimos algumas teorias sociológicas importantes, incluindo marxismo, feminismo, funcionalismo, teoria da estruturação, pós-colonialismo, pós-modernismo e outras. Você não deve ficar desconcertado por esses rótulos, que são apenas formas abreviadas de descrever diferentes grupos de sociólogos que interpretam e buscam compreender o mundo social.

No restante deste capítulo, primeiro discutimos a sociologia como *uma forma de pensar* a respeito do mundo — depois que você a tiver dominado, será muito difícil evitá-la. Resumindo, uma vez sociólogo, sempre sociólogo! Os eventos mundiais, os debates políticos, os relacionamentos pessoais, a vida em família — você verá todos esses temas e muitos outros por um ângulo diferente depois de ter desenvolvido um modo sociológico de enxergar e pensar.

Em segundo lugar, apresentamos as ideias de alguns dos pensadores sociólogos do século XIX e do início do século XX, que estabeleceram o assunto como uma disciplina acadêmica. Conectamos esses pensadores às épocas em que viveram para ilustrar os problemas sociais emergentes que eles tentaram solucionar e como eles os enfrentaram. Depois, discutimos algumas das abordagens da sociologia que vieram mais tarde. No entanto, essa não é uma lista completa, e você precisará ler o Capítulo 3, "Teorias e perspectivas sociológicas", para ver as teorias mais recentes.

Em terceiro lugar, examinamos alguns dos usos da sociologia. Muitos alunos são atraídos à sociologia porque desejam ajudar os outros e querem ingressar em uma carreira "voltada para pessoas" adequada. Alguns graduados em sociologia encontram carreiras em profissões de cuidados, trabalho social, ensino ou sistema de justiça criminal. Outros usam suas habilidades de pesquisa e seu conhecimento com bons resultados na administração de empresas, na pesquisa de mercado, na administração pública local e nacional ou na consultoria de pesquisa. Outros, ainda (depois de mais estudo), tornam-se sociólogos profissionais, trabalhando em universidades e faculdades. Embora o estudo da sociologia possa ser o primeiro passo no caminho para uma carreira compensadora e satisfatória, alguns indivíduos estudam sociologia simplesmente porque querem compreender melhor o mundo em que vivemos. Essa é a sociologia como esclarecimento pessoal, relativamente desconectado de um plano de carreira específico.

Alguns sociólogos usam seu treinamento e suas habilidades de formas bastante práticas para experimentar e melhorar as condições de vida das pessoas, interferindo para mudar uma situação existente. Esse ramo da disciplina é conhecido como "sociologia aplicada", em que muitos estudos sobre pessoas sem teto, pobreza, desemprego, vício em drogas, automutilação, e assim por diante, levam a intervenções. Com base em suas descobertas de pesquisa, os pesquisadores da sociologia aplicada podem testar soluções em potencial em pequena escala ou fazer recomendações de mudanças para a política pública ou a provisão de serviços.

O capítulo termina com as ideias recentes advindas da necessidade de os sociólogos se engajarem mais com o público em geral e com a mídia, para que a sociologia tenha um maior impacto sobre a sociedade. Acostumamo-nos a ver psicólogos, historiadores e cientistas políticos como especialistas no rádio, nos noticiários da televisão e em documentários, mas raramente vemos sociólogos. Essa seção discute por que isso acontece e o que os sociólogos podem e devem fazer a respeito. Contudo, começamos esboçando o que significa "pensar sociologicamente" — um pré-requisito básico para a prática de "fazer sociologia".

A imaginação sociológica

Estudar sociologia não é apenas um processo de rotina para adquirir conhecimento de livros como este. Aprender a pensar sociologicamente significa cultivar nossa imaginação de uma maneira específica. O sociólogo precisa ser capaz de se libertar do imediatismo de suas próprias circunstâncias pessoais para ver as coisas em um contexto social mais amplo. Praticar sociologia depende de desenvolver o que o sociólogo americano C. Wright Mills (1970), em uma famosa frase, chamou de **imaginação sociológica**.

A imaginação sociológica exige que "nos afastemos" das rotinas familiares de nossa vida cotidiana, a fim de podermos olhar para elas de um novo ponto de vista, que pode parecer estranho, pelo menos a princípio. A melhor maneira de ilustrar isso é com algo tão comum que normalmente passa sem comentário: o ato de beber uma xícara de café. O que a sociologia poderia encontrar para dizer a respeito de um ato tão corriqueiro e pouco interessante?

Primeiro, o café pode ser uma bebida agradável, mas também tem um valor simbólico como parte de nossa atividade social do dia a dia, e os rituais associados a beber café podem ser mais significativos do que o próprio consumo da bebida. Para muitas pessoas, uma xícara de café de manhã é a peça central de uma rotina pessoal e um começo essencial para o dia. O café da manhã é então seguido, mais tarde, durante o dia, pelo café com outros — em um grupo, não sendo apenas um ritual individual. Pessoas que combinam de tomar um cafezinho provavelmente estão mais interessadas em socializar e bater papo do que em beber, e, em todas as sociedades, beber e comer oferecem ocasiões para interação social — um assunto rico para os sociólogos estudarem.

Em segundo lugar, o café contém cafeína, uma droga que tem um efeito estimulante sobre o cérebro. Muitas pessoas bebem café pelo "estímulo extra" que essa substância ativa oferece. Dias longos no escritório ou noites estudando na biblioteca se tornam mais toleráveis com intervalos regulares para um café. E, embora o café seja uma substância formadora de hábito, os "viciados" em café não são considerados usuários de drogas. Isso porque, assim como o álcool, a cafeína é uma droga socialmente aceitável e legal, o que não acontece com a

A reunião com os amigos para tomar um café tem seu lugar como parte de um ritual social muito comum. No entanto, as cafeterias especializadas de hoje atendem consumidores mais jovens, oferecendo uma variedade muito maior de bebidas com cafeína em ambientes elegantes que se parecem e funcionam mais como bares e casas noturnas do que como cafés e casas de chá tradicionais.

cocaína e a heroína, por exemplo. Ainda assim, algumas sociedades toleram o consumo de cocaína, mas franzem a testa para o café e o álcool. Os sociólogos se interessam pela causa dessas diferenças, pelo modo como elas se desenvolveram e por verificar se elas estão mudando.

Em terceiro lugar, quando bebemos uma xícara de café, somos inconscientemente apanhados em um conjunto complexo de relacionamentos sociais e econômicos que se estende por todo o planeta. O café une as pessoas nas partes mais ricas e mais pobres do mundo, pois é consumido principalmente nos países relativamente ricos, mas é cultivado basicamente nos países pobres. Cerca de 125 milhões de trabalhadores dependem do comércio do café para ganhar a vida (Fairtrade Foundation, 2020), mas muitos trabalhadores são mal pagos e vivem na pobreza. Cerca de metade dos trabalhadores ligados ao café no Brasil não tem contrato de emprego formal, e os fiscais descobriram que muitos trabalhadores ganham menos do que o salário mínimo legal. A maioria dos trabalhadores recebe cerca de R$ 14 por saca de 60 litros que eles colhem, o que pode representar o trabalho de um dia inteiro para algumas mulheres (Teixeira, 2019). Algumas das maiores companhias de café, incluindo Nestlé, Jacobs Douwe Egberts e Starbucks, admitiram que alguns de seus grãos de café vieram de plantações brasileiras que usam crianças e trabalho escravo (Hodal, 2016; Canning, 2019).

O café é uma das *commodities* agrícolas mais negociadas globalmente, proporcionando a muitos países nas Américas do Sul e Central, na África, na Ásia e na Oceania a sua maior fonte de comércio exterior (ICO, 2018). A produção, o transporte e a distribuição de café exigem transações contínuas entre pessoas a milhares de quilômetros de distância do consumidor individual de café. O estudo dessas conexões globais é uma tarefa importante para os sociólogos.

Em quarto lugar, beber café não é um ato "natural", mas pressupõe um longo processo de desenvolvimento social, político e econômico. Juntamente com outros itens familiares das dietas ocidentais — como bananas, batatas e açúcar —, o café só se tornou bastante consumido a partir dos anos 1800, embora fosse elegante entre as elites sociais muito antes disso. A bebida tem origem no Oriente Médio, mas o consumo em massa vem desde o período da expansão colonial ocidental, há mais de 200 anos. Praticamente todo o café que bebemos hoje vem de áreas como a América do Sul e a África, que foram colonizadas por europeus. A bebida não é uma parte "natural" da dieta ocidental, por mais normais que a compra e o consumo de café pareçam ser atualmente.

Por fim, o café tem sido "estigmatizado" e politizado em debates sobre comércio internacional justo, direitos humanos e danos ambientais. Por exemplo, algumas pessoas bebem somente café orgânico, café sem cafeína ou café "comercializado de forma justa" por meio de esquemas que pagam o preço total de mercado para pequenos produtores nos países em desenvolvimento. Outras patrocinam produtores de café "independentes", em vez de cadeias "corporativas" como Starbucks e Costa. A escolha de um café não é somente uma decisão de estilo de vida, mas também tem significado político.

Quando começamos a desenvolver uma imaginação sociológica, o café da manhã se torna algo de grande fascínio, que realizamos com um novo entendimento. Na verdade, como veremos no decorrer deste livro, os melhores estudos sociológicos sempre nos dizem algo que não sabíamos antes ou nos fazem ver as rotinas e os padrões de vida conhecidos de novas formas.

O café é muito mais do que uma bebida agradável para estes trabalhadores, cujo sustento depende da plantação de café.

> **REFLEXÃO CRÍTICA**
>
> Apanhe uma embalagem de café da sua casa ou do trabalho e procure no *site* do fabricante as informações sobre onde os pés de café são cultivados, o que o processo de produção implica e quantos trabalhadores estão envolvidos. Que fatores sociais, econômicos ou políticos fariam com que você ou seus amigos reconsiderassem suas escolhas de café?

Estudando as pessoas e a sociedade

Normalmente, diz-se que a sociologia é simplesmente a "ciência da sociedade". Mas o que estamos realmente querendo dizer com "sociedade"? Quando os sociólogos falam de uma sociedade, eles geralmente se referem a um grupo de pessoas vivendo em um território limitado que compartilha recursos culturais comuns, como idioma, **valores** e **normas básicas** de comportamento. Portanto, podemos discutir sobre a sociedade da Coreia do Sul, a sociedade da Nigéria ou a sociedade da Espanha. No entanto, a "sociedade" também inclui instituições — como determinados tipos de governo, sistemas de educação ou formatos de família — e os relacionamentos relativamente estáveis entre elas. Os padrões duradouros formados pelos relacionamentos entre pessoas, grupos e instituições formam a **estrutura social** básica de uma sociedade. Quando começamos a pensar sobre a vida social por meio dos conceitos de sociedade, instituições e estruturas sociais, estamos começando a usar uma imaginação sociológica e a "pensar sociologicamente".

Adotar uma imaginação sociológica nos permite ver que os eventos que afetam a pessoa individual realmente refletem questões sociais maiores. O divórcio, por exemplo, pode ser emocionalmente traumático para indivíduos que passam por ele — o que Mills chama de "problema pessoal". Mas as taxas de divórcio também são uma "questão pública" significativa, que tem um impacto sobre a provisão de pensão, benefícios de bem-estar e necessidades de acomodação. Da mesma forma, perder um emprego e não ser capaz de encontrar outro rapidamente pode ser uma tragédia pessoal para o indivíduo, mas é muito mais do que uma questão de desespero privado quando milhões de pessoas se encontram na mesma situação. Esse é um problema público que expressa amplas tendências econômicas e sociais.

Tente aplicar a imaginação sociológica à sua própria vida. Não é preciso pensar somente em eventos problemáticos. Considere por que você está virando as páginas deste livro — por que você decidiu estudar sociologia? Você poderia ser um aluno relutante (com certeza, não?) fazendo um curso para cumprir o requisito de uma licenciatura, uma graduação em Direito, jornalismo ou administração. Ou então você poderia estar entusiasmado para entender melhor o mundo em que vive. Qualquer que seja a sua motivação, você provavelmente terá muito em comum com outros alunos de sociologia. Isso acontece porque sua decisão particular também reflete sua posição na sociedade em geral.

Veja se alguma das seguintes características se aplica a você: você é jovem e branco? Vem de um contexto profissional ou de colarinho-branco? Você já fez ou ainda faz algum trabalho de meio expediente para aumentar sua renda? Você quer encontrar um bom emprego, mas não se dedica especialmente ao estudo? Mais de três quartos dos leitores no Reino Unido responderão "sim" a todas essas perguntas, pois os alunos universitários não são típicos da população em geral; eles costumam sair de grupos sociais mais privilegiados, e suas atitudes refletem as de seus amigos e conhecidos. Nossa base social tem muito a ver com as **escolhas de estilo de vida** que fazemos.

Por outro lado, pode ser que nenhuma das características acima se aplique a você. Você pode vir de um grupo étnico minoritário, de uma família da classe trabalhadora ou ter uma origem de relativa pobreza. Você pode estar na meia-idade ou ser mais idoso. Mesmo assim, podemos fazer algumas suposições a seu respeito. Você provavelmente teve que lutar para chegar aonde está; provavelmente, você teve que enfrentar reações negativas de amigos que acharam que você estava louco por abandonar um emprego decente, assumir uma grande dívida ou correr o risco de fracassar, e também pode estar combinando seus estudos com a paternidade em tempo integral. Para os sociólogos, não existe algo como um "indivíduo isolado" que faz escolhas sem recorrer a outra pessoa.

Todos nós somos influenciados por contextos sociais, mas nosso comportamento nunca é determinado totalmente por esse contexto. A sociologia investiga as conexões entre o que a sociedade faz de nós e o que fazemos da sociedade e de nós mesmos. Nossas atividades estruturam — ou concebem — o mundo social ao nosso redor e, ao mesmo tempo, são estruturadas por esse mundo. Os contextos sociais de nossas vidas não são uma massa de eventos totalmente aleatórios, mas são estruturados ou modelados de formas distintas. Existem certas regularidades nas formas como nos comportamos e nos relacionamentos que temos uns com os outros.

Embora a ideia de uma "estrutura" nos faça lembrar de um prédio, as estruturas sociais, na realidade, não são como as estruturas físicas que, uma vez construídas, existem independentemente de nossas ações. As sociedades humanas sempre estão no processo de **estruturação** (Giddens, 1984). Ou seja, elas são reconstruídas a cada momento pelos próprios "blocos de construção" que as compõem — seres humanos como nós. Pense novamente no caso do café. Uma xícara de café não cai em nossas mãos. Você *escolhe* ir até uma lanchonete em particular, você *escolhe* se vai beber um café com leite, um *cappuccino* ou um café expresso. Ao tomar essas decisões, junto com milhões de outras pessoas, você ajuda a modelar o mercado mundial de café, e isso afeta as vidas dos produtores de café em países distantes, que você nunca conhecerá.

Nas últimas décadas, o caráter maleável das estruturas sociais tem sido drasticamente demonstrado. Os regimes comunistas da Europa Oriental, incluindo a antiga União Soviética, desabaram rapidamente no final da década de 1980 e nos anos 1990, quando pessoas comuns foram às ruas para protestar pela falta de liberdade e de desenvolvimento econômico. Ninguém previu que as estruturas sociais aparentemente sólidas e inflexíveis do comunismo seriam abaladas à medida que as pessoas contestassem a legitimidade dos regimes e de seus líderes. Em 2011, os países do Oriente Médio e do Norte da África viram diversas rebeliões contra governos autoritários na região, à medida que as pessoas expressavam sua insatisfação e exigiam mudança. Na Líbia, o regime de 42 anos do coronel Muammar al-Gaddafi foi encerrado e, no Egito, o presidente Hosni Mubarak foi forçado a sair do cargo depois que os manifestantes assumiram a Praça Tahrir na capital do país, Cairo. Eventos como esses, embora nem sempre tenham sucesso, nos mostram que as estruturas sociais sempre estão "em processo", por mais sólidas ou "naturais" que possam parecer.

 Desenvolvimentos políticos recentes, incluindo aqueles observados aqui, são discutidos com mais detalhes no Capítulo 20, "Política, governo e movimentos sociais", e no Capítulo 21, "Nações, guerra e terrorismo".

O desenvolvimento do pensamento sociológico

Muitos alunos consideram a teoria sociológica difícil simplesmente porque eles não compreendem por que esse tema engloba tantas teorias diferentes. A sociologia nunca foi uma disciplina em que um único corpo de ideias é aceito como válido por todos. Os sociólogos frequentemente discordam sobre como estudar o comportamento humano e como as descobertas de pesquisa devem ser interpretadas. Isso é muito normal e é um aspecto de todos os temas científicos. No entanto, ao contrário da física ou da química, a sociologia envolve o estudo de nós mesmos, e isso pode desafiar bastante as visões e atitudes que mantivemos por muito tempo. A sociologia pode ser inquietante e perturbadora. Apesar disso, temos que nos esforçar ao máximo para separar nossos comprometimentos emocionais e políticos, pelo menos enquanto estamos no processo de "fazer sociologia". Sem isso, corremos o risco de ser influenciados erroneamente e de que nossas conclusões não sejam válidas.

Teorias e perspectivas teóricas

É fato que eu comprei uma xícara de café nesta manhã, que ela custa um certo valor e que os grãos de café usados na sua preparação foram cultivados no Brasil. Porém, na sociologia, também queremos saber *por que* as coisas acontecem, e isso significa que precisamos construir teorias que expliquem os fatos brutos. Sabemos que muitos milhões de pessoas utilizam a internet e as redes sociais para ficar em contato com seus amigos. Mas esse é um desenvolvimento muito recente, que levanta algumas questões. Por que o uso da internet se espalhou tão rapidamente? Como surgiram as redes sociais *on-line* e por que tantas pessoas estão envolvidas nelas? Por que os jovens têm mais probabilidade de usar as re-

Nesta pintura de Bruegel, atividades aleatórias, muitas vezes bizarras, podem ser vistas e, coletivamente, fazem pouco sentido. O título — *Provérbios holandeses* — contém a chave para interpretar a pintura, que apresenta mais de cem provérbios que eram comuns no século XVI. Por exemplo, no canto inferior esquerdo, alguém está "batendo sua cabeça contra uma parede de tijolos", sobre a qual um homem "armado até os dentes" está sentado. A evidência coletada pelos sociólogos também pode parecer aleatória, a menos que seja definida no contexto de uma teoria geral que orienta nossa interpretação dos fatos.

des sociais do que os mais idosos? Que impacto os *sites* de rede social estão tendo sobre as formas mais antigas de comunicação? Para tratar de questões como essas, precisamos coletar e montar a evidência e nos engajar na teorização.

Teorizar significa construir interpretações abstratas de eventos usando uma série de afirmações logicamente relacionadas que explicam uma grande variedade de situações empíricas ou "factuais". Uma **teoria** sobre redes sociais, por exemplo, estaria preocupada em identificar como a tecnologia da informação e comunicação (TCI, ou apenas TI) se desenvolveu com o tempo e quais foram os pré-requisitos para o seu sucesso. Na melhor sociologia, a pesquisa factual e as teorias explanatórias estão intimamente relacionadas. Só podemos desenvolver explicações teóricas válidas se pudermos testá-las por meio da pesquisa empírica; teorias sociológicas não devem ser mera especulação. Ao contrário da crença popular, os fatos *não* falam por si mesmos; eles precisam ser interpretados, e a interpretação ocorre dentro de um conjunto de suposições teóricas subjacentes. Muitos sociólogos trabalham principalmente em projetos de pesquisa factual, mas, a menos que sejam guiados por algum conhecimento da teoria, provavelmente seu trabalho não *explicará* satisfatoriamente a complexidade que eles encontrarem. Isso é verdade até mesmo na pesquisa executada com objetivos estritamente práticos.

Muitas pessoas se veem basicamente como pessoas práticas, "com os pés no chão", e desconfiam de teóricos e teorias que parecem muito distantes de sua vida cotidiana. Mesmo assim, todas as decisões práticas fazem algumas suposições teóricas. A administradora de uma empresa pode não ter preocupação com a "teoria", mas também pode acreditar que seus funcionários são motivados pela recompensa monetária e que a promessa disso os leva a trabalhar com afinco. Essa é uma interpretação teórica subjacente simples do comportamento humano, que a administradora assume naturalmente, sem observá-la ou admiti-la. Uma visão alternativa é que a maioria das pessoas trabalha para dar uma vida decente a suas famílias, e a recompensa monetária é simplesmente um meio para esse fim menos individualista. Quando começarmos a procurar interpretações satisfatórias para as ações humanas, teremos que nos interessar mais pelas teorias.

Sem algum tipo de abordagem teórica, nem sequer sabemos o que procurar quando iniciamos um estudo ou quando interpretamos nossos resultados ao final do processo de pesquisa. O pensamento teórico também precisa abordar problemas gerais relacionados a como a vida social pode e deve ser estudada em primeiro lugar. Os métodos sociológicos devem ser modelados nas ciências naturais? Como devemos pensar na consciência humana, na ação social e nas instituições sociais? Como os sociólogos podem evitar a introdução do viés pessoal em sua pesquisa? Eles devem mesmo tentar? Não existem respostas fáceis para essas perguntas, que têm sido respondidas de diferentes formas desde o surgimento da sociologia, no século XIX.

Os fundadores da sociologia

Por milhares de anos, as tentativas de compreender o comportamento humano contavam com as formas de pensar passadas adiante de uma geração para outra. Antes da ascensão das ciências modernas, os "costumes" — conhecimentos e práticas tradicionais passadas através das gerações — mantinham o controle na maioria das comunidades, e eles persistiram até o século XX. Um exemplo é o entendimento das pessoas sobre sua saúde ou enfermidade. Os mais idosos, com um bom conhecimento dos costumes de uma comunidade, ofereciam conselhos sobre como evitar enfermidades e curar doenças. Refletindo sobre sua infância americana no condado de Lawrence, no estado de Kentucky, Cratis Williams nos dá um gostinho da cultura dos apalaches na época (Williams, 2003: 397-8):

> Uma placa de chumbo suspensa em um barbante em torno do pescoço de uma criança afastava resfriados e as bruxas enquanto a criança estava dormindo. Crianças atormentadas por pesadelos podiam usar esses amuletos de chumbo para terem um sono tranquilo e sonhos agradáveis, pois os pesadelos eram causados por bruxas e criaturas do mal, que não podiam operar na presença do chumbo. Os adultos que roncavam e tinham pesadelos buscavam alívio cheirando uma meia suja quando iam dormir.

Hoje, pouquíssimas pessoas defendem essas medidas ou mantêm crenças semelhantes. Em vez disso, em uma abordagem mais científica de saúde e doença, as crianças são vacinadas contra doenças antes comuns e são ensinadas que os pesadelos são normais e geralmente inofensivos. As farmácias também não costumam vender meias fedidas para curar o ronco. As origens dos estudos sistemáticos da vida social se encontram em uma série de mudanças radicais introduzidas pela Revolução Francesa, de 1789, e pela **Revolução Industrial**, em meados do século XVIII, na Europa. Esses eventos destruíram meios de vida mais antigos, tradicionais, e os fundadores da sociologia buscaram compreender como tais mudanças radicais haviam surgido. Porém, ao fazer isso, eles também desenvolveram formas mais sistemáticas e científicas de examinar os mundos social e natural, formas que desafiavam as crenças religiosas convencionais.

A próxima seção examina as principais ideias de alguns dos primeiros pensadores, que, até bem pouco tempo atrás, não haviam sido contestados como os principais "fundadores" da sociologia. Não há dúvida de que esses primeiros sociólogos desempenharam um papel importante no desenvolvimento de um ponto de vista sociológico e no estabelecimento da sociologia como uma disciplina acadêmica legítima. No entanto, seu foco era o desenvolvimento do mundo moderno, algo que os sociólogos chamam de *modernidade*, considerando que ela se refere principalmente à Europa e à América do Norte. Durante os últimos 25 anos ou mais, um movimento conhecido como **pós-colonialismo** desafiou o relato aceito da modernidade e as origens da sociologia (Bhambra, 2014). Existem inúmeros elementos nesse desafio, que são discutidos no Capítulo 3, "Teorias e perspectivas sociológicas", mas dois, em particular, deve-se ter em mente na leitura do restante desta seção.

Primeiro, estudiosos pós-coloniais argumentam que a sociologia geralmente não tem levado muito em consideração o impacto devastador do colonialismo sobre os países no Sul Global. Isso não envolve apenas a **exploração** na época colonial, pois o legado do colonialismo continua a arruinar esses países muito tempo depois de alcançarem sua independência. Segundo, a falta de perspectivas do Sul Global na formação e no desenvolvimento da sociologia levou a disciplina a adotar uma posição fundamentalmente eurocêntrica, que era, e ainda é, enfocada principalmente nos países industrializados do Norte Global (Connell, 2018). Abrir a sociologia para mais estudos desenvolvidos pelos estudiosos no Sul Global é uma forma de começar a tratar dessa situação. Incluímos algo sobre o engajamento contínuo entre sociologia e pós-colonialismo em diversos pontos deste volume.

Os capítulos do livro também apresentam "estudos clássicos" em áreas específicas da sociologia. São trechos de pesquisas, teorias ou novos métodos que tiveram uma grande influência sobre o assunto. No entanto, essas são nossas seleções, e existem muitos outros estudos que também poderiam ter sido escolhidos. O quadro **Estudos clássicos** incorpora um breve comentário crítico que direciona os leitores para as limitações desses estudos. Com essas qualificações necessárias, agora passamos para os fundadores da sociologia estabelecidos na Europa Ocidental.

 Desenvolvimentos políticos recentes, incluindo aqueles observados aqui, são discutidos com mais detalhes no Capítulo 20, "Política, governo e movimentos sociais", e no Capítulo 21, "Nações, guerra e terrorismo".

Auguste Comte

Nenhum indivíduo sozinho pode fundar um campo inteiro de estudo; assim, há muitos colaboradores no pensamento sociológico inicial. Todavia, geralmente atribui-se especial proeminência ao autor francês Auguste Comte (1798-1857), que inventou a palavra "sociologia" por volta de 1840. Comte originalmente usou o termo "física social" para descrever o novo campo, mas alguns de seus rivais intelectuais da época também estavam usando esse termo. Comte queria distinguir as suas ideias das deles e, então, cunhou o termo "sociologia" — o estudo sistemático do mundo social.

O pensamento de Comte refletia os acontecimentos turbulentos da sua era. Ele queria criar uma ciência da sociedade que descobrisse as "leis" do mundo social, assim como a ciência natural havia descoberto leis no mundo natural. Comte reconheceu que cada disciplina científica tinha seu próprio assunto, mas achava que um método lógico e científico semelhante se aplicaria a todas as disciplinas. Desvendar as leis que controlam as sociedades humanas poderia nos ajudar a modelar nosso próprio destino e melhorar o bem-estar de cada um de nós.

Comte queria que a sociologia se tornasse uma "ciência positiva", que usasse os mesmos métodos rigorosos da astronomia, da física e da química. O **positivismo** é uma doutrina que sustenta que a ciência deve se preocupar apenas com entidades observáveis, que sejam conhecidas da experiência direta. Com base em observações cuidadosas, pode-se inferir leis para explicar os relacionamentos entre esses fenômenos observados. Compreendendo as relações causais entre os eventos, os cientistas podem então prever como ocorrerão eventos futuros. Uma abordagem positivista na sociologia visa a produzir conhecimento sobre a sociedade com base na evidência extraída de observação, comparação e experimentação.

Comte argumentou que os esforços humanos para compreender o mundo passaram por três estágios gerais: o teológico, o metafísico e o positivo. No estágio teológico, o pensamento era guiado por ideias religiosas e pela crença de que a sociedade era uma expressão da vontade de Deus. No estágio metafísico, a sociedade passou a ser vista em termos naturais, em vez de sobrenaturais, com os eventos sendo explicados por referência a leis naturais. O estágio positivo, introduzido pelas descobertas de Copérnico, Galileu e Newton, encorajava a aplicação de métodos científicos. Comte considerava a sociologia a última das ciências a serem desenvolvidas, mas argumentou que ela também era a mais significativa e complexa.

Na última fase de sua carreira, Comte estava profundamente ciente do estado da sociedade em que vivia e preocupado com as desigualdades produzidas pela industrialização e a ameaça que elas representavam à coesão social. A solução a longo prazo, em sua visão, era a produção de um consenso moral por meio de uma nova "religião da humanidade", que manteria a sociedade unida apesar dos novos padrões de desigualdade. Embora a visão de Comte nunca tenha sido concretizada, sua contribuição para a fundação de uma **ciência** da sociedade foi importante para a posterior profissionalização da sociologia como uma disciplina acadêmica legítima.

Émile Durkheim

Outro sociólogo francês, Émile Durkheim (1858-1917), teve um impacto mais duradouro sobre a sociologia do que Comte. Durkheim via a sociologia como uma ciência nova que transformava as questões filosóficas tradicionais em sociológicas, exigindo estudos de pesquisa — empírica — do mundo real. Ele argumentava que devemos estudar a vida social com a mesma objetividade dos cientistas que estudam o mundo natural, noção resumida em sua famosa prescrição para "estudar os fatos sociais como coisas". Com isso, ele queria dizer que as instituições sociais têm uma realidade rígida, objetiva, que lhes permite ser analisadas de forma tão rigorosa quanto os objetos ou fenômenos da natureza.

Mas o que é um **fato social**? Durkheim explica que os fatos sociais são todas aquelas instituições e regras de ação que restringem ou canalizam o comportamento humano. Para o indivíduo, os fatos sociais podem ser sentidos como uma pressão externa, embora quase sempre sejam aceitos sem questionamento como partes "naturais" ou "normais" da vida. Por exemplo, o sistema monetário é um fato social a respeito do qual raramente pensamos. Somos pagos com dinheiro, pedimos dinheiro emprestado dos bancos para comprar um carro ou uma casa, e, se não fizermos bom uso do dinheiro, seremos considerados um alto risco, podendo perder a credibilidade para obter empréstimos. Mas o sistema monetário já estava estabelecido antes de nascermos e, como somos forçados a usá-lo para fazer parte da sociedade, estamos sujeitos às suas regras. Nesse sentido, o sistema restringe ou modela nossas ações. Isso é típico de todos os fatos sociais; eles existem independentemente do indivíduo e modelam suas escolhas e ações.

Em sua análise das taxas de suicídio, Durkheim usou o conceito dos fatos sociais para explicar por que alguns países tinham taxas de suicídio mais altas do que outros (ver Estudos clássicos 1.1, mais adiante). O suicídio parece ser um ato puramente pessoal, resultado da infelicidade pessoal extrema ou talvez de profunda depressão. Ainda assim, Durkheim mostrou que fatos sociais como religião, casamento, divórcio e classe social exercem influência sobre as taxas de suicídio. E, como existem padrões comuns a diferentes países, esses padrões precisam ser explicados de forma sociológica, e não psicológica.

Durkheim estava preocupado com as mudanças que transformavam a sociedade em seu próprio período de vida e estava particularmente interessado na **solidariedade** social e moral — aquilo que une a sociedade. A solidariedade é mantida quando os indivíduos estão integrados em **grupos sociais** e são regulados por um conjunto de valores e costumes compartilhados. Em *A divisão do trabalho social*, Durkheim (1984 [1893]) argumentava que o advento da era industrial também gerou um novo tipo de solidariedade.

De acordo com Durkheim, culturas mais antigas com uma baixa **divisão do trabalho** (papéis especializados, como cargos de trabalho) são caracterizadas pela **solidariedade mecânica**. A maioria das pessoas está envolvida em ocupações semelhantes e unida por experiências comuns e crenças compartilhadas. Mas o desenvolvimento da indústria moderna e a ampliação das cidades produziram uma divisão expansiva de trabalho que desmembrou as formas mecânicas de solidariedade. Com o aumento da especialização de tarefas e papéis, criou-se um tipo de **solidariedade orgânica**. À medida que a divisão de trabalho se expande, as pessoas se tornam mais dependentes umas das outras, pois cada pessoa precisa de bens e serviços que são fornecidos por outras, que estão em ocupações diferentes. Assim como acontece com o corpo humano "orgânico", cada parte ou órgão depende de todos os outros para que a sociedade ou o corpo inteiro funcione de modo adequado.

Não obstante, Durkheim imaginava que a **mudança social** no mundo moderno era tão rápida e intensa que poderiam surgir grandes dificuldades. Com a mudança das sociedades, também mudam estilos de vida, moral, crenças e padrões de comportamento aceitos. Porém, quando a mudança é rápida e contínua, os valores antigos perdem seu controle sobre as pessoas sem que outros novos sejam

Estudos clássicos 1.1 — Estudo de Émile Durkheim sobre as taxas de suicídio

O problema da pesquisa

Um dos aspectos emocionais mais inquietantes de nossas vidas é o fenômeno do suicídio, que normalmente deixa aqueles que ficam com mais perguntas do que respostas. Por que certas pessoas decidem tirar sua própria vida? De onde vêm realmente as pressões que elas experimentam? Um dos primeiros clássicos sociológicos que explora a relação entre o indivíduo e a sociedade é a análise de Émile Durkheim sobre as taxas de suicídio, em *O suicídio: estudo de sociologia* (Durkheim, 1952 [1897]). Embora as pessoas se considerem indivíduos que exercem seu livre-arbítrio e seu direito de escolha, o estudo de Durkheim mostrou que até mesmo um ato tão pessoal como o suicídio é influenciado pelo que ocorre no mundo social mais amplo.

Antes do estudo de Durkheim, já haviam sido realizadas pesquisas sobre o suicídio, mas ele foi o primeiro a insistir em uma explicação sociológica. Outros autores haviam reconhecido a influência do "tipo racial", do clima ou de transtornos mentais para explicar a probabilidade de um indivíduo cometer suicídio. Mas Durkheim argumentou que a taxa de suicídio — a porcentagem de suicídios por 100 mil habitantes — era um fato social que só poderia ser explicado por outros fatos sociais e que as taxas de suicídio variavam amplamente entre as diferentes sociedades do mundo (ver Figura 1.1).

Ao analisar as estatísticas oficiais de suicídio na França, Durkheim observou que certos grupos sociais tinham maior probabilidade de cometer suicídio do que outros. Ele descobriu que havia mais suicídios entre os homens do que entre as mulheres, entre os protestantes do que entre os católicos, entre os ricos do que entre os pobres, e entre pessoas solteiras do que entre pessoas casadas. Por que isso ocorre?

A visão de Durkheim

Essas observações levaram Durkheim a concluir que existem forças sociais *externas ao indivíduo* que afetam as taxas de suicídio. Ele relacionou a sua explicação à ideia de solidariedade social e a dois tipos de vínculos dentro da sociedade — integração social e regulação social. Durkheim argumentava que as pessoas que eram muito integradas em grupos sociais, e cujos desejos e aspirações eram regulados por normas sociais, tinham menor probabilidade de cometer suicídio. A partir disso, ele identificou quatro tipos de suicídio, segundo a presença ou a ausência relativa de integração e regulação.

1. Os *suicídios egoístas* são marcados por pouca integração na sociedade e ocorrem quando o indivíduo está isolado, ou quando seus laços com o grupo estão enfraquecidos ou rompidos. Por exemplo, as baixas taxas de suicídio

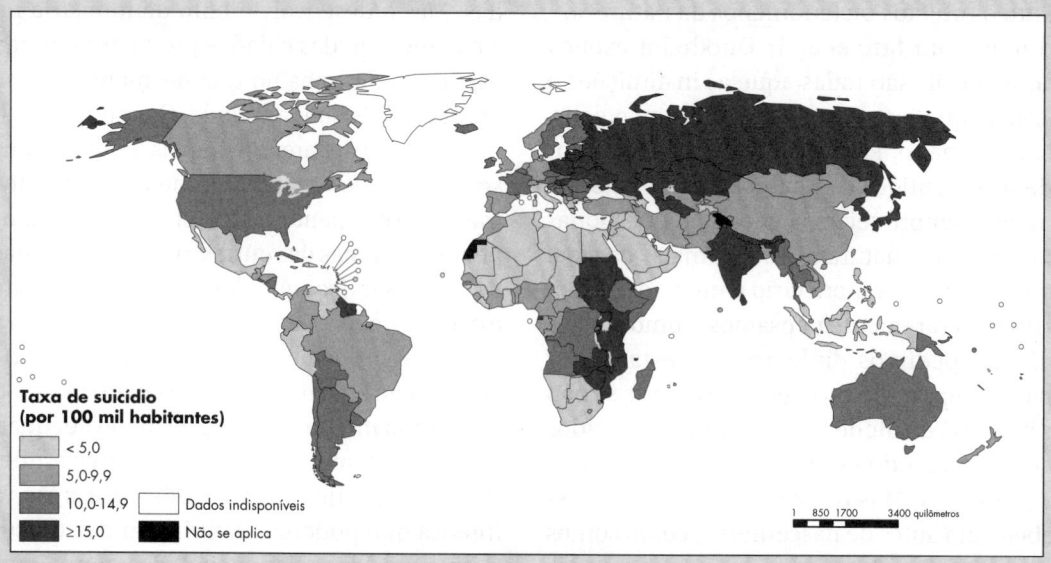

FIGURA 1.1 Taxas de suicídio padronizadas por idade, ambos os sexos, 2016.
Fonte: Organização Mundial da Saúde (2018a).

entre os católicos podem ser explicadas pela força da sua comunidade social, ao passo que a liberdade pessoal e a moral dos protestantes significam que eles "estão sós" perante Deus. O casamento protege contra o suicídio, integrando o indivíduo em uma relação social estável, enquanto as pessoas solteiras permanecem mais isoladas na sociedade.

2. O *suicídio anômico* é causado pela falta de regulação social. Com isso, Durkheim estava se referindo às condições sociais da *anomia*, quando as pessoas ficam "sem normas" como resultado de mudanças rápidas ou instabilidade econômica. A perda de um ponto fixo de referência para normas e desejos — como em épocas de turbulência econômica ou em disputas pessoais, como o divórcio — pode desestabilizar todo o equilíbrio entre as circunstâncias das pessoas e os seus desejos, de modo que elas não saibam mais como seguir em frente.

3. O *suicídio altruísta* ocorre quando um indivíduo está "integrado demais" — os laços sociais são fortes demais — e valoriza a sociedade mais do que a si mesmo. Nesse caso, o suicídio se torna um sacrifício pelo "bem maior". Os pilotos camicase japoneses ou os "homens-bomba" islâmicos são exemplos de suicídios altruístas. Durkheim considerava isso característico de sociedades tradicionais, em que prevalece a solidariedade mecânica.

4. O último tipo de suicídio é o *suicídio fatalista*. Embora Durkheim considerasse esse tipo de pouca relevância contemporânea, acreditava que ele ocorre quando o indivíduo é regulado excessivamente pela sociedade. A opressão do indivíduo em regimes ditatoriais pode resultar em um sentimento de impotência e desesperança.

As taxas de suicídio variam entre as sociedades, mas apresentam padrões regulares *dentro* das sociedades em particular, ao longo do tempo. Durkheim entendia isso como evidência de que existem forças sociais consistentes que influenciam as taxas de suicídio, e, portanto, podemos detectar padrões sociais gerais até mesmo em atos individuais.

Pontos de crítica

Desde a sua publicação, foram levantadas muitas objeções ao estudo de Durkheim, particularmente em relação ao seu uso acrítico de estatísticas oficiais, à sua rejeição de influências não sociais no suicídio e à sua insistência em classificar todos os tipos de suicídio em uma mesma categoria. Algumas críticas mostraram que é vital entender os processos sociais envolvidos na coleta de dados sobre os suicídios, pois as definições e os critérios de legistas influenciam o número de mortes registradas como "suicídios", em primeiro lugar. Por isso, as estatísticas sobre o suicídio podem ser muito variáveis entre as sociedades, como Durkheim sugere, não necessariamente devido às diferenças no comportamento suicida, mas em razão das diferentes práticas que os legistas usam para registrar "mortes inexplicadas". As estatísticas de suicídio podem não nos dar uma imagem válida ou confiável da extensão do suicídio em determinada sociedade.

Relevância contemporânea

Os argumentos dessas críticas são legítimos, embora o estudo de Durkheim continue sendo um clássico da sociologia. Ele ajudou a estabelecer a sociologia como uma disciplina com seu próprio tema de estudo — os fatos sociais —, e seu argumento fundamental ainda mantém sua força: entender totalmente até mesmo as ações mais pessoais dos indivíduos exige uma explicação sociológica, em vez de apenas uma explicação baseada na análise da motivação pessoal. A identificação por Durkheim das taxas de suicídio como um assunto para estudo é hoje amplamente aceita, e o seu estudo também é importante por demonstrar que os fenômenos sociais são passíveis de análise sistemática e científica usando uma metodologia rigorosa.

REFLEXÃO CRÍTICA

Monitore os noticiários locais para procurar três relatórios de possíveis casos de suicídio. A partir das informações fornecidas, algum dos detalhes é apresentado como fator que contribuiria para explicar a morte como um "suicídio"? Por que os legistas podem se afastar de um veredicto de suicídio? Essa prática afetaria o argumento de Durkheim de que existem taxas de suicídio em sociedades específicas? Devemos aceitar as estatísticas da OMS na Figura 1.1 como "fatos sociais"?

estabelecidos. Durkheim chamou essa condição inquietante de **anomia** — sentimentos profundos de falta de propósito, medo e desespero, pois muitas pessoas passam a perceber que sua vida não tem significado nem estrutura, sem ter diretrizes de ação claras. A grande pergunta é se as pessoas podem se acostumar com a mudança rápida e contínua como uma condição de vida "normal" nas condições da modernidade.

Karl Marx

As ideias de Karl Marx (1818-1883) contrastam nitidamente com as de Comte e Durkheim, mas, como eles, Marx procurou explicar as mudanças que estavam ocorrendo na sociedade à época da Revolução Industrial. Quando jovem, as atividades políticas de Marx o colocaram em conflito com as autoridades alemãs; depois de uma breve estadia na França, ele se exilou permanentemente na Grã-Bretanha, onde testemunhou o crescimento de fábricas e da produção industrial, bem como as desigualdades resultantes. Seu interesse no movimento operário europeu e nas ideias socialistas se refletia em seus escritos, e grande parte do seu trabalho se concentrava em questões políticas e econômicas. Porém, como sempre se preocupou em conectar os problemas econômicos com instituições sociais, sua obra era rica em visões sociológicas.

Marx escreveu sobre o grande alcance da história humana, mas seu foco principal estava no desenvolvimento do **capitalismo**: um sistema de produção que se diferencia radicalmente de todos os sistemas econômicos anteriores. Marx identificou dois elementos principais do capitalismo. O primeiro é o capital — isto é, qualquer ativo, incluindo dinheiro,

Alguns protestos de "ocupação" em todo o mundo tinham como alvo formas "gananciosas" de capitalismo, em que uma imensa riqueza se acumula entre uma pequena porcentagem da população, enquanto a maioria, "os 99%", luta para se manter. Os movimentos anticapitalistas do século XXI continuam a se inspirar nas análises de Marx e Engels, embora raramente defendam o comunismo como sua alternativa preferida.

máquinas ou mesmo fábricas, que possa ser usado ou investido para criar ativos futuros. A acumulação do capital acompanha um segundo elemento, a mão de obra assalariada. A mão de obra assalariada se refere ao conjunto de trabalhadores que não têm qualquer **meio de produção** próprio, devendo buscar empregos proporcionados pelos donos do capital.

Marx argumentava que aqueles que possuem o capital — os **capitalistas** — formam uma classe dominante, ao passo que a massa da população forma uma classe de trabalhadores assalariados — a **classe trabalhadora**. À medida que a industrialização avançava, grandes quantidades de camponeses que se sustentavam trabalhando na terra se mudaram para as cidades em processo de expansão e ajudaram a formar uma classe trabalhadora industrial urbana, que Marx chamou de **proletariado**. Para Marx, isso significa que o capitalismo é um sistema **classista**, no qual as relações entre as duas classes principais se caracterizam por um conflito subjacente. Embora os donos do capital e os trabalhadores dependam uns dos outros — os capitalistas precisam da mão de obra e os trabalhadores precisam do salário —, a dependência é muito desequilibrada. Os trabalhadores têm pouco ou nenhum controle sobre o seu trabalho, e os empregadores podem obter lucro apropriando-se do produto da mão de obra dos trabalhadores — pagando-lhes menos do que seu trabalho merece.

Segundo Marx, os conflitos entre as classes proporcionam a motivação para o desenvolvimento histórico; eles são o "motor da história". Marx e Engels (2008 [1848]) escreveram, no começo do *Manifesto comunista*: "a história de todas as sociedades que existiram até nossos dias tem sido a história da luta de classe". De acordo com Marx, houve uma série de estágios históricos, começando com sociedades "comunistas primitivas" de caçadores e coletores e passando pelos antigos sistemas escravagistas e sistemas feudais baseados na divisão entre proprietários de terras e camponeses agricultores. O surgimento de uma nova classe comercial ou capitalista deslocou a nobreza proprietária de terra, e, assim como os capitalistas derrubaram a ordem feudal, os capitalistas também seriam suplantados pelo proletariado.

Marx teorizou a inevitabilidade de uma **revolução** de trabalhadores que derrubaria o sistema capitalista e anunciaria uma nova sociedade, na qual não haveria divisão de grande escala entre proprietários e trabalhadores. Ele chamou esse estágio histórico de **comunismo**. Isso não significa que todas as desigualdades entre os indivíduos desapareceriam de forma mágica, mas que a sociedade não seria mais dividida em uma pequena classe que monopoliza o poder econômico e político e a grande massa de pessoas que recebem poucos benefícios pelo seu trabalho. O sistema econômico passaria a ser de propriedade comum, e lentamente se estabeleceria uma sociedade mais humana e igualitária.

As ideias de Marx tiveram um efeito de longo alcance no século XX. Até apenas uma geração atrás, mais de um terço da população da Terra vivia em sociedades cujos governos se inspiravam nas ideias de Marx. No entanto, uma onda revolucionária que começou na Polônia em 1989 varreu os regimes comunistas de toda a Europa Oriental, terminando com a queda do comunismo na União Soviética — seu reduto — em 1991. Mesmo na China, onde um partido comunista ainda detém o poder político, o desenvolvimento econômico capitalista se firmou. Apesar da disseminação do capitalismo em todo o mundo, a revolução da classe trabalhadora que Marx esperava não parece mais próxima hoje do que no tempo dele.

Max Weber

Como Marx, Max Weber (1864-1920) não foi simplesmente um sociólogo; seus interesses e suas preocupações cobriam muitas áreas. Ele nasceu na Alemanha, onde passou a maior parte da sua carreira acadêmica, e seus escritos cobrim os campos da economia, do Direito, da filosofia e da história comparativa, além da sociologia. Ele também abordava o desenvolvimento do capitalismo moderno e o modo como a sociedade moderna se diferenciava de formas anteriores de organização social. Em uma série de estudos, Weber propôs algumas das características básicas das **sociedades industriais** modernas e identificou questões cruciais que permanecem centrais para a sociologia atualmente.

Weber reconhecia os conflitos de classe, mas os considerava menos significativos do que Marx. Segundo a visão de Weber, os fatores econômicos *são* importantes, mas as ideias e os valores também têm um grande impacto nas mudanças sociais. A elogiada e muito discutida obra de Weber intitulada *A ética protestante e o espírito do capitalismo* (1992

[1904-1905]) propôs que os valores religiosos — especialmente aqueles associados ao puritanismo — tinham importância fundamental para a criação de um panorama capitalista. Ao contrário de outros pensadores sociológicos, Weber argumentava que os sociólogos deveriam estudar a ação social — ações subjetivamente significativas de pessoas que são orientadas para as outras. É trabalho da sociologia entender os significados por trás de todas essas ações individuais.

Um elemento importante na perspectiva sociológica de Weber foi a ideia do tipo ideal. Os tipos ideais são modelos criados para nos alertar sobre algum fenômeno social e para nos ajudar a entendê-lo. Essas construções hipotéticas podem ser muito proveitosas para direcionar pesquisadores a um assunto. Por exemplo, poderíamos construir um simples "grupo terrorista" ideal-típico baseado nos aspectos mais marcantes observados nos casos do Exército Republicano Irlandês (IRA), na Irlanda do Norte, do grupo Pátria Basca e Liberdade (ETA), na Espanha, das Brigadas Vermelhas, na Itália, e das redes globais do Estado Islâmico do Iraque e da Síria (ISIS)/Daesh. Poderíamos notar que todos esses grupos operam fora da política dominante; eles usam a violência contra o estado e, para demonstrar seu poder, muitas vezes têm como alvo os civis. Podemos, então, usar esse tipo ideal para analisar outros casos de violência política no mundo real.

É claro que, na realidade, existem muitas diferenças entre esses quatro grupos. As Brigadas Vermelhas eram comunistas, o IRA era um grupo nacionalista irlandês, o ETA era uma organização separatista basca e o ISIS/Daesh é uma rede islâmica global. No entanto, usando nosso tipo ideal, podemos acomodar essas diferenças ao mesmo tempo que reconhecemos que as organizações compartilham características suficientes para serem descritas coletivamente como "grupos terroristas". É importante notar que, por tipo "ideal", Weber não quis dizer que a concepção fosse perfeita ou desejável. Tipos ideais são formas "puras" ou "unilaterais" de fenômenos sociais reais. Mas construir um tipo ideal de terrorismo (ou de qualquer outra coisa) a partir de aspectos comuns de muitos casos observados é mais eficaz e útil do que usar um grupo terrorista real como modelo para outros.

Segundo a visão de Weber, o surgimento da sociedade moderna foi acompanhado por importantes mudanças em padrões de ação social. Ele acreditava que as pessoas estavam se afastando de crenças tradicionais fundamentadas em superstição, religião, costumes e hábitos antigos. Por outro lado, os indivíduos estavam cada vez mais envolvidos em cálculos racionais e instrumentais, que levavam em conta a eficiência e as consequências futuras dos seus atos. Na sociedade industrial, havia pouco espaço para o sentimento ou para fazer as coisas simplesmente porque "sempre foram feitas daquele modo". Weber descreveu o desenvolvimento da ciência, da tecnologia moderna e da burocracia coletivamente como racionalização — a organização da vida social segundo os princípios da eficiência e com base no conhecimento técnico. Se a religião e os costumes antigos definiam as posturas e os valores das pessoas, a sociedade moderna foi marcada pela racionalização da política, da religião, da atividade econômica e, até mesmo, da música.

Weber tinha preocupações importantes quanto ao resultado do processo de racionalização. Ele temia que a disseminação da burocracia, que é a forma mais eficiente de administração, engessaria a criatividade e aprisionaria os indivíduos em uma "jaula de ferro" da qual haveria pouca chance de escapar. Essa dominação burocrática, ainda que baseada em princípios racionais, poderia esmagar o espírito humano, tentando regular todos os aspectos da vida. Para Weber, a agenda aparentemente progressista do Iluminismo do século XVIII, de progresso científico, aumentando a riqueza e a felicidade, também trouxe consigo um lado obscuro e com novos perigos.

Três tradições teóricas

Como vimos, Durkheim, Marx e Weber adotaram abordagens diferentes em seus estudos. Durkheim enfatizou o poder coercitivo das forças sociais na geração de valores compartilhados e consenso. Marx também via as estruturas sociais como poderosas, mas argumentava que o conflito e a desigualdade eram endêmicos em todas as sociedades. Por outro lado, Max Weber focou a atenção no caráter significativo da vida social e nas ações sociais dos indivíduos. Essas diferenças de abordagem persistiram através da história da sociologia, desenvolvendo-se em três tradições sociológicas gerais: o funcionalismo de Durkheim, a teoria do conflito de Marx e a abordagem da ação social ou "ianteracionismo" de Weber.

Algumas das principais transações comerciais e econômicas de hoje ocorrem no mercado de ações de forma altamente racionalizada, com quase nenhuma interação pessoal entre os *traders*. Isso contrasta fortemente com as negociações personalizadas de permutas de produtos e bancas de mercado que continuam existindo em muitas comunidades locais.

As três tradições são apresentadas resumidamente a seguir, mas você encontrará argumentos e ideias que se baseiam nelas ao longo do livro. Depois de um tempo, você poderá identificar de qual tradição qualquer estudo de pesquisa específico que você encontrar está mais próximo.

> As abordagens teóricas desenvolvidas mais recentemente, como feminismo, pós-modernismo e estudos figurativos, são examinadas em mais detalhe no Capítulo 3, "Teorias e perspectivas sociológicas".

Funcionalismo

O **funcionalismo** diz que a sociedade é um sistema complexo cujas várias partes atuam juntas para produzir estabilidade, e que a sociologia deve investigar suas relações. Por exemplo, podemos analisar crenças e costumes religiosos de uma sociedade mostrando como eles se relacionam com outras instituições, pois as diferentes partes de uma sociedade se desenvolvem em relação íntima entre si. Os funcionalistas, incluindo Comte e Durkheim, costumam fazer uma analogia entre a operação da sociedade e a de um organismo vivo. Eles argumentam que as partes da sociedade funcionam juntas, assim como as várias partes do corpo hu-

USANDO SUA IMAGINAÇÃO SOCIOLÓGICA

1.1 Fundadores negligenciados da sociologia?

A sociologia, como muitos campos acadêmicos, nem sempre cumpriu o seu ideal de reconhecer o trabalho acadêmico com base em seu mérito intrínseco. Pouquíssimas mulheres ou indivíduos de minorias raciais tiveram a oportunidade de se tornar sociólogos profissionais no século XIX e no começo do século XX. E os poucos que tiveram oportunidade de fazer pesquisa sociológica de importância duradoura foram negligenciados com frequência. Apresentamos aqui três importantes estudiosos cujos trabalhos atraíram a atenção nos últimos anos.*

Harriet Martineau (1802-1876)

Harriet Martineau foi rotulada como "a primeira socióloga", mas, como Marx e Weber, não pode ser considerada apenas uma socióloga. Ela nasceu e foi educada na Inglaterra e escreveu mais de 50 livros, além de inúmeros ensaios. Martineau hoje recebe o crédito de ter introduzido a sociologia na Grã-Bretanha, com sua tradução do tratado de Comte, *Filosofia positiva* (ver Rossi, 1973). Além disso, Martineau fez um estudo sistemático em primeira mão da sociedade norte-americana durante suas prolongadas viagens pelos Estados Unidos (EUA) na década de 1830, que é o tema de seu livro *Society in America* (Martineau, 1962 [1837]). Atualmente, ela é importante para os sociólogos por várias razões.

Primeiramente, ela argumentou que, quando se estuda uma sociedade, deve-se enfocar todos os seus aspectos, incluindo as principais instituições políticas, religiosas e sociais. Em segundo lugar, ela insistia que a análise de uma sociedade deve incluir um entendimento da vida das mulheres, algo que somente na década de 1970 se tornou comum na sociologia dominante com intervenções feministas. Em terceiro, ela foi a primeira pessoa a dirigir um olhar sociológico a questões antes ignoradas, incluindo casamento, filhos, vida doméstica e religiosa e relações raciais. Como escreveu certa vez, "o quarto das crianças, o *boudoir* e a cozinha são excelentes escolas para aprender os modos e costumes de um povo" (1962 [1837]). Por fim, ela argumentava que os sociólogos podem fazer mais do que apenas observar; eles também devem agir de forma a beneficiar a sociedade. Como resultado, Martineau foi uma ativa proponente dos direitos das mulheres e da emancipação dos escravos.

W. E. B. Du Bois (1868-1963)

Du Bois foi um sociólogo americano, historiador e ativista dos direitos civis dos negros, foi o primeiro afro-americano a obter um doutorado em Harvard (em 1895) e foi professor de história, sociologia e economia na Universidade de Atlanta. Sua obra abrange estudos empíricos, filosofia, teoria sociológica e história, sendo caracterizada por três livros altamente significativos: *The Philadelphia negro* (1899), *As almas da gente negra* (1903) e *A reconstrução negra na América* (1935).

Em *As almas da gente negra*, Du Bois se concentrou no fracasso da abolição da escravatura em promover igualdade racial nos EUA na década de 1860. Ele argumentava que os negros nos estados do Sul viviam com uma "dupla consciência"; sendo, ao mesmo tempo, negros e americanos, eles deveriam ser capazes de viver sem "ser amaldiçoados e cuspidos por seus companheiros, sem ter as portas da oportunidade fechadas grosseiramente em sua cara" (Du Bois, 1903: 2-3). Ele viu que o principal problema do século XX vindouro era o da "linha da cor", a segregação de brancos e negros. Seu meticuloso estudo sociológico empírico de um bairro pobre e majoritariamente negro da Filadélfia (2007 [1899]) foi um ambicioso mapeamento da pobreza urbana. Du Bois mostrou que o racismo branco efetivamente estabelecia limites aos setores e cargos em que os negros podiam ingressar, desfazendo empiricamente a ideia de que sua pobreza se devia à preguiça e à falta de inteligência inata. A maioria dos estudiosos agora reconhece esse estudo como um precursor fundamental para o trabalho da Escola de Sociologia de Chicago (ver Capítulo 13, "Cidades e vida urbana").

Finalmente, Lemert (2000: 244) argumenta que a influência marxista na escrita de Du Bois é mais forte em *A reconstrução negra*, que traça relações estruturadas pós-emancipação entre trabalhadores e proprietários de plantações. Nisso, ele viu que a linha da cor "cortava a classe trabalhadora, bem como entre a classe trabalhadora e os proprietários". O trabalho de Du Bois estava em grande parte ausente da história da sociologia, mesmo nos EUA, mas o interesse por ele aumentou rapidamente como resultado da cultura pós-colonial e de tentativas de descolonizar a sociologia.

---

* N. de R.T. No Brasil, além das "três tradições teóricas", procura-se valorizar a obra do sociólogo alemão Georg Simmel (1858-1918).

Ibn Khaldun (1332-1406)

O estudioso muçulmano Ibn Khaldun nasceu onde hoje fica a Tunísia e ficou famoso por seus estudos históricos, sociológicos e político-econômicos. Ele escreveu muitos livros, sendo o mais conhecido a sua obra de seis volumes *Muqaddimah*, concluída em 1378. Ela é vista por alguns estudiosos hoje como um trabalho inicial fundamental da sociologia (ver Alatas, 2006). O *Muqaddimah* criticava as abordagens e os métodos históricos existentes, que lidavam apenas com descrição, reivindicando, em vez disso, a descoberta de uma nova "ciência da organização social", ou "ciência da sociedade", capaz de chegar ao significado subjacente dos acontecimentos.

Ibn Khaldun criou uma teoria do conflito social baseada na compreensão das características centrais das sociedades "nômades" e "sedentárias" de sua época. Central à sua teoria era o conceito de "sentimento grupal" ou solidariedade (*asabiyyah*). Os grupos e as sociedades com um forte sentimento grupal eram capazes de dominar e controlar aqueles que tinham formas mais fracas de solidariedade interna. Ibn Khaldun desenvolveu essas ideias na tentativa de explicar a ascensão e o declínio dos Estados do Magrebe e árabes, e, nesse sentido, pode-se considerar que ele estudou o processo de formação do Estado — uma grande preocupação da sociologia histórica ocidental moderna. As tribos nômades de beduínos tendiam a ter um forte sentimento grupal, o que possibilitava que superassem e dominassem os moradores da cidade, sedentários e mais fracos, e estabelecessem novas dinastias. No entanto, os beduínos desenvolveram estilos de vida mais urbanizados, e seu sentimento grupal e sua força militar, antes fortes, diminuíram, deixando-os novamente à mercê de ataques de inimigos externos. Isso fechava um longo ciclo de ascensão e declínio dos Estados. Embora historiadores e sociólogos ocidentais do final do século XIX e começo do XX se referissem à obra de Ibn Khaldun, foi somente nos últimos anos que ela passou a ser considerada potencialmente significativa.

> **REFLEXÃO CRÍTICA**
>
> Faça uma pesquisa *on-line* sobre um desses três sociólogos. Que explicações são oferecidas para o fato de seu trabalho ter sido negligenciado pelos sociólogos durante a maior parte do século XX?

mano, para benefício da sociedade como um todo. Para estudar um órgão do corpo como o coração, precisamos mostrar como ele se relaciona com outras partes do corpo. Bombeando sangue para o corpo, o coração desempenha um papel vital na manutenção da vida do organismo. De maneira semelhante, analisar a função de uma instituição social, como o sistema de educação, significa mostrar o papel que ela desempenha na condução tranquila de uma sociedade.

O funcionalismo enfatiza a importância do **consenso moral** para a manutenção da ordem e da estabilidade. O consenso moral existe quando a maioria das pessoas de uma sociedade compartilha dos mesmos valores. Os funcionalistas consideram a ordem e o equilíbrio como o estado normal da sociedade, e esse equilíbrio social se baseia na existência de um consenso moral entre os membros da sociedade. Por exemplo, Durkheim argumentava que a religião reafirmava a adesão das pessoas a valores sociais centrais, contribuindo, assim, para a manutenção da coesão social.

Até a década de 1960, o pensamento funcionalista provavelmente era a principal tradição teórica da sociologia, particularmente nos Estados Unidos. Talcott Parsons (1902-1979) e Robert K. Merton (1910-2003) foram dois de seus principais representantes. A versão de Merton do funcionalismo foi particularmente influente. Merton fez uma distinção entre as funções manifestas e as funções latentes. As **funções manifestas** são aquelas conhecidas e pretendidas pelos participantes de determinado tipo de atividade social. Já as **funções latentes** são consequências dessa atividade das quais os participantes não estão cientes. Para ilustrar essa distinção, Merton usou o exemplo da dança da chuva realizada pela tribo Hopi do Arizona e do Novo México. Os hopis acreditavam que a cerimônia traria a chuva de que precisavam para a sua colheita (uma função manifesta). Porém, a dança da chuva, segundo Merton, também tem o efeito de promover a coesão da sociedade Hopi (sua função latente). Uma parte importante da explicação sociológica, segundo Merton, consiste em descobrir as funções latentes de atividades e instituições sociais.

Merton também distinguia entre funções e disfunções. Procurar os aspectos disfuncionais do comportamento social significa concentrar-se em aspectos da vida social que desafiam a ordem existente das coisas. Por exemplo, seria um erro supor que a religião sempre é funcional e que ela contribui apenas para a coesão social. Quando dois grupos defendem religiões diferentes, o resultado pode ser grandes conflitos sociais, causando perturbações sociais disseminadas. Assim, guerras foram travadas entre comunidades religiosas — como pode ser visto nas disputas entre protestantes e católicos na história da Europa ou entre muçulmanos sunitas e xiitas no Oriente Médio.

Desde o final da década de 1970, a popularidade do funcionalismo começou a diminuir, à medida que suas limitações se tornaram aparentes. Embora isso não se aplique a Merton, muitos pensadores funcionalistas enfatizavam a estabilidade e a ordem social, minimizando as divisões sociais e as desigualdades baseadas em fatores como classe, etnicidade e gênero. O funcionalismo também coloca menos ênfase no papel da ação social criativa na sociedade. Muitos críticos argumentam que a análise funcional atribui às sociedades certas qualidades sociais que elas não têm. Por exemplo, muitos funcionalistas costumam escrever como se as sociedades tivessem "necessidades" e "propósitos", mas esses conceitos somente fazem sentido quando aplicados a seres humanos individuais. De forma igualmente significativa, nas décadas de 1960 e 1970, surgiu uma onda dos chamados "novos movimentos sociais" — envolvendo, entre outros, estudantes, ambientalistas e movimentos pacifistas —, que a análise funcional parecia particularmente mal equipada para entender e explicar.

Teorias do conflito

Como os funcionalistas, os sociólogos que empregam teorias do conflito enfatizam a importância das estruturas sociais, defendendo um "modelo" abrangente para explicar como a sociedade funciona. Todavia, os teóricos do conflito rejeitam a ênfase do funcionalismo no consenso. Em vez disso, eles destacam a importância das divisões na sociedade e concentram-se em questões de poder, desigualdade e luta competitiva. Eles tendem a considerar que a sociedade é composta de grupos distintos, cada um buscando seus próprios interesses, e isso significa que o potencial de conflito está sempre presente. Os teóricos do conflito analisam as tensões entre os grupos dominantes e dominados e tentam entender como as relações de controle se estabelecem e se perpetuam.

Tanto Marx quanto as abordagens marxistas posteriores foram muito influentes na teoria do conflito, embora seja importante observar que nem todas as teorias do conflito são marxistas. O feminismo, por exemplo, é uma forma de teoria do conflito que se concentra na desigualdade de gênero — a situação desigual entre homens e mulheres que existe na maioria das sociedades. Para algumas teóricas feministas, a desigualdade de gênero é mais significativa do que a desigualdade baseada em classes e tem uma história muito mais longa. A dominação masculina da sociedade continua até hoje, embora o ativismo político das mulheres tenha causado impacto em muitas áreas da vida, trazendo uma medida de igualdade (Abbott et al., 2005).

Como uma perspectiva de conflito na sociologia, o feminismo chama a atenção para questões que os sociólogos anteriormente ignoravam. Em particular, a pesquisa e a teorização feminista olham para o nível micro, bem como para o mundo macro das grandes estruturas sociais. Por exemplo, feministas estudaram relações de gênero desiguais em situações domésticas e outras esferas "privadas" da vida (como relações sexuais), um movimento controverso nas décadas de 1960 e 1970 (Rahman e Jackson, 2010). Feministas também realizaram pesquisas sobre o uso de estereótipos de gênero e linguagem nas interações, apontando e desafiando muitos pressupostos "machistas" (que favorecem homens sobre mulheres) construídos na estrutura por meio da qual descrevemos e pensamos a respeito do mundo. Podemos ver isso em inúmeras palavras e expressões cotidianas, como "ser humano" (para discutir a humanidade como tal) e "feito pelo homem". Essa é uma ilustração simples das inúmeras maneiras pelas quais a posição subordinada das mulheres na sociedade se reflete na dominação masculina não reconhecida da própria linguagem.

Feministas também não ignoram o nível macro. Estudos feministas mostraram que a desigualdade de gênero está inserida nas estruturas sociais modernas, como sistemas legais, educação e escolaridade, governo e política, e muitas outras. Da mesma forma, para demonstrar a extensão e o alcance da desigualdade de gênero, o trabalho feminista utilizou estatísticas oficiais e examinou padrões de mudança durante longos períodos. A **teorização feminista** se desenvolveu continuamente em novas áreas e novos tipos de teoria, e estes são abordados em mais detalhes posteriormente neste livro.

> A pesquisa e a teorização feminista podem ser encontradas no decorrer de diversos capítulos do livro, mas há discussões significativas sobre a teoria feminista e o seu desenvolvimento no Capítulo 3, "Teorias e perspectivas sociológicas", e no Capítulo 7, "Gênero e sexualidade".

Interacionismo simbólico

A abordagem da ação social de Weber inspirou muitas formas "interacionistas" de sociologia. Uma das mais influentes foi o **interacionismo simbólico**, que também deve muito ao filósofo social norte-americano George Herbert Mead (1863-1931). O interacionismo simbólico parte de uma preocupação com a língua e o significado. Mead afirma que a língua permite que nos tornemos seres autoconscientes — cientes de nossa própria individualidade e capazes de nos enxergar de fora, "como os outros nos veem". O elemento-chave nesse processo é o símbolo. Um símbolo é algo que significa outra coisa. Por exemplo, as palavras que usamos para nos referir a certos objetos na verdade são símbolos que representam o que queremos dizer. A palavra "colher" é o símbolo que usamos para descrever o utensílio que usamos para tomar sopa. Os gestos ou as formas de comunicação não verbais também são símbolos. Acenar para alguém ou fazer um gesto obsceno são atos que têm valor simbólico.

O interacionismo simbólico direciona a nossa atenção para os detalhes das interações interpessoais e para o modo como os usamos a fim de entender o que as pessoas dizem e fazem. Os sociólogos influenciados pelo interacionismo simbólico normalmente enfocam as interações presenciais no contexto da vida cotidiana. Eles enfatizam o papel dessas interações na criação da sociedade e de suas instituições. Max Weber exerce uma influência direta e importante nessa abordagem teórica, pois, embora reconhecesse a existência de estruturas sociais, acreditava que essas estruturas eram criadas por meio das ações sociais dos indivíduos.

Embora a perspectiva interacionista simbólica possa gerar muitas ideias sobre a natureza das nossas ações no decorrer da vida social cotidiana, ela foi criticada por ignorar as questões mais amplas do poder e da estrutura da sociedade, bem como seu papel no condicionamento da ação individual. No entanto, um exemplo clássico de interacionismo simbólico que leva em conta essas questões é *The managed heart: commercialization of human feeling* (1983), de Arlie Hochschild. Hochschild observou sessões de treinamento e fez entrevistas no centro de treinamento de comissárias de bordo da Delta Airlines em Atlanta, nos EUA. Ela assistiu às comissárias de bordo serem treinadas para controlar seus sentimentos, além de aprenderem outras habilidades. Hochschild (2012 [1983]: 4) lembra dos comentários de um instrutor, um piloto: "Garotas, quero que vocês saiam lá fora e sorriam de verdade", o piloto instruiu. "Seu sorriso é o seu principal recurso. Quero que vocês saiam lá fora e usem ele. Sorriam. Sorriam de verdade. Dediquem-se a ele".

A pesquisa de Hochschild observou que, na medida em que as economias ocidentais se tornaram cada vez mais baseadas na prestação de serviços, é preciso entender o estilo emocional do trabalho que fazemos. Seu estudo do treinamento para "atendimento de clientes" pode parecer familiar a qualquer um que já tenha trabalhado em lanchonetes, restaurantes ou bares. Hochschild chama esse treinamento de "trabalho emocional" — o trabalho que exige que o indivíduo controle seus sentimentos para criar uma expressão facial e corporal que possa ser observada (e aceita) publicamente. Segundo Hochschild, as empresas para as quais você trabalha fazem exigências não apenas quanto aos seus movimentos físicos, mas também em relação às suas emoções.

Em muitos setores de serviço, as habilidades dos trabalhadores se estendem para a gestão contínua da demonstração pública de suas emoções, algo que pode ser tão exaustivo quanto outras formas de trabalho.

Essa pesquisa considerou um aspecto da vida que a maioria das pessoas aceitava naturalmente e mostrou que a sociologia precisa compreendê-lo em um nível mais profundo. Hochschild observa que os trabalhadores do setor de serviços — como os trabalhadores braçais — muitas vezes têm uma sensação de distância ou **alienação** do aspecto específico da sua pessoa que usam no trabalho. O braço do trabalhador braçal, por exemplo, pode parecer uma peça do maquinário, e apenas incidentalmente uma parte da pessoa que o mexe. Da mesma forma, os trabalhadores do setor de serviços diziam a Hochschild que seus sorrisos estavam *neles*, mas não eram *deles*. Em outras palavras, eles tinham uma sensação de distância de suas próprias emoções. O livro de Hochschild é uma demonstração influente do interacionismo simbólico, e muitos outros estudiosos se basearam em suas ideias para expandir a tradição interacionista.

Tradições e teorias

O funcionalismo, a teoria do conflito e o interacionismo simbólico são tradições teóricas — orientações amplas e gerais para o tema da sociologia. No entanto, podemos fazer uma distinção entre essas *tradições* amplas e as *teorias* particulares que se desenvolvem a partir delas. As teorias são mais estreitamente enfocadas e são tentativas de explicar condições sociais, eventos ou mudanças sociais particulares. Por exemplo, o feminismo faz parte da tradição do conflito, pois as feministas veem um conflito básico na sociedade entre os interesses de homens e mulheres. Mas as sociólogas feministas também criaram diversas teorias mais restritas para explicar aspectos específicos das **relações de gênero** (relacionamentos padronizados entre homens e mulheres), como: por que mais mulheres casadas estão ingressando no trabalho remunerado, por que as mulheres ainda são vistas como responsáveis pelo cuidado dos filhos, ou por que os homens jovens agora têm um desempenho pior na educação do que as mulheres jovens. Foram desenvolvidas muitas teorias desse tipo nas diferentes áreas da vida estudadas pelos sociólogos.

O fato de a sociologia não ser dominada por uma única tradição teórica poderia ser visto como um sinal de fraqueza, mas não é o caso. O empurrão de tradições e teorias rivais é uma expressão da vitalidade do empreendimento sociológico. Ao estudar os seres humanos (nós mesmos), a diversidade teórica nos resgata do dogma e da estagnação. O comportamento humano tem muitos lados, sendo improvável que um único ponto de vista teórico possa abranger todos os seus aspectos. A diversidade no pensamento teórico oferece uma rica fonte de ideias que estimulam as capacidades criativas, tão essenciais para o progresso do trabalho científico social.

Níveis de análise: microssociologia e macrossociologia

Uma distinção importante entre as diferentes perspectivas teóricas envolve o nível de análise a que cada uma é direcionada. O estudo do comportamento cotidiano em situações de interação pessoal costuma ser chamado de **microssociologia**, enquanto a **macrossociologia** é a análise de estruturas sociais de grande escala e processos de mudança de longo prazo. À primeira vista, pode parecer que a microanálise e a macroanálise são distintas, mas, na verdade, as duas estão intimamente conectadas (Knorr-Cetina e Cicourel, 1981; Giddens, 1984).

A macroanálise é essencial se quisermos entender a base institucional da vida cotidiana. As maneiras como as pessoas vivem suas vidas diárias são bastante afetadas pelas instituições sociais, o que fica claro quando se considera o impacto, sobre as nossas vidas, do sistema educacional, da estrutura política e do sistema de leis em que vivemos. De modo semelhante, mesmo que possamos decidir apenas enviar uma mensagem pelo correio eletrônico a um conhecido, também podemos preferir voar milhares de quilômetros para passar o fim de semana com um amigo. Nenhuma dessas comunicações seria possível sem a incrível infraestrutura global complexa do nosso mundo e as muitas pessoas, organizações e instituições necessárias para montar e operar tudo isso.

A microanálise, por sua vez, é necessária para iluminar os detalhes desses padrões institucionais amplos. A interação presencial, de forma clara, é a base para todas as formas de organização social, não importa o tamanho da escala. Suponha que estejamos estudando uma corporação empresarial. Podemos entender muito sobre suas atividades apenas observando o comportamento pessoal — a interação entre os diretores na sala da diretoria, entre as pessoas trabalhando em diversos escritórios ou entre os operários no chão de fábrica. Não construiríamos um quadro de toda a corporação dessa forma, mas certamente podemos contribuir significativamente para uma compreensão de como a organização funciona "em sua base".

É claro que as pessoas não vivem suas vidas como indivíduos isolados, nem suas vidas são determinadas completamente por grandes estruturas sociais. A sociologia nos conta que a nossa vida cotidiana é vivida em famílias, grupos sociais, comunidades e bairros. Nesse nível — o nível *meso* (ou "médio") da sociedade —, é possível enxergar as influências e os efeitos de fenômenos nos níveis micro e macro. Muitos estudos sociológicos sobre comunidades locais específicas lidam com o impacto macrossociológico de grandes mudanças sociais, como a reestruturação econômica, mas também exploram a maneira como indivíduos, grupos e movimentos sociais lidam com essas mudanças e tentam usá-las para seu benefício.

Por exemplo, a crise financeira de 2008 levou ao aumento do desemprego e à queda dos padrões de vida, mas isso também forçou algumas pessoas a aprender novas habilidades ou iniciar seus próprios pequenos empreendimentos. Os indivíduos não estão simplesmente à mercê de mudanças sociais e econômicas de grande escala, mas se adaptam a elas de formas criativas. Estudos da vida social no nível da comunidade podem proporcionar uma janela para se observar a interação entre os níveis micro e macro da sociedade. Muitos trabalhos aplicados (pesquisa com um objetivo prático) em sociologia ocorrem nesse nível *meso* da realidade social.

Nos próximos capítulos, veremos outros exemplos de como a interação em microcontextos afeta processos sociais mais amplos e como os macrossistemas, por sua vez, influenciam ambientes mais restritos da vida social. No entanto, ainda resta uma questão fundamental a ser examinada neste capítulo: para que serve exatamente a sociologia?

Os usos da sociologia

A sociologia tem várias implicações práticas para as nossas vidas, como enfatizou C. Wright Mills ao desenvolver seu conceito de imaginação sociológica. Primeiramente, a sociologia nos traz uma consciência de diferenças culturais que nos permite enxergar o mundo social a partir de perspectivas variadas. Com frequência, se entendermos corretamente como os outros vivem, também podemos adquirir uma compreensão maior de quais são os seus problemas. As políticas práticas que não se baseiam em uma consciência informada dos modos de vida das pessoas que elas afetam terão pouca chance de sucesso. Por exemplo, um assistente social branco e inglês trabalhando em uma comunidade predominantemente latino-americana no sul de Londres não terá a confiança das pessoas se não desenvolver uma sensibilidade às diferentes experiências dos grupos étnicos no Reino Unido.

Em segundo lugar, a pesquisa sociológica proporciona ajuda prática para avaliar os resultados de iniciativas políticas. Um programa de reforma prática pode simplesmente não alcançar aquilo que seus criadores queriam ou pode ter **consequências indesejadas** de um tipo lamentável. Por exemplo, nos anos após a Segunda Guerra Mundial, foram construídos grandes blocos de prédios para habitação pública nos centros das cidades de muitos países. Eles foram planejados para proporcionar padrões elevados de acomodação para grupos de baixa renda vindos de favelas. Todavia, pesquisas mostraram que muitas pessoas que haviam mudado de suas residências para os grandes prédios de apartamentos se sentiam isoladas e infelizes. Os prédios de apartamentos geralmente eram depredados e tornavam-se terreno fértil para assaltos e outros crimes violentos.

Em terceiro lugar, deve-se mencionar que, como profissionais, muitos sociólogos se preocupam diretamente com questões práticas. Pessoas com formação em sociologia são encontradas atuando como consultores industriais, pesquisadores, planejadores urbanos, assistentes sociais e gerentes de recursos humanos, bem como em muitos outros cargos. Uma compreensão da sociedade e das relações sociais também pode ajudar em carreiras futuras em Direito e justiça criminal, jornalismo, administração e saúde.

Em quarto lugar — de certa maneira, o mais importante —, a sociologia pode nos proporcionar um autoesclarecimento ou uma maior autocompreensão. Quanto mais soubermos sobre por que agimos como agimos e sobre o funcionamento geral da sociedade, mais chances teremos de ser capazes de influenciar o nosso próprio futuro. Não devemos pensar que a sociologia ajuda somente grupos ou governos poderosos. O conhecimento que os sociólogos produzem se torna disponível a todos e, com frequência, é usado por órgãos voluntários, movimentos de caridade e movimentos sociais para reforçar suas demandas por mudança. Contudo, as descobertas dos estudos sociológicos, por si mesmas, são "neutras". Ou seja, elas podem nos dizer como a sociedade é, como ela "funciona" e como ela muda com o tempo, mas não podem nos dizer se ela *deveria* ser dessa forma. Esse é o assunto apropriado para debates políticos e morais concorrentes que envolvem a todos.

Sociologia pública e profissional

Nos últimos anos, alguns sociólogos argumentaram que a sociologia não se envolveu o suficiente com o público e se concentrou demais em debates profissionais internos. Em 2004, no seu discurso presidencial na reunião anual da American Sociological Association, Michael Burawoy defendeu uma nova "sociologia pública" que forjaria relacionamentos com o público além dos estreitos limites das universidades. Ele sustenta que a profissionalização da sociologia no século XX foi benéfica, mas também levou os sociólogos a conversar mais uns com os outros do que com o público "lá de fora" (Burawoy, 2005).

Burawoy diz que existem quatro tipos de sociologia: sociologia profissional, sociologia política, sociologia crítica e sociologia pública. A *sociologia profissional* é a sociologia científica convencional, de base universitária, que gera grandes programas de pesquisa e corpos de conhecimento e viabiliza carreiras acadêmicas. A *sociologia política* inclui todos os estudos que perseguem objetivos definidos pelos clientes, como órgãos de financiamento e órgãos públicos em busca de soluções para problemas sociais. A *sociologia crítica* é "a consciência da sociologia profissional", que aponta os pressupostos questionáveis dos projetos de pesquisa e da sociologia profissional (Burawoy, 2005: 9). A teoria feminista é um exemplo dessa vertente, chamando a atenção para as lacunas na sociologia científica e seus preconceitos não declarados. A *sociologia pública* é o quarto tipo e está enraizada no diálogo. Ou seja, a sociologia pública fala com grupos sociais como sindicatos, movimentos sociais, grupos religiosos e organizações da **sociedade civil** em uma conversa genuína sobre os rumos futuros da sociedade. Nesse sentido, a sugestão é que é necessária uma sociologia mais politicamente engajada, embora isso não seja algo que todos os sociólogos apoiariam.

Para Burawoy e outros, a sociologia pública ainda depende da sociologia profissional, mas as duas existem em uma relação de "interdependência antagônica". A sociologia científica produz métodos de pesquisa, evidências empíricas e teorias que são necessárias para o engajamento da sociologia pública com o público não acadêmico. Porém, diferentemente da sociologia profissional, a versão pública abre um diálogo com esses públicos, permitindo que a própria disciplina seja parcialmente moldada pelas preocupações dos não sociólogos.

Os críticos apontam que essa é uma linha divisória muito rígida. Na prática, grande parte da sociologia profissional de hoje já se esforça para se envolver com participantes e públicos de fora. Há também muito mais sobreposição entre os quatro tipos descritos (Calhoun, 2005; Ericson, 2005). Muitos estudos feministas, por exemplo, não são simplesmente críticas à sociologia científica, mas são eles próprios empíricos, usando métodos de pesquisa e questionários e contribuindo para a sociologia profissional. Os críticos também argumentam que há o perigo de que a disciplina se torne subordinada aos motivos políticos dos movimentos sociais e dos grupos ativistas. Paradoxalmente, se a imagem e a reputação da sociologia profissional forem manchadas, isso poderá causar sérias consequências para o apoio público à disciplina. E, se a sociologia pública realmente depende da credibilidade científica duramente conquistada pela sociologia profissional, ela também pode sofrer.

No entanto, apesar de tais críticas, o argumento básico de que a sociologia profissional não fez o suficiente para se envolver com as preocupações do público foi muito bem recebido. A falta de uma presença pública da sociologia é vista como prejudicial à conscientização pública sobre as teorias e a evidência sociológica, o que deixa uma lacuna a ser preenchida por outras disciplinas, como ciência política, história ou psicologia. Associações profissionais, como a British Sociological Association, tomaram medidas para incentivar seus membros a desenvolver uma maior presença na mídia, como um movimento inicial para aumentar o perfil da sociologia na sociedade, e provavelmente podemos esperar a continuidade dessa tendência.*

---

* N. de R.T. Embora não aborde apenas o caso brasileiro, a obra *Por uma sociologia pública* é uma boa aproximação em português do debate em torno da sociologia pública. Braga, R., & Burawoy, M. (org.). (2009). *Por uma sociologia pública*. São Paulo: Alameda.

Resumo

A sociologia tem se desenvolvido como uma disciplina em que nos afastamos de nossa visão pessoal do mundo a fim de olhar mais atentamente para as influências que modelam nossa vida e as dos outros. A sociologia surgiu como um empreendimento intelectual distinto com o desenvolvimento das sociedades modernas, e o estudo de tais sociedades continua sendo uma preocupação fundamental. No entanto, em um mundo global cada vez mais interconectado, os sociólogos devem ter uma visão igualmente global de seu assunto se quiserem compreendê-lo e explicá-lo corretamente. Durante o período de fundação da sociologia, os problemas centrais da sociedade incluíam o conflito de classes sociais, a distribuição da riqueza, o alívio da pobreza e a questão de para onde estava indo o processo de modernização.

No período contemporâneo, ainda perdura a maioria dessas questões, mas se pode argumentar que os problemas centrais da sociologia estão mudando. Hoje, existem também outras questões, como globalização rápida, terrorismo internacional, pandemia de saúde, danos ao meio ambiente, riscos globais com consequências potencialmente graves, multiculturalismo e desigualdade de gênero. Isso significa que os sociólogos precisam questionar se as teorias criadas para compreender problemas de um período anterior ainda têm alguma influência sobre as novas questões de hoje. Caso contrário, precisaremos projetar novas teorias que sejam mais capazes de perceber o que Karl Mannheim certa vez chamou de "o segredo desses novos tempos". O debate em andamento sobre o *status* e a relevância contínua das teorias sociológicas clássicas pode ser visto neste livro inteiro.

A sociologia não é apenas um campo intelectual abstrato, mas tem implicações práticas na vida das pessoas, e aprender a se tornar um sociólogo não deve ser um esforço maçante ou tedioso. A melhor maneira de evitar que isso aconteça é encarar o assunto de uma forma imaginativa e relacionar as ideias e descobertas sociológicas com situações de sua própria vida. Desse modo, você deverá aprender coisas importantes sobre si mesmo, além de compreender melhor a vida social, as sociedades e o mundo humano em geral.

Revisão do capítulo

1. Que aspectos diferenciam a imaginação sociológica do ponto de vista da pessoa individual? Qual é o tema principal da sociologia?
2. Quais eram os problemas sociais, econômicos e políticos que os primeiros sociólogos procuravam compreender e resolver?
3. Liste as principais contribuições feitas para a fundação da sociologia por Auguste Comte, Karl Marx, Émile Durkheim e Max Weber. Que pressupostos sobre as sociedades são compartilhados por todos os quatro e de que maneira seus pontos de vista divergem?
4. Até mesmo nas ciências naturais as disputas teóricas são difíceis de resolver; mas o que as torna peculiarmente problemáticas na sociologia?
5. Esboce as três tradições teóricas fundamentais da teoria sociológica euro-americana. É justo sugerir que a sociologia precisa de todas as três para ter sucesso, ou uma tradição tem uma melhor compreensão da realidade social? Quais das questões que ganharam destaque a partir da segunda metade do século XX não foram incorporadas adequadamente por nenhuma das três tradições?
6. Usando exemplos de etnicidade ou gênero, explique como os níveis micro e macro da vida social estão conectados. O que significa o nível *meso* da realidade social?
7. Quais são as implicações práticas e as aplicações da pesquisa sociológica? Liste as maneiras como a sociologia pode dar uma contribuição valiosa para melhorar a vida social.
8. Os sociólogos deveriam se envolver mais em debates políticos para influenciar as políticas ou deveriam apenas prosseguir com suas pesquisas e deixar que outros decidam como suas descobertas devem ser usadas? Você consegue imaginar alguma razão pela qual os sociólogos poderiam reter suas descobertas por motivos políticos? Eles deveriam?

Pesquisa na prática

Vimos que o conceito de trabalho emocional foi desenvolvido inicialmente por Arlie Hochschild no contexto da tradição interacionista simbólica. Os trabalhadores que se envolvem no trabalho emocional normalmente dizem que ele é exaustivo. Mas por que isso acontece? Sechelski e Story (2018) analisam essa questão em relação aos consultores acadêmicos nos EUA.

Leia o artigo *on-line* e tente responder às perguntas a seguir:

> Sechelski, A. N. e Story, C. V. (2018). "So This is Why I'm Exhausted: Emotional Labor Explained", *Academic Advising Today*, 41(2); www.nacada.ksu.edu/Resources/Academic-Advising-Today/View-Articles/So-This-Is-Why-Im-Exhausted-Emotional-Labor-Explained.aspx.

1. Que tipo de pesquisa é essa? De onde os pesquisadores coletaram sua evidência?
2. Em relação ao trabalho emocional, o que significa "atuação superficial" e "atuação profunda"?
3. Por que os autores dizem que a atuação profunda é menos exaustiva do que a atuação superficial?
4. O que os consultores podem fazer para evitar a exaustão e o "esgotamento"? Você concorda com as conclusões dos autores?

Pensando sobre isso

As teorias sociológicas há muito se distinguem umas das outras por seu foco principalmente na estrutura social, na agência humana ou no quanto as pessoas são moldadas por sua sociedade, ou vice-versa. Anthony Giddens sugere que o processo de **estruturação** nos ajuda a evitar o foco *ou* na estrutura, *ou* na agência. Os exemplos que fornecemos no capítulo são a forma como os regimes comunistas entraram em colapso no final dos anos 1980 e nos anos 1990 e o modo como as revoltas populares no Oriente Médio e no Norte da África em 2011 e 2012 desafiaram as autoridades existentes.

Faça sua própria pesquisa sobre esses dois conjuntos de eventos. Quais são as principais semelhanças e diferenças entre essas revoltas históricas e seus eventuais resultados? Podemos dizer que sempre há espaço para mudar a estrutura social existente? As estruturas sociais são realmente tão maleáveis quanto diz a teoria da estruturação? A teoria da estruturação presta pouca atenção no poder das autoridades existentes de resistir a mudanças radicais de baixo para cima?

Sociedade nas artes

Leia cuidadosamente a afirmação a seguir.

> [...] falar de arte e teoria social como parceiros iguais é dizer que a arte representa uma fonte de conhecimento social existencial que vale por si mesmo e não é inferior ao conhecimento da ciência social. É dizer que existem certas coisas que a arte pode nos dizer sobre a sociedade que a ciência social não pode nos dizer... Romances, peças de teatro, filmes, pinturas e desenhos nos dizem coisas diferentes sobre a vida social das coisas que uma pesquisa científica social pode nos dizer sobre a vida social, e na medida em que eles nos dizem essas coisas diferentes, eles nos dizem *mais coisas*. (Harrington, 2004: 3)

Considere um romance, uma peça de teatro, um filme, uma pintura ou outra obra de arte que você tenha lido, visto ou ouvido recentemente. O que esse trabalho nos diz sobre a vida social que é (a) *diferente* do que a sociologia nos diz e (b) *mais do que* o conhecimento sociológico? O conhecimento proporcionado pelo trabalho pode ser comparado a descobertas científicas sociais ou estas são simplesmente incomensuráveis?

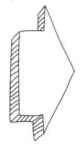

Outras leituras

Para aqueles que são novos na sociologia, a obra de Zygmunt Bauman e Tim May (2019) *Thinking sociologically* (3. ed., Chichester: Wiley Blackwell) é um guia atualizado para desenvolver e usar sua imaginação sociológica, com muitos exemplos cotidianos. Algo mais próximo de uma visão pessoal da sociologia pode ser encontrado no livro de Richard Jenkins (2002) *Foundations of sociology: towards a better understanding of the human world* (Basingstoke: Palgrave Macmillan), que explora o papel da sociologia e dos sociólogos em uma era de globalização.

Outro recurso útil é um bom dicionário de sociologia. As obras de John Scott (2014), *Oxford dictionary of sociology* (4. ed., Oxford: Oxford University Press), e Bryan S. Turner (2006), *The Cambridge dictionary of sociology* (Cambridge: Cambridge University Press), são confiáveis e abrangentes. Para obter um guia de alguns dos principais conceitos usados no trabalho sociológico, veja nosso outro livro, de Giddens e Sutton, *Conceitos essenciais da sociologia* (3. ed., Cambridge: Polity, 2021).

Para ver uma coleção de leituras que abordam o alcance da sociologia, consulte *Sociology: introductory readings* (4. ed., Cambridge: Polity, 2021).

Links da internet

Em **loja.grupoa.com.br**, acesse a página do livro por meio do campo de busca e clique em Material Complementar para ver as sugestões de leitura do revisor técnico à edição brasileira, além de outros recursos (em inglês).

The International Sociological Association — representa sociólogos do mundo inteiro:
www.isa-sociology.org/

The European Sociological Association — busca facilitar a pesquisa sobre questões europeias:
www.europeansociology.org/

The British Sociological Association — algumas informações úteis sobre carreiras de pós-graduação da BSA:
www.britsoc.co.uk/what-is-sociology/sociologist-careers.aspx

SocioSite — Social Science Information System, baseado na Universidade de Amsterdã:
www.sociosite.net/index.php

Sociologia pública — versão de Michael Burawoy da sociologia pública e algumas de suas críticas:
http://burawoy.berkeley.edu/PS.Webpage/ps.mainpage.htm

CAPÍTULO 2

QUESTÕES SOCIOLÓGICAS: PERGUNTAS E RESPOSTAS

SUMÁRIO

Sujeitos da pesquisa e problemas éticos 35

Ciência e sociologia 36

O que é exatamente a "ciência"? 38

O processo de pesquisa 43

Entendendo causa e efeito 46

Causalidade e correlação 46

Métodos de pesquisa sociológica 49

Etnografia 49

Levantamentos (*surveys*) 51

Experimentos 53

Pesquisa biográfica 54

Pesquisa comparativa e histórica 54

Sociologia visual 57

Sociologia digital 60

A influência da sociologia 62

Revisão do capítulo *63*

Pesquisa na prática *64*

Pensando sobre isso *65*

Sociedade nas artes *65*

Outras leituras *66*

Links da internet *67*

Espaços públicos como parques municipais há muito tempo têm oferecido um local de reunião anônimo para encontros sexuais entre homens em culturas que estigmatizam relacionamentos de pessoas do mesmo sexo.

A procura por sexo anônimo e instantâneo entre homens é conhecida no mundo inteiro. Muitos homens — casados ou não, com identidades heterossexuais ou que se consideram *gays* — buscam sexo com pessoas que não conhecem, muitas vezes procurando excitação sexual, mas querendo evitar qualquer forma de envolvimento emocional ou comprometimento. Esses encontros ocorrem frequentemente em locais públicos, como áreas específicas de parques ou banheiros públicos, para evitar a descoberta. Na América da década de 1970, a comunidade *gay* chamava os banheiros onde esses encontros aconteciam de *tearooms* (salas de chá), enquanto no Reino Unido a atividade é conhecida como *cottaging*. Na China moderna, algumas saunas, clubes, banheiros públicos e áreas de parques públicos, como o Parque Dongdan, em Pequim, são locais de encontro conhecidos para homens que fazem sexo com homens (geralmente abreviado como HSH).

Até o final da década de 1960, o fenômeno persistia como uma forma disseminada, mas raramente estudada, de interação humana. A pesquisa do sociólogo americano Laud Humphreys nas "salas de chá" foi um dos primeiros estudos, publicado em seu livro *Tearoom trade* (1970), que foi polêmico na época. A homossexualidade não foi descriminalizada na China, por exemplo, até 1997 e, desde 2001, não é mais definida como um "transtorno mental". As relações entre pessoas do mesmo sexo são mais toleradas do que no passado, mas a igualdade de direitos legais que existe em outras sociedades está ausente na China. As crenças tradicionais no dever para com a **família** e nas relações sexuais apenas dentro do casamento heterossexual também diminuíram um pouco desde as reformas políticas da década de 1970, o desenvolvimento econômico e o aumento do acesso à internet. Apesar dessas mudanças sociais, a homossexualidade há muito é vista como uma forma de desvio da sexualidade na sociedade chinesa e continua sendo estigmatizada. Tanto nos EUA da década de 1970 quanto na China contemporânea, o **estigma** associado às relações entre pessoas do mesmo sexo apresentou aos sociólogos que tentavam entender o fenômeno da sala de chá o problema de obter acesso aos envolvidos.

O estudo de Humphreys foi realizado antes do surgimento do vírus da imunodeficiência humana (HIV) e da aids, na década de 1980, e algumas das atividades que ele testemunhou na época são vistas hoje como mais arriscadas. Na China, por exemplo, os homens usando locais públicos para encontros sexuais surgiram como um grupo de alto risco para infecção por HIV (Shang e Zhang, 2015). Muitos encontros de HSH na China ainda ocorrem sem consideração às práticas de sexo seguro, como o uso de preservativos: Shang e Zhang, registraram que 45,7% dos HSH informaram ter sexo sem proteção. Li e colaboradores (2010) argumentam que um motivo para isso está na cultura chinesa dominante, em que o conceito de *rouyu* — um desejo por contato físico direto — é muito usado para indicar "fazer amor". Para aqueles homens que procuram sexo espontâneo e sem compromisso com outros homens, os preservativos podem interferir na obtenção do *rouyu*. Como um participante disse aos pesquisadores: "Não importa que um preservativo seja muito fino, ainda há uma camada de algo, e [o sexo] não é feito com contato carnal" (Li et al., 2010: 1481).

Tanto Humphreys (1970) quanto Li et al. (2010) estudaram um aspecto da vida social que muitas pessoas não entendiam corretamente ou simplesmente não sabiam que existia. A pesquisa sociológica tem sido uma fonte importante de conhecimento mais realista sobre muitas áreas da vida social que estavam efetivamente fora de vista. Humphreys passou um longo período pesquisando os banheiros públicos, pois uma excelente maneira de entender processos sociais é participar deles e observá-los, e mais tarde realizou entrevistas. Ele descobriu que muitos homens que viviam vidas "normais" também encontraram maneiras — e lugares — de se envolver em comportamentos sexuais considerados inaceitáveis. Muitas vezes, as pesquisas em sociologia esclarecem atividades que são mal compreendidas ou que as pessoas desconhecem completamente. Humphreys também argumentou que, se a sociedade aceitasse a homossexualidade, isso ajudaria os homens a fornecer autoestima e apoio mútuo uns aos outros. Com isso, outro aspecto importante da pesquisa se destaca — que pode levar a recomendações para mudanças positivas nas áreas social e política.

De modo geral, os projetos de pesquisa são estimulados por uma pergunta para a qual o pesquisador deseja obter resposta. Por que os banheiros públicos se tornaram lugares para os homens encontrarem outros homens a fim de fazer sexo? Os homens casados em casamentos com o sexo oposto são exclusivamente heterossexuais? Por que alguns homens na China não praticam sexo seguro apesar de conhecerem os riscos envolvidos? Para formular tais questões, os sociólogos devem estar engajados ou "envolvidos" na vida social, e muitos projetos derivam da experiência e de observações pessoais do pesquisador ou de seu comprometimento político. Por exemplo, grande parte da pesquisa sobre direitos humanos, pobreza, desigualdade social e sustentabilidade ambiental está ligada ao compromisso dos próprios pesquisadores de reduzir a pobreza e a desigualdade e encontrar maneiras de enfrentar os problemas ambientais. Envolvimentos emocionais e políticos como esses são muito normais e constituem um aspecto da pesquisa sociológica.

No entanto, durante a coleta de dados, na análise das evidências e no relato das descobertas, eles devem se esforçar para evitar que seus compromissos emocionais e políticos anteriores influenciem seu julgamento, o que pode resultar em viés. A pesquisa de Li et al. foi compilada e relatada dessa maneira relativamente "isolada", embora o projeto tenha sido motivado pelo desejo de entender por que muitos HSH evitam o uso de preservativos *e* de ajudar a mudar isso. Os autores mostraram que as crenças culturais tradicionais persistem no século XXI e defenderam uma combinação de mídia social *on-line* e intervenções tradicionais baseadas na comunidade para promover o uso do preservativo.

O que fica evidente nesses dois estudos, com mais de quatro décadas de diferença, é que os sociólogos, sendo humanos, estão inevitavelmente *envolvidos* emocional e politicamente, procurando entender, explicar e oferecer soluções para os problemas sociais da época. Mas, durante sua pesquisa, eles também lutam por um relativo *distanciamento* de suas crenças pessoais, e alcançar um equilíbrio produtivo entre envolvimento e distanciamento é essencial para toda boa sociologia (Elias, 1987b). No entanto, isso não é fácil, e, como veremos mais adiante, os filósofos há muito discutem se o distanciamento ou a "objetividade" são possíveis nas disciplinas das ciências sociais.

Em seguida, examinamos alguns dilemas éticos enfrentados por sociólogos envolvidos em pesquisas empíricas. Depois, exploramos o que se entende por "ciência" antes de investigar a natureza da sociologia como uma disciplina distinta. A partir daí, passamos a examinar o processo de pesquisa e resumir rapidamente os métodos de pesquisa mais amplamente utilizados e suas aplicações. O capítulo termina com uma discussão sobre os usos que a sociedade faz da sociologia. Como veremos, existem algumas diferenças significativas entre o ideal do trabalho científico e os estudos do mundo real, que inevitavelmente têm de lidar com inúmeros obstáculos. Uma forma sensata de pensar na pesquisa sociológica é vê-la, como toda ciência, como a arte do possível.

Sujeitos da pesquisa e problemas éticos

Todas as pesquisas realizadas com seres humanos podem gerar dilemas éticos — questões de certo e errado moral — para os pesquisadores. Com relação a isso, as ciências sociais enfrentam questões que a maioria das pesquisas em ciências naturais não enfrenta. É justificável que os pesquisadores enganem as pessoas que estudam sobre o que a pesquisa realmente aborda? Que medidas foram tomadas para garantir que os participantes tenham dado consentimento informado genuíno para se envolverem — uma questão particularmente importante na pesquisa com crianças e grupos sociais vulneráveis? Como os pesquisadores protegerão a privacidade e o anonimato dos participantes? Como as informações pessoais serão armazenadas e por quanto tempo? Existe algum risco de os participantes experimentarem efeitos negativos da pesquisa e, em caso afirmativo, como esse risco será gerenciado? Pensar nas implicações éticas de qualquer pesquisa proposta é importante porque, a menos que uma equipe de projeto possa abordar satisfatoriamente as questões éticas, ela pode não ir adiante.

A metodologia de Humphreys foi muito criticada como antiética, pois seu trabalho de campo precisava ser oculto, sem o consentimento informado genuíno dos homens que ele estudou. As questões éticas se tornaram muito mais proeminentes hoje em dia do que eram no passado, e os pesquisadores não são mais vistos como "os especialistas inteligentes", nem os participantes são encarados como meros "sujeitos" cuja presença no processo de pesquisa é estritamente limitada. Cada vez mais, os participantes se envolvem no processo de pesquisa e podem ajudar a formular perguntas, comentar a interpretação do pesquisador sobre suas visões e receber uma cópia do relatório final da pesquisa.

Como é o caso em muitas relações na vida social (como com médicos e pacientes ou professores universitários e seus alunos), as "pessoas leigas" não se submetem automaticamente aos "especialistas" da maneira como teriam feito algumas décadas atrás. Esse processo social mais amplo está transformando a prática da pesquisa. De fato, todos os órgãos financiadores perguntam rotineiramente às equipes de pesquisa sobre quais questões éticas esperam enfrentar e como pretendem lidar com elas, se usarão alguma forma de ocultação, que medidas serão criadas para proteger os participantes do risco e como seus resultados serão informados aos participantes ao final do estudo. De forma clara, a prática de pesquisa está sempre incorporada em um contexto social e histórico, que determina parcialmente o que pode e não pode ser estudado de forma legítima.

Ao conduzir sua pesquisa, Humphreys não revelou sua identidade como sociólogo, e os homens que entravam na sala de chá achavam que ele estava ali pelas mesmas razões que eles. Embora não contasse nenhuma mentira direta durante suas observações, ele também não revelava a verdadeira razão de sua presença no local. Será que seu comportamento era legítimo? Esse aspecto específico do seu estudo não colocava nenhum dos sujeitos *diretamente* em risco, de modo que poderia ser justificado. O que causou mais polêmica no projeto de Humphreys foi que ele anotava as placas dos carros das pessoas que vinham aos locais, obtinha seus endereços com um amigo que trabalhava para o Departamento de Trânsito e visitava seus lares alegando a realização de uma pesquisa não relacionada. Esse elemento do estudo seria ético? Como ele poderia ser justificado? Embora não tenha revelado às famílias dos homens nada sobre suas atividades nos *tearooms*, o conhecimento que obteve *poderia* ter sido prejudicial. Como a atividade entre pessoas do mesmo sexo que ele observava era ilegal na época, policiais poderiam ter exigido que ele liberasse as informações sobre as identidades dos sujeitos. Também é possível que um pesquisador menos hábil tivesse deixado algo escapar ao entrevistar as famílias dos sujeitos, ou que Humphreys tivesse perdido suas anotações, que poderiam ser vistas por outras pessoas.

A metodologia de Li et al. (2010) em Guangzhou, China, mostra o quanto a ética e a governança em pesquisa mudaram desde os anos 1970. Essa equipe realizou entrevistas semiestruturadas para conhecer as biografias dos participantes. Da mesma forma que Humphreys, eles também usaram a observação do participante em vários locais, incluindo quatro banheiros públicos, e um membro da equipe se juntou a um grupo de voluntários para construir relacionamentos com as comunidades-alvo. Uma amostra era então recrutada a partir dessas redes sociais. No entanto, ao contrário de Humphreys, os pesquisadores se envolveram abertamente com os participantes no que diz respeito ao projeto, aos seus objetivos e ao modo como as informações fornecidas seriam tratadas: "Após o *briefing* sobre os objetivos do estudo, o consentimento informado era obtido dos participantes, que tinham garantidas as promessas de confidencialidade, uso de pseudônimos e armazenamento seguro dos dados" (ibidem: 1482).

Considerando o número de coisas que podem dar errado no processo de pesquisa, os pesquisadores hoje não consideram os métodos de Humphreys legítimos. Órgãos patrocinadores, como a European Science Foundation e o Economic and Social Research Council (ESRC), do Reino Unido, bem como universidades, têm diretrizes éticas e códigos de conduta muito mais rígidos do que no passado. É pouco provável que pesquisas secretas envolvendo enganar os indivíduos participantes sejam oficialmente sancionadas hoje. No entanto, Humphreys foi um dos primeiros sociólogos a estudar um aspecto oculto da vida social, e seu relato foi um tratamento humano do assunto, indo muito além do acervo de conhecimento existente.

> **REFLEXÃO CRÍTICA**
>
> Leia os dois primeiros capítulos de *Tearoom trade*, de Humphreys, e liste as razões dele para executar a pesquisa *secretamente* em vez de se abrir para os indivíduos pesquisados. Quais aspectos da vida social de hoje são tão difíceis de acessar que podem nunca ser compreendidos ao aderirmos às normas de pesquisa mais estritas que vigoram atualmente? Com base em que poderia ser justificada uma proposta para pesquisa secreta?

Ciência e sociologia

Muitas vezes, as questões que preocupam os sociólogos são aquelas que preocupam outras pessoas. Afinal, os sociólogos também são membros da sociedade. Uma boa pesquisa deve nos ajudar a entender melhor a vida social e, muitas vezes, a vê-la de novas maneiras. Os estudos em *Tearoom trade* são um exemplo perfeito de um fenômeno que é tema de muitas das perguntas que os sociólogos fazem. Examinando as atividades que ocorrem em banheiros públicos, Humphreys observou que aquilo que consideramos natural — um banheiro público — na verdade é *socialmente construído*, dependendo de como é usado. O **construcionismo social** é uma perspectiva que parte da premissa de que a realidade social é produto das interações entre indivíduos e grupos, e não algo considerado "natural" para todos (ver o Capítulo 12, "Interações sociais e vida cotidiana", e o Capítulo 5, "Meio ambiente"). Nesse caso, o que a maioria das pessoas acreditava ser apenas um prédio público com uma função imediatamente óbvia era, para um determinado grupo, um espaço usado *principalmente* para a busca de satisfação sexual.

O estudo da sociedade geralmente produz resultados surpreendentes e, com frequência, contraria as crenças do "senso comum". Para que os adolescentes realmente usam seus celulares? As condições das minorias étnicas e sexuais no Canadá realmente melhoraram com o tempo? Por que ainda existe pobreza em grande escala nos EUA junto com a imensa riqueza pessoal de uma pequena minoria? Por que tantas pessoas na União Europeia perderam a fé nos partidos políticos convencionais? Os sociólogos tentam dar respostas a essas e a muitas outras questões, mas suas observações não são nada conclusivas, pois a sociedade está sempre em um processo de mudança, e novas pesquisas geram novas descobertas. Todavia, o objetivo da teorização e da pesquisa em sociologia sempre é romper a especulação e basear nossa compreensão na evidência. O bom trabalho sociológico tenta tornar as questões o mais precisas possível e tenta reunir evidências factuais antes de chegar a conclusões gerais. Para alcançar esses objetivos, devemos selecionar os métodos de pesquisa mais úteis para um determinado estudo e a melhor maneira de analisar os resultados.

Os sociólogos muitas vezes fazem **perguntas factuais** ou empíricas. Por exemplo, que tipos de ocupações e arranjos domésticos são mais comuns entre os HSH que frequentam os parques e banheiros públicos na China? Que proporção de seus frequentadores a polícia prende? Até mesmo perguntas factuais como essas costumam ser difíceis de responder. Não existem estatísticas oficiais sobre a atividade sexual nos *tearooms*, nas saunas e nos parques, por exemplo. Da mesma forma, as estatísticas oficiais sobre o crime têm valor dúbio para revelar o nível "real" de atividade criminal em uma sociedade. Os pesquisadores que estudaram as taxas de criminalidade descobriram que os números de crimes informados pela polícia são apenas a ponta visível de um "*iceberg*" muito maior do crime (Simmons e Dodds, 2003). Na verdade, algumas ações criminosas podem ser vistas pelas vítimas como questões particulares que não são "crime" algum (no Capítulo 22, "Crime e desvio de conduta", veja uma discussão sobre estatísticas de crime).

As informações factuais sobre uma sociedade nacional não nos dizem se estamos lidando com um caso inusitado ou um conjunto geral de influências sociais. Logo, os sociólogos, muitas vezes, querem fazer **perguntas comparativas**, relacionando as descobertas de uma sociedade a outro contexto social ou comparando exemplos de diferentes sociedades do mundo. Existem diferenças significativas, por exemplo, entre os sistemas sociais e legais da Rússia, da Itália e da Coreia do Sul. Uma questão comparativa típica pode ser: quanto os padrões de comportamento criminoso e de aplicação da lei variam entre esses três países? A resposta a essa pergunta poderia nos levar a outras perguntas, por exemplo: como os sistemas de imposição da lei se desenvolveram com o tempo e quais são as semelhanças ou diferenças entre os regimes penais nesses países?

Em sociologia, devemos não apenas olhar as sociedades contemporâneas em relação umas às outras, mas também comparar seu presente e seu passado, para entender melhor o desenvolvimento social. As perguntas que os sociólogos fazem nesse caso são **perguntas evolutivas** ou históricas: como chegamos de lá até aqui? Para entender a natureza do mundo moderno, temos que olhar as formas anteriores de sociedade e os processos de mudança social. Assim, podemos investigar, por exemplo, como as primeiras prisões se originaram e como são hoje em dia, acompanhando os principais períodos ou as fases de mudança nesse desenvolvimento. Isso nos dará boa parte de uma explicação.

A pesquisa sociológica não consiste apenas em coletar fatos, por mais importantes e interessantes que possam ser. É um truísmo na sociologia que "os fatos não falam por si mesmos"; eles sempre devem ser interpretados. Isso significa que devemos aprender a fazer **perguntas teóricas** preocupadas com *por que* as coisas ocorrem de determinada maneira. Alguns sociólogos trabalham principalmente com questões empíricas, mas, a menos que sejam orientados na pesquisa por algum conhecimento de teoria, é improvável que sua pesquisa traga algum tipo de esclarecimento (ver Tabela 2.1). Ao mesmo tempo, os sociólogos tentam não buscar o conhecimento teórico por si só, pois, com isso, correm o risco de cair na pura especulação, muito longe da evidência. O conhecimento sociológico confiável tem caráter basicamente teórico-empírico. A combinação da pesquisa empírica com a teorização é uma característica-chave que define todas as disciplinas científicas, e a sociologia não é exceção.

A prisão de delinquentes é comum em muitas sociedades, mas, para entender suas semelhanças e diferenças, são necessários estudos empíricos comparativos dos regimes penais.

TABELA 2.1 A linha de questionamento do sociólogo

Pergunta factual	O que aconteceu?	Foi relatado que alguns homens na China usam aplicativos de encontros para procurar parceiros sexuais do mesmo sexo.
Pergunta comparativa	Isso aconteceu em toda parte?	Esse é um fenômeno global ou ocorreu apenas na China? O comportamento é restrito a homens *gays* autoidentificados?
Pergunta evolutiva	Isso tem acontecido ao longo do tempo?	Que métodos os homens usaram no passado para encontrar parceiros sexuais do mesmo sexo? Eles são basicamente semelhantes ou diferentes do uso de aplicativos de encontros?
Pergunta teórica	O que está por trás desse fenômeno?	Por que os homens agora estão usando aplicativos em vez dos métodos mais antigos? Que fatores podemos analisar para explicar essa mudança de comportamento?

O que é exatamente a "ciência"?

No começo do século XIX, Auguste Comte descreveu a sociologia como uma **ciência** emergente que deveria adotar os métodos bem-sucedidos das ciências naturais, como a física e a química. Durkheim, Marx e outros fundadores também pensavam na sociologia como uma disciplina científica, mas muitos sociólogos atuais não estão tão certos disso. A vida social poderia ser estudada de um modo científico? E ela deveria? Será que as observações de Laud Humphreys sobre os *tearooms* são realmente científicas, e o que é exatamente a "ciência"? Talvez seja surpreendente não haver uma resposta simples ou aceita para essa última pergunta. A melhor maneira de entender o motivo é fazer um passeio pelos principais argumentos dos estudos sobre a filosofia e a história da ciência, que deverão nos ajudar a compreender o estado acadêmico da sociologia.

Como vimos no Capítulo 1, "O que é sociologia?", Comte argumentou que o estágio positivo do conhecimento humano produz conhecimento confiável e válido que, em última análise, permitiria intervenções progressivas na natureza e na sociedade. A ciência é superior a todos os caminhos anteriores para o conhecimento e um pré-requisito para o desenvolvimento no mundo contemporâneo. Para Comte, a ciência é um empreendimento basicamente unitário. Ou seja, todas as disciplinas científicas usam um método semelhante, o que significa que as ciências sociais e naturais não são fundamentalmente diferentes. A ciência começa com a observação e a coleta de dados, depois passa a procurar padrões nos fatos observados, antes de passar a desenvolver teorias gerais que oferecem explicações sobre as evidências. Esse processo de pesquisa "de baixo para cima" é conhecido como **indução**. No entanto, o argumento de Comte tem suas raízes em uma imagem muito idealizada da ciência, que não é baseada na prática real dos cientistas. A partir do início do século XX, essa descrição indutiva da ciência começou a ser derrubada.

Positivismo e a filosofia da ciência

Na década de 1920, na Áustria, um influente grupo de filósofos, conhecido como Círculo de Viena, apresentou importantes modificações à posição positivista de Comte. Em particular, eles tentaram esclarecer o que é considerado "ciência" e por que as declarações que os cientistas fazem sobre o mundo podem ser aceitas como "verdadeiras". Eles se concentraram na lógica e no raciocínio dedutivo em vez de na simples indução, e essa abordagem foi descrita como **positivismo lógico**. Este reconhecia que os cientistas não saem por aí coletando dados e depois tentam explicar o que encontram (método indutivo). Em vez disso, eles *começam* por formular hipóteses — perguntas ou afirmações claramente elaboradas sobre algum aspecto da realidade — e então partem para a coleta de evidências empíricas que as confirmarão (**método hipotético-dedutivo**). Para serem cientificamente válidas, eles argumentaram, as afirmações e teorias científicas sempre precisam ser testadas contra as evidências. Isso é diferente de outras formas de "conhecimento". Por exemplo, simplesmente não é possível dizer que qualquer ponto de vista moral particular sobre a pobreza ou um julgamento estético sobre o que é belo seja "verdadeiro", por mais que esses assuntos sejam debatidos. Declarações nesses campos não revelam verdades sobre o mundo e, portanto, são cientificamente sem sentido.

Os positivistas lógicos adotam uma teoria de correspondência da verdade que aceita afirmações como verdadeiras apenas quando elas "correspondem" exatamente ao que existe no mundo real. Por conseguinte, a chave para o conhecimento válido é a verificação empírica, e é tarefa dos cientistas buscar constantemente evidências que sustentem suas afirmações. O positivismo lógico teve grande influência na definição do que constitui uma abordagem científica do conhecimento. Porém, no final da década de 1930, seu princípio central de verificação estava sob ataque.

Sir Karl Popper (1902-1994), ex-membro do Círculo de Viena, fez a crítica mais sistemática do positivismo lógico. Popper argumentou que a verificação não é um princípio poderoso, pois quase toda

"Como professor, posso lhe garantir que somente um tolo acredita que está sempre certo. Não tenho dúvida de que estou certo a respeito disso."

Karl Popper via o marxismo e a psicanálise freudiana como não científicos, porque não oferecem critérios de negação. Por maior que seja a quantidade de verificação, ela não contribui para uma teoria científica sólida – por exemplo, não importa quantos cisnes brancos um pesquisador possa encontrar, isso não descarta a possibilidade da existência de um cisne negro.

teoria, por mais irrealista que seja, pode encontrar *alguma* evidência que apoie seus argumentos. A verificação nunca pode resolver definitivamente as disputas teóricas. Um princípio muito mais forte é a *desconfirmação*. Teorias amplas devem levar a hipóteses que são, pelo menos em princípio, passíveis de serem negadas. Os cientistas então procuram ativamente casos que refutem ou neguem suas próprias hipóteses. Dessa forma, um caso de desconfirmação pode nos dizer muito mais sobre o mundo do que milhares de ocorrências de verificação jamais poderiam (Delanty, 1997: 31-32). Por exemplo, podemos levantar a hipótese de que "todos os cisnes são brancos" e passar a verificar essa afirmação. No entanto, por mais cisnes brancos que observemos, a hipótese nunca pode ser comprovada, porque ainda *poderiam* existir cisnes que não são brancos.

Mas precisamos encontrar um único cisne negro para negar conclusivamente nossa hipótese e obter uma verdade simples sobre o mundo: nem todos os cisnes são brancos.

Popper sugere que as melhores hipóteses não são cautelosas, mas "conjecturas ousadas" que oferecem o potencial para ganhos significativos de conhecimento. No entanto, a maior parte do conhecimento científico nunca é aceita como universalmente "verdadeira", pois está sempre (potencialmente) aberta a ser negada. Em 50 anos, todos os cisnes negros podem ter morrido, invalidando nossa verdade aceita sobre os cisnes (de que eles não são todos brancos). Tudo o que podemos dizer é que as teorias e explicações científicas atualmente aceitas são as melhores que temos, pois não foram conclusivamente negadas — ainda. Essa pode parecer uma descrição fraca da ciência, que está em desacordo com as ideias difundidas e de senso comum da ciência como produtora de fatos concretos e leis universais da natureza, mas o caráter "aberto" do conhecimento científico e a mente aberta dos cientistas são ambos fundamentais para a visão de Popper. No entanto, nas décadas de 1960 e 1970, trabalhos detalhados de historiadores da ciência questionaram a versão da ciência de Popper.

Lições da história da ciência

Provavelmente, a crítica mais importante do modelo de ciência de Popper como um empreendimento aberto continua sendo *A estrutura das revoluções científicas* (1962), de Thomas Kuhn. Kuhn estava menos interessado em como os filósofos pensavam que a ciência deveria ser e mais preocupado com o que podemos aprender com a história real e o desenvolvimento da ciência e de suas teorias. Ele argumentava que a história das ciências naturais mostra que os cientistas costumam trabalhar dentro dos pressupostos gerais de uma estrutura teórica específica — um **paradigma** —, como a mecânica newtoniana na física, que levou os cientistas a calcular com precisão as órbitas dos planetas e muito mais ao longo dos séculos XVIII e XIX. Os cientistas se comprometeram a expandir o "seu" paradigma e praticaram uma forma de "ciência normal" baseada na resolução de problemas, que expande a base de evidências do paradigma e ensina seus pressupostos a novos cientistas sem nunca o desafiar seriamente. A ciência normal, segundo Kuhn, é responsável pela maior parte de todo o trabalho científico.

Com o tempo, ocorrem descobertas anômalas que simplesmente não "se encaixam" no paradigma existente. No caso da mecânica newtoniana, uma falha fundamental foi a incapacidade do paradigma de explicar o movimento da luz. No entanto, em vez de desafiar o paradigma existente, os cientistas podem consultar os dados ou os experimentos que os produziram. Em suma, enquanto Popper esperava que os cientistas trabalhassem com a mente aberta, Kuhn descobriu que, na prática, eles defendiam resolutamente seus paradigmas, descartando evidências contrárias e rejeitando desafios bastante legítimos (Benton e Craib, 2001: 58-61). Por que eles fariam isso? A resposta está no campo sociológico. A ciência não é um empreendimento isolado, mas ocorre em comunidades de estudiosos com interesse compartilhado na defesa dos paradigmas com base nos quais construíram carreiras e reputações e conquistaram um *status* elevado.

Kuhn argumenta que, em momentos-chave, cientistas mais jovens, menos vinculados e comprometidos com um paradigma específico, trabalham em anomalias emergentes e, para explicá-las, são levados a conceber novas teorias e construir paradigmas alternativos. No início do século XX, foi desenvolvida uma nova teoria revolucionária — a teoria da relatividade de Einstein —, que tinha uma explicação satisfatória para o movimento da luz. A nova teoria se tornou o centro de um novo paradigma, permitindo que a "ciência normal" prosseguisse novamente (Weinberg, 1998). Kuhn chama esse movimento de um período de "ciência revolucionária", quando há uma possibilidade real de mudança de paradigma. Mas esse não é o tipo de progresso científico cumulativo que Popper imaginava. Kuhn se esforça para apontar que, mesmo onde um novo paradigma se desenvolve, isso não ocorre porque o antigo foi conclusivamente descartado. Velhos e novos paradigmas geralmente são incomensuráveis; eles simplesmente não podem ser comparados. Em vez disso, à medida que mais e mais cientistas são atraídos ao novo paradigma, o antigo simplesmente se desfaz por falta de interesse. Por isso, a prática científica diverge radicalmente de todas as metodologias puras propostas pelos filósofos.

Uma posição ainda mais radical foi adotada por Paul Feyerabend, que estava interessado em saber como surgiram as descobertas científicas mais significativas. A **filosofia da ciência** sugere que estas devem ser o resultado da estrita adesão aos métodos científicos adequados e de anos de pesquisa meticulosa. No entanto, Feyerabend argumenta que esse não é o caso. Na verdade, os episódios que ele descreve com mais frequência surgiram por acaso ou quando os cientistas se desviaram da prática científica estabelecida, ou mesmo a partir de leigos fazendo descobertas totalmente fora da comunidade científica. No livro apropriadamente intitulado *Contra o método* (1975), ele conclui, contrariando todas as noções filosóficas da ciência como método e forma de lógica, que a história nos mostra que há apenas um princípio metodológico comprovado: "qualquer coisa serve". Descobertas científicas foram feitas de todas as formas, e forçar os pesquisadores a se ater a um conjunto de regras mais atrapalha do que incentiva o progresso.

Sociologia científica?

O que os debates sobre a natureza da ciência nos dizem sobre o *status* científico da sociologia? Primeiro, a ciência não pode ser definida por nenhum método ou conjunto fixo de regras metodológicas. Na prática, os cientistas adotam diversos métodos na busca do conhecimento. Pawson (2013: xi) argumenta que:

> Se a ciência fosse apenas uma questão de rotina e compunção, de conformidade e cumprimento de regras, ela seria pré-programada — já feita ou aguardando na fila por uma conclusão. Na realidade, a pesquisa científica sofre mudanças constantes à medida que novas descobertas são feitas e novos campos se abrem. Por conseguinte, as regras metodológicas não podem ser tão rígidas... Toda vez que o pesquisador idealiza um projeto, responde a uma licitação, entra em campo, tira conclusões, faz observações e escreve um artigo, esse indivíduo semeia pequenas modificações nas regras metodológicas.

O argumento de Pawson se aplica tanto às ciências naturais quanto às sociais, embora ele não aceite a conclusão anarquista de Feyerabend. Em vez disso, ele argumenta que as regras metodológicas *estão* sempre em processo de desenvolvimento, mas não são totalmente irrelevantes.

Em segundo lugar, embora não haja um método científico ou princípio metodológico único (que foi buscado pelos filósofos), a ciência envolve certos elementos-chave, incluindo pensamento teórico, avaliação lógica de argumentos, **investigação empírica** sistemática, análise rigorosa de dados e um compromisso com a publicação de resultados de pesquisas para desenvolver um corpo cumulativo de conhecimento. Isso significa que as disciplinas sociais, entre elas a sociologia e a psicologia, devem ser consideradas científicas porque tanto a pesquisa quantitativa quanto a qualitativa envolvem todos esses elementos.

No entanto, em terceiro lugar, não devemos esperar que os sociólogos adotem *exatamente* os mesmos métodos de investigação usados nas ciências naturais. Isso ocorre porque as pessoas, os grupos sociais e as sociedades são, de modo significativo, muito diferentes dos outros animais e eventos do mundo físico. Em particular, os humanos são seres autoconscientes que conferem significado e propósito ao que fazem. Não podemos sequer *descrever* a vida social com precisão se não entendermos primeiro os significados que as pessoas atribuem às suas ações. Por exemplo, descrever uma morte como "suicídio" significa saber o que a pessoa em questão pretendia quando morreu. Se uma pessoa se joga na frente de um carro e morre, a observação objetiva pode sugerir suicídio, mas isso só pode ser estabelecido se soubermos que sua ação não foi acidental. A intenção e o significado são características explicativas fundamentais da ação humana, que os sociólogos não podem ignorar para que seus relatos sejam válidos.

Em quarto lugar, ao reconhecer essa diferença significativa entre as ciências sociais e as naturais, pode parecer que os sociólogos estão em clara desvantagem. Tentar "entrar na mente" de um indivíduo é notoriamente problemático e parece uma complicação adicional. No entanto, pode haver um grande benefício. Os sociólogos são capazes de fazer perguntas diretamente àqueles que estudam — outros seres humanos — e obter respostas que eles e outros pesquisadores entendam. Os biólogos, por exemplo, não têm essa comunicação direta com os animais cujo comportamento eles tentam interpretar. A oportunidade de conversar com participantes da pesquisa, que poderão confirmar ou criticar as explicações do pesquisador, significa que as descobertas sociológicas são, potencialmente, mais *confiáveis* (diferentes pesquisadores chegariam aos mesmos resultados) e *válidas* (a pesquisa realmente mede o que deveria) do que muitas nas ciências naturais.

Ao mesmo tempo, estudar os seres humanos gera problemas que não incomodam os cientistas naturais. As pessoas que estão cientes de que suas atividades estão sendo investigadas podem alterar seus comportamentos e opiniões habituais, invalidando, assim, as conclusões do pesquisador. Os participantes podem, conscientemente ou não, administrar a apresentação de si mesmos e até tentar "ajudar" o pesquisador fornecendo as respostas que eles acham que estão sendo buscadas. Os sociólogos devem estar cientes desses problemas e criar estratégias para combatê-los. Os cientistas que estudam o comportamento de produtos químicos ou sapos não precisam lidar com esse tipo de problema adicional.

Para concluir, podemos concordar com os filósofos da ciência: existem critérios que distinguem o trabalho científico de outros tipos de investigação, embora esses critérios não sejam rígidos, mas mudem com o passar do tempo, juntamente com programas e estudos de pesquisa em andamento. Também podemos concordar com os historiadores que afirmam que a ciência ocorre dentro de comunidades e amplas estruturas teóricas ou paradigmas. A

"Sou um cientista social, Michael. Isso significa que não posso explicar a eletricidade ou algo como ela, mas, se um dia você quiser saber sobre as pessoas, é comigo mesmo."

sociologia avançou por meio de esforços competitivos entre perspectivas rivais, e, ao longo do tempo, o número de perspectivas e sínteses teóricas tem aumentado. Mesmo assim, apesar dessa variedade e competição, e de forma contrária à posição anarquista adotada por Feyerabend, subsiste uma lógica para o processo de pesquisa que é comum à maioria dos estudos sociológicos, e isso é analisado na próxima seção.

> **REFLEXÃO CRÍTICA**
>
> Determinar quais disciplinas acadêmicas são "científicas" tem preocupado muitos filósofos e historiadores, mas isso realmente importa? Por exemplo, alguns sociólogos dizem que seu trabalho é mais bem caracterizado como "estudos sociais". Liste três consequências que poderiam ocorrer na prática de "fazer sociologia" dentro das universidades se a sociologia não fosse vista como uma disciplina científica.

O processo de pesquisa

A realização de pesquisas em sociologia envolve diversas etapas, que vão desde a identificação de um problema de pesquisa e a elaboração de uma metodologia até a publicação das descobertas e a resposta às críticas dos colegas (ver Figura 2.1). No entanto, toda pesquisa começa com o desejo de conhecer ou compreender melhor algum aspecto do mundo social.

Definir o problema

Toda pesquisa parte de um problema ou uma questão. Essa às vezes é uma área de ignorância factual: podemos apenas desejar melhorar o nosso conhecimento sobre certas instituições, certos processos sociais ou determinadas culturas. Um pesquisador pode fazer perguntas como "que proporção da população tem crenças religiosas firmes?" ou "quão atrás da dos homens fica a posição econômica das mulheres?". Essas perguntas são necessárias e úteis.

Todavia, a melhor pesquisa sociológica começa com problemas que também são enigmas. Um enigma não é apenas falta de informação, mas uma *lacuna em nossa compreensão*. Grande parte da habilidade de produzir pesquisas sociologicamente válidas consiste em identificar enigmas corretamente. Em vez de simplesmente responder à pergunta "o que está acontecendo aqui?", a pesquisa para resolver enigmas tenta contribuir para o nosso entendimento de *por que* os eventos acontecem de tal maneira. Assim, podemos perguntar: "o que explica o declínio nas proporções da população que votou nas eleições nos últimos anos?"; "por que as mulheres são pouco representadas em empregos de alto nível?". Essas perguntas não são simples questões factuais, mas exigem que demos um passo adiante a fim de oferecer *explicações* para a evidência que encontrarmos.

É importante lembrar que nenhuma pesquisa ocorre sozinha. Os problemas de pesquisa existem como parte de um trabalho contínuo, e um projeto de pesquisa pode facilmente levar a outro, pois levanta questões que o pesquisador não havia considerado antes. Um sociólogo pode descobrir enigmas lendo o trabalho de outros pesquisadores em livros e periódicos profissionais ou observando tendências específicas na sociedade.

Revisar a evidência existente

Uma vez que o problema é identificado, o próximo passo dado no processo de pesquisa geralmente é revisar as evidências disponíveis em determinado campo, por meio de uma revisão da literatura existente. Pode ser que a pesquisa anterior já tenha esclarecido o problema satisfatoriamente, e não será preciso repetir o processo. Caso contrário, o sociólogo deverá procurar nas pesquisas relacionadas que existirem, para ver se são úteis aos seus propósitos. Algum pesquisador já se deparou com o mesmo enigma? Como tentou resolvê-lo? Que aspectos do problema sua pesquisa deixou por analisar? Basear-se nas ideias de outros ajuda o sociólogo a esclarecer as questões que podem ser levantadas e os métodos que podem ser usados em sua própria pesquisa. A revisão da literatura é um passo essencial que ajuda a evitar duplicações e repetições desnecessárias e pode indicar onde ainda existem lacunas em nosso conhecimento.

Tornar o problema preciso

Um terceiro estágio envolve escrever uma formulação clara do problema. Se já houver literatura relevante, o pesquisador pode retornar da biblioteca com uma boa noção de como o problema deve ser abordado. Ideias sobre a natureza do problema às vezes podem ser transformadas em questões de pesquisa que, embora baseadas em uma suposição informada sobre o que está acontecendo, indicam isso de forma clara, em uma linguagem exata. Para que a pesquisa seja efetiva, as hipóteses devem ser formuladas de modo que o material empírico reunido forneça evidências que as suportem ou rejeitem. Os estudos envolvendo a coleta e a análise de dados numéricos, como as pesquisas sociais, costumam favorecer o teste estatístico como método de verificação ou rejeição de hipóteses claramente estabelecidas, enquanto a pesquisa qualitativa muitas vezes terá caráter exploratório e permitirá que as questões de pesquisa surjam durante o processo de pesquisa.

Selecionar um projeto

O pesquisador deve então decidir como os materiais da pesquisa deverão ser coletados. Existe uma variedade de métodos de pesquisa diferentes, e o escolhido dependerá dos objetivos gerais do estudo, bem como dos aspectos do comportamento a serem analisados. Para alguns propósitos, um levantamento social (em que normalmente se usam questionários) pode ser adequado, especialmente se precisamos reunir uma grande quantidade de dados. Em outras circunstâncias, se quisermos estudar pequenos grupos sociais em mais detalhes, entrevistas ou um estudo observacional podem ser mais apropriados. Aprenderemos mais sobre vários métodos de pesquisa futuramente neste capítulo.

Executar a pesquisa

No momento de proceder com a pesquisa real, dificuldades práticas imprevistas podem aparecer — e frequentemente aparecem. Por exemplo, pode ser impossível contatar algumas pessoas para quem os questionários devem ser enviados ou as pessoas que o pesquisador pretende entrevistar. Uma empresa ou uma escola pode não estar disposta a deixar o pesquisador executar o trabalho planejado devido a preocupações com o vazamento de informações sigilosas. Dificuldades como essas têm o potencial

Definir o problema
Selecione um tema para pesquisar.

Revisar a literatura
Familiarize-se com as pesquisas existentes sobre o tema.

Tornar o problema preciso
Elabore uma ou mais perguntas de pesquisa que você tentará responder durante o estudo. Para uma pesquisa quantitativa, construa uma hipótese que você vai testar.

Selecionar um projeto de pesquisa
Escolha um ou mais métodos de pesquisa: experimento, levantamento, observação, uso de fontes existentes.

Executar a pesquisa
Colete seus dados, registre informações.

Interpretar os resultados
Trabalhe as implicações dos dados que coletar.

Apresentar os resultados da pesquisa
Qual é a sua significância? Como se relacionam com estudos anteriores?

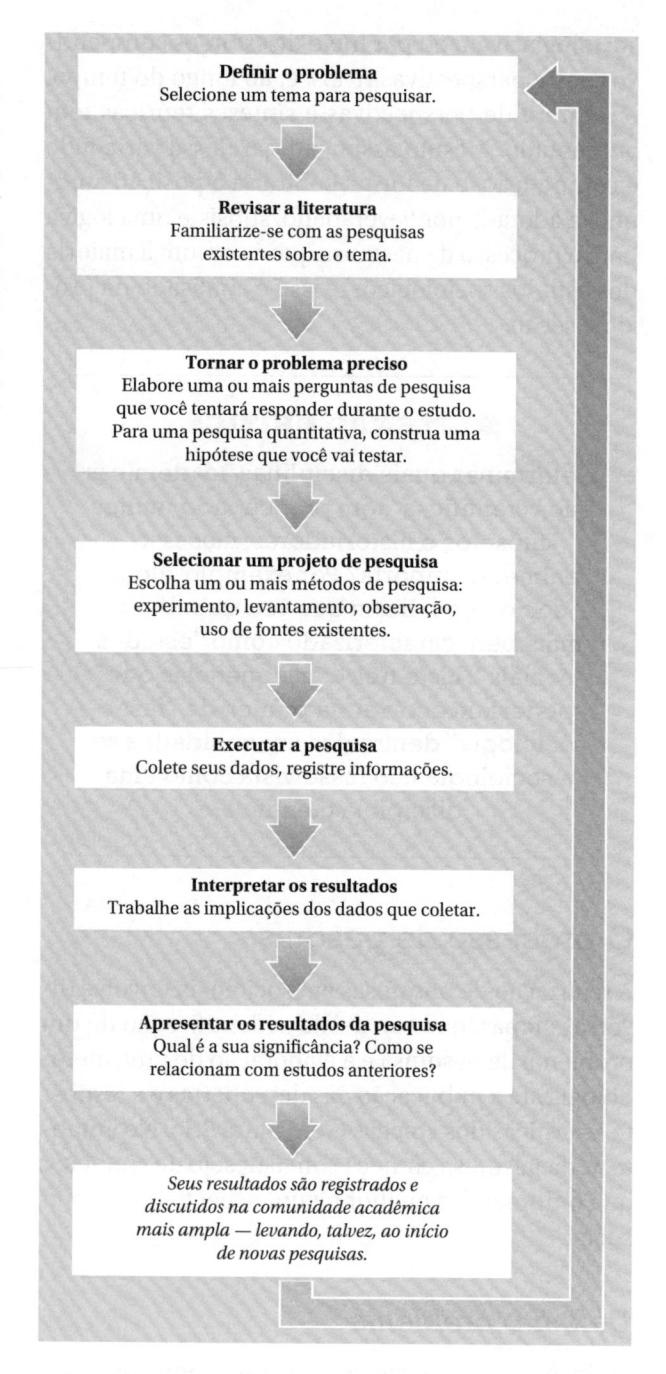

Seus resultados são registrados e discutidos na comunidade acadêmica mais ampla — levando, talvez, ao início de novas pesquisas.

FIGURA 2.1 Etapas do processo de pesquisa.

de criar um **viés**, pois o pesquisador pode ter acesso apenas a uma amostra parcial, o quê, mais tarde, pode levar a uma falsa interpretação geral. Por exemplo, se o pesquisador estiver estudando como as empresas cumpriram os programas de oportunidades para todos em relação às mulheres, as organizações que não aderiram talvez não queiram ser estudadas, mas omiti-las resultará em um viés sistemático nos resultados do estudo.

Diversos vieses podem entrar no processo de pesquisa de muitas maneiras. Por exemplo, se uma pesquisa se baseia em levantamentos sobre as visões dos participantes, pode ser fácil para o pesquisador direcionar a discussão de um modo específico, fazendo perguntas tendenciosas a partir de seus próprios pontos de vista (como mostra a *charge* de Doonesbury). De maneira alternativa, os entrevistados podem fugir de uma questão que eles não queiram responder. O uso de questionários com frases fixas pode ajudar a reduzir o viés na entrevista, mas não o eliminará totalmente. Outra fonte de viés surge quando participantes *potenciais* de um levantamento, como um questionário voluntário distribuído, decidem que não querem participar. Isso é conhecido como o *viés da não resposta* e, como regra geral, quanto maior a proporção de não respostas na amostra, mais provável será que o resultado daqueles que *participaram* tenha um viés. Mesmo que se tente o possível para reduzir o viés no levantamento, é provável que as observações que os sociólogos fazem ao implementar uma pesquisa reflitam seus próprios pressupostos culturais. Esse *viés do observador* pode ser difícil ou, talvez, impossível de eliminar, pois os sociólogos — acredite ou não — são seres humanos e membros de sociedades, além de sociólogos! Mais adiante neste capítulo, veremos algumas das outras armadilhas e dificuldades da pesquisa sociológica e discutiremos como algumas delas podem ser evitadas.

Interpretar e relatar os resultados

Depois que o material foi reunido para análise, os problemas do pesquisador não acabaram. Trabalhar as implicações dos dados coletados e relacioná-los com o problema de pesquisa raramente é fácil. Embora possa ser possível chegar a uma resposta clara às questões iniciais, muitas investigações não são, no final, plenamente conclusivas. Os resultados da pesquisa, geralmente publicados como um relatório, artigo de revista ou livro, fazem uma narrativa da natureza da pesquisa e visam a justificar as conclusões que são tiradas. Esse é um estágio final apenas no que diz respeito ao projeto de pesquisa individual. A maioria dos relatórios indica também questões que permanecem sem resposta e sugere outras pesquisas que poderiam ser feitas de forma lucrativa no futuro. Todas as investigações individuais fazem parte do processo contínuo de pesquisa que ocorre dentro da comunidade sociológica.

A sequência de etapas anterior é uma versão simplificada do que acontece em projetos de pesquisa reais (ver Figura 2.1). Na pesquisa do mundo real, esses estágios raramente se sucedem com tanta perfeição, e quase sempre há uma certa quantidade de "confusão". A diferença é um pouco como aquela que se percebe entre seguir uma receita de um livro de receitas e o processo real de cozinhar uma refeição. Os cozinheiros experientes geralmente não trabalham com receitas, mas sua comida pode ser melhor do que a preparada por aqueles que o fazem. Como Feyerabend viu, seguir um conjunto rígido de estágios pode ser excessivamente restritivo, e muitos trabalhos notáveis de pesquisa sociológica não seguiram essa sequência estrita. Ainda assim, a maioria das etapas discutidas anteriormente estaria lá em algum lugar.

Entendendo causa e efeito

Um dos principais problemas a ser enfrentados na metodologia de pesquisa é a análise de causa e efeito, especialmente na pesquisa quantitativa baseada no teste estatístico. Uma **relação causal** entre dois eventos ou situações é uma associação em que um evento ou situação produz o outro. Se o freio de mão for liberado em um carro que está virado para uma ladeira, ele descerá, ganhando velocidade progressivamente à medida que desce. O ato de soltar o freio terá sido a causa desse evento, e é fácil entender as razões com base nos princípios físicos envolvidos. Como a ciência natural, a sociologia depende da premissa de que todos os eventos têm causas. A vida social *não* é um conjunto aleatório de ocorrências. Uma das principais tarefas da pesquisa sociológica e da teorização é identificar causas e efeitos.

Causalidade e correlação

A **causalidade** não pode ser inferida diretamente da correlação. A **correlação** significa a existência de uma relação regular entre dois grupos de ocorrências ou variáveis. Uma **variável** é qualquer dimensão ao longo da qual indivíduos ou grupos variam. Idade, gênero, etnicidade, renda e diferenças entre classes sociais estão entre as muitas variáveis que os sociólogos estudam. Quando se observa que duas variáveis estão intimamente vinculadas ou correlacionadas, pode parecer que uma é a causa da outra. Todavia, muitas vezes esse *não* é o caso. Existem, de fato, muitas correlações sem qualquer relação causal correspondente entre as variáveis envolvidas. Por exemplo, no período transcorrido desde a Segunda Guerra Mundial, pode-se encontrar uma forte correlação entre a redução no hábito de fumar cachimbo e a redução no número de pessoas que vão ao cinema. De forma clara, uma mudança não causa a outra, e teríamos dificuldade para encontrar uma conexão causal mesmo remota entre elas. Existem muitos exemplos, contudo, em que não fica tão claro que uma correlação observada não implica relação causal. Essas correlações são armadilhas para os desavisados e levam facilmente a conclusões questionáveis ou falsas.

Em seu trabalho clássico de 1897, *O suicídio* (discutido no Capítulo 1), Émile Durkheim encontrou uma correlação entre as taxas de suicídio e as estações do ano. Os níveis de suicídio aumentaram progressivamente de janeiro até junho ou julho e depois caíram ao longo do restante do ano. Pode-se supor que isso demonstre que a temperatura ou as mudanças climáticas estão *causalmente relacionadas* com a propensão dos indivíduos a cometer suicídio. Podemos pensar que, à medida que as temperaturas aumentam, as pessoas se tornam mais impulsivas e de cabeça quente, levando a taxas mais altas de suicídio. Todavia, a relação causal aqui não tem nada a ver *diretamente* com a temperatura ou o clima. Na primavera e no verão, a maioria das pessoas tem uma vida social mais intensa do que nos meses do inverno. Os indivíduos que são isolados ou infelizes tendem a experimentar uma intensificação desses sentimentos à medida que o nível de atividade das outras pessoas aumenta. Assim, eles têm mais chances de terem tendências suicidas agudas na primavera e no verão do que no outono e no inverno, quando o ritmo da atividade social diminui. Sempre temos que estar atentos ao avaliar se a correlação envolve causalidade e decidir em qual direção as relações causais seguem.

Mecanismos causais

Identificar as conexões causais envolvidas nas correlações costuma ser um processo difícil. Existe uma forte correlação, por exemplo, entre o nível de desempenho educacional e o sucesso ocupacional nas sociedades modernas. Quanto melhores as notas que um indivíduo tira na escola, mais bem remunerado provavelmente será o seu trabalho quando ele sair. O que explica essa correlação? A pesquisa tende a mostrar que não é apenas a experiência escolar; os níveis de desempenho escolar são muito mais influenciados pelo tipo de lar de onde a pessoa vem. Crianças de lares mais abastados, cujos pais se interessam bastante por suas habilidades de aprendizagem, e onde existem livros abundantes e um local para estudo, têm mais chances de se saírem bem do que aquelas de grupos com menor renda, entre os quais esses aspectos podem não estar disponíveis. Os mecanismos causais aqui são as facilidades que os pais são capazes de proporcionar para seus filhos estudarem.

Não devemos entender as conexões causais em sociologia de maneira mecânica demais. As atitudes que as pessoas têm e as suas razões subjetivas para agir como agem são fatores causais nas relações entre variáveis na vida social, e é preciso haver pesquisa qualitativa para podermos obter o tipo de conhecimento profundo sobre como os indivíduos interpretam seu mundo. Max Weber (1979 [1925]: 13) foi claro ao afirmar que o trabalho sociológico deve ser explicado nesse nível individual e interacional, que é onde a significância da vida social é produzida.

> Uma discussão sobre algumas abordagens "realistas críticas" recentes que enfocam o estabelecimento de mecanismos causais na vida social pode ser encontrada no Capítulo 5, "Meio ambiente".

Controles

Na pesquisa quantitativa, ao avaliar a causa ou as causas que explicam uma correlação, precisamos distinguir variáveis independentes de variáveis dependentes. Uma **variável independente** é aquela que produz um efeito sobre outra variável. A variável afetada é chamada de **variável dependente**. No exemplo mencionado antes, o desempenho acadêmico é a variável independente, e a renda ocupacional, a variável dependente. A distinção se refere à direção da relação causal que estamos investigando. No entanto, o mesmo fator pode ser uma variável independente em um estudo e uma variável dependente em outro. Tudo depende de quais processos causais estão sendo analisados. Se estivéssemos analisando os efeitos de diferenças em renda ocupacional sobre estilos de vida, a renda ocupacional seria a variável independente, e não a dependente.

Para descobrir se uma correlação entre variáveis é uma conexão causal, podemos usar **controles**, o que significa que mantemos certas variáveis constantes para observar os efeitos de outras. Dessa forma, podemos avaliar explicações para correlações observadas separando relações causais de não causais. Por exemplo, os pesquisadores médicos estudando o comportamento de fumo podem sugerir que fumar usando cigarros eletrônicos gera uma redução no fumo convencional com tabaco nos adultos jovens com idade entre 18 e 24 anos — que existe uma conexão causal entre o uso de cigarros eletrônicos e o abandono do fumo. Para descobrir, poderíamos colher uma amostra de fumantes convencionais nessa faixa etária e atribuir-lhes dois grupos aleatoriamente: um grupo experimental que recebe cigarros eletrônicos e um grupo de controle que não os recebe. Depois do período de estudo, mediríamos a atividade de fumo com tabaco nos dois grupos; se o grupo experimental fumar menos que o grupo de controle após sua experiência com os cigarros eletrônicos, podemos atribuir a redução a esse último.

Esse é um exemplo simplificado para ilustrar o princípio de uso de grupos de controle na análise de variável, mas, na realidade, as coisas podem ser mais confusas e complexas do que foi sugerido aqui. Foi realmente o cigarro eletrônico que causou a redução do tabagismo? Será que, durante o processo de pesquisa, um elogio positivo dos amigos e da família, por tentar parar de fumar, não teria sido o fator predominante?

Identificando causas

Um exemplo de como é difícil conhecer as relações causais envolvidas em uma correlação é fornecido pelo longo histórico de estudos sobre o tabagismo e o câncer de pulmão. As pesquisas têm demonstrado consistentemente uma forte correlação entre os dois. Os fumantes têm mais chances de contrair câncer de pulmão do que os não fumantes, e fumantes contumazes têm mais chances do que fumantes leves. A correlação também pode ser expressa na forma contrária. Uma proporção elevada de indivíduos com câncer de pulmão é composta por fumantes ou pessoas que fumaram por longos períodos no passado. Existem tantos estudos confirmando essas correlações que, de modo geral, aceita-se que haja uma ligação causal envolvida, mas os mecanismos causais *exatos* ainda são bastante desconhecidos.

Entretanto, independentemente da quantidade de trabalho correlacional que for feita sobre qualquer questão, sempre restará alguma dúvida sobre possíveis relações causais. Outras interpretações da correlação são possíveis, pelo menos na teoria. Já

Os pesquisadores podem querer saber por que alguns jovens muçulmanos no Reino Unido usam lenços na cabeça, enquanto outros, não. No entanto, pode ser difícil estabelecer uma relação causal entre os vários fatores envolvidos.

foi proposto, por exemplo, que as pessoas que têm predisposição a contrair câncer de pulmão também estão predispostas a fumar. Segundo essa visão, não é o tabagismo *em si* que causa câncer de pulmão, mas alguma disposição biológica inata a fumar e a desenvolver câncer. A identificação de relações causais normalmente é orientada por pesquisas anteriores na área em questão. Se não tivéssemos uma ideia razoável de antemão sobre os mecanismos causais envolvidos em uma correlação, provavelmente teríamos muita dificuldade para descobrir quais são as conexões causais reais. Em suma, não saberíamos o que procurar.

Métodos de pesquisa sociológica

Em sociologia, costuma-se distinguir tradições e **métodos de pesquisa quantitativos** e **qualitativos**. Os primeiros são associados ao funcionalismo e ao positivismo, e os segundos, ao interacionismo e à busca por significados e entendimento. Conforme o termo sugere, os métodos quantitativos tentam *mensurar* fenômenos sociais e usam modelos matemáticos e, com frequência, análises estatísticas para explicá-los. Os métodos qualitativos, por outro lado, tentam reunir dados ricos e detalhados que permitam uma compreensão aprofundada da ação individual no contexto da vida social. Como um guia básico e rápido para uma variedade de métodos de pesquisa sociológica, essa distinção é um ponto de partida útil. Muitos sociólogos se especializam ou até favorecem uma tradição em vez da outra. Todavia, existe o perigo de que as duas tradições sejam vistas como "campos" opostos, com abordagens inteiramente diferentes de pesquisa. Isso não seria muito produtivo nem descreve adequadamente a situação que existe.

De fato, muitos projetos de pesquisa atualmente fazem uso de **métodos mistos** — quantitativos e qualitativos — para obter uma compreensão e uma explicação mais amplas do tema em estudo. Também é possível combinar os resultados de estudos quantitativos e qualitativos separados. Por exemplo, algumas sociólogas feministas favorecem os métodos qualitativos, que, segundo argumentam, permitem que as vozes autênticas das mulheres sejam ouvidas de uma maneira que os estudos quantitativos não possibilitam. Esse último ponto sem dúvida está correto. Porém, sem estudos quantitativos, não teria sido possível mensurar a extensão total do nível de desigualdades de gênero na sociedade ou colocar as vozes de mulheres individuais em seu contexto social mais amplo. Os sociólogos devem estar preparados para usar os métodos mais adequados às questões que querem responder.

A seguir, veremos os vários métodos de pesquisa que os sociólogos geralmente empregam em seu trabalho (ver a Tabela 2.2).

Etnografia

As abordagens de Laud Humphreys e de Li e colaboradores na China eram formas de **etnografia**, um tipo de trabalho de campo, ou estudo de pessoas em primeira mão, usando **observação participante** e/ou **entrevistas** como seus principais métodos de pesquisa. Nesse caso, o pesquisador convive, trabalha ou mora com um grupo, uma organização ou uma comunidade e, às vezes, participa diretamente de suas atividades.

Quando é bem-sucedida, a etnografia fornece informações sobre o comportamento de pessoas em grupos, organizações e comunidades e também sobre como essas pessoas entendem o seu próprio comportamento. Quando enxergamos como as coisas parecem quando vistas de dentro de um determinado grupo, é provável que desenvolvamos uma compreensão maior não apenas daquele grupo, mas de processos sociais que transcendem a situação em estudo. A etnografia é apenas um dos métodos de pesquisa qualitativa usados em sociologia que visam a propiciar um conhecimento e um entendimento aprofundados de fenômenos sociais de escala relativamente pequena.

Nos trabalhos tradicionais em etnografia, as narrativas eram apresentadas sem muitas informações sobre os próprios pesquisadores. Isso ocorria porque se acreditava que os etnógrafos poderiam apresentar relatos objetivos das sociedades que estudavam. Mais recentemente, os etnógrafos tendem

TABELA 2.2 Quatro dos principais métodos usados na pesquisa sociológica

Método de pesquisa	Potencialidades	Limitações
Trabalho de campo	Geralmente fornece informações mais ricas e mais aprofundadas do que as obtidas por outros métodos.	Somente pode ser usado com sucesso em grupos ou comunidades menores.
	A etnografia pode oferecer uma melhor compreensão dos processos sociais.	As descobertas só podem ser aplicadas aos grupos estudados. Não é fácil generalizar com base em um único estudo de trabalho de campo.
Levantamentos (surveys)	Possibilitam a coleta eficiente de dados sobre muitos indivíduos.	O material reunido pode ser superficial; quando o questionário é muito padronizado, diferenças importantes entre os pontos de vista dos respondentes podem ser omitidas.
	Permitem comparações precisas entre as respostas dos respondentes.	As respostas podem ser o que as pessoas dizem acreditar, em vez daquilo em que acreditam realmente.
Experimentos	O investigador pode controlar a influência de variáveis específicas.	Muitos aspectos da vida social não podem ser levados para o laboratório.
	Geralmente são mais fáceis de ser repetidas por pesquisadores subsequentes.	As respostas dos indivíduos estudados podem ser afetadas pela situação experimental.
Pesquisa documental	Pode proporcionar fontes de materiais aprofundados, bem como dados sobre grandes quantidades, dependendo do tipo de documento estudado.	O pesquisador depende das fontes existentes, que podem ser parciais.
	Costuma ser essencial quando o estudo é totalmente histórico ou tem uma dimensão histórica definida.	As fontes podem ser difíceis de interpretar em termos do quanto representam tendências reais, como no caso de certas estatísticas oficiais.

a falar cada vez mais sobre si mesmos e a natureza da sua conexão com as pessoas em estudo. Às vezes, essa **reflexividade** pode ser um modo de tentar considerar de que maneira a própria raça, classe ou gênero afetou o trabalho e como as diferenças de poder entre o observador e os observados distorceram o diálogo entre eles.

Os estudos etnográficos têm limitações. Apenas grupos ou comunidades muito pequenos podem ser estudados, e muito depende da capacidade do pesquisador de ganhar a confiança dos indivíduos envolvidos. Sem essa habilidade, é improvável que o pesquisador avance. O contrário também é possível. Um pesquisador pode começar a se identificar *tanto* com o grupo que se torna "íntimo" demais, perdendo a perspectiva do observador externo. Quando muita coisa se apoia nas habilidades de um indivíduo específico, o estudo se torna difícil de ser reproduzido, e, com isso, a confiabilidade das descobertas pode ser questionada.

Os sociólogos também fazem uso de **grupos focais**, que antes eram utilizados principalmente no *marketing* e em pesquisas de opinião. Os grupos focais são basicamente "discussões em grupo" nas quais um pequeno grupo de pessoas selecionadas especificamente se reúne para discutir um assunto e trocar pontos de vista. O pesquisador age como um moderador, mas também faz perguntas específicas relacionadas ao estudo, para direcionar a discussão. Devido à sua natureza interativa e flexível, os grupos focais permitem que qualquer mal-entendido possível seja esclarecido, aumentando, assim, a validade dos resultados do estudo. Todavia, os críticos dizem que o pesquisador em um grupo focal é mais

Snapshots

"Eu amo lanchar aqui, mas sempre tenho a sensação de que estamos sendo observados."

um participante do que um observador distanciado e pode influenciar as respostas do grupo. Portanto, existe o perigo de que os participantes ajam segundo a percepção que têm sobre as expectativas do pesquisador, embora essa questão não seja exclusiva do método de grupo focal, sendo algo que todos os pesquisadores devem considerar.

Levantamentos (*surveys*)

A interpretação de estudos de campo geralmente envolve problemas de generalização. Como apenas um pequeno número de pessoas está sob estudo, não podemos ter certeza de que aquilo que se descobre em um contexto também se aplica a outras situações, ou mesmo de que dois pesquisadores diferentes chegariam às mesmas conclusões ao estudarem o mesmo grupo. Esse problema geralmente é menor na pesquisa em grande escala com **levantamentos**. Em um **levantamento**, questionários são enviados ou aplicados diretamente, em entrevistas, a um grupo seleto de pessoas — às vezes, chegando a milhares. Os sociólogos se referem a esse grupo de pessoas, independentemente do seu tamanho, como uma **população**.

Embora o trabalho etnográfico se aplique a estudos aprofundados de pequenas fatias da vida social, a pesquisa com levantamentos tende a gerar informações menos detalhadas, mas que geralmente podem ser aplicadas a uma área mais ampla. Os levantamentos são o tipo mais usado de método de pesquisa quantitativa, permitindo que fenômenos sociais sejam medidos e depois analisados usando modelos matemáticos e técnicas estatísticas. Muitos órgãos governamentais e agências de opinião privadas também utilizam muito os levantamentos para adquirir conhecimento sobre as atitudes das pessoas, e a criação de uma imagem precisa da forma, do tamanho e da diversidade da população de uma sociedade seria praticamente impossível sem essa pesquisa por levantamento.

Amostragem

Com frequência, os sociólogos estão interessados nas características de grandes números de indivíduos — por exemplo, as posturas políticas da população da Austrália como um todo. Seria impossível estudar todas as 25 milhões de pessoas diretamente, de modo que, nessas situações, os pesquisadores fazem uma **amostragem** — eles se concentram em uma amostra, ou pequena proporção, do grupo total. Geralmente, pode-se ter confiança de que os resultados de uma amostra populacional, desde que tenha sido escolhida adequadamente, podem ser generalizados para a população total. Estudos com apenas 2 ou 3 mil eleitores, por exemplo, podem dar uma indicação muito precisa das posturas e intenções de voto de toda a população. Porém, para chegar a esse nível de precisão, a amostra deve ser **representativa** — ou seja, o grupo de indivíduos estudados deve ser típico da população como um todo. A amostragem representativa é mais complexa do que pode parecer, e os estatísticos desenvolveram regras para descobrir o tamanho correto e a natureza das amostras.

Um procedimento particularmente importante usado para garantir que uma amostra seja representativa é a **amostragem aleatória**, em que se escolhe uma amostra de modo que cada membro da população tenha a mesma probabilidade de ser incluído. A maneira mais sofisticada de se obter uma amostra aleatória é atribuir um número a cada membro da população e depois usar um computador para gerar

No trabalho de campo, os pesquisadores precisam se aproximar das comunidades que estão estudando, mas não tão perto a ponto de perderem seu olhar sociológico relativamente distante.

uma lista aleatória, da qual a amostra é derivada — por exemplo, escolhendo-se um número a cada 10.

Existem outros tipos de amostragem que os sociólogos usam. Em certos tipos de pesquisa, pode ser necessário usar **amostragem de conveniência**. Isso significa obter a amostra onde for possível. Como a amostragem de conveniência é menos sistemática e rigorosa do que outros tipos, os resultados que ela gera devem ser tratados com cautela. Todavia, na pesquisa aplicada ou em estudos de grupos sociais difíceis de alcançar, que possam relutar para aparecer (por exemplo, usuários de substâncias ilegais ou pessoas que se automutilam), ela talvez seja a única maneira prática de obter uma amostra adequada. Sem a amostragem de conveniência, as vozes de alguns grupos sociais podem não ser ouvidas. De maneira semelhante, a **amostragem bola de neve**, em que os sujeitos existentes são usados para recrutar outros participantes por meio de sua própria rede de contatos e amigos, é um método testado e experimentado de obter acesso a uma amostra maior do que a que seria possível acessar de outras maneiras.

Vantagens e desvantagens dos levantamentos

Os levantamentos são amplamente utilizados na pesquisa sociológica, por várias razões. As respostas a questionários podem ser quantificadas e analisadas com mais facilidade do que o material gerado pela maioria dos outros métodos de pesquisa. Grandes números de pessoas podem ser estudados, e, com verbas suficientes, os pesquisadores podem contratar uma agência especializada em trabalho com levantamentos para coletar as respostas. Esse tipo de pesquisa é um modelo de pesquisa quantitativa, já que os levantamentos dão aos pesquisadores uma medida estatística do fenômeno que estão estudando.

Muitos sociólogos atuais, porém, são críticos do método do levantamento. Eles argumentam que se pode atribuir uma *aparência* de precisão a resultados cuja precisão pode ser dúbia, devido à natureza relativamente superficial da maioria das respostas em levantamentos. As taxas de ausência de resposta às vezes são elevadas, especialmente quando os questionários são enviados e devolvidos pelo correio, o que pode comprometer a representatividade do levantamento. Não é incomum os estudos serem publicados com base em resultados derivados de pouco mais da metade dos indivíduos da amostra, embora, normalmente, faça-se uma tentativa de contatar novamente aqueles que não respondem ou de substituí-los por outras pessoas. Pouco se sabe a respeito daqueles que decidem não responder a levantamentos ou que se recusam a ser entrevistados, e a pesquisa de levantamento costuma ser vista como intrusiva e demorada. Apesar desses problemas, o levantamento social continua sendo um método importante no arsenal do sociólogo.

Questionários — padronizados ou abertos?

Três tipos de questionários são usados em levantamentos. Alguns contêm um conjunto de questões padronizadas, ou de escolha fixa, para as quais apenas uma variedade fixa de respostas é possível — por exemplo: "Sim/Não/Não sei" ou "Muito provável/Provável/Improvável/Muito improvável". Os questionários padronizados têm a vantagem de que as respostas são fáceis de contar e comparar, pois existe apenas um pequeno número de categorias envolvidas. Por outro lado, como não permitem sutilezas de opinião ou expressão verbal, as informações que produzem provavelmente terão alcance restrito e podem ser enganosas.

Outros questionários são abertos, dando aos participantes mais oportunidade de expressar seus pontos de vista em suas próprias palavras, sem estarem limitados a dar respostas de escolha fixa. Os questionários abertos geralmente proporcionam informações mais detalhadas do que os padronizados. Por outro lado, a falta de padronização significa que as respostas podem ser mais difíceis de comparar por meios estatísticos, e isso limita as tentativas de chegar a conclusões gerais a partir do estudo.

Os itens do questionário normalmente são listados de modo que um grupo de entrevistadores possa fazer a pergunta e registrar as respostas na mesma ordem predeterminada, e todos os itens devem ser compreensíveis para os entrevistadores e entrevistados. Nos grandes levantamentos nacionais realizados regularmente por agências governamentais e institutos de pesquisa, as entrevistas são realizadas mais ou menos simultaneamente em todo o país. Aqueles que aplicam as entrevistas e aqueles que analisam os resultados não podem fazer seu trabalho efetivamente se tiverem constantemente que esclarecer ambiguidades nas perguntas ou nas respostas.

Os questionários também devem levar em consideração as características dos que respondem. Será que entenderão o que o pesquisador tem em mente ao fazer uma determinada pergunta? Será que têm informações suficientes para responder de maneira proveitosa? Será que responderão alguma coisa? Os termos e conceitos usados em um questionário podem não ser conhecidos pelos respondentes. Por exemplo, a pergunta: "qual é o seu estado civil?" pode confundir certas pessoas. Seria mais adequado perguntar: "você é solteiro, casado, separado ou divorciado?". A maioria dos levantamentos é precedida por **estudos-piloto**, em que apenas algumas pessoas respondem ao questionário para resolver ambiguidades e identificar problemas que o pesquisador não previu, antes de se fazer o levantamento principal.

Experimentos

Um **experimento** pode ser definido como uma tentativa de testar uma **hipótese** em condições altamente controladas, estabelecidas por um investigador. Os experimentos costumam ser usados nas ciências naturais e na psicologia, pois oferecem grandes vantagens em comparação a outros procedimentos de pesquisa. Em uma situação experimental, o pesquisador controla diretamente as circunstâncias em estudo. Os psicólogos que estudam o comportamento individual também usam a experimentação de laboratório extensivamente. Todavia, comparado com essas disciplinas, o espaço para experimentação na sociologia é bastante restrito. A maioria dos estudos sociológicos, mesmo aqueles de ações individuais, busca investigar a relação entre fenômenos micro e macrossociais. Remover os indivíduos de seu contexto social para fins de experimentação faria pouco ou nenhum sentido para muitos pesquisadores.

Ainda assim, às vezes, os sociólogos desejam explorar a dinâmica grupal — a maneira como os indivíduos agem quando em grupos —, e, nesses casos, os experimentos podem ser viáveis. Mesmo assim, somente é possível levar grupos pequenos para o ambiente do laboratório, e, nesses experimentos, as pessoas sabem que estão sendo estudadas e podem não agir normalmente. Essas mudanças no comportamento dos participantes são conhecidas como "efeito Hawthorne". Na década de 1930, pesquisadores que faziam um estudo sobre a produtividade na usina Hawthorne, da Western Electric Company, nos arredores de Chicago, observaram, para sua surpresa, que a produtividade dos trabalhadores continuava a aumentar independentemente das condições experimentais impostas (níveis de iluminação, padrões de intervalo, tamanho das equipes e assim por diante). Os trabalhadores estavam cientes de que estavam sob escrutínio e aceleravam seu ritmo natural de trabalho. Entretanto, conforme mostra o quadro Estudos clássicos 2.1, ainda podemos aprender coisas sobre a vida social com experimentos de pequena escala na psicologia social.

Pesquisa biográfica

Ao contrário dos experimentos, a **pesquisa biográfica** pertence unicamente às outras ciências sociais e não tem lugar na ciência natural. A pesquisa biográfica se tornou muito mais popular em sociologia em décadas recentes e inclui histórias orais, narrativas, autobiografias, biografias e histórias de vida (Bryman, 2015). Esses métodos são usados para analisar como os indivíduos vivenciam a vida social e os períodos de mudança social e como interpretam suas relações com outras pessoas no contexto de um mundo em mudança. Dessa forma, os métodos biográficos permitem que novas vozes entrem na pesquisa sociológica — as histórias de vida são um bom exemplo.

As **histórias de vida** consistem em material biográfico reunido sobre indivíduos específicos — geralmente conforme recordações dos próprios indivíduos. As histórias de vida foram empregadas com êxito em estudos sociológicos de grande importância. Um estudo conhecido é *The Polish peasant in Europe and America*, de W. I. Thomas e Florian Znaniecki, cujos cinco volumes foram publicados entre 1918 e 1920 (Thomas e Znaniecki, 1966). Thomas e Znaniecki conseguiram fazer uma narrativa mais sensível e sutil da experiência da migração do que a que teria sido possível sem as entrevistas, cartas e artigos de jornal que coletaram. A pesquisa biográfica tem como objetivo nos oferecer uma noção de como a vida é experimentada, algo que nunca seria alcançado com levantamentos em grande escala e testes estatísticos. Outros métodos geralmente não fornecem tantas informações sobre o desenvolvimento de crenças e posturas ao longo do tempo. Todavia, os estudos com histórias de vida raramente se baseiam integralmente na memória das pessoas. Normalmente, fontes como cartas, relatos contemporâneos e descrições de jornal são usadas para ampliar e confirmar a validade das informações que os indivíduos fornecem.

As visões dos sociólogos diferem quanto ao valor dos métodos biográficos. Alguns acreditam que são pouco confiáveis para proporcionar informações úteis, mas outros pensam que eles são fontes de conhecimento que poucos métodos de pesquisa podem igualar. De fato, alguns sociólogos começam a fazer reflexões sobre suas próprias vidas em seus estudos e pesquisas, como um modo de oferecer visões sobre as origens e o desenvolvimento de seus próprios pressupostos teóricos (ver, por exemplo, Mouzelis, 1995).

Pesquisa comparativa e histórica

A **pesquisa comparativa** tem importância central na sociologia, pois fazer comparações nos permite esclarecer o que está acontecendo em uma determinada área da vida social. Tomemos como exemplo a taxa de divórcio entre casais de sexos opostos em muitas sociedades desenvolvidas. No início da década de 1960, havia menos de 30 mil divórcios por ano na Inglaterra e no País de Gales, mas, em 2003, esse número havia aumentado para 153 mil. No entanto, desde 2003, o número de divórcios por ano decaiu e, em 2017, ficou em 101.669. A *taxa de divórcio* também caiu, indicando 8,4 pessoas se divorciando a cada mil pessoas casadas, o menor nível desde 1973 (ONS, 2018a). Será que essas mudanças refletem características específicas da sociedade britânica? Podemos descobrir comparando as taxas de divórcio no Reino Unido com as de outros países. Essa comparação revela que, na maioria das sociedades ocidentais, as tendências gerais são muito semelhantes. A maioria dos países ocidentais apresentou taxas de divórcio em crescimento estável durante a segunda metade do século XX, antes de

Estudos clássicos 2.1 — A psicologia social da vida na prisão

O problema da pesquisa

A maioria das pessoas não conhece a vida na prisão e considera difícil imaginar como poderia aguentar "lá dentro". Como você se sairia? Você trabalharia como carcereiro? Um disciplinador, quem sabe? Ou quem sabe você adotasse uma abordagem mais humanitária com seus prisioneiros? Em 1971, uma equipe de pesquisa liderada por Philip Zimbardo decidiu testar o impacto que a prisão teria em "pessoas comuns".

Em um estudo financiado pela Marinha dos Estados Unidos, Zimbardo testou a "hipótese disposicional", que dominava nas forças armadas. Essa hipótese sugeria que os conflitos constantes entre prisioneiros e guardas se deviam às características individuais dos guardas e dos detentos — suas disposições pessoais. Zimbardo achava que isso poderia estar errado e criou uma prisão experimental para descobrir.

A visão de Zimbardo

A equipe de pesquisa de Zimbardo criou uma cadeia falsa na Universidade Stanford, colocou um anúncio chamando voluntários do sexo masculino para participar de um estudo sobre a vida prisional e selecionou 24 alunos, principalmente de classe média, que não se conheciam antes do experimento. Cada participante foi designado aleatoriamente como guarda ou prisioneiro. Depois de um processo de indução padronizado, que envolveu revistas sem roupa, revistas em busca de piolhos e fotografias, também nus, os prisioneiros permaneceram na cadeia 24 horas por dia, mas os guardas trabalhavam em turnos e iam para casa nos horários livres. Ambos os papéis incluíam o uso de uniformes padronizados (Haney et al., 1973). O objetivo era ver como esses diferentes papéis levariam a mudanças de atitude e comportamento. Os resultados chocaram os pesquisadores.

Os estudantes que desempenharam o papel de guardas logo adotaram um estilo autoritário; eles demonstravam hostilidade verdadeira contra os prisioneiros, dando ordens, abusando verbalmente e provocando. Os prisioneiros, em comparação, apresentaram uma mistura de apatia e rebeldia — uma resposta observada com frequência entre os detentos em prisões reais. Esses efeitos foram tão pronunciados, e o nível de tensão foi tão alto, que o experimento de 14 dias teve que ser cancelado depois de seis, devido à perturbação dos participantes. Mesmo antes disso, cinco "prisioneiros" foram liberados em razão da extrema ansiedade e de problemas emocionais. Muitos "guardas", porém, ficaram tristes quando o estudo terminou prematuramente, sugerindo que eles gostaram do poder que o experimento lhes concedeu.

Com base nos resultados, Zimbardo concluiu que a hipótese disposicional não poderia explicar as reações dos participantes. Em vez dela, ele propôs uma explicação "situacional" alternativa: o comportamento em prisões é influenciado pela própria situação da prisão, e não pelas características individuais dos envolvidos. Em particular, as expectativas ligadas aos papéis desempenhados tendiam a afetar o comportamento. O comportamento de alguns dos guardas havia se deteriorado — eles tratavam os prisioneiros mal, regularmente aplicando punições e parecendo sentir prazer em perturbar os prisioneiros. Zimbardo sugeriu que isso se devia às relações de poder que a cadeia havia estabelecido. Seu controle sobre as vidas dos prisioneiros logo se tornou uma fonte de pra-

As reações ao regime prisional falso durante o experimento da prisão de Stanford levaram um detento a fazer greve de fome para ser liberado.

zer para os guardas. Por outro lado, depois de um rápido período de rebeldia, os prisioneiros apresentaram "desamparo aprendido" e dependência. O estudo nos diz algo importante sobre por que as relações sociais muitas vezes se deterioram dentro de prisões e, por implicação, em outras "instituições totais" (Goffman, 1968 [1961]). Isso tem pouco a ver com personalidades individuais e muito mais com o ambiente da prisão e os papéis sociais encontrados nesse ambiente.

Pontos de crítica

Os críticos argumentam que houve sérios problemas éticos com o estudo. Os participantes não receberam informações completas sobre o propósito da pesquisa, e, portanto, é questionável se eles teriam dado "consentimento informado". Será que a continuação do estudo deveria ter sido permitida? A amostra selecionada, claramente, não era representativa da população como um todo, já que todos eram estudantes e homens. Portanto, seria muito difícil generalizar os efeitos da "vida na prisão" com uma amostra tão pequena e pouco representativa. A natureza da situação construída também pode invalidar os resultados, por generalizar os regimes prisionais do mundo real. Por exemplo, os participantes sabiam que seu período na prisão duraria apenas 14 dias e que receberiam 15 dólares por dia por sua participação. Os problemas estabelecidos em prisões, como o racismo, a violência e o abuso sexual, também não ocorreram. Por isso, os críticos dizem que o experimento não é uma comparação significativa com a vida real na prisão.

Relevância contemporânea

Apesar da situação um tanto artificial — afinal, era um experimento —, os resultados de Zimbardo têm sido muito citados desde a década de 1970. Por exemplo, o livro *Modernidade e Holocausto*, de Zygmunt Bauman (1989), baseia-se nesse estudo para explicar o comportamento de detentos e guardas em campos de concentração nazistas durante a Segunda Guerra Mundial. Nos últimos anos, a questão dos maus-tratos e do *bullying* de pessoas idosas e deficientes em ambientes de asilos na Inglaterra foi exposta em uma série de escândalos, resultando em demissões e processos judiciais de funcionários. O próprio Zimbardo (2008) discutiu alguns dos paralelos entre o experimento e os episódios do mundo real, incluindo o abuso e a tortura de prisioneiros iraquianos em Abu Ghraib entre 2003 e 2004, sugerindo que o foco não deveria ser encontrar a "maçã podre", mas a reforma do "cesto ruim". Sua tese mais geral, de que as configurações institucionais podem moldar as relações sociais e o comportamento, continua sendo poderosa.

> **REFLEXÃO CRÍTICA**
>
> O fato de alguns alunos terem saído cedo e o experimento ter sido interrompido sugere que seus efeitos foram significativos. Mas quais aspectos da vida na prisão os experimentos desse tipo nunca poderiam replicar? Escreva um documento com a sua posição, com cerca de 500 palavras, explicando os benefícios de permitir que os sociólogos realizem experimentos usando seres humanos. Quais são os contra-argumentos?

se estabilizarem ou caírem novamente nos últimos anos. A conclusão a que podemos chegar é que as estatísticas para a Inglaterra e o País de Gales fazem parte de uma tendência ou um padrão mais amplo entre todas as sociedades ocidentais modernizadas.

Uma perspectiva histórica também é essencial na pesquisa sociológica, pois, muitas vezes, precisamos de uma *perspectiva temporal* para entender o material que coletamos sobre um determinado problema. Os sociólogos geralmente querem investigar os fatos passados diretamente. Alguns períodos da história podem ser estudados de maneira direta, enquanto ainda houver sobreviventes, e existem alguns estudos intuitivos sobre o Holocausto na Europa durante a Segunda Guerra Mundial. A pesquisa em **história oral** envolve entrevistar pessoas sobre fatos que testemunharam em algum ponto anterior de suas vidas. Esse tipo de testemunho direto pode cobrir, no máximo, 60 a 70 anos no passado.

Para pesquisas históricas sobre períodos anteriores, os sociólogos usam a pesquisa documental a partir de registros escritos, muitas vezes encontrados nas coleções de bibliotecas ou outros documentos arquivados. A variedade de documentos úteis é ampla, incluindo: fontes pessoais, como diários; fontes oficiais, como documentos de políticas, certidões de nascimento e de óbito e registros fiscais; documentos de organismos privados, como empresas e organizações de voluntários; revistas e jornais. Dependendo da pergunta de pesquisa, documentos históricos como esses podem constituir **fontes primárias**, assim como grande parte dos dados registrados em entrevistas com sobreviventes de guerra. Todavia, os sociólogos históricos também fazem grande uso de **fontes secundárias**: narrativas de fatos históricos passados escritas por pessoas *após* o evento. A maioria dos estudos documentais faz uso de ambos os tipos. Todavia, os sociólogos enfrentam as mesmas questões que os historiadores quando fazem uso dessas fontes. Qual é o grau de autenticidade dos documentos? Eles representam apenas um ponto de vista parcial? A pesquisa documental exige uma abordagem paciente e sistemática das fontes e a sua interpretação.

Um exemplo interessante do uso de documentos históricos é o estudo do sociólogo Anthony Ashworth sobre a guerra de trincheiras durante a Primeira Guerra Mundial (Ashworth, 1980). Ashworth se baseou em uma diversidade de fontes documentais: histórias oficiais da guerra, publicações oficiais da época, anotações e registros mantidos informalmente por soldados e narrativas pessoais de experiências da guerra. Ele conseguiu desenvolver uma rica e detalhada descrição da vida nas trincheiras, que continha algumas surpresas. Por exemplo, ele observou que a maioria dos soldados tinha suas próprias ideias sobre como pretendiam travar combate com o inimigo e como efetivamente ignoravam as ordens dos seus oficiais.

A pesquisa de Ashworth se concentrou em um período relativamente curto — de 1914 a 1918 —, mas existem muitos estudos que investigaram mudanças sociais durante períodos muito mais longos e aplicaram pesquisa comparativa nesse contexto histórico. Um dos clássicos modernos mais recentes da sociologia histórica comparativa é a análise de Theda Skocpol (1979) sobre revoluções sociais, discutida em Estudos clássicos 2.2.

Sociologia visual

Embora a antropologia há muito tempo venha utilizando fontes visuais de informação, como fotografias e filmagens, a sociologia costuma ser uma área focada em textos escritos (Harper, 2010). Isso não quer dizer que os sociólogos não produzam seus próprios materiais visuais. As informações numéricas e estatísticas são transformadas em gráficos de *pizza*, tabelas e representações gráficas de fácil leitura, enquanto a pesquisa etnográfica costuma ser apresentada com fotografias incluídas. No entanto, esses elementos visuais são quase auxiliares do texto principal, que é a parte mais significativa dos artigos e livros por meio dos quais os sociólogos argumentam (Chaplin, 1994).

Nos anos mais recentes, algumas pesquisas têm feito uso de tecnologias e dispositivos digitais para documentar áreas da vida social de difícil acesso. Por exemplo, Bancroft e seus colegas (2014) recrutaram estudantes do sexo feminino para seu projeto destinado a explorar a cultura de bebida das mulheres jovens em Edimburgo, na Escócia. Os alunos efetivamente se tornaram pesquisadores participantes, usando câmeras de celulares para documentar suas próprias atividades de busca de prazer na vida noturna. Provavelmente, podemos esperar que, no futuro, esse tipo de abordagem se torne mais comum em certos tipos de projetos de pesquisa.

Alguns sociólogos passaram a se interessar cada vez mais em uma "sociologia visual", em que fotografias, filmes, programas de televisão, vídeos e assim por diante são objetos de estudo por direito próprio (Tinkler, 2013). Assim, os álbuns de fotografias de família podem ser tratados como recursos-chave para a compreensão da passagem das gerações, enquanto a história do cinema ou da arte pode nos dizer algo sobre as normas sociais, os códigos de indumentária e os costumes de épocas anteriores. Porém, o processo de produção por meio do qual os materiais visuais surgem também forma um campo de estudo, e podemos fazer algumas perguntas familiares sobre eles. Quem os produziu? Por qual motivo? Como foram produzidos? O que foi incluído e o que foi omitido? Estudar a produção de materiais visuais faz parte do campo mais amplo da produção da cultura, por meio do qual obtemos uma melhor compreensão de como as diferentes sociedades representam seus modos de vida para seus membros.

Estudos clássicos 2.2 — A comparação de Theda Skocpol entre revoluções sociais

O problema da pesquisa

Conforme aprendem todos os estudantes de sociologia e história, a Revolução Francesa de 1789 transformou a França para sempre. Mas por que ela aconteceu naquela época? Foi apenas um acidente histórico ou era inevitável? As revoluções do começo do século XX na China e na Rússia não apenas transformaram esses países em sociedades comunistas, mas moldaram significativamente a direção do próprio mundo moderno. Mais uma vez, por que elas aconteceram nessa época? A socióloga norte-americana Theda Skocpol (1947-) tentou abordar essas questões e revelar as semelhanças e diferenças entre esses períodos revolucionários. Sua tarefa ambiciosa era produzir uma teoria geral das origens e da natureza da revolução, baseada em um estudo empírico detalhado. O resultado foi um livro, publicado como *Estados e revoluções sociais* (1979), que hoje é um dos estudos clássicos da transformação social de longo prazo.

A visão de Skocpol

Skocpol analisou os processos de revolução em três contextos históricos diferentes: a Revolução Francesa de 1789 (1786-1800); as revoluções de 1917 na Rússia (1917-1921); e o período revolucionário na China (1911-1949). Devido às perguntas essencialmente históricas que fez, seu principal método foi o uso e a interpretação cuidadosa de uma variedade de fontes documentais primárias e secundárias. Embora existam muitas diferenças entre os três casos de revolução, Skocpol argumenta que suas cau-

A chamada Primavera Árabe, que começou em dezembro de 2010, abrangeu protestos em grande escala contra diversos regimes no Oriente Médio e no Norte da África. Na Síria, a situação evoluiu para uma complexa guerra civil, e em dezembro de 2020 — uma década após o início dos protestos originais na Tunísia — o regime de Bashar al-Assad parecia ter se agarrado ao poder. A agitação social em massa nem sempre leva à revolução.

sas estruturais subjacentes são, de fato, semelhantes. Ela rejeita a ideia marxista de que as revoluções são produtos de movimentos de massa (classistas) com queixas profundas. Ao contrário, ela concorda com a tese de que "as revoluções não são feitas, elas vêm". Ou seja, as revoluções sociais resultam principalmente das consequências involuntárias de atos humanos intencionais. Antes da Revolução Russa, por exemplo, diversos grupos políticos estavam tentando derrubar o regime preexistente, mas nenhum deles — incluindo os bolcheviques, que acabaram chegando ao poder — previu a revolução que ocorreu. Uma série de choques e confrontos deu vazão a um processo de transformação social muito mais profundo e radical do que qualquer um havia previsto.

Segundo a explicação de Skocpol, as três revoluções ocorreram em sociedades predominantemente agrárias e foram possibilitadas apenas quando as estruturas estatais existentes (administrativa e militar) entraram em colapso ao sofrer pressão de outros Estados. Nesse contexto, foram as revoltas camponesas e a mobilização de massa que causaram as revoluções sociais na França, na China e na Rússia. Desse modo, Skocpol argumenta contra a noção disseminada de que os camponeses *não* eram uma "classe revolucionária". Algumas semelhanças com revoluções no Vietnã, em Cuba, no México e na (antiga) Iugoslávia também podem ser encontradas. A explicação causal de Skocpol se concentra em estruturas estatais; à medida que elas começaram a entrar em colapso, criou-se um vácuo de poder, e os Estados perderam sua legitimidade, possibilitando que as forças revolucionárias tomassem o poder.

A pesquisa de Skocpol faz uso da "lógica do experimento científico" para estudos comparativos, definida por John Stuart Mill em meados do século XIX. Skocpol adota o "método da similaridade" de Mill, analisando três acontecimentos (revoluções) similares em contextos nacionais muito diferentes. Isso permite que ela procure similaridades básicas entre os três casos, que podem ser identificadas como *variáveis independentes* e, assim, ajudam a explicar as causas de revoluções políticas.

Pontos de crítica

Alguns críticos de Skocpol levantaram questões sobre o argumento estrutural da sua tese. Esse argumento, dizem eles, deixa pouco espaço para a atuação ativa das pessoas. *Como* os grupos de camponeses se revoltaram? Será que os líderes não tiveram um papel nas revoluções? Será que as coisas teriam sido diferentes se grupos e atores individuais tivessem escolhido linhas de ação alternativas? Será que os indivíduos são tão impotentes para influenciar mudanças frente a pressões estruturais?

Outra crítica se refere à noção de Skocpol de "causa" nesse contexto. Alguns dizem que seu argumento, na verdade, é um conjunto de generalizações sofisticadas relativas aos casos que estudou. E, embora essas generalizações funcionem muito bem para esses casos específicos, isso não é o mesmo que uma teoria causal geral das revoluções sociais. Será que a tese vale para, digamos, a Revolução Iraniana, de 1979, a Revolução de Veludo na (antiga) Tchecoslováquia, em 1989, ou as revoltas no Oriente Médio e no Norte da África durante a Primavera Árabe, que se espalhou a partir da Tunísia em 2010 e 2011? Assim, dizem os críticos, apesar de tentar descobrir as causas subjacentes e a natureza das revoluções sociais, no fim o estudo de Skocpol mostrou que cada revolução deve ser estudada separadamente.

Relevância contemporânea

O estudo de Skocpol se tornou um clássico moderno por dois motivos. Primeiro, desenvolveu uma poderosa explicação causal para a mudança revolucionária, que enfatizava as condições estruturais sociais subjacentes à revolução. Essa tese central forte foi fundamentada por uma análise muito detalhada de fontes documentais primárias e secundárias. Assim, Skocpol conseguiu demonstrar que a sociologia histórica comparativa poderia combinar o estudo de mudanças sociais de grande escala e de longo prazo com a investigação empírica de fatos históricos "na base". Em essência, ela reuniu os aspectos macro e microssociológicos em um arcabouço teórico. Em segundo lugar, Skocpol deu uma contribuição muito significativa para compreendermos as revoluções. Ela mostrou que existem semelhanças suficientes entre diferentes revoluções para justificar a busca de teorias gerais da mudança social. Desse modo, sua tese ajudou a preencher a lacuna entre os estudos históricos vigentes e a sociologia das revoluções.

Para alguns, a sociologia visual tem o potencial de aprimorar e expandir o trabalho sociológico em *todos* os campos de especialização, todos eles envolvendo algumas formas de dados visuais e fontes de evidência. Como Pauwels (2015: 5) afirma, "o objetivo final de uma ciência social visual pode estar além da (mera) ambição de se tornar uma forma bem estabelecida e legítima de fazer pesquisa social, esforçando-se para mudar os pontos de vista dos cientistas sociais e pensando sobre a sociedade de uma maneira mais profunda". Com o tempo, produzindo seus próprios materiais visuais e comunicando suas descobertas de formas mais visuais, os sociólogos poderão se tornar especialistas na coleta e no uso dos dados visuais existentes.

Sociologia digital

O surgimento da internet e da rede mundial (WWW) impôs novas oportunidades e novos desafios para os sociólogos. Uma das oportunidades é simplesmente obter acesso a uma variedade incomparável de informações de todo o mundo com apenas alguns cliques ou toques. A internet se tornou uma ferramenta de pesquisa inestimável, podendo ser usada para acessar artigos, livros, relatórios de pesquisa, documentos públicos, debates parlamentares (ao vivo ou em forma de documento), documentos históricos, arquivos e muito, muito mais. Dessa forma, os intercâmbios acadêmicos são acelerados, e a pesquisa local chega facilmente à comunidade acadêmica internacional. Como observa Selwyn (2019: vi), "Essa abundância de informações *on-line* reflete a natureza em rápida mudança da cultura e do conhecimento".

Existe o perigo de que essa *acessibilidade* da informação seja confundida com a *exatidão* da informação. Alunos e pesquisadores precisam ser constantemente críticos e fazer as mesmas perguntas que fariam em relação a qualquer outra fonte. Quem produziu? Como foi produzido? Esteve sujeito a revisão por outros acadêmicos? Até que ponto a fonte é confiável? A fonte tem algum interesse direto na informação que pode causar viés? Muitos professores estão empenhados em ensinar aos alunos as habilidades necessárias para que possam fazer uso eficaz das fontes *on-line* (Ó Dochartaigh, 2009). Os pesquisadores podem usar aplicativos, *e-mail*, Skype, questionários *on-line* e entrevistas por *webcam* como parte de seus projetos de pesquisa, enquanto o grande número de comunidades *on-line* oferece a possibilidade de fazer pesquisas da mesma maneira que aconteceria com grupos e comunidades sociais convencionais (Hewson et al., 2002). Salas de bate-papo, fóruns e outras mídias sociais são usadas por grupos de interesses específicos para se organizar *on-line* e, dessa forma, poder apresentar o melhor ou o único caminho para um determinado assunto.

A rápida disseminação das tecnologias digitais tem estimulado debates sobre como a prática da sociologia é afetada na era digital, e esses debates fazem parte do recente subcampo conhecido como **sociologia digital**. Dispositivos e tecnologias digitais têm se incorporado no estilo de vida comum das pessoas, à medida que se envolvem com *feeds* de notícias *on-line*, bancos, mídias sociais, mecanismos de pesquisa, jogos, *streaming* de vídeos e muito mais. Ao lado disso, estão *smart* TVs, geladeiras e produtos da linha branca, iluminação doméstica e aparelhos eletrônicos, sensores e programadores, que coletivamente passaram a ser rotulados como a emergente **Internet das Coisas** (ou IoT, de Internet of Things). Tudo isso significa que a vida social se tornou "profundamente digital e digitalizada" e é vivida em e por meio de sistemas digitais (Selwyn, 2019: 2). Um desenvolvimento importante é que, por meio da digitalização, quantidades imensas de dados são agora coletadas como rotina, incluindo mensagens de texto e registros de chamadas, escolhas dos mecanismos de busca e transações de cartão de crédito, juntamente com dados de localização por sistema de posicionamento global (GPS, do inglês *global positioning system*), que registram não apenas o que as pessoas fazem, mas onde elas o fazem.

Para alguns, essa massa de dados digitais permite que os sociólogos descubram muito mais sobre a vida social e as relações sociais do que antes e evitem a acusação de que a sociologia está desconectada da nova realidade (Marres, 2017). Além disso, em vez de depender de dados gerados por meio de métodos um tanto artificiais de pesquisas, entrevistas e grupos focais, diz-se que os dados digitais "ocorrem naturalmente", como parte das milhões de interações e trocas entre as pessoas em suas vidas cotidianas. Savage e Burrows (2007) argumentam que explorar esses dados permite que os sociólogos avancem como nunca, no sentido de descrever as complexidades da vida social em detalhes minuciosos, demarcando, talvez, uma nova forma de *fazer* sociologia.

No entanto, a digitalização também cria o potencial para que intervenções na vida social promovam mudanças. Marres (2017: 7-10) menciona como exemplo o Samaritan Radar, um aplicativo de mídia social desenvolvido para tentar identificar usuários de mídia social que possam estar em risco de suicídio. O aplicativo permitiu o monitoramento e a análise em tempo real das mensagens do Twitter, alertando os seguidores sobre aqueles considerados em risco de morte, oferecendo conselhos sobre como eles deveriam fornecer suporte. Esse potencial intervencionista pode sugerir que o ideal positivista do século XIX, há muito rejeitado, de a ciência ser capaz de prever e moldar o comportamento humano, pode retornar na era digital. Porém, antes de abraçarmos essa ideia, é importante analisar algumas críticas à recente virada digital na sociologia.

Primeiro, não é correto sugerir que a sociologia só muito recentemente passou a ver os métodos digitais como potencialmente úteis. A computação tem sido um elemento básico da análise sociológica desde, pelo menos, a década de 1960, como atestará qualquer pessoa que tenha usado os pacotes de *software* padrão SPSS e NVivo, para análise quantitativa e qualitativa, respectivamente. A novidade do uso de tecnologia digital como ferramenta de pesquisa não deve ser exagerada. Por outro lado, a digitalização claramente está influenciando os métodos convencionais, até mesmo os trabalhos de campo, alguns dos quais podem ser realizados *on-line* com grupos específicos.

Em segundo lugar, a alegação de que os dados digitais "ocorrem naturalmente" tem sido contestada. Os algoritmos usados pelos principais mecanismos de busca, como o Google, são criados por funcionários da empresa, e os dados digitais são produtos da atividade humana. Lupton (2015: 8) argumenta que "o julgamento humano intervém em cada estágio da produção de dados: ao decidir o que constitui dados; quais dados são importantes para coletar e agregar; como eles devem ser classificados e organizados em hierarquias; se eles são 'limpos' ou 'sujos'...; e assim por diante". Da mesma forma, em vez de serem apenas "dados brutos" esperando para serem analisados, os dados digitais são propensos a nos dizer algo tanto sobre os dispositivos e sistemas envolvidos quanto sobre o comportamento das pessoas que os utilizam. Marres (2017: 22) questiona: "se um determinado aplicativo é frequentemente baixado por um determinado grupo de usuários, isso nos diz algo sobre esses usuários ou sobre a autossugestão e avaliação dos aplicativos nas plataformas que eles utilizam?". Portanto, devemos ser cautelosos com o uso descuidado de dados digitais na pesquisa social.

Em terceiro lugar, a sociologia digital, como toda pesquisa sociológica, provavelmente levantará questões éticas de confidencialidade, privacidade e coleta e uso legítimos dos dados. O aplicativo Samaritan Radar é um exemplo. Ele foi encerrado após críticas de que, ao informar os seguidores sem o consentimento do titular da conta, corria o risco de estigmatizar as pessoas e, desse modo, constituía uma invasão de privacidade. Porém, o próprio conceito de privacidade pode precisar ser repensado, dada a onipresença do compartilhamento nas mídias sociais e a ampla **vigilância de dados** — o monitoramento e uso sistemático de dados relacionados à atividade *on-line* das pessoas. Uma pesquisa da Wellcome Trust (2013) no Reino Unido sugere que as pessoas foram muito positivas em relação ao monitoramento e uso de dados *on-line* no trabalho do governo para prevenção ao crime, por razões de segurança nacional e melhoria dos serviços públicos, mas houve preocupações sobre roubo de dados, *hacking*, publicidade direcionada e possíveis invasões de privacidade. Dado que a pesquisa *on-line* pode ser realizada de forma anônima e sem qualquer contato presencial, pode ser que questões de privacidade, confidencialidade e risco precisem ser reconsideradas pelos órgãos que controlam a prática de pesquisa em sociologia profissional.

O subcampo da sociologia digital é muito recente, sendo que suas origens sob esse rótulo vêm dos primeiros trabalhos de 2009 e 2010. E, embora a pesquisa nesse campo continue em ritmo acelerado, questões fundamentais sobre o que deve cobrir e quais métodos são apropriados para ela também continuam sem solução. Será que os métodos de pesquisa existentes são capazes de entender a vida social de hoje, ou os sociólogos devem usar tecnologias digitais para desenvolver novos métodos que sejam mais capazes de nos contar sobre a vida social nesta era digital? A resposta a essa pergunta tem implicações não apenas para a sociologia digital, mas também para a prática futura da sociologia como tal.

> **REFLEXÃO CRÍTICA**
>
> Que tipo de informação útil os sociólogos podem realmente coletar das mídias sociais? Como isso poderia nos ajudar a estabelecer a extensão da desigualdade de gênero ou do apoio a partidos políticos? Isso poderia nos dar melhores percepções sobre por que as pessoas apoiam determinados partidos políticos ou como as pessoas estão sendo bem informadas sobre a desigualdade de gênero?

Triangulação e métodos mistos

Todos os métodos de pesquisa têm suas vantagens e limitações, e isso significa que é comum combinar vários métodos em uma única pesquisa, usando cada um para complementar e confirmar os outros. Esse processo é conhecido como **triangulação**. Os defensores da triangulação argumentam que ela produz conhecimento mais confiável, válido e abrangente do que o produzido por um único método de pesquisa, embora Denzin (1970) tenha diferenciado quatro tipos de triangulação. A *triangulação de dados* ocorre quando os dados são coletados em momentos diferentes e talvez use diferentes estratégias de amostragem dentro do mesmo projeto de pesquisa. A *triangulação do investigador* ocorre quando uma equipe de pesquisadores, em vez de um único pesquisador, realiza o trabalho de campo. A *triangulação teórica* é mais controversa, pois envolve o uso de várias abordagens teóricas para a interpretação dos dados. Por fim, a *triangulação metodológica* é a adoção de mais de uma metodologia como parte de um estudo de pesquisa. Podemos ver o valor em potencial de combinar métodos — e, de modo mais geral, os problemas e as limitações da pesquisa sociológica real — observando novamente o livro de Laud Humphreys, *Tearoom trade*.

Uma das questões que Humphreys queria responder era: "que tipos de homens frequentavam os *tearooms*?". Porém, foi muito difícil para ele descobrir isso, pois tudo o que ele podia fazer nos banheiros era observar. A norma de silêncio dos banheiros tornava difícil fazer perguntas, ou sequer conversar, e teria sido estranho se ele tivesse começado a fazer perguntas pessoais aos participantes. Como vimos, Humphreys anotou as placas dos carros das pessoas envolvidas, informando-as a um amigo que trabalhava para o Departamento de Trânsito, para que este fornecesse os endereços dos seus proprietários. Meses depois, ele persuadiu um colega de trabalho na Washington University de St. Louis, nos Estados Unidos, que estava realizando uma pesquisa domiciliar sobre hábitos sexuais, a incluir os nomes e endereços que havia reunido de sua população das *tearooms*. Humphreys passou a entrevistar os homens em suas casas, supostamente apenas para descobrir mais sobre suas origens e vidas sociais, mas também entrevistou suas esposas e outros familiares.

Deixando de lado as táticas não convencionais e eticamente duvidosas que ele empregava, Humphreys estava envolvido em uma forma de triangulação metodológica. Ele tentou superar as limitações da observação dos participantes juntando-se a uma pesquisa social e, combinando os resultados, conseguiu produzir uma pesquisa mais rica, detalhada e poderosa. Misturar métodos se tornou comum hoje exatamente por esse motivo. No entanto, isso não é uma panaceia e certamente não é aceito ou adotado por todos.

A influência da sociologia

Visto que os sociólogos geralmente estudam coisas com as quais a maioria das pessoas tem alguma experiência pessoal, é possível acreditar que o conhecimento sociológico é apenas uma reafirmação, em jargão abstrato, de coisas que já sabemos. No entanto, isso muito raramente é verdadeiro. Como as descobertas sociológicas precisam estar enraizadas em evidências, elas nunca são apenas opinião ou especulação pessoal. Na verdade, a boa sociologia aguça nossa compreensão de coisas que parecem óbvias ou transforma completamente nossa perspectiva de senso comum (Berger, 1963). De qualquer forma, a sociologia não é tediosa nem uma reafirmação do óbvio. A pesquisa sociológica nos permitiu ver aspectos da sociedade sobre os quais anteriormente não tínhamos conhecimento, e os resultados da pesquisa muitas vezes desafiam nossas crenças e nossos preconceitos pessoais sobre grupos sociais, indivíduos e instituições.

Da mesma forma, os sociólogos podem começar com um problema para o qual muitas pessoas pensam que já têm a resposta. O crime está realmente piorando? Por que os meninos têm baixo desempenho no ensino médio? Por que as mulheres ainda fazem mais tarefas domésticas do que os homens? Ao abordar tais questões, os sociólogos nunca se contentam com evidências anedóticas, crenças pessoais, histórias de jornais ou reportagens de televisão. Eles sempre empregam métodos de pesquisa para coletar evidências, que então analisam e interpretam, usando ideias teóricas para gerar uma compreensão mais profunda dos fenômenos em estudo. Dessa forma, a sociologia muitas vezes desafia as respostas "óbvias" ou simples e define nosso conhecimento local dentro de um quadro de referência muito mais amplo — mais recentemente, o nível global de interações sociais.

A pesquisa sociológica raramente é de interesse apenas para a comunidade intelectual de sociólogos. Grande parte das verbas para a pesquisa sociológica vem de fontes governamentais e está diretamente ligada a questões e problemas sociais. Muitos estudos sobre criminalidade e desvios sociais, por exemplo, abordam agressões ou tipos de agressores específicos, com o objetivo de adquirir mais conhecimento para que os problemas associados ao crime possam ser abordados de forma mais efetiva. Os sociólogos também trabalham com agências voluntárias, órgãos públicos e empresas, usando suas habilidades de pesquisa em questões de interesse não apenas para eles próprios. Uma quantidade razoável desse trabalho é **pesquisa social aplicada**, que não busca apenas produzir mais conhecimento, mas também indicar intervenções voltadas a melhorar alguns aspectos da vida social. Um estudo dos efeitos do uso parental de álcool sobre os filhos, por exemplo, pode estar interessado em saber se um determinado programa de tratamento tem algum impacto na redução do alcoolismo.

Os resultados da pesquisa sociológica costumam ser disseminados pela sociedade. A sociologia, como devemos enfatizar, não é apenas o *estudo* de sociedades; ela é um elemento importante na *vida continuada* dessas sociedades. Veja a transformação que ocorre em relação ao casamento, à sexualidade e à família (discutida nos Capítulos 7, 14 e 15). A maioria das pessoas tem algum conhecimento disso como resultado da filtragem para a sociedade dos resultados da pesquisa científica social. Nosso pensamento e nosso comportamento são afetados pelo conhecimento sociológico de maneiras complexas e muitas vezes sutis. No entanto, à medida que nosso comportamento muda, a sociedade também muda — o próprio tema da investigação sociológica. Uma maneira de descrever esse fenômeno bidirecional usando nossa linguagem técnica é dizer que a sociologia mantém uma "relação reflexiva" com os seres humanos cujo comportamento é estudado. A reflexividade, como veremos no Capítulo 3, descreve o intercâmbio entre a sociologia e a vida social. Não devemos nos surpreender pelo fato de as descobertas sociológicas muitas vezes apresentarem correlação com o senso comum. A razão para isso não é apenas que a sociologia faz revelações que já conhecíamos. Pelo contrário, a pesquisa sociológica influencia o nosso conhecimento de senso comum sobre a sociedade em primeiro lugar, embora isso possa não ser observado imediatamente.

Revisão do capítulo

1. Quais métodos de pesquisa foram usados no estudo *Tearoom trade*, de Humphreys (1970)? Por que esse projeto foi considerado polêmico?

2. Algum dos assuntos indicados a seguir está definitivamente "fora dos limites" para os sociólogos?

    a) As diferenças de gênero na inscrição e no uso de aplicativos de encontro.

    b) As intenções de voto de novos eleitores, a partir dos 16 anos de idade.

    c) A dimensão do abuso de idosos em asilos.

3. Explique o significado de cada um destes conceitos: pesquisa comparativa, pesquisa evolutiva e pesquisa social aplicada.
4. Liste algumas questões éticas que os pesquisadores sociólogos precisam considerar. Como elas são diferentes daquelas que os cientistas naturais enfrentam?
5. "A sociologia é uma disciplina científica?" Escolha DOIS filósofos da ciência e explique como eles responderam a essa pergunta.
6. Qual é a diferença entre uma correlação e uma causa? Mostre um exemplo de um relacionamento causal genuíno.
7. "A pesquisa quantitativa pode ser científica, mas a pesquisa qualitativa, não". Explique por que essa afirmação não está correta.
8. Indique UM exemplo do mundo real de um assunto apropriado para cada um dos seguintes métodos: etnografia, métodos biográficos, sociologia visual, pesquisa por levantamento, pesquisa histórica.
9. Elabore uma estratégia de pesquisa envolvendo DOIS métodos de pesquisa para investigar os assuntos a seguir. Que problemas éticos e práticos você prevê e como você os superaria?
    a) Violência doméstica nas relações homossexuais femininas.
    b) Extensão do comportamento de automutilação entre alunos de 11 a 16 anos.
    c) Estratégias de enfrentamento adotadas por prisioneiros "perpétuos" em presídios masculinos.
10. O que se entende por sociologia digital? Que tipos de dados digitais podem ser úteis para sociólogos?

Pesquisa na prática

A maioria dos graduados em sociologia conhece os estudos clássicos da disciplina. Mas a sociologia depende de programas e estudos de pesquisa em andamento, a maioria dos quais é publicada em diversos periódicos acadêmicos. Artigos de periódicos (chamados de *papers*) fazem parte do processo contínuo de coleta de dados, construção de teorias e ampliação de nosso estoque de conhecimento.

Antropólogos e etnógrafos sociológicos há muito estão cientes dos perigos de se aproximar demais de seus participantes durante o processo de pesquisa, o que pode ameaçar sua objetividade e comprometer suas descobertas. Mas será que essa cautela realmente se justifica? É possível que pesquisadores e seus entrevistados desenvolvam amizades que, em vez de comprometer sua pesquisa, possam realmente ser benéficas para ela?

O artigo a seguir explora essa questão das relações pessoais na pesquisa (auto)biográfica. Leia o texto e responda às questões que seguem.

> O'Donoghue, C. T. (2014). "Friendship in the Field: Ethics and Reflexivity in Auto/biographical Research", *Journal of Postgraduate Research* [Trinity College Dublin]: 177-191; www.tara.tcd.ie/handle/2262/73634.

1. Qual é o principal problema que esse artigo tenta resolver?
2. Como foi reunida a população para o artigo?
3. Que vantagens são reivindicadas para o método da "história de vida" em detrimento de outros métodos de pesquisa?
4. Como o pesquisador tentou manter o papel de "pesquisador-como-amigo" no processo de pesquisa? Pela evidência no artigo, qual foi o sucesso dessa estratégia?

5. O que significa "observador vulnerável"?
6. "Os participantes da pesquisa estavam cientes do impacto que essas narrativas estavam causando em mim, e de que eu era mais do que um 'mero anotador' [...]". Existe alguma evidência de que isso possa ter tido uma influência negativa na pesquisa?

Pensando sobre isso

A pesquisa sociológica geralmente começa com um problema ou uma questão, e o projeto envolve várias etapas. Elabore seu próprio projeto de pequena escala adotando os quatro primeiros estágios do processo (consulte a Figura 2.1).

- Selecione um assunto de interesse e, em seguida, reduza-o a uma pergunta específica de pesquisa.
- Identifique algumas palavras-chave sobre o assunto e busque na biblioteca a literatura relevante sobre o tema, usando essas palavras. Observe as 10 correspondências mais próximas.
- Consulte as três primeiras delas para ajudar a construir uma hipótese para o seu projeto. O que você realmente deseja descobrir?
- Agora pense exatamente em *como* você executaria a pesquisa. Qual método ou quais métodos mais provavelmente fornecerão uma resposta? Você deveria usar mais de um método?
- Por fim, que obstáculos você prevê no andamento da pesquisa e como você poderia contorná-los?

Sociedade nas artes

O fotógrafo americano Shelby Lee Adams é muito conhecido por seus retratos e imagens da vida comunitária nas regiões montanhosas e relativamente pobres dos Apalaches, no Kentucky, produzidos ao longo de mais de 35 anos. Descrevendo-se como um artista visual, Adams argumenta que seu trabalho visa a "superar a superficialidade, abraçando o povo com franqueza, desmistificando e destruindo estereótipos, expondo mal-entendidos regionais e nacionais e preconceitos contra os povos rurais e todos os povos em geral". Exemplos de seu trabalho e seus ideais podem ser encontrados em seu próprio *site*: http://shelby-lee-adams.blogspot.com/.

O documentário de Jennifer Baichwal *The true meaning of pictures: Shelby Lee Adams' Appalachia* foi lançado em 2002. Esse filme explora debates em torno e o impacto político da representação de grupos sociais em obras artísticas. Nesse caso, as imagens de Adams realizam seus próprios objetivos ou podem reforçar os estereótipos negativos existentes sobre comunidades e famílias mais pobres, conforme sugerido nesta crítica *on-line*:

https://hyperallergic.com/28555/capitalist-realism-or-poverty-porn/.

Faça sua própria pesquisa sobre o trabalho de Adams e, em seguida, escreva um ensaio de mil palavras abordando a seguinte questão: "Quais percepções sociológicas sobre as comunidades apalaches, se houver alguma, podemos obter com o trabalho de Shelby Lee Adams que os métodos sociológicos convencionais não conseguiram?". Explique *por que* esse registro visual aumenta nossa compreensão.

As entrevistas são conduzidas não apenas por sociólogos, mas também por jornalistas, pesquisadores de mercado e documentaristas de TV, e todos os entrevistadores encontram maneiras práticas de obter as informações que procuram. O jornalista investigativo Louis Theroux gosta de usar *entrevistas não estruturadas* para extrair informações de suas fontes. Ele discute suas técnicas nesta curta entrevista: www.youtube.com/watch?v=pzC6NbVN1Xk.

Agora, assista a *Louis Theroux: behind bars* (2008), dirigido por Stuart Cabb, que reúne entrevistas com guardas e detentos da Prisão Estadual de San Quentin, em San Francisco, na Califórnia: https://archive.org/details/BehindBarsInSanQuentin-LouisTheroux.

O método de entrevista não estruturada funciona nesse contexto? As entrevistas nos ajudam a entender as relações entre detentos e guardas? Os detentos "atuaram para as câmeras", fornecendo respostas que dão boa audiência para a televisão, em vez de dizerem a verdade? Se você quisesse realizar sua própria pesquisa em um ambiente prisional, quais métodos de pesquisa você usaria e por quê?

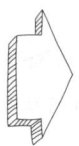

Outras leituras

Existem muitos livros sobre métodos de pesquisa, inclusive alguns excelentes textos de nível introdutório. Nossa seleção aqui não é definitiva, embora todas as indicações sejam muito úteis. Consulte alguns para ver qual você acha mais acessível.

Os pesquisadores novatos precisam de um texto que seja informativo e prático, então algo como *Doing your research project: a guide for first-time researchers* (7. ed., London: Open University Press), de Judith Bell e Stephen Walters (2018), é um bom começo. De maneira semelhante, *Introduction to social research: quantitative and qualitative approaches* (3. ed., London: Sage), de Keith Punch (2014), faz exatamente o que o título propõe. *Creative research methods in the social sciences: a practical guide* (Bristol: Policy Press), de Helen Kara (2016), aborda os desenvolvimentos recentes na pesquisa por métodos mistos, usando tecnologia e outros métodos cada vez mais populares.

Para algo mais detalhado e abrangente, você pode conferir *Social research methods* (5. ed., Oxford: Oxford University Press), de Alan Bryman (2016), que tem sido amplamente adotado por professores em suas disciplinas. *Social research methods* (2. ed., London: Sage), de Nicholas Walliman (2016), é detalhado e abrangente.

Para uma introdução à estatística e ao pacote de *software* SPSS, a obra *Statistics for people who (think they) hate statistics* (7. ed., Thousand Oaks, CA: Sage), de Neil J. Salkind e Bruce B. Frey (2019), é vigorosa e acessível a iniciantes, bem como àqueles com mais experiência. Outro livro que vale a pena conferir é *How to lie with statistics* (London: Penguin Books Ltd.), de Darrell Huff (1991), que aparentemente é o livro de estatística mais vendido já escrito (ver "Darrel Huff and fifty years of how to lie with statistics", de J. M. Steele (2005), *Statistical Science*, 20(3): 205-9). Isso provavelmente se deve ao seu tom irreverente, mas ele continua sendo um guia excelente sobre o uso indevido de informações estatísticas, trazendo uma mensagem séria.

Um bom dicionário é um excelente investimento, e *The SAGE dictionary of social research methods* (London: Sage), de Victor Jupp (2006), aborda a maioria dos tópicos.

Para ver uma seleção de leituras sobre métodos de pesquisa e diferentes abordagens metodológicas, consulte *Sociology: introductory readings* **(4. ed., Cambridge: Polity, 2021).**

@ *Links* da internet

Em **loja.grupoa.com.br**, acesse a página do livro por meio do campo de busca e clique em Material Complementar para ver as sugestões de leitura do revisor técnico à edição brasileira, além de outros recursos (em inglês).

National Centre for Research Methods, UK — contém muitos recursos e artigos sobre métodos. Um site muito útil:
www.ncrm.ac.uk/

Consortium of European Social Science Data Archives (CESSDA) — contém muitos arquivos de dados sobre ciências sociais, abordando diferentes tipos de pesquisa:
www.nsd.uib.no/cessda/home.html

The UK Office for National Statistics — inclui muita pesquisa por levantamento, mas também outros tipos de pesquisa:
www.ons.gov.uk/ons/index.html

The American Sociological Association — conta com uma seção útil sobre métodos de pesquisa:
www.asanet.org/topics/research-methods

The UK Data Archive — uma grande coleção de dados digitais sobre diversos assuntos:
www.data-archive.ac.uk/

Ipsos MORI — uma empresa fundida (Ipsos UK e MORI) com foco em pesquisa de mercado e pesquisa social:
www.ipsos-mori.com/

CAPÍTULO 3

TEORIAS E PERSPECTIVAS SOCIOLÓGICAS

SUMÁRIO

Teorias, teóricos e perspectivas 71

Rumo à sociologia 73

Positivismo e "evolução social" 74

Karl Marx: revolução, não evolução 75

Estabelecimento da sociologia 79

Émile Durkheim: o nível social da realidade 79

Funcionalismo estrutural no século XX 81

Max Weber: capitalismo e religião 83

Interacionismo simbólico, fenomenologia e etnometodologia 85

Desafio à sociologia dominante 87

Feminismo contra a sociologia *malestream* 87

Pós-estruturalismo e pós-modernidade 90

Descolonizando a sociologia 93

Enfrentamento de dilemas teóricos 95

Estrutura social e atuação humana 95

Consenso *versus* conflito 99

Sociedades e sociologia em transformação 100

Reflexividade, risco e teoria cosmopolita 102

Conclusão: teoria sociológica em desenvolvimento 105

Revisão do capítulo 105

Pesquisa na prática 106

Pensando sobre isso 107

Sociedade nas artes 107

Outras leituras 108

Links da internet 108

A teoria do aquecimento global causado pelo homem, apesar de ser sustentada pela maioria dos cientistas naturais, tem sido objeto de acirrado debate e desacordo teórico.

O ex-presidente dos EUA Donald Trump há muito argumenta que não acredita na teoria das mudanças climáticas antropogênicas, ou "causadas pelo homem". Em 2017, ele anunciou que os EUA se retirariam do Acordo de Mudança Climática de Paris em 2020. Então, em entrevistas após uma visita de Estado ao Reino Unido em 2019, ele disse:

> Acredito que há uma mudança no clima, e acho que muda nos dois sentidos. Não se esqueça, isso era chamado de aquecimento global, mas não estava funcionando, então foi chamado de mudança climática. Agora, na verdade, é chamado de clima extremo, porque com clima extremo não há como perder. ...Não me lembro de tornados nos Estados Unidos a esse ponto, mas quando você olha 40 anos atrás, tivemos a pior farra de tornados que já existiu. Na década de 1890, tivemos nossos piores furacões (citado em Weaver e Lyons, 2019; BBC News, 2019e).

Nitidamente, Donald Trump está em desacordo com a maioria esmagadora dos cientistas naturais, que dizem que as evidências apoiam cada vez mais a teoria do aquecimento global antropogênico (ou seja, forçado pelo homem). Trump questiona tanto a evidência quanto a teoria, enquanto outros céticos aceitam a evidência do aquecimento, mas rejeitam a tese antropogênica, argumentando que a explicação para as mudanças climáticas são os "ciclos naturais" de aquecimento e resfriamento. Existem consequências práticas e sérias para essa disputa teórica particular. Há ou não há uma "emergência climática"? Os combustíveis fósseis deveriam ser eliminados mais rapidamente? Vamos abandonar os carros a gasolina e *diesel* e passar rapidamente a usar aqueles que são totalmente elétricos? Atualmente, os cientistas parecem estar ganhando o argumento contra a visão do presidente.

> Veja no Capítulo 5, "Meio ambiente", uma discussão mais extensa sobre a mudança climática.

Assim como nas ciências naturais, os sociólogos precisam elaborar interpretações abstratas, ou teorias, para explicar as evidências coletadas. Para que possam formular perguntas adequadas que se concentrem em seus esforços, eles também precisam adotar uma abordagem teórica no início de sua pesquisa. No entanto, a teorização sociológica não acontece em uma torre de marfim acadêmica isolada. Isso fica claro se examinarmos as questões colocadas pelos fundadores da disciplina, que estavam ligadas às grandes questões sociais e políticas da época. Marx procurou explicar a dinâmica da economia capitalista, as causas da pobreza e da crescente desigualdade social. Os estudos de Durkheim investigaram o caráter da sociedade industrial e o futuro da religião, enquanto Weber procurou explicar o surgimento do capitalismo e as consequências das organizações burocráticas para o indivíduo. Mas será que essas ainda são questões centrais atualmente?

Muitos sociólogos pensam que, hoje, as questões centrais são significativamente diferentes. Por exemplo, quais são as consequências sociais, econômicas e políticas da globalização? Como, por que e com que consequências as relações de gênero estão sendo transformadas? Qual é o futuro das sociedades multiculturais? De fato, qual é o futuro das populações humanas em todo o mundo à luz das mudanças climáticas e dos problemas ambientais globais? Para abordar essas questões, os sociólogos foram forçados a reavaliar as teorias clássicas e, nos pontos em que elas são consideradas insuficientes, desenvolver novas teorias próprias.

Para os recém-chegados à sociologia, é fundamental apresentarmos uma perspectiva histórica. Isso não apenas ajuda os leitores a entender como a disciplina surgiu e chegou à sua forma atual, mas também nos encoraja a evitar a tentativa de reinventar a roda (teórica) quando isso não for necessário. Críticos da teorização sociológica — e não são poucos dentro da própria disciplina — reclamam que muitas teorias "novas", na realidade, são apenas teorias "velhas" vestidas com uma nova linguagem. Uma avaliação do desenvolvimento da teoria sociológica ao longo do tempo nos torna sensíveis a essa crítica.

Teorias, teóricos e perspectivas

O campo da teoria na sociologia é muito complexo, pois algumas teorias são descritas como "teorias sociológicas", outras como "teorias sociais". Será que isso é se apegar a detalhes? Em termos contundentes, as **teorias sociológicas** procuram explicar os achados empíricos e tentam evitar que as crenças pessoais e os comprometimentos políticos do sociólogo interfiram em seu trabalho. As **teorias sociais** não se originam necessariamente na sociologia, muitas vezes contêm críticas normativas de arranjos sociais e políticos e argumentam que não é possível haver uma sociologia politicamente neutra. Ao ler este capítulo, tenha essa divisão em mente. Como veremos, essa distinção básica não é rigorosa, pois alguns estudiosos transitam entre os dois tipos, elaborando teorias sociológicas para entender e explicar aspectos da vida social, mas também criticando o que consideram desigualdades perniciosas.

Chegar a um acordo com a variedade de teorias e perspectivas em sociologia é um desafio. Seria muito mais fácil se tivéssemos uma teoria central em torno da qual todos os sociólogos pudessem trabalhar, e, por um tempo, nas décadas de 1950 e 1960, a abordagem estrutural funcionalista de Talcott Parsons chegou perto disso. Mas o período atual é marcado por uma diversidade de abordagens e perspectivas teóricas, tornando a tarefa de avaliar teorias concorrentes mais difícil do que antes. Porém, o pluralismo teórico também traz vitalidade à teoria sociológica, provavelmente aprofundando nossa compreensão geral da vida social. E, enquanto a sociologia de hoje inclui inúmeras teorias "de médio alcance" que tentam explicar um aspecto muito específico da vida social (Merton, 1957), ainda há espaço para **grandes teorias** que tentam explicar estruturas sociais ou o desenvolvimento de longo prazo das sociedades humanas (Skinner, 1990).

Este capítulo fecha um bloco de três no início do livro, oferecendo uma base sólida para alunos que se aproximam da sociologia. No Capítulo 1, exploramos o que a sociologia acrescenta à soma total do conhecimento científico. O Capítulo 2 apresentou alguns dos principais métodos e técnicas de pesquisa usados pelos sociólogos — as "ferramentas do ofício", por assim dizer. E, neste capítulo, fornecemos um relato conciso da história e do desenvolvimento da teorização sociológica desde o século XIX. Logicamente, não é possível incluir todos os teóricos importantes neste pequeno capítulo; então, por exemplo, Pierre Bourdieu e Manuel Castells não são discutidos aqui. Seus trabalhos são encontrados em capítulos posteriores, em contextos nos quais foram especialmente influentes: as ideias de Bourdieu são abordadas em detalhes no Capítulo 16, "Educação", enquanto as de Castells podem ser encontradas no Capítulo 12, "Interações sociais e vida cotidiana", e no Capítulo 17, "Trabalho e emprego".

Nossa apresentação é geralmente cronológica, mas não de forma rígida. Quando introduzimos Marx, inevitavelmente a discussão se estende desde meados do século XIX até as ideias marxistas do século XX em diante. O esboço das teorias feministas abrange um período de tempo igualmente longo. Nossa opinião é que esse método produz uma narrativa mais coerente, permitindo que os leitores vejam mais facilmente como e por que as perspectivas teóricas se desenvolveram da maneira como se desenvolveram.

Nas próximas duas seções, traçamos o surgimento da teoria sociológica e o estabelecimento da sociologia por meio do trabalho daqueles que são vistos como fundadores das principais tradições europeias de investigação na disciplina. Em seguida, exploramos dois dilemas teóricos recorrentes em torno dos quais giram os principais debates teóricos, antes de finalizar o capítulo com um olhar sobre como as mudanças sociais rápidas e abrangentes desde os anos 1970 forçaram os sociólogos a conceber novas perspectivas teóricas. Outhwaite (2015) faz uma distinção entre as "teorias formais", produzidas pelos teóricos clássicos e que atuam dentro de suas perspectivas amplas, e as teorias "menos formais", ou mesmo "informais", elaboradas por muitos teóricos sociológicos desde as décadas de 1970 e 1980.

Enquanto a sociologia clássica foi marcada por sistemas teóricos bastante formais, que mais pareciam paradigmas, as teorias contemporâneas menos formais são muito mais soltas, enraizadas em representações da realidade social por meio de novos conceitos como globalização, risco, pós-modernismo, modernização reflexiva, *habitus*, modernidade líquida, alta modernidade e até modernidades múltiplas. Outhwaite (2015: 614) descreve grande parte desse trabalho como "teoria social das celebridades", no sentido de que as perspectivas teóricas são relativamente fracas (em comparação com as teorias formais, mais antigas), enquanto os próprios teóricos desfrutam de grande reconhecimento. Por exemplo, os estudantes de hoje reconheceriam facilmente os nomes de Anthony Giddens, Ulrich Beck, Judith Butler, Michel Foucault, Pierre Bourdieu e Zygmunt Bauman.

A Tabela 3.1 mostra uma cronologia simples que ilustra o surgimento e a evolução de teorias e perspectivas sociológicas por intermédio de certos teóricos e escolas influentes. O lugar de certos indivíduos na sequência temporal é determinado de maneira aproximada pela data de suas principais publicações, e o lugar das escolas, pela data da sua formação. Naturalmente, esta é apenas uma seleção, e não pretende ser completa; mas a tabela apresenta alguns marcos que podem ser citados ao longo do capítulo e no livro como um todo.

TABELA 3.1 Cronologia dos principais teóricos e escolas da sociologia, de 1750 até o presente

1750	Filósofos do Iluminismo europeu (1750-1800)[1]
1800	Auguste Comte (1798-1857)[2] Harriet Martineau (1802-76)[5]
1850	Karl Marx (1818-83)[3] Herbert Spencer (1820-1903)[1]
1900	Émile Durkheim (1858-1917)[2]
	Max Weber (1864-1920)[4]
	Georg Simmel (1858-1918)[4] Edmund Husserl (1859-1938)[1]
1930	George H. Mead (1863-1931)[4] Alfred Schütz (1899-1959)[4]
	Escola de Chicago (anos 1920)[4] Antonio Gramsci (1891-1937)[3]
	W. E. B. Du Bois (1868-1963)[7]
1940	Talcott Parsons (1902-79)[2]
	Escola de Frankfurt (de 1923 aos anos 1960)[3]
	Simone de Beauvoir (1908-86)[5]
1950	Robert Merton (1910-2003)[2]
1960	Erving Goffman (1922-82)[4]
	Betty Friedan (1921-2006)[5]
	Howard Becker (1928-)[4]
	Harold Garfinkel (1917-2011)[4] Norbert Elias (1897-1990)[7]
1970	Jürgen Habermas (1929-)[3]
	Michel Foucault (1926-84)[6]
1980	Pierre Bourdieu* (1930-2002)[3] Immanuel Wallerstein (1930-2019)[3]
	Jean Baudrillard (1929-2007)[6]
1990	Anthony Giddens (1938-)[7] Ulrich Beck (1944-2015)[7] Judith Butler (1956-)[5]
	Vandana Shiva (1952-)[5] Zygmunt Bauman (1925-2017)[6]
2000 em diante	Manuel Castells (1942-)[7] Slavoj Žižek (1949-)[1]

Legenda:
Teóricos associados a ou inspirados pelas diferentes perspectivas sociológicas são identificados conforme indicado a seguir:
1   Pensadores filosóficos
2   Funcionalismo
3   Marxismo
4   Interacionismo
5   Feminismo
6   Pós-modernismo/pós-estruturalismo
7   Sínteses teóricas

* N. de R.T. No Brasil, a obra de Pierre Bourdieu é predominantemente ligada a "sínteses teóricas".

Rumo à sociologia

Duas transformações revolucionárias na Europa possibilitaram uma perspectiva sociológica distinta. Primeiro, a Revolução Industrial do final do século XVIII e do século XIX transformou radicalmente as condições materiais de vida e de trabalho, gerando muitos problemas sociais novos, como superlotação urbana, falta de saneamento, doenças e poluição industrial. Os reformadores sociais procuraram maneiras de mitigar e resolver esses problemas, o que os levou a fazer pesquisas e reunir evidências sobre o nível e a natureza dos problemas, para reforçar seu argumento em favor da mudança.

Em segundo lugar, a Revolução Francesa de 1789 marcou o final simbólico dos antigos regimes agrários europeus e das monarquias absolutistas, à medida que novos ideais republicanos de independência, liberdade e direitos de cidadania assumiram o primeiro plano. Essa revolução costuma ser vista, em parte, como resultado das ideias do Iluminismo europeu de meados do século XVIII, que desafiaram autoridades religiosas e tradicionais e promoveram noções filosóficas e científicas de razão, racionalidade e pensamento crítico como as chaves para o progresso nas questões humanas. Esses desenvolvimentos revolucionários são constantemente vistos como desencadeadores de um processo de modernização europeia que levou à **modernidade**, termo que se refere a uma era caracterizada por uma combinação de racionalização, democratização, individualismo, crescente dependência do pensamento científico e desenvolvimento tecnológico rápido e contínuo. Nesse sentido, a sociologia foi uma disciplina "moderna" que se desenvolveu para tentar entender como ocorreu essa mudança social radical e quais foram as suas consequências.

Os filósofos do Iluminismo consideravam que o avanço do conhecimento seguro nas ciências naturais, particularmente em astronomia, física e química, indicava o caminho a ser seguido. O físico inglês Sir Isaac Newton (1643-1727) é identificado como um cientista exemplar cujas noções de lei natural e método científico agradaram os estudiosos do Iluminismo. Estes argumentavam que, em princípio, seria possível descobrir leis semelhantes, usando métodos semelhantes, também na vida social e política. Essa ideia é a base da filosofia positivista nas ciências.

> **REFLEXÃO CRÍTICA**
>
> Como anda o conceito de modernidade no século XXI? Liste alguns exemplos que sugerem que estamos mais conscientes de que também existe um "lado obscuro" do conhecimento científico, dos processos industriais e das mudanças tecnológicas.

Positivismo e "evolução social"

Auguste Comte (1798-1857) considerava a **ciência** da sociedade — que denominou "sociologia" — essencialmente semelhante às ciências naturais. Sua abordagem positivista se baseava no princípio da observação direta, com afirmações teóricas fundamentadas no estabelecimento de generalizações causais, como leis. A tarefa da sociologia era adquirir conhecimento seguro sobre o mundo social para fazer previsões sobre ele e, com base nessas previsões, intervir para moldar a vida social de maneira progressista. A filosofia positivista de Comte foi claramente inspirada pelas realizações das ciências naturais, que estavam produzindo conhecimento confiável com aplicações muito práticas.

DE ACORDO COM AS PESQUISAS, O SOL VAI NASCER AMANHÃ, MAS ACHO QUE VOU ESPERAR PARA VER...

Porém, será que é possível obter esse conhecimento preditivo confiável em relação ao comportamento humano? A maioria dos sociólogos atualmente acredita que não, e muito poucos se denominariam "positivistas" no sentido de Comte. O positivismo de Comte é rejeitado porque parece sugerir que as pessoas podem ser moldadas e controladas, uma noção que muitos consideram impossível, potencialmente perigosa, ou ambas. Os seres humanos que têm consciência de si mesmos não podem ser estudados da mesma maneira que, digamos, os sapos, pois são capazes de agir de maneiras que frustram nossas previsões sobre eles. Porém, mesmo se Comte estivesse certo, e os humanos *pudessem* ser estudados cientificamente, o seu comportamento pudesse ser previsto e pudessem ser feitas intervenções positivas, quem faria a intervenção? Os próprios cientistas? Políticos? Autoridades religiosas? Uma direção central desse tipo seria compatível com políticas democráticas?

> Ver o Capítulo 1, "O que é sociologia?", para uma discussão mais ampla das ideias de Comte.

A versão da sociologia de Comte não tem muito suporte atualmente, mas é importante lembrar seu papel formativo de estabelecer o argumento em favor de uma ciência da sociedade. Sua teoria do desenvolvimento das ciências foi uma inspiração para muitos outros, e o positivismo teve muita influência no final do século XIX. Comte via as formas dominantes do conhecimento humano atravessando três estágios: o teológico (ou religioso), o metafísico (ou filosófico) e, finalmente, o positivo (ou científico). A história das ciências demonstrava esse padrão de movimento gradual e, como a vida social era a última área a adentrar o estágio positivo, a sociologia estava destinada a ser a disciplina científica final.

O filósofo e sociólogo inglês Herbert Spencer (1820-1903) se baseou nas ideias de Comte e foi um dos primeiros a dizer que, assim como o mundo da natureza estava sujeito à evolução biológica, as sociedades estavam sujeitas à **evolução social**. Esta assume a forma de *diferenciação estrutural*, por meio da qual as sociedades simples se transformam com o tempo em estruturas cada vez mais complexas, com uma variedade cada vez maior de instituições sociais separadas, e de *adaptação funcional*, conforme as sociedades se adaptam ao seu ambiente externo. Spencer argumentava que as sociedades industriais do século XIX essencialmente estavam demonstrando uma forma de evolução social, emergindo das sociedades mais estáticas e hierárquicas que as precederam. Spencer também acreditava que o princípio da "sobrevivência do mais forte" se aplicava à evolução social tanto quanto à biológica e não concordava com a intervenção estatal para amparar os vulneráveis ou desprivilegiados (M. W. Taylor, 1992).

Embora a teoria de Spencer da evolução social seja geralmente bem recebida, o século XX testemunhou o declínio das teorias evolucionárias, e poucos cursos de sociologia hoje fazem mais do que uma referência rápida a elas. Seu destino está em nítido contraste com outro grande teórico do século XIX, Karl Marx, cuja influência, não apenas na sociologia, mas também na própria história do mundo, é impossível subestimar.

Karl Marx: revolução, não evolução

No Capítulo 1, foram introduzidas as ideias básicas de Marx sobre o conflito de classe e a mudança social, e, neste ponto, talvez seja bom revigorar seu conhecimento sobre elas. Marx e seu colaborador, Friedrich Engels, nunca se consideraram sociólogos profissionais. Todavia, eles buscaram uma compreensão científica da sociedade e, a partir dela, uma explicação para a mudança social de longo prazo. Marx considerava que seu trabalho científico marcava um rompimento com a filosofia especulativa e as formas filosóficas de pensamento, argumentando que "os filósofos apenas interpretaram o mundo de várias maneiras, a questão, porém, é mudá-lo" (Marx e Engels, 1970 [1846]: 123). Seu interesse e seu comprometimento com a classe operária europeia estavam intimamente ligados aos seus estudos sobre o capitalismo e o funcionamento dele.

A abordagem teórica de Marx: materialismo histórico

O trabalho de Marx é importante para a sociologia por várias razões, mas vamos nos concentrar em apenas um aspecto neste capítulo: sua análise do capitalismo, que faz parte da sua teoria mais ampla da luta de classes como a força motriz da história. Essa "grande teoria" constituiu a base para muitos estudos e avanços teóricos. A teoria marxista também constituiu a base para muitos movimentos políticos e governos do século XX, incluindo os regimes comunistas da antiga União Soviética, do Leste Europeu, de Cuba, do Vietnã e da China. Claramente, o marxismo é muito mais do que apenas uma teoria acadêmica.

A perspectiva de Marx às vezes é chamada de materialismo histórico; talvez ela seja, mais precisamente, uma **concepção materialista da história**. Isso significa que Marx se opõe ao idealismo, uma doutrina filosófica que diz que o desenvolvimento histórico das sociedades é motivado por ideias ou ideais abstratos, como liberdade e democracia. Em vez disso, Marx argumenta que as ideias e ideais dominantes de uma era são reflexos do modo de vida dominante, especificamente do **modo de produção** de uma sociedade. Por exemplo, em uma era em que reinavam monarcas absolutos, não é de surpreender que as ideias dominantes sugerissem que os reis e as rainhas tinham o "direito divino [de Deus] de governar", enquanto, em nossa própria era do capitalismo de livre mercado, também não é de surpreender que as ideias dominantes sejam as de indivíduos soberanos que fazem escolhas "livres". As ideias dominantes de uma era são aquelas que apoiam os grupos governantes. O "materialismo histórico" de Marx está preocupado principalmente com a maneira como as pessoas trabalham coletivamente para produzir uma vida conjunta. Como produzem alimento, abrigo e outros bens materiais e que tipo de divisão da mão de obra existe que lhes possibilita fazê-lo?

Modos de produção sucessivos: uma grande teoria bem-sucedida?

O desenvolvimento histórico das sociedades humanas não é aleatório ou caótico, mas estruturado. Marx argumenta que, no passado remoto, havia grupos humanos pequenos sem um sistema desenvolvido de posse de propriedade. Em vez disso, todos os recursos adquiridos eram propriedade comum, e não havia divisões de classe. Marx chamava essa forma de *comunismo primitivo*. À medida que a produção desses grupos aumentou, esse modo de produção foi efetivamente abandonado, e emergiu um novo modo, dessa vez com alguma propriedade privada (incluindo escravidão), como na Grécia e na Roma antigas.

A partir daí, as sociedades se desenvolveram com base na agricultura e em relações de propriedade feudal. O sistema europeu do *feudalismo* se baseava em uma divisão classista fundamental entre proprietários de terra e camponeses sem-terra e arrendatários, que eram forçados a trabalhar para os proprietários a fim de sobreviver. Porém, o modo feudal de produção também chegou a suas limitações produtivas, e o sistema abriu espaço para a *sociedade capitalista* que hoje conhecemos. Os primeiros capitalistas começaram a investir em oficinas e fábricas no século XVI; na época da Revolução Francesa de 1789, eles haviam se tornado suficientemente numerosos e poderosos, a ponto de se tornarem uma força revolucionária na história.

Sob o capitalismo, os antagonismos de classe se simplificaram bastante, com a sociedade "dividindo-se em dois grandes campos" — os donos da propriedade (capitalistas ou *burguesia*) e os trabalhadores (ou proletariado). A revolução capitalista rompeu os grilhões dos tradicionais sistemas de

Marx argumentava que, à medida que grandes quantidades de trabalhadores fossem reunidos em fábricas e linhas de produção, a consciência de classe se desenvolveria. A introdução da inteligência artificial (IA) e da robótica nos processos de produção parece tornar isso menos provável atualmente.

produção feudais, exigindo mais disciplina e longas horas de trabalho, para que os capitalistas pudessem extrair o lucro do uso da força laboral. De fato, Marx e Engels (2008 [1848]: 13-14) fazem uma narrativa ardente do capitalismo como a transformação revolucionária da sociedade. Em seus primeiros cem anos, o capitalismo "criou forças produtivas mais massivas e mais colossais do que todas as gerações anteriores juntas", embora isso fosse obtido com base na terrível exploração de trabalhadores e, consequentemente, na alienação inevitável e endêmica da força de trabalho. Na teoria de Marx, um ponto é atingido quando, em vez de promover mais crescimento e desenvolvimento, as relações capitalistas atuam como um freio, impedindo o progresso socioeconômico. Marx chama isso de contradição fundamental entre as relações e as forças de produção, que, por fim, leva à revolução (Glyn, 1990).

Marx esperava que o capitalismo, assim como o feudalismo, abrisse espaço para outro modo de produção, o comunismo, gerado por trabalhadores descontentes que desenvolveriam uma consciência de classe (uma percepção da sua posição explorada). Sob o comunismo, a propriedade privada é abolida, e se estabelecem relações sociais comunais. Ao contrário do comunismo primitivo, contudo, o comunismo moderno teria à sua disposição todos os benefícios do sistema capitalista altamente produtivo. Essa seria uma forma avançada, humana e sofisticada de comunismo, capaz de cumprir o princípio comunista, que diz: "de cada um, conforme sua [sic] capacidade, a cada um, conforme sua necessidade" (Marx, 1938 [1875]: 10). Em um trabalho muito recente, Bastani (2019) sugere que aproveitar o potencial da **automação**, da IA e da robótica no interesse de todos pode levar a um "comunismo de luxo totalmente automatizado" — uma reafirmação contemporânea do ponto final da teoria desenvolvimentista de Marx.

Avaliação

Para Marx, uma teoria do industrialismo por si só não faz sentido. O desenvolvimento industrial exigiu a participação de industrialistas, que também eram empreendedores capitalistas. Entender o sistema industrial implica entender que as novas relações sociais favorecem uns poucos e desprivilegiam a maioria. Além disso, a perspectiva de Marx é um lembrete valioso de que fábricas, oficinas e escritórios, juntamente com celulares, robôs e a internet, não se materializam simplesmente a partir do ar. Eles são os produtos de um sistema de relações sociais enraizadas em conflito, não em consenso.

Marx também mostra que a grande teorização pode ter utilidade. O conceito de "modo de produção" nos permite colocar a confusão de evidências históricas em um arcabouço comum, tornando-as mais fáceis de entender. Muitos cientistas sociais trabalham dentro desse arcabouço, ampliando-o, refinando-o ou criticando-o. Além disso, embora a teoria de Marx possa ter falhas, a maioria dos sociólogos concorda que a descoberta dessas falhas tem sido imensamente frutífera para os sociólogos como um todo.

A obra de Marx também ilustra o principal problema das grandes teorias: a dificuldade de submetê-las ao teste empírico. O que teríamos que descobrir para provar de maneira conclusiva que uma teoria está errada ou para refutá-la? O fato de que não houve uma revolução comunista nos países industrializados mais de 170 anos depois da publicação de *O manifesto comunista* (1848) mostra que a previsão central da teoria estava errada? Outros marxistas tentaram explicar exatamente por que não houve uma revolução comunista global e, desse modo, foram forçados a modificar as ideias de Marx. A seção Estudos clássicos 3.1 analisa um grupo especialmente influente — a Escola de Teoria Crítica de Frankfurt.

Estudos clássicos 3.1 **Neomarxismo: a Escola de Teoria Crítica de Frankfurt**

Marx previu que uma revolução da classe trabalhadora estava próxima, mas ela não se concretizou em sua vida. Então, em 1917, a Revolução Russa em meio ao tumulto da Primeira Guerra Mundial parecia indicar que, finalmente, a previsão de Marx estava prestes a se confirmar. Mas o comunismo não se espalhou para os países industrializados. Em vez disso, a década de 1930 viu a ascensão do fascismo na Itália e do nazismo na Alemanha, ambos movimentos agressivamente anticomunistas. Esses desenvolvimentos criaram um dilema para os marxistas: será que a teoria de Marx ainda é adequada

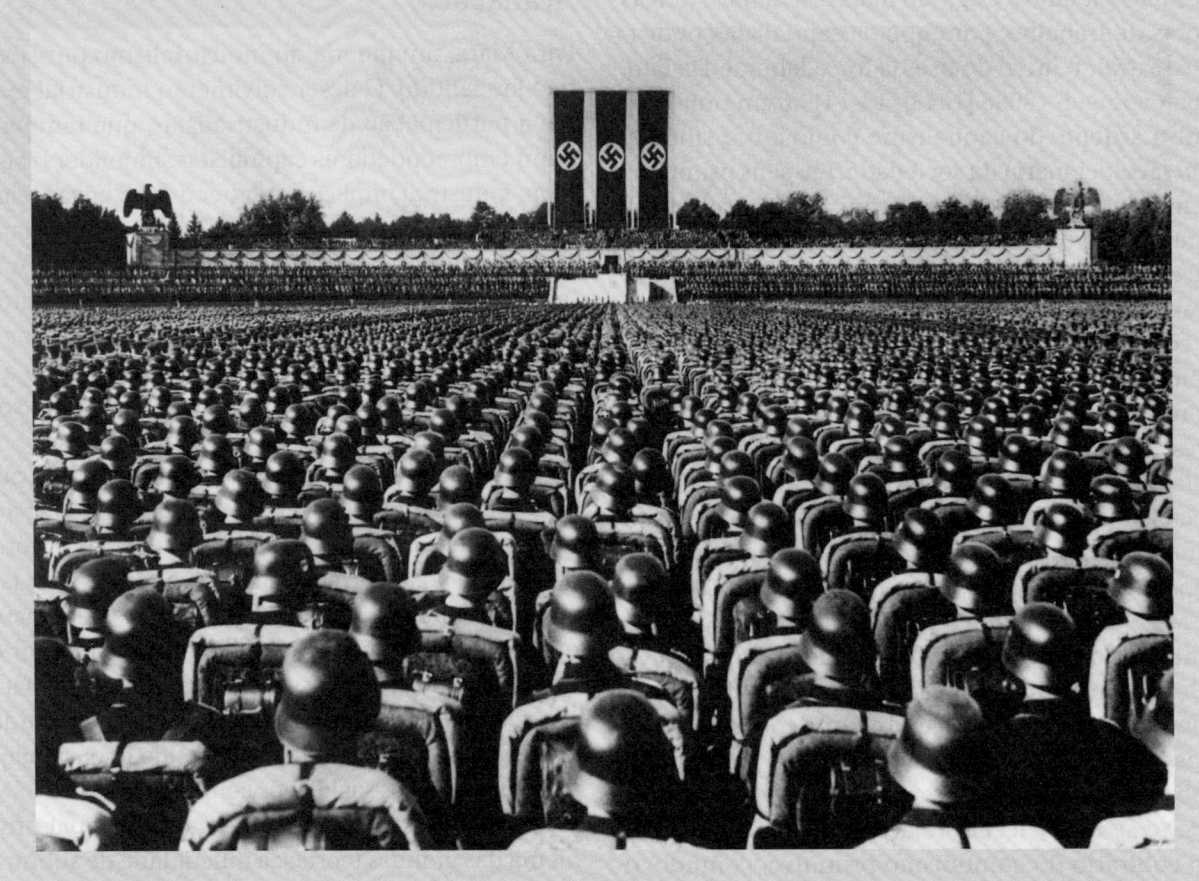

O surgimento de movimentos fascistas de direita na Europa levou a uma releitura das ideias de Marx.

para se entender o desenvolvimento do capitalismo, ou não? Se for, uma forma ortodoxa de marxismo permanece valiosa. Se não for, serão necessárias novas formas de teoria marxista (neomarxismo).

O pensamento marxista, de fato, desenvolveu-se em várias direções no decorrer do século XX, particularmente entre os "marxistas ocidentais", que rejeitavam a versão soviética do comunismo (Kolakowski, 2005). Um grupo associado ao marxismo ocidental foi particularmente influente — a Escola de Teoria Crítica de Frankfurt. Centrados originalmente no Instituto de Pesquisa Social de Frankfurt, sob a direção de Max Horkheimer, muitos teóricos críticos foram forçados a sair da Alemanha quando os nacional-socialistas expulsaram cerca de um terço dos funcionários da universidade, resultando em sua mudança para a Europa e para os Estados Unidos. Os nazistas enfraqueceram as universidades sistematicamente e removeram ou forçaram muitos intelectuais judeus a partir.

Com base nas ideias de Marx, em Freud e na filosofia de Immanuel Kant, a Escola de Frankfurt produziu uma série de estudos importantes sobre capitalismo, fascismo, cultura de massa e sobre a **sociedade de consumo** emergente nos Estados Unidos. Por exemplo, Theodor Adorno (1976 [1950]) e seus colegas analisaram o surgimento e a popularidade do fascismo como consequência, em parte, da ascensão de um tipo de personalidade autoritária, suscetível às atrações de um líder forte. Herbert Marcuse, em *O homem unidimensional* (1964), distinguiu as necessidades humanas "reais" das muitas "falsas" necessidades produzidas pela forma consumista de capitalismo industrial e suas propagandas sedutoras, que suprimiam a capacidade das pessoas de pensar criticamente, produzindo, em seu lugar, uma forma unidimensional e acrítica de pensar.

Em estudos como esses, podemos ver os pensadores de Frankfurt tentando compreender uma forma de capitalismo muito diferente daquela que Marx havia investigado e deslocando seu foco para a esfera da cultura, em detrimento da economia. Ao mesmo tempo, a visão marxista otimista de uma revolução da classe operária começou a se desvanecer, à medida que os obstáculos à revolução pareciam aumentar nas sociedades capitalistas centradas no consumo.

O mais recente teórico crítico a exercer alguma influência na sociologia é o filósofo social alemão Jürgen Habermas. Entre outras coisas, Habermas criou uma teoria da "ação comunicativa" baseada na noção enganosamente simples de que, quando as pessoas dizem coisas umas para as outras ("atos da fala"), elas esperam ser compreendidas. Porém, na maior parte do tempo, argumenta o autor, as relações de poder assimétricas na sociedade atuam sistematicamente para distorcer essa comunicação, dando vazão a mal-entendidos fundamentais e à falta de debate e comunicação genuínos. Por exemplo, nas discussões empregador-sindicato, o desequilíbrio de poder favorece os empregadores; assim, as disputas não são resolvidas racionalmente pela força do melhor argumento, pois os empregadores podem usar seu poder para impor uma solução. No entanto, a solução não é abandonar os modos modernos de pensamento racional, como alguns pensadores pós-modernos sugerem, mas aprofundar a nossa modernidade, defendendo e ampliando a democracia e eliminando as enormes desigualdades de poder e *status* que impedem a comunicação igualitária, racional.

Após o final do regime comunista da União Soviética, em 1991, as ideias de Marx, e as teorias marxistas em geral, perderam espaço na sociologia. Alguns chegaram a falar de uma crise no pensamento marxista como resultado do fim do socialismo e do comunismo existentes (Gamble, 1999). Todavia, a crise financeira de 2008 e a subsequente recessão econômica fizeram os estudiosos relembrarem que o capitalismo é um sistema econômico que enfrenta altos e baixos periódicos. Embora a teoria marxista de revolução possa parecer insatisfatória, uma análise marxista mais ampla das economias capitalistas continua a desempenhar um papel importante em debates sobre mudança social. Por exemplo, o filósofo esloveno Slavoj Žižek (2011, 2012), embora crítico de algumas das ideias de Marx, que ele associa com outras teorias, ainda argumenta que o comunismo é a única alternativa genuína ao capitalismo. Mesmo no século XXI, ao que parece, estudiosos sérios ainda estão engajados em um debate com Marx.

> **REFLEXÃO CRÍTICA**
>
> Por que a revolução comunista, prevista por Marx, não se concretizou? Liste todos os fatores que impediram a classe trabalhadora de se revoltar contra o capitalismo. Podemos dizer que essa teoria foi forjada de modo conclusivo e definitivo?

Estabelecimento da sociologia

Comte, Spencer, Marx e outros teóricos pioneiros estabeleceram as bases para o desenvolvimento da sociologia, mas não havia uma disciplina formal de sociologia no período em que viveram, e o tema não tinha nenhuma presença institucional dentro das universidades. Para que a sociologia se tornasse parte da "hierarquia das ciências" de Comte, ela precisaria construir seu lugar juntamente com as ciências naturais na academia, onde se poderia oferecer uma formação sociológica aos estudantes. Em suma, a sociologia precisaria se tornar respeitável, e o trabalho de Émile Durkheim na França fez muito no sentido de alcançar esse objetivo. Mesmo assim, ainda demorou muito para que a sociologia se tornasse uma disciplina firmemente estabelecida em outras partes.

Émile Durkheim: o nível social da realidade

Durkheim é uma figura fundamental no desenvolvimento da sociologia acadêmica. Assim como Marx, ele se afastou decididamente da filosofia, que considerava distante demais das questões importantes da época, aproximando-se da ciência social, que considerava mais apta a esclarecer quais eram as principais questões morais que a sociedade francesa enfrentava. Depois de trabalhar na Universidade de Bordeaux, onde foi o primeiro professor de ciências sociais, Durkheim se transferiu para a prestigiosa Sorbonne, em Paris, e se tornou o primeiro professor de "ciência da educação e sociologia" da história (Coser, 1977). A sociologia havia finalmente conquistado uma base dentro do *establishment* acadêmico.

Durkheim também influenciou a natureza da própria disciplina. Ele considerava que o estudo específico de fenômenos *sociais* seria necessário sempre que a pesquisa sobre as ações das pessoas fosse além de suas interações individuais. As instituições e formas sociais — como os movimentos sociais, as organizações ou a família — sobrevivem aos indivíduos específicos que as habitam e, portanto, devem ter uma realidade própria. Essa realidade não pode ser compreendida adequadamente por uma psicologia individualista ou por uma especulação filosófica abstrata. Nas palavras de Durkheim, o que chamamos de "o social" ou "vida social" é um nível de realidade que *por direito próprio* não pode ser reduzido a ações individuais nem ser imaginado como um mero agregado de mentes individuais.

Durkheim se concentrou em fenômenos grupais e **fatos sociais** como as taxas de suicídio, a solidariedade social e a religião. As pessoas vivenciavam os fatos sociais como "coisas" externas ao indivíduo, como mesas, pontes ou prédios. Essas últimas são todas criações humanas, mas sua existência deve ser levada em consideração e não pode ser descartada. Da mesma forma, os fatos sociais têm uma existência tipo "coisa" que os indivíduos devem aceitar e levar em conta em suas ações.

Essa realidade tipo coisa dos fatos sociais significa que a psicologia dos indivíduos não era o tema adequado para a sociologia, que se preocupa com fenômenos coletivos. Um exemplo dessa perspectiva pode ser visto em *A divisão do trabalho social* (1893), em que Durkheim apresenta sua hoje famosa distinção entre as formas *mecânicas* de solidariedade encontradas em sociedades menos complexas e a solidariedade *orgânica* que caracteriza as sociedades industriais, modernas e de grande escala. A **solidariedade mecânica** existe quando o individualismo é minimizado e o indivíduo é incluído na coletividade. Em comparação, a **solidariedade orgânica** é gerada pela ampla divisão do trabalho nas sociedades industriais, que tende a produzir diferenças nas tarefas de trabalho, nos papéis e nos *status*, mas uma forte forma de coesão é alcançada, pois grandes grupos de indivíduos em diferentes setores se tornam dependentes uns dos outros.

Durkheim, portanto, rejeitava a ideia — comum naquela época e desde então — de que o industrialismo moderno inevitavelmente destrói a solidariedade social e ameaça o tecido da sociedade. De fato, vínculos *mais fortes* de interdependência mútua são criados sob formas orgânicas de solidariedade que contêm o potencial para um equilíbrio maior entre as diferenças individuais e o propósito coletivo. Aqui, podemos ver como a análise sociológica científica de Durkheim está intimamente ligada aos problemas morais e sociais da atualidade — como as sociedades industriais podem se manter juntas em uma era de individualismo cada vez maior?

Avaliação

A abordagem de Durkheim na sociologia é conhecida como **funcionalismo**, o estudo da sociedade e da maneira como suas instituições se conectam e mudam. E, embora o funcionalismo tenha sido muito influente no passado, atualmente está em retração. Existem muitas razões para isso.

Muitos críticos argumentam que o funcionalismo é bom para explicar o consenso — por que as sociedades se sustentam —, mas é muito menos capaz de explicar o conflito e a mudança social radical. Outros argumentam que o funcionalismo durkheimiano parece priorizar as restrições das sociedades para as pessoas e não possibilita espaço suficiente para os atos criativos dos indivíduos. A análise funcional tende a imputar "propósitos" e "necessidades" à própria sociedade. Por exemplo, podemos dizer que a função do sistema educacional é treinar jovens para as *necessidades* da sociedade moderna. Esse argumento funcionalista parece sugerir que as sociedades têm "necessidades" da mesma forma que as pessoas as têm. Mas será que essa realmente é uma explicação adequada? As economias modernas podem exigir certas habilidades das pessoas, mas será que o atual sistema educacional é a única ou mesmo a melhor maneira de fornecê-las? O que realmente queremos saber é como, exatamente, o sistema educacional moderno chegou ao que é hoje e se as coisas poderiam ter sido diferentes. O funcionalismo não prioriza essas questões.

REFLEXÃO CRÍTICA

Durkheim rejeitava a ideia de que os sociólogos devem estudar a psicologia individual. Você concorda com ele? Qual é o tema apropriado para os sociólogos?

Funcionalismo estrutural no século XX

Nas décadas de 1940, 1950 e 1960, uma versão da teoria funcionalista, o **funcionalismo estrutural**, tornou-se o paradigma central da sociologia. Embora a perspectiva nunca tenha sido totalmente dominante, é difícil para os estudantes atuais, que podem estar acostumados com a ideia de que a sociologia, como disciplina, é *inevitavelmente* pluralista, argumentativa e teoricamente diversa, entender como o *fazer* sociologia era diferente naquela época. A sociologia e o funcionalismo estrutural costumavam ser considerados a mesma coisa (Davis, 1949). Dois sociólogos norte-americanos se destacam particularmente durante esse período: Robert Merton e seu mentor, Talcott Parsons.

Parsons combinou as ideias de Durkheim, Weber e Vilfredo Pareto com sua própria forma de funcionalismo estrutural, que começou a partir do conhecido problema da ordem social (Lee e Newby, 1983). Esse problema questiona como uma sociedade consegue se manter quando todos os indivíduos que a compõem estão interessados apenas em si mesmos e buscam realizar suas próprias vontades e necessidades, muitas vezes à custa dos outros. Filósofos como Thomas Hobbes (1588-1679) responderam dizendo que o surgimento do Estado moderno, com todos os seus poderes policiais e militares, era o fator crucial. O Estado protege todos os indivíduos uns dos outros e de inimigos externos, mas, em retorno, os cidadãos deveriam aceitar o direito legítimo do Estado de exercer seus poderes sobre eles.

Parsons rejeitava essa solução. Ele acreditava que a conformidade das pessoas com as regras sociais não era produzida apenas pelo medo *negativo* da punição; pelo contrário, as pessoas se conformavam de maneira *positiva*, até mesmo ensinando aos outros regras morais da sociedade. Esse comprometimento positivo com uma sociedade ordenada mostra que as regras sociais não são apenas uma força externa que age sobre os indivíduos, mas são *internalizadas* no processo contínuo de socialização. A sociedade não está apenas "lá fora", mas existe também "aqui dentro".

Depois de estabelecer a primazia da compreensão sociológica da ordem social, Parsons voltou sua atenção para o funcionamento do próprio sistema social. Para fazer isso, ele criou um modelo conhecido como paradigma AGIL (Parsons e Smelser, 1956). Para que um sistema social (ou sociedade) sobreviva, existem quatro funções básicas que ele deve cumprir. Primeiramente, ele deve ser capaz de se adaptar ao seu ambiente e de reunir recursos suficientes para tal. Em segundo lugar, deve estabelecer e implementar objetivos a serem alcançados e os mecanismos para a sua realização. Em terceiro lugar, o sistema deve ser integrado, e os vários subsistemas devem ser coordenados efetivamente. Por fim, o sistema social deve ter maneiras de preservar e transmitir seus valores e sua cultura para as novas gerações.

Em termos menos abstratos, Parsons considerava que o subsistema *econômico* tinha uma função *adaptativa*, o subsistema *político* tinha a função de estabelecer os *objetivos* da sociedade e os meios para alcançá-los, o subsistema da *comunidade* ("comunidade social") fazia um trabalho *integrativo*, e o subsistema *educacional* (juntamente com outras agências socializantes) transmitia a *cultura* e os *valores* — a função de latência (ver a Figura 3.1). O funcionalismo estrutural era uma forma de teoria que tendia a atribuir prioridade ao sistema em geral e às suas "necessidades" e sempre era vulnerável à acusação de que enfatizava demais o consenso e a concordância. A tarefa de resolver esse problema passou para Robert Merton, que buscou uma versão mais crítica do funcionalismo.

Merton viu que muitos estudos sociológicos se concentravam no nível macro da sociedade ou no nível micro das interações sociais, mas não conseguiam "preencher as lacunas" entre os níveis macro e micro. Para corrigir isso, Merton defendia teorias de médio alcance no **nível *meso*** em certas áreas ou sobre temas específicos. Um exemplo excelente do seu próprio trabalho é o estudo da criminalidade e dos desvios de conduta na classe trabalhadora. Ele queria explicar por que havia tantos crimes gananciosos entre as classes trabalhadoras. Sua explicação era que, na sociedade norte-americana, que promove o objetivo cultural do sucesso material, mas oferece pouquíssimas oportunidades legítimas para grupos das classes sociais inferiores, a criminalidade na classe trabalhadora representava uma adaptação às circunstâncias sociais em que muitos jovens se encontravam. O fato de que queriam alcançar o tipo de sucesso material que o sistema promovia também significava que essas pessoas não eram más ou incapazes de serem reformadas. Pelo contrário, era a estrutura da vida social que precisava de reforma. Essa tese mostra que Merton tentou desenvolver o funcionalismo em novas direções e, ao fazer isso, se aproximou mais da teoria do conflito.

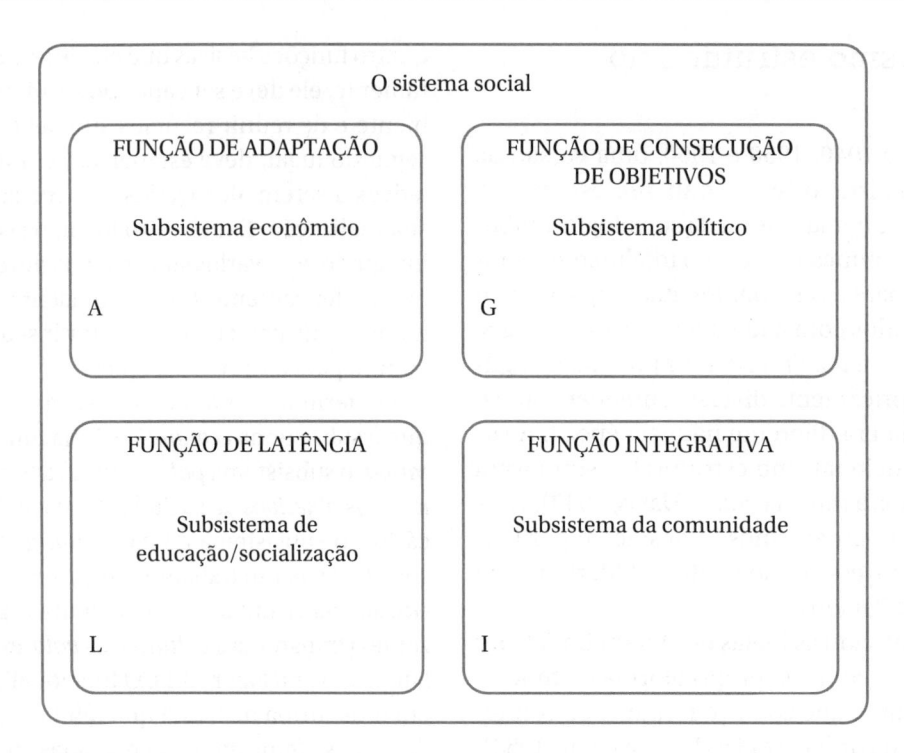

```
┌─────────────────────────────────────────────────────────────┐
│                      O sistema social                        │
│   ┌───────────────────────┐   ┌───────────────────────┐    │
│   │ FUNÇÃO DE ADAPTAÇÃO   │   │ FUNÇÃO DE CONSECUÇÃO  │    │
│   │                       │   │      DE OBJETIVOS     │    │
│   │  Subsistema econômico │   │  Subsistema político  │    │
│   │                       │   │                       │    │
│   │  A                    │   │  G                    │    │
│   └───────────────────────┘   └───────────────────────┘    │
│   ┌───────────────────────┐   ┌───────────────────────┐    │
│   │  FUNÇÃO DE LATÊNCIA   │   │  FUNÇÃO INTEGRATIVA   │    │
│   │                       │   │                       │    │
│   │     Subsistema de     │   │ Subsistema da comunidade│  │
│   │ educação/socialização │   │                       │    │
│   │                       │   │                       │    │
│   │  L                    │   │  I                    │    │
│   └───────────────────────┘   └───────────────────────┘    │
└─────────────────────────────────────────────────────────────┘
```

FIGURA 3.1   O esquema AGIL de Parsons.

Ele também distinguiu as **funções manifestas** das **latentes**: as primeiras são consequências observáveis da ação, ao passo que as outras são aqueles aspectos que permanecem tácitos. Estudando as funções latentes, Merton dizia, podemos aprender muito mais sobre a maneira como as sociedades funcionam. Por exemplo, podemos observar uma dança da chuva entre povos tribais, cuja função manifesta parece ser fazer chover. Porém, se olharmos mais fundo, poderemos ver que a dança da chuva muitas vezes falha, mas continua a ser praticada mesmo assim — por quê? Merton argumenta que sua função latente é construir e manter a solidariedade grupal, que é um requisito que não se extingue. De maneira semelhante, Merton argumentava que as instituições continham certos elementos **disfuncionais** que criam tensões, e a existência destes permitiu que ele discutisse o potencial de conflito de maneiras que Parsons não poderia fazer.

> Ver o Capítulo 22, "Crime e desvio de conduta", para uma discussão e uma crítica mais detalhadas das ideias de Merton.

O que foi feito do funcionalismo estrutural? Após a morte de Parsons, em 1979, Jeffrey Alexander (1985) tentou revisitar e revitalizar sua abordagem, visando a resolver suas falhas teóricas. Porém, em 1997, mesmo Alexander se viu forçado a aceitar que as "contradições internas" do seu "novo" ou neofuncionalismo não poderiam ser resolvidas. Em vez disso, ele defendeu uma reconstrução da teoria sociológica para além dos pressupostos funcionalistas (Alexander, 1997). Logo, o funcionalismo estrutural parsoniano, para todas as pretensões e propósitos, está extinto da sociologia vigente.

As ideias de Parsons se tornaram tão influentes porque falaram para as sociedades desenvolvidas sobre a sua situação pós-1945, que era de afluência e consenso político gradualmente crescentes. Porém, elas perderam espaço no final da década de 1960 e na década de 1970, à medida que os conflitos começaram a aumentar, com novos movimentos pela paz e contra a energia nuclear, protestos contra o envolvimento dos militares norte-americanos no Vietnã e movimentos estudantis radicais surgindo em toda a Europa e na América do Norte. Nesse ponto, as teorias do conflito, como o marxismo, passaram a ser percebidas como mais capazes de entender a nova situação. Como veremos mais adiante, a com-

Merton procurou explicar por que uma quantidade desproporcional de crimes de furto registrados oficialmente envolvia as classes trabalhadoras.

preensão da globalização, do multiculturalismo, da mudança das relações de gênero, do risco e da degradação ambiental levou a uma nova rodada de teorização hoje.

Max Weber: capitalismo e religião

O terceiro dos "pais fundadores" tradicionalmente citados da sociologia europeia, juntamente com Marx e Durkheim, é Max Weber, cujas ideias estão por trás de muitas abordagens centradas no ator. Seu trabalho mais famoso, *A ética protestante e o espírito do capitalismo* (1992 [1904-1905]), aborda um problema fundamental: por que o capitalismo teve origem no Ocidente? Por aproximadamente 13 séculos depois da queda da Roma antiga, outras civilizações foram muito mais proeminentes do que as do Ocidente. A Europa, de fato, era uma área muito insignificante do planeta, enquanto a China, a Índia e o Império Otomano, no Oriente Próximo, eram grandes potências. Os chineses, em particular, estavam muito à frente do Ocidente em termos de desenvolvimento tecnológico e econômico. Então como as economias europeias se tornaram tão dinâmicas?

Segundo Weber, a chave é mostrar o que torna o capitalismo moderno diferente dos tipos mais antigos de atividade econômica. O desejo de acumular riqueza pode ser encontrado em muitas civilizações históricas, e as pessoas valorizam a riqueza devido ao conforto, à segurança, ao poder e ao prazer que ela pode trazer. Ao contrário da crença popular, as economias capitalistas não são simplesmente uma continuidade natural do desejo de riqueza pessoal. Algo diferente deve estar em ação.

A religião no coração do capitalismo?

Segundo Weber, se observarmos o desenvolvimento econômico do Ocidente, a diferença-chave é uma atitude de acumulação de riqueza que não se encontra em nenhuma outra fase da história. Essa atitude é o que Weber chamou de "espírito do capitalismo" — um conjunto motivador de crenças e valores encontrado nos primeiros mercadores e industriais capitalistas. Ainda assim, ao contrário dos ricos em outras partes, esses industriais não tentavam usar suas riquezas acumuladas para ter um estilo de vida luxuoso e materialista. Pelo contrário, muitos deles tinham um modo de vida simples e abnegado; eles viviam de forma sóbria e calma, ocultando as manifestações comuns de afluência que estamos acostumados a ver atualmente. Essa combinação muito incomum foi vital para o rápido desenvolvimento econômico ocidental. Os primeiros capitalistas reinvestiram sua riqueza para promover uma expansão maior de suas empresas, e esse reinvestimento contínuo dos lucros produziu um ciclo de investimento, produção, lucro e reinvestimento, permitindo a rápida expansão do capitalismo.

A parte polêmica da teoria de Weber é que para ele o "espírito do capitalismo" tinha suas origens na religião. A força motivadora essencial teria sido proporcionada pelo impacto do protestantismo e de uma variação específica: o puritanismo. Os primeiros capitalistas eram principalmente puritanos, e muitos aderiam ao calvinismo. Os calvinistas acreditavam que os seres humanos são instrumentos de Deus na Terra, chamados pelo Todo-Poderoso para trabalhar em uma vocação — uma ocupação para a maior glória de Deus. Eles também acreditavam na predestinação, segundo a qual apenas certos indivíduos predestinados estão entre os "eleitos" para entrar no paraíso, na vida eterna. Na doutrina original de Calvino, nada que uma pessoa faça na Terra pode mudar o fato de ser um dos eleitos ou não; isso já foi predeterminado por Deus. Todavia, essa crença foi difícil de ser mantida e produziu muita ansiedade entre os seguidores, levando a uma constante busca por "sinais" de elegibilidade para reprimir a ansiedade pela salvação.

O sucesso das pessoas no trabalho em uma determinada vocação, indicado pela prosperidade material, tornou-se o principal sinal de que uma pessoa era verdadeiramente um dos eleitos. Assim, uma motivação para o lucro foi gerada como consequência não intencional da aderência religiosa, produzindo um resultado paradoxal. Os puritanos acreditavam que a ostentação era um mal, de modo que o impulso de acumular riqueza era associado a um estilo de vida rígido e simples. Isso significa que os primeiros empreendedores tinham pouca consciência de serem revolucionários e não estavam prontos para produzir uma revolução capitalista. Hoje, a ideia de trabalhar por uma vocação perdeu força, e os empreendedores bem-sucedidos têm enormes quantidades de bens materiais e gozam de estilos de vida luxuosos. Em uma famosa passagem, Weber (1992 [1904-1905]: 182) diz:

Os puritanos queriam seguir uma vocação; somos forçados a fazê-lo... Desde que o ascetismo começou a remodelar o mundo e a nele se desenvolver, os bens materiais adquiriram um poder cada vez maior e, por fim, implacável sobre a vida dos homens, como em nenhum período anterior da história... A ideia do dever na vocação de uma pessoa ronda nossas vidas como o fantasma de crenças religiosas mortas.

Avaliação

A teoria de Weber tem sido criticada de muitas formas. Alguns argumentam, por exemplo, que a perspectiva que ele chamava de "o espírito do capitalismo" pode ser identificada nas primeiras cidades mercantes italianas do século XII, muito antes do calvinismo. Outros afirmam que a ideia de "trabalhar por uma vocação", que Weber associou ao protestantismo, já existia nas crenças católicas. Ainda assim, os elementos essenciais da visão de Weber ainda são aceitos por muitos, e a tese que ele defendia continua sendo audaz e esclarecedora. Se a tese de Weber é válida, o desenvolvimento econômico e social moderno foi influenciado decididamente por algo que parece muito distante dele — um conjunto de ideais religiosos.

A teoria de Weber cumpre vários critérios importantes do pensamento teórico em sociologia. Primeiramente, ela sugere uma interpretação que rompe com aquilo que sugeriria o senso comum e desenvolve uma perspectiva nova sobre as questões que aborda. A maioria dos estudiosos antes de Weber quase não pensava na possibilidade de ideias religiosas terem exercido um papel fundamental na origem do capitalismo. Em segundo lugar, a teoria dá sentido a algo que, de outra forma, se torna intrigante: por que os indivíduos desejam viver de forma simples enquanto fazem grandes esforços para acumular riqueza? Em terceiro lugar, a teoria é capaz de esclarecer circunstâncias além daquelas que se propunha a explicar originalmente. Weber tentou entender as origens do capitalismo moderno, mas parece razoável supor que valores paralelos poderiam fazer parte de sociedades que se tornaram capitalistas bem depois. Finalmente, uma boa teoria não se mostra apenas válida, mas também frutífera na geração de novas ideias e no estímulo a novas pesquisas. A teoria de Weber certamente é bem-sucedida em todos esses aspectos, proporcionado um trampolim para uma vasta quantidade de pesquisas e análises teóricas. A abordagem de Weber à sociologia também foi um importante estímulo para muitas teorias posteriores que colocam atores humanos no centro de sua análise. Veremos algumas delas na próxima seção.

> **REFLEXÃO CRÍTICA**
>
> Muitos alunos (e seus professores) consideram a teoria de Weber das origens religiosas do capitalismo tremendamente fascinante. Mas como ela é relevante (se realmente for) para a nossa compreensão da operação do capitalismo de consumo global atualmente?

Interacionismo simbólico, fenomenologia e etnometodologia

Esta seção prossegue para delinear algumas perspectivas importantes que colocam os atores humanos e a interação social no centro da análise. Um importante expoente inicial dessa perspectiva é Georg Simmel (1858-1918), frequentemente descrito como o "primeiro sociólogo da modernidade", devido ao seu trabalho sobre a experiência da vida moderna nas cidades (discutido no Capítulo 13, "Cidades e vida urbana"). Simmel via a sociologia como uma disciplina preocupada principalmente com as diferentes formas de interação social, ou "sociação" (Frisby, 2002). Suas ideias amplamente interacionistas influenciaram o trabalho de muitos colegas e futuros sociólogos. Esta seção examina algumas das principais ideias do interacionismo simbólico, da fenomenologia e da etnometodologia. Embora existam diferenças importantes entre elas, juntas elas contrastam com as teorias estruturais da sociologia que examinamos até agora.

Credita-se a George Herbert Mead (1863-1931) o estabelecimento das bases para uma abordagem conhecida como *interacionismo simbólico*, um rótulo geral que cobre todas as abordagens que investigam as interações sociais com foco na linguagem e nos símbolos. Os interacionistas muitas vezes rejeitam a própria noção de que as estruturas sociais existem objetivamente e não as levam em conta em seu trabalho. Herbert Blumer (que cunhou a expressão "interacionismo simbólico") argumentava que toda a conversa sobre estruturas sociais ou sistemas sociais é injustificada, pois somente se pode dizer que "existem", realmente, indivíduos e suas interações.

O **interacionismo simbólico** se concentra na interação no nível micro e na maneira como os significados são construídos e transmitidos. Mead (1934) argumentava que o indivíduo é um **eu social**, produzido no processo de interação, em vez de ser biologicamente determinado. Sua teoria traça o surgimento e o desenvolvimento do eu por meio de uma série de estágios na infância, e suas ideias sobre o eu social fundamentam grande parte da pesquisa interacionista (ver o Capítulo 14, "O curso da vida", para uma discussão detalhada das ideias de Mead). Reconhecer que os humanos usam símbolos na comunicação é uma premissa básica da abordagem.

Um símbolo é algo que se refere ou representa outra coisa, de modo que palavras, gestos ou objetos podem ser usados para transmitir significado durante as interações. No entanto, o mesmo símbolo pode transmitir significados diferentes, inclusive no mesmo ambiente. Uma aliança de casamento, por exemplo, pode ser interpretada por uma pessoa como um sinal de amor e compromisso, mas, pelo cônjuge, como perda de liberdade. O caráter simbólico da comunicação humana a diferença da maior parte do comportamento animal, que envolve respostas a estímulos objetivos. As interações humanas não são simplesmente respostas comportamentais automáticas, mas envolvem símbolos na criação de significado.

O centro do interacionismo simbólico por cerca de 30 anos, até 1950, foi o Departamento de Sociologia da Universidade de Chicago (conhecido como Escola de Chicago), embora nem todos os sociólogos de Chicago fossem interacionistas. O departamento também abrigou a abordagem "ecológica" de Louis Wirth, Robert E. Park e Ernest Burgess (ver Capítulo 13, "Cidades e vida urbana", para uma discussão sobre essa abordagem). No entanto, ter uma base institucional foi importante para popularizar a abordagem.

Possivelmente o interacionista simbólico de maior êxito seja Erving Goffman (1922-1982). Os estudos de Goffman sobre os "asilos" mentais, os processos de estigmatização e as maneiras como as pessoas apresentam seus eus em encontros sociais se tornaram clássicos sociológicos, tanto por seu estilo metodológico e observacional quanto por seus resultados. Ao desenvolver sua "**análise dra-**

Conhecer pessoas é uma ocorrência normal, mas os interacionistas são fascinados pelos rituais e pelas suposições tácitas em jogo durante um fenômeno tão cotidiano.

matúrgica", que trabalha com a metáfora do teatro, as ideias de Goffman tiveram uma influência muito ampla sobre estudantes de todo o mundo.

> Ver o Capítulo 12, "Interações sociais e vida cotidiana", para uma discussão sobre a perspectiva de Goffman.

A **fenomenologia** é uma perspectiva centrada no ator que lida com as maneiras como a vida social é experimentada na realidade. Literalmente, a fenomenologia é o estudo sistemático de fenômenos — das coisas como aparecem em nossa experiência. Suas raízes na sociologia estão no trabalho filosófico do filósofo alemão Edmund Husserl, embora, na pesquisa sociológica, o filósofo e sociólogo austríaco Alfred Schütz (1899-1959) tenha sido a figura mais importante. Schütz concentrou sua atenção na *experiência* das pessoas no cotidiano e nas maneiras como ela passa a ser considerada "garantida" como parte do **mundo da vida** — o mundo conforme experimentado rotineiramente e vivido como sendo "natural". Schütz se refere a essa aceitação da rotina do mundo como "adoção de uma atitude natural". Para ele, a tarefa da sociologia fenomenológica é entender melhor como isso acontece e quais são as consequências desse processo.

Schütz se interessava particularmente por *tipificações* — a maneira como os fenômenos são classificados de acordo com experiências anteriores. A **tipificação** é o lugar comum. Quando conhecemos alguém, é possível que pensemos: "oh, ela é *tal* tipo de pessoa" ou "ele parece ser um tipo honesto". A tipificação ajuda a ordenar o nosso mundo e a torná-lo mais previsível e, portanto, mais "seguro". Porém, quando se torna estereotipificação, ela também pode ser perigosa — uma generalização ilegítima sobre pessoas, baseada apenas em sua participação em um certo grupo social. Exemplos de estereótipos são o racismo, o sexismo e posturas negativas em relação a qualquer pessoa com deficiência. No entanto, o foco do trabalho de Schütz estava nas formas como esses processos de interação produzem tipificações, e não nas consequências positivas ou negativas destas.

Os indivíduos também tendem a pressupor que todos pensam mais ou menos da mesma forma que eles e, portanto, que podem esquecer possíveis problemas de comunicação interpessoal. Uma vez que esses pressupostos são internalizados, eles são sedimentados abaixo da superfície da existência consciente, formando a base da atitude natural. Desse modo, as pessoas experimentam aspectos importantes do mundo social, a exemplo da língua e da cultura, como objetivos e externos a elas, e a "sociedade" (como Durkheim sugeriu) é considerada uma entidade na forma de uma coisa, separada do indivíduo. A fenomenologia não teve o mesmo impacto sobre a sociologia que algumas das outras perspectivas, embora tenha aberto espaço para a etnometodologia.

A **etnometodologia** — o estudo sistemático dos métodos usados por "nativos" (indivíduos de uma determinada sociedade) para construir seus mundos sociais — é a terceira perspectiva interacionista. Ela tem suas raízes na filosofia fenomenológica, mas somente adquiriu proeminência nos anos 1960, com os estudos de Harold Garfinkel (1917-2011) e Aaron Cicourel (1928-). Os etnometodologistas eram bastante críticos à sociologia em voga, particularmente ao funcionalismo estrutural parsoniano, que, segundo Garfinkel, tratava as pessoas como se fossem "tolos culturais" — receptores passivos dos agentes socializantes da sociedade —, em vez de atores criativos. Garfinkel discordava da famosa declaração de Durkheim de que os sociólogos devem "tratar os fatos sociais como coisas". Para Garfinkel, esse deve ser apenas o ponto de partida para a investigação, e não um pressuposto. A etnometodologia busca revelar como os fatos sociais são criados pelos membros da sociedade e passam a ter essa qualidade tipo coisa, e grande parte de sua análise vem da conversação, que distingue a etnometodologia de outras sociologias interacionistas.

> A etnometodologia é discutida mais amplamente no Capítulo 12, "Interações sociais e vida cotidiana".

Ao contrário de muitos outros pontos de vista orientados ao ator, o trabalho de Max Weber explora tanto ações individuais quanto estruturas sociais. Embora Weber certamente se interessasse pelas interações sociais e pelo nível micro da vida social, o seu trabalho sobre religiões do mundo, sociologia econômica e sistemas legais também é historicamente informado, extremamente comparativo e preocupado com o desenvolvimento e a direção gerais das sociedades. Isso contraria a tradição interacionista que se desenvolveu após Weber, que passou a se concentrar mais exclusivamente no nível micro da vida social. As abordagens nesta seção ilustram a diferença básica na sociologia clássica entre os pontos de vista no nível micro e no nível estrutural (ou nível macro), o que continua sendo um dos divisores teóricos de longa data da sociologia.

Desafio à sociologia dominante

A questão da relevância contínua das três grandes tradições da sociologia ganhou mais foco à medida que surgiram desafios teóricos. Alguns deles transformaram a disciplina, enquanto outros estão atualmente em processo. Nesta seção, delineamos resumidamente algumas críticas importantes à sociologia do ponto de vista do feminismo, que enfatiza a desatenção anterior da teoria sociológica com a experiência das mulheres. Em seguida, abordamos ideias enraizadas na teoria pós-moderna e pós-estrutural e terminamos a seção com teorias pós-coloniais, que se concentram no viés eurocêntrico inerente à maioria das teorias sociais e sociológicas.

Feminismo contra a sociologia *malestream**

Todos os fundadores aceitos da sociologia eram homens (como vimos no Capítulo 1) e deram pouca atenção tanto à experiência diferenciada de homens e mulheres quanto às relações de gênero. De qualquer modo, suas ideias tendiam a ser descritivas e teoricamente insatisfatórias. Por exemplo, diferenças entre mulheres e homens são discutidas ocasionalmente nos escritos de Durkheim, mas não

---

* N. de T. O termo *malestream* é um neologismo em inglês usado para descrever aqueles estudos que se centram na perspectiva masculina e assumem que suas conclusões se aplicam a toda a população. É um jogo com as palavras *male* (masculino) e *mainstream* (corrente dominante).

de maneira consistentemente sociológica (Rahman e Jackson, 2010: 56). Durkheim (1952 [1897]) sugeriu que, enquanto os homens são "quase totalmente" produtos da sociedade, as mulheres são, "em uma extensão muito maior", produtos da natureza, levando a diferentes bases para identidades, gostos e inclinações. Os sociólogos de hoje não aceitam essa conclusão estereotipada, que caracteriza ilegitimamente as identidades femininas.

As ideias de Marx e Engels estão em total desacordo com as de Durkheim. Para eles, as diferenças de poder e *status* entre homens e mulheres refletem principalmente outras divisões, especialmente divisões de classe. De acordo com Marx, nas formas mais primitivas de sociedade humana (comunismo primitivo), não havia divisões de gênero nem de classe. Somente quando apareceram as divisões de classe é que surgiu o poderio dos homens sobre as mulheres. As mulheres passaram então a ser vistas como uma espécie de "propriedade privada", possuída pelos homens por meio da instituição do casamento. A única maneira de as mulheres serem libertadas de sua situação de escravidão seria quando o capitalismo fosse derrubado e as divisões de classe fossem eliminadas.

Mais uma vez, poucos sociólogos hoje aceitariam essa análise. A classe não é o único fator a moldar as divisões sociais que afetam as relações entre homens e mulheres; entre outros, há a etnia e a origem cultural. Por exemplo, pode-se argumentar que as mulheres de alguns grupos étnicos minoritários têm mais em comum com os homens desse grupo do que com as mulheres da maioria étnica. Nos últimos anos, os sociólogos se tornaram muito mais interessados na **interseccionalidade** — as maneiras como as divisões de classe, gênero e etnia se combinam ou "se interseccionam" para produzir formas complexas de desigualdade social (Brewer, 1993; P. H. Collins, 2000). Interseccionalidade não significa o fim da análise de classe, mas indica a necessidade de mais pesquisas que ultrapassem os limites teóricos convencionais.

Como sobrou muito pouca margem para relacionar questões de gênero a formas mais estabelecidas de pensamento teórico, o legado clássico deixou um problema difícil para os sociólogos. Como o "gênero" como categoria geral deve ser incluído nas teorias sociológicas existentes? As questões envolvidas aqui são importantes e se relacionam diretamente com o desafio que as acadêmicas feministas têm estabelecido. Não há dúvida de que grande parte da sociologia no passado ignorou as mulheres ou atuou com uma compreensão inadequada das relações de gênero. No entanto, trazer o estudo das mulheres para a sociologia não é o mesmo que lidar com questões de gênero, porque gênero diz respeito às relações entre mulheres *e* homens. Por exemplo, a pesquisa sobre gênero explorou formas de masculinidade e feminilidade que mudam, e, com o aparecimento da **teoria** *queer*, a instabilidade do próprio conceito de gênero foi exposta.

A próxima seção apresenta um esboço bastante resumido do impacto da teorização feminista na sociologia, mas uma discussão extensa sobre gênero pode ser encontrada no Capítulo 7, "Gênero e sexualidade". Em conjunto, essas seções fornecem uma introdução ao significado do gênero na sociedade e para a sociologia.

Teorias feministas

Os movimentos de mulheres nas décadas de 1960 e 1970 reivindicaram muitas mudanças legislativas visando a combater a posição desigual das mulheres na sociedade. Uma vez que as acadêmicas feministas se tornaram parte da academia dentro das universidades, as **teorias feministas** desafiaram a sociologia dominada por homens ou **sociologia** *malestream*. Essa última apresentava um viés masculino observado na teorização sociológica, que tirava conclusões gerais a partir da experiência dos homens — em métodos de pesquisa que não eram projetados para capturar a experiência das mulheres. O tema da sociologia, que se concentrava na esfera pública (dominada pelos homens), ignorava a esfera privada dos lares e das famílias, percebida como orientada para as mulheres. Um *slogan* feminista da época era "o pessoal é político"; sendo assim, assuntos anteriormente considerados privados se tornaram temas legítimos para a sociologia.

Algumas sociólogas feministas também pediram uma reconstrução abrangente da disciplina inteira, incluindo os problemas centrais que formam seu núcleo, enfatizando a centralidade do gênero para qualquer análise satisfatória do mundo social. Em suma,

> O desafio feminista para a sociologia predominantemente masculina é aquele que exige um repensar radical do conteúdo e da metodologia de todo

o empreendimento; algo que reconheça a necessidade não somente de ver a sociedade do ponto de vista das mulheres, bem como do ponto de vista dos homens, mas de ver o mundo como fundamentalmente generificado (Abbott et al., 2005: 3).

Não sabemos ao certo até que ponto a sociologia avançou nessa direção. Por exemplo, em 2003, Sara Delamont ainda argumentava que sua batalha para fazer com que os sociólogos tradicionais reconhecessem a teorização feminista estava "longe de ser ganha" (Delamont, 2003: ix). Contudo, também há muitos desacordos entre os pontos de vista feministas sobre como as questões de gênero devem ou podem ser teorizadas. "Teoria feminista" é uma expressão que abrange uma gama cada vez maior de posições, com pelo menos seis ou sete pontos de vista diferentes. Eles vão desde as primeiras teorias do feminismo liberal, socialista/marxista e radical, passando pelos sistemas duais e pelo feminismo crítico, chegando até o feminismo pós-moderno/pós-estruturalista, negro e pós-colonial. A maioria dessas perspectivas é discutida com mais detalhes no Capítulo 7, "Gênero e sexualidade".

A diversidade de teorias feministas impossibilita falar de uma "teoria feminista da sociedade" que seja única ou unificada, mas podemos dizer que todas concordam que o conhecimento está relacionado a questões de sexo e gênero e que as mulheres enfrentam opressão nas sociedades patriarcais. No entanto, as explicações teóricas da posição das mulheres diferem, às vezes de forma muito acentuada. Por exemplo, enquanto as feministas radicais veem o patriarcado como a principal fonte de opressão, os teóricos do sistema dual argumentam que tanto o patriarcado quanto o capitalismo se combinam para reproduzir a dominação masculina. O feminismo negro tanto insiste que raça, racismo e etnia precisam fazer parte da teorização feminista quanto critica teorias anteriores por assumirem que todas as mulheres têm interesses basicamente semelhantes, apesar de suas condições de vida radicalmente divergentes.

Já que homens e mulheres têm experiências distintas e veem o mundo de diferentes pontos de vista, eles não constroem seus entendimentos do mundo de maneiras idênticas. Muitas vezes, feministas argumentam que a teoria sociológica predominantemente masculina negou ou ignorou a natureza de "gênero" do conhecimento, produzindo conclusões supostamente universais a partir da experiência específica de homens (geralmente brancos). Como os homens convencionalmente ocupam as principais posições de poder e **autoridade** na maioria das sociedades, eles têm um investimento na manutenção de sua posição privilegiada. Sob tais condições, o conhecimento de gênero se torna uma força vital para perpetuar arranjos sociais estabelecidos e legitimar a continuidade da dominação masculina.

Algumas acadêmicas feministas, influenciadas pelo pensamento pós-estruturalista ou pós-moderno (discutido a seguir), incluindo Donna Haraway (1989, 1991), Hélène Cixous (1976) e Judith Butler (1990, 1997, 2004), argumentaram que é um erro supor que "homens" ou "mulheres" são grupos distintos uniformes com relação a interesses ou características. De acordo com Butler (2004), o gênero em si não é uma categoria fixa ou uma essência, mas algo fluido que transparece a partir do que as pessoas *fazem*, e não pelo que elas *são*. Se, como Butler (1990) argumenta, gênero é algo que é "feito" ou realizado, então também é algo que pode ser "desfeito" quando é usado por um grupo para exercer poder sobre outro (ver Capítulo 12, "Interações sociais e vida cotidiana").

Existe, de fato, *algum* ser essencialmente genderizado, ou o "gênero" está em um processo constante de construção social, sem qualquer fundamento biológico fixo? Essas questões fundamentais ilustram até onde o pensamento feminista prosseguiu, embora alguns acreditem que elas têm importância secundária para combater a desigualdade e melhorar as condições materiais de vida das mulheres, principalmente nos países em desenvolvimento (Shiva, 1993). Rahman e Jackson (2010: 81) argumentam que

> Vivemos hoje em um contexto global caracterizado por desigualdades extremamente severas e cada vez maiores — e muitas vezes são as mulheres as mais desfavorecidas pelas intersecções entre a exploração global e local... As diferenças entre as mulheres não são simplesmente "culturais"; as mais significativas delas se baseiam em desigualdades reais, materiais, derivadas do racismo institucionalizado, herança de séculos de escravidão, colonialismo e imperialismo, e das divisões locais e globais da mão de obra.

A teoria feminista se desenvolveu marcadamente desde a década de 1970, e alguns dos temas abordados hoje são bem diferentes do feminismo material que surgiu nos movimentos feministas da "segunda onda". No entanto, o que essas diferentes perspec-

O feminismo negro — tanto na academia quanto no ativismo social, como as Southall Black Sisters mostradas aqui — desafia a ideia de que todas as mulheres compartilham experiências semelhantes e têm os mesmos interesses.

tivas mostram é que o pensamento feminista não parou, mas continua a se desenvolver e se expandir para novas áreas.

> Os movimentos feministas são discutidos com mais detalhes no Capítulo 20, "Política, governo e movimentos sociais".

REFLEXÃO CRÍTICA

O reconhecimento cada vez maior das diversas experiências das mulheres e da fluidez de gênero gerou novos debates dentro do feminismo. Mas, se as categorias centrais de "homens" e "mulheres" estão sendo desafiadas, o que significa ser feminista hoje?

Pós-estruturalismo e pós-modernidade

Michel Foucault (1926-1984), Jacques Derrida (1976, 1978) e Julia Kristeva (1984, 1977) são os personagens mais influentes de um movimento intelectual conhecido como **pós-estruturalismo**. No entanto, as ideias de Foucault tiveram maior influência na sociologia e nas ciências sociais. Em seus escritos sobre crime, corpo, loucura e sexualidade, Foucault analisou o surgimento de instituições modernas, como prisões, hospitais e escolas, que têm desempenhado um papel cada vez maior no monitoramento e no controle populacional. Ele queria mostrar que havia um lado mais sombrio nos ideais iluministas de liberdade individual — um lado preocupado com disciplina e vigilância. Foucault promoveu ideias importantes sobre a relação entre poder, ideologia e discurso nos sistemas organizacionais modernos.

O estudo do **poder** tem importância fundamental na sociologia, e Foucault deu continuidade a algumas das linhas de pensamento pioneiras na sociologia clássica. O papel do **discurso** é essencial em seu pensamento, e ele usou o termo para se referir a maneiras de falar ou pensar sobre assuntos particulares que estão ligados por pressupostos comuns. Foucault demonstrou, por exemplo, a forma dramática como os discursos sobre a loucura mudaram desde os tempos medievais até os dias atuais. Na Idade Média, os insanos eram geralmente considerados inofensivos, e alguns acreditavam que eles podiam até ter um "dom" especial de percepção. Porém, nas sociedades modernas, a "loucura" foi moldada por um discurso científico e medicalizado que enfatiza a doença e o tratamento. Esse discurso é apoiado e perpetuado por uma rede altamente desenvolvida e influente de médicos, especialistas em medicina, hospitais, associações profissionais e revistas médicas.

> O trabalho de Foucault é discutido com mais detalhes no Capítulo 10, "Saúde, doença e deficiência".

De acordo com Foucault, o poder funciona por meio do discurso para moldar os atos públicos. Discursos de especialistas estabelecidos por aqueles com poder ou autoridade podem, muitas vezes, ser combatidos apenas por discursos de especialistas concorrentes. Desse modo, os discursos podem ser usados como ferramentas poderosas para restringir formas alternativas de pensar ou falar, e o conhecimento se torna uma força de controle. Um tema proeminente ao longo dos escritos de Foucault é a forma como o poder e o conhecimento estão ligados às tecnologias de vigilância, fiscalização e disciplina. Na sociologia, essa perspectiva expandiu a maneira como os sociólogos pensam sobre as relações de poder em muitas áreas da disciplina.

Desde meados da década de 1980, os defensores do **pós-modernismo** afirmam que os pensadores sociais clássicos se inspiraram na ideia de que a história tem uma forma — ela "vai a algum lugar" e é progressiva. Mas essa ideia agora está desacreditada, e não há mais "**metanarrativas**" — concepções gerais de história ou sociedade — que façam algum sentido (Lyotard, 1984). O mundo pós-moderno não está destinado, como Marx esperava, a ser um mundo harmoniosamente socialista. Da mesma forma, a ideia de que a ciência levaria inexoravelmente ao progresso social é muito menos plausível em uma era de armamento nuclear e aquecimento global. A democracia se espalhou pelo mundo, mas, em muitos sistemas políticos desenvolvidos, os eleitores são apáticos e os políticos são insultados. Em suma, para muitos teóricos pós-modernos, o grande projeto da modernidade foi por água abaixo.

Para Jean Baudrillard (1929-2007), a era pós-moderna é um mundo em que as pessoas respondem às imagens da mídia, e não a pessoas ou lugares reais. Assim, quando Diana, princesa de Gales, morreu, em 1997, houve uma enorme onda de pesar em todo o mundo. Mas seria esse o luto de uma pessoa real? A princesa Diana existia para a maioria das pessoas apenas por meio da mídia de massa, e sua morte foi apresentada como um evento em uma novela, e não como um evento na vida real. Separar a realidade da representação se tornou impossível quando tudo o que existe é "hiper-realidade" — o entrelaçamento dos dois.

> Veja no Capítulo 19, "Mídia", uma discussão sobre Baudrillard e a hiper-realidade.

Zygmunt Bauman (1992) oferece uma distinção útil entre duas maneiras de se pensar sobre o pós-moderno. Precisamos de uma sociologia da pós-modernidade ou de uma sociologia pós-moderna? A primeira visão aceita que o mundo social se moveu rapidamente em uma direção pós-moderna. O enorme crescimento e disseminação dos meios de comunicação de massa, as novas tecnologias de informação, o movimento mais fluido de pessoas pelo mundo e o desenvolvimento de sociedades multiculturais — tudo isso significa que não vivemos mais em um mundo moderno, mas pós-moderno. No entanto, nessa visão, não há nenhuma razão convincente para pensar que a sociologia não pode descrever, compreender e explicar o mundo pós-moderno emergente.

A segunda visão sugere que o tipo de sociologia que analisou com sucesso o mundo moderno do capitalismo, da industrialização e dos Estados-Nação não consegue mais lidar com o mundo pós-moderno descentralizado, pluralista, saturado pela mídia e globalizante, e novas teorias e conceitos terão que ser concebidos. Em suma, precisamos de uma *sociologia pós-moderna* para um mundo pós-moderno. Ainda não está claro como seria essa sociologia.

Bauman aceita que o projeto moderno originário do Iluminismo europeu de moldar racionalmente a sociedade não faz mais sentido, pelo menos não da maneira que Comte, Marx ou outros teóricos clássicos pensavam ser possível. No entanto, a partir da virada do século, ele se afastou do termo "pós-moderno" — que ele argumentou ter se corrompido por uso muito diversificado — e, em vez disso, descreveu nossa época como uma "modernidade líquida", refletindo o fato de que está em constante fluxo e incerteza, *apesar de* todas as tentativas de impor (uma moderna) ordem e estabilidade a ela (Bauman, 2000, 2007).

Muitos sociólogos não acreditam que estamos entrando em uma era pós-moderna. Um crítico ferrenho é Jürgen Habermas (1983), que vê a modernidade como "um projeto incompleto". Em vez de jogá-lo na lata de lixo da história, deveríamos estendê-lo, pressionando por *mais* democracia, *mais* liberdade e *mais* políticas racionais. Os pós-modernistas, argumenta Habermas, são basicamente pessimistas e derrotistas. Qualquer que seja a visão que você ache mais plausível, as análises pós-modernas de fato perderam terreno para a teoria da globalização, que se tornou o pano de fundo dominante para se entender a direção da mudança social hoje. Adotar uma visão global do desenvolvimento da sociologia levou a novas crí-

A teoria pós-moderna é exemplificada pelas ideias de Baudrillard a respeito do domínio da televisão sobre a vida social. Será que a teoria ainda funciona em relação à rápida aceitação e uso das mídias sociais?

ticas que argumentam que a sociologia foi e continua sendo eurocêntrica, deixando de reconhecer o impacto do colonialismo na produção e na disseminação do conhecimento.

> **REFLEXÃO CRÍTICA**
>
> Liste todas as mudanças sociais que podem dar suporte à teoria da pós-modernidade. Elas se somam ao tipo de transformação social fundamental que identificam ou há uma maneira alternativa de descrevê-las?

Descolonizando a sociologia

Acadêmicas feministas acusaram a sociologia e a teoria sociológica de negligenciar a questão central do gênero. Algo semelhante pode ser argumentado em relação à deficiência, à sexualidade e à etnia, embora hoje muita coisa tenha mudado em todas essas áreas. No entanto, foram levantadas questões sobre mais uma "revolução que faltava" na sociologia, a saber, a negligência do grande e contínuo impacto do colonialismo no desenvolvimento das sociedades e da sociologia. Por exemplo, nossa apresentação do desenvolvimento da sociologia nesta seção pode ser criticada por seu eurocentrismo, concentrando-se na contribuição de teóricos europeus (e alguns norte-americanos) enquanto negligencia a contribuição de estudiosos asiáticos, africanos e de outras partes do mundo. Trazer esses últimos para a história da sociologia é uma característica de uma sociologia pós-colonial ou descolonial em desenvolvimento (Bhambra, 2007).

As **teorias pós-coloniais** são diversas, mas sua preocupação central é explorar as maneiras como o legado do colonialismo europeu permanece ativo tanto nas sociedades quanto nas disciplinas acadêmicas muito depois de as ex-colônias terem alcançado sua independência. Os estudos pós-coloniais tentam expor esse legado contínuo e transformar os conceitos e as teorias centrais da disciplina, que antes não levavam em conta as relações coloniais e pós-coloniais. Por exemplo, relatos-padrão das origens da sociologia (incluindo aquele do Capítulo 1, "O que é sociologia?") listam as Revoluções Industrial e Francesa como formadoras para a sociologia, mas não dão peso ao significado do colonialismo e do imperialismo na formação das sociedades modernas. Da mesma forma, os críticos pós-coloniais argumentam que, como a sociologia surgiu como parte integrante da modernidade europeia, o olhar sociológico era e ainda é eurocêntrico, limitado à análise das sociedades "modernas", mas falhando em incorporar a experiência das sociedades colonizadas. A sociologia e o currículo, dizem eles, precisam muito de "descolonização" (Connell, 2018).

De forma paralela, a teoria sociológica se concentrou em explicar o surgimento da modernidade e analisar sua diferença radical em relação às sociedades anteriores. Isso é evidente nas obras de Marx sobre o capitalismo ocidental e de Durkheim sobre a solidariedade mecânica e orgânica, bem como na tese de Weber sobre o protestantismo e as origens do capitalismo. Mas, ao fazer isso, os primeiros sociólogos caracterizaram efetivamente as sociedades não europeias como "pré-modernas" ou, de certa forma, "tradicionais". A partir do final do século XIX, isso criou uma divisão disciplinar do trabalho, com a sociologia se concentrando nas sociedades modernas e industriais e a antropologia lidando com o mundo não europeu e não moderno (Boatca e Costa, 2010). A antropologia foi forçada a reconhecer o impacto dos regimes coloniais e, mais tarde, a situação pós-colonial, mas a sociologia evitou qualquer envolvimento sistemático com o colonialismo, o imperialismo e as relações pós-coloniais entre os Estados.

Muitos relatos pós-coloniais buscam permitir que pessoas e pontos de vista anteriormente marginalizados — os **subalternos** — participem em igualdade de condições para remodelar disciplinas como a sociologia. O problema foi claramente ilustrado em uma obra pós-colonial clássica de Edward Said (1978), *Orientalismo*, que criticava os estudos acadêmicos ocidentais sobre "o Oriente" ou "o Leste". Said discordou dos orientalistas, estudiosos da chamada tradição de estudos de área do final do século XIX e início do século XX, que analisaram o Oriente Médio, a África e a Ásia. Suas discussões sobre o Oriente se baseavam em um nítido contraste com o Ocidente ("o Oeste"), em que o Oriente era visto como o exótico "Outro" do Ocidente "normal" e superior. Em outras palavras, acadêmicos no Ocidente produziram o que foi encarado como relatos oficiais do Oriente, mas sem qualquer contribuição de povos ou estudiosos indígenas.

Said argumentou que os estudos orientais operavam com a suposição de que as sociedades orientais, como um grupo, compartilhavam algumas semelhanças essenciais que permitiam que fossem discutidas coletivamente, ao mesmo tempo que eram muito diferentes das culturas ocidentais. Esse contraste foi então usado para "explicar" o fracasso do Oriente em se modernizar. Seguindo as ideias de Foucault sobre o poder dos discursos na sociedade, Said viu o orientalismo acadêmico como um aspecto de um discurso de superioridade ocidental em toda a sociedade, que dava suporte aos regimes coloniais políticos e econômicos nesse terreno. Longe de ser uma atividade objetiva, politicamente neutra e erudita, o orientalismo foi uma forma pela qual o Ocidente exerceu sua autoridade sobre os países do Oriente.

Você pode pensar que a sociologia contemporânea foi muito além do eurocentrismo inicial, pois a globalização forçou os sociólogos a ter uma visão muito mais ampla e a estudar tanto os países em desenvolvimento quanto os industrializados. No entanto, os teóricos pós-coloniais argumentam que mesmo as teorias contemporâneas permanecem presas a formas mais antigas de pensar. Por exemplo, muitas teorias da globalização veem o processo que envolve capitalismo e industrialismo se espalhando do Ocidente para "o resto" do mundo, levando consigo características fundamentais da cultura ocidental. Vendo dessa forma, a teorização sociológica é capaz de continuar com a ideia de "negócios, como sempre", sem revisar seus conceitos e suas teorias fundamentais. Você terá que chegar às suas próprias conclusões sobre até que ponto essa conclusão é precisa.

Críticas feministas e pós-coloniais recentes exigem um repensar dos próprios fundamentos da sociologia. No entanto, nem todos concordam que isso é possível ou necessário. Em primeiro lugar, o fato de que este livro e outros cobrem relações de gênero, teorias feministas, deficiência, sexualidades e etnicidade, ao lado de desigualdades globais, nações e nacionalismo, guerra e muito mais, mostra que a sociologia não tem sido imune às tendências sociais, desenvolvendo teorias e mudando atitudes. De fato, a sociologia é uma disciplina que *precisa* mudar e "se mover com os tempos" para ser relevante no mundo social em rápida mudança. A questão é se ela se move para longe o suficiente e rápido o suficiente.

Em segundo lugar, os debates internos da teoria feminista e do pós-colonialismo significam que suas críticas à sociologia também mudaram ao longo do tempo. Conforme argumenta McLennan (2010: 119), "é importante ser realista e resistir a qualquer moralismo autoritário; todos esses sistemas de pensamento são inevitavelmente etnocêntricos em foco, estilo e conhecimento disponível. Além disso, o que *significa* 'descolonizar' ou 'pós-colonializar' a sociologia está longe de ser claro". De modo semelhante, a teoria pós-colonial acarreta uma crítica ou rejeição do conceito sociológico central de "modernidade", que visa a caracterizar a experiência da maioria das sociedades ocidentais, mas também apresenta o processo associado de modernização se espalhando para "o resto" do mundo. O eurocentrismo observado nessa concepção levou muitos sociólogos a abandonar completamente o conceito. No entanto, como argumenta Fourie (2012: 53), "ligue uma televisão, abra um jornal ou passeie por qualquer cidade e é provável que encontre o termo ou suas variantes; claramente 'a modernidade está nas ruas mais do que nunca' (Kaya, 2004: 47), e assim continua a moldar nossa compreensão do mundo ao nosso redor".

O debate em curso em torno da modernidade, da modernização e de alternativas como o pós-colonialismo mostra que mesmo os conceitos fundamentais da sociologia ainda podem ser questionados e abertos novamente para investigação. No entanto, algumas questões-chave sobre como a sociologia pode e deve ser praticada parecem perdurar em meio a todas as críticas e mudanças, e veremos duas delas a seguir.

REFLEXÃO CRÍTICA

Convencionalmente, os antropólogos estudam as sociedades fora do mundo industrializado. Será que os sociólogos deveriam simplesmente aceitar que, dadas as suas origens, a sociologia é mais adequada ao estudo das sociedades modernas? A globalização elimina efetivamente essa divisão acadêmica do trabalho?

Enfrentamento de dilemas teóricos

Desde o seu início, a sociologia tem enfrentado vários dilemas teóricos — questões de controvérsia ou disputa continuada ou recorrente. Estas estão ligadas a questões sobre como *podemos* ou *devemos* "fazer" sociologia, e duas provaram ser notavelmente persistentes: o problema da estrutura e da atuação e a questão do consenso *versus* conflito.

O primeiro dilema diz respeito ao peso relativo que devemos dar à ação humana e à estrutura social. Até onde os atores indivíduos criativos são capazes de controlar as condições de suas próprias vidas? A maior parte do que fazemos é produto de forças sociais fora do controle individual? Isso é considerado um "problema" porque os sociólogos estão em dúvida sobre onde deve estar o foco. Abordagens orientadas para a ação enfatizam os componentes ativos e criativos do comportamento humano, enquanto o funcionalismo e algumas variantes do marxismo enfatizam a natureza restritiva das estruturas sociais.

O segundo dilema diz respeito ao consenso e ao conflito. Algumas teorias veem a ordem inerente e a harmonia das sociedades humanas como sua característica mais duradoura. Nessa perspectiva, a continuidade e o consenso são as características mais evidentes das sociedades, por mais que elas possam mudar com o tempo. Outros veem a difusão de conflito como parte do tecido básico da vida social, em vez de um aspecto incomum ou transitório. As sociedades, eles argumentam, estão separadas por divisões sociais, tensões e lutas, e é uma ilusão acreditar que as pessoas vivem amigavelmente a maior parte do tempo. Em vez disso, vamos considerar esses dois dilemas.

Estrutura social e atuação humana

Durkheim argumentava que a sociedade tem primazia sobre a pessoa individual, e ela é muito mais do que a soma de atos individuais; ela tem uma "firmeza" ou "solidez" comparável com a das estruturas do ambiente material. Pense em uma pessoa parada em uma sala com várias portas. A estrutura da sala limita a variedade de suas atividades possíveis. A posição das paredes e das portas, por exemplo, define as rotas de saída e entrada. A estrutura social define limites semelhantes sobre o que podemos fazer e, nesse sentido, ela é "externa" ao indivíduo. Durkheim (1982 [1895]: 50) expressa esse ponto da seguinte forma:

> Quando cumpro meus deveres como irmão, marido ou cidadão e cumpro os compromissos que firmei, satisfaço as obrigações que são definidas na lei e nos costumes e que são externas a mim e às minhas ações... De maneira semelhante, o crente encontra ao nascer, já prontas, as crenças e práticas da sua vida religiosa; se elas existiam antes dele, devem existir fora dele. Os sistemas de sinais que uso para expressar meus pensamentos, o sistema monetário que uso para pagar minhas dívidas, os instrumentos de crédito que utilizo em minhas relações comerciais, as práticas que sigo em minha profissão, etc. — tudo funciona independentemente do uso que faço deles.

Embora esse ponto de vista estrutural tenha muitos seguidores, também recebeu críticas pungentes. O que é a "sociedade" senão o conjunto de várias ações individuais? Se estudamos um grupo social, não enxergamos uma entidade ou "coisa" coletiva, apenas indivíduos que interagem entre si de várias maneiras. Da mesma forma, aquilo que chamamos de "sociedade" é apenas um agregado de muitos indivíduos que agem de determinadas maneiras em relação uns aos outros. Segundo os interacionistas, os seres humanos têm razões para fazer o que fazem, e eles habitam um mundo social permeado por significados. Os fenômenos sociais *não* são como as "coisas", mas dependem dos significados simbólicos que atribuímos àquilo que fazemos, o que significa que não estamos à mercê de uma "sociedade" externa, mas somos seus criadores.

Ainda assim, as diferenças entre perspectivas de estrutura e atuação podem ser exageradas, e podemos facilmente enxergar conexões entre elas. As estruturas sociais precedem e restringem o indivíduo. Por exemplo, eu não inventei o sistema monetário que utilizo, nem tenho a opção de querer ou não usá-lo se desejo ter os bens e os serviços que o dinheiro pode comprar. Por outro lado, está claramente errado supor que a sociedade é "externa" do mesmo modo que o mundo físico. O mundo físico continuaria existindo independentemente de haver seres humanos ou não, mas o sistema monetário, não. Além disso, "fatos sociais" não *de-*

Uma feira de antiguidades demonstra estrutura e ação nas trocas econômicas. Os compradores são obrigados a pagar usando uma moeda estabelecida (estrutura), mas os preços finais não são fixos e podem ser negociados (ação).

terminam totalmente as nossas ações. Eu poderia decidir viver sem usar dinheiro, mesmo que fosse difícil levar a vida a cada dia. Como seres humanos, fazemos escolhas, e não apenas respondemos passivamente aos eventos.

Além de estrutura e ação?

A lacuna entre "estrutura" e "ação" é reconhecida como improdutiva por muitos sociólogos, e várias tentativas foram feitas para unir essas abordagens em uma perspectiva teórica. Aqui, veremos resumidamente apenas duas das tentativas mais bem-sucedidas, nas abordagens contrastantes de Norbert Elias e Anthony Giddens. As ideias igualmente influentes de Pierre Bourdieu são abordadas em detalhes no Capítulo 16, "Educação".

Norbert Elias e a sociologia configuracional

O sociólogo alemão Norbert Elias (1897-1990) viu o dilema entre estrutura e ação como uma ressaca das formas filosóficas de pensar anteriores e um obstáculo a ser superado. A sociologia herdou esse "problema" da filosofia, que deixou uma série de outros **dualismos**, como mente-corpo, indivíduo-sociedade e micro-macro. Os teóricos sociológicos costumavam se submeter à perícia dos filósofos em questões de lógica e de avaliação da validade das alegações de conhecimento. Porém, para Elias, a sociologia é uma ciência teórico-empírica distinta, que produz um conhecimento empiricamente mais adequado, e, portanto, os sociólogos não precisam de filósofos para julgá-los (Kilminster, 2007).

O dilema estrutura-ação é inútil e impreciso (como todos os outros dualismos). Por exemplo, a distinção entre indivíduo e sociedade implica que cada um tem uma existência "tipo coisa" e que o indivíduo é distinto da sociedade. Mas a discussão da vida social usando esses termos é enganosa, porque "eles encorajam a impressão de que a sociedade é composta de estruturas externas a si, ao indivíduo, e o indivíduo é ao mesmo tempo cercado pela sociedade, embora separado dela por alguma barreira invisível" (Elias, 1978: 15).

Elias argumenta que a sociologia estuda as *pessoas* (no plural), que estão sempre em redes ou relações de interdependência. Elias chama essas redes interdependentes de **configurações**, e a abordagem de que ele foi pioneiro é conhecida como **estudos configuracionais** ou, às vezes, sociologia do processo (Mennell, 1998). Esse movimento teórico é enganosamente simples. Mas, se *partimos* de configurações sociais, seguem-se conclusões radicais. A pessoa individual não é um ser autônomo, "fechado", sepultado dentro de um corpo físico, entrando em contato com os outros apenas durante as interações, de forma semelhante a bolas de sinuca colidindo. Elias argumenta que os seres humanos são "pessoas abertas", cujas identidades individuais e "eus" são socialmente produzidos em redes de relações sociais — eles são eus sociais (Burkitt, 2008).

Por outro lado, a "coisa" que é rotineiramente chamada de "sociedade" não é coisa alguma, mas é, na realidade, um processo social de longo prazo de configurações em constante mudança (Van Krieken, 1998: 5-6). É preciso haver uma perspectiva de longo prazo, porque é somente traçando o desenvolvimento da vida social no passado que podemos ter uma compreensão realista do presente e de nós mesmos. Elias insiste que uma perspectiva configuracional, que foca a atenção nesse processo social contínuo, é um claro avanço sobre as teorias que discutem a "sociedade" como uma entidade estática parecida com uma coisa.

Por exemplo, em *O processo civilizador* (2000 [1939]), Elias traça o desenvolvimento de códigos de boas maneiras "civilizados", como a etiqueta à mesa de jantar, a partir da Idade Média na Europa. Esses códigos se desenvolveram primeiro nas cortes reais, onde se esperava que as pessoas controlassem seu comportamento e suas emoções, mas posteriormente se espalharam para outras classes sociais por meio de um processo de competição por *status*. Assim, os hábitos e costumes um tanto estranhos das pessoas em épocas anteriores não são apenas curiosidades históricas, sem qualquer relação com a vida moderna. Na verdade, nunca podemos entender por que os padrões que aceitamos como "naturais" existem, a menos que apreciemos como eles se desenvolveram ao longo de períodos de tempo muito longos.

> Ver Estudos clássicos 21.1, no Capítulo 21, "Nações, guerra e terrorismo", para uma discussão da teoria do "processo civilizador" de Elias, que mostra como ele lida com estruturas sociais e ações individuais.

O ponto de vista configuracional de Elias não tenta "unir" o dilema estrutura-ação na sociologia. Em vez disso, efetivamente dissolve o "problema" por completo. Não há necessidade de os sociólogos se concentrarem exclusivamente no nível micro das interações de pequena escala ou no nível macro das estruturas e instituições sociais. Compreender as configurações mutáveis formadas por pessoas interdependentes significa que temos que nos preocupar com cada aspecto da vida humana, desde personalidades individuais até as grandes configurações representadas pelos conceitos de Estado-Nação ou cidade.

Uma crítica frequentemente repetida é que Elias costuma ver a "sociedade" em grande medida como o resultado não intencional de muitas ações intencionais. No entanto, isso pode não dar ênfase suficiente à influência exercida por atores muito poderosos, como Estados, movimentos sociais ou corporações multinacionais, para moldar a sociedade de acordo com seus interesses (Van Krieken, 1998). Apesar disso, a sociologia configuracional se desenvolveu em uma próspera tradição de pesquisa que produziu alguns estudos fascinantes.

Anthony Giddens e a teoria da estruturação

Uma forma alternativa de lidar com esse dilema foi desenvolvida por Anthony Giddens. Ao contrário de Elias, Giddens (1984: vii) não rejeita a filosofia, argumentando que a sociologia deve estar "viva" para os problemas filosóficos: "As ciências sociais estão perdidas se não forem diretamente relacionadas aos problemas filosóficos por quem as pratica". Os debates sobre filosofia podem contribuir para nossa compreensão da vida social e, portanto, não devem ser ignorados. Contudo, Giddens também adota um foco central na atividade *estruturante* das ações individuais, o que guarda alguma semelhança com o interesse de Elias pelos processos sociais.

A abordagem de Giddens parte do reconhecimento de que as pessoas fazem e refazem ativamente a estrutura social durante o curso de suas atividades cotidianas. Por exemplo, o fato de eu usar o sistema monetário contribui de forma mínima, mas essencial, para a própria existência desse sistema. Se todos, ou mesmo a maioria das pessoas, em algum momento decidissem não usar dinheiro, o sistema monetário "tipo coisa" seria arruinado. Um conceito útil para analisar tais processos é a **estruturação** (Giddens, 1984). A teoria da estruturação sustenta que "estrutura" e "ação" estão necessariamente relacionadas uma à outra e não são opostas. Sociedades, comunidades e grupos têm "estrutura" apenas na medida em que as pessoas se comportam de formas regulares e bastante previsíveis. Por outro lado, a "ação" só é possível porque cada indivíduo tem uma enorme quantidade de conhecimento socialmente estruturado, anterior à sua existência como indivíduo.

Vejamos o exemplo da linguagem. Para existir, a linguagem deve ser estruturada — isto é, deve ter propriedades que todo falante deve observar. O que alguém diz em qualquer contexto não faz sentido a menos que siga certas regras gramaticais. No entanto, as qualidades estruturais da linguagem existem apenas na medida em que os usuários individuais da linguagem realmente seguem essas regras na prática. Podemos dizer que a linguagem, assim como outras instituições sociais, está em constante processo de estruturação.

Os interacionistas estão certos em sugerir que os agentes humanos são atores altamente conhecedores. A vida social exige que sigamos conjuntos complexos de convenções, como os rituais que estranhos observam quando passam ou se encontram na rua. Por outro lado, à medida que aplicamos esse conhecimento às nossas próprias ações, damos força e conteúdo às regras e convenções nas quais nos baseamos. A estruturação sempre pressupõe esse "dualismo de estrutura", em que toda ação social pressupõe a existência de estrutura. Porém, ao mesmo tempo, a estrutura pressupõe ação, porque depende das regularidades do comportamento humano.

Essa solução para o problema estrutura-ação tem seus críticos. Uma questão levantada é o peso relativo concedido à estrutura e à ação em cenários específicos. Apesar da louvável tentativa de superar a divisão, a teoria da estruturação de Giddens parece enfatizar fortemente o poder estruturante dos atores na formação da vida social. Embora as estruturas sociais sejam vistas como eficazes, a teoria da estruturação ainda vê a atuação humana como capaz de mudá-las e reformulá-las, por mais poderosas ou estabelecidas que sejam. Mas não é possível decidir até que ponto isso é verdade antes da pesquisa empírica em casos concretos.

Margaret Archer (1995, 2003) é simpática à teoria da estruturação, mas vê a discussão teórica de Giddens como excessivamente descritiva. Não é suficiente simplesmente notar que estrutura e ação são coconstitutivas (que uma implica a outra). As explicações sociológicas precisam estabelecer se a estrutura ou a ação é a causa dos fenômenos sociais em casos particulares. A interação contínua de estrutura e ação que Giddens corretamente identifica tem uma sequência cronológica definida: estrutura social existente → ações individuais → estrutura social modificada, e assim por diante. Ao se traçar essa sequência contínua em estudos específicos, deve ser possível descobrir se a estrutura ou a ação é a mais eficaz.

Parece improvável que o problema da estrutura-ação seja resolvido para a satisfação de todos os sociólogos, especialmente porque várias perspectivas e teorias estão mais próximas de um lado ou de outro do dilema. Os sociólogos individuais também se inclinam para perspectivas de estrutura ou ação, dependendo de suas próprias origens sociais e experiências de vida. Apesar disso, as duas abordagens discutidas anteriormente evidenciam o desejo de amenizar esse problema de longa data.

> **REFLEXÃO CRÍTICA**
>
> A sociologia configuracional de Elias realmente ignora a necessidade de superar a divisão entre estrutura e ação? De acordo com a teoria da estruturação de Giddens, o que são exatamente as estruturas sociais?

Consenso *versus* conflito

O segundo dilema duradouro é aquele do consenso *versus* conflito. Para todos os pensadores funcionalistas, a sociedade é tratada como um todo integrado composto de estruturas ou instituições que se mesclam intimamente. Isso está de acordo com a ênfase de Durkheim no caráter limitante e "externo" dos "fatos sociais". Todavia, a analogia aqui não é com as paredes de um prédio, mas com a fisiologia do corpo humano.

Um corpo consiste em várias partes especializadas, como o cérebro, o coração, os pulmões, o fígado e assim por diante, que contribuem para sustentar a vida do organismo inteiro. Elas funcionam necessariamente em harmonia; se não fosse assim, a vida do organismo estaria ameaçada. Da mesma forma, para que uma sociedade tenha uma existência continuada ao longo do tempo, suas instituições especializadas, como o sistema político, a religião, a família e o sistema educacional, devem trabalhar em harmonia entre si. Isso presume um consenso geral, concentrado em como as sociedades se mantêm unidas.

Aqueles que se concentram principalmente no conflito têm uma perspectiva muito diferente. Suas premissas básicas podem ser facilmente apresentadas usando como exemplo a teoria de Marx sobre o conflito de classes. Segundo Marx, as sociedades se dividem em classes com recursos desiguais, e, como existem desigualdades tão acentuadas, existem divisões de interesses que estão "embutidas" no sistema social. Esses conflitos de interesse, em um certo ponto, se transformam em mudanças sociais ativas. Desde Marx, outros têm identificado como fontes de conflito as divisões de gênero e etnia ou as diferenças políticas. Para os teóricos do conflito, a sociedade inevitavelmente contém divisões e tensões, independentemente de quais grupos sociais são mais fortes.

Como ocorre no caso da estrutura e da ação, não é provável que esse debate teórico seja totalmente concluído. Ainda assim, mais uma vez, a diferença entre os pontos de vista do consenso e do conflito parece maior do que é. Todas as sociedades provavelmente envolvem algum tipo de acordo geral sobre valores, e todas certamente envolvem conflitos. Como regra geral, os sociólogos sempre devem examinar as conexões entre o consenso e o conflito dentro das sociedades. Os valores mantidos por diferentes grupos e os objetivos que seus membros perseguem frequentemente refletem uma mistura de interesses comuns e opostos. Por exemplo, mesmo na visão de Marx sobre a luta de classes, os capitalistas dependem da mão de obra que trabalha em suas empresas, assim como os trabalhadores dependem dos capitalistas para receber seus salários. O conflito aberto não é contínuo, pois o que ambos os lados têm em comum tende a superar suas diferenças. Por esse motivo, Max Weber argumentou que o futuro das classes trabalhadoras estava em fazer concessões ao capitalismo, não em tentar derrubá-lo.

Um conceito que ajuda a analisar as inter-relações entre o conflito e o consenso é o de **ideologia** — ideias, valores e crenças que ajudam a garantir a posição de grupos mais poderosos à custa dos menos poderosos. Poder, ideologia e conflito sempre estão intimamente conectados. O domínio ideológico geralmente pode criar a aparência de consenso, assim como a internalização de noções ideológicas leva as pessoas a aceitar desigualdades brutas de oportunidade, *status* e condição social. Aqueles que detêm mais poder podem depender principalmente da influência da ideologia para manter seu domínio, mas geralmente também são capazes de usar a força, se necessário. Por exemplo, nos tempos feudais, o regime aristocrático era sustentado pela ideia de que apenas uma pequena proporção das pessoas "nascia para governar", mas os governantes aristocráticos muitas vezes recorriam ao uso de violência contra aqueles que ousavam se opor ao seu poder.

Nos últimos tempos, a chamada Primavera Árabe, entre 2010 e 2012, viu as sociedades aparentemente estáveis do Oriente Médio e do Norte da África dilaceradas por protestos e manifestações que expressavam frustrações reprimidas e conflitos de interesse subjacentes. Na Líbia, no Bahrein e na Síria, quando falharam os apelos ao orgulho nacional e à solidariedade compartilhada, os regimes governantes recorreram à força militar para tentar reprimir os protestos. O exemplo mostra que nem o consenso, nem o conflito são "naturais"; ambos são resultados de processos sociais.

Sociedades e sociologia em transformação

Durante grande parte de sua história, a sociologia foi dominada pelo chamado debate Marx-Weber sobre o caráter e o futuro das sociedades capitalistas. Tanto para Marx quanto para Weber, o surgimento do capitalismo foi um desenvolvimento fatídico que moldou a direção das sociedades por todo o mundo. Marx via o capitalismo como mais dinâmico do que qualquer tipo de sistema econômico anterior. Os capitalistas competem para vender seus produtos aos consumidores, e, para sobreviver em um mercado competitivo, as empresas precisam produzir seus produtos da forma mais barata e eficiente possível. Isso leva à constante inovação tecnológica à medida que as empresas se esforçam para ganhar vantagem sobre seus rivais. As empresas capitalistas também buscam novos mercados para suas mercadorias, matérias-primas baratas e fontes de trabalho mais rentáveis. Para Marx, o capitalismo é um sistema em expansão incansável que se espalha por todas as partes do globo.

Um dos principais críticos de Marx foi Max Weber, cuja obra às vezes é descrita como uma disputa eterna com "o fantasma de Marx" — ou seja, com o legado intelectual que Marx deixou. Weber concor-

---

USANDO SUA IMAGINAÇÃO SOCIOLÓGICA

3.1 Marx e Weber sobre a formação do mundo moderno

Ideias basicamente marxistas	Ideias basicamente weberianas
1. A principal dinâmica do desenvolvimento moderno é a expansão dos mecanismos econômicos capitalistas.	1. A principal dinâmica do desenvolvimento moderno é a racionalização da produção.
2. As sociedades modernas estão repletas de desigualdades de classe, que são inerentes à sua própria natureza.	2. A de classe é um tipo de desigualdade entre muitas — como as desigualdades entre homens e mulheres — nas sociedades modernas.
3. As grandes divisões de poder, como aquelas que afetam a posição diferencial de homens e mulheres, derivam, em última análise, de desigualdades econômicas.	3. O poder no sistema econômico pode ser separado de outras fontes. Por exemplo, as desigualdades entre homens e mulheres não podem ser explicadas em termos econômicos.
4. As sociedades modernas (sociedades capitalistas) são de um tipo transicional — podemos esperar que sejam radicalmente reorganizadas no futuro. O socialismo, um dia, substituirá o capitalismo.	4. A racionalização deve avançar ainda mais no futuro, em todas as esferas da vida social. Todas as sociedades modernas dependem dos mesmos modos básicos de organização social e econômica.
5. A disseminação da influência ocidental em todo o mundo é resultado principalmente das tendências expansionistas das empresas capitalistas.	5. O impacto global do Ocidente vem de seu domínio sobre os recursos industriais, juntamente com seu poderio militar superior.

REFLEXÃO CRÍTICA

Será que as principais ideias de Marx e Weber são realmente incompatíveis? Usando a tabela acima, veja se você consegue montar um argumento afirmando que eles têm mais em comum do que aquilo que os divide.

dava que fatores *econômicos* tinham um papel fundamental na mudança social, mas fatores *não econômicos*, como ideias e ideologias, também tinham seu papel. Por exemplo, Weber argumentava (assim como Marx) que os interesses materiais são a principal força motriz da história, mas, para ele, esses interesses são canalizados em direções específicas por ideias, que atuam como um tipo de "operador" que direciona trens poderosos em cruzamentos de ferrovias. O entendimento de Weber sobre a natureza das sociedades modernas e seu curso contrasta substancialmente com o de Marx.

Segundo Weber, o capitalismo é apenas um aspecto do desenvolvimento social, e, de algumas maneiras, o impacto da ciência e da burocracia tem sido mais importante. A ciência moldou a tecnologia moderna e supostamente continuará a fazê-lo em qualquer sociedade socialista futura, enquanto a burocracia é a maneira mais eficiente de organizar grandes números. A burocracia se expande inevitavelmente com a vida moderna, tornando-se uma importante fonte de racionalização — a organização da vida social e econômica segundo os princípios da eficiência, com base no conhecimento técnico (ver Sociedade global 3.1, mais adiante). Weber sugere também, ao contrário de Marx, que o capitalismo, na realidade, oferece uma fonte de criatividade para contrabalançar a "mão morta" embrutecida da dominação burocrática.

Qual forma de interpretação da mudança social está correta? Talvez hoje essa não seja a pergunta mais urgente. As teorias clássicas de Marx, Durkheim e Weber e suas próximas "encarnações" podem não ser os melhores guias para as questões

Sociedade global 3.1   Racionalização como McDonaldização?

Qualquer pessoa que tenha comido em um restaurante McDonald's no exterior e em seu próprio país já notou muitas semelhanças. As decorações interiores podem variar, a língua falada será diferente, mas o leiaute, o procedimento de pedido, os uniformes dos funcionários e o "atendimento com um sorriso" são basicamente semelhantes. Em comparação com muitos outros restaurantes, uma das diferenças óbvias no McDonald's é a eficiência de todo o processo. Os membros da equipe trabalham em tarefas especializadas e diretas: um faz as batatas fritas, outro vira os hambúrgueres, um terceiro coloca o hambúrguer em um pão e adiciona a salada. Grande parte do processo também é automatizado — *milkshakes* com o pressionar de um botão, fritadeiras que funcionam em temperaturas definidas e caixas com botões para cada item, para que os funcionários nem precisem aprender os preços dos alimentos.

Mas por que os sociólogos deveriam se interessar por *fast food*? George Ritzer (1983, 1993, 1998) argumenta que a rede McDonald's oferece uma metáfora vívida das recentes transformações econômicas e culturais. O que estamos testemunhando, diz ele, é a "McDonaldização" da sociedade: o processo pelo qual os princípios básicos dos restaurantes de *fast food* passam a dominar outras áreas da sociedade. Usando os quatro princípios orientadores dos restaurantes McDonald's — *eficiência, calculabilidade, uniformidade* e *controle por meio da automação* —, Ritzer argumenta que as sociedades modernas estão se tornando cada vez mais "racionalizadas" e que o McDonald's é simplesmente o melhor exemplo do processo. A "McDonaldização", ele observa, é mais cativante do que a "Burger Kingização" ou a "Starbuckização".

Assim como Weber, Ritzer afirma que o processo de **racionalização** de longo prazo pode, paradoxalmente, gerar resultados irracionais. Weber viu que as burocracias ganham vida própria, espalhando-se pela vida social com consequências prejudiciais e também positivas. Da mesma forma, Ritzer argumenta que o processo aparentemente racional de McDonaldização gera uma série de irracionalidades — danos à nossa saúde, provenientes de uma dieta "rica em calorias, gorduras, colesterol, sal e açúcar", e ao meio ambiente, com todas as embalagens que são jogadas fora após cada refeição. Acima de tudo, a McDonaldização é "desumanizante". As pessoas avançam em filas como se estivessem em uma esteira rolante, enquanto os funcionários repetem as mesmas tarefas várias vezes, como se fossem robôs.

A tese de Ritzer tem sido muito influente na sociologia, embora, nos últimos anos, o McDonald's tenha sido forçado a mudar suas práticas para competir na economia global, adaptando seu "produto" às culturas locais em mercados específicos ao redor do globo — um excelente exemplo de **glocalização** na prática.

contemporâneas de mudança das relações de gênero, sociedades multiculturais, globalização, desenvolvimento tecnológico e aceleração da mudança climática. Será que precisamos agora de novas teorias que se estendam além das clássicas, talvez levando a sociologia para outras direções?

Reflexividade, risco e teoria cosmopolita

As ideias dos pensadores clássicos — Marx, Durkheim e Weber — se formaram durante épocas de grandes mudanças sociais, políticas e econômicas, que seus pontos de vista buscavam entender. Sem dúvida, estamos vivendo um período de transformação global tão profundo quanto, mas sentido de forma ainda mais ampla em mais regiões do mundo. Para que a sociologia permaneça relevante, a necessidade de renovação e atualização de nossas perspectivas teóricas parece cada vez mais premente. A teoria da globalização é muito discutida no Capítulo 4, e não vamos antecipar essa discussão aqui. Em vez disso, examinaremos três teorias significativas que assumem que a globalização está transformando as sociedades humanas. Essas teorias foram selecionadas como representantes de sociólogos que rejeitam a ideia pós-moderna da morte da modernidade.

Anthony Giddens sobre a reflexividade social

Giddens desenvolveu uma perspectiva teórica sobre as transformações que estão acontecendo no mundo atual (Giddens, 2002, 2011). Hoje em dia, vivemos naquilo que ele chama de um "mundo em fuga", um mundo marcado por novos riscos e incertezas do tipo diagnosticado por Ulrich Beck (1999). Viver em uma era da informação significa maior reflexividade social. A **reflexividade social** se refere ao fato de que temos constantemente que pensar, ou refletir, sobre as circunstâncias em que vivemos nossas vidas.

Quando as sociedades eram mais voltadas para costumes e tradições, as pessoas podiam seguir maneiras estabelecidas de fazer as coisas, de um modo mais irrefletido. Hoje, muitos aspectos da vida que, para as gerações anteriores, eram simplesmente aceitos sem questionamento, tornaram-se motivos de tomada de decisão. Por exemplo, durante centenas de anos, as pessoas não tinham maneiras efetivas de limitar o tamanho das suas famílias. Com as formas modernas de contracepção, e outras formas de envolvimento tecnológico na reprodução, os pais podem não apenas escolher quantos filhos terão, mas também qual será o sexo deles. Essas novas possibilidades, é claro, estão repletas de novos dilemas éticos.

Mas a ideia de um mundo em fuga não significa que perdemos o controle sobre o nosso futuro de forma *inevitável*. Em uma era global, as nações certamente perdem um pouco do poder que tinham. Em 2008, a crise financeira demonstrou que os governos individuais têm menos influência sobre suas economias nacionais do que tinham anteriormente. Porém, quando muitos governos atuaram em colaboração a fim de formular estratégias e oferecer fundos para auxiliar os países mais atingidos, a crise também mostrou que as nações podem trabalhar em conjunto para exercer alguma influência.

Grupos de voluntários e movimentos sociais fora da estrutura da política formal também podem ter um papel importante, mas eles não suplantarão a política democrática ortodoxa. A democracia ainda é crucial, pois os grupos fazem reivindicações divergentes e têm interesses diferentes — por exemplo, aqueles que fazem campanha ativamente por maior tolerância para com o aborto e aqueles que defendem o contrário. Os governos democráticos devem avaliar e reagir a essas reivindicações e preocupações variadas.

A sociologia como disciplina não é imune a essas mudanças sociais, e os sociólogos estão refletindo mais sobre sua própria prática de pesquisa e os efeitos dela nos participantes. A divisão entre "especialistas" acadêmicos e "leigos" sem conhecimento parece muito menos rígida hoje. Aqueles que participam de entrevistas, grupos de interesse, questionários e assim por diante são cada vez mais incluídos em outros aspectos do processo de pesquisa — aconselhando sobre questões apropriadas, identificando questões éticas e lendo e comentando rascunhos de relatórios de pesquisa. Esse envolvimento mais profundo pode aumentar a validade dos resultados da pesquisa, já que os sociólogos podem verificar suas interpretações com os participantes antes de chegar a conclusões sólidas. Nas tendências atuais, é provável que a reflexividade continue a se espalhar para outras áreas da vida social.

Ulrich Beck — risco na segunda modernidade

O sociólogo alemão Ulrich Beck (1944-2015) também rejeita o pós-modernismo. Em vez de viver em um mundo "além do moderno", estamos entrando em uma fase que ele chama de "a segunda modernidade". A teoria social de Beck que indica uma "segunda modernidade" se refere ao fato de que as instituições modernas estão se tornando globais, enquanto a vida cotidiana está se livrando da influência da tradição e do costume. A antiga sociedade industrial está desaparecendo, sendo substituída por uma "**sociedade de risco**".

Beck não está dizendo que o mundo contemporâneo é mais arriscado do que o de eras passadas. Ao contrário, é a natureza dos riscos que devemos enfrentar que está mudando. O risco hoje deriva menos de perigos naturais do que de incertezas criadas por nosso próprio desenvolvimento social e pelo desenvolvimento da ciência e da tecnologia. Por exemplo, o aquecimento global talvez represente a questão ambiental mais séria atualmente. Mesmo assim, o consenso científico é que ele não é apenas um desastre natural, mas produto do excesso de gases de efeito estufa provenientes da poluição industrial e das emissões dos transportes modernos nos últimos 250 anos. Os autores científicos populares chamam essas reações de "as vinganças da natureza".

O avanço da ciência e da tecnologia cria novas situações de risco, que são muito diferentes das de eras passadas. A ciência e a tecnologia, obviamente, nos proporcionam muitos benefícios. Ainda assim, elas criam riscos que são difíceis de mensurar. Dessa forma, ninguém sabe, por exemplo, quais podem ser os riscos envolvidos no desenvolvimento de novas tecnologias, como a modificação genética ou a nanotecnologia. Os defensores dos organismos transgênicos, por exemplo, alegam que eles nos trazem a possibilidade de acabar com a desnutrição nos países mais pobres do mundo e produzir comida de baixo custo para todos. Os céticos alegam que eles podem gerar consequências involuntárias e perigosas à saúde.

Em março de 2011, um terremoto de magnitude 9,0 na costa do Japão causou um tsunâmi que atingiu a usina nuclear de Fukushima Daiichi, causando três derretimentos nucleares e a liberação de material radioativo. Embora terremotos e tsunâmis sempre tenham sido um risco na costa leste do Japão, o desenvolvimento de usinas nucleares tornou esse um desastre muito mais sério, criando um risco muito maior.

> As ideias de Beck são discutidas em mais detalhe no Capítulo 5, "Meio ambiente".

Segundo Beck, um aspecto importante da sociedade de risco é que seus perigos não são espacialmente, temporalmente ou socialmente restritos. Os riscos atuais afetam todos os países e todas as classes sociais; eles têm consequências globais, e não apenas pessoais. Os ataques terroristas causam impacto porque as pessoas pensam que suas comunidades estão em risco de violência extrema. O medo do terrorismo criou inércia nas economias do mundo inteiro, principalmente nos meses que se seguiram aos ataques de 11 de setembro de 2001, quando as empresas relutavam em arriscar investimentos em grande escala. Os ataques terroristas também mudaram a avaliação que os Estados faziam sobre o equilíbrio entre a liberdade de seus cidadãos e a sua segurança, com muitos restringindo as liberdades civis para aumentar a vigilância de potenciais ameaças terroristas.

Muitas decisões tomadas no nível da vida cotidiana também estão repletas de risco. O risco e as relações de gênero hoje estão intimamente relacionados, por exemplo, na medida em que muitas incertezas passaram a fazer parte das relações entre os sexos (ver o Capítulo 15, "Famílias e relacionamentos íntimos"). Um exemplo está nas áreas do amor e do casamento. Uma geração atrás, nas sociedades desenvolvidas, o casamento era um processo razoavelmente claro de transição na vida — as pessoas passavam de solteiras para casadas, e se supunha que essa seria uma situação bastante permanente. Atualmente, muitas pessoas vivem juntas sem se casar, e as taxas de divórcio estão relativamente altas. Qualquer um que contemple um relacionamento com outra pessoa deve levar esses fatos em conta e, portanto, deve fazer cálculos do risco, avaliando a probabilidade de ter felicidade e segurança contra esse pano de fundo incerto.

Cosmopolitismo

Nos últimos anos, o pensamento de Beck seguiu o de outros sociólogos (Vertovec e Cohen, 2002; Benhabib, 2006), desenvolvendo a teoria do **cosmopolitismo** (Beck, 2006; Beck e Grande, 2007). A versão de Beck do cosmopolitismo parte de uma crítica do pensamento "baseado no Estado-Nação", ou seja, de teorias dentro das ciências sociais que definem as sociedades (nacionais) como a principal unidade de análise. Beck (2006: 18) argumenta que essa "perspectiva nacional" atualmente "não entende que a ação política, econômica e cultural e suas consequências (voluntárias e involuntárias) não conhecem fronteiras". Em nossa era de globalização e crise ambiental, em que as fronteiras nacionais estão se tornando mais permeáveis e os Estados são menos poderosos, a realidade social está tomando um rumo totalmente cosmopolita. Esse processo está ocorrendo mesmo pelas costas dos sociólogos. Se puder se desenvolver sem direcionamento, a cosmopolitização apresenta tanto ameaças quanto oportunidades, principalmente para aqueles que são explorados por corporações multinacionais que percorrem o mundo em busca de mão de obra barata e lucros máximos.

Beck argumenta que o ponto de vista estrito do Estado-Nação não consegue mais dar conta de um mundo de riscos globais, como o aquecimento global ou o enfrentamento de pandemias globais, a exemplo do surto de covid-19 a partir do final de 2019. Beck sugere que precisamos de um sistema cosmopolita baseado no reconhecimento e na aceitação da diversidade cultural. Os estados cosmopolitas não lutam apenas contra o terrorismo, mas também contra as *causas* do terrorismo no mundo. Para Beck, o cosmopolitismo é a maneira mais positiva de lidar com os problemas globais, que parecem insolúveis no nível do Estado individual, mas administráveis com a cooperação. Novas formas de ativismo também estão aparecendo conforme vemos o surgimento de um campo de "subpolítica". Este se refere às atividades de grupos e agências que atuam fora dos mecanismos formais da política democrática, como grupos ecológicos, de consumidores e de defensores dos direitos humanos.

Beck afirma que o pensamento em termos universais ou cosmopolitas não é verdadeiramente novo. No passado, a ideia de cidadania além do Estado-Nação era reservada a elites sociais viajadas e bem conectadas, que decidiam *voluntariamente* se verem como "europeus", por exemplo, ou como "cidadãos do mundo". Roudometof (2018) registra o primeiro uso do termo há "pelo menos 2 mil anos", com o conceito moderno sendo bastante utilizado no período do Iluminismo francês para se referir a "um cidadão do mundo". Porém, essa forma de cosmopolitismo hoje tem raízes muito mais fortes nos processos globais e, portanto, é potencialmente mais efetiva. Beck argumenta que não é suficiente os sociólogos simplesmente analisarem a sociedade mundial cosmopolita emergente; eles também devem se envolver em moldá-la em direções positivas, para lidar com os problemas associados à globalização.

> **REFLEXÃO CRÍTICA**
>
> As teorias apresentadas nesta seção realmente se afastam dos clássicos sociológicos? Você consegue ver algum traço de marxismo, funcionalismo ou interacionismo nelas? Da mesma forma, alguma delas se encaixa na caracterização de uma teoria do consenso ou do conflito?

Conclusão: teoria sociológica em desenvolvimento

Neste capítulo, embarcamos em um passeio rápido pela história da teorização sociológica, ilustrada por rápidas discussões sobre algumas teorias, tendências e críticas influentes.

As teorias sociológicas se desenvolvem de forma próxima e competitiva. Contudo, a teoria sociológica não pode ter sucesso se apenas se desenvolver por meio do debate interno. Ela deve nos oferecer novas perspectivas sobre as questões fundamentais da atualidade e deve ser empiricamente adequada, além de ter coerência interna.

A história da teoria sociológica mostra que os pontos de vista bem-sucedidos estão sempre em processo de desenvolvimento, não permanecem estáticos. Por exemplo, as teorias neomarxistas hoje permanecem próximas o suficiente das ideias originais de Marx para serem reconhecíveis, mas foram modificadas, alteradas e renovadas ao longo do caminho pela força das mudanças nas circunstâncias. Um processo semelhante de revisitação e revisão ocorreu em relação às ideias durkheimianas e weberianas, que hoje são menos formais e sistemáticas do que no passado.

Ao mesmo tempo, a diversidade das teorias sociológicas contemporâneas levou a combinações de teorias, cruzando a fronteira entre o clássico e o moderno. De fato, pode-se argumentar que as sínteses teóricas oferecem a maior esperança de preservar o melhor das tradições clássicas enquanto as atualizam para o mundo de hoje. Como mostra a última seção, as melhores teorias contemporâneas são capazes de nos ajudar a lidar com as questões mais importantes desta época.

Revisão do capítulo

1. "Qualquer sociologia científica precisa lutar para ser positivista". Por que a maioria dos sociólogos discorda dessa afirmação? Uma sociologia não positivista ainda pode ser "científica"?

2. Marx argumentava que o conflito de classes levaria à revolução e ao fim do capitalismo. Como os neomarxistas mais recentes explicaram o fracasso da classe trabalhadora em cumprir seu "papel histórico"?

3. O que é um fato social, segundo Émile Durkheim? Cite alguns exemplos. Como o conceito dos fatos sociais foi criticado a partir de outros pontos de vista sociológicos?

4. Faça um resumo da tese da "ética protestante" de Max Weber, enfocando o papel da religião nas origens do capitalismo. O que essa tese nos diz, se é que diz algo, a respeito do caráter do capitalismo do século XXI?

5. O que é simbólico em relação ao "interacionismo simbólico"? Relacione algumas das principais diferenças entre a fenomenologia e a etnometodologia.

6. Explique o que Elias quis dizer com configurações humanas. Cite alguns exemplos do mundo real das configurações.
7. De acordo com Giddens, o que constitui a "dualidade da estrutura"? Cite alguns exemplos que ilustram essa ideia.
8. Como as teóricas feministas criticam a sociologia predominantemente masculina? De que maneiras a sociologia mudou depois dessas críticas? Por que algumas pessoas ainda insistem que a sociologia não integrou totalmente o conceito de gênero à disciplina?
9. Discuta a proposição de que o prefixo "pós" nas teorias pós-colonial, pós-moderna e pós-estruturalista implica uma crítica dos pontos de vista dominantes, mas não coloca nada construtivo em seu lugar. Que evidência existe de que a ideia pós-moderna segundo a qual a era da modernidade acabou simplesmente está errada?
10. Segundo Ulrich Beck, o que é um "risco fabricado"? Cite alguns exemplos. O que significa uma sociedade de risco? Vivemos em sociedades de risco atualmente?
11. Deveríamos abandonar as teorias sociológicas clássicas de Durkheim, Marx e Weber por serem inadequadas para o século XXI? Quais aspectos do trabalho deles, se houver algum, continuam sendo relevantes hoje e o que eles ainda poderiam nos ajudar a entender?

Pesquisa na prática

A questão de saber se as teorias e perspectivas sociológicas clássicas têm algo a contribuir para nossa compreensão dos problemas globais do século XXI continua sendo pertinente. Marx não poderia ter previsto o aparecimento e o impacto da IA e da robótica na força de trabalho, Weber não previu o aquecimento global, e a obra de Durkheim não é o melhor exemplo de teoria pós-colonial.

No final do século XX e início do século XXI, uma série de teóricos, alguns discutidos neste capítulo, tentaram desenvolver novos pontos de vista e estruturas que podem nos dar uma melhor compreensão de tais questões emergentes. O artigo a seguir introduz uma edição especial da revista em questão, refletindo sobre os desafios enfrentados hoje pela sociologia. Leia esse artigo (e talvez outros dessa mesma edição) e responda às perguntas que seguem.

> Possamai-Inesedy, A., Rowe, D. e Stevenson, D. (2017). "Sociology in the 21st Century: Challenges Old and New", *Journal of Sociology*, 53(4): 723–9; https://doi.org/10.1177/1440783317747443.

1. Faça uma lista dos "problemas e desafios" nesse texto, tanto socialmente quanto em termos da disciplina de sociologia. Quais deles são genuinamente "novos"?
2. Que conceitos e/ou teorias os autores utilizam para tratar da crítica pós-colonial da sociologia?
3. Os autores sugerem que eles não "viraram as costas" para "as velhas e comprovadas habilidades" necessárias para fazer sociologia. Explique quais são essas habilidades e por que ainda são consideradas relevantes.
4. Que evidência há nesse artigo de que algumas das teorias, dos conceitos e das ideias mais antigas ainda valem, mesmo quando os autores defendem novos desenvolvimentos criativos?
5. "A sociologia permanece firmemente ancorada em suas preocupações fundamentais". Como os autores enquadram essa conclusão com seu foco geral na necessidade de novas abordagens?

Pensando sobre isso

A crítica pós-colonial da sociologia dominante é poderosa e levanta alguns problemas fundamentais para os sociólogos de hoje com a ideia de "negócios, como sempre". Uma questão-chave é a problematização do conceito central de "modernidade", que há muito tem sido o foco das teorias sociológicas, de Marx a Giddens, Beck, Bauman e muitos outros. Será que o conceito de modernidade está fadado ao "lixo da história", ou existe alguma maneira de modificá-lo e salvá-lo? E ele merece, afinal, ser salvo?

Nas últimas décadas, uma maneira de se deter no conceito tem sido observar os caminhos amplamente diferentes e divergentes de modernização percorridos por países ao redor do mundo. Esses caminhos levaram a uma série de ideias sobre "múltiplas modernidades". O artigo a seguir resume essa variedade de tentativas e procura explicar por que elas não tiveram tanto impacto quanto se poderia esperar. Leia o artigo e escreva uma dissertação de 750 palavras sobre o conceito de modernidade, levando em conta a crítica pós-colonial do início deste capítulo. Especificamente, discuta o que a sociologia perderia caso esse conceito fosse abandonado e se o movimento em direção a múltiplas modernidades pode revigorar a teoria da modernização em um mundo globalizado.

Fourie, E. (2012). "A Future for the Theory of Multiple Modernities: Insights from the New Modernization Theory", *Social Science Information*, 51(1): 52–69.

Sociedade nas artes

O romance de 1985 de Margaret Atwood, *O conto da aia*, é frequentemente descrito como uma obra de ficção especulativa, retratando eventos nos EUA — aqui denominados República de Gilead — após uma catástrofe ambiental e uma guerra civil. A sociedade americana está sujeita ao domínio de uma ditadura teocrática estrita enraizada em uma interpretação muito específica e fundamentalista da Bíblia. Em Gilead, os papéis de gênero são claramente definidos e brutalmente estabelecidos, com novas castas sociais criadas que moldam a vida de todos os indivíduos. O livro deu origem a uma série de televisão que, em 2019, estava em sua terceira temporada (e foi além do romance). Leia o livro e/ou assista a pelo menos uma temporada da série.

Muitas pessoas interpretaram esse trabalho como um romance feminista devido à significativa desigualdade de poder entre homens e mulheres e às maneiras como as mulheres na base da hierarquia ainda encontram novos modos de resistir ao sistema. No entanto, a história contém outros temas sociológicos. Especificamente, enquanto você lê/assiste, anote as questões teóricas centrais introduzidas anteriormente sobre consenso *versus* conflito e estrutura *versus* ação.

1. Seguindo as ideias de Marx sobre o conflito de classes, qual você diria que é o conflito de organização central na sociedade de Gilead? De que maneira essa sociedade conflituosa é mantida unida e apresentada como consensual? Existe alguma contradição teoricamente deduzida em Gilead que possa eventualmente levar a uma revolução social vinda de dentro?

2. Escreva um ensaio de mil palavras aplicando a teoria da estruturação de Giddens, as ideias de Elias sobre configurações ou o conceito de instituições sociais e fatos sociais de Durkheim à República de Gilead, de Atwood. Leve em conta a extensa militarização dessa sociedade, quais categorias sociais oferecem as melhores perspectivas para a atuação individual e se estas são inteiramente dominadas por homens.

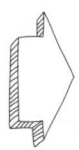

Outras leituras

Existem muitos livros que abordam a teoria sociológica e social, então você pode tentar mergulhar em alguns títulos para encontrar um que sirva. Um texto abrangente com o objetivo de usar a teoria social em aplicações do mundo real é o de Michele Dillon (2019) intitulado *Introduction to sociological theory: theorists, concepts and their applicability to the twenty-first century* (3. ed., Chichester: Wiley-Blackwell). O livro de Pip Jones e Liz Bradbury (2018) *Introducing Social Theory* (3. ed., Cambridge: Polity) também é muito bom.

Para as teorias clássicas, a obra *Marx, Durkheim, Weber: formations of modern social thought* (London: Sage), de Kenneth Morrison (2006), é confiável, enquanto *Classical sociological theory* (7. ed., Thousand Oaks, CA: Sage), de George Ritzer e Jeffrey Stepnisky (2017), é um livro excelente. Para a teoria contemporânea, *Contemporary social theory: an introduction* (2. ed., Londres: Routledge), de Anthony Elliott (2014), é bem escrito e abrangente.

Lembre-se de que, em algum momento, será necessário ler as obras originais dos principais teóricos, sendo que a maioria delas não é tão assustadora quanto você poderia pensar. Fundamentalmente, esse é um requisito se você quiser fazer sua própria interpretação e avaliação dos méritos de cada obra.

Para conferir uma seleção de leituras originais sobre teorias sociológicas, consulte *Sociology: introductory readings* (4. ed., Cambridge: Polity, 2021).

Links da internet

Em **loja.grupoa.com.br**, acesse a página do livro por meio do campo de busca e clique em Material Complementar para ver as sugestões de leitura do revisor técnico à edição brasileira, além de outros recursos (em inglês).

Sociologists: Dead and Very Much Alive — excelentes recursos sobre uma série de teóricos sociológicos:
www.d.umn.edu/cla/faculty/jhamlin/4111/Sociologists.html

The Feminist Theory Website — teorias e perspectivas feministas de acadêmicos da Universidade Virginia Tech:
www.cddc.vt.edu/feminism/enin.html

Phenomenology Online — fenomenologistas e etnometodologistas:
www.phenomenologyonline.com/

Diversos *sites* dedicados ao trabalho de alguns teóricos contemporâneos:
Jean Baudrillard: https://baudrillardstudies.com/
Zygmunt Bauman: https://baumaninstitute.leeds.ac.uk/
Judith Butler: https://bigthink.com/u/judithbutler
Ulrich Beck: https://webarchiv-ulrich-beck.soziologie.uni-muenchen.de/en/
Norbert Elias: http://norbert-elias.com/en/
Michel Foucault: https://michel-foucault.com/
Anthony Giddens: www.thoughtco.com/anthony-giddens-3026484
Erving Goffman: http://people.brandeis.edu/~teuber/goffmanbio.html

CAPÍTULO 4

GLOBALIZAÇÃO E MUDANÇA SOCIAL

SUMÁRIO

Sociedades e civilizações antigas 113

Origens humanas e migração 113

Civilizações tradicionais 117

A transformação das sociedades 117

Modernidade e tecnologia industrial 118

Classificação das sociedades do mundo 119

Mudanças sociais 123

Globalização 126

Elementos da globalização 127

Estruturação do debate da globalização 137

Consequências da globalização 140

Como governar uma sociedade global? 146

Revisão do capítulo 147

Pesquisa na prática 147

Pensando sobre isso 148

Sociedade nas artes 149

Outras leituras 149

Links da internet 150

Esta imagem da Europa e do norte da África à noite, tirada do espaço, é uma ilustração da extensão global da ocupação humana.

Os seres humanos existem na Terra há menos de meio milhão de anos. Se pudéssemos pensar em toda a duração da existência humana como um dia de 24 horas, a agricultura teria passado a existir às 23:56, faltando quatro minutos para a meia-noite, e as civilizações, às 23:57. O desenvolvimento das sociedades industriais começaria apenas às 23:59:30. Ainda assim, os últimos 30 segundos desse dia humano produziram crescimento populacional e mudanças sociais e ambientais mais rápidas do que as ocorridas durante todo o tempo que passou antes deles.

Como veremos no decorrer deste capítulo, o período que os sociólogos chamam de **modernidade** aproximou as grandes sociedades umas das outras de várias maneiras, desde o comércio sistemático e a troca econômica de longa duração, passando por acordos políticos internacionais e turismo global e chegando a comunicações eletrônicas e migração em larga escala. De todas essas maneiras, as pessoas se tornaram mais interconectadas, interdependentes e geograficamente móveis do que em qualquer outra época (Sheller e Urry, 2004; Urry, 2007).

> A migração e a agenda de pesquisa sobre "mobilidades" em sociologia são discutidas no Capítulo 8, "Raça, etnicidade e migração".

O ritmo exorbitante da mudança na era moderna fica evidente se observarmos as taxas de crescimento populacional humano. Livi Bacci (2012) estudou a população global e seu crescimento no longo prazo. De um número estimado de 6 milhões de pessoas em 10.000 a.C., a população global aumentou para quase 6 *bilhões* em 2000 e, em 2019, estava em 7,7 *bilhões*. Todavia, o ritmo do crescimento populacional foi bastante irregular, acelerando por volta de 1750, no começo da era industrial. O aspecto demográfico mais surpreendente aqui é a diminuição do "tempo de duplicação" da população global. Mesmo em 1750, o tempo que levava para a população dobrar de tamanho era de mil anos. Em 1950, esse tempo já havia se reduzido a 118 anos e, em 2000, a meros 40 anos. Livi Bacci (2017: 26) calcula que, nesse ritmo, a população mundial alcançará 11 bilhões de pessoas no final do século, o que, segundo estimativas das Nações Unidas (UN DESA 2019c: 5-6), pode ser o pico da população humana, quando o ritmo de crescimento começará a diminuir.

Se 11 bilhões de pessoas parece ser algo insustentável, lembre-se de que, no século XIX, a ideia de que 7 bilhões de pessoas poderiam sobreviver na Terra era literalmente impensável, e isso já foi alcançado e ultrapassado. A manutenção desses níveis sem precedentes depende não apenas da capacidade de suporte do ambiente natural, mas também dos desenvolvimentos econômicos e tecnológicos, da organização social e das decisões políticas.

> O Capítulo 5, "Meio ambiente", analisa mais de perto o impacto dessa rápida expansão humana sobre o meio ambiente.

No restante deste capítulo, examinamos a disseminação dos principais aspectos da modernidade, antes de examinar os vários significados atribuídos ao conceito de **globalização**. Como definição de trabalho básica, podemos dizer que a globalização é caracterizada tanto por um conjunto de processos que vinculam as sociedades e os povos do mundo a uma interdependência mais estreita quanto por uma crescente consciência global que influencia o modo como as pessoas agem. A velocidade com que o vírus da covid-19 se espalhou pelo mundo em 2019 e 2020 demonstra os níveis muito altos de mobilidade geográfica de pessoas e bens em nossa era globalizada. Muitos cientistas sociais veem a fase contemporânea como o desenvolvimento mais significativo que moldará o futuro da humanidade.

> O Capítulo 6, "Desigualdade global", analisa com mais detalhes algumas das principais evidências e teorias a partir da disciplina da demografia.

Mais adiante neste capítulo, exploraremos os debates sobre se a globalização é altamente significativa ou um tanto exagerada e sobre quais poderiam ser suas consequências. Antes disso, definiremos o atual debate sobre a globalização em um período muito mais longo e, em seguida, faremos um esboço do desenvolvimento humano em um prazo muito longo. Isso é necessário para podermos entender melhor como o desenvolvimento das modernas sociedades capitalistas industriais colocou o mundo humano em sua atual trajetória global.

> A globalização é um dos nossos quatro temas centrais. A Introdução deste livro contém um guia que lista onde encontrar as seções e as discussões dos principais temas.

Sociedades e civilizações antigas

Estamos acostumados hoje com sociedades de dezenas de milhões de pessoas vivendo em cidades e áreas urbanas densamente populadas. Porém, historicamente, isso é incomum. Durante a maior parte da história humana, as populações eram menores e menos densas, e apenas muito recentemente é que passaram a existir sociedades em que a *maioria* da população consiste em moradores urbanos. Para compreender as formas de sociedade que existiam antes do industrialismo moderno, temos que usar a dimensão histórica de nossa imaginação sociológica.

Origens humanas e migração

Atualmente, a evidência de ferramentas antigas, fósseis e genética molecular sugere que o *Homo sapiens* teve sua origem na África entre 200 e 300 mil anos atrás. Cowen (2001: 20-24) argumenta que, há cerca de 100 mil anos, pequenos grupos de caçadores começaram a se mover em busca de subsistência, migrando primeiro pela África, antes de se espalharem para o Oriente Médio, a Índia e, depois, para Nova Guiné, Austrália, América e Europa. Há cerca de 10 mil anos, a caça ainda era dominante em todos os continentes, apesar de haver algumas comunidades estabelecidas; no entanto, há 5 mil anos, muito mais grupos humanos estavam cultivando e formando sociedades estabelecidas, e,

Sociedade global 4.1 — Os humanos e a domesticação do fogo

No decorrer da história humana, os seres humanos aprenderam gradualmente a exercer mais controle sobre o ambiente natural e conseguiram passar esse conhecimento útil a grupos geograficamente distantes e às suas próprias gerações mais jovens. Em *Fire and civilization* (1992), o sociólogo holandês Johan Goudsblom (1932-2020) argumenta que um desenvolvimento especialmente significativo foi a descoberta do fogo e a invenção de técnicas para iniciá-lo, manejá-lo e mantê-lo sob controle.

Grupos humanos que aprenderam a fazer e usar o fogo conquistaram domínio sobre aqueles que não o fizeram. Por fim, todas as sociedades humanas foram capazes de fazer e usar o fogo, o que lhes permitiu dominar outras espécies de animais. A história do desenvolvimento do fogo de Goudsblom mostra um pouco da maneira como as sociedades tentam manipular e gerenciar o ambiente natural em seu próprio benefício. Porém, nesse processo, também há pressão sobre as sociedades para que mudem sua própria organização social.

Desde as pequenas fogueiras domésticas, usadas para aquecer e cozinhar alimentos, até sistemas modernos de aquecimento central e grandes usinas de energia, para expandir gradualmente a produção de fogo, foram necessárias formas mais complexas de organização social. Quando os primeiros humanos aprenderam a fazer e controlar fogos menores, eles tiveram que se organizar para manter o fogo, monitorá-lo e, ao mesmo tempo, permanecer seguros. Muito mais tarde, com a introdução de fogos domésticos em residências particulares, as sociedades precisavam de especialistas em controle do fogo — brigadas de incêndio e consultores de prevenção de incêndios. Com o surgimento das grandes estações geradoras de energia, tornou-se importante protegê-las, militarmente, se necessário, de possíveis ataques. Hoje, mais pessoas dependem da fácil disponibilidade e controle do fogo do que nunca.

Goudsblom observa mais uma consequência da domesticação do fogo: a mudança na psicologia dos indivíduos. Para poder usar o fogo, as pessoas tiveram que superar seu medo anterior, talvez nascido por terem visto incêndios naturais, raios ou vulcões. Essa não foi uma tarefa fácil. Significava controlar seus medos e emoções por tempo suficiente para poder aproveitar os possíveis benefícios do uso do fogo. Esse controle emocional aos poucos passou a ser percebido como "natural", de modo que as pessoas hoje dificilmente pensam em quanto tempo levou para os humanos chegarem a níveis tão altos de controle sobre suas emoções.

Ainda hoje, o fogo causa danos, destruindo florestas, casas, famílias e empresas. O fogo está sempre ameaçando escapar do controle das sociedades humanas, por mais firmemente estabelecido que esse controle possa parecer. A lição sociológica que podemos tirar desse estudo é que a relação entre as sociedades humanas e o ambiente natural é um processo de mão dupla inevitável: as sociedades humanas tentam exercer controle sobre o ambiente natural, mas, ao fazê-lo, o ambiente natural também impõe certas restrições e exigências a elas.

assim, as primeiras sociedades urbanas foram fundadas.

Exploradores, comerciantes e missionários europeus do início do século XV relataram a grande variedade de sociedades humanas, culturas e modos de vida. Eles registraram grupos em pequena escala, nômades, caçadores-coletores, com apenas 20 ou 30 pessoas, que sobreviviam comendo animais selvagens e plantas. Em partes da América do Sul e do Norte e no Leste da Ásia, havia maiores comunidades estabelecidas, baseadas na agricultura e na lavoura. Na China e em outras partes, eles também fundaram impérios com cidades, grupos de classes, palácios e forças armadas (Harris, 1978).

Essa variedade dos principais grupos e sociedades humanas pode ser organizada de modo geral em três categorias principais: *caçadores e coletores, sociedades agrárias e pastoris* maiores (envolvendo agricultura ou criação de animais domesticados) e *estados e civilizações tradicionais*. Como vemos na Tabela 4.1, os sucessivos tipos de sociedade tenderam a aumentar o tamanho da população humana global.

Por volta de 20.000 a.C. — o ápice da última Era do Gelo —, algumas **sociedades de caça e coleta** começaram a criar animais domésticos e cultivar áreas de terra fixas como meio de subsistência, e, por volta de 5000 a.C., muitos grupos e sociedades no mundo inteiro viviam do cultivo (Mithen, 2003). As **sociedades pastoris** são aquelas que contam principalmente com o gado domesticado, enquanto as **sociedades agrárias** são aquelas que cultivam colheitas (praticam agricultura), embora muitas sociedades tenham tido economias pastoris e agrárias mistas.

Dependendo do ambiente onde vivem, os pastores criam e pastoreiam animais como vacas, ovelhas, cabras, camelos e cavalos. Ainda existem muitas sociedades pastoris, concentradas principalmente em partes da África, do Oriente Médio e da Ásia Central. Essas sociedades geralmente são encontradas em regiões onde existem densas pra-

TABELA 4.1 Tipos de sociedade humana pré-moderna

Tipo	Período de existência	Características
Sociedades caçadoras e coletoras	50.000 a.C. até o presente. Hoje, à beira do desaparecimento.	Pequenos números de pessoas que ganham a vida com caça, pesca e coleta de plantas comestíveis. Poucas desigualdades. Diferenças de classe limitadas por idade e gênero.
Sociedades agrárias	12.000 a.C. até o presente. A maioria hoje faz parte de entidades políticas, perdendo, assim, sua identidade característica.	Baseadas em pequenas comunidades rurais, sem cidades. Subsistência por meio da agricultura, muitas vezes complementada por caça e coleta. Desigualdades maiores do que entre caçadores e coletores. Governadas por chefes.
Sociedades pastoris	12.000 a.C. até o presente. Atualmente, fazem parte principalmente de Estados maiores; seus modos de vida tradicionais estão sendo enfraquecidos.	Seu tamanho varia de algumas centenas de pessoas a muitos milhares. Dependem da criação de animais domésticos para sua subsistência. Marcadas por desigualdades distintas. Governadas por chefes e reis guerreiros.
Sociedades ou civilizações tradicionais	6000 a.C. até o século XIX. Todas as civilizações tradicionais desapareceram.	Muito grandes em tamanho, algumas com milhões de pessoas. Havia algumas cidades, nas quais o comércio e a manufatura se concentravam. Baseadas principalmente na agricultura. Grandes desigualdades entre diferentes classes. Aparato de governo característico, governado por um rei ou imperador.

Várias centenas de pessoas da tribo Hadza continuam a viver como caçadores-coletores, os últimos da África Oriental. A Survival International estima que os Hadza tenham perdido cerca de metade de suas terras nos últimos 60 anos.

darias, desertos ou montanhas, que não são locais propícios à agricultura, mas que podem ser adequadas ao gado. De acordo com as mudanças sazonais, as comunidades pastoris geralmente migram por diferentes áreas. Devido a hábitos nômades, as pessoas nas sociedades pastoris normalmente não acumulam muitas posses materiais, embora seu modo de vida seja mais complexo em termos materiais do que o de caçadores e coletores.

Em algum ponto, alguns grupos de caçadores e coletores começaram a cultivar suas próprias plantações. Essa prática se desenvolveu inicialmente como o que se costuma chamar de "horticultura", em que pequenas áreas eram cultivadas com o uso de enxadas e outras ferramentas de cavar. Assim como o pastoralismo, a horticultura proporcionava um suprimento de alimentos mais seguro do que o que era proporcionado pela caça e pela coleta, e, portanto, podia sustentar comunidades maiores. Como não estavam mais se mudando, as pessoas poderiam desenvolver estoques maiores de posses materiais em comparação com os das comunidades caçadoras e coletoras ou pastoris. Como pode ser visto na Figura 4.1 e na Tabela 4.2, apenas uma pequena minoria de pessoas nos países industrializados hoje ainda trabalha na terra, embora a agricultura continue sendo uma fonte significativa ou primária de emprego para vários países em desenvolvimento, a maioria deles na África. Desde que a vida humana se originou, na África, dirigiu-se a longo prazo para a agricultura estabelecida e, como resultado, para uma população global cada vez maior.

População mundial: 10 milhões
Porcentagem de caçadores e coletores: 100

10.000 a.C.

População mundial: 350 milhões
Porcentagem de caçadores e coletores: 1,0

1500 d.C.

População mundial: 6 bilhões
Porcentagem de caçadores e coletores: 0,001

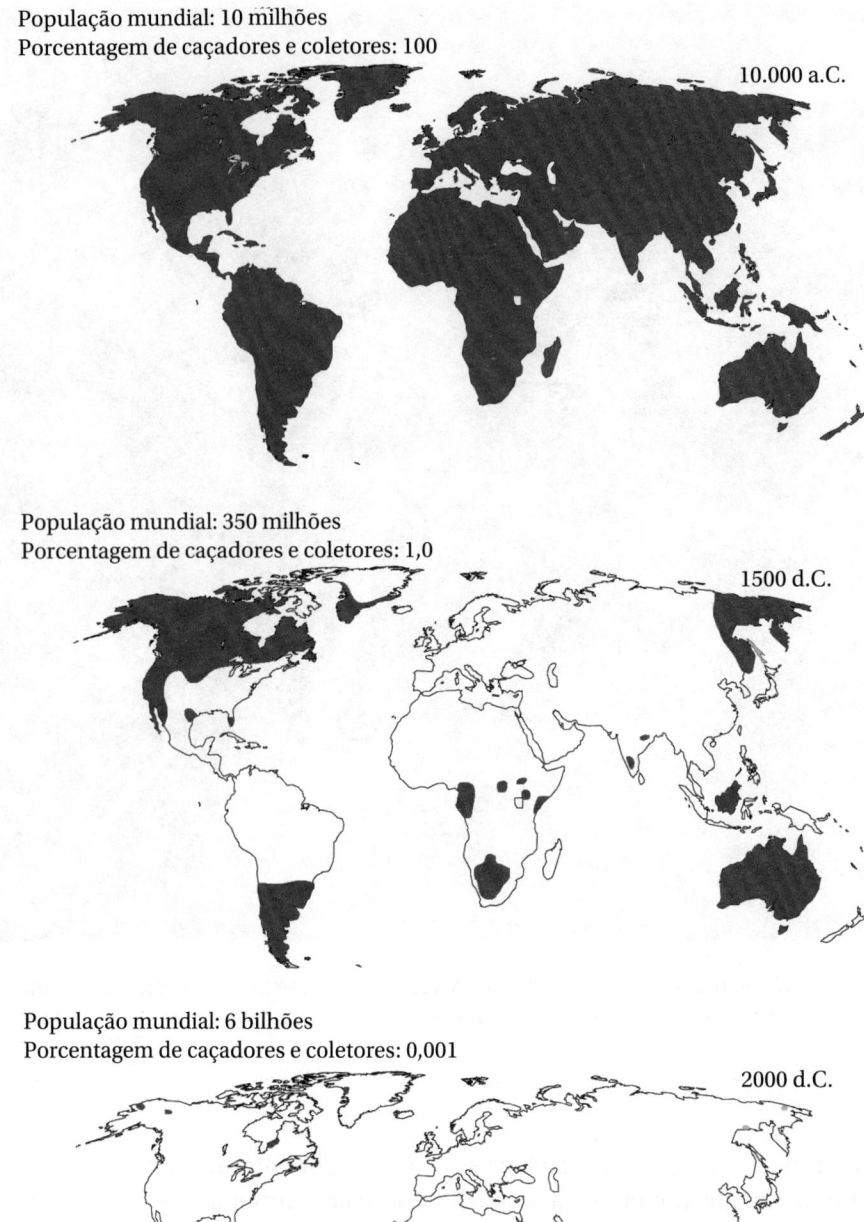

2000 d.C.

FIGURA 4.1   O declínio das sociedades de caça e coleta.
Fonte: Lee e De Vore (1968: ii).

TABELA 4.2 Emprego na agricultura (porcentagem da força de trabalho), países selecionados, 2019

País	Porcentagem de trabalhadores na agricultura
Burundi	92
Chade	81
República Centro-Africana	78
Malawi	72
Moçambique	71
O impacto da industrialização	
Austrália	3
Japão	3
Países Baixos	2
Estados Unidos	1
Alemanha	1

Nota: Valores baseados nas estimativas nacionais mais recentes disponíveis.
Fonte: Adaptada de CIA World Factbook online (2019).

Civilizações tradicionais

Arqueólogos encontraram evidências de sociedades maiores do que jamais havia existido, desde cerca de 6000 a.C. (ver a Figura 4.2). Essas sociedades se baseavam no desenvolvimento de cidades, apresentavam desigualdades muito pronunciadas de riqueza e poder e eram associadas ao domínio de reis ou imperadores. Como elas usavam escrita, a ciência e a arte floresceram, e elas costumam ser chamadas de *civilizações.*

As primeiras civilizações se desenvolveram no Oriente Médio, geralmente em ricas áreas ribeirinhas. O Império Chinês se originou em torno de 2000 a.C., quando Estados poderosos também foram fundados onde hoje se encontram a Índia e o Paquistão, e houve várias grandes civilizações no México e na América Latina, como os astecas no México, os maias na península de Iucatã e os incas no Peru. As civilizações mais tradicionais também eram *impérios* — ou seja, elas se expandiram pela conquista e incorporação de outros povos (Kautsky, 1982). Isso é verdade, por exemplo, na China e Roma tradicionais. Em seu apogeu, no século I d.C., o Império Romano se espalhou desde a Grã-Bretanha, no noroeste da Europa, até além do Oriente Médio. O Império Chinês, que durou mais de 2 mil anos, até o limite do século XX, cobriu a maior parte da enorme região da Ásia Oriental, hoje ocupada pela China moderna.

O surgimento dessas grandes civilizações e impérios mostra que o processo de expansão humana de longo prazo envolveu invasões, guerras e conquistas violentas, tanto quanto a cooperação e as trocas mútuas entre as sociedades (Mennell, 1996). Na aurora da era moderna, em 1759, já havia assentamentos humanos espalhados por todo o planeta, embora a população mundial ainda fosse relativamente pequena, com 771 milhões de habitantes (Livi Bacci, 2012: 25). Mas isso estava por mudar de forma radical.

A transformação das sociedades

O que aconteceu para transformar os tipos de sociedade que existiam durante a maior parte da história humana? Uma grande parte da resposta é a **industrialização** — que se refere ao surgimento da produção mecânica, baseada no uso generalizado de recursos energéticos inanimados, como vapor e eletricidade, para substituir humanos e animais onde fosse possível. As **sociedades industriais** (às vezes chamadas também de sociedades "modernas" ou

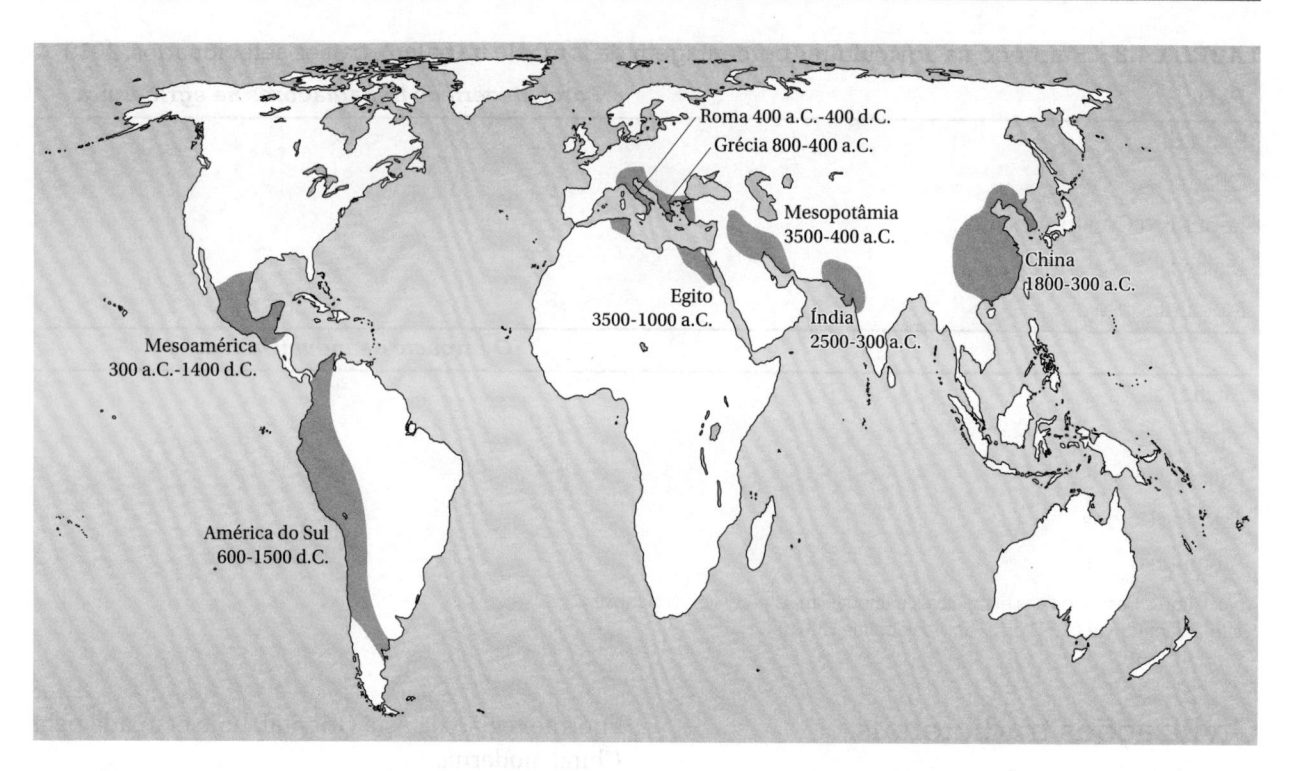

FIGURA 4.2 Civilizações no mundo antigo.

"desenvolvidas") são totalmente diferentes de qualquer tipo anterior de ordem social, e sua disseminação teve consequências genuinamente revolucionárias.

Modernidade e tecnologia industrial

Mesmo na mais avançada das civilizações tradicionais, o nível relativamente baixo de desenvolvimento tecnológico não permitiu que mais do que uma pequena minoria se libertasse das tarefas da produção agrícola. A tecnologia moderna certamente transformou o modo de vida de uma grande proporção da população humana. Como observa o historiador econômico David Landes (2003: 5):

> A tecnologia moderna não apenas produz mais e mais rápido; ela cria objetos que não poderiam ter sido produzidos sob quaisquer circunstâncias pelos métodos artesanais do passado. A melhor roca indiana não teria produzido uma lã tão boa e regular quanto a da fiadeira automática; todas as ferrarias da cristandade do século XVIII não teriam produzido folhas de aço tão grandes, lisas e homogêneas quanto as de uma siderúrgica moderna.

Mais importante, a tecnologia moderna criou coisas que mal podiam ser concebidas na era pré-industrial: a câmera fotográfica, o carro motorizado, o avião, toda a variedade de aparelhos eletrônicos do rádio ao computador mais veloz, a usina nuclear e assim por diante, *ad infinitum*.

Mesmo assim, a existência continuada de grandes desigualdades globais significa que esse desenvolvimento tecnológico ainda não é compartilhado adequadamente por todas as sociedades do mundo.

Os modos de vida e instituições sociais característicos do mundo moderno são radicalmente diferentes dos encontrados mesmo em um passado recente, e, durante um período de apenas dois ou três séculos — um fragmento mínimo do tempo no contexto da história humana —, a vida social foi arrancada da ordem social em que as pessoas viveram por milhares de anos. Por exemplo, uma grande proporção da população empregada trabalha agora em serviços, fábricas, escritórios ou lojas, em vez de na agricultura, enquanto as maiores cidades são muito mais densas e maiores do que qualquer assentamento urbano encontrado em civilizações tradicionais.

> O papel das cidades na nova ordem global é discutido no Capítulo 13, "Cidades e vida urbana".

Em civilizações tradicionais, as autoridades políticas (monarcas e imperadores) tinham pouca influência direta sobre os costumes e hábitos da maioria dos seus súditos, que viviam em aldeias locais razoavelmente fechadas. Com a industrialização, o transporte e as comunicações se tornaram muito mais rápidos, possibilitando uma comunidade "nacional" mais integrada. As sociedades industriais foram os primeiros Estados-Nações a existir. Os **Estados-Nações** são comunidades políticas divididas por fronteiras claramente delimitadas, e não pelas áreas fronteiriças vagas que costumavam separar os Estados tradicionais. Os Estados têm amplos poderes sobre muitos aspectos da vida dos cidadãos, criando leis que se aplicam a todos aqueles que vivem dentro de suas fronteiras. Praticamente todas as sociedades no mundo atual são Estados-Nações desse tipo.

> Estados-Nações são discutidos com mais profundidade no Capítulo 20, "Política, governo e movimentos sociais", e no Capítulo 21, "Nações, guerra e terrorismo".

A aplicação da tecnologia industrial não se limitou a processos pacíficos de desenvolvimento econômico. Desde as primeiras fases, os processos de produção foram usados para fins militares, e isso alterou radicalmente a maneira de fazer guerra, criando armamentos e organizações militares muito mais avançados do que os de culturas anteriores. Juntos, a força econômica superior, a coesão política e a superioridade militar explicam a disseminação dos modos de vida "ocidentais" ao redor do mundo nos últimos 250 anos. Mais uma vez, temos que reconhecer que o processo de globalização não se trata apenas de comércio, sendo um processo que muitas vezes se caracterizou por guerras, violência, conquista e desigualdade (ver o Capítulo 21, "Nações, guerra e terrorismo").

> **REFLEXÃO CRÍTICA**
>
> Quais três aspectos dos países modernos e industrializados que os tornam radicalmente diferentes das sociedades anteriores você escolheria como os mais significativos?

Classificação das sociedades do mundo

É sempre controverso classificar países e regiões em grupos de acordo com critérios de semelhança e diferença, pois todos esses esquemas provavelmente contêm ou podem ser percebidos como julgamentos de valor. Por exemplo, após a Segunda Guerra Mundial, e com o desenvolvimento da **Guerra Fria** entre as superpotências União Soviética e EUA, o **modelo dos três mundos** foi muito utilizado nos círculos acadêmicos. Nesse modelo, o *Primeiro Mundo* incluía os países industrializados como EUA, Alemanha e Reino Unido; os países comunistas da União Soviética (URSS) e da Europa Oriental constituíam o *Segundo Mundo*; e os países não industriais, com renda média relativamente baixa, compunham o *Terceiro Mundo* (veja no Capítulo 6, "Desigualdade global", uma discussão sobre as origens políticas do conceito de Terceiro Mundo).

Mesmo que esses termos sejam apresentados como uma classificação neutra, é difícil utilizá-los sem dar a impressão de que o Primeiro Mundo é de alguma forma superior ao Segundo, e de que o Segundo é superior ao Terceiro. Em suma, esse esquema foi adotado por estudiosos do Primeiro Mundo que viam suas próprias sociedades como o padrão ao qual todas as outras iriam ou deveriam se esforçar para chegar. O colapso do comunismo do Leste Europeu, depois de 1989, e a rápida industrialização em alguns países do Terceiro Mundo tornaram esse modelo empiricamente menos adequado, e poucos cientistas sociais (ou nenhum deles) usam esse esquema hoje sem fazer críticas.

Um esquema alternativo que ainda é muito utilizado hoje é a distinção simples, talvez excessivamente simples, entre países desenvolvidos e em desenvolvimento. Países que passaram por um profundo processo de industrialização e têm altos níveis de produto interno bruto (PIB) *per capita*, in-

USANDO SUA IMAGINAÇÃO SOCIOLÓGICA

4.1 Países industrializados recentemente

Alguns países incluídos na vasta categoria de países em desenvolvimento iniciaram com sucesso um rápido processo de industrialização, o que sugere que a posição de um país no *ranking* de desenvolvimento pode ser alterada. Esses países foram descritos como **países industrializados recentemente** (NICs — *newly industrializing countries*), ou economias industrializadas recentemente (NIEs — *newly industrializing economies*), e hoje incluem Brasil, Índia, Malásia, México, Filipinas, África do Sul, Tailândia, Turquia e Indonésia (World Population Review, 2020). Eles acompanharam os exemplos mais antigos dos chamados quatro tigres asiáticos (ou dragões), Hong Kong, Coreia do Sul, Cingapura e Taiwan, que alcançaram taxas anuais de crescimento econômico várias vezes superiores às de economias industriais ocidentais entre a década de 1960 e o final da década de 1990 (Sarel, 1996).

Os NICs do Leste Asiático mostraram níveis sustentados de prosperidade econômica e estão investindo no exterior, além de promover o crescimento interno. As indústrias de construção naval e de eletrônicos da Coreia do Sul estão entre as líderes do mundo, Cingapura está se tornando o principal centro financeiro e comercial do Sudeste Asiático, e Taiwan é uma presença importante nas indústrias manufatureira e eletrônica. Alguns economistas argumentam que a reclassificação de alguns países anteriormente mais pobres, e especialmente o rápido desenvolvimento do Brasil, da Rússia, da Índia e da China (os países do "BRIC"), podem até sinalizar uma mudança emergente no padrão de poder global em favor do mundo em desenvolvimento (O'Neill, 2013). No entanto, provavelmente é muito cedo para tirar essa conclusão com confiança.

Apesar disso, os NICs conseguiram algo realmente notável, transformando suas economias em apenas três ou quatro décadas e passando do *status* de países de baixa renda ou em desenvolvimento para o de países desenvolvidos e de alta renda. E, embora a crise financeira e a recessão de 2008 tenham levado à retração econômica, os primeiros NICs resistiram à recessão e se recuperaram mais rapidamente do que a maioria das economias desenvolvidas, estabelecidas há muito tempo. Cingapura e Taiwan, por exemplo, registraram incríveis aumentos no PIB em 2010, de 14,5% e 10%, respectivamente (CIA, 2012). O que os NICs demonstram é que pode haver desenvolvimento econômico e social sustentado, embora não possamos esperar que todos os países em desenvolvimento sigam esse mesmo caminho. Os pontos de partida e as situações muito diferentes dos países em desenvolvimento significam que a experiência dos NICs provavelmente não se repetirá nos países em desenvolvimento da África.

> **REFLEXÃO CRÍTICA**
>
> Escolha um NIC da lista anterior e faça sua própria pesquisa para descobrir quando a economia do país começou a decolar, quais setores impulsionaram esse desenvolvimento, como o governo nacional o promoveu e como a globalização o acelerou.

cluindo Austrália, Noruega e França, se enquadram na categoria de **países desenvolvidos**. Por outro lado, os **países em desenvolvimento** têm sido, em sua maioria, explorados e subdesenvolvidos pelos regimes coloniais e, consequentemente, são menos industrializados, têm níveis mais baixos de PIB *per capita* e estão passando por um processo de melhoria econômica de longo prazo. Nigéria, Chade, Burundi e Mali se enquadram nessa categoria, por exemplo (UNDP, 2019b: 300-303). Essa classificação básica tem sido usada há muito tempo pela ONU e por aqueles que trabalham no subcampo de "estudos de desenvolvimento", embora não declare ser baseada em critérios totalmente aceitos. Em vez disso, ela foi elaborada para permitir a coleta de informações estatísticas que permitem comparações internacionais, o que, por sua vez, facilita intervenções destinadas a melhorar as chances de vida das pessoas nos países em desenvolvimento.

> Outra discussão sobre os NICs pode ser encontrada no Capítulo 6, "Desigualdade global".

Desde 2010, a ONU tem combinado a expectativa de vida nacional ao nascer, os anos de escolaridade e a renda nacional bruta *per capita* (RNB) em seu Índice de Desenvolvimento Humano (IDH) como base para avaliar a condição geral dos países de todo o mundo. O IDH divide os países em quatro categorias de desenvolvimento: muito alto, alto, médio e baixo desenvolvimento humano. Assim, o conceito básico de "desenvolvimento" continua sendo fundamental para esse esquema. Novamente, embora esse possa parecer um método neutro de classificação de países com base em dados empíricos, nem todos concordam com isso.

> O Capítulo 6, "Desigualdade global", apresenta muito mais sobre a medição do IDH e questões de desenvolvimento.

Pode-se argumentar que ainda há um viés inerente, pois os países em desenvolvimento são vistos como nações "se desenvolvendo" em direção ao modelo existente apresentado pelos países industrializados e desenvolvidos, privilegiando, assim, a forma de "desenvolvimento" desses últimos sobre todas as possíveis alternativas. Também não faz sentido nesse esquema que a renda média mais baixa, os menores níveis de expectativa de vida e os menores gastos públicos com educação em muitos países em desenvolvimento façam parte do legado contínuo de ser ativamente subdesenvolvido sob o domínio colonial. Em 2016, o Banco Mundial abandonou o esquema de desenvolvido/em desenvolvimento, preferindo uma classificação de países com base na renda *per capita* — baixa renda, renda média-baixa, renda média-alta e alta renda —, o que permite a reclassificação à medida que as economias nacionais melhoram ou pioram. No entanto, essa mudança significa que o esquema revisto se baseia puramente em critérios econômicos e não leva em consideração outros indicadores, como os incorporados ao IDH. Atualmente, o contraste básico entre países desenvolvidos e países em desenvolvimento ainda é bastante utilizado em estudos de desenvolvimento e por muitas ONGs e agências de auxílio.

Outra solução é contrastar o mundo majoritário com o mundo minoritário. Esse esquema inverte o *status* percebido dos países desenvolvidos e em desenvolvimento, lembrando-nos que a maioria da população mundial realmente vive em países "em desenvolvimento" e apenas uma minoria vive no mundo "desenvolvido" (Dodds, 2018). Ele também deixa claro, de uma maneira muito simples, que, mesmo em uma era supostamente pós-colonial, uma minoria continua a possuir e controlar a maior parte da riqueza global em detrimento da maioria da população mundial. Dessa forma, a distinção procura instituir um viés normativo em favor dos países em desenvolvimento. Até agora, o contraste **mundo da maioria/minoria** não se enraizou, e a maneira mais recente, e ainda em desenvolvimento, de discutir as desigualdades globais e as relações de poder é contrastar o Sul Global com o Norte Global. Essa abordagem é mais claramente pós-colonial em seus objetivos do que os esquemas anteriores.

Do século XVII ao início do século XX, os países ocidentais usaram seu poder e suas tecnologias militares avassaladores para estabelecer colônias em regiões anteriormente ocupadas pelas sociedades tradicionais. Em algumas regiões, como América do Norte, Austrália e Nova Zelândia, que eram pouco povoadas (por grupos de caçadores e coletores), os colonos europeus se tornaram a maioria da população. Em outras áreas, incluindo grande parte da Ásia, da África e da América do Sul, as populações locais permaneceram em maioria e viviam sob o domínio de uma minoria. Muitos países do Sul Global hoje estão em áreas da Ásia, da África e da América do Sul que enfrentaram dominação e governo coloniais.

A política e a prática do **colonialismo** moldaram o mapa do mundo até as ex-colônias conseguirem se libertar e se tornar países independentes por direito próprio. Algumas regiões colonizadas conquistaram a independência muito cedo. O Haiti, por exemplo, tornou-se em 1804 a primeira república negra autônoma. As colônias espanholas na América do Sul conquistaram sua liberdade em 1810, enquanto o Brasil rompeu com o domínio português em 1822. No entanto, a maioria dos países colonizados transformou-se em estados independentes somente após 1945, muitas vezes após sangrentas batalhas anticoloniais contra os colonos ocidentais. Na Índia, e em vários outros países asiáticos, como Birmânia, Malásia e Cingapura, bem como aqueles na África, como Quênia, Nigéria, Tanzânia e Argélia, movimentos nacionalistas e revoltas populares foram fundamentais para desafiar o poderio econômico e militar dos regimes colonialistas ocidentais.

Geralmente, esses países são muito diferentes daqueles que existiam antes do colonialismo. Seus sistemas políticos costumam ser modelados nos primeiros países estabelecidos no Ocidente — ou seja, eles são Estados-Nações —, e, embora a maioria da população ainda viva em áreas rurais, muitos estão passando por um rápido processo de urbanização. Da mesma forma, a agricultura continua sendo a principal atividade econômica em muitos países, mas as colheitas são produzidas para venda nos mercados mundiais, e não apenas para consumo local. O que está claro é que os "países em desenvolvimento" não são sociedades "primitivas" que simplesmente "ficaram atrás" dos países industrializados. O colonialismo ocidental sistematicamente "subdesenvolveu" esses países para saquear seus recursos, o que, por sua vez, ajudou a gerar um rápido desenvolvimento econômico no Ocidente. Os regimes coloniais depredaram os sistemas econômicos e sociais existentes, deixando as ex-colônias em severa desvantagem com sua independência.

> O legado do colonialismo e a crítica pós-colonialista da sociologia são discutidos no Capítulo 3, "Teorias e perspectivas sociológicas".

Vista globalmente, a grande maioria dos países em desenvolvimento está no Hemisfério Sul, e você pode vê-los coletivamente descritos como o **Sul Global**, em comparação com o mundo minoritário dos países desenvolvidos no **Norte Global**. Geograficamente, essa é uma generalização um tanto aproximada, porque, por exemplo, Austrália, Nova Zelândia e Chile estão no "Sul" Global, mas são de renda alta ou média-alta, como os países desenvolvidos que são típicos do "Norte" Global (World Bank, 2020a). Além disso, à medida que os países do Sul Global continuam a se desenvolver economicamente, essa simples divisão geográfica do mundo se torna menos precisa.

Ainda assim, a mudança na terminologia usada aqui nunca teve a intenção de ser simplesmente uma alternativa descritiva. Pelo contrário, marca uma intervenção política nos debates sobre a interdependência global, particularmente sobre a noção de que a intensificação das conexões entre os países por meio da globalização beneficiará a todos eles. Dados e Connell (2012: 13) argumentam que a expressão "Sul Global" "faz referência a toda uma história de colonialismo, neoimperialismo e mudanças econômicas e sociais diferenciais por meio das quais são mantidas grandes desigualdades nos padrões de vida, na expectativa de vida e no acesso a recursos". De fato, Mahler (2018: 32) argumenta que algumas regiões do Norte Global também são desfavorecidas e exploradas, enquanto a riqueza e o poder continuam a fluir para uma minoria. Em suma, "há Suis no Norte geográfico e Nortes no Sul geográfico".

Enquadrar as relações globais dessa forma busca construir solidariedade entre todos aqueles que são impactados negativamente pelo capitalismo global, independentemente da localização geográfica, e fica claro que isso não é uma tentativa de produzir uma classificação "neutra". O modelo não se baseia na classificação dos países do mundo, mas nas relações de desigualdade, poder e dominação, tanto entre as sociedades nacionais como dentro delas. Nesse sentido, essa é uma forma muito diferente de olhar e pensar sobre questões globais, que não se compara diretamente com os outros esquemas de classificação discutidos anteriormente.

É claro que todos os esquemas de classificação têm prós e contras; então, como escolhemos? Uma maneira de seguir em frente, que pode se tornar mais comum no futuro, é evitar se comprometer com qualquer um desses esquemas amplos e generalizantes que fatiam, organizam e reorganizam os diversos tipos de sociedades do mundo. Em vez disso, poderíamos simplesmente tentar ser mais objetivos quanto ao que queremos dizer no contexto do que estamos discutindo no momento. Toshkov (2018) defende essa opinião veementemente, argumentando que, "se você quer dizer os 20 países mais pobres do mundo, diga os 20 países mais pobres do mundo, não os países do Sul Global. Se você quer dizer países tecnologicamente subdesenvolvidos, diga isso, e não países do Terceiro Mundo. E se você quer dizer potências coloniais antigas e ricas da Europa Ocidental, diga isso, e não o Norte Global. A quantidade de palavras aumenta, mas é mais preciso e menos enganoso."

A sociologia é uma disciplina que tenta tirar as conclusões gerais mais amplas, legítimas e consis-

BUY EMPIRE GOODS FROM HOME AND OVERSEAS

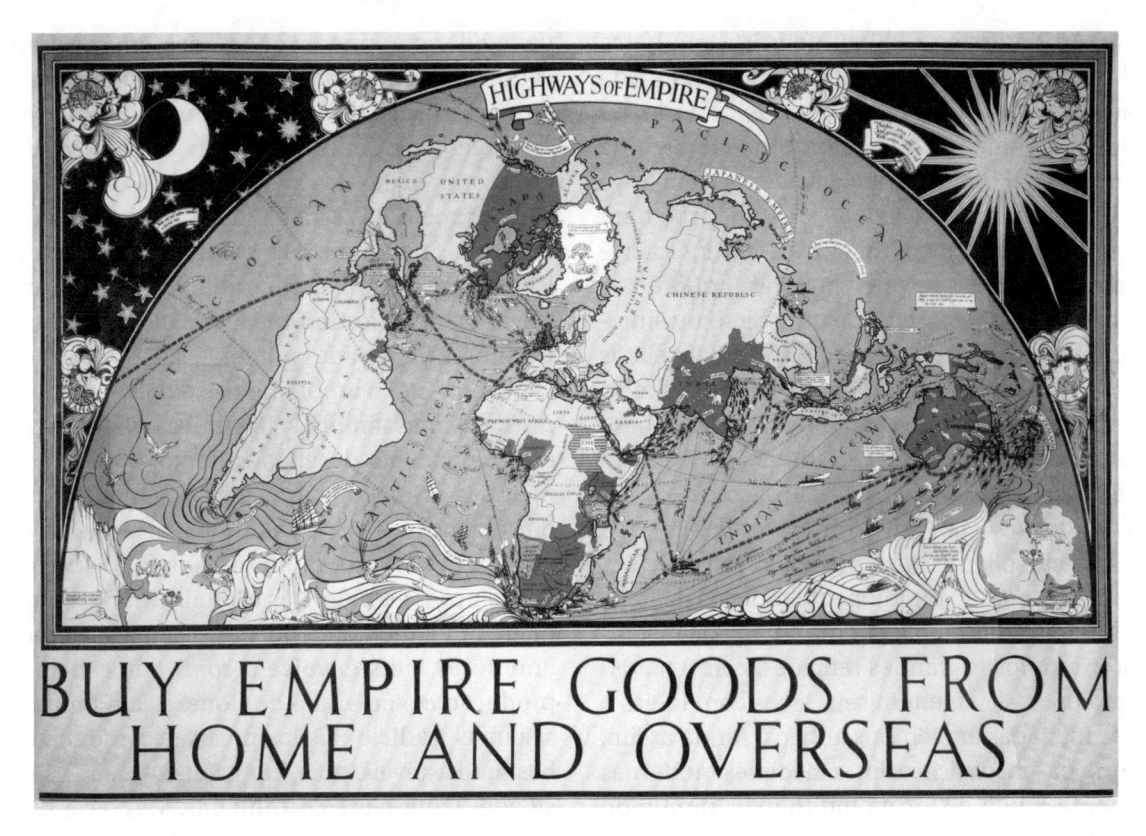

No início do século XX, a expansão colonial da Grã-Bretanha havia criado "um império no qual o sol nunca se põe", cobrindo mais de um quinto da população mundial. Este anúncio apresenta o império, com tonalidade mais escura, junto com as rotas comerciais. (Na figura, é possível ler, traduzindo para o português, "Estradas do Império" acima e "Compre bens do Império em casa e no além-mar" abaixo.)

tentes com as evidências disponíveis, e essa abordagem generalizadora é importante e necessária. No entanto, o argumento de Toshkov é persuasivo e pode ser adotado de forma mais ampla no futuro. De certa forma, vamos nessa direção no restante do capítulo (e em outros lugares), embora, na prática, muitas vezes usemos países desenvolvidos/em desenvolvimento se nosso material de origem adota essa classificação. Onde forem apropriados, também usaremos mundos de maioria/minoria, países de alta/média/baixa renda, colonialismo e pós-colonialismo e uma versão geográfica da distinção aproximada entre Sul Global e Norte Global.

> **REFLEXÃO CRÍTICA**
>
> Liste os principais aspectos de cada esquema de classificação e procure elementos que os afastam e aproximam. Todos esses variados esquemas são, na verdade, apenas maneiras diferentes de falar sobre a mesma coisa, ou eles estão realmente focados em questões e problemas muito diferentes?

> Há também uma discussão dos esquemas de classificação relacionados a desigualdades no Capítulo 6, "Desigualdade global".

Mudanças sociais

Todos os fundadores da sociologia viam o mundo moderno como, de forma crucial, um local radicalmente diferente do que tinha sido no passado recente. Ainda assim, é difícil definir a mudança social, porque, de certa forma, a sociedade está mudando ou está "em processo" o tempo todo. Os sociólogos tentam decidir quando houve alguma mudança social fundamental, levando a uma nova forma ou estrutura de sociedade, e depois procuram explicar o que causou tal mudança. Identificar mudanças significativas envolve mostrar o quanto se altera a *estrutura subjacente* de um objeto ou situação durante um período de tempo. Todos os relatos de mudanças sociais também envolvem mostrar o que permanece estável, como uma linha com base na qual podemos mensurar as alterações. Augusto Comte descreveu esse tipo de análise como o estudo da *dinâmica* social (processos de mudança) e da *estática* social (padrões institucionais estáveis).

Mesmo no mundo rapidamente mutável de hoje, ainda existem continuidades com o passado distante. Por exemplo, as grandes religiões, como o cristianismo ou o islã, mantêm seus laços com ideias e práticas iniciadas em tempos antigos. Ainda assim, a maioria das instituições em sociedades modernas claramente muda de forma muito mais rápido do que as civilizações mais antigas, e podemos identificar os principais elementos que influenciam consistentemente os padrões de mudança social como desenvolvimento *econômico*, mudança *sociocultural* e organização *política*. Estes podem ser analisados separadamente, embora, em muitos casos, uma mudança em um elemento resulte em mudança nos outros.

Desenvolvimento econômico

Muitas sociedades e grupos humanos prosperam e geram riqueza mesmo nas regiões mais inóspitas do planeta. Por outro lado, alguns sobrevivem muito bem sem explorar os recursos naturais à sua disposição. Por exemplo, os habitantes do Alasca foram capazes de desenvolver recursos petrolíferos e minerais para gerar desenvolvimento econômico, enquanto as culturas de caça e coleta frequentemente viveram em regiões férteis sem nunca se tornar pastoris ou agricultoras.

Os ambientes físicos podem permitir ou restringir o tipo de desenvolvimento econômico possível. Os povos indígenas da Austrália nunca deixaram de ser caçadores e coletores, pois o continente quase não continha plantas nativas adequadas para cultivo regular ou animais que pudessem ser domesticados para a produção pastoril. Da mesma forma, as primeiras civilizações do mundo se originaram em áreas que continham ricas terras agricultureráveis, como deltas de rios. A facilidade de comunicação por meio da terra e a disponibilidade de rotas marítimas também são importantes: as sociedades isoladas das outras por cordilheiras montanhosas, selvas ou desertos intransitáveis permanecem relativamente inalteradas por longos períodos.

No entanto, o ambiente físico não é apenas uma restrição, mas também constitui a base da atividade econômica e do desenvolvimento, uma vez que as matérias-primas são transformadas em coisas úteis ou vendáveis. A principal influência econômica durante o período da modernidade foi o surgimento das relações econômicas capitalistas. O capitalismo difere fundamentalmente dos sistemas de produção anteriores, pois envolve a *constante* expansão da produção e o acúmulo de riqueza sem limites. Nos sistemas tradicionais, os níveis de produção eram bastante estáveis, pois eram voltados para as necessidades habituais e costumeiras. Mas o capitalismo promove a constante revisão da tecnologia de produção, processo ao qual a **ciência** está cada vez mais atraída. A velocidade da inovação tecnológica na indústria moderna é muito maior do que em qualquer tipo de economia anterior, e as matérias-primas têm sido usadas nos processos de produção em quantidades inimagináveis em épocas anteriores.

Considere a tecnologia da informação e comunicação (TIC). Nas últimas décadas, o poder dos computadores aumentou milhares de vezes. Um grande computador na década de 1960 foi construído com milhares de conectores feitos à mão, mas um dispositivo equivalente hoje é muito menor (geralmente portátil) e precisa de apenas alguns *chips* de silício em um circuito integrado. O impacto da ciência e da tecnologia sobre o modo como vivemos pode ser impulsionado, em grande parte, por fatores econômicos, mas também se estende além da esfera econômica. A ciência e a tecnologia influenciam e são influenciadas por fatores culturais e políticos. O desenvolvimento científico e tecnológico ajudou a criar formas modernas de comunicação, como o rádio, a televisão e a internet, e essas formas eletrônicas mudaram o modo como a política é conduzida e moldam parcialmente a maneira como todos nós pensamos e nos sentimos a respeito do mundo.

Mudança sociocultural

A mudança sociocultural inclui, no mínimo, o impacto da religião e das crenças, das comunicações e da liderança na vida social. A religião pode ser uma força conservadora ou inovadora, enfatizando a continuidade dos valores e comportamentos tradicionais ou promovendo ativamente a mudança. Como mostrou Max Weber, as convicções religiosas desempenharam um papel mobilizador significativo na pressão para transformar as sociedades. A "tese ética protestante" de Weber é o exemplo mais conhecido, mas, nos últimos tempos, a igreja católica, vista por muitos como essencialmente conservadora, desempenhou um papel fundamental no apoio ao movimento Solidariedade na Polônia, que derrubou o regime comunista. Da mesma forma, muitos ativistas que participaram da Primavera Árabe, entre 2010 e 2012, encararam suas ações como parte de uma tentativa de recuperar o islã de líderes políticos corruptos e regimes autoritários para seus países.

Os sistemas de comunicação têm desempenhado um papel importante e duradouro na mudança do caráter subjacente das sociedades. A invenção da escrita, por exemplo, permitiu a manutenção de registros e possibilitou um controle cada vez maior dos recursos materiais e o desenvolvimento de organizações de grande porte. A escrita alterou a percepção das pessoas sobre a relação entre passado, presente e futuro. As sociedades que mantêm registros escritos sabem que têm uma história e entendem que a história pode criar uma noção do desenvolvimento geral de uma sociedade. Com o advento da internet, a comunicação se tornou muito mais rápida, e a distância deixou de ser um obstáculo significativo. Além disso, ela gerou uma percepção mais efetiva de uma sociedade global — muitas vezes chamada de panorama **cosmopolita** — concretizada em campanhas de caridade globais de financiamento coletivo (ou *crowdfunding*) e movimentos globais recentes contra o capitalismo e, paradoxalmente, a globalização de livre mercado.

A liderança é mais um elemento sociocultural de mudança, o que Weber explorou por meio do conceito de carisma. Líderes carismáticos individuais desempenharam papéis importantes na história mundial. Líderes religiosos como Jesus ou Maomé,

Mahatma Gandhi se encaixa no conceito weberiano do líder carismático. Sua liderança do movimento de independência nacional ajudou a libertar a Índia da dominação colonial britânica.

líderes políticos e militares como Júlio César ou inovadores em ciência e filosofia como Isaac Newton influenciaram a forma como as sociedades mudam. Um líder individual capaz de perseguir políticas dinâmicas, atrair seguidores populares ou alterar radicalmente os modos de pensamento existentes pode ajudar a derrubar uma ordem estabelecida.

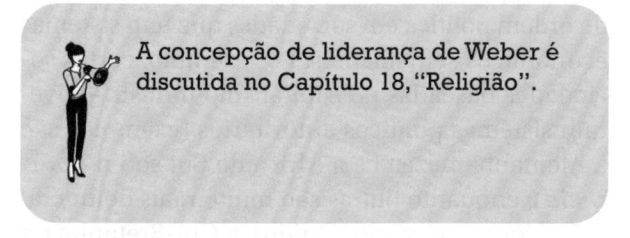

> A concepção de liderança de Weber é discutida no Capítulo 18, "Religião".

No entanto, os indivíduos podem alcançar posições de liderança e se tornar efetivos somente se houver condições sociais favoráveis. Adolf Hitler chegou ao poder na Alemanha na década de 1930, por exemplo, em parte como resultado das tensões e crises que assolavam o país naquela época, o que tornava suas soluções aparentemente simples muito mais atraentes. De uma maneira muito diferente, Mahatma Gandhi, o famoso líder pacifista na Índia durante o período que levou à independência, em 1947, foi uma figura eficaz porque a guerra de 1939 a 1945 e outros eventos perturbaram as instituições coloniais britânicas no país, criando uma oportunidade política para mudar.

Nos tempos modernos, o desenvolvimento da ciência e a secularização da vida social têm sido agentes de influência na mudança, contribuindo para o caráter crítico e inovador da visão moderna. As pessoas não aceitam mais costumes ou hábitos apenas porque ostentam a antiga **autoridade** da tradição e têm mais chances de serem persuadidas por argumentos racionais e científicos. Além da forma *como* pensamos, o *conteúdo* das ideias mudou. Ideais de autoaperfeiçoamento, liberdade individual, igualdade e participação democrática fazem parte da vida moderna. Esses ideais podem ter se desenvolvido de uma forma particular no Ocidente, mas se tornaram genuinamente universais em sua aplicação, promovendo mudanças sociais e políticas na maioria das regiões do mundo.

Organização política

Um terceiro fator que influencia muito a mudança social é o tipo de organização política. Na maioria dos tipos de sociedade, a existência de agências políticas, como chefes, senhores, reis e governos, é altamente significativa na modelagem do rumo de desenvolvimento que uma sociedade toma. Os sistemas políticos não são, como argumentava Marx, expressões diretas da organização econômica subjacente, podendo existir tipos bastante diferentes de ordem política em sociedades que têm sistemas econômicos semelhantes. Por exemplo, certas sociedades baseadas no capitalismo industrial tiveram sistemas políticos autoritários (exemplos são a Alemanha nazista e a África do Sul sob o **apartheid**), enquanto outras são muito mais democráticas (como os Estados Unidos, a Grã-Bretanha e a Suécia).

A batalha política e militar entre as nações tem influenciado a mudança social nos tempos modernos. A mudança política nas civilizações tradicionais era confinada a pequenos grupos de elite, como os membros de famílias aristocráticas que se substituíam como governantes, mas, para a maioria, a vida praticamente não mudava. Isso não acontece nos sistemas políticos modernos, em que as atividades dos líderes políticos e dos oficiais do governo afetam constantemente a vida da população. Tanto externa quanto internamente, a tomada de decisão política promove e direciona a mudança social muito mais efetivamente. Os governos desempenham um papel importante no estímulo (e, às vezes, no retardamento) do crescimento econômico, e em todas as sociedades industriais há um alto nível de intervenção do estado na economia. Até mesmo em economias aparentemente de "livre mercado", sindicatos comerciais ajudam a regular as forças do mercado, e os governos estabelecem a estrutura legislativa dentro da qual as empresas operam.

Marx estudou economia política no século XIX. Embora seu significado tenha mudado desde aquela época, a economia política geralmente se refere ao estudo de todas as maneiras como as instituições políticas e os sistemas econômicos influenciam uns aos outros. Para fins de análise, geralmente é importante separar os aspectos econômicos, políticos e socioculturais da mudança social, mas devemos lembrar que os fenômenos do mundo social são misturas complexas dessas diferentes esferas. Em nenhum lugar isso é mais significativo do que quando se tenta compreender o processo multifacetado da globalização, que está transformando a vida social e desafiando a autonomia de longa data dos Estados-Nações individuais.

Globalização

O conceito de globalização é um tema comum na pesquisa acadêmica, no debate político, na estratégia de negócios e na mídia de massa. No entanto, quando o conceito é invocado, muitas vezes se refere a coisas diferentes. Para alguns, a globalização é algo como um projeto político e econômico perseguido por grupos de elite no Norte Global e voltado para a promoção do comércio global em seu próprio benefício. Essa versão provoca muita fúria e resistência. Na direita política, a globalização ameaça e, em última análise, mina as preciosas identidades nacionais. Na esquerda, a globalização é frequentemente vista como um movimento liderado pelo capitalista que saqueia e explora novas regiões, aumentando as desigualdades e destruindo bons empregos em seu rastro (Crouch, 2019a).

Para muitos sociólogos, a globalização se refere a um conjunto de processos, em grande parte não planejados, envolvendo fluxos multidirecionais de coisas, pessoas e informações por todo o planeta (Ritzer, 2009). No entanto, embora essa definição destaque a crescente fluidez ou liquidez do mundo contemporâneo, muitos estudiosos também veem a globalização como o simples fato de que indivíduos, empresas, grupos e nações estão se tornando cada vez mais interdependentes, como parte de uma comunidade global única. Como vimos na introdução deste capítulo, o processo de crescente *interdependência* global vem ocorrendo ao longo de um período muito longo da história humana e certamente não se restringe às décadas recentes (Nederveen Pieterse, 2004; Hopper, 2007). Therborn (2011: 2) explica bem esse ponto:

> Os segmentos da humanidade há muito tempo estão em contato global, ou pelo menos transcontinental, transoceânico. Havia relações comerciais entre a Roma antiga e a Índia há cerca de 2.000 anos, e entre a Índia e a China. A incursão de Alexandre da Macedônia na Ásia Central há 2.300 anos é evidente nas estátuas de Buda com aparência grega no Museu Britânico. O que é novo é a massa de contato, e o contato das massas, as viagens em massa e a autocomunicação em massa.

Como sugere Therborn, os debates sociológicos contemporâneos se concentram muito mais no ritmo e na intensidade da globalização contemporânea. É essa ideia central de intensificação do processo que marca esse período como diferente, e esse é o foco principal de nossa discussão a seguir. O processo de globalização muitas vezes é retratado como um fenômeno principalmente econômico, e muito se destaca do papel das corporações transnacionais, cujas operações se estendem além das fronteiras nacionais, influenciando os processos globais de produção e a divisão internacional do trabalho. Outros apontam para a integração eletrônica dos mercados financeiros globais e o enorme volume de fluxos globais de capital, juntamente com o alcance sem precedentes do comércio mundial, envolvendo uma gama muito mais ampla de bens e serviços do que em qualquer outra época. Como veremos, a globalização contemporânea é mais bem vista como a junção de fatores políticos, sociais, culturais e econômicos.

Elementos da globalização

O processo de globalização está intimamente ligado ao desenvolvimento da TIC, que intensificou a velocidade e o alcance das interações entre as pessoas ao redor do planeta. Pense na Copa do Mundo de futebol de 2018, realizada na Rússia. Devido à tecnologia de satélite, aos *links* globais de televisão, a cabos de comunicação submarinos, a conexões rápidas de banda larga e à ampliação do acesso ao computador, os jogos puderam ser vistos ao vivo por bilhões de pessoas em todo o mundo. Esse exemplo simples mostra como a globalização está inserida na rotina diária de mais pessoas em mais regiões do mundo, criando experiências compartilhadas genuinamente globais — um importante pré-requisito para o desenvolvimento de uma sociedade global.

Tecnologia da informação

A explosão das comunicações globais foi facilitada por vários avanços tecnológicos importantes. Na era pós-Segunda Guerra Mundial, houve uma transformação profunda no alcance e na intensidade dos fluxos das telecomunicações. A comunicação telefônica tradicional, que dependia de sinais analógicos enviados por meio de fios e cabos, com a ajuda de uma mesa de comutação mecânica, foi substituída por sistemas integrados em que grandes quantidades de informações são compactadas e transferidas por meio digital. A tecnologia do cabo se tornou mais eficiente e menos dispendiosa, e o desenvolvimento de cabos de fibra óptica ampliou drasticamente o número de canais que podem ser transportados.

Os primeiros cabos transatlânticos, instalados na década de 1950, podiam conduzir menos de cem canais de telefone, mas, em 1992, um único cabo transatlântico era capaz de conduzir aproximadamente 80 mil canais. Em 2001, um cabo de fibra óptica submarino transatlântico era ca-

Estudos clássicos 4.1 — Immanuel Wallerstein sobre o sistema mundial moderno

O problema da pesquisa

Muitos alunos recorrem à sociologia para procurar respostas para as grandes questões da vida social. Por exemplo, por que alguns países são ricos e outros são desesperadamente pobres? Como países que eram pobres conseguiram se desenvolver e se tornar relativamente ricos, enquanto outros não o conseguiram? Essas questões relacionadas às desigualdades globais e ao desenvolvimento econômico fundamentam o trabalho do sociólogo histórico norte-americano Immanuel Wallerstein (1930-2019). Ao abordar essas questões, Wallerstein também procurou levar adiante as teorias marxistas da mudança social em uma era global. Em 1976, ele ajudou a fundar o Fernand Braudel Center for the Study of Economics, Historical Systems and Civilizations, na Universidade de Binghamton, em Nova Iorque, que se tornou um foco desse tipo de pesquisa sobre o sistema mundial.

A visão de Wallerstein

Antes da década de 1970, os cientistas sociais tendiam a discutir as sociedades do mundo em termos das existentes no Primeiro, Segundo e Terceiro Mundos, com base em seus níveis de atividade capitalista, industrialização e urbanização. Portanto, acreditava-se que a solução para o "subdesenvolvimento" do Terceiro Mundo era mais capitalismo, indústrias e urbanização. Wallerstein rejeitou essa forma dominante de categorizar as sociedades, argumentando que existe apenas um mundo e que todas as sociedades estão conectadas por meio de relações econômicas capitalistas. Ele descreveu essa complexa interligação de economias como o "sistema mundial moderno", que foi o pioneiro nas atuais teorias sobre a globalização. Seus principais argumentos sobre como esse sistema de mundo emergiu foram apresentados em uma obra dividida em três volumes, *The modern world-system* (1974, 1980, 1989), que expõe sua perspectiva macrossociológica.

As origens do sistema mundial moderno se encontram na Europa dos séculos XVI e XVII, onde o colonialismo proporcionou que países como a Grã-Bretanha, os Países Baixos e a França explorassem os recursos dos territórios que colonizaram. Isso permitiu que acumulassem capital, que foi aplicado novamente na economia, alavancando ainda mais a produção e o desenvolvimento. Essa divisão global do trabalho criou um grupo de países ricos, mas também empobreceu muitos outros, impedindo, assim, o seu desenvolvimento. Wallerstein argumenta que o processo produziu um sistema mundial formado por um núcleo, uma periferia e uma semiperiferia (ver a Figura 4.3). E, embora seja claramente possível para países individuais "ascender" até o núcleo ou "cair" para a semiperiferia e a periferia, a estrutura básica do sistema mundial moderno permanece constante.

A teoria de Wallerstein tenta explicar por que os países em desenvolvimento têm tanta dificuldade para melhorar sua posição, mas também aplica a

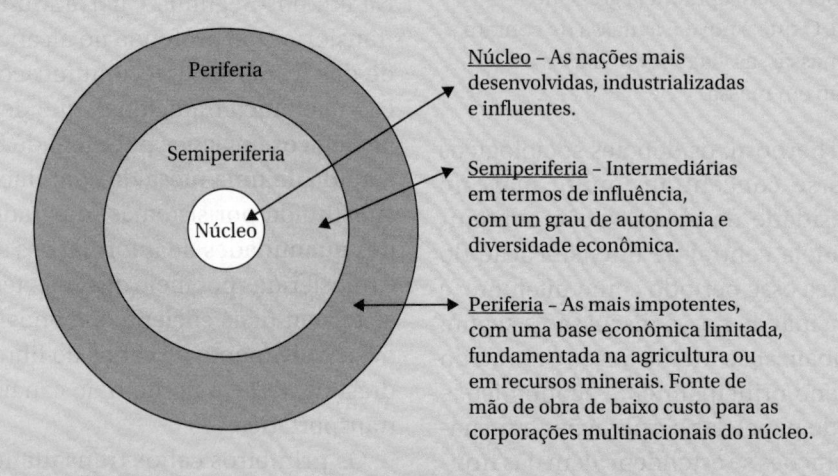

Núcleo – As nações mais desenvolvidas, industrializadas e influentes.

Semiperiferia – Intermediárias em termos de influência, com um grau de autonomia e diversidade econômica.

Periferia – As mais impotentes, com uma base econômica limitada, fundamentada na agricultura ou em recursos minerais. Fonte de mão de obra de baixo custo para as corporações multinacionais do núcleo.

FIGURA 4.3 O sistema mundial moderno.

teoria do conflito de classes de Marx a nível global. Em termos globais, a periferia do mundo se torna "a classe operária", enquanto as formas nucleares, a "classe capitalista" exploradora. Na teoria marxista, isso significa que uma suposta revolução socialista futura tem maior probabilidade de ocorrer nos países em desenvolvimento em vez de no núcleo rico, como previsto originalmente por Marx. Essa é uma razão pela qual as ideias de Wallerstein foram bem-recebidas por ativistas políticos dos movimentos anticapitalista e antiglobalização.

> Veja no Capítulo 20, "Política, governo e movimentos sociais", mais detalhes sobre os movimentos anticapitalista e antiglobalização.

Pontos de crítica

Com suas origens na obra de Karl Marx e no marxismo, a teoria do sistema mundial enfrentou críticas semelhantes. Primeiramente, ela tende a enfatizar a dimensão econômica da vida social e diminui o papel da cultura nas explicações para a mudança social (Barfield, 2000). Argumenta-se, por exemplo, que uma razão pela qual a Austrália e a Nova Zelândia conseguiram sair da periferia econômica com mais facilidade do que outros países são seus vínculos *culturais* íntimos com a industrialização britânica, que proporcionou que uma cultura industrial se fixasse mais rapidamente.

Em segundo lugar, a teoria menospreza o papel da etnicidade, que é considerada apenas uma reação defensiva contra as forças globalizantes do sistema mundial. Portanto, grandes diferenças em religião e língua não são consideradas particularmente importantes. Finalmente, a tese de Wallerstein é vista como excessivamente centrada no Estado, concentrando-se no Estado-Nação como unidade central de análise. Mas isso torna mais difícil teorizar o processo de globalização, que envolve corporações e interesses transnacionais que operam além das fronteiras dos Estados-Nações (Robinson, 2011). É claro que Wallerstein e seus apoiadores procuraram contrariar esses argumentos nos últimos anos.

Relevância contemporânea

O trabalho de Wallerstein foi importante para alertar os sociólogos sobre o caráter interconectado da economia mundial capitalista moderna e seus efeitos globalizantes. Desse modo, ele deve receber o crédito pelo reconhecimento precoce da significância dos processos de globalização, embora muitos considerem a sua ênfase na atividade econômica um tanto limitada. A abordagem de Wallerstein tem atraído muitos estudiosos e, com base institucional no Fernand Braudel Center e em um periódico acadêmico dedicado à sua disseminação — *The Journal of World-Systems Research* (desde 1995) —, a análise do sistema mundial hoje parece ser uma tradição estabelecida de pesquisa.

> **REFLEXÃO CRÍTICA**
>
> Existem exemplos históricos de países dentro do "núcleo" passando para a semiperiferia ou mesmo para a periferia? Em sua opinião, por que a crise financeira de 2008 não levou uma série de países a serem expulsos do núcleo do sistema mundial?

paz de transportar o equivalente a estonteantes 9,7 milhões de canais telefônicos (Atlantic Cable, 2010). Hoje, esses cabos transportam não apenas sinais telefônicos, mas tráfego de internet, vídeo e muitos outros tipos de dados. A disseminação de satélites de comunicações em órbita no planeta, com início na década de 1960, também foi significativa para expandir as comunicações internacionais. Hoje, existe uma rede de mais de 200 satélites em órbita para facilitar a transferência de informações ao redor do planeta, embora a maior parte da comunicação continue ocorrendo por meio de cabos submarinos, que ainda são bastante confiáveis.

A maior parte da banda larga super-rápida é fornecida não por satélite, mas pelo método muito mais antigo de cabos transoceânicos, colocados no leito do mar ou embaixo dele. O cabo Marea, de 6.600 quilômetros, colocado entre a Espanha e a Virgínia, nos Estados Unidos, foi uma *joint venture* entre Facebook e Microsoft e o primeiro a ligar os Estados Unidos ao sul da Europa.

Em países com infraestruturas de comunicação mais desenvolvidas, lares e escritórios hoje têm várias conexões com o mundo externo, incluindo telefones fixos e móveis, televisão digital, por satélite e a cabo, correio eletrônico e internet. A internet surgiu como o instrumento de comunicação de crescimento mais rápido já desenvolvido. Em meados de 1998, cerca de 140 milhões de pessoas ao redor do mundo usavam a internet. Por volta do ano 2000, esse número tinha aumentado para mais de 360 milhões, e, em meados de 2019, mais de 4,5 bilhões de pessoas no mundo inteiro eram usuárias da internet, quase 60% da população humana no planeta (Internet World Stats, 2022).

Essas formas de tecnologia facilitam o que Harvey (1989) chama de compressão do tempo e do espaço. Por exemplo, dois indivíduos localizados em lados opostos do planeta — em Tóquio e Londres, por exemplo — não apenas podem conversar em tempo real, como também enviar documentos, áudios, imagens, vídeos e muito mais. Logo, a distância relativa entre os lugares foi drasticamente reduzida, e o mundo está efetivamente encolhendo, permitindo que as pessoas se tornem mais conscientes de uma única sociedade humana global.

O uso disseminado da internet e dos telefones celulares está aprofundando e acelerando processos de globalização; cada vez mais pessoas estão se interconectando por meio dessas tecnologias e o estão fazendo em locais que antes eram isolados ou pouco atendidos pelas comunicações tradicionais. Embora a infraestrutura de telecomunicações não esteja desenvolvida de forma regular ao redor do mundo, um número cada vez maior de países hoje pode acessar as redes de comunicações globais. Como mostra a Tabela 4.3, o crescimento mais rápido no acesso à internet no século XXI acontece na África, na Ásia, no Oriente Médio, na América Latina e no Caribe, regiões que estão começando a acompanhar o ritmo dos outros países.

Fluxos de informação

A disseminação da **tecnologia da informação** expandiu as possibilidades de contato entre pessoas ao redor do planeta e também facilitou o fluxo de informações sobre as pessoas e os acontecimentos ocorridos em locais distantes. Todos os dias, a mídia global leva notícias, imagens e informações para os lares das pessoas, conectando-as direta e continuamente com o mundo externo. Alguns dos acontecimentos mais emocionantes (e perturbadores) dos últimos tempos — como a queda do muro de Berlim, em 1989, as manifestações pró-democracia e a repressão na Praça da Paz Celestial na China (também em 1989), os ataques terroristas de 11 de setembro de 2001 nos Estados Unidos e a ocupação da Praça Tahrir, no Egito, marcando a Primavera Árabe — se desdobraram perante uma audiência verdadeiramente global. O caráter interativo das tecnologias digitais levou os "jornalistas-cidadãos" a ajudar a produzir as notícias ao reportar "diretamente da cena" dos acontecimentos mundiais pela internet.

Essa mudança para uma perspectiva global tem duas dimensões significativas. Primeiramente, como membros de uma comunidade global, as pessoas cada vez mais percebem que a responsabilidade social não termina nas fronteiras nacionais, mas se estende além delas. Os desastres e as injustiças que as pessoas enfrentam no outro lado do planeta não são apenas infortúnios que devemos suportar, mas representam motivos legítimos para ação e intervenção. Existe uma visão crescente de que a comunidade internacional tem a obrigação de agir em situações de crise para proteger o bem-estar físico ou os direitos humanos de pessoas cujas vidas estejam ameaçadas. No caso de desastres naturais, essas intervenções tomam a forma de ajuda humanitária e assistência técnica. Também houve apelos mais intensos nos últimos anos por forças de intervenção e de manutenção da paz em guerras civis e conflitos étnicos, embora tais mobilizações se mostrem politicamente problemáticas em comparação com as relacionadas a desastres naturais.

Em segundo lugar, uma perspectiva global parece estar ameaçando ou minando o senso de identidade nacional (ou de Estado-Nação) de muitas pessoas. As identidades culturais locais estão passando por significativas renovações em um momento em que o domínio tradicional do Estado-Nação está passando por uma profunda transformação. Na Europa, as pessoas na Escócia e na região da Catalunha, na Espanha, podem ser mais propensas a se identificar como escoceses ou catalães – ou simplesmente como europeus – em vez de britânicos ou espanhóis. Um referendo sobre a independência escocesa do Reino Unido em setembro de 2014 foi derrotado, mas 45% da população votou "sim". Uma votação não oficial na Catalunha em outubro de 2017 viu 92% votar pela sua independência da Espanha. Em algumas regiões, a identificação com o Estado-Nação pode estar diminuindo à medida que a globalização abala a posição das pessoas em relação aos Estados em que vivem.

A mistura de culturas e economias

Para alguns sociólogos socialistas e marxistas, embora a cultura e a política desempenhem um papel importante nas tendências globalizantes, elas são sustentadas pela globalização econômica capitalista e pela busca contínua de lucros. Martell (2017: 4), por exemplo, argumenta que "é difícil ver muitas áreas da globalização onde, por trás delas, também não estejam estruturas econômicas subjacentes que afetam a igualdade ou as relações de poder com as quais a globalização é produzida ou recebida, ou incentivos econômicos que têm a ver com lucro". Esse ponto de vista aceita o caráter multidimensional da globalização, mas rejeita a noção de que fatores culturais, políticos e econômicos devem receber o mesmo peso. Analisar os "interesses materiais" e a maneira como eles são almejados continua sendo a chave para entender a globalização nessa perspectiva neomarxista.

Naturalmente, outros discordam. Aqueles que adotam uma posição amplamente culturalista argumentam que a globalização depende da integração contínua da economia mundial, mas que isso é alcançado de várias maneiras culturais, e não apenas econômicas. O turismo é uma enorme "indústria" em todo o mundo, e, em 2017, cerca de 1,34 bilhão de turistas internacionais gastaram US$ 4,44 trilhões em outros países (Banco Mundial, 2017). O desejo de viajar e conhecer novos pontos turísticos e culturas não é um interesse puramente material, mas é influenciado pelas mudanças nos gostos culturais dos turistas, o que Urry e Larsen (2011) chamam de "olhar do turista". Essa tese está delineada no quadro Sociedade global 4.2.

Waters (2001) argumenta que o domínio da cultura é essencial para a globalização porque é por meio de formas culturais e simbólicas que os desenvolvimentos econômicos e políticos são liberados das restrições materiais da geografia. Por exemplo, a chamada economia sem peso é aquela em que os produtos têm sua base na informação, como *softwares* de computador, e em mídia e entretenimento, como jogos, filmes, música e serviços de *streaming on-line*. Esse novo contexto econômico é frequentemente caracterizado como "**sociedade do conhecimento**" ou "era da informação". O surgimento de uma sociedade do conhecimento foi relacionado ao desenvolvimento de uma ampla base de consumidores que são tecnologicamente alfabetizados e integram avidamente os novos avanços em computação, entretenimento e telecomunicações às suas vidas cotidianas. Talvez o melhor exemplo sejam os jogadores *on-line*, que aguardam ansiosamente os últimos jogos e atualizações e, é claro, estão dispostos a pagar por eles.

Essa "economia eletrônica" sustenta a globalização econômica mais ampla. Bancos, corporações, gestores de fundos e investidores individuais podem transferir fundos internacionalmente com apenas um clique. A capacidade de movimentar dinheiro eletrônico instantaneamente gera maiores riscos. Transferências de grandes quantidades de capital podem desestabilizar economias, provocando crises financeiras internacionais, e, à medida que a economia global se torna cada vez mais integrada, um colapso financeiro ou um desastre em uma parte do mundo pode ter um grande efeito sobre economias distantes. A crise financeira global de 2008 talvez seja o melhor exemplo disso, pois ela se espalhou rapidamente para fora dos EUA, em direção ao restante do sistema econômico global.

A própria operação da economia global reflete as mudanças que ocorreram na era da informação. Para serem competitivas, as empresas e corporações se reestruturaram a fim de se tornar mais flexíveis e interligadas, menos hierárquicas em sua natureza, como nas organizações burocráticas mais antigas (Castells, 1996b). As práticas de produção e os padrões organizacionais se tornaram mais flexíveis, as parcerias com outras firmas se tornaram lugar comum, e a participação em redes de distribuição mundial se tornou essencial para fazer negócios em mercados globais em rápida mudança.

Sociedade global 4.2 — Interações no turismo internacional

Você já teve uma conversa cara a cara com alguém de outro país ou conectado a um *site* no exterior? Você já viajou para outro continente a negócios ou de férias? Se você respondeu "sim", então já experimentou uma das consequências da globalização. A globalização mudou tanto a frequência quanto o caráter das interações entre pessoas de diferentes países. O sociólogo histórico Charles Tilly define a globalização em termos dessas mudanças. De acordo com Tilly (1995: 1-2), "globalização significa um aumento no alcance geográfico de interações sociais localmente consequentes". Em outras palavras, uma proporção cada vez maior de nossas interações passa a envolver, direta ou indiretamente, pessoas de outros países.

A globalização ampliou bastante as possibilidades de viagens internacionais, tanto por encorajar o interesse em outros países quanto por facilitar o movimento de turistas através das fronteiras. Altos níveis de turismo internacional se traduzem em um aumento no número de interações cara a cara entre pessoas de diferentes países. John Urry (2002; Urry e Larsen, 2011) argumenta que o "olhar do turista" — as expectativas por parte dos turistas sobre o que eles experimentarão enquanto viajam para o exterior — dá forma a muitas dessas interações.

Urry compara o olhar do turista com a concepção de Foucault do olhar médico (ver Capítulo 10, "Saúde, doença e deficiência"). Ele argumenta que o olhar do turista é tão socialmente organizado por especialistas profissionais, tão sistemático em sua aplicação e tão distante quanto o olhar médico, mas, nesse caso, em uma busca por experiências "exóticas". São experiências que violam as expectativas cotidianas sobre como devem ocorrer a interação social e a interação com o ambiente físico.

No entanto, fora aqueles que procuram experiências extremas, a maioria dos turistas não deseja que suas experiências sejam *tão* exóticas. Um destino popular para jovens viajantes em Paris, por exemplo, é um restaurante McDonald's. Alguns vão ver se há alguma verdade na frase do filme *Pulp Fiction*, de Quentin Tarantino, segundo a qual, como os franceses usam o sistema métrico, os hambúrgueres "*quarter pound* com queijo" (literalmente, um quarto de libra com queijo) do McDonald's são chamados de "Royales com queijo" (é verdade). Os britânicos que viajam para fora de seu país geralmente não resistem a comer e beber em confortáveis *pubs* de estilo britânico e irlandês. São essas demandas contraditórias do exótico e do familiar que estão no centro do olhar do turista.

O olhar do turista pode sobrecarregar as interações cara a cara entre turistas e moradores locais. Os locais que fazem parte da indústria do turismo podem apreciar os benefícios econômicos, mas outros podem se ressentir dos turistas por suas atitudes exigentes e pelo desenvolvimento demasiado que ocorre em destinos populares. Como acontece com a maioria dos aspectos da globalização, o impacto geral desses encontros interculturais tem consequências positivas e negativas.

> **REFLEXÃO CRÍTICA**
>
> Como os seus próprios planos de *viagem* e a *infraestrutura* necessária para os turistas prejudicam os *ecossistemas* do país? Os benefícios culturais do turismo global superam os danos ambientais causados por ele?

O McDonald's tem restaurantes *fast-food* em todo o mundo, inclusive em Marrakech, no Marrocos, onde o cardápio e o ambiente são ajustados às culturas locais.

Corporações transnacionais

Entre os muitos fatores econômicos que estão motivando a globalização, o papel das **corporações transnacionais** é particularmente importante, apesar de seu número relativamente pequeno. As corporações transnacionais (*transnational corporations* — TNCs) são empresas que produzem bens ou prestam serviços em mais de um país. Podem ser empresas relativamente pequenas, com uma ou duas fábricas fora do país-sede, ou organizações internacionais gigantes cujas operações atravessam o globo. Algumas das maiores corporações transnacionais são companhias conhecidas em todo o mundo: Walmart, Apple, Amazon, ExxonMobil,

Nestlé e Alphabet (a empresa pai da Google). Mesmo quando as corporações transnacionais têm uma clara base nacional, elas são orientadas para mercados globais e lucros globais.

As corporações transnacionais se tornaram mais significativas após 1945. A expansão nos primeiros anos do pós-guerra veio de empresas sediadas nos Estados Unidos, mas, na década de 1970, empresas europeias e japonesas começaram a investir cada vez mais em outros países. No final da década de 1980 e na década de 1990, as TNCs se expandiram drasticamente, com o estabelecimento de três poderosos mercados regionais: Europa (o Mercado Comum Europeu), Ásia-Pacífico (a Declaração de Osaka garantia o comércio livre e aberto em 2010) e América do Norte (o Acordo de Livre Comércio da América do Norte). Desde o começo da década de 1990, países em outras áreas do mundo também liberalizaram as restrições aos investimentos estrangeiros, e, na virada do século XXI, havia poucas economias no mundo que se mantinham além do alcance das TNCs. Muito recentemente, elas expandiram suas operações nos países em desenvolvimento e no Leste Europeu, com a China sendo o próximo principal desafio e oportunidade.

As corporações transnacionais estão no centro da globalização econômica, representando entre dois terços e três quartos de todo o comércio mundial (Kordos e Vojtovic, 2016: 152). Elas são instrumentais na difusão de novas tecnologias ao redor do planeta e são atores importantes em mercados financeiros (Held et al., 1999). Aproximadamente 500 corporações transnacionais tiveram vendas anuais de mais de 10 bilhões de dólares em 2001, enquanto apenas 75 *países* podiam se vangloriar de ter PIBs desse montante. Em outras palavras, as principais corporações transnacionais do mundo são, em alguns aspectos, economicamente maiores do que a maioria dos países do planeta.

O argumento de que a manufatura está se tornando cada vez mais globalizada costuma ser expresso em termos de **cadeias produtivas globais**, as redes mundiais de mão de obra e processos de produção que geram um produto final. Essas redes consistem

---

USANDO SUA IMAGINAÇÃO SOCIOLÓGICA

4.2 Barbie e o desenvolvimento de cadeias produtivas globais

Um exemplo da cadeia produtiva global pode ser encontrado na fabricação da boneca Barbie, o brinquedo mais lucrativo da história. A boneca adolescente de 60 anos já foi vendida a uma taxa de duas por segundo, garantindo à Mattel Corporation, sediada em Los Angeles, nos Estados Unidos, bem mais de um bilhão de dólares em receita anual (Tempest, 1996). Embora a boneca tenha sido vendida, em seus primeiros anos, principalmente nos Estados Unidos, na Europa e no Japão, ela também pode ser encontrada em mais de 150 países ao redor do mundo (Dockterman, 2016). Para evitar custos de mão de obra relativamente altos, a Barbie nunca foi fabricada nos Estados Unidos (Lord, 2020). A primeira boneca foi feita no Japão, em 1959, quando os salários de lá eram mais baixos do que os dos EUA, mas depois a manufatura passou para outros países com baixos salários na Ásia. A manufatura da Barbie nos diz muito sobre a operação de cadeias produtivas globais.

A Barbie é projetada na sede da Mattel, na Califórnia, onde suas estratégias de *marketing* e publicidade são planejadas e onde está a maior parte dos lucros, mas o produto físico sempre adquiriu seus diversos elementos de várias partes do mundo.

Tempest (1996) relatou que, no final da década de 1990, o corpo da Barbie era feito de petróleo produzido na Arábia Saudita e refinado lá, transformando-se em etileno, que a Formosa Plastic Corporation de Taiwan convertia em esférulas de PVC e enviava para uma das quatro fábricas asiáticas que fazem a Barbie — duas no sul da China, uma na Indonésia e uma na Malásia. As máquinas injetoras de moldes plásticos que moldam o corpo eram feitas nos Estados Unidos e enviadas para as fábricas. Os

Capítulo 4 Globalização e mudança social **135**

JAPÃO (cabelo)

CHINA, INDONÉSIA, MALÁSIA (moldagem do corpo)

EUA (máquinas para moldagem do plástico)

TAIWAN (produção do plástico)

CHINA (algodão para roupas e fabricação das roupas)

ARÁBIA SAUDITA (petróleo)

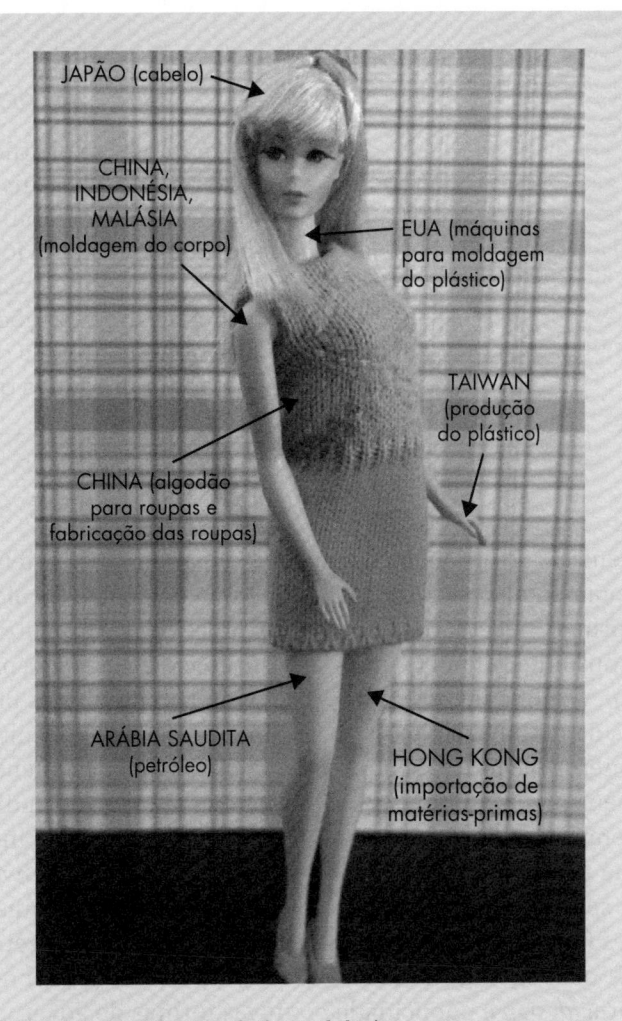

HONG KONG (importação de matérias-primas)

A Barbie literalmente incorpora as cadeias produtivas globais.

cabelos de *nylon* vinham do Japão, e os vestidos de algodão eram feitos na China, com algodão chinês (a única matéria-prima que realmente vem do país onde a maioria das Barbies é feita). Quase todo o material usado na fabricação era enviado para Hong Kong e depois transportado de caminhão para as fábricas na China. As Barbies prontas saíam pela mesma rota, com cerca de 23 mil caminhões fazendo a viagem diária entre Hong Kong e as fábricas de brinquedos do sul da China. Mais recentemente, Noah (2012: 100) argumentou que "O mesmo padrão continua hoje, mas o volume e a sofisticação tecnológica dos produtos 'Made in China' são muito maiores".

Quanto à Barbie, as vendas caíram 6% em 2013, mas, em 2019, estavam subindo novamente, até 12% no quarto trimestre do ano (Whitten, 2019). Isso segue a diversificação da versão original, tradicionalmente magra, loira e branca. Agora, a Barbie está disponível em uma variedade de tons de pele e formas de corpo ("pequena", "alta" e com um "corpo curvilíneo" que reflete a influência de celebridades globais como Beyoncé e Kim Kardashian) e em uma variedade de roupas baseadas na profissão, incluindo um traje espacial (Kumar, 2019). Com um filme *live-action* perto de ser lançado, quem apostaria contra a ideia de a Barbie aparecer na décima edição deste livro?

O que a produção e o consumo da Barbie nos mostram é a efetividade dos processos de globalização em conectar as economias do mundo. Contudo, também demonstram a desigualdade do impacto da globalização, que possibilita que certos países se beneficiem à custa de outros. Mas não podemos pensar que as cadeias produtivas globais promoverão inevitavelmente o rápido desenvolvimento econômico em toda a série de sociedades envolvidas.

> **REFLEXÃO CRÍTICA**
>
> Será que a Barbie global é um exemplo do potencial positivo da globalização, oferecendo trabalho e salário para aqueles que estão fora do mundo rico e desenvolvido? Considere quais grupos sociais, organizações e países podem se beneficiar mais com a operação da cadeia produtiva global da boneca.

em todas as atividades essenciais de produção que formam uma "cadeia" intimamente conectada que se estende das matérias-primas necessárias para criar o produto até o seu consumidor final (Appelbaum e Christerson, 1997). A China, por exemplo, migrou da classe de países de renda baixa para os de renda média principalmente devido ao seu papel como exportador de bens manufaturados. Em 2018, China e Índia forneceram as maiores parcelas do emprego total da cadeia produtiva, com 43,4% e 15,8%, respectivamente, sendo os EUA o principal destino das exportações (Suwandi et al., 2019). Ainda assim, as atividades mais lucrativas na cadeia produtiva — engenharia, *design* e publicidade — provavelmente serão encontradas nos países de alta renda, enquanto os aspectos menos lucrativos, como a produção fabril, costumam ser encontrados nos países de baixa renda, reproduzindo, assim, a desigualdade, em vez de desafiá-la.

Globalização política

A globalização não é simplesmente o produto de desenvolvimentos tecnológicos e do crescimento de redes capitalistas transnacionais; ela também está relacionada com as mudanças políticas. Uma mudança importante foi o colapso do comunismo, que ocorreu em uma série de revoluções dramáticas no Leste Europeu desde 1989 e culminou na dissolução da própria URSS, em 1991. Isso marcou o fim efetivo da chamada Guerra Fria. Desde então, os países do antigo bloco soviético — incluindo Rússia, Ucrânia, Polônia, Hungria, República Tcheca, Estados bálticos, Estados do Cáucaso e da Ásia Central e muitos outros — aproximaram-se de sistemas políticos e econômicos de estilo ocidental. O colapso do comunismo acelerou processos de globalização, mas também deve ser visto como resultado da própria globalização, pois as economias comunistas planejadas centralmente e o controle ideológico e cultural da autoridade política comunista essencialmente não conseguiram sobreviver em uma era de mídia global e economia mundial mais integrada por meios eletrônicos.

Um segundo desenvolvimento político foi o crescimento de mecanismos internacionais e regionais de governo, reunindo Estados-Nações e levando as relações internacionais em direção a novas formas de governança global. Por exemplo, McGrew (2020: 22) observa que "Existem hoje mais de 260 organizações intergovernamentais permanentes constituindo um sistema de governança global, com as Nações Unidas em seu núcleo institucional". As Nações Unidas e a União Europeia (UE) talvez sejam os exemplos mais proeminentes de Estados-Nações sendo reunidos em fóruns políticos comuns. A ONU faz isso como uma associação de Estados-Nações separados, enquanto a União Europeia é uma forma mais pioneira de governança transnacional, em que o grau de **soberania** nacional é cedido para os Estados, a fim de obter os benefícios da sua participação. Os governos dos Estados da UE estão ligados por diretivas, regulamentações e julgamentos em tribunal a partir de órgãos comuns da UE, mas também colhem os benefícios econômicos, sociais e políticos de sua participação no mercado comum do bloco.

Organizações governamentais internacionais (OGIs) e **organizações não governamentais inter-**

nacionais (ONGIs) também são formas importantes de uma política cada vez mais global. Uma OGI é uma entidade estabelecida por governos participantes e tem a responsabilidade de regular ou supervisionar um certo domínio de atividade de âmbito transnacional. A primeira dessas organizações, a International Telegraph Union, foi fundada em 1865, mas desde aquela época criou-se uma grande quantidade de organizações semelhantes para regular questões que englobam desde a aviação civil até a radiodifusão e a disposição de resíduos tóxicos. Entre elas, estão as Nações Unidas (ONU), o Fundo Monetário Internacional (FMI) e a Organização do Tratado do Atlântico Norte (Otan).

As ONGIs diferem das OGIs no sentido de que não são associadas a instituições governamentais. Ao contrário, elas são organizações independentes que trabalham com órgãos governamentais para tomar decisões políticas e abordar questões internacionais. Algumas das ONGIs mais conhecidas — como o Greenpeace, os Médicos sem Fronteiras, a Cruz Vermelha e a Anistia Internacional — estão envolvidas em iniciativas de proteção ambiental, saúde e direitos humanos. Porém, as atividades de milhares de grupos menos conhecidos também conectam países e comunidades.

O que surgiu da crescente gama de órgãos políticos transnacionais é basicamente uma forma de globalização política em que as questões fundamentais não estão relacionadas apenas ao interesse nacional, mas abrangem questões e problemas internacionais e globais. Modelski e Devezas (2007) veem isso essencialmente como a evolução de uma política global, cuja forma ainda está para ser determinada.

Estruturação do debate da globalização

Relatos da globalização na sociologia têm sido vistos como três grandes tendências ou "ondas" que ocorreram ao longo da década de 1990 e no início do século XXI. E, embora tenha havido muito trabalho sobre aspectos específicos da globalização desde então, a estrutura do debate continua a fluir através dessas posições básicas. Há uma abordagem adicional à globalização, que Martell (2017: 14) chama de "quarta onda", baseada em formas de **análise do discurso** que estudam as narrativas existentes da globalização e a maneira como elas enquadram, discutem e moldam a própria globalização (Cameron e Palan, 2004; Fairclough, 2006). No entanto, embora a maioria dos estudos concorde que estão acontecendo importantes mudanças materiais internacionalmente, eles discordam sobre se é preciso ou válido agrupá-las sob o guarda-chuva da globalização. Por isso, e por questões de espaço, nesta seção nos concentramos nas três primeiras ondas.

Uma discussão influente das três principais posições no debate é aquela de David Held e seus colaboradores (1999). Ela apresenta três escolas de pensamento — os hiperglobalizadores, os céticos e os transformacionalistas —, que são resumidas na Tabela 4.3. Observe que os autores citados em cada escola são selecionados porque seu trabalho contém alguns dos argumentos básicos que definem a abordagem daquela escola específica. Vamos analisar cada onda separadamente.

Os hiperglobalizadores

Os hiperglobalizadores da primeira onda veem a globalização como um processo muito real e contínuo, com consequências que estão produzindo uma nova ordem global, conduzida por poderosos fluxos transfronteiriços de comércio e produção. Ohmae (1990, 1995) enxerga a globalização como algo que está levando a um "mundo sem fronteiras" — um mundo em que as forças do mercado são mais poderosas do que os governos nacionais. Grande parte desse argumento se concentra na ideia de que os Estados-Nações estão perdendo o poder de controlar seu próprio destino. Rodrik (2011) argumenta que os países individuais não supervisionam mais suas economias, devido ao grande crescimento no comércio mundial, enquanto os governos são cada vez mais incapazes de exercer autoridade sobre os voláteis mercados financeiros do mundo, as decisões de investimento, a migração aumentada, as ameaças ambientais ou as redes terroristas. Os cidadãos também reconhecem que os políticos são limitados em sua capacidade de abordar esses problemas e, como resultado, perdem a fé nos sistemas de governança existentes.

O argumento da hiperglobalização sugere que o poder dos governos nacionais também está sendo desafiado de cima (por instituições regionais e internacionais, como a União Europeia, a Organização Mundial do Comércio, entre outras) e de baixo (por movimentos internacionais de protesto, terrorismo

TABELA 4.3 Conceituando a globalização: três tendências

	Hiperglobalizadores (Ohmae, 1990 e 1995; Albrow, 1997)	*Céticos (Boyer e Drache, 1996; Hirst, 1997; Hirst e Thompson, 1999)*	*Transformacionalistas (Sassen, 1991; Rosenau, 1997; Held et al., 1999)*
O que há de novo?	Uma era global	Blocos comerciais, geogovernança mais fraca do que em períodos anteriores	Níveis de interconectividade global sem precedentes históricos
Aspectos dominantes	Capitalismo global, governança global, sociedade civil global	Mundo menos interdependente do que nos anos 1890	Globalização "densa" (intensiva e extensiva)
Poder de governos nacionais	Declinando ou em erosão	Reforçado ou ampliado	Reconstituído, reestruturado
Forças motrizes da globalização	Capitalismo e tecnologia	Governos e mercados	Forças da modernidade combinadas
Padrão de estratificação	Erosão de antigas hierarquias	Maior marginalização do Sul	Nova arquitetura da ordem mundial
Motivo dominante	McDonald's, Madonna, etc.	Interesse nacional	Transformação da comunidade política
Conceituação da globalização	Reorganização do modelo de ação humana	Internacionalização e regionalização	Reorganização de relações e ações inter-regionais a distância
Trajetória histórica	Civilização global	Blocos regionais/choque de civilizações	Indeterminada: integração e fragmentação global
Argumento sintético	O final do Estado-Nação	A internacionalização depende do consentimento e do apoio do governo	A globalização transforma o poder governamental e a política mundial

Fonte: Adaptada de Held et al. (1999: 10).

global e iniciativas dos cidadãos). Vistas em conjunto, essas mudanças indicam a aurora de uma era global em que os governos nacionais perdem importância e influência (Albrow, 1997). Uma consequência é que os sociólogos terão que se livrar do conceito de "sociedade", que convencionalmente significa o Estado-Nação limitado. Urry (2000) argumentou que a sociologia precisa desenvolver uma agenda "pós-social" enraizada no estudo de redes globais e múltiplos fluxos atravessando as fronteiras nacionais.

Os céticos

Os argumentos da segunda onda estão enraizados na visão cética de que a globalização é exagerada. A maioria das teorias da globalização, dizem os céticos, representa apenas muita conversa sobre algo que não é realmente novo, enquanto muitas das mudanças descritas não são, de forma alguma, "globais" (Hirst et al., 2009). Por exemplo, os níveis atuais de **interdependência econômica** não são inéditos. As estatísticas do século XIX sobre o comércio e os investimentos mundiais levam alguns a afirmar que a globalização contemporânea difere do passado apenas na intensidade da interação entre os Estados-Nações. Nesse caso, é mais preciso falar de "internacionalização" do que de globalização, e isso também preserva a ideia de que os Estados-Nações foram e provavelmente continuarão sendo os principais atores políticos. Por exemplo, Thompson (em Hirst et al., 2009) argumenta que, durante a crise financeira "global" de 2008, na verdade, foram os governos nacionais e os sistemas reguladores que intervieram como "emprestadores de último recurso" para proteger suas próprias economias. Os governos nacionais continuam sendo atores-chave porque estão envolvidos na regulação e na coordenação da atividade econômica, e alguns estão conduzindo acordos comerciais e políticas para promover a liberalização econômica.

Os céticos concordam que pode haver mais contato entre os países do que em épocas passadas, mas a economia mundial de hoje não está suficientemente integrada para constituir uma economia verdadeiramente globalizada, única. Isso se dá porque a maior parte do comércio ocorre dentro de três grupos regionais — Europa, Japão/Ásia Oriental e América do Norte —, em vez de em um contexto genuinamente globalizado. Os países da União Europeia, por exemplo, negociam predominantemente entre si, e o mesmo se aplica aos outros grupos regionais, invalidando, assim, a noção de uma única economia global (Hirst, 1997).

Como resultado, muitos céticos se concentram em processos de *regionalização* dentro da economia mundial, incluindo o surgimento de grandes blocos financeiros e comerciais. De fato, o crescimento da **regionalização** é evidência de que a economia mundial se tornou *menos* integrada, em vez de mais (Boyer e Drache, 1996; Hirst et al., 2009). Em comparação com os padrões de comércio que prevaleciam um século atrás, argumenta-se que a economia mundial, na verdade, é menos global em seu alcance geográfico e mais concentrada em bolsões de atividade intensa. Nesse sentido, os hiperglobalizadores estão apenas interpretando mal a evidência histórica.

Os transformacionalistas

Os transformacionalistas assumem uma posição intermediária entre os céticos e os hiperglobalizadores, argumentando que a globalização está rompendo as fronteiras estabelecidas entre o interno e o externo, o internacional e o doméstico. No entanto, muitos padrões antigos permanecem, e os governos nacionais retêm muito poder e influência. Em vez de perder a soberania, os Estados-Nações estão reestruturando-a e agrupando-a em resposta a novas formas de organização econômica e social que não são territoriais (Thomas, 2007). Isso inclui corporações, movimentos sociais e organizações internacionais. O argumento transformacionalista é que não estamos mais vivendo em um mundo centrado no Estado, mas os Estados estão adotando uma postura mais ativa e voltada para o exterior, em busca da governança nas complexas condições da globalização (Rosenau, 1997).

Nesse argumento, também é errado ver a globalização como algo inevitável ou fora do controle dos cidadãos e dos governos. Na verdade, a globalização é um processo dinâmico, aberto, sujeito a muitas influências e em mudança constante. Nessa visão, a globalização avança de forma desigual e, muitas vezes, contraditória, englobando tendências que operam em oposição umas às outras (Randeria, 2007). Há um fluxo bidirecional de imagens, informações e influências do global para o local, mas também na direção oposta. A migração global, o turismo internacional, os meios de comunicação de massa e as telecomunicações contribuem para a difusão de influências culturais amplamente variadas, e as vibrantes "cidades globais" do mundo, como Londres, Nova Iorque e Tóquio, são completamente multiculturais, com grupos étnicos e culturas se cruzando, compartilhando e vivendo lado a lado (Sassen, 1991).

Em resumo, os transformacionalistas veem a globalização como um processo descentralizado, reflexivo, caracterizado por vínculos e fluxos culturais que funcionam de modo multidirecional. Por ser o resultado de inúmeras redes globais entrelaçadas, não é impulsionado pelos EUA (americanização), pelo "Ocidente" (ocidentalização) ou por qualquer outra parte do mundo (Held et al., 1999). A globalização também não é uma nova forma de colonialismo ou imperialismo, pois o processo está aberto à influência de todas as partes do mundo. No entanto, Osterhammel e Petersson (2005) argumentam que devemos usar o termo "globalização" apenas quando as relações em todo o mundo tiverem adquirido "um certo grau de regularidade e estabilidade e onde elas afetam mais do que um pequeno número de pessoas". No futuro, redes e relacionamentos globais devem se transformar em instituições globais para que o processo se torne mais permanente e seja o fator dominante na formação dos assuntos humanos.

Globalização, regionalização ou algo mais?

A crise financeira global de 2008 demonstrou alguns dos riscos inerentes a uma emergente "economia sem fronteiras". Na União Europeia, enormes resgates econômicos da República da Irlanda, do Chipre, da Grécia e de Portugal levaram a um novo questionamento sobre a moeda única e a lógica de "união cada vez mais estreita". Será esse um sinal precoce de que uma tendência centrífuga gradual para uma integração mais frouxa começou a se firmar na União Europeia? Será que duas grandes crises globais do século XXI — a crise financeira de 2008 e a pandemia de 2019 e 2020 — mostraram que os cidadãos ainda recorrem a seus próprios Estados-Nações em busca de soluções, em vez de dependerem de órgãos supranacionais?

Em muitos países europeus, tem havido uma reação contra o aumento da migração para a Europa e o princípio da liberdade de movimento dentro da UE. Nos últimos anos, houve a ascensão e o sucesso eleitoral de partidos populistas e nacionalistas na Hungria, na Eslováquia, na Polônia e na República Tcheca (Gosling, 2019). Em 2016, a preocupação com a imigração em grande escala dos países da UE também foi um fator importante na escolha do Reino Unido de deixar a UE, já que muitos eleitores eram a favor de controles adicionais sobre o nível e o tipo de migração interna. O tipo de mundo sem fronteiras previsto pelos hiperglobalizadores está em desacordo com uma identificação contínua com "a nação" e um sentimento nacionalista cada vez maior na política.

Movimentos e partidos políticos de direita priorizam a identidade nacional sobre quaisquer benefícios que a globalização possa trazer, mas outros movimentos políticos e sociais não se opõem à globalização em si. Durante os anos 1990, movimentos altamente críticos da versão capitalista da globalização de livre mercado se desenvolveram ao redor do mundo, mas não rejeitavam uma conectividade global mais próxima. Em vez disso, esses movimentos promoveram uma visão alternativa de como poderia ser a globalização se a sustentabilidade ecológica, os direitos humanos e a governança comunitária estivessem em seu núcleo. Como resultado, os diversos grupos e organizações — incluindo o Fórum Econômico Mundial — são conhecidos coletivamente como **movimentos de alterglobalização**, em vez de serem simplesmente contra a globalização.

> O populismo e os movimentos anti/alterglobalização são discutidos no Capítulo 20, "Política, governo e movimentos sociais".

Historicamente, a globalização é produto de conflitos, guerras e invasões tanto quanto de cooperação e ajuda mútua, o que significa que sempre é possível reverter tendências globais, como o protecionismo econômico nacional. Os conflitos *têm* sido uma grande contribuição para a globalização, mas também têm o potencial de reverter a situação. No debate sobre a globalização, todas as três posições se concentram principalmente no processo *contemporâneo* de rápida globalização e suas consequências para o futuro. No entanto, como observamos, é possível situar os processos de globalização em um período histórico muito mais longo. Dessa perspectiva, o desenvolvimento prolongado das sociedades humanas está nos levando *em direção* a padrões mais globais de relações interdependentes, mas isso não era e ainda não é inevitável (Hopper, 2007).

> O Capítulo 21, "Nações, guerra e terrorismo", contém uma extensa discussão sobre guerra e conflito.

Consequências da globalização

O principal foco da sociologia, convencionalmente, tem sido o estudo das sociedades industrializadas, com todos os outros tipos de sociedade sendo de competência da antropologia. Todavia, essa divisão acadêmica do trabalho se tornou menos sustentável com o prosseguimento da globalização. O Sul Global e o Norte Global há muito tempo estão interconectados, conforme demonstra a história da expansão colonial e da formação dos impérios. As pessoas no mundo desenvolvido dependem de muitas matérias-primas e produtos manufaturados de países em desenvolvimento, enquanto o avanço econômico dos países em desenvolvimento é aperfeiçoado pelo comércio com o mundo desenvolvido. A globalização significa que os "mundos" da minoria e da maioria são cada vez mais reconhecidos como partes de um mundo humano global.

Como resultado, o mapa cultural do mundo muda: redes de pessoas cobrem as fronteiras nacionais e mesmo os continentes, proporcionando conexões culturais entre seus locais de nascimento e seus países adotivos (Appadurai, 1986). Embora existam entre 5 e 6 mil línguas faladas no planeta, por volta de 98% delas são usadas por apenas 10% da população global. Apenas uma dúzia de línguas passou a dominar o sistema linguístico global, com mais de 100 milhões de falantes cada: árabe, chinês, inglês, francês, alemão, hindu, japonês, malaio, português, russo, espanhol e suaíli. E apenas uma língua — o inglês — se tornou "hipercentral", como a primeira escolha para a maioria dos falantes de uma segunda língua. São esses "bilíngues" que aglutinam todo o sistema linguístico global que existe hoje (de Swaan, 2001).

É cada vez mais impossível haver qualquer sociedade isolada do restante do mundo, e existem poucos lugares na Terra, se houver algum, tão remotos a ponto de não terem rádio, televisão, telefones móveis, computadores, viagens aéreas e as multidões de turistas que elas trazem. Hoje, as pessoas em cada continente usam ferramentas fabricadas na China e em outros centros de manufatura, vestem camisetas e bermudas feitas em fábricas de roupas na República Dominicana ou na Guatemala e tomam remédios fabricados na Alemanha ou na Suíça para combater doenças contraídas no contato com "forasteiros". No entanto, podemos transmitir nossas histórias individuais para pessoas ao redor do mundo por meio de mídias sociais e ver produtos culturais de todo o mundo por meio da televisão por satélite. Mas será que a globalização favorece os principais produtores, especialmente os EUA, e, assim, leva inexoravelmente a uma cultura global uniforme?

Glocalização, e não globalização

O rápido crescimento da tecnologia digital e do acesso à internet é um aspecto importante das teorias da globalização, potencialmente difundindo ideias de igualdade, liberdade de expressão, participação democrática e cultura de consumo. Além disso, as comunicações digitais parecem promover esse resultado: comunicação global, informações aparentemente ilimitadas e sem censura e gratificação instantânea são todas características da rede mundial. Mas isso poderia levar à erosão das diferenças e ao domínio global

Um mar de antenas parabólicas nos telhados cerca a mesquita Ben Salah, em Marrakech, no Marrocos. A tecnologia digital permite que empresas, anunciantes e produtores culturais cheguem a todas as partes do mundo. No entanto, isso não significa inevitavelmente o enfraquecimento das culturas, das crenças e das práticas locais.

Sociedade global 4.3 — *Reggae* — um estilo musical global?

Aqueles que conhecem música popular, quando ouvem uma canção, muitas vezes podem identificar as influências estilísticas que ajudaram a moldá-la. Cada estilo musical, afinal, representa uma forma única de combinar ritmo, melodia, harmonia e letra. Embora não seja preciso ser um gênio para notar as diferenças entre *rock*, *rap* ou *folk*, por exemplo, os músicos costumam combinar vários estilos na composição de canções. Diferentes estilos musicais costumam emergir de diferentes grupos sociais, e estudar como eles se combinam e se fundem é uma boa maneira de mapear o contato cultural entre grupos sociais.

Alguns sociólogos voltaram sua atenção para o *reggae* porque ele exemplifica o processo pelo qual os contatos entre grupos sociais resultam na criação de novas formas musicais. O *reggae* tem suas raízes na África Ocidental. No século XVII, muitos africanos ocidentais foram escravizados por colonos britânicos e levados de navio para trabalhar nos campos de cana-de-açúcar das Índias Ocidentais. Embora os britânicos tentassem impedir que os escravos tocassem música tradicional africana, por medo de que servisse de grito de revolta, os escravos conseguiram manter viva a tradição da percussão africana, às vezes integrando-a aos estilos musicais europeus impostos pelos proprietários de escravos. Na Jamaica, a percussão de um grupo de escravos, os Burru, era abertamente tolerada pelos proprietários de escravos porque ajudava a medir o ritmo de seu trabalho. Por fim, a escravidão foi abolida na Jamaica em 1834, mas a tradição Burru de tocar tambor continuou, mesmo quando muitos homens Burru migraram das áreas rurais para as favelas de Kingston.

Foi nessas favelas que um novo culto religioso começou a surgir — um que se mostraria crucial para o desenvolvimento do *reggae*. Em 1930, Haile Selassie foi coroado imperador da Etiópia. Enquanto os oponentes do colonialismo europeu em todo o mundo aplaudiam a ascensão de Selassie ao trono, alguns nas Índias Ocidentais passaram a acreditar que ele era um deus enviado à Terra para levar os oprimidos da África à liberdade. Um dos nomes de Selassie era "Príncipe Ras Tafari", e os índios ocidentais que o adoravam se chamavam "rastafarianos". O culto rastafari logo se fundiu com os Burru, e a música rastafari combinou estilos de percussão dos Burru com temas bíblicos de opressão e libertação. Na década de 1950, músicos das Índias Ocidentais começaram a misturar ritmos e letras rastafari com elementos de *jazz* americano, *black rhythm* e *blues*. Essas combinações acabaram se desenvolvendo primeiro na música "*ska*" e depois, no final dos anos 1960, no *reggae*, com sua batida relativamente lenta, sua ênfase no baixo e suas histórias sobre privação urbana e o poder da consciência social coletiva. Muitos artistas de *reggae*, como Bob Marley, tornaram-se sucessos comerciais e, na década de 1970, pessoas de todo o mundo ouviam esse novo ritmo. Nas décadas de 1980 e 1990, o *reggae* foi fundido com o *hip-hop* (ou *rap*) para produzir novas sonoridades (Hebdige, 1997), ouvidas no trabalho de artistas como Wu-Tang Clan, Shaggy ou Sean Paul.

Portanto, a história do *reggae* descreve o contato entre diferentes grupos sociais e os significados — políticos, espirituais e pessoais — que esses grupos expressam por meio de sua música. A intensidade desses contatos aumentou com a globalização. Agora, é possível para um jovem músico na Escandinávia, por exemplo, crescer ouvindo música produzida por homens e mulheres nos porões de Notting Hill, em Londres, e ser profundamente influenciado também por, digamos, uma apresentação de mariachi transmitida ao vivo via satélite da Cidade do México. Se o número de contatos entre os grupos é um determinante importante do ritmo da evolução musical, podemos prever que haverá uma profusão de novos estilos nos próximos anos, com o maior desenvolvimento do processo de globalização.

REFLEXÃO CRÍTICA

Faça sua própria pesquisa sobre a história e o desenvolvimento de um estilo musical popular atual, como *grime*, *hip-hop*, *K-pop*, *pop* árabe, etc. Seria esse um exemplo de globalização musical, ou as influências nacionais são mais significativas? O que o seu exemplo nos diz sobre global/glocalização, se é que diz algo?

dos ideais e da cultura ocidentais? Essa conclusão pode ser prematura.

Existe alguma evidência de que as forças globais podem realmente levar ao fortalecimento dos valores tradicionais e das identidades nacionais. Para compreender esse balanço das consequências aparentemente contraditórias da globalização, Robertson (1992) cunhou o termo **glocalização** — uma mistura de *globalização* e *localização*. Isso significa que as comunidades locais podem ser muito ativas, em vez de passivas, em modificar e moldar os processos globais. De modo semelhante, as empresas transnacionais adaptam seus produtos e serviços para levar em conta as condições locais. À luz desses casos, podemos observar que a globalização não leva inevitavelmente a uma cultura global uniforme (ocidental), mas promove diversidade e fluxos multidirecionais de produtos culturais entre as sociedades do mundo.

O país Kuwait, no Oriente Médio, é uma cultura islâmica tradicional que recentemente recebeu fortes influências norte-americanas e europeias. Sendo um país rico em petróleo no Golfo Pérsico, o Kuwait tem uma das maiores rendas *per capita* do mundo. O governo proporciona educação pública gratuita até o nível universitário, resultando em taxas elevadas de alfabetização e educação para homens e mulheres. Com frequência, a televisão do Kuwait mostra jogos de futebol americano, por exemplo, embora as transmissões sejam interrompidas regularmente pelas tradicionais chamadas muçulmanas para a oração. Mais de 40% dos habitantes do Kuwait têm menos de 25 anos e, como seus correlatos na Europa e na América do Norte, muitos navegam na internet e utilizam os dispositivos digitais mais recentes. Embora o Kuwait seja, em muitos sentidos, um país "moderno", as normas culturais, que tratam homens e mulheres de maneira diferente, são muito consistentes. De modo geral, espera-se que as mulheres usem roupas tradicionais e deixem apenas as mãos e o rosto visíveis, sendo proibidas de sair de casa à noite ou de serem vistas em público em qualquer momento com um homem que não seja o cônjuge ou um parente.

A internet é cada vez mais popular entre os jovens, e os dados de entrevistas sugerem que a principal atração é que ela permite que os jovens cruzem linhas de gênero estritamente impostas. As entrevistas realizadas por Deborah Wheeler (2006) com estudantes dos sexos masculino e feminino do Kuwait que estudam no Reino Unido e nos EUA mostraram que a maioria relatou a comunicação com o sexo oposto como o uso mais comum da internet em um país que segrega homens e mulheres, mesmo em cibercafés. Uma aluna, Sabiha, relatou que "A principal razão pela qual a internet é tão popular entre os jovens do Kuwait é porque essa é a maneira mais eficaz para meninos e meninas se comunicarem uns com os outros" (Wheeler, 2006: 148). Outro entrevistado, Buthayna, disse que, "Especialmente em muitas famílias no Kuwait, as meninas não podem desenvolver relacionamentos com meninos, mesmo como amigos, então a internet é um lugar 'seguro', eu acho, para elas fazerem isso. E pelo fato de os dois lados não se conhecerem, eles se sentem mais seguros para expressar suas preocupações, ideias, sem ter suas reputações arruinadas e sem afetar sua vida social" (ibid.: 146). No entanto, outras mulheres relataram que algumas salas de bate-papo conhecidas adquiriram uma "má reputação" por conversas explícitas, e o seu simples uso causava o risco de as meninas e mulheres jovens atraírem o rótulo de "não ser uma garota decente".

Kaposi (2014) relata que, desde o estudo de Wheeler, o uso da internet e das mídias sociais se normalizou, e os jovens agora descobrem que seus pais e parentes também participam. Uma entrevistada nesse estudo etnográfico, Maryam, disse: "Eu amo o Twitter. Mas agora estou começando a ter cuidado com o que escrevo, porque a família e as pessoas que conheço estão lá. É muito difícil porque... essas pessoas são realmente conservadoras e eu sou mais aberta". Kaposi argumenta que esse tipo de vigilância *on-line* e policiamento comunitário por meio de fofocas, boatos e gerenciamento de reputação mostra como a fronteira entre os mundos *on-line* e *off-line* é porosa. Também mostra que os mecanismos interacionais convencionais do mundo social físico, como a fofoca, não estão sendo superados. Em vez disso, eles podem estar migrando sem esforço para ambientes digitais e *on-line*.

Isso também ilustra, no microcosmo, como o global e o local interagem por meio das mídias sociais atuais. A cultura do Kuwait provavelmente não será facilmente transformada pela simples exposição a diferentes crenças e valores *on-line*. O fato de os jovens participarem de salas de bate-papo potencialmente globais e das mídias sociais não significa que a cultura do Kuwait inevitavelmente adotará as atitudes ou posições sexuais do Ocidente a respeito de gênero. A cultura que eventualmente surge desse processo de glocalização provavelmente permanecerá reconhecidamente kuwaitiana.

Individualismo reflexivo

Embora a globalização costume ser associada a mudanças macro em mercados, na produção, no comércio e nas telecomunicações mundiais, os efeitos da globalização são sentidos igualmente no domínio privado. A globalização não é algo que simplesmente está aí e também está aqui, afetando nossas vidas íntimas e pessoais de muitas maneiras diferentes. Inevitavelmente, nossas vidas foram alteradas à medida que as forças globalizadoras entraram em nossos contextos locais, nossos lares e nossas comunidades por fontes impessoais — como a mídia e a cultura popular —, bem como pelo contato pessoal com indivíduos de outros países.

Atualmente, os indivíduos têm muito mais oportunidades de definir suas próprias vidas do que jamais tiveram quando a tradição e o costume exerciam a principal influência. Fatores como a classe social, o gênero, a etnia e mesmo a afiliação religiosa podem fechar certos caminhos ou abrir outros. No passado, nascer como o primogênito de um alfaiate, por exemplo, provavelmente garantiria que um jovem aprendesse o ofício do seu pai e continuasse a praticar aquele ofício durante a sua vida. A tradição dizia que a esfera natural da mulher era o seu lar; sua vida e sua identidade eram basicamente definidas pelas do seu marido ou pai. As identidades pessoais dos indivíduos se formavam no contexto da comunidade onde nasciam. Os valores, os estilos de vida e a ética prevalecentes naquela comunida-

---

Estudos clássicos 4.2 — **Anthony Giddens: dirigindo o carro de Jagrená da modernidade**

O problema da pesquisa

Que impacto a globalização provavelmente terá sobre a vida cotidiana das pessoas? Como a globalização mudará o mundo moderno que povoamos cada vez mais? Em uma série de livros, artigos e palestras produzidos desde o início dos anos 1990, Anthony Giddens tentou explorar as características da forma de modernidade global emergente e suas consequências para a vida cotidiana (Giddens, 1991a, 1991b, 1993, 2001). Em particular, ele se interessou pelo declínio da tradição, pela nossa crescente consciência de risco e pela natureza mutável da confiança nos relacionamentos.

A visão de Giddens

Em *As consequências da modernidade* (1991b), Giddens delineou sua visão de que a disseminação global da modernidade tende a produzir um "mundo descontrolado" em que, aparentemente, ninguém e nenhum governo está no controle geral. Enquanto Marx usou a imagem de um monstro para descrever a modernidade capitalista, Giddens (ibid.: 139) a compara a andar a bordo de um grande caminhão:

> Sugiro que devamos substituí-la pelo carro de Jagrená — uma máquina em movimento de enorme potência, que, coletivamente como seres humanos, podemos dirigir até certo ponto, mas que também ameaça fugir do nosso controle e que pode se despedaçar. O carro de Jagrená esmaga aqueles que resistem a ele, e, embora às vezes pareça ter uma trajetória contínua, há momentos em que se desvia erraticamente em direções que não podemos prever. O passeio não é de forma alguma desagradável ou sem recompensa; muitas vezes, pode ser estimulante e carregado de expectativa esperançosa. Mas, enquanto durarem as instituições da modernidade, nunca seremos capazes de controlar completamente nem o caminho, nem o ritmo da jornada.

A forma globalizante da modernidade é marcada por novas incertezas, riscos e mudanças na confiança das pessoas nos outros e nas instituições sociais. Em um mundo de rápidas mudanças, dissolvem-se as formas tradicionais de confiança. Nossa confiança em outras pessoas costumava ser baseada em comunidades locais, mas, em sociedades globalizadas, nossas vidas são influenciadas por pessoas que nunca conhecemos ou encontramos, que podem viver do outro lado do mundo. Tais relacionamentos impessoais significam que somos levados a "confiar" ou ter confiança em "sistemas abstratos", como produção de alimentos, agências de regulação ambiental ou sistemas bancários internacionais. Dessa forma, confiança e risco estão intimamente ligados. A confiança nas autoridades é necessária se quisermos enfrentar os riscos ao nosso redor e reagir a eles de maneira eficaz. No entanto, *esse* tipo de confiança não é habitualmente dado, mas é objeto de reflexão e revisão.

Quando as sociedades dependiam mais do conhecimento adquirido por meio de costumes e tradições, as pessoas podiam seguir maneiras estabelecidas de fazer as coisas sem muita reflexão. Para os sujeitos modernos, os aspectos da vida que as gerações anteriores eram capazes de dar como certos tornam-se questões abertas de tomada de decisão, produzindo o que Giddens chama de "reflexividade" — a reflexão contínua sobre nossas ações cotidianas e a reformulação delas à luz de novo conhecimento. Por exemplo, casar-se (ou se divorciar) é uma decisão muito pessoal, que pode levar em consideração os conselhos de familiares e amigos. Mas as estatísticas oficiais e as pesquisas sociológicas sobre casamento e divórcio também se infiltram na vida social, tornando-se amplamente conhecidas e compartilhadas, e então se tornando parte da tomada de decisão de um indivíduo.

Para Giddens, esses traços característicos apontam para a conclusão de que a modernidade global é uma forma de vida social descontínua das anteriores. De muitas maneiras, a globalização da modernidade marca não o fim das sociedades modernas ou um movimento para além delas (como no *pós*-modernismo — ver Capítulo 3), mas um novo estágio de modernidade "tardia" ou "alta" que leva as tendências incorporadas à vida moderna para uma fase global mais abrangente.

Pontos críticos

Os críticos de Giddens argumentam que talvez ele exagere a descontinuidade entre a modernidade e as sociedades anteriores e que a tradição e o hábito continuam a estruturar as atividades cotidianas das pessoas. O período moderno não é tão exclusivo, dizem eles, e as pessoas modernas não são tão diferentes das mais antigas. Outros pensam que seu relato da modernidade globalizante subestima a questão sociológica central do poder — em particular, o das corporações transnacionais para promover uma forma de globalização que privilegia suas necessidades em detrimento dos pobres do mundo. O conceito de "modernidade" basicamente mascara o poder das corporações capitalistas.

Alguns críticos também argumentam que Giddens vê a reflexividade em termos quase totalmente positivos, relacionando a abertura da vida social a mais escolhas. No entanto, tal reflexividade também pode estar levando a níveis elevados de "anomia", como descrito por Durkheim, e, nesse sentido, a reflexividade pode ser mais um problema a ser resolvido do que um desenvolvimento bem-vindo que deva ser promovido.

Relevância contemporânea

Como as teorias da globalização são relativamente recentes, e Giddens continua a desenvolver suas teorias da vida moderna, elas constituem um "trabalho em andamento". As ideias que desenvolveu foram levadas em direções frutíferas por outros sociólogos, e, nesse sentido, ele ofereceu uma estrutura teórica e algumas ferramentas conceituais para as gerações mais jovens levarem adiante. Como fica evidente pela contribuição dos críticos de seu trabalho sobre modernidade, reflexividade e relações de confiança, isso provocou muito debate sociológico. Sem dúvida, esse debate continuará no futuro, e os leitores farão a sua própria avaliação.

de eram diretrizes relativamente fixas, segundo as quais as pessoas viviam suas vidas.

Sob condições de globalização, as pessoas estão enfrentando uma tendência a um novo individualismo, em que devem agir ativamente para construir suas próprias identidades. Os códigos sociais que antes orientavam as escolhas e atividades das pessoas se afrouxaram significativamente. Hoje, por exemplo, o filho mais velho de um alfaiate pode escolher entre vários caminhos para construir o seu futuro, e as mulheres não se restringem mais à esfera doméstica. As meninas se saem melhor do que os meninos na maioria das matérias escolares, as mulheres compõem a maioria dos alunos do ensino superior, e mais mulheres trabalham na economia formal do que antes, nas décadas de 1960 e 1970, normalmente em funções com planos de carreira atraentes. As normas sociais que guiaram as expectativas de gênero de uma geração mais velha não são mais apropriadas para a vida de seus filhos, pois as normas continuam a mudar.

Os processos de globalização pressionam as pessoas a viver de formas mais abertas, reflexivas, respondendo e ajustando-se ao seu ambiente inconstante. Mesmo as pequenas escolhas que fazemos em nossa vida diária — o que vestimos, como passamos nosso tempo de lazer e como cuidamos da nossa saúde e do nosso corpo — fazem parte de um processo contínuo de criar e recriar a nossa identidade pessoal. Uma conclusão simples é dizer que as pessoas em muitos países atualmente perderam uma ideia clara de pertencimento, mas obtiveram mais liberdade de escolha. Se isso constitui "progresso" é parte de debates contínuos sobre os prós e contras da globalização.

Como governar uma sociedade global?

À medida que a globalização avança, as estruturas e os modelos políticos existentes parecem não estar preparados para lidar com um mundo repleto de desafios que transcendem as fronteiras nacionais. Particularmente, os governos nacionais não podem controlar individualmente os preços do petróleo e da energia ou a disseminação de pandemias, enfrentar o aquecimento global e o crime organizado ou regular mercados financeiros voláteis. Não existe um governo global ou parlamento mundial, e ninguém vota em uma eleição global. Mesmo assim,

> [...] todos os dias, a correspondência é entregue entre fronteiras; pessoas viajam de um país para outro por diversos meios de transporte; bens e serviços são transportados por terra, ar, mar e ciberespaço; e toda uma gama de outras atividades entre fronteiras ocorre na expectativa razoável de proteção e segurança para pessoas, grupos, empresas e governos envolvidos... Isso levanta imediatamente uma questão: como o mundo é governado mesmo na ausência de um governo mundial para produzir normas, códigos de conduta e instrumentos de regulação, vigilância e conformidade? (Weiss e Thakur, 2010: 1).

A questão é pertinente, mas refletindo melhor podemos ver que ela confunde *governo* com *governança*. Enquanto o governo é um conjunto de instituições com poder executivo sobre um determinado território, a governança é menos tangível. Justamente porque não há um governo mundial ou qualquer perspectiva de um, alguns estudiosos demandaram uma **governança global** mais eficaz como forma de abordar questões globais. O primeiro livro sobre o assunto foi publicado em 1993, mas desde então já foram publicados mais de 500 livros acadêmicos sobre governança global (Harman e Williams, 2013: 2).

Governança global é um conceito que tem por finalidade capturar todas essas regras e normas, políticas, instituições e práticas por meio das quais a humanidade global ordena seus assuntos coletivos. Nesse sentido, já temos alguma governança global na forma de lei internacional, como o Conselho de Segurança da ONU, a Agência Internacional de Energia Atômica, acordos multilaterais, normas de conflito e de resolução de conflitos, juntamente com instituições como as Nações Unidas, a Organização Mundial da Saúde, o Fundo Monetário Internacional e o Banco Mundial. Em 1995, no fim da União Soviética e da Guerra Fria, um relatório da ONU, *Our global neighbourhood*, defendia uma versão de governança global: um "processo amplo, dinâmico e complexo de tomada de decisão interativa que esteja em constante evolução e respondendo às mudanças das circunstâncias" (UN Commission on Global Governance, 2005 [1995]: 27). O relatório também sugeriu que fosse desenvolvida uma ética cívica compartilhada e global.

No entanto, a arquitetura de governança global continua sendo em grande parte *internacional*, e não verdadeiramente global, pois foi projetada em uma era de Estados-Nações concorrentes, presumindo que o Estado era o ator principal e dependendo de Estados poderosos para impor as regras. A pandemia da covid-19, em 2019 e 2020, testemunhou Estados-Nações individuais buscando diversas estratégias para proteger seus próprios cidadãos, sem um conjunto coordenado de ações. A Organização Mundial da Saúde produziu dados sobre a disseminação global do vírus e alguma orientação geral sobre medidas de controle de infecção, mas foram os governos nacionais que tomaram as principais decisões sobre como enfrentar a pandemia. Da mesma forma, a União Europeia foi lenta em fornecer auxílio financeiro para os países mais afetados do bloco — como Espanha e Itália — em meio a diferentes visões sobre como ajudar e em que nível, antes de finalmente concordar com um fundo de recuperação de 640 bilhões de euros (*The Guardian*, 2020a). Os governos nacionais estavam claramente no controle.

No entanto, questões e problemas globais estão superando o sistema internacional centrado no Estado. O argumento para o fortalecimento da governança global está longe de ser fácil de alcançar, embora pareça ser sólido. Estados-Nações e grandes corporações competem entre si, enquanto a afiliação dos cidadãos às suas comunidades imaginadas, representadas pela "nação", é tanto uma questão emocional quanto lógica ou racional. Ir além do pensamento baseado no Estado-Nação está implícito nas teorias da globalização, mas há algumas evidências de que a globalização também proporciona uma reação nacionalista e populista (discutida anteriormente) (Rodrik, 2018). Alguns ativistas também suspeitam da própria ideia de governança global, que eles temem ser apenas um termo perigoso, mas aceitável para um "governo mundial" emergente e possivelmente tirânico feito pelas elites políticas e econômicas (Sinclair, 2012: 6).

> Aprenderemos mais sobre a governança global no Capítulo 20, "Política, governo e movimentos sociais".

Pode parecer otimista, e até mesmo irrealista, falar sobre ética ou governança global além do Estado-Nação, mas talvez essas metas não sejam tão fantasiosas quanto podem parecer à primeira vista. A criação de novas regras e normas e de instituições reguladoras mais eficazes certamente não está fora de lugar nessa era em que a interdependência global e o rápido ritmo de mudança nos unem mais do que em qualquer outra época. Na verdade, como mostram as questões globais sobre terrorismo, controle de pandemia, dano ambiental, mudança climática, redes criminosas transnacionais, tráfico humano e crise financeira global, uma melhor governança global está se tornando ainda mais necessária.

Revisão do capítulo

1. Quais são as principais características das sociedades de caça e coleta, das sociedades pastoris e das sociedades agrárias?
2. De que maneiras as cidades nos Estados e nas civilizações tradicionais eram diferentes das cidades modernas?
3. Por que os defensores do esquema de classificação em Sul Global e Norte Global consideram que ele é uma melhoria em relação aos esquemas anteriores?
4. Descreva a teoria dos sistemas mundiais de Wallerstein. Como essa teoria explicaria a experiência dos países industrializados recentemente (NICs)?
5. Indique alguns exemplos do capítulo que ilustram o significado de fatores *econômicos*, *socioculturais* e *políticos* na produção da mudança social.
6. O que significa *globalização*? Usando dois exemplos, explique como o conceito de *glocalização* difere do de *globalização*.
7. Liste alguns dos fatores que contribuem para a fase contemporânea da globalização. Os fatores econômicos sustentam os socioculturais ou os políticos?
8. Descreva os principais argumentos dos hiperglobalizadores, céticos e transformacionalistas.
9. Liste algumas consequências da globalização. Elas são principalmente positivas ou negativas para o "desenvolvimento" no Sul Global?
10. O que é governança global? Liste alguns exemplos que contribuem para ela. É provável que a governança global seja suficiente para combater o aquecimento global de forma eficaz?

Pesquisa na prática

O modelo biomédico ocidental, enraizado em métodos científicos, é amplamente visto como a forma mais eficaz de medicina e constitui a base da maioria dos sistemas públicos de saúde. No entanto, as terapias complementares e alternativas têm crescido em popularidade nas sociedades desenvolvidas, com algumas, como a acupuntura e a homeopatia, parcialmente integradas aos sistemas de saúde biomédicos. Estudar a globalização do conhecimento e das práticas médicas pode fornecer ideias úteis sobre o debate entre os defensores da globalização e da glocalização.

Parece óbvio que a biomedicina bem-sucedida é um exemplo de globalização que se espalha do "Ocidente" para o "resto". Mas isso está correto? Existem histórias de sucesso médico indo na direção oposta? E, se houver, elas mudaram no processo ou estão mudando a prática biomédica? O artigo a seguir aborda essa questão explorando as viagens da medicina aiurvédica indiana. Existe um "aiurveda global"? Leia o artigo e responda às questões que se seguem.

> Sujatha, V. (2020). "The Universal and the Global: Contextualizing European Ayurvedic Practices", *Society and Culture in South Asia*, 6(1): 52–73.

1. Que métodos foram utilizados na pesquisa? Onde ela foi realizada?
2. O autor identifica três fases no movimento do aiurveda para as sociedades europeias desde a década de 1980. Quais são elas?
3. Quais elementos do aiurveda dizem ter potencial global? Por que é improvável que alguns elementos sejam adotados na Europa?
4. Descreva como o aiurveda chegou à Europa. Por que o método de transmissão foi particularmente significativo em relação à sua reputação e aceitação?
5. "O caso da medicina aiurvédica na Europa é um exemplo de glocalização". Liste algumas razões a favor e contra essa proposição, baseando-se nesse artigo e nas ideias de Roland Robertson (discutidas neste capítulo).

Pensando sobre isso

Se a globalização é real e eficaz, então a pesquisa acadêmica não está imune ao seu impacto. Por exemplo, poderíamos esperar que as publicações sobre ciências sociais na primeira metade do século XX fossem dominadas por acadêmicos europeus e norte-americanos, mas que, no início do século XXI, pesquisas de todo o mundo tivessem o mesmo impacto.

Leia este artigo:

> Mosbah-Natanson, S. e Gingras, Y. (2014). "The Globalization of Social Sciences? Evidence from a Quantitative Analysis of 30 Years of Production, Collaboration and Citations in the Social Sciences (1980–2009)", *Current Sociology*, 62(5): 626-646.

Apresente o argumento principal do artigo, segundo o qual a Europa e a América do Norte continuam sendo as forças dominantes na produção de artigos de revistas científicas sociais, e considere o seguinte:

- Por que outras regiões não fizeram o tipo de avanço que poderíamos esperar?
- Que evidências os autores apresentam para mostrar que pesquisadores em regiões "periféricas" ainda demonstram consideração aos do "centro"?
- Qual é o nível de sucesso desse modelo de "centro-periferia"?
- O que aprendemos (se existe alguma coisa) sobre globalização com esse artigo?

Sociedade nas artes

Geralmente, a música é a primeira forma de arte a incorporar a mudança socioeconômica, nos métodos de produção, nos estilos, no conteúdo e na divulgação geográfica. Podemos imaginar que a globalização é mais fácil de ser vista nas tendências musicais do que em outras formas, e talvez ainda mais na música popular, o que permite mais prontamente a mistura e a combinação de tradições regionais e tendências musicais. Um exemplo simples é que os compositores, os cantores, as bandas, os produtores e os distribuidores do mundo inteiro colaboram de maneiras que, anteriormente, eram muito mais difíceis.

Ouça o debate de um *podcast* de 2019 sobre esse assunto e responda às perguntas a seguir:

> "The 2010s: The Globalization of Music", 31 de outubro de 2019, www.npr.org/2019/10/07/767904453/the-2010s-the-globalization-of-music?t=1582886387558.

- Que exemplos e artistas são discutidos e podem sinalizar a erosão da música popular de único gênero atualmente?
- Que evidência existe de que as colaborações e a mistura/combinação de estilos na música ilustram uma mudança nas relações de poder fora dos EUA e da Europa?
- Como o surgimento e o rápido crescimento da tecnologia digital, do *streaming* de música e dos ambientes *on-line* facilitaram a globalização da música?
- Se os artistas ocidentais adotarem o estilo musical, digamos, do *K-pop* coreano, esse é um exemplo de globalização, glocalização ou simplesmente uma forma de apropriação pelas culturas mais poderosas?
- Voltando à nossa discussão sobre as formas econômicas, políticas e culturais de globalização, que evidências existem de que uma dessas formas é o principal motor da globalização da música?

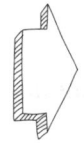

Outras leituras

O tema deste capítulo é tão amplo que um único livro não o abordaria por completo. Mas existem dois tipos de livros que você pode considerar proveitosos. Em primeiro lugar, estão aqueles que abordam a história humana global e o desenvolvimento das sociedades. *Global history: a short overview* (Cambridge: Polity), de Noel Cowen (2001), é um relato bem escrito, conciso, mas abrangente, que não reivindica um conhecimento especializado. *The new global history* (London: Routledge), de Bruce Mazlish (2006), rastreia a história global e os processos de globalização até muito tempo atrás e faz uma boa relação entre abordagens históricas e sociológicas.

Em segundo lugar, estão aqueles livros que tratam das teorias e dos debates atuais sobre a globalização. Você pode tentar *Globalization: a very short introduction* (Oxford: Oxford University), de Manfred B. Steger (2017), ou *Globalization: a basic text* (2. ed., Oxford: Wiley Blackwell), de George Ritzer e Paul Dean (2015), que abrangem a governança global e outros aspectos-chave dos principais debates. *Sociology of globalization* (2. ed., Cambridge: Polity), de Luke Martell (2017), é uma revisão abrangente.

Globalization in question (3. ed., Cambridge: Polity), de Paul Hirst, Grahame Thompson e Simon Bromley (2009), proporciona uma crítica essencial. *Understanding cultural globalization* (Cambridge: Polity), de Paul Hopper (2007), é um estudo da globalização cultural, e *Global governance: Why? What? Whither?* (Cambridge: Polity), de Thomas G. Weiss (2013), é uma discussão vívida sobre o assunto da governança global. Em conjunto, esses três abordam alguns aspectos econômicos, culturais e políticos fundamentais da globalização.

The globalization reader (2020) (6. ed., ed. Frank J. Lechter e John Boli, Chichester: Wiley) é uma coleção muito abrangente que inclui uma ampla gama de assuntos, e *A dictionary of world history* (2006) (2. ed., Oxford: Oxford University) é um recurso útil.

Links da internet

Em **loja.grupoa.com.br**, acesse a página do livro por meio do campo de busca e clique em Material Complementar para ver as sugestões de leitura do revisor técnico à edição brasileira, além de outros recursos (em inglês).

Informações do TimeMaps sobre caçadores-coletores — aborda os caçadores-coletores, as sociedades agrárias e as civilizações antigas:
www.timemaps.com/hunter-gatherer

The 1999 Reith Lectures — Anthony Giddens sobre "o mundo descontrolado":
http://news.bbc.co.uk/hi/english/static/events/reith_99/

International Forum on Globalization — uma aliança de ativistas, estudiosos e pesquisadores interessados nos processos de globalização:
www.ifg.org/

Yale Center for the Study of Globalization — um centro de estudos sobre a globalização:
https://ycsg.yale.edu/

Centre for Research on Globalization — "*site* de ideias" canadense, com muitos comentários de pesquisadores e acadêmicos:
www.globalresearch.ca/

Global Policy Forum — monitora a formulação de políticas públicas na Organização das Nações Unidas:
www.globalpolicy.org/

UCL Global Governance Institute — centro da UCL para pesquisa interdisciplinar sobre o enfrentamento de problemas sociais globais:
https://www.ucl.ac.uk/global-governance/

BBC World Service on globalization — algumas informações básicas sobre os aspectos da "sociedade global":
www.bbc.co.uk/worldservice/programmes/globalisation/

Internet World Stats:
https://www.internetworldstats.com/stats.htm

CAPÍTULO 5

MEIO AMBIENTE

SUMÁRIO

Natureza, meio ambiente e sociedade 154

Da natureza ao meio ambiente 154

Sociologia e meio ambiente 156

Teorizando o nexo sociedade-natureza 157

Questões ambientais 159

Aquecimento global 159

Poluição do ar e da água 168

Resíduos sólidos e reciclagem 172

Escassez de alimentos e biotecnologia 173

Meio ambiente na teoria sociológica 176

Vivendo na "sociedade de risco" global 177

Consumismo e degradação ambiental 179

Limites ao crescimento e desenvolvimento sustentável 183

Modernização ecológica 186

Justiça ambiental e cidadania ecológica 190

Uma era do Antropoceno? 191

Revisão do capítulo *192*

Pesquisa na prática *193*

Pensando sobre isso *194*

Sociedade nas artes *194*

Outras leituras *194*

Links da internet *195*

Ativistas ambientais pedem aos governos que declarem uma "emergência climática" e tomem medidas radicais para reduzir as emissões de CO_2 a fim de combater o aquecimento global.

Em abril de 2019, as principais ruas do centro de Londres foram efetivamente bloqueadas por vários dias por ativistas de um grupo ambientalista, o Extinction Rebellion (XR). Isso fazia parte de um protesto internacional realizado em pelo menos 33 países, incluindo Austrália, Índia, EUA e vários Estados europeus. Os ativistas tinham por finalidade aumentar a conscientização sobre a gravidade das mudanças climáticas e pressionar os governos a fazer muito mais para reduzir as emissões de dióxido de carbono mais rapidamente. O protesto em Londres causou um impacto imediato. Em 1º de maio, o Parlamento do Reino Unido aprovou uma moção para declarar uma "emergência ambiental e climática", tornando-se o primeiro a fazê-lo. Mas qual é a emergência?

O protesto do XR fez referência direta a um relatório especial do Painel Intergovernamental sobre Mudanças Climáticas, um grupo internacional de cientistas que monitora as mudanças climáticas (IPCC, 2019). Esse relatório dizia que os riscos representados pelas mudanças climáticas tanto para os ecossistemas naturais quanto para as sociedades humanas seriam mais administráveis se o aquecimento global não excedesse 1,5 °C acima dos níveis pré-industriais. Nas tendências atuais, esse limite de 1,5 °C seria alcançado entre 2030 e 2052, mas poderia ser estabilizado nesse nível se as emissões globais de carbono das atividades humanas fossem radicalmente reduzidas a "zero líquido" o mais breve possível (ibid.: 6). Os protestos do XR castigaram os governos por adiarem o enfrentamento dessa questão. Por exemplo, o Reino Unido, a França e a Nova Zelândia têm como meta atingir zero emissões líquidas de CO_2 até 2050, Escócia e Suécia, até 2045, e Islândia, até 2040 (Energy and Climate Intelligence Unit, 2018). E, embora todas essas metas sejam compatíveis com o acordo internacional sobre o clima feito em Paris em 2015, que estabeleceu 2050 como a data-alvo para o zero líquido, os ativistas querem ver um progresso ainda mais rápido.

A mudança climática, ou aquecimento global, tem sido amplamente descrita como a questão definidora do nosso tempo, com os jovens se tornando cada vez mais ativos em campanhas para enfrentar o problema. No entanto, apesar de notáveis exceções, também se pode dizer que a sociologia "empurrou o assunto com a barriga", deixando de integrar questões ambientais como essa na corrente principal da disciplina. Indiscutivelmente, o principal motivo para isso é que "o meio ambiente" parece ser algo com o qual os cientistas naturais, e não os cientistas sociais, são treinados para lidar. O que os sociólogos sabem sobre as mudanças climáticas, a poluição dos oceanos ou a perda de **biodiversidade**?

Embora esse ponto pareça pertinente, um momento de reflexão nos diz que, se a mudança climática é, em grande parte, antropogênica, ou "causada pelo homem", então a disciplina que se concentra nas sociedades humanas e nos regimes econômicos que a provocam é a sociologia. Da mesma forma, a poluição causada pelos plásticos nos rios e oceanos do planeta e a destruição do *habitat* que leva à extinção de espécies em larga escala são consequências do modo de vida materialista que as sociedades humanas criaram. De fato, sem conhecimento sociológico das economias capitalistas, da cultura de consumo, da ação coletiva e da mudança comportamental, é pouco provável que possamos chegar a uma avaliação realista sobre quais estratégias de mitigação e iniciativas governamentais provavelmente serão bem-sucedidas na solução dos problemas do meio ambiente.

Retornaremos à questão do aquecimento global e das teorias e perspectivas sociológicas relevantes mais adiante no capítulo. Mas devemos começar analisando as ideias de "natureza" e "meio ambiente", bem como o que constitui uma "questão ambiental", antes de apresentar abordagens sociológicas ao estudo dessas questões. A partir disso, discutimos algumas questões ambientais e teorias sociológicas sobre o consumismo e a sociedade do risco, além de propostas para lidar com dilemas ambientais como o desenvolvimento sustentável e a modernização ecológica. O capítulo termina com uma avaliação de como a justiça e a cidadania podem ser estendidas para assumir questões de ambientes naturais, avaliando as perspectivas de êxito para o futuro das relações entre a sociedade e o meio ambiente.

Natureza, meio ambiente e sociedade

Da natureza ao meio ambiente

As questões ambientais parecem todas envolver a natureza de alguma forma, mas "natureza" não é uma palavra simples, com um significado único. De fato, as definições do dicionário geralmente descrevem em torno de 12 significados distintos para a palavra. Raymond Williams (1987) diz que "natureza" é uma das palavras mais complexas e difíceis no inglês, pois seu significado dominante mudou ao longo do tempo, com o desenvolvimento das sociedades.

A "natureza" pode significar algo que é *essencial* a uma pessoa, animal ou coisa. Por que certos pássaros constroem seus ninhos na mesma época todos os anos, por exemplo? Podem nos dizer que esse é um comportamento instintivo e uma parte essencial da "natureza" dos pássaros. Todavia, na Europa do século XIV, começou a surgir um novo significado dominante. A natureza passou a ser vista como uma *série de forças* que direcionavam o mundo e explicavam por que as coisas aconteciam. Por exemplo, mesmo hoje em dia, muitas pessoas consultam o horóscopo em busca de seu signo, com base na data de nascimento, e da orientação que ele pode oferecer para as decisões da sua vida. Quando fazem isso, elas se baseiam implicitamente na mesma ideia de que "forças naturais" — nesse caso, o movimento das estrelas e dos planetas — direcionam as questões humanas.

No século XIX, o significado dominante de "natureza" mudou novamente. Dessa vez, a natureza passou a ser vista como repleta de *coisas materiais*, não humanas, em vez de como uma série de forças. O mundo natural era um mundo cheio de *coisas naturais*: animais, campos, montanhas e muito mais. Por exemplo, havia a tendência de se olhar um "cenário", como paisagens e pinturas, com a natureza literalmente emoldurada para nossa apreciação e desfrute. Da mesma forma, os naturalistas dos séculos XVIII e XIX coletavam e classificavam "coisas" naturais, criando taxonomias de plantas e animais que ainda estão em uso atualmente.

Duas causas importantes e afins dessa última mudança de significado foram a **industrialização**, que afastou as pessoas do trabalho agrícola, e a **urbanização**, que levou a assentamentos humanos maiores e novos ambientes de vida amplamente distantes do trabalho com a terra (Thomas, 1984). A natureza era vista como um obstáculo que a sociedade tinha que domesticar e superar para progredir. Os humanos agora voam (em aviões), cruzam oceanos (em navios) e até mesmo orbitam pelo planeta (em espaçonaves), apesar de não terem qualquer capacidade inata para realizar essas coisas. Catton e Dunlap (1978) argumentam que os avanços tecnológicos da era industrial produziram uma ideologia de "isenção humana" — ideia muito aceita de que, diferentemente de todos os outros animais, a espécie humana estava praticamente isenta e poderia vencer as leis naturais.

A partir do século XVII, grupos sociais abastados da Grã-Bretanha começaram a desfrutar e apreciar cenários paisagísticos, que também se tornaram o foco do "olhar do turista" inicial (Urry, 2002).

Para uma pequena proporção de pessoas, a natureza não era algo que precisava de domesticação. Pelo contrário, a sociedade industrial moderna é que era o problema, poluindo e destruindo a natureza para alimentar novos estilos de vida urbanos. A natureza selvagem precisava de proteção, não de domesticação. Entretanto, para os domesticadores e para os protetores, a sociedade e a natureza eram *coisas separadas*. A natureza era o que a sociedade não era, e vice-versa. Esse sentido continua sendo o dominante atualmente, embora mais pessoas hoje concordem com os protetores da natureza do que em períodos anteriores.

Desde a década de 1950, o uso da palavra "natureza" começou a abrir espaço para outra expressão: o **meio ambiente**. As definições de "meio ambiente" no dicionário sugerem que ele representa as condições externas ou o entorno das pessoas, especialmente do lugar onde vivem ou trabalham. David Harvey (1993) observa que essa definição pode se aplicar a diversas situações. Por exemplo, temos um ambiente de trabalho, um ambiente empresarial e um ambiente urbano. Mas a maioria das pessoas provavelmente esperaria que este capítulo discutisse a poluição, as mudanças climáticas e assim por diante, indicando que *o* ambiente assumiu um significado especial e comum. Acreditamos que *o* ambiente consiste em todos os meios naturais e não humanos onde existem seres humanos — às vezes, chamados de "ambiente natural" — e, em seu sentido mais amplo, é simplesmente o planeta Terra como um todo. Usaremos essa como nossa definição de trabalho neste capítulo.

> **REFLEXÃO CRÍTICA**
>
> Os seres humanos são animais que fazem parte do mundo natural? Se são, por que as cidades e as áreas urbanas normalmente são vistas como artificiais? Se não, o que exatamente são os seres humanos?

Sociologia e meio ambiente

Os terremotos não são eventos incomuns. Christchurch, na Nova Zelândia (2011), Haiti (2010), Muzaffarabad, na Caxemira (2005), e Aceh, na Indonésia (2004) — no século XXI, todos esses lugares sofreram terremotos que, coletivamente, mataram mais de meio milhão de pessoas e deixaram milhões de desabrigados. Os terremotos e os tsunâmis que eles frequentemente geram são lembretes de que o ambiente natural não é simplesmente um pano de fundo inerte e passivo para os dramas da vida social e política. É uma força ativa que desempenha um papel significativo na formação das sociedades.

Em 11 de março de 2011, o terremoto mais poderoso que já atingiu o Japão, com magnitude de 9,0, ocorreu na costa leste, produzindo ondas de tsunâmi de até 40 metros de altura que chegaram à região de Tohoku. Viajando por até 10 quilômetros, o tsunami varreu tudo à sua frente; edifícios, veículos, linhas de energia e pessoas foram apanhados no desastre. Pelo menos 15 mil pessoas morreram, mais de 9 mil desapareceram e outras 5 mil ficaram feridas. Os sistemas de refrigeração falharam no local do reator nuclear costeiro de Fukushima, e um estado de emergência foi declarado quando se relatou que produtos alimentícios, água da torneira e amostras de solo estariam contaminadas com matéria radioativa. O governo japonês anunciou que revisaria sua política energética, principalmente a dependência do Japão de energia nuclear, para garantir a segurança energética futura do país. Qual é o papel dos sociólogos na compreensão e explicação de uma questão ambiental desse tipo?

Primeiro, a sociologia pode nos ajudar a compreender como os problemas ambientais estão distribuídos. Por exemplo, embora o aquecimento global — o aumento na temperatura média ao redor do mundo — afete todas as pessoas do planeta, isso ocorrerá de maneiras diferentes. As inundações afetam pessoas em países ricos e pobres, mas matam muito mais pessoas em países pobres e baixos, como Bangladesh, onde as infraestruturas de habitação e emergência são menos capazes de lidar com o clima severo do que a Europa, onde projetos caros de defesa contra inundação foram estabelecidos. Em países mais ricos, como os Estados Unidos, as questões que o aquecimento global levanta provavelmente estarão ligadas a efeitos indiretos, como níveis maiores de imigração, à medida que pessoas de áreas afetadas mais diretamente (por exemplo, pela insegurança alimentar) tentam entrar no país.

Em segundo lugar, os sociólogos podem narrar como os padrões de comportamento humano exercem pressão sobre o ambiente natural (Cylke, 1993). Muitos desafios ambientais discutidos neste capítulo — como poluição de veículos a *diesel* — são exemplos dessas pressões. Os níveis de poluição já produzidos pelos países industrializados causariam catástrofes se repetidos nas nações em desenvolvimento. Se as regiões empobrecidas do planeta se equipararem às mais ricas, os cidadãos do mundo rico terão que revisar suas expectativas sobre o crescimento econômico constante. As teorias sociológicas sobre a expansão capitalista, a globalização ou a racionalização podem nos ajudar a entender como as sociedades humanas estão transformando o meio ambiente.

Em terceiro lugar, a sociologia pode nos ajudar a avaliar políticas e propostas visando a proporcionar soluções para problemas ambientais. Antes do terremoto e tsunâmi de Tohoku, no Japão, muitos governos haviam começado a reavaliar a opção da energia nuclear. As campanhas antinucleares na década de 1980 tiveram sucesso ao levantar questões sobre a segurança do descarte subterrâneo de resíduo nuclear radioativo, e os governos, por fim, se afastaram da indústria nuclear. Ainda assim, as incertezas atuais sobre reservas de petróleo e gás e segurança energética e a necessidade de reduzir as emissões de carbono para enfrentar o aquecimento global trouxeram a opção da energia nuclear de volta à tona. Devido à pouca emissão de carbono produzida pelos reatores nucleares, a preocupação com a segurança agora deve ser pesada em relação aos benefícios ambientais. Analisar como diferentes grupos reúnem suas reivindicações e contra-afirmações sobre problemas ambientais aprofunda nossa compreensão das questões envolvidas — um pré-requisito essencial para o debate público informado.

Da mesma forma, alguns ativistas ambientais e autores "verdes" argumentam que as pessoas nos países ricos devem renunciar ao consumismo e retornar a modos de vida mais simples, vivendo perto da terra, para evitar o desastre ecológico (Devall, 1990; Cowie e Heathcott, 2003; Elgin, 2010). Eles argumentam que salvar o meio ambiente global significará mudanças sociais radicais, além de mudanças tecnológicas. Todavia, devido às enormes desigualdades globais que existem atualmente, há pouca chance de que os países pobres do mundo em desenvolvimento sacrifiquem o seu crescimento econômico devido aos problemas ambientais criados pelos países ricos. De fato, alguns governos nos países em desenvolvimento argumentam que não existe paralelo entre as "emissões de luxo" produzidas no mundo desenvolvido e suas próprias "emissões de sobrevivência". Desse modo, as explicações sociológicas baseadas nas relações internacionais e na desigualdade global podem esclarecer algumas das causas subjacentes dos problemas ambientais que enfrentamos atualmente.

Os fundadores da sociologia — Marx, Durkheim e Weber — prestavam pouca atenção naquilo que hoje chamamos de "questões ambientais". A relação entre as sociedades humanas e o ambiente natural não era sua principal preocupação. Em vez disso, as grandes questões sociais que ocupavam os estudiosos eram a desigualdade social, a pobreza e seu alívio e a avaliação do rumo futuro do desenvolvimento industrial. Essa situação se tornou cada vez mais difícil depois que os sociólogos começaram a explorar os problemas identificados por aqueles indivíduos que atuavam em campanhas ambientalistas na década de 1970. Será que as teorias clássicas poderiam oferecer novas visões das relações entre os seres humanos e o meio ambiente? Alguns sociólogos *retornaram* para a sociologia clássica, reinterpretando os clássicos à luz das questões ambientais (Dickens, 2004; Dunlap et al., 2002; Murphy, 1997). Todavia, a maioria não o fez. Ao contrário, a maior parte dos estudos sociológicos do meio ambiente tem se caracterizado por uma disputa entre abordagens construcionistas sociais e realistas críticas sobre como as questões ambientais devem ser estudadas sociologicamente.

Teorizando o nexo sociedade-natureza

O **construcionismo social** é uma abordagem para estudar problemas sociais, incluindo problemas ambientais. Os construcionistas sociais investigam como certas questões ambientais passaram a ser consideradas significativas e precisam de ação urgente, ao passo que outras são vistas como menos importantes ou são basicamente ignoradas (Braun e Castree, 1998; Hannigan, 2006, 2014). Muito depende de como a questão é enquadrada *como um* *problema* que precisa de uma resposta política do governo. Será que os problemas ambientais considerados mais importantes hoje em dia realmente são os mais sérios e necessitados de ação urgente?

> Para mais sobre o construcionismo social, ver o Capítulo 3, "Teorias e perspectivas sociológicas", e o Capítulo 12, "Interações sociais e vida cotidiana".

Os construcionistas fazem uma série de perguntas importantes sobre problemas ambientais. Qual é a *história do problema* e como se desenvolveu? *Quem* está dizendo que é um problema? Eles têm algum interesse oculto e se beneficiarão com essa visão? *O que eles dizem* sobre isso e como as evidências sustentam o que é dito? *Como* eles dizem isso? Eles usam argumentos científicos, emocionais, políticos ou morais? Quem se *opõe* à afirmação e com que base? Os oponentes perderão alguma coisa se a afirmação tiver êxito? E isso, em vez das evidências, pode explicar sua oposição? Essas questões conferem aos sociólogos um papel claramente definido no estudo de questões ambientais, o que não se aplica a nenhuma outra disciplina. Elas também acrescentam algo novo para o nosso entendimento dessa área.

Os construcionistas sociais nos lembram de que todos os problemas ambientais são, em parte, criados e "construídos" socialmente por grupos de pessoas. A natureza nunca "fala por si mesma", mas as pessoas falam em nome dela. Esse processo de construção pode ser analisado, entendido e explicado, e assim o público estará em uma posição melhor para avaliar se um problema ambiental realmente é tão sério como dizem aqueles que fazem a alegação.

A maior parte dos problemas do meio ambiente é criada socialmente. Por exemplo, o consumismo gera quantidades enormes de lixo, cuja maior parte é convencionalmente disposta em lixões.

Para alguns sociólogos, então, o construcionismo é problemático, pois tende a ser "agnóstico" em relação ao problema central em questão (Irwin, 2001). Por exemplo, um estudo construcionista sobre a perda de biodiversidade e a extinção de espécies nos diria muita coisa sobre como esse problema veio a ser considerado importante, que argumentos foram feitos a respeito e quem se opôs à afirmação. Porém, na questão científica central, os construcionistas sociais não oferecem uma resposta direta — a perda de biodiversidade realmente é um problema sério que precisa de ação urgente? Para os ativistas ambientais e aqueles comprometidos em resolver os problemas ambientais, isso simplesmente não ajuda. O construcionismo nos fala muito sobre as pessoas e as interações sociais, mas nada sobre as relações entre a sociedade e o meio ambiente.

Uma abordagem alternativa, conhecida como "realismo ambiental" (Bell, 2004) ou **realismo crítico**, analisa as questões ambientais de maneira científica, reunindo evidências das ciências sociais e naturais para entender melhor por que os problemas ambientais ocorrem. O realismo crítico visa a olhar abaixo da superfície das evidências visíveis para revelar os "mecanismos causais" subjacentes a eventos e problemas (Benton, 1994; Dickens, 1996, 2004; Martell, 1994). Ao contrário do agnosticismo do construcionismo social, os realistas críticos estão preparados para aceitar e debater o conhecimento e as evidências das ciências naturais e ambientais em suas análises. O quadro Usando sua imaginação sociológica 5.1, sobre a encefalopatia espongiforme bovina (o "mal da vaca louca") no Reino Unido, ilustra alguns pontos básicos dessa abordagem.

As abordagens realistas usam as descobertas de uma variedade de disciplinas acadêmicas: biologia, zoologia, história, sociologia, ciência política e outras. Somente desse modo podemos explicar adequadamente como e por que a variação da doença de Creutzfeldt-Jakob e a encefalopatia espongiforme bovina representaram um problema tão grande nas décadas de 1980 e 1990. Como os construcionistas, os realistas argumentariam que as vacas também são criaturas sociais, além de naturais. Defendendo o argumento construcionista, Alan Irwin diz: "a vaca moderna é produto de gerações de controle humano sobre a criação, alimentação e alojamento de gado" (2001: 80). Porém, ao contrário dos construcionistas, os realistas procuram *mecanismos causais* e estão preparados para explorar e debater a ciência natural dedicada a temas ambientais de uma maneira que os construcionistas sociais não estão. O realismo crítico leva em conta a *realidade objetiva* de objetos e ambientes naturais, e isso significa repensar nossas teorias e conceitos sociológicos tendo isso em mente.

A partir desse breve esboço das duas abordagens, podemos dizer que o construcionismo social conduz a uma *sociologia do ambiente*, que explora as questões ambientais a partir de uma posição sociológica convencional, usando conceitos e teorias do interior da disciplina. Por outro lado, o realismo crítico leva a uma *sociologia ambiental*, que exige a revisão de abordagens sociológicas existentes para levar em conta o complexo entrelaçamento entre a sociedade e o meio ambiente (Sutton, 2007). Todavia, como veremos no decorrer do capítulo, muitos estudos no campo tendem a oscilar entre essas duas alternativas polarizadas.

Questões ambientais

Existem muitas questões ambientais diferentes que confrontam o mundo contemporâneo, e só conseguiremos arranhar a superfície delas aqui. Algumas são de caráter local ou regional, enquanto outras são internacionais ou genuinamente globais em escala e impacto. O que todas compartilham e o que as torna especificamente **questões ambientais** é que elas envolvem relações *e* interações sociais *e* fenômenos naturais não humanos. Nesse sentido, elas são questões *híbridas* da sociedade e do ambiente (Irwin, 2001: 26). Tenha isso em mente ao ler o restante desta seção. Começamos com uma importante questão dos tempos atuais, o aquecimento global.

Aquecimento global

Com base na temperatura média global da superfície, 2016 foi o ano mais quente já registrado, seguido, em ordem, por 2019, 2015 e 2017. Nove dos dez anos mais quentes registrados desde que os registros confiáveis começaram, no final do século XIX, ocorreram desde 2005 (NOAA, 2019). Embora o planeta, em média, tenha aquecido cerca de 1 °C desde 1880, a tendência de aquecimento deve continuar, e mesmo pequenos aumentos como esse podem ter grandes impactos (IPCC, 2015: 2). Os

USANDO SUA IMAGINAÇÃO SOCIOLÓGICA

5.1 Cruzando a barreira das espécies: o "mal da vaca louca" no Reino Unido

Em 1996, os ministros do governo britânico admitiram a possibilidade de que pelo menos 10 mortes humanas recentes tivessem sido causadas por uma nova variante da doença de Creutzfeldt-Jakob (vCJD) em humanos, que pode ter se desenvolvido porque pessoas comeram carne infectada com encefalopatia espongiforme bovina durante a década de 1980. Isso foi um choque enorme. Milhões de pessoas haviam comido carne bovina nesse período e, pelo menos teoricamente, poderiam desenvolver a doença. Como isso havia acontecido?

A encefalopatia espongiforme bovina é uma doença neurodegenerativa fatal do gado cujos sintomas — perda de coordenação, nervosismo, perda de memória e agressividade (daí vaca "louca") — são semelhantes aos da doença de Creutzfeldt-Jakob (CJD) em seres humanos. A partir da experiência com a criação de ovelhas, acreditava-se que a encefalopatia não poderia cruzar a barreira das espécies e chegar à população humana. A CJD é uma doença conhecida, mas muito rara em seres humanos, que não tem relação com a encefalopatia espongiforme bovina. A UK BSE Inquiry (1998-2000) identificou a causa da encefalopatia espongiforme bovina no gado como uma mutação genética em uma única vaca (chamada vaca 133). Porém, a explicação mais aceita para a *disseminação* da doença é que o gado estava sendo alimentado com partes não aproveitáveis de uma rês abatida infectada com encefalopatia espongiforme bovina (Macnaghten e Urry, 1998: 253-265). O relatório da pesquisa dizia que o problema era "a reciclagem de proteína animal na ração para ruminantes" e observou que a relação entre a encefalopatia espongiforme bovina e a vCJD humana "está claramente estabelecida agora". Em 2 de janeiro de 2015, a National Creutzfeldt-Jakob Surveillance Unit de Edimburgo relatou que 177 pessoas morreram de vCJD. As práticas de reaproveitamento da carne mudaram, e novas regras foram criadas para prevenir uma reincidência, mas a confiança pública na **ciência**, na política, nos órgãos regulatórios e na indústria da carne foi completamente abalada pelo episódio.

Considerando isso, esse parece um episódio de uma doença de ocorrência natural em animais, sem relação com processos naturais. Todavia, a transmissão e a disseminação da encefalopatia espongiforme bovina resultaram de decisões tomadas dentro do sistema de produção de ração animal. A antiga premissa científica de que a doença não cruzaria a barreira das espécies se mostrou errada. A carne bovina infectada com encefalopatia *levou* à ocorrência de vCJD em seres humanos. Tratar o gado como um produto comercial e negar sua natureza herbívora, alimentando-o com restos de bovinos mortos, teve um resultado inesperado, que ninguém conseguiu prever.

Uma abordagem realista crítica sugeriria que, para se entender esse acontecimento corretamente, precisaríamos saber que tipos de criaturas são as vacas: quais são suas capacidades naturais? Também devemos entender os seres humanos para saber por que a doença teve efeitos tão devastadores sobre as pessoas. O que acontece quando alimentos infectados entram no corpo humano? Também devemos saber como o sistema de produção alimentar opera e que decisões políticas e econômicas permitiram que animais mortos fossem dados como alimento a outros. E precisamos de conhecimento culturalmente específico — por que tantas pessoas comem tanta carne bovina no Reino Unido?

> **REFLEXÃO CRÍTICA**
>
> Como os construcionistas sociais investigariam a epidemia de encefalopatia e suas consequências, conforme explicado aqui? Qual seria o foco de uma investigação construcionista?

efeitos do clima muito quente das ondas de calor podem ser catastróficos. O Earth Policy Institute, um grupo de reflexão ambiental, estimou que uma onda de calor em 2003 matou quase 40 mil pessoas na Europa. A França foi o país que mais sofreu, pois 14.802 pessoas morreram por causas atribuíveis às altas temperaturas, sendo os idosos os mais afetados (Bhattacharya, 2003). Prevê-se que as ondas de calor se tornarão mais comuns no futuro, à medida que o aquecimento alterar o clima.

A questão ambiental do aquecimento global — uma forma de mudança climática — é o exemplo mais claro de um problema *ambiental* genuinamente *global*. Seus efeitos terão impacto em todas as sociedades do planeta, ainda que em graus variados. Para entendê-lo, temos que ver "o meio ambiente" em seu sentido mais amplo — a Terra como um todo —, já que a atmosfera envolve todo o planeta em vez de uma região. O problema do aquecimento global não pode ser entendido sem a ciência moderna, e os sociólogos precisam enfrentar debates sobre a ciência da mudança climática se quiserem dizer algo útil sobre o assunto.

O que é aquecimento global?

Muitas pessoas consideram o **aquecimento global** o mais sério desafio ambiental do nosso tempo. Se as previsões científicas estiverem corretas, ele tem o potencial de alterar de maneira irreversível o funcionamento do clima da Terra e gerar uma série de consequências ambientais devastadoras. O aquecimento global se refere ao aumento gradual na temperatura média da Terra devido a mudanças na composição química da atmosfera. O atual consenso científico é de que ele é causado, em grande parte, pelos humanos, pois os gases que se acumularam e alteraram a atmosfera da Terra são aqueles produzidos em grandes quantidades por processos industriais que geram gases, principalmente o CO_2, que se acumularam na atmosfera.

O processo de aquecimento global está intimamente relacionado com a ideia do **efeito estufa** — o acúmulo dos gases de efeito estufa que aprisionam o calor dentro da atmosfera terrestre. O princípio é simples. A energia do sol passa pela atmosfera e aquece a superfície da Terra. Embora a maioria da radiação solar seja absorvida diretamente pela Terra, parte dela é refletida. Os gases de efeito estufa atuam como uma barreira à saída dessa energia, aprisionando o calor dentro da atmosfera terrestre, como os painéis de vidro de uma estufa. Esse efeito estufa natural é o que mantém a Terra em uma temperatura superficial razoavelmente confortável — por volta de 15,5 °C. Se não fosse pelo papel dos gases de efeito estufa de reter o calor, a Terra seria um local muito diferente, com uma temperatura média de –17 °C.

Quando as concentrações atmosféricas de gases de efeito estufa aumentam, o efeito estufa se intensifica, sendo geradas temperaturas muito mais quentes. Desde o começo da industrialização, a concentração de gases de efeito estufa aumentou significativamente. As concentrações de dióxido de carbono (CO_2, o principal gás de efeito estufa) aumentaram por volta de 40% desde 1750 — o início da industrialização moderna; o metano aumentou em 150%, e o óxido nitroso, em 20% (IPPC, 2015: 44) (ver o quadro Sociedade global 5.1).

A maioria dos cientistas hoje concorda que o grande aumento na quantidade de dióxido de carbono na atmosfera pode ser atribuído à queima de combustíveis fósseis e a outras atividades humanas, como a produção industrial, a agricultura de grande escala, o **desmatamento**, a mineração, os aterros sanitários e as emissões veiculares. O impacto geral desses processos industriais é conhecido como **mudança climática antropogênica** (criada pelo homem). A Revolução Industrial dos séculos XVIII e XIX e a disseminação da industrialização no mundo inteiro produziram grande mudança histórica mundial.

A Quinta Avaliação do Painel Intergovernamental sobre Mudanças Climáticas (IPCC, 2015) relata, com base em análises comparando observações reais com um modelo de previsão baseado apenas em mudanças climáticas naturais e um segundo modelo baseado em mudanças naturais *mais* mudanças climáticas antropogênicas, que é *extremamente provável* que o aumento das temperaturas observado desde meados do século XX seja devido à atividade humana. Na cautelosa linguagem científica do IPCC, isso significa uma probabilidade de mais de 95%. Essa é uma conclusão muito mais significativa do que aquela obtida no Terceiro e Quarto Relatórios de Avaliação, de 2001 e 2007, respectivamente. A Figura 5.1 mostra a tendência crescente da temperatura da superfície entre 1910 e 2010 em comparação com os modelos do IPCC.

REFLEXÃO CRÍTICA

Até que ponto você está convencido das evidências científicas do aquecimento global antropogênico apresentadas acima? Faça uma enquete com seus amigos. Existe uma visão coletiva? Algum deles mudou seu comportamento com base no que sabe sobre as mudanças climáticas?

> **Sociedade global 5.1** — **O que são os gases do efeito estufa?**
>
> Alguns gases do efeito estufa, como o dióxido de carbono, ocorrem naturalmente e são emitidos para a atmosfera por processos naturais e atividades humanas. Outros (por exemplo, gases fluoretados) são criados e emitidos unicamente pelas atividades humanas. Os principais gases de efeito estufa que entram na atmosfera devido a atividades humanas são apresentados a seguir.
>
> - *Dióxido de carbono (CO_2):* o dióxido de carbono entra na atmosfera pela queima de combustíveis fósseis (petróleo, gás natural e carvão), resíduos sólidos, árvores e produtos de madeira e também como resultado de outras reações químicas (por exemplo, fabricação de cimento). O gás carbônico também é removido da atmosfera (ou "sequestrado") quando é absorvido por plantas, como parte do ciclo biológico do carbono.
> - *Metano (CH_4):* o metano é emitido durante a produção e o transporte de carvão, gás natural e petróleo. As emissões de metano também resultam da pecuária e outras práticas agrícolas e da decomposição de resíduos orgânicos em lixões e aterros sanitários municipais.
> - *Óxido nitroso (N_2O):* o óxido nitroso é emitido durante atividades agrícolas e industriais, bem como durante a queima de combustíveis fósseis e resíduos sólidos.
> - *Gases fluoretados:* os hidrofluorocarbonos, os perfluorocarbonos e o hexafluoreto de enxofre são gases de efeito estufa sintéticos e poderosos emitidos por uma variedade de processos industriais. Os gases fluoretados são usados, às vezes, como substitutos para substâncias que contribuem para o buraco na camada de ozônio (ou seja, CFCs, HCFCs e halógenos). Esses gases costumam ser emitidos em quantidades menores, mas, como são gases de efeito estufa potentes, às vezes são chamados de gases de elevado potencial de aquecimento global ("*high* GWP").
>
> *Fonte:* US Environmental Protection Agency: www.epa.gov/ghgemissions/overviewgreenhouse-gases.

As consequências potenciais do aquecimento global

As consequências do aquecimento global serão experimentadas de forma desigual, com resultados devastadores para algumas regiões e países, mas não para todos. O Quarto Relatório de Avaliação do IPCC (2007: 50-52) sugeriu uma série de impactos sociais, e alguns dos mais significativos aparecem por região a seguir.

1. Cerca de 75 a 250 milhões de pessoas em toda a África sofrerão maior estresse no abastecimento de água, e a produção agrícola pode cair em até 50%, comprometendo muito o acesso a níveis adequados de alimentos e fazendo aumentar os níveis de desnutrição. O IPCC também prevê que haverá um aumento de terras áridas entre 5 e 8% na África até 2080 e que o aumento do nível do mar afetará as áreas costeiras baixas com grandes populações.
2. No centro, leste, sul e sudeste da Ásia, a disponibilidade de água potável deverá diminuir até 2050, levando a problemas cada vez maiores com a segurança hídrica. As áreas costeiras provavelmente estarão sujeitas a inundações dos rios e do mar. À medida que o aquecimento global modificar o ciclo hidrológico, haverá mais inundações e secas constantes.
3. Na América Latina, o leste da Amazônia provavelmente verá as florestas tropicais se tornando savanas à medida que os solos secam e a vegetação semiárida se perde. A segurança alimentar diminuirá à medida que a produtividade das colheitas e do gado diminuir, e mais pessoas estarão em risco de desnutrição e fome crônica. A mudança nos padrões de chuva levará a um abastecimento incerto de água potável e de água para agricultura.
4. Na Austrália e na Nova Zelândia, a previsão é de perda de biodiversidade em locais importantes, incluindo a Grande Barreira de Corais. A insegurança hídrica aumentará no sul e no leste da Austrália e em partes da Nova Zelândia. A produção agrícola diminuirá em grande parte do sul e do

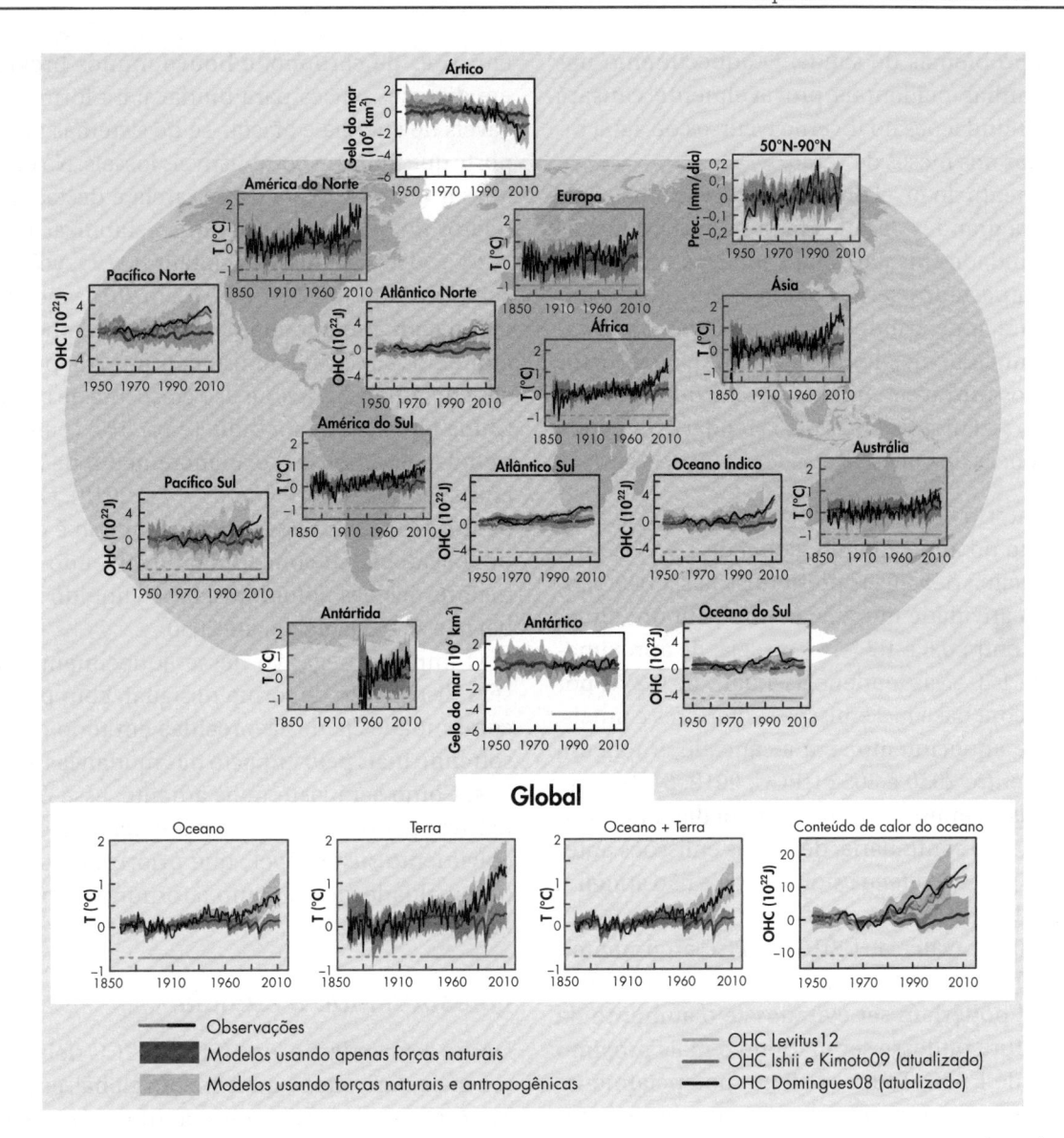

FIGURA 5.1 Mudanças na temperatura global e regional: observadas, forças naturais e forças naturais mais antropogênicas. (Para ver esta imagem colorida, acesse **loja.grupoa.com.br**, encontre a página do livro por meio do campo de busca e clique em Material Complementar.)

Nota: Todas as séries temporais são as médias da década plotadas no centro da década.

Fonte: IPCC (2015: 49).

leste da Austrália e no leste da Nova Zelândia, devido ao aumento das secas e dos incêndios.

5. Na Europa, espera-se que haja inundações e erosões costeiras mais frequentes, resultantes do aumento do nível do mar e de tempestades mais fortes. O sul da Europa verá mais secas e temperaturas mais altas, que diminuirão a disponibilidade de água e a produtividade das lavouras. Temperaturas mais altas vão piorar os problemas de saúde devido às ondas de calor mais frequentes.

6. A América do Norte experimentará ondas de calor mais fortes e frequentes em cidades que já apresentam problemas, provocando cada vez

mais problemas de saúde. O aquecimento nas montanhas ocidentais provavelmente causará mais inundações no inverno e cursos de água reduzidos nos meses de verão.

7. O aumento do nível do mar provavelmente apresentará grandes desafios para muitas pequenas comunidades insulares no Pacífico e no Caribe. As tempestades serão maiores, e a erosão aumentará, ameaçando as comunidades e a infraestrutura. Em meados do século XXI, os recursos hídricos provavelmente serão reduzidos a ponto de não serem suficientes para atender à demanda em épocas de pouca chuva.

O Relatório Especial de 2018 do IPCC comparou o impacto do aquecimento global de 1,5 °C com o de 2 °C acima dos níveis pré-industriais, observando que a atividade humana já produziu um aquecimento entre 0,8 e 1,2 °C — ou seja, de aproximadamente 1 °C. Nas tendências atuais, de 0,2 °C por década, com base nas emissões anteriores e atuais, 1,5 °C de aquecimento será alcançado em algum período entre 2030 e 2052 (IPCC, 2019: 6). Mesmo que todas as emissões parassem imediatamente, o aquecimento continuaria, devido às emissões anteriores de gases do efeito estufa, mas ele não atingiria o limite de 1,5 °C.

Na Quinta Avaliação (2015), o IPCC argumentou que os efeitos mais prejudiciais do aquecimento global poderiam ser evitados se o aumento da temperatura pudesse ser mantido o mais próximo possível de 1,5 °C. Todos os efeitos potencialmente prejudiciais do aumento das temperaturas listados anteriormente seriam piores e mais difíceis de reverter se o nível de 2 °C fosse atingido. Para que isso não aconteça, seria necessário um programa global muito mais sistemático e abrangente para reduzir as emissões, além de medidas adaptativas. Em particular, as emissões líquidas globais de CO_2 teriam que ser reduzidas a "quase zero" até 2050. O relatório reconhece que alcançar esse objetivo exigirá "transições rápidas e de longo alcance em energia, solo, urbanismo e infraestrutura (incluindo transporte e prédios) e sistemas industriais" que são "sem precedentes em termos de escala, mas não necessariamente em termos de velocidade" (IPCC, 2019: 17).

O zero líquido se tornou o *slogan* dos XR e de outros grupos ambientalistas enquanto tentam pressionar os governos a reduzir mais rapidamente as emissões de carbono, e houve muitos progressos em diversos países para mudar para formas renováveis de energia e afastar-se de sistemas de transporte que utilizam combustíveis fósseis. No entanto, apesar disso, a escala dessa tarefa é destacada por relatos de que, depois de uma estabilização entre 2014 e 2016, as emissões globais de CO_2 voltaram a subir, em 1,6% em 2017 e 2,7% em 2018, encerrando o ano com a maior alta de todos os tempos. Esses aumentos se devem ao uso contínuo de petróleo e gás em muitos países, ao uso crescente de carvão na China (em 4,5%) e na Índia (em 7,1%) (países com populações imensas) e ao incremento de 2,5% nas emissões dos EUA (Figueres et al., 2018). O que podemos perceber nesse breve apanhado é que, sem uma ação *global* concertada envolvendo todas as maiores nações poluidoras, o CO_2 líquido zero global não será alcançado até 2050.

O impacto negativo desse aquecimento global será distribuído de forma desigual, com pessoas e comunidades já desfavorecidas em todo o mundo sofrendo mais pelo impacto das mudanças ambientais. Como será visto mais adiante, esse é um dos motivos pelos quais os ativistas defendem o "desenvolvimento sustentável", que prioriza o combate à desigualdade global como fator fundamental para reduzir as emissões.

Questionando a ciência

Desde a sua criação, em 1988, o IPCC deixou cada vez mais claro que o aquecimento global, em grande parte, é o resultado de causas antropogênicas, como poluição mundial, emissões dos veículos, desmatamento e queimada de combustíveis fósseis, todos lançando gases do efeito estufa na atmosfera. Embora as evidências sejam grandes, diversas e consistentes, ainda existem debates em torno da tese e de suas implicações, o que leva a visão de consenso a conflitar com um pequeno número de "céticos da mudança climática".

O IPCC (2015: 2) diz que "o aquecimento do clima é inequívoco e, desde a década de 1950, muitas das mudanças observadas são sem precedentes ao longo de décadas a milênios". Lord (Nigel) Lawson (2009: 1), ex-secretário de energia e chanceler do governo do Reino Unido, afirma que o aquecimento global é "o último susto" de uma série que inclui superpopulação e esgotamento total de recursos. Lawson argumenta que houve um "leve aquecimento" nos últimos 25 anos do século XX, mas isso foi seguido por uma "calmaria" no século XXI, quando o aquecimento aparentemente "parou". A acusação cética aqui é que os cientistas do clima não conseguem lidar adequadamente com evidências contrárias e as ignoram ou escolhem suas evidências. No entanto, em 2011, o principal conselheiro científico do governo, Sir John Beddington, se envolveu em uma troca de cartas com Lawson, argumentando que seu livro mostrava pouca compreensão da ciência climática, que as tendências de temperatura de curto prazo não são significativas no contexto do aquecimento global de longo prazo e que as evidências científicas de diversas fontes mostraram nitidamente que "os riscos são reais" (Boffey, 2011).

Em segundo lugar, alguns céticos argumentam que há boas evidências de que o aquecimento global *é* real, mas negam sua causa antropogênica. Para essa vertente, o aquecimento global é um fenômeno totalmente natural, talvez relacionado à atividade flutuante do sol. Eles também dizem que o CO_2 não é um gás significativo para o efeito estufa. À medida que a atividade solar flutua, o mesmo acontece com o clima da Terra, e isso explica a atual tendência de aquecimento. A maior parte da comunidade científica acredita que a atividade solar afeta a temperatura da superfície, mas desde a década de 1960 não há evidências de uma tendência positiva na atividade solar que poderia ter produzido o atual aquecimento global. O CO_2 certamente não é o *único* gás causador do efeito estufa, mas permanece na atmosfera por muitas décadas e até séculos, o que leva a um acúmulo constante ao longo do tempo em que houve atividade industrial. Segundo o que diz a maioria, é principalmente isso que responde pelo aquecimento global.

Terceiro, mesmo se aceitarmos que o aquecimento global *é* real e *é* parcialmente explicado pela industrialização, alguns argumentam que as consequências previstas são muito especulativas, na melhor das hipóteses, e muito exageradas, na pior. A modelagem por computador, do tipo usado pelo IPCC, é notoriamente pouco confiável, especialmente quando extrapola as tendências atuais para o futuro, e as sugestões de um aumento de 6 °C até 2100 são alarmistas. Do ponto de vista político, econômico e social, seria melhor direcionarmos nossos esforços para enfrentar outros problemas sociais mais urgentes, como a pobreza nos países em desenvolvimento, em vez de desperdiçar recursos valiosos em um "problema" incerto (Lomborg, 2001).

Embora algumas previsões no extremo da ciência climática sugiram que um aumento de 6 °C seja possível até 2100, isso não pressupõe qualquer mudança nas políticas dos governos destinadas a reduzir as emissões de carbono — uma suposição já desatualizada. Devemos ter em mente que existem muitas incertezas na previsão do clima, incluindo o *feedback* das nuvens, as mudanças nos fluxos das calotas de gelo na Antártida e na Groenlândia, as mudanças no uso da terra, os desenvolvimentos tecnológicos, o impacto dos aerossóis, a extensão das mudanças comportamentais e a falta de dados de algumas regiões, o que dificulta a modelagem precisa.

Dada a situação global, não é possível descartar completamente os efeitos mais radicais e devastadores do aquecimento global neste século. Apesar disso, a história da política ambiental no século XX está repleta de previsões fracassadas de desastre global e colapso social catastrófico, por isso faz sentido que os cientistas sociais trabalhem com a melhor pesquisa científica disponível, que atualmente é o programa do IPCC em andamento. Também é correto que a modelagem por computador pode estar em desacordo com as evidências do mundo real, mas os modelos climáticos do IPCC são complexos e construídos com base em evidências coletadas de muitas fontes do mundo inteiro. O Quarto Relatório de Avaliação observou que, desde 1990, os valores de previsão do IPCC aumentaram em média de 0,15 a 0,3 °C por década, em comparação favorável com o aumento observado entre 1990 e 2005, de 0,2 °C por década. Essas evidências sugerem que a modelagem do IPCC é, de fato, a mais precisa que temos.

O caso "ClimaGate", discutido no quadro Usando sua imaginação sociológica 5.2, tem sido uma experiência salutar, não apenas para os cientistas climáticos, mas para a comunidade acadêmica como um todo. Em um ambiente acadêmico cada vez mais global, que opera em sociedades em que o fácil acesso à internet e os ideais de liberdade de informação se combinam para criar expectativas de acesso aberto a informações e dados, a prática científica muitas vezes parece estar se recuperando. Certamente não é raro encontrar grupos de cientistas guardando cuidadosamente os seus dados

USANDO SUA IMAGINAÇÃO SOCIOLÓGICA

5.2 ClimaGate: um conto de advertência

A ciência das mudanças climáticas foi questionada em 2009, quando a Unidade de Pesquisa Climática da Universidade de East Anglia, no Reino Unido, teve seu sistema de *e-mail* invadido e cerca de mil *e-mails*, incluindo trocas entre membros da unidade e colegas em todo o mundo, publicados na *web* mundial — um caso agora conhecido como "ClimaGate".

Em alguns desses *e-mails*, o diretor, professor Phil Jones, comentou sobre realizar "um truque" com dados climáticos e falou em "esconder o declínio" da temperatura para diversos dados. Ele também admitiu recusar repetidos pedidos para compartilhar dados com os críticos e pedir a um colega para excluir todos os *e-mails* relacionados à Quarta Avaliação do IPCC. Mais tarde, Jones argumentou que os comentários por *e-mail* foram retirados do contexto; o "truque" era simplesmente encontrar uma maneira criativa de unir dois conjuntos de dados, enquanto "esconder o declínio" significava corrigir uma falsa impressão em um conjunto de dados, criando um conjunto composto que também incluísse dados instrumentais (BBC, 2010).

Os céticos veem esse episódio como um apoio para o seu argumento de que muitos cientistas climáticos, cujas carreiras e reputações se entrelaçaram com a comprovação do aquecimento global antropogênico, estão preparados para sacrificar princípios científicos fundamentais de abertura e revisão por pares para proteger a si mesmos e suas teses "não comprovadas". Então, em 2010, após críticas de glaciologistas, o vice-presidente do IPCC admitiu que uma afirmação no relatório de 2007 de que as geleiras do Himalaia "poderiam desaparecer até 2035" estava errada. Erros como esse, dizem os céticos, levantam a questão de quantas outras previsões do IPCC estão incorretas, levando ao questionamento sobre a existência do aquecimento global.

O ClimaGate foi objeto de três inquéritos independentes: um inquérito parlamentar, um inquérito universitário sobre 11 artigos científicos importantes e um inquérito encomendado pela universidade e liderado por um funcionário público sênior, Sir Muir Russell, sobre a invasão e as trocas de *e-mail* vazadas. Todos os três não encontraram evidências de negligência científica, falsificação de dados ou tentativas de subverter o processo de revisão por pares. No entanto, a *Russell Review* (Russell, 2010: 10–11) criticou a unidade por ser inútil e defensiva quando os pedidos de dados foram feitos sob a Lei da Liberdade de Informação (FoI — Freedom of Information). Também criticou a universidade e a unidade por não avaliarem os requisitos estatutários da Lei FoI e o potencial dos danos que poderiam ser causados à pesquisa em ciências climáticas e à própria universidade pela retenção dos dados. Uma revisão separada das principais previsões do IPCC, encomendada pelo governo holandês em 2010, não encontrou erros que pudessem questionar a constatação de que a mudança climática antropogênica estava acontecendo.

> **REFLEXÃO CRÍTICA**
>
> Se a evidência do aquecimento global é convincente, por que esta unidade deveria ser cautelosa em fornecer informações e reter alguns de seus dados? Que impacto esse tipo de comportamento pode ter na prática da ciência climática?

brutos para proteger suas próprias alegações de conhecimento, e, embora seja comum falar de uma "comunidade científica", é importante lembrar que o trabalho científico, como todas as outras esferas da vida social, é altamente competitivo. Pelo menos no futuro previsível, é provável que continue existindo uma tensão desconfortável entre a prática científica estabelecida e a cultura emergente de acesso aberto à informação.

Respondendo ao aquecimento global

Os países industrializados produzem atualmente muito mais gases do efeito estufa do que o mundo em desenvolvimento, e a China superou os EUA e emite mais dióxido de carbono do que qualquer outro país. No entanto, as emissões do mundo em desenvolvimento estão aumentando, principalmente nos países em rápida industrialização, e espera-se que sejam aproximadamente iguais às dos países industrializados por volta de 2035. Levando em conta o tamanho da população e analisando as emissões *per capita*, China e Índia atualmente produzem níveis mais baixos do que os dos EUA, da Europa, da Federação Russa e do Japão, o que mostra por que alguns países em desenvolvimento veem suas próprias emissões de "sobrevivência" como muito menos danosas do que as emissões de "luxo" dos países já ricos.

Há também uma disjunção entre a ampla aceitação do aquecimento global e o preparo das pessoas para mudar suas rotinas a fim de ajudar a enfrentá-lo. Giddens (2011: 2) chama isso (sem surpresa) de "o paradoxo de Giddens". Ele afirma que, como as pessoas não experimentam efeitos claramente tangíveis dos perigos do aquecimento global descontrolado em suas vidas cotidianas, elas não mudam suas ações que prejudicam o meio ambiente. A dependência do carro é um exemplo claro disso. Ainda assim, se elas esperarem até que o aquecimento global tenha impacto em suas vidas, será tarde demais para fazer algo a respeito. Antes que isso aconteça, é preciso encontrar maneiras de "[incorporá-lo] em nossas instituições e nas preocupações cotidianas dos cidadãos" (ibid.: 3).

Sem o envolvimento positivo da massa crítica de cidadãos individuais, parece improvável que as políticas governamentais tenham sucesso. Mas uma abordagem global coordenada para reduzir as emissões de gases do efeito estufa se torna mais difícil no contexto de desenvolvimento econômico desigual em nível nacional, produzindo tanto desacordo quanto acordo sobre como coordenar reduções e medidas adaptativas.

A Convenção-Quadro das Nações Unidas sobre Mudanças Climáticas foi criada em 1997, em Quioto, no Japão, onde foi alcançado um acordo para reduzir significativamente as emissões até 2012, a fim de estabilizar e, eventualmente, reduzir os níveis de gases do efeito estufa na atmosfera. As metas variaram de um corte médio de 8% para a maior parte da Europa a um aumento máximo de 10% para a Islândia e um aumento de 8% para a Austrália. Os EUA originalmente se comprometeram com um corte de 7%, mas nunca ratificaram o protocolo. O Protocolo de Quioto tomou como ponto de partida os níveis de emissões do efeito estufa de 1990. No entanto, isso foi visto no Sul Global como favorável aos países industrializados, pois não leva em conta a sua "responsabilidade histórica" pelo problema do aquecimento global e, assim, evita a atribuição de culpa. Também não está claro exatamente quando os países em desenvolvimento deverão reduzir suas emissões, ou quanto. Será que isso permitirá níveis de emissões inevitavelmente mais altos, à medida que o seu desenvolvimento econômico alcança o do mundo industrializado? Se não, pode ser considerado injusto e impraticável (Najam et al., 2003).

Após desacordos acirrados e fracasso em garantir um acordo vinculativo nas negociações de Copenhague em 2009, a reunião de Cancun em 2010 foi amplamente vista como um progresso: 190 países concordaram em levar as metas voluntárias estabelecidas em Copenhague para o processo, para aceitar o objetivo de limitar o aumento da temperatura global a menos de 2 °C, mas lutar por 1,5 °C. Eles também concordaram em criar um fundo climático verde como parte de um compromisso de US$ 100 bilhões para ajudar os países em desenvolvimento a avançar de formas não poluentes. O acordo geral é juridicamente vinculativo, mas aspectos específicos, como promessas de Estados-Nações individuais para reduzir as emissões, não são (Goldenberg et al., 2015).

Em 2015, um novo Acordo de Paris (COP24 — a 24ª "Conferência das Partes"), envolvendo 196 países, foi bastante saudado como um importante passo à frente. Nesse acordo, os países se comprometeram a reduzir os gases do efeito estufa (principalmente o CO_2) para manter o aquecimento global abaixo de 2 °C, de preferência mais próximo de 1,5 °C, até 2050. Ainda em 2017, o novo presidente dos EUA, Donald Trump (um cético do aquecimento global), anunciou que os EUA deixariam de participar do acordo e sairiam o mais rapidamente possível. Tendo prometido reiniciar a indústria do carvão, Trump viu as metas de Paris como uma ameaça à economia dos EUA. Essa escolha percebida entre promover o crescimento econômico *ou* enfrentar os problemas ambientais globais é vista hoje em dia como muito equivocada. Como veremos mais adiante, é possível vislumbrar e planejar a modernização ecológica e o crescimento econômico com base no "esverdeamento" da economia industrial, afastando-se das indústrias poluidoras e seguindo em direção a tecnologias renováveis. A remodelação das economias dessa forma é muitas vezes referida como a "revolução industrial verde" ou o "novo acordo verde".

No entanto, na conferência COP 25, de 2019, em Madri, não foi possível chegar a um amplo acordo sobre incorporar ao acordo de Paris metas nacionais mais ambiciosas. E, mesmo que os compromissos existentes de redução de emissões fossem realmente cumpridos, as emissões globais de gases do efeito estufa até 2030 ainda estariam 38% acima do que é necessário para restringir o aquecimento à meta acordada de 1,5 °C. O secretário-geral da ONU, António Guterres, disse que uma importante oportunidade para adotar um programa de ação mais ambicioso foi, mais uma vez, perdida (Carbon Brief, 2019).

Assim como em outros riscos fabricados, ninguém pode ter certeza absoluta de quais serão os efeitos do aquecimento global. Será que um cenário de emissões "altas" realmente resultaria em desastres naturais por toda parte? A estabilização do nível de emissões de dióxido de carbono protegerá a maioria das pessoas dos efeitos negativos das mudanças climáticas? Essas perguntas não poderão ser respondidas com toda a certeza, mas a colaboração científica internacional e os processos políticos parecem oferecer as formas mais viáveis de lidar com o problema, que é, afinal, global. Além disso, as causas antropogênicas subjacentes ao aquecimento global exigem uma compreensão não apenas da ciência ambiental básica, mas também dos processos sociais.

> **REFLEXÃO CRÍTICA**
>
> "As pessoas no mundo desenvolvido são responsáveis por causar o aquecimento global e deveriam aceitar um padrão de vida mais baixo para reduzir rapidamente as emissões de gases do efeito estufa". Quais aspectos da vida moderna devem suportar o peso das mudanças radicais necessárias?

Poluição do ar e da água

Poluição do ar

É possível fazer uma distinção entre dois tipos de poluição do ar: a "poluição externa", produzida principalmente por poluentes industriais e emissões veiculares, e a "poluição doméstica", que é causada pela queima de combustíveis para aquecimento doméstico e para a cozinha. Tradicionalmente, a poluição do ar é considerada um problema que aflige os países industrializados, com seu grande número de fábricas e veículos motorizados. Todavia, nos últimos anos, a atenção se voltou para os perigos da "poluição doméstica" no mundo em desenvolvimento, em que muitos dos combustíveis utilizados, como lenha e estrume, não têm uma queima tão limpa quanto a de combustíveis modernos, como querosene e propano.

Até a metade do século XX, a poluição atmosférica em muitos países era causada principalmente pela queima disseminada de carvão, um combustível fóssil que emite dióxido de enxofre e uma densa fumaça preta para a atmosfera. Em muitos países do Leste Europeu e do mundo em desenvolvimento, a prática ainda é comum. No Reino Unido, o carvão era amplamente utilizado para aquecer lares e como energia em fábricas. Em 1956, a lei do ar limpo foi aprovada em uma tentativa de reduzir a poluição pelo *smog* (uma mistura de fumaça e *fog*). Tipos de combustíveis que não emitiam fumaça, como querosene, propano e gás natural, foram promovidos como alternativas e hoje são amplamente utilizados. Em 2019, o governo atualizou a lei, anunciando uma nova estratégia de ar limpo, que incluiu um apelo para o fim da venda de carros e *vans* movidos a gasolina e *diesel* até 2040, além do banimento das formas mais poluentes de carvão e madeira, usadas em queimadas abertas e fornos (Defra, 2019a).

Desde a década de 1960, a principal fonte de poluição atmosférica tem sido o crescimento do uso de veículos motorizados. Em 2015, nos 28 países da União Europeia, o transporte foi responsável por quase um quarto da emissão de gases do efeito estufa, e 72% disso vinha do transporte terrestre (European Commission, 2015a; ver Figura 5.2). As emissões veiculares são particularmente danosas, pois entram na atmosfera em um nível muito mais baixo do que as emissões das chaminés. Como resultado, as cidades há muito têm sido os ambientes mais poluídos para pedestres e trabalhadores. Por exemplo, os óxidos de nitrogênio dos carros a *diesel* produzem ozônio e partículas minúsculas que afetam a saúde humana. O governo do Reino Unido diz que o óxido de nitrogênio transmitido pelo ar leva a mortes prematuras de cerca de 23.500 cidadãos todos os anos, e a Agência Europeia do Ambiente estima que cerca de 430 mil pessoas em toda a Europa morreram das mesmas causas em 2012 (Coghlan, 2015).

Os carros, que contabilizam 80% das viagens na Europa, têm a maior contribuição para as emissões de carbono no meio ambiente. Uma viagem de carro com um único ocupante pode causar o mesmo peso de emissões de carbono por quilômetro viajado que um voo de curta ou longa distância (Beggs, 2009: 77-78). Por essa razão, as tentativas de reduzir a poluição do ar em muitos países industrializados se concentram no uso de alternativas de transporte de baixa emissão, como trens de passageiros, ônibus com alta taxa de ocupação e o compartilhamento de viagens de carro. Desde 2008, as emissões de gases do efeito estufa dos veículos terrestres na UE e em outras partes começaram a cair, devido aos altos preços do petróleo e ao aumento da eficiência dos carros particulares (European Commission, 2015a). No entanto, metas de poluição mais rígidas não garantem, por si sós, reduções nas emissões dos veículos do mundo real, como demonstra um grande escândalo de 2015.

No início do século XXI, diversos fabricantes de automóveis investiram muito em carros menos poluentes e "*diesel* limpo", alegando que suas emissões de poluentes de óxido de nitrogênio e CO_2 eram

Emissões de GEE na UE a partir do transporte por modo

Transporte terrestre (71,9%)
Aviação civil total (12,8%)
Navegação total (13,9%)
Outros (0,8%)
Ferrovias (0,6%)

Emissões de GEE por setor

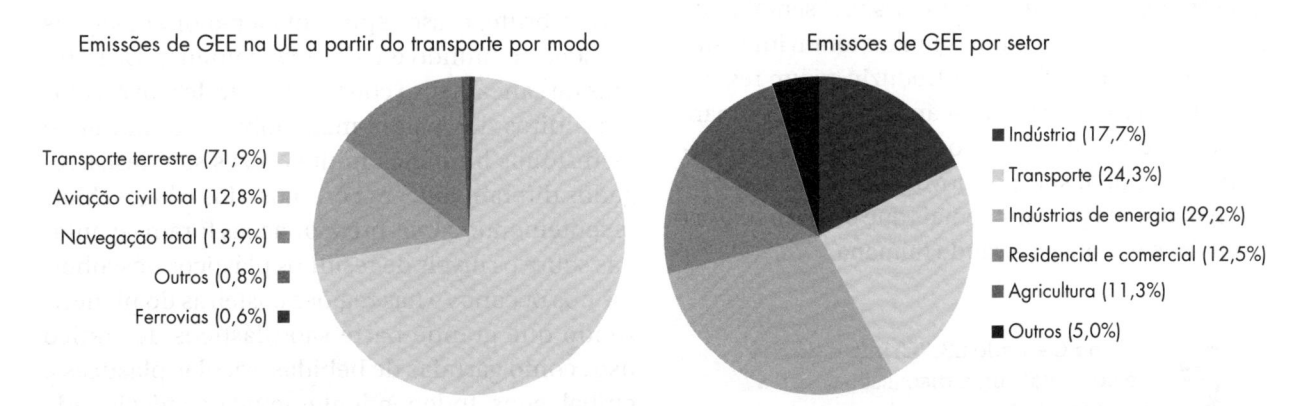

- Indústria (17,7%)
- Transporte (24,3%)
- Indústrias de energia (29,2%)
- Residencial e comercial (12,5%)
- Agricultura (11,3%)
- Outros (5,0%)

FIGURA 5.2 Emissões de gases do efeito estufa (GEE) do EU28 por modo de transporte e setor, 2012. (Para ver esta imagem colorida, acesse **loja.grupoa.com.br**, encontre a página do livro por meio do campo de busca e clique em Material Complementar.)
Fonte: European Commission (2015a).

agora baixas o suficiente para passar nos mais rigorosos testes de emissão. A montadora Volkswagen se determinou a vender seus novos carros a *diesel* no mercado americano, onde passaram com sucesso nos rigorosos testes do governo dos EUA. Mas, em 2015, a Agência de Proteção Ambiental (EPA) dos EUA (que levantou preocupações em 2014) descobriu que os carros da Volkswagen tinham emissões mais altas "na estrada" do que nos testes de laboratório da empresa. Pior ainda, a EPA encontrou um *software* de fábrica instalado dentro dos carros — um "dispositivo de anulação" — que reconhecia os sinais dos testes de emissão — veículo parado, direção estática, nível de pressão do ar e assim por diante — e colocava o carro em um modo alternativo que reduzia temporariamente as emissões. Na estrada, a EPA descobriu que os novos motores a *diesel* emitiam até 40 vezes mais poluentes de óxido de nitrogênio do que o permitido pela regulamentação dos EUA.

A Volkswagen admitiu ter tentado burlar o regime de testes e reconheceu que cerca de 11 milhões de carros foram equipados com o dispositivo, 8 milhões deles na Europa. Para a empresa, o teste de emissões era apenas um obstáculo ao sucesso comercial, não um meio de garantir uma melhor qualidade do ar para todos. Mais tarde, foram encontrados modelos a *diesel* de vários outros fabricantes de automóveis, incluindo Nissan, Volvo, Renault, Citroën e Chrysler, que produziam mais de 10 vezes mais emissões de óxido nitroso na estrada do que as alegadas pelos fabricantes. Em 2018, a Audi admitiu comercializar alguns de seus carros com uma "função de *software* inadmissível" semelhante (BBC News, 2018e). Grandes multas foram impostas às empresas envolvidas, e introduziu-se um regime de testes mais realista. O escândalo nos alerta para a tensão que existe entre a busca constante das corporações capitalistas por novos lucros/mercados e as regulamentações ambientais que buscam reduzir a poluição e proteger a saúde humana.

> Veja no Capítulo 22, "Crime e desvio de conduta", uma discussão sobre a criminalidade corporativa.

> **REFLEXÃO CRÍTICA**
> Persuadir as pessoas a abrir mão de seus carros particulares está se mostrando extremamente difícil. Liste todos os possíveis motivos para isso. O que exatamente as pessoas gostam no fato de ter um carro e dirigi-lo que as torna tão relutantes em parar? Alguma dessas razões também oferece informações sobre a baixa aceitação de carros elétricos até agora?

Poluição hídrica

Embora a água seja um dos recursos naturais mais valiosos e essenciais, por muitos anos, os resíduos — humanos e manufaturados — eram lançados diretamente em rios e oceanos, sem que se pensasse duas vezes para isso. Por exemplo, no verão de 1858, o Rio Tâmisa em Londres exalou um fedor tão horrível que parou a cidade, forçando os políticos a agir. Apenas nos últimos 60 anos ou mais é que houve esforços concertados em muitos países para proteger a qualidade da água, para preservar os peixes e a vida selvagem que depende dela e para garantir o acesso à água limpa para a população humana.

A poluição da água pode ser compreendida amplamente em referência à contaminação do suprimento de água com elementos como substâncias químicas e minerais tóxicos, pesticidas ou esgoto bruto, e isso representa a maior ameaça às pessoas no mundo em desenvolvimento. Os sistemas de saneamento continuam subdesenvolvidos em muitos dos países mais pobres do mundo, e os resíduos humanos muitas vezes são descarregados diretamente em córregos, rios e lagos. Mais recentemente, sérias preocupações foram levantadas sobre os níveis de resíduos plásticos descobertos nos oceanos e nas regiões costeiras do planeta, sendo que grande parte são plásticos de "único uso", como garrafas de bebidas, sacolas plásticas e embalagens. Independentemente dos níveis cada vez maiores de preocupação, a poluição hídrica continua sendo um problema sério em muitas partes do mundo.

Tem havido muito progresso para melhorar o acesso à água potável segura. Durante a década de 1990, quase um bilhão de pessoas teve acesso à água segura, e o mesmo número, a saneamento básico, embora a garantia de suprimentos de água segura ainda seja um problema, particularmente em certas partes da África, onde as pessoas bebem de poços e fontes não protegidas juntamente com a água da superfície (Figura 5.3). O problema pode, na verdade, estar piorando, na medida em que os suprimentos de água são privatizados nos países em desenvolvimento, elevando o custo para os clientes, enquanto os efeitos do aquecimento global produzem secas mais regulares.

Um dos Objetivos de Desenvolvimento do Milênio (ODMs) estabelecidos pelas Nações Unidas em 2000 foi "reduzir pela metade a proporção de pessoas sem acesso a água potável segura" em 2015. Esse objetivo foi alcançado bem antes do prazo, em 2010. Por volta de 2015, 91% da população mundial tinha acesso a fontes de água potável segura, e 2,6 bilhões de pessoas tinham obtido acesso desde 1990. Todavia, no mesmo ano, a região do Cáucaso, a Ásia Central, o Norte da África, a Oceania e a África ao sul do Saara não cumpriram suas metas de ODMs, e cerca de 663 milhões de pessoas — principalmente em áreas rurais — ainda não têm acesso a fontes de água potável segura (UNICEF/WHO 2015: 4). Muitos dos países menos desenvolvidos armazenam cerca de 4% de sua água renovável anual, em comparação com os 70 a 90% armazenados nos países desenvolvidos (UNESCO, 2009).

O progresso no saneamento tem sido mais lento. A meta ODM era que 77% da população mundial utilizasse instalações melhoradas até 2015, mas apenas 68% o fizeram. Isso representa cerca de 700 milhões de pessoas a menos do que a meta. Cerca de 2,4 bilhões de pessoas não tiveram acesso a saneamento melhorado; destas, sete em cada dez

663 milhões de pessoas não têm acesso a fontes de água segura

- ÁFRICA AO SUL DO SAARA, 319
- SUL DA ÁSIA, 134
- LESTE DA ÁSIA, 65
- SUDESTE DA ÁSIA, 61
- OUTRAS REGIÕES, 84

FIGURA 5.3 População sem acesso a fontes de água segura, por região, em 2015.
Fonte: UNICEF/WHO (2015: 7).

viviam em áreas rurais, e nove em cada dez dessas últimas ainda defecavam a céu aberto (UNICEF/ WHO, 2015: 5). Claramente, os ODMs provaram ser uma ferramenta eficaz para encorajar e medir o progresso no fornecimento de água potável e saneamento eficaz, mas ainda há muito a ser feito. Como resultado, os ODMs foram substituídos em 2012 por um novo conjunto de 17 Objetivos de Desenvolvimento Sustentável (ODSs) interligados, abrangendo redução da pobreza, igualdade de gênero, ação climática, cidades sustentáveis, energia limpa e muito mais.

Resíduos sólidos e reciclagem

Existem poucas coisas que podemos comprar sem embalagem. Embora existam benefícios claros no uso de embalagens, como apresentar as mercadorias de um modo atraente e garantir a segurança dos produtos, também existem grandes desvantagens.

A geração de lixo está intimamente relacionada com a prosperidade relativa dos países. A Polônia, a Hungria e a Eslovênia, países que apenas recentemente começaram a emular o modelo de capitalismo e consumismo ocidental, geram menos da metade do lixo *per capita* gerado por Estados Unidos, Dinamarca e Austrália. No entanto, as sociedades de alto consumo mais estabelecidas agora administram seus resíduos de modo mais eficaz. Como mostra a Figura 5.4, países como Alemanha, Noruega e Irlanda já estão reduzindo a proporção de resíduo que acaba parando nos aterros sanitários. A União Europeia busca tornar-se uma "sociedade de reciclagem", e existe um movimento para reciclar ou transformar o resíduo em adubo (50% de todo o resíduo municipal na área econômica europeia em 2020), além de reduzir a quantidade de embalagens usadas para produtos no ponto de produção (European Environment Agency, 2013).

As sociedades industrializadas foram chamadas de "sociedades descartáveis", pois o volume de objetos descartados é enorme. Na maioria dos países do mundo industrializado, os serviços de coleta de lixo são quase universais, mas está se tornando cada vez mais difícil dar conta das enormes quantidades de resíduos. Os lixões e aterros sanitários estão lotando rapidamente, e muitas áreas urbanas não têm mais espaço para o descarte do lixo doméstico. Na Escócia, por exemplo, por volta de 90% do lixo residencial ainda ia para lixões em 2006, e a Agência de Proteção Ambiental Escocesa relatou que a quantidade de lixo doméstico ainda crescia a uma taxa de 2% ao ano.

O comércio internacional de resíduos sólidos levou à exportação de material reciclável para a China, onde costuma ser separado manualmente em ambientes de trabalho mal regulados, que geram degradação ambiental. No entanto, em 2018 a China proibiu a importação de plásticos e outros resíduos sólidos para reciclagem, forçando os governos nacionais a procurar formas alternativas de lidar com seu resíduo material. Índia e Malásia fizeram a mesma coisa, proibindo a importação de resíduo plástico sólido em 2019, e a Tailândia anunciou que teria uma postura semelhante a partir de 2021 (Lee, 2019).

As estatísticas do governo do Reino Unido mostram que as taxas de reciclagem aumentaram de 40,4% em 2010 para 45,7% em 2017. Durante o mesmo período, a quantidade de resíduos biodegradáveis enviados para os aterros sanitários também caiu, de 36 para 21% (Defra, 2019b). Assim, mesmo com a quantidade de resíduo doméstico aumentando, uma maior parte dele é reciclada ano a ano (Defra, 2016). Embora essa quantidade de reciclagem possa parecer baixa se comparada com a quantidade geral de lixo doméstico que é produzida, uma grande proporção do que é jogado fora não pode ser facilmente reprocessada ou reutilizada. Muitos tipos de plásticos usados amplamente no empacotamento de alimentos se tornam lixo inutilizável e devem ser enterrados em locais onde permanecem por séculos. A reciclagem se tornou uma grande indústria ao redor do mundo, mas ainda temos um longo caminho a percorrer para transformar as "sociedades descartáveis" do planeta.

No mundo em desenvolvimento, o maior problema associado ao resíduo doméstico atualmente é a *falta* de serviços de coleta de lixo. Estima-se que de 20 a 50% do lixo doméstico no mundo em desenvolvimento não sejam coletados. Sistemas de resíduos sólidos mal gerenciados significam que pilhas de resíduos se acumulam nas ruas, contribuindo para a disseminação de doenças. Com o passar do tempo,

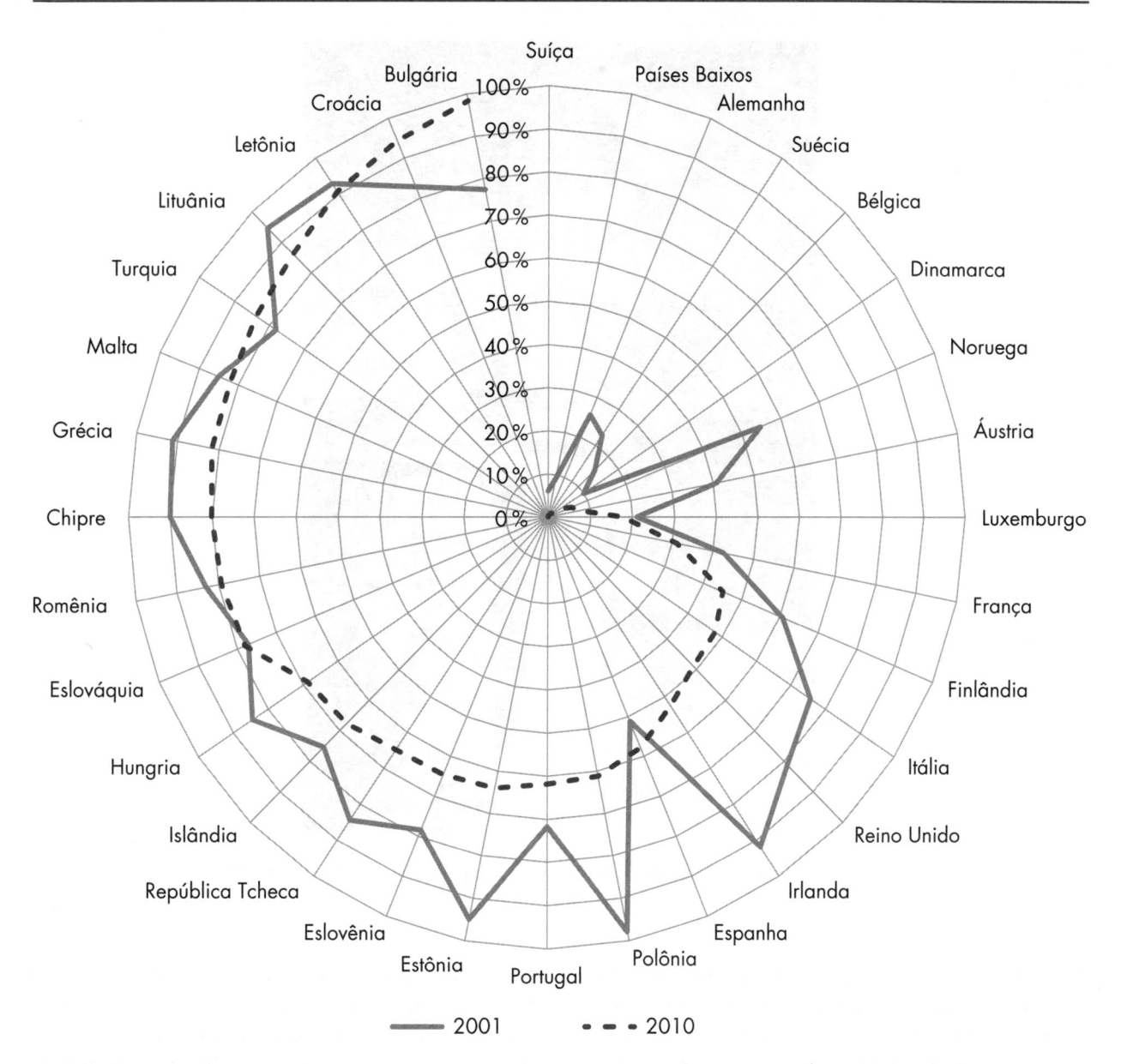

FIGURA 5.4 Proporção de resíduo municipal que ia para aterros sanitários, por país da área econômica da Europa, em 2001 e 2010.

Fonte: European Environment Agency (2013: 21).

é muito provável que o mundo em desenvolvimento precise enfrentar problemas relacionados ao descarte do lixo ainda mais agudos do que aqueles dos países industrializados. Isso porque, à medida que as sociedades se tornam mais ricas, existe uma mudança gradual do lixo orgânico, como restos de alimentos, para materiais plásticos e sintéticos, como materiais de empacotamento, que levam muito mais tempo para se decompor.

Escassez de alimentos e biotecnologia

Em algumas das áreas mais densamente povoadas do mundo, as pessoas dependem muito de culturas alimentares básicas — como o arroz —, cujos estoques estão diminuindo. O processo de aquecimento global também pode contribuir para aumentar a **desertificação** e o fracasso das colheitas,

A reciclagem do lixo doméstico tem aumentado à medida que se incorpora nas rotinas da vida cotidiana.

levando ao medo de que a carência de alimentos se torne ainda mais comum. Como resultado, muitos se preocupam com a possibilidade de que as atuais técnicas agrícolas não consigam produzir safras de arroz suficientes para sustentar a população crescente. Como acontece com muitos desafios ambientais, a ameaça da fome não se distribui igualmente. Os países industrializados têm grandes excedentes de grãos. É nos países mais pobres, onde se projeta que o crescimento da população seja maior, que a falta de grãos deve se tornar um problema crônico.

Um relatório do Reino Unido, baseado em dois anos de pesquisa sobre o futuro dos estoques de alimentos e da agricultura, argumentou que o atual sistema alimentar global não é sustentável e não consegue acabar com o problema da fome (Foresight, 2011). À medida que a população global aumentar, de 7 bilhões para mais de 8 bilhões em 2030 e 9 bilhões em 2050, a competição por água, terra e energia se intensificará, e o aquecimento global aumentará a pressão sobre os sistemas de produção de alimentos. A combinação desses fatores constitui uma grande ameaça, que exige ação urgente. Mudanças pontuais não resolverão o problema, nem as tentativas de alcançar a autossuficiência alimentar nacional. O relatório defende uma abordagem política coordenada e a ação em quatro frentes: mais alimentos precisam ser produzidos de forma sustentável, a demanda por alimentos que exigem uso intensivo de recursos deve ser contida, o desperdício em todas as áreas do sistema alimentar deve ser minimizado e a governança política e econômica do sistema alimentar precisa ser melhorada (ibid.: 12-13).

O relatório Foresight também argumenta que nenhuma opção política ou tecnologia deve ser descartada na busca por um sistema alimentar sustentável, e alguns cientistas e políticos argumentam que a chave para evitar uma crise alimentar potencial pode estar em avanços recentes na ciência e na biotecnologia. Manipulando a composição genética de grãos básicos, hoje é possível aumentar a taxa de fotossíntese da planta e produzir safras maiores de grãos. Esse processo é conhecido como modificação genética, e as plantas que são produzidas dessa forma são chamadas de **organismos geneticamente modificados** (OGMs). Os cientistas também produziram OGMs com teor acima do normal de vitaminas, por exemplo; outros grãos geneticamente modificados são resistentes a herbicidas agrícolas comuns, que são usados para matar as ervas ao seu redor, bem como insetos e pestes fúngicas e virais. Os produtos alimentares que são feitos a partir de ou que contêm traços de OGMs são conhecidos como alimentos GM, e os grãos GM às vezes são chamados de "transgênicos".

Os grãos GM são diferentes de qualquer coisa que tenha existido antes, pois envolvem transplantar genes entre diferentes espécies. Essa é uma intervenção muito mais radical na natureza do que os métodos antigos de enxerto. Os organismos transgênicos são produzidos por técnicas de fusão genética que podem ser usadas para transplantar genes entre animais e também plantas. Por exemplo, em experimentos recentes, genes humanos foram introduzidos em animais como porcos, com vistas a produzir partes para transplantes em humanos. Os genes humanos já foram até fundidos em plantas, embora os grãos GM comercializados, por enquanto, não envolvam esse tipo de bioengenharia radical.

Os cientistas alegam que uma linhagem de "superarroz" GM poderia aumentar as safras de arroz em até 35%. Outra linhagem, chamada de "arroz dourado" — que contém quantidades adicionais de vitamina A —, poderia reduzir a deficiência de vitamina A em mais de 120 milhões de crianças ao redor do mundo. Talvez você pense que esses avanços em biotecnologia seriam recebidos com entusiasmo pelas pessoas de todo o mundo. Contudo, de fato, a questão da modificação genética se tornou uma das mais controversas na nossa era. Para muitas pessoas, ela ressalta a tênue linha que existe entre os benefícios da tecnologia e da inovação científica, por um lado, e os riscos de destruição ambiental, por outro.

A controvérsia sobre os alimentos transgênicos

O intenso debate sobre alimentos transgênicos começou em meados da década de 1990, quando o primeiro carregamento de grãos de soja GM dos EUA chegou à Europa antes que fossem estabelecidas as regras de rotulagem da UE (Horlick-Jones et al., 2009: 4). O Greenpeace e os Amigos da Terra fizeram campanha contra os produtos GM, e a pressão para não estocarem alimentos GM aumentou sobre os supermercados na Europa. Essa preocupação se espalhou especialmente na Europa (Toke, 2004).

A norte-americana Monsanto foi a líder no desenvolvimento da tecnologia GM. A Monsanto comprou empresas de sementes, vendeu sua divisão química e dedicou grande parte da sua energia para colocar os novos grãos no mercado. Seu diretor executivo lançou uma campanha publicitária gigante nos Estados Unidos a fim de promover os benefícios de seus grãos GM para fazendeiros e consumidores. A campanha da Monsanto alegava que os transgênicos poderiam ajudar a alimentar os pobres do mundo e a reduzir o uso de poluentes químicos, especialmente os compostos químicos usados em pesticidas e herbicidas. Alega-se que a biotecnologia permitirá que os agricultores cultivem alimentos de maior qualidade com safras maiores, ao mesmo tempo que sustentam e protegem o meio ambiente. No entanto, como os transgênicos são essencialmente novos, ninguém pode saber ao certo quais serão seus efeitos uma vez que forem introduzidos no meio ambiente, e muitos grupos de consumidores passaram a se preocupar com os riscos potenciais envolvidos.

Muitos membros do público britânico registraram seu antagonismo para com os alimentos transgênicos. Um levantamento típico de 2003 mostrou que 59% da população do Reino Unido concordava firmemente que os alimentos geneticamente modificados deveriam ser proibidos (ONS, 2005). Os manifestantes se envolveram em "**ações diretas**", arrancando plantas transgênicas do chão em locais de experimentos oficiais por todo o país. Respostas semelhantes ocorreram em diversos outros países da Europa. No Reino Unido, sete das oito principais redes de supermercados mudaram suas políticas quanto aos alimentos GM. Cinco delas impuseram um banimento total contra ingredientes transgênicos nos produtos das suas próprias marcas, o que ainda está em andamento, e todas insistiram em uma melhor rotulagem. Duas grandes empresas, a Unilever e a Nestlé, anunciaram que revogariam sua aceitação de produtos alimentares geneticamente modificados. Alguns fazendeiros nos Estados Unidos que haviam se engajado no cultivo de grande escala de alimentos GM retornaram à produção tradicional.

Os protestos de ambientalistas e grupos de consumidores tiveram um grande impacto no destino da Monsanto, causando um sério declínio no valor das suas ações. Matsuura (2004) argumenta que, nos primeiros dias, a indústria de biotecnologia cometeu dois erros: primeiro ela tentou ignorar as preocupações do público e, depois, quando os transgênicos também envolviam uma questão emocional, ela tentou enfrentar o problema por meio de argumentos puramente racionais. O CEO apareceu na televisão para admitir que sua empresa havia cometido grandes erros: "provavelmente, nós irritamos e antagonizamos mais pessoas do que persuadimos", disse ele. Essa foi uma reviravolta extraordinária, e a Monsanto foi forçada a abandonar um dos seus planos mais controversos — a ideia de usar um gene chamado de *terminator*. Esse gene teria garantido que as sementes que a empresa vendesse aos fazendeiros ficariam estéreis após uma geração. Os fazendeiros teriam que comprar sementes da empresa todos os anos. Os críticos alegaram que a empresa estava tentando enganar os fazendeiros com uma forma de "bioescravidão".

A questão dos grãos GM destaca o fato de que as questões ambientais sempre envolvem combinações complexas do natural e do social. Em maio de 2000, o governo britânico admitiu que milhares de acres de canola convencional tinham sido "contaminados" quando plantas transgênicas polinizaram o que havia por perto. Pesquisas alemãs publicadas algumas semanas depois diziam que um gene usado para modificar a canola havia cruzado a barreira das espécies, penetrando em abelhas. Essas observações reforçam as advertências que muitos ativistas ambientais fazem, defendendo o que costuma se chamar de **princípio da precaução**. Esse princípio propõe que, quando existem dúvidas suficientes sobre os riscos possíveis de novas tecnologias, é melhor que os produtores provem que elas não causarão mal antes que sejam aprovadas para uso. Os críticos argumentam que esse princípio reprimiria a inovação e é historicamente ingênuo, pois muitas tecnologias sem com-

53%	47%
19 PAÍSES EM DESENVOLVIMENTO	5 PAÍSES INDUSTRIAIS

189,8 milhões de hectares

FIGURA 5.5 Distribuição de grãos da biotecnologia nos países em desenvolvimento e industriais em 2017.
Fonte: ISAAA (2017).

provação na realidade ofereciam grandes benefícios, que, de outra forma, teriam sido perdidos.

Apesar das preocupações dos ambientalistas, a quantidade de terra usada para cultivar alimentos transgênicos continua a aumentar, particularmente nos países em desenvolvimento, onde as leis que restringem o cultivo de alimentos transgênicos costumam ser menos rígidas (ver Figura 5.5). Por volta de 2010, a área total de cultivo global para alimentos transgênicos atingiu 1 bilhão de hectares (Peng, 2011), e, em 2017, cerca de 17 milhões de fazendeiros em 24 países estavam cultivando safras de produtos GM (ISAAA, 2017).

A controvérsia dos transgênicos é um excelente exemplo de um **"risco manufaturado"** — isto é, uma questão aparentemente "natural" que, na verdade, surge da intervenção humana. Discutiremos ideias de risco em relação ao meio ambiente mais adiante neste capítulo, mas, a seguir, exploraremos algumas teorias sociológicas essenciais que destacam as relações sociedade-ambiente.

> **REFLEXÃO CRÍTICA**
>
> Quão realista é o "princípio da precaução" — segundo o qual devemos sempre pecar pela cautela quando se trata de novas tecnologias não testadas? Quais são os exemplos do mundo real de tecnologias não comprovadas que colocam esse princípio em dúvida?

Meio ambiente na teoria sociológica

Os cientistas naturais estão na vanguarda dos debates sobre questões ambientais. Conforme mostram os exemplos que apresentamos sobre poluição, modificação genética e aquecimento global, as questões ambientais são diferentes de muitos outros temas sociológicos, pois geralmente envolvem pesquisas e evidências *científicas naturais*. Todavia, o caráter híbrido das questões ambientais significa que os cientistas naturais jamais podem deter o monopólio sobre elas. Nossa breve introdução ao problema do aquecimento global é o exemplo mais notável disso.

Os cientistas do IPCC reconhecem que o aquecimento global é produto principalmente das atividades humanas — processos de industrialização, urbanização e globalização, por exemplo —, e os especialistas nessas áreas são sociólogos e outros cientistas *sociais*, como cientistas políticos, geógrafos humanos e todos aqueles que estudam o desenvolvimento e as relações internacionais (Urry, 2011). Para entender e enfrentar os problemas ambientais, os cientistas sociais e naturais terão que tentar entender uns aos outros muito mais do que têm feito até agora.

O restante desta seção analisa algumas das principais teorias sociológicas que relacionam o desenvolvimento social e a degradação ambiental, juntamente com algumas das principais abordagens para resolver problemas ambientais globais.

Vivendo na "sociedade de risco" global

Os seres humanos sempre tiveram que enfrentar riscos de um ou outro tipo, mas, hoje em dia, os riscos são qualitativamente diferentes dos que ocorriam em épocas passadas. Há até pouco tempo, as sociedades humanas eram ameaçadas por **riscos externos** — perigos como secas, escassez de alimentos, terremotos e tempestades que surgem do mundo natural e não tinham relação com as ações dos humanos. Os terremotos e os tsunâmis relacionados mostram que os riscos externos desse tipo continuarão, pois o planeta Terra é caracterizado por muitos processos ativos e naturais. Atualmente, porém, cada vez mais temos que enfrentar tipos variados de riscos fabricados, que são criados pelo impacto do nosso próprio conhecimento e da tecnologia sobre o mundo natural.

Os debates sobre alimentos geneticamente modificados e aquecimento global apresentam novas opções e desafios aos indivíduos em suas vidas cotidianas. Como não existem respostas definitivas sobre as consequências de tais riscos, cada indivíduo se vê forçado a tomar decisões sobre quais riscos está preparado para enfrentar. Será que devemos usar alimentos e matérias-primas se a sua produção ou seu consumo podem ter um impacto negativo em nossa própria saúde ou no ambiente natural? Até mesmo decisões aparentemente simples sobre o que comer hoje são tomadas no contexto de informações e opiniões conflitantes sobre os relativos méritos e desvantagens dos produtos.

Ulrich Beck (1992, 1999, 2009) escreveu extensivamente sobre os riscos e a globalização. À medida que a mudança tecnológica avança cada vez mais rapidamente, criando novas formas de risco, devemos responder e nos adaptar constantemente às mudanças. Os riscos hoje envolvem uma série de mudanças inter-relacionadas na vida social contemporânea: as mudanças nos padrões de emprego, a maior insegurança no trabalho, o declínio da influência da tradição e do costume na identidade pessoal, a erosão de padrões familiares tradicionais e a democratização das relações pessoais. Como os futuros pessoais são muito menos fixos do que eram em sociedades tradicionais, qualquer forma de decisão apresenta riscos para os indivíduos. Casar-se, por exemplo, é muito mais arriscado atualmente do que era quando o casamento era uma instituição mais duradoura. As decisões sobre qualificações educacionais e planos de carreira também podem parecer arriscadas: é difícil prever que habilidades serão valiosas em uma economia que está mudando tão rapidamente quanto a nossa. Os Estudos clássicos 5.1 exploram os argumentos de Beck, especificamente em relação aos riscos ambientais.

O argumento de Beck de que há uma consciência cada vez maior dos riscos fabricados, especialmente aqueles associados às relações entre sociedade e ambiente, é amplamente ilustrado pelos protestos e pelas campanhas ambientais em larga escala da última década ou mais. Por exemplo, a ascensão da Extinction Rebellion e as greves climáticas internacionais nas escolas costumam se concentrar em torno do aquecimento global e da perda de biodiversidade, ambos ligados a atividades humanas. Embora muitas campanhas ambientais tenham como objetivo mudar a política governamental, elas também levantaram a questão da sustentabilidade a longo prazo dos

Estudos clássicos 5.1 — Ulrich Beck e a sociedade de risco global

O problema da pesquisa

Este capítulo analisou algumas consequências ambientais da produção industrial e dos níveis elevados de consumo. Adotando uma visão de longo prazo, podemos ver que a ampliação da industrialização gera mais efeitos colaterais disseminados e potencialmente sérios na forma de riscos ambientais. Mas será que a vida moderna realmente encerra mais riscos, ou estamos apenas mais "cientes dos riscos?" Será que estamos nos preocupando desnecessariamente com os problemas ambientais? O sociólogo alemão Ulrich Beck (1944-2015) é o principal teórico sociológico do risco, que ele considera muito mais significativo do que os sociólogos pensavam antes.

A visão de Beck

No decorrer dos séculos XIX e XX, a política das sociedades modernas era dominada por um grande conflito de interesses entre trabalhadores e empregadores — nos termos de Marx, entre as classes trabalhadoras destituídas e a classe capitalista proprietária. O conflito girava em torno de questões de distribuição da riqueza, na medida em que os sindicatos e os partidos trabalhistas buscavam uma distribuição mais igualitária da riqueza socialmente produzida. Essas disputas continuam, é claro, mas Ulrich Beck (1992, 2002, 2009) argumenta que esse conflito distributivo está perdendo sua significância à medida que os riscos ambientais assumem preponderância. Ele diz que mais pessoas estão começando a entender que sua luta por uma fatia do "bolo da riqueza" será fútil se o bolo estiver envenenado como resultado da poluição e da degradação ambiental (Beck, 2002: 128). Beck argumenta que:

> Dissemina-se o conhecimento de que as fontes de riqueza estão "poluídas" pelos crescentes "efeitos colaterais nocivos". Nada disso é novo, mas permaneceu despercebido por muito tempo nas tentativas de superar a pobreza... Em outras palavras, na sociedade de risco, as consequências desconhecidas e involuntárias passam a ser uma força dominante na história e na sociedade (1992: 20-21).

As sociedades industriais estão se dissolvendo lentamente à medida que os problemas ambientais se acumulam; essa é uma consequência involuntária da corrida por crescimento econômico e prosperidade material. Beck (1999) argumenta que estamos, de fato, avançando para uma "sociedade de risco mundial" — um novo tipo de sociedade na qual a consciência e a evitação do risco estão se tornando aspectos centrais —, pois a poluição ambiental não respeita as fronteiras nacionais. Não importa onde a produção industrial e o consumo ocorram, suas consequências podem ser sentidas em locais muito distantes. Os países relativamente ricos não estão imunes à poluição industrial e à degradação ambiental global. Permaneceremos dependentes da ciência e da tecnologia, pois somente por meio delas é possível lidar com segurança e efetividade com esses problemas.

Beck quer nos mostrar que a questão ambiental está avançando das margens do interesse político para o centro. A maioria dos riscos que enfrentamos é produto da atividade humana; eles não são como os desastres puramente naturais do cinema e da televisão. Isso significa que o meio ambiente se torna uma questão para decisões e debates políticos, e podemos ver a criação de organizações ambientalistas e partidos políticos verdes na década de 1970 como o primeiro passo rumo à inclusão das questões ambientais na política convencional.

Pontos de crítica

Uma das principais críticas da tese geral de Beck é que (ainda) não existem evidências suficientes para sustentar sua teoria da transição para uma "**sociedade de risco**", embora, atualmente, haja mais consciência dos riscos ambientais (Hajer, 1996). De maneira semelhante, parece prematura a ideia de que velhas formas de política classista estão perdendo espaço para uma nova política do risco. Na maioria dos países, os partidos políticos verdes não penetraram no sistema partidário convencional, e, em âmbito global, a questão da criação e distribuição de renda ainda tende a prevalecer em relação à proteção ambiental sempre que esses objetivos entram em conflito. Por fim, argumenta-se que a tese do risco não leva em conta a variabilidade cultural em definições do risco (Douglas, 1994; Scott, 2000). O que certas sociedades definem como "risco", outras podem não enxergar assim, da mesma forma que o que se define como poluição nas sociedades industriais ricas costuma ser considerado um sinal de desenvolvimento econômico saudável em países em desenvolvimento mais pobres.

Relevância contemporânea

O conceito de risco tem um lugar especial nos atuais debates sociológicos sobre as questões ambientais e os rumos da mudança social. A tese de Beck sobre o risco tem utilidade, pois proporciona uma parte da explicação sobre por que as preocupações do movimento ambientalista encontraram um público tão receptivo. Uma vez que as pessoas são sensibilizadas aos riscos, os argumentos dos ambientalistas começam a fazer mais sentido. A obra *Sociedade de risco*, de Beck, colocou o pensamento sociológico sobre a modernidade e seus futuros possíveis em uma direção nova e bastante original, fazendo com que repensemos a tradição sociológica, e, por essa razão, tornou-se, justificadamente, um clássico moderno da teoria social.

> **REFLEXÃO CRÍTICA**
>
> Quanto você está ciente dos riscos em sua vida cotidiana? Você faz alguma "atividade de risco"? Em caso positivo, por que faz isso? O risco sempre é uma parte negativa da vida moderna, ou é possível pensar em algum aspecto positivo?

estilos de vida altamente consumistas que são vistos no Norte Global. Em seguida, examinamos as **sociedades de consumo** e analisamos por que a mudança no comportamento do consumidor pode oferecer uma maneira de aumentar a conscientização e reduzir o impacto humano sobre o meio ambiente.

Consumismo e degradação ambiental

Um importante "risco fabricado" é a degradação ambiental causada por padrões de consumo em massa. O consumo se refere a bens, serviços, energia e recursos que as pessoas usam, e é um fenômeno com dimensões positivas e negativas. Por um lado, o aumento dos níveis de consumo ao redor do mundo significa que as pessoas estão vivendo em condições melhores do que no passado. Por outro lado, o consumo também pode trazer impactos negativos. Os padrões de consumo podem prejudicar a base de recursos ambientais e exacerbar os padrões de desigualdade.

Argumenta-se que o capitalismo industrial coloca as sociedades em um "ciclo de produção" que leva à degradação ambiental, depredando os recursos naturais em um ritmo rápido e gerando níveis elevados de poluição e resíduos (Schnaiberg, 1980). Todavia, no século XX, foi o consumismo moderno que manteve essa esteira correndo mais rápido nessa direção (Bell, 2011). O consumo é algo que os seres humanos fazem para sobreviver, mas as formas modernas de consumo são muito diferentes das formas anteriores.

A produção em massa também deve ser acompanhada pelo consumo em grande escala. Os produtos da indústria devem ser comprados e consumidos, embora a produção e o consumo possam ocorrer em regiões geograficamente distantes. Os produtos são fabricados onde é mais barato e consumidos onde for possível obter o maior preço. Nos últimos 60 anos, aproximadamente, isso fez a produção industrial migrar para os países em desenvolvimento. A rápida transformação dos países recentemente industrializados (NICs), como Hong Kong, Coreia do Sul, Cingapura e Taiwan na década de 1970, e o desenvolvimento industrial recente na Índia, na China e na Malásia prestam um testemunho disso, que faz parte do processo de globalização.

Os sociólogos também veem o consumismo como um modo de pensar, uma mentalidade ou mesmo uma ideologia (Corrigan, 1997; Campbell, 1992). Podemos entender esse aspecto se perguntarmos por que as pessoas consomem e querem consumir constantemente. Talvez seja simplesmente porque os bens de consumo têm "valor de uso" para as pessoas, ajudando-as a economizar tempo e esforço. Porém, os objetos de luxo não se encaixam tão bem nessa explicação. Eles mostram um outro lado do consumismo moderno — seu papel na competição por *status* social dentro da sociedade (ver o Capítulo 12, "Interações sociais e vida cotidiana"). O consumo de massa diferenciado permite distinções mais complexas e minuciosas, segundo os estilos e modismos do momento. As pessoas podem estar preparadas para pagar um preço pela última moda porque esses produtos lhes permitem dizer algo sobre si mesmas, comunicar seu *status* ou suas aspirações de maneiras muito visíveis para as outras pessoas. Mesmo produtos com um valor de uso claro, como roupas, também são objetos da moda que são descartados e substituídos antes que seu "valor de uso" tenha expirado. Grandes quantidades desse lixo alimentado pela moda aumentam a pressão sobre o meio ambiente.

Com o tempo, os produtos de consumo são embutidos na rotina e são aceitos como normais. Quando isso acontece, é difícil perceber alternativas ao seu uso. Preocupações em relação à poluição plástica e seus efeitos na vida marinha levaram à cobrança de sacolas plásticas e à promoção de "sacolas duráveis" mais fortes, visando a quebrar a expectativa rotineira dos compradores por sacolas plásticas gratuitas e, ao mesmo tempo, educá-los. Esse é um exemplo simples de modificação de comportamento direcionada e em favor do meio ambiente. Campanhas semelhantes continuam hoje em relação a copos, canudos e tampas de bebidas e uma série de embalagens plásticas das principais redes de varejo.

Descarbonizando o "sistema do carro"?

Talvez o melhor exemplo de um produto de consumo que prejudica o meio ambiente seja o dos veículos motorizados, particularmente o carro particular (Lucas et al., 2011). Muitas famílias têm um, dois ou mais carros, e as pessoas os usam mesmo para fazer compras rápidas, levar os filhos para a escola ou visitar amigos ou parentes que moram nas proximidades. Contudo, a propriedade e o uso de carros em grande escala geram grandes quantidades de poluição e resíduos, sendo um fator importante na produção de gases do efeito estufa. Por que ficou tão difícil reduzir o uso do carro?

A maioria dos motoristas está extremamente relutante em abrir mão do carro da família, uma SUV 4 × 4 ou um modelo *hatch* pequeno, por motivos puramente ambientais, apesar de um crescente corpo de evidências demonstrando os aspectos negativos da propriedade de carros particulares. Milhares de mortes se devem à poluição veicular de baixo nível nas áreas urbanas, e as ruas dos bairros residenciais são prejudicadas pela posse de veículos em massa, mas o carro particular permanece profundamente enraizado em nossas vidas cotidianas (Mattioli, 2014). Uma explicação parcial disso é que o carro é extremamente funcional para a condução da vida moderna. Muitas cidades foram construídas em torno de movimentos de veículos em detrimento da locomoção de bicicleta ou a pé, e, como Shove e seus colegas argumentam, os carros são "uma consequência do fato de que dirigir se tornou parte integrante da condução de uma gama crescente de práticas sociais, incluindo fazer compras, ir ao trabalho e ir à escola" (Shove et al., 2015: 275).

Uma pesquisa sobre posturas em relação à propriedade do carro mostra uma variedade de tipos de consumidores entre os visitantes dos parques da National Trust no noroeste da Inglaterra (Anable, 2005). O maior grupo consiste em *motoristas insatisfeitos*. Esses motoristas não estão felizes com muitos aspectos do uso do carro, mas acreditam que o transporte público tem muitas limitações para ser viável como uma alternativa genuína e, por isso, não mudam. Os *viciados em carro complacentes* aceitam que existem alternativas, mas não sentem nenhum imperativo moral para mudar seu padrão de uso. Em terceiro lugar estão os *ambientalistas aspirantes*, que já reduziram o uso do carro, mas acreditam que ele tem vantagens que os forçam a não abrir mão dele totalmente. Em quarto lugar estão os *motoristas obcecados*, que sentem que têm o direito de dirigir, gostam de dirigir e costumam ter sentimentos negativos para com outros meios de transporte, como ônibus ou trem. Em quinto lugar, os *defensores da redução no uso do carro* abriram mão dos seus por razões ambientais e, como resultado, consideram positivas as maneiras alternativas de viajar. Por último estão os *passageiros relutantes*, que usam transporte público, mas prefeririam usar o carro; contudo, por diversos motivos, como problemas de saúde, não podem fazê-lo e pegam carona com outras pessoas. Esse estudo mostra que apelos coletivos à consciência ambiental das pessoas voltados a promover o transporte público e a mudança para carros elétricos provavelmente fracassarão. Ao contrário, "a abordagem da segmentação mostra que as intervenções políticas devem responder às diferentes motivações e restrições dos subgrupos" (Anable, 2005: 77).

Alguns sociólogos argumentam que, visto a longo prazo, o "século do carro" pode estar chegando ao fim de qualquer maneira, já que os estoques de petróleo atingiram o pico, a mitigação do aquecimento global está levando a um impulso para novas tecnologias "com baixo uso de carbono" e os níveis

USANDO SUA IMAGINAÇÃO SOCIOLÓGICA

5.3 O carro está morto — vida longa ao carro?

No Reino Unido, em 2016, as emissões de transporte representaram cerca de 28% das emissões de gases do efeito estufa, enquanto carros, *vans* e veículos de carga pesada representaram cerca de 87% delas (Committee on Climate Change, 2018: 150). Incentivar e facilitar a mudança da gasolina e do *diesel* para carros elétricos seria, portanto, uma grande contribuição para atingir a meta do Reino Unido de zero emissões líquidas de CO_2 até 2050. E, embora as vendas de carros elétricos estejam aumentando, até 2020 a aceitação não foi rápida.

Na Noruega, por outro lado, a posse de carros elétricos aumentou rapidamente desde 2010. Em março de 2019, os veículos elétricos a bateria (BEVs, do inglês *battery electric vehicles*) representavam 58,9% das vendas de carros novos no país. No Reino Unido, o número foi de apenas 0,9% (Browning, 2019). De fato, a Noruega lidera a mudança de carros movidos a combustíveis fósseis para carros elétricos. Analistas de transporte apontam para os muitos benefícios e incentivos governamentais que estimulam os consumidores noruegueses a fazer a mudança. Por exemplo, os proprietários de carros elétricos não pagam o imposto sobre valor agregado (IVA) de 25% na compra e podem usar as faixas reservadas para ônibus, estacionar gratuitamente em muitos estacionamentos e áreas de estacionamento, estacionar gratuitamente na calçada e não pagar pedágios, ou pagar valores reduzidos (Lindeman, 2018).

A revolução dos carros elétricos na Noruega é muito elogiada, mas foi construída com base em uma série de incentivos governamentais, como estacionamentos gratuitos no centro da cidade para carros elétricos. Outros governos estarão preparados para se comprometer com esses incentivos?

> No entanto, o sucesso econômico da Noruega está longe de ser o sonho dos ambientalistas, já que sua riqueza desde a década de 1980 foi construída com base nos combustíveis fósseis. Cerca de metade das receitas de exportação da Noruega vem de petróleo e gás e, em 2017, o país se tornou o segundo maior exportador de gás, atrás da Rússia (Perrone, 2019). Os generosos incentivos para carros elétricos também estão sendo gradualmente contidos. No momento em que este livro foi escrito, havia planos para remover a isenção de IVA em 2020, acabar com o carregamento gratuito de baterias e impor pedágios para os BEVs. No entanto, os veículos a gasolina e *diesel* ainda sofrem com taxas e impostos mais elevados do que os aplicados aos BEVs, mantendo-os como uma opção competitiva. Se outros países estão preparados ou mesmo são capazes de seguir o exemplo da Noruega é, por enquanto, uma questão em aberto.

> **REFLEXÃO CRÍTICA**
>
> A mudança para veículos elétricos parece ser uma solução sensata para o problema das emissões de gases do efeito estufa dos transportes e da poluição urbana. Por que isso não pode ser a panaceia para o aquecimento global, como alguns consideram? De que outra forma as emissões de transporte poderiam ser radicalmente reduzidas e que mudanças seriam necessárias para isso?

populacionais cada vez maiores tornam insustentável a propriedade individual de automóveis em massa (Dennis e Urry, 2009). A atual mudança para veículos elétricos, principalmente carros, *vans* e ônibus, pode oferecer uma maneira de reduzir radicalmente as emissões de CO_2 ainda mantendo a liberdade de movimento a que muitas pessoas se acostumaram.

No entanto, convém lembrar que os carros elétricos ainda são carros — eles precisam ser fabricados, alimentados e descartados no final de sua vida útil, precisam de vagas de estacionamento e estradas e causam congestionamento de tráfego. Portanto, continuam a gerar problemas sociais e ambientais semelhantes aos gerados por outros tipos de automóveis. Além disso, os veículos elétricos são benéficos para o meio ambiente apenas se a eletricidade que eles usam for produzida a partir de fontes de baixo ou zero carbono, como o sistema hidrelétrico da Noruega, ou recursos renováveis, como energia solar ou eólica. E, mesmo nesses casos, a adoção em massa de carros elétricos exigirá uma grande expansão da capacidade de geração de eletricidade. Se o carvão, o petróleo e o gás continuam sendo os principais pilares da matriz energética de um país, os benefícios ambientais dos carros elétricos podem não ser tão nítidos.

Dennis e Urry argumentam que o "sistema automobilístico" do século XX, de propriedade individual em massa de veículos movidos a gasolina, que circulam por extensas redes rodoviárias, pode não sobreviver em sua forma atual, e é provável que eles estejam certos. Mas o "sistema de carros elétricos" do futuro, apesar de desempenhar um papel fundamental na redução das emissões de CO_2, atualmente se parece muito com o antigo, baseado em petróleo. Pelo menos no curto e médio prazo, o carro particular parece destinado a manter seu valor simbólico como parte da transição para a vida independente e a vida adulta, além de incorporar os ideais modernos de liberdade e liberação.

Consumismo: uma ética romântica?

Outro aspecto do consumismo moderno é seu caráter prazeroso. Mas *por que* ele é prazeroso? Alguns argumentam que o prazer do consumismo não está no uso dos produtos, mas na antecipação da sua compra. Colin Campbell (1992) argumenta que essa é a parte mais prazerosa do processo — o querer, o almejar, o procurar e o desejar produtos, e não o seu uso. É uma "ética romântica" de consumo, baseada no desejo e na ânsia. A publicidade de produtos e serviços usa esse consumismo antecipatório de maneiras sedutoras para criar e intensificar o desejo das pessoas. É por isso que continuamos voltando em busca de mais e nunca estamos totalmente satisfeitos.

Em uma perspectiva ambiental, a "ética romântica" do consumismo é desastrosa. Constantemente, queremos novos produtos, e cada vez mais. Isso significa mais produção, de modo que o ciclo de produção e consumo em massa continua a gerar poluição e reduzir os recursos naturais. No lado da entrada no processo de produção, os recursos naturais são usados em quantidades enormes, e, no lado da saída, no consumo, as pessoas jogam coisas úteis no lixo não porque *não tenham utilidade*, mas porque não estão mais na moda ou não representam suas aspirações de *status*.

A sociologia do consumo nos mostra que a combinação entre industrialização, capitalismo e consumismo transformou as relações entre a sociedade e o meio ambiente. Muitos ambientalistas e alguns cientistas sociais e naturais concluíram que essa expansão contínua de economias e a promoção continuada do crescimento econômico não podem continuar indefinidamente. A poluição resultante poderia ser ecologicamente insignificante se fosse restringida a uma pequena parcela da população humana global. Porém, quando a industrialização se espalha pelo planeta, quando a maioria das pessoas vive em cidades imensas e quando as empresas capitalistas se tornam multinacionais e o consumismo seduz pessoas em todos os países, a capacidade de recuperação e resiliência do ambiente natural se torna gravemente enfraquecida.

Embora os abastados sejam os principais consumidores do mundo, o dano ambiental causado pelo consumo crescente mostra seu maior impacto sobre os pobres. Como vimos na discussão sobre o aquecimento global, os ricos estão em melhor posição de desfrutar dos muitos benefícios do consumo sem ter que lidar com seus efeitos negativos. No nível local, os grupos ricos geralmente têm recursos para mudar de áreas problemáticas, deixando que os pobres absorvam a maioria dos custos. As indústrias químicas, usinas de energia, grandes estradas, linhas férreas e aeroportos geralmente estão perto de áreas de baixa renda, e, no nível global, podemos ver um processo semelhante em andamento: a **degradação do solo**, o desmatamento, a falta de água, as emissões de chumbo e a poluição atmosférica estão todos concentrados no mundo em desenvolvimento. O que precisamos é de uma perspectiva que conecte os países desenvolvidos e em desenvolvimento dentro de um único projeto, e o desenvolvimento sustentável visa a fazer exatamente isso.

Limites ao crescimento e desenvolvimento sustentável

Na *The Ecologist*, a revista ativista do Reino Unido, Edward Goldsmith e colaboradores começaram o ataque contra a expansão industrial em sua *Blueprint for survival* (1972: 15): "o principal defeito do modo de vida industrial com seu caráter de expansão é que ele não é sustentável [...] podemos ter certeza [...] de que, mais cedo ou mais tarde, ele acabará". Essas previsões trágicas eram descritas como "catastróficas" e se restringiam aos grupos mais radicais do movimento ambientalista. Todavia, a ideia agora tem um espaço mais amplo entre os jovens, o público em geral e os legisladores. A sustentabilidade é uma ideia motivadora central para os ativistas ambientais — garantindo que a atividade humana não comprometa a ecologia do planeta Terra.

Uma influência importante para a ascensão dos movimentos ambientalistas e da preocupação pública com os problemas ambientais foi exercida por um famoso relatório publicado no começo da década de 1970, que apresentou o argumento de que o crescimento econômico não poderia continuar indefinidamente. O relatório e suas conclusões são discutidos no quadro Estudos clássicos 5.2.

Desenvolvimento sustentável

Em vez de simplesmente apelar para que o crescimento econômico seja freado, os desenvolvimentos mais recentes se voltaram para o conceito de **desenvolvimento sustentável**. Essa expressão foi introduzida em um relatório encomendado pela ONU, *Nosso futuro comum* (WCED, 1987). Ele também é conhecido como Relatório Brundtland, em referência à chefe do comitê organizador, Gro Harlem Brundtland, então primeira-ministra da Noruega. Os autores do relatório argumentaram que o uso dos recursos da Terra pela geração atual estava insustentável.

A Comissão Brundtland considerou o desenvolvimento sustentável como "o desenvolvimento que atende às necessidades da geração atual sem

Estudos clássicos 5.2 — Modelando os limites do crescimento econômico

O problema da pesquisa

A população humana global cresceu imensamente desde a industrialização, e a pressão resultante sobre o meio ambiente levou à degradação do solo, ao desmatamento e à poluição. Será que existem limites a esse padrão de desenvolvimento? Será que os estoques de alimentos conseguirão acompanhar essa demanda crescente, ou o mundo verá a fome em massa? Quantas pessoas o planeta consegue sustentar sem arruinar o meio ambiente? Essas perguntas imensamente significativas foram feitas para um grupo global de cientistas e pensadores, o Clube de Roma, há quase 40 anos. O livro resultante foi publicado como *Os limites do crescimento* (Meadows et al., 1972).

A visão de Meadows e colaboradores

O estudo de *Limites* usou técnicas modernas de modelagem computacional para fazer previsões sobre as consequências da continuação do crescimento econômico, do crescimento populacional, da poluição e da exaustão dos recursos naturais. Seu modelo de computador — *World3* — mostrou o que aconteceria se as tendências que foram estabelecidas entre 1900 e 1970 continuassem até o ano 2100. Depois, as projeções em computador foram alteradas para gerar uma variedade de consequências possíveis, dependendo de diferentes taxas de crescimento dos fatores considerados. Os pesquisadores observaram que, cada vez que alteravam uma variável, havia uma crise ambiental no final. Se as sociedades do mundo não mudassem, o crescimento acabaria de qualquer maneira em algum momento antes de 2100, devido ao esgotamento dos recursos, à escassez de alimento ou ao colapso industrial.

A equipe de pesquisa usou modelagem computacional para explorar cinco tendências globais (Meadows et al., 1972: 21):

- industrialização acelerada em todo o mundo;
- rápido crescimento populacional;
- desnutrição disseminada em certas regiões;
- exaustão de recursos não renováveis;
- deterioração do ambiente natural.

O programa foi rodado para testar 12 cenários alternativos, cada um manipulado para resolver alguns dos problemas identificados. Isso permitiu que os pesquisadores fizessem perguntas sobre quais combinações de níveis populacionais, produção industrial e recursos naturais seriam sustentáveis. A conclusão a que chegaram, em 1972, foi que ainda *havia* tempo para impedir a crise ambiental emergente. Porém, se nada fosse feito, e mesmo se a quantidade de recursos disponíveis no modelo dobrasse, a poluição fosse reduzida a níveis de antes de 1970 e fossem introduzidas novas tecnologias, o crescimento econômico entraria em colapso antes de 2100. Alguns ativistas consideraram que isso justificava o argumento ambientalista radical de que as sociedades industriais não eram sustentáveis no longo prazo.

Pontos de crítica

Muitos economistas, políticos e industrialistas condenaram o relatório de forma veemente, argumentando que ele era desequilibrado, irresponsável e, quando suas previsões não se materializaram, simplesmente errado. A modelagem não continha variáveis políticas e sociais e, portanto, era uma representação parcial da realidade. Os pesquisadores posteriormente aceitaram que algumas críticas eram justificadas. O método usado se baseava nos limites *físicos* e pressupunha as taxas existentes de crescimento econômico e inovação tecnológica, mas não levava em conta a capacidade dos seres humanos de responder aos desafios ambientais. Por exemplo, as forças do mercado poderiam ser mobilizadas para limitar a sobre-exploração de recursos. Se um mineral como o magnésio começa a escassear, seu preço aumenta. À medida que o preço aumentar, ele será menos usado, e os produtores podem encontrar alternativas se o custo subir demais. Muitos passaram a ver os *Limites* como mais um tratado catastrófico e excessivamente pessimista que fazia "futurologia" questionável — prevendo o futuro a partir das tendências atuais.

Relevância contemporânea

Independentemente de suas limitações, o relatório original teve um impacto significativo no debate público e no ativismo ambiental. Ele conscientizou muitas pessoas sobre as consequências prejudiciais do desenvolvimento industrial e da tecnologia, além de advertir sobre os perigos de permitir que a poluição aumente. O relatório foi um importante catalisador para o movimento ambientalista moderno (para uma discussão mais ampla, ver o Capítulo 20, "Política, governo e movimentos sociais"). Vinte anos depois, a equipe publicou *Além dos limites* (1992), um relatório ainda mais pessimista, que criticava os políticos do mundo por desperdiçarem o tempo, argumentando que a "saturação" ecológica já estava ocorrendo. Então, em 2004, o *30 year update* foi publicado, argumentando que, embora tivesse havido progresso na consciência ambiental e no desenvolvimento tecnológico, as evidências do aquecimento global, o declínio nos estoques pesqueiros e muitos outros fatores mostravam um mundo "excedendo" seus limites naturais. Essa conclusão também foi a da Avaliação Ecossistêmica do Milênio, publicada pela ONU em 2005, que tem um título franco: *Vivendo além dos nossos meios*. A conclusão básica do relatório original dos *Limites* e de suas atualizações continua a repercutir.

comprometer a capacidade das gerações futuras de atender às suas próprias necessidades" (WCED, 1987) — uma definição concisa, mas que tem enorme significância. O desenvolvimento sustentável significa que o crescimento econômico deve ocorrer de maneira a reciclar os recursos físicos, em vez de esgotá-los, e manter os níveis de poluição ao mínimo. Todavia, a definição está aberta a críticas. Quantas gerações devem ser consideradas — cinco, dez ou mais? Como podemos saber quais são as "necessidades" da geração atual? Como podemos comparar as necessidades humanas dos países em desenvolvimento com as dos países relativamente ricos? Essas questões ainda estão em discussão, embora o conceito de desenvolvimento sustentável — por mais problemático que seja — continue a motivar muitos indivíduos e grupos voluntários.

Depois da publicação de *Nosso futuro comum*, a expressão "desenvolvimento sustentável" passou a ser amplamente utilizada por ambientalistas e governos. Ela foi empregada na Cúpula da Terra, no Rio de Janeiro, em 1992, e posteriormente apareceu em outros encontros ecológicos realizados pela ONU, como a Cúpula Mundial sobre Desenvolvimento Sustentável, em Joanesburgo, em 2002. O desenvolvimento sustentável é a estrutura global da ONU que abrange uma série de 17 metas dos ODSs para o período de 2015 a 2030, incluindo a eliminação da pobreza e da fome, a igualdade de gênero, a água potável e o bom saneamento para todos, o consumo e a produção responsáveis, a proteção da vida na terra e as medidas sobre as mudanças climáticas (UN, 2019b).

> Para saber mais sobre o desenvolvimento global, ver o Capítulo 6, "Desigualdade global".

Os críticos consideram que a noção de desenvolvimento sustentável é vaga demais e negligencia as necessidades específicas dos países mais pobres. Segundo os críticos, a ideia de desenvolvimento sustentável tende a se concentrar apenas nas necessidades dos países mais ricos e não considera as maneiras como os níveis elevados de consumo nos países mais ricos são satisfeitos à custa dos países em desenvolvimento. Por exemplo, as demandas para que a Indonésia conserve suas florestas tropicais podem ser injustas, pois a Indonésia tem uma necessidade maior do que os países industrializados da renda que deverá ceder.

Também se pode argumentar que relacionar o conceito de sustentabilidade ecológica ao de desenvolvimento econômico é contraditório. Esse é um ponto particularmente pertinente, em que a sustentabilidade e o desenvolvimento entram em conflito — por exemplo, ao se considerar a construção de novas estradas ou locais de comércio, é comum que a perspectiva de muitos novos empregos e prosperidade econômica signifique que a sustentabilidade ficará em segundo plano, especialmente em tempos de **recessão econômica**. Isso é ainda mais acentuado para os governos de países em desenvolvimento, que têm grande necessidade de atividade econômica. Nos últimos anos, as ideias de justiça econômica e cidadania ecológica assumiram preponderância (como veremos a seguir), em parte como resultado dos graves problemas associados ao conceito e à prática do desenvolvimento sustentável.

É fácil ser cético quanto às perspectivas futuras do desenvolvimento sustentável. Seu objetivo de encontrar maneiras de equilibrar a atividade humana com ecossistemas naturais sustentáveis pode parecer impossível. Todavia, o desenvolvimento sustentável busca criar uma base comum entre os Estados-Nações e conecta o movimento pelo desenvolvimento mundial com o movimento ambientalista de um modo que nenhum outro projeto havia conseguido antes. Ele dá aos ambientalistas radicais a oportunidade de buscar a implementação plena de seus objetivos mais amplos, mas, ao mesmo tempo, os ativistas moderados podem se envolver no nível local e exercer alguma influência. Uma abordagem mais voltada para a tecnologia, que pode ser vista como próxima do projeto de desenvolvimento sustentável, é conhecida como modernização ecológica, e a apresentamos na próxima seção.

> **REFLEXÃO CRÍTICA**
>
> O desenvolvimento sustentável é o "desenvolvimento que atende às necessidades da geração atual sem comprometer a capacidade das gerações futuras de atender às suas próprias necessidades". Como podemos descobrir quais serão as necessidades das gerações futuras? É possível criar políticas de desenvolvimento sustentável a partir dessa definição?

Modernização ecológica

Para os ambientalistas, tanto as formas de modernização capitalistas quanto as comunistas fracassaram. Elas trouxeram riqueza e sucesso materiais, mas à custa da degradação ambiental massiva. Nos últimos anos, grupos de cientistas sociais acadêmicos na Europa Ocidental tentaram desenvolver uma perspectiva teórica chamada **modernização ecológica** (ME), que aceita que não é mais possível levar "as coisas como são", mas rejeita as soluções ambientalistas radicais que envolvem a desindustrialização. Ao contrário, ela se concentra na inovação tecnológica e no uso de mecanismos de mercado para trazer resultados positivos, transformando os métodos de produção e reduzindo a poluição na sua origem.

A ME enxerga um potencial enorme em conduzir as indústrias europeias a reduzir o uso de recursos naturais *sem* que isso afete o crescimento econômico. Essa é uma posição inusitada, mas tem uma certa lógica. Em vez de simplesmente rejeitar o crescimento econômico, eles argumentam que uma *forma ecológica* de crescimento é teoricamente possível. Um exemplo é a introdução de catalisadores e controles de emissões nos veículos a motor, que foram implantados em um curto período de tempo e mostram que as tecnologias avançadas podem fazer uma grande diferença para as emissões de gases que causam o efeito estufa. Se realmente for possível alcançar a proteção ambiental dessa forma, poderemos continuar a desfrutar de nossos estilos de vida altamente tecnológicos.

Os modernizadores ecológicos também argumentam que, se os consumidores exigirem métodos de produção e produtos ecologicamente seguros, os mecanismos do mercado serão forçados a experimentá-los e produzi-los. O caso da oposição aos alimentos transgênicos na Europa (discutido anteriormente) é um bom exemplo dessa ideia na prática. Os supermercados não estocaram ou aumentaram suas compras de alimentos transgênicos pois um grande número de consumidores deixou claro que eles permaneceriam nas prateleiras.

A teoria da ME considera que cinco estruturas sociais e institucionais devem ser transformadas ecologicamente (Mol e Sonnenfeld, 2000):

1. *Ciência e tecnologia:* trabalhar pela invenção e disseminação de tecnologias sustentáveis.
2. *Mercados e agentes econômicos:* implementar incentivos para produtos ambientalmente benignos.
3. *Estados-Nações:* criar as condições de mercado que permitam que isso aconteça.
4. *Movimentos sociais:* pressionar as empresas e o Estado para continuar avançando em uma direção ecológica.

Sociedade global 5.2 — Energia solar: modernização ecológica na prática?

Um elemento-chave da perspectiva de ME é que tecnologias não poluentes, como projetos de energia renovável, podem causar um grande impacto nas emissões de gases do efeito estufa. As tecnologias renováveis também podem ser disponibilizadas aos países em desenvolvimento para ajudá-los a evitar as formas altamente poluentes de industrialização, causadoras de tanta degradação ambiental.

Um exemplo recente, bastante divulgado, é a enorme usina de energia solar (na verdade, quatro locais interligados) sendo construída em Ouarzazate, no Marrocos, que poderia suprir as necessidades de energia de 1 milhão de pessoas. Isso é crucial para a meta ambiciosa do país de gerar mais de 40% de sua eletricidade a partir de fontes renováveis — uma grande mudança, dada a sua ampla dependência de combustíveis fósseis importados, como carvão e gás. O aspecto tecnologicamente inovador da usina não diz respeito apenas ao seu tamanho — as muitas fileiras de espelhos solares cobrem uma área tão grande quanto 35 campos de futebol ou a capital, Rabat —, mas também à sua tentativa de armazenar a energia gerada a partir do sol usando o sal.

A usina gera calor, que derrete o sal, o qual é então capaz de armazenar o calor, que, por sua vez, gera vapor suficiente para alimentar as turbinas durante a noite. O clima quente do deserto do Marrocos cria o ambiente necessário para tal esquema. Os espelhos solares são mais caros de produzir do que os painéis fotovoltaicos convencionais, mas a grande vantagem é que continuam gerando energia mesmo após o pôr do sol. O sistema de armazenamento promete manter a energia por até oito horas, o que significa que deverá ser possível um fornecimento contínuo de energia solar.

Quando a usina estiver concluída, a esperança é que seja gerada energia suficiente para permitir que o Marrocos exporte parte dela para a Europa.

O projeto é uma parceria público-privada e custará cerca de US$ 9 bilhões, sendo grande parte advinda do Banco Mundial e de outras instituições financeiras públicas e privadas. Mas, se cumprir suas promessas, o complexo de Noor Ouarzazate poderá ser um dos exemplos práticos mais marcantes e bem-sucedidos de ME já vistos.

Fontes: World Bank (2015); Harrabin (2015); Neslen (2015).

---

5. *Ideologias ecológicas:* ajudar a persuadir mais pessoas a se envolver na modernização ecológica da sociedade.

A ciência e a tecnologia têm um papel particularmente crucial no desenvolvimento de soluções preventivas, incluindo considerações ecológicas no estágio de projeto. Isso pode transformar os atuais sistemas de produção poluidores.

Desde a metade da década de 1990, três novas áreas de debate entraram na perspectiva da ME. Primeiramente, a pesquisa começou a se expandir para os países em desenvolvimento, desafiando significativamente o eurocentrismo da perspectiva original. Em segundo lugar, quando os modernizadores ecológicos começaram a pensar além do Ocidente, a teoria da globalização se tornou mais relevante (Mol, 2001). Em terceiro, a ME começou a levar em

Formas renováveis de energia, como esta usina eólica *offshore* no Mar do Norte, são comumente citadas como evidência clara de que uma forma ecológica de modernização é uma possibilidade real.

conta a sociologia do consumo e as teorias das sociedades de consumo. Esses estudos analisam como os consumidores podem desempenhar um papel na ME da sociedade e como as tecnologias domésticas podem ser aperfeiçoadas para reduzir o consumo de energia, economizar recursos escassos (como a água) e contribuir para a redução dos resíduos, por meio da reciclagem.

As possibilidades que a ME oferece podem ser ilustradas em referência à indústria da disposição de resíduos sólidos, que se livra das toneladas de lixo que as fábricas e os consumidores geram a cada dia. Até recentemente, a maior parte desse lixo simplesmente era processada e enterrada em aterros sanitários. Atualmente, toda a indústria está sendo transformada. Os avanços tecnológicos tornaram muito mais barato produzir jornal com papel reciclado do que com polpa de madeira. Assim, existem boas razões econômicas, além de ambientais, para usar e reusar o papel em vez de cortar árvores de forma interminável. Não apenas empresas individuais, mas setores inteiros estão buscando ativamente o objetivo do "resíduo zero" — a reciclagem completa de todos os resíduos para uso industrial futuro. A Toyota e a Honda já alcançaram um nível de 85% de reciclabilidade para as peças automotivas que usam. Nesse contexto, o resíduo deixa de associar-se ao descarte de materiais perigosos, tornando-se um recurso para a indústria e, em certo grau, um meio de conduzir a mais inovação tecnológica.

De maneira significativa, algumas das principais contribuições para a reciclagem e, portanto, para o desenvolvimento sustentável têm vindo de áreas com uma pesada concentração de indústrias da tecnologia da informação, como o Vale do Silício, na Califórnia. Alguns modernizadores ecológicos sugerem que a tecnologia da informação, ao contrário de muitas formas mais antigas de produção industrial, é ambientalmente limpa e, quanto maior seu papel na produção industrial, maior a probabilidade de reduzir os efeitos nocivos ao meio ambiente. No entanto, esse otimismo pode ser equivocado. Os sistemas de tecnologia da informação, a internet e a **computação em nuvem** utilizam energia de forma intensa, exigindo imensas instalações de armazenamento de dados. Eles têm sido considerados uma nova forma de "indústria pesada", em vez de parte de alguma "economia leve", e, dessa forma, não oferecem uma solução simples para problemas de desenvolvimento econômico (Strand, 2008).

> A questão da tecnologia da informação com uso intenso de energia é discutida no Capítulo 13, "Cidades e vida urbana". A computação em nuvem e questões relacionadas podem ser encontradas no Capítulo 19, "Mídia".

Ao contrário de outras perspectivas, a ME está menos preocupada com a desigualdade global e mais com a maneira como as empresas, os indivíduos e os atores não estatais podem todos ter um papel na transformação da sociedade. Isso a torna diferente do desenvolvimento sustentável, que parte da premissa de que reduzir a desigualdade global é um pré-requisito para a proteção ambiental. Os modernizadores ecológicos também argumentam que, se for possível fazer o sistema econômico capitalista trabalhar pela proteção ambiental, ela continuará; se não, algo diferente emergirá, pois a ME da sociedade global já começou.

Os críticos consideram a ME confiante demais em soluções tecnológicas e relativamente ignorante em relação a conflitos culturais, sociais e políticos. De fato, com seu foco em desenvolvimentos na Europa, soluções tecnológicas e mercados livres, a ME está mais próxima de uma forma muito mais antiga de teoria da modernização capitalista do que de uma sociologia genuinamente ambiental, argumenta Foster (2012). Nesse sentido, remonta à noção de isenção humana que os sociólogos ambientais viam como o principal obstáculo ideológico para levar o meio ambiente para a teoria sociológica. Ewing (2017) sustenta que o foco no crescimento econômico contínuo e na lucratividade coloca a ME no quadro da promoção de um "capitalismo verde" autodestrutivo que é incapaz de lidar com as questões ambientais globais de hoje com a urgência necessária e, portanto, deve ser rejeitado.

A ME certamente está imbuída de otimismo tecnológico e não tem uma teoria totalmente elaborada de como sair de onde estamos para uma sociedade sustentável. No entanto, alguns teóricos da ME afirmam ser "agnósticos" sobre o futuro do capitalismo. Ou seja, se o capitalismo ajudar na transição para a sustentabilidade de longo prazo, ele poderá sobreviver; no entanto, se ele se tornar um obstáculo, então morrerá, e com razão. Talvez o valor real da abordagem da ME esteja na miríade de exemplos do mundo real que ela produz, juntamente com as tecnologias práticas e as sugestões de mudança que oferece. Coletivamente, eles podem dar uma contribuição significativa para o enfrentamento dos problemas ambientais, desde que possam ser financeiramente viáveis tanto no Sul Global quanto no Norte.

> **REFLEXÃO CRÍTICA**
>
> Considere novamente as cinco estruturas sociais e institucionais que constituem a abordagem ecologicamente modernista aos problemas ambientais. Liste-as em ordem do progresso atual — qual estrutura foi mais transformada e qual foi menos? Quais são os obstáculos mais difíceis de superar para transformar as estruturas das sociedades modernas em direções ambientalmente sensíveis?

Até mesmo os mais fortes defensores da ME aceitam que resgatar o meio ambiente global exigirá mudanças nos níveis de desigualdade social atualmente existentes. A pobreza é um dos principais contribuintes para práticas que levam a danos ambientais, e as pessoas que vivem com dificuldades econômicas não têm escolha a não ser aproveitar ao máximo os recursos locais que estão à disposição delas. O que será necessário são "apenas sustentabilidades" (Agyeman et al., 2003; Smith e Pangsapa, 2008). Alcançar a sustentabilidade ecológica exige que sejam feitos esforços internacionais concentrados para combater as desigualdades globais como condição necessária para a proteção ambiental.

Justiça ambiental e cidadania ecológica

Justiça ambiental é uma expressão que se originou nos Estados Unidos com a formação de redes de base de ativistas em comunidades da classe trabalhadora (Szasz, 1994; Bell, 2004: cap. 1; Visgilio e Whitelaw, 2003). Muitas delas eram bairros afro-americanos, e a seleção dessas áreas para despejo de resíduos perigosos e instalação de incineradores foi vista pelos ativistas como um tipo de "racismo ambiental" (Bullard, 1993). As campanhas de justiça ambiental podem ser vistas como uma extensão do discurso dos direitos civis na esfera das questões ambientais, focando na maneira como muitos problemas ambientais "afetam desproporcionalmente os pobres" (Agyeman et al., 2003: 1).

Uma campanha pioneira foi a de Lois Gibbs nas Cataratas do Niágara, no estado norte-americano de Nova Iorque, em 1978, para realocar a comunidade de Love Canal, quando descobriu que ela havia sido construída sobre 20 mil toneladas de resíduos químicos. A campanha comunitária teve sucesso quando 900 famílias da classe trabalhadora foram realocadas do lixão em 1980 (Gibbs, 2002). Relacionar a qualidade ambiental com as desigualdades entre as classes sociais mostra que o ambientalismo não é apenas uma preocupação da classe média, mas pode estar relacionado com interesses da classe trabalhadora e leva em conta as desigualdades sociais e "posições de risco" no mundo real. Nos Estados Unidos, os depósitos de lixo tóxico tendem a estar situados em comunidades negras e hispânicas, onde os grupos de ação e cidadania têm relativamente menos poder, mas a campanha de Gibbs para a classe trabalhadora mostrou que eles não são impotentes.

Os grupos de justiça ambiental podem ser muito significativos. Seu surgimento tem o potencial de ampliar a base de apoio da política ambiental para grupos atualmente sub-representados no movimento ambiental mais amplo. Por exemplo, o Friends of the Earth International (entre outros) expandiu sua agenda, reconhecendo a necessidade de lidar com os problemas sociais para aliviar as pressões sobre o ambiente natural (Rootes, 2005). A justiça ambiental nos leva a áreas urbanas e periféricas onde chega a maior parte dos resíduos da vida moderna, e isso abre a política ambiental a pessoas que talvez não pensassem em seus problemas como algo "ambiental".

Talvez a consequência mais significativa da ação dos grupos de justiça ambiental seja que eles oferecem a possibilidade de relacionar a política ambiental das sociedades desenvolvidas e em desenvolvimento. Um exemplo importante foi o protesto contra o impacto da multinacional do petróleo Shell sobre o território do povo indígena Ogoni na Nigéria. A campanha do Movimento pela Sobrevivência do Povo Ogoni (formado em 1990) e o apoio internacional que ela recebeu são apenas um exemplo do conceito potencialmente unificador da justiça ambiental. As tentativas do governo nigeriano de reprimir o movimento de resistência envolveram tortura, massacres de aldeias e, em 1995, a execução de nove líderes do movimento, incluindo o escritor Ken Saro-Wiwa, sob protestos internacionais (Watts, 1997).

Esses eventos reforçaram o argumento de que os relativamente impotentes deverão suportar a pior parte da poluição ambiental. As campanhas pela justiça ambiental demonstram o potencial para relacionar as desigualdades sociais e a pobreza com questões ambientais, prometendo tornar o ambientalismo mais do que apenas um movimento de defesa da natureza. Recentemente, o conceito de "licença social" tem sido usado para descrever as relações dinâmicas entre empresas e comunidades (Soyka, 2012: cap. 4). Por exemplo, comunidades e grupos de cidadãos podem informalmente "conceder" uma licença social contínua a uma empresa que pretenda iniciar operações de mineração prometendo novos empregos e desenvolvimento econômico. Mas essa aprovação ou "licença" pode ser retirada se forem causados danos ambientais desnecessários, as percepções mudarem e as operações comerciais forem consideradas ilegítimas. A consciência da necessidade de uma licença social para operar pode empoderar as comunidades locais, pois ela deve ser conquistada e sustentada pelas empresas se elas quiserem se beneficiar da aprovação dos cidadãos (Syn, 2014).

Um último desenvolvimento que merece ser citado é o surgimento de uma forma de cidadania relacionada com a defesa do ambiente natural. Alguns sociólogos e cientistas políticos têm argumentado que uma nova forma de cidadania está surgindo, algo que Mark J. Smith (1998) chamou de **cidadania ecológica** e Dobson e Bell (2006) chamaram de cidadania ambiental.

> Veja o Capítulo 11, "Pobreza, exclusão e bem-estar social", para saber mais sobre cidadania.

A cidadania ecológica é um quarto estágio da cidadania, além dos tipos existentes de cidadania civil, política e social, envolvendo novas obrigações: com animais não humanos, com as gerações futuras de seres humanos e com a manutenção da integridade do meio ambiente natural (Sandilands, 1999). As obrigações com os animais envolvem reconsiderar os usos humanos de animais que infringem os direitos destes a uma vida natural e a expressar sua natureza. Assim, vivissecção, caça, certos métodos da pecuária, reprodução e cuidados de animais de estimação deveriam ser reavaliados. A nova obrigação da cidadania ecológica com as gerações futuras de pessoas significa trabalhar pela sustentabilidade por um longo período de tempo. Se os planos de desenvolvimento econômico ameaçam a capacidade das gerações futuras de prover às suas próprias necessidades, devemos criar e planejar novas formas. O planejamento político e econômico deve ser orientado para o futuro e adotar uma visão de longo prazo, em vez de adotar uma abordagem *laissez-faire* de curto prazo e voltada para o livre mercado. Por fim, todas as atividades humanas devem ser avaliadas com referência aos seus efeitos sobre o ambiente natural, devendo-se adotar o *princípio da precaução*, que confere àqueles que buscam o desenvolvimento o ônus de justificar suas ações em termos ecológicos.

Em essência, então, a cidadania ecológica introduz uma nova demanda para que as pessoas levem em conta a "pegada ecológica" (*ecological footprint*) — o impacto da atividade humana sobre o meio ambiente natural. De forma clara, a cidadania ecológica exigiria algumas mudanças fundamentais nas sociedades modernas. Talvez a mudança mais radical fosse nas próprias pessoas, pois a cidadania ecológica exige uma transformação da experiência humana da natureza e do *self* como duas coisas intimamente interdependentes. Da mesma forma que as pessoas tiveram que começar a se perceber como cidadãos com direitos para que a cidadania política se tornasse realidade, é improvável que a cidadania ecológica se desenvolva a menos que as identidades das pessoas também incluam a experiência de ter um "eu ecológico".

Uma era do Antropoceno?

Os geólogos chamam o período da história da Terra após o recuo glacial da última Era do Gelo de Holoceno, que abrange os últimos 12 mil anos. No século XXI, alguns cientistas argumentam que deixamos o Holoceno para trás e entramos em uma nova era, conhecida como **Antropoceno** (Crutzen e Stoermer, 2000). Como o nome sugere, o Antropoceno é um período em que a atividade humana se tornou a força dominante que molda os ecossistemas e o clima global e que poderá ser identificável no registro geológico. Parece claro que o conceito está intimamente ligado às evidências científicas das mudanças climáticas antropogênicas e aos seus impactos.

No Antropoceno, a separação mais antiga entre natureza e sociedade, como esferas distintas representando o biológico e o social, parece ter desaparecido. Não apenas a natureza e a sociedade estão basicamente entrelaçadas, mas a era da natureza como uma força de desenvolvimento independente terminou (Walsh, 2012). Em vez disso, a atividade humana se tornou a força motriz do modo como a vida na Terra está se desenvolvendo agora e se desenvolverá no futuro (Fletcher, 2019: 523). Para alguns, a era do Antropoceno começou com a Revolução Industrial, quando os combustíveis fósseis e as máquinas substituíram o trabalho animal e humano, trazendo consigo o aumento das emissões de gases do efeito estufa e da poluição. Para outros, o ponto de partida foi o rápido desenvolvimento e disseminação da cultura de consumo nas décadas de 1950 e 1960 (Lidskog e Waterton, 2016: 398). Esse período viu o rápido crescimento da população humana global, a enorme expansão da indústria da aviação, a aquisição em massa de carros particulares e a industrialização da agricultura, juntamente com uma mudança radical na quantidade de resíduos materiais produzidos.

Embora o Antropoceno seja um conceito emergente que não é, de forma alguma, aceito por todos, ele colocou em foco a questão da "mordomia" humana na Terra. Mesmo que aceitemos que as sociedades humanas trouxeram uma nova era, esse não foi um desenvolvimento planejado, mas a consequência da evolução capitalista industrial e da pressão constante pelo crescimento econômico, por mais prejudicial que isso possa ser para o meio ambiente. Devemos aceitar que os seres humanos são agora mordomos do planeta, com toda a responsabilidade que isso traz, ou devemos trabalhar para reduzir radicalmente o impacto humano no planeta, a fim de preservar um mundo distinto e independente da natureza? Os teóricos do Antropoceno argumentam que a última opção já foi contornada. Não há mais uma "natureza" separada da humanidade.

Hoje somos capazes de reconhecer o lado obscuro da indústria, da tecnologia e da ciência modernas, que os sociólogos clássicos não poderiam ter previsto. Os desenvolvimentos científicos e tecnológicos criaram um mundo de riscos de alta consequência que possibilitam enormes ganhos e perdas. No entanto, com uma população humana global cada vez maior, a ideia de que a maioria das pessoas poderia "voltar" a viver vidas mais "naturais" em contato próximo com a terra é evidentemente irreal. Como sugere a modernização ecológica, tecnologias avançadas e pesquisas científicas serão fatores vitais na busca de soluções sustentáveis na emergente era do Antropoceno.

Revisão do capítulo

1. Que evidência existe *contra* a ideia de isenção humana? Se os seres humanos fazem parte do mundo natural, por que precisamos de uma ciência *social* distinta para estudar suas ações e **sociedades**?

2. Usando um exemplo do capítulo, mostre o que o construcionismo social traz para a nossa compreensão do assunto. O construcionismo frequentemente é considerado agnóstico em relação à realidade dos problemas ambientais. Como isso poderia ajudar ou atrapalhar nossa compreensão do aquecimento global?

3. De que maneiras os estudos realistas críticos acrescentam algo além das explicações construcionistas sociais? Como o realismo e o construcionismo podem ser combinados na sociologia ambiental?

4. O que significa risco fabricado? Usando exemplos do capítulo, compare os riscos fabricados com os naturais, destacando suas principais diferenças.

5. Quais são os principais argumentos em favor da modificação genética dos alimentos? Por que esses produtos têm sido rejeitados rotineiramente na Europa?

6. Ativistas ambientais pediram que os governos do mundo inteiro declarassem uma "emergência climática" após o relatório de 2018 do IPCC sobre aquecimento global. Como os sociólogos podem contribuir para a nossa compreensão da mudança climática e das políticas que visam a descarbonizar a sociedade?

7. O que é o "ciclo de produção e consumo" e quais são as suas principais consequências ambientais para (a) países desenvolvidos e (b) países em desenvolvimento?

8. De que maneiras práticas as iniciativas de desenvolvimento sustentável diferem do desenvolvimento econômico convencional? O conceito é mais adequado aos países industrializados do que aos países em desenvolvimento?

9. O que se entende por "modernização ecológica"? Quais aspectos dessa perspectiva têm maior probabilidade de ser adotados pelos governos e quais provavelmente serão descartados? A modernização ecológica é basicamente apenas uma série de reparos tecnológicos vinculados?

10. Como o conceito de justiça ambiental pode dificultar as tentativas de enfrentar a "emergência climática"? Pode-se esperar que as pessoas se tornem bons cidadãos ecológicos sem uma mudança em direção à justiça ambiental?

Pesquisa na prática

As pessoas que buscam novas experiências em seus momentos de lazer viajam para lugares onde nunca estiveram antes. Algumas dessas experiências costumam ser rotuladas como formas de ecoturismo — buscar experiências satisfatórias próximas da natureza ou de paisagens naturais que não estão disponíveis em sua cidade. Viagens para ver um "deserto" natural, escalar altas montanhas ou observar animais "silvestres" em seu ambiente natural têm se tornado muito comuns. Mas os críticos têm questionado a sustentabilidade do ecoturismo, indicando algumas de suas consequências ambientais negativas, como emissões de gases do efeito estufa pelos voos e danos aos próprios ambientes que são valorizados, causadas pelos blocos de hospedagem e pelas modernas instalações esperadas pelos turistas.

Nos últimos anos, foi identificada outra forma de ecoturismo, em que os turistas buscam não uma natureza selvagem reconhecível, mas um mundo natural que está rapidamente desaparecendo como resultado do impacto global da mudança climática e da maior perda de biodiversidade. Isso tem sido chamado de "turismo Antropoceno". Por exemplo, as pessoas viajam para testemunhar em primeira mão o recuo das geleiras, as espécies à beira da extinção ou as ilhas de baixa elevação ameaçadas pelo aumento dos níveis do mar. Como os sociólogos podem entender o desenvolvimento e a atração por esse tipo de experiência de turismo de desastre? Leia o artigo a seguir e responda às perguntas que se seguem.

Fletcher, R. (2019). "Ecotourism after Nature: Anthropocene Tourism as a New Capitalist 'Fix'", *Journal of Sustainable Tourism*, 27(4): 522–35.

1. Esse artigo é baseado na análise de fontes secundárias. Como você caracterizaria a posição teórica do autor?

2. Explique as diferenças entre o Antropoceno e o "Capitaloceno". O que significa "capitalismo do desastre"?

3. Cite os principais tipos de turismo discutidos aqui e apresente pelo menos um exemplo de cada.

4. O autor argumenta que o capitalismo tem uma capacidade extraordinária de se renovar por meio da "destruição criativa". Discuta algumas das maneiras como isso acontece em relação ao turismo Antropoceno.

5. Pensando nas possíveis respostas dos turistas para suas experiências, como essa forma de turismo poderia realmente estimular a oposição ao capitalismo global?

Pensando sobre isso

As questões ambientais são consideradas "híbridas" da natureza e da sociedade, e pode parecer óbvio que abordagens multidisciplinares, juntando cientistas naturais e sociais, devam oferecer um caminho a seguir. Mas por que essas colaborações não acontecem como rotina? Por que as ciências sociais e naturais tendem a seguir caminhos separados? Qual é a diferença entre seus métodos de pesquisa? As ciências sociais e naturais gozam de um *status* semelhante ou diferente na sociedade em geral? Escreva um pequeno ensaio abordando essas questões e conclua com sua própria visão sobre se é provável haver mais interdisciplinaridade nos futuros estudos sobre questões ambientais.

Sociedade nas artes

A obra de Chris Jordan tem sido caracterizada como "arte ambiental", que, muitas vezes, se especializa em criar obras de arte a partir dos resíduos produzidos pela cultura de consumo de massa. Por exemplo, em *Beleza intolerável: retratos do consumismo massivo americano* (2003-2005), suas imagens de pilhas de telefones celulares e carregadores descartados, placas de circuito de computador, diodos e lixo eletrônico ilustram a enormidade do problema do lixo eletrônico, mas também mostram a estranha beleza dos resíduos de consumo em exposição. Dê uma olhada nesse trabalho e em seus outros projetos, especialmente *Running the numbers: an American self-portrait* (2006-), em seu *site*: www.chrisjordan.com/gallery/intolerable/#cellphones2.

Faça uma pesquisa sobre o movimento artístico ambiental desde a década de 1960, observando como esse gênero mudou ao longo do tempo. As imagens fotográficas de Jordan claramente não são simples representações da natureza, mas intervenções em debates políticos sobre sustentabilidade, consumismo e ativismo ambiental. O que essas imagens trazem para nossa compreensão da cultura do consumo e da sustentabilidade ambiental? Por que as fotografias não teriam o mesmo poder de perturbar se fossem tiradas no ponto de produção dos objetos, e não no ponto final? Como a transformação de grandes pilhas de lixo em belos objetos de arte pode ter o efeito oposto ao desejado, sendo assimilada pela cultura capitalista contemporânea?

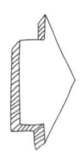

Outras leituras

Uma boa forma de começar é com o livro de Michael M. Bell e Loka Ashwood (2015) intitulado *An invitation to environmental sociology* (5. ed., New York: Sage), que tem muitos exemplos úteis para ilustrar as principais questões ambientais. *The environment: a sociological introduction* (Cambridge: Polity), de Philip W. Sutton (2007), cobre os principais temas sociológicos para iniciantes nessa área. *Sociological theory and the environment: classical foundations, contemporary insights* (2002), editado por Riley E. Dunlap, Frederick H. Buttel, Peter Dickens e August Gijswijt (Oxford: Rowman & Littlefield), explora o que os clássicos têm a oferecer nesse campo.

O excelente *Environmental sociology: a social constructionist perspective* (3. ed., London: Routledge), de John Hannigan (2014), inclui alguns estudos de caso construcionistas bastante efetivos, enquanto Peter Dickens (2004), em *Social theory and the environment: changing nature, changing ourselves* (Cambridge: Polity), aborda questões ambientais a partir de uma posição realista crítica e a explica com muita clareza. Uma boa seleção de ensaios sobre a sociologia do aquecimento global pode ser encontrada em *Climate change and society: sociological perspectives* (2015), editado por Riley E. Dunlap e Robert J. Brulle (New York: Oxford University Press).

Sobre o desenvolvimento sustentável, o livro de John Blewitt (2018) *Understanding sustainable development* (3. ed., Abingdon: Routledge) é uma introdução muito abrangente e de fácil leitura. Sobre a sociedade de risco, Ulrich Beck (2009), em *World at risk* (Cambridge: Polity), é bastante acessível. Para a modernização ecológica, *The ecological modernization reader: environmental reform in theory and practice* (2009), editado por Arthur P. J. Mol, David A. Sonnenfeld e Gert Spaargaren (London: Routledge), trata exatamente desse assunto.

Para a justiça ambiental e a cidadania ecológica, você pode experimentar o livro de Benito Cao (2015) intitulado *Environment and citizenship* (London: Routledge), um texto genuinamente introdutório. Por fim, *Environment and citizenship: integrating justice, responsibility and civic engagement*, de Mark J. Smith e Piya Pangsapa (2008) (London: Zed Books), é uma leitura instigante.

Para ver uma seleção de leituras originais sobre ambientes naturais e urbanos, consulte outro livro destes autores, *Sociology: introductory readings* (4. ed., Cambridge: Polity, 2021).

@ *Links* da internet

Em **loja.grupoa.com.br**, acesse a página do livro por meio do campo de busca e clique em Material Complementar para ver as sugestões de leitura do revisor técnico à edição brasileira, além de outros recursos (em inglês).

Lista de organizações ambientalistas na internet — repositório norte-americano, com muitos recursos valiosos:
www.webdirectory.com/

European Environmental Agency — uma boa base de recursos com alguns levantamentos interessantes e outras pesquisas:
www.eea.europa.eu/

Extinction Rebellion — campanha internacional para uma ação radical para "salvar a Terra":
https://rebellion.global/

Friends of the Earth International — organização ambientalista Amigos da Terra:
www.foei.org/

Greenpeace International — organização ambientalista:
www.greenpeace.org/international/

Intergovernmental Panel on Climate Change — leia os relatórios de avaliação, o Relatório Especial de 2018 e muito mais aqui:
www.ipcc.ch/

OCDE — *site* ambiental com muitos dados sobre países da OCDE:
www.oecd.org/environment/

Programa das Nações Unidas para o Desenvolvimento — *link* para os Relatórios de Desenvolvimento Humano e os Objetivos de Desenvolvimento Sustentável da ONU:
www.undp.org/content/undp/en/home/sustainable-development-goals.html

CAPÍTULO 6

DESIGUALDADE GLOBAL

SUMÁRIO

Extremos de desigualdade 201

Desigualdade global 204

Discursos de desigualdade global 204

Medição da desigualdade econômica 205

Desigualdade e desenvolvimento humano 207

Chances desiguais na vida 210

Saúde 210

Fome, desnutrição e escassez de alimentos 211

Educação, alfabetização e trabalho infantil 213

Mudança populacional humana 216

Análise populacional: demografia 216

A dinâmica da mudança populacional 217

A transição demográfica 219

Teorias do desenvolvimento e suas críticas 221

Teorias sobre o desenvolvimento 226

Avaliando as teorias do desenvolvimento 233

Desenvolvimento em meio à desigualdade 234

As perspectivas para o século XXI 236

Revisão do capítulo *237*

Pesquisa na prática *238*

Pensando sobre isso *238*

Sociedade nas artes *239*

Outras leituras *239*

Links da internet *240*

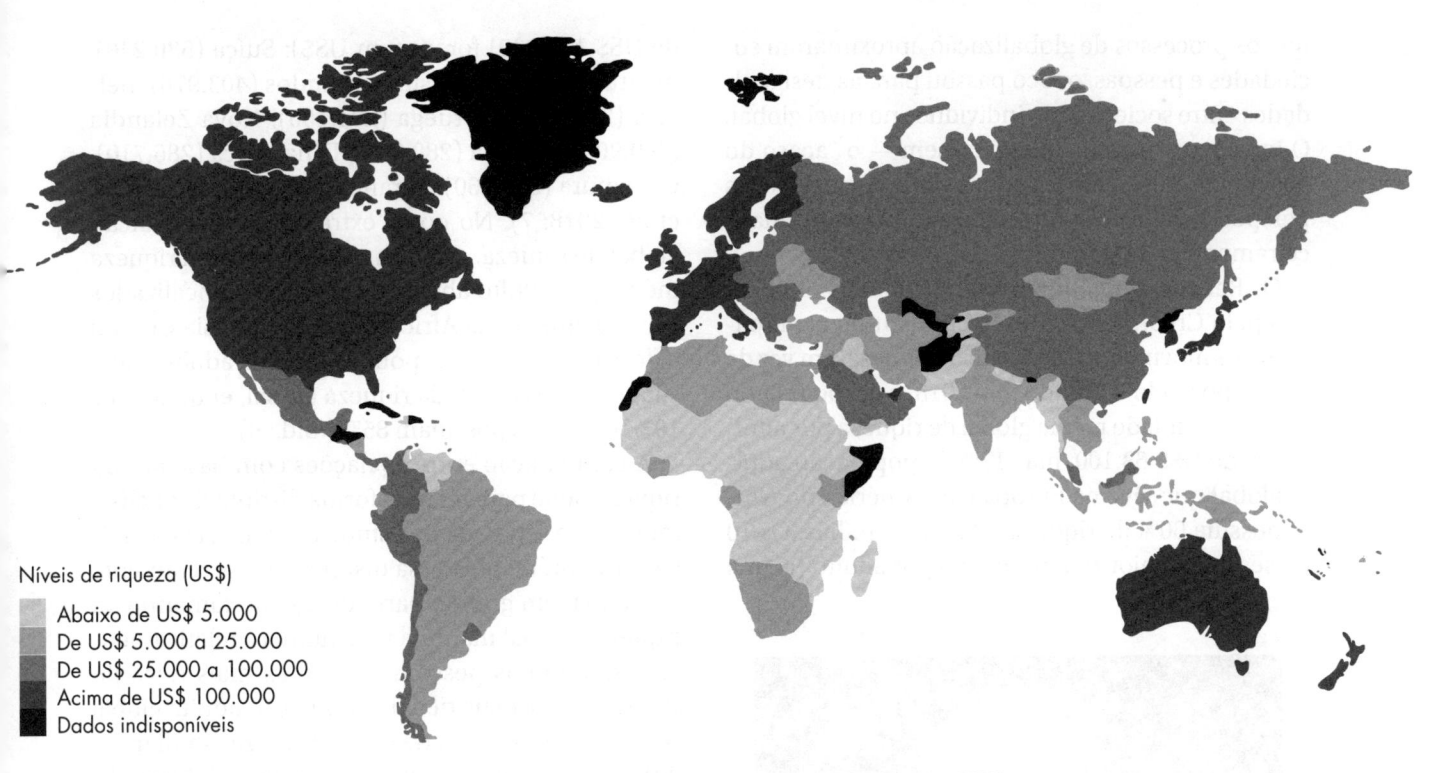

Níveis de riqueza (US$)
- Abaixo de US$ 5.000
- De US$ 5.000 a 25.000
- De US$ 25.000 a 100.000
- Acima de US$ 100.000
- Dados indisponíveis

FIGURA 6.1 Mapa da riqueza mundial em 2018: riqueza média por adulto (em US$).
Fonte: Shorrocks et al. (2018: 7).

Você poderia estar entre os 50% mais ricos do mundo? Se você tivesse um patrimônio líquido de US$ 4.210 em 2018, então você estaria. Parabéns. Sua riqueza pessoal poderia colocá-lo entre os 10% mais ricos da população global? Para isso, você precisaria ter um patrimônio líquido de US$ 93.170. Se você mora em um país industrial desenvolvido e tem alguma propriedade, há uma grande chance de você *atender* a esse critério. E se você tivesse patrimônio líquido de pelo menos US$ 871.320, então você seria parte do 1% mais rico do planeta Terra.

O estudo da desigualdade social é um dos temas fundamentais da sociologia. A industrialização capitalista do século XIX conseguiu aumentar a riqueza das sociedades, mas também trouxe à tona a crescente lacuna entre a renda e a riqueza de ricos e pobres. A desigualdade em determinadas sociedades de Estados-Nações continua sendo uma preocupação fundamental para muitos sociólogos atuais. Contudo, à medida que os processos de globalização aproximaram sociedades e pessoas, o foco passou para as desigualdades entre sociedades e indivíduos no nível global. O local onde os indivíduos nascem — o "acaso do nascimento" — pode ter grande influência em suas perspectivas de viver uma vida confortável e financeiramente segura.

Os Relatórios de Riqueza Global anuais publicados pelo Credit Suisse Research Institute acompanham os movimentos na posse de riqueza, em vez de renda, por todo o mundo. Em 2018, o grupo relatou que a quantidade média global de riqueza por adulto era de US$ 63.100, mas 17% da população adulta global que vive na Europa e na América do Norte possuía 60% da riqueza total das famílias. Os 10 países com maior riqueza média por adulto (acima de US$ 100.000) foram (em US$): Suíça (530.240), Austrália (411.060), Estados Unidos (403.970), Bélgica (313.050), Noruega (291.100), Nova Zelândia (289.900), Canadá (288.260), Dinamarca (286.710), Cingapura (283.260) e França (280.580) (Shorrocks et al., 2018: 7). No outro extremo da distribuição global de riqueza, estão os países com uma riqueza média por adulto abaixo de US$ 5.000, localizados principalmente na África Central e na Ásia Central e do Sul. Os 50% mais pobres entre os adultos possuíam menos de 1% da riqueza global, enquanto os 10% mais ricos possuíam 85% (ibid.: 9).

A comparação entre as nações com base na sua riqueza pode parecer uma forma distinta de análise, totalmente separada do estudo da riqueza dos indivíduos. Porém, hoje essa distinção foi severamente atenuada, em grande parte devido ao tamanho da riqueza pessoal mantida pelo número relativamente pequeno das pessoas e famílias mais ricas do mundo. O 1% mais rico da população adulta global possuía cerca de 47% de toda a riqueza familiar em 2018, e essa parcela vem aumentando (Shorrocks et al., 2018). Em 2014, a Oxfam calculou que as 85 pessoas mais ricas do mundo tinham tanta riqueza quanto os 50% mais pobres da população global, e os 30 anos anteriores viram os ricos ficando ainda mais ricos (Oxfam, 2014).

Uma das pessoas mais ricas do mundo, Warren Buffett, prometeu doar a maior parte de sua riqueza pessoal. No entanto, apesar de doar US$ 3,4 bilhões para instituições de caridade em 2018, sua fortuna pessoal aumentou mais de US$ 20 bilhões entre 2014 e 2019.

> Ver Capítulo 17, "Trabalho e emprego", e Capítulo 11, "Pobreza, exclusão e bem-estar social", para entender mais sobre trabalho e desigualdade econômica.

Em 2019, a revista *Forbes* descobriu que o mundo tinha 2.153 bilionários com uma riqueza combinada de US$ 8,7 trilhões — US$ 2,3 trilhões a mais do que em 2014. Desses bilionários super-ricos, apenas 244 eram mulheres. Os EUA ainda dominam a rica lista da *Forbes*, com 607 bilionários, embora números menores sejam encontrados em todos os continentes (Cao, 2019). O *indivíduo* mais rico do mundo em 2019 era Jeff Bezos, fundador e CEO da varejista *on-line* Amazon, com uma fortuna pessoal de US$ 131 bilhões — US$ 19 bilhões a mais do que em 2018 (Dolan, 2019). O capitalismo do século XXI claramente "funcionou bem" para os super-ricos no topo da pirâmide da riqueza global, mas seu espantoso sucesso cristalizou a visão comum de que os ricos ficam mais ricos enquanto os pobres ficam mais pobres.

A evidência dos níveis gritantes de desigualdade entre as nações e a enorme riqueza pessoal dos mais ricos do mundo desencadearam novos movimentos de mudança e redistribuição, incluindo movimentos de "ocupação" nas principais cidades do mundo, protestando contra a ganância corporativa, a corrupção e a desigualdade global. O movimento dos "99%" também pediu aumentos significativos de impostos sobre o 1% global de indivíduos super-ricos, para pagar por melhorias no bem-estar e serviços para o restante da sociedade. Até os próprios indivíduos mais ricos do mundo expressaram preocupação. Warren Buffett, a terceira pessoa mais rica do mundo em 2019, com um patrimônio líquido de US$ 82,5 bilhões, disse que, "enquanto os pobres e a classe média lutam por nós no Afeganistão, e enquanto a maioria dos americanos luta para sobreviver, nós, os megarricos, continuamos a receber nossos extraordinários incentivos fiscais... Essas e outras bênçãos são derramadas sobre nós por legisladores em Washington que se sentem compelidos a nos proteger, como se fôssemos corujas manchadas ou alguma outra espécie ameaçada de extinção. É bom ter amigos em cargos altos" (Buffett, 2011).

REFLEXÃO CRÍTICA

Sobre a Figura 6.1, onde você e os membros de sua família se situam na média de posse de riqueza por adulto na região onde você mora? Por que muitos daqueles cuja riqueza coloca entre os 10% mais ricos do mundo não se sentem ricos? Se há "pobreza relativa", como podemos definir "riqueza relativa"?

Como essa pequena quantidade de indivíduos e famílias acumulou uma riqueza tão grande? No passado, os aristocratas passavam riquezas e propriedades por meio da família, mas agora muito menos pessoas enriquecem dessa maneira. A maioria ganha suas fortunas com "novas riquezas empresariais", feitas rapidamente ao longo de uma única vida, enquanto outros mantêm negócios que lhes foram transmitidos. Muitos bilionários recentes se beneficiaram da globalização e da revolução digital, incluindo o cofundador do Facebook, Mark Zuckerberg, Bill Gates, da Microsoft, Jeff Bezos, da Amazon, Jan Koum, do WhatsApp, e Ma Huateng, da Tencent.

As extremas desigualdades de riqueza e renda em todo o mundo causaram muita consternação. Os bilionários veem sua riqueza aumentar de modo aparentemente implacável, enquanto milhões de pessoas são sugadas para a força de trabalho global nos países em desenvolvimento, trabalhando longas horas por um baixíssimo salário. Cerca de 10% da população global vivia com menos de US$ 1,90 por dia em 2015, uma medida internacional de "pobreza extrema" (anteriormente, US$ 1,25 por dia) que seria inimaginável nos países desenvolvidos (Lakner et al., 2018: 2). Para os sociólogos, questões de riqueza e pobreza social estão inseridas em desigualdades sociais estruturadas que têm consequências para todos os aspectos da vida, desde a saúde física e mental até oportunidades de educação e de trabalho. Este capítulo analisa mais a fundo os detalhes da desigualdade global e como os cientistas sociais têm explicado sua existência contínua.

> Se for preciso, consulte o Capítulo 4, "Globalização e mudança social", para relembrar os principais termos da tese da globalização.

Extremos de desigualdade

Desde meados do século XX, os pais presumem que seus filhos "se sairão melhor" financeiramente do que eles, haja vista que cada geração se torna mais rica do que a anterior. No entanto, nos últimos anos, novas preocupações foram levantadas sobre o que agora é chamado de "desigualdade extrema", em particular o rápido crescimento da riqueza acumulada no topo da distribuição global, como explicamos anteriormente. Essas preocupações fazem parte do *Zeitgeist* — o "espírito da época" —, que é moldado em grande parte pela reação à crise financeira de 2008. Enquanto a maioria dos trabalhadores viu uma década de **política da austeridade**, em que seus salários estagnaram, seus empregos se tornaram menos estáveis e o apoio social diminuiu, as pessoas mais ricas viram suas fortunas crescerem cada vez mais.

Mas existe aqui um paradoxo. Por que, durante um período de crescimento econômico lento ou nulo, de cortes drásticos nos gastos públicos e de padrões de vida estáticos ou em declínio, o número de bilionários continuou a aumentar? Como essas pessoas conseguiram não apenas manter sua riqueza, mas rapidamente aumentá-la em tempos tão difíceis? Indiscutivelmente, a resposta mais satisfatória até hoje vem do historiador econômico francês Thomas Piketty, cujo influente livro *O capital no século XXI* (2014) se tornou um *best-seller*.

Piketty analisou as tendências de longo prazo na distribuição da riqueza nas economias desenvolvidas desde o século XVIII, concentrando-se particularmente naqueles países — como Grã-Bretanha, Suécia, França, Estados Unidos e Alemanha — onde os dados disponíveis cobrem um período muito longo. Ao fazê-lo, ele produziu um relato alternativo e uma explicação para a persistência da desigualdade marcante, bem como uma crítica contundente sobre o modo como é praticada a economia contemporânea. O trabalho de Piketty foi considerado controverso, mas também reformulou o debate sobre o capitalismo e a possibilidade de avançar para uma maior igualdade econômica.

Piketty discorda de duas teorias importantes, porém opostas, do desenvolvimento capitalista: a versão "catastrofista" de Karl Marx e a "cornucopiana" apresentada por Simon Kuznets. Em meados do século XIX, Marx via o capitalismo como um sistema econômico explorador com uma dinâmica interna que conduzia inexoravelmente ao conflito de classes. Isso porque a classe trabalhadora se tornaria cada vez mais pobre ou "empobrecida", enquanto os capitalistas se tornariam mais ricos e mais poderosos. Em algum momento, a **consciência de classe** se desenvolveria, e uma revolução derrubaria a classe capitalista dominante. Marx estava correto sobre a persistência da desigualdade global, de acordo com Piketty, mas o crescimento econômico e a disseminação de conhecimento e habilidades melhoraram significativamente a vida dos trabalhadores em muitos países.

Por outro lado, na década de 1950, no pós-guerra — um período de intenso crescimento econômico —, Kuznets sustentou que as economias capitalistas industriais inicialmente geram uma desigualdade gritante. Porém, à medida que se desenvolvem e a renda média aumenta, a desigualdade diminui gradualmente, como demonstra a história das sociedades europeias e norte-americanas. Ele argumentou que esse processo de desenvolvimento também se aplicaria aos países em desenvolvimento que seguem um caminho semelhante (veja no Capítulo 9, "Estratificação e classe social", a "curva de Kuznets"). Embora o modelo de Kuznets parecesse se encaixar muito bem no desenvolvimento econômico da década de 1950, os dados de Piketty não confirmam sua tese, mas contam uma história completamente diferente.

As economias capitalistas, de fato, mostraram uma desigualdade gritante, que continuou a aumentar até o início do século XX, embora o período desde o início da Primeira Guerra Mundial até meados da década de 1970 tenha visto uma contratendência para o achatamento das disparidades brutas de renda e riqueza. No entanto, desde a década de 1980, houve uma reversão dessa tendência, e a desigualdade está aumentando novamente (Piketty chama isso de "divergência"). Esse seria apenas um "ponto" temporário no movimento "normal" em direção a mais igualdade? Não é bem assim, argumenta Piketty. Na realidade, o verdadeiro "ponto de desvio" foi o movimento do século XX em direção à igualdade (Piketty chama isso de "convergência"), e isso aconteceu devido a eventos específicos. A destruição causada por duas guerras mundiais, falências em larga escala durante a depressão da década de 1930, a estatização de indústrias-chave e a crescente força dos sindicatos em conjunto comprimiram a desigualdade. Mas, na década de 1980, o capitalismo retornou à sua tendência de longo prazo de acúmulo de capital no topo, e devemos esperar que isso continue, a menos que uma ação conjunta seja realizada pelas pessoas e governos do mundo.

Um motivo para a acumulação persistente no topo é a diferença entre as taxas de crescimento econômico (g) e os retornos líquidos sobre o investimento de capital (r). Na perspectiva de longo prazo, os retornos sobre o capital superam consistentemente as taxas de crescimento econômico, expressas na equação concisa $r > g$. Isso significa que aqueles indivíduos e famílias que acumularam riqueza e capital no passado verão suas fortunas crescerem mais rapidamente do que aqueles que ganharam sua riqueza apenas pela renda. Piketty

Milhões de trabalhadores nos países em desenvolvimento, incluindo muitas crianças, trabalham por longas horas com salários baixíssimos e em péssimas condições de trabalho. Será que a globalização beneficiou essas pessoas?

observa que, "entre 1990 e 2010, a fortuna de Bill Gates [...] aumentou de US$ 4 bilhões para US$ 50 bilhões. Ao mesmo tempo, a fortuna de Liliane Bettencourt — a herdeira da L'Oréal [...] — aumentou de US$ 2 bilhões para US$ 25 bilhões". Tirando a inflação, ambos tiveram um retorno real sobre seu capital de 10 a 11% ao ano. Assim, "Liliane Bettencourt, que nunca trabalhou um dia em sua vida, viu sua fortuna crescer exatamente tão rápido quanto Bill Gates, o pioneiro da alta tecnologia, cuja riqueza continuou a crescer com a mesma rapidez desde que ele parou de trabalhar. Uma vez estabelecida uma fortuna, o capital cresce segundo uma dinâmica própria" (Piketty, 2014: 440).

Esse estudo dá corpo empírico à premissa comum de que "dinheiro faz dinheiro" ou, como Piketty diz, "o dinheiro tende a se reproduzir". Mas isso é um problema? Piketty (2014: 1) expressa profunda inquietação sobre as consequências sociais da extrema desigualdade. Ele argumenta que, "quando a taxa de retorno do capital excede a taxa de crescimento da produção e da renda, como aconteceu no século XIX e parece muito provável que volte a acontecer no século XXI, o capitalismo gera automaticamente desigualdades arbitrárias e insustentáveis que destroem radicalmente os valores meritocráticos nos quais as sociedades democráticas se baseiam". O capitalismo contemporâneo, um sistema ostensivamente enraizado na criatividade, no empreendedorismo e no trabalho duro, na verdade recompensa a ociosidade e a riqueza herdada. Em seus próprios termos, essa é uma grande contradição no coração do capitalismo de hoje.

No entanto, Piketty oferece algumas soluções políticas que poderiam interromper a tendência e promover o interesse geral sobre o ganho individual. A principal delas é um imposto global anual progressivo sobre a riqueza, não sobre a renda. O objetivo principal não seria financiar generosos serviços sociais ou de bem-estar (embora o imposto pudesse ser usado para isso), mas acabar com a expansão ilimitada da desigualdade global e regular melhor o sistema financeiro global. No entanto, Piketty não é ingênuo o suficiente para pensar que um acordo internacional está remotamente próximo ou que os mais ricos concordariam de bom grado. Seu argumento é que, por mais difícil ou fantasioso que pareça, somente combatendo a crescente concentração de riqueza pode-se evitar conflitos sociais potencialmente desastrosos. Apesar de serem, em grande parte, percebidas como radicais, as propostas de Piketty podem ser vistas como uma tentativa de salvar o capitalismo exatamente do tipo de revolta social que Marx vislumbrou há quase dois séculos.

Desigualdade global

Os sociólogos há muito tempo se concentram nas desigualdades de classe, *status* e poder dentro das sociedades capitalistas industriais desenvolvidas, mas as questões de classe, *status* e poder também existem em maior escala a nível global. Assim como podemos falar de ricos e pobres, de *status* alto e baixo ou de poderosos e impotentes dentro de um único país, também podemos vê-los no sistema global como um todo. No restante deste capítulo, examinamos a desigualdade global no final do século XX e início do século XXI (veja o Capítulo 4 para analisar a globalização em um período mais longo).

A desigualdade econômica é uma das principais fontes dos problemas de pobreza, fome e saúde precária no mundo e, por essa razão, constitui o foco central deste capítulo. No entanto, como vimos no Capítulo 3, existem também grandes desigualdades de *status* social, incluindo desigualdade epistêmica (Connell, 2007) — a desvalorização do conhecimento produzido em países em desenvolvimento — e desigualdades globais de poder, tanto dentro como entre Estados-Nações, o que continua a ser uma fonte importante de muitos conflitos arraigados, sendo que alguns deles são discutidos no Capítulo 21, "Nações, guerra e terrorismo". Para uma análise mais ampla das desigualdades de *status* e poder, os leitores devem consultar os capítulos identificados acima.

A **desigualdade econômica global** se refere principalmente às diferenças sistemáticas em riqueza, renda e condições de trabalho que existem *entre* os países. O desafio para os cientistas sociais não é apenas identificar essas diferenças, mas explicar *por que* elas ocorrem e quais consequências as acompanham. No entanto, primeiro temos que esclarecer alguns termos importantes da literatura nessa área.

Discursos de desigualdade global

A linguagem aceita para o desenvolvimento e a desigualdade global é controversa e mudou diversas vezes nos últimos cem anos. Até o final do século XX, um **modelo de três mundos** era comum, com Primeiro, Segundo e Terceiro Mundos incorporando a ideia de que cada "mundo" era relativamente distinto.

No período pós-1945, os impérios coloniais começaram a desmoronar à medida que os países colonizados lutavam pela independência nacional. A Guerra Fria entre o Oriente e o Ocidente também começou a se firmar, e muitos Estados-Nações se alinharam ou se aliaram a uma das duas "superpotências" emergentes — a União Soviética e os Estados Unidos. O conceito de "Terceiro Mundo" se originou no **Movimento dos Não Alinhados** (NAM, do inglês *Non-Aligned Movement*), um grupo de países que se declararam não alinhados a nenhuma das superpotências. Em vez disso, em uma conferência em Bandung em 1955, 29 chefes de Estado concordaram em trabalhar juntos para descolonizar a África e a Ásia e promover o direito à autodeterminação nacional. Dessa forma, o "Terceiro Mundo", ou a "terceira via", era uma maneira positiva de descrever o projeto pós-colonial não alinhado.

No entanto, com o passar do tempo, e particularmente após o fim da Guerra Fria, por volta de 1990 e 1991, esse conceito político perdeu terreno. O "Terceiro Mundo" passou a ser cada vez mais usado em estudos acadêmicos como parte de um esquema básico de classificação que consiste em um Primeiro Mundo de alta renda, um Segundo Mundo de renda média e um Terceiro Mundo de renda baixa. Essa tipologia contém dois problemas principais. Primeiro, agora é reconhecido que existe um nível global de realidade que abrange todas as sociedades do mundo. Em um mundo globalizado, Primeiro, Segundo e Terceiro Mundos estão fortemente interconectados, e não é possível compreender a situação em um "mundo" sem entender sua posição no sistema global mais amplo. Em segundo lugar, rotular países relativamente ricos como "Primeiro Mundo" é, em grande parte, visto como um julgamento de valor eurocêntrico que estigmatiza o "Terceiro Mundo" como uma região grande, subdesenvolvida e economicamente estagnada. Essa caracterização tende a "culpar as vítimas", retratando as pessoas e os governos dos países em desenvolvimento como responsáveis por sua situação. Como veremos mais adiante, o modelo eurocêntrico de três mundos não levou em conta o impacto do colonialismo ou a exploração dos recursos naturais e humanos do "Terceiro Mundo" por corporações multinacionais ocidentais.

Devido a falhas no modelo dos três mundos, os cientistas sociais começaram a discutir o mundo como dividido em sociedades "desenvolvidas" e "subdesenvolvidas". As sociedades desenvolvidas são aquelas que, de modo geral, estão no Hemisfério Norte, e as sociedades subdesenvolvidas estão no Hemisfério Sul. A maioria dos sociólogos abandonou o conceito de países "subdesenvolvidos", que novamente dava a impressão de atraso econômico, e o substituiu por "países em desenvolvimento". Esse último é um conceito mais dinâmico, implicando movimento e mudança econômica em curso, em vez de uma condição imutável de subdesenvolvimento. As exceções são os estudiosos que trabalham dentro da tradição da economia política, que vinculam o subdesenvolvimento do Sul ao desenvolvimento do Norte. Ou seja, os países ricos estariam *subdesenvolvendo* ativamente os países do Sul global e criando dependência para que o capitalismo ocidental possa continuar a se expandir. Mais adiante, esse ponto de vista será discutido com mais detalhes.

> O conceito e as práticas de desenvolvimento sustentável e os Objetivos de Desenvolvimento Sustentável (ODSs) são discutidos no Capítulo 5, "Meio ambiente". Juntos, os Capítulos 5 e 6 oferecem um relato detalhado das formas de desenvolvimento econômico, social e sustentável.

No entanto, mesmo esse movimento permanece muito próximo das ideias ocidentais sobre o que o desenvolvimento econômico realmente implica. Alguns estudos recentes adotaram as expressões **mundo majoritário** para descrever (de forma geral) os países relativamente pobres do Hemisfério Sul e **mundo minoritário** para os países relativamente ricos do Norte (Dodds, 2018: 8). Um benefício dessa conceituação é que ela nos lembra que um pequeno número de países, que abrange uma minoria da população global, desfruta de estilos de vida confortáveis, enquanto a maioria da população mundial ainda vive em condições relativamente precárias, que reduzem bastante as chances de vida. Por outro lado, isso não oferece uma ideia clara das situações econômicas em todas as regiões do mundo.

Como estamos preocupados principalmente (embora não exclusivamente) com a desigualdade econômica, neste capítulo usaremos "desenvolvidos" para nos referirmos principalmente aos países que chegaram a um nível relativamente alto de renda e desenvolvimento econômico e "em desenvolvimento" ao tratar daqueles países que têm um nível de renda mais baixo, mas estão em processo de desenvolvimento. Dessa forma, a expressão "países em desenvolvimento" inclui muitos países do "Segundo" e todos os do "Terceiro" Mundo no modelo mais antigo, embora a discussão se baseie em estudos de caso nacionais, deixando claro quais regiões e países estão sendo referidos. Quaisquer que sejam os conceitos usados, o mais importante é entender como as diferentes situações econômicas dos países ao redor do mundo se encaixam nesses esquemas de classificação.

Medição da desigualdade econômica

Como deve ser medida a desigualdade econômica entre os países? Um método muito usado é comparar sua produtividade econômica. Uma medida importante da produtividade econômica é o **produto interno bruto** (PIB) de um país, que é formado por todos os bens e serviços produzidos pela economia do país em um determinado ano. A renda ganha no exterior por indivíduos ou corporações não está incluída no PIB. Uma medida alternativa importante é o **rendimento nacional bruto** (RNB). Ao contrário do PIB, o RNB inclui a renda ganha por indivíduos ou corporações fora do país. As medidas de atividade econômica, como o PIB ou o RNB, costumam ser apresentadas por pessoa (*per capita*), o que nos permite comparar a riqueza média dos habitantes de um conjunto de países. Para comparar países diferentes, devemos usar uma moeda comum, e a maioria das instituições internacionais, como o Banco Mundial e as Nações Unidas, usa o dólar norte-americano (US$ ou USD).

O Banco Mundial é uma organização internacional que faz empréstimos para projetos de desenvolvimento em países pobres. Ele usa o RNB *per capita* para classificar os países como de renda alta, renda média-alta, renda média-baixa ou renda baixa. Esse sistema de classificação nos ajuda a entender com mais facilidade por que existem diferenças tão grandes de padrão de vida entre os países, mas, para simplificar, geralmente vamos fundir as categorias de renda média-alta e renda média-baixa em uma só categoria de "renda média".

O Banco Mundial (2018a) divide 218 países nas três classes econômicas. Em 2018, os países com RNB *per capita* de US$ 995 ou menos por ano em 2017 foram classificados como "renda baixa", aqueles entre US$ 996 e US$ 12.055 eram de "renda média", e aqueles com um RNB igual ou superior a US$ 12.056 *per capita* eram rotulados como "renda alta". Esse sistema de classificação se baseia na *renda média* dos países e, portanto, mascara a desigualdade de renda *dentro* de cada país. Essas diferenças podem ser significativas, mas não as enfocaremos neste capítulo. Por exemplo, o Banco Mundial reclassificou a Índia de um país de renda baixa para um país de renda média-baixa depois que seu RNB *per capita* mais do que dobrou entre 1999 e 2009 (World Bank, 2011a: 11). Ainda assim, apesar da classe média grande e cada vez maior na Índia, muitas pessoas ainda vivem na pobreza. Da mesma forma, a China foi reclassificada, em 1999, de renda baixa para média, mas os benefícios do rápido desenvolvimento econômico não foram compartilhados de forma igualitária por toda a sua população.

Contudo, comparar países apenas com base na renda média pode ser enganoso, pois o RNB inclui somente bens e serviços produzidos para venda à vista. Muitas pessoas em países de renda baixa são agricultores ou pastores que produzem para suas famílias ou para escambo, em transações que não envolvem dinheiro. Os países também têm línguas e tradições singulares e muito diferentes. Os países pobres não são menos ricos em história e cultura do que seus vizinhos mais ricos, embora a vida para seus povos possa ser muito mais difícil. Recursos sociais e culturais, como solidariedade social, tradições culturais fortes ou sistemas de assistência familiar e comunitária, são difíceis de serem medidos estatisticamente.

Muitos ativistas ambientais argumentam que o PIB e o RNB são medidas particularmente obtusas de quantidade, que não nos dizem nada sobre a *qualidade* de vida. Mesmo as atividades econômicas que mais prejudicam o meio ambiente e a vida humana são contadas como parte da produção econômica total do país e, assim, contribuiriam para o bem-estar econômico. Na perspectiva da sustentabilidade ambiental de longo prazo, esse método é completamente irracional. Se levarmos em conta alguns dos aspectos sociais e culturais da vida que discutimos, podemos chegar a uma visão radicalmente diferente dos aparentes benefícios dos aumentos constantes no PIB/RNB.

Mesmo que comparemos os países apenas com base em estatísticas econômicas, é provável que aquelas que escolhermos para nossas comparações gerem diferenças em nossas conclusões. Por exemplo, se decidirmos estudar a desigualdade global comparando os níveis de consumo doméstico (alimentação, remédios ou outros produtos) em vez do RNB, podemos chegar a conclusões diferentes. Da mesma forma, uma comparação do RNB não leva em conta quanto as coisas custam *realmente*. Por exemplo, se dois países têm um RNB mais ou menos igual, mas, no primeiro, uma refeição média custa apenas centavos, ao passo que, no segundo, ela custa várias libras, podemos concluir que é ilusório dizer que os países são igualmente ricos. Em vez disso, o pesquisador pode decidir comparar *paridades de poder de compra* (PPCs), que eliminam as diferenças de preços entre dois países. Neste capítulo, analisamos comparações dos RNBs entre países, mas PIBs e PPCs serão incluídos onde for necessário.

> **REFLEXÃO CRÍTICA**
>
> Medidas de "renda média" são medições úteis. Mas do quê? Que aspectos da vida esse método é propenso a omitir? O que mais os sociólogos poderiam fazer para montar um quadro mais completo da vida das pessoas em sociedades muito diferentes?

Países de renda baixa

Os *países de renda baixa* abrangem grande parte da África Oriental, Ocidental e Subsaariana, mas também incluem a Coreia do Norte e, após o recente conflito, a Síria. Em 2018, havia 34 países de renda baixa, uma queda de quase 50% desde 2003. Os países de renda baixa representam hoje apenas 10% da população global, e muitos têm principalmente economias agrícolas. Ainda assim, como mostram os casos do Camboja, do Paquistão, da Índia e da China, os níveis médios de renda estão aumentando em muitos países e regiões anteriormente de renda baixa à medida que se integram ao sistema econômico global.

As taxas de fertilidade costumam ser mais altas em países de renda baixa do que em outras partes, pois as famílias grandes proporcionam mão de obra adicional ou contribuem de outras maneiras para a renda familiar. Em sociedades industriais ricas, em que as crianças têm maior probabilidade de estar na escola do que trabalhando, o benefício econômico das grandes famílias diminui, e as pessoas têm menos filhos. Por isso, no início do século XXI, as populações dos países de renda baixa estão crescendo mais de três vezes mais rápido do que as dos países de renda alta (World Bank, 2004).

Países de renda alta

Os *países de renda alta*, de modo geral, foram os primeiros a se industrializar, começando com o Reino Unido, há aproximadamente 250 anos, e espalhando-se para a Europa, a América do Norte, a Austrália e a Nova Zelândia. Há pouco mais de 40 anos, o Japão se uniu a essas nações industrializadas de renda alta, enquanto Cingapura, Hong Kong e Taiwan entraram para essa categoria apenas nas décadas de 1980 e 1990. As razões para o sucesso desses recém-chegados asiáticos são muito discutidas por sociólogos e economistas, e vamos analisar esses debates mais adiante neste capítulo.

Oitenta e oito países constituíam a categoria de renda alta em 2018, quase 36% da classificação do Banco Mundial. Os países de renda alta oferecem habitação decente, alimentação adequada, um suprimento seguro de água e outros confortos que são desconhecidos em muitas outras partes do mundo. Somente 17% da população global vive em países de renda alta (World Bank, 2018a). Embora esses países ainda tenham muita desigualdade interna, a maioria dos seus habitantes desfruta de um padrão de vida inimaginável para a maior parte dos povos do mundo.

Países de renda média

Os *países de renda média* se encontram principalmente no leste e sudeste da Ásia, nos países ricos em petróleo do Oriente Médio e do norte da África, na África do Sul, nas Américas (México, América Central, Cuba e outros países do Caribe, além da América do Sul) e nas antigas repúblicas comunistas que formavam a União Soviética e seus aliados do Leste Europeu. A maioria dos 107 países de renda média na classificação do Banco Mundial em 2019 começou a se industrializar relativamente tarde, na última parte do século XX.

Embora muitas pessoas nos países de renda média, especialmente no grupo de "renda média-alta", vivam substancialmente melhor do que seus vizinhos de países de renda baixa, a maior parte não tem o elevado padrão de vida dos países de renda alta. A categoria dos países de renda média no mundo aumentou significativamente quando a China e a Índia foram reclassificadas de renda baixa para média devido ao seu rápido crescimento econômico. Isso significa que viver em um país de renda média agora é a norma global, abrangendo 73% da população do planeta (World Bank, 2018a).

Desigualdade e desenvolvimento humano

O Programa das Nações Unidas para o Desenvolvimento (PNUD — ou UNDP, em inglês) criou e desenvolveu uma ferramenta multidimensional, o índice de desenvolvimento humano (IDH), que combina uma série de indicadores econômicos e não econômicos para dar uma visão geral do "desenvolvimento humano" no mundo inteiro. O IDH abrange três dimensões principais — saúde, educação e padrões de vida —, utilizando quatro indicadores — expectativa de vida no nascimento, média de anos de escolaridade, anos esperados de escolaridade e RNB *per capita* (Figura 6.2). Em 2010, três novos indicadores foram incluídos, levando em conta o impacto da desigualdade social e da desigualdade de gênero e um índice multidimensional de pobreza. Os relatórios do PNUD fornecem diversas análises muito úteis que permitem comparações ao longo do tempo, permitindo-nos ver como estão se saindo as regiões e os países do mundo.

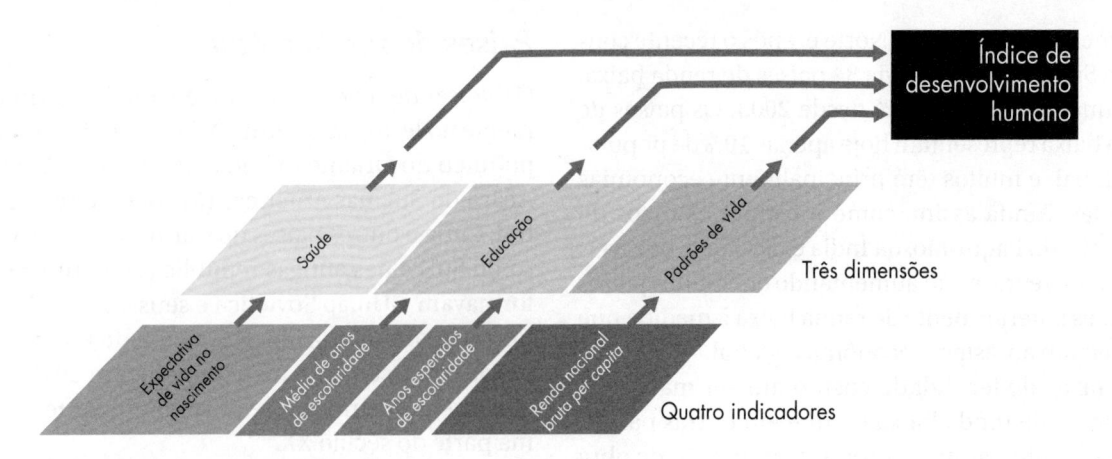

FIGURA 6.2 Componentes do IDH.
Fonte: UNDP (2010: 13).

Um enorme abismo nos padrões de vida separa a maioria das pessoas nos países ricos de suas contrapartes nos países pobres. De diversas maneiras, riqueza e pobreza produzem resultados e oportunidades de vida muito diferentes. Por exemplo, cerca de um terço dos pobres do mundo estão subnutridos e quase todos são analfabetos, sem acesso à educação básica primária. Há uma dimensão de gênero aqui, pois a educação das meninas tem sido tradicionalmente vista como desnecessária ou secundária à educação dos meninos. No entanto, as condições de vida, sem dúvida, vêm melhorando na maioria dos países e em todas as regiões do mundo desde 1990, incluindo os países de baixa renda (Figura 6.3).

Entre 1990 e 2015, a taxa de mortalidade de menores de 5 anos caiu de 91 para 43 por mil nascidos

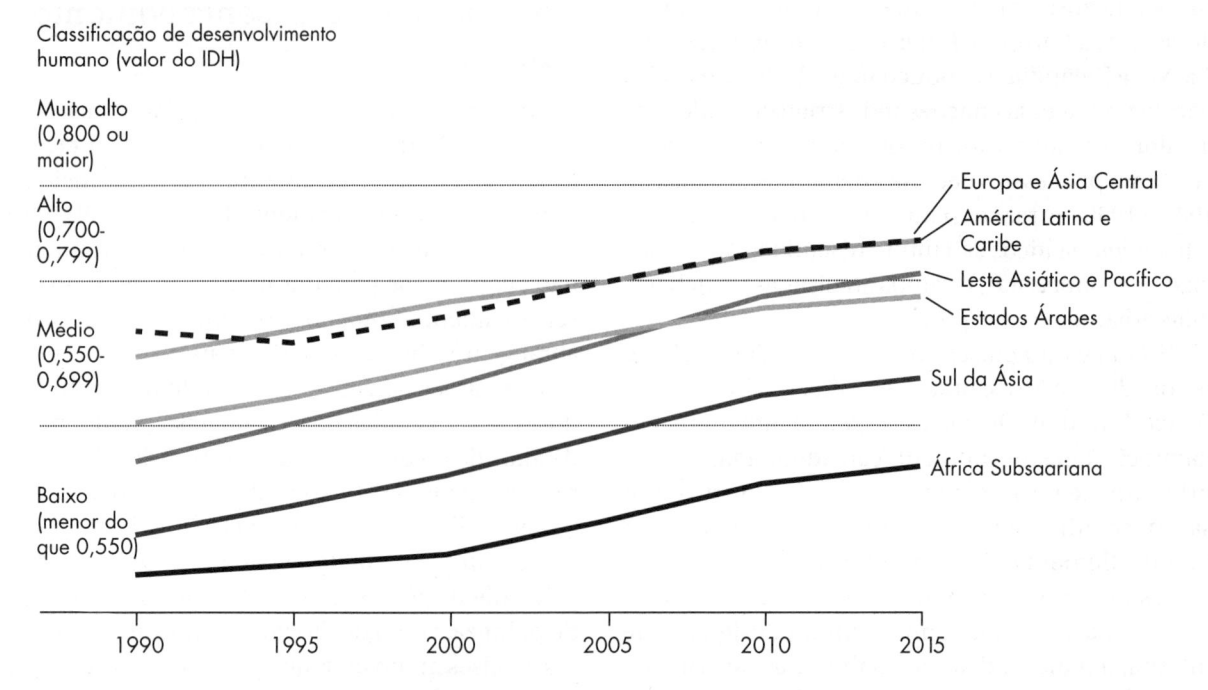

FIGURA 6.3 Tendências regionais nos valores do IDH, 1990-2015.
Fonte: UNDP (2016: 27).

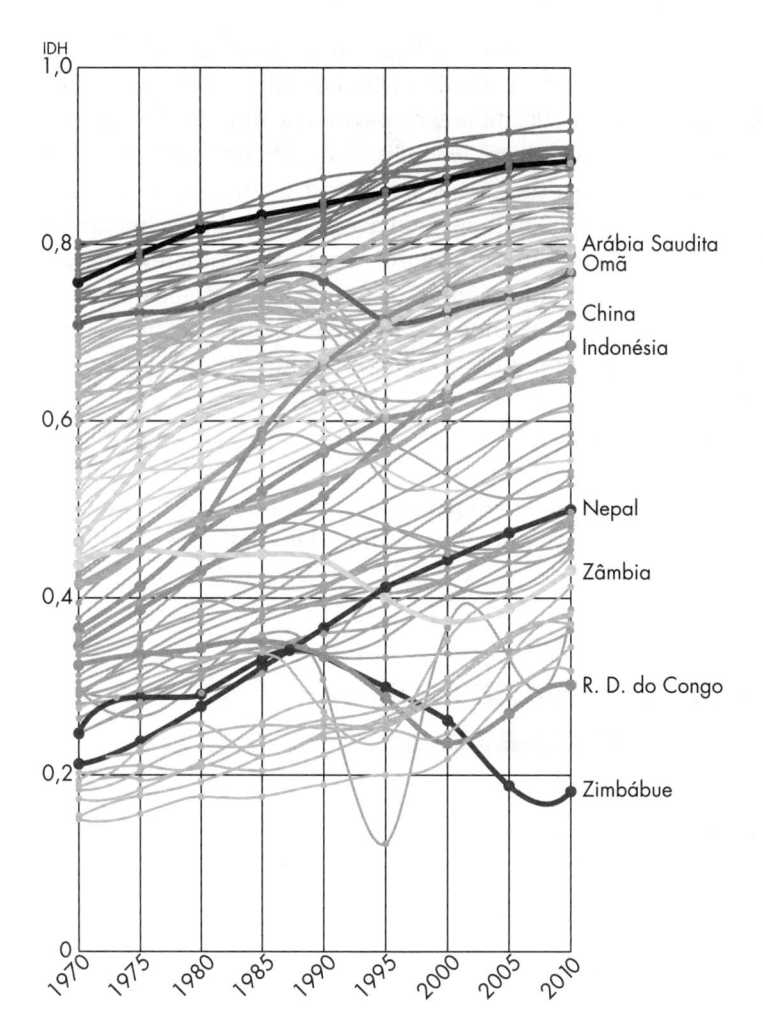

FIGURA 6.4 Tendências nacionais no IDH para países selecionados, 1970-2010.

Nota: Os que mais subiram foram Omã, China, Nepal, Indonésia e Arábia Saudita. Os que mais caíram foram R. D. do Congo, Zâmbia e Zimbábue.

Fonte: Adaptada de UNDP (2010: 27).

vivos, e entre 1990 e 2005 houve um aumento na proporção de partos atendidos por pessoal médico, passando de 47 para 59% (UNDP, 2016: 3; UNDP, 2014). O PNUD (2016) também relata que outros 2,6 bilhões de pessoas têm melhor acesso à água potável, mais de 2 bilhões têm melhor saneamento, e a incidência de doenças graves como malária, HIV e tuberculose diminuiu significativamente desde o início da década de 1990.

Desde o primeiro Relatório de Desenvolvimento Humano, em 1990, esses relatórios têm consistentemente argumentado que não existe uma "relação automática" entre o crescimento econômico e o progresso humano. O que é mais significativo é como os benefícios do crescimento econômico são usados pelos governos e compartilhados entre as populações nacionais. Em geral, entre 1970 e 2010, houve progresso nas medidas de IDH em todas as regiões do mundo, embora não em todos os países. O Leste Asiático mostrou o progresso mais rápido, seguido pelo Sul Asiático e pelos Estados Árabes.

Dos 135 países na comparação, apenas três — República Democrática do Congo, Zâmbia e Zimbábue — tiveram um IDH mais baixo em 2010 do que em 1970. A Figura 6.4 traça uma seleção desses 135 países a partir de sua pontuação original em 1970. Omã (um Estado rico em petróleo) teve o maior progresso, seguido por China, Nepal e Indonésia. A Etiópia foi a décima primeira na lista de países com o desenvolvimento mais rápido, apesar de ter o décimo quarto *menor* RNB *per capita*, ilustrando que uma definição mais ampla de "desenvolvimento" produz resultados diferentes em comparação com medidas puramente econômicas. Entre os 10 países com melhor desempenho — Omã, China, Nepal, Indonésia, Arábia Saudita, República Democrática Popular do Laos, Tunísia, Coreia do Sul, Argélia e Marrocos —, apenas a pontuação geral do IDH da China resultou principalmente do progresso no crescimento econômico medido em RNB *per capita*.

O progresso no desenvolvimento humano significa que a vida nos países em desenvolvimento hoje é, em geral, "mais semelhante" à vida nos países desenvolvidos do que era em 1970. Mas a grande desigualdade das condições de vida em 1970 significa que esse progresso é relativo, e a desigualdade global continua sendo a característica mais marcante das comparações internacionais. Como vimos anteriormente, a riqueza global tem aumentado, mas está distribuída de forma desigual, com 50% do aumento desde 2000 indo para os 10% mais ricos e apenas 1% para os 50% mais pobres (UNDP, 2016: 31). Apesar de haver uma tendência geral progressiva no desenvolvimento humano em todas as regiões, o processo necessário para que os países em desenvolvimento "alcancem" o mundo desenvolvido ainda parece muito distante.

Chances desiguais na vida

Os sociólogos há muito tempo estudam as maneiras como as desigualdades de classe, etnia e gênero afetam as chances gerais de vida dos indivíduos. Nascer homem ou mulher, de classe trabalhadora ou classe média, ou ser membro de um grupo étnico majoritário ou minoritário pode moldar a nossa saúde, o nível de educação que alcançaremos ou o tipo de trabalho que podemos esperar obter. Embora esteja claro que está havendo progresso em quase todos os aspectos do desenvolvimento humano, é importante entender a escala completa do desafio do desenvolvimento global.

Como mostra a Figura 6.5, apesar de todas as melhorias feitas desde 1990, entre 2014 e 2016 ainda havia quase 800 milhões de pessoas no mundo vivendo com fome crônica, 758 milhões de adultos analfabetos, 2,4 bilhões de pessoas sem acesso a saneamento adequado e 663 milhões sem acesso a um abastecimento de água confiável, seguro. Nesta seção, descrevemos rapidamente algumas das principais desigualdades em relação à saúde, à nutrição e à educação, bem como analisamos o uso contínuo da mão de obra infantil.

Saúde

As pessoas em países com renda alta são muito mais saudáveis do que seus correlatos em países de renda

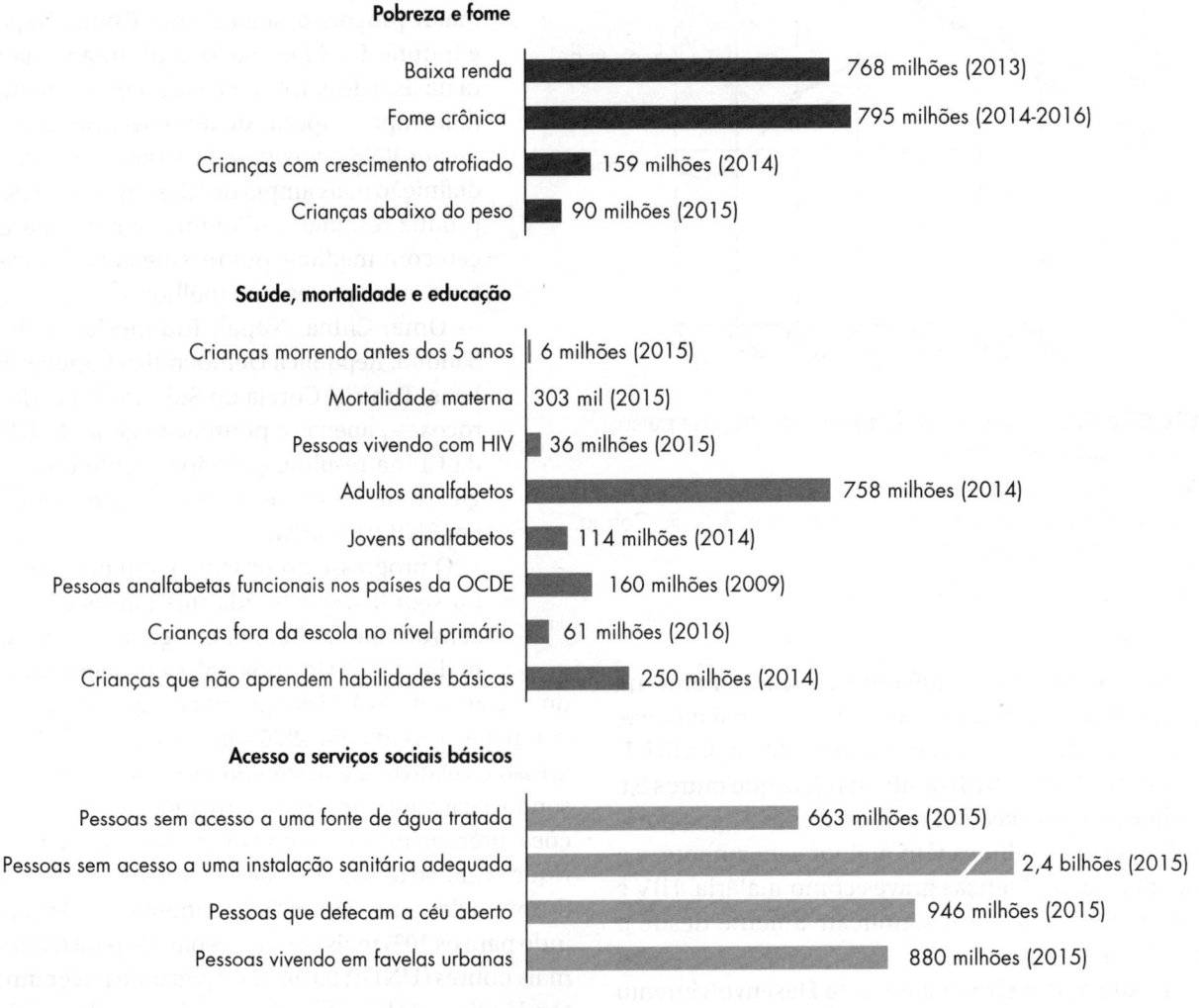

Pobreza e fome

Baixa renda	768 milhões (2013)
Fome crônica	795 milhões (2014-2016)
Crianças com crescimento atrofiado	159 milhões (2014)
Crianças abaixo do peso	90 milhões (2015)

Saúde, mortalidade e educação

Crianças morrendo antes dos 5 anos	6 milhões (2015)
Mortalidade materna	303 mil (2015)
Pessoas vivendo com HIV	36 milhões (2015)
Adultos analfabetos	758 milhões (2014)
Jovens analfabetos	114 milhões (2014)
Pessoas analfabetas funcionais nos países da OCDE	160 milhões (2009)
Crianças fora da escola no nível primário	61 milhões (2016)
Crianças que não aprendem habilidades básicas	250 milhões (2014)

Acesso a serviços sociais básicos

Pessoas sem acesso a uma fonte de água tratada	663 milhões (2015)
Pessoas sem acesso a uma instalação sanitária adequada	2,4 bilhões (2015)
Pessoas que defecam a céu aberto	946 milhões (2015)
Pessoas vivendo em favelas urbanas	880 milhões (2015)

FIGURA 6.5 Indicadores de privação humana contínua, 2016.
Fonte: UNDP (2016: 30).

baixa. Os países de renda baixa geralmente têm instalações inadequadas para atendimento de saúde e, quando têm hospitais ou clínicas, estes raramente atendem as pessoas mais pobres. Os moradores de países de renda baixa também carecem de saneamento adequado, bebem água poluída e correm um risco muito maior de contrair doenças infecciosas. Eles têm mais chances de sofrer com desnutrição, inanição e escassez de alimentos. Todos esses fatores contribuem para a fraqueza física e a saúde deficiente, tornando os indivíduos de países de baixa renda suscetíveis a doenças e enfermidades. As taxas elevadas de infecção por HIV/aids observadas em muitos países africanos se devem, em parte, à saúde debilitada dos pobres (Stillwaggon, 2000). A epidemia de HIV/aids teve um forte impacto nos países da África Subsaariana, onde as taxas de prevalência de HIV continuam altas, e a expectativa de vida nos países mais afetados está em torno de 51 anos — aproximadamente o mesmo do Reino Unido antes da Revolução Industrial.

Entre 1970 e 1990, as condições de saúde melhoraram em todo o mundo, e, por volta de 2010, a expectativa de vida até mesmo para as pessoas na região mais pobre do mundo — na África Subsaariana — tinha aumentado 8 anos a partir daquela de 1970. Mesmo assim, em 2010, ainda havia oito vezes mais mortes de crianças por mil nascidos vivos nos países em desenvolvimento do que nos desenvolvidos, e menos de 1% das mortes de crianças ocorria no mundo desenvolvido (UNDP, 2010: 32). As taxas de mortalidade materna também melhoraram, embora em um ritmo muito mais lento, e a taxa de progresso foi reduzida desde 1990.

A melhoria da prestação de serviços de saúde e a cobertura de vacinação estão ajudando a reduzir a mortalidade infantil. Por exemplo, as duas doses exigidas da vacina contra o sarampo atingiram 53% das pessoas em todo o mundo, muito mais do que os 15% atingidos em 2000. Como resultado, os casos de sarampo caíram 67% durante o período, e estima-se que 15,6 milhões de vidas foram salvas (UNDP, 2016: 27). Juntamente com a melhoria das instalações de saneamento e o abastecimento de água potável necessários para reduzir doenças como a cóle-

Cerca de 3 milhões de crianças morrem a cada ano por fome, e a desnutrição é outro fator que contribui com pelo menos metade das mortes infantis no planeta.

ra, há uma tendência de melhoria da saúde global, mesmo sendo desigual.

Fome, desnutrição e escassez de alimentos

Os países desenvolvidos estão inundados de alimentos, como pode atestar uma visita a qualquer grande supermercado. Porém, uma a cada nove pessoas no mundo de hoje é subnutrida e incapaz de levar uma vida saudável e ativa. A subnutrição é um problema duradouro, e não um novo problema agudo, mas a extensão da fome e da desnutrição é mais recente. O Programa Alimentar Mundial

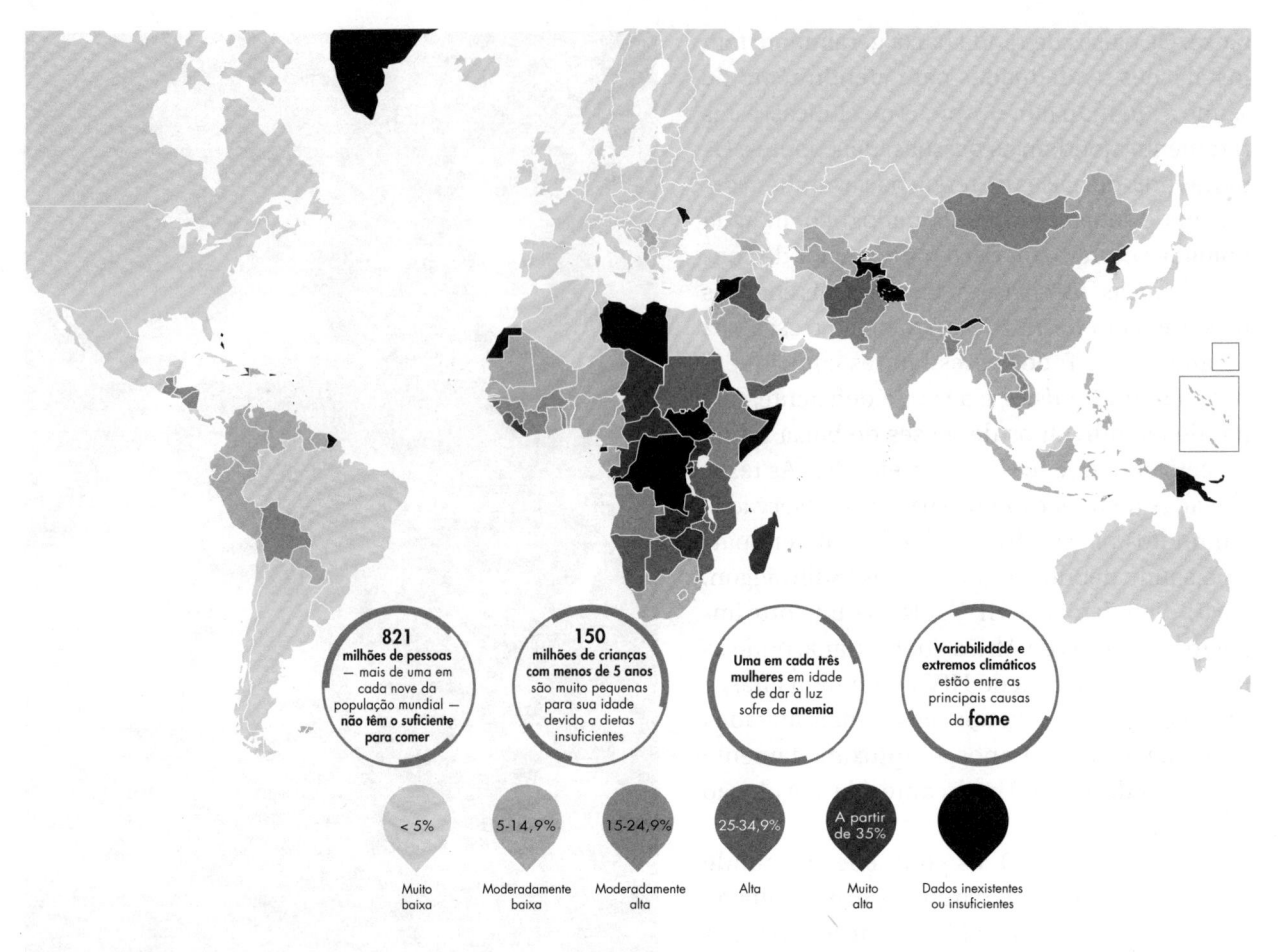

FIGURA 6.6 Mapa da fome mundial, 2018.
Fonte: World Food Programme (2018).

da ONU (2001) define a "fome" como uma dieta de 1.800 calorias ou menos por dia — uma quantidade insuficiente para proporcionar os nutrientes para que os adultos sejam saudáveis. O número de pessoas malnutridas em escala global permaneceu muito estável desde 1980, pairando em torno de 800 milhões (UNDP, 2010).

Como ilustra a Figura 6.6, as taxas de desnutrição são mais altas em grande parte da África, bem como em locais de conflitos recentes, como Iêmen, Iraque e Afeganistão. As crises alimentares, nas quais é necessária assistência urgente, afetaram mais de 100 milhões de pessoas em 2016, 2017, 2018 e 2019. Existem várias causas de crise alimentar, incluindo inundações, secas e outros eventos climáticos, guerras e conflitos ou uma séria crise econômica. Só a seca afeta cerca de 100 milhões de pessoas.

Em países como Sudão, Etiópia, Eritreia, Indonésia, Afeganistão, Serra Leoa, Guiné e Tajiquistão, a combinação de seca e guerra interna devastou a produção de alimentos, resultando em fome e morte para milhões de pessoas. Mais da metade dos envolvidos em uma crise alimentar em 2018 estava nos países afetados por conflitos e insegurança (FSIN, 2019: 15). Na América Latina e no Caribe, no início do século XXI, 53 milhões de pessoas (11% da população) estavam desnutridas, junto com 180 milhões (33%) na África Subsaariana e 525 milhões (17%) na Ásia (World Food Programme, 2001).

Nos países desenvolvidos, não é a falta, mas o excesso de comida que se tornou um problema, pois as taxas de obesidade cresceram e se tornaram um motivo de preocupação cada vez maior. De fato, alguns especialistas sugerem que, nos EUA, a expectativa de vida pode começar a cair até 2050 devido a problemas de saúde relacionados à obesidade, como diabetes, derrames e doenças cardiovasculares (Olshansky et al., 2005). O contraste nas oportunidades e nas condições de vida entre os países de alta e baixa renda em nenhum aspecto é mais gritante do que nessa questão básica de conseguir comida suficiente para sobreviver e prosperar.

Os países de renda baixa afetados pela escassez de alimentos e pela inanição, em sua maior parte, são pobres demais para pagar por novas tecnologias que aumentariam a produção de alimentos e também não podem importar alimentos suficientes de outras partes do mundo. As mudanças climáticas ameaçam incluir mais pobres do mundo na crise alimentar, já que secas, inundações e ondas de calor tendem a afetar as economias agrícolas e de subsistência, que dependem muito de recursos naturais. O PNUD estima que, a menos que sejam tomadas medidas para reduzir tais riscos, a produção de alimentos provavelmente diminuirá e, até 2030, mais 100 milhões de pessoas deverão viver na pobreza (UNDP, 2016: 39).

Educação, alfabetização e trabalho infantil

A educação não apenas contribui para o crescimento econômico, mas também oferece esperança para muitos escaparem do ciclo de condições severas de trabalho e pobreza, pois as pessoas com baixos níveis educacionais são condenadas a trabalhos não especializados e mal remunerados. As pessoas educadas têm menos chances de ter muitos filhos, reduzindo, assim, o crescimento populacional. Os países em desenvolvimento estão novamente em desvantagem, pois raramente podem arcar com a provisão de educação pública de alta qualidade. Por conseguinte, as crianças nos países desenvolvidos têm muito mais probabilidade de frequentar a escola do que as crianças nos países em desenvolvimento, e os adultos nos países de renda alta têm muito mais probabilidade de saber ler e escrever.

No entanto, houve muita melhoria na oferta de educação e matrículas desde a década de 1980. A matrícula na escola primária se tornou a norma nos países desenvolvidos e em desenvolvimento desde cerca de 1990, e a proporção global de pessoas que receberam alguma forma de educação aumentou de 57% em 1960 para 85% em 2010. Os níveis de **alfabetização** dos jovens também aumentaram para mais de 95% nos países em desenvolvimento, como resultado do aumento do número de anos na escola (UNDP, 2010). Podemos esperar que, como resultado, o analfabetismo se torne um problema muito menor para os países em desenvolvimento e os indivíduos no futuro. No entanto, em 2018, apesar de ter passado quatro anos na escola, um terço das crianças em idade escolar primária não sabia ler ou lidar com matemática básica. Da mesma forma, a matrícula de meninas no ensino fundamental aumentou, mas muitas mulheres adultas com quatro a seis anos de escolaridade ainda não sabem ler nem escrever. Isso é, em parte, o resultado de altas proporções de alunos por professor, professores com formação insuficiente e apoio inadequado (UNDP, 2016: 67-68).

As disparidades na educação resultam de níveis relativamente baixos de gastos com educação. Por exemplo, em 2010, o gasto médio com educação por aluno era 40 vezes maior nos países desenvolvidos do que na África Subsaariana. Há também uma diferença significativa de gênero nas matrículas na escola primária. Dos 156 países pesquisados para o relatório do IDH em 2010, apenas 87 tinham matrículas comparáveis no ensino fundamental para meninas e meninos. Em áreas rurais de alguns países em desenvolvimento, a diferença de gênero para crianças em idade secundária é marcante. Na Bolívia e na Guiné, por exemplo, apenas cerca de 35% das meninas rurais mais velhas estavam matriculadas, em comparação com 71 e 84%, respectivamente, dos meninos urbanos (UNDP, 2010: 36-38). Embora praticamente todos os homens e mulheres em idade escolar secundária no mundo desenvolvido estivessem estudando em tempo integral em 2007, apenas 64% das crianças nos países em desenvolvimento desfrutavam desse benefício. No ensino superior, a situação é ainda mais desigual, embora a direção geral do trajeto seja ascendente (ver Figura 6.7).

Uma razão importante para o baixo número de crianças nos ensinos secundário e superior nos países em desenvolvimento é o seu envolvimento esperado no trabalho. As crianças, muitas vezes, são forçadas a trabalhar devido a uma combinação de pobreza familiar, falta de provisão educacional e a tradicional indiferença à sina daqueles que são pobres ou que pertencem a minorias étnicas (UNICEF, 2000). O trabalho infantil foi eliminado legalmente

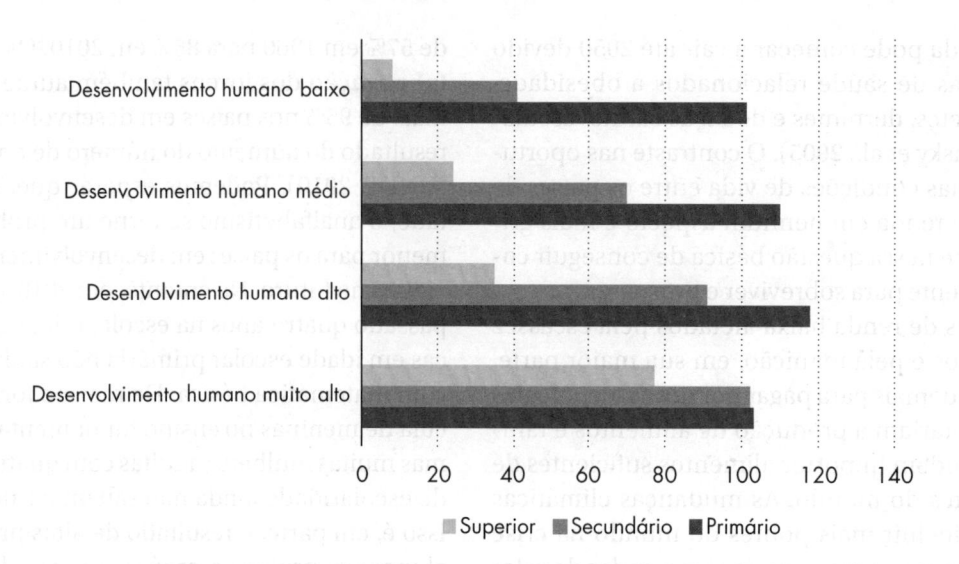

FIGURA 6.7 Taxas brutas de matrícula por nível de ensino e IDH, 2015.
Nota: As razões podem exceder 100% quando a matrícula é de alunos que não estão em idade escolar (por entrada tardia ou repetência).
Fonte: UNDP (2015: 245).

nos países de renda alta, mas ainda existe em muitas partes do mundo atualmente. Segundo a Organização Internacional do Trabalho das Nações Unidas (OIT — ou ILO, em inglês), havia cerca de 152 milhões de crianças entre 5 e 17 anos trabalhando em 2016, uma redução significativa de cerca de 70 milhões desde 2004. Estima-se que 73 milhões dessas crianças ainda estejam trabalhando em condições perigosas (ILO, 2017b: 5; 2010: v). A maior incidência de trabalho infantil está na África Subsaariana, e o maior número de crianças trabalhadoras se encontra na região da Ásia-Pacífico.

Cerca de 68% das crianças trabalhadoras em 2008 estavam envolvidas no trabalho familiar não remunerado, 21% realizavam trabalho remunerado e 5% eram autoempregadas; 60% trabalhavam na agricultura, 7% na indústria e 25% nos serviços, em restaurantes e hotéis, por exemplo, e como serventes em casas abastadas (ILO, 2010). Na melhor hipótese, essas crianças trabalham longos turnos com pouca remuneração e, portanto, não podem estudar e desenvolver habilidades que poderiam proporcionar uma fuga da pobreza. Todavia, mesmo que isto fosse possível, talvez fosse contraproducente simplesmente impor

Sociedade global 6.1 — Trabalho infantil na agricultura

Em vez de frequentar a escola, milhões de meninas e meninos nas áreas rurais em todo o mundo são trabalhadores infantis. Eles estão por toda parte, mas muitas vezes escondidos em fazendas, em barcos de pesca, em plantações, em áreas montanhosas, pastoreando gado ou trabalhando como empregados domésticos. O trabalho infantil perpetua um ciclo de pobreza para as crianças envolvidas, as suas famílias e as comunidades. Sem educação, esses meninos e meninas rurais provavelmente serão os pobres de amanhã. As políticas devem abordar as causas do trabalho infantil e promover o trabalho decente para adultos nas áreas rurais.

A grande maioria dos trabalhadores infantis do mundo não está trabalhando em fábricas e oficinas apertadas onde trabalhadores manuais permanecem por longas horas em troca de salários muito baixos, muitas vezes com empregadores infringindo as leis trabalhistas, ou trabalhando como domésticas ou vendedores ambulantes em áreas urbanas; eles

DAS 152 MILHÕES DE CRIANÇAS NO TRABALHO INFANTIL

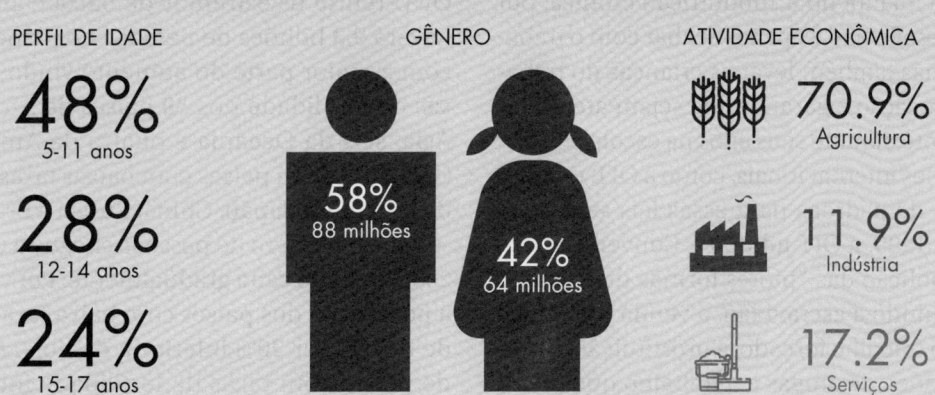

PERFIL DE IDADE

48% 5-11 anos

28% 12-14 anos

24% 15-17 anos

GÊNERO

58% 88 milhões

42% 64 milhões

ATIVIDADE ECONÔMICA

70.9% Agricultura

11.9% Indústria

17.2% Serviços

FIGURA 6.8 Trabalho infantil global por idade, gênero e setor econômico.
Fonte: ILO (2017b: 5).

---

estão trabalhando em fazendas e plantações, muitas vezes de sol a sol, plantando e colhendo, pulverizando pesticidas e cuidando de gado (Figura 6.8). Essas crianças desempenham um papel importante na produção agrícola e pecuária, ajudando a fornecer alguns dos alimentos e bebidas que consumimos e as fibras e matérias-primas usadas para fabricar outros produtos. Alguns exemplos são cacau/chocolate, café, chá, açúcar, frutas e vegetais, além de outros produtos agrícolas, como tabaco e algodão.

Cerca de 70 milhões dessas meninas e meninos realizam "trabalho infantil perigoso", que é um trabalho que pode ameaçar suas vidas, seus membros, sua saúde e seu bem-estar geral. Independentemente da idade, a agricultura — juntamente com a construção e a mineração — é um dos três setores mais perigosos para se trabalhar em termos de mortes relacionadas ao trabalho, acidentes não fatais e doenças profissionais. Bangladesh é um país essencialmente rural e, para muitas crianças, trabalhar para ajudar a cultivar, colher, transportar ou vender produtos agrícolas é algo normal e cotidiano desde os primeiros dias da infância. Elas são regularmente expostas a máquinas e ferramentas agrícolas, o que, muitas vezes, resulta em ferimentos devastadores. Cerca de 50 crianças por dia são feridas por máquinas, e três delas são feridas tão gravemente que ficam permanentemente incapacitadas.

Os trabalhadores infantis são suscetíveis a todos os perigos e riscos enfrentados pelos trabalhadores adultos quando colocados na mesma situação. Eles correm um risco ainda maior com esses perigos porque seus corpos ainda estão crescendo e suas mentes e personalidades ainda estão em desenvolvimento, além de não terem experiência de trabalho. Assim, os efeitos da segurança e da proteção da saúde precárias ou inexistentes podem, muitas vezes, ser mais devastadores e duradouros para eles. Além disso, uma característica da agricultura que a diferença da maioria das outras formas de trabalho infantil é que as crianças geralmente vivem nas fazendas ou plantações onde trabalham. Isso as expõe a riscos adicionais.

Fonte: Seleções da ILO (2007b, 2011b) e FAO/IFAD/ILO (2010).

REFLEXÃO CRÍTICA

O trabalho infantil ainda existe nos países desenvolvidos? Se sim, que tipo de trabalho essas crianças fazem? Considerando a faixa etária de 5 a 17 anos definida pela OIT, *todo* o trabalho infantil em todos os países deve ser banido? Que consequências negativas e não intencionais para as famílias pobres podem ocorrer com isso?

um banimento imediato a todo e qualquer trabalho infantil. O trabalho infantil é uma alternativa melhor à prostituição infantil ou à subnutrição crônica, por exemplo. O desafio não é apenas acabar com o trabalho infantil, mas também levar as crianças do trabalho para a educação e garantir que sejam atendidas adequadamente durante seus anos na escola.

Organizações internacionais, como a OIT, criaram um conjunto de padrões para essas leis seguirem. Em junho de 1999, a OIT adotou a Convenção 182, pedindo a abolição das "piores formas de trabalho infantil", incluindo a escravidão, a venda e o tráfico de crianças, o trabalho forçado, a prostituição, a pornografia, o tráfico de drogas e o trabalho que prejudica a saúde, a segurança ou o moral das crianças (ILO, 1999). Parte da solução também se encontra nas corporações globais que fabricam bens usando trabalho infantil, nos sindicatos que organizam a força de trabalho, nas cooperativas agrícolas cujos valores são opostos ao trabalho infantil e, por fim, nos consumidores que compram os bens. As estatísticas da OIT mostram uma redução de mais de 90 milhões de trabalhadores infantis em 2017, em comparação com 2000, mas indicam também que o ritmo de mudança está diminuindo (ILO, 2017b). Como outros têm argumentado, o "desenvolvimento" é um processo dinâmico que, se não mantiver um impulso para a frente, também pode ser revertido.

Mudança populacional humana

Em meados de 2017, a ONU estimou que a população humana global era de quase 7,6 bilhões, um aumento de 1,6 bilhões desde 1999. A população do mundo mais do que dobrou desde 1965. Paul Ehrlich calculou na década de 1960 que, se a taxa de crescimento populacional daquela época continuasse, daqui a 900 anos (um período nada longo na história do mundo como um todo), haveria 60.000.000.000.000.000 (60 quatrilhões) de pessoas na face da Terra, um número que a maioria de nós nem consegue imaginar. Será que isso poderia realmente acontecer?

Previsões catastróficas da população do planeta provaram ser imprecisas. Nas décadas de 1960 e 1970, as estimativas sugeriam uma população em torno de 8 bilhões de pessoas em 2000, mas, na verdade, o valor foi bem menor, com pouco mais de 6 bilhões. Hoje, a previsão de "variante média" da ONU (entre os extremos de baixa e alta) é de que haverá 9,3 bilhões de pessoas no planeta em 2050, com a maior parte do aumento vindo das altas taxas de fertilidade nos 39 países da África, nove da Ásia, seis da Oceania e quatro da América Latina (UN, 2011). Em países com baixas taxas de fertilidade (incluindo Japão, China, Rússia e Brasil), estima-se que o número de pessoas chegue a um ápice em 2030, quando cairá gradualmente. Por volta de 2100, a população dos países com baixa taxa de fertilidade deverá ser 20% inferior à de hoje. A população de países com taxas de fertilidade intermediárias (como Estados Unidos, Índia, Bangladesh e Indonésia) deverá chegar ao seu ápice em 2065, deixando apenas aquela do grupo de alta fertilidade ainda aumentando em 2100 (ibid.: 1-2).

Segundo a previsão mais recente da ONU, o crescimento da população global deverá estar diminuindo por volta de 2100, talvez levando a uma redução no século XXII. Apesar disso, o rápido aumento na população humana, de cerca de 1 bilhão no início do século XIX para perto dos 8 bilhões hoje, ainda é impressionante. Esse nível é sustentável? Será que é possível alimentar e abrigar 8 bilhões de pessoas adequadamente, ou grande parte delas está condenada a uma vida de pobreza? O que a disseminação dos atuais estilos de vida ocidentais para a população do mundo significaria para o meio ambiente global? Pequenas mudanças nos níveis de fertilidade podem ter consequências muito grandes, e não é inconcebível que uma previsão variante mais alta prove ser mais precisa. Se for assim, então essas perguntas se tornarão ainda mais urgentes.

Análise populacional: demografia

A pobreza global e o crescimento populacional estão interligados, pois é em alguns dos países mais pobres do mundo que o crescimento da população é maior. Compreender os movimentos da população é importante para cientistas sociais e ambientais, legisladores e políticos que buscam entender as possibilidades para a vida social no futuro. Para fazer isso, precisamos recorrer à pesquisa do campo da demografia, o estudo da população.

Os estudos da população já existem desde o final do século XVII, quando os estudiosos se interessaram pelas taxas de nascimento e morte, embora a demografia moderna tenha decolado com o desenvolvimento dos censos nacionais nas sociedades europeias no século XIX. A **demografia** se preocupa em medir o tamanho das populações e explicar seu crescimento ou declínio. Os padrões populacionais são regidos por três fatores: nascimentos, mortes e migrações. A demografia costuma ser tratada como um ramo da sociologia, pois os fatores que influenciam o nível de nascimentos, mortes e migrações são principalmente sociais e culturais.

O trabalho demográfico costuma ter uma orientação estatística, e todas as nações desenvolvidas reúnem e analisam estatísticas básicas sobre a população para monitorá-la. Rigorosos como são os modos de coleta de dados atuais, as estatísticas demográficas ainda assim não são totalmente precisas. No Reino Unido, existe um censo populacional a cada 10 anos desde 1801. O censo tenta ser o mais exato possível, embora algumas pessoas possam não ser registradas nas estatísticas populacionais oficiais — por exemplo, imigrantes ilegais, pessoas sem-teto, visitantes a trabalho e outros. Em muitos países em desenvolvimento, particularmente aqueles que apresentam taxas elevadas de crescimento populacional recente, as estatísticas demográficas são menos confiáveis.

A dinâmica da mudança populacional

As taxas de crescimento ou declínio populacional são medidas subtraindo-se o número de mortes por mil do número de nascimentos por mil, calculados com frequência anual. As taxas de crescimento populacional eram elevadas nos séculos XVIII e XIX, mas diminuíram desde então. Por exemplo, em 2018, a taxa de crescimento na União Europeia era de apenas 0,2%, e, na América do Norte, era de 0,7%. Por outro lado, na África Subsaariana, a taxa de crescimento era de 2,7%, e no Oriente Médio e no Norte da África, era de 1,7% (World Bank, 2019). Essas diversas taxas podem não parecer muito afastadas uma da outra, mas, de fato, as consequências são significativas.

A razão para tal é que o crescimento da população é exponencial. Começar com um item e dobrá-lo, dobrando o resultado e continuando assim leva rapidamente a números enormes — 1:2:4:8:16:32:64:128, e assim por diante. Exatamente o mesmo princípio se aplica ao crescimento populacional. Podemos medir esse efeito por meio do tempo de **duplicação**, o período de tempo que leva para a população dobrar em tamanho. Um crescimento populacional de 1% produzirá a duplicação dos números em 70 anos. Ao crescimento de 2%, a população dobrará em 35 anos, enquanto a 3% ela dobrará em apenas 23 anos. Foi preciso toda a história humana até pouco depois de 1800 para a população global alcançar 1 bilhão. Porém, em 1930, ela havia dobrado para 2 bilhões, e, em 1975 (em apenas 45 anos), a população havia dobrado novamente para 4 bilhões. Em 2018, ela atingiu 7,6 bilhões, e a previsão é que aumente para 8,3 bilhões por volta de 2030 (UN DESA, 2017: 1)

Malthusianismo

Antes da industrialização moderna, as taxas de natalidade eram muito elevadas para os padrões atuais, mas o crescimento populacional permaneceu baixo porque havia um equilíbrio aproximado entre nascimentos e mortes. A tendência geral dos números era ascendente, e havia períodos de maior aumento populacional, mas eles eram seguidos por aumentos nas taxas de mortalidade. Na Europa medieval, por exemplo, quando as safras eram fracas, os casamentos costumavam ser adiados, e o número de concepções caía, enquanto as mortes aumentavam. Nenhuma sociedade conseguia escapar desse ritmo autorregulatório (Wrigley, 1968).

Durante o período da ascensão do industrialismo, muitos previam uma nova era, em que a escassez seria eliminada. Porém, em seu celebrado *Ensaio sobre o princípio da população* (1976 [1798]), Thomas Malthus criticou essas ideias e deu início a um debate sobre a conexão entre a população e os recursos alimentícios que continua até hoje. Em 1798, a população da Europa estava crescendo rapidamente, e Malthus observou que, enquanto o aumento da população é exponencial, o suprimento de alimentos depende de recursos fixos, que somente podem ser ampliados usando-se nova terra para cultivo. O crescimento populacional, portanto, tende a esgotar os meios de suporte disponíveis, e o resultado inevitável é a fome, que, combinada com a influência de guerras e doenças, age como um limite natural ante o aumento populacional. Malthus previu que os seres humanos sempre vi-

USANDO SUA IMAGINAÇÃO SOCIOLÓGICA

6.1 Demografia: conceitos fundamentais

Entre os conceitos básicos usados por demógrafos, os mais importantes são as taxas brutas de natalidade, fertilidade, fecundidade e mortalidade. As **taxas brutas de natalidade** são expressas como o número de nascidos vivos por ano por mil pessoas. Elas são chamadas de taxas "brutas" por seu caráter muito geral. Por exemplo, elas não nos dizem a proporção de uma população que é formada por homens ou mulheres, ou qual é a distribuição etária da população (as proporções relativas de jovens e idosos na população). Quando são coletadas estatísticas que relacionam as taxas de natalidade ou mortalidade com essas categorias, os demógrafos falam de taxas "específicas" em vez de "brutas". Por exemplo, uma taxa de natalidade específica para a idade pode especificar o número de nascimentos por mil mulheres em diferentes faixas etárias.

Se quisermos entender os padrões populacionais em detalhe, a informação fornecida pelas taxas de nascimento específicas normalmente se torna necessária. Todavia, as taxas brutas de natalidade ajudam a fazer comparações gerais entre diferentes grupos, sociedades e regiões. Assim, em 2006, a taxa bruta de natalidade na Austrália era de 12,4 (por ano, por mil); na Nicarágua, era de 24,9; em Moçambique, era de 39,5; e, a mais alta de todas, na República Democrática do Congo, era de 49,6 (UN ESA, 2006). Os países industrializados tendem a ter taxas baixas, ao passo que, em outras partes do mundo, as taxas brutas de natalidade são muito mais altas.

As taxas de natalidade são a expressão da fertilidade das mulheres. A **fertilidade** se refere a quantos filhos nascidos vivos a mulher média tem, e a taxa de fertilidade costuma ser calculada como o número médio de nascimentos por mil mulheres em idade fértil (Figura 6.9). A fertilidade é diferenciada da **fecundidade**, que significa o número potencial de filhos que as mulheres são biologicamente capazes de gerar. É fisicamente possível uma mulher normal ter um filho por ano durante o período em que é fértil. Existem variações na fecundidade conforme a idade em que as mulheres

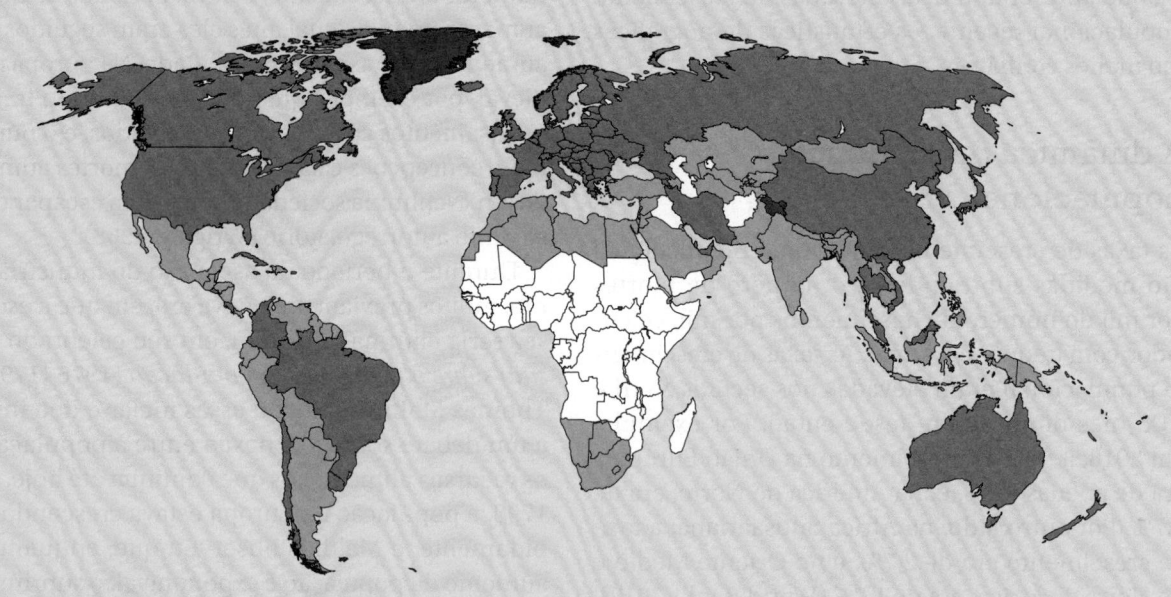

Fertilidade total
☐ Fertilidade alta (mais de 5 nascidos vivos por mulher)
▨ Fertilidade intermediária (de 2,1 a 5 nascidos vivos por mulher)
▮ Fertilidade baixa (menos de 2,1 nascidos vivos por mulher)
■ Dados indisponíveis

FIGURA 6.9 Fertilidade total, 2010-2015 (nascidos vivos por mulher).
Fonte: UN DESA (2017: 6).

alcançam a puberdade e a menopausa, que difere entre os países e também entre os indivíduos. Embora possa haver famílias em que uma mulher tem 20 filhos ou mais, as taxas de fertilidade, na prática, sempre são muito mais baixas do que as taxas de fecundidade, pois fatores sociais e culturais limitam a reprodução.

As **taxas brutas de mortalidade** (também chamadas "taxas de mortalidade") são calculadas da mesma maneira que as taxas de natalidade, mas se referem ao número de *mortes* por mil na população por ano. Mais uma vez, existem grandes variações entre os países, mas as taxas de mortalidade nas muitas sociedades do mundo em desenvolvimento estão caindo a níveis comparáveis aos de nações desenvolvidas. A taxa de mortalidade no Reino Unido em 2002 era de 10 por mil, na Índia, era de 9 por mil, e na Etiópia, era de 18 por mil. Alguns países têm taxas de mortalidade muito mais altas. Em Serra Leoa, por exemplo, a taxa de mortalidade é de 30 por mil. Assim como as taxas brutas de natalidade, as taxas brutas de mortalidade são um índice bastante generalizado da **mortalidade** (o número de mortes em uma população). As taxas de mortalidade específicas fornecem informações mais precisas. Uma taxa de mortalidade específica particularmente importante é a **taxa de mortalidade infantil**: o número de bebês por mil nascimentos em um dado ano que morrem antes do primeiro aniversário. Um dos fatores fundamentais por trás da explosão populacional é a redução nas taxas de mortalidade infantil.

As taxas menores de mortalidade infantil são a influência mais importante no aumento da **expectativa de vida**, ou seja, o número de anos que a pessoa média pode esperar viver. Em 2007, a expectativa de vida ao nascer para mulheres nascidas no Reino Unido era de 81,3 anos, comparada com 76,23 anos para os homens (CIA, 2007), que se contrapõem aos 49 e 45 anos, respectivamente, observados na virada para o século XX. Todavia, isso não significa que a maioria das pessoas nascidas em 1901 morreu quando tinha pouco mais de 40 anos. Quando existe uma taxa elevada de mortalidade infantil, como existe em muitas nações em desenvolvimento, a expectativa média de vida — que é uma média estatística — é reduzida. A doença, a nutrição e a influência de desastres naturais são outros fatores que afetam a expectativa de vida.

> **REFLEXÃO CRÍTICA**
>
> A demografia tem sido tradicionalmente um assunto quantitativo, baseado em análises estatísticas de grandes conjuntos de dados. Consulte alguns dos métodos qualitativos no Capítulo 2 e sugira o que sua adoção pode acrescentar à nossa compreensão da dinâmica populacional.

veriam em circunstâncias de miséria e inanição, a menos que praticassem o que chamava de "restrição moral". Sua solução foi limitar a reprodução humana.

Nos países desenvolvidos, o **malthusianismo** foi considerado muito pessimista, pois a dinâmica populacional seguia um padrão muito diferente do que ele havia previsto. As taxas de crescimento populacional diminuíram nos séculos XIX e XX. De fato, na década de 1930, houve grandes preocupações com o declínio populacional. O rápido crescimento populacional mundial no final do século XX devolveu o crédito às ideias de Malthus, embora poucos as defendam em sua versão original. Para os malthusianos modernos, a expansão populacional dos países em desenvolvimento parece estar exaurindo os recursos que esses países podem gerar para alimentar seus cidadãos, resultando em desnutrição, pobreza e conflito generalizado. Ainda assim, como vimos, está havendo progresso em vários aspectos do desenvolvimento humano, até mesmo nos países mais pobres, e agora se pode prever a estabilização da população global no futuro não muito distante.

A transição demográfica

Os demógrafos costumam se referir às mudanças a longo prazo na razão de nascimentos para mortes nos países industrializados a partir do século XIX como a **transição demográfica**. Essa tese foi proposta inicialmente por Warren S. Thompson (1929), que descreveu um processo em três estágios em que um tipo de estabilidade populacional seria substituído por outro à medida que a sociedade atingisse um nível avançado de desenvolvimento econômico. Essa tese é discutida nos Estudos clássicos 6.1.

Estudos clássicos 6.1 — A teoria da transição demográfica

O problema da pesquisa

À medida que as sociedades se industrializaram, a partir da metade do século XVIII, suas populações aumentaram rapidamente. Porém, aproximadamente um século depois, o crescimento populacional havia diminuído, e, no século XXI, muitas sociedades desenvolvidas mal estão substituindo suas populações. Por que isso aconteceu? Existe um padrão nessa transformação de longo prazo e, se existe, é provável que se repita nos países em desenvolvimento? O que acontecerá com o tamanho da população humana global no futuro? Warren S. Thompson (1887-1973), um demógrafo norte-americano, foi o primeiro a identificar um padrão nesses acontecimentos, e seu trabalho foi continuado por outros demógrafos, que vincularam as tendências demográficas à industrialização.

O modelo da transição demográfica

Thompson reconheceu que, embora as mudanças nas taxas de natalidade e mortalidade influenciem o crescimento e o tamanho da população, existem *transições* importantes nessas taxas que têm um impacto profundo sobre a população de um país. Outros demógrafos refinaram e desenvolveram suas ideias em um modelo, chamado geralmente de *modelo da transição demográfica* (MTD), que identifica uma série de estágios pelos quais as sociedades passam à medida que se desenvolvem industrialmente (consulte o modelo, ilustrado na Figura 6.10, enquanto lê a próxima seção).

O *Estágio 1* se refere às condições que caracterizam a maioria das sociedades tradicionais, em que as taxas de natalidade e de mortalidade são elevadas e a taxa de mortalidade infantil é especialmente alta. A população cresce pouco, se crescer, pois o elevado número de nascimentos é mais ou menos equilibrado pelo número de mortes. Esse estágio cobre a maior parte da história humana, à medida que epidemias, doenças e desastres naturais como enchentes e secas mantinham os números humanos baixos. No *Estágio 2*, que começou na Europa e nos Estados Unidos na primeira parte do século XIX, a taxa de mortalidade caiu, mas a fertilidade permaneceu elevada. A consequência foi uma fase de crescimento populacional de longo prazo. A expansão colonial europeia e norte-americana, com sua exploração de recursos e populações indígenas, facilitou um desenvolvimento econômico mais rápido para as potências coloniais. Junto com melhorias na qualidade dos alimentos, colheitas maiores, suprimentos de água segura e sistemas de esgoto e disposição de resíduos mais eficientes, isso levou a

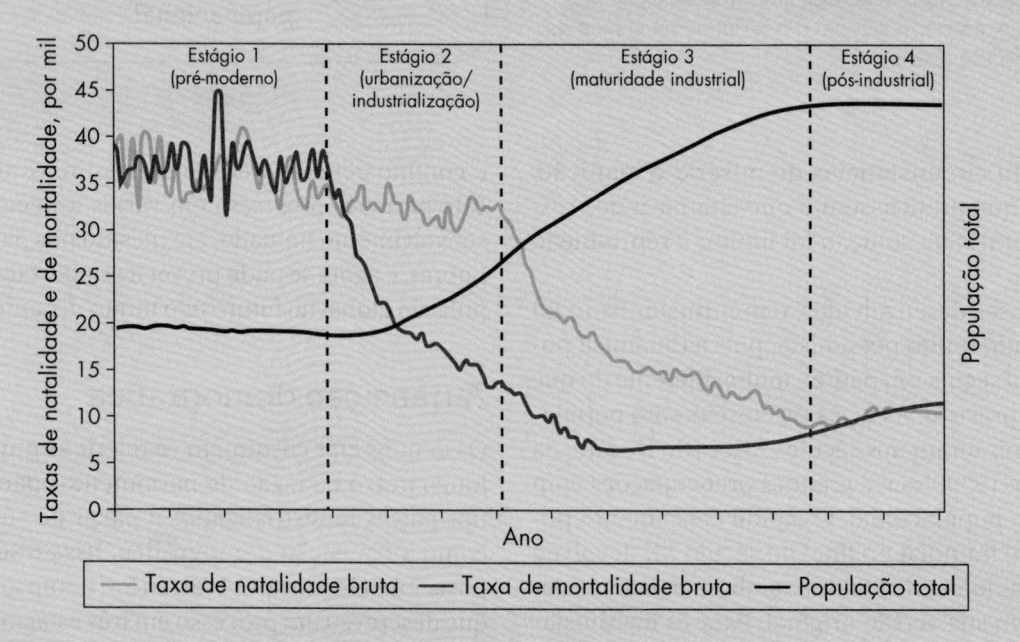

FIGURA 6.10 O modelo da transição demográfica.
Fonte: Wikimedia Commons.

uma queda na taxa de mortalidade e a um aumento subsequente na população. No *Estágio 3*, a taxa de natalidade caiu a um nível tal que a população gradualmente se tornou estável, embora, obviamente, em um nível absoluto muito mais alto do que no Estágio 1. Várias razões possíveis foram propostas para essa mudança, incluindo: os níveis maiores de alfabetização (particularmente entre as mulheres), levando ao questionamento de ideias tradicionais quanto ao papel principal das mulheres como parideiras; a educação compulsória, que retirou as crianças da força de trabalho; e a urbanização, que acabou com a necessidade de grandes famílias de trabalhar a terra (nas áreas rurais).

Um tempo depois, as novas tecnologias de contracepção também tiveram um papel importante em proporcionar que as pessoas controlassem sua fertilidade. Alguns demógrafos identificam um *Estágio 4*, em que as populações se estabilizam, completando, assim, a transição demográfica. Todavia, alguns países, incluindo Grécia, Itália e Japão, recentemente têm se reproduzido abaixo dos níveis de reposição, e podemos especular sobre um estágio em que os níveis populacionais nas sociedades industriais avançadas podem decair. Todavia, por enquanto, esse estágio continua sendo uma possibilidade teórica, em vez de realidade.

Pontos de crítica

Embora, de modo geral, aceite-se que a sequência descreve com precisão uma transformação importante no caráter demográfico das sociedades modernas, existem algumas diferenças consideráveis entre os países desenvolvidos. Quando se aplica o modelo a países em desenvolvimento, os críticos observam que o aparecimento do HIV/aids na década de 1980 foi um fator importante para reduzir ou mesmo interromper o progresso de alguns países, à medida que as taxas de mortalidade e de mortalidade infantil aumentaram, em vez de diminuírem. A África Subsaariana foi a região que mais sofreu como resultado da disseminação do HIV/aids (ver o Capítulo 10, "Saúde, doença e deficiência").

O MTD tem sido visto amplamente como uma tese antimalthusiana. Ele sugere que, em vez de o crescimento exponencial levar à fome em massa e à inanição disseminada, as populações humanas provavelmente alcançarão uma estabilidade confortável. Uma objeção a esse otimismo é que a disseminação do consumismo ao estilo ocidental para a população global prejudicaria seriamente o ecossistema do planeta, e, segundo as previsões populacionais atuais, as coisas podem apenas piorar. Alguns ambientalistas argumentam que não devemos ser tão confiantes quanto aos números humanos absolutos, mas devemos buscar uma *redução* controlada da população global.

Relevância contemporânea

O MTD talvez seja a perspectiva mais influente já criada sobre as tendências populacionais de longo prazo e continua a informar pesquisas no campo da demografia. Os demógrafos não chegaram a um acordo sobre como se deve interpretar a sequência de mudança prevista pelo modelo, nem sobre quanto tempo o Estágio 3 pode durar. Todavia, a grande virtude do modelo é que ele nos estimula a adotar uma visão de longo prazo sobre o desenvolvimento humano em uma perspectiva global e proporciona um ponto de partida.

A teoria da transição demográfica é baseada na suposição — também mantida por Karl Marx — de que o capitalismo industrial se espalharia pelo mundo inteiro. À medida que isso ocorresse, as economias cresceriam e se misturariam, as taxas de natalidade e mortalidade cairiam e, após um período de rápido crescimento populacional, as populações dos países se estabilizariam e talvez, até mesmo, diminuiriam. Mas o que aconteceria se o desenvolvimento econômico fosse desigual e algumas partes do mundo simplesmente não fizessem a transição pelos estágios propostos? Pelo que sabemos até agora, há pouca evidência de que as sociedades do mundo estejam se tornando igualmente ricas à medida que a desigualdade global persiste. Essa questão bastante controversa é o assunto da nossa próxima seção.

Teorias do desenvolvimento e suas críticas

O antigo "modelo de três mundos" perdeu terreno em parte porque não considerou a integração global e o movimento de países específicos entre as categorias dos "três mundos". Isso se tornou mais claro em

USANDO SUA IMAGINAÇÃO SOCIOLÓGICA

6.2 Tirando o "bilhão inferior" da pobreza

Como vimos, em muitos países em desenvolvimento, houve progressos significativos no combate às desvantagens e à pobreza. Mesmo assim, esse progresso foi distribuído de forma desigual pelo mundo em desenvolvimento, e alguns países ainda estão lutando. Paul Collier (2007), em *The bottom billion*, argumenta que o foco da ajuda ao desenvolvimento deve estar agora nos países em desenvolvimento mais pobres, que não tiveram um progresso econômico sólido nas últimas décadas. Isso cobriria cerca de 60 países com uma população combinada de cerca de 1 bilhão de pessoas. No entanto, essa perspectiva não é compartilhada por todos, e outras pesquisas questionam a visão convencional de que a maioria dessas pessoas e famílias em pobreza absoluta vive nos países mais pobres.

Por exemplo, um relatório do Instituto para Estudos de Desenvolvimento no Reino Unido mostra que 72% dos 1,33 bilhão de pessoas que vivem com menos de US$ 1,25 por dia estão, na verdade, em países de renda média (Sumner, 2010). A Índia e a China ainda têm um número muito grande de pessoas vivendo na pobreza (cerca de 50% do total global), mas, devido ao rápido desenvolvimento econômico nos últimos 20 anos, ambos os países foram reclassificados pelo Banco Mundial como "países de renda média" (Kanbur e Sumner, 2011). Sumner observa que Indonésia, Paquistão e Nigéria foram reclassificados de modo semelhante, mas coletivamente ainda representam a maioria dos pobres globais cujos países de origem passaram para o *status* de renda média.

Essa é uma interpretação importante dos dados porque sugere que a forma convencional de assis-

Embora a Índia seja uma das economias que mais crescem no mundo, a pobreza continua generalizada em áreas rurais e em favelas urbanas.

tência ao desenvolvimento — ajuda direcionada a *países* específicos — pode estar se tornando muito menos produtiva. Em vez disso, a assistência seria mais direcionada às *pessoas pobres*, independentemente da situação econômica dos países em que vivem. Se um grande número de cidadãos em países de renda média ainda vive na pobreza, o combate à desigualdade nesses países se torna uma questão importante, tanto para seus governos quanto para doadores de ajuda externa.

> **REFLEXÃO CRÍTICA**
>
> Concentrar a ajuda nos países mais pobres é um objetivo louvável, mas a pobreza também existe em países de renda média e alta. Escreva um ensaio de 500 palavras em apoio à tese de Collier, explicando por que faz sentido focar a desigualdade no nível das nações, e não dos indivíduos.

meados da década de 1970, quando vários países de baixa renda do Leste Asiático estavam passando por um processo de industrialização (Amsden, 1989; ver também o Capítulo 4 para uma discussão sobre esse desenvolvimento). Esse processo começou com o Japão, na década de 1950, mas logo se expandiu para os **países recentemente industrializados** (NICs) do mundo, particularmente no Leste Asiático, mas também na América Latina. Os NICs do Leste Asiático eram Hong Kong, na década de 1960, e Taiwan, Coreia do Sul e Cingapura, nas décadas de 1970 e 1980. Outros países asiáticos começaram a segui-los na década de 1980 e no começo da década de 1990, mais notavelmente a China, mas também a Malásia, a Tailândia e a Indonésia.

Os economistas tendiam a acreditar que os países em desenvolvimento, como um bloco, teriam taxas médias de crescimento econômico maiores do que as dos países desenvolvidos e de renda alta à medida que seu desenvolvimento começasse a alcançar o dos outros. Todavia, até recentemente, isso não acontecia, e apenas alguns países em desenvolvimento conseguiam ultrapassar a taxa de crescimento médio das economias desenvolvidas. Isso mudou desde a metade da década de 1990, pois as taxas de crescimento *médias* dos países de renda baixa e média têm sido maiores do que as do mundo desenvolvido.

Usando a classificação quádrupla de países do Banco Mundial (vista anteriormente), percebemos que alguns países se tornaram mais ricos, mas outros também se tornaram mais pobres com o passar do tempo. Recentemente, Argentina, Panamá e Croácia passaram de renda média-alta para a categoria de renda alta. Por outro lado, a República Árabe da Síria, o Iêmen e o Tajiquistão entraram para o grupo de renda baixa, vindos da categoria de renda média-alta. Armênia, Jordânia e Guatemala agora são classificados como renda média-alta, subindo do grupo de renda média-baixa (World Bank, 2018b).

TABELA 6.1 Desigualdades entre países, internas e globais

Conceito de desigualdade de renda	*Desigualdade entre países*	*Desigualdade interna*	*Desigualdade global*
O que mede	Desigualdade de rendas médias entre países	Diferenças entre rendas dos ricos e pobres dentro de um mesmo país	Diferenças entre rendas dos ricos e dos pobres, ignorando o país a que pertencem
O que as evidências mostram	Divergência	Maior desigualdade em muitos países (por exemplo, Brasil, China, Estados Unidos), mas níveis baixos e estáveis em muitos outros (por exemplo, Canadá, França, Japão)	Convergência

Fonte: Loungani (2003).

A comparação de países com base em seu nível médio de renda continua a mostrar uma ampla divergência (Tabela 6.1). Comparar a renda de ricos e pobres *dentro* de um mesmo país mostra que, no século XXI, alguns países tiveram uma ampliação da desigualdade de renda (Estados Unidos, Reino Unido, Brasil), enquanto outros permaneceram razoavelmente estáveis (França, Canadá). Se medirmos a desigualdade global desde 1970 no nível *individual*, independentemente do país de residência, veremos que "o cidadão global médio" se tornou mais rico, e a distribuição global de renda se tornou mais igualitária (Loungani, 2003). Essa conclusão é muito influenciada pelo rápido crescimento de um pequeno número de países grandes, incluindo Brasil, Rússia, Índia, China e África do Sul (denominados países do BRICS) (Cousins et al., 2018). As taxas de crescimento econômico permanecem distribuídas de forma desigual.

A expansão econômica no Leste Asiático, em particular, não foi isenta de custos, que incluíram a repressão às vezes violenta dos direitos dos trabalhadores e civis, as condições de trabalho deploráveis nas fábricas, a exploração de uma força de trabalho cada vez mais feminina, a exploração de trabalhadores imigrantes de países pobres vizinhos e uma ampla degradação ambiental. Entretanto, graças aos sacrifícios de gerações passadas de trabalhadores, um grande número de pessoas nesses países tem prosperado.

Como os cientistas sociais explicam o rápido crescimento econômico nos NICs do Leste Asiático? A resposta a essa questão pode oferecer lições cruciais para aqueles países de baixa renda que esperam seguir seu sucesso. Historicamente, Taiwan, Coreia do Sul, Hong Kong e Cingapura faziam parte de regimes coloniais que, embora impondo muitas dificuldades, pavimentaram o caminho para o crescimento econômico. Taiwan e Coreia estavam ligadas ao Império Japonês; Hong Kong e Cingapura eram colônias britânicas. O Japão eliminou os grandes proprietários de terra que se opunham à industrialização, a Grã-Bretanha e o Japão estimularam o desenvolvimento industrial, construíram estradas e outros sistemas de transporte e criaram burocracias governamentais relativamente eficientes. A Grã-Bretanha também desenvolveu Hong Kong e Cingapura ativamente como centros comerciais (Gold, 1986; Cumings, 1987). Em outros locais do mundo — por exemplo, na América Latina e na África —, os países que hoje são pobres não se saíram tão bem em seus negócios com nações mais ricas e mais poderosas.

A região do Leste Asiático se beneficiou de um longo período de crescimento econômico mundial. Entre a década de 1950 e a metade da década de 1970, as economias crescentes da Europa e dos Estados Unidos proporcionaram um mercado substancial para roupas, calçados e produtos eletrônicos que, cada vez mais, eram fabricados no Leste Asiático, criando uma "janela de oportunidade" para o desenvolvimento econômico. Além disso, as recessões econômicas periódicas nos Estados Unidos e na Europa forçaram as empresas a cortar seus custos de mão de obra e levaram à mudança de fábricas para países do Leste Asiático com salários mais baixos (Henderson e Appelbaum, 1992). Um estudo do Banco Mundial (1995) mostra que, entre 1970 e 1990, os salários aumentaram em média 3% ao ano nos países em desenvolvimento cujo crescimento econômico era motivado por exportações para países mais ricos, enquanto os salários não subiram em nenhuma outra parte do mundo em desenvolvimento.

O crescimento econômico no Leste Asiático começou no ápice da Guerra Fria, quando os Estados Unidos e seus aliados, com o objetivo de construir uma defesa contra a expansão comunista na região, forneceram uma generosa ajuda econômica e militar. A ajuda direta e os empréstimos alimentaram o investimento em novas tecnologias como transistores, semicondutores e outros produtos eletrônicos, contribuindo para o desenvolvimento de indústrias locais. A assistência militar geralmente favorecia governos fortes (muitas vezes, militares) que estavam dispostos a usar a repressão para manter baixos os custos da mão de obra (Mirza, 1986; Cumings, 1987, 2005; Castells, 1992).

Alguns sociólogos dizem que o sucesso econômico do Japão e dos NICs do Leste Asiático se deve, em parte, a suas tradições culturais, em particular sua filosofia confucionista compartilhada (Berger, 1986). Há um século, Max Weber (1992 [1904-1905]) dizia que a crença protestante na parcimônia, na frugalidade e no trabalho duro explicava em parte a ascensão do capitalismo no Oeste Europeu, e seus argumentos foram aplicados à história econômica asiática. O confucionismo, segundo se afirma, inculca no indivíduo o respeito pelos anciãos e

Os weberianos argumentam que as tradições de respeito e submissão à autoridade na cultura japonesa explicam, em parte, o desenvolvimento econômico progressivo do país.

superiores, a educação, o trabalho e as realizações comprovadas como a chave para o progresso, bem como uma disposição para se sacrificar hoje a fim de ganhar uma recompensa maior amanhã. Como resultado desses valores, conforme o argumento weberiano, os trabalhadores e gerentes asiáticos são muito leais a suas empresas, são submissos à **autoridade**, trabalham duro e são voltados para o sucesso. Trabalhadores e capitalistas são considerados frugais e, em vez de viverem com abundância, são mais propensos a reinvestir sua riqueza em mais crescimento econômico.

Essa explicação tem algum mérito, mas omite o fato de que as empresas nem sempre são reverenciadas e respeitadas na Ásia. Durante o final da década de 1950, houve batalhas intensas entre trabalhadores e capitalistas no Japão, assim como na Coreia do Sul no final da década de 1980. Estudantes e trabalhadores em todos os países recentemente industrializados do Leste Asiático se opuseram a políticas empresariais e governamentais que consideravam injustas, muitas vezes correndo o risco de ser presos e, às vezes, até mesmo de perder a vida (Deyo, 1989; Ho, 1990). Valores culturais confucionistas, como a parcimônia, parecem estar em declínio no Japão e nos NICs, na medida em que as gerações mais jovens passam a valorizar o consumo explícito sobre a austeridade e o investimento. Um último fator para o rápido crescimento econômico dos NICs são as ações intencionais dos governos do Leste Asiático que seguiram políticas fortes favoráveis ao crescimento econômico. Seus governos tiveram papéis ativos em manter baixos os custos da mão de obra, incentivaram o desenvolvimento econômico por meio de isenção fiscal e outras políticas econômicas e ofereceram ensino público gratuito.

Em 1997 e 1998, uma combinação de decisões equivocadas sobre investimentos, corrupção e condições econômicas mundiais levou a expansão econômica desses países a uma parada brusca. Suas bolsas de valores despencaram, suas moedas desvalorizaram, e toda a economia global foi ameaçada.

A experiência de Hong Kong foi típica: depois de 37 anos de crescimento contínuo, a economia parou, e a bolsa de valores — o Índice Hang Seng — perdeu mais da metade do seu valor. Em 2004, os economistas observaram que a economia de Hong Kong estava crescendo novamente e o mercado imobiliário estava se levantando.

Após a crise financeira de 2008 e a recessão econômica que se espalhou dos Estados Unidos para a maioria dos países desenvolvidos, os NICs do Leste Asiático mostraram alguma resiliência. Apesar do impacto inevitável da crise e dos preços mais altos do petróleo do Oriente Médio, as economias do Sudeste Asiático de Cingapura, Tailândia, Malásia e Filipinas retornaram a um crescimento econômico entre 5 e 7% ao ano até 2015 (Fensom, 2015). A desaceleração do crescimento econômico na China e na Índia, juntamente com a bolha imobiliária da China e o crescente peso da dívida — em grande parte resultado dos gastos do governo local em projetos de infraestrutura —, levaram a preocupações sobre um novo colapso que poderia afetar negativamente o Leste Asiático (Elliott, 2013; Evans-Pritchard, 2015). No entanto, podemos concluir que os NICs não foram apenas um "fogo de palha", mas continuaram em seu caminho de desenvolvimento econômico. Apesar de alguns contratempos, essa é provavelmente a evidência mais sólida de que alguns países pobres podem não apenas se tornar ricos, mas, uma vez estabelecidos, são mais capazes de manter seu *status* de alta renda.

Teorias sobre o desenvolvimento

Delinear a extensão e a forma da desigualdade mundial nos fornece uma imagem útil da situação global. Mas explicar como esse padrão surgiu e avaliar até que ponto pode mudar exige teorias que vinculem as evidências a tipos de sociedade, relações internacionais e mudanças socioeconômicas. Nesta seção, analisamos diferentes tipos de teorias que tentaram explicar o desenvolvimento econômico: teorias orientadas para o mercado, teorias sobre dependência e sistemas mundiais e teorias centradas no Estado, com as recentes críticas pós-desenvolvimento. As teorias são necessárias para compreendermos a imensa quantidade de dados coletados de todas as sociedades do mundo.

Teorias de modernização orientadas para o mercado

As teorias mais influentes sobre a desigualdade global propostas por economistas e sociólogos britânicos e norte-americanos há 40 anos eram **teorias orientadas para o mercado**. Elas pressupõem que teremos as melhores consequências econômicas possíveis se os indivíduos forem livres — desimpedidos de qualquer forma de restrição governamental — para tomar suas decisões econômicas. Diz-se que o capitalismo irrestrito, quando pode se desenvolver plenamente, é o caminho para o crescimento econômico. A burocracia governamental não deve ditar quais bens devem ser produzidos, os preços cobrados ou quanto os trabalhadores devem receber. Segundo os teóricos orientados para o mercado, como Walt Rostow (ver Estudos clássicos 6.2), a direção governamental das economias de países de baixa renda resulta em bloqueios ao desenvolvimento econômico. Segundo essa visão, os governos locais devem sair do caminho do desenvolvimento (Rostow, 1961; Warren, 1980; Ranis, 1996).

Estudos clássicos 6.2 | **Walt Rostow e as etapas do crescimento econômico**

O problema da pesquisa

Por que alguns países e regiões tiveram um rápido crescimento econômico, enquanto outros continuam a ter dificuldades? O problema do subdesenvolvimento é essencialmente interno (enraizado em determinados países) ou é consequência de fatores externos? O que podemos aprender sobre o processo de desenvolvimento com as sociedades já desenvolvidas? As respostas dadas por Walt Rostow (1916-2003), um assessor econômico do ex-presidente norte-americano John F. Kennedy que se tornou um influente teórico econômico, ajudaram a moldar as políticas norte-americanas para a América Latina durante a década de 1960.

A visão de Rostow

A visão de Rostow é uma abordagem orientada para o mercado que passou a ser descrita como

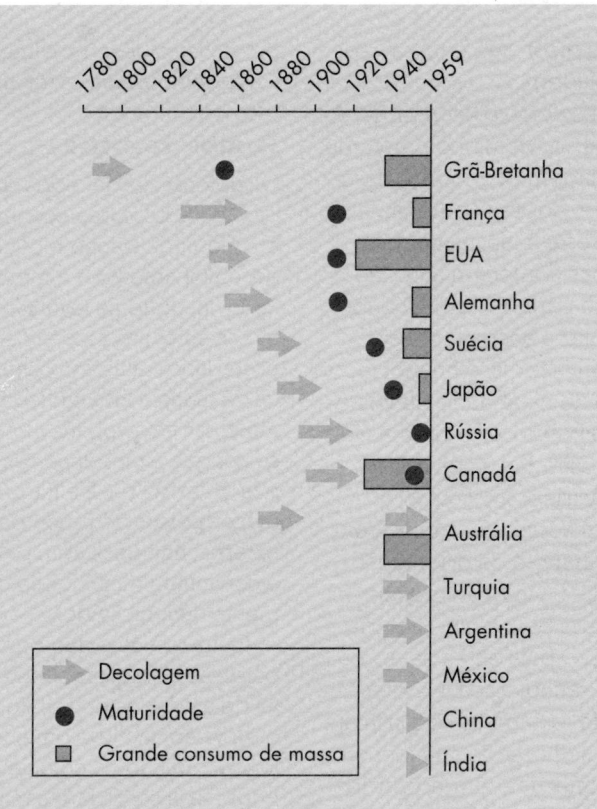

FIGURA 6.11 Etapas do crescimento econômico para países selecionados propostas por Rostow, 1750-1959.

Fonte: www.agocg.ac.uk/reports/visual/casestud/southall/trajecto.htm.

teoria da modernização. A teoria da modernização diz que as sociedades de baixa renda *podem* se desenvolver economicamente, mas somente se abandonarem seus modos tradicionais e adotarem instituições econômicas, tecnologias e valores culturais modernos, que enfatizem a poupança e o investimento produtivo. Segundo Rostow (1961), os valores culturais e as instituições sociais tradicionais dos países de renda baixa impedem sua efetividade econômica. Por exemplo, ele argumenta que muitas pessoas em países de renda baixa não têm uma ética de trabalho consistente; elas preferem consumir hoje a investir para o futuro. As famílias grandes também são consideradas parcialmente responsáveis pelo "atraso econômico", pois dificilmente se poderia esperar que um provedor com muitas bocas para alimentar economizasse dinheiro para fins de investimento.

Porém, para Rostow e outros teóricos da modernização, os problemas dos países de renda baixa são muito mais profundos. As *culturas* desses países tendem a defender o "fatalismo" — um sistema de valores que considera a dificuldade e o sofrimento parte inevitável da vida normal. Assim, a aceitação da própria sina na vida desestimula as pessoas a trabalharem e serem frugais para superarem seu destino. Com base nessa visão, o subdesenvolvimento econômico de um país se deve principalmente às falhas culturais das próprias pessoas. Essas falhas são reforçadas por políticas governamentais que estabelecem salários e controlam preços, geralmente interferindo na operação da economia. Desse modo, como os países de baixa renda podem sair da pobreza? Rostow considerava que o crescimento econômico avançava por vários estágios, que ele comparava à trajetória de um avião (ver a Figura 6.11):

1. *O estágio tradicional* é o estágio que acabamos de descrever, caracterizado por níveis baixos de poupança, pela (suposta) falta de uma ética consistente de trabalho e pelo sistema de valo-

res "fatalista". Podemos dizer que é um avião preso na pista de decolagem.

2. *Decolagem rumo ao crescimento econômico.* A etapa tradicional *pode* abrir caminho para uma segunda etapa: a decolagem econômica. Isso ocorre quando os países pobres começam a abandonar seus valores e suas instituições tradicionais, e as pessoas começam a economizar e investir dinheiro para o futuro. O papel dos países ricos é facilitar e sustentar essa decolagem. Eles podem fazer isso financiando programas de controle de natalidade ou fornecendo empréstimos de baixo custo para a eletrificação, construindo estradas e aeroportos e fomentando novas indústrias.

3. *Rumo à maturidade tecnológica.* Segundo Rostow, com a ajuda do dinheiro e da orientação dos países de renda alta, o avião do crescimento econômico taxiaria pela pista, tomaria velocidade e decolaria. O país então se aproximaria da maturidade tecnológica. Na metáfora aeronáutica, o avião lentamente subiria até a altitude de cruzeiro, melhorando sua tecnologia, reinvestindo sua riqueza recém-adquirida em novas indústrias e adotando as instituições e os valores dos países ricos.

4. *Grande consumo de massa.* Finalmente, o país alcançaria a fase de grande consumo de massa. Agora, as pessoas podem desfrutar dos frutos de seu trabalho, alcançando um padrão de vida elevado. O avião (país) segue no piloto automático depois de entrar na categoria dos países de renda elevada.

As ideias de Rostow permanecem influentes. De fato, o **neoliberalismo**, que talvez seja a visão predominante entre os economistas atualmente, pode ser considerado enraizado nas ideias de Rostow. Os neoliberais argumentam que as forças do livre mercado, alcançadas com a minimização das restrições governamentais ao comércio, proporcionam a única rota para o crescimento econômico, garantindo que o comércio livre global permitirá que todos os países do mundo prosperem. A eliminação da regulamentação governamental é considerada necessária para que haja crescimento econômico. No entanto, o modelo de Rostow permite a ação do governo para promover o desenvolvimento, algo que os entusiastas do livre mercado tratam com desconfiança.

Pontos de crítica

Os defensores da teoria da modernização apontam para o sucesso das economias do Leste Asiático em industrialização recente como prova de que o desenvolvimento realmente está aberto a todos. Todavia, pode-se levantar a objeção de que (como vimos antes) as razões para esse sucesso são, em parte, acidentais, envolvendo a conveniência política da Guerra Fria e o legado histórico do colonialismo. É improvável que essa conjunção de condições se aplique a outros países de baixa renda no mundo pós-Guerra Fria. De fato, mesmo no século XXI, muitos países de renda baixa, apesar da assistência externa, não passaram pelos estágios de Rostow e continuam muito longe de se tornar economicamente desenvolvidos.

Outra crítica é que Rostow considerava que os países ricos desempenham um papel fundamental de ajudar os países pobres a crescer. Porém, essa visão não leva em conta as consequências de longa duração do colonialismo, que beneficiou as poderosas sociedades militares da Europa à custa daquelas da África, da Ásia e da América Latina, impondo um golpe devastador já no início do seu desenvolvimento econômico. Finalmente, citando os valores culturais "fatalistas" como um fator causal do subdesenvolvimento, Rostow pode ser visto como um etnocêntrico, que considera superiores os valores, os ideais e os modelos ocidentais de "progresso". Conforme mostra o Capítulo 5, "Meio ambiente", a busca ocidental pelo crescimento econômico desenfreado prejudicou, talvez de maneira irrevogável, o ambiente natural global, levando alguns a questionar se esse tipo de "progresso" pode ser sustentável no longo prazo.

Relevância contemporânea

A teoria de Rostow sobre os estágios "evolutivos" rumo ao crescimento econômico autossustentável tem sofrido à luz da continuação da pobreza, da fome e do subdesenvolvimento global, levando muitos a abandoná-la totalmente. Certamente, qualquer noção de progresso *inevitável* por meio dos estágios rostowianos encontra pouco amparo quase meio século depois, pois seu "manifesto não comunista" provavelmente atraiu tanta oposição e críticas quanto a versão comunista original de Marx e Engels (1848).

Porém, como já vimos neste capítulo, indicadores *globais* recentes apresentam um quadro mais positivo de melhora para muitas populações, embora de maneira nenhuma para todas, nos países de renda baixa e média do mundo. Isso talvez mostre que o desenvolvimento econômico não é exclusivo das sociedades ricas e que, conforme argumentava Rostow, o processo de modernização continua sendo uma possibilidade para todos em uma era de globalização acelerada e intensificação do comércio internacional.

> **REFLEXÃO CRÍTICA**
>
> Karl Marx dizia que os países industrializados mostravam aos países menos desenvolvidos uma imagem de seu próprio futuro. Quais são as diferenças entre a versão de Marx da teoria da modernização e a de Walt Rostow? Qual versão, se há alguma, tem maior amparo nas evidências históricas até o momento?

Teorias da dependência e dos sistemas mundiais

As teorias orientadas para o mercado da desigualdade global, como a teoria da modernização, foram muito criticadas na década de 1960. Muitos dos críticos eram sociólogos e economistas dos países de baixa renda da América Latina e da África que se baseavam nas ideias marxistas, rejeitando a ideia de que o **subdesenvolvimento** econômico de seus países se devia a suas próprias falhas culturais ou institucionais. Ao contrário, eles se basearam nas teorias de Marx, que argumentava que o capitalismo mundial criaria uma classe de países manipulados por países mais poderosos, assim como o capitalismo dentro dos países leva à exploração de trabalhadores. Os teóricos da dependência argumentam que a pobreza dos países de renda baixa advém da sua exploração por países ricos e pelas corporações multinacionais sediadas em países ricos (Peet e Hartwick, 2015: Cap. 5). Segundo sua visão, o capitalismo global prendeu seus países em um espiral descendente de exploração e pobreza.

Segundo as teorias da dependência, essa exploração começou com o **colonialismo**, um sistema político-econômico em que países poderosos estabeleciam o controle de povos e países mais fracos. As nações poderosas geralmente colonizavam outros países com o intuito de procurar a matéria-prima necessária para suas fábricas e de controlar mercados para os produtos manufaturados nessas fábricas. Sob o regime colonial, por exemplo, petróleo, cobre, ferro e produtos alimentícios exigidos pelas economias industriais são extraídos de países de baixa renda por empresas sediadas nos países ricos. Embora o colonialismo geralmente envolvesse o fato de os países europeus estabelecerem colônias nas Américas do Norte e do Sul, na África e na Ásia, alguns países asiáticos (como o Japão) também tinham colônias.

Mesmo que o colonialismo tenha terminado na maior parte do mundo após 1945, a exploração não acabou: as corporações transnacionais continuam a receber lucros enormes de suas filiais nos países de baixa renda. Segundo a teoria da dependência, essas empresas globais, muitas vezes com o apoio dos poderosos bancos e governos de países ricos, estabeleceram fábricas em países pobres, usando mão de obra e matérias-primas baratas para maximizar os custos de produção sem interferência governamental. Por outro lado, os baixos preços estabelecidos para a mão de obra e a matéria-prima impediam que os países pobres acumulassem o lucro necessário para se industrializar, e as empresas locais que podiam competir com as corporações estrangeiras eram impedidas de fazê-lo. Segundo essa visão, os países pobres são forçados a pedir empréstimos aos países ricos, aumentando, assim, sua dependência econômica.

Os países de baixa renda não são considerados *subdesenvolvidos*, mas *mal desenvolvidos* (Frank, 1966; Emmanuel, 1972). Os camponeses são forçados a escolher entre a fome e o trabalho por salários quase de fome em plantações, minas e fábricas controladas do exterior. Como os teóricos da dependência argumentam que essa exploração impediu que seus países alcançassem o crescimento econômico, eles costumam defender a busca por mudanças revolucionárias capazes de expulsar completamente as corporações estrangeiras desses países (Frank, 1969).

Embora os teóricos orientados para o mercado ignorem o poder político e militar, os teóricos da dependência consideram o exercício do poder central para impor relações econômicas desiguais. Sempre que líderes locais questionam esses arranjos desiguais, suas vozes são rapidamente abafadas pelas elites econômicas, que se movem para banir a sindicalização; aqueles que organizam os trabalhadores são aprisionados e, às vezes, mortos. Quando as pessoas elegem um governo que se oponha a essas políticas, é provável que esse governo seja derrubado pelo exército do país, muitas vezes com o apoio das forças armadas dos países industrializados. Os teóricos da dependência citam muitos exemplos: o papel da CIA em derrubar os governos marxistas da Guatemala, em 1954, e do Chile, em 1973, e sabotar o apoio ao governo esquerdista da Nicarágua na década de 1980. Segundo a visão da teoria da dependência, a desigualdade econômica global tem o apoio da força militar. As elites econômicas em países pobres, amparadas por seus correlatos nos países ricos, usam o poder policial e militar para manter a população sob controle.

O sociólogo brasileiro Fernando Henrique Cardoso, que já foi um proeminente teórico da dependência, argumentou que um certo grau de "desenvolvimento dependente" era possível, embora somente por sua dependência em relação aos países mais ricos (Cardoso e Faletto, 1979). Em particular, os governos desses países podem desempenhar um papel fundamental em direcionar um rumo entre a dependência e o desenvolvimento (Evans, 1979). No entanto, como presidente do Brasil de 1995 a 2003, Fernando Henrique mudou seu pensamento, clamando por uma integração maior do Brasil na economia global.

Durante os últimos 30 anos, os sociólogos cada vez mais consideravam o mundo um sistema econômico único (ainda que repleto de conflitos). Embora as teorias da dependência sustentem que países específicos estão economicamente ligados, a **teoria dos sistemas mundiais**, que é fortemente influenciada pela teoria da dependência, argumenta que o sistema econômico capitalista mundial não é apenas um conjunto de países independentes envolvidos em relações diplomáticas e econômicas, mas deve ser entendido como uma unidade singular. A abordagem dos sistemas mundiais é mais relacionada com o trabalho de Immanuel Wallerstein e colaboradores (Wallerstein, 1974, 1980, 1989, e outros lugares).

> No Capítulo 4, "Globalização e mudança social", veja o quadro Estudos clássicos 4.1 para uma discussão sobre o papel pioneiro de Wallerstein na teoria dos sistemas mundiais.

Wallerstein mostrou que o capitalismo existe há muito tempo como um sistema econômico global, a começar pela ampliação de mercados e do comércio na Europa nos séculos XV e XVI. Considera-se que o sistema mundial seja composto por quatro elementos sobrepostos (Chase-Dunn, 1989):

- um mercado mundial para mercadorias e mão de obra;
- a divisão da população em classes econômicas diferentes, particularmente capitalistas e trabalhadores;
- um sistema internacional de relações políticas formais e informais entre os países mais poderosos, cuja competição ajuda a moldar a economia mundial;
- a divisão do mundo em três zonas econômicas desiguais, com as zonas mais ricas explorando as mais pobres.

Os teóricos dos sistemas mundiais chamam essas três zonas econômicas de "centro", "periferia" e "semiperiferia". Diz-se que todos os países do sistema mundial capitalista se dividem entre as três categorias. Os **países centrais** são os países industriais mais avançados, que ficam com a maior parte dos lucros do sistema econômico mundial. Eles são o Japão, os Estados Unidos e os países do Oeste Europeu. Os **países periféricos** compreendem países principalmente agrícolas de baixa renda, os quais costumam ser manipulados pelos países centrais, que tiram vantagens econômicas disso. Exemplos de países periféricos são encontrados por toda a África e, em um grau menor, na América Latina e na Ásia, onde os recursos naturais fluem da periferia para o centro, assim como os lucros. O centro, por sua vez, vende mercadorias acabadas para a periferia, também com lucro.

Os teóricos dos sistemas mundiais argumentam que os países centrais enriqueceram com esse comércio desigual, enquanto, ao mesmo tempo, limitam o desenvolvimento econômico dos países periféricos. Finalmente, os **países semiperiféricos** ocupam uma posição intermediária: eles são países semi-industrializados de renda média, que tiram lucros dos países mais periféricos e, por sua vez, cedem lucros aos países centrais. Exemplos de países semiperiféricos são o México, o Brasil, a Argentina, o Chile e as economias recentemente industrializadas do Leste Asiático. A semiperiferia, ainda que controlada, até certo ponto, pelo centro, também consegue explorar a periferia. Além disso, seu maior sucesso econômico oferece aos países periféricos a promessa de desenvolvimento semelhante.

Embora o sistema mundial tenda a mudar de forma bastante lenta, os países poderosos um dia perdem o seu poder econômico, e outros países tomam o seu lugar. Por exemplo, há aproximadamente cinco séculos, as cidades-Estado italianas de Veneza e Gênova dominavam a economia capitalista mundial. Primeiramente os dinamarqueses, depois os britânicos e, atualmente, os Estados Unidos as substituíram. Hoje em dia, segundo a visão de alguns teóricos, a dominância norte-americana está abrindo caminho para uma situação mais "multipolar" ou "multiplexa", em que a ordem mundial está moldada por diversos centros de poder, incluindo os Estados Unidos, a Europa e a Ásia (Acharya, 2018).

Teorias centradas no Estado

Algumas das explicações mais recentes para o desenvolvimento econômico enfatizam o papel das políticas estatais na promoção do crescimento econômico. Diferindo nitidamente das teorias orientadas para o mercado, as **teorias centradas no Estado** dizem que as políticas governamentais adequadas não interferem negativamente no desenvolvimento econômico, mas podem ter um papel positivo nele. Um grande *corpus* de pesquisas hoje sugere que, em certas regiões do mundo, como o Leste Asiático, o desenvolvimento econômico foi fomentado pelo Estado. Mesmo o Banco Mundial, há muito um forte proponente das teorias do desenvolvimento baseadas no livre mercado, mudou seu pensamento quanto ao papel do Estado. Em seu relatório de 1997, *O Estado num mundo em transformação*, o Banco Mundial concluiu que, sem um Estado efetivo, "o desenvolvimento sustentável, tanto econômico quanto social, é impossível".

Os governos fortes contribuíram de várias maneiras para o crescimento econômico nos países recentemente industrializados do Leste Asiático durante as décadas de 1980 e de 1990 (Appelbaum e Henderson, 1992; Amsden et al., 1994; World Bank, 1997). Por exemplo, alguns governos do Leste Asiático tiveram que agir agressivamente para garantir a estabilidade política, mantendo baixos os custos da mão de obra. Isso foi feito com atos de repressão, como banir sindicatos, proibir greves, prender líderes de trabalhadores e, de modo geral, silenciar as vozes dos trabalhadores. Os governos de Taiwan, Coreia do Sul e Cingapura, em particular, seguiram tais práticas como um modo de encorajar o investimento interno.

De modo semelhante, os governos do Leste Asiático seguidamente tentavam direcionar o desenvolvimento econômico para rumos desejados. As agências estatais ofereciam empréstimos baratos e isenção fiscal para empresas que investissem em setores favorecidos pelo governo. Às vezes, essa estratégia fracassava, resultando em empréstimos inadimplentes mantidos pelo governo — uma das causas dos problemas econômicos da região durante o final da década de 1990. Alguns governos impediram que as empresas investissem seus lucros em outros países, forçando-as a investir no crescimento econômico doméstico. Em alguns casos, os governos eram os proprietários e, portanto, controlavam setores fundamentais. O governo japonês era proprietário de ferrovias, da indústria siderúrgica e de bancos, o governo sul-coreano possuía bancos, e o governo de Cingapura possuía companhias aéreas e indústrias armamentistas e navais.

Os governos do Leste Asiático também criaram programas sociais, como habitação de baixo custo e ensino universal. Os maiores sistemas de habitação pública do mundo (fora dos países socialistas ou ex-socialistas) estão em Hong Kong e Cingapura, onde subsídios governamentais mantêm os aluguéis extremamente baixos. Como resultado, os trabalhadores não precisam de salários altos para pagar pela moradia e podem competir com os trabalhadores americanos e europeus no emergente mercado de trabalho global. O governo de Cingapura também exige que as empresas e os cidadãos economizem uma grande porcentagem da sua renda para investir no crescimento futuro.

Críticas pós-desenvolvimento

No início da década de 1990, o conceito dominante de "desenvolvimento" sofreu severas críticas de acadêmicos e ativistas, muitos deles trabalhando em países em desenvolvimento. Com base nas ideias de Foucault sobre como os **discursos** poderosos na sociedade limitam e moldam o conhecimento sobre crime, saúde mental e sexualidade, o "discurso do desenvolvimento" que foi estabelecido após 1945 foi visto como limitador de como a pobreza e a desigualdade globais são entendidas. Sachs (1992: 1) argumentou que "Os últimos quarenta anos podem ser chamados de idade do desenvolvimento. Essa época está chegando ao fim. Chegou a hora de escrever seu obituário". Para alguns, essa afirmação marcou o início de uma nova era de **pós-desenvolvimento** que guarda alguma semelhança com ideias do pós-industrialismo e do pós-modernismo.

A categorização feita pelo presidente dos EUA Harry S. Truman, em 1949, da África, da Ásia e da América Latina como "subdesenvolvidos" efetivamente menosprezou os diversos países dessas regiões, marcando-os como inferiores às sociedades industrializadas (Esteva, 1992). Por isso, o discurso de desenvolvimento resultante é visto pelos teóricos do pós-desenvolvimento como um elemento fundamental na manutenção do poder do mundo minoritário sobre a maioria global (Escobar, 1995). No período pós-1945, quando os regimes coloniais davam lugar às demandas de independência e autonomia nacional no chamado Terceiro Mundo, o discurso de desenvolvimento, a política e as instituições "ajudaram um colonialismo moribundo e obsoleto a se transformar em um agressivo — às vezes, até mesmo atrativo — instrumento capaz de recapturar novos terrenos" (Rahnema, 1997: 384).

A teoria do pós-desenvolvimento ganhou terreno por diversos motivos. Primeiro, o fim da Guerra Fria, após 1989, mudou a relação entre os países em desenvolvimento e as duas superpotências concorrentes, EUA e URSS, que haviam oferecido "desenvolvimento" para expandir sua influência geopolítica. A aparente superioridade da civilização industrial também foi enfraquecida por uma crescente crítica ambientalista, que questionou por que esse modelo, que tem sido tão ecologicamente destrutivo, deveria ser importado para o mundo em desenvolvimento. Por fim, muitos argumentaram que a evidência de 40 anos de desenvolvimento era que a lacuna de desigualdade global havia realmente aumentado, e, nesse sentido, o projeto de desenvolvimento claramente falhou com seus destinatários (Ziai, 2007: 4). Porém, se o modelo industrial de modernização se esgotou, que modelo alternativo deve ser seguido?

Alguns sugerem que essa é simplesmente a pergunta errada. Escobar (1995) argumenta que o pós-desenvolvimento não gira em torno de encontrar "alternativas de desenvolvimento", mas implica buscar alternativas ao desenvolvimento como convencionalmente definido. E é mais provável que essas alternativas sejam encontradas nas culturas indígenas locais, nos movimentos de base e nas iniciativas comunitárias. Em vez de se tornar mais um discurso abrangente, a teoria do pós-desenvolvimento está mais próxima de uma ideologia motivadora que legitima as soluções práticas das populações locais, que estão mais próximas dos problemas sociais e econômicos de seus próprios países. Essa abordagem é vista como preferível a confiar em "especialistas" em desenvolvimento com pouca compreensão do conhecimento e das tradições locais.

Os críticos afirmam que a teoria do pós-desenvolvimento, como o pós-modernismo, é muito melhor em fazer críticas do que em propor sugestões práticas e construtivas de mudança. O risco de sua crítica rigorosa e generalizada das perspectivas modernas de desenvolvimento científico é que os aspectos genuinamente progressistas desse último também sejam rejeitados. Kiely (1999: 47) argumenta que rejeitar as iniciativas de desenvolvimento com base em sua origem, e não em sua eficácia no enfrentamento de problemas graves, como altas taxas de mortalidade infantil, "expressa a visão não do multiculturalista consistente, mas do turista paternalista". Outros sugerem que a teoria do pós-desenvolvimento não consegue ver que uma rejeição total da modernidade poderia permitir que as elites locais patriarcais e os fundamentalistas antidemocráticos tivessem espaço para se tornar politicamente poderosos (Nanda, 2004).

Entretanto, embora a crítica ao pós-desenvolvimento ainda não tenha deslocado as perspectivas de desenvolvimento existentes, ela conseguiu forçar todos aqueles que trabalham em desenvolvimento e estudos de desenvolvimento a serem mais reflexivos tanto em suas análises quanto em suas práticas.

Avaliando as teorias do desenvolvimento

Cada tipo de teoria de desenvolvimento tem seus pontos fortes e fracos. Porém, como um todo, elas nos possibilitam entender melhor as causas e soluções em potencial para reduzir a desigualdade global. As teorias orientadas para o mercado recomendam a adoção de instituições capitalistas modernas para promover o desenvolvimento econômico, conforme atesta o exemplo recente dos NICs do Leste Asiático. Elas argumentam ainda que os países somente poderão se desenvolver economicamente se abrirem suas fronteiras ao comércio.

Porém, as teorias orientadas para o mercado também não levam em conta os diversos vínculos econômicos entre os países pobres e ricos — vínculos que podem tanto impedir quanto promover o crescimento econômico. Elas tendem a culpar os países de renda baixa por sua pobreza, em vez de analisar a influência de fatores externos, como as operações comerciais de nações mais poderosas. As teorias orientadas para o mercado também ignoram as maneiras como o governo pode trabalhar com o setor privado para promover o desenvolvimento econômico. Finalmente, não explicam por que certos países conseguem decolar economicamente, ao contrário de outros.

As teorias da dependência abordam a negligência das teorias orientadas para o mercado e consideram os vínculos dos países pobres com os ricos, concentrando-se nas maneiras como as nações ricas exploraram as pobres economicamente. Todavia, as teorias da dependência não ajudam a explicar adequadamente o sucesso de países de renda baixa como Brasil e Argentina, ou das economias em rápida expansão no Leste Asiático. De fato, certos países que estavam na categoria de baixa renda melhoraram economicamente *mesmo* na presença de corporações multinacionais do Ocidente. Mesmo algumas ex-colônias, como Hong Kong e Cingapura, que dependiam do Reino Unido, contam como histórias de sucesso econômico. A teoria dos sistemas mundiais tenta superar as limitações das teorias da dependência, analisando a economia mundial como um todo, explorando a complexa rede global de relações políticas e econômicas que influencia o desenvolvimento e a desigualdade.

As teorias centradas no Estado enfatizam o papel governamental de promover o crescimento econômico. Desse modo, elas oferecem uma alternativa útil às principais teorias orientadas para o mercado, com sua ênfase nos Estados como obstáculos, e às teorias da dependência, que consideram os Estados aliados de elites empresariais globais. Quando combinadas com as outras teorias — particularmente, a teoria de sistemas mundiais —, as teorias centradas no Estado ajudam a explicar as muitas mudanças que transformam a economia mundial.

A crítica pós-desenvolvimento é um lembrete significativo de que o próprio conceito de "desenvolvimento" é contestado e corre o risco de privilegiar a experiência dos países relativamente ricos, levando a um foco exclusivo em medidas econômicas brutas. O economista vencedor do Prêmio Nobel Amartya Sen argumenta que, além de compreender a desigualdade global, as teorias do desenvolvimento precisam reconhecer que o "desenvolvimento" é, em última análise, uma questão de liberdade humana. Nesse caso, a atuação individual deve estar no centro do processo.

Em particular, Sen (2001: 36) sustenta que a expansão da liberdade é tanto o "fim primário" quanto o "meio principal" de desenvolvimento. Perseguir o desenvolvimento significa tentar remover as "não liberdades" (como a tirania, a fome ou a pobreza) que impedem os indivíduos de fazer escolhas reais e de "fazer coisas que têm razão para valorizar" (ib.: 18). Mais liberdade também significa que as pessoas são capazes de ajudar a si mesmas e, portanto, ter mais influência no desenvolvimento da sociedade.

Mover-se para um foco no "desenvolvimento como liberdade" não significa ignorar os obstáculos muito reais para uma maior igualdade global nem ignorar as principais questões do RNB comparativo *per capita* ou outros critérios econômicos. Concentrar-se na expansão das liberdades individuais exige que os Estados e as organizações multilaterais — como o FMI, o Banco Mundial e as Nações Unidas — revisem suas políticas públicas *sob o ponto de vista* da liberdade. Em suma, o argumento de Sen sugere que a liberdade individual precisa se tornar um compromisso social para preencher a lacuna entre estrutura e agência e dar uma nova direção ao processo de "desenvolvimento".

Desenvolvimento em meio à desigualdade

Atualmente, as forças sociais e econômicas que conduzem a uma economia capitalista global única parecem irresistíveis. O principal desafio para esse cenário — socialismo/comunismo — efetivamente acabou, com o colapso da União Soviética e o ressurgimento da Rússia, que abandonou o comunismo e passou rapidamente para um modelo econômico capitalista. O maior país socialista que resta no mundo hoje em dia, a República Popular da China, também apresenta muitos princípios da economia de mercado, o que permitiu um crescimento econômico muito rápido desde 1978.

Ainda existe muito debate e discussão sobre a melhor forma de caracterizar o sistema econômico chinês. Para alguns estudiosos, a China tem uma forma de capitalismo de Estado, em que a economia de mercado é promovida e governada por um poderoso aparato estatal. Isso significa que alguns aspectos convencionais do capitalismo ocidental, como propriedade privada, liberalização financeira e direitos de propriedade seguros, não são elementos centrais do "capitalismo chinês" (Huang, 2008; Hung e Chen, 2018). Para outros, o capitalismo na China não surgiu diretamente de uma mudança na política estatal, mas das atividades de empresas privadas, que rapidamente se tornaram o mecanismo principal da criação de empregos e do crescimento econômico. Como resultado, a política estatal mudou para colocar as empresas privadas em pé de igualdade com as empresas estatais, permitindo que elas se expandissem mais rapidamente do que antes. Nessa visão, o rápido desenvolvimento econômico da China não pode ser caracterizado como "capitalismo de Estado". Pelo contrário, é resultado do crescente papel que as forças de mercado desempenham na economia chinesa (Lardy, 2014).

Apesar disso, a maioria dos especialistas em China concorda que, à medida que ela continuar a se engajar no sistema capitalista global, seu impacto será cada vez mais sentido ao redor do mundo. Com uma força de trabalho enorme, com muitos trabalhadores com boa formação e treinamento que hoje recebem salários extremamente baixos em comparação com os trabalhadores em empregos semelhantes no mundo desenvolvido, a China é extremamente competitiva, potencialmente forçando os salários para baixo nos países mais ricos.

O que a rápida globalização significa para a desigualdade global? Existem dois cenários contrastantes. Em um, a economia global poderia ser dominada por grandes corporações globais, com os

A economia chinesa em rápido crescimento tem visto uma divisão interna cada vez maior entre ricos e pobres. A análise de Piketty no início deste capítulo antecipa esse resultado?

trabalhadores competindo uns contra os outros por um salário que lhes proporcione viver. Esse cenário talvez indique salários menores para grandes quantidades de pessoas nos países de renda alta e salários maiores para mais pessoas nos países de renda baixa. Pode haver um nivelamento geral da renda média ao redor do mundo, mas em um nível muito menor do que o existente atualmente nas nações industrializadas. A polarização entre aqueles "que têm" e os "que não têm" nos países continuaria a crescer, o mundo inteiro seria cada vez mais dividido entre aqueles que se beneficiam da economia global e aqueles que não se beneficiam dela. Essa polarização poderia alimentar conflitos entre grupos étnicos e mesmo entre nações, pois os que viessem a sofrer com a globalização econômica culpariam os outros por sua sina (Hirst e Thompson, 1992; Wagar, 1992).

Um segundo cenário seria o de mais oportunidades para todos, à medida que os benefícios da tecnologia moderna estimulassem o crescimento econômico em todo o mundo. Os países recentemente industrializados mais bem-sucedidos do Leste Asiático são um sinal do que está por vir. Outros países, como a Malásia e a Tailândia, logo os seguirão, juntamente com a China, a Indonésia, o Vietnã e outros. A Índia, o segundo país mais populoso do mundo, já ostenta uma classe média de 200 milhões de pessoas, por volta de um quarto da sua população total, mostrando que o desenvolvimento positivo já está sendo gerado para alguns países (Kulkarni, 1993).

Entretanto, um fator fundamental que pode tornar o segundo cenário menos provável é o crescente abismo tecnológico entre os países ricos e os pobres, fazendo com que os países mais pobres tenham mais dificuldade para se atualizar. Os países pobres não podem comprar tecnologias modernas — ante sua ausência, enfrentam grandes obstáculos para superar a pobreza, ficando presos a um ciclo vicioso descendente. Jeffrey Sachs, diretor do Earth Institute na Universidade Columbia, em Nova Iorque, afirma que o mundo se divide em três classes: aqueles que criam inovações tecnológicas, aqueles que adotam as novas tecnologias e aqueles que estão tecnologicamente desconectados. Os inovadores tecnológicos são aquelas regiões que fornecem quase todas as invenções tecnológicas do mundo e somam não mais que 15% da população mundial. Os que adotam as tecnologias são aquelas regiões que estão sempre prontas a utilizar as tecnologias inventadas em outras partes, aplicando-as à produção e ao consumo, e representam 50% da população mundial. Finalmente, os tecnologicamente desconectados estão naquelas regiões que não inovam nem adotam as tecnologias desenvolvidas em outros locais e totalizam 35% da população mundial. Observe que Sachs fala de regiões, e não de países, porque o uso da tecnologia nem sempre respeita as fronteiras nacionais.

Sachs observa que as regiões tecnologicamente desconectadas incluem o "sul do México e pontos na América Central tropical, os países andinos, o Brasil tropical, a África Subsaariana, a maior parte da antiga União Soviética, partes sem litoral da Ásia, os países geograficamente isolados do Laos e Camboja e os estados do interior da China". Essas são regiões empobrecidas que não têm acesso a mercados ou rotas comerciais oceânicas importantes. Essas regiões mais pobres não têm acesso aos mercados ou às principais rotas de comércio oceânicas e estão presas no que Sachs chama de "armadilha de pobreza", afetadas por doenças, pouca produtividade agrícola e degradação ambiental. Ironicamente, esses problemas exigem soluções tecnológicas.

Para se tornar autossustentável, a inovação exige uma massa crítica de ideias e tecnologias. O "Vale do Silício", perto de São Francisco, nos Estados Unidos, é um exemplo de como a inovação tecnológica tende a se concentrar em regiões ricas em universidades e empresas de tecnologia. O Vale do Silício cresceu ao redor da Universidade Stanford e outras instituições educacionais e de pesquisa localizadas ao sul de São Francisco. Os países em desenvolvimento estão despreparados para desenvolver essas regiões tecnológicas; esses países são pobres demais para importar computadores, telefones celulares, maquinário industrial informatizado ou outro tipo de tecnologia superior. E também não podem pagar para licenciar tecnologia das empresas estrangeiras que detêm as patentes. Sachs solicita que os governos dos países ricos, juntamente com as instituições financeiras internacionais, ofereçam empréstimos e doações para o desenvolvimento científico e tecnológico, a fim de ajudar a reduzir a divisão tecnológica.

As perspectivas para o século XXI

A previsão de tendências futuras — muitas vezes, chamada de futurologia — não tem um bom histórico. Como vimos, há mais de 40 anos os demógrafos catastróficos vêm prevendo que os recursos petrolíferos do mundo acabariam "na próxima década". Previsões semelhantes de fome em massa de centenas de milhões de pessoas na década de 1970, como resultado do crescimento populacional, também não se concretizaram, apesar de a desnutrição persistir em algumas regiões. Parte da razão para as falhas da futurologia é que as previsões são baseadas em tendências que estão ativas no presente, e essas são passíveis de mudanças, sejam elas intencionais ou não. No entanto, podemos pelo menos resumir algo do que aprendemos neste capítulo.

No século XXI, o mundo dos seres humanos continua sendo brutalmente desigual, e o local de nascimento talvez seja a maior influência nas chances de vida de um indivíduo. Se você nasceu em um país desenvolvido e relativamente rico, é provável que você não corra o risco de passar fome, estará abrigado com algum grau de conforto e terá muitas oportunidades de trabalho e carreira. Você também tem uma perspectiva decente de se tornar parte do 1% mais rico do planeta. Se você nasceu em um país mais pobre, especialmente fora da classe média, pode ser muito difícil conseguir estudo, as oportunidades de trabalho serão limitadas e a expectativa de vida será menor. É exatamente isso que a desigualdade global significa — chances de vida radicalmente diferentes enraizadas no simples fato de ter nascido. Esse conhecimento também é o que motiva algumas pessoas a tentar entender melhor como a desigualdade global é (re)produzida, e outras, a tentar eliminá-la.

Mas o capítulo também oferece alguns exemplos altamente positivos de desenvolvimento em alguns dos países e regiões mais pobres do mundo. Como Peet e Hartwick (2015) argumentam, o conceito de "desenvolvimento" tem sido parte da modernidade desde o período do Iluminismo. Essa versão do desenvolvimento não é apenas a geração de crescimento econômico, mas significa também progresso cultural, social e ético — desenvolvimento como o movimento em direção a uma vida melhor para todos. Esse significado continua em voga hoje, mas com o reconhecimento de que uma base econômica sólida é necessária para apoiar o progresso global real e significativo que foi feito em saúde, educação e expectativa de vida apenas no último meio século. Como argumenta o PNUD, a evidência é de que "o desenvolvimento funciona". Os críticos podem concordar, mas também notam que isso não está acontecendo com rapidez suficiente.

China, Índia, Brasil, Rússia e Vietnã tiveram um enorme progresso econômico, e vários outros países, incluindo Etiópia, Panamá, Gâmbia, Nepal e Indonésia, tiveram melhorias positivas, segundo o IDH mais amplo do PNUD. É claro que o desenvolvimento na medição do IDH, por mais bem-vindo que seja, pode fazer pouco para preencher a lacuna de igualdade econômica se os países desenvolvidos continuarem a colher proporcionalmente mais recompensas da economia mundial. Mas talvez isso ilustre algo do ponto que os teóricos do pós-desenvolvimento procuram defender — ou seja, que o que constitui "desenvolvimento" ou "progresso" não pode simplesmente ser retirado do contexto dos países desenvolvidos e usado como uma medida universal.

De fato, as preocupações com o equilíbrio entre vida profissional e pessoal, viver estilos de vida mais simples e "pisar suavemente na Terra", que surgiram nas sociedades desenvolvidas, indicam uma insatisfação cada vez maior com critérios puramente econômicos de bem-estar. Se assim for, então pode haver sinais iniciais de uma convergência teórica para algo mais próximo do IDH da ONU, com seus diversos indicadores de "desenvolvimento". Partindo das evidências do capítulo, qualquer movimento em direção à convergência genuína não pode prosseguir sem uma redução correspondente na extrema desigualdade global que vemos hoje.

Revisão do capítulo

1. Cite alguns exemplos de desigualdade global. O que significa "desigualdade extrema"?

2. Explique as diferenças entre (a) o modelo dos três mundos, (b) o contraste entre países desenvolvidos e em desenvolvimento e (c) a ideia de mundos majoritário e minoritário. Como essas designações mudaram com o passar do tempo?

3. De que formas a classificação do Banco Mundial de países de renda alta, média-baixa, média-alta e baixa representa uma melhoria em relação aos esquemas de classificação anteriores?

4. O que é o índice de desenvolvimento humano? Cite os fatores que compõem o conceito do PNUD de "desenvolvimento humano". O desenvolvimento humano pode ser alcançado em países de renda baixa com os atuais níveis de desigualdade *econômica* global?

5. Liste algumas das principais melhorias que foram feitas nas áreas de educação, saúde, acesso a alimentos, água e saneamento e nas condições econômicas gerais nos países em desenvolvimento.

6. O que podemos aprender sobre o "desenvolvimento" com a passagem de alguns países da categoria de renda baixa para a de renda alta? Todos os países do mundo poderiam se tornar países de renda alta? O que impediria isso?

7. Como as *teorias orientadas ao mercado* da desigualdade social — a exemplo da teoria da modernização — explicam a pobreza persistente nos países em desenvolvimento?
8. Forneça alguns exemplos de *teorias de dependência*. Como a *teoria dos sistemas mundiais* de Wallerstein difere das suposições do ponto de vista da dependência?
9. As *teorias centradas no Estado* enfatizam o papel do governo na geração de desenvolvimento econômico. Usando exemplos específicos, como os governos promoveram realmente o crescimento e o desenvolvimento econômico?
10. Por que a demografia é relevante no estudo da desigualdade econômica global? De que forma as ideias malthusianas sobre a crise populacional ainda estão vivas hoje?
11. O modelo da transição demográfica considera adequadamente a dinâmica populacional atual e futura nos países em desenvolvimento?

Pesquisa na prática

A produção e distribuição equitativa de alimentos é um dos problemas mais significativos para o desenvolvimento global. Como vimos, o número de pessoas subnutridas no mundo inteiro continua sendo muito estável, em torno de 800 milhões. Uma esperança é que novas tecnologias de alimentos, como os organismos geneticamente modificados (OGMs), possam dar uma contribuição significativa para resolver esse problema de longa data. Isso seria provável, ou os países em desenvolvimento se tornarão cada vez mais dependentes das corporações transnacionais ocidentais para sua segurança alimentar? O artigo a seguir explora as questões levantadas em um recente caso de tribunal internacional.

> Busscher, N., Colombo, E. L., van der Ploeg, L., Gabella, J. I., & Leguizamón, A. (2019). "Civil Society Challenges the Global Food System: The International Monsanto Tribunal", *Globalizations*, 17(1): 16-30.

1. Qual é o tema desse artigo? Ele é baseado em questões de pesquisa ou tem um foco alternativo?
2. De acordo com os autores, o que há de errado atualmente com o "sistema alimentar global" e por que ele produz resultados negativos para muitos países em desenvolvimento?
3. Que alegações específicas havia contra a Monsanto no tribunal? Quem fez as alegações?
4. Qual é o *status* legal desses tribunais e quais foram as conclusões do júri?
5. Se a Monsanto não compareceu ao tribunal e as conclusões do júri não têm peso legal, quais foram, segundo os autores, os resultados positivos para quem trouxe o caso?

Pensando sobre isso

Multibilionários têm tido uma má reputação. À medida que os extremos absolutos da desigualdade global crescem cada vez mais, defender a fabulosa riqueza dos super-ricos se tornou muito mais difícil. De fato, uma consciência cada vez maior da desigualdade global colocou em questão a operação do capitalismo contemporâneo como um sistema econômico aberto, empresarial. Uma forma de os bilionários combaterem essas críticas é devolvendo parte de sua riqueza para o bem social geral. Um esforço bem divulgado foi liderado por Warren Buffett e Bill e Melinda Gates, que criaram The Giving Pledge em 2010. Esse é descrito como "um esforço para ajudar a resolver os problemas mais prementes da sociedade, convidando os indivíduos e as famílias mais ricas do mundo a comprometer mais da metade de sua riqueza com filantropia ou causas de caridade, seja em vida ou em testamento" (consulte https://givingpledge.org). Dados os valores potencialmente altos que essa iniciativa pode gerar, existe o potencial para enfrentar alguns dos problemas mais sérios da desigualdade global.

Comece visitando o *site* The Giving Pledge. Considerando as instituições de caridade e as causas identificadas pelos signatários, é possível que o Pledge tenha um impacto significativo na desigualdade global? Mais de dez anos após sua fundação, tente descobrir quanto dinheiro foi doado até agora pelos mais de 200 signatários. Se os bilionários estão dispostos a doar, coletivamente, talvez de US$ 500 a 600 bilhões, por que os governos evitam introduzir taxas mais altas de tributação para os super-ricos? Forneça algumas razões sociopsicológicas pelas quais os bilionários ingressarão em um esquema voluntário como o Pledge, mas não apoiariam impostos mais altos obrigatórios.

Sociedade nas artes

A obra do artista visual australiano Aaron Moore tem como tema central a desigualdade global. Por exemplo, em dezembro de 2012, sua *performance One thing you lack* (uma frase bíblica) envolveu a venda de todos os seus bens, de roupas a livros e uma motocicleta, para arrecadar fundos para pessoas em situação de pobreza. *Don't deny us development* (2015), de Moore, foi um trabalho de vídeo multicanal mostrando muitas vozes diferentes de australianos ao lado de agricultores zambianos, reproduzidas em uma instalação de aparelhos de televisão reciclados. Explore o trabalho relacionado de Moore em seu *site*.

Não é de surpreender que questões de pobreza, desnutrição e desenvolvimento sejam temas do trabalho de artistas plásticos, cineastas e romancistas. Nesse caso em particular, quais foram os objetivos declarados do artista para esse conjunto de trabalhos? Como sociólogos, o que podemos aprender com esses trabalhos que ainda não aprendemos com a análise estatística de organizações internacionais como a ONU, o Banco Mundial e outros projetos de pesquisa sociológica? Elabore um argumento a favor da proposição de que, apesar dos graves problemas associados à desigualdade e ao desenvolvimento global, esse último oferece assunto legítimo para os artistas.

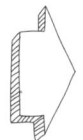

Outras leituras

Uma boa forma de começar é com o livro de Danny Dorling (2015) *Inequality and the 1%* (London: Verso), uma vívida discussão sobre as consequências do mundo de extrema riqueza nas mãos de uma pequena minoria. A coleção editada de David Held e Ayse Kaya (2007), *Global inequality* (Cambridge: Polity), cobre uma ampla gama de tópicos de maneira útil. A medição da desigualdade é muito bem tratada na obra de Branko Milanović (2007) *Worlds apart: measuring international and global inequality* (Princeton, NJ: Princeton University Press), que é uma leitura estimulante.

Um bom relato da história do conceito de desenvolvimento é *The history of development: from western origins to global faith* (4. ed., London: Zed Books), de Gilbert Rist (2014). *Theories and practices of development* (2. ed., Abingdon: Routledge), de Katie Willis (2011), examina as tentativas de colocar a teoria em prática. *Theories of development: contentions, arguments, alternatives* (3. ed., London: Guilford Press), de Richard Peet e Elaine Hartwick (2015), abrange muitas teorias, incluindo recentes ideias modernistas pós-estruturalistas, feministas e críticas.

Por fim, uma boa leitura é a coleção editada por Vandana Desai e Robert B. Potter (2014), *The companion to development studies* (3. ed., Abingdon: Routledge).

Links da internet

Em **loja.grupoa.com.br**, acesse a página do livro por meio do campo de busca e clique em Material Complementar para ver as sugestões de leitura do revisor técnico à edição brasileira, além de outros recursos (em inglês).

Inequality.org — baseado no Institute for Policy Studies, de Washington, D. C., o *site* **rastreia notícias sobre desigualdade e contém muitos recursos úteis:**
http://inequality.org/global-inequality/

Revista *Forbes* **— tudo o que você sempre quis saber sobre os super-ricos, incluindo quem são e quanto possuem (muita coisa):**
www.forbes.com/billionaires/

Fundo Monetário Internacional — o *site* **oficial do FMI:**
www.imf.org/

Banco Mundial — no *site***, procure o** *World Development Report* **mais recente:**
www.worldbank.org/

Global Call to Action against Poverty — uma coalizão global de grupos que fazem campanha sobre questões de pobreza e desigualdade:
https://gcap.global/

Programa das Nações Unidas para o Desenvolvimento — muitas informações sobre desigualdade, incluindo os relatórios de IDH e os Objetivos de Desenvolvimento Sustentável:
www.undp.org/content/undp/en/home/sustainable-development-goals.html

CAPÍTULO 7

GÊNERO E SEXUALIDADE

SUMÁRIO

Gênero, sexo e sexualidade 245

Identidade de gênero 245

Construções sociais de gênero e sexualidade 248

Sexualidade, religião e moralidade 254

Teorias sobre a desigualdade de gênero 256

Abordagens feministas 256

Movimentos feministas 263

A ordem de gênero 266

Direitos civis de LGBTQ+ 271

Direitos dos *gays* e homofobia 271

Direitos dos transgêneros e feminismo 274

Globalização, tráfico humano e trabalho sexual 276

Tráfico humano global 276

Trabalho sexual 278

Gênero e sexualidade: tudo muda novamente? 281

Revisão do capítulo 281

Pesquisa na prática 282

Pensando sobre isso 283

Sociedade nas artes 283

Outras leituras 283

Links da internet 284

Nos últimos anos, o humilde banheiro público se tornou um dos inúmeros locais de contestação entre ativistas dos direitos trans e algumas feministas radicais. Será que todos os espaços e instalações públicas devem se tornar neutros em termos de gênero?

Um truísmo sociológico é que a mudança social é um processo contínuo, não tem fim. Em nenhum outro contexto isso é mais visível do que na diversificação das identidades sexuais e de gênero. Para ajudar a definir o cenário para nossa discussão neste capítulo, alguns exemplos serão úteis.

Em setembro de 2019, o cantor pop Sam Smith disse aos seus seguidores do Instagram: "Depois de uma vida inteira em guerra com meu gênero, decidi assumir quem eu sou, por dentro e por fora". Smith se apresentou como **não binário** — ou seja, nem exclusivamente macho nem exclusivamente fêmea, nem masculino nem feminino — e pediu aos fãs que usassem os pronomes neutros da língua inglesa *they* e *them* em vez de *he* ("ele") ou *him* ("dele"). Disse que a identificação masculina e feminina não capturava com precisão seu sentimento ou senso de si, pois "eu me situo em algum ponto no meio" (BBC News, 2019a). O senso de fluidez de gênero de Smith ilustra um aspecto da grande e contínua mudança na identidade de gênero em muitas sociedades atuais.

Em agosto de 2014, aos 61 anos, o promotor de boxe e autodenominado "homem do homem" Frank Maloney anunciou que estava em transição para se tornar uma mulher. O processo de transição não foi fácil, envolvendo extensas cirurgias e tratamentos médicos à medida que Frank se tornava Kellie. Após a transição, Kellie explicou por que ela passou por esse processo:

> [...] por trás do rosto público sempre havia outra pessoa à espreita: Kellie, a mulher que eu sempre quis ser. Na verdade, não era apenas o caso de ser a mulher que eu sempre quis ser, era mais o caso de Kellie ser meu verdadeiro eu. A verdade é que sempre fui uma mulher presa dentro do corpo de um homem, mas, para proteger e esconder essa verdade, vivi uma mentira por toda a minha vida (Maloney, 2015: 12-13).

A solução de Maloney para a **disforia de gênero** — uma expressão usada por alguns para descrever a disjunção entre sua autoidentidade como mulher e seu corpo físico masculino — foi se tornar uma mulher trans — alguém que foi designado como homem no nascimento, mas cuja autoidentidade é feminina. Outras celebridades de alto perfil ajudaram a levar questões transgênero à atenção do público. O medalhista de ouro do decatlo dos Jogos Olímpicos Bruce Jenner fez a transição para se tornar Caitlyn Jenner; a atriz transgênero Laverne Cox estrelou a bem-sucedida série da Netflix *Orange is the new black*; enquanto Andreja Pejić foi a primeira modelo transgênero a ser retratada na revista de moda *Vogue*.

O termo **transgênero** (ou trans) abarca hoje uma variedade e um número cada vez maior de pessoas que experimentam "variância de gênero", incluindo aquelas cuja identidade de gênero e/ou desempenho de gênero diverge daquele atribuído no nascimento ou esperado de acordo com as normas sociais dominantes de feminilidade e masculinidade. **Cisgênero** (ou cis) é um termo usado para descrever pessoas cujo gênero atribuído no nascimento coincide com sua autoidentidade e desempenho de gênero.

No Reino Unido, a quantidade de encaminhamentos para centros de identidade de gênero tem aumentado rapidamente desde 2010. A Gender Identity Research and Education Society (GIRES) relatou que os números estavam crescendo cerca de 15% ao ano (Day, 2015). Um fundo do NHS para a saúde informou que 678 indivíduos menores de 18 anos foram encaminhados a eles em 2014 e 2015, mas, em 2018 e 2019, esse número passou para 2.590, um aumento médio de cerca de 40% ao ano. A maioria, cerca de três quartos, dos encaminhamentos de menores de 18 anos foi para pessoas designadas como do sexo feminino no nascimento. O número total de referências no Reino Unido (adultos e menores de 18 anos) também aumentou, de 3.300 em 2014 e 2015 para 8.074 em 2018 e 2019 (Marsh, 2019). Devido ao grande aumento do número de pessoas que procura sua ajuda, não é de surpreender que os serviços de identidade de gênero sofram de uma grave falta de capacidade. Essas estatísticas básicas são um sinal da crescente fluidez de gênero. Elas também mostram que, à medida que mais pessoas experimentarem a disforia de gênero, haverá desafios significativos para todas as instituições sociais, desde serviços de saúde até sistemas de educação e escolas, ambientes de trabalho e espaços públicos.

As questões de gênero e sexualidade agora estão bem estabelecidas na sociologia. Qual é, se houver, a relação entre biologia e identidade de gênero? Como a sexualidade está ligada à biologia humana e à autoidentidade? O que queremos dizer com "masculino" e "feminino", "homens" e "mulheres"? Alguns aspectos fundamentais de nossas identidades pessoais podem não ser tão fixos ou seguros quanto muitos de nós pensávamos anteriormente. Em vez disso, as identidades de gênero e sexual são fluidas, mutáveis e instáveis, e este capítulo tenta mostrar como se desenvolveram a pesquisa sociológica e a teorização nessa área. Temos que notar que o estudo do gênero e da sexualidade é um campo complexo, em desenvolvimento, cheio de grandes divergências, tanto teóricas quanto políticas, e os principais locais de pesquisa sociológica continuam sendo os países industrializados.

Muitos dos temas deste capítulo se sobrepõem às questões levantadas no Capítulo 15, "Famílias e relacionamentos íntimos", pois sexo, gênero e sexualidade estão estreitamente ligados a amor, intimidade e relacionamentos pessoais. Neste capítulo, começamos examinando o significado de sexo, gênero e sexualidade, analisando teorias de gênero e identidade sexual. O **construcionismo social** completo das abordagens sociológicas hoje é contrastado com as ideias biológicas comumente aceitas.

Prosseguimos discutindo sobre teorias e perspectivas feministas, "ondas" consecutivas de ativismo feminista e a teoria de uma ordem de gênero que estrutura as relações de gênero. Depois disso, veremos o desenvolvimento dos direitos civis dos LGBTQ+, incluindo o recente debate acalorado entre transgêneros e ativistas feministas, antes que o capítulo termine com uma discussão sobre o tráfico sexual e a diversidade atual do trabalho sexual.

Gênero, sexo e sexualidade

Desde o desenvolvimento das teorias e ideias feministas nos movimentos sociais das décadas de 1960 e 1970, a sociologia tem operado com um contraste básico entre sexo e gênero. **Sexo** pode significar atividade sexual, como "fazer sexo" com alguém, mas também pode se referir a características físicas, como o útero feminino e as genitálias masculina e feminina, que distinguem o "sexo feminino" do "sexo masculino". O **gênero**, ao contrário, diz respeito às diferenças sociais, culturais e psicológicas entre homens e mulheres, que são moldadas no processo social e envolvem relações de poder. O gênero está ligado a normas socialmente construídas de masculinidade e feminilidade e não é um produto direto da biologia. Como vimos, algumas pessoas sentem que nasceram no corpo físico "errado" e podem procurar transformá-lo para "endireitar as coisas".

Em muitos países, mas especialmente no mundo industrializado, aspectos importantes da vida sexual das pessoas também mudaram de maneira fundamental desde os anos 1960. A visão antes dominante de que a sexualidade estava intimamente ligada à reprodução biológica é enfraquecida pelo reconhecimento de que, na prática, não há ligação necessária entre **sexualidade** e reprodução. Gênero e sexualidade são dimensões da vida para os indivíduos explorarem e moldarem, e a suposição generalizada de **heteronormatividade** — de que a **heterossexualidade** é "normal" e "correta", enquanto outras sexualidades são "depravadas" — deu lugar a uma aceitação mais ampla da diferença e das sexualidades diversas. No entanto, muitas discussões sobre diferenças de gênero e sexualidade ainda sugerem que existem diferenças básicas ou naturais entre homens e mulheres. Metaforicamente, seria verdade que "os homens são de Marte e as mulheres são de Vênus" (Gray, 1993)?

De vez em quando, em alguns estudos de ciências naturais, continua a aparecer a hipótese de que fatores biológicos determinam padrões comportamentais. Por exemplo, à medida que a tecnologia de imagem cerebral avança e os cientistas adquirem uma ideia melhor da conectividade e da atividade cerebral, alguns estudos afirmam ter identificado diferenças nos cérebros femininos e masculinos que levam a formas de comportamento de gênero enraizadas na biologia. No entanto, como Connell (1987) argumentou, ainda não há evidências dos mecanismos que fariam a conexão entre as forças biológicas e o comportamento social complexo exibido pelos seres humanos no mundo inteiro. Rippon (2020: xx-xxi) argumenta que "estamos percebendo que a natureza está intimamente emaranhada com a criação. O que antes era considerado fixo e inevitável está se mostrando plástico e flexível; os poderosos efeitos de mudança biológica de nossos mundos físico e social estão sendo revelados".

As teorias segundo as quais os indivíduos obedecem a predisposições inatas subestimam ou negligenciam o caráter social da ação humana, e a abordagem construcionista social agora se torna dominante na sociologia do gênero e da sexualidade. Uma área em que o construcionismo teve uma grande influência é a exploração de como são formadas as identidades de gênero.

> **REFLEXÃO CRÍTICA**
>
> Quão segura é a distinção entre sexo biológico e gênero socialmente construído? Que exemplos do mundo real sugerem que o sexo, assim como o gênero, é uma construção social?

Identidade de gênero

Na sociologia da raça e da etnicidade, a "brancura" foi vista por muitos anos como "normal", e outras etnias, como "diferentes". De fato, na vida cotidiana, na coleta de dados oficiais e em muitos estudos acadêmicos no Norte Global, a branquitude não era vista como uma forma de identificação étnica (Back e Ware, 2001). De maneira semelhante, o gênero já foi visto como quase inteiramente "sobre" a experiência das mulheres, já que os homens e o comportamento masculino eram representados como a norma essencialmente "sem gênero" da qual as mulheres se desviavam. Hoje, essas visões são tidas como estereotipadas e extremamente imprecisas.

Na sociologia, uma abordagem precoce e produtiva das diferenças de gênero é a **socialização de gênero** — o aprendizado dos **papéis de gênero** por meio de agências sociais como a família, o Estado e a mídia de massa. Essa abordagem distingue o sexo biológico do gênero sociocultural; uma criança nasce com o primeiro, mas desenvolve o segundo. Por meio do contato com diversas **agências de socialização**, tanto primárias quanto secundárias, as crianças gradualmente internalizam as normas e expectativas sociais que, segundo as ideias dominantes, correspondem ao seu sexo biológico. Assim, as diferenças de gênero não são determinadas biologicamente, mas são produzidas culturalmente à medida que homens e mulheres são socializados em diferentes papéis. As teorias de socialização de gênero veem meninos e meninas aprendendo "papéis sexuais" e as identidades masculina e feminina — envolvendo normas masculinas e femininas — que os acompanham.

Estereótipos de gênero foram encontrados em muitos *sites* de mídia social. Bailey et al. (2013) descobriram que as meninas permaneciam particularmente suscetíveis a receber duras críticas *on-line*, por exemplo, se seu perfil de mídia social estivesse aberto, se postassem o que os outros consideravam informações "demais" ou se tivessem amigos "demais". Tais "ofensas" provavelmente levariam as meninas a serem rotuladas de "vadias" ou alguma coisa semelhante, algo que não se aplicava aos meninos se comportando da mesma maneira.

As influências sociais sobre a identidade de gênero fluem através de canais variados e costumam ser amplamente indiretas e despercebidas, e mesmo os pais comprometidos em criar seus filhos de maneiras "não sexistas" acham difícil combater os padrões existentes de aprendizagem de gênero (Statham, 1986). Os brinquedos, os livros ilustrados e os programas de televisão consumidos por crianças pequenas tendem a enfatizar a diferença entre os atributos masculinos e femininos. Há mais personagens masculinos do que femininos na maioria dos livros, das revistas, dos programas de televisão e dos

"Somos muito tradicionais por aqui. Eu cuido de tudo no front *doméstico, menos da segurança."*

filmes infantis, e os meninos costumam desempenhar papéis mais ativos e aventureiros, enquanto as mulheres são retratadas como passivas, expectantes e orientadas para o lar (Davies, 1991; Grogan, 2008).

Pesquisadoras feministas têm demonstrado como os produtos culturais e de mídia voltados para o público jovem incorporam representações estereotipadas e de gênero de meninas e meninos e suas ambições esperadas. Em uma série de quatro projetos, Smith e Cook (2008) encontraram disparidades persistentes na apresentação de personagens masculinos e femininos nos filmes. Em filmes populares com classificação G (geral ou "família") produzidos entre 1990 e 2005, apenas 28% dos personagens com fala ativa eram mulheres, enquanto 85% dos narradores eram homens. Um estudo mais amplo de 400 filmes em toda a escala de classificação também encontrou duas representações contrastantes de mulheres: a mãe tradicional em um relacionamento comprometido ou a mulher atraente e sedutora, com uma forma corporal irreal, incluindo cintura fina e pequena e silhueta de "violão" (ibid.: 12-14). Proporções corporais irreais também tinham muito mais probabilidade de ser encontradas em personagens femininas animadas em programas de televisão e desenhos animados para menores de 11 anos do que naqueles que são "*live action*", e o mesmo vale para "roupas sexualmente reveladoras" (que revelam partes do corpo entre o pescoço e os joelhos). Mesmo no século XXI, portanto, os estereótipos de gênero continuam sendo uma característica persistente da produção midiática destinada às crianças.

Um conjunto de evidências cada vez maior descobriu insatisfação generalizada entre meninas e mulheres jovens com seus próprios corpos, em parte como resultado de se compararem com os modelos femininos retocados e aperfeiçoados que predominam em revistas brilhantes, na televisão e no cinema (American Psychological Association, 2010). A disseminação das tecnologias digitais, que permitem a manipulação de corpos em fotografias e em vídeo, significa que os jovens agora enfrentam representações midiáticas ainda mais idealizadas e irreais do que as gerações anteriores. Esse problema é especialmente agudo nas revistas, que têm um impacto poderoso nas atitudes dos leitores regulares (Grogan, 2008: 108-109; ver também Wykes e Gunter, 2005).

> Uma discussão mais detalhada da socialização de gênero pode ser vista no Capítulo 14, "O curso da vida".

Os interacionistas argumentam que a socialização não é um processo tranquilo, pois diferentes agências de socialização podem estar em conflito umas com as outras em um processo mais conflitante, com resultados mais incertos do que costuma ser sugerido pelas teorias de socialização de gênero. Com a mesma seriedade, as teorias de socialização subestimam a capacidade dos indivíduos de rejeitar ou modificar as expectativas sociais em suas práticas reais (Stanley e Wise, 1993, 2002). É mais correto dizer que as agências de socialização oferecem oportunidades para as pessoas *participarem* de práticas de gênero, mas isso não significa que a identidade de gênero seja *determinada*. As crianças resistem às pressões pela socialização. Alguns meninos misturam elementos masculinos e femininos, enquanto algumas meninas praticam esportes competitivos com determinação, e meninos e meninas se comportam particularmente de maneira diferente em relação ao aspecto convencional de gênero que apresentam em público (Connell, 1987). A crítica interacionista é importante. Os seres humanos não são receptores passivos e inquestionáveis da "programação" de gênero, mas se engajam no processo de forma ativa, modificando ou rejeitando papéis de gênero pré-escritos, por mais poderosos que possam parecer.

> Para ver uma discussão sobre a construção social dos corpos, consulte o Capítulo 10, "Saúde, doença e deficiência".

Na abordagem de socialização de gênero, uma distinção biológica entre dois sexos oferece uma estrutura que, na sociedade, se torna "culturalmente elaborada". Por outro lado, os teóricos construcionistas sociais rejeitam cada vez mais qualquer base biológica para as diferenças de gênero. As identidades de gênero surgem em relação às diferenças de sexo *percebidas* na sociedade e, por sua vez, ajudam a moldar essas diferenças. Por exemplo, uma sociedade em que as ideias de masculinidade são caracterizadas pela força física e por atitudes "duras" encorajará os homens a cultivar uma imagem corporal específica e um conjunto de maneirismos diferentes daqueles de sociedades com diferentes normas masculinas. Em suma, as identidades de gênero e as diferenças de sexo estão intimamente conectadas dentro dos corpos vividos individuais (Connell, 1987; Scott e Morgan, 1993; Butler, 1990).

O gênero não é apenas uma criação social que carece de uma "essência" fixa, mas o próprio corpo humano está sujeito a escolhas individuais e forças sociais que o moldam e alteram. As pessoas dão aos seus corpos significados que desafiam o que é considerado "natural", optando por construí-los e reconstruí-los com exercícios, dietas, *piercings* e cirurgias estéticas. As pessoas trans podem passar por cirurgias de redesignação de gênero para remodelar o corpo físico, facilitando o desempenho de sua identidade de gênero. Intervenções médicas e tecnológicas ofuscam as fronteiras do corpo físico, abrindo-o para mudanças muito radicais.

No entanto, essas escolhas individuais aparentemente "livres" ainda estão ligadas a normas sociais mais amplas sobre o tamanho e a forma corporal ideais, a tendências sociais e a pressões comerciais associadas ao *marketing* e à indústria da moda.

Construções sociais de gênero e sexualidade

A sexualidade é considerada por muitas pessoas um assunto particular e altamente pessoal. Até bem recentemente, muito do que se sabe sabia a sexualidade humana vinha de sociobiólogos, pesquisadores médicos e "sexólogos". Sociobiólogos como Barash (1979) argumentaram que há uma explicação evolutiva para a promiscuidade sexual amplamente divulgada dos homens. Os homens produzem milhões de espermatozoides durante a vida e podem ser vistos como biologicamente dispostos a engravidar o maior número possível de mulheres. No entanto, as mulheres produzem apenas algumas centenas de óvulos ao longo da vida e precisam carregar o feto por nove meses, o que explica por que não são tão sexualmente promíscuas quanto os homens. Muitos estudiosos rejeitam esse tipo de abordagem.

Rose et al. (1984: 145) observam que, ao contrário da maioria dos outros animais, "o bebê humano nasce com relativamente poucos de seus caminhos neurais já comprometidos", ilustrando que o comportamento humano é moldado mais pelo ambiente do que pelos instintos geneticamente programados. Da mesma forma, Norbert Elias (1987a) argumenta que a capacidade humana de aprender é um desenvolvimento evolutivo, mas, em humanos, o equilíbrio entre comportamento aprendido e não aprendido pendeu decisivamente a favor do primeiro. Por conseguinte, os humanos não apenas podem aprender mais do que outras espécies, mas também *devem* aprender mais para participar com sucesso em sociedades cada vez mais diversificadas e complexas. Nas sociedades humanas, a evolução biológica é sobreposta ao desenvolvimento social, e todas as tentativas de explicar esse último com base no primeiro são reducionistas e inadequadas, conforme neurocientistas como Rippon (2020) também reconhecem.

A escola de pensamento das "diferenças naturais" argumenta que as desigualdades sociais de classe, gênero e "raça" estão enraizadas na diferença biológica. A divisão de trabalho existente também deve ser "natural", com mulheres e homens desempenhando as tarefas para as quais são mais adequados. Assim, o antropólogo George Murdock considerou prático e conveniente que as mulheres se concentrassem nas responsabilidades domésticas e familiares enquanto os homens trabalham fora de casa. Com base em um estudo transcultural de mais de 200 sociedades, Murdock (1949) concluiu que a divisão sexual do trabalho está presente em *todas* as culturas. Embora isso não seja o resultado da "programação" biológica, ele argumentou que é a base mais lógica para a organização da sociedade.

Talcott Parsons era particularmente interessado na socialização das crianças e sustentava que famílias estáveis e solidárias são a chave para uma socialização bem-sucedida (Parsons e Bales, 1956). Na visão de Parsons, a família opera de maneira mais eficiente com uma divisão sexual clara do trabalho, segundo a qual as mulheres atuam em papéis *expressivos*, proporcionando cuidado e segurança aos filhos e oferecendo-lhes apoio emocional. Os homens, por outro lado, devem cumprir papéis *instrumentais* — ou seja, ser os provedores da família. Essa divisão complementar do trabalho, que advém de uma distinção biológica entre os sexos, garantiria a solidariedade da família.

Feministas criticaram duramente tais afirmações, argumentando que não há nada natural ou inevitável na distribuição de tarefas na sociedade. A visão de Parsons sobre a mulher "expressiva" também foi atacada por feministas e outros sociólogos que veem tais concepções como tolerantes à dominação das mulheres no lar. Não há base para a crença de que a mulher "expressiva" é necessária para o bom funcionamento da família — ao contrário, é um **papel social** promovido em grande parte para a conveniência dos homens. Os sociólogos de hoje não aceitam que o comportamento humano complexo possa ser explicado com base em uma "natureza humana" fixa ou na "essência" biológica de homens e mulheres. A tentativa de fazê-lo é conhecida como **essencialismo**, e a história das teorias sociológicas desde o início do século XX tem sido o constante movimento de afastamento dos pressupostos essencialistas.

No entanto, argumentos essencialistas reaparecem continuamente no trabalho científico. Na década de 1990, um estudo científico comparando cérebros masculinos "*gays*", masculinos "héteros" e "femininos" alegou ter descoberto que uma das quatro regiões anteriores da área do hipotálamo costumava ser menor em homens *gays* do que em homens heterossexuais, assemelhando-se à do cérebro feminino (LeVay, 1993). Considerou-se que o estudo sugeria uma base biológica para a **homossexualidade** e ele foi amplamente divulgado na mídia — também provocando comentários positivos de alguns ativistas dos direitos dos *gays*, que viram isso como um apoio à sua reivindicação por direitos civis iguais.

Rahman e Jackson (2010) argumentam que esse estudo ilustra as profundas falhas embutidas no pensamento essencialista. Como os pesquisadores sabiam que os "cérebros heterossexuais" eram de "homens heterossexuais"? Parece que isso foi simplesmente uma suposição baseada na falta de qualquer autorrelato ou evidência contrária de seus registros médicos. No entanto, o que aprendemos com a pesquisa de Kinsey na década de 1950 e o estudo de Laud Humphreys (1970) sobre as "salas de chá" americanas (veja no Capítulo 2) é que um número significativo de homens publicamente "héteros" também se envolve em atividades sexuais do mesmo sexo que mantêm escondidas: "Num modo de pensar classicamente essencialista, LeVay confunde identidade com comportamento, sem saber nada sobre o comportamento real exibido por esses sujeitos" (Rahman e Jackson, 2010: 121). Da mesma forma, os cérebros de homens "*gays*" foram retirados de homens que morreram de doenças relacionadas à aids, e os pesquisadores também não podiam saber quais eram os padrões de comportamento sexual desses homens.

O que torna o essencialismo inicialmente plausível é o "fato" aparentemente incontestável de que existem dois sexos biológicos — masculino e feminino — que formam a base para entender as diferenças de gênero e a sexualidade. Mas historiadores e sociólogos mostraram que essa suposição é falsa. Antes de meados do século XVIII, as culturas ocidentais presumiam que havia apenas *um sexo*, que variava ao longo de uma sequência comportamental contínua, da feminilidade à masculinidade, e a percepção de dois sexos distintos surgiu apenas a partir de meados do século XVIII (Laqueur, 1990). Algumas pessoas têm uma condição intersexual, em que sua anatomia reprodutiva ou sexual "não parece se encaixar nas definições típicas de masculino ou feminino" (ISNA, 2015). Mas qual dessas variações "conta" como intersexo é algo construído socialmente e, portanto, não é puramente biológico. Esses exemplos mostram que o que significa ser "homem" ou "mulher", ou ser "*gay*" ou "hétero", não é estipulado pela biologia.

No Norte Global, a sexualidade está ligada à identidade individual, e a ideia predominante é que "homossexuais" ou "heterossexuais" são pessoas cuja **orientação sexual** está dentro de si e é principalmente uma questão pessoal. E, apesar do progresso que foi claramente feito em direção à igualdade sexual em muitas sociedades, as relações entre pessoas do mesmo sexo não são universalmente legais, e lésbicas e *gays* ainda enfrentam preconceito e discriminação.

McIntosh (1968) foi um dos primeiros a argumentar que a homossexualidade não era uma "condição médica", mas um *papel social* que não existia em muitas sociedades. Ela sustentou que, na Inglaterra, o "papel homossexual" surgiu apenas no final do século XVII. McIntosh também argumentou que as evidências dos projetos de pesquisa de Kinsey nas décadas de 1940 e 1950 sobre as variadas prá-

Na Grécia Antiga, as relações entre pessoas do mesmo sexo eram regidas por códigos sociais, mas não eram proibidas. No Reino Unido, essas relações só se tornaram legais a partir de 1967.

ticas sexuais de adultos nos EUA (ver Estudos clássicos 7.1) mostraram que as identidades aparentemente distintas de "heterossexual" e "homossexual" não eram tão polarizadas como o contraste indica. Por exemplo, muitos homens "heterossexuais" relataram que também tiveram envolvimento sexual com outros homens. Hoje, há um corpo em desenvolvimento de estudos que exploram a diversidade de homens que fazem sexo com homens (Shang e Zhang, 2015).

Em seus estudos sobre a sexualidade, Michel Foucault (1978) mostrou que, antes do século XVIII, a noção de uma identidade homossexual parecia mal ter existido na Europa. O ato de "sodomia" foi denunciado pelas autoridades da Igreja e pela lei e, na Inglaterra e em vários outros países europeus, era punível com a morte. No entanto, a sodomia não foi definida exclusivamente como um crime homossexual; também se aplicava a atos sexuais entre homens e mulheres ou homens e animais. O termo "homossexualidade" foi cunhado apenas na década de 1860, e, a partir de então, **lésbicas** e *gays* foram cada vez mais vistos como tipos distintos de pessoas com uma aberração sexual particular (Weeks, 1986). O termo "*gay*" geralmente tem sido usado para se referir a homens, como na frase amplamente usada "*gay* e lésbica", embora seja cada vez mais usado também para descrever lésbicas.

A homossexualidade passou a fazer parte de um discurso "medicalizado", citado em termos clínicos como um transtorno psiquiátrico ou uma perversão, e não como um "pecado" religioso. Os "homossexuais", juntamente com outros "desviados sexuais", como pedófilos e travestis, eram vistos como portadores de uma patologia biológica que ameaçava a integridade da sociedade dominante. Até poucas décadas atrás, as relações entre pessoas do mesmo sexo continuavam sendo uma atividade criminosa em praticamente todos os países ocidentais.

Pesquisando práticas sexuais

Até a pesquisa de Alfred Kinsey nos EUA nas décadas de 1940 e 1950, a sexualidade e o comportamento sexual eram considerados além dos limites do interesse sociológico e amplamente ignorados. Muitas pessoas ficaram chocadas e surpresas com as descobertas da pesquisa de Kinsey, que revelaram uma grande divergência entre a compreensão pública, as normas sociais e as práticas sexuais reais. Podemos falar com muito mais confiança sobre os valores públicos relativos à sexualidade do que sobre as práticas privadas, que, por sua natureza, são em grande parte não documentadas. Leia Estudos clássicos 7.1, que aborda esse ponto.

Estudos clássicos 7.1 — Descoberta da diversidade sexual nos EUA

O problema da pesquisa

Será que as normas públicas para a sexualidade realmente regem o comportamento sexual das pessoas? Estarão as práticas sexualmente "desviantes" limitadas a uma pequena minoria de indivíduos? Para responder a essas perguntas, Alfred Kinsey (1894-1956) e sua equipe de pesquisa começaram a coletar evidências da população branca na década de 1940 nos Estados Unidos. Eles foram condenados por organizações religiosas, e seu trabalho foi criticado como imoral nos jornais e até mesmo no Congresso. Porém, eles persistiram e obtiveram históricos da vida sexual de 18 mil pessoas, uma amostra razoavelmente representativa da população branca norte-americana (Kinsey, 1948, 1953).

A visão de Kinsey

As descobertas feitas por Kinsey foram surpreendentes, porque, de fato, revelavam uma grande diferença entre as expectativas públicas e a conduta sexual real, conforme descrita pelas pessoas na amostra. A equipe de pesquisa observou que quase 70% dos homens haviam visitado uma prostituta e que 84% haviam tido experiências sexuais pré-maritais (uma quantidade chocante na época). Ainda assim, seguindo o padrão sexual duplo, 40% dos homens também esperavam que suas esposas fossem virgens na época do casamento. Mais de 90% dos homens já haviam praticado masturbação, e quase 60% já haviam praticado alguma forma de atividade sexual oral. Entre as mulheres, por volta de 50% haviam tido experiências sexuais pré-maritais, embora principalmente com seus futuros maridos, enquanto 60% haviam se masturbado, e a mesma porcentagem tinha tido contato oral-genital. O estudo também mostrou níveis mais elevados de homossexualidade masculina do que se esperava.

A disparidade entre as atitudes aceitas em público e o comportamento verdadeiro que as observações de Kinsey demonstravam era especialmente grande naquele período específico, logo após a Segunda Guerra Mundial. Uma fase de liberalização sexual havia começado antes, na década de 1920, quando muitos jovens se sentiram liberados dos rígidos códigos morais que haviam governado as gerações anteriores. O comportamento sexual provavelmente mudou bastante, mas as questões relacionadas com a sexualidade não eram discutidas abertamente da maneira que hoje se tornou familiar. As pessoas que praticavam atividades sexuais que ainda eram severamente desaprovadas no nível público as ocultavam, sem entender que muitas outras realizavam práticas semelhantes.

Pontos de crítica

A pesquisa de Kinsey foi controversa nos Estados Unidos e foi atacada por organizações conservadoras e religiosas. Por exemplo, um aspecto dos estudos analisou a sexualidade de crianças com menos de 16 anos. Muitos críticos levantaram objeções ao seu uso como sujeitos de pesquisa. Os líderes religiosos também argumentaram que a discussão aberta do comportamento sexual enfraqueceria os valores morais cristãos. Os críticos acadêmicos argumentaram que a abordagem positivista de Kinsey coletou muitos dados brutos, mas não conseguia entender a complexidade do desejo sexual por trás do comportamento diverso que revelou, ou os significados que as pessoas atribuíam a suas relações sexuais. Pesquisas posteriores também encontraram níveis mais baixos de experiências homossexuais do que os encontrados por Kinsey, sugerindo que sua amostra talvez fosse menos representativa do que a equipe acreditava inicialmente.

Relevância contemporânea

Kinsey é conhecido como um dos fundadores do estudo científico do sexo e da sexualidade. Suas observações foram instrumentais para desafiar a visão comum da época de que a homossexualidade era uma forma de doença mental que exigia tratamento. Foi somente na era mais permissiva da década de 1960, que trouxe posturas abertamente declaradas e mais alinhadas às realidades do comportamento, que o teor geral das descobertas de Kinsey foi aceito como realista. Kinsey morreu em 1956, mas o Institute for Sex Research, que ele dirigia, continua suas pesquisas atualmente e gerou muitas informações valiosas sobre o comportamento sexual contemporâneo. Seu nome foi trocado para Kinsey Institute for Research in Sex, Gender and Reproduction em 1981, em homenagem à contribuição do pesquisador para a pesquisa científica nesse campo.

Na maioria dos países industrializados antes da década de 1960, o sexo era um assunto tabu, que não deveria ser discutido na esfera pública ou, para muitos, mesmo em privado. Assim, aqueles que estavam preparados para se apresentar para a entrevista eram praticamente uma amostra selecionada automaticamente, não representativa da população em geral. Essa reticência mudou um pouco desde a década de 1960, época em que movimentos sociais associados a ideias contraculturais de "amor livre" desafiaram as atitudes existentes e romperam com as normas sexuais estabelecidas. No entanto, devemos ter cuidado para não exagerar seu impacto. Uma vez que os movimentos da década de 1960 foram assimilados pela sociedade dominante, as normas mais antigas relacionadas ao sexo e à sexualidade continuaram a exercer influência. Por exemplo, alguns argumentam que uma "nova fidelidade" surgiu no final da década de 1980, em parte como resultado de preocupações com os riscos associados à transmissão do HIV/aids e outras infecções sexualmente transmissíveis (Laumann, 1994). Uma lição importante dos estudos de Kinsey é que as atitudes declaradas publicamente podem refletir a compreensão das pessoas sobre as normas públicas existentes, em vez de descrever com precisão suas crenças privadas.

> **REFLEXÃO CRÍTICA**
>
> A pesquisa de Kinsey foi realizada há mais de 65 anos, e muita coisa mudou desde então. Discuta essa pesquisa com alguns de seus amigos e parentes de todas as faixas etárias. Dadas as evidências mais recentes sobre a sexualidade contemporânea, as descobertas de Kinsey provaram ser realistas ou infundadas?

Fontes de evidência sobre atividade sexual

A validade das pesquisas sobre o comportamento sexual tem sido o foco de muitos debates (Lewontin, 1995). Os críticos argumentam que as pesquisas simplesmente não geram informações confiáveis sobre as práticas sexuais. Por exemplo, uma pesquisa sobre as atividades sexuais de jovens na zona rural do norte da Tanzânia comparou dados coletados usando cinco métodos diferentes: marcadores biológicos, como a presença de uma doença sexualmente transmissível (DST), um questionário presencial, um questionário autopreenchido, entrevistas em profundidade e observação participante (Plummer et al., 2004). Ela encontrou muitas inconsistências entre os diferentes métodos. Cinco em cada seis mulheres jovens com uma DST existente relataram durante as entrevistas em profundidade terem feito sexo, mas apenas uma das seis o fez nos questionários. No geral, em qualquer um dos dois questionários, apenas 58% dos homens jovens e 29% das mulheres jovens com marcadores biológicos de atividade sexual relataram qualquer atividade sexual.

Os pesquisadores descobriram que, embora os dados de autorrelato estivessem "repletos de inconsistências", as entrevistas em profundidade pareciam mais eficazes para gerar informações precisas das mulheres jovens, enquanto a observação participante era o método mais útil para descobrir a natureza, a complexidade e a extensão das relações sexuais nessa população em particular. No entanto, em muitos países desenvolvidos, onde a discussão pública de assuntos sexuais se tornou mais aceitável, os questionários podem oferecer dados mais confiáveis.

Muitos estudos de comportamento sexual tomaram a forma de pesquisas de atitude e comportamento realizadas por meio de questionários enviados por via postal ou entrevistas cara a cara. Mas as evidências nessa área também podem ser coletadas por meio da análise e da interpretação de materiais documentais, como diários pessoais, história oral, revistas, jornais, contas de mídia social e outros materiais históricos, publicados ou não. Esses métodos de pesquisa não são mutuamente exclusivos e, como mostram os dois estudos a seguir, podem ser combinados para produzir um relato mais rico do comportamento sexual nas sociedades.

Uma pesquisa em larga escala feita por Rubin (1990) entrevistou mil americanos entre 13 e 48 anos para descobrir que mudanças haviam ocorrido no comportamento e nas atitudes sexuais desde os estudos de Kinsey. O autor descobriu que houve algumas mudanças significativas. A atividade sexual começava tipicamente em uma idade mais jovem do que na geração anterior, e as práticas sexuais dos adolescentes tendiam a ser tão variadas e abrangentes quanto as dos adultos. Ainda havia um duplo padrão sexual de gênero, mas não era tão poderoso quanto antes. Uma das mudanças mais importantes foi que as mulheres passaram a esperar e buscar ativamente o prazer sexual em seus relacionamentos. Elas esperavam receber, não apenas fornecer, satisfação sexual.

Rubin descobriu que as mulheres eram mais liberadas sexualmente do que antes, mas a maioria dos homens na pesquisa achou essa assertividade feminina difícil de aceitar, muitas vezes dizendo que "se sentiam inadequados", tinham medo de "nunca fazer nada certo" e achavam "impossível satisfazer as mulheres hoje em dia". Essa descoberta parece contradizer muito do que esperamos das relações de gênero. Os homens continuam a dominar na maioria das esferas e, em geral, são mais violentos com as mulheres do que vice-versa. Tal violência visa substancialmente ao controle e à subordinação contínua das mulheres. No entanto, vários estudos também argumentaram que a masculinidade é um fardo e uma fonte de recompensas, e, se eles parassem de usar a sexualidade como meio de controle, os homens se beneficiariam tanto quanto as mulheres.

Os estudos de Rubin e Wouters (ver Sociedade global 7.1) compartilham algumas semelhanças. Ambos estão preocupados com as mudanças ao longo do tempo nas relações de gênero, nas normas de comportamento sexual e nas atitudes privadas e públicas em relação à sexualidade. Enquanto o estudo de Rubin nos diz algo sobre como as pessoas se sentem sobre essas mudanças e qual impacto elas

Sociedade global 7.1 — Sexo e condutas na perspectiva comparativa

O uso de materiais documentais para estudar as mudanças nas formas de sexualidade é demonstrado em *Sex and manners*, do sociólogo dinamarquês Cas Wouters (2004), um estudo comparativo sobre as mudanças nas relações de gênero e na sexualidade na Inglaterra, na Alemanha, nos Países Baixos e nos Estados Unidos. Wouters estudou livros sobre "boas maneiras" do final do século XIX ao final do século XX, particularmente no que diz respeito às relações entre homens e mulheres e ao "comportamento de cortejo" — as oportunidades e limitações em encontros e no "namoro" entre homens e mulheres. Os manuais de boas maneiras trazem conselhos sobre como conduzir esses encontros, fornecendo códigos de conduta sobre como conhecer e se comportar nas relações com "o sexo oposto".

Por exemplo, em uma publicação inglesa de 1902, *Etiquette for women*, o conselho dado é o seguinte: "é função do homem pagar pelas bebidas, se as damas não insistirem em pagar por sua parte; e se ele convidar a dama para ir a algum lugar e tomar algo, então não haverá dúvida". Porém, na década de 1980, a prática "holandesa" — dividir a conta em um encontro — já estava bem estabelecida. Um livro de etiqueta de 1989, refletindo a antiga prática de o homem sempre pagar para a mulher, observa que "alguns ainda fazem isso, mas as mulheres não podem jantar interminavelmente sem oferecer nada em retorno" (Wouters, 2004: 25-27). Esse exemplo parece bastante trivial, mas, de fato, mostra como as mudanças nas relações de gênero na sociedade

Os manuais de etiqueta não são de mero interesse histórico para os sociólogos. Hoje existem livros, colunas de revistas e jornais e *sites* sobre etiqueta de namoro, especialmente a arte de "encontrar o homem certo".

mais ampla, com mais mulheres ocupando trabalhos remunerados e a esfera pública em geral, também estavam levando a mudanças nas normas de comportamento entre homens e mulheres.

> A pesquisa de Wouters traz muitos exemplos semelhantes em relação ao comportamento sexual e de cortejo. Analisando manuais de etiqueta de um período de um século e relacionando os conselhos dados com teorias sociológicas sobre a mudança social, Wouters argumenta que todos os quatro países apresentam uma tendência prolongada de afastamento de códigos de etiqueta muito formais e rígidos, voltando-se a uma variedade mais ampla de comportamentos aceitáveis no cortejo. Assim, os críticos da "permissividade" da década de 1960 não compreendem que essas mudanças fazem parte de um processo muito mais longo e mais profundo de transformação social.

têm nos estilos de vida contemporâneos, a análise dos documentos primários de Wouters coloca as descobertas contemporâneas em perspectiva histórica e comparativa. Reunir os resultados de estudos usando métodos tão diferentes, que também se concentram em diferentes aspectos da mudança de comportamento sexual, dá aos sociólogos mais confiança em suas conclusões nessa área de difícil pesquisa.

Sexualidade, religião e moralidade

As sociedades do mundo apresentam uma grande variedade de atitudes para com o comportamento sexual, e as atitudes passam por mudanças significativas ao longo do tempo, até mesmo dentro de uma sociedade nacional. Por exemplo, as posturas ocidentais para com a sexualidade foram, por quase 2 mil anos, determinadas principalmente pelo cristianismo. Embora diferentes seitas e denominações cristãs tenham visões diferentes sobre o lugar da sexualidade na vida, a visão dominante tem sido de que todo comportamento sexual deve ser controlado. Isso gerou um puritanismo extremo na sociedade como um todo. Porém, em outras épocas, muitas pessoas ignoraram ou reagiram contra os ensinamentos da Igreja, envolvendo-se normalmente em práticas, como o adultério, proibidas pelas autoridades religiosas.

No século XIX, os pressupostos religiosos sobre a sexualidade foram substituídos em parte por visões médicas. A maior parte dos primeiros escritos de médicos sobre o comportamento sexual era tão rígida quanto as visões da Igreja. Alguns argumentavam que qualquer tipo de atividade sexual desconectada da reprodução causava um sério dano físico. Dizia-se que a masturbação causava cegueira, insanidade, doenças cardíacas e outros problemas de saúde, enquanto o sexo oral causava câncer. Nos EUA do início do século XX, muitos médicos argumentavam contra a contracepção e o aborto, com um médico declarando que estes constituíam "uma guerra direta contra a sociedade humana" (Scott, 2018: 80). Na época vitoriana, a hipocrisia sexual abundava. Acreditava-se que as mulheres virtuosas eram indiferentes à sexualidade, aceitando as atenções de seus maridos apenas como um dever. Ainda assim, nas cidades cada vez maiores, onde a prostituição reinava e era, muitas vezes, abertamente tolerada, as mulheres "livres" eram consideradas uma categoria totalmente diferente de suas irmãs respeitáveis.

Muitos homens vitorianos que, publicamente, eram cidadãos sérios e bem-comportados, dedicados às suas esposas, visitavam prostitutas regularmente ou tinham amantes. Esse comportamento era tratado de maneira leniente, ao passo que as mulheres "respeitáveis" que tinham amantes eram consideradas escandalosas e eram repreendidas na sociedade se seu comportamento viesse à tona. As diferentes posturas para com as atividades sexuais de homens e mulheres representavam um padrão duplo, que existe há muito tempo e cujos resíduos ainda permanecem atualmente (Barret-Ducrocq, 1992).

Hoje, as posturas tradicionais coexistem com posturas mais liberais em relação ao sexo e à sexualidade, que se tornaram particularmente contundentes na década de 1960. Em filmes e peças teatrais, são mostradas cenas que antes teriam sido totalmente inaceitáveis, e existe material pornográfico facilmente disponível *on-line*. Entre as pessoas com crenças religiosas fortes, algumas acreditam que o sexo antes do casamento é errado e geralmente repreendem todas as formas de comportamento sexual, com exceção da atividade heterossexual dentro dos limites do casamento. Ainda assim, cada vez é mais aceito que o prazer sexual é uma característica desejável e importante das relações íntimas para qualquer um. Sem dúvida, as posturas sexuais se tornaram mais permissivas desde meados do século XX na maioria dos países industrializados, embora, de forma global, as crenças religiosas e normas tradicionais relacionadas com a sexualidade continuem a exercer influência sobre as posturas e os valores das pessoas.

> **REFLEXÃO CRÍTICA**
>
> Suas posturas em relação ao sexo e à sexualidade são diferentes das de seus pais e parentes mais velhos? Existe algum elemento religioso envolvido? Em que áreas de gênero e sexualidade existe a maior lacuna entre as posturas da sua geração e as das gerações mais antigas?

A heterossexualidade tem sido historicamente promovida como base para a criação dos filhos e a vida familiar, apesar da existência de uma variedade de orientações e identidades sexuais. Lorber (1994) distingue até 10 identidades sexuais: mulher hétero, homem hétero, mulher lésbica, homem *gay*, mulher **bissexual**, homem bissexual, mulher travesti (uma mulher que regularmente se veste como homem), homem travesti (um homem que regularmente se veste como mulher), mulher transexual (um homem que se torna mulher) e homem transexual (uma mulher que se torna homem). No entanto, devemos notar que, hoje, o que Lorber chama de "homem/mulher transexual" são, na verdade, formas de identidade de *gênero*, e não de identidade sexual, como se reflete na terminologia alterada de "transexual" para "transgênero" no discurso contemporâneo.

Lorber também discute a variedade de práticas sexuais. Por exemplo, um homem ou uma mulher pode ter relações sexuais com mulheres, com homens ou com ambos, e isso pode acontecer com um de cada vez ou com três ou mais participantes. Pode-se fazer sexo consigo mesmo (masturbação) ou com ninguém (celibato). Pode-se ter relações sexuais com mulheres trans, homens trans, pessoas que se travestem eroticamente, usam pornografia ou aparelhos sexuais, praticam sadomasoquismo (o uso erótico de submissão e dor) e provavelmente muito mais. Em todas as sociedades, existem normas sexuais que aprovam certas práticas enquanto desestimulam ou condenam outras. Por exemplo,

Cada vez mais o corpo masculino tonificado, musculoso e sexualizado é utilizado em campanhas de moda e publicidade. Esse desenvolvimento é um pequeno sinal da crescente igualdade de gênero?

as normas sexuais nas culturas ocidentais há muito estão ligadas a ideias de amor romântico e relacionamentos familiares. Essas normas, porém, variam muito entre culturas diferentes. As relações entre pessoas do mesmo sexo são um exemplo. Algumas culturas têm tolerado ou incentivado a homossexualidade ativamente em certos contextos. Entre os gregos antigos, por exemplo, o amor dos homens pelos meninos era idealizado como a forma mais elevada de amor sexual.

Um estudo amplo sobre o tema foi realizado em meados do século XX por Ford e Beach (1951), que pesquisaram evidências antropológicas de mais de 200 sociedades. Foram encontradas variações notáveis naquilo que é considerado comportamento sexual "natural" e nas normas de atração sexual. No Ocidente, admira-se um corpo pequeno e magro, enquanto, em outras culturas, uma forma muito mais generosa é considerada atraente. Algumas sociedades atribuem grande valor à forma do rosto, enquanto outras enfatizam a forma e a cor dos olhos ou a forma e o tamanho do nariz e dos lábios. A variedade de tipos aceitos de comportamento sexual é uma importante evidência de que a maioria das respostas sexuais é aprendida, e não inata.

Teorias sobre a desigualdade de gênero

O gênero é uma forma significativa de estratificação social, bem como um fator crítico na estruturação dos tipos de oportunidades e chances que os indivíduos e grupos encontram em todas as esferas da vida social. A divisão do trabalho prevalecente entre os sexos levou homens e mulheres a assumir posições desiguais em termos de poder, prestígio e riqueza. Apesar dos avanços que as mulheres fizeram em alguns países ao redor do mundo, as diferenças entre os gêneros continuam a servir como base para desigualdades sociais. Investigar e explicar a **desigualdade de gênero** se tornou uma preocupação central, e muitas perspectivas teóricas foram propostas para explicar a dominação persistente dos homens sobre as mulheres. Nesta seção, revisaremos as principais abordagens teóricas, deixando a evidência empírica da desigualdade de gênero em situações e instituições específicas para outros capítulos do livro.

> Estudos sobre a desigualdade de gênero são apresentados e discutidos no Capítulo 9, "Estratificação e classe social", no Capítulo 6, "Desigualdade global", e no Capítulo 8, "Raça, etnicidade e migração".

Abordagens feministas

O movimento feminista abriu caminho para um grande *corpus* teórico, que tenta explicar as desigualdades de gênero. Essas **teorias feministas** se opõem notavelmente. Escolas opostas de feminismo buscam explicar as desigualdades de gênero por meio de uma variedade de processos sociais profundamente arraigados, como o sexismo, o patriarcado e o capitalismo. Começaremos analisando as principais linhas de feminismo existentes no Ocidente durante o século XX: o feminismo liberal, o socialista (ou marxista) e o radical. A distinção entre as diferentes linhas de feminismo nunca foi clara, e nas últimas décadas também surgiram novas formas — como o feminismo pós-moderno — que atravessam as linhas anteriores (Barker, 1997).

Feminismo liberal

O **feminismo liberal** procura explicações para as desigualdades de gênero em posturas sociais e culturais. Uma das primeiras contribuições importantes para o feminismo liberal foi a do filósofo inglês John Stuart Mill, em seu ensaio *A sujeição das mulheres* (1869), que clamava por igualdade legal e política entre os sexos, incluindo o direito ao voto. Ao contrário das feministas radicais e socialistas, as feministas liberais não consideram a subordinação das mulheres parte de um sistema ou uma estrutura maior. Ao contrário, elas chamam atenção para muitos fatores distintos. Por exemplo, desde o início da década de 1970, as feministas liberais lutaram contra o sexismo e a discriminação das mulheres no local de trabalho, nas instituições educacionais e na mídia. Elas tendem a concentrar suas energias em estabelecer e proteger oportunidades iguais para as mulheres por intermédio da legislação e de outros meios democráticos. No Reino Unido, avanços legais como o *Equal Pay Act* (1970) e o *Sex Discrimination Act* (1975) tiveram o apoio ativo de feministas liberais, que argumentavam que é importante salvaguardar a igualdade na lei para eliminar a discriminação contra as mulheres. As feministas liberais tentam trabalhar por meio do sistema existente para promover reformas de maneira gradual. Nesse sentido, são mais moderadas em seus objetivos e métodos do que muitas feministas radicais e socialistas, que buscam derrubar o sistema existente.

Embora as feministas liberais tenham contribuído muito para o avanço das mulheres no último século, os críticos argumentam que elas não conseguiram lidar com as raízes da desigualdade de gênero e não reconhecem a natureza sistêmica da opressão das mulheres na sociedade. Ao focalizar separadamente as privações que as mulheres sofrem — sexismo, discriminação, "teto de vidro", pagamento desigual —, as feministas liberais pintam apenas um quadro parcial da desigualdade de gênero. As feministas radicais acusam as feministas liberais de incentivar as mulheres a aceitar uma sociedade desigual e seu caráter competitivo.

Feminismo socialista e marxista

O **feminismo socialista** se desenvolveu a partir da teoria do conflito de Marx, embora o próprio Marx tenha falado pouco sobre a desigualdade de gênero. Ele critica o feminismo liberal por sua conhecida incapacidade de enxergar que existem interesses poderosos na sociedade que são hostis à igualdade para as mulheres (Bryson, 1993). As feministas socialistas tentam derrotar o patriarcado e o capitalismo (Mitchell, 1966). Friedrich Engels, amigo e colaborador de Marx, fez mais do que ele no sentido de apresentar uma narrativa da igualdade de gênero a partir da perspectiva marxista.

Engels dizia que, sob o capitalismo, existem fatores materiais e econômicos por trás da subserviência das mulheres aos homens, pois o **patriarcado** (assim como a opressão de classe) tem suas raízes na propriedade privada. Engels argumentava que o capitalismo intensifica o patriarcado, concentrando a riqueza e o poder nas mãos de um pequeno número de homens. O capitalismo intensifica o patriarcado mais do que os sistemas sociais anteriores, pois cria uma riqueza enorme em comparação com a das eras passadas, a qual confere poder aos homens como ganhadores do salário e como proprietários e herdeiros da propriedade. Em segundo lugar, para que a economia capitalista tenha sucesso, ela deve definir as pessoas — em particular, as mulheres — como consumidoras, persuadindo-as de que suas necessidades somente serão satisfeitas pelo consumo cada vez maior de bens e produtos. Por fim, o capitalismo precisa que as mulheres trabalhem de graça em casa, limpando e cuidando do lar. Para Engels, o capitalismo explora os homens, por pagar salários baixos, e as mulheres, por não pagar salário nenhum.

> O trabalho doméstico e a sua divisão são discutidos no Capítulo 17, "Trabalho e emprego", e no Capítulo 15, "Famílias e relacionamentos íntimos".

As feministas socialistas argumentam que os objetivos reformistas do feminismo liberal são inadequados. Elas clamam pela reestruturação da família, pelo fim da "escravidão doméstica" e pela introdução de algum meio coletivo de criar os filhos e cuidar da casa. Seguindo Marx, muitas argumentam que essas metas seriam alcançadas por meio de uma revolução socialista, que produziria a igualdade verdadeira em uma economia centrada no Estado, elaborada para satisfazer as necessidades de todos.

Feminismo radical

No núcleo do **feminismo radical** está a crença de que os homens são responsáveis e se beneficiam da exploração das mulheres. A análise do patriarcado — a dominação sistemática de mulheres por homens — é uma preocupação central desse ramo do feminismo. O patriarcado é visto como um fenômeno universal, que existiu ao longo de todos os tempos e culturas. As feministas radicais normalmente se concentram na família como uma das principais fontes de opressão de mulheres na sociedade. Elas argumentam que os homens exploram as mulheres, servindo-se do trabalho doméstico gratuito que elas prestam no lar. Por exemplo, embora as mulheres agora componham uma parte significativa da força de trabalho, elas ainda fazem mais tarefas domésticas do que os homens, não importa quanto elas ganham ou quantas horas de trabalho formal elas cumprem. Lyonette e Crompton (2015: 37) argu-

No início do século XX, as mulheres da classe trabalhadora estavam envolvidas no trabalho com o carvão. Será que o conceito e a teoria do patriarcado são capazes de capturar as diversas experiências de trabalho e as oportunidades de vida das mulheres em todas as classes sociais e grupos étnicos?

mentam que, apesar de algumas mudanças, o trabalho doméstico continua sendo fundamental para o processo de "fazer gênero". Como grupo, os homens também negam às mulheres o acesso a muitas posições de poder e influência na sociedade, por meio de processos de grupos fechados que efetivamente constroem barreiras de entrada pelo gênero.

As feministas radicais diferem em suas interpretações sobre a base do patriarcado, mas a maioria delas concorda que ele envolve a apropriação dos corpos e da sexualidade das mulheres de algum modo. Shulamith Firestone (1970), uma das primeiras autoras feministas radicais, argumentou que os homens controlam os papéis das mulheres na reprodução e na criação dos filhos. Como as mulheres são biologicamente capazes de dar à luz, elas se tornam materialmente dependentes dos homens para proteção e subsistência. Essa "desigualdade biológica" é socialmente organizada na família nuclear. Firestone fala de uma "classe sexual" para descrever a **posição social** das mulheres e argumenta que elas somente podem se emancipar pela abolição da família e das relações de poder que a caracterizam.

Outras feministas radicais consideram a violência dos homens contra as mulheres central para a supremacia masculina. Segundo essa visão, a violência doméstica, o estupro e o **assédio sexual** fazem parte da opressão sistemática das mulheres, em vez de serem casos isolados com raízes psicológicas ou criminais próprias. Mesmo as interações na vida cotidiana — como a comunicação não verbal, os modos de ouvir e interromper e a sensação de segurança das mulheres quando em público — contribuem para a desigualdade de gênero. Além disso, acredita-se que as concepções populares de beleza e sexualidade são impostas pelos homens às mulheres para produzir um certo tipo de feminilidade. Por exemplo, as normas sociais e culturais que enfatizam um corpo magro e uma postura de carinho e cuidado para com os homens ajudam a perpetuar a subordinação das mulheres. A "objetificação" das mulheres na mídia, na moda e na propaganda transforma as mulheres em objetos sexuais cujo principal papel é agradar e entreter os homens. Como o patriarcado é um fenômeno sistêmico, segundo as feministas radicais, a igualdade de gênero somente pode ser alcançada com a derrubada da ordem patriarcal.

A principal objeção ao feminismo radical é que o conceito de patriarcado é muito genérico como explicação geral para a opressão das mulheres. As feministas radicais tendem a alegar que o patriarcado existiu ao longo da história e em culturas diferentes — e que é um fenômeno universal. Essa concepção precisa ser modificada para levar em conta a influência que a raça, a classe ou a etnia podem ter sobre a natureza da subordinação das mulheres. Em outras palavras, não é possível enxergar o patriarcado como um fenômeno universal, pois isso leva ao risco do reducionismo biológico — atribuir todas as complexidades da desigualdade de gênero à distinção entre homens e mulheres.

Sylvia Walby propõe uma reconceituação importante do patriarcado (ver o quadro Usando sua imaginação sociológica 7.1). Ela argumenta que a noção de patriarcado permanece sendo uma ferramenta explicativa útil e valiosa, quando usada de determinadas maneiras.

Nos últimos anos, Walby e outras teóricas feministas sugeriram que o conceito de patriarcado se tornou muito suscetível a ser deturpado pelos oponentes do feminismo como uma teoria da dominação masculina imutável e sem contexto histórico. Em vez disso, ela sugere sua substituição pelo conceito de "regimes de gênero" (ver Estudos clássicos 7.2, mais adiante), que "significa o mesmo que o termo 'patriarcado'" (Walby, 2011: 104), mas denota mais prontamente mudanças ao longo do tempo, podendo ser usado para analisar instituições locais, nacionais e internacionais e, portanto, tendo menor probabilidade de ser mal interpretado.

Feminismo negro

Será que as versões do feminismo discutidas antes se aplicam igualmente às experiências de mulheres brancas e não brancas? Muitas **feministas negras**, bem como feministas do Sul Global, afirmam que não. Elas argumentam que as principais correntes feministas, paradoxalmente, se inclinam para o essencialismo, debatendo a experiência das "mulheres" como uma categoria geral enquanto, na prática, são orientadas para as mulheres brancas, predominantemente de classe média, no Norte Global. Por exemplo, Mohanty (1988) argumentou que o conceito supergeneralizado da "mulher do Terceiro Mundo" era aparente em alguns textos feministas ocidentais, que não conseguiam diferenciar as experiências variadas das mulheres no Sul Global por classe social, etnia, faixa etária e localização geográfica. Essa caracterização monolítica tem sido descrita como uma forma de "colonialismo discursivo" não reconhecido dentro do feminismo ocidental (Parashar, 2016: 371).

Não é válido generalizar a subordinação das "mulheres" como um todo a partir da experiência de um grupo específico. As feministas negras afirmam que qualquer teoria de igualdade de gênero que não leve em conta o racismo não pode explicar adequadamente a opressão das mulheres negras. A insatisfação com as formas existentes de feminismo levou ao surgimento de uma linha de pensamento que se concentra nos problemas específicos que as mulheres negras enfrentam. Por exemplo, a autora feminista negra norte-americana bell hooks (1997 — seu nome sempre é escrito em letras minúsculas) argumenta que algumas escritoras feministas brancas consideram que as meninas negras têm maior autoestima do que as meninas brancas, conforme evidenciado por sua maneira mais confiante e assertiva. Mas hooks aponta que essas características foram incutidas nas meninas por pais e professores como um meio de "elevar a raça", e isso não significa que meninas negras que parecem confiantes também não se sintam inúteis devido ao estigma social ligado à cor de sua pele ou à textura de seu cabelo. Tais mal-entendidos aparentemente simples ilustram as falhas subjacentes a grande parte do pensamento feminista convencional, que o feminismo negro pretende corrigir.

Os textos feministas negros tendem a enfatizar elementos históricos que informam os problemas atuais que as mulheres negras enfrentam. Os textos de feministas negras norte-americanas enfatizam a influência do poderoso legado da escravidão, da segregação e do movimento dos direitos civis sobre as desigualdades de gênero na comunidade negra. Eles observam que as primeiras sufragistas negras apoiavam a campanha pelos direitos das mulheres, mas entenderam que a questão da raça não poderia ser ignorada: as mulheres negras sofriam discriminação com base em sua raça e em seu gênero. Nos últimos anos, as mulheres negras não foram centrais ao movimento pela liberação das mulheres, em parte porque a "condição de mulher" dominou suas identidades muito menos do que os conceitos de raça.

hooks argumenta que alguns dos modelos explicativos favorecidos por feministas brancas — por exemplo, a visão da família como um dos pilares do

USANDO SUA IMAGINAÇÃO SOCIOLÓGICA

7.1 Teorizando sobre o patriarcado

Sylvia Walby raciocinou que o conceito de patriarcado é essencial a qualquer análise da desigualdade de gênero. Porém ela concorda que muitas críticas feitas a ele são válidas. Em *Theorizing patriarchy* (1990), ela apresenta uma maneira de entender o patriarcado que é mais flexível do que as antecessoras e deixa espaço para a mudança ao longo do tempo histórico, bem como para uma consideração de diferenças étnicas e de classe.

Para Walby, o patriarcado é "um sistema de estruturas e práticas sociais no qual os homens dominam, oprimem e exploram as mulheres" (1990: 20). Ela considera o patriarcado e o capitalismo como sistemas distintos que interagem de diferentes maneiras — às vezes, harmoniosamente; às vezes, em tensão —, dependendo das condições históricas. O capitalismo, afirma ela, geralmente se beneficia do patriarcado por meio da *divisão sexual do trabalho*. Porém, em outras épocas, o capitalismo e o patriarcado estiveram em desacordo. Por exemplo, nos tempos de guerra, quando as mulheres entraram em grande número no mercado de trabalho, os interesses do capitalismo e do patriarcado não estavam alinhados.

Walby reconhece que uma fraqueza inicial da teoria feminista era a tendência de se concentrar em uma causa "essencial" da opressão das mulheres, como a violência masculina ou o papel das mulheres na reprodução. Por estar preocupada com a profundidade e a interconectividade da desigualdade de gênero, ela considera o patriarcado composto de seis estruturas que são independentes, mas que interagem entre si.

1. *Relações de produção no lar.* O trabalho doméstico não remunerado das mulheres, como as tarefas domésticas e o cuidado dos filhos, é expropriado pelo marido (ou parceiro).
2. *Trabalho remunerado.* As mulheres que estão no mercado de trabalho são excluídas de certos tipos de trabalho, recebem um salário baixo e são segregadas em trabalhos menos especializados.
3. *Estado patriarcal.* Em suas políticas e prioridades, o Estado tem um viés sistemático para interesses patriarcais.
4. *Violência masculina.* Embora a violência masculina costume ser considerada composta de atos individualistas, ela segue um padrão e é sistemática. As mulheres rotineiramente sofrem tal violência e são afetadas por ela segundo um padrão específico. O Estado, efetivamente, aceita a violência ao se recusar a intervir, exceto em casos excepcionais.
5. *Relações patriarcais na sexualidade.* Isso se manifesta na "heterossexualidade compulsória" e no duplo padrão sexual entre homens e mulheres, ao qual se aplicam diferentes "regras" para a conduta sexual.
6. *Instituições culturais patriarcais.* Diversas instituições e práticas — incluindo mídia, religião e educação — produzem representações das mulheres "a partir de um olhar patriarcal". Essas representações influenciam as identidades das mulheres e prescrevem padrões aceitáveis de comportamento e ação.

Walby distingue duas formas de patriarcado. O *patriarcado privado* é a dominação das mulheres que ocorre dentro do lar, pelas mãos de um patriarca individual. Ela é uma estratégia de exclusão, pois as mulheres são basicamente impedidas de participar da vida pública. O *patriarcado público*, por outro lado, tem uma forma mais coletiva. As mulheres estão inseridas em domínios públicos, como a política e o mercado de trabalho, mas permanecem segregadas da riqueza, do poder e do *status*. Walby considera que, pelo menos na Grã-Bretanha, observa-se uma mudança no patriarcado — tanto no grau quanto na forma — da era vitoriana até os dias de hoje. Se, em uma época, a opressão das mulheres era encontrada principalmente no lar, agora ela está entrelaçada por toda a sociedade. Walby faz uma observação sarcástica: "liberadas do lar, as mulheres agora têm uma sociedade inteira onde podem ser exploradas".

REFLEXÃO CRÍTICA

Que evidências existem de que o movimento das mulheres para a esfera pública foi realmente benéfico para a maioria delas? Como os homens reagiram ao fato de mais mulheres se envolverem na esfera pública?

patriarcado — podem não se aplicar às comunidades negras, nas quais a família representa um dos principais pontos de solidariedade contra o racismo. Em outras palavras, a opressão das mulheres negras pode ser encontrada em locais diferentes, em comparação com a das mulheres brancas.

Além disso, a própria ideia de que existe uma forma "unificada" de opressão de gênero experimentada igualmente por mulheres em todas as etnias e classes sociais é problemática, já que as divisões de classe são um fator que não pode ser ignorado no caso de muitas mulheres negras. Portanto, é necessária uma abordagem interseccional da desigualdade que inclua dimensões de gênero, classe e etnia (Taylor e Hines, 2012). Patricia Hill Collins (2000: 18) descreve a **interseccionalidade** como "formas particulares de opressões que se cruzam — por exemplo, intersecções de raça e gênero, ou de sexualidade e nação". Crenshaw (1991) argumenta que tal abordagem interseccional é um ponto forte da teoria feminista negra.

A interseccionalidade também pode ser vista como uma metodologia, colocando em foco a interação entre raça, classe, gênero, deficiência e assim por diante, que visa a gerar relatos mais abrangentes e válidos de experiências divergentes de mulheres em diferentes posições. As mulheres negras podem então ser vistas como multiplamente desfavorecidas, com base em sua cor, seu gênero e sua posição de classe social. Quando esses três fatores interagem, eles podem reforçar e intensificar um ao outro (Brewer, 1993).

Feminismo pós-moderno e teoria queer

Assim como o feminismo negro, o **feminismo pós-moderno** desafia a ideia de que existe uma base unitária de identidade e experiência compartilhada por todas as mulheres. Essa linha de feminismo se baseia no fenômeno cultural do pós-modernismo nas artes, na arquitetura, na filosofia e na economia, que tem suas raízes nas ideias de Lyotard (1984), Derrida (1978, 1981) e Lacan (1995). As feministas pós-modernas rejeitam a alegação de que existe uma grande teoria que pode explicar a posição das mulheres na sociedade, ou que possa haver uma categoria universal de "mulher". Consequentemente, elas rejeitam outras teorias de desigualdade de gênero baseadas em patriarcado, raça ou classe como algo "essencialista" (Beasley, 1999).

> As abordagens pós-modernas em sociologia foram introduzidas no Capítulo 3, "Teorias e perspectivas sociológicas".

Ao contrário, o pós-modernismo incentiva a aceitação de muitos pontos de vista diferentes como igualmente válidos. Em vez de haver um núcleo essencial do caráter feminino, existem muitos indivíduos e grupos, todos com experiências muito diferentes (heterossexuais, lésbicas, mulheres negras, mulheres da classe operária, etc.). Essa "alteridade" de diferentes grupos e indivíduos é celebrada em todas as suas formas diversas, e a ênfase no lado positivo da "alteridade" é um tema importante. O feminismo pós-moderno aceita que existem muitas verdades e muitas construções sociais da realidade.

Assim como o reconhecimento da diferença, as feministas pós-modernas enfatizam a importância da "desconstrução". Em particular, elas buscam desconstruir a linguagem masculina e a visão masculina do mundo. Em seu lugar, as feministas pós-modernas tentaram criar termos fluidos e abertos e uma linguagem que refletisse melhor as experiências das mulheres. Para muitas feministas pós-modernas, a cultura ocidental costuma dividir o mundo usando distinções binárias ("bom ou mau", "certo ou errado", "bonito ou feio"). E, como já vimos, isso significa que os homens são considerados normais, enquanto a mulher é sempre colocada no papel de "a outra" (Szitanyi, 2022: 24). A desconstrução ataca todos os conceitos binários, reformulando seus opostos de uma maneira nova e positiva.

> As visões de Freud sobre a socialização do gênero são discutidas no Capítulo 14, "O curso da vida".

A ideia de que, em teoria, é possível separar completamente gênero de sexualidade é o ponto de partida para a **teoria *queer***, que rompe com muitas ideias sociológicas convencionais sobre identidade. A teoria *queer* é fortemente influenciada pelo pensamento pós-estruturalista, particularmente aquele associado a Judith Butler (1990) e Michel Foucault (1978). Em particular, os teóricos *queer* desafiam o próprio conceito de "identidade" como algo que é relativamente fixo ou atribuído às pessoas por agentes socializadores. Com base em Foucault, os teóricos *queer* argumentam que gênero e sexualidade, em conjunto com todos os outros termos que vêm com esses conceitos, compõem um discurso específico em vez de se referir a algo objetivamente real ou "natural".

Por exemplo, em seu trabalho sobre a história da sexualidade, produzido durante as décadas de 1970 e 1980, Foucault argumentou que a identidade homossexual masculina, hoje associada aos *gays*, não fazia parte do discurso dominante a respeito da sexualidade no século XIX ou antes disso. Logo, essa forma de identidade simplesmente não existia para as pessoas até fazer parte ou ser criada nos discursos da medicina e da psiquiatria. Assim, as identidades podem ser vistas como pluralistas, instáveis e sujeitas a mudanças ao longo do tempo.

Essa perspectiva também se aplica às identidades de "*gay*" e "lésbica", que, como todas as outras formas de identificação, tornaram-se "intrínsecas" à sociedade. A teoria *queer*, portanto, desafia todas as identidades fixas ou aparentemente "autênticas", incluindo aquelas que parecem se opor à norma heterossexual dominante. Embora conceitos como "*gay*" e "lésbica" possam ter sido politicamente úteis para reivindicar direitos iguais, os teóricos *queer* argumentam que eles permanecem ligados à oposição binária, como o "outro" para a norma da heterossexualidade, que consistentemente favorece o poderoso "discurso heteronormativo" na sociedade (Rahman e Jackson, 2010: 128).

A teoria *queer* pode ser vista como um construcionismo social radical que explora o processo de *criação de identidade* e recriação na medida em que se relaciona com sexualidade e gênero. Alguns teóricos argumentam que todos os principais tópicos sociológicos, além de outros assuntos, devem trazer as vozes *queer* para o centro, para desafiar as suposições heterossexuais que fundamentam grande parte do pensamento contemporâneo (Epstein, 2002).

> Veja no Capítulo 5, "Meio ambiente", uma discussão sobre a abordagem construcionista social.

Os críticos sociológicos argumentam que a teoria *queer* tende a estudar textos culturais (filmes, romances e assim por diante) e não tem apoio da pesquisa empírica. Também não explica o fundamento social estrutural das categorias sexuais e de gênero na vida material criada pela economia capitalista e pela dominação masculina representada pelo conceito de patriarcado. Jackson (2001) argumenta que um feminismo materialista que se concentra em estruturas, relações e práticas sociais ainda oferece uma perspectiva melhor para entender a desigualdade de gênero do que o pós-modernismo culturalmente orientado ou as teorias *queer*. Também pode ser que muitas — talvez a maioria — das pessoas não considerem sua identidade tão fluida ou mutante como a teoria *queer* sugere, mas como algo que é, na verdade, muito firme e fixo (Edwards, 1998). Se assim for, então o construcionismo radical dos teóricos *queer* talvez superestime a extensão da fluidez de gênero e a mudança de identidades sexuais.

Da mesma forma, apesar das críticas de que a divisão básica de dois sexos, homem e mulher, é imprecisa e teoricamente insustentável, muitas áreas da vida social continuam sendo enraizadas nessa distinção. Jackson e Scott (2017) argumentam que "o binário do gênero continua imutável no nível de estrutura e prática e continua sendo extremamente difícil pensar fora desse binário". Por exemplo, como observa Woodward (2015: 50): "no campo do esporte, existem dois sexos". Ela argumenta que o esporte é estruturado por um sistema de sexo/gênero que influencia todos os aspectos, desde a proeza atlética até as autoridades reguladoras. A maioria dos esportes tem competições separadas para homens e mulheres (incluindo tênis simples, atletismo e golfe), e, até 2000, o Comitê Olímpico Internacional adotou testes sexuais universais destinados a evitar a injustiça de homens se passando por mulheres. Desde 2000, qualquer atleta "suspeito" pode ser solicitado a fazer um exame médico como parte de um processo de "verificação de gênero". Woodward argumenta que as mulheres que não se enquadram na aparência, no comportamento e no desempenho atlético femininos convencionais provavelmente serão consideradas "suspeitas".

O físico musculoso e o ótimo desempenho de uma corredora sul-africana de 800 metros, Caster Semenya, de 18 anos, não atendeu a esses critérios, e ela foi submetida a exames médicos por um ginecologista, um especialista em gênero, um endocrinologista e um psicólogo. Os resultados foram divulgados pela Federação Internacional de Associações de Atletismo (IAAF), causando-lhe muita angústia. Semenya era de uma vila rural relativamente pobre, com poucas instalações esportivas, e seus amigos da escola insistiram que nunca houve qualquer dúvida de que ela não fosse nada além de uma menina. O chefe do atletismo sul-africano sugeriu que esse caso não era apenas sobre gênero, mas também envolvia racismo: "Quem são os brancos para questionar a compleição de uma garota africana?" (citado em Smith, 2009). Woodward (2015: 54) conclui que "os testes de verificação de gênero falharam em grande parte em reconhecer a possibilidade de conquistas atléticas das mulheres; se elas são boas, então devem ser homens".

A verificação de gênero é um bom exemplo das questões complexas envolvidas ao se tentar desvendar sexo e gênero hoje. Por um lado, demonstra que as oposições binárias sexo/gênero e masculino/feminino não são adequadas para compreender a diversidade de fatores físicos, sociais e culturais em jogo. No entanto, por outro lado, mostra que essas oposições binárias permanecem profundamente enraizadas em muitas instituições sociais, que continuam a moldar e reproduzir as normas e expectativas sociais convencionais.

Movimentos feministas

A sociologia de gênero e sexualidade não abriu caminho para movimentos sociais feministas e LGBTQ+; em vez disso, o que acontece é o inverso. Durante muito tempo, a sociologia teve muito pouco a dizer sobre relações de gênero e sexualidade; a disciplina só começou a examinar questões de sexo, gênero e sexualidade depois que campanhas e movimentos feministas passaram a levantar novas questões e, principalmente, depois que ativistas entraram em departamentos universitários. Esta seção oferece uma visão geral do desenvolvimento cronológico do ativismo feminista e LGBTQ+ desde o final do século XIX.

Convencionalmente, considera-se que o desenvolvimento de longo prazo do pensamento feminista e dos movimentos sociais que buscam promover os direitos das mulheres passou por uma série de três "ciclos de protesto" ou "ondas" (Whelehan, 1999; Krolløke e Sørensen, 2006). Os movimentos feministas da primeira onda surgiram no contexto da industrialização, no final do século XIX e início do século XX. O feminismo da primeira onda procurava acesso igual ao poder político, estendendo os direitos de voto às mulheres em pé de igualdade com os homens. A primeira onda também envolveu campanhas pela igualdade de oportunidades para as mulheres e pelo acesso a todas as instituições da sociedade, incluindo o ensino superior. As ideias e atividades da primeira onda persistiram durante a primeira metade do século XX.

O feminismo da segunda onda se originou dentro de um movimento mais amplo pelos direitos civis nas décadas de 1960 e 1970, envolvendo estudantes, movimentos de negros, movimentos de lésbicas e *gays* e movimentos de pessoas com deficiência (Valk, 2008). Ele se concentrou em ideias de "libertação" e "empoderamento" das mulheres. Se o movimento da primeira onda foi influenciado pelos ideais políticos liberais e socialistas de igualdade perante a lei, a segunda onda foi um movimento de mudança mais "radical". A ideia de que as mulheres como grupo social eram oprimidas por sua sociedade patriarcal, dominada por homens e suas instituições, foi uma mudança radical. Um *slogan*-chave para o feminismo da segunda onda era "o pessoal é político" — um desafio à noção de senso comum de que o mundo privado da vida familiar, doméstica, estava fora do domínio público da política. As feministas viam as questões pessoais e familiares como uma arena política tanto quanto o mundo das políticas públicas e da política formal (David, 2003).

O feminismo da segunda onda estava intimamente ligado à pesquisa e à teorização feminista na academia, que produziu um movimento vibrante e ativista que se engajou em muitos protestos e manifestações públicas. Feministas fizeram campanha, entre muitas outras coisas, contra concursos de beleza, uso de linguagem (hetero)sexista e violência masculina, tanto no lar quanto em políticas nacionais agressivas, e a favor do pagamento pelo trabalho doméstico como uma valiosa contribuição para a sociedade. Esse ativismo foi sustentado por obras feministas importantes, incluindo *The feminine mystique*, de Betty Friedan (1963), *Women's estate*, de Juliet Mitchell (1971), e *The dialetic of sex: the case for feminist revolution*, de Shulamith Firestone (1970). A segunda onda também deu origem a tentativas de conectar o feminismo com posições políticas e ideologias existentes, como socialismo, marxismo e liberalismo, e encontrar maneiras de incluir questões feministas em discursos de exploração de classe, capitalismo e direitos legais iguais.

A segunda onda do feminismo se concentrou nas semelhanças entre todas as mulheres, promovendo a ideia de que as mulheres como um grupo (ou uma "classe") tinham muito em comum umas com as outras, independentemente da posição de classe social ou localização geográfica no mundo. No entanto, a partir do início da década de 1980, a insistência em uma experiência universal das mulheres passou a ser contestada dentro do movimento. Um novo foco na diferença surgiu quando mulheres negras da classe trabalhadora e feministas lésbicas perguntaram se fazia sentido pensar que grupos de mulheres situadas em diferentes locais realmente poderiam compartilhar interesses essencialmente semelhantes (hooks, 1981). O feminismo inicial da segunda onda era visto como o produto principalmente de mulheres brancas de classe média com uma visão particular do mundo que não deveria ser retratada ilegitimamente como universal. Spivak (1987) argumentou que era ingênuo sugerir que mulheres relativamente ricas nos países desenvolvidos pudessem reivindicar falar em nome das mulheres nas regiões muito mais pobres do mundo em desenvolvimento. Em meados da década de 1990, a ambição universal dos primeiros ativistas e teóricos da segunda onda havia sido efetivamente encerrada por um novo reconhecimento de que a característica fundamental da experiência das mulheres em todo o mundo era, de fato, a diferença.

O feminismo da terceira onda (ou "novo feminismo") se desenvolveu em um contexto social muito diferente daquele enfrentado pelas feministas da segunda onda (Gillis et al., 2007). Entre meados da década de 1990 e o início do século XXI, o mundo passou por grandes mudanças: a globalização, o fim do comunismo da Europa Oriental ("realmente existente"), o multiculturalismo, o terrorismo global, os fundamentalismos religiosos, a revolução digital nas comunicações, a disseminação da internet e as biotecnologias genéticas. Uma nova geração de mulheres crescia em um mundo menos ordenado e previsível do que o da geração anterior e abraçava a diversidade e a diferença cultural.

> Esse novo "novo" feminismo é caracterizado pelo ativismo local, nacional e transnacional, em áreas como violência contra a mulher, tráfico, cirurgia corporal, automutilação e a "pornificação" geral da mídia. Embora preocupado com as novas ameaças aos direitos das mulheres no despertar da nova ordem mundial global, ele critica as ondas feministas anteriores por apresentarem respostas ou definições universais de feminilidade e por desenvolverem seus interesses particulares em políticas de identidade um tanto estáticas (Krolløke e Sørensen, 2006: 17).

Um tema mais recente é a tentativa de recuperar os termos pejorativos usados para descrever as mulheres — como "vadia" e "vagabunda" —, em vez de tentar impedir seu uso por completo. Em 2011, uma série de protestos em larga escala, chamados "*SlutWalks*", se espalharam do Canadá para todo o mundo após comentários de um policial de Toronto de que, para estarem seguras, as mulheres deveriam parar de "se vestir como vadias". As manifestantes fizeram uso extensivo da palavra "vadia" em seus cartazes e crachás, efetivamente reivindicando a palavra como designativa de mulheres independentes que demandam o direito de se vestir como quiserem sem serem assediadas sexualmente ou estupradas. Dessa forma, as ativistas visavam a alterar radicalmente o significado social da palavra, revertendo completamente seu significado anteriormente negativo e neutralizando seu impacto estigmatizante.

O feminismo da terceira onda é ainda mais diversificado do que as formas tardias da segunda onda, mas é importante reconhecer que muitas feministas da terceira onda cresceram com o benefício das conquistas do movimento da segunda onda. Nesse sentido, há uma linha de desenvolvimento entre as ondas. Em países desenvolvidos, como Grã-Bretanha, França e EUA, os movimentos de mulheres alcançaram muito sucesso ao longo do século XX, durante as duas primeiras ondas de atividade dos movimentos sociais insurgentes. Mas alguns argumentam que esses países passaram agora para uma fase "pós-feminista" (Tasker e Negra, 2007), ou que o feminismo está em estado de suspensão (mas não dissolução), durante o qual o movimento se mantém engajado em atividades educacionais e de ação intelectual, visando a se estabelecer firmemente dentro do sistema político (Bagguley, 2002; Gray e Sawyer, 2008).

No entanto, Walby afirma que essas são interpretações equivocadas do ativismo feminista contemporâneo. Existem muitos movimentos e grupos no mundo inteiro que fazem campanha ativamente para integrar a igualdade de gênero nas políticas públicas, embora muitos deles não se identifiquem como "feministas". Por isso, eles tendem a ser influentes, mas relativamente invisíveis em comparação com as espetaculares **ações diretas** do feminismo da segunda onda. Walby (2011: 1) insiste que "O feminismo não está morto. Esta não é uma era pós-feminista. O feminismo ainda é vibrante, apesar das declarações de que acabou. O feminismo é um sucesso, embora continue havendo muitas desigualdades de gênero. O feminismo está assumindo novas formas poderosas, que o tornam irreconhecível para alguns".

Um exemplo do tipo de feminismo ao qual Walby alude é o Everyday Sexism Project (http://everydaysexism.com/), baseado no Reino Unido, que permite que as mulheres publiquem suas experiências pessoais de linguagem sexista, comportamento e assédio em sua vida diária. O *site* inclui muitos *posts* de meninas e mulheres jovens sobre ambientes escolares, transporte público, trabalho e simples caminhadas em suas cidades de origem. Ao catalogar o sexismo cotidiano, o projeto nos lembra de que movimentos em direção à igualdade formal de gênero ainda não mudaram fundamentalmente uma cultura sexista existente de dominação masculina. Da mesma forma, o assédio sexual masculino e o estupro de mulheres em *campi* universitários no Reino Unido e nos EUA têm sido o foco de pesquisas e grupos de campanha. Um documentário de 2015, *The hunting ground*, destacou essas questões usando entrevistas com vítimas e administradores universitários de várias instituições dos EUA. O filme se mostrou controverso, pois sugeria que algumas universidades demoravam a agir quando as alegações de estupro eram feitas. Campanhas como essas mostram que o feminismo da terceira onda é vibrante e continua a envolver muitas mulheres jovens que podem nem sequer considerar a si mesmas e a sua atividade como "feministas".

Protestos reivindicando termos depreciativos como "vadia" e contrariando suposições sobre o código de vestimenta "correto" para as mulheres fazem parte do ativismo feminista da terceira onda.

A influência das ideias feministas e dos movimentos de mulheres tem sido profunda nas sociedades ocidentais, mas, cada vez mais, esses movimentos têm desafiado a desigualdade de gênero em outras áreas do mundo. O feminismo não é apenas um exercício acadêmico, e também não se restringe à Europa Ocidental e à América do Norte. No mundo cada vez mais globalizado de hoje, existe uma boa chance de que aqueles que se tornam ativos nos movimentos nacionais de mulheres entrem em contato com mulheres que travam outras lutas feministas no exterior.

> Os movimentos de mulheres são discutidos no Capítulo 20, "Política, governo e movimentos sociais".

REFLEXÃO CRÍTICA

O argumento da teoria *queer* é que não há experiência universal ou identidade de "mulher". A aceitação dessa posição inevitavelmente enfraquece os movimentos feministas ou existem maneiras de isso levar a uma solidariedade mais ampla?

Embora aquelas que participam de movimentos de mulheres tenham, por muitos anos, cultivado laços com ativistas de outros países, o número e a importância desses contatos têm aumentado com a globalização. Um exemplo é a Conferência das Nações Unidas sobre as Mulheres, realizada quatro vezes desde 1975. Aproximadamente 50 mil pessoas — das quais mais de dois terços eram mulheres — participaram da conferência mais recente, realizada em Pequim, na China, em 1995. Participaram delegadas de 181 nações, juntamente com representantes de milhares de organizações não governamentais (Dutt, 1996). A plataforma de ação construída pelas participantes da conferência pede que os países abordem questões como:

- o fardo persistente e cada vez maior da pobreza sobre as mulheres;
- a violência contra as mulheres;
- os efeitos de conflitos armados e de outros tipos sobre as mulheres;
- a desigualdade entre homens e mulheres no compartilhamento do poder e da tomada de decisões;
- os estereótipos usados contra as mulheres;
- as desigualdades de gênero na gestão dos recursos naturais;
- a discriminação persistente e a violação dos direitos das meninas.

O desenvolvimento desigual de regiões e sociedades significa que muitas das medidas de igualdade de direitos que as pessoas no Norte Global consideram garantidas ainda não foram conquistadas no Sul Global. Isso também ilustra como a dimensão global da vida contemporânea oferece novas oportunidades para os movimentos de mulheres se unirem na campanha em andamento pela igualdade de gênero.

A ordem de gênero

Em *Gender and power* (1987), *The men and the boys* (2001) e *Masculinities* (2005), Raewyn Connell faz uma das narrativas teóricas mais completas sobre o gênero, que se tornou um "clássico moderno" (ver o quadro Estudos clássicos 7.2). Sua abordagem tem sido particularmente influente pois integra os conceitos de **patriarcado** e **masculinidade** em uma teoria geral das relações de gênero.

Connell (1987) enfatiza que as evidências empíricas sobre a desigualdade de gênero não são apenas "uma pilha disforme de dados", mas revelam a base de um "campo organizado de práticas e relações sociais humanas" pelas quais as mulheres são mantidas em posições subordinadas aos homens. As relações de gênero são produtos de interações e práticas cotidianas, embora as ações e os comportamentos das pessoas em suas vidas pessoais estejam diretamente ligados a arranjos coletivos na sociedade. Esses arranjos são reproduzidos continuamente ao longo da vida e das gerações, mas também estão sujeitos a mudar.

Connell propõe três aspectos que interagem para formar a **ordem de gênero** da sociedade — padrões de relações de poder entre masculinidades e feminilidades que são disseminados pela sociedade —, a saber: trabalho, poder e catexia (relações pessoais/sexuais). Esses três domínios são partes distintas, mas inter-relacionadas, e representam os principais locais em que as relações de gênero são constituídas e contidas. O *trabalho* se refere à divisão sexual do trabalho no lar (como as responsabilidades domésticas e a criação dos filhos) e no mercado de trabalho (questões como segregação ocupacional e pagamento desigual). O *poder* atua por meio de relações sociais como **autoridade**, violência e ideologia nas instituições, no Estado, na vida militar e na vida doméstica. A *catexia* diz respeito à dinâmica em relacionamentos íntimos, emocionais e pessoais, incluindo o casamento, a sexualidade e a criação dos filhos.

As relações de gênero, da forma como ocorrem nessas três áreas, são estruturadas em uma determinada ordem de gênero no nível da sociedade.

Connell usa a expressão **regime de gênero** em referência à encenação das relações de gênero em cenários menores, como uma determinada instituição. Assim, uma família, um bairro e um Estado têm seus próprios regimes de gênero. (Um desses regimes de gênero é explorado por Máirtín Mac an Ghaill, como mostra o quadro Usando sua imaginação sociológica 7.2.)

Estudos clássicos 7.2 — Connell sobre a dinâmica da ordem de gênero

O problema da pesquisa

Por que certas pessoas se tornam modelos para os papéis de homem e mulher? Que características e ações os modelos apresentam e como essas características e ações (e não outras) passam a ser consideradas desejáveis? Connell (1987, 2001, 2005) analisou essas questões em seus estudos sobre a "ordem de gênero" nas sociedades. Em particular, desenvolveu uma teoria sobre a *hierarquia de gênero*.

A visão de Connell

Connell argumenta que existem muitas expressões diferentes sobre a masculinidade e a feminilidade. No nível da sociedade, essas versões contrastantes são ordenadas em uma hierarquia que é orientada em torno de uma premissa definidora — a dominação dos homens sobre as mulheres (Figura 7.1). Em sua hierarquia, ela usa "tipos ideais" estilizados de masculinidades e feminilidades.

No topo da hierarquia, está a **masculinidade hegemônica**, que é dominante sobre todas as outras masculinidades e feminilidades na sociedade. "Hegemônica" se refere aqui ao conceito de hegemonia — a dominância social de um certo grupo, exercida não pela força bruta, mas por meio de uma dinâmica cultural que se estende para a vida privada e os domínios sociais. Assim, a mídia, a educação, a ideologia e até mesmo os esportes e a música podem ser canais pelos quais se estabelece a hegemonia. Segundo Connell, a masculinidade hegemônica é associada, antes de tudo, à heterossexualidade e ao casamento, mas também à autoridade, ao trabalho remunerado, à força e à resistência física. Exemplos de homens que personificam a masculinidade hegemônica incluem atores de cinema como Arnold Schwarzenegger, cantores de *rap* como 50 Cent e o ex-presidente dos EUA Donald Trump.

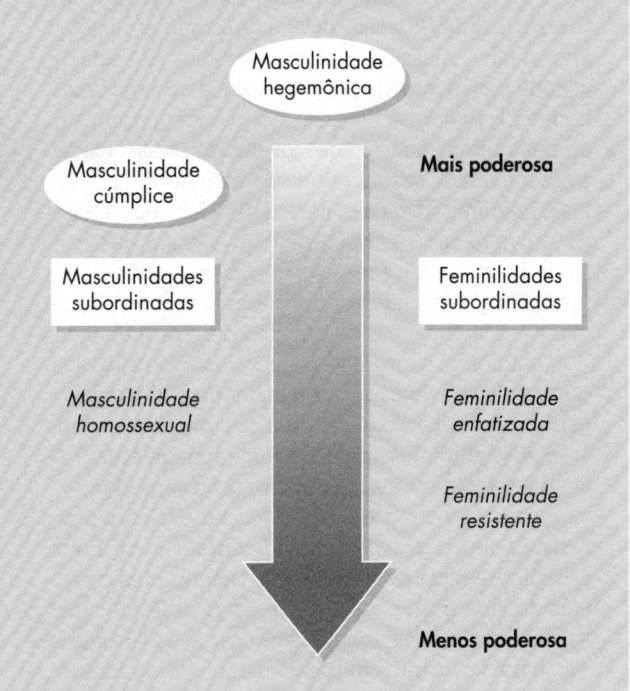

FIGURA 7.1 A hierarquia de gênero.

(Diagrama: Masculinidade hegemônica — Mais poderosa; Masculinidade cúmplice; Masculinidades subordinadas; Feminilidades subordinadas; Masculinidade homossexual; Feminilidade enfatizada; Feminilidade resistente — Menos poderosa.)

Embora a masculinidade hegemônica se mantenha como uma forma ideal de masculinidade, apenas alguns homens na sociedade conseguem atender aos seus requisitos. Muitos homens, porém, ainda tiram vantagem da posição dominante da masculinidade hegemônica na ordem patriarcal. Connell se refere a isso como o "dividendo patriarcal" e àqueles que se beneficiam dele como indivíduos que personificam a **masculinidade cúmplice**.

Em uma relação de subordinação à masculinidade hegemônica, existem várias formas de masculinidades e feminilidades subordinadas. Entre as masculinidades subordinadas, a mais importante é a **masculinidade homossexual**. Em uma ordem de gênero dominada pela masculinidade hegemônica, o homossexual é visto como o oposto do "homem real"; ele não está à altura do ideal masculino hegemônico e, muitas vezes, incorpora muitos de seus traços "banidos". A masculinidade homossexual é estigmatizada e está na base da hierarquia de gênero para os homens.

Connell argumenta que todas as feminilidades se formam em posições de subordinação à masculinidade hegemônica. Uma forma de feminilidade — a **feminilidade enfatizada** — é um complemento importante à masculinidade hegemônica. Ela está voltada para acomodar os interesses e desejos dos homens e se caracteriza por "obediência, carinho e empatia". Entre as mulheres jovens, isso é associado à receptividade sexual, enquanto, entre as mulheres mais maduras, implica maternidade. Connell se refere a Marilyn Monroe como "arquétipo e sátira" da feminilidade enfatizada e ressalta que as imagens da feminilidade enfatizada permanecem muito comuns na mídia, em campanhas de publicidade e propaganda.

Finalmente, existem feminilidades subordinadas que rejeitam a versão da feminilidade enfatizada esboçada acima. Todavia, de modo geral, a enorme atenção dedicada a manter a feminilidade enfatizada como a norma convencional na sociedade significa que outras feminilidades subordinadas que resistem às convenções não têm direito a voz. Entre as mulheres que desenvolveram identidades e estilos de vida não subordinados, estão as feministas, as lésbicas, as solteironas, as parteiras, as bruxas, as prostitutas e as trabalhadoras manuais. Entretanto, as experiências dessas **feminilidades resistentes** são amplamente "ocultas da história".

Pontos de crítica

Vários críticos argumentam que, embora a masculinidade hegemônica pareça óbvia, Connell não apresenta uma narrativa realmente satisfatória dela, pois não especifica o que conta como "contra-hegemônico". Por exemplo, com mais homens envolvidos atualmente na criação dos filhos, isso faz parte de uma tendência contra a masculinidade hegemônica? A menos que saibamos quais ações desafiariam a masculinidade hegemônica, como podemos saber que ações a constituem em primeiro lugar? Alguns psicólogos sociais também questionam *como* os homens passam a "personificar" a masculinidade cúmplice; se eles não cumprem o ideal de masculinidade hegemônica, o que isso significa psicologicamente para eles e o que eles realmente fazem? Em suma, "o que falta é um trabalho mais minucioso sobre como a cumplicidade e a resistência são na prática" (Wetherell e Edley, 1999: 337). Finalmente, Connell não teorizou sobre a ordem de gênero no nível global, embora esse tenha sido o tema de um trabalho posterior.

Relevância contemporânea

O trabalho inicial de Connell é notável por seu foco mais amplo em homens e masculinidades, bem como em mulheres, no campo dos estudos de gênero. Seu trabalho foi imensamente influente na definição dos estudos de gênero e, particularmente, na nossa compreensão de como determinados regimes de gênero são estabilizados e, potencialmente, desestabilizados. Como as ideias de Connell mostram que a ordem de gênero nunca é fixa ou estática, elas influenciaram não apenas os sociólogos, mas também os ativistas LGBTQ+.

Mudanças na ordem de gênero: tendências de crise

Embora o relato de Connell veja uma hierarquia de gênero claramente organizada, as relações de gênero constituem o resultado de um processo contínuo e, portanto, estão abertas a mudanças e desafios. Se o sexo e o gênero são socialmente construídos, as pessoas podem mudar suas orientações de gênero. Com isso, ela não quer dizer necessariamente que as pessoas podem alterar sua sexualidade facilmente, mas que as identidades de gênero estão sendo ajustadas constantemente. Mulheres que defendiam uma "feminilidade enfatizada" podem desenvolver uma consciência feminista, que leva a uma mudança na identidade e no comportamento. Essa possibilidade constante de mudança deixa os padrões das relações de gênero abertos a perturbações e sujeitos ao poder da atuação humana.

Connell sugere que existem tendências poderosas para uma crise de gênero. Primeiro, as instituições que tradicionalmente sustentaram o poder dos homens — a família e o Estado — estão se enfraquecendo gradualmente. A legitimidade da dominação dos homens sobre as mulheres está sendo enfraquecida por meio da legislação sobre o divórcio, a violência doméstica e o estupro, além de questões econômicas como impostos e pensões. Em segundo lugar, a heterossexualidade hegemônica é menos dominante do que antes, e, finalmente, existem novas bases para interesses sociais que contradizem a ordem de gênero existente. Os direitos das mulheres casadas, os movimentos LGBTQ+ e o aumento das posturas "antissexistas" representam ameaças à ordem de gênero.

É claro, as ameaças à ordem de gênero não precisam ser negativas para os homens. Mais homens atualmente se envolvem plenamente na criação dos filhos, e uma pequena proporção aceita entusiasticamente o papel social relativamente novo do "dono de casa". De maneira semelhante, a ideia do "novo homem", que rejeita conscientemente as antigas formas de comportamento associadas à masculinidade hegemônica em favor de uma disposição mais carinhosa e emocionalmente aberta, traz consigo a possibilidade de novos tipos de relacionamento. As tendências de crise já em evidência na ordem existente podem ser exploradas para levar à erradicação da desigualdade de gênero (Connell, 1987, 2005).

> Ver o Capítulo 15, "Famílias e relacionamentos íntimos", para uma discussão mais detalhada das mudanças nos papéis dos gêneros na vida familiar.

Masculinidades

Sociólogas feministas da década de 1970 em diante produziram muitos estudos empíricos das desigualdades entre homens e mulheres, que revelaram a real extensão da posição desigual das mulheres na sociedade. Mas pouco se fez para tentar compreender a masculinidade — a experiência de ser homem — ou a formação de identidades masculinas. Desde o final da década de 1980, isso tem mudado significativamente. Mudanças fundamentais para as mulheres em relação ao emprego remunerado e o domínio público da sociedade, juntamente com a diversificação das famílias, levantaram novas questões. O que significa ser homem no século XXI? De que maneira as expectativas tradicionais dos homens estão sendo transformadas? As normas tradi-

Esses jovens Wodaabe, do Níger, estão participando de uma dança formal, em uma competição denominada *Guérewol*. Sua maquiagem, suas vestes decorativas e seus acessórios, combinados com expressões faciais, os tornam mais atraentes para as jovens do povo Wodaabe.

cionais de masculinidade estão perdendo o controle sobre as gerações mais jovens?

Os sociólogos passaram a se interessar cada vez mais pelas posições e experiências dos homens dentro da "ordem de gênero" mais ampla. Essa mudança na sociologia do gênero e da sexualidade levou ao estudo dos homens e da masculinidade no contexto amplo das **relações de gênero** — as interações entre homens e mulheres, padronizadas pela sociedade. Os sociólogos estão interessados em entender como as identidades masculinas são construídas e que impacto certos papéis socialmente prescritos têm sobre o comportamento dos homens.

Connell (2011) também examinou os efeitos da globalização sobre a ordem de gênero. Ela afirma que o próprio gênero se tornou globalizado, com interações entre ordens de gênero locais anteriormente distintas, além da criação de novas arenas de relações de gênero. Connell argumenta que existem

USANDO SUA IMAGINAÇÃO SOCIOLÓGICA

7.2 Masculinidade e sexualidade nas escolas

Em *The making of men* (1994), Mac an Ghaill apresentou os resultados de uma pesquisa etnográfica que analisou o "regime de gênero" — a maneira como as relações de gênero acontecem — em uma escola pública secundária inglesa. Com base no trabalho de Connell, Mac an Ghaill estava interessado em como as escolas criam ativamente uma variedade de masculinidades e feminilidades entre os estudantes. Embora estivesse particularmente curioso com a formação de masculinidades heterossexuais, ele também investigou as experiências de um grupo de estudantes *gays* do sexo masculino. Seus estudos revelaram que a escola em si é uma instituição caracterizada por padrões de gênero e heterossexuais.

O "regime" prevalecente incentiva a construção de relações de gênero entre os alunos que coincidem com a ordem de gênero mais ampla — ou seja, foi possível detectar uma hierarquia de masculinidades e feminilidades dominantes e subordinadas dentro dos confins da escola. Influências e práticas sociais tão diversas quanto procedimentos disciplinares, alocação de disciplinas, interações entre professores e alunos e entre alunos e professores, bem como uma postura de vigilância, contribuem para a formação de masculinidades heterossexuais.

Mac an Ghaill observa quatro tipos emergentes de masculinidade no mesmo ambiente escolar. Os *garotos machões* são um grupo de garotos brancos da classe trabalhadora que desafiam a autoridade da escola e desdenham o processo de aprendizagem e os alunos bem-sucedidos. Mac an Ghaill conclui que esses garotos estão passando por uma "**crise de masculinidade**", pois os trabalhos manuais e não especializados/semiespecializados que eles antes consideravam definidores de seu futuro não existem mais. Isso deixa esses garotos em um dilema psicológico e prático em relação ao futuro que é difícil para eles compreenderem ou resolverem.

O segundo grupo é formado por *acadêmicos bem-sucedidos*, que se enxergam como futuros profissionais. Esses garotos são estereotipados pelos "garotos machões" (e pelos professores) como "babacas bem-sucedidos" efeminados. A rota mais comum que eles tomam para lidar com o estereótipo maldoso, segundo Mac an Ghaill, é manter a confiança de que sua dedicação e suas credenciais acadêmicas lhes garantirão um futuro seguro. Isso constitui a base de suas identidades masculinas.

O terceiro grupo, os *novos empreendedores*, são garotos que gravitam para disciplinas do novo currículo vocacional, como estudos em ciência da computação e administração de empresas. Mac an Ghaill os considera filhos da nova "cultura empresarial", que foi cultivada durante a era Thatcher. Para esses garotos, o sucesso no vestibular é relativamente inútil, devido à ênfase no mercado em seu planejamento instrumental para o futuro.

Os *verdadeiros ingleses* formam o último grupo. Eles são os mais problemáticos entre os grupos da classe média, pois mantêm uma atitude ambivalente ante a aprendizagem acadêmica, mas se consideram "árbitros da cultura", superiores a qualquer coisa que seus professores tenham para oferecer. Como são voltados para a busca de uma carreira, a masculinidade para esse grupo envolve a aparência de realização acadêmica sem esforço.

Em seu estudo sobre estudantes *gays* do sexo masculino, Mac an Ghaill observou que existe um conjunto claramente heterossexual de normas e valores — baseados em relacionamentos e famílias nucleares tradicionais — que é considerado básico nas discussões da sala de aula que tocam na questão do gênero e da sexualidade. Isso leva a "confusões e contradições" difíceis na construção de identidades de gênero e sexuais para garotos *gays*, que podem se sentir simultaneamente ignorados e categorizados pelos outros. Esse estudo foi realizado em meados da década de 1990, e, desde então, os direitos civis LGBTQ+ foram significativamente fortalecidos. No entanto, pesquisas ainda mostram que piadas e comentários negativos sobre *gays* são rotineiros e comuns em ambientes escolares (EUFRA, 2014).

> **REFLEXÃO CRÍTICA**
>
> Se os relacionamentos entre pessoas do mesmo sexo se tornaram mais aceitos na sociedade, por que a heteronormatividade ainda é tão forte nas escolas? Como os professores e a diretoria poderiam mudar a ordem de gênero prevalecente na escola?

diversas novas arenas globais de relações de gênero: corporações transnacionais e multinacionais com uma cultura de direção masculina; organizações internacionais não governamentais que também diferenciam os gêneros e são conduzidas principalmente por homens; a mídia internacional, que dissemina conhecimentos particulares de gênero; e, por fim, mercados globais de capital, *commodities*, serviços e mão de obra, que costumam ser fortemente estruturados por gênero e podem atingir cada vez mais as economias locais. Logo, hoje se pode falar em uma "ordem de gênero mundial" que proporciona o contexto para discussões futuras de gênero e sexualidade.

Direitos civis de LGBTQ+

Uma boa parte da pesquisa recente explorou a mudança de posição social e legal das relações entre pessoas do mesmo sexo nas sociedades do mundo, embora haja também um reconhecimento cada vez maior da diversidade mais ampla das minorias sexuais. Esta seção trata da mudança de posição das pessoas LGBTQ+ juntamente com a mudança de posturas para com as relações entre pessoas do mesmo sexo desde o final da década de 1960.

Direitos dos *gays* e homofobia

Em um antigo estudo, Plummer (1975) distinguiu quatro tipos de homossexualidade na cultura ocidental moderna. *Homossexualidade casual* é um encontro passageiro que não estrutura substancialmente a vida sexual de uma pessoa em geral. Paixões escolares e masturbação mútua são exemplos. *Atividades situadas* se referem a circunstâncias em que atos com pessoas do mesmo sexo são realizados regularmente, mas não se tornam a preferência primordial de um indivíduo. Em ambientes como prisões ou campos militares, onde os homens vivem sem as mulheres, é comum haver esse tipo de comportamento entre pessoas do mesmo sexo, visto como um substituto para o comportamento heterossexual, mas não como preferível a ele. *Homossexualidade personalizada* se refere a indivíduos que têm preferência por atividades com pessoas do mesmo sexo, mas estão isolados de grupos nos quais isso é facilmente aceito. As relações entre pessoas do mesmo sexo aqui são atividades secretas, escondidas de amigos e colegas. A *homossexualidade como modo de vida* se refere a indivíduos que "se assumiram" e fizeram das associações com outras pessoas com preferências sexuais semelhantes uma parte fundamental de suas vidas. Normalmente, isso envolve pertencer a **subculturas** nas quais as atividades entre pessoas do mesmo sexo são integradas a um estilo de vida distinto. Essas comunidades quase sempre oferecem a possibilidade de ação política coletiva para promover os direitos e interesses de lésbicas e *gays*.

A proporção da população (tanto masculina quanto feminina) que teve experiências com o mesmo sexo ou experimentou fortes inclinações para o mesmo sexo é maior do que a daqueles que seguem um estilo de vida abertamente *gay*. Atitudes de intolerância em relação a lésbicas e *gays* foram tão pronunciadas no passado que somente nos últimos anos é que foram desfeitos alguns dos mitos que cercam o assunto. **Homofobia**, um termo cunhado no final da década de 1960, refere-se a uma aversão ou ódio aos homossexuais e a seus estilos de vida, bem como ao comportamento baseado neles. A homofobia é uma forma de preconceito que se reflete não apenas em atos explícitos de hostilidade e violência, mas também em abuso verbal. No Reino Unido, por exemplo, termos como "bicha" ou "*queer*" são usados como termos depreciativos contra homossexuais, enquanto "crimes de ódio", incluindo agressões violentas, ainda ocorrem. Por exemplo, em 2019, um casal de lésbicas viajando em um ônibus de Londres foi submetido a assédio homofóbico e agredido por um grupo de homens jovens que lhes atiraram moedas (BBC News, 2019d).

Em 2008, uma pesquisa com professores no Reino Unido relatou que a palavra "*gay*" era o termo de abuso mais ouvido entre crianças em idade escolar de todas as idades, significando "deformado" ou "lixo" (BBC, 2008). Nas últimas décadas, os governos introduziram legislações para punir e combater **crimes de ódio** — ataques a membros de grupos como *gays*, lésbicas, pessoas com deficiência, sem-teto e comunidades religiosas puramente com base em sua participação no grupo (Gerstenfeld, 2010). Um conjunto de pesquisas empíricas mostrou que "lésbicas e *gays* experimentam uma grande variedade de violências heterossexistas, desde agressão física a assédio e abuso verbal no dia a dia" (Moran et al., 2004: 1). Embora esses níveis de violência tenham sido bastante ocultados, o conceito de crime de ódio ajudou a chamar a atenção para atitudes e abusos homofóbicos contínuos — um primeiro passo necessário para lidar com a questão.

Em 2014, uma pesquisa para a Agência dos Direitos Fundamentais da UE descobriu que 47% das pessoas LGBT haviam se sentido pessoalmente assediadas ou discriminadas no ano anterior, mais de 80% ouviram comentários negativos ou viram conduta negativa em relação a colegas percebidos como LGBT, e 67% disseram ter disfarçado ou escondido o fato de serem LGBT na escola antes dos 18 anos. Cerca de 80% também relataram que piadas casuais sobre pessoas LGBT são comuns na vida cotidiana (EUFRA, 2014: 11-12). Embora muito progresso tenha sido feito em direção à igualdade de direitos civis para lésbicas e *gays*, essa pesquisa mostra que as atitudes homofóbicas que se mantêm enraizadas nas culturas das sociedades da UE permanecem no século XXI.

> Veja também as questões levantadas na seção "Crimes de ódio por orientação sexual", no Capítulo 22, "Crime e desvio de conduta".

REFLEXÃO CRÍTICA

Faça uma pequena pesquisa com seus amigos, parentes e grupos de colegas com o objetivo de descobrir com que frequência eles ouvem piadas e comentários negativos casuais sobre pessoas LGBTQ+. O que você poderia fazer para diminuir a possibilidade de as pessoas não serem verdadeiras sobre os outros e sobre si mesmas?

Atualmente, existe um movimento global cada vez maior pelos direitos das minorias sexuais. A Associação Internacional de Lésbicas, Gays, Bissexuais, Trans e Intersexuais (ILGA), fundada em 1978, tem mais de 1.600 organizações participantes em 159 países. Ela realiza conferências internacionais, apoia movimentos sociais de lésbicas e *gays* em todo o mundo e faz *lobby* em organizações internacionais. Por exemplo, ela convenceu o Conselho da Europa a exigir que todas as nações-membro revoguem as leis que proíbem a homossexualidade. Em geral, movimentos sociais ativos de lésbicas e *gays* costumam ter sucesso em países que enfatizam os direitos individuais e têm políticas estatais liberais (Frank e McEneaney, 1999).

Alguns tipos de comportamento *gay* masculino têm sido vistos como tentativas de alterar a conexão convencional da masculinidade com o poder — uma razão, talvez, pela qual alguns na comunidade heterossexual os consideram ameaçadores. Muitos *gays* rejeitam a imagem de "efeminação" popularmente associada a eles e se desviam disso de duas maneiras. Uma é o cultivo da efeminação ultrajante — uma masculinidade "exagerada" que parodia o estereótipo e é frequentemente vista em eventos do Orgulho Gay em todo o mundo. A outra consiste em desenvolver uma imagem "machista". Isso também não é convencionalmente masculino; homens vestidos como motociclistas ou *cowboys* estão novamente parodiando a masculinidade, exagerando-a, como na banda dos anos 1970 Village People e seu hino mundialmente reconhecido, "YMCA" (Bertelson, 1986).

A pesquisa sociológica sobre o impacto da epidemia de HIV/aids sugere que ela desafiou alguns dos principais fundamentos ideológicos da masculinidade heterossexual. A sexualidade e o comportamento sexual se tornaram assunto de discussão pública, abrangendo desde campanhas de sexo seguro com o apoio de verbas públicas até a cobertura da mídia. Acima de tudo, o pânico moral impulsionado pela mídia, relacionando a infecção pelo HIV ao "estilo de vida *gay*" — por mais equivocado e factualmente incorreto —, aumentou a visibilidade de *gays* e lésbicas. Assim, a epidemia colocou em dúvida a universalidade da heterossexualidade, demonstrando que existem alternativas à família nuclear tradicional (Redman, 1996). De várias maneiras, as relações entre pessoas do mesmo sexo se tornaram uma parte aceita do cotidiano social, com muitos países aprovando legislações para proteger os direitos civis das pessoas LGBTQ+.

> O HIV/aids e as respostas ao surto são discutidos com mais detalhes no Capítulo 10, "Saúde, doença e deficiência".

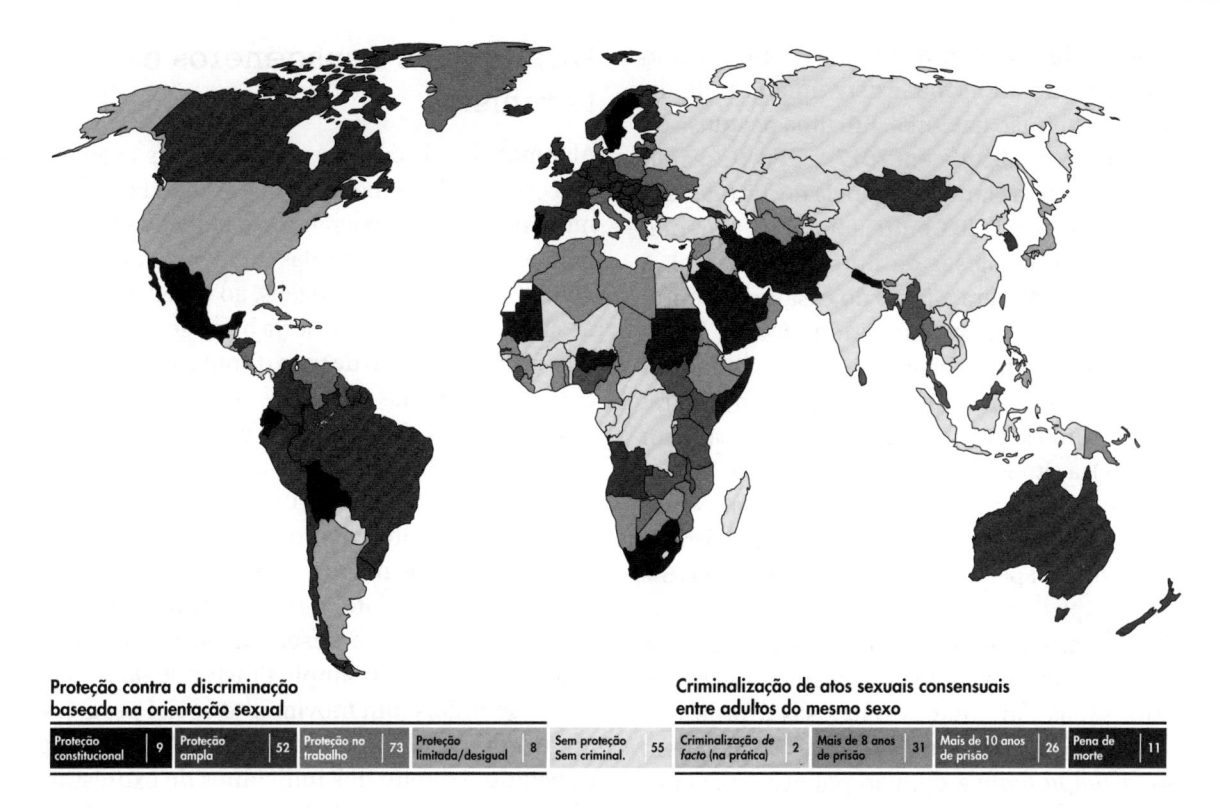

Proteção contra a discriminação baseada na orientação sexual						Criminalização de atos sexuais consensuais entre adultos do mesmo sexo				
Proteção constitucional	9	Proteção ampla	52	Proteção no trabalho	73	Proteção limitada/desigual	8	Sem proteção Sem criminal.	55	Criminalização de facto (na prática)	2	Mais de 8 anos de prisão	31	Mais de 10 anos de prisão	26	Pena de morte	11

FIGURA 7.2 *Status* legal de pessoas lésbicas, *gays* e bissexuais em todo o mundo. (Para ver esta imagem colorida, acesse **loja.grupoa.com.br**, encontre a página do livro por meio do campo de busca e clique em Material Complementar.)

Fonte: Adaptada de ILGA (2019).

Em 1966, quando a África do Sul adotou sua nova constituição, ela se tornou um dos poucos países na época a garantir constitucionalmente os direitos dos homossexuais. Mas ainda existem enormes diferenças nas proteções legais concedidas às pessoas LGBT. Em alguns países, os atos sexuais entre pessoas do mesmo sexo acarretam penas de prisão, e, em outros, a pena de morte continua em vigor (ver Figura 7.2). Na África, as relações homossexuais masculinas só foram legalizadas em alguns poucos países, enquanto as relações lésbicas raramente são mencionadas na lei. Na Ásia e no Oriente Médio, a situação é semelhante: o sexo *gay* é proibido na grande maioria dos países, incluindo todos aqueles que são predominantemente islâmicos. A UE, a maior parte da América do Sul, a América do Norte, a Austrália e a Nova Zelândia têm algumas das leis mais liberais do mundo. Na UE, as relações entre pessoas do mesmo sexo foram legalizadas em quase todos os países, muitos dos quais reconhecem legalmente as parcerias ou o casamento entre pessoas do mesmo sexo. Tais avanços são importantes, pois tanto as uniões civis como o casamento conferem direitos a benefícios de seguro social e pensão, direitos de posse, possível responsabilidade parental pelos filhos de um parceiro, reconhecimento total do seguro de vida, responsabilidade de fornecer o mínimo sustento para parceiros e filhos e direitos de visita em hospitais.

> Veja no Capítulo 15, "Famílias e relacionamentos íntimos", uma discussão sobre parcerias civis e casamento entre pessoas do mesmo sexo.

No entanto, as atitudes públicas em relação aos direitos iguais de casamento diferem bastante dentro das sociedades, bem como em diversas regiões do mundo. Mesmo dentro de uma única região geográfica, como a Europa, existe uma grande divergência de opinião nacional. Em uma pesquisa de opinião pública realizada em 2017, o Pew Research Center relatou uma clara divergência de atitudes em relação aos direitos LGBT entre a Europa Ocidental e Oriental. Nos 15 países da Europa Ocidental, a maioria dos adultos era a favor do casamento entre pessoas do mesmo sexo, incluindo 60% na Itália, 75% na Suíça, 86% nos Países Baixos e na Dinamarca e 88% na Suécia. No entanto, na Europa Central e Oriental, com exceção da República Tcheca (com 65% a favor), a situação é totalmente inversa. Na Polônia, apenas 32% eram a favor do casamento entre pessoas do mesmo sexo, e outros números foram: 27% na Hungria, apenas 9% na Ucrânia e apenas 5% na Rússia (Lipka e Masci, 2019).

Como a opinião pública sobre a sexualidade é bastante diversificada, com significativas divergências enraizadas em crenças religiosas e políticas, as mudanças legislativas e as políticas sociais nem sempre *acompanham* a opinião pública, mas também podem contribuir para *mudá-la*. Para muitas pessoas LGBTQ+, a introdução de parcerias civis não representou progresso, mas reforçou os direitos civis desiguais existentes. O progresso real exige que o casamento legal esteja disponível para todos da mesma forma, com plena igualdade de *status*, direitos e obrigações. Em outubro de 2019, 30 países e territórios haviam introduzido direitos de casamento para casais do mesmo sexo, sendo a maioria deles na Europa e nas Américas (Pew Research Center, 2019).

Antes do final da década de 1960, a maioria dos *gays* e das lésbicas escondia sua orientação sexual por medo de que "sair do armário" custasse seus empregos, suas famílias e seus amigos e os deixasse expostos à discriminação e aos crimes de ódio. Desde a década de 1960, as coisas começaram a mudar, à medida que os ativistas desafiavam a heteronormatividade das sociedades (Seidman, 1997). Manchester, Nova Iorque, São Francisco, Sydney e muitas outras grandes áreas metropolitanas ao redor do mundo têm prósperas comunidades *gays* e lésbicas; como mostram as pesquisas acima, a aceitação de relacionamentos entre pessoas do mesmo sexo em algumas partes do mundo cresceu, e as vidas de muitas pessoas lésbicas e *gays* foram, em grande parte, normalizadas.

Direitos dos transgêneros e feminismo

Algumas das discussões e dos debates acadêmicos mais acalorados sobre gênero e sexualidade nos últimos anos ocorreram em torno da identidade transgênero e, particularmente, das mulheres trans. Não podemos fazer justiça às origens, ao desenvolvimento e às sutilezas desse debate nesta breve seção, mas podemos fazer um esboço de uma disputa divisória central, que coloca algumas feministas contra ativistas trans.

Para muitos ativistas trans e acadêmicos, a campanha pelos direitos e pela aceitação dos transgêneros é a mais recente de uma longa linha de movimentos por direitos civis que se entrelaçam com os direitos civis dos negros, o feminismo e o ativismo lésbico e *gay*. De fato, o movimento pelos direitos dos transgêneros se desenvolveu como parte da coalizão LGBT mais ampla (Taylor et al., 2018: 26). Nesse sentido, é um movimento social progressista enraizado no discurso dos direitos humanos, promovendo o direito dos indivíduos de expressar sua identidade pessoal e de "ser eles mesmos". De fato, muitos homens e mulheres trans que fizeram a transição na idade adulta dizem que "sair do armário" é, como a frase sugere, algo parecido com o processo experimentado por lésbicas e *gays*.

> Os movimentos sociais LGBTQ+ são discutidos no Capítulo 20, "Política, governo e movimentos sociais".

Na sociologia, os debates sobre identidades de transgêneros também fazem parte do persistente processo de "*queering*" de todas as noções de que sexo, gênero e (hetero)sexualidade são "naturais" ou, de alguma forma, biologicamente enraizados e, portanto, fixos. Construcionistas sociais de várias linhagens continuam a argumentar que biologia não é destino e que todas as formas de identidade social e pessoal são moldadas dentro do processo social como um todo. Até agora, tudo muito consensual.

No entanto, para algumas ativistas feministas e acadêmicas, a inclusão de mulheres trans na categoria geral de "mulheres" é problemática ou simplesmente inaceitável. Isso é especialmente verdadeiro em sociedades que aceitam a autoidentificação de gênero, em que as pessoas podem mudar sua identidade de gênero para a de mulher enquanto permanecem fisiologicamente masculinas. Em suma, para algumas feministas, as mulheres trans não são e nunca poderão ser mulheres "autênticas": "Os homens que reivindicam a feminilidade não têm nenhuma experiência de serem mulheres e, portanto, não deveriam ter o direito de falar como 'mulheres'" (Jeffreys, 2014: 7). Em outras palavras, elas podem ser socialmente aceitas como "mulheres", mas não podem se *tornar* "mulheres". Esse argumento torna o próprio corpo feminino essencial para definir o que significa ser mulher.

Por exemplo, as feministas fizeram campanha pelos direitos reprodutivos das mulheres sobre os seus próprios corpos e pela igualdade da prestação de assistência médica, destacando as experiências das mulheres com o sexismo cotidiano, o assédio sexual e a violência doméstica nas mãos dos homens. Hines (2019) argumenta que, nessas áreas (e em outras), o corpo feminino é tanto uma questão política quanto um espaço de política feminista. No entanto, na situação atual, usar o corpo feminino como recurso para excluir as mulheres trans representa um retrocesso essencialista ao velho dualismo natureza/cultura. Esse último posiciona as mulheres como mais próximas da natureza e, portanto, da biologia, o que "explica" seu "temperamento mais emocional" quando comparado ao

Sociedade global 7.2 — Gênero e sexualidade na 9ª edição

A intervenção feminista na sociologia tem demonstrado um persistente viés masculino na pesquisa e teorização das ciências sociais e trouxe muitas mudanças na disciplina. Neste capítulo, não podemos cobrir por completo as questões relacionadas ao gênero, mas os leitores podem usar o guia abaixo para encontrar outras seções relevantes no livro.

Capítulo 1, "O que é sociologia?" — Introdução à teorização feminista na sociologia

Capítulo 3, "Teorias e perspectivas sociológicas" — Discussão estendida das críticas feministas da "sociologia machista"; o significado da desigualdade de gênero nas ciências sociais

Capítulo 9, "Estratificação e classe social" — Discussão estendida sobre desigualdade e estratificação de gênero; gênero e mobilidade social

Capítulo 10, "Saúde, doença e deficiência" — A medicalização da gravidez e do parto; desigualdades globais de gênero em saúde; o impacto do HIV no comportamento sexual

Capítulo 11, "Pobreza, exclusão e bem-estar social" — Desigualdade de gênero e pobreza; desigualdades previdenciárias

Capítulo 12, "Interações sociais e vida cotidiana" — Gênero na comunicação verbal e não verbal; identidades de gênero e corpo; desigualdade de gênero nas interações sociais

Capítulo 14, "O curso da vida" — Discussão estendida sobre socialização de gênero, estereótipos e feminização da vida adulta

Capítulo 15, "Famílias e relacionamentos íntimos" — Discussão ampliada das desigualdades de gênero; trabalho, trabalho doméstico e divisão do trabalho doméstico; violência íntima e o "lado negro" da vida familiar; abordagens feministas aos estudos da família

Capítulo 16, "Educação" — Discussão ampliada sobre desigualdade de gênero e sexismo nas escolas; a reprodução das divisões de gênero

Capítulo 17, "Trabalho e emprego" — A feminização do trabalho; desigualdade de gênero no ambiente de trabalho; trabalho doméstico e mudanças na divisão do trabalho doméstico

Capítulo 18, "Religião" — Cristianismo, gênero e sexualidade

Capítulo 19, "Mídia" — Representações de gênero na mídia de massa global

Capítulo 20, "Política, governo e movimentos sociais" — Movimentos feministas e LGBTQ+

Capítulo 22, "Crime e desvio de conduta" — O padrão de gênero de crime e desvio; criminologia feminista; gênero, sexualidade e crimes de ódio dos homens. As feministas passaram muito tempo argumentando contra essa noção não científica e estereotipada. No entanto, Stulberg (2018: 160) sustenta que, apesar de alguma oposição, pelo menos nos EUA, a inclusão trans se tornou mais comum na corrente principal do movimento pelos direitos civis dos LGBTQ+.

O teor das divergências entre algumas feministas e ativistas trans tem sido amargo. No contexto do Reino Unido, algumas ativistas feministas rejeitam a ideia e a prática de mulheres trans serem permitidas em "espaços femininos" — como banheiros públicos e vestiários de piscinas — como uma extensão da dominação patriarcal e uma forma de violência masculina contra as mulheres. Ativistas trans muitas vezes se referem a feministas que se opõem a aceitar mulheres trans como mulheres por meio da sigla TERFs — "*trans-exclusionary radical feminists*", ou, em português, "feministas radicais transexcludentes" —, e críticas feministas sem reservas, como Germaine Greer, têm sido impedidas de manter suas visões em *campi* universitários, sob a alegação de que seus pontos de vista chocantes podem incitar o ódio contra pessoas trans.

Devemos observar que as discussões contemporâneas em torno da fluidez de gênero, das identidades transgênero e das sexualidades diversas — embora não sendo totalmente novas — são desenvolvidas há relativamente pouco tempo e ainda precisam ser totalmente trabalhadas em pesquisas empíricas e debates teóricos. Como vimos na introdução deste capítulo, na última década, houve um rápido aumento no número de pessoas que buscam ajuda e conselhos sobre identificação de gênero, o que indica que a mudança social do mundo real está à frente dos estudos empíricos e da compreensão acadêmica, que poderiam ajudar a reduzir um pouco do calor de uma disputa aparentemente intransponível.

Globalização, tráfico humano e trabalho sexual

Neste capítulo, a maior parte de nossa discussão se concentrou em questões relativas às sociedades industrializadas ocidentais. Porém, em uma era global, os movimentos sociais estão forjando redes internacionais e uma orientação global para permanecerem eficazes e combaterem a exploração contínua. Em partes do mundo em desenvolvimento, o feminismo significa trabalhar para aliviar a pobreza absoluta e mudar atitudes masculinas tradicionais, que favorecem as famílias numerosas e se opõem à contracepção, enquanto, nos países desenvolvidos, significa continuar as campanhas por igualdade no emprego, provisão adequada de creches e o fim do assédio masculino e da violência contra as mulheres. Uma área que conecta as preocupações dos movimentos de mulheres no Sul e no Norte Global é a exploração de mulheres, particularmente as jovens, na indústria global do sexo.

Tráfico humano global

O "**turismo sexual**" existe em várias áreas do mundo, incluindo a Tailândia e as Filipinas. O turismo sexual no Extremo Oriente tem suas origens no fornecimento de prostitutas para os soldados norte-americanos nas guerras da Coreia e do Vietnã. Centros de "repouso e recreação" foram construídos na Tailândia, nas Filipinas, no Vietnã, na Coreia e em Taiwan. Alguns ainda existem, particularmente nas Filipinas, atendendo navios de turistas, além de militares instalados na região.

Atualmente, pacotes de viagem voltados para a prostituição atraem homens da Europa, dos Estados Unidos e do Japão para essas áreas, muitas vezes em busca de sexo com menores — embora essas viagens sejam ilegais em mais de 30 países, incluindo o Reino Unido, a Austrália, o Canadá, o Japão e os Estados Unidos, segundo leis relacionadas com a "responsabilização extraterritorial" de seus cidadãos. No entanto, a fiscalização é fragmentada, e, em 2004, o Japão não tinha feito nenhuma prisão segundo sua legislação, ao passo que os Estados Unidos tinham instaurado pelo menos 20 processos por turismo sexual (Svensson, 2004).

As viagens globais mais baratas e o grande diferencial no câmbio entre as moedas asiáticas e internacionais tornaram o turismo sexual mais acessível e atraente para os estrangeiros. Algumas famílias desesperadas forçam suas filhas a entrar para a prostituição; outras pessoas jovens são atraídas involuntariamente para o comércio sexual, respondendo inocentemente a anúncios para contratação de "modelos" ou "dançarinas". Os padrões de migração de áreas rurais para urbanas são um fator importante no crescimento da indústria do sexo, pois

Sociedade global 7.3 — O comércio global de mulheres trabalhadoras do sexo

O **tráfico humano** internacional, principalmente de mulheres e meninas, tornou-se uma questão muito mais significativa nos últimos anos. Por exemplo, o tráfico de mulheres para a Europa Ocidental para se tornarem prostitutas e profissionais do sexo está se expandindo rapidamente. Embora não se saiba exatamente quantas pessoas se tornam vítimas de tráfico humano, o Escritório da ONU sobre Drogas e Crime estima que havia cerca de 140 mil vítimas de tráfico na Europa em 2010 (UNODC, 2010: 4). À medida que as fronteiras da UE se expandiram com a entrada de novos países, como a Bulgária e a Romênia, mais rotas de trânsito se tornaram disponíveis para a entrada em Estados ricos da Europa Ocidental, ou os novos países vizinhos se tornaram os próprios destinos finais para uma crescente indústria do sexo.

Vítimas de tráfico humano também podem experimentar o "retráfico" — ser traficadas novamente (muitas dentro de dois anos) depois de conseguirem sair de sua situação original (Surtees, 2005). As estimativas de retráfico variam muito e costumam ser derivadas de estudos em escala relativamente pequena. Stephen-Smith (2008) sugeriu uma taxa de 21% para mulheres traficadas para exploração sexual no Reino Unido, enquanto, na Índia, o valor comparável foi de 25,8% em 2003 (Sen e Nair, 2004). Contudo, outros estudos encontraram taxas de retráfico desde 3% em algumas regiões do Sudeste da Europa, porém chegando aos 45% no caso de pessoas traficadas na Albânia para trabalho forçado (Surtees, 2005).

O retráfico pode ocorrer enquanto as vítimas estão saindo ou depois de terem escapado de uma situação de tráfico. Isso pode significar um segundo episódio de tráfico internacional através das fronteiras ou tráfico interno dentro do país de origem, ao retornarem. A análise de Jobe (2010: 11-12) com 79 casos de mulheres traficadas, do Banco de Dados de Tráfico Humano da Organização Internacional para as Migrações (OIM), descobriu que mulheres, jovens adultas e crianças eram mais vulneráveis ao retráfico. Esse estudo também descobriu que o retráfico era mais provável quando as vítimas voltavam para casa e enfrentavam problemas de integração na sociedade, tendo maior probabilidade de acontecer:

- quando as pessoas traficadas retornavam para casa e eram membros de grupos étnicos minoritários, sujeitos a discriminação;
- quando existem desigualdades de gênero significativas no país de origem;
- quando as vítimas são de países com conflitos contínuos ou recentes; ou
- são pessoas refugiadas ou deslocadas; ou
- têm entre 15 e 25 anos e não têm apoio da família; ou
- têm problemas de dependência de álcool ou drogas; ou
- têm problemas psicológicos ou psicossociais em decorrência de suas experiências com o tráfico.

Mesmo com o tráfico de seres humanos afetando tanto homens quanto mulheres, as evidências disponíveis nos estudos mostram um padrão claro de gênero, com a maioria de suas vítimas sendo mulheres jovens e meninas. Sendo assim, parece que atualmente o tráfico é uma dimensão particularmente grave e prejudicial da desigualdade global de gênero.

---

muitas mulheres ansiosas para deixar suas cidades natais tradicionais e limitadas agarram-se a qualquer oportunidade de fazer isso (Lim, 1998). Um estudo do tráfico no Sudeste da Europa descobriu que, em 2003 e 2004, a maioria das vítimas de tráfico era explorada sexualmente, embora também fosse usada para trabalho, mendicância, delinquência e adoção (Surtees, 2005: 12).

Os governos têm buscado legislar contra o tráfico. No Reino Unido, a Lei de Nacionalidade, Imigração e Asilo de 2002 tornou o tráfico para prostituição uma violação criminal pela primeira vez, estendendo-se ao tráfico para servidão doméstica e trabalhos forçados em 2004. A globalização possibilita o movimento mais rápido de pessoas através das fronteiras nacionais, desenvolvendo novos padrões de movimento. Homens relativamente ricos fazem viagens rápidas para os países em desenvolvimento a fim de comprar sexo de pessoas relativamente pobres, enquanto as mulheres relativamente impotentes do Leste Europeu estão sendo forçadas ao "**trabalho sexual**" no Oeste Europeu por gangues organizadas de traficantes de pessoas, que são principalmente formadas por homens.

Contudo, alguns estudiosos não estão convencidos de que o discurso dominante sobre o tráfico sexual deva ser interpretado literalmente, argumentando que ele pode consistir em um "pânico moral" que surgiu a partir das preocupações de organizações cristãs evangélicas e das feministas. Essa combinação talvez improvável levou a estatísticas exageradas e enganosas sobre a extensão do tráfico sexual e a argumentos contra a legalização da prostituição como tal (Davies, 2009). Indo mais longe, Bernstein (2018) argumenta que sua própria pesquisa com profissionais do sexo no Sul Global descobriu muitas que simplesmente não se viam como "vítimas". Assim, o discurso do tráfico está associado principalmente a agências estatais e ONGs do Norte Global que trabalham para "salvar" aquelas que se consideram "escravas sexuais" nos países em desenvolvimento, mas raramente observam as experiências das próprias profissionais do sexo ou adotam suas autodefinições. Críticas como essas sugerem que é preciso haver mais trabalho para entender as formas diversificadas de trabalho sexual e as experiências das profissionais do sexo.

Trabalho sexual

O termo "prostituição" começou a entrar em uso comum no final do século XVIII e pode ser definido como o desempenho de atos sexuais por um ganho monetário. Embora a prostituição envolva homens, mulheres e pessoas trans, nosso foco aqui está nas mulheres, que compõem a maioria de sua população. Em 2016, estimou-se que havia entre 60 e 80 mil trabalhadores do sexo na Inglaterra e no País de Gales, e a maioria era composta de mulheres (House of Commons, 2016: 2).

Um aspecto fundamental da prostituição moderna é que as mulheres e seus clientes geralmente não se conhecem. Embora os homens possam se tornar "clientes regulares", a relação não é estabelecida inicialmente com base no conhecimento pessoal. A prostituição está diretamente conectada com o rompimento de pequenas comunidades, o desenvolvimento de grandes áreas urbanas impessoais e a comercialização das relações sociais. Em áreas urbanas desenvolvidas recentemente, é fácil estabelecer conexões sociais anônimas.

Uma resolução da ONU aprovada em 1951 condena aqueles que organizam a prostituição ou lucram com as atividades de prostitutas, mas não proíbe a prostituição em si. A legislação sobre a prostituição varia bastante. Em alguns países, a própria prostituição é ilegal, enquanto outros países proíbem apenas certos tipos, como o trabalho nas ruas ou a prostituição infantil. Alguns governos nacionais ou locais licenciam bordéis ou salões de sexo reconhecidos oficialmente — como os "centros Eros" na Alemanha ou as casas de sexo em Amsterdã. Em outubro de 1999, o Parlamento Holandês transformou a prostituição em uma profissão oficial para o número estimado de 30 mil mulheres que trabalham na indústria do sexo. Todos os locais onde se vende sexo podem ser regulamentados, licenciados e inspecionados pelas autoridades locais. Entretanto, apenas alguns países licenciam homens prostitutos.

A legislação contra a prostituição raramente pune os clientes. Aqueles que compram serviços sexuais não são presos ou processados, e, em processos judiciais, suas identidades podem nem mesmo ser reveladas. Contudo, na Suécia (desde 1999), na Noruega e na Islândia (desde 2009), tem sido promulgada uma legislação que criminaliza a *compra* de serviços sexuais, o trabalho de cafetão, a aquisição e a operação de um bordel, mas não criminaliza a *venda* de serviços sexuais. A finalidade disso é transferir o fardo do estigma das prostitutas para os homens que compram seus serviços, na esperança de reduzir a demanda por prostituição a longo prazo.

Existem muito menos estudos sobre os clientes do que sobre as pessoas que vendem sexo (ver Sanders, 2008), e é raro alguém sugerir — como se costuma dizer ou implicar sobre as prostitutas — que os clientes têm perturbações psicológicas. O desequilíbrio na pesquisa certamente expressa uma aceitação acrítica de estereótipos ortodoxos sobre a sexualidade, segundo os quais é "normal" os homens procurarem ativamente uma variedade de válvulas de escape sexuais, embora aquelas que satisfazem essas "necessidades" sejam condenadas.

Hoje, os sociólogos consideram a prostituição apenas uma forma de trabalho sexual. O trabalho sexual pode ser definido como a prestação de serviços sexuais em uma troca financeira entre adultos conscientes, embora, é claro, as crianças (e os adultos) historicamente tenham sido — e ainda são — forçadas a trabalhar com o sexo. Os profissionais

Algumas trabalhadoras do sexo se tornaram politicamente ativas, fazendo campanha por melhores condições. Será que as feministas deveriam apoiar essas campanhas e a noção de que a prostituição e o trabalho sexual são "profissões" como outra qualquer?

do sexo, como as prostitutas, são principalmente pessoas do sexo feminino, e o trabalho sexual compreende, no mínimo, todos os seguintes: atores em filmes pornográficos, modelos nus, dançarinos que fazem *strip-tease* e dança no colo, trabalhadores de *shows* de sexo explícito, massagistas eróticos e atendentes de linhas telefônicas sexuais e de "sexo pela *webcam*" na internet, quando envolve uma troca financeira (Weitzer, 2000). Testemunhos apresentados pelo Sex Work Research Hub ao Comitê de Assuntos Internos do Reino Unido sugerem que cerca de 80% das profissionais do sexo em ambientes fechados eram mulheres, 17% eram homens e pouco mais de 2% eram transgêneros (House of Commons, 2016: 9).

O conceito original da profissional do sexo da década de 1970 visava a acabar com o estigma das práticas de trabalho de prostitutas e outras mulheres que trabalhavam na indústria do sexo. Como os serviços sexuais eram trocados entre adultos com livre consentimento, argumentava-se que esse trabalho deveria ser tratado como qualquer outra forma de trabalho, e a prostituição, em particular, deveria ser descriminalizada. Atualmente, em todo o mundo, as prostitutas vêm principalmente de origens sociais pobres, como no passado, mas elas hoje são seguidas por um número considerável de mulheres de classe média que trabalham na variedade de serviços sexuais descrita, e muitas consideram que seu trabalho envolve prestar serviços sexuais úteis e respeitáveis. Conforme insiste "Rona", uma profissional do sexo com 10 anos de experiência:

> Sim, é uma profissão — creio que é uma profissão perfeitamente respeitável, e deve ser vista como tal, do mesmo modo que uma professora, contadora ou qualquer outra.... Por que o fato de que eu escolhi trabalhar como prostituta deve ser considerado diferente de ser enfermeira, o que eu já fui? Não deveria haver nenhum estigma social nisso. Eu trabalho em um ambiente confortável e limpo, faço exames médicos regulares e pago meus impostos como qualquer pessoa ("Rona", 2000).

A ideia de um sindicato para os profissionais do sexo pode parecer estranha, mas, no contexto de garantir saúde e segurança no trabalho, apoio legal em disputas sobre pagamento e condições e acesso a treinamento ou capacitação (para aqueles que desejam deixar o setor do sexo), essas questões estão no centro da atividade sindical comum. Os profissionais do sexo observam que a coletivização por meio do sindicato pode ajudar a acabar com a exploração e o abuso no setor. Por exemplo, formada em 2000, a International Union of Sex Workers (IUSW), sediada em Londres, considera a sindicalização o primeiro passo para a profissionalização do trabalho com o sexo. Em 2002, esse sindicato se associou à GMB, a maior central sindical do Reino Unido. A IUSW faz campanhas em favor da descriminalização de todos os aspectos do trabalho com o sexo envolvendo adultos conscientes e do direito de formar e se filiar a associações profissionais e sindicatos.

Todavia, o conceito de profissional do sexo ainda é controverso. Muitas feministas fazem campanhas contra a indústria do sexo, considerando-a degradante para as mulheres, extremamente ligada ao abuso sexual e à dependência de drogas e essencialmente enraizada na subordinação das mulheres aos homens. Mais recentemente, porém, outras feministas fizeram uma reavaliação do trabalho com o sexo, argumentando que muitas profissionais do sexo, embora nem todas, ganham uma renda razoável, gostam do seu trabalho e não se encaixam no estereótipo da viciada em drogas pobre que sofre abuso sexual e é forçada a se prostituir por suas circunstâncias (2011b, 2000). Indivíduos nesse grupo se veem como mulheres independentes que assumiram o controle de suas vidas, o que as torna pouco diferentes das mulheres bem-sucedidas que trabalham em outros setores profissionais (Chapkis, 1997).

Em um estudo sobre dançarinas de colo na Inglaterra, Sanders e Hardy (2011) descobriram que 87% foram educadas até pelo menos um nível de educação superior, cerca de um quarto tinha diploma universitário e um terço era estudante. Para 60%, a dança era seu único meio de renda, embora quase 40% tivessem outras formas de trabalho. Sanders e Hardy relatam que a satisfação no trabalho era "surpreendentemente alta", com uma grande maioria (76,4%) das mulheres dizendo que se sentiam "felizes" ou "muito felizes" com seu trabalho. Mais de 70% também relataram aspectos positivos do trabalho, como a possibilidade de escolher os horários de trabalho, ganhar mais dinheiro do que em outros empregos, receber imediatamente, tornar-se independente e manter a forma, e com o fato de o serviço combinar "diversão" e "trabalho". Uma dançarina resumiu os benefícios como "Mais dinheiro. Sem compromisso. Sair quando quiser. Beber o que quiser".

No entanto, muitas dançarinas também relataram aspectos negativos, como incerteza de renda, falta de perspectivas de carreira, ter que manter o emprego em segredo, clientes rudes e abusados, perder o respeito pelos homens e sentir-se mal consigo mesmas. Algumas também consideram o trabalho emocionalmente difícil de lidar e relataram que alguns clubes eram perigosos ou exploradores. Certamente, a experiência das dançarinas de colo não é uniforme ou totalmente positiva, mas o estudo empírico de Sanders e Hardy sugere que, para a maioria, os aspectos positivos superaram os negativos.

No entanto, a dança de colo, ao contrário da prostituição, geralmente não envolve contato sexual com clientes e, portanto, pode não representar a experiência geral da maioria das profissionais do sexo. De fato, dada a diversidade do trabalho sexual, seria insensato tentar generalizar seu caráter aparentemente explorador ou empoderador. Em vez disso, os pesquisadores precisarão investigar e comparar os diferentes tipos de trabalho sexual se quiserem entender melhor os atrativos e os riscos dessas atividades no século XXI.

> **REFLEXÃO CRÍTICA**
>
> Se alguns grupos de trabalhadoras do sexo expressam uma satisfação geral com o trabalho sexual e formam suas próprias organizações, explique por que ainda é legítimo que as feministas façam campanha contra isso.

Gênero e sexualidade: tudo muda novamente?

Sem dúvida alguma, conhecer a linguagem e os termos do debate sobre sexo, gênero e sexualidade é bem mais complicado do que era antes de meados da década de 1990. Posições e argumentos teóricos parecem estar mudando constantemente, assim como a terminologia adequada no campo dos estudos de gênero, que muda regularmente com a intervenção dos movimentos políticos. Para novos estudantes de sociologia, isso pode parecer desanimador. Mas devemos lembrar que a razão para isso é principalmente o ritmo da mudança social, que obrigou os sociólogos a alterar sua terminologia e criar conceitos e teorias para entender a situação de mudança nessa área.

Por exemplo, a separação de sexo e gênero que caracterizou o feminismo da segunda onda dos anos 1970 parecia oferecer uma solução radical para a identificação de homens e mulheres apenas com base em seu sexo atribuído no nascimento. Reconhecer que as normas sociais de feminilidade e masculinidade mudaram ao longo do tempo e diferiram entre as sociedades permitiu aos sociólogos rastrear seu desenvolvimento e demonstrar que o comportamento de gênero não era produto da biologia. Durante um tempo, a distinção entre sexo e gênero forneceu um paradigma estabelecido para os pesquisadores e foi uma mudança valiosa, mas hoje considera-se que essa abordagem anteriormente radical recaiu no essencialismo, aceitando sem críticas que o sexo é biologicamente dado, enquanto somente o gênero está sujeito a mudanças. A crítica transgênero de algumas formas de "feminismo excludente", discutida anteriormente, é apenas uma ilustração da reformulação que existe atualmente nos debates sobre a política de gênero.

E, ainda assim, nosso exemplo final, sobre trabalho sexual e tráfico humano, mostra que, em meio ao fluxo e às mudanças aparentemente implacáveis, algumas coisas persistem de forma incrível. A dominação masculina patriarcal e a exploração de crianças e mulheres jovens continuam em ritmo acelerado no século XXI, mas agora em uma escala verdadeiramente global. Houve, claramente, progresso em direção à igualdade de gênero e sexual em grande parte do Norte Global, mas até agora, em geral, isso não se refletiu no Sul Global. A sociologia precisa se adaptar a uma realidade social que muda rapidamente, mas o foco contínuo da disciplina nas relações de poder, na desigualdade social e no desenvolvimento de teorias garantirá que ela mantenha sua relevância acadêmica.

Revisão do capítulo

1. Explique a distinção sociológica convencional entre sexo e gênero.
2. "Sexo e gênero são construídos socialmente e podem ser moldados e alterados de várias maneiras". A biologia humana desempenha algum papel na moldagem das identidades de gênero das pessoas? Dê alguns exemplos que ilustrem sua resposta.
3. Por meio de exemplos, explique o que significa "socialização de gênero". Que problemas existem com os relatos convencionais de socialização de gênero?
4. Explique a teoria de Connell da ordem de gênero. Como a ordem de gênero está mudando nesta era global?
5. "Relacionamentos entre pessoas do mesmo sexo agora são muito aceitos na sociedade". Segundo este capítulo, que evidência dá suporte ou rebate essa afirmação? Como você caracterizaria o quadro global?

6. Explique a diferença entre transgênero e cisgênero. Com que fundamentos algumas feministas têm criticado as ideias dos ativistas transgênero?

7. Todas as abordagens feministas convencionais rejeitam a ideia de que a desigualdade de gênero é, de alguma forma, "natural". Se elas estiverem certas, como podemos explicar a persistência das desigualdades de gênero no século XXI?

8. Por que o feminismo pós-moderno, o feminismo pós-estrutural e a teoria *queer* são considerados radicalmente diferentes das antigas teorias de gênero e desigualdade de gênero?

9. Quais são as principais diferenças entre o feminismo da segunda onda e o da terceira onda? A terceira onda representa o "pós-feminismo" ou um revigoramento do ativismo feminista?

10. O que é "trabalho sexual"? Explique as diversas posições dentro do feminismo sobre a possibilidade de o trabalho sexual ser simplesmente outro tipo de trabalho ou uma exploração das mulheres.

Pesquisa na prática

O surgimento dos *sites* e aplicativos de namoro pela internet teve um forte impacto na forma como as pessoas se encontram para estabelecer contato íntimo e manter relacionamentos. De uma forma simples, o namoro *on-line* torna os encontros mais fáceis e imediatos e oferece uma maior quantidade de contatos acessíveis do que as formas anteriores. Aplicativos populares como Grindr e Tinder são muito mais utilizados por pessoas mais jovens (com menos de 35 anos), sugerindo uma divisão entre as gerações e talvez uma mudança no que significa "namoro" e no que as pessoas esperam dele hoje.

Alguns críticos sociológicos dos aplicativos de namoro baseados em imagens argumentam que eles contribuem para uma versão consumista da intimidade, em que as pessoas são selecionadas, ordenadas e usadas como se fosse em um *fast-food*. Isso inevitavelmente leva a uma dependência de ideias estereotipadas, ou os aplicativos de namoro realmente ajudam a empoderar as mulheres e, assim, promover a igualdade? Leia o artigo a seguir, que explora essas questões, e, em seguida, responda às perguntas.

> Lee, J. (2019), "Mediated Superficiality and Misogyny through Cool on Tinder", *Social Media and Society*, 5(3): 1-11.

1. Com foco nos métodos de pesquisa, descreva como os pesquisadores enfrentaram a tarefa de coletar e validar seus dados. Como você caracterizaria esse estudo?

2. O que os autores querem dizer com "o jogo de cartas do Tinder" e a "cultura de conexão" (*hookup culture*)?

3. No Tinder, "o princípio do *self* psicológico na intimidade moderna é substituído pela economia da visibilidade". O que essa mudança acarreta?

4. De acordo com o artigo, o que é uma "garota legal" (*cool girl*)? As normas associadas a ser uma garota legal ajudam a empoderar as mulheres jovens ou são uma nova forma de misoginia?

5. Elabore um estudo de acompanhamento destinado a explorar a existência ou não de estereótipos racistas em aplicativos de namoro. Como os dados poderiam ser coletados e quais métodos de pesquisa seriam mais eficazes?

Pensando sobre isso

Embora as divergências entre algumas feministas radicais e ativistas transgênero sobre "quem possui gênero" tenham algum conteúdo sociológico, a disputa parece principalmente política. A linguagem imoderada usada por ambos os lados não permite uma discussão sóbria e sociológica das principais questões envolvidas sob a retórica e o posicionamento. Uma tentativa de incluir uma intervenção sociológica nesse debate é o artigo *on-line* de Jackson e Scott: Jackson, S. e Scott, S. (2017). "Trans and the Contradictions of Gender", https://discoversociety.org/2017/06/06/focus-trans-and-the-contradictions-of-gender/.

Leia esse argumento atentamente e observe como os autores lidam com:

- críticas feministas radicais das ideias transgênero;
- a crítica transgênero do TERF — feminismo radical trans-excludente;
- a história dos conceitos de sexo e gênero;
- teorias sociológicas de gênero e desigualdade de gênero.

Escreva um ensaio de mil palavras com o título: "Se levarmos o gênero a sério, então ninguém é uma mulher 'de verdade'". Explique por que essa posição faz sentido sociologicamente e considere quais objeções podem ser feitas a ela do ponto de vista do feminismo radical e da política transgênero.

Sociedade nas artes

Assista ao documentário *Miss representation* (2011), dirigido por Jennifer Siebel Newsom (*trailer* oficial no YouTube: www.youtube.com/watch?v=Nw_QEuAvn6I). Esse filme analisa a desigualdade de gênero na mídia e na sociedade dos EUA, questionando o impacto de imagens e representações unidimensionais persistentes de mulheres e a sub-representação das mulheres na indústria da mídia.

Escreva uma resenha de mil palavras sobre o filme, ligando suas principais evidências às teorias sociológicas. Certifique-se de que a conclusão chegue a uma avaliação global da tese central, de que os meios de comunicação de massa contribuem significativamente para a reprodução da desigualdade de gênero. As evidências apoiam essa avaliação ou há mais diversidade hoje do que havia há uma década?

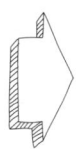

Outras leituras

Uma boa introdução às questões relacionadas a gênero e sexualidade na sociologia é o livro de Momin Rahman e Stevi Jackson (2010), *Gender and sexuality: sociological approaches* (Cambridge: Polity). A obra de Victoria Robinson e Diane Richardson (2015), *Introducing gender and women's studies* (4. ed., Basingstoke: Palgrave Macmillan), oferece um guia abrangente para as questões de gênero, além de toda a gama de teorizações feministas.

Uma vívida introdução ao trabalho recente sobre fluidez de gênero é a obra de Sally Hines (2018) *Is gender fluid? A primer for the 21st century* (London: Thames & Hudson). *Researching sex and sexualities* (2018), editado por Charlotte Morris et al. (London: Zed Books), é um guia muito útil para os métodos criativos nesse campo, que merece ser consultado para que se obtenham ideias de projeto de pesquisa.

Gender inequality: feminist theories and politics (5. ed., Oxford: Oxford University Press), de Judith Lorber (2012), oferece um excelente relato cronológico do desenvolvimento das teorias feministas sobre desigualdade de gênero. Raewyn Connell (2020) oferece uma visão geral rigorosa, porém acessível, do estudo científico social do gênero em *Gender: in world perspective* (4. ed., Cambridge: Polity).

Por fim, quem procura uma obra de referência nessas áreas pode consultar o livro de Jane Pilcher e Imelda Whelehan (2016), *Key concepts in gender studies* (2. ed., London: Sage), e *The routledge handbook of contemporary feminism* (2019), editado por Tasha Oren e Andrea L. Press (Abingdon: Routledge), que contém muitos artigos interessantes.

Para conferir uma seleção de leituras originais em inglês sobre desigualdades sociais, consulte: *Sociology: introductory readings* (4. ed., Cambridge: Polity, 2021).

@ *Links* da internet

Em **loja.grupoa.com.br**, acesse a página do livro por meio do campo de busca e clique em Material Complementar para ver as sugestões de leitura do revisor técnico à edição brasileira, além de outros recursos (em inglês).

The Women's Library — muitos recursos e *links* úteis sobre a história das mulheres no Reino Unido:
www.lse.ac.uk/library/collection-highlights/The-Womens-Library

Queer Resource Directory — um portal com muitos recursos sobre religião, juventude, saúde e outros assuntos:
www.qrd.org/qrd/

Eldis — questões de gênero nos países em desenvolvimento:
www.eldis.org/gender/

Voice of the Shuttle — muitos recursos para estudo sobre gênero e sexualidade na Universidade da Califórnia:
http://vos.ucsb.edu/browse.asp?id=2711

ILGA — International Lesbian, Gay, Bisexual, Trans and Intersex Association:
www.ilga.org/

Feminist.com — *site* dos EUA com muitos recursos e ideias:
www.feminist.com/

CAPÍTULO 8
RAÇA, ETNICIDADE E MIGRAÇÃO

SUMÁRIO

Conceitos básicos 289

Raça 289

Etnicidade 290

Grupos de minoria étnica 293

Preconceito e discriminação 293

A persistência do racismo 295

Das "velhas" às "novas" formas de racismo 298

Teorias sociológicas sobre o racismo 299

Emprego, habitação e justiça criminal 302

Integração, diversidade e conflitos étnicos 309

Diversidade étnica 309

Modelos de integração étnica 312

Conflitos étnicos 314

A migração em uma era global 315

A migração e o declínio do império: a Grã-Bretanha desde a década de 1960 317

A migração e a União Europeia 320

Globalização e migração 326

Conclusão 329

Revisão do capítulo 330

Pesquisa na prática 331

Pensando sobre isso 331

Sociedade nas artes 332

Outras leituras 332

Links da internet 333

O futebol é um esporte global de alto nível que tem visto um número cada vez maior de incidentes racistas dentro dos estádios no século XXI. Após o assassinato de George Floyd nos EUA, em maio de 2020, jogadores de todas as ligas do Reino Unido se ajoelharam no início das partidas de futebol, e houve um grande compartilhamento da mensagem de protesto "*Black lives matter*" (Vidas negras importam).

Nas décadas de 1960 e 1970, os jogadores negros no futebol inglês começaram a se destacar em maior número do que antes. Com essa visibilidade, veio o rotineiro e generalizado abuso racista durante os jogos, abrangendo desde bananas atiradas ao campo até cantos racistas e gestos de macacos. Na época, nem os clubes de futebol, nem as autoridades tomaram medidas sérias para impedir esse comportamento. Nas décadas de 1970 e 1980, organizações racistas de extrema-direita, como a Frente Nacional, também usavam o futebol como meio para recrutar membros e torcedores (Grebby, 2019).

Alguns grupos de torcedores antirracistas também foram formados na década de 1980, mas foi somente na década de 1990 que as autoridades do futebol fizeram uma tentativa conjunta de combater o racismo contra jogadores e entre os torcedores. Qualquer um que assista hoje ao futebol inglês de alto nível provavelmente atestará que o racismo aberto e generalizado e os cânticos racistas são muito incomuns, e não a norma. No entanto, o abuso racista nas arquibancadas dirigido aos jogadores de futebol negros não desapareceu. De fato, muitas ligas europeias domésticas presenciaram diversos incidentes racistas nos últimos anos.

Em setembro de 2019, alguns torcedores do clube italiano Cagliari insultaram Romelu Lukaku, do Inter de Milão, com barulhos de macaco e insultos racistas, e, em novembro, o atacante do Brescia Mario Balotelli foi agredido racialmente pelos torcedores do Hellas Verona. Em dezembro de 2018, o atacante do Manchester City Raheem Sterling foi insultado racialmente por um grupo de torcedores do Chelsea durante um jogo da Premier League inglesa em Londres, e, um ano depois, diversos jogadores negros do Manchester United relataram abuso racista durante um jogo clássico com seus rivais do City. Também em 2019, uma partida internacional da Inglaterra contra a Bulgária, em Sofia, foi interrompida duas vezes por causa de cantos de macacos, abusos racistas e saudações nazistas de uma parte da multidão. A Bulgária foi multada em € 75 mil e condenada a jogar dois jogos com portões fechados (BBC Sport, 2019).

Uma grande mudança no racismo no futebol foi o movimento para ambientes *on-line*, particularmente as mídias sociais. Okwonga (2019) relata que estatísticas recentes mostram uma tendência crescente de insultos racistas a jogadores negros nas mídias sociais, com grandes picos nos níveis de insulto após jogos importantes. Isso sugere que o insulto racista pode estar se tornando, se ainda não normalizado, pelo menos muito mais comum no ciberespaço anônimo, em que os perpetradores geralmente não são torcedores de partidas. Carrington (citado em Okwonga, 2019) argumenta que o insulto racista *on-line* é a mais recente forma de sanção social, efetivamente destinada a manter a "ordem racial", uma ideia embutida nas teorias do século XVIII sobre tipos raciais e supremacia branca — "uma ideologia de base do Ocidente".

Nos séculos XVIII e XIX, botânicos, biólogos e zoólogos trabalharam sistematicamente para classificar a variedade de organismos e espécies no planeta. Alguns esquemas, como o do cientista sueco Carl Linnaeus (1707-1778) — cujo sistema de taxonomia permanece em vigor até hoje nas ciências naturais —, também incluíam seres humanos. Linnaeus distinguiu quatro variedades básicas de humanos: branco europeu (*Homo Europaeus*), negro africano (*Homo Africanus*), vermelho americano (*Homo Americanus*) e marrom (mais tarde, amarelo) asiático (*Homo Asiaticus*) (Israel, 2019: 431-432). Embora estivessem enraizados na origem geográfica, a cor da pele foi considerada o principal aspecto diferenciador. Mas daí veio a tentação, de forma ilegítima e sem provas, de imputar características pessoais e sociais baseadas principalmente na cor da pele a diferentes grupos "raciais".

O mais conhecido desses argumentos é *The inequality of human races* (1853-1855), de De Gobineau (1816-1882). De Gobineau, muitas vezes rotulado como o "pai" do racismo moderno, propôs a existência de apenas três raças: branca (*caucasiana*), negra (*negroide*) e amarela (*mongoloide*). De acordo com De Gobineau, a raça branca tinha inteligência, moralidade e força de vontade superiores, e são essas qualidades hereditárias que fundamentam a disseminação da influência ocidental. A raça negra, em comparação, era a menos capaz, marcada por uma natureza animal, falta de moralidade e instabilidade emocional. Essas generalizações grosseiras podem ser implausíveis e não científicas hoje, mas claramente foram influentes. As ideias de supremacia racial faziam parte da ideologia do Partido Nacional Socialista Alemão (nazista), bem como de grupos racistas como a Ku Klux Klan nos EUA.

Os filósofos também se interessaram pelas características raciais e pelas perspectivas de "civilização" em todo o mundo. Immanuel Kant (1724-1804) considerava o nível europeu de civilização a mais alta conquista humana, que outras raças poderiam imitar, mas nunca alcançariam (Kowner e Skott, 2015: 51-54). Kant via quatro raças básicas: branco, negro, hindu e huno (mongol), sendo os chineses uma mistura "meia raça" (ou mestiça) das duas últimas. Termos depreciativos para pessoas de raça mista são comuns e existem em muitas culturas. Até a década de 1970 na Grã-Bretanha, o termo "meia casta" era muito usado e comumente empregado nas colônias britânicas do mundo inteiro. Na Austrália, o termo era usado para descrever crianças nascidas de colonos brancos com aborígenes indígenas. Embora esses exemplos possam parecer simplesmente descritivos, eles estão associados a ideias de pureza racial (a palavra "casta" é derivada da palavra latina *castus*, que significa "puro") e ao enfraquecimento da raça branca supostamente superior por meio da mistura racial. Assim, o conceito de meia casta era negativo, e as crianças mestiças eram estigmatizadas e tratadas como estranhas.

Sistemas destinados a classificar os humanos como parte do mundo natural foram essenciais para desafiar o domínio do pensamento teológico e, assim, promover uma visão científica do mundo. No entanto, eles também forneceram uma maneira racializada de pensar sobre a vida e as culturas humanas, dando credibilidade científica às ideias de superioridade branca. Biólogos e sociólogos hoje veem a raça como um conceito científico totalmente desacreditado. Os biólogos relatam que não há raças bem definidas, apenas uma série de variações físicas na espécie humana. As diferenças no tipo físico surgem da consanguinidade da população, que varia de acordo com o grau de contato entre os diferentes grupos. A diversidade genética *dentro* de populações que compartilham traços físicos visíveis é tão grande quanto a diversidade *entre* essas populações. À luz dessas evidências, a comunidade científica praticamente abandonou o uso analítico do conceito de raça. Você descobrirá que alguns artigos e livros sociológicos colocam a palavra "raça" entre as "aspas do medo" para enfatizar seu *status* não científico e problemático, embora isso não seja absolutamente necessário nem seja adotado aqui.

A Unesco (1978) reconheceu essas descobertas em sua Declaração sobre Raça e Preconceito Racial, que observou que "todos os seres humanos pertencem a uma única espécie e são descendentes de uma linhagem comum. Eles nascem iguais em dignidade e direitos e todos são parte integrante da humanidade". E, mesmo assim, como mostram nossos breves exemplos do futebol contemporâneo, as consequências materiais da crença persistente na existência de raças distintas, com diferentes habilidades naturais, são uma ilustração reveladora do famoso teorema de W. I. Thomas (1928) segundo o qual, "quando os homens [*sic*] definem as situações como reais, então elas são reais em suas consequências". Sendo assim, os sociólogos não podem ignorar as maneiras como o conceito de raça é entendido e usado na vida social.

Como veremos neste capítulo, a discriminação com base em raça ou etnia tem sido e continua sendo um grande problema social. Não é possível fazer justiça às muitas formas de etnicidade e divisões étnicas ao redor do mundo em um capítulo tão curto. Logo, nosso foco principal será a situação no Reino Unido, embora nos baseemos em uma série de exemplos de outros países quando necessário. Depois de considerar as maneiras como os conceitos de raça e etnia são usados na sociologia acadêmica e na sociedade em geral, examinamos os temas do preconceito, da discriminação e do racismo e, em seguida, discutimos teorias sociológicas que ajudam a explicar a sua persistência. Uma questão que abordamos é por que as divisões raciais e étnicas podem se transformar em conflito. A partir daí, o capítulo passa a tratar da diversidade étnica, dos modelos de integração — incluindo o multiculturalismo — e de exemplos de conflito étnico. A última seção analisa a escala e a importância crescentes da migração global e da mobilidade geográfica, ambas remodelando as relações entre grupos étnicos e aumentando a diversidade cultural nacional (Vertovec, 2007).

Conceitos básicos

Raça

O conceito de **raça** é um dos mais complexos em sociologia, até porque sua suposta base "científica" é hoje rejeitada pelos estudiosos. Apesar disso, ainda existe o uso generalizado e cotidiano do termo, já que muitas pessoas atualmente acreditam, erroneamente, que os seres humanos podem ser facilmente divididos em raças biologicamente diferentes. Desde o início do século XVIII, tem havido numerosas tentativas de acadêmicos e governos de estabelecer categorizações raciais das pessoas com base na sua cor de pele ou tipo racial. Esses esquemas nunca foram consistentes, com alguns identificando apenas quatro ou cinco raças principais, enquanto outros reconhecem até três dúzias. Essa diversidade não oferece uma base confiável para a pesquisa científica social.

Em muitas civilizações antigas, era comum se fazerem distinções entre os grupos sociais com base em diferenças visíveis na cor da pele, geralmente entre tons de pele mais claros e mais escuros. Todavia, antes do período moderno, era mais comum que as distinções percebidas entre agrupamentos humanos se baseassem em vínculos tribais ou de parentesco. Esses grupos eram numerosos, e a base da sua classificação era relativamente desconectada das ideias modernas de raça, com suas conotações biológicas ou genéticas. Ao contrário, a classificação se baseava na similaridade cultural e na participação em um determinado grupo. As teorias de diferença racial ligadas a métodos supostamente científicos surgiram de meados ao final do século XVIII e no começo do século XIX e eram usadas para justificar a nova ordem social, à medida que a Grã-Bretanha e outras nações europeias se tornavam potências imperiais, que controlavam territórios e populações de súditos.

Alguns cientistas sociais argumentam que a raça nada mais é do que um construto ideológico cujo uso em círculos acadêmicos perpetua a visão comum de que ele tem base na realidade (Miles, 1993). Portanto, isso deveria ser abandonado. Outros cientistas sociais discordam, alegando que a raça tem efeitos no mundo real e não pode ser ignorada. Em termos históricos, a raça tem sido um conceito extremamente importante, usado por grupos sociais poderosos como parte de suas estratégias de domínio (Spencer, 2014). Por exemplo, a situação dos afro-americanos nos EUA não pode ser compreendida sem referência ao comércio escravo, à segregação racial e às ideologias raciais persistentes. As distinções raciais são mais do que maneiras de descrever diferenças humanas — elas também são importantes fatores na reprodução de padrões de poder e desigualdade. Banton (2015: 22) observa que o conceito de raça está incorporado nas formas padrão usadas na assistência médica, na busca de emprego, no censo e em muitos outros contextos. Logo, "uma vez que um procedimento classificatório como este tenha sido incorporado nas instituições sociais, uma força igual deve ser mobilizada para que ele seja alterado". Assim, a raça continua a ser um conceito vital, embora altamente contestado, que os sociólogos têm de explorar onde quer que esteja sendo usado.

> **REFLEXÃO CRÍTICA**
>
> Como o termo "raça" é usado na sociedade? Examine algumas notícias e outros conteúdos da mídia observando como a palavra é empregada. Ela é usada com referência a características biológicas, por exemplo, ou a aspectos de culturas particulares?

O processo pelo qual o entendimento da raça é usado para classificar indivíduos ou grupos de pessoas se chama **racialização**. Historicamente, a racialização significava que certos grupos de pessoas eram rotulados como grupos biológicos distintos, com base em aspectos físicos que ocorriam naturalmente. A partir do século XV, à medida que os brancos europeus começaram a ter mais contato com pessoas de diferentes regiões do mundo, houve tentativas de categorizar e explicar os fenômenos naturais e sociais. Nessas regiões, as populações não brancas eram racializadas em oposição à "raça branca" europeia percebida. Em certos casos, essa racialização assumiu formas institucionais codificadas, como no caso da escravidão nas colônias americanas e do *apartheid* na África do Sul. De maneira mais comum, contudo, as instituições sociais cotidianas foram racializadas *de fato*.

A racialização também ocorreu *dentro* da Europa — por exemplo, em relação à discriminação e à exclusão das populações romanas dentro dos Estados-Nações europeus. Em um sistema racializado, certos aspectos da vida cotidiana dos indivíduos — emprego, relações pessoais, habitação, saúde, educação e representação legal — são definidos e limitados por suas posições dentro desse sistema de estratificação.

Etnicidade

Embora a ideia de raça implique algo fixo e biológico, **etnicidade** é uma fonte de identidade cuja base está na sociedade e na cultura. A etnicidade se refere a um tipo de identidade social relacionada à ancestralidade (real ou imaginada) e às diferenças culturais que se tornam ativas em certos contextos. Ela tem uma história mais longa do que a da raça e está mais relacionada aos conceitos de

Sociedade global 8.1 — Colonialismo e o comércio de escravos pelo Atlântico

A escravidão é tão antiga quanto a sociedade humana organizada e fazia parte da estrutura social de diversas civilizações clássicas, desde a Babilônia e o Egito até o Império Romano e a Grécia antiga. A captura de escravos pode ser vista como uma forma de trabalho coercitivo, que também inclui trabalho de presidiários, servidão e trabalho escravo (Black, 2011). O tráfico de escravos pelo Atlântico abrange o período do primeiro carregamento português de escravos negros, em 1441, a 1870, quando o tráfico de escravos foi efetivamente encerrado. A abolição legal ocorreu mais cedo em alguns países, por exemplo, na Dinamarca (1792), na Grã-Bretanha (1807) e nos EUA (1808), mas o comércio ilegal continuou por muito mais tempo, assim como a escravidão.

Thomas (1997: 11) observa que o comércio de escravos pelo Atlântico era "um empreendimento comercial envolvendo o transporte de milhões de pessoas, que se estendeu por várias centenas de anos, envolvendo todas as nações marítimas europeias, todos os povos voltados para o Atlântico (e alguns outros) e todos os países das Américas". Estimativas variadas definem o número de negros africanos comercializados durante esse período entre 11 e 13 milhões, transportados para diversos países, principalmente Brasil, Índias Ocidentais e todo o Império Espanhol, e em especial para trabalho forçado nas lavouras de açúcar e café, nas lavouras de algodão e cacau, nas minas, na construção civil e nos serviços domésticos. Cerca de 1,8 milhão de africanos também morreram durante as longas viagens (Araujo, 2017: 1). A esmagadora maioria dessas pessoas era vendida por comerciantes ou nobres locais, e o tráfico de escravos foi uma parte significativa da expansão colonial exploradora almejada por Portugal, Espanha, Grã-Bretanha, Países Baixos e outros, cujos lucros ajudaram a financiar suas empresas no exterior e o desenvolvimento industrial doméstico.

Black (2011) argumenta que, historicamente, escravidão e racismo não estão necessariamente ligados em todos os casos, embora a escravidão envolva a criação de um grupo de estranhos, um "outro", que é considerado mais próximo da natureza e, de certa forma, menos humano do que os próprios traficantes de escravos. Isso fica muito claro em provas documentais de traficantes de escravos. Thomas (1997: 397-398, 549) relata que um capitão francês descreveu os escravos congoleses como "robustos, indiferentes à fadiga... doces e tranquilos, nascidos para servir", enquanto um funcionário português notou no início do século XVIII que, em termos comerciais, não havia "diferença entre negros e mercadorias". Em um debate na Câmara dos Comuns britânica de 1804 sobre a abolição do comércio, um parlamentar que se opunha à abolição disse que "nunca tinha ouvido os africanos negarem sua inferioridade mental".

Tais visões abertamente racistas foram ridicularizadas mesmo na época, mas, como vimos na introdução do capítulo, um brilho científico foi acrescentado em algumas interpretações dos sistemas taxonômicos tal como concebidos e aplicados aos seres humanos no século XVIII. Da mesma forma, os incidentes racistas vistos em campos de futebol nos últimos anos mostram que esses tropos racistas muito antigos ainda estão em jogo nas nações autointituladas "civilizadas" do mundo.

REFLEXÃO CRÍTICA

Campanhas para que países que foram traficantes e proprietários de escravos façam reparações — desde pedidos de desculpas até a remoção de monumentos aos proprietários de escravos e compensação financeira — ganharam força nas últimas décadas. Janna Thompson (2017) argumenta que, apesar da tão repetida acusação de injustiça, as gerações atuais se beneficiaram do tráfico negreiro e deveriam indenizar os descendentes de escravos e as comunidades que foram negativamente afetadas. Deixando de lado questões práticas e financeiras, construa um argumento defendendo que as reparações para os cidadãos de hoje seriam justas e razoáveis para todos.

nação e raça, pois todos os três se referem à ideia de uma classe ou categoria de pessoas (Fenton, 2010: 14-15).

Como as nações, os grupos étnicos são "comunidades imaginadas" cuja existência depende da autoidentificação de seus membros. Membros de grupos étnicos podem se considerar culturalmente distintos de outros grupos e são vistos por eles, por sua vez, como diferentes. Nesse sentido, "grupos étnicos sempre coexistem com outros grupos étnicos" (Pilkington, 2015: 73). Diversas características podem servir para distinguir grupos étnicos, mas as mais comuns são linguagem, um senso de história ou ancestralidade compartilhada, religião e estilos de vestimenta ou adornos.

As diferenças étnicas são totalmente aprendidas, uma questão que parece autoevidente até que lembremos que alguns grupos são considerados "nascidos para governar" ou "naturalmente preguiçosos", "pouco inteligentes" e assim por diante. De fato, quando as pessoas usam o termo "etnicidade", elas normalmente fazem isso (como com a raça) ao se referir a características atribuídas, como cor de pele, laços sanguíneos ou local de nascimento. Ainda assim, não existe nada inato na etnicidade: ela é um fenômeno puramente social, que é produzido e reproduzido ao longo do tempo. Para muitas pessoas, a etnicidade é central à identidade individual e grupal, mas, para outras, ela é irrelevante, e para outras ainda, ela é significativa apenas durante tempos de conflito ou **agitação social**. A etnicidade pode proporcionar uma importante linha de continuidade com o passado e é mantida viva por meio das práticas de tradições culturais. Por exemplo, americanos da terceira geração de descendentes de irlandeses se identificam com orgulho como irlandeses-americanos e comemoram o Dia de São Patrício mesmo tendo passado sua vida inteira nos Estados Unidos.

Os sociólogos preferem o termo "etnicidade" em detrimento de "raça", pois ele designa um conceito que não tem referência biológica imprecisa. Todavia, as referências à "etnicidade" também podem ser problemáticas, especialmente se sugerirem um contraste com alguma norma "não étnica". Na Grã-Bretanha, por exemplo, a etnicidade costuma ser usada na mídia e entre a população branca mais ampla em referência a práticas e tradições culturais que diferem de práticas "nativas" (não étnicas). O termo "étnico" é aplicado, desse modo, à culinária, ao vestuário, à música e a bairros para designar práticas que sejam "não britânicas". Esse tipo de uso de rótulos étnicos arrisca produzir divisões entre "nós" e "eles", em que certas partes da população são vistas como "étnicas" enquanto outras não o são, resultando em grupos mais poderosos que se percebem como a norma "natural", da qual todos os outros grupos "étnicos" divergem. De fato, a etnicidade é um atributo que *todos* os membros de uma população têm, e não apenas certos segmentos dela.

Há outro problema com o conceito de etnicidade como passou a ser usado na sociologia, uma vez que, na prática, muitos estudos fazem uso da ideia de "grupos étnicos" realmente existentes e identificáveis. Esse é particularmente o caso nos estudos de conflitos étnicos, como aquele entre sérvios, albaneses e croatas na antiga Iugoslávia. Esse "grupismo" representa "a tendência de tomar grupos discretos e limitados como constituintes básicos da vida social, principais protagonistas de conflitos sociais e unidades fundamentais de análise social" (Brubaker, 2006: 8). Também sugere que tais conflitos são, na verdade, *causados por* diferenças étnicas ou culturais.

No entanto, se a etnicidade realmente é uma criação inteiramente social que se torna efetiva apenas em certas situações e em certos momentos, então não podemos aceitar a noção de um grupo étnico como algo "primordial" ou essencial em si mesmo, sem relação com o contexto social (A. D. Smith, 1998). É claro que, em situações do mundo real, os participantes podem perceber que estão agindo em nome ou para defender um grupo étnico coeso e objetivamente real. Porém, a tarefa do sociólogo não é aceitar essas percepções de forma literal, mas entender como e por que esse endurecimento da identificação étnica acontece, sob que circunstâncias e com quais consequências.

> O conceito de "identidade" é introduzido no Capítulo 12, "Interações sociais e vida cotidiana".

Grupos de minoria étnica

A noção de **grupos de minoria étnica** (com frequência, "minorias étnicas") é amplamente usada em sociologia e é mais do que uma mera distinção numérica. Existem muitas minorias no sentido estatístico, como pessoas com mais de 1,82 m de altura ou aquelas que usam sapatos maiores do que o tamanho 46, mas elas não são minorias conforme o conceito sociológico. Em sociologia, os membros de um grupo minoritário estão em situação de desvantagem quando comparados com o grupo dominante — um grupo que possui mais riqueza, poder e prestígio — e têm certo sentido de *solidariedade grupal*, de pertencimento a um mesmo grupo. A experiência de ser objeto de preconceito e discriminação tende a aumentar os sentimentos de lealdade e interesses comuns.

Desse modo, os sociólogos frequentemente usam o termo "minoria" de maneira não literal, em referência à posição subordinada de um grupo dentro da sociedade, em vez de sua representação numérica. Existem muitos casos em que uma "minoria", de fato, é a maioria numérica. Em certas áreas geográficas, como nas cidades do interior, os grupos de minorias étnicas perfazem a maioria da população, mas, ainda assim, são chamados de "minorias". Isso ocorre porque o termo "minoria" compreende suas posições de desvantagem. As mulheres, às vezes, são descritas como um grupo de minoria, embora, em muitos países do mundo, elas formem a maioria numérica. Ainda assim, como as mulheres tendem a ser desprivilegiadas em comparação aos homens (a "maioria"), o termo também se aplica a elas.

Alguns especialistas preferem falar de "minorias" para se referir coletivamente a grupos que sofreram preconceito nas mãos da "maioria" da sociedade. O termo "minorias" chama atenção para a globalidade da discriminação, enfatizando os aspectos comuns entre as experiências de vários grupos subordinados. Como exemplo, o preconceito contra deficientes, o antissemitismo, a homofobia e o racismo compartilham muitas características e revelam como a opressão contra grupos diferentes pode assumir formas semelhantes. Ao mesmo tempo, porém, falar coletivamente de "minorias" pode resultar em generalizações sobre a discriminação e a opressão que não refletem corretamente as experiências de grupos específicos.

Preconceito e discriminação

Preconceito e discriminação têm sido difundidos ao longo da história humana, e devemos primeiro distingui-los claramente. O **preconceito** se refere a opiniões ou atitudes que alguns membros de um grupo mantêm em relação a outros. As visões preconcebidas de uma pessoa preconceituosa muitas vezes se baseiam em rumores, em vez de evidências diretas, e são resistentes à mudança, mesmo diante de novas informações. As pessoas podem ter preconceitos positivos quanto a grupos com os quais se identificam e preconceitos negativos para com os outros. Alguém que tenha preconceito contra um determinado grupo pode não lidar de maneira imparcial com seus membros.

Os preconceitos muitas vezes se baseiam em **estereótipos** — caracterizações fixas e inflexíveis de um grupo social. Os estereótipos com frequência são aplicados a grupos de minorias étnicas, como a noção de que todos os homens negros são naturalmente atléticos ou que todos os estudantes do Leste Asiático são dedicados e diligentes. Alguns estereótipos contêm um pouco de verdade, outros representam apenas um mecanismo de **deslocamento**, em que hostilidade ou raiva são direcionadas contra objetos que não são a origem real desses sentimentos. Os estereótipos são embutidos em visões culturais e são difíceis de desfazer, mesmo quando são distorções grosseiras da realidade. A ideia de que as mães solteiras dependem da assistência social e se negam a trabalhar é um exemplo de um estereótipo persistente que não se baseia em fatos empíricos. Muitas mães solteiras trabalham, e muitas que recebem benefícios da previdência social prefeririam trabalhar, mas não têm acesso a uma creche.

É comum alguém ser usado como **bode expiatório** quando grupos étnicos competem por recursos econômicos. As pessoas que fazem ataques raciais contra minorias étnicas, por exemplo, normalmente estão em posição econômica semelhante à delas. Uma enquete da Stonewall realizada em 2003 observou que metade de todas as pessoas que se

USANDO SUA IMAGINAÇÃO SOCIOLÓGICA

8.1 Identidade negra e as "novas etnicidades"

O uso do termo "negro" para descrever indivíduos e populações passou por transformações fundamentais desde a década de 1960 e permanece muito contestado. No Reino Unido, até os anos 1960, pessoas não brancas eram convencionalmente descritas como "de cor", e, por algum tempo depois disso, "negro" era um rótulo pejorativo atribuído pelos brancos como um termo de insulto. Somente em meados da década de 1960 foi que os norte-americanos e britânicos de descendência africana "reivindicaram" o termo e o aplicaram a si mesmos de maneira positiva. O slogan "*black is beautiful*" e o conceito motivacional do *black power* foram centrais para o movimento de liberação negra nos EUA. Essas ideias eram usadas para combater a dominação simbólica do "branco" sobre a "negritude".

No Reino Unido, o conceito de "negro" como identidade coletiva se tornou cada vez mais usado em relação a diversas comunidades africanas, caribenhas e do sul da Ásia. Hall (2006 [1989]) argumenta que a adoção de uma identidade negra foi o primeiro estágio de uma política cultural de resistência que se referia a uma experiência de **racismo** comum a vários grupos étnicos minoritários na Grã-Bretanha. Esse "momento" ou estágio produziu uma certa unidade de experiência, uma "ficção necessária" que foi e continua sendo politicamente útil nas lutas contra o racismo e a discriminação. De acordo com Hall (1991: 55),

> Essa noção [identidade negra] foi extremamente importante nas disputas antirracistas da década de 1970: a noção de que pessoas de diversas sociedades e culturas viriam para a Grã-Bretanha nos anos 1950 e 1960 como parte dessa enorme onda de migração do Caribe, da África Oriental, do subcontinente asiático, do Paquistão, de Bangladesh, de diferentes partes da Índia, todos se identificando politicamente como negros.

Apesar disso, essa concepção de "negro" é uma ficção que simplesmente inverte a mensagem racista de que "branco é bom, preto é ruim", sem ir além da polarização (Procter, 2004: 123). Modood (1994) argumentou que "preto" foi usado de forma muito vaga e superenfatizou a opressão baseada na cor da pele, implicando uma identidade "essencial" que não existe na experiência real das pessoas. A partir do final da década de 1980, alguns estudiosos e membros de grupos étnicos minoritários viram essa identidade negra unificada como silenciadora da experiência dos povos do sul da Ásia, que buscavam se valer de suas próprias tradições e recursos culturais: "assim como o 'Negro' era a vanguarda de uma política em relação a um tipo de inimigo, também poderia, se não compreendido adequadamente, proporcionar uma espécie de silenciamento em relação ao outro. Esses são os custos, bem como os pontos fortes, de tentar pensar na noção de Negro como um essencialismo" (Hall, 1991: 56).

Hall (2006 [1989]: 200) identifica um segundo estágio ou "momento" que começou em meados da década de 1980. Nesse estágio, há o reconhecimento de que um senso de solidariedade pode ser alcançado "sem depender de certas noções fixas de identidade racial e étnica" (Davis, 2004: 183-184). Nesse segundo momento, as "novas etnias" rompem com as representações monolíticas anteriores das culturas branca e negra como ruins e boas, respectivamente. Em suma, essa fase é aquela em que as diferenças entre grupos étnicos e as diferenças dentro de grupos específicos são reconhecidas, e inúmeras vozes novas são ouvidas.

Por exemplo, o filme *My beautiful laundrette*, de Hanif Kureishi, de 1985, rejeita simples oposições de preto/branco e bom/ruim. Em vez disso, mostra alguns asiáticos como empresários materialistas e exploradores, aspirando ao *status* de classe média, e outros como traficantes de drogas — e não vítimas típicas de uma cultura branca e racista. O filme "recusa uma versão positiva e 'certa' da cultura negra", mostrando muitas divisões e diferenças internas (Procter, 2004: 129). Ele também trata de sexualidades, gênero e classe como múltiplas fontes de identidade, recusando-se a priorizar uma única forma de identificação sobre as outras. Produtos culturais como esse fazem parte da construção de uma concepção mais diversificada de etnicidade, que trabalha para "desmarginalizar e validar formas étnicas nas experiências das comunidades étnicas das quais extrai sua força" (Rojek, 2003: 181).

sentiam "prejudicadas" acreditava que os imigrantes e as minorias étnicas tinham prioridade sobre elas, culpando as minorias étnicas por dificuldades cujas causas estão em outro lugar (Stonewall, 2003; *The Economist*, 2004). O uso de bode expiatório normalmente é direcionado contra grupos distintos e relativamente impotentes, pois eles constituem um alvo fácil. Protestantes, católicos, judeus, italianos, negros africanos, muçulmanos, ciganos e tantos outros já desempenharam o involuntário papel de bode expiatório em várias ocasiões ao longo da história ocidental.

Se o preconceito descreve posturas e opiniões, a **discriminação** se refere ao comportamento adotado em relação a outro grupo ou indivíduo. Um relatório recente sobre racismo e xenofobia da Agência de Direitos Fundamentais da União Europeia (EU-FRA, 2007) listou vários exemplos de discriminação em países europeus, incluindo a provisão de habitação inadequada para grupos de minorias étnicas, a falta de ensino adequado para crianças ciganas e o aumento nos níveis de violência e crimes racistas em oito Estados-membros europeus — Dinamarca, Alemanha, França, Irlanda, Polônia, Eslováquia, Finlândia, Inglaterra e País de Gales.

A discriminação pode ser vista em atividades que desqualificam membros de um grupo para receber oportunidades abertas a outros. Embora o preconceito seja, muitas vezes, a base da discriminação, ambos podem existir separadamente. Por exemplo, os compradores de casas brancos podem evitar comprar propriedades em bairros predominantemente negros, não devido a atitudes de hostilidade que possam ter em relação aos que moram lá, mas por preocupações com a desvalorização das propriedades. As atitudes preconceituosas, nesse caso, influenciam a discriminação, mas de forma indireta.

REFLEXÃO CRÍTICA

É possível que as pessoas tenham posturas preconceituosas, mas não ajam de maneiras discriminatórias? Devemos estar preparados para aceitar o preconceito como "normal" desde que não se transforme em discriminação?

A persistência do racismo

Uma forma de preconceito é o **racismo**, o preconceito baseado em distinções físicas socialmente significativas. Um racista pode ser definido como alguém que acredita que alguns indivíduos ou grupos são superiores ou inferiores a outros com base nas diferenças de raça. O racismo normalmente é considerado um comportamento ou posturas mantidas por certos indivíduos ou grupos. Um indivíduo pode professar crenças racistas ou pode se juntar a um grupo, como uma organização supremacista branca, que promove uma agenda racista. Muitos, ainda, têm argumentado que o racismo é mais do que simplesmente as ideias mantidas por um pequeno número de indivíduos intolerantes.

O conceito de **racismo institucional** foi desenvolvido nos EUA, no final da década de 1960, por ativistas de direitos civis, que viam que o racismo enfraquecia a sociedade americana em vez de simplesmente representar as opiniões de uma pequena minoria de pessoas (Omi e Winant, 1994). O conceito sugere que o racismo permeia todas as estruturas da sociedade de uma forma sistemática. De acordo com essa visão, instituições como a polícia, o serviço de saúde e o sistema de ensino promovem políticas que favorecem certos grupos enquanto discriminam outros.

Uma investigação altamente significativa nas práticas do Serviço de Polícia Metropolitana de Londres (o Relatório de Stephen Lawrence — ver Estudos clássicos 8.1) usou e montou uma definição de racismo institucional criada por Stokely Carmichael, um ativista de direitos civis dos EUA na década de 1960: "O fracasso coletivo de uma organização em fornecer um serviço adequado e profissional às pessoas devido à sua cor, cultura ou origem étnica. Ele pode ser visto ou detectado em processos, atitudes e comportamentos que equivalem à discriminação por meio de preconceitos inconscientes, ignorância, negligência e estereótipos racistas que prejudicam as minorias étnicas" (Macpherson, 1999: 6.34). O Relatório Macpherson (veja o quadro a seguir) descobriu que o racismo institucional existia dentro da força policial e do sistema de justiça criminal. O racismo institucio-

Posturas antissemitas não foram abandonadas após 1945, como mostra este ataque em um cemitério judeu na Alemanha.

nal também foi revelado na cultura e nas artes, por exemplo, em esferas como a transmissão de televisão (retrato negativo ou limitado de minorias étnicas na programação) e a indústria internacional de modelos (um viés de toda a indústria contra modelos de moda não brancos).

Estudos clássicos 8.1 — Racismo institucional — a investigação do caso Stephen Lawrence

O problema da pesquisa

A grande maioria dos estudos clássicos escolhidos para este livro é composta por pesquisas ou estudos teóricos realizados por sociólogos profissionais. Às vezes, pesquisas realizadas por órgãos ou investigadores públicos em nome do governo têm um impacto tão abrangente que assumem o *status* de clássicos. O relatório da investigação do caso Stephen Lawrence, elaborado por Sir William Macpherson (1999), é um bom exemplo.

Em 1993, um adolescente negro, Stephen Lawrence, foi assassinado por cinco jovens brancos, em um ataque com motivações raciais, enquanto esperava em um ponto de ônibus com um amigo, na região sudeste de Londres. Os agressores o esfaquearam duas vezes e o deixaram caído no chão para morrer. Na época, ninguém tinha sido condenado por seu assassinato. No entanto, em novembro de 2011, 18 anos depois da morte de Stephen Lawrence, dois homens foram finalmente considerados culpados após a descoberta de nova evidência forense.

A visão de Macpherson

Como resultado da perseverança dos pais de Stephen Lawrence, três dos suspeitos foram julgados em 1996, mas o caso perdeu força quando um juiz determinou que as evidências apresentadas por uma testemunha eram inadmissíveis. Jack Straw, então secretário da Casa Civil, anunciou uma investigação completa do caso Lawrence em 1997, cujos resultados foram publicados em 1999 no Relatório Macpherson. A comissão que investigou o caso concluiu que a investigação do assassinato de Lawrence havia sido incorreta desde o começo (Macpherson, 1999).

Os policiais que chegaram à cena do crime não fizeram nenhum esforço para perseguir os agressores de Lawrence e demonstraram falta de respeito por seus pais, negando-lhes acesso a informações sobre o caso do qual estavam encarregados. Havia um pressuposto errado de que Lawrence tinha se envolvido em uma briga de rua, em vez de ser a vítima inocente de um ataque racista sem provocação. A investigação policial sobre os suspeitos foi mal organizada e feita com "falta de urgência". Por exemplo, não foram realizadas buscas minuciosas nas casas dos suspeitos, apesar de denúncias descrevendo onde as armas poderiam estar escondidas. As autoridades superiores que estavam em posição de intervir no caso para corrigir esses erros não o fizeram. No decorrer da investigação, e nos inquéritos subsequentes, os policiais omitiram informações vitais, protegeram-se uns aos outros e se recusaram a assumir a responsabilidade por erros. Os autores (Macpherson, 1999: 46.1) do relatório foram conclusivos em suas descobertas:

> As conclusões a tirar de todas as evidências em conexão com a investigação do assassinato racista de Stephen Lawrence são claras. Não existe dúvida de que houve erros fundamentais. A investigação foi arruinada por uma combinação de incompetência profissional, racismo institucional e ausência de liderança das autoridades superiores.

A acusação de *racismo institucional* foi um dos resultados mais importantes da investigação. Os autores do relatório concluíram que não apenas o Serviço de Polícia Metropolitana, mas muitas outras instituições, incluindo o sistema de justiça criminal, também estavam implicadas nessa falha coletiva. O relatório (1999: 46.27) conclui que "é tarefa de cada instituição examinar suas políticas e as consequências delas" para garantir que nenhum segmento da população seja colocado em situação de desvantagem. Foram feitas 70 recomendações para melhorar a maneira como os crimes racistas são investigados, incluindo treinamento em "consciência racial" para policiais, maiores poderes disciplinares para demitir policiais racistas, definições mais claras do que constitui um incidente de racismo e o comprometimento de aumentar o número total de policiais negros e asiáticos na força policial. Em 2015, a Agência Nacional de Crimes iniciou uma investigação sobre alegações de que policiais corruptos agiram para proteger os assassinos de Stephen Lawrence (Dodd, 2015).

Pontos de crítica

Embora as conclusões do Relatório Macpherson tenham sido bem recebidas por muitas pessoas, algumas delas acham que ele não foi suficiente. A mãe de Stephen Lawrence, Doreen Lawrence, disse, na época, que a polícia havia investigado o assassinato do seu filho como "senhores brancos durante a escravidão" e, embora goste da avaliação honesta que o Relatório fez dos erros da polícia, ele "apenas arranhou a superfície" do racismo da força policial. A parte mais controversa do relatório foi o seu resultado central, de que não apenas o Serviço de Polícia Metropolitana, mas o sistema de justiça criminal como um todo era "institucionalmente racista". A Comissão de Queixas sobre a Polícia "não encontrou evidências" de conduta racista da polícia, e a ideia de "racismo inconsciente" na definição de racismo institucional foi criticada por ser genérica demais. Ecoando as conclusões da comissão, Michael Ignatieff escreveu que as verdadeiras questões do caso não eram "raça" e "consciência racial", mas "incompetência institucionalizada" e "justiça igualitária perante a lei" (Green, 2000).

Relevância contemporânea

O Relatório Macpherson não trouxe justiça para Stephen Lawrence, mas ajudou a mudar a maneira como as pessoas, no Reino Unido e em outros lugares, pensam sobre o crime com motivação racial e sua condenação. O conceito de racismo institu-

> cional, que foi criado nas lutas pelos direitos civis do final da década de 1960 nos Estados Unidos, foi aceito em um relatório oficial encomendado pelo governo e levou ao dever estatutário de que todos os órgãos públicos busquem a igualdade racial. Desse modo, a investigação do caso Lawrence não apenas impôs novas demandas sobre o sistema de justiça criminal, como também foi uma mudança significativa dos discursos sobre a raça na sociedade britânica.

Das "velhas" às "novas" formas de racismo

Assim como o conceito de raça biológica caiu em descrédito, o antigo racismo "biológico", baseado em diferenças em traços físicos, raramente é expresso abertamente na sociedade hoje em dia. O fim da segregação legalizada nos Estados Unidos e o colapso do *apartheid* na África do Sul foram importantes pontos de inflexão na rejeição do racismo biológico. Em ambos os casos, as posturas racistas eram proclamadas associando os traços físicos diretamente à inferioridade biológica. Essas ideias ostensivamente racistas pouco são ouvidas atualmente, exceto nos casos de crimes de ódio violentos ou nas plataformas de certos grupos extremistas. Porém, isso não significa dizer que as posturas racistas desapareceram das sociedades modernas. Pelo contrário, como afirmam alguns estudiosos, elas foram substituídas por um **novo racismo** (ou *racismo cultural*) mais sofisticado, que usa a noção de diferenças culturais para excluir certos grupos (Barker, 1981).

Aqueles que dizem que existe um "novo racismo" alegam que, atualmente, são empregados argumentos culturais em vez de argumentos biológicos para discriminar certos grupos de minoria. Segundo essa visão, hierarquias de superioridade e inferioridade são construídas segundo os valores da cultura majoritária. Os grupos que se colocam à parte da maioria podem ser marginalizados ou vilipendiados por se recusarem a "assimilá-la". Diz-se que o novo racismo tem uma dimensão política clara.

Exemplos proeminentes do novo racismo podem ser observados nas tentativas de alguns políticos norte-americanos de criar políticas transformando o inglês na única língua oficial e nos conflitos ocorridos na França devido às garotas que desejam usar véus islâmicos na escola. Back (1995) argumenta que o racismo cultural significa que vivemos em uma era de "múltiplos racismos", em que a discriminação é vivenciada de várias maneiras nos diferentes segmentos da população. Podemos ver isso em relação ao antissemitismo e à islamofobia.

O povo judeu em todo o mundo tem sido alvo de preconceito racial e atitudes discriminatórias — o chamado antissemitismo. Hoje, o antissemitismo é mais comum na extrema direita do espectro político ou entre aqueles atraídos por teorias da conspiração que culpam o povo judeu por uma série de problemas econômicos e políticos. No entanto, essas visões também podem ser encontradas na esquerda. A evidência mais recente disso é uma enxurrada de relatos de antissemitismo dentro do Partido Trabalhista Britânico. O apoio ao direito dos palestinos de construir um Estado independente geralmente envolve críticas às políticas do governo israelense. No entanto, alguns estendem essas críticas a uma posição antissionista, que se opõe à própria existência do Estado de Israel como tal. Em 2018 e 2019, o Partido Trabalhista recebeu 673 denúncias de atos antissemitas em 10 meses; 96 membros do partido foram suspensos, 12 foram expulsos e vários deputados trabalhistas renunciaram devido à forma como o partido lidou com a questão (BBC News, 2019e). O episódio resultou em uma investigação, em 2019, pela Comissão de Igualdade e Direitos Humanos (EHRC), que, no momento em que este livro foi escrito, ainda não havia produzido seu relatório.

O discurso e os crimes de ódio contra os muçulmanos, conhecidos como islamofobia, compõem outro exemplo de um novo racismo na Europa. Nas sociedades da Europa Ocidental, os muçulmanos se tornaram, para alguns, bodes expiatórios convenientes para uma série de problemas sociais, como terrorismo, aliciamento sexual de crianças, agitação urbana e segregação étnica. Retratar os muçulmanos como inimigos, os "outros", significa que a "islamofobia sustenta o eurocentrismo, o sistema racializado contemporâneo dominante na Europa, em que sujeitos identificados como ocidentais recebem um melhor 'contrato racial' social, econômico e político e procuram defender esses privilégios contra demandas muçulmanas reais e imaginárias" (Jackson, 2018: 2). Sendo assim, podemos ver que a islamofobia é usada como um "instrumento de poder" pela população majoritária (Hafez, 2016: 26-27). Jackson argumenta que a islamofobia pode, portanto, ter uma forma de interesse próprio em sua essência, em vez de simplesmente ser uma hostilidade ignorante. Se assim for, então pode ser que, para alguns, o racismo na Europa seja um dos aspectos no processo de **fechamento social** (discutido mais adiante neste capítulo), que funciona para proteger as vantagens dos grupos estabelecidos.

Uma forma de compreender por que o racismo persistiu até o século XXI é examinar as conexões entre as velhas e novas formas de racismo. Uma explicação está nas relações de exploração que os europeus estabeleceram com os povos não brancos durante a era do colonialismo, quando foi estabelecida a "ciência racial". O comércio de escravos pelo Atlântico não teria acontecido se os europeus não acreditassem predominantemente que os negros pertenciam a uma raça inferior e, até mesmo, sub-humana. O racismo ajudou a justificar o controle colonial dos povos não brancos e negou-lhes os direitos à participação política que os brancos estavam adquirindo em suas terras natais na Europa. Alguns sociólogos dizem que a exclusão da cidadania continua sendo uma característica central do racismo moderno.

Outra razão está na resposta de alguns grupos sociais dentro dos países que encorajaram a migração interna no período após 1945, como a Grã-Bretanha, a Europa em geral, os EUA e o Canadá. À medida que o surto econômico do pós-guerra amainou, na metade da década de 1970, e a maioria das economias ocidentais deixou de ter carência de mão de obra (e fronteiras relativamente abertas) e passou a ter muitas pessoas desempregadas, alguns começaram a crer que os imigrantes estavam esgotando os limitados empregos e usando benefícios da assistência social a que acreditavam ter direito — a conhecida ideia de bode expiatório. Na prática, esse medo arraigado é um mito. Os trabalhadores imigrantes tendem a complementar os trabalhadores locais, fazendo o trabalho que as pessoas locais rejeitam, oferecendo valiosas habilidades adicionais ou criando vagas de trabalho. De maneira semelhante, os imigrantes geralmente fazem uma contribuição líquida para a sociedade pagando impostos.

Teorias sociológicas sobre o racismo

Ao procurar explicações para a persistência do racismo, percebemos que alguns dos conceitos discutidos anteriormente — como pensamento estereotipado e deslocamento — ajudam a explicar o preconceito e a discriminação por meio de mecanismos psicológicos, mas pouco nos dizem sobre os processos sociais envolvidos. Para estudar tais processos, devemos recorrer a conceitos e teorias sociológicas.

Etnocentrismo, fechamento social e alocação de recursos

Os sociólogos têm usado as noções de etnocentrismo, fechamento social e alocação de recursos para compreender por que o racismo persiste. O **etnocentrismo** é a desconfiança de estranhos, combinada com a tendência de avaliar a cultura dos outros em termos da sua própria cultura. Praticamente todas as culturas são etnocêntricas até certo ponto, e é fácil enxergar como o etnocentrismo se combina com o pensamento estereotipado discutido anteriormente. Os estranhos são considerados alienígenas, bárbaros ou moral e mentalmente inferiores. É assim que a maioria das civilizações enxergava os membros de culturas menores, por exemplo, e essa postura alimentou inúmeros conflitos étnicos na história.

O etnocentrismo e o fechamento social, ou fechamento social étnico, costumam andar juntos. "Fechamento" se refere ao processo pelo qual os grupos mantêm limites que os separam dos outros.

Esses limites são formados por meio de dispositivos de exclusão, que tornam mais claras as divisões entre um grupo étnico e outro (Barth, 1969). Entre esses dispositivos, estão limitações ou proibições de casamento cruzado entre os grupos, restrições ao contato social ou a relações econômicas como o comércio e separação física dos grupos (como no caso de guetos étnicos). Os negros norte-americanos sofreram os três dispositivos de exclusão: o casamento inter-racial era ilegal em alguns dos estados, a segregação econômica e social era controlada pela lei no Sul, e ainda existem guetos negros segregados na maioria das grandes cidades.

> Os processos de paz são discutidos com detalhes no Capítulo 21, "Nações, guerra e terrorismo".

Às vezes, grupos de poder igual fortalecem mutuamente as linhas de exclusão: seus membros se mantêm separados, mas nenhum grupo domina o outro. Todavia, é mais comum que um grupo étnico ocupe uma posição de poder sobre o outro.

Sociedade global 8.2 — Segregação racial no *apartheid* da África do Sul

De 1948 até a primeira eleição multirracial livre em 1994, a África do Sul foi governada pelo *apartheid* — um regime de segregação racial imposto pelo Estado. O sistema do *apartheid* classificava as pessoas em uma das quatro categorias a seguir: *brancos* (descendentes de imigrantes europeus), *negros* (nativos da África do Sul), *mestiços* (aqueles com raça mista) e *asiáticos* (imigrantes da China, do Japão e de outros lugares). A minoria branca sul-africana — cerca de 13% da população — governava a maioria não branca. Os não brancos não podiam votar e, portanto, não tinham representação a nível nacional. A segregação racial — que havia sido introduzida no final do século XIX — agora era aplicada em todos os níveis da sociedade, desde locais públicos como banheiros, praias e vagões de trem até bairros residenciais e escolas. Milhões de negros foram encurralados nas chamadas "pátrias", bem longe das principais cidades, e trabalharam como migrantes em minas de ouro e diamante.

O *apartheid* foi codificado em lei, mas aplicado por meio da violência e da brutalidade. O Partido Nacional governante usava os serviços de imposição da lei e de segurança para suprimir toda a resistência ao regime do *apartheid*. Grupos de oposição foram proibidos, dissidentes políticos foram detidos sem julgamento e, muitas vezes, torturados, e manifestações pacíficas geralmente acabavam em violência. Após décadas de condenação internacional, sanções econômicas e culturais e resistência interna cada vez maior, o regime do *apartheid* começou a enfraquecer. Quando F. W. de Klerk se tornou presidente, em 1989, ele herdou um país já em profunda crise. Em 1990, de Klerk suspendeu a proibição do principal partido da oposição, o Congresso Nacional Africano (CNA), e libertou seu líder, Nelson Mandela, que estava preso há 27 anos. Depois de uma série de negociações complexas, a primeira eleição nacional da África do Sul ocorreu em 27 de abril de 1994; o CNA ganhou, com 62% dos votos. Nelson Mandela se tornou o primeiro presidente pós-*apartheid* da África do Sul.

De 1996 a 1998, a Comissão da Verdade e Reconciliação (TRC) realizou audiências em toda a África do Sul para expor e examinar os abusos dos direitos humanos durante o regime do *apartheid*. Mais de 21 mil testemunhos foram registrados durante o processo, revelando o brutal regime do *apartheid*. No entanto, aqueles que cometeram crimes receberam anistia em troca de testemunho honesto e da "divulgação completa" de informações. O governo do *apartheid* foi identificado como o principal perpetrador de abusos de direitos humanos, embora também tenham sido observadas transgressões de outras organizações, incluindo o CNA. Mandela deixou o cargo em 1999, mas o CNA tem estado continuamente no governo desde o fim da era do *apartheid*.

Nessas circunstâncias, o fechamento social coincide com a **alocação de recursos**, instituindo desigualdades na distribuição da riqueza e de bens materiais. Alguns dos conflitos mais ferrenhos entre grupos étnicos giram em torno das linhas de divisão entre eles, exatamente porque essas linhas indicam desigualdades de riqueza, poder ou posição social.

O conceito de fechamento social étnico nos ajuda a entender as diferenças dramáticas e mais insidiosas que separam as comunidades de pessoas umas das outras — não apenas porque os membros de um grupo são assassinados, linchados, agredidos ou assediados, mas também porque não conseguem bons empregos, um ensino de qualidade ou um lugar agradável para morar. A riqueza, o poder e o *status* social são recursos escassos, e alguns grupos têm mais deles do que outros. Para manter suas posições exclusivas, os grupos privilegiados às vezes cometem atos extremos de violência contra os outros. De maneira semelhante, os membros de grupos desprivilegiados também podem recorrer à violência como um modo de tentar melhorar sua situação.

Teorias do conflito

As teorias do conflito dizem respeito às conexões entre o racismo e o preconceito, por um lado, e às relações de poder e desigualdade, por outro. As primeiras abordagens de conflito ao racismo eram muito influenciadas por ideias marxistas, que consideravam o sistema econômico um fator determinante para todos os outros aspectos da sociedade. Alguns teóricos marxistas acreditavam que o racismo era produto do sistema capitalista, argumentando que a classe dominante usava a escravidão, a colonização e o racismo como instrumentos para explorar a mão de obra (Cox, 1959).

Mais adiante, estudiosos neomarxistas consideraram essas primeiras formulações rígidas e simplistas demais, sugerindo que o racismo não era produto apenas de forças econômicas. Um conjunto de artigos publicados em 1982 pelo Birmingham Centre for Contemporary Cultural Studies, *The empire strikes back*, adota uma visão mais ampla da ascensão do racismo. Embora concordem que a exploração capitalista da mão de obra e a crise econômica da década de 1970 eram fatores subjacentes, para alguns autores do volume, essa crise também foi "orgânica". Isso significa que ela foi combinada a outros elementos, como o legado cultural e ideológico de colonialismos que está incorporado nas instituições britânicas e na sociedade e a mudança em direção ao aparato estatal britânico mais autoritário, em uma época de crise econômica. Essa combinação levou ao surgimento de uma linha específica de racismo na Grã-Bretanha nas décadas de 1970 e 1980. Logo, o racismo não é simplesmente a imposição de ideias da classe governante sobre uma sociedade passiva nem pode ser definido de um modo estático, imutável. O racismo é sempre um fenômeno complexo, mutável e multifacetado que envolve a inter-relação de fatores ideológicos, econômicos, políticos e culturais (Centre for Contemporary Cultural Studies, 1982).

A partir de meados da década de 1980, uma nova perspectiva de conflito chamada **teoria crítica da raça** (TCR) começou a se desenvolver no campo dos estudos jurídicos nos EUA, espalhando-se pelos estudos de educação, relações étnicas e ciência política durante a década de 1990 e pelos estudos sobre esportes na década de 2000 (Hylton, 2009). A TCR divergiu das teorias anteriores de raça e etnia em alguns aspectos importantes. Em particular, os teóricos críticos da raça não são apenas analistas imparciais das "relações raciais", mas ativistas, buscando intervir para transformar as relações desiguais entre grupos étnicos. A perspectiva surgiu como uma reação e crítica à teoria jurídica dominante, então enraizada em uma posição amplamente liberal que via um progresso incremental constante em direção à igualdade no desenvolvimento do Direito e dos sistemas jurídicos (Brown, 2007). A TCR rejeita essa história linear, argumentando que os ganhos obtidos pelos movimentos de direitos civis da década de 1960 foram rapidamente corroídos e que precedentes legais positivos não foram seguidos.

Delgado e Stefancic (2001: 7-10) delineiam os principais aspectos da TCR. Primeiro, o racismo, afirmam eles, não é um desvio da norma não racista: o racismo é, de fato, a experiência "normal" cotidiana para "pessoas de cor" nos EUA e, por extensão, em muitas outras sociedades. O racismo não é, portanto, "excepcional", e sim profundamente enraizado nos sistemas jurídicos e outras instituições sociais, razão pela qual é tão persistente. Por isso, as ideias formais de igualdade de tratamento perante a lei tratam apenas de tipos muito explícitos de racismo, enquanto as formas cotidianas ou micro continuam sem reparação. Em segundo lugar, tanto as elites brancas quanto a classe trabalhadora branca se beneficiam materialmente da operação desse racismo "normal" — portanto, grande parte da população não tem interesse real em trabalhar para mudar essa situação. Isso torna a mudança real em direção à igualdade ainda mais difícil de alcançar.

A TCR também é fortemente **construcionista social**, pois observa (como já vimos) que "raças" não são fatos biológicos imutáveis, mas criações sociais que perpetuam a desigualdade. Por exemplo, durante os períodos em que há escassez de mão de obra não qualificada ou semiqualificada e a imigração é incentivada, os negros podem ser retratados como trabalhadores e confiáveis. No entanto, quando os níveis de desemprego são altos, o mesmo grupo "racial" pode ser descrito nos meios de comunicação de massa e pelos políticos como basicamente preguiçosos e propensos à criminalidade. Essa **racialização diferencial** ilustra como o poder está emaranhado nas relações étnicas.

> Veja no Capítulo 5, "Meio ambiente", no Capítulo 12, "Interações sociais e vida cotidiana", e no Capítulo 7, "Gênero e sexualidade", discussões sobre a abordagem construcionista social.

Por fim, os teóricos críticos da raça argumentam que, dada sua história e experiência, os grupos étnicos minoritários são capazes de articular de forma única o que o racismo significa para suas vítimas. Por essa razão, a TCR tende a fazer uso extensivo de métodos narrativos e biográficos para dar voz àqueles que vivenciam o racismo e, assim, chamar a atenção dos estudiosos (Zamudio et al., 2011: 5; ver Denzin et al. 2008). No entanto, o objetivo final dos teóricos críticos da raça é bastante prático: dar sua própria contribuição necessária a todos os movimentos sociais que tentam mover as sociedades na direção de uma maior igualdade social.

> **REFLEXÃO CRÍTICA**
>
> Dê alguns exemplos contemporâneos de como o racismo pode estar relacionado ao fechamento social, ao etnocentrismo, à alocação de recursos ou à classe social. O que a perspectiva da teoria crítica da raça acrescenta à nossa compreensão dos exemplos escolhidos?

Emprego, habitação e justiça criminal

Trabalho, habitação e justiça criminal são três áreas que os sociólogos têm investigado para monitorar os efeitos reais da desvantagem social e econômica resultante das grandes desigualdades sociais de gênero, classe e etnicidade. Nesta seção, descreveremos brevemente algumas questões e temas fundamentais relativos às experiências de diferentes grupos étnicos no Reino Unido e à persistência do racismo. No entanto, também ilustramos como raça e etnicidade se cruzam com outras formas de desigualdade para produzir diversos padrões de vantagem e desvantagem em oportunidades de emprego, situação de moradia e justiça criminal.

Tendências dos padrões ocupacionais

O primeiro levantamento nacional sobre as minorias étnicas na Grã-Bretanha, realizado pelo Policy Studies Institute (PSI) na década de 1960, revelou que a maioria dos imigrantes recentes se agrupava desproporcionalmente em ocupações manuais em um pequeno número de setores. Mesmo os recém-chegados que tinham formação obtida em seus países de origem costumavam trabalhar em empregos incompatíveis com suas capacidades. A discriminação com base na origem étnica era uma prática comum e explícita, com alguns empregadores se recusando a contratar trabalhadores que não fossem brancos, ou concordando em fazê-lo somente quando houvesse falta de trabalhadores brancos adequados.

Na década de 1970, os padrões de emprego mudaram um pouco. Os membros de grupos de minorias étnicas continuavam a trabalhar em ocupações manuais semiespecializadas ou não especializadas, mas um número cada vez maior conseguia trabalhar em empregos manuais especializados. Contudo, muito poucos eram representados em posições profissionais e gerenciais. Independentemente de mudanças na legislação para prevenir a discriminação racial nas práticas de contratação, pesquisas mostraram que os brancos geralmente conseguiam mais entrevistas e oportunidades do que candidatos igualmente qualificados, mas que não eram brancos, uma prática que continua existindo. Por exemplo, em 2016 e 2017, pesquisadores do Reino Unido enviaram 3.200 solicitações de emprego fictícias abrangendo uma série de grupos étnicos, todos com as mesmas habilidades, qualificações e experiências. Quase 25% das solicitações de maioria branca obtiveram uma resposta positiva, como um retorno de chamada, mas apenas 15% das solicitações de grupos étnicos minoritários tiveram o mesmo resultado. A pior discriminação foi para aqueles com origem paquistanesa e nigeriana, que teriam que enviar 70 e 80% mais solicitações, respectivamente, do que o grupo majoritário para receber uma resposta positiva (Di Stasio e Heath, 2019).

O terceiro levantamento do PSI, realizado em 1982, mostra que, com exceção de homens afro-asiáticos e indianos, as minorias étnicas tinham taxas de desemprego duas vezes mais altas do que as dos brancos devido à recessão econômica geral, que teve um forte impacto sobre o setor manufatureiro, no qual eram empregadas grandes quantidades de trabalhadores das minorias étnicas. Todavia, indivíduos não brancos qualificados e fluentes em inglês cada vez mais obtinham vagas em empregos de colarinho branco, e, no geral, havia uma redução da disparidade salarial entre as minorias étnicas e os brancos. Um número crescente de minorias étnicas começou a trabalhar por conta própria, contribuindo para elevar os níveis de renda e reduzir os níveis de desemprego, principalmente entre os indianos e afro-asiáticos.

Muitos estudiosos sugeriram que a desindustrialização das décadas de 1980 e 1990 teve um impacto desproporcional sobre as minorias étnicas. Todavia, essa visão convencional foi desafiada pelos resultados dos levantamentos do PSI e pelas comparações entre os resultados do Levantamento da Força de Trabalho e os das estatísticas censitárias. Usando dados de três décadas do Levantamento da Força de Trabalho e os do censo (1971, 1981 e 1991), Iganski e Payne observam que, como um todo, os grupos de minorias étnicas tinham níveis *menores* de perda do emprego do que o restante da força de trabalho industrial.

O quarto levantamento do PSI, realizado em 1997 (Modood et al., 1997), também verificou que padrões de emprego variam entre as mulheres não brancas. As mulheres negras caribenhas eram menos propensas a estar empregadas em funções manuais do que as mulheres brancas, enquanto as mulheres indianas e paquistanesas costumavam ocupar principalmente vagas para trabalhos manuais. Havia um nível muito mais alto de atividade econômica entre as mulheres caribenhas e indianas, mas as mulheres paquistanesas e bengalesas eram menos ativas no mercado de trabalho. Em média, as mulheres caribenhas e indianas costumavam ter rendimentos um pouco maiores do que as brancas, embora, entre as mulheres indianas, houvesse uma nítida polarização entre as que tinham rendas relativamente elevadas e aquelas com rendas baixas.

Não devemos confundir os ganhos substanciais obtidos por certos grupos de minorias étnicas com o fim da desvantagem ocupacional. Essa "mobilidade social coletiva" demonstra que as forças da reestruturação pós-industrial são mais fortes do que as da discriminação e das desvantagens raciais persistentes. Pesquisas mais recentes revelaram trajetórias ocupacionais divergentes de diferentes grupos étnicos. Em 2010, o National Equality Panel relatou que cerca de 80% dos homens brancos e indianos e entre 50 e 70% dos homens em outros grupos étnicos realizavam trabalho remunerado (Hills et al., 2010). No entanto, o desemprego era relativamente alto (entre 10 e 16%) para os africanos negros, caribenhos negros e outros grupos de homens negros. Cerca de um quarto das mulheres paquistanesas e bengalesas exerciam trabalho remunerado, em comparação com cerca de 50% de mulheres em todos os outros grupos.

A pesquisa também encontrou diferenças semelhantes em relação aos níveis de renda entre os grupos étnicos. A renda **média** semanal líquida para homens brancos britânicos foi 30% maior do que para homens negros e negros caribenhos britânicos, enquanto a renda dos 10% mais ricos dos homens brancos britânicos foi 22% maior do que a dos 10% mais ricos entre os homens negros ou negros caribenhos britânicos (Hills et al., 2010: 161). De modo semelhante, por toda a distribuição geral de renda, os homens brancos estavam 30 posições acima (de 100) dos homens asiáticos ou asiáticos-britânicos de Bangladesh. Claramente, os homens brancos continuam a desfrutar de vantagens econômicas significativas sobre a maioria dos grupos minoritários negros e asiáticos na Grã-Bretanha.

Habitação

Assim como em outros países, as minorias étnicas na Grã-Bretanha tendem a sofrer discriminação, assédio e privação material no mercado habitacional. Desde os primeiros chamados por controle da migração, a habitação está à frente nas lutas por recursos entre grupos e nas tendências de enclausuramento étnico.

Como nos padrões de emprego, os diferenciais na qualidade e no tipo de habitação variam entre os grupos étnicos (ver Figura 8.1). A casa própria está claramente ligada à situação de emprego, renda e ocupação. Os dados referentes à Inglaterra mostram que, entre 2016 e 2018, 68% das famílias brancas britânicas eram donas de suas casas, em comparação com apenas 20% de africanos negros e 17% de famílias árabes, o menor número de qualquer grupo étnico. No entanto, o nível mais alto de proprietários de casa de qualquer grupo étnico foi o de famílias indianas, com 74% (MHCLG, 2020). Logo, embora a população não branca como um todo tenda a ser desfavorecida em relação aos brancos em termos de moradia, existem algumas exceções importantes.

Ainda assim, a maioria dos grupos étnicos minoritários está desproporcionalmente alojada em acomodações alugadas e precárias e costuma estar super-representada entre os sem-teto (mas não entre os que dormem mal) (Law, 2009: 178).

Diversos fatores contribuem para os diferenciais em habitação entre populações brancas e não brancas e entre os grupos não brancos. O assédio ou os ataques violentos por motivos raciais, que ainda são frequentes nos países da Europa, provavelmente incentivam um certo grau de segregação étnica nos padrões habitacionais. Em muitos países europeus, as evidências mostram que as comunidades ciganas enfrentam a pior discriminação em relação às habitações disponíveis e acessíveis (EU-FRA, 2007). As famílias não brancas com meios para mudar para bairros mais ricos, predominantemente brancos, podem ser dissuadidas pela hostilidade étnica.

Outro fator está relacionado com a condição física da habitação. Uma grande proporção de paquistaneses e bengaleses vive em acomodações superlotadas — em parte, devido ao grande tamanho médio de suas famílias —, e suas casas tendem a ser mais suscetíveis à umidade e a não ter aquecimento central. Ao contrário, as pessoas de origem indiana têm tanta probabilidade quanto os brancos de morar em casas distantes e menor probabilidade do que outros grupos étnicos de morar em bairros centrais degradados ou na periferia. As famílias afro-caribenhas, por outro lado, têm probabilidade muito maior de alugar casas no setor habitacional social, em vez de se tornarem proprietárias. Isso pode estar relacionado com a elevada proporção de famílias uniparentais nesse grupo étnico. Cockerham (2020) argumenta que a habitação precária é um fator significativo que leva a níveis mais altos de saúde precária entre alguns grupos étnicos minoritários, mas essas desigualdades em saúde estão estreitamente correlacionadas com a posição de classe social.

> Ver também o Capítulo 10, "Saúde, doença e deficiência", para uma discussão mais ampla sobre as desigualdades de saúde.

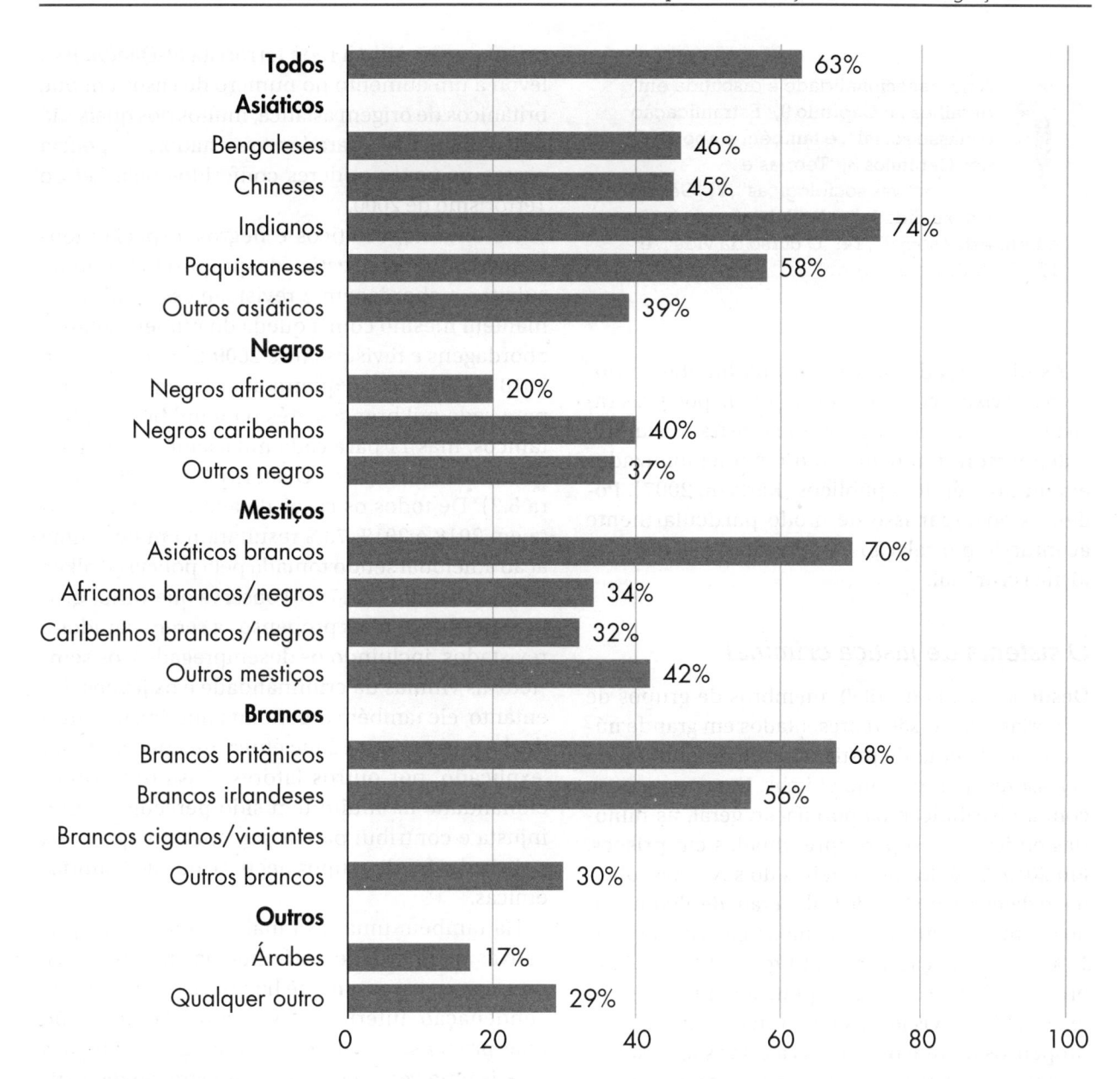

FIGURA 8.1 Porcentagem de famílias que têm casa própria, por etnicidade (Inglaterra).
Fonte: MHCLG (2020).

Categoria	Porcentagem
Todos	63%
Asiáticos	
Bengaleses	46%
Chineses	45%
Indianos	74%
Paquistaneses	58%
Outros asiáticos	39%
Negros	
Negros africanos	20%
Negros caribenhos	40%
Outros negros	37%
Mestiços	
Asiáticos brancos	70%
Africanos brancos/negros	34%
Caribenhos brancos/negros	32%
Outros mestiços	42%
Brancos	
Brancos britânicos	68%
Brancos irlandeses	56%
Brancos ciganos/viajantes	
Outros brancos	30%
Outros	
Árabes	17%
Qualquer outro	29%

O entendimento das conexões entre as desigualdades sociais ligadas à classe, à etnicidade e ao gênero tem constituído a base para muitas pesquisas sociológicas recentes, e a **interseccionalidade** tem mostrado as tentativas de melhorar os serviços públicos para as minorias étnicas. O complexo entrelaçamento de desigualdades de idade, sexualidade, deficiência, classe, etnicidade e gênero produz na sociedade uma ampla variedade de posições sociais e identidades. A pesquisa interseccional em sociologia está ajudando os formuladores de políticas a compreender melhor a diversidade das desigualdades sociais contemporâneas e a produzir políticas sociais mais ajustadas às diferentes necessidades de grupos sociais e indivíduos.

> A interseccionalidade é discutida em detalhes no Capítulo 9, "Estratificação e classe social", e também é abordada nos Capítulos 3, "Teorias e perspectivas sociológicas", 7, "Gênero e sexualidade", 11, "Pobreza, exclusão e bem-estar social", 14, "O curso da vida", e 17, "Trabalho e emprego".

As disparidades envolvidas na habitação podem ser vistas como um exemplo de posturas racistas na sociedade, que, como mostra o relatório Macpherson, também estão institucionalizadas em muitos serviços públicos (Karlsen, 2007). Podemos enxergar isso de modo particularmente acentuado em relação à operação do sistema de justiça criminal.

O sistema de justiça criminal

Desde a década de 1960, membros de grupos de minorias étnicas são representados em grande número no sistema de justiça criminal, tanto como agressores quanto como vítimas. Em comparação com a distribuição na população geral, as minorias étnicas são super-representadas em prisões. Em 2019, 27% dos prisioneiros do sexo masculino na Inglaterra e no País de Gales eram de algum grupo de minoria étnica, em comparação com apenas 13% na população geral (Sturge, 2018: 11). Essa proporção tem se mantido praticamente constante desde 2005. Os jovens negros também são mais propensos do que os brancos a estar sob custódia juvenil. Em 2010, os jovens negros e de outras minorias étnicas representavam 39% da população de prisões para jovens na Inglaterra e no País de Gales, um rápido aumento em relação aos 23% em 2006 (Travis, 2011).

Existe uma boa razão para crer que os membros de minorias étnicas sofrem tratamento discriminatório quando estão no sistema de justiça criminal. O número de procedimentos de "abordar e revistar" em grupos de minoria negra e étnica caiu após a publicação do Relatório Macpherson, em 1999, mas aumentou novamente quando as forças policiais se tornaram mais sensíveis ao risco de terrorismo associado à rede terrorista al-Qaeda. Isso levou a um aumento no número de casos em que britânicos de origem asiática, muitos dos quais são muçulmanos, são parados e revistados, e a polícia exerce os novos poderes conferidos pela Lei do Terrorismo de 2000.

No entanto, asiáticos e negros, especialmente jovens negros, estão desproporcionalmente sujeitos a abordagem e revista, e esse padrão se mantém mesmo com a queda do número total de abordagens e revistas entre 2009-2010 e 2019. Em 2018 e 2019, houve quatro abordagens e revistas para cada mil brancos, três para mil brancos britânicos, mas 11 para cada mil asiáticos e 38 para cada mil negros (Race Disparity Unit, 2020; Figura 8.2). De todos os casos de abordagem e revista em 2018 e 2019, 73% resultaram em nenhuma ação adicional sendo tomada pela polícia (Walker, 2019). Bradford (2017: 10) observa que vários grupos sociais são mais propensos a serem parados e revistados, incluindo os desempregados, os sem-teto, as vítimas da criminalidade e os jovens. No entanto, ele também argumenta que "há um nível de desproporcionalidade étnica que não pode ser 'explicado' por outros fatores". Essa desproporcionalidade há muito tem sido percebida como injusta e contribui para a percepção negativa da polícia dentro de grupos negros e outras minorias étnicas.

Há também uma taxa mais alta de penas privativas de liberdade entre pessoas não brancas, mesmo nos casos em que há poucas ou nenhuma condenação anterior, e as minorias étnicas são mais propensas a sofrer discriminação ou ataques raciais uma vez presas. A administração da justiça criminal é predominantemente dominada por brancos. Em 2019, apenas 7% dos policiais eram de minorias étnicas, embora essa tenha sido a maior proporção já registrada. No posto de inspetor-chefe e acima, a proporção era de apenas 4% (Home Office, 2019b: 7, 27), enquanto 7% dos juízes do tribunal se identificaram como negros e de minoria étnica em 2018 (Courts and Tribunals Judiciary, 2018: 1).

Grupos de minorias étnicas são vulneráveis a racismo de vários tipos — incluindo ataques com motivações raciais. A maioria escapa desse tratamento,

Segundo o governo do Reino Unido, a abordagem e revista foi considerada a chave para combater crimes violentos. No entanto, a política é controversa, pois tem sido usada para realizar revistas em um número desproporcional de membros de grupos étnicos minoritários.

mas a experiência pode ser perturbadora e brutal. O Institute of Race Relations (2019) informou que, em 2013 e 2014, a força policial na Inglaterra e no País de Gales registrou 47.571 incidentes racistas, cerca de 130 por dia, embora nem todos tenham envolvido violência. O British Crime Survey também mostrou que as reações emocionais a incidentes com motivações raciais geralmente são mais severas do que aquelas a incidentes sem motivação racial.

A experiência de muitas pessoas de minorias étnicas, e particularmente de jovens do sexo masculino, é que são exatamente eles os "objetos da exploração violenta" em seus encontros com os brancos e, em um certo grau, também naqueles com a polícia. O estudo realizado por Roger Graef (1989) sobre a prática da polícia concluiu que os policiais eram "ativamente hostis com todos os grupos de minorias", frequentemente usando estereótipos e ofensas raciais ao falar sobre minorias étnicas. Como foi descoberto pelo Relatório Lawrence, o racismo pode permear instituições inteiras. No primeiro ano após o relatório, mais de um terço das forças policiais não havia contratado nenhum policial negro ou asiático, e o número de policiais de minorias étnicas havia caído em nove das 43 forças na Inglaterra e no País de Gales.

Como podemos explicar esses padrões de criminalidade e vitimização? O crime não se distribui

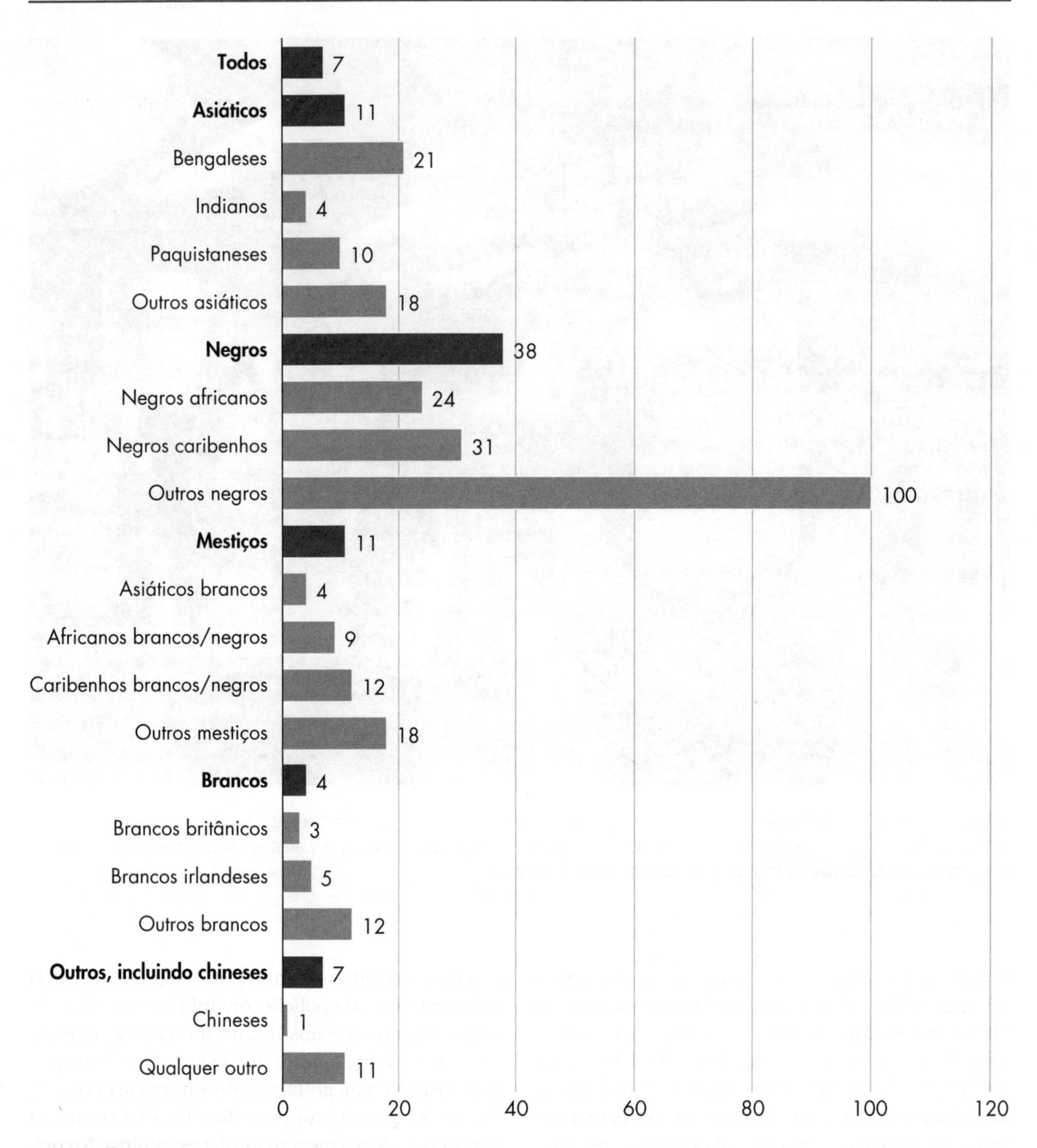

Etnicidade	Taxa
Todos	7
Asiáticos	11
Bengaleses	21
Indianos	4
Paquistaneses	10
Outros asiáticos	18
Negros	38
Negros africanos	24
Negros caribenhos	31
Outros negros	100
Mestiços	11
Asiáticos brancos	4
Africanos brancos/negros	9
Caribenhos brancos/negros	12
Outros mestiços	18
Brancos	4
Brancos britânicos	3
Brancos irlandeses	5
Outros brancos	12
Outros, incluindo chineses	7
Chineses	1
Qualquer outro	11

FIGURA 8.2 Taxa de abordagem e revista (Inglaterra e País de Gales) por mil pessoas, por etnicidade.
Fonte: Race Disparity Unit (2020).

igualmente entre a população. Áreas que sofrem de privação material geralmente têm taxas de criminalidade mais elevadas, e os indivíduos que moram nessas regiões têm um risco maior de serem vítimas de crimes. As privações a que são submetidas as pessoas expostas ao racismo ajudam a produzir e são produzidas pelo ambiente decadente dos centros urbanos (ver o Capítulo 13, "Cidades e vida urbana"). Aqui, existem correlações claras entre etnicidade, raça, desemprego e crime. No entanto, o foco político e da mídia em jovens homens negros sem essa contextualização mais ampla serviu para gerar um **pânico moral** recorrente que vincula raça e crime de forma simplista.

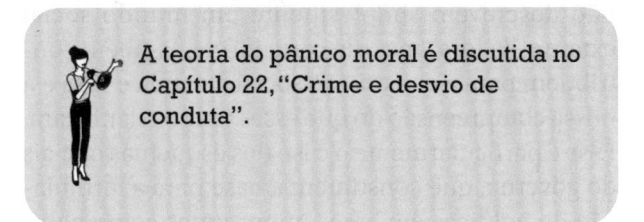

> A teoria do pânico moral é discutida no Capítulo 22, "Crime e desvio de conduta".

Integração, diversidade e conflitos étnicos

Muitos Estados do mundo atual se caracterizam por ter populações multiétnicas. Alguns Estados do Oriente Médio e da Europa Central, por exemplo, como a Turquia ou a Hungria, são etnicamente diversos como resultado de longos históricos de alterações em fronteiras, ocupações por potências estrangeiras e migração regional. Outras sociedades se tornaram multiétnicas mais rapidamente, como resultado de políticas deliberadas incentivando a migração ou por conta de legados coloniais e imperiais. Em uma era de globalização e rápidas mudanças sociais, a migração internacional está acelerando, e o movimento e a mistura de populações humanas se intensificarão nos anos futuros. Enquanto isso, tensões e conflitos étnicos continuam a explodir em sociedades ao redor do mundo, ameaçando causar a desintegração de alguns Estados multiétnicos e a violência prolongada em outros.

Diversidade étnica

O Reino Unido é hoje uma sociedade etnicamente diversificada. Essa diversidade é uma característica cada vez mais comum da maioria das sociedades industrializadas e é fundamental para entender a política de multiculturalismo, que alguns governos adotaram para garantir que grupos étnicos minoritários possam desfrutar de todos os benefícios da cidada-

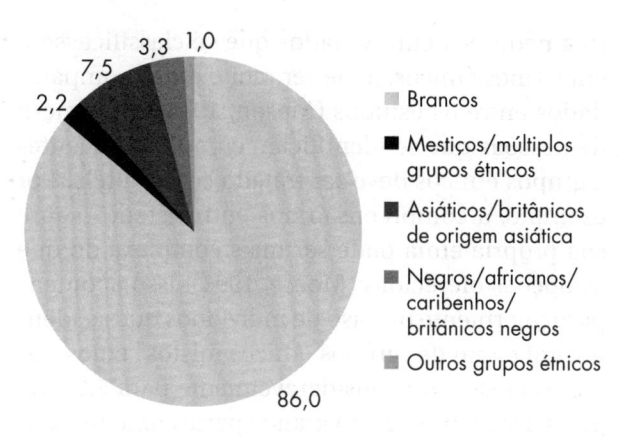

FIGURA 8.3 Grupos étnicos na Inglaterra e no País de Gales, 2011.
Fonte: ONS (2012: 3).

nia. A população da Inglaterra e do País de Gales se tornou gradualmente mais diversificada, e cerca de 14% se identificaram como "não brancos" no censo de 2011 (ver Figura 8.3). O censo de 1991 havia informado que 94,1% da população se identificava como pertencente ao grupo étnico branco, mas isso caiu para 91,3% em 2001 e, novamente, para 86% em 2011. Entre o grupo étnico branco, a proporção de "brancos britânicos" havia diminuído de forma semelhante, de 87,5% em 2001 para 80,5% em 2011.

Todos os grupos étnicos "não brancos" viram aumentos em suas populações no mesmo período. Por exemplo, indianos e paquistaneses aumentaram em cerca de 400 mil entre 2001 e 2011, representando 2,5 e 2% da população total, respectivamente (ONS, 2012: 1-5). O maior crescimento foi na categoria "qualquer outro branco", que cresceu 1,8% entre 2001 e 2011, um aumento de 1,1 milhão de pessoas. Esse grupo é composto principalmente por pessoas que migram de países europeus, mas também da Austrália, do Canadá, da Nova Zelândia e da África do Sul. Entre 2002 e 2009, o maior crescimento foi na população chinesa, com um aumento médio de 8,6% ao ano (ONS, 2011).

É importante notar que a imigração é agora responsável por uma proporção decrescente de populações étnicas minoritárias na Grã-Bretanha, marcando uma importante mudança de uma "população imigrante" para uma população "britânica não branca" com plenos direitos de cidadania. Como o censo do Reino Unido de 1991 foi o primeiro a pedir aos entrevistados que se classificassem em termos étnicos, pode ser muito difícil comparar dados entre os estudos (Mason, 1995). O número de pessoas que se identificam como pertencentes a grupos étnicos deve ser tratado com cautela. Por exemplo, a compreensão dos entrevistados sobre sua própria etnia pode ser mais complexa do que as opções oferecidas (Moore, 1995). Isso acontece particularmente no caso de indivíduos que se identificam como de "grupos étnicos mistos", cujos números cresceram consideravelmente para 2,2% da população em 2011, em grande parte como resultado de mais "mistura étnica", e não pelo aumento das taxas de natalidade.

A população "não branca" na Inglaterra e no País de Gales está concentrada em algumas das áreas urbanas mais densamente povoadas da Inglaterra. Londres é facilmente a região com maior diversidade étnica, embora, nos últimos 15 anos, muitas pessoas de descendência étnica minoritária tenham ido para outras partes da Inglaterra. Uma razão para isso é o perfil de idade relativamente mais jovem dos grupos "não brancos", já que os mais jovens em geral tendem a se movimentar mais do que aqueles em faixas etárias mais avançadas. Há também concentrações de grupos minoritários específicos em certas cidades e regiões. Por exemplo, na cidade de Leicester, na região de East Midlands, a população asiática-indiana representa 19% do total; em Bradford, os paquistaneses asiáticos representam 13% dos residentes, enquanto a população afro-caribenha britânica está concentrada em alguns bairros de Londres (como Lewisham) e na cidade de Birmingham (ONS, 2011).

Neste ponto, vale a pena parar para considerar as categorias étnicas que usamos nesta seção, que são aquelas elaboradas para o censo oficial de 2001 da Inglaterra e do País de Gales. Que tipo de categorias são? É legítimo discutir chineses, brancos britânicos, negros caribenhos, negros africanos, asiáticos indianos e "mestiços: brancos e asiáticos" como "grupos étnicos"? O chinês é um grupo étnico ou uma nacionalidade? O esquema confunde raça com etnia? Além disso, a classificação do ONS divide "asiático" em paquistanês, bengali, indiano e "outros", mas a categoria "mestiço" (introduzida pela primeira vez em 2001) dispensa essa variação em favor de simplesmente "branco e asiático". Algumas categorias parecem ser vagamente baseadas na cor da pele, algumas na região geográfica e outras na nacionalidade. E por que "branco britânico" é a única categoria a incluir "brancura"? O que devemos fazer com um esquema aparentemente tão inconsistente?

Os esquemas de classificação de grupos étnicos não descrevem simplesmente um mundo social externo "lá fora", mas, de certa forma, também contribuem para a construção social de etnia e raça e a nossa compreensão do que esses termos significam. Esse é particularmente o caso dos esquemas oficiais do governo, que constituem a base para a formulação de políticas em áreas importantes como habitação, bem-estar, imigração e emprego. O atual discurso altamente carregado sobre a imigração está repleto de referências ao crescimento das populações étnicas minoritárias e à carga sobre os serviços sociais e de saúde. Assim, o esquema de classificação do ONS reflete não apenas certas características da população da Inglaterra e do País de Gales, mas também o atual quadro político do debate sobre imigração e identidade britânica.

Desde meados dos anos 2000, alguns sociólogos e órgãos oficiais se conscientizaram de que a diversidade étnica aumentou. Em particular, não se pode mais presumir (se é que se podia antes) que membros de grupos étnicos e comunidades específicos compartilham as mesmas oportunidades de vida. Vertovec (2006, 2007) cunhou o termo **superdiversidade** para descrever o nível cada vez mais complexo de diversidade que está surgindo no Reino Unido. Ele argumenta que a Grã-Bretanha pode agora ser caracterizada pela "superdiversidade, uma noção destinada a realçar um nível e tipo de complexidade que supera qualquer coisa que o país tenha experimentado anteriormente" (Vertovec, 2006: 1). A migração após 1945 para a Grã-Bretanha foi liderada pelo Estado e se destinava principalmente a preencher as lacunas do mercado de trabalho, atraindo grandes grupos de comunidades do sul da Ásia e de comunidades afro-caribenhas das ex-colônias da Comunidade das Nações. Mas as recentes mudanças demográficas e nos padrões de migração produziram uma situação muito mais complexa, pois grupos menores de pessoas de uma ampla gama de países se afastam de seu país de origem por vários motivos.

Grandes cidades como Londres (vista aqui) têm sido caracterizadas hoje como superdiversas em termos de sua mistura étnica.

O fenômeno da superdiversidade envolve combinações complexas de país de origem, canal ou rota de migração, perfil de idade e gênero, *status* legal (e, portanto, direitos legais), capital humano dos migrantes (como qualificações e habilidades), acesso ao emprego (ligados ao estatuto legal), localidade, transnacionalismo (conexões com pessoas e lugares ao redor do mundo) e a resposta de autoridades, prestadores de serviços e residentes locais a grupos migrantes (Vertovec, 2006: 31). Isso é ilustrado no exemplo dos somalis que vivem no Reino Unido. Alguns somalis são cidadãos britânicos, enquanto outros são "refugiados, requerentes de asilo, pessoas com permissão excepcional para permanecer, migrantes sem documentos e pessoas com *status* de refugiado em outro país, mas que posteriormente se mudaram para a Grã-Bretanha" (ibid.: 18). Essas rotas variadas para a Grã-Bretanha e os diferentes *status* legais e direitos associados moldam o acesso ao emprego, aos serviços públicos, à moradia, ao local de residência e muito mais. A superdiversidade envolve não apenas experiências diversas *entre* diferentes grupos étnicos, mas também nos alerta para a diversidade dentro de determinados grupos étnicos. A tarefa dos sociólogos será encontrar maneiras de explorar, escrever sobre e compreender a interação das muitas variáveis que caracterizam essa emergente diversidade de estilos de vida e experiências.

Qualquer tentativa de discutir o mundo social e sua diversidade necessariamente precisa fazer distinções e, ao fazê-lo, dividir a realidade em categorias significativas. Os sociólogos, bem como os estatísticos do governo, não podem evitar isso. No caso da diversidade étnica, temos tanto que reconhecer as limitações dessas categorias para capturar a realidade da experiência das pessoas quanto tentar não confundir nossas categorias com grupos sociais coesos existentes. Fazer isso seria cair na armadilha do "grupismo", destacado por Brubaker (2006) anteriormente neste capítulo. Gradativamente os sociólogos reconhecem que as experiências diferenciais de grupos étnicos cada vez mais variados e a diversidade dentro deles tornam as generalizações amplas menos válidas. A conscientização sobre tais problemas é pelo menos um primeiro passo para uma melhor compreensão de como os conceitos de raça e etnicidade são empregados, compreendidos e vivenciados hoje.

Modelos de integração étnica

Como se pode acomodar a diversidade étnica e evitar o surgimento de conflitos étnicos? Qual deve ser a relação entre os grupos de minorias étnicas e a população majoritária? Três modelos principais de integração étnica foram adotados por sociedades multiétnicas em relação a esses desafios: a assimilação, o *melting pot* (em português, "caldeirão de culturas") e, finalmente, o pluralismo cultural ou multiculturalismo. É importante observar que esses três modelos são tipos ideais e não são fáceis de alcançar na prática.

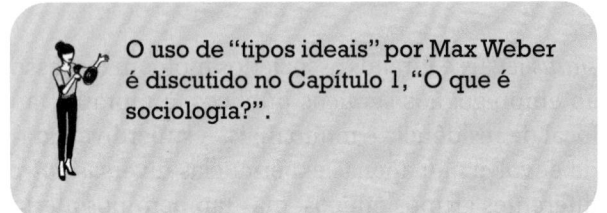

> O uso de "tipos ideais" por Max Weber é discutido no Capítulo 1, "O que é sociologia?".

O primeiro modelo é o da **assimilação**, segundo o qual os imigrantes abandonam seus costumes e práticas originais, moldando seu comportamento conforme os valores e as normas da maioria. Uma abordagem assimilacionista exige que os imigrantes mudem sua língua, suas vestimentas, seus estilos de vida e suas perspectivas culturais como parte da integração a uma nova ordem social. Nos Estados Unidos, gerações de imigrantes foram submetidas a pressões para se "assimilar" dessa forma, e muitos dos seus filhos se tornaram "americanos" mais ou menos completos como resultado disso. É claro que, mesmo que as minorias tentem se assimilar, muitos não conseguirão fazê-lo se forem racializados ou se suas tentativas forem rejeitadas — seja no trabalho, no namoro ou em qualquer outro contexto.

O segundo modelo é o do *melting pot*. Em vez de as tradições dos imigrantes se dissolverem em favor das dominantes entre a população preexistente, elas são mescladas e formam padrões culturais novos e evoluídos. Os Estados Unidos são a melhor demonstração do padrão associado à ideia do *melting pot*. Não apenas são "trazidos" valores e normas culturais diferentes de fora para a sociedade, como também se cria mais diversidade à medida que grupos étnicos se adaptam aos ambientes sociais mais amplos em que se encontram. Um exemplo literal e bastante citado da cultura do *melting pot* é o frango *tikka masala*, um prato inventado por cozinheiros bengaleses nos restaurantes indianos do Reino Unido. O frango *tikka* é um prato indiano, mas o molho masala foi adicionado. Em 2001, o prato foi descrito pelo ex-secretário das Relações Exteriores como um "prato nacional britânico".

Muitos acreditam que o modelo do *melting pot* é o resultado mais desejável da diversidade étnica. As tradições e os costumes das populações imigrantes não são abandonados, mas contribuem e definem um meio social em constante transformação. Formas híbridas de culinária, moda, música e arquitetura são manifestações da abordagem do *melting pot*. Até um certo grau, esse modelo é a expressão exata de certos aspectos do desenvolvimento cultural norte-americano. Embora a cultura "anglo" tenha permanecido proeminente, seu caráter reflete, em parte, o impacto dos muitos grupos diferentes que hoje compõem a população norte-americana.

O terceiro modelo é o do **pluralismo cultural**, em que as culturas étnicas têm validade plena para existir separadamente, mas participam da vida econômica e política da sociedade maior. Um subproduto recente e importante do pluralismo é o **multiculturalismo**, que se refere a políticas que incentivam grupos culturais ou étnicos a viver em harmonia uns com os outros. Os Estados Unidos e outros países ocidentais são pluralistas em muitos sentidos, mas as diferenças étnicas, na maior parte, são associadas a desigualdades, e não à participação igual mas independente na comunidade nacional. Parece pelo menos possível criar uma sociedade em que os grupos étnicos sejam distintos, mas equiparados, conforme demonstra a Suíça, onde grupos franceses, alemães e italianos coexistem na mesma sociedade, embora o multiculturalismo tenha seus críticos.

Um defensor do multiculturalismo, o cientista político Bhikhu Parekh (2000: 67), apresenta seu argumento central dizendo:

> A identidade cultural de alguns grupos ("minorias") não deve se confinar à esfera privada enquanto língua, cultura e religião dos outros ("a maioria") desfrutam de um monopólio público e são tratadas como a norma. Pois a falta de reconhecimento público é prejudicial para a autoestima das pessoas e não conduz o estímulo à participação plena de todos na esfera pública.

Parekh argumenta que existem três *insights* no pensamento multicultural. Primeiro, os seres humanos estão inseridos em um mundo culturalmente estruturado, que lhes proporciona um sistema de significados. E, embora os indivíduos não sejam totalmente determinados por suas culturas, eles são "profundamente influenciados" por elas. Em segundo lugar, as culturas também contêm visões do que constitui uma "boa vida". Porém, para não ficar estagnada ou se tornar irrelevante, cada cultura precisa de outras culturas diferentes e com visões alternativas, que estimulem a reflexão crítica e a expansão dos horizontes. Finalmente, as culturas não são monolíticas, mas internamente plurais, com debates contínuos entre as diferentes tradições. A tarefa crucial das sociedades multiculturais no século XXI, segundo Parekh (ibid.: 78), é "a necessidade de encontrar maneiras e reconciliar as demandas legítimas de unidade e diversidade, de alcançar a unidade política sem uniformidade cultural e de cultivar entre seus cidadãos um senso comum de pertencimento e a disposição para respeitar e apreciar diferenças culturais profundas".

Amartya Sen (2007) argumenta contra o uso de uma "abordagem unitarista" no entendimento das identidades humanas. O unitarismo, como aquele encontrado em certas abordagens religiosas e civilizacionais que percebem a adesão nacional, civilizacional ou religiosa como sua principal forma de identidade, pressupõe que é possível entender as pessoas colocando-as apenas em um "grupo identitário". Todavia, Sen (2007: xii) argumenta que essa abordagem gera muito desentendimento mútuo. Na realidade, vemos a nós mesmos e uns aos outros como pertencentes a uma variedade de grupos identitários e temos poucos problemas com isso:

> A mesma pessoa pode ser, sem nenhuma contradição, uma cidadã norte-americana, de origem caribenha, com descendência africana, cristã, liberal, mulher, vegetariana, que gosta de correr, historiadora, professora escolar, novelista, feminista, heterossexual, que acredita nos direitos de *gays* e lésbicas, amante do teatro, ambientalista, fã de tênis e de *jazz* e alguém que está profundamente comprometida com a visão de que existem seres inteligentes no espaço com quem é extremamente urgente que falemos (de preferência, em inglês). Cada uma dessas coletividades, às quais essa pessoa pertence simultaneamente, lhe confere uma identidade específica. Nenhuma delas pode ser considerada a única identidade ou categoria de participação da pessoa.

A suposição de que as pessoas têm uma identidade única ou primordial, que domina todas as outras, causa desconfiança e, muitas vezes, violência, à medida que as identidades solitaristas, que geram uma "ilusão de destino" — como a da identidade nacional única da pessoa, que lhe confere um direito ancestral ao território —, entram em conflito. Sen afirma que um reconhecimento mais amplo da pluralidade de identidades individuais traz a esperança de um multiculturalismo genuíno, contrário à divisibilidade de um modelo baseado na imposição de identidades singulares.

Os críticos do multiculturalismo levantam preocupações com o potencial de segregação dos grupos étnicos quando os Estados provêm, por exemplo, escolarização e currículos separados. Alguns países, como França, Alemanha e Dinamarca, voltaram atrás em seu reconhecimento do multiculturalismo como política oficial, e parece haver uma reação contra a ideia em alguns setores da maioria das sociedades ocidentais. Por exemplo, pesquisas de opinião após o referendo da UE no Reino Unido, em 2016, descobriram que cerca de 81% daqueles que viam o multiculturalismo como uma força para o mal também votaram para deixar a UE, assim como 80% daqueles que viam a imigração como um mal social (Ashcroft, 2016). Nos Países Baixos, o Partido para a Liberdade conquistou nove cadeiras parlamentares em 2006, mas 24 em 2010. Seu líder declarou: "Mais segurança, menos crime, menos imigração, menos Islã — foi isso que os Países Baixos escolheram". No mesmo ano, a chanceler alemã Angela Merkel disse que, quando a Alemanha encorajou trabalhadores estrangeiros a entrar no país no início dos anos 1960, assumiu-se que "eles não iam ficar e que desapareceriam novamente um dia. Essa não é a realidade". O multiculturalismo na Alemanha, disse ela, fracassou.

Devemos lembrar que todas essas sociedades já são "multiculturais", no sentido de que são constituídas por uma diversidade de grupos étnicos e culturas. O que está realmente em debate hoje em dia é o "multiculturalismo político" — ou seja, se o multiculturalismo deve se tornar política pública oficial e, portanto, ser incentivado e facilitado. Em muitas sociedades desenvolvidas, os líderes comunitários da maioria dos grupos de minorias étnicas enfatizam cada vez mais o caminho do pluralismo cultural, embora existam grandes dificuldades para se alcançar o *status* de "distinto, mas igual", e, por enquanto, essa é uma opção distante. Grupos de minorias étnicas ainda são percebidos pelas maiorias étnicas como uma ameaça — aos seus empregos, à sua segurança e à sua "cultura nacional" —, e a transformação de minorias étnicas em bodes expiatórios é uma tendência persistente. Isso é cada vez mais provável em sociedades caracterizadas por recessão econômica e planos de austeridade, junto com tensões e ansiedade sobre migração e identidades nacionais.

Todavia, muitas pessoas costumam confundir multiculturalismo com *diversidade cultural* — falam que vivem em uma "sociedade multicultural" quando, na realidade, querem dizer uma sociedade formada por pessoas de muitas origens étnicas diferentes. Outras pensam que o multiculturalismo diz respeito ao separatismo. Segundo essa visão, devemos apenas aceitar que existem muitas culturas ao redor do mundo e nas sociedades e que nenhuma deve ter primazia sobre as outras. Isso implica deixar todos os grupos seguirem as normas que quiserem, independentemente das consequências para a sociedade mais ampla.

Versões mais "sofisticadas" de multiculturalismo estão preocupadas com a solidariedade social — e não com a separação, como alegam os críticos —, em que grupos diferentes têm igualdade de *status*, e a diversidade deve ser abertamente respeitada (Giddens, 2006: 123-124; Rattansi, 2011: 57). Porém, a igualdade de *status* não significa que aceitamos de forma acrítica as práticas de outros grupos. Charles Taylor (1992) argumenta que todas as pessoas na sociedade têm direitos iguais ao respeito, mas, se tiverem direitos iguais, elas também terão responsabilidades, incluindo uma responsabilidade fundamental de obedecer às leis. Assim, embora as questões não sejam tão bem definidas, a promoção desse tipo de diálogo aberto é um elemento importante do multiculturalismo.

> **REFLEXÃO CRÍTICA**
>
> Se a diversidade cultural é inevitável em um mundo globalizado, por que as identidades "solitárias" mantêm seu poder? Em particular, você pode encontrar alguma evidência de declínio das identidades nacionais?

Conflitos étnicos

A diversidade étnica pode enriquecer muito as sociedades. Os Estados multiétnicos costumam ser lugares vibrantes e dinâmicos, sendo fortalecidos pelas contribuições variadas de seus habitantes. Porém, eles também podem ser frágeis, especialmente diante de turbulências internas ou ameaças externas. As diferentes origens linguísticas, religiosas e culturais podem se tornar fraturas que resultam em antagonismos declarados entre grupos étnicos. Às vezes, sociedades com longas histórias de tolerância e integração étnicas podem se envolver rapidamente em conflitos étnicos — hostilidades entre diferentes comunidades ou grupos étnicos.

Isso ocorreu na década de 1990 na antiga Iugoslávia, uma região reconhecida por sua rica herança multiétnica. Séculos de imigração e o controle de impérios sucessivos produziram uma população mista e diversa, composta predominantemente de eslavos (como os sérvios ortodoxos do leste), croatas (católicos), muçulmanos e judeus. Depois de 1991, juntamente com grandes transformações políticas e sociais após a queda do comunismo, conflitos mortais explodiram entre grupos étnicos em várias áreas da antiga Iugoslávia.

Os conflitos na ex-Iugoslávia envolviam tentativas de **limpeza étnica**, a criação de áreas etnicamente homogêneas, por meio da expulsão em massa de outras populações étnicas. Um exemplo recente de limpeza étnica, que, segundo as Nações Unidas, também mostra "intenção genocida", é a campanha das forças de segurança em Mianmar contra a minoria muçulmana rohingya no oeste do país. Embora os rohingyas já estivessem sujeitos a restrições de cidadania, incluindo diferentes regras sobre casamento, emprego, educação e liberdade de movimento, a campanha militar (ostensivamente contra um grupo militante rohingya) começou em 2017, usando assassinato, incêndio criminoso, estupro e agressão sexual contra civis, forçando cerca de 900 mil rohingyas a fugir para o país vizinho Bangladesh até o final de janeiro de 2020 (Council on Foreign Relations, 2020c). Alguns relatos sugerem que aldeias desertas também foram liberadas para novos desenvolvimentos, impedindo, assim, o retorno de famílias, um aspecto fundamental dos ataques de limpeza étnica.

Observa-se que os conflitos violentos em todo o mundo são cada vez mais baseados em divisões étnicas e que apenas uma pequena proporção das guerras ocorre agora entre os Estados. A grande maioria dos conflitos são guerras civis com dimensões étnicas. Por exemplo, milícias árabes apoiadas pelo governo foram acusadas de limpeza étnica no Sudão, após uma revolta de parte da população negra da região sudanesa ocidental de Darfur em 2003. As represálias das milícias levaram à perda de pelo menos 70 mil vidas e deixaram em torno de 2 milhões de pessoas sem ter onde morar. Em um mundo de interdependência e competição cada vez maiores, os fatores internacionais se tornam ainda mais importantes para definir as relações étnicas, enquanto os efeitos de conflitos étnicos "internos" são sentidos muito além das fronteiras nacionais.

> As mudanças nas formas de guerra são discutidas no Capítulo 21, "Nações, guerra e terrorismo".

A migração em uma era global

Embora possamos pensar na migração como um fenômeno do século XX, ela é um processo cujas raízes alcançam os primeiros estágios da história escrita. Como já vimos, a recente "nova migração" produziu uma superdiversidade intensificada, e em algumas áreas, como Hackney, em Londres, ou em partes de Nova Iorque, a experiência da diversidade cultural é tão comum que as pessoas nem prestam atenção. Wessendorf (2014: 3) observa que "A diversidade trivial, portanto, resulta de uma saturação de diferença sempre que as pessoas saem por sua porta da frente". Os novos padrões de migração que ajudaram a transformar a vida social nos últimos 25 anos ou mais podem ser vistos como um reflexo das rápidas mudanças nos laços econômicos, políticos e culturais entre os países.

Estima-se que uma em cada 33 pessoas no mundo hoje seja migrante. Em 2012, cerca de 214 milhões de pessoas residiam em um país diferente daquele onde nasceram, e a Organização Internacional para as Migrações (2012) estimou que esse número pode quase dobrar até 2050, passando para 405 milhões, o que levou alguns estudiosos a rotular esta como a "era da migração" (Castles e Miller, 2019 [1993]). Nesta seção, lembramos da experiência da migração na Grã-Bretanha, que teve um papel crucial no movimento de pessoas ao redor do mundo durante o período de expansão imperialista e do fim do Império Britânico.

A **imigração**, o movimento de pessoas para um país para ficar, e a **emigração**, o processo pelo qual as pessoas deixam um país para se estabelecer em outro, combinam-se para produzir padrões globais de migração, relacionando *países de origem* e *países de destino*. Os movimentos migratórios aumentam a diversidade étnica e cultural em muitas sociedades e ajudam a moldar a dinâmica demográfica, econômica e social. A intensificação da migração global desde a Segunda Guerra Mundial e, particularmente, em décadas mais recentes transformou a imigração em uma questão política importante e contenciosa.

Especialistas identificaram quatro modelos de migração para descrever os principais movimentos populacionais globais desde 1945. O *modelo clássico* da migração se aplica a países como o Canadá, os Estados Unidos e a Austrália, que se desenvolveram como "nações de imigrantes". Nesses casos, a imigração tem sido amplamente incentivada, e a promessa de cidadania tem sido estendida aos recém-chegados, embora cotas e restrições ajudem a limitar o influxo anual de imigrantes. O *modelo colonial* de imigração, perseguido por países como a França e o Reino Unido, costumava favorecer imigrantes de antigas colônias em detrimento dos de outros países. O grande número de imigrantes para a Grã-Bretanha, nos anos após a Segunda Guerra Mundial, de países da Comunidade, como a Índia ou a Jamaica, reflete essa tendência.

Países como a Alemanha, a Suíça e a Bélgica adotaram uma terceira política — o *modelo dos trabalhadores convidados*. Nesse esquema, os imigrantes são aceitos no país temporariamente, muitas vezes para satisfazer demandas do mercado de trabalho, mas não recebem direitos de cidadania, mesmo depois de longos períodos de residência. Finalmente, as *formas ilegais* de imigração estão se tornando cada vez mais comuns. Os imigrantes que conseguem entrar em um país secretamente, ou com um visto que não dê direito a imigrar, muitas vezes conseguem viver ilegalmente fora do âmbito da sociedade oficial. Exemplos disso podem ser vistos no grande número de "imigrantes ilegais" mexicanos sem documento em muitos estados do Sul dos Estados Unidos, ou no crescente negócio internacional de contrabandear refugiados através de fronteiras nacionais.

A expansão da industrialização transformou os padrões de migração de maneira dramática. O aumento das oportunidades para trabalhar em áreas urbanas, juntamente com o declínio da produção familiar no interior, incentivou a tendência de migração do meio rural para o urbano. As demandas do mercado de trabalho também deram um novo ímpeto à imigração do exterior. Na Grã-Bretanha, comunidades irlandesas, judias e negras já existiam muito antes da Revolução Industrial, mas a onda de novas oportunidades alterou a escala e o escopo da imigração internacional. Novas ondas de imigrantes holandeses, chineses, irlandeses e negros transformaram a sociedade britânica.

Em épocas mais recentes, houve uma grande onda de imigração para a Grã-Bretanha, quando as perseguições nazistas da década de 1930 fizeram uma geração de judeus europeus fugir para a segurança do Oeste. Estima-se que aproximadamente 60 mil judeus tenham se estabelecido no Reino Unido entre 1933 e 1939, mas a quantidade correta pode ser ainda maior. No mesmo período, por volta de 80 mil refugiados também chegaram da Europa Central, e outros 70 mil entraram durante a própria guerra. Em maio de 1945, a Europa enfrentou um problema sem precedentes com refugiados: milhões de pessoas haviam se tornado refugiados.

Após a Segunda Grande Guerra, a Grã-Bretanha passou por uma imigração em grande escala, à medida que se incentivou e se facilitou que pessoas de países da Comunidade fossem para o Reino Unido, que tinha grande escassez de mão de obra. Além de reconstruir o país e a economia depois da destruição da guerra, a expansão industrial proporcionava uma mobilidade sem precedentes aos trabalhadores britânicos, criando a necessidade de mão de obra para posições não especializadas e manuais. O governo, influenciado pelas ideias do legado imperial britânico, incentivou pessoas das Índias Ocidentais, da Índia, do Paquistão e de outras antigas colônias na África a se fixarem no Reino Unido. A Lei de Nacionalidade Britânica de 1948 conferiu direitos de imigração favoráveis aos cidadãos de países da Comunidade.

A cada onda de imigração, mudava a configuração religiosa do país. As cidades britânicas, em particular, hoje são multiétnicas e religiosamente diversas. No século XIX, imigrantes da Irlanda expandiram o número de católicos em cidades como Liverpool e Glasgow, onde muitos se fixaram. No período pós-guerra, a imigração em grande escala da Ásia aumentou o número de muçulmanos, muitos vindos dos países predominantemente muçulmanos Paquistão e Bangladesh, assim como o de hindus e sikhs, oriundos principalmente da Índia. A imigração trouxe novas questões sobre o que significa ser britânico.

> A diversidade religiosa é discutida com mais detalhe no Capítulo 18, "Religião".

A migração e o declínio do império: a Grã-Bretanha desde a década de 1960

A década de 1960 marcou o começo de um retorno gradual à ideia de que os habitantes do Império Britânico tinham o direito de se estabelecer na Grã-Bretanha e exigir a cidadania. Embora as mudanças nos mercados de trabalho tenham tido um papel nas novas restrições, elas também foram a resposta à revolta de grupos de britânicos brancos contra os imigrantes. Em particular, os trabalhadores que moravam em áreas mais pobres, em torno das quais os novos imigrantes gravitavam em busca de trabalho, eram sensíveis à "agitação" de suas próprias vidas. As posturas ante os novatos muitas vezes eram hostis. A revolta de Notting Hill, em 1958, quando residentes brancos atacaram imigrantes negros, foi testemunho da existência de posturas racistas.

> A questão da agitação urbana e das "revoltas" é discutida no Capítulo 13, "Cidades e vida urbana".

Muitos ativistas antirracistas argumentam que a política britânica de imigração é racista e discriminatória contra grupos não brancos. Desde o *Commonwealth Immigrants Act* de 1962, foi aprovada uma série de medidas legislativas, restringindo gradualmente os direitos de entrada e permanência para os não brancos, enquanto protegem a capacidade de brancos de entrar na Grã-Bretanha de forma relativamente livre. Por exemplo, entre os cidadãos de Estados da Comunidade, as leis de imigração discriminavam os Estados predominantemente não brancos da "nova Comunidade", enquanto preservavam os direitos de imigrantes brancos de países da "velha Comunidade", como o Canadá e a Austrália. A Lei de Nacionalidade Britânica de 1981 separou a "cidadania britânica" da cidadania de territórios britânicos dependentes. A legislação aprovada em 1988 e 1996 aumentou essas restrições ainda mais.

A Lei de Nacionalidade, Imigração e Asilo de 2002 estabeleceu requisitos para pessoas que desejam a cidadania britânica, incluindo um conhecimento básico da vida no Reino Unido, protocolos de cidadania e um juramento de lealdade. Em 2008, foi introduzido um novo sistema de imigração baseado em pontos, em que os pontos eram concedidos por habilidades no local de trabalho, idade, qualificações educacionais e experiência no Reino Unido. O objetivo era gerenciar melhor a migração e vinculá-la às necessidades da economia. Em 2010, o governo impôs um limite temporário à imigração de fora da União Europeia, enquanto indivíduos muito ricos e aqueles de "talento excepcional" (como algumas estrelas do esporte) ainda podiam entrar com mais liberdade.

A intenção do governo era reduzir a imigração líquida para o Reino Unido a "dezenas de milhares" em vez de "centenas de milhares", uma política que segundo alguns levou diretamente à perseguição de cidadãos britânicos no escândalo Windrush, discutido em Usando sua imaginação sociológica 8.2. No entanto, as empresas expressaram a preocupação de que a redução do número de trabalhadores qualificados poderia prejudicar a economia, enquanto grupos de direitos humanos se opuseram a propostas para endurecer as regras de imigração para membros da família. Na prática, a meta não foi cumprida, e, quando o governo dei-

Migrantes da Comunidade que foram para o Reino Unido após a Segunda Guerra Mundial para ajudar a diminuir a escassez de mão de obra com frequência enfrentavam suspeita, racismo e discriminação.

xou o cargo, em 2015, a imigração líquida de longo prazo no ano anterior foi de 318 mil, significativamente superior aos 209 mil de 2013 (ONS, 2015b: 1). Contudo, desde o referendo da UE de 2016, que votou por deixar a UE, a migração líquida de países europeus caiu acentuadamente, e, em 2018, a migração líquida foi de 258 mil (Sumption e Vergas-Silva, 2019).

De modo semelhante, muitos países europeus reduziram a possibilidade de **refugiados** ganharem o direito de entrada. Para receber asilo, os indivíduos devem alegar que, caso sejam forçados a deixar o país, serão violadas as obrigações que o governo tem sob o acordo denominado Convenção e Protocolo relacionados com o *Status* de Refugiados, das Nações Unidas (1951). Desde 1991, existem controles mais rígidos sobre pessoas que reivindicam o *status* de refugiado, incluindo impressões digitais, menor acesso a orientação legal gratuita e multas dobradas para empresas aéreas que transportem passageiros sem vistos válidos. À medida que mais medidas foram sendo introduzidas, o número crescente de recusas fez um número maior de indivíduos em busca de asilo ser retido em centros de detenção por longos períodos.

Apesar dos picos periódicos de aumento de interesse, as relações de imigração e raça quase não foram registradas nas pesquisas do Reino Unido até por volta de 1993, quando foi iniciada uma tendência de crescimento constante (Duffy e Frere-Smith, 2014). Naturalmente, eventos importantes também podem afetar a opinião pública, como os chamados distúrbios raciais em partes do Reino Unido. Desde os ataques da al-Qaeda aos EUA em setembro de 2001, houve uma mudança no sentido de preocupações cada vez maiores sobre raça e etnicidade, não apenas na Grã-Bretanha, mas na maior parte do mundo desenvolvido.

Como pode ser visto na Figura 8.4, à medida que a migração líquida anual para o Reino Unido aumenta, as pesquisas de opinião mostram a migração subindo para o topo das "questões preocupantes". No entanto, nos outros países da UE, parece não haver essa correlação, o que aponta para a importância do contexto social e político nacional no surgimento de preocupações sobre questões específicas. À medida que foram cortadas as oportunidades para os imigrantes entrarem na Grã-Bretanha, houve um

USANDO SUA IMAGINAÇÃO SOCIOLÓGICA

8.2 O escândalo Windrush

Após a Segunda Guerra Mundial, a economia do Reino Unido procurou resolver a escassez de mão de obra em alguns setores incentivando e facilitando a imigração de países do Caribe. A Lei de Nacionalidade Britânica de 1948 concedeu *status* de cidadania e o direito de se estabelecer no Reino Unido para aqueles nascidos em colônias britânicas. Essa política teve sucesso, e aproximadamente 500 mil pessoas se mudaram para o Reino Unido entre 1948 e 1970. Esse grupo ficou conhecido como a "geração Windrush", em homenagem a um dos primeiros navios que trouxeram os novos imigrantes para o país, o Empire Windrush. Como o direito de permanência era automático, não eram exigidas provas documentais, e as pessoas viviam e trabalhavam de acordo com seu *status* de cidadãos britânicos.

Avancemos rapidamente para 2018, quando jornalistas relataram que muitos idosos de países da Comunidade estavam recebendo cartas do Home Office insistindo que, a menos que pudessem provar que residiam continuamente no Reino Unido desde 1973, eles estavam sob ameaça de remoção dos seus direitos a cuidados médicos e poderiam ser deportados. Aqueles que chegaram antes de 1973 estavam particularmente em risco, pois não precisavam de nenhuma documentação específica para provar seus direitos de cidadania. Uma mudança na política governamental visava a reduzir radicalmente os níveis de imigração, criando um "ambiente hostil" que, na prática, tornou todos os imigrantes bodes expiatórios. A política estabeleceu metas para a remoção de imigrantes ilegais e levou diretamente os cidadãos britânicos legalmente estabelecidos a serem colocados sob suspeita. O governo admitiu que sabia de 83 cidadãos britânicos que foram deportados injustamente após a introdução da nova política, mas o número pode chegar a 164 (Agerholm, 2018).

As consequências para os indivíduos podem ser ilustradas pelo caso de Paulette Wilson, descrito abaixo por uma jornalista do *The Guardian*, Amelia Gentleman (2018), uma das primeiras a relatar as consequências e a escala dessa questão.

A mulher de 61 anos se mudou para o Reino Unido em 1968, quando tinha 10 anos, e nunca mais saiu. Como nunca havia pedido um passaporte britânico e não tinha documentos provando que tinha o direito de estar no Reino Unido, ela foi classificada como imigrante ilegal. Em outubro passado, ela foi enviada para o centro de remoção de imigrantes em Yarl's Wood, em Bedford, por uma semana e depois levada para Heathrow antes de ser deportada para a Jamaica, um país que ela não visitava há 50 anos e onde não tem parentes sobreviventes. A ex-cozinheira, que costumava servir comida aos membros do parlamento na Câmara dos Comuns e tem 34 anos de contribuições para o seguro nacional, ficou horrorizada com a possibilidade de ficar separada de sua filha e sua neta. Uma intervenção de última hora de um membro do parlamento e de uma instituição de caridade local impediu sua remoção. Após a publicidade no jornal, ela recebeu um cartão biométrico, provando que está no Reino Unido legalmente, mas terá que solicitá-lo novamente em 2024 e já está preocupada com o processo. Ela não recebeu qualquer pedido de desculpas do Home Office.

Dois relatórios parlamentares em meados de 2018 criticaram o Ministério do Interior por suas falhas, argumentando que os direitos humanos das pessoas foram violados. Eles também culparam a política de ambiente hostil e pediram que as metas de migração fossem descartadas. O governo prometeu compensar as vítimas da política que perderam seus empregos e ganhos ou foram forçadas a se endividar, e o custo disso pode chegar a £ 570 milhões. No entanto, fazer uma reclamação se mostrou um processo demorado e confuso, e a compensação era limitada aos ganhos de um ano. Muitas pessoas dizem que perderam muito mais do que isso e não foram compensadas adequadamente por suas perdas reais.

Gentleman (2019) argumenta que "O escândalo surgiu como o capítulo mais recente de uma longa e culposa história de ocupação e exploração colonial... Era difícil evitar a sensação de que as autoridades as consideravam um grupo de pessoas que não importavam, um grupo que, se nada mais fosse suficientemente marginalizado, dificilmente reclamaria". O processo de compensação das vítimas ainda tem um longo caminho a percorrer.

> **REFLEXÃO CRÍTICA**
>
> Leia um pouco mais sobre como o escândalo Windrush se desenvolveu a partir de 2018. Pode-se argumentar que esse escândalo foi basicamente uma falha burocrática caracterizada pela incompetência oficial. Por que devemos rejeitar essa explicação? Que aspectos sociológicos e sócio-históricos desse caso nos levariam a vincular o escândalo a questões de raça e racismo?

grande aumento no número de pessoas que buscavam asilo. Representações de requerentes de asilo "falsos" que "assolaram" o Reino Unido serviram para criar uma imagem distorcida de imigração e asilo. Os atentados suicidas terroristas coordenados em Londres em 7 de julho de 2005, que mataram 52 civis e feriram outros 700, ocasionaram manchetes nos jornais britânicos sugerindo uma ligação direta entre o terrorismo e os que procuravam asilo. Essa denúncia sensacionalista provou ser totalmente imprecisa.

Além disso, o surgimento e os sucessos eleitorais do Partido da Independência do Reino Unido (UKIP), que se concentrou nos aspectos negativos da adesão à UE e nos problemas supostamente "causados" pelos altos níveis de imigração, forneceram uma lente através da qual as estatísticas de migração foram interpretadas. O controle da migração interna foi certamente uma questão-chave na bem-sucedida campanha "Vote Leave" durante o referendo da UE de 2016. Por toda a Europa, as preocupações com raça e imigração também têm aumentado, embora com muitas diferenças nacionais.

Dada a crise financeira de 2008, a recessão global de 2009 e os programas de austeridade pós-recessão nos países desenvolvidos, não é surpresa que a imigração tenha permanecido na vanguarda dos comentários da mídia e do debate político. Em períodos econômicos difíceis, há uma tendência de atribuir culpa, o que muitas vezes significa que grupos étnicos minoritários visíveis se tornam bodes expiatórios convenientes. Nessas ocasiões, a análise racional dos prós e contras da imigração muitas vezes luta para ser ouvida. Apesar disso, a realização de tais análises racionais como base para a formulação de políticas é fundamental para o trabalho científico social e continua a ser um importante contrapeso para alguns dos comentários mais histéricos da mídia.

> **REFLEXÃO CRÍTICA**
>
> Devido à crescente mobilidade da era global, a preocupação cada vez maior com a imigração é inevitável nos países desenvolvidos? Isso também significa um sucesso crescente para os partidos políticos anti-imigração?

A migração e a União Europeia

A maioria dos outros países europeus foi profundamente modificada pela migração durante o sé-

Capítulo 8   Raça, etnicidade e migração   **321**

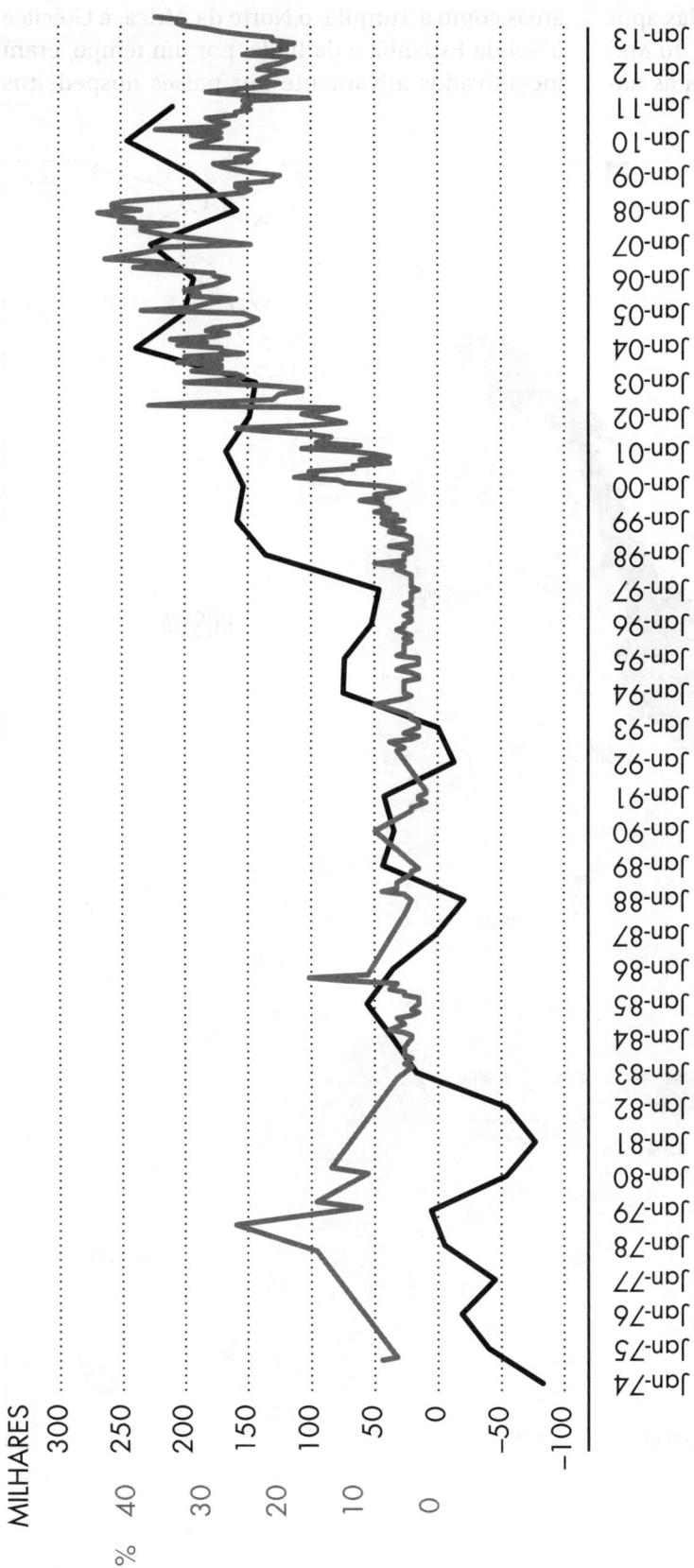

FIGURA 8.4   Imigração como um aspecto importante, conforme a migração líquida no Reino Unido, 1974-2013.

— Migração líquida   — % de alusões às relações de imigração/raça como a mais/outra importante questão para o público britânico

Fonte: Duffy e Frere-Smith (2014: 8).

culo XX. Migrações em grande escala ocorreram na Europa durante as duas primeiras décadas após a Segunda Guerra Mundial, com os países do Mediterrâneo fornecendo mão de obra barata às nações do Norte e do Ocidente. Migrantes saindo de áreas como a Turquia, o Norte da África, a Grécia e o Sul da Espanha e da Itália, por um tempo, eram incentivados ativamente por países hospedeiros

Países
- Estados da UE na zona de Schengen
- Estados fora da UE na zona de Schengen
- Estados da UE fora da zona de Schengen

FIGURA 8.5 A zona de Schengen em fevereiro de 2020.
Fonte: European Commission.

que enfrentavam grande escassez de mão de obra. A Suíça, a Alemanha, a Bélgica e a Suécia têm populações consideráveis de trabalhadores migrantes. Ao mesmo tempo, países que eram potências coloniais tiveram um influxo de imigrantes de suas antigas colônias: isso se aplica principalmente à França (argelinos) e aos Países Baixos (indonésios), assim como ao Reino Unido.

Desde a queda do comunismo no Leste Europeu, a UE tem testemunhado o nascimento daquilo que se tem chamado de **nova migração**, marcada por dois eventos principais. Primeiro, a abertura das fronteiras entre o Oriente e o Ocidente levou à migração de aproximadamente 5 milhões de pessoas para a UE entre 1989 e 1994. Em segundo lugar, a guerra e os conflitos étnicos na antiga Iugoslávia resultaram no surgimento de aproximadamente 5 milhões de refugiados em outras regiões da Europa (Koser e Lutz, 1998). Os padrões geográficos da migração na Europa também mudaram, com as linhas entre os países de origem e os países de destino se tornando cada vez mais tênues. Países da Europa Meridional e Central se tornaram destinos para muitos migrantes, um afastamento notável das tendências migratórias anteriores. Como parte do movimento para a integração europeia, foram removidas muitas das barreiras anteriores à livre circulação de mercadorias, capital e trabalhadores. Isso ocasionou um intenso aumento da migração regional, uma vez que os cidadãos da UE têm o direito de trabalhar em qualquer outro país da UE.

À medida que o processo de integração europeia continuou, diversos países dissolveram os controles de fronteira com Estados vizinhos como parte do acordo de Schengen, que entrou em vigor em 1995. Em 2001, o acordo tinha sido implementado por 25 países, e suas fronteiras externas são apenas monitoradas, permitindo a entrada livre dos Estados-membros vizinhos (ver a Figura 8.5). Essa reconfiguração dos controles fronteiriços europeus teve um impacto enorme sobre

A queda do governo nacional da Líbia depois de 2011 permitiu que os traficantes de seres humanos explorassem as milhares de pessoas que escapavam do conflito na Síria e da perseguição ou das dificuldades em partes da África. Em 2014 e 2015, a Itália e a Grécia eram os principais pontos de entrada.

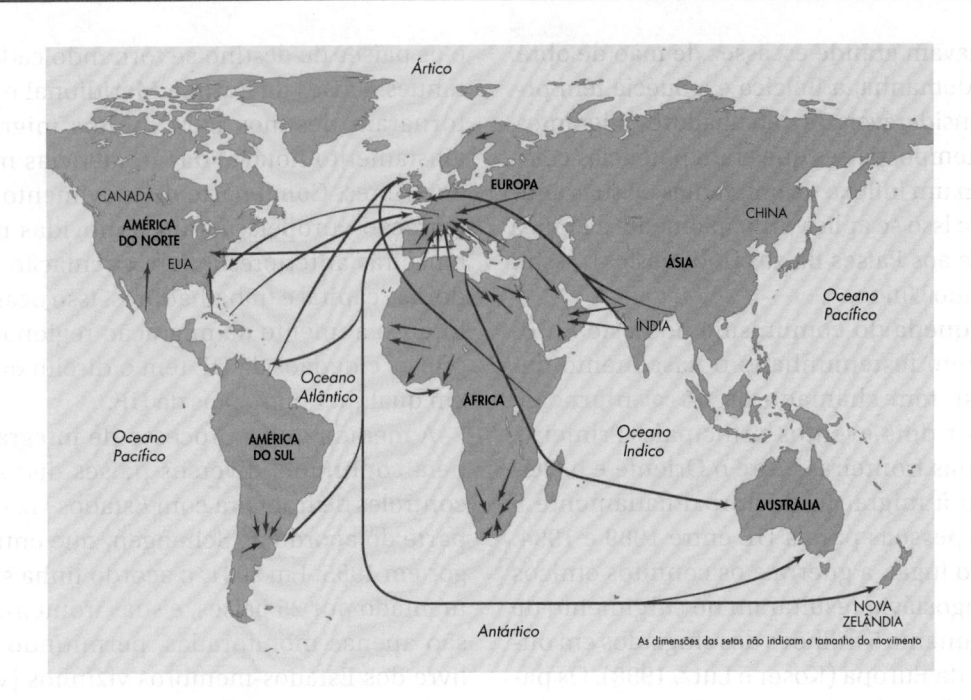

FIGURA 8.6 Migrações globais, 1945-1973.
Fonte: Castles e Miller (1993: 67).

FIGURA 8.7 Migrações globais, 1973-1990.
Fonte: Castles e Miller (1993: 67).

a imigração ilegal para a UE e a criminalidade transfronteiriça. Os imigrantes ilegais que conseguirem entrar em um Estado coberto pelo acordo de Schengen podem viajar desimpedidos por toda a zona do acordo.

A migração de fora da UE se tornou um dos problemas mais urgentes para diversos Estados europeus. Muitas das questões-chave foram destacadas em 2014 e 2015, quando milhares de pessoas chegaram ao sul da Europa tendo atravessado de barco a partir da Líbia. Alguns migrantes estavam fugindo de conflitos na Síria, no Iraque e em partes da África, enquanto muitos outros tentavam melhorar suas chances de vida. O envolvimento de grupos de tráfico de seres humanos, que lucram com movimentos tão desesperados de pessoas ao redor do mundo, só aumentou a controvérsia. A agência de gestão de fronteiras da UE, Frontex, estimou que cerca de 63 mil migrantes chegaram à Grécia e 62 mil, à Itália, enquanto cerca de 10 mil estavam na fronteira entre Hungria e Sérvia. Esses números representaram um aumento de quase 150% em relação a 2013 (BBC News, 2015a).

Muitos migrantes morrem no mar enquanto tentam fazer a travessia do Mediterrâneo para a Europa a partir da Líbia. Em 2014, mais de 3 mil pessoas perderam a vida dessa maneira, e, apenas nos primeiros quatro meses de 2015, mais de 1.700 pessoas foram mortas, geralmente quando seus barcos superlotados viravam e afundavam no mar. A maioria viajou da Síria e de alguns dos países mais pobres da África Subsaariana, incluindo Mali, Eritreia, Sudão, Gâmbia, Senegal e Somália, além de um número menor de palestinos (Malakooti e Davin, 2015). Entre 2013 e 2019, as melhores estimativas sugerem que cerca de 19 mil migrantes morreram seguindo a rota do Mediterrâneo para a Europa (InfoMigrants, 2019), embora o total geral possa ser superior a 34 mil (McIntyre e Rice-Oxley, 2019).

As regras da UE determinam que aqueles que pedem asilo devem recolher as impressões digitais e apresentar o seu pedido no primeiro país da UE em que entrarem. Isso significaria que países como Grécia e Itália arcariam com todo o ônus administrativo, além de receberem o grande número

---

Estudos clássicos 8.2 — Padrões de mobilidade na nova era da migração

O problema da pesquisa

As pessoas sempre se deslocaram ao redor do mundo em busca de melhores perspectivas de trabalho ou para fugir da perseguição. Contudo, hoje em dia, os padrões de migração mudaram, e as pessoas tiram proveito dos sistemas de transportes e viagens globais e das novas oportunidades de turismo. Como a migração global afetará a composição e as solidariedades nas sociedades do século XXI? O livro original de Stephen Castles e Mark Miller (1993) sobre o assunto já estava em sua sexta edição em 2019, sugerindo que os autores conseguiram formular e redefinir o campo dos estudos da migração. Em suma, sua análise da "nova migração" se tornou um clássico moderno.

A visão de Castles e Miller

Castles e Miller reconhecem que a migração internacional certamente não é nova; ela existe desde os tempos mais remotos. O que mudou atualmente é o tamanho, a velocidade e o alcance da migração, que têm o potencial de transformar sociedades. Analisando tendências recentes nos padrões de migrações globais, eles identificam quatro tendências que devem caracterizar a migração nos anos vindouros.

Primeiramente, há uma tendência de *aceleração* da migração através de fronteiras, à medida que as pessoas se mudam em números maiores do que antes. Em segundo lugar, está a tendência de *diversificação*. A maioria dos países hoje recebe imigrantes de muitos locais diferentes com uma variedade de motivações, ao contrário do que ocorria em épocas passadas, quando predominavam certas formas de imigração, como a imigração de trabalhadores ou de refugiados fugindo da perseguição. Em terceiro lugar, há uma tendência de *globalização*. A migração assumiu um caráter global, envolvendo um grande número de países como "emissários" e "receptores" de migrantes. Finalmente, existe uma tendência de *feminização* da migração. Um número cada vez maior de migrantes é formado por mulheres, tornando a migração contemporânea muito menos dominada pelos homens do que em tempos passados.

Juntando essas tendências, Castles e Miller argumentam que, na "nova era da migração", haverá um movimento muito maior de pessoas, uma proporção muito maior dele envolverá mulheres, e determinados países terão uma variedade mais diversa de grupos de imigrantes. Também é bastante provável que a migração seja normalizada como um aspecto central do mundo em que vivemos; as pessoas, os governos e as organizações internacionais (como a Organização das Nações Unidas) terão que encontrar novas maneiras de lidar com ela.

Pontos de crítica

Alguns autores sugeriram que a análise apresentada por Castles e Miller permanece muito convencional e não se esforça para se conectar com campos emergentes e potencialmente sobrepostos, como os novos estudos de mobilidades (ver Sheller e Urry, 2004; Larsen et al., 2006). Outros argumentam que seu livro está centrado nos Estados e em seu destino na era da migração de massa, em vez de ir além dos Estados para explorar as regiões urbanas.

Relevância contemporânea

Castles e Miller fizeram uma contribuição significativa para os estudos da nova migração, mostrando efetivamente como a globalização influencia os padrões de migração e como ela tem um potencial muito maior de reestruturar as sociedades. Além disso, também ajudaram a reformular o campo dos estudos da migração, adotando um ponto de vista mais comparativo do que o usual e explorando a migração dos países desenvolvidos para os países em desenvolvimento, além do sentido oposto. Eles também conseguiram relacionar os padrões migratórios com as teorias da globalização, trazendo, assim, o estudo da migração para o campo da sociologia.

> **REFLEXÃO CRÍTICA**
>
> Castles e Miller sugerem que a migração se tornará "normalizada" como consequência da globalização. Usando exemplos deste capítulo, explique por que eles podem estar certos. Que contraexemplos existem que podem significar que o aumento da migração provavelmente terá resistência?

de envolvidos. Em junho de 2015, a Comissão Europeia propôs um sistema de cotas para distribuir cerca de 40 mil dos novos migrantes para outros países da UE e estabeleceu um plano para acabar com as redes de traficantes de seres humanos. O acordo provou ser difícil em ambos os aspectos. Alguns países da UE se opuseram a cotas de migração obrigatórias, enquanto a autorização da ONU para operações na Líbia e em suas águas territoriais trouxe objeções da Rússia. A crise ilustra a natureza verdadeiramente global da migração e da mobilidade, mas também a falta de coordenação global por parte das autoridades que tentam administrar a situação. Movimentos de massa irregulares da humanidade podem se tornar mais frequentes à medida que conflitos internos e grandes desigualdades globais continuarem existindo.

Globalização e migração

O expansionismo europeu, séculos atrás, deu início a um movimento populacional de grande escala, que formou a base de muitas das sociedades multiétnicas existentes no mundo de hoje. Desde essas ondas iniciais de migração global, as populações humanas continuaram a interagir e se misturar de maneiras que moldaram fundamentalmente a composição étnica de muitos países. Nesta seção, consideramos conceitos relacionados com os padrões de migração global.

Muitas das primeiras teorias sobre a migração se concentram nos chamados **fatores de repulsão e atração**. Os "fatores de repulsão" se referem à dinâmica dentro do país de origem que força as pessoas a emigrar, como guerra, fome, opressão política ou pressões populacionais. Já os "fatores de atração", por outro lado, são aqueles aspectos dos países de destino que atraem os imigrantes: mercados de trabalho prósperos, melhores condições gerais de vida e menor densidade populacional, por exemplo, podem "atrair" imigrantes de outras regiões.

As teorias de "atração e repulsão" foram criticadas por proporem explicações simplistas demais para um processo complexo e multifacetado. Ao contrário, os especialistas em migração cada vez mais analisam os padrões de migração global como "sistemas" produzidos por meio de interações entre processos nos níveis macro e micro. Os fatores no nível macro se referem a questões abrangentes, como a situação política de uma área, as leis e regulamentações que controlam a imigração e a emigração, ou mudanças na economia internacional. Já os fatores no nível micro dizem respeito a recursos, conhecimentos e entendimentos que as próprias populações migrantes possuem.

A intersecção entre os processos macro e micro pode ser vista no caso da grande comunidade de imigrantes turcos da Alemanha. No nível macro, existem fatores como a demanda econômica da Alemanha por mão de obra, a sua política de aceitar "trabalhadores convidados" estrangeiros e o estado da economia turca, que impede que muitos turcos tenham uma renda no nível que gostariam. No nível micro, estão as redes e os canais informais de apoio mútuo dentro da comunidade turca da Alemanha e os fortes laços com familiares e amigos que permaneceram na Turquia. Entre os migrantes turcos potenciais, o conhecimento sobre a Alemanha e o **"capital social"** — recursos humanos ou comunitários que podem ser usados — ajuda a fazer da Alemanha um dos países de destino mais populares. Os defensores da abordagem de sistemas de migração enfatizam que não existe um fator único que possa explicar o processo de migração. Pelo contrário, cada movimento migratório específico, como o que existe entre a Turquia e a Alemanha, é produto da interação entre processos nos níveis macro e micro.

Diásporas globais

Outra maneira de entender os padrões globais de migração é por meio do estudo das **diásporas**. Esse termo se refere à dispersão de uma população étnica para outras áreas a partir de sua terra natal, normalmente de maneira forçada ou sob circunstâncias traumáticas. Muitas vezes, fazem-se referências às diásporas judias e africanas para descrever a maneira como essas populações foram redistribuídas ao redor do planeta, como resultado da escravidão e do genocídio. Embora os membros de uma diáspora, por definição, estejam espalhados geograficamente, eles estão unidos por fatores como a história compartilhada, uma memória coletiva da terra original ou uma identidade étnica comum que é alimentada e preservada.

Embora, atualmente, estejamos mais familiarizados com a diáspora como o movimento involuntário de pessoas decorrente de perseguição e violência, Cohen (1997) argumenta que, de fato, o significado dominante associado ao termo mudou ao longo do tempo. Adotando uma abordagem histórica para a dispersão de pessoas, Cohen identifica cinco categorias diferentes de diáspora. Os antigos gregos usavam a palavra para descrever a dispersão de populações que resultava da *colonização*. As diásporas com *vítimas*, como as geradas pelo comércio de escravos africanos, juntamente com movimentos das populações judias e armênias, são aquelas em que as pessoas sofrem exílio forçado e desejam retornar para suas terras natais. As diásporas por *trabalho* são exemplificadas pelo trabalho contratado de trabalhadores indianos durante o colonialismo britânico. Cohen considera os movimentos de chineses para o Sudeste Asiático durante a criação de uma diáspora *comercial* como exemplo de um movimento voluntário para a compra e venda de mercadorias, e não como resultado de algum acontecimento traumático. As diásporas *imperiais* são aquelas em que a expansão imperialista para novas terras leva pessoas que, subsequentemente, constroem uma vida nova; o Império Britânico seria o exemplo mais conhecido. Finalmente, Cohen defende considerar o movimento de pessoas do Caribe como um caso de diáspora *cultural*, "consolidada tanto pela literatura, pelas ideias políticas, pelas convicções religiosas, pela música e pelos estilos de vida quanto pela migração permanente" (ibid.).

Na realidade, conforme sugere Cohen, essas categorias são sobrepostas, e as diásporas ocorrem por uma variedade de razões. Por exemplo, o comércio de escravos no Atlântico afastou à força milhões de africanos de suas terras natais, espalhando-os por vários países, muitas vezes a milhares de quilômetros de distância. Esse processo é categorizado como uma diáspora com vítimas, mas a principal razão para ele foi que os escravos eram procurados como trabalhadores. E, apesar da diversidade de formas, todas as diásporas compartilham certos aspectos fundamentais. Cohen sugere que todas satisfazem os seguintes critérios:

- um movimento forçado ou voluntário da terra de origem para uma nova região ou regiões;
- uma memória compartilhada da terra natal, um comprometimento com sua preservação e a crença na possibilidade de retorno eventual;
- uma identidade étnica forte mantida ao longo do tempo e da distância;
- um sentido de solidariedade com membros do mesmo grupo étnico que também vivem em áreas de diáspora;
- um grau de tensão em relação às sociedades de acolhimento;
- o potencial para contribuições valiosas e criativas para sociedades de acolhimento pluralistas.

A comunidade judaica representa uma das populações mais dispersas geograficamente e é um bom exemplo de uma diáspora global.

Essa tipologia é uma simplificação e pode ser criticada por ser imprecisa. Entretanto, o estudo tem validade porque mostra que o significado da diáspora não é estático, mas está relacionado com os processos contínuos de manter identidades coletivas e preservar culturas étnicas no contexto de um rápido período de globalização.

O conceito de diáspora foi aplicado a um número de casos possíveis em rápida expansão, desde grupos nacionais como escoceses, estonianos ou iraquianos até diásporas sugeridas de "fundamentalistas" e "caipiras". Essa expansão levou alguns a argumentar que, "se todos são diaspóricos, ninguém o é distintamente. O termo perde seu poder discriminativo — sua capacidade de identificar fenômenos, de fazer distinções. A universalização da diáspora, paradoxalmente, significa o desaparecimento da diáspora" (Brubaker, 2005: 3). Brubaker propõe que uma maneira de reter o conceito no trabalho científico social é tratar a "diáspora" como uma forma de prática ou um projeto, e não como um "grupo limitado" existente. Fazer isso permitiria aos pesquisadores explorar até que ponto qualquer "projeto" diaspórico tem apoio daqueles que dizem ser seus membros.

Conclusão

Os processos de globalização estão alterando profundamente a sociedade em que vivemos. Muitas sociedades estão se tornando etnicamente diversas pela primeira vez; outras estão observando que os padrões existentes de multietnicidade estão se transformando ou intensificando. Todavia, em todas as sociedades, os indivíduos estão tendo contato regular com pessoas que pensam de modo diferente, têm aparência diferente e vivem de maneira diferente. Essas interações estão acontecendo pessoalmente, assim como por meio das imagens e informações que são transmitidas rapidamente *on-line*.

Os padrões de migração global constituem um dos elementos no amplo tema das "mobilidades" na pesquisa e teorização sociológica (Sheller e Urry, 2004; Urry, 2007; Benhabib e Resnik, 2009). A agenda de pesquisa de **mobilidades** explora questões de "movimento" em uma ampla gama de fenômenos sociais, incluindo o movimento físico de mercadorias, movimentos de pessoas em todo o mundo, movimentação de informações e movimentação financeira no ciberespaço e muito mais. Urry (2007: 6), uma figura importante nesse campo, observa que

> Questões de movimento, de pouco movimento para alguns ou muito movimento para outros, ou do tipo errado ou na hora errada, parecem essenciais para a vida de muitas pessoas e para as muitas operações de muitos pequenos e grandes públicos, organizações privadas e não governamentais. De SARS a acidentes de avião, de controvérsias de expansão de aeroportos a mensagens de texto SMS, do tráfico de escravos ao terrorismo global, da obesidade causada pela "corrida escolar" às guerras do petróleo no Oriente Médio, do aquecimento global ao tráfico de escravos, questões daquilo que eu chamo de "mobilidade" estão no palco central de muitas agendas políticas e acadêmicas. Podemos dizer que há uma estrutura de "mobilidade" de sentimento no ar...

Para Urry (2000), precisamos de um novo tipo de sociologia que vá "além das sociedades" — isto é, uma sociologia que investigue processos sociais, redes e movimentos através das fronteiras dos Estados-Nações e efetivamente dispense o conceito previamente fundacional da própria "sociedade" (nacional). De certa forma, o paradigma emergente das mobilidades captura algumas dinâmicas essenciais da migração global. Por exemplo, muitos migrantes hoje não saem simplesmente de uma casa para forjar uma nova em um local distante. Viagens mais facilmente acessíveis, mais rápidas e relativamente mais baratas significam que as pessoas podem revisitar fisicamente sua casa original ou participar de reuniões familiares e manter contato por *e-mail*, mídia social e telefones celulares (Larsen et al., 2006: 44-5). A emigração, para alguns, tornou-se muito menos um movimento de sentido único e definitivo.

No entanto, explorar as mobilidades não implica necessariamente um compromisso com a tese de que a vida social está inevitavelmente se tornando cada vez mais fluida ou líquida, ou que o movimento e a mobilidade certamente aumentarão no futuro. O aumento das mobilidades também gera resistência, conforme sugere nossa discussão sobre os conflitos étnicos relacionados a recursos e território, a hostilidade pública em relação ao aumento da imigração para a Europa e a oposição ao multiculturalismo como política de Estado. É exatamente a percepção cada vez maior de que, parafraseando Karl Marx, "tudo o que é sólido está se desfazendo no ar", em um mundo cada vez mais móvel, que dá origem tanto a noções otimistas de uma cidadania global ou cosmopolita quanto a temores de perda de identidades nacionais e étnicas no *melting pot* global. Nos últimos anos, a forma como essas visões opostas se desenrolarão se tornou mais indeterminada, e não mais clara.

Revisão do capítulo

1. Por que os sociólogos se referem hoje a "raça", embora o conceito não tenha base no trabalho científico? Será que o conceito deveria ser abandonado?
2. O que foi o comércio colonialista de escravos pelo Atlântico? Que impacto estrutural esse comércio teve sobre os países colonialistas e aqueles que foram colonizados?
3. O que significa "etnicidade" no trabalho sociológico? De que maneiras se pode argumentar que a etnicidade é um conceito mais útil do que "raça"?
4. Descreva o que se entende por grupos étnicos minoritários. De que maneira esse conceito é útil e como pode ser criticado?
5. De que maneira as novas formas de racismo são diferentes das formas mais antigas? Que evidências existem de que as formas antigas nunca desapareceram e estão realmente se tornando mais fortes em todo o mundo hoje?
6. Explique o que se entende por racismo institucional e dê alguns exemplos disso no sistema de justiça criminal. Como ele pode ser combatido de forma eficaz?
7. Descreva os três principais modelos de integração étnica: assimilação, *melting pot* e pluralismo cultural/multiculturalismo. Qual dos três se encaixa melhor no Reino Unido, nos EUA, na Alemanha e na Austrália? Que evidências há de uma reação contra o multiculturalismo e um afastamento dele por parte dos líderes políticos?
8. Descreva alguns dos principais movimentos de pessoas para o Reino Unido que levaram a uma diversidade étnica mais ampla. Quais grupos étnicos ainda estão em desvantagem em comparação com a população branca e quais grupos se saem tão bem quanto ou melhor do que ela? Como essas diferenças podem ser explicadas?
9. Quais são os principais padrões globais que caracterizam a "era da migração"? Liste algumas das consequências sociais e políticas de uma migração global mais fluida e generalizada.
10. O que são diásporas? Descreva os principais tipos e as suas consequências sociais.
11. O que se entende pela tese das "mobilidades" crescentes? Que evidências existem em todo o livro de que no futuro pode haver menos fluidez e mobilidade do que a tese sugere?

Pesquisa na prática

A produção de discursos abertamente racistas vem convencionalmente de dentro de grupos e organizações racistas organizadas e se espalha por meio de suas atividades na sociedade. A disseminação das mídias sociais *on-line* abriu um espaço digital potencialmente global para a propagação de ideias racistas e teorias da conspiração envolvendo etnicidade e raça. Devido à falta de contato pessoal e ao anonimato das salas de bate-papo, dos fóruns da internet e das mídias sociais, identidades e conteúdos falsos podem ser muito difíceis de identificar.

O artigo a seguir explora alguns dos *sites* falsos que supostamente são mantidos por muçulmanos extremistas que vivem na Dinamarca. Leia o material e responda às questões que se seguem.

> Farkas, J., Schou, J. e Neumayer, C. (2018). "Platformed Antagonism: Racist Discourses on Fake Muslim Facebook Pages", *Critical Discourse Studies*, 15(5): 463-480.

1. Descreva os métodos, a escala de tempo e o tipo de análise usados nesse estudo. Que tipo de pesquisa é essa?
2. Como os pesquisadores estabeleceram que os *sites* estudados eram, de fato, falsos?
3. Liste os principais aspectos do estereótipo muçulmano que se repetem em todos os locais do estudo. Mostre alguns exemplos específicos.
4. O que os autores querem dizer com "antagonismo de plataforma"? O que há de novo nisso quando se trata da disseminação da propaganda racista? Por outro lado, como os *sites* apresentam de forma estereotipada os dinamarqueses?
5. Os autores argumentam que esses perfis falsos se baseiam em noções existentes de culturas e pessoas étnicas civilizadas, bárbaras e ingênuas. Forneça alguns exemplos específicos de cada uma dessas categorias segundo o artigo.

Pensando sobre isso

A crescente normalidade da mobilidade e da migração levanta a questão de como as identidades das pessoas são formadas no mundo social mais fluido ou "líquido" da atualidade. Leia o artigo teórico de Zygmunt Bauman (2011) intitulado "Migration and Identities in the Globalized World", *Philosophy and Social Criticism*, 37(4): 425-435, que discute como as sociedades se mantêm nessa situação.

Com suas próprias palavras, descreva os três estágios delineados na transformação das sociedades modernas. O que Bauman quer dizer com "jardinagem" no primeiro estágio? Como ele caracteriza o multiculturalismo contemporâneo? Explique como "continuidade" e "descontinuidade" podem se combinar para fornecer a cola que mantém as sociedades modernas unidas. Que críticas podem ser feitas aos argumentos de Bauman nesse material?

Sociedade nas artes

Existem muitas representações das relações entre etnicidades, raças e culturas em filmes e séries de televisão, algumas baseadas diretamente em fatos reais, outras inteiramente fictícias. *Distrito 9* (2009), dirigido por Neill Blomkamp, é aparentemente um filme de ficção científica sobre alienígenas que chegam à Terra e a forma como são recebidos pelos humanos. No entanto, como os alienígenas estão alojados na miséria de um acampamento improvisado na África do Sul (Distrito 9), o filme lembra tanto a segregação da era do *apartheid* quanto a situação dos migrantes e refugiados humanos em vários locais ao redor do mundo.

Assista ao filme e anote todas as semelhanças relevantes entre a situação dos alienígenas e a dos migrantes e refugiados do mundo real. Por exemplo, há preconceito, discriminação e racismo em relação aos alienígenas? Como isso se manifesta no comportamento dos humanos? Quais são as respostas dos grupos de alienígenas? A história gira em torno da transformação gradual de um agente humano em um alienígena. Dada a forma como esse enredo se desenrola, qual é a mensagem central do filme? Quais são as vantagens e desvantagens de usar a ficção científica em vez do documentário como forma de apresentar questões de migração, segregação e asilo?

Outras leituras

Um bom ponto de partida é *Race and ethnicity: culture, identity and representation* (2. ed., London: Routledge), de Stephen Spencer (2014), que contém muito material. Uma excelente reunião de ensaios é *Understanding 'race' and ethnicity* (2019), editado por Sangeeta Chattoo, Karl Atkin, Gary Craig e Ronny Flynn (2. ed., Bristol: Policy Press). A situação do Reino Unido também é muito bem explicada por *Ethnicity, race and inequality in the UK: state of the nation* (2020), editado por Bridget Byrne, Claire Alexander, Omar Khan, James Nazroo e William Shankley (Bristol: Policy Press).

Para ler sobre debates e questões em torno do multiculturalismo, consulte *Multiculturalism: a critical introduction* (New York: Routledge), de Michael Murphy (2011). Hein de Haas, Stephen Castles e Mark J. Miller (2019) são autores de *The age of migration: international population movements in the modern world* (6. ed., London: Red Globe Press), que é um trabalho essencial sobre migração e também inclui material sobre mudança climática. Com relação ao comércio de escravos, *Slavery: a new global history* (London: Constable & Robinson), de Jeremy Black (2011), é uma ótima leitura.

Theories of race and racism (2009), editado por Les Back e John Solomos (2. ed., London: Routledge), conta com uma excelente seleção, enquanto *Key concepts in race and ethnicity* (London: Sage), de Nasar Meer (2014), é um texto abrangente que vai muito além deste capítulo.

Para ver uma seleção de leituras que abordam o alcance da sociologia, consulte *Sociology: introductory readings* (4. ed., Cambridge: Polity, 2021).

@ *Links* da internet

Em **loja.grupoa.com.br**, acesse a página do livro por meio do campo de busca e clique em Material Complementar para ver as sugestões de leitura do revisor técnico à edição brasileira, além de outros recursos (em inglês).

CRER — Centro de Pesquisa em Relações Étnicas da Universidade de Warwick, Reino Unido — material arquivado sobre diversos assuntos:
https://warwick.ac.uk/fac/soc/crer

FRA — Agência da União Europeia para Direitos Fundamentais — os temas incluem minorias, racismo e xenofobia, ciganos e viajantes:
https://fra.europa.eu/en

The Runnymede Trust — um repositório independente de reflexão sobre igualdade racial no Reino Unido, com muitos relatórios úteis:
www.runnymedetrust.org/

UNHCR — a Agência das Nações Unidas para Refugiados — notícias e recursos sobre refugiados:
www.unhcr.org/cgi-bin/texis/vtx/home

IRR — o Instituto de Relações de Raça do Reino Unido — muita pesquisa e acervo de biblioteca:
www.irr.org.uk/

Observatório de Migração, Universidade de Oxford, Reino Unido — notícias e recursos sobre questões de migração:
www.migrationobservatory.ox.ac.uk/

DARE — Democracia e Educação sobre Direitos Humanos na Europa, iniciado na Antuérpia em 2003 — promovendo a participação do cidadão pela Europa:
https://dare-network.eu/

CAPÍTULO 9

ESTRATIFICAÇÃO E CLASSE SOCIAL

SUMÁRIO

Sistemas de estratificação 338
Escravidão 339
Casta 341
Estamentos 342
Classe 343
Teorias sobre classe social 344
A teoria de Karl Marx sobre a luta de classes 344
Max Weber: classe, *status* e partido 344
Desigualdades que se cruzam 348
Mapeamento da estrutura de classes 350
Posição de classe como ocupação? 350
Divisões de classes no mundo desenvolvido 353
A questão da classe alta 353
A classe média crescente 358
A mudança na classe trabalhadora 359
Classe e estilos de vida 363
Gênero e estratificação 365
Mobilidade social 367
Estudos comparativos sobre a mobilidade 368
Mobilidade descendente 370
Mobilidade social na Grã-Bretanha 370
Gênero e mobilidade social 373
Meritocracia e a persistência da classe social 375
Revisão do capítulo 376
Pesquisa na prática 377
Pensando sobre isso 377
Sociedade nas artes 378
Outras leituras 378
Links da internet 379

A família de Charlotte tinha uma alta renda e seus pais eram graduados; ela teve dificuldades quando começou a estudar, mas, com a ajuda de seus pais, conseguiu melhorar sua matemática e, aos 10 anos, estava bastante adiantada para a sua idade. Ela frequentou uma escola secundária particular e obteve um diploma. A probabilidade de que ela esteja no grupo de pessoas com os maiores ganhos é de 73%.

Os pais de Stephen tinham uma renda muito baixa e deixaram a escola sem qualificações. Ele tinha pouco interesse nos trabalhos da escola, não gostava de provas e não via sentido em fazer as lições de casa, pois nunca se saía bem nas aulas. Ele foi para o ensino médio local depois de ser reprovado por volta dos 15 anos de idade e deixou a escola sem nenhuma qualificação. A probabilidade de que ele esteja no grupo de pessoas com os maiores ganhos é de 7%.

À primeira vista, não há nada para ver aqui. Charlotte trabalhou bastante, teve pais atenciosos e se saiu bem na escola, abrindo assim oportunidades para alcançar uma renda alta quando se tornasse adulta. Por outro lado, Stephen era preguiçoso, não tinha interesse em educação e colheu o que plantou, tornando improvável a obtenção de um bom salário na vida adulta. O que há de interesse para os sociólogos nessas histórias de diferenças individuais?

Essas breves vinhetas fictícias fazem parte de um estudo para a Comissão de Mobilidade Social e Pobreza Infantil do Reino Unido (McKnight, 2015: 36-37). Essa análise estatística estudou um grupo de crianças britânicas nascidas em 1970 buscando descobrir quais fatores tornavam mais provável que algumas delas estivessem nos grupos de maior renda aos 42 anos. Tanto Charlotte quanto Stephen eram, de fato, "baixos resultados" em avaliações de habilidades cognitivas aos 5 anos de idade, mas suas origens familiares muito diferentes, seus tipos de escolaridade e sua experiência educacional desempenharam um papel fundamental em suas chances de vida no futuro. O estudo de McKnight descobriu que, para crianças de baixo desempenho, havia um claro gradiente social na probabilidade de conseguir um emprego de alto nível e ganhar uma renda alta. Os fatores que tornaram o sucesso financeiro mais provável incluíam educação dos pais, educação particular ou secundária e habilidades iniciais em matemática, juntamente com controle emocional e obtenção de uma qualificação de nível superior.

O estudo descobriu que as famílias mais favorecidas são capazes de proteger seus filhos de baixo rendimento para que não desçam na hierarquia social. Por outro lado, quando as crianças de famílias menos favorecidas estavam no grupo de alto desempenho aos 5 anos de idade, elas eram muito menos propensas a transformar esse sucesso inicial em carreiras lucrativas. Em suma, as famílias mais ricas são capazes de "acumular" oportunidades educacionais por meio de vagas nas escolas secundárias e aproveitando ao máximo as opções no ensino pú-

Mike Cannon-Brookes e Scott Farquhar se conheceram na universidade em Sydney e fundaram uma empresa de *software*, a Atlassian, em 2002. O negócio altamente bem-sucedido os tornou bilionários que aparecem regularmente na lista dos mais ricos da Austrália.

blico. As diversas intervenções dos pais das famílias mais ricas criam um **chão de vidro** eficaz que impede que seus filhos caiam em grupos sociais de baixa renda na idade adulta, independentemente de suas habilidades cognitivas iniciais (Reeves e Howard, 2013). O que parecem ser histórias de sucesso ou infortúnio enraizadas em personagens individuais ou compromissos pessoais não pode ser separado de padrões de vantagem e desvantagem na sociedade em geral.

Pode ser difícil aceitar essa conclusão quando nos deparamos com exemplos de sucessos espetaculares, como o do cofundador do Facebook, Mark Zuckerberg, cujo talento para programação de computadores e perspicácia nos negócios o tornou bilionário aos 23 anos, com uma fortuna de mais de US$ 33 bilhões em 2015 (*Forbes*, 2015). De fato, as economias capitalistas recompensam esse empreendedorismo, oferecendo a ideia de que qualquer pessoa pode alcançar o sucesso, independentemente de sua origem familiar ou local de nascimento.

No entanto, um grande corpo de pesquisa sociológica ao longo de muitos anos mostra que as sociedades são padronizadas ou *estratificadas* e que a posição do indivíduo nesse sistema molda significativamente suas chances de vida. Por exemplo, na Grã-Bretanha, as chances de alguém originário da classe trabalhadora chegar a empregos de alto *status* e posições de poder são pequenas: "Em todas as esferas de influência britânica, os altos escalões do poder em 2013 são predominantemente ocupados pela classe média com educação privada ou abastada". Essa é a opinião de Sir John Major, ex-primeiro-ministro conservador (citado na Social Mobility and Child Poverty Commission, 2014: 6). Esse estudo descobriu que, embora apenas 7% dos britânicos frequentem escolas particulares, 71% dos juízes seniores, 62% dos oficiais superiores das Forças Armadas, 50% da Câmara dos Lordes, 44% dos ricos da lista do *Sunday Times* e 36% do gabinete do governo foram educados em tais escolas. Da mesma forma, menos de 1% das pessoas frequentam Oxford ou a Universidade de Cambridge ("Oxbridge"), mas, em 2014, 75% dos juízes seniores, 59% do gabinete, 50% dos diplomatas e 38% da Câmara dos Lordes o fizeram (ibid.: 10).

Para os sociólogos, esse padrão reproduzido regularmente levanta mais questões. As oportunidades de vida são novamente diferentes para mulheres, pessoas com deficiência ou grupos étnicos minoritários? Como as diversas desigualdades sociais se cruzam e quais são os resultados para os indivíduos?

Antes de entrar em tais assuntos, devemos examinar o que os sociólogos entendem por estratificação e classe social. Em seguida, abordaremos algumas teorias influentes de classe e as tentativas de medi-la, antes de passarmos para uma análise mais detalhada das classes sociais e dos estilos de vida nas sociedades desenvolvidas. O capítulo também aborda a **mobilidade social** — até que ponto é possível subir ou descer na escala social — e discute quanta mobilidade existe atualmente. Outras formas de estratificação podem ser exploradas nas leituras sugeridas no final do capítulo.

> Para ver uma discussão estendida sobre a educação escolar e a reprodução das desigualdades, consulte o Capítulo 16, "Educação".

Sistemas de estratificação

O conceito de **estratificação social** é usado na sociologia para descrever as desigualdades que existem entre indivíduos e grupos dentro das sociedades. Muitas vezes, pensamos na estratificação em termos de recursos ou posses, mas ela também pode ocorrer devido a outros atributos, como gênero, idade, afiliação religiosa ou classificação militar. Os indivíduos e grupos têm acesso diferencial (desigual) a gratificações com base em sua posição dentro do esquema. Uma forma de pensar na estratificação é imaginá-la como as camadas geológicas de rochas na superfície da Terra. Pode-se considerar que as sociedades consistem em "estratos" em uma hierarquia, com os mais favorecidos no topo e os menos privilegiados perto da base. Todos os sistemas socialmente estratificados compartilham três características básicas:

1. As classificações se aplicam a categorias sociais de pessoas que compartilham uma característica comum sem necessariamente interagir ou se identificar. Por exemplo, as mulheres podem ser classificadas de formas diferentes dos homens,

ou pessoas ricas de formas diferentes de pessoas pobres. Os indivíduos de uma determinada categoria podem mudar de nível, mas a categoria em si continua a existir.
2. As experiências e oportunidades de vida das pessoas dependem muito de como sua categoria social é avaliada. Ser homem ou mulher, negro ou branco, da classe alta ou da classe trabalhadora faz uma grande diferença em termos de chances na vida — uma diferença muitas vezes tão significativa quanto o esforço pessoal ou a sorte.
3. As classificações de diferentes categorias sociais tendem a mudar de forma muito lenta ao longo do tempo. Nas sociedades industrializadas, por exemplo, apenas recentemente as mulheres, como um todo, começaram a alcançar igualdade com os homens em muitas esferas.

> As desigualdades de gênero são discutidas com mais detalhe no Capítulo 7, "Gênero e sexualidade".

Nas primeiras sociedades humanas, que se baseavam na caça e na coleta, havia pouquíssima estratificação social — principalmente porque havia poucas formas de riqueza ou outros recursos para dividir. O desenvolvimento da agricultura produziu uma quantidade consideravelmente maior de riqueza e, como resultado, um grande aumento na estratificação, que cada vez mais se parecia com uma pirâmide, com muitas pessoas na base e um número sucessivamente menor de pessoas à medida que se avançava para o topo. Atualmente, as sociedades industriais e pós-industriais são extremamente complexas; sua estratificação tem maior probabilidade de se parecer com uma gota, com muitas pessoas nas classes do meio e do meio inferior (a chamada classe média), um número ligeiramente menor de pessoas na base e pouquíssimas pessoas à medida que se avança para o topo.

Historicamente, podemos distinguir quatro sistemas básicos de estratificação: escravidão, casta, estamento e classe. Às vezes, eles são encontrados em conjunção uns com os outros, e, embora os sistemas modernos de classe sejam encontrados praticamen-

> **REFLEXÃO CRÍTICA**
>
> A estratificação parece ser uma característica de todas as sociedades humanas. De que maneiras os sistemas de estratificação podem ser funcionais para a sociedade como um todo? Como a estratificação ajuda na condução suave de uma sociedade?

te no mundo inteiro hoje, não existe uma cronologia simples que englobe os quatro tipos. Por exemplo, nos anos recentes, formas modernas de escravidão têm surgido mesmo nas sociedades baseadas em classe do mundo desenvolvido.

Escravidão

A **escravidão** é uma forma extrema de desigualdade em que certas pessoas são posses de outras. As condições legais da propriedade de escravos variaram consideravelmente entre diferentes sociedades. Às vezes, os escravos eram privados de quase todos os direitos por lei, como era o caso nas plantações do Sul na Guerra Civil dos Estados Unidos. Em outras sociedades, sua posição era mais parecida com a de servos, e, na cidade-Estado de Atenas, na Grécia antiga, alguns escravos ocupavam posições de grande responsabilidade. Alguns eram alfabetizados e trabalhavam como administradores do governo, muitos eram treinados em artes manuais. Eles eram excluídos de cargos políticos e militares, mas eram aceitos na maioria das outras ocupações, embora muitos começassem e terminassem seus dias no trabalho braçal nas minas.

Ao longo da história, os escravos lutaram contra sua submissão — as rebeliões de escravos no Sul dos Estados Unidos antes da Guerra Civil são um exemplo. Em decorrência dessa resistência, os sistemas de trabalho escravo tendiam a ser instáveis. Somente se conseguia obter produtividade com supervisão e punição brutal constantes. Os sistemas de trabalho escravo acabaram ruindo, em parte devido às lutas que provocaram e, em parte, porque incentivos econômicos, ou de outro tipo, motivam as pessoas a produzir mais do que a compulsão direta. A escravidão simplesmente não é eficiente do ponto de vista econômico.

O tráfico de seres humanos, o trabalho e o casamento forçados e a servidão doméstica são problemas cada vez maiores, em muitos casos facilitados pelo intenso processo de globalização.

A partir do século XVIII, cada vez mais pessoas na Europa e na América se opunham à escravidão por motivos morais, considerando-a imprópria para o que elas percebiam ser suas próprias sociedades "civilizadas". A prática de transportar pessoas para a escravidão foi gradualmente banida. Atualmente, a escravidão é ilegal em todos os países do mundo, mas pesquisas recentes documentaram que pessoas são levadas à força para fora das fronteiras de seus países e mantidas lá contra a sua vontade. Dos fabricantes de tijolos escravizados no Paquistão às escravas do sexo na Tailândia e aos escravos domésticos no Reino Unido e na França, a **escravidão moderna** continua sendo uma violação significativa dos direitos humanos.

A escravidão moderna não é legitimada pelo Estado e não é um *sistema* de estratificação legalmente reconhecido, mas um relatório da HM Government (2018: 8) revela que ela está crescendo e também se espalhando geograficamente. Por ser uma forma oculta de exploração em que as vítimas podem estar muito traumatizadas para revelar sua situação, ou podem nem mesmo reconhecer que são vítimas, é muito difícil chegar a estimativas precisas de quantas pessoas são afetadas. De acordo com a melhor estimativa da situação do Reino Unido, em 2013 havia entre 10 e 13 mil vítimas da escravidão moderna (Silverman, 2014). A Organização Internacional do Trabalho estima cerca de 40 milhões de vítimas em todo o mundo: 25 milhões em trabalho forçado e 15 milhões em casamentos forçados (ILO, 2017a: 9-10). Dessas, cerca de 71% são mulheres e meninas, que representam 99% do trabalho forçado na indústria do sexo, enquanto cerca de um quarto é composto por crianças. Aproximadamente 37% das pessoas forçadas ao casamento são crianças.

Como a Figura 9.1 ilustra, a escravidão moderna existe em todas as regiões do mundo e é mais prevalente na África, na Ásia e no Pacífico. Contra as

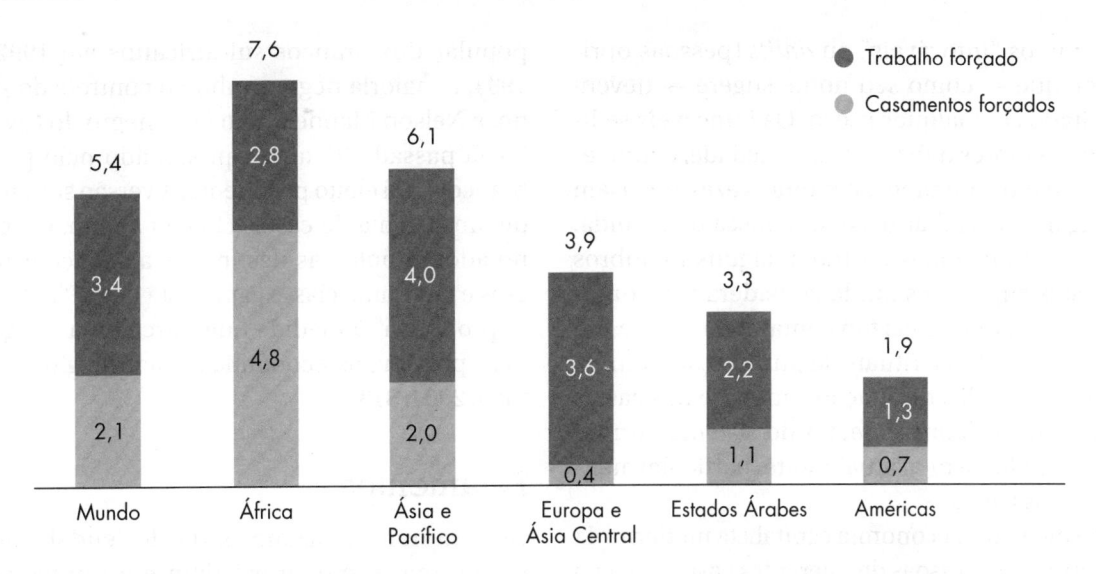

FIGURA 9.1 Prevalência regional da escravidão moderna (por população de mil habitantes).
Fonte: ILO (2017a: 26).

expectativas de muitos, e ao contrário de avaliações excessivamente otimistas, os processos de globalização também facilitam o movimento forçado de pessoas em todo o mundo para formas modernas de escravidão (Bales et al., 2009).

Casta

Sistemas de **castas** são formas de estratificação em que a posição social é dada e todos os indivíduos permanecem em determinado nível social desde o seu nascimento. O *status* social de todos é baseado em características pessoais, como a raça percebida, a etnicidade, a cor da pele, a religião ou a casta dos pais, que são acidentes do nascimento e, portanto, considerados imutáveis. De certo modo, as sociedades divididas em castas podem ser consideradas um tipo especial de sociedade de classe em que a posição é atribuída ao nascer (Sharma, 1999). Elas costumam ser encontradas em sociedades agrícolas que ainda não desenvolveram economias capitalistas industriais, como a zona rural da Índia ou a África do Sul antes do final do regime branco, em 1992.

Antes da era moderna, sistemas de casta eram encontrados por todo o mundo. Na Europa, por exemplo, os judeus eram tratados como uma casta separada, forçada a viver em bairros restritos, impedidos de casar e, em alguns casos, mesmo de interagir com não judeus. Diz-se que a expressão "gueto" deriva da palavra veneziana para "fundição", o local de um dos primeiros guetos judeus oficiais na Europa, estabelecido pelo governo de Veneza em 1516. O termo passou a se referir àquelas partes das cidades europeias onde os judeus eram forçados legalmente a viver muito antes de ser usado para descrever bairros de minorias, com suas qualidades de segregação étnica e racial semelhantes às do sistema de castas.

Nos sistemas de castas, o contato íntimo com membros de outras castas é vigorosamente desencorajado. Essa "pureza" da casta costuma ser mantida pelas regras de **endogamia** — o casamento dentro do próprio grupo social, conforme exigido pelos costumes e pela lei.

As castas na Índia e na África do Sul

O sistema de castas indiano reflete crenças religiosas hindus e tem mais de 2 mil anos. Segundo as crenças hindus, existem quatro castas principais, cada uma associada aproximadamente a grupos ocupacionais amplos: os *brâmanes* (estudiosos e líderes espirituais) no topo, seguidos pelos *xátrias* (soldados e governantes), os *vaixás* (fazendeiros e mercadores) e os *sudras* (trabalhadores e artesãos). Abaixo das quatro castas, estão aqueles conhecidos como os "intocáveis", ou *dalits* (pessoas oprimidas), que — como seu nome sugere — devem ser evitados a qualquer preço. Os intocáveis se limitam aos piores trabalhos na sociedade, como remover dejetos humanos, e muitas vezes precisam mendigar e vasculhar o lixo em busca de comida. Em áreas tradicionais da Índia, alguns membros das castas superiores ainda consideram o contato físico com intocáveis tão contaminante que um simples toque exige rituais de purificação. A Índia tornou ilegal a discriminação com base nas castas em 1949, mas alguns aspectos do sistema permanecem com força total atualmente, particularmente nas áreas rurais.

À medida que a economia capitalista moderna da Índia aproxima pessoas de diferentes castas, seja no mesmo local de trabalho, no avião ou no restaurante, fica cada vez mais difícil manter as rígidas barreiras necessárias para sustentar o sistema de castas. Dado que a Índia é influenciada cada vez mais pela globalização, parece razoável crer que o sistema de castas se enfraquecerá ainda mais.

Antes de sua abolição, em 1992, o sistema de castas sul-africano, denominado *apartheid*, separava rigidamente os africanos negros, os indianos, as "pessoas de cor" (pessoas de raças mestiças) e os asiáticos dos brancos. Nesse caso, a casta se baseava inteiramente na identificação racial. Os brancos, que compreendiam apenas 15% da população total, controlavam praticamente toda a riqueza do país, eram donos da maior parte da terra útil, administravam as principais empresas e indústrias e detinham o monopólio sobre o poder político, pois os negros não tinham o direito de votar. Os negros — que formavam três quartos da população — eram segregados em *bantustões* (pátrias) pobres e só podiam trabalhar para a minoria branca.

O sistema *apartheid*, com a discriminação e a opressão disseminadas, criou conflitos intensos entre a minoria branca e a maioria negra, mestiça e asiática. As décadas de lutas muitas vezes violentas contra o *apartheid* finalmente se mostraram exitosas na década de 1990. A organização negra mais poderosa, o Congresso Nacional Africano (CNA), mobilizou um boicote global que foi economicamente devastador para as empresas sul-africanas, forçando os líderes brancos da África do Sul a desmantelar o regime do *apartheid*, abolido pelo voto popular dos brancos sul-africanos em 1992. Em 1994, a maioria negra ganhou o controle do governo, e Nelson Mandela — o líder negro do CNA que havia passado 27 anos aprisionado pelo governo branco — foi eleito presidente. A versão sul-africana de um sistema de castas chegou ao fim, e o governo adotou políticas destinadas a capacitar os negros e criar uma classe capitalista negra "patriótica" e "produtiva", à medida que busca uma integração mais próxima na economia capitalista global (Southall, 2004: 313).

Estamentos

Os **estamentos** faziam parte do feudalismo europeu, mas também existiam em muitas outras civilizações tradicionais. Os estamentos feudais consistiam em estratos com obrigações e direitos diferentes em relação aos outros, sendo algumas dessas diferenças estabelecidas na legislação. Na Europa, o mais alto estamento era composto da *aristocracia* e da nobreza. O *clero* formava outro estamento, tendo *status* inferior, mas possuindo vários privilégios que o diferenciavam. Os membros do que passou a ser chamado de "o terceiro Estado" eram os *plebeus* — servos, camponeses livres, mercadores e artesãos. Ao contrário do que ocorre com as castas, um certo grau de casamento cruzado e mobilidade era tolerado entre os estamentos. Plebeus podiam receber títulos de nobreza, por exemplo, como pagamento por serviços especiais prestados ao monarca; os mercadores, às vezes, podiam comprar títulos. Um remanescente do sistema persiste na Grã-Bretanha, onde os títulos hereditários ainda são reconhecidos, embora, desde 1999, os nobres não tenham mais direito a voto na Câmara dos Lordes. De modo semelhante, empresários, funcionários públicos e outras pessoas podem receber o título de cavaleiro por seus serviços.

No passado, os sistemas de estamento costumavam se desenvolver onde houvesse uma aristocracia tradicional baseada no nascimento dentro da nobreza. Nos sistemas feudais, como a Europa medieval, os estamentos eram intimamente ligados à comunidade senhorial — ou seja, eles formavam um sistema de estratificação local, em vez de nacional. Em impérios tradicionais mais centralizados, como a China e o Japão, eles eram organizados em âmbito

Os *dalits* ("intocáveis") ocupam o degrau mais baixo do sistema de castas indiano, tradicionalmente limitado às ocupações e posições mais baixas da sociedade.

nacional. Às vezes, as diferenças entre os estamentos se justificavam por crenças religiosas, embora raramente de um modo rígido, como no sistema de castas hindu.

Classe

Em uma definição operacional, **classe** é o grupo em grande escala de pessoas que compartilham recursos econômicos e *status* sociais comuns, que influenciam fortemente o tipo de estilo de vida que podem ter. A posse da propriedade e da riqueza e a ocupação são as principais bases das diferenças de classe. As classes diferem de outras formas de estratificação em quatro sentidos principais:

1. *Os sistemas de classe são fluidos.* Ao contrário de outros tipos de estratos, as classes não são estabelecidas por razões legais ou religiosas. Os limites entre as classes nunca são claros, e não existem restrições formais para o casamento entre pessoas de classes diferentes.
2. *As posições nas classes, até certo ponto, são obtidas.* A classe de um indivíduo não é simplesmente definida no nascimento, como no caso de outros tipos de sistemas de estratificação. A mo-

bilidade social — o movimento ascendente e descendente na estrutura de classe — é mais comum do que nos outros sistemas.
3. *A classe tem base econômica*. As classes dependem de diferenças econômicas entre grupos de indivíduos — desigualdades na posse de recursos materiais. Nos outros sistemas de estratificação, fatores não econômicos geralmente são mais importantes.
4. *Os sistemas de classe têm grande escala e são impessoais*. Os sistemas de classe operam principalmente por meio de associações impessoais, em grande escala, como as que existem entre empresas e seus funcionários. As diferenças de classe ocorrem nas desigualdades de pagamento e condições de trabalho. Em outros sistemas de estratificação, as desigualdades se expressam principalmente em relações pessoais de dever ou obrigação, como entre escravo e mestre ou entre indivíduos de castas inferiores e superiores.

A maioria dos sistemas de casta oficiais já abriu caminho para sistemas baseados em classes nas sociedades capitalistas industriais (Berger, 1986). A produção industrial moderna exige que as pessoas se movimentem livremente para assumir trabalhos para os quais são adequadas ou que são capazes de fazer e para trocar de emprego com frequência, conforme as condições econômicas. As rígidas restrições encontradas em sistemas de castas interferem nessa liberdade necessária. À medida que a globalização remodela o mundo para que se torne um único sistema econômico, os relacionamentos restantes do tipo casta se tornarão cada vez mais vulneráveis à pressão por mudança. A próxima seção analisa teorias da classe social, que se tornou a forma dominante de estratificação social no mundo.

> **REFLEXÃO CRÍTICA**
>
> Se a classe social se tornar a forma dominante de estratificação em todos os países, esse será um desenvolvimento, em geral, positivo ou negativo? Como a vida daqueles que vivem atualmente em outros sistemas de estratificação vai melhorar e que novos problemas serão criados?

Teorias sobre classe social

A maioria das análises sociológicas de classe e estratificação se baseiam nas ideias de Marx e Weber, às vezes trabalhando com elementos de ambos. Abrimos esta seção com esses teóricos, antes de examinar algumas ideias neomarxistas influentes representadas pelo sociólogo americano Erik Olin Wright. A seção termina com uma introdução à **interseccionalidade**, um conceito que ajuda a capturar as maneiras como as diversas desigualdades sociais se entrelaçam no mundo real.

> O Capítulo 1, "O que é sociologia?", contém uma introdução às ideias básicas e perspectivas teóricas de Marx e Weber, enquanto o Capítulo 3, "Teorias e perspectivas sociológicas", aborda essas teorias com mais detalhes.

A teoria de Karl Marx sobre a luta de classes

A maior parte da obra de Marx diz respeito ao capitalismo e às classes sociais, embora ele não tenha feito uma análise sistemática do conceito de classe. O manuscrito em que Marx estava trabalhando na época da sua morte (publicado posteriormente como parte de sua principal obra, *O capital* [1867]) é interrompido exatamente no ponto em que ele faz a pergunta "O que constitui uma classe?". Isso significa que o conceito de Marx foi reconstruído a partir da sua obra como um todo. Existem muitas controvérsias entre os estudiosos em relação "ao que Marx realmente queria dizer". Todavia, suas principais ideias são muito claras e são discutidas no quadro Estudos clássicos 9.1.

Max Weber: classe, *status* e partido

A abordagem de Weber à estratificação se baseou na análise desenvolvida por Marx, mas ele a modificou e aperfeiçoou. Como Marx, Weber considerava que a sociedade se caracterizava por conflitos pelo poder e por recursos. Ainda assim, ao passo que Marx colocava as relações polarizadas de classe e as questões econômicas no centro de todos os conflitos sociais, Weber desenvolveu uma visão mais complexa

Estudos clássicos 9.1 — Marx sobre classe e revolução

O problema da pesquisa

A industrialização na Europa no século XIX transformou as sociedades, possivelmente para melhor. Porém, ela também levou a protestos e movimentos revolucionários. Por que os trabalhadores se opunham à industrialização? À medida que as sociedades industriais se desenvolviam no século XX, as greves e a militância dos trabalhadores eram constantes. Por que os trabalhadores protestavam, mesmo à medida que as sociedades se tornavam mais ricas? Karl Marx (1818-1883) estudou as sociedades baseadas em classes na tentativa de entender como elas funcionavam, e seu argumento crucial era de que as sociedades industriais eram fundamentadas em relações econômicas capitalistas. Porém, Marx não era um simples observador acadêmico distanciado; ele também era uma figura fundamental nos debates políticos comunistas e um ativista nos movimentos dos trabalhadores. Para Marx, o capitalismo industrial, com todos os seus elementos progressistas, baseava-se em um sistema explorador das relações de classe e tinha que ser derrubado.

A visão de Marx

Para Marx, uma classe social é um grupo de pessoas que tem uma relação comum com os **meios de produção** — os meios pelos quais ganham a vida. Nesse sentido, todas as sociedades têm um sistema de classes central. Antes da ascensão da indústria moderna, o meio de produção nos sistemas estatais consistia principalmente na terra e nos instrumentos usados para o cultivo ou a criação de animais. As duas classes principais consistiam naqueles que tinham propriedade sobre a terra (aristocratas, nobres ou donos de escravos) e naqueles envolvidos ativamente em produzir nela (servos, escravos e camponeses livres). Nas sociedades industriais modernas, as fábricas, as oficinas, as máquinas e a riqueza ou o capital para comprá-las se tornaram mais importantes. As duas classes principais consistem naqueles que possuem esses novos meios de produção — industrialistas ou capitalistas — e naqueles que ganham a vida vendendo seu trabalho para eles — a **classe trabalhadora** ou, no termo já um pouco arcaico que Marx preferia, o **proletariado**.

Segundo Marx, a relação entre as classes é de exploração. Nas sociedades feudais, a exploração costumava tomar a forma da transferência direta da produção de camponeses para a aristocracia. Os servos tinham que dar uma parte de sua produção aos seus senhores ou trabalhar vários dias por mês para produzir colheitas para a família do senhor. Nas sociedades capitalistas industriais, a fonte de exploração é menos clara. Marx argumentava que os trabalhadores produzem mais do que os patrões necessitam para recuperar o custo de contratá-los. Essa mais-valia é a fonte do lucro, que os capitalistas usam para benefício próprio. Um grupo de trabalhadores em uma indústria têxtil, digamos, pode produzir cem ternos por dia. A venda de 75% dos ternos proporciona renda suficiente para o fabricante pagar os salários de todos os trabalhadores e para os custos da fábrica e do equipamento, de modo que a renda obtida com a venda do restante das roupas é apropriada como lucro.

Marx ficava impressionado com as desigualdades criadas pelo sistema capitalista. Com o desenvolvimento da indústria moderna, contudo, gera-se riqueza em uma escala muito além de qualquer coisa já vista, mas os trabalhadores permanecem relativamente pobres, enquanto aumenta a riqueza acumulada pela classe proprietária. Marx usou o termo **pauperização** para descrever o processo pelo qual a classe trabalhadora fica cada vez mais pobre em relação à classe capitalista. Mesmo que os trabalhadores se tornem mais ricos em termos absolutos, o abismo que os separa da classe capitalista continua a aumentar cada vez mais. Recentes protestos contra a imensa riqueza possuída pelo "1%" do topo expressam algo com relação a isso.

As desigualdades entre a classe capitalista e a classe trabalhadora não eram de natureza estritamente econômica. Marx observou como a mecanização dos meios de produção significa que o trabalho muitas vezes se torna aborrecido e opressivo ao extremo, e os trabalhadores se tornam **alienados** do seu próprio trabalho e de seus produtos. Em vez de se realizar em si mesmo, o trabalho se torna simplesmente um meio de ganhar dinheiro para sobreviver. À medida que um grande número de trabalhadores se reunisse nas fábricas, Marx argumentou, seria desenvolvida uma **consciência de classe** coletiva, e os trabalhadores se tornariam conscientes de que, para melhorar sua situação a longo prazo, seria necessária uma revolução que acabasse com as relações sociais de exploração do capitalismo.

Pontos de crítica

Os debates sociológicos sobre as ideias de Marx continuaram por mais de 150 anos, e é quase impossível fazer justiça a eles aqui. Em vez disso, podemos apontar vários temas importantes nas críticas ao marxismo. Primeiramente, a caracterização de Marx sobre a divisão da sociedade capitalista em "dois campos principais" é considerada simplista. Mesmo dentro da classe trabalhadora, existem divisões entre trabalhadores especializados e não especializados, e essas divisões se tornam mais complexas, com o gênero e a etnicidade também se tornando fatores que levam a diferentes chances na vida. Como resultado, segundo os críticos, é muito improvável que haja uma ação conjunta da classe trabalhadora como um todo.

Em segundo lugar, a previsão de Marx de uma revolução comunista liderada pela classe trabalhadora industrial nas sociedades avançadas não se materializou, e isso coloca em questão a sua análise da dinâmica do capitalismo. Alguns marxistas contemporâneos continuam a considerar o capitalismo um sistema fracassado, mas os críticos veem pouca evidência disso. De fato, grande parte da classe trabalhadora se tornou dona de posses e cada vez mais influente, com um interesse maior no sistema capitalista do que nunca.

Terceiro, embora Marx acreditasse que a consciência de classe surgiria das experiências cada vez mais compartilhadas da classe trabalhadora, hoje as pessoas se identificam menos com sua posição na classe social. Ao contrário, existem diversas fontes de identificação, e a classe não é necessariamente a mais importante. Sem o desenvolvimento e a disseminação de uma consciência de classe, não pode haver ação concertada de classe e, assim, não haverá revolução comunista. Mais uma vez, os críticos consideram que as tendências sociais de longo prazo se afastam das previsões teóricas de Marx.

Relevância contemporânea

A influência de Marx — não apenas na sociologia, mas no mundo — foi enorme. Diversos regimes no mundo têm se considerado "marxistas", e movimentos de oposição constantemente se baseiam nas ideias de Marx para obter inspiração. Embora suas principais previsões não tenham se mostrado corretas, a análise do capitalismo que ele lançou continua a informar a nossa compreensão dos processos de globalização. De fato, pode-se dizer que o reconhecimento amplo da globalização acelerada deu um novo ímpeto aos estudos marxistas, particularmente com o surgimento recente de movimentos internacionais ambientais, anticapitalistas e antiglobalização.

> Ver Capítulo 20, "Política, governo e movimentos sociais", para uma discussão sobre movimentos antiglobalização.

e multidimensional da sociedade. A estratificação social não é uma simples questão de classe, segundo Weber, mas é influenciada por dois outros aspectos: *status* e partido. Ao contrário do que ocorre no modelo bipolar proposto por Marx, esses três elementos sobrepostos da estratificação geram um número enorme de posições possíveis na sociedade.

Embora Weber aceitasse a visão de Marx de que as classes se baseiam em condições econômicas objetivas, ele identificava uma variedade maior de fatores econômicos importantes na formação das classes. As divisões de classe derivam não apenas do controle, ou da falta de controle, dos meios de produção, mas de diferenças econômicas que não têm relação direta com a propriedade. Esses recursos incluem especialmente as habilidades e as credenciais, ou qualificações, que afetam os tipos de trabalho que as pessoas podem obter. Weber argumentava que a *posição de mercado* de um indivíduo tem grande influência sobre suas chances gerais na vida. Aqueles que trabalham em ocupações gerenciais ou profissionais ganham mais e têm condições de trabalho mais favoráveis, por exemplo, do que pessoas que fazem trabalho braçal. As qualificações que eles possuem, como os títulos, os diplomas e as habilidades que adquiriram, os tornam mais "comercializáveis" do que pessoas sem tais qualificações. De modo semelhante, entre os trabalhadores braçais, os artesãos especializados conseguem obter salários mais altos do que indivíduos semi ou não especializados.

O *status*, no trabalho de Weber, se refere a diferenças entre grupos sociais na honra ou no prestígio social que recebem de outras pessoas. Em sociedades tradicionais, o *status* era determinado com base no conhecimento prático de uma pessoa, adquirido por meio de interações múltiplas em contextos diferentes ao longo de vários anos. Ainda assim, depois que as sociedades ficaram mais complexas, tornou-se impossível que ele seja sempre conferido dessa forma. Ao contrário, segundo Weber, o *status* passou a ser expresso pelos *estilos de vida* das pessoas. Indicadores e símbolos — como o tipo de casa, o modo de falar e a ocupação — todos ajudam a moldar a posição social de um indivíduo aos olhos dos outros. As pessoas que compartilham do mesmo *status* formam uma comunidade na qual existe um sentido de identidade compartilhada.

Embora Marx argumentasse que as distinções de *status* resultam das divisões de classe na sociedade, Weber argumentava que o *status* muitas vezes varia independentemente da classe. A posse de riqueza normalmente tende a conferir um *status* elevado, mas isso não ocorre de modo universal. A expressão "pobreza gentil" é um exemplo. Na Grã-Bretanha, por exemplo, indivíduos de famílias aristocráticas continuam a ter considerável estima social, mesmo quando perdem suas fortunas. Por outro lado, muitos banqueiros podem ser ricos, mas seu *status* social nunca foi tão baixo — o resultado de uma percepção generalizada de que seus empréstimos imprudentes causaram a crise econômica global de 2008, enquanto seus bônus anuais são excessivos e não foram conquistados.

Weber também indicou que a formação de partidos é um aspecto importante do *poder* e pode influenciar a estratificação independentemente da classe e do *status*. O **partido**, no sentido de Weber, refere-se a um grupo de indivíduos que trabalham juntos porque têm origens, metas ou interesses comuns. Muitas vezes, um partido trabalha de modo organizado rumo a um objetivo específico, no interesse de seus membros. Marx tendia a explicar as diferenças em *status* e na organização de partidos em relação à classe, mas nenhum dos dois pode, de fato, ser reduzido a divisões de classe. Weber dizia que, embora ambos sejam influenciados pela classe, cada um pode também influenciar as circunstâncias econômicas de indivíduos e grupos, afetando as classes. Os partidos podem invocar interesses que perpassam as diferenças de classe. Por exemplo, partidos podem se basear em preferências religiosas ou ideais nacionalistas. Um marxista pode tentar explicar os conflitos entre católicos e protestantes na Irlanda do Norte com base na questão da classe, pois mais católicos do que protestantes são da classe trabalhadora. Um seguidor de Weber diria que essa explicação é ineficaz, pois os partidos aos quais as pessoas se associam expressam diferenças religiosas e de classe.

Os escritos de Weber sobre a estratificação são importantes pois mostram que outras dimensões da estratificação, além da classe, influenciam a vida das pessoas. Weber chamou atenção para a interação complexa entre classe, *status* e partido como aspectos separados da estratificação social, criando uma base mais flexível para estudos empíricos sobre as chances de vida das pessoas.

> **REFLEXÃO CRÍTICA**
>
> Se Weber se baseou nas ideias de Marx, quais aspectos da teoria marxista também fazem parte das ideias de Weber? Que elementos da teoria marxista Weber rejeita?

Juntando Marx e Weber?

O sociólogo norte-americano Erik Olin Wright desenvolveu a teoria marxista de classe para incluir elementos da abordagem de Weber (Wright, 1978, 1985, 1997). Ao fazer isso, ele se afastou de um foco estrito no relacionamento com os meios de produção e examinou a questão de quanto controle diferentes classes sociais têm no processo de produção. Segundo Wright, há três dimensões de *controle sobre os recursos econômicos* na produção capitalista moderna, e elas nos permitem identificar as principais classes existentes:

- controle sobre investimentos ou capital financeiro;
- controle sobre os meios físicos de produção — terra ou fábricas e oficinas;
- controle sobre a força de trabalho.

Como Marx argumentava, aqueles que pertencem à classe capitalista detêm o controle de cada uma dessas dimensões no sistema de produção. Já os membros da classe trabalhadora não têm controle sobre nenhuma delas. Entre essas duas classes principais, porém, estão os grupos cuja posição é mais ambígua — os gerentes e trabalhadores de colarinho branco, por exemplo. Esses grupos estão em *posições de classe contraditórias*, pois são capazes de influenciar certos aspectos da produção, mas lhes é negado o controle sobre outros. Os trabalhadores de colarinho branco e profissionais liberais devem vender sua força de trabalho para os patrões para ganhar a vida, do mesmo modo que os trabalhadores braçais. Mas, ao mesmo tempo, eles têm um grau maior de controle sobre seu trabalho do que a maioria dos trabalhadores braçais. Wright chama essas posições de classe de "contraditórias", pois os indivíduos não são capitalistas nem trabalhadores manuais, mas compartilham certas características com cada um deles.

Um grande segmento da população — 85 a 90%, segundo Wright (1997) — está na categoria daqueles que são forçados a vender seu trabalho. Ainda assim, dentro dessa população, existe uma grande diversidade, variando da classe trabalhadora manual tradicional aos trabalhadores de colarinho branco. Para diferenciar as posições de classe dentro dessa grande população, Wright leva dois fatores em conta: a relação com a autoridade e a posse de habilidades ou conhecimento. Primeiramente, Wright argumenta que muitos trabalhadores da classe média, como gerentes e supervisores, têm relações mais privilegiadas com a autoridade do que a classe trabalhadora. Eles ajudam a controlar a classe trabalhadora e, ao mesmo tempo, permanecem sob o controle de proprietários capitalistas — são, ao mesmo tempo, exploradores e explorados. Em segundo lugar, Wright argumenta que os funcionários de classe média com habilidades que estão em demanda podem exercer uma forma específica de poder e podem demandar salários maiores. Por exemplo, esse ponto é ilustrado pelas posições lucrativas disponíveis a alguns especialistas de tecnologia da informação na emergente economia do conhecimento.

Ao combinar elementos dos pontos de vista de Marx e Weber, Wright mostra efetivamente que eles não são necessariamente diametralmente opostos. Ele também demonstra que, à medida que as sociedades capitalistas se tornam mais complexas, as teorias da sociologia que tentam entendê-las também devem se desenvolver. Uma perspectiva recente que visa a conectar as desigualdades de classe com outras grandes divisões sociais é a interseccionalidade, e a seguir vemos uma breve discussão sobre essa ideia.

Desigualdades que se cruzam

Na segunda metade do século XX, estudos sociológicos sobre desigualdade deixaram de ter um foco quase exclusivo na classe social para explorar outras desigualdades de gênero, etnicidade, sexualidade e deficiência. Assim, tornou-se cada vez mais claro que as teorias e os conceitos usados para estudar as classes não eram facilmente transferíveis para outras formas de desigualdade.

Seguindo o trabalho pioneiro de Kimberlé Crenshaw (1991) e Patricia Hill Collins (2000), nos últimos anos, os sociólogos passaram a aceitar que, para entender a vida das pessoas nas sociedades contemporâneas, eles precisarão encontrar formas de conectar as classes com outras desigualdades (Andersen e Collins, 2009; Rothman, 2005). Uma tentativa influente de fazê-lo se deu por meio do conceito de interseccionalidade — o complexo emaranhado de diversas desigualdades sociais que moldam as vidas individuais e complicam a análise de classe anterior, comparavelmente simples. Como McLeod e Yates (2008: 348) argumentam, "Analisar apenas classe (ou gênero, ou raça...) é agora entendido como um ato de exclusão político e analítico".

A pesquisa sobre as desigualdades que se cruzam normalmente envolve a tentativa de entender a vida real dos indivíduos em seu contexto social, embora também haja interesse na operação do poder, uma vez que ele é mantido e reforçado por meio dos principais eixos de classe, gênero e etnicidade (Berger e Guidroz, 2009). Mas a pesquisa interseccional é mais do que apenas "classe +" raça, gênero ou outras divisões sociais. Tal abordagem privilegiaria a classe sobre as outras formas, teorizando estas como de alguma forma secundárias a um foco primário na classe. Em vez disso, "a interseccionalidade postula que raça, classe, gênero, sexualidade, habilidade e vários aspectos da identidade são constitutivos. Cada um informa o outro e, juntos, produzem uma maneira de experimentar o mundo às vezes oprimido e marginalizado e às vezes privilegiado e favorecido, dependendo do contexto" (Smooth, 2010: 34).

Por exemplo, quando os sociólogos discutem e debatem a experiência da "classe trabalhadora", a que exatamente eles estão se referindo? Não podemos supor que a classe social seja a fonte primária de identidade para todos ou mesmo para a maioria,

Os sociólogos ainda estudam a identidade e a estratificação social no local de trabalho, mas a classe social está perdendo seu *status* anterior de "categoria mestra" para a compreensão das sociedades contemporâneas. A teoria interseccional reconhece a existência de diversas formas de desigualdade e, portanto, de bases de identificação.

digamos, das pessoas da classe trabalhadora, nem suas experiências são necessariamente semelhantes. A vida de homens brancos, heterossexuais e da classe trabalhadora pode ser muito diferente daquela das mulheres negras, lésbicas e da classe trabalhadora, e somente a pesquisa empírica estabelecerá qual dessas formas constitutivas de identidade é mais importante em contextos sócio-históricos específicos. Como esse exemplo indica, a pesquisa interseccional tende a adotar métodos qualitativos capazes de explorar as experiências da vida real das pessoas, e essa é uma diferença significativa entre ela e a pesquisa quantitativa convencional de classe social.

Existem alguns problemas associados à pesquisa de interseccionalidade. Quantas categorias de desigualdade e identidade existem para serem estudadas? Isso é frequentemente chamado de problema do *et cetera*, pois alguns estudiosos simplesmente adicionam "etc." à classe, ao gênero e à etnicidade para indicar que existem muitas outras fontes (Lykke, 2011). Mas, se for assim, como os pesquisadores sabem que cobriram todas elas para validar suas descobertas? Uma segunda questão é o peso relativo atribuído às diferentes categorias. Devemos teorizar todas elas como sendo amplamente semelhantes, ou há razões para supor que a classe social é uma força mais significativa na formação de vidas, especialmente em sociedades que ainda são capitalistas?

Tais questões ainda estão sendo trabalhadas em um crescente corpo de pesquisa interseccional, e muitos cientistas sociais hoje estão buscando maneiras de compreender melhor as complexidades das sociedades multiculturais e, ao fazê-lo, estão indo além das formas convencionais de análise de classes.

> As discussões sobre interseccionalidade também podem ser encontradas nos seguintes capítulos: 3, "Teorias e perspectivas sociológicas"; 7, "Gênero e sexualidade"; 8, "Raça, etnicidade e migração"; 11, "Pobreza, exclusão e bem-estar social"; 14, "O curso da vida"; e 17, "Trabalho e emprego".

Mapeamento da estrutura de classes

Estudos teóricos e empíricos investigaram a relação entre a posição na hierarquia de classes e outras dimensões da vida social, como padrões de voto, formação educacional e saúde física. Ainda assim, como já vimos, o conceito de classe está longe de ser claro. Tanto em círculos acadêmicos quanto no uso comum, o termo "classe" é compreendido e usado de diversas maneiras. Como, então, os sociólogos e pesquisadores podem mensurar um conceito tão impreciso para fins de estudos empíricos?

Posição de classe como ocupação?

Quando um conceito abstrato como o de classe é transformado em uma variável mensurável, dizemos que o conceito foi *operacionalizado*. Isso significa que ele foi definido de forma suficientemente clara e concreta para ser testado por meio de pesquisas empíricas. Os sociólogos operacionalizaram a classe por meio de uma variedade de esquemas que tentam mapear a estrutura de classe da sociedade. Esses esquemas proporcionam um arcabouço teórico segundo o qual os indivíduos são alocados em categorias de classes sociais.

Uma característica comum da maioria dos esquemas de classe é que eles se baseiam na estrutura ocupacional. Os sociólogos observaram que as divisões de classe geralmente correspondem a desigualdades materiais e sociais ligadas a certos tipos de emprego. O desenvolvimento do capitalismo e do industrialismo foi marcado por uma divisão crescente do trabalho e uma estrutura ocupacional cada vez mais complicada. Embora isto não seja mais tão verdadeiro como no passado, a ocupação é um dos fatores mais críticos na posição social, nas chances de vida e no nível de conforto material do indivíduo. Os cientistas sociais têm usado muito a ocupação como um indicador da classe social, devido à observação de que indivíduos com a mesma ocupação tendem a ter graus semelhantes de vantagem ou desvantagem social, manter estilos de vida comparáveis e ter oportunidades similares.

Os esquemas de classes baseados na estrutura ocupacional assumem uma variedade de formas diferentes. Alguns esquemas são muito descritivos e refletem a forma da estrutura ocupacional e de classes da sociedade sem abordar as relações entre as classes sociais. Esses modelos são favorecidos por estudiosos que não consideram a estratificação problemática, sendo ela parte da ordem social natural, como aqueles que trabalham na tradição funcionalista.

> O funcionalismo foi apresentado no Capítulo 1, "O que é sociologia?", e no Capítulo 3, "Teorias e perspectivas sociológicas".

Outros esquemas são mais informados teoricamente, baseando-se, muitas vezes, nas ideias de Marx ou Weber e se preocupando em explicar as relações entre as classes na sociedade. Os esquemas de classe "relacionais" tendem a ser favorecidos por sociólogos que trabalham com paradigmas de conflito para demonstrar as divisões e tensões dentro da sociedade. A teoria de Erik Olin Wright sobre a classe, discutida anteriormente, é um exemplo de um esquema de classe relacional, pois busca representar os processos de exploração de classe. O influente trabalho de John Goldthorpe é um exemplo de um esquema relacional fundamentado originalmente em ideias weberianas sobre as classes (ver Estudos clássicos 9.2).

Conforme indica o quadro Estudos clássicos 9.2, o esquema de classes Erikson-Goldthorpe-Portocarero (EGP) tem sido amplamente utilizado na pesquisa empírica. Ainda assim, é importante observar algumas limitações significativas de tais esquemas,

Estudos clássicos 9.2 — John Goldthorpe e o esquema de classes EGP

O problema da pesquisa

Qual é a conexão entre os trabalhos que fazemos — nossas ocupações — e nossa posição na estrutura das classes sociais? Classe é simplesmente a mesma coisa que ocupação? Será que nos movemos *entre* classes quando mudamos de ocupação? Se fizermos um novo treinamento, avançarmos para a educação superior ou ficarmos desempregados, nossa posição na hierarquia de classe também mudará? Como sociólogos, como podemos fazer pesquisas sobre a classe social?

Muitos sociólogos não se satisfazem com esquemas *descritivos*, alegando que eles simplesmente refletem as desigualdades sociais e materiais entre as classes, em vez de buscar *explicar* os processos de classe que as criaram. Com essas preocupações em mente, o sociólogo britânico John Goldthorpe criou um esquema a ser usado na pesquisa empírica sobre a mobilidade social. O *esquema EGP* (às vezes chamado de *esquema de classes de Goldthorpe* na literatura) foi elaborado não como uma hierarquia, mas como uma representação da natureza "relacional" da estrutura de classes contemporânea.

A visão de Goldthorpe

O trabalho de Goldthorpe "sem dúvida gerou a classificação social baseada na ocupação mais influente na sociologia e em disciplinas associadas" (Evans, 1992; Connelly et al., 2016: 4). Outros sociólogos citam a classificação EGP como exemplo de um esquema de classe neoweberiano. Isso se dá porque o esquema original identificou dois fatores principais que fundamentam as posições de classe: a *situação no mercado* e a *situação no trabalho*. A situação de um indivíduo no mercado diz respeito ao seu nível de salário, segurança no trabalho e perspectivas de progresso; ela enfatiza recompensas materiais e chances gerais na vida. A situação no trabalho, por outro lado, concentra-se em questões de controle, poder e autoridade dentro da ocupação. A situação de um indivíduo diz respeito ao grau de autonomia no local de trabalho e às relações gerais de controle que afetam os empregados.

TABELA 9.1 Os esquemas Goldthorpe/CASMIN e UK ONS-SEC sobre as classes sociais, juntamente com as categorias sociológicas mais usadas

Esquema Goldthorpe/CASMIN		Classificação das estatísticas socioeconômicas nacionais		Termo descritivo comum
I	Profissionais liberais, empregados do setor administrativo e gerencial, nível superior	1	Ocupações gerenciais e profissionais superiores	Assalariados (ou classe de serviços)
II	Profissionais liberais, empregados do setor administrativo e gerencial, nível inferior, técnicos, nível superior	2	Ocupações gerenciais e profissionais inferiores	
IIIa	Empregados em trabalhos não manuais de rotina	3	Ocupações intermediárias	Colarinho branco intermediários
IV	Trabalhadores de pequenas empresas e autônomos	4	Trabalhadores de pequenas organizações, autônomos	Independentes (ou pequeno-burgueses)
V	Supervisores de trabalhadores manuais, técnicos, nível inferior	5	Ocupações técnicas inferiores e de supervisão inferiores	Trabalhadores braçais intermediários
VI	Trabalhadores manuais especializados	6	Ocupações semirrotineiras	Classe trabalhadora
IIIb	Trabalhadores em ocupações não manuais de rotina, nível inferior	7	Ocupações de rotina	
VII	Trabalhadores manuais semi e não especializados			

Fonte: Goldthorpe e McKnight (2004).

Nas décadas de 1980 e 1990, as pesquisas comparativas de Goldthorpe compreendiam um projeto sobre a mobilidade social, conhecido como projeto CASMIN (Comparative Analysis of Social Mobility in Industrial Societies). Os resultados desse projeto são significativos, pois a classificação resultante foi incorporada à classificação socioeconômica do Office of National Statistics do Reino Unido (ONS-SEC) e pretende ser a base para um esquema que abranja toda a Europa (Crompton, 2008). Os esquemas Goldthorpe/CASMIN e UK ONS-SEC são mostrados na Tabela 9.1, juntamente com os termos sociológicos mais comuns (no lado direito).

Abrangendo originalmente 11 posições de classe, reduzidas posteriormente para oito no projeto CASMIN, o esquema EGP continua sendo mais detalhado do que muitos outros. Porém, no uso comum, as posições de classe ainda são comprimidas em apenas três estratos de classe principais: uma classe de "serviços" (classes I e II), uma "classe intermediária" (classes III e IV) e uma "classe trabalhadora" (classes V, VI e VII). Goldthorpe também reconhece a presença de uma elite de proprietários de terras, no topo do esquema, mas argumenta que é um segmento tão pequeno da sociedade que não é significativo como categoria para estudos empíricos.

Goldthorpe (2000) enfatiza as relações de *emprego* dentro do seu esquema, em vez da noção de "situação no trabalho" descrita antes. Desse modo, ele chama atenção para diferentes tipos de contratos de trabalho. Um *contrato de trabalho* pressupõe uma troca de salário e esforço que é definida e delimitada especificamente, enquanto um *contrato de prestação de serviço* tem um elemento "prospectivo", como a possibilidade de aumento salarial e promoção. Segundo Goldthorpe, a classe trabalhadora se caracteriza por contratos de trabalho, e a classe de serviços, por contratos de prestação de serviço; as posições intermediárias na estrutura de classes têm tipos intermediários de relações de emprego.

Pontos de crítica

Os esquemas da classe ocupacional são difíceis de aplicar aos *economicamente inativos*, como os desempregados, os estudantes, os pensionistas e as crianças. Indivíduos desempregados e aposentados são frequentemente classificados com base em sua atividade de trabalho anterior, mas isso pode ser problemático para desempregados de longa duração ou pessoas com históricos de trabalho esporádico. Às vezes, os alunos podem ser classificados de acordo com sua área, mas isso provavelmente só será bem-sucedido quando o campo de estudo estiver intimamente relacionado a uma ocupação específica, como engenharia ou medicina.

No outro extremo da escala, os esquemas de classe baseados em distinções ocupacionais foram incapazes de refletir a importância da posse de propriedade e da riqueza concentrada na elite econômica. Os estudiosos marxistas veem isso como uma falha fundamental. Os títulos ocupacionais por si sós não são indicadores suficientes da riqueza de um indivíduo e do nível geral de ativos. Isso é particularmente verdadeiro entre os membros mais ricos da sociedade, incluindo empresários, financistas e os "velhos ricos", cujos títulos ocupacionais de "diretor" ou "executivo" os colocam na mesma categoria de muitos profissionais de meios muito mais limitados.

John Westergaard contestou a visão de Goldthorpe de que, por serem tão poucos em número, os ricos podem ser excluídos dos esquemas que detalham a estrutura de classes. Conforme ele argumenta: "É a intensa concentração de poder e privilégio em tão poucas mãos que torna essas pessoas superiores. Seu peso socioestrutural geral, muito desproporcional ao seu pequeno número, faz da sociedade que elas lideram uma sociedade de classes, qualquer que seja o padrão de divisões abaixo delas" (Westergaard, 1995: 127). De certo modo, essas críticas são reflexo do antigo debate entre estudiosos marxistas e weberianos sobre a classe social.

Relevância contemporânea

O trabalho de Goldthorpe e o esquema EGP têm estado no centro de debates sobre a classe social e as ocupações já por algum tempo. Apesar de algumas críticas muito pertinentes, esse esquema de classes tem sido constantemente atualizado e aperfeiçoado, embora permaneça dentro da ampla tradição weberiana da sociologia. O esquema é muito utilizado no Reino Unido, na Europa, na América do Norte e na Australásia, e parece provável que as ideias de Goldthorpe venham a se tornar ainda mais, e não menos, influentes no futuro.

Onde pessoas desempregadas e em busca de emprego se encaixam em um esquema de classes sociais?

que devem nos prevenir contra sua aplicação acrítica. Claramente, há complexidades envolvidas na elaboração de esquemas que podem "mapear" de forma confiável a estrutura de classes da sociedade. Mesmo dentro de uma estrutura ocupacional relativamente "estável", medir e mapear a classe social continua sendo muito difícil.

Desde a década de 1970, a rápida transformação econômica tornou a medição de classe ainda mais problemática, levando alguns a questionar a utilidade da classe propriamente dita como um conceito central. Novas categorias ocupacionais estão surgindo, houve uma mudança geral da manufatura para os serviços e o trabalho do conhecimento, e muitas mulheres entraram para a força de trabalho. Os esquemas de classe ocupacional não são necessariamente adequados para capturar esses processos dinâmicos de formação, mobilidade e mudança de classe.

Divisões de classes no mundo desenvolvido

A questão da classe alta

Ainda existe uma classe alta evidente nas sociedades desenvolvidas, fundamentada na posse de riqueza ou propriedade? Ou devemos falar de uma classe mais ampla de serviços, como sugere Goldthorpe? Embora ele reconheça que existe uma pequena classe alta de elite, ela é considerada tão pequena que se torna difícil incluí-la em levantamentos sociais representativos. Por outro lado, para aqueles que dizem que a classe alta de elite ainda é significativa o suficiente para ser foco de pesquisa, ela não é a mesma aristocracia agrária dos sistemas de estamentos. Ao contrário, é uma elite capitalista, cuja riqueza e poder derivam da lucratividade em mercados globais.

Uma maneira de abordar essas questões é analisar o quanto a riqueza e a renda estão concentradas nas mãos de poucos. É difícil obter informações confiáveis sobre a distribuição da riqueza, pois os afluentes normalmente não divulgam toda a gama de seus bens, e alguns governos têm estatísticas mais precisas do que outros. Observa-se, muitas vezes, que sabemos muito mais sobre os pobres do que sobre os ricos. O certo é que grandes quantidades de riqueza estão concentradas nas mãos de uma pequena minoria de indivíduos e famílias.

> O Capítulo 6, "Desigualdade global", discute a "lista dos ricos" e a desigualdade global extrema com mais detalhes.

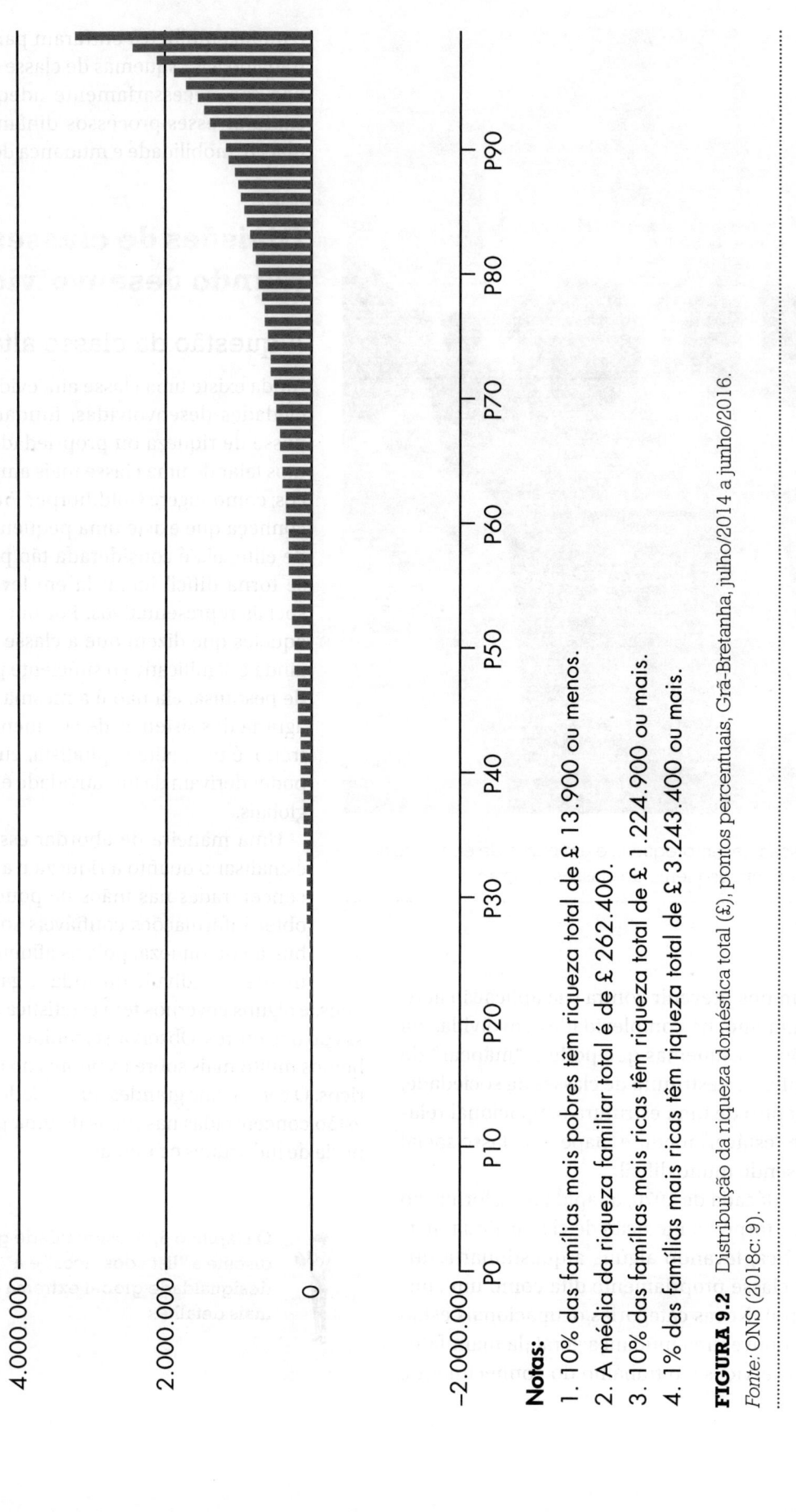

Notas:
1. 10% das famílias mais pobres têm riqueza total de £ 13.900 ou menos.
2. A média da riqueza familiar total é de £ 262.400.
3. 10% das famílias mais ricas têm riqueza total de £ 1.224.900 ou mais.
4. 1% das famílias mais ricas têm riqueza total de £ 3.243.400 ou mais.

FIGURA 9.2 Distribuição da riqueza doméstica total (£), pontos percentuais, Grã-Bretanha, julho/2014 a junho/2016.
Fonte: ONS (2018c: 9).

Sociedade global 9.1 — Você está na "lista dos ricos" global?

Globalmente, os países desenvolvidos abrigam a maioria das pessoas mais ricas do mundo. O texto a seguir é de um relatório de 2015 do Pew Research Center, nos EUA, que explora onde vivem os mais ricos do mundo.

As economias avançadas da Europa e da América do Norte abrigam a maioria das populações de renda média-alta e de renda alta do mundo. A diferença entre elas e o restante do mundo nessa pontuação diminuiu apenas ligeiramente de 2001 a 2011, apesar da expansão da economia chinesa. [...]

A Europa e a América do Norte continuam a dominar o degrau mais alto da escala de renda. Cerca de 87% da população global de alta renda, com US$ 50 ou mais à sua disposição diariamente, vivia lá em 2011, em comparação com 91% em 2001. Dentro desse grupo, a Europa Ocidental ganhou dos EUA em relação às parcelas de suas populações que são de alta renda. Entre os países incluídos nesse estudo, vários tiveram parcelas maiores de suas populações (em comparação com as dos EUA) vivendo com mais de US$ 50 por dia em 2011. Em ordem, eles são Noruega, Luxemburgo, Dinamarca, Holanda, Islândia, Alemanha, Finlândia e Canadá. [...]

No mundo inteiro, houve pouca mudança na proporção de pessoas que vivem nas extremidades mais altas da escala de renda. [...] apenas 16% da população global vivia acima do nível de renda média em 2011, ligeiramente acima dos 14% em 2001. Isso compreende os 9% da população global que eram de renda média-alta em 2011 e os 7% que eram de renda alta. Assim, ultrapassar o limite diário de US$ 20 ainda está além das possibilidades da maioria da população mundial.

Ao mesmo tempo, muitas pessoas nas economias avançadas vivem com rendimentos acima desse limite. Nos EUA, por exemplo, a renda média diária *per capita* era de US$ 56 em 2011, e 88% da população vivia com mais de US$ 20 por dia. Um cenário semelhante se desenrola em outras economias avançadas, ressaltando o grande abismo econômico que as separa do restante do mundo.

Fonte: Extraído de Kochhar (2015: 20).

Na Grã-Bretanha, por exemplo, quando se consideram os agregados familiares, entre 2014 e 2016, os 10% mais ricos possuíam cerca de cinco vezes mais riqueza do que os 50% mais pobres combinados (ONS, 2018c; Figura 9.2). Tanto durante quanto depois da crise bancária e do crédito de 2008, os indivíduos mais ricos ainda eram capazes de proteger sua fortuna. Em 2009 e 2010, a riqueza total dos mil indivíduos mais ricos do Reino Unido na verdade aumentou 77 bilhões de libras, passando para 335,5 bilhões, equivalentes a mais de um terço da dívida nacional (*Sunday Times*, 2010). De fato, os 10% mais ricos da população da Grã-Bretanha possuíam consistentemente entre 40 e 50% da riqueza total comercializável no país, enquanto os 50% menos ricos possuem consistentemente menos de 10%.

Historicamente, tem sido difícil chegar a um quadro geral da distribuição da riqueza global devido às dificuldades para coletar dados em alguns países. Todavia, um estudo de 2007 realizado pelo World Institute for Development Economics Research, da Universidade das Nações Unidas, cobre todos os países do mundo e abrange riqueza doméstica, ações e outros ativos financeiros, bem como terra e construções, tornando-se o mais amplo levantamento global da riqueza pessoal já realizado. O estudo mostra que os 2% mais ricos da população global possuem mais da metade da riqueza doméstica global. Também se observa que, enquanto os 10% mais ricos entre os adultos possuem 85% da riqueza global, os 50% mais pobres possuem apenas 1% (Davies et al., 2007). De forma clara, o padrão global de distribuição da riqueza é ainda mais desigual do que um único caso nacional, refletindo a disparidade grosseira de riqueza e poder entre os países industrializados e os países do mundo em desenvolvimento (ver Sociedade global 9.1).

Apesar da concentração de riqueza em relativamente poucas mãos, "os ricos" não constituem um grupo homogêneo nem são uma categoria estática: os indivíduos seguem trajetórias diversas, tornando-se e deixando de ser ricos. Assim como a pobreza, a riqueza precisa ser considerada no contexto dos ciclos de vida. Algumas pessoas se tor-

"Negócio terrível, James. Só temos um ao outro agora. Quero estas toalhas passadas pela manhã."

CartoonStock.com

nam ricas muito rapidamente e acabam perdendo grande parte da fortuna, enquanto outras experimentam um crescimento ou declínio gradual nos ativos com o passar do tempo. Alguns ricos nasceram em famílias de "dinheiro antigo" — riqueza que foi transmitida ao longo das gerações —, enquanto outros indivíduos afluentes são "*self made*", tendo conseguido acumular riqueza a partir de sua origem mais humilde. Ao lado de famílias ricas antigas, estão as celebridades da música e do cinema, atletas e representantes da "nova elite" que fizeram fortunas com o desenvolvimento e a promoção dos computadores, das telecomunicações móveis e da internet.

Outras tendências dignas de menção surgiram nos últimos anos, e podemos observá-las a partir de dados do Reino Unido. Primeiramente, os "milionários *self made*" representam a maioria dos indivíduos e das famílias muito mais ricas, incluindo aqueles que fizeram fortunas na revolução digital. Por exemplo, a King Digital Entertainment viu quatro de seus membros integrarem a lista de 2010, em geral devido ao sucesso fenomenal do jogo Candy Crush Saga (*Sunday Times*, 2010). Em 2018, cerca de 95% dos mil mais ricos tinham conquistado sua própria riqueza em vez de herdá-la (Watts, 2018). Em segundo lugar, em 2014, a riqueza das mil pessoas mais ricas da Grã-Bretanha tinha aumentado em 15% em um único ano, e sua fortuna combinada de £ 520 bilhões correspondia a aproximadamente um terço de todo o PIB da Grã-Bretanha (Mclennan, 2014). Esse aumento contrastou significativa-

David Beckham, nascido de uma família da classe trabalhadora no leste de Londres, teve uma carreira bem-sucedida no futebol e se diversificou na moda. Sua fortuna significa que Beckham agora faz parte da classe alta?

mente com a estagnação salarial generalizada, as políticas de "austeridade" e os cortes no setor público após a crise financeira de 2008.

Em terceiro lugar, um número crescente de mulheres tem entrado para as fileiras dos mais ricos. Em 1989, apenas seis mulheres eram representadas entre os britânicos mais ricos, mas, em 2018, esse número subiu para 141 (BBC News, 2018d). Em quarto, as minorias étnicas, particularmente aquelas de origem asiática, têm aumentado sua presença entre os muito ricos, com 86 na lista de 2018, comparados com apenas cinco em 1989 (Watts, 2018). No entanto, mais de 90% dos indivíduos na lista ainda eram brancos. Finalmente, muitas das pessoas mais ricas da Grã-Bretanha não nasceram no país, mas decidiram fazer dele seu lugar de residência por diversos motivos, incluindo os impostos relativamente baixos para os muito ricos.

Nessa situação radicalmente modificada, pode parecer que não existe mais uma classe mais alta distinta, mas essa suposição é questionável. A classe mais alta hoje em dia certamente mudou de forma, mas mantém a sua posição característica. John Scott (1991) apontou para três grupos específicos que, juntos, formam uma constelação de interessados em controlar e lucrar com os grandes negócios: os executivos seniores em grandes corporações, os empreendedores industriais e os "financistas capitalistas". Os executivos seniores podem não ser donos de suas empresas, mas costumam acumular ações, e elas os conectam aos empreendedores industriais. As políticas que incentivaram o empreendedorismo durante a década de 1980 e o *boom* das tecnologias da informação nos anos 1990 levaram a uma onda de entrada na classe alta de pessoas que fizeram fortuna a partir de avanços comerciais e tecnológicos.

Os financistas capitalistas, uma categoria que inclui as pessoas que administram empresas de seguros, bancos, fundos de investimento e outras organizações que são grandes acionistas institucionais, estão, na visão de Scott, entre o núcleo da classe alta hoje em dia. Ao mesmo tempo, a disseminação das ações corporativas entre os lares de classe média ampliou o perfil dos acionistas. Ainda assim, a concentração de poder e riqueza na classe alta permanece intacta. Embora os padrões de acionistas possam ser mais difusos hoje em dia, ainda é uma pequena minoria que se beneficia substancialmente da posse de ações.

> **REFLEXÃO CRÍTICA**
>
> Comerciantes bem-sucedidos da cidade e gestores de fundos de *hedge* podem obter recompensas financeiras espetaculares. Em qual classe social eles estão? Como suas atividades se encaixam no esquema relacional de Goldthorpe?

Podemos concluir, com isso, que precisamos de um conceito para a classe alta e a classe de serviços. A classe alta consiste em uma pequena minoria de indivíduos que detêm riqueza e poder e que conseguem transmitir seus privilégios para seus filhos. Essa classe pode ser identificada aproximadamente como o 1% superior entre os detentores de riqueza. Abaixo deles, está a **classe de serviços**, formada, como diz Goldthorpe, por profissionais, gerentes e administradores de nível superior. No uso comum, as duas últimas categorias fazem parte da **classe média**, e agora vamos analisar essa classe com mais detalhe.

A classe média crescente

A "classe média" cobre um amplo espectro de pessoas que trabalham em muitas ocupações diferentes, desde empregados no setor de serviços a professores escolares e médicos. Alguns autores preferem falar das "classes médias", para chamar atenção para a diversidade de ocupações, situações de classe e *status* e chances de vida que caracterizam seus membros. A classe média hoje abrange a maioria da população da Grã-Bretanha e de outros países industrializados. Isso se dá em grande parte porque a proporção de empregos de colarinho branco aumentou notavelmente em relação aos empregos de colarinho azul no decorrer do século XX.

> Ver o Capítulo 17, "Trabalho e emprego", para mais sobre o aumento dos empregos de colarinho branco.

Os membros da classe média, por mérito de suas credenciais educacionais ou qualificações técnicas, ocupam posições que lhes proporcionam maiores vantagens materiais ou culturais do que as dos trabalhadores manuais. Ao contrário da classe trabalhadora, os membros da classe média podem vender seu trabalho mental e físico para ganhar a vida. Embora essa distinção ajude a fazer uma divisão aproximada entre as classes média e trabalhadora, a natureza dinâmica da estrutura ocupacional e a possibilidade de mobilidade social ascendente ou descendente tornam difícil definir os limites da classe média com precisão.

A classe média não tem coesão interna e é improvável que venha a ter, devido à diversidade de seus membros e aos seus interesses diferentes (Butler e Savage, 1995). Essa composição relativamente "frouxa" da classe média tem sido uma característica permanente desde o início do século XIX (Stewart, 2010). As ocupações profissionais, gerenciais e administrativas estão entre aquelas de maior crescimento na classe média, e existem várias razões para isso.

A primeira é que a disseminação das burocracias após 1945 criou oportunidades e uma demanda por empregados para trabalhar em ambientes institucionais. Indivíduos como médicos e advogados, que antes podiam ser autônomos, agora tendem a trabalhar em ambientes institucionais.

Em segundo lugar, o crescimento do número de profissionais é um reflexo do maior número de pessoas que trabalham em setores da economia em que o governo desempenha um papel importante. A criação do Estado de bem-estar social levou a um crescimento enorme em profissões como assistentes sociais, professores e profissionais da saúde. Finalmente, com o aprofundamento do desenvolvimento econômico e industrial, houve uma demanda crescente pelos serviços de especialistas nos campos do Direito, das finanças, da contabilidade, da tecnologia e dos sistemas de informação. Nesse sentido, as profissões podem ser vistas como produto da era moderna e uma contribuição central para sua evolução e expansão.

Os profissionais, gerentes e administradores de nível superior adquiriram sua posição principalmente por suas credenciais — títulos, diplomas e outras qualificações. Como um todo, eles desfrutam de carreiras relativamente seguras e bem remuneradas, e sua separação em relação a pessoas em trabalhos não manuais mais rotineiros se tornou mais acentuada nos últimos anos. Alguns autores consideram que os profissionais liberais e outros grupos de trabalhadores de colarinho branco de nível superior formam uma classe específica — a "classe profissional/gerencial" (Ehrenreich e Ehrenreich, 1979; Glover e Hughes, 1996). Outros argumentam que o grau de divisão entre eles e os trabalhadores de colarinho branco não parece profundo ou claro o suficiente para tornar essa posição defensável.

Tem havido interesse na forma como os profissionais de colarinho branco se unem para maximizar seus próprios interesses e para garantir níveis elevados de gratificação material e prestígio. O caso dos médicos ilustra esse processo de forma clara (Hafferty e Castellani, 2011). Alguns grupos dentro da medicina, particularmente médicos, conseguiram se organizar para proteger seu *status*, garantindo um nível elevado de gratificação material. Esse é um exemplo de uma estratégia de grupo que Weber chamou de **fechamento social**, o surgimento e a manutenção de barreiras por grupos sociais e ocupacionais, que restringem a entrada e impõem as regras para seus membros.

Para os médicos, três dimensões principais do *profissionalismo* possibilitaram que essa forma de fechamento acontecesse: a entrada na profissão é restrita àqueles que satisfazem um conjunto rígido de critérios definidos (qualificações); uma associação profissional monitora e disciplina a conduta e o desempenho de seus membros; e aceita-se, de modo geral, que apenas os membros da profissão são qualificados para praticar medicina. Como resultado, as associações profissionais autogeridas conseguem excluir indivíduos indesejados da profissão e melhorar a posição de seus membros no mercado — uma característica fundamental das ocupações de classe média.

A mudança na classe trabalhadora

Marx previu que a classe trabalhadora se tornaria cada vez maior — a base para sua tese de que a classe trabalhadora perceberia sua situação compartilhada de exploração e se rebelaria. De fato, porém, a classe trabalhadora tradicional está se tornando cada vez menor enquanto a classe média se expande. Na década de 1960, cerca de 40% da população trabalhadora das sociedades desenvolvidas estava empregada em trabalhos de colarinho azul. Atualmente, nos países desenvolvidos, essa cifra está em apenas 15%. Além disso, as condições nas quais as pessoas da classe trabalhadora estão vivendo, bem como os estilos de vida que seguem, melhoraram bastante.

Os países desenvolvidos têm números significativos de pessoas vivendo na pobreza. Todavia, a maioria dos indivíduos que trabalham em ocupações da classe trabalhadora não vive mais na pobreza. A renda dos trabalhadores manuais aumentou consideravelmente desde o início do século XX, e esse aumento no padrão de vida se expressa na maior disponibilidade de bens de consumo para todas as classes. Uma proporção muito alta dos lares hoje possui carros, máquinas de lavar, televisores, computadores, celulares e muito mais. De modo semelhante, muitas famílias da classe trabalhadora possuem casa própria e fazem viagens de férias regularmente.

> Analisamos essa questão em maior detalhe no Capítulo 11, "Pobreza, exclusão e bem-estar social".

O fenômeno da afluência econômica da classe trabalhadora sugere outra rota possível para uma "sociedade de classe média". Quando os trabalhadores de colarinho azul se tornam mais prósperos, eles passam a fazer parte da classe média? Essa ideia passou a ser conhecida como **tese do aburguesamento** — em termos mais simples, o processo pelo qual mais pessoas se tornam "burguesas" ou da classe média, em decorrência do aumento de afluência. Na década de 1950, quando a tese foi proposta, seus defensores argumentavam que muitos trabalhadores de colarinho azul bem pagos também adotariam valores, perspectivas e estilos de vida da classe média. O desenvolvimento econômico estava tendo um efeito poderoso sobre a forma da estratificação social.

Na década de 1960, John Goldthorpe e colaboradores no Reino Unido realizaram o que veio a ser um estudo muito conhecido para testar a hipótese do aburguesamento. No estudo, eles argumentaram que, se a tese estava correta, trabalhadores de colarinho azul afluentes deveriam ser praticamente indistinguíveis de trabalhadores de colarinho branco em termos de posturas no trabalho, estilo de vida e política. A pesquisa, conhecida como *Trabalhador afluente* (Goldthorpe, 1968-1969), foi baseada em entrevistas com trabalhadores dos setores automobilístico e químico em Luton: 229 trabalhadores manuais foram entrevistados, juntamente com 54 trabalhadores de colarinho branco, para fins de comparação. Muitos dos trabalhadores de colarinho azul haviam migrado para a área em busca de empregos bem remunerados; comparados com a maioria dos outros trabalhadores manuais, eles, de fato, eram bem pagos e ganhavam mais do que a maioria dos trabalhadores de colarinho branco de nível inferior.

O estudo *Trabalhador afluente* enfatizava três dimensões de atitudes da classe trabalhadora e encontrou muito pouco apoio para a tese do aburguesamento. Em primeiro lugar, os autores concordam que muitos trabalhadores haviam adquirido um padrão de vida de "classe média", com base em sua renda e na posse de bens de consumo. Ainda assim, essa riqueza relativa era obtida por meio de posições caracterizadas por poucos benefícios, poucas chances de promoção e pouca satisfação no trabalho. Os trabalhadores afluentes consideravam seu trabalho um meio para um fim, o fim de ganhar bons salários, mas seu trabalho era bastante repetitivo e desinteressante, e eles tinham pouco compromisso direto com ele.

Em segundo lugar, os trabalhadores afluentes não se associavam a trabalhadores de colarinho branco em seu tempo de lazer e não aspiravam a subir a escala de classe. Sua socialização ocorria em casa com **familiares** ou parentes imediatos, ou com outros vizinhos da classe trabalhadora. Havia poucos indícios de que os trabalhadores estavam se aproximando de normas e valores da classe média. Em terceiro lugar, havia uma correlação negativa entre a riqueza da classe trabalhadora e o apoio ao Partido Conservador. Os defensores da tese do aburguesamento haviam previsto que a riqueza crescente entre a classe trabalhadora enfraqueceria o apoio tradicional ao Partido Trabalhista.

Os resultados do estudo, aos olhos de seus autores, eram claros: a tese do aburguesamento estava errada. Todavia, Goldthorpe e colaboradores aceitavam a possibilidade de uma convergência entre a classe média-baixa e a classe trabalhadora alta em certos pontos. Os trabalhadores ricos compartilhavam com seus correlatos de colarinho branco padrões semelhantes de consumo econômico, uma perspectiva privatizada centrada no lar e o apoio ao coletivismo instrumental (ação coletiva por meio de sindicatos para melhorar salários e condições) no local de trabalho.

Nenhuma pesquisa comparável foi realizada nos anos seguintes, e não está claro até onde as conclusões de Goldthorpe e colaboradores continuam valendo. De modo geral, concorda-se que as antigas comunidades tradicionais da classe trabalhadora tendem a se tornar fragmentadas com o declínio da indústria manufatureira e o impacto do consumismo. Todavia, até que ponto essa fragmentação chegou é uma questão que continua aberta ao debate.

REFLEXÃO CRÍTICA

Como você descreveria as principais mudanças nos sistemas de classes desde o início do século XX? Essas mudanças oferecem evidência de que a classe está se tornando menos importante para os sociólogos que tentam compreender as sociedades contemporâneas?

A teoria americana de uma subclasse faz sentido na Europa? Considere os muçulmanos que vivem no leste de Londres; é raça, classe ou outra coisa que leva à desvantagem?

Existe uma subclasse?

A expressão "subclasse" costuma ser usada para descrever o segmento da população localizado na base — literalmente abaixo — da estrutura de classes. Os membros da subclasse têm padrões de vida significativamente inferiores aos da maioria das pessoas na sociedade, e muitos estão entre os desempregados de longo prazo, ou entram e saem de trabalhos variados, e podem passar longos períodos dependendo dos benefícios do governo. A subclasse costuma ser descrita como "marginalizada" ou "socialmente excluída" do modo de vida mantido por grande parte da população.

O debate sobre a subclasse se originou nos Estados Unidos, onde a preponderância de comunidades de negros pobres vivendo em áreas de periferia levou à visão de uma "subclasse negra" (Wilson, 1978; Murray, 1984, 1990; Lister, 1996).

Mas a expressão "subclasse" é contestada e tem estado no centro de um furioso debate sociológico desde a década de 1980. Embora o termo hoje faça parte da fala cotidiana, muitos especialistas e comentaristas têm receio de usá-lo, pois ele abrange um amplo espectro de significados que são considerados politicamente carregados e negativos em sua conotação.

Uma contribuição influente foi dada por Charles Murray (1984), que argumentou que os afro-americanos nos EUA estão na parte inferior da sociedade devido às **consequências não intencionais** das políticas sociais do governo. Isso é semelhante à tese da "**cultura de pobreza**", para a qual as pessoas estão se tornando dependentes de programas sociais e recebendo pouco incentivo para procurar trabalho, criar comunidades sólidas ou construir casamentos estáveis. Uma cultura de dependência é então criada e transmitida pelas gerações.

Em resposta às afirmações de Murray, e com base na pesquisa em Chicago, Wilson (1999) argumenta que o movimento de muitos brancos das cidades para os subúrbios, o declínio de setores urbanos e outros problemas econômicos urbanos levaram a taxas elevadas de desemprego entre os homens afro-americanos. Wilson explicou as formas de desintegração social que Murray citou, incluindo a elevada proporção de mães solteiras negras, em termos da redução do estoque disponível de homens "casáveis" (empregados). Wilson analisou o papel desses processos sociais na criação de bolsões espacialmente concentrados de privação urbana, ocupados pelo chamado "gueto pobre" de pessoas predominantemente afro-americanas e hispânicas. Esses grupos enfrentavam muitas privações, desde pouca qualificação educacional e baixos padrões de saúde a níveis altos de vitimização criminal. Eles também tinham a desvantagem de uma infraestrutura urbana insuficiente, incluindo transporte público, instalações comunitárias e instituições educacionais inadequadas, o que reduzia ainda mais suas chances de se integrar à sociedade.

O foco de Wilson em aspectos estruturais e espaciais do debate da subclasse é refletido no Reino Unido pela pesquisa de Lydia Morris (1993, 1995) sobre a emergência do desemprego de longo prazo causado pelo declínio das indústrias pesadas no noroeste da Inglaterra, que eram grandes fontes de emprego. Todavia, a autora conclui que "não existem evidências diretas em meu estudo de uma cultura característica da 'subclasse'" (1993: 410). O que ela verificou foi que mesmo os desempregados de longo prazo (sem trabalho por mais de um ano) estavam procurando emprego ativamente e não haviam adotado uma cultura antitrabalho. O que eles não tinham eram os contatos sociais que muitos entrevistados empregados possuíam. Essa pesquisa não explora motivações individuais separadas dos processos sociais mais amplos (Crompton, 2008).

Enquanto os debates sobre a subclasse nos EUA centravam-se na dimensão étnica, na Europa, a discussão sobre a "subclasse" estava ligada a questões de raça, etnia e migração nas principais cidades europeias, como Londres, Manchester, Roterdã, Frankfurt, Paris e Nápoles, particularmente em bairros marcados por graves privações econômicas. A maioria das pessoas pobres e desempregadas nos países do Oeste Europeu nasceu nesses países, mas também existem muitos imigrantes de segunda geração vivendo na pobreza e presos em bairros urbanos deteriorados. Os migrantes em busca de um melhor padrão de vida, como as populações consideráveis de turcos na Alemanha, argelinos na França e albaneses na Itália, são frequentemente encontrados em empregos informais, recebendo baixos salários e poucas perspectivas de carreira. Além disso, os rendimentos dos migrantes são frequentemente enviados para casa, para ajudar os membros da família, contribuindo ainda mais para o nível de vida precariamente baixo dos imigrantes recentes.

O conceito de subclasse é menos eficaz nos países europeus, onde não há o mesmo nível acentuado de separação entre aqueles que vivem em condições de privação e o resto da sociedade. Indiscutivelmente, ele continua sendo mais útil nos EUA, embora mesmo aqui alguns estudos sugiram que os relatos de uma "subclasse derrotada e desconectada" sejam exagerados. Pesquisas sobre trabalhadores em lanchonetes e vendedores ambulantes sem-teto descobriram que a separação entre os pobres urbanos e o resto da sociedade não é tão significativa quanto os estudiosos da subclasse inicialmente acreditavam (Duneier, 1999; Newman, 2000). Muitos pesquisadores da Europa preferem a noção de "**exclusão social**", que é um conceito mais amplo do que o de subclasse e tem a vantagem de enfatizar processos sociais — mecanismos de exclusão —, em vez de posições individuais. Outros consideram que o conceito muito mais antigo de pobreza, especialmente conforme manifestada em áreas mais interioranas, continua sendo mais útil do que a noção politicamente carregada de uma subclasse criada por programas sociais demasiadamente "generosos".

> A exclusão social é discutida em detalhe no Capítulo 11, "Pobreza, exclusão e bem-estar social".

Classe e estilos de vida

Ao analisar a posição na escala de classes, os sociólogos tradicionalmente contam com indicadores convencionais de posição, como posição no mercado, ocupação e relações com os meios de produção. Alguns autores recentes, porém, argumentam que devemos avaliar a posição dos indivíduos na escala não apenas, ou principalmente, em termos da economia e do emprego, mas também em relação a fatores culturais como o estilo de vida e os padrões de consumo. Ulrich Beck (Beck e Beck-Gernsheim, 2001: 203) argumentou que o conceito de classe social perdeu seu significado nas sociedades complexas de hoje e tornou-se uma "categoria zumbi" na sociologia — basicamente sem vida na sociedade em geral, mas ainda perseguindo os praticantes da disciplina. De acordo com a "virada cultural" na pesquisa sobre estratificação, as sociedades contemporâneas agora são marcadas pela maior significância de "símbolos" e indicadores relacionados com o consumo, que desempenham um papel cada vez maior na vida cotidiana. Identidades individuais são estruturadas em um nível mais amplo em torno de escolhas relacionadas com o estilo de vida — como nos vestimos, o modo como comemos, como cuidamos do próprio corpo e onde relaxamos — e menos em torno de indicadores de classe mais tradicionais, como o tipo de emprego.

O sociólogo francês Pierre Bourdieu defendia que as escolhas ligadas ao estilo de vida são um importante indicador da classe. Ele dizia que o *capital econômico* — que consiste em bens materiais como propriedade, riqueza e renda — era importante, mas que apenas possibilitava um entendimento parcial da classe social vivenciada (Crompton, 2008). Ele identifica quatro formas de "capital" que caracterizam a posição da classe, das quais o capital econômico é apenas uma: as outras são culturais, sociais e simbólicas (Bourdieu, 1986).

> Ver o Capítulo 16, "Educação", para uma discussão sobre o esquema teórico de Bourdieu.

Bourdieu argumenta que, cada vez mais, os indivíduos se diferenciam dos outros não segundo fatores econômicos, mas com base no *capital cultural* — que inclui a educação, a apreciação das artes, o consumo e os interesses de lazer. No processo de acumular capital cultural, as pessoas são ajudadas pela proliferação de "mercadores de necessidades" que vendem bens e serviços — sejam simbólicos ou reais — para consumo. Anunciantes, publicitários, influenciadores de mídia social, desenhistas de moda, consultores de estilo, projetistas de interiores, *personal trainers*, terapeutas e muitos outros estão envolvidos em influenciar os gostos culturais e promover estilos de vida entre uma comunidade cada vez maior de consumidores.

Também importante na visão de Bourdieu sobre a classe é o *capital social* — as redes de amigos e contatos de um indivíduo. Bourdieu (1992) definiu o capital social como os recursos que indivíduos ou grupos ganham em virtude de ter uma rede durável de relações com familiares influentes e outros contatos importantes. O conceito de capital social se tornou uma ferramenta importante na sociologia contemporânea. Por fim, Bourdieu argumenta que o *capital simbólico* — que inclui uma boa reputação — é uma importante indicação final da classe social. A ideia de capital simbólico é semelhante à do *status* social, sendo baseada em uma avaliação a nosso respeito por parte de outras pessoas.

Todos os tipos de capital, na visão de Bourdieu, estão relacionados, e, até certo ponto, o fato de se ter um pode ajudar na busca dos outros. Por exemplo, uma empresária que ganha uma grande quantidade de dinheiro (capital econômico) pode não ter gostos particularmente refinados em arte, mas ela pode pagar para seus filhos estudarem em escolas particulares em que esses interesses sejam incentivados, e, assim, seus filhos adquirem capital cultural. O dinheiro da empresária pode levá-la a fazer novos contatos com pessoas mais experientes no mundo empresarial, e seus filhos conhecerão os filhos de outras famílias abastadas, então ela, e eles, vão adquirir capital social. De maneira semelhante, alguém com um grande grupo de amigos bem conectados (capital social) pode ser promovido rapidamente a uma posição melhor em sua empresa, saindo-se bem e adquirindo capital econômico e simbólico.

Outros estudiosos concordam que as divisões de classe podem estar ligadas a estilos de vida e padrões de consumo característicos. Assim, falando de agrupamentos dentro da classe média, Savage e seus colaboradores (1992) identificam três setores baseados em gostos e "recursos" culturais. Profissionais do serviço público, que têm um nível elevado de capital cultural e baixo de capital econômico, tendem a buscar estilos de vida saudáveis e ativos, envolvendo exercícios, pouco consumo de álcool e participação em atividades culturais e comunitárias. Os gerentes e burocratas, em comparação, são tipificados por padrões de consumo "indistintos", que envolvem níveis médios ou baixos de exercícios, pouco envolvimento com atividades culturais e uma preferência por estilos tradicionais na mobília da casa e nas roupas. O terceiro grupo, os "pós-modernos", buscam um estilo de vida que carece de um princípio definidor e pode conter elementos que não são desfrutados tradicionalmente em conjunto. Assim, a equitação e o interesse em literatura clássica podem ser acompanhados de um fascínio por esportes extremos como alpinismo e um amor por festas *rave* e o uso ilícito da droga *ecstasy*.

LeRoux e colaboradores (2007) investigaram os gostos culturais e a participação de uma amostra estratificada e aleatória de pouco mais de 1.500 pessoas em áreas como esporte, televisão, gastronomia, música e lazer. Eles descobriram que os limites de classe estavam sendo redesenhados de formas muito inesperadas:

> Nossas observações sugerem que os limites entre as classes estão sendo redesenhados por meio da inter-relação cada vez maior entre o capital econômico e o cultural. Aqueles membros da "classe de serviços" que não têm credenciais no nível da pós-graduação, especialmente aqueles em posições gerenciais inferiores, assemelham-se mais às classes intermediárias do que a outros setores da classe média profissional. Os limites também estão sendo redesenhados dentro da classe trabalhadora, na qual ocupações técnicas e de supervisão inferiores decaíram, de modo que se tornaram semelhantes a trabalhos de rotina e semirrotina (2007: 22).

No entanto, isso não significa que a classe social não seja mais relevante. De fato, concluem os autores, as divisões de classe são centrais para a organização dos gostos e práticas culturais no Reino Unido.

Em 2011, a BBC realizou uma pesquisa de classe social baseada na *web* no Reino Unido, que atraiu 161.400 entrevistados, tornando-se a maior pesquisa de classe já realizada. Mike Savage e seus colegas (2013) analisaram esses dados juntamente com uma pesquisa nacional representativa. Usando a teoria do capital social, cultural e econômico de Pierre Bourdieu e considerando ocupação, interesses de lazer, preferências alimentares, relações sociais e muito mais, a equipe de pesquisa derivou um "novo modelo" do sistema de classes.

O novo modelo encontrou uma fragmentação das classes trabalhadoras e médias convencionais, mas também sugeriu que existe uma **elite** no topo da sociedade, que desfruta de capital econômico muito alto, capital social alto e capital cultural muito alto. Entre essa elite estão advogados, juízes, diretores executivos e diretores de relações públicas com renda familiar média na época de £ 89 mil por ano. Porém, na base do sistema de classes está o que Savage e outros chamam de "precariado", cerca de 15% da população que tem capital econômico pobre (renda familiar média, na época, de £ 8 mil por ano) e baixo capital social e cultural, incluindo faxineiros, zeladores, caixas e cuidadores. Aqueles dentro do **precariado** tendem a estar localizados em antigas áreas industriais; é muito improvável que tenham frequentado a universidade, e seu trabalho é muitas vezes na economia *gig*, o que traz altos níveis de insegurança. Com um grupo de elite no topo e uma classe insegura e precariamente situada na base, essa análise ilustra a polarização da desigualdade na Grã-Bretanha do século XXI.

Seria difícil contestar que a estratificação *dentro* das classes, bem como *entre* as classes, passou a depender não apenas das diferenças ocupacionais, mas também das diferenças de consumo, estilos de vida e relações sociais. Isso é confirmado pela análise das tendências da sociedade como um todo. A rápida expansão do setor de serviços e das indústrias de entretenimento e lazer, por exemplo, reflete uma ênfase crescente no consumo. As sociedades modernas se tornaram sociedades de consumo voltadas para o desejo e a aquisição de bens materiais. E, embora tal consumo de massa possa sugerir uma crescente uniformidade de produtos, desde a década de 1970 tem havido uma crescente diferenciação de padrões de produção e consumo ao lado das diferenças de classe, que Bourdieu (1986) sugere que podem se intensificar por meio de variações no estilo de vida e no "gosto".

Apesar disso, e conforme Bourdieu deixa claro, não podemos ignorar o papel crítico desempenhado pelos fatores econômicos na reprodução das desigualdades sociais. Em sua maior parte, os indivíduos que passam por privações sociais e materiais extremas não o fazem como parte de uma opção de estilo de vida. Ao contrário, suas circunstâncias são limitadas por fatores relacionados com a estrutura econômica e ocupacional (Crompton, 2008). No período atual, quando as economias do mundo ainda estão se recuperando da recessão e de uma rápida crise econômica global, as escolhas de estilo de vida podem estar cada vez mais restritas pela situação econômica e pela posição de classe.

Gênero e estratificação

Por muitos anos, as pesquisas sobre a estratificação ignoraram a questão do gênero — eram escritas como se as mulheres não existissem, ou como se, para fins de analisar as divisões de poder, riqueza e prestígio, as mulheres fossem desimportantes. Ainda assim, o gênero é um dos exemplos mais profundos de estratificação, e todas as sociedades são estruturadas de formas que reproduzem a desigualdade de gênero e o privilégio dos homens sobre as mulheres em termos de riqueza, *status* e influência.

Um dos principais problemas levantados pelo estudo do gênero e da estratificação é até onde podemos entender as desigualdades de gênero nos tempos modernos, principalmente em termos de divisões de classe. As desigualdades de gênero são mais arraigadas, do ponto de vista histórico, do que os sistemas de classe; os homens têm posições superiores às das mulheres até mesmo em sociedades caçadoras-coletoras, nas quais não existem classes distintas. Ainda assim, as divisões em classes são tão fundamentais para as sociedades modernas que elas se "sobrepõem" substancialmente às desigualdades de gênero. A posição material da maioria das mulheres tende a refletir a de seus pais ou maridos, e se pode argumentar que precisamos explicar as desigualdades de gênero principalmente em termos de classe.

Determinando a posição das mulheres na escala de classe

A noção de que as desigualdades de classe regem a estratificação dos gêneros costumava ser uma premissa tácita até o final do século XX. Todavia, as críticas feministas e as mudanças inegáveis no papel econômico das mulheres em muitas sociedades ocidentais deixaram essa questão aberta para debate. De modo semelhante, o trabalho sobre a interseção de várias formas de desigualdade questionou a compreensão de todas as ideias de classe como o *status* de mestre que se sobrepõe a todas as outras formas de identidade. Compreender o complexo entrelaçamento de desigualdade e *status* social se tornou atualmente uma parte importante da pesquisa sociológica sobre estratificação.

A "posição convencional" na análise da classe era de que o trabalho remunerado das mulheres é relativamente insignificante se comparado com o dos homens, e que, portanto, as mulheres podem ser consideradas da mesma classe que seus parceiros ou maridos (Goldthorpe, 1983). Segundo Goldthorpe, cujo esquema para as classes se baseava originalmente nesse argumento, essa não é uma visão fundamentada em uma ideologia de sexismo. Ao contrário, ela reconhece a posição subordinada em que a maioria das mulheres se encontra na força de trabalho. As mulheres têm maior probabilidade de ter empregos temporários ou de meio expediente do que os homens e tendem a ter uma experiência mais intermitente de empregos remunerados, pois se afastam por longos períodos para ter e cuidar dos filhos ou para cuidar de parentes.

> Ver o Capítulo 17, "Trabalho e emprego", para mais sobre as diferenças entre os padrões de trabalho de homens e mulheres.

O argumento de Goldthorpe foi criticado de diversas maneiras. Primeiramente, em uma proporção substancial dos lares, a renda das mulheres é essencial para manter a posição econômica e o modo de vida da família, mesmo sendo menor do que a

USANDO SUA IMAGINAÇÃO SOCIOLÓGICA

9.1 "Desidentificando-se" com a classe trabalhadora?

A obra de Bourdieu sobre as distinções de classe e *status* tem sido muito influente, e muitos sociólogos se baseiam nela em seus próprios estudos sobre a classe social. Um exemplo notável é a socióloga britânica Beverley Skeggs, que usou a teoria de Bourdieu sobre a classe e a cultura para analisar a formação das classes e dos gêneros em seu estudo das mulheres no noroeste da Inglaterra.

No decorrer de um período de 12 anos, Skeggs (1997) acompanhou a vida de 83 mulheres da classe trabalhadora que haviam se matriculado, em algum momento, em um curso de extensão para cuidadores em uma faculdade local. Seguindo a terminologia de Bourdieu, Skeggs verificou que as mulheres que estudou possuíam pouco capital econômico, cultural, social e simbólico. Elas eram mal remuneradas, tinham pouco sucesso no ensino formal e poucos relacionamentos em que pudessem contar com pessoas em posições de poder; elas também tinham *status* baixo aos olhos das classes sociais superiores. Skeggs afirma que a falta de diversas formas de capital entre o grupo de mulheres em seu estudo reflete a falta mais ampla de identidades positivas para mulheres da classe trabalhadora no Reino Unido. Os homens da classe trabalhadora, em comparação, não têm a mesma dificuldade para obter uma identidade positiva, e Skeggs sugere que ela advém, muitas vezes, da participação no movimento sindical. Para as mulheres, portanto, ser chamada de "classe trabalhadora" é ser rotulada como suja, inútil e potencialmente perigosa.

É essa visão teórica, segundo Skeggs, que explica por que as mulheres em seu estudo relutavam tanto para se descrever como trabalhadoras. Elas estavam cientes do deboche cultural contra as mulheres da classe trabalhadora, associadas a "sapatos brancos de salto alto" e "loiras burras oxigenadas". Em suas entrevistas, Skeggs observou que as mulheres tendiam a se "desidentificar" com qualquer percepção delas como pertencentes à classe trabalhadora. Quando discutiam a sexualidade, por exemplo, as mulheres faziam questão de fugir da acusação de que eram "fáceis", o que desvalorizaria o pouco capital que tinham como mulheres jovens e casáveis. Entre o grupo, era importante que elas fossem sexualmente desejáveis e que pudessem "pegar um homem" se assim desejassem. O casamento oferecia a chance de respeitabilidade e responsabilidade. A escolha de fazer um curso de formação de cuidadores enfatizava essas preocupações: a formação para ser cuidadora ensinava as mulheres a serem boas mães e oferecia a possibilidade de um trabalho remunerado respeitável em vez do desemprego após a qualificação.

Embora o grupo de mulheres tentasse se desidentificar com a classe trabalhadora e, muitas vezes, considerasse a classe como algo de importância marginal em suas vidas, Skeggs argumentou que a classe, na verdade, era fundamental para a maneira como elas viviam, e que suas tentativas de se distanciar da identidade da classe trabalhadora tornava isso mais verdadeiro. O estudo de Skeggs sobre as vidas de um grupo de mulheres no noroeste da Inglaterra mostra como a classe está intimamente inter-relacionada com outras formas de identidade — nesse caso, o gênero.

> **REFLEXÃO CRÍTICA**
>
> Devido à disparidade óbvia entre a compreensão das próprias mulheres e a da socióloga, será esse um caso em que o sociólogo trata as "pessoas comuns" como "tolos culturais" que inconscientemente seguem normas sociais para reproduzir divisões sociais (Garfinkel, 1963)? Que etapas práticas a socióloga deveria realizar nesse estudo para validar os resultados de sua pesquisa?

dos homens. Nessas circunstâncias, o trabalho remunerado das mulheres determina, em parte, a classe da família e não pode ser desconsiderado. Em segundo lugar, a ocupação da esposa às vezes pode definir o padrão da posição da família como um todo, mesmo quando a mulher ganha menos do que o marido. Esse pode ser o caso, por exemplo, se o marido for um trabalhador não especializado ou semiespecializado de colarinho azul, e a esposa, digamos, gerente de uma loja. Em terceiro, quando existem lares que transpassam a divisão de classes — nos quais o trabalho do marido está em uma categoria diferente do da esposa —, pode haver certos propósitos para os quais se torna mais realista tratar homens e mulheres, mesmo dentro do mesmo lar, como pertencentes a diferentes classes. Em quarto lugar, a proporção de lares nos quais as mulheres são as únicas provedoras está aumentando, e aqui as mulheres são, por definição, o fator determinante nas posições de seus lares nas classes sociais, exceto em casos em que pagamentos de pensão alimentícia colocam a mulher no mesmo nível econômico que seu ex-marido (Stanworth, 1984; Walby, 1986).

Goldthorpe e colaboradores defendem a posição convencional contra os críticos, porém algumas mudanças importantes também foram incorporadas ao seu esquema. Para fins de pesquisa, o cônjuge da classe mais alta pode ser usado para classificar uma família, seja essa pessoa homem ou mulher. Em vez de uma classificação baseada no "homem provedor", a classificação das famílias hoje é determinada pelo "provedor dominante". Além disso, a classe III no esquema de Goldthorpe foi dividida em duas subcategorias, para refletir a preponderância das mulheres no trabalho de colarinho branco de nível inferior. Quando o esquema é aplicado a mulheres, a classe IIIb (trabalhadores não manuais em vendas e serviços) é tratada como classe VII. Essa é considerada uma representação mais precisa da posição de mulheres não especializadas e semiespecializadas no mercado de trabalho.

O impacto do emprego das mulheres sobre as divisões de classe

A entrada das mulheres no mercado de trabalho remunerado tem um impacto significativo sobre as rendas domésticas. Porém, esse impacto é sentido de modo desigual e pode estar levando a uma acentuação das divisões de classe entre os lares. Um número crescente de mulheres tem se mudado para posições profissionais e gerenciais e está ganhando salários altos; isso está contribuindo para uma polarização entre "lares com dois provedores" de alta renda, por um lado, e lares com "um provedor" ou "sem provedor", por outro lado.

A pesquisa tem mostrado que as mulheres bem remuneradas tendem a ter parceiros também bem remunerados, e que as esposas de homens em ocupações profissionais e gerenciais têm ganhos maiores do que outras mulheres casadas e empregadas. Portanto, o casamento tende a gerar parcerias em que ambos os indivíduos são relativamente privilegiados ou desprivilegiados em termos de realização ocupacional (Bonney, 1992). O impacto dessas parcerias com dois provedores é potencializado pelo fato de que a idade média de ter filhos está aumentando, particularmente entre mulheres profissionais. O número crescente de casais sem filhos em que os dois trabalham está ajudando a aumentar o abismo crescente entre os lares mais e menos remunerados.

Mobilidade social

Ao estudar a estratificação, temos que considerar não apenas as diferenças entre as posições econômicas ou ocupações, mas também o que acontece com os indivíduos que as ocupam. A expressão **mobilidade social** se refere ao movimento de indivíduos e grupos entre diferentes posições socioeconômicas. A **mobilidade vertical** significa o movimento ascendente ou descendente na escala socioeconômica. Aqueles que ganham em propriedade, renda ou *status* são considerados *ascendentemente móveis*, ao passo que os que se movem no sentido oposto são *descendentemente móveis*. Nas sociedades modernas, também existe muita **mobilidade lateral**, que se refere ao movimento geográfico entre bairros, cidades ou regiões. A mobilidade lateral e a vertical muitas vezes se combinam — por exemplo, alguém que trabalha em uma empresa em uma cidade pode ser promovido a uma posição superior em uma filial da empresa localizada em outra cidade, ou mesmo em um país diferente.

Existem duas maneiras de estudar a mobilidade social. Primeiramente, podemos analisar as próprias carreiras dos indivíduos — até onde eles se deslocam para cima ou para baixo na escala social no decorrer de suas vidas profissionais. Isso costuma ser chamado de **mobilidade intrageracional**. De maneira alternativa, podemos analisar o nível em que os filhos buscam o mesmo tipo de ocupação que seus pais ou avós. A mobilidade através das gerações se chama **mobilidade intergeracional**.

Jovens adultos atualmente têm um padrão de vida material mais elevado do que o de seus avós quando tinham a mesma idade, incluindo posse de carros, feriados no exterior, mais renda disponível e, apesar da recente reversão da tendência devido à crise financeira de 2008, posse de imóveis.

Estudos comparativos sobre a mobilidade

A quantidade de mobilidade vertical em uma sociedade é um indicador importante do grau de sua "abertura", indicando o quanto indivíduos talentosos nascidos nos níveis inferiores podem subir a escala socioeconômica. Nesse sentido, a mobilidade social é uma questão política importante, particularmente em Estados comprometidos com a visão liberal da igualdade de oportunidades para todos os cidadãos. Até que ponto os países industrializados são "abertos" em termos de mobilidade social?

Os estudos da mobilidade social já são realizados há mais de 50 anos e seguidamente envolvem comparações internacionais. Um estudo importante foi realizado por Peter Blau e Otis Dudley Duncan (1967) nos Estados Unidos. Sua investigação continua sendo a mais detalhada já realizada sobre a mobilidade social em qualquer país, embora, como na maior parte dos estudos sobre a mobilidade, todos os sujeitos fossem homens, o que reforça uma questão apresentada anteriormente sobre a falta de equilíbrio de gênero nesse campo.

Blau e Duncan coletaram informações a partir de uma amostra nacional de 20 mil homens e concluíram que havia muita mobilidade vertical nos Estados Unidos, mas que quase toda ela ocorria entre posições muito próximas. A "mobilidade de longa distância" foi considerada rara. Ainda que haja movimento descendente, tanto dentro das carreiras dos indivíduos quanto entre as gerações, ele é muito menos comum do que a mobilidade ascendente. A razão para isso é que os empregos de co-

Sociedade global 9.2 — A desigualdade está em declínio nas sociedades baseadas em classe?

Existem evidências de que, pelo menos até recentemente, os sistemas de classes nas sociedades capitalistas maduras estavam cada vez mais abertos ao movimento entre as classes, reduzindo, assim, o nível de desigualdade. Em 1995, o economista Simon Kuznets, ganhador do prêmio Nobel, propôs uma hipótese que, desde então, tem sido chamada de **curva de Kuznets**: uma fórmula que mostra que a desigualdade aumenta durante os primeiros estágios do desenvolvimento capitalista, depois diminui e, finalmente, se estabiliza em um nível relativamente baixo (Kuznets, 1955; ver a Figura 9.3).

Estudos sobre países europeus, Estados Unidos e Canadá sugerem que a desigualdade atingiu seu pico nesses locais antes da Segunda Guerra Mundial, caiu ao longo da década de 1960 e permaneceu aproximadamente igual durante a década de 1970 (Berger, 1986; Nielsen, 1994). A menor desigualdade no pós-guerra se deveu, em parte, à expansão econômica em sociedades industriais, que criou oportunidades para pessoas da base ascenderem, e também a programas governamentais de seguro de saúde, assistência social e outros, que visavam a reduzir a desigualdade. Entretanto, a previsão de Kuznets talvez se aplique somente às sociedades industriais. O surgimento da sociedade pós-industrial trouxe consigo um aumento na desigualdade em muitas nações desenvolvidas desde a década de 1970 (ver o Capítulo 6), o que coloca a teoria de Kuznets em questão.

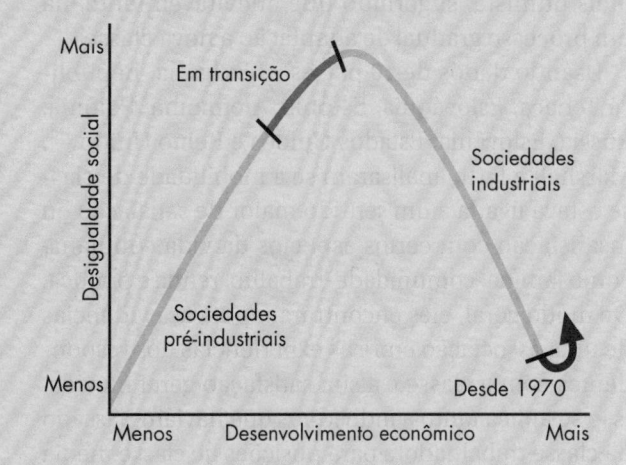

FIGURA 9.3 A curva de Kuznets.
Fonte: Nielsen (1994).

---

larinho branco e profissionais aumentaram muito mais rapidamente do que os de colarinho azul, uma mudança que criou vagas para os filhos de trabalhadores de colarinho azul ocuparem posições de colarinho branco. Blau e Duncan enfatizaram a importância da educação e da formação nas chances de sucesso do indivíduo. Em sua visão, a mobilidade social ascendente geralmente é característica das sociedades industriais como um todo e contribui para a estabilidade e a integração sociais.

Talvez o mais elogiado estudo *internacional* sobre a mobilidade social seja o realizado por Seymour Martin Lipset e Reinhard Bendix (1959). Eles analisaram dados de nove sociedades industrializadas — Grã-Bretanha, França, Alemanha Ocidental, Suécia, Suíça, Japão, Dinamarca, Itália e Estados Unidos —, concentrando-se na mobilidade de homens do trabalho de colarinho azul para o de colarinho branco. Ao contrário das expectativas, eles não encontraram evidências de que os Estados Unidos fossem mais abertos do que as sociedades europeias. A mobilidade vertical total através da linha que divide os trabalhos de colarinho azul e branco foi de 30% nos Estados Unidos, com as outras sociedades variando entre 27 e 31%. Lipset e Bendiz concluíram que todos os países industrializados estavam passando por mudanças semelhantes em sua estrutura ocupacional, o que levou a uma "onda de mobilidade ascendente" de dimensões comparáveis em todos eles. No entanto, outros pesquisadores questionaram seus resultados, argumentando que é possível encontrar diferenças mais significativas entre os países prestando-se atenção na mobilidade descendente e se também for considerada a mobilidade de longa distância (Heath, 1981; Grusky e Hauser, 1984).

A maioria dos estudos sobre a mobilidade social se concentra nas dimensões "objetivas" da mobilidade — o que significa dizer: quanta mobilidade existe, em quais direções e para que partes da população. Marshall e Firth (1999) adotaram uma abordagem diferente em seu estudo comparativo sobre a mobilidade social, investigando os sentimentos "subjetivos" das pessoas sobre mudar de posição na hierarquia de classe. Os autores projetaram sua pesquisa em resposta ao que chamam de "especulação insubstanciada" entre os sociólogos quanto aos efeitos prováveis da mobilidade social sobre a sensação de bem-estar dos indivíduos. Embora alguns argumentem que a mobilidade social gera uma sensação de desequilíbrio e isolamento, outros têm uma visão mais otimista, sugerindo que, inevitavelmente, há um processo gradual de adaptação à nova classe.

Usando dados de 10 países — Bulgária, República Tcheca, Eslováquia, Estônia, Alemanha, Polônia, Rússia, Eslovênia, Estados Unidos e Reino Unido —, Marshall e Firth analisaram se a mobilidade de classe estava ligada a um sentido maior de satisfação ou insatisfação com certos aspectos da vida cotidiana, como família, comunidade, trabalho, renda e política. De modo geral, eles encontraram poucas evidências de uma associação entre as experiências dos respondentes com a classe e a sua satisfação geral na vida. Isso se aplica tanto a indivíduos que haviam passado da classe trabalhadora para posições de classe média quanto àqueles que haviam decaído.

Mobilidade descendente

Embora a mobilidade descendente seja menos comum do que a mobilidade ascendente, ela ainda é um fenômeno recorrente. A mobilidade intrageracional descendente também é comum. Esse tipo de mobilidade costuma ser associado a problemas psicológicos e ansiedades, quando os indivíduos são incapazes de manter os estilos de vida a que estão acostumados. O desemprego é outra das principais fontes de mobilidade descendente. Pessoas de meia-idade que perdem seus empregos, por exemplo, têm dificuldade para conseguir um novo emprego, ou talvez apenas consigam trabalho com um nível de renda menor do que o anterior.

Por enquanto, foram realizados poucos estudos sobre a mobilidade descendente no Reino Unido. É provável, porém, que a mobilidade descendente, em termos inter e intrageracionais, esteja aumentando na Grã-Bretanha, como está nos Estados Unidos. Nos Estados Unidos, na década de 1980 e no começo da década de 1990, pela primeira vez desde a Segunda Guerra Mundial, houve uma queda geral nos ganhos reais médios (ganhos após ajuste para a inflação) de pessoas em empregos de colarinho branco de nível médio. Desse modo, mesmo se esses trabalhos continuarem a se expandir em relação aos outros, eles podem não sustentar as mesmas aspirações que antes sustentavam para o estilo de vida.

A reestruturação corporativa e o *downsizing* são as principais razões para essas mudanças. Ante o aumento da competição global, da automação contínua, da robótica e da inteligência artificial, e como resultado da recessão global de 2008, muitas empresas têm diminuído suas forças de trabalho. Empregos de colarinho branco e de colarinho azul em tempo integral foram perdidos, muitos sendo substituídos por ocupações de meio período e contratos de curto prazo relativamente mal pagos. A mobilidade descendente é particularmente comum entre mulheres divorciadas e separadas com filhos, que normalmente se encontram em uma situação mais precária do que a dos homens, pois tentam conciliar trabalho, cuidado dos filhos e responsabilidades domésticas (Kurz, 2013).

Mobilidade social na Grã-Bretanha

Os níveis gerais de mobilidade foram amplamente estudados na Grã-Bretanha durante o período do pós-guerra, e existe uma variedade de estudos e pesquisas sobre o caso britânico. Por essa razão, analisaremos as evidências britânicas nesta seção, embora, mais uma vez, até muito recentemente, praticamente todas essas pesquisas tenham se concentrado apenas na experiência dos homens.

Um estudo importante foi o dirigido por David Glass (1954). O trabalho de Glass analisou a mobilidade intergeracional por um período prolongado até a década de 1950. Suas observações correspondem às citadas antes em relação aos dados internacionais, com cerca de 30% de mobilidade de trabalhos de colarinho azul para colarinho branco. De modo geral, ele concluiu que a Grã-Bretanha não era uma sociedade particularmente "aberta". Embora houvesse um grande nível de mobilidade, a maior parte era de curta distância. A mobilidade ascendente era muito mais comum do que a mobilidade descendente e se concentrava principalmente nos níveis intermediários da estrutura de classe. As pessoas na base tendiam a permanecer lá, enquanto quase 50% dos filhos de trabalhadores em posições gerenciais e profissionais trabalhavam em ocupações semelhantes às de seus pais. Glass também encontrou um nível elevado de "autorrecrutamento" para posições de elite na sociedade.

Outra pesquisa importante, conhecida como Estudo da Mobilidade de Oxford, foi realizada por John Goldthorpe e colaboradores (1987 [1980]), com base nos resultados de um levantamento de 1972. Eles investigaram até que ponto os padrões de mobilidade social haviam se alterado desde a época do trabalho de Glass e concluíram que o nível geral de mobilidade dos homens, de fato, era maior, observando um movimento de mais longa distância. A principal razão para isso não foi que a sociedade britânica havia se tornado mais igualitária, mas a aceleração constante do crescimento dos empregos de colarinho branco de nível superior em relação aos de colarinho azul. Os pesquisadores observaram que cerca de dois terços dos filhos de trabalhadores manuais não especializados ou semiespecializados estavam trabalhando em ocupações manuais. Por volta de 30% dos profissionais e gerentes eram oriundos da classe trabalhadora, enquanto por volta de 4% dos homens em trabalhos de colarinho azul vinham de origens profissionais ou gerenciais. Apesar de ter encontrado evidências de taxas maiores de mobilidade social absoluta na Grã-Bretanha, o Estudo da Mobilidade de Oxford concluiu que as chances relativas de mobilidade entre diferentes segmentos da população na Grã-Bretanha permanecem muito desiguais e que as desigualdades de oportunidade permanecem claramente enraizadas dentro da estrutura de classe.

O Estudo da Mobilidade de Oxford original foi atualizado com base no novo material coletado aproximadamente 10 anos depois (Goldthorpe e Payne, 1986). Os principais resultados do trabalho anterior foram corroborados, mas foram observadas algumas mudanças. As chances de homens oriundos do trabalho de colarinho azul obterem empregos profissionais ou gerenciais, por exemplo, haviam aumentado. Mais uma vez, a razão para tal foi identificada em mudanças na estrutura ocupacional, gerando uma redução em ocupações de colarinho azul em relação a empregos de colarinho branco de nível superior. Essas descobertas reforçam o argumento de que grande parte da mobilidade social é gerada por mudanças estruturais na economia, e não por um aumento na igualdade de oportunidade.

Uma das principais descobertas do Estudo da Mobilidade de Essex (Marshall et al., 1988) foi que

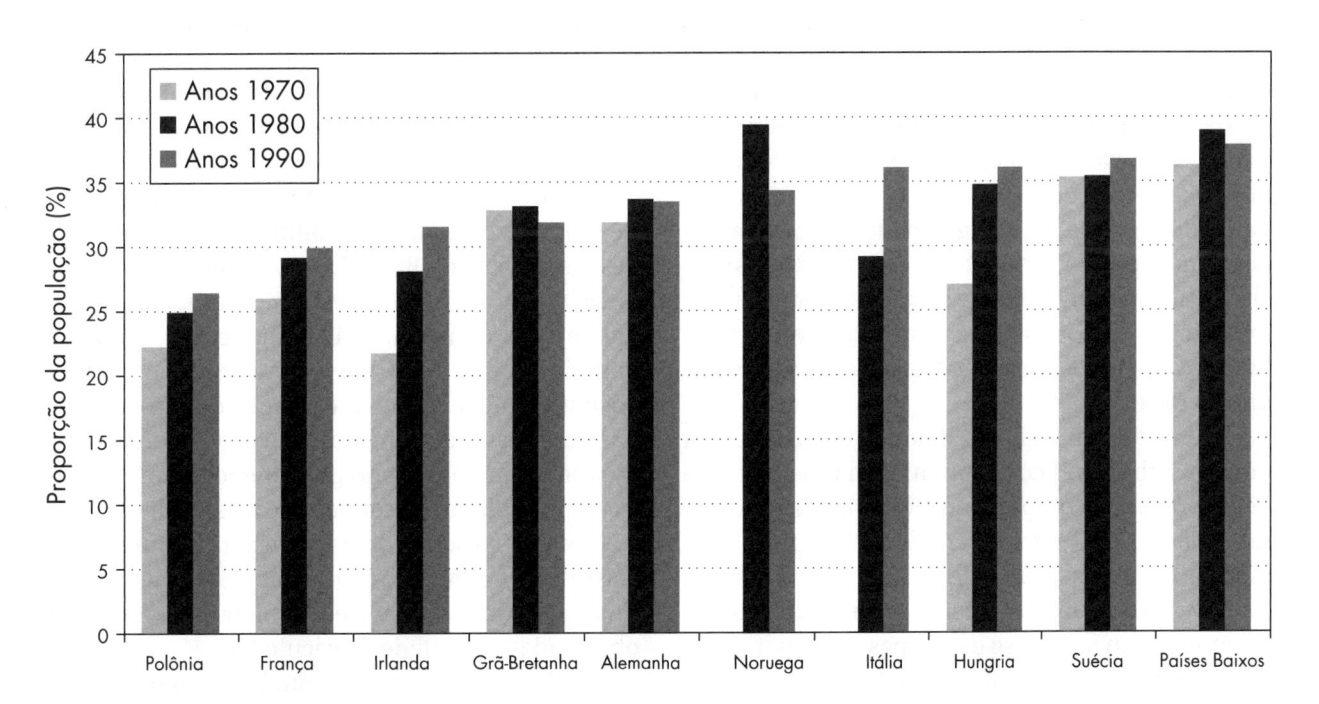

FIGURA 9.4 Mobilidade social absoluta (intergeracional) de homens em países selecionados (proporção de homens obtendo melhores empregos do que seus pais).

Fonte: National Equality Panel (2010: 323).

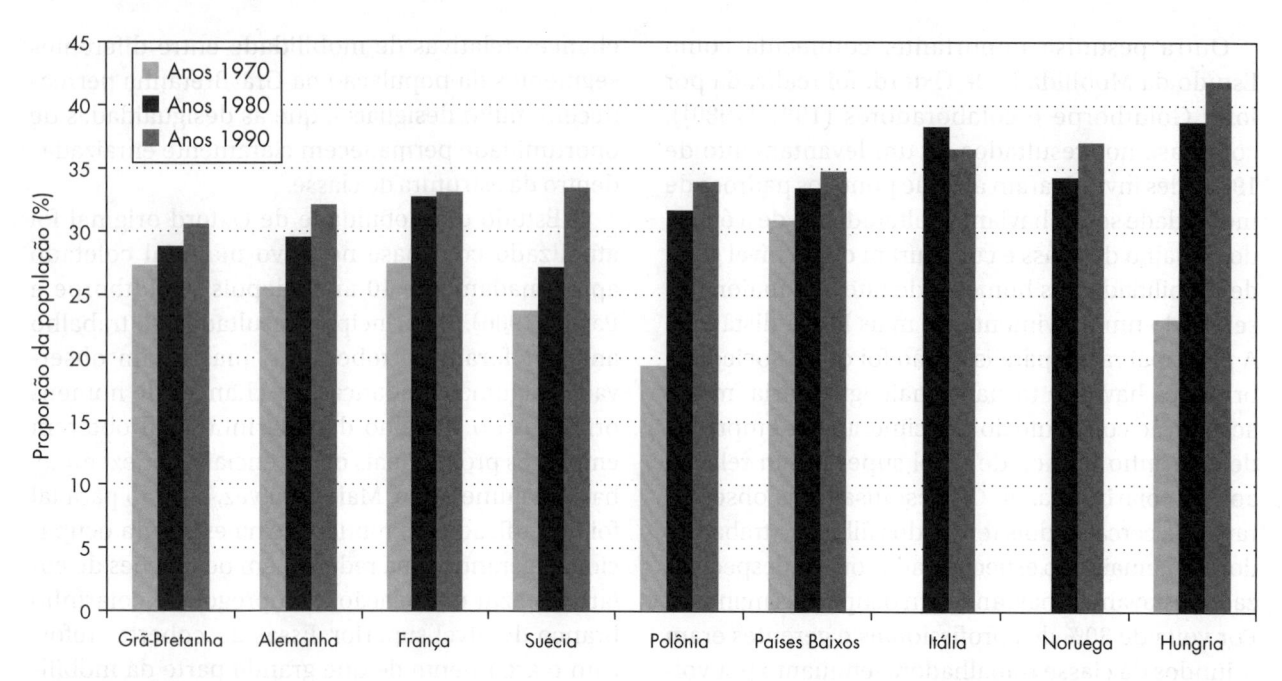

FIGURA 9.5 Mobilidade social absoluta (intergeracional) de mulheres em países selecionados (proporção de mulheres obtendo melhores empregos do que seus pais).
Fonte: National Equality Panel (2010: 323).

as escalas ainda têm um viés contra as mulheres, cujas chances de mobilidade são diminuídas por sua representação excessiva em trabalhos não manuais de rotina. O caráter fluido da sociedade moderna deriva principalmente de sua propensão a melhorar o nível das ocupações. O estudo concluiu que "o aumento do 'espaço no topo' não foi acompanhado por uma grande igualdade de oportunidades para chegar lá" (1988: 138). Todavia, deve-se ter em mente que a mobilidade social é um processo de longo prazo e, se a sociedade está se tornando mais "aberta", os efeitos totais disso não serão vistos por uma geração.

Um estudo realizado por Blanden et al. (2002) na London School of Economics mostra uma inversão desse processo, comparando a mobilidade intergeracional na Grã-Bretanha entre dois grupos, o primeiro nascido em março de 1958, e o segundo, em abril de 1970. Embora a diferença de idade entre as pessoas envolvidas fosse de apenas 12 anos, o estudo documentou uma nítida queda na mobilidade intergeracional entre eles. O *status* econômico do grupo nascido em 1970 estava muito mais conectado com o *status* econômico de seus pais do que com o do grupo nascido em 1958. Os autores sugerem que uma das razões para a queda na mobilidade intergeracional dos grupos anteriores para os posteriores é que o aumento no nível educacional a partir do final da década de 1970 beneficiou mais os filhos dos ricos do que os dos menos favorecidos.

Em um artigo mais recente, Jackson e Goldthorpe (2007) estudaram a mobilidade intergeracional de classe social no Reino Unido comparando dados anteriores e mais recentes. Embora não tivessem encontrado nenhuma evidência de que a mobilidade intergeracional estivesse caindo no sentido absoluto, houve alguma indicação de um declínio na mobilidade de longa distância. Os autores encontraram um equilíbrio geral menos favorável entre a mobilidade descendente e a ascendente para os homens, produto da mudança na estrutura das classes. Eles concluíram que não pode haver retorno às taxas crescentes de mobilidade ascendente observadas na metade do século XX.

Em 2010, o Painel Nacional de Igualdade do governo do Reino Unido relatou o estado atual da desigualdade econômica na Grã-Bretanha. Eles descobriram que a mobilidade social ascendente absoluta (intergeracional) mudou pouco desde a década de 1970. Mas, quando se inclui a renda dos pais, verifica-se que a mobilidade ascendente dos homens caiu na década de 1990 e é menor do que na maioria dos outros países europeus, enquanto a mobilidade das mulheres mostra uma melhora gradual desde a década de 1970 (Figuras 9.4 e 9.5). No entanto, a taxa de aumento para as mulheres também está na parte inferior da faixa internacionalmente. O relatório conclui que a principal razão para esses níveis relativamente baixos de mobilidade social é que a Grã-Bretanha tem um alto nível de desigualdade social. Os autores dizem que isso importa, porque "subir uma escada é mais difícil se os degraus estiverem mais afastados... Importa mais na Grã-Bretanha quem são seus pais do que em muitos outros países" (National Equality Panel, 2010: 329-330).

Em seu relatório de 2019, a Comissão de Mobilidade Social do Reino Unido disse que a mobilidade ocupacional estagnou desde 2015, apesar das intervenções do governo (Social Mobility Commission, 2019). Em particular, as pessoas de famílias mais abastadas eram quase 80% mais propensas a ter um emprego profissional do que as da classe trabalhadora. A mobilidade descendente era mais provável para pessoas de grupos étnicos minoritários e para mulheres, enquanto apenas 21% das pessoas com deficiência da classe trabalhadora chegam às ocupações mais altas (ibid.: 1).

Como vimos no exemplo de abertura do capítulo, grupos sociais mais favorecidos são mais propensos a criar um chão de vidro, evitando que seus filhos caiam em trabalhos mal pagos. A comissão informou que apenas 16% daqueles de famílias profissionais se deslocam "para baixo", para empregos da classe trabalhadora. Isso foi visto como uma demonstração da existência de um teto pegajoso. Ou seja, é muito mais provável que aqueles nascidos em famílias mais ricas e profissionais no topo da escala de renda permaneçam lá por muito tempo, reduzindo, assim, as oportunidades de mobilidade social de baixo (OECD, 2018: 3). Mais de 60 anos após a pesquisa de David Glass, essas descobertas demonstram que a Grã-Bretanha ainda "não é uma sociedade particularmente 'aberta'" e indicam quão firmemente estabelecidos são seus limites de classe.

> **REFLEXÃO CRÍTICA**
>
> Grupos de classes sociais favorecidas são capazes de evitar que seus filhos tenham empregos mal remunerados. É desejável que os governos tomem medidas para impedi-los de fazer isso? Em caso afirmativo, que medidas legislativas práticas e políticas sociais poderiam ser introduzidas nesse sentido?

Gênero e mobilidade social

Embora muitas pesquisas sobre a mobilidade social convencionalmente se concentrem nos homens, nos últimos anos, começa-se a prestar mais atenção aos padrões de mobilidade entre as mulheres. Em um momento em que elas estão "ganhando" deles na escola e em que são encontradas em números maiores do que os homens no ensino superior, é tentador concluir que as antigas desigualdades sociais relacionadas com o gênero na sociedade estão se suavizando. Será que a estrutura ocupacional está mais "aberta" às mulheres, ou as chances de mobilidade ainda são orientadas principalmente pela origem familiar e social?

> Veja o Capítulo 16, "Educação", para uma discussão mais detalhada sobre a educação superior.

Um importante estudo de coorte, patrocinado pelo Conselho de Pesquisa Econômica e Social do Reino Unido (ESRC) e publicado como *Twenty-something in the 1990s* (Bynner et al., 1997), acompanhou a vida de 9 mil britânicos nascidos na mesma semana em 1970. Em 1996, com a idade de 26 anos, observou-se que, para homens e mulheres, as origens familiar e de classe continuavam sendo influências poderosas. O estudo concluiu que os jovens que lidavam melhor com a transição para a idade adulta eram aqueles que obtinham melhor

PARLAMENTOS

- 32% Câmara dos Comuns do Reino Unido
- 26% Câmara dos Lordes do Reino Unido
- 43% Assembleia Nacional do País de Gales
- 36% Parlamento escocês
- 30% Assembleia da Irlanda do Norte
- 41% Parlamento europeu
- 33% Presidentes de comitês selecionados

...E POLÍTICA

- 26% Ministros de gabinete
- 33% Todos os ministros
- 23% Comitês de gabinete
- 50% Gabinete Sombra
- 16% Conselho privado
- 25% Assessores especiais do governo
- 24% Diretores de *think tank*
- 31% Jornalistas de *lobby*

REPRESENTANTES LOCAIS

- 33% Conciliadores locais (Inglaterra e País de Gales)
- 18% Comissários de polícia e crime
- 0% Prefeitos metropolitanos
- 40% Assembleia de Londres

% Mulheres / % Homens

SERVIDORES PÚBLICOS

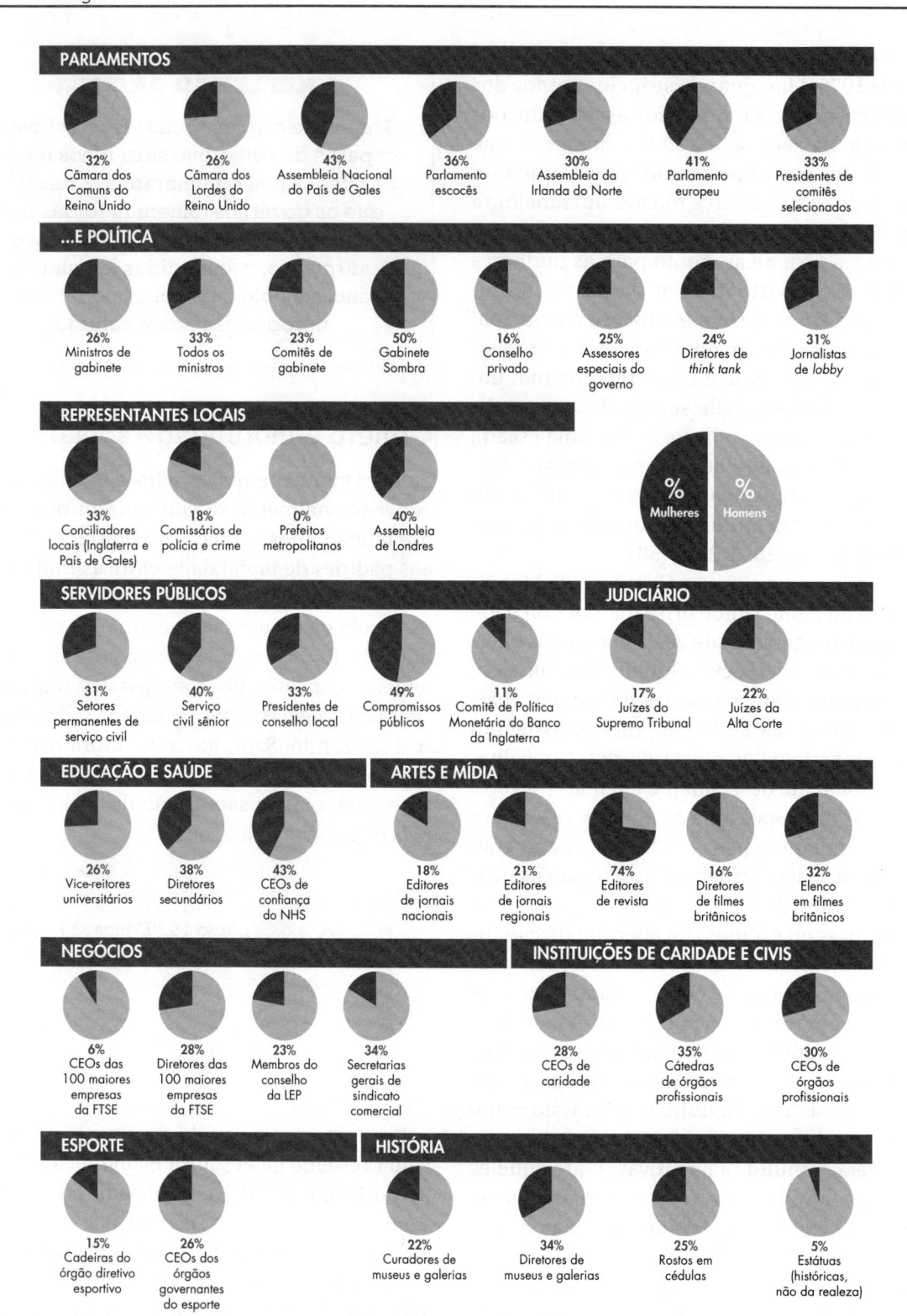

- 31% Setores permanentes de serviço civil
- 40% Serviço civil sênior
- 33% Presidentes de conselho local
- 49% Compromissos públicos
- 11% Comitê de Política Monetária do Banco da Inglaterra

JUDICIÁRIO

- 17% Juízes do Supremo Tribunal
- 22% Juízes da Alta Corte

EDUCAÇÃO E SAÚDE

- 26% Vice-reitores universitários
- 38% Diretores secundários
- 43% CEOs de confiança do NHS

ARTES E MÍDIA

- 18% Editores de jornais nacionais
- 21% Editores de jornais regionais
- 74% Editores de revista
- 16% Diretores de filmes britânicos
- 32% Elenco em filmes britânicos

NEGÓCIOS

- 6% CEOs das 100 maiores empresas da FTSE
- 28% Diretores das 100 maiores empresas da FTSE
- 23% Membros do conselho da LEP
- 34% Secretarias gerais de sindicato comercial

INSTITUIÇÕES DE CARIDADE E CIVIS

- 28% CEOs de caridade
- 35% Cátedras de órgãos profissionais
- 30% CEOs de órgãos profissionais

ESPORTE

- 15% Cadeiras do órgão diretivo esportivo
- 26% CEOs dos órgãos governantes do esporte

HISTÓRIA

- 22% Curadores de museus e galerias
- 34% Diretores de museus e galerias
- 25% Rostos em cédulas
- 5% Estátuas (históricas, não da realeza)

FIGURA 9.6 Porcentagem de mulheres em posições importantes em 2018.
Fonte: Jewell e Bazeley (2018: 3).

educação, postergavam os filhos e o casamento e tinham pais em ocupações profissionais. Indivíduos que vinham de origens desprivilegiadas tinham uma tendência maior de continuar nessas condições.

O estudo também descobriu que, de modo geral, as mulheres atualmente estão tendo mais oportunidades do que as da geração anterior. As mulheres da classe média se beneficiaram mais das mudanças mencionadas: elas têm tanta probabilidade quanto os homens de classe média de ir para a universidade e de obter empregos bem remunerados após a graduação. Essa tendência de maior igualdade também é refletida na maior confiança e autoestima das mulheres, em comparação com uma coorte semelhante de mulheres nascidas apenas 12 anos antes.

Conforme mostra a Figura 9.6, as mulheres hoje estão ocupando certas posições de maior *status* na sociedade britânica, como em muitos outros países desenvolvidos. No entanto, em 2018, um equilíbrio de gênero aproximadamente igual era aparente em apenas duas áreas da vida pública: em nomeações para órgãos públicos e no Gabinete Sombra. As mulheres representavam apenas 22% dos juízes do tribunal superior, 26% dos vice-reitores universitários, 6% dos CEOs das 10 maiores empresas do FTSE e 18% dos editores de jornais nacionais (Jewell e Bazeley, 2018: 2-3). Uma maneira de expressar essa mudança é sugerir que as mulheres trincaram o "teto de vidro", mas ele ainda não se quebrou totalmente.

As chances das mulheres de começar uma boa carreira estão aumentando, mas restam dois obstáculos importantes. Os gerentes e empregadores do sexo masculino ainda discriminam as candidatas a emprego, em parte devido à sua percepção de que "as mulheres não estão realmente interessadas em carreiras" e têm probabilidade de abandonar a força de trabalho quando começarem suas famílias. Ter filhos é algo que, de fato, ainda tem um efeito muito substancial sobre as chances profissionais das mulheres, menos porque elas não estejam interessadas em uma carreira e mais porque costumam ser efetivamente forçadas a escolher entre avançar no trabalho ou ter filhos. Isso se refere ao fato de que os homens raramente estão dispostos a compartilhar a responsabilidade total pelo trabalho doméstico e o cuidado dos filhos. Embora muito mais mulheres estejam organizando suas vidas domésticas para buscar uma carreira profissional do que antes, ainda existem grandes obstáculos no caminho.

Meritocracia e a persistência da classe social

Peter Saunders (1990, 1996, 2010) é um dos críticos mais conceituados da tradição britânica da pesquisa sobre a mobilidade social, que abrange a maioria dos estudos descritos anteriormente. Segundo Saunders, a Grã-Bretanha é uma verdadeira meritocracia, pois as recompensas vão naturalmente para aqueles que são mais capazes de "realizar" e vencer. Em sua opinião, inteligência, habilidade e esforço são os fatores-chave para o sucesso ocupacional, e não o histórico de classe. Saunders (1996) usa dados empíricos do National Child Development Study para mostrar que as crianças inteligentes e dedicadas terão sucesso, independentemente das vantagens ou desvantagens sociais que possam ter. De acordo com sua estimativa, a Grã-Bretanha pode ser uma sociedade desigual, mas é justa. Essa conclusão pode muito bem ser uma suposição amplamente difundida entre as populações dos países desenvolvidos.

Em resposta a essas afirmações, Breen e Goldthorpe (1999) criticaram Saunders por razões teóricas e metodológicas. Eles acusam Saunders de introduzir viés em sua análise dos dados, como ao excluir respondentes que estavam desempregados. Breen e Goldthorpe fizeram uma análise alternativa dos mesmos dados e tiveram resultados radicalmente diferentes, mostrando que existem barreiras de classe significativas para a mobilidade social. Eles concluem que o mérito individual certamente é um fator que contribui para determinar as posições de classe dos indivíduos, mas que a "classe de origem" continua sendo uma influência poderosa. Eles argumentam que as crianças de origens desprivilegiadas devem apresentar mais mérito do que aquelas em situações vantajosas para obter posições semelhantes na escala de classes.

Um estudo comparativo internacional mais recente sobre a desigualdade e a mobilidade social, realizado por Andrews e Leigh (2009), também questiona as afirmações de Saunders de que as sociedades podem ser desiguais e justas. Seu levantamento empírico usou dados ocupacionais sobre homens de 25 a 54 anos de 16 países ao redor do mundo (excluindo o Reino Unido), concentrando-se nos ganhos comparativos de pais e filhos. Sua principal conclusão foi a seguinte: "os filhos que cresceram em países mais desiguais na década de 1970 tinham menor probabilidade de ter mobilidade social em 1999" (ibid.: 1491-1492). Em sociedades desiguais ao redor do mundo, existe menos mobilidade social, e o "enriquecimento súbito" se torna muito mais difícil para aqueles grupos sociais que partem das posições mais baixas. Assim, a desigualdade parece impedir situações "justas" (baseadas na capacidade e no esforço), e, para produzir uma **meritocracia** genuína, também será necessário reduzir as desigualdades.

No entanto, a desigualdade entre os pobres e os mais ricos na verdade se expandiu na Grã-Bretanha e em outros lugares, e as preocupações continuam a crescer sobre o impacto da concentração de riqueza no topo da hierarquia social. Será que o aumento da desigualdade de classe é um preço que deve ser pago para garantir um desenvolvimento econômico mais geral? Desde os anos 1980, a busca da riqueza tem sido vista como geradora de desenvolvimento econômico, pois é uma força motivadora que estimula a inovação e a ambição. Hoje, muitos argumentam que a globalização e a desregulamentação dos mercados econômicos levaram a um aumento do fosso entre ricos e pobres e a um "endurecimento" das desigualdades de classe.

A vida das pessoas nunca é completamente determinada pela posição de classe, e as pessoas experimentam mobilidade social. A expansão do ensino superior, a crescente acessibilidade das qualificações profissionais e o surgimento da internet e da "nova economia" apresentam novos canais importantes para a mobilidade ascendente. Esses desenvolvimentos podem corroer ainda mais velhos padrões de classe e estratificação, contribuindo para uma ordem social mais fluida.

No entanto, como afirmou a Comissão de Mobilidade Social do Reino Unido (2019: 19), "Em última análise, a classe desempenha um papel descomunal na capacidade de uma pessoa de subir na escala de renda e emprego, e não houve melhorias mensuráveis nos últimos anos [...] Em todas as medidas de mobilidade social — mobilidade de renda, mobilidade ocupacional e padrões de vida —, existem lacunas persistentes no acesso que se ligam à classe". Embora o domínio tradicional de identidades baseadas em classes possa estar se enfraquecendo à medida que diversas fontes de identificação e cultura de consumo se tornam mais significativas, as divisões de classe permanecem no cerne das desigualdades materiais e das oportunidades de vida desiguais.

Revisão do capítulo

1. Liste as principais características dos sistemas de estratificação de classe social, casta e estamento. Como os sistemas de classes diferem dos outros dois?
2. O que significa o conceito de escravidão "moderna"? Como isso é semelhante e diferente das formas tradicionais de escravidão?
3. Discuta a teoria das classes e o conflito de classes de Marx. Que críticas foram feitas a essa teoria?
4. O que Max Weber quer dizer com "*status*" e "partido" em relação à estratificação? Explique quais aspectos dos esquemas de Marx e Weber podem ser compatíveis e em que pontos eles são antagônicos.
5. O que é um esquema de classe profissional? O que esses esquemas ajudam a explicar e o que eles omitem ou subestimam em nossa compreensão da dinâmica de classes?
6. A classe alta é uma pequena minoria que goza de vantagens significativas. Quais são essas vantagens? A classe alta exerce poder real na sociedade ou seus membros são apenas muito ricos?
7. Liste algumas ocupações consideradas hoje de "classe média". O que é necessário para se ter acesso a elas e por que a classe média se expandiu rapidamente desde meados do século XX?
8. O que os sociólogos querem dizer com "a classe trabalhadora"? Que fatores sociais e econômicos explicam o encolhimento dessa classe a partir de meados do século XX?
9. Descreva os principais elementos atribuídos à "classe inferior". O que o conceito de subclasse captura, mas a "pobreza" não captura? Por que os sociólogos hoje consideram a subclasse em desenvolvimento uma tese falha?

10. Os estilos de vida e o consumismo têm sido considerados influências importantes na posição de classes. Indique alguma evidência que dê suporte a essa visão. A classe social é agora um conceito desatualizado?
11. O que significa mobilidade social intrageracional e intergeracional? Qual é a evidência de que a mobilidade de ambos os tipos está se reduzindo atualmente? Convencionalmente, a posição das mulheres não tem feito parte dos estudos de mobilidade. Por quê?

Pesquisa na prática

Os sociólogos há muito tempo estudam a mobilidade social dentro dos sistemas de classes nas sociedades desenvolvidas. Até bem pouco tempo, a maior parte dessa pesquisa se concentrava na questão da mobilidade "ascendente" e verificava se os indivíduos de grupos da classe trabalhadora eram mais ou menos propensos a subir no sistema de classes ocupacionais do que no passado. As questões de mobilidade descendente se tornaram mais interessantes à medida que as ocupações da classe média foram recategorizadas e os padrões tradicionais de emprego mudaram significativamente. O artigo a seguir examina a correlação persistente entre as origens da classe e as chances de mobilidade social. Leia-o e responda às perguntas.

> Gugushvili, A., Bukodi, E. e Goldthorpe, J. H. (2017). "The Direct Effect of Social Origins on Social Mobility Chances: 'Glass Floors' and 'Glass Ceilings' in Britain", *European Sociological Review*, 33(2): 305-316; https://doi.org/10.1093/esr/jcx043.

1. Qual é a população de amostra para essa análise e como ela foi acessada? Como você caracterizaria a pesquisa?
2. Explique o que os autores querem dizer com "teto de vidro" e "chão de vidro".
3. O artigo não mede a mobilidade social em termos dos níveis de renda. Como ele mede a mobilidade e quais benefícios são atribuídos a essa abordagem?
4. Que conclusões são obtidas a partir da análise estatística em relação ao impacto da "ajuda dos pais" sobre a mobilidade dos filhos?
5. O que o artigo nos diz sobre os efeitos diretos da realização educacional na vida futura? A evidência desse artigo dá suporte à ideia de que a Grã-Bretanha é uma sociedade meritocrática baseada na educação?

Pensando sobre isso

Maio de 2018 viu o 200º aniversário do nascimento de Karl Marx, marcado por inúmeros artigos e comentários na televisão, em jornais e *on-line*, cobrindo o legado de Marx e suas ideias. Para alguns, os estudos de Marx sobre o capitalismo continuam a informar nossa compreensão hoje. Para outros, ele foi um ideólogo dogmático cujas ideias merecem ser jogadas na lata de lixo da história.

Leia os dois pequenos artigos *on-line* a seguir. O primeiro, de Russell Berman, publicado pela Hoover Institution, oferece uma crítica contundente das ideias de Marx e seu impacto pernicioso no século XX. Inúmeros regimes totalitários "marxistas" aterrorizaram suas próprias populações, matando muitos milhões de pessoas, algo que, para Berman, decorreu da própria convicção de Marx de que havia encontrado "a verdade da história": "Marx canaliza uma voz de infalibilidade, fazendo reivindicações abrangentes sem qualquer margem de erro e sem exploração de evidências". E, na esteira dos movimentos anticapitalistas e antiglobalização contemporâneos, Berman diz que "é surpreendente que Marx continue a ser uma figura popular" (www.hoover.org/research/200-marx-still-wrong).

A segunda parte é um trecho de um livro de 2011 de Terry Eagleton que explica por que Marx estava basicamente certo sobre a dinâmica do capitalismo e o seu trajeto. Nele, Eagleton procura corrigir alguns mal-entendidos comuns sobre as ideias de Marx a respeito do desenvolvimento capitalista e a revolução social. Por exemplo, ele observa que a ideia de "socialismo em um só país", que caracterizou a União Soviética de Stalin, nunca fez parte da tese de Marx. Portanto, "julgar o socialismo por seus resultados em um país desesperadamente isolado seria como tirar conclusões sobre a raça humana de um estudo de psicopatas em Kalamazoo" (https://yalebooksblog.co.uk/2018/05/01/why-marx-was-irght-by-terry-eagleton-an-extract/).

Escreva um ensaio de mil palavras explicando por que as principais ideias de Marx, especialmente sobre classe e conflito de classes, continuam influentes ainda hoje. Discuta também por que a revolução que Marx buscava não ocorreu e se, dado o que sabemos agora sobre sistemas de classes, é provável que ela ocorra no futuro.

Sociedade nas artes

O artista britânico Grayson Perry há muito tempo se interessa pela questão do gosto — por que algumas pessoas gostam de certos tipos de música, programas de TV, móveis ou roupas, enquanto outras evitam essas mesmas coisas, preferindo outros marcadores culturais como expressões de sua personalidade e seu *status*? Em particular, e como ilustram os estudos detalhados de Bourdieu, há muitas evidências de uma clara conexão entre classes sociais e padrões de gosto, uma conexão que Perry investiga em seu trabalho. O paradoxo do gosto é que, apesar de percebermos nossas escolhas como puramente pessoais e uma expressão de nossa individualidade, na verdade essas "escolhas" são influenciadas, até mesmo moldadas, por nossa posição de classe social.

Pesquise sobre a arte de Grayson Perry nessa área, incluindo sua série de TV de três partes no Canal 4 (Reino Unido), *All in the best possible taste* (2012), e suas seis tapeçarias em *The vanity of small differences* (2012) — disponível na Arts Council Collection (https://artsandculture.google.com/exhibit/QQDKD3VO). Inspirado em *A rake's progress*, de William Hogarth, datada do século XVIII, que traça a vida de Tom Rakewell enquanto ele se move pelo sistema de classes, *Vanity* também explora classe e gosto estético em três lugares na Grã-Bretanha.

Perry descreve esse trabalho como "um safári entre as tribos do gosto da Grã-Bretanha". Analise cada uma das seis tapeçarias, observando a jornada de "Tim" da classe trabalhadora, passando pela classe média e chegando à classe alta. Liste todos os itens apresentados e as representações de relacionamentos que Perry usa para ilustrar as tensões e os conflitos (tanto internos quanto externos) enfrentados por indivíduos que seguem esse trajeto. O que esse trabalho pode acrescentar ao que já sabemos a partir de descobertas sociológicas sobre mobilidade social? Os métodos de pesquisa sociológica podem corresponder à capacidade de Perry de explorar a experiência e o impacto emocional da mobilidade social?

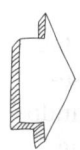

Outras leituras

Um bom local para começar seus estudos é o livro de Will Atkinson (2015) *Class* (Cambridge: Polity), que é uma introdução envolvente aos debates contemporâneos. Para a experiência britânica de classe, o livro de Mike Savage (2015) *Social class in the 21st century* (London: Pelican Books) é uma análise atualizada da evidência e das tendências da Great British Class Survey da BBC. O livro de

Erzsébet Bukodi e John H. Goldthorpe (2018), *Social mobility and education: research, policy and politics* (Cambridge: Cambridge University Press), é um material muito interessante e profundo a respeito da mobilidade na Grã-Bretanha.

O livro de Lucinda Platt (2019) *Understanding inequalities: stratification and difference* (2. ed., Cambridge: Polity) é uma discussão bem equilibrada e mais ampla sobre desigualdades e estratificação, e a seleção editada por Kath Woodward (2005) intitulada *Questioning identity: gender, class, ethnicity* (Abindgdon: Routledge) também é muito boa, com capítulos a respeito das principais divisões sociais. O livro de Sam Friedman e Daniel Laurison (2019), *The glass ceiling: why it pays to be privileged* (Bristol: Policy Press), é uma visão fascinante da mecânica do privilégio e suas consequências para a mobilidade social.

Para conferir uma seleção de leituras originais sobre desigualdades sociais, consulte *Sociology: introductory readings* **(4. ed., Cambridge: Polity, 2021).**

Links da internet

Em **loja.grupoa.com.br**, acesse a página do livro por meio do campo de busca e clique em Material Complementar para ver as sugestões de leitura do revisor técnico à edição brasileira, além de outros recursos (em inglês).

Desigualdade e classes sociais — vários *links* úteis do Sociosite da Universidade de Amsterdã:
www.sociosite.net/topics/inequality.php#CLAS

Análise da Great British Class Survey da BBC — resultados da pesquisa e comentários dos leitores:
www.bbc.co.uk/news/magazine-34766169

Social Mobility Foundation — uma instituição de caridade do Reino Unido que promove a mobilidade social para jovens de baixa renda:
www.socialmobility.org.uk/

Marxists Internet Archive – adivinhe só! Exatamente o que o nome diz — tudo sobre Marx e o marxismo:
www.marxists.org/

BBC Working Class Britain — materiais visuais e de áudio sobre a história da vida da classe trabalhadora britânica:
www.bbc.co.uk/programmes/p015z5wc

CAPÍTULO 10

SAÚDE, DOENÇA E DEFICIÊNCIA

SUMÁRIO

A sociologia da saúde e da doença **384**

Definição de saúde 384

Perspectivas sociológicas sobre saúde e doença 385

Biomedicina e seus críticos 389

Tecnologias inovadoras para a saúde 396

Pandemia e globalização 398

Desigualdades na saúde **408**

Classe social e saúde 409

Gênero e saúde 412

Etnicidade e saúde 414

Saúde e coesão social 415

A sociologia da deficiência **416**

O modelo individual da deficiência 417

O modelo social da deficiência 417

Deficiência, legislação e políticas públicas 422

A deficiência ao redor do mundo 423

Saúde e deficiência em um mundo em mudança **423**

Revisão do capítulo *424*

Pesquisa na prática *424*

Pensando sobre isso *425*

Sociedade nas artes *425*

Outras leituras *426*

Links da internet *427*

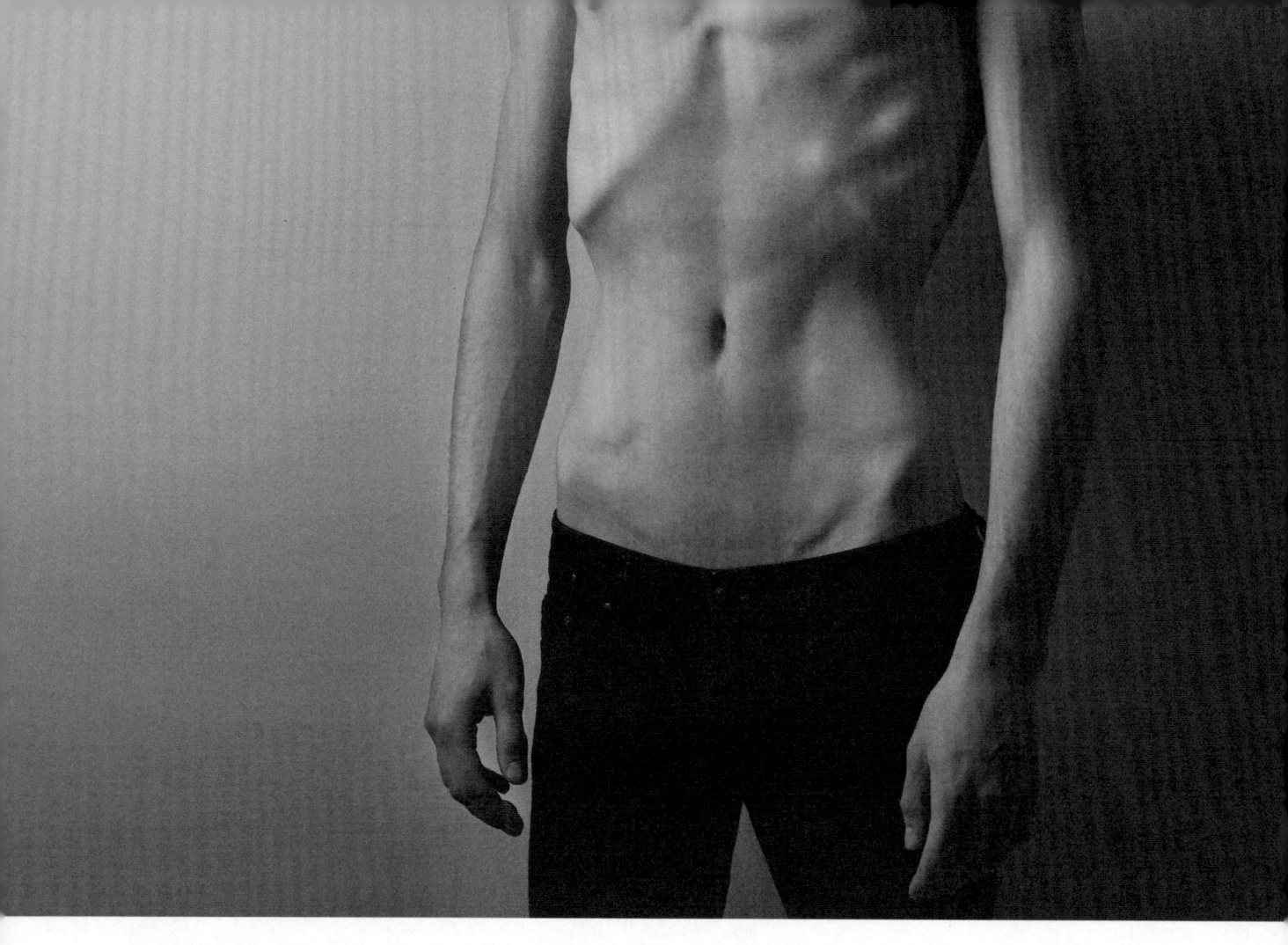

Hoje, cada vez mais homens sofrem de distúrbios de alimentação, que convencionalmente eram vistos como um problema exclusivo da saúde feminina.

Só as mulheres têm distúrbios alimentares, não é? Em um projeto de pesquisa realizado no Reino Unido em 2014, em diversas entrevistas qualitativas, participantes do sexo masculino disseram aos pesquisadores que, antes de desenvolverem um transtorno alimentar, essa era, de fato, a sua crença. Um participante acreditava que os distúrbios alimentares afetavam "adolescentes frágeis, que são muito emocionais", e não "um dos rapazes" ou jogadores de rúgbi, como ele. Outro pensava que os distúrbios alimentares eram "algo que as meninas têm", e outro participante disse ainda: "Achei que eu mesmo tinha inventado ... você sabe, algo que só eu fiz, você sabe, eu nunca pensei, em um milhão de anos, que isso era algo que muitas pessoas faziam, e deliberadamente faziam para causar danos a si mesmas. Você sabe, isso não teria passado pela minha cabeça" (Räisänen e Hunt, 2014: 3). Por que muitas pessoas ainda veem os distúrbios alimentares, principalmente aqueles ligados à perda radical de peso e ao ato de evitar ou ter medo de comida, como um problema especificamente feminino?

O que hoje chamamos de anorexia nervosa foi originalmente rotulado em 1873 por Sir William Gull como "anorexia histérica", e pensava-se que a condição era restrita a mulheres, especialmente mulheres jovens (Goldstein et al., 2016). Por exemplo, foi sugerido que o medo da comida e outros distúrbios poderiam estar ligados ao término da menstruação, o que impossibilitava o diagnóstico de anorexia em homens. A ideia de que meninos e homens pudessem sofrer de distúrbios alimentares, como anorexia ou bulimia, era literalmente "impensável" na época. Até o final do século XX, a falta de pesquisas acadêmicas sistemáticas a respeito dos transtornos alimentares masculinos mostra que as suposições de gênero persistiram por mais de um século.

Hoje, existem estimativas diferentes da prevalência de transtornos alimentares em homens — algo entre 10 e 25%, segundo a maioria dos estudos (embora alguns sugiram até 40%) (Delderfield, 2018). O que a maioria dos pesquisadores defende é que menos homens desenvolvem distúrbios alimentares do que mulheres, mas o número está aumentando, e os homens são "subdiagnosticados e subtratados". Obter estimativas precisas de prevalência provou ser difícil, principalmente porque a anorexia e a bulimia ainda são muito percebidas como doenças das mulheres, e os homens podem estar mais relutantes em admitir que sofrem delas (Corson e Andersen, 2002).

> **REFLEXÃO CRÍTICA**
>
> Alguns sugerem que o movimento em direção à igualdade de gênero provavelmente levará a mais distúrbios alimentares entre os homens jovens. Por que isso aconteceria? O que mais pode ser feito para encorajar os homens a reconhecer que os transtornos alimentares não são um problema especificamente feminino?

Pode parecer que os transtornos da alimentação têm causas puramente biológicas ou fisiológicas, mas não é bem assim. Na verdade, foram identificados diversos fatores de risco: abuso ou outro evento crítico, problemas de saúde mental preexistentes, abuso familiar de substâncias e características de personalidade como baixa autoestima ou perfeccionismo (Räisänen e Hunt, 2014: 1). Um grupo de pesquisa cada vez maior também tem mostrado que a pressão social para conseguir um corpo elegante e "atraente" é significativa e que os distúrbios da alimentação são tanto sociológicos e psicológicos quanto biológicos. À medida que o ritmo da globalização aumentava durante as décadas de 1980 e 1990, questões semelhantes surgiram entre mulheres jovens, principalmente mulheres ricas em Hong Kong e Cingapura, bem como em áreas urbanas de Taiwan, China, Filipinas, Índia e Paquistão (Efron, 1997). Uma incidência cada vez maior também tem sido relatada na Argentina, no México, no Brasil, na África do Sul, na Coreia do Sul, na Turquia, no Irã e nos Emirados Árabes Unidos (Nasser, 2006). A disseminação dos transtornos da alimentação parece acompanhar a expansão dos estilos de vida modernos no mundo inteiro (S. Lee, 2001).

Apesar do aumento do número de homens que apresentam transtornos alimentares, ainda não se sabe exatamente por que as mulheres são as principais afetadas. Um motivo é que as normas sociais enfatizam a importância da atratividade física mais para as mulheres do que para os homens, e essas imagens se proliferam nas redes sociais, nas revistas e nos jornais, em jogos *on-line*, na televisão e no cinema. Embora os homens *sejam* cada vez mais apresentados por diferentes mídias e pelo *marketing* como objetos sexuais e como corpos atraentes e musculosos, essas imagens costumam combinar musculatura e magreza. À medida que os empregos masculinos tradicionais se tornaram mais escassos e os empregos no setor de serviços se expandiram rapidamente, a musculatura continua sendo um poderoso símbolo de masculinidade, enquanto o corpo individual é um aspecto da vida sobre o qual os homens ainda têm controle (Elliott e Elliott, 2005: 4).

Com base nos diários de garotas norte-americanas dos últimos dois séculos, Brumberg (1997) descobriu que, para as garotas adolescentes nos Estados Unidos, a identidade pessoal estava intimamente ligada à forma corporal. Mulheres jovens e garotas americanas, como as de outros lugares, estão sujeitas a representações rotineiras na mídia de corpos femininos idealizados, magros. Embora as mulheres desempenhem um papel muito mais

Esta pintura de Rubens, *A toalete de Vênus*, concluída por volta de 1613, representa Vênus, a deusa do amor e da beleza — uma imagem muito diferente da atratividade feminina atual.

importante na sociedade do que há um século, elas ainda são julgadas tanto por sua aparência física quanto por suas realizações. Como resultado, as mulheres podem se sentir ansiosas a respeito das percepções que as pessoas fazem delas e, assim, passam a focar sentimentos sobre o corpo. Ideais de magreza podem, então, se tornar obsessivos, e a perda de peso gera a impressão de estar no controle.

Os transtornos alimentares demonstram que uma questão de saúde que parece ser um problema puramente pessoal — um problema com comida ou um desespero sobre a aparência — passa a ser uma questão de saúde pública. Se incluirmos não apenas anorexia e bulimia, mas também dieta generalizada, níveis crescentes de obesidade e preocupações dos jovens com a aparência corporal, veremos que os transtornos alimentares são problemas sociais significativos para os serviços públicos de saúde.

Em seguida, passamos a explorar o que se entende por "saúde" e "doença" e como o poder da profissão médica é um fator-chave para a definição desses termos. Depois de apresentar o impacto da globalização na saúde e na transmissão de doenças, esboçamos algumas das principais perspectivas da sociologia da saúde e da doença. A partir daí, olhamos para as bases sociais da saúde, como classe social, gênero e etnicidade, e nossa última seção discute questões de deficiência e saúde, com foco em como os movimentos de pessoas com deficiência transformaram o panorama e a linguagem da deficiência.

A sociologia da saúde e da doença

Em vários países, um ritual de interação comum quando dois amigos se encontram é perguntar "Como você está?", esperando que a resposta seja: "Estou bem, obrigado. E você?". Uma vez estabelecido que ambas as partes estão saudáveis, a interação social e a conversa propriamente dita podem começar. Mas o conceito óbvio de saúde assumido nessa troca habitual não é tão claro quando perguntamos exatamente o que é "saúde" e como podemos saber se realmente estamos saudáveis. A sociologia da saúde e da doença mostrou que a saúde é tanto um fenômeno social quanto um fenômeno biológico ou psicológico.

Definição de saúde

Os sociólogos que estudam os significados sociais atribuídos aos conceitos de saúde e doença encontraram várias versões diferentes, sendo as principais a saúde como ausência de doença, a doença como desvio, a saúde como equilíbrio e a saúde como função (Blaxter, 2010). Vamos descrevê-las rapidamente, uma por vez.

Durante grande parte do século XX, saúde e doença eram vistas como opostas. A saúde era simplesmente a *ausência de doença*. Se não estamos doentes, devemos estar saudáveis. A profissão médica acreditava que a doença, especialmente a doença de longo prazo, levava a uma "desvantagem biológica" ao reduzir o tempo de vida ou a fertilidade individual, enquanto ser saudável (sem doença) era visto como a condição humana normal. Uma segunda definição bastante relacionada é a doença como uma forma de desvio, que requer monitoramento e legitimação por profissionais médicos para evitar a ruptura da sociedade. Essas definições passaram a ser vistas como problemáticas porque sugerem que aquela que é, de fato, uma situação altamente incomum — a ausência completa de qualquer doença — é a norma contra a qual a doença é definida. Hoje, há uma maior consciência de que a doença crônica é muito difundida e de que talvez a maioria das pessoas tenha algum tipo de enfermidade, doença ou deficiência e ainda assim se percebe como normal e saudável, capaz de levar uma vida produtiva.

Por outro lado, muitas culturas ao redor do mundo acreditam que a *saúde é uma espécie de equilíbrio*, tanto entre o indivíduo e seu ambiente quanto dentro do próprio organismo individual. A medicina científica moderna mostrou que o corpo humano, de fato, contém elementos homeostáticos ou "autorreguladores", incluindo a regulação do suprimento sanguíneo e o acionamento do sistema imunológico quando o corpo é atacado. A preocupação recente com o equilíbrio entre vida profissional e pessoal na sociedade, em rápida evolução, também sugere que a saúde pode ser promovida ou prejudicada pelo ambiente social. Embora difundida, essa definição tem seus críticos. A ideia de saúde como equilíbrio não é apenas quase impossível de medir com precisão, mas também é altamente subjetiva. Algumas pessoas sentem que alcançaram um equilíbrio bom e saudável em situações que outras percebem como altamente estressantes e prejudiciais à sua saúde. Como uma definição geral de saúde pode ser extraída de experiências tão diferentes?

Uma quarta definição de saúde a vê como a capacidade das pessoas de realizar suas tarefas normais. Isso é *saúde como função*. Se os indivíduos são capazes de realizar as atividades ou funções que lhes proporcionam um bom estilo de vida, uma vida satisfatória e agradáveis momentos de lazer, então podemos dizer que eles são saudáveis. Mas, se a doença ou lesão interfere em sua capacidade de fazer essas coisas, tanto o indivíduo quanto a sociedade sofrem. Embora essa definição seja inicialmente atraente, o principal problema é que as pessoas levam vidas muito diferentes e realizam uma série de atividades muito distintas. Algumas pessoas estão engajadas em trabalho físico árduo, enquanto outras se sentam em escritórios confortáveis e aquecidos. Alguns gostam de parapente e alpinismo, enquanto outros visitam museus e passam seu tempo de lazer jogando e navegando na *web*. Consequentemente, é difícil estabelecer qualquer conceito universal de "saúde" baseado na capacidade funcional. As definições funcionais de saúde também têm sido alvo de ataques do movimento de pessoas com deficiência, pois tais definições são muito individualistas e não reconhecem que as barreiras erguidas pela organização da sociedade podem "incapacitar" aqueles com certas deficiências (Blaxter, 2010: 9).

Uma tentativa de definição mais holística de saúde, combinando aspectos sociais e biológicos, foi concebida em 1946 pela Organização Mundial da Saúde (OMS), que definiu saúde como "um estado de completo bem-estar físico, mental e social, e não apenas a ausência de doença ou enfermidade" (OMS, 2006b: 1). Essa definição abrangente oferece uma descrição completa do que significa ser saudável, mas pode ser acusada de ser utópica demais para ser útil. Entretanto, ela oferece a possibilidade de comparar a saúde entre grupos sociais dentro de uma sociedade e entre nações em todo o mundo, em cada uma das dimensões listadas. Então, é possível conceber políticas e fazer intervenções para melhorar o estado da saúde pública. A definição, que permaneceu inalterada desde que foi publicada pela primeira vez, em 1948, continua sendo a base na qual a OMS opera.

No entanto, apesar desses problemas e desafios de definição, na prática, há uma perspectiva sobre saúde e doença que costuma dominar todas as outras. Trata-se do modelo biomédico originário da profissão médica e no qual a medicina profissional se baseia há muito tempo. Examinaremos esse modelo mais adiante, mas primeiro precisamos de uma breve introdução a algumas das principais perspectivas sociológicas no estudo da saúde e da doença.

Perspectivas sociológicas sobre saúde e doença

Os sociólogos perguntam como uma doença é vivenciada e interpretada pela pessoa doente e por aquelas com quem ela entra em contato. Os padrões da vida cotidiana são modificados temporariamente pela doença, e outros se transformam. Isso ocorre porque o funcionamento "normal" do corpo é uma parte vital, mas muitas vezes ignorada, da nossa vida. Dependemos de que nossos corpos funcionem da maneira correta, e o nosso próprio senso de *self* se baseia na expectativa de que nossos corpos facilitem, e não impeçam, as nossas interações sociais e atividades cotidianas.

A doença tem dimensões pessoais e públicas. Quando adoecemos, não apenas sentimos dor, desconforto, confusão e outras dificuldades, mas as outras pessoas também são afetadas. As pessoas próximas de nós podem demonstrar simpatia, cuidado e apoio e tentar entender a nossa doença ou incorporá-la nos padrões de suas vidas. Outras pessoas com quem temos contato também podem reagir à doença, e essas reações ajudam a moldar a nossa própria interpretação, podendo representar desafios ao nosso senso de *self*.

Duas maneiras de entender a experiência da doença são particularmente influentes na pesquisa sociológica. A primeira, associada à escola funcionalista, estabelece as normas de comportamento que se acredita que os indivíduos adotem quando doentes (ver Estudos clássicos 10.1). A segunda, favorecida pelos interacionistas simbólicos, é uma tentativa mais ampla de revelar as intepretações que são atribuídas à doença e o modo como esses significados influenciam os atos e o comportamento das pessoas.

> Para mais sobre a teoria funcionalista, ver o Capítulo 1, "O que é sociologia?", e o Capítulo 3, "Teorias e perspectivas sociológicas".

Estudos clássicos 10.1 Talcott Parsons sobre o "papel de doente" da sociedade

O problema da pesquisa

Pense em uma época em que você esteve doente. Como as outras pessoas reagiram a você? Elas foram solidárias? Elas tentaram ajudar você a melhorar rapidamente? O teórico norte-americano Talcott Parsons (1952) diz que a doença tem uma dimensão social tão clara quanto sua dimensão individual. As pessoas não ficam doentes apenas em um nível individual; elas também precisam aprender o que a sociedade espera delas quando estão doentes e, se não seguirem as normas comportamentais relacionadas com a doença, poderão ser estigmatizadas por seu comportamento desviante.

A visão de Parsons

Parsons argumentava que existe um **papel de doente** — um conceito que ele usava para descrever os padrões de comportamento que a pessoa doente adota para minimizar o impacto perturbador da doença na sociedade. O funcionalismo sustenta que a sociedade geralmente atua de maneira tranquila e consensual, mas uma pessoa doente talvez não consiga cumprir todas as suas responsabilidades normais, ou pode ser menos confiável e eficiente do que o normal. Como as pessoas doentes não conseguem cumprir seus papéis normais, isso atrapalha a vida dos outros ao seu redor: o trabalho fica por fazer, causando estresse nos colegas, as responsabilidades domésticas são frustradas, e assim por diante.

Segundo Parsons, as pessoas *aprendem* o papel de doente pela socialização e o representam — com a cooperação dos outros — quando ficam doentes. O papel de doente tem três pilares:

1. A pessoa doente não é pessoalmente responsável por estar doente. A doença é vista como

"Estamos um pouco atrasados, então eu gostaria que cada um de vocês se perguntasse: 'será que eu estou realmente tão doente assim, ou estaria apenas desperdiçando o valioso tempo do doutor?'"

resultado de causas físicas, e o começo da doença não está relacionado com os atos do indivíduo.
2. A pessoa doente tem certos direitos e privilégios, incluindo o afastamento de responsabilidades normais, pois não tem responsabilidade pela doença. Por exemplo, a pessoa doente pode ser "liberada" de obrigações formais no lar, e o comportamento que não é tão educado ou criterioso quanto costuma ser pode ser desculpado. A pessoa doente tem o direito de ficar na cama ou de tirar licença do trabalho.
3. A pessoa doente deve se dedicar a recuperar a saúde, consultando um especialista médico e concordando em se tornar um "paciente", de modo que o papel de doente é temporário e "condicional", dependendo de a pessoa doente tentar melhorar ativamente. Espera-se que o paciente coopere em sua recuperação, seguindo as "ordens do médico", mas uma pessoa doente que se recusa a consultar um médico, ou que não segue os conselhos de uma autoridade médica, coloca em risco o seu *status* de papel de doente.

O conceito de Parsons foi refinado por outros sociólogos, que argumentam que a experiência do papel de doente varia conforme o tipo de doença. Assim, direitos e privilégios adicionais que fazem parte do papel de doente podem não ser vivenciados de maneira uniforme. Freidson (1970) identificou três versões do papel de doente, que correspondem a tipos e graus diferentes de doença.

O papel de doente *condicional* se aplica a pessoas que sofrem de uma condição temporária, da qual podem se recuperar. Por exemplo, alguém que sofre de bronquite teria mais benefícios do que alguém que tem um resfriado comum. O papel de doente *incondicionalmente legítimo* refere-se a indivíduos que estão sofrendo de doenças incuráveis. Como a pessoa doente não pode "fazer" nada para melhorar, ela está automaticamente qualificada a ocupar o papel de doente de longo prazo. O papel incondicionalmente legítimo pode se aplicar a indivíduos que sofrem de alopecia (perda do cabelo) ou acne grave. Em ambos os casos, não existem privilégios especiais, mas o reconhecimento de que o indivíduo não é responsável pela doença. Os primeiros sintomas do câncer ou da doença de Parkinson podem resultar em privilégios importantes e no direito de abandonar muitas ou a maioria das obrigações.

O último papel de doente é o *papel ilegítimo*, que ocorre quando o indivíduo sofre de uma doença ou condição que é estigmatizada por outros. Nesses casos, existe a percepção de que o indivíduo pode ter algum grau de responsabilidade pela doença, não sendo necessariamente conferidos direitos ou privilégios adicionais. Doenças relacionadas com alcoolismo, tabagismo ou obesidade são exemplos possíveis de doenças estigmatizadas, que afetam o direito do indivíduo de assumir o papel de doente.

Pontos de crítica

O conceito de Parsons sobre o papel de doente tem sido muito influente. Ele revela de forma clara como a pessoa doente é parte integral de um contexto social mais amplo. Porém, existe uma variedade de críticas importantes que podem ser feitas contra ele.

Alguns autores argumentam que a "fórmula" do papel de doente não consegue captar a *experiência* de estar doente. Outros dizem que ela não pode ser aplicada universalmente. Por exemplo, ela não explica casos em que médicos e pacientes discordam em relação ao diagnóstico ou têm interesses opostos. Além disso, assumir o papel de doente nem sempre é um processo simples. Alguns indivíduos sofrem por anos de dor crônica ou de sintomas que são diagnosticados incorretamente muitas vezes. O papel de doente é negado até que se faça um diagnóstico claro da sua condição. Em outros casos, fatores sociais como raça, classe e gênero podem afetar se, e com que facilidade, o papel de doente é conferido. Em suma, o papel de doente não pode ser separado das influências sociais, culturais e econômicas que o rodeiam, e as realidades da vida e da doença são mais complexas do que sugere o papel de doente.

A ênfase cada vez maior no estilo de vida e na saúde significa que os indivíduos têm ainda mais responsabilidade por seu próprio bem-estar, o que contradiz a primeira premissa do papel de doente — segundo a qual os indivíduos não têm culpa por sua doença. Além disso, nas sociedades modernas, a mudança de doenças infecciosas agudas para doenças crônicas tornou o papel de doente menos aplicável. Embora o papel de doente possa ajudar a entender doenças agudas, ele é menos útil no caso de doenças crônicas, pois não existe uma fórmula para pessoas com doenças crônicas ou com deficiência seguirem.

> **Relevância contemporânea**
>
> O conceito do "papel de doente" continua sendo valioso, pois nos permite relacionar uma doença individual com sistemas de tratamento mais amplos. Bryan Turner (1995) argumenta que a maioria das sociedades *desenvolve* papéis de doente — mas que eles diferem. Nas sociedades ocidentais, há um papel de doente individualizado, que significa que as hospitalizações para condições que não sejam potencialmente fatais são muito curtas, os horários de visita são limitados, e o número de visitantes é estritamente controlado. Todavia, no Japão, a norma é um papel de doente mais comunitário. Os pacientes costumam permanecer no hospital por mais tempo após seu tratamento médico terminar, e a hospitalização média é muito mais longa do que em sociedades ocidentais. As visitas hospitalares também são mais informais, com a família e os amigos fazendo refeições e permanecendo por períodos mais longos. Turner sugere que podemos aprender muita coisa sobre as bases sociais da saúde a partir dessa sociologia comparativa dos papéis de doente.

A doença como uma "experiência de vida"

Muitos sociólogos aplicam uma abordagem interacionista simbólica ao campo da saúde e da doença para entender como os indivíduos vivem a experiência de estar doentes ou percebem a doença de outras pessoas. Como as pessoas reagem e se adaptam a notícias sobre uma doença séria? Como viver com uma doença crônica afeta o modo como as pessoas são tratadas pelos outros e, portanto, a identidade pessoal do indivíduo? As pessoas que vivem em sociedades industrializadas agora estão vivendo mais tempo, mas, como resultado, desenvolvem mais doenças crônicas, e um número cada vez maior de pessoas enfrenta a perspectiva de viver com doenças por um longo período de tempo. Nesses casos, a doença é incorporada à "biografia" pessoal do indivíduo.

Certas doenças exigem tratamentos regulares ou uma manutenção que pode afetar as rotinas diárias das pessoas. A diálise, as injeções de insulina ou a necessidade de tomar muitos comprimidos exigem que os indivíduos ajustem seus horários à doença. Outras doenças têm efeitos imprevisíveis sobre o corpo, como a perda súbita do controle da bexiga ou do intestino, ou náuseas violentas. Os indivíduos que sofrem dessas condições são forçados a desenvolver estratégias para lidar com sua doença na vida cotidiana. Entre elas, existem considerações práticas — como sempre descobrir onde fica o banheiro em situações desconhecidas —, bem como habilidades para lidar com relações interpessoais, tanto íntimas como do dia a dia. Embora os sintomas da doença possam ser embaraçosos e problemáticos, as pessoas desenvolvem estratégias para viver a vida da forma mais normal possível (Kelly, 1992).

Ao mesmo tempo, a experiência da doença pode gerar desafios e causar mudanças no senso de *self* das pessoas, aspectos que se desenvolvem por meio das reações à doença e de reações imaginadas ou percebidas. Para indivíduos com doenças crônicas ou com deficiência, as interações sociais que são rotina para muitas pessoas se tornam maculadas pelo risco e pela incerteza. O entendimento compartilhado que fundamenta as interações cotidianas normais nem sempre está presente quando existe doença ou deficiência, e as interpretações de situações comuns podem ser substancialmente diferentes. Uma pessoa doente pode ter necessidade de assistência, mas não querer parecer dependente, por exemplo. Um indivíduo pode sentir simpatia por alguém que foi diagnosticado com uma doença, mas não saber se deve abordar o assunto diretamente. A mudança no contexto das interações sociais pode precipitar transformações na identidade pessoal.

A doença pode impor demandas enormes sobre o tempo, a energia, a força e as reservas emocionais das pessoas. Os sociólogos têm investigado como os indivíduos com doenças crônicas lidam com suas doenças no contexto geral da vida (Jobling, 1988; Williams, 1993). Corbin e Strauss (1985) estudaram os regimes de saúde que doentes crônicos desenvolvem para organizar suas vidas diárias e identificaram três tipos de "trabalho" nas estratégias cotidianas das pessoas. O *trabalho da doença* se refere àquelas atividades implicadas na administração da condição, como tratar a dor, fazer exames diagnósticos ou fisioterapia. O *trabalho diário* diz respeito à administração da vida cotidiana — manter relacionamentos com outras pessoas, gerenciar as questões domésticas e perseguir interesses profissionais ou pessoais. O *trabalho biográfico* envolve aquelas atividades que a pessoa doente faz como parte da construção ou reconstrução de sua narrativa pessoal, incorporando a doença à própria vida, tirando sentido dela e desenvolvendo maneiras de explicá-la às pessoas. Esse processo pode ajudar as pessoas a restaurar o significado e a ordem de suas vidas depois de aceitar que têm uma doença crônica. Estudos sobre o modo como a doença é vivenciada pelos indivíduos têm sido extremamente valiosos para mostrar como a doença pode atrapalhar biografias pessoais e exigir a reconstrução de relacionamentos.

Biomedicina e seus críticos

Por mais de 200 anos, as ideias ocidentais dominantes sobre a medicina foram expressas no **modelo biomédico** de saúde. Essa compreensão se desenvolveu ao longo do crescimento das sociedades modernas e pode ser considerada uma de suas principais características. O modelo biomédico esteve intimamente ligado ao surgimento da **ciência** e da razão, que se apoderaram de muitas explicações tradicionais ou religiosas do mundo (veja a discussão de Max Weber sobre a racionalização, no Capítulo 1). Ele foi também um produto do contexto social, político e histórico da época, do qual surgiu o envolvimento do Estado na saúde de populações inteiras.

Saúde pública

Antes da era moderna, muitas sociedades dependiam em grande medida de remédios populares, tratamentos e técnicas de cura transmitidas ao longo de gerações. As doenças eram frequentemente consideradas em termos mágicos ou religiosos e eram atribuídas à presença de espíritos malignos ou ao "pecado". Para os camponeses e moradores comuns das cidades, não havia uma autoridade maior preocupada com sua saúde, como os Estados e os sistemas públicos de saúde atuais. A saúde era muito mais um assunto privado, e não uma preocupação pública.

A ascensão do Estado-Nação e do desenvolvimento industrial transformou completamente a situação. O surgimento de Estados-Nações com territórios definidos produziu uma mudança de atitude, pois as pessoas locais não eram mais simplesmente habitantes do território, mas uma população sob o domínio de uma autoridade central. Elas eram, portanto, um recurso a ser usado para maximizar a riqueza e o poder nacionais. A saúde e o bem-estar da população afetaram a produtividade, a prosperidade, as capacidades defensivas e a taxa de crescimento da nação. O estudo da **demografia** — o tamanho, a composição e a dinâmica das populações humanas — assumiu uma importância muito maior. Por exemplo, o censo nacional no Reino Unido foi introduzido em 1801 e repetido a cada 10 anos para registrar e monitorar as mudanças na população. Foram coletadas estatísticas sobre taxas de natalidade, taxas de mortalidade, idades médias de casamento e gravidez, taxas de suicídio, **expectativa de vida**, dieta, doenças comuns, causas de morte e muito mais.

Michel Foucault (1926-1984) (1973) chamou a atenção para a regulação e o disciplinamento dos corpos humanos pelos Estados europeus. Ele argumentou que o sexo era, ao mesmo tempo, a maneira como a população poderia se reproduzir e crescer e, paradoxalmente, uma ameaça potencial à sua saúde. A sexualidade não ligada à reprodução teve que ser reprimida e controlada pelo Estado por meio da coleta regular de dados sobre casamento, comportamento sexual, legitimidade e ilegitimidade, uso de anticoncepcionais e abortos. Essa vigilância seguiu lado a lado com a promoção de contundentes normas públicas sobre moralidade sexual e formas aceitáveis de atividade sexual. Por exemplo, homossexualidade, masturbação e sexo fora do casamento foram todos rotulados como "perversões" e condenados.

> Veja no Capítulo 7, "Gênero e sexualidade", uma discussão das diferentes formas de sexualidade.

A ideia de saúde pública tomou forma na tentativa de erradicar doenças da população ou do "corpo social". O Estado também assumiu a responsabilidade de melhorar as condições em que a população vivia. Sistemas de saneamento e água foram desenvolvidos para proteger contra doenças, estradas foram pavimentadas, e atenção foi dedicada à habitação. Foram impostos regulamentos sobre matadouros e instalações para processamento de alimentos. As práticas de enterro foram monitoradas, e toda uma série de instituições, incluindo prisões, asilos, hospícios, escolas e hospitais, surgiram como parte do movimento para monitorar, controlar e reformar as pessoas. O que Foucault descreve é o surgimento de um sistema público de saúde que se preocupava tanto com a vigilância e a disciplina quanto com a promoção da saúde.

Desde a década de 1990, surgiu um "novo" modelo de saúde pública que transfere a ênfase do Estado para o indivíduo. Esse modelo enfatiza o automonitoramento, a prevenção de doenças e o "cuidado de si", de modo que se manter saudável passou a ser uma responsabilidade vinculada à cidadania (Petersen e Lupton, 2000). Isso pode ser visto em mensagens de promoção da saúde que incentivam as pessoas a parar de fumar, praticar exercícios regularmente e reduzir o consumo de produtos que contenham altos níveis de sal e açúcar, bem como em campanhas de "cinco por dia", que promovem uma dieta alimentar baseada em níveis recomendados de frutas e legumes. No entanto, essas campanhas permanecem firmemente sustentadas por conselhos e metas produzidos por profissionais médicos, que retêm muito de seu poder de definir e legitimar doenças e enfermidades.

O modelo biomédico

A prática médica estava intimamente entrelaçada com as mudanças sociais descritas anteriormente. A aplicação da ciência ao diagnóstico médico e à cura foi um aspecto central no desenvolvimento da saúde moderna. A doença passou a ser definida objetivamente, em termos de "sinais" identificáveis localizados no corpo, em oposição a meros sintomas experimentados pelo paciente. A assistência médica formal por "especialistas" treinados se tornou a maneira aceita de tratar doenças físicas e mentais, e a medicina se tornou uma ferramenta de reforma para comportamentos ou condições percebidas como "desviantes" — do crime à homossexualidade e à doença mental.

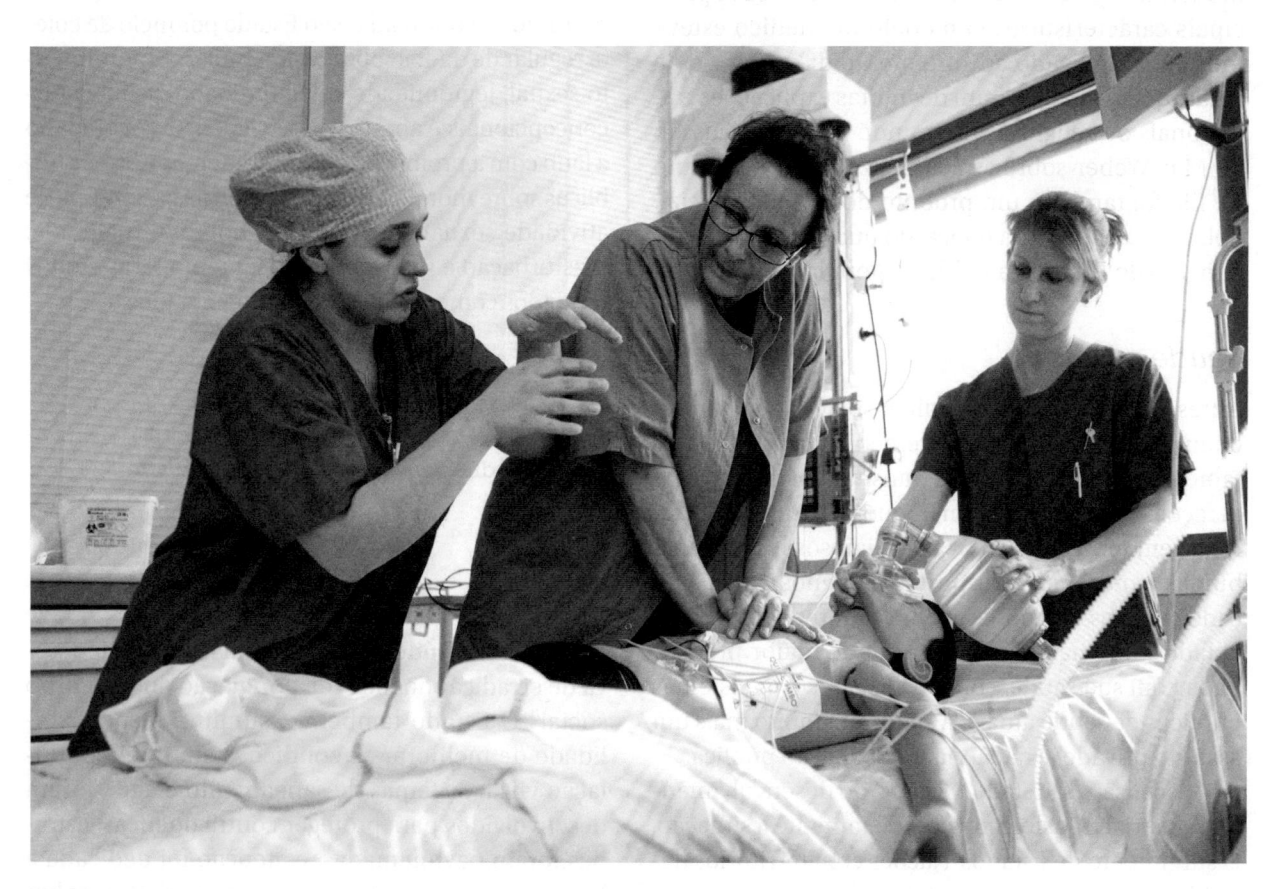

A biomedicina vê os pacientes principalmente como "corpos doentes" a serem diagnosticados e curados, em vez de "pessoas" ao redor.

Há três pressupostos principais sobre os quais se baseia o modelo biomédico de saúde. Primeiro, a doença é vista como um colapso dentro do corpo humano, que o desvia de seu estado "normal" de ser. A teoria dos germes da doença, desenvolvida no final dos anos 1800, sustenta que há um agente identificável específico por trás de cada doença. Para restaurar a saúde do corpo, a causa da doença deve ser isolada e tratada.

Em segundo lugar, mente e corpo podem ser tratados separadamente. O paciente representa um corpo doente em vez de um indivíduo completo, e a ênfase está na cura da doença, e não no bem-estar geral do indivíduo. Indiscutivelmente, essa é uma das principais razões pelas quais os serviços de saúde mental não receberam níveis adequados de financiamento e os transtornos mentais ainda carregam um estigma que não está presente nas doenças físicas. A situação está começando a mudar em muitos países industrializados, mas ainda de forma muito gradual. O modelo biomédico sustenta que o corpo doente pode ser manipulado, investigado e tratado isoladamente. Os médicos especialistas adotam um "**olhar médico**", uma abordagem desapegada de ver e tratar o paciente doente, e o tratamento deve ser realizado de forma neutra, isenta de valores, com informações coletadas e compiladas, em termos clínicos, no prontuário oficial do paciente.

Em terceiro lugar, especialistas médicos treinados são considerados os únicos especialistas no diagnóstico e no tratamento de doenças. A profissão médica adere a um código de ética reconhecido e é composta por profissionais credenciados que concluíram com sucesso seu treinamento de longo prazo. Não há espaço para curandeiros autodidatas ou tratamentos não científicos. O hospital representa o ambiente adequado para o tratamento de doenças graves, pois, muitas vezes, elas exigem uma combinação de tecnologia, medicação e/ou cirurgia.

REFLEXÃO CRÍTICA

"O modelo biomédico é falho, mas a biomedicina continua sendo a forma mais eficaz de saúde para populações inteiras". Que evidências existem para apoiar essa afirmação? Quais são, se houver, as possíveis alternativas à biomedicina?

Críticos do modelo biomédico

Desde a década de 1970, o modelo biomédico tem sido alvo de crescentes críticas. Primeiro, os historiadores sociais argumentam que a eficácia e o impacto da medicina científica foram exagerados. Apesar do prestígio que a medicina adquiriu, as melhorias na saúde pública devem ser atribuídas principalmente às mudanças sociais, econômicas e ambientais. De acordo com McKeown (1979), saneamento eficaz, comida em mais quantidade e mais barata, melhor nutrição e melhor saneamento e higiene pessoal têm sido mais influentes na redução das taxas de mortalidade infantil do que a medicina. Medicamentos, avanços na cirurgia e antibióticos não tiveram impacto significativo nas taxas de mortalidade até o século XX, depois que a saúde pública já havia melhorado. Da mesma forma, os antibióticos para tratar de infecções bacterianas se tornaram disponíveis pela primeira vez nas décadas de 1930 e 1940, enquanto as imunizações contra doenças como a poliomielite foram desenvolvidas ainda mais tarde. Aceitar essa conclusão pode ter grandes consequências para o financiamento dos sistemas de saúde, especialmente no Sul Global, tentando equilibrar os gastos com avanços médicos e medidas de saúde pública.

Em segundo lugar, Ivan Illich (1975), um crítico e filósofo radical, argumentou que a medicina moderna tem feito mais mal do que bem devido à **iatrogenia** — doença "causada pelo médico" — e à forma como a medicina desqualifica as pessoas em relação a cuidar de sua própria saúde. Illich afirmou que existem três tipos de iatrogênese: clínica, social e cultural. A *iatrogênese clínica* ocorre quando o tratamento médico piora o paciente ou cria novos problemas. Alguns tratamentos têm efeitos colaterais graves, os pacientes podem contrair infecções mortais no hospital (como MRSA — *Staphylococcus aureus* resistente à meticilina — ou *Clostridium difficile*), e erros de diagnóstico ou negligência levam à morte do paciente. Por exemplo, entre 2005 e 2009, as mortes de pacientes hospitalares na Inglaterra devido a erros médicos aumentaram 60% como resultado de procedimentos médicos, infecções, erros de medicação, abuso por parte da equipe e mistura de arquivos de pacientes (*Nursing Times*, 2009).

A *iatrogênese social*, ou **medicalização**, ocorre quando a medicina se expande para cada vez mais áreas da vida, criando uma demanda artificial por serviços médicos e medicamentos, bem como novas tecnologias e custos de saúde cada vez maiores. Illich sustentou que a iatrogênese social leva à *iatrogênese cultural*, em que a capacidade das pessoas de lidar com os desafios da vida é progressivamente reduzida, o que as torna dependentes dos profissionais médicos, criando, assim, uma dependência desnecessária. Illich argumentou que o escopo da medicina moderna deveria ser drasticamente reduzido para transferir o controle de volta para os pacientes.

Terceiro, a medicina moderna foi acusada de desconsiderar as opiniões e experiências dos pacientes. Como a biomedicina busca uma compreensão objetiva do corpo humano, não há muita necessidade de ouvir a interpretação individual dos pacientes. Mas os críticos argumentam que o tratamento é mais eficaz quando o paciente é tratado como um ser pensante, capaz de compreender e interpretar a saúde e a doença. Por exemplo, muitos medicamentos prescritos nunca são tomados, pois os pacientes não entendem por que precisam deles ou não estão convencidos de sua eficácia.

Quarto, tem havido uma reação contra a crença de que a medicina científica é superior a outras formas de cura, que são consideradas "não científicas" e, portanto, inferiores. Essa ideia está sendo corroída pela crescente popularidade de formas complementares e alternativas de medicina, particularmente em situações em que a biomedicina se mostrou ineficaz. É provável que esse desafio cresça à medida que a "carga da doença" continua a se deslocar para doenças crônicas, que exigem uma relação mais colaborativa entre médicos e pacientes.

USANDO SUA IMAGINAÇÃO SOCIOLÓGICA

10.1 Medicina complementar ou alternativa?

Jan Mason gozava de uma ótima saúde, mas ela começou a sentir cansaço extremo e depressão, e seu médico não conseguiu lhe proporcionar muito alívio. "Fui ao médico, mas ninguém sabia me dizer o que era. Meu médico disse que era febre glandular e me deu antibióticos que me deram aftas terríveis. Então ele continuou dizendo que também não sabia o que era... Eu fiz todos os exames. Eu estava realmente muito mal. Isso durou seis meses. Eu ainda estava doente e eles ainda não sabiam o que era" (citado em Sharma, 1992: 37). O médico de Jan sugeriu antidepressivos, porque ela estava sofrendo de estresse, mas Jan não os considerava a solução. A conselho de uma amiga, ela procurou a ajuda de um homeopata — um médico alternativo que avalia o estado de todo o corpo e depois, usando doses minúsculas de substâncias, trata "igual com igual", supondo que os sintomas de uma doença fazem parte do processo de autocura do corpo. Ao encontrar um homeopata que usava uma abordagem com a qual ela se sentia confortável, Jan ficou satisfeita com o tratamento que recebeu (Sharma, 1992).

Muitas pessoas tentaram terapias alternativas, como a homeopatia, mas elas são realmente eficazes? Edzard Ernst — o primeiro professor de medicina complementar da Universidade de Essex — argumenta que seus estudos mostram que a grande maioria não "funciona", e muitas carregam riscos e causam mais danos do que benefícios. Ele conscientemente chama a variedade de terapias alternativas de "a assim chamada medicina alternativa", ou SCAM (do inglês *so-called alternative medicine**). Ernst discorda da ideia de que a experiência de melhora de um paciente após a terapia alternativa (como no caso de Jan) pode ser tomada como evidência da eficácia da terapia. Ele explica:

> Para muitos médicos, a experiência é mais significativa do que a evidência. Embora simpatize com essa noção (sou clínico há muitos anos), duvido que eles estejam corretos. Dois eventos — o tratamento administrado pelo clínico e a melhora experimentada pelo paciente — que se sucedem no tempo não estão necessariamente relacionados de forma causal. Correlação não é o mesmo que causalidade! [...] Mesmo o olhar mais superficial sobre as possibilidades revela várias opções.

- O histórico natural da doença: a maioria das condições melhora, mesmo que não seja tratada.
- A regressão em direção à média: com o tempo, os pontos fora da curva tendem a retornar ao meio.
- O efeito placebo: expectativa e condicionamento afetam o modo como nos sentimos.

---

* N. de T. A sigla SCAM corresponde, no inglês, à palavra *scam*, que significa "fraude".

O NHS do Reino Unido deixou de patrocinar a homeopatia e outras terapias alternativas no Royal London Hospital for Integrated Medicine (anteriormente Royal London Homeopathic Hospital, como na imagem) em 2018. Após uma revisão sistemática das evidências, o executivo-chefe do NHS, Simon Stevens, disse que, "Na melhor das hipóteses, a homeopatia é um placebo e um uso indevido dos fundos do NHS, que poderiam ser mais bem dedicados a tratamentos que funcionam" (Matthews-King, 2018).

- Tratamentos concomitantes: os pacientes geralmente fazem mais de um tratamento, e pode ser impossível dizer qual funcionou e qual não funcionou.
- Desejo social: os pacientes tendem a afirmar que se sentiram melhor simplesmente para agradar seu terapeuta (Ernst, 2018).

Para Ernst e outros críticos das terapias alternativas, a experiência clínica não substitui os *ensaios clínicos* cuidadosamente controlados, e os pressupostos subjacentes das terapias alternativas contradizem as leis da natureza e simplesmente não são plausíveis.

> **REFLEXÃO CRÍTICA**
>
> Você ou alguém que você conhece já recorreu a terapias complementares ou alternativas? O que levou você ou eles a fazer isso? Quais terapias foram experimentadas e foram eficazes? Pensando bem, como os pressupostos e as práticas da terapia diferem do modelo biomédico apresentado anteriormente?

Antes de meados do século XX, as principais doenças eram as doenças infecciosas, como tuberculose, cólera, malária e poliomielite, que podiam assumir proporções epidêmicas e ameaçar toda uma população. Nos atuais países desenvolvidos, essas doenças agudas foram substancialmente erradicadas. As causas mais comuns de morte hoje são doenças crônicas não infecciosas, como câncer, doenças cardíacas, diabetes ou doenças circulatórias. Essa mudança é chamada de **"transição de saúde"** (veja a Figura 10.1). Na Europa pré-moderna, as taxas mais altas de mortalidade eram entre

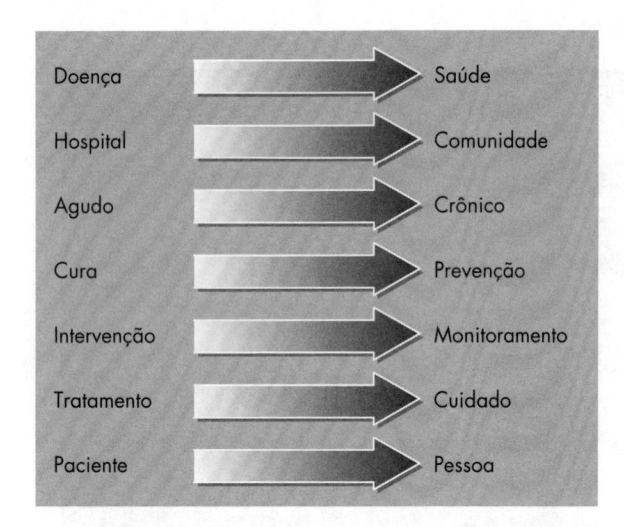

Doença	→ Saúde
Hospital	→ Comunidade
Agudo	→ Crônico
Cura	→ Prevenção
Intervenção	→ Monitoramento
Tratamento	→ Cuidado
Paciente	→ Pessoa

FIGURA 10.1 Transformações contemporâneas na saúde e na medicina.
Fonte: Nettleton (2020: 11).

bebês e crianças pequenas, mas hoje as taxas de mortalidade aumentam com o aumento da idade, e as pessoas vivem mais tempo com doenças crônico-degenerativas. Há também maior ênfase nas "escolhas de estilo de vida" que influenciam o aparecimento da doença. Após a transição da saúde, o modelo biomédico parece cada vez mais desatualizado. Afinal, muitas pessoas que vivem com condições crônicas provavelmente se tornarão especialistas no manejo da doença. Assim, o gradiente de poder entre médico e paciente se torna menos acentuado e perde muito de seu caráter assimétrico anterior.

Muitas pessoas veem o surgimento de terapias alternativas, como reflexologia, hipnoterapia, quiropraxia ou homeopatia, como um desafio real ao domínio da biomedicina, mas devemos ser cautelosos com essa avaliação. A pandemia de covid-19 de 2019 e 2020 foi notável pela maneira como os governos nacionais e líderes políticos seguiram os conselhos de cientistas da saúde, modeladores de pandemias e profissionais médicos. Esses grupos se tornaram muito mais proeminentes, e alguns se tornaram figuras públicas reconhecíveis, aparecendo regularmente na televisão para transmitir as estatísticas mais recentes e educar as pessoas sobre o vírus e os métodos de transmissão. Na rigidez apresentada por essa crise de saúde, ficou claro que a biomedicina científica permanece dominante institucionalmente como uma forma de conhecimento confiável e uma prática eficaz.

Em tempos normais, a maioria das pessoas que recorre a terapias alternativas não o faz a fim de substituir o tratamento ortodoxo, mas busca alternativas *depois* de obter um diagnóstico médico e, muitas vezes, *juntamente* com os tratamentos convencionais. Mais uma vez, isso indica que a biomedicina permanece firmemente estabelecida dentro dos sistemas de saúde modernos, e, por essa razão, a maioria dos sociólogos vê as técnicas não ortodoxas como alternativas complementares, e não genuínas (Saks, 1992). De fato, algumas terapias *complementares*, como a acupuntura, tornaram-se parte dos principais sistemas de saúde e são oferecidas juntamente com o diagnóstico e o tratamento biomédico.

Há uma série de razões pelas quais as pessoas recorrem a um profissional complementar ou alternativo. Alguns percebem a medicina ortodoxa como deficiente ou incapaz de aliviar a dor crônica e incômoda ou os sintomas de estresse e ansiedade. Outros estão insatisfeitos com o funcionamento dos sistemas de saúde e estão fartos de longas listas de espera, encaminhamentos por meio de cadeias de especialistas, restrições financeiras e assim por diante. Muitos estão preocupados com os efeitos colaterais prejudiciais da medicação ou a intrusão da cirurgia, ambos pilares da medicina moderna. A relação assimétrica de poder entre médicos e pacientes também é um problema para alguns pacientes, que sentem que o conhecimento do próprio corpo não é levado a sério o suficiente durante as consultas e os diagnósticos, deixando-os insatisfeitos. Finalmente, algumas pessoas têm objeções religiosas ou filosóficas à medicina ortodoxa, que tende a tratar a mente e o corpo separadamente. Elas acreditam que uma abordagem mais holística, envolvendo as dimensões espiritual e psicológica, tem maior probabilidade de ser encontrada em terapias alternativas.

O crescimento da **medicina alternativa** reflete algumas das mudanças sociais que ocorrem nas sociedades modernas. Vivemos em uma era rica em informações, em que cada vez mais dados estão disponíveis a partir de inúmeras fontes, incluindo a internet, que são levadas em consideração ao se fazer escolhas de estilo de vida e saúde. Cada vez mais os indivíduos estão se tornando "consumidores de saúde", ao adotarem uma postura ativa em relação à própria saúde, em desacordo com a postura passiva exigida pela medicina convencional. As pessoas não apenas são capazes de fazer escolhas sobre quais profissionais consultar, mas também exigem mais envolvimento em seus cuidados e tratamento. O número de grupos de autoajuda está aumentando, e as pessoas estão mais propensas a assumir o controle de suas vidas e reformulá-las ativamente, em vez de confiar apenas nas instruções ou opiniões de especialistas médicos.

Algumas das críticas mais consistentes à biomedicina vieram de mulheres que argumentam que os processos de gravidez e parto foram medicalizados. Em vez de ficar nas mãos das mulheres — com a ajuda de parteiras — em casa, a maioria dos partos ocorre em hospitais sob a direção de especialistas predominantemente do sexo masculino. A gravidez, fenômeno comum e natural, é tratada de forma semelhante a uma "doença", carregada de riscos e perigos. Feministas argumentam que as mulheres perderam o controle sobre o processo e que suas opiniões e conhecimentos são considerados irrelevantes pelos "especialistas" masculinos que supervisionam os processos reprodutivos (Oakley, 1984). A profissão médica tem o poder, como árbitro da "verdade científica", de colocar mais áreas da vida

USANDO SUA IMAGINAÇÃO SOCIOLÓGICA

10.2 Psicofarmacêutica: do tratamento ao aprimoramento?

Os sociólogos mostraram que os profissionais médicos desempenham um papel fundamental na definição do que constitui "doença" e do modo como ela deve ser tratada. No entanto, também está claro que as empresas farmacêuticas assumem a liderança no desenvolvimento de tratamentos para problemas de saúde emergentes. Um problema de saúde recentemente identificado é a fadiga ou sonolência excessiva, e existem distúrbios do sono medicamente reconhecidos, como a narcolepsia — um distúrbio cerebral que causa "ataques de sono" em que as pessoas adormecem sem aviso prévio. Um medicamento, o modafinil, fabricado pela empresa farmacêutica Cephalon, da Pensilvânia (EUA), foi licenciado ostensivamente para o tratamento da narcolepsia, pois ajuda as pessoas a permanecerem acordadas. No entanto, ao longo do tempo, ele tem sido utilizado no tratamento de outras condições, como apneia obstrutiva do sono (AOS) (bloqueio temporário das vias aéreas) e transtorno do sono por turnos de trabalho (SWSD).

A extensão para um uso mais geral para toda uma nova gama de "distúrbios" levanta preocupações sobre o poder das empresas psicofarmacêuticas. Williams (2010: 538) argumenta que "recentemente foram expressas preocupações sobre o papel da indústria farmacêutica não apenas na fabricação e comercialização de medicamentos, mas também na fabricação e comercialização de distúrbios para esses medicamentos tratarem". Se isso for verdade, então o processo de medicalização deve ser visto em um contexto social mais amplo, abrangendo o desenvolvimento, a fabricação e a comercialização de medicamentos, bem como o poder inquestionável da profissão médica.

O modafinil parece ser uma solução racional para alguns dos problemas gerados por nossa sociedade, que atua 24 horas por dia, sete dias por semana, exigindo flexibilidade de trabalho, longas jornadas de trabalho e longos períodos de intensa concentração. Williams (2010: 540) sugere que a legitimidade do uso de drogas para promover a "vigília" se baseia em preocupações de segurança: "Você, por exemplo, se sentiria mais seguro nas mãos de um médico ou piloto quimicamente atento, cujo desempenho na mesa de cirurgia ou na cabine de um avião não será afetado pela sonolência?". Mas o uso da droga nessas situações é realmente um "tratamento" para um problema de saúde real, ou é mais bem visto como um aprimorador de desempenho que permite que os trabalhadores realizem a variedade de tarefas que os empregadores agora exigem deles?

REFLEXÃO CRÍTICA

A "fadiga" ou "sonolência" é um problema médico que exige intervenção farmacêutica? Essa breve discussão apoia a afirmação de que as empresas privadas inventam doenças e intervenções farmacêuticas, ou a profissão médica é a parceira mais poderosa?

humana sob o olhar médico (ver Usando sua imaginação sociológica 10.2 para entender o papel das empresas farmacêuticas na definição da doença).

Preocupações sobre a medicalização de condições anteriormente "normais" foram levantadas em relação à infelicidade ou depressão leve, ao cansaço (rotulado de "síndrome da fadiga crônica") e ao TDAH (transtorno de déficit de atenção e hiperatividade) em crianças. Nos Estados Unidos, são feitas mais de 2 milhões de prescrições por mês para medicamentos para TDAH (principalmente Ritalina) infantil, e entre 3 e 5% das crianças americanas vivem com a doença. Na Grã-Bretanha, 361.832 prescrições de Ritalina e medicamentos semelhantes foram emitidas em 2005, a maioria para crianças com diagnóstico de TDAH (Boseley, 2006). Dez anos depois, o número subiu para 922.200 (National Health Executive, 2015).

A Ritalina tem sido considerada "a pílula mágica" que ajuda as crianças a se concentrar, as acalma e as ajuda a aprender de forma mais eficaz. Os críticos argumentam que os "sintomas" do TDAH refletem as crescentes pressões e estresses sobre as crianças — um ritmo de vida cada vez mais acelerado, o efeito esmagador da tecnologia da informação, a falta de exercício, as dietas ricas em açúcar e o desgaste da vida em **família**. Para os críticos, o uso generalizado da Ritalina tem, de fato, medicalizado a hiperatividade e a desatenção infantil, em vez de chamar a atenção para as causas sociais dos sintomas observados.

Tecnologias inovadoras para a saúde

O contexto social no qual os transtornos alimentares podem se espalhar tem sido explorado por sociólogos por meio do conceito de **socialização da natureza**. Fenômenos antes vistos como "naturais", incluindo o corpo, tornaram-se "sociais" porque são moldados pelas ações humanas. Um dos temas deste capítulo é a criação de novos dilemas pela separação cada vez maior entre o corpo humano e a "natureza", o ambiente natural e os ritmos biológicos do corpo por meio da crescente aplicação da ciência e da tecnologia. Um exemplo óbvio é a cirurgia estética, que permite às pessoas moldar e modificar seu corpo, mas a saúde moderna também conta com uma infinidade de tecnologias médicas amplamente diferentes, incluindo monitores de pressão arterial, próteses de membros, articulações substitutas, ultrassonografia e ressonância magnética, telemedicina, **tecnologias reprodutivas** como FIV (fertilização *in vitro*), transplantes de órgãos, tratamentos medicamentosos, instrumentos cirúrgicos, agulhas de acupuntura, terapias genéticas e muito mais.

Até mesmo essa gama é muito restrita às tecnologias *materiais*, mas devemos incluir também o que Michel Foucault (1988) chamou de *tecnologias sociais* que afetam o corpo. Com essa expressão, ele quer dizer que, cada vez mais, o corpo é algo que temos que "criar", e não apenas aceitar. Uma tecnologia social é qualquer tipo de intervenção regular que fazemos no funcionamento de nossos corpos para alterá-los de maneiras específicas, como jejuar, limpar, escolher tipos específicos de alimentos (como os orgânicos) e fazer dieta para alcançar "boa saúde" ou um tamanho e uma forma corporal específicos. A vida moderna oferece mais maneiras de intervir e moldar nosso próprio corpo do que nunca.

Novas **tecnologias de saúde** também oferecem o potencial para novas abordagens à prevenção e ao tratamento de doenças, e uma das mais recentes é a terapia genética experimental. Em 1990, um programa internacional de pesquisa foi lançado, o Projeto Genoma Humano, com o objetivo de mapear toda a sequência do DNA humano — todos os genes que compõem os seres humanos. Em 2003, foi anunciado que o projeto havia sido concluído com sucesso — uma conquista científica surpreendente, com um potencial revolucionário. O novo conhecimento sustenta uma "revolução biotecnológica" na medicina, que pode ter aplicações e intervenções corporais que transformarão genuinamente a prestação de cuidados médicos. A terapia genética — o uso de genes (em vez de drogas, cirurgia ou medicamentos) para tratar ou prevenir o aparecimento de doenças — talvez tenha o maior potencial. Por exemplo, quando um gene mutante ou não funcional causa uma doença, a terapia genética pode ser usada para criar uma cópia saudável que pode ser implantada no corpo para substituí-lo. Os genes também podem ser introduzidos no corpo para ajudar a com-

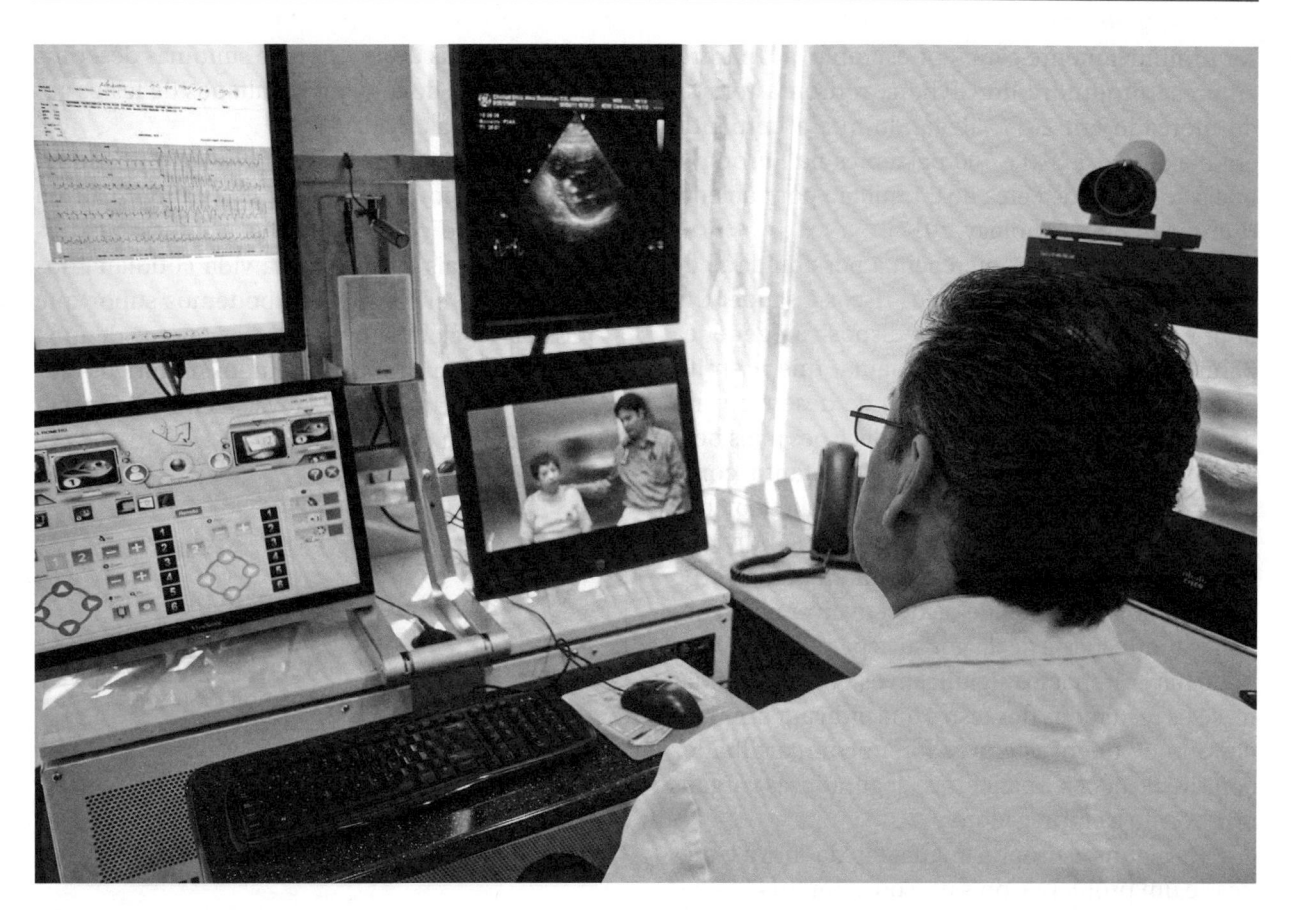

A tecnologia digital potencialmente leva conhecimentos médicos para áreas rurais de difícil acesso por meio da telemedicina baseada na internet. Este cardiologista em Sonora, no México, realiza uma consulta pré-operatória com um paciente a 640 quilômetros de distância. A relação paciente-profissional no futuro pode ser de "médicos remotos e pacientes ausentes" (Mort et al., 2003).

bater doenças ou desativar genes defeituosos que causam problemas de saúde.

O enorme potencial da terapia genética foi demonstrado em um teste experimental para tratar uma condição rara na qual o sistema imunológico de uma criança não funcionava, deixando o corpo incapaz de lidar com a doença. A imunodeficiência combinada grave — ligada ao X (X-SCID) — é uma condição genética que afeta apenas meninos, e o tratamento geralmente envolve transplantes de células-tronco na medula óssea de doadores; entretanto, a terapia gênica é menos intrusiva e pode evitar o uso de quimioterapia. Um estudo envolveu nove crianças em cinco cidades dos EUA, do Reino Unido e da França, sete das quais estavam bem até 43 meses após o primeiro tratamento (Marcus, 2014; Stephens, 2014).

Claramente, exemplos bem-sucedidos de terapias genéticas levantam a tentadora perspectiva de cura para doenças hereditárias, como a anemia falciforme, mas também têm um enorme potencial comercial. Em 2012, a União Europeia se tornou a primeira autoridade reguladora a aprovar uma terapia genética "única", com a marca Glybera, para pacientes com deficiência familiar de lipase lipoproteica (LPLD), uma condição metabólica hereditária rara que produz múltiplos ataques de pancreatite debilitante. Em 2014, uma empresa de testes genéticos, chamada 23 and Me, foi lançada no Reino Unido, vendendo *kits* de testes que permitem a triagem de doenças genéticas e que os clientes explorem seu genoma pessoal. No entanto, a possibilidade de testes e terapias de genes também levantou sérias preocupações de segurança e pode ser proibitivamente cara. Por exemplo, a Uniqure, empresa produtora do Glybera, retirou a terapia do mercado em 2017, alegando que a demanda era baixa (entre 350 e 700 pacientes na Europa) e que o custo era de cerca de € 1 milhão por paciente (European Biotechnology, 2017).

Os testes genéticos oferecem a possibilidade de uma previsão mais precisa dos riscos à saúde. Um bom exemplo é o teste de predisposição genética para desenvolver câncer de mama, que identifica quais pessoas estão em risco de desenvolver a doença, para que possam tomar decisões mais bem informadas sobre o tratamento. No entanto, como observa Nettleton (2020: 146), o teste genético pode criar mais incertezas, transformando um indivíduo saudável em "um 'paciente sem sintomas', um corpo com maior probabilidade de desenvolver uma condição: uma espécie de diagnóstico parcial". Também pode haver impactos significativos na vida cotidiana se os resultados dos testes que indicam um risco elevado de doenças graves forem compartilhados com instituições financeiras, seguradoras, órgãos do governo e empregadores.

Para alguns, a própria linguagem da "nova genética" é um problema, pois passou a dominar os debates sobre saúde e doença, levando a uma noção individualizada, medicalizada e reducionista do que constitui "saúde" e "doença", extraída de seus contextos social e cultural (Conrad, 2002). Como resultado, explicações biológicas simples estão se tornando mais comuns, e, em uma reversão da tendência recente para uma relação mais igualitária entre leigos e profissionais, a classe médica está recuperando sua posição poderosa como a única fonte legítima de especialização nesse campo em expansão.

Por outro lado, estudos sociológicos descobriram que aqueles com um *status* biológico compartilhado também formavam grupos de apoio mútuo, pressionando governos para financiamento de pesquisas e trabalhando com médicos e cientistas para entender melhor a condição específica e as suas consequências (Rabinow, 1999). Os pacientes também costumam localizar os resultados dos testes genéticos em sua estrutura mais ampla de compreensão e podem nem mesmo considerá-los especialmente significativos, vendo a história familiar como um indicador melhor de suas perspectivas de saúde. Da mesma forma, os médicos podem confiar mais em, digamos, leituras de colesterol e sintomas descritos pelos pacientes do que nos resultados de testes genéticos (Will et al., 2010).

Assim, apesar das preocupações legítimas sobre o impacto das novas tecnologias em saúde, a forma como estas são compreendidas e integradas nos contextos sociais existentes na vida cotidiana dos indivíduos significa que não podemos supor que as pessoas estejam simplesmente à mercê de uma tecnologia recém-imposta. Estudos empíricos ajudarão a descobrir como as novas tecnologias estão sendo usadas e compreendidas.

> **REFLEXÃO CRÍTICA**
>
> Você estaria preparado para participar de um programa de testes genéticos? Que resultados positivos você poderia esperar e que problemas os testes generalizados poderiam gerar? Em suma, os testes genéticos são um desenvolvimento positivo para a população como um todo?

Hoje estamos vivendo um período de reforma significativa e rápida na medicina moderna e nas atitudes das pessoas em relação ao cuidado de sua própria saúde. No entanto, a noção de que as transformações na saúde discutidas ao longo desta seção resultarão em um novo "paradigma de saúde" para substituir o modelo biomédico parece improvável. O modelo biomédico está profundamente enraizado nos sistemas de saúde, e muitas das tecnologias de saúde recentes podem realmente fortalecer, em vez de enfraquecer, as ideias biomédicas sobre a causa e o tratamento das doenças. Como veremos a seguir, epidemias e pandemias também representam problemas globais de saúde pública, que não serão prevenidos ou enfrentados com sucesso sem o envolvimento da medicina científica.

Pandemia e globalização

A **epidemia** de uma doença pode ser definida como uma infecção que se espalha além do esperado dentro de uma determinada comunidade, enquanto uma **pandemia** é considerada "uma epidemia que ocorre em todo o mundo, ou em uma área muito grande, cruzando fronteiras internacionais e geralmente afetando um grande número de pessoas" (Last, 2001). Em comparação com os leitores de nossas edições anteriores, os de hoje provavelmente precisarão de pouca informação sobre essa distinção, tendo convivido com o coronavírus SARS-CoV-2, mais conhecido como covid-19 (doença de coronavírus 2019), a primeira pandemia genuinamente global do século XXI (ECDC, 2020a, 2020b). Em nossa era de intensas conexões globais, as pandemias podem se tornar mais comuns.

No entanto, epidemias e pandemias de doenças não são novas. No início do século XIV, a peste bubônica eclodiu na China, quando a bactéria *Yersinia pestis* foi transmitida aos humanos por pulgas de ratos, que espalharam a doença por meio de navios mercantes e das principais rotas comerciais para a Ásia e a Europa. Estima-se que em apenas cinco anos, de 1347 a 1352, pelo menos 25 milhões de pessoas morreram na Europa — entre um terço e metade de toda a população (Cunningham, 2011: 101). Novos surtos continuaram a se desenvolver em todo o mundo até o século XVII. Em 1918 e 1919, no final da Primeira Guerra Mundial, uma pandemia de gripe conhecida como "gripe espanhola" (a Espanha foi o primeiro país a declarar uma epidemia) se espalhou pela Europa e outras partes do mundo, matando cerca de 50 milhões de pessoas e afetando desproporcionalmente jovens adultos na faixa dos 20 aos 40 anos — muito mais do que o número de mortos na guerra (Barry, 2005: 4-5).

Nos últimos anos, também houve várias pandemias potencialmente graves. A SARS (síndrome respiratória aguda grave) — um tipo de coronavírus que pode evoluir para pneumonia, com risco de vida — surgiu na província de Guangdong, na China, em 2003, infectando cerca de 8 mil pessoas em todo o mundo e matando mais de 750 (Centers for Disease Control, 2014). O ano de 2009 viu a propagação da "gripe suína", na qual o agente infeccioso, um novo tipo de vírus *influenza* "comum", H1N1, era uma combinação de material genético de humanos, pássaros e suínos "misturados" em porcos mexicanos para criar uma nova cepa. No final de 2010, a OMS anunciou o fim da pandemia; embora a estimativa original de mortes por gripe suína fosse de cerca de 18 mil, as últimas análises sugerem que cerca de 280 mil pessoas morreram, sendo o Sudeste Asiático, a África e a América do Sul as regiões mais afetadas (Dawood et al., 2012).

Os processos de globalização, particularmente os movimentos populacionais mais fluidos entre Estados-Nações e fronteiras regionais, podem estar levando a uma nova "era pandêmica" na qual os vírus são capazes de se combinar mais facilmente, se espalhar mais rapidamente e viajar mais longe do que em qualquer momento no passado. A cada desenvolvimento no transporte, desde carruagens puxadas por cavalos até barcos e navios, redes rodoviárias e viagens aéreas, a população humana tem movimentado a si mesma, outros animais e produtos ao redor do mundo de maneiras cada vez mais eficientes e sistemáticas. O virologista Nathan Wolfe (2011: 118) argumenta que, hoje, a globalização facilita a transmissão generalizada de agentes infecciosos, dando-lhes "um palco verdadeiramente global sobre o qual agir". Isso também significa uma disseminação mais rápida de doenças, porque "os humanos podem literalmente enfiar suas botas em um pântano da Austrália em um dia e nos rios da Amazônia no dia seguinte".

A globalização não é a única causa de novas pandemias. O consumo de carne de caça em partes da África, a venda de animais silvestres em alguns "mercados úmidos" chineses, a urbanização contínua e o crescimento das cidades e da agricultura industrial também são fatores importantes no desenvolvimento e na disseminação de infecções. No entanto, a globalização também permite o compartilhamento de conhecimentos, a coleta de dados de muitas fontes, bem como instalações médicas e novos tratamentos que podem tornar essas pandemias menos graves do que no passado. A seguir, examinamos três exemplos que ilustram a situação contemporânea.

A grande ruptura: covid-19

O surto de covid-19 no final de 2019 e em 2020 e 2021 é certamente a pandemia mais globalmente disruptiva dos últimos cem anos. No entanto, no momento em que este livro é escrito (final de novembro de 2020), a pandemia ainda não está totalmente controlada, com grandes restrições às liberdades civis e legislações de emergência ainda em vigor. Neste momento, não há um corpo confiável de trabalhos revisados por pares para se basear, e, portanto, o que pode ser legitimamente dito sobre esse grande evento de saúde, sociologicamente ou não, certamente é muito limitado. O que podemos fazer é delinear algumas das principais questões decorrentes da covid-19 e a resposta das sociedades a elas.

A covid-19 é uma doença infecciosa, resultado de um coronavírus recém-descoberto. O vírus foi identificado pela primeira vez na cidade de Wuhan, na China, no final de 2019 e rapidamente se espalhou pelo mundo, com impacto severo nas economias e na vida social. Na maioria das pessoas, a covid-19 produz sintomas leves de febre, tosse persistente e letargia. Embora pareça ter menor probabilidade de afetar crianças e jovens, em casos graves e em qualquer idade pode levar a problemas respiratórios e falência de órgãos, que se mostraram fatais (*New Scientist*, 2020). Até agora, as maiores taxas de mortalidade foram na Europa, nos EUA e no Brasil. Os idosos, especialmente aqueles com problemas de saúde, correm um risco muito maior de danos a longo prazo ou morte, e uma proporção significativa de todas as mortes ocorreu em casas de repouso.

Em 5 de janeiro de 2021, a OMS relatou que havia pouco mais de 84,2 milhões de casos identificados de covid-19 globalmente, em 220 países e territórios, e 1.843.293 pessoas morreram com o vírus (OMS, 2021; veja também as Figuras 10.2A e 10.2B). Talvez o aspecto mais notável da pandemia, de modo global, seja que ela afetou principalmente países do Norte Global, apesar dos temores de que os sistemas de saúde no Sul Global pudessem estar sobrecarregados. Embora todos os países da África tenham relatado alguns casos do vírus, em 4 de janeiro de 2021, havia apenas 2,85 milhões de casos identificados e 67.986 mortes em todo o continente (Africa Centre for Disease Control and Prevention, 2021). A OMS sugeriu que o perfil de idade mais jovem dos países africanos pode significar uma taxa de mortalidade geral relativamente baixa, embora também preveja um rápido aumento nas taxas de infecção.

Essas evidências estatísticas básicas estão abertas a revisões futuras, pois as infecções dependem de diferentes taxas de testes, e as taxas de mortalidade são as melhores estimativas, dados os diferentes métodos de registro e notificação em nível nacional. Por exemplo, as estatísticas publicadas da Itália não incluem mortes em lares de idosos, as da Suécia incluem, enquanto a Bélgica considera nas estatísticas as "mortes suspeitas", em que nenhum teste foi realizado (o que ajuda a explicar sua taxa relativamente alta). Dado que a OMS estima que entre um terço e metade de todas as mortes por covid-19 na Europa podem ocorrer em instituições de longa permanência, o impacto nos idosos pode ser ainda mais grave. O ministro da Saúde e de Assuntos Sociais da Suécia admitiu francamente que "Falhamos em proteger nossos idosos. Isso é realmente sério e um fracasso para a sociedade como um todo" (citado no *Bangkok Post*, 2020). No Reino Unido, a National Care Association disse que as casas de repouso

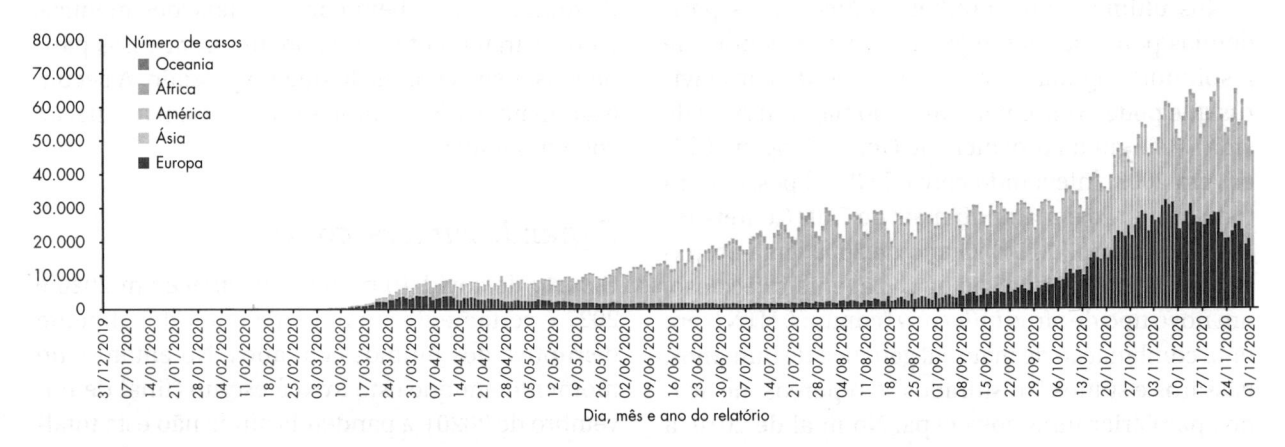

FIGURA 10.2A Distribuição de casos de covid-19 no mundo, por continente, em 30 de novembro de 2020. (Para ver esta imagem colorida, acesse **loja.grupoa.com.br**, encontre a página do livro por meio do campo de busca e clique em Material Complementar.)

Fonte: ECDC (2020b).

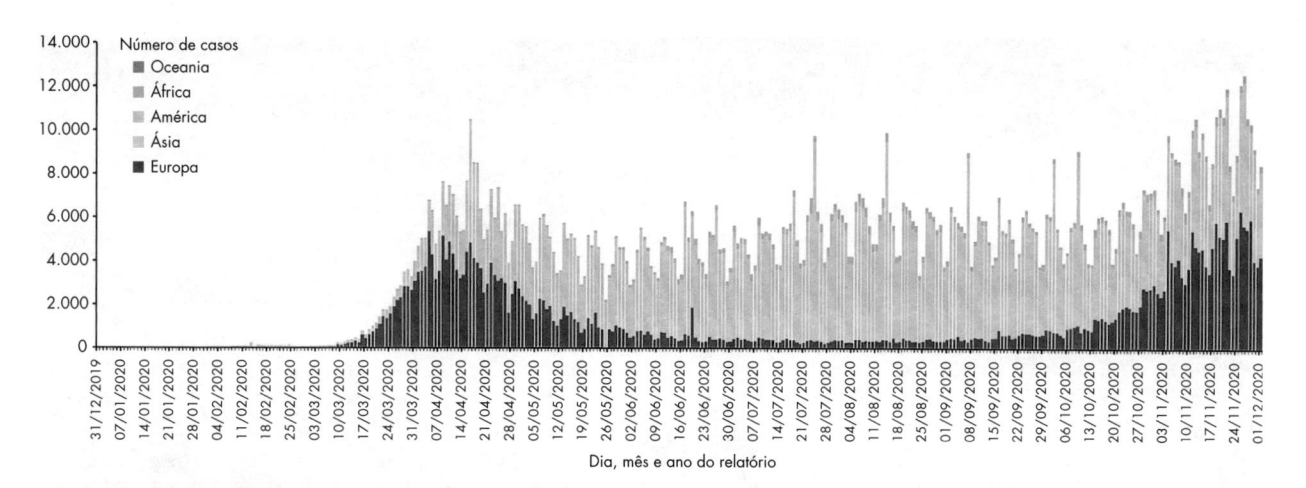

FIGURA 10.2B Distribuição de mortes por covid-19 no mundo, por continente, em 30 de novembro de 2020. (Para ver esta imagem colorida, acesse **loja.grupoa.com.br**, encontre a página do livro por meio do campo de busca e clique em Material Complementar.)
Fonte: ECDC (2020b).

se sentiram "completamente abandonadas" à medida que o vírus se espalhava pelo país (BBC News, 2020d). Os governos estavam focados em evitar que os hospitais ficassem sobrecarregados, levando a uma taxa de mortalidade muito maior em casas de repouso do que em qualquer outro lugar.

Seguindo a liderança da China em bloquear o surto inicial, muitos governos introduziram uma série de medidas restritivas, incluindo o fechamento de grande parte de suas economias para tentar impedir a propagação do vírus. Entre essas medidas, estavam o fechamento de escolas, a proibição de viagens, o fechamento de fronteiras, o fechamento de locais de trabalho, a proibição de reuniões públicas, as medidas de distanciamento social, a legislação de emergência, os gastos adicionais com saúde e bem-estar (incluindo o pagamento dos salários de trabalhadores pelo Estado) e os testes de rastreamento de populações (Hale et al., 2020). As restrições gerais às liberdades civis, particularmente as ordens de "fique em casa" para a massa de pessoas saudáveis, e a intervenção do Estado para ajudar empresas e trabalhadores podem ser legitimamente descritas como sem precedentes.

Um pequeno número de países, principalmente a Suécia, evitou medidas rígidas de bloqueio, produzindo conselhos e orientações para os cidadãos, mantendo lojas, lanchonetes, bares e escolas abertos e proibindo grandes aglomerações. O governo sueco confiou no distanciamento voluntário e na responsabilidade pessoal. Em meados de maio de 2020, a taxa de mortalidade da Suécia era maior do que a de seus vizinhos mais rígidos, Dinamarca, Noruega e Islândia, mas menor do que as taxas da Espanha, da Itália, do Reino Unido, dos EUA e da França, que impuseram medidas rígidas de bloqueio. Ainda faltam comparações confiáveis sobre o sucesso relativo dessas diferentes formas de lidar com a pandemia.

Em um período de tempo muito curto, a crise da covid-19 alertou os políticos e o público para a descoberta mais bem evidenciada na sociologia da saúde (como veremos mais adiante no capítulo): saúde, morbidade e mortalidade são padronizadas de acordo com estruturas de desigualdade social. O Escritório de Estatísticas Nacionais do Reino Unido esteve na vanguarda das primeiras tentativas de entender isso, examinando as certidões de óbito. Descobriu-se que homens negros tinham 4,2 vezes e mulheres negras tinham 4,3 vezes mais chances de morrer com covid-19 do que homens e mulheres brancos, respectivamente. Pessoas de etnicidade bengali, paquistanesas, indianas e mistas também apresentaram riscos estatisticamente significativos e maiores de morrer com o vírus (ONS, 2020a).

A ONS também analisou quais *ocupações* tiveram as maiores taxas de mortalidade. O estudo constatou que, de 2.449 mortes na população em idade ativa (entre 20 e 64 anos), dois terços eram homens, e as maiores taxas de mortalidade eram de homens

Centro de Londres, no meio da manhã, junho de 2020: durante a pandemia de covid-19, as pessoas nas principais cidades do mundo se acostumaram com ausência de tráfego de massa, ar mais limpo e ruas praticamente vazias enquanto os governos orientavam a população a ficar em casa.

que trabalhavam na categoria de ocupações "menos qualificadas" da ONS. Mais especificamente, foram encontradas taxas de mortalidade significativamente aumentadas entre guardas de segurança masculinos, homens e mulheres da área de saúde e cuidadores domésticos, motoristas de táxi e de aplicativo, motoristas de ônibus e *vans*, *chefs* e assistentes de vendas e varejo (ONS, 2020b: 1-2). Certamente são necessárias mais pesquisas, mas as pessoas nessas ocupações claramente não podem trabalhar em casa, e, para muitos trabalhadores, não trabalhar significa não ser pago. Assim, trabalhadores de "baixa qualificação" e mal remunerados — muitos de grupos étnicos negros e minoritários — eram mais propensos a continuar trabalhando durante a pandemia, enquanto outros grupos continuavam trabalhando de casa ou eram parcialmente pagos pelo Estado para permanecer em casa.

As ordens de "fique em casa" levaram a um agravamento das situações de abuso doméstico, pois foram impostas pesadas restrições à liberdade de movimento. Muitos países, incluindo Brasil, Grécia, Espanha e Reino Unido, relataram níveis crescentes de abuso doméstico durante as primeiras semanas da pandemia (Graham-Harrison et al., 2020). No Reino Unido, as organizações de pessoas com deficiência também protestaram, afirmando que as pessoas com deficiência foram "em grande parte esquecidas" na resposta do governo, arriscando uma exclusão social ainda mais grave. Em particular, o aumento do isolamento social, a falta de assistência social e a suspensão de direitos individuais a alguns serviços do município impactaram a saúde física e mental das pessoas com deficiência (Haynes, 2020).

Haverá, sem dúvida, uma gama completa de análises sociocientíficas no futuro, mas o que podemos dizer é que a pandemia mostrou como as desigualdades sociais estruturadas continuam a moldar a saúde e as chances de vida das pessoas. Além disso, apesar de seus muitos aspectos positivos, a globalização da conectividade humana forneceu novas rotas para a transmissão mais rápida de doenças e agentes infecciosos. Basicamente, a pandemia ilustra uma das ideias subjacentes deste livro: que o mundo humano moderno e globalizado é um lugar de grandes oportunidades, mas também de altos riscos. Também fica claro que riscos e recompensas são sistematicamente distribuídos de forma desigual.

> Os processos de globalização e os debates em torno deles são o assunto do Capítulo 4, "Globalização e mudança social".

A pandemia de HIV/aids

Um poderoso lembrete de que a mudança geral de condições agudas para crônicas não é absoluta veio no início de 1980, com o surgimento de uma nova epidemia — HIV — que rapidamente se tornou uma pandemia, ocasionando a morte de milhões de pessoas à medida que a infecção pelo HIV se transformava em aids. Diz-se que uma pessoa tem "síndrome da imunodeficiência adquirida" (aids) quando o número de células imunes no corpo cai abaixo do mínimo considerado necessário para combater infecções. Nesse ponto, o indivíduo fica suscetível a infecções oportunistas que o corpo não consegue combater, levando a doenças graves e potencialmente fatais, como pneumonia, tuberculose e câncer de pele. A aids é o resultado de danos causados por infecção prévia com o vírus da imunodeficiência humana (HIV).

Ainda não há "cura" para a aids nem vacina para prevenir a infecção pelo HIV. Nessa situação, os profissionais de saúde se concentraram em transformar a infecção pelo HIV de uma doença aguda potencialmente fatal em uma condição crônica que pode ser gerenciada com segurança. O foco tem sido diminuir as taxas de infecção por meio da educação em saúde pública e do desenvolvimento de tratamentos medicamentosos que retardam o aparecimento da aids. A transmissão do HIV ocorre de quatro maneiras principais:

- sexo desprotegido com penetração com uma pessoa infectada;
- injeção ou transfusão de sangue ou produtos de sangue contaminado, como enxertos cutâneos ou transplantes de órgãos de pessoas infectadas;
- transmissão de mães infectadas para seus bebês durante a gestação, no parto ou pela amamentação;
- compartilhamento de equipamento de injeção usado por uma pessoa infectada e não esterilizado.

AIDS EM NÚMEROS DE 2017

36,9 milhões
de pessoas vivendo com HIV

21,7 milhões
de pessoas vivendo com HIV com acesso a tratamento

1,8 milhões
de novas infecções por HIV

3 entre 4
pessoas vivendo com HIV conheciam seu estado

940.000
mortes relacionadas à aids

4 entre 5
pessoas que conheciam seu estado tinham acesso a tratamento

35%
de redução em novas infecções por HIV entre crianças desde 2010

FIGURA 10.3 Aids em números, 2017.
Fonte: UN (2018).

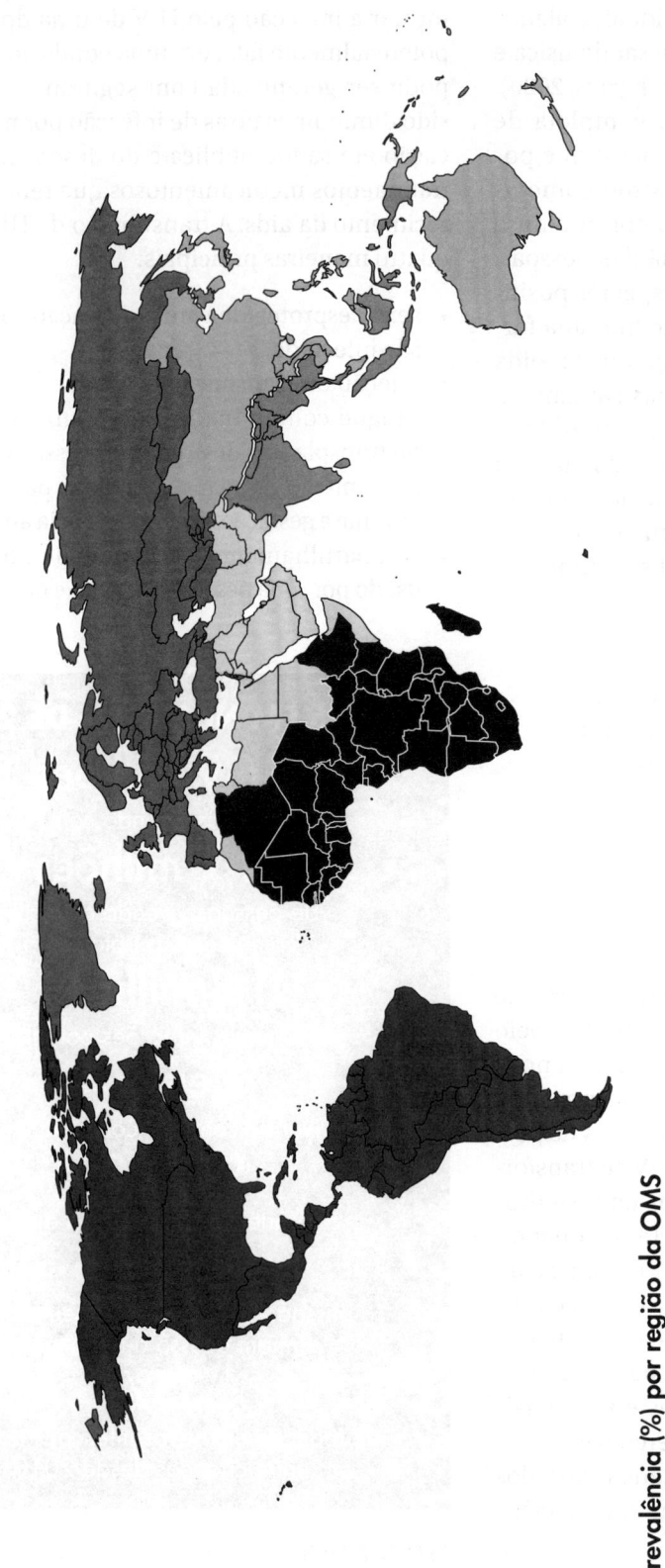

Prevalência (%) por região da OMS

- Mediterrâneo Oriental: 0,1 [< 0,1-0,1]
- Pacífico Ocidental: 0,1 [< 0,1-0,2]
- Sudeste Asiático: 0,3 [0,2-0,4]
- Europa: 0,4 [0,4-0,4]
- Américas: 0,5 [0,4-0,6]
- África: 4,1 [3,4-4,8]

Prevalência global: 0,8% [0,6-0,9]

FIGURA 10.4 Prevalência de HIV global em adultos (15 a 49 anos), 2017, por região da OMS. (Para ver esta imagem colorida, acesse **loja.grupoa.com.br**, encontre a página do livro por meio do campo de busca e clique em Material Complementar.)

Fonte: WHO (2017a).

A OMS estima que, no final de 2017, quase 37 milhões de pessoas em todo o mundo viviam com HIV, cerca de 25 milhões delas na África. Houve 940 mil mortes relacionadas à aids em 2017. Desde o início da pandemia, na década de 1980, cerca de 77,3 milhões de pessoas foram infectadas pelo HIV e 35,4 milhões morreram de doenças relacionadas ao HIV/aids (UN, 2018). As estatísticas mostram que essa é uma das pandemias mais mortais da história, e o HIV/aids se tornou uma das principais causas de morte, especialmente em muitas partes da África (UNAIDS, 2008).

Embora haja alguma evidência de uma tendência crescente nos EUA (onde a doença foi identificada pela primeira vez em 1981), na China e na Europa Oriental, o aumento global do número de pessoas vivendo com HIV diminuiu; quase 22 milhões de pessoas com HIV estão acessando tratamento, e as mortes relacionadas à aids caíram 47% desde o pico, em 1996. No entanto, 1,8 milhão de pessoas foram infectadas pelo HIV em 2017 (Figuras 10.3 e 10.4), e o número de pessoas vivendo com o vírus continua a aumentar, em parte como resultado da eficácia dos tratamentos antirretrovirais (ART) em retardar o aparecimento da aids (UNAIDS, 2014: 4). No entanto, os medicamentos são caros e, embora tenha havido progresso na ampliação de sua distribuição desde 2010, muitas pessoas com HIV no Sul Global ainda não têm acesso aos tratamentos mais eficazes. Por exemplo, no final de 2017, cerca de 21,7 milhões de pessoas estavam recebendo terapia antirretroviral, mas isso deixa mais de 40% das pessoas com HIV sem tratamento eficaz. Certamente ainda há um bom caminho a percorrer antes que se possa dizer que o HIV está "sob controle" de modo global, mas as estatísticas da ONU e da OMS mostram que a propagação do HIV foi interrompida e, de fato, revertida.

Quais são as lições sociológicas a serem aprendidas com a pandemia de HIV/aids? Erving Goffman (1963) argumentou que o **estigma** é uma relação de desvalorização em que o indivíduo ou grupo é desqualificado para aceitação social plena. Estigmas raramente são baseados em entendimentos válidos, mas surgem de estereótipos ou falsas percepções que podem estar apenas parcialmente corretas. Em alguns casos, o estigma nunca é removido, e a pessoa nunca é aceita por completo na sociedade. Certamente isso foi verdade para os primeiros pacientes de aids nos EUA, no Reino Unido e em outros lugares, e continua sendo em partes da África e da Ásia.

Como o HIV/aids foi descoberto pela primeira vez entre homens *gays* nos EUA, alguns comentaristas se referiram à doença como GRID — *gay related immune deficiency* (deficiência imune relacionada a *gays*) —, pois um estilo de vida *gay* "ocasional" foi considerado *causador* da doença (Nettleton, 2020: 53). A suposta conexão entre estilos de vida particulares e risco de infecção levou inicialmente à estigmatização de homens *gays* e certos estilos de vida. Nettleton aponta que os resultados da pesquisa logo desacreditaram essas crenças, mostrando que eram *práticas* específicas, como injetar agulhas não esterilizadas ou praticar sexo com penetração desprotegida, que transmitiam o vírus. No entanto, as interpretações epidemiológicas dos homens *gays* como um "grupo de alto risco" costumavam reforçar sua separação do "público heterossexual em geral", acalentando esse último com uma perigosa sensação de falsa segurança.

O HIV/aids também levanta questões importantes em relação às desigualdades sociais. Em muitos países, as normas heterossexuais de masculinidade rejeitam o uso do preservativo, favorecendo o sexo desprotegido como forma de "ser homem", mas as consequências dificilmente poderiam ser mais graves para as mulheres heterossexuais. A desigualdade entre o Norte e o Sul Global é enfatizada pela pandemia de HIV/aids, pois as pessoas infectadas pelo HIV nos países ricos têm uma chance muito maior de sobrevivência do que aquelas nos países mais pobres. As tentativas de tornar os medicamentos antirretrovirais mais amplamente disponíveis nos países em desenvolvimento tiveram algum sucesso nos últimos anos, enquanto a OMS relata que tornar a profilaxia pré-exposição (PrEP) — que usa medicamentos antirretrovirais para prevenir a infecção pelo HIV — disponível para uso seguro em todo o mundo será o próximo grande desafio.

> Veja o Capítulo 6, "Desigualdade global", para uma discussão mais ampla dessas questões.

Evitando uma pandemia de Ebola

Em 1976, uma doença viral causou a morte de 280 pessoas no Zaire, atual República Democrática do Congo (RDC). Como se originou em Yambuku, uma aldeia próxima ao rio Ebola, a doença foi chamada de doença do vírus Ebola (EVD). No mesmo ano, a EVD também levou à morte de 151 pessoas em Nzara, no Sudão. O vírus é trazido para a população humana pelo contato com animais selvagens e se espalha pelo contato com fluidos corporais, secreções, órgãos e ambientes contaminados, como roupas do vestiário e roupas de cama das pessoas infectadas. A EVD é fatal em 50 a 60% das pessoas infectadas, e não há vacina aprovada, embora tratamentos experimentais recentes tenham sido bem-sucedidos em um pequeno número de pacientes. Desde 1976, a OMS identificou mais de 20 surtos de Ebola, principalmente na África Central. O surto mais recente ocorreu na República Democrática do Congo em 2018 e matou pelo menos 1.800 pessoas até agosto de 2019. No entanto, o surto mais mortal de Ebola começou na Guiné, na África Ocidental, em dezembro de 2013, e foi relatado pela primeira vez em março de 2014.

Em 12 de outubro de 2014, a OMS (UN, 2014) estimou que cerca de 4.500 pessoas morreram de EVD: 2.458 na Libéria, 1.183 em Serra Leoa, 843 na Guiné, oito na Nigéria e uma nos EUA. No entanto, os centros de controle de doenças dos EUA sugeriram que,

Os profissionais de saúde da África Ocidental usaram equipamentos de proteção individual completos para evitar contrair e potencialmente espalhar o vírus Ebola durante o surto de 2014. Proteção essencial como essa não estava prontamente disponível em Serra Leoa e na Libéria.

como as pessoas estavam morrendo da doença sem frequentar os centros de saúde, o número real poderia ser pelo menos o dobro desse total. Diz-se que a epidemia de 2014 foi o resultado do contato próximo entre humanos e animais selvagens, provavelmente morcegos frugívoros, que são um "reservatório natural" para o vírus Ebola. Os surtos anteriores costumavam ocorrer em aldeias rurais remotas, mas o mais recente se espalhou rapidamente para centros urbanos, como a capital da Guiné, Conacri. As instalações de saúde estavam sobrecarregadas, e a falta de equipamentos básicos e roupas de proteção contribuiu para que pelo menos 440 profissionais de saúde fossem infectados.

Alguns governos do mundo desenvolvido, incluindo Canadá, EUA e Reino Unido, introduziram a triagem de aeroportos para tentar impedir a propagação do Ebola, embora a maioria dos países relativamente ricos tenha instalações de saúde avançadas e recursos disponíveis para controlar a propagação de qualquer infecção. Portanto, era improvável que uma pandemia com mortes em massa ocorresse em todas as partes do mundo. Os surtos na Nigéria e no Senegal foram controlados rapidamente, e na Guiné — que tem um sistema de saúde mais forte — a situação estava se estabilizando em meados de outubro. Mas em Serra Leoa e na Libéria o vírus se espalhou para áreas urbanas densamente povoadas e se tornou muito mais difícil de ser controlado (BBC News, 2014a).

Compreender o Ebola (e outras pandemias) não é simplesmente compreender fatos biológicos — agentes infecciosos, rotas de transmissão e propagação da infecção —, mas também nos leva a entender o âmago do motivo pelo qual a desigualdade global continua sendo, literalmente, uma questão de vida ou morte. Como Doherty (2013: xxxvi) afirma:

> quando se trata de pandemias, o patógeno — a causa infecciosa — é apenas metade da equação: a outra metade é quem somos e o que fazemos. Pensar dessa maneira também deve nos levar a estender nossa preocupação com as pandemias para um desafio muito maior — o de alcançar um planeta mais equitativo e ambientalmente sustentável. No longo prazo, é dessa conquista que dependerá nossa sobrevivência como espécie. As pandemias são apenas parte da história, e talvez nem mesmo a parte mais assustadora.

Em Serra Leoa e na Libéria, as guerras civis da década de 1990 danificaram a infraestrutura nacional, deixando os países sem um sistema de saúde que funcionasse adequadamente e tornando-os, assim, mais vulneráveis a uma disseminação rápida do vírus. Como resultado, grande parte da perda de vidas por EVD na África Ocidental foi atribuída à provisão de saúde com poucos recursos e à falta de serviços básicos e infraestrutura, como água potável e segura e estradas acessíveis.

A busca pela melhor forma de controlar um surto de EVD antes que ele se espalhe globalmente levou alguns a sugerirem o uso de **análise de *big data*** como uma ferramenta útil. Um exemplo simples foi a vigilância de dados de telefones celulares de antenas telefônicas durante o surto para mapear chamadas para linhas de ajuda, mostrando onde os centros de tratamento poderiam ser introduzidos com mais eficácia. Os próprios telefones poderiam ter conselhos de saúde direcionados. A análise de *big data* também poderia ser usada no futuro para rastreamento de contatos (dos infectados ou em risco), observando movimentos da população dentro e fora de "zonas quentes", rastreando movimentos através das fronteiras por meio de dados de aeroportos, portos, ferrovias e sistemas de identificação de veículos e agrupando a atividade do telefone celular e das redes sociais. Todas essas fontes fornecem informações essenciais para agências de saúde e governos que tentam entender a forma de um surto para controlá-lo. A análise de *big data* é capaz de reunir uma enorme quantidade de dados de várias fontes para construir uma imagem mais abrangente, colaborando com os métodos existentes de coleta de informações (Wall, 2014).

> Veja o Capítulo 19, "Mídia", para uma discussão mais detalhada sobre a revolução digital.

É claro que *big data* e dispositivos digitais não podem, por si sós, controlar possíveis pandemias, o que sempre exigirá esforços internacionais conjuntos de uma série de agências governamentais e não governamentais no local, mas eles têm o potencial de dar uma contribuição significativa, que simplesmente não estava disponível antes da revolução digital nas comunicações. Assim, enquanto os processos de globalização aumentaram o potencial das epidemias de saúde de se transformarem mais rapidamente em pandemias perigosas, os mesmos processos de comunicação global criam a possibilidade de essa tendência ser combatida. Esse ponto nos lembra a máxima de Karl Marx (1970 [1859]: 21) de que "A humanidade, portanto, inevitavelmente se propõe apenas as tarefas que é capaz de resolver, pois um exame mais atento sempre mostrará que o próprio problema surge apenas quando as condições materiais para sua solução já estão presentes ou pelo menos em formação".

Sete meses após o início do surto de Ebola em 2014, a resposta internacional foi criticada como muito lenta, e uma escassez de pelo menos 3 mil leitos de saúde foi identificada na Libéria e em Serra Leoa. O ex-secretário-geral da ONU Kofi Annan declarou-se "amargamente desapontado" com a resposta dos países desenvolvidos, sugerindo que a assistência internacional acelerou apenas quando o vírus atingiu os EUA e a Europa Ocidental (BBC News, 2014b). A epidemia de Ebola demonstra a grande disparidade entre os cuidados de saúde disponíveis no Sul e no Norte Global e, consequentemente, os diferentes níveis de risco para as pessoas com base em sua localização geográfica. De fato, as desigualdades em saúde ao longo das linhas de classe social, gênero, etnicidade e deficiência são o foco de muitos estudos empíricos de saúde e doença.

O conceito de "risco" se tornou central na pesquisa sociológica sobre estilos de vida, saúde e medicina desde o final do século XX, e o surgimento do HIV/aids foi fundamental para criar uma população mais "consciente do risco". De fato, Ulrich Beck (1999) argumentou que estamos nos movendo para uma "sociedade de risco mundial" na qual as pessoas empreenderão mais esforços e usarão mais recursos lidando com riscos do que nunca. Se for assim, então, como a pandemia de covid-19 demonstrou, antecipar as pandemias e planejá-las deve ser uma das tarefas mais importantes para todos os governos e organizações internacionais.

> **REFLEXÃO CRÍTICA**
>
> Pense no motivo pelo qual o Ebola representava uma ameaça muito menor para as populações dos países desenvolvidos. Que medidas práticas podem ser tomadas para prevenir ou reduzir o impacto do Ebola no Sul Global?

Desigualdades na saúde

O século XX testemunhou um aumento geral significativo na expectativa de vida para os países industrializados, enquanto em 2016 a OMS estimou que a expectativa de vida média no nascimento para a população global era de 72 anos. É claro que essas médias brutas ocultam grandes desigualdades de saúde (ver o Capítulo 14, "O curso da vida"). Muitos dos avanços na saúde pública foram atribuídos à eficácia da medicina moderna, e existe uma suposição amplamente aceita de que a pesquisa médica continuará a ser bem-sucedida na descoberta das causas biológicas das doenças e no desenvolvimento de tratamentos eficazes. Nessa perspectiva, à medida que aumentam o conhecimento médico e a experiência, podemos esperar melhoras sustentáveis na saúde pública. Embora essa abordagem à saúde e à doença seja extremamente influente, ela é um pouco insatisfatória para os sociólogos. As melhoras na saúde pública em geral observadas no último século não conseguem ocultar o fato de que a saúde e a doença não se distribuem igualmente na população. Alguns grupos sociais costumam ter melhor saúde do que outros, e as desigualdades em saúde parecem estar ligadas a padrões socioeconômicos mais amplos.

Os sociólogos e os especialistas em **epidemiologia** social — o estudo da distribuição e da incidência de doenças na população — tentam explicar a relação entre a saúde e variáveis como classe social, gênero, raça, idade e geografia. Embora a maioria dos especialistas reconheça a correlação entre a saúde e as desigualdades sociais, não existe concordância quanto à natureza da conexão ou à maneira como se devem abordar as desigualdades na saúde. Uma das principais áreas de debate se concentra na importância relativa de *variáveis individuais*, como estilo de vida, comportamento, dieta e padrões culturais, e fatores *ambientais* ou *estruturais*, como distribuição de renda e pobreza. Nesta seção, analisamos variações em padrões de saúde segundo a classe social, o gênero e a etnicidade e revisamos algumas das explicações conflitantes para a sua persistência.

Classe social e saúde

A pesquisa sobre a saúde e a classe revela uma clara relação entre os padrões de mortalidade e morbidade (doença) e a classe social do indivíduo. De fato, Cockerham (2020: 2) argumenta que: "os fatores sociais mais do que influenciam a saúde para grandes populações e a experiência de doença vivida para os indivíduos; na verdade, esses fatores têm um efeito causal direto sobre a saúde física e a doença. A classe social ou o *status* socioeconômico (SES) é o mais forte indicador de saúde, de causas de doenças e de longevidade na sociologia médica". No Reino Unido, um influente estudo de âmbito nacional — Relatório Black (DHSS, 1980) — foi importante por divulgar os níveis das desigualdades em saúde baseadas na classe, que muitas pessoas consideraram chocantes em um país tão rico. Embora haja uma tendência de mais saúde na sociedade como um todo, havia disparidades significativas entre as classes, afetando indicadores de saúde como o peso natal, a pressão sanguínea, o risco de doenças crônicas, a morte por acidentes e outros. Drever e Whitehead (1997) informam que os indivíduos em posições socioeconômicas melhores, em média, são mais saudáveis, mais altos e mais fortes e vivem mais tempo do que aqueles mais abaixo na escala social.

Uma análise longitudinal do Office for National Statistics (ONS, 2015c) analisou as desigualdades em saúde na Inglaterra e no País de Gales entre 1982 e 2011, quando a expectativa de vida geral de todas as classes sociais estava aumentando (ver Figuras 10.5 e 10.6). Surpreendentemente talvez, o estudo constatou que as desigualdades na expectativa de vida também se ampliaram durante a maior parte desse período, com a diferença na expectativa de vida masculina entre trabalhadores de rotina (classe 7) e profissionais/gerentes superiores (classe 1) passando de 4,9 anos no período de 1982 a 1986 para 6,2 anos entre 1997 e 2001. Entre 2002 e 2006, a expectativa média de vida ao nascer para os homens da classe 1 era de 80,4 anos, em comparação com 74,6 anos para os da classe 7. Desde o período de 1997 a 2001, há evidências de que a desigualdade em saúde entre a classe 1 e a classe 7 pelo menos começou a diminuir, embora a diferença permaneça maior do que entre 1982 e 1986 (ibid.: 12).

Em média, as mulheres vivem mais hoje do que no período entre 1982 e 1986 (82,4 anos em 2007-2011, 77,9 anos em 1982-1986), mas o aumento da expectativa de vida ao nascer para as mulheres foi menor do que para os homens. Assim, a distância de longa data entre a expectativa de vida para homens e mulheres diminuiu desde a década de 1980. As diferenças de expectativa de vida entre as mulheres das classes altas e baixas também aumentaram desde o período entre 1982 e 1986, e, ao contrário do padrão masculino, continuaram a aumentar ao longo da primeira década do século XXI. A expectativa média de vida para as mulheres da classe 1 foi de 85,2 anos entre 2007 e 2011, em comparação com 80,8 anos para as da classe 7.

Uma análise dos dados do Censo de 2011 também encontrou uma grande "lacuna de saúde" entre a classe 1 e a classe 7 com base em condições de saúde *autorrelatadas*. Mais de 30% dos homens e das mulheres da classe 7 relataram sua própria saúde como "não boa", com menos de 15% dos indivíduos da classe 1 fazendo o mesmo (ONS, 2013). Obviamente, essa é uma medida subjetiva da saúde das pessoas, mas ganha apoio de outros estudos que mostram um claro gradiente de classe nas mortes masculinas por câncer de pulmão, dependência de drogas, diabetes e acidentes (White et al., 2003). Um gradiente de classe semelhante é evidente na saúde mental, com pesquisas descobrindo que "aqueles na classe social mais baixa têm duas vezes mais chances de sofrer de um transtorno neurótico

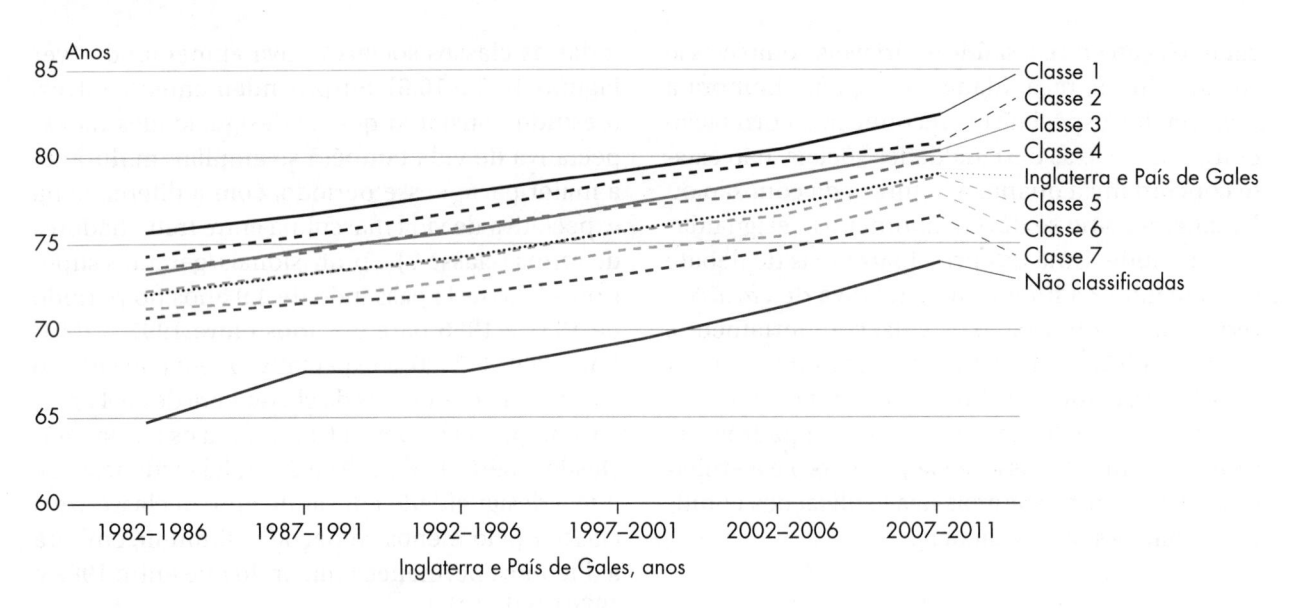

FIGURA 10.5 Expectativa de vida de homens no nascimento para as classes socioeconômicas expandidas da National Statistics (incluindo as não classificadas) e para Inglaterra e País de Gales, 1982-1986 e 2007-2011.

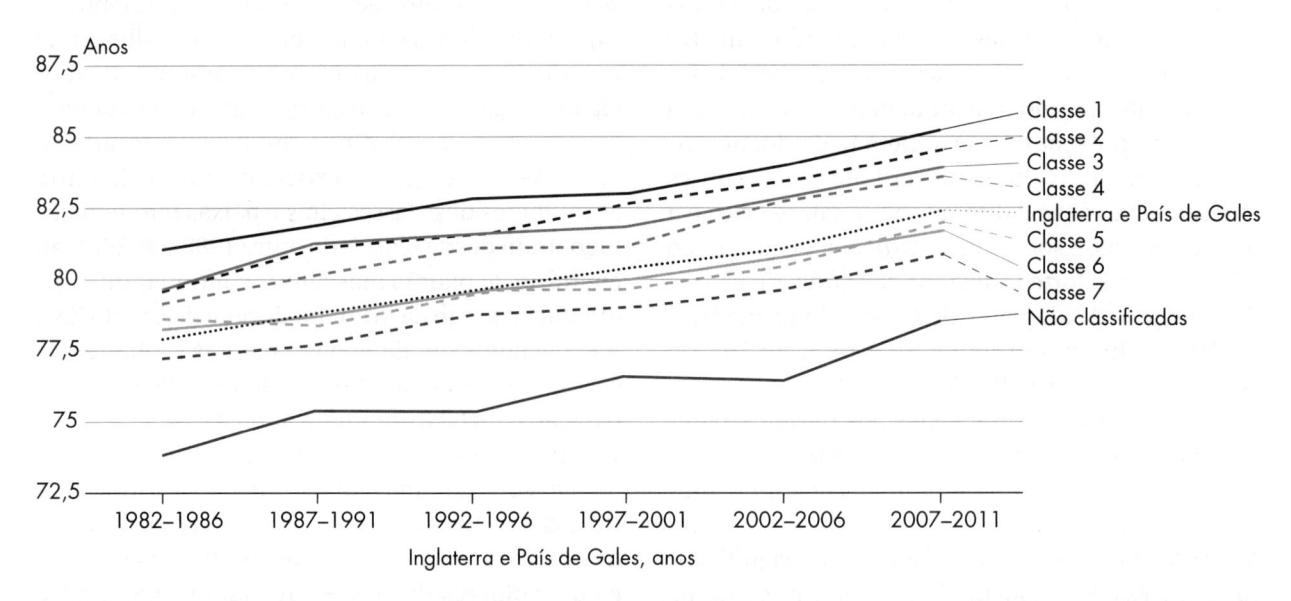

FIGURA 10.6 Expectativa de vida de mulheres no nascimento para as classes socioeconômicas expandidas da National Statistics (incluindo as não classificadas) e para Inglaterra e País de Gales, 1982-1986 e 2007-2011.
Fonte: ONS (2015c: 18).

do que aqueles na classe social mais alta" (Nettleton, 2013: 159).

Os cientistas sociais estabeleceram que a posição de classe em que nascemos é um determinante importante do tempo médio que poderemos viver. Estudos de outros países desenvolvidos também informam de modo consistente um gradiente de classe claro para a saúde e a expectativa de vida. Ainda assim, apesar da quantidade crescente de pesquisas, os estudiosos não conseguiram encontrar todos os mecanismos que conectam as duas. Foram propostas várias explicações diferentes para as causas por trás da correlação bem estabelecida.

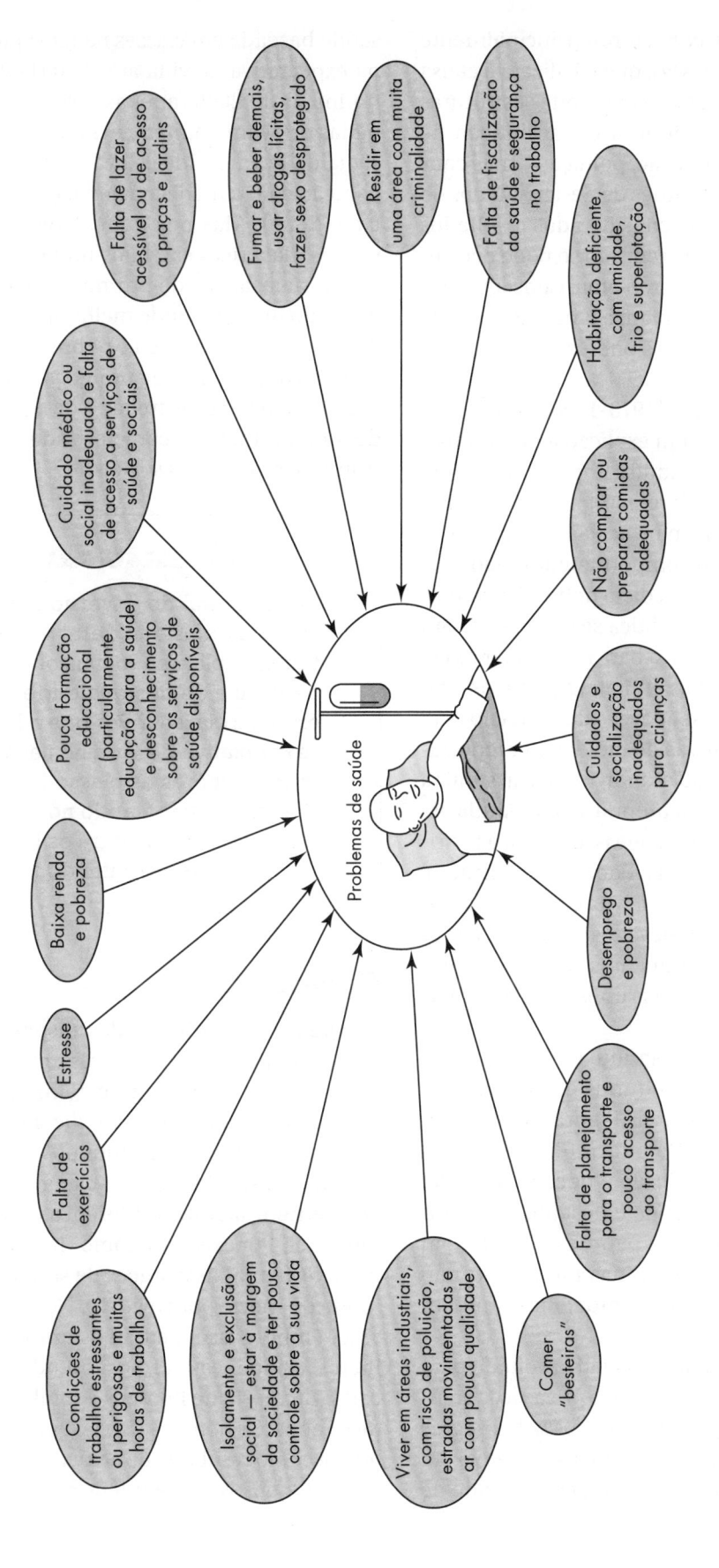

FIGURA 10.7 Influências culturais e materiais na saúde.
Fonte: Browne (2005: 410).

O Relatório Black se concentrou principalmente em explicações *materialistas*, que localizam a causa das desigualdades na saúde em grandes estruturas sociais, como pobreza, riqueza e distribuição de renda, desemprego, habitação, poluição e más condições de trabalho. Os padrões de desigualdades de saúde entre as classes são considerados resultados da privação material, e sua redução só pode ocorrer abordando-se as raízes do problema. Consequentemente, o Relatório Black enfatiza a necessidade de uma estratégia ampla contra a pobreza e por melhoras na educação.

O governo conservador (1979-1990) adotou um foco alternativo baseado em explicações culturais e comportamentais, enfatizando a importância de estilos de vida individuais livremente escolhidos. Por exemplo, classes sociais mais baixas são mais propensas a se envolver em comportamentos não saudáveis, como fumar, ter uma dieta pobre e consumir altos níveis de álcool, e a política se concentrou em campanhas de saúde pública para influenciar os estilos de vida. As iniciativas antitabagismo e os programas de alimentação saudável e de exercícios são exemplos dessas tentativas de moldar o comportamento público, exortando os indivíduos a assumir a responsabilidade pela sua própria saúde. Ainda assim, os críticos argumentam que isso ignora a restrição estrutural da baixa renda. Por exemplo, frutas e legumes frescos são muito mais caros do que muitos alimentos que têm teores elevados de gordura e colesterol, e o consumo de alimentos "saudáveis", previsivelmente, é maior entre grupos de renda mais elevada.

O governo trabalhista seguinte (1997-2010) reconheceu as influências culturais e materiais sobre a saúde das pessoas (ver Figura 10.7), e seu Relatório Acheson (1998) confirmou que a desigualdade tinha piorado desde a década de 1970. Devido à ligação entre saúde e desemprego, moradia e educação abaixo dos padrões, ele também propôs um conjunto de medidas para tratar não apenas dos sintomas da má saúde, mas também de suas causas.

Em 2003, foi lançada uma iniciativa voltada para as áreas com os mais altos níveis de privação, abrangendo 28% da população nacional e 44% dos negros e outros grupos étnicos minoritários. O objetivo era alcançar uma redução de 10% na desigualdade de saúde baseada em classes na mortalidade infantil e na expectativa de vida até 2010 (DoH, 2003). Mas, no início de 2009, apenas 19% das áreas selecionadas estavam na meta, e em 66% a lacuna de desigualdade em saúde estava aumentando em comparação com a média nacional (Health Inequalities Unit, 2009). Mas por quê? Parece que as classes sociais mais ricas são mais propensas a agir a partir das mensagens de promoção da saúde pública, de modo que sua saúde melhora mais rapidamente do que a das classes mais pobres. Paradoxalmente, as campanhas gerais de promoção da saúde podem ampliar, em vez de estreitar, a desigualdade em saúde, que permanece caracterizada por divisões estruturadas de classes sociais.

> **REFLEXÃO CRÍTICA**
>
> O foco central do governo deveria ser a melhoria do estado geral de saúde para todas as classes sociais ou a redução da lacuna de desigualdade de saúde entre as classes? Por que a lacuna de expectativa de vida no nascimento entre mulheres na classe 1 e na classe 7 estaria aumentando no século XXI, enquanto a lacuna para os homens está se estreitando?

Gênero e saúde

Também foram observadas disparidades entre a saúde de homens e mulheres em muitos estudos. Por exemplo, as mulheres geralmente têm uma expectativa de vida maior do que a dos homens em quase todos os países do mundo (UNDP, 2004), embora as causas de morte e os padrões de doenças apresentem algumas diferenças entre homens e mulheres. Por exemplo, como vimos anteriormente, homens têm mais chances de sofrer danos sérios à saúde ou morte por covid-19. No mundo desenvolvido, embora isso afete mais homens do que mulheres, as doenças cardíacas ainda são a principal causa de morte de homens e mulheres com menos de 65 anos. Os homens têm taxas maiores de mortalidade como resultado de acidentes e violência e são mais propensos à dependência de drogas e álcool.

As circunstâncias materiais parecem influenciar o estado de saúde das mulheres, mas esse é um fator tradicionalmente difícil de avaliar, pois a evidência da saúde das mulheres não é tão extensa quanto a dos homens. Muitos estudos classificam as mulheres segundo a classe social de seus maridos, produzindo uma imagem distorcida da saúde feminina (ver o Capítulo 9, "Estratificação e classe social"). Todavia, sabe-se que as mulheres têm maior probabilidade de procurar cuidados médicos e de ter taxas mais elevadas de doenças autoavaliadas do que os homens. Contudo, esse padrão não é repetido durante todo o curso da vida. De acordo com dados da ONS para a Inglaterra e o País de Gales, em 2002, o dobro de mulheres em relação aos homens, com idades entre 16 e 44 anos, havia visitado um médico nas duas semanas antes do estudo, mas essa lacuna praticamente desapareceu na faixa dos 45 aos 64 anos (Nettleton, 2013: 168). Sugeriu-se que grande parte da diferença entre gêneros daqueles com idade entre 16 e 44 anos pode ser atribuída a visitas de saúde rotineiras relacionadas à reprodução, em vez de indicar mais problemas de saúde (MacFarlane, 1990).

O padrão generificado é diferente em países do Sul Asiático como Afeganistão, Bangladesh, Índia, Nepal e Paquistão, onde a expectativa de vida diferencial é muito reduzida (Arber e Thomas, 2005). Os fatores explicativos nesse caso incluem conflitos e guerras, deficiências nutricionais, desvantagens relacionadas com o *status* social inferior e acesso limitado a serviços médicos para mulheres (Cockerham, 2020).

As mulheres nos países desenvolvidos dizem sentir duas vezes mais ansiedade e depressão do que os homens. Segundo alguns observadores, os papéis múltiplos que as mulheres tendem a desempenhar — trabalho doméstico, cuidado dos filhos, responsabilidades profissionais — podem aumentar o estresse e contribuir para taxas mais elevadas de doenças. Doyal (1995) sugere que os padrões de saúde e doenças das mulheres podem ser mais bem explicados em relação a trabalho doméstico, reprodução sexual, parir e ser mãe e regular a fertilidade com controle de natalidade, embora isso possa estar mudando com a entrada de mais mulheres no mercado de trabalho. Doyal argumenta que as questões que afetam a saúde das mulheres são o efeito cumulativo dessas tarefas. Portanto, qualquer análise da saúde feminina deve considerar a interação entre influências sociais, psicológicas e biológicas.

Oakley e colaboradores (1994) notaram que o apoio social — como serviços de aconselhamento, linhas telefônicas de atendimento ou visitas domésticas — pode atuar como uma "proteção" contra as consequências negativas do estresse que normalmente afetam as mulheres, particularmente as mulheres da classe trabalhadora. Outros estudos mostraram que o apoio social é importante para ajudar as pessoas a se ajustar a doenças e enfermidades e que as mulheres são mais propensas a formar e manter comunidades de autoajuda, incluindo comunidades femininas no ciberespaço, como o fórum de mães mumsnet.com (Ell, 1996; Drentea e Moren-Cross, 2005). Graham (1987, 1994) estudou os efeitos do estresse sobre a saúde de mulheres brancas trabalhadoras, ressaltando o fato de que as mulheres no extremo inferior do espectro socioeconômico têm menos acesso a redes de apoio em épocas de crises na vida do que as de classe média. As mulheres da classe trabalhadora costumam ter crises (como perda do emprego, divórcio, despejo ou morte de um filho) com mais frequência do que outros grupos, mas, de modo geral, têm menos habilidades para enfrentá-las e menos válvulas de escape para lidar com a ansiedade. Não apenas o estresse resultante é física e psicologicamente nocivo, como também algumas das estratégias de enfrentamento que elas usam se mostram prejudiciais. Por exemplo, fumar é um modo de reduzir a tensão quando os recursos pessoais e materiais estão a ponto de esgotamento. Assim, o cigarro aumenta o risco à saúde dela e de seus filhos, enquanto, simultaneamente, permite aguentar circunstâncias difíceis.

Há algumas pesquisas que mostram que os homens não são tão vigilantes sobre sua própria saúde e costumam ignorar os problemas de saúde por mais tempo. Tradicionalmente, os homens jovens se envolveram em mais comportamentos de risco, como excesso de velocidade, consumo de drogas, atividade sexual precoce, embriaguez e assim por diante, do que as mulheres (Lupton, 1999). No entanto, esse padrão vem mudando um pouco nas últimas décadas. Por exemplo, até bem pouco tempo atrás, fumar era predominantemente associado aos homens, mas isso mudou; no início do século XXI, entre os jovens adultos no Reino Unido, as mulheres eram mais propensas a fumar do que os homens (Nettleton, 2020: 197).

Uma das principais explicações para a mudança do padrão de gênero do comportamento que põe em risco a saúde é a mudança da situação na economia. Mais mulheres passaram para os mesmos setores de trabalho que os homens e, como resultado, tornaram-se consumidoras visadas pelos anunciantes. Annandale (2009: 8-9) sugere que as identidades de gênero, definidas com clareza na década de 1950 — homens chefes de família e mulheres donas de casa —, tornaram-se indistintas em um "novo sistema único" de capitalismo patriarcal. No entanto, isso não significa que a igualdade de gêneros foi ou está sendo alcançada. Em vez disso, o argumento é que o antigo sistema binário de papéis de homens e mulheres foi rompido, criando uma situação complexa e incerta com muitas novas liberdades para as mulheres, mas também novos controles. Por exemplo, à medida que mais mulheres jovens participam da vida noturna, consomem mais álcool e fumam, elas são redefinidas como "*ladettes*" irresponsáveis e pouco atraentes, determinadas a superar seus colegas masculinos em mau comportamento. Assim, a crescente diversidade e fluidez nas relações de gênero é temperada pela contínua proeminência da velha ideologia de "diferentes esferas".

Um contexto no qual a saúde das mulheres foi considerada pior do que a dos homens compreende alguns grupos étnicos minoritários. Não só a doença autorrelatada é maior entre grupos étnicos minoritários do que na população em geral, mas, em alguns grupos, principalmente comunidades paquistanesas e bengali, as mulheres relatam mais problemas de saúde do que os homens (Cooper, 2002). Essas descobertas ilustram a complexidade produzida pela interseção das desigualdades sociais de classe, gênero e etnicidade, e podemos esperar que pesquisas futuras se tornem cada vez mais sensíveis à interseccionalidade.

> O conceito de interseccionalidade é discutido com mais detalhes no Capítulo 8, "Raça, etnicidade e migração".

Etnicidade e saúde

A incidência de certas doenças é maior entre indivíduos de origens afro-caribenhas e asiáticas. A mortalidade por câncer hepático, tuberculose e diabetes é mais elevada nessas populações do que entre os brancos. Os afro-caribenhos têm taxas acima da média de hipertensão e anemia falciforme (um transtorno hereditário que afeta os glóbulos vermelhos do sangue), ao passo que pessoas do subcontinente indiano têm mortalidade maior por doenças cardíacas. No entanto, esses exemplos nos dizem muito pouco sobre os padrões étnicos persistentes de saúde e doença. A evidência de um número cada vez maior de pesquisas sociológicas é de que, em países do Norte Global, como os EUA e o Reino Unido, "as desigualdades sociais e econômicas, sustentadas pelo racismo, são causas fundamentais das desigualdades étnicas na saúde" (Nazroo, 2003: 277). A pandemia de covid-19 mostrou isso claramente, pois pessoas de grupos étnicos negros e minoritários (BAME) tiveram taxas de mortalidade mais altas do que as dos brancos.

Embora as desigualdades na saúde tenham um padrão étnico, as explicações desse relacionamento têm sido muito contestadas. Alguns especialistas buscam razões culturais e comportamentais para explicar os padrões étnicos da saúde, em vez de perspectivas socioestruturais. De maneira semelhante ao que ocorre com as explicações culturais para as desigualdades na saúde baseadas na classe, a ênfase é colocada em estilos de vida individuais ou grupais, que são considerados causas de problemas de saúde. Esses estilos de vida costumam ser considerados ligados a crenças religiosas ou culturais, como os hábitos alimentares e culinários ou a consanguinidade (a prática de casamento entre parentes da mesma família, entre primos de segundo grau). Os críticos dizem que as explicações culturais não identificam os problemas reais que as minorias étnicas nas sociedades industrializadas enfrentam, ou seja, as desigualdades estruturais e o racismo e a discriminação encontrados nos sistemas de saúde.

Entretanto, o **racismo institucional** tem sido observado no atendimento de saúde (Alexander, 1999). Os grupos étnicos podem ter acesso desigual ou problemático aos serviços de saúde. As barreiras linguísticas podem representar dificuldades se não for possível transmitir informações efetivamente, e, muitas vezes, os profissionais dentro do sistema de saúde não consideram as compreensões culturais específicas sobre as doenças e os tratamentos. No Reino Unido, o Serviço Nacional de Saúde foi criticado por não exigir mais consciência de crenças culturais e religiosas de sua equipe e por prestar pouca atenção em doenças que ocorrem predominantemente na população não branca.

As explicações socioestruturais para os padrões étnicos na saúde em muitas sociedades europeias concentram-se no contexto social em que os povos afro-caribenhos e asiáticos vivem. Esses grupos, muitas vezes, têm várias desvantagens que podem ser prejudiciais à sua saúde. Elas podem incluir condições habitacionais deficientes ou superlotação, taxas elevadas de desemprego e uma super-representação em ocupações perigosas e mal remuneradas. Dessa forma, algumas explicações servem de base para as causas socioeconômicas de desigualdades étnicas na saúde, em vez de focar simplesmente a experiência do racismo ou da discriminação racial. Em suma, "o que torna a raça importante em relação à saúde [...] é a sua associação íntima com o fato de ser rico ou pobre" (Cockerham, 2020: 19).

No entanto, Evandrou et al. (2016: 660) descobriram que os idosos paquistaneses e bengalis são mais propensos do que outros grupos sociais a experimentar níveis mais altos de privação e e a ter renda mais baixa, e que isso pode ser devido ao "acúmulo de riscos ao longo da vida e às consequências a longo prazo da exposição a riscos (como desvantagem socioeconômica, má experiência em saúde e discriminação racial) no início da vida". Eles aceitam que os fatores socioeconômicos desempenham um papel importante, mas observam que, em uma comparação de pessoas dentro do mesmo grupo de classe social, os idosos indianos, bengalis e paquistaneses relatam ter pior saúde do que os britânicos brancos. Portanto, a discriminação racial, na forma de violência, ameaças e discriminação ou em formas institucionalizadas, como habitação precária e uma representação demasiada no trabalho mal remunerado, pode ser vista como base e reforço da posição socioeconômica desfavorecida de grupos étnicos minoritários.

> O racismo institucional é discutido com detalhes no Capítulo 8, "Raça, etnicidade e migração".

Saúde e coesão social

No Capítulo 1 vimos que, para Durkheim, a solidariedade social é um dos conceitos mais importantes da sociedade. Em seu estudo sobre o suicídio, por exemplo, ele observou que os indivíduos e grupos bem integrados à sociedade tinham menor probabilidade de tirar suas próprias vidas do que os outros. Ao tentar desvendar as causas das desigualdades de saúde atualmente, um número cada vez maior de sociólogos está voltando sua atenção para o papel da coesão social na promoção da boa saúde mental e física.

Richard Wilkinson (1996) argumenta que as sociedades mais saudáveis do mundo não são os países mais ricos, mas aquelas cuja renda é distribuída igualmente e cujos níveis de integração social são maiores. Pesquisando dados empíricos de países ao redor do mundo, ele observa uma relação clara entre as taxas de mortalidade e os padrões de distribuição de renda. Os habitantes de países como o Japão e a Suécia, que são consideradas algumas das sociedades mais igualitárias do mundo, desfrutam de níveis maiores de saúde, em média, do que os cidadãos de países onde o abismo que divide ricos e pobres é mais pronunciado, como os Estados Unidos e o Reino Unido.

Na visão de Wilkinson, o abismo crescente na distribuição de renda enfraquece a coesão social e torna mais difícil para as pessoas lidarem com os riscos e desafios. O maior isolamento social e a incapacidade de lidar com o estresse se refletem nos indicadores de saúde. Wilkinson diz que os fatores sociais — a intensidade dos contatos sociais, os vínculos dentro das comunidades, a disponibilidade de apoio social, um senso de segurança — são os principais determinantes da saúde relativa de uma sociedade. Durante a campanha eleitoral britânica de 2010, o então líder do Partido Conservador, David Cameron, abordou o tema da Grã-Bretanha como uma "sociedade quebrada", que precisava ser consertada. Porém, de acordo com Wilkinson e Pickett (2010: 5):

Muito antes da crise financeira que se acelerou no final de 2008, os políticos britânicos, comentando sobre o declínio da comunidade ou o aumento de várias formas de comportamento antissocial, às vezes se referiam à nossa "sociedade quebrada" [...] e, enquanto a sociedade quebrada era frequentemente atribuída ao comportamento dos pobres, a economia quebrada era amplamente atribuída aos ricos [...] Mas a verdade é que tanto a sociedade quebrada quanto a economia quebrada resultaram do crescimento da desigualdade.

A tese de Wilkinson e Pickett foi recebida com entusiasmo por alguns políticos e acadêmicos, que concordaram que uma ênfase exclusiva nas relações de mercado e no impulso para o crescimento econômico causou o fracasso de muitos membros da sociedade. Outros criticaram o trabalho de Wilkinson, alegando que ele não conseguiu demonstrar uma relação causal entre desigualdade de renda e saúde precária. Judge (1995) reanalisou os dados anteriores de Wilkinson, empregando medidas-padrão de desigualdade em uso na época, e descobriu que simplesmente não havia uma aparente conexão entre níveis de desigualdade e expectativa de vida. Também se argumenta que a escolha de países para comparação feita por Wilkinson e Pickett é altamente seletiva e metodologicamente falha. Por exemplo, o Japão está incluído, mas não Cingapura ou Hong Kong. Os dois últimos países são mais desiguais do que o Japão, mas experimentam benefícios semelhantes de saúde e bem-estar. Da mesma forma, Wilkinson e Pickett atribuem o desempenho relativamente fraco na saúde de Portugal ao seu alto nível de desigualdade, mas Snowdon (2010: 14) argumenta que esse é, de fato, o país mais pobre em sua análise, e do que ele realmente sofre é da falta de prosperidade material. Algumas evidências recentes ainda mostram que o padrão sugerido também não se aplica ao Sul Global.

A "tese de Wilkinson" de 1996 em diante tem sido descrita, talvez injustamente, como "uma doutrina em busca de dados" (Eberstadt e Satel, 2004: 118) em vez de uma tese bem apoiada pela evidência. Mas Wilkinson e Pickett (2018) continuaram a expandir a tese, analisando como as sociedades mais igualitárias desenvolvem níveis mais baixos de estresse e níveis mais altos de bem-estar, então podemos esperar que esses debates persistam no futuro.

> **REFLEXÃO CRÍTICA**
>
> Devemos esperar que, em uma sociedade desigual, também haja desigualdades em saúde. Mas como isso poderia ser reduzido? Campanhas de educação baseadas em dieta saudável, exercícios e estilos de vida saudáveis podem reduzir a desigualdade na saúde? Se sim, como? E, se não, por quê?

A sociologia da deficiência

O modelo biomédico de saúde há muito embasa o modo como a deficiência é convencionalmente entendida — como uma doença ou anormalidade que é uma tragédia pessoal para o indivíduo. Tendências sociais recentes que levam a uma reação contra o modelo biomédico também têm sido parte de um grande desafio aos entendimentos médicos e individualistas da deficiência. Nesta seção, analisamos o "modelo individual" dominante sobre a deficiência, discutindo como ele tem sido desafiado, principalmente pelas próprias pessoas com deficiência, por meio do desenvolvimento de um "modelo social" da deficiência. Contudo, iniciaremos discutindo a linguagem da deficiência.

Os sociólogos dizem que a nossa percepção e o nosso entendimento de questões sociais, pelo menos em parte, são moldados pelas palavras que usamos e pelo modo como discutimos a deficiência. A palavra *handicapped* ("deficiente", em inglês), por exemplo, caiu em desuso porque era associada a ter um "copo na mão" (do inglês *cap in hand*) — ou seja, era associada à caridade e à mendicância. Outros termos, usados originalmente para descrever certas limitações, são rejeitados porque hoje são usados principalmente como insultos — termos como "paralítico" ou "aleijado" são exemplos disso. Algumas metáforas que ainda estão em uso no dia a dia, como "cegar os olhos" ou "fazer-se de surdo", são criticadas porque implicam um sentido de exclusão. Como veremos, mesmo a maneira como entendemos o termo "deficiência" está sujeita a muito debate.

O modelo individual da deficiência

Historicamente, nas sociedades ocidentais, o **modelo individual da deficiência** tem sido o dominante. De acordo com esse modelo, as limitações individuais são a principal causa dos problemas das pessoas com deficiência. A "anormalidade" corporal é vista como causa de uma limitação funcional que leva, então, à "deficiência". Por trás do modelo individual, há uma "abordagem de tragédia pessoal", em que o indivíduo com deficiência é considerado uma vítima desventurada de um acontecimento fortuito. Os especialistas médicos desempenham um papel central no modelo individual, pois é seu trabalho propor diagnósticos curativos e reabilitativos. Por essa razão, o modelo individual costuma ser descrito como o "modelo médico", pois ilustra o poder do especialista médico sobre a vida de pessoas com deficiência. Durante as últimas décadas, o modelo individual de deficiência tem perdido muito terreno.

O modelo social da deficiência

Um importante desafio inicial ao modelo individual da deficiência foi o livro de Paul Hunt intitulado *Stigma: the experience of disability*, em que ele diz que "o problema da deficiência não está apenas na limitação do funcionamento e em seu efeito sobre nós individualmente, mas também na área do nosso relacionamento com pessoas 'normais'" (1966: 146). Hunt foi um líder ativista nos primeiros anos do movimento das pessoas com deficiência na Grã-Bretanha e se tornou um membro fundador da Union of Physically Impaired Against Segregation (UPIAS). Em seu manifesto, a UPIAS (1976: 14) desenvolveu uma alternativa radical ao modelo individual, argumentando que havia uma distinção crucial entre "limitação" e "deficiência".

- *Limitação:* falta de uma parte ou de todo um membro, ou posse de um membro, órgão ou mecanismo defeituoso no corpo.
- *Deficiência:* desvantagem ou restrição da atividade causada por uma organização social contemporânea, que não leva em conta pessoas que têm limitações físicas e, assim, as exclui da participação nas atividades sociais vigentes.

A UPIAS aceitava a definição de "limitação" física como uma propriedade biomédica dos indivíduos,

Este velocista paraolímpico é "deficiente"? Qual definição de saúde do início deste capítulo abarcaria os atletas paraolímpicos?

embora a tenha ampliado posteriormente para incluir formas não físicas, sensoriais e intelectuais de limitações. A deficiência, por outro lado, era definida de uma perspectiva social, que desafiava a visão convencional do termo. A deficiência não era mais compreendida como o problema de um indivíduo, mas em termos das barreiras sociais que as pessoas com limitações enfrentam como resultado da organização da sociedade. Fatores como a construção de prédios, os sistemas de transporte público inacessíveis e as atitudes discriminatórias dos empregadores e da população sem deficiência efetivamente "incapacitam" pessoas com uma série de deficiências.

Mike Oliver inverteu as premissas do modelo individual da deficiência, reescrevendo as questões que

USANDO SUA IMAGINAÇÃO SOCIOLÓGICA

10.3 Aplicando o modelo social às premissas das questões do Office of Population, Censuses and Surveys

Questões do OPCS	Questões de Oliver
"Pode me dizer o que há de errado com você?"	"Pode me dizer o que há de errado com a sociedade?"
"O que causa dificuldade para segurar, apertar ou girar as coisas?"	"Que defeitos no projeto de equipamentos cotidianos como vidros, garrafas e latas lhe causam dificuldades ao segurá-los?"
"Você tem dificuldades para entender principalmente devido a um problema de audição?"	"Suas dificuldades para entender as pessoas se devem principalmente à incapacidade delas de se comunicar com você?"
"Você tem alguma cicatriz, mancha ou deformidade que limite suas atividades cotidianas?"	"As reações de outras pessoas a alguma cicatriz, mancha ou deformidade que você possa ter limitam suas atividades cotidianas?"
"Você estudou em uma escola especial devido a um problema de saúde ou deficiência de longo prazo?"	"Você estudou em uma escola especial devido à política da Secretaria de Educação de colocar pessoas com seu problema de saúde/deficiência nesses locais?"
"Seu problema de saúde/deficiência impede que você saia com a frequência que gostaria?"	"O que no ambiente local dificulta que você se movimente em seu bairro?"
"Seu problema de saúde/deficiência dificulta que você ande de ônibus?"	"Existe algum problema de transporte ou financeiro que impeça você de sair tanto quanto gostaria?"
"Seu problema de saúde/deficiência afeta o seu trabalho de algum modo atualmente?"	"Você tem problemas no trabalho devido ao ambiente físico ou às atitudes das pessoas?"
"Seu problema de saúde/deficiência significa que você precisa viver com parentes ou alguém que possa ajudar ou cuidar de você?"	"Os serviços da comunidade são tão ruins que você precisa contar com parentes ou outra pessoa para proporcionar o nível necessário de assistência pessoal?"
"Suas acomodações atuais têm alguma adaptação em razão do seu problema de saúde/deficiência?"	"O projeto inadequado da sua casa exigiu adaptações para atender às suas necessidades?"

Fonte: Compilado de Oliver (1990: 7-8).

REFLEXÃO CRÍTICA

Exatamente quais mudanças seriam necessárias para promover a participação plena das pessoas com deficiência no que diz respeito a comunicação, escolaridade, emprego, serviços públicos e habitação? Você é capaz de apresentar argumentos dos pontos de vista moral e econômico para justificar tais mudanças?

o Office of Population, Censuses and Surveys (OPCS) do Reino Unido usava para avaliar a "deficiência" na década de 1980 (veja Usando sua imaginação sociológica 10.3). Oliver (1983) foi o primeiro teórico a tornar explícita a distinção entre o **modelo social da deficiência** e o modelo individual. O modelo social da deficiência ganhou credibilidade acadêmica com os trabalhos de Vic Finkelstein (1980, 1981), Colin Barnes (1991) e do próprio Oliver (1990, 1996).

Os teóricos do modelo social estão interessados em explicar por que as barreiras sociais, culturais ou históricas contra as pessoas com deficiência se desenvolveram. Alguns teóricos, influenciados por Marx, concordam que se faz necessária uma compreensão materialista da deficiência (veja mais sobre o materialismo nos Capítulos 1 e 3). Oliver, por exemplo, argumenta que as severas restrições contra a participação plena de pessoas com deficiência na sociedade foram erigidas durante a Revolução Industrial, quando elas foram excluídas do mercado de trabalho. As primeiras fábricas capitalistas começaram a basear o emprego no trabalho assalariado individual e, à medida que esse processo histórico se desenvolvia, "tantas [pessoas com deficiência] foram incapazes de obter ou manter empregos que se tornaram um problema social para o Estado capitalista, cuja resposta inicial a todos os problemas sociais foi o confinamento e a institucionalização" (Oliver, 1996: 28). Mesmo atualmente, a presença de pessoas com deficiência na força de trabalho ainda é relativamente pouco expressiva, apesar de medidas legais voltadas para impedir a discriminação da deficiência.

Avaliação do modelo social

O modelo social tem tido uma grande influência na maneira como pensamos sobre a deficiência atualmente. Ele adquiriu influência global e foi descrito como "a grande ideia" do movimento britânico da deficiência (Hasler, 1993). Concentrando-se na remoção de barreiras sociais à plena participação na sociedade, o modelo social redefine a deficiência como resultado da opressão, um movimento que muitas pessoas com deficiência consideraram libertador (Beresford e Wallcraft, 1997). Essa estratégia política levou alguns a argumentar que as pessoas com deficiência formaram "um novo movimento social" (Oliver e Zarb, 1989).

> Os novos movimentos sociais são discutidos no Capítulo 20, "Política, governo e movimentos sociais".

Desde o final da década de 1980, surgiram várias linhas de crítica contra o modelo social daqueles que trabalham com **estudos de deficiência** e sociologia tradicional. Primeiramente, argumenta-se que ele negligencia a *experiência* muitas vezes dolorosa ou desconfortável de ter limitações, que é uma parte central da vida de muitas pessoas com deficiência. Shakespeare e Watson (2002: 11) afirmam que "não somos apenas pessoas com deficiência, também somos pessoas com limitações, e fingir o contrário é ignorar uma parte importante das nossas biografias". Contra essa crítica, os defensores do modelo social alegam que, em vez de negar as experiências das limitações cotidianas, o modelo social simplesmente concentra a atenção nas barreiras sociais que são levantadas contra pessoas com deficiência.

Em segundo lugar, muitas pessoas aceitam que têm limitações, mas não querem ser rotuladas como "deficientes". Em um estudo recente no Reino Unido sobre pessoas que recebem benefícios governamentais por deficiências, menos da metade se define como deficiente. Muitas pessoas rejeitam o termo porque consideram seus problemas de saúde relacionados com uma doença em vez de uma deficiência, ou porque não acreditam que estão doentes o suficiente para serem categorizadas como tal (Department for Work and Pensions, 2002). Todavia, Barnes (2003) fala que, em uma sociedade em que a deficiência ainda é associada demais à anormalidade e ao desvio social, não surpreende que certas pessoas com limitações rejeitem o rótulo de "deficiente", que carrega um estigma. De fato, o modelo social tem sido influente em desafiar a estigmatização da deficiência.

Em terceiro lugar, muitos sociólogos médicos rejeitam o modelo social, argumentando que a divisão entre limitação e deficiência, na qual ele se baseia, é falsa. Esses críticos argumentam que *tanto* a deficiência *quanto* a limitação são estruturadas socialmente e estão intimamente inter-relacionadas. Shakespeare e Watson (2002) argumentam que a divisão entre limitação e deficiência fracassa quando se pergunta: "Onde termina a limitação e começa a deficiência?". Em certos casos, a divisão é clara — a falta de acesso para cadeira de rodas em um prédio claramente cria uma barreira socialmente construída, que representa uma deficiência para os cadeirantes. Todavia, existem muitos outros casos em que é impossível remover todas as fontes de deficiência porque não são causadas por condições opressivas na sociedade. Por exemplo, ser prejudicado por uma dor constante ou limitação intelectual significativa impossibilita o indivíduo de participar plenamente na sociedade de uma forma que não pode ser removida por modificações ou mudanças sociais. Portanto, qualquer relato completo deve levar em conta a deficiência causada pelas próprias limitações, e não apenas aquelas criadas pela organização da sociedade.

Os defensores do modelo social argumentam que essa última afirmação se baseia no obscurecimento da distinção entre deficiência e limitação, que dizem estar enraizado no modelo biomédico de pensamento que está por trás do modelo individual de deficiência. Eles respondem que o modelo social certamente não nega que uma limitação possa ser causa de dor ou que existam coisas que um indivíduo talvez não possa fazer unicamente em decorrência de uma limitação específica. De fato, Carol Thomas (1999, 2002), uma defensora do modelo social, usa a expressão "efeitos da limitação" ao considerar as implicações psicoemocionais das limitações para as pessoas com deficiência.

A crítica ao modelo social de dentro do movimento de pessoas com deficiência pode parecer estranha, já que esse modelo teve origem em discus-

---

USANDO SUA IMAGINAÇÃO SOCIOLÓGICA

10.4 A teoria "*cripping*" e a política

À medida que os debates dentro dos movimentos de pessoas com deficiência se desenvolviam ao longo do tempo, alguns ativistas e acadêmicos começaram a afastar o discurso sobre deficiência das "limitações" e "deficiências". Um exemplo disso é conhecido como **teoria crip**, que, como a teoria *queer*, examina criticamente os produtos literários e artísticos, bem como os discursos políticos e a vida cotidiana, revelando as suposições de "capacitação" profundamente enraizadas e não ditas dentro deles (McRuer, 2006). Por exemplo, Davidson (2008: 168) observa que as discussões sobre globalização econômica ainda estão repletas de referências casuais a doenças e limitações: "os países sofrem de dívidas *incapacitantes*; líderes nacionais que são *surdos* às necessidades de seu povo; pobreza como um *câncer* se espalhando por uma região". A inclusão da deficiência ao lado da saúde e da doença neste capítulo também pode ser vista como a incorporação da suposição de que a deficiência se refere principalmente à "saúde" e à "doença" em vez de, digamos, à política ou aos movimentos sociais.

O uso do termo *crip* é então uma reivindicação e reinvenção da palavra *cripple* (aleijado), anteriormente usada de forma depreciativa para difamar as pessoas com deficiência, particularmente aquelas com limitações físicas visíveis (McRuer, 2012). Esse também é um termo muito utilizado entre pessoas com deficiência como uma forma irônica de autoidentificação que promove a solidariedade no grupo. A deficiência é vista como uma identidade por direito próprio, não como secundária às identidades "normais", fisicamente aptas. A teoria *crip* se baseia na teoria *queer*, sugerindo que *crip* é um desempenho, e não uma coisa (para ler mais sobre a teoria *queer*, veja o Capítulo 7, "Gênero e sexualidade"). Por exemplo, para obter acesso a serviços ou ajuda do governo, muitas vezes há uma avaliação, durante a qual as pessoas têm que "desempenhar a deficiência" ativamente (Rydström, 2012). Portanto, o "*cripping*" — expondo a discriminação subjacente a fenômenos sociais aparentemente neutros ou universais — pode ser uma forma eficaz de ativismo da deficiência, em que as pessoas com deficiência podem recusar ou não desejar os conselhos, as intervenções e os tratamentos bem-intencionados que reforçam em vez de desafiar a discriminação.

No entanto, a teoria *crip* tem sido criticada por alguns. Bone (2017) argumenta que um problema real com a teoria *crip* é sua falha em conectar o discurso acadêmico à vida real das pessoas com deficiência. Da mesma forma, Sherry (2013) argumenta que "'*Crip*' é o novo termo da moda entre os acadêmicos de estudos da deficiência. Ele ficou particularmente na moda entre aqueles cujo foco são os estudos literários. No entanto, acho que, se eles passassem mais tempo com pessoas com deficiência e menos tempo pensando sobre deficiência em termos de análise textual e narrativa, teriam uma perspectiva diferente". Ele sugere que muitas

Assim como grupos LGBTQ+ reivindicaram a palavra anteriormente ofensiva *queer*, pessoas com deficiência reivindicam o termo *crip*.

pessoas com deficiência consideram o termo *crip* ofensivo.

Para Jenks (2019), é um erro deixar de lado o conceito de deficiência, que, segundo ele, é vital tanto para os estudos sobre deficiência quanto para qualquer política efetiva de deficiência. Sherry (2013) argumenta que o modelo social britânico tem sido amplamente criticado por sua divisão simplista entre limitação e deficiência. [...] Mas o que se esqueceu, na pressa de se afastar do modelo britânico, é que esses conceitos vieram de um profundo engajamento com as pessoas com deficiência. Foi uma organização de pessoas com deficiência que surgiu com a divisão limitação/deficiência: a União dos Deficientes Físicos Contra a Segregação. Os estudos de deficiência nos EUA não têm tal baluarte comunitário para poder medir seus principais conceitos e termos. Se um conceito no estudo sobre deficiência — como a teoria *crip* — pode ganhar um uso tão amplo na academia ao lado de tanto menosprezo na comunidade, então é preciso mudar a academia.

No entanto, muitos jovens estudiosos nesse campo, particularmente no Canadá e nos EUA, abraçaram com entusiasmo a teoria *crip*, e parece provável que ela seja mais desenvolvida nos próximos anos.

REFLEXÃO CRÍTICA

O modelo social distinguia limitação de deficiência para mostrar que as normas e os arranjos sociais "incapacitavam" as pessoas com certas limitações. Por que alguns consideram essa distinção inútil para a política de deficiência? Como uma "política *crip*" pode ser mais eficaz?

sões entre os próprios ativistas do movimento. Mas essa controvérsia interna talvez seja mais bem vista como o amadurecimento do debate e o sucesso do modelo social em reformular o significado da deficiência como um conceito político, e não médico.

Deficiência, legislação e políticas públicas

Como o modelo social da deficiência surgiu inicialmente no Reino Unido, vamos começar discutindo as maneiras como a legislação britânica mudou, em parte como resultado das campanhas do movimento de pessoas com deficiência.

O Disability Discrimination Act (DDA) foi aprovado em 1995, conferindo às pessoas com deficiência certas proteções legais contra a discriminação em várias áreas, incluindo o emprego e o acesso a bens e serviços. Outras leis foram aprovadas em 1999, levando à organização da Disability Rights Commission (DRC), criada para trabalhar pela "eliminação da discriminação contra pessoas com deficiência", e um novo DDA foi aprovado em 2005, cobrindo mais áreas e atividades. Em 1º de outubro de 2007, a DRC foi substituída por um novo órgão nacional de direitos humanos, a Equality and Human Rights Commission. Depois, em 2010, um Equality Act mais genérico foi aprovado, substituindo a maior parte do DDA anterior, e incluiu novos direitos para que cuidadores e pais de pessoas com deficiência não sofressem discriminação.

O DDA de 1995 definiu uma pessoa com deficiência como "alguém com uma limitação física ou mental que tem um efeito adverso substancial e de longo prazo sobre sua capacidade de realizar as atividades cotidianas normais", e essa definição foi levada adiante no Equality Act de 2010. Ela inclui, por exemplo, pessoas com problemas de saúde mental, bem como pessoas com deformações faciais, e evita o erro comum de achar que a deficiência envolve principalmente limitações congênitas e/ou doenças que existiam no nascimento ou antes dele. De fato, apenas cerca de 17% das pessoas com deficiência no Reino Unido nasceram com limitações, e a porcentagem da população com deficiência aumenta com a idade (Papworth Trust 2013; ver a Figura 10.8). Observe que essa definição diverge do modelo social, pois defende que são as próprias limitações que ocasionam a deficiência.

Na definição do Equality Act, em 2011 e 2012, havia cerca de 11,6 milhões de pessoas com deficiência no Reino Unido — cerca de 19% da população, a mesma

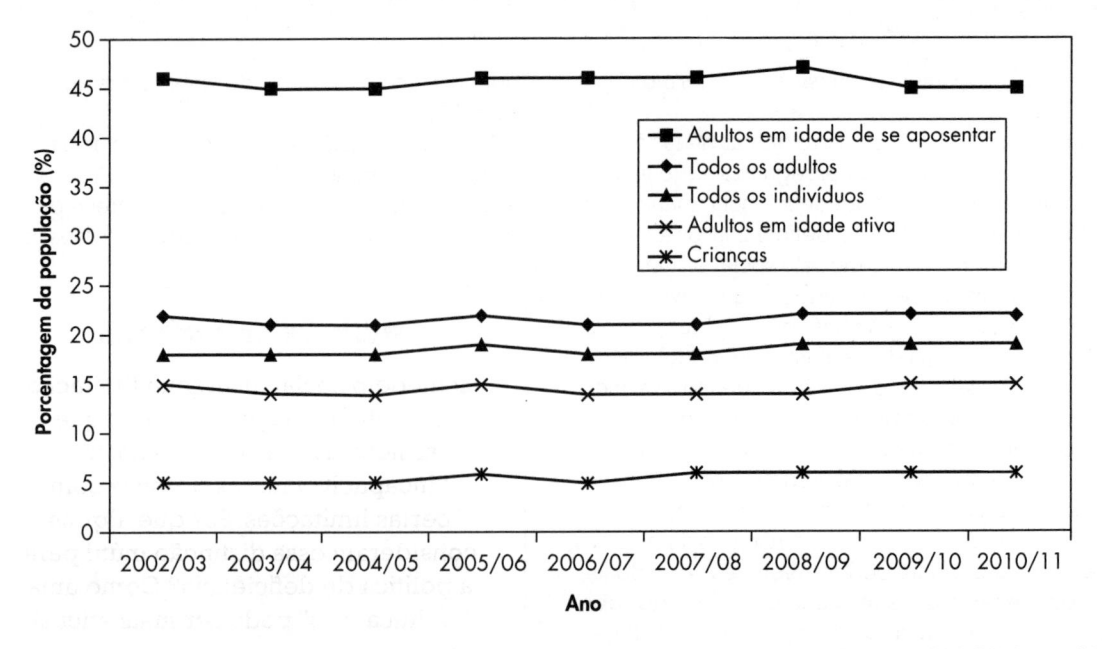

FIGURA 10.8 Prevalência de pessoas com deficiência no Reino Unido, entre 2002/2003 e 2010/2011, por idade (porcentagem do grupo etário).

Fonte: DWP (2012: 79).

proporção de 2002 e 2003. Destas, 5,7 milhões eram adultos em idade ativa, 5,1 milhões estavam acima da idade de se aposentar e 800 mil eram crianças (DWP, 2014). As pessoas com limitações relacionadas com uma deficiência ainda pertencem a um dos grupos mais desprivilegiados no Reino Unido. Elas têm maior probabilidade de estar desempregadas do que os indivíduos com corpos capazes, e aquelas que trabalham costumam ganhar menos. Ainda assim, os gastos públicos relacionados com as deficiências são elevados se comparados com os de muitas outras áreas. Os países mais ricos do mundo gastam pelo menos duas vezes mais em programas relacionados com deficiências do que em auxílio-desemprego (OECD, 2005).

A deficiência ao redor do mundo

Em 2018, a OMS estimou que mais de 1 bilhão de pessoas no mundo inteiro viviam com alguma forma de deficiência, cerca de 15% da população mundial (WHO, 2018b). Essa é uma proporção muito maior do que as estimadas na década de 1970, de cerca de 10% (WHO, 2011: 7-8). A prevalência global da deficiência está aumentando como resultado do envelhecimento das populações e do aumento nas condições crônicas, e cerca de 80% das pessoas com deficiência vivem no Sul Global (Iriate et al., 2016: 3). As principais causas de deficiência nos *países desenvolvidos* são "doenças crônicas e limitações de longo prazo", enquanto, nos *países em desenvolvimento*, as principais causas são pobreza, saneamento inadequado, dieta deficiente e habitação precária. As lesões, como ossos quebrados, muitas vezes resultam em limitações de longo prazo nos países em desenvolvimento, o que não ocorreria se existissem instalações para tratamento e reabilitação, como costuma haver no mundo desenvolvido. A deficiência de ferro (anemia) e as infecções crônicas da pélvis são causas importantes de limitações, e estima-se que em torno de 250 mil crianças percam a visão a cada ano por falta de vitamina A em sua alimentação, a qual é encontrada em vegetais verdes (Charlton, 1998). A guerra e suas consequências (como minas terrestres esquecidas) também resultam em muitas limitações. A deficiência no Sul Global é muito diferente daquela que existe no Norte.

Em 2006, a ONU observou que apenas uma pequena proporção de países — 45 — já tinha criado legislação para proteger os direitos das pessoas com deficiência. Na maioria dos países, portanto, as pessoas com deficiência não tinham direitos iguais aos do restante da população. Na Índia, um país com leis antidiscriminação, de aproximadamente 70 milhões de pessoas com deficiências, apenas 100 mil conseguiram obter emprego em 2004. Nos EUA, apenas 35% das pessoas com deficiência em idade ativa estavam empregadas, em comparação com 78% da população sem deficiência (UN Convention on the Rights of Persons with Disabilities, 2006).

De forma clara, as leis e políticas antidiscriminação são muito fragmentadas e desiguais ao redor do mundo, e, em muitos casos, as pessoas com deficiência continuam a ter a cidadania negada em seus próprios países. Na tentativa de "nivelar" a situação para pessoas com deficiência ao redor do mundo, a ONU lançou o primeiro tratado sobre direitos humanos do século XXI — a Convenção sobre os Direitos das Pessoas com Deficiência, de 2006 —, que visa a contribuir para uma "mudança paradigmática" global nas atitudes em relação às pessoas com deficiência. No dia da abertura para as assinaturas (30 de março de 2007), em torno de 99 países assinaram a nova convenção. Ao final de 2016, 87% dos Estados-membros (168 países e a UE) a haviam ratificado (UN, 2016).

A convenção compromete os governos nacionais a "desenvolver e executar políticas públicas, leis e medidas administrativas para garantir os direitos reconhecidos na convenção e a abolir leis, regulamentações, costumes e práticas que constituam discriminação". Ela também garante que as pessoas com deficiência desfrutem do direito à vida em igualdade de condições, assegura direitos iguais e progresso para mulheres e meninas com deficiência e protege as crianças com deficiência. Além disso, estabelece, pela primeira vez, uma agenda política global para promover direitos iguais para pessoas com deficiência. A política da deficiência nitidamente avançou muito em um curto espaço de tempo, mas o mundo moderno também faz demandas que não eram conhecidas no passado e que podem criar novas barreiras incapacitantes.

Saúde e deficiência em um mundo em mudança

As experiências muito diferentes em relação à saúde, à doença, à limitação e à deficiência encontradas pelas pessoas no mundo inteiro ilustram uma ideia fundamental neste capítulo: que a nossa experiência com nossos próprios corpos e as interações com outros — sejam eles corpos capazes ou com deficiência, doentes ou saudáveis — são moldadas pelo contexto social em mudança. Atualmente, estamos mais conscientes da dimensão global da existência humana, que traz à tona as grandes desigualdades de condição e oportunidade, principalmente entre o Norte e o Sul Global. Em nenhum outro lugar isso é mais evidente do que no impacto de pandemias como covid-19, HIV/aids e Ebola.

Do impacto divergente da covid-19 ao acesso muito diferente aos tratamentos de saúde e à experiência da deficiência em todo o mundo, a pesquisa sociológica comparativa fornece algumas das evidências e a compreensão necessárias para governos e legisladores. As intervenções que se destinam a elevar os padrões de saúde exigem evidências confiáveis, e os sociólogos podem desempenhar seu papel indicando onde os gastos e a assistência são mais necessários. Mas os sociólogos também podem ajudar fornecendo sua habitual avaliação sóbria das alegações mais ferozes sobre o poder transformador das tecnologias digitais e dos novos tratamentos na esfera da saúde, lembrando a todos o fato mais prosaico de que as desigualdades sociais estruturadas continuam sendo a forma mais significativa de prever a saúde e a doença das pessoas.

Revisão do capítulo

1. Cite três definições de *saúde*. Como deveríamos definir "doença"?
2. O que significa *biomedicina*? De que maneiras esse modelo tem sido criticado?
3. Dê exemplos de duas *tecnologias de saúde inovadoras* e sugira algumas aplicações para cada uma. Existem problemas sociais previsíveis que poderiam surgir se essas tecnologias se difundissem?
4. Que mudanças sociais são consideradas responsáveis pelo aumento das terapias complementares e alternativas?
5. Qual é a diferença entre uma *epidemia* e uma *pandemia*? Por que alguns virologistas argumentam que haverá mais pandemias no futuro?
6. Quais são os três "principais pilares" do *papel de doente*? A tese do papel de doente é irrelevante para o estudo da deficiência?
7. Usando exemplos específicos, descreva como a *classe social* e a *saúde* estão intimamente relacionadas. Como as descobertas sobre a classe também nos ajudam a compreender a saúde precária de alguns grupos étnicos minoritários no Reino Unido?
8. "O padrão de saúde das mulheres está mais fortemente ligado à biologia feminina". Explique por que os sociólogos não aceitam essa afirmação.
9. "O *modelo social da deficiência* exige mudanças revolucionárias na organização da sociedade". Que mudanças organizacionais e práticas o modelo social sugere que são necessárias?

Pesquisa na prática

No Reino Unido, o Serviço Nacional de Saúde tem sido apoiado por políticos de todos os principais partidos. Seu financiamento é sempre uma questão controversa durante as eleições nacionais, e o apoio público ao serviço continua alto, o que ficou particularmente evidente durante a pandemia de covid-19 em 2020. Para os políticos, no entanto, ocorre o inverso. A confiança na política e nos políticos diminuiu nos últimos anos, à medida que um escândalo de gastos, uma década de políticas de austeridade e o prolongado processo do Brexit afetaram a opinião pública. Mas existe alguma relação entre a condição de saúde das pessoas e sua confiança na política? Por exemplo, as pessoas com bom estado de saúde têm mais confiança na política do que aquelas com saúde precária? E esse padrão existe em algum outro lugar? Leia o artigo a seguir, que aborda essa questão comparativamente, analisando 19 países da Europa Ocidental.

Mattila, M. e Rapeli, L. (2018). "Just Sick of it? Health and Political Trust in Western Europe", *European Journal of Political Research*, 57(1): 116-134; https://doi.org/10.1111/1475-6765.12218.

1. Que tipo de estudo é esse? Que evidência é usada e como ela foi coletada e reunida?
2. Duas "possibilidades teóricas" são sugeridas para explicar os dados. Esclareça quais são elas e como cada uma pode ser usada nesse contexto.
3. O estudo indica que existe um padrão relativo ao nível de saúde e à confiança política. Descreva esse padrão e quaisquer diferenças entre os contextos nacionais no estudo.
4. Qual é o papel desempenhado no nível de confiança política pelas expectativas das pessoas em relação à prestação de serviços públicos?
5. Você concorda com a visão dos autores de que, no campo da saúde e do bem-estar, a experiência individual, e não a coletiva, influencia a formação de opinião sobre a confiança política? Por que manter visões políticas de esquerda pode acentuar as diferenças entre aqueles com boa saúde e aqueles com saúde precária?

Pensando sobre isso

Sabe-se muito bem que existe um gradiente de classes sociais na saúde, com as classes mais baixas, em média, tendo pior saúde e menor expectativa de vida do que as mais altas. Alguns sociólogos argumentaram que o combate à pobreza, com seus ambientes materiais relacionados, deveria estar no centro da política governamental. No entanto, um relatório de 2012 do King's Fund, no Reino Unido, descobriu que pessoas sem qualificações educacionais eram cinco vezes mais propensas a fumar e beber grandes quantidades de álcool e a evitar exercícios e conselhos sobre uma dieta saudável.

Por que deveria haver uma correlação entre a falta de qualificações educacionais e as escolhas de estilo de vida pouco saudáveis? Sugira algumas ligações teóricas que possam existir, concentrando-se em por que as principais mensagens de saúde e estilo de vida são mais propensas a serem levadas a sério e postas em prática por grupos socioeconômicos de classe média alta. As mensagens de promoção da saúde poderiam ser mais eficazes ou os governos deveriam simplesmente aceitar que alguns grupos sociais simplesmente não são acessíveis por essa via?

Sociedade nas artes

Os movimentos de pessoas com deficiência têm sido bem-sucedidos em desafiar a discriminação em muitas áreas da vida, e a deficiência não é mais vista como causada apenas, ou principalmente, por limitação individual ou doença. Ao mesmo tempo, os testes de triagem fetal estão se tornando menos invasivos e mais precisos, fornecendo aos futuros pais mais informações sobre condições como a síndrome de Down, que podem levar algumas famílias a interromper a gravidez.

Em outubro de 2016, um documentário da atriz britânica Sally Phillips (cujo filho Olly tem síndrome de Down) acendeu o debate *contra* a introdução de testes pré-natais não invasivos (NIPT) no NHS. Veja o documentário em www.youtube.com/watch?v=x16wGajCHIw ou em https://marchforlife.org/world-without-down-syndrome/.

Depois de assistir ao documentário, leia este artigo:

> Burch, L. (2017). "A World without Down's Syndrome? Online Resistance on Twitter: #worldwithoutdowns and #justaboutcoping", *Disability and Society*, 32(7): https://doi.org/10.1080/20550340.2017.1330453.

1. A documentarista, nesse caso, está claramente muito "envolvida" na questão, e o filme tem uma mensagem a comunicar. O que aprendemos sobre a síndrome de Down com esse documentário que uma abordagem mais "isolada" pode não ser capaz de ensinar?

2. Considerando o artigo de Burch, como os debates *on-line* subsequentes desafiaram as ideias de "normalidade" no desenvolvimento humano? Que evidências existem de que, nesses debates, o modelo social da deficiência está embutido sem ser explicitamente declarado?

3. Um artigo do jornal *Observer* notou que, quando o NIPT foi introduzido na Islândia, a taxa de interrupção da síndrome de Down subiu para 100% (McVeigh, 2016). O NIPT promove uma "nova eugenia" contra certas categorias de pessoas ou apenas reforça o direito de escolha das mulheres?

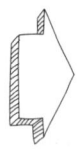

Outras leituras

A sociologia da saúde e da doença é um campo bem estabelecido, e existe muito material introdutório. Dois dos melhores são *Health* (2. ed., Cambridge: Polity), de Mildred Blaxter (2010), que apresenta uma excelente discussão sobre os conceitos de saúde e doença, e *Understanding the sociology of health: an introduction* (2. ed., London: Sage), de Anne-Marie Barry e Chris Yuill (2016), que oferece uma visão geral mais atualizada.

A partir daí, você pode experimentar algo que cubra debates, evidência e política com mais detalhe. Por exemplo, *The sociology of health and illness* (4. ed., Cambridge: Polity), de Sarah Nettleton (2020), ou *An introduction to the sociology of health and illness* (3. ed., London: Sage), de Kevin White (2017) — ambos são envolventes e bem escritos.

O livro de Alexandra Howson (2012) *The body and social theory: an introduction* (2. ed., Cambridge: Polity) e o de Bryan S. Turner (2008) *The body and society* (3. ed., London: Sage) abordam muito bem essa área. Para ver estudos sobre deficiência na sociologia, consulte *Exploring disability: a sociological introduction* (2. ed., Cambridge: Polity), de Colin Barnes e Geof Mercer (2010), e a compilação muito útil *Disabling barriers — enabling environments* (3. ed., London: Sage), de John Swain, Sally French, Colin Barnes e Carol Thomas (2013).

Uma obra de referência sobre a sociologia da saúde e da doença é *Key concepts in medical sociology* (2. ed., London: Sage), de Jonathan Gabee e Lee Monaghan (2013).

Para ver uma seleção de leituras originais sobre a sociologia da doença e do corpo, consulte *Sociology: introductory readings* **(4. ed., Cambridge: Polity, 2021).**

@ Links da internet

Em **loja.grupoa.com.br**, acesse a página do livro por meio do campo de busca e clique em Material Complementar para ver as sugestões de leitura do revisor técnico à edição brasileira, além de outros recursos (em inglês).

European Observatory on Health Systems and Policies — infraestrutura abordando sistemas de saúde na Europa:
www.euro.who.int/en/about-us/partners/observatory

The World Health Organization — uma excelente fonte de dados sobre saúde e doença no mundo inteiro:
www.who.int/en/

UNAIDS — Programa das Nações Unidas para a aids, com muitos recursos e estatísticas:
www.unaids.org/en/

Innovative Health Technologies — programa de pesquisa na Universidade de York, no Reino Unido. Veja "Projects by Theme":
www.york.ac.uk/res/iht/introduction.htm

The Wellcome Library, Reino Unido — materiais muito úteis sobre a história da medicina e seu papel na sociedade:
https://wellcomelibrary.org/

HealthTalk — um *site* do Reino Unido que aborda questões de saúde do ponto de vista do paciente:
https://healthtalk.org/

The Disability Archive na Universidade de Leeds, Reino Unido — um grande recurso com materiais que abordam todos os aspectos da deficiência:
https://disability-studies.leeds.ac.uk/library/

The European Disability Forum — uma organização não governamental conduzida por pessoas com deficiência, promovendo direitos iguais na União Europeia:
www.edf-feph.org/

The UK's Equality and Human Rights Commission — recursos sobre discriminação da deficiência e o Equality Act de 2010:
www.equalityhumanrights.com/

Convenção das Nações Unidas sobre os Direitos das Pessoas com Deficiência — exatamente o que o nome diz, com outros materiais abordando a legislação sobre deficiência no mundo inteiro:
www.un.org/development/desa/disabilities/convention-on-the-rights-of-persons-withdisabilities.html

CAPÍTULO 11

POBREZA, EXCLUSÃO E BEM-ESTAR SOCIAL

SUMÁRIO

Pobreza 432

Definição de pobreza 432

Qual é a medida da pobreza? 433

O risco de tornar-se pobre 438

Explicação para a pobreza 445

Pobreza e mobilidade social 448

Exclusão social 450

Dimensões da exclusão social 451

O Estado de bem-estar social 454

Teorias sobre o Estado de bem-estar social 455

O Estado de bem-estar social no Reino Unido 457

Novos desafios para antigos Estados de bem-estar social ... 465

Revisão do capítulo 466

Pesquisa na prática 467

Pensando sobre isso 467

Sociedade nas artes 468

Outras leituras 468

Links da internet 469

Na Inglaterra, a acomodação de emergência para pessoas sem-teto extremamente necessitadas agora inclui quartos apertados em casas de hóspedes, bem como pequenas unidades em prédios de escritórios adaptados e contêineres (acima).

Nos últimos anos, em Londres, Brighton, Cardiff e Bristol, surgiram unidades de acomodação recém-construídas, brilhantes, que parecem ter sido projetadas por entusiastas da construção própria para um dos muitos programas de TV populares sobre projeto arquitetônico e construção de casas. No entanto, essas unidades são, na verdade, contêineres de metal adaptados, destinados a serem uma solução inovadora para a crise habitacional enfrentada por muitos conselhos locais. Na ausência de um estoque adequado de moradia social, e em meio a números cada vez maiores de pessoas sem-teto, alguns conselhos firmaram parcerias com desenvolvedores privados para construir blocos de pequenas unidades muito rapidamente em terrenos pertencentes ao conselho.

Para alguns inquilinos, os contêineres oferecem um local de descanso temporário e podem ser melhores do que os apartamentos e as casas alugados, inseguros e insalubres que deixaram para trás. Por exemplo, Christine, de 28 anos, mora em Meath Court, no oeste de Londres, em um quarteirão de contêineres convertidos. "Não estou dizendo que quero viver aqui para sempre, porque realmente não quero. Mas, para as circunstâncias atuais, a escolha não é ruim" (citado em Butler, 2019). Os profissionais da habitação veem essa "solução" como o sinal mais claro de que as coisas correram mal. As unidades são muito pequenas, com pouco ou nenhum espaço para as crianças brincarem e com muito pouco espaço para armazenamento; e, dada a sua estrutura metálica e o seu isolamento inadequado, os inquilinos relatam que os ambientes ficam insuportavelmente quentes nos meses de verão. Mesmo sendo projetadas para serem apenas uma solução temporária, não é raro encontrar moradores passando seis meses e, às vezes, mais de um ano na mesma unidade.

Ser sem-teto e depender de acomodações de emergência pode ser visto como uma definição de uma família que vive na pobreza. Mas isso significa que você é "pobre"? Jennie, uma mãe solteira que vive em um tipo diferente de acomodação temporária no norte de Londres, com três filhos deficientes, considera que é pobre: "Quero dizer, de certa forma, sim, sou pobre. Pobre — isso significa que você não pode ter nada. Você não pode comprar o que precisa". Essa ideia de que ser pobre significa não ser capaz de comprar as coisas de que você precisa — e não as coisas que você quer — para ter uma vida decente é muito comum, embora o filho mais novo de Jennie, de 11 anos, Michael, não veja as coisas dessa maneira. Ele diz: "Nós não somos realmente pobres como quem vive nas ruas. Não temos as melhores roupas do mundo, roupas que os filhos de outras pessoas têm, mas estamos felizes com o que temos enquanto pudermos viver". Jennie recebe benefícios do governo, a maioria dos quais vai para alimentação, roupas escolares, combustível e viagens, e seu aluguel é pago com o auxílio-moradia. Eles têm televisão, máquina de lavar e geladeira, mas não saem muito e nunca saíram de férias juntos. Você acha que eles são pobres? Eles estão vivendo na pobreza?

A situação de Jennie é relatada na pesquisa de Lansley e Mack (2015) sobre a pobreza na Grã--Bretanha no século XXI. O estudo conclui que a pobreza no Reino Unido não está em declínio, mas, na verdade, está aumentando. No entanto, se Jennie é realmente pobre, ou se pode ser considerada alguém que vive na pobreza, não se trata do mesmo tipo de pobreza que existe em alguns países do Sul Global, onde até mesmo os recursos básicos para a vida, como abrigo, água potável, educação e saúde de fácil acesso, simplesmente não estão disponíveis para muitas famílias. O que consideramos pobreza difere de acordo com as normas de vida aceitas pela maioria das pessoas no seu próprio contexto nacional.

> Veja no Capítulo 6, "Desigualdade global", uma extensa discussão sobre pobreza e desigualdade em um contexto global mais amplo.

Muitas pessoas que encontram alguém como Jennie fazem suposições sobre sua vida. Elas podem ver sua pobreza como resultado de sua educação. Outros podem rotulá-la como "preguiçosa" ou culpá-la por não trabalhar o suficiente, talvez sugerindo que viver de benefícios do governo é confortável demais. Em meio aos níveis crescentes de tais comentários políticos e midiáticos, um estudo sobre pobreza e insegurança, realizado por Shildrick et al. (2012: 2-3), concluiu: "Nossas conclusões gerais são de que, enquanto os participantes entravam e saíam do desemprego e de empregos mal pagos, que se estendiam ao longo dos anos, a maioria expressava um compromisso duradouro com o trabalho".

Na sociologia, raramente (ou nunca) podemos nos satisfazer com explicações individualistas. A pobreza não é apenas um "problema pessoal", mas uma "questão pública" persistente, e é tarefa do sociólogo desenvolver uma visão mais ampla da sociedade, que possa dar sentido às experiências de muitas pessoas que estão em uma posição semelhante à de Jennie. Neste capítulo, examinamos mais de perto a ideia e a experiência da pobreza e consideramos o conceito mais amplo de exclusão social que ganhou destaque na década de 1990. Na última seção, examinamos como e por que surgiram Estados de bem-estar social e analisamos as recentes tentativas de modificá-los.

Os leitores devem notar que os Capítulos 11 e 6 estão muito relacionados. Este capítulo se concentra principalmente na pobreza, na exclusão e no bem-estar social nos países industrializados, usando o Reino Unido como um estudo de caso, com comparações na Europa. No entanto, o Capítulo 6, "Desigualdade global", amplia o foco para abordar questões de pobreza e desigualdade em um contexto global, com foco específico no Sul Global.

Pobreza

Definição de pobreza

Embora todos pareçam intuitivamente entender o que é a pobreza, chegar a uma definição consensual para uso científico social mostrou ser difícil. Em 2000, o Banco Mundial (2000: 15) definiu a pobreza como "privação pronunciada de bem-estar social". Essa declaração concisa é um começo, mas levanta a questão do que constitui o bem-estar social. É a capacidade de manter uma boa saúde, ter uma boa educação ou ter comida suficiente? São todas essas coisas? Nas sociedades relativamente ricas, a possibilidade de desfrutar dessas coisas implica ter os recursos para fazê-lo e geralmente é medida pela renda, embora outros critérios às vezes sejam utilizados. Por outro lado, estar "na pobreza" ou "em privação pronunciada" significa não ter renda suficiente para obter esses recursos.

Os sociólogos têm favorecido duas abordagens diferentes da pobreza: **pobreza absoluta** e **pobreza relativa**. O conceito de pobreza absoluta se baseia na ideia de subsistência — as condições básicas que devem ser atendidas para sustentar uma existência fisicamente saudável. Diz-se que as pessoas que não têm esses requisitos fundamentais — como alimento, abrigo e roupas suficientes — vivem em situação de pobreza absoluta. Acredita-se que os padrões para a subsistência humana sejam mais ou menos os mesmos para todas as pessoas de idade e físico equivalentes, de modo que qualquer indivíduo, em qualquer parte do mundo, pode ser considerado em situação de pobreza absoluta se ficar abaixo desse padrão universal. Nessa definição, a pobreza absoluta é rara nos países industrializados.

No entanto, inúmeras pessoas nesses países ainda estão em risco de pobreza relativa. Em termos puramente econômicos, o critério geral para a pobreza relativa é que as pessoas vivam em um agregado familiar cujo rendimento disponível seja inferior a 60% da mediana nacional desse país. Por essa medida, em 2017, cerca de 112,8 milhões de pessoas nos 28 países da União Europeia na época estavam em risco de "pobreza ou exclusão social" (a exclusão social é discutida mais adiante neste capítulo). Isso representava 22,4% da população da UE (Eurostat, 2019a). É claro que as taxas de pobreza diferem muito na UE-28, como mostra a Figura 11.1.

No entanto, em termos de desigualdade econômica *dentro* dos países, a parcela da receita nacional que vai para o quinto inferior da população muitas vezes não é tão diferente, apesar das posições econômicas muito distintas dos Estados-Nações. Por exemplo, em Ruanda, 5,3% da receita nacional foi para o quinto mais pobre da população em 2007, e, nos EUA, o número foi de 5,4% (BIRD/Banco Mundial, 2007). Como mostra o Capítulo 6, "Desigualdade global", a desigualdade crônica ainda existe no Norte Global, apesar da eliminação dos aspectos extremos da pobreza. Pobreza e desigualdade estão relacionadas, mas não são a mesma coisa.

Muitos estudiosos não aceitam que seja possível identificar um padrão universal de pobreza absoluta. É mais apropriado, eles argumentam, usar o conceito de pobreza relativa, que liga a privação ao padrão geral de vida em uma determinada sociedade. As necessidades humanas não são idênticas em todos os lugares, mas diferentes dentro e entre as sociedades. Coisas vistas como essenciais em uma sociedade podem ser consideradas luxo em outra. Na maioria das sociedades industrializadas, água encanada, banheiros com descarga e o consumo regular de frutas e legumes são considerados necessidades básicas, de modo que se pode dizer que as pessoas, sem eles, vivem em relativa pobreza. Em muitos países do Sul Global, esses elementos não são padrão entre a maioria da população, e, portanto, não faria sentido medir a pobreza de acordo com sua presença ou ausência. A definição aceita de pobreza *absoluta* também tem mudado com o passar do tempo, de acordo com o conhecimento existente e disponível em determinados períodos (Howard et al., 2001). Em suma, mesmo a definição de pobreza absoluta é relativa ao tempo e ao lugar, o que enfraquece a universalidade proposta do conceito.

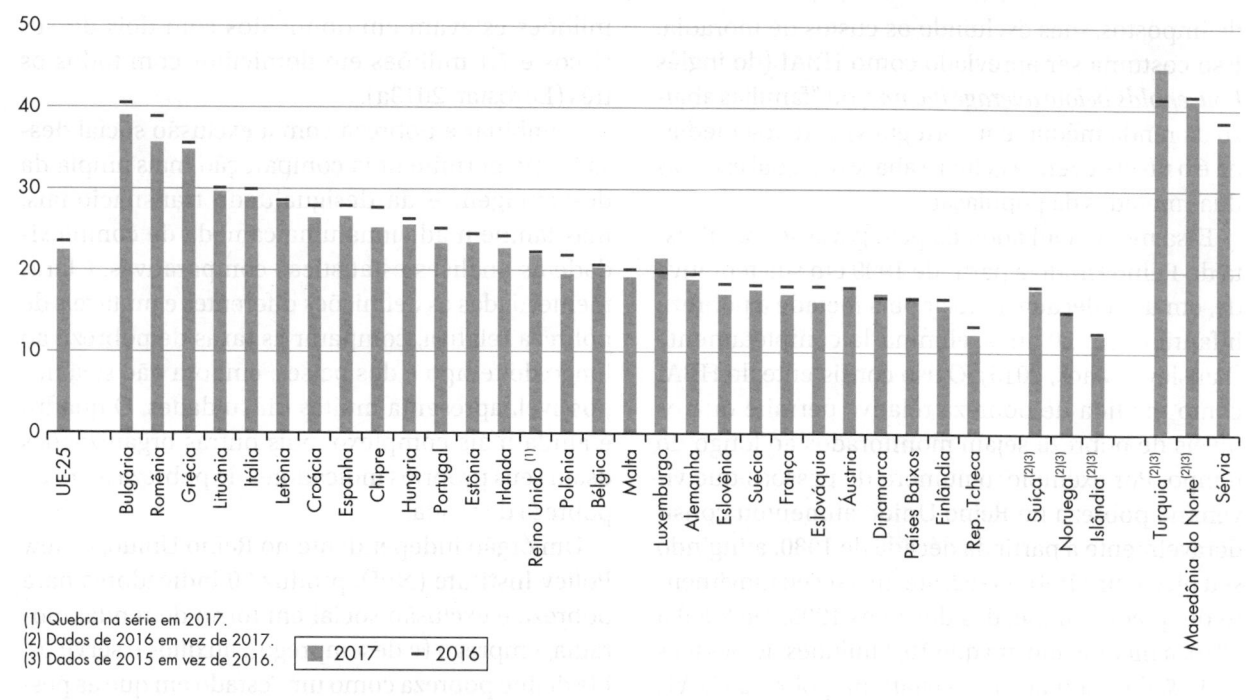

(1) Quebra na série em 2017.
(2) Dados de 2016 em vez de 2017.
(3) Dados de 2015 em vez de 2016.   ■ 2017   – 2016

FIGURA 11.1 União Europeia e suas taxas de pobreza, 2016-2017.
Fonte: Eurostat (2019a).

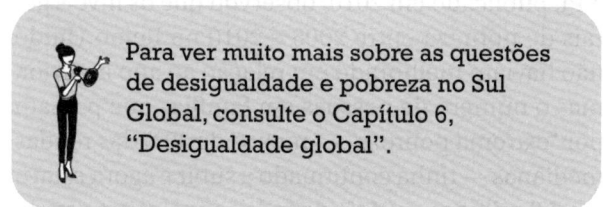

Para ver muito mais sobre as questões de desigualdade e pobreza no Sul Global, consulte o Capítulo 6, "Desigualdade global".

O conceito de pobreza relativa tem suas próprias complexidades. À medida que as sociedades se desenvolvem, os padrões de pobreza relativa são gradualmente ajustados, e, conforme as sociedades enriquecem, os critérios de pobreza relativa são gradualmente ajustados para cima. No início do século XX, os refrigeradores, os televisores, o aquecimento central e os telefones eram considerados bens de luxo, mas nas sociedades industrializadas atuais eles são considerados necessários. As famílias que não têm ou não podem comprar esses itens podem ser consideradas em pobreza relativa, pois não são capazes de viver com o estilo de vida gozado pela maioria das pessoas em sua sociedade. É claro que seus pais e avós podem não ter tido tais coisas, mas eles não seriam considerados afetados pela pobreza naquela época.

Algumas pessoas até mesmo questionam se podemos realmente dizer que a "pobreza" sequer existe nas economias desenvolvidas, em que diversos bens de consumo são encontrados em praticamente todas as casas. Para ilustrar esses debates, a próxima seção analisa alguns dos principais métodos usados para medir a pobreza no Reino Unido e as tentativas sociológicas de melhorá-los.

Qual é a medida da pobreza?

Medidas oficiais de pobreza

Até por volta de 1999, os sucessivos governos britânicos, diferentemente da maioria dos governos dos outros países europeus, não reconheciam uma "**linha da pobreza**" oficial, preferindo usar uma variedade de indicadores separados. Isso significa que os pesquisadores tinham de contar com outros indicadores estatísticos, como o pagamento de benefícios, para medir os níveis de pobreza. Desde a década de 1980, a maioria dos Estados da UE definem a pobreza como viver em uma família com 60% ou menos da renda mediana, normalmente após o desconto de impostos, mas excluindo os custos de moradia. Isso costuma ser abreviado como HBAI (do inglês *households below average income*, ou "famílias abaixo da renda média", em português). A renda mediana é o nível de renda acima e abaixo do qual estão as duas metades da população.

Essa medida foi adotada pelo governo trabalhista do Reino Unido a partir de 1999 em sua tentativa de, em uma década, reduzir pela metade a pobreza infantil e, em 20 anos, eliminá-la completamente (Lansley e Mack, 2015). O uso consistente do HBAI como medida de pobreza relativa permite que os níveis de pobreza sejam monitorados ao longo do tempo. Por exemplo, o número de pessoas que vivem na pobreza no Reino Unido aumentou consideravelmente a partir da década de 1980, atingindo seu pico entre 1991 e 1992, até iniciar seu movimento de queda em meados dos anos 1990. De 2009 a 2010, a medida mostra que 10,4 milhões de pessoas — 17% da população — viviam na pobreza (DWP, 2011: 11). Essa porcentagem tem permanecido estável desde o intervalo entre 1994 e 1995: subiu levemente para cerca de 19% após o *crash* financeiro de 2008, mas caiu para 16% em 2013 (ONS 2015a: 4).

A UE adotou uma medida semelhante, mas não idêntica, conhecida como "taxa de risco de pobreza ou exclusão social" (AROPE). Esta envolve três medidas: pessoas em risco de pobreza de renda, aquelas em privação material e aquelas vivendo em famílias com uma "intensidade de trabalho" muito baixa (Eurostat, 2015a). A medida de "risco de pobreza de renda" se refere a indivíduos com um rendimento disponível equivalente inferior a 60% da renda mediana nacional. A privação material se refere à incapacidade de pagar bens como máquina de lavar, TV ou carro e a uma incapacidade forçada de pagar aluguel ou contas de serviços públicos, ou de cobrir despesas inesperadas. Baixa intensidade de trabalho significa que os membros de uma família trabalharam coletivamente menos de um quinto do tempo que poderiam ter trabalhado em um determinado ano. Em 2016 e 2017, os países da UE tinham 53,5 milhões de pessoas em situação de pobreza de renda, 13,8 milhões em privação material e 11,9 milhões em agregados familiares com intensidade de trabalho muito baixa. Outros 26,5 milhões estavam em domicílios com dois desses riscos e 7,1 milhões em domicílios com todos os três (Eurostat, 2019a).

Combinar a pobreza com a exclusão social dessa forma permite uma comparação mais ampla da desvantagem e da desigualdade transnacionais, mas também adiciona uma camada de complexidade às análises estatísticas comparativas. Claramente, dadas as definições diferentes e mutáveis de pobreza relativa, comparar as taxas de pobreza ao longo do tempo e dos países, embora não seja impossível, apresenta muitas dificuldades. O quadro é ainda mais complexo, pois outras organizações usam seus próprios indicadores de pobreza além da pobreza de renda.

Um órgão independente no Reino Unido, o New Policy Institute (NPI), produz 50 indicadores para pobreza e exclusão social em torno de renda, moradia, emprego (e desemprego), auxílios e serviços. Ele define pobreza como um "estado em que as pessoas estão muito abaixo das normas de vida cotidiana", abrangendo assim questões de pobreza e exclusão social (MacInnes et al., 2014: 6). O 13º Relatório de Monitoramento da Pobreza e Exclusão Social do NPI, publicado em 2010, observou que os níveis gerais de pobreza entre 2008 e 2010 no Reino Unido não haviam melhorado em relação ao ano anterior, mas o número de pessoas em famílias que passam por "extrema pobreza" — menos de 40% das rendas medianas — tinha continuado a subir e agora estava em 5,8 milhões, ou 44% de todos aqueles em estado de pobreza. Essa foi a maior proporção desde 1979 (NPI, 2010: 23).

O relatório de 2015 do NPI (MacInnes et al., 2015) observou que metade de todas as pessoas em situação de pobreza vive em famílias nas quais alguém tem trabalho remunerado — situação conhecida, sem surpresa, como "pobreza com trabalho". Essa constatação mostra que devemos ter cuidado para não perpetuar estereótipos sociais de pobreza como vinculados apenas a requerentes de benefícios estatais e pessoas desempregadas. Como veremos mais adiante neste capítulo, pesquisas mais recentes nessa área demonstram que as pessoas entram e saem da pobreza ao longo da vida, à medida que seu trabalho e sua situação geral mudam.

Quem é pobre? Estas crianças em um campo de refugiados...

> **REFLEXÃO CRÍTICA**
>
> A política do governo do Reino Unido é encorajar as pessoas a encontrar trabalho na economia formal como o melhor caminho para sair da pobreza. Mas, se a "pobreza com trabalho" está aumentando, que medidas práticas o governo poderia realizar agora para garantir que aqueles que encontram trabalho sejam capazes de sair da pobreza?

Pobreza e privação relativa

Alguns pesquisadores argumentam que as medidas oficiais, do tipo discutido anteriormente, não compõem um quadro preciso da pobreza. Vários estudos importantes foram realizados para definir a pobreza como um tipo de privação. Um pioneiro dessa abordagem é Peter Townsend, cujo trabalho desde o final da década de 1950 aumentou a consciência pública sobre o que significa realmente "viver na pobreza" (ver o quadro Estudos clássicos 11.1).

Baseando-se na definição de Townsend da pobreza como privação, Mack e Lansley realizaram dois estudos muito influentes sobre a propriedade relativa no Reino Unido, o primeiro em 1983 e o segundo em 1990 (publicados, respectivamente, em 1985 e 1992). Em 1983, Mack e Lansley fizeram uma pesquisa de opinião para um programa de televisão (chamado *Breadline Britain*) a fim de determinar o que as pessoas consideravam "necessidades" para um padrão de vida "aceitável". Com base nas respostas, *eles* criaram uma lista de 22 necessidades básicas que mais de 50% dos indivíduos consideraram importantes para uma vida normal. Perguntando aos sujeitos o que *eles* consideravam necessidades, Mack e Lansley evitaram a crítica dirigida à pesquisa original de Townsend — ou seja, que sua escolha de

...ou estas crianças de um conjunto habitacional em condições precárias?

Estudos clássicos 11.1 — Peter Townsend sobre pobreza e privação

O problema da pesquisa

Os sociólogos podem entender o nível de pobreza na sociedade comparando as estatísticas de renda, mas como é a experiência da pobreza? Como uma pessoa lida com a renda baixa para fechar o orçamento e do que precisa abrir mão para fazer isso? Os estudos de Peter Townsend se concentraram justamente na questão da experiência subjetiva e no entendimento das pessoas em relação à pobreza, tentando compreender exatamente o que ela significa em termos de privação. Em seu estudo clássico, *Poverty in the United Kingdom* (1979), Townsend analisou as respostas de mais de 2 mil questionários preenchidos por famílias ao redor do Reino Unido durante o final da década de 1960. Os sujeitos que responderam aos questionários forneceram informações sobre seu estilo de vida, incluindo suas condições de vida, seus hábitos alimentares, suas atividades de lazer e cívicas, bem como sua renda.

A visão de Townsend

A partir das informações coletadas, Townsend selecionou 12 itens que eram relevantes para toda a amostra da população, em vez de para grupos sociais específicos, e calculou a proporção da população que era privada deles (veja os resultados na Tabela 11.1). Depois, atribuiu a cada família um escore no índice de privação — quanto mais alto o escore, maior a privação. Posteriormente, comparou a posição das famílias no índice com sua renda total, considerando fatores como o número de pessoas

TABELA 11.1 Índice de privação de Townsend (1979)

Características	% da população
1 Não tirou férias longe de casa nos últimos 12 meses.	53,6
2 Apenas adultos. Não recebeu um parente ou amigo para uma refeição ou lanche em sua casa nas últimas quatro semanas.	33,4
3 Apenas adultos. Não saiu com parentes ou amigos para uma refeição ou lanche nas últimas quatro semanas.	45,1
4 Apenas crianças (com menos de 15). Não recebeu um amigo para brincar ou tomar chá nas últimas quatro semanas.	36,3
5 Apenas crianças. Não teve festa no último aniversário.	56,6
6 Não saiu à tarde ou à noite para se divertir nas últimas duas semanas.	47,0
7 Não come carne fresca (incluindo refeições fora de casa) pelo menos quatro dias por semana.	19,3
8 Passou um ou mais dias sem uma refeição quente nas últimas duas semanas.	7,0
9 Não tem café da manhã quente na maioria dos dias da semana.	67,3
10 A família não tem refrigerador.	45,1
11 A casa não costuma ter almoço especial aos domingos (três a cada quatro domingos).	25,9
12 A família não faz uso individual de quatro itens (banheiro com descarga; pia ou tanque com torneira de água fria; chuveiro ou banheira fixa; e fogão a gás/elétrico).	21,4

Fonte: Townsend (1979: 250).

em cada lar, se os adultos trabalhavam, a idade das crianças e se havia pessoas deficientes na casa.

Townsend concluiu que sua pesquisa havia revelado um patamar de níveis de renda abaixo do qual a privação social aumentava rapidamente. Foram essas famílias que Townsend descreveu como em situação de pobreza, calculando que elas formavam 22,9% da população, muito mais do que os números anteriores sugeriam. O estudo de Townsend mostrou que, à medida que a renda doméstica cai, as famílias deixam de participar de atividades familiares comuns: em suma, elas são "socialmente excluídas".

Pontos de crítica

Embora a abordagem de Townsend seja altamente influente, ela também foi criticada por alguns comentaristas, incluindo David Piachaud (1987), sob o argumento de que os itens que Townsend usou para seu índice de privação têm uma qualidade um tanto arbitrária. Ou seja, não está clara a sua relação com a "pobreza" nem os fundamentos de sua seleção. Algumas das categorias parecem ter mais a ver com decisões sociais ou culturais do que com pobreza e privação. Se alguém decide não comer carne ou um café da manhã quente, ou decide não socializar regularmente ou tirar férias longe de casa, não se torna óbvio que a pessoa seja afetada por algum tipo de pobreza.

Relevância contemporânea

A crítica cultural é importante, mas, com o passar do tempo, a abordagem de Townsend ao estudo da pobreza e da privação manteve sua relevância. De fato, ela foi a base para vários estudos sociológicos que tentaram evitar a crítica cultural feita contra o estudo original de Townsend. A tentativa de construir um índice de privação baseado em determinados fatores ainda é valiosa em nossos esforços para entender plenamente como a pobreza e a privação estão inexoravelmente conectadas. Os estudos de Townsend também foram um instrumento para direcionar os debates contemporâneos sobre a pobreza para um entendimento dos processos subjacentes de exclusão social, que negam a cidadania plena às pessoas vivendo em situação de pobreza.

itens para o índice de privação era arbitrária. O levantamento de 1983 estimou que havia em torno de 7,5 milhões de pessoas vivendo em situação de pobreza no Reino Unido — por volta de 14% da população. Mack e Lansley repetiram o exercício em 1990 e encontraram um aumento significativo da pobreza durante a década de 1980, com o número de pessoas que viviam nessa situação chegando a 11 milhões.

Em 2000, David Gordon e colaboradores fizeram um levantamento semelhante, o Millennium Survey of Poverty an Social Exclusion (conhecido como "levantamento PSE"). Gordon e sua equipe usaram um questionário para determinar o que as pessoas consideravam "necessidades" para um padrão de vida aceitável no Reino Unido. Com base nas respostas, eles criaram uma lista de 35 itens que mais de 50% dos sujeitos consideravam necessários (ver a Tabela 11.2). A equipe então criou um patamar para a privação, baseado na falta forçada de dois ou mais recursos necessários, combinada com uma renda baixa.

O levantamento PSE mostrou que 28% da amostra não tinha um ou mais itens necessários, embora isso inclua 2% cuja renda era suficientemente alta para sugerir que eles haviam saído da pobreza, deixando 26% da população pesquisada classificada como em situação de pobreza relativa. Como os pesquisadores adotaram uma metodologia semelhante à que foi usada por Mack e Lansley, eles puderam usar seus dados para verificar como o nível de pobreza havia mudado ao longo do tempo no Reino Unido. O número de lares sem atendimento a três ou mais necessidades socialmente percebidas (estabelecido como o patamar de pobreza nos estudos de Mack e Lansley) aumentou substancialmente, de 14% em 1983 para 21% em 1990, chegando a 24% em 1999. Assim, embora a população britânica como um todo tenha ficado mais rica desde o começo da década de 1980, em 2000 também houve um aumento dramático na pobreza.

Um estudo de 2006 reanalisou alguns dos dados do levantamento PSE de Gordon (Palmer et al., 2006). Combinando itens semelhantes da escala de 35 "itens essenciais", os pesquisadores observaram que a maior parte dos itens essenciais tinha relação direta com o dinheiro — ou seja, os entrevistados simplesmente não tinham renda suficiente para pagar por eles (Figura 11.2). Com base no Levantamento de Recursos Familiares de 2004-2005, a equipe comparou famílias de baixa renda com as de renda média em relação a 10 itens essenciais selecionados (ver Figura 11.3). Mais uma vez, proporções significativas das famílias de baixa renda disseram que não podiam pagar por esses itens. Quase 60% não podiam economizar 10 libras ou mais por mês, mais de 50% não podiam tirar férias anuais, e um terço não podia pagar seguro para sua casa.

Palmer e colaboradores mostram que uma parcela significativa das famílias de renda *média* disse que também não podia pagar por esses itens. Portanto, o relatório critica o uso dessas medidas subjetivas que, conforme argumenta, têm pouco valor para uma medida fidedigna e válida da pobreza "real". Por exemplo, se quase um terço das pessoas com renda média não pode "economizar 10 libras ou mais por mês" e um quarto não pode "tirar uma semana de férias longe de casa por ano", isso significa que elas também "vivem na pobreza"? O que necessitamos é de informações sobre *por que* as famílias não podem pagar por esses itens, que nos possibilitariam avaliar o nível em que a falta de cada item é um exemplo de "pobreza forçada" (causada por circunstâncias socioeconômicas) ou o resultado de escolhas pessoais, em que outras coisas têm prioridade.

> **REFLEXÃO CRÍTICA**
>
> Se a medida de "pobreza relativa" muda conforme as sociedades se desenvolvem, isso sugere que "os pobres sempre estarão conosco"? Explique por que essa é uma leitura errada do conceito e da medição usados para identificar aqueles que estão em pobreza relativa.

O risco de tornar-se pobre

Muitos indivíduos entram e saem da situação de pobreza no decorrer de suas vidas, o que pode criar a impressão de que a pobreza é muito fluida para ser socialmente moldada. No entanto, o que também sabemos é que o *risco* de estar na pobreza é mais alto para alguns grupos sociais do que para outros. Por exemplo, crianças, mulheres, alguns grupos étnicos minoritários e pessoas mais idosas estão entre os grupos de mais alto risco. Em particular, pessoas

TABELA 11.2 Percepção de necessidades adultas e quantas pessoas têm carência delas (porcentagem da população adulta)

	Itens considerados		Itens que os sujeitos	
	necessários	desnecessários	não têm e não querem ter	não têm e não podem pagar
Camas e cobertas para todos	95	4	0,2	1
Aquecimento doméstico	94	5	0,4	1
Casa livre de umidade	93	6	3	6
Visitas a amigos ou familiares no hospital	92	7	8	3
Duas refeições por dia	91	9	3	1
Remédios com receita médica	90	9	5	1
Refrigerador	89	11	1	0,1
Frutas e legumes frescos diariamente	86	13	7	4
Casaco quente e à prova d'água	85	14	2	4
Substituição ou conserto de aparelhos elétricos estragados	85	14	6	12
Visitas a amigos ou familiares	84	15	3	2
Comemorações em ocasiões especiais, como o Natal	83	16	2	2
Dinheiro para manter a casa em um estado decente de decoração	82	17	2	14
Visitas à escola — por exemplo, atividades esportivas	81	17	33	2
Participação em casamentos, funerais	80	19	3	3
Carne, peixe ou equivalente vegetariano a cada dois dias	79	19	4	3
Seguro para o conteúdo da casa	79	20	5	8
Passatempo ou atividade de lazer	78	20	12	7
Máquina de lavar	76	22	3	1
Possibilidade de buscar filhos na escola	75	23	36	2
Telefone	71	28	1	1
Roupas apropriadas para entrevistas de emprego	69	28	13	4
Congelador	68	30	3	2
Tapetes nas salas e nos quartos	67	31	2	3
Poupança regular (de 10 libras por mês) para necessidades ou aposentadoria	66	32	7	25
Dois pares de sapatos	64	34	4	5
Reunião de amigos ou familiares para refeições	64	34	10	6
Uma pequena quantidade de dinheiro gasta semanalmente consigo mesmo, e não com a família	59	39	3	13
Televisão	56	43	1	1
Churrasco/equivalente vegetariano uma vez por semana	56	41	11	3
Presentes para amigos/familiares uma vez por ano	56	42	1	3
Férias longe de casa uma vez por ano	55	43	14	18
Substituição de móveis velhos	54	43	6	12
Dicionário	53	43	6	5
Roupas para ocasiões sociais	51	46	4	4

Fonte: Gordon et al. (2000: 14).

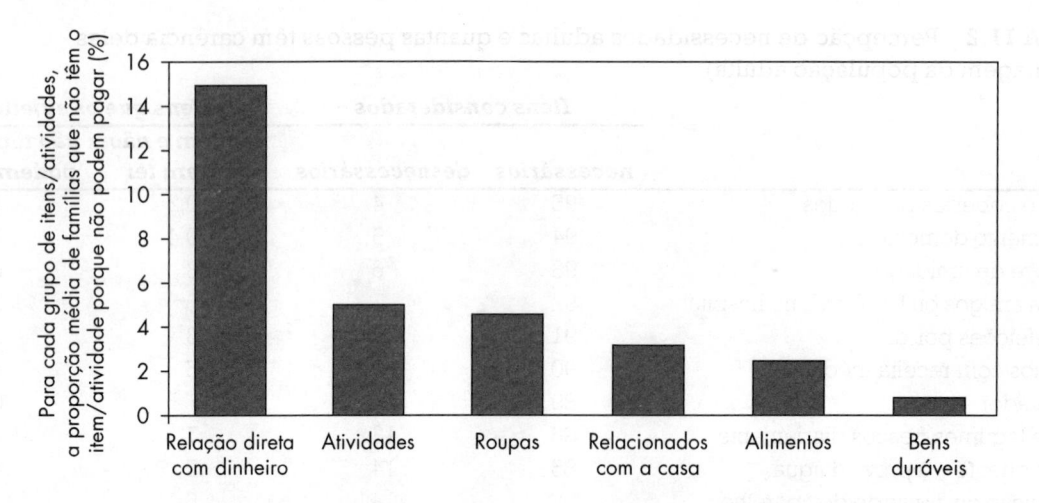

FIGURA 11.2 Itens essenciais que mais costumam faltar, por categoria.
Fonte: Palmer et al. (2006: 35).

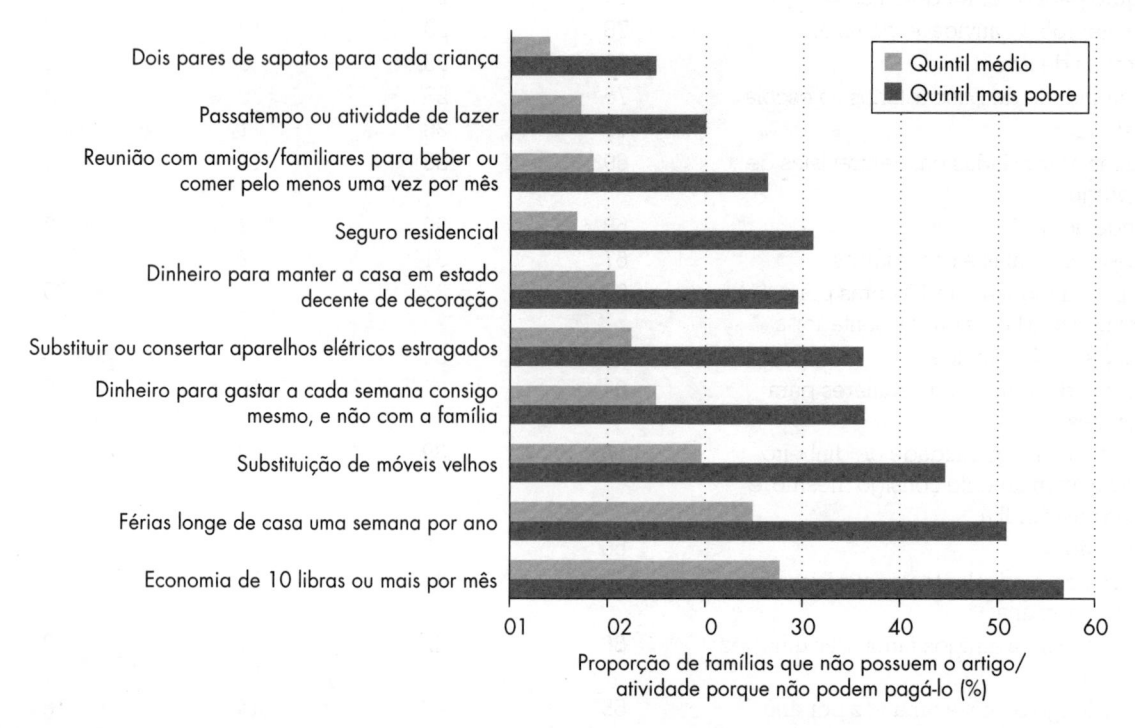

FIGURA 11.3 Porcentagem de famílias no Reino Unido que não podem pagar por "itens essenciais" selecionados, por família de renda média e baixa.
Fonte: DWP (2005).

que vivem em situação de desvantagem ou são discriminadas em outros aspectos da vida têm maior chance de serem pobres. Imigrantes recentes de fora da União Europeia têm taxas maiores de pobreza do que as populações europeias nativas. Os imigrantes não apenas estão em maior risco de pobreza, como também enfrentam um risco mais elevado de serem explorados no trabalho (Lelkes, 2007). E, embora esta seção se concentre principalmente no Reino Unido, esses padrões se repetem em graus variados em todo o Norte Global.

> Pobreza e desigualdade no Sul Global são abordadas no Capítulo 6, "Desigualdade global".

Crianças

As crianças têm sido identificadas há muito tempo como uma categoria social com alto risco de pobreza, e Platt (2013: 328) sustenta que "as crianças não apenas enfrentam maiores riscos de pobreza, mas são particularmente vulneráveis às suas consequências negativas, em especial quando estas persistem com o passar do tempo. Os efeitos são de longo prazo (até a idade adulta) e demonstraram surgir no início da vida". Por exemplo, as crianças que vivem em situação de pobreza tendem a ter saúde inferior à daquelas que não vivem. É mais provável que tenham baixo peso natal, que se machuquem ou que morram em um acidente de trânsito (pois é mais provável que sejam pedestres e não tenham um local seguro ou jardim para brincar), que sofram abuso ou maus-tratos ou que cometam suicídio. As crianças mais pobres são menos propensas a se sair bem na escola e muito mais propensas a se tornar pobres quando adultas (Lister, 2020). Mas qual é o tamanho do problema da pobreza infantil em um país rico como o Reino Unido?

A proporção de *todas as pessoas* no Reino Unido que vivem em domicílios abaixo da renda média (antes de descontar os custos de moradia) aumentou de forma constante entre 1979 e 1991-1992, chegando a 22%. No entanto, após o período entre 1991 e 1992, a tendência foi de queda e, entre 2007 e 2008, esse número chegou a ficar em 18%. A proporção de crianças vivendo na pobreza era de 27% entre 1990 e 1991, depois caiu para 21% entre 2004 e 2005 (ONS, 2010a: 71). O governo trabalhista eleito em 1997 estabeleceu metas ambiciosas de reduzir a pobreza infantil em 50% entre 1998 e 2010-2011 e eliminá-la "dentro de uma geração", mas nem mesmo a primeira foi alcançada. Entre 2009 e 2010, a pobreza infantil ainda era de 19,7%, com 900 mil crianças abaixo da meta.

A Lei da Pobreza Infantil de 2010, do governo trabalhista, estabeleceu um requisito legal para a erradicação da pobreza infantil até 2020, e, embora o governo de coalizão conservador-liberal democrata (2010-2015) tenha confirmado isso como uma meta política, na prática, o compromisso não foi buscado de forma ativa (Lansley e Mack, 2015). O governo conservador de 2015 aboliu a Lei da Pobreza Infantil em 2016, substituindo-a pela tarefa mais simples de informar sobre os níveis de escolaridade, desemprego e dependência. No entanto, o governo concordou em publicar estatísticas regulares sobre os níveis de pobreza infantil sem qualquer exigência de enfrentar o problema.

Uma análise do New Policy Institute (NPI) (Aldridge et al., 2015) sugeriu que a pobreza começou a aumentar em 2013 e, em 2015, já havia aumentado cerca de 300 mil, com 29% das crianças do Reino Unido vivendo na pobreza. Em 2019, o Child Poverty Action Group informou que 30% das crianças do Reino Unido (4,1 milhões) viviam na pobreza entre 2017 e 2018 e que o número ainda estava aumentando.

O louvável objetivo de eliminar a pobreza infantil até 2020 não foi alcançado não somente por mudanças no governo, mas também pela crise financeira de 2008, que serviu de pano de fundo para a transformação do debate político e econômico sobre o alívio da pobreza. O que podemos concluir é que a eliminação da pobreza infantil não pode ser alcançada por políticas econômicas e sociais de curto prazo, mas requer medidas consistentemente aplicadas por um período de tempo maior. Dado o ciclo eleitoral de cinco anos da política britânica, e na ausência de qualquer consenso político básico sobre o nível "real" de pobreza infantil, isso parece altamente improvável no momento.

Mulheres

Como vemos em vários momentos ao longo deste capítulo, as mulheres têm maior probabilidade de serem pobres do que os homens. O levantamento PSE de Gordon e colaboradores (2000) mostrou que as mulheres representavam 58% dos adultos em situação de pobreza. Porém, as causas da pobreza feminina são complexas, pois a pobreza feminina tem sido frequentemente mascarada por trás de estudos voltados para "famílias encabeçadas por homens" (Ruspini, 2000). Isso cria um problema para os sociólogos quando eles tentam utilizar tais estudos.

Um elemento importante está relacionado com a divisão generificada do trabalho dentro e fora de casa. O fardo do trabalho doméstico e a responsabilidade por cuidar dos filhos e parentes ainda caem desproporcionalmente nos ombros das mulheres, e isso tem um efeito importante sobre sua capacidade de trabalhar fora de casa. Isso significa que elas são muito mais propensas do que os homens a ter um emprego remunerado de meio período e, como resultado, ganhar menos, além de mais propensas a estar em famílias monoparentais.

A Low Pay Commission do Reino Unido (2009: 15) descobriu que cerca de dois terços (64,3%) de todos os empregos cobertos pelo salário mínimo nacional eram ocupados por mulheres. Embora mais mulheres tenham ingressado em empregos remunerados no Reino Unido do que nunca, a segregação ocupacional — o que é considerado "trabalho de homem" e "trabalho de mulher" — permanece arraigada na força de trabalho. As mulheres são representadas desproporcionalmente em setores menos remunerados, o que tem um efeito negativo sobre a renda de aposentadorias privadas na velhice (Flaherty et al., 2004).

Minorias étnicas

Existem taxas mais altas de pobreza no Reino Unido para todos os grupos étnicos negros e minoritários do que para a população de maioria branca (Barnard e Turner, 2011). No Reino Unido, grupos étnicos minoritários também são mais propensos a ter empregos mal remunerados, ter dificuldades na escola, viver em áreas carentes e em residências de baixa qualidade, além de sofrer problemas de saúde (Salway et al., 2007). O Child Poverty Action Group (2019) informou que 45% das crianças de grupos étnicos negros e minoritários viviam na pobreza entre 2017 e 2018, em comparação com 26% das crianças em lares britânicos brancos.

Os níveis de pobreza diferem por etnia no Reino Unido (e em outros lugares) e provaram ser muito resistentes à mudança. Antes da crise financeira de 2008, os níveis de pobreza relativa (depois de descontar os custos de habitação — DHC) eram mais altos entre os grupos de bengaleses (67%), paquistaneses (58%) e africanos negros (47%) e mais baixos entre a população de maioria branca (20%), indianos (27%) e outros grupos brancos (28%) (Fisher e Nandi, 2015: 25-28). Após a crise, entre 2009 e 2012, paquistaneses e bengaleses experimentaram mais "pobreza persistente" (em pelo menos dois dos três anos observados) do que outros grupos, enquanto, durante o mesmo período, 72% da maioria branca nunca foi observada em pobreza.

Vale a pena destacar que uma medida ACH é útil, especialmente quando os custos de moradia variam muito entre as regiões, como no Reino Unido. Em Londres, por exemplo, o número de pessoas vivendo na pobreza em 2013 quase dobra quando os custos de moradia são considerados (Tunstall et al., 2013: 34).

Parte da razão para as diferenças étnicas nos níveis de pobreza de renda pode ser encontrada no alto índice de desemprego e nas taxas de emprego relativamente baixas para alguns grupos étnicos minoritários no Reino Unido. Entre 2016 e 2017, o povo de Bangladesh teve a menor taxa de emprego, com 48,4%, em comparação com 53,8% para grupos paquistaneses (aumento de 10% desde 2010-2011), 59,1% para grupos britânicos brancos e 62,7% para os negros (aumento de 8,7% desde 2010-2011) (EHRC, 2019: 47-50). Os paquistaneses e bengaleses tinham duas vezes mais chances de estar em empregos inseguros do que a população branca britânica. O relatório do EHRC também descobriu que grupos de Bangladesh e do Paquistão tiveram as maiores taxas de desemprego, de 13,4% e 10,2%, respectivamente.

Há também um alto grau de segregação no mercado de trabalho. Os grupos paquistaneses estão muito concentrados nas antigas áreas de manufatura pesada e indústria têxtil, como Yorkshire e Birmingham — indústrias que entraram em recessão no final da década de 1970 e na década de 1980. Os homens negros caribenhos são super-representados em ocupações manuais e de baixa remuneração, particularmente nos setores de transportes e comunicações, enquanto os chineses e bengaleses estão particularmente concentrados no setor de serviços de alimentação. Parte dessa segregação ocupacional ocorreu porque grupos étnicos minoritários percebem certas indústrias ou empregadores como "brancos", embora também haja evidências

Grupos étnicos minoritários estão entre os mais pobres nas sociedades ocidentais, normalmente (como sugere este antigo cartaz da Commission for Racial Equality) devido ao racismo, à discriminação e às formas desprotegidas de trabalho. Lê-se no título, em português, "Quem disse que as minorias étnicas não conseguem emprego? Há vagas por toda parte". Em seguida, pode-se ler: "Auxiliar de limpeza. Serviços gerais. Alguém precisa fazer todos esses trabalhos braçais e mal pagos, mas por que, na maioria das vezes, são pessoas de minorias étnicas? Preconceito, discriminação racial e assédio não permitem que essas pessoas escolham o trabalho que merecem. É desleal e injusto. Mais do que isso, é um terrível desperdício de talento britânico".

de discriminação racial durante alguns processos de recrutamento (Wood et al., 2009).

Nos últimos anos, o conceito de **interseccionalidade** se tornou mais importante nas tentativas de compreender a experiência diferenciada não apenas da pobreza, mas também da vida social como um todo. A interseccionalidade se refere à maneira como os vários aspectos da identidade de um indivíduo — como classe, etnia, gênero, deficiência e localização — interagem para produzir padrões complexos de desigualdade, pobreza e discriminação. Conforme aparece em um relatório:

A experiência de uma mulher de classe média, terceira geração, indiana, hindu com diploma, morando em Milton Keynes, pode ter pouco em comum com a de uma mulher da segunda geração, indiana, muçulmana, com qualificação de nível três, morando em Bradford com um marido deficiente e dois filhos (Barnard e Turner, 2011: 4).

É provável que, nos estudos sociológicos e políticos, a análise das maneiras como os diversos elementos das identidades individuais se cruzam para produzir resultados muito diferentes em relação à pobreza se torne mais comum. No entanto, também é importante lembrar que existem padrões estruturados de desvantagem, envolvendo grupos étnicos minoritários no Reino Unido e em outros lugares, que influenciam as chances de vida dos indivíduos e as escolhas que eles são capazes de fazer para moldar seu futuro.

> A interseccionalidade é discutida com mais detalhes no Capítulo 9, "Estratificação e classe social".

Idosos

À medida que a expectativa de vida aumenta, o número de pessoas idosas na população também aumenta. Entre 1961 e 2008, a proporção de pessoas no Reino Unido com idade para se aposentar (a partir de 60 anos para mulheres e 65 anos para homens, naquele período) mais do que dobrou, chegando a 11,8 milhões, cerca de 19% da população total (ONS, 2010a: 3). Tradicionalmente, muitas pessoas que eram razoavelmente bem remuneradas durante a vida profissional passam por uma súbita redução em sua renda (e *status*) quando se aposentam, com uma grande proporção caindo na pobreza relativa. No entanto, a evidência mostra que essa situação histórica tem mudado significativamente.

Como podemos ver na Figura 11.4, usando 2010-2011 como ano base, em uma medida de pobreza relativa (levando em conta a inflação), a extensão da pobreza dos pensionistas caiu acentuadamente, enquanto, em uma medida de pobreza relativa anual simples, a tendência de queda até 2017-2018 permanece clara (Figura 11.5). Observe que "baixa renda absoluta" é a expressão dos autores para pessoas em domicílios com menos de 60% da renda mediana entre 2010 e 2011, atualizada pela inflação. Isso não significa "pobreza absoluta". "Baixa renda relativa" significa famílias com 60% da renda mediana naquele ano em particular.

> A expectativa de vida global é discutida em mais detalhe no Capítulo 14, "O curso da vida".

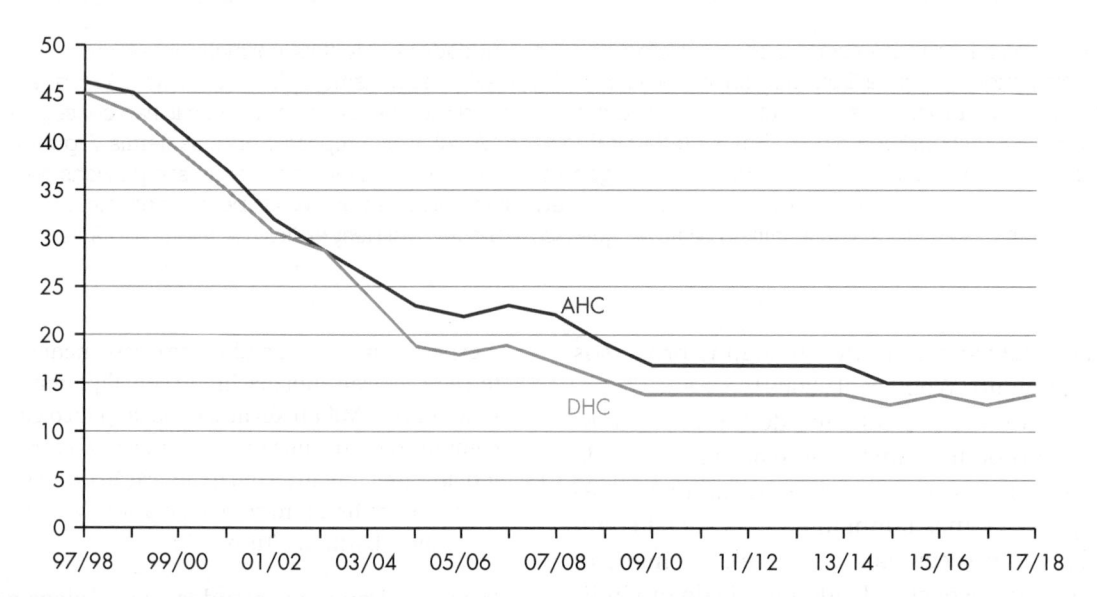

FIGURA 11.4 Porcentagem de aposentados/pensionistas com "baixa renda absoluta", antes e após os custos de habitação, 1997-1998 a 2017-2018.

Nota: Os valores de 1997-2002 são apenas para a Grã-Bretanha. DHC — depois dos custos de habitação; AHC — antes dos custos de habitação.

Fonte: Francis-Devine et al. (2019: 13).

Com base na medida HBAI (após os custos de habitação), a proporção de aposentados e pensionistas individuais em situação de pobreza diminuiu de 40% em 1990 para 15,6% (1,8 milhão de pessoas) entre 2009 e 2010 (IFS, 2011: 55), depois subiu ligeiramente, para 16%, entre 2017 e 2018 (2 milhões de pessoas) (Francis-Devine et al., 2019: 13). Entre 1996-1997 e 2009-2010, a pobreza dos aposentados e pensionistas caiu de forma particularmente rápida, cerca de 46% durante o período. A principal razão para essa melhoria constante parece ser o aumento do direito a benefícios quando a inflação esteve relativamente baixa durante um período prolongado.

> **REFLEXÃO CRÍTICA**
>
> Menos aposentados e pensionistas hoje parecem estar presos à pobreza do que no passado. É hora de redistribuir a riqueza dos velhos para os jovens? Como isso pode ser realizado por meio de impostos, impostos sobre propriedades e benefícios estatais sem empurrar os idosos para a pobreza?

O número de aposentados e pensionistas com renda baixa tende a aumentar com a idade, embora não para todos os grupos. Aqueles indivíduos que vivem com aposentadoria privada têm menor probabilidade de cair em situação de pobreza, e existe uma clara dimensão de gênero nisso. Em 2004, apenas 30% das mulheres tinham aposentadoria privada adicional, em comparação com mais de 70% dos homens (Wicks, 2004). Nas últimas décadas, as mulheres idosas e as de minorias étnicas têm tido maior probabilidade de viver na pobreza do que outros grupos de aposentados, o que indica a necessidade de haver uma sensibilidade para as divisões sociais e para as questões de interseccionalidade na análise da pobreza e do seu alívio.

Explicação para a pobreza

As explicações sobre a pobreza podem ser agrupadas em duas categorias principais: teorias que consideram os indivíduos pobres responsáveis por sua própria situação de pobreza e teorias que consideram que a pobreza é produzida e reproduzida por forças estruturais da sociedade. Essas abordagens contrastantes às vezes são descritas como "culpar a vítima" e "culpar o sistema", respectivamente. Analisaremos cada uma delas rapidamente.

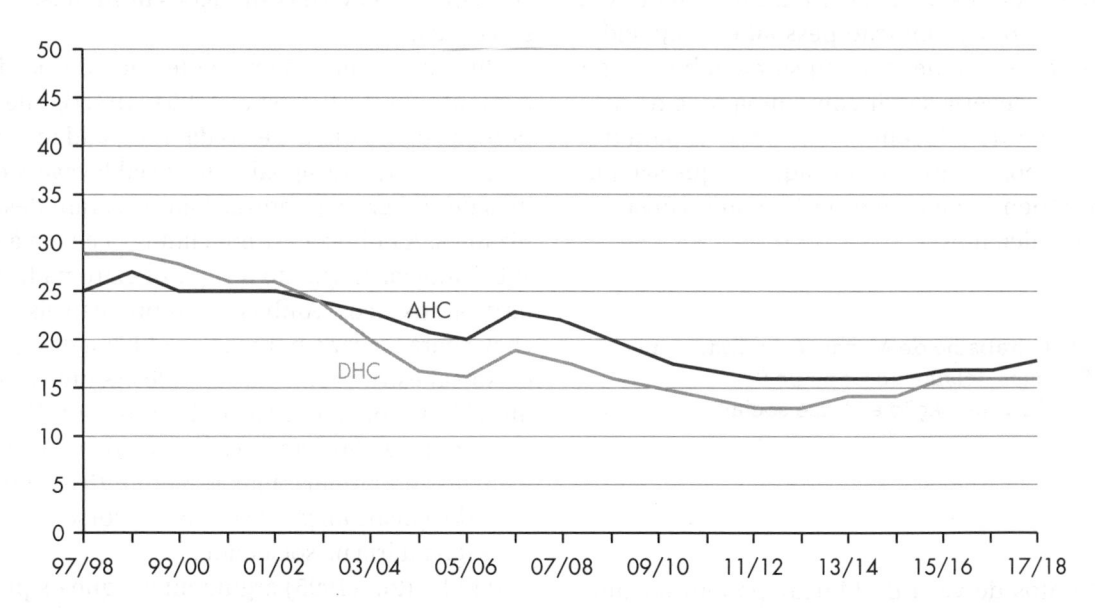

FIGURA 11.5 Porcentagem de aposentados/pensionistas com "baixa renda relativa", antes e após os custos de habitação, 1997-1998 a 2017-2018.

Nota: Os valores de 1997-2002 são apenas para a Grã-Bretanha.

Fonte: Francis-Devine et al. (2019: 13).

Existe um longo histórico de atitudes sociais que consideram os pobres responsáveis por suas próprias posições de desvantagem. As primeiras tentativas de abordar os efeitos da pobreza, como os asilos do século XIX, baseavam-se na crença de que a pobreza era resultado da inadequação ou patologia dos indivíduos. Os pobres eram considerados indivíduos incapazes — por falta de habilidade, fraqueza física ou moral, falta de motivação ou capacidade abaixo da média — de ter sucesso na sociedade. Aqueles que mereciam vencer venciam, enquanto outros menos capazes estavam fadados ao fracasso. A existência de "vencedores" e "derrotados" era considerada um fato da vida.

Relatos que explicam a pobreza como uma falha principalmente do indivíduo perderam terreno durante meados do século XX, mas, a partir das décadas de 1970 e 1980, eles tiveram um renascimento. Uma versão influente dessa tese foi proposta pelo sociólogo norte-americano Charles Murray. Murray (1984) argumenta que existe uma subclasse de indivíduos que devem assumir a responsabilidade pessoal por sua própria pobreza. Esse grupo faz parte da **cultura de dependência** das pessoas pobres que dependem da assistência social do governo, em vez de entrarem para o mercado de trabalho. Murray argumenta que o crescimento do Estado de bem-estar social criou uma subcultura que acaba com a ambição pessoal e a capacidade de lutar por si mesmo. Em suma, o bem-estar social, que deveria servir como uma rede de proteção, diminuiu o incentivo das pessoas para trabalhar, embora Murray isente aqueles que são pobres por "nenhuma falta própria", como viúvas ou pessoas deficientes.

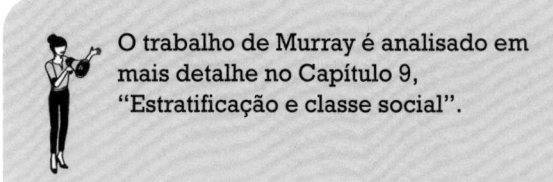

> O trabalho de Murray é analisado em mais detalhe no Capítulo 9, "Estratificação e classe social".

Os pontos de vista de Murray podem ter uma boa repercussão em muitas economias desenvolvidas, especialmente no Reino Unido. Ainda assim, suas ideias estão desalinhadas à realidade da pobreza para muitas pessoas. Como já vimos, as pessoas mais velhas e as mais jovens estão entre as mais pobres da sociedade e não estão em posição de trabalhar ou são legalmente impedidas de fazer isso. Muitas pessoas que recebem ajuda financeira do governo na verdade trabalham, mas não ganham o suficiente para ficar acima da linha da pobreza. Não existe evidência convincente que ligue a pobreza a uma subclasse de pessoas trabalhadoras. Apesar disso, pelo menos no Reino Unido e nos EUA, a ideia de uma subclasse se enraizou. Em um discurso ao Partido Conservador em 2011, o então secretário de Trabalho e Aposentadoria do governo, Iain Duncan Smith, novamente retornou à linguagem dos anos 1980 ao falar de "subclasse" quando discutiu sobre os perpetradores dos tumultos ingleses daquele verão.

A segunda abordagem para explicar a pobreza enfatiza processos sociais mais amplos que geram condições de pobreza difíceis de serem superadas pelos indivíduos. Segundo essa visão, forças estruturais dentro da sociedade, como posição de classe social, gênero, grupo étnico ou posição ocupacional, moldam a maneira como os recursos são distribuídos. Nessa visão, a aparente falta de ambição entre os pobres, que costuma ser chamada de "cultura de dependência", é, de fato, uma *consequência* de suas situações limitadas, e não a sua *causa*.

Um dos primeiros expoentes desse tipo de argumento foi R. H. Tawney (1964 [1931]), que via a pobreza como um aspecto da desigualdade social. Para Tawney, a desigualdade social levava a extremos de riqueza e pobreza, e ambas eram desumanizantes. A pobreza extrema limitava a vida à mera subsistência, enquanto a riqueza extrema levava à fartura dos ricos. Ambas são repreensíveis, mas a chave para atacar a pobreza é reduzir a desigualdade social estrutural, e não simplesmente culpar os indivíduos por sua situação (Hickson, 2004). Reduzir a pobreza não é apenas questão de mudar perspectivas individuais, mas exige políticas públicas visando à distribuição de renda e recursos de forma mais igualitária na sociedade.

Will Hutton (1995) argumentava que os processos de reestruturação econômica durante as décadas de 1970 e 1980 criaram divisões sociais entre os *desfavorecidos* (desempregados, mas procurando trabalho), os *marginalizados inseguros* (empregados, mas com contratos de curto prazo e baixa remuneração) e os *privilegiados* (com empregos de tempo integral mais seguros ou autônomos com maiores remunerações). Hutton concluiu que os níveis de pobreza não podem ser explicados em referência a motivações individuais e atitudes pessoais. Ao contrário, eles precisam ser vistos como intimamente ligados a mudanças estruturais e socioeconômicas na sociedade. À medida que empresas capitalistas buscavam reduzir seus custos de produção, a manufatura passou para outras partes do globo em que a mão de obra é mais barata e os sindicatos são mais fracos. Enquanto uma nova divisão global de mão de obra ganha forma, os padrões de trabalho mais antigos também são transformados, e o trabalho seguro é substituído por formas mais precárias.

Standing (2011) argumenta que a crise financeira de 2008 chamou a atenção para o recente surgimento de um **precariado**, uma "classe em formação" global que está fora dos esquemas convencionais de classes sociais da sociologia. Esse termo é uma combinação de *proletariado* — a classe trabalhadora industrial de Marx — e *precário*, decorrente da situação cada vez mais insegura em que muitos grupos de trabalhadores se encontram sob condições de "trabalho flexível", economia *gig*, economia neoliberal e globalização. Standing considera que o precariado representa cerca de 25% da população adulta de muitos países que carecem de vários ou de todos os principais aspectos de segurança proporcionados pela cidadania nas economias industriais: oportunidades adequadas no mercado de trabalho, proteção ao emprego (incluindo saúde, segurança, regulamentos e proteção contra demis-

Mineiros deixando Kellingley Colliery, em North Yorkshire, a última das minas de carvão profundas do Reino Unido, que fechou em 2015. A queda dos empregos na indústria nas décadas de 1970 e 1980 eliminou muitas formas de trabalho tradicionalmente dominadas por homens. Como resultado, a economia urbana foi reestruturada, e os níveis de pobreza aumentaram.

sões arbitrárias), segurança no emprego (assim como oportunidades de promoção), oportunidades para adquirir habilidades, segurança de renda e representação sindical.

Enquanto as classes trabalhadoras industriais lutaram e ainda desfrutam dos muitos benefícios dessas oportunidades e proteções, aqueles que trabalham com contratos casuais, de curto prazo ou sem contrato, que entram e saem de um emprego, **desempregados** ou **subempregados**, têm negada a segurança e a estabilidade que tais benefícios oferecem. No entanto, o precariado não é uma classe homogênea ou unificada. Standing (2011: 13-14) observa que:

> O adolescente que entra e sai do cibercafé enquanto sobrevive em empregos temporários não é igual ao migrante que usa sua inteligência para sobreviver, fazendo *networking* ardentemente enquanto se preocupa com a polícia. Nem mesmo é semelhante à mãe solteira que não sabe de onde vai tirar o dinheiro para a alimentação da próxima semana ou ao homem de 60 anos que aceita empregos casuais para cobrir despesas médicas. Mas todos compartilham a sensação de que seu trabalho é instrumental (para viver), oportunista (receber o que vier) e precário (inseguro).

Como Hutton, Standing adota a reestruturação econômica como explicação para a ascensão e o crescimento do precariado. Os processos de globalização ocorridos desde o início da década de 1970 levaram países recém-industrializados com custos trabalhistas relativamente baixos para o mercado global, intensificando as pressões competitivas e gerando o movimento de introdução de práticas de mercado de trabalho mais flexíveis. Esse último exigia que as fontes de solidariedade coletiva — como os sindicatos — fossem regulamentadas e controladas de forma mais rígida, e os governos (liderados por aqueles com uma agenda econômica neoliberal, como os EUA e o Reino Unido) introduziram uma série de novas legislações para alcançar isso. À medida que China, Índia, Vietnã, Tailândia, Indonésia e outros países foram atraídos para o sistema econômico global, as empresas construíram ou mudaram suas instalações de produção para esses países, e a oferta global de mão de obra cresceu enormemente. Um resultado essencial foi um sério enfraquecimento da posição de barganha dos trabalhadores nos países industrializados e o crescimento em paralelo da insegurança crônica.

As duas perspectivas gerais do início desta seção — pobreza como escolha individual e pobreza como resultado da estrutura social — representam os dois lados do debate entre atuação e estrutura na sociologia. No entanto, não é preciso tomar partido. Como argumenta nossa discussão no Capítulo 3, estrutura e atuação estão inevitavelmente entrelaçadas, e a tarefa do sociólogo é explorar o significado de cada uma em estudos de pesquisa específicos. As decisões e escolhas feitas pelos indivíduos sempre ocorrem em contextos sociais que não são inteiramente de sua própria autoria, e precisamos entender essas "decisões no contexto" se quisermos compreender a interação entre a atuação humana e a estrutura social na geração de pobreza.

> Veja no Capítulo 3, "Teorias e perspectivas sociológicas", uma discussão sobre o debate entre atuação e estrutura na sociologia.

Pobreza e mobilidade social

No passado, a maioria das pesquisas sobre a pobreza se concentrava no momento de entrada das pessoas na situação de pobreza e media os níveis agregados de pobreza com o passar do tempo. Tradicionalmente, dedica-se menos atenção ao "ciclo de vida" da pobreza — a trajetória das pessoas para sair (e muitas vezes voltar) da pobreza no decorrer do tempo. Stephen Jenkins (2011) compara a distribuição de renda com um prédio de apartamentos com vários andares. Os mais pobres estão no porão, e os mais ricos, na cobertura, com a maior parte dos pavimentos sendo ocupada pela maioria. Muitos estudos "instantâneos" nos dizem quantas pessoas estão em cada pavimento em determinado momento, mas eles não nos dão qualquer informação sobre a movimentação entre os andares.

Da mesma forma, um lugar-comum bastante aceito sobre a pobreza é que ela é uma condição restritiva da qual é pouco provável escapar. Há boas

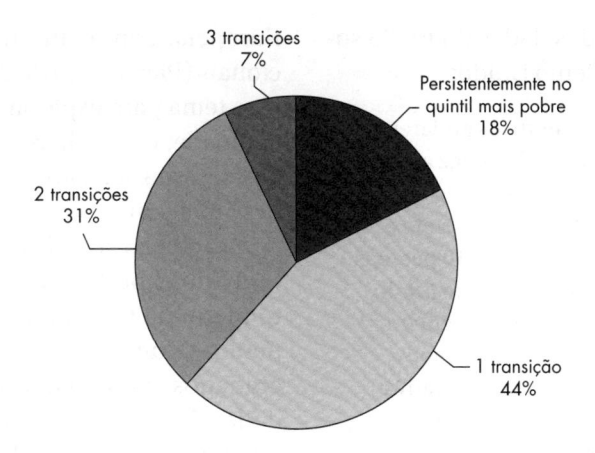

FIGURA 11.6 Número de entradas e saídas do quintil mais pobre no período de 2004 a 2007 entre aqueles com pelo menos um ano no quintil inferior.
Fonte: The Poverty Site (2011).

evidências para essa visão. A pobreza persistente é definida como ter uma renda relativa baixa no ano atual e em dois dos três anos anteriores, e o Office for National Statistics (ONS, 2019k: 2) do Reino Unido registra que 7,8% da população (4,7 milhões de pessoas) vivia em pobreza persistente em 2017, por volta da mesma taxa de 2008. Na UE, a taxa foi mais elevada em 2017, com 11,3%. No entanto, pesquisas longitudinais e estudos de painel (que acompanham as mesmas famílias ou pessoas ao longo do tempo) podem fornecer informações úteis sobre se os indivíduos de fato saem do "porão" e, em caso afirmativo, se permanecem fora dele ou retornam. Claro, eles também podem nos falar sobre o movimento no sentido inverso, da cobertura até os andares inferiores. O British Household Panel Survey (BHPS) foi justamente um estudo longitudinal, que acompanhou 16 mil indivíduos em 9 mil famílias entre 1991 e 2008.

Estudos estatísticos realizados na década de 1990 pelo BHPS mostram que pouco mais da metade dos indivíduos que estavam no quintil inferior da escala de renda em 1991 estavam na mesma categoria em 1996. Porém, isso não significa necessariamente que essas pessoas continuaram na mesma posição durante todo o período de cinco anos. Embora algumas delas possam ter continuado, é provável que outras tenham saído do quintil inferior e retornado a ele durante esse período. Como podemos ver na Figura 11.6, somente cerca de 18% daqueles que passaram algum tempo no quintil mais pobre entre 2004 e 2007 ficaram persistentemente nesse quintil. Três quartos entraram e saíram do quintil inferior uma ou duas vezes durante o período. O estudo do BHPS mostra que muitas famílias que saem da pobreza também têm um risco mais alto de retornar para a categoria mais adiante. Essas observações levaram a um novo entendimento dos padrões fluidos da pobreza, que também foram encontrados em outras sociedades industrializadas (Leisering e Leibfried, 1999).

Usando dados de 2009 a 2012, Sissons et al. (2018) descobriram que cerca de um quarto dos empregados no setor de acomodação e alimentos vivia na pobreza, assim como 15,6% daqueles nos serviços administrativos e de suporte e 14% daqueles que trabalhavam com serviços residenciais. Ao contrário, nos setores de finanças e seguros, administração pública e mineração, a taxa de pobreza ficou abaixo de 5%. Embora essas diferenças setoriais possam ser explicadas em parte pelo número normal de horas trabalhadas, mesmo em uma comparação com trabalhadores de tempo integral, quase 15% dos trabalhadores de serviços de acomodação e alimentação e 10,7% daqueles de serviços residenciais permaneceram na pobreza. Nestes e em outros setores da economia com baixa remuneração, até mesmo a mudança para empregos de tempo integral ainda não seria suficiente para tirar suas famílias da pobreza (ibid.: 1085-1087).

Jenkins (2011: 3) chega a conclusões semelhantes sobre a mobilidade limitada de trabalhadores com baixa renda em sua análise dos dados do BHPS sobre a fluidez da pobreza no Reino Unido:

> Há um movimento substancial entre os andares a cada ano, mas a maioria dos moradores faz apenas movimentos de curta distância. Poucos pegam o elevador do porão para a cobertura ou fazem a viagem inversa. Menos de uma em cada 10 pessoas reside por muito tempo no porão, presa no fundo. Cerca de metade dos residentes do porão em um determinado ano se mudam no ano seguinte, mas também há uma probabilidade significativa de retornar para lá dentro de um ou dois anos. Conseguir um novo emprego ou um salário mais alto está intimamente associado a transições de baixo para cima, e perder um emprego está intimamente associado a movimentos em direção ao porão. Eventos demográficos como divórcio, morte de um parceiro ou nascimento de um filho também são correlatos importantes de mudanças nas fortunas, embora mais relevantes para movimentos descendentes do que ascendentes.

A pesquisa longitudinal mostra que a pobreza não é apenas resultado de forças sociais que atuam sobre uma população passiva. Mesmo indivíduos em situações graves de desvantagem podem usar oportunidades para melhorar sua posição econômica, ilustrando o poder da atuação humana para ocasionar mudanças. Apesar disso, sair da pobreza claramente é algo carregado de desafios e obstáculos, e permanecer fora dela a longo prazo parece ser muito difícil.

Embora ser pobre não signifique inevitavelmente ficar atolado na pobreza para sempre, para milhões de pessoas, a privação material associada à pobreza continua sendo extraordinariamente persistente.

> A mobilidade social é discutida em mais detalhe no Capítulo 9, "Estratificação e classe social", e no Capítulo 16, "Educação".

Exclusão social

O conceito de **exclusão social** teve origem na França e foi incorporado nas políticas sociais da União Europeia, bem como nas de outros governos nacionais (Pierson, 2010: 8). Os sociólogos têm usado esse tema para explorar fontes emergentes de desigualdade, e a exclusão social continua a informar a pesquisa social aplicada sobre diversas fontes de desvantagem.

A exclusão social se refere a maneiras como os indivíduos podem ser separados do envolvimento pleno na sociedade mais ampla. Por exemplo, pessoas que vivem em conjuntos residenciais degradados, com escolas pobres e poucas oportunidades de emprego na área, podem ter negadas as oportunidades de melhorar que são oferecidas à maioria das pessoas na sociedade. O conceito de exclusão social implica o seu oposto — *inclusão social* —, e as tentativas de fomentar a inclusão de grupos marginalizados se tornaram parte da agenda da política moderna, ainda que o *modo* como isso é feito difira entre as sociedades (Lister, 2020).

A exclusão social levanta a questão da responsabilidade pessoal. Afinal, a palavra "exclusão" implica que alguém ou algo é "deixado de fora". Certamente, existem casos em que indivíduos são excluídos como resultado de decisões que estão fora do seu próprio controle. Os bancos podem se recusar a abrir uma conta corrente ou dar um cartão de crédito a indivíduos que vivem em determinadas áreas da cidade, as seguradoras podem rejeitar um pedido de apólice com base no histórico pessoal do candidato, um empregado despedido na velhice pode não conseguir outro emprego devido à sua idade. Todavia, a exclusão social não é apenas resultado do fato de que pessoas são excluídas; ela também pode ocorrer quando pessoas excluem a si próprias de alguns aspectos da sociedade vigente. Os indivíduos podem abandonar o ensino formal, rejeitar uma oportunidade de emprego e se tornar economicamente inativos, ou se abster de votar em eleições políticas. Quando consideramos o fenômeno da exclusão social, devemos, mais uma vez, ter consciência da interação entre a atuação e a responsabilidade humanas, por um lado, e o papel das forças sociais em determinar as circunstâncias das pessoas, por outro lado.

Uma maneira produtiva de pensar sobre a exclusão social é diferenciar as versões "fracas" e "fortes" do conceito (Veit-Wilson, 1998). As versões fracas da exclusão social consideram que a questão central é tentar garantir a inclusão daqueles que estão sendo socialmente excluídos. As versões fortes também buscam a inclusão social, mas, além disso, tentam compreender alguns dos processos pelos quais grupos sociais relativamente poderosos "podem exercer sua capacidade de excluir" (Macrae et al., 2003: 90). Essa é uma distinção significativa, pois a versão adotada pelos governos influenciará suas políticas para a exclusão social.

Por exemplo, em debates sobre os níveis crescentes de expulsão da escola por mau comportamento, uma abordagem fraca se concentraria em como crianças específicas podem ser levadas de volta para o sistema educacional, enquanto uma abordagem forte também olharia para os problemas potenciais do sistema educacional e o papel de grupos poderosos dentro dele, que têm a capacidade de excluir. O problema com as versões "fracas" é que elas correm o risco de culpar aqueles que são excluídos por sua própria situação, em vez de focar as formas estruturadas de desvantagem.

Dimensões da exclusão social

A exclusão social considera uma ampla variedade de fatores que impedem indivíduos e grupos de ter as mesmas oportunidades que são abertas à maioria da população. Lister (2004) conclui que o conceito amplo de exclusão social tem utilidade para os cientistas sociais, desde que não seja visto como alternativa ao conceito de pobreza, que, segundo ela, permanece central à nossa compreensão de desigualdade e desvantagem. O levantamento PSE de 2000 distinguiu quatro dimensões da exclusão social: pobreza ou exclusão de recursos ou *renda adequada* (que discutimos anteriormente), exclusão do *mercado de trabalho*, exclusão de *serviços* e exclusão de *relações sociais* (Gordon et al., 2000).

Para o indivíduo, o trabalho é importante não apenas porque propicia uma renda adequada, mas também porque o envolvimento no mercado de trabalho é uma arena importante de interação social. Desse modo, a exclusão do mercado de trabalho pode levar às outras formas de exclusão social — pobreza, exclusão de serviços e exclusão de relações sociais. Consequentemente, os políticos que se preocupam com a questão consideram que aumentar o número de pessoas com emprego remunerado é uma maneira de reduzir a exclusão social. No entanto, viver em uma "família sem trabalho" não deve ser associado necessariamente ao desemprego. O maior grupo daqueles que não são ativos no mercado de trabalho é, de fato, formado por indivíduos aposentados. Outros grupos inativos no mercado de trabalho incluem pessoas envolvidas em atividades domésticas ou de cuidado, aquelas que não podem trabalhar, talvez por uma deficiência, e os estudantes. A inatividade no mercado de trabalho não pode ser vista como um sinal de exclusão social em si, mas ela pode aumentar significativamente o risco de exclusão social mais ampla.

Outro aspecto importante da exclusão social é a falta de acesso a serviços básicos, sejam eles no lar (como eletricidade e água encanada) ou fora dele (por exemplo, acesso a transporte, lojas ou serviços financeiros). A exclusão de serviços pode envolver a exclusão individual (quando um indivíduo não pode usar um serviço por não poder pagar por ele) ou a exclusão coletiva (quando um serviço não está disponível para a comunidade). Essa última ocorre, por exemplo, quando lojas, bancos e outros serviços saem de bairros desfavorecidos, deixando suas comunidades sem acesso a bens de consumo e serviços financeiros a que a maioria tem acesso.

Existem muitas maneiras pelas quais as pessoas podem ser excluídas de relações sociais mais amplas. Os indivíduos podem ser incapazes de participar de atividades sociais comuns, como visitar amigos e **familiares**, comemorar ocasiões especiais, convidar amigos para jantar e tirar férias. Eles também podem ser isolados de amigos e da família ou enfrentar falta de apoio prático e emocional em épocas de necessidade — alguém para ajudar com serviços pesados na casa, para conversar quando se está deprimido ou para pedir conselhos sobre mudanças importantes na vida. As pessoas são excluídas das relações sociais pela falta de *engajamento* cívico, incluindo votar, envolver-se na política local ou nacional ou fazer campanha sobre uma questão que mexa muito com elas.

Os múltiplos aspectos da exclusão social podem ser vistos com mais ênfase no caso de pessoas que

USANDO SUA IMAGINAÇÃO SOCIOLÓGICA

11.1 Exclusão social no topo?

Nem todos os casos de exclusão ocorrem entre aqueles que vivem em situação de desvantagem social na base da sociedade. Nos últimos anos, tem emergido uma nova dinâmica de "exclusão social no topo". Isso quer dizer que uma pequena proporção dos indivíduos no topo da sociedade pode optar por não participar das instituições tradicionais, graças à sua riqueza, à sua influência e às suas conexões.

Essa exclusão da elite no topo da sociedade pode assumir diversas formas. Os ricos podem se excluir totalmente dos espaços de ensino e serviços de saúde pública, preferindo pagar por serviços privados e atenção privada. As comunidades residenciais ricas estão cada vez mais isoladas do restante da sociedade — são as chamadas "comunidades muradas", localizadas atrás de muros altos e guaritas de segurança. Os impostos e outras obrigações financeiras podem ser drasticamente reduzidos com uma administração cuidadosa e a ajuda de planejadores financeiros privados. Particularmente nos Estados Unidos, a participação política ativa entre a elite costuma ser substituída por grandes doações para candidatos políticos que representem seus interesses. De várias maneiras, os muito ricos conseguem fugir de suas responsabilidades sociais e financeiras em um domínio fechado e privado, isolado do restante da sociedade. Assim como a exclusão social na "base" acaba com a solidariedade e a coesão social, a exclusão no "topo" também é prejudicial para uma sociedade integrada.

> **REFLEXÃO CRÍTICA**
>
> Quais são as principais diferenças entre exclusão social na "base" e no "topo" da sociedade? É um mau uso do conceito usar "exclusão social" para descrever as ações de pequenos grupos de pessoas ricas? De que outra forma poderíamos caracterizar essas atividades?

A exclusão social da elite, como aquela oferecida por "comunidades muradas" e condomínios com portões fechados, pode separar fisicamente os ricos do restante da sociedade.

buscam asilo em um país diferente do seu. De fato, a própria expressão "pedido de asilo" se tornou estigmatizada nos últimos anos, após as reportagens sensacionalistas dos tabloides sobre o assunto. Mas, como aponta Pierson (2010: 7), os que pedem asilo se deparam com "barreiras no mercado de trabalho, redes de apoio próprias fracas ou inexistentes, dificuldades extremas em obter os benefícios da rede de segurança do Estado de bem-estar social, crianças enfrentando a pobreza e a marginalização no sistema escolar". Esse exemplo também ilustra que a exclusão social não é "natural" ou inevitável e que há coisas que os governos, os indivíduos e as comunidades podem fazer para enfrentar os problemas.

Falta de moradia

A falta de moradia é uma das formas mais extremas de exclusão (Tipple e Speak, 2009: 195). Pessoas que não possuem uma residência permanente podem ser excluídas de muitas das atividades cotidianas, como ir para o trabalho, ter uma conta bancária, encontrar amigos para se divertir e até mesmo receber cartas pelo correio. A maioria das **pessoas sem-teto** vive em alguma forma de acomodação temporária, permanece com amigos e com a família por curtos períodos ou dorme em albergues, abrigos noturnos ou em lugares invadidos, onde não têm direito legal de permanecer. Uma minoria de pessoas opta por dormir nas ruas, livre das restrições de propriedade e posse, mas a maioria dos que dormem na rua foram empurrados para a situação de sem-teto pela violência doméstica, pelo desemprego, pela perda de um parceiro, por despejo, ao deixar as forças armadas ou ao serem libertados da prisão (Daly, 2013).

Estudos mostram que por volta de um quarto das pessoas que dormem ao relento já passou algum tempo em instituições mentais ou tem diagnóstico de uma doença mental. Assim, as mudanças nas políticas de saúde relevantes têm um efeito desproporcional sobre a falta de moradia. No entanto, a maioria das pessoas sem-teto não têm problemas de saúde mental nem são alcoólatras ou consumidores regulares de drogas ilegais. São pessoas que vão para as ruas porque passaram por diversas crises pessoais.

A falta de moradia, que com frequência implica pessoas dormindo nas ruas, é uma forma complexa e muitas vezes extrema de exclusão social.

Viver na rua raramente resulta de uma sequência direta de "causa e efeito". Problemas variados podem ocorrer em rápida sucessão, resultando em uma poderosa espiral descendente. Uma mulher pode se divorciar, por exemplo, e ao mesmo tempo perder não apenas a casa, como também o trabalho. Uma pessoa jovem pode ter problemas em casa e mudar para a cidade grande sem nenhuma forma de sustento. Pesquisas indicam que aqueles que são mais vulneráveis à falta de moradia são pessoas oriundas da classe trabalhadora, que não têm habilidades profissionais específicas e têm rendas muito baixas. Mas a falta de moradia não é simplesmente um problema pessoal; os níveis cada vez maiores de falta de moradia são o produto de mudanças na política do governo e fatores econômicos muito mais amplos.

No final de 2018, 62 mil famílias, incluindo 124 mil crianças, viviam em acomodações temporárias na Inglaterra, um aumento de 80% desde 2010 (Children's Commissioner, 2019: 5). Até mesmo esses números subestimam a escala dos sem-teto, pois não levam em conta as famílias que vivem com amigos ou familiares, geralmente em condições precárias, ou o número menor de crianças alocadas pelos serviços sociais, e não pelos departamentos de habitação do conselho. Em seu relatório *Bleak Houses*, o Children's Commissioner for England estimou que cerca de 92 mil crianças estavam em famílias "improvisadas" entre 2016 e 2017, observando que: "As crianças que são criadas em barracos, contêineres e prédios de escritórios convertidos têm direito a uma casa decente para viver. Neste nosso país próspero, é um escândalo que milhares de crianças estejam vivendo sem isso" (ibid.: 2-3).

Embora acomodações temporárias, como casas de hóspedes, apartamentos, prédios de escritórios convertidos e (como mostra nosso exemplo de abertura) até mesmo contêineres de transporte, sejam uma solução de emergência de muito curto prazo, muitas famílias passam meses e até anos nesses lugares antes que haja um local mais permanente à disposição. A política da década de 1980 de vender o estoque de moradias municipais por meio do esquema de direito de compra, o fracasso na construção de moradias sociais suficientes, o alto custo dos aluguéis do setor privado, juntamente com a reforma da previdência no despertar da crise financeira de 2008, levaram a um rápido aumento nos níveis de falta de moradia desde 2010. A instituição de caridade Shelter (2019) estima que havia 1,5 milhão de moradias sociais a menos na Inglaterra em 2019 do que em 1980. Claramente, sem um grande programa de construção de moradias sociais, é provável que a falta de moradia continue sendo uma das maiores fontes de exclusão social e pobreza persistente.

O Estado de bem-estar social

No Norte Global e na maior parte do Sul, a pobreza e a exclusão social na base da sociedade são aliviadas, até certo ponto, pelo **Estado de bem-estar social**. Isso significa que o Estado desempenha um papel central na provisão de seguridade social e bem-estar social, o que é feito por meio da prestação de serviços e benefícios para atender às necessidades básicas de seus cidadãos em saúde, educação, habitação e níveis de renda mínima. Como veremos, os Estados de bem-estar social diferem tanto no tipo e no nível de benefícios que fornecem quanto em suas filosofias subjacentes — isto é, no que estão tentando alcançar. Alguns fornecem uma "rede de segurança" básica, enquanto outros estão enraizados em um ideal de provisão "do berço ao túmulo". Outros ainda, como os EUA, têm uma provisão mínima de bem-estar social que vincula os benefícios ao comprometimento das pessoas com o trabalho. Essas diferentes filosofias se refletem nos gastos com bem-estar social, que são relativamente altos na Dinamarca, na Suécia e na França e relativamente baixos na Coreia do Sul, nos EUA e no Japão.

> Veja no Capítulo 17, "Trabalho e emprego", uma discussão sobre o trabalho na "economia *gig*".

A face do bem-estar social é diferente de um país para outro, e os Estados de bem-estar social mudaram ao longo do tempo. Depois de terem passado pela crise financeira de 2008, com a pandemia de covid-19, as sociedades do mundo foram forçadas a introduzir medidas emergenciais para retardar ou impedir a propagação do vírus, acarretando uma expansão radical na provisão de seguridade social, pelo menos no curto prazo. O impacto financeiro de longo prazo de lidar com a pandemia ainda não está claro, mas é muito provável que uma consequência seja um interesse renovado no que os Estados de bem-estar social devem e podem fornecer. Porém, para começar, precisamos entender como os Estados de bem-estar social se desenvolveram e como as variações nos modelos de bem-estar social do Estado foram explicadas.

Teorias sobre o Estado de bem-estar social

Quase todos os países atualmente são, em variados graus, Estados de bem-estar social, embora essa não seja uma expressão correta, pois muito mais está envolvido além do "bem-estar social". Conforme indicado por Garland (2016: 3), "Estados de bem-estar social não são primariamente sobre 'bem-estar' e certamente não são primariamente sobre bem-estar para os pobres. Eles tratam de seguro social, direitos sociais, provisão social e regulação da ação econômica — cujos principais beneficiários não são os pobres, mas a classe média e aqueles que estão empregados".

Um papel importante do Estado de bem-estar social envolve lidar com os riscos que as pessoas enfrentam no decorrer de suas vidas: doenças, deficiência, perda do emprego e velhice. Os serviços prestados pelo Estado de bem-estar social e os níveis de gastos com ele variam de país para país. Alguns têm sistemas altamente desenvolvidos de assistência social e dedicam uma grande proporção do orçamento nacional a eles. Na Suécia, por exemplo, os impostos em 2005 representaram 51,1% do produto interno bruto (PIB), na Bélgica, 45,4%, e na Áustria, 49,7%. Em comparação, outras nações industrializadas cobram muito menos impostos. No Reino Unido, os impostos compreendem 37,2% do PIB, na Alemanha, 34,7%, e nos Estados Unidos, apenas 26,8% (OECD, 2006). Certamente, isso afeta de modo direto os níveis de provisão de previdência social.

Muitas teorias foram propostas para explicar a evolução do Estado de bem-estar social. Os marxistas consideravam a assistência social necessária para sustentar uma sociedade capitalista, baseada no mercado, garantindo a reprodução de uma força de trabalho saudável e bem-educada. Os funcionalistas viam os sistemas de bem-estar social contribuindo para a manutenção da integração social e da solidariedade sob condições de desenvolvimento industrial. Embora essas e outras perspectivas sejam pontos de orientação úteis, as ideias de T. H. Marshall na Grã-Bretanha e do sociólogo dinamarquês Gøsta Esping-Andersen talvez tenham sido as contribuições mais influentes para as teorias sobre o Estado de bem-estar social. Os argumentos de Marshall são apresentados no quadro Estudos clássicos 11.2, e você deve lê-lo antes de passar para argumentos posteriores sobre bem-estar e cidadania.

> O conceito de cidadania ambiental é discutido no Capítulo 5, "Meio ambiente".

Gøsta Esping-Andersen: três mundos de bem-estar social

O livro *The three worlds of welfare capitalism*, de Gøsta Esping-Andersen (1990), traz uma perspectiva comparativa sobre as teorias existentes do Estado de bem-estar social. Pode-se ver que Esping-Andersen levou a sério as críticas feitas à perspectiva evolucionista geral de Marshall — a saber, que diferentes sociedades nacionais seguiram caminhos diversos em direção aos direitos de cidadania e, consequentemente, criaram distintos "regimes de bem-estar". Nesse importante trabalho, Esping-Andersen compara os sistemas ocidentais e apresenta uma tipologia tripartite para seus regimes.

Ao construir essa tipologia, Esping-Andersen avaliou o nível de **descomodificação*** — um termo que significa o grau em que os trabalhadores são tratados como uma *commodity*. Os movimentos de trabalhadores e sindicatos do comércio há muito tempo têm trabalhado para a descomodificação da mão de obra e o reconhecimento pleno dos trabalhadores como cidadãos (Pintelon, 2012). Em um sistema de bem-estar social com muita descomodificação, a assistência social é pública e não está relacionada à renda ou aos recursos econômicos do indivíduo. Em um sistema comodificado, os serviços de assistência social são tratados como *commodities*, para serem vendidos no mercado como qualquer outro bem ou serviço. Comparando políticas públicas relacionadas com a aposentadoria, o desemprego e o auxílio à renda entre os países, Esping-Andersen identificou três tipos de regime de bem-estar social:

---
* N. de R.T. "Descomodificação" é um neologismo que deriva do termo em inglês *commodity*.

Estudos clássicos 11.2 — T. H. Marshall e a evolução da cidadania na Grã-Bretanha

O problema da pesquisa

Talvez você já tenha sido descrito como um "cidadão" de um determinado país, o que acarreta certo "pertencimento" a ele. Contudo, quando surgiu a ideia de "cidadania" e como ela se desenvolveu? O que é exatamente a cidadania e qual é a relação entre a cidadania e a provisão de assistência social pelo Estado? Um teórico importante que investigou essas questões foi Thomas Humphrey Marshall (1893-1981), cujas ideias foram muito influentes. Escrevendo a partir do final da década de 1940, Marshall acreditava que a cidadania emergia, juntamente com a industrialização, como um aspecto fundamental da sociedade moderna.

A visão de Marshall

Seguindo uma abordagem histórica, Marshall (1973) traçou o que descreveu como a "evolução" da cidadania na Grã-Bretanha (especificamente na Inglaterra) e identificou três estágios básicos, cada um expandindo o significado de "cidadania". O século XVIII, segundo Marshall, foi a época em que obtivemos *direitos civis*, que incluíam importantes liberdades pessoais, como a liberdade de expressão, pensamento e religião, o direito à propriedade e o direito a tratamento legal justo. Com base nesses direitos, no século XIX, ganhamos *direitos políticos*, que incluíam o direito de votar, de ocupar cargos eletivos e de participar do processo político. O terceiro conjunto de direitos — *direitos sociais* — foi obtido no século XX e incluía o direito dos cidadãos à segurança econômica e social por meio de educação, saúde, habitação, pensões e outros serviços, que eram protegidos pelo Estado de bem-estar social.

A incorporação dos direitos sociais à noção de cidadania significou que todos tinham o direito a uma vida plena e ativa e a uma renda razoável, independentemente de sua posição na sociedade. Nesse sentido, os direitos associados à cidadania social promoveram muito o ideal de igualdade para todos, e a visão de Marshall costuma ser descrita como otimista, enxergando uma variedade cada vez maior de direitos para todos os cidadãos.

Pontos de crítica

Um problema imediatamente associado à visão de Marshall é que ela se baseia em um único estudo de caso — a Grã-Bretanha —, e os críticos mostram que a abordagem evolucionista não pode ser aplicada a outros casos nacionais, como a Suécia, a França ou a Alemanha (Turner, 1990). A explicação "evolucionista" de Marshall também não é totalmente clara. Seria ela apenas uma descrição de *como* a cidadania se desenvolveu realmente na Grã-Bretanha, em vez de uma explicação causal de *por que* isso se deu? Os críticos argumentam que Marshall tende a *pressupor* o desenvolvimento progressivo de tipos de direitos, mas não explica as ligações entre eles ou o modo como, digamos, os direitos civis levam inevitavelmente a direitos políticos e, depois, a direitos sociais.

Em épocas mais recentes, críticos argumentam que a consciência da globalização torna a teoria de Marshall — que se baseia na influência do Estado-Nação — muito ultrapassada, pois ela parece pressupor que a cidadania se desenvolve a partir da dinâmica interna das sociedades nacionais. Atualmente, porém, os sociólogos são muito mais sensíveis às relações e influências entre e através das sociedades do mundo. Por fim, como veremos mais adiante neste capítulo, o evolucionismo de Marshall é seriamente desafiado pelas tentativas, desde o final da década de 1970, de "recuar" nos níveis de assistência social em muitas sociedades, algo que não parece se encaixar em sua tese histórica. Em vez de testemunhar um conjunto crescente de direitos, os cidadãos podem descobrir que seu direito ao apoio social do Estado se torna cada vez mais restrito.

Relevância contemporânea

Os pontos de vista de Marshall influenciaram debates sobre a natureza da cidadania e, nos últimos anos, informaram questões políticas e pesquisas acadêmicas sobre inclusão e exclusão social. Sua ideia central de que os direitos e as responsabilidades estão intimamente entrelaçados com a noção de cidadania desfruta de uma popularidade renovada em discussões sobre como promover uma "cidadania ativa". E, embora sua visão certamente seja centrada demais no Estado para ser totalmente satisfatória em uma era de globalização, a noção de uma expansão crescente dos direitos e das responsabilidades da cidadania continua a informar nossa compreensão do que é cidadania. Por exemplo, um tipo relativamente novo de cidadania parece estar emergindo — a cidadania ambiental ou ecológica —, baseada nos direitos e nas responsabilidades de pessoas para com o ambiente natural (M. J. Smith, 1998; Dobson e Bell, 2006). Assim, apesar das suas falhas, talvez a abordagem geral de Marshall ainda tenha mais vida pela frente.

1. *Democracia social.* Os regimes democráticos de bem-estar social são altamente descomodificados. Os serviços de assistência social são subsidiados pelo Estado e estão disponíveis a todos os cidadãos (**benefícios universais**). Quase todos os Estados escandinavos, como a Suécia e a Noruega, são exemplos de regimes democráticos de bem-estar social.
2. *Conservador-corporativo.* Em Estados conservadores-corporativos, como a França e a Alemanha, os serviços de assistência social podem ser altamente descomodificados, mas não são necessariamente universais. A quantidade de benefícios a que um cidadão tem direito depende da sua posição na sociedade. Esse tipo de regime de bem-estar social talvez não vise a eliminar as desigualdades, mas a manter a estabilidade social, as famílias fortes e a lealdade ao Estado.
3. *Liberal.* Os Estados Unidos são o melhor exemplo de regime de bem-estar social liberal. A assistência social é altamente comodificada e vendida por meio do mercado. Os benefícios por carência comprovada (*means-tested benefits*) estão disponíveis para os muito necessitados, mas se tornam muito estigmatizados, pois se espera que a maioria da população adquira assistência social por intermédio do mercado.

O Reino Unido, claramente, não se enquadra em nenhum desses três "tipos ideais". Antes, ele se aproximava mais de um modelo democrático social, mas as reformas da previdência ocorridas a partir da década de 1970 aproximaram o país de um regime de bem-estar social liberal, com níveis maiores de comodificação, que parecem propensos a continuar no período atual. Essa mudança de modelo torna o Reino Unido um estudo de caso interessante.

O Estado de bem-estar social no Reino Unido

Uma das principais diferenças entre os modelos de bem-estar social é a disponibilidade de benefícios para a população. Uma divisão simples é aquela entre universalidade e carência comprovada. Em sistemas que proporcionam benefícios universais, o bem-estar social é um direito a ser desfrutado igualmente por todos, garantindo que as necessidades de bem-estar social básicas dos cidadãos sejam atendidas. Sistemas baseados em carência comprovada são projetados para fornecer uma rede de proteção básica, normalmente de curto prazo, para pessoas que se encontram em dificuldades e precisam de ajuda para enfrentá-las. No Reino Unido, benefícios para os filhos eram pagos anteriormente aos pais ou guardiões de crianças com menos de 16 anos, independentemente de sua renda ou suas economias. Esse benefício universal foi efetivamente encerrado em 2013, como parte da contenção de gastos públicos pelo governo de coalizão, limitando o benefício total aos filhos a famílias em que nenhum membro individual recebe £ 50 mil ou mais por ano.

A distinção entre benefícios universais e por carência comprovada é expressa, no nível das políticas públicas, em duas abordagens contrastantes ao modelo de bem-estar social. Os defensores da visão *institucional* do bem-estar social argumentam que o acesso aos serviços de assistência social deve ser oferecido como um direito para todos. Aqueles que adotam uma visão *residualista* argumentam que a assistência social somente deve estar disponível a membros da sociedade que verdadeiramente precisem de ajuda e que não possam satisfazer suas necessidades (Ginsberg e Miller-Cribbs, 2005: 257).

Os residualistas defendem uma "rede de segurança do Estado de bem-estar social" em que apenas os mais necessitados — condição a ser demonstrada por comprovação de carência — devem receber benefícios da assistência social. Eles também veem o Estado de bem-estar social como dispendioso, ineficaz e extremamente burocrático. Por outro lado, os institucionalistas acreditam que os níveis de impostos devem ser altos, pois o Estado de bem-estar social precisa ser bem financiado. Eles argumentam que o Estado de bem-estar social deve ser mantido e mesmo expandido para limitar os severos efeitos polarizadores do mercado, mesmo que isso signifique uma carga tributária mais pesada. Eles afirmam que é responsabilidade de qualquer Estado civilizado prover seus cidadãos e protegê-los.

Essa diferença de opinião sobre os modelos institucional e residual para o bem-estar social está no centro dos atuais debates sobre a reforma da previdência no Reino Unido desde meados da década de 1970. Hoje, nos países do Norte Global, o futuro do Estado de bem-estar social está sob intenso escrutínio, como nunca, pois os governos lidam com grandes dívidas nacionais, após a crise financeira de 2008, com o envelhecimento da população e com uma demanda crescente por serviços de saúde. De modo semelhante, enquanto a globalização muda as sociedades nacionais e os novos padrões de migração, além das mudanças na família, na vida pessoal e no emprego, a natureza do bem-estar social também está mudando. Traçaremos rapidamente a história do Estado de bem-estar social na Grã-Bretanha e as tentativas recentes de reformá-lo.

> **REFLEXÃO CRÍTICA**
>
> A abordagem residualista parece sensata: apenas aqueles que precisam de ajuda do Estado devem obtê-la. Como você convenceria um residualista de que sua posição levará a mais pobreza e à diminuição de serviços públicos de alta qualidade?

A formação do Estado de bem-estar social britânico

O Estado de bem-estar social na Grã-Bretanha foi criado durante o século XX, mas, conforme explica Frase (2009: 2), ele não foi criado do nada: "Ele foi o produto final de um processo histórico muito longo". As raízes do Estado de bem-estar do Reino Unido remontam às Poor Laws* de 1601 e à dissolução dos mosteiros. Os mosteiros cuidavam dos pobres, mas, como foram fechados, o resultado foi a extrema pobreza e a quase total ausência de cuidados com os doentes. Com o desenvolvimento do capitalismo industrial e a transição da sociedade agrícola para a industrial, as formas tradicionais de apoio informal dentro das famílias e comunidades começaram a se fragmentar.

Para manter a ordem social e reduzir as novas desigualdades trazidas pelo capitalismo, era necessário oferecer assistência àqueles membros da sociedade que se encontravam na periferia da vida social. Isso resultou, em 1834, no Poor Law Amendment Act. Sob essa lei, foram construídos asilos, oferecendo um padrão de vida inferior a qualquer um existente lá fora. A ideia era que as condições de vida nos asilos levariam as pessoas a fazer tudo o que pudessem para evitar a pobreza e ficar fora deles. Com o tempo, como parte do processo de construção da nação, o Estado passou a desempenhar um papel mais central no atendimento aos necessitados. A legislação que estabeleceu a administração nacional da educação e saúde pública no final do século XIX foi a precursora dos programas mais amplos que viriam no século XX.

O Estado de bem-estar social se ampliou durante o governo liberal antes da Primeira Guerra Mundial, que introduziu aposentadorias, seguro de saúde e seguro-desemprego. Os três anos seguintes à Segunda Guerra Mundial assistiram a um poderoso ímpeto para reforma e expansão do sistema de assistência social. Em vez de se concentrar unicamente nos destituídos e doentes, o foco da assistência foi ampliado para incluir todos os membros da sociedade. A guerra havia sido uma experiência intensa e traumática para toda a nação, o que gerou um forte senso de solidariedade e a visão de que o infortúnio e a tragédia não se restringiam apenas aos grupos sociais desprivilegiados.

Essa mudança de uma visão seletiva para uma visão universalista da assistência social foi resumida no Plano Beveridge, de 1942, considerado o modelo para o Estado de bem-estar social moderno no Reino Unido. O Plano Beveridge visava a erradicar os "cinco gigantes": a carência, a doença, a ignorância, a miséria e o ócio. Uma série de medidas legislativas implementadas pelo governo trabalhista do pós-guerra começou a traduzir essa visão para ações concretas. Várias leis estabeleceram o núcleo do Estado de bem-estar social universalista. O governo nacional do período de guerra já havia introduzido o Education Act (1944), que abordou a falta de escolarização, enquanto o National Health Act de 1946 se preocupava em melhorar a qualidade da saúde entre a população. A "carência" foi abordada por meio do National Insurance Act de 1946, que estabeleceu um esquema de proteção contra a perda da renda em períodos de desemprego, doença, aposentadoria ou viuvez. O National Assistance Act de 1948 proporcionou amparo por carência comprovada para aqueles que não estavam cobertos no National Insurance Act e finalmente aboliu as antigas Poor Laws. Outras leis abordaram as necessidades das famílias (Family Allowances Act, de 1945) e a demanda por melhores condições habitacionais (New Towns Act, de 1946).

O Estado de bem-estar social britânico passou a existir sob um conjunto de condições específicas e juntamente com certas noções predominantes so-

---

* N. de R.T. As Poor Laws foram um sistema de auxílio social aos pobres implementado nas regiões da Inglaterra e do País de Gales.

O Plano Beveridge, de 1942, identificou "cinco gigantes" na sociedade: a carência, a doença, a ignorância, a miséria e o ócio. As ideias de Beveridge são vistas como as pedras de fundação do Estado de bem-estar social no Reino Unido.

bre a natureza da sociedade. O Estado de bem-estar social foi construído com base em três premissas. Primeiro, ele igualava o trabalho ao trabalho remunerado e se baseava na crença na possibilidade de emprego pleno. O bem-estar social atenderia às necessidades daqueles localizados fora da economia de mercado devido ao desemprego ou à deficiência. Conectada a isso, a perspectiva do Estado de bem-estar social se baseava em uma concepção patriarcal das famílias — o homem provedor deveria sustentar financeiramente a família, enquanto a esposa cuidaria da casa. Os programas de assistência social foram projetados em torno desse modelo tradicional de responsabilidades da família.

Em segundo lugar, acreditava-se que o Estado de bem-estar social promoveria a solidariedade nacional. Ele integraria a nação, envolvendo toda a população em um conjunto de serviços comuns. A previdência social era um meio de fortalecer a conexão entre o Estado e seus cidadãos. Em terceiro lugar, o Estado de bem-estar social se preocupava em administrar os riscos que ocorriam como parte natural do curso da vida. Nesse sentido, a previdência social era vista como uma forma de seguro social, que poderia ser usado contra os problemas potenciais de um futuro imprevisível. O desemprego, a doença e outros infortúnios na vida social e econômica do país poderiam ser tratados sem que as famílias caíssem em miséria.

Esses princípios fundamentaram a enorme expansão do Estado de bem-estar social nas três décadas após 1945. À medida que a economia manufatureira crescia, o Estado de bem-estar social representava uma "barganha" de classe bem-sucedida, que satisfazia as necessidades da classe trabalhadora, bem como as da elite econômica, a qual dependia de uma força de trabalho saudável e de alto rendimento. Porém, no final da década de 1970, o consenso político em torno do Estado de bem-estar social se desfez, e a fragmentação da opinião política nos campos institucional e residualista se tornou cada vez mais acentuada. Na década de 1990, tanto a esquerda quanto a direita reconheciam que o Estado de bem-estar social precisava de uma reforma significativa, embora ainda houvesse diferenças apreciáveis sobre quanta e que tipo de reforma era necessária.

Reformando o Estado de bem-estar social: 1979-1997

O consenso político sobre a assistência social acabou na década de 1980, quando as administrações de Margaret Thatcher no Reino Unido e Ronald Reagan nos Estados Unidos tentaram fazer "recuar" significativamente o Estado de bem-estar social. Várias críticas estavam no centro das tentativas de reduzir a assistência social. A primeira dizia respeito aos custos financeiros crescentes. A recessão econômica geral na década de 1970, o desemprego cada vez maior e o surgimento de burocracias enormes significavam que os gastos continuavam a crescer continuamente, e a uma taxa maior do que a da expansão econômica geral. Seguiu-se um debate acirrado sobre os gastos com a assistência social, com os defensores do "recuo" apontando para a pressão financeira crescente sobre o sistema da previdência social. Os legisladores também enfatizavam o impacto potencialmente avassalador da "bomba-relógio demográfica" sobre o sistema da previdência: o número de pessoas dependentes dos serviços de assistência social estava crescendo à medida que a população envelhecia, mas o número de pessoas em idade ativa que contribuíam para o sistema vinha caindo. Isso indicava uma crise financeira potencial.

> O "agrisalhamento" da população global é discutido no Capítulo 14, "O curso da vida".

Uma segunda linha de críticas estava relacionada com a noção de **dependência da previdência**. Os críticos dos sistemas de bem-estar social, como Charles Murray nos EUA (discutido anteriormente), argumentaram que a consequência não intencional da generosa assistência estatal foi que as pessoas se tornaram dependentes dela — não apenas materialmente, mas psicologicamente dependentes da chegada do pagamento do benefício, adotando uma abordagem resignada e passiva da vida. O trabalho de Murray e outros sobre a criação de uma subclasse crescente e dependente do benefício moldou os debates políticos e as políticas sobre a provisão de bem-estar social nos anos 1980 e nos anos 1990.

O governo conservador do Reino Unido implementou diversas reformas que começaram a tirar do Estado a responsabilidade pela assistência social pública, transferindo-a para o setor privado, o setor voluntário e as comunidades locais. Os serviços que antes eram prestados pelo Estado a taxas muito subsidiadas foram privatizados ou submetidos a uma comprovação mais rígida da carência. Um exemplo disso pode ser visto na privatização da habitação social na década de 1980. O *Housing Act* de 1980 permitiu que os aluguéis da habitação social aumentassem significativamente, abrindo caminho para a venda em grande escala do estoque de imóveis destinados à habitação social. Essa aproximação do residualismo* foi particularmente nociva para indivíduos situados logo acima da linha de elegibilidade para comprovação de carência para benefício habitacional, pois eles não tinham mais acesso à habitação pública, mas não podiam pagar para alugar imóveis aos preços de mercado. Os críticos dizem que a privatização da habitação social contribuiu significativamente para o aumento do número de indivíduos sem-teto, que passou de 63 mil em 1980 para 146 mil em 1990 (Malpass e Murie, 1999).

Outra tentativa de reduzir os gastos com a previdência e aumentar a sua eficiência veio por meio da introdução de princípios de mercado na prestação de serviços públicos. O governo conservador argumentou que injetar um grau de competição nos serviços sociais, como saúde e educação, daria mais opções para o público e garantiria serviços de maior qualidade. Os consumidores poderiam, de fato, "mudar de voto", escolhendo escolas ou prestadores de serviços de saúde. As instituições que prestassem serviços abaixo dos padrões seriam obrigadas a melhorar ou seriam forçadas a fechar, assim como ocorre com empresas. Os críticos alegavam que "mercados internos" dentro dos serviços públicos levariam a serviços de baixa qualidade e a um sistema estratificado de prestação de serviços, em vez de proteger o valor do serviço igualitário para todos os cidadãos.

Até que nível os governos conservadores das décadas de 1980 e 1990 conseguiram fazer o Estado de bem-estar social recuar? Em *Dismantling the welfare state?*, Pierson (1994) comparou o processo de "redução de custos" da previdência social da Grã-Bretanha ao dos Estados Unidos e concluiu que os Estados de bem-estar social emergiram relativamente intactos da era conservadora. Embora ambas as administrações tenham assumido o poder com a intenção declarada de cortar os gastos com a previdência, Pierson afirma que os obstáculos ao

---

* N. de R.T. Residualismo e universalismo são dois tipos de políticas públicas de Estado. Segundo Esping-Andersen (1990), é residualista a política de Estado que atende apenas a uma parcela da população ou a grupos marcados pela pobreza ou exclusão. O universalismo, por sua vez, se caracteriza pela integralidade e pela universalidade das políticas sociais voltadas à garantia do direito de todos os cidadãos.

recuo foram maiores do que aqueles que os governos podiam superar. A razão para isso está na maneira como as políticas sociais evoluíram ao longo do tempo. Desde sua criação, o Estado de bem-estar social e as suas instituições vinham abrindo espaço para grupos específicos — como sindicatos e agências voluntárias, a exemplo do Child Poverty Action Group (CPAG) —, que defenderam ativamente os benefícios contra as tentativas políticas de reduzi-los. Os gastos sociais permaneceram constantes e, apesar de inúmeras mudanças de política, todos os componentes básicos do Estado de bem-estar social continuaram no lugar.

A teoria subjacente às políticas de Margaret Thatcher e dos governos conservadores sucessivos (1979-1997) dizia que cortar os impostos para indivíduos e corporações geraria níveis elevados de crescimento econômico, cujos frutos então "transbordariam" sobre os pobres. Políticas semelhantes foram implementadas nos Estados Unidos, onde, a partir de 1980, a parcela da renda nacional destinada ao 1% mais rico começou a aumentar novamente após décadas de reduções. A tese sugere que esse processo deveria levar tanto ao aumento dos níveis de atividade econômica quanto ao aumento da renda dos trabalhadores de baixa renda. No entanto, isso não parece ter acontecido. Banerjee e Duflo (2019) argumentam que, nos EUA, os salários reais médios em 2014 não foram maiores do que em 1979, e os salários dos trabalhadores menos instruídos caíram. Assim, em vez da aceleração do crescimento dos salários, como prevê a tese, aconteceu o contrário. Por quê?

Pettinger (2016: 141-142) sugere que indivíduos ricos podem economizar sua renda aumentada com cortes de impostos em vez de gastá-la ou reinvesti-la na expansão dos negócios. Muitos também transferem seu dinheiro para paraísos fiscais a fim de evitar o pagamento de impostos — portanto, o benefício proposto para a sociedade como um todo pode ser muito menor do que a tese sugere. Ao buscar melhores retornos para suas rendas mais altas, as pessoas ricas também podem gerar "bolhas de ativos" nos preços dos imóveis — que podem ser vistas em setores de muitas grandes cidades hoje —, as quais tornam a vida mais difícil para as pessoas de baixa e média renda. Políticas de redução de impostos podem ajudar a gerar desenvolvimento econômico, mas podem não ser a maneira mais eficaz de reduzir os níveis de pobreza.

> **REFLEXÃO CRÍTICA**
>
> Considerando os três tipos de regime de bem-estar social de Esping-Andersen (1990) (discutidos anteriormente), quais países você esperaria que tivessem os mais altos níveis de "dependência de bem-estar social"? Descubra quais são os países com as taxas de desemprego de longa duração e pobreza persistente mais elevadas. Existe uma correlação entre o tipo de regime e os níveis de dependência do bem-estar social?

Reformando o Estado de bem-estar social: 1997-2010

A reforma da previdência foi uma prioridade máxima para o Partido Trabalhista, que assumiu o governo no Reino Unido em 1997. Concordando em alguns aspectos com os críticos conservadores do Estado de bem-estar social (e, assim, rompendo com a política de esquerda tradicional), o "novo" Partido Trabalhista argumentava que seriam necessárias novas políticas de assistência social para enfrentar a pobreza e a desigualdade, bem como para melhorar a saúde e a educação. Assim como os residualistas, ele considerava que o Estado de bem-estar social muitas vezes era parte do problema, criando dependências e oferecendo esmola em vez de incentivo.

Em vez disso, os trabalhistas queriam abordar as raízes da pobreza, argumentando que estavam buscando uma **terceira via**, além da política da "velha" esquerda e da "nova" direita do governo Thatcher. Desse modo — inicialmente, pelo menos —, o governo trabalhista se baseou em algumas das ideias do sociólogo Anthony Giddens (1994, 1998), visando a modernizar a política da esquerda para uma era global. Entre elas, estavam: o fortalecimento da sociedade civil; a descentralização do poder, tirando-o do Estado-Nação; o foco na exclusão social em vez de na desigualdade; e o uso do setor privado para acrescentar um elemento dinâmico à prestação de serviços públicos, de modo a criar um "Estado de investimento social".

Inicialmente rejeitando as políticas da velha esquerda como ultrapassadas em uma era de individualismo, consumismo e globalização, o trabalhismo buscou criar uma posição política e um programa para uma "nova esquerda". Por exemplo, o partido argumentava que uma das principais dificuldades associadas ao sistema de assistência social era que as condições em que ele fora criado não mais existiam: a criação desse sistema havia se dado em uma época com bastante emprego, quando as famílias podiam contar com o fato de que os homens trabalhariam e trariam para casa um "salário familiar". Todavia, as mudanças nas estruturas das famílias tinham, no final dos anos 1990, tornado inaplicável essa visão patriarcal do homem provedor. Um número enorme de mulheres havia entrado para a força de trabalho, e o aumento na quantidade de lares uniparentais havia imposto novas demandas sobre o Estado de bem-estar social. Os ganhos das mulheres se tornaram parte integrante da renda familiar, e o impacto de seus ganhos pode ter um peso enorme. De fato, o sucesso das famílias com dupla renda, particularmente aquelas sem filhos, é um dos fatores mais importantes na mudança do padrão de distribuição de renda.

Desde o começo, o governo trabalhista se concentrou em um tipo de "bem-estar social positivo", envolvendo um "contrato de bem-estar social" entre o Estado e os cidadãos, baseado em direitos e responsabilidades. Ele considerava que o papel do Estado era ajudar as pessoas a obter trabalho e, assim, uma renda estável, e não apenas sustentá-las financeiramente nos períodos de desemprego. Ao mesmo tempo, esperava que os cidadãos assumissem a responsabilidade por tentar mudar suas próprias circunstâncias. O emprego se tornou um dos pilares da política social trabalhista, pois se acreditava que levar as pessoas a trabalhar era um dos principais passos para reduzir a pobreza. Entre as reformas previdenciárias mais significativas introduzidas durante o governo trabalhista, estavam os chamados programas de "assistência ao trabalho" (ver o quadro Usando sua imaginação sociológica 11.2).

Algumas das políticas de assistência social do governo trabalhista tiveram sucesso ajudando pessoas, particularmente os jovens, a conseguir trabalho e elevaram os níveis de financiamento para serviços públicos. Todavia, a abordagem do trabalhismo à assistência social tem sido julgada de forma mais rígida. A tentativa de tornar os beneficiários dependentes do compromisso de procurar trabalho ou fazer entrevistas ativamente foi descrita como uma "condicionalidade rasteira", que implode o princípio do "direito" do cidadão (Dwyer, 2004). Os programas do governo trabalhista voltados para o trabalho (e outros em certos países europeus) foram promovidos por meio do discurso da "inclusão social", mas não está clara a relação entre a exclusão e os problemas subjacentes à *desigualdade* social. Historicamente, essa última preocupação constituiu a base dos programas de políticas trabalhistas no governo.

Em *The inclusive society*, Ruth Levitas (2005) estudou três discursos, ou formas de discutir e organizar as políticas de assistência social, usados pelo trabalhismo desde 1997. Em primeiro lugar, o trabalhismo adotou um discurso *redistribucionista*, que considerava a exclusão social uma *consequência*, e não uma causa, da pobreza e das desigualdades sociais. Em segundo lugar, Levitas identificou um discurso *moral* sobre a subclasse, que tende a culpar aqueles que são socialmente excluídos, vendo-os como responsáveis por sua própria situação e, às vezes, como um grupo social à parte, com características específicas. Em terceiro, Levitas observa um discurso *integracionista social* que relaciona exclusão e inclusão social com emprego, incentivando a participação no mercado de trabalho como solução para a exclusão social.

A principal questão para Levitas é que o discurso e as políticas dos trabalhistas se afastaram da abordagem redistribucionista à assistência social, que era historicamente dominante no Partido Trabalhista. Isso separa a exclusão social da desigualdade social, concentrando-se na divisão entre os excluídos e os incluídos, em vez de naquela entre ricos e pobres, permitindo que os ricos fujam de suas responsabilidades para com a sociedade mais ampla. De modo semelhante, MacGregor (2003: 72) argumenta que o trabalhismo tem se concentrado principalmente no comportamento inaceitável dos pobres — separando os desempregados "merecedores" dos "não merecedores" e os "refugiados" genuínos dos "migrantes econômicos", e assim por diante. Ela afirma que "isso se concentra nos maus comportamentos dos pobres, ignorando as drogas, as infidelidades, as fraudes e as trapaças, além de outras fragilidades humanas encontradas entre os ricos, os bem de vida e os não tão pobres".

O bem-estar social na era da austeridade: de 2010 até os dias de hoje

Após 13 anos de governo trabalhista, as eleições gerais do Reino Unido em 2010 resultaram em um parlamento "pendurado" ou "equilibrado", sem um vencedor claro, mas os conservadores representavam a maioria dos deputados. Um governo de

USANDO SUA IMAGINAÇÃO SOCIOLÓGICA

11.2 Bem-estar social no trabalho nos EUA

Desde 1997, o governo trabalhista criou diversas políticas e metas para levar as pessoas da assistência social para o trabalho. Os programas do New Deal foram criados para certos grupos, como pessoas deficientes, desempregados de longo prazo, jovens e pessoas com mais de 50 anos. Programas semelhantes existem há algum tempo nos Estados Unidos, e suas implicações foram estudadas.

Friedlander e Burtless (1994) estudaram quatro programas diferentes do governo norte-americano, criados para incentivar os beneficiários da previdência social a procurar trabalho remunerado. Os programas eram muito semelhantes: forneciam auxílio financeiro para indivíduos que procurassem emprego ativamente, além de orientação em técnicas de busca de emprego e oportunidades de formação e treinamento. As populações visadas eram principalmente chefes de famílias uniparentais beneficiários do Programa de Ajuda a Famílias com Filhos Dependentes, o maior programa de assistência financeira do país. Friedlander e Burtless observaram que os programas tiveram resultados. As pessoas envolvidas neles foram capazes de entrar no mercado de trabalho ou começar a trabalhar mais cedo do que aqueles que não participaram. Em todos os quatro programas, os ganhos produzidos eram várias vezes maiores do que o custo líquido do programa. Todavia, eles eram menos efetivos para aqueles que mais precisavam — pessoas que estavam sem trabalho há muito tempo, os desempregados de longo prazo.

Embora os programas de assistência ao trabalho tenham conseguido reduzir os pedidos de assistência social nos EUA em aproximadamente 40%, algumas estatísticas sugerem que os resultados não são totalmente positivos. Nos EUA, aproximadamente 20% daqueles que deixam de receber a ajuda não trabalham e não têm nenhuma fonte de renda independente; quase um terço dos que conseguem trabalho voltam a pedir o benefício dentro de um ano. Entre um terço e a metade dos que deixam a previdência por conseguir trabalho observam que suas rendas são menores do que seus níveis de benefícios anteriores. No Wisconsin, o estado norte-americano que foi um dos primeiros a introduzir programas de assistência ao trabalho, dois terços dos que deixam a assistência social vivem abaixo da linha da pobreza (Evans, 2000). Os críticos argumentam que o sucesso aparente das iniciativas de assistência ao trabalho para reduzir o número absoluto de casos de benefícios oculta alguns padrões problemáticos nas experiências verdadeiras daqueles que perdem seu benefício.

No Reino Unido, outros questionam a efetividade das "zonas" de fortalecimento local para combater a exclusão social. Muitos programas do governo são organizados como se todos os pobres vivessem juntos. No Reino Unido, os estudos da Unidade de Exclusão Social do governo alegaram que, em 1997, quando o governo trabalhista chegou ao poder, dois terços de todas as pessoas desempregadas viviam em áreas localizadas *fora* das 44 localidades mais pobres do país. Isso sugere que as iniciativas localizadas não podem substituir uma estratégia nacional contra a pobreza, pois muitas pessoas estão fora dos limites das zonas designadas para fortalecimento.

REFLEXÃO CRÍTICA

Em sua opinião, por que esses programas não conseguiram ajudar os desempregados de longo prazo a encontrar trabalho? Liste os obstáculos enfrentados por aqueles que estão desempregados há mais de um ano. O que os governos podem fazer para remover esses obstáculos?

---

coalizão foi formado pelos partidos Conservador e Liberal Democrata com base no acordo sobre as prioridades econômicas do novo governo. A prioridade da agenda era a redução da dívida pública, em parte por meio da reforma fundamental dos serviços públicos e da provisão de bem-estar social. É claro que a reforma da previdência também foi central para os governos trabalhistas anteriores, mas a crise financeira de 2008, a recessão que se seguiu e a necessidade percebida de cortar os gastos do governo rapidamente deram um impulso extra para a coalizão repensar o Estado de bem-estar social. Taylor-Gooby (2013) argumenta que o Estado de bem-estar social do Reino Unido enfrentou uma dupla crise como resultado de severos cortes de gastos e um programa de reestruturação que levou

O consumo de drogas por celebridades costuma ser uma fonte de entretenimento para revistas de luxo. Mas os aspectos negativos da dependência estão associados aos pobres e excluídos socialmente e podem levar esses grupos a serem alvos de buscas policiais.

à fragmentação dos serviços e ao aumento da oferta privada em todo o setor público.

Subjacente às reformas da coalizão estava a ideia central de que "o trabalho deve compensar". Ou seja, as pessoas sempre deveriam estar melhor no trabalho do que se vivessem inteiramente de benefícios sociais. O então secretário de Estado do Trabalho e Previdência, Iain Duncan Smith, estabeleceu a peça central da reforma da previdência em sua ideia de um novo Crédito Universal (DWP, 2010).

Duncan Smith argumentou que o novo sistema deve sempre recompensar, não penalizar, aqueles que buscam trabalho. O Crédito Universal permite que as pessoas que passam do benefício para o trabalho mantenham mais de seus ganhos, reduzindo seus benefícios gradualmente. Um objetivo relacionado era simplificar o sistema de benefícios, tornando-o mais fácil de entender e menos dispendioso de administrar, o que ajudaria os indivíduos a receber os benefícios a que têm direito e reduziria as oportunidades para as pessoas "jogarem com o sistema" ou cometerem fraudes. Para conseguir isso, o novo Crédito Universal deveria ser implementado para novos solicitantes a partir de 2013, substituindo seis benefícios relacionados à renda (DWP, 2010: 14).

Como o Crédito Universal está relacionado à renda, o governo argumentou que reduziria os níveis de pobreza entre as famílias trabalhadoras.

Uma série de outras mudanças foram feitas no Welfare Reform Act (2012). Um teto de benefícios de £ 26 mil por ano limitava o valor total do benefício que qualquer família poderia receber. O objetivo era garantir que as famílias não pudessem receber mais em benefício do que os ganhos médios (depois de descontados os impostos) daqueles que trabalham. No entanto, o limite não levou em consideração o custo do aluguel e os custos de vida em diferentes partes do país — por exemplo, Londres é particularmente cara. O salário-família continuaria a ser pago a famílias em que alguém ganhasse mais de £ 50 mil por ano, mas seria efetivamente "recuperado" por um aumento no imposto de renda. Indiretamente, esse movimento acabou com a universalidade desse benefício de longa data. Os benefícios por invalidez também foram alterados, com um novo Pagamento de Independência Pessoal (PIP) substituindo o Auxílio por Invalidez a partir de 2013. Os PIPs continuaram sem necessidade de carência comprovada, mas os beneficiários enfrentavam novas "avaliações objetivas" de suas necessidades individuais, uma medida que se provou angustiante para muitas pessoas com deficiência, que agora tinham que "justificar" sua condição de deficiente no sistema.

Uma das novas medidas mais controversas foi a alteração do subsídio de habitação pago aos inquilinos do conselho e das associações de moradores. O governo argumentou que os inquilinos de programas sociais de habitação com quartos vagos estavam efetivamente recebendo um "subsídio de quarto vago". Portanto, reduziu o valor do benefício de moradia se os inquilinos tivessem quartos "sobrando". Por exemplo, o benefício é reduzido em 14% para um quarto e 25% para dois ou mais "quartos não utilizados", obrigando as pessoas a pagar parte do aluguel. A oposição trabalhista chamou isso de um "imposto do quarto" injusto, que teria um impacto particularmente severo sobre os idosos, cujos parentes podem usar seu(s) quarto(s) vago(s) de forma intermitente, e sobre pessoas com deficiência, que precisam de quartos vagos para o armazenamento de equipamentos e pernoites de cuidadores e ajudantes.

Em 2015, a eleição de um governo de maioria conservadora garantiu que o impulso central da reforma da previdência da coalizão continuasse. Esse governo chegou ao poder com um plano para cortar mais £ 12 bilhões do orçamento da previdência, dando continuidade à estratégia de encolher o Estado de bem-estar social. Ao delinear sua política para permitir que os inquilinos de associações privadas de habitação comprassem suas propriedades alugadas abaixo do valor de mercado e para forçar os conselhos a vender suas casas mais valiosas, o novo governo estabeleceu uma linha clara de continuidade com a agenda de privatização habitacional de Margaret Thatcher. O anúncio de um aumento do salário mínimo, rebatizado como "salário digno nacional", também deu continuidade ao tema-chave dos conservadores de "fazer o trabalho compensar" (Stewart, 2015).

O caso do Reino Unido ilustra como uma política e um discurso de austeridade conquistaram apoio público com medidas para reduzir os gastos com a previdência, limitar o número de requerentes elegíveis e afastar as pessoas da previdência para mercados de trabalho fragmentados e cada vez mais desestabilizados. Junto com isso, havia um discurso político que criticava abertamente a previdência do Estado, demonizava os cidadãos como "requerentes de benefícios" e privilegiava a provisão do setor privado em detrimento do setor público. Lister (2011) argumentou que entramos em uma "era da responsabilidade", na qual os mais pobres da sociedade são obrigados a sentir e cumprir suas obrigações como cidadãos "responsáveis". No entanto, Hills (2014: viii) observa que as pesquisas de opinião perceberam uma mudança de atitude conforme as medidas de austeridade começaram a ser sentidas. O apoio à redistribuição de renda dos "mais ricos" para os "menos abastados" começou a aumentar e, em 2013, cerca de 42% concordaram que a redistribuição era uma boa ideia. No entanto, Taylor-Gooby e Stoker (2011: 14) argumentam que a resistência do Estado de bem-estar à mudança é mais fraca, e os governos europeus estão "recuando o Estado para um nível de intervenção inferior ao dos Estados Unidos — algo sem precedentes".

No entanto, o prolongado processo de saída da UE entre 2016 e o início de 2020 consumiu muito tempo do governo e foi seguido pela pandemia de covid-19 de 2020, que levou à maior expansão da intervenção do Estado em tempos de paz na sociedade e na economia. Como resultado, agora parece inevitável que haverá um grande debate e uma reformulação em relação à provisão da seguridade social e à política de reforma da previdência na próxima década.

Novos desafios para antigos Estados de bem-estar social

Os Estados de bem-estar social modernos pós-1945 foram criados em um momento de reconstrução econômica e desenvolvimento industrial, quando os homens eram considerados "provedores da família" que exigiam um "salário familiar". No século XXI, as sociedades europeias se afastaram dessas condições, e, como resultado, seus Estados de bem-estar social vêm mudando gradativamente há algum tempo.

No entanto, apesar de um processo aparentemente contínuo de reforma da previdência, os Estados de bem-estar social provaram ser notavelmente resilientes a mudanças fundamentais (Pierson, 2011). Alguns argumentam que a política de bem-estar cria comunidades de interesse que defendem o *status quo* e tornam a experimentação de mudanças políticas radicais eleitoralmente arriscadas — uma espécie de inércia embutida. No entanto, os Estados de bem-estar social continuam como o modelo proeminente, em grande medida porque os problemas sociais de longa data continuam sendo pobreza persistente, baixos salários, envelhecimento da população e quantidade insuficiente de moradias, juntamente com as questões mais recentes da crescente economia *gig*, as formas precárias de trabalho e o crescimento da pobreza no trabalho. A provisão estatal de seguridade social para os cidadãos continua tão necessária hoje quanto era na década de 1940.

Hemerijck (2013: 15) argumenta que existem fatores socioeconômicos que levam os governos a buscar um novo modelo de Estado de bem-estar social que seja adequado em um contexto global. Ele os vê como exógenos, endógenos, históricos, supranacionais e políticos. O principal fator *exógeno* é a intensificação da competição internacional, especialmente das economias emergentes, apresentando novos desafios para a estabilidade dos Estados de bem-estar social redistributivos da Europa. Os fatores *endógenos* incluem a mudança econômica da manufatura para os serviços, o rápido aumento do número de mulheres empregadas, conhecido como "feminização" do trabalho, os mercados de trabalho de alta qualificação e a fragmentação das relações de emprego, além do envelhecimento da população, que cria maior demanda para serviços de saúde e cuidados de longa duração (ibid.: 127).

O legado *histórico* dos "antigos riscos sociais" significa que grandes somas de dinheiro público ainda são direcionadas ao seguro-desemprego, aos benefícios por invalidez e às pensões relativamente generosas. Isso estabelece limites financeiros para a forma como os novos desafios políticos são enfrentados, embora o planejamento de recuperação após a pandemia de covid-19, depois de uma década de políticas de austeridade com o colapso financeiro de 2008, possa afetar o tamanho e o escopo da provisão de previdência social para os próximos anos. As instituições *supranacionais* da União Europeia também impactam a capacidade dos Estados de bem-estar nacional de administrar suas demandas internas. Em um sentido muito real, os Estados de bem-estar social se tornaram "semissoberanos" (Ferrera, 2005). Os desafios *políticos* vêm do declínio bem estabelecido da lealdade partidária, da volatilidade eleitoral e da antipatia cada vez mais generalizada à crescente integração à UE, juntamente com o sentimento anti-imigração; todos esses foram fatores significativos em 2016, quando o Reino Unido votou pela saída da UE. O que esses cinco elementos produzem coletivamente é uma pressão crescente por uma reforma fundamental do Estado de bem-estar social, mesmo antes da pandemia global e de suas consequências sociais, econômicas e políticas.

Revisão do capítulo

1. Explique a diferença entre pobreza *absoluta* e *relativa*. A pobreza absoluta foi erradicada dos países relativamente ricos do Norte Global?
2. Quais são as principais formas de medir a quantidade de pobreza existente? O que aprendemos com elas sobre a extensão da pobreza?
3. Muitas pessoas entram e saem da pobreza no decorrer de suas vidas. Liste algumas das circunstâncias que normalmente levam as pessoas a cair na pobreza.
4. A pobreza infantil provou ser um problema social persistente. Quais são as consequências da pobreza na infância e por que ela é tão difícil de ser eliminada?
5. Como os sociólogos tentaram explicar a persistência da pobreza nos países de alta renda? Precisamos de elementos tanto das explicações individualistas como das socioestruturais se quisermos criar uma estrutura explicativa mais poderosa?
6. Como se pode argumentar que a exclusão social está intimamente relacionada à pobreza? Cite dois exemplos de exclusão social, mostrando como o conceito de *interseccionalidade* fortalece nossa compreensão da exclusão do mundo real.
7. Explique o que se entende por "Estado de bem-estar social" e discuta como o modelo de Estado de bem-estar social se disseminou. Descreva as principais diferenças entre *institucionalistas* e *residualistas* nos debates sobre qual deveria ser o Estado de bem-estar social.

8. Quais têm sido as principais mudanças na formação e no desenvolvimento do Estado de bem-estar social no Reino Unido? De que maneiras esse Estado de bem-estar no Reino Unido é diferente das versões europeias?
9. Qual era o "consenso de bem-estar" que existia até a década de 1970? Como esse consenso tem sido desafiado desde 1979?
10. Que evidências políticas e das diretrizes existem de que a perspectiva residualista venceu definitivamente o argumento sobre a reforma do bem-estar social no Reino Unido?

Pesquisa na prática

Normalmente se fala que os indivíduos e as famílias em condições de pobreza são, em grande parte, responsáveis por sua própria situação, devido à sua falta de esforço em procurar trabalho. Diz-se que benefícios públicos muito generosos criaram uma situação de dependência do governo para muitas pessoas que vivem na pobreza. Nos últimos anos, essas visões têm sido muito contestadas à medida que os pesquisadores descobriram uma pobreza generalizada "no trabalho". Mas em que tipo de trabalho e em que setores de emprego as pessoas estão mais propensas a se encontrar em situações de pobreza? Existe alguma evidência de que as pessoas e as famílias podem mudar sua situação por meio de suas próprias ações, ou a intervenção do governo é a única forma de reduzir os níveis de pobreza? Leia o artigo a seguir, que explora essas questões à luz das principais mudanças nos mercados de trabalho do Reino Unido durante os últimos 30 anos ou mais.

Sissons, P., Green, A. E. e Lee, N. (2018). "Linking the Sectoral Employment Structure and Household Poverty in the United Kingdom", *Work, Employment and Society*, 32(6): 1078-1098.

1. Como você caracterizaria essa pesquisa e quais são suas principais fontes de evidência?
2. "Baixo salário não se traduz necessariamente em pobreza no nível familiar." Por que não? Que fatores atenuantes os autores sugerem que estão em jogo?
3. Que setores de emprego têm as mais altas e as mais baixas taxas de pobreza? Como o artigo explica as taxas mais altas da pobreza setorial?
4. "... Um segundo provedor na família reduz significativamente o risco de pobreza." Essa afirmação pode sugerir uma explicação individualista da pobreza familiar, mas os autores argumentam que as taxas de pobreza são mais complexas do que isso. Discuta a natureza dessa complexidade em relação à mudança do mercado de trabalho, à qualidade do trabalho, às ações individuais e à política de Estado.
5. O que esse artigo nos diz sobre o debate polarizado entre teorias individualistas e estruturais da pobreza? Por exemplo, ele apoia alguma dessas teses ou defende uma alternativa para ambas?

Pensando sobre isso

No século XXI, há um debate cada vez mais intenso sobre como devem ser os Estados de bem-estar e como eles sobreviverão. A implicação é que o modelo do Estado de bem-estar social que se desenvolveu desde a década de 1940 não pode sobreviver em sua configuração atual e agora precisa de uma grande reforma. Em 2017, o diretor da London School of Economics and Political Science, Minouche Shafik, deu uma palestra sobre esse assunto, em que expôs o problema e algumas soluções possíveis para um Estado de bem-estar "Beveridge 2.0". Uma transcrição da palestra pode ser encontrada em www.lse.ac.uk/Events/Events-Assets/PDF/2017/2017-MT03/20171129-MinoucheShafik-Transcript.pdf.

Leia essa análise e faça um resumo sobre as ameaças sugeridas à provisão de bem-estar existente e as mudanças propostas por Shafik para uma sociedade mais sustentável. Em sua seção de discussão final, forneça uma avaliação sobre a possibilidade de Beveridge 2.0 realmente se tornar realidade. Especificamente, explore alguns dos obstáculos sociais e políticos que tais mudanças podem enfrentar.

Sociedade nas artes

As realidades da vida na pobreza não estão mais sub-representadas nos meios de comunicação de massa, especialmente na televisão. Nas últimas décadas, tem havido uma tendência aos chamados *reality shows* que pretendem documentar a vida cotidiana de pessoas e famílias em situação de pobreza. Por exemplo, no Reino Unido, vimos inúmeras séries com títulos como *Skint* (Canal 4), *On Benefits and Proud* (Canal 5) e *Benefits Street* (Canal 4). Os criadores argumentam que esses programas, embora claramente concebidos como entretenimento, também são educacionais, aumentando a conscientização sobre o impacto da pobreza e o sistema de benefícios do governo.

No entanto, para os críticos e muitos acadêmicos, esses programas são mais bem descritos como uma forma de "sensacionalismo da pobreza", que apresenta uma visão unilateral e estereotipada da pobreza como a província de "ladrões de benefícios" individuais que são culpados por sua situação. O conceito de sensacionalismo da pobreza também foi usado em relação a alguns vídeos de campanhas feitos por instituições de caridade como a Comic Relief, que, novamente, apresentam imagens estereotipadas e inúteis que não ajudam a entender a pobreza e suas causas.

Pesquise *on-line* e assista a alguns dos programas (ou documentários de caridade) descritos como sensacionalismo da pobreza. Escreva um ensaio de mil palavras comparando o que a pesquisa sociológica nos diz sobre a pobreza e suas causas com o(s) caso(s) apresentado(s) nesses *reality shows*. Os indivíduos que estão sendo filmados são responsáveis por sua própria situação? O que os programas têm a dizer sobre trabalho, emprego, previdência social e sistema de benefícios do Estado? Os programas desse tipo têm algum benefício educacional positivo para os telespectadores?

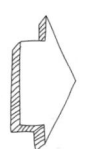

Outras leituras

Para uma introdução às questões da pobreza e da exclusão social, o livro de Stephen Armstrong (2017) *The new poverty* (London: Verso) é muito bem escrito, vívido e confiável. O livro de Stewart Lansley e Joanna Mack (2015), *Breadline Britain: the rise of mass poverty* (London: Oneworld), contém um relato da pobreza e de suas percepções públicas. Uma perspectiva mais ampla sobre a pobreza e o modo como ela é definida e medida pode ser encontrada na obra de Anthony B. Atkinson (2019) *Measuring poverty around the world* (Princeton, NJ: Princeton University Press). O conceito de exclusão social pode ser explorado no livro organizado por John Pierson (2016) *Tackling poverty and social exclusion: promoting social justice in social work* (3. ed., London: Routledge), que é voltado para os trabalhadores da área social, mas aborda todas as principais questões sociológicas.

Uma introdução estimulante e acessível aos Estados de bem-estar social é o livro de David Garland (2016) *The welfare state: a very short introduction* (Oxford: Oxford University Press). *The evolution of the British welfare state* (5. ed., Basingstoke: Palgrave Macmillan), de Derek Fraser (2017), é um relato confiável do caso britânico. Depois disso, *The welfare state reader* (2014), editado por Christopher Pierson, Francis G. Castles e Ingela K. Naumann (3. ed., Cambridge: Polity), é um recurso abrangente e muito útil.

@ Links da internet

Em **loja.grupoa.com.br**, acesse a página do livro por meio do campo de busca e clique em Material Complementar para ver as sugestões de leitura do revisor técnico à edição brasileira, além de outros recursos (em inglês).

Eurostat on Living Conditions — contém dados estatísticos sobre condições de moradia, incluindo pobreza e exclusão social, na União Europeia:
https://ec.europa.eu/eurostat/statistics-explained/index.php?title=Living_conditions

Joseph Rowntree Foundation — organização do Reino Unido que financia pesquisas destinadas a compreender e erradicar a pobreza e a exclusão social:
www.jrf.org.uk/

The Townsend Centre for International Poverty Research, da Universidade de Bristol, Reino Unido — alguns recursos muito úteis sobre pobreza e exclusão social:
www.bris.ac.uk/poverty/

The Child Poverty Action Group, Reino Unido — o mais conhecido e respeitado grupo ativista. Este *site* tem muitas informações e publicações sobre a pobreza infantil:
https://cpag.org.uk/

The Governance and Social Development Resource Centre — estabelecido pelo Departamento de Desenvolvimento Internacional do Reino Unido (DfID) em 2005; abrange todos os aspectos da exclusão social:
https://gsdrc.org/topic-guides/social-exclusion/

***Website* da OCDE para questões sociais e relacionadas com o bem-estar social — abrange os planos de redução da pobreza e as metas da OCDE:**
www.oecd.org/social/

***Website* de redução da pobreza e equidade do Banco Mundial — muitas listas de leitura, informações e mais:**
www.worldbank.org/en/topic/poverty

CAPÍTULO 12

INTERAÇÕES SOCIAIS E VIDA COTIDIANA

SUMÁRIO

Estudo do nível micro 474

Comunicação não verbal 475

O rosto, os gestos e as emoções humanas 475

Gênero e corpo 477

Personificação e identidades 479

Atores, cenários e papéis complementares 481

Encontros 481

Gerenciamento da impressão 483

Espaço pessoal 487

As regras da interação social 488

Visões comuns 488

Vandalismo interacional 490

Exclamações de reação 493

Normas de interação para a era digital 495

Interação e comunicação a distância 495

Netiqueta ou "cibermaneiras" 496

Criando confiança *on-line* 497

Conclusão: proximidade ou não? 499

Revisão do capítulo 501

Pesquisa na prática 501

Pensando sobre isso 502

Sociedade nas artes 502

Outras leituras 503

Links da internet 503

Os jogos *on-line* são extremamente populares, e, embora os amigos existentes joguem juntos, muitos jovens dizem que fizeram novas amizades por meio dos jogos *on-line* e das redes sociais — um pequeno exemplo do modo como a mídia digital facilita novas formas de comunicação e interação social.

Se as redes sociais *on-line* como Facebook, Twitter ou Instagram estiverem certas, as pessoas nunca tiveram tantos amigos. Mas será que os "amigos" *on-line* são realmente amigos ou simplesmente seguidores, contatos e conhecidos? Uma pesquisa do Pew Research Center descobriu que 57% dos adolescentes (com idades entre 13 e 17 anos) nos EUA fizeram pelo menos um novo amigo *on-line*, principalmente por meio de jogos (36%) ou redes sociais (64%). Cerca de 29% fizeram mais de cinco novos amigos *on-line*. Os meninos fizeram mais amizades por meio de jogos em rede, 71% deles usando conexões de voz para se comunicar com os amigos durante o jogo. As meninas fizeram mais amigos nas redes sociais, com quase um terço (32%) usando mensagens instantâneas para se comunicar com amigos diariamente (Lenhart et al., 2015: 2-5). A interação *on-line* certamente tem o potencial de expandir as redes de amizade.

Esse estudo abre uma janela para entendermos as formas como os jovens estão navegando por suas amizades na era digital, e as descobertas levantam uma questão importante para os sociólogos. Será que a amizade e o afastamento *on-line*, seguir e deixar de seguir, estão mudando a definição e o significado da própria amizade? O estudo descobriu que 80% dos adolescentes nunca se encontraram com seus amigos *on-line* pessoalmente, sugerindo que, para a maioria deles, as amizades *on-line* continuam *on-line*. Todavia, 68% dos adolescentes nos EUA disseram que seus amigos e contatos de redes sociais os ajudaram em alguns momentos difíceis, um aspecto essencial do que significa ser "um bom amigo". Talvez as interações somente *on-line* possam produzir alguns dos elementos que esperamos das amizades genuínas.

O estudo do Pew Research Center também indica alguns dos aspectos negativos da interação *on-line*. Cerca de 88% consideraram que as pessoas compartilham muitas informações pessoais nas redes sociais, 39% sentiram pressão para postar conteúdo que as tornasse mais populares, 26% se envolveram em conflito com um amigo por meio de postagens *on-line*, e 21% relataram sentir-se pior em relação à sua vida devido ao que viram nas redes sociais (Lenhart et al., 2015: 6-11); 68% informaram ter visto usuários de redes sociais "fazendo drama", uma frase muito usada na discussão sobre *bullying*.

O *bullying* e o assédio podem ter consequências psicológicas graves muito tempo após o seu término. Laura Martocci (2015: xi–xii) descreve a forma como as memórias de ter sofrido *bullying* no passado voltaram enquanto ela estudava para o doutorado: "[No entanto] mesmo agora, enquanto estou sentada à frente do meu computador e penso em compartilhar essa história, eu estremeço, sinto um leve tremor por dentro. Imagino *ela* lendo as palavras e revivendo suas campanhas de subversão. Eu posso sentir o revirar de olhos exagerado que azedou minha confiança, aquele que precedeu um desdenhoso 'Ohhhh por favoooor'...". Para Martocci, sofrer *bullying* foi uma experiência que mudou seu próprio autoconceito, a própria essência de sua identidade. Ela pergunta: "O que poderia ter me levado a ver as realizações como inconsequentes e a autoimagem como fraudulenta? Como cheguei a acreditar que a mulher raivosa e insegura a quem fui reduzida era meu verdadeiro eu, finalmente desmascarado?".

A base para uma resposta sociológica vem na percepção de que nosso eu individual não é uma "coisa", como uma "pérola" dentro da "concha" do corpo humano biológico. Em vez disso, o eu é, em parte, uma criação social construída a partir de toda uma série de relacionamentos e interações com outras pessoas. É por isso que o tipo e a qualidade das interações que temos com os outros têm o potencial de mudar nossa percepção de quem "realmente" somos — nosso verdadeiro eu, por assim dizer. O *bullying*, por mais que possamos caracterizá-lo, é um tipo particular de interação social que envolve a tentativa de exercer poder sobre os outros.

> Teorias sociológicas de autoformação e identidade podem ser encontradas no Capítulo 14, "O curso da vida", e no Capítulo 3, "Teorias e perspectivas sociológicas".

O **cyberbullying** é "um ato agressivo e intencional realizado por um grupo ou indivíduo, usando formas eletrônicas de contato, repetidamente e ao longo do tempo contra uma vítima que não pode se defender facilmente" (Smith et al., 2008: 376). Ele pode ser uma extensão do *bullying* físico, mas, em muitos casos, é totalmente *on-line*, por meio de texto, *e-mail* ou rede social. Os envolvidos na interação podem nunca se encontrar cara a cara, mas, como o *bullying* tradicional, a forma cibernética usa fofoca, estigmatização, estereotipagem, ostracismo e vergonha. Comparados às formas tradicionais, os comentários em *sites* de jogos ou fóruns na internet têm um alcance muito maior.

John Halligan (2012: vii), cujo filho de 13 anos, Ryan, tirou a própria vida como resultado de sofrer *bullying*, ressalta que "Uma coisa é ser intimidado e humilhado na frente de algumas crianças. Uma coisa é sentir rejeição e ter seu coração partido por uma garota. Mas deve ser uma experiência totalmente diferente, em comparação com uma geração atrás, ter essas mágoas e humilhações testemunhadas por um público adolescente *on-line* muito maior". Em comparação, os *bullies* da internet e os chamados *trolls* (que se propõem a perturbar fóruns ou provocar respostas acaloradas) operam de forma anônima e são capazes de despersonalizar seus alvos, evitando, assim, as consequências emocionais e protegendo sua própria imagem. As novas formas de amizade e o comportamento de *bullying on-line* são apenas dois aspectos da era digital que os sociólogos estão se esforçando para entender. Mas as teorias e os conceitos associados aos estudos de interação social são um excelente ponto de partida para essa tarefa.

Em seguida, apresentamos alguns conceitos e ideias-chave que os sociólogos têm usado para estudar o nível micro das interações sociais. Muitas dessas ideias e conceitos — embora não todas — se desenvolveram dentro da tradição interacionista antes de se tornarem moeda corrente na sociologia. Começamos com alguns aspectos "ocultos" da comunicação humana, como linguagem corporal e gestos não reconhecidos, antes de passarmos a olhar para as "regras" não escritas de interação e para o que acontece quando quebramos essas regras. A partir daí, podemos definir nossos encontros dentro de contextos sociais em mudança e, nas últimas seções, exploramos algumas das regras e normas emergentes de comportamento em ambientes *on-line*. O capítulo termina com a questão de saber se as pessoas ainda vão privilegiar o contato cara a cara em vez da comunicação cibernética, à medida que a vida cotidiana se torna saturada com dispositivos digitais e ambientes *on-line*.

> Uma discussão detalhada da tradição interacional pode ser encontrada no Capítulo 3, "Teorias e perspectivas sociológicas".

Estudo do nível micro

Entre em um *shopping* lotado ou em um ônibus e você notará que as pessoas olham umas para as outras rapidamente antes de continuar andando ou procurar um assento, normalmente sem conversar com ninguém. Essas pessoas, incluindo nós mesmos, estão demonstrando o que Erving Goffman (1967, 1971) chama de **desatenção civil**, que não é o mesmo que ignorar um ao outro. Cada indivíduo indica o reconhecimento da outra pessoa, mas evita qualquer gesto que possa ser visto como intrusivo ou que possa ser percebido como hostil. De certa forma, a desatenção civil é o oposto do *bullying*. Enquanto esse último é uma ação focada e objetivada em um indivíduo específico, a primeira representa uma forma estudada, mas, com a prática, mais ou menos inconsciente de evitar o contato direto.

A desatenção civil é algo que todos nós podemos reconhecer, mas por que os sociólogos se preocupariam com esses aspectos da vida aparentemente triviais? Passar por alguém na rua ou trocar algumas palavras com um amigo são coisas que fazemos inúmeras vezes por dia. Mesmo assim, só porque não temos que pensar a respeito de nossas rotinas cotidianas, isso não significa que elas estejam fora da análise sociológica. Na verdade, Alfred Schutz (1899-1959) as considerou o ponto de partida para a **fenomenologia** — o estudo de como as pessoas chegam a essa atitude considerada normal e de como ela é reproduzida nas interações (veja no Capítulo 3, "Teorias e perspectivas sociológicas", uma discussão sobre Schutz e a fenomenologia).

Convencionalmente, a interação é vista como os encontros cara a cara ou "a influência recíproca de indivíduos sobre as ações recíprocas quando estão na presença física imediata do outro" (Goffman, 1990 [1959]: 26). Com o surgimento dos ambientes *on-line*, como salas de bate-papo, *blogs* e redes sociais, parece ser apropriada uma definição mais ampla que abarque essas novas formas. Alex Dennis e seus colaboradores (2013: 1) sugerem que a interação social pode ser definida como "as ações e as respostas das pessoas às atividades entre elas". De fato, o estudo dessas formas aparentemente insignificantes de **interação social** é de grande importância na sociologia e é um dos temas mais intrigantes da disciplina. Existem três motivos principais para isso.

Primeiramente, nossas rotinas, com suas interações quase constantes com outras pessoas, conferem estrutura e forma àquilo que fazemos. Podemos aprender muito sobre nós mesmos como seres sociais e sobre a própria vida social estudando-as. Nossas vidas são organizadas em torno da repetição de padrões semelhantes de comportamento a cada dia, e só podemos observar isso quando esses padrões são interrompidos. A covid-19 de 2019 e 2020 foi uma dessas interrupções radicais, pois muitos locais de trabalho, escolas e faculdades foram fechados, e as pessoas foram forçadas a ficar em casa para que não se encontrassem com amigos e com a família. Com espaços sociais normais efetivamente fechados, muitas pessoas relataram que estavam lutando para preencher seus dias ou construir uma nova rotina diária significativa.

Pense no que você fez ontem, por exemplo, e no dia anterior. Se foram dois dias úteis, é provável que você tenha levantado na mesma hora. Se você é estudante, talvez tenha saído para uma aula muito cedo pela manhã, fazendo o mesmo caminho de casa para o *campus* que faz todos os dias da semana. É claro, as rotinas que seguimos a cada dia não são idênticas, e nossos padrões de atividade nos dias úteis geralmente contrastam com os dos finais de semana. Se fizermos uma grande mudança, como deixar a faculdade para conseguir um emprego, alterações nas rotinas diárias serão necessárias, mas estabeleceremos um conjunto de hábitos novo e razoavelmente regular novamente.

Em segundo lugar, o estudo da vida cotidiana nos revela como os humanos podem agir criativamente para moldar a realidade social. Embora o nosso comportamento seja orientado por papéis sociais, normas e experiências compartilhadas, os indivíduos percebem a realidade de forma diferente segundo suas origens, seus interesses e suas motivações. Como os indivíduos são capazes de atos criativos, eles moldam a realidade continuamente por meio de suas decisões e ações. Em outras palavras, a realidade não é uma "coisa" fixa ou estática, mas é criada por meio das interações humanas. Essa noção da "construção social da realidade" está no centro da perspectiva interacionista simbólica e foi introduzida no Capítulo 1 (veja no Capítulo 5, "Meio ambiente", um esboço mais detalhado do construtivismo social).

Em terceiro lugar, estudar as interações sociais na vida cotidiana lança luz sobre sistemas e instituições sociais mais amplas. Todos os sistemas sociais de grande escala, de fato, dependem dos padrões das interações sociais que travamos diariamente. Considere novamente o caso de dois estranhos que se cruzam na rua. Esse acontecimento pode parecer ter pouca relevância direta para formas maiores e mais permanentes de organização social. Porém, quando levamos em conta um número muito grande dessas interações, já não é bem assim. No mundo contemporâneo, a maioria das pessoas vivem em cidades e interagem constantemente com outras pessoas que não conhecem pessoalmente. Mas as multidões agitadas e os contatos fugazes e impessoais dão à vida na cidade seu caráter vibrante. A vida na cidade é efetivamente reproduzida por meio das inúmeras interações de habitantes e visitantes.

Lembre-se de que as práticas cotidianas em nível micro não estão separadas das características macro e em grande escala da vida social que exploramos em outros capítulos. Na verdade, alguns dos melhores trabalhos sociológicos conectam fenômenos micro e macro para nos dar uma imagem mais detalhada e completa do mundo social.

> As teorias do impacto das estruturas sociais sobre a "socialidade" cotidiana podem ser encontradas no Capítulo 3, "Teorias e perspectivas sociológicas".

Comunicação não verbal

As interações sociais exigem diversas formas de **comunicação não verbal** — a troca de informações e significados por meio de expressões faciais, gestos e movimentos corporais. A comunicação não verbal às vezes é chamada de "linguagem corporal", mas isso pode ser enganoso, porque as pessoas caracteristicamente usam pistas não verbais para anular ou ampliar o que é dito com palavras.

O rosto, os gestos e as emoções humanas

Um aspecto importante da comunicação não verbal é a expressão facial das emoções. Quando comparamos o rosto humano com o de outras espécies, ele parece notavelmente flexível e capaz de manipulação. O sociólogo alemão Norbert Elias (1897-1990) afirmou que estudar o rosto mostra como os seres humanos, como todas as outras espécies, evoluíram naturalmente por um longo período, mas também como essa base biológica tem sido sobreposta por características culturais no processo de *desenvolvimento social*.

Compare o rosto humano com o de nossos parentes evolutivos mais próximos, os macacos. O rosto do macaco é peludo e muito rígido em sua estrutura, permitindo uma quantidade limitada de movimentos. O rosto humano, em contrapartida, é nu e muito flexível, capaz de se contorcer em uma grande

As fotografias de Paul Ekman com as expressões faciais de um membro de uma comunidade remota da Nova Guiné ajudaram a testar a ideia de que existem modos básicos de expressão emocional. Observe cuidadosamente cada expressão facial. Qual das seis emoções usadas por Ekman você acha que é transmitida em cada uma delas? Verifique se acertou conferindo o próximo quadro Reflexão crítica.

variedade de posições. Em certas partes do mundo, são realizados concursos de "caretas" para ver quem consegue fazer as expressões faciais mais estranhas — algumas delas, de fato, são *muito* estranhas. Sem essa maleabilidade fisiológica adquirida, a comunicação humana seria impossível da forma como a conhecemos. Portanto, Elias (1987a) considera o desenvolvimento do rosto humano intimamente relacionado com o "valor de sobrevivência" evolutiva dos sistemas de comunicação efetivos. Embora os macacos façam um amplo uso da comunicação de "corpo inteiro", os humanos conseguem comunicar uma variedade de emoções usando apenas a "placa de sinalização" do rosto. Para Elias, essa comunicação facial das emoções demonstra que, nos seres humanos, o natural e o social sempre estão inevitavelmente entrelaçados. Como Martocci registra na introdução deste capítulo, mesmo um simples rolar de olhos e o significado que ele transmite podem exercer um impacto que dura a vida inteira.

O psicólogo americano Paul Ekman e colaboradores desenvolveram o que chamam de Sistema de Codificação da Ação Facial (FACS) para descrever os movimentos dos músculos faciais que possibilitam determinadas expressões. Por esse meio, eles tentaram injetar um certo grau de precisão em uma área notoriamente aberta a interpretações inconsistentes ou contraditórias. Isso porque existe pouca concordância quanto à maneira como as emoções devem ser identificadas e classificadas. Charles Darwin dizia que os modos básicos de expressão emocional são os mesmos em todos os seres humanos. Embora alguns questionem essa afirmação, a pesquisa de Ekman, realizada com pessoas de origens culturais muito diferentes, parece confirmar isso. Ekman e Friesen (1978) fizeram um estudo sobre uma comunidade isolada da Nova Guiné, cujos membros praticamente não tiveram contato com estranhos. Quando foram mostradas a eles fotografias de expressões faciais expressando seis emoções (felicidade, tristeza, raiva, nojo, medo, surpresa), os habitantes da Nova Guiné conseguiram identificar essas emoções.

Segundo Ekman, os resultados desse e de outros estudos semelhantes com povos diferentes corroboram a visão de que a expressão facial da emoção e a sua interpretação são inatas aos seres humanos. Ele reconhece que suas evidências não demonstram isso de forma conclusiva, e pode haver envolvimento de experiências compartilhadas de aprendizagem cultural. Todavia, outros tipos de pesquisas sustentam suas conclusões. Eibl-Eibesfeldt (1973) estudou seis crianças surdas e cegas de nascença para verificar em que medida, em certas situações emocionais, suas expressões faciais seriam iguais às de indivíduos que ouvem e enxergam. Ele observou que as crianças sorriam quando envolvidas em atividades claramente prazerosas, levantavam as sobrancelhas em surpresa quando cheiravam um objeto com odor desconhecido e franziam as sobrancelhas quando lhes ofereciam um objeto de que não gostavam. Usando o FACS, Ekman e Friesen

> **REFLEXÃO CRÍTICA**
>
> Da esquerda para a direita, as instruções de Ekman eram mostrar como seu rosto ficaria se:
>
> 1. um amigo chegasse e você ficasse *feliz*;
> 2. seu filho morresse e você estivesse *triste*;
> 3. você estivesse com *raiva* e quisesse brigar;
> 4. você visse um porco morto que estivesse no lugar há muito tempo (*nojo*).
>
> É mais fácil identificar as diferentes expressões quando se sabe o contexto? Você alguma vez não entendeu a maneira como alguém estava se sentindo? E, em caso positivo, por que sua expressão facial não informou seu estado emocional?

identificaram, em bebês recém-nascidos, várias ações discretas dos músculos faciais que também são encontradas em expressões adultas de emoções. Por exemplo, os bebês parecem fazer expressões faciais semelhantes à expressão adulta de nojo (enrugando os lábios e franzindo as sobrancelhas) em resposta a paladares azedos.

Embora a expressão facial das emoções pareça parcialmente inata, fatores individuais e culturais influenciam a forma exata que os movimentos faciais assumem e os contextos em que são considerados apropriados. A maneira exata *como* as pessoas sorriem, o movimento preciso dos lábios e outros músculos faciais e o quão fugaz é o sorriso são coisas que variam entre as culturas.

Por outro lado, não existem gestos ou posturas corporais que sejam característicos de todas ou mesmo da maioria das culturas. Em certas sociedades, por exemplo, as pessoas acenam com a cabeça quando querem dizer não, o oposto da prática que conhecemos. Gestos que os europeus e norte-americanos tendem a usar muito, como apontar com o dedo, parecem não existir entre certos povos (Bull, 1983). De maneira semelhante, em certas partes da Itália, usa-se o dedo indicador esticado, colocado no centro da bochecha e girado, como um gesto de elogio, mas isso parece ser desconhecido em outras partes. Assim como as expressões faciais, os gestos e a postura corporal são usados constantemente para completar falas, bem como para transmitir significados quando não se diz nada. Os três podem ser usados para gracejar, para demonstrar ironia ou ceticismo.

As impressões não verbais que transmitimos muitas vezes indicam involuntariamente que aquilo que dizemos não é exatamente o que queremos dizer. O rubor talvez seja o exemplo mais óbvio de como os indicadores físicos podem contradizer nossos interesses declarados. Porém, existem muitos outros sinais sutis que outras pessoas podem captar. Por exemplo, um olho treinado muitas vezes pode detectar uma fraude, estudando as pistas não verbais. O suor, o tremor, um olhar fixo ou olhos inquietos, bem como expressões faciais mantidas por muito tempo (as expressões faciais genuínas tendem a evaporar após quatro ou cinco segundos), podem indicar que a pessoa está agindo de forma enganosa. Assim, usamos as expressões faciais e os gestos corporais de outras pessoas para complementar o que elas comunicam verbalmente e para verificar o quanto estão sendo sinceras no que dizem e se podemos confiar nelas.

Gênero e corpo

Marcel Mauss (1973) foi um dos primeiros a argumentar que gestos e movimentos corporais não são simplesmente naturais, mas estão ligados ao contexto social. As pessoas aprendem a usar seus corpos andando, cavando, comendo e muito mais, e essas "técnicas do corpo" são transmitidas por gerações. Mas existe alguma dimensão de gênero nas interações sociais cotidianas? Como as interações são moldadas pelo contexto social mais amplo, não é realmente uma surpresa que tanto a comunicação verbal quanto a não verbal possam ser percebidas e expressas de forma diferente por homens e mulheres. Há também classes sociais e dimensões étnicas nas interações incorporadas.

A filósofa política Iris Marion Young (1949-2006) investigou a experiência corporal do gênero em um ensaio famoso, "Throwing like a girl" (1980, 2005). Young alegou que os movimentos "triviais" aparentemente característicos feitos pelas mulheres — como lançar uma bola ou pedras — não são determinados biologicamente, mas são produtos de discursos e práticas que estimulam as garotas e jovens mulheres a experimentar seus corpos como

No transporte público, *manspreading* — a postura aberta frequentemente adotada pelos homens — é uma expressão rotineira do poder masculino, contrastando com a postura retraída das mulheres. Em 2017, as autoridades de Madri incluíram o *manspreading* em sua lista de proibições no transporte público.

"objetos para os outros". Esse treinamento corporal, sugere a autora, incorpora uma "intencionalidade inibida", refletindo normas femininas de comportamento e movimentos corporais restritos. Em suma, as sociedades dominadas pelos homens produzem uma grande maioria de mulheres que são "fisicamente deficientes". Em contrapartida, os homens aprendem a experimentar seus corpos como "objetos em si mesmos", ativos e fortes, o que é refletido em seus movimentos corporais mais agressivos, particularmente notáveis nos esportes. Para os garotos, portanto, ser acusado de "arremessar como uma garota" é um insulto ofensivo e um ataque contra a sua identidade masculina.

Essas dinâmicas são evidentes mesmo nas interações padronizadas da vida cotidiana. Veja como exemplo uma das expressões não verbais mais comuns: o contato visual. Os indivíduos usam o contato visual de várias maneiras, muitas vezes para chamar a atenção de alguém ou para começar uma interação social, mas, em muitas sociedades patriarcais, as normas de comportamento sugerem que os homens podem fitar as mulheres e não esperar uma resposta semelhante — uma clara expressão não verbal de relações de poder. Ainda assim, não se espera que os homens fitem outros homens. Isso pode ocasionar uma resposta agressiva, do tipo "Para quem você está olhando?" (Jeffreys, 2015: 22). Analisados individualmente, esses casos podem parecer sem importância; quando vistos coletivamente, eles ajudam a reforçar padrões de desigualdade de gênero (Burgoon et al., 1996). À medida que as relações de gênero se tornam mais igualitárias e as mulheres entram rotineiramente nos espaços públicos, o olhar masculino anteriormente dominante é cada vez mais desafiado e redefinido como "atenção indesejada" e uma forma de sexismo cotidiano.

Também existem outras diferenças de gênero na comunicação não verbal. Os homens tendem a se sentar de maneira mais relaxada do que as mulheres, inclinando-se para trás com as pernas abertas, ao passo que as mulheres tendem a ter uma posição corporal mais fechada, sentando-se eretas, com as mãos no colo e as pernas cruzadas. As mulheres tendem a se aproximar mais das pessoas com quem estão falando do que os homens, e os homens fazem mais contato físico com as mulheres durante conversas do que o contrário. Outros estudos também indicam que as mulheres tendem a demonstrar suas emoções de formas mais óbvias, por meio de expressões faciais, e que elas procuram e rompem o contato ocular com mais frequência do que os homens.

Essas interações, aparentemente de pequena escala e nível micro, reforçam a desigualdade no nível macro mais amplo. Os homens controlam mais o espaço quando de pé ou sentados do que as mulheres e demonstram seu controle por meio do contato físico mais frequente. As mulheres procuram aprovação por meio de contato visual e expressão facial; porém, quando os homens fazem contato visual, é mais provável que uma mulher desvie o olhar do que outro homem. Assim, os estudos no nível micro de formas não verbais de comunicação proporcionam pistas sutis, que demonstram o poder dos homens sobre as mulheres na sociedade mais ampla (Young, 1990).

Em *Problemas de gênero* (1990), Judith Butler argumenta que essas expressões das identidades de gênero ilustram que o gênero é "performático". O que ela quer dizer com isso? Butler diz que muitas feministas rejeitaram a ideia de que o gênero é biológico ou naturalmente atribuído. Porém, desse modo, elas separaram o gênero (cultura) do sexo (biologia), argumentando que as normas de comportamento baseadas no gênero foram construídas sobre corpos determinados biologicamente como masculinos e femininos. Butler rejeita essa posição, argumentando que não existe *nenhuma* identidade biologicamente determinada por trás das expressões culturais dos gêneros.

As identidades de gênero são estabelecidas exatamente *por meio* de seu desempenho contínuo. Portanto, não há base essencial, natural ou biológica para o gênero, embora a crença na existência dela seja muito disseminada. A posição de Butler é de que a identidade de gênero não é questão de *quem você é*, mas do *que você faz*, e, portanto, conclui-se que a identidade de gênero é muito mais fluida e instável do que se pensava anteriormente. Isso não significa que as pessoas têm uma escolha totalmente livre de identidade de gênero, pois os desempenhos envolvem normas de gênero regularizadas e produzidas repetidamente que são impostas por proibições, ostracismo e outras formas de censura (Butler, 1993). Mesmo assim, se Butler estiver certa, pode haver muito mais espaço para as pessoas escolherem como desejam desempenhar o gênero e, assim, para resistirem a formas dominantes e hegemônicas de identidade generificada.

> Veja o Capítulo 7, "Gênero e sexualidade", para a teoria mais ampla de Connell sobre a hegemonia em relação ao gênero e à identidade.

Personificação e identidades

A generificação da experiência do corpo e do movimento complementa as teorias da identidade de gênero, que são discutidas em detalhe no Capítulo 14, "O curso da vida". Conforme mostra esse capítulo, as pessoas *aprendem* os papéis dos gêneros e os comportamentos generificados em interações com outras pessoas significativas, como membros da **família**, desde uma idade muito precoce. O que podemos acrescentar a isso a partir do trabalho sociológico sobre a experiência corporal e a comunicação não verbal discutido anteriormente é que a identidade de gênero de uma pessoa também é expressa por meio da experiência de seu próprio corpo e de seus movimentos corporais e dos de outras pessoas. A identidade de gênero é socialmente criada e "incorporada". De fato, o conceito geral de identidade se tornou central para muitas áreas da sociologia nos últimos anos. Mas o que é uma identidade?

Richard Jenkins (2008: 5) diz que a identidade é "a capacidade humana — enraizada na linguagem — de saber 'quem é quem' (e, portanto, 'o que é o quê'). Isso envolve saber quem nós somos, saber quem são os outros, eles saberem quem nós somos, nós sabermos quem eles pensam que são, e assim por diante". Assim, conclui-se que todas as identidades humanas devem ser "identidades sociais", pois são formadas nos processos contínuos de interação na vida social. As identidades são construídas, e não dadas, e como resultado são fluidas com o tempo. Ainda assim, elas são experimentadas pelo indivíduo como basicamente consistentes internamente e relativamente estáveis (Scott, 2015: 2). Existem três aspectos centrais nas identidades: elas são parcialmente individuais ou pessoais; são parcialmente coletivas ou sociais; e são sempre "incorporadas". Como Jenkins (2008: 68) afirma:

> Indivíduos sem corpos não fazem muito sentido em termos humanos. Mesmo os fantasmas ou espíritos, se reconhecidos como humanos, já tiveram corpos; mesmo o mundo desincorporado do ciberespaço

USANDO SUA IMAGINAÇÃO SOCIOLÓGICA

12.1 Sexismo cotidiano em lugares públicos

O estudo das interações cara a cara em pequena escala e o estudo das estruturas e instituições sociais estão inevitavelmente conectados (Knorr-Cetina e Cicourel, 1981; Giddens, 1984). Por exemplo, Gardner (1995) descobriu que, em vários ambientes, a atenção indesejada, como os assovios e os comentários sexuais dos homens, era frequentemente experimentada pelas mulheres como "assédio sexual", uma expressão que se originou nos movimentos feministas da década de 1970. Essas formas de assédio são comuns na fala e no comportamento nas ruas, e Gardner conectou o assédio de mulheres por homens ao sistema mais amplo da desigualdade de gênero, representado pelo privilégio masculino em espaços públicos, pela vulnerabilidade física das mulheres e pela ameaça onipresente de agressão e estupro.

Quase 20 anos depois, o Everyday Sexism Project — um projeto do Reino Unido baseado na *web* que agora inclui livros de Laura Bates (2014, 2018) — foi criado especificamente para permitir que as pessoas registrem suas experiências de sexismo rotineiro ou mundano no trabalho, na rua, ao fazer compras e assim por diante. Por exemplo, uma advogada anônima registrou que, depois de defender com sucesso uma empresa de transportes no tribunal, o diretor da empresa se virou para ela e disse: "Boa garota". Outras relatam assovios e comentários sexuais persistentes e rotineiros, como "eu queria um pouco disso", feitos por homens tanto a pé quanto em veículos, enquanto caminham para o trabalho. Os tipos de comportamento observados por Gardner em meados da década de 1990 continuam neste século, embora haja mais consciência de sua inaceitabilidade.

É claro que casos individuais de assédio verbal precisam estar relacionados a mudanças nas normas públicas e nos padrões legais para que sejam entendidos adequadamente. Compreender a ligação entre os níveis micro e macro mostra ainda que não basta tentar ensinar boas maneiras às pessoas. Enfrentar o problema do assédio sexual também exige desafiar a desigualdade de gênero em todas as esferas da vida.

"Por enquanto, tudo bem. Agora, vamos ouvir o seu assovio."

> **REFLEXÃO CRÍTICA**
>
> Leia alguns dos casos individuais de comportamento sexista no *site* Everyday Sexism (veja o *link* ao final deste capítulo). É relativamente fácil vincular alguns deles às nossas próprias observações, mas também houve algum movimento na direção da igualdade de gênero em toda a sociedade. Que posturas corporais, mudanças comportamentais e sinais não verbais de homens e mulheres você presenciou que podem evidenciar essa mudança em direção ao aumento da igualdade?

depende, em uma não tão última análise, de corpos em frente a telas de computador. Nós nos projetamos e os outros se projetam até nós.

Um bom exemplo da relação íntima entre a identidade social e a **incorporação** é o estudo de Erving Goffman (1963) sobre o "estigma". Goffman mostra como as pessoas deficientes, por exemplo, podem sofrer estigma com base em limitações físicas facilmente observáveis, o que ele chama de "estigma depreciado", uma vez que significa a perda de controle sobre a apresentação do *self* e a gestão da identidade individual. Por outro lado, algumas limitações que não são prontamente observáveis (como a epilepsia) podem ser ocultadas com mais facilidade da visão pública e, portanto, podem permitir que o indivíduo tenha mais controle sobre a gestão de sua identidade. Por esse motivo, Goffman chama esse tipo de limitação de "estigma depreciativo" em potencial.

As identidades também têm múltiplas camadas, consistindo em várias fontes, mas uma distinção simples pode ser feita entre as identidades *primárias* e as *secundárias*, que são conectadas, respectivamente, aos processos de socialização primária e secundária. As **identidades primárias** são aquelas que se formam no começo da vida e incluem o gênero, a raça/etnia e talvez também as deficiências. As **identidades secundárias** se baseiam nelas e incluem aquelas associadas a **papéis sociais** e ao *status* alcançado, como papéis ocupacionais e posições de *status* social. As identidades sociais são muito complexas e fluidas, mudando à medida que as pessoas adquirem novos ou abandonam velhos papéis.

Uma consequência importante da discussão até este ponto é que as identidades marcam *similaridades* e *diferenças* em interações sociais. A identidade individual ou pessoal faz com que a pessoa se sinta única e diferente das outras pessoas, especialmente nas sociedades modernas individualizadas, e é percebida pelos outros como tal. Nossos nomes pessoais são uma ilustração dessa diferença individual. Em muitas sociedades, os pais cada vez mais procuram nomes singulares para seus filhos, a fim de marcá-los como únicos e diferentes da multidão, em vez de escolher nomes vinculados à família ou que sejam mais comuns. Para muitas pessoas hoje, dar nome aos seus descendentes é uma questão de escolha dos pais, e não uma expressão dos laços de família.

Em comparação, as identidades coletivas apresentam similaridades. Identificar-se e ser identificado como parte de um grupo étnico ou de uma classe trabalhadora, como um ambientalista ou como um sociólogo profissional, pode ser uma fonte de solidariedade de grupo, de orgulho ou talvez até de vergonha. Seja qual for a percepção que possamos ter de nossas próprias identidades sociais, a ideia de Goffman é mantida: as identidades individuais e sociais estão intimamente ligadas dentro do *self* incorporado (Burkitt, 1999).

> **REFLEXÃO CRÍTICA**
>
> Liste todas as várias fontes da sua própria identidade, tanto individual quanto social. Tente classificá-las em ordem de importância para o seu senso de identidade pessoal. Como essa ordem de classificação mudou ao longo do tempo? Em sua opinião, por que algumas fontes se tornaram menos significativas para você, enquanto outras tiveram importância aumentada? Que conclusão você tira sobre o equilíbrio entre os aspectos atribuídos e alcançados de sua identidade?

Atores, cenários e papéis complementares

Vamos sintetizar neste ponto o que aprendemos até aqui. As interações cotidianas dependem de relações sutis entre o que transmitimos com nossos rostos e corpos e o que expressamos em palavras. Usamos as expressões faciais e os gestos corporais de outras pessoas para preencher o que elas comunicam verbalmente e para verificar se são sinceras. Mas também organizamos nossas atividades nos contextos da vida social para alcançar os mesmos objetivos, como veremos a seguir.

Encontros

Em muitas situações sociais, participamos de **interação desconcentrada** com outras pessoas. A interação desconcentrada acontece quando os indivíduos apresentam uma consciência mútua da presença da outra pessoa. Isso geralmente ocorre quando um grande número de pessoas se reúne, como em uma rua movimentada, no teatro ou em uma festa. Quando as pessoas estão na presença de outras, elas se comunicam continuamente de forma não verbal por meio de sua postura e de gestos faciais e físicos.

A **interação concentrada** ocorre quando os indivíduos prestam atenção diretamente naquilo que os outros dizem ou fazem. A interação social muitas vezes envolve interações concentradas e desconcentradas. Um momento de interação concentrada é chamado de **encontro**, e grande parte da nossa vida cotidiana consiste em encontros com pessoas — familiares, amigos, colegas — que costumam ocorrer contra o pano de fundo das interações desconcentradas com outras pessoas presentes no ambiente. Os bate-papos, as discussões em seminários, os jogos e os contatos pessoais de rotina com vendedores de ingressos e atendentes de lojas são exemplos de encontros.

Assim como as conversas, os encontros sempre precisam de "aberturas", que indicam que a desatenção civil está sendo descartada. Quando estranhos se cruzam e começam a falar, o momento de cessar a desatenção civil sempre é arriscado, pois pode haver mal-entendidos sobre a natureza do encontro que começa a se estabelecer (Goffman, 1971). Assim, o contato visual pode ser ambíguo e experimental no início. Se sua abertura não for aceita, a pessoa que está tentando fazer contato ocular pode agir como se não tivesse feito nenhum movimento direto nesse sentido. Na interação concentrada, cada pessoa se comunica tanto por expressão facial e gestos quanto pelas palavras que troca efetivamente. Goffman distingue as expressões que os indivíduos "emitem" das expressões que eles "demonstram". As primeiras são as palavras e expressões faciais que as pessoas usam para gerar certas impressões nos outros. As segundas são as pistas que os outros podem identificar para verificar a sua sinceridade ou autenticidade. Por exemplo, a proprietária de um restaurante escuta com um sorriso educado os comentários que os clientes *emitem* sobre sua refeição. Ao mesmo tempo, ela está observando os sinais que os clientes *demonstram* — o quanto pareciam satisfeitos enquanto comiam, se sobrou muito no prato e o tom de voz que usam para expressar sua satisfação, por exemplo.

Os garçons e outros trabalhadores do setor de serviços, é claro, são instruídos para sorrir e ser educados em suas interações sociais com os clientes. Em um estudo famoso sobre o setor aéreo, Arlie Hochschild descreve esse "trabalho emocional" (ver o Capítulo 1).

USANDO SUA IMAGINAÇÃO SOCIOLÓGICA

12.2 Encontrando "pessoas perigosas"

Você já atravessou a rua porque se sentiu ameaçado pelo comportamento de alguém? Elijah Anderson (1990) realizou pesquisas sobre esse fenômeno em dois bairros urbanos adjacentes nos Estados Unidos. Ele descobriu que estudar a vida cotidiana lança luz sobre como a ordem social é criada pelos componentes individuais de interações no nível micro. Ele estava particularmente interessado em entender interações em que pelo menos uma das partes era considerada ameaçadora. Anderson mostrou que as maneiras como muitos negros e brancos interagem nas ruas tinha muito a ver com a estrutura de estereótipos raciais, que está ligada à estrutura econômica da sociedade. Mais uma vez, vemos o trabalho sociológico conectando microinterações às macroestruturas da sociedade.

Anderson começou lembrando a descrição de Goffman sobre como os papéis e os *status* sociais vêm a existir em determinados contextos ou locais. Goffman (1990 [1959]: 13) escreveu que, "Quando um indivíduo se coloca na presença de outras pessoas, elas geralmente tentam obter informações sobre ele ou trazem à tona informações que já possuíam... As informações sobre o indivíduo ajudam a definir a situação, possibilitando que as pessoas saibam antecipadamente o que ele deve esperar delas e o que elas podem esperar dele".

Mas que tipos de pistas e sinais comportamentais formam o vocabulário das interações públicas que produzem tais expectativas? Anderson concluiu que fatores como a cor da pele, o gênero, a idade, as roupas e os objetos que as pessoas levam consigo ajudam a identificá-las. Da mesma forma, a rapidez com que as pessoas se movimentam e os tipos de movimentos geram suposições mais coerentes. Fatores como a hora do dia ou uma atividade que "explique" a presença da pessoa também podem afetar a maneira e a rapidez com que a imagem de estranho é "neutralizada". No entanto, se o estranho não consegue ser avaliado como "seguro", a imagem do "predador" pode emergir, e as pessoas podem atuar de modo a evitar problemas em potencial.

Anderson mostra que as pessoas com maior probabilidade de passar na inspeção são aquelas que não caem nos estereótipos aceitos de pessoas perigosas. As crianças e as mulheres entram nesse grupo, seguidas por homens brancos, embora de forma um pouco mais lenta. As mulheres negras, os homens negros e os adolescentes negros do sexo masculino vêm em seguida. Ao demonstrar que as tensões interacionais derivam de *status* externos como raça, classe e gênero, esse estudo sustenta que uma compreensão plena requer um conhecimento dos processos em nível macro e micro. As pessoas têm a "manha das ruas" quando desenvolvem habilidades como "a arte da evitação" para lidar com o medo da violência e do crime.

O estudo mostra como a microssociologia pode ser útil ao destacar como os padrões institucionais amplos na sociedade operam na vida social. Ele também acrescenta uma importante dimensão empírica às teorias estruturais em grande escala das desigualdades sociais, ajudando a fundamentá-las na experiência cotidiana.

> **REFLEXÃO CRÍTICA**
>
> O estudo de Anderson foi publicado em 1990. As categorias de "pessoas perigosas" que ele descreveu na época estão diferentes agora? Reflita sobre quais grupos sociais poderiam se encaixar nesse estereótipo atualmente. Explique como você executaria um pequeno estudo-piloto para testar suas ideias. Que métodos de pesquisa seriam mais eficazes para abordar o tema da sua pesquisa?

Gerenciamento da impressão

Interacionistas como Goffman costumam usar noções do teatro em suas análises. O conceito de **papel social**, por exemplo, originou-se em um ambiente teatral, dos *scripts* que eram usados por atores nos velhos tempos. Em sociologia, os papéis são expectativas socialmente definidas que uma pessoa com um determinado *status*, ou **posição social**, segue. Por exemplo, ser um professor é ocupar uma posição específica: o papel do professor consiste em agir de determinadas maneiras com seus alunos. Goffman enxerga a vida social como uma peça que atores dramatizam em um palco ou, mais precisamente, em muitos, pois a maneira como agimos depende dos papéis que estamos desempenhando em determinada situação e momento.

As pessoas são sensíveis à maneira como os outros as enxergam e usam muitas formas de **gerenciamento da impressão** para levá-los a reagir a elas da maneira que desejam. Embora possamos às vezes fazer isso de um modo calculado, geralmente essa é uma das coisas que realizamos sem atenção consciente. Por exemplo, Don participa de uma reunião de negócios usando terno e gravata e se comporta adequadamente; à noite, relaxando com amigos em um jogo de futebol, ele usa calça curta e camiseta e conta muitas piadas. Isso é administrar a impressão. De fato, Finkelstein (2002) argumenta que, no Ocidente, há muito tempo existe uma associação percebida entre a aparência física e o caráter essencial de uma pessoa. Nas sociedades consumistas de hoje, a indústria da moda oferece um panorama diferente do vestiário, dos cosméticos e de outros "apetrechos" que podem ser usados para adornar o corpo, a fim de transmitir uma autoimagem desejada durante as interações.

Conforme observado, os papéis sociais que adotamos dependem muito do nosso *status* social, e o *status* social de uma pessoa pode ser diferente conforme o contexto social. Como "estudante", você tem um certo *status* e espera-se que aja de um certo modo na presença de seus professores e em bibliotecas. Como "filho ou filha", você tem um *status* diferente de um estudante, e as expectativas também são diferentes. Da mesma forma, como "amigo", você tem uma posição totalmente diferente na ordem social, e os papéis que você adota mudam de acordo com ela. Assim, as pessoas têm muitos status ao mesmo tempo, e esse grupo de *status* é conhecido como um **conjunto de *status***.

Os sociólogos também gostam de distinguir entre o *status* atribuído e o *status* alcançado. O ***status* atribuído** é aquele que lhe é "conferido" com base em fatores biológicos como "raça", sexo ou idade. Assim, seu *status* atribuído pode ser de "cor branca", "mulher" e "adolescente". Um ***status* alcançado** é

Estudos clássicos 12.1 — Erving Goffman — o mundo todo é um (tipo de) palco

O problema da pesquisa

Com frequência, vemos pessoas em situações públicas que parecem estar "dramatizando" ou "representando para a plateia". Se fôssemos honestos, provavelmente admitiríamos que, às vezes, também tratamos o mundo um pouco como um palco, apresentando um *show* para benefício das outras pessoas. Mas por que fazemos isso? E, quando o fazemos, somos realmente *nós* — nossos "*selves* reais" — fazendo a *performance*? Se "o mundo todo é um palco", o que acontece *nos bastidores* da vida pública? Erving Goffman (1922-1982) estudou essa questão em várias publicações e pesquisas, produzindo os relatos mais detalhados sobre as "*performances*" e os comportamentos das pessoas nos bastidores.

A visão de Goffman

Grande parte da vida social, sugere Goffman, pode ser dividida em regiões frontais e regiões de fundo. As **regiões frontais** são ocasiões ou encontros sociais em que os indivíduos desempenham papéis formais; elas são, essencialmente, "*performances* no palco". Geralmente há um *trabalho de equipe* envolvido em criar *performances* para a região frontal. Dois políticos proeminentes do mesmo partido podem fazer uma elaborada apresentação de unidade e amizade perante as câmeras da televisão, mesmo que, privadamente, ambos se detestem. Uma esposa e seu marido podem ter o cuidado de ocultar suas brigas dos filhos, preservando uma fachada de harmonia, e brigar amargamente depois que as crianças estiverem dormindo em segurança.

As **regiões de fundo** são onde as pessoas montam os adereços e se preparam para a interação nos cenários mais formais. As regiões de fundo se parecem com os bastidores de um teatro ou as atividades de uma filmagem que ocorrem fora do alcance das câmeras. Quando estão em segurança nos bastidores, as pessoas podem relaxar e expor sentimentos e estilos de comportamento que mantêm ocultos quando no palco. As regiões de fundo permitem o "profano, comentários sexuais explícitos, domínio elaborado... roupas informais, posições 'desleixadas' ao se sentar e ficar de pé, uso de gírias ou linguagem abaixo dos padrões, resmungos e gritos, agressividade e 'brincadeiras' lúdicas, falta de consideração pelo outro em atos pequenos, mas potencialmente simbólicos, demonstrações de pouco envolvimento, como assoviar, mascar chiclete, roer unhas, arrotar e flatulência" (Goffman, 1990 [1959]: 129). Desse modo, uma garçonete pode ser a imagem da cortesia e da eficiência ao servir um cliente, mas se tornar ruidosa e agressiva atrás das portas da cozinha.

O grupo de pesquisa de Spencer Cahill observou que aqueles que Goffman (1959) chamava de "grupos de *performance*" às vezes fugiam para o banheiro quando uma *performance* coletiva dava errado. Cahill relata uma conversa entre três garotas no banheiro de um centro estudantil em um *campus* universitário:

A: Aquilo foi embaraçoso demais! Não posso acreditar no que aconteceu [*risada geral*].
B: Ele deve pensar que nós somos as maiores otárias.
A: Não posso acreditar que eu gritei tão alto que todo mundo ouviu.
C: Não foi tão alto assim. Tenho certeza de que ele não ouviu você.
B: ___, nós não o vimos na hora, e eu tentei te falar, mas você estava tão ocupada falando que eu...
A: Não acredito que isso aconteceu. Me sinto uma babaca.
B: Não se preocupe com isso. Pelo menos ele conhece você agora. Você está pronta?

Essas estratégias defensivas dão tempo para indivíduos e grupos se reunirem antes de saírem para enfrentar a "plateia" novamente. Goffman dizia que os grupos de *performance* normalmente usam as regiões dos bastidores para esses fins, e eles discutem e ensaiam a *performance* antes que ela ocorra de verdade.

A abordagem de Goffman costuma ser descrita como "dramatúrgica"; ou seja, é uma abordagem baseada em uma analogia com o teatro. Todavia, devemos ter em mente que isso é uma analogia. Goffman *não* está sugerindo que o mundo social realmente é um palco, mas que, usando a **analogia dramatúrgica**, podemos estudar certos aspectos dele e aprender mais sobre por que as pessoas agem da maneira como agem.

Pontos de crítica

Os críticos da abordagem de Goffman utilizam alguns argumentos semelhantes aos dirigidos a outras microssociologias, a saber, que os pesquisadores da vida (o palco e os bastidores). Porém, em outras sociedades, essa divisão é menos pronunciada ou simplesmente não existe da mesma forma, por isso a perspectiva de Goffman talvez não tenha o mesmo entendimento sobre a vida nessas sociedades.

Relevância contemporânea

O trabalho de Goffman teve uma influência profunda não apenas na sociologia como disciplina, mas também sobre muitos estudiosos que se inspiraram a se tornar sociólogos profissionais depois de ler suas obras. A sua é reconhecida como uma das contribuições mais criteriosas e estimulantes para a disciplina. Muitos sociólogos hoje em dia continuam a consultar suas obras originais em busca de exemplos de como fazer estudos microssociológicos, e os conceitos que ele desenvolveu (estigma, *status* principal, palco e bastidores, e assim por diante) se tornaram parte do tecido da sociologia em diversos campos. Seu trabalho é discutido no Capítulo 14, "O curso da vida", no Capítulo 10, "Saúde, doença e deficiência", e no Capítulo 22, "Crime e desvio de conduta".

não têm uma teoria da sociedade e, apesar de reconhecerem desigualdades de classe, gênero e etnia em seus relatos, não conseguem explicar como elas se desenvolveram ou por que persistem. A analogia dramatúrgica também pode ser questionada. Esse pode ser um bom modelo para estudos de organizações e "**instituições totais**", mas talvez não seja tão útil fora delas. De maneira semelhante, a analogia teatral de Goffman funciona mais em sociedades ocidentais modernas que desenvolveram uma divisão mais clara entre os domínios público e privado

> **REFLEXÃO CRÍTICA**
>
> As noções de palco e bastidores provaram ser úteis em muitos estudos sociológicos, mas, se o mundo todo é semelhante a um palco, os bastidores também são palcos que exigem *performances*? Considere seus próprios papéis e as expectativas existentes em seus bastidores. Em quais papéis ou contextos você pode ser seu *self* "autêntico"? Como a sua resposta se relaciona à sua identidade pessoal e social?

aquele que o indivíduo ganha por seu próprio esforço individual. Seus *status* alcançados podem ser de "graduado", "atleta" e "empregado". Embora possamos crer que os mais importantes são nossos *status* alcançados, o restante da sociedade pode não concordar. Em qualquer sociedade, certos *status* têm prioridade sobre todos os outros, e geralmente determinam a posição geral da pessoa na sociedade. Os sociólogos se referem a isso como o **status principal** (Hughes, 1945; Becker, 1963). Os *status* principais mais comuns são aqueles baseados no gênero e na etnia, e os sociólogos mostram que essas são as primeiras coisas que as pessoas notam nas outras (Omi e Winant, 1994).

Papéis complementares: exames íntimos

A abordagem dramatúrgica de Goffman pode ser aplicada de forma útil a situações em que os "atores" colaboram para realizar resultados específicos. Um bom exemplo é o estudo de Henslin e Biggs (1997 [1971]) de um certo tipo de encontro muito delicado: uma mulher em consulta com o ginecologista. Henslin e Biggs analisaram de 12 a 14 mil exames, coletados por Biggs, que foi treinado como enfermeiro obstetra. Para que a interação entre paciente e médico seja tranquila, é preciso que haja uma "dessexualização dramatúrgica". Ou seja, para que o médico realize seu papel altamente especializado e o paciente esteja confortável e tranquilo durante o exame, a personalidade do paciente é efetivamente removida por uma série de "cenas", deixando apenas "um corpo".

Adotando uma metáfora dramatúrgica, o exame pélvico passa por diversas cenas discretas, nas quais os papéis que os atores desempenham se alteram à medida que o episódio se desdobra. No prólogo, a mulher entra na sala de espera, preparando-se para assumir o papel de paciente. Chamada ao consultório, ela adota o papel de "paciente", e começa o primeiro ato. O médico assume uma postura profissional, quase comercial, e trata a paciente como uma pessoa correta e competente, mantendo contato visual e ouvindo educadamente o que ela tem a dizer. Se decidir que um exame se faz necessário, ele fala e sai da sala — termina o primeiro ato.

Na época do estudo, entraria uma enfermeira. Ela é uma importante contrarregra na cena principal que vai começar, tranquilizando quaisquer preocupações que a paciente possa ter, agindo como confidente — já que sabe algumas coisas que as mulheres devem suportar — e como colaboradora no que se segue. A enfermeira ajuda a transformar a paciente de uma pessoa em um corpo, supervisionando-a se despir. Assim, ela tira as roupas da paciente e as dobra, cuidando para que suas roupas de baixo não estejam à mostra quando o médico voltar, pois a maioria das mulheres considera isso uma questão privada. A enfermeira então conduz a paciente até a maca de exame e cobre a maior parte do seu corpo com um lençol antes do retorno do médico.

Inicia-se o ato central, com a enfermeira e o médico participando. A presença da enfermeira ajuda a garantir que a interação entre o médico e a paciente seja livre de nuances sexuais, e o exame começa como se a personalidade da paciente estivesse ausente. O lençol sobre ela separa a área genital do restante do corpo, e, com exceção de alguma questão médica específica, o médico a ignora, sentado em um banco, fora do seu campo de visão. A paciente coopera, tornando-se temporariamente uma não pessoa: ela não fala e restringe os movimentos ao mínimo necessário.

No intervalo entre esse e o último ato, a enfermeira novamente desempenha o papel de contrarregra, ajudando a paciente a voltar a ser uma pes-

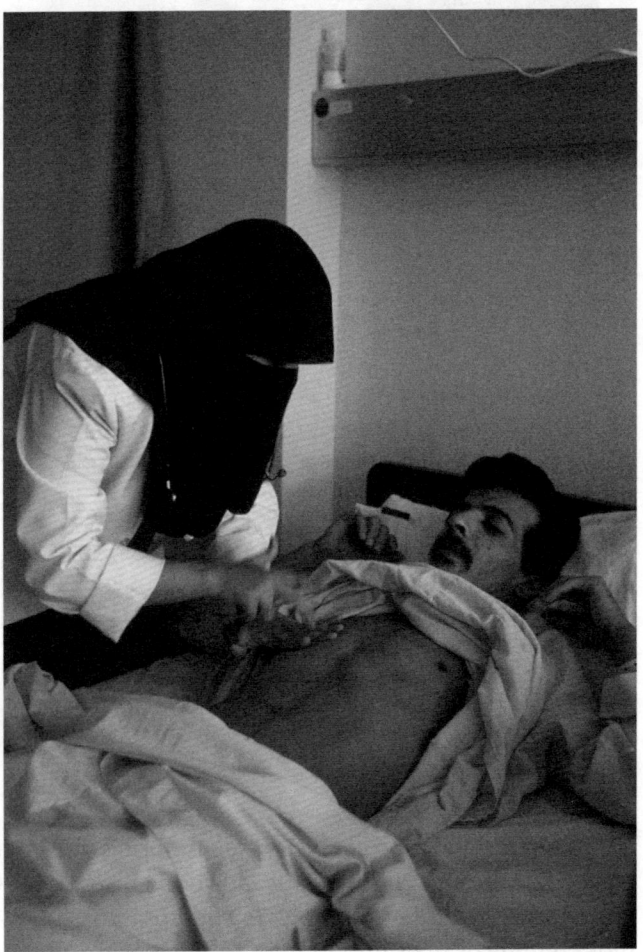

Na vida social normal na Arábia Saudita, a interação entre homens e mulheres é altamente regulada, sendo proibido o contato íntimo em público. Todavia, em um ambiente médico, outras regras sociais prevalecem, embora ainda sejam cuidadosamente controladas.

soa completa. Depois que o médico sai da sala, as duas podem voltar a conversar. Depois de se vestir e se recompor, a paciente está pronta para enfrentar o ato final. O médico volta à sala e, ao discutir os resultados do exame, trata a paciente novamente como uma pessoa completa e responsável. O epílogo ocorre quando ela sai do consultório médico, voltando a assumir sua identidade no mundo exterior, tendo desempenhado seu papel na administração de uma interação potencialmente complicada.

> Veja no Capítulo 10, "Saúde, doença e deficiência", uma discussão sobre ideias funcionalistas nas relações médico-paciente e o "papel de doente".

Dessexualização do corpo em locais públicos

Os exames médicos íntimos são apenas um dos exemplos de situações sociais embaraçosas que envolvem o corpo humano. Recentemente, estudos sociológicos exploraram a "ordem negociada" da piscina pública e a "cultura da banheira de hidromassagem", ambas envolvendo questões de apresentação do corpo. No contexto de piscinas públicas e banheiras de hidromassagem, as pessoas "apresentam" seus corpos quase nus próximos a outros, criando o risco de encontros serem percebidos como sexuais. Assim, esses locais de interação são construídos ou organizados como arenas dessexualizadas, na medida em que foram desenvolvidas regras e rituais que orientam atuações aceitáveis (Scott, 2009, 2010). Por exemplo, os banhistas tentam evitar o contato visual e se esforçam para respeitar os variados "regimes disciplinares" adotados por outras pessoas. Também é importante que os banhistas individuais estejam cientes das regras de espaço pessoal aceitável e não as infrinjam rotineiramente invadindo o espaço dos outros.

Nas últimas duas décadas, a banheira de hidromassagem se tornou popular em muitos países desenvolvidos, seja ao lado ou como substituto da piscina pública. Muitos hotéis e casas particulares também têm uma banheira de hidromassagem interna ou externa, e elas são agora uma parte comum da vida da comunidade. A banheira de hidromassagem, no entanto, é um local social menor do que a grande piscina pública, e as regras e os "rituais aquáticos" que governam as interações podem ser mais rígidas. Em um estudo sobre o uso de banheiras de hidromassagem ao ar livre na Islândia, Jónsson (2010: 247) observa que o "mínimo de toque" é fundamental:

> Vocês não se cumprimentam com um aperto de mão; um aceno de cabeça é suficiente; as conversas na banheira de hidromassagem são gerais e impessoais, mesmo entre visitantes regulares... Perguntas pessoais não são permitidas. Em alguns casos, os frequentadores da piscina frequentaram as banheiras durante vários anos sem dizer uma única palavra. As discussões com estrangeiros raramente ultrapassam a barreira do "o que está achando da Islândia?".

É provável que haja variações nos rituais da banheira de hidromassagem entre as culturas. Onde as banheiras foram instaladas em residências particulares e se tornaram parte da vida familiar "normal", as normas físicas e de conversação públicas podem não se aplicar.

O que esses dois exemplos ilustram é a maneira como os corpos humanos expostos geram problemas de cunho sexual em encontros públicos que são regidos por regras sociais, **rituais** e *performances*. Um aspecto fundamental desses rituais de interação é a manutenção do espaço pessoal correto, ou o que alguns chamam de "bolha", em torno de um indivíduo.

Espaço pessoal

Existem diferenças culturais na definição de **espaço pessoal**. Na cultura ocidental, as pessoas geralmente mantêm uma distância de pelo menos um metro quando em interação concentrada com outras pessoas; quando estão de pé lado a lado, elas podem ficar mais próximas. No Oriente Médio, as pessoas muitas vezes se aproximam mais umas das outras do que é considerado aceitável no Ocidente. É provável que os ocidentais que visitem essa parte do mundo se sintam desconcertados com essa proximidade física inesperada.

Edward T. Hall, que trabalhou bastante com comunicação não verbal, distingue quatro zonas de espaço pessoal. A *distância íntima*, de até meio metro, é reservada para pouquíssimos contatos sociais. Somente aqueles envolvidos em relacionamentos em que toques corporais regulares são permitidos, como amantes ou pais e filhos, atuam dentro dessa zona de espaço privado. A *distância pessoal*, de meio metro a um metro e meio, é o espaçamento normal para encontros com amigos e conhecidos próximos. Permite-se um pouco de intimidade no contato, mas costuma ser estritamente limitada. A *distância social*, de um metro e meio a quatro metros, é a zona mantida geralmente em ambientes formais, como entrevistas. A quarta zona é a da *distância pública*, além de quatro metros, preservada por aqueles que estão se apresentando para uma plateia.

Em interações comuns, as zonas mais delicadas são aquelas da distância íntima e pessoal. Se essas zonas são invadidas, as pessoas tentam recuperar seu espaço. Podemos olhar o intruso como que dizendo "afaste-se!" ou empurrá-lo com o cotovelo. Quando as pessoas são forçadas a se aproximar mais do que consideram desejável, elas podem criar uma forma de limite físico; um leitor em uma biblioteca lotada pode demarcar um espaço privado fisicamente empilhando livros nos seus limites.

Aqui, as questões de gênero também desempenham um papel importante. Os homens tradicionalmente têm mais liberdade do que as mulheres no uso do espaço, incluindo penetrar no espaço pessoal de mulheres que podem não ser necessariamente íntimas ou mesmo conhecidas próximas. Um homem que conduz uma mulher pelo braço quando caminham juntos, ou que coloca a mão nas suas costas ao guiá-la através de uma porta, pode estar fazendo isso como um gesto de cuidado ou educação. O fenômeno inverso, porém — uma mulher entrar no espaço pessoal de um homem — costuma ser interpretado como flerte ou contato sexual. As novas leis e padrões relacionados com o assédio sexual em muitos países ocidentais visam a proteger o espaço pessoal de indivíduos — sejam homens, mulheres ou, cada vez mais, crianças — de toques ou contatos indesejados de outras pessoas.

As regras da interação social

Embora usemos sinais não verbais rotineiramente em nosso comportamento e para entender o comportamento de outras pessoas, grande parte das nossas interações ocorrem por meio da fala — interações verbais casuais — realizada em conversas informais com outras pessoas. Os sociólogos, especialmente os interacionistas simbólicos, sempre aceitaram que a língua é fundamental para a vida social. No final da década de 1960, porém, foi desenvolvida uma abordagem que se preocupa especificamente com a maneira como as pessoas usam a língua no contexto comum da vida cotidiana.

Harold Garfinkel (discutido nos Estudos clássicos 12.2) cunhou o termo **etnometodologia**. A etnometodologia é o estudo dos "etnométodos" — os métodos populares, ou leigos, que as pessoas usam para *tirar sentido* do que os outros fazem e, particularmente, do que dizem. Todos aplicamos esses métodos, normalmente sem prestar atenção consciente a eles. Com frequência, somente conseguimos entender o que é dito em uma conversa se conhecemos o contexto social, que não aparece nas palavras em si.

Veja se você consegue entender o que está acontecendo na seguinte conversa (Heritage, 1984: 237):

A: Eu tenho um filho de 14 anos.
B: Tudo bem.
A: Também tenho um cachorro.
B: Ah, sinto muito.

E se lhe dissessem que essa conversa é entre um candidato a alugar uma casa e o proprietário? A conversa então seria razoável: alguns senhorios aceitam crianças, mas não permitem que seus inquilinos tenham animais de estimação. Ainda assim, se não conhecermos o contexto social, as respostas do indivíduo B parecem não ter relação com as falas de A. Uma parte do sentido está nas palavras, e outra parte está na maneira como o sentido emerge do contexto social.

Visões comuns

As formas mais irrelevantes da conversa cotidiana pressupõem **visões comuns** complicadas e conhecimento, e o significado não pertence ao indivíduo, mas é produzido no processo de interação. Os significados são totalmente capazes de serem comunicados aos outros e são amplamente compartilhados (Dennis et al., 2013: 15). Na verdade, a conversa cotidiana é muito complexa, pois as palavras que usamos na fala comum nem sempre têm significados precisos, e "consertamos" o que queremos dizer por meio das premissas tácitas que a fundamentam. Se Maria pergunta a Tom "o que você fez ontem?", não existe nenhuma resposta óbvia sugerida nas

Estudos clássicos 12.2 — Os experimentos de Harold Garfinkel na etnometodologia

O problema da pesquisa

Os mal-entendidos são muito comuns na vida social. Às vezes, eles ficam sem resolução, mas, em outras ocasiões, podem provocar irritação e frustração. Qualquer um que já ouviu alguém dizer "preste atenção quando eu falar com você" sabe como mal-entendidos aparentemente triviais podem se transformar rapidamente em rancor e agressividade. Mas por que as pessoas ficam tão irritadas quando as pequenas convenções da fala não são seguidas? Garfinkel (1917-2011) investigou essa questão com alguns dos seus alunos.

A visão de Garfinkel

Para uma existência cotidiana tranquila, as pessoas devem poder aceitar certos aspectos de suas vidas sem questionamento. Essas "expectativas básicas" incluem a organização de conversas simples, como saber quando falar e quando não falar, o que podemos pressupor sem dizer formalmente — e assim por diante. Garfinkel (1963) explorou esses pressupostos tácitos com estudantes voluntários que tentaram "violar" as convenções da vida cotidiana. Os estudantes deviam envolver um amigo ou parente em uma conversa e insistir que observações casuais ou comentários gerais fossem feitos ativamente para tornar seus significados mais precisos. Desse modo, se alguém dissesse "tenha um bom dia", o estudante deveria responder "bom em que sentido, exatamente?", "que parte do dia você quer dizer?", e coisas do gênero. Uma dessas interações (citada em Heritage, 1984: 80) se deu da seguinte maneira (E é uma estudante voluntária e M é seu marido, e eles estão vendo televisão):

M: Todos esses filmes têm o mesmo tipo de cama de ferro antiga.
E: O que você quer dizer? Todos os filmes antigos ou alguns deles, ou apenas aqueles que você viu?
M: Qual é o problema com você? Você sabe o que eu quero dizer.
E: Eu quero que você seja mais específico.
M: Você sabe o que eu quero dizer! Que droga!

Por que um amigo ou parente ficaria tão irritado tão rapidamente? A resposta de Garfinkel é que a estabilidade e o significado das nossas vidas sociais cotidianas dependem do compartilhamento de pressupostos culturais tácitos sobre o que se diz e por quê. Se não conseguíssemos considerar isso como algo dado, qualquer forma de comunicação significativa seria impossível. Qualquer questão ou contribuição para a conversa seria seguida por um grande "procedimento de busca", do tipo que os alunos de Garfinkel foram instruídos a usar, e a interação simplesmente se romperia. Aquelas que, à primeira vista, parecem ser convenções desimportantes da fala, portanto, vêm a ser fundamentais para o tecido da vida social, e é por isso que sua violação é tão grave.

Na vida cotidiana, as pessoas às vezes fingem ignorar um conhecimento tácito deliberadamente. Isso pode ser feito para repelir alguém, caçoar da pessoa, causar embaraço ou chamar atenção para um significado dúbio do que se disse. Considere, por exemplo, esta interação muito típica entre um pai (P) e um filho adolescente (A):

P: Aonde você vai?
A: Sair.
P: O que você vai fazer?
A: Nada.

As respostas do adolescente são o exato oposto do que faz o estudante no exemplo anterior. Em vez de tentar esclarecer a pergunta, o adolescente não dá nenhuma resposta efetiva — dizendo, essencialmente, "Me deixe em paz!".

A primeira pergunta poderia evocar uma resposta diferente de outra pessoa e em outro contexto:

A: Aonde você vai?
B: Eu vou ficar quieto no meu canto.

B deliberadamente interpreta mal a pergunta de A para, ironicamente, transmitir preocupação ou frustração. A comédia e a piada se baseiam nesses mal-entendidos deliberados dos pressupostos tácitos envolvidos na fala. Não existe nada ameaçador nisso, desde que as partes envolvidas reconheçam que a intenção é provocar riso.

Mergulhando no mundo cotidiano em que todos vivemos, Garfinkel nos mostra que a ordem social fluida e normal que certos sociólogos consideram sem questionar é, de fato, um processo social de interação, que deve ser reproduzido constantemente no decorrer de cada dia. A ordem social é trabalhosa! Todavia, em seus "experimentos de violação", Garfinkel também conseguiu demonstrar como o tecido da vida cotidiana é robusto. Os estudantes tiveram a oportunidade de explicar e se desculpar com seus amigos e familiares depois que o experimento havia terminado, mas o que teria acontecido se tivessem continuado a agir dessa forma pedante e não cooperativa? Será que teriam sido isolados e expulsos de casa ou encaminhados a um médico ou psiquiatra por estarem sofrendo de uma doença mental? A realidade social pode ser construída socialmente, mas essa ainda é uma construção muito firme, impossível de ignorar.

Pontos de crítica

Como a etnometodologia busca criticar grande parte da sociologia vigente e geralmente é vista como uma alternativa, surpreendentemente ela tem sido sujeita a muitas críticas. Todavia, vamos citar apenas as mais importantes. Primeiramente, a etnometodologia tenta entender o mundo a partir do ponto de vista de "atores comuns". Embora isso possa originar algumas visões importantes, os críticos argumentam que deixa a conclusão da pesquisa etnometodológica aberta à acusação de subjetivismo — que ela somente se aplica aos sujeitos específicos estudados. Em segundo lugar, muitos sociólogos argumentam que o foco na ordem e na desordem no nível micro afasta a etnometodologia, em um grau extraordinário, dos determinantes estruturais básicos que afetam as chances de vida das pessoas, como o gênero, a raça/etnia e a classe social. A aversão da etnometodologia à análise estrutural social e às teorias gerais da sociedade parece deixar seus estudos desorientados em relação a questões cruciais sobre a operação do poder na estruturação da vida social. Por fim, a etnometodologia não procura as causas dos fenômenos sociais, mas apenas descreve como eles são experimentados e compreendidos. Mais uma vez, muitos sociólogos consideram que essa falta de explicação causal é um problema importante, que essencialmente contraria a noção de que o estudo da vida social pode ser "científico".

Relevância contemporânea

A etnometodologia é uma abordagem importante no estudo da vida cotidiana e das interações sociais que costuma ser vista juntamente com outras microssociologias, como a fenomenologia e o interacionismo simbólico. Os sociólogos que se interessam por estruturas sociais de grande escala, relações de poder dentro do sistema internacional de Estados-Nações e mudanças sócio-históricas de longo prazo sempre consideram a etnometodologia decepcionante. Porém, considerada em seus próprios termos, essa abordagem teórica gerou muitos trabalhos criteriosos sobre a operação da vida cotidiana e o modo como ela é vivenciada e entendida pelas pessoas que a constituem e reproduzem.

palavras da pergunta. Um dia é um período longo, e seria ilógico Tom responder: "Bem, às 7h16, eu acordei. Às 7h18, eu me levantei, fui até o banheiro e comecei a escovar os dentes. Às 7h19, eu liguei o chuveiro...". Entendemos o tipo de resposta que a questão pede por conhecer Maria, os tipos de atividades que ela e Tom consideram relevantes e o que Tom costuma fazer em um determinado dia da semana, entre outras coisas.

Vandalismo interacional

Já vimos que as conversas consistem em um dos principais fatores que contribuem para manter nossas vidas estáveis e coerentes. Sentimo-nos confortáveis quando seguimos as convenções tácitas do bate-papo; quando elas são violadas, podemos nos sentir ameaçados, confusos e inseguros. Na maior parte da fala cotidiana, os interlocutores se sintonizam cuidadosamente às pistas que os outros fornecem, como mudanças de entonação, pequenas pausas ou gestos, para facilitar a conversa. Mantendo uma consciência mútua, os interlocutores "cooperam" iniciando e encerrando as interações e alternando-se para falar. As interações em que uma das partes "não coopera", contudo, podem dar vazão a tensões.

Os alunos de Garfinkel criaram situações tensas, quebrando as regras intencionalmente, como parte de experimentos sociológicos. Porém, o que ocorre em situações no mundo real em que as pessoas se "irritam" em suas práticas de conversação? Um estudo norte-americano investigou interações verbais entre pedestres e moradores de rua em Nova Iorque para entender por que as pessoas consideram essas interações problemáticas. Os pesquisadores usaram uma técnica chamada **análise conversacional** para comparar uma seleção de interações na rua com amostras da fala comum. A análise conversacional é uma metodologia que analisa todos os aspectos de uma conversa em busca do significado — desde as menores palavras usadas para preencher o vazio (como "hum" e "ah") até o ritmo exato das falas (incluindo pausas, interrupções e sobreposições).

USANDO SUA IMAGINAÇÃO SOCIOLÓGICA

12.3 Por que as outras pessoas são tão rudes?

Todos nós já nos deparamos com pessoas que consideramos "rudes". Ao identificar algumas pessoas como rudes, inevitavelmente as comparamos com nós mesmos — uma pessoa não rude. Mas existem realmente pessoas que são rudes por natureza? Susie Scott (2015: 44-48) relata o caso singular de um encontro em 2013 entre um comprador e um caixa no Reino Unido, que recebeu muita atenção da mídia.

Uma cliente chegou ao caixa de um supermercado no sudeste de Londres e continuou falando em seu telefone celular. A atendente interpretou esse comportamento como rude e recusou-se a atendê--la, e a fila que se formou ganhou destaque na mídia. Scott argumenta que a interpretação da funcionária foi de que ela era uma participante em um encontro concentrado e, ao continuar a conversar ao telefone, a cliente deixou de perceber a sua presença, tratando-a, em vez disso, como uma "não pessoa". No entanto, a cliente também acreditava que ela mantinha a moral elevada, pois a atendente havia sido rude com ela ao se recusar a desempenhar o seu papel e atendê-la. O encontro ilustra o ponto geral de que é por meio de quebras na ordem de interação que as regras de interação se tornam visíveis. Mas quem foi a "pessoa rude" nessa interação?

As regras para uso de celulares durante espetáculos públicos, como peças de teatro, se outras pessoas não forem perturbadas, ainda estão evoluindo, embora os atores de palco cada vez mais chamem os membros da plateia de "rudes" por enviarem mensagens durante as apresentações.

De uma perspectiva interacionista, podemos entender melhor essa situação se encararmos a "rudeza" como uma propriedade emergente de situações sociais, não como uma característica pessoal de certos indivíduos. A rudeza pode ser conceituada como um tipo de incivilidade que surge das interações em que atores ou audiências a definem como tal. Como Scott (2015: 46) diz, "Ninguém gosta de pensar em si mesmo como uma pessoa rude [...] e é muito mais fácil nos considerarmos defensores da moralidade social, enquanto somos rápidos em atribuir rudeza aos outros". Nesse sentido, todos nós temos a capacidade de ser rudes e de ter nossas ações definidas como "rudes" pelos outros, apesar de nossa visão veementemente sustentada de que nós simplesmente não somos "pessoas rudes".

REFLEXÃO CRÍTICA

Pense em uma ocasião em que você ou alguém que você conhece foi descrito como rude por outras pessoas, talvez enquanto estava em uma fila, viajando ou conversando com amigos. Reconstrua o desenvolvimento desse encontro e explique por que o comportamento pode ter sido percebido como rude. Você considerou tal atitude rude na época? Em retrospectiva, você agora acredita que ela foi rude? A rudeza é funcional para a vida social e, se for, de que maneira?

O estudo analisou as interações entre homens negros — muitos eram sem-teto, alcoólatras ou viciados em drogas — e mulheres brancas que passavam por eles na rua. Os homens tentavam iniciar uma conversa com as mulheres que passavam, chamando-as, fazendo elogios ou perguntas. Porém, algo "dava errado" nessas conversas, pois as mulheres raramente respondiam. Os exemplos a seguir mostram tentativas de "Mudrick", um homem negro de 50 e tantos anos, de conversar com mulheres (Duneier e Molotch, 1999: 1273-1274):

[Mudrick] começa esta interação quando uma mulher branca, que parece ter por volta de 25 anos, se aproxima em um passo constante:
1. MUDRICK: Eu te amo, querida.
   Ela cruza os braços e acelera o passo, ignorando o comentário.
2. MUDRICK: Casa comigo.
   Depois, são duas mulheres brancas, provavelmente também com 20 e poucos anos:
3. MUDRICK: Oi, garotas, vocês estão bonitas hoje. Têm algum dinheiro? Comprem alguns livros.
   Elas o ignoram. Na sequência, é uma jovem negra.
4. MUDRICK: Oi, linda. Oi, linda.
   Ela continua caminhando, sem dar confiança.
5. MUDRICK: Licença. Licença. Sei que você está me ouvindo.
   Depois, ele fala com uma mulher branca de 30 e poucos anos.
6. MUDRICK: Estou te vendo. Você é bonita, sabe.
   Ela o ignora.

Saber negociar "aberturas" e "fechamentos" tranquilos para conversas é um requisito fundamental da civilidade urbana, mas quando as mulheres resistiam às tentativas dos homens de iniciar uma conversa, eles ignoravam sua resistência e insistiam. De maneira semelhante, se os homens conseguiam iniciar uma conversa, eles se recusavam a responder aos sinais das mulheres para encerrá-la, como acontece aqui:

1. Mudrick: Oi, linda.
2. Mulher: Oi, como vai?
3. Mudrick: Tudo bem?
4. Mudrick: Você é muito bonita, sabe? Eu gostaria de saber como você arruma o cabelo.
5. Mudrick: Você é casada?
6. Mulher: Sim.
7. Mudrick: Quê?
8. Mulher: Sim.
9. Mudrick: Cadê a aliança?
10. Mulher: Eu deixo em casa.
11. Mudrick: Deixa em casa?
12. Mulher: É.
13. Mudrick: Posso saber o seu nome?
14. Mudrick: Meu nome é Mudrick, qual é o seu?

Ela não responde e vai embora.
(Duneier e Molotch, 1999: 1274)

Nesse caso, Mudrick emitiu nove das 14 falas que compreenderam a interação para iniciar a conversa e evocar respostas da mulher. Apenas com a transcrição, já fica muito evidente que a mulher não está interessada em falar, mas, quando se aplica análise conversacional à gravação, sua relutância fica mais clara. A mulher demora em todas as suas respostas, e, quando ela responde, Mudrick responde imediatamente, com seus comentários às vezes se sobrepondo aos dela. O ritmo em conversas é um indicador muito preciso; demorar para responder, mesmo por uma fração de segundo, é uma forma adequada, na maior parte das interações, de indicar o desejo de mudar o rumo da conversa. Violando essas regras tácitas da sociabilidade, Mudrick estava praticando conversa de um modo "tecnicamente rude". A mulher, por sua vez, também foi "tecnicamente rude" ao ignorar as tentativas repetidas de Mudrick de envolvê-la na conversa, e foi esse aspecto que tornou as interações nas ruas problemáticas para as pessoas. Quando as pistas para iniciar e encerrar conversas não são seguidas, as pessoas podem se sentir profundamente inseguras.

A expressão **vandalismo interacional** descreve casos como esses, em que uma pessoa subordinada viola as regras tácitas das interações cotidianas que têm valor para os mais poderosos (Duneier e Molotch, 1999). Os moradores de rua muitas vezes se resignam a formas cotidianas de discurso em suas interações com outros moradores de rua, com comerciantes locais, com a polícia, parentes e conhecidos. Porém, quando querem, eles subvertem as convenções tácitas da fala cotidiana de um modo que deixa os passantes desorientados e incapazes de articular o que aconteceu.

Esse estudo do vandalismo interacional é mais um exemplo das conexões bidirecionais entre as interações de nível micro e as forças que atuam no nível macro. Para os homens de rua, as mulheres brancas que ignoram suas tentativas de conversar parecem distantes, frias e antipáticas — "alvos" legítimos para essas interações. As mulheres, enquanto isso, podem entender o comportamento dos homens como prova de que eles de fato são perigosos e devem ser evitados. O vandalismo interacional está intimamente ligado a estruturas superiores de classe, gênero e raça. O medo e a ansiedade gerados nessas interações cotidianas ajudam a constituir forças e *status* externos que, por sua vez, influenciam as próprias interações.

Exclamações de reação

Algumas formas de expressão vocal não são "fala" propriamente dita, mas consistem em exclamações murmuradas, ou o que Goffman (1981) chama de **exclamações de reação**. Considere o exemplo de Marsha, que exclama "opa!" ao derrubar um copo de água. "Opa!" parece ser uma resposta reflexiva a um engano, como piscar o olho quando uma pessoa mexe a mão subitamente na direção do seu rosto. Todavia, não é um reflexo, como mostra o fato de que as pessoas geralmente não usam essa exclamação quando estão a sós. A interjeição "opa!" normalmente é direcionada para outras pessoas presentes. A exclamação demonstra para as testemunhas que o lapso é pequeno e momentâneo, e não algo que coloque em dúvida a capacidade de Marsha de controlar os seus atos.

Dizemos "opa!" apenas em situações de pequenos erros, e não em grandes acidentes ou calamidades — o que também demonstra que a exclamação faz parte da forma controlada como lidamos com os detalhes da vida social. Além disso, a palavra pode ser usada por alguém que observa Marsha, ou pode ser usada para soar como uma advertência para outra pessoa. "Opa!" normalmente é um som rápido, mas o "o" pode ser prolongado em certas situações. Assim, uma pessoa pode estender o som para cobrir um momento crítico na realização de uma tarefa. Por exemplo, um pai pode dizer um longo "opa!" ou "upanenê!" ao jogar seu filho para cima. O som cobre a breve pausa em que a criança poderia sentir perda do controle, dando-lhe segurança e provavelmente desenvolvendo sua compreensão das exclamações de reação.

Tudo isso pode soar muito forçado e exagerado. Será que prestamos tanta atenção no que dizemos quanto sugere o exemplo? É claro que não — pelo menos, não no nível consciente. Todavia, o ponto crucial é que achamos normal esse controle contínuo e imensamente complicado de nossa aparência e nossas ações. Em situações de interação, não se espera apenas que estejamos "presentes". As pessoas esperam, como nós esperamos delas, que apresentemos o que Goffman chama de "atenção controlada" — uma demonstração para os outros de que temos competência nas rotinas da vida cotidiana.

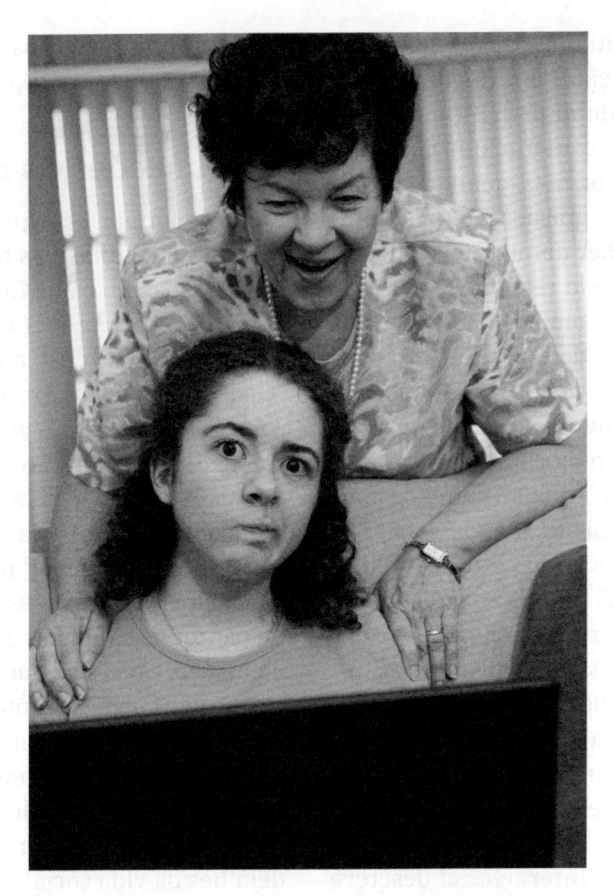

A força das regras tácitas de interação é tão forte que desvios inocentes das regras que respeitam o espaço pessoal podem ser surpreendentemente embaraçosos.

Interação no tempo e no espaço

A seção anterior apresentou alguns aspectos importantes das regras implícitas que permeiam as interações cotidianas, de rotina. No entanto, todas as nossas ações estão distribuídas no tempo e no espaço, e toda interação está situada, ocorrendo em um determinado lugar e tempo. Kim (2012) usou a observação participante para estudar, durante um período de dois anos, o comportamento de pessoas que utilizavam os ônibus da empresa Greyhound nos EUA e passavam o tempo em terminais de ônibus. Em particular, ela procurou explicar por que e como as pessoas evitam interagir com outras nesses lugares.

As viagens mais longas da Greyhound podem durar entre 8 e 72 horas, e os passageiros normalmente são estranhos. As interações ocorrem, mas são breves, pois, para a maioria, os estranhos são suspeitos, e o tempo é mais bem gasto cuidando dos pertences e tentando impedir que os outros ocupem o assento ao lado. Os viajantes adotam todo tipo de comportamento para parecerem ocupados ou desinteressados — usando telefones celulares, despachando malas, explorando o conteúdo de carteiras, olhando pelas janelas e dormindo ou fingindo dormir. Kim chama isso de evitar intencionalmente a interação de "comportamento transitório não social". Enquanto a desatenção civil reconhece e respeita a presença de outros, o comportamento transitório não social visa à "invisibilidade" e não respeita ou reconhece a presença de outros. No entanto, os atores ainda estão engajados em fazer uma *performance* que efetivamente diz aos outros: "Deixe-me em paz" ou "Eu não quero ser incomodado".

Kim argumenta que essas *performances* ocorrem principalmente em espaços fechados onde as pessoas são forçadas a passar longos períodos juntas. No entanto, elas também ocorrem em outros espaços transitórios não sociais percebidos como potencialmente perigosos, como boates, *shows*, locais esportivos e áreas de alta criminalidade. Uma razão pela qual as pessoas adotam um comportamento transitório não social em longas viagens de ônibus é para se protegerem de possíveis roubos e ataques físicos. É incomum, por exemplo, que os passageiros peçam a outras pessoas que "fiquem de olho" em suas malas, pois outros passageiros também são potencialmente suspeitos. Um segundo motivo é a expectativa de atrasos e agravamento posterior. Atrasos em si não levam rotineiramente a reclamações, e sim a um intenso desengajamento e silêncio. Por fim, os passageiros experimentam exaustão física e psicológica em viagens muito longas, e a regra é manter as conversas ao mínimo e não incomodar os outros desnecessariamente. O argumento central de Kim (2012: 9) é de que, em espaços transitórios não sociais, existe um conjunto de normas e regras comportamentais que os novos passageiros aprendem a fim de "se tornar não sociais".

A internet é outro bom exemplo de como as formas de vida social estão ligadas ao nosso controle do espaço e do tempo, permitindo que possamos interagir com pessoas que nunca vimos ou encontramos, de qualquer canto do mundo. Essa mudança tecnológica "reorganiza" o espaço — podemos interagir com qualquer pessoa sem sair do lugar. Isso também altera a nossa experiência de tempo, pois a comunicação é quase imediata. Até o surgimento da internet, a maior parte da comunicação através do espaço exigia um certo tempo. Se você enviasse uma carta a alguém no exterior, havia uma lacuna de tempo enquanto a carta era levada de navio, trem, caminhão ou avião para o seu destino. As pessoas ainda escrevem cartas à mão, mas a comunicação instantânea se tornou básica para o nosso mundo social, e analisaremos a seguir esse ambiente em desenvolvimento.

Normas de interação para a era digital

O rápido crescimento e uso da tecnologia da informação e da comunicação (TIC) é surpreendente e um fenômeno genuinamente global, embora haja disparidades significativas entre os países desenvolvidos e alguns países em desenvolvimento (ver Capítulo 19, "Mídia", para mais informações sobre esse assunto). Até o final de 2018, cerca de 3,9 bilhões de pessoas usavam a internet, mais da metade da população global, e 60% acessavam a internet em casa (ITU, 2018: 2). Em 2017, quase todos no mundo tinham acesso a um sinal de rede móvel, e as assinaturas de banda larga móvel atingiram mais de 4 bilhões. Jovens de 15 a 24 anos lideram a adoção e o uso da internet, e cerca de 830 milhões estavam *on-line* em 2017 (ITU, 2017). Qual será o impacto dessas tecnologias digitais na vida dos indivíduos e das sociedades?

Interação e comunicação a distância

Os dispositivos de TIC estão se espalhando rapidamente e têm sido cada vez mais integrados às rotinas diárias das pessoas, tanto em casa quanto no trabalho (Kraut et al., 2006). Essa é a conclusão de uma pesquisa de 2007 da MTV Networks/Nickelodeon com 18 mil jovens de 8 a 24 anos em 16 países, incluindo China, Japão, Reino Unido, EUA, Canadá e México. A pesquisa descobriu que "os jovens não veem a 'tecnologia' como uma entidade separada — é uma parte orgânica de suas vidas. [...] Falar com eles sobre o papel da tecnologia em seu estilo de vida seria como falar com crianças na década de 1980 sobre o papel que o balanço do parque ou o telefone desempenhavam em suas vidas sociais — não faria sentido" (Reuters, 2007).

Mas como as pessoas se comunicam e interagem umas com as outras usando *smartphones*, internet, *e-mail* e redes sociais? Chambers (2006) investigou a tese de que os laços muito estáveis e fixos de família, relações de vizinhança e comunidade estavam dando lugar a laços mais voluntaristas e fluidos (Putnam, 2000). Ela concluiu que novos padrões de associação e vínculos sociais estão surgindo com base em ideais de "amizade", muitos dos quais são sustentados por redes de TIC. Ela também argumenta que outras formas são forjadas por meio de novas identidades sociais entre grupos anteriormente marginalizados, como aqueles dentro de "comunidades *queer*", resultando em espaços seguros para a exploração do *self* e das identidades. No entanto, as TICs também trazem consigo problemas potencialmente novos, como *cyberbullying* e fraude financeira.

Chambers observa que, apesar de seus aspectos positivos, as redes sociais podem não fornecer uma base adequada para garantir relações de cuidado e carinho, a maioria das quais precisa de contato pessoal regular e compromisso de longo prazo. Muitas escolas e pais também estão preocupados com redes sociais e *smartphones* em relação aos medos de aliciamento *on-line* e abuso de crianças por adultos. Tais temores não são inteiramente infundados. Uma rede social, o MySpace, admitiu em 2007 que havia encontrado mais de 29 mil criminosos sexuais registrados entre seus 180 milhões de membros em todo o mundo (Johnson, 2007). Embora essa seja uma proporção muito pequena do total de membros, está claro que o ambiente *on-line* relativamente anônimo e em rápida mudança apresenta novos problemas.

> A amizade e os relacionamentos são discutidos com mais detalhes no Capítulo 15, "Famílias e relacionamentos íntimos".

Muitas das afiliações de hoje são criadas pela internet ou por outras formas de comunicação móvel, mas como essas tendências poderão afetar a qualidade das relações sociais? Por quase toda a história humana, as pessoas interagiram cara a cara com outras que estavam próximas. Embora as cartas, o telégrafo e o telefone já existam há algum tempo, a internet permite a "interação a distância" de maneiras muito mais transformadoras. Por exemplo, o Skype permite interações "cara a cara" (quase) em tempo real entre pessoas que podem estar a milhares de quilômetros de distância. A revolução digital pode proporcionar um senso renovado de sociabilidade e intimidade pessoal para alguns, mas também pode significar isolamento e distância social para outros. O que parece claro é que as pessoas já estão encaixando a mídia digital em suas rotinas diárias, juntamente com os relacionamentos presenciais existentes.

Netiqueta ou "cibermaneiras"

Como vimos, a comunicação e as interações *on-line* apresentam perigos e oportunidades, e os estudos sociológicos exploram os contornos em desenvolvimento do ciberespaço. Alguns sugeriram que, em vez de ver a vida *on-line* como um domínio distinto da experiência humana, pode ser mais preciso vê-la como uma extensão do mundo social físico. Por exemplo, nas redes sociais, a maioria das pessoas interage principalmente com amigos, parentes e pessoas que já conhecem do contato face a face (Holmes, 2011). Outros "amigos" do Facebook ou "seguidores" do Twitter provavelmente serão mantidos a distância. Como argumenta Baym (2015: 6), não devemos ver o "ciberespaço" como um reino inautêntico separado do autêntico "mundo real" da interação face a face ou corpo a corpo, porque "*on-line* e *off-line* fluem juntos nos mundos nas experiências de vida dos relacionamentos contemporâneos".

Com o advento da "segunda geração" de serviços *on-line* mais interativos — muitas vezes chamados de Web 2.0 —, mais pessoas podem compartilhar informações e realmente contribuir para o conteúdo baseado na *web*. Um exemplo proeminente e muito utilizado disso é a enciclopédia *on-line Wikipédia*, que permite aos usuários adicionar conteúdo, debater a veracidade das entradas com outras pessoas e se tornar efetivamente coautores. A rede mundial também pode ser visualizada em muitos outros dispositivos móveis, incluindo telefones celulares, *notebooks* e *tablets*, integrando-se, assim, a mais aspectos da vida cotidiana (Beer e Burrows, 2007; veja o Capítulo 19, "Mídia"). Há uma indefinição da fronteira entre o privado e o público; por exemplo, as pessoas "tuítam" sobre suas atividades e seus movimentos diários e incluem detalhes privados, como localização, sexo, *status* de relacionamento e assim por diante em seus perfis nas redes sociais. A comunicação *on-line* levou ao surgimento de normas e regras que regem as interações e trocas — muitas vezes descritas como **netiqueta** —, e agora existem muitas fontes de informação sobre como as pessoas *devem* se comportar em suas comunicações *on-line* (Chiles, 2013).

Os guias de etiqueta para interação nas redes sociais esclarecem que, embora elas sejam semelhantes à "vida real", é importante reconhecer que qualquer pessoa pode se tornar um "amigo". Alguns guias sugerem "amizade" somente com as pessoas que já conhecemos, enquanto outros argumentam que é bom aceitar estranhos, que podem ser descartados ou "desamigados" mais tarde, se for preciso. Um guia de etiqueta do Facebook (Weinberg, 2008) aconselha: "não adicione usuários como 'amigos' sem as devidas apresentações, seja honesto sobre sua identidade real e não divulgue uma conversa privada em um *post* de 'mural' (aberto publicamente)". O mesmo guia nos lembra de "pensar nas consequências do seu envolvimento em qualquer *site* social [...] Considere como seus comentários seriam percebidos antes de efetivamente publicá-los, e privilegie a lógica em detrimento da emoção em todos os momentos". Outro guia diz aos usuários do Twitter que "Não é obrigatório seguir de volta as pessoas que decidiram seguir você (embora isso possa ser visto como um gesto educado). No entanto, é importante reconhecê-los quando eles responderem ou retuitarem um de seus serviços públicos" (Steinberg e Brown, 2013).

Dada a natureza dos serviços baseados na *web*, que são abertos a mudanças orientadas pelo usuário, é provável que os códigos de boas maneiras *on-line* continuem a se desenvolver junto com a tecnologia. Atualmente, a netiqueta parece ser baseada principalmente em tentativas de traduzir as normas de comportamento e os códigos de boas maneiras existentes em um formato que seja apropriado *on-line*, em vez de criar um sistema inteiramente novo. Por exemplo, uma pesquisa sobre conselhos de netiqueta feita por Holmes (2011) descobriu que, como no "mundo real", as diferenças de *status* social entre empregado e empregador ou professor e aluno eram vistas como problemáticas e potencialmente embaraçosas. Da mesma forma, considerava-se que as divisões sociais de classe e etnia demandavam um tratamento cuidadoso.

Se a etiqueta *on-line* é uma variante da etiqueta social, as teorias e os conceitos sociológicos convencionais ainda devem ser úteis. Por exemplo, o conceito de "conflito de papéis" ajuda a dar sentido a essa situação, pois os usuários tentam gerenciar seus diferentes papéis em relação aos diferentes "rostos" que apresentam aos outros. Isso se torna cada vez mais difícil nas redes sociais, em que a informação é potencialmente aberta a todos esses vários públicos ao mesmo tempo. Quantos trabalhadores se sentiriam à vontade ao descobrir que seu chefe é um "amigo" do Facebook ou um "seguidor" do Twitter, por exemplo? Manter separados os vários papéis que um indivíduo desempenha e os rostos que ele apresenta parece estar se tornando mais complexo. Essa conclusão é condizente com a visão de que a internet é uma extensão e uma parte do mundo social, e não uma ruptura nítida com ele. Isso fica evidente a partir de uma breve olhada em como a "confiança" é construída e administrada *on-line*.

Criando confiança *on-line*

Muitas transações cotidianas, como comprar mantimentos, fazer um depósito bancário ou pagar uma conta de luz, nos colocam em *contato indireto* com estranhos. Qualquer um que tenha telefonado para um banco e sido transferido para um *call center* anônimo a milhares de quilômetros de distância já experimentou esse fenômeno. Agora que *e-mail*, mensagens de texto, mensagens instantâneas, comunidades *on-line*, salas de bate-papo e redes sociais se tornaram amplamente integrados à vida cotidiana, há um interesse crescente em entender seu impacto e as normas de conduta *on-line* que estão surgindo (Baym, 2015).

Há muito existe uma polarização nos debates sobre as possibilidades e os perigos da internet. Para os céticos, a comunicação pela internet, muitas vezes referida como comunicação mediada por computador (CMC), gera novos problemas que simplesmente não são encontrados nas interações sociais cara a cara. Como Katz et al. (2001: 407) afirmam: "Digitar não é ser humano, estar no ciberespaço não é ser real; tudo é fingimento e alienação, um pobre substituto para a coisa real". Em particular, os defensores dessa visão argumentam que a tecnologia CMC é incapaz de impedir que os usuários se escondam atrás de identidades falsas, que permitem trapaças, fraudes, *bullying*, manipulação, fraudes emocionais e o aliciamento sexual de crianças. O resultado é a erosão gradual da confiança mútua, não apenas nos ambientes *on-line*, mas também na sociedade em geral. Turkle (2017: 11-12) argumenta que a comunicação *on-line* parece promover conectividade, mas isso pode ser ilusório: "Depois de uma noite de conversa de avatar para avatar em um jogo em rede, nos sentimos, em um momento, em posse de uma vida social plena e, no próximo, curiosamente isolados, em tênue cumplicidade com estranhos". Os ambientes *on-line* levam a expectativas reduzidas das pessoas com quem nos conectamos e, consequentemente, surgem relações desnudas no mundo social material.

Por outro lado, os entusiastas da internet argumentam que a interação *on-line* tem algumas vantagens sobre as formas convencionais. A copresença física pode permitir a exibição de uma maior gama de emoções e mudanças sutis de significado, mas também transmite informações sobre idade, gênero, etnia e posição social do falante, que podem ser usadas para estigmatizar e discriminar. A comunicação eletrônica mascara a maioria ou todos esses marcadores de identificação, garantindo que a atenção se concentre estritamente no conteúdo da mensagem. Isso pode ser uma grande vantagem para grupos étnicos minoritários, mulheres e outros grupos tradicionalmente desfavorecidos, cujas opiniões foram desvalorizadas em situações públicas (Locke e Pascoe, 2000).

Os otimistas argumentam que os usuários de internet também tendem a se comunicar com outras pessoas por meios convencionais, como tele-

---

Sociedade global 12.1 — Construindo confiança no ciberespaço

O debate público sobre a segurança na internet tende a se concentrar em questões ligadas a fraudes bancárias virtuais, uso de identidades falsas e problemas associados ao uso infantil de salas de bate-papo que possam ser monitoradas por pedófilos predatórios. Essas preocupações deixam muitas pessoas receosas e destroem a confiança no ambiente virtual. Em interações sociais bem-sucedidas de todos os tipos, a confiança é um componente fundamental. De acordo com Cook e seus colaboradores (2009: 1), "A confiança facilita a interação social. Quando ela existe, fortalece a cooperação, oferece a base para se assumir riscos e concede latitude às partes envolvidas. Quando não existe, diversos mecanismos são necessários para proteger contra a exploração". Isso é evidente principalmente em transações entre pessoas que não estão copresentes. Essas transações indiretas e geograficamente distantes são potencialmente problemáticas, pois nenhum gesto normal, linguagem corporal ou pista não verbal está em cena, o que priva ambas as partes de elementos cruciais com os quais cada uma pode se certificar quanto à sinceridade da outra.

Atualmente, a maior e mais bem estabelecida casa de leilões da internet é o eBay. É difícil estabelecer quantas pessoas obtêm a maior parte de sua renda com o eBay, mas, em 2006, estimava-se que cerca de 165 mil norte-americanos ganhavam a vida apenas vendendo coisas no *site* (Epley et al., 2006). Lançado em 1995, o eBay atraiu rapidamente mais de 100 milhões de pessoas em todo o mundo, mesmo sem oferecer garantias pelas mercadorias vendidas. Compradores e vendedores assumem todos os riscos pela transação. Embora possamos esperar que esse arranjo esteja aberto a fraudes e enganos em grande escala, a taxa de fracasso das vendas realizadas pelo eBay é surpreendentemente pequena.

Uma razão para isso é o "sistema de gerenciamento de reputação" do eBay, que substitui efetivamente as dicas de interação cara a cara (Kollock, 1999; Resnick et al., 2006). O sistema do eBay pede que compradores e vendedores se avaliem — positivamente, negativamente ou de forma neutra, embora também possam ser acrescentados comentários curtos. Os sistemas de gerenciamento de reputação *on-line* têm sido descritos como o equivalente cibernético da "fofoca" na vida social, pois as opiniões das pessoas umas sobre as outras são encorajadas e amplamente compartilhadas. Mas, ao contrário da fofoca, que tende a ser localizada e restrita dentro dos limites da comunidade, os sistemas *on-line* envolvem potencialmente milhões de pessoas em todo o mundo, e o impacto de ganhar uma má reputação pode ser sério tanto para os comerciantes quanto para os compradores (Lev-On, 2009).

Com o tempo, as reputações são estabelecidas, o que significa que os usuários do eBay podem comparar e contrastar os comerciantes para minimizar os riscos que assumem *on-line*. Em suma, a confiança eletrônica na casa de leilões *on-line* eBay e em outras que usam sistemas semelhantes é produzida por meio de uma forma de autopoliciamento comunitário. No entanto, do ponto de vista de um comerciante, o sistema de *feedback* também oferece uma versão *on-line* de gerenciamento de impressões e autoapresentação.

fone ou cara a cara, mais do que os não usuários. Assim, longe de aumentar o isolamento social e destruir a confiança, *e-mail*, *blogs*, salas de bate-papo e redes sociais apresentam novas oportunidades de comunicação e construção de amizades. As interações eletrônicas podem ser experimentadas como libertadoras e empoderadoras, uma vez que as pessoas podem criar identidades *on-line* e falar mais livremente do que em qualquer outro lugar (Katz et al., 2001).

Conclusão: proximidade ou não?

Apesar do aumento da comunicação indireta, parece que os seres humanos ainda valorizam o contato direto. As pessoas no setor executivo continuam a voar ao redor do mundo para participar de reuniões quando seria muito mais barato, mais eficiente e mais ecológico fazer negócios por meio de teleconferências, Skype ou chamadas de vídeo. Os familiares poderiam organizar reuniões ou festas "virtuais" usando as comunicações eletrônicas em tempo real, mas será que elas teriam o calor e a intimidade das celebrações face a face? A pandemia de covid-19 de 2019 e 2020 foi notável pelo modo como pessoas sob severas formas de restrição física e geográfica fizeram uso das comunicações *on-line* para manter contato social com amigos e familiares. *E-mail*, mídias sociais, aplicativos de videoconferência e muitos outros recursos permitiram que as pessoas se mantivessem em contato durante um período muito difícil e prolongado. No entanto, para a maioria das pessoas, as formas digitais de comunicação não se comparam com o contato físico. As pessoas relataram o desejo de poder abraçar seus netos, reunir-se em grupos sociais e até mesmo fazer algo tão simples como apertar as mãos.

Bode e Molotch (1994) estudaram o que eles chamam de **compulsão por proximidade**: a necessidade dos indivíduos de se encontrar uns com os outros em situações de copresença. As pessoas preferem isso, sugerem eles, porque a copresença fornece informações muito mais ricas sobre a sinceridade de outras pessoas do que qualquer forma de comunicação eletrônica. Somente estando na presença de pessoas que tomam decisões que nos afetam de maneira significativa é que nos sentimos capazes de saber o que "realmente" está acontecendo. De modo semelhante, Jamieson (2013: 20) adverte contra acreditar que a atividade baseada na *web* substituirá as relações face a face. Ela argumenta que a internet permitiu que a indústria do sexo comercial existente — como a prostituição e a pornografia — se expandisse, observando que "não há sinais de formas mediadas digitalmente de envolvimento com o sexo que ameacem remodelar ou substituir as relações sexuais 'pele na pele'". Urry (2003) argumenta que, apesar de os jovens de hoje terem crescido com a internet e a tecnologia digital como parte de suas vidas diárias, mesmo essa geração continua a buscar a copresença física em contextos de protestos globais, experiências de férias, acampamentos de voluntários e grandes concertos de música ao ar livre.

No entanto, talvez essa conclusão seja prematura, dada a criação relativamente recente de ambientes ou "mundos" *on-line*, que ainda estão em desenvolvimento. A internet ainda não atingiu todo o seu potencial de interação no tempo e no espaço, mas um vislumbre do futuro é o *Second Life*, um mundo virtual 3D que conta com mais de 20 milhões de usuários registrados. No entanto, algumas estimativas sugerem que apenas cerca de 600 mil deles são "residentes" ativos. No *Second Life*, as pessoas criam seu próprio corpo virtual ou "avatar", por meio do qual vivem uma "segunda vida" *on-line*. Essa capacidade de criar uma identidade do zero oferece uma gama de recursos muito mais ampla para a construção de identidades *on-line* do que a oferecida pelos adereços e materiais disponíveis na indústria da moda e pelas transformações corporais no mundo físico.

Um aspecto desse mundo virtual é que os usuários podem tocar sua própria música, realizar seus próprios *shows* e concertos ou assistir àqueles realizados por outros. Alguns veem isso como uma boa maneira de "estourar" novos atos musicais que teriam dificuldade de receber atenção de maneiras convencionais. Comparando os mundos virtuais e seus eventos com os do "mundo real", é provável que os primeiros sejam sempre vistos como pálidas imitações, sem a realidade física, os cheiros e os sons de *shows* de *rock* do mundo real, por exemplo. Mas não é muito fantasioso imaginar que, à medida que os *headsets* virtuais se desenvolverem e a realidade virtual se tornar cada vez mais imersiva, algumas dessas desvantagens possam ser superadas.

Vivendo uma "segunda vida" por meio de um avatar *on-line*, as pessoas têm a oportunidade de desenvolver um *self* alternativo à sua versão corporificada. No entanto, as normas e os rituais sociais convencionais muitas vezes se transferem perfeitamente para mundos virtuais.

Por outro lado, existem algumas vantagens distintas nos ambientes virtuais que evitam a fisicalidade dos eventos do mundo real. Beer e Geesin (2009: 124) argumentam que, no futuro,

> O atrativo pode não ser a fisicalidade da experiência do *show*, mas a participação em eventos como o avatar imaginado, curtindo junto com outros avatares — *esbarrando*, *saltando* ou *batendo os pés*. Pode ser que, em vez de uma compulsão por proximidade, esses eventos revelem uma oportunidade de assistir a atrações musicais ao vivo sem os riscos e desconfortos de "estar lá" em um espetáculo musical ao vivo — os esmagamentos e empurrões, as mãozadas, as cotoveladas e os pisões, o cheiro, os surfistas de multidões, o contato físico indesejado, os avanços indesejados, a umidade, a sujeira e, principalmente, o calor.

Uma perspectiva de pesquisa intrigante para os sociólogos é testar se os conceitos e as teorias microssociológicas existentes (que se mostraram tão frutíferos na análise das interações cara a cara) são capazes de explicar as interações entre humanos e suas comunidades de avatares em mundos virtuais *on-line*. E, como Johnson (2010) argumenta: "Você pode zombar da ideia de ser um avatar e passear por corredores virtuais. Mas, participando ou não, saiba que o *Second Life* e outras comunidades virtuais estão impactando nossas vidas e mudando a maneira como entendemos o papel da mídia".

Revisão do capítulo

1. "O estudo das interações de nível micro é domínio da psicologia, e não da sociologia." Explique por que o nível micro é importante para o conhecimento mais aprimorado da vida social.
2. Com exemplos, explique o que significa "sexismo cotidiano".
3. A comunicação não verbal inclui a linguagem corporal. Dê alguns exemplos de comunicação não verbal generificada.
4. Forneça uma rápida definição da etnometodologia. A etnometodologia é uma forma de microssociologia ou algo totalmente diferente?
5. Até que ponto o contexto social das conversas cotidianas contribui para o significado da fala? Indique alguns exemplos do capítulo para ilustrar sua resposta.
6. Explique a "analogia dramatúrgica" de Goffman, abordando seus conceitos de cenário, adereços, palco e bastidores, e a "*performance*".
7. "A revolução digital é antitética à amizade e à comunidade." Como poderíamos argumentar contra essa afirmação em relação ao uso das mídias sociais?
8. O que é *cyberbullying* e qual é a diferença entre ele e o *bullying* tradicional? Como as autoridades poderiam enfrentá-lo de modo mais eficiente?
9. Liste algumas das regras e normas de netiqueta aplicadas às redes sociais. Que métodos as pessoas utilizam para administrar a impressão *on-line*?

Pesquisa na prática

O ativismo antiaborto costuma ser associado a grupos religiosos nos EUA, principalmente a protestos organizados perto dos centros médicos. No entanto, nos últimos anos, houve ativismo antiaborto perto de clínicas do Reino Unido, embora em menor escala do que na América. O foco em atos violentos e manifestações barulhentas nos EUA tende a mascarar outras formas de ativismo, inclusive o de simplesmente estar lá. As ações de ativistas que frequentam clínicas no Reino Unido para "dar testemunho" observando, sem se envolver em gritos ou protestos abertos, também podem ter um efeito significativo sobre as mulheres que desejam interromper uma gravidez.

Essa questão é trazida à tona no artigo a seguir, que aborda o tema a partir das ideias interacionistas de Goffman. Leia o material e responda às perguntas que seguem.

> Lowe, P. e Hayes, G. (2019). "Anti-Abortion Clinic Activism, Civil Inattention and the Problem of Gendered Harassment", *Sociology*, 53(2): 330–346; https://journals.sagepub.com/doi/pdf/10.1177/0038038518762075.

1. Essa pesquisa adotou uma abordagem de métodos mista. Quais métodos foram usados aqui?
2. Que diferenças culturais e políticas os autores identificam entre os EUA e o Reino Unido em relação a atitudes para com o aborto?
3. O artigo argumenta que o ativismo antiaborto no Reino Unido é praticamente semelhante à "abordagem de rua". Como essa semelhança se dá?
4. Que impacto o ativismo observado teve sobre as mulheres que frequentaram as clínicas? Em particular, como os conceitos de Goffman de desatenção civil e interação focada/desfocada nos ajudam a entender a situação?

5. Você concorda quando os autores afirmam que o artigo fornece evidências que apoiam a introdução de "zonas de proteção" para proteger as mulheres do assédio? Que impacto essa política poderia ter sobre as táticas de ativistas antiaborto?

Pensando sobre isso

Muitos relatos interacionistas da vida social parecem ser particularmente persuasivos porque são compreensíveis dentro da própria experiência de vida das pessoas. Por exemplo, o trabalho de Goffman sobre o gerenciamento de impressões e a apresentação do *self* toca um acorde com precisão porque somos capazes de reconhecer tais aspectos em nosso próprio comportamento. No entanto, inúmeras pesquisas sociológicas têm se concentrado em examinar estruturas macrossociais, como classe, etnia e gênero, mudança sócio-histórica e o impacto das "forças sociais" sobre o indivíduo.

Analise este capítulo desde o início até o título "Normas de interação para a era digital" (p. 495), observando onde quer que fenômenos macrossociais e estruturas sociais estejam implícitos, assumidos ou referidos na discussão. As sociologias interacionistas falham em explicar satisfatoriamente o surgimento e a persistência de divisões sociais estruturadas? Como outras perspectivas sociológicas explicaram as divisões de classe social, etnia e gênero? A crítica de que o interacionismo é bom em descrever aspectos da vida social, mas não é capaz de explicá-la adequadamente, é justa?

Sociedade nas artes

Nossas "amizades" *on-line* são realmente como as que forjamos por meio de interações cara a cara? Na era digital, com a onipresença dos contatos e da comunicação nas mídias sociais, como funciona a amizade? Uma experiência interessante é a da artista visual americana Tanja Hollander, que se organizou em 2011 para conhecer e fotografar todos os seus 626 "amigos" das redes sociais. O projeto levou cerca de cinco anos para ser concluído.

Hollander exibiu alguns dos trabalhos em 2017 em uma exposição multimídia chamada *Are You Really My Friend*? ("Você é realmente meu amigo?"). Seu *site* apresenta algumas das fotografias desse projeto (http://areyoureallymyfriend.com/portraits.html), juntamente com outros materiais coletados durante suas viagens: http://areyoureallymyfriend.com/. Uma conta secundária do projeto pode ser encontrada em www.pressherald.com/2017/01/29/tanja-hollander-finds-answers-to-are--you-really-my-friend/. Faça sua própria pesquisa sobre as ideias e obras de arte de Hollander.

1. No início do projeto, Hollander sugeriu que "o Facebook não é um substituto para relacionamentos reais, mas é uma maneira de iniciar conexões" (citado em O'Neill, 2012). Esse é realmente o caso? Construa o argumento de que as amizades nas mídias sociais são tão "reais" quanto aquelas em relacionamentos cara a cara.

2. Por que se pode argumentar que a interação entre a artista e os seus "amigos" pode ter prejudicado quaisquer descobertas objetivas? Como esse é um trabalho artístico, e não de ciências sociais, isso importa? Devemos esperar aprender algo diferente sobre amizade com as obras de arte?

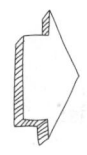

Outras leituras

Um texto introdutório que aborda todas as teorias e questões deste capítulo é o excelente livro de Susie Scott (2009) *Making sense of everyday life* (Cambridge: Polity), assim como o de Brian Roberts (2006) *Micro social theory* (Basingstoke: Palgrave Macmillan). Ambos são introduções muito bem escritas e confiáveis. Outros pontos de vista particulares podem ser obtidos em *Encountering the everyday: an introduction to the sociologies of the unnoticed* (2008), editado por Michael Hviid Jacobsen (Basingstoke: Palgrave Macmillan).

Para ver o trabalho de Garfinkel e outros, você pode conferir *An invitation to ethnomethodology: language, society and interaction* (London: Sage), de David Francis e Stephen Hester (2004). O livro de Martyn Hammersley (2018) *The radicalism of ethnomethodology: an assessment of sources and principles* (Manchester: Manchester University Press) é elogiado por ser bem escrito e muito claro, comparando as ideias de Garfinkel às de Simmel e Goffman. A abordagem de Goffman é mais bem lida em seu livro *The presentation of self in everyday life* (Harmondsworth: Penguin, 1990 [1959]), que é um exemplo brilhante da sociologia interacionista. Entre muitos relatos secundários da obra de Goffman, está o livro de Greg Smith (2006) *Erving Goffman* (London: Routledge) e o de Michael Hviid Jacobsen e Søren Kristiansen (2014) *The social thought of Erving Goffman* (Thousand Oaks, CA: Sage). Ambos contêm discussões muito vívidas.

Para uma introdução abrangente à comunicação e à interação *on-line*, veja o livro de Nancy K. Baym (2015) *Personal connections in the digital age* (2. ed, Cambridge: Polity) ou o de Crispin Thurlow, Laura Lengel e Alice Tomic (2004), *Computer mediated communication: an introduction to social interaction online* (London: Sage), que é um guia prático para a CMC.

Para conferir uma seleção de leituras originais sobre interação e comunicação, consulte *Sociology: introductory readings* **(4. ed., Cambridge: Polity, 2021).**

Links da internet

Em **loja.grupoa.com.br**, acesse a página do livro por meio do campo de busca e clique em Material Complementar para ver as sugestões de leitura do revisor técnico à edição brasileira, além de outros recursos (em inglês).

Exploring Nonverbal Communication — uma introdução à comunicação não verbal, com um autoteste de exemplos de leitura:
https://nonverbal.ucsc.edu/

The Everyday Sexism Project — um *site* dedicado a catalogar experiências de sexismo no mundo real:
https://everydaysexism.com/

Society for the Study of Symbolic Interaction — aborda estudos sobre a interação simbólica, com um periódico e muitos recursos:
https://symbolicinteraction.org/

Website com informações sobre a vida e o trabalho de Erving Goffman:
http://people.brandeis.edu/~teuber/goffmanbio.html

Website de Howard Becker, que aborda seu próprio trabalho e direciona a alguns *links* úteis:
http://howardsbecker.com/

International Institute for Ethnomethodology and Conversation Analysis — diversos recursos e *links*:
https://iiemca.com/

CAPÍTULO 13

CIDADES E VIDA URBANA

SUMÁRIO

Cidades **509**

Industrialização e urbanização 509

O desenvolvimento da cidade moderna 512

Cidades globais 514

Teorizando o urbanismo **516**

Comunidade e a personalidade urbana 518

A Escola de Chicago 518

Espaços, vigilância e desigualdade na cidade 522

Movimentos sociais e consumo coletivo 525

Tendências urbanas, infraestrutura e cidades sustentáveis **528**

Tendências urbanas no Norte Global 528

Tendências urbanas no Sul Global 534

Infraestrutura urbana 536

Cidades sustentáveis 538

A cidade em uma era global **540**

Revisão do capítulo *542*

Pesquisa na prática *543*

Pensando sobre isso *544*

Sociedade nas artes *544*

Outras leituras *545*

Links da internet *545*

O Distrito Comercial Internacional de Songdo é uma "cidade nova" planejada para o século XXI, construída em torno do aeroporto de Incheon.

Songdo, na Coreia do Sul, é uma cidade "nova", mas isso não significa apenas que foi "concluída recentemente". Songdo foi projetada desde o início como um novo tipo de cidade inteligente, prometendo uma visão *high-tech* da cidade sustentável do futuro. Os defensores das cidades inteligentes argumentam que, com um plano diretor abrangente, é possível deixar de fora muitos dos problemas crônicos das cidades tradicionais, como poluição, aglomeração e congestionamento no trânsito, fazendo uso extensivo de tecnologias digitais, robótica, inteligência artificial e da **Internet das Coisas (IoT, na sigla em inglês)**. Como resultado, Songdo oferece uma experiência de vida urbana diferente:

um lugar onde o lixo é automaticamente sugado por canos subterrâneos, onde os postes de luz estão sempre acompanhando você e onde seu prédio sabe enviar o elevador para recebê-lo quando detecta a chegada de seu carro. Sensores em todas as ruas rastreiam o fluxo do trânsito e enviam alertas para o seu telefone quando vai nevar, enquanto você pode monitorar o parquinho infantil pela TV, no conforto do seu sofá (Wainwright, 2019).

Quem iria querer fugir para o campo quando a cidade inteligente oferece uma perspectiva tão atraente para uma vida boa?

> Veja no Capítulo 19, "Mídia", uma discussão sobre a tecnologia digital e a Internet das Coisas.

Sarah Moser, da Universidade McGill, no Canadá, monitora o planejamento e o desenvolvimento de cerca de 120 novas cidades desde 2000. Ela diz que "o neoliberalismo e a desregulamentação criaram uma atmosfera de Velho Oeste que facilita a circulação global de capital livre" (citado em Shepard, 2019). A gama de novas cidades inclui Putrajaya e Forest City, na Malásia, Eko Atlantic, na costa da Nigéria, Nova Cairo, no Egito, Cidade do Conhecimento Yachay, no Equador, Dompak, na Indonésia, Rawabi, na Palestina, Casa-Anfa e Cidade Verde Benguerir, no Marrocos, e Neom, na Arábia Saudita. Neom está planejada como uma entidade de alta tecnologia baseada em indústrias de biotecnologia, mídia e energias renováveis, que custará pelo menos US$ 500 bilhões para ser concluída. Foram expressas preocupações sobre o nível de dívida com que algumas economias do Sul Global poderão se confrontar como resultado da corrida para a construção de novas cidades.

Visto que a população global continua a aumentar e que uma proporção maior de pessoas viverá em regiões urbanas, parece lógico construir mais cidades e grandes assentamentos urbanos. Em vez de tentar desenvolver e mudar as cidades existentes para acomodar as populações urbanas crescentes, pode ser mais barato e mais lucrativo construir cidades do zero. Muitas novas cidades são financiadas pelo setor privado ou construídas por meio de parcerias público-privadas, o que significa que a principal atração para as empresas privadas é fazer investimentos sólidos e maximizar os lucros (Shepard, 2019). Os edifícios residenciais que elas fornecem tendem a ser apartamentos de luxo e casas destinadas aos executivos, às classes médias altas e aos proprietários de negócios, em vez de serem habitações acessíveis, que não são tão lucrativas e, portanto, são menos atraentes. Muitos trabalhadores em Songdo moram fora da cidade, deslocando-se apenas para trabalhar, pois os preços dos imóveis e os aluguéis são inacessíveis.

Em 2019, a população de Songdo era de pouco mais de 100 mil habitantes, apenas cerca de um terço do planejado. Embora ela não seja exatamente uma "cidade fantasma", alguns moradores dizem que é difícil socializar e estabelecer relações e que se pode sentir uma "frieza" (Poon, 2018). A conclusão total do projeto de US$ 40 bilhões foi adiada de 2015 para 2022, e outras cidades novas também lutaram para ser concluídas ou para atingir suas metas populacionais. Ainda é cedo para avaliar se a tendência das "cidades novas" será bem-sucedida, mas a velocidade de construção continua sendo seu aspecto mais marcante.

As cidades inteligentes são apenas o desenvolvimento mais recente do que Kingsley Davis (1965) descreveu como a "urbanização da população humana" de longo prazo, que claramente continua em ritmo acelerado. Mais da metade da população mundial agora vive em cidades e regiões urbanas. Um pequeno número de cidades, incluindo Londres e Nova Iorque, foram conceituadas como "cidades globais", descritas por Saskia Sassen (2001) como "centros de comando" altamente integrados para a economia mundial, cuja influência se estende muito além das fronteiras nacionais. Grandes corporações transnacionais e uma grande quantidade de serviços financeiros, tecnológicos e de consultoria têm suas sedes em cidades globais.

O Globalization and World Cities Research Centre (GaWC) categoriza as cidades de acordo com sua conectividade global, definindo Londres e Nova Iorque como incomparáveis em seu nível de integração na economia global. Logo abaixo delas, mas ainda com altos níveis de integração e conectividade, estão Hong Kong, Pequim, Dubai, Cingapura, Xangai, Sydney e Paris (GaWC, 2018). Xangai, por exemplo, experimentou o crescimento econômico mais rápido entre as cidades, com média de 12% ao ano desde o início da década de 1990 (exceto durante a recessão global entre 2008 e 2009). Cerca de 55 multinacionais criaram sedes na cidade, e mais de 4 mil arranha-céus foram construídos, ambos na primeira década do século XXI, mudando a aparência do ambiente urbano de Xangai (Chen, 2009: xv-xx). A população da cidade aumentou para 24 milhões em 2013, e a previsão é de que mais do que dobre até 2050, passando para cerca de 50 milhões de pessoas (World Population Review, 2015). Xangai pode estar a caminho de se juntar a Londres e Nova Iorque como um importante centro de comando da economia global.

Grandes cidades e regiões urbanas oferecem oportunidades de trabalho e experiências culturais incomparáveis, e, ao mesmo tempo, muitas pessoas na verdade as consideram lugares solitários, hostis e alienantes. Por que isso acontece? Uma característica distintiva da vida urbana contemporânea é a frequência de interações entre estranhos. Se você mora em uma cidade, pense no número de vezes que você interage todos os dias com pessoas que você não conhece: um motorista de ônibus, um atendente de loja, um passageiro de trem ou pessoas com quem você troca "gentilezas" na rua. Essas interações fugazes e relativamente impessoais tornam a vida urbana contemporânea muito diferente da vida em outras áreas hoje ou em épocas anteriores. Mesmo no mesmo bairro ou bloco de apartamentos, é improvável que as pessoas conheçam a maioria de seus vizinhos. Marshall Berman (1983) vê esse tipo de experiência urbana como definidora do período que os sociólogos chamam de "modernidade" (ver Capítulo 1).

> A interação social é discutida em detalhes no Capítulo 12, "Interações sociais e vida cotidiana".

Neste capítulo, examinamos alguns dos trabalhos sociológicos sobre cidades e desenvolvimento urbano e sobre como é viver nas cidades ou "ser urbano" (Karp et al., 2015). Começamos com uma breve história do desenvolvimento dos tipos de cidade desde o mundo antigo até as cidades densamente povoadas de hoje. A partir disso, esboçamos algumas teorias sociológicas fundamentais das cidades e da cultura urbana, que pretendem ajudar-nos a compreender melhor como as pessoas experimentam a cidade e que forças estão servindo para moldar seu futuro. Passamos a analisar as diferenças entre as cidades e como pode ser o formato de uma cidade ambientalmente sustentável. Vale a pena observar, de início, que os pesquisadores que estudam cidades e vida urbana são tão propensos a trabalhar com geografia humana quanto com sociologia, e o capítulo inclui teorias e evidências de ambas as disciplinas.

Cidades

As cidades têm uma longa história, embora suas formas sejam radicalmente diferentes. Os primeiros sociólogos urbanos se concentravam no desenvolvimento de cidades industriais modernas, que, segundo eles, estavam mudando a forma como os humanos se sentiam e pensavam a respeito do mundo. Aqui, examinamos o desenvolvimento da cidade industrial e as tendências mais recentes no desenvolvimento urbano.

Industrialização e urbanização

O contraste entre as maiores cidades modernas e as das civilizações pré-modernas é extraordinário. As primeiras cidades do mundo se desenvolveram por volta de 3500 a.C., nos vales dos rios Nilo, no Egito, Tigre e Eufrates, no que agora é o Iraque, e Indus, no que hoje é o Paquistão. É muito difícil estabelecer o tamanho das maiores cidades antigas, pois dados de censo nem sempre estão disponíveis, e existem diferentes definições do que é considerado uma "cidade" nesse contexto. Apesar disso, argumenta-se que, por exemplo, Yinxu, na China, tinha uma população de 120 mil pessoas em 1300 a.C.; a Babilônia, onde agora é o Iraque, tinha 200 mil pessoas em 500 a.C.; Pataliputra, na Índia, tinha 350 mil habitantes em 200 a.C.; e Alexandria, no Egito, tinha cerca de 1 milhão de habitantes por volta de 100 a.C. Ainda assim, essas são as maiores, e a maioria das cidades nas sociedades antigas era muito pequena pelos padrões modernos, não passando de 10 a 20 mil pessoas (Galka, 2016).

A maior cidade do mundo, Tóquio, um típico panorama urbano: uma selva de concreto desolada ou o ápice da conquista humana?

Em contraste, as cidades mais populosas dos países industrializados têm muito mais de 20 milhões de habitantes — Tóquio é a maior, com pouco mais de 38 milhões de pessoas vivendo na cidade e em seus subúrbios (Demographia, 2020). Uma **conurbação** — um agrupamento de cidades e distritos, formando uma rede contínua — normalmente inclui números ainda maiores de pessoas. O pico da vida urbana atualmente é representado pelo que se chama de **megalópole**, a "cidade de cidades". O termo foi cunhado originalmente na Grécia antiga, em referência a uma cidade-Estado que era planejada para ser a inveja de todas as civilizações, mas, no uso atual, é aplicado a áreas como a região costeira nordeste dos Estados Unidos, uma conurbação que cobre aproximadamente 700 quilômetros desde o norte de Boston até abaixo de Washington, DC, onde vivem em torno de 40 milhões de pessoas.

A Grã-Bretanha foi a primeira sociedade a passar pela industrialização, um processo que começou na metade do século XVIII (veja uma definição e uma discussão sobre o tema no Capítulo 4, "Globalização e mudança social"). O processo de industrialização gerou uma rápida **urbanização** — o movimento da população das áreas rurais para as cidades. Em 1800, menos de 20% da população britânica vivia em cidades de mais de 10 mil habitantes. Já em 1900, essa proporção havia crescido para 74%. A capital, Londres, era o lar de 1,1 milhão de pessoas em 1800; no começo do século XX, ela tinha uma população de mais de 7 milhões. Londres era, de longe, a maior cidade já vista no mundo. Era um vasto centro manufatureiro, comercial e financeiro, no coração do Império Britânico ainda em expansão. A urbanização da maioria dos outros países europeus e dos Estados Unidos ocorreu um pouco mais tarde — mas, depois que começou, avançou ainda mais rápido.

A urbanização hoje é um processo global. Em 1950, apenas 30% da população do mundo morava nas cidades; mas, em 2007, o número de pessoas vivendo em áreas urbanas superou o número de

> **REFLEXÃO CRÍTICA**
>
> Se o Sul Global se urbanizar a um ritmo semelhante ao do Norte, então cerca de 75 a 85% da população mundial viverá em grandes regiões urbanas na metade do século. A partir da experiência dos países industrializados, como se pode argumentar que a habitação urbana densa para os seres humanos realmente gera menor pressão sobre o ambiente natural?

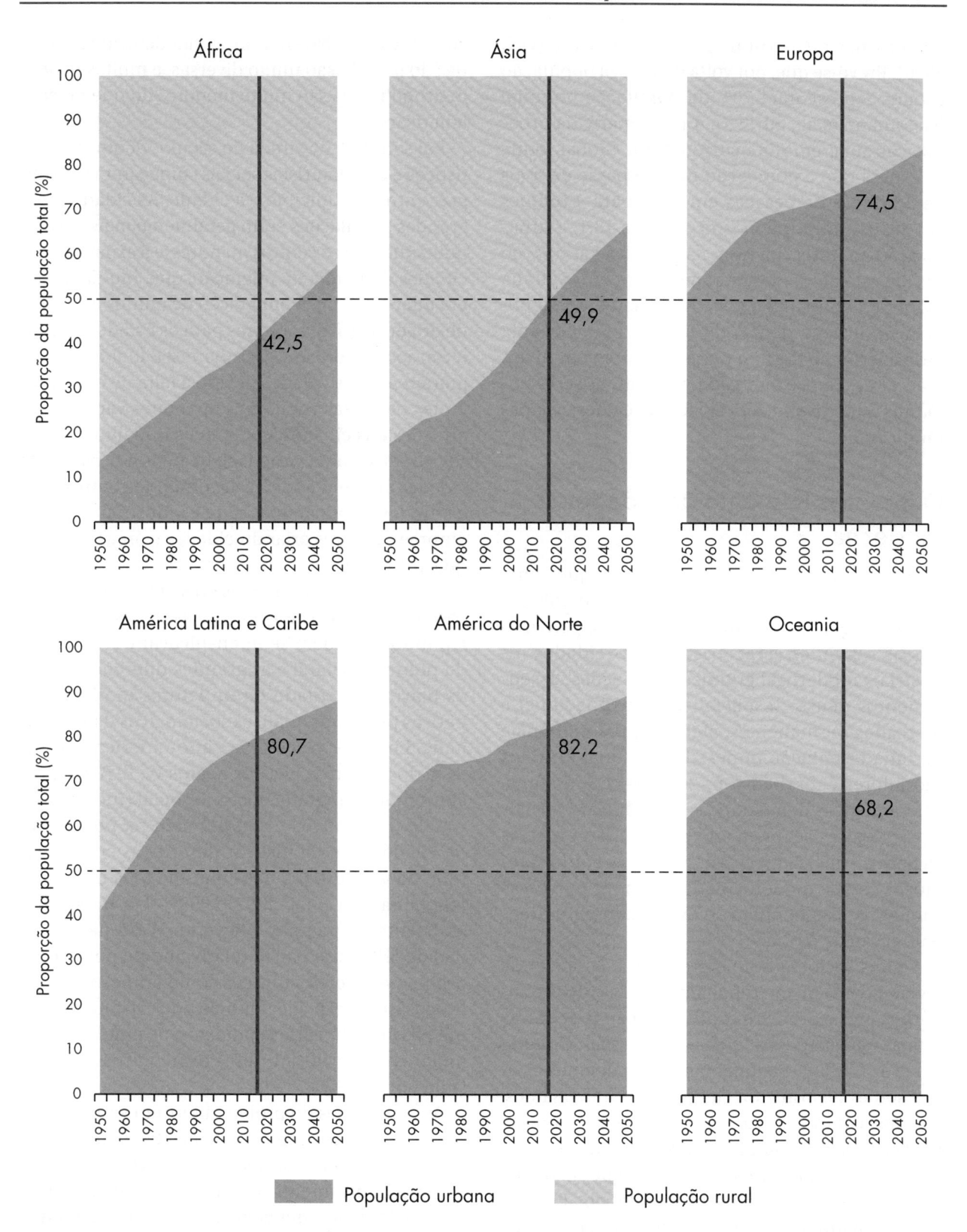

FIGURA 13.1 População urbana e rural como uma proporção do total, por região geográfica, 1950-2050 (projetada).

Fonte: UN DESA (2019a: 6).

pessoas nas áreas rurais pela primeira vez (UN, 2010). Prevê-se que, por volta de 2050, a população urbana representará 70% da população mundial (Gassmann et al., 2019: 6). A maior parte da urbanização hoje em dia ocorre no Sul Global, onde se espera que a população urbana passe de mais de 2 bilhões de pessoas em 2000 para 4 bilhões em 2030. Conforme mostra a Figura 13.1, a urbanização na África, na Ásia, na América Latina e no Caribe está aumentando rapidamente (uma linha íngreme), enquanto a taxa de crescimento da população urbana dentro da Europa e da Oceania desacelerou no mesmo período, porém em níveis mais altos. Parece que, cada vez mais, os seres humanos estão vivendo em cidades e regiões urbanas muito grandes.

O desenvolvimento da cidade moderna

Não existe uma definição unânime do que constitui uma cidade, mas a maioria dos sociólogos urbanos e geógrafos humanos elencaria pelo menos as seguintes características das cidades industriais modernas: grandes populações, assentamentos densos, especialização ocupacional e mercados permanentes, além da predominância de uma orientação impessoal, racional entre os moradores (Abrahamson, 2014: 5-6). Em suma, características demográficas, econômicas, sociais e psicológicas se unem em uma mistura específica para a criação da "cidade", embora, como veremos, a cidade moderna não tenha muros, e essas características também se expandam para áreas "suburbanas" e rurais.

Alguns sociólogos hoje preferem o conceito de região urbana ou metropolitana aos de cidade e subúrbio, pois o primeiro capta com mais precisão as rotinas e atividades cotidianas das pessoas. Gottdiener et al. (2018: 1) argumentam que "podemos dizer que somos de Arlington Heights, mas trabalhamos, fazemos compras, frequentamos escolas, vamos a igrejas, sinagogas ou mesquitas e buscamos recreação em diversos locais, tudo dentro de uma área metropolitana em expansão". De fato, nos EUA, as regiões metropolitanas geralmente cobrem até 160 quilômetros além do centro da cidade, conectadas por estradas, redes ferroviárias e infraestrutura de comunicações. No entanto, as cidades e áreas urbanas do mundo são muito diversas, e muitas regiões metropolitanas são muito menores do que no caso americano.

Foi somente na virada do século XX que os estatísticos e comentaristas sociais começaram a distinguir entre o município e a cidade. As cidades com grandes populações eram geralmente mais cosmopolitas do que os centros menores, e a expansão das cidades dependia da migração, que, muitas vezes, era internacional. A emigração de muitos europeus de origens agrícolas pobres para os Estados Unidos é um exemplo claro. Camponeses e aldeões migraram para as cidades devido à falta de oportunidades nas áreas rurais e às aparentes vantagens e atrações das cidades, como mais trabalho, melhores salários e uma variedade de bens e serviços. As cidades também estavam se tornando centros concentrados de poder financeiro e industrial, e alguns empreendedores criaram cidades e áreas urbanas quase do zero.

À medida que as cidades cresciam, muitos ficavam horrorizados ao ver que as desigualdades e a pobreza também se intensificavam. A extensão da pobreza urbana e as grandes diferenças entre os bairros da cidade foram fatores motivadores para as primeiras análises sociológicas da vida urbana. Em 1899, o sociólogo afro-americano e ativista dos direitos civis dos negros W. E. B. Du Bois combinou etnografia, história social (incluindo o tráfico de escravos e seu impacto na população da Filadélfia) e estatísticas descritivas em um estudo da vida urbana das comunidades negras na Filadélfia (Du Bois, 2007 [1899]). Du Bois e seu assistente mapearam o Seventh Ward na cidade da Filadélfia, um bairro relativamente pobre com problemas sociais crônicos como crime, abuso de drogas e pobreza. Ele também entrevistou quase 5 mil pessoas em vários contextos, de ambientes familiares a igrejas, empresas e encontros políticos (Johnson, 2009).

As conclusões do projeto diferiram substancialmente da noção amplamente aceita de que a área tinha um "problema negro", causado por negros serem simplesmente ignorantes, preguiçosos e desprovidos de inteligência. A coleta sistemática de dados de Du Bois e sua análise cuidadosa forneceram evidências para mostrar uma série de problemas sociais, incluindo falta de educação escolar, difícil acesso a ocupações mais bem remuneradas para homens, oportunidades restritas para mulheres negras e preconceito racial generalizado. E, embora não fosse responsável por todos os problemas sociais, o racismo desempenhou um papel fundamental na manutenção de uma estrutura de vantagem para os brancos e desvantagem para os negros. Por exemplo, Du Bois descobriu que as atitudes racistas ("preconceito de cor") dos brancos desempenhavam um papel importante no mercado imobiliário, com os afro-americanos pagando "aluguéis anormalmente altos" por moradias muito pobres, que empurravam as famílias para dificuldades e pobreza.

Lemert (2000: 222) descreve corretamente o trabalho de Du Bois como "o primeiro exemplo importante de etnografia urbana na América". No entanto, tal trabalho foi amplamente ignorado como uma obra-chave da sociologia até a década de 1960. De fato, foi apenas no século XX, com o surgimento de estudos pós-coloniais e esforços destinados a "descolonizar" a disciplina, que Du Bois se tornou objeto de reavaliação sistemática como um pioneiro americano dos métodos científicos na **ciência** social.

O crescimento das cidades no século XIX também está associado à separação de gênero, pois a vida pública e os espaços públicos eram dominados por homens, que tinham liberdade para circular pela cidade. No entanto, não se esperava que as mulheres fossem vistas na maioria dos lugares públicos, e aquelas que o faziam provavelmente eram consideradas prostitutas ou "andarilhas". Claramente tais extremos não existem hoje, embora muitas mulheres continuem a relatar o "sexismo cotidiano" que enfrentam dos homens quando simplesmente andam pela paisagem urbana ou usam transporte público lotado. Por outro lado, Wilson (2002) argumenta que o desenvolvimento da cidade também ofereceu às mulheres novas oportunidades, como o trabalho de colarinho branco e, posteriormente, a expansão das indústrias de serviços. Como resultado, cada vez mais mulheres mais entraram no mercado de trabalho e ganharam sua própria renda, o que lhes ofereceu uma fuga do trabalho não remunerado em casa.

À medida que o processo de *suburbanização* decolava, a separação de gênero se tornava mais óbvia. Enquanto o homem "chefe da família" se deslocava diariamente para a cidade, esperava-se que as mulheres (esposas) permanecessem em casa para cuidar da família. As malhas de transporte foram construídas para percorrer trajetos entre os subúrbios e o centro da cidade, mas pouca atenção foi dada pelos projetistas masculinos ao transporte dentro dos subúrbios, o que dificultou que as mulheres saíssem de casa (Greed, 1994). Simmel apontou que "a cidade" é uma entidade sociológica formada espacialmente, e essa formação urbana tem sido, e ainda é, generificada. Como argumenta Beall (1998), as cidades demonstram a relação entre poder e espaço em termos do que é construído, onde é construído, como é construído e para quem: "As cidades são, literalmente, manifestações concretas de ideias sobre como a sociedade era, é e como deveria ser".

> O sexismo cotidiano e as desigualdades de gênero são discutidos no Capítulo 7, "Gênero e sexualidade".

O desenvolvimento das cidades modernas teve um forte impacto não apenas nos hábitos e comportamentos, mas também nos padrões de pensamento e sentimento. A partir do momento em que as grandes aglomerações urbanas se formaram no século XVIII, as visões sobre os efeitos das cidades na vida social foram polarizadas. Para muitos, as cidades representam a "virtude civilizada" e são a fonte de dinamismo e criatividade cultural, maximizando as oportunidades de desenvolvimento econômico e cultural e fornecendo os meios para viver uma existência confortável e satisfatória. Porém, para outros, a cidade é um inferno fumegante, repleto de multidões agressivas e mutuamente desconfiadas, cheia de crimes, assédio sexual de mulheres, violência, desigualdade, corrupção e pobreza. É claro que é possível que ambas as visões coexistam como caracterizações parciais da realidade da vida na cidade.

> Veja uma discussão sobre questões ambientais no Capítulo 5, "Meio ambiente".

Cidades globais

O papel das cidades nos processos de globalização tem atraído boa parte da atenção dos sociólogos e economistas (Marcuse e van Kempen, 2000; Massey, 2007). A globalização, muitas vezes, é vista em termos de uma dualidade entre o nível nacional e o global; entretanto, são as maiores cidades do mundo que compreendem os principais circuitos por meio dos quais acontece a globalização (Sassen, 1998). O funcionamento da economia global depende de um conjunto de locais centrais com infraestruturas informacionais desenvolvidas e uma "hiperconcentração" de facilidades. É nesses pontos que o "trabalho" da globalização é realizado e dirigido. À medida que as empresas, a produção, a publicidade e o comércio assumem uma escala mundial, uma quantidade enorme de atividade organizacional deve ser feita para manter e desenvolver essas redes globais.

Sassen usa o conceito da **cidade global** em referência a centros urbanos que abrigam a sede de grandes corporações transnacionais e uma superabundância de serviços financeiros, tecnológicos e de consultoria. Em *A cidade global* (2013 [1991]), ela estudou Nova Iorque, Londres e Tóquio. O desenvolvimento contemporâneo da economia mundial, ela argumenta, criou um novo papel estratégico para essas grandes cidades, que há muito têm sido centros de comércio internacional, mas hoje apresentam quatro novos traços:

1. Elas se transformaram em "postos de comando" — centros de direção e criação de políticas — para a economia global.
2. Essas cidades são locais essenciais para empresas financeiras e de prestação de serviços, que se tornaram mais importantes do que as indústrias de fabricação quando se trata de influenciar o desenvolvimento econômico.
3. São locais de produção e inovação nas indústrias de serviços corporativos em expansão e finanças, incluindo serviços bancários, publicitários, contábeis e jurídicos.

Sociedade global 13.1 — **Como projetar (e construir) uma cidade global: Dubai**

As cidades inteligentes, que discutimos na introdução deste capítulo, demonstram a ambição dos planejadores e dos Estados de projetar e construir cidades do zero. Todavia, esse processo de forma alguma é um desenvolvimento novo, como mostra o caso de Dubai. No final da década de 1960, a cidade de Dubai se situava em uma região relativamente não desenvolvida do Golfo Pérsico, que ainda abrigava grupos nômades e comunidades pesqueiras. Em 1971, ela passou a fazer parte dos Emirados Árabes Unidos, e foi elaborado um plano que, por fim, transformaria a cidade e a região. Com bilhões de dólares dos lucros da exportação de petróleo e dos bancos ocidentais, os líderes de Dubai reuniram arquitetos, planejadores e outros profissionais de países industrializados com a intenção de criar uma cidade global baseada em setores financeiros, comerciais e culturais.

Inúmeros profissionais se mudaram para Dubai, saindo dos EUA, do Reino Unido, da Austrália e do Japão, entre outros países do mundo inteiro, e um imenso programa de construção foi colocado em andamento. Isso produziu um típico centro moderno de prédios de escritórios e arranha-céus (incluindo o mais alto do mundo, o Burj Khalifa) e uma marina de mil ancoradouros, uma das maiores do mundo. À mistura foram adicionados lazer e atrações turísticas de primeira classe, entre elas um parque de neve coberto (isso não é fácil em um clima quente e desértico!), ilhas em forma de palmeiras, *shoppings*, campos de golfe, complexos de entretenimento e um zoológico.

Não resta dúvida de que o plano foi bem-sucedido em seus próprios termos. No entanto, uma consequência importante da forma como foi concebido e implementado é que, apesar de a região ser

A Ilha das Palmeiras de Dubai ilustra o plano da cidade de se tornar um importante destino turístico global.

ostensivamente muçulmana, em termos culturais, a influência ocidental em Dubai é particularmente forte. O inglês é a segunda língua e é comumente falado, os supermercados estocam produtos familiares às comunidades de expatriados, e muitos outros aspectos da vida cotidiana são reconhecidamente ocidentais. Abrahamson (2014: 205) observa que "os analistas financeiros, gerentes corporativos, engenheiros e arquitetos de Dubai vivem em uma variedade de tipos de habitação, familiares aos ocidentais, em condomínios fechados (com nomes como Emirates Hills) e empreendimentos de estilo suburbano, vilas e apartamentos... Seu tempo de lazer é gasto em *shoppings*, praias e campos de golfe. O ritmo da vida é o da cidade global genérica".

No entanto, à medida que Dubai se afasta de uma economia predominantemente baseada no petróleo em direção a uma economia mais mista, envolvendo propriedade, finanças, turismo e saúde, empregos com baixos salários nos setores de hospedagem, construção e serviços atraem trabalhadores migrantes de uma variedade de países maior do que no passado, incluindo pessoas da China, da Coreia do Sul e das Filipinas (Kathiravelu, 2016: 15-17).

> **REFLEXÃO CRÍTICA**
>
> Examine novamente o Capítulo 4, "Globalização e mudança social", e sua discussão sobre glocalização. Faça sua própria pesquisa e descubra mais sobre a vida em Dubai. Essa cidade ilustra o poderoso processo de globalização ou é mais bem caracterizada como glocalização na prática? Forneça alguns exemplos para dar suporte à sua conclusão.

4. São mercados em que os "produtos" dos setores financeiro e de serviços são comprados, vendidos ou usados de alguma outra forma.

Desde o relato de Sassen, Nova Iorque e Londres passaram a ser vistas como os centros de comando proeminentes, em comparação com outras grandes cidades, como Tóquio, Cingapura, Pequim e Paris. Claramente, as cidades têm histórias muito diferentes, mas podemos identificar mudanças comparáveis em seu desenvolvimento recente. Na economia mundial dispersa de hoje, as cidades proporcionam um controle central de operações cruciais. As cidades globais são muito mais do que simples locais de coordenação — elas também são contextos de produção. O importante aqui não é a produção de bens materiais, mas a produção dos serviços especializados exigidos por organizações comerciais para administrar escritórios e fábricas espalhados pelo planeta e a produção de inovações e mercados financeiros. Os serviços e bens financeiros, além de, cada vez mais, a computação, o processamento de dados e os serviços digitais, são as "coisas" produzidas pela cidade global.

As áreas centrais das cidades globais são locais concentrados dentro dos quais grupos inteiros de "produtores" podem trabalhar em íntima interação, muitas vezes com contato pessoal. Na cidade global, empresas locais se misturam com organizações nacionais e multinacionais, incluindo uma variedade de empresas estrangeiras. Bancos e corporações financeiras estrangeiras têm escritórios em Nova Iorque, e um a cada quatro bancários na cidade trabalha para um banco estrangeiro. As cidades globais competem entre si, mas também constituem um sistema interdependente, relativamente separado das nações onde estão localizadas. E, à medida que a globalização avança, cada vez mais cidades estão se juntando às fileiras de cidades globais, com Hong Kong, Cingapura, Chicago, Frankfurt, Los Angeles, Milão, Zurique e Osaka servindo como importantes centros comerciais e financeiros. Cidades como Madri, São Paulo, Moscou, Seul, Jacarta e Buenos Aires estão se tornando importantes centros de atividade dentro dos chamados "mercados emergentes".

Teorizando o urbanismo

Podemos dizer, pela discussão travada até aqui, que as cidades atuais são formas relativamente grandes de assentamentos humanos, dentro das quais se realiza uma ampla variedade de atividades, possibilitando que se tornem centros de poder em relação às áreas adjacentes e aos assentamentos menores. Essa definição se encaixa muito bem em Londres, Nova Iorque e Shangai, embora seja menos aplicável às muitas cidades menores que não têm os recursos de poder dos maiores centros. Se a urbanização se refere ao processo que traz à existência as grandes cidades, então o **urbanismo** se refere aos estilos de vida e aos tipos de personalidade que caracterizam as cidades modernas.

É importante observar que o contraste entre áreas urbanas e rurais não é tão nítido ou fixo, já que o processo de assentamento humano é dinâmico e caracterizado por movimentos constantes de pessoas. Alguns estudiosos consideram que as cidades são "espacialmente abertas" a tal movimento, tornando o conceito de cidade uma entidade tipo coisa, uma espécie de anacronismo (Amin e Thrift, 2002). Na verdade, muito tempo antes das teorias atuais de "mobilidades" (Urry, 2007), Buckminster Fuller (1978) acreditava que "desassentamento" seria uma descrição mais precisa do caráter móvel da vida moderna como tal.

> O conceito de mobilidades é discutido no Capítulo 8, "Raça, etnicidade e migração".

Um guia útil para a avaliação das teorias urbanas é estimar o modo como elas tratam dos "quatro Cs da experiência urbana": cultura (o ambiente embutido, sistemas de crenças, produção cultural), consumo (de bens e serviços públicos e privados), conflito (sobre recursos e planos de desenvolvimento) e comunidade (a vida social e

Estudos clássicos 13.1 — A metrópole e a vida mental

O problema da pesquisa

Muitas pessoas no século XIX consideravam que a urbanização em grande escala havia mudado fundamentalmente as sociedades, mas que efeitos essa mudança teria sobre os indivíduos? Como ela alteraria suas posturas e seus comportamentos? Exatamente o que, na vida em uma cidade, produz esses efeitos dramáticos? Um dos contemporâneos alemães de Tönnies, Georg Simmel (1858-1918), forneceu precisamente uma explicação teórica de como a cidade molda a "vida mental" de seus habitantes; seu livro *A metrópole e a vida mental* (1950 [1903]), segundo Tönnies, conseguiu captar o "sabor da metrópole".

A visão de Simmel

O estudo de Simmel seria descrito atualmente como um trabalho de sociologia interpretativa que busca entender e transmitir algo sobre como as pessoas na verdade *experimentam* a vida na cidade. A vida na cidade, diz Simmel, bombardeia a mente com imagens e impressões, sensações e atividades. Isso "contrasta profundamente com o ritmo mais habitual e mais fluente" da cidadela ou aldeia. Nesse contexto, os indivíduos não podem responder a cada estímulo ou atividade com que se deparam; como lidam, então, com tal bombardeio?

Simmel argumenta que os moradores da cidade se protegem da "imprevisão de estímulos violentos" e do ataque de "imagens inconstantes" tornando-se indiferentes e desinteressados e adotando uma postura do tipo "já vi tudo isso antes". Eles se "desconectam" de grande parte dessa agitação urbana que os rodeia, tornando-se altamente seletivos e focando apenas aquilo que precisam fazer. O resultado dessa atitude de indiferença é que, ainda que os moradores da cidade façam parte da "multidão metropolitana", eles se distanciam uns dos outros emocional e também fisicamente. No geral, a miríade de contatos fugazes com pessoas que não conhecem resulta em uma "reserva urbana" nas interações com outras pessoas, que podem ser percebidas como frias e sem emoções, levando a sentimentos profundos de impessoalidade e até mesmo de isolamento. Simmel observa, contudo, que as pessoas da cidade não são *por natureza* indiferentes aos outros e desinteressadas. Ao contrário, elas são forçadas a adotar esses modos de comportamento para preservar seus *selves* individuais ante as pressões do ambiente urbano densamente povoado.

Simmel observa que o ritmo rápido da vida urbana explica em parte a personalidade urbana típica. Porém, também argumenta que a cidade é "o lugar da economia monetária". Muitas cidades são grandes centros financeiros capitalistas, que exigem pontualidade, interações racionais e uma abordagem instrumental aos negócios. Isso incentiva as relações práticas "impiedosas" entre as pessoas, com pouco espaço para conexões emocionais, resultando em "mentes calculistas" capazes de ponderar custos e benefícios do envolvimento em relacionamentos. Como o trabalho de Tönnies, o estudo de Simmel aponta para alguns dos problemas que emergem da vida no mundo moderno, urbanizado.

Pontos de crítica

Os críticos do estudo de Simmel levantam várias objeções. Seus argumentos parecem se basear na observação e em *insights* pessoais, em vez de em métodos de pesquisa formais ou reproduzíveis, e, por isso, suas conclusões podem ser um tanto especulativas e não se fundamentar em estudos empíricos. Além disso, apesar de Simmel insistir que queria apenas entender a vida urbana, e não a condenar, muitos críticos sugerem que o tom geral do estudo é negativo, revelando um juízo de valor contra a cidade capitalista. Certamente é verdade que seu trabalho parece se concentrar nas maneiras como os indivíduos podem resistir a ser "uniformizados e esgotados por um mecanismo sociotecnológico". Nesse sentido, segundo os críticos, Simmel faz pouco caso da experiência libertadora de muitas pessoas que mudaram para as cidades para ter mais liberdade e espaço para a expressão individual.

Finalmente, o estudo pode ser culpado de supergeneralizar a partir de um tipo específico de cidade grande para as cidades em geral. Afinal, apenas uma pequena proporção das cidades é formada por centros financeiros, e aquelas que não o são podem ter efeitos menos alienantes e isoladores sobre as pessoas do que Simmel considera. Podemos realmente dizer que *todos* os habitantes do meio urbano têm as mesmas experiências?

Relevância contemporânea

A visão de Simmel sobre a vida na metrópole moderna proporciona uma explicação sociológica para algumas características fundamentais do urbanismo contemporâneo. Seu estudo teórico mostra como a qualidade das interações sociais pode ser influenciada pelas pressões que surgem do ambiente social mais amplo. Uma consequência importante disso é a visão de Simmel de que a cidade "não é uma entidade espacial com consequências sociais, mas uma entidade sociológica que é formada espacialmente". Esse mostrou ser um ponto de partida muito produtivo para outros estudos urbanos.

A influência de Simmel também pode ser sentida na teoria social moderna. Ele argumenta: "os problemas mais profundos da vida moderna derivam do desejo do indivíduo de preservar a autonomia e a individualidade da sua existência em face de forças sociais avassaladoras" (Simmel, 1950 [1903]: 409). Existe mais do que um eco dessa perspectiva no trabalho mais recente de Ulrich Beck, Zygmunt Bauman e outros teóricos contemporâneos da liberdade individual e das pressões globais.

> **REFLEXÃO CRÍTICA**
>
> Passe uma hora observando os movimentos e o comportamento dos moradores da cidade, talvez em um *shopping* ou em uma rua. Quais das características fundamentais de Simmel, como a atitude indiferente e a reserva urbana, ainda podem ser observadas nas cidades de hoje? Você vê alguma evidência de que essas características podem não ser definitivas no urbanismo contemporâneo?

a composição das populações) (Parker, 2003: 4-5). Conforme veremos, a maior parte das teorias urbanas se concentra em um desses aspectos a fim de esclarecer os outros. E, embora nossa discussão a seguir não seja rigidamente baseada nos quatro Cs, os leitores deverão considerar quais teorias lidam de forma mais satisfatória com cada um desses aspectos.

Comunidade e a personalidade urbana

O sociólogo alemão Ferdinand Tönnies (1855-1936) se preocupava particularmente com os efeitos da vida na cidade sobre os vínculos sociais e a solidariedade comunitária. Ele assistiu, com tristeza, à perda gradual do que chamou de *Gemeinschaft*, ou vínculos comunitários, que caracterizou como aqueles baseados em laços íntimos e tradicionais, relacionamentos pessoais e estáveis entre vizinhos e amigos e um sentido de dever e comprometimento (Tönnies, 2001 [1887]).

Os *Gesellschaft*, ou "vínculos societários", estavam rapidamente colidindo com as relações de comunidade. Vínculos de *Gesellschaft* eram impessoais, tinham caráter relativamente efêmero, transitório e instrumental. E, embora todas as sociedades contenham vínculos sociais de ambos os tipos, com a industrialização e a urbanização, o equilíbrio se afastou definitivamente dos *Gemeinschaft*. Nessa sociedade, os relacionamentos costumam ser específicos de um determinado cenário e propósito e somente levam em conta uma parte da pessoa. Por exemplo, se tomarmos um ônibus para o trabalho, nossa interação com o motorista provavelmente se limitará a uma breve interação na porta do ônibus enquanto passamos, e o uso que fazemos dele se limitará à sua capacidade de nos levar até o nosso destino. Esse tipo de interação instrumental entre estranhos se tornou mais comum e agora se passa sem comentários como "normal". Na verdade, até mesmo Tönnies reconheceu que, apesar de suas preocupações, a rápida urbanização estava levando inexoravelmente ao domínio de vínculos *Gesellschaft*.

Os primeiros teóricos da cidade influenciaram profundamente a sociologia urbana. Robert Park, por exemplo, um importante membro da Escola de Chicago de Sociologia, estudou com Simmel na Alemanha na virada do século XX, e é disso que trataremos a seguir.

A Escola de Chicago

Diversos sociólogos associados à Universidade de Chicago da década de 1920 à de 1940, incluindo Robert Park, Ernest Burgess e Louis Wirth, desenvolveram ideias que, por muitos anos, formaram a base da teoria e da pesquisa em sociologia urbana. Dois conceitos desenvolvidos pela Escola de Chicago merecem atenção especial. O primeiro é a chamada "abordagem ecológica" na análise urbana; o outro é a caracterização do urbanismo como um modo de vida, desenvolvida por Wirth (Wirth, 1938; Park, 1952).

Ecologia urbana

A ecologia é uma ciência física que estuda a adaptação de organismos vegetais e animais ao seu ambiente, e é esse sentido de ecologia que é usado no contexto das questões e dos problemas ambientais (ver o Capítulo 5, "Meio ambiente"). No mundo natural, os organismos tendem a se distribuir de forma sistemática para que, ao longo do tempo, seja alcançado um equilíbrio entre as diferentes espécies. A Escola de Chicago de Sociologia argumentava que o estabelecimento de grandes assentamentos urbanos e a distribuição de diferentes tipos de bairros dentro deles poderiam ser compreendidos por meio de princípios semelhantes.

As cidades não crescem aleatoriamente, mas se desenvolvem em resposta a características favoráveis do ambiente. Por exemplo, as grandes áreas urbanas nas sociedades modernas tendem a se desenvolver ao longo das margens dos rios, sobre planícies férteis ou na intersecção de rotas de comércio ou ferrovias. Muitas das cidades inteligentes planejadas do século XXI, embora nem todas, seguem essa tendência. Por exemplo, a cidade nova de Khorgos, iniciada em 2014, visando a uma população de aproximadamente 200 mil pessoas, situa-se perto da fronteira entre a China e o Cazaquistão, com a finalidade de fazer parte de uma zona de desenvolvimento e atender a uma rota comercial emergente conhecida como Nova Rota da Seda (Shepard, 2017).

No entanto, as cidades também são divididas internamente. Nas palavras de Park, "depois de estabelecida, uma cidade é, ao que parece, um

A área de Lozells, em Birmingham, no Reino Unido, viu surgir uma onda de violência em 2005 entre as comunidades étnicas que compõem a população majoritária. Será que isso foi resultado de comunidades étnicas cada vez mais segregadas?

grande mecanismo de classificação que [...] infalivelmente seleciona entre a população como um todo os indivíduos mais adequados para viver em uma certa região ou um ambiente específico" (1952: 79). Portanto, por meio de processos de competição, invasão e sucessão — que ocorrem todos na ecologia biológica —, as cidades se organizam em diferentes zonas ou áreas. Diferentes bairros se desenvolvem por meio dos ajustes que os habitantes fazem à medida que lutam para ganhar a vida. Uma cidade pode ser retratada como um mapa de áreas com características sociais distintas e contrastantes.

Nos estágios iniciais do crescimento das cidades modernas, as indústrias se congregam em locais adequados para as matérias-primas de que necessitam e perto das linhas de fornecimento. As populações se agrupam ao redor desses locais de trabalho, as facilidades chegam, e os valores da terra e os impostos sobre a propriedade aumentam, dificultando que as famílias continuem vivendo no bairro central, exceto em condições restritas ou em residências decadentes onde os aluguéis ainda são baixos. O centro passa a ser dominado pelo comércio e pelo entretenimento, com os residentes privados mais ricos se mudando para novos subúrbios recém-criados.

As cidades tendem a se formar como anéis concêntricos, divididos em segmentos. No meio, ficam as áreas centrais decadentes, uma mistura de prosperidade empresarial com casas privadas em derrocada. Além dessas áreas, localizam-se bairros estabelecidos há mais tempo, que abrigam trabalhadores empregados em ocupações manuais estáveis. Mais distantes ainda, estão os subúrbios onde tendem a viver os grupos de renda mais elevada. Processos de "invasão" e "sucessão" ocorrem dentro dos segmentos dos anéis concêntricos. Assim, à medida que os imóveis entram em decadência em uma área central, a população preexistente começa a sair do lugar, precipitando uma fuga indiscriminada para bairros localizados em outras partes da cidade ou nos subúrbios.

A abordagem da **ecologia urbana** foi estendida para o trabalho de uma série de outros pesquisadores. Em vez de se concentrar na competição por

---

Estudos clássicos 13.2 — O urbanismo como modo de vida

O problema da pesquisa

Sabemos, a partir de Simmel, que o ambiente urbano tende a criar determinados tipos de personalidade e que existe um certo padrão no desenvolvimento das cidades. Mas como as cidades se relacionam e interagem com o restante da sociedade? Será que o urbanismo exerce alguma influência além dos limites da cidade? Louis Wirth (1897-1952) investigou a ideia de que o urbanismo seria, de fato, todo um modo de vida, e não uma experiência limitada à cidade.

A visão de Wirth

Enquanto outros membros da Escola de Chicago se concentraram em entender a forma da cidade — como ela veio a se dividir internamente —, Wirth estava mais preocupado com o **urbanismo** como um modo distinto de vida. O urbanismo, segundo ele, não poderia ser reduzido ou entendido apenas se mensurando o tamanho de populações urbanas. Ao contrário, ele deveria ser compreendido como uma forma de existência social. Wirth (1938: 2) observou que

> As influências que as cidades exercem na vida social do homem são maiores do que indicaria a proporção da população urbana, pois a cidade não apenas é cada vez mais o local de moradia e de trabalho do homem moderno, mas é o centro motivador e controlador da vida econômica, política e cultural que tem atraído as comunidades mais remotas do mundo para sua órbita e costurado áreas, pessoas e atividades diversas em um cosmos (1938, p. 342).

Nas cidades, muitas pessoas vivem em proximidade íntima entre si, sem conhecer a maior parte dos outros pessoalmente. Esse é um contraste fundamental em relação às aldeias e cidadelas tradicionais. Muitos contatos entre os habitantes da cidade são, conforme sugeria Tönnies, fugazes e parciais; são meios para outros fins, em vez de serem relacionamentos satisfatórios por si sós. Wirth os chama de "contatos secundários", comparados com os "contatos primários" das relações familiares e consistentes da comunidade. Por exemplo, as interações com vendedores em lojas, caixas de bancos ou cobradores de ônibus são encontros de passagem, que não se estabelecem por si mesmos, como nas relações comunais, mas meramente como meios para outros fins.

Como aqueles que vivem em áreas urbanas tendem a se movimentar muito, mudando-se para procurar trabalho e desfrutar de atividades de lazer e viagens, os laços entre eles são relativamente fracos. As pessoas se envolvem em muitas atividades e situações diferentes a cada dia, e o "ritmo da vida" nas cidades é muito mais rápido do que em áreas rurais. A competição tende a prevalecer sobre a cooperação, e os relacionamentos sociais podem parecer insignificantes e frágeis. É claro, a abordagem ecológica da Escola de Chicago dizia que a densidade da vida social nas cidades leva à formação de bairros com características distintas, e alguns deles podem preservar certas características de comunidades pequenas. Nas áreas de imigração, por exemplo, são encontrados tipos tradicionais de conexões entre as famílias, e a maioria das pessoas conhece quase todos no nível pessoal. De maneira semelhante, o estudo clássico de Young e Willmott (1957), *Family and kinship in East London*, encontrou fortes conexões entre as famílias da classe trabalhadora da cidade.

Todavia, embora Wirth aceitasse isso, ele argumentava que, quanto mais essas áreas fossem absorvidas nos padrões mais amplos da cidade, menos dessas características comunitárias sobreviveriam. O modo de vida urbano enfraquece os laços de parentesco, minando as famílias, dissolvendo as comunidades e tornando ineficientes as bases tradicionais de solidariedade social. Wirth não estava cego aos benefícios do urbanismo. Ele acreditava que as cidades modernas eram centros de liberdade, tolerância e progresso, mas também enxergava que o urbanismo se estendia além dos limites da cidade, como mostra o processo de suburbanização, com todas as suas infraestruturas e sistemas de transporte necessários. E, nesse sentido, as próprias sociedades modernas são moldadas necessariamente pelas forças do urbanismo.

Pontos de crítica

Alguns críticos apontam as limitações das ideias de Wirth sobre o urbanismo. Como a perspectiva ecológica, a tese de Wirth se baseia na experiência das cidades norte-americanas, e não pode ser considerada uma teoria geral da vida na cidade. O urbanismo não é o mesmo em todas as épocas e em todos os lugares. As cidades antigas eram muito diferentes das modernas, e muitas cidades no Sul Global atualmente são muito diferentes das encontradas no Hemisfério Norte.

Os críticos argumentam que Wirth também exagera o nível de impessoalidade nas cidades modernas. As comunidades que têm vínculos íntimos de amizade ou parentesco são mais persistentes do que ele pensava. Everett Hughes (citado em Kasarda e Janowitz, 1974: 338) observa que "Louis costumava falar todas aquelas coisas sobre como a cidade é impessoal — enquanto vivia com todo um clã de parentes e amigos em um nível muito pessoal". De maneira semelhante, Herbert Gans (1962) argumentava que era muito comum encontrar, até mesmo nas maiores cidades, "aldeões urbanos" — como os ítalo-americanos que moravam em Boston. O retrato de Wirth das cidades modernas precisa ser expandido, mostrando que a vida na cidade pode levar à *construção* de comunidades, em vez de *sempre* as destruir.

Relevância contemporânea

As ideias de Wirth têm merecidamente desfrutado de ampla aceitação. A impessoalidade de muitos contatos cotidianos nas cidades modernas é inegável, e, em um certo grau, isso se aplica à vida social mais geral. Sua teoria também é importante pelo seu reconhecimento de que o urbanismo não é apenas uma parte da sociedade, mas expressa e influencia o caráter do sistema social mais amplo. Com o processo de expansão da urbanização em muitos países no Sul Global e o fato de que a maioria das pessoas no mundo desenvolvido já mora em áreas urbanas, as ideias de Wirth continuarão a ser um ponto de referência para os sociólogos que buscam entender o urbanismo como modo de vida.

recursos escassos, Hawley (1950, 1968) enfatizou a *interdependência* entre diferentes áreas da cidade. A *diferenciação* — a especialização de grupos e papéis ocupacionais — é a principal maneira pela qual os seres humanos se adaptam ao seu ambiente. Os grupos dos quais muitos outros dependem terão um papel dominante, refletido muitas vezes em sua posição geográfica central. Os grupos empresariais, por exemplo, como grandes bancos ou seguradoras, prestam serviços fundamentais para muitas pessoas da comunidade e, assim, costumam ser encontrados nas áreas centrais. Porém, as zonas que se desenvolvem em áreas urbanas, conforme aponta Hawley, surgem de relações não apenas de espaço, mas também de tempo. A dominância do comércio, por exemplo, se expressa não apenas nos padrões de uso da terra, mas também no ritmo das atividades da vida cotidiana, como a hora do *rush*.

A abordagem ecológica tem sido importante tanto pela pesquisa empírica que promoveu quanto pela sua perspectiva teórica. Todavia, é possível fazer várias críticas justificáveis. Sua perspectiva ecológica tem sido vista como uma ligação declarada e infundada entre as sociedades humana e animal. O ponto de vista ecológico também tende a diminuir a importância do projeto e do planejamento conscientes na organização da cidade, considerando o desenvolvimento urbano como um processo mais "natural". Além do mais, os modelos de organização espacial desenvolvidos por Park, Burgess e seus colaboradores foram tirados da experiência norte-americana e não podem ser facilmente generalizados para além dela. Muitas cidades europeias, além de muitas ou da maioria das cidades no Sul Global, simplesmente não se encaixam no modelo de ecologia urbana.

Fischer (1984) argumentou que o urbanismo tende a promover subculturas diversas em vez de submergir todos dentro de uma massa anônima. Aqueles que vivem nas cidades, segundo o autor, conseguem colaborar com outras pessoas de origens ou interesses semelhantes para desenvolver conexões locais e se unem voluntariamente a grupos religiosos, étnicos, políticos ou outros grupos subculturais específicos.

Uma cidade grande pode muito bem ser um "mundo de estranhos", mas sustenta e cria relacionamentos pessoais. Isso não é paradoxal. Temos que dividir a experiência urbana entre a esfera pública de encontros com estranhos e o mundo mais privado da família, dos amigos e dos colegas de trabalho. As cidades frequentemente envolvem muitos relacionamentos sociais impessoais, anônimos, mas eles também são fontes de diversidade e amizades voluntárias. Os grupos voluntários de vários tipos, fãs de esportes, grupos ocupacionais e redes *on-line*, não estão necessariamente enraizados ou definidos por um local geográfico, mas ainda são experimentados como formas de vida em comunidade.

Atualmente, as comunidades podem estar menos vinculadas a lugares específicos, mas são formadas por meio de uma série de práticas públicas muito comuns. Blokland (2017: 5) observa que o conceito de "comunidade" nas ciências sociais é muitas vezes visto como "antiquado" e desatualizado, em grande parte porque parece referir-se a algo como a ideia de Tönnies baseada no lugar, que sugere uma "relação de um para um de 'uma comunidade' com 'um lugar'". Em algumas áreas, isso ainda pode acontecer, pois os residentes e as famílias de longa data podem considerar improvável que os "recém-chegados" permaneçam por muito tempo e, portanto, não os consideram parte de "sua" comunidade. Isso é um lembrete de que a comunidade sempre envolve relações de poder e mecanismos de exclusão e inclusão.

Porém, em uma época em que é muito mais provável que as pessoas não vivam nos lugares onde nasceram, a conexão entre comunidade e lugar foi quebrada. Hoje, a comunidade é praticada em redes sociais que muitas vezes não têm raízes em um lugar específico e são mais propensas a se sobrepor a vários lugares físicos. No entanto, o desejo de um sentimento coletivo de pertencimento continua forte. Como Blokland (2017: 1) afirma, "Algumas pessoas podem ter raízes e outras podem ter rotas, mas todas formam comunidades".

Espaços, vigilância e desigualdade na cidade

Teorias mais recentes enfatizam que o desenvolvimento urbano não é um processo autônomo ou totalmente **endógeno** (gerado de dentro), devendo ser analisado em relação a padrões importantes de mudança política e econômica e de reestruturação do espaço. Essa mudança costuma ser chamada de **nova sociologia urbana**. Os dois principais estudiosos dessa corrente, David Harvey (1982, 1985, 2006) e Manuel Castells (1983, 1991, 1997), foram fortemente influenciados pelas ideias de Marx. Harvey argumenta que o urbanismo é um aspecto do **ambiente construído** trazido pela disseminação do capitalismo industrial. Nas sociedades tradicionais, a cidade e o interior são claramente diferenciados, mas, no mundo moderno, o desenvolvimento industrial dificulta a distinção entre esses espaços. O cultivo e a produção agrícola são mecanizados e administrados conforme considerações de preço e lucro, o que reduz as diferenças entre a vida urbana e a rural.

No urbanismo moderno, segundo Harvey, o espaço é constantemente *reestruturado*. O processo é determinado por onde as grandes empresas decidem instalar suas fábricas, seus centros de pesquisa e desenvolvimento, e assim por diante, bem como pelos controles criados pelo governo sobre a produção agrícola e industrial e pelas atividades de investidores privados que compram e vendem imóveis e terras. As empresas comerciais, por exemplo, estão sempre ponderando as vantagens relativas de novas posições em relação às existentes, e, à medida que a produção se torna mais barata em uma área do que em outra, ou se a empresa muda de um produto para outro, escritórios e fábricas são fechados em um lugar e abertos em outro. Assim, em um determinado período, quando existem lucros consideráveis a obter, pode haver uma torrente de construções de prédios de escritórios no centro das grandes cidades. Depois que os escritórios foram construídos e a área central está "redesenvolvida", os investidores procuram o potencial para novas construções especulativas em outro local. Com frequência, o que é lucrativo em um período não será em outro, quando o clima financeiro tiver mudado.

De modo semelhante, as atividades de compradores privados de imóveis são fortemente influenciadas por até que ponto, e onde, os interesses comerciais compram terras, bem como pelas taxas de juros e impostos fixados pelo governo local e central. Depois da Segunda Guerra Mundial, por exemplo, houve uma vasta expansão do desenvolvimento suburbano em grandes cidades dos Estados Unidos, em parte devido à discriminação étnica e à tendência de os brancos se mudarem das áreas centrais, algo geralmente chamado de "voo branco". Todavia, isso somente foi possível, segundo Harvey, devido às decisões do governo de fazer concessões fiscais a compradores de imóveis e empresas de construção e pelo estabelecimento de arranjos especiais de crédito por organizações financeiras. Isso proporcionou a base para a construção e a compra de novas casas na periferia das cidades e, ao mesmo tempo, promoveu a demanda por produtos industrializados, como o carro.

Harvey (2006) também aplicou sua teoria do desenvolvimento espacial desigual às desigualdades globais entre os países relativamente ricos do Hemisfério Norte e os países em desenvolvimento e relativamente pobres do Sul Global. A mudança em direção a ideias políticas neoliberais, especialmente nos Estados Unidos e no Reino Unido nas décadas de 1970 e 1980, acabou com o "mito" de que os países em desenvolvimento precisam apenas "alcançar o Ocidente". À medida que os lucros capitalistas eram investidos em imóveis no centro da cidade, blocos de escritórios e outros projetos urbanos no Norte Global, como na Grã-Bretanha e na Espanha, o *boom* impulsionado pela propriedade também levava à rápida urbanização na China, no México e em outros lugares.

No entanto, o resultado geral não foi uma "aproximação" dos países do Sul Global, mas a restauração do poder das elites de classe, deixando imensa riqueza nas mãos de relativamente poucas pessoas. Harvey (2008: 32) observou que "Quatorze bilionários surgiram no México desde então [a década de 1980], e, em 2006, esse país ostentava o homem mais rico do mundo, Carlos Slim, ao mesmo tempo que a renda dos pobres havia estagnado ou diminuído". O resultado são cidades cada vez mais divididas com vigilância reforçada e condomínios fechados para proteger os ricos e a privatização dos espaços públicos.

Muitas cidades do Sul Global também estão divididas em áreas ricas e pobres, com sistemas de vigilância intensificados e comunidades ricas e fechadas. E, embora existam algumas diferenças claras entre as cidades do Sul e as do Norte Global, há uma crescente convergência no uso da vigilância para identificar e remover ameaças à segurança (como drogas, criminosos e terrorismo) que se escondem no ambiente urbano. Por exemplo, muitas cidades nos Hemisférios Norte e Sul fazem uso de circuitos fechados de televisão (CFTV) computadorizados, postos de controle de identidade e técnicas de vigilância biométrica, como reconhecimento facial baseado em IA, para defender distritos financeiros, galerias comerciais, aeroportos e condomínios fechados (veja as

USANDO SUA IMAGINAÇÃO SOCIOLÓGICA

13.1 Desigualdades sociais em "cidades de quartzo"

Nas principais cidades, pode-se identificar uma geografia de "centralidade e marginalidade". Juntamente com a visível afluência, há pobreza aguda, e esses dois mundos existem lado a lado. Mas o contato verdadeiro entre eles pode ser, surpreendentemente, mínimo. Conforme observa Davis (1990, 2006) em seus estudos sobre Los Angeles, houve um "endurecimento consciente" da superfície da cidade contra os pobres — daí a metáfora do duro "quartzo". Os espaços públicos acessíveis foram substituídos por complexos murados, bairros foram protegidos por vigilância eletrônica, residências ricas contrataram segurança privada para afastar as gangues de rua, e foram criadas "cidadelas corporativas". Nas palavras de Davis (1990: 232):

> Para reduzir o contato com os intocáveis, o novo desenvolvimento urbano converteu ruas de pedestres outrora vitais em escoadouros para o tráfego e transformou parques públicos em receptáculos temporários para os sem-teto e miseráveis. A cidade americana [...] está sendo sistematicamente virada de dentro para fora — ou, ao contrário, de fora para dentro. Os espaços valorizados das novas megaestruturas e *shopping centers* concentram-se no centro, as fachadas voltadas para a rua são lacradas, a atividade pública é dividida em compartimentos estritamente funcionais, e a circulação é internalizada em corredores, sob o olhar da polícia privada.

Segundo Davis, a vida se tornou o mais "inabitável" possível para os residentes mais pobres e mais marginalizados de Los Angeles. Os bancos nas paradas de ônibus são desconfortáveis para impedir que alguém durma neles, o número de sanitários públicos é menor do que em qualquer outra cidade norte-americana, e foram instalados sistemas de borrifadores em muitas praças, para impedir que indivíduos sem-teto morem nelas. A polícia e os planejadores municipais tentaram conter a população sem-teto dentro de certas regiões da cidade, mas, ao periodicamente remover e confiscar barracos, eles criaram efetivamente uma população de "beduínos urbanos".

Abrahamson (2014: 116) observa que cerca de 100 mil pessoas no condado de Los Angeles dormem todas as noites nas portas, nas calçadas ou nos abrigos, muitas delas em subúrbios periféricos, e não no centro da cidade, onde não são bem-vindas. Ele argumenta que, como a polícia continuamente os move ou os prende por vadiagem, mendicância e outros delitos menores, os sem-teto na cidade de Los Angeles foram efetivamente criminalizados.

> Ver o Capítulo 22, "Crime e desvio de conduta", para uma discussão sobre prevenção ao crime situacional e outras técnicas recentes de prevenção ao crime.

> **REFLEXÃO CRÍTICA**
>
> O estudo original de Davis foi publicado em 1990. As cidades continuaram a se desenvolver na direção que ele delineou? Faça uma pesquisa na cidade mais próxima de você: o número de sem-teto aumentou ou diminuiu? Existem mais condomínios fechados e conjuntos residenciais hoje do que há 20 anos? Que evidências existentes sugerem que as cidades de quartzo se tornaram ainda mais inadequadas para os grupos sociais desfavorecidos viverem?

ideias de Mike Davis em Usando sua imaginação sociológica 13.1).

Stephen Graham (2011) sugere uma razão pela qual as cidades estão se tornando locais de vigilância reforçada: ele argumenta que técnicas e tecnologias que foram projetadas para zonas de guerra se tornaram aplicações civis em ambientes urbanos. Os ataques terroristas do século XXI em Nova Iorque, Londres, Madri, Mumbai, Bruxelas e Paris sugerem que os ambientes urbanos se tornaram locais-chave para grupos que travam guerras contra Estados visando a populações urbanas. Os governos, em resposta, adotaram técnicas de vigilância de estilo militar para monitorar e atacar suspeitos de terrorismo e outras ameaças à segurança urbana, incluindo o uso extensivo de comunicações por satélite, a criação de perfis de risco e o monitoramento de sistemas postais, uso da internet, transações financeiras e sistemas de transporte (Mills e Huber, 2002). Da mesma forma, expressões como "guerra contra as drogas", "guerra contra o crime" ou "guerra contra o terror" mostram que as metáforas militares se tornaram parte aceita dos debates sobre políticas públicas.

> O terrorismo é discutido no Capítulo 21, "Nações, guerra e terrorismo".

Graham (2011: xvi) argumenta que, coletivamente, esses desenvolvimentos constituem um "novo urbanismo militar" — um tipo de urbanismo que diverge das formas anteriores. As cidades estão sendo constantemente transformadas de locais de criatividade, movimentação livre e diversidade cosmopolita em zonas altamente protegidas: "O novo urbanismo militar se alimenta de experimentos com estilos de segmentação e tecnologia em zonas de guerra coloniais, como Gaza ou Bagdá, ou operações de segurança em eventos desportivos internacionais ou convenções políticas. Essas operações atuam como campos de teste para tecnologias e técnicas a serem vendidas nos mercados mundiais emergentes de segurança interna". Nesse ambiente, as manifestações não violentas, os movimentos sociais urbanos e as vozes dissidentes do passado têm suas atividades continuamente monitoradas ou restringidas no interesse de manter a ordem e a segurança.

A operação da economia global também gera, dentro da cidade, novas dinâmicas de desigualdade que são claramente visíveis. A justaposição de um distrito comercial central e as áreas centrais empobrecidas das cidades estão inter-relacionadas. Os "setores em crescimento" da nova economia, como serviços financeiros, *marketing* e alta tecnologia, estão amealhando lucros muito maiores do que os encontrados nos setores tradicionais. À medida que os salários e bônus dos ricos continuam a subir, o pagamento daqueles empregados para limpar e proteger seus escritórios caem. Esse processo ecoa a análise de David Harvey, que argumenta que a cidade não é apenas um lugar ou cenário para relações sociais, mas é *produto* de disputas e conflitos entre grupos sociais. Sassen (2001) diz que estamos testemunhando a "valorização" do trabalho localizado na vanguarda da economia global e a "desvalorização" do trabalho que ocorre nos bastidores.

> A privação e a exclusão social são discutidas no Capítulo 11, "Pobreza, exclusão e bem-estar social", e as desigualdades, no Capítulo 6, "Desigualdade global".

As disparidades nas capacidades lucrativas são esperadas nas economias de mercado, mas a magnitude dessas disparidades na nova economia global tem um efeito negativo sobre muitos aspectos do mundo social, da habitação ao mercado de trabalho. Aqueles que trabalham em serviços financeiros e globais recebem altos salários, e as áreas onde vivem são "gentrificadas" (veja a seção "Gentrificação e reciclagem urbana", mais adiante). Ao mesmo tempo, perdem-se empregos ortodoxos na manufatura, e o próprio processo de gentrificação — a remodelagem das áreas da classe trabalhadora para criar ambientes adequados para os grupos mais ricos — cria um vasto suprimento de empregos mal remunerados — em restaurantes, hotéis e lojas. A habitação acessível é escassa nas áreas "gentrificadas", e, enquanto os distritos comerciais centrais são os receptores de influxos massivos de investimento nos mercados imobiliário, de desenvolvimento e de telecomunicações, as áreas marginalizadas recebem poucos recursos.

Movimentos sociais e consumo coletivo

Castells enfatiza que a forma espacial de uma sociedade está intimamente relacionada com os mecanismos gerais do seu desenvolvimento. Para entender as cidades, temos que compreender os processos pelos quais as formas espaciais são criadas e transformadas. O leiaute e as características arquitetônicas das cidades e dos bairros expressam disputas e conflitos entre diferentes grupos da sociedade. Em outras palavras, os ambientes urbanos representam manifestações simbólicas e espaciais de forças sociais mais amplas (Tonkiss, 2006). Por exemplo, talvez se construam arranha-céus porque se espera que gerem lucro, mas os prédios gigantes também "simbolizam o poder do dinheiro sobre a cidade, por meio da tecnologia e da autoconfiança, e são as catedrais do período e da ascensão do capitalismo corporativo" (Castells, 1983: 103).

Ao contrário dos sociólogos de Chicago, Castells considera a cidade não apenas um local distinto (a área urbana), mas uma parte integral dos processos de **consumo coletivo**, que, por sua vez, são aspectos inerentes ao capitalismo industrial. Escolas, serviços de transporte e instalações de lazer são meios pelos quais as pessoas "consomem" coletivamente os serviços fornecidos pelo Estado ou pelas empresas privadas. O sistema fiscal influencia quem é capaz de comprar ou alugar em um determinado local e quem constrói em um determinado local. As grandes corporações, bancos e seguradoras, que fornecem o capital para projetos de construção, têm muito poder sobre esses processos. Porém, as agências do governo também afetam diretamente muitos aspectos da vida da cidade, construindo estradas e habitação pública, planejando áreas de preservação ambiental que o novo desenvolvimento não possa invadir, e assim por diante. O formato físico das cidades, portanto, é produto das forças do mercado e do poder do governo.

A natureza do ambiente construído não é apenas resultado das atividades de pessoas ricas e poderosas. Castells enfatiza a importância das lutas dos grupos menos privilegiados para alterar suas condições de vida. Os problemas urbanos estimulam uma variedade de movimentos sociais, preocupados em melhorar as condições de habitação, protestando contra a poluição do ar, defendendo parques e áreas de proteção ambiental e combatendo o desenvolvimento urbano que muda a natureza de uma área. Castells estudou o movimento *gay* em São Francisco, que conseguiu reestruturar bairros em torno de seus próprios valores culturais — permitindo que muitas organizações, clubes e bares *gays* florescessem — e adquiriu uma posição proeminente na política local.

Castells (1991) sustenta não apenas que, desde a década de 1970, as cidades foram moldadas pela reestruturação do capitalismo, mas que um novo "modo informacional de desenvolvimento" surgiu, baseado na introdução de novas tecnologias e na sua distribuição desigual pelas sociedades. O que a tecnologia da informação oferece é mais flexibilidade para as organizações atingirem seus objetivos, pois permite que elas se libertem parcialmente de lugares e territórios específicos. Ao combinar o modo de desenvolvimento informacional e a reestruturação capitalista, as corporações evitam alguns dos mecanismos de controle estabelecidos e baseados no local.

Os fluxos globais de informações, capital e mensagens de *marketing* podem contornar os sistemas regulatórios de cidades territoriais, governos locais e Estados-Nações. Castells (1991: 349) explica isso de forma resumida: "As pessoas vivem em lugares, o poder governa por meio de fluxos". No entanto, ele argumenta que redes de governos locais e grupos de cidadãos organizados devem procurar formar suas próprias alianças estratégicas com o objetivo de evitar os tipos de divisões "tribais" que permitem que os poderosos "dividam e governem". Somente agindo coletivamente os cidadãos podem esperar exercer influência sobre a forma futura da paisagem urbana.

Avaliação

O trabalho de Harvey e Castells tem sido amplamente debatido e tem sido importante para redirecionar a análise urbana. Ao contrário da abordagem da ecologia urbana, os referidos autores não enfatizam processos espaciais "naturais" ou internos dentro das cidades, mas a maneira como a terra e o ambiente construído refletem sistemas de poder sociais e econômicos. Isso representa uma significativa mudança de ênfase. De algumas formas, as teorias de Harvey e Castells e aquelas da Escola de Chicago se complementam e podem ser combinadas para oferecer uma imagem mais abrangente dos processos urbanos, como a regeneração.

A regeneração do ambiente físico costuma ocorrer de acordo com ciclos de investimento descon-

Em 2014, o *Evening Standard* descreveu Kensington e Chelsea, em Londres, como uma "cidade fantasma dos super-ricos". O bairro mais rico no Reino Unido também tinha uma das mais altas taxas de casas vazias, com 1.700 casas vazias "a longo prazo" — um exemplo incrível do fenômeno de comprar e largar.

tínuos, em vez de ser um processo contínuo. Por exemplo, entre 1980 e 2000, o desenvolvimento urbano testemunhou um estouro, seguido por uma queda e depois outra rodada de investimentos significativos (Fainstein, 2001). No início da década de 1980, muitas grandes cidades experimentaram um surto de desenvolvimento gerado pelo investimento de promotores imobiliários privados, funcionários públicos e instituições financeiras. Embora no Reino Unido e nos EUA a estratégia fosse alguma forma de parceria público-privada, em Londres, o redesenvolvimento foi essencialmente liderado pelo Estado, enquanto, em Nova Iorque, foi o envolvimento do setor privado que liderou o processo.

No entanto, a recessão econômica no início da década de 1990 encerrou o crescimento, e alguns grandes projetos fracassaram. O empreendimento Canary Wharf, em Londres, faliu em 1993, enquanto o projeto da Times Square, em Nova Iorque, teve que parar um ano depois. Mas, no final da década, os mercados imobiliários em expansão no Norte Global estimularam um novo ciclo de investimento em construção (Fainstein, 2001). O espaço urbano, os terrenos e os prédios são comprados e vendidos, assim como outros bens, e a cidade é moldada pela forma como vários grupos querem usar a propriedade que compram e vendem. No entanto, como mostra Fainstein, o desenvolvimento urbano também é possibilitado ou limitado pelas forças econômicas globais. Por exemplo, partes ricas de Londres, como Knightsbridge e Belgravia, viram o crescimento do "comprar e largar", já que investidores internacionais compram principalmente imóveis recém-construídos com a intenção de deixá-los vazios para serem vendidos mais tarde com lucro. Taxas de juros baixas e um mercado imobiliário em expansão criaram oportunidades para esse tipo de especulação imobiliária, que alguns veem como a criação de "cidades fantasmas dos super-ricos" (Norwood, 2016).

Muitas tensões e conflitos emergem em diferentes localidades como resultado do planejamento da regeneração, e esses são fatores-chave que estruturam os bairros. Por exemplo, grandes empresas financeiras e de negócios tentam continuamente intensificar o uso da terra em áreas específicas. Quanto mais puderem fazê-lo, mais oportunidades haverá para a especulação fundiária e a construção rentável de novos prédios, mas há pouca preocupação com os efeitos sociais e físicos de suas atividades, o que pode significar a perda de áreas verdes e instalações para a comunidade, no impulso para construir grandes blocos de escritórios e apartamentos voltados para os ricos.

Os processos de desenvolvimento promovidos por grandes empresas de desenvolvimento imobiliário são frequentemente desafiados por empresas ou moradores locais. As pessoas se reúnem em grupos de bairros para defender seus interesses, fazendo campanha pela extensão das restrições de zoneamento ou buscando defender as áreas verdes. O desfecho incerto desses conflitos mostra que a abordagem da ecologia urbana, enraizada em lutas por recursos escassos e processos de invasão e sucessão, ainda tem um papel a desempenhar na compreensão da reestruturação urbana.

Tendências urbanas, infraestrutura e cidades sustentáveis

Antes dos tempos modernos, as cidades eram entidades independentes que se destacavam das áreas predominantemente rurais em que se localizavam. Viajar era uma especialidade de mercadores, soldados e outros que precisavam cruzar distâncias com alguma regularidade, mas a comunicação entre as cidades era muito limitada. O quadro do século XXI dificilmente poderia ser mais diferente. A globalização teve um efeito profundo, tornando as cidades mais interdependentes e incentivando a proliferação de ligações horizontais através das fronteiras das nações.

Alguns acreditam que a globalização, a tecnologia digital e a robótica estão levando à morte das cidades como as conhecemos. Isso ocorre porque muitas funções antigas das cidades agora podem ser realizadas no *ciberespaço*, e não em áreas urbanas densas e congestionadas. Os mercados financeiros são eletrônicos, o comércio eletrônico reduz a necessidade de produtores e consumidores dependerem dos centros das cidades, e a tecnologia digital permite o trabalho remoto, pois uma quantidade cada vez maior de funcionários pode trabalhar em casa, em vez de nos escritórios da cidade. Além disso, algumas cidades já altamente desenvolvidas têm visto sua população diminuir na última década à medida que as pessoas se mudam para os subúrbios ou buscam sua própria "fuga para o campo", cansadas do ritmo de vida, da poluição e do congestionamento que caracterizam a maioria das grandes cidades (Kamphuis, 2017).

No entanto, pelo menos até agora, em vez de minar as cidades, a globalização e as tecnologias digitais estão transformando-as em centros vitais dentro da economia global. Os centros urbanos se tornaram cruciais na coordenação dos fluxos de informação, na gestão das atividades empresariais e na inovação de serviços e tecnologias. E, conforme vemos no exemplo de Songdo, na Coreia do Sul, o advento de novas cidades inteligentes visa a resolver os problemas crônicos da cidade, combinando tecnologia digital e IoT para criar novos ambientes urbanos em que as pessoas vão querer viver. A cidade pode não estar morrendo ainda, mas está definitivamente "evoluindo".

Tendências urbanas no Norte Global

Hoje, cidades e áreas urbanas são, de certa forma, ambientes muito diferentes daqueles do início do século XX, e agora nos voltamos para alguns dos processos de mudança mais significativos. Nesta seção, consideramos alguns dos principais padrões de desenvolvimento urbano ocidental na era do pós-guerra, usando a Grã-Bretanha e os Estados Unidos como exemplos. Devemos prestar atenção no aumento das áreas suburbanas, no declínio das áreas centrais e nas estratégias que visam à renovação urbana.

Suburbanização

Nos Estados Unidos, o processo de **suburbanização** — o crescimento das áreas na periferia das cidades — alcançou seu pico nas décadas de 1950 e 1960, quando os centros das cidades tinham uma taxa de crescimento de 10%, enquanto a taxa das áreas suburbanas era de 48%. A maior parte do movimento inicial para os subúrbios envolveu famílias brancas, muitas das quais se opunham à mistura racial nas escolas, e mudar para os subúrbios era uma opção interessante para famílias que quisessem colocar seus filhos em escolas exclusivas para brancos.

Todavia, a dominação branca dos subúrbios nos Estados Unidos foi destruída à medida que mais e mais indivíduos de minorias étnicas se mudaram para lá. O censo de 2000 nos EUA mostra que as minorias raciais e étnicas formavam 27% das populações suburbanas, em relação aos 19% de 1990. Como as pessoas que começaram o êxodo para os subúrbios na década de 1950, os membros de grupos étnicos de minoria que se mudavam para essas áreas eram, em grande parte, profissionais de classe média em busca de melhor habitação, escolas e facilidades. Todavia, à medida que mais grupos étnicos se mudavam para os subúrbios ao longo do tempo, isso costumava produzir segregação étnica, em vez de comunidades diversificadas (Hanlon e Vicino, 2019).

No Reino Unido, muitos subúrbios ao redor de Londres cresceram entre as duas guerras mundiais e se agruparam em torno de novas estradas e conexões de metrô que levavam trabalhadores para o centro. A migração da população residencial das áreas centrais para os subúrbios e as cidades-dormitório (cidades fora dos limites do município onde moram principalmente pessoas que trabalham na cidade grande) ou cidadelas adjacentes na década de 1970 e no início da década de 1980 fez a população da Grande Londres cair em aproximadamente meio milhão durante esse período. Nas cidades industriais do Norte, a rápida perda da indústria fabril durante esse período também reduziu a população das áreas urbanas centrais. Ao mesmo tempo, muitas cidades menores cresceram rapidamente, incluindo Cambridge, Ipswich, Norwich, Oxford e Leicester. A "fuga para os subúrbios" teve implicações dramáticas para a saúde e a vitalidade dos centros urbanos britânicos e norte-americanos, embora o declínio dessa população tenha sido revertido nos últimos anos, pois muitas populações das cidades grandes têm crescido novamente — um processo chamado de "reurbanização", resultado, em grande medida, da gentrificação e, parcialmente, da migração para as áreas centrais.

A decadência das áreas centrais

A decadência das áreas centrais tem marcado todas as grandes cidades desde a década de 1980. Um motivo para a decadência nas cidades do interior da Grã-Bretanha foi a crise financeira que afetou muitas áreas. Desde o final da década de 1970, o governo central exerceu uma forte pressão sobre as autoridades locais para limitar seus orçamentos e cortar os serviços locais, mesmo em áreas centrais mais sujeitas a decair. Isso levou a conflitos intensos entre o governo e muitos conselhos que administram as áreas centrais quando estes não conseguiam cumprir os orçamentos definidos. Diversos conselhos municipais se viram com menos renda do que antes e foram forçados a fazer cortes naqueles que eram considerados serviços essenciais. Desde a crise do crédito de 2008 e suas consequências, os conselhos se viram novamente lutando para manter os principais serviços, e a situação hoje continua difícil.

Como a crise financeira de 2008 demonstra, a decadência dos centros está relacionada com as mudanças na economia global. Os países recentemente industrializados, como Cingapura, Taiwan ou México, costumam ter mão de obra mais barata do que a de locais como o Reino Unido, o que pode fazer deles lugares atraentes para a indústria. Em resposta a isso, nas últimas décadas, algumas nações já industrializadas — por exemplo, o Japão e a Alemanha (Ocidental) — mudaram suas economias para privilegiar os tipos de atividades que exigem um nível elevado de capital de investimento e uma força de trabalho especializada com um bom nível educacional.

Em um estudo importante no Reino Unido, Harrison (1983) analisou o impacto dessas mudanças globais sobre Hackney, um dos bairros mais pobres de Londres. O número de empregos no setor manufatureiro no bairro caiu de 45.500 em 1973 para 27.400 em 1981 — uma queda de 40%. Até a metade da década de 1970, a taxa de desemprego masculino em Hackney era aproximadamente igual à média nacional; em 1981, havia subido para 17,1% (50% acima da média). À medida que o número de pessoas sem trabalho aumentou, cresceu também o número de pessoas vivendo em situação de pobreza. As consequências são saúde prejudicada, menos qualificações educacionais, maiores níveis de criminalidade e vandalismo, além de potencial para tensões étnicas e conflito (ibid.: 23-24).

Às vezes, essas múltiplas desvantagens se sobrepõem a tal ponto que explodem na forma de conflito e agitação urbana. Em uma era de globalização, movimentos populacionais e rápida mudança, grandes cidades se tornaram concentradas e intensificaram expressões de problemas sociais na sociedade como um todo. Tensões contidas vêm à tona, às vezes violentamente, na forma de distúrbios, pilhagem e destruição de propriedade. Por exemplo, em 2005, aproximadamente 5 mil pessoas em Sydney, na Austrália, envolveram-se em distúrbios urbanos, conhecidos como Cronulla Riots, após rumores de comportamento agressivo por "estrangeiros", supostamente jovens do Oriente Médio, e a infiltração de grupos racistas de direita. As tensões étnicas alimentadas pela infraestrutura e pela habitação decadentes levaram a distúrbios em muitas cidades francesas no final de 2005, e, no Reino Unido, distúrbios localizados aconteceram nos bairros de Brixton, na zona sul de Londres, em 1981, 1985 e 1995, Ely, em Cardiff, em 1991, Oldham, Burnley e Lidget Green, em Bradford, em 2001, e em Birmingham, em 2005.

Depois dos distúrbios em Bradford, em 2001, o governo do Reino Unido elaborou um relatório que mostrou uma polarização profunda entre diferentes comunidades étnicas. Ele também argumentou que muitos aspectos da vida diária das pessoas levaram a isso, incluindo arranjos educacionais separados, grupos de voluntários, padrões de emprego, locais de culto e línguas (Cantle, 2001). O que esse e outros relatórios mostram é que muitos "tumultos", que normalmente são vistos como atos aleatórios de violência e destruição, podem partir de causas sociais e econômicas sérias, que apenas precisam do gatilho de um fato local para desencadear protestos. As tentativas de lidar com essas causas subjacentes levaram a programas de revitalização urbana.

Em agosto de 2011, Londres foi novamente palco de grandes distúrbios, que se espalharam para outras grandes cidades inglesas, como Leeds, Derby, Nottingham e Manchester. Um protesto pacífico após o tiroteio que levou ao assassinato de um homem local por policiais foi o prelúdio de ataques posteriores à polícia, incêndios criminosos e saques a lojas, que continuaram por cinco noites consecutivas e envolveram entre 13 e 15 mil pessoas. Cinco pessoas morreram, mais de 4 mil foram presas em todo o país, e cerca de 1.700 foram acusadas de crimes. Pouco mais da metade dos que compareceram ao tribunal tinham entre 10 e 20 anos.

Um relatório encomendado pelo governo, 5 Dias em Agosto (Riots Panel, 2011), continha entrevistas com moradores e vítimas e análise dos dados disponíveis. O relatório descobriu que, embora o tiroteio fatal em Tottenham tenha sido o gatilho, nenhuma causa isolada explicava a agitação. No entanto, isso apontou para uma forte ligação entre a privação social e a agitação urbana. Por exemplo, cerca de 70% das pessoas presas e levadas perante os tribunais viviam nas áreas mais carentes do país, e os moradores relataram um sentimento generalizado de que alguns jovens "não tinham esperança e não tinham nada a perder". Em algumas áreas, as relações entre a polícia e o público eram muito ruins, e muitas queixas foram registradas sobre a "conduta imprópria" nos procedimentos de abordagem e revista da polícia, particularmente de homens negros e asiáticos, que eram muito mais propensos a serem abordados e revistados (ibid.: 12; Lewis e Newburn, 2012). A preocupação com o colapso da moral e dos valores também foi relatada, com muitos entrevistados citando o tamanho dos bônus dos banqueiros, o escândalo sobre as despesas dos deputados, a cultura de consumo e a falta de responsabilidade pessoal como causas subjacentes.

Desde a década de 1970, existem alguns exemplos de ação coordenada por redes de cidades com o objetivo de enfrentar alguns desses problemas estruturais. Na Europa, a partir da recessão dos anos 1970, as cidades se uniram para promover investimentos e gerar novas formas de emprego. O movimento Eurocidades, que abrange mais de 130 das maiores cidades da Europa, foi formado em 1989 (com apenas seis) para influenciar e trabalhar com a política da UE. Cidades asiáticas como Seul, Cingapura e Bangkok também têm sido atores econômicos eficazes, reconhecendo a importância da velocidade da informação para os mercados internacionais e a necessidade de estruturas produtivas e comerciais flexíveis. Claramente, apesar dos muitos projetos de regeneração urbana realizados desde o início da década de 1980, os diversos problemas sociais das áreas carentes do centro da cidade continuam a arruinar a vida de muitos cidadãos e continuam a ser um problema significativo para governos e legisladores.

> Ver o Capítulo 8, "Raça, etnicidade e migração", para uma discussão mais detalhada sobre o multiculturalismo e as relações étnicas. Os problemas que surgem da decadência das áreas centrais também são abordados no Capítulo 9, "Estratificação e classe social", e no Capítulo 11, "Pobreza, exclusão e bem-estar social".

Revitalização urbana

Em muitas economias desenvolvidas, foi introduzida uma variedade de esquemas nacionais para tentar reviver os dias de prosperidade dos centros urbanos, mas projetar uma política de **revitalização urbana** bem-sucedida é particularmente desafiador, pois exige ação simultânea em diversas frentes.

Em 1988, o programa "Action for Cities", do governo conservador do Reino Unido, encorajou investimentos privados e forças do livre mercado para gerar revitalização urbana. Todavia, a resposta das empresas foi mais fraca do que o previsto, e, devido à aparente impossibilidade de resolver muitos problemas que os centros urbanos enfrentam, há uma tendência de os programas serem abandonados quando os resultados não se materializam rapidamente. O Relatório Scarman (Scarman, 1982) sobre os distúrbios de Brixton, Londres, em 1981, cita a falta de uma abordagem coordenada aos problemas do centro, e, sem grandes gastos públicos, as perspectivas de melhora radical realmente são poucas (Macgregor e Pimlott, 1991).

Em 1997, o governo trabalhista lançou dois grandes fundos de regeneração: o New Deal for Communities e o Neighbourhood Renewal Fund. O New Deal for Communities (NDC) foi o carro-chefe do partido trabalhista como esquema de regeneração da Inglaterra; ele foi lançado em 1998 e concluído em 2010, depois de envolver 39 bairros carentes e 6.900 projetos. O esquema inteiro custou £ 1,71 bilhão do dinheiro público e £ 730 milhões dos setores público, privado e voluntário, tornando-o "uma das iniciativas baseadas em área mais intensas e inovadoras já realizadas na Inglaterra" (Batty et al., 2010: 5). O objetivo em 10 anos era fechar a lacuna entre essas áreas e o restante do país, concentrando-se em três resultados *relacionados ao local* — crime, comunidade e moradia —, juntamente com três *relacionados a pessoas* — educação, saúde e desemprego. Mas ele teve sucesso?

O relatório de avaliação final sugere que, em alguns lugares, sim. Os moradores relataram que se sentiram melhores em relação a seus bairros e, em geral, ficaram satisfeitos com o fato de as parcerias do NDC terem melhorado suas áreas. Também houve melhorias na maior parte dos indicadores, incluindo crimes comuns, abandono urbano, condições de moradia e saúde mental. No entanto, o relatório observou pouca mudança nos níveis de desemprego, escolaridade, medo de se tornar vítima de crime ou sensação de que as pessoas podem influenciar os processos de tomada de decisão.

No entanto, a crise financeira de 2008, a recessão econômica que se seguiu e os cortes nos gastos públicos do governo encerraram o programa. Os autores do relatório observaram que "Esse não é o melhor momento para pensar em sustentar a atividade do 'programa pós-regeneração'" (Batty et al., 2010: 34). Em muitas outras cidades, projetos residenciais e comerciais foram severamente afetados pela "crise de crédito" global de 2008, quando as principais instituições financeiras endureceram seus critérios de empréstimo e removeram o financiamento. As restrições aos empréstimos bancários, juntamente com as medidas de austeridade do governo, levaram a uma perda de confiança, e muitos desenvolvimentos foram paralisados.

Algumas cidades constroem planos estratégicos de médio e longo prazo para abordar os desafios complexos que se apresentam. Nesses planos, autoridades governamentais locais, grupos cívicos e agentes econômicos privados podem trabalhar juntos para revitalizar a infraestrutura urbana, organizar um evento mundial ou migrar a base de emprego dos setores industriais para setores baseados no conhecimento. Birmingham, Amsterdã, Lyon, Lisboa, Glasgow e Barcelona são exemplos de cidades europeias que executaram projetos bem-sucedidos de revitalização urbana com a ajuda de planos estratégicos. O caso de Barcelona é particularmente digno de menção.

Lançado em 1988, o Plano Estratégico de Desenvolvimento Econômico e Social de Barcelona 2000 reuniu organizações públicas e privadas em uma visão e um plano de ação compartilhados para transformar a cidade. O governo municipal de Barcelona e 10 outros órgãos (incluindo a Câmara de Comércio, a universidade, a Autoridade Portuária e alguns sindicatos) supervisionaram a implementação dos três objetivos principais do plano: conectar Barcelona com uma rede de cidades europeias, aperfeiçoando a infraestrutura de comunicação e transportes, melhorar a qualidade de vida dos habitantes da cidade e tornar o setor industrial e de serviços mais competitivo, promovendo novos setores econômicos promissores.

Um dos alicerces do plano foi sediar os Jogos Olímpicos de 1992. Receber as Olimpíadas permitiu a "internacionalização" de Barcelona; os recursos e a visão da cidade foram apresentados para o mundo inteiro ver. No caso de Barcelona, organizar um evento mundial foi crucial em duas frentes: promoveu o perfil da cidade aos olhos do mundo e gerou mais entusiasmo para concluir a transformação urbana (Borja e Castells, 1997). Londres aproveitou a realização dos Jogos Olímpicos de 2012 para promover uma revitalização urbana explícita e ambiciosa, criando novas linhas ferroviárias, convertendo a vila dos atletas em habitação e construindo cinco novos bairros com cerca de 8 mil pessoas (Dugan, 2013). O esporte, ao que parece, pode desempenhar um papel importante nos programas de revitalização urbana (Taylor et al., 1996).

Claramente, ainda restam questões sobre a eficácia dos esquemas de revitalização. Como os programas implementados de cima para baixo pelo governo podem obter o apoio e o envolvimento da população local, o que geralmente é crucial para seu sucesso? O dinheiro público pode realmente estimular as economias locais e criar empregos? E como os esquemas de regeneração podem evitar problemas de deslocamento de uma área para outra (Weaver, 2001)? A experiência dos NDCs na Inglaterra

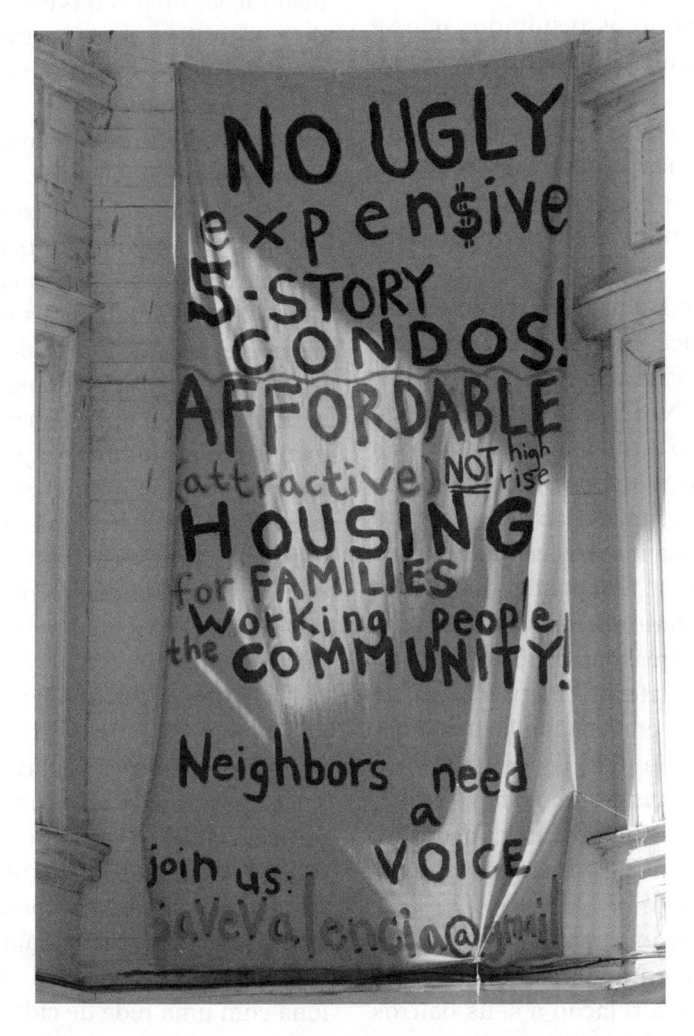

"Nada de condomínios de cinco andares feios e caros"/"Moradia acessível (atrativa), sem construções gigantes, para a comunidade de famílias trabalhadoras!"/"Os vizinhos precisam de uma voz!" A gentrificação pode levar à revitalização econômica, mas também pode resultar na segregação e na exclusão dos moradores mais pobres.

mostra que, após 10 anos de atividade e investimento, os bairros relevantes permaneceram como "áreas carentes", e a solução dos diversos problemas dessas regiões urbanas levará muito mais tempo.

Gentrificação e "reciclagem urbana"

A **reciclagem urbana** — revitalização ou substituição de prédios velhos e novos usos de espaços já construídos — tornou-se comum nas grandes cidades. Ocasionalmente, ela ocorre como parte dos programas de planejamento, mas costuma ser resultado do processo de **gentrificação** — a transformação de uma área da classe trabalhadora ou uma área vaga do centro da cidade para uso residencial e/ou comercial pela classe média (Lees et al., 2008: xv). Em outras palavras, é o processo por meio do qual "as pessoas mais ricas deslocam as pessoas mais pobres, e a diversidade é substituída pela homogeneidade social e cultural" (Lees et al., 2016: 9).

Nos Estados Unidos, Anderson (1990) analisou o impacto da gentrificação. Embora a renovação de um bairro geralmente aumente o seu valor, ela raramente melhora o padrão de vida de seus residentes atuais de baixa renda, que costumam ser forçados a sair. No bairro que Anderson estudou na cidade da Filadélfia, muitas das residências foram condenadas, forçando mais de mil pessoas negras a abandonar seus lares. Embora os moradores tenham sido informados de que suas propriedades seriam usadas para construir casas modernas de baixo custo e de que eles teriam prioridade de compra, na prática, foram construídas grandes lojas e uma escola no local.

Os residentes que ficaram receberam alguns benefícios na forma de escolas melhores e proteção policial, mas o aumento resultante de impostos e aluguéis acabou por forçá-los a sair em busca de um bairro mais barato, geralmente em áreas com maior exclusão social. Os residentes negros que Anderson entrevistou expressaram ressentimento com o influxo de *yuppies*, que consideravam responsáveis pelas mudanças. Os brancos recém-chegados tinham se mudado em busca de casas "antigas" de baixo custo, acesso a seus empregos na cidade e um estilo de vida urbano moderno. Eles se diziam "abertos" em relação às diferenças raciais e étnicas; porém, na realidade, havia pouca confraternização entre os novos e os antigos residentes, a menos que fossem da mesma classe social. Com o tempo, o bairro se transformou gradualmente em um enclave de classe média branca.

Em Londres, as Docklands são um exemplo notável da "reciclagem urbana". A área das Docklands em East London ocupa mais de 22 quilômetros quadrados do território adjacente ao rio Tâmisa que perdeu sua função econômica pelo fechamento das docas e pelo declínio industrial. As Docklands estão perto do distrito financeiro de Londres, mas também ficam ao lado de áreas pobres e operárias. Muitos que viviam dentro ou perto das Docklands eram favoráveis ao redesenvolvimento por meio de projetos comunitários que protegessem os interesses dos moradores mais pobres. Mas, com o estabelecimento da Docklands Development Corporation, em 1981, a região se tornou uma parte central da estratégia do governo de incentivar a "revitalização" por meio de empresas privadas. Vários pesquisadores indicam que os governos normalmente evitam o termo "gentrificação", preferindo o termo mais positivo "revitalização". Nos EUA, o termo *homesteading* (herdade) foi adotado na década de 1970, enquanto, no Reino Unido e em outros lugares, "renascença", "revitalização" ou "renovação" também foram adotados para "disfarçar" as associações negativas da gentrificação (Lees et al., 2008: xxi).

Um estudo empírico de gentrificação em Londres, baseado em cerca de 450 entrevistas com moradores, inclusive na área das Docklands, descobriu que o interior de Londres se tornou uma "cidade de classe média", embora as classes médias permaneçam sendo minoria (Butler e Robson, 2003). O relaxamento das restrições e das normas de planejamento levou as Docklands a serem cobertas por edifícios modernos, geralmente com *design* ousado. Os armazéns foram convertidos em apartamentos de luxo, e novos quarteirões foram construídos ao lado deles. No entanto, em meio a tudo isso, há prédios em ruínas e trechos de terrenos baldios. Os moradores de classe média das Docklands certamente estavam "na cidade", mas nunca foram "da cidade"; ou seja, as áreas gentrificadas não foram integradas ao contexto social urbano mais amplo. E, apesar das muitas diferenças entre o Reino Unido e os EUA, o processo de gentrificação leva a algumas consequências sociais muito parecidas. Por exemplo, embora Londres como um todo seja uma das cidades mais multiétnicas do mundo, em suas zonas gentrificadas, as classes médias "agrupam-se em assentamentos basicamente brancos no centro da cidade. Seus filhos, em sua maioria, como seus pais, têm amigos como eles. Isso não é uma grande surpresa, mas talvez um sinal preocupante para o futuro" (ibid.: 2).

De fato, Atkinson e Bridge (2005) argumentam que a gentrificação se tornou um processo global, à medida que as cidades do Sul Global ficam sujeitas a tipos de desenvolvimento urbano semelhantes aos que ocorreram no Norte. Eles encaram isso como uma nova forma de colonialismo, em que os modelos ocidentais de gentrificação se espalham do "centro" para a "periferia". No entanto, os estudiosos que examinam a gentrificação e a urbanização no Sul Global rejeitam essa visão, descrevendo-a como o emprego contínuo de conceitos cunhados para uso na Europa e na América do Norte em contextos em que podem ter pouca aplicação (Ley e Teo, 2014). Lees et al. (2106) argumentam que, embora a gentrificação possa muito bem ser a "vanguarda do urbanismo global", o processo não é o mesmo entre as sociedades. Portanto, os estudos comparativos devem ser um empreendimento colegiado entre especialistas e acadêmicos tanto no Norte quanto no Sul Global.

Se a gentrificação está se tornando um processo global ou "planetário", isso não significa que seja uniforme em todos os países. No entanto, para aqueles que trabalham com uma ampla perspectiva de economia política, a especulação capitalista sobre imóveis e desenvolvimento no ambiente urbano construído se tornou muito mais significativa, particularmente quando as taxas de lucro da produção industrial estão caindo, e essa mudança está impulsionando um estouro global nos valores de propriedades. Na economia global, o processo opera tanto no Norte como no Sul, integrando interesses financeiros e corporativos com o poder dos Estados, expulsando comunidades residenciais para dar lugar a empreendimentos mais lucrativos (Merrifield, 2013: 914-915).

Tendências urbanas no Sul Global

Prevê-se que a população urbana do mundo alcançará quase 5 bilhões de pessoas em 2030, e a Orga-

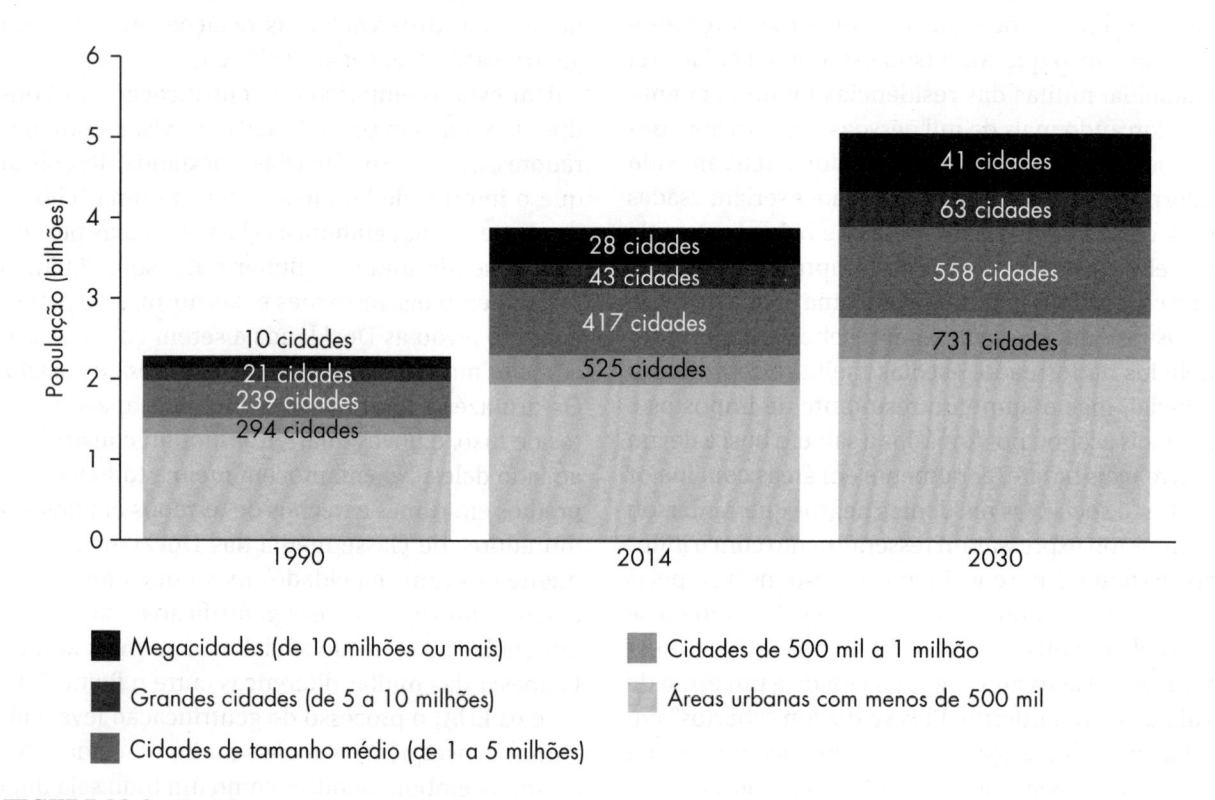

FIGURA 13.2 População urbana global pelo tamanho das cidades, 1990, 2014 e 2030 (estimado).
Fonte: UN DESA (2014: 13).

nização das Nações Unidas estima que quase 4 bilhões desses moradores urbanos serão residentes de cidades do mundo em desenvolvimento. O número de cidades de todos os tipos continua a crescer, mas o número de pessoas vivendo nas cidades muito grandes triplicou desde 1990 e constitui algo em torno de 12% da população urbana global. Conforme mostra a Figura 13.2, a ONU prevê que esse padrão continuará no futuro. A maioria das megacidades está nos países em desenvolvimento do Sul Global. Atualmente, a China tem seis megacidades, e a América Latina, quatro. A Índia terá sete megacidades até 2030, e a África deverá ter seis, incluindo Cairo, Kinshasa, Dar es Salaam e Luanda. Além disso, como vimos, a maioria das novas cidades de alta tecnologia está sendo planejada para países do Sul Global.

Castells (1996) se refere às **megacidades** como um dos principais elementos da urbanização no terceiro milênio, referindo-se a cidades com populações superiores a 10 milhões de pessoas. Elas não são definidas apenas por seu tamanho, mas também por seu papel como pontos de conexão entre populações humanas enormes e a economia global. As megacidades são bolsões intensamente concentrados de atividade em que fluem a política, a mídia, as comunicações, as finanças e a produção. Segundo Castells, as megacidades funcionam como ímãs para os países ou regiões onde se localizam. Além de servir como nexos na economia global, as megacidades também se tornam "depositórios de todos os segmentos da população que lutam para sobreviver" (ibid.: 434). Por exemplo, Mumbai, na Índia, é um florescente centro financeiro e de empregos e lar da extraordinariamente popular indústria cinematográfica de Bollywood. Ela é uma cidade pulsante e crescente, com o tipo exato de atração magnética de que fala Castells.

A maior área urbana do mundo é o delta do rio Pearl (PRD, do inglês Pearl River Delta), na China. Em 1995, ela já tinha uma população de 50 milhões de pessoas, e é um dos mais significativos centros industriais, comerciais e culturais do século. O PRD é um conjunto formado por nove cidades, incluindo Shenzhen e Guangdong, que, de acordo com o Banco Mundial, está ultrapassando Tóquio para se tornar a maior megacidade do mundo, com uma população de 66 milhões de pessoas (Vaitheeswaran, 2017).

Castells (1996a) aponta para vários fatores inter-relacionados que ajudam a explicar o surgimento dessa enorme conurbação. Primeiramente, a China está passando por uma transformação econômica, e Hong Kong está se tornando um dos "pontos nodais" mais importantes para ligar a China à economia global. Em segundo lugar, entre a metade da década de 1980 e a metade da década de 1990, os industrialistas de Hong Kong começaram um processo dramático de industrialização no delta do rio Pearl, e, em meados da década de 1990, mais de 6 milhões de pessoas estavam empregadas em 20 mil fábricas e 10 mil empresas. Por fim, o papel de Hong Kong como centro comercial e financeiro global tem crescido à medida que sua base econômica se afasta da manufatura e se volta para o setor de serviços. O resultado tem sido uma "explosão urbana sem precedentes".

Por que a taxa de crescimento urbano nas regiões menos desenvolvidas do mundo é tão maior do que em outros locais? As taxas de crescimento populacional são maiores em países do Sul Global, e o crescimento urbano é alimentado por taxas elevadas de fertilidade entre as pessoas que já moram nas cidades. Em segundo lugar, existe uma ampla migração interna de áreas rurais para áreas urbanas, como no caso da megacidade de Hong Kong-Guangdong. As pessoas são atraídas para as cidades no mundo em desenvolvimento porque seus sistemas tradicionais de produção rural se desintegraram ou porque as áreas urbanas oferecem melhores oportunidades de emprego. A pobreza rural leva muitas pessoas a tentar a vida na cidade, e, mesmo que pretendam migrar por um período relativamente curto, a maioria se vê forçada a ficar depois de perder sua posição em suas antigas comunidades.

> Ver o Capítulo 5, "Meio ambiente", para uma discussão sobre as consequências do crescimento da população global.

Desafios à urbanização

À medida que um número cada vez maior de trabalhadores agrícolas e sem formação educacional migra para os centros urbanos, a economia formal apresenta dificuldades para absorver o influxo na força de trabalho. Na maioria das cidades do mundo em desenvolvimento, é a economia informal que permite que aqueles que não encontram emprego formal consigam sobreviver. Do trabalho casual em fábricas ou na construção civil até atividades comerciais de pequena escala, o setor informal desregulado propicia oportunidades de ganho para trabalhadores pobres e pouco capacitados. No entanto, a economia informal também é não tributada, desregulamentada e menos produtiva do que a economia formal, e muitos países no Sul Global perdem muitas receitas de impostos necessárias.

A **OCDE** (Organização para Cooperação e Desenvolvimento Econômico) estima que seja necessário um bilhão de novos empregos, em 2025, para sustentar o crescimento populacional esperado em cidades do Sul Global. É improvável que todos esses empregos sejam criados dentro da economia formal, e alguns analistas do desenvolvimento argumentam que deve ser dada atenção para a formalização ou regulamentação da grande economia informal, em que é provável que a maior parte da força de trabalho "excedente" se agrupe no futuro.

Muitas das áreas urbanas em rápida expansão nos países do Sul Global também diferem dramaticamente das cidades no Norte. Embora as cidades em outros locais enfrentem problemas ambientais, aquelas nos países do Sul Global enfrentam riscos particularmente graves. A poluição, a carência habitacional, o saneamento inadequado e o suprimento de água impróprio são problemas crônicos nesses países. Cidades como Calcutá e São Paulo são completamente congestionadas, e a taxa de migração interna é elevada demais para a disponibilidade de residências permanentes. Os imigrantes se amontoam em áreas de posse, que se formam pelas bordas da cidade. Esse congestionamento e o desenvolvimento exagerado dos centros das cidades levam a sérios problemas ambientais, como a perda de "áreas verdes" e a poluição advinda de veículos e áreas industriais.

A globalização apresenta oportunidades importantes para a expansão das áreas urbanas no Sul Global. Com a integração econômica, as cidades podem entrar nos mercados internacionais, promover-se como locais de investimento e desenvolvimento e criar vínculos econômicos além das fronteiras dos Estados-Nações. A globalização apresenta uma das aberturas mais dinâmicas para que os centros urbanos em crescimento se tornem grandes forças no desenvolvimento econômico e na inovação. De fato, muitas cidades do Sul Global já se juntaram às fileiras das "cidades globais" do mundo.

Todavia, em muitas áreas urbanas do Sul Global, a pobreza é disseminada, e os serviços sociais existentes não conseguem satisfazer as demandas para o atendimento de saúde, planejamento familiar, educação e formação. A proporção maior de jovens nos países do Sul Global, em comparação com os países industrializados, também cria problemas sociais. Uma população jovem precisa de apoio e de educação, mas muitos países não possuem os recursos necessários para prover educação universal. No entanto, embora as taxas de natalidade permaneçam altas em muitos países, prevê-se que elas cairão no futuro, contribuindo para uma diminuição gradual na rápida taxa de urbanização. A urbanização no Sul Global ilustra algo do mundo de "alto risco e alta oportunidade" que vemos surgir hoje. Embora a globalização crie muitas oportunidades positivas, há um risco real de que, na corrida para o rápido desenvolvimento urbano, os governos assumam níveis insustentáveis de dívida, que ameaçariam inviabilizar o projeto inteiro.

> O crescimento populacional é discutido no Capítulo 4, "Globalização e mudança social", no Capítulo 5, "Meio ambiente", e no Capítulo 6, "Desigualdade global".

Infraestrutura urbana

No século XXI, estudos urbanos têm visto uma "virada de infraestrutura": diversos deles têm chamado a atenção para as redes de infraestrutura incrivelmente complexas, variadas e extensas das quais as cidades dependem para o fornecimento de serviços como água e energia, transporte e gestão

A poluição do ar é um problema persistente nas grandes cidades do mundo, muitas vezes excedendo os limites acordados globalmente. Quando a China entrou em confinamento no início de 2020, como resultado da disseminação da covid-19, previa-se que a epidemia poderia paradoxalmente salvar milhares de vidas por meio da melhoria da qualidade do ar, como resultado da paralisação das fábricas e das viagens rodoviárias.

e descarte de resíduos urbanos. A "infraestrutura" pode parecer imediatamente óbvia e até mesmo de pouco interesse para os sociólogos. Porém, Amin e Thrift (2017: 68-69) sugerem que ela é tudo menos isso — a infraestrutura não é passiva ou morta, mas "vívida".

> A forma como o mundo se transforma deve ser uma questão de admiração. Pense nas inúmeras interações que fazem com que as coisas apareçam na porta de casa ou nos supermercados, pelo menos em certas partes do mundo. Ou o fato de as luzes ficarem acesas e a água fresca fluir pelas torneiras. Ou a maneira como podemos viajar de A para B sem muita dificuldade. É quase impossível evocar a complexidade existencial — e a correspondente fragilidade — do alicerce da civilização que é a infraestrutura.

Essa mudança de foco conecta a realidade material da cidade com as relações sociais, por meio das diversas maneiras com que os moradores urbanos vivenciam realmente o ambiente urbano. Existem grandes diferenças entre os tipos de cidade, especialmente entre as cidades industriais do Norte Global e as do Sul Global.

No Sul Global, onde a infraestrutura urbana pode ser, na melhor das hipóteses, pouco confiável, a vulnerabilidade de todas aquelas redes invisíveis de tubos, cabos, usinas de energia e trabalhadores à interrupção está em primeiro plano na vida da cidade. No entanto, nos países industrializados, justamente porque esses sistemas tendem a ser ocultos e mais confiáveis, as pessoas normalmente vivem sem pensar muito naquilo que lhes permite desfrutar da cidade. Como declara Graham (2010: 2), "por depender da atuação contínua de infraestrutura para comer, lavar, aquecer, cozinhar, iluminar, trabalhar, viajar, comunicar e remover resíduos perigosos ou venenosos de seu local de moradia, a população urbana muitas vezes tem poucas ou nenhuma alternativa real quando as complexas infraestruturas que às vezes conseguem realizar esses serviços são removidas ou interrompidas". Desastres como terremotos e inundações, ou interrupções mais comuns, como entupimentos nos tubos de esgoto por excesso de gordura de restaurantes e residências, ou reparos urgentes de transportes, servem para tirar a infraestrutura urbana de sua invisibilidade normal.

Muitos sociólogos urbanos associam estudos de construção e manutenção da infraestrutura material urbana a desigualdades sociais e políticas (Graham e McFarlane, 2015). Por exemplo, alguns grupos sociais são desprovidos de certos recursos de infraestrutura, enquanto outros desfrutam de acesso privilegiado a eles. Nos EUA, uma ação legal foi movida entre 1978 e 1979 por residentes de Houston, Texas, que se opunham à proposta de implantação de um aterro sanitário perto de suas casas. Robert Bullard estudou a localização das instalações de resíduos e descobriu que, desde a década de 1930, cerca de 82% de todos os resíduos de Houston foram despejados em áreas residenciais negras, apesar de os negros representarem apenas 25% da população (Lakhani, 2019). Esse caso introduziu o conceito de "racismo ambiental", que faz parte de um movimento mais amplo de justiça ambiental (Bullard, 1993). Em 2009, muitos assentamentos informais em Mumbai, na Índia, sofreram intensificadas batidas policiais que visavam a destruir suas ligações de água após uma decepcionante temporada de monções, a fim de proteger o abastecimento de água de comunidades de classe média em partes mais ricas da cidade (Graham et al., 2015).

O que podemos concluir com exemplos como esses é que o desenvolvimento da infraestrutura urbana não é simplesmente uma questão neutra de administração e planejamento urbano, mas está sempre ligado às desigualdades sociais e às lutas políticas, incluindo a formação de movimentos sociais urbanos.

Cidades sustentáveis

Louis Wirth (1938: 1-2), em seu famoso ensaio "Urbanismo como meio de vida", argumentou que "Em nenhum lugar a humanidade esteve mais distante da natureza orgânica do que sob as condições de vida características das grandes cidades". No entanto, embora a disciplina de sociologia tenha feito muito para identificar a dinâmica do desenvolvimento urbano e os problemas sociais associados à vida na cidade, até recentemente, ela dava pouca atenção ao impacto das cidades sobre o ambiente natural.

Para muitos dos que participam do movimento ambientalista, as cidades demonstram de forma aguda exatamente o que há de errado com as sociedades modernas. Edward Goldsmith (1988) argumentou que a industrialização deu origem a um "mundo substituto" (o "ambiente criado" de Harvey) de bens materiais, edifícios e dispositivos tecnológicos que só podem ser construídos a partir do "mundo real" da biosfera global. Os recursos extraídos do mundo natural são transformados em estradas, moradias e mercadorias, mas, nesse processo, o solo superficial é coberto de asfalto, as florestas são destruídas para dar lugar a fábricas e conjuntos habitacionais, e a geração e o descarte de resíduos poluem o meio ambiente.

Até mesmo uma tecnologia aparentemente benigna como a internet acaba sendo completamente dependente de indústrias de energia poluidoras. A expansão global da internet torna a rede mundial um usuário cada vez mais pesado de eletricidade. Para funcionar, a internet depende da extração, do refinamento, do transporte e do uso de combustíveis fósseis tanto quanto qualquer outro dispositivo tecnológico. Os usuários da internet que digitam no Google para pesquisar na *web* provavelmente não estão cientes das vastas "*farms* de servidores" que a empresa construiu para lidar com suas solicitações nem das suas imensas demandas de energia.

Estimativas apontam que, em 2016, a Google tinha cerca de 2,5 milhões de servidores em seus 15 locais de *data centers*, sendo oito nos EUA, quatro na Europa, dois na Ásia e um na América do Sul. Esses centros processam 40 milhões de pesquisas por segundo, 1,2 trilhão por ano (Data Center Knowledge, 2017). Em 2015, o uso de energia da empresa-mãe da Google, Alphabet, ficou em torno de 5,7 terawatts-hora (TWh), com a própria Google usando a maior parte disso (1 terawatt é equivalente a 1 trilhão de watts). Em números de 2018, esse consumo corresponde ao dobro da energia consumida por toda a Nigéria (28 TWh), mais do que Portugal (49 TWh) e Romênia (50 TWh), e pouco abaixo do consumo da República Tcheca (59 TWh) (Enerdata, 2019). A Google afirma ser uma empresa neutra em carbono, pois compensa seu uso de energia "suja" comprando uma quantidade equivalente de energia renovável. No entanto, isso significa que a empresa ainda usa combustíveis fósseis poluentes para alimentar suas operações, e os críticos dizem que ela é, portanto, "neutra em carbono" apenas em um "sentido teórico" (Geuss, 2018).

Para muitos ambientalistas, a cidade moderna é semelhante a uma enorme fera, devorando energia, água e oxigênio enquanto emite grandes quantidades de gases nocivos, esgoto e outros poluentes que precisam ir para algum lugar, geralmente para aterros sanitários, atmosfera ou cursos de água e oceanos. O ecologista americano Eugene Odum (1989: 17) descreveu a cidade como "um parasita [...] uma vez que não produz comida, não limpa o ar e limpa muito pouca água a ponto de poder ser reutilizada". Isso pode ter sido tolerável com algumas "feras" ou "parasitas", mas a urbanização contínua significa que, em 2018, havia 33 megacidades no mundo, 467 cidades com populações entre 1 e 5 milhões de habitantes, e outras 598 com populações entre 500 mil e 1 milhão de habitantes. Em 2030, nas projeções atuais, haverá 706 cidades com mais de 1 milhão de pessoas (UN DESA, 2018: 2). Cohen (2017: 3) argumenta que, "Com mais de sete bilhões de pessoas no planeta e uma população máxima provável de nove bilhões ou dez bilhões, não é possível projetar e construir assentamentos humanos que estejam em perfeita harmonia com a natureza". No entanto, a solução de Goldsmith é simples: desindustrialização e descentralização das cidades. Dado o tamanho da população humana global, seria essa uma proposição sequer realista?

Parece improvável, por diversos motivos. Em primeiro lugar, o movimento em grande escala de pessoas para o campo provavelmente significaria mais danos ambientais, e não menos, à medida que as populações humanas e a sua poluição associada se espalhassem para novas áreas, engolindo mais terras no processo (Lewis, 1994). Em segundo lugar, a infraestrutura das cidades pode, na verdade, ser menos prejudicial ao ambiente natural do que as pequenas comunidades nas áreas rurais. Por exemplo, o transporte público nas cidades tende a ser menos poluente por habitante do que o uso individual do carro nas áreas rurais. Uma população urbana mais densa, na verdade, torna o transporte público mais eficiente e menos poluente (Banister, 1992). Nesse sentido, a sustentabilidade ambiental e a resiliência aprimorada da cidade a crises potenciais, como interrupção de energia ou desastres naturais, podem ser vistas como complementares (Pearson et al., 2014). O caráter mais compacto das cidades também permite o uso mais amplo de meios de transporte ambientalmente benéficos, como bicicletas — e até mesmo a velha caminhada. Por outro lado, muitos moradores rurais insistem que seus carros particulares são necessidades reais. Finalmente, a miríade de projetos de habitação coletiva e os empreendimentos de grande porte das cidades modernas são mais capazes de acomodar a grande população humana do que os tipos de habitação típicos dos subúrbios.

Em vez de desistir completamente das cidades, como alguns ambientalistas radicais defenderam no passado, há um interesse crescente em modificá-las e transformá-las em ecocidades, "cidades inteligentes" ou simplesmente **cidades sustentáveis**. Uma cidade sustentável é aquela que visa a minimizar suas entradas de energia e recursos e reduzir suas saídas de poluentes e resíduos. Em termos simples, o objetivo é encontrar a forma de assentamento humano que tenha o menor impacto sobre o meio ambiente (Cohen, 2017). O conceito oferece a perspectiva atraente de manter as liberdades, as oportunidades e a diversidade cultural da vida na cidade enquanto se protege o mundo natural de danos crescentes e, assim, contribui-se para o projeto mais amplo do **desenvolvimento sustentável** (Haughton e Hunter, 2003; Jenks e Jones, 2009).

> Ver o Capítulo 5, "Meio ambiente", para mais detalhes sobre o desenvolvimento sustentável.

A sustentabilidade urbana requer a substituição de fluxos *lineares* por fluxos *circulares* de materiais e bens. Exemplos simples são reciclar resíduos, em vez de despejá-los em aterros sanitários ou incinerá-los, e reciclar a água doméstica "cinza" (usada), utilizando-a para dar descarga em vasos sanitários ou regar plantas de jardim. Dessa forma, cria-se um processo circular que se torna menos danoso ecologicamente e mais sustentável (Mega, 2010). Essa lógica pode ser incorporada a empresas e autoridades locais, que podem usar auditorias ecológicas a fim de construir **ecoeficiência** e *design* para todas as suas atividades.

A microgeração de energia em nível doméstico e comunitário, usando tecnologias renováveis, como células fotovoltaicas e turbinas eólicas, reduz as emissões de CO_2 e poluentes no ar, enquanto a utilização de híbridos elétricos e biocombustíveis no transporte público e privado melhora a qualidade do ambiente urbano. Intensificar o uso de terras "marrons" (anteriormente usadas) para preservar a paisagem circundante, redesenhar o espaço da cidade para criar uma infraestrutura amigável para pedestres e introduzir mais ciclovias e vias de trânsito "leves" para incentivar alternativas ao carro particular são todos elementos do projeto de cidade sustentável (Jenks e Jones, 2009: 3).

O desenvolvimento urbano sustentável também exige cidadãos ativos, ambientalmente conscientes e comprometidos, que estejam preparados para mudar sua rotina e suas ações habituais do dia a dia a fim de melhorar a qualidade de vida na cidade. Os defensores da sustentabilidade argumentam que a descentralização da tomada de decisões para o nível local é uma forma crucial de aumentar a participação e o envolvimento dos cidadãos no projeto de redução da pegada ecológica das cidades.

No entanto, as cidades ao redor do mundo não são uniformes, mas muito diversificadas em termos de escala, tamanho da população e estado de desenvolvimento industrial — e, portanto, quanto aos tipos de desafios que enfrentam rumo à sustentabilidade. No Sul Global, os principais problemas são os referentes ao consumo — por exemplo, como lidar com o lixo e questões de congestionamento de trânsito e poluição —, mas, em muitos países ex-comunistas da Europa Oriental, a poluição da produção industrial continua sendo o problema mais premente a ser enfrentado. A China tem algumas das cidades mais poluídas do mundo, enquanto a maioria dos países do Sul Global tem problemas transversais de poluição industrial, infraestrutura básica mal conservada, problemas crescentes de tráfego e falta de prestação de serviços (Haughton e Hunter, 2003: 7-8). Iniciativas sustentáveis precisam ser sensíveis a essa diversidade e esse desenvolvimento desigual.

Assim como o próprio conceito de desenvolvimento sustentável, as ideias associadas às cidades sustentáveis são ambiciosas, até mesmo utópicas. No entanto, é possível conceber o próprio *processo de mudança* como uma "utopia ativa" (Bauman, 1976), motivando as pessoas a se envolverem, mesmo que o processo não tenha um ponto-final real. E, embora haja sérios obstáculos a serem superados, as cidades, as áreas urbanas e, portanto, a própria experiência da modernidade podem parecer e ser muito diferentes no futuro.

A cidade em uma era global

A maioria das pessoas no planeta agora tem vidas urbanas em cidades e regiões urbanas, embora seja discutível até que ponto elas experimentam a cidade uniformemente dos modos descritos por Simmel, Wirth ou Marshall Berman. A sociologia urbana de hoje está muito mais consciente das variedades de formas e experiências urbanas, particularmente entre o Norte Global e o Sul Global. As questões de longa data de pobreza urbana e desigualdade não desapareceram; de certa forma, elas ficaram ainda mais prementes à medida que a gentrificação se tornou um mecanismo mais significativo da lucratividade corporativa. Qual é o papel das autoridades locais e municipais, em colaboração com empresas, investidores, órgãos governamentais, associações cívicas, grupos profissionais, sindicatos e outros, na modelagem das cidades para melhor?

Borja e Castells (1997) argumentam que existem três domínios principais nos quais as autoridades locais podem agir efetivamente para lidar com as forças globais. Primeiramente, as cidades podem contribuir para a produtividade econômica e a competitividade, controlando o *"habitat"* local — as condições e as facilidades que constituem a base social para a produtividade econômica. A competitividade depende de uma força de trabalho qualificada, e isso exige um sistema educacional consistente, bom transporte público, habitação adequada e acessível, fiscalização capacitada, serviços efetivos de emergência e recursos culturais vibrantes.

Em segundo lugar, as cidades desempenham um papel importante em garantir a integração sociocultural entre populações multiétnicas diversas. As cidades globais reúnem indivíduos de muitos países, com origens religiosas e linguísticas variadas e diferentes níveis socioeconômicos. Se o intenso pluralismo encontrado nas cidades cosmopolitas não for contrabalançado por forças de integração, o resultado será fragmentação e intolerância. Especialmente em casos em que a efetividade dos Estados-Nações para promover a coesão social está comprometida, as associações voluntárias e as estruturas de governança dentro das cidades podem ser forças positivas de integração social.

Em terceiro lugar, as cidades são espaços importantes para representação política e administração. As autoridades locais têm duas vantagens sobre o Estado-Nação: elas geralmente desfrutam de maior legitimidade junto àqueles que representam e têm mais flexibilidade e espaço de manobra. Muitos cidadãos acreditam que os sistemas políticos nacionais não representam seus interesses e suas preocupações adequadamente. Em situações em que o Estado-Nação está distante demais para representar

Criar cidades sustentáveis significa não apenas projetar infraestrutura para contribuir com formas mais "verdes" de deslocamento, como ônibus e ciclovias, mas também incentivar os cidadãos a mudar suas rotinas.

determinados interesses culturais ou regionais, a cidade e as autoridades locais são fóruns mais acessíveis para a atividade política.

A globalização e a urbanização contínua tornam as cidades e as autoridades urbanas mais significativas, criando novas oportunidades para que desempenhem um papel político e econômico revitalizado. Por exemplo, agora existem muitos prefeitos com poder político significativo e acesso a recursos, permitindo-lhes moldar o desenvolvimento futuro. E, como muitas pessoas consideram que os governos nacionais estão muito distantes das questões e dos problemas locais que afetam suas áreas, fortalecer a governança da cidade pode ser uma maneira mais eficaz de abordar os problemas crônicos e novos do contexto urbano.

Revisão do capítulo

1. O que significa urbanização? Como a antiga urbanização estava ligada ao processo de industrialização?
2. De que modo o processo de urbanização em muitos países do Sul Global difere daquele nos países europeus e na América do Norte? Como a urbanização se desenvolveu na China e na Índia?
3. Dê uma definição para "cidade global". Que características e funções distinguem as cidades globais das outras cidades?
4. A Escola de Chicago adotou uma abordagem ecológica aos estudos urbanos. Quais conceitos derivados de estudos ecológicos naturais são usados para explorar a vida urbana?
5. Esboce as principais ideias de Georg Simmel em seu famoso ensaio "A metrópole e a vida mental". A caracterização de Simmel da personalidade urbana ainda pode ser reconhecida hoje?
6. Na tese de Louis Wirth do "urbanismo como modo de vida", os contatos secundários são considerados significativos. Quais são eles e por que são importantes para a compreensão da vida na cidade?
7. Como David Harvey conecta processos de reestruturação urbana a amplas mudanças socioeconômicas? De que maneira a abordagem de Harvey é diferente daquela da Escola de Chicago?
8. Como estão relacionadas a decadência do centro da cidade e a suburbanização? É inevitável que o crescimento suburbano contribua para problemas no centro das cidades?
9. Defina "reciclagem urbana" e "gentrificação" e cite alguns exemplos. Por que alguns consideram a gentrificação prejudicial ao tecido diversificado da vida urbana?
10. O que significa "cidade inteligente" e "cidade sustentável"? Tentar modificar as cidades existentes em uma direção sustentável é algo que pode ser feito de forma realista? As cidades inteligentes também são necessariamente sustentáveis?

Pesquisa na prática

Os governos nacionais e as autoridades municipais do mundo inteiro reconhecem cada vez mais que o aquecimento global deve ser combatido de forma mais sistemática do que no passado recente. Um dos problemas mais difíceis é como fazer mudanças na infraestrutura metropolitana e nos estilos de vida urbanos para torná-los mais sustentáveis. Quais adaptações provavelmente reduzirão de modo significativo as emissões de CO_2 de forma rápida? As regiões metropolitanas devem se concentrar em sistemas de transporte ou habitação? As iniciativas de reciclagem e redução de resíduos sólidos devem prevalecer? Essas são escolhas difíceis para autoridades locais e municipais com recursos financeiros limitados, que podem já estar comprometidos.

O artigo a seguir avalia uma política municipal de mudanças climáticas que foi introduzida em 2009 na cidade de São Paulo. Leia o artigo com atenção, tome notas e responda às perguntas a seguir.

> Di Giulio, G. M., Bedran-Martins, A. M. B., Vasconcellos, M. P., Ribeiro, W. C. e Lemos, M. C. (2018). "Mainstreaming Climate Adaptation in the Megacity of São Paulo, Brazil", *Cities*, 72: 237-244; https://doi.org/10.1016/j.cities.2017.09.001.

1. Que tipo de pesquisa é essa? Que fontes foram utilizadas?
2. Por que São Paulo costuma se concentrar na "mitigação" das prováveis consequências das mudanças climáticas em vez de na adaptação a elas? Quais são as consequências previstas do aquecimento global para essa cidade?
3. Quais têm sido os principais focos das tentativas de São Paulo de reduzir as emissões de CO_2? Segundo os autores, somente um dos aspectos do plano foi implementado. Qual foi ele e por que houve mais sucesso neste do que em outros aspectos?
4. "[...] Embora as pessoas em São Paulo reconheçam os efeitos das mudanças climáticas, as questões climáticas não são uma grande prioridade para a maioria delas." Por que não?
5. O que sociólogos e governos podem aprender com a experiência de São Paulo até o momento? A partir desse único trabalho de pesquisa, responda quais, em sua opinião, são os obstáculos mais sérios para a adaptação às mudanças climáticas nas cidades e áreas urbanas.

Pensando sobre isso

À medida que a urbanização continua em ritmo acelerado, podemos supor que o urbanismo vem se tornando o modo de vida de cada vez mais pessoas. Louis Wirth argumentou que, onde quer que o urbanismo moderno se estabeleça, os laços sociais de parentesco e comunidade são erodidos ou se tornam ineficazes. À medida que o desenvolvimento urbano se espalha para fora do centro da cidade, para os subúrbios e além, ele leva consigo os mesmos sistemas de transporte, contatos secundários, congestionamento e mentalidade instrumentalmente racional. Leia o ensaio original de 1938 de Wirth neste endereço:

www.sjsu.edu/people/saul.cohn/courses/city/s0/27681191Wirth.pdf.

Enquanto a mais recente tendência de planejamento urbano, a cidade inteligente, começa a encontrar aplicações no mundo real, como ela pode mudar os modos típicos da vida urbana? Faça uma pesquisa *on-line* sobre os tipos de iniciativas e inovações tecnológicas que caracterizam as ideias de cidades inteligentes, pensando em como sua adoção generalizada afetará os laços sociais urbanos, a vida comunitária e, até mesmo, os contatos secundários onipresentes. Por exemplo, quais empregos e tipos de trabalho podem desaparecer na cidade inteligente? As cidades inteligentes servem apenas para as classes sociais ricas? A IoT, em larga escala, vai corroer até mesmo a sociabilidade aberta envolvida na noção de contato secundário de Wirth? Imagine que um prefeito de uma cidade pediu que você escrevesse uma breve síntese de como as tecnologias de cidades inteligentes podem afetar suas comunidades urbanas. Escreva um resumo de 750 palavras descrevendo o que você enxerga como as principais vantagens e desvantagens da cidade inteligente.

Sociedade nas artes

Um interesse renovado na infraestrutura das cidades foi despertado pela revolução digital nas comunicações e pela sua aplicação a todos os tipos de dispositivos e sistemas em ambientes urbanos. Coletivamente, essas aplicações têm sido discutidas sob o tema da cidade inteligente. Muitas discussões sobre planejamento de infraestrutura inteligente se concentram nos aspectos positivos da vigilância intensificada e na coordenação das atividades possibilitadas por essa mudança. Como alternativa, estudos sociológicos críticos levantam preocupações sobre monitoramento, policiamento e controle potencialmente intensificados das populações da cidade.

Liam Young, um autodenominado "arquiteto especulativo e cineasta", explora cenários urbanos presentes e futuristas em suas palestras, em seus vídeos e em outros trabalhos. Para ver alguns exemplos, acesse www.dezeen.com/tag/liam-young/. Em uma palestra/vídeo em Montreal (2018), Young apresentou *City everywhere*, que analisa os fundamentos das cidades inteligentes e suas tecnologias nas minas e salinas que produzem o ouro, o cobalto e o lítio que impulsionam a revolução digital, tudo isso visto das janelas de um táxi virtual sem motorista e a partir de *drones*. Assista *City everywhere* em www.youtube.com/watch?v=rE_c0hmx9Fg.

Dada a mistura de imagens documentais e cenários especulativos, está claro quais aspectos do filme são "reais" e quais são "especulação"? Isso importa? Essa apresentação poderia ter tomado a forma de uma palestra convencional, com imagens adicionais e videoclipes ilustrativos. O que a inclusão de uma trilha musical, uma narrativa do tipo *storytelling* e cenas de filme adiciona à apresentação? Como sociólogos interessados em desigualdades sociais e aquecimento global, podemos aprender algo novo com o filme a respeito do potencial das cidades inteligentes para enfrentar esses problemas?

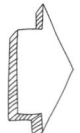

Outras leituras

Para uma visão geral da sociologia urbana, *Urban sociology: a global introduction* (New York: Cambridge University Press), de Mark Abrahamson (2014), é excelente, com muitos estudos de caso. Já para uma perspectiva interacionista sobre o urbanismo, confira *Being urban: a sociology of city life* (3. ed., Santa Barbara, CA: ABC-CLIO), de David A. Karp, Gregory P. Stone, William C. Yoels e Nicholas P. Dempsey's (2015), que é um ótimo relato.

Para uma visão geral crítica e uma avaliação das teorias urbanas, consulte *Urban theory: a critical introduction to power, cities and urbanism in the 21st century* (London: Sage), de Talja Blokland (2014). Algumas ideias sobre a cidade sustentável podem ser vistas em *The sustainable city* (New York: Columbia University Press), de Steven Cohen (2017), que é um bom ponto de partida.

Os principais debates sobre cidades, novas e antigas, são abordados em *The city reader* (6. ed., London: Routledge), uma seleção editada por Richard T. LeGates e Frederic Stout. Por fim, *The urban sociology reader* (2. ed., Abingdon: Routledge), de Jan Lin e Christopher Mele (2012), é uma coletânea de obras clássicas e contemporâneas da sociologia urbana e um recurso valioso.

Para conferir uma seleção de leituras originais sobre ambientes urbanos, consulte *Sociology: introductory readings* (4. ed., Cambridge: Polity, 2021).

Links da internet

Em **loja.grupoa.com.br**, acesse a página do livro por meio do campo de busca e clique em Material Complementar para ver as sugestões de leitura do revisor técnico à edição brasileira, além de outros recursos (em inglês).

Centre for Urban History, baseado na Universidade de Leicester, no Reino Unido:
www.le.ac.uk/urbanhist/

H-Urban — fórum de discussão de história urbana e estudos urbanos:
https://networks.h-net.org/h-urban

Globalization and World Cities Network, baseada na Universidade de Loughborough, no Reino Unido — concentra-se nas relações entre as cidades e a economia global:
www.lboro.ac.uk/gawc/world2012t.html

City Mayors — um recurso útil sobre o papel de prefeitos ao redor do mundo:
www.citymayors.com/

Virtual Cities Resource Centre — examina a forma urbana como representada na *web*:
www.casa.ucl.ac.uk/planning/virtualcities.html

Um *site* europeu dedicado a promover cidades sustentáveis:
www.sustainablecities.eu/

CAPÍTULO 14

O CURSO DA VIDA

SUMÁRIO

Formação do *self* e socialização **550**

Agências de socialização 553

Aprendizagem de gênero 556

O curso da vida **560**

Infância 562

A cultura adolescente e jovem 564

A idade adulta jovem 566

A idade adulta madura 567

O envelhecimento **568**

O agrisalhamento das sociedades humanas 569

Processos de envelhecimento 570

Aspectos do envelhecimento 572

Envelhecendo: explicações conflitantes 576

A política do envelhecimento 577

Morte, morrer e luto **582**

Teorizando a morte e o morrer 582

Morte assistida — um debate em desenvolvimento 584

Desestigmatizando a morte e o morrer 585

Conclusão **586**

Revisão do capítulo *586*

Pesquisa na prática *587*

Pensando sobre isso *588*

Sociedade nas artes *588*

Outras leituras *589*

Links da internet *589*

Ao longo da segunda metade do século XX, os adultos dos países desenvolvidos compartilharam um conjunto semelhante de expectativas gerais sobre como seria o desenvolvimento da vida de seus filhos. A maioria esperava que seus filhos tivessem uma boa educação, obtivessem qualificações e encontrassem um bom trabalho. Muitos esperavam que seus filhos seguissem carreiras bem pagas, fossem mais saudáveis e, em geral, "se saíssem melhor" na vida do que eles mesmos. Em alguns países, como no Reino Unido, esperava-se que os jovens pudessem comprar sua própria casa e, com base em evidências confiáveis, que a **expectativa de vida** continuasse aumentando. As crianças poderiam esperar uma vida longa e saudável e uma aposentadoria confortável.

Hoje, essa imagem de progressão contínua no tempo parece ser demasiadamente otimista. No mundo desenvolvido, surgiu um novo discurso em torno da questão da **equidade intergeracional** — isto é, igualdade e justiça ao longo das gerações em relação ao tratamento por instituições sociais, às oportunidades de progressão e ao acesso aos recursos. Tem havido preocupações específicas a respeito do trabalho e dos tipos de empregos disponíveis, dos salários resultantes de trabalhos menos bem pagos na **economia gig**, da aposentadoria insuficiente para os aposentados, da falta de moradia e dos menores níveis de posse de propriedade entre as gerações mais jovens, bem como do estado do ambiente natural à medida que aumenta o aquecimento global. Conforme argumenta um relatório recente no Reino Unido, as sociedades precisam fazer mais para se preparar para os "100 anos de vida":

> Um em cada três bebês de hoje viverá para ver seu 100º aniversário. Esse fato demográfico incrível, mesmo sendo um reflexo positivo do estilo de vida e da tecnologia modernos, tem profundas implicações para nossas vidas profissionais. O modelo de vida em três estágios criado no século XX de "educação, trabalho, aposentadoria" não é mais adequado à perspectiva de carreiras que podem se estender por mais de 60 anos (House of Lords, 2019: 37).

Como um paradoxo, a extensão da longevidade média que foi alcançada ao longo dos últimos 75 anos também tem sido um gatilho para preocupações com a justiça intergeracional. Considera-se que as gerações mais velhas se beneficiaram de boas pensões, propriedades com altos valores e benefícios estatais, enquanto as gerações mais jovens enfrentam insegurança profissional, políticas de austeridade, pensões menos generosas e os custos crescentes associados ao envelhecimento da população. Em suma, à medida que a paisagem social muda, o curso de vida típico dos jovens se torna muito diferente do de seus parentes mais velhos.

Uma maneira simples de entender o curso de uma vida individual é vê-la como *um caminho ou uma jornada*, com muitas voltas e reviravoltas, embora ela também possa ser entendida como uma série de *eventos distintos*, como casamento ou divórcio, morte de um ente querido, obtenção de um bom emprego e nascimento dos filhos. Essa "história de eventos" sugere outra possibilidade, a de examinar uma vida em termos de *relacionamentos em constante mudança*. No entanto, como mostram os debates sobre equidade geracional, a história de vida de um indivíduo é inevitavelmente influenciada e parcialmente moldada pela *sociedade* da qual ele faz parte. O mundo em que as gerações recentes se encontram é muito diferente daquele da geração de seus avós e, até mesmo, da de seus pais, o que também pode ser dito sobre os processos e as agências de socialização por meio dos quais as pessoas se desenvolvem e aprendem.

Como veremos mais adiante, a socialização conecta as diferentes gerações umas às outras e, embora o processo de aprendizado seja mais intenso na primeira infância, a aprendizagem e o ajuste continuam ao longo da vida. O conceito de **curso da vida** é elaborado para nos ajudar a capturar essa variação nos estágios da vida, na experiência geracional e nas mudanças nas condições sociais. Após uma introdução à socialização e às ideias sociológicas sobre a formação do "*self* social", o capítulo explora como a adoção de uma abordagem de curso de vida pode nos ajudar a entender as diferenças observadas entre as gerações. Vamos começar analisando as principais interpretações teóricas propostas para explicar como e por que as crianças se desenvolvem das maneiras conhecidas, incluindo teorias que explicam como desenvolvemos identidades de gênero. Depois, discutiremos o curso da vida e as suas fases de mudança, antes de passarmos para a análise de algumas questões relacionadas ao envelhecimento ou "agrisalhamento" da população global e suas consequências. Terminamos o capítulo com uma discussão a respeito de algumas questões sociológicas importantes em torno da morte, do morrer e do luto.

Formação do *self* e socialização

Teorias sobre o desenvolvimento infantil

Durante os primeiros meses de vida, o bebê tem pouco ou nenhum entendimento das diferenças entre os seres humanos e os objetos materiais ao seu redor e não tem consciência de si mesmo. Na verdade, as crianças não usam conceitos como "eu", "mim", "você" ou "eles" até os 2 anos ou mais. É apenas de modo gradual que elas passam a entender

Estudos clássicos 14.1 — George Herbert Mead — mente, *self* e sociedade

O problema da pesquisa

Muitos estudiosos dizem que os seres humanos são as únicas criaturas que sabem que existem e que eventualmente morrerão. Do ponto de vista sociológico, isso significa que os seres humanos são *autoconscientes*. Mas essa autoconsciência é inata ou aprendida? Esse é um problema de pesquisa para psicólogos, e não para sociólogos? O sociólogo e filósofo norte-americano George Herbert Mead (1863-1931) insistiu que o *self* é uma criação social e que seria necessário usar uma perspectiva sociológica para entender como ele emerge e se desenvolve.

A visão de Mead

Como as ideias de Mead constituíram a principal base de uma tradição geral do **interacionismo simbólico**, elas tiveram um impacto muito amplo na sociologia. O interacionismo simbólico enfatiza que a interação entre os seres humanos ocorre por meio de símbolos e da interpretação de significados (ver Capítulos 1 e 3). Contudo, além disso, a obra de Mead oferece uma explicação sobre as principais fases do desenvolvimento infantil, prestando especial atenção ao surgimento do senso de *self*.

Segundo Mead, bebês e crianças pequenas se desenvolvem, antes de tudo, como seres *sociais*, imitando as ações das pessoas em seu entorno — por exemplo, em suas brincadeiras, as crianças normalmente imitam o que os adultos fazem. Uma criança pequena faz tortas de lama, pois observou um adulto cozinhando, ou cava com uma colher, pois viu alguém trabalhando no jardim. As brincadeiras das crianças evoluem da simples imitação para jogos mais complicados, nos quais a criança de 4 ou 5 anos dramatiza o papel de adulto. Mead chamava isso de "assumir o papel do outro" — aprender como é estar no lugar de outra pessoa. É apenas nesse estágio que as crianças começam a adquirir um senso de *self* desenvolvido. As crianças obtêm uma compreensão de si mesmas como agentes separados — como um "eu" —, enxergando-se pelos olhos de outras pessoas.

Chegamos à autoconsciência quando aprendemos a distinguir o "mim" do "eu". O "eu" é o bebê não socializado, um conjunto de vontades e desejos espontâneos. O "mim", da maneira como Mead usou o termo, é o ***self* social**. Os indivíduos

As brincadeiras de criança são uma parte essencial do desenvolvimento de um *self* social.

desenvolvem a **autoconsciência**, conforme Mead, enxergando-se da maneira como os outros os enxergam, o que permite uma "conversa interna" entre o "eu" individual e o "mim" social.

Outro estágio do desenvolvimento infantil ocorre quando a criança tem por volta de 8 ou 9 anos. Essa é a idade em que as crianças tendem a participar de jogos mais organizados, em vez de brincadeiras não sistemáticas. É nesse período que elas começam a entender os **valores** gerais e a *moralidade* segundo a qual a vida social é conduzida. Para aprender jogos organizados, as crianças devem entender as regras e as noções de imparcialidade e participação igual. Nesse estágio, as crianças aprendem a compreender o que Mead denominou **outro generalizado** — os valores e as regras morais gerais da cultura em que estão se desenvolvendo.

> **Pontos de crítica**
>
> A teoria do *self* social de Mead foi criticada por várias razões. Primeiramente, alguns autores argumentam que ela elimina efetivamente todas as influências biológicas sobre o desenvolvimento do *self*, quando fica claro, a partir da biologia e da neurociência, que *existe* tal base biológica. Todavia, essa crítica parece não reconhecer que a noção de Mead do "eu" representa o "bebê não socializado". Em segundo lugar, a teoria de Mead parece depender do "eu" e do "mim" trabalhando cooperativamente para garantir o funcionamento correto do *self*. Porém, isso diminui as tensões e os conflitos interiores que as pessoas têm em um nível profundo e que as teorias de Freud e Chodorow parecem mais capazes de explicar (ver mais adiante). Mead também tem pouco a dizer a respeito dos efeitos do desequilíbrio nas relações de poder sobre a socialização das crianças. Finalmente, e de novo ao contrário de Freud, a visão de Mead não deixa espaço para a mente inconsciente como uma força motivadora do comportamento humano e, consequentemente, não contém o conceito de "repressão", que se mostrou essencial à prática psicanalítica.
>
> **Relevância contemporânea**
>
> O trabalho de Mead foi a primeira teoria genuinamente sociológica sobre a formação e o desenvolvimento do *self*. Ele insistia que, para nos entendermos adequadamente, devemos começar não com um indivíduo mítico isolado, mas a partir do processo social de interação humana. Desse modo, ele mostrou que o *self* não é uma parte inata da nossa biologia, ou que simplesmente emerge com o desenvolvimento do cérebro humano. O que Mead demonstrou é que o estudo do *self* do indivíduo não pode ser separado do estudo da sociedade — e isso exige uma perspectiva sociológica.
>
> Embora a abordagem de Freud à psique humana talvez tenha obscurecido a de Mead durante o século XX, pelo menos em relação ao tratamento de transtornos mentais, o interacionismo simbólico continua a proporcionar visões interessantes, em uma perspectiva fundamentada nas teorias sociológicas de Mead. Nesse sentido, as ideias de Mead ainda têm muito a oferecer aos sociólogos.

que outras pessoas têm identidades, consciência e necessidades distintas e separadas das suas. Porém, uma das características distintas dos seres humanos em comparação com outros animais é que os indivíduos humanos são *autoconscientes*. Assim, como se desenvolve essa autoconsciência?

Esse problema tem sido muito debatido e é considerado de formas muito distintas em perspectivas teóricas e disciplinas contrastantes. Até certo ponto, isso se dá porque as teorias mais proeminentes sobre o desenvolvimento infantil enfatizam aspectos diferentes da socialização.

Jean Piaget e os estágios do desenvolvimento cognitivo

A socialização não envolve recebedores passivos e educadores ativos, pois até mesmo as crianças mais novas selecionam e interpretam o que elas veem. Jean Piaget (1896-1980) trabalhou com muitos aspectos do desenvolvimento infantil, mas suas obras mais conhecidas dizem respeito à **cognição** — a maneira como as crianças aprendem a pensar sobre si mesmas e seu ambiente. Piaget enfatizava muito a capacidade ativa da criança de compreender o mundo e descreveu os estágios sucessivos do desenvolvimento cognitivo, durante os quais as crianças aprendem a pensar sobre si mesmas e seu ambiente (Piaget, 1951, 1957).

Piaget chamou o primeiro estágio, que dura do nascimento até a idade de 2 anos, de **estágio sensório-motor**. Os bebês aprendem principalmente tocando os objetos, manipulando-os e explorando seu ambiente fisicamente. Até a idade aproximada de 4 meses, os bebês não conseguem se diferenciar do seu entorno. Por exemplo, uma criança não entende que seus próprios movimentos fazem as laterais do berço chacoalharem. Os bebês aprendem gradualmente a distinguir pessoas de objetos, passando a enxergar que eles têm uma existência independente de suas percepções imediatas. A principal realização desse estágio é que as crianças entendem que seu ambiente tem propriedades distintas e estáveis.

A fase seguinte, chamada de **estágio pré-operacional**, dura entre as idades de 2 a 7 anos. Durante ela, as crianças adquirem domínio da linguagem e se tornam capazes de usar palavras para representar objetos e imagens de maneira simbólica.

Uma criança de 4 anos pode usar um movimento da mão, por exemplo, para representar o conceito de "avião". Piaget chamou o estágio de "pré-operacional" porque as crianças ainda não são capazes de usar sistematicamente suas capacidades mentais em desenvolvimento. As crianças que se encontram nesse estágio são **egocêntricas**, interpretando o mundo exclusivamente em relação à sua própria posição. Ao segurar um livro, uma criança pode perguntar sobre uma imagem contida nele sem entender que a outra pessoa sentada à sua frente somente pode ver a capa do livro. Elas também não têm uma compreensão geral das categorias de pensamento que os adultos costumam considerar óbvias: conceitos como causalidade, velocidade, peso ou quantidade.

Um terceiro período, o **estágio operacional concreto**, dura entre as idades de 7 a 11 anos, quando as crianças dominam noções lógicas abstratas e são capazes de lidar com ideias como causalidade sem muita dificuldade. Uma criança nesse estágio de desenvolvimento reconhecerá o raciocínio falso envolvido na ideia de que o copo mais largo contém menos água do que o mais fino, mesmo que os níveis de água sejam diferentes. Ela se torna capaz de realizar as operações matemáticas de multiplicação, divisão e subtração e é muito menos egocêntrica.

As idades de 11 a 15 anos cobrem aquele que Piaget chamou de **estágio operacional formal**. Durante a adolescência, a criança em desenvolvimento se torna capaz de entender ideias muito abstratas e hipotéticas. Ao enfrentar um problema, as crianças dessa idade conseguem revisar todas as maneiras possíveis de resolvê-lo e analisá-las teoricamente para chegar a uma solução. Elas também conseguem entender "questões complicadas". Segundo Piaget, os três primeiros estágios do desenvolvimento são universais; porém, nem todos os adultos alcançam o quarto, o estágio operacional formal. O desenvolvimento do pensamento operacional formal depende, em parte, dos processos de escolarização. Adultos com níveis educacionais limitados tendem a continuar a pensar em termos mais concretos e manter grandes traços de egocentrismo.

O psicólogo russo Lev Vygotsky (1986 [1934]) faz uma crítica valiosa às ideias de Piaget. Ele argumenta que os processos de aprendizagem que Piaget descreve não são universais, mas dependem de estruturas e interações sociais. Vygotsky mostra que as oportunidades de aprendizagem disponíveis para crianças de grupos sociais variados diferem consideravelmente, e isso influencia muito a capacidade das crianças de aprender em suas relações com o mundo exterior. Em suma, a aprendizagem e o desenvolvimento cognitivo não são imunes às estruturas sociais em que estão inseridos. Assim como essas estruturas limitam certos grupos e possibilitam que outros se tornem ricos, elas também limitam e possibilitam o desenvolvimento cognitivo das crianças.

> **REFLEXÃO CRÍTICA**
>
> Até que ponto as ideias de Mead e Piaget se encaixam em suas próprias memórias de crescimento? Que exemplos do seu próprio desenvolvimento você pode apresentar a fim de respaldar a afirmação de Mead de que o *self* se desenvolve por meio de interações sociais e não é inato?

Agências de socialização

A socialização se refere ao processo por meio do qual as crianças humanas se tornam membros da sociedade autoconscientes e bem informados. A socialização das crianças permite a formação do fenômeno mais geral da **reprodução social**, por meio do qual as sociedades alcançam a continuidade estrutural com o passar do tempo. Todas as sociedades têm características, incluindo linguagens específicas, que perduram por muitas gerações.

Os sociólogos muitas vezes falam da socialização como algo que ocorre em duas fases amplas, envolvendo diversas agências diferentes. As **agências de socialização** são grupos ou contextos sociais em que ocorrem processos significativos de socialização. A socialização primária ocorre na primeira infância e é o período de aprendizagem cultural mais intenso. É a época em que as crianças aprendem os padrões linguísticos e comportamentais básicos que constituem a base para a aprendizagem futura. A família é o principal agente de socialização durante essa fase. A socialização secundária ocorre mais adiante na infância e na maturidade. Escolas, grupos de amigos, organizações, meios de comunicação e, finalmente, o local de trabalho se tornam forças socializantes para os indivíduos. As interações sociais nesses contextos ajudam as pessoas a aprender valores, normas e crenças que constituem os padrões da sua cultura.

Nas sociedades desenvolvidas, a maior parte da socialização precoce ocorre no contexto de pequena escala da família, e as crianças passam seus primeiros anos em uma unidade doméstica. Em muitas outras culturas, em comparação, tios e avós costumam fazer parte de um único lar e atuar como cuidadores, mesmo de bebês muito pequenos. Ainda assim, mesmo nas sociedades modernas, existem muitas variações na natureza dos contextos familiares. Algumas crianças crescem em lares uniparentais ou com pais do mesmo sexo, enquanto outras são criadas por dois agentes maternos e paternos (pais divorciados e padrastos ou madrastas).

> Analisamos as questões relacionadas à família com mais detalhes no Capítulo 15, "Famílias e relacionamentos íntimos".

Outra agência de socialização importante é a escola, que educa as crianças e as prepara para o trabalho e os estágios futuros no curso da vida. Os **grupos de amigos**, normalmente formados na escola, consistem em crianças de idade semelhante. Em certas sociedades tradicionais, os grupos de amigos são formalizados em **classes etárias** e normalmente são limitados aos homens. Existem cerimônias ou ritos específicos que marcam a transição dos homens de uma classe etária para outra, e aqueles que estão em uma determinada classe etária geralmente mantêm laços de proximidade e amizade por toda a vida. Hunt (2017: 19-20) observa que os aborígenes do sexo masculino na Austrália tradicionalmente se formavam pelas classes de "caçador", "guerreiro" e assim por diante, até que se tornavam "anciãos" da tribo. Aqui, o *status* social é baseado, em grande medida, nas categorias etárias.

A importância da família na socialização é óbvia, mas fica menos claro o quanto os grupos de amigos são significativos. Contudo, mesmo sem classes etárias formais, nas sociedades contemporâneas, as crianças acima de 4 ou 5 anos geralmente passam grande parte do tempo na companhia de crianças da mesma idade. Dado o número crescente de famílias com dupla renda, é provável que as relações entre crianças que brincam juntas em creches se tornem ainda mais importantes do que eram no passado (Corsaro, 1997; Harris, 1998).

> Discutimos a respeito da socialização dentro dos sistemas de educação no Capítulo 16, "Educação".

Grande parte da pesquisa inicial a respeito da influência da mídia sobre as crianças assumiu que as crianças são passivas e indiscriminadoras em relação ao que veem e ouvem. Mas a socialização ocorre por meio de processos de "inter-ação" nos quais os indivíduos (incluindo crianças muito pequenas) estão ativamente engajados (Stanley e Wise, 2002). Hoje, aceita-se normalmente que a resposta da criança ainda envolve interpretar ou "ler" o conteúdo veiculado pela mídia. Os pesquisadores chegaram a um entendimento mais equilibrado sobre a influência dos meios de comunicação de massa nos processos de socialização, e hoje consideram a televisão, por exemplo, uma importante agência de socialização, junto a várias outras.

> O Capítulo 19, "Mídia", contém uma discussão mais detalhada sobre as teorias da influência da mídia.

Não é incomum que as crianças se oponham, rejeitem ou reinterpretem as informações, as normas e os valores que são ensinados ou vistos na mídia de massa, nem que grupos de pares formem subculturas, ou contraculturas, em oposição ao convencional. As agências de socialização fornecem locais ou estruturas para os processos de socialização, mas não determinam o resultado (veja mais adiante neste capítulo a seção que aborda a "nova" sociologia da infância). Da mesma forma, a socialização não deve ser considerada totalmente negativa — como uma imposição ou restrição ao indivíduo. A socialização também é facilitadora, pois com ela as pessoas aprendem e desenvolvem as habilidades culturais que são essenciais para levar uma vida satisfatória em sua sociedade.

USANDO SUA IMAGINAÇÃO SOCIOLÓGICA

14.1 Trabalhando com o gênero

Em seu livro *Gender play* (1993), Barrie Thorne analisou a socialização observando como as crianças interagem no pátio da escola. Como outros antes dela, Thorne queria entender como as crianças vêm a saber o que significa ser "homem" ou "mulher". Em vez de considerar que as crianças aprendem passivamente o significado do gênero com seus pais e professores, a pesquisadora analisou a maneira como elas criam e recriam ativamente o *significado* dos gêneros em suas interações entre si.

Thorne passou dois anos observando alunos de 4º e 5º anos em duas escolas em Michigan e na Califórnia, sentada na sala de aula com eles e observando suas atividades fora da sala. Ela observou jogos como "pegar e beijar" — conhecido no Reino Unido como *kiss-catch* — para entender como as crianças constroem e experimentam os significados do gênero na sala de aula e no pátio da escola. Thorne observou que os grupos de amigos têm grande influência sobre a socialização do gênero, particularmente quando as crianças falam sobre as mudanças em seus corpos, um tema de muita fascinação.

O contexto social criado por essas crianças determinava se as mudanças corporais eram vividas com embaraço ou ostentadas com orgulho. Thorne observou que, se as meninas mais populares começavam a menstruar ou usar sutiã, outras meninas também queriam passar por essas mudanças. Porém, também acontecia o oposto: se as mais populares não usassem sutiãs e não tivessem começado

Nos recreios escolares, as meninas costumam brincar com outras meninas, e os meninos, com meninos. Isso reforça ou reflete o sistema de "dois gêneros"?

a menstruar, essas experiências seriam consideradas menos desejáveis pelas outras.

A pesquisa de Thorne é uma contundente ilustração de que as crianças são atores sociais que ajudam a moldar seu mundo social. No entanto, reconhecer o papel ativo desempenhado pelas crianças na construção do gênero não significa que o gênero seja maleável e, portanto, que a desigualdade de gênero possa ser prontamente eliminada. Rice (2014: 67-69) argumenta que o sistema de dois gêneros em toda a sociedade produz pressões persistentes sobre as crianças para que assumam uma identidade de gênero e tem sérias consequências em suas vidas. Esse sistema está firmemente incorporado em praticamente todos os aspectos da sociedade, desde brinquedos infantis de gênero até maquiagem direcionada para meninas e banheiros separados em lojas e locais públicos. Rice diz que, "além de descartar estereótipos, alterar esse sistema requer mudanças mais amplas e profundas nos níveis social, psicológico e físico, como mudar nossa linguagem, nossas instituições, nossos relacionamentos e a sensação de nossos corpos e *selves*". Esse é um lembrete útil do caráter profundamente enraizado das estruturas sociais existentes.

> **REFLEXÃO CRÍTICA**
>
> Qual era a importância para você das opiniões e do comportamento dos colegas, especialmente daqueles que você admirava? Dado o reconhecimento cada vez maior da fluidez de gênero, como os sociólogos poderiam descobrir se os grupos de pares escolares hoje promovem ou resistem à mudança no sistema de dois gêneros?

Aprendizagem de gênero

Até que ponto as diferenças de gênero e o aprendizado dos **papéis de gênero** são resultantes da **socialização do gênero**? A aprendizagem de gênero pelas crianças é quase certamente inconsciente. Antes que uma criança possa realmente se rotular como um menino ou uma menina, ela recebe uma série de pistas pré-verbais. Por exemplo, homens e mulheres costumam lidar com os bebês de formas diferentes, e os cosméticos usados pelas mulheres contêm aromas diferentes daqueles que um bebê pode aprender a associar aos homens. Diferenças sistemáticas no vestuário, no penteado e assim por diante também fornecem pistas visuais para o bebê no processo de aprendizagem.

Zammuner (1986) estudou as preferências de brinquedos de crianças entre 7 e 10 anos na Itália e nos Países Baixos, analisando as atitudes das crianças em relação a uma variedade de brinquedos, incluindo os estereotipados como masculinos e femininos, bem como brinquedos que supostamente não são específicos para nenhum dos gêneros. A pesquisadora pediu para as crianças e seus pais avaliarem quais eram adequados para garotos e para garotas, e houve muita concordância entre os adultos e as crianças.

Em média, as crianças italianas escolheram mais brinquedos diferenciados pelo gênero do que as crianças holandesas — uma observação que confirma as expectativas, pois a cultura italiana tende a manter uma visão mais tradicional das divisões de gênero do que a sociedade holandesa. Como em outros estudos, as garotas de ambas as sociedades escolheram brinquedos neutros ou masculinos com muito mais frequência do que os garotos escolheram brinquedos femininos. De forma clara, a socialização do gênero é muito poderosa, e desafios a ela podem ser perturbadores. Depois que um gênero é "atribuído", a sociedade espera que os indivíduos ajam como "mulheres" ou "homens". É nas práticas da vida cotidiana que essas expectativas são cumpridas, reproduzidas e contestadas (Bourdieu, 1990; Lorber, 1994).

Sigmund Freud e a identidade de gênero

Uma das teorias mais influentes e criticadas sobre a emergência da identidade de gênero é a do fun-

Sociedade global 14.1 — Papéis de gênero na ficção das crianças

Em um estudo americano de cerca de 6 mil livros infantis, McCabe et al. (2011) relataram que os homens constituíam 57% dos personagens centrais, enquanto 31% eram mulheres. Onde os personagens centrais eram animais, a disparidade era ainda maior, com 23% dos livros tendo personagens principais masculinos e apenas 7,5%, femininos. Uma descoberta interessante desse estudo é que a mudança para a igualdade de gênero em personagens fictícios infantis não é simplesmente linear. Em vez disso, parece que os movimentos em direção à igualdade de representação correm paralelamente às fases ativas do feminismo. Assim, o período entre 1930 e 1960, que caiu entre duas ondas de ativismo feminista aberto, exibiu a maior desigualdade de representação de gênero. Os estereótipos de gênero continuaram muito persistentes mesmo no século XXI (Hamilton et al., 2006).

Embora as histórias tradicionais possam ter mudado um pouco, as mensagens subjacentes à literatura infantil permanecem tremendamente semelhantes (Davies, 1991; Parke e Clarke-Stewart, 2010: 347-350). Os contos de fadas, por exemplo, incorporam atitudes tradicionais em relação ao gênero e aos objetivos e ambições que se espera que meninas e meninos tenham. "Algum dia meu príncipe virá", em versões de contos de fadas de vários séculos atrás, implicava que uma garota de uma família pobre poderia sonhar com riqueza e fortuna. Hoje, seu significado se tornou mais ligado aos ideais do amor romântico. Estudos de programas de televisão e filmes voltados para crianças mostram que a maioria ainda está de acordo com as descobertas sobre livros infantis. Estudos dos desenhos animados mais assistidos também mostram que a maioria dos personagens principais são homens que dominam as atividades ativas.

No entanto, nos últimos anos, houve algumas exceções a esse padrão repetitivo de gênero. Por exemplo, no filme musical animado *Moana* (2016), a personagem-título é a filha obstinada de um chefe de uma ilha polinésia que embarca em uma busca perigosa (e bem-sucedida) para recuperar o coração de uma deusa e, eventualmente, se tornar chefe. *Shrek* (2001) (e suas sequências) foi um conto aparentemente convencional de príncipes, princesas e ogros que também subverteu os papéis de gênero convencionais dos contos de fadas. O *slogan* de *marketing* do filme era "O maior conto de fadas nunca contado" — "O príncipe não é encantador. A princesa não está adormecida. O ajudante não está ajudando. O ogro é o herói. Os contos de fadas nunca mais serão os mesmos". Shrek (o ogro feio) é na verdade o herói do filme, enquanto Fiona (a bela princesa) é uma mulher independente, com habilidades em artes marciais, que se transforma em ogra à noite. O "final feliz" chega quando Shrek beija Fiona, ela se transforma permanentemente em uma ogra e eles se casam, invertendo, assim, a história tradicional do ogro se transformando em um belo jovem príncipe, que reflete os ideais ocidentais de beleza e perfeição corporal. Essas representações estão se multiplicando, mas continuam sendo uma minoria da produção total no momento.

REFLEXÃO CRÍTICA

Assista a uma hora de televisão infantil convencional. Liste todos os personagens (animais e humanos), observando se são masculinos ou femininos, ativos ou passivos, centrais ou coadjuvantes. Escreva um resumo de 500 palavras de suas descobertas, comparando-as com os estudos descritos anteriormente.

---

dador da psicanálise, Sigmund Freud (1856-1939). Segundo Freud (1995 [1933]), a aprendizagem das diferenças entre os gêneros por bebês e crianças pequenas gira em torno da existência ou ausência do pênis. "Tenho pênis" equivale a "sou um garoto", enquanto "sou uma garota" equivale a "não tenho pênis". Freud tem o cuidado de dizer que não são apenas as distinções anatômicas que importam aqui; o fato de ter ou não ter o pênis é simbólico da masculinidade e da feminilidade.

Por volta dos 4 ou 5 anos, segundo a teoria, o garoto se sente ameaçado pela disciplina e pela autonomia que seu pai exige dele, fantasiando que o pai quer retirar o seu pênis. Principalmente no nível inconsciente, o garoto reconhece o pai como um rival pelo afeto da sua mãe. Ao reprimir sentimentos eróticos com a mãe e aceitar o pai como um ser superior, o garoto se identifica com o pai e se torna consciente da sua identidade masculina. As garotas, por outro lado, supostamente sofrem de "inveja do pênis", pois não possuem o órgão visível que distingue os garotos. A mãe é desvalorizada perante os olhos da garotinha, pois também não possui um pênis e não pode lhe dar um. Quando a garota se identifica com a mãe, ela assume a postura submissa envolvida no reconhecimento de ser a "segunda melhor".

Quando essa fase passar, a criança terá aprendido a reprimir seus sentimentos eróticos. O período da idade aproximada de 5 anos até a puberdade, segundo Freud, é de latência — as atividades sexuais tendem a ser suspensas até que as mudanças biológicas envolvidas na puberdade reativem desejos eróticos de maneira direta. O período de latência, que cobre os primeiros anos de escolarização, é a época em que os grupos de amigos do mesmo gênero são mais importantes para a vida da criança.

Foram levantadas objeções significativas aos pontos de vista de Freud, particularmente por feministas (Mitchell, 1975; Coward, 1984). Primeiramente, Freud parece relacionar demais a identidade de gênero com a consciência genital, mas agora se acredita que outros fatores mais sutis estejam envolvidos. Em segundo lugar, a teoria parece depender da noção de que o pênis é superior à vagina, que é considerada apenas como a falta do órgão masculino. Mas por que os órgãos genitais femininos não podem ser considerados superiores aos masculinos? Em terceiro, Freud trata o pai como o principal agente disciplinar, ao passo que, em muitas culturas, a mãe tem um papel mais significativo na imposição da disciplina. Em quarto lugar, Freud argumenta que a aprendizagem de gênero se concentra na idade de 4 ou 5 anos, mas outros autores enfatizaram a importância da aprendizagem precoce, a começar já na primeira infância.

Carol Gilligan — moralidade, cuidado e justiça

Carol Gilligan (1982) deu continuidade à análise de Chodorow examinando a área das normas morais e dos julgamentos (ver Estudos clássicos 14.2). Seu trabalho se concentra nas imagens que homens e mulheres têm de si mesmos e de suas realizações. As mulheres se definem em termos de relacionamentos pessoais e julgam suas realizações em referência à capacidade de cuidar de outras pessoas. Porém, as qualidades desenvolvidas nessas tarefas muitas vezes não são valorizadas pelos homens, que consideram sua ênfase em feitos individuais a única forma de "sucesso". Para eles, a preocupação das mulheres com os relacionamentos parece uma fraqueza, em vez da força que de fato é.

Gilligan fez longas entrevistas com cerca de 200 mulheres e homens norte-americanos de idades e origens sociais variadas. Ela fez a todos os entrevistados uma série de perguntas relacionadas com a sua perspectiva moral e as suas concepções do *self*. Houve diferenças consistentes entre as visões das mulheres e dos homens. Por exemplo, ela perguntou aos entrevistados: "O que significa dizer que algo é moralmente certo ou errado?". Enquanto os homens costumavam responder a essa pergunta mencionando ideais abstratos de dever, justiça e liberdade individual, as mulheres sempre levantavam o tema de ajudar os outros.

As mulheres eram mais experimentais em seus juízos morais do que os homens, enxergando contradições possíveis entre seguir um código moral rígido e evitar prejudicar os outros. Gilligan sugere que essa visão reflete a situação tradicional das mulheres, ancorada em uma ética de cuidado, mais do que as atitudes "extrovertidas" dos homens, baseadas em uma ética de justiça. No passado, as mulheres se submetiam ao juízo dos homens, embora tivessem consciência de que têm qualidades que a maioria dos homens não possui. Suas visões de si mesmas se baseiam na satisfação das necessidades dos outros, e não no orgulho por realizações individuais.

As teorias mencionadas nesta seção tentam explicar diversos aspectos das diferenças de gênero e da identidade de gênero, vinculando-os à socialização infantil e aos relacionamentos formativos. No entanto, hoje há uma compreensão muito mais profunda da fluidez do gênero e das identidades de gênero do que quando esses teóricos desenvolveram suas ideias. Por exemplo, há um reconhecimento cada vez maior das identidades transgênero e transexuais e o desenvolvimento da teoria *queer*, que

Estudos clássicos 14.2 — Chodorow sobre vínculo, separação e identidade de gênero

O problema da pesquisa

É muito comum ouvir que as mulheres têm mais facilidade para expressar suas emoções e que, ao contrário, os homens tendem a contê-las ou a se fechar. Mas por que deveria ser assim? Será que as mulheres são naturalmente melhores do que os homens em desenvolver relacionamentos emocionais íntimos? Essas ideias de senso comum são a base do trabalho de Nancy Chodorow (1978) sobre a identidade de gênero. Como muitos outros, Chodorow usou a abordagem de Freud para estudar o desenvolvimento do gênero, mas a modificou em aspectos significativos a fim de explicar diferenças importantes entre os gêneros.

A visão de Chodorow

Chodorow (1978, 1988) afirma que aprender a se sentir como homem ou mulher deriva do vínculo do bebê com seus pais, desde uma idade precoce. Ela coloca muito mais ênfase do que Freud na importância da mãe. As crianças costumam se envolver emocionalmente com a mãe, pois ela é a influência mais dominante no começo da vida. Esse vínculo deve ser rompido em algum ponto para que a criança alcance um senso de *self* separado — a criança deve se tornar menos dependente.

Chodorow argumenta que o processo de rompimento ocorre de maneira diferente para garotos e garotas. As garotas permanecem mais próximas da mãe — capazes, por exemplo, de abraçá-la e beijá-la e de imitar o que ela faz. Como não existe uma separação súbita em relação à mãe, a garota e, depois, a mulher adulta desenvolvem um senso de *self* mais contínuo com outras pessoas. Sua identidade tem maior probabilidade de se fundir ou depender da de outra pessoa: primeiro, de sua mãe e, depois, de um homem. Na visão de Chodorow, isso tende a produzir características de sensibilidade e compaixão emocional nas mulheres.

Os garotos adquirem um senso de *self* por meio da rejeição mais radical de sua proximidade original com a mãe, forjando seu entendimento da masculinidade a partir do que não é feminino. Eles aprendem a não ser "efeminados" ou "filhinhos da mamãe". Como resultado, os garotos são relativamente ineptos em relações íntimas com outras pessoas e desenvolvem maneiras mais analíticas de encarar o mundo. Eles adotam uma visão mais ativa de suas vidas, enfatizando as realizações, mas reprimem sua capacidade de entender os seus próprios sentimentos e os de outras pessoas.

Até certo ponto, Chodorow inverte a ênfase de Freud. A masculinidade, ao contrário da feminilidade, é definida por uma perda, o confisco do vínculo com a mãe. A identidade masculina se forma pela separação; assim, mais adiante em suas vidas, os homens sentem inconscientemente que sua identidade estará em perigo se eles se envolverem em relacionamentos emocionais íntimos com outras pessoas. As mulheres, por outro lado, sentem que a ausência de uma relação próxima com outra pessoa ameaça sua autoestima. Esses padrões são transmitidos de geração para geração, devido ao papel primário que as mulheres desempenham na socialização inicial dos filhos. As mulheres se expressam e se definem principalmente em termos de relacionamentos. Os homens reprimem essas necessidades e adotam uma postura mais manipulativa para com o mundo.

Pontos de crítica

O trabalho de Chodorow recebeu críticas variadas. Janet Sayers (1986), por exemplo, sugere que Chodorow não explica a luta das mulheres para se tornarem seres autônomos e independentes. As mulheres (e os homens), segundo ela, são mais contraditórias em sua formação psicológica do que sugere a teoria de Chodorow. A feminilidade pode ocultar sentimentos de agressividade ou assertividade, que se revelam apenas de forma oblíqua ou em certos contextos (Brennan, 1988). Chodorow também foi criticada por sua concepção limitada da família, baseada em um modelo branco e de classe média. O que acontece, por exemplo, em lares uniparentais ou, como em muitas comunidades de latinos, em famílias nas quais mais de um adulto cuida das crianças (Segura e Pierce, 1993)? Rich (1980) também argumentou que a teoria de Chodorow era "heteronormativa", já que sugeria que os relacionamentos lésbicos eram inferiores aos heterossexuais, pois as lésbicas não haviam resolvido adequadamente seu desejo por suas mães.

> **Relevância contemporânea**
> Essas críticas legítimas não enfraquecem as ideias centrais de Chodorow, que permanecem importantes no estudo da socialização do gênero. Elas nos ensinam muita coisa sobre a natureza da feminilidade e da masculinidade e nos ajudam a entender as origens do que foi chamado de "**inexpressividade masculina**" — a dificuldade que os homens têm para revelar seus sentimentos a outras pessoas (Bourdieu, 2001).

problematizou a heteronormatividade dominante nas sociedades modernas. No entanto, as teorias anteriores ajudam a explicar como as identidades de gênero tradicionais e as normas de gênero são criadas e mantidas ao longo da vida.

O curso da vida

As transições ou os estágios pelos quais os indivíduos passam durante a vida parecem, à primeira vista, biologicamente fixos e universais. Essa visão de senso comum sobre a **vida útil** do ser humano é amplamente aceita na sociedade, mas sugere que existe um conjunto universal e uniforme de estágios pelos quais todas as pessoas passam. Por exemplo, qualquer um que viver até a velhice já foi um bebê, uma criança, um jovem e um adulto, e todos morrem um dia. Um conceito semelhante é o de **ciclo de vida**, que, do mesmo modo, explora os estágios individuais e biológicos, mas esse conceito também carrega o sentido de que a própria vida é um círculo ou "ciclo" contínuo de nascimento, vida e morte, que se repete a cada geração. Em disciplinas como psicologia, medicina e demografia, o foco convencionalmente tem estado na vida útil e no ciclo de vida do ser humano (Green, 2015: 98).

Todavia, do ponto de vista histórico e sociológico, esses conceitos são muito simplistas. Esses estágios biológicos aparentemente naturais são apenas um aspecto do **curso da vida** humana, que é um fenômeno tanto social e psicológico quanto biológico (Vincent, 2003; Hunt, 2017; Green, 2017). O conceito de curso da vida reflete a evidência sociológica e histórica de que existe uma variação considerável em diferentes sociedades e ao longo do tempo na mesma sociedade. Isso significa que o curso da vida individual não é experimentado universalmente, mas está sujeito a um processo de **construção social** (Chatterjee et al., 2001). Os estágios do curso da vida são influenciados por normas culturais e também pelas circunstâncias materiais da vida das pessoas em certos tipos de sociedade. Por exemplo, em sociedades ocidentais modernas, a morte costuma ser pensada em relação a pessoas idosas, pois a maioria das pessoas vive até a velhice. Nas sociedades tradicionais do passado, porém, mais pessoas morriam com pouca idade do que sobreviviam até a velhice e, portanto, a morte associava-se a um significado e um conjunto de expectativas diferentes.

Outros fatores sociais, como a classe social, o gênero e a etnia, também influenciam a maneira como se vivencia o curso da vida, e a interligação dessas principais divisões sociais — conhecida como **interseccionalidade** — produz padrões de experiência complexos. No século XIX, na Grã-Bretanha, as crianças das classes superiores costumavam frequentar internatos e continuavam sua formação educacional por um longo período. Contudo, para crianças de famílias da classe operária, a expectativa era de trabalho, e não de educação, e não era incomum garotos de 13 anos trabalharem em minas de carvão e outras fábricas, enquanto muitas garotas da mesma idade prestavam serviços domésticos. De forma clara, as evidências históricas não corroboram a noção de que um conjunto de estágios *universais* e relacionados com a idade compõe o curso da vida humana.

> O conceito de interseccionalidade é discutido em detalhes no Capítulo 3, "Teorias e perspectivas sociológicas", no Capítulo 9, "Estratificação e classe social", e também nos Capítulos 7, "Gênero e sexualidade", e 8, "Raça, etnicidade e migração".

O curso da vida individual não é apenas estruturado pelas grandes divisões sociais de classe; ele também é situado historicamente. Um modo de pensar sobre esse aspecto é considerar os conceitos de coortes etárias e gerações. As **coortes** são simplesmente grupos de pessoas que nasceram "em anos próximos e que compartilham algumas experiências comuns, como ir para a escola ou participar de uma guerra juntas" (Green, 2015: 101). Os sociólogos argumentam que as coortes costumam ter pontos de referência culturais e políticos comuns, como governos e tendências musicais específicas, que dão forma ao curso da vida. No entanto, uma coorte normalmente não forma um grupo social distinto.

O sociólogo húngaro Karl Mannheim (1893-1947) desenvolveu um argumento consistente relacionado à influência de **gerações** específicas na experiência do curso da vida. As gerações (também chamadas "gerações sociais") são grupos de pessoas que nasceram no mesmo ano ou na mesma série de anos e que, diferentemente das coortes, formam um grupo social particular que compartilha uma visão de mundo ou um quadro de referência comum (Alwin et al., 2006: 49). Mannheim (1972 [1928]:105) disse que "os indivíduos que pertencem à mesma geração [...] são dotados [...] de uma localização comum na dimensão histórica do processo social". Sua alegação é de que a localização geracional pode ser tão influente quanto a posição de classe social na formação das atitudes e das crenças das pessoas.

As gerações costumam experimentar o mundo, e seu lugar nele, de maneiras muito diferentes. Assim, podemos falar de uma geração do milênio ou *millenial* (nascida entre 1981 e 1996), uma geração Z (aqueles nascidos depois de 1996) e até mesmo uma geração X, para descrever a localização histórica de diferentes gerações e suas atitudes e valores divergentes. Por exemplo, os *millenials* também são chamados de "geração IPOD" — do inglês *insecure, pressured, overtaxed, debt-ridden*, ou, em português, "insegura, pressionada, sobrecarregada e endividada" —, enfrentando a insegurança no emprego, estando inteiramente à vontade com a alta tecnologia e a cultura do consumo e inclinando-se para a política individualista e neoliberal (Green, 2015: 102). A geração Z é a primeira a passar por uma "socialização digital", com a tecnologia e os dispositivos digitais sendo um aspecto rotineiro e muito normal de

A cultura jovem *hippie* das décadas de 1960 e 1970 exerceu uma importante influência sobre as identidades sociais nos EUA e em outras sociedades desenvolvidas. Seu legado continuou a influenciar as gerações seguintes.

seus anos escolares formativos. A suposição por trás de todas essas categorizações é de que o grupo geracional em questão é, de alguma forma significativa, diferente daquele que veio antes.

Os *baby boomers* são aqueles nascidos depois da Segunda Guerra Mundial, aproximadamente entre 1946 e 1964, quando muitos países tiveram grandes aumentos em suas taxas de natalidade, possivelmente como resultado do crescimento econômico e da prosperidade do pós-guerra (Gillon, 2004). Os *baby boomers* tiveram muitas experiências novas: a televisão em casa, uma nova cultura jovem, níveis crescentes de renda e posturas mais liberais ante o sexo e a moralidade. As experiências dos *baby boomers* foram significativamente diferentes daquelas dos seus pais, e, com a criação da "juventude" como estágio de vida, o mesmo se aplica à sua experiência do curso da vida. De fato, o argumento de Mannheim sugere que essa geração mudou a própria sociedade. Esse aspecto dual de dar forma ao curso da vida e de produzir mudanças sociais é uma das razões pelas quais Mannheim considera as gerações semelhantes a classes sociais em seu impacto potencial sobre as sociedades.

Green (2017) argumenta que as experiências da primeira infância das pessoas de hoje podem ser cada vez mais diversas à medida que a tendência à procriação tardia continua, e isso pode causar problemas para as gerações que estudam. Alguns pais de primeira viagem podem estar na casa dos 20, enquanto outros estão na casa dos 40 ou 50, e não podemos, portanto, supor que os pais das crianças fazem parte da mesma geração, transmitindo as mesmas experiências e os mesmos valores. Embora seja verdade que o estudo das gerações costuma ser muito generalizado e ter pouca precisão, ele também produziu algumas ideias sócio-históricas muito úteis.

> **REFLEXÃO CRÍTICA**
>
> Qual é a sua geração? Que eventos sociais, políticos e econômicos podem ter influenciado suas atitudes e sua filiação política? A "geração" é tão poderosa quanto classe, gênero ou etnia na formação da sua experiência de vida?

A próxima seção analisa alguns estágios-chave do curso de vida, principalmente porque, nos países desenvolvidos, eles mudaram ao longo do tempo. Esse material não é completo — não passamos muito tempo na "meia-idade" (idade aproximada de 40 a 65 anos), por exemplo —, e o tópico deve ser abordado por meio das sugestões da seção de leitura adicional, ao final do capítulo. A infância, a juventude e a velhice têm sido as principais etapas da pesquisa sociológica, e a seção reflete isso. No entanto, é importante lembrar que a maior parte da sociologia, em todos os seus campos especializados, geralmente considera a vida adulta seu foco principal, sem se envolver diretamente com a perspectiva do curso da vida. Essa suposição básica também considera "senso comum" que a infância e a juventude são estágios preparatórios, que levam à vida adulta "normal", enquanto a velhice ocorre após nosso período de vida profissional "útil". O aparecimento de uma perspectiva de curso da vida destacou tais pressupostos, abrindo-os para um escrutínio crítico.

Infância

Até meados da década de 1980, os sociólogos discutiam sobre crianças e a infância no contexto da socialização primária dentro da família. Isso muitas vezes dava a impressão de que a infância é uma etapa simplesmente transitória no processo de se tornar um adulto sociologicamente significativo. No entanto, a ideia de infância como "mera transição" ignora a posição *estrutural social* das crianças nas sociedades. Ou seja, as crianças podem ser conceituadas como um grupo social distinto, da mesma forma que as classes sociais ou os grupos étnicos. As crianças tendem a experimentar a vida por meio de sua própria cultura, com seus símbolos e rituais únicos, e têm um *status* semelhante ao de alguns outros grupos minoritários, o que muitas vezes as levou a serem exploradas como uma fonte barata de mão de obra (James et al., 1998).

Desde o final da década de 1980, um novo paradigma — muitas vezes chamado de **nova sociologia da infância** — tem demonstrado que o que chamamos de "infância" é, em grande medida, uma construção social que não é universal (Corsaro, 2005). A experiência da infância e o seu significado para a sociedade são diversos em diferentes períodos históricos e em diferentes regiões geográficas durante um mesmo período. O novo paradigma também sinalizou um afastamento das teorias funcionalistas e de outras teorias que viam as crianças como indivíduos que estariam meramente "se tornando" membros da sociedade. Em vez disso, as crianças são consideradas participantes ativos ou "seres" por direito próprio, que interpretam e constroem suas próprias vidas, suas culturas e seus relacionamentos (Prout e James, 1990; Prout, 2005). O movimento teórico que conduziu do estudo dos processos de "se tornar" ao estudo das ações de "seres" tem sido altamente significativo (Jenks, 2005; Thomas, 2009).

Por exemplo, colocar a criança ativa no centro da análise sociológica gera novas questões e estratégias alternativas de pesquisa. Etnografias, diários e outros métodos qualitativos são ferramentas de pesquisa particularmente eficazes nesse campo, pois permitem que as vozes das crianças sejam ouvidas e que seus raciocínios e suas interpretações sejam trazidos à tona. O estudo da experiência das crianças pós-divórcio realizado por Smart et al. (2001) exemplifica essa abordagem, permitindo que o divórcio seja visto do ponto de vista dos filhos envolvidos. Os sociólogos que trabalham com o novo paradigma podem perguntar o que *significa* família ou divórcio para as crianças envolvidas ou como eles estão relacionados à vida das crianças (O'Brien et al., 1996; Seung Lam e Pollard, 2006). Olhar para a vida familiar ou escolar do ponto de vista da criança abre novos caminhos para os sociólogos, gerando uma compreensão mais abrangente da infância.

No entanto, o próprio novo paradigma foi desafiado. Alguns argumentam que o acentuado foco nas crianças como "seres ativos" cai na velha armadilha de supor que existem "indivíduos soberanos" autônomos e livres de suas inevitáveis relações com os outros. Essa concepção está enraizada na noção semelhante de uma *idade adulta* estável. Mas essa última passou recentemente por um escrutínio minucioso à medida que os "empregos para a vida toda" diminuíram, juntamente com relacionamentos permanentes e duradouros, na "modernidade mais fluida" ou líquida que caracteriza o mundo contemporâneo (Bauman, 2000). Como resultado, Nick Lee (2001) argumenta que tanto a infância *quanto* a vida adulta devem ser consideradas "em andamento" ou em um estado contínuo de se tornar. Mesmo assim, Prout (2005: 66) sustenta que "tanto os adultos quanto as crianças podem ser vistos nesses termos como seres que se tornam, sem comprometer a necessidade de respeitar seu *status* como seres ou pessoas".

Não há dúvida de que a nova sociologia da infância produziu algumas ideias fascinantes, mas é provável que pesquisas futuras tentem equilibrar "ser" e "tornar-se" no estudo da infância.

Construindo infâncias

Dificilmente parece ser necessário discutir o conceito de **infância**. Seria correto dizer que as crianças são apenas diferentes de bebês ou crianças de colo e que a infância ocorre entre a primeira infância e a adolescência? O conceito de "infância", como muitos outros aspectos da vida atual, passou a existir apenas nos últimos dois ou três séculos. Em muitas outras sociedades, os jovens passam diretamente de uma infância prolongada para o trabalho na comunidade. O historiador francês Philippe Ariès (1965) diz que a "infância", concebida como uma fase separada do desenvolvimento, não existia na Europa medieval. Nas pinturas desse período, as crianças são retratadas como pequenos adultos, com rostos maduros e o mesmo estilo de vestimentas dos mais velhos. As crianças participavam das mesmas atividades ocupacionais e de lazer que os adultos, e não das brincadeiras infantis que hoje consideramos normais.

No início do século XX, as crianças eram colocadas a trabalhar em uma idade que hoje parece muito precoce, e existem países no mundo atualmente onde crianças pequenas trabalham em horário integral, às vezes em circunstâncias fisicamente extenuantes, como em minas de carvão e na agricultura. A ideia de que as crianças têm direitos específicos e que o uso da mão de obra infantil é "obviamente" repugnante do ponto de vista moral é um desenvolvimento relativamente recente. A Convenção das Nações Unidas sobre os Direitos da Criança (UNCRC) tomou força em 1990, estabelecendo os direitos básicos de todas as crianças ao redor do mundo; em 2009, ela foi ratificada por 194 países (com exceção dos Estados Unidos e da Somália) (UNICEF, 2014). A UNCRC define uma criança como alguém com menos de 18 anos, a menos que os Estados-Nações já tenham uma definição anterior.

A tentativa de universalizar os direitos das crianças e as definições da infância em contextos sociais e econômicos muito diferentes é uma atitude corajosa, que levanta questões importantes. Será que a definição da ONU é culturalmente sensível a sociedades diferentes, ou será que ela impõe ideias ocidentais ao restante do mundo? Será que os governos do mundo em desenvolvimento realmente colocam em prática as mesmas salvaguardas para proteger os direitos das crianças que já existem amplamente nas sociedades desenvolvidas? E, se o fizerem, isso não restringirá o desenvolvimento econômico e a capacidade de geração de renda das famílias mais pobres? Por exemplo, em muitos países em desenvolvimento, as "crianças de rua" ganham dinheiro para suas famílias pobres vendendo mercadorias; se os Estados penalizarem essas práticas como "desviantes", como essas famílias sobreviverão? Essas são questões muito difíceis que estão sendo trabalhadas em políticas públicas e na prática ao redor do mundo.

> A questão do trabalho infantil é discutida no Capítulo 6, "Desigualdade global".

Parece possível que, como resultado das mudanças que ocorrem atualmente em sociedades modernas, o caráter distinto da infância esteja diminuindo ainda mais, conduzindo as relações entre crianças e adultos a um ponto de crise. As incertezas associadas aos processos de globalização e o tipo de mudanças sociais rápidas que analisamos no Capítulo 4 estão levando a novas construções sociais da infância. Prout (2005: 7) sugere que "essas novas representações constroem as crianças como mais ativas, cultas e socialmente participativas do que os discursos passados permitiam. Elas são mais difíceis de controlar, menos obedientes e, assim, mais perturbadas e perturbadoras". Parece que as relações entre adultos e crianças estão em um período de fluxo e grandes distúrbios.

Outros observadores sugeriram que as crianças hoje crescem tão rapidamente que o limite antes sólido entre adultos e crianças está se desvanecendo rapidamente, levando ao "desaparecimento" da infância nas sociedades desenvolvidas (Postman, 1995; Buckingham, 2000). Eles observam que mesmo crianças pequenas podem assistir aos programas de televisão vistos pelos adultos, tornando-se, assim, muito mais familiarizadas com o mundo adulto desde cedo do que as gerações passadas. As crianças estão se tornando consumidores com muito menos idade e estão consumindo produtos adultos, como programas de televisão, telefones celulares e propagandas.

Além disso, parece haver uma preocupação generalizada com o fato de que as crianças enfrentam pressões para desenvolver estilos de vida sexualizados antes de estarem prontas para isso. Um relatório encomendado pelo governo do Reino Unido, Letting Children be Children (Bailey, 2011), questionou uma amostra de pais, crianças, empresas e outras organizações sobre suas opiniões a respeito da comercialização e da sexualização da infância. Muitos pais afirmaram que vivemos em uma cultura comercial e sexualizada imprópria para seus filhos. Essa cultura inclui imagens sexualizadas em revistas, vídeos de artistas pop e programas de TV, bem como *on-line*.

No entanto, os pais participantes da pesquisa disseram que sua maior preocupação era com "roupas, serviços e produtos sexualizados e estereotipados de gênero" e uma "imprensa lasciva" (Bailey, 2011: 9). Eles também se consideravam muito impotentes para mudar a cultura ou causar impacto nos negócios e acreditavam que não havia regulamentação suficiente nas novas mídias, como a internet e os celulares. Tudo isso sugere que o período protegido da infância, que caracterizou os países desenvolvidos durante a maior parte do século XX, está sendo seriamente corroído atualmente.

A cultura adolescente e jovem

A ideia do "adolescente", que hoje nos é tão familiar, não existia até pouco tempo atrás. As mudanças biológicas envolvidas na puberdade (o ponto em que uma pessoa se torna capaz de ter atividade sexual adulta e se reproduzir) são universais, embora, em muitas culturas, elas não gerem o grau de transtorno e incerteza encontrado, muitas vezes, entre jovens em sociedades modernas. Em culturas que promovem as classes etárias, por exemplo, com cerimoniais distintos que indicam a transição da pessoa para a idade adulta, o processo de desenvolvimento psicossexual geralmente parece mais fácil de negociar. Nas sociedades ocidentais, as crianças chegam a um ponto em que se espera que elas não atuem mais como crianças; porém, em culturas nas quais as crianças já estão trabalhando junto com os adultos, a transição para além da infância pode ser muito menos nítida e definida.

Nas sociedades desenvolvidas contemporâneas, os adolescentes não são nem um, nem outro: eles tentam seguir os modos adultos, mas são tratados pela lei como crianças. Podem querer trabalhar, mas são obrigados a permanecer na escola. Assim, os adolescentes vivem entre a infância e a idade adulta, crescendo em uma sociedade sujeita a mudanças constantes, que desloca os limites aparentemente fixos entre as etapas da vida.

Relacionada com a ideia do adolescente, há a **cultura jovem**, um modo de vida geral associado a pessoas jovens. Em muitas outras sociedades, do passado e do presente, o conceito de cultura jovem não existe nesse sentido, e as crianças avançam para a idade adulta muito antes, sem o estágio intermediário do "jovem". Os sociólogos publicaram pela primeira vez a respeito da cultura jovem nas décadas de 1950 e 1960, quando adolescentes mais velhos que começavam a trabalhar se beneficiavam da afluência do pós-guerra, usando seus rendimentos para comprar roupas da moda, discos de música popular e outros produtos nos mercados de consumo emergentes (Savage, 2007). Começava a tomar forma uma "cultura da juventude" que parecia diferente do *mainstream* e que construiu novos mundos significativos, dos quais brotaram as espetaculares subculturas jovens de delinquentes, revoltados, roqueiros e *skinheads* — e, mais adiante, *hippies*, *punks*, rastafáris, góticos e muitos outros.

Em uma análise posterior, parece que os sociólogos dedicaram uma atenção desproporcional às pequenas, mas altamente visíveis subculturas, que cos-

Apesar dos muitos estudos "clássicos" de culturas jovens espetaculares, a maioria dos jovens não é participante ativa e continua a se envolver em atividades mais mundanas.

tumavam ser dominadas por homens, e pouco tempo para entender a maioria dos jovens e as formas como eles buscam sentido em suas próprias vidas. Por exemplo, McRobbie e Garber (1975) identificaram entre as garotas uma "cultura do quarto" comum, porém mais secreta, que proporcionava que grupos de amigas participassem da cultura jovem, mas que foi praticamente ignorada na pressa de analisar as subculturas "desviantes" (masculinas) na esfera pública.

Miles (2000) sugere que os conceitos de cultura jovem e subculturas jovens nos levaram a enxergar todos os jovens erroneamente como indivíduos basicamente semelhantes, envolvidos em atividades contraculturais ou desviantes, ou expostos a desvantagens sociais exclusivas. No entanto, a maioria dos jovens não se encaixava — como é o caso ainda hoje — nessa descrição. Miles propôs o conceito de *estilos de vida jovens*, que sugere uma diversidade de experiências no contexto da juventude em voga e concentra-se na questão de "como [...] os jovens interagem e negociam os mundos sociais onde constroem suas vidas cotidianas" (ibid.: 2). Essa perspectiva nos lembra das experiências comuns e compartilhadas de jovens em um mundo que muda rapidamente e das diferentes respostas que os jovens adotam em relação a ele.

> As subculturas jovens desviantes são discutidas no Capítulo 22, "Crime e desvio de conduta".

A idade adulta jovem

A sociologia, como outras disciplinas científicas sociais, é dominada por estudos sobre o modo como os adultos vivem. Como resultado, o conceito de "idade adulta" permaneceu, até recentemente, relativamente inquestionável, o que significa que "ainda não existe uma sociologia convincente da idade adulta equivalente às sociologias da infância, da juventude e da velhice" (Pilcher et al., 2003). Por exemplo, o estudo das relações médico-paciente simplesmente considerou médicos adultos maduros e pacientes adultos, com pouca ou nenhuma consideração pelas diferentes experiências de crianças ou adultos jovens.

No decorrer das décadas de 1980 e 1990, os sociólogos começaram a teorizar uma fase relativamente nova do curso da vida nas sociedades desenvolvidas, que podemos chamar de **idade adulta jovem** (Goldscheider e Waite, 1991). O estudo sistemático desse estágio ainda não está tão desenvolvido quanto o da infância ou da velhice. Isso também implica que existe uma fase adulta "intermediária" ou talvez "madura" antes que as pessoas passem para sua "velhice" (Green, 2017). A idade adulta jovem caracteriza pessoas de cerca de 18 a 30 e poucos anos que vivem vidas relativamente independentes, mas que ainda não casaram ou tiveram filhos e, como consequência, ainda estão fazendo experiências com seus relacionamentos e estilos de vida.

Todavia, não se acredita que esse estágio seja vivenciado da mesma forma por homens e mulheres de todas as classes sociais e grupos étnicos. É particularmente entre os grupos mais ricos que as pessoas no começo da faixa dos 20 anos têm tempo para viajar e explorar interesses sexuais, políticos e religiosos (Heath e Cleaver, 2003). De fato, é provável que aumente a importância dessa postergação das responsabilidades da idade adulta plena, dado o longo período de educação a que muitas pessoas se submetem hoje no mundo desenvolvido.

Nos últimos anos, os sociólogos estudaram os problemas enfrentados pelos adultos jovens em uma época de políticas de austeridade, aumento dos custos de moradia, altos níveis de endividamento pessoal e insegurança no emprego. Hoje, muitos nessa fase da vida continuam dependentes do apoio material e financeiro dos pais e outros membros da família até o final dos 20 anos ou mais. Alguns caracterizaram isso como a "geração bumerangue" (Newman, 2012), porque muitos jovens adultos estão tentando seguir em frente e viver vidas independentes, mas se veem incapazes de fazê-lo sem o apoio contínuo dos membros da família. Heath e Calvert (2013) descobriram que o apoio intergeracional varia bastante, desde pequenos empréstimos em dinheiro e mesadas para cobrir contas e despesas até grandes depósitos hipotecários e custos de acomodação na casa da família. Esse período prolongado de dependência é muitas vezes vivenciado pelos jovens como um comprometimento de sua autonomia e independência.

Também é provável que esse estágio da vida se torne muito menos generificado, já que cada vez mais mulheres estudam na universidade e constroem carreiras em vez de adotar uma vida familiar tradicional com pouca idade. Podemos esperar que os especialistas que estudam o curso da vida façam mais pesquisas sobre esse estágio durante a próxima década.

A idade adulta madura

A maioria dos adultos jovens no mundo moderno atual pode esperar viver até a velhice, chegando aos 70, 80 anos ou mais. Porém, em épocas pré-industriais, poucos podiam prever tal futuro com muita confiança — na verdade, nem mesmo os adultos jovens em partes pobres do mundo em desenvolvimento podem fazê-lo atualmente. A morte por doença ou acidentes era muito mais frequente entre todas as faixas etárias do que é atualmente, e as mulheres, em particular, estavam em maior risco, devido à elevada taxa de mortalidade no parto. Por outro lado, alguns dos problemas que as pessoas adultas (entre os seus 30 e tantos anos até por volta dos 65) enfrentam hoje eram menos acentuados em outros tempos. As pessoas geralmente mantinham uma conexão mais íntima com seus pais e outros parentes do que nas populações mais móveis do século XXI, e as rotinas de trabalho que tinham eram praticamente as mesmas de seus antepassados.

Atualmente, existem grandes incertezas no trabalho, no casamento, na vida familiar e em outros contextos sociais. As pessoas cada vez mais devem "fazer" suas próprias vidas, mais do que no passado. Entre muitos grupos sociais, a criação de vínculos sexuais e maritais hoje depende principalmente da iniciativa e da escolha do indivíduo, em vez de ser determinada pelos pais, embora isso não se aplique, é claro, a todas as culturas. Essa escolha individual pode ser vivenciada como liberdade, mas a responsabilidade de *ter* de escolher também pode impor suas próprias pressões. Alguns teorizaram o surgimento de uma "nova meia-idade" na idade adulta, na qual aqueles que se aproximam da velhice se envolvem em um consumismo ativo e estão preocupados com a juventude e a reinvenção pessoal à medida que envelhecem (Featherstone e Hepworth, 1989).

A manutenção de uma perspectiva positiva na fase **adulta madura** assumiu uma importância particular. A maioria das pessoas não espera fazer a mesma coisa durante toda a vida. Indivíduos que passaram suas vidas inteiras em uma carreira talvez considerem insatisfatório o nível que alcançaram na fase adulta, sem outras oportunidades. Mulheres que passaram a idade adulta jovem cuidando da família e cujos filhos saíram de casa talvez se sintam sem nenhum valor social. O fenômeno da "crise de meia-idade" é muito real para muitas pessoas na fase adulta madura. A pessoa talvez sinta que jogou fora as oportunidades que a vida tinha para oferecer, ou que nunca alcançará objetivos acalentados desde a infância. Ainda assim, o envelhecimento não precisa levar à resignação ou ao desespero. Para alguns, a libertação dos sonhos de infância pode ser um alívio.

Entre as culturas mais antigas, a opinião dos idosos costumava ser amplamente considerada — a última palavra — em questões importantes para a comunidade. Nas famílias, a **autoridade** de homens e mulheres aumentava com a idade. Porém, sob as condições da modernidade capitalista, a "aposentadoria" do trabalho pode gerar o oposto, pois os idosos tendem a perder a autoridade na família e na comunidade social mais ampla. Depois de se aposentar, eles podem ficar mais pobres do que antes, percebendo que têm pouca coisa a oferecer aos mais jovens por meio de conselhos. Alguns sociólogos sugeriram que os mais idosos podem se tornar "estranhos no tempo", como resultado da rápida mudança tecnológica, social e econômica (Mead, 1978).

Por exemplo, aqueles nascidos entre 1981 e 1996 (entre 26 e 41 anos em 2022) passaram a ser conhecidos como a geração do milênio, cujas experiências formativas incluíram os conflitos no Kuwait, no Iraque e no Afeganistão e os ataques terroristas de 11 de setembro nos EUA, bem como a rápida disseminação do uso da internet. Os *millenials* também foram a geração mais etnicamente diversa. Como jovens adultos, eles passaram pela crise financeira de 2008 e pelo surgimento de formas precárias de trabalho, enfrentando o impacto desses desenvolvimentos em suas oportunidades de carreira, chances de vida e perspectivas de poder comprar uma casa (Dimock, 2019). A *hashtag* e a frase #OK Boomer foram popularizadas em 2019 como uma resposta ao fracasso dos *baby boomers* mais velhos, financeiramente seguros e confortáveis, em entender ou apreciar o contexto econômico muito diferente e mais difícil que os *millenials* enfrentaram.

Na seção a seguir, analisamos as questões sociológicas que envolvem o **envelhecimento**. O estudo da velhice e do envelhecimento — gerontologia social — está bem estabelecido, com um *corpus* de pesquisa e evidência significativo, que é refletido no restante deste capítulo.

O envelhecimento

A mulher mais velha a participar da Maratona de Londres de 2019 foi Eileen Noble, de 84 anos, do sudeste de Londres. Eileen começou a correr a sério apenas na casa dos 50, e 2019 foi sua décima nona Maratona de Londres (Hobson, 2019). Ken Jones, de Strabane, na Irlanda do Norte, participou de todas as 39 Maratonas de Londres, sendo uma das 11 pessoas que o fizeram. Em 2019, ele correu novamente aos 85 anos, embora tenha dito que a quadragésima, em 2020, seria a última (Goodbody, 2019). O corredor mais velho da Maratona de Londres é Fauja Singh, de Ilford, no leste de Londres. Ele correu maratonas em todo o mundo arrecadando dinheiro para instituições de caridade (Askwith, 2003). Em 2011, ele realizou um desejo de longa data, terminando a Maratona Waterfront de Toronto em 8 horas e 25 minutos aos 100 anos.

As histórias desses corredores ilustram o fato de que, especialmente nos países mais ricos, as pessoas estão vivendo vidas mais longas, mais saudáveis e mais produtivas do que antes. Quando se tornou monarca, em 1952, a rainha Elizabeth II enviou 273 telegramas de aniversário para cumprimentar britânicos centenários em seu 100º aniversário. Ao final do século XX, esse número aumentou para mais de 3 mil por ano (Cayton, 2000). As previsões recentes do Escritório de Estatísticas Nacionais do governo sugerem que, por volta de 2066, haverá mais de 500 mil centenários somente no Reino Unido. Os bebês nascidos em 2011 tinham oito vezes mais chances de viver até os 100 do que aqueles nascidos em 1931, e as meninas nascidas em 2011 têm um terço de chance de viver até os 100 anos, enquanto, para

Quarenta quilômetros é um longo percurso para correr. Porém, não é raro encontrar pessoas de idade avançada participando de maratonas.

> **REFLEXÃO CRÍTICA**
>
> Há um grande mercado de produtos antiidade promovendo o "adiamento dos sinais do envelhecimento". O que podemos aprender sobre as atitudes em relação à velhice e à juventude ao considerar o fato de tantas pessoas parecerem dispostas a esconder os sinais de que estão envelhecendo?

os meninos, essa proporção é de 1 para 4 (*The Guardian*, 2011). Envelhecer pode ser uma experiência satisfatória e gratificante, mas também pode ser repleta de problemas físicos e isolamento social. Para a maioria das pessoas, a experiência de envelhecer ocorre entre esses dois extremos.

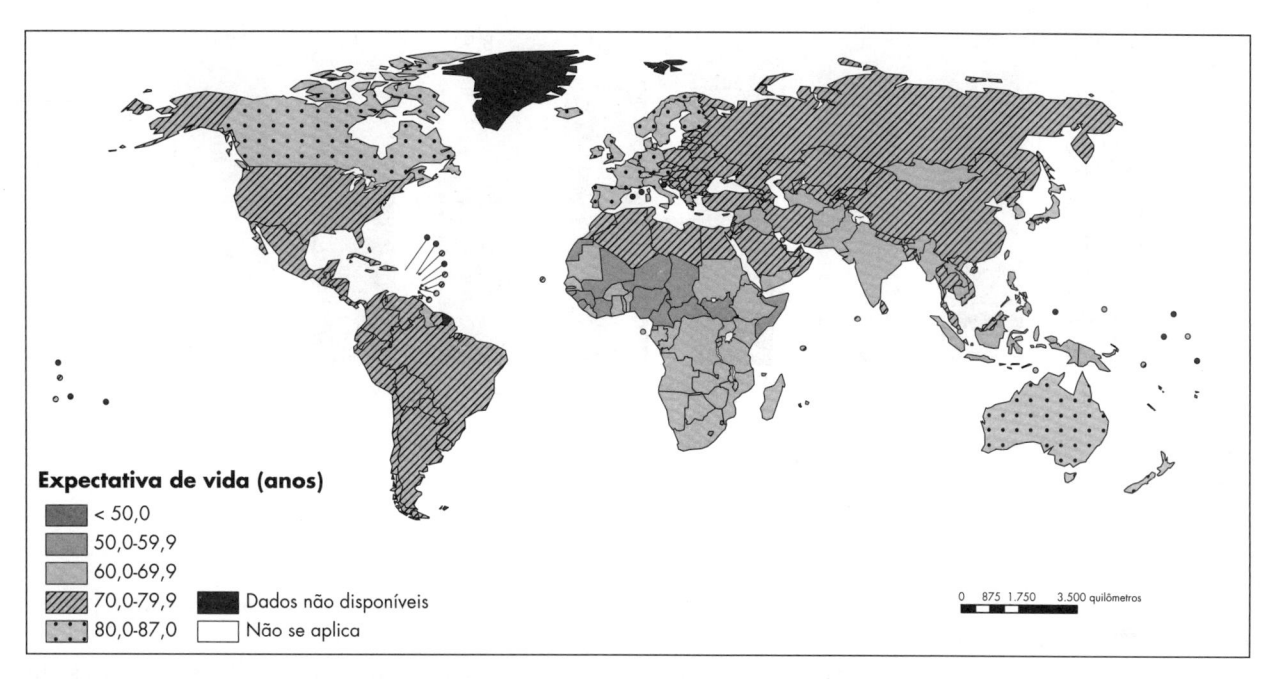

FIGURA 14.1 Expectativa de vida global no nascimento, ambos os sexos, 2016.
Nota: Os Estados-membros da OMS com uma população inferior a 90 mil em 2015 não foram incluídos nessa análise.
Fonte: WHO (2018c).

O agrisalhamento das sociedades humanas

Por todo o mundo, as sociedades humanas estão envelhecendo, mas não de maneira uniforme. Um exemplo são as surpreendentes diferenças nacionais na expectativa média de vida (ver Figura 14.1). A expectativa média de vida global em 2016 era de 72 anos (74,2 para mulheres e 69,8 para homens), um aumento de 5,5% desde o ano 2000 (WHO, 2018c). Porém, nos extremos, em 2012, a expectativa de vida ao nascer no Afeganistão era de 49,72 anos (48,45 para homens e 51,05 para mulheres), enquanto, em Mônaco, era de 89,68 anos (85,74 para homens e 93,77 para mulheres) (CIA, 2012). Essas expectativas de vida grosseiramente desiguais ilustram as experiências muito diferentes de envelhecimento das pessoas em todo o mundo.

Essas chances de vida desiguais também apontam para os diversos significados ligados à ideia de "curso da vida". No mundo desenvolvido, ter 42 anos significa que se está entrando na "meia-idade" ou na fase "adulta madura", mas, em alguns países em desenvolvimento, atingir a idade de 40 anos é efetivamente o "fim da vida". Essas grandes disparidades na expectativa de vida média também influenciam as experiências da morte, do morrer e do luto. Embora a maior parte desta seção concentre-se em debates e evidências de países desenvolvidos relativamente ricos, devemos ter em mente que a situação no mundo em desenvolvimento é muito diferente e que a "experiência de envelhecer" difere no mesmo nível.

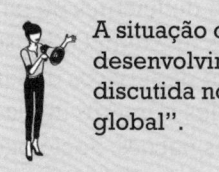

> A situação dos países em desenvolvimento é amplamente discutida no Capítulo 6, "Desigualdade global".

A proporção da população global de indivíduos com 60 anos ou mais era de apenas 8% em 1950 e havia subido para 11% em 2009. No entanto, a previsão é de que esse número dobre até 2050, passando para 22%. O crescimento mais rápido do grupo de indivíduos com mais de 65 anos ocorrerá nas nações industrializadas, onde as famílias têm menos filhos e as pessoas, em média, vivem por mais tem-

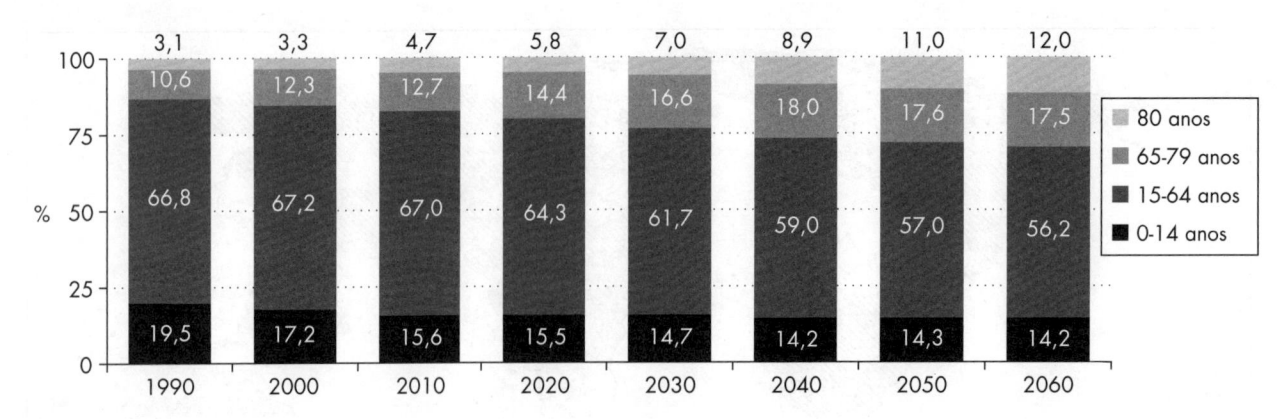

FIGURA 14.2 Estrutura da população pelas principais faixas etárias, EU-27, 1990-2060 (projetada).
Fonte: Eurostat (2011).

po. Porém, após a metade deste século, as nações em desenvolvimento seguirão essa tendência, pois terão uma "explosão de idosos" na sua própria população (UNFPA, 2011: 33-34).

Como a Figura 14.2 ilustra em relação à União Europeia, essa mudança de longo prazo na estrutura etária das sociedades desenvolvidas está a caminho. Por volta de 2060, quase um terço da população da Europa estará com mais de 65 anos de idade, enquanto a população em idade ativa (aqueles com idade entre 15 e 64 anos) diminuirá em cerca de 10%, para 56% da população total da Europa. A definição de "idade ativa" também está mudando à medida que as pessoas continuam trabalhando bem depois dos 64 anos.

O envelhecimento da população global tem implicações enormes para as políticas sociais. Atualmente, mais de 150 nações prestam assistência pública para pessoas idosas ou deficientes ou para aqueles que ficam quando elas morrem. Os idosos são mais propensos a necessitar de serviços de saúde caros, e o rápido aumento dos números ameaça os sistemas médicos em muitas nações. Sociólogos e gerontologistas hoje se referem ao **agrisalhamento** da população (Peterson, 1999). O "agrisalhamento" é resultado de duas tendências de longo prazo nas sociedades industriais: a tendência de as famílias terem menos filhos (discutida no Capítulo 15, "Famílias e relacionamentos íntimos") e o fato de que as pessoas hoje vivem mais tempo. Em meio à confusão de comentários sugerindo que o envelhecimento da população criará problemas difíceis para governos e legisladores, é importante ter em mente a notável história de sucesso humano que esses números demonstram.

As populações da maioria das sociedades do mundo estão envelhecendo como resultado de um declínio nas taxas de natalidade e mortalidade, embora as populações dos países em desenvolvimento continuem a ter uma expectativa de vida mais curta devido à desvantagem econômica, à pobreza, à desnutrição e às doenças (ver Capítulo 6, "Desigualdade global"). A expectativa média de vida do mundo ao nascer passou de cerca de 48 anos em 1950 para 65,3 anos em 1990 e 72 anos em 2016 (Reuters, 2015; WHO, 2018c). No período de 1950 a 2010, a expectativa média de vida aumentou 26 anos nos países em desenvolvimento em comparação com apenas 11 anos no mundo desenvolvido (UNFPA, 2011). A diferença cada vez menor entre as nações mais ricas e as mais pobres mostra que a grande desigualdade global da expectativa de vida não é inevitável. Uma exceção digna de nota pode ser vista nos países da África Subsaariana, onde a expectativa de vida na realidade diminuiu desde a metade da década de 1980, principalmente pelo impacto enorme e contínuo do HIV/aids.

Processos de envelhecimento

O processo de **envelhecimento** não é singular, mas pode ser definido sociologicamente como a combinação de processos biológicos, psicológicos e sociais que afetam as pessoas à medida que ganham idade (Abeles e Riley, 1987; Atchley, 2000). Esses processos sugerem a metáfora de três "relógios" evolutivos diferentes, ainda que inter-relacionados. Primeiro, um relógio biológico, que se refere ao corpo físico; segundo, um relógio psicológico, que se refere à mente e às capacidades mentais; e, terceiro, um relógio social, que se refere a normas culturais, valores e expectativas para papéis relacionados com a idade. Existe uma grande faixa de variação em todos esses três processos. Nossas noções sobre o significado da idade estão mudando rapidamente, porque pesquisas recentes estão desfazendo muitos mitos sobre o envelhecimento e porque os avanços na nutrição e na saúde têm permitido que muitas pessoas vivam vidas mais longas e mais saudáveis do que nunca.

Ao explorar os processos de envelhecimento, baseamo-nos em estudos da **gerontologia social**, uma disciplina preocupada com o estudo dos aspectos sociais do envelhecimento, que forneceu algumas ideias importantes sobre os diversos significados de ser "velho" (Riley et al., 1988).

Envelhecimento biológico

O envelhecimento biológico provavelmente é o aspecto mais conhecido e visível do processo de envelhecimento. O ponto cronológico exato em que ocorrem os estágios do envelhecimento biológico varia bastante de indivíduo para indivíduo, dependendo da genética e do estilo de vida. De modo geral, para homens e mulheres, o envelhecimento biológico geralmente significa alguns ou todos os seguintes processos:

- visão em declínio, à medida que a lente ocular perde a elasticidade;
- perda da audição, primeiro dos tons mais agudos;
- rugas, à medida que a estrutura subjacente da pele se torna mais frágil (loções para a pele e plásticas faciais só adiam isso);
- declínio da massa muscular e acúmulo concomitante de gordura, especialmente na metade do corpo;
- queda na eficiência cardiovascular, na medida em que menos oxigênio pode ser inalado e utilizado durante os exercícios.

Esses efeitos normais não podem ser evitados, mas podem ser parcialmente compensados e equilibrados com uma boa saúde, dieta e nutrição adequadas e uma quantidade razoável de exercícios (John, 1988). Para muitas pessoas, as mudanças físicas do envelhecimento não impedem de maneira significativa que levem vidas ativas e independentes até os 80 anos. Alguns cientistas dizem que, com um estilo de vida adequado e os avanços na tecnologia médica, cada vez mais pessoas poderão ter vidas relativamente livres de doenças até alcançarem seu máximo biológico, passando apenas por um breve período de doença pouco antes de morrer (Fries, 1980).

O debate científico sobre o limite superior da vida humana é dividido entre: os "otimistas", que acreditam que não existe um limite superior geneticamente programado; os "realistas", que argumentam que o aumento contínuo do período de vida humano é implausível e dura cerca de 115 anos, no limite; e os "futuristas", que não veem limitação no período de vida humano e acreditam que os desenvolvimentos biotecnológicos do futuro levarão a uma vida mais saudável na velhice e a um tipo de "eterna juventude" (Rafi e Alavi, 2017). Quando a pessoa mais velha registrada oficialmente no mundo, a francesa Jeanne Calment, morreu, em 1997, ela tinha 122 anos. Outras pessoas alegam ser ainda mais velhas, mas suas idades não podem ser comprovadas (BBC News, 2013).

Embora a maioria das pessoas idosas nas sociedades desenvolvidas não sofra limitações físicas significativas e se mantenha fisicamente ativa, ainda existem estereótipos impróprios sobre os "velhinhos fracos e frágeis" (Victor, 2005). Esses estereótipos têm mais a ver com o significado social do envelhecimento na cultura ocidental, que se preocupa cada vez mais com a juventude e teme envelhecer e morrer.

Envelhecimento psicológico

Mesmo que capacidades como memória, aprendizagem, inteligência, habilidades e motivação para aprender decaiam com a idade, a pesquisa sobre a psicologia do envelhecimento sugere um processo muito mais complicado (Birren e Schaie, 2001). Os efeitos psicológicos do envelhecimento estão muito menos estabelecidos do que os efeitos físicos, embora a pesquisa sobre a psicologia do envelhecimento continue a se expandir (Diehl e Dark-Freudeman, 2006).

A memória e a capacidade de aprender, por exemplo, não decaem significativamente até muito tarde na vida para a maioria das pessoas, embora a velocidade com que a pessoa lembra ou analisa informações possa se reduzir um pouco, dando a falsa impressão de uma limitação mental. Para a maioria das pessoas idosas cujas vidas são estimulantes e ricas, capacidades mentais como a motivação para aprender, a clareza de pensamento e a capacidade de resolver problemas não parecem decair significativamente até muito tarde na vida (Atchley, 2000).

As pesquisas atuais se concentram no nível em que a perda de memória está relacionada com outras variáveis, como saúde, personalidade e estruturas sociais. Os cientistas e psicólogos dizem que o declínio intelectual não é incomum, mas também não é inevitável. Até mesmo a doença de Alzheimer, a deterioração progressiva das células cerebrais, que é a principal causa de demência na velhice, é relativamente rara em pessoas com menos de 65 anos. No entanto, estatísticas no Reino Unido mostram que uma a cada seis pessoas com idade superior a 80 anos, e o dobro de mulheres do que homens, têm demência; muitas delas têm a doença de Alzheimer (Alzheimer's Society, 2020).

Envelhecimento social

A **idade social** consiste em normas, valores e papéis que são culturalmente associados a uma determinada idade cronológica. As ideias sobre a idade social diferem de uma sociedade para outra e também costumam mudar com o tempo. Sociedades como o Japão e a China tradicionalmente reverenciam os idosos, considerando-os uma fonte de memória histórica e sabedoria. Sociedades como o Reino Unido e os Estados Unidos têm maior probabilidade de considerá-los pessoas improdutivas e dependentes, desconectadas da época atual, tanto porque os idosos não costumam ter as habilidades tecnológicas valorizadas pelos jovens quanto devido à obsessão da sua cultura pela juventude.

As expectativas de papéis sociais são fontes extremamente importantes de identidade pessoal. Alguns dos papéis associados ao envelhecimento costumam ser positivos: títulos de nobreza, conselheiro, avô carinhoso, presbítero, mestre espiritual. Outros papéis podem ser prejudiciais, levando a uma redução da autoestima e ao isolamento. Existem papéis estereotípicos altamente estigmatizantes para os idosos: pense em frases como "velho rabugento", "velho tolo", "velho chato" e "velho sujo" (Kirkwood, 2001). De fato, os idosos não cumprem os papéis sociais a eles atribuídos de maneira passiva; eles os moldam e redefinem ativamente (Riley et al., 1988). Um exemplo marcante disso é o surgimento de grupos e movimentos de campanha de idosos, como os Gray Panthers, nos EUA, que foram criados para lutar pelos direitos dos idosos.

> **REFLEXÃO CRÍTICA**
>
> Os idosos de hoje são muitas vezes vistos como sortudos, recebendo boas pensões, aposentando-se mais cedo e possuindo suas casas próprias. Faça uma pesquisa *on-line* a fim de encontrar artigos de jornal sobre os idosos publicados nos últimos dois anos. Existem padrões na cobertura? Há evidências de estereótipos e, em caso afirmativo, como você caracterizaria isso?

Aspectos do envelhecimento

As pessoas idosas são ricas, pobres e tudo que houver entre esses dois extremos; pertencem a todos os grupos étnicos; vivem sozinhas e em famílias de vários tipos; variam em seus valores e preferências políticas; são *gays* e lésbicas, assim como heterossexuais. Além disso, como outras pessoas, são diversificadas com relação à saúde, o que pode influenciar a capacidade dos idosos de manter sua autonomia e seu bem-estar geral. Um desafio significativo é a aposentadoria. Para a maioria das pessoas, o trabalho não paga apenas as contas: é também um aspecto fundamental da nossa identidade pessoal. A adaptação à aposentadoria, que pode levar à perda de rendimentos e à correspondente perda de *status*, pode se revelar um processo difícil. A morte de um parceiro de longa data é outra transição significativa, pois as pessoas perdem sua principal fonte de companheirismo e apoio.

Muitas vezes, é feita uma distinção entre a terceira e a quarta idades da vida nas sociedades modernas. A terceira idade cobre as idades de 50 a 74 anos, quando as pessoas são capazes de levar vidas ativas e independentes, cada vez mais livres das responsabilidades cotidianas da paternidade e do mercado de trabalho. Muitos nesse grupo têm tempo e dinheiro para financiar um mercado e uma cultura de consumo cada vez maiores. Em comparação, a chamada quarta idade se refere aos anos da vida em que a independência e a capacidade das pessoas de cuidar totalmente de si mesmas são prejudicadas de um modo mais sério.

Ao contrário do que sugere o estereótipo do aposentado rico, de posses e ativo, a quarta idade da vida pode ser um período de pobreza, problemas de saúde e isolamento social.

Desigualdade na velhice

Embora sejam um grupo diversificado, de modo geral, os idosos costumam ter mais dificuldades materiais do que outros segmentos da população. Por exemplo, em 2007, cerca de uma em cada seis (17%) pessoas aposentadas nos 27 países da União Europeia estava em risco de pobreza, em comparação com 9% daqueles com emprego. O mais alto risco de pobreza para aqueles com mais de 65 anos foi encontrado nos Estados bálticos, no Reino Unido e em Chipre. Somente na Polônia é que foi encontrada uma renda disponível média nessa faixa etária muito semelhante ou pouco abaixo daquela dos que tinham menos de 65 anos (Eurostat, 2010: 321-322).

No entanto, desde a crise financeira de 2008, a posição relativa dos idosos na UE melhorou no geral. Por volta de 2013, aqueles com mais de 65 anos de idade tinham menos risco de pobreza e exclusão social do que a população geral da UE e as crianças e os jovens em 20 dos 28 países do bloco. Parece que o peso da recessão econômica e das medidas de austeridade recaiu sobre outros grupos vulneráveis em cargos e setores de emprego já precários. Para a maioria dos idosos, o regime de pensões do Estado e outras medidas destinadas a essa faixa etária protegeram muitos contra os piores efeitos (Eurostat, 2015a).

As desigualdades de classe, raça e gênero costumam ser exacerbadas quando a pessoa para de trabalhar, de modo que a desigualdade a mais na vida avançada significa que as mulheres, as minorias e os trabalhadores manuais da terceira idade são mais pobres do que seus equivalentes de meia-idade. A capacidade de programar uma aposentadoria ocupacional ou pessoal durante a vida profissional é um dos principais determinantes da desigualdade de renda entre os idosos. Consequentemente, os homens idosos que antes trabalhavam como profissionais liberais ou executivos tendem a ter uma renda bruta semanal maior no fim da vida.

> Analisamos a pobreza entre idosos em mais detalhes no Capítulo 11, "Pobreza, exclusão e bem-estar social".

A feminilização da velhice

Em todas as sociedades do mundo, as mulheres costumam viver mais do que os homens. Por isso, a viuvez é a norma para as mulheres idosas. Em 2004, por exemplo, quase a metade das mulheres com mais de 65 anos e quatro quintos das mulheres a partir de 85 anos no Reino Unido eram viúvas (ONS, 2004). Em meados de 2008, havia mais do que o dobro de mulheres com idade igual ou superior a 85 anos (914 mil) do que de homens dessa mesma faixa etária (422 mil), e essa predominância numérica das mulheres foi descrita como a "feminilização da vida na velhice" (Figura 14.3) (ONS, 2010a: 3).

A principal razão para a mudança na proporção de mulheres para homens é que muitos homens jovens morreram durante a Primeira Guerra Mundial (1914-1918). As mulheres dessa geração começaram a chegar à idade de aposentadoria em 1961, o que deu início a um nítido aumento no desequilíbrio da razão entre os sexos para os idosos. As projeções para 2050 sugerem um nivelamento do desequilíbrio de gêneros (ou "proporção entre os sexos") para a faixa etária dos 65 aos 79 anos, com a feminização deslocando-se para o grupo com idade superior aos 80 anos, em rápido crescimento. Um motivo para isso é a queda mais rápida no índice de mortalidade dos homens acima dos 65 anos durante a segunda metade do século XX. A Figura 14.3 usa "pirâmides etárias" para representar o padrão de deslocamento da proporção entre os sexos da população da Europa de 1950 a 2050.

Entretanto, a "feminização" também tem seus problemas. As mulheres idosas têm maior probabilidade de serem pobres do que seus contemporâneos masculinos. Na maior parte dos países, as mulheres têm probabilidade muito menor de possuir os mesmos rendimentos com a aposentadoria que os homens, o que se deve à diferença de gênero na

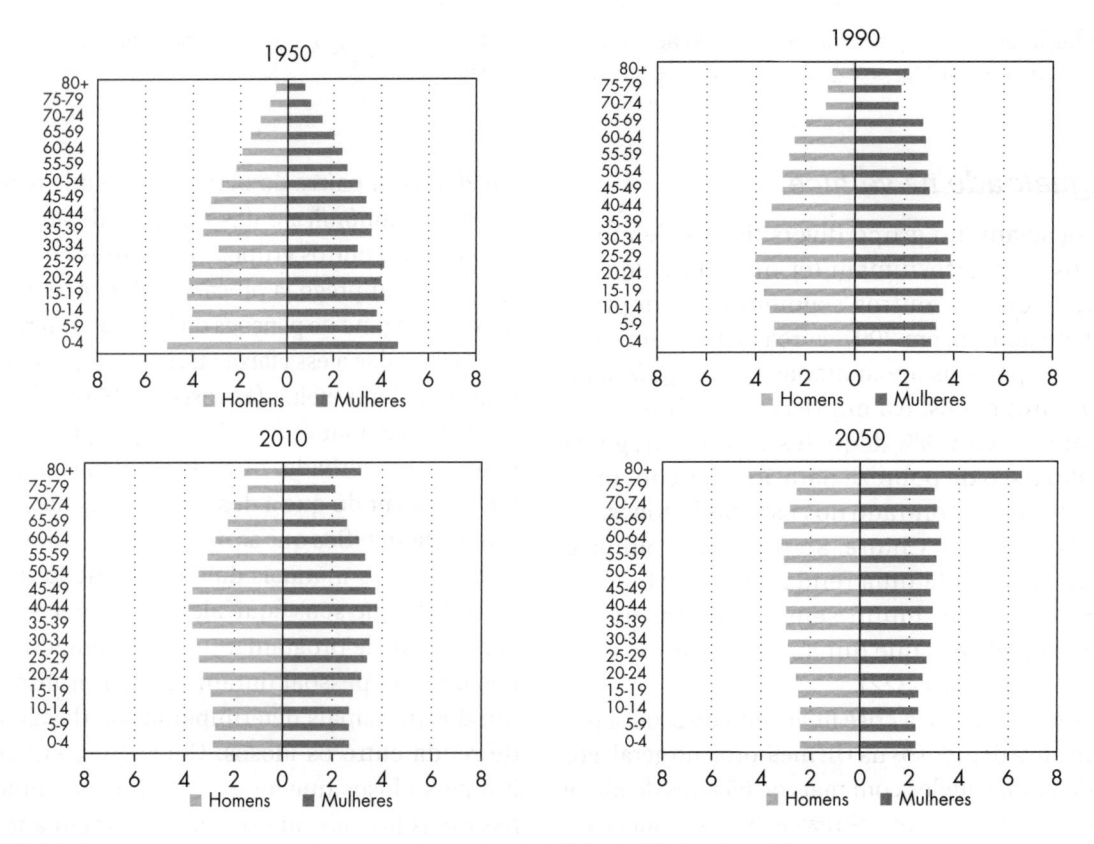

FIGURA 14.3 Pirâmides etárias na Europa, 1950, 1990, 2010 e 2050 (projetada).
Fonte: Adaptada de Eurostat (2010: 167).

remuneração e à perda de renda vitalícia associada ao cuidado de filhos e parentes. Entre 2007 e 2008, , por exemplo, 42% das mulheres idosas e sozinhas no Reino Unido recebiam alguma aposentadoria do governo, em comparação com 31% dos homens sozinhos. Mais da metade dos pensionistas homens sozinhos (54%) tinha alguma forma de previdência privada que se somava à sua aposentadoria do governo, mas apenas 27% das pensionistas mulheres sozinhas tinham alguma renda advinda de previdência privada (ONS, 2010a: 118).

As situações de vida de homens e mulheres idosos também têm uma dimensão de gênero. Um estudo de um grupo selecionado de países europeus descobriu que as mulheres envelhecem sozinhas, mas os homens envelhecem com suas parceiras (Delbès et al., 2006). Além disso, as mulheres idosas eram duas vezes mais propensas do que os homens a viver em uma instituição. Os autores sugerem que talvez os homens tenham mais dificuldade para lidar com os problemas de saúde de suas parceiras do que o contrário. Também existem certas diferenças entre o Norte e o Sul da Europa. Por exemplo, 56% das mulheres alemãs moram sós depois da idade de 75 anos, comparadas com apenas 30% das mulheres portuguesas.

Existem certas diferenças culturais e políticas que talvez possam explicar essas observações. Os países do Sul da Europa tendem a considerar a "residência compartilhada multigeracional" a opção principal para manter os parentes idosos em casa, ao passo que os Estados do Norte Europeu têm serviços mais desenvolvidos de assistência social, que realizam algumas das mesmas funções, mas possibilitam que os indivíduos morem sozinhos. Esse é apenas um aspecto dos padrões de cuidado específicos para cada gênero entre a população idosa.

Idade e etnia

Berthoud (1998) descobriu que a renda dos idosos de minorias étnicas no Reino Unido costuma ser mais baixa do que a de seus correlatos de maioria étnica, e o recebimento de benefícios é maior. Um estudo do governo sobre o período de três anos de 2015 a 2018 descobriu que as famílias de pensionistas negros possuíam as menores rendas médias e tinham mais chances de receber benefícios públicos relacionados a renda. Em termos reais, isso significa que, enquanto a renda semanal bruta média das famílias de pensionistas no Reino Unido era de £ 533, a média para famílias de pensionistas negros era de apenas £ 371, e, para famílias de pensionistas asiáticos, era de £ 387 (DWP, 2019). As famílias de pensionistas brancos britânicos tinham rendimentos médios mais elevados da pensão estatal, das pensões profissionais e das pensões pessoais. Os dados mostram que, nos mais de 20 anos desde o estudo de Berthoud, realizado em 1998, o padrão estruturado de desvantagem étnica no Reino Unido permaneceu inalterado.

Os idosos de grupos de minorias étnicas também estão em desvantagem em outras medidas de riqueza, como a posse de carro e a estabilidade residencial, embora certos grupos, como os indianos e os chineses, tenham taxas de propriedade de casas comparáveis com a de populações brancas. Em geral, paquistaneses e bengalis no Reino Unido têm taxas elevadas de pobreza se comparados com outros grupos, e esse padrão continua até o final da vida. Por que isso acontece?

Ginn e Arber (2000) observaram que as mulheres idosas asiáticas no Reino Unido eram particularmente desfavorecidas em relação à renda na velhice. Aposentados de minorias étnicas muitas vezes não conseguem complementar sua aposentadoria estatal, pois o tipo de trabalho que realizavam é menos propenso a oferecer um plano de previdência privada. Em 2007, quase três quartos da população branca recebem aposentadoria ocupacional, comparados com menos da metade das populações asiáticas e negras britânicas (DWP, 2007). A situação poderá melhorar com a introdução do novo sistema de "autoinscrição" do Reino Unido, que torna obrigatório que as pequenas empresas contribuam e inscrevam os funcionários em um programa de pensão. No entanto, essa mudança não ajudará necessariamente muitos trabalhadores paquistaneses e bengalis, que são mais propensos a trabalhar por conta própria do que outros grupos étnicos minoritários (Vlachantoni et al., 2015).

A falta de uma aposentadoria privada reflete o tempo menor de emprego na Grã-Bretanha para a população étnica idosa, composta principalmente por imigrantes, a discriminação no mercado de trabalho, a pouca disponibilidade e os tipos de empregos encontrados nas áreas onde os imigrantes se fixam e, às vezes, a falta de fluência no inglês. Para mulheres idosas de certos grupos de minoria, a desvantagem econômica também pode resultar de normas culturais que atuam como uma barreira ao emprego mais cedo na vida. Esses padrões de desvantagem estruturada podem ser encontrados entre muitas outras populações de minorias étnicas na Europa e internacionalmente.

Envelhecendo: explicações conflitantes

Os sociólogos e os gerontologistas sociais propuseram diversas teorias sobre a natureza do envelhecimento. Algumas das primeiras teorias enfatizavam a adaptação individual a mudanças em papéis sociais à medida que a pessoa envelhece. Outras teorias se concentravam na maneira como as estruturas sociais influenciam a vida das pessoas idosas e o conceito de curso da vida. As teorias mais recentes são multifacetadas, concentrando-se nas maneiras como os idosos criam suas vidas ativamente em contextos institucionais específicos.

A primeira geração de teorias: o funcionalismo

As teorias funcionalistas foram as primeiras a oferecer uma explicação do envelhecimento, um reflexo do fato de que essa abordagem dominava a sociologia durante as décadas de 1950 e 1960. O funcionalismo enfatizava como os indivíduos se adaptavam às mudanças em seus papéis sociais à medida que envelheciam e como esses papéis eram úteis para a sociedade, pressupondo que o envelhecimento traz consigo um declínio físico e psicológico (Hendricks, 1992). Parsons argumentava que a sociedade precisa encontrar para os idosos papéis condizentes com a idade avançada e demonstrava preocupação com o fato de que os Estados Unidos, em particular, com sua ênfase na juventude, não haviam conseguido proporcionar papéis que usassem adequadamente a sabedoria e a maturidade potenciais de seus cidadãos mais velhos. Papéis tradicionais (como o trabalho) devem ser abandonados, devendo-se identificar novas formas de atividade produtiva (como serviço voluntário).

As ideias de Parsons prenunciaram a **teoria do desengajamento**, a noção de que é funcional para a sociedade retirar as pessoas de seus papéis tradicionais quando elas envelhecem, abrindo espaço para novas gerações (Cumming e Henry, 1961; Estes et al., 1992). Segundo essa perspectiva, devido à fragilidade, às doenças e à dependência crescentes das pessoas idosas, permitir que elas ocupem papéis tradicionais que não são mais capazes de desempenhar adequadamente torna-se disfuncional para a sociedade como um todo.

O desengajamento é considerado funcional para a sociedade porque proporciona papéis para os mais jovens, que os desempenharão com energia renovada e novas habilidades. O desengajamento também é considerado funcional para os idosos, pois permite que eles assumam papéis menos exigentes, consistentes com o avanço da idade e o declínio da saúde. Vários estudos mais antigos relataram que a grande maioria se sente bem com a aposentadoria, o que, segundo eles, eleva o moral e aumenta a felicidade (Palmore, 1985; Howard et al., 1986). No entanto, mudanças políticas mais recentes para aumentar a idade de aposentadoria do Estado de 65 para 67 ou 68 anos ou mais terão impacto nas ideias funcionalistas de desengajamento. Em vez de encarar a aposentadoria apenas como um período de maior lazer e mais tempo com a família, muitos aposentados podem agora esperar uma "aposentadoria parcial", que inclui algum trabalho remunerado na economia formal (Rix, 2008: 130). Isso significa que as pessoas mais velhas podem ficar "engajadas" até muito tarde na vida.

Um problema associado à teoria do desengajamento é que ela dá como certo o estereótipo predominante de que a vida tardia necessariamente envolve fragilidade, doença e dependência. Os críticos das teorias funcionalistas do envelhecimento argumentam que elas enfatizam a necessidade de que as pessoas idosas se adaptem às condições existentes, mas não questionam se as circunstâncias que essas pessoas enfrentam são justas. Da mesma forma, muitos idosos agora vivem vidas ativas e saudáveis e podem continuar em suas funções de adultos por muito mais tempo do que pressupõe a atual idade padrão de aposentadoria. Em reação ao funcionalismo, outro grupo de teóricos emergiu da tradição de conflito da sociologia (Hendricks, 1992).

A segunda geração de teorias: a teoria da estratificação etária e a teoria do curso da vida

A partir da metade da década de 1970, duas das mais importantes contribuições foram a *teoria da estra-*

tificação etária e o *modelo do curso da vida* (Estes et al., 2003). A teoria da estratificação etária analisa o papel e a influência das estruturas sociais, como as políticas de aposentadoria, sobre o processo de envelhecimento individual e sobre a estratificação mais ampla das pessoas idosas na sociedade. Um aspecto importante da teoria da estratificação etária é a *defasagem estrutural* (Riley et al., 1994). Ela explica o modo como as estruturas não acompanham as mudanças na população e na vida dos indivíduos. Por exemplo, em muitos países europeus, quando a idade de aposentadoria foi estabelecida aos 65 anos após a Segunda Guerra Mundial, a expectativa e a qualidade de vida das pessoas idosas eram consideravelmente mais baixas do que hoje. Apenas recentemente, em parte como consequência da recessão econômica, os governos consideraram aumentar a idade da aposentadoria compulsória ou fragmentá-la completamente.

A perspectiva do curso da vida também foi além de olhar para o envelhecimento em termos de adaptação individual. Essa perspectiva vê o envelhecimento como uma fase de uma vida inteira moldada por eventos históricos, sociais, econômicos e ambientais que ocorreram em idades mais precoces. Assim, o modelo do curso da vida vê o envelhecimento como um processo que se estende do nascimento até a morte, o que contrasta com as teorias anteriores focadas apenas nos idosos como um grupo distinto. A teoria do curso da vida liga a micro e a macrossociologia ao examinar as relações entre estados psicológicos, estruturas sociais e processos sociais (Elder, 1974).

A terceira geração de teorias: a teoria da economia política

Uma das linhas mais importantes no estudo do envelhecimento nos últimos anos é a *perspectiva da economia política*, iniciada por Carroll Estes (Estes et al., 2003). A teoria da economia política fornece uma explicação sobre a contribuição do Estado e do capitalismo para sistemas de dominação e marginalização de idosos.

A teoria da economia política se concentra no papel dos sistemas econômicos e políticos de moldar e reproduzir as desigualdades na sociedade. As políticas sociais — de renda, saúde ou assistência social, por exemplo — são compreendidas como resultado de lutas sociais, de conflitos e das relações de poder dominantes à época. As políticas que afetam os idosos refletem a estratificação da sociedade por gênero, raça e classe. Desse modo, os fenômenos do envelhecimento e da velhice estão diretamente relacionados com a sociedade mais ampla em que se situam e não podem ser considerados isoladamente das outras forças sociais (Minkler e Estes, 1991). Por conseguinte, compreender a velhice — e, naturalmente, todos os outros estágios do curso da vida — exige que entendamos o conceito de **interseccionalidade** — o modo como as principais divisões sociais se sobrepõem ou se cruzam para produzir padrões complexos de desigualdade e vantagem.

> A interseccionalidade é discutida em diversos capítulos, principalmente no Capítulo 3, "Teorias e perspectivas sociológicas", no Capítulo 7, "Gênero e sexualidade", e no Capítulo 8, "Raça, etnicidade e migração".

A política do envelhecimento

Existe uma crise de envelhecimento global?

As discussões sobre a crise do envelhecimento são muito comuns atualmente, e não resta dúvida de que a mudança na distribuição etária nas sociedades apresenta desafios para todos os países. Uma maneira de entender o porquê disso é a **razão de dependência** — a relação entre o número de *crianças* e *aposentados* (considerados "dependentes") e o número de *pessoas em idade ativa* (com idades entre 15 e 64 anos). Entretanto, a "razão de dependência dos idosos" também pode ser distinta da "razão da idade jovem", e é com a primeira que estamos preocupados aqui. A razão de dependência da velhice é normalmente expressa em porcentagem.

À medida que as taxas de natalidade e fertilidade diminuíram na Europa e em outros países desenvolvidos, diminuiu também o número de jovens, o que significou que as taxas de dependência dos jovens caíram quase pela metade, de 41% em 1960 para 23% em 2005. Porém, como as taxas de fertilidade diminuíram e as pessoas vivem cada vez mais, a razão de dependência de idosos aumentou de 14 para 23% no mesmo período. Ao contrário, na África, a razão de dependência total (dependência dos jovens e idosos) subiu para 80% em 2005, principalmente devido à proporção muito elevada de jovens na população (Eurostat, 2010: 152-153). A razão de dependência de idosos dos 28 membros da UE na época continuou a aumentar e, em 2017, atingiu 29,9%, ou 3:1, pouco mais de três pessoas em idade ativa para cada pessoa com mais de 65 anos (Eurostat, 2018b). Como mostra a Figura 14.4, essa razão deverá continuar a aumentar até 2055, quando se prevê que estabilize, mas a um nível superior, ligeiramente acima de 50%.

As mudanças na razão de dependência têm várias causas. Agricultura moderna, melhores sistemas sanitários, maior controle epidemiológico e remédios contribuem para o declínio na mortalidade ao redor do mundo. Na maioria das sociedades atualmente, especialmente no mundo desenvolvido, menos crianças morrem na primeira infância e mais adultos sobrevivem até a velhice. À medida que a proporção de idosos continua a crescer, as demandas sobre os serviços sociais e sistemas de saúde aumentam, e o aumento na expectativa de vida significa que as pensões deverão ser pagas por mais anos do que são atualmente. A população ativa financia os programas que amparam a população idosa, e, à medida que a taxa de dependência dos idosos aumenta, alguns argumentam que será colocada maior pressão sobre os recursos.

À luz de tais projeções, alguns estudiosos e políticos argumentaram que a idade para aposentadoria pelo governo (SPA, do inglês *state pension age*) deveria ser aumentada. No despertar da crise financeira de 2008, esses argumentos ganharam credibilidade, e a necessidade de cortar gastos públicos tornou-se mais urgente. Como resultado, muitos governos anunciaram planos para aumentar a idade para aposentadoria. No Reino Unido, ela aumentará em etapas até 2044-2046, quando chegará a 68 anos para homens e mulheres. Claramente, redefinir "idade para trabalhar" e "idade para aposentadoria" dessa forma afetará os índices de dependência (ONS, 2010b: 17).

A Figura 14.5 divide a razão de dependência de idosos do Reino Unido em faixas etárias, a fim de demonstrar os efeitos do envelhecimento da população e as mudanças na SPA na década de 2050. À medida que os aumentos da SPA são introduzidos, afetando as faixas etárias de 60 a 64 e 65 a 67 anos, a taxa de dependência geral se estabiliza (e até cai ligeiramente) por volta de 2021, antes de subir novamente. Assim, a tendência de envelhecimento demográfico continua a ser a maior força de longo prazo que molda as razões de dependência. No Reino Unido, cerca de 40% das pessoas em idade de se aposentar pelo governo em 2008 tinham 75 anos ou mais, mas, em 2058, esse grupo etário representará 67% (ONS, 2010b: 17-18). Outros governos estão planejando mudanças semelhantes.

Alguns críticos dizem que toda essa "conversa de dependência" é desnecessariamente alarmista e

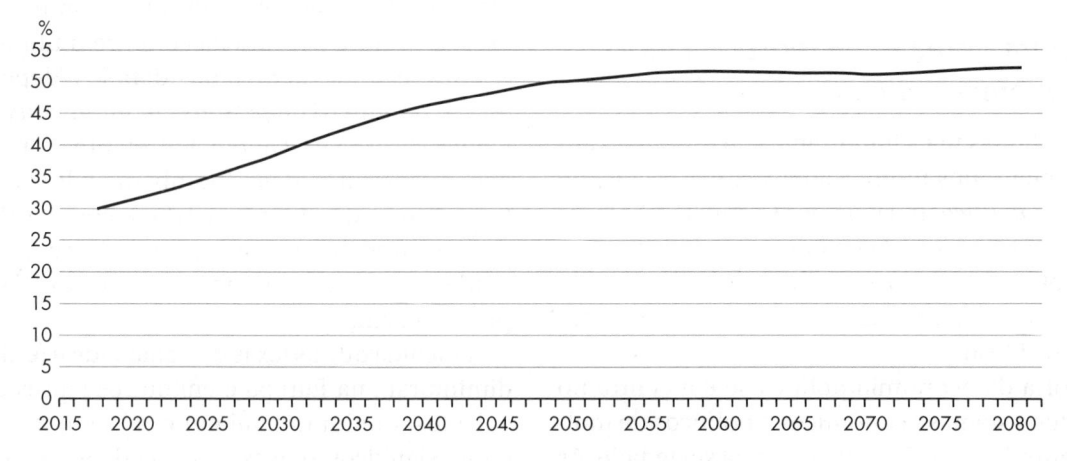

FIGURA 14.4 Razão de dependência dos idosos projetada, EU-28, 2017-2080.
Fonte: Eurostat (2018b).

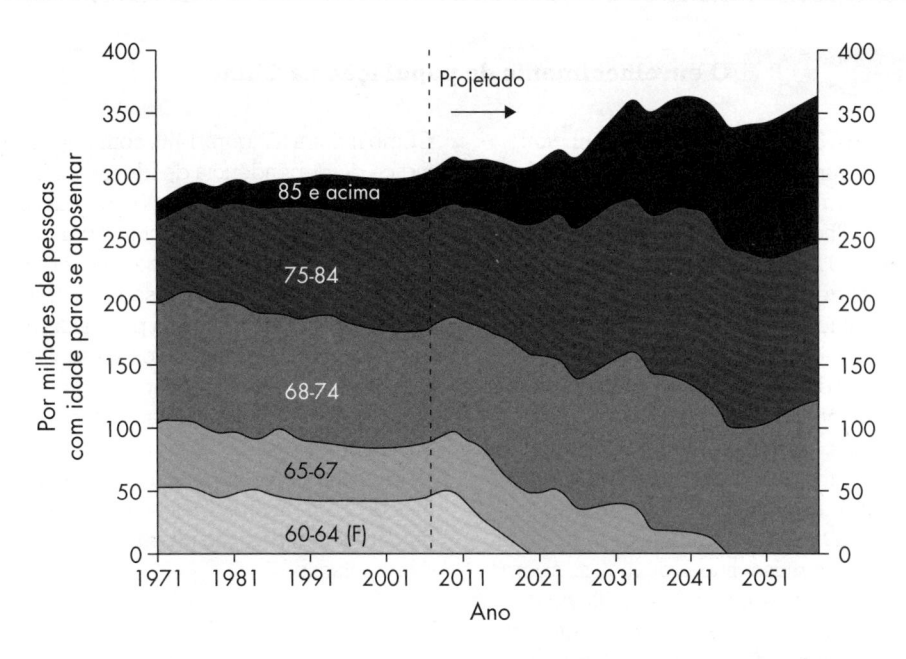

FIGURA 14.5 Componentes atual e projetado da razão de dependência no Reino Unido para a população com idade para se aposentar, 1971-2058.
Fonte: ONS (2010b: 18).

não é um retrato preciso das implicações das mudanças demográficas. Além disso, também se corre o risco de que isso reforce estereótipos negativos dos mais idosos e os estigmatize ainda mais. Mullan (2002) argumenta que aqueles que acreditam que a população idosa é uma bomba-relógio estão caindo em uma série de mitos. Por exemplo, ele afirma que é um mito pensar que uma população mais velha significará um aumento exponencial nos problemas de saúde e dependência. O envelhecimento não é uma doença, a maioria dos idosos não é doente ou deficiente, e muitos continuam a trabalhar após a idade formal para se aposentar. Uma das razões por que as pessoas estão vivendo mais tempo é a melhora nas condições de vida no último século. A categorização dos idosos como uma "população dependente" juntamente com as crianças classifica esse grupo social como "um problema". E, embora nem todos os idosos estejam uniformemente em boa forma e financeiramente seguros, a velhice melhorou muito para muitas pessoas (Gilleard e Higgs, 2005).

Segundo alguns sociólogos, existem bons motivos para acreditar que o próprio conceito de dependência deveria ser reconsiderado (Arber e Ginn, 2004). Em primeiro lugar, as faixas etárias usadas para definir a dependência no passado já não refletem mais os padrões do emprego nos países desenvolvidos. Menos jovens hoje entram no mercado de trabalho em horário integral aos 16 anos, tendendo a permanecer na educação formal por muito mais tempo. Muitos trabalhadores também deixam o mercado de trabalho alguns anos antes da idade de 65, ou entram e saem do trabalho em várias etapas do curso da vida, e mais mulheres do que antes estão em um trabalho remunerado, compensando a duração menor do emprego entre os homens.

Em segundo lugar, as atividades que beneficiam a economia não se limitam à participação ativa no mercado de trabalho formal. Estudos do Reino Unido mostram que, em vez de serem um fardo, os idosos fazem muitas contribuições econômicas e sociais produtivas. Os idosos, muitas vezes, prestam cuidados informais e não remunerados a seus cônjuges menos capazes, reduzindo drasticamente o custo para o Estado de proporcionar atendimento de saúde e cuidados pessoais. Eles também são uma importante fonte de cuidados para os netos, permitindo que seus filhos trabalhem, e são ativos em organizações voluntárias. Os idosos ainda podem ser uma fonte importante de apoio financeiro para seus filhos crescidos — por exemplo, proporcionando

Sociedade global 14.2 — O envelhecimento da população na China

Em outubro de 2015, o governo chinês anunciou que estava encerrando sua política de longa data de um filho por família e que os casais poderiam ter um segundo filho. A política do filho único esteve em vigor desde 1979 e foi elaborada para diminuir a taxa de natalidade. Em 1979, a população estava perto de 1 bilhão, e o Partido Comunista viu o crescimento populacional contínuo como um freio em suas tentativas de aumentar a produtividade e o crescimento econômico.

Casais chineses que não aderiam à política eram frequentemente multados; outros perderam seus empregos, e algumas mulheres foram submetidas a abortos forçados. Dada a preferência generalizada por um filho do sexo masculino, a política também é considerada responsável pelo desequilíbrio de gênero na China, já que alguns casais entregaram sua primeira filha a um orfanato ou abortaram a gravidez para tentar garantir que seu único filho fosse um menino. No entanto, ao longo do tempo, algumas províncias, zonas rurais e regiões já adotavam efetivamente um regime de fiscalização menos rígido. Por exemplo, as famílias rurais podiam ter um segundo filho se o primeiro fosse do sexo feminino.

O fim da política do filho único parece ser um reconhecimento de que a China tem uma população envelhecida e de que o país precisa de mais trabalhadores jovens para que a economia continue no ritmo da rápida melhoria que ocorreu anteriormente.

Como mostra a Figura 14.6, com cerca de 38%, o índice de dependência de idosos da China em 2017 estava entre os mais baixos do mundo, mas, até 2055, esse número deverá aumentar rapidamente, para mais de 75%, muito acima da média global (UNICEF, 2017). No entanto, uma consequência da política do filho único é que as famílias pequenas agora se tornaram normais e, para muitos, a escolha preferida, já que as pessoas procuram aproveitar os benefícios ao consumidor da integração ao sistema capitalista global. Depois de muitos anos tentando controlar e administrar sua população, a China agora lida com problemas demográficos semelhantes aos enfrentados por outras sociedades que passam pelo envelhecimento da população.

> **REFLEXÃO CRÍTICA**
>
> As mudanças demográficas da China mostram que a política do governo pode moldar as tendências da população. Dada a previsão de aumento da taxa de dependência na velhice, como a política da China pode mudar para manter essa taxa em um nível controlado?

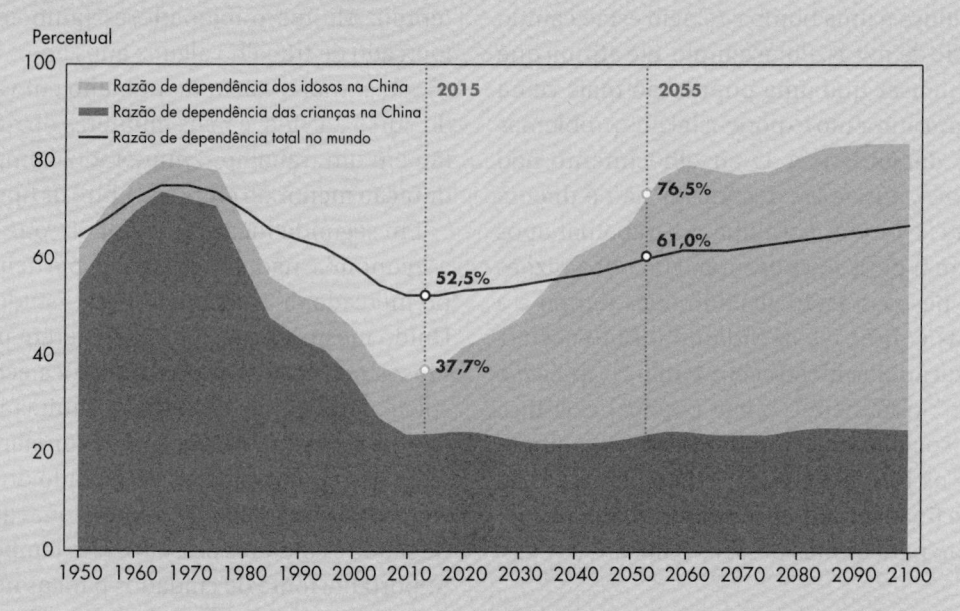

FIGURA 14.6 Razão de dependência na China, 1950-2100 (projetada).
Fonte: UNICEF (2017).

empréstimos, pagando custos educacionais, dando presentes e ajudando com a moradia —, o que é especialmente significativo nestes "tempos difíceis", em que os benefícios sociais são mais escassos.

Etarismo

O **etarismo** é a discriminação contra pessoas simplesmente com base em sua idade (portanto, é semelhante ao sexismo e ao racismo), embora não se aplique somente a pessoas idosas. Por exemplo, os pontos de vista dos jovens muitas vezes são considerados não merecedores de atenção, e, portanto, suas vozes não deveriam ser ouvidas em discussões de adultos ou debates políticos. No entanto, a maior parte da pesquisa sociológica se preocupa com a discriminação contra os idosos. Há uma diferença fundamental entre o preconceito de idade e outras formas de discriminação, na medida em que todos nós envelheceremos e nos tornaremos idosos. No entanto, embora as piadas sexistas e racistas não sejam mais aceitas publicamente, as piadas sobre a velhice continuam sendo difundidas e consideradas "normais", como ilustram claramente os cartões de aniversário cujo humor se baseia em ideias de crescente decrepitude.

Macnicol (2010: 3-4) argumenta que o etarismo pode ser visto em três áreas da vida social: relações e atitudes sociais, emprego e distribuição de bens e serviços. Como vimos, existem muitos estereótipos falsos sobre pessoas idosas em circulação na sociedade. Muitos jovens acreditam que a maioria daqueles que têm mais de 70 anos de idade está em asilos ou hospitais e que uma grande parte deles sofre de demência. Na verdade, a maioria vive em lares privados, e menos de 10% dos indivíduos entre 65 e 80 anos apresentam sintomas acentuados de senilidade. Embora errôneas, essas ideias alimentam atitudes negativas e abuso dos mais velhos em ambientes domésticos e institucionais.

Quanto ao emprego, muitas vezes, acredita-se que os trabalhadores mais velhos são menos capazes e competentes do que os mais jovens, embora as empresas que procuram ativamente trabalhadores mais velhos relatem produtividade e registros de frequência superiores em comparação com os de trabalhadores mais jovens. A pesquisa psicológica também sugere que os trabalhadores mais velhos pontuam mais do que os mais jovens em confiabilidade, produtividade e desempenho cognitivo no dia a dia (Schmiedek et al., 2013). Como consumidores, os idosos também podem perceber que pagam mais por suas apólices de seguro de férias e de carro e são tratados de forma diferente em ambientes de saúde, puramente em razão de sua idade. Nas últimas décadas, muitos governos apresentaram ou implementaram propostas para banir a discriminação por idade, abrangendo recrutamento, treinamento profissional, ingresso no ensino superior, promoção, remuneração, retenção no emprego e, principalmente, direitos de aposentadoria.

O relato de Bytheway (1995) sobre o etarismo se baseia no construcionismo social. Bytheway começa questionando a realidade dos termos "velhice" e "idoso", argumentando que presumimos que eles têm uma realidade universal que não possuem de fato. O que queremos dizer com o termo "velhice"? Existe alguma evidência científica de algo que possa ser chamado de velhice? Se houver, como as pessoas entram nessa fase e se "tornam" idosas? Para Bytheway, as categorias que usamos para descrever o envelhecimento já são etaristas. Elas são construídas socialmente para legitimar a separação e o controle de pessoas com base em sua idade cronológica.

Piadas a respeito de idosos são comuns e normalmente não recebem críticas, mas elas seriam aceitáveis se fossem referentes a qualquer outro grupo social?

> Veja o Capítulo 5, "Meio ambiente", e o Capítulo 7, "Gênero e sexualidade", para conferir discussões sobre o construcionismo social.

As diferenças ideológicas e de valores que existem entre pessoas mais velhas e mais jovens podem contribuir para uma lacuna de gerações que alguns estudiosos argumentam ter se tornado maior. Nesse sentido, o etarismo pode ser uma forma exclusiva de discriminação, pois os mais velhos já foram jovens, e os mais jovens se tornarão velhos. Contudo, o reconhecimento desse fato não parece ser suficiente, por si só, para prevenir o etarismo. Alguns teóricos também argumentam que uma das principais razões para o preconceito de idade está na ameaça percebida que as pessoas mais velhas representam para as gerações mais jovens.

Para os mais jovens, principalmente nas culturas ocidentais, com sua valorização da juventude e dos jovens, a velhice, com suas indesejadas mudanças físicas, é algo a ser temido (o que é conhecido como *gerontofobia* — medo de envelhecer), e geralmente são evitadas discussões sobre o envelhecimento. Os idosos, portanto, representam esse medo para os jovens e são lembretes constantes de seu próprio futuro (Greenberg et al., 2004). No entanto, as pessoas mais velhas também são lembretes de nossa própria eventual mortalidade, e as sociedades modernas costumam esconder o processo de morrer "nos bastidores", evitando ter que enfrentar a inevitabilidade da morte. Portanto, um pré-requisito para eliminar o preconceito de idade parece ser uma discussão mais aberta, pública e intergeracional de questões sobre morte, morrer e luto. Na última seção, veremos se essa é uma perspectiva realista.

Morte, morrer e luto

A sociologia da morte e do morrer

Apenas recentemente os sociólogos começaram a se interessar pelas experiências humanas universais da morte, do morrer e do luto. Uma razão pela qual o estudo da morte e do morrer não foi mais central à sociologia é que a morte marca o *fim* da participação do indivíduo no mundo social e, portanto, parece estar além das preocupações principais da sociologia. As sociedades continuam a se desenvolver mesmo que os indivíduos morram, e o desenvolvimento social, em vez da morte, tem sido o foco da sociologia. Outra razão é que, nas sociedades modernas, a morte e o morrer há muito são "temas tabus", e não tópicos para uma conversa cortês. Um estudo pioneiro foi *Awareness of dying*, de Glaser e Strauss (1965), que analisou a experiência da morte e do morrer em um hospital de câncer nos Estados Unidos, mas essa foi uma exceção, e não a norma.

Desde a década de 1990, a negligência da morte e do morrer começou a ser corrigida com o desenvolvimento de um novo campo de pesquisa — a sociologia da morte, do morrer e do luto (Clark, 1993). Um dos fundadores desse campo é o sociólogo britânico Tony Walter (1994, 1999), cujo trabalho se concentra nas formas como as sociedades organizam a morte, o morrer e o luto. Como as sociedades cuidam das centenas de milhares de pessoas moribundas? De maneira prática, como elas lidam com esse número de cadáveres? Que apoio existe para o número ainda maior de parentes enlutados? Que crenças existem sobre as perspectivas para os mortos depois que suas vidas terrenas acabam? As respostas a essas questões vêm a ser muito variadas. Os antropólogos há muito estudam as diferenças culturais em rituais fúnebres em sociedades de pequena escala e países em desenvolvimento, mas a sociologia da morte moderna se concentra principalmente no mundo desenvolvido. Mesmo aqui, existem diferenças culturais na organização social da morte. Todavia, os sociólogos se surpreenderam com alguns aspectos básicos e *compartilhados* do modo como as sociedades industriais modernas manejam a morte.

Teorizando a morte e o morrer

Um dos principais aspectos das sociedades modernas é que, até pouco tempo atrás, a morte costumava ser ocultada "nos bastidores" da vida

As sociedades de consumo promovem uma desconcertante variedade de produtos destinados a "retardar" ou "combater" os sinais físicos do envelhecimento. Será que os ideais juvenis tornam a ideia mais antiga de "envelhecer com graça" menos socialmente aceitável, principalmente para as mulheres?

social, enquanto, em épocas passadas, a maioria das pessoas vivenciava o processo final de morrer em casa, com o amparo íntimo da família e dos amigos. Isso ainda acontece em muitas sociedades não industrializadas de hoje. Porém, na maioria das sociedades modernas, a morte geralmente ocorre em hospitais e casas de repouso — ambientes relativamente impessoais, distanciados da vida social convencional. Depois de morrer, os corpos são levados para diferentes partes dos prédios, mantendo-se, assim, uma distância física entre os pacientes vivos, as suas famílias e os mortos (Ariès, 1965).

Em *A solidão dos moribundos* (1985: 8), Norbert Elias conecta essa ocultação moderna da morte e do morrer com a expectativa de vida cada vez maior que analisamos anteriormente neste capítulo. Ele argumenta que

A postura em relação a morrer e à imagem da morte em nossas sociedades não pode ser compreendida inteiramente sem referência a essa relativa segurança e previsibilidade da vida individual e à expectativa de vida correspondentemente maior. A vida fica mais longa, e a morte é postergada. A visão da morte e de pessoas mortas não é mais algo comum. É mais fácil esquecer a morte no curso normal da vida.

Todavia, Elias considera que a visão moderna da morte e do morrer cria problemas emocionais para pessoas que alcançam esse estágio de suas vidas. Embora os hospitais ofereçam os melhores cuidados de enfermagem disponíveis, medicina científica e uso das mais recentes tecnologias, o contato do paciente com os familiares e amigos geralmente é considerado uma inconveniência para os regimes de tratamento e atendimento e, portanto, é restrito a momentos rápidos e específicos do dia. Esse controle racional do tratamento do paciente pode negar às pessoas o conforto emocional essencial de estar próximo das pessoas amadas, de quem mais precisam no período final da vida. Nas sociedades modernas, morrer pode ser um processo realmente solitário.

Zygmunt Bauman (1992) apresenta outra perspectiva sobre o distanciamento das pessoas modernas da morte e do morrer. Ele argumenta que as sociedades modernas negam e adiam a morte para um futuro distante, transformando o derradeiro e inevitável final da vida em uma variedade de "riscos de saúde" e doenças menores, "não derradeiras" e potencialmente solucionáveis. A mortalidade, portanto, é efetivamente "desconstruída", colocando as intermináveis batalhas defensivas contra o envelhecimento e a morte no centro da vida cotidiana. As pessoas se acostumam a tratar, curar e administrar suas doenças crônicas, por exemplo.

Em particular, as sociedades modernas atribuem um grande valor à juventude, e a tentativa de se manter "jovem" — tanto fisicamente quanto emocionalmente (mantendo-se "jovem de coração") — toma uma grande parte da vida de muitas pessoas. Conforme discutimos anteriormente, hoje existem mercados enormes para tratamentos antienvelhecimento, suplementos vitamínicos, cirurgias plásticas e equipamentos de ginástica, à medida que a demanda pela juventude aumenta. Bauman descreve esses atos como parte de uma "estratégia de vida", embora, é claro, as pessoas nem sempre assumam que suas tentativas de se manter jovens e em boa forma são atos defensivos fúteis para evitar o reconhecimento da sua própria mortalidade.

Desde a metade da década de 1990, os sociólogos têm observado mudanças significativas na forma como a morte, o morrer e o luto são tratados nas sociedades modernas. Primeiramente, o movimento do *hospice*, iniciado na década de 1960, visava a oferecer uma alternativa à impessoalidade dos hospitais para doentes terminais. O primeiro *hospice* moderno foi fundado em Londres, em 1967, por Cicely Saunders, e muitos *hospices* no Reino Unido e nos Estados Unidos têm orientação cristã. O Reino Unido tem mais de 200 *hospices*, cuidando de mais de 200 mil pessoas com base no princípio de que a morte e o morrer são uma parte natural da vida e de que a qualidade de vida de doentes terminais deve ser o mais positiva possível (Brindle, 2018). Os *hospices* incentivam a família e os amigos a continuarem a desempenhar um papel na vida do paciente, mesmo nos estágios finais. Saunders, na verdade, acreditava que os regimes de alívio da dor nos *hospices* tornavam a eutanásia desnecessária. O surgimento de formas mais personalizadas de tratamento para doentes terminais pode resolver alguns dos problemas de impessoalidade do cuidado no fim da vida que Elias identificou.

Morte assistida — um debate em desenvolvimento

Os direitos humanos devem se estender ao direito de morrer? Deve-se esperar que os profissionais médicos ajudem as pessoas que desejam morrer a fazê-lo, mesmo que seu juramento básico exija que "não causem dano"? Questões de eutanásia, morte assistida e o "direito de morrer" têm sido muito discutidas nas sociedades desenvolvidas. Enquanto a **eutanásia** se refere à intervenção deliberada (geralmente por médicos) para acabar com a vida, a fim de aliviar o sofrimento intratável, a **morte assistida** (às vezes chamada de "suicídio assistido") ocorre quando uma pessoa ajuda outra a tirar a própria vida, fornecendo-lhe os meios para fazer isso. Talvez não seja surpreendente que mais pessoas agora busquem o direito de morrer, dada a evidência apresentada anteriormente sobre o envelhecimento das sociedades, que, para alguns, traz consigo longos períodos de doenças crônicas ou doenças degenerativas, como Alzheimer. Para cada vez mais pessoas, a perspectiva de dor crônica, sofrimento e perda do *self* no final da vida não é algo que elas estejam preparadas para aceitar.

Nos EUA, em 1994, o estado de Oregon aprovou a Lei da Morte com Dignidade, que permite que doentes terminais com diagnóstico médico (aqueles com seis meses de vida) solicitem uma dose letal de medicação. A legislação também inclui algumas garantias estritas: apenas "adultos competentes" podem tomar a decisão, os próprios pacientes devem fazer o pedido por escrito, duas testemunhas devem confirmar o pedido, o diagnóstico deve ser confirmado por um profissional independente, os pacientes devem administrar a medicação eles mesmos, e quaisquer profissionais médicos podem se recusar a participar se tiverem objeções morais. A eutanásia ou suicídio assistido também foi legalizada ou parcialmente legalizada em vários outros países, incluindo Bélgica, Suíça, Alemanha, Japão, Luxemburgo e Países Baixos. Uma organização suíça de "suicídio assistido", a Dignitas, fundada em 1998, recebeu muita publicidade por permitir que estrangeiros usassem seus serviços. Entre 1998 e 2019, 3.027 pessoas tiraram a vida por "suicídio acompanhado" na Dignitas, 1.322 delas da Alemanha e 457 da Grã-Bretanha (Statista, 2020).

A questão do direito de morrer é controversa, e a opinião moral é polarizada. Em setembro de 2015, o Parlamento do Reino Unido discutiu um projeto de lei que permitiria que alguns adultos morressem sob supervisão médica se tivessem recebido prognóstico de menos de seis meses de vida. O projeto foi rejeitado por 330 votos a 118. Muitos parlamentares argumentaram que os médicos deveriam se concentrar em prolongar a vida, e não em ajudar a acabar com ela. Em vez de promover o direito de morrer, melhores cuidados paliativos são sugeridos como uma alternativa mais humana ou "civilizada" (Forman, 2008: 11-12). Outros estavam preocupados com o fato de que a legalização do suicídio assistido pode levar a uma pressão indevida sobre os doentes, principalmente os idosos que desejam evitar "se tornar um fardo" para parentes e sistemas de saúde. Nessa situação, fica comprometida a ideia de que as pessoas "escolhem livremente" tirar a própria vida. A preocupação é que o suicídio assistido, em vez de ser o último recurso para pessoas que enfrentam doenças terminais e sofrimento, possa se espalhar para outras condições que não ameaçam a vida. Por exemplo, as pessoas com deficiência podem enfrentar maior discriminação e pressão.

No entanto, as tendências demográficas descritas neste capítulo sugerem que as vozes daqueles que buscam mudanças se tornarão mais ressonantes à medida que um número maior de pessoas entrar em contato com o impacto de doenças degenerativas e terminais em suas famílias e entre seus amigos. Portanto, parece provável que mais sociedades trabalhem para legalizar o suicídio assistido, enquanto, em outras, uma descriminalização de fato ocorrerá quando as autoridades decidirem não processar aqueles que ajudam parentes próximos a morrer — pelo menos nos casos em que esse desejo tiver sido claramente declarado.

Desestigmatizando a morte e o morrer

Na British Social Attitudes Survey de 2017, pela primeira vez, a maioria das pessoas (53%) relatou que não "pertencia a nenhuma religião em particular", uma proporção muito maior do que os 31% registrados na primeira pesquisa, em 1983 (NatCen, 2017). Talvez essa tendência crescente seja uma das razões pelas quais, desde a década de 1980, mais pessoas estão embarcando em busca de novos rituais de luto mais informais para estender ou substituir os rituais religiosos tradicionais (Wouters, 2002). Esse desenvolvimento representa uma tentativa das pessoas de encontrar novos rituais públicos que correspondam às suas necessidades individuais e pessoais.

Alguns sociólogos descreveram essas mudanças como um desenvolvimento da "pós-modernidade" (veja, no Capítulo 3, uma discussão da teoria social pós-moderna), em que estão surgindo abordagens mais individualistas e diversas para lidar com a morte e o funeral (Bauman, 1992; Walter, 1994). Por exemplo, agora é comum que as pessoas personalizem seus próprios funerais ou os de seus parentes: tocando música pop, fazendo seus próprios discursos ou insistindo em roupas coloridas em vez de confiar nos rituais tradicionais das igrejas. Também está se tornando mais comum que os parentes marquem os locais em que ocorreram mortes por acidentes de trânsito com flores e cruzes, como uma maneira individual de lembrar os mortos, substituindo — ou indo além — do ritual de comparecer a um cemitério para cuidar do túmulo. Os memoriais na *web* e os *sites* de homenagem também estão ganhando popularidade, e novos debates surgiram sobre a posse do legado *on-line* das pessoas e sobre como sua presença nas mídias sociais deve ser tratada após a morte.

Junto com a disseminação do movimento *hospice*, a **informalização** dos rituais de luto pode ser mais uma indicação de que o estigma em torno dos assuntos tabus do envelhecimento, da morte e do morrer está sendo removido. Da mesma forma, os debates sobre a morte assistida e o "direito de morrer" mostram que mais pessoas estão considerando sua própria morte inevitável e pensando no que pode constituir uma "boa morte" para elas. Os países industrializados costumam ser descritos como "sociedades que negam a morte", mas, como vimos anteriormente, agora há sinais claros de uma mudança cultural e social em sua maneira de lidar com o morrer, a morte e o funeral.

Conclusão

Apesar de alguns sinais de estagnação em anos muito recentes, o prolongamento da vida útil média tem colocado em questão a ideia de fases de vida fixas e baseadas na idade, fortalecendo os estudos que adotam o conceito de curso da vida. Hunt (2017) assinala que categorias de idade, como "juventude", "meia-idade" e "velhice", ainda podem nos fornecer um ponto de partida claro para a compreensão do desenvolvimento do curso da vida, mas apenas quando são despojadas de sua qualidade previamente determinística. Quando as pessoas deixam de ser "crianças"? Quando começa a "meia-idade"? Como sabemos quando chegamos à "velhice"? Até mesmo fazer tais perguntas mostra que o curso da vida humana é fluido e aberto a mudanças, e é esse reconhecimento que leva os pesquisadores na direção de uma abordagem sociológica.

Dar sentido ao curso da vida em mudança também exige vincular a expectativa de vida — com suas várias fases e marcadores relacionados à idade — às mudanças sociais, econômicas, políticas e tecnológicas mais amplas. Green (2017: 9-11) lista pelo menos as seguintes tendências como significativas nesse sentido: a reorganização da "família" e os arranjos de vida; as mudanças de expectativas e papéis de gênero; o fim da solidariedade tradicional baseada em classes e a crescente individualização, urbanização e globalização; a revolução digital nas comunicações; os principais avanços médicos com impacto no tempo de vida normal; o aumento do consumismo e a mudança para uma economia baseada em serviços, juntamente com a casualidade setorial e uma feminização geral da força de trabalho. Como vimos ao longo do capítulo, à medida que as sociedades mudam, às vezes de forma muito radical, também mudam as fases do curso da vida e o próprio tempo de vida.

A maior parte dos estudos sobre o curso da vida tem se preocupado com a situação no mundo desenvolvido, particularmente nos países industrializados ocidentais. Talvez o próximo estágio para tais estudos seja testar o conceito de curso da vida em pesquisas comparativas em todas as sociedades do mundo. De modo particular, como a globalização está influenciando o curso da vida nos países em desenvolvimento? Os tipos de mudanças econômicas, tecnológicas e sociais que descrevemos têm um impacto semelhante no Sul Global? Estudos comparativos desse tipo seriam um acréscimo útil ao que já se sabe sobre as reais consequências da persistente desigualdade global.

Revisão do capítulo

1. O que significa o "*self* social"? Explique por que a teoria de Mead constitui uma teoria genuinamente sociológica da formação do *self*.

2. Considerando o seu desenvolvimento inicial ou o de seus filhos, até que ponto a teoria de Piaget sobre o desenvolvimento das crianças se ajusta à sua experiência? É possível dizer que existem estágios *universais* de socialização?

3. Descreva o processo (ou os processos) por meio do qual as pessoas adquirem uma identidade de gênero. Com relação às identidades de gênero hoje, elas oferecem suporte ou refutam a controvérsia de que a socialização é uma série de oportunidades para interação que produzem resultados variados?

4. Por que os sociólogos preferem o conceito de curso da vida ao de ciclo de vida? Por que esse último poderia ser desnecessariamente limitado para a pesquisa empírica?

5. Ainda existem estágios ou transições de vida específicos nas sociedades desenvolvidas? De que maneiras eles diferem para pessoas de diferentes gêneros, classes sociais e grupos étnicos?

6. Explique a diferença entre uma coorte e uma geração. De que maneiras os indivíduos são influenciados e modelados por serem parte de uma coorte ou geração específica?
7. O que significa *envelhecimento social*? Qual é a diferença entre o envelhecimento social e outros tipos de envelhecimento?
8. O que quer dizer o *agrisalhamento* das sociedades ocidentais e a *razão de dependência*? Com base em que os críticos argumentam contra as conclusões pessimistas das teorias de dependência da idade?
9. As teorias da atividade sugerem que o envolvimento contínuo com o trabalho na velhice é uma importante fonte de vitalidade. Usando ideias da teoria funcionalista, discuta por que o desengajamento também pode ter vantagens que podem ser perdidas tanto para os indivíduos quanto para a estrutura social mais ampla.
10. As teorias de conflito diferem de ambas as perspectivas. Como os idosos são materialmente desfavorecidos? Sugira maneiras pelas quais o conceito de interseccionalidade pode nos ajudar a compreender a experiência diferencial da velhice.
11. Dê alguns exemplos de etarismo. Visto que as pessoas mais velhas são respeitadas há muito tempo como uma fonte de sabedoria baseada na experiência, por que elas são vítimas do preconceito de idade hoje?
12. O que se entende por *informalização* dos rituais de luto contemporâneos? Liste algumas das práticas de mudança que surgiram nas últimas décadas em relação à morte, ao morrer e ao luto.

Pesquisa na prática

Os governos nacionais e as autoridades municipais do mundo inteiro reconhecem cada vez mais que o aquecimento global deve ser combatido de forma mais sistemática do que no passado recente. Um dos problemas mais difíceis é como fazer mudanças na infraestrutura metropolitana e nos estilos de vida urbanos para torná-los mais sustentáveis. Quais adaptações provavelmente reduzirão significativamente as emissões de CO_2 de forma rápida? As regiões metropolitanas devem se concentrar em sistemas de transporte ou habitação? As iniciativas de reciclagem e redução de resíduos sólidos devem prevalecer? Essas são escolhas difíceis para autoridades locais e municipais com recursos financeiros limitados, que podem já estar comprometidos.

Falkingham, J., Sage, J., Stone, J. e Vlachantoni, A. (2016). "Residential Mobility across the Life Course: Continuity and Change across Three Cohorts in Britain", *Advances in Life Course Research*, 30: 111-23; www.sciencedirect.com/science/article/pii/S104026081630034X.

1. Que métodos são utilizados nessa análise? Como você caracterizaria a pesquisa — que tipo de estudo é esse?
2. Descreva a amostra da população e as três coortes de nascimento.
3. De acordo com os autores, quais são os principais "gatilhos" para a mobilidade residencial? Qual deles pode ser considerado o principal gatilho?
4. Discuta as descobertas do artigo em relação ao gênero e à mobilidade residencial. Como podemos explicar essas descobertas em relação aos efeitos da coorte diferencial?
5. O artigo observa que as teorias sociais podem ser úteis para explicar algumas de suas descobertas. Quais teorias sociais são essas e como elas podem ser usadas para fortalecer nossa compreensão da mobilidade residencial contemporânea na Grã-Bretanha?

Pensando sobre isso

Peter Kaufman, professor de sociologia na State University de Nova York (SUNY), iniciou seu ensaio, "A sociology of my death", com a seguinte afirmação:

> Estou morrendo. Não no sentido figurado — como se estivesse morrendo de sede ou morrendo de vontade de visitar o Havaí. Quero dizer literalmente. Eu tenho um câncer de pulmão em estágio IV, incurável. Fui diagnosticado em junho de 2017, alguns meses depois do meu aniversário de 50 anos. Meu único sintoma era uma tosse incômoda e seca, mas, quando a doença foi detectada, o câncer já havia se espalhado por todo o meu corpo.

O ensaio foi publicado *on-line* em 14 de setembro de 2018 e Kaufman morreu em 19 de novembro, aos 51 anos. Você pode ler a entrada do *blog* aqui: www.everydaysociologyblog.com/2018/09/a-sociology-of-my-death.html. E ver mais sobre o professor Kaufman aqui: https://sites.newpaltz.edu/news/2018/11/college-mourns-passing-of-peter-kaufman-professor-of-sociology/.

Como vimos neste capítulo, os sociólogos ofereceram contribuições perspicazes para a nossa compreensão da morte, do morrer e do luto. Kaufman observou que a sociologia foi útil para ele, particularmente ao destacar quatro temas: interdependência, interações sociais, desigualdade social e impermanência. Ele escreveu: "[...] ser um sociólogo influenciou muito meu pensamento e contribuiu para minha mentalidade positiva. O sociólogo Charles Lemert disse que 'a teoria social é uma habilidade básica de sobrevivência'".

Considere como a teoria e as evidências sociológicas e, de modo mais geral, o desenvolvimento de uma imaginação sociológica podem ajudar indivíduos que estão enfrentando o fim de suas vidas. O que exatamente a sociologia tem a oferecer que possa respaldar a sugestão de Kaufman? Leia o ensaio desse sociólogo juntamente com as seções relevantes deste capítulo e escreva um artigo de mil palavras explorando as maneiras práticas e teóricas pelas quais uma perspectiva sociológica pode ajudar os que estão para morrer e os enlutados.

Sociedade nas artes

Uma premissa sociológica básica é que o curso da vida individual é moldado por estruturas sociais, normas e valores mais amplos. Consequentemente, os padrões do curso da vida diferem entre as sociedades e ao longo do tempo. Além de identificar elementos do curso da vida na estrutura legal de uma sociedade, é possível ver algo desses padrões de curso da vida nas artes criativas e no entretenimento.

Faça sua própria pesquisa sobre como as etapas do curso da vida, como infância, juventude, idade adulta e velhice, são construídas por meio das regras e diretrizes relacionadas à programação de televisão, cinema e filmes, teatro, exposições de arte e concertos eruditos/populares. Liste as diretrizes e regras de idade para essas formas variadas. Elas são consistentes em toda a grande gama de mídias e produtos culturais? Seria possível compreender os estágios e os limites do curso da vida de uma sociedade a partir dessas diretrizes?

O advento da mídia digital está efetivamente "mudando as regras", particularmente para o conteúdo *on-line*? Por exemplo, quais regras e diretrizes baseadas na idade existem no YouTube, nas redes sociais e nos canais de TV *on-line*? As autoridades e os legisladores da sociedade ainda estão acompanhando a revolução digital, ou a mídia digital pode nos dizer algo mais significativo sobre a mudança nos estágios do curso da vida?

Outras leituras

Duas excelentes introduções à sociologia do curso da vida são *Understanding the life course: sociological and psychological perspectives* (2. ed., Cambridge: Polity), de Lorraine Green (2017), e *Life course: a sociological introduction* (2. ed., Basingstoke: Palgrave Macmillan), de Stephen Hunt (2017). Qualquer um deles seria excelente para iniciar sua leitura.

Unmasking age: the significance of age for social research (Bristol: Policy Press), de Bill Bytheway (2011), é uma leitura muito interessante, usando diversas fontes para tratar da questão central: "o que é idade?". *Ageing* (Cambridge: Polity), de Christopher Phillipson (2013), é uma excelente introdução aos debates nesse campo, enquanto *Ageing and globalisation* (Bristol: Policy Press), de Martin Hyde e Paul Higgs (2017), une as teorias e evidências sobre envelhecimento às teorias da globalização.

Uma abordagem crítica à ideia de que uma sociedade envelhecendo é inevitavelmente problemática pode ser encontrada em *The myth of generational conflict: the family and state in ageing societies* (2007), editado por Sara Arber e Claudine Attias-Donfut (London: Routledge). Um livro abrangente, que pode ser consultado sobre tópicos específicos, é *The Sage handbook of social gerontology* (London: Sage), uma seleção editada por Dale Dannefer e Chris Phillipson (2015), que aborda praticamente todos os assuntos relacionados à idade que você poderia imaginar.

Finalmente, quem se interessar em ler mais sobre as questões sociológicas relacionadas com a morte, o morrer e o luto pode conferir *Death and dying: a sociological introduction* (Cambridge: Polity), de Glennys Howarth (2006). Em seguida, *Handbook of the sociology of death, grief and bereavement: a guide to theory and practice* (Abingdon: Routledge), de Neil Thompson e Gerry Cox (2017), é uma reunião de textos que contém muito material útil.

Para ver uma seleção de leituras originais sobre relacionamentos e o curso da vida, consulte *Sociology: introductory readings* (4. ed., Cambridge: Polity, 2021).

Links da internet

Em **loja.grupoa.com.br**, acesse a página do livro por meio do campo de busca e clique em Material Complementar para ver as sugestões de leitura do revisor técnico à edição brasileira, além de outros recursos (em inglês).

Centre for Research on Families, Life course and Generations (FLaG) da Universidade de Leeds, Reino Unido:
https://flag.leeds.ac.uk/

Organização Mundial da Saúde — recursos internacionais (em inglês) sobre envelhecimento e o curso da vida:
www.who.int/ageing/en/

UNICEF – United Nations Children's Fund; contém muitos recursos úteis (em inglês) sobre a experiência das crianças ao redor do mundo:
www.unicef.org

HelpAge International — uma organização ativista e uma boa fonte de informações sobre envelhecimento em todo o mundo:
www.helpage.org

Centre for Policy on Ageing (Reino Unido) — instituição de caridade que promove os interesses dos idosos por meio de pesquisa e análise de políticas:
www.cpa.org.uk/index.html

Programa das Nações Unidas para o Envelhecimento — ponto focal para a ONU no que diz respeito a todas as questões relacionadas ao envelhecimento:
www.un.org/development/desa/ageing/

Centre for Death and Society da Universidade de Bath, Reino Unido — desde 2005, um centro interdisciplinar para pesquisa sobre a morte e o morrer:
www.bath.ac.uk/research-centres/centre-for-death-society/

British Sociological Association's (BSA) Study Group sobre os aspectos sociais da morte, do morrer e do luto:
www.britsoc.co.uk/groups/study-groups/social-aspects-of-death-dying-andbereavement-study-group/

CAPÍTULO 15
FAMÍLIAS E RELACIONAMENTOS ÍNTIMOS

SUMÁRIO

A família como instituição e ideologia 595

Funções da família 595

Abordagens feministas 598

A família em declínio, ou aquilo que nunca fomos 599

Práticas familiares 600

"Fazendo" a vida em família 600

Trabalho, trabalho doméstico e desigualdade de gênero 604

Violência doméstica e familiar 606

Diversidade familiar e relações íntimas 609

Estruturas familiares diversificadas 609

Teorias de amor, intimidade e vida pessoal 612

Casamento, divórcio e separação 617

Novas parcerias, famílias "misturadas" e relações de parentesco 621

Famílias no contexto global 629

Mesclando ou diversificando os padrões de família? 630

Conclusão 631

Revisão do capítulo *632*

Pesquisa na prática *632*

Pensando sobre isso *633*

Sociedade nas artes *633*

Outras leituras *634*

Links da internet *634*

A revolução digital nas comunicações teve um profundo impacto sobre o comportamento de namoro em todas as faixas etárias e sexualidades.

Como encontrar o amor na era digital? Isso não é fácil, mas, felizmente, há uma infinidade de guias que definem as regras básicas de como namorar e encontrar um parceiro para se casar. E, embora alguns deles sejam direcionados a homens, a grande maioria tem como alvo mulheres heterossexuais que estão procurando "a pessoa certa". Mas por onde começar?

Um livro que define as "novas regras", *The dating dos and dont's for the digital generation*, diz que é importante reconhecer que "homens e mulheres são diferentes. Esse fato pode parecer chocante, porque você foi criado para pensar que homens e mulheres são iguais e que as mulheres podem fazer o que quiserem". Os autores reconhecem que as mulheres hoje têm mais oportunidades do que no passado, mas:

> Romanticamente, homens e mulheres não são iguais. Os homens adoram um desafio, enquanto as mulheres adoram segurança. Os homens adoram comprar e vender empresas, bem como esportes radicais, como alpinismo e *bungee jumping*, enquanto as mulheres adoram conversar sobre seus encontros e assistir a comédias românticas. [...] Uma mulher recebe uma mensagem ou *e-mail* de um cara que ela gosta e encaminha a cinco amigas para analisarem. Um cara recebe uma mensagem, pensa sobre ela por um segundo e depois volta para o jogo de futebol (Fein e Schneider, 2013).

Para as mulheres, a chave para um namoro bem-sucedido é, portanto, "se fazer de difícil", mas o mundo digital torna isso ainda mais árduo, já que *smartphones* e dispositivos semelhantes significam que estamos todos sempre disponíveis, sem ter onde nos esconder. "Facebook, mensagens instantâneas, mensagens de texto e outras tecnologias sociais tornaram quase impossível para as mulheres serem evasivas e misteriosas." Esse guia em particular oferece quase 250 páginas de "regras" práticas sobre como gerenciar sua vida digital para permanecer misteriosa, o que significa que, eventualmente, você pode "pegar seu cara".

O que pode ser mais chocante do que ouvir que "homens e mulheres são diferentes" é o fato de que guias como esse ainda vendem bastante. Talvez a explicação para sua popularidade passe pelo fato de que, apesar da linguagem um tanto anacrônica e dos pressupostos heterossexuais tradicionais, sua premissa central — de que as pessoas são atraídas primeiro, depois se apaixonam, depois se tornam um casal e/ou se casam — parece extremamente realista. No entanto, essa progressão aparentemente "natural" de relacionamentos íntimos emergentes é, de fato, historicamente incomum.

No início da Europa moderna, os casamentos reais e aristocráticos eram frequentemente arranjados por motivos políticos e econômicos, ou então para melhorar o *status* social de uma família. E, embora os "casamentos arranjados" em todo o mundo sejam menos comuns do que antes, eles continuam sendo a norma em determinadas comunidades do Sul da Ásia. Em todos esses casos, "apaixonar-se" raramente é pensado como um prelúdio necessário para o casamento ou a constituição de uma família, pois motivos materiais, familiares, de *status* social ou pragmáticos prevalecem. Somente nos tempos modernos o amor e a sexualidade passaram a ser considerados intimamente ligados. Durante a Idade Média, pouquíssimas pessoas na Europa se casavam simplesmente por amor. Os cônjuges podem ter se tornado companheiros íntimos, mas isso aconteceu durante o casamento, em vez de ser um precursor necessário. Conforme argumenta Boswell (1995: xxi):

> Na Europa pré-moderna, o casamento geralmente começava como um arranjo de propriedade; em seu decorrer, dizia respeito principalmente à criação dos filhos, e terminava com amor. Poucos casais de fato se casavam "por amor", mas muitos passaram a se amar com o tempo, à medida que administravam conjuntamente sua casa, criavam seus filhos e compartilhavam as experiências da vida. Quase todos os epitáfios de sobreviventes aos cônjuges demonstram profunda afeição. Por outro lado, na maior parte do Ocidente moderno, o casamento começa com amor, no meio ainda gira em torno principalmente da criação dos filhos (se houver filhos), e termina — muitas vezes — tratando de posses, ponto em que o amor está ausente ou é uma memória distante.

Foi somente no final do século XVIII que o conceito de amor romântico passou a ser visto aos poucos como a base do casamento. O **amor romântico** — distinto da compulsão do amor apaixonado — envolvia a idealização de seu objeto. A noção de amor romântico coincidiu mais ou menos com o surgimento do romance como forma literária, e a disseminação dos romances românticos desempenhou um papel fundamental no avanço da ideia (Radway, 1984). Particularmente para as mulheres, o amor romântico significava contar histórias sobre como os relacionamentos poderiam levar à realização pessoal. A centralidade do amor romântico hoje não pode ser entendida como uma parte natural da vida; ao contrário, é o produto de uma ampla mudança social, econômica e política. Ciabattari (2016: 12) observa que, com a passagem para uma economia industrial, "a díade romântica tornou-se o núcleo da família, aumentando as expectativas de intimidade e felicidade pessoal".

Para a maioria das pessoas no mundo desenvolvido, o casal — casado ou solteiro — está no centro daquilo que é a vida familiar. No entanto, as configurações familiares hoje são muito diversificadas, e o casamento entre pessoas do mesmo sexo agora é legal em mais de 30 países em todo o mundo. Alguns membros da comunidade LGBTQIA+ consideram que a instituição do casamento foi manchada por sua longa história exclusivamente heterossexual. Outros veem a legalização do casamento entre pessoas do mesmo sexo como um sucesso na campanha pela igualdade de direitos. Por exemplo, o astro pop Elton John e seu parceiro, David Furnish, embora já em uma parceria civil, saudaram a oportunidade de se casar quando o casamento entre pessoas do mesmo sexo foi legalizado, dizendo que "a aprovação dessa legislação é uma alegria, e devemos celebrar isso. Não devemos apenas dizer: 'Oh, bem, temos uma parceria civil. Não vamos nos preocupar em nos casar'. Nós vamos nos casar" (citado na BBC News, 2014c). O casal também tem dois filhos por meio de barriga de aluguel, e sua vida familiar ilustra algo das mudanças sociais e das mudanças de atitudes que transformaram a vida familiar e pessoal na atualidade.

Neste capítulo, começamos com a conhecida ideia de "família" — uma instituição social que parece ser atemporal e universal. Como veremos, e como sociólogas feministas argumentaram vigorosamente, essa noção muitas vezes confundiu a realidade empírica com uma concepção normativa de família, que permite pouco espaço para alternativas. Em seguida, esboçamos uma abordagem aos estudos de família que explora as práticas do mundo real — positivas e negativas — nas quais as pessoas se envolvem e se reconhecem como "familiares". Depois de olhar para a diversidade familiar atual, exploramos as teorias da transformação das relações íntimas e algumas das principais mudanças no casamento, no divórcio e nas famílias pós-divórcio. O capítulo termina com uma avaliação da possível convergência de configurações familiares em todo o mundo.

A família como instituição e ideologia

A sociologia da família há muito tem sido moldada por perspectivas teóricas contrastantes. A maioria delas se concentrou em estudar a família como uma instituição social central, desempenhando funções importantes para os indivíduos, as comunidades, a sociedade e o sistema econômico capitalista. Essas abordagens convencionais parecem muito menos convincentes hoje, à luz das tendências sociais direcionadas ao individualismo intensificado e à diversificação das configurações familiares. Isso se reflete no uso crescente de "famílias" em vez de "família" na literatura contemporânea. Também é evidente na disjunção entre os discursos oficiais que promovem a **família nuclear** como norma e as experiências pessoais com configurações familiares diversas e dinâmicas (Chambers, 2012: 5-6). Vale a pena traçar rapidamente o desenvolvimento das teorias anteriores antes de nos voltarmos para estudos mais recentes sobre famílias e vida familiar.

Funções da família

A perspectiva funcionalista considera que a sociedade é constituída por um conjunto de instituições sociais que desempenham funções específicas, garantindo a continuidade e o consenso de valores. Assim, a família desempenha importantes tarefas que atendem a algumas necessidades básicas da sociedade, ajudando a reproduzir a ordem social. Os sociólogos que trabalham na tradição funcionalista consideram que a família nuclear especificamente cumpre certos papéis especializados nas sociedades ocidentais desenvolvidas. Com o advento da industrialização e a separação do trabalho e do lar, a **família** se tornou menos importante como unidade de produção econômica e se concentrou mais na reprodução, na criação dos filhos e na socialização (ver Estudos clássicos 15.1).

No relato de Parsons, a família nuclear se tornou o tipo dominante, pelo menos nos países desenvolvidos, porque se adaptava melhor às exigências de um sistema econômico móvel e flexível. Essa abordagem realça um problema significativo que tem perseguido a sociologia da família. Quando se analisaram as funções positivas da família nuclear, ela também foi apresentada como a melhor configuração familiar, com a qual todas as outras famílias poderiam ser comparadas. Sendo assim, o distanciamento analítico passou para o endosso normativo, e o funcionalismo endossou tacitamente uma versão **ideológica** da "família". Essa versão não era diferente daquela proposta por alguns grupos políticos e religiosos, que argumentavam que a família estava ameaçada por pais pobres, políticas educacionais liberais e declínio moral generalizado. À medida que as taxas de divórcio e as famílias monoparentais aumentavam e os relacionamentos entre pessoas do mesmo sexo se tornavam mais amplamente aceitos,

Estudos clássicos 15.1 — Talcott Parsons sobre as funções da família

O problema da pesquisa

Por que a família é um elemento tão duradouro nas sociedades humanas? Ela faz coisas que outras instituições sociais não conseguem fazer? Será que a família é realmente necessária para uma sociedade organizada? Essas questões fazem parte de debates existentes em sociologia desde os primeiros dias da disciplina, mas as respostas ainda são tema de discussões acaloradas.

A visão de Parsons

Segundo o sociólogo funcionalista norte-americano Talcott Parsons, as duas funções principais da família são a *socialização primária* e a *estabilização da personalidade* (Parsons e Bales, 1956). A **socialização primária** é o processo pelo qual as crianças aprendem as normas culturais da sociedade em que nascem. Como isso acontece durante os primeiros anos da infância, a família é a arena mais importante para o desenvolvimento da personalidade humana.

A **estabilização da personalidade** se refere ao papel que a família desempenha ao auxiliar os familiares adultos emocionalmente. O casamento entre homens e mulheres adultos é o arranjo pelo qual as personalidades adultas recebem apoio e se mantêm saudáveis. Na sociedade industrial, diz-se que o papel da família na estabilização das personalidades adultas é crítico, pois a família nuclear muitas vezes está distante da família ampliada e não consegue manter laços de parentesco mais amplos, como as famílias faziam antes da industrialização.

Parsons considerava a família nuclear a unidade mais bem equipada para lidar com as demandas da sociedade industrial. Na "família convencional", um adulto pode trabalhar fora de casa enquanto o segundo adulto cuida do lar e das crianças. Em termos práticos, essa especialização de papéis dentro da família nuclear implicou que o marido desempenhasse o "papel instrumental" de provedor, e que a esposa assumisse o papel emocional e "afetivo" no ambiente doméstico.

Pontos de crítica

Em nossa era atual, a visão de Parsons sobre a família parece inadequada e antiquada. As teorias funcionalistas sobre a família receberam pesadas críticas por justificarem a divisão doméstica do trabalho entre homens e mulheres como algo natural e não problemático. Também podemos criticar os argumentos funcionalistas por enfatizarem demais o papel da família e negligenciarem o papel que outras instituições sociais, como o governo, a mídia e a escola, desempenham na socialização das crianças. Parsons também falou pouco das configurações familiares que não correspondiam ao modelo da família nuclear. As famílias que não se conformavam com o "ideal" branco, suburbano e de classe média eram consideradas desviantes. Finalmente, o "lado obscuro" da vida familiar é desconsiderado em narrativas funcionalistas e, portanto, não recebe o destaque que merece.

Relevância contemporânea

Sem dúvida, a teoria funcionalista de Parsons sobre a família está desfavorecida hoje em dia, e é certo dizer que ela deve ser vista como parte de uma narrativa parcial sobre o papel da família nas sociedades. Ainda assim, ela tem relevância histórica. Nos primeiros anos do pós-guerra, as mulheres realmente *retornaram* aos seus papéis domésticos tradicionais, e os homens retomaram suas posições como os únicos provedores, o que se aproximou bastante da visão de Parsons. As políticas sociais no Reino Unido e nos Estados Unidos também se basearam em alguma variação da teoria funcionalista da família e em seu papel no enfrentamento de problemas sociais. Também devemos lembrar que um dos pilares da teoria funcionalista é que, à medida que as sociedades mudam, as instituições sociais também devem mudar para sobreviver. É possível enxergar a diversidade contemporânea de configurações familiares como evidência dessa adaptação de uma instituição social fundamental — a família — a uma vida social em rápida mudança. Desse modo, a análise funcionalista de Parsons pode reter alguma relevância geral.

Imagens idealizadas da vida familiar são comuns nos meios de comunicação de massa. Mas elas são tão difundidas *on-line*?

o funcionalismo parecia mal equipado para entender a crescente diversidade da vida familiar.

> **REFLEXÃO CRÍTICA**
>
> Existem muitas configurações familiares diferentes nas sociedades atuais, mas a "família" ainda é considerada uma instituição social central? Considerando famílias nucleares, estendidas, monoparentais e LGBTQIA+, que funções compartilhadas todas elas desempenham para os indivíduos, as comunidades e a sociedade como um todo?

De um ponto de vista crítico, as teorias marxistas da família também viam a forma nuclear como funcional, mas de maneiras que permitiam aos capitalistas obter lucros às custas dos trabalhadores. No final do século XIX, Engels (2010 [1884]) argumentou que a disseminação das relações de propriedade privada teria transformado uma divisão doméstica do trabalho anteriormente igualitária. Cuidar da casa, do trabalho doméstico e da criação dos filhos passou a ser visto como elemento da emergente *esfera privada* da vida, enquanto os homens eram necessários em locais de trabalho fora de casa, na *esfera pública*. A separação entre público e privado levou a uma desigualdade de gênero cada vez maior, que foi desafiada à medida que muitas mulheres passaram a ter empregos remunerados. Mesmo assim, isso não resultou em plena igualdade, pois muitas vezes ainda se espera que as mulheres assumam o duplo fardo de realizar as tarefas domésticas e sair para trabalhar. A família nuclear permitiu que a força de trabalho fosse reproduzida, com os custos de fazê-lo recaindo principalmente sobre as mulheres e, posteriormente, sobre o governo, em vez de consumir os lucros capitalistas. Engels também argumenta que, sob o capitalismo, o casamento monogâmico se tornou a maneira ideal de passar o capital e a riqueza por gerações, sustentando o sistema de classes.

As teorias funcionalista e marxista podem parecer muito diferentes e, em termos de avaliação do papel da família nuclear na sociedade, realmente são. No entanto, as teorias também compartilham uma "semelhança familiar" (trocadilho intencional), na medida em que exploram a posição estrutural da família na sociedade e apontam para as funções que essa instituição desempenha. Essa forma de abordagem é hoje vista como limitada e, muitas vezes, enganosa. Por exemplo, ela concentra a atenção em apenas um tipo de família — a nuclear — e tem pouco a dizer sobre tipos alternativos. Há também uma tendência para a infiltração de vieses normativos ou ideológicos. Por exemplo, há uma heteronormatividade simples embutida nesses relatos. Ou seja, as teorias estruturais assumem que a família é uma instituição exclusivamente heterossexual, geralmente enraizada no casamento. Os estudos funcionalistas costumam retratar a família nuclear como idealmente adequada às sociedades modernas, enquanto os marxistas veem a família burguesa como a base de um sistema econômico capitalista explorador.

O que essas teorias não exploram são as maneiras pelas quais a vida familiar é realmente vivida e vivenciada. Como veremos adiante, estudos mais recentes de "práticas familiares" e "aparências familiares" marcam uma mudança significativa na pesquisa sociológica sobre famílias, o que leva esse campo em uma direção diferente.

Abordagens feministas

As famílias fornecem uma fonte vital de consolo e conforto, amor e companheirismo. No entanto, elas também podem ser um lócus de exploração, solidão e profunda desigualdade. Durante as décadas de 1970 e 1980, a teoria feminista teve um enorme impacto na sociologia, desafiando a visão funcionalista da família como uma instituição harmoniosa. Se antes a sociologia da família se concentrava nas estruturas familiares, o feminismo conseguiu direcionar a atenção para as relações familiares, examinando as experiências das mulheres na esfera doméstica.

A pesquisa e a escrita feministas enfatizaram um amplo espectro de tópicos, mas três temas principais são particularmente importantes. Um é a *divisão doméstica do trabalho*: a forma como as tarefas são distribuídas entre os membros da família. Entre as feministas, há opiniões divergentes sobre o surgimento histórico dessa divisão. Feministas socialistas a veem como resultado do capitalismo industrial, enquanto outras afirmam que ela está ligada ao patriarcado e, portanto, antecede a industrialização. Como argumentou Engels, existia uma divisão doméstica do trabalho antes da industrialização, mas as relações sociais capitalistas trouxeram uma distinção muito mais nítida entre a domesticidade (privada) e o trabalho (público). Tal distinção resultou na cristalização das "esferas masculinas e femininas" e do modelo ou ideal do **provedor masculino**, embora isso tenha se desgastado um pouco nas últimas décadas.

Os sociólogos examinaram a contribuição do trabalho doméstico não remunerado das mulheres para a economia geral (Oakley, 1974b; Damaske, 2011) e a maneira como os recursos são distribuídos entre os membros da família, particularmente os padrões desiguais de acesso e controle sobre as finanças domésticas (Pahl, 1989). Um número maior de estudos se concentrou no trabalho doméstico, procurando sinais de que, à medida que mais mulheres ingressam em empregos formais e remunerados, muitas vezes em tempo integral, isso pode alterar a divisão tradicional de gênero do trabalho doméstico.

Os primeiros estudos na década de 1970 teorizaram que, à medida que os relacionamentos mistos se tornassem mais "simétricos", a distribuição de responsabilidades, como tarefas domésticas e cuidados com os filhos, seria compartilhada de forma mais igualitária (Young e Willmott, 1973). No entanto, pesquisas feministas e sociológicas mostraram que as mulheres continuam a realizar, em média, 70% do trabalho doméstico (Kan e Laurie, 2018: 17). Kan e Laurie também descobriram que existem diferenças entre os grupos étnicos no Reino Unido, com mulheres indianas, paquistanesas e bengalesas gastando mais tempo em tarefas domésticas do que mulheres brancas britânicas e mulheres de origem mista. Essas últimas fazem a menor quantidade de trabalho doméstico entre todos os grupos étnicos, embora em 65% dos casos isso ainda represente uma grande diferença de gênero.

As mulheres também são as principais responsáveis pelas tarefas domésticas e desfrutam de menos tempo de lazer do que os homens, apesar de mais mulheres estarem em empregos remunerados do que nunca (de Vaus, 2008: 394-6; Kan et al., 2011). Um estudo de pequena escala mais recente, realizado por Windebank e Martinez-Perez (2018), analisou como os casais mistos com dupla renda e cargas de trabalho pesadas organizavam seus papéis domésticos. Alguns casais com filhos pequenos buscavam uma divisão menos convencional do trabalho doméstico que permitisse que ambos trabalhassem em tempo integral. O estudo descobriu que, em vez de compartilhar as tarefas domésticas de forma mais igualitária, os homens assumiam algumas tarefas menores e de tempo limitado, mas as mais demoradas e tradicionalmente "femininas" foram terceirizadas para prestadores de serviços domésticos pagos, cuja maioria é formada por mulheres.

As feministas chamam a atenção para as *relações de poder desiguais* que existem nas relações familiares. Um tema que tem recebido maior atenção como resultado disso é o fenômeno da violência doméstica. Estupro conjugal, incesto, agressão violenta, abuso mental e emocional e abuso sexual de crianças receberam mais atenção pública após a afirmação feminista de que esse "lado sombrio" da vida familiar há muito tempo é invisível ou simplesmente ignorado. As sociólogas feministas buscaram entender como a família serve de arena para a reprodução da dominação masculina por meio da opressão das mulheres.

O estudo das *atividades de cuidado* é um terceiro campo para o qual as feministas deram importantes contribuições. Trata-se de uma área ampla e que engloba diversos processos, desde o atendimento a um familiar doente até o cuidado de um parente idoso por um longo período. Às vezes, cuidar significa simplesmente estar sintonizado com o bem-estar psicológico de outra pessoa, e algumas escritoras feministas se interessaram pelo "trabalho emocional" implicado nos relacionamentos. As mulheres não apenas tendem a assumir tarefas concretas, como fazer a limpeza e cuidar dos filhos, mas também investem grande quantidade de trabalho emocional na manutenção de relacionamentos pessoais familiares (Wharton, 2012: 164-165). Embora as atividades de cuidado sejam fundamentadas em amor e emoção profunda, elas também são uma forma de trabalho que exige a capacidade de ouvir, perceber, negociar e atuar criativamente.

Não seria exagero dizer que "a família" na sociologia não é a mesma coisa que era antes do feminismo. A pesquisa e a teorização feministas ajudaram a produzir uma apreciação muito mais realista e equilibrada da instituição da família e da vida familiar como ela é vivida. E, como acontece com a boa sociologia, a realidade da vida familiar se revela muito distante dos ideais políticos e normativos.

A família em declínio, ou aquilo que nunca fomos

Alguns comentaristas lamentam aquilo que consideram o fim dos valores, dos deveres e das obrigações familiares tradicionais. Eles argumentam que devemos recuperar um sentido moral da vida familiar e restabelecer a "família tradicional", que era mais estável e ordenada do que a teia emaranhada de relacionamentos em que nos encontramos agora (R. O'Neill, 2002). Os defensores da "família tradicional" estão descontentes com a crescente diversidade de famílias e relacionamentos íntimos, que eles veem como o enfraquecimento do casamento e da vida familiar tradicional. Esse argumento se baseia na ideia de que, em algum período anterior, havia realmente uma "idade de ouro" da vida familiar. Mas quando foi isso?

Para alguns, a disciplina e a estabilidade da vida familiar vitoriana do século XIX são consideradas ideais. No entanto, as famílias nessa época também sofriam com altas taxas de mortalidade, a duração média dos casamentos era inferior a 12 anos, e mais da metade das crianças viam a morte de pelo menos um dos pais antes dos 21 anos. A disciplina da família vitoriana também estava enraizada na estrita autoridade dos pais sobre seus filhos. Algumas esposas de classe média eram mais ou menos confinadas ao lar, pois a moralidade vitoriana exigia que as mulheres fossem estritamente virtuosas, mas se aceitava que os homens visitassem prostitutas e bordéis. Na verdade, esposas e maridos muitas vezes tinham pouco a ver um com o outro, comunicando-se apenas por meio dos filhos. A vida doméstica não era sequer uma opção para os grupos sociais mais pobres. Nas fábricas e oficinas, as famílias da classe trabalhadora se ocupavam por longas horas, tendo pouco tempo para uma vida doméstica confortável, enquanto o trabalho infantil era comum. Coontz (1992) notou que, como em todas as visões de uma era de ouro anterior, a luz rosada lançada sobre a "família tradicional" se apaga quando olhamos para as evidências históricas.

Outra sugestão é que a década de 1950 foi a época de uma vida familiar ideal. Esse foi um período em que muitas mulheres ficavam no ambiente doméstico para criar os filhos e manter a casa enquanto os homens eram os "ganha-pães" responsáveis por obter um "salário familiar". Muitas mulheres tiveram empregos remunerados durante a Segunda Guerra Mundial, como parte do esforço de guerra, mas os perderam quando os homens voltaram para casa. No entanto, muitas mulheres não queriam se retirar para um papel puramente doméstico e se sentiam miseráveis e presas nele. Os maridos ainda estavam emocionalmente distantes de suas esposas e muitas vezes observavam um consistente padrão sexual duplo, buscando aventura sexual para si mesmos, mas esperando um código estritamente monogâmico para elas.

O *best-seller* da autora americana Betty Friedan (1921-2006), *A mística feminina* (1963), discutia a vida das mulheres na década de 1950 e mexia com as emoções desse público. Ela descreveu o "problema sem nome" — isto é, a natureza opressiva da vida doméstica ligada aos cuidados com os filhos, o trabalho doméstico pesado e um marido que apenas ocasionalmente aparecia e com quem havia muito pouca comunicação emocional. Ainda mais grave do que uma vida doméstica opressiva era o alcoolismo e a violência sofrida em muitas famílias, durante um período em que a violência doméstica e íntima era vista como assunto particular. Novamente, a ideia de uma "família ideal" dos anos 1950 parece ser outro mito nostálgico.

Como sociólogos, não podemos arbitrar posições morais firmemente sustentadas, mas podemos avaliar as propostas apresentadas. Retornar a uma família mais antiga e tradicional não é algo realista — não apenas porque a família tradicional era uma entidade mítica de qualquer maneira ou porque as pessoas hoje a consideram opressiva. Não é possível porque as grandes mudanças sociais que transformaram o casamento, as famílias e as parcerias sexuais não são facilmente reversíveis. As mulheres não retornarão em grande número a uma situação doméstica da qual lutaram para se livrar. As parcerias sexuais, a comunicação emocional e o casamento não podem voltar a ser como costumavam ser. Por outro lado, quase não há dúvida de que as tendências que afetam a sexualidade, o casamento e a família criam ansiedades profundas para alguns, ao mesmo tempo que geram novas possibilidades de satisfação e autorrealização para outros.

Devemos ter cuidado para não deixar que ideias de como a sociedade *deve* ser influenciem nossa compreensão da sociedade baseada em evidências. À medida que se passou a considerar que a sociologia mais antiga da família confundia o que é com o que deveria ser, ficou claro que seriam necessárias abordagens alternativas. Uma das mais influentes delas está enraizada na ideia enganosamente simples de que, em vez de estudar a família como uma instituição social, os sociólogos deveriam explorar o que as pessoas realmente fazem que reconhecem como "familiar". Essa perspectiva é descrita a seguir.

Práticas familiares

Os debates políticos sobre a diretriz da família estão ligados às ideias de uma configuração familiar ideal que deve ser promovida pelos governos. Hoje, não existe um modelo único de vida familiar que seja ou possa ser mais ou menos universal. Em vez disso, a evidência clara é de que existem muitas configurações familiares diferentes. Gillis (1996) distinguiu as "famílias pelas quais vivemos" — a família ideal apresentada na política social e na mídia de massa — das "famílias com as quais vivemos" — as vidas familiares diárias que realmente criamos e vivenciamos.

Como veremos mais adiante, a diversificação da família está ligada a processos sociais mais amplos, incluindo uma proporção cada vez maior de mulheres em empregos remunerados, mais liberdade sexual e o movimento em direção à igualdade de gênero e sexual. Assim, embora possamos discutir "a família" como uma instituição social-chave, é vital lembrar a diversidade de configurações que essa generalização abrange. Para alguns, entender a "família" como ela é realmente vivida exige uma nova abordagem, que se baseia em pesquisas empíricas, e não no papel institucional da família.

"Fazendo" a vida em família

Uma forma alternativa de discutir a vida familiar é sugerida por David Morgan, que argumenta que é mais produtivo falar de **práticas familiares** — isto é, de todas aquelas atividades realizadas pelas pessoas e que elas percebem como parte da "vida familiar" (ver Estudos clássicos 15.2, a seguir). Chambers et al. (2009) argumentam que há diversas vantagens em adotar essa perspectiva. Primeiro, ela ajuda os pesquisadores a explorar o caráter cada vez mais fluido das vidas e redes familiares, como o cruzamento de famílias biológicas e adotivas. Em segundo lugar, concentra a atenção nas formas relativamente negligenciadas como as pessoas "fazem famílias" — ou como elas realmente constroem e vivem suas relações familiares. Terceiro, reequilibra o trabalho sociológico existente sobre a família como instituição social, olhando para a atuação dos indivíduos envolvidos, que criam ativamente seus papéis e suas rotinas familiares, ajudando, assim, a explicar as mudanças nas configurações familiares.

Estudos clássicos 15.2 — De instituição social a práticas de família

O problema da pesquisa

Durante grande parte do século XX, os sociólogos da família viram a família nuclear como o padrão contra o qual outros tipos de família eram avaliados. Chambers (2012: 41) argumenta que, a partir da década de 1990, ficou cada vez mais claro que era mais correto falar de *famílias* do que *da família*, e a abordagem convencional perdeu terreno. Mas o que poderia substituí-la? David Morgan (1996, 1999, 2011) apresentou uma abordagem alternativa que foi altamente influente na formação do campo dos estudos de família.

A visão de Morgan

Para muitos sociólogos do século XX, as famílias envolviam casamento e grupos de parentesco biologicamente relacionados e emocionalmente próximos. Olhando dessa forma, era relativamente fácil diferenciar relacionamentos familiares de não familiares. Mas diversas mudanças, incluindo menos casamentos, taxas de divórcio mais altas, mais famílias mistas, casais e famílias do mesmo sexo, famílias com um só pai e novas tecnologias reprodutivas, destacaram a diversidade, e não a uniformidade dos tipos de família. Como Morgan (2011: 3) afirmou sem rodeios, "não existe algo como 'A Família'".

A inovação central de Morgan foi estabelecer uma sociologia familiar alternativa, empiricamente adequada, baseada nas ações ou práticas das famílias, e sua agenda de pesquisa se concentrou em como as pessoas "fazem família". Ou seja, quais das muitas ações e atividades em que as pessoas se envolvem são vistas por elas como "familiares" e por quê? Essa mudança teórica significa que "*Família* representa uma qualidade construída de interação humana ou um processo ativo, em vez de um objeto de investigação social independente" (Morgan, 1999: 16).

Por exemplo, Morgan (2011) pergunta o que significa dizer que as pessoas "estão relacionadas". A resposta pode ter sido óbvia, mas hoje não é mais. Um casal heterossexual casado e com filhos pode se divorciar, e ambos os pais podem encontrar novos parceiros, para quem os filhos se tornarão "enteados". Mas, se os novos casais se separarem, isso efetivamente encerrará o relacionamento dos novos parceiros com seus enteados? Uma abordagem de práticas familiares trata essa como uma questão empírica, pois a resposta depende das escolhas e decisões tomadas pelos atores envolvidos. Quem conta como parente ou família provavelmente mudará ao longo do tempo, ilustrando, assim, o ponto de Morgan de que "família" não é uma entidade, mas está sempre em processo.

Se as relações de parentesco mudam com o tempo, as atividades definidas como familiares também mudam. Levar as crianças à escola, participar de eventos familiares como aniversários, casamentos e funerais, oferecer cuidados infantis informais não remunerados, fazer tarefas domésticas, manter contato por telefonemas diários e muitas outras ações podem ser percebidas como atividades "familiares". No entanto, elas podem envolver pessoas que não são biologicamente relacionadas, como amigos e vizinhos, que podem ser considerados "parte da família" e tratados como tal. Muitas vezes, nomenclaturas familiares como "tio" ou "tia" são aplicadas a amigos próximos que realizam atividades familiares como reconhecimento de seu *status* de membro privilegiado da família. Morgan argumenta que nada disso deveria levar os sociólogos a dispensar completamente o conceito de família. Por mais complexo que esse conceito tenha se tornado, ele argumenta que a "família" continua a ser significativa para a maioria das pessoas. May (2015: 482) sugere que "as práticas familiares também retêm alguma distinção que seria perdida se as substituíssemos por algum termo mais amplo, como práticas de intimidade".

> **Pontos críticos**
>
> A abordagem das práticas familiares tem sido particularmente influente na sociologia empírica britânica, porém menos em outros lugares. Por exemplo, Heath et al. (2011) argumentam que, apesar de lidar com preocupações semelhantes, a linguagem e o conceito de práticas familiares não foram amplamente adotados nos estudos transnacionais mais antropologicamente orientados sobre famílias, que ultrapassam as fronteiras nacionais. Uma razão para isso são as diferentes maneiras como essas abordagens veem as ideologias da "família". No estudo da migração para a União Europeia, as famílias permanecem limitadas por definições legais que costumam ser da família nuclear. Kofman (2004: 245) observa que "os migrantes não podem determinar por si mesmos as pessoas que constituem sua família". Isso serve para lembrar que as ideias oficiais da família como uma instituição social-chave mantêm seu poder de afetar a vida familiar.
>
> Uma segunda crítica substancial é de que a tentativa de evitar ficar atolado em argumentos normativos e políticos sobre qual família melhor se adapta a uma determinada sociedade não foi bem-sucedida. As práticas familiares não se distinguem dos discursos políticos e dos ideais morais. Heaphy (2011) afirma que práticas familiares alternativas e exibições familiares (veja mais adiante), como as de pais solteiros e casais *gays*, lutam para ganhar legitimidade junto a públicos mais amplos, que muitas vezes não estão dispostos a aceitá-las como alternativas viáveis à "forma normal" idealizada de família nuclear de classe média. Mais uma vez, a crítica é de que um foco nas práticas familiares, por mais intuitivo que seja, não deve obscurecer o poder contínuo da ideia convencional de "família", que permanece dominante nos círculos políticos e entre grande parte da sociedade.
>
> **Relevância contemporânea**
>
> A abordagem de práticas familiares de Morgan estabeleceu a base teórica para que os estudos da família britânica se movessem em uma nova direção — uma que encorajasse pesquisas empíricas e detalhadas. Esse foi um movimento bem-vindo que revigorou o campo dos estudos de família, livrando-o de um mal-estar teórico. Com o tempo, a perspectiva também foi expandida e desenvolvida para incluir novas áreas, como exibições familiares — as maneiras pelas quais as pessoas mostram que estão fazendo "coisas de família" apropriadas para públicos relevantes. Ela também vinculou o estudo da vida familiar a outros campos associados à compreensão do cotidiano e do pessoal e, ao fazê-lo, promete fazer a ponte entre as relações familiares e não familiares. A próxima etapa da abordagem de Morgan será testar sua aplicabilidade para além do caso britânico e em diferentes práticas familiares nacionais e, de fato, transnacionais.

As práticas familiares abrangem muitas atividades — comer juntos, realizar eventos de "família", organizar a participação das crianças na escola e muito mais. Mas estudar esses tipos de práticas pode não nos contar toda a história das famílias. Seguindo o trabalho de Finch (2007), estudos mais recentes nessa área também analisaram as exibições familiares — todas aquelas maneiras pelas quais as pessoas demonstram aos outros que estão engajadas em práticas familiares (apropriadas) e relacionamentos familiares. Finch argumenta que as pessoas não "fazem família" isoladas do restante da vida social. Como observam Dermott e Seymour (2011: 13), "é insuficiente que as práticas associadas à vida familiar sejam meramente realizadas; elas também devem ser reconhecidas pelos outros *como* práticas familiares". Esses "outros" podem ser assistentes sociais e agentes do governo, porém, mais frequentemente, as exibições familiares são destinadas a membros da família, outras famílias, amigos e espectadores. Também é provável que, como em outras interações sociais, as exibições envolvam vários públicos.

Um bom exemplo disso é a pesquisa qualitativa de Harman e Cappellini (2015) sobre a prática e a exibição de mães de classe média que preparam lancheiras escolares para seus filhos. Preparar um lanche é uma prática familiar rotineira para a pequena amostra de mães do estudo, mas um objeto tão simples carrega inúmeros significados e mensagens. Por exemplo, ao surgir um debate público altamente carregado sobre o que constitui uma dieta saudável para as crianças, as mães tiveram que levar em conta os pedidos da criança, mas também os programas de televisão e comentários da mídia, os debates políticos, as regras escolares e a publici-

A lancheira escolar é um exemplo simples de como a "família" é apresentada a vários tipos de espectadores.

> **REFLEXÃO CRÍTICA**
>
> Examine as contas de redes sociais — Facebook, Instagram, Twitter, etc. — de alguns de seus familiares e amigos próximos. Há evidências (imagens, vídeos, discussões) nesses relatos de "exibições familiares"? Essas exibições são representações equilibradas ou invariavelmente positivas da família?

dade em supermercados. Os autores argumentam que as mães usavam as lancheiras para mostrar sua competência como mães não apenas para outras crianças, funcionários da escola e supervisores de cantina, mas também para si mesmas. No entanto, o público-chave parecia ser a equipe da escola, e a maioria das mães aderiu à orientação escolar em seus preparativos.

Esse estudo em pequena escala de apenas 11 mães de um agrupamento de classes, altamente específico, não se generaliza para a população em geral, mas podemos ver nele algumas ligações com a sociedade como um todo. É claro que os pressupostos de gênero eram apenas práticos, pois a preparação da lancheira com certeza era percebida como responsabilidade da mãe, não do pai, embora todas as mães também tivessem emprego remunerado. Apesar de as mães terem descrito suas escolhas de lancheiras como personalizadas para seus filhos, o estudo descobriu que elas eram basicamente semelhantes. Isso sugere a influência contínua de normas culturais generalizadas que controlam o que constitui a estrutura básica de uma refeição "equilibrada" e "saudável". Como membros de famílias brancas de classe média, essas mães se sentiam ansiosas por estarem expostas no ambiente público da escola, o que potencialmente as tornava sujeitas a monitoramento e críticas.

A abordagem das práticas familiares provou ser eficaz e continua a se desenvolver. No entanto, há boas razões para pensar que não devemos ansiar por abandonar completamente as perspectivas estruturais mais antigas. Como Edwards e seus colegas (2012) argumentam, muitas pesquisas estatísticas valiosas permanecem comprometidas com algum conceito de famílias como lares, enquanto rastrear mudanças na vida familiar ao longo do tempo também requer uma conscientização sobre as estruturas familiares e a forma como elas mudam. É difícil ver como questões macrossociológicas significativas — por exemplo, se as estruturas familiares estão convergindo globalmente ou se os sistemas econômicos levam a formas familiares específicas — poderão ser abordadas a menos que alguma noção de "família" como instituição social (bem como um conjunto de práticas) seja mantida.

Nas próximas duas seções, nos baseamos em estudos sobre práticas familiares e evidências de pesquisas estatísticas sobre trabalho doméstico, desigualdade de gênero e violência íntima para ilustrar o quadro mais abrangente que surge da combinação de abordagens micro e macro.

Trabalho, trabalho doméstico e desigualdade de gênero

As práticas familiares não são simplesmente aquelas que as pessoas gostam ou com que escolhem se envolver. Como Morgan (1996) deixou claro, existem inúmeras práticas familiares que as pessoas se sentem pressionadas a realizar ou que têm consequências negativas para elas. As expectativas de gênero pressionam os homens a trabalhar em tempo integral e as mulheres a priorizar as responsabilidades domésticas, enquanto o abuso de crianças, idosos e mulheres em ambientes familiares é muito mais comum do que se pensava. Esses aspectos também devem ser considerados práticas familiares, pois são ações que envolvem pessoas percebidas como membros da família e ocorrem em ambientes familiares.

A desigualdade de gênero varia entre as sociedades do mundo. O Programa das Nações Unidas para o Desenvolvimento (PNUD) classifica os países em desigualdade de gênero com base na combinação de três dimensões: saúde reprodutiva, empoderamento e participação no mercado de trabalho. Nessa medida combinada, nenhum país do mundo havia alcançado a paridade de gênero em 2017. Talvez não seja surpresa que os países que se saem melhor em direção à igualdade de gênero também são aqueles com a pontuação geral mais alta no "índice de desenvolvimento humano", incluindo Suíça, Dinamarca, Países Baixos, Suécia, Bélgica, Noruega e Eslovênia. Entre aqueles com a maior desigualdade de gênero, estão Iêmen, Chade, Mali, República Centro-Africana, Costa do Marfim e Libéria (UNDP, 2019a). Mesmo nos países de alta renda, a disparidade salarial ainda persiste, embora esteja diminuindo gradualmente. Por exemplo, a disparidade salarial média entre homens e mulheres (a diferença entre o salário médio bruto por hora para homens e mulheres) nos países da União Europeia em 2017 foi de 16%, uma pequena redução em relação aos 17,5% em 2010. Dentro dessa média geral, há muita variação nacional, desde apenas 3% na Romênia e 5% na Itália e em Luxemburgo até 25,6% na Estônia e 21% na República Tcheca (Eurostat, 2019b).

> Veja muito mais sobre desigualdade de gênero no Capítulo 7, "Gênero e sexualidade".

A *percepção da sociedade* de que, para as mulheres, o trabalho é secundário a ter filhos e de que cuidar deles é um papel natural e biologicamente determinado está entre os principais fatores que afetam a carreira das mulheres. Tais crenças tradicionais afetam diretamente o equilíbrio trabalho-cuidado para homens e mulheres, apesar da legislação formal quanto à igualdade de oportunidades (Crompton, 2008). Muitas mulheres se veem lutando com duas forças contraditórias. Elas querem e precisam de independência econômica, mas, ao mesmo tempo, querem ser "boas" mães para seus filhos. Uma grande questão é como o "trabalho" de cuidar, anteriormente realizado por mulheres na esfera doméstica sem remuneração, será realizado agora que mais mulheres passaram a trabalhar fora. Crompton (2006: 17) sugere que isso só pode ser alcançado se a antiga divisão de trabalho por gênero for "desconstruída" e os homens se tornarem mais parecidos com as mulheres, combinando emprego e cuidado em suas vidas cotidianas. Uma flexibilidade crescente no emprego e na vida profissional pode ser parte da solução, mas é muito mais difícil mudar as atitudes tradicionais dos homens.

Trabalho doméstico

Embora tenha havido grandes mudanças no *status* das mulheres nas últimas décadas, incluindo a sua entrada em profissões dominadas por homens, uma área de trabalho ficou muito para trás: o **trabalho doméstico**. À medida que mais mulheres casadas entravam no mercado de trabalho, algumas pessoas presumiam que os homens começariam a dar uma contribuição maior para o trabalho doméstico. De modo geral, isso não aconteceu. Embora os homens façam mais tarefas domésticas do que nas décadas de 1970 e 1980 e as mulheres façam um pouco menos, o equilíbrio é altamente desigual e varia muito entre as sociedades (Figura 15.1). As maiores lacunas no trabalho doméstico na UE estão na Grécia, na Itália e na Bulgária, enquanto as menores estão na Suécia, na Letônia e na Dinamarca (Eurostat, 2018c: 24-6).

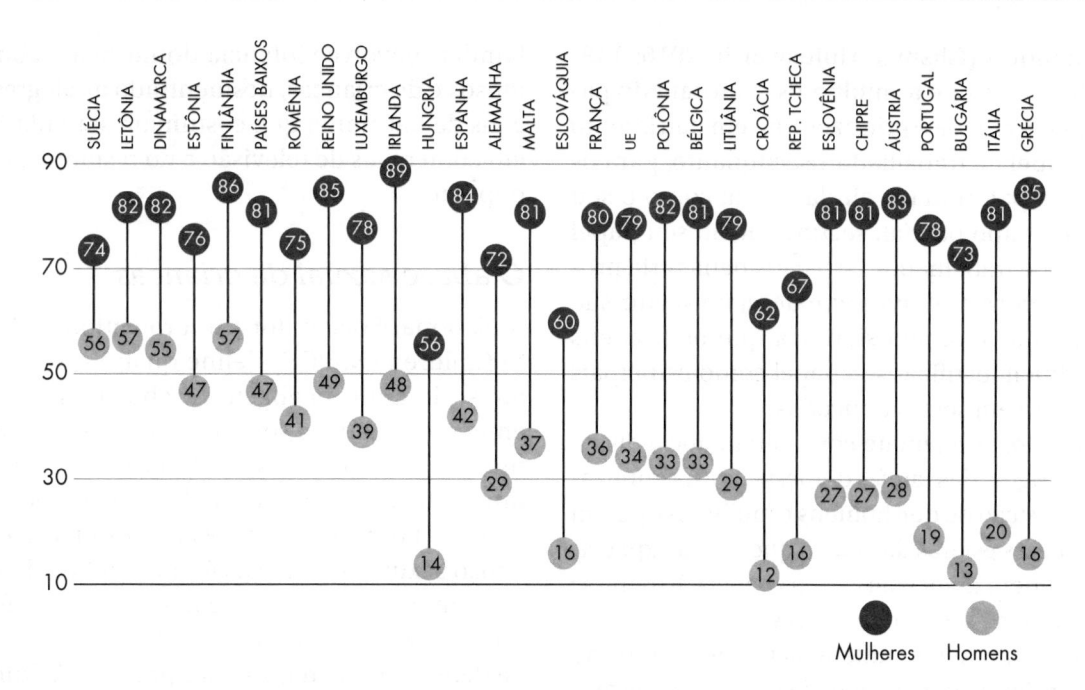

FIGURA 15.1 Culinária e trabalho doméstico diário por homens e mulheres, UE28, 2016 (porcentagens).
Nota: Porcentagem de adultos com idade igual ou superior a 18 anos que cozinham e/ou fazem trabalhos domésticos todos os dias.
Fonte: Eurostat (2018c: 25).

Várias pesquisas também descobriram que as mulheres ainda são responsáveis pela maior parte do trabalho doméstico e dos cuidados com as crianças no Reino Unido. No British Social Attitudes Survey de 2013, as mulheres relataram gastar uma média de 13 horas por semana em tarefas domésticas e 23 horas cuidando de membros da família. Os homens relataram gastar, em média, 8 horas em tarefas domésticas e 10 horas em atividades de cuidado (Park et al., 2013: 115). Alguns sociólogos argumentaram que, quando as mulheres já estão trabalhando no setor remunerado, esse trabalho doméstico adicional equivale a um "segundo turno" (Shelton, 1992). Mas por que o trabalho doméstico continua sendo, em grande parte, "trabalho de mulheres"? Essa questão tem sido o foco de muitas pesquisas nos últimos anos.

Uma provável explicação é que isso resulta de forças econômicas de gênero: o trabalho doméstico feminino é trocado por apoio econômico masculino. Como as mulheres ganham, em média, menos do que os homens, elas tendem a permanecer economicamente dependentes de seus maridos e, portanto, realizam a maior parte do trabalho doméstico. Assim, até que a diferença salarial seja reduzida, as mulheres provavelmente permanecerão em uma posição dependente. Hochschild (1989) argumentou que as mulheres são duplamente oprimidas pelos homens: uma vez durante o "primeiro turno" e depois novamente durante o "segundo turno". Porém, embora contribua para nossa compreensão dos aspectos de gênero do trabalho doméstico, esse modelo de troca se desfaz em situações em que a esposa ganha mais do que o marido.

Miller (2011) argumenta que, quando casais do sexo oposto têm filhos, a tendência é que eles "retornem ao gênero". Ou seja, embora os homens possam usar a linguagem de uma "nova paternidade", que enfatiza o aumento do seu envolvimento e do seu vínculo com os filhos, suas práticas continuam refletindo o discurso mais antigo do provedor da família. No estudo de Hochschild, mesmo os maridos que ganhavam menos do que suas esposas não faziam tanto trabalho doméstico quanto elas. As mães também são mais propensas do que os pais a fazer uma pausa na carreira após o nascimento de um filho e a passar a trabalhar em meio expediente ao retornar, com impactos negativos sobre seus ganhos ao longo da vida e na aposentadoria (Clisby e Holdsworth, 2016: 149-157). Espera-se que as mulheres usufruam do papel da maternidade e priorizem-no em detrimento do seu papel de trabalhadoras, enquanto, para os homens, a paternidade ainda é vista como o seu papel de tempo parcial, secundário ao seu papel principal de trabalhador. Isso não apenas cria problemas para as mulheres que desejam seguir sua carreira, mas também significa que os homens acham difícil justificar seu papel como principais cuidadores sem serem criticados.

Os sociólogos há muito consideram que a distribuição desigual das tarefas domésticas está enraizada na suposição de que homens e mulheres operam em diferentes esferas da vida, o que leva a expectativas de gênero associadas a seus papéis. Espera-se que os homens sejam provedores, enquanto se espera que as mulheres cuidem da família — mesmo que sejam "provedoras" além de mães. A persistência de tais suposições de gênero demonstra como elas estão profundamente arraigadas e são consistentemente reproduzidas, mesmo diante de mudanças muito radicais nas oportunidades educacionais e de emprego e nos relacionamentos pessoais.

> **REFLEXÃO CRÍTICA**
>
> Apesar de todos os movimentos em direção a mais igualdade de gênero, as mulheres ainda realizam a maior parte do trabalho doméstico de rotina. Existe algo em certas tarefas domésticas que significa que os homens são mais propensos a resistir a fazê-las? Como essas tarefas estão ligadas às normas de masculinidade e feminilidade?

Violência doméstica e familiar

Como a família e as relações de parentesco fazem parte da existência de qualquer pessoa, a vida familiar abrange praticamente toda a variedade existente de experiências emocionais. Os relacionamentos familiares podem ser afetuosos e gratificantes, mas também podem conter tensões muito acentuadas, levando as pessoas ao desespero ou deixando-as com uma sensação profunda de ansiedade e culpa. Esse "lado obscuro" das famílias envolve violência doméstica e abuso de idosos e de crianças, desmentindo as alegres imagens de harmonia que costumam ser enfatizadas em comerciais de televisão e no restante da mídia popular.

O abuso sexual de crianças

A National Society for the Protection of Cruelty to Children (NSPCC) define quatro categorias de abuso infantil: negligência, abuso físico, abuso emocional e abuso sexual. O abuso sexual é definido como "contato sexual entre uma criança e um adulto com o propósito da satisfação sexual do adulto" (Lyon e de Cruz, 1993). A extensão total do abuso sexual de crianças é muito difícil de calcular com precisão, o que se deve às muitas formas que ele assume, bem como às diferenças nacionais na definição e no registro das práticas. A Comissão Europeia estima que entre 10 e 20% das crianças na Europa sofram abuso sexual durante a infância, e essa proporção tem sido muito consistente nas últimas décadas. Além disso, a pornografia infantil *on-line* é um problema cada vez maior, não apenas na Europa, mas em âmbito global (European Commission, 2019).

O **incesto** se refere a relações sexuais entre parentes próximos, mas nem todos os casos de incesto são abuso sexual. Por exemplo, uma relação sexual entre irmão e irmã é incestuosa, mas não se encaixa na definição de abuso. No abuso sexual infantil, um adulto está essencialmente explorando um bebê ou uma criança para fins sexuais. Todavia, a forma mais comum de incesto é aquela que também é abuso sexual infantil — relações incestuosas entre pais e filhas pequenas.

O incesto e o abuso sexual infantil de maneira mais geral são fenômenos que só foram "descobertos" nas últimas décadas. É claro que há muito se sabe que esses atos sexuais ocorrem, mas a maioria dos observadores sociais acreditava que os fortes tabus contra esse comportamento o tornavam extremamente incomum. Porém, esse não é o caso. O abuso sexual infantil provou ser muito mais comum do que se pensava. Uma pesquisa da Organização Mundial da Saúde (WHO, 2006a) sobre fatores associados a um risco maior de maltrato infantil incluiu pobreza e altos níveis de desemprego entre tais fatores, embora tenhamos que ser cautelosos ao respaldar tais conclusões. Pode ser que, com uma série de instituições de caridade e serviços de assistência social visando ao alívio da pobreza, mais abusos entre as famílias mais pobres acabem sendo relatados. Em vez de haver um relacionamento causal claro entre a classe social e a violência doméstica, os níveis diferenciais de vigilância e denúncia podem explicar melhor esse achado (Hearn e McKie, 2008).

O abuso sexual de crianças existe em todos os níveis da hierarquia social, bem como em ambientes institucionais, como cuidados domésticos, estabelecimentos de ensino e igrejas. A descoberta relativamente recente da extensão do abuso infantil cometido por padres, freiras e monges na Igreja Católica Romana, juntamente com as tentativas de encobri-lo, mostra que nenhuma instituição social está imune ao abuso de poder dos adultos sobre as crianças sob seus cuidados (Jenkins, 2001).

A força ou ameaça de violência está envolvida em muitos dos casos de incesto. As crianças são seres sexuais, é claro, e muitas vezes fazem brincadeiras ou explorações sexuais leves entre si. Porém, as crianças submetidas a contato sexual com familiares adultos relatam considerar a experiência repugnante, vergonhosa ou perturbadora. Alguns estudos indicam correlações entre abuso físico ou sexual de crianças e vício em drogas, autoferimentos sem suicídio e outros comportamentos prejudiciais. No entanto, mais uma vez, temos que lembrar que a correlação não acarreta causação. O fato de que pessoas nessas categorias sofreram abuso sexual quando eram crianças não demonstra que esse abuso foi uma influência causal sobre seu comportamento posterior. É preciso que haja mais pesquisa para estabelecer quais são as consequências do maltrato infantil.

Violência doméstica

Podemos definir a violência doméstica como o abuso físico ou sexual praticado por um membro da família contra outro ou outros membros. Essa definição pode ser considerada muito restritiva, pois omite os aspectos emocionais, psicológicos, econômicos e sociais associados ao abuso doméstico. Mas as definições importam, pois determinam o que "conta" como violência doméstica e familiar e, portanto, ajudam a moldar nossa compreensão da

Os abrigos para mulheres oferecem refúgios seguros para mulheres e crianças contra abuso doméstico e parceiros violentos, mas sofreram cortes de verbas de quase £ 7 milhões entre 2010 e 2018 (Grierson, 2018).

extensão do problema e do que deve ser feito a respeito dele (Meyer e Frost, 2019: 5).

Os principais alvos do abuso físico na família são as crianças, mas a violência praticada por homens contra suas parceiras é a segunda forma mais comum de violência doméstica. A Agência Nacional de Estatística do Reino Unido estimou que, entre 2017 e 2018, cerca de 2 milhões de adultos (com idades entre 16 e 59 anos) experienciaram abusos domésticos. Estes incluem abuso físico, psicológico, sexual, financeiro e emocional, incluindo padrões de controle e comportamento coercivo (ONS, 2018d: 4). Os dados autorrelatados do Estudo do Crime para

> **Sociedade global 15.1** — **A extensão da violência doméstica — uma visão global**

A OMS estima que, globalmente, 30% das mulheres sofreram violência física ou sexual nas mãos de um parceiro íntimo. Uma estimativa superior é de que cerca de 38% de todos os assassinatos de mulheres são cometidos por parceiros íntimos do sexo masculino (WHO, 2017b). Um recente resumo das Nações Unidas sobre o que se sabe a respeito da situação global da violência doméstica contra as mulheres relatou o seguinte (UN Women, 2019):

> Alguns estudos nacionais mostram que até 70% das mulheres sofreram violência física e/ou sexual praticada por um parceiro íntimo durante sua vida. Evidências mostram que mulheres que sofreram violência física ou sexual por parceiro íntimo relatam taxas mais altas de depressão, aborto e aquisição de HIV em comparação com mulheres que não a sofreram.
>
> Corroborando os dados de outras regiões, um estudo realizado em quatro países do Oriente Médio e do Norte da África concluiu que homens que testemunharam seus pais usando violência contra suas mães e homens que sofreram alguma forma de violência em casa quando crianças eram significativamente mais propensos a relatar a perpetração de violência contra o parceiro íntimo em seus relacionamentos adultos. Por exemplo, no Líbano, a probabilidade de perpetrar violência física era mais de três vezes maior entre homens que testemunharam seus pais espancando suas mães durante a infância do que entre aqueles que não passaram por isso.
>
> Estima-se que, das 87 mil mulheres que foram mortas intencionalmente em 2017 em todo o mundo, mais da metade (50 mil, ou 58%) foram mortas por parceiros íntimos ou familiares, o que significa que 137 mulheres em todo o mundo são mortas por um membro de sua própria família todos os dias. Mais de um terço (30 mil) das mulheres mortas intencionalmente em 2017 foram mortas por seu atual ou ex-parceiro íntimo.

> **REFLEXÃO CRÍTICA**
>
> As estatísticas mostram que a violência dentro das famílias e dos lares é perpetrada principalmente por homens, especialmente parceiros, contra mulheres e crianças. Se rejeitarmos explicações biológicas simples sobre machos agressivos e fêmeas passivas, que fatores sociais, econômicos ou culturais podem nos ajudar a explicar esse padrão dominante?

Inglaterra e País de Gales mostram que as mulheres eram quase duas vezes mais propensas a sofrer abuso doméstico do que os homens — 1,3 milhão de mulheres e 695 mil homens (ibid.: 8). As mulheres têm quatro vezes mais chances de ter sofrido abuso sexual por seu parceiro no ano anterior e nove vezes mais chances quando se retrocede até o período em que tinham 16 anos de idade.

A questão da violência doméstica atraiu a atenção popular e acadêmica durante a década de 1970, como resultado do trabalho realizado por grupos feministas com centros de refúgio para "mulheres agredidas". Antes dessa época, a violência doméstica, assim como o abuso infantil, era um fenômeno ignorado discretamente como uma questão privada. Estudos feministas sobre o patriarcado e a violência doméstica chamam atenção para as formas como essa privatização da violência e do abuso funcionaram para manter a dominação dos homens em sociedades patriarcais. Foram os estudos feministas que documentaram a prevalência e a gravidade da violência contra as mulheres no lar. De fato, a maioria dos episódios violentos entre cônjuges denunciados à polícia envolve violência de maridos contra suas esposas. Existem muito menos casos de mulheres usando força física contra seus maridos. As feministas argumentam que a violência doméstica é uma forma importante de controle masculino sobre as mulheres.

> Para teorias e evidências relativas ao patriarcado, ver o Capítulo 7, "Gênero e sexualidade".

No entanto, na década de 1980, alguns comentaristas conservadores disseram que a violência na família não está relacionada com o poder patriarcal masculino, como afirmam as feministas, mas com "famílias disfuncionais". A violência contra as mulheres, segundo eles, é um reflexo da crise cada vez maior na família e da erosão dos padrões de moralidade. Eles também questionam a observação de que a violência de esposas contra seus maridos é raramente denunciada, o que põe em dúvida as estatísticas oficiais (Straus e Gelles, 1986). Essas afirmações foram muito criticadas pelas feministas e por cientistas sociais. A violência perpetrada por mulheres é, dizem elas, mais restrita e episódica do que a dos homens, e muito menos propensa a causar danos físicos duradouros, e os homens têm menos chances de serem vítimas repetidas do que as mulheres. A violência usada por homens contra suas parceiras é maior em sua intensidade e mais severa em suas consequências. A violência doméstica contra as mulheres por seus parceiros também pode envolver mais abuso emocional e mental (Hester, 2013).

Por que a violência doméstica é relativamente comum? Um fator é a combinação de intensidade emocional e intimidade pessoal característica da vida familiar. Os laços de família normalmente são carregados de emoções fortes, muitas vezes misturando amor e ódio, e as brigas que começam no ambiente doméstico podem liberar antagonismos que não seriam sentidos da mesma forma em outros contextos sociais. O que parece ser apenas um incidente pequeno pode precipitar grandes hostilidades entre cônjuges ou entre pais e filhos. As restrições do tipo "fique em casa" impostas por muitos governos para enfrentar a disseminação viral durante a pandemia da covid-19 entre 2019 e 2020 levou a um surto nos relatos de violência doméstica. Por exemplo, em um condado da província de Hubei, na China, relatos de violência doméstica feitos à polícia triplicaram em fevereiro de 2020, enquanto Refuge, o maior centro para cuidados de abuso doméstico do Reino Unido, registrou um aumento de 700% nas ligações para sua linha de ajuda em apenas um dia em abril de 2020 (Townsend, 2020).

Um segundo fator é que uma certa quantidade de violência dentro da família costuma ser tolerada e, até mesmo, aprovada. Por exemplo, muitas crianças na Grã-Bretanha já levaram tapas ou socos de seus pais em algum momento, mesmo que de um modo leve. Essas ações normalmente têm aprovação geral e provavelmente não são vistas como "violência". Desde 2019, quando a legislação do governo da Escócia tornou a violência contra os filhos ilegal, existe uma pressão crescente de alguns grupos no Reino Unido para seguir outros países europeus cuja legislação bane a punição física de crianças.

Não devemos exagerar o lado sombrio da vida familiar, porque a experiência familiar da maioria das pessoas é, em geral, positiva. De fato, quando perguntados sobre qual é a parte mais importante de suas vidas, muitas pessoas dizem que a família é o que mais importa. No entanto, os estudos sociológicos sobre as desigualdades e a violência nas famílias levaram a uma apreciação mais equilibrada e sóbria da realidade dessas práticas familiares.

Diversidade familiar e relações íntimas

Na década de 1980, Rapoport et al. (1982: 476) argumentavam que "as famílias na Grã-Bretanha atualmente se encontram em transição, deixando de viver em uma sociedade em que uma única norma geral definia como a família deveria ser e passando a viver em uma sociedade em que existe uma pluralidade de normas reconhecidas como legítimas e, de fato, desejáveis". Para substanciar esse argumento, eles identificaram cinco tipos de diversidade: *organizacional*, *cultural*, de *classe*, de *curso da vida* e de *coorte*. Podemos adicionar a essa lista a *diversidade sexual*.

> A socialização e os estágios da vida também são discutidos no Capítulo 14, "O curso da vida".

Estruturas familiares diversificadas

As famílias organizam suas respectivas tarefas domésticas individuais e suas relações com o ambiente social mais amplo de diversas maneiras. O contraste entre famílias "ortodoxas" — a mulher como "dona de casa", o marido como "provedor" — e famílias com dois profissionais ou monoparentais ilustra essa diversidade. Do ponto de vista cultural, existe maior diversidade de benefícios e valores familiares do que costumava haver na primeira metade do século XX. As persistentes divisões de classe entre os pobres, as classes trabalhadoras qualificadas e os diversos agrupamentos nas classes média e alta sustentam grandes variações na estrutura familiar. As variações na experiência da "família" durante o curso da vida são óbvias. Por exemplo, um indivíduo pode nascer em uma família em que os pais permaneceram juntos, casaram-se e depois se divorciaram. Outra pessoa pode ter crescido em uma família monoparental, casar-se muitas vezes e ter filhos em cada casamento.

O termo *coorte* se refere a gerações dentro das famílias, e, à medida que mais pessoas atualmente vivem até a velhice, torna-se mais comum haver três famílias "em andamento", em íntima relação entre si: netos casados, seus pais e seus avós. Também existe maior diversidade *sexual* nas organizações familiares do que nunca. À medida que as diversas sexualidades são cada vez mais aceitas em muitas sociedades ocidentais, famílias se formam com base em relacionamentos entre casais homossexuais e heterossexuais. A presença de grupos étnicos minoritários, como famílias originárias do Sul da Ásia ou da Índia Ocidental, também contribuiu para uma considerável variedade de configurações familiares, e examinaremos dois exemplos dessa diversidade cultural a seguir.

> O casamento e os relacionamentos civis entre homossexuais são discutidos no Capítulo 7, "Gênero e sexualidade".

Famílias do Sul da Ásia

A categoria de "famílias do Sul da Ásia" abrange indianos, bengaleses, paquistaneses e asiáticos africanos (pessoas de origem sul-asiática que viveram na África antes de migrar para o Reino Unido)

(Smith e Prior, 1997). Existem claramente muitas diferenças entre esses grupos variados em relação às estruturas familiares e aos padrões de vida, embora também existam algumas semelhanças específicas, especialmente quando a comparação leva em conta o tipo de família nuclear convencional. A migração começou na década de 1950 a partir de três áreas principais do subcontinente indiano: Punjab, Gujarat e Bengala. Na Grã-Bretanha, esses migrantes formaram comunidades baseadas em religião, área de origem, casta e, o mais importante, parentesco. Muitos migrantes verificaram que suas concepções de honra e lealdade familiar estavam praticamente ausentes entre a população britânica nativa.

As crianças de famílias sul-asiáticas nascidas na Europa atualmente são expostas a duas culturas muito diferentes. Em casa, seus pais esperam ou exigem conformidade às normas de cooperação, respeito e lealdade familiar. Na escola, espera-se que elas busquem o sucesso acadêmico, em um ambiente social competitivo e individualista. Muitas delas decidem organizar suas vidas domésticas e pessoais segundo sua subcultura étnica, valorizando os relacionamentos íntimos associados à vida familiar tradicional. Ainda assim, o envolvimento com a cultura ocidental provocou mudanças.

A tradição ocidental de se casar "por amor" parece estar crescendo entre os jovens, embora isso possa ocasionar conflitos com a prática tradicional de arranjar casamentos dentro das comunidades asiáticas. Essas uniões, arranjadas por pais e familiares, baseiam-se na crença de que o amor surge dentro do casamento, e os migrantes da primeira geração do Sul da Ásia "normalmente apoiam firmemente sua cultura herdada, em que o casamento é visto como o único contexto aceitável para relações íntimas" (Berrington, 2020: 914).

Isso continua na segunda geração, com muito menos jovens sul-asiáticos esperando coabitar em comparação com outros grupos étnicos. Berrington (2020: 924-926) relata que quase três quartos das jovens paquistanesas e bengalis e metade das jovens indianas (de 16 a 21 anos) disseram que a possibilidade de sua coabitação no futuro era "zero". Apenas 4% das jovens britânicas brancas tinham uma expectativa de nível zero. No entanto, as jovens do

Sul da Ásia tinham, em média, uma idade esperada para o casamento mais alta do que a da geração de seus pais, 25 para os rapazes e 24 para as moças. Da mesma forma, essa pesquisa de 2018 descobriu que as mulheres jovens do Sul da Ásia esperavam se tornar mães, em média, aos 27 anos, idade mais tardia do que a idade real da maternidade para as mulheres do Sul da Ásia nascidas entre 1960 e 1979. Tais resultados sugerem que as expectativas dos jovens em relação ao casamento e à paternidade estão mais intimamente ligadas às suas aspirações educacionais, principalmente porque o ensino superior se tornou mais acessível.

Por outro lado, as forças policiais do Reino Unido relatam que lidam com "casamentos forçados", em que mulheres jovens são enviadas ao exterior para se casar sem seu consentimento, embora cerca de 7% dos casamentos forçados tenham ocorrido no Reino Unido em 2018. A Unidade de Casamento Forçado (FMU, do inglês *forced marriage unit*) do Reino Unido estima que existam entre 1.200 e 1.400 casos de casamento forçado por ano, 75% deles envolvendo mulheres e meninas. A maioria dos casos (67%) envolveu apenas seis países — Paquistão, Bangladesh, Índia, Somália, Afeganistão e Romênia —, mas, desde 2011, a unidade lida com casamentos forçados em 110 países (Home Office, 2019a: 2-3). A FMU relata que o problema é particularmente agudo em áreas rurais mais remotas do Paquistão, de Bangladesh e de outros lugares, e seu papel é fornecer uma rede de apoio para aqueles que procuram ajuda. O casamento forçado pode ser visto como um aspecto do "lado mais sombrio" das famílias.

Estudos estatísticos do quarto levantamento nacional sobre as minorias étnicas, realizado em 1997 pelo Policy Study Institute do Reino Unido, indicam que os indianos, paquistaneses, bengaleses e afro-asiáticos eram os grupos étnicos com maior probabilidade de serem casados (Modood et al., 1997; Berthoud, 2000). No censo de 2011 para a Inglaterra e o País de Gales, evidências mostram que houve pouca mudança nesse padrão. Nessa pesquisa, 47% das famílias asiáticas eram casais ou parceiros civis, a maior proporção de qualquer grupo étnico. Apenas 32,9% das famílias brancas e 21,6% das famílias negras eram compostas por casais ou parceiros civis (ONS, 2019b; ver Tabela 15.1). Em 2009, 894 mil crianças dependentes em famílias asiáticas ou britânico-asiáticas (cerca de 86%) viviam em famílias de pessoas casadas — um número relativamente alto em comparação com 62% de crianças dependentes (6,7 milhões) de origem étnica branca e 39% (196 mil) de origens britânicas negras ou totalmente negras (ONS, 2010a).

Em resumo, há alguns sinais de mudança entre os sul-asiáticos de segunda geração que vivem no Reino Unido. Isso inclui jovens que desejam ter mais voz sobre quando e com quem se casam e a idade em que esperam se tornar pais. Também houve um leve aumento nos divórcios e em lares monoparentais. Parece que os jovens sul-asiáticos no Reino Unido e em toda a Europa em geral continuam a encontrar maneiras de viver tanto em sua cultura de herança coletivista quanto no sistema de valores altamente individualizado que existe na cultura britânica majoritariamente branca.

TABELA 15.1 Tipos de famílias britânicas por grupo étnico, Inglaterra e País de Gales, censo de 2011 (%)

	Casais em coabitação	Famílias monoparentais	Casados ou com parceria civil de mesmo sexo	Família de uma pessoa	Outros tipos de família	Casal de pensionistas
Etnicidade						
Asiática	3,5	8,8	47,0	17,0	21,7	2,1
Negra	6,8	24,3	21,6	31,7	14,1	1,5
Mista	11,2	19,1	19,9	35,2	12,9	1,7
Branca	10,3	10,2	32,9	30,9	6,8	8,9
Outras	5,2	10,5	37,0	30,7	15,0	1,4

Fonte: ONS (2019b).

Famílias afro-caribenhas

Os afro-caribenhos representavam 1,1% da população da Inglaterra e do País de Gales em 2011, correspondendo a 594.825 pessoas, e as famílias de descendentes afro-caribenhos na Europa têm alguns aspectos diferentes (Douglas, 2019: 92). No Reino Unido, existem menos mulheres afro-caribenhas com idade entre 20 e 44 anos do que mulheres brancas sul-asiáticas da mesma faixa etária vivendo com um marido. As taxas de divórcio e separação são mais altas entre os afro-caribenhos do que entre outros grupos étnicos na Grã-Bretanha, e, como resultado, os lares monoparentais são mais comuns. Por exemplo, no censo nacional de 2011, 38,1% das famílias caribenhas negras eram compostas por uma pessoa, em comparação com 25,4% das famílias africanas negras e 17% das famílias asiáticas (ONS, 2019b). Todavia, Barn et al. (2006) relataram que 72% das mulheres caribenhas negras estavam empregadas, e uma proporção maior de pais caribenhos negros sozinhos estavam empregados em comparação com outros grupos étnicos. A maior proporção de famílias monoparentais, a maioria chefiada por mães, entre a população negra britânica afro-caribenha, em comparação com outros grupos étnicos, pode ser observada na Tabela 15.1.

No Reino Unido, esses mesmos fatores parecem atuar entre as famílias afro-caribenhas nos bairros mais pobres de Londres e outras cidades europeias. Muitas discussões se concentram nas baixas taxas de casamento formal, na paternidade única e em um estilo de família que envolve disciplina estrita, mas alguns observadores acreditam que esses aspectos estão equivocados. Williams et al. (2012) argumentam que, embora muitos pais possam não viver no lar da família, eles continuam a ser pais ativos e a oferecer recursos e capital social para seus filhos. O relacionamento matrimonial não constitui necessariamente a estrutura das famílias afro-caribenhas britânicas como o faz no caso das famílias em outros grupos étnicos.

As redes ampliadas de parentesco são importantes em grupos das Índias Ocidentais e costumam ser muito mais significativas, em relação aos laços maritais, do que na maioria das comunidades brancas europeias. Portanto, uma mãe que chefia uma família monoparental é propensa a ter uma rede próxima de apoio formada por parentes e amigos com quem pode contar (Berthoud, 2000). Muitas famílias caribenhas negras no Reino Unido vivem em áreas de alta privação socioeconômica e contam com os avós e com a rede familiar mais ampla para obter apoio. Essas fortes redes de apoio oferecem o alicerce necessário para o maior envolvimento das mulheres afro-caribenhas no emprego remunerado em comparação com as mulheres de outros grupos étnicos.

Douglas (2019: 94) também observou que a disciplina certamente é importante nas famílias caribenhas negras, mas acredita-se que essa seja uma forma de garantir que as crianças tenham a melhor chance de alcançar a mobilidade social. É também uma maneira pela qual os pais transmitem à comunidade em geral a mensagem de que seus filhos são respeitosos. Uma mudança geracional parece estar em curso, à medida que os pais mais jovens caminham para a persuasão e a cooperação e se afastam de medidas físicas, preferindo ensinar as crianças sobre sua herança cultural por meio da comida e de outros aspectos significantes.

Nossa sinopse necessariamente breve ilustra algo da grande mudança que ocorreu na sociologia da vida familiar. À medida que as sociedades se tornam mais diversificadas culturalmente, a compreensão das famílias inevitavelmente se torna mais complexa, e os sociólogos precisam lidar com a nova situação. E, embora agora tenhamos que falar de "famílias", em vez de "família", a persistência das expectativas de casamento entre os jovens de todos os grupos étnicos mostra que alguns elementos tradicionais ainda exercem forte influência em meio às mudanças sociais contemporâneas.

Teorias de amor, intimidade e vida pessoal

Conforme observamos na introdução deste capítulo, a vida familiar foi transformada pelo capitalismo industrial e pela modernidade que ele trouxe. Atitudes relativas ao sexo e ao casamento, ao tratamento dos filhos, às tarefas domésticas e à comunicação emocional entre os casais tiveram grandes mudanças. Stone (1980) mapeou alguns desses desenvolvimentos-chave na Inglaterra por meio de um modelo de família em três fases, de 1500 a 1800.

No início de 1500, as pessoas viviam em lares relativamente pequenos, mas as famílias não eram tão claramente separadas da comunidade mais ampla como acontece hoje. Stone (1980) argumenta que a família naquela época não era um foco principal de apego ou dependência *emocional*. As pessoas não experimentavam ou procuravam a proximidade emocional atualmente associada à "família". Esse tipo de família foi sucedido por uma "forma de transição", que durou do início do século XVII ao início do século XVIII. Essa família nuclear se tornou mais claramente separada da comunidade, e houve uma ênfase crescente na importância do amor conjugal e parental. A terceira fase viu a ascensão do **individualismo afetivo** — a formação dos laços matrimoniais com base na seleção pessoal, guiada pela atração sexual ou pelo amor romântico, situação que continua até hoje.

Em *The transformation of intimacy* (1993), Giddens explorou como os relacionamentos íntimos mudaram nas sociedades modernas à medida que um processo de *individualização* se estabeleceu. Grandes coletividades, como culturas de classe social e comunidades locais fortes, que estruturavam a vida social, fornecendo diretrizes e um sentimento de pertencimento, foram muito desgastadas em nossa era de globalização, deixando os indivíduos "à deriva" da estrutura social e forçando-os a tomar mais decisões sobre como viver.

Giddens argumenta que a fase mais recente da modernidade viu uma grande transformação na natureza dos relacionamentos íntimos no desenvolvimento da **sexualidade plástica**. Para muitas pessoas nas sociedades modernas, há uma escolha maior do que nunca sobre quando, com que frequência e com quem elas fazem sexo (veja o Capítulo 7, "Gênero e sexualidade"). Com a sexualidade plástica, o sexo pode ser efetivamente "desvinculado" da reprodução. Isso é resultado, em parte, de métodos contraceptivos aprimorados, que libertam as mulheres do medo de gestações e partos recorrentes, mas também se deve ao desenvolvimento de um senso de que o *self* pode ser ativamente escolhido em uma espécie de reflexividade social. O surgimento da sexualidade plástica, segundo Giddens, traz consigo uma mudança na natureza do amor. Os ideais do amor romântico estão se fragmentando, sendo lentamente substituídos pelo **amor confluente**. O amor confluente é ativo e contingente. Ele se choca com as qualidades eternas e únicas do amor romântico. O surgimento do amor confluente explica, de certa forma, o surgimento da separação e do divórcio, que serão abordados mais adiante neste capítulo. O amor romântico significava que, uma vez que as pessoas se casavam, elas geralmente ficavam juntas, não importando como o relacionamento se desenvolvesse posteriormente. Mas agora as pessoas têm mais opções: enquanto o divórcio era anteriormente difícil ou impossível de se obter, hoje as pessoas casadas não são mais obrigadas a permanecer juntas se o relacionamento não der certo para elas.

Em vez de basear os relacionamentos na paixão romântica, as pessoas buscam cada vez mais o ideal de um **relacionamento puro**, em que os casais permanecem juntos porque assim *escolheram*. A relação pura é mantida pela aceitação de cada parceiro de que, "até segunda ordem", cada um obtém benefícios suficientes para fazer valer a pena sua continuidade. O amor é baseado na intimidade emocional que gera confiança. O amor se desenvolve dependendo do quanto cada parceiro está preparado para revelar suas preocupações e necessidades e ser vulnerável ao outro.

Os críticos argumentam que a instabilidade do relacionamento puro, considerado um relacionamento entre adultos, contrasta com as complexidades das práticas familiares que incluem crianças. O conceito também negligencia as diferentes experiências que homens e mulheres costumam ter quando um relacionamento com o sexo oposto termina. Ao focar as relações entre adultos, a ideia de uma relação pura reflete, na verdade, a marginalização das crianças e da infância no pensamento sociológico (Smart e Neale, 1999). Embora nos ajude a compreender algo das mudanças nas relações íntimas, talvez a tese da relação pura não dê atenção suficiente às questões de espaço e tempo que são necessárias para sua construção. Por exemplo, tais relacionamentos podem ainda envolver a construção da casa e o cuidado com as crianças, ambos podendo ser vistos como "projetos conjuntos" práticos que exigem recursos materiais, os quais também contribuem significativamente para a manutenção de relacionamentos íntimos (Jamieson, 1998).

> A sociologia da infância é discutida no Capítulo 14, "O curso da vida".

O "caos normal" do amor

Em *The normal chaos of love* (1995), Beck e Beck-Gernsheim examinam a natureza "tumultuosa" dos relacionamentos pessoais, dos casamentos e dos padrões de família contra o pano de fundo de um mundo que muda rapidamente. Eles argumentam que as tradições, as regras e as diretrizes que costumavam reger as relações pessoais não se aplicam mais e que os indivíduos são confrontados com uma série interminável de escolhas como parte da construção, do ajuste, da melhoria ou da dissolução das uniões que formam com os outros. O fato de que os casamentos agora são celebrados voluntariamente, em vez de para fins econômicos ou por insistência da família, traz tanto liberdades quanto novas tensões. De fato, concluem os autores, eles exigem muito trabalho e esforço.

Beck e Beck-Gernsheim veem a era atual como uma época repleta de interesses conflitantes entre família, trabalho, amor e a liberdade de perseguir objetivos individuais. Essa colisão é sentida de forma aguda nas relações pessoais, particularmente quando há duas "biografias do mercado de trabalho" para fazer malabarismos em vez de uma, à medida que mais mulheres buscam uma carreira. No trabalho, os antigos padrões de gênero são menos fixos do que antes, já que homens e mulheres agora enfatizam suas necessidades profissionais e pessoais. Relacionamentos na era moderna não são apenas relacionamentos; envolvem também trabalho, política, economia, profissões e desigualdade. Portanto, não é de surpreender que os antagonismos entre homens e mulheres estejam aumentan-

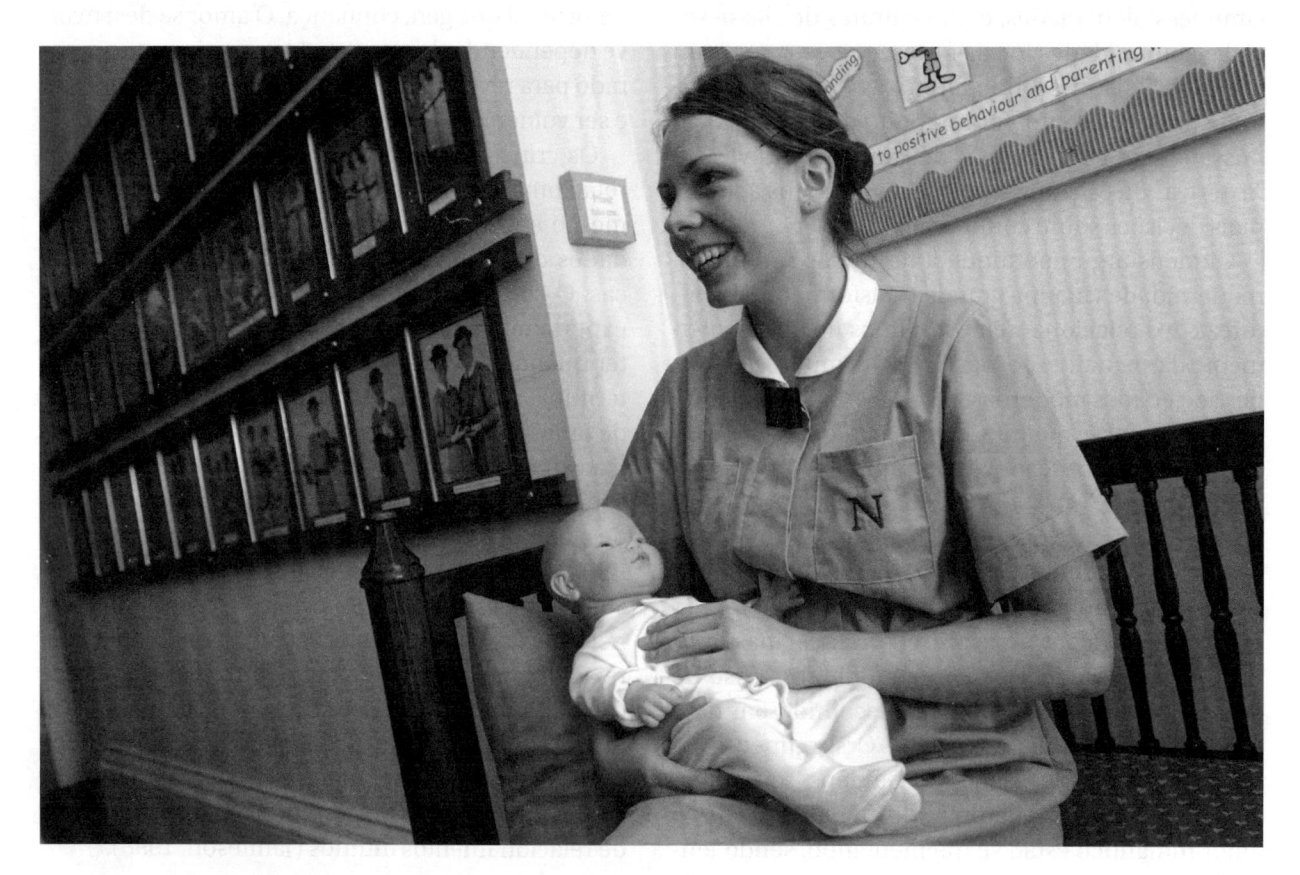

Com muitas famílias de renda dupla agora contando com mães que trabalham em período integral, vimos o ressurgimento de instituições tradicionais, como escolas para babás profissionais.

do. Beck e Beck-Gernsheim afirmam que a "batalha entre os sexos" é o "drama central de nossos tempos", evidenciado pelo crescimento da indústria de aconselhamento matrimonial, pelos tribunais de família, pelos grupos de autoajuda conjugal e pelas altas taxas de divórcio. No entanto, embora pareçam mais "frágeis" do que nunca, o casamento e a vida familiar continuam sendo muito importantes para as pessoas. O divórcio é mais comum, mas as taxas de novo casamento são altas. A taxa de natalidade pode estar diminuindo, mas há uma enorme demanda por tratamento de fertilidade. Menos pessoas escolhem se casar, mas o desejo de viver com alguém como parte de um casal se mantém. Como podemos explicar essas tendências aparentemente concorrentes?

A resposta de Beck e Beck-Gernsheim é simples: o amor. Eles argumentam que a "batalha dos sexos" de hoje é a indicação mais clara possível da "fome de amor" das pessoas. As pessoas se casam por amor, se divorciam por amor e se envolvem em um ciclo interminável de esperança, arrependimento e novas tentativas. Enquanto, por um lado, as tensões entre homens e mulheres são altas, permanece uma profunda esperança e fé na possibilidade de encontrar o verdadeiro amor e a realização. Essa pode parecer uma resposta simples demais, mas Beck e Beck-Gernsheim argumentam que é exatamente devido ao nosso mundo ser tão avassalador, impessoal, abstrato e estar em rápida mudança que o amor se tornou cada vez mais importante. O amor é o único domínio em que as pessoas podem realmente "se encontrar" e se conectar com os outros:

> O amor é uma busca por si mesmo, um desejo de realmente entrar em contato comigo e com você, compartilhando corpos, compartilhando pensamentos, encontrando-se sem receios, fazendo confissões e sendo perdoados, compreendendo, confirmando e apoiando o que foi e o que é, desejando um lar e confiança para neutralizar as dúvidas e ansiedades que a vida moderna gera. Se nada parece certo ou seguro, se até respirar é arriscado em um mundo poluído, então as pessoas perseguem os enganosos sonhos de amor até que, de repente, eles se transformam em pesadelos (1995: 175-6).

Críticos têm atacado o foco exclusivo de Beck e Beck-Gernsheim na heterossexualidade — a batalha entre os sexos é o "drama central de nossos tempos" —, que parece marginalizar os relacionamentos LGBTQIA+ (Smart e Neale, 1999). A tese também pode ser criticada por se basear na noção de "individualização", que diminui ou não reconhece a importância contínua da classe social e da comunidade para estruturar oportunidades e moldar relacionamentos pessoais. Por exemplo, nem todas as mulheres desfrutam dos tipos de carreira vitalícia de classe média descritos por Beck e Beck-Gernsheim. Smart (2007) argumenta que o foco no indivíduo que faz escolhas livres e racionais deixa de apreciar que a vida pessoal é necessariamente "relacional", isto é, ocorre dentro de redes de relacionamentos. Portanto, a tese da individualização, apesar de seus *insights*, exagera até que ponto as pessoas podem realmente se desvincular de estruturas e redes sociais mais amplas.

REFLEXÃO CRÍTICA

Na sua opinião, até que ponto o amor é capaz de manter as famílias unidas? Que outros fatores continuam a desempenhar um papel importante na manutenção da família como instituição social, independentemente de suas diversas formas?

Amor líquido?

Assim como Giddens e Beck e Beck-Gernsheim, Bauman (2003: viii) argumentou que os relacionamentos são "o assunto mais quente da cidade e, aparentemente, o único jogo que vale a pena jogar, apesar de seus notórios riscos". Seu livro *Amor líquido* fala da "fragilidade dos vínculos humanos", do sentimento de insegurança que essa fragilidade causa e de nossas respostas a ele. Bauman escreve que o herói do seu livro é "o homem ou a mulher sem vínculos" (por exemplo, de família, classe, religião ou casamento), ou, pelo menos, sem laços fixos ou inquebráveis. Os únicos laços que o herói de Bauman possui são frouxos, para que possam ser desatados novamente, sem demora, se as circunstâncias mudarem. E, para Bauman, as circunstâncias mudam com frequência. Ele usa a metáfora "líquida" para descrever a sociedade moderna, que considera caracterizada por mudanças constantes e pela falta de vínculos duradouros.

Bauman diz que, em um mundo de individualização desenfreada, os relacionamentos têm suas vantagens e desvantagens, são repletos de desejos conflitantes, que atraem de diferentes maneiras. Por um lado, há o desejo de liberdade, de vínculos frouxos dos quais possamos escapar se assim decidirmos. Por outro, há o desejo de maior segurança, que é obtida pelo fortalecimento dos vínculos entre nossos parceiros e nós mesmos. Assim, segundo Bauman, oscilamos entre as duas polaridades da segurança e da liberdade. Com frequência, recorremos a especialistas — terapeutas ou colunistas, por exemplo — em busca de conselhos sobre como podemos combinar as duas. Para Bauman (2003: ix), isso é tentar "comer o bolo e guardá-lo, retirar os doces prazeres do relacionamento buscando esconder suas partes amargas e difíceis". O resultado é uma sociedade de "casais semisseparados" em "relacionamentos de bolso". Com a expressão "relacionamentos de bolso", ele designa algo que pode ser desfrutado quando houver necessidade, mas colocado no bolso quando não for mais necessário.

Uma resposta à "fragilidade dos vínculos humanos" é substituir a qualidade em nossos relacionamentos por quantidade. Não é a profundidade dos nossos relacionamentos, mas o número de contatos que temos, que se torna importante para nós. É por isso, em parte, que, segundo Bauman, estamos sempre falando no telefone celular e enviando mensagens de texto, e as digitamos em sentenças truncadas, para aumentar a velocidade com que conseguimos enviá-las. O que importa não é a mensagem em si, mas a circulação constante de mensagens, sem as quais nos sentimos excluídos. Bauman observa que as pessoas hoje falam mais de conexões e redes e menos de relacionamentos. Estar em um relacionamento significa estar mutuamente envolvido, mas as redes sugerem momentos fugazes quando estamos em contato.

As ideias de Bauman são certamente esclarecedoras, mas os críticos consideram sua base fraca e não fundamentada em pesquisas empíricas. Por exemplo, ele dá importância demais a revistas e ao impacto imediato das novas tecnologias, como o telefone celular e o computador, sobre os relacionamentos sociais. Como Giddens e Beck e Beck-Gernsheim, Bauman muitas vezes é acusado de ser pessimista demais com relação ao mundo contemporâneo, especialmente ao tratar da transformação que identifica nos relacionamentos íntimos. Porém, será realista a sua avaliação? Alguns pensam que não. Smart (2007) discorda de todas as teorias de individualização, argumentando que todas costumam exagerar o nível de fragmentação da família e o aparente declínio do comprometimento com os relacionamentos. Ao contrário, Smart sugere que a *vida pessoal* (em vez de "a família" ou "o indivíduo") se caracteriza por fortes vínculos sociais e emocionais, juntamente com o compartilhamento de memórias e experiências.

Smart sugere que o conceito de vida pessoal abrange a busca das pessoas por um "projeto de vida" (descrito no trabalho de Beck e Giddens, por exemplo), mas sempre relaciona esses projetos individuais com o contexto familiar e social mais amplo no qual fazem sentido. Smart (2007) argumenta que o trabalho de Beck, por exemplo, muitas vezes passa a impressão de que os indivíduos foram "libertados" das estruturas sociais: uma noção pouquíssimo realista e antissociológica. Ao contrário, ela argumenta que as "tradições que constituem significados" são importantes aqui, bem como fatores estruturais como a classe social, a etnia e o gênero. Smart atribui particular importância a memórias coletivas, transmitidas ao longo das gerações, bem como à maneira como as pessoas estão inseridas em estruturas sociais e "comunidades imaginadas".

O estudo da vida pessoal alerta os sociólogos para algo que Smart considera ausente nas teorias discutidas — a saber, a *conectividade* ou a *relacionalidade*. Com isso, Smart quer dizer todos os modos como as pessoas mantêm seus relacionamentos sociais e suas associações em diferentes tempos e contextos, juntamente com as memórias, os sentimentos e as experiências de estarem conectadas com os outros. O estudo da conectividade, em vez da fragmentação, permite que as teorias macrossociológicas se reconectem com a grande quantidade de pesquisas empíricas sobre famílias e relacionamentos e, assim, se aproximem — e entendam melhor — das experiências das pessoas na vida real. A perspectiva de vida pessoal, iniciada por Smart, provou ser atraente para aqueles que estudam a vida familiar e, nos últimos 15 anos, se desenvolveu em um subcampo estabelecido da sociologia (May e Nordqvist, 2019: 7).

Claramente, esses debates e a visão que temos das mudanças sociais recentes cobrem algumas das grandes questões sociais e políticas dos últimos tempos, mas o que eles significam para o debate sobre o declínio, ou não, dos valores da família?

Casamento, divórcio e separação

A normalização do divórcio

Por muitos séculos, no Ocidente e em outras partes do mundo, o **casamento** foi considerado praticamente indissolúvel. O divórcio somente era aceito em casos muito limitados, como a não consumação do casamento. Atualmente, porém, o divórcio legal é possível em praticamente todas as sociedades industrializadas e em desenvolvimento do mundo. Somente nas Filipinas e na Cidade do Vaticano o divórcio geralmente não é permitido. A maioria dos países passou a facilitar o divórcio, introduzindo leis de divórcio com o princípio da "ausência de culpa", como o Divorce Reform Act de 1968, do Reino Unido.

Entre 1960 e 1970, a taxa de divórcios na Inglaterra e no País de Gales teve um aumento constante de 9% ao ano, dobrando naquela década. Em 1972, ela havia dobrado novamente, em parte como resultado da lei de 1969, que tornou mais fácil para muitas pessoas em casamentos que estavam "mortos" há muito tempo se divorciar. O número anual de divórcios de casais de sexos opostos atingiu o pico de 165 mil em 1993, mas, desde 2004, o número caiu constantemente, chegando a 101.669 em 2017. Isso representa uma taxa de 8,4 divórcios por mil homens e mulheres casados (com 16 anos ou mais), a menor taxa de divórcio desde 1973 e 40% abaixo do pico de 1993. Naturalmente, esse número permanece elevado em comparação com os de períodos anteriores. A porcentagem de casamentos que terminam em divórcio hoje é de 42%, número que vem aumentando desde a década de 1970, quando era de 22% (ONS, 2018a: 9). O número cada vez maior de divórcios na Inglaterra e no País de Gales por volta de 1970 (até 2004) foi acompanhado de uma queda no número de casamentos (Figura 15.2).

Adotando uma visão de longo prazo das taxas europeias de casamento, a Figura 15.3 demonstra um padrão semelhante. No entanto, existem exceções nacionais em alguns países do Leste Europeu, como a Romênia e a Croácia, onde as taxas de divórcio, de fato, diminuíram. As taxas de casamento desde a década de 1970 se reduziram constantemente entre as 28 nações da UE, salvo nos países nórdicos — Suécia, Dinamarca, Noruega e Islândia — e em alguns Estados da Europa Oriental, como Letônia e Polônia. A comparação das estatísticas nacionais mostra que os padrões de casamento e divórcio no Reino Unido estão longe de serem singulares e, na verdade, fazem parte de tendências sociais muito mais amplas, observadas por toda a Europa.

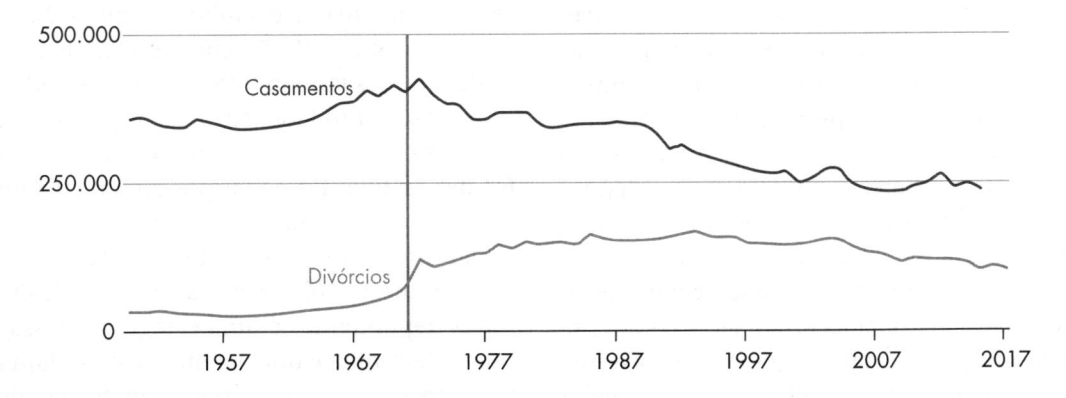

FIGURA 15.2 Número de casamentos e divórcios para casais de sexos opostos, Inglaterra e País de Gales, 1950-2017.

Fonte: ONS (2018a: 4).

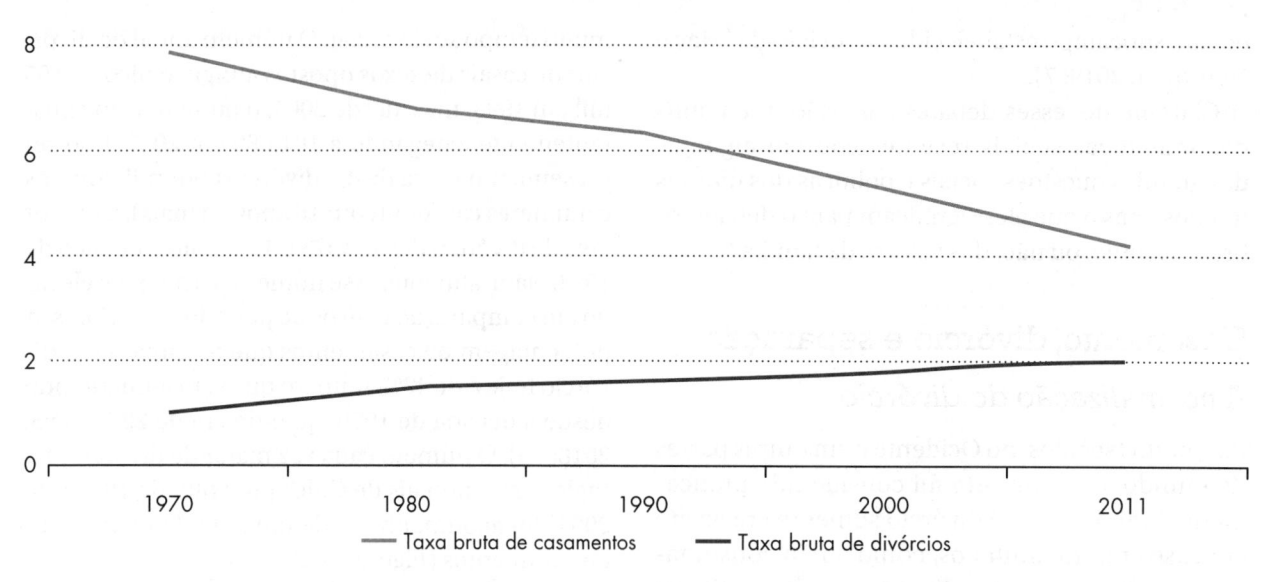

FIGURA 15.3 Taxas brutas de casamento e divórcio (por mil habitantes) nos 28 países da UE, 1970-2011.
Fonte: Eurostat (2015b).

As taxas de divórcio obviamente não são um indicador direto de infelicidade marital. Por um lado, elas não incluem as pessoas que se separam, mas não se divorciam legalmente. Além disso, pessoas que estão casadas e infelizes podem decidir permanecer juntas — seja porque acreditam na santidade do casamento ou porque se preocupam com as consequências financeiras ou emocionais de um rompimento, ou porque querem ficar juntas para proporcionar um lar "familiar" a seus filhos.

Por que o divórcio está se tornando mais comum? Existem vários fatores envolvidos, relacionados com mudanças sociais mais amplas. Com exceção de uma proporção muito pequena de pessoas ricas, o casamento atualmente não tem mais muita conexão com o desejo de perpetuar a propriedade e o *status* de uma geração para outra. Além disso, à medida que as mulheres se tornam mais independentes economicamente, o casamento se torna menos necessário como parceria econômica do que costumava ser. A maior prosperidade geral significa que é mais fácil estabelecer um lar separado, se houver desafeição marital, do que era no passado. Outro fator importante é a tendência cada vez maior de avaliar o casamento em termos dos níveis de satisfação pessoal que ele propicia. Em geral, as taxas crescentes de divórcio não parecem indicar uma insatisfação profunda com o casamento em si, mas uma determinação cada vez maior de torná-lo um relacionamento gratificante e satisfatório.

Famílias monoparentais

As famílias monoparentais se tornaram cada vez mais comuns nos países desenvolvidos desde o início da década de 1970, embora o padrão seja muito variado até mesmo dentro de uma região diferenciada como a União Europeia. Em 2018, os pais solteiros formavam 15% dos lares da UE. A Dinamarca tinha a maior proporção, com uma a cada três famílias consistindo em um único adulto com filhos. Na Lituânia (26%) e na Suécia (24%), entre um quinto e um quarto de todas as famílias era de um único adulto com filhos. Por outro lado, entre as nações com as proporções mais baixas, estavam a Croácia, com apenas 6% das famílias formadas por um único adulto e filhos, a Romênia, com 7%, e a Grécia, a Eslovênia e a Finlândia, todas com 8% (Eurostat, 2018d).

É importante observar que a criação solitária de filhos dependentes é uma categoria avassaladoramente feminina e que, na média, essas famílias estão entre os grupos mais pobres na sociedade. Além disso, muitas mães solteiras, independentemente de terem sido casadas ou não, ainda enfrentam desaprovação social, além de insegurança econômica, embora alguns dos termos mais críticos, "esposas

> **USANDO SUA IMAGINAÇÃO SOCIOLÓGICA**
>
> ### 15.1 Diane Vaughan sobre a "desunião": a experiência do rompimento
>
> Em *Uncoupling: the turning points in intimate relationships* (1990), Diane Vaughan analisou os relacionamentos entre cônjuges durante a separação ou o divórcio. A autora fez uma série de entrevistas com mais de cem pessoas separadas ou divorciadas recentemente (principalmente de classe média) para mapear a transição entre viverem juntas e viverem separadas. A noção de desunião se refere ao rompimento de um relacionamento íntimo prolongado. Vaughan mostrou que, em muitos casos, antes da separação física, há uma separação social — pelo menos um dos cônjuges desenvolveu um novo modo de vida, interessando-se por outras atividades e fazendo novos amigos em contextos em que o outro não estava presente. Isso geralmente significa manter segredos — especialmente, é claro, quando há um relacionamento com um amante envolvido.
>
> Segundo a pesquisa de Vaughan, a desunião é involuntária no começo. Um indivíduo — que ela chamou de iniciador — torna-se menos satisfeito com o relacionamento do que o outro e cria um "território" independente das atividades que o casal faz juntos. Por algum tempo antes de tomar essa atitude, o iniciador pode ter tentado, sem sucesso, mudar o parceiro, fazer com que ele ou ela se comportasse de maneira mais aceitável. Em um certo ponto, o iniciador sente que a tentativa fracassou e que o relacionamento está fundamentalmente falido. A partir daí, ele ou ela começa a se preocupar com os defeitos do relacionamento ou do cônjuge. Vaughan sugere que isso é o oposto do processo de se "apaixonar" no começo do relacionamento, quando o indivíduo se concentra nos aspectos atraentes do outro, ignorando os que possam ser menos aceitáveis.
>
> Os iniciadores que pensam seriamente em um rompimento discutem sua relação extensivamente com outras pessoas, "comparando observações". Desse modo, eles ponderam os custos e os benefícios da separação. Será que consigo sobreviver sozinho? Como os amigos e parentes reagirão? Será que as crianças vão sofrer? Será que eu serei financeiramente resolvido? Depois de pensar sobre esses e outros problemas, algumas pessoas decidem tentar fazer o relacionamento funcionar novamente. Para aqueles que prosseguem com a separação, essas discussões e análises ajudam a tornar o rompimento menos intimidante, aumentando a segurança de que estão fazendo o que é certo. A maioria dos iniciadores se convence de que a responsabilidade por seu próprio desenvolvimento pessoal tem prioridade sobre o compromisso com a outra pessoa.
>
> É claro, a desunião nem sempre é iniciada inteiramente por um indivíduo. O outro cônjuge também pode ter decidido que não há como salvar o relacionamento. Em certas situações, ocorre uma inversão abrupta de papéis: a pessoa que antes queria salvar o relacionamento se sente decidida a terminá-lo, enquanto o outrora iniciador deseja continuar.
>
> > **REFLEXÃO CRÍTICA**
> >
> > Escolha um país qualquer e descubra, a partir de estatísticas oficiais, se homens ou mulheres em casamentos do sexo oposto iniciaram a maioria dos divórcios este ano. Que fatores sociais, econômicos e emocionais poderiam explicar a disparidade?

abandonadas", "famílias sem pai" e "lares rompidos", estejam rapidamente desaparecendo.

A categoria da família monoparental é internamente diversa. Por exemplo, os dados no Reino Unido mostram que, em 2019, quase 15% das famílias eram chefiadas por um único pai, um aumento de 14,5% desde 1999 (ONS, 2019). Mais da metade das mães viúvas possui casa própria, mas a grande maioria das mães solteiras que nunca se casaram reside em acomodações alugadas. Ser pai solteiro costuma ser um estado inconstante, e seus limites são muito obscuros: existem diversos caminhos para entrar e sair desse estado. No caso de uma pessoa cujo cônjuge morre, o rompimento é obviamente claro — embora, mesmo nesse caso, a pessoa já pudesse estar morando sozinha, em termos práticos, se o cônjuge tiver passado algum tempo no hospital antes de morrer. Contudo, por volta de 60%

dos lares monoparentais atualmente são originados por separação ou divórcio.

Entre as famílias monoparentais no Reino Unido, a categoria que cresce mais rapidamente é a de mães solteiras que nunca se casaram, constituindo cerca de 9% do número total de famílias com filhos dependentes. Dessas, é difícil saber quantas podem ter optado deliberadamente por criar os filhos sozinhas. Um estudo em andamento, o *Millennium Cohort Study*, que atualmente está acompanhando a vida de 19 mil crianças que nasceram entre 2000 e 2001, observou que as mulheres jovens têm maior probabilidade de serem mães solteiras, e que, quanto maior a escolaridade da mulher, mais propensa ela será a ter um bebê *dentro* do casamento. A pesquisa também revela que, para 85% das mães solteiras, a gravidez não foi planejada, em comparação com 52% dos casais que vivem juntos e 18% das mulheres casadas.

Para a maioria das mães solteiras ou que nunca se casaram, também existe uma correlação elevada entre a taxa de nascimentos fora do casamento e os indicadores de pobreza e privação social (Kiernan e Mensah, 2010). Todavia, uma proporção crescente de mulheres tem escolhido ter um filho ou filhos sem o apoio de um cônjuge ou parceiro, normalmente por meio de inseminação artificial com doador (Golombok et al., 2016). "Mães solteiras por escolha" (Herz, 2006) é uma descrição adequada para certas mães solteiras, e isso normalmente se aplica a profissionais que possuem recursos suficientes para administrar satisfatoriamente um lar monoparental.

Morgan (1999) sugere uma relação direta entre os níveis diferenciais de assistência social para pais

---

USANDO SUA IMAGINAÇÃO SOCIOLÓGICA

15.2 A discussão de Carol Smart e Bren Neale sobre a fragmentação familiar

Entre 1994 e 1996, Carol Smart e Bren Neale fizeram dois ciclos de entrevistas com um grupo de 60 pais de West Yorkshire que haviam se separado ou se divorciado depois da aprovação do Children Act em 1989. Essa lei alterou a situação enfrentada por pais e filhos no divórcio, abolindo as antigas noções de "custódia" e "acesso" para que os pais não sentissem mais que tinham de brigar. Ela incentivava os pais a dividirem a criação dos filhos e exigia que juízes e outras pessoas ouvissem mais a visão das crianças. Smart e Neale estavam interessadas em saber como os padrões de criação se formavam logo após o divórcio e como mudavam com o passar do tempo. Em sua investigação, elas compararam as expectativas dos pais em relação à criação dos filhos após o divórcio com a "realidade" de suas circunstâncias um ano depois.

Smart e Neale observaram que a criação dos filhos após o divórcio envolvia um processo de adaptação constante, que muitos pais não tinham previsto e para o qual estavam mal preparados. As habilidades que funcionavam com os dois pais não eram necessariamente bem-sucedidas em um lar monoparental. Os pais eram forçados a reavaliar constantemente as suas abordagens de criação dos filhos, não apenas em termos de "grandes decisões" que afetassem as crianças, mas também em relação aos aspectos cotidianos da criação, que agora ocorriam entre dois novos lares. Depois do divórcio, os pais enfrentavam duas demandas opostas — as suas próprias necessidades de separação e distância do ex-cônjuge e a necessidade de permanecerem conectados como parte das responsabilidades conjuntas na criação dos filhos.

Smart e Neale observaram que a experiência da criação pós-divórcio era extremamente fluida e mudava com o tempo. Quando foram entrevistados um ano depois da separação, muitos pais conseguiam olhar para trás, para os estágios iniciais, quando começaram a lidar sozinhos com os filhos, e avaliar as decisões que haviam tomado. Muitas vezes, reavaliavam seu comportamento e suas ações à luz de suas novas compreensões. Por exemplo, muitos pais se preocupavam com o perigo que seus filhos correriam como resultado do divórcio, mas não sabiam como transformar esses medos e sentimentos de culpa em ações construtivas. Isso levava alguns pais a se apegarem demais aos filhos e a tratá-los como confidentes "adultos". Em outros casos, levava à alienação, à distância e à perda de conexões significativas.

Nos meios de comunicação e em certos contextos políticos, segundo as autoras, existe o pressuposto implícito — e, às vezes, explícito — de que, após o divórcio, os adultos abandonam a

"Graças a separações, divórcios e novos casamentos, tenho 20 avós."

os filhos, mas que isso talvez seja mais bem entendido como uma "moralidade do cuidado", em vez de um raciocínio moral sem ambiguidade. Elas argumentam que, à medida que os pais cuidam de seus filhos, aparecem as decisões sobre "a coisa certa a fazer". Essas decisões são muito contextuais, e os pais devem ponderar diversos aspectos, incluindo os efeitos das decisões sobre as crianças, a hora apropriada para agir e as implicações nocivas que suas ações podem ter para a relação de coparentalidade.

Smart e Neale concluem que o divórcio dá início a mudanças em circunstâncias que raramente podem ser "endireitadas" de uma vez por todas. O sucesso na criação dos filhos após o divórcio exige negociação e comunicação constantes. Embora o Children's Act de 1989 tenha acrescentado a flexibilidade necessária aos arranjos contemporâneos de criação de filhos após o divórcio, sua ênfase no bem-estar da criança pode negligenciar o papel fundamental desempenhado pela qualidade da relação entre os pais divorciados.

moralidade e começam a agir de maneira egoísta em busca de seus próprios interesses. De repente, flexibilidade, generosidade, comprometimento e sensibilidade desaparecem, e descarta-se a estrutura moral em que as decisões sobre a família e o bem-estar eram tomadas. As entrevistas de Smart e Neale com pais divorciados as levaram a rejeitar esse argumento. Elas dizem que os pais operam dentro de um modelo moral no trato com

> **REFLEXÃO CRÍTICA**
>
> Dada a necessidade de continuar a paternidade em duas famílias, que medidas políticas poderiam ser introduzidas para ajudar os pais a fazer a transição do casamento para o regime de vida pós-divórcio?

solteiros e as diferentes proporções de famílias monoparentais na Europa. A principal razão por que a Suécia e o Reino Unido têm as maiores proporções de famílias monoparentais, comparados com, digamos, a Itália, é que os subsídios para a família italiana são muito baixos, e a principal fonte de apoio para os jovens é a família. Morgan afirma que, em países onde os pais solteiros não recebem subsídios, essa situação é menos comum. Mas será que isso é simplista demais? A diversidade de "caminhos" de entrada e saída de famílias monoparentais significa que elas não constituem um grupo uniforme e coeso em primeiro lugar, e, embora as famílias monoparentais possam compartilhar certas desvantagens materiais e sociais, elas têm pouca identidade coletiva. A pluralidade de rotas significa que, para fins de políticas sociais, os limites da situação dos pais solteiros são difíceis de definir, e as necessidades, difíceis de identificar.

Novas parcerias, famílias "misturadas" e relações de parentesco

Parcerias LGBTQIA+

Muitas pessoas vivem atualmente como casais do mesmo sexo. A maioria dos países ainda não permite

As relações entre pessoas do mesmo sexo como base para a vida familiar são cada vez mais aceitas em todo o mundo, mas a legalização do casamento e os direitos parentais para casais do mesmo sexo ainda estão atrasados nessa mudança social.

o casamento entre homossexuais, embora isso esteja mudando, o que significa que os relacionamentos íntimos entre homens *gays* e entre mulheres lésbicas em tais jurisdições baseiam-se em comprometimento pessoal e confiança mútua, e não na lei. A expressão "famílias por opção" é aplicada, às vezes, a parcerias LGBTQIA+, para refletir as formas positivas e criativas de vida em família. Muitos aspectos tradicionais das parcerias heterossexuais — como o apoio mútuo, o cuidado e a responsabilidade em doenças, a união das finanças e assim por diante — estão sendo integrados em relacionamentos homossexuais de formas que antes não eram possíveis.

Uma tendência recente e muito significativa nos países europeus ocidentais, que há muito é defendida por movimentos de lésbicas e *gays*, é a introdução de **parcerias civis** ou registradas e a extensão dos direitos do casamento para casais homossexuais.

> Os movimentos sociais de lésbicas e *gays* são discutidos no Capítulo 20, "Política, governo e movimentos sociais".

As parcerias civis são uniões legalmente reconhecidas entre duas pessoas do mesmo sexo, embora, tecnicamente, não sejam "matrimônios" no sentido religioso. Todavia, os casais que se tornam legalmente "emparceirados" geralmente têm os mesmos direitos legais que os casados em diversos âmbitos. Por exemplo, os parceiros civis podem esperar tratamento igual em questões financeiras como heranças, pensões e manutenção de filhos, e eles também têm direitos de "parente mais pró-

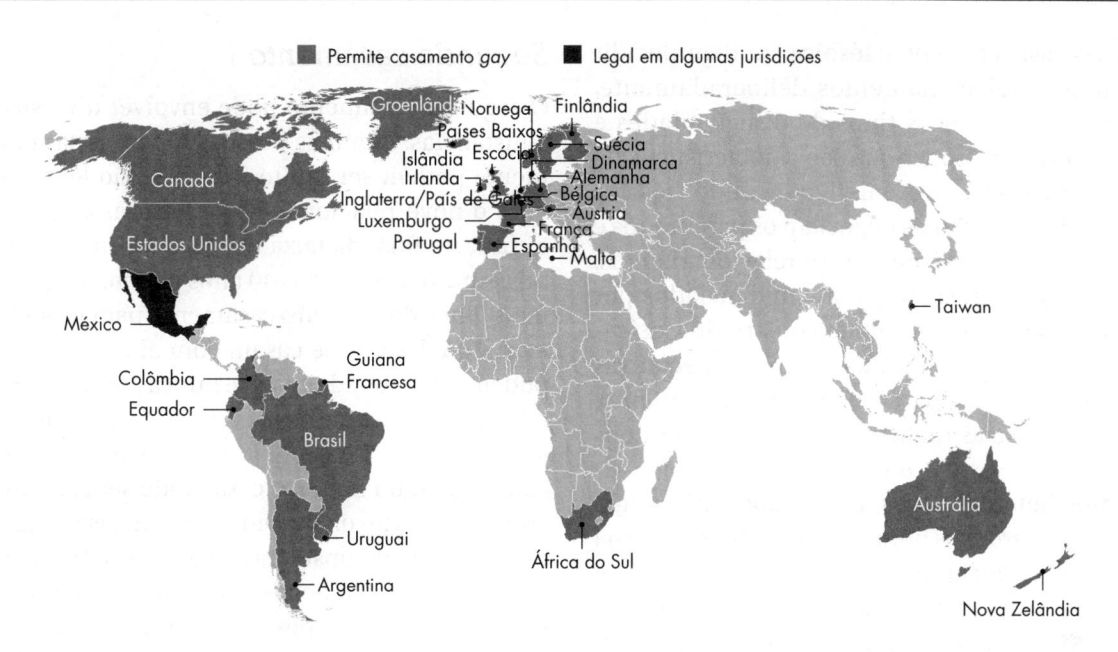

FIGURA 15.4 Países que permitem casamento entre pessoas do mesmo sexo, ou em que ele é legal em algumas regiões, 2019.
Fonte: Masci e DeSilver (2019).

ximo". As regras de imigração levam em conta as parcerias civis da mesma forma que os casamentos. Na Grã-Bretanha, uma nova legislação entrou em vigor em dezembro de 2005, dando aos casais do mesmo sexo em uniões civis direitos semelhantes aos dos casados. Em meados de 2009, cerca de 34 mil uniões civis haviam sido formadas no Reino Unido, embora o acúmulo inicial de casais pareça ter sido resolvido em 2008, que registrou uma queda de cerca de 18% em relação ao ano anterior (ONS, 2010a: 22).

A Dinamarca foi o primeiro país a conferir os mesmos direitos de indivíduos casados a parceiros do mesmo sexo, em 1989, seguida, em 1996, pela Noruega, pela Suécia e pela Islândia, e, em 2000, pela Finlândia. Os Países Baixos introduziram direitos plenos de casamento civil em 2001. A Bélgica e a Espanha introduziram direitos de casamento *gay* em 2003 e 2005, respectivamente; Inglaterra, País de Gales e Escócia legislaram pelo casamento do mesmo sexo em 2014, enquanto Austrália, Malta e Alemanha decidiram fazer o mesmo em 2017. Em junho de 2019, cerca de 32 países tinham permitido o casamento homossexual (Masci e DeSilver, 2019; Figura 15.4). Embora essa ainda seja uma proporção muito pequena das sociedades do mundo, parece provável que essa tendência continue a se espalhar, apesar da oposição de certos grupos religiosos, que consideram o reconhecimento legal de parcerias do mesmo sexo como a legitimação de relacionamentos "imorais".

Desde a década de 1980, há um interesse acadêmico crescente em parcerias LGBTQIA+. Os sociólogos consideram que os relacionamentos homossexuais apresentam formas de intimidade e igualdade muito diferentes, em alguns aspectos, das que são comuns em casais heterossexuais. Como os relacionamentos de mesmo sexo eram excluídos da instituição do casamento, e como os papéis tradicionais dos gêneros não se aplicam facilmente a casais do mesmo sexo, as parcerias homossexuais devem ser construídas e negociadas fora das normas e diretrizes que regem as uniões heterossexuais. Alguns sugerem que a epidemia da aids nos anos 1980 foi um fator importante no desenvolvimento de uma clara cultura de comprometimento entre parceiros do mesmo sexo.

Weeks et al. (2004) citam três padrões significativos em parcerias *gays* e lésbicas. Primeiro, é possível haver igualdade entre os parceiros, pois eles não se orientam pelos pressupostos culturais e sociais que embasam os relacionamentos heterossexuais. Os casais de *gays* e lésbicas podem decidir moldar seus relacionamentos deliberadamente, de maneira a evitar os tipos de desigualdades e desequilíbrios de poder que são característicos de muitos casais heterossexuais. Em segundo lugar, os parceiros homossexuais negociam os parâmetros e o funcionamento interno de seus relacionamentos. Se os casais heterossexuais são influenciados por papéis de gênero socialmente construídos, os casais do mesmo sexo enfrentam menos expectativas sobre quem deve fazer o quê no relacionamento. Por exemplo, se as mulheres tendem a fazer mais trabalhos domésticos e cuidar dos filhos em casamentos heterossexuais, essas expectativas não existem em parcerias homossexuais. Tudo se torna questão de negociação, podendo resultar em um compartilhamento mais igualitário das responsabilidades. No entanto, essas negociações também podem ser uma fonte de discussões e desacordos. Em terceiro lugar, as parcerias LGBTQIA+ demonstram uma forma particular de compromisso, que não tem amparo institucional. A confiança mútua, a disposição para resolver as dificuldades e uma responsabilidade compartilhada pelo "trabalho emocional" parecem ser as marcas das parcerias homossexuais (Weeks, 1999). Seria interessante que os sociólogos observassem como os novos direitos das parcerias civis e dos casamentos homossexuais afetarão esse comprometimento e essa confiança mútua no futuro.

O relaxamento de posturas antes intolerantes para com a homossexualidade tem sido acompanhado por uma disposição cada vez maior dos tribunais para conferir a custódia de crianças a mães que vivem em relacionamentos lésbicos. As técnicas de inseminação artificial possibilitam que lésbicas tenham filhos e se tornem mães sem nenhum contato heterossexual, enquanto o número de vitórias legais recentes para casais do mesmo sexo indica que seus direitos estão gradualmente se tornando consagrados na lei.

> Os novos direitos legais de casais LGBTQIA+ são discutidos no Capítulo 7, "Gênero e sexualidade".

Segundo casamento

O segundo casamento pode envolver diversas circunstâncias. Algumas pessoas que se casam novamente podem ser muito jovens e não levar filhos para o novo relacionamento. Pessoas que voltam a casar no final da faixa dos 20 anos, na dos 30 ou no começo da faixa dos 40 anos podem levar um ou mais filhos do primeiro casamento para morar com elas. Aqueles que se casam com ainda mais idade podem ter filhos adultos que nunca chegam a morar nos novos lares que os pais estabelecem. Além disso, também pode haver filhos do novo casamento, e cada indivíduo no novo casal pode ser solteiro, divorciado ou viúvo. Sociologicamente, isso significa que se deve ter considerável cautela ao fazer generalizações sobre os novos casamentos, embora algumas questões gerais possam ser apontadas.

Em 1900, por volta de nove décimos de todos os casamentos no Reino Unido eram primeiros casamentos, e a maioria dos novos casamentos envolvia pelo menos uma pessoa viúva. Com o aumento na taxa de divórcios desde os anos 1970, o nível de segundos casamentos também começou a subir, e uma proporção cada vez maior de segundos casamentos começou a envolver pessoas divorciadas. Em 1970, 18% dos casamentos no Reino Unido eram segundos casamentos (para pelo menos um dos cônjuges); em 1996, esse número era de 42%, um ponto máximo. Em 2007, o número de segundos casamentos (para pelo menos um parceiro) havia caído (para 38%) e, em 2013, ficou em 33% (ONS, 2019l: 4). No entanto, essas estatísticas não oferecem uma imagem completa das parcerias pós-divórcio, pois não levam em conta os níveis de coabitação após o divórcio.

As pessoas que se casaram e se divorciaram são mais propensas a se casar novamente do que as pessoas solteiras nos mesmos grupos etários comparáveis a se casar pela primeira vez. Em todas as faixas etárias, os homens divorciados são mais propensos a casar novamente do que as mulheres divorciadas: três em cada quatro mulheres divorciadas, mas cinco em cada seis homens divorciados, voltam a casar. Por mais estranho que pareça, a melhor maneira de maximizar as chances de se casar, para ambos os sexos, é ter sido casado antes. No entanto, em termos estatísticos, os novos casamentos têm menos êxito do que os primeiros. As taxas de divórcio em segundos casamentos são maiores do que nos primeiros. Isso não prova que os segundos casamentos estejam fadados ao fracasso. As pessoas que se divorciaram podem ter expectativas maiores para o casamento do que aquelas que nunca se divorciaram. Assim, podem estar mais preparadas para dissolver um novo casamento do que aquelas que somente se casaram uma vez. É possível que os segundos casamentos que perduram sejam mais satisfatórios, em média, do que os primeiros.

Famílias reconstituídas

A expressão "família reconstituída", como costuma ser usada pelos sociólogos, refere-se a uma família em que pelo menos um dos adultos tem filhos de um casamento ou relacionamento anterior. Os sociólogos costumam se referir a esses grupos familiares como **famílias reconstituídas** ou famílias mistas. Existem alegrias e benefícios claros associados às famílias reconstituídas e ao aumento resultante nas famílias ampliadas. Contudo, certas dificuldades também costumam surgir. Em primeiro lugar, geralmente, um dos pais biológicos mora em outro lugar, e a influência sobre o filho ou os filhos provavelmente permanece poderosa.

Em segundo, as relações cooperativas entre indivíduos divorciados costumam ser prejudicadas quando um ou ambos se casam novamente. Veja o caso de uma mulher com dois filhos que se casa com um homem que também tem dois filhos, e todos passam a morar juntos. Se os pais "externos" insistissem que seus filhos os visitassem nos mesmos horários que antes, as grandes tensões envolvidas na fusão dessa família recém-formada seriam exacerbadas. Por exemplo, talvez fosse impossível ter a família reunida nos finais de semana, gerando ressentimento e discussões.

Em terceiro lugar, as famílias reconstituídas misturam crianças de origens diferentes, que podem ter experiências distintas sobre o comportamento apropriado no contexto familiar. Como a maioria dos enteados "pertencem" a dois lares, a probabilidade de choques entre hábitos e perspectivas é considerável (Smith, 1990). Existem algumas normas estabelecidas que definem a relação entre padrastos e enteados. A criança deve chamar os novos padrastos pelo nome, ou "pai" e "mãe" é mais apropriado? Os padrastos devem disciplinar a criança, como fariam os pais naturais? Como os padrastos devem tratar os novos cônjuges de seus cônjuges anteriores quando buscam as crianças? Essas e muitas outras questões precisam ser resolvidas na prática, por meio de sugestão e negociação. Essa é uma área particularmente adequada à pesquisa enraizada na abordagem de práticas de família de Morgan, que poderia nos ajudar a compreender como as famílias reconstituídas administram seus diversos relacionamentos.

As famílias reconstituídas também estão desenvolvendo novos tipos de conexão de parentesco e criando dificuldades e possibilidades por meio do novo casamento após o divórcio. Os membros dessas famílias estão desenvolvendo suas próprias maneiras de se adaptar às circunstâncias relativamente desconhecidas em que se encontram. Alguns autores hoje falam de **famílias binucleares**, significando que os dois lares formados depois do divórcio ainda constituem um sistema familiar em relação à responsabilidade compartilhada pela criação dos filhos.

Diante de transformações familiares tão ricas e, muitas vezes, confusas, talvez a conclusão mais apropriada a ser tirada seja simples: embora os casamentos sejam desfeitos pelo divórcio, as relações familiares continuam. Especialmente quando os filhos estão envolvidos, muitos laços persistem, apesar das conexões familiares reconstruídas geradas pelo novo casamento.

Coabitação

A coabitação — quando duas pessoas vivem juntas em um relacionamento sexual sem serem casadas — está se tornando cada vez mais comum em muitos países desenvolvidos. Em vez de focar o casamento, hoje talvez seja mais adequado falar de união e desunião, como fizemos quando discutimos a experiência do divórcio. Um número crescente de casais com relacionamentos comprometidos de longo prazo decide não se casar, mas residem juntos e criam filhos juntos. Também ocorre de muitas pessoas idosas decidirem coabitar depois do divórcio, em vez — ou antes — de se casarem novamente.

Em toda a Europa, a coabitação costumava ser considerada um tanto escandalosa e atraía um estigma social. No Reino Unido, até 1979, a principal fonte de dados sobre os padrões dos lares britâni-

USANDO SUA IMAGINAÇÃO SOCIOLÓGICA

15.3 Famílias *beanpole**

Julian Brannen (2003) diz que o Reino Unido entrou na era da "família *beanpole*". Ela sugere que o lar da família é apenas parte de uma rede de relações de parentesco que, cada vez mais, abarca várias gerações. Isso se dá principalmente porque as pessoas estão vivendo mais tempo. Ela observa que, aos 50 anos, três quintos da população do Reino Unido têm pelo menos um dos pais ainda vivo, e pouco mais de um terço já é avô. Também existe um aumento no número de famílias de quatro gerações — famílias com bisnetos.

À medida que as conexões "verticais" entre as gerações da família são fortalecidas com o aumento da expectativa de vida, se enfraquecem as conexões "horizontais" dentro de cada geração, pois as taxas de divórcio aumentam, as taxas de fertilidade caem e as pessoas têm menos filhos. Brannen caracteriza as famílias contemporâneas como grandes "estruturas *beanpole*" (ver a Figura 15.5).

Brannen observa que os avós cada vez mais prestam serviços intergeracionais, particularmente o cuidado informal dos netos. A demanda por apoio intergeracional é particularmente elevada entre famílias monoparentais, em que as gerações mais velhas também podem proporcionar amparo emocional em momentos de necessidade, como durante o divórcio. Por sua vez, a "geração pivô", espremida entre gerações mais novas e mais velhas, muitas vezes passa a cuidar dos seus pais (quando envelhecem), dos filhos e talvez até de netos.

Paradoxalmente, à medida que as estruturas sociais mais antigas de classe, religião e casamento se tornam mais fracas e menos restritivas para os indivíduos, uma consequência parece ser o for-

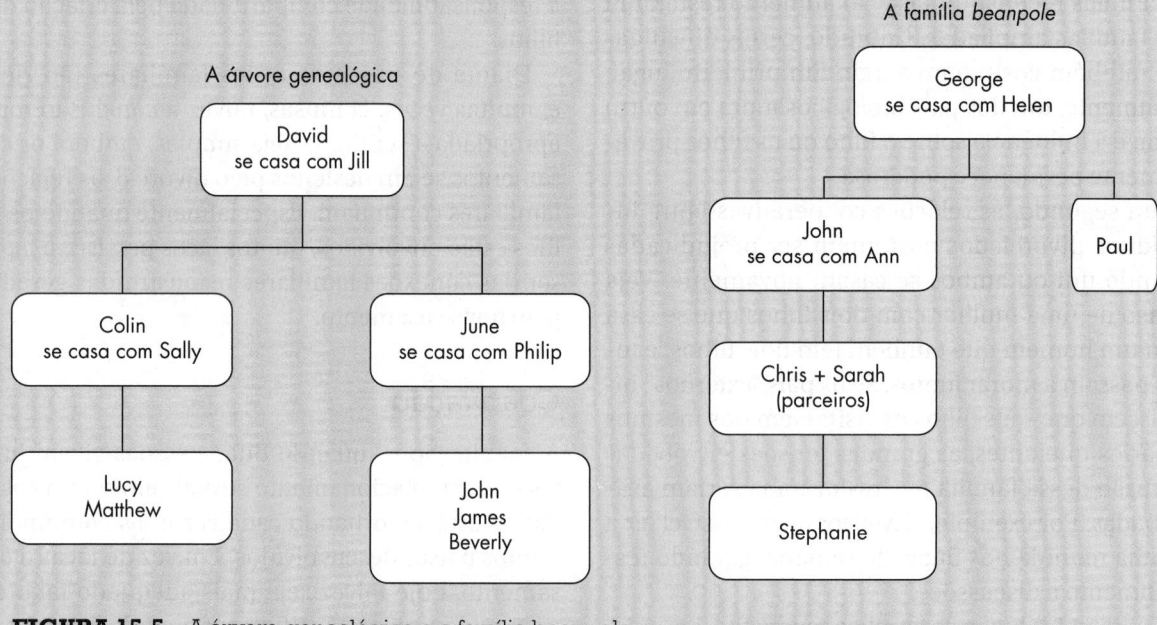

FIGURA 15.5 A árvore genealógica e a família beanpole.

---

* N. de T. A autora utiliza o termo *beanpole*, que denota o suporte usado para plantas trepadeiras, como as parreiras que se desenvolvem e crescem no sentido vertical.

talecimento dos laços familiares multigeracionais. À medida que as pessoas passam mais anos em relacionamentos efetivos com pais e avós, a estabilidade e a continuidade da família são realmente aprimoradas, e o estereótipo dos idosos como um dreno dos recursos da sociedade parece estar ultrapassado. A família nuclear perdeu seu lugar como a configuração familiar ideal, mas o significado de "família" certamente não.

> **REFLEXÃO CRÍTICA**
>
> Elabore uma árvore genealógica para sua própria família, identificando as conexões mais ativas e engajadas. Sua família tem uma estrutura *beanpole*?

cos, The General Household Survey, nem sequer incluía uma pergunta sobre coabitação. Entre os jovens na Grã-Bretanha e na Europa, as posturas quanto à coabitação estão mudando rapidamente. Por exemplo, em 2004, ante a afirmação de que "não há problemas em um casal morar junto sem pretender se casar", 88% dos britânicos entre 18 e 24 anos concordavam, ao passo que apenas 40% das pessoas com 65 anos ou mais faziam o mesmo (ONS, 2004).

Nas últimas décadas, o número de homens e mulheres solteiros que dividiam o lar aumentou nitidamente. Apenas 4% das mulheres nascidas na década de 1920 no Reino Unido e 19% das nascidas na década de 1940 viviam em coabitação. Porém, entre 2008 e 2018, o número de casais coabitando — tanto do mesmo sexo quanto de sexos opostos — na Inglaterra e no País de Gales aumentou em 25,8%, tornando-se o tipo de família com crescimento mais rápido. Em 2018, os casais coabitando formavam 17,9% de todas as famílias (ONS, 2019c: 1-3). Embora a coabitação tenha se tornado muito mais popular do que no passado, pesquisas sugerem que, atualmente, o casamento ainda é mais duradouro. Os casais não casados que vivem juntos têm três a quatro vezes mais probabilidade de se separar do que aqueles que são casados.

Os adultos jovens, muitas vezes, acabam vivendo juntos por acaso, em vez de fazerem planos calculados para tal. Na maioria dos países, a coabitação tem sido normalizada, embora principalmente como um estágio antes do eventual casamento. Wilcox et al. (2019) informam que, nos EUA, cerca de 67% dos adultos atualmente casados coabitaram anteriormente com seus parceiros atuais ou anteriores. No entanto, a extensão da coabitação antes do casamento está aumentando, e mais pessoas, embora ainda uma minoria, escolhem isso como uma alternativa ao casamento. Como já vimos diversas vezes neste capítulo, apesar das diversas mudanças nas relações íntimas e na vida familiar, o casamento continua sendo, talvez de forma surpreendente, uma instituição social muito popular.

Permanecendo solteiro

As tendências recentes na composição do lar europeu levantam a seguinte questão: será que estamos nos tornando uma comunidade de solteiros? A proporção de lares com uma única pessoa no Reino Unido aumentou de 14% em 1971 para 28% (7,7 milhões de pessoas) em 2017, mas esse número representa uma queda em relação a 2014, o que sugere que o aumento constante pode agora estar se nivelando. Vários fatores se combinaram para aumentar o número de pessoas que vivem sós. Um deles é a tendência para o primeiro casamento mais tarde. Em 2016, a idade média da pessoa solteira no primeiro casamento com o sexo oposto no Reino Unido era de 33,4 anos para homens e 31,5 anos para mulheres, sete anos a mais do que a idade média em 1971. Para o primeiro casamento com pessoas do mesmo sexo, a média para homens é de 39,5 anos e, para mulheres, 35,4 anos (ONS, 2019l: 5). Outro fator, como já vimos, é a taxa crescente de divórcio. Outro, ainda, é o número cada vez maior de pessoas mais velhas na população cujos parceiros morreram. De fato, quase a metade dos lares individuais no Reino Unido é ocupada por aposentados.

Ser solteiro significa coisas diferentes em diferentes períodos do **curso da vida**. Em relação ao passado, uma proporção maior de pessoas na faixa dos 20 anos hoje é composta por solteiros. Todavia, na metade da faixa dos 30, apenas uma pequena minoria dos homens e das mulheres nunca se casou.

A maioria das pessoas solteiras entre 30 e 50 anos é divorciada e está "entre casamentos", enquanto a maioria das pessoas que vivem sozinhas com mais de 50 é composta por viúvos.

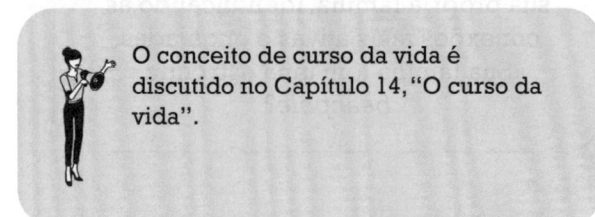

> O conceito de curso da vida é discutido no Capítulo 14, "O curso da vida".

Mais do que nunca, os jovens estão saindo de casa simplesmente para ter uma vida independente, e não para se casar, que, no passado, era um dos caminhos mais comuns para sair de casa. O fenômeno da "solteirice" levou a algumas conceituações negativas, particularmente para as mulheres, que se espera que se casem e se tornem mães como um desenvolvimento "normal" do curso da vida. Lahad (2017) argumenta que termos como *singletons*, na Austrália e nos EUA, "mulheres sobrando", na China, e "mulheres parasitas", no Japão, demonstram a percepção de que um número crescente de mulheres solteiras na sociedade é, de alguma forma, problemático. Desse modo, parece que a tendência de "permanecer solteiro" ou morar sozinho pode fazer parte da tendência, observada na sociedade como um todo, de valorizar a independência pessoal. Ainda assim, até agora, a maioria das pessoas acaba formando parcerias ou se casando.

Relações de parentesco

À medida que as estruturas familiares se tornam mais fluidas e diversas, os sociólogos estão cada vez mais interessados em entender o que está aconte-

A relação entre irmãs é um tipo de prática familiar que muda ao longo da vida e não adere a um conjunto fixo de normas sociais.

cendo com as relações entre os familiares. Que laços existem entre os irmãos e como eles percebem suas obrigações para com os outros irmãos e os pais, os avós e outros membros da família? De fato, quem realmente conta como parente?

Em um estudo sobre o **parentesco** realizado no Reino Unido, Raymond Firth (1956) fez uma distinção entre parente "efetivo" e "não efetivo". Os parentes efetivos são aqueles com quem temos relacionamentos sociais ativos; os parentes não efetivos são aqueles com quem não temos contato regular, mas que fazem parte do grupo da **família ampliada**. Por exemplo, podemos ter contato com irmãos e irmãs quase todos os dias, mas apenas falar, ou ter contato, com certos primos ou tios e tias em eventos anuais, como aniversários. A distinção entre parentes efetivos e não efetivos funciona com grupos familiares convencionais que supostamente compartilham formas biológicas de parentesco, mas é menos capaz de capturar a diversidade das relações familiares contemporâneas.

Também é comum as pessoas descreverem certos membros que não são da família em termos de parentesco. Por exemplo, alguns amigos próximos podem ser descritos e conhecidos como "tio" ou "tia". Os antropólogos se referem a esses relacionamentos como "parentesco fictício". A consciência dessas categorias diferentes de parentesco obscurece o limite entre familiares e não familiares, mostrando que o que as pessoas percebem como "a família", em parte, é uma construção social. Como resultado, nos últimos anos, as relações de parentesco passaram a ser discutidas em termos do conceito mais amplo de "relação", que permite fazer comparações transculturais sem impor a ideia ocidental (e ideal) do que constitui um tipo "normal" de parentesco (Carsten, 2000). Assim como a ideia de David Morgan (1996, 1999) de práticas de família, o foco dessa pesquisa passa das categorias descritivas dos sociólogos para o próprio sentido de "estar relacionado" com outras pessoas.

O estudo qualitativo de Mauthner (2005) sobre mudanças nas formas de ser "irmãs" — ou seja, nos modos como as mulheres agem como irmãs — entrevistou 37 mulheres de 19 grupos de irmãs e identificou quatro "discursos de irmã" que moldam as narrativas das mulheres. A *melhor amiga* é um discurso que identifica a relação de irmãs como uma relação muito íntima, que costuma ser mais próxima do que outras amizades. Tal discurso remete à noção de senso comum da proximidade biológica entre irmãos. O *companheirismo* pode assumir duas formas. O *companheirismo íntimo* é um tipo de relacionamento menos ativo e menos intenso do que as melhores amizades, mas ainda muito próximo. O *companheirismo distante* representa aquelas relações que se caracterizam por baixos níveis de contato e proximidade emocional, tornando as atitudes das irmãs um pouco ambivalentes. Dois outros discursos — *relações posicionadas* e *posições inconstantes* — descrevem a dinâmica de poder em relações fraternas. As relações posicionadas são moldadas principalmente por papéis muito fixos, definidos pelas famílias, incluindo irmãs mais velhas que assumem a responsabilidade por irmãos menores ou aquelas que se tornam "mães substitutas" quando necessário. Em comparação, as posições inconstantes se aplicam às relações mais fluidas e igualitárias em que o exercício do poder é negociado, em vez de pressuposto.

Mauthner conclui que as relações entre irmãs são muito variadas e é provável que mudem ao longo do curso da vida, à medida que a dinâmica de poder muda nos relacionamentos. Portanto, não podemos pressupor que as relações fraternas sejam moldadas por relações biológicas e familiares fixas, embora as posturas e os ideais de muitas mulheres (e homens) possam ser influenciados por discursos construídos pela sociedade, sugerindo que as mulheres são os principais cuidadores. Em suma, a prática das relações entre irmãs sugere uma tentativa ativa e contínua de re(criar) as relações fraternas, em comparação com a *irmandade*, que pode insinuar expectativas de representação de papéis universais.

Famílias no contexto global

Atualmente, existe uma diversidade de configurações familiares em diferentes sociedades ao redor do mundo. Em certas áreas, como em regiões mais remotas da Ásia, da África e da costa do Pacífico, os sistemas familiares tradicionais foram pouco alterados. Todavia, na maioria das outras sociedades, estão ocorrendo grandes mudanças. As origens dessas mudanças são complexas, mas vários fatores podem ser considerados especialmente importantes. Um deles é a disseminação da cultura ocidental por meio da mídia de massa, como televisão, filmes e, mais recentemente, a internet. Os ideais ocidentais do amor romântico, por exemplo, se espalharam para sociedades em que antes eram desconhecidos. Outro fator é o desenvolvimento de governos centralizados em áreas antes compostas por sociedades autônomas menores. A vida das pessoas é influenciada por seu envolvimento no sistema político nacional, e os governos fazem tentativas de alterar modos tradicionais de comportamento.

Os Estados, às vezes, introduzem programas que defendem famílias menores, uso de contracepção e outras medidas elaboradas para controlar o crescimento rápido da população. Outra influência é a migração em grande escala de áreas rurais para urbanas. Os homens, muitas vezes, partem para trabalhar na cidade deixando seus familiares na aldeia natal. De maneira alternativa, o grupo familiar nuclear se muda para a cidade como uma unidade. Em ambos os casos, as formas familiares e os sistemas de parentesco tradicionais são enfraquecidos. Finalmente, as oportunidades de emprego longe da terra e em organizações como empresas públicas, minas, plantações e — onde existem — indústrias tendem a ter consequências perturbadoras para sistemas familiares antes centrados na produção agrícola na comunidade local.

A combinação desses fatores tem gerado um movimento mundial rumo ao rompimento da família ampliada e dos grupos de parentesco domésticos, embora as relações entre os parentes continuem a ser fontes importantes de vínculos sociais. Há mais de 50 anos, Goode (1963) argumentava que, à medida que o processo de modernização se espalhasse pelo mundo, a família nuclear se tornaria a forma dominante, pois permite o tipo de mobilidade geográfica que o capitalismo industrial requer. Porém, o ritmo da globalização levou a mudanças que Goode simplesmente não poderia ter previsto. Em vez de uma única configuração familiar se tornar dominante em todo o mundo, pode ser que as famílias estejam, de fato, se tornando cada vez mais diversificadas.

Mesclando ou diversificando os padrões de família?

Estudos empíricos recentes sobre a família em uma perspectiva global reforçaram a conclusão de que a diversidade ainda é a caracterização mais precisa das estruturas familiares em todo o mundo. Um estudo recente importante é *Between sex and power* (2004), do sociólogo sueco Göran Therborn, uma extensiva história global da família ao longo de todo o século XX. Therborn discute cinco tipos principais de famílias que foram moldados por visões de mundo religiosas ou filosóficas específicas: africana subsaariana (animista); europeia/norte-americana (cristã); asiática oriental (confucionista); asiática meridional (hindu); e asiática ocidental/africana setentrional (islâmica). Duas outras — a asiática do sudeste e a americana crioula — são descritas como "sistemas intersticiais", combinando elementos de mais de um dos cinco tipos principais. A instituição da família, segundo Therborn, foi estruturada por três elementos centrais em todos esses tipos: patriarcado ou dominância masculina, matrimônio e não matrimônio na regulação do comportamento sexual, e fertilidade e medidas de controle natal na geração de tendências demográficas. O foco nesses três elementos permite fazer comparações internacionais, e podemos abordar um elemento de cada vez.

O poder patriarcal *dentro* da família, de modo geral, decaiu ao longo do século XX. O autor identifica dois períodos fundamentais de mudança. O primeiro foi durante e depois da Primeira Guerra Mundial (1914-1918), quando as mulheres demonstraram, contribuindo para o esforço de guerra, que não havia barreiras físicas para o seu trabalho, enquanto a Revolução Russa de 1917 desafiou a ideologia patriarcal do papel doméstico "natural" das mulheres em favor de ideais igualitários. O segundo foi entre a revolução sexual do final da década de 1960 e o "Ano Internacional da Mulher", em 1975, quando a segunda onda de feminismo reforçou a nova posição das mulheres na sociedade, com a obtenção de medidas legislativas para possibilitar que elas participassem da vida pública.

É claro que as realidades "cruas" da vida não são subitamente transformadas pela eliminação formal das restrições legais, e a extensão da desigualdade de gênero continua sendo uma questão de pesquisa e debate. O segundo período de mudança, segundo Therborn, foi mais bem observado na Europa e nos Estados Unidos, com mudanças menos acentuadas nas situações familiares da Ásia Meridional e Ocidental e da África Setentrional e Subsaariana. Em anos mais recentes, ele enxerga evidências de que o poder econômico das mulheres tem crescido nos setores têxtil e eletrônico no mundo em desenvolvimento, podendo remodelar as relações familiares patriarcais também nessas regiões.

Os padrões matrimoniais e familiares mudaram ao redor do mundo no século XX, mas os estudos de Therborn levam a uma conclusão diferente da alcançada no trabalho anterior de Goode. As diferentes configurações familiares *não* estão se tornando cada vez mais semelhantes, nem estão se encaixando no modelo de família nuclear ocidental da década de 1950. Na maioria dos países desenvolvidos, os relacionamentos íntimos se tornaram mais abertos e menos ligados à tradição, especialmente desde a década de 1970. A combinação entre taxas de divórcio cada vez maiores, taxas elevadas de segundos casamentos e mais pessoas morando sozinhas parece rejeitar a tese de uma convergência de estruturas familiares, mesmo no Ocidente. Therborn também argumenta que não existem evidências de que essa mudança e essa fluidez na vida familiar estejam se disseminando globalmente.

Therborn ainda acredita que a principal mudança no século passado possivelmente tenha sido a queda na taxa de fertilidade global, com exceção da África Subsaariana. Isso é produto de métodos mais efetivos de controle natal, da maior prosperidade econômica e da entrada cada vez maior de mulheres na força de trabalho, melhorando, assim, a sua própria posição. Como discutimos em detalhe no Capítulo 14, "O curso da vida", essas mudanças demográficas significam, para a maioria dos países, que as populações diminuirão e as sociedades "envelhecerão", com uma proporção maior de pessoas vivendo sozinhas.

Se a diversidade é a característica mais notável das famílias ao redor do mundo, existem padrões gerais emergentes? As mudanças gerais mais importantes são as seguintes: os clãs e outros grupos baseados no parentesco estão perdendo a influência; existe uma tendência disseminada para a escolha livre do cônjuge; os direitos das mulheres estão sendo reconhecidos de modo mais amplo, em um nível formal, tanto no início do casamento quanto dentro das famílias; existem níveis mais altos de liberdade sexual para homens e mulheres; existe uma tendência geral de ampliação dos direitos da criança; e, finalmente, existe maior aceitação de relacionamentos entre pessoas do mesmo sexo, embora ela se distribua de forma desigual entre as sociedades do mundo. Mas não devemos exagerar a extensão dessas mudanças, pois muitas delas ainda estão sendo conquistadas e são cruelmente contestadas.

Conclusão

O estudo de Therborn mostra que, apesar de alguma convergência, as famílias do mundo inteiro não estão sendo transformadas na direção sugerida pelas teorias de individualização e destradicionalização. Essas teorias parecem ter mais relevância para algumas das nações industrializadas desenvolvidas, onde houve uma enorme mudança nas estruturas e nos costumes familiares, nas atitudes em relação ao sexo e à intimidade, nas relações de gênero, nos índices de casamento e divórcio e na aceitação de relacionamentos LGBTQIA+. Não se pode prever com certeza como os níveis crescentes de migração de curto e longo prazo vão alterar a situação global.

No entanto, muitos, talvez a maioria, ainda veem a família como a parte mais significativa de suas vidas. E, como também é demonstrado pelo movimento por uniões civis e casamento igualitário para casais LGBTQIA+, a "família" ainda tem um enorme apelo, não apenas legalmente, mas também emocionalmente. Apesar de o funcionalismo parsoniano parecer extinto, paradoxalmente ele ainda pode ter um importante *insight* a oferecer. A teoria funcionalista nos diz que as instituições sociais sobrevivem apenas se forem capazes de se adaptar às mudanças nas circunstâncias. Ao fazê-lo, elas mudam, muitas vezes radicalmente, e podem parecer muito diferentes das encarnações anteriores. No entanto, elas continuam a desempenhar funções igualmente vitais para indivíduos, comunidades e sociedades, e é por isso que perduram. Por mais modificada e diversificada que seja hoje, a instituição "família" (e não a família) continua a ser uma parte fundamental da experiência das pessoas ao longo de toda a vida.

Revisão do capítulo

1. Faça um esboço dos principais aspectos da perspectiva funcionalista sobre a família. Essa perspectiva foi prejudicada pela mudança social pós-1950?

2. A teorização feminista mudou os estudos da família de uma vez por todas. Como? Explique por que a família passou a ser vista por alguns como basicamente uma instituição "antissocial".

3. De que maneiras David Morgan criticou a sociologia convencional da família?

4. O que os sociólogos querem dizer com "práticas familiares"? Como essa abordagem pode ser vista como um avanço na velha sociologia da família?

5. Será que o aumento da igualdade de gênero na esfera pública também está levando a uma divisão mais igualitária do trabalho doméstico entre homens e mulheres? Quais aspectos do trabalho doméstico estão se mostrando mais difíceis de mudar? Por que você acha que isso acontece?

6. Revise as evidências sobre o aumento da diversidade familiar. O tipo de família nuclear está em declínio a longo prazo? Há alguma base para pensar que a família nuclear sobreviverá?

7. Escreva um breve ensaio sobre os principais argumentos de Giddens, Beck e Beck-Gernsheim e Bauman a respeito da "transformação da intimidade". Atualmente, a individualização contínua é um processo social que não se pode parar?

8. Com base em evidências estatísticas, descreva os padrões contemporâneos de divórcio, casamento e novo casamento. As evidências sugerem que a instituição do casamento está perdendo rapidamente seu valor para as gerações mais jovens?

9. A introdução de parcerias civis e casamento entre pessoas do mesmo sexo em todo o mundo mostra uma crescente aceitação dos relacionamentos LGBTQIA+. Isso está estendendo ou corroendo ainda mais o modelo de família nuclear?

10. Tem-se argumentado que a diversificação é a melhor descrição das famílias em um contexto global. Esse processo está em desacordo com a globalização em curso?

Pesquisa na prática

"O sangue é mais grosso do que a água", assim diz um velho ditado. Mas será mesmo? A força das relações familiares tem sido objeto de muitas pesquisas na sociologia da vida familiar. A diversidade e a complexidade das estruturas familiares de hoje estão, pelo menos em parte, ligadas à normalização do divórcio. À medida que as taxas de divórcio aumentam e os indivíduos anteriormente casados se casam novamente, surgem muito mais famílias mistas, com uma grande variedade de arranjos residenciais. As relações biológicas entre pais e filhos são realmente mais fortes do que as relações entre pais e enteados? O que acontece com esses relacionamentos quando as crianças se tornam adultos? O estudo a seguir tenta testar esse velho ditado examinando as relações entre pais/padrastos e seus filhos/enteados adultos. Leia o artigo e, em seguida, responda às questões que se seguem.

>Kalmijn, M., De Leeuw, S. G., Hornstra, M., Ivanova, K., Van Gaalen, R. e Van Houdt, K. (2019). "Family Complexity into Adulthood: The Central Role of Mothers in Shaping Intergenerational Ties", *American Sociological Review*, 84(5): 876-904.

1. Que método foi utilizado nesse estudo? Como ele foi realmente executado?

2. Quais são as vantagens de estudar relações entre pais e filhos usando os filhos adultos em vez das crianças?

3. Descreva o significado, para relações fortes entre pais e filhos, de cada um dos seguintes conceitos: extensão de corresidência, casamento, coabitação e adoção.
4. "Biology matters most for mothers" ("Biologia importa mais para as mães") (p. 899). Explique por que os autores dizem isso e descreva as diferenças de gênero desvendadas nesse estudo.
5. O sangue é realmente mais grosso do que a água? Que evidência nesse artigo dá suporte ao ditado e qual é a evidência contra ele?

Pensando sobre isso

Considere suas próprias interações com família e amigos. Liste todas as práticas que você considera "familiares" ou de família. Por exemplo, pense em refeições e comer fora, usar as redes sociais, ir ao cinema, sair para passear, visitar parentes e realizar tarefas domésticas. Transforme sua lista em um artigo de mil palavras cobrindo os pontos a seguir.

- Descreva as práticas em detalhes.
- Explique a importância da prática na reprodução dos vínculos familiares.
- Discuta a influência da classe, da etnia, do gênero e da deficiência no desempenho.
- Mostre como suas práticas familiares diferem de outras atividades.

No artigo, discuta a possibilidade de separar os elementos *estruturais* dos elementos de *atuação* das práticas familiares. Apesar do enfoque construcionista da abordagem das práticas familiares, ainda existem alguns aspectos estruturais ou institucionais fundamentais para a vida familiar?

Sociedade nas artes

Os prazeres e conflitos das famílias foram documentados em romances, documentários, séries de TV, filmes e pinturas ao longo de muitos anos. Os sociólogos históricos estudam essas representações para obter *insights* sobre como as sociedades refletem, promovem ou desafiam as principais regras morais e normas comportamentais da sociedade. Assista a episódios de duas novelas de televisão por uma semana. Usando exemplos dos episódios como sua evidência, considere as questões a seguir.

Até que ponto as famílias nessas novelas refletem com precisão a realidade da vida familiar contemporânea que vimos neste capítulo? Por exemplo, como são apresentadas as relações de gênero? Como é tratada a divisão doméstica do trabalho? A violência doméstica é um tema? E famílias adotivas ou relacionamentos LGBTQIA+? Em geral, essas novelas têm alguma perspectiva subjacente sobre a espinhosa questão dos "valores familiares"? Elas promovem uma certa visão da "família" ou a diversidade familiar é fundamental nos enredos? As novelas apenas *refletem* a realidade social ou usam uma versão *idealizada* ou *ideológica* dela?

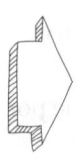

Outras leituras

Um bom ponto de partida é *A sociology of family life* (2. ed., Cambridge: Polity), de Deborah Chambers e Pablo Gracia (2021), que é um guia excelente para debates atuais. *Understanding families: a global introduction* (London: Sage), de Linda McKie e Samantha Callan (2011), é também um livro dinâmico e abrangente. As teorias sociológicas podem ser abordadas por meio de *Family theories* (3. ed, London: Sage), de James M. White e David M. Klein (2007), que também inclui perspectivas de outras disciplinas.

Rethinking family practices (Basingstoke: Palgrave Macmillan), de David H. J. Morgan (2011), é provavelmente a melhor introdução às práticas familiares e ideias associadas. *Sociology of personal life* (2019), editado por Vanessa May e Petra Nordqvist (London: Red Globe Press), reúne uma excelente seleção e é uma boa introdução a esse campo em desenvolvimento. Questões em torno de famílias misturadas são abordadas em *Stepfamilies* (Basingstoke: Palgrave Macmillan), de Graham Allan, Graham Crow e Sheila Hawker (2013), e um relato abrangente de violência dentro de famílias é *Family violence across the lifespan: an introduction* (3. ed., New York: Sage), de Ola Barnett, Cindy Miller-Perrin e Robin D. Perrin (2010).

Key concepts in family studies (2011), de Jane Ribbens McCarthy e Rosalind Edwards (London: Sage), é um guia de referência rápida útil, enquanto *Blackwell companion to the sociology of families* (2017), editado por Judith Treas, Jacqueline Scott e Martin Richards (Chichester: Wiley Blackwell), é um recurso abrangente com muitos capítulos úteis.

Para conferir uma seleção de leituras originais sobre relacionamentos e o curso da vida, consulte *Sociology: introductory readings* **(4. ed., Cambridge: Polity, 2021).**

Links da internet

Em **loja.grupoa.com.br**, acesse a página do livro por meio do campo de busca e clique em Material Complementar para ver as sugestões de leitura do revisor técnico à edição brasileira, além de outros recursos (em inglês).

O Morgan Centre for Research into Everyday Lives é dedicado a David Morgan. Ele foi fundado em 2005, na Universidade de Manchester, no Reino Unido:
www.socialsciences.manchester.ac.uk/morgan-centre/

O Centre for Research on Families and Relationships é um centro de pesquisa fundado em 2001, sediado na Universidade de Edimburgo, no Reino Unido:
www.crfr.ac.uk/

O Centre for Family Research, na Universidade de Cambridge, é um centro multidisciplinar que realiza pesquisas sobre crianças, paternidade e famílias:
www.cfr.cam.ac.uk/

Departamento de Assuntos Econômicos e Sociais da ONU, *site* **da família:**
www.un.org/development/desa/family/about-us.html

CAPÍTULO 16

EDUCAÇÃO

SUMÁRIO

Teorias sobre educação e escolarização **639**
Educação como socialização 640
Escolarização para o capitalismo? 642
O currículo oculto 644
Educação e reprodução cultural. 646
Divisões sociais na educação **653**
O debate sobre o padrão de gênero 655
Diversidade étnica, racismo e realização. 661
Avaliação 664
Educação no contexto global **664**
Matrículas no ensino fundamental 665
Alfabetização e analfabetismo 666
Sistemas de educação em desenvolvimento **668**
Escolarização secundária 669
Educação superior no Reino Unido 672
A digitalização do aprendizado **675**
Salas de aula digitais? 675
Oportunidades e obstáculos para a educação superior *on-line* 678
Conclusão **680**
Revisão do capítulo *680*
Pesquisa na prática *681*
Pensando sobre isso. *681*
Sociedade nas artes. *682*
Outras leituras *682*
Links *da internet* *683*

Em 2019, uma onda de ativismo contra as mudanças climáticas fez com que milhares de estudantes em todo o mundo efetivamente fizessem "greve", ficando fora da escola para protestar contra a falta de ação concreta do governo.

Na sexta-feira 15 de fevereiro de 2019, cerca de 10 mil estudantes em todo o Reino Unido abandonaram as aulas ou ficaram longe de suas escolas para participar de um protesto internacional a respeito das mudanças climáticas. Ondas semelhantes de ativismo ocorreram em outros países, incluindo Austrália, Bélgica, Estados Unidos, França, Suíça, Alemanha e Japão, e ficaram conhecidas como "greves climáticas". Uma característica notável das greves escolares pelo clima é que muitas delas acontecem com a aprovação ou o incentivo dos professores responsáveis pela educação das crianças.

Em agosto de 2018, a estudante de 15 anos Greta Thunberg provocou uma onda de ativismo ao ficar longe da escola para protestar do lado de fora do Parlamento da Suécia (Riksdag). A faixa diz "Greve escolar pelo clima".

O movimento de greves climáticas, organizado por grupos como School Strikes 4 Climate Action e Fridays for the Future, desenvolveu-se muito rapidamente a partir do exemplo dado por uma única estudante na Suécia, Greta Thunberg, que entrou em greve para protestar do lado de fora do prédio do Parlamento sueco em agosto de 2018. A ação de Thunberg se espalhou pelas redes sociais e foi muito divulgada na mídia de massa, levando-a a ser convidada para a conferência climática da ONU no final de 2018 e depois para a cúpula econômica de líderes empresariais e políticos de Davos em janeiro de 2019. Em ambos os fóruns, ela acusou adultos em posições de poder de se comportarem como crianças e priorizarem os lucros em detrimento de uma ação séria diante das mudanças climáticas.

Porém, para Thunberg, as greves escolares são um sinal de esperança. Ela diz: "Acho que um número suficiente de pessoas percebeu como a situação é absurda. Estamos no meio da maior crise da história humana e praticamente nada está sendo feito para evitá-la. Acho que o que estamos vendo é o início de grandes mudanças, e isso é muito promissor" (citado em Watts, 2019a). Muitos professores e acadêmicos concordam. Uma carta de apoio assinada por 224 acadêmicos foi publicada em um jornal do Reino Unido, enquanto alguns professores se juntaram a seus alunos nos protestos. Na Bélgica, mais de 3 mil cientistas aprovaram a ação. Alguns políticos a desaprovaram. O então primeiro-ministro australiano, Scott Morrison, disse ao Parlamento: "Queremos mais aprendizado nas escolas e menos ativismo".

Uma das principais demandas dos alunos é que os sistemas educacionais priorizem o ensino da ciência da mudança climática e deem às questões ambientais um lugar de destaque no currículo. Um professor de escola secundária de Londres disse em um relato: "O sistema atual ensina as crianças a se conformarem, a não questionarem as coisas. Essa conformidade gera a negação que está exacerbando os problemas. O que precisamos agora é de ação". Outro disse: "Ver jovens abandonando seus estudos por um dia e alegando estar tomando seu futuro em suas próprias mãos deve deixar qualquer professor inquieto, e isso me levou a questionar meu papel como professor de ciências do ensino médio" (citado em Watts, 2019b).

As greves climáticas na escola e as respostas positivas de professores e acadêmicos levantam questões sobre educação e sistemas educacionais. Para que realmente serve a educação? Precisamos realmente de educação formal para viabilizá-la? Ela deveria essencialmente preparar as crianças para o trabalho e outros papéis na sociedade? A educação promove a conformidade? Ela deveria fomentar o pensamento crítico, mesmo sobre o próprio papel da educação? A escolarização formal é importante, ou os alunos devem ser ensinados que a "ação" é mais significativa? Em uma linguagem mais sociológica, os sistemas educacionais desempenham um papel crucial na **reprodução cultural**, incluindo a manutenção e a reprodução da desigualdade social?

Enquanto os estudantes do Norte Global fazem greve para protestar contra as mudanças climáticas, muitas crianças em outras partes do mundo não frequentam a escola. Especificamente, a África Subsaariana abriga cerca de 52% de todas as que estão nessa categoria globalmente, com 22% das crianças em idade primária fora da escola. A Nigéria tem a maior proporção dessas crianças em relação a qualquer país do mundo, com quase uma em cada três crianças em idade primária (6 a 11 anos) e uma em cada quatro crianças em idade secundária (12 a 14 anos) fora da escola formal (UNICEF, 2012: vi-xii). No entanto, apesar de existirem contextos nacionais muito diferentes, a conexão entre educação e desigualdades sociais continua sendo fundamental nos sistemas educacionais em todo o mundo.

A educação foi um dos temas fundadores da sociologia, sendo considerada essencial para a transmissão dos valores e das regras morais da sociedade. O primeiro trabalho de Émile Durkheim como professor foi na disciplina de educação na Sorbonne, em Paris. Como um dos temas sociológicos mais antigos, a educação tem um grande *corpus* de pesquisas e conhecimento por trás dela. Certamente não podemos esperar cobrir esse *corpus* de trabalho aqui, mas este capítulo oferece uma visão geral de alguns dos mais importantes temas e questões recorrentes que ajudaram a moldar o campo.

O capítulo começa com a questão enganosamente simples levantada pela ativista Greta Thunberg: para que serve a educação? A resposta a essa questão não é tão simples quanto pode parecer. Por exemplo, "educação" é a mesma coisa que "escolarização"? Como não é de surpreender, existem várias maneiras de responder a essas questões, e analisamos algumas das teorias sociológicas mais influentes em educação. Depois, exploramos as relações entre classe social, gênero e etnia na educação, enquanto as seções finais examinam a educação e os níveis de alfabetização em todo o mundo, além do impacto da tecnologia digital na sala de aula. O sistema educacional no Reino Unido é usado como um indicador de mudanças sociais como o consumismo e as demandas por mais escolha dos pais. O capítulo se encerra com os desenvolvimentos digitais na oferta de **educação superior**, que agora está encarregada de atender às demandas da economia global do conhecimento.

Teorias sobre educação e escolarização

A educação costuma ser vista como um direito humano que não deveria ser negado, assim como outros direitos públicos. De fato, a maioria das pessoas que passaram por um sistema educacional e saíram alfabetizadas e com um conhecimento razoável provavelmente concordaria que a educação foi benéfica para elas. Todavia, existe uma diferença entre educação e escolarização. A **educação** pode ser definida como uma *instituição* *social* que possibilita e promove a aquisição de habilidades e conhecimento e a ampliação dos horizontes pessoais. A educação pode ocorrer em muitos ambientes sociais. A **escolarização**, por outro lado, refere-se ao processo formal pelo qual certos tipos de conhecimento e habilidades são transmitidos, normalmente por meio de um currículo predefinido em ambientes especializados: as escolas. A escolarização, na maioria dos países, divide-se em estágios, como os estágios fundamental, médio e superior, com os dois primeiros sendo estágios obrigatórios para todas as pessoas até uma determinada idade.

Alguns sociólogos consideram a educação essencial para os indivíduos realizarem seu potencial, mas também argumentam que a educação não é limitada ou definida pelo que é apresentado nas escolas. Mark Twain já dizia: "nunca deixei minha escolarização atrapalhar a minha educação" — com a implicação de que as escolas não são os melhores educadores e podem até ser obstáculos a muita aprendizagem valiosa, como aquela que se adquire com adultos sábios, na família ou com a experiência pessoal. As greves climáticas nas escolas são apenas um exemplo de experiência e aprendizado extracurricular. Neste capítulo, lidaremos com a educação e a escolarização e, para refletir o uso comum, frequentemente diremos que essa última ocorre em "sistemas educacionais" organizados.

A provisão de educação é uma questão política, econômica, social e cultural complexa. Como a educação deve ser transmitida, e quem deve pagar por ela? Os sistemas educacionais devem ser pagos pelo Estado, por meio de impostos, e ser gratuitos para todos, ou devemos pagar diretamente pela educação da nossa família? Essas são decisões *políticas e econômicas* importantes, que são questões de debate público contínuo. Que *tipo* de educação deve existir, e como? Ela deve cobrir política, mudança climática ou astrologia, por exemplo? Devemos buscar a mesma educação básica para todos, independentemente de desigualdades em riqueza, gênero ou etnicidade nos sistemas educacionais? Ou os ricos devem poder comprar a educação de seus filhos fora do sistema público de ensino? Essas questões *sociais* se combinam com as políticas econômicas em argumentos cada vez mais complexos. Deve a educação envolver o ensino compulsório de uma religião específica? Devemos permitir a educação baseada na fé e até mesmo encorajá-la? Que tipos de valores devem fundamentar os sistemas educacionais? Essas questões *culturais* são de enorme significado político em sociedades multiculturais.

A educação se tornou um âmbito importante para toda uma variedade de debates, que não estão relacionados apenas com o que acontece dentro das escolas. São debates sobre os rumos da própria sociedade e sobre como podemos equipar os jovens para a vida em uma era cada vez mais global e digital. Os sociólogos travam debates sobre a educação desde o trabalho de Émile Durkheim no final do século XIX, e é aí que começamos nossa revisão das teorias da educação.

Educação como socialização

Valores comuns desempenham um papel importante na unificação de diversos grupos sociais e uma multidão de indivíduos. Émile Durkheim dizia que esses valores são transmitidos não apenas por meio da família e de interações com os colegas, mas por meio da educação e da escolarização, todos eles podendo ser vistos como agentes de socialização. Os valores comuns incluem crenças religiosas e morais e um senso de autodisciplina. Durkheim argumenta que a escolarização proporciona que as crianças internalizem as regras sociais que contribuem para o funcionamento da sociedade. No final do século XIX, na França, Durkheim estava particularmente preocupado com a manutenção de diretrizes morais, pois estava se desenvolvendo um individualismo cada vez maior, que ameaçava a solidariedade social. As escolas, ele sustentava, poderiam ensinar a responsabilidade mútua e o valor do bem coletivo. Como uma "sociedade em miniatura", a escola também poderia ensinar disciplina e respeito pela autoridade.

Porém, nas sociedades industriais, segundo Durkheim (2011 [1925]), a educação tem outra função de socialização: ela ensina as habilidades necessárias para cumprir papéis em ocupações cada vez mais especializadas. Nas sociedades tradicionais, as habilidades ocupacionais podiam ser aprendidas dentro da família, mas, à medida que a vida social se tornou mais complexa, desenvolveu-se um sistema educacional capaz de transmitir as habilidades ne-

Muitas escolas celebram as conquistas individuais por meio de rituais como cerimônias de premiação e apresentações.

cessárias para preencher os diversos papéis ocupacionais especializados.

> A abordagem funcionalista de Durkheim para a sociologia foi apresentada no Capítulo 1, "O que é sociologia?", e no Capítulo 3, "Teorias e perspectivas sociológicas".

Talcott Parsons propôs uma abordagem funcionalista estrutural diferente para a educação na América de meados do século XX. Diferentemente de Durkheim, Parsons não estava preocupado com o aumento do individualismo, argumentando, em vez disso, que uma função central da educação é instigar nos alunos o valor da realização *individual*. Esse valor era crucial ao funcionamento das sociedades industrializadas, mas não podia ser aprendido na **família**. O *status* da criança na família já é designado — é fixo a partir do nascimento. Em comparação, o *status* da criança na escola é alcançado, e as crianças são avaliadas segundo padrões universais, como testes e exames. Para Parsons, a função principal da educação é proporcionar que as crianças avancem dos padrões particularistas da família para os padrões *universais* que são necessários em uma sociedade moderna. Segundo Parsons, as escolas, como a sociedade mais ampla, operam principalmente com base na meritocracia: as crianças alcançam seu *status* segundo o mérito (ou valor), e não em razão do sexo, da raça ou da classe (Parsons e Bales, 1956). Todavia, como veremos, a visão de Parsons de que as escolas operam segundo princípios meritocráticos tem recebido muitas críticas.

A teoria funcionalista nos diz algo significativo sobre os sistemas educacionais. Eles tentam proporcionar aos indivíduos as habilidades e os conhecimentos necessários para participar das sociedades, e as escolas ensinam alguns dos valores e princípios morais da sociedade mais ampla. Todavia, a teoria funcionalista parece exagerar o argumento em favor de um conjunto de valores no âmbito da sociedade. Existem muitas diferenças culturais dentro de cada sociedade, e a noção de um conjunto de valores centrais que deve ser ensinado a todos talvez não seja precisa. Isso ressalta um problema recorrente nas teorias funcionalistas: o conceito de "sociedade" em si. Os funcionalistas acreditam que os sistemas educacionais têm várias funções para a sociedade como um todo, mas o problema é que isso pressupõe que a sociedade seja relativamente homogênea e que todos os grupos sociais compartilhem interesses semelhantes. Será que isso é realmente verdadeiro? Os críticos da tradição do conflito em sociologia observam que, em sociedades marcadas por grandes desigualdades sociais, um sistema educacional que as sustente também deve reforçar as disparidades. Nesse sentido, a escolarização atua em prol dos interesses dos grupos dominantes ou mais poderosos.

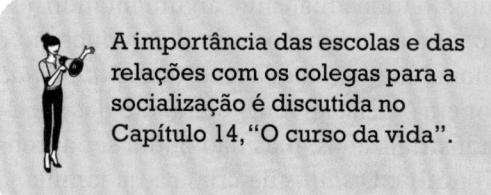

> A importância das escolas e das relações com os colegas para a socialização é discutida no Capítulo 14, "O curso da vida".

Escolarização para o capitalismo?

As teorias de consenso (como o funcionalismo) e as teorias de conflito concordam que as escolas são agentes de socialização. Porém, em um estudo muito influente sobre a educação nos Estados Unidos, Bowles e Gintis (1976) argumentaram que as escolas estão envolvidas na socialização, mas apenas porque isso ajuda a produzir o tipo certo de trabalhadores para as empresas capitalistas. Sua tese marxista afirmava que essa conexão íntima entre a esfera produtiva e a educação não era apenas questão de o currículo escolar envolver os tipos de conhecimento e habilidades de que os patrões precisavam. De fato, o sistema educacional norte-americano ajuda a moldar personalidades inteiras: "Especificamente, os relacionamentos sociais da educação — os relacionamentos entre administradores e professores, professores e alunos, alunos e alunos, e entre alunos e seu trabalho — reproduzem as divisões hierárquicas do trabalho" (ibid.: 131).

Essa teoria desafiou a ideia existente e disseminada de que a educação poderia ser "uma grande alavanca", tratando as pessoas igualmente e proporcionando oportunidades para todos. Bowles e Gintis argumentavam que a educação sob o capitalismo era, de fato, um grande divisor que reproduz a desigualdade social. Eles sustentavam que a estrutura da escolarização é baseada em um "princípio de correspondência" — ou seja, as estruturas da vida na escola *correspondem* às estruturas da vida no trabalho. Tanto na escola como no trabalho, a conformidade com as regras é recompensada, professores e gerentes ditam as tarefas, pupilos e trabalhadores realizam essas tarefas, o corpo docente é organizado hierarquicamente — assim como a gerência da empresa —, e essa situação deve ser aceita como inevitável.

De certa maneira, essa teoria marxista ortodoxa representa um tipo de "funcionalismo de conflito", para o qual a sociedade está repleta de conflitos e o sistema educacional dentro dela também realiza funções importantes para ajudar a manter a desigualdade. Outros críticos marxistas consideram a principal falha dessa tese o seu princípio de correspondência, que era simples e reducionista demais. Por exemplo, ela contava com a estrutura social para moldar e determinar os indivíduos e não atribuía suficiente significância à possibilidade de resistência ativa dos alunos e estudantes (Giroux, 1983; Brown e Lauder, 1997). Novamente, as recentes greves pela mudança climática mostram que, no sistema escolar, existe escopo para atuações in-

O esporte faz parte do currículo escolar, aparentemente para incentivar uma vida saudável. No entanto, de uma perspectiva funcionalista, o esporte também é uma parte importante da socialização, ensinando as crianças sobre a competitividade e o trabalho em equipe.

dividuais e em grupo que podem estar em oposição a aspectos dele. A tese também é generalizada demais e não parte de pesquisas empíricas realizadas nas próprias escolas. Mais adiante, pesquisadores observaram uma diversidade de práticas em escolas, e, em muitos casos, talvez seja possível que diretores e professores gerem um etos que incentive alunos da classe trabalhadora a serem mais ambiciosos do que a teoria permite. Afinal, em muitos países capitalistas, atualmente, os empregadores reclamam que as escolas *não estão* realmente produzindo trabalhadores com as habilidades de que necessitam.

> **REFLEXÃO CRÍTICA**
>
> Muitas crianças da classe trabalhadora obtêm um bom número de qualificações na escola secundária. Como a tese de Bowles e Gintis pode explicar esse fato? Visto que os países desenvolvidos têm principalmente economias de emprego em serviços, as estruturas de ensino ainda refletem as estruturas de trabalho?

O currículo oculto

Uma descoberta importante do argumento de Bowles e Gintis é que um **currículo oculto** opera dentro dos sistemas educacionais, e por meio dele os alunos aprendem disciplina, hierarquia e a aceitação passiva do *status quo*. Um dos teóricos mais controversos e interessantes do currículo oculto é o anarquista e filósofo austríaco Ivan Illich (1926-2002). Illich é conhecido por sua oposição feroz à cultura do capitalismo industrial, que considera estar **desespecializando** as pessoas, à medida que elas passam a precisar cada vez mais dos produtos da indústria e cada vez menos da sua criatividade e do seu conhecimento. Na esfera da saúde, por exemplo, remédios e práticas tradicionais são perdidos à medida que sistemas de saúde burocráticos fazem as pessoas contarem com médicos e hospitais — um padrão que se repete em todas as áreas da vida, incluindo a educação.

Illich (1971) argumentava que a própria noção de escolarização compulsória deveria ser questionada. De acordo com Illich, as escolas se desenvolveram para cumprir quatro funções básicas: a prestação de cuidados custodiais, a distribuição das pessoas em papéis ocupacionais, a aprendizagem dos valores dominantes e a aquisição de habilidades e conhecimentos socialmente aprovados. As escolas, como as prisões, se tornaram organizações custodiais, pois a frequência é compulsória, e os jovens, portanto, são mantidos "fora das ruas" entre a infância e a sua entrada para o mercado de trabalho. Aprende-se mui-

---

Estudos clássicos 16.1 — Basil Bernstein sobre linguagem e classe social

O problema da pesquisa

É uma noção estabelecida que as crianças da classe trabalhadora costumam não se sair tão bem na escola quanto seus colegas da classe média. Porém, essa afirmação é enganosamente desprovida de substância e exige uma resposta. *Por que* as crianças da classe trabalhadora não se saem tão bem? Será que elas são, em média, menos inteligentes? Será que carecem de motivação para se saírem bem na escola? Será que não recebem apoio suficiente dos pais? Ou será que existe algo nas escolas e no ensino que impede que as crianças da classe trabalhadora se saiam bem no sistema educacional formal?

A visão de Bernstein

O sociólogo britânico Basil Bernstein (1924-2000) estava interessado na forma como a educação reproduz as desigualdades de classe na sociedade. Com base na teoria do conflito, Bernstein (1975) examinou o problema por meio de uma análise de habilidades linguísticas. Ele descobriu que, durante os primeiros anos de suas vidas, as crianças de diversas origens desenvolvem diferentes códigos *linguísticos*, ou formas de discurso, que afetam a sua experiência subsequente na escola. Mas ele não estava preocupado com diferenças no vocabulário ou nas habilidades verbais; ao contrário, seu interesse repousava nas diferenças sistemáticas na maneira de *usar* a linguagem.

A fala das crianças da classe trabalhadora, segundo Bernstein, representa um *código restrito* — um modo de usar a linguagem com muitos pressupostos tácitos que o falante espera que os outros saibam. Um **código restrito** é um tipo de discurso ligado ao próprio ambiente cultural. Muitas pessoas da classe trabalhadora vivem em uma consistente cultura familiar ou de bairro, cujos valores e normas são tidos como óbvios e não são expressos de forma explícita. Os pais tendem a socializar seus filhos diretamente, pelo uso de gratificações ou reprimendas para corrigir seu comportamento. Em um código restrito, a linguagem é mais adequada para comunicar sobre experiências práticas do que para discutir ideias, processos ou relacionamentos. Desse modo, a fala de código restrito é orientada para as normas do grupo, sem que ninguém consiga explicar facilmente por que segue os padrões de comportamento que segue.

O desenvolvimento linguístico de crianças da classe média envolve a aquisição de um **código elaborado** — um estilo de falar no qual o significado das palavras pode ser individualizado para atender às demandas de situações específicas. As formas como as crianças da classe média aprendem a usar a língua são menos ligadas a contextos específicos, e a criança consegue generalizar e expressar ideias abstratas com mais facilidade. Assim, os pais da classe média, quando controlam seus filhos, costumam expressar razões e princípios por trás de suas reações ao comportamento da criança. Enquanto um pai da classe trabalhadora talvez repreenda seu filho por comer doces demais dizendo apenas "chega de doces pra você!", um pai da classe média provavelmente explicará que comer doces demais faz mal à saúde e aos dentes.

As crianças que adquiriram códigos discursivos elaborados são mais capazes de lidar com as demandas do ensino acadêmico formal do que aquelas confinadas a códigos restritos. Isso não implica que as crianças da classe trabalhadora tenham um tipo "inferior" de fala, ou que seus códigos linguísticos sejam "privados". Em vez disso, a forma como elas usam a fala se opõe à cultura acadêmica da escola, que favorece aqueles que dominaram códigos elaborados e, portanto, se encaixam com mais facilidade no ambiente escolar.

Joan Tough (1976) descobriu que as crianças da classe trabalhadora tinham menos experiência de ter suas perguntas respondidas em casa e eram menos capazes de formular perguntas na sala de aula, enquanto um estudo realizado por Barbara Tizard e Martin Hughes (1984) chegou a conclusões semelhantes. De modo geral, concorda-se que a tese de Bernstein é produtiva (Morais et al., 2001), e suas ideias nos ajudam a entender por que indivíduos de certas origens socioeconômicas tendem a ter desempenho baixo na escola. As crianças da classe trabalhadora têm dificuldade para lidar com a sala de aula, especialmente quando as crianças da classe média parecem tão confortáveis com ela. A maioria dos professores vem da classe média, e seu uso da linguagem faz com que o código elaborado pareça ser normal, e o código restrito, inferior. A criança pode tentar lidar com isso traduzindo a linguagem do professor para algo com que esteja familiarizada, mas não entende os princípios que o professor pretende transmitir. Embora as crianças da classe trabalhadora tenham pouca dificuldade com a aprendizagem repetitiva ou por "memorização", elas podem ter grandes dificuldades para entender distinções conceituais que envolvam generalização e abstração.

Pontos de crítica

Alguns críticos da tese de Bernstein argumentam que ela é mais uma entre várias teorias baseadas na "hipótese do déficit", que consideram que a cultura da classe trabalhadora carece de algo essencial (Boocock, 1980; Bennett e LeCompte, 1990). Nesse caso, o déficit é um elaborado código linguístico que proporciona que as crianças da classe média se expressem mais plenamente. Para esses críticos, Bernstein considera o código da classe média superior ao código da classe trabalhadora, portanto a sua teoria pode ser considerada elitista. Não é apenas que a classe trabalhadora *perceba* as classes sociais superiores como melhores do que ela — como em muitas teorias da dominância ideológica; na teoria de Bernstein, o código elaborado é *objetivamente* superior ao código restrito. Os críticos argumentam que a teoria dos códigos linguísticos não tem amparo em pesquisas empíricas suficientes para ser aceita e não nos fala o suficiente sobre o que acontece dentro das escolas.

Relevância contemporânea

A teoria dos códigos linguísticos de Bernstein tem tido uma influência enorme na sociologia da educação, e muitas pesquisas foram realizadas com base em seus métodos (Jenkins, 1990). Alguns têm levado suas ideias para novas áreas, como o estudo do gênero e a pedagogia, e sua reputação como teórico da educação se disseminou ao redor do mundo (Sadovnik, 1995; Arnot, 2001). O trabalho de Bernstein relacionou com sucesso a língua e a fala com sistemas educacionais e relações de poder mais amplas na sociedade como um todo. Rejeitando a carga do elitismo, ele disse que sua tese "chama atenção para as relações entre as macrorrelações de poder e as micropráticas de transmissão, aquisição e avaliação e as posições e oposições a que essas práticas dão vazão" (Bernstein, 1990: 118-119). Entendendo melhor essas relações, ele esperava encontrar maneiras de prevenir o desperdício do potencial educacional das crianças da classe trabalhadora.

ta coisa na escola que não tem a ver com o conteúdo formal das lições. Pela natureza da disciplina e da regimentação que envolvem, as escolas tendem a inculcar aquilo que Illich chamava de "consumo passivo" — uma aceitação acrítica da ordem social existente. O currículo oculto ensina aos jovens que seu papel na vida é "saber o seu lugar e ficar quieto nele" (ibid.: 74).

Uma conclusão semelhante sobre o currículo oculto foi alcançada por John Taylor Gatto (2002), um professor aposentado com 30 anos de experiência. Ele argumentava que o currículo oculto nos EUA ensina sete lições básicas. O currículo formal envolve uma mistura muito aleatória de informações sobre uma variedade de assuntos, o que produz *confusão* em vez de conhecimento e compreensão genuínos. As escolas ensinam as crianças a aceitar o *status quo*, a conhecer seu lugar na *hierarquia de classe* e a se submeter a seus superiores. O sinal sonoro no início e no final das aulas ensina a *indiferença*; nenhuma lição é tão importante que possa continuar depois do sinal. Os alunos são ensinados a serem *emocionalmente dependentes* e *intelectualmente dependentes* de figuras de **autoridade**, ou seja, professores, que lhes dizem o que pensar e até como sentir. Eles também aprendem que sua própria *autoestima é provisória*, dependendo da opinião que os funcionários têm deles com base em uma bateria de testes, boletins e notas. A lição final é que estar sob *vigilância constante* é normal, o que é evidenciado pela cultura do dever de casa, que efetivamente transfere a disciplina escolar para dentro de casa. Gatto concluiu que o sistema escolar estatal obrigatório nos EUA (e, por implicação, todos os sistemas similares) oferece "subordinação obrigatória para todos" e é "estruturalmente irreformável". Em vez disso, ele defendeu a educação em casa (o chamado *home schooling*), em que as crianças podem assumir o controle de sua própria aprendizagem, usando os pais e outros adultos como "facilitadores", em vez de professores. A educação domiciliar é certamente uma tendência crescente, mas faz pouco para resolver os problemas educacionais existentes. Em vez disso, Lubienski (2003) argumenta que ela representa uma abordagem privatizada da escolarização, que amplifica as vantagens e desvantagens da posição socioeconômica dos alunos.

Illich (1971) defendia o que chamava de *desescolarização da sociedade*. Como as escolas não promovem a igualdade ou o desenvolvimento de capacidades criativas individuais, por que não acabar completamente com elas? Illich não queria dizer, com isso, que todas as formas de organização educacional deveriam ser abolidas, e sim que todos que querem aprender devem ter acesso aos recursos existentes a qualquer momento em suas vidas, não apenas na infância e na adolescência. Esse sistema possibilitaria que o conhecimento fosse difundido e compartilhado de maneira ampla e não se confinasse aos especialistas. Os alunos não deveriam ter que se submeter a um currículo padronizado, e sim fazer suas próprias escolhas sobre o que estudar.

Para substituir as escolas, Illich sugeria vários tipos de estruturas educacionais. Os recursos materiais para a aprendizagem formal seriam armazenados em bibliotecas, agências de locação, laboratórios e bancos de informações, disponíveis a qualquer estudante. Seriam criadas "redes de comunicação", fornecendo dados sobre as habilidades de diferentes indivíduos e informando se eles estariam dispostos a treinar outras pessoas ou se envolver em atividades de aprendizagem mútua. Os estudantes receberiam vales, que permitiriam que usassem os serviços educacionais como e quando desejassem.

Será que essas propostas são totalmente utópicas? Muitos pensam que sim. Porém, se, como parece possível, o trabalho remunerado fosse substancialmente reduzido ou reestruturado no futuro, e os cursos pudessem ser entregues remotamente pela internet, talvez de forma barata ou, até mesmo, gratuita, elas poderiam parecer muito mais realistas e talvez até interessantes. A educação não seria apenas uma forma de treinamento inicial, confinado a instituições especiais, mas estaria disponível a qualquer um que desejasse aproveitá-la. As ideias de Illich da década de 1970 voltaram a ser interessantes com o surgimento das novas tecnologias digitais e da noção de uma aprendizagem por todo o curso da vida. Retornaremos a esses avanços recentes antes do final deste capítulo.

Educação e reprodução cultural

A sociologia da educação tem mostrado repetidas vezes que a educação e a desigualdade estão intimamente relacionadas. Nesta seção, revisamos as diversas maneiras como os teóricos sociológicos tentaram explicar as desigualdades sociais em sistemas educacionais. O estudo clássico de Basil Bernstein enfatiza a significância da língua e dos códigos de linguagem (ver o quadro Estudos clássicos 16.1). Paul Willis analisa os efeitos de valores culturais para determinar a postura dos alunos quanto à educação e ao trabalho, enquanto Pierre Bourdieu exa-

USANDO SUA IMAGINAÇÃO SOCIOLÓGICA

16.1 Aprendendo a não trabalhar

Vinte anos depois que Paul Willis fez seu estudo sobre os *lads* em Birmingham, outro sociólogo, Máirtín Mac an Ghaill (1994), investigou as experiências de jovens do sexo masculino da classe trabalhadora na Parnell School, em West Midlands. Ele estava particularmente interessado em como os estudantes desenvolvem formas específicas de masculinidade como parte de sua passagem para a idade adulta. Ao contrário dos *lads* de Willis, esses meninos estavam crescendo à sombra do desemprego, do colapso da base manufatureira da região e de cortes nos benefícios públicos para os jovens.

Mac an Ghaill observou que a transição para a idade adulta era mais fragmentada do que havia sido para os *lads* de Willis na década de 1970. Não havia mais uma trajetória clara da escola até o trabalho remunerado. Muitos dos garotos na escola consideravam que os anos pós-escolares eram caracterizados por dependência (da família, em particular), com esquemas governamentais "inúteis" de capacitação e um mercado de trabalho inseguro, que não era favorável a jovens trabalhadores braçais. Havia uma confusão generalizada entre muitos dos estudantes sobre a relevância da educação para seus futuros, o que se manifestava em suas respostas muito diferentes. Enquanto alguns dos grupos de garotos tentavam trilhar caminhos de mobilidade ascendente, buscando o sucesso acadêmico ou "novas oportunidades" para si mesmos, outros eram total e claramente hostis à escolarização.

Dos quatro grupos que Mac an Ghaill identificou na escola, os *macho lads* formavam o grupo mais tradicional da classe trabalhadora. Os *macho lads* haviam se reunido durante a adolescência, e os membros do grupo estavam nos dois "níveis" acadêmicos inferiores em todas as disciplinas. Suas posturas para com a educação eram abertamente hostis, e eles compartilhavam a noção de que a escola fazia parte de um sistema autoritário, que impunha demandas acadêmicas sem sentido sobre seus estudantes cativos. Enquanto os *lads* de Willis encontravam maneiras de manipular o ambiente escolar e tirar vantagem dele, os *macho lads* eram hostis quanto ao seu papel nesse contexto.

A administração da escola considerava os *macho lads* o grupo antissocial mais perigoso da Parnell School. Os professores eram incentivados a lidar com eles usando meios autoritários, e as demonstrações simbólicas de masculinidade operária dos *macho lads* — como certas roupas, penteados e brincos — eram banidas pela administração escolar. Os professores participavam da "vigilância" dos alunos, monitorando-os constantemente pelos corredores, instruindo-os a "olhar para mim quando eu falo com você" e dizendo a eles para "caminhar direito no corredor".

O ensino médio para os *macho lads* era o seu "aprendizado" de como ser durão. Para eles, a escola não dizia respeito a leitura, escrita e aritmética, mas a brigas, sexo e futebol. "Cuidar dos amigos" e "ficar juntos" eram valores básicos do mundo social dos *lads*, e a escola se tornara um território contestado, assim como as ruas. Os *macho lads* consideravam os professores da mesma forma como tratavam a lei (com desdém explícito) e acreditavam que eles eram a principal fonte de conflito dentro da escola. Os membros do grupo se recusavam a afirmar a autoridade dos professores e estavam convencidos de que alguém estava constantemente "armando" para eles serem punidos, disciplinados ou humilhados.

Como os *lads* de Willis, os *macho lads* também associavam o trabalho e o desempenho acadêmicos a algo inferior e efeminado. Os estudantes que se saíam bem na escola eram rotulados como "babacas vencedores", e o trabalho escolar era rejeitado como algo inadequado para homens. Conforme comentou um *macho lad*, Leon: "o trabalho que se faz aqui é trabalho de menina. Não é trabalho verdadeiro. É só para crianças. Eles [os professores] tentam fazer você escrever sobre como se sente. Isso não é da conta deles" (Mac an Ghaill, 1994: 59).

O trabalho de Mac an Ghaill demonstra como os *macho lads* estavam passando por uma "crise de masculinidade" particular, pois eles estavam desenvolvendo ativamente uma masculinidade operária "ultrapassada", centrada no trabalho assalariado braçal, em uma época em que o futuro seguro no trabalho manual havia desaparecido. Eles continuavam a fantasiar sobre a sociedade do "emprego estável" em que seus pais e tios haviam vivido. Embora alguns dos seus comportamentos parecessem hipermasculinos e defensivos, eles se baseavam claramente em uma visão de mundo da classe trabalhadora, que haviam herdado de gerações passadas.

> As variadas formas de masculinidade são discutidas no Capítulo 7, "Gênero e sexualidade".

REFLEXÃO CRÍTICA

A partir de sua própria experiência escolar, você reconhece a cultura dos *macho lads*? Existe uma cultura relativa às meninas com atitudes e comportamentos semelhantes? Como você caracterizaria o comportamento de grupos de meninas que consideram a vida escolar irrelevante?

mina a relação entre as culturas da escola e do lar. O que preocupa todos esses estudos é a **reprodução cultural** — a transmissão geracional de valores, normas e experiências culturais e os mecanismos e processos pelos quais ela ocorre.

Aprendendo a trabalhar — fracassando na escola?

O que podemos concluir da discussão realizada até agora é que as ideias apresentadas por vários teóricos se beneficiariam muito com estudos mais empíricos da vida escolar como ela é realmente vivida pelas crianças (e pelos funcionários da escola). A pesquisa de Paul Willis (1977) em uma escola de Birmingham, no Reino Unido, foi realizada há mais de 40 anos, mas continua sendo um estudo clássico na sociologia investigativa. O problema de pesquisa que Willis buscava investigar era como a reprodução cultural operava — ou, como ele explicou de forma sucinta, "como os meninos da classe trabalhadora obtêm empregos da classe trabalhadora". Costuma-se pensar que, durante o processo de escolarização, os jovens de classes baixas ou minorias étnicas simplesmente passam a ver que não são "inteligentes" o suficiente para esperar empregos bem remunerados ou de *status* elevado em suas vidas profissionais futuras. Essa experiência do fracasso acadêmico os ensina a reconhecer suas limitações intelectuais, e, tendo aceitado isso, eles se movem para ocupações com perspectivas mais limitadas.

Willis não se convenceu. Ele indicou que essa interpretação não corresponde à realidade da vida e das experiências das pessoas. A "sabedoria das ruas" daqueles que vêm de bairros pobres pode ter pouca ou nenhuma relevância para o sucesso acadêmico, mas envolve um conjunto de capacidades tão sutis, especializadas e complexas quanto qualquer uma das habilidades intelectuais ensinadas na escola. Poucas pessoas, ou nenhuma, deixam a escola pensando: "sou tão estúpido que é justo e adequado que eu passe o dia empilhando caixas em uma fábrica". Assim, se as crianças de origens menos privilegiadas aceitam esses trabalhos manuais, mas *sem* se sentirem fracassadas, deve haver outros fatores envolvidos.

Willis se concentrou em um grupo específico de meninos da escola de Birmingham, passando muito tempo com eles. Os membros da gangue, que se chamavam *the lads*, eram brancos, embora a escola também tivesse muitos jovens oriundos das Índias Ocidentais e da Ásia. Willis observou que os *lads* tinham uma compreensão aguda e perceptiva do sistema de autoridade da escola, mas a utilizavam para combater o sistema. Eles consideravam a escola um ambiente estranho, mas que podiam manipular para suas finalidades. Sentiam prazer com o conflito constante — principalmente em relação a pequenas desavenças — que mantinham com os professores. Eles gostavam de expor os pontos fracos das reivindicações de autoridade dos professores, bem como suas vulnerabilidades como indivíduos.

Na sala de aula, por exemplo, esperava-se que os jovens ficassem sentados e quietos e fizessem seu trabalho. Porém, os *lads* estavam sempre se mexendo, exceto quando o olhar do professor congelava um deles momentaneamente. Eles fofocavam ocultamente, ou faziam comentários abertos que estavam à beira da insubordinação direta, mas que poderiam ser justificados se lhes perguntassem. Os *lads* reconheciam que o trabalho seria como a escola, mas ansiavam ativamente por ele. Eles não esperavam obter nenhuma satisfação direta com o ambiente de trabalho, mas se mostravam impacientes para ganhar dinheiro. Longe de demonstrarem sentimentos de inferioridade pelos trabalhos que conseguiam — consertando pneus, instalando carpetes, como encanadores, pintores ou arrumadores —, eles mantinham uma atitude de superioridade distanciada para com o trabalho, assim como em relação à escola. Eles gostavam do *status* adulto que vinha com o trabalho, mas não estavam interessados em "construir uma carreira" para si mesmos. Como nota Willis, o trabalho em ambientes de colarinho azul muitas vezes envolve aspectos culturais muito semelhantes aos que os *lads* criavam em sua cultura antiescolar — brincadeiras, humor sagaz e habilidade para subverter as demandas das figuras de autoridade.

Desse modo, o que Willis nos mostra é que a subcultura dos *lads*, criada em um processo ativo de envolvimento com normas e mecanismos disciplinares da escola, repete a cultura operária do trabalho que esperam realizar. Somente mais adiante é que eles se verão presos ao trabalho árduo e ingrato. Quando tiverem família, talvez possam olhar a educação retrospectivamente e entender — irremediavelmente — que ela era a sua única saída. Ainda assim, se eles tentarem transmitir essa visão para seus filhos, é provável que não venham a ter mais sucesso do que seus próprios pais. O estudo de Willis consegue demonstrar o processo de reprodução cultural e a forma como as desigualdades estão ligadas à educação e à escolarização. Ele mostra que a pesquisa educacional pode ser empírica e, ao mesmo tempo, teoricamente informada. Todavia, seu foco está, explicitamente, nas experiências educacionais de garotos brancos da classe trabalhadora, e não é possível generalizar a partir daí para as experiências de outras classes sociais, meninas ou minorias étnicas.

Educação, capital cultural e formação do habitus

Entre os teóricos da reprodução cultural, o sociólogo francês Pierre Bourdieu (1930-2002) mantém um lugar de destaque, com a teoria geral (discutivelmente) mais sistemática até o momento. Bourdieu (1986, 1988; Bourdieu e Passeron, 1977) postulou uma teoria ampla que conecta a posição econômica, o *status* social e o capital simbólico com o conhecimento e as habilidades culturais. A educação é uma característica central dessa perspectiva teórica, mas ainda se faz necessário apresentar a teoria de Bourdieu sobre as formas de capital para compreender a significância de sua perspectiva para a sociologia educacional.

O conceito central na teoria de Bourdieu é o de *capital*, que bebe da fonte das ideias de Marx sobre o desenvolvimento do capitalismo. Marx considerava a propriedade dos **meios de produção** a divisão crucial da sociedade, conferindo vantagem social aos capitalistas. Porém, para Bourdieu, esse **capital econômico** é apenas uma das várias formas de capital que indivíduos e grupos sociais podem usar para manter sua posição de vantagem. Bourdieu identifica o capital social, o capital cultural e o capital simbólico além do capital econômico. O **capital social** se refere à participação e ao envolvimento em redes sociais de elite ou grupos bem conectados e influentes. O **capital cultural** é aquele adquirido no ambiente familiar e por meio da educação, levando a um aumento de conhecimento e habilidades, juntamente com qualificações como diplomas e outras credenciais. O **capital simbólico** se refere ao prestígio, ao *status* e a outras formas de distinção social que possibilitam que aqueles que têm *status* elevado dominem os que têm *status* inferior.

O aspecto importante desse esquema é que as formas de capital podem ser intercambiadas. Por exemplo, aqueles com *capital cultural* elevado podem negociá-lo por *capital econômico*. Durante entrevistas para empregos bem remunerados, seu conhecimento e suas credenciais superiores, obtidos principalmente durante a escolarização, podem lhes conferir uma vantagem sobre outros candidatos. Aqueles que têm um *capital social* elevado talvez "conheçam as pessoas certas" ou "participem dos círculos sociais certos" e possam trocar esse *capital social* efetivamente por um *capital simbólico* — o respeito dos outros e o maior *status* social — que aumente o seu poder no trato com outras pessoas.

O segundo conceito que Bourdieu introduz é o de **campo** — os vários locais ou as arenas sociais em que ocorrem disputas competitivas baseadas nas formas de capital. É por meio dos campos que a vida social se organiza e as relações de poder operam, e cada campo tem suas próprias "regras do jogo", que talvez não possam ser transferidas para outros campos. Por exemplo, no campo da arte e da estética, o capital cultural é mais valorizado, e aqueles que conseguem falar de maneira informada sobre a história da arte ou da música se tornam poderosos dentro do campo — daí o poder da crítica na literatura ou no cinema para destruir ou promover um filme ou livro com suas resenhas. Mas esses critérios não se aplicam ao campo da produção, em que predomina o capital econômico.

Por fim, Bourdieu usa o conceito de *habitus*, que pode ser descrito como disposições aprendidas — como comportamento corporal, modos de falar ou de pensar e agir — que são adotadas em relação às condições sociais. Exemplos de aspectos do *habitus* seriam os códigos linguísticos de Bernstein e as demonstrações de masculinidade operária dos *macho lads* de Mac an Ghaill. O conceito de *habitus* é importante, pois nos permite analisar as relações entre as estruturas sociais e as ações e personalidades individuais.

Mas o que tudo isso tem a ver com a educação? O conceito de capital cultural de Bourdieu (1986) está no centro da questão, e ele identifica três formas que esse conceito pode assumir. O capital cultural pode existir em um *estado corporificado* — ou seja, nós o carregamos conosco em nossos modos de pensar e falar e no movimento corporal. Ele também pode existir em um *estado objetivado* — por exemplo, na posse de obras de arte, livros ou roupas. Finalmente, o capital cultural é encontrado em *formas institucionalizadas*, como aquelas contidas em qualificações educacionais que são aceitas em âmbito nacional e se traduzem facilmente em capital econômico no mercado de trabalho. É fácil enxergar como as formas corporificada e institucionalizada são adquiridas por meio da educação, constituindo recursos que serão usados nos campos específicos da vida social. Desse modo, a educação pode ser uma fonte rica de capital cultural, que potencialmente beneficie muitas pessoas.

Todavia, como viram Bernstein, Willis e Mac an Ghaill, o próprio sistema educacional não é apenas um campo neutro, separado da sociedade mais ampla. Ao contrário, a cultura e os padrões do sistema educacional refletem essa sociedade, e, desse modo, as escolas favorecem sistematicamente aqueles que já adquiriram capital cultural em sua família e por meio das redes sociais em que estão inseridos (uma forma crucial de capital social). As crianças da classe média se encaixam na cultura das escolas com facilidade; elas falam corretamente, têm os modos adequados e se saem melhor nos exames. Porém, como o sistema educacional é retratado e percebido amplamente como algo aberto a todos, com base no talento, muitas crianças da classe trabalhadora passam a se considerar intelectualmente inferiores e aceitam que são elas, em vez do sistema, que têm culpa por seu fracasso. Desse modo, o sistema educacional pode desempenhar um papel crucial na reprodução cultural das desigualdades sociais.

Adquirindo capital cultural

Em um estudo etnográfico de 12 famílias diversas nos Estados Unidos, Lareau (2003) se baseou nas ideias de Bourdieu, particularmente no conceito de capital cultural, para realizar uma observação "naturalística intensiva" de estilos de criação de filhos nas diferentes culturas de vida familiar das classes sociais. Na classe trabalhadora e nas famílias pobres, conforme discutido por Bernstein, os pais não tentavam debater com seus filhos, mas simplesmente lhes diziam o que fazer. Também se esperava que as crianças encontrassem suas próprias formas de recreação e não dependessem dos pais para criá-las. As crianças da classe trabalhadora não argumentavam e aceitavam que sua situação financeira impunha limites a suas aspirações. Os pais da classe trabalhadora enxergavam uma diferença clara entre adultos e crianças e não viam a necessidade de se envolver com os sentimentos e as opiniões dos filhos, preferindo facilitar a "realização do crescimento natural". Esse estilo de criação, segundo Lareau, está "fora de sincronia" com os atuais padrões das instituições sociais, embora os pais e as crianças da classe trabalhadora ainda tenham contato com essas instituições. Por isso, as crianças começam a desenvolver um senso cada vez maior de "distância, desconfiança e restrição".

Por outro lado, as crianças da classe média que participaram do estudo eram falantes, boas de conversa e seguiam costumes sociais, como apertar as mãos e fazer contato visual ao falar. Elas também eram muito boas em fazer com que outros familiares, especialmente os pais, atendessem suas necessidades, e sentiam-se confortáveis com adultos e figuras de autoridade. Lareau argumenta que os pais da classe média estão sempre interessados e envolvidos nos sentimentos e nas opiniões de seus filhos, organizando atividades de lazer com eles, em vez de deixá-los agir por conta própria. A discussão constante entre pais e filhos marca o estilo de criação da classe média, que se baseia em um *cultivo conjunto da criança*. O resultado é que as crianças da classe média tinham um sentido claro de direito pessoal, em vez de se sentirem distantes e limitadas. O estudo de Lareau nos mostra algumas das maneiras práticas pelas quais o capital cultural é transmitido através das gerações e nos revela como os estilos de criação estão estreitamente relacionados com a classe social.

Lareau diz que os dois métodos de criação têm suas vantagens, mas, de maneira interessante, algumas famílias de classe média que ela estudou ficavam exaustas em suas tentativas constantes de satisfazer as demandas das crianças, e as próprias crianças eram mais ansiosas e estressadas do que as da classe trabalhadora, cujos laços familiares eram mais próximos e cuja rivalidade com os irmãos era muito menor. A conclusão de Lareau é que os métodos de criação costumam variar muito mais conforme a classe social do que conforme a etnia e que, como vimos, as crianças da classe média participantes do estudo estavam muito mais preparadas para o sucesso na escola do que as crianças de famílias da classe trabalhadora.

Uma maneira prática de as crianças de classe média manterem sua vantagem na escolarização é gerenciando suas interações com professores e funcionários. O estudo etnográfico realizado por Calarco (2018) em uma escola nos EUA — Maplewood — observou as interações entre crianças e professores em situações de sala de aula. Ela argumenta que as crianças de classe média muitas vezes incitam os pais a intervir para garantir vantagens para elas na escola, mas as próprias crianças também intervieram ativamente, solicitando ou exigindo ajuda dos professores.

É claro que as crianças da classe trabalhadora também pediram ajuda, embora provavelmente tenham sido ensinadas por seus pais a lidar elas mesmas com questões escolares e não esperar que os professores lhes deem tratamento especial. As crianças de classe média não tinham tais reservas. Elas foram ensinadas que os professores estão lá para ajudá-las a ter sucesso. Como resultado, "os alunos de classe média perguntavam, perguntavam em voz alta e ficavam perguntando até obter o apoio que desejavam" (Calarco, 2018: 9). Embora muitos estudos tenham relatado a resistência das crianças da classe trabalhadora às autoridades escolares, essa pesquisa mostra que as crianças da classe média são muito mais bem-sucedidas em desafiar a autoridade dos professores na sala de aula e evitar serem rotuladas como "perturbadoras".

Calarco argumenta que esse tipo de "vantagem negociada" ia além do que era justo ou exigido dos professores, e os pedidos das crianças de classe média raramente eram recusados, mesmo quando os professores reconheciam que sua assistência conferia vantagem específica. O resultado foi que o grupo mais favorecido normalmente recebeu mais assistência e apoio do que qualquer outro. Estudos sociológicos há muito relatam que os pais de classe média são capazes de usar seu capital cultural para oferecer vantagens educacionais a seus filhos. No entanto, esse estudo mostra que as próprias crianças são agentes ativos nas escolas, com crianças de classe média intervindo de maneiras muito diretas para manter e aumentar sua vantagem de classe social.

A obra de Bourdieu estimulou muitos estudos sobre educação, desigualdade e processos de reprodução cultural. No entanto, ela não foi adotada sem críticas. Uma questão é que ter sucesso em um sistema educacional de classe média parece quase impossível para as classes trabalhadoras. Mas, é claro, uma grande quantidade de pessoas realmente o consegue. Em uma era de ensino superior em massa, muito mais pessoas da classe trabalhadora estão ingressando nas universidades e adquirindo os tipos de capital cultural institucionalizado que lhes permitem competir com as classes médias.

Além disso, não devemos confundir a aceitação resignada de sua situação por crianças da classe trabalhadora com uma legitimação positiva das escolas e de seus resultados. Afinal, há muita evidência de resistência e rebelião entre os alunos da classe trabalhadora por meio da evasão escolar, do mau comportamento nas salas de aula e da formação de gangues escolares, que geram padrões alternativos de sucesso. No entanto, o referencial teórico de Bourdieu continua sendo a síntese mais sistemática já produzida para compreender o papel da escolarização na reprodução da desigualdade social.

> As concepções de Bourdieu sobre classe e capital social são discutidas com mais detalhes no Capítulo 9, "Estratificação e classe social".

Reproduzindo divisões de gênero

A pesquisa na sociologia da educação foi nitidamente focada nos meninos até por volta do início da década de 1970, de modo que os sociólogos sabiam muito pouco sobre a experiência das meninas em sua vida escolar (Gilligan, 1982; Griffin, 1985). Essa situação não era incomum, já que outros temas sociológicos também careciam de uma perspectiva feminina. As sociólogas que trabalhavam em uma perspectiva teórica feminista mudaram essa situação, explorando a socialização de meninas nas normas femininas durante sua vida escolar, e uma série de estudos estabeleceu que as escolas colocavam as meninas sistematicamente em posição de desvantagem nos agrupamentos de classe social.

McRobbie (1991) e Lees (1993) argumentaram que a escolarização no Reino Unido ajudava a reproduzir as normas femininas "apropriadas" entre as meninas. As escolas consideravam tarefa sua preparar as meninas para a vida e as responsabilidades familiares, e os meninos, para o emprego futuro, reforçando assim os estereótipos tradicionais dos gêneros na sociedade (Deem, 1980). Stanworth (1983) estudou as experiências de sala de aula de um grupo misto de crianças em uma escola plena e descobriu que, embora as plenas visassem a proporcionar oportunidades iguais, as meninas tendiam a receber menos atenção dos professores do que os meninos.

Ela concluiu que esse padrão de ensino diferencial enfraquecia a confiança das meninas em sua própria capacidade e contribuía para o baixo desempenho. Esse é um exemplo de uma típica profecia autorrealizável, em que as expectativas iniciais dos professores (de que os meninos se sairão melhor do que as meninas) definem o seu comportamento para com os alunos, que então leva ao resultado que eles supunham (talvez erroneamente) desde o começo.

Descobriu-se também que a cultura das escolas é permeada por um sexismo heterossexual generalizado, particularmente no pátio, nos corredores e em outros espaços fora da sala de aula (Wood, 1984). Como Willis (1977) observou, os meninos usam linguagem sexista rotineiramente e se referem às meninas por meio de categorias pejorativas. Isso cria uma atmosfera de masculinidade agressiva, que degrada meninas e mulheres enquanto cerceia as identidades aceitáveis para os meninos em uma faixa muito limitada, masculina. Renold (2005) argumenta que a "heterossexualização" é evidente desde a escola primária, levando as crianças a desenvolverem e investirem em uma identidade heterossexual para que sejam considerados um menino ou uma menina "adequado(a)".

Uma consequência disso é que a homossexualidade é tornada invisível, e *gays* e lésbicas descobrem que o ambiente escolar não permite que eles expressem abertamente suas identidades emergentes. Se o fizerem, correrão o risco de sofrer deboches, assédio e *bullying* (Burbridge e Walters, 1981; veja no Capítulo 7, "Gênero e sexualidade", uma discussão mais ampla sobre a sexualidade). Ringrose e Renold (2010) sugerem que o processo de adoção de uma identidade heterossexual exige uma série de "crueldades normativas", incluindo a atuação como um menino durão e violento, ou uma "garota malvada", e tais crueldades são, ao contrário do *bullying* físico aberto, aceitas naturalmente como parte da vida escolar.

As estudiosas feministas também investigaram o *conteúdo* do currículo escolar. A socióloga australiana Dale Spender (1982) afirmou que muitas disciplinas eram completamente imbuídas de um sexismo inconsciente, que as tornava repulsivas para as meninas. Os textos de ciências, por exemplo, seguidamente ignoravam as realizações de mulheres cientistas, tornando-as invisíveis para os alunos. Desse modo, a **ciência** não oferecia às meninas nenhum modelo positivo e não as envolvia na disciplina. Sue Sharpe (1994) considerava que as escolas direcionavam as escolhas disciplinares das meninas para temas como estudos da saúde e artes, distanciando-as de temas mais "masculinos", como matemática e TIC (tecnologia da informação e comunicação).

Entretanto, como veremos mais adiante, nos últimos anos, houve mudanças significativas nesses padrões tradicionais de desvantagem e exclusão, sendo uma das mais marcantes a maneira como as meninas e as mulheres jovens superam os meninos e os homens jovens em quase todas as áreas temáticas e em todos os níveis de ensino. Isso tem gerado novos debates sobre os problemas que os meninos enfrentam em meio a uma aparente "crise da masculinidade" (Connell, 2005).

Resumo

Dois aspectos significativos da educação surgiram das teorias sociológicas que acabamos de analisar. Por um lado, uma educação de boa qualidade é algo que pode mudar a vida das pessoas para melhor, e, em diversas partes do mundo, as famílias estão desesperadas para que seus filhos frequentem a escola como caminho para uma vida melhor. A educação é muito almejada e, muitas vezes, teve de ser defendida contra a oposição. No entanto, a pesquisa sociológica constata consistentemente que os sistemas educacionais não apenas criam oportunidades, mas também são vivenciados de diferentes maneiras por uma série de grupos sociais. Os sistemas de educação fazem parte das sociedades em que estão inseridos e, quando a sociedade está dividida em desigualdades, as escolas ajudam a reproduzi-las, mesmo contra as melhores intenções de professores, pais e crianças.

Como os trabalhos de Bernstein, Willis e Bourdieu (entre outros) demonstram, a reprodução cultural em sociedades desiguais leva a padrões recorrentes de desigualdade educacional, desmentindo ideias antigas de que a educação pode "subir de nível" e compensar desvantagens sociais mais amplas. Reay (2017: 26) explica isso muito bem, argumentando que "a educação não pode compensar a sociedade porque nosso sistema educacional nunca foi configurado para isso, assim como não foi estabelecido para realizar o potencial educacional da classe trabalhadora. Em vez disso, funciona como uma enorme peneira acadêmica, separando os vencedores educacionais dos perdedores em um processo bruto e, muitas vezes, brutal, que prioriza e recompensa as qualidades e os recursos das classes alta e média". A próxima seção principal analisa os padrões de "vencedores e perdedores" e investiga até que ponto eles mudaram nas últimas décadas.

Divisões sociais na educação

Sem ser explicitamente intitulada como tal, a maior parte de nossa discussão sobre educação e desigualdade até este ponto se concentrou na classe social. A razão para isso é que diversos estudos empíricos durante um período muito longo relataram consistentemente uma conexão clara entre classe social e nível educacional. Em termos muito contundentes, provavelmente a descoberta mais bem estabelecida na sociologia da educação é que, em todos os níveis do sistema educacional, as crianças na extremidade inferior da escala socioeconômica se saem pior e obtêm menos qualificações do que aquelas na outra ponta.

Típico desse corpo de trabalho é um estudo do Reino Unido que usou uma medida de posição socioeconômica construída a partir da renda dos pais, da classe social, da posse de moradia e das dificuldades financeiras autorrelatadas para examinar o desempenho educacional diferencial até a idade de 16 anos. O estudo descobriu que as diferenças baseadas em classe na capacidade cognitiva já eram expressivas em crianças de apenas 3 anos de idade e aumentaram significativamente aos 5 anos de idade (Goodman e Gregg, 2010: 5-6). A diferença continuou a aumentar ao longo dos anos do ensino fundamental. No momento em que as crianças chegaram ao ensino médio, a diferença de desempenho parece ter se enraizado, com o resultado de que apenas 21% do quinto (ou quintil) mais pobre das crianças obtiveram cinco notas de A a C aos 16 anos, em comparação com 75% das crianças do quinto superior. Isso representa uma lacuna entre as classes socioeconômicas mais altas e mais baixas de enormes 54 pontos percentuais.

USANDO SUA IMAGINAÇÃO SOCIOLÓGICA

16.2 As escolas públicas britânicas

As escolas públicas na Grã-Bretanha são extravagantes em vários sentidos. Elas não são nem um pouco "públicas", e sim instituições privadas pagas. O grau de independência que elas têm em relação ao restante do sistema educacional e o papel que desempenham na sociedade as diferenciam dos sistemas de outros países. Em todas as sociedades ocidentais, existem escolas privadas, muitas vezes ligadas a denominações religiosas, mas em nenhuma outra sociedade as escolas privadas são tão exclusivas ou tão importantes quanto no Reino Unido.

As escolas públicas estão nominalmente sujeitas à supervisão estatal, mas, de fato, poucas leis que compõem a legislação educacional as influenciam. Elas não foram afetadas pela lei de 1944 nem pelo estabelecimento das escolas plenas, e a grande maioria continuou direcionada para um dos sexos até relativamente pouco tempo atrás. Existem aproximadamente 2.300 escolas pagas na Inglaterra, que educam por volta de 6% da população. Elas abrangem uma diversidade de organizações diferentes, desde estabelecimentos de prestígio, como Eton, Rugby ou Charterhouse, até as chamadas escolas públicas menores, cujos nomes seriam desconhecidos para a maioria das pessoas.

Alguns estudiosos da educação restringem a expressão "escola pública" a um grupo de escolas pagas importantes. Elas incluem as escolas que fazem parte da Headmasters' Conference (HMC), formada originalmente em 1871. Inicialmente, havia apenas 50 escolas na Conferência, mas o número se expandiu para mais de 240 atualmente. Indivíduos que estudaram nas escolas da HMC tendem a ocupar predominantemente as posições superiores na sociedade britânica. Um estudo da Social Mobility and Child Poverty Commission (2014: 10) descobriu que aqueles que frequentaram escolas pagas representavam 71% dos juízes seniores, 62% dos oficiais da reserva das forças armadas, 55% dos servidores públicos aposentados, 50% da Casa dos Lordes, 36% dos membros do gabinete e 53% dos diplomatas. O primeiro-ministro do Partido Conservador na época, David Cameron, frequentou o Eton College, e seu representante em 2014, Nick Clegg, estudou na Westminster School: ambas as escolas fazem parte da HMC. A comissão observou que o estudo tinha descoberto "elitismo tão forte que poderia ser chamado de 'engenharia social'".

Alunos do Eton College em seu uniforme escolar muito tradicional.

REFLEXÃO CRÍTICA

De acordo com a teoria de Bourdieu, que tipo de capital cultural as escolas públicas britânicas transmitem a seus alunos? Se as escolas públicas são uma forma de "engenharia social", como as vantagens que elas conferem podem ser "projetadas" para serem compartilhadas de modo mais amplo?

Os autores observam que crianças de origens mais pobres experimentam pior saúde e bem-estar, "ambientes de aprendizado" domésticos menos vantajosos, menos interações com os pais, como ler juntos, e menos "proximidade mãe-filho" do que aquelas de origens mais ricas. Eles também apontam para atitudes diferentes em relação ao valor da educação e aspirações educacionais divergentes. Em suma, como muitos outros, este estudo constata que a posição de classe social no nascimento tem amplas consequências para as oportunidades educacionais e oportunidades de vida das crianças. Nos termos de Bourdieu, descobertas como essas ilustram como a transmissão intergeracional do capital cultural (e econômico) continua a estruturar o nível educacional no século XXI.

O debate sobre o padrão de gênero

Nos países desenvolvidos, a oferta de educação e os currículos formais eram diferenciados de acordo com o gênero até o final do século XX. Por exemplo, no final do século XIX, as meninas aprendiam as habilidades necessárias para prepará-las para a vida doméstica, ao passo que os meninos aprendiam matemática básica e se esperava que adquirissem as habilidades necessárias para o trabalho. A entrada das mulheres na educação superior foi muito lenta, e elas não podiam obter qualificações de nível superior até 1878. Mesmo então, o número de mulheres que estudavam para obter um diploma permanecia baixo — uma situação que só começou a mudar de maneira significativa nas décadas de 1960 e 1970. No entanto, esse estado das coisas foi agora completamente transformado.

Atualmente, o currículo do ensino médio não faz mais distinção entre meninos e meninas de maneira sistemática, embora existam várias outras "portas de entrada" para o desenvolvimento das diferenças de gênero na educação, como as expectativas do professor, os rituais escolares e outros aspectos do currículo oculto. Embora as regras estejam afrouxando gradualmente, as normas que exigem que as meninas usem vestido ou saia na escola são uma das manifestações mais óbvias dos estereótipos de gênero. Como resultado dessas políticas de vestimenta compulsórias, as meninas ficam sem liberdade para se sentar de maneira casual, para participar de brincadeiras físicas ou para correr tão rápido quanto elas são capazes.

Os livros didáticos escolares também ajudam a perpetuar as imagens de gênero. Até recentemente, era comum os livros de história utilizados em escolas primárias retratarem os meninos com iniciativa e independência, enquanto as meninas, quando apareciam, eram mais passivas. Histórias escritas especialmente para meninas costumam ter um elemento de aventura, mas ele geralmente toma a forma de intrigas ou mistérios em um ambiente doméstico ou escolar. As histórias de aventuras para os meninos são mais abrangentes, com heróis que viajam para locais distantes ou que são vigorosos e independentes em outros aspectos. No nível secundarista, as mulheres tendem a ser "invisíveis" na maioria dos livros-texto de ciências e matemática, perpetuando a visão de que esses são "assuntos masculinos".

As diferenças de gênero em educação também ficam muito óbvias quando se analisa a escolha de temas nas escolas, e a noção de que certos temas são apropriados para meninos ou para meninas é comum. Becky Francis (2000) afirmou que as meninas tendem a ser incentivadas a cursar disciplinas menos prestigiosas do ponto de vista acadêmico do que os meninos, e certamente existe uma diferença clara nas áreas que decidem seguir, especialmente nos níveis superiores. Em 2016, os homens constituíam mais de 90% dos alunos no Reino Unido que entraram para um programa de nível A ou equivalente (o padrão de qualificação para entrar em um programa universitário) em estudos de computação e quase 80% dos que entraram para física e outras áreas científicas (com exceção de biologia). Em comparação, a maioria esmagadora dos que escolhiam artes expressivas e performáticas, psicologia, sociologia e arte e desenho eram mulheres (Figura 16.1).

Embora nas últimas duas décadas o governo britânico e as empresas privadas tenham incentivado as mulheres jovens a cursar disciplinas como ciência, tecnologia, engenharia e matemática, continua havendo uma grande diferença de gênero no nível A. Um padrão de gênero semelhante foi encontrado em 2016 entre os 19,6 milhões de estudantes nos 28 países da União Europeia, onde os graduados em engenharia, ciências e computação eram predominantemente do sexo masculino, enquanto as mulheres formavam a maioria em ciências sociais, saúde e bem-estar e humanidades (Figura 16.2).

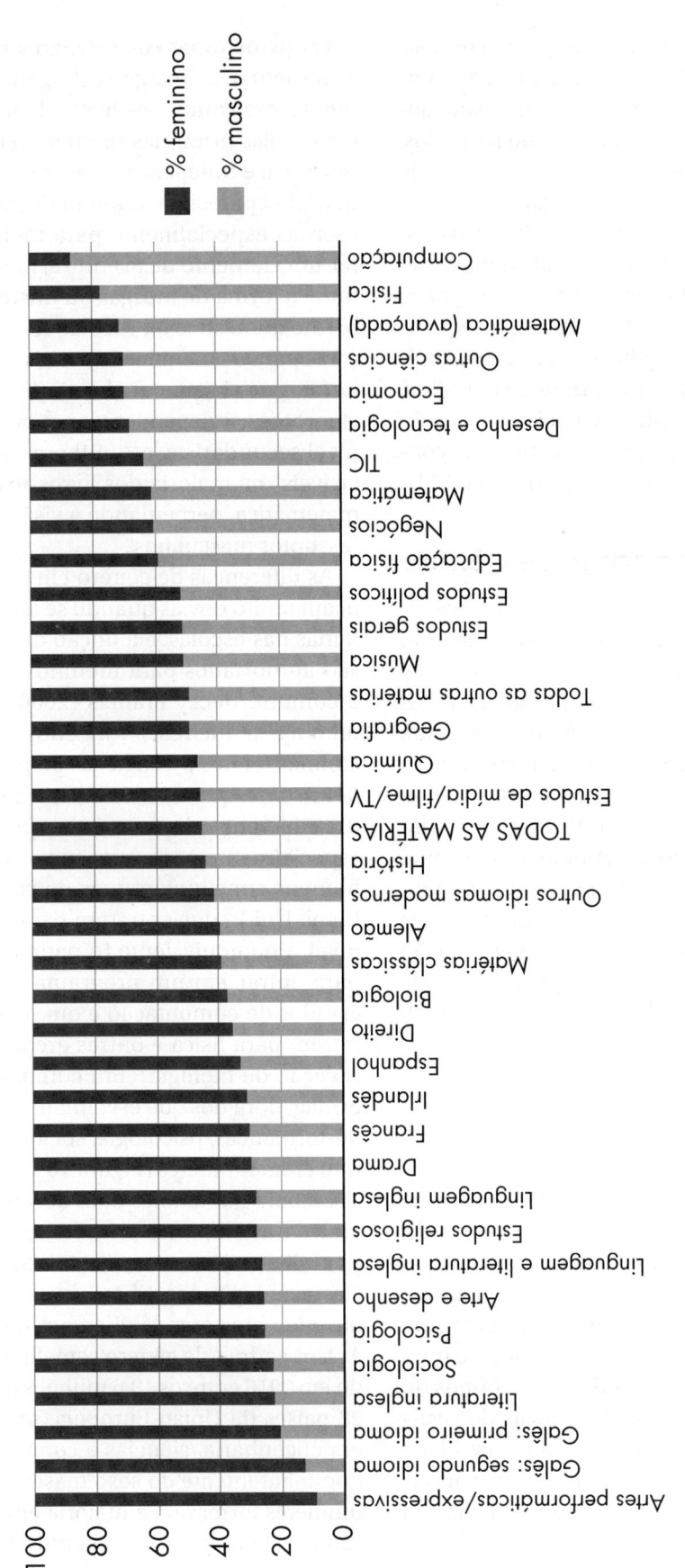

FIGURA 16.1 Diferenças entre homens e mulheres nas escolhas de programas de nível A, 2019.

Fonte: Joint Council for Qualifications (2019).

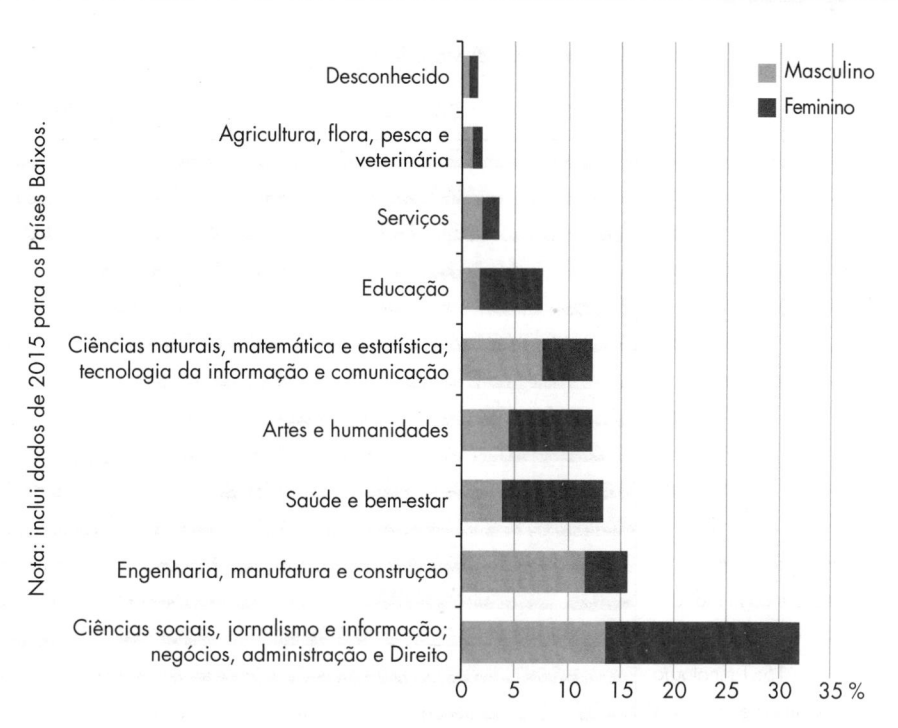

FIGURA 16.2 Alunos na educação superior, por campo de educação e gênero (UE-28), 2016.
Fonte: Eurostat (2018a).

Apesar disso, como veremos, o desempenho real de meninas e mulheres nos sistemas educacionais em todo o mundo já superou o dos meninos em todos os níveis.

Gênero e desempenho

Ao longo do século XX, as meninas costumavam superar os meninos em termos de resultados escolares até alcançarem os anos intermediários do ensino médio. Então, elas ficavam para trás, e, por volta dos 16 ou 18 anos, bem como na universidade, os meninos se saíam muito melhor. Por exemplo, no Reino Unido, até o final da década de 1980, as meninas eram menos propensas a obter as três notas A necessárias para a admissão na universidade e entravam para a educação superior em número menor do que os meninos. Preocupadas com essa desigualdade, as pesquisadoras feministas fizeram vários estudos importantes sobre como o gênero influencia o processo de aprendizagem. Elas observaram que os currículos escolares costumavam ser dominados pelos homens e que os professores dedicavam mais atenção aos meninos na sala de aula.

Desde a década de 1990, o debate sobre o gênero nas escolas teve uma reviravolta dramática e inesperada. "O desempenho baixo dos meninos" hoje se tornou um dos principais temas entre educadores e legisladores, já que as meninas começaram a superar os garotos em todas as áreas disciplinares, incluindo ciências e matemática, e em todos os níveis do sistema educacional. A Figura 16.3 mostra claramente a lacuna de gênero para os alunos na Inglaterra nos primeiros anos (básicos) da escolarização — isto é, até a idade de 5 anos. Embora 77,5% das meninas tenham alcançado o nível esperado em todas as metas de aprendizagem inicial, apenas 63,2% dos meninos o fizeram. As maiores disparidades de gênero foram evidenciadas na escrita (12,8 pontos percentuais — ppt), na leitura (10,5 ppt) e na exploração e no uso de mídias e materiais (10,1 ppt). A menor lacuna foi em tecnologia (2,9 ppt).

No entanto, embora o desempenho de meninos e meninas tenha aumentado entre 2013 e 2018, o dos meninos aumentou em ritmo mais acelerado; portanto, há alguma evidência de que a disparidade de gênero começou a diminuir nos últimos anos (DfE, 2018a: 6-8). Nas escolas inglesas, o desempenho médio das meninas aos 16 anos (GCSE ou "Compe-

■ Feminino ■ Masculino

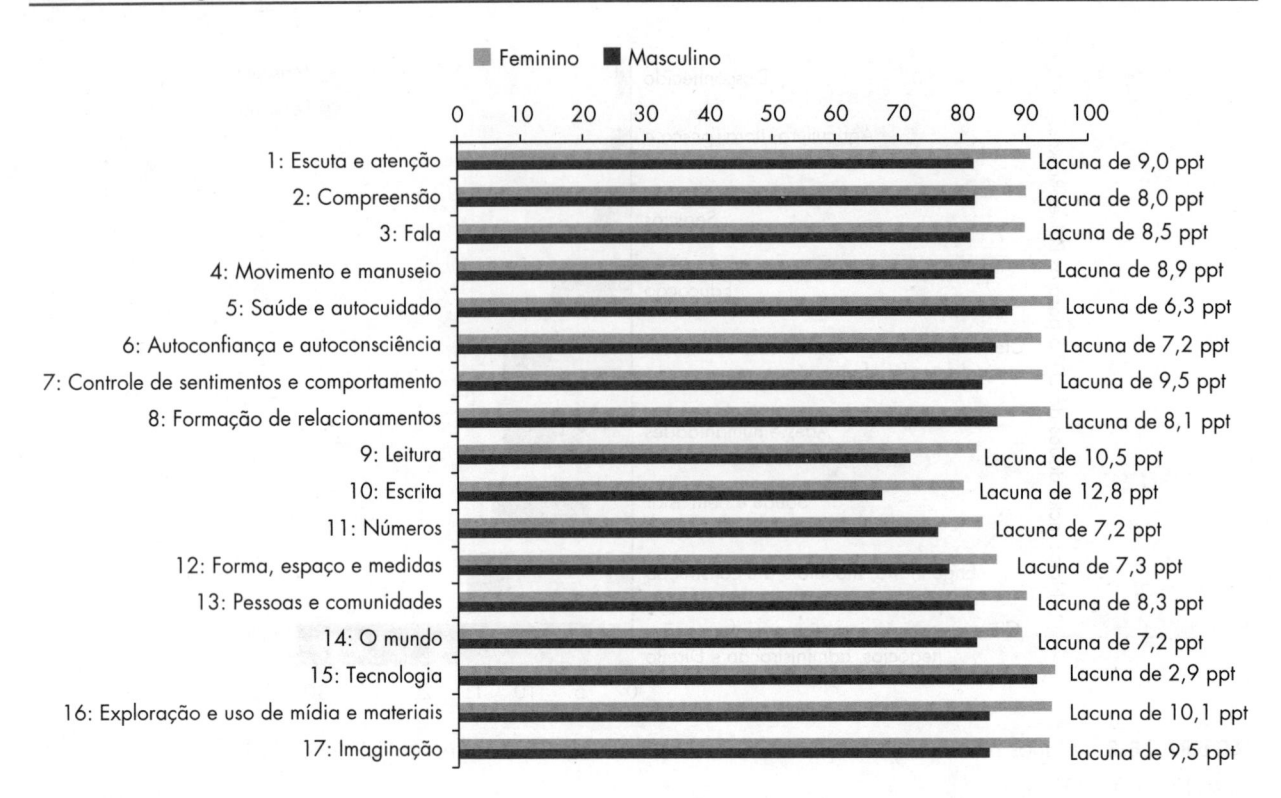

1: Escuta e atenção	Lacuna de 9,0 ppt
2: Compreensão	Lacuna de 8,0 ppt
3: Fala	Lacuna de 8,5 ppt
4: Movimento e manuseio	Lacuna de 8,9 ppt
5: Saúde e autocuidado	Lacuna de 6,3 ppt
6: Autoconfiança e autoconsciência	Lacuna de 7,2 ppt
7: Controle de sentimentos e comportamento	Lacuna de 9,5 ppt
8: Formação de relacionamentos	Lacuna de 8,1 ppt
9: Leitura	Lacuna de 10,5 ppt
10: Escrita	Lacuna de 12,8 ppt
11: Números	Lacuna de 7,2 ppt
12: Forma, espaço e medidas	Lacuna de 7,3 ppt
13: Pessoas e comunidades	Lacuna de 8,3 ppt
14: O mundo	Lacuna de 7,2 ppt
15: Tecnologia	Lacuna de 2,9 ppt
16: Exploração e uso de mídia e materiais	Lacuna de 10,1 ppt
17: Imaginação	Lacuna de 9,5 ppt

FIGURA 16.3 Percentual de crianças na Inglaterra que alcançam o nível esperado em cada uma das primeiras metas de aprendizagem, por gênero, 2018.
Fonte: DfE (2018a: 7).

tência 8") estava acima da média geral, enquanto, para os meninos, estava abaixo da média. Esse padrão de gênero foi consistente em todas as categorias étnicas, pois a pontuação média de Competência 8 foi maior para meninas do que para meninos (Race Disparity Unit, 2019). Dados semelhantes de desempenho de gênero foram relatados em outros países europeus, nos EUA e, de fato, na maioria dos países industrializados.

Considera-se que o problema dos "meninos fracassados", que Keddie e Mills (2007) chamaram de "a virada dos meninos" em discursos políticos, está ligado a uma variedade de problemas sociais, como crime, desemprego e abuso de drogas. Em combinação, esses fatores originam o que foi descrito como uma "crise da masculinidade" (discutida no Capítulo 7, "Gênero e sexualidade"). Os meninos que abandonam a escola cedo ou com poucos resultados educacionais têm menor probabilidade de encontrar bons trabalhos e criar famílias estáveis, pois, nas economias pós-industriais do mundo desenvolvido, existem menos empregos braçais disponíveis para jovens sem uma base educacional sólida e as qualificações necessárias.

Explicando a desigualdade de gênero

Por que os meninos agora se saem pior do que as meninas nos sistemas educacionais? Um fator significativo é a influência dos movimentos de mulheres sobre a autoestima e as expectativas de meninas e mulheres jovens. Muitas meninas que frequentam a escola hoje em dia cresceram rodeadas de exemplos de mulheres trabalhando fora de casa; a exposição a esses modelos positivos aumenta a consciência delas sobre suas oportunidades profissionais e desafia os estereótipos tradicionais de mulheres como donas de casa. Professores e pedagogos também se tornaram mais cientes da discriminação de gênero. Muitas escolas adotaram medidas para evitar os estereótipos de gênero na sala de aula, para incentivar as meninas a explorarem temas tradicionalmente

As meninas superam os meninos em todos os níveis da educação e na maioria das matérias. Esse é um problema social?

"masculinos" e para promover materiais educativos que sejam livres de qualquer viés de gênero.

Algumas teorias giram em torno da diferença entre os estilos de aprendizagem de meninos e meninas. As meninas costumam ser consideradas mais organizadas e motivadas do que os meninos, e também se acredita que elas amadureçam antes. Uma manifestação disso é que elas tendem a se relacionar falando e usando suas habilidades verbais. Os meninos, por outro lado, socializam de um modo mais ativo — por meio de esportes, jogos de computador e no pátio da escola — e costumam ser mais perturbadores na sala de aula. Esses padrões amplos de comportamento parecem ser reafirmados pelos professores, que podem ter expectativas menores para os meninos do que para as meninas.

Outros estudiosos questionam a quantidade enorme de atenção e recursos direcionados para os meninos com mau desempenho, o que chega a um tipo de **pânico moral**, ignorando o fato de que, para além da escola, a "masculinidade" ainda confere vantagens econômicas e culturais significativas que são negadas às mulheres (Keddie e Mills, 2007). A disparidade de gênero em habilidades linguísticas é a mesma que se pode encontrar em qualquer lugar do mundo, mas as diferenças que costumavam ser atribuídas à "preguiça saudável" hoje provocam muita controvérsia e tentativas frenéticas de melhorar os resultados dos meninos. À medida que metas nacionais de desempenho, classificações e comparações internacionais de alfabetização proliferam, expondo as diferenças para que todos as vejam, os "resultados iguais" em educação se tornaram prioridade máxima.

Toda a atenção dedicada aos meninos, segundo os críticos, serve para ocultar outras formas de desigualdade na educação. Embora as meninas tenham avançado em muitas áreas, elas ainda são menos propensas a escolher disciplinas na escola que conduzam a carreiras em ciência, tecnologia, engenharia ou matemática. Os meninos se destacam em ciências por volta dos 11 anos e continuam a superar as meninas até a universidade. Eles ainda dominam em carreiras como química e ciência da computação. Embora as mulheres possam estar presentes em número maior na educação superior, elas continuam em situação de desvantagem no mercado de trabalho, em comparação com homens com os mesmos níveis de qualificação (Epstein, 1998). Concentrar-se nos "meninos fracassados" é enganoso, pois os homens continuam a predominar em posições de poder na sociedade, e pode ser que o baixo desempenho dos meninos da classe trabalhadora tenha menos a ver com gênero e esteja mais ligado à posição de sua classe social.

Gênero e educação superior

Talvez o aspecto mais significativo da expansão da educação superior seja o rápido aumento no número de estudantes do sexo feminino. Por exemplo, desde a década de 1970, o Reino Unido tem taxas de crescimento muito mais rápidas para as mulheres que ingressam na educação de adultos e no ensino superior do que para os homens. Em 1990, havia mais mulheres do que homens na educação de adultos e, em 2005, o mesmo ocorria com a educação superior — uma drástica inversão da posição observada na década de 1970, quando havia muito mais estudantes do sexo masculino. Em 2007, havia sete vezes mais mulheres na educação de adultos e no ensino superior do que em 1970, mas apenas cerca de duas vezes e meia mais homens. Entre 2016 e 2017, as mulheres compunham 57,5% de todos os alunos da educação superior (Universities UK, 2018: 16). Todavia, apesar dessa mudança, a escolha das disciplinas ainda é muito marcada por expectativas de gênero convencionais (ver Figura 16.2).

No padrão anterior de escolha de disciplinas nos países desenvolvidos, as mulheres buscavam diplomas em educação e saúde, que levavam a carreiras menos remuneradas do que as de pessoas que cursavam disciplinas em ciências da computação e engenharia, áreas dominadas por estudantes do sexo masculino. As mulheres também têm feito algumas incursões nessas disciplinas avançadas, mas elas permanecem dominadas pelos homens atualmente. A Universities UK (2018: 20) relata que, entre 2016 e 2017, 82,8% dos alunos de ciência da computação e 82,4% dos alunos de engenharia e tecnologia eram homens. Por outro lado, muitas disciplinas acadêmicas que antes eram dominadas por homens, incluindo ciências sociais, história e educação, tornaram-se áreas predominantemente "femininas". O que *não* parece estar acontecendo é um deslocamento dos homens para disciplinas universitárias que antes eram dominadas pelas mulheres, como enfermagem, artes criativas e desenho.

As mulheres ainda são pouco representadas no corpo docente de faculdades e universidades, especialmente em vagas mais importantes. Entre 2010 e 2011, por exemplo, embora elas compreendessem 44,5% da equipe acadêmica no Reino Unido (80.775), apenas 20% dos professores (3.790) e 38,6% dos palestrantes e pesquisadores seniores eram mulheres (HESA, 2010). Todavia, desde 2009, o número de professoras aumentou em torno de 50%, e entre 2016 e 2017 as mulheres representavam 25% de todos os cargos profissionais (Universities UK, 2018: 27).

De modo semelhante, cerca de 72% dos gerentes seniores e 80% dos reitores e vice-reitores universitários eram homens (Parr, 2014), e mais acadêmicos do sexo feminino do que seus colegas do sexo oposto trabalhavam em tempo parcial (Equality Challenge Unit, 2013: 34). Apesar disso, a tendência de longo prazo é um movimento rumo à maior igualdade de gênero na educação superior, e o número de professoras, embora ainda relativamente baixo, está na maior alta de todos os tempos. O número de acadêmicas também está aumentando.

Dada a situação desigual quanto ao tipo de contrato, ao tempo de casa e à probabilidade de promoção de alto nível, as mulheres no ensino superior são, em média, menos remuneradas do que os homens. Ainda que ocupem a mesma posição profissional, o nível de remuneração é desigual. A Agência de Estatísticas do Ensino Superior do Reino Unido informou que, em 2008, os professores recebiam 13,9% a mais do que as professoras. O que podemos concluir a partir dessa breve pesquisa é que as meninas e mulheres fizeram um avanço significativo dentro dos sistemas de educação desde 1970. Mas

---

REFLEXÃO CRÍTICA

"Não há motivos para se preocupar com o baixo desempenho dos meninos hoje." Cite algumas consequências sociais que podem se concretizar se os meninos ficarem ainda mais atrás das meninas em seu desempenho na escola. O que poderia ser feito para interromper o processo?

ainda ocorrem desigualdades significativas quando as mulheres com mais formação educacional entram para o mercado de trabalho, com os homens mantendo salários maiores e mais perspectivas de promoção. Até mesmo nas universidades do século XXI, parece que os homens mantêm seu domínio de longa data sobre os cargos seniores e de alto *status*.

Diversidade étnica, racismo e realização

Desde a década de 1960, evidências de discriminação racial no Reino Unido, na Europa e em outros lugares se acumularam, e, já em 1985, foram relatadas ao governo disparidades significativas entre os níveis médios de sucesso educacional de grupos de diferentes origens étnicas no Reino Unido (Swann Committee, 1985).

Dados de escolas de inglês para o período de 2017 a 2018 mostram que os alunos com as pontuações médias mais baixas nos exames aos 16 anos de idade eram os de ascendência branca cigana/romana e irlandesa. Estudantes negros (particularmente negros caribenhos), brancos britânicos, paquistaneses e caribenhos mistos brancos/negros pontuaram abaixo da média geral, enquanto estudantes bengaleses, indianos, africanos negros, chineses, mistos brancos/asiáticos e irlandeses brancos obtiveram pontuações acima da média (Race Disparity Unit, 2019). A imagem é nitidamente muito diversificada. O indicador mais significativo de insucesso desses dados foi, de fato, a elegibilidade para merenda escolar gratuita (FSM), um indicador de privação socioeconômica. A pontuação média para os alunos elegíveis para alimentação gratuita foi de 34,4, quase 14 pontos abaixo da média de 48,3 para os não elegíveis. E a constatação de desempenho abaixo da média foi consistente para estudantes com FSM em todos os grupos étnicos, incluindo aqueles com as pontuações médias mais altas, demonstrando a influência persistente da posição de classe social no desempenho educacional e o valor de realizar estudos interseccionais que exploram os padrões complexos produzidos pelas desigualdades entrelaçadas de etnia, classe e gênero.

No entanto, embora os formuladores de políticas educacionais hoje sejam sensíveis a questões de discriminação e insucesso, Law e Irwin (2016: 7) argumentam que, se obter dos governos o reconhecimento da discriminação racial cotidiana tem sido "uma tarefa longa e árdua, que dirá construir uma plataforma de intervenções bem-sucedidas para enfrentar esses problemas fundamentais". Uma razão é que continuamente ressurgem ideias que "naturalizam" as diferenças étnicas e culpam o indivíduo por sua própria falta de realização. O insucesso entre grupos ciganos/videntes, viajantes irlandeses, negros caribenhos e alguns estudantes muçulmanos asiáticos, por exemplo, tende a ser "explicado" em termos de culturas étnicas, práticas familiares, estilos de vida e crenças pessoais, enquanto se diz que o relativo sucesso de alunos chineses e indianos reflete seu compromisso pessoal com o trabalho árduo e/ou as ambições dos seus pais para os filhos. Dessa forma, os discursos políticos evitam a difícil questão do racismo e seus efeitos dentro do sistema escolar, apesar dos inúmeros relatos de crianças dessas origens que vivenciam o racismo diariamente (Archer e Francis, 2007).

O estudo de Wright observou os relacionamentos dos participantes em quatro escolas primárias localizadas no centro de cidades do Reino Unido, registrando as experiências de racismo das crianças durante um período estendido de três anos. Ela descobriu que o assédio racial fazia parte do cotidiano de alunos negros e asiáticos, que, muitas vezes, eram vitimados por crianças brancas. Processos sociais que levam ao racismo e à discriminação existentes na sociedade em geral também são encontrados nas escolas. Wright (1992: 103) argumenta que "os funcionários, como a maioria das outras pessoas, tratam os indivíduos de forma diferente com base nas características 'raciais' percebidas. Além disso, muitos funcionários do berçário e da escola primária ficavam relutantes em aceitar que crianças mais novas podem ter atitudes racistas incipientes e demonstrar hostilidade em relação a membros de outros grupos". Os professores muitas vezes consideravam os meninos afro-caribenhos "perturbadores" e eram rápidos em repreender e controlar seu comportamento, enquanto as crianças asiáticas foram percebidas como dispostas a aprender e em conformidade com as instruções dos professores. Os estereótipos sociais levaram a um certo nível de temor entre os funcionários, o que contribuiu para o reforço dos estereótipos. Wright reconheceu que os professores estavam comprometidos com a igualdade de tratamento, mas também estavam envolvidos em processos sociais mais amplos e discriminatórios.

Os estereótipos sociais podem impactar a maneira como os professores tratam crianças de diferentes grupos étnicos. Por exemplo, afro-caribenhos muitas vezes são preconcebidos como "perturbadores".

Como outras instituições e organizações, os sistemas educacionais abrigam o potencial para o **racismo institucional**. Nos sistemas educacionais, o conceito é usado em referência à forma como a vida escolar é estruturada, os códigos de vestuário são considerados apropriados e o currículo é adotado. Por exemplo, professores brancos de classe média podem interpretar o comportamento e os estilos das roupas dos alunos negros como evidência do seu comportamento "perturbador", levando a mais exclusões temporárias e permanentes. De fato, uma descoberta consistente é que, nas escolas inglesas, de longe o motivo mais comum para a exclusão permanente e por período fixo da escola continua sendo o "comportamento persistentemente perturbador" (DfE, 2018b). Isso sugere que o **etnocentrismo** — a suposição de que a própria cultura familiar constitui a norma — desempenha um papel na discriminação racial nas escolas (Mason, 2000).

Entre 2016 e 2017, as taxas de exclusão permanente mais altas na Inglaterra foram alcançadas por crianças de ascendência cigana e irlandesa, embora os números absolutos para esses grupos sejam muito pequenos. Os alunos caribenhos negros tinham uma taxa de exclusão permanente quase três vezes maior do que a da população escolar em geral, enquanto as crianças de grupos étnicos asiáticos eram menos propensas a serem excluídas permanentemente da escola (DfE, 2018b). Alguns outros grupos, incluindo estudantes chineses e indianos, também apresentam taxas relativamente baixas de exclusão escolar. Os resultados dos EUA exibem um padrão semelhante. Os sociólogos descobriram que as taxas de exclusão escolar tendem a refletir padrões mais amplos de desvantagem. É notável, por exemplo, que os alunos de meios economicamente desfavorecidos (identificados por serem elegíveis para a obtenção de merenda escolar gratuita) representaram 40% das exclusões permanentes entre 2016 e 2017, enquanto os alunos com necessidades educacionais especiais representaram 46,7% delas (DfE, 2018b).

> O conceito de racismo institucional foi introduzido no Capítulo 8, "Raça, etnicidade e migração", em relação ao caso do assassinato de Stephen Lawrence (Macpherson, 1999).

Tais descobertas levaram alguns a defender formas multiculturais de educação, que exigem mudanças curriculares para levar à sala de aula histórias, religiões e culturas nacionais atualmente ignoradas (Mahalingam e McCarthy, 2000; Race, 2010). Isso aconteceu de forma limitada na educação religiosa, em que os alunos são apresentados à diversidade de crenças e práticas religiosas. No entanto, os fatos históricos nunca "falam por si mesmos", e persistem as disputas relativas, por exemplo, ao modo como o colonialismo britânico, a expansão imperial e o envolvimento no comércio de escravos negros devem ser ensinados. Uma abordagem alternativa é incluir a educação antirracista, que envolve o ensino multicultural, mas vai além disso, desafiando as desigualdades, ajudando tanto os funcionários quanto os jovens a entender como as atitudes e os estereótipos racistas se desenvolvem e como é possível lidar com eles quando surgem. A educação antirracista tenta ativamente identificar e desafiar linguagem, ações e políticas discriminatórias *dentro* da escola. A principal questão levantada pelos críticos é o potencial desse ensino para reforçar as divisões e contribuir para a "racialização" dos conflitos na comunidade escolar. Embora as abordagens multiculturalistas e antirracistas sejam um pouco diferentes, alguns argumentam que uma abordagem "multiculturalista crítica", que incentiva os alunos (e professores) a analisar as maneiras como o privilégio e a opressão são produzidos, oferece o melhor caminho a seguir (May e Sleeter, 2010; Sloan et al., 2018).

> Veja no Capítulo 8, "Raça, etnicidade e migração", uma discussão da teoria crítica da raça (TCR) na sociologia.

REFLEXÃO CRÍTICA

Você já experienciou ou testemunhou casos de racismo durante a escolarização primária ou secundária? Como a escola lidou com eles? Pensando na incorporação do racismo nos sistemas educacionais, que evidências há, em sua própria experiência, de que a(s) escola(s) era(m) *institucionalmente* racista(s)?

Educação superior

No ensino superior do Reino Unido, os grupos étnicos minoritários não eram, em geral, sub-representados no início do século XXI. Entre 2017 e 2018, as estatísticas de matrículas mostraram que 76% dos novos alunos eram classificados como brancos, 11%, como asiáticos e 7%, como negros (HESA, 2019). O censo da Inglaterra e do País de Gales de 2011 relatou que 86% da população foi identificada como branca, 7,5%, como asiática e 3,3%, como negra (ONS, 2018b). No entanto, as pessoas de origem indiana e chinesa eram, em média, significativamente mais propensas do que aquelas de outras origens étnicas a ter uma qualificação de graduação ou pós-graduação. Homens que se definiam como "mestiços" e mulheres que se definiam como "negras/negras britânicas" e "asiáticas/britânicas asiáticas" eram ligeiramente menos propensas do que a média nacional a obter um diploma ou uma qualificação superior (ONS, 2004: 46-47).

Existem também diferenças significativas nas escolhas das áreas de estudo entre os grupos étnicos negros e minoritários (GENM) no Reino Unido. Entre 2016 e 2017, os grupos GENM representaram mais de 30% de todos os alunos de medicina, odontologia, Direito e estudos administrativos e de negócios e cerca de 25% dos alunos de ciência da computação e engenharia e tecnologia. Por outro lado, um número muito baixo de alunos estudava ciências veterinárias, agricultura, história e filosofia e ciências físicas.

A desigualdade é pronunciada entre os grupos étnicos minoritários do corpo docente. Por exemplo, entre 2011 e 2012, embora 13,8% dos membros da equipe acadêmica chinesa do Reino Unido fossem professores, apenas 4,1% dos acadêmicos negros alcançaram o *status* de professor, a porcentagem mais baixa entre os grupos étnicos. No geral, a equipe de GENM representava 9,6% dos cargos de professores entre 2016 e 2017 (Universities UK, 2018: 28). Entre os acadêmicos em tempo integral, 24,5% dos funcionários brancos do Reino Unido ganhavam mais de £ 50 mil por ano, em comparação com 13,6% dos funcionários de grupos étnicos minoritários no Reino Unido. Uma proporção maior de acadêmicos brancos no Reino Unido (81,4%), em comparação com a proporção daqueles de minorias étnicas, também eram empregados em contratos abertos ou permanentes. A porcentagem mais baixa (69,7%) foi encontrada entre o pessoal acadêmico asiático em tempo integral (Equality Challenge Unit, 2013: 72-80). Parece que, embora os grupos GENM tenham feito progressos em termos de estudos no ensino superior do Reino Unido, eles ainda recebem menos, têm contratos mais precários e estão sub-representados no setor, principalmente nos cargos mais altos.

Avaliação

As desigualdades nos sistemas educacionais se mostraram notavelmente persistentes, e hoje ainda é fato que "a classe social é o previsor mais forte da realização educacional". Todavia, a classe se cruza com gênero e etnicidade para produzir padrões muito complexos de desigualdade e realização. Por exemplo, um estudo de 2011 sobre a realização e o progresso de mais de 14.500 alunos com idades entre 11 e 14 anos descobriu que, embora as variáveis socioeconômicas explicassem a lacuna de realização para os alunos negros africanos, paquistaneses e bengaleses em comparação com seus colegas britânicos, isso não acontece para os alunos caribenhos negros (Strand, 2011). De modo semelhante, as meninas se saem melhor do que os meninos em todas as categorias de classe social.

Como já vimos em relação às desigualdades de gênero, também pode haver mudanças muito radicais. As oportunidades educacionais para as mulheres aumentaram consideravelmente na segunda metade do século XX, embora elas levem tempo para se estabelecer firmemente. A reestruturação econômica, que reduziu a necessidade de trabalho braçal pesado e de trabalhadores para essas funções em favor do emprego pós-industrial no setor de serviços, tem sido um fator estrutural importante para a criação de uma força de trabalho feminina com mais formação e treinamento. Entretanto, as diferenças nas experiências educacionais dos grupos étnicos também nos mostram que a desigualdade da educação está intimamente relacionada com fatores sociais e culturais, bem como com fatores econômicos.

Educação no contexto global

A diversidade da provisão educacional é uma característica impressionante do mundo atual. Como vimos na introdução do capítulo, muitas pessoas no mundo em desenvolvimento têm dificuldade para obter acesso à educação, e o analfabetismo é generalizado, enquanto, nos países desenvolvidos, as questões da escolha e do consumismo têm maior probabilidade de mobilizar os pais e os governantes. Se as desigualdades dentro dos países já se mostram difíceis de resolver, as desigualdades globais entre os países dos mundos desenvolvido e em desenvolvimento são um desafio ainda maior.

Um modo eficaz de comparar os sistemas educacionais das nações do mundo é analisar os gastos do governo com a educação. A Figura 16.4 apresenta a imagem geral da porcentagem do produto interno bruto (PIB) gasta com educação pelos países e pelas regiões do mundo. No entanto, devido à diversidade de moedas locais, a comparação entre os gastos dos governos não é tarefa fácil. Para comparar o custo por aluno e o tamanho dos orçamentos nacionais em educação, as moedas locais devem ser convertidas para uma medida-padrão. Segundo o Institute for Statistics da Unesco, as "paridades de poder de compra" (PPCs) refletem melhor o valor real dos investimentos educacionais. As PPCs são taxas de conversão cambial que eliminam as diferenças entre os níveis de preços dos países. Desse modo, uma determinada quantia, quando convertida para dólares norte-americanos nas taxas de PPC, comprará a mesma cesta de bens e serviços em todos os países.

Em 2011, a Unesco (2014) estimou que os governos do mundo gastavam 5,1% do PIB global em educação, acima dos 4,6% registrados em 1999. Os níveis

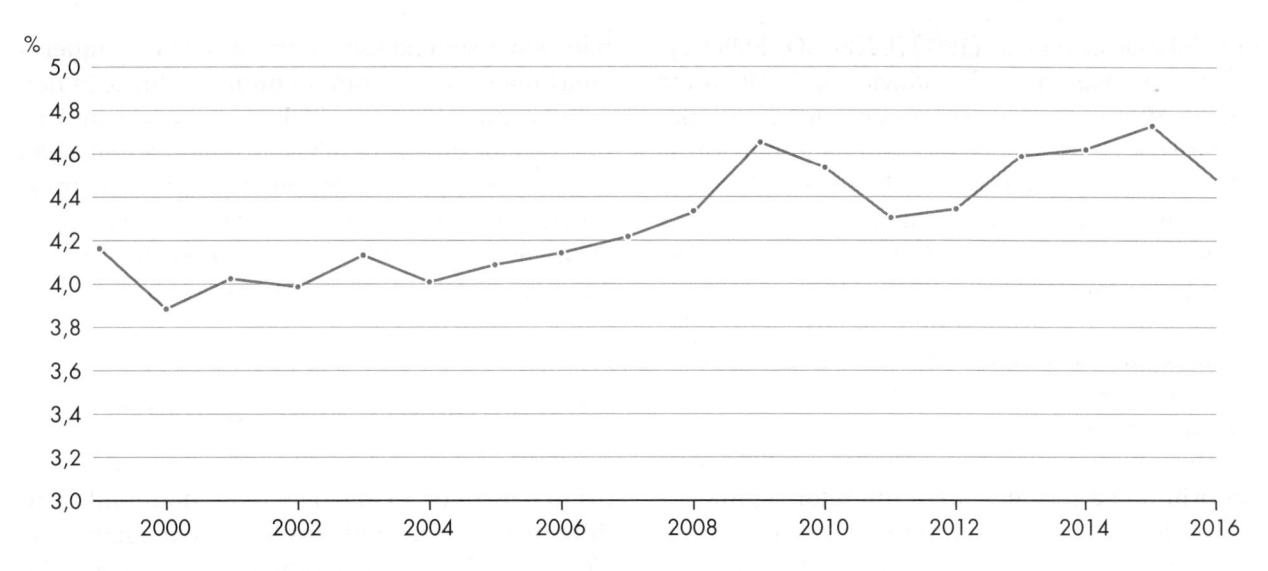

FIGURA 16.4 Gastos do governo com educação, 2000-2016.
Fonte: World Bank (2020b).

mais altos de gastos foram encontrados na América do Norte e na Europa Ocidental, com 6,2% do PIB regional. Os níveis mais baixos de gastos foram identificados no Sul e no Oeste da Ásia e na África Subsaariana. Em seu Relatório de Monitoramento da Educação Global, a Unesco (2018: 235-236) estimou que, dos US$ 4,7 trilhões gastos em educação globalmente, 65%, ou US$ 3 trilhões, foram gastos nos países de alta renda. Apenas 0,5%, ou US$ 22 bilhões, foi gasto nos países de baixa renda, apesar de a população em idade escolar ser semelhante em ambos.

A Unesco também informou que 30 países de baixa e média renda aumentaram seus gastos com educação em pelo menos 1% entre 1999 e 2011. No entanto, apenas 41 de 150 países atingiram a meta da Unesco de alocar 6% do PIB para gastos com educação. Nos países árabes e no Sul e Oeste da Ásia, os gastos com educação como porcentagem do PIB na verdade caíram entre 1999 e 2011. Para os países em desenvolvimento, a crise de crédito de 2008 e a desaceleração econômica global foram seguidas por rápidos aumentos nos preços mundiais dos alimentos entre 2003 e 2008. Como resultado, as famílias pobres foram obrigadas a cortar gastos com a educação de seus filhos para comprar comida. Em Bangladesh, por exemplo, cerca de um terço das famílias pobres relataram fazer exatamente isso (UNESCO, 2010: 7).

Os países desenvolvidos estabeleceram planos de recuperação visando a restaurar o crescimento econômico, mas, nos países em desenvolvimento, a principal fonte de expansão do "espaço fiscal" no curto prazo está no aumento dos níveis de ajuda externa. Em 2014, a Unesco informou que os compromissos firmados pelo governo em 2005 para incrementar os níveis de ajuda não foram cumpridos; a ajuda à educação básica caiu 6% entre 2010 e 2011, atingindo mais severamente os países mais pobres (UNESCO, 2014: 111). No entanto, em 2016, a ajuda fornecida para a educação atingiu US$ 13,4 bilhões, um aumento de 13% desde 2015 e o nível mais alto desde o início do registro, em 2002 (UNESCO, 2018: 242). Como resultado, a ajuda para a educação básica aumentou 17% no mesmo período, e pode ser que os níveis de ajuda estejam se recuperando após a década de austeridade que se seguiu à crise financeira global de 2008.

Matrículas no ensino fundamental

Nos países desenvolvidos, muito esforço é direcionado para que as crianças tenham uma boa partida na vida, com o oferecimento de qualidade nos primeiros anos da educação. Uma boa maneira de medir esse objetivo globalmente é examinar o número de matrículas em alguma forma de ensino fundamental. Entre 1999 e 2004, as matrículas no ensino fundamental aumentaram de modo espetacular para em torno de 86%, com os maiores aumentos na África Subsaariana (27%) e no Sul e Oeste da Ásia (19%) (UNESCO, 2008; veja também a Figura 16.5). Todavia, em 2018, ainda havia 59 milhões de crianças em idade escolar (entre 6 e 11 anos de idade) sem nenhuma forma de educação primária, mais da metade delas (32 milhões) na África Subsaariana, onde as meninas têm mais probabilidade de ficar fora do ensino fundamental (UNESCO, 2018: 1). Essa, inevitavelmente, é uma subestimativa, pois nem todas as crianças que estão matriculadas frequentam a escola regularmente, se é que compareçem (Bruneforth, 2006).

Um estudo da Unesco realizado em 2008 descobriu que a residência era um fator significativo, com cerca de um terço das crianças em idade primária fora da escola morando em áreas rurais. A condição financeira da família também era importante: 38% das crianças na quinta parte mais pobre das famílias em 2008 não estavam na educação primária, em comparação com 25% no quinto médio e apenas 1% no quinto mais rico. Mais uma vez, podemos ver despontando a questão da classe social e da desigualdade educacional, mas, dessa vez, no nível global. O último fator que parece ser significativo é o envolvimento das mães na educação. Embora apenas 16% das crianças cujas mães tiveram alguma forma de educação não estivessem na escola primária, 38% daquelas cujas mães não tiveram nenhuma educação não estudavam (UNESCO, 2008). Isso pode indicar que o valor que as famílias atribuem à educação e a existência de modelos positivos são elementos cruciais para o aumento dos níveis de frequência. De maneira clara, a frequência na escola primária é fundamental para melhorar os níveis globais de alfabetização básica.

Alfabetização e analfabetismo

Em 2017, aproximadamente 750 milhões de adultos (a partir dos 15 anos) ao redor do mundo não tinham sequer habilidades básicas de alfabetização, e 63% deles eram mulheres (ver Tabela 16.1). Quase metade da população não alfabetizada vivia no Sul da Ásia (49%), mais de um quarto na África Subsaariana (27%) e outros 10% no Leste e Sudeste Asiático (UNESCO, 2017: 3). No entanto, o analfabetismo existe em todas as sociedades, incluindo aquelas no mundo desenvolvido. Na Inglaterra, por exemplo, as taxas de alfabetização estão entre as mais altas do mundo, mas cerca de 5% dos adultos com idades entre 16 e 65 anos ainda estão abaixo do nível de alfabetização esperado para crianças de 7 anos de idade. Taxas de alfabetização nacional

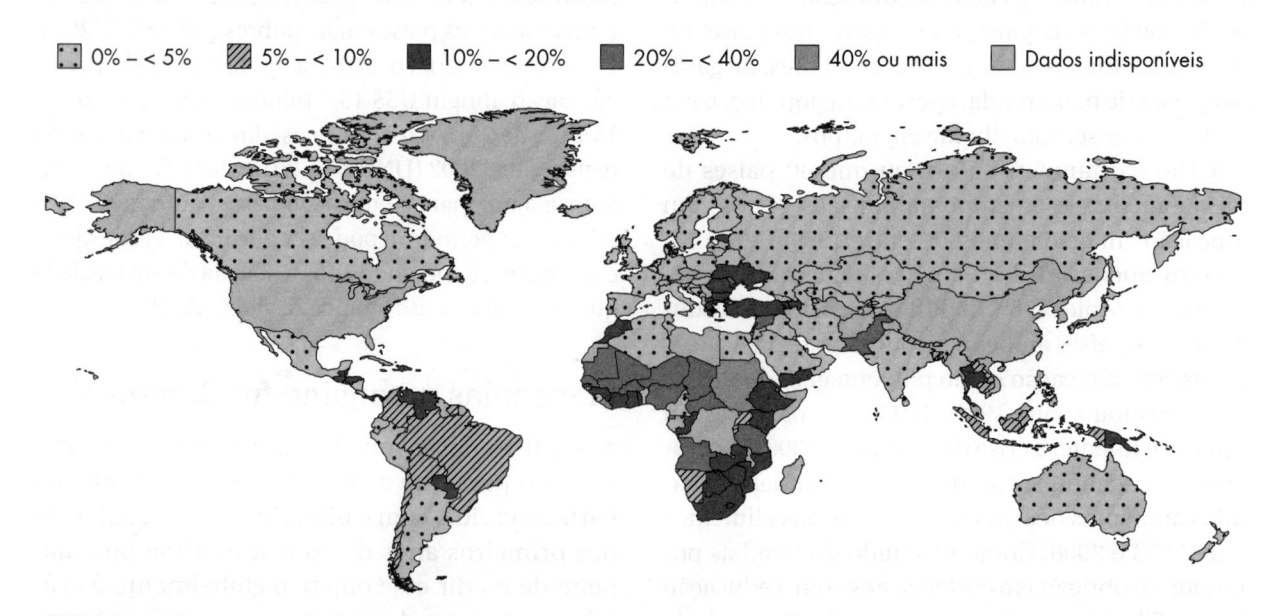

FIGURA 16.5 Taxa de crianças fora da escola primária, 2018 ou mais recente. . (Para ver esta imagem colorida, acesse **loja.grupoa.com.br**, encontre a página do livro por meio do campo de busca e clique em Material Complementar.)

Fonte: UNESCO (2019: 10).

abaixo de 50% podem ser encontradas em 20 países, incluindo Afeganistão, Benim, Chade, Etiópia, Iraque e Senegal.

Ao longo do tempo, as taxas globais de alfabetização vêm aumentando, e isso continua sendo um fato em regiões e nações com os mais altos níveis de analfabetismo. Uma maneira de medir isso é comparar as taxas de alfabetização dos jovens com as dos grupos mais velhos. Globalmente, a taxa de alfabetização de jovens de 15 a 24 anos é 13 pontos percentuais maior do que a de adultos com 65 anos ou mais. Cerca de 91% dos jovens tinham pelo menos níveis básicos de alfabetização, em comparação com apenas 78% dos indivíduos com mais de 65 anos. Na África Subsaariana, apenas 36% dos indivíduos com mais de 65 anos têm pelo menos habilidades básicas de alfabetização, enquanto na Ásia o número é de 42%. No entanto, a situação entre aqueles de 15 a 24 anos está mudando rapidamente. Cerca de 89% dos jovens no Sul da Ásia e 75% daqueles na África Subsaariana alcançaram um nível básico de alfabetização em 2016 (UNESCO 2017: 9-10).

> Veja no Capítulo 4, "Globalização e mudança social", mais detalhes sobre a disseminação global da TIC.

A evidência aqui é de que os níveis de alfabetização continuam a aumentar mesmo nas regiões onde, historicamente, tem sido difícil vislumbrar um progresso real. Com populações em expansão e grande número de adultos sem alfabetização básica, alguns países e regiões relativamente pobres enfrentam um grande obstáculo para se inserir na economia global competitiva. E, embora o progresso esteja sendo feito em muitas áreas, a diferença de gênero permanece notavelmente estável, com meninas e mulheres ainda representando cerca de 63% da população global não alfabetizada (Figura 16.6).

REFLEXÃO CRÍTICA

O analfabetismo continua persistentemente alto entre meninas e mulheres em todo o mundo, apesar das grandes campanhas da Unesco e dos governos nacionais para reduzi-lo. Que razões podem ajudar a explicar por que essa é uma questão especificamente feminina?

Sugere-se que um novo tipo de analfabetismo pode estar surgindo à medida que os dispositivos digitais e a tecnologia da informação se tornam comuns no trabalho e nos ambientes domésticos. Isso pode fazer com que muitas pessoas sem acesso regular à tecnologia da informação ou treinamento

TABELA 16.1 Taxas de alfabetização globais e população analfabeta por faixas etárias, 2016

Indicador	Adultos (15 anos em diante)	Jovens (5 a 24 anos)	População com 25 a 64 anos	Idosos (65 anos ou mais)
Taxa de alfabetização global (%)				
Ambos os sexos	86	91	86	78
Homens	90	93	90	83
Mulheres	83	90	82	73
Índice de paridade de gênero	0,97	0,96	0,92	0,87
População analfabeta global (milhões)				
Ambos os sexos	750	102	507	141
Homens	277	44	186	47
Mulheres	473	58	321	94
Fatia de mulheres (%)	63	57	63	67

Fonte: UNESCO (2017: 3).

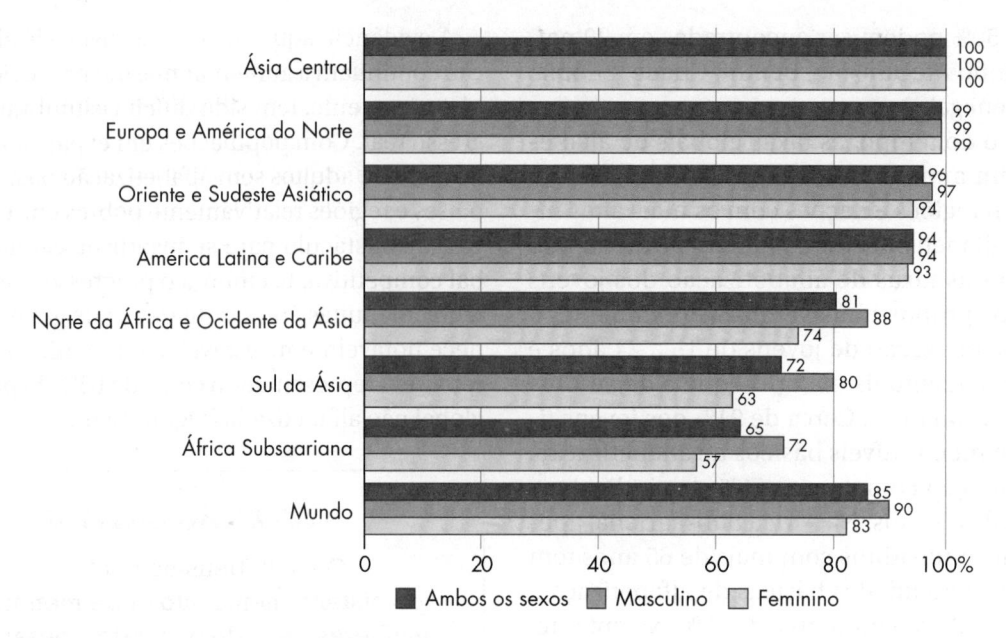

FIGURA 16.6 Taxa de alfabetização de adultos por região e sexo, 2016.
Fonte: UNESCO (2017: 5).

Região	Ambos os sexos	Masculino	Feminino
Ásia Central	100	100	100
Europa e América do Norte	99	99	99
Oriente e Sudeste Asiático	96	97	94
América Latina e Caribe	94	94	93
Norte da África e Ocidente da Ásia	81	88	74
Sul da Ásia	72	80	63
África Subsaariana	65	72	57
Mundo	85	90	83

para seu uso, e sem familiaridade com a linguagem especializada da computação, experienciem novas formas de desvantagem. Voltaremos a essa questão na parte final do capítulo.

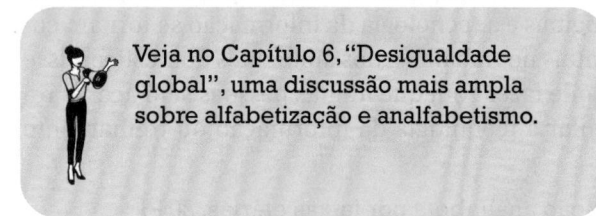

> Veja no Capítulo 6, "Desigualdade global", uma discussão mais ampla sobre alfabetização e analfabetismo.

Criando ambientes letrados

Os níveis de gastos públicos e privados em educação não apenas levam crianças e jovens para a educação gratuita, mas também podem ajudar a criar "ambientes letrados". Existem ligações claras entre despesas com educação, frequência na escola primária e alfabetização. Os ambientes letrados são aqueles espaços que proporcionam inúmeras oportunidades para o recém-alfabetizado exercitar suas habilidades, oferecendo, por exemplo: uma gama de materiais impressos e visuais, como jornais, revistas e livros; fácil acesso à educação continuada, como em escolas e centros de treinamento; oportunidades de envolvimento em organizações nas quais as habilidades de alfabetização podem ser usadas, como governo local ou cooperativas agrícolas; e chances de trabalhar em empresas ou organizações sem fins lucrativos que permitem o exercício de habilidades letradas (Easton, 2006). As escolas primárias e outras são obviamente ambientes letrados que beneficiam crianças e jovens muito pequenos, mas ambientes letrados também podem ser criados em bibliotecas e outros espaços públicos, bem como em locais de trabalho e até em casas particulares.

Além de oferecer oportunidades para o exercício de habilidades de alfabetização, o principal significado dos ambientes letrados pode estar em seu impacto na motivação das pessoas para se alfabetizar ou melhorar seus níveis de alfabetização. Hoje, no entanto, se quiserem ter sucesso no combate ao analfabetismo no futuro, os ambientes letrados terão que ser capazes de fornecer acesso a formas eletrônicas de comunicação, bem como a formas mais convencionais.

Sistemas de educação em desenvolvimento

A revolução digital está mudando os sistemas educacionais de hoje, mas também existem ou-

> **Sociedade global 16.1** — **A ameaça da alfabetização em regimes coloniais**
>
> Durante o período do colonialismo, os governos encaravam a educação com certo receio. Até o século XX, muitos acreditavam que as populações nativas eram primitivas demais para valer a pena educá-las. Posteriormente, a educação passou a ser vista como uma maneira de fazer as elites locais responderem aos interesses e modos de vida europeus. Porém, em um certo nível, o resultado foi fomentar descontentamento e rebeldia, pois a maior parte daqueles que lideraram movimentos nacionalistas e anticoloniais veio de elites educadas, que estudaram em escolas ou faculdades na Europa. Esses indivíduos tiveram a oportunidade de comparar, em primeira mão, as instituições democráticas dos países europeus com a ausência de democracia em suas terras de origem.
>
> A educação que os colonizadores introduziam geralmente dizia respeito à Europa, e não às áreas coloniais. Africanos educados nas colônias britânicas aprendiam sobre os reis e as rainhas da Inglaterra, liam Shakespeare, Milton e os poetas ingleses, mas não sabiam quase nada sobre a história ou as realizações culturais dos seus próprios países. As políticas de reforma educacional implantadas desde o fim do colonialismo não alteraram totalmente a situação, mesmo atualmente.
>
> Em parte como resultado do legado da educação colonial, que não era direcionada para a maioria da população, o sistema educacional em muitos países em desenvolvimento é desequilibrado: a educação superior é desenvolvida desproporcionalmente em relação ao ensino primário e secundário. O resultado é um grupo superqualificado que, tendo frequentado faculdades e universidades, não consegue encontrar empregos profissionais ou de colarinho branco. Devido ao baixo nível de desenvolvimento industrial, a maioria das posições bem remuneradas está no governo, e não existem empregos suficientes desse tipo.
>
> Nos últimos anos, alguns países em desenvolvimento, reconhecendo as limitações dos currículos herdados do colonialismo, tentaram redirecionar seus programas educacionais para os pobres do meio rural. Eles têm obtido pouco sucesso, pois geralmente os recursos são insuficientes para pagar pela escala das inovações necessárias. Como resultado, países como a Índia criaram programas autodidáticos. As comunidades usam os recursos existentes sem criar demandas para níveis maiores de financiamento. Aqueles que sabem ler e escrever e que talvez tenham conhecimentos profissionais são incentivados a usar outras pessoas como aprendizes, a quem ensinam em seu tempo livre.
>
> *As relações entre a alfabetização e o desenvolvimento são discutidas no Capítulo 6, "Desigualdade global".*
>
> **REFLEXÃO CRÍTICA**
>
> De que maneiras as antigas potências coloniais devem ajudar suas ex-colônias a recuperar o atraso na economia global hoje existente? O que poderiam oferecer que não levasse à acusação de criar uma relação de dependência?

tros desafios: como acomodar a demanda por mais escolhas na educação e como as escolas serão financiadas no futuro, por exemplo? Para se ter uma ideia da maneira como os sistemas educacionais mudaram nos países desenvolvidos ao longo do século XX, analisaremos brevemente o sistema educacional britânico e seu desenvolvimento, especificamente na Inglaterra e no País de Gales. Embora os sistemas educacionais sejam diversos, um único caso já pode revelar algumas das questões-chave que surgem em diferentes momentos históricos.

Escolarização secundária

O sistema educacional na Inglaterra e no País de Gales se desenvolveu em várias etapas. Em seu desenvolvimento inicial, a provisão de educação era diversificada e extremamente religiosa em sua orientação. Depois de 1945, o Estado se envolveu de forma central, e, gradualmente, o sistema avançou para a educação universal obrigatória para todos — primeiro por meio de um sistema tripartite baseado na inteligência percebida e, posteriormente, de um sistema educacional abrangente. Todavia, a partir da década de 1990, houve um movimento de afastamento da oferta uniforme em direção a um modelo de escolha do consumidor, com tipos de escola cada vez mais diversificados, mais escolha dos pais, escolaridade focada no empregador e menos controle das autoridades locais. O rápido esboço a seguir destaca alguns desenvolvimentos importantes que ocorreram nesse processo.

Entre 1870 (quando a educação obrigatória foi estabelecida pela primeira vez) e a Segunda Guerra Mundial, governos britânicos sucessivos aumentaram seus gastos com educação. A idade mínima para deixar a escola subiu de 10 para 14 anos, e mais escolas foram construídas, mas a educação não era considerada uma área importante de intervenção pública. Autoridades privadas e eclesiásticas, sob a supervisão de conselhos governamentais locais, administravam escolas, a maioria das quais hoje seriam descritas como "escolas da fé", com conteúdo marcadamente religioso. A Segunda Guerra Mundial (1939-1945) mudou essa situação, pois as autoridades ficaram chocadas com o baixo nível generalizado de habilidades educacionais entre os recrutas. Preocupado com as perspectivas de recuperação do pós-guerra, o governo começou a repensar a oferta de educação e estabeleceu um sistema tripartite com gramática, ensino médio técnico e ensino médio moderno, que selecionava os alunos com base em um exame aos 11 anos de idade (o chamado exame *11-plus*) (Halsey, 1997).

Na década de 1960, ficou claro que o sistema estabelecido em 1947, de selecionar alunos considerados mais inteligentes para o ensino fundamental aos 11 anos, não havia atingido as expectativas. Apenas 12% dos alunos continuaram na escola até a idade de 17 anos, e o abandono precoce mostrou estar mais intimamente relacionado ao histórico escolar do que ao desempenho acadêmico (CACE, 1959). Em 1965, o governo trabalhista adotou uma educação abrangente mais padronizada e uniforme para o setor estadual. Mas, a partir do início da década de 1970, a expansão educacional que caracterizou o período pós-guerra foi substituída por contração e esforços para reduzir os gastos públicos.

Há muito tempo a educação tem sido um campo de batalha política, e um debate prolongado centrou-se no impacto da escolarização abrangente e seus resultados. Os arquitetos da educação integral acreditavam que o novo sistema produziria igualdade de oportunidades. Em 1979, o governo conservador de Margaret Thatcher criticou a escolarização abrangente, acreditando que as escolas secundárias seletivas deveriam ser salvas e que o poder das autoridades educacionais locais deveria ser reduzido. A Lei de Educação de 1988 introduziu um currículo nacional universal para o setor estadual e a gestão local das escolas, delegando sua administração para equilibrar a inevitável centralização envolvida no currículo nacional.

Um novo grupo de faculdades de tecnologia municipais e escolas mantidas por subsídios também foi promovido. Estas poderiam "excluir" o controle da autoridade local e receber financiamento diretamente do Estado — tornando-se efetivamente negócios financiados pelo governo central —, com o direito de selecionar até 50% de seus alunos com base na "habilidade". O governo esperava que todas as escolas optassem por não participar e, eventualmente, se tornassem subvencionadas. Porém, em 1995, apenas mil escolas estaduais de um total de 23 mil haviam feito isso. Gewirtz e seus colegas (1995) descobriram que, para muitos pais, a escolha da escola era severamente limitada, pois a extensão real da "escolha" dependia, em grande parte, da renda dos pais e da sua posição de classe.

Em 1997, o governo trabalhista eleito propôs a intervenção em todas as escolas avaliadas com desempenho cronicamente abaixo do padrão e enfatizou a importância dos bons métodos de ensino e da liderança forte como chaves para a reforma educacional. As escolas mantidas por subsídios se tornaram "escolas de fundação", mantendo um alto grau de independência e concentrando-se em áreas específicas, como tecnologia, artes ou matemática. Essas escolas ainda podiam selecionar até 10% de seus alunos de acordo com a habilidade nessas áreas especializadas.

Diversificação e "escolha"

As *city academies** foram criadas em áreas pobres e ficaram sobrecarregadas. Patrocinadores do setor privado ou doadores cobriam 20% dos custos iniciais, e o Estado pagava o restante. Os críticos alegavam que o generoso financiamento tirava recursos de outros tipos de escolas. Se uma escola se tornava um fracasso, agências governamentais intervinham diretamente para assumir o controle dela, e, em alguns casos, escolas deficientes eram reabertas como *city academies*. Foram criadas zonas de ação educacional em áreas de muita pobreza, em que o dinheiro do governo e do setor privado poderia ser usado para atrair mais professores e enfrentar a exclusão social. Em 2005, havia 73 zonas de ação educacional na Inglaterra.

Em 2010, um governo de coalizão liderado por conservadores estabeleceu um novo foco no retorno aos valores educacionais "tradicionais", incentivando uniformes de "terno e gravata", disciplina e boa ortografia e gramática. O tamanho do currículo nacional obrigatório deveria ser reduzido, os diretores teriam mais poderes, e os alunos seriam incentivados a fazer as disciplinas STEM, tradicionalmente mais "rigorosas" — ciências, tecnologia, engenharia e matemática. Um "prêmio por aluno" também foi introduzido: uma quantia anual fixa por aluno paga às escolas para aqueles que recebem refeições escolares gratuitas, fornecendo recursos extras para ajudar os alunos mais pobres a melhorar seu desempenho. O governo também encorajou todas as escolas a se tornarem *city academies*, livres do controle das autoridades locais. Um relatório de 2014 do Departamento de Educação sugeriu que as escolas estaduais que se converteram eram mais propensas do que outras escolas a elevar seu *status* geral de "bom" para "excepcional" e ver mais alunos alcançando as notas mais altas no nível GCSE. Os críticos consideravam que as *city academies* reduziam a responsabilidade democrática, levando adiante a privatização gradual do sistema educacional estatal (BBC News, 2012b).

O estudo de um ano de Kulz (2017) sobre uma *city academy* urbana de sucesso — que ela chama de Dreamfields — a descreve como uma "fábrica de aprendizagem", em que as crianças são submetidas a um treinamento rigoroso e uma disciplina institucional na "esteira transportadora" da escola, que produz um corpo estudantil. Isso reflete o crescente foco no emprego observado no sistema escolar sob o etos invasivo do livre mercado da economia "neoliberal" contemporânea. Em particular, o objetivo da Dreamfields era combater o que o diretor acreditava ser a vida doméstica desestruturada e caótica de crianças negras e brancas asiáticas da classe trabalhadora. Isso significava criar uma estrutura consistente e rotinas diárias baseadas na introdução de valores e padrões de sucesso da classe média branca, incentivando, assim, a aspiração. Isso foi resumido no etos da *city academy*, segundo o qual "a estrutura libera". Tal etos também era praticado ativamente pelos alunos, que, por exemplo, faziam uma "promessa de fidelidade ao *self* e à sua realização aspiracional" antes de cada aula (ibid.: 58).

A Dreamfields foi implacavelmente positiva em sua promoção da escola como uma meritocracia que oferece a promessa de mobilidade social para todos. E, embora os resultados da escola tenham sido geralmente melhores do que os de seus vizinhos, as crianças cujo comportamento não atendeu aos padrões esperados foram colocadas em unidades de apoio à aprendizagem ou excluídas da escola. As questões de raça eram mantidas fora das discussões da equipe, e os professores não falavam abertamente sobre raça ou racismo, mas usavam uma linguagem codificada, como "crianças urbanas" (Kulz, 2017: 87). O estudo de Kulz mostra que a virada para a disciplina e um ambiente escolar rigidamente estruturado não resolveu as desigualdades educacionais de gênero, raça e classe, mas, como a escolarização em geral, continuou a reproduzi-las.

A mudança de política mais controversa foi permitir um novo tipo de escola, a "escola gratuita", baseada nas "escolas *charter*" (escolas gratuitas, com gestão privada) dos EUA e no próprio modelo de escola gratuita da Suécia. As escolas gratuitas são administradas de forma privada, e as *city academies* financiadas pelo Estado são criadas e administradas por pais, instituições de caridade, empresas, professores ou grupos religiosos. Em fevereiro de 2019, havia 442 escolas gratuitas, com cerca de 400 mil alunos, e mais 262 em desenvolvimento (New Schools Network, 2019). Em outubro de 2019, cerca de 50,1%

---
* N. de T. As *city academies* são escolas no Reino Unido com financiamento público geridas de forma autônoma e independente, sem vínculo com as instâncias locais do governo.

dos alunos estavam em *city academies* financiadas pelo Estado ou em escolas gratuitas (DfE, 2019). No entanto, nem todas as escolas gratuitas propostas realmente se concretizaram. Em 2018, 66 escolas gratuitas foram parcialmente fechadas ou simplesmente nunca foram abertas (Inge, 2018). Os críticos argumentam que as escolas gratuitas são mais atraentes para os grupos de classe média mais ricos, e, com o tempo, isso criará um sistema de duas camadas, em que o financiamento e os melhores professores vão gravitar em direção às escolas gratuitas, deixando as escolas estaduais como o parente pobre. Por exemplo, em 2014, apenas 9,4% dos alunos de escolas gratuitas recebiam refeições escolares gratuitas, em comparação com a média nacional de 16,7% (Florack, 2014: 220-221). Como as escolas gratuitas podem limitar sua entrada para criar turmas menores, também houve preocupações com o custo, tanto em termos financeiros estritos quanto para o sistema educacional como um todo.

Resumo

Uma conclusão razoável desse breve panorama é que o movimento pós-1945 em direção a um sistema educacional nacional unificado de ensino abrangente para todos está encerrado, pelo menos por enquanto. Desde meados da década de 1990, sucessivos governos introduziram reformas que levaram a uma crescente diversidade de oferta, a disparidades geográficas, a um modelo de escolha do consumidor e à remoção gradual do controle e da responsabilidade das autoridades locais. De fato, a situação emergente começa a se parecer mais com a que existia antes da Lei da Educação de 1870, com diversos provedores de educação relativamente desconectados uns dos outros.

Aumentar a escolha dos pais no sistema parece reforçar as desigualdades sociais existentes, já que as famílias de classe média estão mais bem posicionadas para negociar e, no caso das escolas gratuitas, ajudam a criar um cenário educacional cada vez mais fragmentado. Como Ball (2013) sugere, "sem rodeios, esse sistema difuso de provisão pouco clara e desigual oferece para pais bem-informados, com bons recursos, confiantes e persistentes, muitos dos quais são de classe média, a oportunidade de buscar vantagens sociais para seus filhos".

Educação superior no Reino Unido

O sistema de educação superior na Grã-Bretanha, como em muitos outros países, se expandiu rapidamente desde a década de 1980. Havia 21 universidades na Grã-Bretanha na década de 1950, mas a maioria era muito pequena pelos padrões atuais. Entre 1945 e 1970, o sistema educacional britânico cresceu e se tornou quatro vezes maior. As universidades mais antigas se expandiram, e foram construídas novas universidades, como Sussex, Stirling e York — chamadas de "tijolos vermelhos". Um sistema binário foi estabelecido com a criação de politécnicas, que se concentravam mais em cursos vocacionais do que as universidades. Atualmente, a educação superior no Reino Unido tem uma "cunhagem padrão": um diploma de Lancaster, Aberdeen ou Bristol, pelo menos em teoria, tem o mesmo padrão que um de Cambridge ou Oxford. Ainda assim, Oxford e Cambridge, cuja metade dos alunos vem de escolas pagas, são reconhecidas por seu sistema altamente seletivo de admissão. As grandes divisões sociais não se limitam ao setor educacional compulsório.

Entre 1900 e 1901, havia menos 25 mil estudantes na educação superior em horário integral no Reino Unido. Porém, em 1971, esse número havia aumentado para 457 mil e, em 2016 e 2017, chegava a mais de 1 milhão (Universities UK, 2018: 8). A classe social de origem influencia a probabilidade de participação na educação superior, e, embora o envolvimento da classe trabalhadora tenha aumentado, ele permanece muito abaixo do de estudantes de classes não braçais. Os debates sobre a ampliação do acesso têm sido centrais para a questão de como o ensino superior deve ser financiado.

Embora o número de estudantes na educação superior tenha se expandido enormemente, os gastos públicos não cresceram da mesma forma. O resultado é uma crise no financiamento da educação superior. A verba por estudante caiu 29% em termos reais entre 1976 e 1989 e outros 38% entre 1989 e 1999. O Dearing Report (National Committee of Inquiry into Higher Education, 1997) concluiu que a expansão e a melhoria do ensino superior seriam impossíveis com os atuais arranjos financeiros. O resultado tem sido uma crise no financiamento da educação superior, que se tornou mais grave com as medidas de redução de gastos do governo do Reino Unido após a crise global em 2008. Portanto, quem deveria pagar pelo ensino superior?

As duas principais fontes de investimento em grande escala nas universidades são o contribuinte em geral e aqueles que recebem e se beneficiam com a educação superior: os estudantes. Alguns argumentam que, devido aos benefícios sociais e econômicos que a educação superior proporciona à sociedade, o financiamento da universidade deveria ser pago pelo contribuinte. Onde estaríamos sem profissionais médicos e professores formados pela universidade? Outros argumentam que os contribuintes que não estudam na universidade não devem pagar pelos que estudam. Os graduados têm muitas vantagens profissionais (em média) que os não graduados não têm, e seria injusto esperar que os não graduados paguem pelas recompensas de outros.

Em 2010, as anuidades escolares foram aumentadas de pouco mais de £ 3 mil para £ 6 mil, com um máximo de £ 9 mil se determinados critérios de ampliação do acesso fossem atendidos. A política foi recebida com marchas estudantis em larga escala, protestos em universidades e confrontos entre a polícia e os estudantes em Londres. Os líderes estudantis argumentaram que os estudantes não deveriam sofrer pelas ações imprudentes de banqueiros e políticos que levaram ao colapso financeiro de 2008. Os críticos argumentaram que o aumento tão acentuado das taxas desencorajaria grupos sub-representados, como estudantes da classe trabalhadora, que hesitariam ante a perspectiva de incorrer em uma grande dívida. No entanto, isso não aconteceu, e o número de alunos, incluindo os de grupos da classe trabalhadora, não caiu. Como os empréstimos estudantis não precisam ser reembolsados até

Alunos universitários no Reino Unido protestaram contra o aumento das mensalidades. Mas será que o novo modelo de empréstimo estudantil realmente alcançou suas metas?

que os diplomados atinjam um determinado nível salarial (e são anulados se não o atingirem após 30 anos), contrariamente às expectativas, o novo sistema parece não ter criado um obstáculo à participação na educação superior.

> **REFLEXÃO CRÍTICA**
>
> "É justo que as mensalidades dos alunos do ensino superior sejam pagas a partir da tributação geral." Construa um argumento a favor dessa proposição, referindo-se aos potenciais benefícios para a economia, os empregadores, as universidades e quem não vai à universidade.

Uma segunda crítica dizia respeito ao impacto nas próprias universidades. O presidente do Grupo de Diretores e Professores de Sociologia argumentou que poderia surgir um sistema de três níveis. Uma pequena camada superior de universidades com uso intenso de pesquisas continuará a se sair bem, uma camada intermediária maior de universidades voltadas apenas ao ensino lutará para sobreviver, e uma terceira camada de universidades também voltadas somente ao ensino será forçada a realizar fusões ou até mesmo a fechar completamente (Holmwood, 2010). Mais uma vez, porém, como a maioria das universidades cobrava o máximo de £ 9 mil em taxas de ensino, o financiamento não caiu significativamente. Entre 2016 e 2017, a receita do setor de ensino superior do Reino Unido foi de £ 35,7 bilhões, metade dos quais proveniente de pagamentos de alunos (Universities UK, 2018: 30).

Em 2019, uma revisão da educação realizada pelo governo após 18 anos recomendou, entre outras medidas, reduzir as taxas para £ 7.500 por ano, estender o período de reembolso do empréstimo estudantil para 40 anos, remover a taxa de juros "em estudo" (enquanto estiver na universidade) e limitar o valor total a pagar a 1,2 vez o empréstimo original (Augar et al., 2019). A reintrodução de bolsas de manutenção também foi proposta, e esse seria um benefício para estudantes de baixa renda. No entanto, estender o período do empréstimo em 10 anos significa que os graduados com renda moderada provavelmente teriam que pagar mais da dívida do que anteriormente. E os graduados mais bem pagos seriam os mais beneficiados, pois teriam um nível de endividamento menor e, portanto, poderiam pagar o empréstimo mais rapidamente.

Se implementadas, as recomendações de Augar também atingiriam os departamentos de humanidades e ciências sociais, pois esses diplomas devem ser pagos com as taxas dos alunos, havendo uma bolsa de ensino para "custos adicionais" disponível apenas para cursos de ciências, engenharia e matemática. Quando esta edição foi escrita, ainda não estava claro qual dessas recomendações, se fosse o caso, seria aceita pelo governo conservador eleito em dezembro de 2019. Tendo passado para um modelo de contribuição estudantil de financiamento do ensino superior, a análise de Augar demonstra que transformar a estrutura existente em um modelo de financiamento sustentável a longo prazo é algo que ainda não foi alcançado. Além disso, a pandemia de covid-19 de 2019 e 2020 fechou os *campi* universitários efetivamente por vários meses, com algumas aulas permanecendo *on-line*. Dadas as contínuas restrições ao transporte internacional e as novas medidas de distanciamento social (no momento em que esta edição foi escrita), parece provável que, a curto e médio prazo, os modelos de oferta e financiamento de cursos no setor de ensino superior sejam significativamente afetados. Por exemplo, a Universidade de Cambridge anunciou que transferiria todas as suas aulas para plataformas *on-line* no ano acadêmico de 2020-2021. Não está claro se as universidades ainda poderão cobrar mensalidades completas, visto que a experiência do aluno passou por essa mudança tão significativa.

A partir do caso geral do Reino Unido, podemos ver a face da mudança nos sistemas educacionais em muitos países desenvolvidos. O século XX viu a escolaridade obrigatória se estabelecer, e os anos de educação aumentaram para todas as classes sociais. A seleção estritamente baseada em testes deu lugar, nas décadas de 1960 e 1970, a modelos mais abrangentes de escolarização, mas, na década de 1990, essa tendência se inverteu. No ensino superior, as universidades abriram suas portas para uma parcela mais ampla da população, entretanto, à medida que o sistema de elite se transformou em um sistema de ensino superior em massa, a árdua questão de quem paga se tornou um problema sério, que ainda não foi resolvido. O próximo grande desafio para os sistemas educacionais será fazer uso eficaz das novas tecnologias digitais, e, no caso das universidades, a questão é se a universidade física de grande escala, de "tijolos vermelhos", sobreviverá à revolução digital.

A digitalização do aprendizado

A educação tradicionalmente tem fornecido as habilidades de alfabetização e cálculo, dando acesso ao mundo da mídia impressa. Mas isso está mudando à medida que computadores, tecnologias multimídia, *tablets*, leitores de *e-books* e *smartphones* substituem cópias impressas de livros escolares e recursos de aprendizagem. Os empregadores exigem uma força de trabalho com conhecimento em informática, e os sistemas educacionais desempenham um papel fundamental no atendimento a essa necessidade. As tecnologias digitais não apenas serão adicionadas ao currículo existente, mas poderão transformá-lo, já que o uso de dispositivos digitais pelos jovens se torna algo totalmente natural.

Salas de aula digitais?

Na maioria dos países desenvolvidos, os sistemas educacionais foram modernizados e informatizados, e alguns observadores falam de uma revolução na sala de aula, da chegada da realidade virtual no *desktop* e da sala de aula sem paredes. Não há dúvida de que os computadores expandiram as oportunidades na educação. Eles oferecem a oportunidade para que as crianças trabalhem de forma independente, pesquisem tópicos *on-line* e se beneficiem de *software* educacional que lhes permita prosseguir em seu próprio ritmo. No entanto, embora a posse de computadores tenha aumentado consideravelmente, muitas crianças ainda não têm acesso a um computador em casa. Assim, o acesso a dispositivos digitais para aprendizagem talvez seja a arena mais recente na qual, como vimos anteriormente, os pais de classe média podem garantir que seus filhos mantenham uma vantagem educacional. As escolas são um local fundamental para os jovens aprenderem e se sentirem confortáveis com a computação e as tecnologias digitais.

Um estudo realizado pela Organização para a Cooperação e Desenvolvimento Econômico (OCDE) no início do século XXI avaliou o desempenho educacional de estudantes de 15 anos e observou que o uso regular do computador levava a notas melhores, particularmente em matemática. Alunos que usavam o computador há muitos anos geralmente se saíam melhor em matemática do que a média da OCDE, ao passo que aqueles que tinham pouco acesso a computadores ou que haviam utilizado essas ferramentas por pouco tempo costumavam ficar atrás da sua faixa etária (OECD, 2005). Entre a amostra de estudantes, 10% tinham usado o computador por menos de um ano, e sua nota média estava muito abaixo da média da OCDE. Quase três em cada quatro alunos nos países da OCDE usavam o computador com frequência em casa, mas apenas 44% o acessavam na escola.

Embora o número de alunos com acesso regular a um computador esteja aumentando, o quadro ainda é desigual, mesmo entre os países relativamente ricos da OCDE (ver Figura 16.7). Em 2012, cerca de 96% dos alunos com 15 anos de idade nos países da OCDE tinham acesso a um computador em casa, mas somente 72% usavam um *notebook*, *tablet* ou *desktop* na escola (OECD, 2015: 3). No entanto, esse foi um grande avanço em relação a 2003, quando apenas 44% tinham acesso na escola. A visão de salas de aula com crianças aprendendo exclusivamente por meio do computador ainda não se tornou realidade. De fato, a "sala de aula sem paredes" parece estar longe de acontecer.

Durante a pandemia da covid-19, embora as escolas estivessem fechadas, muitas ainda ofereciam pacotes de aprendizado *on-line* para aulas em casa ou estudo autodirigido. No entanto, no Reino Unido, isso evidenciou o fato de que muitos estudantes desfavorecidos não tinham computadores ou banda larga confiável e rápida em casa, enfatizando, assim, a exclusão digital. Alguns questionaram se o aprendizado *on-line* poderia se combinar com o ensino em sala de aula, já que os professores podem "apreender muito mais de um encontro real do que por meio de uma conexão com a internet, desde se uma criança entende adequadamente o que está sendo ensinado até se está prestando atenção" (Morrison, 2020). Conforme as medidas de isolamento começaram a diminuir, tanto o governo quanto os pais expressaram a opinião de que o aprendizado *on-*

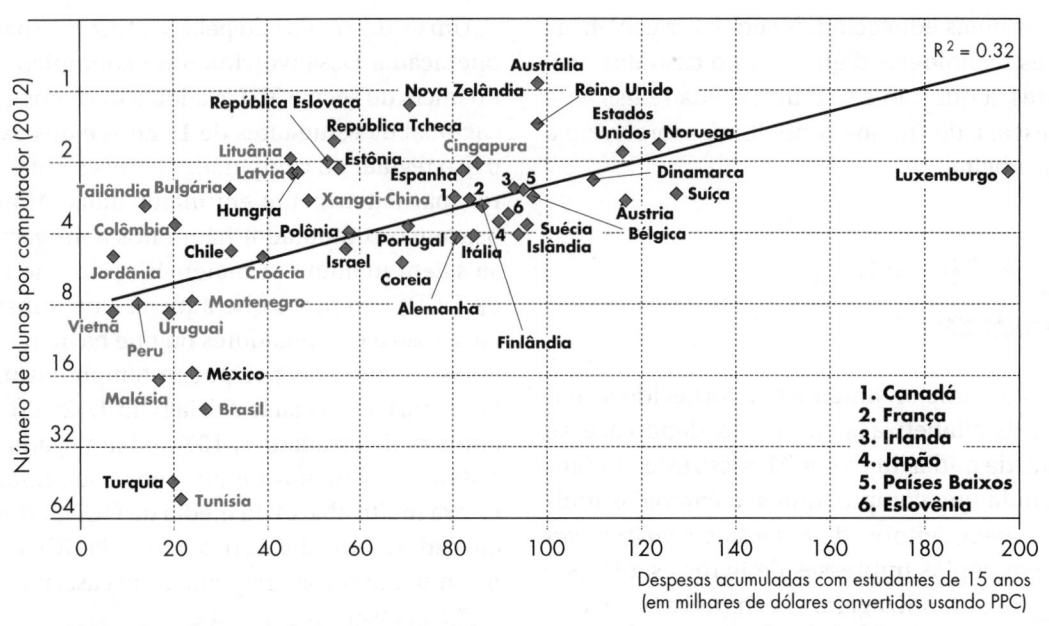

Notas: O eixo horizontal informa o gasto acumulado por instituições educacionais por aluno de 6 a 15 anos, em dólares equivalentes convertidos usando PPC para o PIB. Os dados para a maioria dos países se referem a 2010.

FIGURA 16.7 Número de computadores disponíveis aos alunos e gastos com educação, 2010.

Fonte: OECD (2015: 148).

-line não substitui o retorno das crianças às escolas, enfatizando que as salas de aula promovem um aprendizado mais eficaz e são essenciais para a boa saúde mental, o desenvolvimento social e a construção de relacionamentos.

Será que a introdução da TIC nas salas de aula da escola melhora o desempenho e os resultados do aluno? A evidência de pesquisa até o momento é, na melhor das hipóteses, heterogênea. O uso moderado do computador na escola, em comparação com nenhum uso, parece estar ligado a melhores resultados de aprendizagem, mas o uso muito frequente costuma causar resultados piores. A sugestão é que a adoção intensiva de computadores e TIC na sala de aula produz um desequilíbrio em vez de melhoria contínua, e a nova tecnologia pode ser uma distração do engajamento humano que é necessário para promover o aprendizado profundo. O aumento do acesso à computação também deixa de preencher as lacunas educacionais entre alunos favorecidos e desfavorecidos. De fato, a OCDE argumenta que um foco na alfabetização básica e no cálculo seria mais benéfico do que o aumento das verbas para dispositivos tecnológicos nas salas de aula.

A próxima etapa pode ser o movimento para o uso de inteligência artificial, robótica e aprendizado de máquina — esse último envolvendo algoritmos capazes de filtrar grandes quantidades de dados para tomar decisões e realizar tarefas de trabalho (Selwyn, 2019: 4). E, embora estejamos provavelmente longe de instalar professores robôs para substituir humanos, se a educação for definida em termos de aquisição de novos conhecimentos, percepções e habilidades, tudo isso pode ser facilitado *on-line* e por tecnologias e dispositivos digitais. Por outro lado, existem alguns aspectos dos sistemas de educação convencionais que seriam difíceis de replicar por meio do puro recurso às tecnologias digitais. Como vimos anteriormente na discussão do currículo oculto, as escolas e outros ambientes educacionais realmente desempenham outras funções, como introduzir disciplina e ensinar normas de pontualidade. Isso significa que não basta reconhecer as possibilidades técnicas da tecnologia digital; também temos que entender o que Selwyn (2017: 7) chama de "o mundo social da educação" e como ele se relaciona com o contexto social e econômico mais amplo.

Sociedade global 16.2 — O ambiente de aprendizagem ao longo da vida

As novas tecnologias e a ascensão da economia do conhecimento estão transformando as visões tradicionais sobre o trabalho e a educação. O ritmo frenético da mudança tecnológica está criando uma velocidade de rotatividade no emprego inédita na história. A formação e a aquisição de qualificações hoje ocorrem ao longo de toda a vida das pessoas, e não apenas nos primeiros anos, já que profissionais em meio de carreira decidem atualizar suas habilidades por meio de programas de educação de adultos e aprendizagem pela internet. Muitos empregadores permitem que os funcionários façam treinamento na própria empresa, como um modo de promover a lealdade e melhorar a base de capacidades da organização.

À medida que as sociedades continuam a mudar, as visões e instituições tradicionais que as sustentam também passam por transformações. A ideia de escolarização como a transmissão estruturada de conhecimento dentro de instituições formais por um período limitado está abrindo caminho para uma noção mais ampla de "aprendizagem" que ocorre em uma diversidade de locais e em momentos diferentes. A passagem da "educação" para a "aprendizagem" não ocorre sem consequências. Os aprendizes são atores sociais ativos e curiosos que podem obter *insights* a partir de inúmeras fontes. Aqueles que aprendem podem adquirir habilidades e conhecimentos por intermédio de muitas formas de encontros — com amigos e vizinhos, em seminários e museus, em conversas no bar local, pela internet e outros meios de comunicação, e assim por diante.

A mudança de ênfase para a **aprendizagem ao longo da vida** já pode ser vista nas próprias escolas, onde existe um número cada vez maior

A Universidade da Terceira Idade (EUA) encoraja os aposentados a buscarem seus interesses e continuarem seu aprendizado mais adiante na vida — na "terceira idade".

de oportunidades para os alunos aprenderem fora dos limites da sala de aula. As fronteiras entre as escolas e o mundo externo estão se desfazendo, não apenas no ciberespaço, mas também no mundo físico. A "aprendizagem de serviços", por exemplo, se tornou um dos pilares de muitas escolas secundaristas norte-americanas. Como parte de seus requisitos para a graduação, os alunos dedicam uma certa quantidade de tempo à realização de trabalho voluntário na comunidade. Parcerias com empresários locais também se tornaram lugar-comum em muitos países, promovendo interações e relacionamentos de orientação entre profissionais adultos e alunos.

A aprendizagem ao longo da vida deve desempenhar um papel-chave no movimento rumo a uma sociedade do conhecimento. Ela não apenas é essencial para se obter uma força de trabalho motivada e bem treinada, como também deve ser vista em relação a valores humanos mais amplos (Longworth, 2003). A aprendizagem é um meio e um fim para o desenvolvimento de uma autoeducação autônoma e profunda, a serviço do desenvolvimento pessoal e do autoconhecimento. Não existe nada utópico nessa ideia; de fato, ela reflete os ideais da educação humanista desenvolvidos por filósofos educacionais. Um exemplo que já existe é a Universidade da Terceira Idade (EUA), que proporciona a oportunidade para pessoas aposentadas se educarem da maneira que escolherem, desenvolvendo os interesses que desejarem seguir.

> **REFLEXÃO CRÍTICA**
>
> Os empregadores realmente apoiarão o conceito de aprendizagem ao longo da vida? Que benefícios eles poderão obter se o fizerem? O que os empregadores podem fazer para facilitar o aprendizado e a educação contínuos que não estejam relacionados às funções de trabalho de seus funcionários?

Oportunidades e obstáculos para a educação superior *on-line*

A Open University da Grã-Bretanha foi pioneira no uso da televisão no ensino superior a distância. Seus programas eram transmitidos pela BBC cedo pela manhã e de madrugada. Os estudantes combinavam essas videoaulas com materiais escritos, trabalhos por correspondência, reuniões com um tutor pessoal e cursos de verão com outros alunos no *campus*. Desse modo, eles podiam cursar disciplinas de alta qualidade em casa, e às vezes em seus empregos, sem ter que frequentar o *campus* físico. A Open University foi inaugurada em 1971 e, tendo acrescentado a internet à sua variedade de meios, se tornou a maior universidade do Reino Unido, embora permaneça comprometida com a realização de alguns encontros com os alunos. Atualmente, muitas universidades, talvez a maioria, oferecem disciplinas para ensino a distância, que dependem da internet para comunicação por *e-mail*, salas de bate-papo, avaliação *on-line* ou materiais virtuais, como *podcasts* e vídeos *on-line*.

A internet hoje parece estar transformando a educação de um modo ainda mais profundo do que fez a televisão. A educação superior *on-line* foi pioneira nos EUA, por meio da Universidade de Phoenix. Fundada em 1989, essa é uma instituição particular que oferece cursos de estudo principalmente pela internet, embora também ofereça ensino em *campi* tradicionais. A universidade introduziu as inovadoras "caixas de correio grupais" para substituir a sala de aula física, e os alunos poderiam postar seu trabalho em uma "sala de aula eletrônica", que poderia ser acessada a qualquer hora do dia ou da noite.

A missão inicial da universidade era admitir apenas estudantes com mais de 23 anos de idade e empregados em um local de trabalho. Tanto a estrutura quanto o conteúdo de suas ofertas visam a profissionais adultos que desejam novas habilidades e qualificações, mas precisam completá-las de maneira que não entre em conflito com suas rotinas. A Universidade de Phoenix é uma instituição com fins lucrativos que é propriedade desde 1994 de uma corporação chamada Apollo Education Group. Uma década após a sua criação, a Universidade de

Phoenix tinha um lucro médio de 12,8 milhões de dólares a cada trimestre.

No entanto, nem tudo estava bem. Foram levantadas dúvidas sobre a qualidade dos cursos oferecidos, a universidade tinha a maior taxa de inadimplência de empréstimos estudantis nos EUA e, em 2008, apenas 9% de seus alunos de graduação em período integral haviam se formado em seis anos. Em 2010, as matrículas estavam caindo, passando de um pico de cerca de 600 mil para apenas 140 mil em 2017. Nessa fase, a universidade também estava sob investigação por suas práticas de negócios e *marketing* e foi comprada pela Apollo Global Management, um grupo de capital privado (Tikkanen, 2019). Todavia, é improvável que a natureza *on-line* da universidade tenha inevitavelmente levado ao seu declínio. O cofundador da Phoenix argumentou que perdeu o rumo quando ampliou sua matrícula de trabalhadores adultos para qualquer pessoa com diploma de ensino médio (Murphy, 2013). O ensino a distância *on-line* ainda oferece o potencial de integrar o ensino superior na vida dos trabalhadores, e não o contrário.

Não há como negar a flexibilidade e a conveniência da **aprendizagem pela internet**, mas a abordagem tem seus críticos. A educação *on-line* pode realmente ser um substituto para o aprendizado presencial em um ambiente verdadeiramente interativo com outros alunos e professores? Será que as gerações futuras de educandos serão pouco mais do que redes de estudantes anônimos, conhecidos apenas por seus nomes de usuários virtuais? O ensino superior *on-line* é mais adequado para estudos práticos e orientados a habilidades? E, em caso afirmativo, ele minimizará a importância do raciocínio abstrato e o valor da aprendizagem em si mesma?

A globalização e o avanço tecnológico também possibilitaram a criação de um mercado global em educação superior e o desenvolvimento lógico do Massive Open Online Course, ou MOOC. Trata-se de cursos *on-line* que estão disponíveis a qualquer um, normalmente de forma gratuita, e potencialmente poderiam levar a comunidades de aprendizado *on-line* muito grandes. A inscrição em um MOOC pode ou não levar a qualificações com créditos, dependendo do indivíduo. Klobas et al. (2015: 4) relatam que um MOOC inicial da Universidade de Manitoba em 2008 atraiu 2.200 participantes, com apenas 24 pessoas matriculadas para créditos universitários. Para os defensores, esta é uma característica fundamental dos MOOCs: o potencial para qualquer pessoa, independentemente da experiência educacional ou da qualificação anterior, se envolver com materiais de aprendizagem em seu próprio tempo e à sua maneira. Talvez esse seja o tipo de desenvolvimento que Ivan Illich tinha em mente quando defendeu a desescolarização da sociedade.

Embora o ensino superior sempre tenha tido uma dimensão internacional — graças a estudantes estrangeiros, projetos de pesquisa transnacionais e conferências acadêmicas internacionais —, novas oportunidades radicais estão surgindo para colaboração entre estudantes, acadêmicos e instituições educacionais espalhadas pelo mundo. Por meio de aprendizagem baseada na internet, MOOCs e "*e*-universidades", a participação em comunidades de aprendizagem, a educação e as qualificações estão se tornando cada vez mais acessíveis. Credenciais, certificados e diplomas agora podem ser adquiridos fora do mundo das salas de aula físicas e dos estabelecimentos de ensino tradicionais, e diversas instituições e empresas concorrentes estão entrando no mercado global de educação.

Mesmo as universidades convencionais estão tomando medidas para se tornarem universidades virtuais, ou "*e*-universidades". Consórcios de instituições compartilham virtualmente seus recursos acadêmicos, suas instalações de pesquisa, sua equipe de ensino e seus estudantes. Universidades ao redor do mundo reconhecem os benefícios dessas parcerias com outras instituições, cujas ofertas complementam as suas. À medida que o conhecimento e a inovação tecnológica proliferarem, será impossível mesmo para as instituições de elite se manterem atualizadas ante os avanços em todas as disciplinas. Por meio de parcerias *on-line*, elas podem combinar seu conhecimento e disponibilizá-lo para alunos e pesquisadores do consórcio. Estudantes em Milão ou Glasgow, por exemplo, podem acessar bibliotecas *on-line* em Sidney e Copenhague, enviar *e-mails* para especialistas acadêmicos a fim de esclarecer dúvidas e trabalhar em projetos conjuntos de pesquisa em diversos locais espalhados geograficamente.

Conclusão

A revolução digital nas comunicações promete mudanças radicais e possibilidades fabulosas para a educação, na medida em que os entusiastas afirmam que a força da tecnologia digital está em sua capacidade de unir as pessoas e criar novas oportunidades. Escolas na Ásia e na África que não possuem livros didáticos e professores qualificados podem se beneficiar das comunicações *on-line*. Programas de ensino a distância e colaboração com colegas no exterior podem ser a chave para superar a pobreza e a desvantagem. Quando a tecnologia é colocada nas mãos de pessoas inteligentes e criativas, argumenta-se, o potencial é ilimitado. No entanto, a tecnologia digital também pode reforçar as desigualdades educacionais existentes. Como a economia global se baseia cada vez mais em informação e conhecimento, existe um perigo real de que a lacuna entre os ricos e os pobres em informação reforce as desigualdades existentes entre o Norte Global e o Sul Global. Muitos países em desenvolvimento estão lidando com níveis internacionalmente altos de analfabetismo e carecem de infraestrutura para permitir amplo acesso às novas tecnologias.

Como vimos no decorrer deste capítulo, os sistemas nacionais de educação há muito nutrem a grande expectativa de que, de alguma forma, a escolaridade possa cumprir os ideais e as promessas de igualdade de oportunidades de sucessivos governos. No entanto, repetidamente, estudos sociológicos empíricos relatam que os sistemas educacionais não são torres de marfim que ficam fora das estruturas sociais. Em vez disso, eles fazem parte de processos de longa data de reprodução cultural que reproduzem desigualdades sociais e padrões de vantagem e desvantagem. Nem a educação formal, nem a revolução digital nas comunicações têm chances prováveis de prejudicar ou desafiar as desigualdades sociais incorporadas. Essa pode não ser uma conclusão particularmente otimista, mas a primeira tarefa da sociologia é apresentar o mundo como ele realmente é, e não como gostaríamos que fosse. E é somente a partir desse ponto de partida que se pode fazer uma avaliação realista das plataformas políticas e das propostas de políticas educacionais.

Revisão do capítulo

1. O funcionalismo está intimamente ligado às ideias de socialização primária e secundária. Como foram criticadas as ideias funcionalistas de educação e escolarização?

2. Explique o que significa uma "teoria da correspondência" da escolarização e o "currículo oculto". Que aspectos da escolarização as teorias marxistas lutam para explicar?

3. O que se entende por "reprodução cultural"? Ilustre isso com exemplos do trabalho de Willis, Mac an Ghaill e Bernstein.

4. O trabalho de Pierre Bourdieu sobre formas de capital, campos e *habitus* foi muito influente. Cite alguns exemplos de como essas ideias nos ajudam a entender os sistemas educacionais.

5. Como o padrão de resultados de gênero nas escolas mudou ao longo do tempo? Por que as meninas agora superam os meninos na maioria das matérias?

6. Quais grupos étnicos minoritários se saem pior no sistema educacional do Reino Unido e quais se saem melhor? Como explicar tais desigualdades e diferenças?

7. Como você caracterizaria o padrão global de alfabetização e analfabetismo? Indique três fatores principais que levam a baixos níveis de alfabetização.

8. Como você caracterizaria o desenvolvimento da escolarização na Inglaterra e no País de Gales desde 1945? Existe alguma direção para as mudanças ou elas são aleatórias, baseadas na alternância de políticas governamentais dos Partidos Conservador e Trabalhista?

9. O ensino superior se expandiu significativamente desde a Segunda Guerra Mundial, e agora muitas sociedades têm ensino superior em massa, com um grande número de alunos. Que questões e problemas essa expansão produziu?

10. Como a revolução digital está transformando o ensino superior? Que evidências existem de que a universidade física está dando lugar aos ambientes *on-line*?

Pesquisa na prática

O trabalho de Pierre Bourdieu sobre as formas permutáveis de capital serviu principalmente para explicar como as desigualdades sociais de classe, deficiência, etnia e gênero são reproduzidas ao longo do tempo. Mas alguns indivíduos ainda conseguem superar as barreiras estruturais que parecem prender a maioria de seus pares. Como eles fazem isso? Que estratégias eles empregam e quais mecanismos existentes permitem que tais indivíduos tenham sucesso?

O artigo a seguir aborda essa questão usando as principais ideias de Bourdieu para preencher as lacunas em sua posição teórica mais ampla. Leia-o e responda às perguntas que seguem.

> Crul, M., Schneider, J., Keskiner, E. e Lelie, F. (2016). "The Multiplier Effect: How the Accumulation of Cultural and Social Capital Explains Steep Upward Social Mobility of Children of Low-Educated Immigrants", *Ethnic and Racial Studies*, 40(2): 321-338.

1. Qual é a questão de pesquisa nesse artigo? Quais problemas os pesquisadores estão tentando solucionar?
2. Esse é um estudo comparativo. Quais são os elementos sendo comparados?
3. No setor educacional, que mecanismos de exclusão os entrevistados identificam e como eles os contornam?
4. Os autores introduzem o conceito de "efeito multiplicador" para explicar como os indivíduos subiram para cargos melhores na educação (e outras profissões). O que é o efeito multiplicador e como o conceito de capital de Bourdieu é usado nesse artigo?
5. Como os contextos nacionais na França, nos Países Baixos, na Alemanha e na Suécia afetam o sucesso ou o fracasso dos participantes do estudo? Qual contexto melhor conduziu ao sucesso no campo da educação e por quê?

Pensando sobre isso

Desde pelo menos a década de 1950, os sistemas educacionais nas sociedades desenvolvidas têm operado em um modelo meritocrático que promete justiça e igualdade de oportunidades. Moore (2015: 201-204) aponta algumas premissas desse modelo:

- as sociedades modernas exigem níveis cada vez maiores de habilidade e conhecimento;
- os sistemas educacionais identificam e desenvolvem uma série de habilidades nos jovens;
- as escolas conferem qualificações que são usadas pelos empregadores na seleção de funcionários;
- os empregadores contratam trabalhadores mais adequados aos empregos oferecidos;
- se todos os itens acima estiverem em vigor, haverá uma ampla igualdade de oportunidades, e as pessoas poderão se sentir bem tratadas.

Porém, Moore também diz: "Há, no entanto, uma série de problemas nesse modelo, sendo que o maior deles é que ele não funciona!". Com base em evidências e teorias deste capítulo, discuta quais aspectos do modelo meritocrático acima não se materializaram e o motivo. Se o modelo meritocrático não está funcionando, que mudanças os governos devem fazer em seus sistemas educacionais?

Sociedade nas artes

1. Assista ao filme de 2009 *Precious* (dirigido por Lee Daniels) e/ou leia o romance de 1996 no qual é baseado, *Push*, de Sapphire (Chicago: Alfred A. Knopf), renomeado *Precious* em 2009. O romance/filme acompanha a vida de Claireece Precious Jones, uma garota negra de 16 anos que vive em um gueto americano. Precious é vítima de abuso sexual, físico e emocional dos pais e enfrenta diversas desvantagens que restringem muito o seu desenvolvimento educacional e as suas chances de vida. O filme a acompanha enquanto ela tenta mudar suas circunstâncias.

Escreva uma resenha de mil palavras sobre o filme. Discuta eventos e questões do filme usando conceitos sociológicos como classe, pobreza, etnicidade, gênero e interseccionalidade e teorias como marxismo, interacionismo, feminismo e reprodução cultural. Sua conclusão deve refletir sobre o que representações ficcionais como essa, baseadas na vida de um único indivíduo, podem acrescentar ao trabalho sociológico existente sobre educação e desvantagem.

2. Há muitos filmes e romances que retratam adolescentes problemáticos cujas vidas são reviradas por um professor especial que os coloca sob suas asas. Tais histórias ajudam a promover a noção de que a escola é o caminho para a felicidade e a realização. No entanto, como este capítulo mostrou, há um grande corpo de trabalho sociológico que demonstra que a escolarização também reproduz desigualdades e pode ser restritiva tanto quanto capacitadora.

Assista ao documentário de 2010 de Davis Guggenheim, *Waiting for "Superman"*, tendo em mente esse pensamento. O filme acompanha vários alunos enquanto eles tentam entrar em vagas muito concorridas em escolas gratuitas (*charter*) nos EUA — escolas que recebem financiamento estatal, mas também têm uma grande independência organizacional. Quais são as principais críticas ao sistema de ensino público norte-americano feitas no filme? Qual dessas críticas encontra respaldo nas teorias sociológicas e nas críticas à escolarização descritas no capítulo? Que soluções o filme tem a oferecer e quão realistas elas são?

Agora assista a um contradocumentário — *The inconvenient truth about waiting for Superman* — que foi feito pelo Grassroots Education Movement como uma crítica ao filme de Guggenheim, disponível em http://gemnyc.org/our-film/. Esse documentário se propõe a defender a educação pública contra interesses empresariais e políticos que, segundo os realizadores, buscam minar e privatizar a educação. Liste as principais críticas ao filme de Guggenheim. Até que ponto você concorda com elas? Por que a potencial privatização da educação agravaria as desigualdades sociais entre classes, raça e etnicidade? A análise do *Grassroots* se encaixa em alguma das perspectivas sociológicas discutidas neste capítulo?

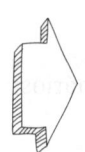

Outras leituras

Existem diversos livros que abordam a sociologia da educação, entre os quais estão *Sociology of education* (London: Sage), de Tomas Boronski e Nasima Hassan (2015), e *Understanding education: a sociological perspective* (Cambridge: Polity), de Sharon Gewirtz e Alan Cribb (2009). Ambos são introduções confiáveis e abrangentes a esse campo.

A sociologia da educação é um campo amplo e bem estabelecido, portanto é uma boa ideia consultar uma reunião de textos sobre tópicos específicos. Para isso, você pode conferir *The Routledge international handbook of the sociology of education* (London: Routledge), de Michael W. Apple, Stephen J. Ball e Luis Armando Gandin (2011), que aborda diversos assuntos, de teorias a masculinidades e desigualdades. *Contemporary debates in the sociology of education* (Basingstoke: Palgrave Macmillan), editado por Rachel Brooks, Mark McCormack e Kalwant Bhopal (2013), é um conjunto de ensaios que tratam de muitas questões-chave.

Sobre a transformação da educação no Reino Unido, consulte *Education in Britain: 1944 to the present* (2. ed., Cambridge: Polity), de Ken Jones (2015). Para obter uma perspectiva global, consulte a seleção editada por Hugh Lauder, Phillip Brown, Jo-Anne Dillabough e A. H. Halsey (2006), *Education, globalization and social change* (Oxford: Oxford University Press), que inclui leituras clássicas e contemporâneas. A mudança nas universidades é um assunto tratado em *The idea of the digital university: ancient traditions, disruptive technologies and the battle for the soul of higher education* (Washington, DC: Westphalia Press), de F. Bryce McCluskey e Melanie Lynn Winter (2012).

Para ver uma seleção de leituras originais sobre instituições sociais, consulte *Sociology: introductory readings* (4. ed., Cambridge: Polity, 2021).

Links da internet

Em **loja.grupoa.com.br**, acesse a página do livro por meio do campo de busca e clique em Material Complementar para ver as sugestões de leitura do revisor técnico à edição brasileira, além de outros recursos (em inglês).

Sociosite on education — muitos *links* para recursos de educação a distância, nem todos eles ligados à sociologia:
www.sociosite.net/topics/education.php

The Global Campaign for Education — muitos recursos educacionais úteis a partir dessa campanha:
www.campaignforeducation.org/

Página da Unesco sobre educação — comparações internacionais e aspectos globais úteis:
http://unesco.org/education/

Educação na OCDE — recursos úteis, com estudos e relatórios arquivados da OCDE:
www.oecd.org/education/

The Sutton Trust — fundação do Reino Unido que analisa a educação e a mobilidade social:
ww.suttontrust.com/

Lifelong Learning — um *site* do Reino Unido que promove o conceito de aprendizagem ao longo da vida:
www.lifelonglearning.co.uk/

CAPÍTULO 17

TRABALHO E EMPREGO

SUMÁRIO

O que é trabalho? **687**

Definições e tipos de trabalho 688

A organização social do trabalho 691

Sindicalismo em declínio 693

Transformando o mundo do trabalho **696**

Gestão científica e fordismo 696

Mudança pós-fordismo 698

A feminização do trabalho 701

Automação e habilidades 707

A economia *gig* e o desemprego **714**

Insegurança na economia *gig* 715

Desemprego 719

O(s) futuro(s) do trabalho **723**

Revisão do capítulo *724*

Pesquisa na prática *725*

Pensando sobre isso *725*

Sociedade nas artes *726*

Outras leituras *726*

Links da internet *727*

Desde o início da pandemia de covid-19 no Reino Unido, pessoas de todo o país foram às ruas todas as quintas-feiras às 20h para o "*Clap for Carers*" (aplauso aos cuidadores), em agradecimento ao comprometimento da equipe de saúde e dos profissionais de saúde.

A maioria dos professores de sociologia já realizou, em algum momento, um exercício com seus alunos pedindo-lhes que imaginassem alguma catástrofe global durante a qual a sociedade, como a conhecemos, entra em colapso e precisa ser reconstruída. Nesse exercício, os alunos recebem uma lista de ocupações e devem classificá-las em ordem de importância para essa tarefa crucial. Uma segunda lista mostra, então, os níveis médios de remuneração para uma série de ocupações, classificadas da mais alta para a mais baixa. Depois, as duas listas são comparadas. Sem um colapso social, como as recompensas financeiras da sociedade são distribuídas atualmente? Essa distribuição corresponde ao *ranking* de significância social dos empregos? Se não, por que não? Esse é, basicamente, um experimento de pensamento projetado para fazer os alunos pensarem sobre por que muitos trabalhadores em funções socialmente importantes são mal pagos, enquanto outros trabalhos "menos importantes" são muito mais lucrativos. Com a pandemia da covid-19, no início da década de 2020, esse experimento mental tem agora uma referência no mundo real.

Durante os chamados "*lockdowns*" impostos por muitos governos para desacelerar a propagação do vírus, alguns grupos de trabalhadores "essenciais" ou "críticos" foram isentados de restrições de movimento, pois as funções que desempenhavam eram consideradas "essenciais". A lista de trabalhadores essenciais do Reino Unido (DfE, 2020a) incluía profissionais de saúde, como enfermeiros, médicos, parteiras, produtores e distribuidores de suprimentos médicos, cuidadores de crianças, educadores e equipes de apoio, agentes funerários, emissoras e jornalistas, pessoas envolvidas na distribuição de benefícios de segurança social, trabalhadores de processamento, produção e entrega de alimentos (incluindo motoristas de caminhão), policiais, funcionários civis de defesa, funcionários de controle de fronteiras, trabalhadores dos correios, trabalhadores da coleta de lixo e trabalhadores de empresas de serviços públicos. A lista não é completa, mas dá uma ideia de quais grupos de trabalhadores mantiveram a sociedade em movimento enquanto cerca de 8 milhões de outros trabalhadores recebiam 80% de seus salários do Estado para "ficar em casa e em segurança", e milhões de outros podiam fazer o seu trabalho em *home office*, por meio da internet. Muitos trabalhadores essenciais estão empregados em algum dos tipos de trabalho mais mal pagos, com menos benefícios no trabalho, e muitos, como trabalhadores de casas de repouso e de cuidados domésticos, recebem um salário mínimo ou um pouco mais.

Uma pesquisa feita com trabalhadores essenciais durante a pandemia (Farquharson et al., 2020) mostrou que a tendência era de serem mulheres (64% *versus* 43% em outras ocupações). Em tempos normais, 35% de todas as trabalhadoras do sexo feminino trabalham em atividades consideradas como "ocupações essenciais". Em média, os trabalhadores essenciais também recebiam 9% menos do que outros trabalhadores, e um terço ganhava menos de £ 10 por hora, abaixo da meta do governo para o salário mínimo nacional. Havia também grandes diferenças no grupo de trabalhadores essenciais. Os trabalhadores do setor de alimentos ganhavam 30% menos do que um trabalhador essencial mediano, enquanto os do jornalismo e do sistema de justiça ganhavam muito mais do que a média.

Os trabalhadores essenciais foram elogiados pelos políticos e pelo público por sua coragem e comprometimento durante uma crise de saúde que ocorre uma vez em um século, mas essa crise também trouxe à tona a disparidade entre os papéis cruciais dos trabalhadores essenciais e sua remuneração e *status* no mundo real. Resta saber se esse grupo de trabalhadores será mais bem remunerado como resultado.

O mundo do trabalho é muito diversificado e extremamente complexo, e muitos fatores se combinam para determinar quais grupos profissionais são capazes de reivindicar com sucesso as mais altas remunerações. As qualificações, os níveis de habilidade, a capacidade do grupo de controlar seus membros, o nível de sindicalização, a escassez de pessoas devidamente qualificadas, a lucratividade do setor e a discriminação por classe, raça e origem étnica, e gênero são alguns dos fatores envolvidos. Neste capítulo, examinamos o mundo do trabalho, com ênfase particular nas mudanças a partir da década de 1970 nas sociedades industrializadas do Norte Global.

Partimos do próprio conceito de trabalho, que apresenta formas e significados variados. A partir disso, passamos a olhar para a gestão do trabalho e das organizações. O mundo do trabalho está sempre em fluxo, e este capítulo discute algumas questões globais sobre a forma como a produção e o consumo mudaram ao longo dos últimos 50 anos, incluindo o surgimento de formas de trabalho cada vez mais flexíveis e seu impacto nas condições de trabalho das pessoas. A feminização da força de trabalho, uma das mudanças mais profundas nos padrões de trabalho, decorre disso. A seção termina com debates sobre automação, habilidades, robótica e inteligência artificial. Na última seção, delineamos o surgimento e o caráter da chamada "economia *gig*" e os níveis crescentes de insegurança e instabilidade do emprego trazidos por ela. Concluímos com as tendências recentes do desemprego e as consequências econômicas e sociais do desemprego.

O que é trabalho?

Muitas vezes, pensamos em "trabalho" como algo equivalente a ter um emprego remunerado, como fica subentendido em estar "desempregado", mas essa é, na verdade, uma visão muito simplista. O trabalho não remunerado, como tarefas domésticas, cuidar dos netos, fazer tricô ou consertar o próprio carro, é um aspecto importante da vida de muitas pessoas, traz uma enorme contribuição para a sociedade e também pode ser considerado "trabalho". O voluntariado a instituições de caridade, comunidades e outras organizações é também uma forma de "trabalho" que tem um importante papel social, em muitos casos preenchendo as lacunas deixadas pelo Estado e pelos prestadores de serviços comerciais, contribuindo para a melhoria da qualidade de vida. Para os sociólogos, é importante definir o que queremos dizer com "trabalho".

Definições e tipos de trabalho

Podemos definir **trabalho**, seja ele remunerado ou não, como a execução de tarefas que exigem esforço mental e físico, que tem como objetivo a produção de bens e serviços para atender às necessidades humanas. Uma **ocupação**, ou um emprego, é o trabalho feito em troca de um salário ou de um pagamento regular. Atualmente, o trabalho é a base da **economia**, e o sistema econômico consiste em instituições que propiciam a produção e a distribuição de bens e serviços. Grint e Nixon (2016: 9) observam que essa definição de trabalho talvez seja a mais utilizada, e que "a maioria dos relatos sociológicos de 'trabalho' realmente se referem ao emprego remunerado". Este capítulo aborda principalmente o emprego remunerado e o ganho de vida, tratando também de outras formas de "trabalho" que atraíram o interesse sociológico.

Budd (2011) discute 10 maneiras diferentes de pensar sobre o trabalho, embora possa haver mais, já que o "trabalho" tem muitos significados na vida social. Para alguns, o trabalho é "uma maldição", algo necessário, mas desagradável, enquanto para outros é uma fonte central de satisfação e realização, parte da identidade e um caminho para a liberdade pessoal. Diversas características do trabalho são importantes:

1. *Dinheiro* O salário é o principal recurso do qual as pessoas dependem para satisfazer suas necessidades. Sem renda, a vida cotidiana é praticamente inconcebível.
2. *Nível de atividade* O trabalho fornece uma base para a aquisição e o exercício de habilidades. Mesmo onde o trabalho é rotineiro, ele oferece um ambiente estruturado em que as energias de uma pessoa podem ser despendidas.
3. *Variedade* O trabalho oferece acesso a novos contextos. No ambiente de trabalho, as pessoas podem gostar de fazer algo diferente das tarefas domésticas.
4. *Estrutura temporal* Para as pessoas com emprego regular, o dia é normalmente organizado em função dos ritmos de trabalho. Aqueles que estão desempregados se queixam frequentemente de tédio e apatia, e houve muitos relatos de pessoas que acharam difícil preencher seus dias durante a ausência forçada do trabalho devido ao fechamento econômico parcial da covid-19.
5. *Contatos sociais* O ambiente de trabalho proporciona amizades e oportunidades de participação e de envolvimento em atividades compartilhadas, incluindo as atividades dos sindicatos. Separado dos ambientes de trabalho, o círculo de amigos e conhecidos de uma pessoa provavelmente será menor.
6. *Identidade pessoal* O trabalho geralmente é valorizado pelo senso de identidade social estável que oferece. A autoestima, muitas vezes, está ligada à contribuição econômica que as pessoas dão para a manutenção de sua família.

Para a maioria dos adultos, o trabalho ocupa uma parte maior de nossas vidas do que qualquer outra atividade. Normalmente associamos trabalho à labuta, mas isso está longe de ser toda a história. Ter um emprego remunerado é importante para manter a autoestima e fornecer estrutura para um ciclo de atividades diárias. Qualquer que seja nossa experiência pessoal de trabalho, sociologicamente devemos começar com o reconhecimento de que, acima de tudo, o "trabalho" é uma relação social e, como tal, deve ser considerado no seu contexto social, se quisermos entendê-lo completamente (Strangleman, 2015: 137). Muitos tipos de trabalho simplesmente não se enquadram nas categorias ortodoxas de "emprego remunerado". O trabalho realizado na economia informal, por exemplo, não é registrado de forma direta nas estatísticas oficiais de emprego, mas ainda traz renda e *status* social.

O termo **economia informal** se refere a transações que ocorrem fora da esfera do emprego regular, envolvendo, às vezes, a troca de dinheiro por serviços prestados, mas também a troca direta de bens ou serviços, como aqueles que geram dinheiro com vendas por meio de *sites* de leilão *on-line*, como Alibaba e eBay. Muitas formas de trabalho sexual, por exemplo, ocorrem dentro do setor informal da economia e não estão de acordo com as normas-padrão de emprego remunerado. No entanto, uma pessoa que é chamada para consertar um vazamento, por exemplo, e é paga em espécie sem qualquer forma de recibo também está trabalhando "informalmente", e outras oferecem bens roubados para amigos e conhecidos em troca de favores. A economia informal inclui não apenas transações financeiras "ocultas", mas também muitas formas de autofavorecimento, que as pessoas realizam dentro e fora de casa. Atividades do tipo faça-você-mesmo, por exemplo, proporcionam bens e serviços que, de outra forma, precisariam ser comprados (Gershuny e Miles, 1983).

> **REFLEXÃO CRÍTICA**
>
> Considere as seis características do trabalho listadas acima. Será que realmente precisamos de trabalho para fornecer essas coisas? Que problemas são vivenciados em relação a esses aspectos pelos desempregados ou aposentados e por aqueles que simplesmente não realizam trabalho remunerado?

Se adotarmos uma visão *global* da experiência do trabalho, existem grandes diferenças entre os países no Norte Global e no Sul Global. Uma diferença importante é que a agricultura continua sendo a principal fonte de emprego na maior parte dos países do Sul Global, ao passo que apenas uma proporção mínima das pessoas trabalha na agricultura nos países industrializados. Claramente, a experiência do trabalho remunerado é muito diferente entre os ambientes rurais de países do Sul Global e o setor de serviços no Norte Global. Da mesma forma, embora no Norte exista uma série de leis trabalhistas que protegem o horário de trabalho, a saúde, a segurança e os direitos dos trabalhadores há muitos anos, as *sweatshops** são comuns nos ambientes menos regulados dos países do Sul Global (Louie, 2001).

---

* N. de R.T. O termo *sweatshops* se refere a locais de trabalho em que os trabalhadores são explorados e realizam longas jornadas com salários baixíssimos e em péssimas condições de trabalho.

> Veja mais detalhes sobre trabalho infantil no Capítulo 6, "Desigualdade global".

Os padrões de emprego também são muito diferentes ao redor do mundo. A OIT (ILO, 2018: 13-15) estima que cerca de 2 bilhões de pessoas em todo o mundo trabalham na economia informal, cobrindo quase 86% do emprego na África, 68% na Ásia e no Pacífico, 68% nos Estados Árabes, 40% nas Américas e apenas 25% na Europa e na Ásia Central. No Norte Global, a economia informal é relativamente pequena se comparada com o setor formal remunerado, mas o padrão é o oposto no Sul Global, onde o trabalho informal é muito maior do que no setor formal. Embora esse trabalho informal seja essencial para os indivíduos, os planos de gastos do governo são limitados pela perda de receitas fiscais e, dessa forma, alguns argumentam, o desenvolvimento econômico é dificultado. Como sugere a OIT (ibid: 14), "O nível de desenvolvimento socioeconômico está positivamente correlacionado com a formalidade".

> Questões associadas ao trabalho de migrantes e as relações entre os trabalhadores migrantes e as comunidades que os hospedam são abordadas no Capítulo 8, "Raça, etnicidade e migração".

Ter um emprego remunerado é importante, mas a categoria de "trabalho" é muito mais ampla, incluindo o trabalho não pago, como o trabalho doméstico. O trabalho doméstico, que tradicionalmente é realizado principalmente por mulheres, costuma não ser remunerado, embora possa ser muito difícil e exaustivo. Vamos explorar o trabalho doméstico com mais detalhes por meio dos estudos clássicos de Ann Oakley sobre o tema (ver o quadro Estudos clássicos 17.1).

Uma das principais questões de interesse para os sociólogos é como o envolvimento crescente das mulheres no mercado afetou a divisão doméstica do trabalho. Se a quantidade de trabalho doméstico não diminuiu, mas menos mulheres hoje são donas

Estudos clássicos 17.1 — Ann Oakley sobre o trabalho doméstico e o papel da dona de casa

O problema da pesquisa

Antes da década de 1970, os estudos sociológicos sobre o trabalho se concentravam no emprego pago na esfera pública. Porém, esse enfoque ignorava a esfera doméstica e simplesmente pressupunha que o que acontecia nas famílias era assunto privado. Todavia, essas premissas arraigadas foram totalmente sacudidas pela segunda onda do feminismo, que desafiou a ideia de que a vida pessoal não era relevante para os sociólogos. Mas qual é a relação entre o trabalho pago e as tarefas domésticas, e por que elas são vistas como uma esfera exclusivamente feminina? Ann Oakley investigou essas questões em dois livros relacionados, publicados em 1974, *The sociology of housework* e *Housewife*.

A explicação de Oakley

Oakley (1974b) argumenta que o trabalho doméstico, em sua forma atual no Ocidente, passou a existir com a separação entre o lar e o local de trabalho. Com a industrialização, o "trabalho" passou a ocorrer longe do lar e da família, e o lar se tornou um local de consumo, em vez de um local para a produção de bens e mercadorias. O trabalho doméstico então se tornou "invisível", à medida que o "trabalho real" passou a ser definido cada vez mais como aquele que recebe um pagamento direto. O trabalho doméstico era então visto como o domínio "natural" das mulheres, enquanto o campo do "trabalho real" fora de casa era reservado para os homens.

Antes das invenções e das facilidades trazidas pela industrialização, o trabalho no lar era difícil e exaustivo. Lavar as roupas da semana, por exemplo, era uma tarefa pesada e difícil. A introdução de água encanada quente e fria nas casas acabou com muitas tarefas demoradas; antes, era preciso carregar a água até a casa e aquecê-la, como ainda ocorre em grande parte do Sul Global. A eletricidade e o gás encanado tornaram os fogões a lenha e carvão obsoletos, acabando com a necessidade de obrigações como cortar lenha regularmente, carregar o carvão e limpar o fogão constantemente.

Ainda assim, segundo Oakley, a quantidade média de tempo que as mulheres gastam no trabalho doméstico não diminuiu de maneira notável, mesmo depois da introdução de equipamentos para economizar tempo. A quantidade de tempo que as mulheres britânicas sem emprego remunerado gastam no trabalho doméstico permaneceu constante, pois, agora, as casas devem ser limpas com mais cuidado do que antes. Os aparelhos eletrodomésticos eliminaram alguns dos deveres mais pesados, mas novas tarefas ocuparam o seu lugar. O tempo gasto com os filhos, guardando compras em casa e preparando refeições, aumentou. Esse trabalho doméstico não remunerado representa entre 25 e 40% da riqueza criada nos países industrializados. Um estudo britânico sobre o uso do tempo estimou que se o trabalho doméstico fosse pago, ele renderia £700 bilhões para a economia (ONS, 2002a). Oakley argumenta que o trabalho doméstico que não é reconhecido e recompensado, na verdade, sustenta o restante da economia, prestando serviços gratuitos dos quais dependem muitos daqueles que têm empregos remunerados.

A devoção integral das mulheres às tarefas domésticas também pode ser um grande fator de isolamento, alienação e falta de satisfação intrínseca. As donas de casa no estudo de Oakley (1974a) consideravam as tarefas domésticas muito monótonas e tinham dificuldade para fugir da pressão psicológica autoimposta para cumprir certos padrões que estabeleciam para seu trabalho. Como o trabalho doméstico não é remunerado e não traz nenhuma gratificação monetária direta, as mulheres obtêm satisfação e gratificações psicológicas por cumprirem padrões de limpeza e ordem, que parecem ser regras impostas externamente. Ao contrário dos homens trabalhadores, as mulheres não podem deixar o "local de trabalho" ao final do dia.

Embora algumas mulheres entrevistadas tenham dito que eram "seus próprios chefes" em casa, Oakley argumenta que isso era ilusório. Enquanto os homens trabalham em um horário fixo e evitam tarefas domésticas adicionais, todas as tarefas domésticas extras, como cuidar de filhos, cônjuges e parentes idosos doentes, significam um aumento no horário de trabalho das mulheres. Isso significa que os homens costumam separar o trabalho e o lazer de maneira clara, e consideram que tarefas extras invadem o seu tempo de lazer protegido, mas, para as mulheres, isso faz pouco sentido, pois elas não vivenciam essa divisão clara do tempo. O trabalho remunerado traz consigo uma renda, que cria uma relação desigual de poder, tornando as donas de casa dependentes do cônjuge para sua sobrevivência econômica e a de suas famílias.

Pontos de crítica

Alguns críticos discordam do argumento de Oakley de que o patriarcado, em vez da classe social, era o fator mais significativo para explicar a divisão entre gêneros do trabalho doméstico. Isso negligenciaria diferenças importantes entre os lares da classe trabalhadora e da classe média no que diz respeito à tomada de decisões e ao compartilhamento de recursos. As mudanças sociais recentes também levantaram a questão de saber se as mulheres trabalhadoras realmente carregam um "fardo dobrado" em relação aos homens, tendo que combinar o trabalho remunerado com o trabalho doméstico.

A quantidade de trabalho doméstico executado pelos homens tem aumentado lentamente. Se medirmos a quantidade *total* de trabalho (pago e doméstico) realizado por homens e mulheres, está havendo um processo real de equiparação, embora a adaptação da sociedade ao aumento no número de mulheres que trabalham tenha ficado um pouco para trás. O estudo de Sullivan (2000) sobre a divisão temporal no Reino Unido descobriu que, desde o final da década de 1950, a proporção feminina das tarefas domésticas havia caído em torno de um quinto em todas as classes sociais, e, quanto mais as mulheres trabalhavam em empregos remunerados, menor era seu comprometimento de tempo com as tarefas domésticas. Será que Oakley foi muito pessimista em relação às perspectivas de mudança nas relações de gênero domésticas?

Relevância contemporânea

O trabalho de Ann Oakley foi imensamente influente nas décadas de 1970 e de 1980, quando os estudos feministas ampliaram o estudo sociológico das relações de gênero e domésticas. E, apesar das questões legítimas levantadas por críticos mais recentes, suas ideias continuam sendo importantes. Mesmo os críticos admitem que as mulheres trabalhadoras continuam a fazer mais trabalho doméstico do que seus companheiros e maridos. Isso corrobora a alegação de Oakley de que as sociedades ocidentais têm posturas e premissas profundamente arraigadas sobre o que constitui o "lugar adequado" das mulheres dentro da esfera doméstica. Mais recentemente, Crompton et al. (2005) observaram que, à medida que pressões econômicas globais aumentam a competição e forçam as empresas a exigir um comprometimento maior de seus trabalhadores (principalmente homens), o processo de equiparação observado por Sullivan (2000) e outros está "parado". As atitudes em relação à divisão doméstica do trabalho *estavam* se tornando menos tradicionais, mas as *práticas* reais dentro dos lares haviam revertido para um padrão mais tradicional.

A pesquisa de Oakley fez muito para ajudar a convencer os sociólogos de que o entendimento das sociedades e da mudança social deve envolver uma análise das relações nas situações domésticas tanto quanto na esfera pública do trabalho e do emprego remunerado.

---

de casa em horário integral, conclui-se que os deveres domésticos devem estar organizados de maneiras muito diferentes hoje em dia.

> Veja uma discussão estendida sobre a divisão do trabalho doméstico no Capítulo 15, "Famílias e relacionamentos íntimos".

> **REFLEXÃO CRÍTICA**
>
> Na sua própria experiência ou na da sua família, que aspectos sofreram mais alterações — tarefas domésticas, criação das crianças, pagamento de contas/gestão financeira ou cuidar de familiares doentes? Quais aspectos têm resistido mais a mudanças e por quê?

A organização social do trabalho

O trabalho nas sociedades industrializadas, conforme discutido por Durkheim em *The division of labor in society* (1984 [1893]), é caracterizado pela existência de uma **divisão do trabalho** altamente complexa, com um número enorme de ocupações diferentes nas quais as pessoas se especializam. Antes da industrialização, o trabalho não agrícola implicava o conhecimento de um ofício, e as habilidades no ofício eram aprendidas no decorrer de um longo período de aprendizado. O trabalhador normalmente executava todas as etapas do processo de produção, do começo ao fim. Por exemplo, para fazer um arado, o ferreiro fundia o ferro, moldava-o e montava o implemento.

Com a ascensão da produção industrial, a maioria dos ofícios tradicionais desapareceu totalmente, sendo substituídos por habilidades que fazem parte de processos de produção em maior escala. A industrialização também testemunhou uma mudança no local de trabalho. O crescimento das fábricas, com

Na década de 1950, as expectativas das meninas giravam em torno do casamento e da vida no lar. Apesar dos grandes avanços, com as mulheres passando a ter um emprego remunerado, os homens em relacionamentos com o sexo oposto permanecem resistentes à divisão igualitária das tarefas domésticas.

máquinas operando com eletricidade e carvão contribuiu para a separação entre o trabalho e a vida no lar. As fábricas se tornaram os pontos focais do desenvolvimento industrial, e a **produção em massa** de bens começou a ofuscar o trabalho artesanal de pequena escala e baseado no lar, exemplificado no sistema fordista, que será discutido mais adiante.

O contraste na divisão do trabalho entre as sociedades tradicionais e outros tipos de sociedade é extraordinário. Mesmo nas maiores sociedades pré-industriais, geralmente não havia mais do que 20 ou 30 ofícios principais, juntamente com papéis especializados, como mercador, soldado e sacerdote. Em um sistema industrial moderno, existem, literalmente, milhares de ocupações distintas, o que implica uma **interdependência econômica** muito mais estreita, à medida que as pessoas dependem de uma quantidade imensa de outros trabalhadores, espalhados por todo o mundo, das áreas de produtos e serviços. Com poucas exceções, a grande maioria das pessoas nas sociedades modernas não produz o alimento que come, as casas onde vive ou os bens materiais que consome.

Os primeiros sociólogos estavam interessados nas consequências sociais dessa extensa divisão do trabalho. Karl Marx argumentou que a indústria moderna reduziria as atividades laborais de muitas pessoas a tarefas de "trabalho" desinteressantes e tediosas. Segundo Marx, a divisão do trabalho no capitalismo aliena os seres humanos de sua ocupação, um aspecto-chave do seu senso de *self*. Para Marx, a **alienação** se refere à perda de controle sobre o processo de produção, normalmente levando a sentimentos de indiferença ou hostilidade em relação ao trabalho e à estrutura geral de produção industrial. Os trabalhadores industriais têm pouco controle sobre seu trabalho, sobre como ele é realizado e por quanto tempo. Assim, o trabalho parece algo estranho a eles, um aspecto intrinsecamente insatisfatório da vida, que deve ser executado por questão de sobrevivência.

Durkheim tinha uma perspectiva mais otimista sobre a divisão do trabalho, embora também reconhecesse seus efeitos potencialmente nocivos. Segundo Durkheim, a especialização dos papéis fortaleceria a solidariedade social por meio de relações multidirecionais de produção e consumo. Durkheim considerava esse modelo altamente funcional, embora também estivesse ciente de que a solidariedade social poderia ser perturbada se a mudança econômica fosse rápida demais.

> Sugerimos rever a síntese das obras de Durkheim e Marx no Capítulo 1, "O que é sociologia?".

É claro que a estrutura ocupacional em todos os países industrializados tem mudado de forma substancial desde o final do século XIX. No começo do século XX, o mercado de trabalho era dominado por empregos de "colarinho azul" na manufatura, mas, com o tempo, o equilíbrio se alternou com posições de "colarinho branco" no setor de serviços. Em 1900, mais de três quartos da população empregada do Reino Unido estava no trabalho braçal (de "colarinho azul"). Porém, na metade do século, os trabalhadores braçais compunham menos de dois terços da população trabalhadora, e, em 2018, os empregos na manufatura caíram para 8% do emprego e 10% da produção econômica total (Rhodes, 2020: 3).

Existem vários motivos para essa mudança. A introdução constante de máquinas para economizar com mão de obra, culminando na difusão da tecnologia da informação nos últimos 35 anos, é uma das razões. A maior parte dos avanços tecnológicos substituiu o trabalho humano por máquinas, até mesmo no cultivo e na agricultura, o que reduz o tamanho da força de trabalho. Em segundo lugar, o declínio dos empregos na manufatura no Norte Global foi especialmente rápido a partir de meados da década de 1970, quando corporações transnacionais migraram grande parte de sua produção para regiões do mundo onde poderiam tirar proveito de baixos custos obtidos com o uso mão de obra muito mais barata e dos ambientes econômicos relativamente não regulados. Terceiro, o desenvolvimento dos estados de bem-estar após 1945 gerou grandes burocracias associadas à saúde e à administração de bem-estar e serviços públicos, o que gerou muitos empregos no setor de serviços.

À medida que o consumismo se tornou uma parte mais significativa da vida, muitos empregos no setor de serviços também foram criados no campo da publicidade e nas indústrias criativas que sustentam a demanda do consumidor. Na década de 1960, alguns sociólogos já estavam teorizando o surgimento de uma sociedade pós-industrial, o que significava menos fábricas enormes, com grande força de trabalho. Uma consequência da mudança para os serviços foi, portanto, a geração de um ambiente menos favorável para identidades e ações coletivas dos trabalhadores e, consequentemente, para o sindicalismo (Touraine, 1971; Inglehart, 1997).

> Para ver mais detalhes sobre os sistemas de produção globais, consulte o Capítulo 4, "Globalização e mudança social".

Sindicalismo em declínio

Quando a indústria manufatureira demitiu trabalhadores, uma das consequências foi a redução da filiação aos sindicatos. No desenvolvimento inicial das indústrias modernas, os trabalhadores não tinham direitos políticos, tendo pouca influência sobre suas condições de trabalho. Os sindicatos se desenvolveram como um instrumento para corrigir esse desequilíbrio de poder entre trabalhadores e empregadores. Por meio da organização coletiva, a influência dos trabalhadores aumentou consideravelmente, mas é preciso lembrar que os sindicatos eram principalmente organizações "defensivas", fornecendo os meios pelos quais os trabalhadores podiam combater o poder esmagador dos empregadores.

O período após 1945 apresentou uma inversão dramática na posição dos sindicatos nas economias industrializadas. O período de 1950 a 1980 foi um tempo de crescimento constante na densidade sindical, e, no final da década de 1970 e no início da década de 1980, mais de 50% da força de trabalho britânica era de sindicalizados. Tomlinson (2019) mostra que, em 1979, cerca de 13 milhões de trabalhadores eram membros de sindicatos, mas a participação depois caiu a longo prazo, e em 2018 ela era constituída de cerca da metade daquela do pico em 1979, com 6,7 milhões. De todos os que estavam empregados em 2018, somente 20,8% eram sindicalizados, e a maior parte deles trabalhava no setor público. Tomlinson observa também que o futuro de longo prazo do sindicalismo é incerto, visto que cada novo grupo de trabalhadores agora tem menos probabilidade de se sindicalizar do que o anterior. Mas por que o sindicalismo era tão forte nas décadas de 1960 e 1970 e por que ele enfraqueceu?

A densidade sindical elevada era comum nos países ocidentais no final do século XX por várias razões. Primeiramente, os fortes partidos políticos da classe trabalhadora criavam condições favoráveis para a organização dos trabalhadores. Em segundo lugar, a negociação entre as empresas e os sindicatos era coordenada em nível nacional, e não nos níveis setorial ou local. Em terceiro, os sindicatos, em vez do Estado, administravam diretamente o seguro-desemprego, garantindo que os trabalhadores que perdiam seus empregos não saíssem do movimento sindical. Os países onde havia uma combinação desses fatores, mas não de todos os três, tinham taxas menores de densidade sindical, variando de dois quintos a dois terços da população trabalhadora.

Tradicionalmente, a manufatura tem sido um reduto do trabalho, enquanto o setor de serviços foi mais resistente à sindicalização. Assim, já se podia

---

USANDO SUA IMAGINAÇÃO SOCIOLÓGICA

17.1 Conflitos industriais e greves

Há muito tempo, existem conflitos entre os trabalhadores e aqueles que detêm posições de autoridade sobre eles. Protestos contra o recrutamento e os impostos elevados ou por falta de alimentos em períodos de fracasso em colheitas eram comuns em áreas urbanas da Europa no século XVIII e continuaram em algumas áreas durante o século XIX. Essas formas tradicionais de confrontação não eram apenas surtos irracionais e esporádicos de violência: a ameaça ou o uso de violência tinham o efeito de limitar o preço dos cereais e outros alimentos essenciais (Rudé, 1964; Booth, 1977). O conflito industrial entre trabalhadores e patrões tendia a seguir esses padrões antigos, mas hoje estamos mais acostumados com a negociação organizada entre trabalhadores e gerência. A tática da greve também foi usada recentemente por estudantes de escolas que protestavam contra a falta de ação rápida sobre as mudanças climáticas, faltando às aulas às sextas-feiras para se manifestar.

Greves

Podemos definir a **greve** como uma interrupção temporária no trabalho de um grupo de empregados para expressar um descontentamento ou forçar o cumprimento de uma demanda (Hyman, 1984). Todos os componentes dessa definição são importantes para separar as greves de outras formas de oposição e conflito. Uma greve é temporária, pois os trabalhadores pretendem retornar ao mesmo trabalho, com o mesmo patrão. Quando os trabalhadores abandonam o emprego de vez, o termo "greve" não é apropriado. Sendo uma interrupção no trabalho, uma greve se distingue da rejeição de horas extras ou "operação-padrão". Deve haver um grupo de trabalhadores envolvido, pois a greve prevê uma *ação coletiva*, e não a resposta de um trabalhador individual. O fato de os envolvidos serem empregados separa as greves dos protestos como os que podem ser feitos por moradores ou estudantes, por exemplo. Finalmente, uma greve envolve divulgar um descontentamento ou forçar o cumprimento de uma demanda.

A greve é essencialmente um mecanismo de poder: uma arma para as pessoas que são relativamente impotentes no local de trabalho e cujas vidas profissionais são afetadas por decisões gerenciais sobre as quais elas têm pouco ou nenhum controle. Geralmente, a greve é uma arma de "último recurso", pois os grevistas não recebem salário ou dependem de verbas dos sindicatos, que podem ser limitadas.

REFLEXÃO CRÍTICA

As greves são menos comuns hoje do que eram no final do século XX. Por que isso acontece? Liste alguns dos obstáculos à decisão dos trabalhadores de entrar em greve.

antecipar que um declínio no trabalho manufatureiro poderia levar a um declínio na filiação sindical. Há muitas explicações para a queda na densidade sindical nas indústrias e entre elas. Primeiro, a recessão na atividade econômica mundial, associada a níveis elevados de desemprego, particularmente durante a década de 1980, enfraqueceu a posição dos trabalhadores na mesa de negociação. Em segundo lugar, o intenso crescimento da competição internacional, particularmente de países do Extremo Oriente, onde os salários costumam ser inferiores aos do Ocidente, enfraqueceu o poder de barganha dos sindicatos. Em terceiro, a ascensão de governos de direita ao poder em muitos países, como os Conservadores Britânicos em 1979, levou a um ataque agressivo contra os sindicatos, que eram vistos como um freio sobre a política de liberalismo econômico, agora conhecida como "neoliberalismo".

No Reino Unido, os sindicatos saíram derrotados de muitas greves importantes, incluindo a derrocada do Sindicato Nacional dos Mineiros no Reino Unido em 1984-1985, que durou um ano inteiro. No entanto, esse não é um exemplo típico das greves que ocorrem no Reino Unido hoje, que costumam ter como origem disputas no setor público em torno de questões salariais, aposentadorias e condições de trabalho. Por exemplo, em 2014, o Sindicato Nacional dos Professores (NUT), os trabalhadores de saúde da Unison e três outros sindicatos votaram a favor da greve após o congelamento salarial planejado pelo governo por dois anos. O objetivo era levar o governo a negociações para resolver uma disputa salarial. Além disso, entre 2015 e 2016, o governo tentou introduzir um novo contrato para médicos juniores no NHS na Inglaterra, mas, após o fracasso nas negociações, a British Medical Association (BMA) iniciou o processo de instaurar uma série de greves curtas por médicos juniores.

A mudança mais importante para o sindicalismo tem sido um clima econômico de níveis historicamente altos de desemprego, um crescimento dos contratos flexíveis de meio expediente e zero hora (quando não existe um número de horas de trabalho mínimo garantido, e o trabalhador não é obrigado a aceitar qualquer trabalho oferecido) e uma divisão crescente entre empregos de tempo integral, relativamente seguros, e empregos inseguros e mal pagos. Talvez o melhor exemplo das consequências dessa divisão seja o fato de que, durante e após a crise financeira de 2008, os sindicatos trabalharam em colaboração com os empregadores para negociar reduções de horas e pagamento a seus membros, em vez de arriscar demissões. Esse tipo de pragmatismo é característico do sindicalismo em todo o setor privado hoje e, embora a associação sindical do Reino Unido tenha atingido um ponto baixo de 6,23 milhões em 2016, em 2018 havia aumentado novamente para 6,35 milhões. Refletindo o aumento do emprego no setor de serviços, desde 2003 a maioria dos membros dos sindicatos são mulheres (DBEIS, 2019: 1).

No setor informal da economia, que inclui trabalhadores empregados na entrega de alimentos e motoristas de táxi que trabalham como "contratados autônomos", em vez de funcionários (em plataformas como Deliveroo e Uber, respectivamente), a organização sindical está praticamente ausente. No entanto, mesmo nesses casos houve sinais de início de ação coletiva e sindicalização.

Cant (2020) relata que, em 2016, a Deliveroo tentou mudar a forma como seus entregadores autônomos em Londres eram pagos, de uma taxa horária de £ 7 e de £ 1 por entrega para um salário de £ 3,75 por entrega, eliminando totalmente a taxa horária. Isso seria bom para a empresa, mas poderia significar um corte salarial para muitos dos trabalhadores. Centenas de motoristas da Deliveroo entraram em greve em protesto, trazendo caos ao serviço em toda a cidade. Um sindicato recém-criado, o Independent Workers of Great Britain (IWGB, fundado em 2012), arrecadou dinheiro por meio de uma campanha coletiva para apoiar os grevistas, e a Deliveroo recuou, concordando em manter o sistema de pagamento anterior para todos os trabalhadores existentes, embora novos trabalhadores ainda precisassem adotar o novo método de pagamento por entrega. É provável que, no setor da economia *gig*, as táticas sindicais tradicionais, como as greves, ainda possam ser eficazes, mas junto a novas formas de organização apropriadas para uma força de trabalho altamente individualizada e dispersa.

O poder dos sindicatos tende a se tornar menor durante os períodos em que o desemprego é relativamente alto, porque os membros temem por seus empregos e são menos propensos a apoiar a ação sindical. Mas a tendência à **produção flexível** e à precarização enfraqueceu ainda mais o sindicalismo convencional. Desde a década de 1980, houve muitas fusões de sindicatos na tentativa de manter sua força e sua influência, e eles trabalharam duro para estabilizar sua posição em um clima muito difícil. Dado o *status* relativamente fraco dos trabalhadores em relação aos empregadores, é improvável que a força coletiva proporcionada pelos sindicatos desapareça completamente.

Transformando o mundo do trabalho

Desde a década de 1970, o mundo do trabalho passou por algumas mudanças importantes. As indústrias de manufatura viram uma mudança radical de um sistema uniforme de produção em massa para sistemas mais flexíveis. Esses últimos alimentam os nichos de mercado diferenciados de hoje, mas também geram incerteza a muitos trabalhadores. A mudança para uma economia de serviços também fez com que mais mulheres entrassem para o mercado de trabalho, em um processo conhecido como "feminização do trabalho". Muitas mulheres mais jovens atualmente têm carreiras bem pagas que estavam efetivamente vedadas à geração anterior, ainda que a experiência das pessoas com a tendência de feminização não seja uniformemente positiva. Por fim, esta seção analisa os impactos recentes e futuros possíveis de novas formas de automação, robótica e inteligência artificial no mundo do trabalho e nas habilidades humanas.

Gestão científica e fordismo

Adam Smith, um dos fundadores da economia moderna, identificou as vantagens que a divisão do trabalho proporcionava em termos de aumento da produtividade. Seu trabalho mais famoso, *A riqueza das nações* (1991 [1776]), começa com uma descrição da divisão do trabalho em uma fábrica de alfinetes. Uma pessoa trabalhando sozinha talvez conseguisse fazer 20 alfinetes por dia. Todavia, subdividindo-se o trabalho em diversas operações simples, 10 trabalhadores cumprindo funções especializadas em cooperação poderiam produzir coletivamente 48 mil alfinetes por dia. A taxa de produção por trabalhador, em outras palavras, aumentaria de 20 para 4.800 alfinetes, e cada operador especializado produziria 240 vezes mais do que se trabalhasse sozinho.

Mais de um século depois, essas ideias chegaram à sua expressão máxima nos escritos de Frederick Winslow Taylor (1865-1915), um consultor administrativo norte-americano. A abordagem de Taylor conhecida como "administração científica" envolvia o estudo detalhado de processos industriais para subdividi-los em operações simples que pudessem ser cronometradas e organizadas com precisão. O **taylorismo** é um sistema de produção que foi projetado para maximizar a produção industrial e teve um grande impacto não apenas na organização da produção e da tecnologia industrial, mas também na política do local de trabalho. Em particular, os estudos de Taylor sobre o tempo e o movimento tiraram do trabalhador o controle sobre o conhecimento do processo de produção, colocando-o firmemente nas mãos da administração, implodindo a base sobre a qual os trabalhadores manuais mantinham sua autonomia (Braverman, 1974). Desse modo, o taylorismo passou a ser amplamente associado à desqualificação e à degradação do trabalho.

Os princípios do taylorismo foram usados pelo industrialista Henry Ford (1863-1947). Ford criou sua primeira fábrica de automóveis em Highland Park, Michigan, em 1908, para fabricar apenas um produto — o Ford Modelo T —, envolvendo a introdução de ferramentas especializadas e maquinário criado para conferir velocidade, precisão e simplicidade à operação. Uma das inovações mais significativas de Ford foi a introdução da linha de montagem, supostamente inspirada nos matadouros de Chicago, nos quais os animais eram desmembrados parte por parte ao longo de uma fila em movimento. Cada trabalhador na linha de montagem de Ford tinha uma tarefa especializada, como, por exemplo, encaixar as maçanetas da porta esquerda à medida que os carros andassem ao longo da linha. Em 1929, quando a produção do Modelo T terminou, haviam sido produzidos mais de 15 milhões de carros dessa maneira.

Ford foi um dos primeiros a entender que a produção em massa exige mercados de massa. Ele concluiu que, para que mercadorias padronizadas como o automóvel pudessem ser produzidas em uma escala cada vez maior, também seria preciso garantir a presença de consumidores que pudessem comprá-las. Em 1914, Ford deu o passo inédito de aumentar os salários unilateralmente para 5 dólares por um dia de oito horas — um salário muito generoso para a época. Isso visava a garantir que o estilo de vida da classe trabalhadora pudesse incluir a posse de adquirir um carro da Ford. Conforme diz Harvey (1989: 126): "o propósito do dia de cinco dólares e oito horas era garantir minimamente a obediência dos trabalhadores à disciplina necessária para operar o sistema altamente produtivo da linha de montagem. Coinciden-

O fordismo reuniu grandes quantidades de trabalhadores, facilitando o crescimento de um sindicalismo forte. O que acontece quando os robôs substituem os trabalhadores?

temente, a proposta também visava a proporcionar renda suficiente para que os trabalhadores consumissem os produtos feitos em massa que as corporações venderiam em quantidades cada vez maiores". Nessa época, o fordismo era caracterizado pela confiança mútua: dos trabalhadores no empregador pelo pagamento de seus salários e dos empregadores na oferta de trabalhadores locais para suas atividades lucrativas. Ao contrário das corporações transnacionais de hoje, não era possível para uma empresa como a Ford mover suas fábricas e sedes pelo mundo para encontrar a mão de obra mais barata e a melhor regulamentação. Ford também recrutou os serviços de um pequeno exército de assistentes sociais, que foram enviados aos lares dos trabalhadores para educá-los nos hábitos de consumo apropriados.

Na sociologia econômica, o **fordismo** se refere ao período histórico desde o início do século XX até o início da década de 1970 que foi caracterizado pela produção em massa, pela relativa estabilidade nas relações de trabalho e por um grau elevado de sindicalização. Sob o fordismo, as empresas assumiram compromissos de longo prazo com os trabalhadores, e os salários eram ligados à produtividade. Desse modo, os acordos coletivos — acordos formais negociados entre as empresas e os sindicatos sobre condições de trabalho e salários — garantiram o consentimento do trabalhador para regimes de trabalho automatizado e demanda suficiente para mercadorias produzidas em massa.

Considera-se que o sistema fordista acabou na década de 1970. As razões para o declínio do fordismo são complexas. O fordismo era baseado no fornecimento de bens aos mercados domésticos, mas, quando as corporações transnacionais se espalharam e os mercados internacionais se tornaram mais importantes, o sistema fordista baseado no mercado doméstico foi efetivamente superado. As multinacionais também trouxeram nova concorrência. O Japão e a então Alemanha Ocidental (e, mais tarde, as NICs do Sudeste Asiático) romperam a ligação íntima entre produção e consumo domésticos. Os bens importados se tornaram mais populares para os consumidores domésticos, e os arranjos fordistas aparentemente "acolhedores" foram rompidos (Tonkiss, 2006: 93-94).

Parecia que o fordismo era o futuro provável da produção industrial em todos os lugares, mas isso não se provou verdadeiro. O sistema somente pode ser aplicado nos setores que fabricam produtos padronizados para mercados grandes e uniformes. Construir linhas de produção mecanizadas é muito dispendioso e, depois que um sistema fordista está estabelecido, ele se torna muito rígido. Para alterar um produto, por exemplo, necessita-se de um reinvestimento substancial. As empresas em países onde a mão de obra é cara têm dificuldade para competir com aquelas onde existe mão de obra mais barata. Esse foi um dos fatores que levaram à ascensão da indústria automobilística japonesa (embora os níveis salariais no Japão atualmente não sejam baixos) e, subsequentemente, a da Coreia do Sul.

O fordismo e o taylorismo também são **sistemas de baixa confiança**, em que as tarefas são determinadas pela administração e são voltadas para as máquinas. Aqueles que executam as tarefas são supervisionados minuciosamente e têm pouca autonomia, pois são monitorados constantemente por meio de diversos sistemas de **vigilância** e gerenciamento científico (Misztal, 2013: 21-23). Em locais de trabalho com muitas posições de baixa confiança, o nível de insatisfação e absenteísmo dos trabalhadores é elevado, e o conflito trabalhista é comum. Um **sistema de alta confiança**, em comparação, é aquele em que os trabalhadores podem controlar o ritmo, e até mesmo o conteúdo do seu trabalho, dentro de diretrizes gerais. Esses sistemas se tornaram mais comuns atualmente, transformando a própria maneira como pensamos sobre a organização e a execução do trabalho.

Mudança pós-fordismo

Desde meados da década de 1970, foram introduzidas práticas flexíveis em diversas esferas, incluindo o desenvolvimento de produtos, técnicas de produção, estilos de administração, ambientes de trabalho, envolvimento dos empregados e *marketing*. O trabalho em grupo, as equipes de resolução de problemas, o trabalho polivalente e a atuação em nichos de mercado são apenas algumas das estratégias que as empresas têm adotado para tentar se reestruturar e aproveitar as oportunidades oferecidas pela economia global. O conceito de **pós-fordismo** foi criado para capturar essa mudança radical dos princípios fordistas (Amin, 1994; Beynon e Nichols, 2006). O conceito popularizado por Michael Piore e Charles Sabel (1984) descreve uma nova era após o fordismo, em que a flexibilidade e a inovação são maximizadas para satisfazer as demandas do mercado por produtos diversos e customizados.

O pós-fordismo inclui o conjunto de mudanças sobrepostas que ocorrem no projeto, na manufatura e na distribuição, embora alguns argumentem que estes também precisam estar relacionados a mudanças na sociedade em geral. A flexibilidade e a oposição à uniformidade também podem ser vistas em esferas tão diversas quanto a política partidária, os programas de bem-estar social e as opções de estilo de vida e consumo. Logo, o pós-fordismo foi usado para discutir um conjunto estrito de mudanças nos processos de produção, mas também uma mudança muito maior para uma ordem social mais diversificada e altamente individualizada. Vamos considerar essas tendências antes de examinar algumas críticas da tese pós-fordista em geral. Conectar o mundo da produção econômica à política, às políticas públicas e à mudança de estilos de vida, dessa maneira, é fundamental para a **sociologia econômica**.

Produção em grupo, flexibilidade e produção global

Uma mudança significativa foi a disseminação da produção flexível, do *computer-aided design* (CAD) — projeto assistido por computador — e da *computer-aided manufacture* (CAM) — fabricação assistida por computador. O sistema fordista não conseguia dar conta de pedidos pequenos de mercadorias, muito menos de mercadorias feitas especificamente para um cliente individual, algo refletido na famosa frase de Henry Ford sobre o primeiro carro produzido em massa: "as pessoas podem ter o Modelo T em qualquer cor — desde que seja preto". Os projetos assistidos por computador, juntamente com outras formas de tecnologia computadorizadas, mudaram essa situação de maneira radical, permitindo a "customização em massa" de produtos (Davis, 1988). Por exemplo, 5 mil camisetas poderiam ser produzidas diariamente em uma linha de montagem, mas hoje se pode customizar cada uma das camisetas com a mesma rapidez e sem um custo maior.

Dados da internet podem ser usados para obter informações sobre a demanda de consumidores individuais e, assim, fabricar produtos considerando esses requisitos específicos. Alguns proponentes argumentam que a **customização em massa** oferece nada menos do que uma nova Revolução Industrial, um acontecimento tão significativo quanto a introdução de técnicas de produção em massa no início do século XX. Os céticos estão menos convencidos, apontando que a customização em massa cria a ilusão de escolha, mas, na realidade, as opções disponíveis para os clientes pela internet não são maiores do que as oferecidas por um típico catálogo de encomenda postal (J. Collins, 2000).

> As críticas de arte na era da produção e do consumo em massa da Escola de Frankfurt são abordadas no Capítulo 19, "Mídia".

A Dell Computers foi longe na customização em massa. Seus clientes precisam usar a internet, pois a Dell não tem lojas de varejo. Dessa forma, as pessoas podem selecionar a combinação de características que quiserem. Depois de feito o pedido, um computador é construído segundo as especificações e enviado. De fato, a Dell virou de cabeça para baixo a maneira tradicional de fazer negócio: as empresas antes construíam o produto primeiro e depois se preocupavam em vendê-lo. Hoje, os customizadores em massa como a Dell vendem antes e montam depois. Essa mudança trouxe consequências importantes para a indústria. A necessidade de manter estoques de peças — um custo considerável para os fabricantes — foi dramaticamente reduzida quando foram introduzidos métodos *just-in-time*, em que os componentes são entregues somente quando exigidos ("no tempo certo"). Além disso, uma proporção cada vez maior da produção é terceirizada, e a troca rápida de informações entre fabricantes e fornecedores, possibilitada pela tecnologia da internet, agora é essencial. A escala de terceirização aumentou muito, ameaçando os cargos relativamente bem pagos dos trabalhadores nas economias industrializadas de alta remuneração.

As mudanças na manufatura incluem não apenas *como* os produtos são fabricados, mas também *onde*. Durante grande parte do século XX, as organizações empresariais mais importantes, como Ford e General Motors, empregavam dezenas de milhares de operários, que fabricavam tudo, desde componentes individuais até os carros finais, que eram então vendidos nas concessionárias dos próprios fabricantes. A virada do pós-fordismo revelou um outro tipo de produção, em que varejistas importantes como a Amazon, e não os fabricantes, estão no controle. No início do século XXI, a Amazon começou a montar seus próprios espaços *dentro* dos depósitos dos fornecedores — uma estratégia chamada "debaixo de suas tendas" (IMS, 2013). Basicamente uma extensão do princípio do *just-in-time*, essa jogada permite que a Amazon reduza seus custos de estoque e depósito próprios e receba, processe e entregue os pedidos a partir da faixa de produtos da empresa "hospedeira" muito mais rapidamente do que a concorrência. Agora, em vez de movimentar produtos empacotados por todo o país, pode-se simplesmente movê-los para outro pavimento do mesmo depósito.

Bonacich e Appelbaum (2000) mostraram que, na fabricação de roupas, a maioria dos "fabricantes" não emprega nenhum trabalhador têxtil. Em vez disso, eles contam com milhares de fábricas ao redor do mundo para fazer suas roupas, que vendem em lojas de departamento e outras lojas de varejo. Os fabricantes de roupas não têm nenhuma dessas fábricas e, portanto, não são responsáveis pelas condições de trabalho em que as roupas são feitas. Cerca de dois terços de todas as roupas vendidas nos Estados Unidos são feitos em fábricas fora do país, incluindo China, Taiwan e Filipinas, onde os trabalhadores recebem uma fração dos salários norte-americanos. Varejistas e fabricantes vasculham o mundo em busca dos custos salariais mais baixos, e grande parte das roupas que usamos atualmente provavelmente foi fabricada em *sweatshops* por trabalhadores jovens que recebem muito pouco para fazer roupas ou artigos esportivos que são vendidos por dezenas ou centenas de libras por item.

> Veja no Capítulo 6, "Desigualdade global", uma discussão sobre o trabalho em *sweatshops* e o trabalho infantil.

Mesmo onde a produção foi customizada, como no setor eletrônico, ainda há elementos da linha de produção fordista.

A **produção em grupo** — produção realizada por meio de grupos colaborativos de trabalhadores — tem sido usada em conjunto com a automação como forma de reorganizar o trabalho. A ideia principal é aumentar a motivação do trabalhador, deixando grupos de trabalhadores atuarem conjuntamente em processos de produção em equipe, em vez de exigir que cada trabalhador passe o dia inteiro fazendo uma única tarefa repetitiva. No entanto, diversos estudos identificaram uma série de consequências negativas. Embora a autoridade de uma gestão direta seja menos aparente, a supervisão constante por outros trabalhadores da equipe representa uma nova forma de vigilância mútua. O resultado pode ser "uma realidade de chão de fábrica que contrasta fortemente com os ideais de treinamento" (Raz, 2002: 131-132).

Laurie Graham (1995) trabalhou durante seis meses em Indiana, na linha de produção da fábrica de automóveis Subaru-Isuzu, de propriedade japonesa. Ela descobriu que a pressão de outros colegas trabalhadores para alcançar maior produtividade era implacável. Um colega de trabalho disse a ela que, depois de inicialmente se entusiasmar com a produção em grupo, a supervisão de pares era apenas um novo meio de gerenciamento tentando "usar as pessoas até a morte". Graham também descobriu que a Subaru-Isuzu usou o conceito de produção em grupo para resistir aos sindicatos. Se a direção e os trabalhadores fossem percebidos como estando na mesma equipe, não deveria haver conflito: um bom "parceiro de equipe" não reclama. Exigências por salários mais altos ou redução de responsabilidades eram vistas como falta de cooperação e comprometimento. Assim, embora a produção em grupo pudesse oferecer aos trabalhadores oportunidades para um trabalho menos monótono, também havia evidências de que "a gerência mantinha o controle dos funcionários no local de trabalho, apesar da participação dos funcionários e da produção baseada em equipe" (Fairhurst e Zoller, 2008: 135).

Críticas ao pós-fordismo

Embora reconheçam que transformações estão ocorrendo no mundo do trabalho e na vida econômica, alguns analistas rejeitam o rótulo do "pós-fordismo". Uma crítica comum é que os analistas pós-fordistas estão exagerando ao afirmar que as práticas fordistas foram abandonadas. O que estamos testemunhando, dizem os críticos, é a integração de algumas abordagens novas com as técnicas fordistas existentes — um novo fordismo ou "neo-fordismo", em vez de um pós-fordismo (Wood, 1989). Outros veem tanto o fordismo quanto o pós-fordismo como generalizações excessivas que mascaram o fato de que a produção econômica sempre foi caracterizada por diversas técnicas, em diferentes setores (Pollert, 1988).

No entanto, não há dúvida de que, seja qual for o nome que lhes dermos, os variados métodos de produção que descrevemos são parte integrante da crescente globalização da vida econômica. As tendências pós-fordistas remodelaram a experiência do trabalho à medida que o mundo anteriormente previsível e estável deu lugar a um ambiente de trabalho mais flexível e menos seguro, algo que, como veremos mais adiante neste capítulo, trouxe consequências para toda a sociedade.

A feminização do trabalho

Até a última metade do século XX, o trabalho remunerado nos países desenvolvidos era predominantemente da esfera dos homens, que precisavam de um "ganha-pão" para sustentar toda a **família**. Essa situação mudou radicalmente à medida que mais e mais mulheres ingressaram na força de trabalho, no que foi descrito como a "feminização" gradual do trabalho (Caraway, 2007). Esse processo multifacetado é uma grande mudança histórica que transformou a experiência do trabalho remunerado e está transformando as relações de gênero em todas as áreas da sociedade.

Para a grande maioria da população nas sociedades pré-industriais, a atividade produtiva e as atividades domésticas não eram separadas. A produção era feita em casa ou nas proximidades, e todos os membros da família participavam do trabalho na terra ou na manufatura. Como resultado de sua importância nos processos econômicos, as mulheres muitas vezes tinham uma influência considerável dentro da família, mesmo que fossem excluídas das esferas dominadas pelos homens, da política e da guerra. Muito disso mudou com a separação entre o local de trabalho e o lar, provocada pelo desenvolvimento dos locais de trabalho industriais.

Estabeleceu-se uma divisão cada vez maior entre o lar e o local de trabalho, e a ideia de esferas separadas — pública e privada — se arraigou. Os homens, em virtude de seu emprego fora de casa, passaram mais tempo na esfera pública e envolveram-se nos assuntos locais, na política e no mercado. As mulheres passaram a ser associadas aos valores "domésticos" e eram responsáveis pelo cuidado dos filhos, pela manutenção da casa e pela preparação da comida para a família. A ideia de que "lugar de mulher é dentro de casa" teve diferentes consequências. As mulheres abastadas usufruíam dos serviços de empregadas domésticas, enfermeiras e criadas, mas o peso era maior para as mulheres mais pobres, que tinham de lidar com as tarefas domésticas, bem como com o trabalho remunerado.

A participação das mulheres na força de trabalho remunerada aumentou de forma relativamente contínua ao longo do século XX. Uma grande influência para isso foi a escassez de mão de obra durante a Primeira Guerra Mundial, quando as mulheres desempenhavam muitos trabalhos antes considerados exclusivamente masculinos. No retorno da guerra, os homens novamente assumiram a maioria desses empregos, mas o mito do padrão supostamente "natural" preestabelecido foi quebrado. Nos anos que se seguiram a 1945, a divisão dos sexos no trabalho mudou drasticamente. Por exemplo, a taxa de emprego das mulheres no Reino Unido — a proporção daquelas em idade ativa e empregadas — aumentou entre 1971 e 2019 de 53% para 72,4%. Por outro lado, a taxa de emprego dos homens caiu de 92% para 80%, reduzindo, assim, a diferença de gênero nas taxas de emprego (ver Figura 17.1). Grande parte do aumento da atividade econômica das mulheres resultou de um crescimento do trabalho de meio período, relativamente mal remunerado.

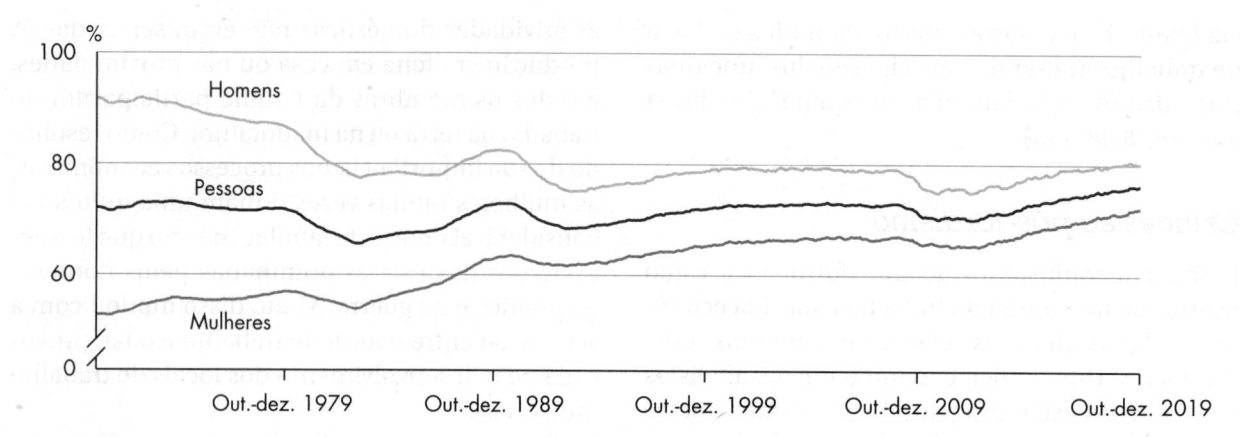

FIGURA 17.1 Taxas de emprego remunerado no Reino Unido, por gênero (de 16 a 64 anos), 1971-2019.
Fonte: ONS (2020c: 3).

Existem várias razões pelas quais a diferença de gênero vem diminuindo. Com o aumento da idade média das mães no primeiro parto, muitas mulheres assumem trabalho remunerado antes de ter filhos e retornam ao trabalho depois. Famílias menores significam redução do tempo que as mulheres passam em casa cuidando de crianças pequenas. As razões financeiras são importantes para explicar por que mais mulheres entraram no mercado de trabalho. As pressões econômicas sobre a família, incluindo o aumento do desemprego masculino, levaram mais mulheres a procurar trabalho remunerado. Muitas famílias acham que duas rendas são necessárias para sustentar o estilo de vida desejado, e a família com dupla renda se tornou comum. Por fim, é importante notar que muitas mulheres optaram por entrar no mercado de trabalho (e no ensino superior) por desejo de realização pessoal e buscando igualdade de gênero. Tendo conquistado a igualdade legal com os homens, muitas mulheres aproveitaram novas oportunidades para realizar esses direitos em suas próprias vidas.

A maioria dos novos empregos hoje são criados em serviços como escritórios, supermercados e centros de serviços, *call centers*, aeroportos e serviços na área financeira, e muitas dessas vagas foram preenchidas por mulheres. Globalmente, a esmagadora maioria dos trabalhadores está agora empregada nos serviços (no Norte Global) ou na agricultura (no Sul Global), com menos de um quarto na indústria, tradicionalmente dominada por homens. Em 2002, pela primeira vez, uma porcentagem maior da força de trabalho global estava empregada em serviços, em comparação com a agricultura ou a indústria, e parece provável que essa tendência continue (Figura 17.2).

Globalmente, as mulheres representam cerca de 40% da força de trabalho, embora existam diferenças nacionais significativas. As mulheres constituem a maior parte da força de trabalho na África Subsaariana, com mais de 50% na Libéria, na Gâmbia, na Tanzânia e no Zimbábue. Nos países da União Europeia, as mulheres representam pelo menos 45% da força de trabalho, enquanto a participação feminina no Oriente Médio e no Norte da África é geralmente muito menor. As mulheres representam menos de um quinto da força de trabalho na Síria, na Argélia, na Arábia Saudita, no Irã e no Catar (Fetterolf, 2017; Figura 17.3). Na União Europeia, na Europa Central e Oriental, na Comunidade dos Estados Independentes e na América Latina, bem como no Oriente Médio e no Norte da África, as mulheres são empregadas predominantemente no setor de serviços. Na África Subsaariana, as mulheres trabalham majoritariamente na agricultura (ILO, 2007a).

Em muitos países, a *natureza* do emprego das mulheres também é diferente da dos homens. Relatórios do Reino Unido sugerem que três quartos da população feminina trabalhadora estão envolvidos em trabalho de tempo parcial e mal remunerado — escritórios, limpeza, caixa e restaurantes —, e esse padrão é repetido em todas as economias desenvolvidas (Women and Equality Unit 2004). Nas próximas seções, vamos examinar as origens e as implicações da feminização do trabalho.

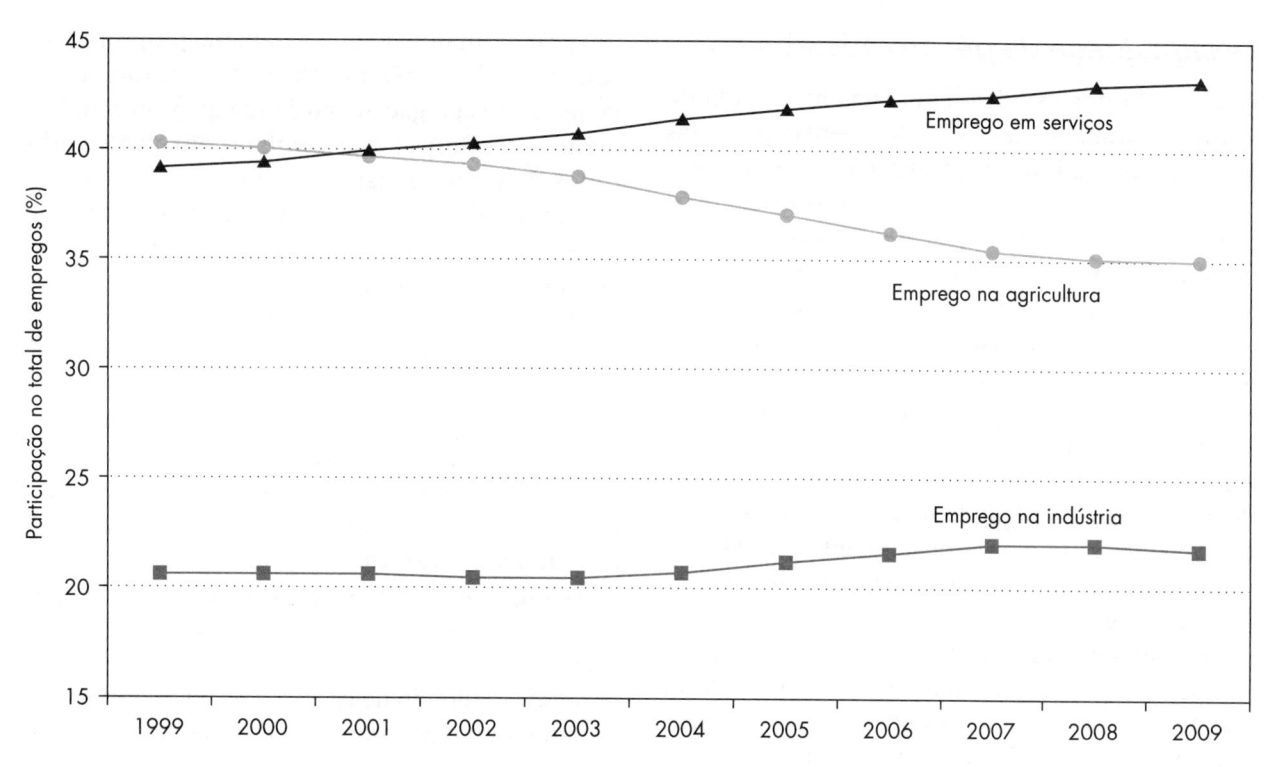

FIGURA 17.2 Emprego global por setor (participação no total), 1999-2009.
Fonte: ILO (2011a: 20).

FIGURA 17.3 Participação feminina na força de trabalho em países selecionados, 2010-2016.
Fonte: Fetterolf (2017).

Participação feminina na força de trabalho (%)

País	%
Zimbábue	52.8%
Malawi	52.2%
Gâmbia	50.8%
Libéria	50.6%
Tanzânia	50.5%
Lituânia	50.4%
Letônia	49.8%
Barbados	49.7%
Moldávia	49.5%
Bahamas	49.5%
EUA	46.8%
UE	46.5%
Índia	25.9%
Kosovo	23.8%
Egito	23.6%
Paquistão	22.9%
Territórios palestinos	20.6%
Argélia	18.1%
Irã	17.4%
Arábia Saudita	16.6%
Síria	15.1%
Catar	13.4%

*Média na União Europeia baseada nos 28 países-membros.

Desigualdade de gênero no trabalho

O aumento dos estudos feministas na década de 1970 levou à análise das relações de gênero por todas as principais instituições da sociedade, e as sociólogas feministas exploraram as maneiras pelas quais as organizações modernas se desenvolveram especificamente em relação ao gênero. As organizações se caracterizavam pela **segregação ocupacional de gênero** e, à medida que começaram a entrar no mercado de trabalho em maior quantidade, as mulheres costumavam ser segregadas em *categorias de ocupações* de baixa remuneração, que envolviam o trabalho corriqueiro e não ofereciam oportunidades de promoção. Em segundo lugar, em muitos locais de trabalho, as mulheres desempenhavam tarefas rotineiras — como balconistas, datilógrafas, secretárias e gerentes de escritório —, enquanto para os homens eram esperadas carreiras bem remuneradas.

A segregação ocupacional de gênero se refere ao fato de que os homens e as mulheres se concentram em *tipos diferentes* de empregos, com base na visão predominante do que é trabalho propriamente "masculino" e "feminino". Haas (2020: 15) argumenta que essa segregação não é uma questão simplesmente econômica, mas também envolve significados culturais transmitidos historicamente. Por exemplo, a diferença de gênero foi historicamente construída como hierárquica, com "homens como líderes e mulheres como lideradas", o que "legitimou e reproduziu o patriarcado no lar e no local de trabalho, que sobrevive como desigualdade salarial". As corporações modernas se desenvolveram dessa maneira, com ambientes dominados por homens, em que as mulheres foram excluídas do poder, tiveram oportunidades negadas e foram vitimizadas com base no gênero por meio de assédio sexual e discriminação no local de trabalho.

Assim, as mulheres se concentraram em ocupações mal remuneradas e rotineiras. Trabalhos de secretariado e cuidados, como enfermagem, serviço social e cuidado de crianças, eram predominantemente ocupados por mulheres e caracterizados

As ocupações dominadas por mulheres tendem a estar entre as mais mal pagas.

como ocupações tipicamente "femininas", pois estavam ligadas ao que era apresentado como o papel "principal" das mulheres na esfera doméstica.

A segregação ocupacional tem componentes verticais e horizontais. A segregação vertical se refere à tendência de as mulheres se concentrarem em empregos com pouca autoridade e espaço para ascensão (na base), enquanto os homens ocupam posições mais poderosas e influentes (no topo). Por exemplo, em 2017, 15,4% de todos os funcionários masculinos da NHS da Inglaterra eram médicos ou gerentes seniores (os cargos mais bem pagos), em comparação com apenas 3,2% de mulheres (Appleby e Schlepper, 2019: 16).

A segregação horizontal se refere à tendência de homens e mulheres ocuparem diferentes categorias de trabalho. As mulheres dominam em cargos domésticos e administrativos de rotina, enquanto os homens estão agrupados em cargos manuais semiqualificados e qualificados. Na Grã-Bretanha, a *Revisão Trienal* da Comissão de Igualdade e Direitos Humanos (EHRC, 2010) descobriu que as mulheres representavam 83% dos que trabalhavam em serviços pessoais, 77% dos cargos administrativos e de secretariado e 65% dos cargos de vendas. Por outro lado, elas ocupavam apenas 6% dos cargos de engenharia, 13% dos empregos em TIC e 14% dos cargos de arquitetos, planejadores e agrimensores (consulte também o quadro Usando sua imaginação sociológica 17.2).

As mulheres também eram desproporcionalmente distribuídas no setor público e não no setor privado, tornando-as mais vulneráveis aos cortes de empregos no setor público que se seguiram à recessão de 2008-2009. A *Revisão Trienal* concluiu que, em geral, o gênero foi mais significativo do que a classe social na contabilização das expectativas e aspirações de carreira dos jovens. Os meninos esperavam trabalhar em engenharia, computação, construção, arquitetura e ofícios especializados, como na mecânica, enquanto as expectativas das meninas eram por empregos em ensino, salões de beleza, estéticas, creches, enfermagem e obstetrícia.

> Uma discussão mais ampla sobre desigualdades de gênero pode ser encontrada no Capítulo 7, "Gênero e sexualidade".

O salário médio das mulheres empregadas na Grã-Bretanha, assim como em outros lugares, é inferior ao dos homens, embora a diferença tenha diminuído um pouco nos últimos 45 anos. Essa tendência geral para fechar a "lacuna salarial entre homens e mulheres" é um passo significativo no movimento em direção à igualdade. Em 2014, a disparidade salarial entre homens e mulheres — a diferença entre o salário médio de homens e de mulheres como porcentagem do salário médio dos homens — ainda era de 19% para todos os trabalhadores (tempo integral e meio expediente), 11% para os trabalhadores de tempo integral no setor público e 17,5% no setor privado (ONS, 2014b: 10-16). Grande parte dessa lacuna pode ser explicada por interrupções no emprego, visto que as mulheres desempenham vários papéis de cuidados com a família.

A segregação ocupacional por gênero é um dos principais fatores para a persistência da disparidade salarial entre homens e mulheres, uma vez que as mulheres estão representadas em excesso nos setores de trabalho mais mal remunerados. No entanto, devemos lembrar que as disparidades salariais entre homens e mulheres também existem em funções ocupacionais que são muito semelhantes, nas quais as mulheres recebem, em média, menos do que os homens. Isso foi descoberto nas faixas salariais de toda a indústria do entretenimento, incluindo filmes, dramaturgia para a TV e noticiários. Por exemplo, em janeiro de 2020, a repórter da BBC Samira Ahmed ganhou um caso de igualdade salarial em um tribunal trabalhista do Reino Unido que verificou que um apresentador do sexo masculino, Jeremy Vine, havia sido sistematicamente pago cerca de seis vezes mais "para fazer o mesmo trabalho" (BBC News, 2020e).

Diversos processos relacionados influenciaram a redução da disparidade salarial entre homens e mulheres. Um deles é que mais mulheres estão passando para cargos profissionais mais bem pagos. As mulheres jovens e com boas qualificações têm agora a mesma probabilidade que os seus correspondentes masculinos de conseguir um trabalho bem remunerado. As meninas normalmente superam os meninos na escola, e, em muitas matérias universitárias, as mulheres superam os homens. A melhoria das suas qualificações acadêmicas parece levar inexoravelmente a que mais mulheres encontrem seu caminho para as profissões, em busca de uma longa carreira e de promoções para níveis superiores. No

USANDO SUA IMAGINAÇÃO SOCIOLÓGICA

17.2 Os cinco trabalhos

Os trabalhos feitos tradicionalmente por mulheres são mal remunerados e desvalorizados. Os empregos mal remunerados dominados por mulheres são encontrados em cinco atividades específicas — limpeza, produção de alimentos por encomenda, cuidados, caixa e trabalho de escritório —, e a maioria das mulheres trabalhadoras ainda trabalha nesses cinco setores, além do setor de ensino, que paga melhor (Dunford e Perrons, 2013: 471). Zelizer (2017 [1997]: 65-66) argumenta que, historicamente, os ganhos das mulheres casadas eram caracterizados como "dinheiro pingado", considerado um "tipo de dinheiro menos fundamental do que o salário do marido", apesar de esse dinheiro ser fundamental para as famílias que, de outra forma, lutariam para sobreviver.

A própria concentração de mulheres nessas atividades contribui especificamente para suas baixas remunerações. Esses setores também são apresentados como associados "naturalmente" às mulheres, em função dos seus atributos considerados "inatos", embora sejam formas de trabalho complexas, que exigem diversas habilidades. A "naturalização" cultural das formas de trabalho baseadas no gênero significa que a associação do "trabalho de mulher" com o baixo valor e a baixa remuneração se solidifica e é difícil de mudar. Dunford e Perrons (2013: 474) argumentam que essas são "práticas culturais e normas sociais de gênero profundamente enraizadas; normas que sustentam e reforçam os decretos e entendimentos existentes de papéis apropriados para mulheres e homens e o valor de suas diferentes atividades". Como resultado disso, essa desvalorização do trabalho das mulheres não costuma ser levada a sério, de modo que as mulheres nessas funções geralmente são ignoradas por aqueles que criam as políticas públicas.

> **REFLEXÃO CRÍTICA**
>
> Pensando em nosso exemplo introdutório de trabalhadores essenciais durante a pandemia da covid-19, quais dos empregos nessas cinco atividades foram considerados "trabalho essencial"? Rastreie e estude a lista do governo para obter essa informação. Quais são as evidências existentes de que o governo está se mobilizando para aumentar o *status* e a remuneração desses empregos?

entanto, esse progresso no topo da estrutura ocupacional é compensado pelo enorme aumento no número de mulheres em empregos de meio expediente e mal remunerados no setor de serviços, que se expande rapidamente. Considerada ao longo da vida, a diferença salarial entre homens e mulheres produz diferenças marcantes nos rendimentos em geral, e estar do lado errado da diferença salarial entre homens e mulheres tem consequências sérias para a qualidade de vida das pessoas a longo prazo (Rake, 2000).

> Para saber mais sobre mulheres em situação de pobreza no Reino Unido, consulte o Capítulo 11, "Pobreza, exclusão e bem-estar social".

Mudanças na divisão do trabalho doméstico

Uma consequência do ingresso de mais mulheres no trabalho remunerado é que os padrões familiares tradicionais estão sendo renegociados. O modelo do "homem provedor da família" se tornou a exceção e não a regra, e, em termos de trabalho doméstico e tomada de decisões financeiras, os papéis domésticos tradicionais das mulheres estão passando por mudanças significativas conforme aumenta o número de famílias com dupla renda. Em alguns lares, têm havido um movimento para relações mais igualitárias, embora as mulheres continuem a carregar a maior responsabilidade pelo trabalho doméstico.

Uma pesquisa do Reino Unido no início do século XXI mostrou que as mulheres ainda passam quase 3 horas por dia, em média, fazendo trabalhos domésticos (excluindo-se as compras e o cuidado dos filhos), em comparação com o tempo médio despendido pelos homens, de 1 hora e 40 minutos (ONS, 2003). Quando são incluídas compras e cuidados com as crianças, a diferença se torna ainda maior. Os homens estão contribuindo mais para as tarefas domésticas do que no passado, embora alguns tenham sugerido que o processo é de "adaptação retardada" (Gershuny, 1994). Estudos mais recentes sugerem que as mulheres ainda têm menos tempo de lazer do que os homens, *apesar* de um número cada vez maior de mulheres trabalhando em empregos remunerados (Kan et al., 2011).

Podemos concluir que a renegociação das tarefas domésticas claramente não mudou de forma tão rápida quanto a entrada das mulheres no mercado de trabalho, levando alguns a argumentar que o processo de igualdade na divisão de tarefas domésticas está estagnado (Crompton et al., 2005). Mesmo em casais mistos e com dupla renda, que buscam ativamente um arranjo mais justo, os homens assumem apenas as tarefas que podem ser executadas rapidamente, deixando o trabalho doméstico mais demorado para a parceira ou terceirizando-o para o setor de serviços, para ser realizado por mulheres da classe trabalhadora (Windebank e Martinez-Perez, 2018).

Esse processo de mercantilização de alguns aspectos da divisão doméstica do trabalho demonstra a intransigência dos homens heterossexuais em relação às mudanças nas normas e práticas de gênero e nos padrões de emprego. No entanto, como a terceirização só ocorre em famílias com condições suficientes para considerá-la uma opção realista, essa mudança recente na divisão de trabalho por gênero continua sendo privilégio da classe média (Esping-Andersen, 2009; Kilkey et al., 2013).

> A questão do trabalho doméstico é examinada com mais detalhes no Capítulo 15, "Famílias e relacionamentos íntimos".

Automação e habilidades

A relação entre a tecnologia e o trabalho há muito é do interesse dos sociólogos. De que maneira a nossa experiência com o trabalho é afetada pelo tipo de tecnologia envolvido? A revolução digital tem atraído um interesse renovado nessa questão em relação à integração da internet, à informatização, à robótica e às aplicações emergentes de inteligência artificial.

A maioria dos robôs automatizados usados na indústria atualmente é encontrada na fabricação de veículos e indústrias de eletrônicos, produzindo televisores, computadores, *tablets*, *smartphones* e muito mais. Um robô é um dispositivo automático que pode realizar funções normalmente feitas por trabalhadores humanos. A utilidade dos robôs tem sido relativamente limitada até agora, mas, à medida que a tecnologia se desenvolve rapidamente, os custos caem e nos aproximamos de um "ponto de virada", deixando claro que a robótica, a produção automatizada e a informatização se difundirão ainda mais.

A mídia nos diz regularmente que o desenvolvimento contínuo da **inteligência artificial** (IA) e da robótica transformará o mundo do trabalho, pois os robôs assumirão não apenas tarefas relativamente simples, voltadas para fábricas, mas também muitos empregos de serviço de renda média e alta. A adoção generalizada da IA na análise de dados afetará não apenas caminhões automatizados, máquinas de perfuração na indústria de mineração, soldagem e pulverização robótica na fabricação de automóveis ou sistemas automatizados de armazenamento e distribuição nos armazéns da Amazon, mas também trabalhadores em serviços financeiros — como hipotecas e corretagem de seguros —, varejo, escritórios e sistemas de saúde. Seria esse realmente o começo do fim do "trabalho" como o conhecemos, ou esses relatos são apenas exageros de uma mudança mais prosaica e menos revolucionária?

Hoje em dia, a IA normalmente tem o maior impacto nas tarefas de trabalho que são rotineiras e ocorrem em ambientes previsíveis. Por exemplo, uma equipe de pesquisadores em Illinois, EUA, relatou ter usado a IA para analisar mais de 42 mil exames pulmonares de 15 mil pacientes, com o objetivo de melhorar a precisão dos diagnósticos de câncer de pulmão. O uso da IA ocasionou 11% menos "falsos positivos" (diagnosticados erroneamente como câncer) e 5% a mais de diagnósticos corretos de câncer em comparação com os diagnósticos de uma equipe de seis radiologistas (Gallagher,

USANDO SUA IMAGINAÇÃO SOCIOLÓGICA

17.3 O fim do trabalho (humano)?

- "*Bots*" de *software* utilizam um algoritmo que cria automaticamente um artigo quando um terremoto é detectado, evitando a necessidade de jornalistas.
- Noticiários da BBC adotaram câmeras robóticas em seu estúdio, eliminando a necessidade de operadores humanos nas câmeras.
- A varejista *on-line* Amazon anunciou que está experimentando um novo sistema de entrega — Amazon Prime Air —, que entregaria os produtos aos clientes usando *drones* automatizados.
- A Google desenvolveu carros autônomos com "direção automática" (principalmente elétricos), que são capazes de encontrar seu caminho no trânsito, e vários estados nos EUA têm legislação para permitir a operação de veículos autônomos em suas estradas.
- O chefe da empresa de táxis Uber Technologies, Travis Kalanick, diz que seu objetivo final é substituir motoristas humanos por veículos autônomos em um futuro não muito distante.
- Bob, um "androide autônomo" ou segurança robô, circula pelos escritórios da G4S Technologies em Gloucestershire, no Reino Unido, buscando eventos incomuns e reportando diretamente às autoridades.
- As forças armadas usam rotineiramente *drones*, dispositivos varredores e destruidores de minas terrestres e máquinas de controle remoto para reduzir o número de tropas e proteger seus soldados (Crossley, 2014; Zolfagharifard, 2014).

Carros autônomos estão saindo rapidamente dos filmes de ficção científica para a realidade das ruas.

REFLEXÃO CRÍTICA

A IA e a robótica têm um grande potencial para assumir muitas tarefas rotineiras, mas o que elas podem oferecer ao ensino superior? Quais aspectos do ensino e da docência poderiam ser realizados por essas novas tecnologias? Por que qualquer redução do contato presencial enfrenta resistência por parte dos alunos?

2019). O diagnóstico precoce leva a um tratamento precoce, portanto, se os ensaios clínicos se mostrarem eficazes, essa tecnologia poderá trazer grandes benefícios à saúde. Em casos como esse, a IA pode permitir automação parcial, mas não eliminará completamente o papel dos radiologistas.

De fato, em vez de eliminar funções ocupacionais inteiras, o impacto da nova tecnologia até agora tem sido a assimilação de algumas das diversas tarefas que compõem cargos e funções de trabalho específicos. Estima-se que apenas cerca de 5% das ocupações nos EUA são completamente "automatizáveis", enquanto 62% são pelo menos 30% automatizáveis (McKinsey Global Institute, 2017: 9-10). Frey e Osborne (2013) sugerem que até 47% dos empregos nos EUA podem estar em risco devido ao aumento da IA, da automação e da robótica até 2025. Em particular, eles argumentam que "a maior parte dos trabalhadores em ocupações de transporte e logística, a maioria dos trabalhadores de escritório e administrativos e aqueles que trabalham em cargos de produção estão correndo risco" (ibid.: 44). Eles também descobriram que muitos empregos no setor de serviços são suscetíveis à informatização. Por outro lado, empregos altamente qualificados e com salários relativamente altos são os que correm menos risco. Por exemplo, assistentes jurídicos e "paralegais" podem muito bem ver seu trabalho sendo assumido por computadores, mas os advogados estão em posições de risco relativamente baixo devido à natureza interativa e imprevisível de suas funções. Alguns veem essas previsões como muito negativas, uma vez que o impacto social da automação tem sido objeto de acalorado debate desde pelo menos a década de 1960.

Se os custos associados à automação e implementação de IA para os negócios não se mostrarem intransponíveis, alguns grupos de trabalhadores poderão descobrir que suas funções não existem mais, enquanto muitos outros poderão se tornar agentes efetivamente desqualificados com a consequente perda de *status* e renda. Devemos lembrar que previsões como essas se baseiam na extrapolação para o futuro, com base no ritmo de desenvolvimento tecnológico existente, mas que pode ser alcançado um ponto de inflexão que aumentará radical e rapidamente o impacto das novas tecnologias no mundo do trabalho.

A introdução de novas tecnologias também gera novos papéis, empregos e ocupações que antes não existiam. Muitas dessas atividades possibilitam o trabalho independente ou autônomos, como na fabricação de *hardware* de TI, desenvolvimento de aplicativos e jogos, administração de bancos de dados, atividades especializadas em segurança de TI, desenvolvimento *web* e análise de sistemas de computação. O setor digital da economia também precisará de mais estatísticos, analistas de dados e analistas de pesquisa de mercado. Embora seja difícil avaliar o equilíbrio geral da criação de empregos *versus* a destruição de empregos, parece claro que a força de trabalho precisa se aprimorar continuamente para a era digital.

Em seu influente livro *Alienation and freedom* (1964), Robert Blauner examinou a experiência de trabalhadores em quatro indústrias diferentes com níveis variados de tecnologia. Usando as ideias de Durkheim e Marx, Blauner operacionalizou o conceito de alienação e mediu o nível em que os trabalhadores de cada indústria a experimentavam na forma de impotência, insignificância, isolamento e autoestranhamento. Ele concluiu que os trabalhadores em linhas de montagem eram os mais alienados de todos, mas que os níveis de alienação eram um pouco menores em locais de trabalho com automação. Em outras palavras, Blauner afirma que a introdução da automação em fábricas era responsável por reverter a tendência constante de alienação do trabalhador. A automação ajudou a integrar a força de trabalho e deu aos trabalhadores um senso de controle sobre seu trabalho, que faltava anteriormente. Porém, como podemos ver nos Estudos clássicos 17.2, de forma alguma todos os sociólogos concordam com a avaliação de Blauner.

Um relato antigo da introdução da informatização em um local de trabalho tradicional é o estudo de Sennett (1998) em uma padaria que havia sido comprada por um grande conglomerado alimentício e automatizada com a introdução de máquinas de alta tecnologia. A informatização da padaria mudou radicalmente a maneira como se fazia o pão. Em vez de usar as mãos para misturar os ingredientes e fazer a massa, e seus olhos e narizes para julgar quando o pão estava assado, os trabalhadores da padaria não tinham contato físico com os materiais ou os pães. Na realidade, todo o processo

"Estamos procurando alguém exatamente com as suas qualificações, mas em uma versão mecânica."

CartoonStock.com

era controlado e monitorado por computador. Os computadores decidiam a temperatura e o tempo dos fornos.

Os trabalhadores dessa padaria eram contratados porque sabiam usar o computador, não por saberem como fazer pão. Ironicamente, esses trabalhadores usavam pouquíssimas habilidades de computação. O processo de produção envolvia pouco mais que pressionar teclas no computador. De fato, certa vez, quando as máquinas computadorizadas estragaram, todo o processo de produção foi interrompido, pois nenhum dos trabalhadores "especializados" da padaria havia sido treinado ou autorizado a consertar o defeito. A automação havia diminuído sua autonomia. A introdução da tecnologia informatizada no local de trabalho levou a um aumento geral na qualificação de todos os trabalhadores, mas também gerou uma força de trabalho dividida, composta por um grupo pequeno de profissionais altamente especializados, com um grau elevado de flexibilidade e autonomia em seu trabalho, e um grupo maior de trabalhadores burocráticos, encarregados pela produção e pelos serviços, com pouco ou nenhum controle ou autonomia sobre seu trabalho.

Todavia, esse debate sobre a qualificação é muito complexo, pois o que constitui uma "qualificação" é socialmente construído e sujeito a mudanças (Steinberg, 1990). Desse modo, as visões convencionais sobre o trabalho "especializado" tendem a refletir o *status* social do ocupante típico da posição, e não a dificuldade da tarefa em um sentido objetivo. A história das ocupações é repleta de exemplos de empregos em que exatamente a mesma tarefa foi atribuída a um nível diferente de qualificação (e até rebatizada) depois que as mulheres entraram para a área. Por exemplo, na indústria de vestuário do século XX na Grã-Bretanha, homens e mulheres trabalhavam como maquinistas, mas os maquinistas homens eram classificados como trabalhadores "qualificados", e as mulheres, como trabalhadoras "semiqualificadas". Essas classificações se baseavam não em níveis de habilidade objetiva ou tipos de treinamento, mas no gênero da pessoa que executava a tarefa (Reskin e Roos, 1990).

Estudos que examinaram a habilidade em termos da complexidade concreta das tarefas costumam apoiar a posição de "requalificação", enquanto aqueles que examinam a habilidade em termos de autonomia e/ou controle exercido pelos trabalhadores argumentam que a automação leva à desqualificação (Zuboff, 1988; Vallas e Beck, 1996). Os níveis de qualificação também estão relacionados à localização geográfica e às condições locais de emprego. Por exemplo, no Norte Global, o traba-

Estudos clássicos 17.2 — Harry Braverman sobre a degradação do trabalho em economias capitalistas

O problema da pesquisa

Será que as inovações tecnológicas podem influenciar positivamente a experiência dos trabalhadores em relação ao processo de trabalho? Por que certas tecnologias são adotadas de forma mais ampla do que outras no processo de produção? As conclusões otimistas de Blauner sobre o impacto da automação foram rejeitadas pelo autor marxista norte-americano Harry Braverman, em seu famoso livro *Trabalho e Capital Monopolista* (1974). Nele, o autor propõe uma avaliação muito diferente da automação e dos métodos fordistas de produção e administração, que ele considerava parte de uma **desqualificação** geral da força de trabalho.

A visão de Braverman

Braverman não começou a estudar a produção capitalista como sociólogo. Ele havia sido (entre outras coisas) aprendiz de caldeireiro, encanador, funileiro e auxiliar de escritório, e havia se tornado socialista na adolescência. Desse modo, ele abordou o problema da tecnologia, da automação e das habilidades humanas depois de ter vivenciado em primeira mão alguns dos efeitos da mudança tecnológica. Essa perspectiva altamente implicada e comprometida é vista claramente em seu relato.

Braverman dizia que, longe de melhorar a sina dos trabalhadores, a automação, combinada com métodos tayloristas de administração, na verdade, intensificava o estranhamento dos trabalhadores em relação ao processo de produção e "desqualificava" a força de trabalho industrial. Impondo técnicas organizacionais tayloristas e decompondo o processo de trabalho em tarefas especializadas, os administradores podiam exercer mais controle sobre a força de trabalho. Em ambientes industriais e escritórios modernos, a introdução da nova tecnologia contribuía para essa degradação geral do trabalho, limitando a necessidade da participação humana criativa. Tudo de que se necessitava era de um corpo que não pensasse ou refletisse, capaz de executar infinitamente a mesma tarefa não especializada.

Braverman rejeitava a ideia de que as tecnologias eram "neutras" ou inevitáveis, pelo contrário. Ele dizia que elas são desenvolvidas e introduzidas para servir às necessidades dos capitalistas. De maneira semelhante, ele não enxergava razão para culpar as máquinas ou tecnologias pela alienação dos trabalhadores. O problema estaria nas divisões de classes sociais que determinavam como essas máquinas eram usadas. Em particular, Braverman dizia que, desde o final do século XIX, havia se desenvolvido uma era de "**monopólio** capitalista". À medida que empresas menores eram engolidas ou fechadas por companhias cada vez maiores, essas novas empresas monopolistas podiam pagar por toda uma equipe de técnicos, cientistas e administradores, cuja tarefa era encontrar maneiras melhores e mais efetivas de controlar os trabalhadores — a administração científica ou taylorismo é um bom exemplo.

Alguns sociólogos industriais haviam dito que o desenvolvimento tecnológico e os processos automatizados levavam à necessidade de uma força de trabalho mais instruída, mais treinada e mais envolvida. Mas Braverman discordava. De fato, ele argumentava exatamente o contrário. Embora os "níveis médios de habilidade" fossem mais altos do que em épocas passadas, como todas as médias, isso ocultava o fato de que os trabalhadores haviam perdido muitas habilidades. De maneira irônica, ele diz: "falar então que a habilidade 'média' aumentou é adotar a lógica do estatístico que, com um pé no fogo e outro na água gelada, diz que, 'em média', está perfeitamente confortável" (1974: 424).

Paradoxalmente, quanto mais o conhecimento científico é embutido nos processos laborais, menos os trabalhadores precisam saber e menos eles entendem sobre a máquina e o processo em si. Na verdade, surge uma divisão cada vez maior à medida que se intensifica o controle dos administradores sobre os trabalhadores. Braverman considerava o monopólio capitalista uma forma mais forte de capitalismo, que seria muito mais difícil de derrubar.

Pontos de crítica

Foram levantadas várias objeções à tese de Braverman. Primeiramente, que ele exagera a difusão do taylorismo, pressupondo que ele se tornaria a forma dominante de administração. Os sociólogos industriais afirmam que ele nunca foi implementado plenamente em um sentido amplo, o que deixa Braverman debatendo com "fantasmas". Em segundo lugar, algumas feministas argumentam que a tese se aplica apenas a trabalhadores do sexo masculino e não explica a natureza específica da opressão das mulheres. Outros sugerem que ele não dá uma explicação adequada para as mudanças na estrutura familiar e seus impactos sobre a vida profissional. Finalmente, pode-se argumentar que a tese de Braverman sobre a desqualificação tende a romantizar formas passadas de produção, especialmente as artesanais, que são então contrastadas com a atual manufatura em massa. Pode-se dizer que essa visão é não histórica — pois não leva em conta adequadamente o desenvolvimento histórico.

Relevância contemporânea

A tese de Braverman teve grande impacto. Ela desafiou as perspectivas funcionalistas dominantes na sociologia industrial e, posteriormente, influenciou muitos sociólogos que trabalhavam nesse campo. O livro também foi um sucesso popular, vendendo em torno de 125 mil cópias até o ano 2000. Todavia, talvez o principal objetivo de Braverman tenha sido contribuir para a renovação da própria teoria marxista, que ele acreditava não ter conseguido se adaptar à forma radicalmente diferente de capitalismo que havia se desenvolvido no século XX. Embora certos marxistas tenham criticado sua tese por ser pessimista demais, e não deixar espaço suficiente para os trabalhadores resistirem, o número cada vez menor de trabalhadores que se associam a sindicatos, associado à ampla introdução de tecnologias da informação, mostram que seu argumento central ainda mantém grande parte da sua força.

---

lho em *call centers* é geralmente visto como uma forma de emprego comum e de baixa qualificação, e muitos sociólogos criticam os níveis salariais, a vigilância rígida e as condições de trabalho, vendo os *call centers* como o equivalente nos escritórios à produção nas linhas de montagem (Moran, 2005). No entanto, em várias cidades da Índia, onde os *call centers* cresceram rapidamente, o trabalho é visto como relativamente de alta qualificação, bem remunerado e uma opção atraente para os graduados. Pesquisas recentes descobriram que muitos trabalhadores indianos de *call centers* compartilham valores e estilos de vida semelhantes aos da classe média ocidental, representando parte da vanguarda de uma classe média global emergente (Murphy, 2011).

> O crescimento e o desenvolvimento econômicos são discutidos no Capítulo 11, "Pobreza, exclusão e bem-estar social".

A economia do conhecimento

Como já vimos, as teorias pós-fordistas focalizam algumas mudanças significativas nos processos de produção e consumo, mas alguns observadores sugerem que o que está acontecendo atualmente é, na verdade, uma fase de desenvolvimento além da era industrial. Foi cunhada uma variedade de termos para descrever essa nova ordem social, como a **sociedade pós-industrial** (Bell, 1974), a era da informação (Castells, 1996a), e a pós-modernização (Crook et al., 1992). A expressão mais usada, porém, é **economia do conhecimento** (Unger, 2019). É difícil formular uma definição precisa da economia do conhecimento, mas, em termos gerais, ela se refere a uma economia em que grande parte da força de trabalho não está envolvida na produção ou distribuição física de bens materiais, mas em seu projeto, seu desenvolvimento, sua tecnologia, sua publicidade, suas vendas e sua manutenção. Como observou Leadbeater (1999: vii):

> A maior parte de nós [trabalhadores do conhecimento] tira nosso dinheiro do nada: não produzimos nada que possa ser pesado, tocado ou medido com facilidade. Nossa produção não é empilhada no cais, guardada em armazéns ou transportada em vagões de trem. A maior parte de nós ganha o salário prestando serviços, pareceres, informações e análises, seja em uma central de atendimento, no escritório de um advogado, em um órgão público ou laboratório científico. Estamos todos no negócio do nada.

Os setores baseados no conhecimento incluem alta tecnologia, educação e treinamento, pesquisa e desenvolvimento, bem como o setor financeiro e de investimentos. A Work Foundation (Brinkley e Lee, 2006) produziu um relatório para a União Europeia e descobriu que mais de 40% dos trabalhadores da União Europeia eram empregados de setores baseados no conhecimento, com a Suécia, a Dinamarca, o Reino Unido e a Finlândia na liderança. A educação e os serviços de saúde constituíam o maior grupo, com os serviços de recreação e culturais em segundo lugar; juntos, esses setores empregavam quase 20% dos trabalhadores da União Europeia. Os setores ligados ao mercado, incluindo serviços financeiros, comércio e comunicações, somavam outros 15%.

Os investimentos na economia do conhecimento — na forma de educação pública, gastos com o desenvolvimento de *software* e pesquisa e desenvolvimento — compreendem uma parte significativa dos orçamentos de muitos países. Reconhecidamente, a economia do conhecimento continua sendo um fenômeno difícil de investigar. É mais fácil medir o valor de coisas físicas do que de ideias, pesquisas e conhecimentos "impalpáveis". Mesmo assim, não se pode negar que a geração e a aplicação do conhecimento estão se tornando cada vez mais centrais para a economia global contemporânea.

Trabalhadores por portfólio e trabalho em casa

Um dos argumentos dos analistas pós-fordistas é que as novas formas de trabalho permitem que os empregados aumentem a amplitude de sua qualificação, envolvendo-se em uma variedade de tarefas, em vez de realizarem a mesma tarefa específica repetidamente. A mudança para o trabalho "polivalente" significa que as decisões de emprego são feitas cada vez mais com base na capacidade de adaptação e na capacidade para aprender novas habilidades de forma rápida, em vez de simplesmente nas qualificações. Portanto, o conhecimento especializado de uma determinada aplicação de *software* pode não ser tão valioso quanto a capacidade de compreender novas ideias com facilidade.

À luz do impacto da economia global e da demanda por uma força de trabalho mais flexível, alguns sociólogos argumentam que cada vez mais pessoas se tornarão **trabalhadores por portfólio**. Elas terão um "portfólio de habilidades" — diversas habilidades e credenciais profissionais diferentes — que usarão para alternar entre vários empregos e tipos de trabalhos no decorrer de sua vida profissional. Apenas uma proporção relativamente pequena de trabalhadores terá uma carreira contínua na mesma empresa ou setor econômico. Com essa visão, a ideia de um "emprego vitalício" está se tornando coisa do passado. No entanto, as pessoas ainda acumulam "capital de carreira" e contatos à medida que mudam de atividade e experimentam novas habilidades, desenvolvendo um maior senso de autoconfiança, efetivamente dando sentido à sua vida profissional quando a colocam em prática (Watson, 2008: 256-257).

Algumas estimativas preveem que jovens graduados podem trabalhar em 11 empregos diferentes usando três bases de habilidades diferentes ao longo de suas vidas profissionais. Mas isso continua sendo a exceção, e não a regra, pois os gerentes reconhecem que uma alta rotatividade de pessoal pode ser cara e desmotivadora. King et al. (2005) descobriram que as agências de emprego que procuram trabalhadores de TI geralmente preferem candidatos "reconhecidos" para empregos permanentes, vendo aqueles com perfis de carreira de "portfólio" com alguma suspeita. No entanto, muitos milhares de trabalhadores podem ser forçados a desenvolver e diversificar suas habilidades para manter o emprego, enquanto alguns grupos de trabalhadores serão capazes de planejar um equilíbrio entre vida profissional e pessoal de maneiras mais criativas (Handy, 1994). Por exemplo, uma tendência que está sendo desenvolvida na era digital é a possibilidade de mais funções de trabalho serem desempenhadas em casa.

A prática de trabalhar em casa permite que os empregados realizem algumas de suas funções sem saírem de casa, por meio de um telefone e da internet. Em trabalhos que não exigem contato regular com clientes e colegas, como o trabalho de *design* gráfico computadorizado, revisão de textos ou editoração para publicidade, trabalhar em casa permite equilibrar responsabilidades fora do trabalho e aumentar a produtividade. Parece certo que o fenômeno dos "trabalhadores conectados" cresceu nos últimos anos, à medida que a tecnologia digital foi criando novas oportunidades para mudar a maneira como trabalhamos.

Melissa Gregg (2011) argumenta que, para os profissionais, o surgimento de dispositivos tecnológicos móveis sem fio, como *smartphones*, *tablets* e *laptops*, parece oferecer mais liberdade, além da libertação da ambiente de escritório fixo. Durante a pandemia da covid-19, quando os governos emitiram ordens para permanecer em casa, muito mais pessoas foram incentivadas a trabalhar em casa, se possível, e muitas o fizeram, levantando a questão de saber se o trabalho em casa poderia se tornar a norma, pelo menos para algumas atividades. Por exemplo, o CEO do Twitter anunciou que se os trabalhadores quisessem continuar trabalhando em casa "para sempre", a empresa "faria isso acontecer" (citado em Paul, 2020). Os novos trabalhadores em domicílio experimentaram alguns dos benefícios de trabalhar em casa, por exemplo, "dias sem longos deslocamentos para o trabalho ou a dura inflexibilidade de não poder ficar perto de casa quando um membro da família estivesse doente" (Matt Mullenweg, citado em Hern, 2020).

Contudo, o trabalho em casa gera alguns novos problemas, entre eles a introdução de técnicas de monitoramento e vigilância introduzidas no ambiente doméstico para que os empregadores acompanhem o trabalho de seus funcionários. À medida que as tarefas de trabalho saem dos prédios fixos e das horas de trabalho definidas, a fronteira entre trabalho e vida particular corre o risco de ser rompida. A tentação aumenta para que as pessoas passem mais tempo no trabalho e que o tempo de lazer em família diminua. Trabalhar em casa pode fazer com que o trabalho se torne o centro da vida diária, em detrimento de outras dimensões (Felstead et al., 2005). O trabalho em casa permite diferentes formas de trabalhar, mas não permite que os trabalhadores escapem de suas rotinas e das pressões convencionais do trabalho.

A economia *gig** e o desemprego

Embora novas formas de trabalhar possam apresentar oportunidades interessantes para alguns, elas também podem produzir uma profunda ambivalência para outros, que sentem que estão presos em um mundo descontrolado (Giddens, 2002). Como já vimos neste capítulo, os mercados de trabalho estão passando por uma mudança profunda como parte da alteração da economia fabril para a economia voltada para a prestação de serviços e da introdução da tecnologia da informação nos locais de trabalho. E embora o trabalho em casa possa parecer atraente, para muitos trabalhadores ele é simplesmente im-

---

* N. de R.T. No Brasil, a economia *gig* também é conhecida como "economia dos bicos".

A tecnologia digital permite que mais empresas ofereçam aos trabalhadores a oportunidade de trabalhar em suas casas.

possível. Formas de trabalho inseguras e precárias, com poucos ou nenhum dos benefícios dos empregos e das carreiras de tempo integral têm, cada vez mais, caracterizado certos setores da economia.

Insegurança na economia *gig*

A **insegurança no emprego** tem se tornado um assunto importante na sociologia do trabalho no século XXI. Alguns estudiosos veem o aumento das percepções de insegurança no emprego como estando vinculadas a práticas de emprego flexíveis associadas ao pós-fordismo (De Witte e Näswall, 2003; Green, 2009; Origo e Pagani, 2009). O incentivo para a eficiência e o lucro significa que aqueles com menos habilidades — ou com as habilidades "erradas" — se encontram em empregos inseguros, marginais, que são vulneráveis a mudanças nos mercados globais. Podemos até mesmo ver uma mudança no próprio significado do "trabalho".

A insegurança no emprego se refere à situação em que os trabalhadores não têm uma garantia de que seu emprego será estável e podem contar com a continuidade do trabalho apenas por um período de tempo. A segurança do trabalho significa que os indivíduos podem pagar seu aluguel, obter uma hipoteca, tirar férias, comprar bens de consumo e basicamente fazer planos de vida. Sem ela, muitas das expectativas básicas da vida moderna parecem fora de alcance. Para muitos trabalhadores, a insegurança no emprego é muito mais do que o medo da demissão. Ela abrange também ansiedades sobre a própria transformação do trabalho e os efeitos dessa transformação sobre a saúde e a vida pessoal.

O aumento do trabalho flexível, contratos temporários e de curto prazo, trabalho de plantão hiperflexível e trabalho em tempo parcial têm sido vistos como contribuindo para o aumento da insegurança no emprego, que vem aumentando desde meados da década de 1960 (Burchell et al. 1999). Em muitos países, o desenvolvimento de um setor conhecido como **economia *gig***, baseado em *freelancing* e horas de trabalho flexíveis, manteve os números oficiais de "emprego" altos, porém aumentando os níveis de pobreza no trabalho. O conceito de *gig* advém do trabalho de entretenimento, em que os atos são marcados para uma data, hora e duração de apresentação específicas. Na economia *gig*, o *gig* se refere a tarefas de trabalho que são "tipicamente curtas, temporárias, precárias e imprevisíveis, e obter acesso a mais tarefas depende de bom desempenho e reputação" (Woodcock e Graham, 2020: 3). Embora, para alguns, adotar o termo de entretenimento *gig* para descrever esse tipo de trabalho implique algo positivo ou criativo, isso é enganoso e

---

USANDO SUA IMAGINAÇÃO SOCIOLÓGICA

17.4 Menos trabalho significa uma vida melhor?

O que acontece quando a mudança tecnológica destrói empregos em vez de criá-los, e não há trabalho suficiente para fornecer empregos e salários de tempo integral? Significaria isso um retorno ao desemprego em massa, mas, nesse caso, como uma característica estrutural da nova economia? E o que isso significaria para a nossa compreensão do significado de "trabalho"?

Como "trabalho" está associado a "emprego remunerado", é difícil ver quais alternativas seriam possíveis nesse cenário. Na década de 1980, o sociólogo francês e "socialista pós-industrial" André Gorz (1923-2007) viu que os desenvolvimentos tecnológicos emergentes estavam abrindo caminho para um futuro em que o trabalho remunerado teria um papel menos importante na vida das pessoas. Gorz baseou sua visão em uma avaliação crítica dos escritos de Marx. Marx argumentava que a classe trabalhadora lideraria uma revolução que traria uma sociedade mais humana, em que o trabalho, ou "mão de obra", seria gratificante, em vez de estupidificante. Gorz rejeitou essa previsão. Em vez de a classe trabalhadora crescer e liderar uma revolução bem-sucedida, ele viu que, na verdade, ela estava encolhendo, à medida que os trabalhadores braçais se tornavam uma minoria em declínio da força de trabalho.

Nessa circunstância, não faz mais sentido supor que os trabalhadores possam assumir as empresas das quais fazem parte, muito menos tomar o poder do Estado. Não existe uma esperança real de transformar a natureza do trabalho remunerado, porque ele é organizado de acordo com critérios técnicos inevitáveis para que uma economia seja eficiente. "O ponto agora", como Gorz colocou, "é libertar-se do trabalho" (1982: 67). Isso é particularmente necessário onde o trabalho é organizado em linhas tayloristas, ou é opressivo e maçante.

O investimento em novas tecnologias tradicionalmente leva a mais empregos em tempo integral, mas o investimento em tecnologia da informação leva a mais automação e menos empregos, pois permite que menos trabalhadores produzam os mesmos produtos ou uma quantidade maior deles. O resultado provavelmente será uma rejeição da perspectiva "produtivista" da sociedade ocidental, com ênfase na riqueza, no crescimento econômico e nos bens materiais. Uma diversidade de estilos de vida, seguidos fora da esfera do trabalho permanente e remunerado, será procurada pela maior parte da população no futuro. Gorz (1985) citou com aprovação o *slogan* do centro sindical francês (CFDT): "Menos trabalho para todos significa trabalho para todos... e uma vida melhor".

Segundo Gorz, caminhamos em direção a uma "sociedade dual". Em um setor, a produção e a administração política serão organizadas para maximizar a eficiência. O outro setor será uma esfera na qual os indivíduos se ocupam com diversas atividades não relacionadas ao trabalho, oferecendo prazer e realização pessoal. Talvez mais e mais indivíduos se envolvam em planejamento de vida, em que eles se organizem para trabalhar de maneiras diferentes em diferentes estágios de suas vidas.

Qual é a validade desse argumento? Laker e Roulet (2019) relatam vários experimentos com redução de horas-padrão dos trabalhadores. No início do século XXI, a França as reduziu para 35 horas semanais, enquanto os Países Baixos têm uma semana de trabalho média de cerca de 29 horas, mas atualmente eles são uma pequena minoria. O Wellcome Trust, com sede em Londres, planejava introduzir uma semana de quatro dias para 800 funcionários, mas descartou o plano por ser "muito complexo operacionalmente para implementar" (Booth, 2019).

Da mesma forma, a empresa americana de educação *on-line* Treehouse experimentou uma semana de quatro dias em 2015, mas voltou para cinco dias depois de demitir alguns funcionários para se tornar mais competitiva (Rogoway, 2016). Outras empresas ainda estão fazendo experimentos.

Que há grandes mudanças na natureza e na organização do trabalho nos países industrializados, é indiscutível. No entanto, até agora, o progresso na direção da libertação *do* trabalho tem sido pequeno, e tem havido níveis crescentes de subemprego, insegurança no trabalho e precarização. O trabalho remunerado em tempo integral continua sendo, para a maioria, a chave para gerar os recursos materiais necessários para sustentar um padrão de vida decente.

> **REFLEXÃO CRÍTICA**
>
> As ideias de Gorz podem ser otimistas, até mesmo utópicas, mas elas são também realistas? Acesse o *link* a seguir e leia este artigo de 2019 do grupo de especialistas *Autonomy* (www.theguardian.com/commentisfree/2019/sep/12/four-day-working-week-report). Liste os principais benefícios que, segundo eles, uma semana de quatro dias traria. Quais são os principais obstáculos para que isso aconteça em uma sociedade capitalista, orientada para o lucro?

inadequado, uma vez que uma descrição mais precisa do trabalho gig seria simplesmente "precário" (Crouch, 2019b: 6). Com essa ressalva, usaremos aqui "economia *gig*", pois essa é a caracterização mais comum na literatura atual.

As empresas da economia *gig* tratam os trabalhadores como agentes independentes, que são livres para aceitar ou rejeitar as tarefas de trabalho e o pagamento oferecido pelas empresas sem se comprometer ou sentir-se obrigado a ter qualquer lealdade a uma empresa específica. Nesse sentido, os trabalhadores temporários podem experimentar uma sensação de liberdade e até de liberação dos tradicionais empregos em horário comercial dos mercados de trabalho convencionais. No entanto, a mesma isenção de obrigações mais amplas também existe para as empresas de plataforma *on-line*, que não fornecem auxílio-doença, férias pagas ou contribuições para aposentadoria, negando, assim, alguns dos principais benefícios trabalhistas garantidos pelos sindicatos ao longo de muitos anos.

Esse modelo de negócios de plataforma se espalhou para além do setor de alta tecnologia da economia, sendo usado em diversas outras empresas, levando Srnicek (2016) a argumentar que entramos na era do "capitalismo de plataforma" e van Dijck et al. (2018) a teorizarem o surgimento da "sociedade de plataforma". Isso porque, na expansão capitalista, os dados se tornaram um recurso fundamental, sendo coletados e usados para melhorar serviços e produtos e para vender, aumentando, assim, os lucros. No entanto, há perigos claros à frente, à medida que o capitalismo de plataforma se instala, inclusive a inevitável erosão da privacidade pessoal e das informações confidenciais.

De fato, Zuboff (2019) sustenta que estamos entrando em uma era caracterizada por uma nova forma de "capitalismo de vigilância", em que a promessa inicial "progressista" da revolução digital foi "usurpada" por interesses corporativos. Os direitos dos indivíduos de decidir como seus dados digitais são usados e de manter sua privacidade foram es-

Sociedade global 17.1 — Trabalho *gig* em Gana e Londres

Desde 2016, Jamie Woodcock estuda o trabalho dos entregadores da Deliveroo em Londres, enquanto desde 2009 Mark Graham realiza pesquisas com "trabalhadores da nuvem" na África Subsaariana. A comparação de trabalhadores temporários em Londres e Gana fornece uma visão sobre o que esse tipo de trabalho envolve e como a economia *gig* abrange tanto o trabalho em determinado local geográfico quanto o trabalho que ocorre inteiramente via internet.

No primeiro exemplo a seguir, o trabalhador mora em Londres e faz malabarismo com três empregos. No segundo, um trabalhador *freelancer on-line* em Takoradi, no oeste de Gana, recebe seus trabalhos no Upwork.com, uma plataforma *on-line* que combina as necessidades dos empregadores com os trabalhadores que realizam tarefas específicas.

1. O motorista trabalhava em outros dois empregos além da Deliveroo. De manhã, ele acordava e ia para o primeiro emprego, tentando tomar o café da manhã antes de sair. Durante o almoço, ele trabalhava em um turno para a Deliveroo, certificando-se de pegar algo para comer no caminho. À tarde, trabalhava no terceiro emprego, antes de iniciar o turno da noite na Deliveroo. O aspecto mais desafiador do trabalho era assegurar-se de ter comido o suficiente quando chegasse em casa para garantir que tivesse energia para se levantar e repetir o processo no dia seguinte. [...] Sua história é, portanto, uma acusação condenatória das realidades do trabalho *gig* em Londres: um trabalhador lutando para comer calorias suficientes para entregar comida a pessoas que estão cansadas demais do trabalho para fazer sua própria comida.
2. Depois de fazer alguns trabalhos como *freelancer* no Upwork à noite e nos fins de semana, ele decidiu se arriscar e largar o emprego na economia local. Ele agora completa uma série de tarefas (incluindo testes de aplicativos, entrada de dados, redação técnica e otimização de mecanismos de pesquisa). Embora essas tarefas sejam muito variadas, elas têm duas coisas em comum. Primeiro, elas pagam melhor do que seu emprego anterior em Gana. Em segundo lugar, raramente lhe dizem para que elas servem ou por que as está fazendo. [...] Embora o pagamento seja bom, as pressões para entregar são extremamente altas. No mundo do *freelancer on-line*, a reputação é tudo, e os trabalhadores têm medo de não receber uma avaliação cinco estrelas dos clientes. [...] Quando os contratos são obtidos pelos trabalhadores, muitas vezes eles precisam ser executados muito rapidamente. Desse modo, o trabalhador com quem falamos acabou trabalhando em turnos extremamente longos. Ele descreveu várias sessões de maratona de trabalho de 48 horas sem dormir, simplesmente para não decepcionar seus clientes. Apesar dessas condições de trabalho extenuantes, ele manteve uma visão positiva de seu trabalho, lembrando com otimismo que as outras opções de trabalho em Takoradi também não são perfeitas.

Fonte: Woodcock e Graham (2020: 7–8).

> **REFLEXÃO CRÍTICA**
>
> A partir dessas duas breves histórias, que semelhanças e diferenças são imediatamente visíveis entre os casos? Se, como alguns comentaristas sugerem, muitas pessoas realmente *escolhem* trabalhar dessa maneira, que benefícios poderia haver — financeiros ou outros — que fossem atraentes, apesar das óbvias desvantagens de trabalhar na economia *gig*?

magados pelas empresas, que agora reivindicam esses dados (e o conhecimento deles derivado) como matéria-prima para suas atividades. A **Internet das Coisas** (IoT) está na vanguarda desse processo, coletando dados pessoais, muitas vezes de maneiras ocultas, explorados pelos novos capitalistas de vigilância para aumentar seus lucros. Por exemplo, assistentes virtuais inteligentes (IVAs), como a Alexa da Amazon e a Cortana da Microsoft, ou a marca Nest da Google, que comercializa termostatos inteligentes, alto-falantes, roteadores e muito mais, e campainhas e dispositivos de segurança doméstica da Ring são exemplos de produtos domésticos com uma coleta de dados incorporada. Zuboff argumenta que os dados são rotineiramente coletados, agrupados, analisados e usados para prever o comportamento do consumidor e aumentar as vendas. E embora a revolução digital facilite claramente a mudança para uma economia de vigilância, ainda é o capitalismo que impulsiona o processo.

Harvey et al. (2017) sugerem que algumas formas de trabalho no setor *gig* se assemelham a formas muito antigas de "vilania" da Idade Média, quando trabalhadores agrícolas ou servos pagavam aos senhores um aluguel para cultivar suas terras, sem garantia de uma renda regular. Aqueles que estavam sujeitos a esse arranjo eram conhecidos como vilões. Esse estudo analisou *personal trainers* autônomos que trabalham e pagam aluguel para academias sem garantia de renda regular e que, assim, ficam vinculados ao proprietário e realizam muito trabalho não remunerado ou especulativo, como apenas estar presente e engajar os clientes, o que traz benefícios para a academia. Harvey e seus colegas descrevem esse tipo de arranjo como uma forma de "neovilania". Outros tipos de trabalho temporário talvez estejam mais próximos da situação dos diaristas das docas no final do século XIX e início do século XX. Grandes grupos de trabalhadores à procura de trabalho nas docas se reuniam e esperavam ser selecionados para o carregamento ou descarregamento de navios, mas apenas os escolhidos podiam esperar ser pagos por aquele *gig* específico, que poderia durar apenas algumas horas ou mesmo um único dia. Sem horas de trabalho garantidas ou uma renda regular, a pobreza era generalizada. O trabalho *gig* contemporâneo, em torno de plataformas como a Uber, tem alguma semelhança com o trabalho diário nas docas, mas também tem diferenças importantes em relação a essas formas anteriores de trabalho casual.

A tecnologia digital da internet, do wi-fi e dos *smartphones* torna o trabalho *gig* e as comunicações entre "empregador" e trabalhador mais anônimas, flexíveis e imediatas. Para trabalhos digitais, como o descrito em Sociedade global 17.1, a organização de *gigs* pode envolver clientes, plataformas e trabalhadores de diversas localidades em qualquer lugar do mundo e não requer copresença. Em segundo lugar, muitos trabalhadores temporários, pelo menos nominalmente, *optam* por trabalhar dessa maneira em vez de assumir um trabalho formal para um único empregador em um local fixo. Dado o forte desequilíbrio de poder entre as partes e a possibilidade de redução de ofertas futuras em caso de recusa do trabalho, é questionável até que ponto os trabalhadores realmente "escolhem livremente" o trabalho *gig*. Como De Ruyter e Brown (2019) argumentam, "o trabalhador *gig* geralmente é obrigado a estar à disposição do 'empregador'. O relacionamento é visto como transacional, mas será que ele é igualitário?".

Ainda assim, alguns sociólogos questionam se a insegurança no emprego realmente está piorando, sugerindo que a permanência no emprego pela força de trabalho como um todo pode, de fato, estar aumentando (Doogan, 2009). Grint e Nixon (2016) argumentam que, desde a década de 1970, houve uma redução geral no tempo médio de trabalho, embora isso não tenha sido algo dramático. As estimativas sugerem que a permanência no emprego era de cerca de 10 anos na década de 1970 e de 9,5 anos em 2000. De fato, o tempo de permanência das mulheres tem aumentado, embora isso possa refletir mudanças recentes no mercado de trabalho, anteriormente dominado por homens. Cerca de 80% dos trabalhadores britânicos tinham emprego em tempo integral, e entre um quarto e um terço estavam com o mesmo empregador há mais de 10 anos.

O Escritório de Estatísticas Nacionais do Reino Unido (ONS, 2019d: 5) informou um aumento acentuado nos contratos de zero hora, de cerca de 200 mil em 2010 para um máximo de 907 mil no final de 2016; depois a tendência se estabilizou um pouco, com 896 mil pessoas relatando trabalhar em um contrato zero hora em 2019. No entanto, isso representava apenas 2,7% de todos os empregados, e não devemos entender a experiência dos trabalhadores temporários como representativa ou típica das condições gerais do mercado de trabalho. No entanto, embora essas estatísticas possam sugerir que a forte insegurança no emprego não é a norma, as percepções de insegurança crescente ainda nos dizem algo sobre as preocupações dos trabalhadores com as mudanças tecnológicas e econômicas e sobre os mercados de trabalho em mudança.

Desemprego

As Nações Unidas estimam que, de modo global, cerca de 190 milhões de pessoas estavam desempregadas em 2017, 5,5% da população economicamente ativa (UN, 2019a: 13-14). Cerca de 300 milhões de trabalhadores também viviam em extrema pobreza "no trabalho", e 60% dos trabalhadores estavam envolvidos em algum tipo de trabalho informal. Acontece que muitas pessoas que estão "oficialmente" desempregadas estão, na realidade, empregadas ou trabalhando em alguma função. As taxas de **desemprego** oscilam muito por região e país. Por exemplo, a taxa nos países da União Europeia esteve caindo desde 2000, chegando a 6,5% em 2018. Porém, dentro desse número, a taxa da Grécia esteve em 18,5%, a da Espanha, em 14,1%, e a da República Tcheca foi de apenas 2,1% (UN DESA, 2019d: 3).

Uma característica notável das estatísticas de desemprego é que as taxas de desemprego de jovens são consistentemente mais altas do que a média em muitas sociedades diferentes, desde o Norte da África, a Ásia Ocidental (particularmente Turquia e Arábia Saudita) e a Europa Ocidental até o Sul da Ásia (incluindo Irã e Índia) e a Comunidade de Estados Independentes (CEI) (incluindo a Federação Russa e a Ucrânia). A OIT (2012) informou que, em 2012, a Grécia e a Espanha, países mais significativamente afetados pela crise financeira de 2008, registraram taxas de desemprego superiores a 50% entre os jovens, embora recentemente tenham caído. Em 2018, a UE28 tinha uma taxa de desemprego entre os jovens de 14,9%. No Norte da África, as taxas eram muito mais altas, com Egito, Tunísia e Argélia registrando taxas de desemprego superiores a 25% entre os jovens. A taxa da África do Sul ficou em 40%, e a da Nigéria, em mais de 35%. Como região, a África Subsaariana teve a maior taxa de desemprego entre os jovens, ficando em 70% (UN DESA, 2019d: 3-4).

Para os jovens, períodos prolongados de desemprego precoce podem ter efeitos que perduram no futuro, incluindo salários mais baixos, problemas de saúde e dificuldades financeiras para as famílias. Para as sociedades, a incapacidade de integrar os jovens na economia arrisca uma perda de receitas fiscais, estabilidade social e crescimento econômico. Por que as taxas de desemprego são mais altas para os jovens?

Vogel (2015: 4-6) argumenta que esse é um problema multifacetado. Em muitas economias desenvolvidas, há uma quantidade cada vez maior de trabalhadores mais jovens com boas qualificações, mas estes tendem a não ser profissionais. Isso resultou em uma escassez de competências para muitas indústrias e em uma defasagem entre a oferta e a demanda de mão de obra em relação aos trabalhadores jovens. Além disso, em todo o mundo, há um crescimento contínuo de contratos de meio período, curto prazo e zero hora que afetam particularmente os jovens que tentam se firmar no mercado de trabalho. Reduzir o desemprego juvenil é, portanto, uma tarefa complexa, que implicará mudanças nas políticas educacionais, na legislação trabalhista e nas práticas empresariais.

No Reino Unido, as preocupações com os jovens que não estão estudando nem estão empregados ou em treinamento (também conhecidos como os "nem-nem") se tornaram particularmente acentuadas. O desemprego dos jovens no Reino Unido aumentou continuamente durante a primeira década do século XXI (Figura 17.4). Os números do Departamento de Educação (DfE, 2015) mostraram que em janeiro de 2015 a taxa de desemprego entre os jovens com idades entre 16 e 24 anos era de 12,3% (738 mil pessoas), mais do que o dobro da taxa de desemprego geral. O desemprego é um problema ainda mais sério para os jovens negros: em 2010, quase metade (48%) estavam desempregados. Cerca de um quarto de todos os desempregados também são desempregados de longa duração, o que significa que eles estiveram sem trabalho por um ano ou mais (Cavanagh, 2011).

Entretanto, interpretar as estatísticas oficiais sobre o desemprego, tanto nacional quanto global, não é algo simples, e o desemprego não é algo fácil de se definir de forma consistente. Ele significa "estar sem trabalho", mas "trabalho" aqui quer dizer "trabalho remunerado" e "trabalho em uma ocupação reconhecida". Mesmo as pessoas que são registradas corretamente como desempregadas podem ter muitas formas de atividades produtivas, como o trabalho doméstico, pintar a casa ou cuidar do jardim. Muitas pessoas têm trabalhos remunerados temporários, ou trabalhos pagos esporádicos, enquanto os estudantes e os aposentados podem ser considerados oficialmente como "economicamente inativos", não sendo contados como "desempregados", quando, na verdade, estão em alguma forma de trabalho ou estão procurando trabalho.

As estatísticas gerais de desemprego também são complicadas pelo fato de que abrangem dois "tipos" diferentes de desemprego. O *desemprego transitório*, às vezes chamado de "desemprego temporário", refere-se à entrada e saída naturais e de curto prazo de indivíduos no mercado de trabalho durante o curso da vida. O *desemprego estrutural*, por outro lado, descreve a falta de emprego que resulta de grandes mudanças na economia, em vez de circunstâncias que afetam indivíduos específicos.

No Reino Unido, as variações na distribuição do desemprego, conforme definido pelo governo, mostram que o desemprego caiu de 6% em 2013 para 3,9% em 2019, e que as taxas são mais altas para homens do que para mulheres. Em 2019, as taxas para homens e mulheres eram de 4,1% e 3,6%, respectivamente (ONS, 2019e: 8). No entanto, mais mulheres do que homens trabalham meio período; em maio de 2019, havia 2,32 milhões de homens trabalhando meio período, mas 6,34 milhões de mulheres, e mais mulheres informam estar trabalhando em contratos de zero hora do que homens. A tendência de longo prazo é que a proporção de mulheres trabalhando meio período esteja diminuindo, indo de 83,7% em 1992 para 73,6% em 2019, enquanto para os homens a tendência é de uma proporção maior de trabalho de meio período agora do que em 1992 (ONS, 2019g: 9-10).

As taxas de desemprego também diferem muito de acordo com a etnicidade. Enquanto a taxa

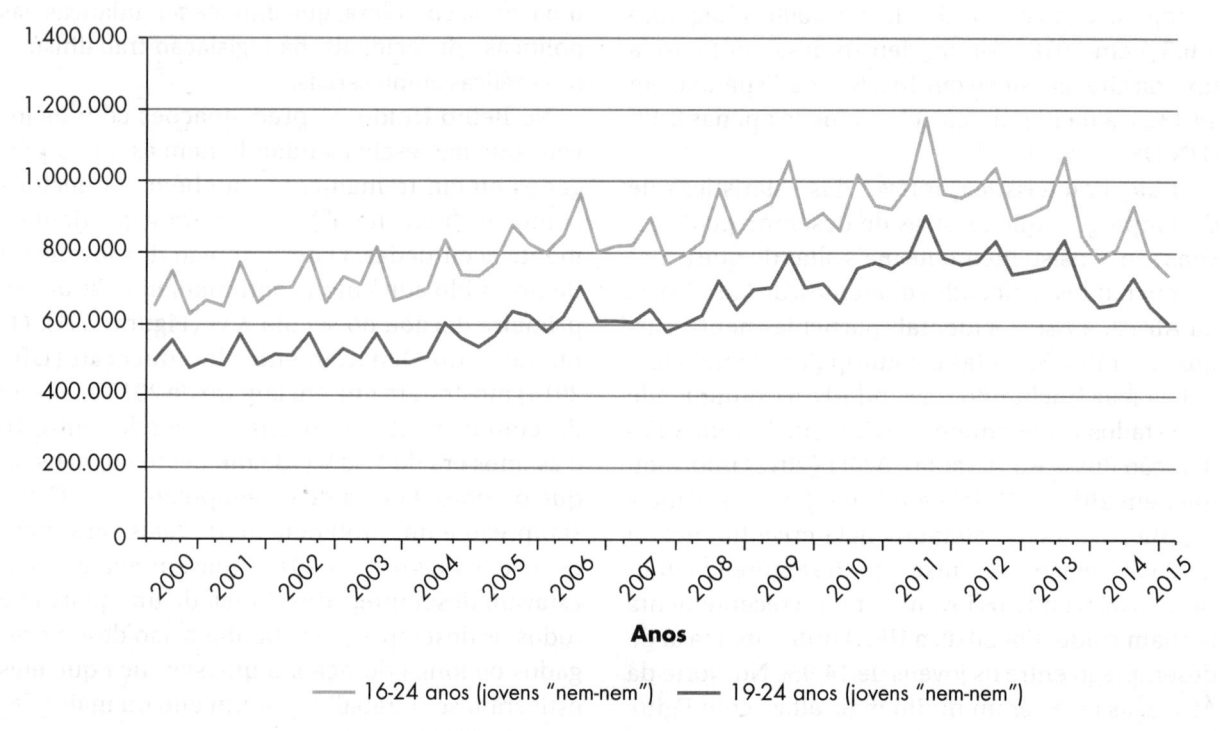

FIGURA 17.4 Jovens que não estão estudando nem estão empregados ou em treinamento, Reino Unido, 2000-2015.
Fonte: DfE (2015).

Sociedade global 17.2 — O *offshoring* do setor de serviços

A nova estrutura ocupacional atual deve ser vista sob uma perspectiva global, uma vez que a produção e a prestação de muitos serviços hoje envolvem pessoas que trabalham coletivamente através de várias fronteiras nacionais. De modo geral, isso é resultado do fato de que várias empresas do Norte Global mudaram alguns de seus processos para o Sul Global, onde o trabalho é feito com menor custo, mantendo ou aumentando a lucratividade. A Índia — onde muitos falam inglês — se tornou um centro para transações bancárias e centrais de teleatendimento; a China é um importante produtor de brinquedos, roupas e bens de consumo, e Taiwan produz muitos dos componentes eletrônicos necessários na era digital. Esse processo é chamado de **offshoring** (às vezes de "**outsourcing**" ou terceirização internacional), e, embora não seja um acontecimento recente, existe um grande debate atualmente sobre o futuro do *offshoring* e suas consequências, particularmente para os países industrializados.

Por um lado, o *offshoring* é apenas mais uma extensão do comércio internacional — o fato é que apenas existem mais coisas para vender e mais locais onde vendê-las. Não há nada de especial para se preocupar. Por outro lado, o *offshoring* pode, no futuro, ser uma importante força histórica mundial a transformar a economia global, podendo ser particularmente preocupante para os países industrializados. Um dos principais expoentes da segunda visão é o economista norte-americano Alan S. Blinder (2006), que explica exatamente por que governos

A Índia há muito fornece uma fonte de mão de obra terceirizada para empresas britânicas e norte-americanas na forma de *call centers*. Os desenvolvimentos na tecnologia estão permitindo que uma gama crescente de empregos de serviços seja terceirizada para empresas que empregam indianos de classe média jovens e instruídos.

no Norte Global deveriam estar se planejando para um futuro diferente.

Blinder argumenta que trabalhadores e empresas do setor manufatureiro em países relativamente ricos estão acostumados a competir com trabalhadores e empresas no Sul Global, mas que os trabalhadores instruídos do setor de serviços não estão. Não obstante, no futuro, esses trabalhadores do setor de serviços, conforme prevê Blinder, enfrentarão o maior desafio. Atualmente, está surgindo uma grande divisão, que Blinder descreve como uma divisão entre os tipos de trabalho que podem ser "facilmente feitos por meio do fio eletrônico (ou por conexões sem fio) sem perda de qualidade e os que não podem". Por exemplo, é impossível imaginar motoristas de táxi ou pilotos de avião alemães ou norte-americanos perderem trabalho por causa do *offshoring*, mas é possível ver serviços de digitação, análise de segurança, serviços radiológicos, contabilidade, educação superior, pesquisa e desenvolvimento, programação de computador, serviços bancários e muitos outros perderem.

A grande mudança aqui é que empregos que requerem níveis maiores de formação educacional não são mais "seguros", de modo que o mantra governamental, repetido tantas vezes, de que a chave para a economia do futuro é desenvolver uma força de trabalho altamente instruída, pode estar errado. O que talvez seja necessário é o investimento em "serviços personalizados" que devem ser prestados de maneira presencial e, assim, podem escapar ao *offshoring* (por enquanto). Todos os outros "serviços impessoais", que podem ser prestados por via eletrônica, fazem parte do jogo. Por causa disso, Blinder sugere que o principal desafio para países desenvolvidos atualmente não é a China, que se especializou na manufatura, mas a Índia, que está em melhor posição para tirar vantagem do movimento de serviços para outros países.

Blinder admite que sua tese é uma forma de especulação, ou "futurologia", e que são necessários muito mais estudos e pesquisas sobre os padrões atuais, mas o processo que ele descreve já está em andamento. Dado o processo contínuo de integração global, parece que o *offshoring* chegou para ficar.

> **REFLEXÃO CRÍTICA**
>
> O *offshoring* parece indicar o movimento de empregos e tarefas de trabalho do Norte Global rico para o Sul Global. Por que isso deve ser visto como um problema urgente? Escreva um pequeno ensaio apoiando a ideia de que o *offshoring* está ajudando a redistribuir a riqueza e a reduzir a desigualdade global.

para a população branca estava em torno de 4% em 2018, a taxa combinada para todos os outros grupos étnicos estava em 7%. As taxas de desemprego mais altas estavam em 9% para os negros, 8% para os paquistaneses e bengaleses e 7% para o grupo de etnicidade mista (ONS, 2019f). Contudo, o Escritório de Estatísticas Nacionais do Reino Unido também descobriu que as taxas de desemprego para todos os grupos étnicos eram menores em 2019 do que em 2004 (Tabela 17.1), com as maiores quedas registradas nesse período entre os grupos étnicos mais afetados. Por exemplo, a taxa de desemprego dos negros subiu para 18% em 2009 no rastro da crise financeira de 2008, antes de cair de volta para 9% em 2018. A taxa de paquistaneses e bengaleses também chegou a atingir 18% em 2013, mas caiu para 8% em 2018. O grupo étnico misto tinha uma taxa de desemprego de 16% em 2013, que caiu de volta para 7% em 2018. Ainda resta saber como a pandemia da covid-19 afetará esses e outros números de desemprego.

Standing (2011) sugere que, no século XXI, está surgindo um novo agrupamento de classes — uma "classe em formação" — que ele chama de **precariado**. Esse grupo é constituído por aqueles que não conseguem ter acesso aos mercados de trabalho que oferecem emprego seguro e salários dignos. Inclui pessoas idosas, trabalhadores não qualificados, jovens com poucas qualificações e todos aqueles que entram e saem regularmente do trabalho.

Standing vê o crescente precariado participando de protestos e manifestações contra a austeridade na Grécia, na Espanha e no Oriente Médio. O envolvimento irregular no trabalho remunerado e a insegurança resultante disso podem ser uma fonte

TABELA 17.1 Percentual da população economicamente ativa desempregada, por etnia, 2004-2018

	2004	2005	2006	2007	2008	2009	2010	2011	2012	2013	2014	2015	2016	2017	2018
Etnia (%)															
Todos	5	5	5	5	6	8	8	8	8	8	6	5	5	4	4
Asiáticos	9	9	10	10	9	11	11	–	12	12	9	8	7	7	6
Indianos	7	7	8	7	7	9	8	–	10	9	6	7	5	6	4
Paquistaneses, Bengaleses	13	13	15	15	15	17	16	–	17	18	14	12	11	10	8
Outras etnias asiáticas	9	8	8	9	7	9	9	–	10	9	8	7	6	6	6
Negros	13	14	13	13	14	18	16	–	17	17	15	12	10	9	9
Misto	12	12	11	12	13	14	15	–	16	16	13	11	11	7	7
Brancos	4	4	5	5	5	7	7	–	7	7	6	5	4	4	4
Brancos britânicos	4	4	5	5	5	7	7	–	7	7	6	5	4	4	4
Outros brancos	6	6	5	5	5	7	6	–	6	6	6	5	4	4	3
Outros	11	11	13	10	11	12	13	–	14	13	10	9	7	8	8

Fonte: ONS (2019f).

de descontentamento que os partidos populistas e fascistas nacionais tentam explorar, incentivando as pessoas a verem a imigração ou o "grande" governo como a causa de sua situação econômica precária. A questão para o governo e os criadores de políticas é como lidar com as inseguranças debilitantes que surgem na economia global, que depende cada vez mais de práticas de trabalho flexíveis e hiperflexíveis.

O(s) futuro(s) do trabalho

No futuro, como será o mundo do trabalho? Wilkinson e Barry (2020: 4-6) listam algumas das manchetes mais sensacionalistas de artigos recentes sobre o futuro do trabalho, incluindo: "Você perderá seu emprego para um robô — e mais cedo do que imagina" (2017), "A automação de robôs 'tomará 800 milhões de empregos até 2030'" (2017), "O futuro do trabalho: a automação pode ser positiva?" (2018) e "AVISO de inteligência artificial: poderão os robôs inteligentes substituir empregos humanos até 2025?" (2017). A preocupação comum entre esses artigos é a mudança tecnológica — especificamente a robótica e a inteligência artificial e seus impactos sobre os empregos.

No entanto, previsões radicais de como *poderá* ser o trabalho no futuro também foram feitas pela sociologia em intervalos regulares, geralmente em resposta a desenvolvimentos tecnológicos emergentes ou mudanças macroeconômicas. Hoje, as últimas previsões são estimuladas pela rápida globalização e pelas extensas práticas de *offshoring*, pela revolução digital e pela ascensão do capitalismo de plataforma (Srnicek, 2016), do capitalismo de vigilância (Zuboff, 2019) e da economia *gig*. Dependendo do ponto de vista, podemos ver muitas novas oportunidades de trabalho e a perspectiva de um melhor equilíbrio entre vida profissional e pessoal (finalmente), ou um mundo dominado pelo capitalismo transnacional, pela vigilância digital invasiva por meio da Internet das Coisas e pelas formas precárias e inseguras de trabalhar. É claro que questões sobre o futuro do trabalho também são questões sobre o futuro das sociedades, e neste capítulo apenas arranhamos a superfície de algumas dessas questões e debates.

A futurologia geralmente envolve a extrapolação de tendências atualmente perturbadoras para o futuro, e ela pode ser emocionante e atraente. No entanto, suas conclusões muito raramente correspondem à realidade social mais mundana, à medida que essas tendências se desenvolvem e mudam. Por exemplo, Alvesson (2013) descobriu que empresas de *fast-food*, como McDonald's e KFC, ainda empregavam mais trabalhadores do que o setor digital de alta tecnologia da Google, do Facebook e outros. Da mesma forma, o foco recente no trabalho temporário e nos contratos de zero hora, com suas desigualdades muito reais e bem evidenciadas, deve ser colocado em perspectiva com as evidências estatísticas que mostram que o trabalho de zero hora abrange menos de 3% da força de trabalho (ONS, 2019d). Wilkinson e Barry (2019: 3) argumentam que, "embora a pesquisa acadêmica produza manchetes menos empolgantes do que a futurologia, ela também leva a avaliações mais sóbrias e sutis".

A globalização e a introdução de IA, robótica e tecnologia digital nos locais de trabalho estão proporcionando algumas mudanças significativas nos padrões de trabalho e emprego. No entanto, uma avaliação realista de até que ponto esses desenvolvimentos realmente transformarão a vida profissional também deve levar em conta continuidades e contratendências. Isso pode ser um pouco menos "empolgante", mas uma parte importante do papel da sociologia é entender a sociedade como ela existe e não permitir que a especulação generalizada vá muito além do que as evidências no campo apoiam.

Revisão do capítulo

1. Cite algumas definições de "trabalho". Como podemos dizer que o trabalho é diferente de "emprego"?

2. Descreva alguns dos motivos para a diminuição da associação aos sindicatos desde a década de 1970. Existe alguma possibilidade de que essa tendência seja invertida?

3. Descreva os principais aspectos do taylorismo, do fordismo e do pós-fordismo. De que maneiras a "flexibilidade" foi incorporada na produção, no consumo e no local de trabalho?

4. Qual é a diferença entre a segregação ocupacional horizontal e vertical? Cite alguns exemplos do mundo real para cada um desses tipos.

5. Como o trabalho doméstico poderia ser considerado essencial para a economia? O trabalho doméstico foi compartilhado de forma mais igualitária entre os casais de sexos opostos?

6. Os sociólogos têm identificado uma tendência de longa data para a feminização do trabalho. Usando evidências deste capítulo, explique por que isso não significa que a igualdade de gênero foi alcançada.

7. O que significa "economia do conhecimento"? Como a IA, a robótica e a tecnologia digital estão mudando o mundo do trabalho? Esses desenvolvimentos requalificarão ou desqualificarão a força de trabalho?

8. Seguindo a noção de Wright-Mills (ver Capítulo 1), o desemprego é tanto um "problema pessoal" quanto um "problema social". Explique o que essa afirmação significa.

9. De que formas o trabalho na economia moderna está se tornando mais precário para alguns setores da força de trabalho, especialmente aquelas que atuam na economia *gig*? O que os governos poderiam fazer para melhorar as condições de trabalho?

Pesquisa na prática

A insegurança no emprego se tornou uma parte significativa da sociologia do trabalho, e muitos estudos analisaram seu impacto na saúde e no bem-estar das pessoas. Mas esse fenômeno está restrito aos empregos da classe trabalhadora e àqueles envolvidos na economia *gig* casual em expansão? As classes médias e as profissões liberais estão imunes a tais inseguranças? O artigo abaixo discute essas questões em relação à Grã-Bretanha. Leia o artigo e tente responder às questões que se seguem.

> Gallie, D., Felstead, A., Green, F. e Inanc, H. (2017). "The hidden face of job insecurity", *Work, employment and security*, 31(1): 36-53.

1. Que tipo de estudo é esse? Quais são as principais fontes de dados usadas nele?
2. Explique as duas formas de insegurança de trabalho discutidas. Como elas se conectam à posição da classe social?
3. De acordo com os autores, a insegurança no trabalho está aumentando ou permanecendo praticamente igual?
4. Explique os efeitos do reconhecimento do sindicato sobre a insegurança do trabalho, a participação do empregado e as condições do mercado de trabalho.
5. Os autores argumentam que, em alguns aspectos, suas descobertas diferem significativamente daquelas da pesquisa anterior. De que maneiras isso acontece?

Pensando sobre isso

As ideias de André Gorz sobre o impacto radical da tecnologia da informação na produção e na vida profissional foram discutidas anteriormente neste capítulo. Aqui está a parábola de Wassily Leontief sobre o declínio da importância do trabalho (citada em Gorz, 1985, com permissão):

> Adão e Eva gozavam, antes de serem expulsos do Paraíso, de um alto padrão de vida sem ter que trabalhar. Após sua expulsão, eles e seus sucessores foram condenados a levar uma existência miserável, trabalhando do amanhecer ao anoitecer. A história do progresso tecnológico nos últimos 200 anos é basicamente a história da espécie humana voltando lentamente ao paraíso. O que aconteceria, no entanto, se de repente nos encontrássemos nele? Com todos os bens e serviços fornecidos sem trabalho, ninguém teria um emprego remunerado. Estar desempregado significa não receber nenhum salário. Como resultado, até que novas políticas de renda apropriadas fossem formuladas para se adequar às mudanças nas condições tecnológicas, todos passariam fome no Paraíso.

Leia o quadro Usando sua imaginação sociológica 17.4 novamente sobre Gorz. No seu próprio círculo de familiares, amigos e conhecidos, algum deles diminuiu ou mudou para um trabalho menos intenso e com salário mais baixo para ter mais liberdade para fazer outras coisas? Quais são os obstáculos no caminho daqueles que desejam fazer isso? Sugira algumas maneiras pelas quais o Estado poderia facilitar a transição para uma sociedade com menos trabalho.

Sociedade nas artes

Desde a década de 1960, o diretor britânico Ken Loach produziu muitos filmes, quase todos classificados como "realistas sociais (ou socialistas)". Grande parte desse conjunto de trabalho trata de divisões de classe e desigualdade social por meio de explorações de, entre outras coisas, infância e masculinidade (*Kes*, 1969), vida da classe trabalhadora sob o capitalismo (*Riff-Raff*, 1991) e o sistema de seguridade social estatal (*I, Daniel Blake*, 2016).

O filme de 2019 de Loach, *Sorry we missed you*, aborda a vida na economia *gig* por meio dos julgamentos de Ricky (um motorista de entrega autônomo), Abby (uma cuidadora) e sua família. Embora o filme tenha sido aclamado pela crítica, os fóruns *on-line* também contêm muitos comentários negativos sobre seu tom e sua abordagem do assunto: "neo-miserabilista", "previsivelmente deprimente", "tedioso", "incansavelmente sombrio" e assim por diante. Assista ao filme com essas críticas em mente.

Um filme realista social sobre esse assunto simplesmente precisa ser "previsivelmente deprimente" para representar a realidade fielmente, ou está realmente fazendo uma declaração política sobre o capitalismo contemporâneo? Com isso em mente, escreva uma resenha de 1.000 palavras sobre o filme que também se baseie em algumas das pesquisas sobre a vida profissional na economia *gig*.

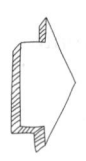

Outras leituras

Um dos livros didáticos mais usados e referenciados sobre a sociologia do trabalho é o excelente *The sociology of work: an introduction* (4. ed. Cambridge: Polity), de Keith Grint e Darren Nixon (2016). *The sociology of work: continuity and change in paid and unpaid work* (3. ed, London: Sage), de Stephen Edgell e Edward Granter (2020), faz exatamente o que deveria — ou seja, tenta dar sentido à natureza mutável do trabalho remunerado e não remunerado. *The thought of work* (Ithaca, NY: Cornell University Press), de John W. Budd (2011), é um estudo instigante sobre o que é o trabalho e o seu significado.

The realities of work: experiencing work and employment in contemporary society (4. ed. Basingstoke: Palgrave Macmillan), de Michael Noon, Paul Blyton e Kevin Morrell (2013), analisa a experiência do trabalho do ponto de vista dos funcionários. *The social meaning of money: pin money, pay checks, poor relief and other currencies* (Princeton, NJ: Princeton University Press), de Viviana A. Zelizer (2017 [1997]), é um excelente relato historicamente orientado de diferentes formas de "moeda" na sociedade. Uma avaliação útil de até onde a precarização do trabalho pode ir é a de Colin Crouch (2019), em *Will the gig economy prevail?* (Cambridge: Política).

Uma coleção de ensaios muito boa é *The sage handbook of the sociology of work and employment* (2016), editada por Stephen Edgell, Heidi Gottfried e Edward Granter (London: Sage).

Links da internet

Em **loja.grupoa.com.br**, acesse a página do livro por meio do campo de busca e clique em Material Complementar para ver as sugestões de leitura do revisor técnico à edição brasileira, além de outros recursos (em inglês).

Center for the Study of Economy and Society — centro de pesquisa da Universidade de Cornell, nos EUA:
www.economyandsociety.org/

The International Labour Organization — campanhas para um trabalho decente para todos Muitos recursos úteis aqui:
www.ilo.org/global/lang—en/index.htm

The Work Foundation, Reino Unido — organização sediada na Universidade de Lancaster, envolvida em "pesquisa aplicada à alta qualidade":
www.lancaster.ac.uk/work-foundation/

Economic Sociology and Political Economy — a página do grupo no Facebook com as notícias, os livros e os artigos mais recentes nesse campo:
www.facebook.com/EconSociology

European Commission — Employment, Social Affairs and Inclusion — contém muitos recursos e estatísticas sobre trabalho:
https://ec.europa.eu/social/home.jsp?langId=en

Independent Workers of Great Britain — alguns casos interessantes ilustrando a face do sindicalismo em mudança:
https://iwgb.org.uk/page/about-us

CAPÍTULO 18

RELIGIÃO

SUMÁRIO

O estudo sociológico da religião 731

O que é religião? 731

A sociologia clássica da religião 734

Uma era secular emergente? 739

Além da tese de secularização? 744

Organizações e movimentos religiosos 748

Organizações religiosas 748

Movimentos religiosos 750

Religião contemporânea: tendências e desafios 753

Cristianismo, gênero e sexualidade 753

Excepcionalismo norte-americano? 756

Fundamentalismo religioso 758

Conclusão 762

Revisão do capítulo 763

Pesquisa na prática 764

Pensando sobre isso 764

Sociedade nas artes 765

Outras leituras 765

Links da internet 766

À primeira vista, a imagem acima poderia ser de uma congregação religiosa em um local de culto moderno. Certamente é uma congregação; as pessoas se reúnem nesse lugar uma vez por mês para cantar e ouvir as palestras do palco, mas não há conteúdo abertamente "religioso". Essa é uma das cerca de 70 Assembleias Dominicais não religiosas em oito países. Os fundadores do movimento das assembleias queriam "fazer algo que fosse como uma igreja, mas totalmente secular e inclusivo a todos — não importando no que eles acreditassem".

Fundadas em Londres, em 2013, as Assembleias Dominicais buscam celebrar a vida, ajudar e apoiar o próximo, e "criar comunidade", com base no seu lema: "Viver melhor, ajudar com frequência, maravilhar-se mais". Embora as assembleias acolham pessoas com ou sem crenças religiosas, elas mesmas não têm doutrina ou textos fixos nem divindades: "Não lidamos com o sobrenatural, mas também não vamos dizer que você está errado se o fizer". Sua agenda secular está estabelecida na carta da assembleia, que diz que "A Assembleia Dominical é uma celebração da única vida que sabemos que temos" (sundayassembly.com/our-mission/). No entanto, o movimento adota algumas convenções da religião existente, como reuniões aos domingos, rituais (ainda que seculares), cantos comunitários (geralmente canções pop) e períodos de reflexão silenciosa. Bullock (2018) argumenta que essas assembleias são uma forma de "não religião" que, no entanto, se vale de recursos religiosos existentes para seus rituais e práticas.

As Assembleias Dominicais também podem atrair aqueles que apreciam o valor dos elementos tradicionais e comunitários da congregação religiosa, mas não se consideram mais religiosos ou nunca tiveram qualquer crença religiosa. Desse modo, como observa o presidente da Assembleia de Edimburgo, a assembleia é basicamente "uma igreja sem religião" (BBC News, 2018c). Mas será que isso é verdade? Se a Assembleia Dominical é uma reunião secular, por que adota uma estrutura convencionalmente religiosa? O foco em criar comunidade, fazer um bom trabalho e celebrar a vida é a base para uma forma secular e humanista de religião? E o que é "religião", afinal? Por que a religião ainda é difundida em sociedades humanas aparentemente seculares? Essa última questão tem preocupado muitos sociólogos da religião desde o trabalho de Émile Durkheim.

Neste capítulo, examinaremos algumas das diversas crenças, práticas e organizações religiosas, bem como as principais teorias sociológicas da religião e estudos empíricos da prática religiosa. Ao longo do capítulo, vamos considerar o destino da religião principalmente, embora não exclusivamente, em relação ao Norte Global, em parte por razões de espaço, mas também porque é onde as religiões tradicionais parecem estar em declínio de longo prazo.

O estudo sociológico da religião

A sociologia da religião impõe exigências especiais à nossa imaginação sociológica quando procuramos compreender a diversidade de crenças e rituais encontrados nas sociedades humanas. Isso significa que temos de ser sensíveis aos ideais que inspiram profunda convicção nos crentes, mas, ao mesmo tempo, devemos ser relativamente desapegados de nossas crenças pessoais. Os sociólogos contestam ideias que buscam o eterno, mas reconhecem que os grupos religiosos também perseguem objetivos muito mundanos, como adquirir fundos ou conquistar seguidores. Também precisamos reconhecer a diversidade de crenças religiosas e os modos de conduta e investigar a natureza da religião como um fenômeno social amplo.

O que é religião?

Definir religião pode parecer uma tarefa simples, sem que mereça qualquer reflexão profunda. As religiões geralmente são definidas por uma crença em Deus ou em deuses, talvez uma vida após a morte, mas elas também envolvem cultos em prédios religiosos — templos, igrejas, sinagogas ou mesquitas — e fazer "coisas religiosas", como orar, ou comer ou não comer certos alimentos. Para os sociólogos que tentam definir limites ao seu campo de estudo, chegar a um consenso sobre uma questão tão básica mostrou ser extraordinariamente difícil. De fato, Aldridge (2013: 22) argumenta que "Não podemos esperar consenso sobre uma definição e depois debater questões essenciais, pois as questões essenciais são baseadas em qualquer definição. Não há e nunca haverá uma definição aceita universalmente sobre religião".

Uma razão para isso é que a sociologia engloba inúmeras perspectivas teóricas, e elas diferem entre si na forma como interpretam a natureza da realidade social. Sendo assim, também discordam sobre como essa realidade pode e deve ser estudada. Por exemplo, muitos estudos de nível macro adotam uma visão realista, que vê a religião como uma instituição social fundamental que transmite valores, um código moral e normas de comportamento que perpassam gerações. Portanto, a "religião" existe objetivamente e tem efeitos reais sobre os indivíduos. Por outro lado, vários outros estudos de nível micro estão enraizados em uma posição mais construcionista social, que se concentra nas maneiras pelas quais o que constitui a "religião" é continuamente reproduzido e alterado nos processos cotidianos de interação.

Fãs dos esportes, como os torcedores de times de futebol, apresentam algumas das características atribuídas às religiões. No entanto, as torcidas de futebol também diferem de maneira significativa das religiões tradicionais.

Em termos gerais, as definições sociológicas concorrentes de religião podem ser divididas em três tipos: *definições inclusivas, definições exclusivas* e *definições em uso*. As definições inclusivas costumam ter orientação funcionalista, vendo a religião como essencial para a vida humana como tal e, de certa forma, como funcionalmente necessária para a sociedade. Um exemplo é o seguinte: "a religião é um sistema de crenças e práticas por meio do qual um grupo de pessoas lida com os problemas cruciais da vida humana" (Yinger, 1970: 7). Outros se referem à religião como todas aquelas crenças sobre as forças que moldam o destino humano (Lenski, 1963). Nessa visão, a religião oferece às pessoas respostas para questões permanentes da existência, oferece esperança e ajuda a unir as pessoas na solidariedade.

O problema principal com as definições inclusivas é que elas geralmente incluem *demais*. Ou seja, elas implicam que todos são implicitamente religiosos, quer reconheçam isso ou não. Como todos os humanos enfrentam os mesmos "problemas cruciais" de morrer, o fim e a busca de significado, então todos eles deveriam "ser" religiosos de alguma forma. Mesmo ideologias e regimes políticos aparentemente seculares, como o comunismo, ou atividades de lazer, como torcer para times de futebol, têm sido interpretados como formas de "religião", porque representam sistemas de crença e práticas que ajudam as pessoas a encontrarem significado no mundo. No entanto, os críticos sugerem que isso estende a definição de religião para todos e afasta questões-chave, tais como se a religião estaria aumentando ou diminuindo (Aldridge, 2013).

Por outro lado, as definições exclusivas rejeitam o funcionalismo das inclusivas, procurando definir as religiões por referência à base de suas variadas crenças. Particularmente, definições exclusivas estão enraizadas na ideia de que todas as religiões fazem uma distinção entre uma realidade empírica mundana e uma realidade "supraempírica" ou transcendente (Robertson, 1970). Adotar essa distinção significa afirmar que muitos grupos e instituições — como torcidas de futebol ou ideologias políticas — são efetivamente excluídos pelo fato de não fazerem referência a uma realidade transcendente. Isso tem a vantagem de limitar o que conta como religião, permitindo aos sociólogos abordar a extensão da secularização — o processo em que a religião perde gradualmente sua influência sobre todas as várias esferas da vida social — por meio de pesquisas empíricas. No entanto, a tentativa de produzir uma definição única para abranger todas as religiões conhecidas se baseia em um conceito muito amplo de "supraempírico", que se aplica menos a novos movimentos religiosos. A distinção entre realidades empíricas e supraempíricas reflete suas origens na ciência social ocidental.

O terceiro tipo de definição é descrito como uma "definição em uso" e é semelhante ao que hoje chamamos de construcionismo social. Para muitos sociólogos, uma abordagem construcionista social oferece um ponto de partida melhor do que as duas anteriores. Em vez de assumir que existe um fenômeno real chamado religião e então explorar as variadas formas pelas quais ele se manifesta na sociedade, o construcionismo vê como mais produtivo investigar todas aquelas situações em que as próprias pessoas fazem referência à "religião" ou ao "significado religioso" e se engajam em práticas "religiosas" autodefinidas. Isso significa que os sociólogos não precisam lidar com o problema de conceber sua própria definição universal; basta investigar como a religião foi e está sendo usada por uma ampla gama de indivíduos, grupos e organizações e como esses usos têm sido contestados. Os estudos construcionistas observam a forma como o significado da religião mudou ao longo do tempo, como as pessoas usam o conceito para seus próprios propósitos e se esse uso está aumentando ou diminuindo.

> Veja no Capítulo 5, "Meio ambiente", no Capítulo 7, "Gênero e sexualidade", e no Capítulo 12, "Interações sociais e vida cotidiana" discussões sobre a abordagem construcionista social.

Um problema associado a todas as "definições em uso" é que elas não estabelecem um limite claro entre fenômenos religiosos e não religiosos, aceitando que tudo que é considerado "religioso" pelas próprias pessoas é assunto de pesquisa legítimo. No entanto, para os construcionistas, essa falta de clareza de definição não enfraquece a pesquisa empírica. Pelo contrário, Beckford (2008: 21) argumenta que

> a incerteza sobre o que a religião realmente é não representa um problema para os cientistas sociais: ela apenas os desafia a entender como tantos seres humanos ainda conseguem navegar na vida sem obter certeza sobre religião ou aspectos religiosos. [...] Logo, os cientistas sociais procuram razões claras e robustas para as fortes convicções religiosas que observam em alguns casos. Nem a confusão religiosa nem a certeza religiosa podem ser consideradas naturais ou dadas na natureza das coisas.

Com o tempo, tanto as definições inclusivas quanto as exclusivas perderam terreno para abordagens mais construcionistas sociais do estudo da religião.

Ao ler as diferentes teorias descritas na próxima seção, verifique qual dos três tipos de definição está sendo usado. Você também deve pensar sobre o que as diferentes perspectivas têm a dizer sobre o papel da religião como uma fonte contínua de identidade, a maneira como as religiões organizadas lidam com as mudanças nas relações de gênero e sexualidades, como as crenças e práticas religiosas se manifestam no nível individual, a virada para o fundamentalismo em alguns grupos religiosos, comparações entre nações e religiões e as formas organizacionais em mudança que a religião assume.

Sociólogos e religião

Os sociólogos profissionais podem ter uma fé religiosa ou não, mas em seu trabalho sociológico eles não se preocupam se crenças religiosas específicas são verdadeiras ou falsas. Por exemplo, eles podem perguntar como uma religião é organizada, quais são suas principais crenças e valores, como as organizações religiosas estão relacionadas à sociedade em geral e o que explica seus sucessos e fracassos no recrutamento e na retenção de membros. A questão de saber se uma determinada crença é "verdadeira", por mais importante que seja para os envolvidos, não é algo que os sociólogos possam abordar. É claro que, como indivíduos particulares, eles podem muito bem ter uma opinião, mas como sociólogos, eles tomam medidas para evitar que isso influencie suas pesquisas e suas descobertas.

> **REFLEXÃO CRÍTICA**
>
> Se a sociologia é uma disciplina científica baseada na avaliação de evidências, os sociólogos também podem ter uma fé religiosa? Que problemas os "sociólogos religiosos" podem encontrar na sociologia da religião? Como uma fé religiosa pode ser útil para os sociólogos nesse campo?

Na prática, os sociólogos têm se preocupado especialmente com as organizações religiosas, que são algumas das mais importantes da sociedade. Dentro do cristianismo e do judaísmo, a prática religiosa geralmente ocorre em organizações formais — igrejas e sinagogas —, embora isso não seja necessariamente verdade para religiões asiáticas, como o hinduísmo e o budismo, em que as práticas religiosas têm a mesma probabilidade de ocorrer em casa e em outros ambientes informais. No Norte Global, atualmente, muitas religiões se estabeleceram por meio da organização burocrática. Mais adiante, veremos também que alguns sociólogos veem as religiões como praticamente semelhantes às organizações empresariais, competindo por membros e recursos (Warner, 1993).

Os sociólogos frequentemente veem as religiões como importantes fontes de solidariedade social. Crenças religiosas, rituais e cultos coletivos ajudam a criar uma "comunidade moral" na qual todos os membros sabem como se comportar uns com os outros. No entanto, a religião também tem sido um fator importante em conflitos sociais destrutivos, como aqueles entre siques, hindus e muçulmanos na Índia, confrontos entre muçulmanos e cristãos na Bósnia e "crimes de ódio" contra judeus, muçulmanos e outras minorias religiosas nos Estados Unidos e na Europa. A questão de saber se a religião *por si só* produz harmonia ou conflito é, para os sociólogos contemporâneos, histórica e empírica, e os fundadores clássicos foram os primeiros a abordar tais questões de maneira sociológica.

A sociologia clássica da religião

Nenhum dos três principais fundadores da sociologia — Marx, Durkheim e Weber — era religioso, e todos acreditavam que a importância das religiões tradicionais diminuiria à medida que a **ciência** e a razão efetivamente "desencantassem o mundo". No entanto, suas explicações detalhadas de como e por que isso aconteceria são nitidamente diferentes, e vamos esboçar suas principais ideias a seguir.

Karl Marx: religião e desigualdade

As ideias de Marx sobre o papel da religião na sociedade derivavam principalmente dos escritos de vários teólogos e filósofos do começo do século XIX. Um deles foi Ludwig Feuerbach (1804-1872), que publicou a famosa obra, *The essence of christianity* (1957 [1853]). Segundo Feuerbach, a religião consiste em ideias e valores produzidos pelos seres humanos no decorrer de seu desenvolvimento cultural, mas projetados erroneamente sobre forças divinas ou deuses. Como os seres humanos não compreendem totalmente sua própria história, eles costumam atribuir normas e valores criados pela sociedade a ações de seres sobrenaturais ou "espíritos". Por exemplo, no judaísmo e no cristianismo, a história dos Dez Mandamentos que Deus deu a Moisés é uma versão mítica da origem dos preceitos morais que regem a vida de fiéis judeus e cristãos.

Enquanto não entendermos a natureza dos símbolos religiosos que criamos, afirma Feuerbach, estaremos condenados a sermos prisioneiros de forças que não podemos controlar. Feuerbach usa o termo **alienação** para se referir ao estabelecimento de deuses ou forças divinas à parte das sociedades humanas. O resultado é que valores e ideias criados pelo homem são transferidos para deuses e espíritos. Feuerbach entendia que a compreensão da religião como uma forma de alienação traz muita esperança para o futuro. Quando os seres humanos entendem que os valores projetados sobre a religião são realmente seus, esses valores se tornam passíveis de serem realizados aqui na Terra, em vez de serem postergados para uma outra vida.

Marx aceitava a visão de que a religião representa a autoalienação humana. Muitas vezes, acredita-se que Marx rejeitava a religião, mas isso está longe da verdade. A religião, para Marx, é o "coração de um mundo sem coração" — um refúgio da dureza da realidade cotidiana do capitalismo. Segundo sua visão, a religião, em sua forma tradicional, vai, e deveria, desaparecer; mas isso se dá porque os valores positivos incorporados na religião podem se tornar ideais orientadores para melhorar a sina da humanidade neste planeta, e não porque esses ideais e valores estejam errados.

Marx declarou, em uma expressão famosa, que a religião é o "ópio do povo". Religiões como o cristianismo adiam a felicidade e as recompensas para a vida futura, ensinando a aceitação resignada das condições existentes nesta vida. Assim, desvia-se a atenção das desigualdades e injustiças deste mundo, com a promessa do que virá no próximo. Dessa forma, a religião tem um forte elemento ideológico: crenças e valores religiosos servem, muitas vezes, como justificativas para desigualdades de riqueza e poder. Por exemplo, o ensinamento de que "os pobres herdarão a terra" sugere atitudes de humildade e de conformação em relação à opressão mundana.

> **REFLEXÃO CRÍTICA**
>
> As religiões sempre apoiaram o *status quo*? Encontre alguns exemplos de lugares no mundo onde as religiões criticaram ou se opuseram à ordem social dominante. Seriam casos de exceção, ou Marx estava errado sobre a religião?

Émile Durkheim: rituais religiosos e solidariedade

Ao contrário de Marx, Émile Durkheim passou boa parte de sua carreira intelectual estudando a religião. A teoria sociológica de Durkheim sobre a religião, assim como seu trabalho sobre o suicídio (ver Capítulo 1), teve um significado imenso no estabelecimento da disciplina da sociologia. Ele demonstrou que qualquer assunto poderia ser abordado de um ponto de vista sociológico, mas também que, sem a sociologia, provavelmente não vamos compreender bem a vida social. Esse ponto de vista sobre a religião é discutido nos Estudos clássicos 18.1.

A abordagem funcionalista de Durkheim faz com que nossa atenção se volte para a relação entre religião e outras instituições sociais, e isso foi levado adiante no século XX pelo fundador do funcionalismo estrutural, Talcott Parsons. Parsons estava interessado no papel da religião e no seu destino nas sociedades modernas, e suas principais ideias são abordadas no Capítulo 3, "Teorias e perspectivas sociológicas".

Max Weber: as religiões mundiais e a mudança social

Enquanto Durkheim fundamentou seus argumentos em um conjunto muito pequeno de exemplos, Max Weber se envolveu em um enorme projeto para estudar as principais religiões do mundo. Nenhum estudioso, antes ou depois, empreendeu uma tarefa tão grande. A maior parte da sua atenção se concentrou no que ele chamou de "religiões mundiais" — aquelas que atraíram um grande número de fiéis e afetaram decisivamente o curso da história global. Ele fez estudos detalhados sobre o hinduísmo, o budismo, o taoísmo e o judaísmo antigo (1951, 1952, 1958b, 1963) e, em A ética protestante e o Espírito do capitalismo (1992 [1904-1905]) e outros textos, escreveu extensivamente sobre o impacto do cristianismo na história do Ocidente. Todavia, ele não concluiu seu estudo projetado sobre o islã, que foi retomado posteriormente por outros estudiosos (Turner, 1974, 1993).

Os escritos de Weber se concentram na conexão entre a religião e a mudança social, algo a que Durkheim dedicou pouca atenção. Weber também discorda de Marx, argumentando que a religião não é principalmente ou necessariamente uma força conservadora. Ao contrário, os movimentos de inspiração religiosa costumam gerar transformações sociais dramáticas. Assim, o protestantismo — particularmente o puritanismo — foi a fonte da perspectiva capitalista encontrada no Ocidente moderno e revolucionou atitudes em direção à obtenção de lucros e à tradição. Os primeiros empreendedores eram principalmente calvinistas, e seu ímpeto para o sucesso, que ajudou a dar início ao desenvolvimento econômico, foi motivado originalmente pelo desejo de servir a Deus. O sucesso material, para eles, era um sinal de favorecimento divino.

Estudos clássicos 18.1 — As formas elementares da vida religiosa

O problema da pesquisa

Existem muitas religiões ao redor do mundo, algumas muito antigas, como o islamismo, o confucionismo, o cristianismo e o hinduísmo, e outras mais recentes, como a cientologia, que data apenas da década de 1950. O que todas elas têm em comum, se é que têm? O que nos permite discuti-las como "religiões" em vez de, digamos, filosofias de vida? E como devemos tentar responder a essas perguntas pelo viés sociológico? Durkheim (1968 [1912]) sugeriu que o método mais produtivo para descobrir o caráter essencial da religião era investigá-la em sua forma mais simples, em sociedades tradicionais e de pequena escala — daí o título de seu estudo clássico, *As formas elementares da vida religiosa* (1912), que é um dos estudos mais influentes da sociologia da religião.

A visão de Durkheim

Ao contrário de Marx, Durkheim não conecta a religião principalmente com as desigualdades sociais ou com o poder, mas a relaciona com a natureza geral das instituições de uma sociedade. Ele fundamenta seu trabalho em um estudo sobre o **totemismo** praticado por sociedades aborígines australianas, pois alega que o totemismo representa a religião em sua forma mais "elementar". Nessa forma sóbria, segundo Durkheim, é mais fácil discernir os aspectos fundamentais que definem a religião.

Originalmente, o "totem" era um animal ou planta considerado de significância simbólica específica para um grupo social. Ele é um objeto sagrado, tratado com veneração e envolto em atividades rituais. Durkheim define a religião em termos de uma distinção entre o **sagrado** e o **profano**. Os objetos e símbolos sagrados, segundo ele, são tratados como separados dos aspectos rotineiros da existência, que constituem o domínio do profano. Comer uma planta ou animal totêmico, exceto em ocasiões cerimoniais especiais, é proibido, e, como objeto sagrado, acredita-se que o totem tem propriedades divinas que o separam completamente de outros animais que podem ser caçados, ou plantas que podem ser colhidas e consumidas.

Mas *por que* o totem é sagrado? Segundo Durkheim, porque ele é o símbolo do próprio grupo social; representa os valores fundamentais de um grupo ou comunidade. Segue-se que a reverência que as pessoas sentem pelo totem deriva do respeito que mantêm por valores sociais centrais. Na religião, o objeto de veneração, na verdade, é a própria sociedade.

Durkheim enfatizava vigorosamente que as religiões nunca são apenas questão de crença. Todas as religiões envolvem atividades cerimoniais

Rituais religiosos, como as cerimônias budistas de Wesak, distinguem o espiritual do mundano, o sagrado do profano, mas, ao fazê-lo, também reforçam valores sociais fundamentais.

ou rituais regulares em que um grupo de fiéis se reúne. Em cerimoniais coletivos, um sentido de solidariedade grupal é afirmado e intensificado naquilo que Durkheim chamou de **efervescência coletiva** — o sentimento fortalecido de energia que é gerado em reuniões e eventos coletivos. Os cerimoniais afastam os indivíduos das preocupações da vida social profana, voltando-os para uma esfera elevada, na qual se sentem em contato com forças superiores. Essas forças superiores — atribuídas aos totens, às influências divinas ou aos deuses — na verdade são a expressão da influência da coletividade sobre o indivíduo. Entretanto, a *experiência* religiosa das pessoas não deve ser rejeitada como uma mera autoilusão, pois ela é a experiência *real* de forças sociais.

As cerimônias e os rituais, na visão de Durkheim, são essenciais para unir os membros dos grupos sociais. É por isso que eles são encontrados não apenas em situações normais de culto e adoração, mas também nas diversas crises da vida, quando as pessoas passam por transições sociais importantes, como nascimento, casamento e morte. Em praticamente todas as sociedades, os procedimentos ritualísticos e cerimoniais são observados em tais ocasiões. Durkheim argumenta que os cerimoniais coletivos reafirmam a solidariedade grupal em um momento em que as pessoas são forçadas a se adaptar a grandes mudanças em suas vidas. Os rituais fúnebres demonstram que os valores do grupo sobrevivem à passagem de determinados indivíduos e, assim, proporcionam um meio para pessoas enlutadas se adaptarem às suas novas circunstâncias. O luto não é simplesmente a expressão espontânea de pesar, embora claramente seja assim para aqueles pessoalmente afetados por uma morte. O luto também é um dever imposto pelo grupo.

Em culturas tradicionais e pequenas, segundo Durkheim, quase todos os aspectos da vida são permeados pela religião. Os cerimoniais religiosos reafirmam os valores sociais existentes, mas também originam novas ideias e categorias de pensamento. A religião não é apenas uma série de sentimentos e atividades, mas, na verdade, condiciona o modo de pensar dos indivíduos em culturas tradicionais. Mesmo as categorias de pensamento mais básicas, incluindo como se pensa o tempo e o espaço, foram formuladas inicialmente em termos religiosos. O conceito de "tempo", por exemplo, deriva originalmente da contagem dos intervalos envolvidos em cerimoniais religiosos.

Com o desenvolvimento das sociedades modernas, a influência da religião tradicional começa a diminuir. O pensamento científico cada vez mais substitui a explicação religiosa, e as atividades cerimoniais e rituais passam a ocupar apenas uma pequena parte da vida dos indivíduos. Durkheim concorda com Marx que as formas mais antigas de religião estão desaparecendo lentamente. "Os antigos deuses estão mortos", escreve Durkheim. Ainda assim, ele também diz que a religião, em formas um pouco diferentes, provavelmente continuará. Mesmo as sociedades modernas dependem, para manter sua coesão, de rituais que reafirmem seus valores, e pode-se esperar que surjam novos rituais. Durkheim é vago sobre o que eles podem ser, mas o que ele parece ter em mente é a celebração do indivíduo em valores humanistas e políticos como a liberdade, a igualdade e a cooperação.

Pontos de crítica

Uma linha de críticas para a tese de Durkheim se concentra na noção de que é possível entender o caráter essencial de todas as religiões fazendo-se uma generalização a partir de algumas sociedades em pequena escala. Mas os críticos afirmam que parece improvável que o totemismo aborígine seja típico das religiões mundiais multinacionais e de grande escala, lançando dúvidas sobre o que se pode aprender sobre uma forma estudando a outra. No decorrer do século XX, muitas das sociedades do mundo se tornaram mais multiculturais, com uma variedade diversa de religiões em uma mesma sociedade nacional. A tese de Durkheim sobre a religião como fonte da recriação contínua de solidariedade social pode ser menos convincente em sociedades com fés múltiplas e não explica adequadamente os conflitos internos da sociedade em torno de diferentes crenças religiosas.

Podemos questionar também a ideia básica de que a religião é essencialmente a veneração da sociedade, em vez de deidades ou espíritos. Isso tem sido visto como um argumento reducionista de que a experiência religiosa pode ser reduzida a fenômenos sociais, rejeitando, assim, a possibilidade sequer de um nível "espiritual" de realidade. Portanto, para pessoas com crenças fortes e comprometimento religioso, é provável que o argumento de Durkheim sempre pareça inadequado.

Relevância contemporânea

Localizando as religiões firmemente dentro do domínio social, em vez de fora dele, Durkheim efetivamente desmistificou a experiência religiosa e lançou a base para o estudo empírico das religiões. Como veremos mais adiante neste capítulo, o surgimento de novos movimentos religiosos e formas alternativas de espiritualidade corrobora a teoria funcionalista de que, embora os antigos deuses possam estar mortos ou morrendo, novos deuses devem ser criados, à medida que as sociedades passam por mudanças significativas. Se for assim, então podemos concordar com Durkheim que "existe algo eterno na religião, que está destinado a sobreviver a todos os símbolos específicos que envolveram sucessivamente o pensamento religioso" (1965 [1912]: 427).

> **REFLEXÃO CRÍTICA**
>
> A definição de religião de Durkheim é inclusiva, exclusiva ou construcionista social? Dê alguns exemplos de "novas" religiões seculares que poderiam apoiar o argumento de Durkheim. Existe alguma evidência de que os "deuses antigos", de fato, sobreviveram melhor do que ele imaginava?

Weber enxergava sua pesquisa sobre as religiões do mundo como um projeto único. Sua discussão sobre o impacto do protestantismo no desenvolvimento do Ocidente faz parte de uma tentativa ampla de entender a influência da religião na vida social e econômica em culturas diversas. Analisando as religiões "orientais", Weber concluiu que elas representavam obstáculos insuperáveis ao desenvolvimento do capitalismo industrial. Isso não se dá porque as civilizações não ocidentais sejam "atrasadas"; elas simplesmente têm valores diferentes dos que vieram a predominar na Europa Ocidental.

Weber observa que, na China e na Índia tradicionais, houve, em certos períodos, um desenvolvimento significativo do comércio, da manufatura e do urbanismo, mas que não gerou os padrões radicais de mudança social envolvidos na ascensão do capitalismo industrial no Ocidente. A religião no Oriente foi uma influência importante na restrição a essa mudança, o que é visto, por exemplo, no hinduísmo. O hinduísmo é o que Weber chamou de religião de "outro mundo" — isto é, seus valores mais elevados enfatizam a fuga das armadilhas do mundo material para um plano superior de existência espiritual. As motivações e os sentimentos religiosos gerados pelo hinduísmo não se concentram em controlar ou determinar o mundo material. Pelo contrário, o hinduísmo considera a realidade material como um véu que oculta as verdadeiras preocupações que deveriam orientar a humanidade. O confucionismo também atuava de maneira a desviar o esforço do desenvolvimento econômico, da maneira como veio a ser compreendido no Ocidente, enfatizando a harmonia com o mundo, em vez de promover o seu domínio ativo. Embora a China, por muito tempo, tenha sido a civilização mais poderosa e mais desenvolvida culturalmente no mundo, seus valores religiosos dominantes atuavam como um freio contra um comprometimento maior com o desenvolvimento econômico por si só.

Weber considerava o cristianismo como uma "religião de salvação", que envolvia a crença de que os seres humanos poderiam ser "salvos" se adotassem as crenças da religião e seguissem seus princípios morais. As noções de pecado e de ser resgatado do pecado pela graça de Deus são importantes nesse contexto, pois geram uma tensão e um dinamismo emocional que está essencialmente ausente das religiões "orientais". As religiões baseadas na salvação têm um aspecto "revolucionário". Enquanto as religiões do Oriente cultivam uma postura de passividade ante a ordem existente, o cristianismo envolve uma luta constante contra o pecado e, assim, pode estimular a revolta contra a ordem vigente das coisas. Existem líderes religiosos — como Jesus — que reinterpretam as doutrinas existentes de maneira a desafiar a estrutura de poder prevalecente.

Avaliação crítica das teorias clássicas

Marx, Durkheim e Weber identificam algumas características gerais importantes da religião como tal, algo que a maioria dos sociólogos da religião hoje veem como um empreendimento um tanto equivocado. No entanto, podemos aprender algo muito genérico sobre religiões com todos os três fundadores. A visão de Marx de que a religião, muitas vezes, tem implicações ideológicas, justificando os interesses de grupos dominantes em detrimento de outros, pode ser vista na influência do cristianismo sobre o colonialismo europeu. Os missionários que buscavam converter os povos "pagãos" às crenças cristãs, sem dúvida, eram sinceros, mas o efeito de seus ensinamentos foi reforçar a destruição de culturas tradicionais e impor a regra colonial. Quase todas as diversas denominações cristãs toleraram, ou endossaram, a escravidão nos Estados Unidos e em outras partes do mundo até o século XIX. Foram desenvolvidas doutrinas que alegavam que a escravidão se baseava na lei divina, e os escravos desobedientes eram culpados de uma ofensa contra Deus, assim como contra seus mestres.

Ainda assim, Weber certamente estava correto ao enfatizar o impacto perturbador e, muitas vezes, revolucionário de ideais religiosos sobre as ordens sociais preestabelecidas. Apesar do apoio inicial das igrejas à escravidão nos Estados Unidos, muitos líderes religiosos posteriormente tiveram um papel fundamental na luta pela abolição. As crenças religiosas levaram a muitos movimentos sociais que visavam a derrubar sistemas injustos de autoridade, desempenhando um papel proeminente, por exemplo, nos movimentos dos direitos civis da década de 1960 nos Estados Unidos e no movimento Solidariedade na Polônia, na década de 1980, que se opôs e, por fim, ajudou a controlar a dominação comunista.

Entre os aspectos mais valiosos da obra de Durkheim, está a ênfase no ritual e na cerimônia. Todas as religiões envolvem assembleias regulares de seguidores, nas quais são observados rituais e regras. Como ele aponta corretamente, as atividades ritualísticas também marcam as principais transições da vida — o nascimento, o começo da vida adulta (rituais associados à puberdade são encontrados em muitas culturas), o casamento e a morte. O uso do ritual e da cerimônia também podem ser vistos em muitos aspectos de eventos e ocasiões consideradas seculares, como a abertura do parlamento inglês ou cerimônias de formação universitária.

Todos os três fundadores clássicos da sociologia preveem que a religião, ou, pelo menos, as religiões mundiais e tradicionais, perderiam terreno com o tempo, e o mundo moderno se tornaria cada vez mais um lugar secular. No entanto, como veremos mais adiante, essa declaração concisa provou ser enganosamente simples, e o "debate da secularização" continua a ressoar depois de mais de um século de pesquisa e teorização.

Uma era secular emergente?

Na sociologia da religião, **secularização** se refere aos processos sociais por meio dos quais a religião aos poucos perde sua influência sobre todas as diversas esferas da vida social. Por exemplo, uma medida de secularização simples e muito utilizada é o declínio da frequência semanal à igreja. Enquanto na Grã-Bretanha, na França e nos Países Baixos ela tenha caído de forma constante e significativa ao longo do século XX, ela parece ter se estabilizado em cerca de 5% das populações nacionais (Kaufman, 2007). Muitas pessoas na maioria dos países europeus relatam que nunca frequentam os cultos da igreja, a não ser em ocasiões especiais, como casamentos e funerais (veja a Figura 18.1). Por outro lado, várias pesquisas mostraram consistentemente que a crença religiosa não caiu tão drasticamente quanto a frequência à igreja, o que pode apoiar a caracterização da Europa Oci-

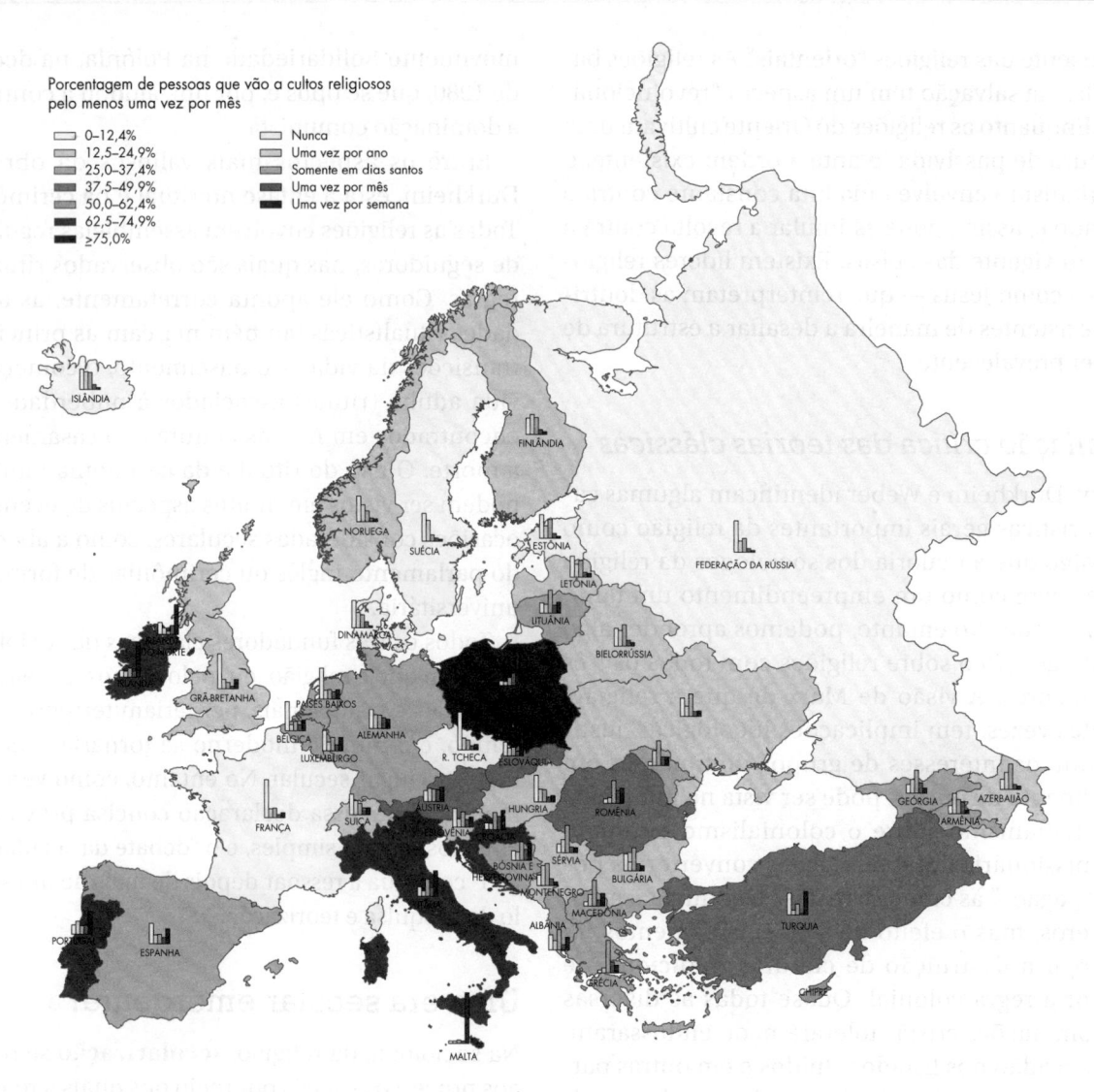

FIGURA 18.1 Porcentagem de pessoas frequentando cultos religiosos, países europeus, 2018. (Para ver esta imagem colorida, acesse **loja.grupoa.com.br**, encontre a página do livro por meio do campo de busca e clique em Material Complementar.)

Fonte: European Values Study (2018).

dental como uma região de "crer sem pertencer" (Davie, 1994; ver Figura 18.2).

Desde então, Davie sugeriu que, onde uma minoria pequena e ativa realiza atividades religiosas em nome da maioria não ativa e com a aprovação tácita dela, isso é melhor expresso como **religião vicária**. A religião vicária descreve a situação dos países nórdicos, que tradicionalmente têm altos níveis de membros da igreja, mas baixos níveis de frequência (Bäckström e Davie, 2010: 191). Mas esse conceito também foi alvo de críticas. Bruce e Voas (2010) argumentam que ele não oferece qualquer visão sobre como aqueles que não estão envolvidos na religião organizada (e não são "a favor" ou "contra") realmente percebem a religião. Eles também sustentam que a crescente evidência de secularização não é desafiada pela religiosidade vicária.

O que devemos fazer com essas evidências muitas vezes contraditórias? Em linhas gerais, o debate sobre a frequência semanal à igreja é típico do desacordo entre os defensores da tese, que veem a

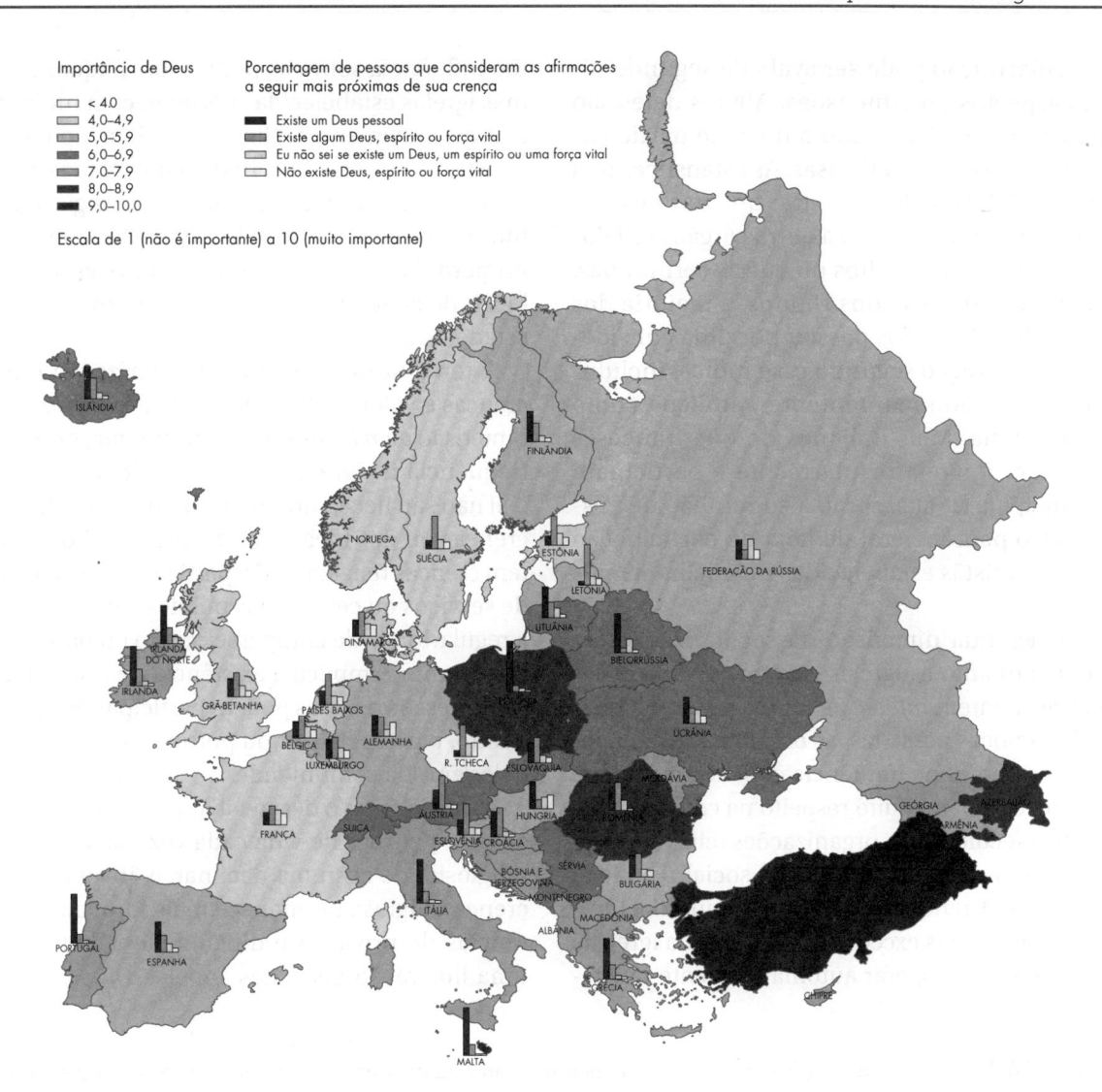

FIGURA 18.2 Crença em Deus, espíritos ou força vital, países europeus, 2018. (Para ver esta imagem colorida, acesse **loja.grupoa.com.br**, encontre a página do livro por meio do campo de busca e clique em Material Complementar.)

Fonte: European Values Study (2018).

religião perdendo poder e importância, e os opositores, que argumentam que a religião continua sendo uma força significativa, embora, muitas vezes, de formas novas e desconhecidas. Esse debate é desenvolvido com mais detalhes na próxima seção.

O debate sociológico

Existe pouco consenso sobre o que deve ser mensurado nos debates sobre secularização e como isso deve ser feito. Devemos nos concentrar na participação em igrejas, nas crenças religiosas expressas, no poder e na influência dos líderes da igreja ou em algo mais? E como isso pode ser medido de forma precisa? Além do mais, como vimos, os sociólogos empregam diferentes definições de religião, e estas inevitavelmente influenciam os argumentos a favor e contra a secularização. Como resultado, alguns debates nessa área envolveram pesquisadores falando sobre o passado, em vez de se envolverem uns com os outros (Hanson, 1997).

A secularização pode ser avaliada segundo diversos aspectos ou dimensões. Alguns deles são de natureza objetiva, como o nível de participação em organizações religiosas. As estatísticas e os registros oficiais podem mostrar quantas pessoas pertencem a uma igreja ou a outros órgãos religiosos e frequentam os cultos ou outras cerimônias. Com exceção dos Estados Unidos, a maioria dos países industrializados passou por uma considerável secularização segundo esse índice, incluindo países predominantemente católicos como França e Itália. Mais italianos do que franceses frequentam a igreja regularmente e participam dos principais rituais, como a comunhão de Páscoa, mas o padrão geral de falta de participação nas igrejas cristãs estabelecidas é semelhante nos dois casos.

Uma segunda dimensão da secularização diz respeito a quanto as igrejas e outras organizações religiosas mantêm *influência social, riqueza* e *prestígio*. Em épocas passadas, as organizações religiosas ostentavam uma influência considerável sobre o governo e tinham muito respeito na comunidade. Durante o século XX, as organizações religiosas perderam grande parte da influência social e política que tinham. A tendência também é mundial, embora existam certas exceções. Os líderes da igreja já não podem mais esperar automaticamente que terão influência sobre os poderosos. Enquanto algumas igrejas estabelecidas permanecem muito ricas e novos movimentos religiosos podem rapidamente construir fortunas, as circunstâncias materiais de muitas organizações religiosas de longa data são muito inseguras. À medida que a frequência e o número de membros diminuíram, igrejas e outros locais de culto foram vendidos ou permanecem em estado de abandono.

A terceira dimensão da secularização envolve crenças e valores. Podemos considerar isso como a dimensão da *religiosidade*. Obviamente, os níveis de frequência na igreja e o seu grau de influência social não são necessariamente a expressão direta das crenças ou dos ideais das pessoas. Muitos dos que têm crenças religiosas não participam regularmente de serviços ou cerimônias públicas; por outro lado, a regularidade de comparecimento ou participação nem sempre implica a existência de visões religiosas fortes. As pessoas podem participar da igreja por hábito, para socializar ou porque é o que se espera delas em sua comunidade.

À medida que o desenvolvimento socioeconômico gera padrões de vida cada vez mais elevados, a religiosidade costuma declinar, e, inversamente, a crença religiosa permanece mais forte em circunstâncias de privação e dificuldades. Podemos ver uma ilustração disso nas Tabelas 18.1 e 18.2, que

TABELA 18.1 As 10 populações mais religiosas com base na autoidentificação como "uma pessoa religiosa", 2012 (%)

Países	Uma pessoa religiosa	Uma pessoa não religiosa	Um ateu convicto	Não sabe/ não respondeu
Gana	96	2	0	1
Nigéria	93	4	1	2
Armênia	92	3	2	2
Fiji	92	5	1	2
Macedônia	90	8	1	1
Romênia	89	6	1	3
Iraque	88	9	0	3
Quênia	88	9	2	1
Peru	86	8	3	3
Brasil	85	13	1	1

Fonte: WIN-Gallup International (2012: 4).

TABELA 18.2 As 10 populações mais ateístas, com base na autoidentificação como "um ateu convicto", 2012 (%)

Países	Uma pessoa religiosa	Uma pessoa não religiosa	Um ateu convicto	Não sabe/ não respondeu
China	14	30	47	9
Japão	16	31	31	23
República Tcheca	20	48	30	2
França	37	34	29	1
Coreia do Sul	52	31	15	2
Alemanha	51	33	15	1
Países Baixos	43	42	14	2
Áustria	42	43	10	5
Islândia	57	31	10	2
Austrália	37	48	10	5
Irlanda	47	44	10	0

Nota: Existem 11 países listados aqui porque quatro ficaram empatados com 10%.
Fonte: WIN-Gallup International (2012: 4).

mostram as proporções de pessoas que se identificam como "uma pessoa religiosa" e "um ateu convicto" em uma amostra de 57 nações (excluindo o Reino Unido). Alguns dos países mais religiosos são também alguns dos mais pobres, enquanto a maioria dos mais ateus está sediada em algumas das economias desenvolvidas mais ricas do mundo (WIN-Gallup, 2012: 3). No entanto, precisamos ter cuidado ao interpretar essas evidências estatísticas, pois o significado de "ateísmo" não é universal ou claro, principalmente em pesquisas comparativas. Por exemplo, o Japão parece ser menos religioso e mais "ateu" do que a maioria dos outros países. No entanto, os budistas que frequentam regularmente um templo também podem, e de forma muito legítima, dizer aos pesquisadores que "não acreditam em Deus", pois isso não faz parte de sua religião. Isso não os torna "ateus" para serem contabilizados com aqueles que não têm crenças religiosas ou ligação com grupos religiosos.

Como nas outras dimensões da secularização, precisamos de uma compreensão precisa do passado para ver até que ponto a religiosidade declinou. Os defensores da tese da secularização dizem que, no passado, a religião era muito mais importante para a vida cotidiana das pessoas do que atualmente e que a igreja estava no centro das questões locais e era uma influência forte na família e na vida pessoal. Ainda assim, os críticos da tese contestam essa ideia, argumentando que, na Europa medieval, o comprometimento com as crenças religiosas era menos forte e menos importante na vida cotidiana do que se poderia supor. Pesquisas sobre a história inglesa, por exemplo, mostram que um comprometimento indiferente com as crenças religiosas era comum entre as pessoas comuns, enquanto os céticos religiosos parecem ser encontrados na maioria das culturas, particularmente nas sociedades tradicionais maiores (Ginzburg, 1980).

No entanto, há também muitas evidências de que o domínio das ideias religiosas hoje é menor do que antigamente, particularmente se incluirmos a grande variedade de fenômenos sobrenaturais em que as pessoas acreditavam. A maioria das pessoas no Norte Global não experimenta o ambiente cotidiano como algo permeado por entidades divinas ou espirituais que intervêm diretamente em suas vidas. Taylor argumenta que algumas sociedades avançadas podem estar entrando em uma era genuinamente secular, em que muitos ou mesmo a maioria de suas populações não veem necessidade de religião ou espiritualidade. Nas palavras de Taylor (2007: 19), "Uma era secular é aquela em que o eclipse de todos os objetivos além do florescimento humano se torna concebível; ou melhor, está dentro do alcance de uma vida imaginável para massas de pessoas."

No entanto, parece improvável que a massa de pessoas mude diretamente da crença religiosa para o ateísmo secular. Em vez disso, a transição para uma era totalmente secular pode envolver um período em que as religiões tradicionais estão em declínio, mas as pessoas ainda têm a sensação de que "existe algo mais". Como argumenta Heelas (2015: 438-443), a grande questão levantada aqui é se as sociedades seculares podem ser "autossuficientes" sem recorrer a crenças religiosas ou espiritualidade para além do que é conhecido cientificamente. Ou será que o reino secular é simplesmente "insuficiente" para a maioria das pessoas viver e sempre haverá o desejo por algo "além" da existência material?

Em um estudo comparativo explorando as crenças cristãs e o ateísmo na Grã-Bretanha, na Suécia e nos Estados Unidos (EUA), Heelas (2002) descobriu que ateus e agnósticos representavam apenas 24% (1990), 15% (2000) e 6% (1986) dos adultos, respectivamente. Apenas 10% (Grã-Bretanha), 2% (Suécia) e 20% (EUA, 2000) frequentavam a igreja regulamente. Mas a grande maioria entre esses dois polos — o que Heelas chama de "entre e no intervalo" — incluía aqueles que acreditavam em "um poder superior", mantinham crenças da "Nova Era" ou eram simplesmente indiferentes a questões de crença religiosa. Na melhor das hipóteses, as pessoas nessa zona intermediária podem ser descritas como exibindo uma "fidelidade indecisa" às crenças e tradições cristãs (Voas, 2009).

No entanto, é igualmente provável que os "indecisos" possam não ter crenças religiosas reconhecíveis; em vez disso, eles podem apenas ter visões e opiniões sobre o mundo em geral e seu lugar nele. Se for assim, então, contra a noção de Davie (1994) de que a Grã-Bretanha é uma nação do "crer sem pertencer", pode ser que a maioria das pessoas na Grã-Bretanha e em outros lugares da Europa não creia nem pertença (Voas e Crockett, 2005: 14; Bruce, 2011: 9). No entanto, como vimos na introdução deste capítulo, as Assembleias Dominicais dispensam a crença religiosa, mas continuam a incentivar e atender aqueles que procuram um encontro coletivo não religioso. Nesse sentido, podem representar uma forma primitiva de "crer sem pertencer", no que Bullock (2018) descreve como um período de transição "pós-Cristão".

REFLEXÃO CRÍTICA

Elabore um pequeno estudo de pesquisa com o objetivo de testar a teoria de que as pessoas não mudam diretamente da crença religiosa para o ateísmo. Qual seria sua população amostral e como você a recrutaria? Que perguntas você faria aos participantes para coletar dados relevantes?

Além da tese de secularização?

Embora a tese da secularização na Europa e em outras economias industrializadas seja bem fundamentada, tanto teórica quanto empiricamente, tem havido muitas críticas a ela. Por exemplo, sugeriu-se que a sociologia costumava omitir o conceito analítico de secularização com uma versão preditiva que vê o processo como globalmente inevitável. Embora o conceito analítico continue sendo útil, a versão preditiva vacilou diante de muitos exemplos empíricos — inclusive nos EUA — da força contínua da afiliação religiosa (Pérez-Agote, 2014).

Aqui, apresentamos duas perspectivas alternativas que não questionam nem reinterpretam a evidência estatística. Em vez disso, ambas sugerem que a sociologia se concentrou demais nos aspectos formais e institucionais da religião estabelecida e, ao fazer isso, passou a ignorar ou minimizar a religião e a espiritualidade como são realmente praticadas e experimentadas na vida cotidiana. Uma vez que mudamos nosso foco para a última, surge uma imagem bem diferente de "religião". Observar as "práticas religiosas", como as Assembleias Dominicais (sem Deus) da introdução do nosso capítulo, entre outras associações e indivíduos voluntários, coloca em questão alguns dos pressupostos básicos referentes à sociologia da religião e oferece uma maneira diferente de pensar o que é a religião.

Os eventos da Comic-Con reúnem pessoas que compartilham um interesse de lazer em vestir roupas de superheróis e vilões. Para Maffesoli, essa é apenas uma das muitas neotribos nas sociedades contemporâneas que facilitam a necessidade de sociabilidade do indivíduo.

Tribos em ascensão?

O sociólogo francês Michel Maffesoli sugere uma avaliação alternativa da secularização. Com base nas ideias de Durkheim de religião como uma forma de veneração da sociedade e de suas regras morais, Maffesoli (1995) teorizou que, embora as religiões tradicionais possam estar em declínio, as pessoas em grandes áreas urbanas estão cada vez mais vivendo na "era das tribos".

Maffesoli argumenta contra teorias sociológicas sobre uma individualização crescente, como há nas obras de Giddens e Beck. A individualização se refere ao processo por meio do qual as pessoas se identificam menos com corpos coletivos e, em vez disso, são "cortadas" de estruturas sociais como sindicatos, classes sociais e, até mesmo, famílias. Nessa situação, a escolha pessoal se torna um valor fundamental, e a individualidade é valorizada, como se pode ver na prática do consumismo, quando as pessoas compram "*kits* de identidade" na forma de roupas, música, decoração interior e assim por diante, tudo isso ajudando-as a forjar uma identidade individual (Bauman, 2007).

No entanto, Maffesoli também argumenta contra as antigas teorias sobre uma sociedade de massa, que sugeriam uma uniformidade social crescente e a perda de diferenças individuais. Em vez disso, ele sugere que as sociedades modernas se caracterizam, de fato, pelo rápido crescimento de pequenos agrupamentos de pessoas que se unem voluntariamente com base em gostos musicais compartilhados, ideias, hábitos de consumo e lazer, e assim por diante. A esses grupos, ele chama de "neotribos" ("novas" tribos). As neotribos são quase como as tribos tradicionais, pois sua existência se baseia em uma identidade compartilhada, mas diferem delas porque não têm a mesma longevidade. O comprometimento das pessoas com as neotribos tende a ser muito fraco, efêmero, e, portanto, elas são entidades sociais muito fluidas e frágeis.

Todavia, o argumento de Maffesoli é que a criação das neotribos demonstra que ainda existe uma necessidade humana muito forte e uma busca por contato social e interação que não corroboram as teorias que pregam a individualização excessiva ou a sociedade de massa. E essa busca subjacente e contínua por sociabilidade humana é, pelo menos nas palavras de Durkheim, uma busca religiosa. Com isso em mente, Maffesoli argumenta que os antigos deuses podem estar em declínio, mas, conforme Durkheim (1965 [1912]: 427) explica, ainda pode haver "algo eterno na religião". As ideias de Maffesoli sugerem que o debate sobre a secularização não precisa ser tão polarizado quanto se tornou. A secularização parece estar impactando as religiões mais antigas do mundo, mas, se soubermos observar, também estão surgindo novas formas de expressão religiosa.

"Religião vivida" no cotidiano

A sociologia da religião tem muito a dizer sobre a religião organizada e suas funções na sociedade, e discutiremos esse *corpus* de trabalho no restante deste capítulo. Mas estudos empíricos recentes da prática religiosa individual mostram que, na busca por definições e teorias genéricas de religião, os sociólogos podem ter ignorado em grande parte a mistura criativa de elementos "religiosos" e "seculares" por indivíduos que tentam dar sentido ao seu lugar no mundo. Quando examinam as práticas religiosas individuais, os sociólogos costumam ver sua diversidade interna aparentemente contraditória como ilustração dos problemas trazidos pelo individualismo excessivo na sociedade.

Um estudo importante sobre essa questão é a pesquisa da religião "privatizada" nos EUA, feita por Robert Bellah e seus colegas (2008 [1985]). Os autores argumentam que a América passou por um movimento de longa data, longe de uma forma unificada e pública de religião, que ajudou a unir as pessoas em direção a formas de religião extraordinariamente diversas e privadas. Essas formas refletem um processo social mais amplo de individualização. O estudo apresenta o caso de uma jovem enfermeira, chamada Sheila Larson, como indicação dessa mudança na prática religiosa. Sheila explicou que sua "fé" pessoal era muito importante para ela, mas não era o tipo de religião coerente e orientada para a igreja que poderíamos esperar. Ela disse: "Eu acredito em Deus. Não sou fanática religiosa. Nem me lembro da última vez que fui à igreja. Minha fé me levou longe. É o sheilaísmo. So-

---

Sociedade global 18.1 | **Vivendo uma religião pessoal**

Considere o seguinte caso de "Laura", uma mulher bem-educada de 30 e tantos anos que trabalhava em casa como autora e consultora de leitura em meio período para escolas da região. Laura foi uma das pessoas entrevistadas por Meredith Maguire (2008: 9-11) como parte de um projeto de pesquisa empírica nos EUA, analisando práticas e crenças religiosas.

Laura

Laura [...] foi criada católica e ainda se considerava católica, embora raramente frequentasse a missa, indo somente para agradar sua mãe quando a visitava várias vezes por ano. Ao mesmo tempo, no entanto, ela falou sobre nutrir sua vida espiritual e descreveu como reservava pelo menos uma hora diária para meditação como a primeira prioridade para sua manhã, assim que seus filhos saíam para a escola.

O altar de sua casa continha vários itens religiosos tradicionais, incluindo uma cruz de herança de família trazida do México há três gerações, fotos de vários entes queridos falecidos ou distantes, 18 velas de todos os tamanhos, um pequeno buquê de flores silvestres e um amuleto (*milagro*) preso à moldura da foto de uma de suas avós. [...] Havia também diversos e proeminentes itens não tradicionais: cristais de ametista usados em meditações de cura, incenso asiático e um sino de oração tibetano, um grande tríptico colorido de Frida Kahlo (pintora mexicana) e uma representação moderna da Virgem de Guadalupe como uma jovem "chicana" em tênis de corrida. [...]

Laura descreveu práticas profundamente importantes que produziram uma combinação confortável de elementos de sua identidade. Por exemplo, ela explicou que respeita as práticas religiosas mexicano-americanas mais tradicionais de sua mãe, incluindo práticas religiosas populares, como devoções a *la virgincita* (a querida Virgem), mas ela se identifica com elas de uma forma modificada. [...]

Ao mesmo tempo, porém, a religião de Laura era muito diferente da de sua mãe [...] Ela era uma feminista declarada, orgulhosa de sua herança mexicana e de sua fluência bilíngue e intimamente ligada à sua família ampliada, e se preocupava muito com o bem-estar e a educação das crianças (seus próprios filhos, seus alunos e aqueles que liam seus livros). Todos esses compromissos e preocupações estavam entrelaçados em suas práticas religiosas, em casa, na igreja ou durante suas atividades cotidianas, inclusive na escrita e nas suas frequentes interações com sua família ampliada.

> **REFLEXÃO CRÍTICA**
>
> Se Laura está totalmente confortável com sua mistura de crenças e práticas, o que isso nos diz sobre o futuro das igrejas tradicionais? Durkheim via as religiões como sustentadoras da solidariedade social. Construa um argumento a favor da proposição de que expressões individualizadas de religiosidade (como a de Laura) ainda podem exercer essa função.

mente minha própria pequena voz. [...] É apenas tentar amar a si mesma e ser gentil consigo mesma. Sabe, é sobre cuidar um do outro, eu acho. Acho que Ele gostaria que cuidássemos uns dos outros" (ibid.: 221).

Bellah et al. observam que, com base em tais expressões individualizadas de fé, poderia haver "220 milhões de religiões americanas". No entanto, eles argumentam, uma situação tão radicalmente particularizada não contribui para a solidariedade social nem pode apoiar uma esfera pública unificada. O perigo é que isso produza formas muito abstratas e superficiais de vida religiosa. Mas essa avaliação é destacada pelo foco institucional da sociologia convencional da religião? Maguire (2008) argumenta que sim. Em particular, a suposição subjacente à crítica é que as religiões são ou deveriam ser unificadas e organizadas e incorporam um conjunto consistente de crenças e rituais. Maguire vê isso como uma imagem ocidental do que são as religiões, o que impede os sociólogos de compreender adequadamente as colagens de crenças e práticas aparentemente selecionadas aleatoriamente que caracterizam muitas vidas individuais, como a de "Laura", em Sociedade global 18.1.

Maguire (2008) sugere que, para uma estrangeira, as escolhas de Laura podem parecer destituídas de qualquer lógica interna ou coerência religiosa. No entanto, para o indivíduo em questão, cada elemento de sua construção ou *bricolagem* do tipo "faça você mesmo" se encaixa logicamente em um todo pessoalmente significativo. Por exemplo, a substância do "sheilaísmo" de Sheila Larson estava claramente ligada a crises pessoais em relação à sua saúde e à sua experiência como enfermeira, cuidando de pacientes à beira da morte. Antes de uma grande cirurgia, por exemplo, Sheila afirma ter ouvido garantias diretamente de Deus, e o fato de que "cuidar um do outro" era essencial para sua fé é justificável considerando tais informações. Para Maguire (e outros), há uma necessidade de atender às complexidades de tal religião vivida cotidianamente se quisermos compreender a mudança na relação entre religião, sociedade e o indivíduo.

Avaliando a tese de secularização

Em uma perspectiva de longo prazo, a religião nas igrejas tradicionais foi enfraquecida na maioria dos países industrializados ocidentais — a exceção mais notável a isso são os EUA. A influência da religião nesses países diminuiu ao longo de cada uma das três dimensões da secularização, assim como os sociólogos do século XIX previram. No entanto, como vimos, indivíduos e grupos ainda praticam a "religião", mas de maneiras que permaneceram amplamente invisíveis para os métodos de pesquisa predominantemente quantitativos nas pesquisas sociológicas.

O que podemos concluir, portanto, é que a posição da religião no Norte Global é muito mais complexa do que a tese da secularização originalmente sugerida. As crenças religiosas e espirituais permanecem forças poderosas e motivadoras na vida de muitas pessoas, mesmo que os indivíduos não optem pela veneração formal por meio da estrutura de organizações eclesiásticas tradicionais. Muitas pessoas têm crenças religiosas, mas preferem praticar e desenvolver sua fé fora das formas institucionalizadas de religião. E, mesmo que a secularização pudesse ser medida apenas com base no número de membros, isso também deveria incluir o crescente papel das religiões não ocidentais e dos novos movimentos religiosos. Na Grã-Bretanha, por exemplo, a participação ativa nas igrejas tradicionais está caindo, mas a participação entre muçulmanos, hindus, siques, judeus e cristãos evangélicos "nascidos de novo" continua sendo dinâmica.

Há também muito menos evidência de secularização fora do Norte Global. Em muitas áreas do Oriente Médio, da Ásia, da África e da Índia, grupos islâmicos fundamentalistas desafiam a ocidentalização. Quando o papa viajou pela América do Sul, milhões de católicos o acompanharam entusiasticamente. A Ortodoxia Oriental tem sido adotada por muitas pessoas em partes de antigas sociedades comunistas da Europa Oriental, mesmo após décadas de repressão da igreja. Parece que a tese da secularização pode ser mais poderosa em termos de explicar o declínio do poder e da influência na sociedade das igrejas tradicionais, que estão tentando se adaptar aos movimentos de igualdade de direitos.

A religião no mundo contemporâneo deve ser avaliada em um cenário de globalização, instabilidade e diversidade crescente. Não é surpreendente, portanto, que, em tempos de rápidas mudanças, muitas pessoas procurem e encontrem respostas na religião. O fundamentalismo é talvez o exemplo mais claro. No entanto, cada vez mais as respostas religiosas à mudança ocorrem de formas novas e desconhecidas: novos movimentos religiosos, neotribos, cultos, atividades da "Nova Era" e "bricolagem" individual. Embora a maioria delas não se pareça muito com as formas convencionais de religião, elas podem refletir com mais precisão algumas das principais transformações que estão ocorrendo na crença e na prática religiosa atuais.

Organizações e movimentos religiosos

Como vimos, parece que está havendo mudanças importantes na adesão religiosa nos países do Norte Global. Entretanto, a maior parte dos estudos sociológicos da religião se concentrou nas funções da religião e no papel desempenhado por grupos e organizações religiosas, e, portanto, é importante observar como os sociólogos entenderam os vários tipos de organização e movimentos que estão enraizados na crença religiosa.

Organizações religiosas

Os sociólogos da religião têm estudado uma grande variedade de religiões, mas existe uma tendência frequente de considerar todas as religiões por meio de conceitos e teorias que cresceram a partir da experiência europeia. Por exemplo, noções como *denominação* ou *seita* pressupõem a existência de instituições religiosas formalmente organizadas e estabelecidas. Isso leva alguns estudiosos a argumentarem que esses conceitos têm utilidade limitada quando se estudam as religiões fora da Europa e das sociedades ocidentais. Nas últimas décadas, há um esforço para criar uma sociologia da religião mais comparativa, sistemática, que busque entender as tradições religiosas a partir de suas próprias referências (Wilson, 1982; Van der Veer, 1994).

Teóricos antigos como Max Weber (1963), Ernst Troeltsch (1981 [1931]) e Richard Niebuhr (1929) descreveram as organizações religiosas ao longo de um *continuum*, baseado no nível em que elas são consideradas estabelecidas e convencionais. As igrejas ficam em um extremo, pois são convencionais e estabelecidas, os cultos ficam em outro, já que não são nenhum dos dois. As seitas se encontram em algum ponto entre esses dois opostos. Essas distinções se baseavam no estudo de religiões europeias e norte-americanas, e é questionável o quanto elas se aplicariam ao mundo não cristão.

Embora tenhamos introduzido os conceitos de *seita* e *culto* em nosso esboço histórico a seguir, esses termos eram usados pelos primeiros sociólogos da religião; hoje eles adquiriram conotações negativas na sociedade, e a maioria dos sociólogos contemporâneos tenta evitar seu uso. Em vez disso, a tendência é usar a expressão *novos movimentos religiosos* para caracterizar organizações religiosas novas que não têm a respeitabilidade que ocorre quando já estão estabelecidas há um longo período (Hexham e Poewe, 1997; Hadden, 1997).

> **REFLEXÃO CRÍTICA**
>
> Será que os sociólogos deveriam evitar o uso de termos como "culto" ou "seita" somente porque eles adquiriram um significado negativo na sociedade? Seria esse um exemplo de "reflexividade" (veja a definição de Giddens para o termo no Capítulo 3) ou apenas uma forma de censura? Liste alguns outros casos em que os sociólogos abandonaram, ou podem ter que dispensar, conceitos que antes eram comuns.

Igrejas e seitas

Todas as religiões envolvem comunidades de fiéis, mas existem muitas maneiras diferentes pelas quais essas comunidades se organizam. Um modo de classificar as organizações religiosas foi proposto por Max Weber e o historiador da religião Ernst Troeltsch. Weber fazia a distinção entre igrejas e seitas como **tipos ideais** que permitem aos sociólogos compreender a organização religiosa.

Concentrando-se no cristianismo, Weber argumentava que uma **igreja** é um corpo religioso grande e estabelecido — como a Igreja Católica ou a Igreja da Inglaterra. Uma **seita** é um agrupamento menor e menos organizado de fiéis comprometidos, que geralmente se forma para protestar contra o que sua igreja se tornou, como fizeram os calvinistas e os metodistas no passado. Troeltsch argumentava que as igrejas normalmente têm uma estrutura burocrática e formal, com uma hierarquia de autoridades religiosas, e costumam representar a face conservadora da religião, pois são integradas à ordem institucional existente. A maioria dos seus seguidores se torna membro da igreja. Alguns questionaram se essa tipologia ainda é relevante hoje. Por exemplo, Bruce (1996) observa que os líderes das igrejas estabelecidas muitas vezes têm sido altamente críticos das políticas governamentais, e é claro que, no contexto de relações sociais globalizadas e sociedades culturalmente diversas, a quantidade de membros é muito reduzida, e as igrejas cristãs europeias provavelmente têm menos conformidade com o modelo típico ideal mencionado acima (Sengers, 2012).

As seitas são comparativamente pequenas; elas geralmente buscam descobrir e seguir "o caminho verdadeiro" e costumam se afastar da sociedade ao redor, formando comunidades próprias. Os membros das seitas consideram as igrejas estabelecidas corruptas. A maioria delas não tem uma pessoa que representa autoridade, pois todos os membros são considerados participantes iguais. Uma pequena proporção de pessoas nasce dentro de seitas, mas a maior parte se une a elas. Um exemplo trágico de uma seita construída em torno de um líder inspirador veio à tona nos Estados Unidos em 1993. David Koresh, que liderava o culto religioso Ramo Davidiano, alegava ser o "messias". Ele também estocava armas ilegais no complexo do grupo em Waco, no Texas. Cerca de 80 membros do culto (incluindo 19 crianças) morreram queimados em um incêndio que consumiu o complexo quando ele foi atacado por policiais do governo norte-americano após um prolongado conflito armado. Existem controvérsias sobre se o fogo foi ordenado por Koresh, que supostamente preferia um suicídio em massa à rendição, ou se as ações das autoridades federais causaram a tragédia.

Denominações e cultos

Outros autores também desenvolveram a tipologia de igreja/seita. Um deles foi Howard Becker (1950), que adicionou dois novos tipos: a **denominação** e o **culto**. Uma denominação, segundo ele, é uma seita que se "acalmou", arrefeceu e se tornou um órgão institucionalizado, em vez de um grupo de protesto ativo. As seitas que sobrevivem por um período de tempo inevitavelmente se tornam denominações. Assim, o calvinismo e o metodismo foram seitas durante sua formação inicial, quando geravam grande fervor entre seus membros; porém, com o passar dos anos, eles se tornaram mais "respeitáveis". As denominações são reconhecidas como mais ou menos legítimas pelas igrejas e existem paralelamente a elas, muitas vezes em cooperação harmoniosa com elas.

Os cultos se assemelham a seitas, mas têm enfoques diferentes. Eles são as mais livres e transitórias de todas as organizações religiosas, sendo compostos por indivíduos que rejeitam o que enxergam como valores da sociedade externa. Seu foco está na experiência individual, reunindo indivíduos com ideias semelhantes. As pessoas não entram formalmente para um culto, mas seguem determinadas teorias ou modos de comportamento prescritos, e os membros geralmente podem manter outras conexões religiosas. Como as seitas, os cultos, muitas vezes, se formam em torno de um líder inspirador ou carismático, embora, com o tempo, eles possam se desenvolver e se tornar movimentos religiosos.

Vale a pena observar que o termo "culto" tem sido usado pelos Estados para classificar os grupos religiosos que se desviam do convencional, e aquilo que é visto como um culto em um país pode muito bem ser uma prática religiosa estabelecida em outro. Conforme Barker (2010: 199) argumenta: "o culto de uma pessoa provavelmente será a religião de outra". Quando gurus indianos (mestres religiosos) trazem suas crenças para a Europa, aquilo que pode ser considerado uma religião estabelecida na Índia é considerado um culto no Reino Unido. O cristianismo começou como um culto nativo na antiga Jerusalém, e em muitos países asiáticos, atualmente, o protestantismo evangélico é considerado um culto importado do Ocidente.

Portanto, os cultos, por si só, não devem ser considerados "esquisitos" ou estranhos de alguma forma. Hadden (1997) observa que todas as aproximadamente 100 mil religiões que os seres humanos criaram já foram novas, e a maioria, senão todas, começou como um culto desprezado do ponto de vista das crenças religiosas respeitáveis à época. Jesus foi crucificado porque suas ideias eram muito ameaçadoras para a ordem religiosa estabelecida e dominada pelo Império Romano na antiga Judeia.

Movimentos religiosos

Os movimentos são associações de pessoas que se unem para disseminar uma nova religião ou para promover uma nova interpretação de uma religião existente, e podemos vê-los como uma forma especial de movimento social (ver Capítulo 20, "Política, governo e movimentos sociais"). Os movimentos religiosos são maiores do que as seitas e menos exclusivistas em relação aos seus membros, embora, como na distinção entre igrejas e seitas, os movimentos e as seitas (ou cultos) nem sempre sejam claramente distintos. De fato, todas as seitas e cultos podem ser classificados como movimentos religiosos. Exemplos de movimentos religiosos são os grupos que originalmente fundaram e disseminaram o cristianismo no século I, o movimento luterano que dividiu o cristianismo na Europa aproximadamente 1.500 anos depois, e os grupos envolvidos na Revolução Islâmica mais recente.

Os movimentos religiosos costumam passar por certas fases definidas de desenvolvimento. Na primeira fase, o movimento geralmente deriva sua vida e sua coesão a partir de um líder poderoso. Max Weber classificou esses líderes como *carismáticos* — ou seja, que têm qualidades inspiradoras capazes de captar a imaginação e a devoção de seus seguidores. Na formulação de Weber, os líderes carismáticos também incluem figuras políticas e religiosas — Mao Tse-Tung, da China revolucionária, por exemplo, assim como Jesus e Maomé. Os líderes de movimentos religiosos geralmente são críticos ao *establishment* religioso e buscam proclamar uma nova mensagem. Em seus primeiros anos, os movimentos religiosos são fluidos; eles não têm um sistema de **autoridade** estabelecido. Seus membros normalmente estão em contato direto com o líder carismático e, juntos, disseminam os novos ensinamentos.

A segunda fase ocorre após a morte do líder. Raramente um novo líder carismático se levanta das massas, de modo que essa fase é crucial. O movimento então enfrenta aquilo que Weber chamou de "rotinização do carisma". Para sobreviver, o movimento deve criar regras e procedimentos formalizados, pois já não pode mais depender do papel central do líder na organização dos seguidores. Muitos movimentos definham quando seus líderes morrem ou perdem influência. Um movimento que sobrevive e assume um caráter permanente se torna uma igreja. Em outras palavras, ele se torna uma organização formal de fiéis, com um sistema estabelecido de autoridade e símbolos e rituais determinados. A igreja pode, em algum ponto adiante, ser ela mesma a origem de outros movimentos que questionam seus ensinamentos e se colocam em oposição a eles ou rompem com eles completamente. Desse modo, podemos ver um ciclo dinâmico de desenvolvimento religioso.

Novos movimentos religiosos

Embora as igrejas tradicionais estejam passando por um declínio no número de membros nas últimas décadas, veremos a seguir que têm aumentado outras formas de atividade religiosa. Os sociólogos usam o termo **novos movimentos religiosos** (NMRs) para se referirem coletivamente à ampla variedade de grupos religiosos e espirituais, cultos e seitas que emergiram paralelamente às religiões maiores. Barker (1999) observa que, por razões pragmáticas, os NMRs podem ser vistos como aqueles que ganharam visibilidade (ou seja, são "novos") desde 1945 e tentam oferecer respostas para as grandes questões "religiosas", como "existe um Deus?" ou "existe vida após a morte?".

Os novos movimentos religiosos abrangem uma diversidade enorme de grupos, desde espirituais e de autoajuda dentro do **movimento da Nova Era** até as formas de "jihadi-salafismo" global associadas à violência política do Estado Islâmico/*Daesh* e da al-Qaeda (Meijer, 2009) e seitas exclusivas como os Hare Krishnas (Sociedade Internacional para a Consciência de Krishna), que adoram a deidade hindu Krishna como fonte de todas as formas de "Deus". Ao final do século XX, Barker (1999) informou que um banco de dados continha cerca de 2 mil grupos religiosos, a maioria deles podendo ser considerados NMRs.

Muitos dos novos movimentos religiosos derivam das principais tradições do hinduísmo, do cristianismo e do budismo, enquanto outros surgiram a partir de tradições que eram quase desconhecidas no Ocidente. Alguns desses movimentos são basicamente criações dos líderes carismáticos que dirigem suas atividades. Esse é o caso, por exemplo, da Igreja da Unificação, fundada na Coreia do Sul em 1954 e liderada pelo reverendo Sun Myung Moon (daí o fato de seus seguidores terem sido chamados coloquialmente de "Moonies"), cujos seguidores o consideram um messias. Os membros dos novos movimentos religiosos, particularmente no Norte Global, costumam ter boa formação educacional e vêm da classe média.

Os novos movimentos religiosos podem ser compreendidos em três categorias amplas: movimentos de afirmação do mundo, rejeição ao mundo e acomodação ao mundo (Wallis, 1984). Cada um se baseia na relação do grupo individual com o mundo social mais amplo, e, embora sejam relativamente pequenos, se comparados com as religiões mundiais, a ascensão dos novos movimentos religiosos pode ser vista como um reflexo de alguns aspectos de mudanças sociais mais amplas, como o declínio na deferência automática a pessoas versadas e autoridades estabelecidas entre as gerações mais novas. O interesse sociológico nos novos movimentos religiosos advém das décadas de 1960 e 1970, quando eles eram vistos como desafios aos valores sociais em voga e eram associados ao **pânico moral** a respeito da suposta "lavagem cerebral" dos jovens.

> Veja no Capítulo 14, "O curso da vida", mais detalhes sobre a cultura jovem.

Movimentos de afirmação do mundo

Os **movimentos de afirmação do mundo** se assemelham mais a grupos de autoajuda ou de terapia do que a grupos religiosos convencionais. São movimentos que, muitas vezes, não têm rituais, igrejas e teologias formais, voltando seu foco para o bem-estar espiritual dos membros. Como sugere o nome, os movimentos de afirmação do mundo não rejeitam o mundo externo ou seus valores. Pelo contrário, eles visam a promover a capacidade de seus seguidores de viver e vencer nesse mundo, liberando o potencial humano.

A Igreja da Cientologia é um exemplo, sendo amplamente conhecida hoje por causa do envolvimento de celebridades como os atores Tom Cruise e John Travolta. Fundada por L. Ron Hubbard, um roteirista de ficção científica bem-sucedido do começo da década de 1950, a Igreja da Cientologia cresceu a partir de sua base original na Califórnia e tem muitos membros ao redor do mundo. Os cientologistas acreditam que todos somos seres espirituais, mas que negligenciamos a nossa natureza espiritual. Por meio de um treinamento que as torna conscientes de suas verdadeiras capacidades espirituais, as pessoas podem recuperar poderes sobrenaturais esquecidos, limpar suas mentes e revelar todo o seu potencial.

Muitas linhas do chamado **movimento da Nova Era** se enquadram na categoria dos movimentos de afirmação do mundo. O movimento da Nova Era emergiu da contracultura dos anos de 1960 e 1970 e abrange um amplo espectro de crenças, práticas e modos de vida. Ensinamentos pagãos (celtas, druídicos, nativo-americanos e outros), xamanismo, formas de misticismo asiático, rituais Wicca e meditação zen são apenas algumas das atividades que são consideradas da "Nova Era".

Superficialmente, o misticismo do movimento da Nova Era parece se opor em nítido contraste às sociedades modernas em que é popular. Ainda assim, as atividades da Nova Era não devem ser interpretadas simplesmente como um rompimento radical com a sociedade atual ou com as religiões dominantes. Elas também devem ser vistas como parte de uma trajetória cultural maior. No Norte Global, os indivíduos têm graus incomparáveis de autonomia e liberdade para decidir suas próprias vidas. Como McGuire (2008) descobriu em suas extensas entrevistas, muitas pessoas agora combinam aspectos da espiritualidade e práticas da Nova Era, como meditação e cura, com princípios religiosos convencionais extraídos do cristianismo, do budismo e de outras religiões do mundo. Nesse sentido, os objetivos do movimento da Nova Era coincidem intimamente com a era moderna: as pessoas são incentivadas a ir além dos valores e das expectativas tradicionais e viver suas vidas ativa e reflexivamente.

Movimentos de rejeição ao mundo

Ao contrário dos **movimentos de afirmação do mundo**, os movimentos de rejeição ao mundo são altamente críticos em relação ao mundo externo e, muitas vezes, exigem mudanças significativas no estilo de vida de seus seguidores. Espera-se que os membros vivam de forma ascética, mudem o modo de vestir e usar o cabelo ou sigam uma certa dieta. Os movimentos de rejeição ao mundo costumam ser excludentes, ao contrário dos movimentos de afirmação do mundo, que tendem a ser inclusivos por natureza. Alguns movimentos de rejeição ao mundo apresentam características de instituições totalitárias; os membros devem submeter sua identidade individual à do grupo, aderir a regras ou códigos éticos rígidos e afastar-se das atividades do mundo externo.

Muitos cultos e seitas de rejeição ao mundo se encontram sob intenso escrutínio das autoridades governamentais, da mídia e do público. Algumas seitas extremas têm causado muita preocupação. Por exemplo, o grupo japonês Aum Shinrikyo ("verdade suprema") lançou o gás mortal sarin no sistema de metrô de Tóquio em 1995, causando danos a milhares de passageiros e matando 12 pessoas. Sete líderes do culto foram executados em Tóquio em 2018 por sua participação no ataque, e muitos países agora identificam o grupo como uma organização terrorista.

Movimentos de acomodação ao mundo

O terceiro tipo de novos movimentos sociais é o mais parecido com as religiões tradicionais. Os **movimentos de acomodação ao mundo** tendem a enfatizar a importância da vida religiosa interior acima das preocupações mais mundanas. Os membros desses grupos buscam recuperar a pureza espiritual que acreditam ter sido perdida nos meios religiosos tradicionais. Embora os seguidores de grupos de rejeição ao mundo e de afirmação do mundo, muitas vezes, alterem seu modo de vida conforme suas atividades religiosas, muitos seguidores dos movimentos de acomodação ao mundo continuam com suas vidas cotidianas e carreiras com poucas mudanças visíveis. Um exemplo de um movimento de acomodação ao mundo é o pentecostalismo. Os pentecostais acreditam que o Espírito Santo pode ser ouvido por intermédio de indivíduos que receberam o dom de "falar em línguas".

> **REFLEXÃO CRÍTICA**
>
> Como você acha que os movimentos religiosos diferem dos movimentos políticos e sociais seculares, como o socialismo, o feminismo e o ambientalismo? Escreva um pequeno texto dando suporte à ideia de que as religiões e os movimentos sociais são basicamente semelhantes e devem ser analisados usando as mesmas ferramentas teóricas e conceituais.

Várias teorias foram desenvolvidas para explicar a popularidade dos novos movimentos religiosos. Alguns estudiosos argumentaram que eles deveriam ser vistos como uma resposta ao processo de liberalização e secularização. As pessoas que sentem que as religiões tradicionais se tornaram ritualísticas e desprovidas de significado espiritual podem encontrar conforto e um maior senso de comunidade em movimentos religiosos menores e menos impessoais. Outros apontam para novos movimentos religiosos como resultado de rápidas mudanças sociais (Wilson, 1982). À medida que são rompidas as normas sociais tradicionais, as pessoas procuram explicações e garantias. Por exemplo, o aparecimento de grupos que enfatizam a espiritualidade pessoal sugere que muitos indivíduos sentem a necessidade de se conectar com seus próprios valores ou crenças diante da instabilidade e da incerteza.

Novos movimentos religiosos são um desenvolvimento recente, mas não o único. Em muitos contextos nacionais, as crenças e práticas religiosas sofreram mudanças como resultado de novos desafios, como o desenvolvimento do fundamentalismo religioso, a globalização e o multiculturalismo, os movimentos internos pela igualdade de gênero e sexualidade e, é claro, a secularização. A próxima seção traça algumas dessas mudanças, concentrando-se na Europa e na América do Norte.

Religião contemporânea: tendências e desafios

Em termos globais, religiões, crenças religiosas e práticas religiosas são hoje cada vez mais diversificadas, tornando insensatas as generalizações a respeito do destino da "religião" como tal. Com isso em mente, a última parte do capítulo apresenta algumas tendências e desafios significativos enfrentados pelas religiões sob condições de globalização.

Cristianismo, gênero e sexualidade

Elizabeth Cady Stanton (1815-1902), uma defensora dos direitos das mulheres nos Estados Unidos, argumentou que a deidade havia criado as mulheres e os homens como seres de mesmo valor, e a Bíblia deveria refletir esse fato em sua tota-

À medida que mais mulheres assumem cargos em posições mais altas na hierarquia da igreja, a porcentagem de mulheres em treinamento aumentou rapidamente. Seria esse um exemplo da máxima funcionalista de que, à medida que as sociedades mudam, as instituições sociais devem fazer o mesmo se quiserem sobreviver?

lidade. Seu caráter "masculinista", segundo acreditava, refletia não a palavra autêntica de Deus, mas o fato de que a Bíblia fora escrita por homens. Quando uma colega abriu uma conferência dos direitos das mulheres com uma oração a "Deus, nossa Mãe", houve uma forte reação das autoridades da igreja. Ainda assim, Stanton foi em frente, organizando um Comitê de Revisão de Mulheres nos Estados Unidos, composto por 23 mulheres, para auxiliá-la na preparação da *Bíblia da Mulher*, que foi publicada em 1895. A hierarquia da Igreja Anglicana ainda é amplamente dominada pelos homens, embora isso tenha começado a mudar recentemente.

Igrejas e denominações são organizações religiosas com sistemas de autoridade definidos, e as mulheres há muito são excluídas das posições de poder nessas hierarquias, como em muitas outras áreas da vida social. Isso fica muito claro no cristianismo mais tradicional, embora também seja característico das outras grandes religiões. No entanto, essa situação mudou, em alguns casos consideravelmente, e a Igreja da Inglaterra (CoE) é um bom exemplo.

Na Igreja da Inglaterra, entre 1987 e 1992, as mulheres podiam ser diáconos, mas não podiam ser padres. Sendo oficialmente leigas, elas não tinham permissão para conduzir certos rituais religiosos, como dar bênçãos ou celebrar matrimônios. Em 1992, após uma pressão crescente, particularmente de mulheres, o Sínodo (a assembleia governante) votou para abrir o sacerdócio para as mulheres, e as primeiras foram ordenadas em 1994. Em 2016, cerca de 28% dos ministros ordenados na Igreja da Inglaterra eram mulheres, e os números parecem estar aumentando, à medida que mais mulheres do que homens estão em treinamento (Church of England Research and Statistics, 2017: 4). Em julho de 2005, a Igreja da Inglaterra votou para começar o processo que permitiria que as mulheres se tornassem bispas, e, após anos de deliberação e oposição, a primeira bispa mulher foi ordenada em janeiro de 2015. Um estudo em 2016 descobriu que quase 15% dos arquidiáconos, diáconos e bispos (entre os cargos de posição mais alta na Igreja da Inglaterra) eram mulheres (ibid.: 11).

A Igreja Católica tem sido mais conservadora em sua postura quanto às mulheres, e os apelos pelo ordenamento de mulheres têm sido constantemente negados. Em 1977, a Congregação Sagrada para a Doutrina da Fé, em Roma, declarou formalmente que as mulheres não seriam admitidas ao sacerdócio católico, pois Jesus não chamou nenhuma mulher para fazer parte de seus discípulos. O papa João Paulo II (1920-2005) reafirmou isso e não só incentivou as mulheres a retomarem seus papéis como esposas e mães, como defendeu políticas proibindo o aborto e o uso de métodos de contracepção (Vaticano, 2004). Em 2020, foi relatado que, quando perguntado sobre onde o diabo estava atuando hoje, o Papa Francisco indicou a "ideologia de gênero", que teria o "objetivo perigoso" de apagar todas as distinções entre homens e mulheres, marcando um ataque sobre a "criatividade de Deus" (citado em Wooden, 2020).

A controvérsia na Igreja Anglicana se deslocou para a questão da homossexualidade e do sacerdócio. Os homossexuais há muito atuam na igreja, mas com suas tendências sexuais suprimidas, ignoradas ou negligenciadas. A Igreja Católica ainda defende a posição estabelecida em 1961 de que "aqueles afetados pela perversa inclinação" (para a homossexualidade) devem ser impedidos de receber votos religiosos ou de ser ordenados. Outras denominações protestantes introduziram políticas liberais para os homossexuais, e clérigos abertamente *gays* foram admitidos ao sacerdócio em algumas denominações menores.

A controvérsia sobre a admissão de homossexuais ao sacerdócio se tornou pública no Reino Unido em junho de 2003, quando o Dr. Jeffrey John, um homossexual reconhecido, que vivia uma vida celibatária, foi apontado como Bispo de Reading. Ele acabou desistindo do posto após sua escolha causar um rompimento com a Igreja Anglicana internacional. Em agosto de 2003, a grande maioria dos membros da Igreja Anglicana da América (ACA) votou para eleger um bispo abertamente *gay*, o reverendo Canon Gene Robinson, de New Hampshire. Um grupo conservador, o Anglican Mainstream, foi criado para combater a indicação de clérigos *gays*, e, em 2009, a Igreja Anglicana na América do Norte foi fundada para combater o que alguns viam como os ensinos cada vez mais liberais da ACA.

Em 2016, Nicholas Chamberlain, bispo de Grantham, no Reino Unido, tornou-se o primeiro bispo da Igreja da Inglaterra a revelar que estava em um relacionamento homossexual. O bispo deu uma entrevista ao jornal, sabendo que um tabloide estava prestes a ser impresso com a história. Starkey e Davie (2020) relatam que sua diocese estava preocupada que a reação fosse negativa e, provavelmente, altamente crítica. No entanto, de 493 cartas e *e-mails* enviados ao Dr. Chamberlain, cerca de 96% foram de apoio, expressando respeito por sua honestidade. Muitos também criticaram a "postura hipócrita" da igreja em pregar o amor, mas falhando em se adaptar às maneiras pelas quais as pessoas realmente vivem e amam na sociedade contemporânea. Esse caso ilustra no microcosmo algo das condutas variáveis, tanto dentro da igreja quanto do público em geral, que aumentam a pressão sobre as igrejas para mudar. Como disse o escritor de uma carta, "por favor, tenha em mente que a maioria das pessoas é calorosa de coração e não tem nenhum interesse em sua sexualidade".

À medida que o ímpeto em direção a mais igualdade — uma característica fundamental da modernidade — traz uma aceitação cada vez maior das relações e dos direitos do mesmo sexo e da igualdade de gênero, as organizações religiosas precisam responder. Alguns se adaptam e mudam para acomodar a realidade emergente, enquanto outros se opõem diretamente à mudança e reafirmam sua posição tradicional. O que podemos dizer é que as religiões organizadas não podem simplesmente ignorar as mudanças sociais que ocorrem na sociedade mais ampla da qual fazem parte.

> Ver o Capítulo 7, "Gênero e sexualidade", para uma discussão mais ampla sobre sexualidade e identidades.

USANDO SUA IMAGINAÇÃO SOCIOLÓGICA

18.1 Perdendo minha religião?

Adultos jovens da Europa e religião

O ESS (European Social Survey) investiga a afiliação religiosa com uma pergunta de duas etapas. Ele pergunta aos entrevistados, em primeiro lugar: "Você se considera pertencente a alguma religião ou denominação específica?". Para quem responder "sim", segue-se uma lista de várias opções.

A pesquisa mostrou um índice alto de jovens adultos que disseram "não" em países como República Tcheca, Estônia, Suécia, Países Baixos e Reino Unido. As menores incidências de "não" ocorreram em Israel, Polônia e Lituânia. Pode parecer estranho iniciar um estudo sobre a religiosidade dos jovens europeus dessa forma. Mas, de fato, a alta porcentagem de jovens adultos que se declaram sem religião em muitos países é sem dúvida o fato mais significativo de todos. À exceção de Israel (muito atípico, com o índice de 1%), é interessante destacar que tanto os dois mais altos (República Tcheca e Estônia, com respectivos 91% e 80%) quanto os dois mais baixos (Lituânia e Polônia, com respectivos 25% e 17%) são países pós-comunistas.

No geral, em 12 dos 22 países analisados, mais da metade dos jovens adultos afirmam não se identificar com nenhuma religião ou denominação em particular. Em 19 deles, mais de um terço estão nessa categoria.

Fonte: Bullivant (2018).

REFLEXÃO CRÍTICA

Se um número maior de jovens não se identifica com nenhuma religião, isso é uma evidência clara do progresso dos estilos de vida seculares na Europa? Com base no enquadramento e no texto da(s) pergunta(s) de pesquisa, por que as conclusões dessa pesquisa podem não ser tão claras quanto parecem?

Excepcionalismo norte-americano?

No mundo desenvolvido, os Estados Unidos representam uma importante exceção à visão de que a secularização continua em ritmo acelerado. Por um lado, os EUA estão entre as nações mais "modernizadas" do mundo; por outro, o país é caracterizado por alguns dos mais altos níveis de crença religiosa e filiação no mundo. Como ilustra Usando sua imaginação sociológica 18.1, isso é muito diferente do caso de muitos jovens em toda a Europa. Como podemos explicar a singularidade norte-americana?

A religiosidade dos americanos certamente é incomum, em comparação com a maioria dos países desenvolvidos. De fato, Lipset (1991: 187) argumentou que, com poucas exceções, "os Estados Unidos têm sido o país mais crente em Deus, aderente à religião, fundamentalista e religiosamente tradicional da cristandade em que nasceram mais novas religiões [...] do que em qualquer outro país." A evidência é clara de que os EUA são mais religiosos do que a Europa, embora existam algumas diferenças nas sociedades nacionais europeias, bem como entre estados e regiões nos EUA (Berger et al., 2008).

Algumas pesquisas mostram que cerca de 40% dos americanos haviam ido à igreja na semana anterior (Gallup, 2019). Uma pesquisa de 2010 com 3.412 adultos descobriu que 86% dos americanos disseram acreditar em Deus "ou em um poder superior", e, juntos, esses resultados sugerem um padrão típico de "acreditar sem pertencer" (Grossman, 2010). Cerca de 40% dos americanos adultos também acreditam no relato criacionista de que Deus criou os humanos em algum momento nos últimos 10.000 anos, em vez da teoria evolucionária darwiniana (Gallup, 2014).

No entanto, há evidências de que as coisas podem estar mudando. Uma pesquisa de 2010 com jovens de 18 e 19 anos — parte da geração do milênio — descobriu que esse grupo tinha menos probabilidade de se comprometer com uma fé do que seus pais, com 25% não afiliados a nenhuma igreja, declarando-se ateus ou sem acreditar em "nada em particular". Eles também eram mais liberais em suas atitudes em relação à homossexualidade, e Gallup (2014) descobriu que cerca de 30% dos jovens de 18 a 29 anos concordavam com a visão científica da evolução em comparação com apenas 11% dos indivíduos de 50 a 64 anos. No entanto, outras evidências sugerem que a maioria, 67%, dos jovens adultos da geração do milênio (aqueles nascidos entre 1981 e 1996) ainda acredita no céu, enquanto 56% acreditam no inferno (Alper, 2015).

Desde a década de 1990, a composição da Igreja Protestante na América também mudou. A adesão a igrejas liberais ou tradicionais americanas, como luteranas, episcopais (anglicanas), metodistas e presbiterianas, está em declínio. Mas tem havido um aumento no número de membros de igrejas protestantes conservadoras e não tradicionais, como pentecostais e batistas do Sul (Roof e McKinney, 1990; Jones et al., 2002). Protestantes conservadores enfatizam uma interpretação literal da Bíblia, moralidade na vida diária e conversão por meio da evangelização.

Desde a década de 1980, a Igreja Protestante nos EUA tem visto um enorme aumento no **evangelicalismo**, uma crença no renascimento espiritual ou "nascer de novo". Em parte, o evangelicalismo pode ser visto como uma resposta ao secularismo crescente, à diversificação religiosa e, em geral, ao declínio gradual dos valores protestantes centrais na vida americana (Wuthnow, 1988). Muitos protestantes estão claramente buscando uma experiência religiosa mais direta, pessoal e emocional.

As organizações evangélicas também são altamente eficazes na mobilização de recursos para ajudar a alcançar seus objetivos. O rádio e a televisão forneceram novas e importantes tecnologias de *marketing*, permitindo que os evangelistas alcançassem um público muito mais amplo. Mais recentemente, as tecnologias digitais facilitaram a criação de canais de TV por satélite dedicados, como The Bible Network (TBN), *sites*, *blogs* e muito mais. Na linguagem quase comercial utilizada pelos economistas religiosos, eles provaram ser "empreendedores espirituais" extremamente competitivos no "mercado religioso" (ver "Usando sua imaginação sociológica 18.2").

Steve Bruce (1996) argumenta que a persistência dos altos níveis de religião nos Estados Unidos pode ser compreendida em termos da *transição cultural*. Em casos em que as sociedades passam por mudanças demográficas ou econômicas rápidas e profundas, a religião pode ter o papel de

USANDO SUA IMAGINAÇÃO SOCIOLÓGICA

18.2 Competição na economia religiosa?

Uma das abordagens mais recentes e influentes da sociologia da religião é projetada especificamente para as sociedades ocidentais, que dispõem de muitas opções de fé. Baseando-se na teoria econômica, os sociólogos que favorecem a abordagem da **economia religiosa** argumentam que as religiões podem ser entendidas como organizações que competem por seguidores (Stark e Bainbridge, 1987; Finke e Stark, 1988, 1992; Moore, 1994).

Como os economistas contemporâneos que estudam os negócios, esses sociólogos argumentam que a competição é preferível ao monopólio no tocante à vitalidade religiosa. Essa posição é exatamente o contrário daquela dos teóricos clássicos. Marx, Durkheim e Weber pressupunham que a religião se enfraquece quando é desafiada por diferentes pontos de vista religiosos ou seculares, ao passo que os economistas religiosos argumentam que a competição aumenta o nível geral de envolvimento religioso na sociedade moderna. Por que isso acontece? Primeiro, a competição faz cada grupo religioso se dedicar mais para ganhar seguidores. Em segundo lugar, a presença de diversas religiões significa que é provável que haja nelas alguma coisa para todos. Em sociedades culturalmente diversas, uma religião única provavelmente atrairá apenas um número limitado de seguidores, enquanto a presença de gurus indianos e pregadores fundamentalistas, além das igrejas mais tradicionais, provavelmente encoraje um nível maior de participação religiosa.

Essa análise é adaptada do mundo empresarial, em que a competição supostamente incentiva a emergência de produtos altamente especializados, que interessam a mercados muito específicos. De fato, os economistas religiosos tomam emprestada a linguagem dos negócios para descrever as condições que levam ao sucesso ou fracasso de uma determinada organização religiosa. Segundo Finke e Stark (1992), um grupo religioso bem-sucedido deve estar organizado para a competição, ter pregadores eloquentes que sejam bons "vendedores" para disseminar a palavra, oferecer crenças e rituais que venham embalados como um produto interessante e desenvolver técnicas de *marketing* eficazes. A religião, segundo essa visão, é um negócio como qualquer outro.

Assim, os economistas religiosos não consideram que a competição enfraqueça as crenças religiosas e, desse modo, contribua para a secularização. Ao contrário, eles argumentam que a religião moderna está se renovando constantemente, por meio do *marketing* e do recrutamento ativos. Embora haja um *corpus* crescente de pesquisas sustentando a noção de que a competição é boa para a religião (Stark e Bainbridge, 1980 e 1985; Finke e Stark, 1992), nem todas as pesquisas chegam a essa conclusão (Land et al., 1991).

A abordagem da economia da religião superestima até que ponto as pessoas escolhem racionalmente entre as religiões, como se estivessem procurando um carro novo ou um par de sapatos para comprar. Entre os crentes profundamente comprometidos, particularmente em sociedades sem pluralismo religioso, não fica claro que a religião seja questão de escolha racional. Mesmo nos Estados Unidos, onde a abordagem da economia religiosa se originou, os sociólogos podem negligenciar os aspectos espirituais da religião. Um estudo sobre os *baby boomers* nos Estados Unidos (a geração nascida nas duas décadas após o final da Segunda Guerra Mundial) mostra que um terço havia mantido sua lealdade à fé da infância, enquanto outro terço continuava a professar suas crenças da infância, embora não pertencesse a nenhuma organização religiosa. Assim, somente um terço estava procurando uma nova religião ativamente, fazendo os tipos de escolhas presumidos pela abordagem da economia religiosa (Roof, 1993).

REFLEXÃO CRÍTICA

Como a abordagem da economia religiosa pode nos ajudar a compreender o processo de secularização no mundo industrializado? O que a economia religiosa nos diz, se é que nos diz algo, sobre o papel da espiritualidade nas questões humanas?

ajudar as pessoas a se adaptarem à nova situação. A industrialização chegou relativamente tarde nos Estados Unidos e avançou muito rapidamente entre uma população que era composta por uma grande diversidade de grupos étnicos. Assim, a religião foi importante para estabilizar a identidade das pessoas e permitiu uma transição cultural mais tranquila para o "caldeirão" norte-americano. No entanto, existem alguns sinais pelo menos de que as gerações mais novas podem estar começando a se diluir no excepcionalismo americano de longa data.

Fundamentalismo religioso

Talvez a melhor evidência de que a secularização não triunfou no mundo moderno esteja no crescimento do fundamentalismo religioso. O termo **fundamentalismo** pode ser aplicado em muitos contextos diferentes para descrever a adesão estrita a um conjunto de princípios ou crenças. O fundamentalismo religioso descreve a abordagem adotada por grupos religiosos, que defendem a interpretação literal das escrituras ou dos textos e acreditam que as doutrinas que emergem a partir dessas leituras devem ser aplicadas a todos os aspectos da vida, sociais, econômicos e políticos.

Os fundamentalistas religiosos acreditam que somente uma visão do mundo é verdadeira, de modo que não existe espaço para ambiguidade ou interpretações múltiplas. Dentro dos movimentos religiosos fundamentalistas, o acesso aos significados exatos das escrituras está restrito a um conjunto de "intérpretes" privilegiados, normalmente líderes religiosos. Isso dá a esses líderes uma ampla autoridade tanto em questões religiosas como em questões seculares. Os fundamentalistas religiosos se tornaram figuras políticas poderosas nos movimentos de oposição, em partidos políticos e como chefes de Estado.

Fundamentalismo cristão

O crescimento de organizações cristãs fundamentalistas, particularmente nos Estados Unidos, é um dos aspectos mais notáveis do final do século XX e do começo do século XXI. Os fundamentalistas acreditam que a Bíblia é um guia para todas as esferas da vida social, desde a **família** e os negócios até a política e o governo (Capps, 1995). Os cristãos fundamentalistas acreditam na divindade de Cristo e na possibilidade da salvação da alma pela aceitação de Cristo como o salvador pessoal. Eles se comprometem em difundir sua mensagem e converter aqueles que ainda não adotaram as mesmas crenças.

Nos Estados Unidos, alguns grupos fundamentalistas se envolveram cada vez mais no que foi denominado "a Nova Direita Cristã" na política nacional, particularmente na ala conservadora do Partido Republicano (Simpson, 1985; Woodrum, 1988; Kiecolt e Nelson, 1991). O reverendo Jerry Falwell observou cinco problemas que devem ser enfrentados: aborto, homossexualidade, pornografia, humanismo e a desestruturação familiar (Kepel, 1994). As organizações religiosas fundamentalistas são uma força poderosa nos Estados Unidos e ajudaram a moldar as políticas e a retórica do Partido Republicano. Inicialmente, Falwell colocou a culpa pelos ataques terroristas de 11 de setembro contra Nova Iorque e Washington nos "pecadores" dos Estados Unidos, comentando ao vivo na televisão:

> Creio realmente que os pagãos, e os defensores do aborto, e as feministas, e os *gays* e as lésbicas que estão tentando ativamente fazer disso um estilo de vida alternativo, a ACLU [American Civil Liberties Union], a People for the American Way [ambas organizações liberais], todos esses que tentaram secularizar a América. Coloco o dedo em suas caras e digo "vocês ajudaram isso a acontecer". (CNN, 2001)

Embora tenha se desculpado por esses comentários, ele causou muita controvérsia ao declarar: "Maomé era um terrorista. Já li o suficiente, de muçulmanos e não muçulmanos [para decidir] que ele era um homem violento, um homem da guerra" (BBC, 2002). Mais uma vez, ele se desculpou pelo comentário, mas foi tarde demais para impedir revoltas sectárias entre hindus e muçulmanos que reagiram às suas declarações em Solapur, no Oeste da Índia. Seus comentários levaram a uma ampla condenação por parte de líderes islâmicos ao redor do mundo. Outro fundamentalista cristão, o pastor Terry Jones, da Flórida, tentou organizar um dia internacional de "queima do Alcorão" em 2010, no aniversário do 11 de setembro, embora isso não tenha se concretizado após a pressão do presidente Obama. No entanto, em março de 2011, Jones encenou um julgamento simulado e a queima de sua cópia do Alcorão na frente de um pequeno grupo em sua própria igreja em Gainesville.

Muitos dos evangelistas mais conhecidos e influentes da América estão sediados no Sul e no Centro-Oeste dos EUA, nos estados de Virgínia, Oklahoma e Carolina do Norte. Pregadores proeminentes da Nova Direita Cristã fundaram diversas universidades nos Estados Unidos para produzir uma nova geração "contraelite", especializada em crenças cristãs fundamentalistas e capaz de assumir posições de destaque nos meios de comunicação, na academia, na política e nas artes. A Liberty University (fundada por Falwell), a Oral Roberts University, a Bob Jones University, e outras, conferem diplomas em disciplinas acadêmicas normais, lecionadas segundo o princípio da infalibilidade bíblica. No *campus*, são mantidos padrões éticos rígidos para as vidas privadas dos estudantes (os dormitórios são separados por sexo, e qualquer relação sexual entre estudantes não casados poderá ser punida com expulsão), e a sexualidade é canalizada apenas para o matrimônio.

O movimento fundamentalista cristão nos Estados Unidos é uma reação contra a teologia liberal e os apoiadores do "humanismo secular" — aqueles que "favorecem a emancipação da razão, dos desejos e dos instintos em oposição à fé e à obediência ao comando de Deus" (Kepel, 1994: 133). O movimento se opõe ao declínio percebido da família tradicional, à ameaça à moralidade individual e ao enfraquecimento do relacionamento entre os humanos e Deus. No entanto, como vimos, sua oposição à igualdade formal de gênero e à aceitação de identidades sexuais diversas não parece conquistar a maioria dos jovens americanos, que podem já ser menos religiosos do que seus pais e avós.

> **REFLEXÃO CRÍTICA**
>
> O fundamentalismo religioso parece ter aumentado durante um período de rápida globalização. Por que isso acontece? Quais são as evidências de que o fundamentalismo religioso pode se tornar uma característica permanente nas sociedades modernas?

Fundamentalismo islâmico

Ao final do século XIX, a incapacidade do mundo muçulmano de resistir efetivamente à disseminação da cultura ocidental levou a movimentos de reforma que buscavam restaurar o Islã à sua pureza e à sua força originais. Uma ideia-chave era que o Islã deveria responder ao desafio ocidental, afirmando a identidade de suas próprias crenças e práticas (Sutton e Vertigans, 2005). Essa ideia foi desenvolvida de várias maneiras no século XX e formou um pano de fundo para a revolução islâmica no Irã. A revolução foi alimentada inicialmente pela oposição interna ao xá do Irã, que havia aceitado e tentado promover formas de modernização modeladas no Ocidente — por exemplo, reforma agrária, extensão do voto às mulheres e desenvolvimento da educação secular. O movimento que derrubou o xá reuniu pessoas de interesses diversos, nem todas ligadas ao fundamentalismo islâmico, mas uma figura dominante foi o aiatolá Khomeini, que fez uma reinterpretação radical das ideias xiitas. Nos últimos anos, o revivalismo islâmico se espalhou, com impacto significativo em outros países, incluindo Egito, Iraque, Síria, Líbano, Argélia, Afeganistão e Nigéria. O que explica essa renovação em grande escala do islã?

O islã, como o cristianismo, é uma religião que estimula o ativismo continuamente: o Alcorão — a escritura sagrada islâmica — é repleto de instruções para os fiéis "lutarem à maneira de Deus". Essa luta é contra os infiéis e aqueles que introduzem corrupção na comunidade muçulmana. Ao longo dos séculos, surgiram gerações sucessivas de reformistas muçulmanos, e o islã se tornou tão dividido internamente quanto o cristianismo.

O *islamismo xiita* se separou do *islamismo sunita* após a morte do profeta Maomé em 632 da era cristã. Ele também é a religião oficial do Irã (antes conhecido como Pérsia) desde o século XVI e foi a fonte das ideias por trás da revolução iraniana. O islamismo xiita tem suas origens no imã Ali, um líder religioso e político do século VII que se acredita ter demonstrado qualidades de devoção pessoal a Deus e virtude notáveis entre os governantes mundanos da época. Os descendentes de Ali passaram a ser vistos como os líderes legítimos do islã, pois supostamente pertenciam à família do profeta Maomé, diferentemente das dinastias no poder. O herdeiro de Maomé seria um líder orientado diretamente

O ano de 2019 marcou o quadragésimo aniversário da revolução islâmica no Irã, que derrubou o regime monárquico do xá e instalou uma República Islâmica sob a liderança do aiatolá Khomeini.

por Deus e que governaria segundo o Alcorão. Existem grandes populações xiitas em outros países do Oriente Médio, incluindo o Iraque, a Turquia, a Arábia Saudita, bem como a Índia e o Paquistão. Todavia, a liderança islâmica nesses países está nas mãos da maioria, os sunitas.

Nos últimos 30 anos, o desenvolvimento mais importante foi, sem dúvida, a disseminação do **salafismo** — um movimento de reforma sunita revivalista que busca basear a prática islâmica no exemplo dado pelas três primeiras gerações de líderes muçulmanos após a morte de Maomé (Wiktorowicz, 2006). Em particular, o salafismo defende que os muçulmanos de hoje devem viver e se comportar, na medida do possível, exatamente como os "antepassados piedosos" da idade de ouro do islã, a fim de purificar a religião. Nesse sentido, o salafismo é "fundamentalista" (buscando um retorno aos princípios fundamentais), mas não necessariamente violento.

Meijer (2009: 2-6) argumenta que o salafismo pode ser visto como o "novo movimento religioso" do islã, embora não seja unificado e tenha muitas vertentes e divergências internas. A principal delas é a tensão sobre o que os fiéis devem fazer em sociedades que não estão enraizadas na lei da Sharia. Para alguns salafistas, o foco deve estar na persuasão, na educação e na divulgação da fé islâmica. Para outros, isso não é suficiente, e os fiéis devem estar preparados para criticar e buscar reformas pacíficas. Um terceiro grupo de ativistas defende revoltas contra líderes e regimes que não adotam a lei da Sharia.

A última interpretação ativista do salafismo tem recebido muita atenção por combinar com o wahabismo saudita e outras ideologias, influenciando movimentos que se envolvem em ações violentas. O wahabismo se originou no século XVIII por meio das ideias de Muhammad ibn Abd-al-Wahhab, que se concentrou na reforma das sociedades muçulmanas, que ele acreditava terem se afastado do verdadeiro islamismo sunita e perdido seu caminho (DeLong-Bas, 2004). O wahabismo considera todos aqueles que não acreditam na unicidade de Deus (**monoteísmo** estrito) como apóstatas ou incrédulos, justificando uma jihad coercitiva e, muitas vezes, violenta contra eles.

Embora a violência extrema e o terrorismo de grupos com objetivos expansionistas globais — como a Al-Qaeda e o Estado Islâmico — gerem mais publicidade, devemos lembrar que o salafismo continua sendo um movimento religioso multifacetado com numerosos elementos quietistas e apolíticos. O que une todos os salafistas é a crença central de que, para que a religião prospere no futuro, os muçulmanos devem ser guiados pelo exemplo dos primeiros expoentes do islã.

A disseminação do revivalismo islâmico

Embora os movimentos fundamentalistas islâmicos tenham ganhado influência em muitos países do Norte da África, do Oriente Médio e do Sul Asiático, eles conseguiram chegar ao poder em apenas três Estados: Irã, Sudão, que tem sido governado desde 1989 pela Frente Nacional Islâmica, e Afeganistão, onde o regime fundamentalista do Talibã foi despejado do poder no final de 2001 pelas forças de oposição afegãs e pelo exército norte-americano.

Em muitos outros países, grupos islâmicos fundamentalistas adquiriram influência, mas foram impedidos de subir ao poder. No Egito, na Turquia e na Argélia, por exemplo, levantes fundamentalistas islâmicos foram reprimidos pelo Estado ou pelos militares. O grupo mais recente, o autodenominado Estado Islâmico (EI ou *Daesh*), ganhou território e várias cidades no Iraque e na Síria e foi bem financiado e armado. Em 2014, o EI declarou um novo califado, incentivando pessoas de todo o mundo a viajar e participar de sua campanha. Uma campanha aérea combinada de forças sírias apoiadas pela Rússia, juntamente com forças americanas e europeias que auxiliam diversos grupos rebeldes no terreno, recuperou todo o território controlado pelo EI em toda a Síria no início de 2019, encerrando efetivamente o pretenso califado, pelo menos para o futuro próximo.

O crescimento do EI e de outras redes terroristas globais, como a al-Qaeda, pode significar um apoio à noção dos anos 1990 de que "o mundo islâmico" esteja se dirigindo para um confronto com aquelas partes do mundo que não compartilham suas crenças. O cientista político Samuel Huntington (1996) afirma que, com o fim da Guerra Fria e o aumento da globalização, as disputas entre as visões ocidentais e islâmicas podem fazer parte de um "choque de civilizações" mundial. À medida que o Estado-Nação já não é mais a principal influência em relações internacionais, haverá rivalidades e conflitos entre culturas ou civilizações maiores. Em particular, Huntington sugeriu que a religião é o fator de diferenciação mais importante que divide as civilizações. Como uma explicação para as causas dos ataques terroristas de 11 de setembro e a decisão dos EUA de remover o regime Talibã no Afeganistão, a tese de Huntington obteve aceitação geral.

Todavia, os críticos observam que existem muitas divisões políticas e culturais *dentro* das civilizações, e a previsão de conflitos entre civilizações inteiras é improvável e alarmista. Por exemplo, em 1990, o regime sunita de Saddam Hussein, no Iraque, invadiu o Kuwait, que também tem uma população de maioria sunita. Da mesma forma, entre 1980 e 1988, o Iraque e o Irã (com uma população de maioria xiita) estiveram envolvidos em um conflito armado. Também é fácil exagerar o número de "conflitos de civilizações" no passado, pois muitos conflitos que aparentemente são definidos por razões culturais se concentram mais no acesso a recursos escassos e nas disputas por poder político e dominação militar (Russett et al., 2000; Chiozza, 2002). Nesses conflitos, era, e ainda é, muito mais comum se formarem alianças *através* das fronteiras das civilizações em grande escala.

> O fenômeno do terrorismo é discutido com mais detalhes no Capítulo 21, "Nações, guerra e terrorismo".

Embora 98% da população da Turquia seja muçulmana, a constituição independente do país foi fundada em princípios seculares.

O fundamentalismo religioso é um fenômeno relativamente novo, que surgiu em grande parte em resposta à rápida globalização desde a década de 1970. À medida que a globalização traz forças modernizadoras que desafiam elementos tradicionais das sociedades — como os rígidos papéis de gênero e a dominação masculina —, o fundamentalismo surgiu em defesa da tradição. O fundamentalismo insiste em respostas baseadas na fé e referências à verdade ritual; portanto, podemos dizer que os fundamentalistas defendem a tradição de maneira tradicional, mesmo quando fazem uso das mais modernas tecnologias para isso, como faz a Al-Qaeda ou os evangélicos dos EUA.

Conclusão

Um motivo pelo qual o fundamentalismo religioso é atraente para algumas pessoas é que uma abordagem "de volta ao básico" oferece diretrizes claras sobre como viver uma vida boa e moral, algo que ideologias políticas, humanismo secular e ensinamentos religiosos mais liberais não podem igualar. Da mesma forma, o pensamento científico aceita que o conhecimento está sempre mudando à luz de novas descobertas e, portanto, não fornece regras permanentes para a vida. Se Taylor (2007) estiver certo ao dizer que uma era secular aos poucos está surgindo, à medida que as religiões tradicionais declinam, a questão de como as pessoas podem ou devem viver vidas satisfatórias se tornará mais significativa. Será que uma perspectiva secular realmente poderia dominar essa missão?

Heelas (2015: 442) expressa sérias dúvidas: "A secularidade não é exatamente conquistadora. O ateísmo não veio para mandar no poleiro." Ele também observa que aqueles que são indiferentes à religião provavelmente não se tornarão a maioria. Nos últimos anos, alguns filósofos e teóricos sociais introduziram o conceito de "sociedade pós-secular" — uma noção projetada para capturar a crescente consciência pública da religião e de questões relacionadas à religião na vida pública da maioria dos países industrializados. Habermas (2008) argumenta que essa consciência crescente está relacionada à ligação da religião a conflitos globais, ao envolvimento de várias "vozes" religiosas em debates sobre questões civis e políticas e ao foco político em torno dos níveis de migração cada vez maiores. Tomados em conjunto, eles questionam a previsão sociológica de longa data de que a secularidade — no longo prazo — provavelmente se tornará dominante. Se essa previsão for aceita como incorreta, os sociólogos terão que repensar o papel da religião nas sociedades modernas (Moberg et al., 2014).

No entanto, até agora, a tese do pós-secularismo não reflete a condição contemporânea da vida social, nem há evidências claras de um novo tipo de sociedade. Em vez disso, ideias pós-seculares ocorrem na discussão acadêmica sobre quais são os requisitos para a coexistência de perspectivas religiosas e seculares, em que cada uma aceita a outra em termos iguais. O que os sociólogos podem trazer para esses debates basicamente filosóficos é um enfoque empírico que examina os contextos e as práticas de convivência nas diversas esferas da vida social. Transformar especulações filosóficas e teóricas em estudos de pesquisa empírica tem sido uma parte fundamental do papel da sociologia. Dessa forma, sugestões de uma "nova acomodação" entre grupos religiosos e seculares em uma "sociedade pós-secular" podem então ser avaliadas de forma mais realista.

❓ Revisão do capítulo

1. Durkheim argumenta que as práticas religiosas separam o sagrado dos aspectos profanos ou mundanos da vida. Segundo a definição de Durkheim, as Assembleias Dominicais ou as torcidas de futebol constituem religiões?

2. Indique alguns exemplos contemporâneos no mundo que demonstram a relevância contínua das ideias de Marx, Durkheim e Weber sobre religião.

3. Relacione três aspectos centrais da tese da secularização. Que contraevidências existem em relação a cada um desses três? Levando em conta a evidência disponível, estaríamos entrando em uma "era secular"?

4. O que significa "religião difusa"? As evidências sugerem que as "difusões" podem se tornar a maioria nos países desenvolvidos?

5. Faça um relato das teorias de "neotribos" e "religião vivida no cotidiano". Esses exemplos desafiam ou oferecem suporte à tese da secularização?

6. Descreva as principais características das igrejas, das seitas, dos cultos e das denominações. Por que alguns questionam a utilidade dessas categorias para os pesquisadores no século XXI?

7. Escreva um resumo de 500 palavras sobre as principais tendências da prática religiosa na Europa em relação aos últimos 50 anos ou mais. Inclua referências a questões de diversidade religiosa, gênero, sexualidade e o impacto da migração.

8. O que são os novos movimentos religiosos? Explique as diferenças na ênfase e na prática dos movimentos de afirmação do mundo, movimentos de rejeição ao mundo e movimentos de acomodação ao mundo.

9. O fundamentalismo religioso implica retornar aos fundamentos da doutrina e da prática de uma religião. Por que devemos esperar que o fundamentalismo permaneça à margem das organizações religiosas?

Pesquisa na prática

A religião é vista como o reino do sagrado, enquanto os aspectos mundanos da vida cotidiana se encaixam na categoria do secular. Porém, à medida que as sociedades se tornam cada vez mais secularizadas, devemos esperar que o espaço para experiências sagradas diminua? Para alguns, é possível encontrar eventos seculares que ainda carregam uma experiência do sagrado, embora de formas diferentes daquelas tipicamente associadas às instituições religiosas. O trabalho de pesquisa abaixo explora essa questão, contrastando vários fenômenos sociais, incluindo atividades de lazer e ocasiões religiosas. Leia o artigo e responda às questões a seguir.

> De Groot, K. (2017). "Bingo! Holy play in experience-oriented society", *Social compass*, 64(2): 194-205.

1. Que tipos de métodos de pesquisa são usados nesse estudo? Liste os principais elementos da abordagem metodológica do autor.
2. Explique o que significa "liturgia" no sentido geral adotado aqui. Discuta também o conceito de "jogo" e explique como esses dois conceitos estão conectados no artigo.
3. Em que aspectos o jogo de bingo pode ser considerado uma forma de "jogo santo"? Como a questão do bingo se compara com os outros estudos de caso do autor?
4. Como o autor caracteriza a sociedade em geral dentro da qual ocorrem essas atividades e quais teorias sociológicas são usadas para encarnar essa caracterização?
5. Você concorda com a conclusão do artigo de que os eventos sagrados e os seculares podem ser analisados usando o mesmo ponto de vista? O que aprendemos (se aprendemos algo) a respeito do processo de secularização por meio desse estudo?

Pensando sobre isso

Como vimos no capítulo, há fortes evidências de que processos de secularização de longo prazo parecem estar levando a uma era secular, pelo menos no Norte Global e, particularmente, em relação ao cristianismo e às igrejas cristãs tradicionais. No entanto, muitos sociólogos não estão convencidos pelo argumento da "autossuficiência", de que uma era secular verá um fortalecimento do humanismo secular à medida que as crenças religiosas forem reduzidas.

A "tese da insuficiência" sustenta que a secularização falhou em diminuir o forte e difundido anseio por "algo além" da vida material, que pode ser encontrado nas espiritualidades, nas filosofias de cura alternativa, nas explorações da vida interior e em uma série de outras práticas transgressoras da Nova Era, que tiram as pessoas "de si mesmas". Se aceitarmos essa posição, pode haver consequências para a sociologia da religião como campo de estudo. Paul Heelas (2015: 443) argumenta que "Em muitos países, já passou da hora de o designador 'sociologia da religião' ser relegado à história. Já é tempo de reativar a perspectiva dos grandes mestres Durkheim, Simmel, Weber, Freud e James — atualmente, Taylor. [...] o que importa é *o estudo comparativo de fontes de significado para a vida.*"

Com base na sua própria experiência e no material deste capítulo, escreva um ensaio de 1.000 palavras em defesa da sociologia tradicional da religião. No seu ensaio, considere as formas como os estudos e as perspectivas clássicas podem ser capazes de levar em conta os novos movimentos religiosos e outras atividades transgressivas. Não se esqueça de comparar as religiões tradicionais com as "fontes de significância" mais recentes.

Sociedade nas artes

A ficção científica mistura as mais recentes invenções e teorias científicas com alguns dos mais antigos ideais e temas religiosos. No entanto, ideias e temas religiosos geralmente são incorporados ao filme, em vez de serem abertamente uma parte do enredo. Isso levou alguns a sugerir que a ficção científica não "faz" religião porque se choca com a base científica desse gênero.

- *Star Wars: a ascensão Skywalker* (2019), dirigido por J. J. Abrams
- *Prometeu* (2012), dirigido por Ridley Scott
- *2001: uma odisseia no espaço* (1968), dirigido por Stanley Kubrick

Assista a um ou mais dos filmes acima e indique onde ocorrem os temas religiosos de crença, fé, ritual, salvação e sobrenatural. Com base em suas observações, esses exemplos de ficção científica "fazem" religião tão bem quanto "fazem" ciência? Por que os elementos religiosos da ficção científica costumam ser ocultos em vez de explícitos? O que a ficção científica nos diz sobre o *status* da religião nas sociedades modernas?

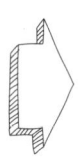

Outras leituras

Uma boa forma de começar é com um texto introdutório, como o de Alan Aldridge (2013), *Religion in the contemporary world: a sociological introduction* (3. ed., Cambridge: Polity), que é excelente. *An introduction to the sociology of religion: classical and contemporary perspectives* (Abingdon: Routledge), de Inger Furseth e Pål Repstad (2006), é exatamente o que diz ser. *The sociology of religion: a critical agenda* (London: Sage), de Grace Davie (2013), também é uma avaliação muito boa de uma renomada especialista.

O livro *Secularization: in defense of an unfashionable theory* (Oxford: Oxford University Press), de Steve Bruce (2013), oferece um argumento forte para a secularização contínua. Uma alternativa é o livro de Peter Berger (2003), *Questions of faith: a skeptical affirmation of christianity* (Oxford: Blackwell), que é um livro interessante de um sociólogo com uma fé religiosa.

Finalmente, duas coleções editadas de ensaios de estudiosos da religião são *The new Blackwell companion to the sociology of religion* (Chichester: Wiley) e *Oxford handbook of the sociology of religion* (Oxford: Oxford University Press), de Bryan S. Turner (2016) e Peter B. Clarke (2011). Ambos são livros confiáveis e abrangentes que abordam uma grande variedade de assuntos.

@ Links da internet

Em **loja.grupoa.com.br**, acesse a página do livro por meio do campo de busca e clique em Material Complementar para ver as sugestões de leitura do revisor técnico à edição brasileira, além de outros recursos (em inglês).

Sociology of Religion — uma revista trimestral revisada por pares com muitos artigos originais no campo da sociologia da religião:
https://academic.oup.com/socrel

The Religious Studies Project — um projeto internacional, cobrindo estudos científicos sociais da religião — muitos podcasts, artigos e entrevistas aqui:
www.religiousstudiesproject.com/

Sociology of Religion Resources — recursos muito úteis baseados na Universidade de Aberdeen, no Reino Unido:
www.sociologyofreligion.net/

Sociology of Religion Study Group of the British Sociological Association — "guias da fé" úteis e muito mais:
www.socrel.org.uk

Religion and Society Research Programme — programa de pesquisa britânico com informações sobre muitos projetos que analisam a relação entre sociedade e religião:
www.religionandsociety.org.uk/

British Religion in Numbers — contém muitos dados quantitativos sobre o estado atual da religião na Grã-Bretanha:
www.brin.ac.uk

The Association of Religion Data Archives — *site* norte-americano com o objetivo de "democratizar o acesso aos melhores dados sobre religião":
www.thearda.com/

The Immanent Frame — *site* dos EUA que publica ensaios interdisciplinares sobre secularismo e esfera pública:
https://tif.ssrc.org/

CAPÍTULO 19

MÍDIA

SUMÁRIO

Diversidade da mídia **771**

A revolução digital 772

A internet 773

Televisão 778

Música 781

Jornais 785

Teorizando sobre a mídia **787**

Funcionalismo 788

Teorias de conflito 788

Interacionismo simbólico 793

A teoria pós-moderna 796

Audiência e representações da mídia **799**

A audiência ativa 799

Representações de divisões sociais 801

Propriedade, poder e mídia alternativa **804**

Imperialismo midiático? 805

Mídia alternativa 807

Conclusão **810**

Revisão do capítulo *810*

Pesquisa na prática *811*

Pensando sobre isso *811*

Sociedade nas artes *812*

Outras leituras *812*

Links da internet *813*

Após a bem-sucedida campanha de "saída" no referendo da UE no Reino Unido em 2016, alguns apoiadores do Brexit viram a cobertura da BBC como negativa, "pró-permanência" e, muitas vezes, como *fake news*.

Desde que o empresário Donald Trump foi eleito presidente dos EUA em 2016, o uso da expressão "*fake news*" (notícias falsas) aumentou rapidamente. Na oitava edição original deste livro, em 2017, a expressão estava totalmente ausente, mas, desta vez, a incluímos no Glossário, tal foi o aumento de sua relevância. Trump a usou para criticar não apenas reportagens específicas sobre as políticas de seu governo, mas também emissoras de TV (especialmente a estação norte-americana CNN) e as agências de notícias. **Fake news** se tornou um termo padrão de abuso que se espalhou rapidamente pelo mundo e é ouvido em muitos debates políticos e reportagens para sugerir que, intencionalmente ou inadvertidamente, notícias falsas estão sendo apresentadas como fatos verídicos. Bakir e McStay (2018: 154) definem *fake news*, de modo geral, como informações "totalmente falsas ou contendo elementos deliberadamente enganosos incorporados em seu conteúdo ou contexto". Dois exemplos recentes ilustram a rapidez com que as acusações de *fake news* permearam o discurso político.

Primeiro, em 2019, surgiram relatos de que existia uma rede de campos de prisioneiros na China para a "reeducação" ou "lavagem cerebral" de cerca de 1 milhão de muçulmanos da comunidade uigur, que estavam detidos sem julgamento ou devido processo. O Consórcio Internacional de Jornalistas Investigativos (ICIJ) divulgou informações extraídas de documentos chineses vazados. O governo chinês disse que os campos eram "centros vocacionais, educacionais e de treinamento" destinados a combater o terrorismo. O embaixador da China no Reino Unido chamou os documentos do ICIJ de "pura fabricação" e disse aos repórteres: "Não ouçam *fake news*" (BBC News, 2019c).

Em segundo lugar, em partes da Austrália houve diversos incêndios florestais em 2019 que arderam por muitos meses até 2020. Cientistas do clima argumentam que as condições de alto risco na Austrália foram provocadas pelo aquecimento global antropogênico, tornando a ampla disseminação de incêndios florestais pelo menos 30% mais provável do que sem o nível atual de aquecimento (World Weather Attribution, 2020). No entanto, em janeiro de 2020, um ministro das Relações Exteriores do governo do Reino Unido disse que "muito lamentavelmente, é amplamente divulgado nas mídias sociais que 75% dos incêndios foram iniciados por incendiários". A alegação foi repetida no parlamento por um parlamentar conservador, que disse que "na Austrália, 75% dos incêndios são causados por ação criminosa". Um parlamentar trabalhista alegou que o número de 75% era "*fake news*", sugerindo que a notícia estava sendo divulgada como fato por negadores do clima na Austrália, e um grupo de cientistas reclamou que os ministros do governo deveriam confiar em evidências de especialistas, e não nas mídias sociais, que estão "repletas de alegações falsas" (BBC News, 2020a).

No primeiro caso, as *fake news* são usadas por um representante do governo para desmentir as alegações feitas em uma peça convencional de jornalismo investigativo. Na segunda, os ministros do governo repetem, como fato, denúncias que circulam nas redes sociais sobre a causa dos incêndios, levantando suspeitas sobre os motivos dos políticos. Pode parecer que é possível estabelecer objetivamente a veracidade ou não dessas alegações, mas isso não é tão fácil em uma era de mídias sociais e desinformação *on-line*, quando "o jornalismo 'adequado' está sob ataque de fazendas de *fake news*, fábricas de boatos e robôs sociais" (Farkas e Schou, 2020: 2). Paradoxalmente, na chamada Era da Informação, estabelecer a verdade se tornou cada vez mais difícil em meio à confusão de provedores de informação, principalmente *on-line*.

Uma maneira de discutir essas questões é dentro do quadro do aparecimento de uma **política de pós-verdade**. Essa última é caracterizada pela redução da confiança em especialistas, perícias e instituições de vários tipos (médicos, políticos, mídia) e pelo aumento de alternativas populares cujo *status* se baseia principalmente em *não* fazer parte da ordem estabelecida. Os Dicionários Oxford fizeram de "pós-verdade" a palavra internacional do ano de 2016, observando que seu uso aumentou tremendamente desde 2015. O ano de 2016 foi o ano do referendo da UE no Reino Unido e da eleição de Donald Trump como presidente dos EUA, ambos eventos marcados por alegações sobre declarações e estatísticas falsas ou enganosas, desconfiança nas informações oferecidas por fontes estabelecidas e um número crescente de pessoas que procuram as mídias sociais em vez de fontes convencionais para suas notícias e informações.

> Veja no Capítulo 12, "Interações sociais e vida cotidiana", uma discussão mais ampla sobre mídias sociais e seus impactos e usos.

Os governos começaram a combater o que consideram os efeitos prejudiciais das *fake news*, e vários deles passaram a legislar sobre o assunto. Na Malásia, os autores de *fake news* podem ser presos; no Quênia, foi introduzida legislação para impedir a produção de *fake news*; e em Cingapura, os ministros podem ordenar que sejam colocados avisos ao lado de postagens de mídia social que considerem falsas, e, em alguns casos, as empresas podem ser forçadas a removê-las (Agence France-Presse, 2019). Em um mundo de pós-verdades, tais medidas podem ter o efeito oposto, de reforçar a suspeita da ordem estabelecida, empurrando as pessoas ainda mais na direção de alternativas.

Voltamos a essas questões na próxima seção, que aborda a diversidade da mídia atual, começando com a revolução digital nas comunicações, com foco na internet e nas mídias sociais. Em seguida, fornecemos um breve relato dos meios de comunicação de massa selecionados — televisão, música e jornais — antes de considerar algumas das principais abordagens teóricas para o estudo da mídia e seu papel na sociedade. Abordamos também as representações de diferentes grupos sociais sobre a mídia e os efeitos dos meios de comunicação de massa sobre o público. O capítulo termina com uma discussão sobre a propriedade concentrada da mídia global, bem como algumas alternativas emergentes e a resistência a elas.

Diversidade da mídia

A comunicação — a transferência de informações de um indivíduo ou grupo para outro, seja por meio da fala ou da mídia — é fundamental para qualquer sociedade, e existem atualmente diversos meios de **mídia de massa**: rádio, televisão, jornais e revistas, cinema e internet. Estes são chamados de mídia de "massa" porque têm potencial para se comunicar com um grande número de pessoas. Em nosso século, a tecnologia de comunicação permite que dados e informações sejam compartilhados instantaneamente e simultaneamente com muitos milhões de pessoas em praticamente qualquer lugar do mundo.

O teórico da mídia canadense Marshall McLuhan (1964) argumentou que as formas da mídia (não apenas seu conteúdo) têm efeitos distintos na sociedade. Sua máxima "o meio é a mensagem" sugere que a sociedade é mais influenciada pelo *tipo* de mídia do que pelo conteúdo ou pelas mensagens que ela carrega. A vida cotidiana é vivida de forma diferente em uma sociedade em que a internet e as mídias sociais facilitam a comunicação instantânea de um lado do globo para o outro, em comparação com uma que dependia de cavalos, navios e cabos de telégrafo. McLuhan previu que a mídia eletrônica criaria uma **aldeia global** na qual a maioria das pessoas poderia testemunhar ao vivo o desenrolar dos principais eventos. Nisso, ele certamente estava correto. Canais de notícias 24 horas e notícias *on-line* relatam histórias em tempo real, filmes feitos em Hollywood, Índia e Hong Kong atingem uma audiência global, enquanto estrelas do YouTube, influenciadores do Instagram e estrelas do esporte passam a ter seus nomes conhecidos no mundo inteiro. O mundo humano se tornou cada vez mais integrado em uma única "comunidade de destino".

No século XXI, as formas de comunicação que antes eram mais independentes se tornaram entrelaçadas em um grau significativo. Isso quase sempre é descrito como **convergência de mídia**, o processo pelo qual formas de mídia aparentemente distintas se fundem de novas maneiras. Televisão, rádio, jornais e telefones passaram por profundas transformações como resultado da revolução digital. Menos pessoas compram cópias impressas de jornais, mas a maioria dos títulos está disponível *on-line*, e o rádio digital está disponível em qualquer dispositivo com acesso à internet. Com reconhecimento de voz, banda larga rápida, *webcasting* e *links* a cabo, a internet já pode ter se tornado o principal canal para a entrega de informações, entretenimento, publicidade e comércio.

Durante a maior parte da história humana, o principal meio de comunicação era a fala, e a comunicação presencial era a norma. Em tais culturas orais, informações, ideias e conhecimentos eram transmitidos de boca em boca ao longo de gerações, e o tipo de repositório de conhecimento útil a que estamos acostumados — livros, bibliotecas e arquivos — simplesmente não existia. Uma vez que a fala pôde ser escrita e armazenada, inicialmente em pedra, surgiram as primeiras culturas de escrita, inicialmente na China, há cerca de 3 mil anos. As religiões têm desempenhado um papel importante no desenvolvimento da comunicação, encontrando maneiras de produzir manuscritos e textos para estudo e transporte, literalmente para "divulgar a palavra".

Um importante precursor da moderna mídia de massa foi a invenção, em meados do século XV, da prensa de tipos móveis de Gutenberg, que permitiu a reprodução de textos. Gutenberg fez uso das tecnologias existentes — papel e impressão em xilogravura — que haviam se originado na Ásia muito antes. Embora os avanços tecnológicos e os novos usos de tecnologias mais antigas tenham desempenhado um papel fundamental no seu desenvolvimento, as formas de mídia impressa de massa só puderam se desenvolver em sociedades onde o acesso era relativamente barato e uma população educada podia tirar vantagem delas. Como veremos ao longo do capítulo, as tecnologias não surgem no vácuo. Elas se desenvolvem e decolam ou morrem como resultado de fatores sociais, culturais, políticos e econômicos.

Tecnologias e dispositivos específicos também não são totalmente neutros, mas favorecem algumas aplicações em detrimento de outras. Por exemplo, a revolução digital traz novas e estimulantes possibilidades de interatividade, participação do usuário e comunicação, como o *networking* nas mídias sociais e as conferências remotas por meio do Zoom ou do Microsoft Teams. No entanto, essas tecnologias também facilitam o aumento do monitoramento e da **vigilância** em muitas áreas da vida, desde locais de trabalho até residências particulares, que as empresas usam para obter lucros e os governos podem adotar para monitorar a população. Ao ler o restante deste capítulo, sempre tenha esse ponto em mente. Começaremos com a "revolução digital", antes de examinar as maneiras pelas quais a informatização afeta as formas de mídia mais antigas.

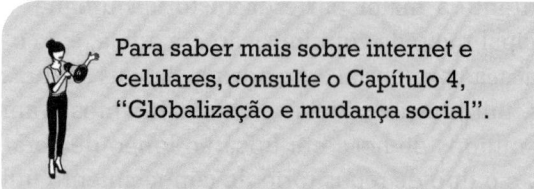

> Para saber mais sobre internet e celulares, consulte o Capítulo 4, "Globalização e mudança social".

A revolução digital

A digitalização de informações e dados é amplamente vista como revolucionando as comunicações modernas. O poder de processamento dos computadores tem aumentado continuamente junto com a velocidade da internet, possibilitando o *streaming* ou o *download* de músicas, filmes e TV ao vivo. A digitalização também permite o desenvolvimento de mídias interativas como *blogs*, *vlogs* e mídias sociais, nas quais as pessoas participam ativamente ou estruturam o que veem ou ouvem (Negroponte, 1995).

Um aspecto fundamental da mídia é a infraestrutura por meio da qual a informação é comunicada e trocada. Alguns avanços tecnológicos importantes ao longo da segunda metade do século XX mudaram completamente a cara das **telecomunicações** — a comunicação de informações, sons ou imagens a distância. Por exemplo, a tecnologia da informação e comunicação (TIC) está por trás de mudanças profundas nos sistemas monetários mundiais e nos mercados de ações. O dinheiro não se resume mais a cheques físicos ou dinheiro, mas se tornou eletrônico, "armazenado" em computadores nos bancos do mundo inteiro. O valor de qualquer dinheiro que você tenha é determinado pelas atividades dos comerciantes nos mercados monetários ligados eletronicamente, um casamento entre computadores e comunicações via satélite.

Quatro tendências tecnológicas ocasionaram esses desenvolvimentos: primeiro, a melhoria constante das *capacidades dos computadores*, juntamente com custos cada vez menores; segundo, a *digitalização de dados*, possibilitando a integração de tecnologias de informática e telecomunicações; terceiro, as *comunicações via satélite*; e, quarto, a *tecnologia de fibra óptica*, que permite que muitas mensagens diferentes sejam transferidas por um único cabo. A incrível explosão das comunicações não mostra sinais de desaceleração. De fato, desde a nossa sexta edição em 2008, houve uma rápida aceitação de *smartphones* e *tablets*, possibilitada pela disseminação da tecnologia sem fio (wi-fi), que permite o acesso à internet em praticamente qualquer lugar. Os *smartphones* integraram as funções dos computadores em pequenos dispositivos portáteis, e, em 2007, as vendas de *smartphones* ultrapassaram as de computadores portáteis pela primeira vez. Em 2015, *laptops* e *netbooks* continuavam sendo os dispositivos de escolha para muitas atividades *on-line* (Figura 19.1). Em 2019, uma pesquisa da Ofcom descobriu que 34% dos entrevistados ficavam *on-line* apenas com dispositivos que não fossem um computador, um aumento significativo em relação a apenas 6% cinco anos antes; 11% usavam apenas um *smartphone* para ficar *on-line* em 2019, enquanto esse número era de 3% em 2014 (Ofcom, 2020: 8).

A aceitação incrivelmente rápida de *smartphones* e *tablets* mostra até que ponto a computação pessoal chegou. A primeira era da computação começou com grandes computadores *mainframe* ocupando salas inteiras. A segunda era viu o computador pessoal se tornar um acessório nos locais de trabalho e nos lares. A atual miniaturização do computador nos leva à terceira era da "computação ubíqua", em que os computadores são móveis e são uma parte de quase todos os ambientes sociais (Maier, 2011: 143-144). A tecnologia digital foi normalizada rapidamente, e as normas sociais estão evoluindo, tanto *on-line* quanto nos ambientes físicos onde são usadas.

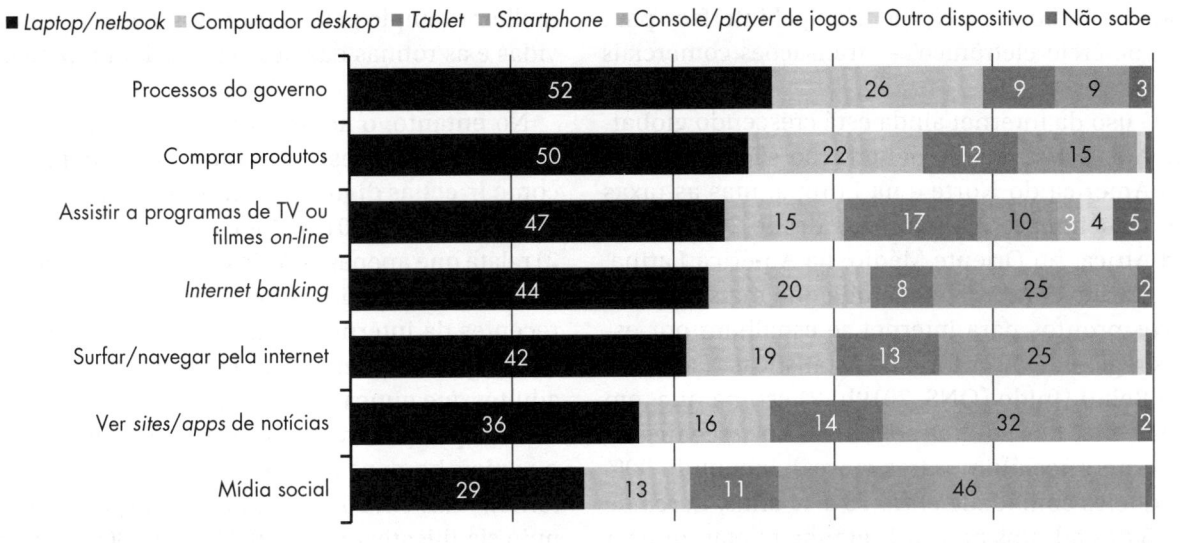

■ Laptop/netbook ■ Computador *desktop* ■ Tablet ■ Smartphone ■ Console/*player* de jogos ■ Outro dispositivo ■ Não sabe

Atividade	Laptop/netbook	Computador desktop	Tablet	Smartphone	Console/player de jogos	Outro dispositivo	Não sabe
Processos do governo	52		26	9	9		3
Comprar produtos	50		22	12	15		
Assistir a programas de TV ou filmes *on-line*	47		15	17	10	3 4	5
Internet banking	44		20	8	25		2
Surfar/navegar pela internet	42		19	13	25		
Ver *sites*/*apps* de notícias	36		16	14	32		2
Mídia social	29		13	11	46		

FIGURA 19.1 Dispositivo usado com mais frequência para atividades específicas na internet. (Para ver esta imagem colorida, acesse **loja.grupoa.com.br**, encontre a página do livro por meio do campo de busca e clique em Material Complementar.)

Fonte: Ofcom (2015: 74).

> **REFLEXÃO CRÍTICA**
>
> Faça uma observação participante sobre o uso de *smartphones*/celulares durante uma semana, analisando como as pessoas se comportam com seus telefones em espaços públicos. Existem normas informais de uso aceitável em áreas públicas ou simplesmente não existe limitação?

A internet

No início da década de 1990, o PC individual estava se tornando pouco mais que um ponto de acesso a uma rede global de computadores interconectados — a internet. Criada durante o período da Guerra Fria, a **internet** se desenvolveu a partir de um sistema utilizado no Pentágono, quartel-general dos militares americanos, a partir de 1969. O sistema recebeu o nome de ARPANET, em homenagem à Advanced Research Projects Agency do Pentágono. A ARPA procurou permitir que cientistas trabalhando em projetos militares em diferentes partes dos EUA reunissem recursos e compartilhassem equipamentos caros. Quase como uma reflexão tardia, seus criadores pensaram em uma maneira de enviar mensagens, e assim nasceu o correio eletrônico — o "*e-mail*". As universidades também começaram a usar o sistema e, em 1987, a internet tinha 28 mil computadores *host* em universidades e laboratórios de pesquisa. Em 1994, as empresas ultrapassaram as universidades como os principais usuários da rede.

> O potencial da internet para o crescimento do ativismo político internacional é explorado no Capítulo 20, "Política, governo e movimentos sociais".

Hoje, o uso mais comum da internet é a rede mundial de computadores, uma biblioteca multimídia global inventada por um engenheiro de *software* britânico, Tim Berners-Lee, em um laboratório de física suíço em 1990. Os usuários navegam convencionalmente na *web* com um "navegador *web*", mas a crescente popularidade de "aplicativos" móveis (aplicativos de *software*) — para uso principalmente em *smartphones* — elimina totalmente a necessidade de um navegador. Os *sites* cresceram em sofisticação, integrando gráficos e imagens, arquivos de vídeo e áudio, e a *web* é a principal interface para o "comércio eletrônico" — transações comerciais realizadas *on-line*.

O uso da internet ainda está crescendo globalmente, e as taxas de penetração são mais altas na América do Norte e na Europa, mas as taxas de crescimento mais rápidas desde 2000 foram na África, no Oriente Médio, na América Latina, no Caribe e na Ásia, à medida que mais dispositivos prontos para internet se espalham por essas regiões. O Escritório de Estatísticas Nacionais do Reino Unido (ONS, 2019h: 2) estima que, em 2019, 91% dos adultos eram usuários recentes da internet (nos últimos três meses), incluindo 99% daqueles com idade entre 16 e 44 anos. Cerca de 87% dos adultos na Grã-Bretanha relataram usar a internet todos os dias (ONS, 2019i: 2-4). Quase todos os lares britânicos com conexão à internet (98%) usavam banda larga fixa, embora muitas pessoas também usassem banda larga móvel em casa (64%) e 84% acessassem a internet fora de casa, a maioria usando um *smartphone*, mas um número menor usava *tablet*, *notebook* ou outro dispositivo portátil.

Talvez de forma surpreendente, a atividade mais comum na internet em 2019 ainda foi o envio e recebimento de *e-mails*, seguido (em ordem) pela navegação geral de informações sobre produtos e serviços, acesso a bancos, leitura de notícias ou revistas e realização de chamadas de vídeo/voz via Skype, Facetime ou sistemas semelhantes (ONS, 2019i: 8). Cerca de 7% dos adultos disseram ter sido vítimas de fraude de cartão de crédito ou débito nos 12 meses anteriores, e, novamente, o tipo mais comum de fraude (37%) envolvia *links* em *e-mails*. O que podemos concluir dessa pesquisa é que a maioria dos adultos no Reino Unido agora usa a internet e o faz com mais frequência e para uma gama mais ampla de atividades do que nunca, sugerindo que a internet agora está firmemente incorporada à rotina diária da maioria das pessoas. Durante a pandemia de covid-19, muitos aspectos de nossas vidas ficaram severamente restringidos em um prazo muito curto, mas a continuidade da internet permitiu que muitas pessoas trabalhassem em casa, mantivessem contato com parentes e amigos distantes, comprassem alimentos e outros produtos, pagassem suas contas e controlassem suas finanças e, claro, se divertissem. Esse talvez seja o melhor exemplo para demonstrar até que ponto as vidas e as rotinas das pessoas mudaram para ambientes *on-line*.

No entanto, o acesso à internet e seu uso são marcados por desigualdades, conhecidas hoje como **brechas digitais** (Andreasson, 2015; Ragnedda e Muschert, 2013). Por exemplo, a ONS (2019i: 2) relata que apenas 78% dos adultos com deficiência e 47% dos maiores de 75 anos eram usuários recentes da internet em 2019, e os maiores de 75 anos representavam 2,5 milhões dos 4 milhões de adultos que nunca tinham usado a internet. Desde 2000, a pesquisa vinha mostrando regularmente que mais homens do que mulheres acessam a internet, mas, em 2019, a diferença de gênero diminuiu significativamente (92% *versus* 90%). Apenas entre os maiores de 75 anos ainda havia uma diferença gritante, com 54% dos homens e apenas 41% das mulheres nessa faixa etária sendo usuários recentes da internet. Também existem disparidades regionais. O uso recente da internet foi mais alto em Londres e no Sudeste (93%) e mais baixo na Irlanda do Norte (87%), no Nordeste (88%) e no Centro-Oeste (89%).

Globalmente, o acesso à internet é difícil de ser avaliado com precisão, mas, em 2019, a melhor estimativa foi que o número relevante de pessoas era de pouco mais de 5,5 bilhões (Internet World Stats, 2019). O acesso continua sendo geograficamente desigual, refletindo as desigualdades globais, embora as taxas de crescimento sejam mais altas nas regiões com as menores taxas de penetração da internet. O advento da **computação em nuvem**, que entrega a computação aos usuários finais como um serviço, e não como um produto, elimina a necessidade de instalar um *software* semelhante em todos os dispositivos e deve aprimorar esse processo com a redução dos custos associados ao acesso à internet. Aplicativos, programas, armazenamento de arquivos e sistemas operacionais estão localizados em grandes *datacenters*, e os indivíduos podem acessar os serviços de que precisam em qualquer dispositivo que estejam usando. Muitos especialistas sugeriram que "a computação em nuvem é revolucionária, mesmo que a tecnologia em que é construída seja evolucionária" (Sosinsky, 2011: 3). O aspecto revolucionário é que a computação em nuvem disponibiliza recursos de computação potencialmente ilimitados de forma universal e contínua, em todas as partes do mundo, sem a necessidade de carregá-los em todos os dispositivos.

No entanto, também há questões de privacidade, confidencialidade e segurança de dados: à medida que mais informações viajam pelas conexões sem fio e o material é armazenado em *datacenters*, os usuários cedem o controle aos provedores de serviços em nuvem. Por exemplo, quatro homens receberam penas de prisão nos EUA em 2018 por sua participação em uma violação de dados de 2014 no iCloud da Apple, envolvendo 240 contas de usuários. As contas de 30 celebridades foram hackeadas, e algumas tiveram suas imagens privadas e íntimas publicadas *on-line* (Ashford, 2018).

Avaliação da internet

As opiniões sobre o impacto geral da internet se dividem em duas grandes categorias. Alguns veem o mundo *on-line* ou o **ciberespaço** como fomentador de relacionamentos eletrônicos que aumentam a sociabilidade e as interações cara a cara. Por exemplo, enquanto viajam ou trabalham no exterior, as pessoas usam a internet para se comunicar com amigos e parentes em casa, tornando a distância e a separação mais toleráveis. Ela facilita a formação de novos tipos de relacionamento, como indivíduos "anônimos" que se encontram por meio de redes sociais, salas de bate-papo e *sites* de *blogs* para discutir temas de interesse mútuo. Muitos usuários da internet se tornam parte de comunidades *on-line* ativas, que são qualitativamente diferentes daquelas que habitam no mundo físico. Aqueles que veem a internet como um acréscimo positivo argumentam que ela expande e enriquece nossa vida social.

Castells (2001) argumenta que a internet possibilita novas combinações de trabalho e autoemprego, expressão individual, colaboração e socialização. Para os ativistas políticos, é possível que redes de indivíduos se combinem e cooperem para espalhar sua mensagem rapidamente por todo o mundo. Isso ficou evidente na chamada Primavera Árabe de 2010-2012, nas ações diretas da Extinction Rebellion em 2019 e em muitos outros casos, à medida que ativistas compartilham ideias, preocupações e experiências em *sites*, *blogs* e mídias sociais globalmente acessíveis, usando-os para organizar protestos. Os principais meios de comunicação também se utilizam de relatos de acontecimentos em situações que mudam rapidamente, transformando efetivamente os membros do público em "jornalistas cidadãos" e participantes na produção de notícias.

Outros veem o surgimento de um futuro mais distópico. À medida que as pessoas passam mais tempo olhando para seus dispositivos móveis e realizando mais tarefas rotineiras *on-line*, elas passam menos tempo interagindo de forma presencial, e, como resultado, a infraestrutura física, como no caso de bancos e lojas de rua, diminui. Alguns sociólogos temem que a internet aumente o isolamento social, à medida que os membros das família passam menos "tempo de qualidade" com familiares e amigos e a linha que separa o trabalho e a casa se torna menos nítida. Muitos funcionários trabalham em casa após o expediente, verificando *e-mails* e finalizando tarefas *on-line* que não conseguiram concluir no horário de trabalho. As relações pessoais sofrem, as formas tradicionais de entretenimento comunitário são reduzidas, e o tecido da vida social é enfraquecido.

As tecnologias da **nova mídia** normalmente geram desconforto e incerteza. Preocupações com a internet refletem medos semelhantes do passado sobre o impacto da violência cinematográfica, da música eletrônica e, particularmente, da televisão sobre os jovens. Em *The lonely crowd* (1961), David Riesman e seus colegas expressaram preocupação com o impacto de assistir à TV na vida **familiar** e comunitária. No entanto, embora algumas de suas preocupações fossem bem fundamentadas, sob qualquer perspectiva mais ampla, é possível observar que a televisão também enriqueceu a vida social de várias maneiras.

Muitos veem a internet como um exemplo de uma sociedade global emergente e conectada em rede (Castells, 2006). As interações pela internet certamente podem parecer parte de um tipo diferente de mundo social. Por exemplo, no ciberespaço, não podemos saber com certeza os detalhes das identidades das pessoas ou em que parte do mundo elas se encontram. Kolker (2009: 253) argumenta que:

> Em nossa relação com a mídia tradicional, estamos sempre cientes de que o que lemos, ouvimos e vemos tem algum tipo de autoria por trás: alguém escrevendo e editando a coluna do

"Fechamos. Obrigado a todos os nossos clientes fiéis. Por favor, use sua cidade ou perca-a." O acesso a bancos e compras *on-line* é frequentemente visto como um problema nas ruas dos centros urbanos. Mas seria isso um resultado inevitável na era digital?

jornal; produzindo, dirigindo e distribuindo um vídeo, um programa de rádio ou TV ou um filme. A publicidade nos lembra continuamente que alguém quer algo de nós... Mas no teclado e *on-line*, parecemos estar no controle e em conexão íntima com algo ou alguém, em um mundo interno e externo simultaneamente.

Rheingold (2000) reconheceu o potencial positivo do ciberespaço, mas também aceitou que o lado sombrio não pode ser descartado. Seu interesse é em **comunidades virtuais** — "agregações sociais que emergem da rede quando um número suficiente de pessoas continua [...] discussões públicas suficientemente longas, com suficiente sentimento humano, para formar teias de relações pessoais no ciberespaço" (ibid.: 5), e ele oferece uma extensa descrição e análise de uma comunidade virtual — uma conferência de pais — no WELL (Whole Earth 'Lectronic Link), um sistema de conferência por computador. Rheingold diz que fazer parte do WELL é muito parecido com fazer parte do mundo físico real, mas de forma incorpórea:

> As pessoas em comunidades virtuais usam palavras nas telas para trocar gentilezas e discutir, engajar-se em discurso intelectual, realizar comércio, trocar conhecimento, compartilhar apoio emocional, fazer planos, *brainstorming*, fofocas, brigas, se apaixonar, encontrar amigos e perdê-los, jogar jogos, paquerar, criar um pouco de arte e jogar muita conversa fora. As pessoas em comunidades virtuais fazem quase tudo o que as pessoas fazem na vida real, mas deixamos nossos corpos para trás. Você não pode beijar ninguém e ninguém pode dar um soco na sua cara, mas muita coisa pode acontecer dentro desses limites. (www.rheingold.com/vc/book/intro.html)

Sociedade global 19.1 — **China e Rússia: estados nacionais *versus* mídia global?**

Há muito que o governo chinês procura restringir o que o povo chinês pode ver e ouvir na mídia de massa. Por exemplo, na década de 1980, o Estado incentivou a compra de televisores, pois via a radiodifusão como um meio de unir o país e promover a autoridade partidária. No entanto, a pesquisa de Lull (1997) com 100 famílias descobriu que as pessoas eram "mestres da interpretação, lendo nas entrelinhas para captar as mensagens menos óbvias". Ver conteúdo que enfatizava a individualidade e o consumismo também levou muitos espectadores a concluir que outras sociedades pareciam oferecer mais liberdade individual do que a sua.

Mais recentemente, a internet e as novas tecnologias digitais colocaram novos desafios para o Estado e o povo chinês. Muitos *sites* externos são bloqueados para usuários chineses de internet, e um verdadeiro exército de censores institucionais, pagos e voluntários, monitoram postagens em *blogs*, quadros de avisos e conteúdo da *web*. Essa abordagem autoritária foi rotulada de "grande *firewall* da China". Em uma ocasião, uma abordagem ainda mais radical foi adotada. Após protestos étnicos e tumultos, as autoridades chinesas fecharam completamente a internet por seis meses na província de Xinjiang.

No Irã e na Rússia, também houve tentativas de aumentar o controle estatal sobre o acesso global à internet. A empresa estatal de telecomunicações do Irã monitora todo o conteúdo em sua Rede Nacional de Informações e restringe informações de fontes externas. Em 2019, o presidente russo, Vladimir Putin, introduziu uma lei que obriga todos os *smartphones*, computadores e televisores inteligentes a serem pré-carregados com aplicativos desenvolvidos na Rússia, e cerca de US$ 32 milhões foram investidos para criar uma versão especificamente russa da Wikipédia (Newman, 2020). Em dezembro de 2019, foi amplamente divulgado que a Rússia havia testado com sucesso a RuNet, sua própria infraestrutura nacional de internet, que poderia sobreviver se o sistema fosse desconectado da internet global (Wakefield, 2019). Alguns acreditam que isso pode ser parte do eventual isolamento da Rússia do resto da internet global, embora ainda existam sérios desafios técnicos, se essa for realmente a intenção.

Esses desenvolvimentos seguem tentativas anteriores de controlar o uso de redes privadas virtuais e criar filtros de conteúdo e listas de bloqueio de *sites*. Em 2019, durante protestos políticos em Moscou, um apagão da internet foi imposto como outro sinal claro de que o estado russo não permitirá aos cidadãos acesso irrestrito à internet e está preparado para tomar medidas legais e de infraestrutura para manter o controle estatal. Será que estamos testemunhando as primeiras rachaduras sérias na arquitetura da internet como um sistema de comunicação global? Alguns pensam que a própria natureza da mídia digital permitirá que as pessoas contornem os rígidos controles estatais, mas outros sustentam que os censores estatais podem muito bem ser capazes de acompanhar os avanços tecnológicos.

Em 2006, a Google anunciou que, para ter acesso ao vasto mercado da China, censuraria os resultados de pesquisa para satisfazer as autoridades chinesas. O *site* da BBC foi bloqueado, e os críticos alertaram que assuntos delicados, como o massacre da Praça da Paz Celestial em 1989 e *sites* que promovem a independência de Taiwan, seriam restringidos. Porém, em 2010, depois que uma tentativa de *hacking* veio à tona, a Google transferiu seu serviço compatível com a China para Hong Kong, e, em 2014, outra briga começou quando a Google recusou o reconhecimento dos certificados de confiança das autoridades chinesas para os *sites*. No entanto, a cooperação subjacente da Google com os chineses na censura sugere que a obtenção de lucros, em vez da promoção dos valores norte-americanos, continua sendo o principal impulsionador das empresas de mídia dos EUA.

REFLEXÃO CRÍTICA

É correto focar apenas na China, no Irã e na Rússia como exemplos de censura e controle da internet? Que medidas os Estados ocidentais adotaram, ou estão procurando adotar, para exercer algum controle sobre o conteúdo e o acesso à internet para vários grupos sociais?

Nem sempre as comunidades virtuais são positivas, e o crime organizado também pode tirar proveito das novas oportunidades *on-line*. A chamada *dark web* — uma parte oculta e criptografada da rede mundial, onde o acesso requer autorização — pode ser usada para distribuir pornografia infantil e dados pessoais e financeiros hackeados, bem como muitas outras atividades criminosas. A internet também pode ser dominada por corporações de negócios que veem as comunidades virtuais e as mídias sociais apenas como uma nova oportunidade para divulgar sua marca e fazer publicidade, bem como para coletar e vender dados de clientes. Além disso, a internet tem potencial para intensificar a vigilância estatal e o monitoramento da população — uma "visão de pesadelo" que tem relação com as ideias de Foucault (1975) sobre o pan-ótico do século XVIII. Trata-se de um projeto prisional baseado no princípio do monitoramento contínuo dos presos pelos guardas, visando à promoção da autodisciplina. Se os prisioneiros acreditam, mas não podem ter certeza, que os guardas podem observá-los a qualquer momento, então eles devem se comportar como as regras da prisão exigem o tempo todo.

> Para uma discussão sobre mídias sociais, identidade pessoal e novas formas de comunidade, veja o Capítulo 12, "Interações sociais e vida cotidiana".

Até agora, a rápida aceitação da internet, dos *smartphones* e das mídias sociais sugere que, para a maioria dos usuários, os benefícios de desenvolver uma vida *on-line* superam os perigos potenciais. A ascensão de mídias sociais como WhatsApp, Twitter, Pinterest, Instagram e Facebook, além de *sites* de compartilhamento de vídeos como o YouTube, mostra como as comunicações via *web* são populares, embora haja algumas evidências iniciais de que as pessoas nos grupos socioeconômicos mais altos, com níveis mais altos de educação, sejam os participantes mais ativos (Kagan, 2011). No entanto, se McLuhan estava certo de que "o meio é a mensagem", então, como afirma Castells, hoje, "a rede é a mensagem".

Televisão

A partir da década de 1950, o número de aparelhos de TV nos países desenvolvidos e a quantidade de tempo que as pessoas passam assistindo ao conteúdo da televisão aumentaram drasticamente. Hoje, praticamente todos os lares têm pelo menos um aparelho de TV, e, no Reino Unido, a maioria das pessoas assiste à televisão todos os dias. Contudo, desde o início do século XXI, a tecnologia de transmissão de televisão sofreu uma revolução com a transferência de transmissões de programas analógicos para digitais. A TV analógica é o "antigo" sistema de transmissão, usado para transmitir sinais para aparelhos de televisão desde a década de 1940. Ele converte som e imagens em ondas que são transmitidas pelo ar e captadas pela antena no telhado de uma casa ou em cima da televisão.

A TV digital funciona transformando imagens e sons em informações que são potencialmente compreendidas por um computador e podem ser transmitidas via satélite, cabo ou antena. A televisão digital substituiu praticamente toda a transmissão analógica na maioria dos países desenvolvidos, e o número de canais de televisão disponíveis aumentou radicalmente. Hoje é normal ver provedores de serviços digitais oferecendo pacotes de assinatura mensal que dão aos espectadores a escolha de mais de 200 canais de TV, rádio e dados. A TV analógica no Reino Unido oferecia apenas cinco. Esse aumento gera mais oportunidades para provedores de conteúdo e, fundamentalmente, para anunciantes, enquanto os serviços de assinatura mensal e *pay-per-view* provavelmente aumentarão o valor gasto pelos consumidores.

A última grande mudança se deu em direção à televisão distribuída pela internet, que permite que o conteúdo do programa de vídeo seja visualizado em uma série de dispositivos digitais. Netflix, Hulu e Amazon Prime Video agora produzem programação de televisão que desafia os principais provedores. Gray e Lotz (2019) argumentam que a mudança *on-line* pode sinalizar não a morte da televisão, mas mais uma etapa em sua evolução. Por exemplo, os chamados *reality shows*, como *Love island* e a série britânica *Idol*, envolvem não apenas a televisão, mas também salas de bate-papo, *sites* e *streaming* de vídeo na produção de "eventos multiplataforma e multimídia" (Turner e Tay, 2009: 7). Esses eventos multimídia atraem grandes audiências globais, proporcionando uma experiência pública comum e conversas nacionais e internacionais. De fato, Hill (2015: 4) afirma que, "Se visualizarmos o valor do *reality show* como um fenômeno cultural, veremos que os programas são ofuscados por conversas a respeito deles." Dessa forma, tornar-se apenas um elemento em um *mix* de mídia pode realmente permitir que a televisão retenha, em vez de perder, sua relevância cultural.

Televisão e a vida social

Embora pareçamos saber o que se entende por "televisão", uma vez que os sociólogos tentam identificá-la e defini-la, a coisa muda de figura. A televisão é aquela caixa física da sala de estar? Obviamente é, mas é também uma tecnologia e um modo de transmissão, uma forma de mídia diferente de todas as outras. A televisão também pode ser discutida em termos de seu conteúdo — os programas, os noticiários e as séries transmitidas. Stokes (2000: 1) sugere que a televisão é "uma tecnologia cultural complexa; é um meio de entretenimento; um fenômeno científico; uma indústria multifacetada. A televisão é uma característica da vida *pública* moderna que tem um lugar em todas as casas *privadas*." A televisão é todas essas coisas, mas também está enraizada nas rotinas da vida diária. Assistimos à TV, falamos sobre programas com os amigos e familiares e organizamos nosso tempo de lazer em torno do horário da televisão. Para muitos, "a caixa" ainda é algo que deixamos ligado enquanto estamos fazendo outras coisas, proporcionando um pano de fundo essencial para a vida que transcorre. Conforme explica Silverstone (1994: 3):

> A televisão nos acompanha quando acordamos, quando tomamos o café da manhã, quando tomamos nosso chá da tarde e quando bebemos em bares. Ela nos conforta quando estamos sós. Ajuda-nos a dormir. Ela nos dá prazer, nos aborrece e, às vezes, nos desafia. Nos proporciona oportunidades para sermos sociáveis e solitários. Embora, é claro, não tenha sido sempre assim, e embora tenhamos tido que aprender a incorporar o meio em nossas vidas, hoje consideramos a televisão como algo totalmente básico.

Em 2019, 95% dos lares do Reino Unido tinham um aparelho de TV recebendo transmissão de programas, e a TV ainda representava a maior parte do consumo de vídeo, com mais de três horas de exibição média por dia — a maior parte da TV aberta (Ofcom, 2019: 11-12). De fato, Ofcom (ibid.) relata que a proporção de residências que têm apenas TVs digitais terrestres aumentou 2,3% entre 2012 e 2019, representando quase 40% de todas as residências (veja a Figura 19.2). Por outro lado, a TV por assinatura a satélite permanece em torno de 30%, enquanto a TV a cabo fica muito abaixo, com apenas 13,6%. A televisão convencional contribui para o bem-estar emocional e cognitivo das pessoas e as ajuda a projetar suas rotinas e seus hábitos. Como resultado, ela cria um senso mais forte de "segurança ontológi-

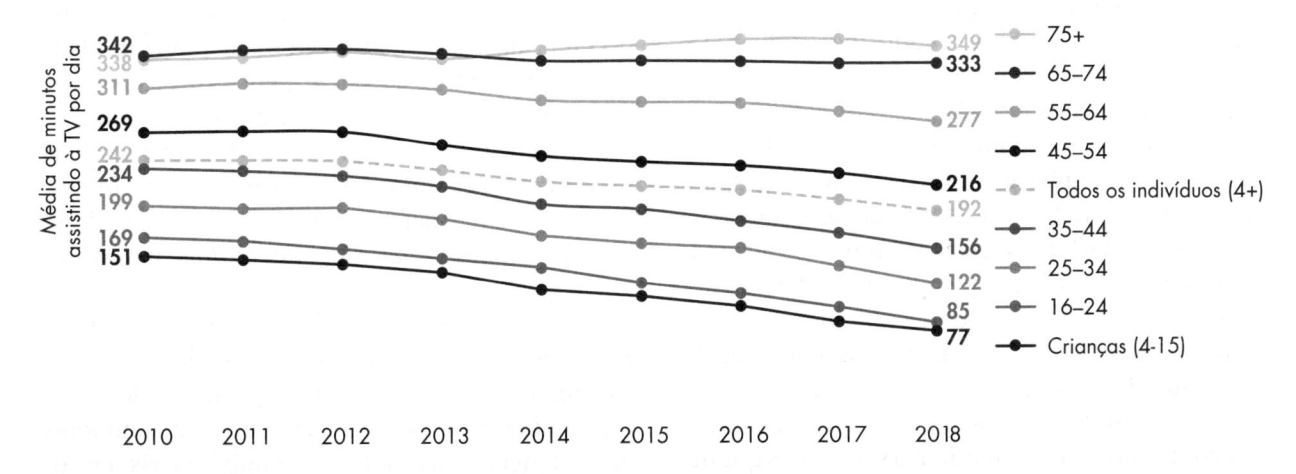

FIGURA 19.2 Média de minutos diários de transmissão de televisão assistidos por pessoa, por idade, 2010-2018.

Fonte: Ofcom (2019: 4). (Para ver esta imagem colorida, acesse **loja.grupoa.com.br**, encontre a página do livro por meio do campo de busca e clique em Material Complementar.)

ca" — sentimentos de ordem e continuidade na vida cotidiana —, o que pode ajudar a explicar sua popularidade persistente e sua capacidade de resistir às alternativas.

Contudo, isso não significa que a posição dominante da TV seja inevitável ou inatacável. A dimensão tecnológica da televisão não determina sua recepção social e cultural. Como mostra o Usando sua imaginação sociológica 19.1, as rotinas e os hábitos diários dos jovens hoje em dia podem ser significativamente diferentes dos de seus pais, com consequências significativas para o futuro do meio televisivo. Cerca de 1,2 milhão de famílias do Reino Unido (4,1%) afirmam que não têm um aparelho de TV, preferindo assistir TV *on-line* ou provedores de conteúdo de vídeo, como Netflix, em outros dispositivos, e esse número parece destinado a aumentar no futuro.

Diversos teóricos da mídia têm sido muito críticos sobre os efeitos de uma dieta de televisão aparentemente cada vez maior. Neil Postman (1931-2003), em seu livro adequadamente intitulado *Amusing ourselves to death* (1986), argumenta que a televisão falha em apresentar ou lidar com questões sérias porque "a forma exclui o conteúdo". Com isso, ele quer dizer que a televisão é um meio incapaz de sustentar um conteúdo sério. Para Postman, o argumento racional é mais bem conduzido na forma da palavra impressa, que é capaz de sustentar um conteúdo complexo e sério. Ele se reporta ao século XIX como uma "era da razão", quando a palavra escrita era dominante. Para Postman, o meio impresso cria uma população racional, enquanto a televisão gera uma população entretida. Notícias, educação e política são reduzidas a entretenimento de TV, de modo que, como indica o título do seu livro, não estamos fazendo nada além de "nos divertir até morrer".

Em uma linha semelhante, Robert Putnam (1995) argumenta que, nos EUA, o declínio significativo no capital social — obrigações e confiança mútuas - tem uma boa relação com a ascensão da televisão. Assistir à TV, sustentou ele, está forte e negativamente relacionado à confiança e à participação em grupos. Uma razão para isso é o efeito do conteúdo da programação sobre os espectadores. Por exemplo, estudos sugerem que espectadores contumazes de TV tendem a ser céticos quanto à benevolência das outras pessoas — por exemplo, por superestimarem as taxas de criminalidade. Putnam concluiu que a erosão do capital social dos Estados Unidos somente se tornou visível algumas décadas depois que o processo subjacente havia começado.

> A tese de Putnam sobre o declínio do capital social é examinada em mais detalhes no Capítulo 12, "Interações sociais e vida cotidiana".

A revolução digital trouxe consigo muitas inovações que pareciam ameaçar o domínio da televisão, incluindo provedores globais de vídeo como Netflix e Amazon Prime Video, transmissão ao vivo *on-line* e outros tipos de serviços via *smartphones* e demais dispositivos digitais. Então, estamos agora testemunhando o fim da era da TV? Essa conclusão pode ser prematura: "logo, todos nós descartaríamos as grandes caixas quadradas em torno das quais havíamos organizado nossas salas de estar (apesar de tê-las atualizado recentemente para telas planas de alta definição) e redistribuiríamos as sete ou mais horas por dia que supostamente estávamos gastando com essa caixa para enviar mensagens de texto, tuitar, assistir vídeos *on-line* e atualizar nosso *status* no Facebook" (Gray e Lotz, 2019: 2). A relação entre a transmissão do programa e a recepção imediata, que foi desafiada com gravadores de videocassete e DVDs, foi decisivamente rompida à medida que os serviços de *streaming* e as *lives* aumentaram em popularidade, com a possibilidade de assistirmos em sequência aquilo que quisermos e no momento que escolhermos. No entanto, em meio a uma mudança tão significativa, até então, parece que as pessoas ainda assistem principalmente a séries tradicionais de episódios semanais e tipos convencionais de programas, enquanto os formatos mais antigos da televisão permanecem. O que a televisão oferece que as redes sociais e os *sites on-line* não conseguem igualar?

A televisão continua sendo um meio-chave usado por empresas e agências de publicidade, e isso provavelmente continuará assim enquanto ela fornecer uma audiência grande o suficiente de consumidores em potencial. Mas a televisão também é vista favoravelmente como uma fonte de notícias e informações confiáveis, principalmente quando comparada às mídias sociais. Uma pesquisa recente do enorme mercado de mídia dos EUA descobriu que os consu-

USANDO SUA IMAGINAÇÃO SOCIOLÓGICA

19.1 A televisão conseguirá sobreviver à revolução digital?

A pesquisa de Livingstone e Bovill (1999) sobre o uso de mídia infantil no Reino Unido — a primeira em 40 anos — descobriu uma "cultura do quarto" em desenvolvimento, com duas em cada três crianças da classe trabalhadora e 54% das crianças da classe média tendo TV em seu quarto. Em 2009, cerca de 77% de todas as crianças de 5 a 16 anos tinham sua própria TV no quarto, 56% das quais eram aparelhos com múltiplos canais. Essa posse por parte das crianças não se restringe à TV, pois 73% também possuíam seu próprio celular/*smartphone*, 69% possuíam aparelho de DVD, MP3 e console de jogos e 55% possuíam *notebook* ou PC (Livingstone, 2009). Por outro lado, em outras partes da Europa, a posse de TV por crianças é muito menor. A contínua popularidade da TV ainda parece estar enraizada em sua capacidade de fornecer uma grande gama de "gratificações": emoção, derrota do tédio, relaxamento e superação do medo de se sentir "deixado de fora".

No entanto, os hábitos de assistir à televisão estão mudando, principalmente entre os mais jovens, à medida que os serviços "sob demanda" se tornam populares, que o uso da internet aumenta, e os *sites* de compartilhamento de vídeos oferecem formas interativas de visualização. Muitos *sites* de mídia social também podem mostrar que a tese de Putnam é muito pessimista. Há alguma evidência de que os jovens preferem formas interativas de mídia, e, se assim for, é provável que isso signifique mudanças na produção e no conteúdo televisivo também.

A televisão continua popular entre os jovens, mas as tendências de tempo gasto assistindo à programação em um aparelho de TV agora estão claramente diminuindo entre uma geração mais jovem de "nativos digitais", que cresceram com a tecnologia digital como norma. As estatísticas da Ofcom (2019: 19) mostram que os cinco principais serviços assistidos por pessoas de 18 a 34 anos no Reino Unido em 2018-2019 foram, em primeiro lugar, YouTube, depois Netflix, ITV, BBC1 e Amazon Prime Video, sugerindo que a televisão convencional pode não manter a sua posição dominante por muito mais tempo.

> **REFLEXÃO CRÍTICA**
>
> Onde e como você assiste a programas de TV — ao vivo ou "sob demanda" — e em qual dispositivo? Construa um argumento a favor da sobrevivência a longo prazo da televisão e do aparelho de TV.

midores ainda gastam mais tempo com a televisão do que com qualquer outro meio de publicidade, enquanto se confia mais nas notícias da TV local do que em todas as outras formas de notícias e informações, inclusive de fontes *on-line* (Advanced Television, 2020). Uma pesquisa semelhante da União Europeia de Radiodifusão (EBU, 2020) relatou que, em toda a Europa, o rádio e a televisão continuam sendo os meios de comunicação mais confiáveis para notícias e informações fidedignas, enquanto em 85% dos países europeus as mídias sociais são as menos confiáveis.

Essa diferença entre televisão/rádio e mídia social foi particularmente gritante durante a pandemia de covid-19. Em uma pesquisa da EBU, 47% dos entrevistados disseram ter usado as mídias sociais para obter notícias sobre a situação, mas apenas 14% classificaram as mídias sociais entre suas fontes "mais confiáveis". Globalmente, os *briefings* dos governos nacionais foram as fontes mais confiáveis de informações sobre a covid-19, seguidos, novamente, pelos canais de notícias da televisão. Talvez, contra todas as probabilidades, a televisão sobreviva à revolução digital, ainda que como uma das inúmeras fontes de conteúdo de vídeo, notícias e informações.

Música

A música é tão antiga quanto as sociedades humanas, e seu uso precede o desenvolvimento das línguas complexas. Presume-se que a primeira música tenha vindo da voz humana, e alguns dos instrumentos musicais mais antigos foram encontrados em regiões da Índia e da China. Alguns dos primeiros usos funcionais da música foram em rituais e práticas religiosas, e, embora esses rituais e práticas tendam a diminuir nas sociedades modernas, a música continua a florescer.

Theodor Adorno (1976 [1950]), da escola de teoria crítica de Frankfurt, afirmava que as formas musicais tendem a refletir a sociedade na qual existem. Muitas formas musicais nas sociedades capitalistas, por exemplo, têm estruturas previsíveis e proporcionam satisfação fácil. Elas treinam as pessoas a esperar uniformidade e repetição e exigem pouco esforço por parte do ouvinte para serem apreciadas. Em sua época, Adorno dizia que o *jazz* e outras formas de música popular eram "culpadas" disso. Todavia, a música também pode fomentar o esclarecimento crítico e é, portanto, pelo menos potencialmente, uma força ativa na vida social. Algumas formas de música "progressista" (como a música experimental de Schoenberg) desafiam as convenções musicais padrão e, ao "quebrar regras", desafiam os pressupostos das pessoas e as forçam a pensar de forma mais crítica.

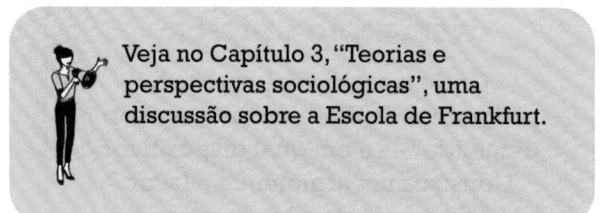

> Veja no Capítulo 3, "Teorias e perspectivas sociológicas", uma discussão sobre a Escola de Frankfurt.

Como Adorno, o teórico musical Jacques Attali (1985) argumenta que a música é um espelho da sociedade, pois suas formas e sua organização social refletem o modo de organização da própria sociedade. Em sociedades industrializadas, ouve-se música principalmente na forma de gravações, inicialmente por meio de discos de vinil e CDs e, posteriormente, por meio de *downloads* digitais. A característica principal da música nessas sociedades, portanto, é a produção repetitiva em massa e o fim das diferenças. A música se torna ruído de fundo em supermercados, estações de trem, restaurantes e muitos outros espaços públicos e privados. Ecoando os comentários de Max Weber sobre a música na era burocrática, Attali observa que essa repetição interminável de música gravada reflete a sociedade industrial que a tornou possível.

Todavia, a tese de Attali dá um passo adiante. Ele afirma que a música não apenas *espelha* a organização social, mas também carrega uma *profecia* sobre o futuro. A música pode fazer isso, afirma, porque os músicos exploram e esgotam rapidamente todas as possibilidades dentro de um determinado código (as "regras do jogo", por assim dizer) muito mais rapidamente do que em outras formas de produção cultural. A música muda mais rapidamente e não está tão vinculada a dispositivos materiais, como projetores ou aparelhos de televisão. À medida que a organização musical é levada a seus limites internos, ela é forçada a romper os limites do sistema existente para continuar a avançar. Um exemplo é a batalha contemporânea sobre o *download* e o compartilhamento gratuito de músicas com direitos autorais. O segmento comercial da criação musical está lutando desesperadamente para acompanhar um formato de música emergente, que continua a forçar e quebrar as "regras do jogo" comercial existente.

O que Attali via surgir da música industrializada nos anos 1980 era uma forma de criação baseada no fim dos limites entre o compositor, o intérprete e o público. Em vez disso, as pessoas estavam começando a fazer música por conta própria, para a sua satisfação pessoal e de seus amigos, com pouca ou nenhuma motivação comercial, embora essa última possa se desenvolver mais tarde. A música estava se tornando, mais uma vez, localizada e feita para comunidades menores de pessoas. Embora esse argumento nunca tenha tomado corpo plenamente, Attali sugere que a mudança do modelo antigo de música gravada repetitiva prenuncia o surgimento de uma forma de sociedade pós-industrial. O paradoxo do seu argumento é que o movimento para a localização da música está ocorrendo em uma época em que existe um processo de globalização muito mais rápido.

Ao contrário das teorias estruturais sociais de grande escala, as décadas de 1970 e 1980 assistiram ao surgimento de uma nova abordagem, conhecida como a perspectiva da "produção de cultura" (Peterson, 1976; Becker, 1982). Nessa abordagem, a música e outros produtos culturais são vistos como atividades sociais que devem ser analisadas em relação aos processos e contextos em que foram produzidas.

Por exemplo, Peterson e Berger (1975) estudaram a música pop analisando as músicas "número 1" nas paradas de sucesso dos Estados Unidos entre 1948 e 1973, comparando o número de artistas e letras. Eles observaram que a competição entre as grandes e pequenas gravadoras na produção da música era um fator fundamental para explicar as inovações que surgiram. Em períodos de alta concentração do mercado (quando apenas quatro companhias produziam 75% de todos os sucessos), havia pouca inovação porque não havia necessidade de procurar novidades ou introduzir produtos novos. Todavia, à medida que as grandes empresas perderam o monopólio sobre a divulgação de música no rádio, e as pequenas empresas conseguiram ganhar espaço, a inovação aumentou.

O que Peterson e Berger conseguiram mostrar por meio da sua cuidadosa análise de como a música pop é *realmente produzida* (a produção da cultura) é que a inovação e a maior diversidade na música pop *seguiam* as mudanças na concentração do mercado, em vez de as causarem. Assim, as inovações na música pop tinham menos a ver com gênios criativos individuais ou consumidores poderosos que exigiam música nova e mais com as condições predominantes da indústria musical (ver também Negus, 1999).

A música também é um elemento na construção de autoidentidades, algo que é mais facilmente visto nas subculturas dos fãs. Seria fácil descartar as atividades e a adoração expressas pelos fãs de música pop dos Beatles, do Oasis, da Lady Gaga e da Dua Lipa como muito triviais e fugazes. No entanto, estudos de "fanatismo" mostram que os "milhares de grupos de discussão de fãs, *sites* e listas de correio eletrônico que povoam a *web* só têm sua presença eclipsada pela pornografia (que, é claro, tem sua próspera base de fãs)" (Gray et al., 2007: 7). Nesses fóruns *on-line* e eventos *off-line*, são desenvolvidas subculturas de fãs participativos que são fontes intensas de identificação e pertencimento. A mudança para o mundo *on-line* também demonstrou que os fãs não podem ser descartados como idiotas sem cérebro e sem instrução, sendo perfeitamente capazes de se envolver em práticas criativas e discursos inteligentes. Como Duffett (2014: 4) argumenta, "o fanatismo parece estar na vanguarda de uma cultura de consumo astuta e ciente da tecnologia".

Outro exemplo de pesquisa sobre música e construção de identidade é *Music in everyday life*

A música pode ser literalmente a trilha sonora de nossas vidas e é um elemento importante na construção de identidades.

(2000), de DeNora, que adota uma abordagem interacionista para explorar a maneira como os indivíduos usam a música na construção do *self* e da experiência pessoal. O livro se baseia em entrevistas aprofundadas com mulheres nos Estados Unidos e no Reino Unido e na observação participante de "música em ação" em aulas de aeróbica, noites de caraoquê e sessões esporádicas de terapia musical. A música não é algo apenas para ser usado, argumenta DeNora, mas também pode influenciar as ações das pessoas. Por exemplo, um passeio rotineiro de carro para fazer compras pode facilmente se tornar um objetivo secundário a ouvir música no rádio do carro. Ouvir um determinado acorde de abertura ou uma melodia pode reorientar as ações das pessoas, desviando-as de seu curso anterior.

DeNora afirma que as pessoas, muitas vezes, agem como *disc jockeys* para si mesmas, escolhendo músicas para criar ou mudar o seu humor e para alterar a maneira como experimentam a vida. E, embora a sociologia tenha ficado atrás de outras disciplinas no estudo acadêmico da música, DeNora (2000: x) argumenta que a música é "um material dinâmico, um meio para criar, sustentar e mudar mundos e atividades sociais", embora isso não possa ser entendido no abstrato e deva ser explorado dentro dos diferentes contextos em que a música é usada. Dessa maneira, estudos empíricos podem reunir as teorias sociológicas estruturais sobre a música e a experiência individual, para melhorar a nossa compreensão dos "poderes sociais" da música.

A globalização e a informatização da música

Conforme observaram David Held e colaboradores (1999: 351), "a forma musical se aplica mais efetivamente à globalização do que qualquer outra". Isso se dá porque a música é capaz de transcender as limitações da linguagem escrita e falada e alcançar e atrair uma audiência de massa. A indústria global da música, dominada por um pequeno número de corporações multinacionais, foi construída com base em sua capacidade de encontrar, produzir, vender e distribuir as habilidades musicais de milhares de artistas para audiências ao redor do mundo. No decorrer das últimas décadas, desenvolveu-se um "complexo institucional" de empresas como parte da comercialização e da distribuição globais de música. O *download* direto pela internet é a atual prática de ponta exemplificada pelo Deezer, pelo Spotify, pelo Apple Music e por outros serviços de *streaming*.

A indústria global da música gravada é uma das mais concentradas. As três maiores empresas — a Universal Music Group (31%), a Sony Music Group (21%) e a Warner Music Group (18%) — são responsáveis por 70% da fatia global do mercado (Stassen, 2019). O crescimento da indústria global da música no período pós-guerra se deveu principalmente ao sucesso da música popular — originada principalmente nos Estados Unidos e na Grã-Bretanha — e à disseminação de culturas e subculturas jovens que se identificam com ela (Held et al., 1999). A indústria global da música teve um crescimento substancial durante a década de 1990, com vendas particularmente fortes nos países do Sul Global, levando muitas das principais empresas a contratarem mais artistas locais.

Stassen (2019) informa que uma tendência que está crescendo atualmente está no segmento do mercado de Artists Direct — ou seja, artistas lançando música sem gravadora —, que cresceu 35% em 2018. Artists Direct (3%) e gravadoras independentes (27%) representaram 30% da quota de mercado global no mesmo ano. A música por *streaming* também cresceu fortemente e, pela primeira vez, foi a principal fonte de receita (51%) das gravadoras. Os processos de globalização têm sido uma das principais forças na difusão dos gêneros musicais americanos e britânicos para o público internacional.

A popularidade crescente da *world music* — como o fenomenal sucesso de sons latinos nos Estados Unidos — mostra que a globalização pode levar à difusão cultural em mais de uma direção. Por exemplo, a ascensão da popularidade da música pop coreana — "K-pop" — é ilustrada pelo sucesso global do BTS, o primeiro grupo sul-coreano a ter um álbum de estreia número 1 na Billboard 100 Chart dos EUA, em 2018 (Romano, 2020). Esperava-se que a turnê mundial do grupo em 2020 esgotasse rapidamente, até que a pandemia de covid-19 forçou um adiamento. A turnê anterior de quatro datas na Europa esgotou em questão de minutos. Embora a indústria da música esteja se tornando ainda mais concentrada, ela provou ser particularmente vulnerável ao compartilhamento de arquivos *on-line* e *downloads* ilegais. Se a distribuição pela internet elimina uma produção complexa e a rede de distribuição de lojas, fábricas e depósitos, o que sobrará da indústria da música?

Wikström (2019) argumenta que a revolução da música digital é caracterizada por três características centrais: conectividade, música como serviço e produção amadora. Primeiro, enquanto a "velha" indústria musical estava centrada no controle corporativo da música para maximizar a receita, o novo negócio digital trata de *conectividade* — os vínculos entre produtores e o público. A internet permitiu que todos na rede produtor-audiência façam *upload* de música, e não apenas a recebam passivamente. Isso significa que a nova indústria tem alta conectividade, mas baixo controle do produtor.

Em segundo lugar, a antiga indústria se baseava na venda de produtos físicos, como discos de vinil, fitas cassete e CDs, mas a indústria digital passa a oferecer *acesso a serviços de música*. Assim que a música é carregada na *web*, ela se torna disponível gratuitamente, reduzindo, assim, seu valor comercial, mas as pessoas ainda podem estar dispostas a pagar pelos serviços que as ajudam a encontrar o que desejam em enormes arquivos *on-line*. Terceiro, as audiências musicais hoje podem se tornar *produtores amadores*, remixando criativamente suas músicas favoritas gravadas profissionalmente e publicando *on-line*. Se esses produtores amadores também são aqueles que assistem a *shows* e compram mercadorias, então é do interesse das empresas de música não os desafiar ou desafiar suas práticas, mas trabalhar com eles e incentivá-los (Wikström, 2019: 8-9). O que Wikström descreve são algumas das realidades práticas, dos conflitos e das contrapartidas conforme a digitalização transforma a indústria da música.

A indústria da música corporativa está trabalhando para aceitar as consequências da digitalização. As vendas globais de música caíram, e o setor sofreu demissões em grande escala e foi forçado a se reestruturar (Gammons, 2011: xix). Muitos na indústria da música afirmam que a troca de arquivos de música *on-line* é uma das principais causas da perda de receita. Embora estejam sendo feitas tentativas de impor controles mais rígidos sobre a reprodução de músicas compradas legalmente, o ritmo da mudança tecnológica parece estar se antecipando à capacidade da indústria de reduzir a pirataria.

"Este próximo bloco de silêncio é dedicado a todos vocês que baixam música de graça, acabando com o meu incentivo para criar."

A antiga transmissão de música no rádio também foi vista, pelo menos inicialmente, como pirataria pela indústria da música. As gravadoras temiam que, se as pessoas pudessem ouvir os últimos lançamentos no rádio, não comprariam discos, e o negócio seria prejudicado. Eventualmente, em vez de manter uma oposição direta, as gravadoras incorporaram o uso de material com direitos autorais pelo rádio em seus modelos de negócios, com *royalties* pagos pelas estações de rádio (Marshall, 2015). Em um processo semelhante, a indústria da música hoje oferece serviços de *download* legal, como o Spotify. O *download* é legal porque os *royalties* pelas canções são pagos às gravadoras e aos artistas. Ao final de 2004, mais de 125 milhões de *downloads* legais de canções haviam sido pagos, e foi estabelecida uma "tabela de *download* musical" oficial (BBC, 2004). Após a rejeição inicial da música *on-line* pela indústria da música, sua adaptação bem-sucedida é um elemento fundamental para o negócio da música.

Jornais

O desenvolvimento dos jornais (a imprensa) durante o século XIX ocorreu em uma época de turbulências políticas e sociais na Europa. O governo do Reino Unido, por exemplo, exercia seu controle sobre a emergente indústria jornalística por meio de leis rígidas contra a difamação e a insubordinação, para impedir a agitação política. Ao mesmo tempo, foi criado um imposto sobre o selo postal para garantir que os jornais fossem acessíveis somente para os mais abastados. O imposto teve consequências imprevistas, como o surgimento de panfletos ilegais e de baixo custo, como o *Political Register* semanal de William Cobbett, que disseminavam ideias radicais entre a nova classe trabalhadora industrial.

O imposto de selo — condenado por seus oponentes como um "imposto sobre o conhecimento" — foi finalmente repelido em 1855, após uma série de reduções, levando muitos escritores a anunciar uma era de ouro do jornalismo britânico, marcada pela "transição do controle oficial para o popular" (Koss, 1973). Uma visão alternativa foi promovida por Curran e Seaton (2003), que argumentam que a rejeição ao imposto de selo foi uma tentativa de reduzir a popularidade da imprensa radical e aumentar as vendas dos jornais mais "respeitáveis", com o financiamento de proprietários e anunciantes privados. A rejeição ao imposto não trouxe uma nova era de liberdade de imprensa, mas um período de repressão e controle ideológico, dessa vez pelas forças do mercado, em vez do governo.

O jornal foi um acontecimento fundamentalmente importante na história dos meios de comunicação modernos, pois colocava muitos tipos diferentes de informações em um formato limitado e de fácil reprodução. Os jornais continham, em um único pacote, informações sobre questões atuais, entretenimento e bens de consumo. A imprensa diária barata surgiu nos Estados Unidos com o "jornal diário de 1 centavo" em Nova Iorque. A invenção das notícias impressas baratas foi a chave. No início do século XX, a propriedade de grande parte da indústria jornalística no Reino Unido estava nas mãos de uns poucos empresários ricos. Na década de 1930, os lordes Beaverbrook, Camrose, Kemsley e Rothermere detinham 50% dos diários nacionais e locais britânicos e 30% dos jornais de domingo, e esses "barões da imprensa", como ficaram conhecidos, usavam a posse de jornais nacionais para promover suas causas e ambições políticas (Curran e Seaton, 2003).

Por mais de meio século, os jornais foram a principal maneira de transmitir informações de forma rápida e abrangente para um público nacional, mas sua influência desvaneceu com a ascensão do rádio, do cinema e da televisão e, cada vez mais, da internet. Os números de leitores de jornais sugerem que a proporção de pessoas que leem um diário nacional na Grã-Bretanha diminuiu desde o começo da década de 1980. Entre os homens, a proporção de leitores diários caiu de 76% em 1981 para 60% em 1998-1999 (ONS, 2000). Em 2016, apenas 30% dos homens e 28% das mulheres usavam jornais impressos para obter notícias, e apenas 14% daqueles com idades entre 16 e 24 anos faziam o mesmo (Ofcom, 2017b: 9). A enorme gama de notícias e informações disponíveis *on-line* também impulsionou o afastamento da cópia impressa.

Os jornais, particularmente os tabloides (visando ao público em massa, ao contrário dos chamados *broadsheets*), estão menos focados em trazer notícias e mais orientados para a reportagem, e para a criação e a manutenção da cultura moderna das celebridades, com o objetivo de combater a queda na circulação (Cashmore, 2006). O papel dos jornais e da televisão em criar um clima onde a cultura das celebridades possa florescer nos alerta para o que alguns sociólogos chamaram, com base na abordagem da "produção de cultura" (discutida anteriormente na seção "Música"), de "indústria da celebridade" (Turner, 2004). Mas o que é uma celebridade? No começo da década de 1960, Daniel Boorstin (1961: 58) observou que "a celebridade é uma pessoa que é muito conhecida pela sua própria fama". Embora muitas celebridades atualmente sejam estrelas de cinema ou esportistas, elas também podem ser mais conhecidas por suas personalidades e vidas privadas na mídia do que por seus feitos. Outras se tornam celebridades apenas por aparecerem regularmente em revistas e jornais ou na televisão, e você provavelmente pode pensar em muitos exemplos individuais.

É claro que a produção da cultura da celebridade em jornais e na televisão exige uma audiência que deseje e demande isso, e, como consumidores, também participamos da produção da cultura da celebridade, embora o façamos de maneiras muito "conscientes" (Gamson, 1994). Sabemos que muitas das nossas celebridades não têm grandes realizações a oferecer e que sua fama provavelmente será efêmera, mas, quando nos entediamos com com alguma delas, simplesmente passamos para a próxima. Desse modo, as celebridades se tornaram mercadorias para nosso consumo — não literalmente, mas por meio de suas representações na mídia de

Apesar da prevalência das notícias *on-line* e dos *sites* de esportes, os jornais impressos continuam sendo populares. Mas será que esses passageiros realmente pagaram por eles?

massa. Entretanto, apesar do aparente vício público em celebridades, o declínio contínuo nas vendas de jornais indica que as notícias sobre celebridades provavelmente não serão suficientes para salvar os jornais convencionais. De fato, a comunicação *on-line* pode tirar uma fatia ainda maior da circulação dos jornais.

As notícias e fofocas sobre celebridades hoje estão disponíveis *on-line* por meio de inúmeros *websites*, de maneira quase instantânea e sendo continuamente atualizadas no decorrer do dia. Muitos jornais também podem ser acessados e lidos gratuitamente *on-line*. No longo prazo, parece que a era dos jornais de papel pode estar terminando, conforme a internet, a rede mundial de computadores e a digitalização substituem seus modelos de negócios tradicionais. Os jornais ainda estão experimentando novos modelos de negócios, como a introdução de assinaturas, *pay-per-view on-line* e, no caso do *The Guardian*, uma mistura de vendas de jornais impressos e assinaturas *on-line*, além de contribuições voluntárias dos leitores preparados para pagar por um "jornalismo crítico e independente". Ainda não sabemos ao certo se alguma dessas novas formas mostrará ser sustentável.

Teorizando sobre a mídia

Nesta seção, analisamos quatro influentes abordagens teóricas do estudo dos meios de comunicação de massa: o funcionalismo, a teoria do conflito, o interacionismo simbólico e a recente teoria pós-moderna da mídia. Como veremos, existem visões amplamente divergentes sobre o papel e as funções da mídia nas sociedades, e a categorização quádrupla apresentada neste capítulo não é exaustiva no campo mais amplo dos estudos de mídia.

Funcionalismo

Na metade do século XX, teóricos funcionalistas se concentraram na forma como a mídia ajuda a integrar e unir as sociedades. Com base no teórico da mídia Denis McQuail (2000), podemos identificar várias funções sociais importantes da mídia, que podem funcionar de maneira a estabilizar o sistema social.

1. *Informação:* A mídia fornece um fluxo contínuo de informações, a partir de *webcams* e relatórios de rádio nos alertando sobre engarrafamentos, boletins meteorológicos, mercado de ações e notícias sobre questões sociais e políticas.
2. *Correlação:* A mídia nos ajuda a entender o significado das informações que nos traz. Desse modo, a mídia fornece apoio para normas sociais estabelecidas e tem um papel importante na socialização das crianças, proporcionado um modelo compartilhado para a interpretação dos eventos.
3. *Continuidade:* A mídia tem uma função específica de expressar a cultura dominante, reconhecer novos desenvolvimentos sociais e estabelecer valores comuns.
4. *Entretenimento:* A mídia proporciona divertimento e uma distração do trabalho, atuando para reduzir as tensões sociais. O entretenimento atua como uma válvula de escape para os problemas e os conflitos da sociedade.
5. *Mobilização:* A mídia pode ser usada para incentivar as pessoas a contribuírem para o desenvolvimento econômico, para amparar e manter as regras morais e para mobilizar a população em tempos de guerra e crises de saúde pública. Isso pode ocorrer por meio de campanhas públicas diretas, mas também de maneiras mais sutis, como por meio de contos morais em novelas ou filmes, por exemplo.

As teorias funcionalistas da mídia — juntamente com a abordagem funcionalista em geral — estão em declínio. Existem várias razões para explicar por que os sociólogos se afastaram decisivamente do funcionalismo. Primeiramente, a teoria parece fazer pouco mais que descrever os atuais papéis da mídia, em vez de explicar por que eles existem. Em segundo lugar, as explicações funcionalistas têm pouco ou nada a dizer sobre a recepção dos produtos da mídia pelo público, tendendo a pressupor que os indivíduos sejam receptores relativamente passivos, em vez de intérpretes ativos das mensagens da mídia. Em terceiro lugar, essas funções parecem totalmente positivas, mas outros autores consideram a mídia uma força muito menos benigna. Em particular, as abordagens de conflito influenciadas pelo marxismo consideram a mídia de massa destrutiva para a vitalidade cultural da sociedade. Os relatos funcionalistas nos alertam dos aspectos significativos do papel da mídia na vida social, mas subestimam o papel da parcialidade e do conflito da mídia, uma crítica que nunca poderia ser feita às teorias marxistas.

> O funcionalismo foi apresentado no Capítulo 1, "O que é sociologia?", e discutido no Capítulo 3, "Teorias e perspectivas sociológicas".

Teorias de conflito

Na sociologia europeia, em particular, as abordagens de conflito à mídia de massa tiveram mais impacto do que o funcionalismo. A seguir, analisamos duas das teorias mais importantes sobre a mídia, a partir de um ponto de vista marxista amplo: a abordagem da economia política, que se concentra na propriedade e no controle de formas de mídia, e a abordagem da "indústria cultural" da Escola de Teoria Crítica de Frankfurt. A importante pesquisa do Media Group da Universidade de Glasgow também se fundamenta na teoria marxista e será discutida a seguir.

Abordagens de economia política

As abordagens de economia política consideram a mídia uma indústria e analisam a forma como os principais meios de comunicação se tornaram propriedade de interesses privados. A propriedade da mídia costuma se concentrar nas mãos de uns poucos magnatas ricos. Na era pré-guerra do jornal impresso, por exemplo, alguns chamados "barões da imprensa" detinham a maior parte da imprensa e conseguiam estabelecer a agenda e a interpretação das notícias. Em nossa era cada vez mais global, a posse de meios de comunicação atravessa fronteiras nacionais, e os magnatas da mídia hoje possuem corporações midiáticas transnacionais, o que lhes confere reconhecimento e influência internacionais.

Os defensores da visão da economia política argumentam que os interesses econômicos na propriedade de meios de comunicação atuam de maneira a excluir aquelas vozes que não têm poder econômico. Além disso, as vozes que *conseguem* sobreviver são as menos prováveis de criticar a distribuição prevalecente de riqueza e poder (Golding e Murdock, 1997). Essa visão ficou famosa pela atuação do linguista e escritor radical norte-americano Noam Chomsky (1991). Chomsky é muito crítico em relação à dominação da mídia norte-americana e global pelas grandes corporações e do controle rígido das informações fornecidas ao público. Durante a Guerra Fria, por exemplo, essas corporações controlavam as informações para criar um clima de medo no Ocidente em relação à União Soviética. Desde o colapso soviético, Chomsky afirma que a mídia corporativa tem exagerado os temores em relação ao terrorismo global, o que impede a discussão de outras questões, como a falta de responsabilização das corporações ou a falta de democracia. Em suma, Chomsky acredita que a mídia de massa dissemina a propaganda em favor dos grupos dominantes da sociedade.

Ideologia e parcialidade na mídia

O estudo da mídia está intimamente relacionado com o impacto da ideologia e seus efeitos. A ideologia se refere à influência das ideias sobre as crenças e os atos das pessoas e, em suas antigas formulações nos anos 1700, foi vista como uma nova ciência das ideias, um novo ramo do conhecimento. Essa concepção "neutra" da ideologia não se sustentou, e, nas mãos de outros autores, a "ideologia" foi usada de uma forma muito mais crítica.

Karl Marx considerava a ideologia um aspecto importante na reprodução das relações de dominação de classe. Os grupos poderosos conseguem controlar as ideias dominantes que circulam em uma sociedade de maneira a justificar sua própria posição. Assim, segundo Marx, a religião costuma ser ideológica: ela ensina os pobres a se contentarem com sua sina e a respeitarem seus superiores sociais. A tarefa dos analistas sociais é revelar as distorções da ideologia, de maneira a permitir que os impotentes adquiram uma perspectiva verdadeira sobre suas vidas. As noções críticas de ideologia como essa "transmitem um sentido negativo, crítico ou pejorativo" e carregam consigo "uma crítica ou condenação implícita" (Thompson, 1990: 53-54).

Thompson afirma que a noção crítica deve ser preferida à versão neutra, pois relaciona a ideologia ao poder. A ideologia diz respeito ao exercício do poder simbólico — como as ideias são usadas para ocultar, justificar ou legitimar os interesses de grupos dominantes na ordem social. Em seus diversos estudos, membros do Media Group da Universidade de Glasgow analisam os aspectos ideológicos das notícias da TV e como elas geram vieses sistematicamente. Por exemplo, ao noticiar disputas industriais, as notícias tendem a favorecer o governo e os administradores em detrimento dos trabalhadores grevistas. Thompson argumenta que os meios de comunicação de massa — incluindo todas as variedades de programas e gêneros — expandem o escopo da ideologia nas sociedades modernas. Eles alcançam audiências de massa e são, nas palavras de Thompson, baseados em uma "semi-interação" — ou seja, as audiências não podem responder de forma direta.

Nos estudos da mídia e da comunicação, um tipo particular de análise — a **análise do discurso** — tem sido amplamente utilizado. Os analistas do discurso partem da premissa de que a língua é uma parte fundamental da vida social que se relaciona com todos os outros aspectos (Fairclough, 1992). A análise do discurso é usada para examinar textos de muitos tipos, embora haja diferentes versões dela (van Dijk, 1997). Por exemplo, alguns estudos fazem uma análise detalhada de textos e documentos, enquanto outros, baseados nas ideias de Foucault, conectam os textos com as teorias sociais sobre a sociedade, explorando a maneira como os discursos constroem e moldam a própria vida social. Fairclough (2000: 3) diz que "a análise textual é uma parte essencial da análise do discurso, mas a análise do discurso não é apenas a análise linguística de textos".

Os *textos* podem ser artigos de jornal e diários pessoais, mas também podem ser transcrições de entrevistas, conversações etnográficas e grupos focais, filmes, programas de televisão e páginas da internet. Os *discursos* são "sistemas de pensamento" ou modos de pensar e discutir o mundo dentro de um arcabouço específico. Os *discursos* erguem barreiras em torno dos assuntos, limitando aquilo que se pode dizer razoavelmente sobre eles. Por exemplo, o recente discurso sobre o "terrorismo islâmico" estabeleceu os termos do debate para discussões sobre esse fenômeno, descartando concepções alternativas, como "guerreiros da liberdade" ou "terroristas usando o islã para justificar seus atos". Na *análise crítica do discurso*, essas práticas discursivas são ligadas a estruturas sociais mais amplas de desigualdade e relações de poder, de modo que os aspectos ideológicos dos discursos podem ser identificados e abertos para análise. De acordo com Fairclough (1989: 15), "a linguagem se conecta com o social por meio do domínio primário da ideologia e por ser um local, e uma parte, das disputas pelo poder". Como vemos no quadro "Estudos clássicos 19.1", o trabalho continuado do Media Group da Universidade de Glasgow mostra o que a análise crítica do conteúdo pode adicionar à nossa compreensão dos noticiários.

Estudos clássicos 19.1 — O grupo de mídia da Universidade de Glasgow traz "más notícias"

O problema da pesquisa

Como já vimos, uma proporção substancial da população não lê mais jornais impressos. Todavia, para muitas pessoas, os noticiários da TV são a principal fonte de informações sobre o que acontece no mundo. Podemos confiar que eles apresentam uma visão precisa e verdadeira dos acontecimentos? Por que os noticiários *não* apresentariam informações precisas? E, se não apresentarem, quais são as consequências para a nossa compreensão do mundo que nos rodeia?

Alguns dos estudos mais conhecidos relacionados com os noticiários televisivos foram os realizados pelo Media Group da Universidade de Glasgow (GMG), no Reino Unido. O grupo publicou uma série de estudos que são altamente críticos em relação aos noticiários. Seus primeiros estudos — *Bad News* (1976), *More Bad News* (1981), *Really Bad News* (1983) e *War and Peace News* (1985) — foram muito influentes, estabelecendo uma estratégia de pesquisa para a análise crítica e temática do conteúdo. Suas estratégias de pesquisa eram essencialmente semelhantes em cada um dos estudos, embora eles tenham alterado o foco de suas investigações.

A explicação do grupo de Glasgow

Bad News (1976), o primeiro e mais influente livro do Glasgow Media Group, baseava-se em uma análise de transmissões de notícias pela televisão nos três canais terrestres existentes à época no Reino Unido, entre janeiro e junho de 1975. O objetivo era fazer uma análise sistemática e imparcial do conteúdo dos noticiários e da maneira como eram apresentados. Bad News se concentrou na representação de disputas industriais, enquanto os outros livros enfocaram mais a cobertura política, incluindo a Guerra das Malvinas em 1982.

A conclusão de *Bad News* foi que a comunicação das relações industriais no noticiário era apresentada de maneira seletiva e tendenciosa. Termos e expressões como "problema", "radical" e "greve infundada" sugeriam visões contra os sindicatos. Os efeitos das greves, o fato de elas causarem perturbação para o público, eram muito mais prováveis de serem relatados do que suas causas subjacentes ou imediatas. Muitas vezes, as filmagens usadas faziam as atividades dos manifestantes parecerem irracionais e agressivas. Por exemplo, as imagens de grevistas interpelando pessoas que entravam em uma fábrica destacavam os confrontos que ocorriam, mesmo que eles não fossem frequentes.

Bad News também mostrou que aqueles que produzem o noticiário atuam como "guardiões" do que entra na agenda — em outras palavras, do que o público fica sabendo (McCombs, 2020). As greves em que havia confrontos ativos entre trabalhadores e administradores, por exemplo, eram amplamente divulgadas, enquanto as disputas trabalhistas mais procedentes e mais prolongadas eram basicamente ignoradas. A visão dos repórteres, segundo os autores, tende a refletir sua origem de classe média e corrobora a visão dos grupos dominantes na sociedade, que inevitavelmente consideram os grevistas perigosos e irresponsáveis.

Nos últimos anos, membros do Glasgow Group fizeram uma variedade de novos estudos. *Bad news from Israel* (Philo e Berry, 2004) analisou os noticiários de televisão sobre o conflito entre Israel e Palestina. O estudo foi realizado ao longo de um período de dois anos e teve o apoio de vários jornalistas e âncoras de noticiários, que se envolveram em painéis de discussão com membros de uma amostra de 800 pessoas. Além de analisarem a cobertura televisiva do conflito e a sua produção, os autores estavam interessados nas relações entre a cobertura e a compreensão, as opiniões e as posturas do público.

O estudo concluiu que a cobertura jornalística da televisão sobre o conflito confundia os telespectadores e apresentava substancialmente as visões do governo de Israel. Havia pouca cobertura dedicada à história ou às origens do conflito, para fornecer o contexto relevante, e observou-se uma tendência para as "perspectivas israelenses" oficiais, particularmente na BBC1, em que israelenses foram entrevistados ou apresentados duas vezes mais que os palestinos. Além disso, políticos norte-americanos que apoiavam Israel eram apresentados com frequência. O estudo também observou que o noticiário dava uma forte ênfase às vítimas israelenses, embora tenham morrido de duas a três vezes mais palestinos que israelenses.

Também havia diferenças na linguagem usada pelos jornalistas para descrever os ataques israelenses e palestinos, que costumavam descrever os atos palestinos como "terrorismo", mas, quando um grupo israelense foi mostrado tentando bombardear uma escola palestina, eles foram chamados de "extremistas" ou "justiceiros" (Philo e Berry, 2004). A mensagem desses estudos é que os noticiários nunca podem ser considerados neutros ou "objetivos". Ao contrário, as reportagens refletem as sociedades desiguais em que elas tomam forma e, desse modo, devem ser vistas como sistematicamente tendenciosas.

Pontos de crítica

O trabalho do GMG é muito discutido nos círculos de mídia, assim como na comunidade acadêmica. Alguns produtores de notícias acusaram os pesquisadores de simplesmente aplicarem seus próprios vieses, o que os colocava ao lado de trabalhadores e grevistas, em vez de ao lado do governo e da administração. Eles apontaram que, embora *Bad News* contivesse um capítulo intitulado "os sindicatos e a mídia", não havia um capítulo sobre "a administração e a mídia". Isso devia ter sido discutido, pois os repórteres, muitas vezes, sofrem acusações dos administradores de terem vieses contra eles, em vez de contra os grevistas.

Os críticos acadêmicos levantaram questões semelhantes. Harrison (1985) teve acesso às transcrições do noticiário da ITN para o período coberto pelo estudo original de 1976 e afirma que os cinco meses analisados no estudo não foram típicos. Houve um número anormal de dias perdidos por causa das atividades na indústria durante o período e, como teria sido impossível para o noticiário relatar todos eles, a tendência de se concentrar nos episódios mais dramáticos é compreensível. Segundo a visão de Harrison, o Glasgow Media Group errou ao afirmar que os noticiários se concentraram demais nos efeitos das greves. Afinal, muito mais pessoas são afetadas pelas greves do que participam delas. Às vezes, milhões de pessoas sofrem perturbações devido às ações de apenas um punhado de pessoas. Por fim, algumas das alegações feitas pelo grupo eram simplesmente falsas. Por exemplo, ao contrário do que o grupo sustentava, as reportagens normalmente nomeavam os sindicatos envolvidos nas disputas e identificavam se as greves eram oficiais ou não.

Relevância contemporânea

Os projetos de pesquisa empírica detalhados e matizados conduzidos pelo GMG demonstram com regularidade que uma abordagem amplamente neomarxista não precisa ser puramente teórica. Seu argumento central — de que "a notícia" é uma construção complexa que envolve relações de poder, produção de preconceitos e definição de agenda — tornou-se amplamente aceito. Mais recentemente, alguns membros do grupo estabeleceram uma abordagem integrativa, baseada no conceito de "circuitos de comunicação", que ligam quatro elementos: instituições sociais e políticas, mídia e seu conteúdo, público e tomadores de decisão. Cada um deles pode agir de forma independente ou em conjunto com qualquer outro elemento (Philo et al., 2015). Descobrir como esses circuitos operam e mudam ao longo do tempo pode abastecer alguns estudos da GMG no futuro.

John Eldridge (1993), editor do primeiro volume das pesquisas do GMG, observa que sempre será difícil saber o que conta como objetividade nos noticiários. Contrariamente aos pós-modernistas, que dizem que a ideia de objetividade é irrelevante, Eldridge afirma a importância de continuar a enxergar os produtos da mídia com um olhar crítico e que a exatidão das notícias pode e deve ser estudada. O trabalho do GMG nos lembra forçosamente que as questões de veracidade sempre estão envolvidas na divulgação das notícias, e esse certamente é um tema válido para a pesquisa sociológica.

A indústria cultural

A Escola de Frankfurt foi estabelecida nas décadas de 1920 e 1930, consistindo em um grupo livre de teóricos inspirados por Marx, mas que consideravam que as ideias de Marx precisavam de uma revisão radical. Entre outras coisas, eles argumentavam que Marx não havia dedicado suficiente atenção à influência da cultura nas sociedades capitalistas modernas, onde o tempo de lazer havia sido efetivamente industrializado. Membros da Escola de Frankfurt, como Theodor Adorno (1903-1969), criticavam os efeitos dos meios de comunicação de massa na população e na cultura.

Seus extensivos estudos sobre o que chamavam de "indústria cultural" — como as indústrias do entretenimento de cinema, televisão, música popular, rádio, jornais e revistas — foram muito influentes no campo dos estudos culturais (Horkheimer e Adorno, 2002 [1947]). Eles sustentavam que, nas sociedades de massa, a produção da cultura havia se tornado tão padronizada e dominada pelo desejo de lucrar quanto em qualquer outro setor. Em uma sociedade de massa, a indústria do lazer é usada para incutir valores apropriados entre o público: o lazer já não é uma pausa do trabalho, mas a preparação para ele. Os membros da Escola de Frankfurt argumentam que a disseminação da indústria cultural, com seus produtos padronizados e, muitas vezes, com pouca qualidade, enfraquece a capacidade individual de pensamento crítico e independente. A arte desaparece, sufocada pela comercialização — "Mozart's greatest hits", por exemplo, ou pôsteres com as grandes obras de arte —, e a cultura é substituída pelo simples entretenimento.

As teorias do conflito permanecem populares nos estudos da mídia, embora estejam sujeitas a algumas das mesmas críticas que as teorias funcionalistas. Existe uma tendência de supor que as pessoas não conseguem resistir à propaganda da mídia e se tornam presas dela. Como o funcionalismo, os primeiros teóricos críticos prestavam pouca ou nenhu-

Fornecimento de alta cultura às massas ou destruição da cultura?

ma atenção ao público e à recepção de mensagens da mídia, concentrando-se na produção da cultura. A crítica condenatória da Escola de Frankfurt à cultura de massa também tem sido relacionada à defesa da alta cultura — música clássica, ópera, pintura e artes — preferida pelas elites sociais (Swingewood, 1977). Isso é um tanto irônico, é claro, devido às origens marxistas da teoria crítica.

Por volta dos anos 1970, a teoria crítica passou a estar intimamente associada ao trabalho de Jürgen Habermas, geralmente considerado o último dos teóricos de Frankfurt. O foco do trabalho de Habermas mudou para uma análise do que ele considerou como o encolhimento da esfera pública da sociedade e os consequentes perigos para o futuro do debate democrático racional.

> **REFLEXÃO CRÍTICA**
>
> Por que um pôster produzido em massa da *Mona Lisa* de Leonardo da Vinci ou de *A noite estrelada* de Van Gogh deve ser descrito como "pouco exigente", quando o original não é? Existe um lado positivo na reprodução em massa de arte, música e filmes?

A queda das esferas públicas?

Habermas é um dos vários teóricos a afirmar que a **esfera pública** na sociedade apresenta problemas (veja a discussão das ideias de Habermas em "Estudos clássicos 19.2"). Em *The fall of the public man* (2003 [1977]), Richard Sennett também buscou explicar as origens da separação entre as esferas pública e privada, argumentando que elas se tornaram desconectadas, tanto fisicamente — com o desenvolvimento separado de conjuntos habitacionais, locais de trabalho e instalações para lazer (incluindo *shopping centers*) — quanto filosoficamente, na maneira como pensamos sobre nossas vidas privadas distintas.

Para Sennett, o principal problema no desenvolvimento de tais mudanças é que, com o tempo, a esfera privada tende a assumir o controle da esfera pública. Por exemplo, os políticos são julgados mais com base em suas características pessoais, como honestidade e sinceridade, do que em sua capacidade de desempenhar papéis públicos. O advento da mídia visual, especialmente a televisão, tem levado a uma representação do *self* muito elaborada por políticos que visam a cumprir tais expectativas. Sennett considera isso destrutivo para a vida política efetiva e representativo do declínio da autoridade pública dedicada.

Todavia, existem alguns problemas com a maneira como "a esfera pública" é apresentada e idealizada nessas explicações. A esfera pública era constituída pela exclusão de certos grupos sociais, como as mulheres, as minorias étnicas e aqueles que não possuíam propriedades. Desse modo, a própria noção de uma esfera "pública" permitia que os homens brancos da classe média percebessem a si mesmos e seu papel e o apresentassem aos outros como algo universal. Fraser (1992: 116) diz que "o público burguês nunca foi *o* público".

As estudiosas feministas argumentam que Habermas não prestou atenção suficiente à natureza *generificada* da esfera pública. Ao se separar a esfera pública da esfera doméstica e privada, muitas questões que eram importantes para as mulheres foram simplesmente excluídas. Isso nos alerta para outra questão importante, a de que alguns "públicos" — como as mulheres — eram *intencionalmente* impedidos de participar, demonstrando que relações sociais conflituosas estavam por trás da concepção idealizada de uma esfera pública comum. O que os críticos sugerem, portanto, é que o "conceito burguês" de esfera pública era um conceito dominado pelos homens que ajudou a legitimar desigualdades sociais sistemáticas.

Interacionismo simbólico

Os estudos interacionistas da mídia podem ser traçados até a década de 1930, sendo um dos exemplos mais antigos o estudo de Blumer a respeito do impacto do cinema sobre a audiência. Blumer pediu que 1.500 estudantes universitários e do ensino médio norte-americanos registrassem suas experiências assistindo a filmes sobre "autobiografias", apresentando-as em um livro intitulado *Movies and conduct* (1970 [1933]). Ainda que tenha sido pioneiro em certos aspectos, o estudo foi considerado muito ingênuo, tanto por acreditar que as visões dos entrevistados podiam "falar por si mesmas" quanto por sua abordagem simplista dos "textos" cinematográficos.

Estudos clássicos 19.2 — Jürgen Habermas — sobre a ascensão e a queda da esfera pública

O problema da pesquisa

As democracias modernas se desenvolveram juntamente com os meios de comunicação de massa, particularmente os jornais e outros tipos de publicações. Realmente, a mídia de massa possibilitou e incentivou a democracia. E, mesmo assim, hoje em dia, a mídia de massa é vista negativamente como algo que banaliza o processo democrático e cria um clima de hostilidade geral à política. Como essa mudança radical aconteceu? Será que ela pode ser revertida, ou a mídia de massa vem inevitavelmente traindo as democracias? O filósofo e sociólogo alemão Jürgen Habermas (1929-), um dos últimos intelectuais influentes da Escola de Frankfurt, abordou essas questões em uma série de trabalhos importantes.

A visão de Habermas

Habermas (1981, 1985, 1989 [1962]) desenvolveu os temas da Escola de Frankfurt em diferentes direções, com base em seu forte interesse pela linguagem e pelo processo da democracia. Ele analisou o surgimento e o desenvolvimento da mídia de massa do século XVIII até os dias atuais, traçando a criação e o subsequente declínio da "esfera pública". Para Habermas, a **esfera pública** é uma arena de debate público na qual questões de interesse geral podem ser discutidas e opiniões podem ser formadas, o que é necessário para a participação democrática efetiva e lubrifica as engrenagens do processo democrático.

Segundo Habermas, a esfera pública se desenvolveu inicialmente nos salões e cafés de Londres, Paris e outras cidades europeias. As pessoas se reuniam para discutir as questões do momento, e o debate político se tornava questão de particular importância. Mesmo que apenas uma pequena parte da população se envolvesse na cultura dos salões, Habermas argumenta que eles foram vitais para o desenvolvimento inicial da democracia, principalmente porque os salões introduziram a ideia de resolver problemas políticos por meio da discussão pública. A esfera pública — em princípio — envolve a reunião de indivíduos como iguais em um fórum de debate público.

Todavia, a promessa oferecida no desenvolvimento inicial da esfera pública não se cumpriu plenamente. O debate democrático nas sociedades modernas hoje está sufocado pelo desenvolvimento da indústria cultural. A disseminação da mídia de massa e do entretenimento de massa faz a esfera pública se tornar uma grande fraude. A política é gerenciada no palco do parlamento e da mídia de massa, enquanto interesses comerciais triunfam sobre os do público. A "opinião pública" não mais se forma por meio de uma discussão racional e aberta, mas por manipulação e controle — como, por exemplo, na publicidade. Por um lado, a disseminação da mídia global pode colocar pressão sobre governos autoritários para afrouxar seu controle sobre retransmissoras estatais, e muitas sociedades "fechadas", como a China, estão descobrindo que a mídia pode se tornar uma força poderosa em favor da democracia.

Não obstante, à medida que os meios de comunicação globais se tornam cada vez mais comercializados, eles enfraquecem a esfera pública. A mídia comercializada depende do poder da receita publicitária e é compelida a favorecer conteúdos que garantam taxas elevadas de audiência e venda. Como resultado, o entretenimento necessariamente triunfará sobre a controvérsia e o debate, enfraquecendo a participação cidadã em questões públicas e reduzindo a esfera pública. A mídia, que prometia tanto, se tornou parte do problema da democracia. Ainda assim, Habermas se mantém otimista. Ele argumenta que ainda é possível imaginar uma comunidade política além de Estados-Nações individuais, em que as questões podem ser debatidas abertamente e onde a opinião pública influencia os governos.

Pontos de crítica

As ideias de Habermas foram objeto de críticas importantes. A cultura do salão que ele defende como arena de debates racionais e civilizados se limitava estritamente às classes sociais mais altas e estava fora do alcance da classe trabalhadora. Em suma, ela era um passatempo elitista que tinha pouca relação verdadeira com as necessidades da participação democrática de massa. A visão de Habermas de que os meios de comunicação de massa modernos são destrutivos para a esfera pública também é considerada errônea. Como veremos a seguir, Thompson (1995) afirma que a mídia na verdade possibilita *mais* debate público, transmitindo uma variedade de questões públicas e incentivando uma discussão mais ampla. A internet, com seus inúmeros fóruns e salas de bate-papo, é apenas o exemplo mais recente disso.

Relevância contemporânea

As ideias de Habermas provocaram muito debate e controvérsia. Atualmente, parece que elas perderam espaço em decorrência de críticas daqueles que defendem os meios de comunicação de massa como, colocando na balança, uma força positiva na sociedade. Os pensadores pós-modernos também acreditam que Habermas trabalha dentro da antiga tradição de Frankfurt, com seu temor e sua desconfiança para com o público "de massa", quando os estudos atualmente se concentram mais na segmentação e na diversidade da audiência. Existe algo de verdade nessas críticas. E, mesmo assim, as obras de Habermas mantêm-se como um alerta poderoso de que o projeto modernista e racional que podemos traçar até o Iluminismo ainda tem muito a oferecer à teoria sociológica ou à teoria social da mídia.

> **REFLEXÃO CRÍTICA**
>
> As mídias sociais contemporâneas são uma versão *on-line* do tipo de cultura de salão discutida por Habermas? Como as mídias sociais diferem umas das outras em relação aos grupos sociais que participam delas e aos assuntos que são discutidos?

Talvez a abordagem interacionista mais influente da mídia seja a teoria do pânico moral, que emergiu das perspectivas de rotulação de Charles Lemert e Howard Becker. O famoso estudo de Stan Cohen (2003 [1972]) sobre choques entre os *mods* e os *rockers* no Reino Unido mostra como as representações exageradas e sensacionalistas da mídia contribuem para pânicos morais recorrentes na sociedade. Esses pânicos servem para transformar grupos sociais em bodes expiatórios, incluindo imigrantes e minorias étnicas, desviando a atenção de problemas estruturais, como o desemprego e a pobreza.

> Ver o Capítulo 22, "Crime e desvio de conduta", para uma discussão sobre a perspectiva da rotulação e também para uma discussão detalhada sobre a teoria do pânico moral, que você pode querer consultar.

Thompson (1990, 1995) analisou a relação entre a mídia e o desenvolvimento das sociedades industriais desde as primeiras formas de imprensa até a comunicação eletrônica. Ele argumenta que os fundadores da sociologia — Marx, Weber e Durkheim — prestaram pouquíssima atenção ao papel da mídia em moldar as sociedades modernas. Mesmo sendo simpático a algumas das ideias de Habermas, Thompson (1995: 42-43) vê que, com frequência, Habermas costuma tratar as pessoas como receptores passivos das mensagens da mídia, em vez de agentes ativos:

> As mensagens da mídia costumam ser discutidas por indivíduos durante e após a recepção. [...] [Elas] são transformadas por meio de um processo contínuo de contar e recontar, interpretar e reinterpretar, comentar, rir e criticar. [...] Recebendo as mensagens e incorporando-as às nossas vidas [...] estamos constantemente moldando e remoldando nossas habilidades e nossos estoques de conhecimento, testando nossos sentimentos e gostos e expandindo os horizontes da nossa experiência.

A teoria de Thompson sobre a mídia se baseia na distinção entre três tipos de interação (ver Tabela 19.1). A interação *presencial*, como conversar com alguém em uma festa, é repleta de pistas que os indivíduos usam para entender o que os outros dizem. A *interação mediada* envolve o uso de uma tecnologia de mídia, como papel, conexões elétricas, impulsos eletrônicos. Uma característica da interação mediada é que ela se estende no tempo e no espaço e vai muito além do contexto da interação presencial comum. A interação mediada ocorre entre os indivíduos de maneira direta — por exemplo, duas pessoas falando ao telefone —, mas não há espaço para pistas não verbais.

O terceiro tipo de interação é a *semi-interação mediada*, que se refere às relações sociais criadas pelos meios de comunicação de massa. Essa interação se estende no tempo e no espaço, mas não conecta os indivíduos diretamente — daí o termo

TABELA 19.1 Tipos de interação

Características interacionais	Interação presencial	Interação mediada	Semi-interação mediada
Sistema de referência da constituição espaço-temporal	Contexto de copresença; compartilhamento espaçotemporal	Separação de contextos; maior disponibilidade no tempo e no espaço	Separação de contextos; maior disponibilidade no tempo e no espaço
Variedade de pistas simbólicas	Multiplicidade de pistas simbólicas	Redução da variedade de pistas simbólicas	Redução da variedade de pistas simbólicas
Orientação para a ação	Orientação para "outros" específicos	Orientação para "outros" específicos	Orientação para uma variedade indefinida de receptores potenciais
Dialógica/monológica	Dialógica	Dialógica	Monológica

Fonte: Thompson (1995: 465).

"semi-interação". Os dois tipos anteriores são "dialógicos": os indivíduos se comunicam de maneira direta. A semi-interação mediada é "monológica". Um programa de televisão, por exemplo, é uma forma unidirecional de comunicação. As pessoas que assistem ao programa podem discuti-lo e talvez fazer comentários para o aparelho de TV — mas, é claro, ele não responde.

A teoria de Thompson diz que todos os três tipos de interação se mesclam em nossas vidas atualmente e que a mídia muda o equilíbrio entre as esferas pública e privada. Ao contrário de Sennett e Habermas, porém, Thompson argumenta que essa mudança traz *mais* para o domínio público do que antes, e não menos, e muitas vezes leva a mais debate e controvérsia do que anteriormente. Os teóricos pós-modernos enxergam as coisas de maneira muito diferente, e alguns dizem que a semi-interação mediada passou a dominar os outros dois tipos, com consequências negativas e dramáticas para a vida social.

A teoria pós-moderna

Desde a publicação de *The postmodern condition* (1985) por Jean-François Lyotard, a sociologia precisa enfrentar um conjunto de ideias sobre a ciência, o conhecimento e a cultura que parecem discordar dos ideais modernistas e progressistas que levaram à ascensão das ciências sociais (ver Capítulo 3, "Teorias e perspectivas sociológicas"). Lyotard afirmou que as grandes metanarrativas sobre a modernidade — as verdades científicas, o progresso humano e o desenvolvimento histórico — estão em declínio. Todavia, para os pensadores pós-modernos, o declínio dessas metanarrativas é um fato positivo. Significa que vivemos em um período em que as pessoas são forçadas a enfrentar a modernidade de frente e sem ilusões: "Vivemos em uma época de 'modernidade autoconsciente,' ou 'pós-modernidade'" (Bauman, 1992, 1997).

O mundo pós-moderno é marcado pela falta de certeza, uma mistura e combinação de estilos e gêneros e uma ludicidade em relação aos produtos culturais. Na música popular, temos o advento do *sampler*, que mistura melodias originais com novos ritmos e *rap*, os *mash-ups* — canções criadas pela mistura de duas ou mais canções gravadas — e muitas outras formas híbridas. No cinema, o emblemático *Veludo azul* (1986) de David Lynch fundiu perfeitamente períodos de tempo e eras históricas, com veículos das décadas de 1950, 1960 e 1970 andando pelas ruas dos anos 1980. E, na arte, as tendências pós-modernas rejeitam a ideia de uma "vanguarda" progressista, misturando, ao contrário, formas elevadas e populares de forma "pós-progressista" e lúdica. Lyotard considerava que essa mistura lúdica indicava o fim de determinados gêneros modernos. À medida que a cultura ocidental se desfaz na areia, disse ele, tudo que resta a fazer é "brincar com os fragmentos".

Baudrillard e a hiper-realidade

Um dos mais influentes teóricos contemporâneos da mídia é o pensador francês Jean Baudrillard (1929-2007), cuja obra foi muito influenciada pelas ideias de McLuhan. Baudrillard considera o im-

USANDO SUA IMAGINAÇÃO SOCIOLÓGICA

19.2 Nova esfera pública ou lixo na TV?

Um número crescente de pessoas "comuns" aparece na TV hoje, algumas em programas sobre discussão política e moral, como *Question time* e *The big questions* da BBC, ou em "*talk shows* de tabloides", como *Maury* nos EUA, que abordam temas provocativos e questões emocionais, muitas vezes em linguagem sensacionalista. Os chamados *reality shows*, incluindo *Big Brother*, *Love island* e muitos outros, também permitem que os participantes deem suas opiniões uns sobre os outros, sobre questões de moralidade e, ocasionalmente, sobre política.

Muitos milhões de pessoas assistem em casa e discutem os programas no trabalho, em lanchonetes, em bares e em outros locais de encontro. No caso do fenômeno global *Big Brother*, o público interage com o *show*, votando para a eliminação de participantes e comentando em fóruns *on-line* e programas de TV. Mas esses programas estão realmente fornecendo novos espaços públicos para engajamento em uma esfera pública vibrante, ou isso é, como preveem os estudiosos de Frankfurt, apenas uma TV barata e inútil para apaziguar as massas?

Em um estudo empírico menos recente de programas de discussão com audiência, Livingstone e Lunt (1993) usaram uma abordagem de múltiplos métodos, envolvendo discussões de grupos focais, entrevistas individuais, análise textual dos programas e um questionário de pesquisa para coletar as opiniões de audiências de estúdio e telespectadores domésticos. Eles concluíram que esses programas lidam com questões atuais, já que afetam as experiências cotidianas das pessoas, mas não são "documentários" e costumam tornar os espectadores membros da comunidade. Assim, tais programas não se encaixam facilmente em nenhum gênero de TV existente (Gregori Signes, 2000).

Como os tipos de participação dependem, em grande parte, das convenções do gênero envolvido, eles são particularmente abertos e indefinidos. Alguns envolvem leigos e especialistas sentados juntos, enquanto o apresentador se movimenta com um microfone. Nesses programas, os especialistas podem ser questionados e desafiados e, portanto, responsabilizados. Nesse sentido, são espaços públicos para o exercício da democracia, que é reforçada pela priorização sistemática da perspectiva leiga em detrimento da perspectiva do especialista (Livingstone e Lunt, 1993).

No entanto, essa conclusão positiva foi questionada, pois o estudo não explorou a "dinâmica interacional" das discussões reais (Hutchby, 2005). Essa é uma crítica importante porque a questão de *quem* fala e quando fala é parte fundamental da formação de conversas em direções específicas. As discussões do público seguem uma progressão de fórmulas, geralmente dominadas e dirigidas pelo apresentador, o que significa que os programas podem não ser fóruns tão abertos e públicos como parecem ser nos relatos da audiência e dos participantes (Tolson, 2005). Deery (2015: 29) argumenta que a maioria dos *reality shows* comercializam uma "realidade encenada" — parte espontânea, parte fabricada —, em vez de simplesmente apresentarem trechos da "vida real". A fabricação de discussão e debate nessas produções nos lembra, como Postman argumentou, que a televisão é principalmente (embora não exclusivamente) um meio de *entretenimento*, ao qual todas as suas outras funções potencialmente úteis estão subordinadas.

> **REFLEXÃO CRÍTICA**
>
> Argumentou-se que podemos aprender muito sobre relacionamentos contemporâneos e costumes sociais em *reality shows* como o *Love island*. Faça uma busca *on-line* por artigos que abordem essa visão e avalie seus argumentos à luz do material deste quadro.

pacto da mídia de massa moderna muito diferente de quaisquer outras formas anteriores e muito mais profundo. A chegada dos meios de comunicação de massa, particularmente da mídia eletrônica, como a televisão, transformou a própria natureza de nossas vidas. A TV não apenas "representa" o mundo para nós; cada vez mais, ela define e cria esse mundo.

Um modo simples de compreender as ideias pós-modernas de Baudrillard é o seguinte: havia uma época, há não muito tempo, em que era possível separar a realidade, ou o mundo real e seus acontecimentos, das representações midiáticas desse mundo. Assim, por exemplo, no mundo real, pode haver uma guerra com consequências reais e terríveis para os combatentes e civis envolvidos. A mídia faz relatos sobre essa guerra e nos informa do que está acontecendo. Esses dois aspectos — a realidade e as representações — eram vistos como coisas muito distintas.

Porém, a teoria de Baudrillard (1983) argumenta que a fronteira entre a realidade e a representação entrou em colapso, e não podemos mais separar nossas representações da realidade. Afinal, ainda existem guerras, e ainda existem repórteres enviando imagens e relatos sobre elas. Baudrillard argumenta que as representações da mídia, de fato, *fazem parte* do mundo hiper-real e não podem ser consideradas separadas dele. Como a grande maioria das pessoas somente virá a "saber" sobre guerras pelas representações da mídia, sua realidade é moldada, e até determinada, pelas representações da mídia. A **hiper-realidade** é um mundo em que a garantia última de autenticidade e realidade é vista na TV e na mídia, o que a torna "mais real do que o real". Talvez isso faça parte de uma explicação para o crescimento da nossa cultura da celebridade, em que o único sinal genuinamente aceitável do sucesso é aparecer na TV ou em jornais ou revistas.

Pouco antes do início dos conflitos na primeira Guerra do Golfo, em 1991, Baudrillard escreveu um artigo de jornal intitulado *"A Guerra do Golfo não vai acontecer"*. Quando a guerra foi declarada e instalou-se um conflito sanguinário, pode ter parecido óbvio que Baudrillard estava errado. Nada disso. Mesmo depois da guerra, Baudrillard (2004 [1991]) escreveu *A Guerra do Golfo não aconteceu*. O que ele quis dizer com isso? Ele quis dizer que a guerra não era como outras que ocorreram na história. Era uma guerra da era da mídia, um espetáculo televisivo, no qual, juntamente com outros espectadores ao redor do mundo, George Bush pai e o ex-

Os fotojornalistas incorporados que estão presentes em acontecimentos significativos, como guerras ou grandes protestos, reportam eventos ou ajudam a criar eventos hiper-reais? Eles podem fazer as duas coisas?

-presidente do Iraque, Saddam Hussein, assistiam à cobertura da CNN para ver o que estava realmente "acontecendo".

Baudrillard afirma que, em uma era onde a mídia de massa está em toda parte, cria-se uma nova realidade — hiper-realidade — composta por uma mistura da conduta das pessoas e das representações da mídia. O mundo da hiper-realidade é construído com **simulações** — imagens que somente tiram seu significado a partir de outras imagens e, assim, não têm base em uma "realidade externa". Por exemplo, uma longa série de anúncios para o *site* de comparação de seguros Comparethemarket.com mal se refere ao seguro. Em vez disso, ela faz alusão a anúncios anteriores na série, criando personagens e histórias a respeito de uma família antropomorfizada de suricatas. Da mesma forma, nenhum líder político pode vencer uma eleição atualmente se não aparecer constantemente na televisão, e a imagem do líder na TV é uma imagem que a maioria dos espectadores conhece — uma pessoa hiper-real, que é "mais do que o real".

A teoria de Baudrillard é sedutora em nossa era da mídia de massa global, e certamente deve ser levada a sério. Todavia, pode-se objetar que, mais uma vez, ela tende a tratar a massa de pessoas como receptores passivos de mensagens e formas de mídia, em vez de serem capazes de se envolver e até mesmo de resistir a elas. Muitas organizações e movimentos sociais, como o Greenpeace, tentam competir com a mídia de massa para criar uma (hiper) realidade alternativa que motive aqueles que não se comprometem com o ativismo ambiental. Também ocorre que muitos conflitos do mundo real não atraem suficiente interesse da mídia ocidental e, portanto, ficam fora da hiper-realidade. Em suma, ainda existe um mundo real além da hiper-realidade da teoria pós-moderna.

Muitas das teorias que já discutimos falham em apreciar o papel ativo desempenhado pelo público na recepção do conteúdo e das formas da mídia. Como eles procuram teorizar "a mídia", tem havido uma tendência a minimizar ou ignorar as diversas maneiras pelas quais o público entende e usa os diferentes produtos de mídia. No entanto, estudiosos que trabalham no campo da pesquisa de audiência mudaram um pouco essa situação, e veremos algumas ideias-chave desse corpo de trabalho na próxima seção.

> **REFLEXÃO CRÍTICA**
>
> Liste três exemplos recentes de "hiper-realidade". Explique exatamente o que torna cada um deles "hiper-real". Por que o fato de entendermos o mundo somente através das lentes da mídia de massa global é importante?

Audiência e representações da mídia

O efeito que as representações da mídia podem ter sobre a audiência não pode ser deduzido a partir das teorias midiáticas, mas exige uma série de estudos empíricos. A próxima seção contém um breve resumo de parte dessa pesquisa, juntamente com um esboço do desenvolvimento cronológico dos estudos da audiência.

A audiência ativa

Um dos primeiros e mais diretos modelos de resposta da audiência é o *modelo hipodérmico*. Ele compara a mensagem da mídia com uma droga injetada com uma seringa hipodérmica. O modelo se baseia na premissa de que a audiência aceita a mensagem de forma passiva e direta e não se envolve criticamente com ela de nenhum modo. O modelo hipodérmico também pressupõe que a mensagem é recebida e interpretada mais ou menos da mesma maneira por todos os membros da sociedade. Segundo essa visão, considera-se que a mídia "droga" a audiência, destruindo sua capacidade de pensar criticamente sobre o mundo mais amplo (Marcuse, 1964).

O modelo hipodérmico hoje parece ser muito determinístico e, nos primeiros estudos, geralmente era pouco mais do que uma conjectura não declarada. Todavia, os pressupostos do modelo sobre a mídia ainda podem ser encontrados em noticiários e em algumas teorias contemporâneas. Por exemplo, muitas vezes, argumenta-se que os *videogames* violentos levam diretamente a ações violentas ou que o fácil acesso à pornografia *on-line* leva diretamente a crimes sexuais. Os críticos do modelo hipodérmico apontam que ele não leva em conta as respostas muito diferentes que as audiências têm ao conteúdo da mídia. Há também um consenso de que as respostas da audiência passam por vários estágios. Na década de 1950, Katz e Lazarsfeld (1955) se basearam em estudos de transmissões políticas durante as eleições presidenciais norte-americanas, argumentando que a resposta da audiência é formada por um fluxo em duas etapas: a primeira é quando a mensagem alcança a audiência; a segunda ocorre quando a audiência interpreta a mensagem em suas interações sociais com pessoas influentes — "formadores de opinião" —, que determinam a resposta da audiência ainda mais.

Teorias mais recentes começaram a reconhecer o papel ativo da audiência. O *modelo da gratificação* analisa as formas como diferentes audiências usam a mídia para satisfazer suas próprias necessidades (Lull, 1990). As pessoas podem usar a mídia para aprender mais sobre o mundo, descobrir sobre o clima ou o movimento das bolsas de valores, por exemplo. Outras podem usar a mídia para ajudar em seus relacionamentos, para se sentirem parte de uma comunidade fictícia (assistindo novelas, por exemplo) ou para se relacionarem com amigos e colegas que também assistem aos mesmos programas. A exploração das gratificações foi um avanço no modelo hipodérmico, embora se acredite que as "necessidades" da audiência já existam, e os críticos sugiram que a mídia pode, realmente, criar novas "necessidades".

As *teorias da recepção*, como aquela promovida por Hall (1980), concentram-se na forma como a classe e a origem cultural dos membros da audiência afetam a maneira como eles dão sentido aos diferentes "textos" midiáticos — um termo que é usado para abranger formas variadas de mídia, desde livros a filmes e música. Alguns indivíduos podem simplesmente aceitar a "leitura preferencial" que está codificada em um texto — como um boletim de notícias — por seu autor. Essa leitura preferencial provavelmente refletirá a ideologia dominante ou vigente. Todavia, Hall argumenta que a compreensão de um texto também depende da origem cultural e de classe da pessoa que o interpreta. Outros membros da audiência podem fazer uma leitura "oposta" do texto, pois sua posição social os coloca em conflito com a leitura preferencial. Por exemplo, é mais provável que um trabalhador envolvido em uma greve ou um membro de uma minoria étnica faça uma leitura oposta de um texto como uma matéria do noticiário sobre as relações trabalhistas ou raciais, em vez de aceitar passivamente a leitura dominante.

As audiências também costumam filtrar informações por meio de sua própria experiência e podem relacionar diferentes "textos" da mídia (programas ou gêneros, por exemplo) ou usar um tipo de mídia para abordar outro — questionando aquilo que lhe dizem na televisão em comparação com os jornais (Fiske, 1989). Esse *modelo interpretativo* considera que a resposta da audiência molda a mídia por meio do envolvimento ou da rejeição de seus produtos. Aqui, a audiência é mais poderosa, bem distante do antigo modelo hipodérmico e quase uma reversão de seus principais dogmas.

No século XXI, teóricos e pesquisadores da mídia chamaram a atenção para o surgimento de **culturas participativas**, particularmente entre os jovens que cresceram com tecnologias digitais e mídias sociais. Uma cultura participativa pode ser definida como aquela "com relativamente poucas barreiras à expressão artística e engajamento cívico, forte apoio à criação e ao compartilhamento de suas criações, e algum tipo de mentoria informal por meio do qual o que é conhecido pelos mais experientes é passado para os novatos [...] também é aquela em que os membros acreditam que suas contribuições são importantes e sentem algum grau de conexão social uns com os outros" (Jenkins et al., 2016: 4). As culturas participativas costumam quebrar as barreiras entre produtores culturais ativos e audiências/consumidores de mídia passivos. Em vez disso, há novas oportunidades para as pessoas serem tanto produtores quanto audiência/consumidores (*prosumers*) dentro de comunidades de interesse espalhadas pelo mundo.

> O Capítulo 12, "Interações sociais e vida cotidiana", contém uma discussão sobre o papel da mídia social na vida cotidiana.

As culturas participativas envolvem seus membros ativamente de várias maneiras, e a internet, a mídia digital e os dispositivos móveis tornaram o envolvimento muito mais fácil do que no passado.

Jenkins (2009: xi-xii) argumenta que essas formas de participação incluem *afiliações* (adesão a comunidades *on-line*, *sites* de jogos e fóruns), *expressões* (incluindo a produção criativa e o compartilhamento de música, vídeo, imagens, misturas e amostragem digital), *resolução colaborativa de problemas* (mentoria e trabalho em equipe para desenvolver conhecimento ou completar tarefas, como pode ser visto na Wikipédia ou em jogos de realidade alternativa) e *circulações* (moldar o fluxo de mídia via *podcasting* ou *blogs*). Nessa caracterização, muitos leitores poderão reconhecer suas próprias atividades como parte de culturas participativas.

Questões interessantes são levantadas por pesquisas empíricas e tentativas de teorizar o impacto das culturas participativas em indivíduos, grupos, comunidades e sociedades. Como essas culturas são vulneráveis à comercialização e à coleta sistemática de dados por interesses corporativos e estatais? Será que a "redução das barreiras" à criação artística melhorará nossas vidas e melhorará a compreensão ou levará ao "emburrecimento" das culturas modernas?

O que podemos ver neste breve resumo dos estudos da audiência é o afastamento constante de um entendimento demasiado simplista entre a produção da mídia e a audiência, rumo a modelos cada vez mais sofisticados que colocam muito mais ênfase na audiência ativa. Também podemos ver um afastamento de modelos unidirecionais (da mídia para a audiência), em favor de modelos bidirecionais que permitem espaço para os expectadores influenciarem a produção da mídia, em vez de simplesmente serem esponjas passivas que absorvem tudo que surge pela frente. De fato, as teorias de uma cultura participativa emergente estão tão distantes do modelo hipodérmico inicial de recepção da audiência quanto se possa imaginar e claramente devem muito às possibilidades comunicativas abertas pela internet e pela tecnologia digital.

Representações de divisões sociais

Uma questão que tem recebido muita atenção nos estudos de mídia é o problema das representações da mídia, particularmente na ficção cinematográfica e televisiva. Quais grupos sociais os meios de comunicação devem representar e quais estão ausentes de nossas telas de TV? Examinamos brevemente como as representações de classe social, gênero, etnia e deficiência servem para reforçar estereótipos, observando que evidências mais recentes sugerem que isso pode estar mudando, pelo menos em alguns casos.

Kendall (2005) observa que as representações da classe trabalhadora na televisão britânica parecem ser onipresentes. De novelas de TV contínuas como a antiga *Coronation Street* (desde a década de 1960) e *EastEnders* (desde 1985) a filmes e séries de comédia/drama que exploram a vida da classe trabalhadora, como *Billy Elliott* (2000) e *Happy Valley* (2014-), parece não haver carência de representações da classe trabalhadora, e os personagens desempenham um papel principal. Alguns pensam que séries dramáticas contínuas fornecem um meio de escapar da vida mundana, mas isso não é particularmente convincente, pois muitos atuam como personagens cujas vidas são muito rotineiras e desinteressantes. Uma explicação mais plausível é que as novelas exploram os dilemas que todos nós podemos enfrentar e ajudam os espectadores a pensar criativamente sobre suas próprias vidas. Em vez de fornecer uma fuga, de fato, as novelas devem se conectar com a experiência do público se quiserem ter sucesso por um longo período (Hobson, 2002).

Apesar disso, alguns ainda argumentam que a maioria dessas representações reflete a versão da classe média sobre a vida da classe trabalhadora. Isso se dá principalmente porque o processo de produção é dominado por profissionais da classe média e, consequentemente, representa sua interpretação e seu conhecimento. No Reino Unido, a classe trabalhadora costuma ser apresentada em cidades e ambientes do norte industrial; as pessoas trabalham em ocupações manuais (ou estão desempregadas) e raramente são mostradas ganhando a vida de outras maneiras. Os ambientes onde vivem geralmente são apresentados como relativamente difíceis e intolerantes, mas, de maneira paradoxal, eles também ficam em comunidades com muita solidariedade social. Essa representação estereotipada tem sido notavelmente constante e persiste hoje em dia, no século XXI. Assim, embora a vida da classe trabalhadora seja claramente representada, o problema é a precisão ou ausência de outras formas de representação.

Estudos demonstram repetidamente que as representações de meninas e mulheres na mídia de massa usam estereótipos tradicionais sobre os papéis de gênero. Nas décadas de 1960 e 1970, as mulheres eram vistas convencionalmente em papéis domésticos, como donas de casa, objetos do desejo sexual masculino ou em situações ocupacionais que ampliavam seu papel doméstico, como enfermeiras, atendentes ou secretárias. De um modo geral, essas representações eram consistentes em noticiários e na dramaturgia e programas de entretenimento, levando Tuchman (1978) a se referir à "aniquilação simbólica das mulheres" na televisão.

Pesquisas mais recentes concluíram que as coisas estão mudando, ainda que lentamente, com uma variedade crescente de representações, incluindo a da mulher independente e forte (Glascock, 2001; Meyers, 1999). Novas heroínas em programas como *Killing Eve* (2018-), juntamente com personagens femininas em papéis profissionais na dramaturgia televisiva, todas são testemunhos das novas representações das mulheres. Mesmo assim, muitas dessas personagens femininas fortes ainda se conformam a outras normas femininas. Buffy e Lara Croft ainda são mulheres jovens, magras e bonitas, que atraem o "olhar masculino". Muitas das mulheres mais velhas, profissionais e bem-sucedidas tendem a ter vidas desastrosas ou vazias, ilustrando o argumento de Faludi (1991) sobre uma revolta sutil (na realidade e em representações fictícias) contra mulheres que rompem com os papéis convencionais de gênero — tudo sempre acabará em lágrimas.

Lauzen (2018: 2-3) relata que, em 2018, 68% dos programas no horário nobre da TV americana ainda tinham um elenco majoritariamente masculino; as mulheres representavam 40% de todos os personagens com voz, e 58% dos personagens masculinos desempenhavam papéis profissionais, em comparação com apenas 42% das mulheres. Personagens femininos eram muito mais propensos a serem identificados por papéis domésticos e pessoais, como esposa e mãe. Essa pesquisa não mostra nenhuma mudança significativa na representação dos gêneros desde 2012. Significativamente, ela também descobriu que as mulheres representavam apenas 27% de todos os escritores, diretores, criadores, produtores, produtores executivos, editores e diretores de fotografia, e essa proporção caiu desde 2017 e pouco mudou desde 2012. Isso reforça o argumento de que a mudança fundamental na representação de gênero nos produtos culturais exige primeiro um equilíbrio de gênero mais igualitário no próprio processo de produção. Parece que há um longo caminho a ser percorrido antes que isso aconteça.

> Ver o Capítulo 7, "Gênero e sexualidade", para uma discussão detalhada das questões de gênero.

As representações de minorias étnicas e pessoas deficientes na mídia são vistas reforçando estereótipos, em vez de desafiá-los. Até pouco tempo atrás, era notável a ausência de negros e asiáticos na televisão; mesmo quando estavam presentes — por exemplo, no noticiário ou em documentários —, eles costumavam ser representados como grupos sociais problemáticos. Por exemplo, a cobertura do pânico moral aos "assaltos" por jovens negros na década de 1970 (Hall et al., 1978) ou dos tumultos "raciais" nas periferias na década de 1980 e no começo do século XXI foi extensiva e se concentrou no crime e no desvio juvenil, e não na desvantagem econômica, nos altos níveis de desemprego e no racismo dentro da força policial.

O filme britânico *Blue story* estreou nos cinemas em 2019. O filme conta a história das violentas guerras de gangues de Londres por meio de dois jovens adolescentes negros, que começam como amigos, mas logo se encontram em lados diferentes. Na primeira exibição pública em Birmingham, surgiu uma briga entre adolescentes no saguão do complexo de cinemas, e a polícia fez cinco prisões e apreendeu dois facões. As cadeias de cinema Vue e Showcase cancelaram as exibições do filme por questão de segurança.

O criador do filme, Rapman (Andrew Onwubolu) (citado em Griffin, 2020), criticou a reação da Vue, dizendo que "a proibição para mim foi realmente apenas preconceito [...]. Se fosse qualquer outro filme, se fosse um filme de James Bond, ele nunca teria sido cancelado. Era um filme com um cineasta com baixo orçamento, que eles acharam que podiam simplesmente varrer para debaixo do tapete." A polícia não estabeleceu nenhum vínculo entre o filme e a briga e não pediu para que fosse banido, e quatro dos cinco adolescentes presos eram jovens demais para entrar no filme, liberado para maiores de 15 anos (Campbell, 2019). O tratamento dado ao filme foi contrastado com o de *The Dark Knight rises*, filme do Batman de 2012. Durante uma exibição nos

EUA em 2012, doze pessoas foram baleadas e mortas, mas o filme em si não foi visto como responsável, e nenhuma exibição foi cancelada (Bags, 2019). A reação a *Blue story* pelas duas cadeias de cinemas do Reino Unido foi amplamente vista como racista, influenciada pelos mesmos estereótipos brancos institucionalizados — da juventude negra como um grupo inerentemente problemático — que Stuart Hall apontou no pânico dos assaltos dos anos 1970.

Jack Shaheen (1984, 2001) examinou a representação de árabes respectivamente na televisão e nos filmes de Hollywood (principalmente norte-americanos). O estudo de 1984 analisou mais de cem programas de televisão contendo personagens árabes entre 1975 e 1984. Shaheen (1984: 179) argumenta que as representações da televisão se apoiam em quatro mitos: "[os árabes] são todos fabulosamente ricos; são bárbaros e incultos; são maníacos sexuais, com uma tendência à escravidão de brancos; eles se deliciam com atos terroristas". Eles geralmente se vestem de maneira estranha, reforçando a visão de que os árabes não parecem ou agem como os norte-americanos. Essas representações são fáceis de encontrar em desenhos e muitos programas educacionais infantis, embora alguns documentários mais recentes tenham tentado mostrar visões mais precisas.

Na imensa maioria das caracterizações dos filmes de Hollywood, os personagens árabes eram os "malvados". De fato, em aproximadamente mil filmes, apenas 12 tinham representações positivas, 52 eram equilibradas, e as outras mais de 900 retratavam os árabes de formas negativas. Isso ocorria independentemente de o filme ser um campeão de bilheteria ou um de baixo custo e de o personagem ser um protagonista ou ter um papel secundário. Shaheen mostra que existem estereótipos árabes no cinema desde 1896, e geralmente mostram pessoas árabes como "fanáticos religiosos brutais, incivilizados e sem coração, e 'outros' culturais loucos por dinheiro, voltados para aterrorizar ocidentais civilizados, especialmente cristãos e judeus". Ele argumenta que esses estereótipos são úteis para os escritores e diretores, pois tornam seu trabalho muito mais fácil, e sugere que essa situação só mudará quando a comunidade árabe norte-americana tiver suficiente poder para exercer influência na indústria cinematográfica.

A sub-representação de grupos étnicos negros e minoritários no cinema foi destacada em 2015, quando #OscarsSoWhite começou a ser tendência em todo o mundo. Isso ocorreu em resposta a todas as vinte indicações de atuação no Oscar dos EUA (os "Oscars") sendo atribuídas a atores brancos, uma situação que se repetiu em 2016 (Ugwu, 2020). A campanha aumentou a conscientização sobre o problema, mas a evidência desde então é que mudar a situação não acontecerá rapidamente. A premiação da Academia Britânica de Artes Cinematográficas e Televisivas (Bafta) de 2020 não teve nenhum ator negro ou de minoria étnica indicado a um prêmio, e, no Oscar do mesmo ano, Cynthia Erivo foi a única atriz não branca a receber uma indicação (*The Guardian*, 2020b). April Reign, que criou a *hashtag* de 2015, observa que a adesão à Academia dos EUA em 2020 ainda era 84% branca e 64% masculina (Reign, 2020). O argumento de Shaheen parece pertinente aqui, de que a mudança real provavelmente exigirá significativamente mais diversidade étnica ao longo do processo de produção de filmes.

No Reino Unido, as minorias étnicas também costumam ser apresentadas como diferentes da cultura britânica nativa e, muitas vezes, como um problema para ela (Solomos e Back, 1996). Tentativas recentes de produzir um imaginário mais representativo, por exemplo, em novelas (ou "seriados"), como *EastEnders*, podem ser um caminho. O seriado é um formato que permite que grupos étnicos diversos sejam mostrados como membros da sociedade com vidas e problemas pessoais semelhantes aos de todos. Talvez, por meio dessas representações cotidianas, seja possível evitar os estereótipos no futuro.

Se as minorias étnicas são definidas como *culturalmente* diferentes, as representações de pessoas deficientes na mídia costumam ser de *fisicamente* ou *corporalmente* diferentes, baseadas no modelo da "tragédia pessoal" da deficiência (Oliver, 1990; ver também o Capítulo 10). Notícias envolvendo pessoas deficientes têm mais chances de serem apresentadas se puderem ser encaixadas nesse modelo dominante, e, geralmente, isso significa mostrar os deficientes como vítimas e como dependentes, em vez de pessoas que têm vidas independentes.

Os deficientes são quase invisíveis em programas de TV e de entretenimento e, quando incluídos, são representados excessivamente entre personagens criminosos e mentalmente instáveis, ou entre os "maus, loucos e tristes". Essa situação tem uma história muito antiga. Pense no malvado Capitão Gancho de *Peter Pan*, o trágico Quasímodo em *O corcunda de Notre Dame* ou John Merrick em *O homem elefante*. Os personagens deficientes nunca são incidentais em um enredo, mas são incluídos exatamente por causa da sua deficiência. Em uma análise do conteúdo de seis semanas da televisão britânica, Cumberbatch e Negrine (1992) observaram que apenas 0,5% dos personagens fictícios eram deficientes e quase todos eles eram usuários de cadeira de rodas — uma representação incorreta dos deficientes no Reino Unido, cuja maioria não é de cadeirantes.

Na década de 1990, houve representações mais positivas, particularmente nos seriados norte-americanos, que tentavam apresentar os deficientes como pessoas com vidas "normais", desconsiderando as deficiências dos personagens. Todavia, Barnes (1991: 19) considera que a resposta não é simplesmente ignorar a deficiência. Ao contrário, ele argumenta:

> A única solução com alguma esperança de sucesso é que todas as organizações da mídia propiciem o tipo de informação e de imaginário que, primeiramente, reconheça e explore a complexidade da experiência da deficiência e da identidade deficiente e, em segundo lugar, facilite a integração significativa de todas as pessoas deficientes na vida social e econômica da comunidade.

As representações da mídia não são a *causa* direta da discriminação ou da exclusão. Todavia, as representações estereotipadas podem *reforçar* as ideias negativas existentes sobre os grupos sociais e, dessa forma, podem ser consideradas parte do problema social mais amplo. Apesar da percepção crescente sobre a questão e de algumas mudanças positivas nos últimos anos, os exemplos anteriores mostram que levará algum tempo até as representações da mídia fazerem qualquer contribuição significativa para desafiar, em vez de reforçar os estereótipos sociais prejudiciais.

Propriedade, poder e mídia alternativa

As teorias sociológicas sobre as diversas formas de mídia nos mostram que nunca se deve pressupor que elas sejam politicamente neutras ou socialmente benéficas, mas a concentração cada vez maior da propriedade de diferentes tipos de mídia dentro de grandes conglomerados, que passaram a ser conhecidos como "supercompanhias", impõe um conjunto diferente de problemas. Se os políticos ficavam alarmados com a propriedade de um único jornal nacional por um dos grandes barões da imprensa, a propriedade de companhias midiáticas transnacionais não é muito mais séria? Como vimos, a internet é uma das principais manifestações dos processos de globalização e uma das que mais contribui com ele, mas esse processo também está transformando o alcance e o impacto de outras formas de mídia.

Embora a mídia sempre tenha tido dimensões internacionais — como a coleta de notícias e a distribuição de filmes em outros países —, até a década de 1970, a maioria das empresas de mídia operava dentro de mercados domésticos específicos, de acordo com as regulamentações dos governos nacionais. A indústria da mídia também se dividia em setores distintos que operavam independentemente uns dos outros. Mas agora tem havido transformações profundas. Os mercados nacionais abriram caminho para um mercado global fluido, enquanto novas tecnologias levaram à fusão de formas de mídia que antes eram distintas. No começo do século XXI, o mercado global da mídia era dominado por um grupo de aproximadamente 20 corporações multinacionais, cujo papel na produção, na distribuição e na comercialização de notícias e entretenimento podia ser sentido em quase todos os países do mundo.

Em seu trabalho sobre a globalização, Held e colaboradores (1999) apontam para cinco mudanças importantes que contribuíram para a atual ordem global da mídia:

1. *Aumento da concentração da propriedade*. A mídia global é dominada atualmente por um pequeno número de poderosos conglomerados midiáticos altamente centralizados.
2. *Mudança da propriedade pública para privada*. Tradicionalmente, as empresas de mídia e telecomunicações eram propriedade parcial ou total do Estado. Nas últimas décadas, a liberalização do ambiente empresarial e o relaxamento das regulamentações levaram à privatização e comercialização das empresas de mídia.
3. *Estruturas corporativas transnacionais*. As empresas de mídia não operam mais estritamente

dentro de fronteiras nacionais, e, da mesma forma, as regras que regem a propriedade de meios de comunicação foram afrouxadas para permitir investimentos e aquisições transfronteiriços.
4. *Diversificação para uma variedade de produtos da mídia.* A indústria da mídia se diversificou, e conglomerados midiáticos enormes produzem e distribuem uma mistura de conteúdo midiático, incluindo música, notícias, imprensa e programação de televisão.
5. *Aumento crescente de fusões entre empresas de mídia.* Existe uma tendência visível para alianças entre companhias em diferentes segmentos da indústria da mídia. Empresas de telecomunicações, fabricantes de *hardware* e *software* para computadores e criadores de "conteúdo" para a mídia têm se envolvido cada vez mais em fusões corporativas.

Se as formas tradicionais de mídia garantiam que a comunicação ocorresse de maneira "vertical" dentro dos limites de Estados-Nações, a globalização está levando à integração "horizontal" das comunicações, que é mais prontamente estendida para fora dos limites de Estados-Nações (Sreberny-Mohammadi et al. 1997). Mas isso se desenvolveu de forma desigual, refletindo as divisões entre o Norte Global e o Sul Global. Alguns comentaristas sugerem que a nova ordem da mídia global deve ser descrita como o "imperialismo midiático".

Imperialismo midiático?

A posição dominante dos países industrializados (os Estados Unidos acima de todos) na produção e difusão da mídia tem levado muitos observadores a falar de um **imperialismo midiático** (Herman e McChesney, 2003). Segundo essa visão, estabeleceu-se um império cultural no período pós-colonial, que deixa os países menos desenvolvidos especialmente vulneráveis, pois não têm os recursos necessários para manter sua independência cultural. Outros argumentam que a dominação da mídia norte-americana especificamente não é tão simples quanto o esboço acima sugere.

O que é exatamente o imperialismo midiático? Boyd-Barrett e Mirrlees (2020: 1-2) argumentam que o conceito tem origem nas décadas de 1960 e 1970 e foi usado para caracterizar o poder e a influência midiática dos EUA, que promoveram a cultura americana em todo o mundo — em particular, no que diz respeito a influenciar as instituições de mídia, as organizações e as culturas do Sul Global. Mesmo que grande parte dessa atividade envolva empresas privadas, o imperialismo da mídia também se estende às ações de Estados e ONGs, o que sugere que organizações e produtos de mídia de alguns países atuam como "veículos de influência econômica e cultural em outros países" (ibid.).

Desde então, o conceito tem sido aplicado não só aos EUA, mas a outros antigos impérios que têm indústrias de mídia poderosas e expansivas, como Reino Unido, Rússia e França, e a "pequenos impérios" em ascensão, incluindo Brasil, Índia, Coreia do Sul e China. Esses últimos tendem a exercer influência em áreas geográficas específicas, em vez de serem capazes de espalhar sua influência de forma global. Eles também tendem a ser moldados, até certo ponto, pelas indústrias de mídia mais poderosas dos EUA. Uma maneira de avaliar a extensão do imperialismo da mídia é observar onde as grandes corporações se localizam.

Os quartéis-generais dos 20 maiores conglomerados midiáticos do mundo estão todos localizados em nações industrializadas, a maioria nos Estados Unidos. Impérios midiáticos como AT&T, Walt Disney e Comcast Corp são todos sediados nos Estados Unidos. Em 2019, a AT&T tinha uma avaliação de mercado de $283 bilhões, a Disney, de $245 bilhões, e a Comcast, de $211 bilhões. Durante as últimas décadas, as principais supercompanhias de mídia fizeram diversas aquisições, como a compra da Time Warner pela AT&T e a compra da Sky do Reino Unido pela Comcast, ambas em 2018, por $85 e $39 bilhões, respectivamente (Lee e Kang, 2018; Seth, 2019). Fica claro que seus enormes recursos e seus interesses diversificados na mídia dão a essas companhias o poder para moldar o panorama midiático global.

Os produtos culturais ocidentais foram amplamente difundidos de forma global, e os filmes norte-americanos estão disponíveis por todo o mundo, assim como a música popular ocidental. Por exemplo, um novo parque temático da Disney foi aberto em Hong Kong em 2005, reproduzindo atrações basicamente norte-americanas, em vez de refletir a cultura local. Os "parques temáticos" de Hong Kong incluíam Main Street (USA), Adventureland, Fantasyland e Tomorrowland, com todos os personagens comuns, incluindo Mickey Mouse, Pato

Os *smartphones* estão espalhando a cultura ocidental pelo mundo? Seus benefícios superam os perigos de potencialmente estender o imperialismo midiático?

Donald e Buzz Lightyear. Mesmo quando a China é incluída na rubrica de "países em desenvolvimento", ela é responsável por menos de 10% de todos os produtos culturais exportados no início do século XXI (Sulehria, 2018). Não são apenas as formas mais populares de entretenimento que estão em questão. O controle das notícias do mundo pelas principais agências ocidentais também levou à predominância de uma "perspectiva de primeiro mundo" em noticiários e reportagens. Os noticiários prestam atenção no Sul Global principalmente em épocas de desastres, crises ou confrontos militares, o que reforça o discurso negativo sobre possibilidades de desenvolvimento e mudança.

Entretanto, também existem algumas tendências contrárias que podem dar suporte a uma teoria mais pluralista sobre a mídia no nível global. Uma delas é a dos "fluxos inversos", em que produtos da mídia em, por exemplo, antigas colônias se tornam populares e podem ser vendidos para ex-colonizadores. Os fluxos inversos sugerem que o imperialismo mi-diático não é absoluto ou permanente. Um exemplo conhecido de um fluxo inverso é o sucesso internacional cada vez maior de Bollywood, a indústria indiana de cinema, na língua hindi, baseada em Mumbai. Os filmes de Bollywood estão se tornando mais populares no Reino Unido (a antiga potência colonial), nos Estados Unidos e na Rússia, e, na Austrália, ficam atrás apenas dos filmes de Hollywood.

Uma segunda crítica é que a tese do imperialismo midiático se baseia implicitamente no modelo da "agulha hipodérmica" da mídia. Todavia, como já vimos, os consumidores são observadores e ouvintes ativos, e não passivos, e podem rejeitar, modificar ou reinterpretar as mensagens nos produtos da mídia. Liebes e Katz (1993) estudaram diversas audiências subculturais em Israel e suas respostas à série norte-americana *Dallas*. Os russos em Israel viam o programa como incorporando uma forma de manipulação capitalista que as crianças não deveriam assistir. Para os árabes israelenses, os temas sexuais em *Dallas* eram potencialmente embaraçosos, e, como resultado, o programa não deveria ser assistido em grupos com ambos os sexos. Eles também consideravam que um vilão dominador como J. R. Ewing era um reflexo de figuras semelhantes dentro do *establishment* político israelense.

Na mesma linha, Roland Robertson (1995) argumenta que um conceito melhor para entender os processos globais é a *glocalização* (a mistura de forças globalizantes e localizadoras), em vez da globalização (veja uma discussão no Capítulo 4), pois as corporações norte-americanas devem compreender as culturas locais se quiserem vender seus produtos em outros países. Nesse processo, os produtos costumam sofrer alterações significativas. A tese da glocalização sugere que o simples processo de fluxo unidirecional sugerido pelo imperialismo midiático provavelmente seja a exceção, e não a regra.

Os títulos de dois estudos de Tunstall, com 30 anos de diferença, contam uma história semelhante. Em *The media are American* (1977), ele argumenta que a industrialização da mídia de massa nos Estados Unidos possibilitou que ela dominasse a produção da mídia global. Porém, em *The media were American* (2007), a tese de Tunstall é que os Estados Unidos perderam seu domínio global. A ascensão da Índia e da China como produtores e consumidores de mídia, juntamente com culturas nacionais e sistemas de mídia mais fortes, transformou e enfraqueceu a posição dos Estados Unidos em relação ao restante do mundo.

Mesmo assim, a lógica da acumulação de capital continua a ser uma força eficaz: "No sistema midiático global, é como se fosse possível dizer qualquer coisa, em qualquer língua, em qualquer lugar, desde que possa ser dito de maneira lucrativa" (Hackett e Zhao, 2005: 22). Nesse sentido, são os valores capitalistas, em vez de valores nacionais norte-americanos, que caracterizam a troca internacional de produtos da mídia.

REFLEXÃO CRÍTICA

Seria o "imperialismo midiático" uma descrição precisa da influência global da mídia e da cultura ocidentais? Como o imperialismo midiático se encaixa na tese pós-moderna de Lyotard sobre o colapso da cultura ocidental?

É importante lembrar que as tentativas de controle total das fontes de informação e dos canais de distribuição raramente são bem-sucedidas, seja pela intensa concorrência ou pela legislação antitruste que impede os monopólios, seja pelas respostas persistentes e criativas dos usuários da mídia em busca de fontes alternativas. Os consumidores de mídia não são "drogados culturais" que podem ser manipulados sem esforço pelos interesses corporativos. À medida que o escopo e o volume das formas e dos conteúdos da mídia se expandem, os indivíduos estão se tornando mais, e não menos, capazes de interpretar e avaliar as mensagens e o material que encontram.

Mídia alternativa

Embora não possamos negar o poder e o alcance da mídia global, há tentativas de combater a mídia global dominante por meio de novas tecnologias, a fim de facilitar formas alternativas de coleta de notícias. Uma das mais bem-sucedidas é o Independent Media Center, ou Indymedia, um coletivo global de meios de comunicação independentes associados ao movimento antiglobalização. Desde sua criação, em 1999, durante um protesto contra a Organização Mundial do Comércio em Seattle, o Indymedia busca criar plataformas *on-line* de acesso aberto, permitindo que ativistas políticos e cidadãos façam *upload* de seus próprios vídeos, imagens e relatórios, bem como transmissões ao vivo de eventos de protesto. Acredita-se que ele tenha cerca de 150 centros locais em 30 países.

O Indymedia busca quebrar a barreira entre os profissionais da mídia e o público, incentivando as pessoas a participarem da produção de notícias, em vez de serem consumidores passivos de notícias corporativas e estatais. Embora a internet seja claramente central para o projeto Indymedia, grupos locais também desenvolvem publicações, rádios comunitárias, vídeos, listas de *e-mail*, um *site wiki* e até emissoras de TV em pontos de acesso público. No entanto, o surgimento e a crescente popularidade de *blogs* individuais (que não existiam quando o Indymedia foi criado) enfraqueceram até certo ponto sua originalidade e suas funções (Ritzer, 2011: 142-143). Agora, qualquer um pode criar e gerenciar seu próprio *blog* — a melhor forma de descentralização — e publicar suas visões e opiniões *on-line*.

Paradoxalmente, o Indymedia sofreu com sua abordagem democrática e de acesso aberto, que permite que muitos indivíduos e grupos diferentes façam uso da rede, às vezes trazendo maior vigilância e intervenção estatal. Em 2004, seu provedor de internet desativou dois discos rígidos de seu servidor a pedido do FBI, efetivamente fechando 20 *sites* em 13 países. O FBI recebeu uma solicitação do Ministério Público em Bolonha, na Itália, com base em sua alegação de que um violento grupo anarquista italiano envolvido em plantar bombas e enviar cartas-bomba a políticos havia usado o Indymedia para reivindicar a responsabilidade pelos ataques. Ainda não está claro se isso realmente aconteceu. Mas isso destaca alguns dos problemas com o modelo de rede do Indymedia, pouco organizado, que parece mal equipado para resistir às demandas dos Estados e das forças de segurança (Mueller, 2011: 18-22).

A religião, a tradição e as perspectivas populares também podem ser obstáculos fortes ante a globalização da mídia, enquanto as regulamentações locais e as instituições midiáticas domésticas também podem ter um papel em limitar o impacto da mídia global. O caso da nova mídia no Oriente Médio é interessante (ver Sociedade global 19.2). Ao investigar a resposta dos países islâmicos às forças

Sociedade global 19.2 — **Notícias globais do Oriente Médio: Al-Jazeera**

Apesar de ter sido banida em alguns países do Oriente Médio e ver seus centros de transmissão no Afeganistão e no Iraque atacados pelos militares dos EUA, a Al-Jazeera ainda oferece uma perspectiva diferente sobre as notícias do mundo hoje.

Até a metade da década de 1980, a maior parte da programação no mundo islâmico era produzida e distribuída dentro das fronteiras nacionais ou por meio da Arabsat — a rede de transmissão pan-arábica via satélite, composta por 21 estados. A liberalização da teledifusão e o poder da TV global via satélite transformaram os contornos da televisão no mundo islâmico. Os acontecimentos da Guerra do Golfo de 1991 tornaram o Oriente Médio um centro de atenção para a indústria global da mídia e afetaram significativamente a teledifusão e o consumo dentro da região. Os satélites se espalharam rapidamente, com Bahrein, Egito, Arábia Saudita, Kuwait, Dubai, Tunísia e Jordânia lançando canais de satélite em 1993. No final da década, a maior parte dos estados islâmicos havia estabelecido seus próprios canais via satélite, além de acessar os programas da mídia global.

A Al-Jazeera é o maior canal de notícias árabe no Oriente Médio, oferecendo cobertura jornalística 24 horas por dia. Fundada em 1996 e sediada no Qatar, a Al-Jazeera é a rede de notícias que mais cresce entre as comunidades árabes e os falantes de árabe ao redor do mundo. Alguns críticos ocidentais dizem que a Al-Jazeera é sensacionalista e apresenta uma cobertura violenta e emocional demais das zonas em guerra, além de dar uma cobertura desproporcional para grupos fundamentalistas e extremistas (Sharkey, 2004). Seus programas políticos são muito populares, mas outros programas de cultura, esportes e saúde ajudam a aumentar a audiência do canal. Todavia, muitas estações de TV, talvez a maioria delas, usam histórias sensacionalistas para captar audiência, e pode-se alegar que a Al-Jazeera está apenas refletindo seu público, da mesma forma que fazem as estações ocidentais.

Estudos acadêmicos recentes mostram que a Al-Jazeera teve um papel influente no fim do controle estatal da mídia no Oriente Médio, incentivando o debate aberto sobre questões importantes como a invasão do Iraque, a situação na Palestina e as identidades árabes (Lynch, 2006; Zayani, 2005; Miles, 2005). O canal de notícias ajudou a mudar os debates políticos e sociais, não apenas no Oriente Médio, mas também no Ocidente, onde espectadores digitais podem sintonizá-lo para terem uma perspectiva alternativa sobre os acontecimentos globais. (A Al-Jazeera hoje transmite a partir de Londres e Washington, DC, além de Doha e Kuala Lumpur).

da globalização da mídia, Ali Mohammadi (2002) descobriu que a resistência à incursão de formas externas da mídia variou de críticas silenciosas à proibição total de satélites ocidentais. A reação à globalização da mídia e a ação dos países individuais refletem, em grande medida, suas respostas gerais ao legado do colonialismo ocidental e à invasão da modernidade.

Em alguns estados de maioria muçulmana, os temas e o material tratados na televisão ocidental têm gerado tensões. Programas relacionados a questões ligadas aos direitos humanos e ao gênero são particularmente controversos. A Orbit Communications, de propriedade saudita, lançou o serviço de televisão árabe da BBC em 1994, transmitindo de Roma. O canal prometeu que operaria sob os padrões habituais de notícias editoriais da BBC, mas isso logo se tornou um problema. Em 1996, o *Panorama* cobriu o regime saudita, e a BBC insistiu que o programa deveria ser transmitido em árabe e também em inglês (McLellan, 2007). Após várias reuniões com muito debate, a colaboração foi encerrada, e o canal acabou sendo relançado em 2008 sem apoio financeiro saudita. Três estados islâmicos — Irã, Arábia Saudita e Malásia — também baniram o acesso do satélite à televisão ocidental, enquanto o Irã tem sido o oponente mais firme da mídia ocidental, considerando-a como fonte de "poluição cultural" e promotora de valores consumistas ocidentais.

Essas respostas fortes são a minoria. Mohammadi (2002) concluiu que, embora alguns países tenham respondido à globalização da mídia tentando resistir ou proporcionar uma alternativa, a maior parte considerou necessário aceitar certas modificações em sua cultura para manter sua própria identidade cultural. A "abordagem tradicional", como a escolhida pelo Irã e pela Arábia Saudita, está perdendo espaço para respostas baseadas na adaptação e na modernização.

Conclusão

Como indivíduos, não controlamos a mudança tecnológica, e alguns críticos observam que o ritmo acelerado dessas mudanças ameaça nos levar para um estado de vigilância tipo Big Brother ou, como alternativa, ao caos social. Sem dúvida, a internet, as redes sem fio, os *smartphones* e outros estão ocasionando mudanças no comportamento, mas eles não o determinam totalmente. Pelo menos até agora, os cenários negativos avassaladores que alguns céticos previam não foram materializados.

Não apenas o estado de vigilância não surgiu, mas a internet facilitou a descentralização, as novas formas de redes sociais e a abertura de oportunidades para pessoas comuns produzirem suas próprias músicas, filmes, notícias e muito mais. Parece improvável que os livros convencionais e outras mídias "pré-eletrônicas" desapareçam. Por mais volumoso que seja, este livro é mais prático de se usar do que a versão digitalizada, e muito mais flexível e portátil, não necessitando de nenhuma fonte de energia. Até mesmo leitores de *e-book*, como Kindle, Nook e Cybook, exigem uma fonte de alimentação e não podem ser manuseados e manipulados como um livro convencional.

Por outro lado, as novas mídias estão constantemente canalizando ou "direcionando" formas de mídia mais antigas. Os jornais estão *on-line* e experimentando assinaturas e métodos de pagamento para combater a queda contínua das vendas. Os *downloads* de música enfraqueceram fatalmente as vendas de CDs de música, e as vendas de filmes em DVD continuam a cair à medida que aumenta o *streaming on-line*. Mesmo o futuro do meio global de maior sucesso, a televisão, não está imune. O desenvolvimento e a rápida aceitação da TV sob demanda, acessada por meio da internet durante a última década, mostra que os dias das pessoas assistindo a programas e eventos de TV "ao vivo" juntas podem — com algumas exceções protegidas — já ter chegado a um fim. Por outro lado, a ascensão das mídias sociais e dos espaços *on-line* compartilhados oferece novas oportunidades de engajamento ativo, atividade criativa e discussão que a mídia tradicional nunca poderia alcançar.

Revisão do capítulo

1. O que os sociólogos entendem por mídia de "massa"? Liste suas principais características e forneça uma breve definição de seu funcionamento.

2. Que tipos de tecnologias e dispositivos surgiram a partir da revolução digital? De que forma a digitalização mudou as comunicações de massa?

3. Como a internet e a rede mundial de computadores afetaram os modelos de negócios de jornais, música e televisão? Elabore um argumento mostrando que a internet, no final das contas, tem sido um desenvolvimento positivo tanto na comunicação quanto na vida social.

4. Que aspectos positivos e negativos da televisão foram descobertos? Avalie a proposição de que a televisão é simplesmente um meio de entretenimento cujo conteúdo é consumido passivamente. Ela é realmente isso?

5. Explique a abordagem da "produção da cultura" nos estudos de mídia em relação à indústria musical. Quais são os benefícios de curto e longo prazo do compartilhamento de música *on-line* para músicos, público e empresas?

6. Faça um breve resumo das quatro perspectivas teóricas discutidas no capítulo. Elas são mutuamente excludentes ou falam de diferentes aspectos dos meios de comunicação de massa?

7. O que a Escola de Frankfurt queria dizer com "indústria cultural"? Por que isso foi visto como um desenvolvimento negativo? Usando exemplos contemporâneos, argumente que a Escola de Frankfurt era elitista e que a industrialização da cultura tem sido benéfica tanto para artistas quanto para o público.

8. O que John Thompson quer dizer com "semi-interação mediada"? Como isso difere dos outros tipos de interação?
9. Compare as ideias de Habermas sobre o declínio da esfera pública com o conceito de hiper-realidade de Baudrillard. Qual deles se encaixa melhor em nossa mistura contemporânea de formas e conteúdo de mídia?
10. O que aprendemos sobre as mensagens da mídia e sua recepção em estudos de pesquisa de audiência?
11. A posse da mídia está cada vez mais concentrada em grandes conglomerados. Que evidências existem de que isso está se tornando problemático para os consumidores? Que impacto a mídia alternativa teve até agora? É provável que ela possa romper o padrão global dominante de posse?

Pesquisa na prática

Desde 2016, o fenômeno das *fake news* (notícias falsas) provocou alarme entre os principais jornalistas e políticos, com alguns descrevendo sua rápida disseminação *on-line* como uma crise, à medida que se torna cada vez mais difícil separar a verdade da desinformação deliberada. Muito esforço tem sido despendido em descobrir como combater as fontes de *fake news*, mas talvez precisemos entender melhor o fenômeno e definir com mais precisão o que queremos dizer quando discutimos "*fake news*".

O artigo a seguir tenta explorar os diversos usos das *fake news* para trazer alguma clareza aos estudos acadêmicos. Leia o conteúdo e responda às questões que seguem.

Egelhofer, J. L. e Lecheler, S. (2019). "Fake news as a two-dimensional phenomenon: a framework and research agenda", *Annals of the International Communication Association*, 43(2): 97-116.

1. Quais são as duas dimensões das *fake news* descritas aqui? Forneça dois exemplos do mundo real para cada uma delas.
2. Que tipo de pesquisa é essa? Como você a categorizaria?
3. De acordo com os autores, quais são os três pilares das *fake news*? Explique por que a sátira política, a paródia das notícias, a propaganda nativa e o mau jornalismo não atendem aos critérios para serem considerados *fake news*.
4. O conceito de *fake news* parece ser semelhante aos de propaganda, teorias da conspiração, desinformação e rumores. Explique como as *fake news* diferem de cada um deles.
5. O que significa o "rótulo de *fake news*" e por que os autores sugerem que os estudiosos devem voltar sua atenção para isso?

Pensando sobre isso

Hoje estamos familiarizados com o mundo dos aplicativos e das plataformas, pois empresas como Alibaba, Amazon, Google, Facebook, Deliveroo, Uber e Airbnb rapidamente se tornaram nomes conhecidos em muitos países. Conhecemos também alguns dos problemas associados a esse modelo de negócio, que encontram expressão no conceito da economia *gig*, que é sinônimo de exploração, baixos salários, horários de trabalho incertos e direitos trabalhistas limitados. Embora o setor *gig* não seja dominante na economia geral, alguns agora argumentam que o modelo de plataforma foi muito além das empresas de alta tecnologia.

Nick Srnicek (2016) argumenta que entramos no período do "capitalismo de plataforma", em que o modelo de negócios de plataforma se torna a norma. Isso ocorre porque o capitalismo contemporâneo conta com um novo recurso — dados — que pode ser usado para melhorar serviços e produtos que podem dar às empresas uma vantagem sobre a concorrência. Os dados também podem ser coletados e vendidos para aumentar os lucros. No entanto, há perigos claros à frente, à medida que o capitalismo de plataforma se consolida.

Leia o resumo conciso de Srnicek sobre seu argumento por meio deste link: www.ippr.org/junctureitem/the-challenges-of-platform-capitalism. Mergulhe também em seu livro de 2016, *Platform capitalism* (Cambridge: Polity).

Escreva um ensaio de 1.500 palavras, explorando os inúmeros problemas sociais associados ao lado sombrio do modelo de negócios de plataforma. Discuta até onde o modelo de plataforma pode ir e explique por que Srnicek sugere que essa forma de capitalismo provavelmente terá vida curta.

Sociedade nas artes

Um dos usos mais controversos da internet tem sido a divulgação de grandes quantidades de documentos políticos e militares confidenciais pelo WikiLeaks — um grupo que permite que denunciantes vazem informações secretas, de forma anônima, para o domínio público. Um filme sobre o WikiLeaks, *The fifth Estate* (2013), dirigido por Bill Condon, detalha a fundação e o desenvolvimento do grupo. Assista ao filme e depois responda às perguntas a seguir.

- Quais eram as intenções originais dos fundadores? Qual foi o grau de sucesso que eles alcançaram?
- O WikiLeaks tem uma filosofia política subjacente? Se assim for, que filosofia é essa?
- Durante as discussões sobre os registros de Bradley Manning no Iraque e na Guerra do Afeganistão, qual foi a relação entre o WikiLeaks e os principais jornais? Qual foi o papel dos jornalistas nas decisões sobre o que fazer com o material?
- Faça sua própria pesquisa sobre o WikiLeaks. Seu cofundador, Julian Assange, disse que esse filme era "um ataque de propaganda ao WikiLeaks". Liste os aspectos do filme que podem apoiar a visão dele. No geral, o filme é muito imparcial ou existe algum viés claro? Se existe, em que direção?

Outras leituras

Um excelente texto introdutório é *Media, culture and society: an introduction* (2. ed., London: Sage), de Paul Hodkinson (2017), que é bem estruturado e confiável. Para saber mais sobre as novas formas de mídia digital, consulte *Understanding new media* (London: Sage), de Eugenia Siapera (2018), que é um relato abrangente.

Sobre as teorias da mídia, um bom começo é o livro *Understanding media theory* (2. ed., New York: Bloomsbury Academic), de Kevin Williams (2016). Pode-se encontrar capítulos úteis na coleção editada de David Hesmondhalgh e Jason Toynbee (2008), *The media and social theory* (London: Routledge). O livro *Media audiences: effects, users, institutions and power* (Thousand Oaks, CA: Sage), de John L. Sullivan (2012), é uma boa fonte de pesquisa nessa área.

Uma seleção muito boa de ensaios pode ser encontrada na coleção editada por James Curran e David Hesmondhalgh (2019), *Media and society* (6. ed., New York: Bloomsbury Academic), que é um texto muito abrangente. Se você precisa de um dicionário, o *Oxford Dictionary of media and communication* (Oxford: Oxford University Press), de Daniel Chandler e Rod Munday (2011), é o melhor lugar para começar.

Para conferir uma seleção de leituras originais sobre comunicação e a mídia, consulte *Sociology: introductory readings* (4. ed., Cambridge: Polity, 2021).

Links da internet

Em **loja.grupoa.com.br**, acesse a página do livro por meio do campo de busca e clique em Material Complementar para ver as sugestões de leitura do revisor técnico à edição brasileira, além de outros recursos (em inglês).

Dois periódicos importantes, bons recursos para artigos de sociologia da mídia:
New Media and Society — a nova mídia e a sociologia:
https://journals.sagepub.com/home/nms
e *Media, Culture and Society*, que tem uma cobertura mais ampla:
ttps://journals.sagepub.com/home/mcs

Website do Glasgow University Media Group:
www.glasgowmediagroup.org/

Ofcom — o site regulador da mídia independente do Reino Unido, que contém algumas pesquisas úteis:
www.ofcom.org.uk/

The Foundation for Information Policy Research — *Think tank* sediado no Reino Unido, que estuda a interação entre a TIC e a sociedade:
www.fipr.org/

OECD, página sobre TIC — muitos dados comparativos sobre a economia digital:
ww.oecd.org/internet/oecd-internet-economy-outlook-2012-9789264086463-en.htm

Indymedia UK — *site* de base britânica que fornece uma plataforma alternativa às notícias convencionais:
www.indymedia.org.uk/

The UK Broadcasters' Audience Research Board — muitas pesquisas e sondagens sobre o público do Reino Unido:
www.barb.co.uk/

CAPÍTULO 20

POLÍTICA, GOVERNO E MOVIMENTOS SOCIAIS

SUMÁRIO

Sociologia política 818

Poder 819

Autoritarismo e política democrática............................... 822

Elites e burocracias contra a democracia?.......................... 825

Ideologias políticas.. 830

Democratização e governança global 835

A queda do comunismo.. 835

A democracia e seus descontentamentos 838

Governança global: expectativas e realidade...................... 845

Movimentos sociais: além da política formal 847

O que são movimentos sociais?................................... 848

Teorias sobre movimentos sociais 848

Globalização e a "sociedade dos movimentos sociais" 856

Conclusão 857

Revisão do capítulo *858*

Pesquisa na prática *859*

Pensando sobre isso... *859*

Sociedade nas artes... *860*

Outras leituras *860*

Links da internet *861*

O ano de 2016 não foi um bom ano para os comentaristas políticos e pesquisadores eleitorais nas democracias ocidentais. Particularmente, a eleição presidencial dos EUA e o referendo da UE no Reino Unido produziram resultados que confundiram muitos especialistas e levaram a questões sérias a respeito da condição e da direção futura da política partidária em democracias liberais de longa data.

O Partido Conservador venceu as eleições gerais do Reino Unido em 2015 e formou maioria no governo. Sob pressão da ala da direita do seu partido e da ameaça eleitoral representada pelo Partido da Independência do Reino Unido (UKIP), o líder do partido, David Cameron, fez um manifesto prometendo a realização de um referendo sobre a adesão à UE, marcado para 23 de junho de 2016. As campanhas de "saída" se concentraram em acabar com os pagamentos de membros da UE, instituir controles imigratórios mais fortes, acabar com a interferência burocrática da UE e da jurisdição do Tribunal de Justiça Europeu (ECJ), ter a capacidade de fazer novos acordos de livre comércio em todo o mundo e proteger a **soberania** nacional do Reino Unido. A campanha oficial de saída resumiu tudo isso em seu *slogan* central: "Vamos retomar o controle". Eatwell e Goodwin (2018) observam que cerca de 90% dos mais de 300 acadêmicos e pesquisadores eleitorais previram que a campanha em favor de "permanecer" triunfaria no referendo. Mas os especialistas estavam errados, pois 51,9% votaram pela saída e 48,1% pela permanência (Electoral Commission, 2019). O resultado foi um grande choque, com consequências significativas tanto para o Reino Unido quanto para a UE.

Antes das eleições gerais de 2016 nos EUA, Hillary Clinton ganhou a indicação do Partido Democrata como candidata a suceder Barack Obama, que havia cumprido dois mandatos. No processo de seleção do Partido Republicano, um novato político, o empresário e astro do *reality show O aprendiz*, Donald J. Trump, anunciou sua candidatura em junho de 2015. Contrariando todas as previsões dos analistas políticos, ele venceu a corrida para se tornar o candidato presidencial. A campanha eleitoral de Trump seguiu o *slogan* "Make America Great Again" ("Faça a América Grande Novamente"), destacando temas importantes como acabar com a imigração não autorizada e construir um grande muro na fronteira mexicana, "equilibrar" o relacionamento dos EUA com a China, aumentar os gastos militares e combater o terrorismo eliminando o Estado Islâmico (*Daesh*). Trump também se opôs a acordos e ações internacionais sobre o aquecimento global, comprometendo-se a apoiar a mineração de carvão nos EUA e a criar mais "bons empregos" em sua estratégia "América em primeiro lugar".

Trump foi caracterizado em grande parte como um líder "populista", protestando contra o que ele via como o *establishment* político liberal. "Drene o pântano" era um dos gritos de mobilização favoritos de seus apoiadores, sugerindo a eliminação do corrupto *establishment* de Washington. Trump se apresentou como o estranho político que entendia de negócios e estava do lado dos trabalhadores e da própria nação. Comentaristas e pesquisadores políticos sérios deram ao recém-chegado muito pouca ou nenhuma chance de derrotar o experiente Clinton, que fazia parte do *establishment* político. No entanto, em 8 de novembro, apesar de perder no voto popular, Trump obteve uma vitória espetacular, conquistando 30 estados (incluindo muitos ex-redutos democratas) e, portanto, a presidência. A combinação dessas duas reviravoltas no mesmo ano parecia sugerir que uma desestabilização da política "normal" estava em andamento.

No referendo do Reino Unido, os principais partidos — conservadores, trabalhistas, liberais democratas, nacionalistas escoceses, Plaid Cymru e os Greens — fizeram campanha para permanecer na

UE. Os ativistas a favor da saída os viam como parte de uma elite cosmopolita e liberal em toda a Europa que se afastou muito das atitudes e necessidades de muitos eleitores comuns do Reino Unido. Nos EUA, os concorrentes republicanos de Trump à candidatura muitas vezes pareciam mais próximos (em termos de política e retórica) dos políticos democratas do que de Trump, cuja agenda e linguagem eram muito diferentes. Em 2016, cristalizou-se uma percepção cada vez maior de que a estabilidade de muitos sistemas político-partidários estabelecidos estava desmoronando diante de um nacionalismo ou **populismo nacional** revigorado. Tormey (2019) argumenta que o populismo é uma forma "extraordinária" de política que apresenta a política comum como a fonte dos problemas da nação. Quebrar o *status* de "negócios, como sempre", como veremos mais adiante, é a chave para o apelo do populismo.

Em outros países e regiões, tanto antes como depois de 2016, também podemos ver essa onda nacionalista. Por exemplo, na Europa, entre os partidos populistas de direita mais conhecidos, estão o *National Rally* (antiga Frente Nacional), na França, o *Lega* (Liga), na Itália, o Alternativa, para a Alemanha (AfD), o *Jobbik* (Movimento por uma Hungria Melhor) e o *Fidesz*, na Hungria, e o *Vox*, na Espanha. No entanto, devemos notar que o populismo nacional também pode ser encontrado na esquerda política e socialista, por exemplo, no partido espanhol *Podemos*, e particularmente em alguns dos movimentos anticapitalistas e antiglobalização na América Latina. Mas o que exatamente se entende por populismo? Voltaremos a essa questão mais tarde, na seção sobre ideologias políticas, porque, embora seja relativamente fácil apontar exemplos ao redor do mundo, chegar a uma definição consensual de populismo se mostrou mais difícil.

Este capítulo começa com uma discussão de alguns importantes temas da sociologia política, incluindo os conceitos fundamentais de poder, tipos de autoridade e formas de governo. Em seguida, comparamos e contrastamos ideologias políticas antigas e desenvolvidas mais recentemente. A partir daí, o capítulo passa para a dramática queda da União Soviética e um esboço das perspectivas para a democracia em todo o mundo. O capítulo termina com as atividades políticas menos formais dos movimentos sociais em uma era de globalização.

Sociologia política

Muitas pessoas acreditam que a política ou é distante de suas vidas cotidianas ou é desinteressante, provavelmente ambos. Até muito recentemente, a política formal em grande parte da Europa e da América do Norte também parecia ser o domínio exclusivo de homens de meia-idade, em parlamentos e assembleias ao redor do mundo. Mas a situação mudou muito atualmente, quando mais mulheres e pessoas de minorias étnicas se tornaram membros de órgãos do parlamento e ministros de governo. Porém, ainda existe a crença de que é o governo e a competição de **partidos políticos** que constituem a área principal da política.

Contudo, a **política** é um conceito questionado, e a esfera apropriada do "político" pode ir muito além dos processos formais de governos e rivalidades de partido eleitoral. O movimento antiguerra de 2003 na Grã-Bretanha mobilizou mais de 1 milhão de pessoas, que protestavam com um objetivo extremamente político — impedir que os governos invadissem o Iraque. De modo semelhante, muitos dos grupos, das redes e das organizações que são discutidos em outras partes deste livro podem ser vistos como "políticos". Onde quer que pessoas se reúnam para mudar a sociedade, para alterar ou defender as leis existentes ou exercer algum outro tipo de influência, podemos dizer que suas atividades são, pelo menos em parte, políticas.

Independentemente de gostarmos ou não, somos afetados pelo que acontece na esfera política. Mesmo no sentido limitado, os governos influenciam atividades muito pessoais e, em épocas de guerra, podem até exigir que deixemos nossas vidas em segundo plano por objetivos considerados necessários. A pandemia de covid-19 de 2020 mostrou isso com grande clareza, pois os governos nacionais de todo o mundo aprovaram uma legislação de emergência que nunca havia sido vista fora dos tempos de guerra. Os governos deram poderes mais amplos às forças policiais para deter cidadãos, fecharam negócios efetivamente e impuseram às suas populações condições de *lockdown* que restringiram as atividades normais e a liberdade de movimento. A esfera do governo é onde o poder do estado é exercido, embora a vida política geralmente envolva poder: quem o detém, como é alcançado e o que fazem com ele.

Quando existe um aparato político de governo, com instituições como um parlamento ou congresso, bem como um funcionalismo público (ou serviço civil) governando um determinado território, cuja autoridade se fundamenta em um sistema legal e na capacidade de usar a força militar, podemos dizer que existe um **Estado**. A maioria das sociedades modernas é formada por **Estados-Nações**, em que a grande massa da população consiste em cidadãos que se consideram parte de uma única nação. Os Estados-Nações passaram a existir em momentos diversos em diferentes partes do mundo — por exemplo, os Estados Unidos em 1776, a República Tcheca em 1993, e o Sudão do Sul em 2011. Os seguintes aspectos caracterizam os Estados-Nações:

- *Soberania*. Antes do surgimento dos Estados-Nações, os territórios governados por Estados tradicionais sempre foram mal definidos, sendo muito fraco o controle exercido pelo governo central. Mas os Estados-Nações são soberanos, com autoridade suprema sobre um território mais distinto e delimitado.
- *Cidadania*. A maioria das pessoas governadas por reis ou imperadores antigamente apresentava pouca consciência ou interesse por aqueles que a governavam e não tinha direitos políticos ou influência. Somente as classes dominantes ou os grupos mais ricos pertenciam a uma comunidade política. Nos Estados-Nações, as pessoas que vivem dentro das fronteiras do sistema político são cidadãos, tendo direitos e deveres comuns. Quase todas as pessoas do mundo atual são membros de uma ordem política nacional definida.
- *Nacionalismo*. Os Estados-Nações são associados à ascensão do **nacionalismo** — um conjunto de símbolos e crenças que cria uma consciência de pertencer a uma comunidade política e cultural. Os indivíduos têm um senso de orgulho e pertencimento por serem franceses, ganeses, russos e assim por diante. O nacionalismo é a principal expressão de identificação com uma grande comunidade cultural — uma nação.

> Exploramos o fenômeno do nacionalismo mais detalhadamente no Capítulo 21, "Nações, guerra e terrorismo". A cidadania é abordada no Capítulo 11, "Pobreza, exclusão e bem-estar social".

Poder

O significado, a natureza e a distribuição do **poder** são questões centrais para os sociólogos políticos. Max Weber (1979 [1925]: 53) definiu o poder como "a chance de um ator dentro de uma relação social estar em posição de realizar sua própria vontade, apesar da resistência e independentemente da base em que essa probabilidade se apoia". Para Weber, o poder é a capacidade de conseguir o que se quer, mesmo contra a resistência dos outros. Muitos sociólogos seguiram Weber, estabelecendo uma distinção entre formas de poder que são *coercitivas* e aquelas que têm *autoridade*. Os céticos quanto à guerra de 2003 no Iraque, por exemplo, muitas vezes criticaram a invasão liderada pelos norte-americanos porque ela não tinha a autoridade explícita dos Estados Unidos, de modo que consideravam a guerra ilegítima — ou seja, um uso coercitivo do poder.

A discussão de Max Weber sobre o poder se concentra em distinguir diferentes categorias ou "tipos ideais" de autoridade: tradicional, carismática e racional-legal. A *autoridade tradicional* é o poder legitimado pelo respeito por padrões culturais estabelecidos, como o domínio hereditário das famílias nobres na Europa medieval. Em comparação, a *autoridade carismática* costuma desorganizar a tradição. Ela se baseia na devoção a um líder por subordinados que acreditam que o líder tem qualidades excepcionais que inspiram devoção. O "carisma", para Weber, é um traço da personalidade. Jesus Cristo e Adolf Hitler costumam ser citados como exemplos de indivíduos com autoridade carismática. Ainda assim, a autoridade carismática pode ser exercida de maneiras mais cotidianas: a autoridade de certos professores, por exemplo, pode ser, em parte, carismática. Na visão de Weber, a maioria das sociedades do passado se caracterizava por estruturas tradicionais de autoridade que eram pontuadas periodicamente por explosões de carisma.

No mundo moderno, segundo Weber, a *autoridade racional legal* estava cada vez mais substituindo a autoridade tradicional. Ela representa o poder que é legitimado por meio de regras e regulamentações legalmente implementadas, sendo encontrada em organizações e burocracias modernas e no governo, os quais Weber (1948) descreve como organizações formais que direcionam a vida política de uma sociedade.

Estudos clássicos 20.1 — Stephen Lukes e a "visão radical" de poder

O problema da pesquisa

Alguns problemas de pesquisa em sociologia são teóricos, em vez de empíricos. Com frequência, os sociólogos devem refletir sistematicamente sobre seus conceitos fundamentais para esclarecê-los e ampliar seu alcance. O conceito de poder, por exemplo, já foi questionado, provocando muita discordância. Seria o poder algo que as pessoas podem ter, como outras posses materiais? Seria algo que pode ser compartilhado? Ou será que ele é observado de maneira mais indireta, existindo apenas nas relações entre as pessoas? Stephen Lukes tentou refletir sobre o conceito de poder para cobrir todas as possibilidades empíricas.

A visão de Lukes

A perspectiva de Weber sobre o poder ainda é um ponto de partida valioso para os sociólogos políticos, mas existe uma visão alternativa e "radical" sobre o poder, proposta pelo sociólogo Stephen Lukes (2004 [1974]). Em seu texto clássico, Lukes propõe o que chama de "visão tridimensional" do poder. Os estudos unidimensionais do poder se concentram na capacidade de tomar decisões para conseguir o que se quer em conflitos observáveis. Por exemplo, se o governo tivesse recuado em seu apoio à intervenção militar no Iraque em resposta aos protestos contra a guerra em fevereiro de 2003, isso seria evidência de que os manifestantes tinham poder. As análises unidimensionais observam o comportamento dos participantes na tomada de decisões, particularmente quando existe um conflito de interesses. Quando as decisões são tomadas, fica visível qual lado é "poderoso". Lukes argumenta que essa é uma visão muito limitada do poder.

Uma perspectiva bidimensional sobre o poder se baseia nisso, analisando a capacidade de atores e grupos sociais de controlar quais questões são decididas. Com isso, Lukes quer dizer que os grupos ou indivíduos também podem exercer o poder, limitando as alternativas disponíveis aos outros. Por exemplo, uma maneira como os governos autoritários exercem seu poder é impondo restrições sobre aquilo que a imprensa pode publicar. Desse modo, eles, muitas vezes, conseguem impedir que certas queixas se tornem questões dentro do processo político. Na visão bidimensional do poder, devemos analisar não apenas as decisões e políticas observáveis, mas também a maneira como a própria agenda decisória é criada. Quais questões são mantidas *fora* da agenda?

Lukes argumenta que, com base nos dois tipos anteriores, também existe uma perspectiva tridimensional, que possibilita uma "visão radical" do poder. Ele chama isso de "manipulação de desejos" e pergunta (Lukes 2004 [1974]: 27): "não será o exercício supremo do poder fazer outros terem os desejos que se quer que tenham — ou seja, garantir sua adesão, controlando seus pensamentos e desejos?". Isso não significa necessariamente que as pessoas sofram uma lavagem cerebral. Nossos desejos também podem ser manipulados de maneiras muito mais sutis.

Os neomarxistas, como Herbert Marcuse e a Escola de Frankfurt de teoria crítica, argumentam que, por exemplo, os capitalistas exercem o poder sobre os trabalhadores moldando seus desejos por meio da mídia e de outros modos de socialização, para assumirem o papel de trabalhadores e consumidores passivos. O argumento de Lukes aqui é que esse exercício "ideológico" do poder não é explicitamente observável ou mensurável, mas pode ser inferido quando 'as pessoas agem de maneira contrária a seus próprios interesses. Em sua análise teórica do poder, Lukes (2004 [1974]: 37) consegue chegar a uma definição mais ampla do que a proposta por Weber. Ele afirma: "'A' exerce poder sobre 'B' quando 'A' afeta 'B' de maneira contrária aos interesses de 'B'".

> Ver o Capítulo 3, "Teorias e perspectivas sociológicas", para uma discussão sobre a teoria crítica.

Pontos de crítica

O trabalho de Lukes teve uma grande influência na maneira como os sociólogos abordam questões de poder. Todavia, ele também tem seus críticos. Um problema com a visão radical do poder de Lukes é que ela deixa em aberto a questão de como nós, como sociólogos, podemos saber quais são os interesses das pessoas. A adequação da visão radical depende de como abordamos essa questão, mas ela se mostrou difícil de responder de maneira conclusiva.

Um segundo problema relacionado é que a perspectiva tridimensional nos convida a estudar as não decisões e a influência inobservável de ideologias sobre os desejos das pessoas. Porém, como os sociólogos podem estudar coisas que *não* acontecem ou que não podem observar? Finalmente, pode-se objetar que a visão tridimensional de Lukes sobre o poder não é realmente uma teoria do poder, mas o reconhecimento da influência de estruturas sociais sobre os indivíduos. Se esse for o caso, ela representa uma teoria de determinismo estrutural, em vez de uma teoria de *exercício* de poder.

Relevância contemporânea

O trabalho de Lukes de 1974 foi uma obra analítica muito breve e, em 2004, foi publicada uma segunda edição, contendo dois novos ensaios, para atualizar seu argumento. Em particular, Lukes discute a teoria do poder de Foucault, defendendo a visão tridimensional contra ideias mais gerais (foucaultianas) de que o poder permeia todas as relações sociais em igual medida. Todavia, com base em teorias feministas sobre como a dominação masculina é estabelecida por meio da redução das expectativas das mulheres e também com base no trabalho de Amartya Sen (2001) sobre o conceito de "desenvolvimento" baseado na *capacidade* das pessoas de "viver o tipo de vida que valorizam — e ter razão para valorizar", Lukes argumenta, na última edição, que o poder é uma "capacidade" ou um conjunto de "capacidades" humanas, chamando a atenção para a maneira como elas podem ser negadas ou promovidas. Parece que o seu influente argumento em favor de uma visão radical do poder permanecerá como ponto de referência para debates sobre o tema.

> **REFLEXÃO CRÍTICA**
>
> "'A' exerce poder sobre 'B' quando 'A' afeta 'B' de maneira contrária aos interesses de 'B'". Que exemplos do mundo real se enquadram na afirmação de Lukes? Pensando no uso de métodos de pesquisa sociológica, como poderíamos estabelecer o que constitui os "interesses de 'B'"?

Foucault e o poder

O historiador e filósofo francês Michel Foucault (1926-1984) também desenvolveu uma teoria muito influente sobre o poder, distante da definição mais formal de Weber. Foucault argumentava que o poder não se concentra em uma instituição, como o Estado, ou em um grupo específico de indivíduos. Ele dizia que esses modelos antigos de poder, incluindo o de Stephen Lukes, baseiam-se em identidades fixas, com grupos fáceis de identificar, como a classe dominante, um governo ou os homens em geral. Ao contrário, Foucault argumentava que o poder atua em todos os níveis das interações sociais, em todas as instituições sociais, por meio de todas as pessoas.

> As ideias de Foucault foram introduzidas no Capítulo 3, "Teorias e perspectivas sociológicas".

O poder e o conhecimento estão intimamente ligados e servem para reforçar um ao outro, e Foucault usa com frequência o poder-conhecimento como um único conceito (Kelly, 2009: 44). As reivindicações de conhecimento de um médico, por exemplo, também são reivindicações de poder, quando são postas em prática em um contexto institucional (um hospital) em que esse conhecimento é operacionalizado. O aumento no conhecimento sobre a saúde e a doença deu mais poder aos médicos, que reivindicavam **autoridade** sobre seus pacientes. Foucault descreve o desenvolvimento de **discursos** — modos de pensar e discutir sobre questões como crime, saúde ou bem-estar — que efetivamente definem limites sobre como estes são "conhecidos". Na área da saúde, por exemplo, poderíamos falar sobre o discurso médico, baseado na medicina científica e na prática de profissionais médicos, que deixa de lado as práticas populares existentes e as terapias alternativas. Dessa forma, os discursos criam significados dominantes e sustentam as reivindicações de conhecimento e poder de certos grupos contra significados e formas alternativas de conhecimento.

As ideias de Foucault ganharam popularidade quando a sociologia política se afastou das teorias de conflito, especialmente das interpretações econômicas do marxismo, voltando-se para formas de luta política baseadas na identidade, como o gênero e a sexualidade (Foucault, 1967, 1978). Como o poder é algo encontrado em todas as relações sociais, e não algo exercido pelos grupos dominantes, a concepção de Foucault quebra a divisão simples entre as formas autoritárias e coercivas de poder. Sua concepção, portanto, efetivamente amplia o conceito do "político".

Embora Foucault tenha fornecido uma descrição muito sutil do poder nas interações sociais cotidianas, sua concepção vaga do termo tem sido vista como subestimando as concentrações de poder em estruturas como os militares, as elites políticas ou as classes sociais "mais altas". Por exemplo, a concepção de Foucault pode explicar adequadamente como a dinastia Kim na Coreia do Norte conseguiu permanecer no poder de 1948 até o líder atual, Kim Jong-un? Pode ser que essa "ditadura hereditária" tenha tido sucesso porque conseguiu concentrar o poder nas mãos de uma pequena elite política e militar que reprimiu violentamente toda a oposição. Nesses casos, a ideia mais antiga de poder como a capacidade de fazer as coisas do seu jeito, mesmo contra a oposição e usando a força, se necessário, é uma maneira melhor de explicar o domínio da dinastia sobre o país. O debate sobre sistemas autoritários é desenvolvido na próxima seção, em que passamos das teorias do poder para o exercício do poder em sistemas políticos contrastantes.

Autoritarismo e política democrática

No decorrer da história, as sociedades têm se baseado em uma variedade de sistemas políticos, e as sociedades do século XXI ao redor do mundo estão organizadas segundo diferentes padrões e configurações. No final de 2017, 96 dos 167 países (57%) com população superior a 500 mil habitantes declararam ser democracias. Outros 21 eram autocráticos (13%), enquanto os outros 46 (28%) tinham uma mistura de elementos democráticos e autocráticos (Desilver, 2019). Embora a maioria das sociedades atualmente reivindique ser democrática — ou seja, envolvendo a massa de pessoas na tomada de decisões —, outras formas de regime político continuam a existir. Nesta seção, traçaremos um perfil da democracia e do autoritarismo, dois dos tipos básicos de sistema político.

Formas de autoritarismo

Se a democracia incentiva o envolvimento ativo dos cidadãos em questões políticas, nos **Estados autoritários**, a participação popular é negada ou severamente limitada. Nessas sociedades, as necessidades e os interesses do Estado são priorizados sobre os do cidadão comum, e não existem mecanismos legais estabelecidos para se opor ao governo ou para remover um líder do poder.

Atualmente, existem governos autoritários em muitos países, alguns dos quais alegam ser "democráticos". A República Democrática Popular da Coreia, normalmente chamada "Coreia do Norte", é um exemplo de Estado autoritário. Poderosas **monarquias** da Arábia Saudita e do Kuwait e o regime militar de Mianmar (Birmânia) restringem rigidamente as liberdades civis dos cidadãos e negam a eles a participação significativa em questões governamentais. Mianmar viu uma mudança significativa após a libertação da líder da oposição Aung San Suu Kyi em 2010, um desenvolvimento que pareceu demonstrar que tais regimes militaristas não têm controle total.

Em 2015, o partido político de Suu Kyi, a Liga Nacional para a Democracia, conquistou cerca de 80% dos assentos em uma eleição nacional, obtendo 387 dos 478 assentos (BBC News, 2015b). O presidente Thein Sein prometeu uma transferência de poder tranquila, embora a constituição reserve 25% dos assentos para integrantes do exército e mantenha uma influência significativa com um veto à mudança constitucional. Desde que se tornou líder *de fato* em 2016, a reputação de Suu Kyi como defensora dos direitos humanos entrou em colapso. Isso se deveu, em grande parte, à repressão militar aos muçulmanos rohingyas no país, que forçou centenas de milhares a fugir para o vizinho Bangladesh. Suu Kyi foi vista amplamente não apenas como incapaz de agir para evitar estupros, assassinatos e tentativas de genocídio, mas também como buscando justificar as ações dos militares na Corte Internacional de Justiça (BBC News, 2020b). A anulação das altas

Foto de placa mostrando soldados norte-coreanos tirada em um desfile militar em Pyongyang, capital da Coreia do Norte, provavelmente o país mais autoritário e politicamente isolado do mundo.

expectativas associadas à tentativa de mudança democrática sugere que muitos comentaristas subestimaram as dificuldades em se afastar decisivamente do regime militar.

Cingapura costuma ser citada como exemplo do chamado autoritarismo brando. O Partido da Ação Popular mantém um controle firme do poder, mas garante uma qualidade de vida elevada para seus cidadãos, intervindo em quase todos os aspectos da sociedade. Cingapura é notável por sua segurança, sua ordem civil e a inclusão social de todos os cidadãos. A economia de Cingapura é bem-sucedida, as ruas são limpas, as pessoas têm emprego, e a pobreza é praticamente desconhecida. Todavia, apesar do elevado padrão de vida em termos materiais, mesmo pequenas transgressões como jogar lixo na rua ou fumar em público são punidas com multas severas; existe uma regulação rígida da mídia, do acesso à internet e da posse de antenas parabólicas. A polícia tem poderes extraordinários para deter cidadãos por suspeita de infrações, e a aplicação de penas judiciais corporais e capitais é comum. Apesar desse controle autoritário, a satisfação popular com o governo é relativamente alta, um bom exemplo do que Brooker (2013) chama de "legitimidade de desempenho". Ou seja, as preocupações dos cidadãos sobre a falta de democracia real ou as alegações de corrupção política costumam ser abafadas pelos sucessos econômicos e a competência administrativa do país.

Indiscutivelmente, o autoritarismo brando de Cingapura permitiu que ela tomasse as medidas rápidas necessárias para conter a propagação potencial da covid-19 em 2020. Desde os primeiros casos identificados em janeiro, foram introduzidas restrições e testes nas fronteiras, um extenso programa de rastreamento de contatos foi implementado, a quarentena domiciliar foi rigorosamente aplicada, e os testes foram gratuitos para todos. Inicialmente, o país parecia ter a epidemia sob controle. No entanto, no final de abril de 2020, a taxa de infecção aumentou rapidamente, afetando principalmente os trabalhadores migrantes, que viviam em dormitórios superlotados e insalubres, o maior dos quais abrigava 24 mil pessoas (Ratcliffe, 2020). Embora a satisfação dos cidadãos com o regime possa ser alta, a pandemia destacou o tratamento severo e desigual da força de trabalho migrante. Cingapura pode não ter liberdades democráticas, mas o tipo de autoritarismo do país é diferente dos regimes mais ditatoriais. O romancista William Gibson (1993) descreveu-o como "Disneylândia com pena de morte". Parece que regimes autoritários economicamente bem-sucedidos não geram necessariamente descontentamento e revolta em massa, embora esses regimes sejam a minoria em comparação com as democracias.

Alguns regimes hoje podem ser mais bem caracterizados como "semiautoritários" (Ottaway, 2003) ou "autoritários competitivos" (Levitsky e Way, 2010). Levitsky e Way argumentam que esses são "regimes civis nos quais as instituições democráticas formais existem e são amplamente vistas como o principal meio de obtenção de poder, mas nos quais o abuso do Estado por parte dos titulares os coloca em uma vantagem significativa em relação aos oponentes" (ibid.: 5). A Rússia sob o presidente Putin pode ser o exemplo mais claro desse tipo.

Na Rússia, alguns direitos individuais são evidentes, e eleições periódicas são realizadas com representantes formando um parlamento. No entanto, o poder está cada vez mais fortalecido e centralizado no gabinete presidencial, que mantém um controle rígido sobre grande parte da mídia de massa e de algumas indústrias-chave, como a de defesa e a de hidrocarbonetos, e pode contar com as forças de defesa e segurança (Chaguaceda, 2016: 81). Em um discurso ao parlamento — a Duma —, em março de 2020, o presidente Putin disse que "o presidente é o garantidor da constituição [...] em suma, o garantidor da segurança do país, da estabilidade doméstica e [...] do desenvolvimento evolutivo" (*The Economist*, 2020b). E embora seus dois mandatos terminem em 2024, um pacote de reformas constitucionais aprovadas por votação pública em junho de 2020 abriu o caminho para Putin continuar, talvez por mais dois mandatos, até 2036 (Osborn e Soldatkin, 2020).

Regimes como a Rússia mantêm a aparência e a retórica de serem "democráticos", enquanto limitam estritamente a livre competição política e as liberdades civis. Tais regimes também podem ser encontrados na maior parte do mundo, inclusive em alguns estados do Leste Europeu que já fizeram parte da União Soviética, na África Subsaariana, na América Latina, nos Balcãs e em alguns estados árabes. Por exemplo, no Cazaquistão e no Azerbaijão, "ex-chefes do Partido Comunista se transformaram em presidentes eleitos, mas, na realidade, continuam sendo homens fortes cujo poder mal é controlado por instituições democráticas fracas" (Ottaway, 2003: 3). Ottaway vê o semiautoritarismo como uma maneira pela qual regimes autoritários podem sobreviver à crescente pressão de cidadãos desiludidos, que exigem mais liberdade individual e democracia. Mas o que se entende por democracia e política democrática?

Política democrática

A palavra **democracia** tem suas raízes no termo grego *demokratia*: *demos* (povo) e *kratos* (governo). A democracia, portanto, é um sistema político em que o povo, e não monarcas ou aristocratas, governa. Isso soa suficientemente claro, mas não é. O regime democrático tem adotado formas contrastantes em diferentes períodos e em diferentes sociedades. Por exemplo, "o povo" já foi compreendido de formas variadas, significando todos os homens, os proprietários, os homens brancos educados e os homens e as mulheres adultos. Em algumas sociedades, a versão oficialmente aceita de democracia se limita à esfera política, ao passo que, em outras, ela se estende a áreas mais amplas da vida social.

A forma que a democracia assume em um determinado contexto é resultado principalmente de como seus valores e objetivos são compreendidos e priorizados. A democracia, de um modo geral, é vista como o sistema político que é mais capaz de garantir igualdade política, proteger a liberdade, defender o interesse comum e satisfazer as necessidades dos cidadãos, enquanto promove o autodesenvolvimento moral e proporciona uma tomada de decisões efetiva (Held, 2006: 2-3). O peso que se confere a esses diversos objetivos pode influenciar o fato de se a democracia é considerada uma forma de poder popular (autogoverno e autorregulação) ou se ela é vista como uma estrutura para dar suporte à tomada de decisões por outras pessoas (como um grupo de representantes eleitos).

Na **democracia participativa** (ou democracia "direta"), as decisões são tomadas em comum por todos aqueles afetados por elas. Esse era o tipo original de democracia praticado na Grécia Antiga. Aqueles que eram cidadãos — uma pequena minoria da sociedade — se reuniam regularmente para discutir políticas e tomar decisões importantes. A democracia participativa tem importância limitada nas sociedades modernas, com populações muito grandes, embora alguns aspectos ainda sejam importantes.

As pequenas comunidades da Nova Inglaterra, no nordeste dos Estados Unidos, continuam a prática tradicional dos *town meetings* anuais. Em dias designados, todos os moradores da cidade se reúnem para discutir e votar sobre questões locais. Outro exemplo de democracia participativa é a realização de referendos, quando as pessoas manifestam suas visões sobre uma determinada questão, geralmente algo muito significativo. Por exemplo, a Escócia realizou um referendo sobre a independência do Reino Unido em setembro de 2014, e o próprio Reino Unido realizou um referendo nacional sobre a participação na UE em junho de 2016. Também foram usados referendos para decidir questões contenciosas relacionadas com a secessão em regiões nacionalistas étnicas como Quebec (em 1995), a província com idioma predominantemente francês do Canadá.

Atualmente, a **democracia representativa** é a forma mais comum de governo democrático. É um sistema político em que as decisões são tomadas não pelos membros da sociedade como um todo, mas por pessoas que foram eleitas para essa finalidade. Nos governos nacionais, a democracia representativa assume a forma de eleições para congressos, parlamentos ou órgãos nacionais semelhantes.

Atualmente, a maioria dessas sociedades normalmente (embora nem sempre) tem uma constituição escrita, um judiciário independente e leis que garantem procedimentos eleitorais, votos secretos, partidos concorrentes, liberdade de imprensa e direitos do corpo legislativo (Alonso et al., 2011: 1). Dessa forma, elas normalmente são descritas como "democracias liberais". A democracia representativa como um mecanismo de tomada de decisão também existe em outros níveis, como em províncias ou estados, cidades, condados, bairros e outras regiões menores. Muitas organizações grandes também optam por resolver suas questões usando a democracia representativa, elegendo um pequeno comitê executivo para tomar decisões cruciais em favor da sociedade em geral. As democracias representativas existem tanto no Norte quanto no Sul Global e, como veremos, seu número está crescendo. Mas antes de explorarmos a disseminação da democracia, vamos considerar a teoria das elites e o papel das burocracias dentro dos sistemas de governo ostensivamente democráticos.

> **REFLEXÃO CRÍTICA**
>
> Alguns políticos em sistemas representativos defendem que os referendos não deveriam ter sua utilização ampliada apenas porque a tecnologia digital facilita a votação. Dê algumas razões pelas quais a democracia representativa e o uso prolongado de referendos podem causar conflitos.

Elites e burocracias contra a democracia?

A política democrática parece ser a forma dominante no mundo de hoje, e parece óbvio que os políticos são funcionários públicos que servem a seus eleitores e cidadãos. Mas seria essa apenas a aparência superficial? Para alguns, incluindo uma série de líderes populistas de hoje, as sociedades continuam a ser governadas por pequenas elites, apesar de todas as aparências. Para outros, a democracia é minada por grandes burocracias, que exercem muito mais poder do que a ideia comum de uma administração "neutra" poderia sugerir. Nesta seção, examinamos tanto a teoria da elite quanto as ideias de dominação burocrática.

Elites e a teoria da elite

Uma perspectiva influente sobre a política e uma crítica dos ideais democráticos vêm das teorias das elites políticas e sociais. Os teóricos da elite veem a democracia como uma farsa ou miragem que mascara o fato fundamental de que o governo de uma minoria sobre a maioria foi, é e sempre será o caso. Em particular, e contra a teoria marxista, as sociedades são governadas por poderosas elites políticas, e não por uma classe econômica dominante e coerente.

As teorias clássicas da elite se encontram nas obras de Gaetano Mosca (1858-1941), Vilfredo Pareto (1848-1923) e Robert Michels (1876-1936) (Berberoglu, 2005: 29). Suas principais obras foram publicadas no final do século XIX e no início do século XX, época de ascensão dos sindicatos e de outras organizações da classe trabalhadora nos países em industrialização. Em variados graus, as teorias da elite foram influenciadas por esse desenvolvimento, que alguns viam com apreensão e outros como a promessa de uma imagem utópica, mas completamente irrealista, de um futuro democrático.

Pareto usou o conceito de "elite" para descrever grupos governantes ou dominantes, e ele viu as sociedades divididas em duas: uma pequena elite e uma grande "não elite" ou "massa". Mas o grupo da elite também se divide entre aqueles que governam ou dominam e aqueles que, embora façam parte da elite, não desempenham nenhum papel, de fato, no governo. Para Pareto, as elites são caracterizadas pela inteligência, pelo conhecimento e pelas habilidades superiores dos indivíduos que as compõem. Portanto, uma elite governante deve recorrer a diferentes camadas, inclusive das massas, para ser bem-sucedida. As elites que restringem a filiação — digamos, apenas a homens de uma determinada classe social — não conseguem utilizar os recursos humanos disponíveis e não conseguem se revitalizar. A circulação de indivíduos de alto nível entre a elite e a não elite ajuda a manter uma elite vibrante e a afastar os adversários. No entanto, a história mostra que, embora determinadas elites governantes possam governar por um tempo, é inevitável que sejam eventualmente substituídas: "A história é um cemitério de aristocracias" (Pareto, 1935 [1916]: 1430).

Esse é o segundo aspecto da "circulação das elites" — que as elites estabelecidas inevitavelmente se tornam decadentes ou estagnadas e dão lugar a grupos em ascensão. Nesse processo, todo o grupo da elite muda, mas o que nunca muda é o próprio princípio do governo da elite. Todas as noções de "governo do povo para o povo", compartilhamento de poder e igualdade social são sonhos inimagináveis. Na realidade, o poder é sempre monopolizado por pequenas elites altamente organizadas. E, mesmo que uma elite possa entrar em colapso ou ser derrubada, o resultado será a instalação e o estabelecimento de uma nova elite mais bem equipada para governar.

As ideias de Mosca (1939 [1896]) têm uma forte semelhança com as de Pareto. Ele também vê a sociedade dividida em duas classes: uma pequena classe dominante e uma grande classe governada. E embora ele use o termo "classe", seus conceitos estão muito distantes das definições marxistas ou sociológicas e estão muito mais próximos do conceito da teoria mais ampla da elite (Marshall, 2007: 10). Mosca argumentou que o governo da elite é inevitável e que a visão de Marx de uma sociedade sem classes é insustentável, refutada pelos fatos da história. As elites dominantes são basicamente coalizões de pessoas oriundas das forças armadas, das organizações religiosas, da academia e de outros grupos sociais com suas próprias habilidades especiais ou suas bases de poder. A elite é, então, uma elite política que monopoliza o poder e domina as massas. Tanto para Mosca quanto para Pareto, a "massa" constitui uma maioria incongruente, facilmente influenciada por ideias e ideais simples (como "igualdade" ou "liberdade") e sujeita à manipulação por grupos de elite. Nenhum dos teóricos viu qualquer potencial para uma revolução da classe trabalhadora, como prevista por Marx.

Um terceiro teórico das elites foi Robert Michels (1967 [1911]), cujas ideias competiam com as de Weber. Michels era um ex-membro desiludido do partido social-democrata (PSD) na Alemanha que viu que não apenas as elites ascendem ao topo do aparato estatal, mas o processo também opera em todas as organizações, por toda a sociedade (Slattery, 2003: 52-53). Em particular, Michels argumentou que, mesmo em partidos políticos aparentemente radicais, sindicatos e outras organizações de inspiração democrática, uma pequena elite domina e governa segundo seus próprios interesses. Ele chamou esse processo de **lei de ferro da oligarquia**, o inevitável "governo de poucos". O fluxo de poder para o topo é apenas um aspecto do nosso mundo cada vez mais organizado e burocratizado. Mas será que Michels estava certo?

Certamente é correto que muitas organizações de grande porte envolvem a centralização do poder e a tomada de decisões rotineiras por alguns poucos. No entanto, há boas razões para supor que a "lei de ferro da oligarquia" não é tão rigorosa quanto Michels (ou Mosca e Pareto) pensava. Primeiro, à medida que as organizações aumentam de tamanho, as relações de poder podem se tornar mais flexíveis. Aqueles nos níveis médio e inferior podem ter pouca influência sobre as políticas gerais forjadas no topo, mas o poder geralmente é delegado para baixo, pois os chefes das empresas estão tão ocupados coordenando, lidando com crises e analisando orçamentos que têm pouco tempo para o pensamento original. Muitos líderes corporativos admitem francamente que, na maioria das vezes, simplesmente aceitam as conclusões que lhes são dadas.

Desde a década de 1970, os sociólogos reconheceram a crescente importância dos "laços fracos" e das redes sociais tecnologicamente avançadas e pouco conectadas com a vida econômica, política e social (Granovetter, 1973; Castells, 1996b). Em uma era digital, quando a globalização continua a remodelar a organização empresarial e a tomada de decisões políticas, o poder parece ter se tornado mais fluido, e redes poderosas estão potencialmente abertas a uma gama mais ampla de indivíduos de todo o espectro social. Portanto, pode estar se tornando mais difícil para pequenas elites obter poder e mantê-lo.

> Veja no Capítulo 19, "Mídia", uma discussão teórica sobre as redes sociais.

Por outro lado, a pesquisa sobre as posições de poder na sociedade do Reino Unido — juízes de alto escalão, deputados e membros do gabinete, membros da Câmara dos Lordes, oficiais superiores do exército e assim por diante — revela que elas continuam a ser dominadas por aqueles que são educados em um pequeno número de escolas particulares independentes (Social Mobility and Child Poverty Commission, 2014). Estudos sociológicos desde a década de 1950 encontraram a formação de elites nos EUA (Mills, 1956), na França e no Reino Unido (Maclean et al., 2006; Scott, 1991), bem como no nível transnacional (Carroll, 2004).

É provável que "elite" ainda seja a descrição mais precisa de certos grupos poderosos de pessoas, apesar da ascensão de novas redes sociais. Porém, uma tarefa contínua para pesquisadores empíricos é avaliar se essas elites são realmente coesas ou tão poderosas para moldar a vida social hoje como eram, digamos, no século XIX.

Burocracia contra a democracia?

A palavra **burocracia** foi cunhada em 1745 pela junção de "*bureau*" (um escritório e uma escrivaninha) ao grego *kratos*, que significa "domínio". A burocracia é, portanto, "o domínio dos funcionários". Desde o início, o conceito foi usado de forma depreciativa. O romancista francês Honoré de Balzac viu a burocracia como "o poder gigante exercido pelos pigmeus", enquanto o autor tcheco Franz Kafka deu uma descrição digna de pesadelo de uma burocracia impessoal e ininteligível em seu romance *O julgamento* (1925). Essa visão persiste: as burocracias são vistas, em grande parte, como poderosas, mas irracionais, e a imagem do "burocrata sem rosto" é alguém que carece de sensibilidade e compaixão (Lune, 2010: 5).

Claramente, sociedades modernas e complexas precisam de alguma organização formal para que as coisas funcionem sem problemas. Mas muitas pessoas veem as organizações de forma negativa, como um empecilho para a criatividade individual e obstrutivas quando precisamos de ajuda. Como as organizações podem ser percebidas como necessárias, e ainda assim inúteis? Esse é um problema de percepção relativamente menor ou algo muito mais profundo e sério? Max Weber desenvolveu uma interpretação sistemática da ascensão das organizações modernas, enfatizando que elas dependem do controle da informação, e destacou a importância da escrita nesse processo. As organizações precisam de *regras* escritas para funcionar e de arquivos nos quais a "memória" organizacional é armazenada. Mas Weber detectou um choque, bem como uma conexão, entre as organizações modernas e a democracia, gerando consequências de longo alcance para a vida social.

Para estudar as organizações burocráticas, Weber construiu uma burocracia ideal-típica. "Ideal" aqui não se refere à forma mais desejável, mas a uma forma "pura". Um **tipo ideal** é uma descrição abstrata, construída acentuando-se certas características de casos reais de modo a localizar suas características mais essenciais (ver Capítulo 1). Weber (1979 [1925]) listou várias características do tipo ideal de burocracia.

1. Existe uma hierarquia clara de autoridade, e as tarefas são distribuídas como "deveres oficiais".

Uma burocracia se parece com uma pirâmide, com os cargos de mais alta autoridade no topo. Cada cargo superior controla e supervisiona o que está abaixo dele.
2. Regras escritas regem a conduta dos funcionários em todos os níveis. Quanto mais alto o ofício, mais as regras abrangem uma grande variedade de casos e exigem flexibilidade na sua interpretação.
3. Os funcionários trabalham em tempo integral e são assalariados, e espera-se que os indivíduos façam carreira dentro da organização. A promoção é baseada na capacidade e no tempo de serviço, ou em uma mistura dos dois.
4. Existe uma separação entre as tarefas dos funcionários na organização e a sua vida fora dela, estando os dois fisicamente separados.
5. Nenhum membro da organização possui os recursos com os quais trabalha. Os funcionários não possuem seus escritórios, suas mesas ou as máquinas que utilizam.

Weber muitas vezes comparou burocracias a máquinas sofisticadas operando por meio do princípio da racionalidade. Mas ele também reconheceu que as burocracias podem ser ineficientes e aceitou que muitos trabalhos burocráticos são monótonos, oferecendo poucas oportunidades para a criatividade. No entanto, ele concluiu que a rotina burocrática e a autoridade do funcionalismo são preços que pagamos pela eficácia técnica. Por outro lado, a redução da democracia com o avanço da organização burocrática era algo mais preocupante. Como a democracia pode ser outra coisa senão um *slogan* sem sentido diante da crescente dominação burocrática?

Alguns sustentam que o relato de Weber é *parcial*. Ele se concentra nos aspectos formais das organizações e trata muito pouco da vida informal delas, algo que introduz uma flexibilidade bem-vinda em sistemas rígidos (Blau, 1963). Meyer e Rowan (1977) argumentaram que as regras formais são, muitas vezes, "mitos" que têm pouca substância na realidade. Elas legitimam as formas como as tarefas são realizadas, mesmo quando estas divergem das regras estabelecidas. Da mesma forma, os trabalhadores que entram em ambientes organizacionais precisam "aprender como as coisas funcionam", e os métodos informais podem ser mais importantes do que o treinamento formal, pois as expectativas idealistas dos novos participantes são ajustadas à realidade complexa e rotineira de suas posições (Watson, 2008: 213).

Outros afirmam que Weber desconsiderou a burocracia com muita facilidade — que suas consequências são realmente mais danosas do que ele pensava. Por exemplo, de diferentes maneiras, tanto a tese de George Ritzer sobre a "McDonaldização" da sociedade quanto o relato de Zygmunt Bauman sobre o assassinato em massa de judeus e outros grupos durante a Segunda Guerra Mundial mostram que os sistemas burocráticos foram e ainda são mais prejudiciais e potencialmente destrutivos do que Weber havia considerado (ver Capítulo 3 e Capítulo 21, respectivamente). É injusto esperar que Weber tenha previsto todas as consequências da burocratização, e algumas críticas à direção da mudança social podem ser admitidas. Mas a maioria dos estudos posteriores sobre burocracia foi forçada a se engajar em debates com a influente interpretação de Weber ou a tentar levar suas ideias adiante. Isso provavelmente demonstra que ele tocou em um aspecto crucial de como é viver no mundo moderno.

Mesmo em países democráticos, os órgãos públicos detêm enormes quantidades de informações sobre as pessoas, hoje, em grande parte, de forma digital, desde registros de nossa data de nascimento, escolas frequentadas e funções exercidas, até dados sobre renda, usados para arrecadação de impostos, e informações usadas para emissão de carteiras de motorista e atribuição de números de identificação nacional. Como nem sempre sabemos quais informações são mantidas e quais agências as mantêm, as pessoas temem que as atividades de vigilância prejudiquem o princípio da democracia. Esses temores formaram a base do famoso romance *1984*, de George Orwell, em que a burocracia estatal, o "Big Brother", usa a vigilância para suprimir críticas internas e diferenças de opinião que são normais em qualquer democracia.

Defendendo a burocracia

Paul du Gay (2000) admitiu que "Estes não são os melhores dias para a burocracia". Como vimos, a "burocracia" ainda carrega conotações negativas, mas du Gay resiste a essa caracterização. Embora

Os campos de concentração nazistas, como Auschwitz, foram facilitados pela burocratização, ou a imparcialidade burocrática foi anulada pela formulação de políticas racistas?

reconheça que as burocracias podem ter e têm falhas, ele procura defender a burocracia contra as linhas de crítica mais comuns.

Primeiro, du Gay argumenta contra a ideia de que as burocracias são "sem rosto", puramente administrativas e sem fundamentos éticos. Ele destaca *Modernity and the Holocaust* (1989), de Bauman, como um exemplo importante. Bauman argumenta que o desenvolvimento das burocracias modernas praticamente tornou possível o Holocausto durante a Segunda Guerra Mundial. O genocídio planejado de milhões pelo regime nazista só poderia acontecer assim que houvesse organizações que distanciassem as pessoas de assumir responsabilidade moral por suas ações. Em vez de ser um *colapso* bárbaro da conduta civilizada moderna, Bauman afirma que o Holocausto *foi possível* porque as instituições racionais e burocráticas da modernidade separaram determinadas tarefas de suas consequências. Os burocratas alemães seguiam ordens e executavam suas tarefas usando o melhor de suas habilidades — fosse certificando-se de que uma linha férrea fosse construída ou que um grupo de pessoas fosse transferido de uma parte do país para outra —, em vez de questionar o propósito de todo o sistema.

Du Gay afirma que foi exatamente o contrário. Para que o Holocausto fosse possível, argumenta ele, os nazistas tiveram que *suplantar* procedimentos legítimos e éticos que são parte integrante da operação burocrática. Um aspecto disso foi a exigência de lealdade inquestionável ao Führer ("líder"), e não aos códigos objetivos da burocracia. Du Gay sustenta que as burocracias têm um importante caráter público, que inclui o tratamento igual e imparcial de todos os cidadãos. Para du Gay, o Holocausto se tornou possível quando as convicções racistas dos nazistas *suplantaram* essa aplicação imparcial das regras.

Du Gay também defende a burocracia contra uma segunda linha de ataque, rejeitando o que ele vê como a conversa atualmente na moda sobre a necessidade de reforma empresarial das burocracias, especialmente dos serviços públicos. Ele enfatiza que o caráter da imparcialidade burocrática está sendo minado por um serviço público cada vez mais politizado, que está entusiasmado em fazer o trabalho da maneira que melhor agrada aos políticos. No entanto, a própria estrutura burocrática garante uma responsabilidade administrativa pelo interesse público, bem como a legitimidade constitucional. Em suma, o que realmente ameaça a democracia não é a burocracia, mas a anulação ilegítima das normas burocráticas convencionais.

> **REFLEXÃO CRÍTICA**
>
> Pense em um momento em que você lidou com uma burocracia, talvez um sistema de admissão em uma universidade, um serviço de saúde, uma operadora de celular ou um banco. Liste os aspectos *negativos* e *positivos* do encontro. Essa tarefa poderia ser organizada de forma mais eficiente do que por meio de uma burocracia?

Ideologias políticas

Um aspecto inescapável da sociologia política é o estudo das ideias políticas, das ideologias, da teoria política e do seu impacto na formação das sociedades. *Ideias políticas* e conceitos como igualdade, justiça, liberdade e direitos individuais são usados de várias maneiras, mesmo por pessoas que nunca se veriam como "políticas". A *teoria política* é realmente muito antiga, remontando até a Grécia Antiga e seus filósofos, que não apenas tentaram entender o mundo, mas também abordaram complicadas questões morais e normativas, como: Quais ações constituem uma boa vida moral? Quais são os elementos que compõem uma "boa sociedade"? Como podemos saber que as ações são "justas" e "razoáveis"? Tais questões ainda são feitas por teóricos políticos hoje. A **ideologia** está claramente relacionada às ideias políticas e à teoria política, mas seu significado é mais complexo.

Quando uma ideia ou afirmação é descrita como "ideológica", a implicação é que ela é de alguma forma falsa, enganosa ou parcial em vez de ser "verdadeira". Esse significado foi popularizado na obra de Marx e de marxistas posteriores. Para Marx, a ideologia é produzida pelas classes dominantes como um meio de mistificar a vida social, distorcendo, assim, a realidade exploradora enfrentada pelas classes subordinadas. Essa é uma concepção "negativa" de ideologia. Como Marx notoriamente argumentou (Marx e Engels, 1970 [1846]: 64), "A classe que tem os meios materiais de produção à sua disposição tem controle ao mesmo tempo sobre os meios de produção mental, de modo que, assim, em linhas gerais, as ideias daqueles que carecem dos meios de produção mental estão sujeitas a ela".

Contudo, esse significado está muito longe das origens do termo. A "ideologia" foi usada pela primeira vez na França revolucionária do final do século XVIII por Destutt de Tracy, para descrever uma potencial **ciência** das ideias e do conhecimento. De Tracy pretendia que a ideologia fosse o estudo sistemático e a comparação de ideias da mesma maneira que outras ciências estudavam seus assuntos. Essa versão é conhecida como uma concepção "neutra", o que não sugere que as ideias sejam tendenciosas ou enganosas (Heywood, 2017: 4).

Essa concepção neutra foi revivida nas décadas de 1930 e 1940 quando Karl Mannheim desenvolveu uma **sociologia do conhecimento** que ligava modos particulares de pensamento às suas bases de classe social. Mannheim argumentou que as pessoas veem o mundo de um ponto de vista particular, enraizado em sua vida material, e, portanto, as ideias e o conhecimento que produzem podem ser apenas parciais. A sociologia do conhecimento reuniria as diferentes interpretações de perspectiva para produzir uma compreensão mais abrangente da sociedade como um todo. No geral, a versão de Mannheim perdeu para a versão negativa da ideologia, que dominou o trabalho sociológico desde a década de 1950.

As ideologias políticas talvez sejam mais bem vistas como conjuntos coerentes de ideias que explicam a sociedade existente, mas elas também incluem a perspectiva de uma sociedade futura melhor e uma forma de chegar lá. Nesse sentido, as ideologias são visões de mundo que também contêm diretrizes para a ação política. A maioria das ideologias realmente critica a ordem social existente, embora algumas busquem defendê-la contra tais críticas. A maioria das ideologias discutidas nesta seção aparecem em outras partes do livro, e uma pesquisa no índice guiará os leitores para os capítulos e as seções relevantes.

As três ideologias políticas "clássicas" do conservadorismo, liberalismo e socialismo foram desenvolvidas como consequência das revoluções americana e francesa do final do século XVIII. Todas elas foram tentativas de lidar com o colapso das relações sociais feudais e o surgimento da sociedade industrial, com seus problemas sociais decorrentes. Heywood (2017: 15) observa que os conservadores buscavam defender o *status quo* e resistir às mudanças radicais, os liberais promoviam o individualismo, o livre mercado e um estado pequeno, enquanto os socialistas buscavam uma nova sociedade fundamentada na cooperação e na comunidade. Nos termos de Mannheim, o conservadorismo era a ideologia da aristocracia em apuros, o liberalismo, a ideologia dos grupos capitalistas em ascensão, e o socialismo, uma ideologia emergente das classes trabalhadoras em rápido crescimento.

As divisões entre esses grupos eram principalmente econômicas, baseadas em sua abordagem à criação e distribuição da riqueza socialmente criada. Os grupos de esquerda convencionalmente favorecem a igualdade e a comunidade, são otimistas sobre a possibilidade de progresso gerenciado (por isso, são frequentemente chamados de "progressistas") e estão preparados para usar os recursos do Estado para alcançar seus objetivos. Aqueles na ordem de valor e estabilidade da direita suspeitam de ideias de natureza humana mutável e veem os mercados livres como preferíveis à intervenção do Estado, pelo menos em termos da economia. Esse posicionamento ideológico é a base da distinção entre esquerda e direita na política, que continua até hoje, embora de forma modificada. Com o surgimento das ideologias do comunismo e do fascismo nos séculos XIX e XX, pode ser traçado um espectro político linear (começando, do mais à esquerda, com o comunismo, passando pelo socialismo, logo o liberalismo e o conservadorismo, até chegar, na extrema direita, ao fascismo). Como os regimes comunistas e fascistas do século XX se desenvolveram em regimes autoritários brutais, alguns preferem ver o espectro como um círculo ou uma forma de ferradura que aproxima a extrema esquerda e a extrema direita.

Esse esquema não esgota a variedade ideológica da sociedade, pois o anarquismo e o nacionalismo, por exemplo, também têm longas histórias. Tampouco faz justiça às diferenças internas dentro das posições básicas. Por exemplo, tem havido muitas variedades de socialismo com uma forte semelhança entre si, mas que também são diferentes em aspectos cruciais. Eles incluem o socialismo cristão, o socialismo utópico, o socialismo democrático, a social-democracia e o ecossocialismo. O espectro linear esquerda-direita nos ajuda a entender as divisões internas do partido. Por exemplo, o relativamente esquerdista Jeremy Corbyn se tornou líder do Partido Trabalhista Britânico em 2015 após uma desastrosa derrota nas eleições gerais, a qual diversos membros viram como resultado do partido ter se desviado demais para a direita. Muitos deputados trabalhistas estabelecidos já estavam mais à direita da posição de Corbyn e, portanto, se viram em desacordo com a nova direção política que ele queria tomar, gerando grandes divergências. Divisões esquerda-direita semelhantes existem na maioria dos partidos políticos.

Desde a década de 1960, várias ideologias menos facilmente localizadas no espectro esquerda-direita ganharam proeminência. Indiscutivelmente, as mais importantes são o feminismo, o ambientalismo e vários fundamentalismos religiosos com objetivos e programas abertamente políticos. Se tudo isso deve ser descrito como "novo" é algo discutível, pois formas mais antigas certamente podem ser encontradas. No entanto, eles são vistos como tendo mais impacto no período atual.

Populismo no século XXI

Uma ideologia política que sofreu um ressurgimento significativo no século XXI é o populismo, geralmente ligado a formas de nacionalismo e, portanto, muitas vezes referido como "**populismo nacional**". No entanto, ainda há desacordo sobre como definir populismo. Isso ocorre em parte porque o populismo é um rótulo aplicado a outros, e não adotado pelos próprios "populistas". E é um rótulo com conotações negativas, usado para atacar adversários políticos.

A maioria dos estudiosos argumenta que o populismo não é uma ideologia política totalmente formada e completa, com grandes figuras, textos-chave e manifestos. Em vez disso, é uma "ideologia levemente centrada", mais solta, que se liga a outras ideologias como o nacionalismo (Mudde e Kaltwasser, 2017: 2-6). Tormey (2019) sugere que o populismo é mais como um *estilo de política* que apresenta o principal conflito da sociedade como aquele entre "o povo" (bom) e as elites (ruim). Isso pode ser visto no discurso do presidente Trump, dos trabalhadores sofredores contra o incompetente estabelecimento político dos EUA. Também é evidente no *slogan* "Vamos retomar o controle" da campanha do Brexit no Reino Unido, tendo como alvo um estabelecimento corrupto da UE com sede em Bruxelas, do qual "o povo" precisava se libertar. Sociologicamente, o conceito de "povo" é muito vago para ser útil, mas politicamente pode ser uma força, pois está aberto a enquadramento e reenquadramento para incluir diferentes grupos sociais (Mudde e Kaltwasser, 2017: 9). Müller (2017: 3) argumenta que, "Simplificando, os populistas não afirmam 'nós somos os 99%'. Em vez disso, o que eles afirmam é 'nós somos os 100%.'"

Os populistas também argumentam que existem crises que não podem ser resolvidas pelo *establishment* político corrupto e/ou incompetente e, em vez de se concentrarem em políticas detalhadas, oferecem algum tipo de visão redentora, cujo lema é "salvar a nação" ou "libertar o povo". Na Europa Ocidental, populistas contemporâneos nos Países Baixos, na França, na Itália e na Alemanha enquadraram a "crise" como a preservação de suas identidades nacionais em face da livre circulação de pessoas, da rápida migração interna da Europa Oriental, do Oriente Médio e do Norte da África e de uma suposta "islamização" do Ocidente. Isso é, muitas vezes, manifestado em expressões de oposição ao multiculturalismo como política de Estado e pluralismo cultural em geral. Sem dúvida, nos extremos, parte dessa oposição vem de uma posição de xenofobia e racismo, embora o conceito de "povo" ofereça a possibilidade de obter apoio de uma ampla gama de opiniões políticas.

Finalmente, o populismo é, muitas vezes, embora nem sempre, focado em um líder carismático considerado como tendo habilidades de liderança excepcionais, que usa uma linguagem "simples" e abraça o confronto direto com figuras do *establishment*. A disposição de Trump de lançar acusações de *fake news* em agências de notícias e repórteres individuais e seus comentários francos sobre imigrantes mexicanos — "Eles estão trazendo drogas. Eles estão trazendo o crime. São estupradores. E alguns, suponho, são boas pessoas" — são exemplos típicos (Hughey, 2017: 127). No entanto, há muitos outros, entre eles, o presidente Duterte das Filipinas, eleito em 2016, cuja repressão a traficantes e criminosos envolveu ameaças de morte a todos e uma admissão de que ele havia participado de assassinatos extrajudiciais. Essa linguagem "indelicada" ou intolerante não é comum no discurso político, mas atrai alguns daqueles que se desiludiram com a política formal e com a lacuna aparentemente crescente entre as atitudes e os estilos de vida das elites políticas e econômicas metropolitanas e dos grupos sociais cujas vidas são geográfica, econômica e culturalmente muito diferentes.

A pergunta óbvia é: por que o populismo nacional cresceu em força e sucesso eleitoral durante este século? Uma resposta igualmente óbvia é que o atual populismo nacional na Europa e na América do Norte é impulsionado pela raiva de grupos majoritariamente brancos da classe trabalhadora que se sentem abandonados e efetivamente desprivilegiados. Eatwell e Goodwin (2018) observam que, antes do referendo da UE no Reino Unido em 2016, uma pesquisa descobriu que quase metade dos trabalhadores achava que "pessoas como eles" não estavam representadas na política e que "não tinham voz nas discussões nacionais", e "mais da metade dos americanos brancos sem diplomas achava que Washington não representava pessoas como eles". Certamente, tais percepções desempenham um papel importante no apoio a movimentos políticos populistas. No entanto, isso está longe de ser uma explicação adequada.

Nas últimas décadas, a confiança nos políticos e nos sistemas políticos foi severamente corroída, sendo que o escândalo das despesas dos deputados do Reino Unido de 2009 (discutido na próxima seção) talvez seja o exemplo fundamental de irregularidades políticas e do fracasso dos políticos — na esquerda, na direita e no centro — para entender a vida de muitos trabalhadores com renda média. Para os apoiadores, a campanha de saída no referendo da UE no Reino Unido não foi antidemocrática, mas enraizada na promessa de *mais* e *melhor* representação democrática quando a tomada de decisão voltar ao nível do Estado-Nação.

De modo semelhante, muitas das questões que inflamam os apoiadores são mais sutis e amplamente compartilhadas do que a retórica dos líderes populistas sugere. A crescente desigualdade e uma lacuna cada vez maior entre ricos e pobres, a capacidade dos serviços públicos de lidar com a imigração rápida e em grande escala, as preocupações sobre o impacto e a direção da globalização contínua e se uma política de multiculturalismo afetará negativamente a solidariedade social são questões que preocupam pessoas de todo o espectro político e certamente não se restringem a "homens brancos raivosos" (Eatwell e Goodwin, 2018). Em vez disso, o populismo nacional, como outras ideologias políticas, atrai uma ampla gama de grupos sociais e parece provável que sobreviva além da atual safra de líderes carismáticos.

Ideologias em desenvolvimento

Em termos mais amplos, há várias razões pelas quais a gama de novas perspectivas ideológicas ganhou destaque desde o final do século XX. Primeiro, à medida que as sociedades industriais se moveram para um estágio pós-industrial, a base econômica das ideologias estabelecidas foi corroída, e surgiu uma série de "novos" movimentos sociais (discutidos mais adiante), cuja base está na cultura e na identidade tanto quanto na criação e na distribuição de riqueza. Por exemplo, a ideologia feminista se concentra na igualdade de gênero, abrangendo salários iguais e creches e quebrando o "teto de vidro" corporativo, mas também promove a "mulher" como uma identidade fundamental e desafia a "pornificação" de imagens de mulheres e meninas na mídia de massa. O feminismo de hoje também trouxe à tona o assédio sexual de mulheres por homens, mais proeminente no movimento #MeToo, que remonta a 2006, quando Tarana Burke cunhou o termo junto com a sua organização sem fins lucrativos que apoiava vítimas de abuso sexual e assédio (Nicolaou e Smith, 2019). A partir de 2017, o #MeToo se espalhou rapidamente, pois inúmeras acusações foram feitas contra o produtor de filmes Harvey Weinstein (Boyle, 2019: 1-2). Em fevereiro de 2020, Weinstein foi finalmente preso por 23 anos. Da mesma forma, a ideologia ambientalista contém uma crítica contundente à economia capitalista e seu caráter de crescimento econômico contínuo, mas também promove o bem-estar e os direitos dos animais e o localismo como uma alternativa à globalização desenfreada.

Em segundo lugar, desde a queda de um comunismo soviético desacreditado no início da década de 1990 e um rápido processo de globalização, as ideologias socialistas e comunistas perderam terreno. Os movimentos antiglobalização e anticapitalistas contemporâneos podem compartilhar algumas semelhanças com a crítica socialista do capitalismo, mas também não necessariamente aceitam a alternativa socialista/comunista. Essa erosão do socialismo como a alternativa "natural" ao capitalismo teve efeitos profundos, ainda não totalmente compreendidos, em movimentos sociais e ideologias políticas.

Terceiro, a globalização colocou diferentes sociedades e culturas em contato umas com as outras de formas mais sistemáticas. À medida que os produtos culturais, os turistas e os valores ocidentais se espalharam pelo mundo e a migração de países em desenvolvimento para países desenvolvidos aumentou, houve uma reação contra a percepção de decadência e declínio moral das sociedades modernas de grupos religiosos fundamentalistas, cujas ideologias estão enraizadas em interpretações particulares de textos religiosos. O mais visível desses casos tem sido o do fundamentalismo wahhabi/salafista, associado a uma série de grupos terroristas, incluindo o Talibã no Afeganistão, a Al-Qaeda e, mais recentemente, o Estado Islâmico (EI)/*Daesh*, que tentou criar um "califado" mundial. Há também fundamentalistas cristãos, especialmente nos EUA, que baseiam suas crenças em uma leitura específica da Bíblia e rejeitam as teorias evolucionistas da vida na Terra. Eles se opõem a aspectos da vida moderna, como homossexualidade e aborto, e têm realizado ataques violentos a clínicas de planejamento familiar.

Há um último ponto a ser observado. Karl Mannheim (2003 [1936]) argumentou que as ideologias

A atriz Rose McGowan (na imagem, falando do lado de fora do tribunal de Nova Iorque onde Harvey Weinstein estava sendo julgado) foi uma das primeiras a tornar público seu abuso sexual de mulheres na indústria cinematográfica. Ela se tornou uma figura de liderança no movimento #MeToo.

não existem isoladamente, mas mudam e se desenvolvem em relação umas às outras. A qualquer momento, o cenário ideológico e o conteúdo de ideologias particulares são parcialmente determinados pelas relações entre os movimentos sociais e suas ideologias. Um bom exemplo é a ideologia socialista de longa data, que assumiu a questão da igualdade de gênero do feminismo e a preocupação ambientalista com o impacto da indústria sobre o planeta. Nesse processo, a ideologia socialista foi modificada e expandida. A maioria das outras ideologias está engajada em um processo semelhante e dinâmico de acomodação, assimilação e mudança.

Hoje, o conceito de ideologia não é tão amplamente utilizado na sociologia como era antes da década de 1990. É igualmente provável que os sociólogos interessados no poder das ideias se baseiem no conceito foucaultiano de **discurso** e seus efeitos, que deslocou o foco das ideias e crenças para a linguagem, o discurso e as fontes documentais. A "ideologia" tem sido historicamente associada ao marxismo, mas, com a queda do comunismo soviético e o aparente triunfo do **capitalismo** neoliberal desde a década de 1980, o conceito perdeu terreno. No entanto, é também o caso que, desde os anos 1970, os estudiosos têm afirmado constantemente que estamos nos aproximando do "fim da ideologia" ou já estamos nele. Ainda assim, o conceito repetidamente se recuperou a cada movimento social em ascensão e continua sendo uma ferramenta útil para sociólogos políticos interessados na maneira como as ideias políticas são reunidas em sistemas de crenças coerentes e estruturados.

Democratização e governança global

Desde a década de 1980, um desenvolvimento político em particular se destaca: a democratização de muitas das sociedades do mundo. Desde então, vários países da América Latina, como o Chile, a Bolívia e a Argentina, passaram por uma transição de regimes militares autoritários para democracias prósperas. De maneira semelhante, com o colapso do bloco comunista, muitos Estados do Leste Europeu — Rússia, Polônia e Tchecoslováquia, por exemplo — se tornaram democráticos. E, na África, diversas nações outrora subdemocráticas, incluindo Benin, Gana, Moçambique e África do Sul, passaram a defender ideais democráticos.

Na metade da década de 1970, mais de dois terços de todas as sociedades do mundo podiam ser consideradas autoritárias. Desde aquela época, a situação mudou nitidamente, e hoje, menos de um terço das sociedades tem natureza autoritária. A democracia já não se concentra somente em países ocidentais, mas é endossada, pelo menos em princípio, como a forma de governo em muitas áreas do mundo. Como demonstrou a Primavera Árabe de 2010-2012, o desejo de democracia e participação política em massa se tornou talvez o principal padrão de legitimidade política no século XXI. Os manifestantes da Primavera Árabe na Tunísia, no Egito, no Bahrein, na Síria e em outros países do Oriente Médio e do Norte da África pediram liberdade política, democracia, desenvolvimento econômico, redução da pobreza e o fim da corrupção. Regimes há muito estabelecidos desmoronaram, pegando muitos de surpresa — o presidente Mubarak no Egito, o presidente Ben Ali na Tunísia e Muammar Gaddafi na Líbia estavam entre os que foram depostos.

Mas a resposta do regime na Síria levou a uma longa e destrutiva guerra civil, houve comandos rivais, um conflito armado e uma guerra civil na Líbia, enquanto no Bahrein, na Argélia e no Iêmen, as autoridades reprimiram duramente os protestos. A Síria se tornou um campo de batalha para vários grupos rivais, buscando derrubar o regime autoritário do presidente Assad, e o conflito levou a pelo menos 400 mil mortes e cerca de 5,6 milhões de pessoas fugindo do país, além de 6 milhões se deslocando internamente (Council on Foreign Relations, 2020b). Porém, com a ajuda do Irã e do poder aéreo russo, o regime de Assad se manteve no poder.

Nesta seção, vamos considerar a disseminação global da democracia liberal e propor algumas explicações possíveis para a sua popularidade, antes de analisarmos alguns dos principais problemas que a democracia enfrenta no mundo contemporâneo.

A queda do comunismo

Os cem anos após a morte de Marx, em 1883, pareciam cumprir seu prognóstico da disseminação do socialismo e das revoluções de trabalhadores ao redor do planeta. Durante boa parte do século XX, uma grande proporção da população mundial, principalmente na União Soviética, na China e na Europa Oriental, viveu sob sistemas políticos de orientação comunista ou socialista. Por exemplo, eles evitaram a posse privada da empresa produtiva e expressaram um compromisso ideológico com a igualdade. Os Estados comunistas se consideravam democracias, embora seus sistemas não operassem sob princípios democráticos liberais. O comunismo, essencialmente, era um sistema de governo unipartidário. Os eleitores tinham uma opção de escolha não entre diferentes partidos, mas entre diferentes candidatos do mesmo partido — o Partido Comunista, que certamente era o poder mais dominante nas sociedades de estilo soviético, controlando não apenas o sistema político, mas também a economia.

Quase todos no Ocidente acreditavam que os sistemas comunistas estavam profundamente arraigados e haviam se tornado uma característica permanente da política global. Poucas pessoas previram o curso dramático dos acontecimentos que começaram a se desdobrar em 1989, quando um regime comunista após outro entrava em colapso, em uma série de "revoluções de veludo". O que parecia um sistema de governo sólido e amplamente estabelecido por todo o Leste Europeu desabou quase da noite para o dia.

Os comunistas perderam o poder em uma rápida sequência nos países que tinham dominado por meio século: Hungria, Polônia, Bulgária, Alemanha Oriental, Tchecoslováquia e Romênia. Por fim, o

Partido Comunista dentro da própria URSS perdeu o controle do poder. Quando as 15 repúblicas que constituíam a URSS declararam sua independência entre 1990 e 1991, Mikhail Gorbachev, o último líder soviético, tornou-se um "presidente sem Estado". Mesmo na China, os estudantes e outros que protestavam na Praça da Paz Celestial em 1989 pareciam abalar o controle do Partido Comunista sobre o poder, até que foram brutalmente dispersados pelo exército.

Desde a queda da URSS, os processos de democratização continuaram a se espalhar. Mesmo entre aqueles que já foram alguns dos Estados mais autoritários do mundo, podem ser detectados sinais de democratização. O Afeganistão foi controlado pela União Soviética depois que suas

USANDO SUA IMAGINAÇÃO SOCIOLÓGICA

20.1 A política e o "fim da história"

Um estudioso que teorizou o triunfo da democracia capitalista na Guerra Fria — e, portanto, "o fim da história" — foi Francis Fukuyama (1992). No despertar das revoluções na Europa Oriental, da dissolução da União Soviética e de um movimento em direção à democracia multipartidária, Fukuyama dizia que as disputas ideológicas haviam acabado. O fim da história é o fim das alternativas. Ninguém mais defende a monarquia, e o fascismo é um fenômeno do passado, como o comunismo, que, por muito tempo, foi o grande rival da democracia ocidental. O capitalismo venceu em sua longa disputa com o socialismo/comunismo, ao contrário da previsão de Marx, e a democracia liberal hoje não é mais desafiada. Chegamos, segundo afirma Fukuyama, ao ponto final da evolução ideológica da humanidade.

A tese de Fukuyama provocou indignação e muitas críticas. Ela cheirava a triunfalismo e se baseava principalmente na situação pós-Guerra Fria, em vez de numa pesquisa histórica genuinamente comparativa. Também descartou quaisquer desenvolvimentos futuros possíveis. Pelo menos teoricamente, é viável que uma crise econômica global, um conflito nuclear ou uma catástrofe natural possam minar a política democrática e levar a sistemas de governo mais autoritários.

Contudo, está claro que Fukuyama destacou um fenômeno-chave de nosso tempo. As revoltas em países do Oriente Médio e do Norte da África entre 2010 e 2012 tendem a apoiar seu argumento de que os sistemas políticos democráticos fornecem um padrão pelo qual os sistemas não democráticos são avaliados e considerados deficientes. Muito antes da chamada Primavera Árabe, Fukuyama (1992: xiii) percebeu a fraqueza dos regimes autoritários:

O desenvolvimento mais notável do último quarto do século XX foi a revelação de enormes fraquezas no centro das ditaduras aparentemente fortes do mundo [...] Da América Latina ao Leste Europeu, da União Soviética ao Oriente Médio e à Ásia, fortes governos têm falhado nas últimas duas décadas. E embora não tenham dado lugar em todos os casos a democracias liberais estáveis, a democracia liberal continua sendo a única aspiração política coerente que abrange diferentes regiões e culturas no mundo inteiro.

Mas por que as pessoas buscam a democracia com grande risco para si mesmas? Fukuyama sugere que a democracia dá às pessoas comuns algo que elas desejam: de forma simples, reconhecimento. Em vez de serem receptores passivos, as pessoas são transformadas em cidadãos ativos, capazes de dar sua opinião sobre como os Estados-Nações se comportam. Tal demanda básica não deve ser subestimada. No entanto, parece duvidoso que a história tenha chegado ao fim, no sentido de que todas as alternativas tenham sido esgotadas. Quem pode dizer que novas formas de ordem econômica, política ou cultural podem surgir no futuro? Assim como os pensadores da época medieval não tinham noção da sociedade industrial que surgiu em meados do século XVIII, também não podemos prever com certeza o que pode mudar no próximo século.

REFLEXÃO CRÍTICA

Estariam os críticos certos, e Fukuyama errado? Forneça evidências que possam demonstrar que as batalhas ideológicas em torno do capitalismo, do comunismo e do socialismo realmente ressurgiram desde a crise financeira de 2008.

A demolição do Muro de Berlim, que separava a Alemanha Oriental da Alemanha Ocidental, em 1989, foi um símbolo-chave que marcou o fim do comunismo soviético.

tropas o invadiram em 1979. A ocupação soviética terminou 10 anos depois, após uma forte resistência dos muhajedin (guerrilheiros muçulmanos). No começo da década de 1990, o país foi palco de lutas internas entre grupos compostos por facções muhajedin. Em 1996, o Talibã havia tomado o controle da maior parte do país e dado início à criação de um "Estado islâmico puro". Eles introduziram uma interpretação extrema da lei islâmica, impondo execuções públicas e amputações, proibindo as meninas de estudar e as mulheres de trabalhar e banindo o entretenimento "fútil".

Em 2001, os Estados Unidos conseguiram liderar esforços para derrubar o Talibã, e, em junho de 2002, Hamid Karzai se tornou presidente e começou a buscar aprovação para uma nova constituição. A constituição foi assinada em janeiro de 2004 e prevê um forte poder executivo, um papel moderado para o islã e proteções básicas para os direitos humanos. As primeiras eleições no Afeganistão foram realizadas em outubro e resultaram na vitória de Karzai para um mandato de cinco anos como presidente. Todavia, em 2007, o Talibã havia se reagrupado e atacado os EUA, outras tropas estrangeiras e oficiais do governo afegão e ainda retém o controle em partes do país. Um novo presidente, Ashraf Ghani, foi eleito em 2014, marcando a primeira transferência democrática de poder.

Somente em 2015, os líderes do Talibã concordaram com negociações de paz significativas, que continuaram irregularmente até que um acordo foi alcançado entre os EUA e o Talibã em 2020 para a retirada das tropas americanas, com a condição de que o Talibã participasse de negociações de paz com o governo afegão (BBC News, 2020c). Assim, houve progresso na direção da democracia no Afeganistão, mas a construção de uma relação pacífica entre o governo e o Talibã será fundamental para uma maior democratização.

Na China, que contém por volta de um quinto da população do mundo, o governo comunista tem enfrentado fortes pressões para se tornar mais democrático. Embora milhares de pessoas continuem na prisão na China pela expressão pacífica de seu desejo por democracia, ainda existem grupos, aos quais o governo comunista tem resistido, que trabalham ativamente em busca de uma transição para um sistema democrático. Em 2019, Hong Kong — uma colônia britânica que foi "devolvida" à China em 1997 sob um acordo de "um país, dois sistemas" — passou por instabilidades em larga escala depois que os planos de introduzir a extradição para a China foram anunciados. E embora o projeto de lei para legislar sobre isso tenha sido retirado, as pessoas continuaram a sair às ruas exigindo democracia plena para Hong Kong. O presidente chinês, Xi Jinping, respondeu ordenando prisões em massa de ativistas e jornalistas do movimento, desqualificando as eleições de políticos pró-democracia e prometendo perseguir cidadãos estrangeiros que "interferissem" nos assuntos de Hong Kong (Shine, 2020). Hong Kong tem seu próprio sistema legal, e sua Lei Básica concede liberdade de expressão e reunião, mas essa lei expira em 2047. Dada a intervenção repressiva em 2020, as preocupações com a resposta da China pós-2047 parecem ter sido superadas pelos acontecimentos.

Nos últimos anos, outros Estados asiáticos autoritários, como Mianmar, Indonésia e Malásia, também testemunharam movimentos democráticos crescentes, alguns deles recebidos com respostas violentas. Isso demonstra que a tendência global para a democracia não é inevitável, e, nos países democráticos estabelecidos, existe evidência de aumento do descontentamento.

A democracia e seus descontentamentos

Por que a democracia se disseminou tanto? Uma explicação é que outros tipos de regime político foram experimentados e fracassaram. Pode parecer claro que a democracia é uma forma "melhor" de organização política do que o autoritarismo, mas isso, de forma isolada, não explica adequadamente as ondas recentes de democratização. Embora uma explicação completa para esses acontecimentos exija uma análise detalhada das situações sociais e políticas em cada país, restam poucas dúvidas de que os processos de globalização tiveram um papel importante nessa tendência.

Em primeiro lugar, o número cada vez maior de contatos culturais transnacionais que a globalização trouxe tem revigorado os movimentos democráticos. A mídia global, juntamente com avanços na tecnologia das comunicações, expõe os habitantes de muitas nações não democráticas a ideais democráticos, aumentando a pressão interna sobre as elites políticas para realizar eleições. É claro que essa pressão não vem automaticamente com a difusão da noção de soberania popular. O mais importante é que, com a globalização, as notícias sobre revoluções democráticas e os relatos sobre os processos de mobilização que levaram a elas se espalham rapidamente no nível regional.

Em segundo lugar, as organizações internacionais como as Nações Unidas e a União Europeia têm exercido pressão externa sobre os Estados não democráticos para que avancem em direções democráticas. Em alguns casos, essas organizações conseguem usar embargos comerciais, condições para empréstimos para desenvolvimento econômico e estabilização, além de manobras diplomáticas de vários tipos para incentivar o desmantelamento de regimes autoritários. Por exemplo, o Programa das Nações Unidas para o Desenvolvimento (PNUD) e a Missão da ONU na República Democrática do Congo (RDC) defenderam uma nova Comissão Eleitoral Independente para monitorar e administrar a eleição nacional de 2006, alcançando uma taxa de participação de 80%. Essa foi uma conquista real, em uma sociedade que teve em torno de quatro milhões de mortes como resultado da guerra civil e que não fazia eleições democráticas havia 40 anos.

O PNUD se concentrou particularmente em melhorar as taxas de participação de mulheres nas eleições, tanto como votantes quanto como candidatas, por exemplo, no Kuwait, no Marrocos e na Mauritânia (UNDP, 2007).

Em terceiro, a democratização tem sido facilitada pela expansão do capitalismo. Embora as corporações transnacionais sejam notórias por fazerem negócios com ditadores, elas geralmente preferem fazer negócios com Estados democráticos — não por valorizarem a liberdade e a igualdade, mas porque as democracias costumam ser mais estáveis, e a estabilidade é essencial para maximizar os lucros. Como as elites estão sempre ansiosas para aumentar os níveis de comércio internacional e para incentivar as transnacionais a abrir fábricas ou lojas em seus países, elas às vezes buscam uma agenda democrática própria— no que Barrington Moore (1966) chamou de "revoluções de cima".

É verdade que, se a globalização fosse a única causa da onda mais recente de democratização, todos os países seriam democráticos atualmente. A persistência de regimes autoritários em países como China, Cuba, Vietnã e outros sugere que as forças globalizantes nem sempre são suficientes para forçar uma transição para a **democracia liberal**. Contudo, existem movimentos democráticos em vários desses países, levando alguns sociólogos a argumentar que muito mais nações se tornarão democráticas nos anos vindouros.

Democracia em perigo?

Entre 1974 e 2000, principalmente como resultado de alguns países conquistarem a independência e introduzirem sistemas democráticos, a proporção de democracias para não democracias no mundo aumentou de 27 para 62% (Linz, 2000). No entanto, a expansão aparentemente implacável da democracia em todo o mundo parece ter estagnado nos últimos anos, e as democracias estabelecidas enfrentam a apatia dos eleitores e a corrupção política.

Em 2005, uma avaliação da influente ONG norte-americana Freedom House descobriu 123 "democracias eleitorais" no mundo, o número mais alto de todos os tempos. Porém, em 2010, esse número havia caído para o nível de 1995, em 115 países. Filipinas, Tanzânia e Tonga estavam entre aqueles com *status* de democracia eleitoral como resultado de eleições recentes, mas outros, como Burundi, Guiné-Bissau e Haiti, foram retirados da classificação por intimidação, corrupção, uso indevido pré-eleitoral de recursos estatais e perseguição de candidatos da oposição (Puddington, 2011). Mesmo em países com sistemas democráticos estabelecidos há muito tempo, a democracia não é universalmente valorizada em meio a evidências crescentes de apatia do eleitor e uma desconfiança generalizada nos políticos eleitos.

As democracias estão em crise, ou toda essa conversa é exagerada? Przeworski (2019: 15) argumenta que o medo que muitas pessoas expressam sobre o futuro da democracia não é de alguma crise aguda, mas de uma erosão crônica e danosa: "O fantasma que nos assombra hoje [...] é uma erosão gradual, quase imperceptível das instituições e normas democráticas, subversão furtiva da democracia". Um sinal de possível descontentamento com as instituições democráticas estabelecidas é a redução gradual da participação eleitoral nas eleições.

As eleições parlamentares europeias a partir de 1979 são um exemplo disso. A participação média em toda a UE caiu de cerca de 62% em 1979 para apenas 42,6% em 2014, embora haja uma qualificação aqui. Em 1979, apenas nove países participaram, enquanto, em 2014, havia 28, incluindo alguns na Europa Oriental que registraram uma participação espetacularmente baixa. Isso leva a média para baixo (European Parliament, 2014). Em 2019, a participação subiu para pouco mais de 50%, mas ainda estava bem abaixo das taxas de participação até meados da década de 1990 (European Parliament, 2020). No entanto, a maioria dos Estados-membros há muito estabelecidos, entre eles Alemanha, França, Itália e Países Baixos, também viu a participação cair drasticamente ao longo do período. O Reino Unido, tradicionalmente mais eurocético, se esforçou para superar um terço de participação em qualquer momento (veja a Tabela 20.1).

Em uma autoridade regional como o Parlamento Europeu, podemos esperar que a participação seja menor do que nas eleições nacionais, pois o parlamento muitas vezes parece mais remoto. No entanto, como mostra a experiência do Reino Unido, a participação dos eleitores também vem caindo em nível nacional, particularmente desde o início da década de 1990 (veja a Tabela 20.2). De um pico de mais de 80% no início da década de 1950, caiu abaixo

TABELA 20.1 Participação nas eleições do Parlamento Europeu, por Estado-membro, 1979-2019

País	1979	1981	1984	1987	1989	1994	1995	1996	1999	2004	2007	2009	2013	2014	2019
Bélgica*	91,36		92,09		90,73	90,66			91,05	90,81		90,39		89,64	88,47
Dinamarca	47,82		52,38		46,17	52,92			50,46	47,89		59,54		56,32	66,08
Alemanha	65,73		56,76		62,28	60,02			45,19	43,00		43,27		48,10	61,38
Irlanda	63,61		47,56		68,28	43,98			50,21	58,58		58,64		52,44	49,70
França	60,71		56,72		48,80	52,71			46,76	42,76		40,63		42,43	50,12
Itália	85,65		82,47		81,07	73,60			69,76	71,72		66,47		57,22	54,50
Luxemburgo*	88,91		88,79		87,39	88,55			87,27	91,35		90,76		85,55	84,24
Países Baixos	58,12		50,88		47,48	35,69			30,02	39,26		36,75		37,32	41,93
Reino Unido	32,35		32,57		36,37	36,43			24,00	38,52		34,70		35,60	37,18
Grécia*		81,48	80,59		80,03	73,18			70,25	63,22		52,54		59,97	58,69
Espanha				68,52	54,71	59,14			63,05	45,14		44,87		43,81	60,73
Portugal				72,42	51,10	35,54			39,93	38,60		36,77		33,67	30,75
Suécia							41,63		38,84	37,85		45,53		51,07	55,27
Áustria								67,73	49,40	42,43		45,97		45,39	59,80
Finlândia								57,60	30,14	39,43		38,60		39,10	40,80
Rep. Tcheca										28,30		28,22		18,20	28,72
Estônia										26,83		43,90		36,52	37,60
Chipre*										72,50		59,40	43,97		44,99
Lituânia										48,38		20,98	47,35		53,48
Letônia										41,34		53,70	30,24		33,53
Hungria										38,50		36,31	28,97		43,36
Malta										82,39		78,79	74,80		72,70
Polônia										20,87		24,53	23,83		45,68
Eslovênia										28,35		28,37	24,55		28,89
Eslováquia										16,97		19,64	13,05		22,74
Bulgária											29,22	38,99		35,84	32,64
Romênia											29,47	27,67		32,44	51,20
Croácia													20,84	25,24	29,85
Total_UE	61,99		58,98		58,41	56,67			49,51	45,47		42,97		42,61	50,66

Notas: *Votação compulsória. Na Itália, a votação também era compulsória para as eleições de 1979, 1984 e 1989; Chipre aboliu a votação obrigatória em 2017.
Fonte: European Parliament (2020).

TABELA 20.2 Participação do eleitor nas eleições gerais no Reino Unido, 1918-2019

		Inglaterra	País de Gales	Escócia	Irlanda do Norte	Reino Unido
1918		55,7%	65,9%	55,1%	69,5%	**57,2%**
1922		72,8%	79,4%	70,4%	77,2%	**73,0%**
1923		71,1%	77,3%	67,9%	76,5%	**71,1%**
1924		77,4%	80,0%	75,1%	66,7%	**77,0%**
1929		76,6%	82,4%	73,5%	63,8%	**76,3%**
1931		76,1%	79,3%	77,4%	74,5%	**76,4%**
1935		70,7%	76,4%	72,6%	72,0%	**71,1%**
1945		73,4%	75,7%	69,0%	67,4%	**72,8%**
1950		84,4%	84,8%	80,9%	77,4%	**83,9%**
1951		82,7%	84,4%	81,2%	79,9%	**82,6%**
1955		76,9%	79,6%	75,1%	74,1%	**76,8%**
1959		78,9%	82,6%	78,1%	65,9%	**78,7%**
1964		77,0%	80,1%	77,6%	71,7%	**77,1%**
1966		75,9%	79,0%	76,0%	66,1%	**75,8%**
1970		71,4%	77,4%	74,1%	76,6%	**72,0%**
1974	Fev.	79,0%	80,0%	79,0%	69,9%	**78,8%**
1974	Out.	72,6%	76,6%	74,8%	67,7%	**72,8%**
1979		75,9%	79,4%	76,8%	67,7%	**76,0%**
1983		72,5%	76,1%	72,7%	72,9%	**72,7%**
1987		75,4%	78,9%	75,1%	67,0%	**75,3%**
1992		78,0%	79,7%	75,5%	69,8%	**77,7%**
1997		71,4%	73,5%	71,3%	67,1%	**71,4%**
2001		59,2%	61,6%	58,2%	68,0%	**59,4%**
2005		61,3%	62,6%	60,8%	62,9%	**61,4%**
2010		65,5%	64,8%	63,8%	57,6%	**65,1%**
2015		66,0%	65,7%	71,0%	58,1%	**66,2%**
2017		69,1%	68,6%	66,4%	65,4%	**68,8%**
2019		67,5%	66,6%	68,1%	61,8%	**67,3%**

Nota: Os valores relativos a 1918 incluem a Irlanda.
Fonte: Audickas et al. (2020: 25).

de 60% em 2001, antes de uma recuperação modesta em 2005 e 2010. Na eleição de 2019, amplamente apresentada como uma "eleição do Brexit" fundamental, dado o fracasso dos parlamentares para agir de forma decisiva na votação do referendo da UE de 2016 para sair, a participação foi, na verdade, ligeiramente menor do que em 2017 (Audickas et al., 2020: 25). Parece haver uma mudança geracional levando a essa participação reduzida. Nas eleições de 2015, cerca de 78% dos maiores de 65 anos e 77% dos que tinham entre 55 e 64 anos votaram, em comparação com apenas 43% dos de 18 a 24 anos (Ipsos MORI,

2015). Tal apatia contrasta fortemente com o entusiasmo demonstrado pelos eleitores em democracias formadas mais recentemente.

O quadro global do comparecimento dos eleitores às urnas é muito variado, embora tenha havido uma queda geral no mundo inteiro desde meados da década de 1980. Já se sugeriu que o tipo de sistema de voto pode explicar a variedade em nível nacional (ver a Tabela 20.3). Por exemplo, pode-se argumentar que o comparecimento às urnas tende a ser maior nos países com voto compulsório e menor onde o voto em eleições é totalmente voluntário. Esse parece ser um argumento efetivo em certas partes da Europa. A média de comparecimento em

TABELA 20.3 Tabela da razão voto/inscrição, por região do mundo, em países selecionados: classificação de comparecimento médio às urnas, 1945-2001 (%)

Oceania		América Central e do Sul	
Austrália (22)	94,5	Guiana (7)	88,5
Nova Zelândia (19)	90,8	Chile (11)	78,9
Fiji (3)	81,0	Nicarágua (6)	75,9
Tonga (5)	56,3	Colômbia (18)	47,6
Média	**83,1**	**Média**	**71,5**
Europa Oriental		*Ásia*	
Lichtenstein (17)	92,8	Cingapura (8)	93,5
Suécia (17)	87,1	Japão (22)	69,6
Reino Unido (16)	75,2	Índia (13)	59,4
Suíça (14)	56,5	Paquistão (6)	45,3
Média	**82,6**	**Média**	**74,0**
América do Norte		*Oriente Médio*	
Bahamas (6)	91,9	Israel (15)	80,3
Canadá (18)	73,9	Irã (1)	77,3
Estados Unidos da América (17)	66,5	Jordânia (3)	51,8
Haiti (3)	47,1	Líbano (3)	39,5
Média	**69,6**	**Média**	**72,2**
África		*Europa Central e Oriental*	
Burundi (1)	91,4	Uzbequistão (3)	93,5
Marrocos (5)	71,2	República Tcheca (4)	82,8
Zimbábue (3)	48,7	Rússia (3)	58,4
Mali (2)	21,3	Polônia (5)	50,3
Média	**64,5**	**Média**	**71,9**

Obs.: Número de eleições entre parênteses.
Fonte: Dados selecionados de Pintor e Gratschew (2002).

Lichtenstein, de quase 93% desde 1945, pode ser atribuída em parte ao sistema eleitoral, enquanto a Suíça, que tem um sistema voluntário, tem uma média de apenas 56,5%. Todavia, essa pode ser uma explicação apenas parcial para os padrões de voto entre os países, pois as Bahamas têm um comparecimento médio de quase 92% desde 1945 em um sistema não compulsório. Claramente, deve haver outros fatores em ação aqui.

Isso mostra que as estatísticas comparativas de comparecimento às urnas, por si só, nos dizem muito pouco sobre o estado da democracia *dentro* de determinados países. O que esses números brutos não revelam são os diferentes contextos nacionais em que as taxas de comparecimento ocorrem. Esse é um ponto crítico particularmente pertinente quando são feitas comparações entre as "novas" e as "velhas" democracias, que podem ser ambientes políticos muito diferentes. Por exemplo, em muitas democracias estabelecidas, como os EUA, existem outros meios pelos quais os interesses das pessoas podem ser representados, como nos tribunais, com a legislação de direitos iguais (Pintor e Gratschew, 2002), o que pode explicar em parte a baixa taxa de comparecimento em eleições.

Assim, embora o comparecimento eleitoral nos dê uma ideia básica das proporções de pessoas que votam em eleições ao redor do mundo, talvez seja

O referendo de independência nacional de 2014 na Escócia envolveu muitas pessoas, com participação eleitoral de 84,6% no dia, a mais alta desde que o sufrágio universal foi introduzido. No entanto, nas eleições parlamentares escocesas de 2011, o comparecimento foi de apenas 50,6% (Denver, 2011: 1).

mais esclarecedor olhar os padrões de votação ao longo do tempo dentro de determinados contextos nacionais, como em nosso exemplo do Reino Unido na Tabela 20.2. Abordar a importante questão de *por que* as pessoas votam ou não votam exige evidências estatísticas relacionadas com o contexto da sociedade em que a política ocorre.

Alguns autores argumentam que tendências como essas indicam que as pessoas estão cada vez mais céticas quanto às formas tradicionais de autoridade, pois houve uma mudança nos valores políticos em nações democráticas, de "valores de escassez" para "valores pós-materialistas" (Inglehart, 1997). Isso significa que, depois que se atingiu um certo nível de prosperidade econômica, os eleitores se preocupam menos com questões econômicas do que com a qualidade de seus estilos de vida individuais (ao contrário de coletivos). Como resultado, os eleitores geralmente estão menos interessados na política nacional, exceto por questões que envolvam a liberdade pessoal.

No entanto, Onora O'Neill (2002: 9) argumenta que estamos passando por uma crise de confiança nos líderes políticos ocidentais e outras autoridades:

> A desconfiança e a suspeição se espalharam por todas as áreas da vida, e com razão. Os cidadãos, ao que parece, não confiam mais nos governos, ou nos políticos, ou nos ministros, ou na polícia, ou na justiça, ou no serviço prisional. Os consumidores, ao que parece, não confiam mais nas empresas, especialmente nas grandes empresas ou em seus produtos. Nenhum de nós, ao que parece, confia em banqueiros, ou em seguradoras, ou em planos de previdência. Os pacientes, ao que parece, não confiam mais nos médicos [...] e, em particular, não confiam mais nos hospitais ou em consultores hospitalares. A "perda da confiança" é, em suma, um clichê dos nossos tempos.

Muitos estudiosos e comentaristas políticos indicam que a política formal é uma esfera da sociedade que mostra de uma forma particularmente dura como a confiança se esvaiu de fontes de autoridade anteriormente respeitadas. Quandt et al. (2015: 1) observam que, "Quando questionados, muitos cidadãos afirmam que os políticos não ouvem o que 'o povo' diz, fazendo com que alguns se afastem da política por frustração. Outros expressam sua opinião nas ruas, protestando contra decisões políticas, demonstrando, assim, que querem ter sua opinião." Esses dois aspectos foram vistos na votação do Reino Unido para deixar a UE. O demorado processo parlamentar destinado a alcançar um acordo abrangente entre Reino Unido e UE deixou desiludidos muitos eleitores a favor da "saída", o que foi determinante na marcante eleição nacional vencida pelo Partido Conservador de Boris Johnson. Johnson foi a figura mais proeminente na campanha de saída de 2016, e sua promessa de "concluir o Brexit" provou ser decisiva para conquistar eleitores de longa data mantidos pelo Partido Trabalhista.

As evidências da pesquisa parecem confirmar a erosão da confiança nos políticos e na política partidária formal, destacada pelas tentativas políticas de enfrentar a crise financeira nas economias da zona do euro e reduzir a dívida nacional. Em 2011, uma pesquisa de opinião do Guardian/ICM em cinco países da UE — Polônia, Reino Unido, França, Alemanha e Espanha — perguntou às pessoas se elas confiavam nos políticos para "agir com honestidade e integridade". No geral, apenas 9% disseram confiar que os políticos agiriam dessa maneira — 12% no Reino Unido, 10% na Alemanha, 11% na França, 8% na Espanha e apenas 3% na Polônia. A pesquisa também perguntou se as pessoas confiavam em seu governo "para lidar com os problemas do país". No geral, 78% disseram não confiar em seu governo — 66% no Reino Unido, 80% na Alemanha, 82% na França, 78% na Espanha e 82% na Polônia (Glover, 2011).

A crescente divisão entre o que é cada vez mais descrito como a "classe política" ou "elite" democraticamente eleita e os cidadãos a quem eles servem foi dramaticamente simbolizada no escândalo das despesas de 2009 envolvendo membros do Parlamento do Reino Unido. O jornal *Daily Telegraph* começou a publicar detalhes vazados das reivindicações de despesas dos membros do Parlamento, o que prejudicou ainda mais a confiança nos políticos. Os deputados podem reivindicar despesas para cobrir viagens para distritos eleitorais, custo de pessoal, alojamento necessário em Londres e outras despesas legítimas associadas ao seu papel. Mas houve indignação pública com o uso de fundos públicos em uma grande variedade de pequenos itens pessoais (como barras de chocolate ou DVDs) até os grandes (como televisores de plasma, hipotecas e custos de moradia inflacionados). As tentativas de alguns parlamentares de isentar suas despesas da Lei de Liberdade de Informação (2000) também foram vistas como um lance desonroso para encobrir irregularidades.

O sistema de despesas foi alterado após o escândalo, e há algumas evidências de pesquisa de que a opinião pública sobre a "confiança no funcionamento do Parlamento" retornou rapidamente aos níveis pré-escândalo (Bartle e Allen, 2010: 132-133). No entanto, as atitudes em relação aos políticos provavelmente nunca foram menos favoráveis. Em toda a União Europeia, protestos públicos em massa ocorreram contra políticos corruptos e ineficazes e seus planos de austeridade pós-2008 na Grécia, na Itália, na Irlanda, em Portugal e no Reino Unido.

Na próxima seção, examinamos a situação em mudança do Estado-Nação, que alguns consideram incapaz de manter sua posição política proeminente em nossa era global. Essa pode ser mais uma razão pela qual a participação democrática parece menos vital para as gerações mais jovens.

Governança global: expectativas e realidade

O sociólogo norte-americano Daniel Bell (1997) observa que o governo nacional é *pequeno demais* para responder a grandes questões — como a influência da competição econômica global ou a destruição do meio ambiente global —, mas se tornou *grande demais* para lidar com as questões pequenas — que afetam determinadas cidades ou localidades. A sugestão é que a política nacional está presa em um movimento oscilatório de globalização e localização, que explica, em parte, por que muitas pessoas, conforme discutimos antes, não se sentem suficientemente entusiasmadas para participar.

Os governos nacionais têm pouco poder sobre as atividades de corporações empresariais gigantes, os principais atores na economia global. As empresas podem mudar sua produção ou sede para o exterior para aumentar a lucratividade ou estar mais perto de mercados emergentes. A Panasonic e a Sony anunciaram que estavam mudando suas sedes de Londres para Amsterdã em 2018 e 2019, respectivamente, enquanto a P&O Ferries transferiu os registros de seus navios para Chipre, também em 2019. Todos os três citaram o desejo de minimizar a interrupção dos negócios ou evitar custos alfandegários adicionais quando o Reino Unido deixou a UE. Também em 2019, a empresa britânica Dyson surpreendeu muitos ao mudar sua sede para Cingapura, apesar de seu fundador ter feito campanha para que o Reino Unido deixasse a UE para impulsionar a fabricação e os negócios britânicos. Cingapura forneceu a Dyson acesso à Associação das Nações do Sudeste Asiático (ASEAN) e, assim, a mercados crescentes para seus produtos (produtos elétricos), bem como taxas mais baixas de impostos corporativos (Cotton, 2019). Os trabalhadores britânicos que podem perder seus empregos nesses casos provavelmente querem que o governo "faça alguma coisa". Porém, os governos nacionais são incapazes de controlar os processos globalizantes. Tudo que podem fazer é tentar suavizar o golpe, proporcionando benefícios ou capacitação profissional para os desempregados.

A globalização criou novos riscos: a disseminação de armas de destruição em massa, a poluição, o terrorismo mundial, a disseminação mais rápida de pandemias além das fronteiras e as crises financeiras internacionais, por exemplo. Essas questões não podem ser administradas apenas por Estados-Nações, e as organizações governamentais internacionais, como o Banco Mundial, a Organização Mundial do Comércio e a Organização das Nações Unidas, foram criadas como um modo de agregar os riscos globais. Essas organizações formam a base para discussões sobre a **governança global**. A governança global não diz respeito a criar um governo em nível global. Ao contrário, ela se preocupa com o arcabouço de regras necessárias para lidar com problemas globais e o conjunto diversificado de instituições, incluindo organizações internacionais e governos nacionais, necessárias para garantir esse arcabouço regimental.

Muitas das organizações internacionais ou globais que já existem para lidar com esses problemas carecem de formas de responsabilização democrática. Por exemplo, o Conselho de Segurança da ONU tem 15 membros, dos quais cinco são permanentes: os Estados Unidos, a Grã-Bretanha, a França, a China e a Rússia — alguns dos países mais poderosos do mundo. Para que qualquer resolução seja aprovada, o Conselho precisa de nove votos, incluindo os votos de todos os cinco membros permanentes. A ONU não apoiou explicitamente uma resolução permitindo o uso da força contra o Iraque em 2003, por exemplo, pois a França ameaçou vetá-la. Essa foi uma das principais razões citadas pelos críticos da guerra, que a condenaram como um uso ilegítimo de poder. As visões da grande maioria dos países mais pobres do mundo foram totalmente irrelevantes para o debate.

Como um exemplo positivo de cooperação e integração regional, a União Europeia tem sido vista com frequência como um modelo potencialmente bem-sucedido para políticas internacionais e governança global. A expansão da UE para 28 Estados-Nações integrados em uma união de cooperação dentro de uma estrutura institucional e legal é frequentemente citada como uma grande conquista da política europeia do pós-guerra. No entanto, essa união também tem sido criticada por seus altos níveis de burocracia e falta de responsabilidade democrática, que tem feito parte da plataforma ideológica dos partidos populistas nacionais europeus. As raízes históricas da UE estão na Segunda Guerra Mundial, e a ideia de integração europeia foi concebida para evitar que tal destruição acontecesse novamente. O primeiro-ministro britânico durante a guerra, Winston Churchill, convocou os "Estados Unidos da Europa" em 1946, e movimentos práticos em direção à unidade europeia foram propostos em um discurso em 9 de maio de 1950 pelo então ministro das Relações Exteriores francês, Robert Schuman. Essa data é celebrada anualmente como "Dia da Europa". No entanto, em 2020, o Reino Unido se tornou o primeiro estado a deixar a UE, reduzindo

Sociedade global 20.1 — União Europeia: agrupamento de soberania bem-sucedido?

Inicialmente, a União Europeia consistia em apenas seis países: Bélgica, Alemanha, França, Itália, Luxemburgo e Países Baixos. Dinamarca, Irlanda e Reino Unido entraram em 1973, Grécia, em 1981, Espanha e Portugal, em 1986, e Áustria, Finlândia e Suécia, em 1995. Em 2004, houve o maior incremento, quando 10 novos países se uniram à União Europeia, oito no Leste Europeu — República Tcheca, Estônia, Letônia, Lituânia, Hungria, Polônia, Eslovênia e Eslováquia — mais Chipre e Malta. A Bulgária e a Romênia entraram em 2007, e a Croácia, em 2013, levando o total para 28 países (European Commission, 2015b).

Nos primeiros anos, a maior parte da cooperação entre os países dizia respeito ao comércio e à economia, mas, atualmente, a União Europeia também lida com muitos outros assuntos de importância direta para a vida cotidiana. As agências da UE lidam com áreas tão diversas quanto os direitos dos cidadãos, a segurança, a criação de empregos, o desenvolvimento regional e a proteção do meio ambiente. No referendo do Reino Unido, o argumento de que a participação na UE enfraquece a soberania nacional — a capacidade de se autogovernar — foi um argumento crucial levado adiante pela campanha pela saída do país. No entanto, outros argumentam que a UE é simplesmente outro órgão internacional, como as Nações Unidas ou a Organização Mundial do Comércio (*The Economist*, 2005).

Os defensores da UE argumentam que as duas visões estão incorretas. Eles dizem que a UE é uma organização cujos Estados-membros criaram instituições comuns, pelas quais delegam parte do seu poder, para que decisões sobre questões específicas de interesse comum possam ser tomadas de maneira democrática no nível europeu. Todas as decisões e os procedimentos se baseiam nos tratados, que são escritos de comum acordo por todos os países que compõem a organização. Esse agrupamento de soberania também é chamado de "integração europeia".

Os defensores da UE dizem que ela garantiu meio século de estabilidade, paz e prosperidade. Ela ajudou a aumentar os padrões de vida, construiu um mercado comum europeu, lançou a moeda europeia única, o euro, e fortaleceu a voz da Europa no mundo. No entanto, a crise da dívida soberana que começou em 2009 não apenas levantou questões de governança supranacional, mas também levou alguns a questionarem seriamente se uma moeda pan-europeia pode realmente sobreviver a longo prazo.

> **REFLEXÃO CRÍTICA**
>
> Se os Estados-Nações geram fortes identidades nacionais, a UE terá que substituí-las por uma identidade europeia se quiser ter sucesso no futuro? O que nos diz a evidência da participação dos eleitores nas eleições gerais nacionais e no Parlamento Europeu?

a união para 27 países — embora, pelo menos até agora, não pareça haver nenhuma evidência de que outros estados o acompanharão em breve.

A crise econômica que se abateu sobre os países da zona do euro (aqueles dentro da moeda única europeia) levantou claramente a questão da adequação do modelo da UE para a governança da economia global (Della Salla, 2011: 152). Em particular, como McNamara (2010: 22) argumenta:

> Na base, o problema é simples: a UE é uma exceção na história política e econômica, e os mercados não sabem o que esperar de sua combinação única de uma moeda única e Estados-Nações separados. A crise da zona do euro revela os desafios do status político *sui generis* da UE — não mais uma simples coleção de Estados-Nações, mas não uma entidade federal de pleno direito.

Os enormes pacotes de resgate acordados para Grécia, Irlanda e Portugal podem parecer uma boa evidência de uma ação política combinada e multinacional. No entanto, além de um consenso de que agora é preciso haver um melhor sistema de regulação financeira, parece haver pouco acordo político sobre como a UE deve desenvolver suas estruturas de governança para evitar a repetição da crise. Alguns líderes veem uma necessidade desesperada de uma união política (e fiscal) mais próxima, enquanto outros, principalmente aqueles fora da moeda única, veem a crise como uma evidência de que uma integração mais próxima é indesejável.

Qual é, então, o destino da democracia, em uma era em que a governança democrática no nível do Estado-Nação parece despreparada para lidar com os eventos? Sucessivos líderes do Partido Conservador do Reino Unido e alguns economistas sugerem que há pouca coisa a ser feita: os governos não podem esperar controlar as rápidas mudanças que ocorrem ao nosso redor, e o caminho mais prudente é reduzir o papel do governo e permitir que as forças do mercado direcionem o caminho. No entanto, a crise financeira global demonstrou que esse é um caminho potencialmente perigoso. Bootle (2011: 3) argumenta que "A partir dos eventos de 2007/2009, parece claro que os mercados financeiros não trabalharam para promover o bem comum e causaram, em vez de assimilarem, caos e instabilidade. Ironicamente, eles tiveram que ser socorridos pelos governos".

Held (2004) argumenta que, em uma era global, temos necessidade de *mais* governo, e não de menos. Não obstante, o governo efetivo em nossa era atual exige o aprofundamento da democracia, no nível do Estado-Nação e acima e abaixo dele. Isso envolve tornar as organizações globais responsáveis, da mesma forma como os governos eleitos democraticamente prestam contas ao seu eleitorado nas eleições nacionais. O Tribunal Penal Internacional, que foi criado para julgar e levar à justiça os responsáveis por genocídios, crimes contra a humanidade e crimes de guerra, e a Organização das Nações Unidas proporcionam bases sólidas. Essas instituições promovem uma visão de mundo onde os direitos humanos básicos são protegidos, e há um processo pacífico e de comum acordo para a resolução de diferenças.

Segundo a visão de Held, a democracia social global será alcançada por meio da governança em níveis múltiplos, em que muitas organizações atuam juntas nas diferentes esferas: local, nacional e global. Ao passo que os Estados antes eram os principais atores na política internacional, os principais atores hoje também contemplam agências administrativas, tribunais e legislaturas. O ex-secretário-geral da ONU, Kofi Annan, tem sido muito influente na política internacional, por exemplo. Organizações não governamentais, como a Oxfam e a Anistia Internacional, bem como os movimentos sociais, também podem ter um papel importante. A seguir, analisamos em mais detalhe a significância cada vez maior de movimentos sociais na sociedade e como os sociólogos os têm compreendido.

Movimentos sociais: além da política formal

A vida política, como mostra a nossa discussão anterior, não ocorre apenas dentro da estrutura ortodoxa dos partidos políticos, dos sistemas eleitorais e da representação em corpos legislativos e governamentais. Apesar da disseminação da democracia, a persistência de regimes autoritários nos lembra que nem sempre é fácil ou possível efetuar mudanças dentro das estruturas políticas existentes. Às vezes, a mudança somente pode vir recorrendo-se a formas heterodoxas de ação política, como revoluções ou movimentos sociais.

O que são movimentos sociais?

O exemplo mais dramático e abrangente de ação política heterodoxa é a revolução — a derrubada de uma ordem sociopolítica existente por um movimento de massa, normalmente usando violência. As revoluções são acontecimentos tensos, emocionantes e fascinantes; evidentemente, elas atraem muita atenção. Ainda assim, com todo o seu drama, as revoluções não são relativamente frequentes.

> Ver o Capítulo 2, "Questões sociológicas: perguntas e respostas", para uma discussão sobre o trabalho de Theda Skocpol sobre as revoluções sociais.

O tipo mais comum de atividade política heterodoxa ocorre por meio dos **movimentos sociais** — tentativas coletivas de promover um interesse comum ou garantir um objetivo comum fora da esfera das instituições estabelecidas. Nas sociedades modernas, há uma ampla variedade de movimentos sociais, alguns duradouros e outros passageiros. Embora alguns movimentos sociais realizem suas atividades dentro das leis da sociedade em que existem, outros atuam como grupos ilegais ou secretos. É característico dos movimentos de *protesto*, contudo, que operem no limite daquilo que os governos definem como legalmente permissível em um dado momento e lugar. Os movimentos sociais geralmente surgem com o objetivo de trazer mudanças em alguma questão pública, como a expansão dos direitos civis para um segmento da população. Em resposta aos movimentos sociais, surgem movimentos contrários, em defesa do *status quo*. A campanha pelo direito das mulheres ao aborto, por exemplo, tem sido ferozmente desafiada por ativistas antiaborto ("em favor da vida"), que argumentam que o aborto deve ser ilegal.

Com frequência, as leis ou políticas são alteradas como resultado da ação de movimentos sociais. Por exemplo, no passado, era contra a lei trabalhadores fazerem greve. Como resultado das ações dos sindicatos, as leis receberam emendas, tornando a greve uma tática admissível em conflitos industriais. De maneira semelhante, os movimentos de *gays* e lésbicas conseguiram levantar a questão dos direitos iguais, e muitos países ao redor do mundo equipararam suas leis sobre a idade legal de atividade sexual para heterossexuais e homossexuais.

O movimento norte-americano pelos direitos civis das décadas de 1950 e 1960 conseguiu aprovar importantes leis que proibiam a segregação racial em escolas e locais públicos. Desde 2013, o movimento contemporâneo emergente conhecido como Black Lives Matter continuou a protestar contra a persistência do racismo na sociedade e a violência policial contra afro-americanos (Lebron, 2017). O movimento feminista obteve ganhos importantes para as mulheres em termos de igualdade econômica e política, enquanto movimentos ambientalistas fizeram campanhas pouco convencionais para promover formas sustentáveis de desenvolvimento e mudar posturas em relação ao ambiente natural.

> Ver o Capítulo 5, "Meio ambiente", para uma discussão mais ampla sobre as questões ambientais.

Os movimentos sociais são um aspecto tão evidente do mundo contemporâneo quanto as organizações burocráticas formais às quais muitas vezes se opõem, e alguns estudiosos sugerem que podemos estar avançando para uma "sociedade de movimentos sociais" globais que proporcionará solo fértil para esse tipo de ação coletiva. Por essa razão, devemos analisar as teorias sociológicas sobre os movimentos sociais.

Teorias sobre movimentos sociais

Na maior parte do século XX, os sociólogos consideravam os movimentos sociais como fenômenos muito incomuns. Como outras formas de comportamento coletivo, como motins, tumultos e revoluções, eles pareciam ser marginais à prática teórica e metodológica em voga na sociologia (Tarrow, 1998). Isso começou a mudar com a emergência de uma nova onda de movimentos a partir da década de 1960, que atraiu uma nova geração de sociólogos que queriam entendê-los e explicá-los. Quando o fizeram, eles descobriram que as teorias existentes sobre os movimentos sociais eram inadequadas

Um dos muitos protestos que eclodiram em junho de 2020 em cidades dos EUA e depois internacionalmente após o assassinato do afro-americano George Floyd pela polícia. Originalmente, o movimento Black Lives Matter destacou a violência endêmica contra afro-americanos nos EUA, mas desde então tem se expandido para outros países.

para a tarefa. Para entender por que, devemos fazer um breve passeio por algumas das primeiras teorias sobre os movimentos sociais.

Comportamento coletivo e agitação social

A Escola de Chicago de Sociologia costuma ser vista como a primeira a estudar sistematicamente as formas de **comportamento coletivo** e a transformá-las em um campo especializado de pesquisa em sociologia a partir da década de 1920 (Della Porta e Diani, 2006). Estudiosos da tradição de Chicago, incluindo Robert E. Park, Ernest W. Burgess e Herbert Blumer, consideravam os movimentos sociais como *agentes* de mudança social, e não apenas como *produtos* dela. Nesse sentido, eles começaram a teorizar sobre os movimentos sociais de maneira mais produtiva.

Herbert Blumer (1969) foi o principal analista dos movimentos sociais na tradição do interacionismo simbólico de Chicago. Ele propôs uma teoria sobre a **inquietação social** para explicar as atividades não convencionais de protesto dos movimentos sociais fora da esfera da política partidária formal e da representação de interesses. Basicamente, Blumer considerava que todos os tipos de movimentos sociais eram motivados pela insatisfação com alguns aspectos da sociedade vigente, que eles buscavam corrigir. Desse modo, eles estavam tentando construir uma "nova ordem de vida". Blumer (1969: 8) afirma:

> O percurso de um movimento social mostra o surgimento de uma nova ordem de vida. No começo, um movimento social é amorfo, mal organizado e sem forma; o comportamento coletivo está no nível primitivo. [...] À medida que se desenvolve um movimento social, ele assume o caráter de uma sociedade. Ele adquire organização e forma, um corpo

de costumes e tradições, liderança estabelecida, uma divisão duradoura do trabalho, regras e valores sociais — em suma, uma cultura, uma organização social e um novo esquema de vida.

A teoria de Blumer sobre os movimentos sociais como inquietação social tem alguns pontos importantes. Ele acreditava que os movimentos podem ser "ativos" ou direcionados para fora, visando a transformar a sociedade, ou podem ser "expressivos" ou direcionados para dentro, tentando mudar as pessoas envolvidas. Um exemplo do primeiro tipo seria o movimento dos trabalhadores, que visava a mudar radicalmente as sociedades capitalistas de maneira igualitária, enquanto o segundo incluiria os movimentos da "Nova Era", que incentivam as pessoas a transformarem seus "*selves*" interiores. Na prática, a maioria dos movimentos sociais envolve elementos ativos e expressivos à medida que os ativistas e apoiadores do movimento passam por mudanças na identidade pessoal, como resultado de campanhas para mudar a sociedade. O veganismo, por exemplo, visa a promover alternativas práticas para o uso e a exploração de animais por humanos, mas isso também gera uma identificação cada vez maior com outros animais, transformando, assim, a percepção das pessoas sobre o *eu*.

Blumer também argumentava que os movimentos sociais têm um "ciclo de vida", que envolve quatro estágios consecutivos. Primeiramente, existe uma "ebulição social", quando as pessoas estão agitadas por alguma questão, mas relativamente sem foco e desorganizadas. Isso se transforma em um estágio de "animação popular", durante o qual as fontes de insatisfação das pessoas são definidas e entendidas de forma mais clara. No terceiro estágio, são criadas organizações formais, que são capazes de gerar um nível maior de coordenação com o movimento emergente, e se forma uma estrutura mais efetiva para fazer campanhas. Finalmente, vem a "institucionalização", na qual o movimento passa a ser aceito como parte da sociedade e da vida política mais amplamente. É claro, alguns movimentos têm sucesso parcial, enquanto outros fracassam completamente. Alguns perduram por um longo tempo, enquanto outros simplesmente ficam sem verbas ou entusiasmo, terminando, assim, o seu ciclo de vida. Essa ideia de um ciclo de vida se mostrou extremamente produtiva e tem sido central para muitos estudos mais recentes, particularmente nos EUA, o que mostra que o trabalho de Blumer continua a ter influência nos estudos dos movimentos sociais (Goodwin e Jasper, 2015).

Um problema com essa abordagem interacionista é que, embora trate os movimentos como fenômenos significativos — o que foi uma novidade clara na época —, seus estudos tendem a não explorar as decisões e estratégias racionais dos ativistas dos movimentos. Esse aspecto foi deixado para futuros estudiosos buscarem. Em segundo lugar, embora a abordagem tenha gerado alguns estudos de caso muito detalhados sobre movimentos específicos, os críticos argumentam que eles eram narrativas descritivas que não prestavam suficiente atenção em explicações que pudessem conectar a atividade dos movimentos sociais com mudanças na estrutura social (Della Porta e Diani, 2020).

Estudos clássicos 20.2 — Neil Smelser, sobre a compreensão dos movimentos sociais

O problema da pesquisa

Os movimentos sociais se tornaram muito comuns, e talvez você faça parte de um, ou mesmo de mais de um. Muitas vezes, eles aparecem sem serem anunciados, pegando os sociólogos de surpresa, mas também podem acabar do mesmo modo. Será que isso significa que seu surgimento é totalmente aleatório, produto do acaso e de circunstâncias imprevisíveis? Como podem estar ligados a mudanças sociais mais amplas? Podemos desenvolver uma teoria geral do surgimento e desenvolvimento de movimentos que nos ajude a entender melhor o processo? O sociólogo Neil J. Smelser trabalhou com Talcott Parsons e estudou o comportamento coletivo a partir de uma perspectiva funcionalista estrutural, buscando exatamente essa teoria dos movimentos sociais.

A visão de Smelser

Smelser (1962) criou uma teoria baseada na *tensão estrutural* para explicar o surgimento de movimentos sociais, embora algo que diferencia sua perspectiva é que ela representa um "**modelo de valor agregado**" do surgimento dos movimentos. Essa ideia vem da teoria econômica e sugere que os movimentos sociais surgem por um processo com estágios identificáveis, com cada estágio sucessivo "agregando valor" ao movimento emergente. O modelo prevê que cada estágio faz uma adição à probabilidade de que um comportamento coletivo ou um movimento social seja criado. Nesse sentido, o argumento de Smelser é multicausal, rejeitando todas as noções de uma causa única. Esse foi um momento muito importante no estudo dos movimentos sociais.

Smelser propôs seis elementos de "valor agregado" como necessários para que se desenvolva um movimento social:

1. *Condutividade estrutural*. Todos os movimentos sociais ocorrem dentro de um contexto social mais amplo, e esse contexto estrutural deve favorecer a formação do movimento. Por exemplo, em sociedades autoritárias, talvez haja pouco espaço para as pessoas se reunirem em grandes grupos ou para protestarem legalmente contra coisas a que se opõem. Portanto, os oponentes do regime talvez precisem encontrar outras maneiras, menos expostas, de buscar mudanças. A situação não é estruturalmente favorável à atividade dos movimentos sociais. Em anos recentes, os estudiosos dos movimentos sociais têm usado o conceito de "estrutura política de oportunidades" para descrever as maneiras como os sistemas políticos criam ou negam oportunidades para os movimentos se desenvolverem (Tarrow, 1998), e esse conceito claramente deve muito à ideia anterior de Smelser (Crossley, 2002).

2. *Tensão estrutural*. Se a estrutura social conduz ao comportamento coletivo, deve haver uma tensão entre as expectativas das pessoas e a realidade social. Quando as pessoas esperam, ou são levadas a esperar, certas coisas da sociedade, e essas expectativas não se cumprem, surgem frustrações, e elas procuram outras maneiras de satisfazê-las.

3. *Crenças generalizadas*. Smelser argumenta que, se as duas primeiras condições forem satisfeitas, é necessário que crenças generalizadas sobre as causas da tensão se desenvolvam e se disseminem, de maneira a convencer as pessoas da necessidade de formar um movimento social ou participar dele. Ele considera que essas crenças generalizadas são muito primitivas e baseiam-se na realização de desejos, em vez de serem ponderadas racionalmente.

4. *Fatores precipitantes*. São, essencialmente, eventos que atuam como faíscas que acendem a chama da ação de protesto. Um bom exemplo disso seria a remoção de Rosa Parks de um ônibus racialmente segregado nos Estados Unidos em 1955, que desencadeou protestos e se tornou um fato crucial no movimento pelos direitos civis dos negros. Os fatores precipitantes ajudam a tornar as tensões sociais mais facilmente visíveis para os apoiadores potenciais. Sem eles, o processo de formação do movimento pode ficar parado por um longo período.

5. *Mobilização para ação*. Tendo testemunhado um evento precipitante, o próximo elemento de valor agregado é a comunicação efetiva, por meio da formação de uma rede social ativa que permita que os ativistas realizem algumas das funções necessárias para o protesto e esquematizem sua organização — escrever e distribuir panfletos, organizar demonstrações, cobrar taxas dos membros, e assim por diante. Toda essa atividade exige um nível maior de comunicação e envolvimento em redes sociais.

6. *Fracasso do controle social*. O último fator causal no modelo de Smelser é a resposta das forças de controle social. A resposta das autoridades pode ser crucial para acabar com um movimento social emergente ou para criar oportunidades para que ele se desenvolva. Às vezes, uma reação exagerada das autoridades pode incentivar outros a apoiar o movimento, especialmente em nossa era dominada pela mídia. Por exemplo, os relatos disseminados na mídia sobre o tratamento rígido contra ativistas do Greenpeace a bordo do Greenpeace III em 1972 serviram para criar a impressão de que havia uma disputa entre Davi e Golias, que atraiu muitos para o lado do desfavorecido. No entanto, medidas repressivas severas às vezes podem interromper as redes sociais emergentes, se as pessoas perceberem que os riscos de continuarem são grandes demais. Por exemplo, o emergente movimento democrático liderado por estudantes na China foi brutalmente reprimido pelos militares chineses, e muitos manifestantes foram mortos na Praça da Paz Celestial em junho de 1989. A resposta do governo linha-dura efetivamente impediu o desenvolvimento de um amplo movimento por mudança democrática.

Na primavera de 2019, ativistas climáticos da organização Extinction Rebellion organizaram vários bloqueios no centro de Londres. Muitos membros do público relataram que os transtornos causados à vida cotidiana os afastaram, em vez de colocá-los a par dos objetivos do movimento. Os métodos que governos e autoridades usam para responder a esses protestos também podem ser fundamentais para encorajar ou desencorajar mais ativismo e apoio público.

Pontos de crítica

A teoria de Smelser foi submetida a ataques críticos. Ao concentrar a atenção nas crenças generalizadas, o modelo de Smelser implica que os indivíduos são motivados a começar movimentos sociais por razões irracionais, enraizadas em ideias enganosas sobre sua situação. Isso remonta a uma tradição mais antiga que considerava os movimentos como fenômenos inusitados ou marginais. Os estudos dos movimentos sociais desde Smelser avançaram e passaram a considerar os ativistas como atores racionais que avaliam os custos e os benefícios de seus atos (ver Olson, 1965), e os movimentos sociais são considerados como parte da vida social, em vez de marginais a ela. A teoria de Smelser também tinha orientação funcionalista estrutural, colocando os movimentos sociais no contexto de sua função adaptativa durante períodos de mudanças sociais rápidas. Os movimentos tranquilizam as pessoas de que algo está sendo feito para lidar com suas preocupações. Porém, a teoria sofreu com ataques indiretos ao funcionalismo parsoniano e, provavelmente de maneira injusta, não se concretizou até pouco tempo atrás.

Relevância contemporânea

O trabalho de Smelser sobre os movimentos sociais, merecidamente, tem recebido mais atenção nos últimos anos e está passando por uma espécie de ressurgimento. Ele ainda propõe um modelo causal de formação de movimentos, e mesmo seus críticos têm extraído elementos dele — como ideias dentro da teoria da mobilização de recursos, estruturas políticas de oportunidades e análise estrutural — que se mostraram muito úteis (Crossley, 2002). De maneira semelhante, esse modelo conecta o ativismo dos movimentos com estruturas sociais e pode proporcionar *insights* sobre a ascensão de novos movimentos sociais. Já está mais do que na hora de revisitar essas instigantes ideias.

Mobilização de recursos

As tradições da pesquisa sobre os movimentos sociais nos Estados Unidos e na Europa tendem a ser muito diferentes. Nos EUA, os movimentos sociais foram estudados usando alguma forma de teoria das escolhas racionais, que pressupõe que os indivíduos tomam decisões racionais, ponderando as opções que têm em um dado momento. Na Europa, contudo, como veremos mais adiante, o foco costuma estar muito mais nas conexões entre os movimentos e as classes sociais. Foi sugerido que as abordagens norte-americanas se concentram principalmente (mas não exclusivamente) na questão de *como* os movimentos são organizados, enquanto as abordagens europeias se concentram em *por que* os movimentos sociais emergem (Melucci, 1989).

Uma das perspectivas norte-americanas mais influentes é a **teoria da mobilização de recursos** (TMR). A TMR se desenvolveu no final da década de 1960 e na década de 1970, em parte como reação a teorias baseadas na inquietação social, que pareciam retratar os movimentos sociais como fenômenos "irracionais". Contra essa visão, os defensores da TMR argumentam que os participantes de movimentos agiam de maneira racional, e os próprios movimentos eram propositais, e não caóticos (Oberschall, 1973; Tilly, 1978; Zald e McCarthy, 1987). Os teóricos da TMR dizem que as sociedades capitalistas produzem um descontentamento crônico entre setores do público, o que torna problemáticas as teorias da inquietação social. Se a inquietação social está sempre presente, o surgimento dos movimentos não pode ser explicado em referência a ela. O que transforma esse descontentamento em mobilizações e movimentos sociais efetivos, segundo eles, é a disponibilidade dos *recursos* necessários para montar campanhas efetivas. Essa questão é ilustrada adequadamente por Storr (2002: 82):

> A ideia central da teoria da mobilização de recursos é muito básica: os movimentos sociais precisam de recursos. Suponhamos que eu e você somos membros de um movimento social. Se quisermos marcar uma reunião, precisamos de um lugar para realizá-la. Se quisermos divulgar um ato de protesto, como uma demonstração, precisamos fazer panfletos, pôsteres e cartazes, reproduzi-los em grande quantidade e distribuí-los por toda a parte. Se quisermos marcar uma reunião ou contatar a gráfica, provavelmente precisaremos de um telefone — e de dinheiro para pagar por ele. Além desses recursos materiais, é mais provável que tenhamos sucesso se pudermos contar com outros recursos menos tangíveis — um catálogo cheio de contatos úteis, conhecimento prático sobre como desenhar pôsteres ou construir *websites* e, até mesmo, o tempo e a energia necessários para dedicar ao nosso ativismo. Segundo a teoria da mobilização de recursos, quanto mais desses recursos pudermos mobilizar, maior a probabilidade de sermos bem-sucedidos em nossa busca pela mudança social.

Na TMR, a insatisfação política não é suficiente, por si só, para levar a mudanças sociais. Sem recursos, essa insatisfação não se torna uma força ativa. A TMR tem um aspecto economicista, mostrando semelhanças entre os movimentos sociais e a economia de mercado competitiva. Ou seja, a teoria retrata os movimentos sociais como algo que opera dentro de um campo competitivo de movimentos — uma "indústria dos movimentos sociais" —, dentro do qual competem por recursos escassos e por membros e ativistas. As organizações de movimentos sociais (OMS) se encontram em competição com outras OMS, algumas parecendo compartilhar seus objetivos.

Embora a TMR tenha ajudado a preencher a lacuna deixada pelas teorias da inquietação social, produzindo estudos muito detalhados sobre como os movimentos e as organizações adquirem recursos e mobilizam suas campanhas, os críticos ainda consideram essas explicações incompletas. Em particular, a TMR atribui pouco peso aos efeitos de mudanças sociais amplas — como a tendência ao pós-industrialismo ou aos processos de globalização — sobre os movimentos sociais. Por exemplo, o contexto político cada vez mais global significa que as organizações conservacionistas tradicionais do Reino Unido, como a National Trust, têm sofrido pressão das novas organizações ambientais internacionais, como o Greenpeace e, mais recentemente, o Extinction Rebellion, cujas ideologias e campanhas internacionais parecem se encaixar mais no novo contexto.

A TMR também não tem uma boa explicação para os movimentos sociais que alcançam o sucesso mesmo com recursos muito limitados. Piven e Cloward (1977) analisaram "movimentos de pessoas pobres" nos EUA, como o dos trabalhadores desempregados na década de 1930, pelos direitos civis de negros na década de 1950 e o movimento pelo bem-estar social no final da década de 1960 e na década de 1970.

De maneira surpreendente, eles observaram que os principais êxitos desses movimentos foram alcançados durante seu estágio de formação, antes que se organizassem adequadamente. Isso se deu porque os ativistas, nos estágios iniciais, estavam muito entusiasmados e participavam de muitas ações diretas, como greves e manifestações. Todavia, quando se tornaram mais organizados, as ações diretas diminuíram, e a "mão morta da burocracia" (descrita por Weber e Michels) assumiu o controle, e os movimentos perderam a força e o impacto. Isso é exatamente o inverso do que esperaríamos segundo a TMR e mostra que, às vezes, a falta de recursos pode se tornar uma vantagem para um movimento.

> **REFLEXÃO CRÍTICA**
>
> Escolha um movimento social entre os discutidos até aqui e pesquise sua história e seu desenvolvimento. Usando a TMR, mostre *como* o movimento se organizou e *por que* ele teve sucesso ou fracassou. Como o uso das mídias sociais pode afetar a maneira como os movimentos obtêm recursos?

Novos movimentos sociais

Desde o final da década de 1960, houve uma explosão de movimentos sociais em todo o mundo. Entre eles estão os movimentos estudantis da década de 1960, os movimentos pelos direitos civis e feministas das décadas de 1960 e 1970, os movimentos antinucleares e ecológicos da década de 1980 e as campanhas pelos direitos dos *gays* e dos deficientes. Coletivamente, esse grupo de movimentos costuma ser chamado pelos estudiosos europeus de **novos movimentos sociais** (NMS). Isso porque eles são vistos como inaugurando um novo *tipo* de movimento social (Touraine, 1971, 1981). As teorias sobre os NMS tentam abordar a questão de por que isso aconteceu e quando, e, de certa maneira, essa abordagem complementa a da TMR sobre como os movimentos reúnem recursos e fazem uso deles. Todavia, "novo", nesse contexto, significa mais do que apenas "contemporâneo". Existem quatro maneiras principais pelas quais se diz que os NMS diferem dos "velhos" movimentos, que discutiremos a seguir.

Novas questões

Os NMS introduziram algumas questões novas nos sistemas políticos, muitas das quais são relativamente desconectadas de simples interesses materiais pessoais. Ao contrário, essas questões dizem respeito à "qualidade de vida", incluindo o estado do meio ambiente global, o bem-estar animal e os direitos dos animais, a produção pacífica de energia (não nuclear) e a "política de identidade" associada aos movimentos pelos direitos dos *gays* e dos deficientes.

Para os teóricos dos NMS, esses movimentos refletem uma transformação social muito ampla, de uma sociedade industrial para uma pós-industrial. Enquanto a política industrial girava em torno da criação e distribuição de riqueza, a política pós-industrial envolvia questões pós-materiais. Ronald Inglehart (1977, 1990) fez levantamentos sobre valores sociais em mais de 25 países industrializados e observou que as gerações mais jovens tinham valores pós-materiais. Ou seja, elas consideravam garantido um determinado padrão de bem-estar material e eram mais propensas a se preocupar com qualidade em vez de quantidade na vida.

Essa mudança geracional "glacial" em valores, segundo Inglehart, pode ser explicada por vários fatores. A geração pós-1945 não experimentou a depressão e as dificuldades da geração de seus pais, nem tiveram experiência pessoal de guerra. Ao contrário, eles se acostumaram com a paz e a riqueza do pós-guerra, crescendo no contexto de uma "socialização pós-escassez", em que o obstáculo histórico da escassez de alimentos parecia ter sido resolvido para sempre. Essa geração também tinha uma experiência diferente de trabalho, à medida que o crescente setor de serviços tomava o lugar dos velhos locais de trabalho industriais. Essas enormes mudanças sociais levaram ao declínio da "velha" política, que estava abrindo caminho rapidamente para uma "nova" forma de política pós-industrial.

Novas formas organizacionais

Os NMS também pareciam ser diferentes na maneira como se organizavam. Muitos deles adotavam uma forma organizacional frouxa, que rejeitava a organização formal que os primeiros teóricos dos movimentos sociais diziam ser necessária para o sucesso. Os NMS pareciam muito mais com redes livres de pessoas. Além disso, eles pareciam não ter um centro ou uma sede única, preferindo uma estrutura policéfala ou com "muitas cabeças". Isso significava que, se um grupo violasse a lei e enfrentasse um processo legal, o restante da rede poderia continuar, mas essa estrutura também servia às necessidades emocionais dos ativistas, que tendiam a ser jovens e imbuídos de valores e identidades pós-materiais.

Alberto Melucci (1989) observou que essa forma de organização carregava em si uma mensagem, ou seja, a rejeição simbólica da política agressivamente masculina do poder burocrático da era industrial, tipificada por alguns sindicatos e pela política partidária. O primeiro presidente da República Tcheca, Vaclav Havel (1988), descreve isso como uma forma de "política antipolítica" e anti-hierárquica. O que marcou essa nova forma de política foi uma limitação autoimposta. Os NMS não buscavam tomar o Estado e usar os mecanismos do poder estatal para mudar a sociedade; ao contrário, eles pareciam fazer um apelo direto ao público. Essa estratégia foi descrita como um "radicalismo autolimitado", que contrasta nitidamente com a política centrada no Estado do socialismo e do movimento operário (Papadakis, 1988).

Novos repertórios de ação

Como todos os outros movimentos, os NMS usam uma variedade de atos de protesto, desde *lobby* político a manifestações e festivais alternativos, mas uma coisa que caracteriza seu "repertório de ação" é o uso de **atos diretos** simbólicos e não violentos. Muitos atos visam a apresentar ao público aspectos da sociedade que antes não eram vistos ou conhecidos. Por exemplo, campanhas contra o descarte de lixo tóxico no Reino Unido, o abate de bebês foca em Newfoundland, a destruição de florestas para construção de estradas ou a existência de ambientes debilitantes, tudo isso mostra às pessoas coisas das quais elas podiam não estar cientes. Os NMS costumam fazer um grande uso dos meios digitais para gerar apoio — filmando seus próprios protestos, mostrando os vídeos na internet, organizando campanhas usando redes sociais e mensagens de texto e incentivando as pessoas comuns a se envolverem na política. Esses esforços ilustram o argumento de Melucci (1985) de que os NMS são formas de comunicação: "mensagens" para a sociedade, que trazem desafios simbólicos ao sistema político existente.

Novas bases sociais

Finalmente, muitos estudos sobre ativistas dos NMS apresentam uma predominância da "nova" classe média que trabalha nas burocracias do Estado de bem-estar social pós-1945, nos campos criativos, artísticos e da educação (incluindo muitos estudantes). Essa observação levou alguns a descreverem o ativismo dos novos movimentos sociais como uma forma de "radicalismo de classe média" (Cotgrove e Duff, 1980). Muitas das grandes demonstrações — contra armas nucleares, em favor do bem-estar animal, e assim por diante — atraem uma "coalizão arco-íris" de pessoas aposentadas, estudantes, manifestantes de primeira ocasião, feministas, anarquistas, socialistas, conservadores tradicionais e muitos outros. Todavia, parece que as classes trabalhadoras não estão envolvidas em números significativos. Mais uma vez, isso representa uma mudança significativa em relação ao período industrial, com seus movimentos baseados na classe operária (Eckersley, 1989).

Muitos observadores dizem que os NMS são um produto singular da sociedade pós-industrial e são profundamente diferentes das formas de ação coletiva usadas em épocas anteriores. Podemos considerar os novos movimentos sociais em termos de um "paradoxo de democracia". Embora a confiança na política tradicional pareça estar desvanecendo, o crescimento dos NMS é evidência de que os cidadãos das atuais sociedades modernas não são apáticos ou desinteressados na política, como às vezes se afirma. Em vez disso, há uma crença de que a ação direta e a participação são mais úteis do que a confiança nos políticos. Mais do que nunca, as pessoas apoiam os movimentos sociais como forma de ressaltar questões morais complexas e colocá-las no centro da vida social. Nesse sentido, os NMS estão ajudando a revitalizar a democracia e estão no centro de uma forte cultura cívica ou **sociedade civil** (Habermas, 1981).

A teoria dos NMS tem recebido críticas severas. Todas as supostas "novas" características identificadas foram encontradas nos "velhos" movimentos sociais. Por exemplo, os valores pós-materiais eram evidentes em algumas das comunas do século XIX (D'Anieri et al., 1990). O foco na criação de identidades também era um aspecto crucial, talvez definidor, de todos os movimentos nacionalistas e dos primeiros movimentos femininos, e a prática da ação direta não violenta foi usada na resistência ao domínio colonial britânico na Índia, sendo normalmente associada a Mahatma Gandhi. Essa evidência histórica levou Craig Calhoun (1993) a descrever esses velhos movimentos de maneira irônica como os "novos movimentos sociais do começo do século XIX".

Outros consideravam os teóricos dos novos movimentos sociais apressados demais para tirar conclusões radicais com poucas evidências empíricas. Com o tempo, alguns dos NMS desenvolveram organizações formais, e elas se tornaram mais burocráticas do que aceita a teoria. O Greenpeace é o exemplo mais notável. Originalmente uma rede livre de indivíduos com ideais semelhantes envolvidos em várias ações diretas, com o tempo, o Greenpeace se tornou uma organização empresarial enorme, com uma massa de associados e recursos financeiros imensos. De fato, ele parece se conformar muito mais ao processo de mudança de longo prazo identificado por Blumer e a TMR. Por fim, mesmo algumas das questões aparentemente "novas" têm sido consideradas muito antigas. A política ambientalista, por exemplo, pode ser rastreada até as organizações europeias e norte-americanas de defesa da natureza na metade do século XIX e talvez seja entendida melhor como um movimento que passou por diversos estágios de crescimento e decadência (Sutton, 2000; Paehlke, 1989).

Globalização e a "sociedade dos movimentos sociais"

Apesar da artilharia crítica voltada para a teoria dos NMS, é evidente que os movimentos sociais agora operam em um conjunto de circunstâncias históricas muito diferente dos movimentos anteriores. Em particular, os processos de globalização significam a possibilidade de conexões sistemáticas e muito mais imediatas através de fronteiras nacionais e, com isso, de movimentos sociais genuinamente transnacionais ou globais (Tarrow, 2005).

A ascensão dos NMS também reflete alguns dos novos riscos que as sociedades humanas enfrentam atualmente. As condições estão ideais para os movimentos sociais, à medida que, cada vez mais, as instituições políticas tradicionais têm dificuldade para lidar com os desafios que surgem, como a mudança climática. Esses novos problemas e desafios são alguns daqueles que as instituições políticas democráticas existentes parecem ser incapazes de resolver e, como resultado, são ignorados ou evitados até que seja tarde demais e se instale uma crise completa. O efeito cumulativo desses novos desafios e riscos pode ser a sensação crescente de que as pessoas estão "perdendo o controle" de suas vidas em meio às rápidas mudanças. Os indivíduos se sentem menos seguros e mais isolados – uma combinação que leva a uma sensação de impotência. Em contrapartida, as corporações, os governos e a mídia parecem estar dominando cada vez mais aspectos da vida das pessoas, aumentando a sensação de um mundo desgovernado (Giddens, 2002). Há uma sensação crescente de que, se deixada à sua própria lógica, a globalização trará riscos ainda maiores para os cidadãos.

Em meio a uma revolução digital, os movimentos sociais são capazes de se unir em enormes redes regionais e internacionais compreendendo organizações não governamentais, grupos religiosos e humanitários, associações de direitos humanos, defensores dos consumidores, ativistas ambientalistas e outros que atuam em campanhas pelo interesse público. Essas redes eletrônicas hoje têm a capacidade inédita de responder imediatamente aos acontecimentos à medida que ocorrem, de ter acesso e compartilhar fontes de informações e de pressionar as corporações, os governos e as organizações internacionais como parte de suas estratégias de campanha.

O uso das mídias sociais para compartilhar informações, montar comunidades *on-line* e organizar manifestações é um recurso cada vez mais comum para os movimentos sociais. O bate-papo, a discussão e a organização *on-line* também permitem que os movimentos se desenvolvam sem uma liderança nítida e identificável. Por exemplo, um agora famoso videoblogue no Facebook da ativista egípcia Asmaa Mahfouz — postado uma semana antes de milhares de egípcios ocuparem a Praça Tahrir em janeiro de 2011 — recebeu crédito por encorajar muitos jovens *on-line* a se envolverem na revolta. Em 2019, a rápida disseminação de protestos em Hong Kong contra a legislação proposta para permitir a extradição para a China continental envolveu grupos utilizando mídias sociais, usando o *slogan* "seja disforme, sem forma, como a água" (Rachman et al., 2019). Da mesma forma, campanhas inspiradas em mídias sociais "sem forma" foram vistas no Chile, no Líbano e na França, em que um evento desencadeador — como o aumento de preços do transporte público, um imposto sobre mensagens do WhatsApp e o aumento de impostos sobre a gasolina, respectivamente — provocou protestos em uma frente mais ampla.

Castells (2015: 2) caracteriza esses e muitos outros como "movimentos sociais em rede" que "se espalham por contágio em um mundo conectado em rede pela internet sem fio e marcado pela difusão rápida e viral de imagens e ideias". Por exemplo, sem a internet, os rebeldes zapatistas no México teriam permanecido como um movimento guerrilheiro de esquerda isolado no sul do México. Mas, poucas horas depois de seu levante armado em janeiro de 1994, uma série de grupos de apoio surgiu *on-line*, promovendo sua causa. No entanto, Castells argumenta que os espaços discursivos criados pelos movimentos não se restringem aos ambientes *on-line*, mas envolvem também o espaço físico, urbano, como praças públicas e edifícios de significado simbólico. Ele vê os movimentos da Primavera Árabe de 2011-2012 e os protestos Occupy que se espalharam por 951 cidades em 82 países como exemplos disso (ibid.). Sua rápida disseminação mostra que um aspecto-chave dos novos movimentos em rede é sua tendência a se mover muito rapidamente através das fronteiras nacionais.

Embora rejeite algumas das alegações de novidade dos NMS, Tarrow (1998: 207-208) argumenta: "o que *é* novo é que eles têm mais recursos discricionários, têm acesso fácil à mídia, têm mobilidade geográfica e interações culturais mais baratas e mais rápidas e podem conclamar a colaboração de diferentes tipos de organizações ligadas aos movimentos para organizar campanhas específicas rapidamente". O reconhecimento dessas mudanças levanta a possibilidade de que possamos estar avançando para uma "sociedade de movimentos sociais", em que os movimentos sociais de âmbito nacional do passado abrirão caminho para movimentos sem fronteiras, discutidos anteriormente (Meyer e Tarrow, 1997).

Desde 2001, há reuniões anuais dos Fóruns Sociais Mundiais (FSM), basicamente fóruns em que organizações e grupos de dentro das sociedades civis nacionais se reúnem e compartilham ideias. Em particular, os fóruns proporcionam um espaço para ativistas do mundo inteiro que buscam uma forma alternativa de globalização para a versão capitalista de livre mercado que, segundo eles, tornou-se dominante. Os fóruns são vistos por alguns como contendo os germes de uma sociedade civil global emergente, permitindo redes internacionais mais fortes e coordenação mais estreita. O FSM não violento fornece um exemplo de um "movimento sem fronteiras", mas as redes terroristas globais da al-Qaeda são outro exemplo (Sutton e Vertigans, 2006). Não é inevitável que uma "sociedade do movimento" emergente espelhe a onda de não violência dos NMS das décadas de 1960 e 1970. De fato, o acesso mais fácil a armas e às informações necessárias para construí-las traz a perspectiva muito distinta de uma sociedade de movimentos sociais violentos.

> Ver o Capítulo 21, "Nações, guerra e terrorismo", para uma discussão mais ampla sobre a violência nas relações humanas.

Conclusão

A esfera da política passou claramente por algumas mudanças importantes nas últimas décadas. A democracia se tornou mais difundida em todo o mundo, mas, em muitas das democracias representativas estabelecidas, diversos eleitores não participam com entusiasmo. Por outro lado, movimentos sociais de base estão prosperando, trazendo novas questões e métodos de campanha para o convencional. A divisão política convencional esquerda-direita parece muito menos clara hoje do que no passado. A oposição à construção de estradas por motivos ambientais é uma posição de direita ou de esquerda? Se a campanha por direitos iguais dos transgêneros é de "esquerda", por que algumas feministas de "esquerda" estão preocupadas? Aqueles que propõem que os animais têm direitos são da ala esquerda ou direita da política? Essas questões parecem atravessar a velha divisão política e estão se tornando mais relevantes para as gerações mais jovens do que a política materialista mais antiga, enraizada nas fábricas e nos locais de trabalho.

A crise financeira de 2008 e a pandemia de covid-19 de 2020 mostraram como as sociedades do mundo se tornaram fortemente integradas, mas também mostraram que a coordenação política e a governança global ainda estão muito atrasadas. Mesmo dentro de agrupamentos regionais como a UE, os interesses nacionais costumam prevalecer em tempos difíceis, justamente quando uma ação coordenada é necessária para o bem coletivo. Por exemplo, os países da zona do euro estavam profundamente divididos sobre a melhor forma de ajudar a Grécia altamente endividada em 2008-2009 e quem deveria pagar pela ajuda financeira. Durante a pandemia de covid-19, foram os governos nacionais que tomaram as principais decisões sobre como lidar com a propagação do vírus dentro de suas fronteiras; alguns até fecharam suas fronteiras para "estrangeiros" por um tempo. O mundo, ao que parece, ainda está muito longe de estabelecer formas efetivas de governança genuinamente global.

No entanto, há um outro lado para essas crises globais. O FMI, as Nações Unidas e a Organização Mundial da Saúde desempenharam papéis fundamentais no surto de covid-19, aconselhando os governos nacionais e ajudando-os a formular seus planos de gestão. Da mesma forma, a comunidade científica global compartilhou suas descobertas enquanto os cientistas trabalhavam para produzir testes eficazes e uma vacina contra o vírus. No entanto, os interesses políticos nacionais estavam novamente em evidência durante a pandemia, quando o presidente dos EUA, Donald Trump, argumentou que a OMS não havia sido suficientemente crítica com as ações da China no controle da propagação do vírus e suspendeu prontamente todo o financiamento dos EUA à organização.

Provavelmente, o melhor exemplo da combinação de interesses nacionais com ação global é o combate às mudanças climáticas antropogênicas, que exigem um acordo *global* para que os interesses *nacionais* sejam mais bem atendidos. O próprio conceito de "interesse nacional" está sendo reformulado em um mundo globalizado. E, no entanto, o ressurgimento do populismo nacional no mundo inteiro é um lembrete poderoso de que as identidades nacionais ainda têm um forte apelo emocional como fontes de estabilidade e continuidade histórica, mesmo quando a humanidade se torna cada vez mais integrada.

Revisão do capítulo

1. Liste os principais elementos normalmente associados ao campo da sociologia política.
2. "Poder é a capacidade de conseguir o que se quer, mesmo contra a resistência dos outros." De quem é essa visão do poder? Descreva as outras dimensões de poder discutidas por Stephen Lukes.
3. Dê dois exemplos de Estados autoritários. Como você caracterizaria a relação entre o Estado e as pessoas nesses sistemas?
4. Qual é a diferença entre a democracia representativa e a democracia participativa? A primeira forma ainda se encaixa no ideal de "governo do povo pelo povo"?
5. Descreva algumas das principais ideias dos maiores teóricos da elite. A teoria das elites nos oferece um relato mais realista do desequilíbrio de poder nas sociedades do que a teoria marxista de classes?
6. Como Weber caracterizou a burocracia e por que ele temia seu impacto sobre a democracia? Esboce e avalie a defesa da burocracia por Paul du Gay.
7. Com exemplos, explique o que significa a "ideologia" na sociologia política. Dê exemplos das ideologias mais novas e cite alguns motivos pelos quais elas tiveram destaque.
8. O que é populismo? Por que é tão difícil se chegar a uma definição consensual dessa ideologia?
9. Descreva as principais razões para a disseminação global da democracia. Nos sistemas democráticos recém-criados, os cidadãos votam com entusiasmo, mas, nas democracias estabelecidas, a participação de votantes nas eleições está caindo. Por que isso está acontecendo?

10. Como o conceito de "governança global" difere do conceito de "governo global"? Cite alguns exemplos de governança global.
11. O que são movimentos sociais? Liste alguns movimentos mais antigos e mais recentes, comparando seus "repertórios de ação".
12. Descreva as teorias dos movimentos sociais de tensão social, mobilização de recursos e novos movimentos sociais. Forneça um relato das origens, do desenvolvimento e dos sucessos/fracassos de *um* movimento social usando o "*kit* de ferramentas" de todas essas perspectivas.

Pesquisa na prática

É comum que os movimentos sociais aprendam uns com os outros, muitas vezes adotando e adaptando as táticas e os métodos de campanha retirados de movimentos com tipos muito diferentes. Por exemplo, as ações diretas não violentas bem-sucedidas dos novos movimentos sociais logo se espalharam por uma série de redes e organizações de movimentos. Nos últimos anos, a expansão das redes sociais criou novas oportunidades de comunicação, mas os ativistas do movimento também podem usar as redes sociais para diversas finalidades organizacionais. Como os ativistas utilizam as redes sociais para divulgar, construir e expandir seus movimentos? Existem desvantagens em mudar para ambientes *on-line* populares e convencionais?

O artigo a seguir explora essas questões em relação ao movimento Black Lives Matter nos EUA, então leia-o com atenção e tome notas, depois responda às perguntas a seguir.

> Mundt, M., Ross, K., e Burnett, C. M. (2018). "Scaling social movements through social media: the case of Black Lives Matter", *Social media and society*, outubro-dezembro: 1-14.

1. Quais métodos foram usados nesse projeto de pesquisa? Como os dados foram coletados?
2. Como os autores caracterizam o movimento Black Lives Matter (BLM)? Por que eles sugerem que esse movimento está "indissociavelmente ligado à esfera digital" (p. 3)?
3. O artigo identifica três maneiras principais pelas quais as redes sociais ajudam os movimentos a se desenvolverem: como ferramenta de mobilização, como ferramenta de construção de alianças e como ferramenta de amplificação de narrativa. Explique cada uma delas em relação ao BLM.
4. Quais são os perigos e riscos para os ativistas do movimento que decidem fazer uso das redes sociais? Como esses riscos podem ser abrandados?
5. Na sua opinião, qual foi o sucesso dessa pesquisa baseada na internet ao abordar as questões a que ela se propôs?

Pensando sobre isso

A clivagem política fundamental esquerda-direita agora é vista por alguns como menos útil porque está se tornando menos claro onde estão as principais questões políticas nesse espectro. Quais questões são meios de validação das atitudes da esquerda e da direita hoje? Faz sentido continuar a ver as ideologias através das velhas lentes da política industrial de direita e esquerda? A *Bússola política* está disponível *on-line* desde 2001, permitindo que os indivíduos "testem" suas atitudes políticas. A bússola posiciona as pessoas em relação aos eixos esquerda-direita e autoritário-liberal. Faça o teste para descobrir onde você está posicionado: www.policycompass.org/.

Como vimos, nos últimos anos, houve um aumento na política populista nacional em toda a Europa e em outros lugares. Considerando as seções sobre populismo deste capítulo e a sua própria pesquisa sobre as políticas e declarações de três líderes populistas à sua escolha, onde os populistas se encaixam na *Bússola política*? Podemos mesmo colocar o populismo dentro dos dois eixos do esquema? O populismo nacional é um tipo de "ideologia leve" que é maleável o suficiente para atrair pessoas de posições muito diferentes na bússola?

Sociedade nas artes

Banksy é um artista britânico cujo trabalho se tornou mundialmente famoso. Suas obras de grafite de rua foram encontradas principalmente em Londres e em outros locais do Reino Unido, mas também nos EUA, em Israel, no Mali, no Canadá e na Austrália. A identidade de Banksy permanece desconhecida, e seu trabalho varia de simples peças humorísticas a declarações políticas significativas sobre assuntos atuais, políticas governamentais e ações da polícia e dos militares. Alguns exemplos de seu trabalho e uma breve discussão podem ser encontrados nos seguintes locais:

- *Site* do Banksy: https://banksy.co.uk/out.asp
- Uma breve discussão sobre a arte de Banksy e seis obras principais: www.artsy.net/article/artsy-editorial-6-iconic-works-banksy
- Uma lista de mais de 100 obras de arte ao ar livre de Banksy, com imagens: www.canvasartrocks.com/blogs/posts/70529347-121-amazing-banksy-graffitiartworks-with-locations

Dada a simplicidade muitas vezes crua de seu trabalho político, que tipos de mensagens políticas Banksy transmite? São comentários inevitavelmente muito gerais — como antiguerra ou contra as armas nucleares — que carecem de nuances, sutilezas e detalhes ou há formas mais sofisticadas de ler as imagens? Liste as principais questões políticas que dominam sua arte de rua. Por que ele faz tanto uso de imagens de crianças e animais para fins políticos? A arte autenticada de Banksy é vendida por grandes somas de dinheiro. Isso mostra que a própria arte do protesto foi assimilada pela cultura de consumo capitalista? Construa uma defesa da arte de protesto de Banksy contra essa crítica.

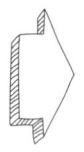

Outras leituras

Existem vários excelentes textos introdutórios, entre os quais estão *What is political sociology?* (Cambridge: Polity), de Elisabeth S. Clemens (2016), *Contemporary political sociology: globalization, politics and power* (Chichester: Wiley), de Kate Nash (2010), e *Power, politics and society: an introduction to political sociology* (2. ed., Nova York: Routledge), de Betty A. Dobratz, Lisa K. Waldner e Timothy Buzzell (2019).

Ainda assim, a cobertura mais abrangente de ideologias políticas é a de Andrew Heywood (2017), *Political ideologies: an introduction* (6. ed., Londres: Palgrave), que abrange velhas e novas ideologias. Com relação à democratização, veja *Democratization: a critical introduction* (London: Red Globe Press), de Jean Grugel e Matthew Louis Bishop's (2014), que aborda exatamente o que você poderia imaginar. Em seguida, uma coleção editada muito útil de ensaios sobre democratização em todo o mundo pode ser encontrada em *Democratization* (Oxford: Oxford University Press), de Christian Haerpfer, Patrick Bernhagen, Christian Welzel e Ronald F. Inglehart (2019). *National popu-*

lism: the revolt against liberal democracy (London: Pelican), de Roger Eatwell e Matthew Goodwin (2018), é uma análise ponderada e cuidadosa das causas subjacentes aos movimentos e partidos populistas contemporâneos.

Social movements: an introduction (3. ed., Hoboken, NJ: Wiley), de Donatella Della Porta e Mario Diani (2020), é abrangente e atualizado, enquanto *Understanding social movements* (London: Routledge), de Greg Martin (2015), é uma leitura muito interessante, com muitos exemplos contemporâneos que ilustram as diversas teorias. *The social movements reader: cases and concepts* (3. ed., Oxford: Blackwell), de Jeff Goodwin e James M. Jasper (2015), é uma coleção editada, organizada de forma envolvente e de acordo com o ciclo de vida dos movimentos sociais.

Finalmente, uma coleção geral muito boa é *The Wiley Blackwell Companion to political sociology* (Chichester: Wiley), de Edwina Amenta, Kate Nash e Alan Scott (2016), que é muito abrangente.

Para ver uma seleção de leituras originais sobre sociologia política, consulte *Sociology: introductory readings* **(4. ed., Cambridge: Polity, 2021).**

Links da internet

Em **loja.grupoa.com.br**, acesse a página do livro por meio do campo de busca e clique em Material Complementar para ver as sugestões de leitura do revisor técnico à edição brasileira, além de outros recursos (em inglês).

ASA Section on Political Sociology — recursos próprios da American Sociological Association:
www.asanet.org/asa-communities/sections/political-sociology

Foreign Policy — *site* **dos EUA com sede em Washington, DC, com muitos artigos e comentários políticos:**
https://foreignpolicy.com/

openDemocracy — *site* **britânico de Londres que publica** *blogs* **e debate como as pessoas são governadas:**
www.opendemocracy.net/en/

The International Institute for Democracy and Electoral Assistance — com sede em Estocolmo, na Suécia, fornece recursos em apoio à democratização:
www.idea.int/

World Politics Review **— "uma publicação diária na** *web* **sobre política externa, segurança nacional e assuntos internacionais":**
www.worldpoliticsreview.com/

Social Movement Studies **— um periódico da Routledge com muitos artigos sobre uma série de teorias e movimentos:**
www.tandfonline.com/toc/csms20/current

CAPÍTULO 21

NAÇÕES, GUERRA E TERRORISMO

SUMÁRIO

Nações, identidade nacional e direitos humanos 866

Nacionalismo e sociedade moderna 866

Nações e nacionalismo no Sul Global 872

Estados-Nações, globalização e direitos humanos 873

Guerra, genocídio e transições para a paz 876

Teorizando sobre a guerra e o genocídio 877

A natureza mutável da guerra 878

Velhas e novas guerras 883

Processos de paz 885

Terrorismo 887

O que é terrorismo? 887

Velho e novo terrorismo 889

Conclusão 893

Revisão do capítulo *894*

Pesquisa na prática *894*

Pensando sobre isso *895*

Sociedade nas artes *896*

Outras leituras *896*

Links da internet *897*

Comício político antes da eleição geral da Hungria de 2018 em apoio ao partido Fidesz, de Viktor Orbán, que está no poder desde sua vitória esmagadora em 2010. O Fidesz conseguiu outra vitória esmagadora nas urnas dois dias após o comício.

Em abril de 2018, o primeiro-ministro da Hungria, Viktor Orbán, venceu sua terceira eleição nacional consecutiva depois de obter quase 50% dos votos, o que lhe deu 67% dos assentos no parlamento, conhecido como "supermaioria". Essa foi a segunda vez que seu partido, Fidesz, conseguiu uma vitória tão esmagadora, sendo a primeira em 2010. Enquanto os resultados estavam sendo anunciados, Orbán disse aos apoiadores que sua vitória deu aos húngaros "a oportunidade de se defenderem e defenderem a Hungria" (BBC News, 2018f). Mas contra o que os húngaros precisam ser defendidos?

O Fidesz é um partido politicamente de direita que construiu suas políticas sociais e econômicas sobre o nacionalismo húngaro. A campanha eleitoral de Orbán em 2010 procurou convencer os eleitores de que a Hungria estava sob ataque de forças externas e "colonizadores", incluindo "empresas multinacionais, investidores estrangeiros, o FMI e a União Europeia", e o país precisava fortalecer sua soberania nacional (Pogonyi, 2019: 981-982). Isso também envolveu oferecer cidadania plena com direito de voto para cidadãos húngaros que vivem no exterior — uma forma de cidadania não residente — como forma de promover a reunificação nacional, mesmo além das fronteiras nacionais.

Desde 2015, o governo do Fidesz adotou uma posição anti-imigração e antirrefugiados, e, apesar de o país ter uma pequena população muçulmana (cerca de 5 mil em uma população de 10 milhões), o sentimento e o discurso anti-islâmico aumentaram acentuadamente desde 2010. Uma pesquisa de opinião em 2016 descobriu que 72% dos húngaros tinham uma visão negativa dos muçulmanos, muito mais do que a média da UE, de 43%, enquanto 82% viam os refugiados como "um fardo" que tira empregos e benefícios sociais dos húngaros (Manevich, 2016). Uma influência significativa nesse contexto foi o influxo de cerca de 500 mil refugiados, principalmente fugindo de guerras civis na Síria, no Iraque e no Afeganistão, mas também migrantes econômicos da África que atravessaram as fronteiras da Hungria para entrar na Europa Ocidental, a maioria indo para a Alemanha. Menos de mil permaneceram na Hungria (Juhász et al., 2017: 7). A resposta do governo foi construir mais de 175 quilômetros de cercas na fronteira com a Sérvia e a Croácia e intensificar seu discurso antirrefugiados.

O nacionalismo húngaro hoje recebe apoio e cultiva a visão de que o país e seu povo são vítimas de um erro histórico, a saber, a perda de mais de dois terços de seu território após a Primeira Guerra Mundial, por meio do Tratado de Trianon (1920). Esse acordo de paz do pós-guerra redesenhou as fronteiras nacionais e deixou mais de 3 milhões de húngaros vivendo fora do país remodelado. A nostalgia de uma "grande Hungria" anterior, que formava uma parte do Império Austro-Húngaro que existia antes de 1920, também apoia o projeto transfronteiriço de "reunificação nacional" do Fidesz. Brubaker (2017) argumenta que o nacionalismo húngaro também se baseia na retórica do conflito civilizacional, colocando a cultura do país e, especificamente, sua identidade cristã, contra as supostas ameaças a ele vindas de muitos lados, incluindo o islamismo, o multiculturalismo e as campanhas pelos direitos LGBTQIA+.

Muitos cientistas sociais veem ligações claras entre esse tipo de nacionalismo de direita e o populismo político contemporâneo em todo o mundo (Krekó et al., 2019). O populismo muitas vezes coloca "o povo" contra elites liberais, globalistas e cosmopolitas, burocratas da UE e corporações transnacionais de propriedade dos super-ricos. Para os populistas, tudo isso representa um desafio ao Estado-Nação como ator principal na política global e, portanto, às identidades nacionais. Com certeza, o mapa político do mundo está em constante mudança. O mapa atual dos Estados-Nações parece muito diferente do que existia em 1920, 1945 e até 1975. Por mais sólidos, "naturais" ou permanentes que os Estados-Nações do mundo possam parecer, na verdade eles são um dos aspectos mais fluidos da existência humana. Estados-Nações são regularmente criados e destruídos; as guerras civis dividem as nações estabelecidas, levando ao seu desmembramento, e os blocos regionais são formados a partir de Estados-Nações anteriormente desiguais.

> O populismo é discutido no Capítulo 20, "Política, governo e movimentos sociais".

Este capítulo trata de alguns dos temas do nacionalismo, o uso de violência física, a guerra, o terrorismo e os processos de paz — questões que têm ocupado cientistas sociais estudando uma variedade de conflitos, como o do Sudão, em que o Sudão do Sul se tornou um país independente em 2011, e o conflito crônico entre Israel e Palestina. Por que o desejo de independência nacional na forma de um Estado-Nação tem sido uma força tão poderosa? Como o nacionalismo está relacionado com conflitos e guerras dentro das nações e entre elas? O que é exatamente a guerra? E existem realmente "regras" do estado de guerra que ditam a conduta "aceitável"?

> Embora não discutamos isso neste capítulo, as revoluções são abordadas no Capítulo 20, "Política, governo e movimentos sociais", com análises mais curtas nos Capítulos 1, "O que é sociologia?", 2, "Questões sociológicas: perguntas e respostas", 3, "Teorias e perspectivas sociológicas", 4, "Globalização e mudança social", 9, "Estratificação e classe social", e 18, "Religião".

Começamos com uma discussão sobre nações e nacionalismo de vários tipos, perguntando como a globalização pode estar mudando o sentido da identidade nacional das pessoas. A seguir, analisamos os conflitos, especialmente a guerra e o seu parente próximo, o genocídio, concentrando-nos particularmente naqueles conflitos que envolvem Estados-Nações. Como a guerra implica logicamente seu oposto, terminamos essa seção com uma rápida olhada em estudos recentes sobre os processos de paz. O capítulo termina com o fenômeno do terrorismo, que parece ter se tornado um perigo onipresente, antes de tirarmos algumas conclusões provisórias sobre as perspectivas futuras de conflito, guerra e paz.

Nações, identidade nacional e direitos humanos

Movimentos nacionalistas, principalmente aqueles que surgiram no Sul Global para lutar pela independência nacional da opressão colonial europeia, tiveram atores políticos muito significativos. Ainda assim, talvez de forma surpreendente, os primeiros sociólogos demonstravam pouco interesse explícito pelo nacionalismo. Marx e Durkheim o consideravam, acima de tudo, uma tendência destrutiva. Durkheim argumentava que a maior integração econômica produzida pela indústria moderna causaria seu declínio rápido, enquanto Marx argumentava que o nacionalismo se desvaneceria sob o comunismo. Somente Weber passou mais tempo analisando o nacionalismo ou estava preparado para se declarar um nacionalista "econômico".

No século XXI, o nacionalismo não apenas está vivo, como está florescendo. Embora o mundo tenha se tornado mais interdependente com o progresso da globalização, essa interdependência não significou o fim do nacionalismo. Em certos sentidos, ela provavelmente até ajudou a intensificá-lo. Pensadores recentes propuseram ideias contrastantes para explicar isso. Também existem desacordos quanto ao estágio da história em que o nacionalismo, a nação e o Estado-Nação se tornaram realidade.

> O ressurgimento do nacionalismo na antiga Iugoslávia é discutido no Capítulo 8, "Raça, etnicidade e migração".

Nacionalismo e sociedade moderna

Um dos principais teóricos do nacionalismo, Ernest Gellner (1925-1995) argumentou que o **nacionalismo**, a **nação** e o **Estado-Nação** têm suas origens nas Revoluções Francesa e Industrial do final do século XVIII. Nesse sentido, o nacionalismo, e os sentimentos ou as emoções associadas a ele, não têm raízes profundas na "natureza humana", mas são produtos da modernidade. Segundo Gellner, o nacionalismo é desconhecido nas sociedades tradicionais, assim como a ideia de "nação".

Existem vários aspectos das sociedades modernas que levaram ao aparecimento desses fenômenos nacionais. Primeiramente, a sociedade industrial moderna é associada ao rápido desenvolvimento econômico e a uma divisão complexa do trabalho. Gellner aponta que o industrialismo moderno cria a necessidade de um sistema de Estado e governo muito mais efetivo do que existia antes. Em segundo lugar, no Estado moderno, os indivíduos devem interagir todo o tempo com estranhos, já que a base da sociedade não é mais a aldeia ou a cidade local, mas uma unidade muito maior. A educação em massa, baseada em uma "língua oficial" ensinada nas escolas, é o principal meio pelo qual uma sociedade de grande escala pode ser organizada e ter sua unificação mantida.

As bandeiras representam um dos símbolos mais fortes das comunidades nacionais e políticas. Na imagem, os apoiadores dos grupos para "sair" e "permanecer", em Londres, expressam suas afinidades durante o referendo de 2016 sobre o Brexit.

A teoria de Gellner tem sido criticada em mais de um sentido. Ela é uma teoria funcionalista, que argumenta que a educação serve para promover a unidade social. Tal como acontece com a abordagem funcionalista de forma mais geral, essa visão costuma subestimar o papel da educação em gerar conflitos e divisões. A teoria de Gellner não explica realmente a força e a persistência do nacionalismo, que não está relacionado apenas com a educação, mas também com sua capacidade de criar uma forte fonte de identidade para as pessoas. Nesse sentido, as ameaças percebidas contra os interesses nacionais também podem ser percebidas como ameaças à integridade da identidade pessoal dos indivíduos.

A necessidade de *identidade* certamente não se originou apenas com o surgimento das sociedades industriais modernas. O nacionalismo, de certa maneira, é muito moderno, mas também se baseia em sentimentos e formas de simbolismo que remontam ao passado distante. Um estudioso do nacionalismo, Anthony Smith (1986), argumenta que as nações costumam ter linhas diretas de continuidade com as comunidades étnicas do passado — ou com o que ele chama de **etnias**. Uma etnia é um grupo que compartilha noções de ancestralidade comum, uma identidade cultural comum e uma relação com uma terra natal específica.

> **REFLEXÃO CRÍTICA**
>
> Usando a noção de "etnia" apresentada, liste alguns exemplos. Você consegue pensar em algumas nações que não têm conexões com comunidades étnicas mais antigas?

Estudos clássicos 21.1 — Norbert Elias — sobre o processo de civilização

O problema da pesquisa

Como certas nações passaram a se considerar "civilizadas" e outras "incivilizadas"? Como podem as autoqualificadas "nações civilizadas" travarem guerras envolvendo violência extrema e assassinatos em massa e ainda manterem sua autoimagem de civilizadas? O sociólogo alemão Norbert Elias (1897-1990) estudou essas questões em um livro de dois volumes, *The civilizing process* (2000), publicado inicialmente em 1939. Aquele ano não era o momento para falar sobre "comportamento civilizado", pois uma guerra estava começando na Europa pela segunda vez em apenas 25 anos. Consequentemente, foi apenas quando *The civilizing process* foi publicado em inglês em 1969 que os sociólogos começaram a considerar a grande significância do livro.

A visão de Elias

Elias começa *The civilizing process* com uma observação: o conceito de civilização "expressa a consciência que o Ocidente tem de si. Pode-se mesmo dizer: a consciência nacional". Ele continua:

> Isso resume tudo em que a sociedade ocidental dos últimos dois ou três séculos se julga superior a sociedades anteriores ou sociedades contemporâneas "mais primitivas". Com esse termo, a sociedade ocidental busca descrever o que constitui seu caráter especial e do que ela se orgulha: o nível da *sua* tecnologia, a natureza de *suas* condutas, o desenvolvimento do *seu* conhecimento científico ou *sua* visão de mundo e muito mais (Elias 2000 [1939]: 5).

Em suma, as pessoas em nações ocidentais modernas vieram a compreender suas sociedades como o padrão para a conduta civilizada e, portanto, como superiores a outros tipos de sociedade.

Comparando e contrastando Inglaterra, França e Alemanha, o primeiro volume de *The civilizing process* analisa o desenvolvimento de estruturas psíquicas e códigos de conduta tipicamente modernos. Elias usa muitos exemplos históricos de livros de etiqueta e boas maneiras para mostrar como os padrões de comportamento em relação aos modos à mesa, às funções corporais (como cuspir e usar a toalete), à expressão sexual e à violência mudaram lentamente. Em particular, Elias mostra que a direção da mudança desde o período medieval era voltada para aumentar os patamares de repugnância e vergonha, com muitos comportamentos que antes eram considerados "normais" passando gradualmente a ser considerados inaceitáveis. As pessoas desenvolveram restrições internalizadas mais fortes e exibiram um controle muito mais estável sobre suas emoções.

No segundo volume, Elias desenvolve uma teoria para explicar essas mudanças. Ele considera como fatores fundamentais o processo de formação do Estado e as teias cada vez mais longas e complexas de relações de interdependência do período pré-moderno. À medida que as cortesãs competiam entre si por prestígio e influência nas cortes reais europeias, novos códigos de conduta impunham sobre elas um controle mais firme e mais regular de suas emoções e explosões violentas. Com isso, desenvolveu-se um tipo de personalidade mais individualizada entre as cortesãs, fazendo delas as primeiras "pessoas modernas" (Korte, 2001: 29). As maneiras cultivadas e refinadas das cortesãs estabeleceram o padrão para as classes burguesas emergentes e se espalharam também para outros grupos sociais. Esse tipo mais regular, equilibrado e rigidamente regulado de autocontrole, que se tornou uma "segunda natureza" nas sociedades industrializadas modernas, pode parecer distanciado e calculista para os outros.

As monarquias absolutistas da Europa dos séculos XVII e XVIII exemplificam a centralização crescente das sociedades. A competição pelo poder entre regiões, cidades e grupos sociais rivais muitas vezes levava a conflitos violentos e à eliminação dos mais fracos ou menos organizados. Como resultado, desenvolveram-se menos, mas maiores unidades sociais, segundo a lógica do que Elias chama de "mecanismo de monopólio". Esse mecanismo levou a "um Estado em que todas as oportunidades são controladas por uma autoridade única: um sistema com oportunidades abertas se tornou um sistema com oportunidades fechadas". Assim, Elias explica a emergência do Estado-Nação moderno, com sua monopolização dos meios de força física e taxação (citado em Van Krieken, 1998: 101).

O que Elias mostra em *The civilizing process* é que a formação de Estados nacionais, juntamente com redes cada vez mais densas de relações sociais, está intimamente ligada à emergência da forma de personalidade tipicamente moderna. Somente onde o monopólio estatal da força física é relativamente estável e seguro, os indivíduos podem, desde a infância, se alinhar a um novo e mais alto nível de autocontrole, que então se torna uma "segunda natureza".

Pontos de crítica

O trabalho de Elias alcançou o *status* de um clássico moderno atualmente, mas ele também foi criticado, por várias razões. Primeiro, alguns autores sugerem que Elias exagera as diferenças entre o indivíduo moderno e as pessoas em outras sociedades. O etnólogo alemão Hans-Peter Duerr argumenta que a noção de **processo civilizador** é "um mito". Os seres humanos de hoje são essencialmente semelhantes aos seres humanos do passado; não existiram pessoas "incivilizadas" ou "primitivas". Duerr (1988) diz que a "nudez" em público sempre foi causa de vergonha e não é produto da "civilização".

Em segundo lugar, Elias considera os processos sociais essencialmente como o resultado involuntário de muitos atos intencionais. Porém, os críticos alegam que essa visão deve ser testada contra as evidências em casos específicos e parece ignorar as "ofensivas civilizadoras", como aquelas implementadas por elites sociais poderosas (Van Krieken, 1998). Em terceiro lugar, o foco de Elias nos processos civilizadores pode ser criticado por omitir ou subteorizar o "lado obscuro" desses processos. O surgimento da civilização ocidental não foi um processo indolor e, conforme mostra Foucault, pode parecer longe de "civilizada" para muitos grupos sociais. Powell (2011) argumenta que a operação "normal" da civilização ocidental pode produzir genocídios, como demonstra a história dos conflitos do século XX. Portanto, civilização e barbárie não são opostos; a "conduta civilizada" entre grupos internos pode estar intimamente ligada a "atos bárbaros" contra pessoas de fora.

Relevância contemporânea

As ideias de Elias foram influentes em muitos campos, incluindo a sociologia histórica, a **sociologia do corpo** e o estudo das emoções humanas. O que continua a atrair muitos estudiosos para a obra de Elias é a maneira como ela permite relacionar os níveis macro e micro, por meio de um foco central em processos sociais dinâmicos. Devido às atuais preocupações com os níveis de violência na sociedade, o terrorismo e o genocídio, é provável que o estudo dos processos civilizadores e *descivilizadores* seja um aspecto importante nas tentativas da sociologia de entender por que uma alternativa à violência física continua causando tanto sofrimento humano.

Smith afirma que, em períodos anteriores da história, houve comunidades étnicas que pareciam nações. Os judeus, por exemplo, formaram uma etnia distinta há mais de 2 mil anos. Em determinados períodos, os judeus se agrupavam em comunidades que tinham algumas das características de nações. Em 1948, após o genocídio de judeus na Segunda Guerra Mundial, fundou-se o Estado de Israel, marcando a culminação do movimento sionista, cujo objetivo era criar um lar para os judeus espalhados pelo mundo. A minoria palestina em Israel rastreia suas origens até um grupo étnico muito diferente e afirma que a criação do Estado de Israel desalojou os palestinos de suas terras ancestrais — daí suas persistentes tensões com os judeus em Israel e as tensões entre Israel e a maioria dos Estados árabes vizinhos.

As diferentes nações seguem padrões de desenvolvimento divergentes em relação às etnias. Em algumas delas, incluindo a maioria das nações da Europa Oriental, uma única etnia se expandiu de modo a expulsar rivais anteriores. Assim, na França, até o século XIX, eram faladas várias outras línguas, às quais estavam ligadas diferentes histórias étnicas. O Estado francês forçou as crianças a aprenderem francês na escola — elas seriam punidas se falassem sua língua natal —, de modo que, no século XX, o francês se tornou a língua dominante, e a maioria das línguas rivais havia praticamente desaparecido.

Não obstante, vestígios delas persistiram, e muitas voltaram a ser estimuladas oficialmente. Uma delas é a língua basca, de uma área que sobrepõe as fronteiras francesa e espanhola. A língua basca é muito diferente do francês e do espanhol, e os bascos reivindicam uma história cultural própria e distinta. Alguns bascos querem ter seu próprio Estado-Nação, completamente separado da França e da Espanha. Embora não tenha havido o mesmo nível de violência visto em outras áreas — como no Timor Leste ou na Chechênia, no sul da Rússia —, cerca de 800 pessoas foram mortas durante os 40 anos de campanha de bombardeio pelo grupo separatista basco ETA. No entanto, em outubro de 2011, o ETA anunciou uma "cessação definitiva" de sua luta armada, dizendo que estava em transição para métodos pacíficos para alcançar a independência.

Não devemos ver os nacionalismos e populismos nacionais de hoje como fenômenos anômalos e marginais. Malešević (2019: 8) argumenta que o nacionalismo é, de fato, uma *ideologia fundamentada* que "está na base da ordem social moderna" e tem feito parte dos projetos políticos de liberais, socialistas, feministas e muitos outros. O nacionalismo também tem um apelo muito grande em diferentes grupos sociais da sociedade e está inserido em organizações e instituições sociais. Essas são algumas das razões para a sua persistência permanente.

Um aspecto facilmente esquecido, mas vital do nacionalismo, é a maneira como ele existe nas interações sociais do cotidiano e como elas são permeadas por ele no nível micro da vida social, em conversas rotineiras da comunidade e da família, em discussões em bares sobre eventos esportivos nacionais, envolvido em rituais que celebram a nação, como em comemorações de sacrifícios em tempos de guerra, e no consumo diário de símbolos e objetos nacionais na mídia, em exposições de museus e muito mais (Skey, 2011; Fox e Miller-Idriss, 2008). Assim, segue-se que "projetos nacionalistas bem-sucedidos têm como premissa a tradução organizacional das grandes narrativas ideológicas em histórias micro, de família e de amizade" (Malešević, 2019: 14).

Previsões anteriores de que o nacionalismo desapareceria gradualmente, à medida que a globalização, os movimentos de massa de pessoas e uma cultura cosmopolita se desenvolvessem, agora parecem estar longe do alvo. Em vez disso, o nacionalismo provou ser uma ideologia extraordinariamente

O conflito contínuo entre Israel e o povo palestino apátrida levou Israel a construir um controverso muro de segurança. Aqui, o grafite no muro de segurança entre Israel e Palestina aponta para a situação não resolvida que, até hoje, tem tornado a paz duradoura quase impossível.

flexível que está realmente ressurgindo em muitas regiões do mundo.

Nações sem Estados

A persistência de etnias bem definidas dentro de nações estabelecidas leva ao fenômeno das **nações sem Estados**. Nessas situações, muitas características essenciais da nação estão presentes, mas aqueles que compõem a nação carecem de uma comunidade política independente. Os movimentos separatistas, como o do País Basco e em Israel/Palestina, bem como em muitas outras áreas do mundo, são movidos pelo desejo de criar um Estado autônomo com governo próprio.

Podemos reconhecer vários tipos diferentes de nações sem Estados, dependendo da relação entre a etnia e o Estado-Nação maior onde ela existe (Guibernau, 1999). Primeiramente, em certas situações, um Estado-Nação pode aceitar as diferenças culturais entre as minorias e permitir que tenham um certo grau de desenvolvimento ativo. Assim, a Grã-Bretanha, a Escócia e o País de Gales são reconhecidos como possuidores de histórias e características culturais que divergem parcialmente do restante do Reino Unido e, até certo ponto, têm suas próprias instituições.

A Escócia, por exemplo, tem uma tradução do presbiterianismo representada na Igreja da Escócia, e o país tem sistemas educacionais e legais distintos daqueles da Inglaterra e do País de Gales. A Escócia e o País de Gales alcançaram mais autonomia dentro do Reino Unido como um todo com o estabelecimento do Parlamento Escocês e da Assembleia Galesa em 1999. O Partido Nacional Escocês (SNP), que está comprometido com a independência, foi eleito para o governo em 2007 e se tornou absoluto em 2011. Embora tenha perdido um voto sobre a independência do Reino Unido em 2014, o SNP tomou todos menos três dos assentos escoceses na eleição do Reino Unido em 2015. De maneira semelhante, o País Basco e a Catalunha (a área no entorno de Barcelona no norte da Espanha) são reconhecidos como "comunidades autônomas" dentro da Espanha. Eles têm seus próprios parlamentos, que têm uma certa quantidade de direitos e poderes. Todavia, na Grã-Bretanha e na Espanha, grande parte do poder ainda permanece nas mãos dos governos e parlamentos nacionais, localizados em Londres e Madri, respectivamente.

Um segundo tipo de nações sem Estados consiste naquelas que têm um grau maior de autonomia. No Quebec (a província francófona do Canadá) e em Flanders (a área de língua dinamarquesa no norte dos Países Baixos), órgãos políticos regionais têm o poder de tomar decisões importantes sem serem plenamente independentes. Como nas nações mencionadas no primeiro tipo, elas também têm movimentos nacionalistas que fazem campanhas pela independência total.

Em terceiro lugar, existem nações que, em níveis maiores ou menores, não têm reconhecimento do Estado que as compreende. Nesses casos, o Estado-Nação maior usa da força para negar o reconhecimento à minoria. O caso dos palestinos é um exemplo de um grupo nessa condição; outros são os tibetanos, na China, e os curdos, cujo território se sobrepõe a partes da Turquia, da Síria, do Irã e do Iraque. A história cultural dos tibetanos e dos curdos data de muitos séculos. O líder tibetano em exílio, Dalai Lama, está no centro de movimentos fora do Tibet que visam a obter um Estado tibetano separado por meios não violentos. Entre os curdos, por outro lado, vários movimentos de independência, a maioria localizada no estrangeiro, preconizaram a violência como o meio de alcançar suas finalidades, e os curdos têm um "parlamento em exílio", sediado em Bruxelas. Todavia, após a primeira Guerra do Golfo em 1990-1991, as forças aliadas estabeleceram um "território seguro" e um certo nível de autonomia para os curdos no norte do Iraque, que foi ampliado e consolidado após a derrubada do regime do ex-ditador Saddam Hussein no Iraque em 2003.

No caso dos tibetanos, existem poucas chances de obter até mesmo uma autonomia limitada, a menos que o governo chinês decida, em algum ponto, mudar suas atuais políticas. Porém, em outros casos, é possível que as minorias nacionais possam preferir ter autonomia dentro dos Estados onde se localizam, em vez de uma independência total desses Estados. No País Basco e na Catalunha, por exemplo, uma minoria da população atualmente defende a independência total. Entretanto, na Escócia, pesquisas de opinião feitas em 2020 mostraram uma pequena maioria a favor da independência, seis anos depois de um referendo em que a maioria votou para permanecer dentro do Reino Unido (Philip, 2020).

> **REFLEXÃO CRÍTICA**
>
> As nações já foram descritas como "comunidades imaginadas" (Anderson, 2006 [1983]). Ninguém pode conhecer pessoalmente todas as pessoas dentro de uma nação, portanto, sua unidade deverá ser assumida ou imaginada. Que ações práticas mantêm essas comunidades imaginadas vivas por gerações, mesmo quando não existe um Estado?

No caso das minorias nacionais na Europa, a União Europeia tem um papel significativo a desempenhar. A UE foi formada por meio de alianças criadas pelas principais nações da Europa Ocidental. Ainda, um elemento crucial da filosofia da UE é a devolução do poder às localidades e regiões. Um dos objetivos explícitos é criar uma "Europa das regiões". Essa ênfase tem um forte apoio da maioria dos bascos, escoceses, catalães e de outros grupos de minorias nacionais. Seu direito de se relacionar diretamente com as organizações da União Europeia, como o Parlamento Europeu ou os tribunais de justiça europeus, pode dar-lhes autonomia suficiente para se convencerem de que estão no controle de seus próprios destinos. Portanto, talvez seja concebível que as minorias nacionais possam fazer pressão pela independência dentro da UE, ao mesmo tempo que aceitam um relacionamento cooperativo com as nações maiores das quais fazem parte.

> As funções e os papéis básicos da União Europeia são introduzidos no Capítulo 20, "Política, governo e movimentos sociais".

Nações e nacionalismo no Sul Global

Na maioria dos países do Sul Global, o curso seguido pelo nacionalismo, pela nação e pelo Estado-Nação tem sido diferente em comparação com as sociedades industriais. A maioria dos países do Sul Global foi colonizada por europeus e obteve a independência em algum ponto na segunda metade do século XX. Em muitos desses países, as fronteiras entre as administrações coloniais eram decididas de forma arbitrária na Europa e não levavam em conta as divisões econômicas, culturais e étnicas existentes na população. As potências coloniais derrotaram ou subjugaram os reinos e os agrupamentos tribais existentes no subcontinente africano, na Índia e em outras partes da Ásia e estabeleceram suas próprias administrações coloniais ou protetorados. Como consequência, cada colônia era uma "coleção de povos e antigos Estados, ou fragmentos deles, reunidos dentro dos mesmos limites" (Akintoye, 1976: 3). A maioria das áreas colonizadas continha um mosaico de etnias e outros grupos.

Quando as antigas colônias obtiveram a independência, muitas tiveram dificuldade para criar um sentimento de nacionalidade e pertencimento nacional. Embora o nacionalismo tenha desempenhado um papel importante em garantir a independência de áreas colonizadas, ele se restringiu principalmente a pequenos grupos de elites urbanas e intelectuais. Entretanto, as ideias nacionalistas influenciaram um grande número de pessoas, ainda que diferenças políticas se cristalizassem em torno das diferenças étnicas, como em Ruanda e no Quênia. Mesmo atualmente, muitos Estados pós-coloniais são ameaçados por rivalidades internas e reivindicações opostas de **autoridade** política.

O continente mais colonizado foi a África. Os movimentos nacionalistas que promoviam a independência na África após a Segunda Guerra Mundial buscavam libertar as áreas colonizadas do domínio europeu. Uma vez que isso foi alcançado, os novos líderes enfrentaram o desafio de criar a unidade nacional. Isso não foi fácil, pois muitos líderes das décadas de 1950 e 1960 haviam estudado na Europa e nos Estados Unidos, e havia um grande abismo cultural entre eles e seus cidadãos. Sob o colonialismo, alguns grupos étnicos prosperaram mais que outros; esses grupos tinham interesses e objetivos diferentes e, de maneira legítima, enxergavam uns aos outros como inimigos.

Sudão, Zaire e Nigéria passaram por guerras civis, enquanto rivalidades e antagonismos étnicos caracterizaram muitos outros Estados pós-coloniais, tanto na África quanto na Ásia. No caso do Sudão, por volta de 40% da população (principalmente no Norte) era de muçulmanos de origem étnica árabe, ao passo que, em outras regiões do país, particularmente no Sul, a maioria da população era negra e seguia as religiões tradicionais (como o **animismo**), embora uma minoria fosse de cristãos. Uma vez que os nacionalistas tomaram o poder, eles estabeleceram um programa de integração nacional tendo o árabe como língua nacional. A tentativa teve sucesso apenas parcialmente, pois no Sul muitos consideraram que o novo governo estava importando o islã e uma identidade árabe.

A guerra civil eclodiu em 1955 entre o Sul e o governo do Sudão no Norte. Um acordo de paz em 1972 deu novos poderes e uma certa autonomia ao Sul, mas, quando o governo anulou esses acordos em 1983, os exércitos de libertação se levantaram novamente. O conflito que se seguiu durou até 2005, quando foi alcançado um amplo acordo de paz que deu ao Sul sua autonomia regional. Em julho de 2011, foi realizado um referendo que finalmente deu ao Sudão do Sul total independência do Norte (esse último ainda é chamado de Sudão). No entanto, os conflitos internos e as disputas de terra na fronteira continuaram mesmo após a independência, e a guerra civil eclodiu em 2013, após uma disputa entre o presidente e o vice-presidente. A guerra civil teve consequências devastadoras: durou 5 anos, matou entre 50 mil e 383 mil pessoas e deslocou mais 4 milhões, que fugiram de suas casas (Council on Foreign Relations, 2020a). Um acordo de compartilhamento de poder foi finalmente alcançado em 2018, mas os combates continuaram até a formação de um governo de coalizão, em fevereiro de 2020 (Ajak, 2020).

A Nigéria fornece outro exemplo das questões envolvidas quando os países africanos se afastam do legado do domínio colonial. O país tem uma população de aproximadamente 120 milhões de pessoas — em torno de um em cada quatro africanos é nigeriano. A Nigéria já foi colônia britânica e obteve a independência em 1º de outubro de 1960. O país contém muitos grupos étnicos, mas três deles são dominantes: yoruba, igbo e hausa. Lutas armadas se desenvolveram no país em 1966 entre diferentes grupos étnicos, e um governo militar governou até 1999, quando houve eleições.

Os governos sucessivos tentaram construir um sentido mais claro de identidade nacional em torno do tema da "pátria Nigéria", mas continua difícil criar um sentido de unidade e propósito nacionais, e o autoritarismo persiste dentro da cultura política. No entanto, a eleição presidencial de 2011 foi, em grande parte, vista como muito justa e livre de violência, e, na eleição de 2015, a vitória de Muhammadu Buhari consistiu na primeira transferência democrática de poder e aumentou as esperanças de um futuro democrático.

Em suma, a maioria dos Estados no Sul Global nasceu como resultado de processos diferentes de formação de nação, comparados com os que ocorreram no mundo industrializado. Estados eram impostos externamente sobre áreas que não tinham uma unidade cultural ou étnica prévia, às vezes resultando em guerra civil após a independência. As nações modernas surgiram de forma mais efetiva em áreas que nunca foram plenamente colonizadas ou onde já havia um grau elevado de unidade cultural — como no Japão, na China, na Coreia ou na Tailândia.

Estados-Nações, globalização e direitos humanos

Como a globalização afeta o nacionalismo e a identidade nacional? Pilkington (2002) argumenta que o nacionalismo, na verdade, é um fenômeno muito novo, apesar do fato de que muitos de seus defensores dizem ser membros de nações com histórias que datam das brumas do tempo. Até relativamente pouco tempo atrás, em termos históricos, os humanos viviam em pequenos agrupamentos, basicamente sem saber o que acontecia fora dos seus grupos, e a ideia de fazer parte de uma nação maior lhes pareceria discrepante. Foi somente mais adiante, a partir do século XVIII, com o desenvolvimento das comunicações de massa e da mídia, que a ideia de uma comunidade nacional se desenvolveu e se espalhou. Para Pilkington, foi durante esse período que as identidades nacionais foram "construídas".

> O construcionismo social é discutido em mais detalhes no Capítulo 5, "Meio ambiente", no Capítulo 7, "Gênero e sexualidade", e no Capítulo 12, "Interações sociais e vida cotidiana".

Crucial no desenvolvimento do sentido de nacionalidade, para Pilkington, era a existência de algum "outro", contra o qual a identidade nacional era formada. Por exemplo, central à criação de uma identidade britânica (protestante) foi a existência da França (católica). Pilkington documenta como o senso de "britanicidade" se espalhou da elite do país para o restante da sociedade, à medida que os níveis de alfabetização aumentaram para toda a população, e a tecnologia das comunicações proporcionou a difusão de ideias. Se a identidade nacional é uma construção social, é possível que ela mude e evolua, e um dos principais fatores na mudança da identidade nacional atualmente é a globalização.

A globalização cria pressões conflitantes entre a centralização e a descentralização e, como resultado, proporciona uma ameaça dupla à identidade nacional: a centralização cria pressões vindas de cima, particularmente com os poderes crescentes da União Europeia, e a descentralização cria pressões vindas de baixo, pelo fortalecimento de identidades étnicas. Pilkington afirma que uma resposta paralela também é encontrada entre alguns membros de grupos de minorias étnicas que, sentindo-se excluídos da identidade britânica, têm fortalecido suas identidades locais e afirmado suas diferenças em relação a outros grupos étnicos. Uma segunda resposta à globalização, que Pilkington claramen-

Identidades sociais híbridas, como a asiático-britânica, podem oferecer uma forma de construir identidades nacionais nas sociedades multiculturais que estão surgindo nos processos de globalização.

te considera mais saudável, é aceitar que existem identidades múltiplas — argumentar, por exemplo, que é possível ser inglês, britânico e europeu ao mesmo tempo. Essas "identidades híbridas" são encontradas entre grupos de minorias étnicas no Reino Unido, como nos asiático-britânicos e outras "identidades hifenizadas".

Embora, em certas partes da África, possamos ver nações e Estados-Nações que não estão plenamente formados, em outras áreas do mundo, alguns autores já falam do "fim do Estado-Nação" ante a globalização. Por exemplo, Ohmae (1955) argumenta que, como resultado da globalização, vivemos cada vez mais em um "mundo sem fronteiras", em que a identidade nacional está se tornando inevitavelmente mais fraca. Todos os Estados certamente estão sendo afetados pelos processos de globalização, mas não seria correto dizer que estamos testemunhando o fim generalizado do Estado-Nação e da identificação com "a nação". Na verdade, existem contratendências na direção de uma identificação nacional renovada, conforme ilustrado no referendo do Reino Unido para sair da UE e na forma como o *slogan* de Donald Trump na eleição de 2016, "Faça a América Grande Novamente", entrou em sintonia com um grande número de eleitores nos EUA.

> **REFLEXÃO CRÍTICA**
>
> Quais são as razões que sugerem que as identidades nacionais podem se tornar mais fortes em vez de mais fracas no futuro globalizado? Existe alguma evidência para isso?

Hoje, todos os países do mundo são, ou desejam ser, um Estado-Nação, mas, durante grande parte do século XX, as áreas e os impérios colonizados existiram ao lado dos Estados-Nações. O último império a entrar em colapso foi o soviético, em 1991. A União Soviética estava efetivamente no centro de um império que abarcava seus Estados satélites na Europa Oriental, mas todos eles agora são independentes, assim como muitas áreas dentro do que antes era a União Soviética. No entanto, em um golpe para a independência ucraniana, as tropas russas efetivamente anexaram sua região da Crimeia, levando a "República da Crimeia" a ingressar na Federação Russa em 2014, após um referendo apressado. Cerca de 9 mil pessoas morreram no conflito nas regiões sul e leste da Ucrânia, e a UE impôs sanções econômicas e militares à Rússia por seu envolvimento. *

Na verdade, há muito mais nações soberanas no mundo hoje do que havia 25 anos atrás, e os Estados-Nações têm sido os atores centrais nos conflitos mais graves e devastadores já experimentados. No entanto, o Estado-Nação é também o corpo político capaz de conceder e proteger os direitos de seus próprios cidadãos e promover os direitos do indivíduo em geral. Como veremos na próxima seção, existem algumas diferenças importantes entre o conceito de cidadania nacional e o de direitos humanos.

Direitos humanos — universais e particulares

Pode parecer óbvio que o conceito de direitos humanos individuais se opõe à violência organizada, como a guerra, o genocídio e o terrorismo, mas historicamente esse não é o caso. Malešević (2015: 560) argumenta que a demanda pelo reconhecimento dos direitos básicos surgiu pela primeira vez nos séculos XII e XIII no contexto de conflitos intracristãos e de discriminação contra o povo judeu na Polônia. Mas foram as Revoluções Francesa e Americana que levaram ao estabelecimento de documentos formais definindo os direitos humanos, na Declaração de Independência dos EUA, na Declaração de Direitos da Virgínia (1776) e na Declaração Francesa dos Direitos do Homem e do Cidadão (1789).

Um conceito global de direitos humanos se enraizou no despertar da Segunda Guerra Mundial, motivado pela perda maciça de vidas e pelo ataque deliberado às populações civis (Turner, 2006). Ele foi estabelecido em 1948 pela ONU na Declaração

---

* N. de T. Em fevereiro de 2022, as tropas russas invadiram a Ucrânia e, até o momento em que esta edição foi traduzida (abril de 2022), essa guerra ainda não havia terminado. Ainda não sabemos quanto tempo esse conflito durará e qual vai ser o seu resultado.

Universal dos Direitos Humanos. Esse documento tinha 30 artigos cobrindo princípios fundamentais, como o direito à vida, à liberdade, à privacidade e à segurança, além de questões específicas como escravidão, tortura, crueldade, prisão e detenção, casamento e propriedade (ONU, 1948). É importante notar que essa concepção moderna de direitos humanos se aplica a todos em virtude de serem humanos e, nesse sentido, tem aplicação universal. Apesar disso, Turner argumenta que a ideia de direitos humanos significa pouco, a menos que esses direitos sejam aplicáveis. O contraste entre cidadania nacional e direitos universais mostra como essa visão é significativa.

Onde os Estados-Nações concedem cidadania a todas as pessoas que vivem em seus territórios, os direitos de cidadania podem ser exercidos usando todos os recursos do Estado: força policial, forças armadas e um sistema legal, bem como o governo local e nacional. A cidadania também envolve contribuições dos cidadãos, como o pagamento de impostos e o cumprimento das leis estaduais, o que lhes confere proteção e benefícios estaduais. Mas não existe nenhum órgão global semelhante ou um conjunto de instituições capaz de fazer valer os direitos humanos em todo o mundo, e os direitos humanos não estão vinculados a quaisquer deveres ou obrigações correspondentes por parte dos indivíduos.

Organizações como a Anistia Internacional, juntamente com governos e indivíduos de todo o mundo, expressaram horror pela violência incomensurável infligida pelo Estado Islâmico a civis, e a ONU publicou uma resolução em 2015 afirmando que os Estados-membros que têm capacidade para fazê-lo deveriam "tomar todas as medidas necessárias" para remover o EI do Iraque e da Síria. No entanto, isso foi aprovado com base na autodefesa nacional, e não nos direitos humanos individuais de iraquianos e sírios. Como diz Turner (2006: 5), há uma clara distinção entre os "direitos sociais dos cidadãos e os direitos humanos das pessoas", e a cidadania é uma base mais eficaz para a defesa dos direitos das pessoas.

Para alguns sociólogos, direitos universais enraizados em simplesmente "ser humano" não são um bom ponto de partida. Benjamin Gregg (2011) argumenta que os direitos humanos são socialmente construídos, desenvolvidos localmente e alcançados pelas comunidades, e não impostos "de cima". Todas as ideias de direitos humanos universais que são imediatamente aplicáveis em todas as culturas e sociedades são inatingíveis e irreais. Por exemplo, o que é o direito à vida? Gregg sugere que isso não é tão claro quanto pode parecer à primeira vista: "Significa o direito de um embrião humano à vida que tem? A 'vida que tem' significaria o direito de estar livre de manipulação genética? Pode significar um direito de um embrião *in vitro* ser implantado em um útero [...] É um direito a uma chance de vida?" (2011: 3). Se um direito tão básico como esse é questionável, quanto mais culturalmente variáveis e controversos são outros direitos humanos?

No entanto, o conceito de direitos humanos universais aplicáveis a todas as pessoas em todo o mundo continua a motivar uma série de pessoas, organizações e grupos sociais a proteger e defender aqueles que enfrentam discriminação e perseguição, onde quer que estejam. É provável que a ideia de direitos humanos universais, como outros conceitos difíceis de definir, como socialismo ou desenvolvimento sustentável, seja uma "utopia ativa" (Bauman, 1982). Como Frezzo (2014: xxi) indica, "devemos encarar o universalismo não como um *fait accompli*, mas sim como um projeto a ser perseguido continuamente". Ou seja, embora, de modo geral, se reconheça que alcançar a universalidade pode não ser possível, o processo de trabalhar para isso é mais importante para estabelecer quais direitos reais e praticamente alcançáveis podem ser usufruídos pelos seres humanos.

Guerra, genocídio e transições para a paz

Uma importante tradição teórica em sociologia é a tradição do conflito, que compreende pesquisas importantes feitas por estudiosos marxistas, feministas e weberianos (ver o Capítulo 1). Todavia, grande parte desse trabalho se concentra em conflitos sociais dentro de sociedades específicas, como aqueles que envolvem classes sociais, relações de gênero e conflitos étnicos. Mesmo quando os sociólogos investigam conflitos transnacionais, eles são vistos em termos semelhantes. Por exemplo, a invasão do

Iraque, em 2003, foi explicada por alguns marxistas em termos essencialmente econômicos, como uma tentativa de garantir suprimentos seguros de petróleo para os Estados Unidos e seus aliados. Esses estudos e explicações nos dizem muito sobre os conflitos, mas, como disciplina, a sociologia não atribui tanto destaque ao estudo das guerras quanto poderia, preferindo deixá-lo para os teóricos e estrategistas militares.

Uma das principais razões para isso é a visão comum de que a guerra não é um estado de coisas "normal" e, portanto, não é central ao desenvolvimento de teorias e explicações sociológicas. Afinal, não faz muito sentido fundamentar teorias sociais gerais em fatos inusitados e muito específicos. Mas esse pressuposto não está correto. As guerras são tão antigas quanto as sociedades humanas, e, no decorrer da história humana, houve mais de 14 mil guerras (Roxborough, 2004). É muito difícil estimar o número de mortes de guerra ou causadas por ela. Alguns sugerem que o número geral pode chegar a 4 bilhões, mas é extremamente difícil chegar a conclusões claras, devido à falta de registros na maior parte desse tempo e às divergências sobre quais conflitos são contados como "guerras". Até mesmo o passado recente não chega a um acordo. Diz-se que as guerras do século XX foram responsáveis por "mais de 110 milhões" de mortes (Malešević, 2010: 7) ou, alternativamente, um número mais definitivo de "231 milhões" de mortes (Leitenberg, 2006: 1). Qualquer que seja o número correto, permanece o fato de que as guerras não são eventos "incomuns".

Em uma perspectiva global, pode-se fazer um bom argumento em favor da visão oposta: que a existência de guerras é normal nas relações humanas, ao passo que os períodos de paz foram muito raros. No Norte Global, o período desde 1945 foi um desses períodos, e talvez isso tenha contribuído para a ideia de que a guerra é algo anormal (Inglehart, 1977). Todavia, como mostram os números supracitados, essa perda massiva de vidas e o sofrimento humano certamente exigem que os sociólogos explorem as causas e as consequências da guerra. Além disso, Joas e Knöbl (2012: 5) argumentam com razão que, "se não levarmos em conta a guerra, não podemos entender nem a constituição da modernidade por meio do Estado-Nação — em vez de por processos transnacionais — nem muitas das mudanças sociais e culturais que aconteceram na era moderna".

Teorizando sobre a guerra e o genocídio

O que é guerra? Martin Shaw (2003: 5) a define como "o choque entre duas forças armadas organizadas que buscam destruir o poder uma da outra e especialmente a sua disposição para resistir, principalmente ao matarem membros da força oposta". Essa definição torna a matança organizada central para a prática real da guerra, um fato que se confirmou na enorme perda de vidas em duas guerras mundiais no século XX, nas quais se envolveram muitas sociedades do mundo. A definição também deixa claro que o objetivo central da guerra é "destruir o poder do inimigo", tornando-o, assim, incapaz de resistir.

Como veremos no quadro Estudos clássicos 21.2, essa noção foi expressa na declaração clássica de Carl von Clausewitz (1993 [1832]) de que "a guerra é a continuação das relações políticas por outros meios". Clausewitz sugere que as guerras são travadas por Estados e são lutadas por causa de cálculos políticos sobre a probabilidade de sucesso e com base em decisões dos líderes. Elas exigem o comprometimento de recursos financeiros e geralmente jogam com as diferenças culturais reais, percebidas ou criadas, para mobilizar as populações emocionalmente. A guerra, portanto, é um fenômeno social cuja natureza mudou ao longo do tempo.

Historicamente, aqueles que morrem nas guerras costumam ser combatentes armados em vez de civis, o que mostra que a guerra não significa apenas matança caótica e aleatória — daí a ideia das "regras de guerra" que regulamentam o que as forças opostas podem fazer de maneira legítima no combate e depois dele. Entretanto, essas regras são violadas com frequência em condições de batalha, e, nos últimos anos, tem havido muitos ataques deliberados contra populações civis como mais um meio de "destruir a disposição do inimigo para resistir". Shaw descreve a extensão deliberada de alvos para civis indefesos como uma forma de "guerra degenerada" ou ilegítima, como a vista nos massacres japoneses de mais de 260 mil civis chineses em 1937, no bombardeio incendiário de cidades alemãs pelos britânicos, incluindo

Hamburgo, em 1943, e Dresden, em 1945, além do bombardeio nuclear das cidades japonesas de Hiroshima e Nagasaki pelos Estados Unidos em 1945.

A natureza mutável da guerra

Antes do século XX, a maioria das guerras fazia uso extensivo de exércitos mercenários ou homens recrutados para as forças armadas. O armamento consistia em espadas e, posteriormente, armas de fogo, e o transporte militar se baseava em cavalos, carruagens puxadas por cavalos e barcos a vela. Mesmo durante a Primeira Guerra Mundial (1914-1918), os cavalos permaneciam sendo uma forma importante de transporte. Na época da Segunda Guerra Mundial, as armas e o transporte mudaram consideravelmente. Metralhadoras, tanques, armas químicas e aviões tornaram muito mais fácil para os exércitos promoverem a matança em massa que caracteriza a guerra.

Uma visão de senso comum talvez considerasse as guerras como conflitos entre Estados-Nações por dominância, e, até pouco tempo atrás, muitos cientistas sociais talvez concordassem. Todavia, as guerras entre Estados parecem estar se tornando menos comuns, especialmente desde 1945. Uma análise de Dupuy e Rustad (2018) relata que, entre 1945 e 1960, os conflitos interestatais representaram metade dos conflitos armados em todo o mundo. Desde 1960, e particularmente desde 1975, o número de guerras interestaduais diminuiu drasticamente. Por outro lado, a quantidade de conflitos intraestatais (guerras civis e conflitos internos) aumentou a partir de 1945, atingindo um pico em 1991, antes de cair novamente. No entanto, os conflitos intraestatais que envolvem atores internacionais, como EUA e Rússia, vêm aumentando. Dos 48 em andamento em 2017, 40% envolveram tropas de um Estado externo, sendo os EUA o país mais envolvido. O equilíbrio entre as guerras inter-Estados e as guerras *intra*-Estados parece ter mudado significativamente.

Além disso, Shaw (2005) afirma que, em muitas guerras contemporâneas envolvendo Estados ocidentais — como as que envolveram os Estados Unidos e seus aliados no Iraque e no Afeganistão —, existem tentativas de proteger a vida dos militares ocidentais para evitar uma cobertura potencialmente prejudicial pelos meios de comunicação, levando a consequências políticas e eleitorais negativas para os governos. Essa é uma das razões por que o envolvimento ocidental recente costuma ter a forma preferencial de ataques por drones e ataques aéreos massivos, que minimizam o risco para as forças armadas. Porém, de fato, isso acarreta a transferência do risco para as populações civis no solo, cujas mortes se tornam "danos colaterais" ou "acidentes de guerra inevitáveis". E esse novo modo de guerra com "transferência do risco" tem o potencial de prejudicar o tipo mais antigo de guerra, regido por regras, e, assim, sujeita os Estados ocidentais e todos os outros a ainda mais riscos. Quando civis são atacados intencionalmente, é comum se levantar a questão de se foi cometido um "genocídio".

O **genocídio** é um termo que tem sido usado com regularidade crescente na mídia de massa e no discurso político. Recentemente, foi usado para descrever os ataques sérvios contra albaneses étnicos no Kosovo, ataques hutus contra tutsis em Ruanda e a investida militar de Mianmar sobre o povo de Rohingya. Usado originalmente por Raphael Lemkin no livro *Axis rule in occupied Europe* (1944), ele foi adotado em 1948 pela Convenção das Nações Unidas para Prevenção e Repressão do Crime de Genocídio (Artigo 2), que diz:

> O genocídio significa qualquer um dos seguintes atos cometido com a intenção de destruir, no todo ou em parte, um grupo nacional, étnico, racial ou religioso, tal como:
> (a) assassinato de membros do grupo;
> (b) dano grave à integridade física ou mental de membros do grupo;
> (c) submissão intencional do grupo a condições de existência que lhe ocasionem a destruição física total ou parcial;
> (d) medidas destinadas a impedir os nascimentos no seio do grupo;
> (e) transferência forçada de crianças do grupo para outro grupo.

Essa foi uma das primeiras tentativas de definir o genocídio e se baseia claramente nas políticas raciais nazistas contra muitos setores da população europeia, incluindo a tentativa de exterminar os judeus na Segunda Guerra Mundial (1939-1945). O genocídio, aqui, é considerado separado da guerra.

Estudos clássicos 21.2 — Carl von Clausewitz, *Da guerra* (1832)

Carl von Clausewitz (1780-1831) é o teórico moderno clássico da guerra, um oficial do exército prussiano que lutou nas guerras revolucionárias e napoleônicas (1793-1815). Ele lecionou na academia militar, onde escreveu o livro publicado postumamente como *Da guerra*. Se os cientistas sociais reconhecessem plenamente a centralidade da guerra na sociedade moderna, essa obra de Clausewitz figuraria nos cânones do pensamento social, juntamente com aquelas de seus quase contemporâneos, como os filósofos Immanuel Kant e Georg Wilhelm Friedrich Hegel, o sociólogo Augusto Comte e o revolucionário Karl Marx.

O livro de Clausewitz continha diversas ideias seminais:

1. Sua máxima mais famosa é que a "guerra é a continuação das relações políticas [também traduzida como 'das políticas públicas' ou 'da política'] por outros meios". Isso costuma ser interpretado como significando que o curso da guerra é determinado por seus objetivos políticos. Todavia, a verdadeira originalidade de Clausewitz está em sua análise da "diferenciação" dos meios militares.
2. Ele enfatiza que a guerra é "um ato de força" projetado para forçar um inimigo a se submeter e, assim, não tem "nenhum limite lógico". Conclui, a partir daí, que a escalada é uma lei de guerra e que existe uma tendência geral para que a guerra se torne absoluta. Objetivos políticos restritos podem limitar a escalada apenas parcialmente, pois o choque de armas sempre é capaz de superar os limites políticos preestabelecidos, sendo intrinsecamente imprevisível.
3. A guerra também pode ser contida pelo *atrito* — isto é, os obstáculos à escalada impostos pelo clima e pelo terreno inóspito, juntamente com as dificuldades logísticas para enviar exércitos a longas distâncias.
4. A guerra pode ser comparada, como processo social, ao comércio. Sob essa luz, a batalha é o momento de realização — o fim para o qual toda a atividade está voltada — na guerra, do mesmo modo que são as trocas no comércio.
5. A guerra é uma *trindade* compreendendo a política (a província do governo), as artes militares (o negócio dos generais) e a violência crua (praticada pelas pessoas). Assim, o envolvimento das pessoas (a nação em armas) é responsável em parte pelo caráter peculiarmente destrutivo da guerra moderna, comparada com períodos anteriores. [...]

A guerra moderna é descrita como "clausewitziana". O principal problema com essa descrição é que a sociedade industrial criou meios de destruição imensamente mais poderosos — não apenas armamentos, mas também organização militar e política — do que Clausewitz podia ter previsto. A *guerra total* moderna combinou a mobilização social total com o poder absoluto de destruição. A partir da metade do século XIX, isso ampliou radicalmente o espaço de matança para além das condições clausewitzianas. A conclusão lógica desse processo foi a destruição verdadeiramente total, simultânea e mútua pela ameaça da guerra nuclear.

Fonte: Shaw (2003: 19-20).

REFLEXÃO CRÍTICA

Como os principais argumentos de Clausewitz podem nos ajudar a explicar o desenvolvimento das armas nucleares e as restrições a elas? A doutrina da "destruição mutuamente assegurada" (MAD) vai além das ideias de Clausewitz?

Enquanto matar puder ser considerado legítimo na guerra (se as regras da guerra não forem violadas), o genocídio, por definição, sempre será errado. A definição da ONU torna a intenção como central ao genocídio. Um determinado grupo social não precisa ser *verdadeiramente* exterminado para que se considere que houve genocídio; o que importa é se a *intenção* do perpetrador era de exterminar o inimigo.

Um problema, porém, é como demonstrar a *intenção* para comprovar que houve genocídio. As

O regime hutu em Ruanda tirou a vida de mais de 800 mil tutsis durante o genocídio de 1994. Esse conflito é discutido no Capítulo 8, "Raça, etnicidade e migração".

Sociedade global 21.1 — O regime do "Khmer Vermelho" do Camboja

O Khmer Vermelho era o partido governante no Camboja de 1975 a 1979, mas, durante esse curto período, foi responsável por um dos maiores assassinatos em massa do século XX. O brutal regime tirou a vida de mais de um milhão de pessoas — e algumas estimativas dizem que 2,5 milhões pereceram. Sob o poder do líder marxista Pol Pot, o Khmer Vermelho [...] [forçou] milhões de pessoas a saírem das cidades para trabalhar em fazendas comunitárias no interior. Contudo, essa tentativa dramática de engenharia social teve um custo horrível, e famílias inteiras morreram por execução, inanição, doenças e excesso de trabalho.

A filosofia comunista

O Khmer Vermelho teve suas origens na década de 1960 como a ala armada do Partido Comunista do Kampuchea — o nome que os comunistas usavam para o Camboja. Localizado nas áreas remotas de selvas e montanhas no nordeste do país, o grupo inicialmente teve pouco progresso. Todavia, depois que um golpe militar de direita derrubou o chefe de Estado, o príncipe Norodom Sihanouk, em 1970, o Khmer Vermelho formou uma coalizão política com ele e começou a atrair cada vez mais apoio. Em uma guerra civil que continuou por quase 5 anos, ele aumentou gradualmente o seu controle no interior. As forças do Khmer Vermelho finalmente tomaram o controle da capital, Phnom Penh, e da nação como um todo em 1975.

Durante seu período no nordeste remoto, Pol Pot foi influenciado pelas tribos das montanhas ao redor, cujos membros eram autossuficientes em sua vida comunitária, não viam utilidade para o dinheiro e não haviam sido "maculados" pelo budismo. Quando ascenderam ao poder, Pol Pot e seus comparsas logo começaram a transformar o Camboja — agora rebatizado como Kampuchea — no que esperavam que seria uma utopia agrária. Declarando que a nação começaria novamente do "Ano Zero", Pol Pot isolou o seu povo do restante do mundo e começou a esvaziar as cidades, abolindo o dinheiro, a propriedade privada e a religião e estabelecendo coletivos rurais.

Qualquer pessoa considerada intelectual de qualquer tipo era executada. As pessoas eram condenadas por usar óculos ou por conhecer uma língua estrangeira. Centenas de milhares de membros da classe média educada foram torturados e executados em centros especiais. O mais notório desses centros era a prisão S21 em Phnom Penh, onde mais de 17 mil homens, mulheres e crianças foram aprisionados durante os quatro anos do regime no poder. [...]

A abertura

Em 1979, o governo do Khmer Vermelho foi finalmente derrubado com a invasão de soldados vietnamitas, após uma série de confrontos violentos na fronteira. Os altos escalões do partido fugiram para áreas remotas do país, onde permaneceram ativos por um tempo, mas gradualmente se tornaram menos poderosos.

Nos anos que se seguiram, uma vez que o Camboja começava o processo de reabertura para a comunidade internacional, os horrores do regime se tornaram conhecidos. Os sobreviventes contavam suas histórias para plateias chocadas, e, na década de 1980, o filme de Hollywood *Os gritos do silêncio* levou a sina das vítimas do Khmer Vermelho à atenção mundial.

Pol Pot foi denunciado por seus antigos camaradas em um julgamento forjado em julho de 1997 e foi sentenciado à prisão domiciliar em sua casa na selva. Porém, ele morreu menos de um ano depois — negando a milhões de pessoas que foram afetadas por esse regime brutal a chance de trazê-lo à justiça. Em 2011, porém, os quatro líderes sobreviventes mais antigos do regime (todos com mais de 80 anos) foram levados a julgamento por acusações de genocídio, e um ex-chefe de prisão do Khmer Vermelho, conhecido como "Duch", foi considerado culpado de crimes contra a humanidade e condenado a 35 anos de prisão após um recurso sem sucesso.

Fonte: Extraído de BBC (2007); BBC News (2012a).

ordens para matar podem nunca ser escritas, as evidências podem ser incompletas ou inexistentes, e muitas coisas podem ser alcançadas por atos de omissão, bem como de delegação. Ou seja, a destruição de um grupo social pode ser causada por negligência e indiferença, tanto quanto por ataques deliberados. Além disso, os não combatentes em guerras civis não devem ser vistos apenas como vítimas passivas de violência política em larga escala orquestrada pelos Estados. Em muitas guerras civis, os civis usaram o contexto da violência para perseguir suas disputas locais e interpessoais existentes. De fato, Kalyvas (2006) sugere que analisar as maneiras pelas quais as questões políticas dos conflitos interagem com tais disputas locais oferece uma maneira produtiva de fazer a ponte entre os estudos de guerra nos níveis macro e micro.

Shaw (2003, 2007) rejeita a separação entre genocídio e guerra. Como observa, a maioria dos genocídios ocorre em guerras civis ou dentro de um Estado. Na maioria dos casos históricos de genocídio, os Estados (ou poderes centrais dentro deles) foram os perpetradores, e eles foram concretizados pelos exércitos estatais, pelas forças policiais e pelas organizações partidárias, e ocorreram no contexto da guerra. Assim, talvez seja mais correto definir o genocídio como "uma forma de guerra em que grupos sociais são o inimigo" (Shaw, 2003: 44-45). E, se o genocídio *é* uma forma de guerra, isso levanta a questão de se a forma dominante de guerra está mudando.

USANDO SUA IMAGINAÇÃO SOCIOLÓGICA

21.1 A modernidade e o Holocausto

"Holocausto" é uma expressão usada para descrever um caso específico de genocídio: a tentativa do Partido Nacional Socialista Alemão, liderado por Adolf Hitler, de exterminar judeus sistematicamente na Europa durante a Segunda Guerra Mundial. As populações judias da Alemanha e de outros países que foram invadidos pelas tropas alemãs foram perseguidas, colocadas em guetos lotados e transportadas para campos de extermínio, onde ocorriam assassinatos em massa nas câmaras de gás. Aproximadamente 6 milhões de judeus foram assassinados nesses poucos anos como parte da "solução final para a questão dos judeus" adotada pelos nazistas. Embora muitos outros grupos sociais, incluindo ciganos do Leste Europeu, deficientes, *gays* e comunistas, também tenham sido escolhidos para serem perseguidos, convencionalmente eles não foram incluídos nas definições do holocausto.

Zygmunt Bauman (1989) descobriu que os sociólogos pouco falam sobre o Holocausto ou suas consequências para as ciências sociais. Ele sugere que parte da razão para tal é que o Holocausto é considerado um aspecto específico da história judaica que não traz lições gerais para a moralidade social em outros tempos e locais. Em segundo lugar, existe uma interpretação amplamente aceita do Holocausto que o considera uma aberração, um episódio espantoso e singular de barbarismo no fluxo normalmente pacífico da vida em sociedades modernas e civilizadas. Bauman observa que não podemos deixar as sociedades modernas escaparem com tanta facilidade; o Holocausto, ele diz, é o *teste* final da modernidade.

De fato, segundo Bauman, foram os elementos caracteristicamente modernos que possibilitaram o Holocausto. A tecnologia moderna foi empregada para acelerar o processo de assassinato em massa, os sistemas burocráticos de administração garantiram o método mais eficiente de processar "objetos burocráticos humanos", e a mentalidade burocrática desumanizou os judeus, permitindo aos indivíduos evitar a responsabilidade moral por seus atos. Bauman também explora o papel da ideologia racista moderna e a maneira como as vítimas eram levadas a aceitar o processo de extermínio por meio de seu cálculo racional das chances de sobrevivência em cada estágio do processo. Todos esses elementos — tecnologia moderna, burocracias, racismo e cálculo racional — são aspectos "normais" e comuns das sociedades modernas.

No Holocausto, esses elementos se uniram de um modo singular. Bauman diz que isso foi possível quando o Estado alemão começou a desfazer e destruir sistematicamente as organizações voluntárias, os sindicatos e outras redes que formam uma sociedade civil forte. Isso deixou o Estado-Nação centralizado, com seu monopólio dos meios de violência, livre para implementar seus projetos de engenharia social sem nenhum controle ou fontes de poder contrárias. Em suma, a modernidade proporcionou os recursos *necessários* que possibilitaram o Holocausto, mas isso não seria *suficiente* sem a emancipação do Estado sobre as restrições impostas pela sociedade em geral.

Para Bauman, existem duas lições principais a tirar do Holocausto. A primeira é "a facilidade com que a maioria das pessoas, postas em uma situação em que não há uma boa escolha, ou que torna essa boa escolha muito custosa, se afasta da questão do dever moral (ou não se convence de que deve cumpri-lo), adotando, ao contrário, os preceitos do interesse racional e da autopreservação. *Em um sistema em que a racionalidade e a ética apontam em direções opostas, a humanidade é o principal perdedor*" (Bauman, 1989: 206; itálico no original). Todavia, a segunda lição é: "*não importa quantas pessoas escolheram o dever moral sobre a racionalidade da autopreservação — o que importa é que algumas o fizeram. O mal não é todo-poderoso. Pode-se resistir a ele*" (ibid.; itálico no original). É claro que podemos concordar com Bauman que as ações das pessoas voltadas para a autopreservação eram, na verdade, uma opção, e não uma inevitabilidade. Mas o contexto em que essas escolhas foram feitas moldou o resultado geral. Conforme disse uma vez o historiador E. H. Carr (1962: 62), "os números contam na história".

> **REFLEXÃO CRÍTICA**
>
> Bauman argumenta que, em uma situação em que a escolha de ações "não é boa", o dever moral virá depois do interesse próprio e da sobrevivência individual para a maioria. Ele está certo? Na guerra, existem casos que contrariam essa conclusão?

Houve inúmeras tentativas de resistência de judeus durante a Segunda Guerra Mundial, incluindo uma rebelião em 1943 no campo de concentração de Treblinka e várias nos guetos judeus. Durante a rebelião no gueto de Varsóvia, em janeiro de 1943, milhares de judeus combateram a SS nazista e mataram centenas de soldados alemães. Contudo, eles foram eventualmente subjugados pela força superior do exército alemão, e 13 mil judeus foram mortos na insurgência.

Velhas e novas guerras

A guerra sempre se baseia nos recursos disponíveis, na organização social e no nível de desenvolvimento tecnológico das sociedades. Algumas teorias recentes argumentam que estamos passando por uma revolução nos assuntos militares baseada no aumento do uso das tecnologias da informação, que estão se movendo para o centro da estratégia militar. Por exemplo, sistemas de mira por satélite, drones e computadores desempenharam papéis fundamentais nos conflitos no Iraque (1990-1991 e 2003), no Afeganistão (2001-2021) e na Líbia (2011) e nos ataques ao grupo Estado Islâmico/*Daesh* na Síria (2011-2019). Desse modo, fica claro que os métodos de guerrear nunca são fixos, mas mudam ao longo do tempo juntamente com o desenvolvimento econômico, social e político das sociedades.

De modo semelhante, as *guerras totais* e industrializadas do começo do século XX, com mobilização de populações nacionais inteiras no esforço de guerra, eram radicalmente diferentes das guerras anteriores, que envolviam exércitos muito menores e que ocorriam sem a participação de grande parte das populações civis, muitas das quais não eram afetadas por elas. Alguns estudiosos argumentam que a natureza da guerra mudou novamente e de forma muito dramática nos últimos 30 anos ou mais, à medida que um novo tipo de guerra assumiu a dianteira, contrastando nitidamente com as guerras de Estado-Nação do século XX.

Enquanto as "velhas" guerras eram travadas por Estados-Nações uns contra os outros, as "novas" guerras ameaçam enfraquecer o Estado-Nação como a principal "unidade de sobrevivência" (Elias, 1991: 205) que garante a segurança dos cidadãos individuais, desafiando uma de suas principais características: o monopólio estatal da violência organizada. As conexões transnacionais envolvidas em novas guerras desafiam o monopólio estatal "de cima", enquanto a "privatização da violência" em grupos paramilitares e o envolvimento do crime organizado ameaçam o monopólio estatal "de baixo".

Em um relato altamente influente das "novas guerras", intitulado *New and old wars*, Mary Kaldor (2012) afirma que, na África e na Europa Oriental, a partir do final do século XX, começou a aparecer um novo tipo de guerra. Uma maneira de descrevê-la é como um "conflito de baixa intensidade", essencialmente semelhante a uma guerrilha de pequena escala, ou mesmo ao terrorismo, envolvendo violência localizada. Muitas podem ser chamadas de guerras civis dentro de Estados-Nações específicos. Todavia, Kaldor rejeita esse rótulo, observando que elas também envolvem muitas conexões transnacionais, o que torna impossível sustentar a antiga distinção entre agressão externa e repressão interna. As novas guerras também destroem os limites entre a guerra (entre Estados), o crime organizado e as violações de direitos humanos básicos, pois eles se tornam interligados.

Por exemplo, na guerra da Bósnia em 1992-1995, um conflito genocida entre os grupos nacionalistas sérvios, croatas e bósnios resultou em pelo menos 100 mil mortes. Em todos os lados houve violações de direitos humanos, na tentativa de criar áreas etnicamente "puras". Os sérvios bósnios receberam apoio financeiro e logístico da Sérvia (que, na época, cobria grande parte da República Federativa da Iugoslávia) e, durante o conflito, travaram uma campanha de **"limpeza étnica"** (tentativas de desalojar um grupo étnico de uma área específica) contra os não sérvios; isso envolveu muitos abusos dos direitos humanos contra civis, como massacres e o estupro sistemático e em massa de mulheres.

O massacre de aproximadamente 8 mil meninos e meninas em Srebrenica em julho de 2005 foi declarado como genocídio pelo Tribunal Penal Internacional de Haia. O tribunal relatou:

> Visando a eliminar uma parte dos muçulmanos bósnios, as forças sérvias bósnias cometeram genocídio. Elas buscavam a extinção de 40 mil muçulmanos bósnios que viviam em Srebrenica, um grupo emblemático dos muçulmanos sérvios. Eles retiraram os pertences pessoais e a identificação de todos os prisioneiros muçulmanos do sexo masculino, militares e civis, idosos e jovens, e deliberada e metodicamente os mataram apenas com base em sua identidade. (Traynor, 2004)

Todavia, em 2007, a Corte de Justiça Internacional declarou que o Estado da Sérvia não havia cometido o genocídio diretamente (embora alguns indivíduos tenham sido acusados), mas ele violou a lei internacional por não o interromper. Essa foi a primeira vez que um Estado enfrentou acusações de genocídio. Kaldor argumenta que a violação em grande escala de direitos humanos torna as novas guerras ilegítimas e que devem ser encontradas maneiras de preveni-las.

Kaldor mantém que novas guerras parecem ter aumentado após o final da Guerra Fria. Mas mais significativo é o processo cada vez mais rápido de globalização que começou na década de 1970, trazido pela onda das novas tecnologias da informação. A globalização, segundo a autora, está no coração das novas guerras, podendo incluir uma série de atores, desde repórteres internacionais, soldados mercenários e voluntários da Oxfam, Médicos sem Fronteiras e outras ONGs, juntamente com instituições internacionais como a ONU, a União Africana e a Organização para Segurança e Cooperação na Europa (OSCE). Kaldor argumenta que:

> as guerras compreendem um novo tipo de divisão global/local entre os membros de uma classe global que falam inglês, que têm acesso à internet e à televisão via satélite, que usam dólares, ou euros, ou cartões de crédito, e que podem viajar livremente, e aqueles que são excluídos dos processos globais, que vivem do que podem vender ou trocar ou do que recebem de ajuda humanitária, cujo movimento é restringido por barricadas, vistos e os custos de viagem, e que são vítimas de ataques, da fome, de minas terrestres etc. (Kaldor, 2012: 5).

Esse argumento implica que podemos estar testemunhando uma reversão dos processos de formação de Estado identificados por Norbert Elias e Max Weber. Durante o surgimento do Estado moderno, forças *centrípetas* estavam em ascensão, à medida que os meios de violência se tornavam cada vez mais centralizados. Contudo, desde o final do século XX, as forças *centrífugas* estão ganhando espaço, à medida que os meios de violência se distribuem de forma mais ampla entre as populações. Como o número de novas guerras aumentou após o fim da Guerra Fria, pode ser que o fim de uma velha ordem mundial tenha criado um clima em que se desenvolveram novas guerras. O colapso dos regimes comunistas deixou um legado de armamentos excedentes, bem como um vácuo de poder, que grupos de milícias e exércitos locais podem usar a seu favor.

Os críticos da tese da nova guerra afirmam que alguns de seus argumentos principais são exagerados e que é provável que os Estados-Nações permaneçam como os atores fundamentais em guerras e conflitos. Por exemplo, o historiador Antony Beevor (2007) argumenta que a agressão contra populações civis pode ser vista em muitos conflitos anteriores. Em particular, durante a Segunda Guerra Mundial, os ataques contra civis por todos os lados era um aspecto significativo das operações na Frente Oriental. Hirst (2001) considera as atividades de milícias armadas na guerra greco-turca de 1921-1922 e na Guerra Civil Espanhola de 1936-1939 essencialmente semelhantes aos conflitos de baixa intensidade identificados por Kaldor. De maneira semelhante, as guerras contemporâneas no Sul Global podem ser consideradas mais próximas da guerra convencional do que de conflitos de baixa intensidade. Outras guerras europeias também envolveram o uso da fome como tática de guerra, bem como o roubo de recursos e as táticas de guerrilha para evitar o confronto direto, aspectos descritos na tese da nova guerra como desenvolvimentos recentes (Angstrom, 2005).

O fato de Kaldor se fundamentar na tese da globalização rápida também foi criticado. Hirst (2001) argumenta que a tese da nova guerra subestima a significância de "velhas" guerras entre Estados, como a entre o Irã e o Iraque, ou como as guerras entre árabes e israelenses. Para Hirst, a teoria da nova guerra depende demais da noção de que a "globalização muda tudo", quando as evidências mostram que o Estado-Nação ainda é a instituição em que as pessoas investem sua lealdade e com a qual contam para proteger seus interesses. Esse é um argumento importante, pois diminui a importância que Kaldor atribui às instituições internacionais para resolver conflitos. As intervenções humanitárias internacionais, como o papel da ONU na guerra da Bósnia, têm tanta probabilidade de reativar velhos problemas quanto de gerar soluções duradouras, devido ao envolvimento de "velhos" Estados-Nações com seus aliados e inimigos históricos.

Talvez seja cedo demais para saber com certeza se as novas guerras se tornarão o tipo dominante de guerra no futuro. Todavia, pressupondo-se que a tendência atual para o padrão da nova guerra continue, será que devemos aceitar o suposto declínio lento da guerra entre os Estados? Certamente, é improvável que as novas guerras produzam a mesma escala de morte e destruição que as guerras entre os Estados do século XX. Porém, em seu lugar, pode surgir uma privatização muito mais insidiosa dos meios de violência, que ameace "descivilizar" as sociedades, desafiando a premissa de que o Estado pode garantir um espaço interno relativamente pacífico para seus cidadãos (Fletcher, 1997). O mundo moderno terá que encontrar maneiras de lidar com os conflitos mais localizados, mas cronicamente desestabilizantes do futuro.

Processos de paz

Embora sempre tenha havido interesse sociológico em conflitos sociais e, nos últimos anos, tenha havido mais pesquisas sociológicas sobre guerra, genocídio e terrorismo, é verdade que "o interesse acadêmico em estudos de paz tem sido muito insignificante" (Chatterjee, 2005: 17). Em parte, isso se deve à suposição de que o conflito é uma forma de desvio que precisa ser explicada, enquanto a paz é, de alguma forma, a condição "normal" da vida social. Por outro lado, também tem havido muita especulação biológica e etológica de que a agressão e a violência são, de alguma forma, inerentes à natureza humana. A pesquisa sociológica evita essas questões excessivamente filosóficas, concentrando-se em tirar conclusões gerais de estudos de caso comparativos, históricos e empíricos (Das, 2005).

Nosso ponto de partida aqui é que tanto a guerra quanto a paz são possibilidades nas relações humanas. Conforme Malešević (2010: 2) argumenta, "Ser social não implica automaticamente uma propensão inata para a harmonia e a paz. Pelo contrário, é a nossa sociabilidade, e não a individualidade, que nos torna altruístas compassivos e assassinos entusiásticos." E, embora tenha havido muito esforço para compreender as causas das guerras e da violência entre comunidades, isso não corresponde aos estudos de **processos de paz** — todos eles considerados atividades oficiais e informais destinadas a prevenir a violência futura e garantir a justiça e a distribuição equitativa de recursos em situações de pós-conflito.

Mas há aqui um papel importante para uma perspectiva sociológica, pois a sociologia oferece análises que examinam os processos de paz à medida que se desenrolam por toda a sociedade. Isso inclui avaliar os papéis desempenhados pelos muitos grupos e organizações que compõem a sociedade civil, bem como os negociadores profissionais, os políticos e as iniciativas oficiais que formam a base da maioria dos outros estudos.

Os processos de paz estão ligados ao tipo de violência que ocorreu anteriormente, e considera-se que abrangem quatro fases. A fase de *pré-negociação* geralmente envolve negociações secretas com o objetivo de chegar a um acordo sobre os termos para a cessação da violência. Isso é seguido, na segunda fase, por um *cessar-fogo formal* e, na terceira fase, por negociações, muitas vezes difíceis e demoradas, durante as quais um acordo político é alcançado entre os adversários, talvez por meio de um mediador neutro. Na fase final — *estabelecimento da paz pós-acordo* —, os combatentes são reintegrados na sociedade, e as vítimas são envolvidas em processos de reconciliação (Darby, 2001).

No rescaldo de um conflito violento, algumas sociedades alcançam uma "paz positiva" na qual a justiça e uma distribuição equitativa dos recursos são mais ou menos alcançadas. No entanto, outros têm que se contentar com uma "paz negativa", em que a violência física é removida ou controlada, mas as tensões subjacentes e as questões de desigualdade e falta de justiça permanecem. As **sociedades pós-violência** são aquelas que passaram de guerras ou violência comunitária para a não violência, como em Ruanda, na África do Sul, no Sri Lanka e na Irlanda do Norte. Brewer (2010: 19-27) identifica três tipos básicos: "conquista", "cartografia" e "compromisso".

As sociedades pós-violência de *conquista* são principalmente aquelas afetadas por guerras entre Estados-Nações, embora a categoria também inclua aquelas em que a violência comunal interna termina pela conquista, como nas guerras civis ou coloniais. O tipo *cartografia* é onde a paz foi alcançada principalmente separando-se fisicamente os adversários anteriores, alterando-se as fronteiras nacionais, criando-se Estados ou devolvendo-se o poder a novas autoridades regionais. Finalmente, o *compromisso* pós-violência se refere a todos os casos em que nem a força nem a separação física são possíveis. Em vez disso, os combatentes anteriores são forçados a negociar e chegar a um ajuste que envolve um cessar-fogo e um acordo sobre o qual se constitui um pacto "justo" para todas as partes.

Brewer também sugere que três fatores são cruciais para determinar a forma e as perspectivas da paz pós-violência. O primeiro é até que ponto os adversários anteriores compartilham valores, normas e tradições comuns — o que ele chama de "distância-proximidade relacional". Onde os adversários anteriores estão "relacionalmente próximos" — como na Irlanda do Norte —, a reconstrução pós-violência pode ser mais fácil, pois a herança comum compartilhada forma a base para reorientar as perspectivas das pessoas. Onde existe distância relacional — como no Sri Lanka ou na região basca da Espanha —, pode ser necessário manter as divisões sociais e encontrar formas políticas de gerenciá-las, para evitar violência futura.

O segundo é se os adversários anteriores vivem separados ou juntos em terras comuns e compartilham a nacionalidade (um eixo de "separação espacial-integridade territorial"). Em algumas sociedades pós-violência, especialmente onde há proximidade relacional, a integridade territorial pode não apresentar problemas intransponíveis, e os combatentes anteriores podem viver lado a lado. Mas, em outros, a extensão da violência pode ter sido tão prejudicial a ponto de tornar necessária a separação espacial para um assentamento duradouro. Esse tem sido o resultado na ex-Iugoslávia e na separação entre a Índia e o Paquistão, por exemplo.

Finalmente, Brewer observa um terceiro eixo de "capital cultural ou aniquilação cultural" nas sociedades pós-violência. Os antigos adversários, particularmente aqueles do lado perdedor, mantêm seus recursos culturais e suas memórias históricas, ou estes foram efetivamente aniquilados? Em alguns casos, onde os vencidos desempenham papéis econômicos importantes, têm acesso à educação ou são simplesmente numerosos, eles podem reter seu capital cultural, o que permite manter vivas as causas originais do conflito. Por exemplo, os palestinos mantiveram com sucesso seu capital cultural no conflito com Israel, e os africanos negros na África do Sul mantiveram seu capital cultural em formas submersas durante o período do governo da minoria branca. No entanto, os grupos vencidos podem não ser capazes de resistir — como os povos aborígenes australianos e os grupos indígenas norte-americanos — e, assim, enfrentam uma "aniquilação cultural" efetiva. Isso não significa a eliminação completa dos grupos sociais derrotados, mas a sua subordinação cultural na situação pós-violência.

O que a abordagem distintamente sociológica de Brewer possibilita é uma avaliação realista das perspectivas de paz em conflitos contemporâneos e de processos de paz em todo o mundo. Mais especificamente, ela oferece um esquema que pode ser usado no estudo dos processos de paz pós-violência. No entanto, abordagens como essa também podem ajudar todos aqueles que trabalham em processos de paz a entender melhor alguns dos obstáculos e das oportunidades existentes.

> **REFLEXÃO CRÍTICA**
>
> Usando a estrutura de Brewer de três tipos de sociedade pós-violência, explore a situação atual na Irlanda do Norte, no Sudão do Sul e no Afeganistão. Em qual categoria cada um desses países se enquadra? Qual dos três casos tem maior probabilidade de alcançar uma "paz positiva" e qual pode ter que conviver com uma "paz negativa"?

Terrorismo

No século XXI, pessoas em todo o mundo viram as atividades terroristas e suas consequências se tornarem parte da vida cotidiana. Por exemplo, torcedores de futebol são rotineiramente parados e revistados, assim como aqueles que participam de todos os grandes eventos, e uma maior conscientização de comportamento "suspeito" é incentivada em espaços públicos. O principal evento que desencadeou essa mudança ocorreu por volta das 8h45 do dia 11 de setembro de 2001, quando quatro aviões comerciais nos Estados Unidos foram sequestrados por ativistas da al-Qaeda que alegavam estar agindo em defesa dos muçulmanos em todo o mundo. Os aviões (pertencentes a companhias norte-americanas) e os alvos — o World Trade Center, o Pentágono e a Casa Branca — foram escolhidos com um propósito: atacar simbolicamente o coração da economia, das forças armadas e do poder político dos Estados Unidos. Os ataques ficaram conhecidos como "11 de setembro", e a resposta do Presidente dos EUA, George W. Bush, foi declarar "guerra ao terror".

Embora o conceito de terrorismo tenha se tornado quase sinônimo do estilo organizacional e das atividades da rede global da al-Qaeda, na verdade, essa última é atípica quando comparada ao registro histórico dos grupos terroristas. O que esse registro mostra é que o terrorismo pode ser de esquerda, de direita, de inspiração religiosa ou secular. Mas, antes de seguirmos para alguns exemplos, a primeira tarefa é estabelecer exatamente o que significa quando usamos o termo "terrorismo". Essa tem se mostrado uma questão controversa, mesmo entre os acadêmicos.

O que é terrorismo?

A palavra **terrorismo** tem origem na Revolução Francesa de 1789. Milhares de pessoas — originalmente aristocratas, mas também muitos cidadãos comuns — foram perseguidas pelas autoridades políticas e executadas na guilhotina. O termo "terror" não foi inventado pelos revolucionários, mas pelos contrarrevolucionários: as pessoas que desprezavam a Revolução Francesa pelo que ela representava e que acreditavam que a sangria que se seguiu era uma forma de aterrorizar a população (Laqueur, 2003). O "terror", no sentido do uso de violência para intimidar, foi amplamente utilizado no século XX — por exemplo, pelos nazistas na Alemanha ou pela polícia secreta russa sob Stalin. Todavia, esse tipo de uso da violência também antecede as origens do termo na Revolução Francesa.

Embora o termo "terror" não tenha sido cunhado até o século XVIII, o fenômeno de aterrorizar as pessoas por meio da violência é muito antigo. Em civilizações antigas, quando um exército invadia uma cidade inimiga, não era nada incomum devastarem a cidade e matarem todos os homens, mulheres e crianças. A razão para tal não era apenas destruir o inimigo fisicamente, mas criar terror naqueles que viviam em outras cidades. Assim, o fenômeno de usar violência com a ideia de aterrorizar populações é mais antigo que o termo.

Os cientistas sociais discordam não apenas sobre a definição do terrorismo, mas também sobre se o termo pode ser útil. Ou seja, será que ele pode ser usado de um modo razoavelmente objetivo e imparcial? Uma questão envolve as mudanças na avaliação moral que as pessoas fazem do terrorismo e dos terroristas. Com frequência, diz-se que o "terrorista de um é o guerreiro da liberdade de outro". De modo semelhante, nem todos aqueles com crenças radicais se juntam a grupos terroristas, e de forma alguma todos os que o fazem mantêm crenças radicais (Crenshaw, 2011: 6). Alguns se juntam por ganho financeiro, outros por amizade ou para mostrar solidariedade a parentes. Pessoas que eram terroristas em um certo ponto podem vir a condenar o terror mais adiante, com a mesma veemência com que o praticaram. Pode-se dizer, por exemplo, que a história inicial do movimento sionista foi pontuada pela atividade terrorista; porém, no século XXI, os líderes israelitas são uma parte autodeclarada da "guerra contra o terror" e consideram os terroristas como o inimigo. O ex-líder sul-africano, Nelson Mandela, era furiosamente acusado por alguns políticos ocidentais, particularmente no Reino Unido, de ser um terrorista violento. Porém, hoje Mandela é visto como uma importante figura política, que desempenhou um papel fundamental para transformar positivamente as fortunas da África do Sul.

Uma segunda questão diz respeito ao papel do Estado. Pode-se dizer que os Estados praticam terrorismo, ou o "terrorismo de Estado" é apenas uma contradição de termos? Afinal, os Estados foram responsáveis por muito mais mortes na história humana do que qualquer outro tipo de organização, mas é o próprio Estado que determina com mais frequência quais grupos políticos devem ser categorizados como terroristas. Os Estados assassinaram populações civis brutalmente e fizeram algo comparável à devastação de cidades que ocorria nas civilizações antigas. Como já vimos, perto do fim da Segunda Guerra Mundial, bombardeios sistemáticos por parte da Força Aérea Britânica e dos EUA praticamente destruíram a cidade alemã de Dresden, onde milhares de civis morreram. Alguns historiadores argumentam que essa ação não levou a qualquer vantagem estratégica para os aliados, e seu propósito foi exatamente criar terror e medo e, assim, enfraquecer a disposição de seus cidadãos para continuar a guerra. Isso teria sido um ato de terrorismo de Estado?

No entanto, a menos que se restrinja àqueles grupos e organizações que atuam fora do Estado, o conceito de terrorismo se aproxima muito do de guerra. Para nossos propósitos nesta seção, uma definição satisfatória é "qualquer ação (por uma organização não estatal) [...] que vise a causar morte ou danos corporais sérios a civis ou não combatentes, quando o propósito desse ato, por sua natureza ou seu contexto, for intimidar a população, ou levar um governo ou organização internacional a executar alguma ação ou se abster dela." (Panyarachun et al., 2004). Em outras palavras, o terrorismo é "o uso direcionado e intencional da violência para fins políticos" (Vertigans, 2008: 3).

Um último ponto a se ter em mente é que discutir "terroristas" individuais como uma categoria distinta de pessoa é, na maioria dos casos, enganoso. Tornou-se comum considerar atos políticos violentos cometidos por indivíduos como obra de "lobos solitários" terroristas. Por exemplo, o terrorista anti-islâmico de direita Anders Breivik matou 77 pessoas na Noruega em 2011 e é, muitas vezes, referido como um "lobo solitário" arquetípico; ele agiu inteiramente sozinho e publicou seu próprio "manifesto" pedindo a remoção de todos os muçulmanos da Europa.

No entanto, o ato de Breivik não é típico de atores terroristas individuais, muitos dos quais estão sozinhos apenas durante a prática de seus atos violentos. Como argumenta um estudo empírico, "as conexões com os outros, sejam virtuais ou físicas, desempenham um papel importante e, às vezes, até crítico na adoção e manutenção de sua motivação para cometer violência, bem como as habilidades práticas necessárias para realizar atos de terrorismo" (Schuurman et al., 2019: 772). Esse estudo descobriu que cerca de 78% dos atores terroristas isolados tiveram incentivo ou justificativa externa para seus atos, e pouco menos de um terço dos casos recebeu ajuda prática de outros — desde conhecimento e material de fabricação de bombas até o oferecimento de uma "casa segura" após o ataque — em sua preparação e seu planejamento.

Vertigans (2011) argumenta que uma forma mais produtiva de avançar é reconhecer que, para a maioria daqueles que se envolvem em terrorismo, há um caminho para a atividade terrorista (por exemplo, por meio de grupos de pares, parentes ou mensagens da mídia), atividades enquanto estão dentro de grupos terroristas (organizando, recrutando e realizando ações) e, muitas vezes, rotas de saída do terrorismo (como o enfraquecimento da crença, o cansaço com a violência, a formação de novas amizades de fora ou o colapso do próprio grupo terrorista). Encarar o envolvimento terrorista dessa forma, como um processo social caracterizado por uma série de etapas, evita a propagação de estereótipos midiáticos e oferece uma abordagem genuinamente sociológica do assunto.

Velho e novo terrorismo

O terrorismo pode ser distinguido de atos de violência em períodos anteriores da história, como a devastação das cidades na Antiguidade. Para aterrorizar populações em um espectro amplo, a informação sobre violência deve alcançar as populações afetadas de forma rápida, e foi somente com a ascensão das comunicações modernas, no final do século XIX, que isso se tornou possível. Com a invenção do telégrafo eletrônico, a comunicação instantânea se tornou possível, transcendendo o tempo e o espaço. Antes dessa época, a informação podia levar dias ou mesmo meses para se espalhar. Por exemplo, as notícias do assassinato de Abraham Lincoln levaram muitos dias para chegar ao Reino Unido. Uma vez que a comunicação instantânea se tornou possível, os atos simbólicos de violência terrorista podem ser projetados a distância, de modo que não é apenas a população local que ficará sabendo (Neumann, 2009).

O velho terrorismo

Podemos fazer uma distinção entre o velho e o novo estilo de terrorismo (Laqueur, 2000). O velho terrorismo foi dominante na maior parte do século XX e ainda existe. Esse tipo é associado principalmente à ascensão do nacionalismo e ao estabelecimento de nações como entidades soberanas e territorialmente definidas, que passaram a ocorrer predominantemente a partir do século XVIII na Europa.

Em todas as nações, as fronteiras são determinadas de maneira um tanto arbitrária, seja como linhas em um mapa, como fizeram os colonizadores ocidentais na África e na Ásia, ou por meio de conquista, batalha e luta. A Irlanda, por exemplo, foi anexada ao Reino Unido em 1800, levando a lutas pela independência que resultaram na divisão do país entre Norte e Sul no começo da década de 1920. O mosaico de nações mapeadas por administradores coloniais, ou fundadas à força, levou a inúmeras nações que não têm seu próprio Estado — ou seja, nações que reivindicam ter uma identidade cultural comum, mas sem o aparato territorial e estatal que normalmente pertence a um Estado-Nação. A maioria das formas de terrorismo do velho estilo está ligada a nações sem Estado.

A questão em jogo no velho terrorismo é estabelecer Estados em áreas onde as nações não têm controle sobre o aparato estatal do território. Isso se mostrou verdadeiro, por exemplo, com o Exército Republicano Irlandês (IRA), os Tigres de Libertação do Tamil Eelam (LTTE), no Sri Lanka, e os nacionalistas bascos, como o ETA, na Espanha. As principais questões na formação de um Estado são a integridade territorial e a identidade. O velho terrorismo é encontrado onde existem nações sem Estados e onde os terroristas parecem preparados para usar a violência para alcançar seus propósitos. O velho terrorismo é fundamentalmente local, pois suas ambições são locais. Ele quer estabelecer um Estado em uma área nacional específica. Indiscutivelmente, o ativismo do Estado Islâmico (veja Usando sua imaginação sociológica 21.2) visa a fundar um Estado territorialmente ilimitado e adequado para sua interpretação da "nação muçulmana", embora os métodos do grupo incluam uma mistura do antigo e do contemporâneo, enquanto sua versão de "nação" inclui todos os muçulmanos em todo o mundo.

Nos últimos anos, o velho terrorismo também apresentou um componente internacional, baseando-se no apoio estrangeiro e na campanha de força. Por exemplo, Líbia, Síria e alguns países da Europa Oriental, bem como grupos dentro dos Estados Unidos, em graus variados, apoiaram os atos terroristas do IRA na Irlanda do Norte e os separatistas bascos na Espanha (Thompson, 2015: 46, 395). Todavia, embora o velho estilo de terrorismo possa envolver uma rede global mais ampla de apoiadores para seu financiamento ou para traficar armas ou drogas para comprar armamentos, suas ambições são incontestavelmente locais ou nacionais.

Além de ter ambições limitadas, o terrorismo no velho estilo também é limitado no uso da violência. Por exemplo, embora muitas pessoas tenham perdido a vida como resultado do conflito na Irlanda do Norte, a proporção de pessoas mortas como resultado do terrorismo desde que os "problemas" começaram na década de 1970, incluindo soldados britânicos, é, em média, menor que a daqueles que morrem em acidentes de trânsito. Com o velho terrorismo, embora o número de pessoas aleijadas ou mortas seja grande, o uso da violência é limitado, pois os objetivos desse tipo de terrorismo também são relativamente limitados — por mais assustadora e horrível que essa violência ainda seja.

O novo terrorismo

Uma distinção fundamental pode ser feita entre terrorismo de estilo velho e novo (Tan e Ramakrishna, 2002). O novo terrorismo é possibilitado pela revolução digital, que também impulsionou a globalização. Esse tipo de terrorismo se tornou intimamente associado às redes fundamentalistas islâmicas da al-Qaeda e do Estado Islâmico (*Daesh*), embora de forma alguma esteja limitado a esses grupos. De fato, oficiais de contraterrorismo na Grã-Bretanha e políticos na Alemanha alertaram que a crescente ameaça representada por grupos de direita estava se tornando sua principal preocupação (Dodd e Grierson, 2019). Isso foi depois do assassinato de Jo Cox, uma política do Partido Trabalhista britânico, Membro do Parlamento, por um agente solitário com crenças de extrema direita, durante a campanha do referendo da UE em 2016, e de uma série de ataques na Alemanha, incluindo o assassinato de nove imigrantes e alemães de minorias étnicas em Hannau, perto de Frankfurt, em fevereiro de 2020 (*The Economist*, 2020a). No entanto, entender a rede da al-Qaeda nos ajuda a entender por que alguns estudiosos diferenciam as novas formas de terrorismo das antigas.

A al-Qaeda ("a base") foi formada após a retirada soviética do Afeganistão em 1989, tendo Osama bin Laden como seu fundador e líder. Ela difere dos grupos militaristas do passado, como as Brigadas Vermelhas na Itália ou o IRA na Irlanda do Norte, e opera mais como uma "rede de redes" global, amplamente alinhada com as ideias de Castells de uma sociedade em rede emergente (Sageman, 2004; veja também o Capítulo 19, "Mídia"). Mas, dentro dessa estrutura, os grupos locais têm um alto grau de autonomia. Para alguns, essa forma organizacional muito frouxa sugere que o que estudiosos e comentaristas ocidentais chamam de "al-Qaeda" é realmente mais uma ideia ou ideologia compartilhada, com táticas e métodos igualmente compartilhados (Burke, 2004).

O novo terrorismo também difere em suas estruturas organizacionais. Kaldor (2012) mostra que existem semelhanças entre a infraestrutura de novos grupos terroristas e organizações não governamentais (ONGs) internacionais, como a Oxfam ou a Friends of the Earth. Tanto as novas organizações terroristas quanto as ONGs são movidas por um senso de missão e compromisso que permite o surgimento de uma organização global muito flexível (Glasius et al., 2002). Sutton e Vertigans (2006) argumentam que a al-Qaeda apresenta muitas semelhanças organizacionais com os novos movimentos sociais (NMS) das décadas de 1970 e 1980. Em particular, suas formas flexíveis de organização e suas redes transnacionais podem ser comparadas com as de NMS não violentos, como o ambientalismo e aqueles contra a globalização. A violência extrema usada pela al-Qaeda tem sido frequentemente direcionada a locais altamente simbólicos, como forma de demonstrar que o Ocidente, e os EUA em particular, são fracos. Assim, enquanto os NMSs utilizaram ações diretas simbólicas e não violentas, a al-Qaeda usou a violência simbólica para promover sua causa.

Memorial às vítimas do ataque terrorista de maio de 2017 na Manchester Arena, em Manchester. Será que as respostas resilientes a tais ataques sugerem que o terrorismo urbano está se tornando parte da vida urbana do século XXI?

> Ver o Capítulo 20, "Política, governo e movimentos sociais", para saber mais sobre os novos movimentos sociais (NMS).

Existe uma tensão característica entre o modernismo e o antimodernismo na visão de mundo da al-Qaeda e de organizações terroristas semelhantes. Na tentativa de restabelecer a dominação islâmica de grandes partes da Europa, do Oriente Médio e da Ásia que existia em uma era passada, elas fazem um grande uso das comunicações modernas para criticar a modernidade e tentam reverter o que consideram a degeneração moral das sociedades ocidentais (Gray, 2003). Alguns grupos não apenas causam baixas em massa, mas parecem muito mais ansiosos para fazê-lo do que no passado (Crenshaw, 2011). Os *websites* da al-Qaeda, por exemplo, falam explicitamente que devem ser cometidos atos terroristas que matem o máximo possível de pessoas, o que é evidente na declaração de fundação da al-Qaeda, de 1998:

> A ordem para matar os norte-americanos e seus aliados — civis e militares — é um dever individual de cada muçulmano que possa fazê-lo em qualquer país em que seja possível, para libertar [os locais sagrados da] Mesquita de al-Aqsa e a Mesquita Sagrada [Meca] de seu controle, e para que seus exércitos saiam de todas as terras do islã, derrotados e incapazes de ameaçar qualquer muçulmano (Citado em Halliday, 2002, p. 219).

Isso é muito diferente do uso mais limitado de meios violentos que é característico do velho estilo

USANDO SUA IMAGINAÇÃO SOCIOLÓGICA

21.2 Ascensão e queda do Estado Islâmico

Em junho de 2014, um novo califado — um Estado governado pela Sharia ou lei islâmica — foi declarado pelo autodenominado califa Abu Bakr al-Baghdadi (um pseudônimo), líder do grupo militante islâmico Estado Islâmico (EI). O califado estava localizado em partes do Iraque e da Síria, com a intenção de estabelecer um Estado islâmico "duradouro e em expansão" de orientação fundamentalista (Lister, 2015).

O grupo foi formado no Iraque após a derrubada do regime de Saddam Hussein na Guerra do Golfo de 2003. Em 2004, era aliado da rede al-Qaeda de Osama bin Laden e era conhecido como al-Qaeda no Iraque (AQI). Quando seu líder foi morto em 2006, o Estado Islâmico no Iraque (ISI) foi formado, e Baghdadi assumiu como líder em 2010. Ele criou a Frente al-Nusra na Síria e, em 2013, reuniu as operações nos dois países, renomeando o grupo para Estado Islâmico no Iraque e no Levante (ISIL). O ISIL tomou território no Iraque, incluindo as cidades de Falluja e Mosul, e depois se tornou o Estado Islâmico (EI) (muitos muçulmanos não veem o grupo como "islâmico" nem como um "Estado" e, em vez disso, costumam usar o nome *Daesh*, que carrega uma conotação negativa).

Baghdadi exigiu que todos os grupos militantes e muçulmanos jurassem lealdade a ele como califa (Burke, 2015). O EI usou violência extrema em suas campanhas militares, matando policiais e forças armadas, minorias religiosas (como os yazidis no Iraque), *gays* e os chamados apóstatas, forçando meninas e mulheres à escravidão sexual, decapitando reféns ocidentais diante das câmeras e destruindo edifícios e locais antigos (Byman, 2015: 175-177). Também fez uso extensivo de mídias sociais e tecnologias digitais para recrutar ativistas. Um analista argumenta que, "sem a tecnologia digital, seria altamente improvável que o Estado Islâmico tivesse existido, muito menos que fosse capaz de sobreviver e se expandir. É por isso que escolho descrever a nova entidade como um 'califado digital'" (Atwan, 2015: 1).

Como grupo *jihadista* sunita, o EI compartilha uma semelhança ideológica com a al-Qaeda, mas há uma clara diferença. A al-Qaeda se concentrou expressamente em aterrorizar o "inimigo distante" — os EUA e a Europa —, enquanto o EI se concentrou no "inimigo próximo" — não muçulmanos e Estados no Oriente Médio —, a fim de "purificar" o islã na região da influência estrangeira. O EI também se concentrou na construção de um Estado sem fronteiras, espalhando-se a partir do Oriente Médio. No final de 2015, o avanço do EI no Iraque havia sido interrompido, pois os ataques aéreos dos EUA permitiram que os combatentes *peshmerga* curdos recuperassem alguns territórios. Na Síria, uma coalizão de forças lideradas pelos EUA, incluindo França, Reino Unido, Catar e Austrália, atacou o EI, destruindo recursos e impedindo uma maior expansão. A Rússia também atingiu alvos do EI, embora seu principal objetivo fosse apoiar o governo do presidente Assad contra outras forças rebeldes na guerra civil síria. No final de 2017, o EI havia perdido 95% de seu território no Iraque e na Síria. Em 19 de dezembro de 2018, o presidente Trump declarou que o EI havia sido derrotado e planejou a retirada de todos os 2 mil soldados dos EUA que apoiaram as Forças Democráticas da Síria (SDF) (Wilson Center, 2019). Em 26 de outubro de 2019, Baghdadi foi morto em um ataque dos EUA, que pôs fim ao seu califado de curta duração.

> **REFLEXÃO CRÍTICA**
>
> Usando este breve quadro como guia, faça uma pesquisa *on-line* sobre o Estado Islâmico. Liste as principais características de seu desenvolvimento e de sua operação que se encaixem nos dois tipos ideais de terrorismo, o "novo" e o "velho". Esse grupo evoluiu a partir do "novo terrorismo" do século XX ou marca um retorno às formas mais antigas?

de terrorismo, embora existam certos casos em que os dois se sobrepõem. Isso pode ser visto na Chechênia na ex-URSS, por exemplo, em que uma luta separatista se tornou uma base de recrutamento para novas formas de terrorismo, bem como na formação, no desenvolvimento e nas ações do Estado Islâmico na Síria e no Iraque.

O contraste entre o terrorismo antigo e o novo é melhor visto como um contraste entre dois **tipos ideais** weberianos. Estes são modelos gerais construídos a partir de inúmeros casos para auxiliar a investigação sociológica. Weber considerava os tipos ideais como uma ferramenta importante para identificar e compreender fenômenos sociais, e o contraste entre esses modelos típicos ideais de terrorismo permite uma melhor compreensão de como a ação política violenta está mudando ao longo do tempo.

> **REFLEXÃO CRÍTICA**
>
> A partir dos diversos grupos identificados como típicos do terrorismo "velho" e "novo", elabore um tipo ideal para cada um. Liste as principais características que distinguem cada tipo.

Veja no Capítulo 1, "O que é sociologia?", uma discussão das ideias de Weber sobre os tipos ideais.

Conclusão

A eleição em 2016 do presidente Trump, certamente um estranho em relação ao *establishment* político dos EUA, foi um choque para os cientistas políticos. Da mesma forma, a votação do Reino Unido no mesmo ano para deixar a UE não foi prevista e foi uma surpresa, enquanto os partidos populistas de direita na Europa progrediram muito. O partido Fidesz na Hungria está no poder desde 2010, a Alternativa para a Alemanha (AfD) entrou no parlamento federal pela primeira vez em 2017, o partido de extrema-direita Vox, na Espanha, ganhou seus primeiros assentos no parlamento em 2019, e desenvolvimentos políticos semelhantes ocorreram na Áustria, na Suécia, na Finlândia, na Estônia, na Polônia e em outros lugares. Crouch (2019a) descreveu esses desenvolvimentos como representando "uma luta épica entre a globalização e um nacionalismo ressurgente".

Crouch argumenta que essa onda nacionalista pode ser vista em sociedades com maioria muçulmana, em que alguns se sentem invadidos por poderes externos e produtos culturais ocidentais, e entre trabalhadores de colarinho azul dos EUA, cujas indústrias saíram perdendo à medida que o aço chinês mais barato e os produtos manufaturados dominam o comércio global. Alguns britânicos, austríacos e alemães anseiam por seus impérios perdidos e por status elevado, e, em muitas sociedades europeias, há temores do terrorismo "islâmico" e das consequências econômicas e culturais da migração interna em massa. Na esquerda política, os críticos veem a globalização como um favorecimento às elites ricas, aos banqueiros e às corporações transnacionais, que percorrem o mundo em busca de lucro enquanto atropelam os direitos dos trabalhadores.

É claro que muitos mais sentem os benefícios das tendências globalizantes, como o aumento da liberdade de deslocamento, as novas oportunidades de trabalho no exterior e a experiência da diversidade cultural, até mesmo da superdiversidade, que enriquece vidas. No entanto, há evidências suficientes hoje para sugerir que o nacionalismo e a identificação com o Estado-Nação são tendências crescentes. Apesar disso, os processos de globalização não retrocederam. À medida que a economia digital cresce, o aumento dos fluxos transfronteiriços de dados, dinheiro e serviços não depende mais do transporte de materiais, como em contêineres marítimos (Donnan e Leatherby, 2019). De forma similar, por meio de seus dispositivos digitais, como *smartphones*, bilhões de pessoas carregam e se envolvem constantemente com produtos culturais de todo o mundo e se sentem confortáveis com eles.

Como este capítulo ilustrou de forma ampla, o período de Estados-Nações fortes e territorialmente limitados, apresentados como uma "idade de ouro" por políticos nacionalistas, também produziu as guerras e os conflitos interestatais mais destrutivos do século XX. Crouch (2017: 103) observa que "as memórias das terríveis consequências do uso político do nacionalismo na primeira metade do século XX estão desaparecendo. A nação se fortalece como força política, enquanto classe e religião [...] estão em declínio". À medida que a globalização continua a produzir incerteza, mudança e ruptura do familiar, a principal tarefa será garantir que seus benefícios econômicos sejam compartilhados de forma mais igualitária, a fim de aplacar uma percepção crescente de que apenas o nacionalismo oferece alguma estabilidade na forma de uma identidade coletiva clara.

Revisão do capítulo

1. O que se entende por "nacionalismo"? Dê alguns exemplos de movimentos nacionalistas de hoje e do passado. Em uma era de globalização, como podemos explicar a persistência do nacionalismo e das fortes identidades nacionais?

2. Forneça alguns exemplos do mundo real de "nações sem Estados". Se as nações são "comunidades imaginadas", por que elas buscam a condição de Estado? Que vantagens o Estado confere?

3. O que se entende por "direitos humanos universais"? É paradoxal que tais direitos dependam de Estados-Nações individuais para a sua imposição?

4. Clausewitz disse que a guerra é "a política por outros meios". Você concorda, ou a guerra é simplesmente o resultado do anseio humano primitivo por agressão? Qual posição explica melhor as "guerras totais" do século XX?

5. O que distingue as "novas guerras" das formas anteriores? O advento de novas guerras sugere que os Estados-Nações estão se tornando menos poderosos? Que evidências existem de que o Estado-Nação continua sendo *o* principal ator político e militar?

6. Explique o que significa um "processo de paz". Usando exemplos do capítulo, avalie os conceitos-chave de Brewer para o estudo comparativo dos processos de paz.

7. Na teoria de Elias, como o "processo civilizador" se relaciona com os Estados-Nações e a sua formação? As "novas guerras" e o terrorismo contemporâneo são evidências de que estamos entrando em um período de "descivilização"? Explique o que significa esse conceito.

8. Em que aspectos o genocídio é diferente da guerra? O genocídio é realmente um fenômeno recente, ou existem exemplos históricos?

9. Dê uma definição funcional de "terrorismo" que se "encaixe" tanto na atividade violenta da direita quanto no grupo Estado Islâmico (*Daesh*).

10. De que maneiras o "novo terrorismo" difere do terrorismo de estilo antigo em seu escopo, sua organização, sua estrutura e seus métodos?

Pesquisa na prática

O estudo de atos violentos de terrorismo se concentrou convencionalmente em determinados grupos e organizações nomeados ou autodenominados. Mais recentemente, surgiu a figura do terrorista individual, agindo sozinho, talvez depois de se radicalizar via material *on-line* e propaganda em grupo. O conceito de "lobo solitário" é amplamente utilizado e visa a capturar esse tipo específico de terrorismo individualizado. Mas de que maneiras esse conceito é útil na sociologia, dado que a noção de indivíduo autocontido é contrária às teorias sociológicas básicas de autoformação e à proposição de que toda ação é, de alguma forma, social?

O artigo a seguir questiona diversos aspectos-chave do conceito de "lobo solitário", argumentando contra sua adoção na pesquisa acadêmica. Leia o artigo e responda às questões que se seguem.

> Schuurman, B., Lindekilde, L., Malthaner, S., O'Connor, F., Gill, P. e Bouhana, N. (2019). "End of the lone wolf: the typology that should not have been", *Studies in conflict and terrorism*, 42(8): 771-778; doi 10.1080/1057610X.2017.1419554.

1. Descreva o projeto de pesquisa a partir do qual esse artigo foi desenvolvido. Que tipo de pesquisa é essa?
2. Por que os autores rejeitam a terminologia do "lobo solitário"? Qual é a alternativa deles?
3. O projeto analisa elementos de "solidão". O que se quer dizer com isso e de que maneira a "solidão" é, de fato, profundamente "social"?
4. Que evidências existem nesse artigo para sugerir que os ambientes *on-line* desempenham um papel importante na radicalização e na escalada da violência política?
5. Os autores argumentam que a mudança de foco, da maneira como eles sugerem, tem implicações para a política antiterror. Como a política pública poderia mudar se isso fosse adotado?

Pensando sobre isso

O século XXI viu o surgimento de uma onda de movimentos políticos nacionalistas, alguns dos quais produziram governos nacionalistas que tentaram remodelar suas sociedades. Um bom exemplo é o da Hungria, que, como vimos na introdução do capítulo, viu vitórias esmagadoras em 2010, 2014 e 2018 para o Fidesz — um partido político de direita que retratou seu nacionalismo húngaro como essencialmente um movimento de independência contra corporações multinacionais e da UE que ameaçavam a identidade nacional do povo húngaro.

O governo Fidesz introduziu a "cidadania não residente" em 2010, com o objetivo de vincular os húngaros que vivem em países vizinhos, como Eslováquia, Romênia e Ucrânia, juntamente com a diáspora mais ampla nos EUA e em Israel, à "nação húngara" transnacional. Em 2016, cerca de 780 mil húngaros não residentes obtiveram sua cidadania não residente. Por que esse novo *status* se mostrou tão popular? Os húngaros não residentes são tão politicamente nacionalistas quanto os residentes? Existem razões pragmáticas para solicitar a cidadania não residencial que sejam mais poderosas do que o sentimento nacionalista? O artigo de Pogonyi a seguir explora essa questão.

> Pogonyi, S. (2019), "The passport as means of identity management: making and unmaking ethnic boundaries through citizenship", *Journal of Ethnic and Migration Studies*, 45(6): 975-993.

Leia o material, anotando as vantagens *práticas*, *simbólicas* e de *status social* conferidas aos não residentes ao obter a cidadania húngara. Considere como esses vários aspectos interagem com o forte sentimento nacionalista *dentro* da Hungria. Que evidência há, nesse artigo, de que os não residentes estão sentindo a pressão de pessoas na Hungria para obterem o novo *status* de residência?

Sociedade nas artes

Qual é o papel dos artistas durante e após as guerras que envolvem suas próprias nações e seus povos? As obras artísticas podem permanecer "puras" ou "neutras" sobre o tema da guerra e da matança organizada, ou a arte em tempos de guerra é inevitavelmente política? A arte deve ser explicitamente política e tomar uma posição?

Leia "Paintings, protest and propaganda: a visual history of warfare", de Joanna Bourke (2018), que inclui algumas obras de arte representativas: https://edition.cnn.com/style/article/depicting-war-through-art/index.html. Esse pequeno artigo analisa as maneiras pelas quais os governos tentam usar a arte como parte de seu aparato de guerra, muitas vezes empregando artistas favorecidos e encomendando trabalhos que valorizavam a nação e os seus esforços heroicos. Isso também encobre tentativas de artistas de retratar as realidades brutais do conflitos armados.

Depois, leia a resenha de Rahel Aima (2020) de uma exposição recente no Museu de Arte Moderna de Nova Iorque, que cobre as guerras do Golfo no Kuwait e no Iraque entre 1991 e 2011: www.artnews.com/art-in-america/aia-reviews/moma-ps1-gulf-wars-1202674304/. Essa exposição inclui inúmeras obras de artistas kuwaitianos e iraquianos que vivenciaram diretamente essas guerras, e questiona o papel da arte na era da tecnologia digital e dos noticiários de TV de 24 horas. A arte e o jornalismo estão em desacordo no mundo de hoje?

Agora, usando exemplos dessas duas resenhas, escreva um ensaio de 1.000 palavras sobre a questão "Os artistas da guerra devem lutar pela neutralidade política?". Em particular, considere o que a arte pode nos dizer sobre a experiência da guerra que vai além da propaganda política, dos relatos históricos e das teorias científicas sociais.

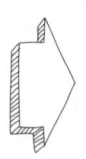

Outras leituras

Uma excelente introdução ao nacionalismo é *Nationalism* (2. ed., Cambridge: Polity) e *Nationalism in the twenty-first century: challenges and responses* (Basingstoke: Palgrave Macmillan), de Anthony D. Smith (2010). Ambos são muito bons e abrangentes. Abordagens teóricas podem ser encontradas em *Theories of nationalism: a critical introduction* (3. ed., London: Springer Nature), de Umut Özkirimli (2017). *Grounded nationalisms* (Cambridge: Cambridge University Press), de Siniša Malešević (2019), é um relato sociológico bem argumentado da persistência dos nacionalismos.

The sociology of human rights (Cambridge: Polity), de Mark Frezzo (2014), e *The political sociology of human rights* (Cambridge: Cambridge University Press), de Kate Nash (2015), são excelentes introduções a esse campo.

A pesquisa sociológica sobre a guerra é abordada em *The sociology of war and violence* (Cambridge: Cambridge University Press), de Siniša Malešević (2010), que compara teorias da guerra. *Genocide: a comprehensive introduction* (3. ed., London: Routledge), de Adam Jones (2017), é uma introdução abrangente a respeito do genocídio. Questões de pacificação são abordadas no livro de John D. Brewer (2010), *Peace processes: a sociological approach* (Cambridge: Polity), que é uma leitura estimulante.

Sobre o terrorismo, talvez seja melhor começar com um texto geral curto, como *Terrorism: a very short introduction* (3. ed., Oxford: Oxford University Press), de Charles Townshend (2018). Em seguida, argumentos sociológicos e políticos sobre os tipos de terrorismo e exemplos específicos podem ser explorados em *The sociology of terrorism* (Abingdon: Routledge), de Stephen Vertigans (2011), que adota uma abordagem sociológica muito necessária. Por fim, *The Oxford handbook of terrorism* (2019), editado por Erica Chenoweth, Richard English, Andrea Gofas e Stathis N. Kalyvas (Oxford: Oxford University Press), é um recurso muito útil.

Para ver uma seleção de leituras originais sobre sociologia política, consulte *Sociology: introductory readings* (4. ed., Cambridge: Polity, 2021).

@ *Links* da internet

Em **loja.grupoa.com.br**, acesse a página do livro por meio do campo de busca e clique em Material Complementar para ver as sugestões de leitura do revisor técnico à edição brasileira, além de outros recursos (em inglês).

Internet Modern History at Fordham University, EUA — material histórico muito útil sobre nacionalismo:
https://sourcebooks.fordham.edu/mod/modsbook17.asp

The State of Nationalism — analisa a literatura acadêmica sobre nacionalismo e contém muitos recursos úteis:
https://stateofnationalism.eu/

The Nationalism Project — uma fonte de recursos acadêmicos sobre nações e nacionalismo, incluindo algumas das principais figuras no campo:
www.nationalismproject.org/what.htm

Centre for the History of War and Society, Universidade de Sussex — material útil sobre o impacto da guerra sobre as sociedades:
www.sussex.ac.uk/chws/

The Web Genocide Documentation Centre, sediado na University of the West of England — recursos arquivados sobre genocídio, crimes de guerra e episódios de matança em massa:
www.phdn.org/archives/www.ess.uwe.ac.uk/genocide/

The MAR Project — monitora conflitos e coleta dados sobre 284 etnias politicamente ativas de 1945 até o presente:
www.mar.umd.edu/

The Peace Research Institute, Oslo — realiza pesquisas sobre a coexistência pacífica entre Estados, pessoas e grupos:
www.prio.org

CSTPV — Handa Centre for the Study of Terrorism and Political Violence, University of St. Andrews, Escócia — muitos *links* para *sites* relacionados ao terrorismo e uma revista própria:
https://cstpv.wp.st-andrews.ac.uk

CTReC — Global Terrorism Research Centre, sediado na Universidade de Monash, Austrália — estudos de pesquisa, projetos e outros recursos:
www.monash.edu/arts/social-sciences/gtrec

CAPÍTULO 22
CRIME E DESVIO DE CONDUTA

SUMÁRIO

Conceitos básicos 902

Teorias de crime e desvio de conduta 904

Funções e disfunções do crime 905

Perspectivas interacionistas 906

Teorias de conflito 911

Teorias de controle do crime 914

Conclusões teóricas 918

Padrões de crime 918

Estatísticas criminais 919

Gênero, sexualidade e crime de ódio 923

Juventude como ofensores e vítimas 928

Crimes de "colarinho branco" 931

O crime no contexto global 934

O crime organizado 934

O crime cibernético 936

Conclusão: globalização, desvio e ordem social 938

Revisão do capítulo 938

Pesquisa na prática 939

Pensando sobre isso 940

Sociedade nas artes 940

Outras leituras 941

Links da internet 941

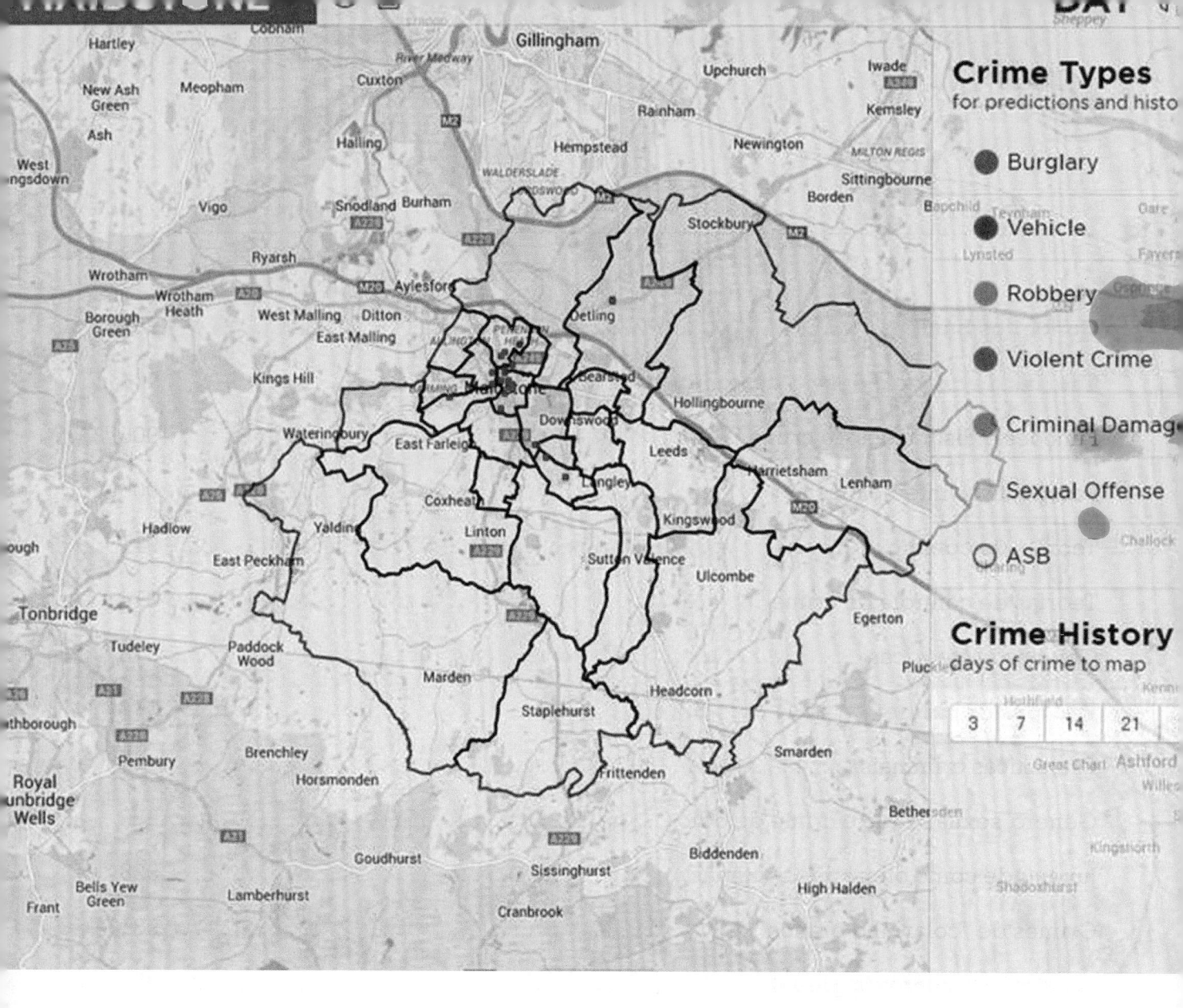

No filme *Minority report* de 2002, ambientado no ano de 2054, um departamento de polícia em Washington, DC, chamado "PreCrime", usa três humanos mutantes que são capazes de visualizar assassinatos antes que eles realmente ocorram. A polícia é então capaz de prender os perpetradores antes que eles cometam seus atos assassinos. O sistema é tão bem-sucedido que em seis anos a taxa de homicídios cai para zero. Nitidamente, esse é um trabalho de ficção científica futurista. Será?

Desde 2012, uma empresa privada dos EUA chamada PredPol (Predictive Policing) oferece um "algoritmo de aprendizado de máquina" que usa dados históricos e é atualizado diariamente com novos eventos de crime para calcular que tipo de crime provavelmente será cometido, onde e em (aproximadamente) qual período de tempo. O sistema faz suas previsões em um mapa, identificando áreas de alto risco e horários do dia e da noite, permitindo que as forças policiais programem as patrulhas com mais eficiência. O algoritmo pode não ser capaz de prever assassinatos em potencial, mas a empresa afirma que a PredPol pode "prever onde e quando crimes específicos são mais prováveis de ocorrer", para que a polícia possa patrulhar essas áreas "para evitar que esses crimes ocorram" (https://predpol.com).

A PredPol é uma das diversas empresas que fazem uso da análise de *big data* e inteligência artificial para reunir e analisar grandes quantidades de dados a fim de produzir aplicações práticas em ambientes do mundo real. Dada a revolução digital em curso, parece altamente provável que esse tipo de sistema seja adotado cada vez mais. Mas a coleta e o agrupamento de uma enorme quantidade de dados sobre crimes, juntamente com a tecnologia preditiva por aprendizado de máquina, poderiam realmente produzir informações úteis, que ajudariam a impedir que crimes fossem cometidos?

Mais de 60 forças policiais nos EUA usam PredPol, e 14 forças policiais no Reino Unido estavam testando a tecnologia em 2018. Alguns chefes de polícia dos EUA descobriram que a análise é precisa para prever os locais e horários em que delitos específicos costumam ocorrer, embora outros tenham sérias dúvidas. O policiamento há muito mapeou os "pontos quentes" do crime — áreas onde ocorreram determinados tipos de crime —, e um analista sugere que o policiamento preditivo "não é muito mais preciso do que os métodos tradicionais [...] Ele é suficiente para ajudar a melhorar as decisões de implantação, mas está longe de ser essa propaganda toda de um computador dizendo aos oficiais onde eles podem ir para pegar criminosos em flagrante" (citado em Smith, 2018). No entanto, o novo aspecto dessa tecnologia é a sua alegada capacidade de identificar não apenas onde os crimes ocorreram no passado, mas, com base na coleta e na análise contínua de padrões emergentes de crime, onde e

Os recursos policiais devem ser usados em análises de *big data* ou o foco deve ser a construção de melhores relações por meio de um policiamento comunitário visível?

quando eles provavelmente ocorrerão nas próximas 12 horas.

O sistema da PredPol não inclui informações socioeconômicas, étnicas ou de gênero, mas os críticos argumentam que ainda assim ele suscita questões de possível perfil discriminatório, pois essas informações podem ser incorporadas aos dados ativos. Por exemplo, parece claro que o foco atual está nos tipos comuns de crimes contra a propriedade e nas ruas, em vez de, digamos, crimes de "colarinho branco", crimes corporativos ou, até mesmo, crimes cometidos pela própria polícia. O reforço da **vigilância** possivelmente será concentrado em comunidades desfavorecidas em alguns dos bairros mais pobres. Na Inglaterra, a força policial de Kent foi a primeira a adotar o policiamento preditivo, em 2013, mas, em 2018, o descartou. Embora os primeiros resultados tenham sido positivos, os chefes de polícia tiveram dificuldade em provar que a criminalidade havia sido reduzida como resultado direto do uso do *software* (BBC News, 2018b). No entanto, esse tipo de tecnologia de policiamento está em seus estágios iniciais de desenvolvimento e pode se tornar uma parte normal do policiamento no futuro. Quem sabe em 2054?

Os desenvolvimentos tecnológicos por si só dificilmente resolverão "o problema do crime", embora a busca por soluções simples seja, como veremos, um tema recorrente. Da forma biológica aos tipos de personalidade infantil e às formas corporais, a tentação de identificar futuros criminosos provou ser quase irresistível. No entanto, como sociólogos, precisamos dar alguns passos para trás e começar perguntando o que exatamente é "crime"?

Conceitos básicos

O **desvio** pode ser definido como uma desconformidade em relação a um determinado conjunto de normas que são aceitas por um número significativo de pessoas em uma comunidade ou sociedade. Nenhuma sociedade pode ser dividida de maneira simples entre aqueles que se desviam das normas e aqueles que estão em conformidade com elas. A maioria das pessoas, na maior parte do tempo, segue as normas sociais porque está acostumada a fazê-lo. Mesmo assim, muitos de nós, em certas ocasiões, também transgride — ou se desvia de — regras geralmente aceitas. Por exemplo, podemos ter baixado música ou um filme ilegalmente ou levado material de escritório do local de trabalho, e alguns podem ter feito trote por telefone quando eram mais novos ou experimentado drogas ilegais. Como veremos, os sociólogos diferenciam esses atos iniciais de **desvio primário** do **desvio secundário**, que implica o desenvolvimento de um desvio de conduta ou uma identidade criminosa e, potencialmente, uma "carreira" criminosa.

As normas sociais são acompanhadas de sanções que promovem a conformidade e protegem contra a desconformidade. Uma **sanção** é qualquer reação das pessoas ao comportamento de um indivíduo ou grupo, que visa a garantir a adesão a uma determinada norma. As sanções podem ser positivas (oferecer recompensas pela conformidade) ou negativas (punir o comportamento que não está em conformidade), e as sanções podem ser aplicadas de maneira informal ou formal. As *sanções informais* são reações menos organizadas e mais espontâneas à desconformidade. Um aluno estudioso que é criticado pelos colegas por estudar demais, ou que é acusado de ser um "chato" quando se recusa a sair à noite, sofre uma forma de sanção informal. As sanções informais também podem ocorrer quando um indivíduo que faz um comentário sexista ou racista recebe respostas de desaprovação dos amigos ou colegas de trabalho.

As *sanções formais* são aplicadas por um determinado grupo de pessoas ou entidade para garantir que um conjunto específico de normas seja seguido. Os principais tipos de sanções formais nas sociedades modernas são aqueles representados por tribunais, cortes e prisões. Uma lei é uma sanção formal definida pelo governo como uma regra ou um princípio que seus cidadãos devem seguir. Mas muitas formas de comportamento desviante não sofrem sanções legais, e os estudos sobre o desvio analisam fenômenos tão diversos quanto o naturismo, a cultura *rave* dos anos 1990 e os estilos de vida dos viajantes da "Nova Era".

REFLEXÃO CRÍTICA

Você ou seus amigos já cometeram atos que quebraram normas sociais ou leis? Depois disso, vocês se consideraram "desviantes"? Por que a maioria das pessoas *não* se enxerga dessa forma depois de cometer tais atos?

Desvio e crime não são sinônimos, embora, em muitos casos, eles se sobreponham. O conceito de **crime** convencionalmente se refere apenas a ações ou omissões que infringem a lei e são puníveis pelo Estado. Isso pode parecer tão óbvio que dispense comentários. No entanto, Reiner (2016: 4) argumenta que o crime é um "conceito essencialmente contestado". Isso porque há julgamentos normativos sobre o que deve e o que não deve ser considerado crime, mas também porque todos nós infringimos a lei de vez em quando e, ainda assim, não acreditamos que deveríamos ser punidos. Por exemplo, muitas pessoas ultrapassam os limites de velocidade ou usam seus telefones enquanto dirigem *sem* se perceberem como "criminosos". Por outro lado, alguns acreditam fortemente que as atividades atualmente legais, como o envolvimento em esquemas tenazes de evasão fiscal ou em práticas arriscadas de investimento bancário, *devem* ser abrangidas pela lei penal e que os envolvidos devem ser punidos em conformidade.

O conceito de *criminalização* ajuda a explicar por que algumas atividades se tornam objeto de justiça criminal, enquanto outras, não. Esse conceito é fundamental para o estudo dos padrões de criminalidade. Quando um grupo social ou determinadas atividades são alvo de monitoramento intensificado, redefinição e, em última instância, processo penal, esse processo é conhecido como criminalização. Por exemplo, perseguição, crimes de ódio e transmissão consciente do HIV foram todos criminalizados. Nos últimos anos, a pirataria na internet está sob crescente escrutínio e monitoramento, enquanto alguns tipos de comportamento antissocial também foram criminalizados (Croall, 2011: 5).

Duas disciplinas distintas, mas afins, estão envolvidas no estudo do crime e do desvio. A *criminologia* é "o estudo científico do crime", embora isso seja um tanto genérico. Na verdade, a criminologia é uma disciplina multidisciplinar que tem contribuições da sociologia, da psicologia, da história, do Direito e de outras áreas. Newburn (2017: 6) sugere que a antiga definição da criminologia de Edwin Sutherland continua sendo relevante — ou seja, "o estudo da criação de leis, da violação de leis e da reação da sociedade à violação das leis". Os criminologistas se interessam por técnicas para medir os crimes, tendências em taxas de criminalidade e políticas visando à redução da criminalidade.

O festival anual "Tomatina", na Espanha, é uma grande guerra de tomates no centro da cidade. Embora seja claramente uma forma de comportamento desviante, é promovida pelas autoridades como uma tradição local e uma atração turística.

A **sociologia do desvio** se baseia na pesquisa criminológica, mas também investiga a conduta que vai além da lei criminal. Os sociólogos que estudam o comportamento desviante buscam entender *por que* certos comportamentos são amplamente considerados desviantes em primeiro lugar e como os conceitos de desvio e normalidade são aplicados socialmente. O estudo do desvio, portanto, direciona nossa atenção para a questão do poder, bem como da influência da classe social, e as divisões entre ricos e pobres. Isso sempre levanta a questão "quem faz as regras?".

Teorias de crime e desvio de conduta

Antes que a disciplina da sociologia estivesse bem estabelecida, as teorias do crime e da criminalidade estavam enraizadas em ideias de personalidades criminosas e biologia humana. Um exemplo notável é o cientista italiano Cesare Lombroso, cujo livro *L'uomo delinquente* (1876) ("O homem criminoso") defende que os tipos criminosos *poderiam* ser identificados por suas características anatômicas visíveis. Lombroso investigou as características físicas de criminosos condenados nas prisões, como o formato do crânio e da testa, o tamanho da mandíbula e o comprimento do braço, além de marcas na pele, como tatuagens. Ele concluiu que os criminosos exibiam sinais claros de **atavismo** — traços de estágios anteriores da evolução humana — que os seres humanos "civilizados" não apresentavam. Os criminosos eram basicamente incivilizados, retrocessos evolucionários e, como sua criminalidade foi herdada, eles não podiam ser responsabilizados por suas ações. A crítica atacou o trabalho de Lombroso pela falta de provas confiáveis e pela metodologia questionável, mas, na época, ele foi realmente inovador, pois o autor insistia que o crime poderia e deveria ser estudado de forma sistemática — a base para a disciplina da criminologia.

Em meados do século XX, a teoria dos "somatótipos" de Sheldon (1949) distinguia três tipos principais de físico humano, cada um ligado a um tipo de personalidade individual, um dos quais estava associado à delinquência e ao crime. Tipos musculares ativos (mesomorfos) costumam ser mais físicos e agressivos, o que significa que eles são mais propensos a se tornarem delinquentes do que aqueles de físico magro (ectomorfos) ou pessoas mais roliças e carnudas (endomorfos). Sheldon também usou fotografias de cerca de 4 mil jovens, comparando suas formas corporais. Seus críticos argumentavam que, mesmo que houvesse uma correlação entre o tipo físico e a delinquência, isso não mostraria necessariamente que a hereditariedade era a influência determinante. Pessoas do tipo musculoso podem ser atraídas para atividades criminosas porque oferecem oportunidades para a exibição física de seu atletismo. Não há evidência conclusiva de que quaisquer traços de personalidade sejam herdados dessa maneira, e, mesmo que fossem, sua conexão com a criminalidade seria, na melhor das hipóteses, distante.

Ainda hoje, os cientistas podem ser atraídos pela causação biológica. Em 2011, pesquisadores argumentaram que sua análise de estudos com gêmeos sugeria que existem tendências criminosas em crianças de até 4 anos de idade como resultado de uma composição cerebral anormal. "Traços insensíveis, sem emoção" poderiam ser identificados em bebês muito pequenos, o que poderia prever a criminalidade adulta futura. A triagem precoce pode, portanto, oferecer a possibilidade de intervenções, como drogas para estimular o cérebro. Um pesquisador disse: "Acredito que temos que buscar as

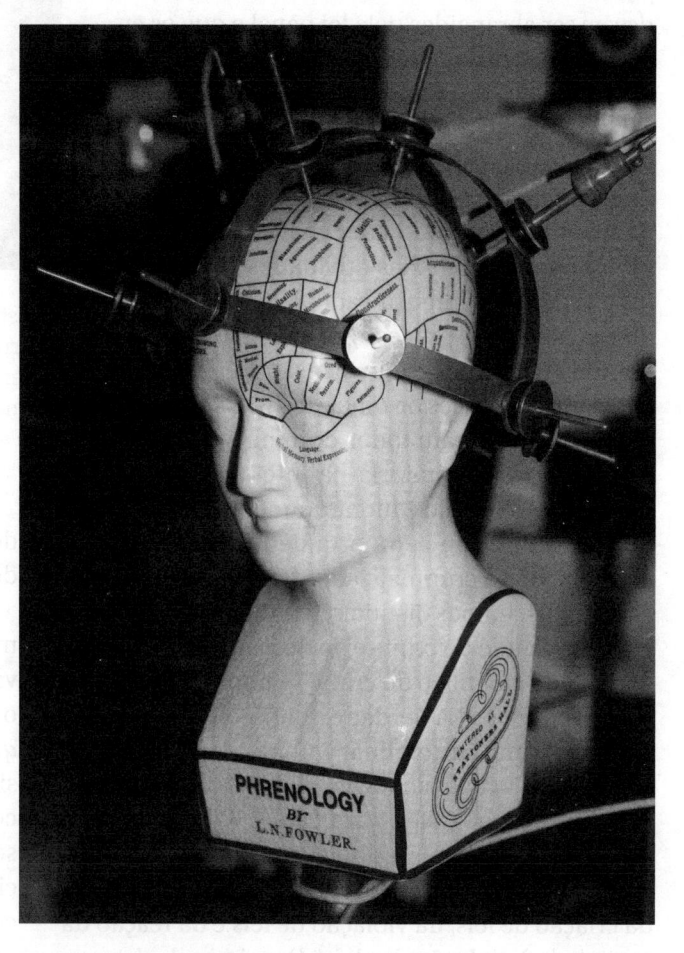

A frenologia envolve medir a forma do crânio na avaliação dos traços de personalidade.

causas do crime em um nível biológico e genético, assim como no social" (citado em Alleyne, 2011). Raine (2014) também argumentou que as teorias sociológicas do crime não são suficientes, particularmente na explicação do crime violento, e que existe uma base biológica para tal criminalidade. Ele propôs que avanços recentes em neurociência e genética comportamental podem ser combinados em uma nova disciplina chamada neurocriminologia, que adotaria "os princípios e as técnicas da neurociência para entender as origens do comportamento antissocial" (ibid.: 8).

As abordagens biológicas e psicológicas individualistas presumem que o crime e o desvio são sinais de algo "errado" dentro da pessoa individualmente. Em contraste, os sociólogos partem da premissa de que qualquer explicação satisfatória da natureza do crime deve levar em conta a forma como algumas ações passam a ser categorizadas como "crimes" em primeiro lugar. Na sociologia do crime e do desvio, nenhuma teoria individual emergiu como dominante, e diversas perspectivas teóricas continuam relevantes e úteis atualmente. Quatro abordagens sociológicas têm sido particularmente influentes: *teorias funcionalistas, teorias interacionistas, teorias de conflito* e *teorias de controle*.

Funções e disfunções do crime

As teorias funcionalistas consideram que o crime e o desvio resultam de tensões estruturais e da falta de regulação moral na sociedade. Se as aspirações dos indivíduos e grupos não coincidem com as gratificações existentes na sociedade, uma disparidade entre os desejos e a sua realização poderá ser observada nas motivações desviantes de alguns grupos sociais.

Crime e anomia: Durkheim e Merton

O conceito de **anomia** foi usado por Émile Durkheim para descrever a erosão das normas tradicionais nas sociedades modernas. Existe anomia quando não há padrões claros para orientar o comportamento, levando a sentimentos profundos de desorientação e ansiedade. No mundo moderno, as pessoas são menos restritas do que nas sociedades tradicionais, e, como existe mais espaço para escolhas individuais, é inevitável que haja um grau de inconformidade ou desvio.

> Neste ponto, seria uma boa ideia consultar o Capítulo 1, "O que é sociologia?", e o Capítulo 3, "Teorias e perspectivas sociológicas", que abordam as ideias de Durkheim e o funcionalismo do século XX.

Durkheim foi mais adiante. Ele argumentava que o desvio é necessário para a sociedade, pois cumpre duas funções importantes. Primeiro, o desvio tem uma função *adaptativa*; ele pode introduzir novas ideias e desafios na sociedade e, portanto, pode ser uma força inovadora, trazendo mudanças sociais e culturais. Em segundo lugar, ele promove a *manutenção de limites* entre os "bons" e os "maus" comportamentos. Um ato desviante ou criminoso pode provocar uma resposta coletiva que aumente a solidariedade grupal e esclareça as normas sociais.

Embora Durkheim seja considerado um pensador funcionalista tipicamente "conservador", devemos nos lembrar que suas ideias foram fundamentais para apontar os limites de explicações individualistas e, portanto, a necessidade de estudos genuinamente sociológicos das forças e relações sociais. As ideias de Durkheim sobre crime e desvio foram consideradas radicais na época, pois corriam contra a corrente da opinião conservadora. De fato, ainda hoje, sua sugestão de que uma certa quantidade de desvio e crime pode ser funcional e socialmente útil permanece politicamente controversa.

Desvio normalizante

Durkheim afirmava que o desvio tem um papel importante a desempenhar em uma sociedade ordenada porque, com a definição do que é desviante, tornamo-nos cientes do que não é desviante e, assim, aprendemos os padrões que compartilhamos como membros da sociedade. Em vez de tentar eliminar o desvio por completo, é mais provável que uma vida social ordenada exija que o nível de desvio seja mantido dentro de limites aceitáveis, para evitar que se torne disfuncional para a sociedade. Mas como as autoridades atuam quando esses níveis aceitáveis são excedidos?

Na década de 1990, Moynihan (1993) argumentou que os níveis de crime e desvio nos Estados

Unidos realmente *aumentaram* além do ponto que a sociedade poderia aceitar. Todavia, em vez de fortalecer as agências de controle social para reduzir os níveis, o desvio foi simplesmente redefinido, e comportamentos anteriormente "desviantes" se tornaram "normalizados". Um exemplo foi a **desinstitucionalização** de pacientes mentais que começou na década de 1950.

Naquela época, a doença mental era vista como uma forma de desvio social, e pessoas com quadros graves eram internadas em instituições psiquiátricas para diagnóstico e tratamento. A iniciativa de tirar as pessoas desses ambientes clínicos e, muitas vezes, odiados (desinstitucionalização) foi vista como um desenvolvimento positivo, e o número de pacientes psiquiátricos em Nova Iorque caiu de 93 mil em 1955 para apenas 11 mil em 1992. Porém, muitas pessoas com problemas de saúde mental foram tratadas com tranquilizantes e depois liberadas na comunidade, onde muitos ex-pacientes ficaram sem-teto, dormindo ao relento na cidade, sem tratamento, ajuda ou supervisão adequados. As pessoas com problemas de saúde mental foram efetivamente redefinidas como "pessoas sem moradia", o que reduziu os níveis oficiais de doença mental na sociedade e contribuiu para a noção equivocada de que a doença mental não era um fenômeno generalizado.

Ao mesmo tempo, o nível "normal" aceitável para o crime aumentou. Moynihan (1993) fala que, depois do massacre no dia de São Valentim em 1929, quando sete gângsteres foram mortos, o público e o governo ficaram indignados. No entanto, na década de 1990, o número de assassinatos nos EUA foi muito maior do que na década de 1920, mas quase não provocou nenhuma reação. Moynihan também viu a subnotificação do crime como outra maneira de se "normalizar". O argumento funcionalista de Durkheim de que existe um certo nível aceitável de desvio pode, portanto, estar incorreto. O que constitui o desvio é socialmente construído, altamente fluido e muda ao longo do tempo.

Uma tentativa de atualizar as ideias de Durkheim sobre o crime para meados do século XX foi a análise de Robert Merton sobre a classe e o crime nos EUA. Adaptando o conceito de anomia, Merton mostrou que a autoimagem dos Estados Unidos como uma sociedade relativamente aberta, meritocrática e sem classes estava longe de ser exata. Esse estudo é discutido em detalhes em "Estudos clássicos 22.1".

Seguindo o trabalho de Merton, Albert Cohen também enxergava as contradições na sociedade norte-americana como a principal causa estrutural do crime aquisitivo, mas, enquanto Merton enfatizava as respostas adaptativas individuais, Cohen acreditava que essas respostas ocorriam coletivamente pela formação de **subculturas**. Em *Delinquent boys* (1955), Cohen argumenta que os garotos da classe baixa trabalhadora, que vivem frustrados com suas posições na vida, muitas vezes se unem em subculturas delinquentes, como as gangues. Essas subculturas rejeitam os valores da classe média, substituindo-os por normas que celebram o desafio e os atos de não conformidade, e ainda vemos esse processo de formação de gangues na atualidade.

Avaliação

As teorias funcionalistas enfatizam corretamente as conexões entre a conformidade e o desvio em diferentes contextos sociais. A falta de oportunidade de sucesso é um importante fator que diferencia aqueles que apresentam comportamento criminoso e os que não apresentam. Porém, devemos ter cautela com a ideia de que as pessoas em comunidades mais pobres aspiram ao mesmo nível de sucesso que os grupos mais ricos. A maioria das pessoas tende a adaptar suas aspirações ao que consideram como a realidade de sua situação, e somente uma minoria se volta para o crime. Também seria errado supor que essa disparidade entre aspirações e oportunidades se limita aos menos privilegiados. Também existem muitas oportunidades para a atividade criminal entre grupos de classe média e os mais ricos, conforme indicam os crimes de "colarinho branco" representados por peculato, corrupção, fraude e evasão fiscal, que abordaremos mais adiante no capítulo.

Perspectivas interacionistas

Sociólogos trabalhando a partir de uma perspectiva interacionista se concentram na construção social de crime e desvio de conduta, rejeitando a ideia de que existem tipos de conduta que são inerentemente ou objetivamente "desviantes". Os interacionistas perguntam como os comportamentos

Estudos clássicos 22.1 — Robert Merton e o decadente sonho americano

O problema da pesquisa

Por que as taxas de criminalidade ainda são altas nas sociedades relativamente ricas? Será que o aumento da riqueza faz diminuir a criminalidade? Para responder a essas perguntas, o sociólogo norte-americano Robert K. Merton (1957) usou o conceito de Durkheim da anomia para construir uma teoria influente, que encontra as fontes do crime na estrutura social da sociedade norte-americana. Merton tenta explicar a observação estabelecida, a partir das estatísticas oficiais da época, de que uma grande proporção dos crimes por ganho financeiro é cometida pela "classe baixa trabalhadora" — indivíduos de famílias que fazem trabalhos braçais e de "colarinho azul" (operários). Por que isso ocorre?

A visão de Merton

Merton usou o conceito de "anomia" para descrever a *pressão* imposta sobre o comportamento dos indivíduos quando valores culturais amplamente aceitos entram em conflito com a realidade social em que vivem. Na sociedade norte-americana — e, por extensão, em sociedades industriais semelhantes —, os valores comuns enfatizam o sucesso material, sendo os meios de alcançá-lo a autodisciplina e muito trabalho. Desse modo, as pessoas que trabalham muito terão sucesso, não importa seu ponto de partida na vida — uma ideia conhecida como o *sonho americano*, pois se mostrou atraente para muitos grupos de imigrantes.

Merton argumentava que, para muitos grupos sociais, isso geralmente era apenas um sonho, pois os grupos mais desprivilegiados têm poucas oportunidades convencionais para avançar, ou nenhuma. Mas aqueles que não alcançam o "sucesso" se consideram condenados por sua aparente incapacidade de fazer progresso material. Nessa situação, existe muita pressão para progredir por qualquer meio. O desvio e o crime, desse modo, são produtos da tensão entre os valores culturais das pessoas e a distribuição desigual de oportunidades legítimas dentro da sociedade.

Merton identificou cinco respostas possíveis a essa tensão (ver a Tabela 22.1). Os *conformistas* aceitam os valores comuns e os meios convencionais para realizá-los; a maioria da população está nessa categoria. Os *inovadores* também aceitam valores socialmente aprovados, mas, encontrando caminhos legítimos bloqueados, recorrem a meios ilegítimos para segui-los. Os criminosos que adquirem riqueza por meio de atividades ilegais exemplificam esse tipo. Os *ritualistas* se conformam com os valores sociais, apesar de não serem particularmente bem-sucedidos, seguindo as regras apenas para seu próprio bem. Um ritualista é alguém que se dedica a um emprego tedioso, mesmo que não tenha perspectivas de carreira e traga poucas gratificações. Os *evasivos* abandonam os valores e os meios legítimos, efetivamente "excluindo-se" da sociedade vigente. Finalmente, os *rebeldes* rejeitam os valores existentes e os meios legítimos, mas, em vez de abandonarem a sociedade, trabalham ativamente para transformar o sistema e instituir novos valores. Os membros de grupos políticos radicais se enquadram nessa categoria.

O esquema de Merton é projetado para capturar algumas das principais respostas dos grupos sociais à sua localização diferente na estrutura social. Particularmente, sugere uma **privação relativa** profundamente sentida entre os grupos da "classe trabalhadora inferior", o que explica sua representação excessiva na população carcerária.

Pontos de crítica

Os críticos dizem que, ao se concentrar em respostas individuais, Merton não entendeu a importância das **subculturas** na manutenção do comportamento desviante, uma omissão que ele mais tarde procurou retificar em seu trabalho sobre **grupos de**

TABELA 22.1 Respostas adaptativas à tensão social

	Valores aprovados	*Meios aprovados*
Conformidade	+	+
Inovação (crime)	+	−
Ritualismo	−	+
Evasão	−	−
Rebeldia	Substituição	Substituição

referência. Sua confiança nas estatísticas oficiais também é problemática, pois elas são inevitavelmente parciais e podem nos dizer mais sobre o processo de coleta do que sobre a verdadeira extensão do crime (veja a discussão sobre estatísticas de crime mais adiante neste capítulo). Também se observou que a tese de Merton parece superestimar a quantidade de criminalidade na "classe baixa trabalhadora", implicando que todos os membros dessa classe devem ter uma tendência à criminalidade. Porém, considerando-se que a maioria das pessoas dessa classe jamais se envolve em crimes, temos que perguntar, por que não? Por outro lado, o modelo subestima o crime da classe média. Pesquisas mais recentes encontraram níveis inesperadamente altos de crimes corporativos e de "colarinho branco", o que não é previsto pelo modelo de Merton.

Relevância contemporânea

O estudo de Merton mantém sua relevância porque lida com um problema de pesquisa central: quando a sociedade como um todo está se tornando mais rica, por que as taxas de crime aquisitivo (para ganho financeiro ou material) não caem? Ao enfatizar a tensão social entre as aspirações de progresso e as desigualdades sociais estruturais, Merton cita o senso de privação *relativa* entre os grupos da classe trabalhadora como um importante motivador para a quebra de regras. Sua pesquisa também foi uma crítica sociológica efetiva a explicações biológicas e psicológicas para o crime e o desvio. Ele mostra que as escolhas e as motivações individuais são sempre feitas dentro de um contexto social mais amplo, que as molda de acordo com as oportunidades diferenciadas disponíveis aos grupos sociais.

> A ideia de privação relativa é discutida no Capítulo 11, "Pobreza, exclusão e bem-estar social".

vêm a ser definidos como desviantes e por que certos grupos, e não outros, são rotulados como tais. O conceito de criminalização foi idealizado por criminologistas para capturar esses processos de definição e redefinição.

Perspectivas da rotulação/etiquetagem

Uma das mais importantes abordagens interacionistas é a perspectiva da rotulação/etiquetagem. Os teóricos da rotulação interpretam o desvio como um processo de interação entre desviantes e não desviantes. Portanto, para entender a natureza do desvio, precisamos descobrir por que certas pessoas passam a receber o rótulo de "desviantes".

Os processos de rotulagem costumam expressar a estrutura de poder da sociedade. De maneira geral, as regras segundo as quais o desvio é definido são formuladas pelos ricos para os pobres, pelos homens para as mulheres, por pessoas mais velhas para os jovens e por maiorias étnicas para os grupos de minoria étnica. Um exemplo simples é que muitos estudantes universitários jovens experimentam drogas legais e ilegais, o que é aceito pelas autoridades como uma parte "normal" da passagem para a vida adulta. Entretanto, o uso de drogas pelos jovens em um conjunto habitacional carente do centro da cidade pode ser visto como evidência de sua delinquência e futura criminalidade. O ato principal é o mesmo, mas recebe significados diferentes dependendo do contexto.

O trabalho de Becker (1963) mostrou como as identidades desviantes são produzidas por meio de processos de rotulação, em vez de motivações ou comportamentos desviantes ou criminosos. Becker argumentou que o "comportamento desviante é o comportamento que as pessoas rotulam como tal". Ele era muito crítico das abordagens criminológicas que enxergavam uma distinção clara entre o "normal" e o "desviante". Para Becker, o comportamento desviante não é o fator que determina por que as pessoas assumem a identidade de "desviantes". Ao contrário, existem processos sociais que são mais influentes. A roupa, o modo de falar ou o país de origem da pessoa podem ser os fatores que determinam se o rótulo de desviante será aplicado ou não.

A **teoria da rotulação** passou a ser associada aos antigos estudos de Becker (1963) sobre fumantes de maconha. No começo da década de 1960, fumar maconha era uma atividade marginal dentro de subculturas. Becker observou que o processo de se tornar um fumante de maconha dependia da aceitação do indivíduo na subcultura, por meio de uma associação íntima com usuários experientes, que ensinavam aos novos membros como usar e desfrutar da droga e adotar atitudes em grupo em relação aos não usuários. Tornar-se um fumante de maconha não dependia apenas do ato objetivo de fumar, mas envolvia interações dentro de uma subcultura.

> **REFLEXÃO CRÍTICA**
>
> Becker argumenta que os sociólogos devem se concentrar no processo social pelo qual as pessoas aprendem a se tornar fumantes de maconha. Se ele estiver certo, e um processo semelhante ocorre com o tabagismo, avalie a eficácia das campanhas e políticas governamentais em seu país para ajudar as pessoas a parar de fumar. Que medidas práticas uma política de teoria da rotulação incluiria?

A rotulação não apenas afeta a maneira como os outros enxergam o indivíduo, mas também influencia o senso de identidade pessoal dele. Edwin Lemert (1972) propôs um modelo para entender como o desvio pode coexistir ou se tornar central à identidade da pessoa. Ele argumenta que, ao contrário do que alguns podem pensar, o desvio é muito comum, e as pessoas geralmente conseguem viver com ele.

"Consideramos que todos nós, como sociedade, somos responsáveis, mas somente o réu é culpado".

As infrações de trânsito raramente vêm à tona, e o roubo em pequena escala é muitas vezes tolerado ou "ignorado", por exemplo.

Lemert chama o ato inicial de transgressão de **desvio primário**. Na maioria dos casos, esses atos permanecem "marginais" à identidade pessoal do indivíduo e o ato desviante se torna normalizado. Em outros casos, porém, a normalização não ocorre, e a pessoa é rotulada como criminosa ou delinquente. Lemert usa o termo **desvio secundário** para descrever casos em que os indivíduos passam a aceitar o rótulo e se consideram desviantes. O novo rótulo pode então se tornar um *status* de mestre, substituindo todos os outros indicadores de *status*, levando a uma continuação ou intensificação do comportamento desviante primário.

O processo de "aprender a ser desviante" pode ser acentuado por prisões e outras agências de controle, as mesmas organizações que são criadas para corrigir o comportamento desviante. Para os teóricos da rotulação, essa é uma demonstração clara do "paradoxo do controle social", descrito por Wilkins (1964) como **amplificação do desvio**. Isso se refere à consequência não intencional de uma agência de controle provocando mais do comportamento desviante que se propôs a reduzir. Por exemplo, termos criminais comuns como "ladrão" ou "traficante de drogas", que podem ser usados rotineiramente em todo o processo de justiça criminal, podem ter um impacto na forma como os jovens em idade de formação passam a se ver. Eles podem então incorporar esse rótulo em sua identidade, levando a um desvio secundário, a mais respostas de agências de controle e à cristalização de sua identidade desviante. O rótulo também afeta empregadores, que podem ser menos propensos a oferecer emprego, e colegas, que podem não querer ser associados àqueles rotulados como "desviantes" ou "criminosos". Em outras palavras, o comportamento que era visto como indesejável se torna mais prevalente, e aqueles rotulados como desviantes se tornam mais, e não menos, resistentes à mudança.

Estudos longitudinais sobre o desenvolvimento de "carreiras criminosas" levaram a um foco crescente nas intervenções precoces com crianças e jovens. Eles visam a combater uma série de fatores de risco para delitos, a fim de prevenir o desenvolvimento de desvios secundários prolongados. Farrington (2003: 2) argumenta que a idade típica de início do crime é entre 8 e 14 anos, e o início precoce é um bom preditor de uma longa carreira criminosa. Intervenções precoces podem impedir que os jovens deem esse primeiro passo. Farrington e Welsh (2007: 4) relatam que há boas evidências de que programas de enriquecimento pré-escolar, treinamento de habilidades para crianças e esquemas de educação dos pais podem ser eficazes na prevenção de infrações posteriores.

Estudos clássicos 22.2 — Os *folk devils* e o pânico moral de Stan Cohen

O problema da pesquisa

As subculturas jovens podem ser coloridas, espetaculares e muito assustadoras. Mas como elas são criadas e como as sociedades reagem à criatividade da juventude? O processo de *amplificação do desvio* foi analisado em um estudo muito influente realizado por Stanley Cohen, publicado em 1972 sob o título de *Folk devils and moral panics*. Cohen analisou os processos de rotulação em relação ao surgimento e controle das culturas jovens no Reino Unido. Como um jovem estudante de pós-graduação, Cohen observou alguns dos conflitos entre os "*mods*" e os "*rockers*" na cidade litorânea de Clacton em 1964, mas não conseguiu conciliar o que viu com as notícias do jornal no dia seguinte. Será que ele não tinha presenciado toda a violência divulgada ou havia outra explicação?

A visão de Cohen

Manchetes sensacionalistas como "Dia de terror causado por grupos de motoqueiros" e "Selvagens invadem o litoral" descreviam os jovens como "descontrolados". Cohen observa que, ainda que esses relatos sejam exagerados, eles estabeleceram o tom das matérias futuras. Revisando cuidadosamente as evidências documentais dos jornais, das notas judiciais e dos registros de prisões, Cohen reconstruiu os fatos ocorridos em Clacton e mostrou que, com exceção de pequenas brigas, não houve nada fora do comum. De fato, distúrbios muito piores ocorreram nos anos anteriores ao surgimento dos *mods* e dos *rockers*. Apresentando as atividades dos jovens de maneira sensacionalista, a imprensa contribuiu para gerar um clima de medo e pânico de que as regras morais da sociedade estariam ameaçadas.

As tentativas de controlar certas subculturas jovens no Reino Unido durante a década de 1960 apenas conseguiram chamar a atenção para elas e torná-las mais populares. O processo de rotular um grupo como *estranhos* — ou *folk devils* — na tentativa de controlá-lo deu errado. Os encontros seguintes na praia atraíram grupos muito maiores, incluindo jovens apenas à procura de uma boa briga, potencialmente criando problemas maiores para a imposição da lei — um caso clássico do paradoxo do controle social. A cobertura exagerada na mídia era parte de um novo **pânico moral** — um conceito que os sociólogos usam para descrever uma reação exagerada da sociedade a um determinado grupo social ou tipo de comportamento. O pânico moral, muitas vezes, emerge em torno de questões públicas que são consideradas sintomáticas de distúrbios sociais gerais.

Pontos de crítica

Os críticos argumentam que o principal problema com a teoria era como diferenciar um pânico moral exagerado de um problema social sério. Por exemplo, será que a resposta da sociedade aos atos terroristas seria parte de um pânico moral, ou essa é uma questão tão séria que a cobertura extensiva da mídia e a criação de novas leis se torna apropriada? Onde fica o limite entre um pânico desnecessário e uma resposta legítima? De modo semelhante, em sociedades diversificadas e multiculturais, ainda existem valores compartilhados claramente definidos que diferenciam o comportamento normal do desviante? Outra crítica é que, nos últimos anos, há pânicos morais relacionados com questões como a criminalidade e o uso de drogas na juventude. Isso leva alguns a argumentar que esses pânicos morais não se limitam a surtos intensos e efêmeros, mas se tornaram aspectos crônicos da vida cotidiana nas sociedades modernas e, desse modo, foram "institucionalizados".

Relevância contemporânea

O estudo de Cohen é particularmente importante porque combina as teorias da rotulação desviante com ideias sobre o controle social e a criação de identidades desviantes. Desse modo, ele criou o arcabouço para uma agenda muito produtiva de pesquisa na sociologia do desvio, que lançou luz sobre os pânicos morais em torno da "criminalidade negra", dos "espoliadores" de benefícios, dos refugiados e requerentes de asilo, do uso de drogas por jovens e muito mais (Cohen, 2003 [1972]; Marsh e Melville, 2011). O estudo de Cohen também nos lembra que, como sociólogos, não podemos aceitar os eventos pelo valor de face ou aceitar os relatos dos jornalistas como precisos. Em vez disso, se quisermos entender melhor as sociedades e os processos sociais, temos que cavar abaixo da superfície.

> **REFLEXÃO CRÍTICA**
>
> Imagine que você tenha financiamento para um estudo de pesquisa sobre dois tipos de pânicos morais. Qual dos seguintes você selecionaria como apropriados para seu estudo: a) níveis crescentes de crimes com faca; b) aquecimento global; c) vandalismo futebolístico; d) aliciamento *on-line* de crianças; e) uso de drogas entre alunos do *campus*? Explique por que alguns parecem bons candidatos e outros, não.

Avaliação

As perspectivas de rotulação são importantes porque partem do princípio de que nenhum ato é intrinsecamente "desviante", mas se torna assim por meio da formulação de leis e de sua interpretação pela polícia, pelos tribunais e pelas instituições correcionais. Os críticos da rotulação argumentam que certos atos — como matar, estuprar e roubar — são universalmente e consistentemente proibidos em praticamente todas as sociedades e não estão sujeitos a processos de definição ou redefinição. Mas será que essa visão está correta? Matar, por exemplo, nem sempre é considerado assassinato. Em tempos de guerra, matar o inimigo é algo que tem aprovação e é recompensado. De modo semelhante, até a segunda metade do século XX, as leis em grande parte da Europa e da América do Norte não reconheciam como "estupro" a relação sexual forçada pelo marido contra a vontade da mulher, embora isso agora seja reconhecido dessa forma no código criminal.

Podemos criticar as perspectivas de rotulação com argumentos mais convincentes. Primeiro, ao focar no desvio secundário, os teóricos da rotulação negligenciam os processos que levam as pessoas a cometerem atos de desvio primário. A rotulação de certas atividades como desviantes não é totalmente arbitrária; as diferenças na socialização, as posturas e as oportunidades, tudo isso influencia o quanto as pessoas podem apresentar comportamentos rotulados como desviantes ou criminosos. Em segundo lugar, não está claro se a rotulação tem o efeito de aumentar a conduta desviante. O comportamento delinquente costuma aumentar após a condenação, mas será que isso realmente resulta da rotulação? Outros fatores, como interagir com outros delinquentes ou aprender sobre novas oportunidades de crime, também podem estar envolvidos. No entanto, embora não seja um relato abrangente, a perspectiva da rotulagem continua sendo uma parte de qualquer explicação satisfatória de por que as identidades desviantes são adotadas.

Teorias de conflito

Um exemplo inicial de teoria do conflito no estudo do crime foi o trabalho do sociólogo holandês Willem Bonger (2019 [1905]), que foi influenciado pela teoria marxista. Ele produziu críticas sistemáticas de todas as teorias da criminalidade que viam as causas do crime como residindo dentro do indivíduo e, em vez disso, desenvolveu o argumento de que a estrutura da desigualdade dentro das economias capitalistas enfraquece as principais instituições sociais, como a família, e promove o egoísmo, enquanto corrói o altruísmo. No entanto, foi muito mais tarde, na segunda metade do século XX, que as abordagens marxistas do crime começaram a alcançar a sociologia e a criminologia dominantes.

A publicação de *The new criminology* por Taylor marcou um afastamento importante das antigas teorias sobre o crime e o desvio. Taylor, Walton e Young (1973) baseavam-se em elementos da teoria marxista para argumentar que o desvio é escolhido deliberadamente e tem natureza política. Eles rejeitavam a ideia de que o desvio é "determinado" por fatores como biologia, personalidade, anomia, desorganização social ou rotulação. As pessoas escolhem o comportamento desviante ativamente em resposta às desigualdades do sistema capitalista. Assim, os membros de grupos contraculturais considerados "desviantes" — como os dos movimentos *Black Power* ou pela liberação dos *gays* — estavam envolvidos em atos políticos que desafiavam a ordem social. Os teóricos da **nova criminologia** formulavam sua análise segundo a estrutura da sociedade e a proteção do poder da classe dominante, visando a produzir uma "teoria totalmente social" do crime.

Essa perspectiva marxista ampla foi desenvolvida em direções específicas por outros sociólogos. Stuart Hall e outros autores do Birmingham Centre for Contemporary Cultural Studies, no Reino Unido, fizeram um estudo importante sobre um fenômeno que havia atraído enorme atenção no começo da década de 1970 na Grã-Bretanha: o crime de "assalto". Na verdade, "assalto" foi um termo usado pelos jornais para descrever os assaltantes de rua com a ameaça de violência. Vários assaltos foram divulgados na mídia de massa, alimentando as preocupações populares com uma explosão de crimes violentos nas ruas. Os assaltantes costumavam ser retratados como jovens negros, contribuindo para a visão de que os imigrantes eram os principais responsáveis pela degradação da sociedade.

Hall e seus colaboradores (1978) diziam que a criminalização dos jovens negros era um **pânico moral**, incentivado pelo Estado e pela mídia de massa como um meio de desviar a atenção do desemprego crescente, do declínio salarial e de outras falhas estruturais profundas na sociedade. Como veremos mais adiante, uma característica notável da padronização do crime e do desvio é que certos grupos sociais, como jovens de comunidades negras e sul-asiáticas, têm muito mais probabilidade de serem vítimas de crime ou de serem considerados como um problema social do que outros. Por volta da mesma época, outros criminologistas argumentaram que as leis são ferramentas que os poderosos usam para manter suas posições privilegiadas. À medida que aumentam as desigualdades entre a classe dominante e a classe trabalhadora, a lei se torna um instrumento mais importante que os poderosos usam para manter a ordem. Essa dinâmica pode ser observada no funcionamento do sistema de justiça criminal, que se tornou cada vez mais opressivo para os "infratores" da classe trabalhadora, ou na legislação fiscal, que favorece os ricos desproporcionalmente.

Os indivíduos poderosos também infringem as leis, mas raramente são monitorados, pegos e punidos. O crime corporativo, por exemplo, é sem dúvida muito mais prejudicial economicamente do que o crime cotidiano e a delinquência comum, que atraem a maior parte da atenção. Contudo, temendo a dificuldade e as implicações de perseguir criminosos corporativos, os agentes da lei concentram seus esforços nos membros menos poderosos da sociedade, como prostitutas, usuários de drogas e ladrões insignificantes (Pearce, 1976; Chambliss, 1978; Box, 1983). Em suma, grupos poderosos são capazes de resistir à criminalização como resultado de suas atividades delinquentes.

Esses e outros estudos associados à "nova criminologia" foram importantes por ampliarem o debate sobre o crime e o desvio, de maneira a incluir questões sobre os níveis de dano, justiça social, poder e política. Eles enfatizam que o crime ocorre em todos os níveis da sociedade e deve ser compreendido no contexto das desigualdades e dos interesses antagônicos. De fato, a nova criminologia levou a um novo subcampo conhecido como **zemiologia** — o estudo dos danos sociais —, focado nas desigualdades econômicas e sociais e no seu impacto prejudicial (Boukli e Kotzé, 2018). Para os estudiosos que trabalham nessa perspectiva, o dano social é de maior importância do que crimes ou desvios comumente processados (Hillyard et al., 2004).

> **REFLEXÃO CRÍTICA**
>
> Imagine que você foi pago para realizar uma pesquisa sobre os danos causados por novas substâncias psicoativas ("drogas legais"). Como você mediria o nível de dano a indivíduos, comunidades e à sociedade causado por essas drogas?

Realismo de esquerda

Na década de 1980, parcialmente em resposta a inadequações observadas na nova criminologia, surgiu uma linha de criminologia que se tornou conhecida como o "novo realismo de esquerda", ou apenas "**realismo de esquerda**". Essa linha seguia as ideias da nova criminologia, mas os proponentes se distanciaram dos chamados idealistas de esquerda, que eles diziam romantizar o desvio como uma forma de rebelião da classe trabalhadora. Para os realistas de esquerda, o crime é um problema real que é especialmente prejudicial às comunidades da classe trabalhadora. Seu significado não deve ser minimizado. Muitos criminologistas da esquerda política costumavam minimizar o uso de estatísticas oficiais do crime, pois estas não eram confiáveis e poderiam ser usadas pela mídia de massa para colocar os jovens da classe trabalhadora e os grupos de minoria étnica como bode expiatório.

Os realistas de esquerda não concordavam. Eles enfatizavam que havia evidências confiáveis de aumento na criminalidade e que o público estava certo em se preocupar. Assim, os criminologistas tiveram que se envolver com as questões "reais" da criminalidade, do controle do crime e da política social (Lea e Young, 1984; Matthews e Young, 1986). Em particular, eles estavam interessados nas vítimas de crime, não apenas nos perpetradores, argumentando que o estudo das vítimas proporcionava um quadro mais válido sobre o nível de criminalidade do que as estatísticas oficiais (D. J. Evans, 1992). Os sucessivos estudos das vítimas revelaram que o crime era um problema sério, particularmente em áreas empobrecidas dos centros urbanos. Os realistas de esquerda apontaram que as taxas de criminalidade e de vítimas se concentravam em bairros marginalizados e que os grupos pobres na sociedade estavam em situação de risco maior de crime do que os mais ricos.

Essa abordagem realista de esquerda se baseia no trabalho de Merton sobre tensão social e teorias subculturais, sugerindo que as subculturas criminais se desenvolvem nas cidades do interior. Contudo, essas subculturas não derivam da pobreza em si, mas da marginalização política e da **privação relativa** — as experiências das pessoas de serem privadas de coisas a que elas e todos os outros têm direito. Desde a década de 1990, essas ideias têm sido cada vez mais discutidas usando-se o conceito de **exclusão social**. Ambos são processos que atuam

Os realistas de esquerda enfatizam os efeitos reais e muito prejudiciais do crime na vida das pessoas e das comunidades mais pobres da sociedade.

de maneira a negar efetivamente a cidadania plena a alguns grupos. Os grupos de jovens criminalizados, por exemplo, vivem às margens da "sociedade respeitável" e se colocam contra ela. O fato de que as taxas de criminalidade para os negros aumentaram nos últimos anos é atribuído ao fracasso das políticas de integração racial.

> As ideias de privação relativa e exclusão social são discutidas no Capítulo 11, "Pobreza, exclusão e bem-estar social".

Os realistas de esquerda promoveram propostas "realistas" para mudanças no policiamento para tornar o cumprimento da lei mais sensível às comunidades, em vez de se basearem em técnicas de "policiamento militar" que afastam o apoio público da polícia. Eles propuseram o "policiamento mínimo" e argumentaram que as autoridades policiais eleitas localmente deveriam responder aos cidadãos, que teriam maior participação na definição de prioridades de policiamento para sua área. Além disso, gastando mais tempo investigando e resolvendo crimes e menos tempo no trabalho de rotina ou administrativo, a polícia poderia recuperar a confiança das comunidades locais. De um modo geral, o realismo de esquerda representa uma abordagem mais pragmática e voltada para as políticas públicas do que muitas das perspectivas criminológicas que o precederam.

Enquanto muitos criminologistas aceitam a importância dada à questão das vítimas, o foco em vítimas individuais em discussões políticas e midiáticas sobre o "problema do crime" tem sido criticado como muito limitado. O foco apenas nas formas mais visíveis de crime, como os crimes de rua, também negligencia outros crimes, como os cometidos pelo Estado ou pelas grandes corporações, que não são tão visíveis (Walton e Young, 1998). Nesse sentido, muitos marxistas argumentaram que o realismo de esquerda concede muito terreno à criminologia convencional e não consegue gerar uma abordagem radicalmente nova, como a da nova criminologia.

O desenvolvimento de teorias feministas teve um grande impacto na pesquisa nesse campo, e estas geralmente se enquadram na ampla categoria de "teorias de conflito". Em particular, a pesquisa feminista explora o padrão de gênero de crime e desvio de conduta e as maneiras como as normas sociais de masculinidade e feminilidade afetam a operação do sistema de justiça criminal. Como incluímos uma discussão extensa sobre "gênero e crime" mais adiante no capítulo, a teorização feminista está inserida nessa seção, em vez de ser incorporada a seguir como um exemplo de teoria do conflito.

Teorias de controle do crime

Existem várias teorias concentradas na identificação de fatores contrários às pessoas que cometem crimes. Essas teorias de controle veem as ações criminosas como resultado de um desequilíbrio entre o impulso para a criminalidade e os controles sociais ou físicos que as detêm. Os teóricos do controle estão menos interessados nas motivações individuais, porque supõem que as pessoas agem racional e instrumentalmente, portanto, se o crime fosse benéfico, dada a oportunidade, a maioria das pessoas se envolveria nele. Muitos tipos de crime, argumenta-se, são resultantes dessas "decisões situacionais", quando uma pessoa enxerga uma oportunidade e se sente motivada para agir de modo a tirar vantagem dela.

Um dos primeiros teóricos do controle, Travis Hirschi (1969), argumentava que os seres humanos são seres fundamentalmente egoístas, que tomam decisões calculistas sobre cometer crimes ou não, ponderando os benefícios potenciais contra os riscos. Mas seu foco estava naquilo que une as pessoas na vida social e as "imuniza" contra a criminalidade. Hirschi propôs quatro tipos de laços sociais ligando as pessoas à sociedade e ao comportamento de obedecer à lei: vínculo (com pais, colegas e instituições), comprometimento (com os estilos de vida convencionais), envolvimento (nas atividades tradicionais) e crenças (respeito pela lei e pelas autoridades). Quando suficientemente fortes, esses laços ajudam a manter o controle social, ligando as pessoas por meio de laços de conformidade. Porém, se esses laços forem fracos, pode ocorrer delinquência e crime. A abordagem de Hirschi sugere que os criminosos, muitas vezes, são indivíduos com baixos níveis de autocontrole, como resultado de processos de socialização inadequados (Gottfredson e Hirschi, 1990).

A **teoria de controle** de Hirschi pergunta por que as pessoas *não* infringem a lei, e não por que o fazem. Talcott Parsons (1937) já havia dado uma resposta sociológica: a maioria das pessoas se conforma positivamente; eles realmente *querem* ser cidadãos cumpridores da lei como consequência da socialização e do desejo de sociabilidade. Tyler (2006) consolidou essa ideia por meio de pesquisa empírica nos EUA, argumentando que o cumprimento das leis está intimamente relacionado à moralidade pessoal e à percepção de que a lei é legítima. Os indivíduos podem avaliar cada lei de acordo com seu código moral pessoal, obedecendo às leis que estão de acordo com essa moral, mas não às que não estão. Muitas pessoas de classe média são geralmente cumpridoras da lei, mas algumas também usam maconha e cocaína, ultrapassam o limite de velocidade nas estradas ou levam para casa materiais de sua empresa. Elas fazem essas coisas porque não as veem como "imorais". Ao mesmo tempo, elas punem outros que furtam ou picham em locais públicos como criminosos sem código moral.

Por outro lado, as pessoas podem obedecer à lei porque acreditam que os órgãos legislativos e de execução são legítimos e têm o direito de fazer cumprir a lei. Onde isso acontece, as pessoas costumam obedecer a todas as leis. Mas Tyler também observa que experiências negativas com a polícia ou os tribunais — como jovens negros sendo repetidamente parados e revistados — podem mudar as atitudes em relação à legitimidade das autoridades. Em ambos os casos — conformidade por meio da moralidade pessoal e conformidade por meio da **legitimidade** —, as pessoas obedecem às leis devido às suas normas internalizadas de equidade e justiça, e *não* porque temem punição. Essa perspectiva de "justiça processual" indica que, mesmo quando as pessoas discordam de determinadas decisões ou resultados, desde que os procedimentos usados sejam vistos como justos, as autoridades mantêm sua legitimidade.

A pesquisa de Tyler sugere que alongar as sentenças de prisão ou enviar mais jovens para a prisão provavelmente não impedirá futuros crimes. O que as autoridades podem fazer é garantir que os procedimentos usados no sistema de justiça criminal funcionem de uma maneira justa, que sustente o respeito à lei. No entanto, a partir da década de 1980, uma perspectiva alternativa também se desenvolveu, concentrando-se na moralidade individual e familiar e buscando combater o crime por meio do fortalecimento do policiamento e da adoção de uma linha mais dura nas sentenças. Essa abordagem é conhecida como "realismo de (ala) direita".

Realismo de direita

No final da década de 1970, o sucesso eleitoral de Margaret Thatcher na Grã-Bretanha e de Ronald Reagan nos Estados Unidos levou a abordagens vigorosas de "lei e ordem" em relação ao crime nos dois países, muitas vezes descritas como **realismo de direita**. Essa abordagem viu a escalada evidente do crime e da delinquência como ligada à degeneração moral, ao declínio da responsabilidade individual pela dependência do Estado de bem-estar social e pela educação liberal, ao colapso do modelo de família nuclear e à erosão mais ampla de valores tradicionais (Murray, 1984). Os debates públicos e a ampla cobertura da mídia giraram em torno da crise de violência e ilegalidade que ameaçava a sociedade.

Para os realistas de direita, o desvio de conduta é um problema de indivíduos que *escolhem* um comportamento destrutivo, ilegal, e não têm autocontrole e moralidade. O realismo de direita rejeitava abordagens "teóricas", especialmente aquelas que relacionavam o crime à pobreza e às desigualdades de classe. Os governos conservadores do Reino Unido e dos Estados Unidos começaram a intensificar suas atividades de aplicação da lei. Os poderes de polícia foram ampliados, o financiamento para o sistema de justiça criminal aumentou, novas prisões foram construídas, e passaram a ser adotadas sentenças prisionais cada vez mais longas como formas mais efetivas de prevenir a criminalidade.

Nos Estados Unidos, os governos estaduais criaram as *three strikes laws* na década de 1990 para lidar com infratores "habituais". Se uma pessoa comete três infrações sérias separadas, a terceira traz uma sentença de prisão obrigatória, para manter o público seguro. Uma consequência importante dessas políticas foi o grande crescimento da população carcerária. Nos EUA, ela mais do que dobrou, de cerca de 774 mil em 1990 para mais de 1,6 milhão em 2008 (US Census Bureau, 2011). Na Inglaterra e no País de Gales, havia 46.400 pessoas na prisão em 1990, um número que subiu para 85.590 em maio de 2015 (MoJ, 2015). O aumento da população carcerária pode ser visto como algo bom, pois tira os criminosos das ruas, mas também pode ser visto como uma falha política, o que representa uma aceitação de que mais pessoas inevitavelmente se voltarão para o crime.

Criminologias ambientais

As teorias de controle mais recentes veem o aumento da criminalidade como um resultado do número cada vez maior de oportunidades e alvos. À medida que as sociedades se tornam mais ricas e o consumismo se torna uma parte fundamental na vida das pessoas, produtos como telefones, televisores, computadores, carros e roupas de grife são adquiridos com frequência. Além disso, muitas casas ficam vazias durante o dia, pois há mais famílias com dupla renda, de modo que os "infratores motivados" têm uma gama mais ampla de "alvos apropriados".

Desde a década de 1980, um movimento significativo na prevenção do crime tem sido em direção a soluções pragmáticas com o objetivo de "desenhar o crime", em vez de reformar os criminosos. O surgimento de *software* de policiamento preditivo, como o oferecido pelo sistema PredPol, na seção de abertura deste capítulo, é um exemplo dessa abordagem à prevenção do crime. Coletivamente, essas medidas são conhecidas como **criminologia ambiental** (alternativamente chamada de "criminologia administrativa"). E, embora isso possa parecer novo, na verdade, a abordagem estende as ideias "ecológicas" da Escola de Sociologia de Chicago das décadas de 1920 e 1930. Os sociólogos da Escola de Chicago viam certas zonas dentro das cidades, especialmente aquelas que sofrem de privação econômica e um alto nível de rotatividade residencial, como produtoras de "desorganização social" — o enfraquecimento das relações sociais primárias por meio da pobreza e de populações transitórias —, com o consequente aumento da criminalidade nesses ambientes.

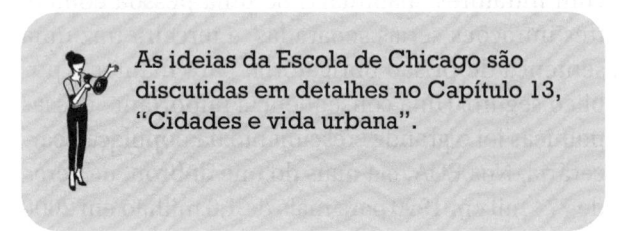

> As ideias da Escola de Chicago são discutidas em detalhes no Capítulo 13, "Cidades e vida urbana".

No Reino Unido, a política de prevenção do crime se concentra em limitar as oportunidades para cometer crimes, em uma abordagem conhecida como **prevenção situacional do crime** (PSC), um tipo de criminologia ambiental enraizada na teoria da escolha racional (Hughes, 1998; Colquhoun, 2004). Isso sugere que as taxas de crime são resultantes das escolhas de muitos indivíduos, com base em sua ponderação dos custos e benefícios de uma série de ações possíveis. Em suma, os atos criminosos são produto de decisões racionais dos indivíduos. A PSC e outras criminologias ambientais reconhecem que os programas de reabilitação foram testados por muitos anos com sucesso limitado e que novas abordagens são necessárias. Centrais à PSC são as ideias de *vigilância* e *fortalecimento dos alvos*. A vigilância implica as comunidades a efetivamente se "policiarem", por meio de esquemas de vigilância de bairro, e inclui a instalação de circuitos fechados de televisão nos centros urbanos e espaços públicos para deter a atividade criminosa. Modificar o ambiente local também se tornou uma técnica mais comum, dificultando o crime pela intervenção direta em "situações de crime" potenciais.

O **fortalecimento de alvos** envolve aumentar a segurança dos alvos potenciais, tornando-os mais difíceis de roubar. Exemplos simples são os dispo-

Esquemas de vigilância com câmeras fazem parte das medidas de vigilância reforçada para prevenção do crime nas sociedades modernas.

USANDO SUA IMAGINAÇÃO SOCIOLÓGICA

22.1 De "janelas quebradas" ao Black Lives Matter?

O fortalecimento de alvos e o policiamento com tolerância zero estão enraizados em uma teoria conhecida como "janelas quebradas" (Wilson e Kelling, 1982). Um estudo da década de 1960 de Zimbardo (1969) deixou carros abandonados sem a placa e com o capô aberto na comunidade abastada de Palo Alto, na Califórnia, e em um bairro pobre do Bronx, em Nova Iorque. Em ambos os locais, assim que os transeuntes, independentemente de classe ou raça, perceberam que os carros estavam abandonados e que "ninguém se importava", os carros sofreram vandalismo. Zimbardo argumentou que qualquer sinal de desordem social, mesmo o surgimento de uma janela quebrada, incentivará o aparecimento de crimes mais graves. Como resultado, pequenos atos de desvio podem levar a um espiral de crime e degradação social (Felson, 1994).

A teoria das janelas quebradas teve um impacto na estratégia de policiamento em muitos países, concentrando-se em crimes "menores", como infrações de trânsito e beber ou usar drogas em público. No Reino Unido, ordens e contratos de comportamento antissocial foram introduzidos para lidar com uma série de transtornos de menor importância, enquanto, nos EUA, novas medidas de controle, como ordens de "ficar fora das áreas de drogas" e "fora dos limites", foram usadas para remover indivíduos de parques públicos ou *shopping centers*, para que não jogassem lixo no chão, não bebessem bebidas alcoólicas em público e outras atividades indesejadas. Essa exclusão espacial tem sido descrita como a reintrodução da antiga punição de banimento ou "exílio" (Beckett e Herbert, 2010).

Uma falha na teoria das "janelas quebradas" é que definir "desordem social" e qual comportamento provavelmente levará a isso, em grande parte, é deixado para a polícia. Mas sem uma definição sistemática e compartilhada, diversos comportamentos podem ser interpretados como uma ameaça à ordem social. De fato, à medida que as taxas de criminalidade caíram ao longo da década de 1990, o número de queixas de abuso e assédio policial contra cidadãos aumentou, particularmente por jovens negros em áreas urbanas que se encaixavam no perfil do criminoso "potencial". Camp e Heatherton (2016) argumentam que as consequências injustas do policiamento baseado na tese das janelas quebradas foi um fator significativo para o surgimento do movimento Black Lives Matter nos EUA, que agora faz campanha internacional contra a discriminação e a violência da polícia contra as comunidades negras.

> **REFLEXÃO CRÍTICA**
>
> Liste alguns dos grupos sociais, especialmente nos centros das cidades, que são mais propensos a sentir o impacto do foco das janelas quebradas em delitos menores. Como as aplicações da tese podem ser modificadas para evitar a acusação de que ela criminaliza alguns grupos étnicos minoritários e pessoas vulneráveis?

sitivos imobilizadores de veículos, que já vêm de fábrica, bem como alarmes e fechaduras aprimoradas, e máquinas de jogos equipadas com caixas de moedas mais resistentes para deter os oportunistas. As técnicas de fortalecimento de alvos, combinadas com as **políticas de tolerância zero**, ganharam predileção nos últimos anos e conseguiram reduzir o crime em certos contextos. As políticas de tolerância zero nos EUA são voltadas para crimes pequenos e formas de conduta perturbadoras, como o vandalismo, a vadiagem e a embriaguez pública, a fim de evitar formas mais sérias de desenvolvimento. Embora a linguagem da tolerância zero seja comum no Reino Unido, especialmente entre os políticos, na prática, o policiamento britânico não mudou significativamente (Jones e Newburn, 2007).

As abordagens de fortalecimento de alvos e tolerância zero não lidam com as causas subjacentes do crime, mas protegem e defendem certos grupos sociais do alcance dele. A popularidade crescente dos serviços de segurança privada, alarmes automotivos, alarmes domésticos, cães de guarda e condomínios fechados tem levado certas pessoas a sentirem que estamos nos encaminhando para uma "sociedade armada" ou um "urbanismo militar", em que alguns segmentos da população se sentem compelidos a se defender de outros

(Graham, 2010). Essa tendência está ocorrendo não apenas na Grã-Bretanha e nos Estados Unidos, à medida que se amplia o abismo entre os mais ricos e os mais pobres, mas é particularmente notável na antiga União Soviética, na África do Sul e no Brasil, onde surgiu uma "mentalidade de fortaleza" entre os privilegiados.

Existe outra consequência involuntária dessas políticas: à medida que os alvos populares do crime são "fortalecidos", os padrões de criminalidade podem mudar de um domínio para outro. Por exemplo, o aumento da segurança dos carros novos deixou os modelos mais antigos relativamente mais vulneráveis, e a ocorrência de roubos de carros passou para os mais antigos. As abordagens de fortalecimento de alvos e tolerância zero trazem o risco de deslocar as infrações criminosas de áreas mais protegidas para áreas mais vulneráveis e, como diziam os realistas de esquerda, é provável que a vitimização seja ainda mais desproporcional em comunidades pobres. Os bairros que são pobres ou que não apresentam coesão social podem experimentar um crescimento no crime e na delinquência à medida que as regiões ricas se defendem.

Conclusões teóricas

O que podemos concluir a partir desse levantamento das teorias sobre o crime? Primeiro, devemos recordar um argumento anterior: mesmo que o crime seja apenas um tipo de comportamento desviante, ele cobre uma variedade tão grande de atividades — desde furtar uma barra de chocolate até o assassinato em massa — que é muito improvável que uma teoria única possa explicar toda a conduta criminosa. As teorias sociológicas sobre o crime enfatizam as continuidades entre o comportamento criminoso e o "normal". Os contextos em que determinados tipos de atividade são considerados criminosos e passíveis de punição legal variam muito e estão ligados a questões mais amplas de poder e desigualdade nos processos de criminalização, levando alguns grupos sociais desproporcionalmente para o sistema de justiça criminal.

No entanto, o crescimento da disciplina de criminologia desde o final da década de 1960 dá suporte a perspectivas mais pragmáticas e orientadas a políticas, que buscam não apenas entender o crime ou explicar por que ele acontece, mas também intervir e preveni-lo. Esse foco mais aplicado se tornou o dominante e, em grande medida, ofuscou a sociologia anterior do desvio. A criminologia hoje é um empreendimento distinto, que utiliza ideias sociológicas, mas não é simplesmente outra especialidade. Seus estudos de pesquisa, muitas vezes, são financiados por agências governamentais, e a criminologia é um elemento-chave do "discurso" do crime dentro da sociedade.

Agora veremos as tendências recentes do crime, discutindo a espinhosa questão das estatísticas do crime, que formam a base para debates políticos sobre a extensão do crime e se ele realmente está aumentando ou diminuindo. Como veremos, não é nada fácil achar as respostas para essas perguntas, aparentemente simples.

Padrões de crime

Em termos muito contundentes, as taxas de criminalidade (de acordo com o número de crimes relatados à polícia) nos países desenvolvidos aumentaram rapidamente durante grande parte do século XX, antes que a tendência se invertesse na década de 1990, quando as taxas de criminalidade, em geral, passaram a cair. Enquanto políticos e comentaristas da mídia costumam discutir taxas de criminalidade crescentes ou decrescentes dessa maneira, os sociólogos abordam as estatísticas de crimes com muito cuidado. Não existe um padrão internacional para o registro de crimes, e os sistemas jurídicos nacionais diferem bastante, o que reduz muito o escopo para uma comparação direta das taxas de criminalidade. De fato, as estatísticas criminais provaram ser o tipo de informação menos confiável e mais controverso na pesquisa social, e alguns sociólogos sugeriram que elas são totalmente inúteis e devem ser abandonadas completamente (Box, 1983). Esta seção se concentra no Reino Unido, principalmente na Inglaterra e no País de Gales, a fim de examinar algumas das questões e dos problemas gerais associados às estatísticas de crimes por meio de um único caso.

Antes da metade da década de 1920, havia menos de 100 mil delitos registrados a cada ano na Inglaterra e no País de Gales. Esse número subiu para algo em torno de 500 mil por volta de 1950 e chegou a 5,6 milhões em 1992 (ONS, 2014a). Os níveis de crime registrados mais do que dobraram entre 1977 e 1992. No entanto, desde meados da década de 1990, o número

Número de delitos (milhares)

— Estimativas do CSEW excluindo fraude e mau uso do computador
— Estimativas do CSEW incluindo fraude e mau uso do computador

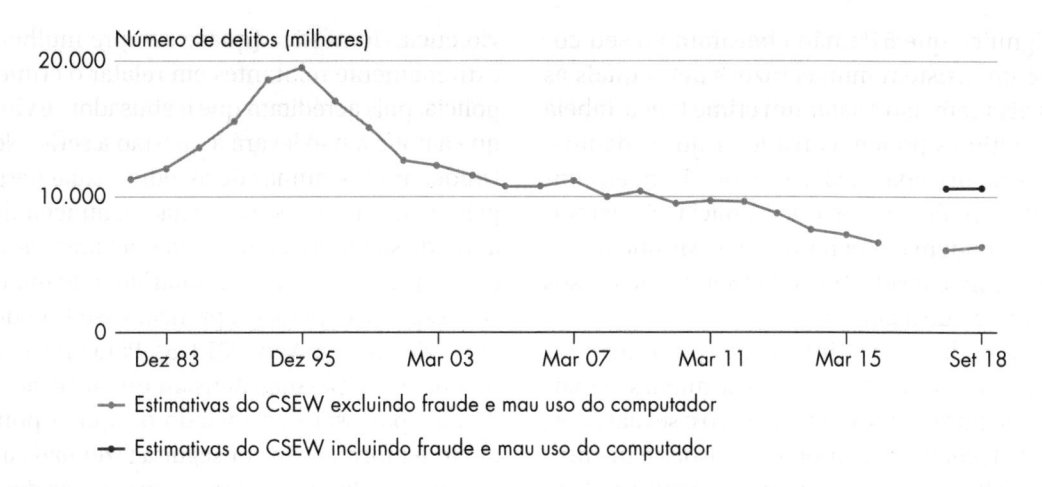

FIGURA 22.1 Estimativas de crime do CSEW, do ano terminando em dezembro de 1981 até o ano terminando em setembro de 2018.

Nota: Novas questões de vitimização sobre fraude e mau uso do computador foram incorporadas no CSEW a partir de outubro de 2015.

Fonte: ONS (2019a: 6).

geral de crimes cometidos na Inglaterra e no País de Gales, conforme medido nos dados policiais registrados e nas pesquisas adicionais com as vítimas, como o Crime Survey for England and Wales (CSEW), mostrou uma queda considerável (embora as estatísticas de 2017-2018 não tenham visto mudança em relação ao ano anterior) (ver a Figura 22.1 sobre o CSEW). Isso condiz com as tendências observadas em outros países europeus. A queda nas estatísticas de criminalidade pegou muitos especialistas de surpresa, e suas causas ainda são incertas. Mas será que podemos levar tal mudança estatística ao pé da letra?

Apesar dessas quedas nas estatísticas da criminalidade, mantém-se uma percepção disseminada de que, com o tempo, o crime nos países desenvolvidos se tornou *mais* comum (Nicholas et al., 2007). E, embora os níveis de preocupação com os principais tipos de crimes tenham caído, a ansiedade com o comportamento antissocial — como jogar lixo no chão, grupos de adolescentes vadiando e tráfico de drogas — manteve-se muito estável (ONS, 2014d: 112-113). Nos anos do pós-guerra da década de 1950, o crime era visto como algo marginal na vida cotidiana das pessoas, mas atualmente ele é uma preocupação pública mais proeminente. Inúmeras pesquisas mostraram que as pessoas experimentam uma ansiedade aumentada sobre sair depois de escurecer, ter suas casas assaltadas ou se tornarem vítimas de violência.

Então, quanta criminalidade existe de fato e quão vulneráveis estão as pessoas a se tornarem vítimas? O que pode ser feito para impedir o crime? Essas questões se tornaram altamente políticas, à medida que a cobertura do crime na mídia aumentou juntamente com a indignação pública, e à medida que governos sucessivos prometeram "ser mais duros com a criminalidade e com as causas do crime". Entender a natureza e a distribuição da criminalidade, bem como criar políticas para lidar com ela, está longe de ser algo fácil, e começamos nossa exploração examinando como o crime é denunciado e registrado.

Estatísticas criminais

Como podemos determinar a extensão da criminalidade? Uma resposta óbvia seria examinar as estatísticas oficiais sobre o número de crimes cometidos, que são registrados pela polícia. Como essas estatísticas de crime são publicadas regularmente, pode parecer que existe uma fonte de informações prontamente disponível e confiável sobre a verdadeira extensão do crime. Mas essa suposição é muito equivocada, pois existem limitações significativas para todas essas estatísticas oficiais.

Por exemplo, no período de 2009-2010, apenas 43% dos crimes relatados pelas vítimas ao British Crime Survey (BCS) eram conhecidos da polícia, o que significa que 57% não chegaram ao seu conhecimento. Existem muitas razões pelas quais as pessoas decidem não relatar um crime (ver a Tabela 22.2). As vítimas podem considerar que o delito é uma questão privada ou algo que precisam enfrentar sozinhas, podem temer que a polícia não acredite nelas, ou podem temer represálias. Mesmo quando uma vítima é ferida, mais da metade dos casos não é denunciado à polícia.

O crime pode não ser informado por outras razões. Algumas formas de violência criminal são mais "ocultas" do que outras. O abuso físico e sexual ocorre a portas fechadas no lar ou em prisões e instituições de saúde. As vítimas podem temer que a polícia não acredite nelas, ou que o abuso possa piorar se elas contarem a alguém. Por exemplo, as vítimas da violência doméstica (quase sempre mulheres) são extremamente relutantes em relatar o crime para a polícia, pois acreditam que o abusador se vingará ou que a polícia não levará a questão a sério. No Reino Unido, muitas vítimas de assédio sexual perpetrado pelo ex-DJ Sir Jimmy Savile não denunciaram o fato antes de sua morte, pois muitas acharam que a polícia e o público nunca acreditariam que uma pessoa tão respeitável pudesse praticar esse tipo de crime em série (Gray e Watt, 2013: 5). Para outros tipos de delito, certas pessoas pensam que o crime é trivial demais para ser denunciado ou que a polícia, de qualquer forma, não conseguirá fazer nada a respeito. Por outro lado, uma grande proporção dos roubos de carros acaba sendo informada, pois o proprietário precisa fazer isso para pedir o seguro.

TABELA 22.2 Razões para não denunciar crimes à polícia, 2017

Inglaterra e País de Gales	Adultos com 16 anos ou mais
	Todos os crimes do CSEW[1]
	Porcentagens[2]
Muito trivial/não se importaram em denunciar	32
A polícia não poderia fazer nada	31
Particular/tratado por conta própria	18
A polícia não se interessou ou não se incomodou	18
Inconveniente para denunciar	8
Denunciado a outras autoridades	5
Ocorrência comum	5
Sem perda ou dano	4
Tentativa de delito sem sucesso	2
Medo de represália	2
Culpa própria/familiar/de amigos	2
Aversão à polícia ou medo dela/experiência ruim anterior com a polícia ou tribunais	2
Aconteceu como parte do trabalho	1
Ofensor não responsável pelas ações	1
Achou que já tinha sido denunciado	1
Tentou denunciar, mas não conseguiu contato com a polícia	0
Outras razões	7
Base não ponderada — número de adultos[3]	3.217

Fonte: ONS (2017).

1. Excluindo fraude e mau uso do computador.
2. O total das porcentagens é superior a 100, pois mais de um motivo poderia ser dado.
3. Base não ponderada se refere ao número de entrevistados que disseram que não denunciaram um incidente à polícia.

Em segundo lugar, dos crimes que *são* relatados para a polícia, muitos não são registrados nas estatísticas. Estima-se que, no Reino Unido, embora 43% dos crimes sejam *informados* à polícia, apenas 29% são *registrados*; contudo, esse número varia, dependendo do crime (Simmons e Dodds, 2003). Os policiais podem ser céticos quanto à validade de certas informações sobre os supostos crimes que chegam a eles, ou a vítima pode não querer prestar uma queixa formal. O efeito geral da comunicação e do registro parciais de crimes é que as estatísticas oficiais refletem apenas uma parte das infrações criminais gerais. As infrações que não fazem parte das estatísticas oficiais são conhecidas como *o número oculto* do crime não informado e geralmente são descritas como a parte muito maior do "*iceberg* do crime", que efetivamente não aparece.

Talvez um quadro mais preciso da criminalidade na Inglaterra e no País de Gales venha com o Estudo do Crime para Inglaterra e País de Gales (Crime Survey for England and Wales — CSEW; antes de abril de 2012, conhecido como British Crime Survey — BCS) anual, que mede os níveis de criminalidade, perguntando às pessoas diretamente sobre os crimes que sofreram. Como resultado, o CSEW inclui crimes que não são comunicados ou registrados pela polícia e pode ser considerado uma importante fonte de informação. Desde 2013, o estudo entrevistou anualmente em torno de 35 mil moradores com idades a partir de 16 anos que vivem em lares privados, que foram interrogados sobre suas experiências com crimes nos últimos 12 meses. Embora existam diferenças nas taxas de crescimento e declínio de diversos tipos de delitos, a tendência geral observada no BCS/CSEW e nos números de crimes registrados é de diminuição a partir da metade da década de 1990.

Estudos como o CSEW são conhecidos como **estudos de vitimização**, e, embora sejam indicadores valiosos, os dados dos estudos de vitimização também devem ser tratados com um pouco de cautela. Existem pontos fortes e limitações em todas as estatísticas de crime (ver Tabela 22.3). Em determinados casos, a metodologia do estudo pode resultar em uma proporção baixa de comunicação de crimes. O CSEW é feito por meio de entrevistas nos lares dos respondentes, e esse contexto pode fazer com que, por exemplo, uma vítima de violência doméstica não relate incidentes violentos na presença do agressor ou onde o abuso ocorreu.

A pesquisa também não inclui pessoas com menos de 16 anos. Desde janeiro de 2009, o CSEW anual entrevistou cerca de 4 mil crianças de 10 a 15 anos (3 mil a partir de 2013), mas esses dados são considerados "experimentais". O estudo também omite os sem-teto e aqueles que vivem em algum tipo de instituição, como asilos ou casas de repouso de idosos. Isso é particularmente importante, pois esses grupos podem ser particularmente propensos a serem vítimas de crimes. De forma igualmente significativa, o CSEW não abrange empresas ou locais de trabalho, o que deixa de fora ofensas corporativas, crimes de "colarinho branco", como propina, e a maioria dos crimes cibernéticos, incluindo fraude de cartão de crédito. Isso significa que nossas informações sobre a extensão e a importância desses tipos de crime dependem das estatísticas de crimes registradas pela polícia.

Outra fonte importante de informações sobre o crime está nos estudos de autoavaliação, nos quais as pessoas devem admitir, de forma anônima, se *cometeram* algum delito. O Offending, Crime and Justice Survey foi introduzido na Inglaterra e no País de Gales em 2003 e entrevistou 12 mil pessoas com idades entre 10 e 65 anos. Outros estudos em 2004, 2005 e 2006 visavam a jovens com idades entre 10 e 25 anos, a fim de desvendar a extensão do delito, do comportamento antissocial e do uso de drogas. Esses estudos são um complemento importante para os estudos de vitimização e para os registros policiais. É claro que eles também podem sofrer subestimação, pois os participantes podem não estar dispostos a comunicar uma infração por medo das consequências. Também pode haver exagero, talvez por falha de memória ou pelo desejo de se gabar.

O que podemos legitimamente concluir desse breve levantamento é que as estatísticas de crimes podem ser muito úteis para os sociólogos. Podemos aprender muito sobre os padrões de crime, como eles mudam ao longo do tempo e quais grupos costumam ser vítimas. Pesquisas sociais científicas e estatísticas de crimes mostram que o crime e a vitimização não estão distribuídos aleatoriamente pela população. Os homens são mais propensos do que as mulheres a serem vítimas e a cometerem crimes, enquanto os jovens estão mais frequentemente en-

TABELA 22.3 Pontos fortes e limitações do CSEW e números do crime registrados pela polícia

Estudo do Crime para Inglaterra e País de Gales (CSEW)	Crime registrado pela polícia
Pontos fortes	**Pontos fortes**
Grande pesquisa de amostra nacionalmente representativa que fornece uma boa medida das tendências de crimes de longo prazo para os crimes e para a população que abrange (ou seja, aqueles que residem em domicílios)	Tem cobertura de delitos e cobertura populacional mais ampla do que o CSEW
Metodologia consistente com o tempo	Boa medição dos crimes, que são bem relatados e bem registrados pela polícia
Abrange crimes não denunciados à polícia e não é afetado por mudanças na prática de registro policial; portanto, é uma medida confiável de tendências de longo prazo	Fonte primária de estatísticas de crimes locais e para crimes envolvendo amantes (por exemplo, homicídio)
Cobertura do estudo aumentada em 2009 incluindo crianças dos 10 aos 15 anos residentes nos lares	Fornece contagens inteiras (em vez de estimativas sujeitas a variação amostral)
Coleta independente de números de crimes	O intervalo de tempo entre a ocorrência do crime e os resultados do relatório costuma ser curto, fornecendo uma indicação das tendências emergentes
Limitações	*Limitações*
O estudo está sujeito a erros associados à amostragem e a entrevistados que recordam eventos passados	Exclui delitos que não são comunicados ou registrados pela polícia e não inclui delitos menos graves tratados por tribunais de magistrados (por exemplo, infrações de trânsito)
O intervalo de tempo potencial entre a ocorrência do crime e a coleta de dados da pesquisa significa que a pesquisa não é uma boa medida das tendências emergentes	As tendências podem ser influenciadas por mudanças nas práticas de registro ou na atividade policial, bem como na comunicação pública do crime
Exclui crimes contra empresas e não residentes em domicílios (por exemplo, os que moram em instituições e visitantes)	Não é possível fazer comparações de longo prazo devido a mudanças fundamentais na prática de registro introduzidas em 1998 e no ano que termina em março de 2003
As estimativas principais excluem crimes que são difíceis de estimar de forma robusta (como crimes sexuais) ou que não têm vítima que possa ser entrevistada (por exemplo, homicídios e crimes relacionados a drogas)	Há preocupações sobre a qualidade do registro — os crimes podem não ser registrados de forma consistente entre as forças policiais, e, portanto, o verdadeiro nível de crime registrado pode ser mal compreendido
Fraude e crime cibernético previamente excluídos	

Fonte: ONS (2010a: 75).

volvidos, tanto como perpetradores quanto como vítimas, do que os mais velhos. A probabilidade de alguém se tornar vítima de um crime também está intimamente ligada à área em que vive. As áreas que sofrem de maior privação material geralmente têm taxas de criminalidade mais altas, e proporções mais altas de grupos étnicos minoritários costumam viver nessas áreas. As pessoas que vivem em bairros do centro da cidade têm um risco muito maior de se tornarem vítimas de crimes do que os moradores de áreas suburbanas ricas. Um fator significativo nas taxas mais altas de vitimização parece ser que os grupos étnicos minoritários estão concentrados desproporcionalmente em áreas do centro da cidade. No entanto, o que também devemos reconhecer é que os números oficiais da criminalidade são o ponto final de um longo processo de produção e que esse processo também requer investigação sociológica.

> Uma extensa discussão sobre discriminação racial e grupos étnicos minoritários no sistema de justiça criminal pode ser encontrada no Capítulo 8, "Raça, etnicidade e migração".

Gênero, sexualidade e crime de ódio

Tem sido muito argumentado que, antes da década de 1970, os estudos criminológicos, de um modo geral, ignoravam a metade da população. As feministas criticavam o tema (e a ciência social como um todo) como um empreendimento dominado por homens em que as mulheres eram, em grande parte, "invisíveis", tanto em considerações teóricas quanto em estudos empíricos. Desde a década de 1970, muitos estudos feministas importantes chamaram a atenção para o modo como as transgressões criminais cometidas por mulheres ocorrem em contextos diferentes das dos homens e como as experiências das mulheres com o sistema de justiça criminal são influenciadas por certas premissas generificadas sobre os papéis "apropriados" para homens e mulheres. As feministas também desempenharam um papel crítico ao enfatizarem a prevalência da violência contra as mulheres tanto no lar quanto em locais públicos.

Taxas de criminalidade para homens e mulheres

As evidências estatísticas mostram consistentemente o padrão mais marcante e bem estabelecido do crime global: os crimes são cometidos predominantemente por homens. Por exemplo, a população em prisões na Inglaterra e no País de Gales aumentou consistentemente desde a década de 1940, ficando em 93.430 em 2018. Porém, apenas 5% dos prisioneiros era do sexo feminino (Sturge, 2018).

Há também diferenças nos crimes típicos pelos quais homens e mulheres recebem uma sentença de custódia. Como podemos ver na Figura 22.2, para os presos do sexo masculino, os crimes mais comuns são violência contra a pessoa e crimes sexuais e de drogas, enquanto as mulheres são mais comumente sentenciadas e presas por violência contra a pessoa, roubo e crimes de drogas (MoJ, 2018: 68). A predominância de mulheres nas estatísticas de roubo e interceptação de produtos roubados é um aspecto há muito estabelecido do padrão de crime de gênero, e, em 2018, o furto em lojas foi responsável por 38% de todos os processos criminais contra mulheres (ibid.: 7). Há também certos crimes que são percebidos especificamente como "crimes femininos", mais notadamente a prostituição, pela qual as mulheres são tradicionalmente condenadas, enquanto seus clientes homens não.

É claro que a diferença verdadeira nas taxas de criminalidade entre os gêneros *poderia* ser muito menor do que mostram as estatísticas oficiais. Em meados do século XX, Pollak (1950) sugeriu o mesmo. Ele considerava que o papel predominantemente doméstico das mulheres possibilitava a oportunidade de cometerem crimes "secretos", como o envenenamento, em casa. Pollak considerava as mulheres "naturalmente" ardilosas e altamente hábeis em encobrir seus crimes, pois as mulheres aprenderam a esconder a dor e o desconforto da menstruação. Pollak também argumenta que as mulheres infratoras são tratadas de forma mais leniente, pois os policiais do sexo masculino tendem a adotar uma postura "cavalheiresca" em relação a elas. O retrato estereotipado de Pollak não tem base em evidências de estudos de pesquisa e parece francamente cômico hoje. No entanto, a sugestão de que as mulheres podem ser tratadas de forma mais leniente pelo sistema de justiça criminal foi levada mais a sério.

Há alguma evidência de que as mulheres infratoras da lei são levadas aos tribunais com menos frequência, pois a polícia e as autoridades podem interpretar suas ações de uma maneira particular. O "contrato de gênero" pode ser invocado — uma suposição estereotipada de que ser mulher é ser errática e impulsiva, por um lado, e necessitada de proteção, por outro (Worrall, 1990). Nessa visão, a polícia e os tribunais *agem* com "cavalheirismo" e não punem as mulheres por comportamentos que seriam considerados inaceitáveis para os homens. É possível que a polícia considere as mulheres infratoras menos perigosas do que os homens e ignore algumas atividades pelas quais os homens seriam

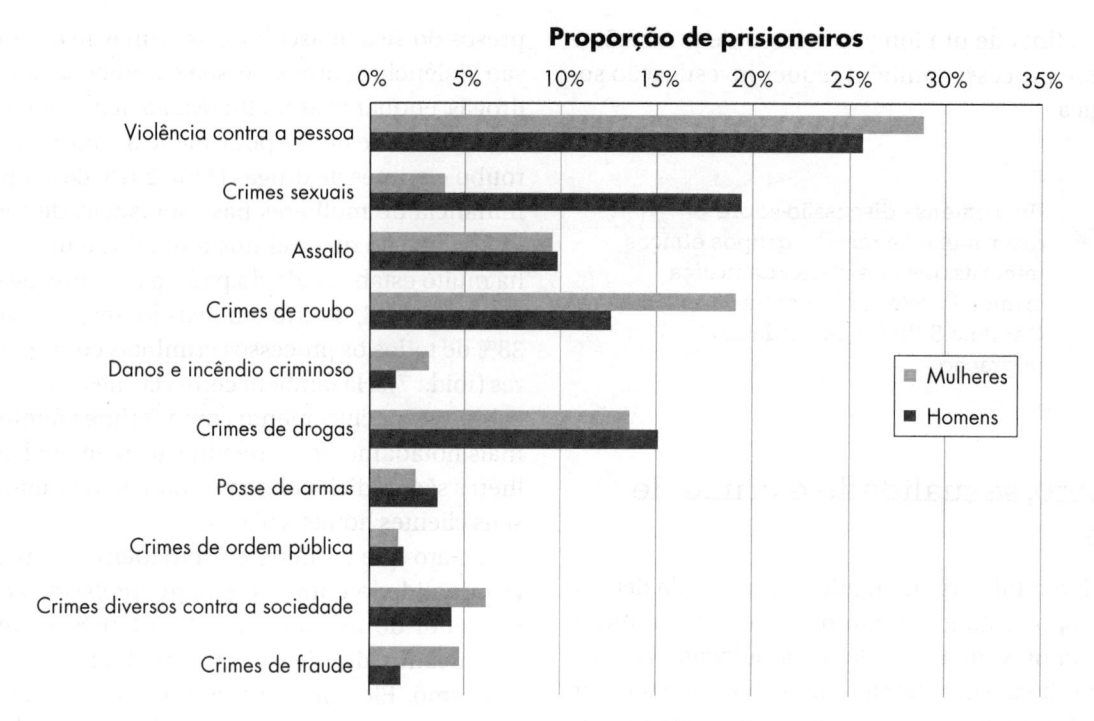

FIGURA 22.2 Proporção de prisioneiros condenados por crimes passíveis de condenação na Inglaterra e no País de Gales, por grupo de crime e sexo, 30 de junho de 2018.
Fonte: MoJ (2018: 68).

presos. Estudos de sentenças sugerem que as mulheres também são menos propensas a serem presas do que os homens. No entanto, uma razão para o diferencial nas sentenças pode simplesmente ser que as mulheres cometem infrações menos sérias do que os homens. Nesse caso, há uma dimensão clara de gênero, mas que não está relacionada com o "cavalheirismo" das autoridades.

Outra dificuldade importante é avaliar a influência relativa do gênero comparada com outros fatores, como idade, classe e raça. Parece que as mulheres infratoras com mais idade tendem a ser tratadas com menos vigor do que seus correlatos do sexo masculino, enquanto outros estudos mostram que as mulheres negras recebem tratamento pior do que as brancas nas mãos da polícia (Player, 1989; Britton, 2011: 66-68). Evidências desse tipo ilustram a complexidade de diferenciar entre os efeitos independentes e o que são, na realidade, as desigualdades sociais que se cruzam.

As criminologistas feministas têm analisado como as visões sociais da "feminilidade" apropriada podem modelar as experiências das mulheres no sistema de justiça criminal. Heidensohn (1996) argumenta que as mulheres são tratadas com mais rigidez em casos em que supostamente se desviaram das normas femininas, o que Carlen (1983) enxerga como quebrar os termos do "contrato de gênero". Por exemplo, é mais comum meninas consideradas sexualmente promíscuas serem colocadas sob custódia do que meninos. As mulheres adultas podem ser percebidas como "mães más", por estarem envolvidas no crime e serem vistas como "duplamente desviantes": elas não apenas infringiram a lei, como também zombaram de normas "apropriadas" de comportamento feminino.

As feministas apontam para o padrão duplo dentro do sistema de justiça criminal: a agressividade e a violência masculinas são consideradas fenômenos "normais", enquanto as explicações para infrações femininas são procuradas em desequilíbrios "psicológicos". Na tentativa de tornar o crime feminino mais visível, as feministas realizaram diversas investigações detalhadas sobre mulheres criminosas, desde gangues de garotas a mulheres terroristas e mulheres na prisão. Esses estudos mostram que a violência não é uma característica exclusiva da criminalidade masculina. As mulheres *são* muito menos prováveis

As normas de gênero de comportamento apropriado ainda desempenham um papel no sistema de justiça criminal e podem levar a um tratamento mais severo para as mulheres que violam essas normas.

do que os homens de participar de crimes violentos, mas, como mostra a Figura 22.2, elas também *cometem* atos de violência semelhantes. Todavia, a dúvida permanece: por que as taxas de criminalidade são tão diferentes para homens e mulheres?

O tratamento diferenciado não poderia explicar a grande diferença entre as taxas de criminalidade masculina e feminina por longos períodos de tempo. Nas décadas de 1950 e 1960, a diferença de gênero no crime era explicada seguidamente por diferenças biológicas ou psicológicas supostamente inatas, como força diferencial, passividade ou uma preocupação com a reprodução. Atualmente, as qualidades "femininas" são consideradas socialmente geradas, em comum com os traços de "masculinidade" tradicionais. Por meio da influência da ideologia e das ideias de comportamento "apropriado ao gênero", meninas e mulheres são restritas e controladas de maneiras que as atividades dos homens não são. Desde o final do século XIX, os criminologistas têm previsto que a equalização entre os gêneros reduziria ou eliminaria as diferenças de criminalidade entre homens e mulheres, mas, por enquanto, o crime continua sendo um fenômeno fortemente generificado. Os "crimes masculinos" permanecem "masculinos" devido à socialização diferenciada de gênero e porque as atividades e os envolvimentos dos homens são geralmente "não domésticos" em comparação com as mulheres.

Crimes contra mulheres

Existem certas categorias de crime em que os homens geralmente são os agressores, e as mulheres, as vítimas. Violência doméstica, assédio sexual, agressão sexual e estupro são crimes em que os homens usam a força física e o *status* social superior contra as mulheres, embora o CSEW tenha constatado que uma porcentagem menor de homens também sofre abuso doméstico não sexual. Em 2017-2018, quase 29% das mulheres relataram ter sido vítimas de abuso doméstico em algum momento desde os 16 anos, em comparação com pouco mais de 13% dos homens, e as mulheres eram mais propensas do que os homens a serem vítimas de abuso doméstico em todas as faixas etárias (MoJ, 2018: 17-19). Em 2014, a CSEW estimou que quase 5 milhões de mulheres e 2,7 milhões de homens sofreram abuso doméstico desde os 16 anos (ONS, 2014c: 5). As sociólogas feministas também apontam que a persistente ameaça de violência física e íntima por parte dos homens afeta todas as mulheres, tendo ou não experiência direta disso. Brownmiller (1975) argumentou que há um sentido em que todas as mulheres são vítimas de estupro. Mulheres que nunca foram estupradas muitas vezes experimentam ansiedades semelhantes às que foram. Elas podem ter medo de sair sozinhas à noite, mesmo em ruas lotadas, e podem ter igualmente medo de ficar sozinhas em casa; portanto, o estupro é um aspecto de um sistema de intimidação masculina que torna todas as mulheres mais cautelosas do que os homens na vida cotidiana.

Muito mais mulheres do que homens relatam ter sofrido agressão sexual. Na Inglaterra e no País de Gales, a proporção de mulheres que foram vítimas de agressão sexual em 2017 foi cinco vezes maior do que o número de homens, uma descoberta consistente com pesquisas anteriores (MoJ, 2018: 16). Por muitos anos, crimes sexuais desse tipo foram, em grande parte, ignorados pelo sistema de justiça criminal, e as vítimas tiveram que perseverar para obter reparação legal contra os infratores. Em uma decisão de 1736, Sir Matthew Hale declarou que um marido "não pode ser considerado culpado de estupro cometido por ele contra sua esposa, pois, por seu consentimento e contrato mútuo de matrimônio, a esposa se entregou dessa forma ao seu marido e não pode voltar atrás" (citado em Hall et al., 1984, p. 20). Essa formulação permaneceu valendo como lei na Inglaterra e no País de Gales até 1994, quando uma emenda incluiu o "estupro marital" (e o "estupro masculino") no arcabouço legislativo. Mesmo atualmente, a investigação de crimes de violência íntima contra mulheres continua sendo obscura, embora a criminologia feminista tenha se esforçado para aumentar a consciência e integrar essas infrações nos principais debates sobre o crime. Nesta seção, analisaremos o crime do estupro no contexto do Reino Unido, deixando discussões sobre a violência doméstica e o assédio sexual para outros capítulos.

> Ver o Capítulo 15, "Famílias e relacionamentos íntimos", para uma discussão mais ampla sobre a violência doméstica.

A extensão do estupro é muito difícil de avaliar com precisão, pois apenas um pequeno número de estupros é realmente relatado e registrado pela polícia. Embora os números da polícia mostrem uma redução geral da criminalidade desde meados da década de 1990, os crimes sexuais são uma exceção. Em 2017-2018, as forças policiais na Inglaterra e no País de Gales registraram 158.162 crimes sexuais, incluindo 56.698 casos de estupro, aumentos de 14% e 16%, respectivamente, em relação ao ano anterior (ONS, 2019a: 32). A inspeção da polícia observou que o número de casos de violação registrados tem aumentado de forma constante desde 2008 (HMIC, 2014). No entanto, qualquer sugestão de que os números de crimes registrados pela polícia representam aumentos reais nos crimes sexuais deve ser tratada com cautela. No século XXI, houve várias mudanças nas práticas de registro policial, e, em toda a sociedade, existe uma disposição cada vez maior de denunciar crimes sexuais. Após a introdução da Lei de Ofensas Sexuais (2003) em maio de 2004, houve mudanças na prática de registro policial para todos os crimes sexuais, levando à sua redefinição e tornando, assim, mais difícil estabelecer tendências de longo prazo (Flatley et al., 2010). Além disso, a "Operação Yewtree", que foi instigada no final de 2012 — uma investigação policial sobre a extensão dos crimes sexuais de Jimmy Savile e crimes sexuais históricos associados —, encorajou mais vítimas de crimes sexuais a se apresentarem.

No fim das contas, e apesar das melhorias nas práticas de registro, os números registrados pela polícia ainda subestimam a prevalência de estupro. A

ONS (2018e) relata que, em 2016-2017, os dados do CSEW forneceram uma estimativa de pouco mais de 161 mil vítimas de estupro (com idades entre 16 e 59 anos) ou agressão por penetração (incluindo tentativa de estupro), das quais 80% foram mulheres, mas os números registrados pela polícia para o mesmo ano mostram 41.186 crimes de estupro, com a maioria (88%) sendo crimes contra mulheres. Existem muitas razões por que uma mulher pode decidir não informar casos de violência sexual à polícia. A maioria das que são estupradas prefere esquecer o incidente, ou não está disposta a participar do que pode ser um processo humilhante de exames médicos, interrogatórios policiais e acareações no tribunal. O processo legal costuma levar muito tempo e pode ser intimidante. O procedimento no tribunal é público, e a vítima deve ficar frente a frente com o acusado. Devem ser apresentadas provas da penetração, da identidade do estuprador e do fato de que o ato ocorreu sem o consentimento da mulher. A mulher pode sentir que é *ela* que está sendo julgada, particularmente se seu histórico sexual for analisado em público, como costuma acontecer nesses casos (Soothill e Walby, 1991; Abbott et al., 2005: 291-295).

Grupos de mulheres pressionaram por mudanças no pensamento jurídico e público em relação ao estupro. Eles enfatizam que o estupro não deve ser considerado uma agressão sexual, mas um tipo de crime violento. Não é apenas um ataque físico, mas uma agressão contra a integridade e a dignidade de um indivíduo. O estupro está claramente relacionado com a associação entre masculinidade e poder, dominação e força. Na maior parte, ele não resulta do desejo sexual avassalador, mas dos vínculos entre a sexualidade e os sentimentos de poder e superioridade. As campanhas tiveram alguns resultados reais na mudança da legislação, e o estupro atualmente é reconhecido na lei como um tipo específico de violência criminal. No entanto, essas mudanças não tiveram um grande impacto até agora. Em 2017, 31% das vítimas de estupro ou agressão por penetração informaram que não relataram o crime a ninguém, e apenas 17% relataram à polícia. Daqueles que contaram a alguém, mas não à polícia, quase metade disse que seria embaraçoso ir à polícia, mais de um terço disse que seria humilhante, e 40% não achavam que a polícia pudesse ajudar (ONS, 2018e: 25-26). O que esta seção mostra claramente é que, apesar dos esforços para tornar as denúncias menos onerosas e estressantes, o estigma tradicional associado aos crimes sexuais continua a exercer forte influência hoje.

Crimes de ódio por orientação sexual

As feministas afirmam que as visões sobre a violência são altamente generificadas e são influenciadas por percepções de "senso comum" sobre o risco e a responsabilidade. Como as mulheres costumam ser consideradas menos capazes de se defender, o "senso comum" sugere que elas devem alterar o comportamento para reduzir o risco de se tornarem vítimas da violência. Por exemplo, as mulheres não apenas devem evitar andar por bairros "perigosos" sozinhas e à noite, como devem ter cuidado para não se vestirem de maneiras provocantes ou agirem de maneiras que possam ser mal interpretadas pelos homens. As mulheres que não fazem isso podem ser acusadas de "procurar problema". No tribunal, seu comportamento pode ser visto como um fator mitigador quando se analisa o ato violento do agressor (Dobash e Dobash, 1992; Richardson e May, 1999).

Já foi sugerido que uma lógica de "culpar a vítima" semelhante se aplica no caso de atos violentos contra as pessoas LGBTQIA+. Richardson e May (1999) argumentam que, como os homossexuais permanecem estigmatizados e marginalizados em muitas sociedades, existe uma tendência maior de serem vistos como "merecedores" de crimes, em vez de vítimas inocentes. Aqueles que se desviam do contrato público-privado, exibindo suas identidades em público, são frequentemente culpados por se tornarem vulneráveis ao crime.

> **REFLEXÃO CRÍTICA**
>
> Examine a Tabela 22.4 a seguir. A partir disso, produza um pequeno relatório que retrate a situação dos crimes de ódio na Inglaterra e no País de Gales em 2017-2018 e as tendências desde 2011 para cada categoria. Com base em seu conhecimento sociológico, sugira algumas possíveis razões para as tendências que você identifica e quais pesquisas seriam necessárias para testar seu raciocínio.

TABELA 22.4 Crime de ódio registrado pela polícia, Inglaterra e País de Gales, 2011/2012–2017/2018

Linha de crime de ódio	2011/ 2012	2012/ 2013	2013/ 2014	2014/ 2015	2015/ 2016	2016/ 2017	2017/ 2018	% mudança 2016/2017 a 2017/2018
Raça	35.944	35.845	37.575	42.862	49.419	62.685	71.251	14
Religião	1.618	1.572	2.264	3.293	4.400	5.949	8.336	40
Orientação sexual	4.345	4.241	4.588	5.591	7.194	9.157	11.638	27
Deficiência	1.748	1.911	2.020	2.515	3.629	5.558	7.226	30
Transgênero	313	364	559	607	858	1.248	1.651	32
Número total de fatores motivantes	43.968	43.933	47.006	54.868	65.500	84.597	100.102	18
Número total de crimes	N/A	42.255	44.577	52.465	62.518	80.393	94.098	17

Fonte: Home Office (2018: 12).

Em 2017, o governo do Reino Unido realizou uma pesquisa nacional *on-line* sobre as experiências das pessoas LGBTQIA+ que produziu 108 mil respostas e se tornou a maior pesquisa nacional de pessoas LGBTQIA+ do mundo. Isso ocorreu no contexto de níveis crescentes de crimes de ódio contra minorias sexuais e pessoas transgênero. Em 2016-2017, 9.157 **crimes de ódio** por orientação sexual foram registrados pela polícia no Reino Unido, um aumento de 27% em relação ao ano anterior. Cerca de 40% dos entrevistados disseram ter sofrido um incidente no ano passado, dos quais 26% sofreram assédio verbal ou insultos, 14% tiveram seu *status* LGBTQIA+ divulgado sem consentimento, 6% receberam ameaças de violência física e sexual, 2% sofreram violência física real e outros 2% sofreram violência sexual (Government Equalities Office, 2019).

Em 2009-2010, lésbicas, *gays* ou bissexuais também foram mais propensos a ter sofrido abuso doméstico no ano anterior (13%, em comparação com 5% dos heterossexuais), enquanto 17% das mulheres lésbicas ou bissexuais relataram abuso doméstico, em comparação com apenas 9% de homens *gays* ou bissexuais (Roe, 2010: 63). Uma razão para essa diferença pode ser a maior proporção de casais de *gays*, lésbicas e bissexuais mais jovens (37%, em comparação com 21% dos casais heterossexuais), já que a violência íntima foi encontrada particularmente associada aos de 16 a 24 anos (Povey et al., 2009).

Crimes contra *gays* no Reino Unido levaram a pedidos para a adoção de legislação contra "crimes de ódio" para proteger os direitos humanos daqueles que permanecem estigmatizados na sociedade. A Lei de Justiça Criminal de 2003 permitiu que juízes na Inglaterra e no País de Gales aumentassem a pena se uma agressão fosse motivada por "homofobia" — o ódio ou medo de homossexuais. Após o *lobby* em relação a *sites* antigays extremistas e algumas letras de músicas defendendo a violência contra *gays*, a lei de 2003 foi estendida para a Lei da Igualdade de 2010 para proibir a incitação ao ódio homofóbico. No entanto, a introdução do casamento entre pessoas do mesmo sexo na Inglaterra, no País de Gales e na Escócia em 2014, juntamente com retratos positivos de relacionamentos *gays* na dramaturgia da TV convencional, são sinais de mudança de atitudes sociais.

Juventude como ofensores e vítimas

Um dos modelos mais duradouros e confiáveis de infração que se aplica a muitas sociedades é a **curva idade-crime**. Ela descreve o padrão típico de ofensa em forma de sino, em que o crime começa a aumentar no final da infância, atinge um pico no meio e no final da adolescência, antes de voltar a cair na idade adulta (Loeber, 2012: 11). Pode haver algumas variações na forma da curva; as mulheres jovens podem atingir o pico antes dos homens jovens, por exemplo, e a curva dos crimes violentos atinge o pico antes da dos crimes contra a propriedade. No entanto, o modelo da curva idade-crime é notavelmente consistente e forma a base para estudos contemporâneos que tentam desvendar a *queda* das taxas de criminalidade e as variações nos padrões de criminalidade relacionados à idade (Matthews e Minton, 2018).

Os temores populares sobre o crime em muitos países desenvolvidos giram em torno de infrações como furto, arrombamento e agressão — "crimes de rua", que são considerados principalmente domínio de jovens do sexo masculino e da classe trabalhadora. De modo semelhante, a cobertura da mídia sobre o aumento das taxas de criminalidade geralmente se concentra no "colapso moral" entre os jovens e enfatiza questões como o vandalismo, a evasão escolar e o uso de drogas. Mas essa ligação da juventude com a atividade criminosa e o desvio de conduta não é nova.

A ideia de "delinquência" pode ser encontrada na Inglaterra do século XVI e foi recorrente ao longo dos séculos XVII e XVIII. No início do século XIX, um relatório observou um "aumento alarmante" na delinquência juvenil em Londres, identificando as principais causas como pais pobres, falta de educação e de emprego adequado e "violação do sábado" (Muncie, 2009). Excluindo a "causa" final, elas parecem notavelmente contemporâneas, ilustrando a preocupação persistente da sociedade com o desenvolvimento moral e social dos jovens. A industrialização levou à miséria urbana para muitas famílias pobres e a um aumento de pequenos furtos e crimes contra a propriedade. A metade do século XIX também viu o surgimento de movimentos de "salvação de crianças", compostos principalmente por filantropos de classe média que buscavam combater a evasão escolar e a delinquência, regulando o comportamento dos jovens. Os criminologistas argumentam que a preocupação do século XIX com o crime juvenil não foi uma simples resposta ao aumento dos níveis de criminalidade, mas o produto da mudança de atitudes em relação aos jovens, que agora precisavam ser gerenciados por agências fora da família (Banks, 2013: 3).

Como vimos anteriormente, em meados do século XX, os jovens foram novamente o foco de uma série de pânicos morais em torno do consumismo e de subculturas espetaculares envolvendo música popular, estilos de vestir, moda, atitudes em relação ao sexo e à sexualidade e, cada vez mais, uso de drogas recreativas (Muncie, 2015). Uma das preocupações mais recentes se relaciona com a utilização de dispositivos digitais pelos jovens e a sua presença nas redes sociais *on-line*, que tem sido apresentada como insalubre, antissocial e potencialmente perigosa. A recorrente temática da juventude como problema social mostra que o estado da juventude é visto como um indicador da saúde da própria sociedade.

As estatísticas oficiais mostram taxas relativamente altas de crimes entre os jovens, com mais meninos do que meninas admitindo ter cometido um crime. No Offending, Crime and Justice Survey (OCJS) realizado na Inglaterra e no País de Gales entre 2003 e 2006, 5 mil jovens entre 10 e 26 anos de idade formaram um estudo de painel e foram entrevistados quatro vezes no período. Cerca de 49% da amostra informou ter cometido um ou mais delitos ao longo dos quatro anos, 27% usaram drogas e 72% admitiram alguma forma de comportamento prejudicial ou antissocial (Hales et al., 2009). A idade principal para infrações foi no final da adolescência, tanto para homens quanto para mulheres, enquanto a de crimes violentos foi de 14 a 15 anos (Figura 22.3).

Segundo esses dados, pode parecer que as infrações cometidas por jovens são um grande problema. Porém, devemos ter cautela ao fazer essa suposição. A análise do OCJS identificou um pequeno número de "infratores prolíficos" que responderam por um número desproporcional de crimes relatados, enquanto mais da metade da amostra não admitiu ter cometido quaisquer delitos durante o período de quatro anos. Muncie (2009) observou que um evento isolado envolvendo jovens e crime — como o assassinato de James Bulger, de 2 anos de idade, em 1993, por dois meninos de 10 anos — pode desviar a atenção de questões sociais mais amplas.

Pode-se expressar semelhante cautela quanto à visão popular de que a maior parte da criminalidade juvenil está relacionada com as drogas. Um levantamento de 2006 com mais de 10 mil crianças escolares entre 11 e 15 anos, realizado pelo Departamento de Saúde do Reino Unido, revelou que 9% eram fumantes regulares, 25% haviam bebido na semana anterior, 21% haviam usado drogas no ano anterior e 4% haviam usado drogas "classe A", como cocaína ou heroína (DoH, 2006). No entanto, as tendências no uso de drogas mudaram das drogas "pesadas", como a heroína, para combinações de substâncias como as anfetaminas, o álcool e o *ecstasy*. Grande

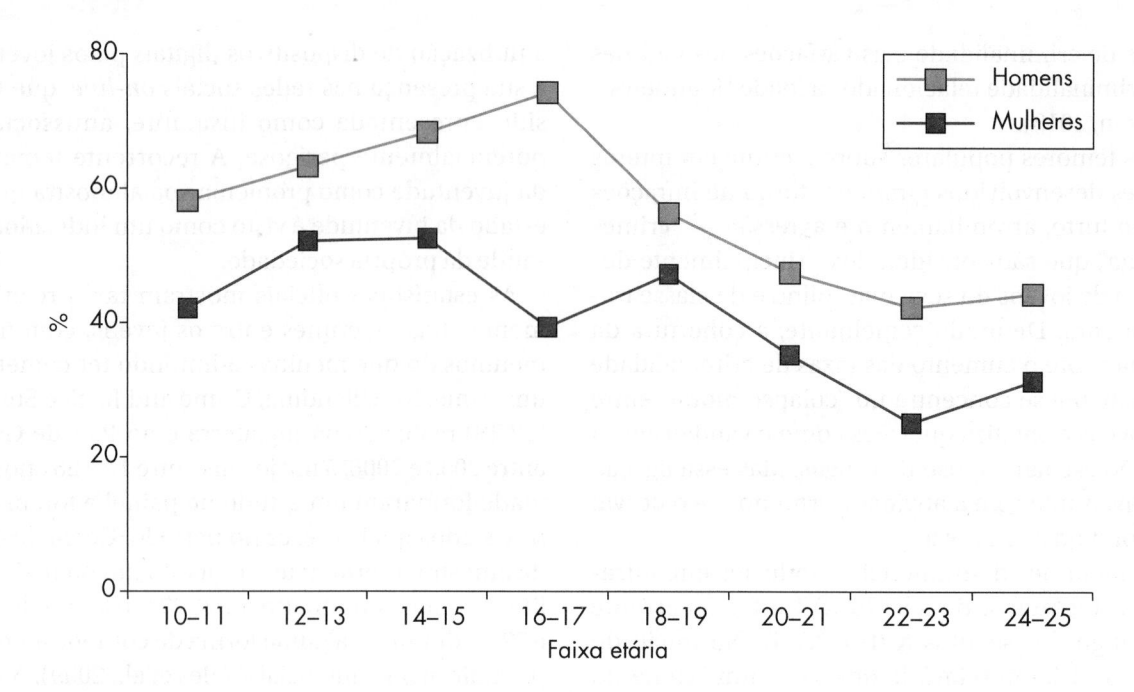

FIGURA 22.3 Porcentagem dos que cometeram infrações durante um período de quatro anos, por idade no início do período e sexo.
Fonte: Hales et al. (2009: 9).

parte desse uso está associada às subculturas de clube, em vez de ser a base de um hábito caro e viciante, que induz os jovens a uma vida de crimes.

O outro lado da associação entre juventude e crime é que os jovens são mais propensos a serem *vítimas* de crimes do que os grupos de faixas etárias mais velhas (ver Figura 22.4). O foco político crescente nas vítimas e o desenvolvimento da "vitimologia" como um campo especializado de investigação ajudaram a produzir uma compreensão mais equi-

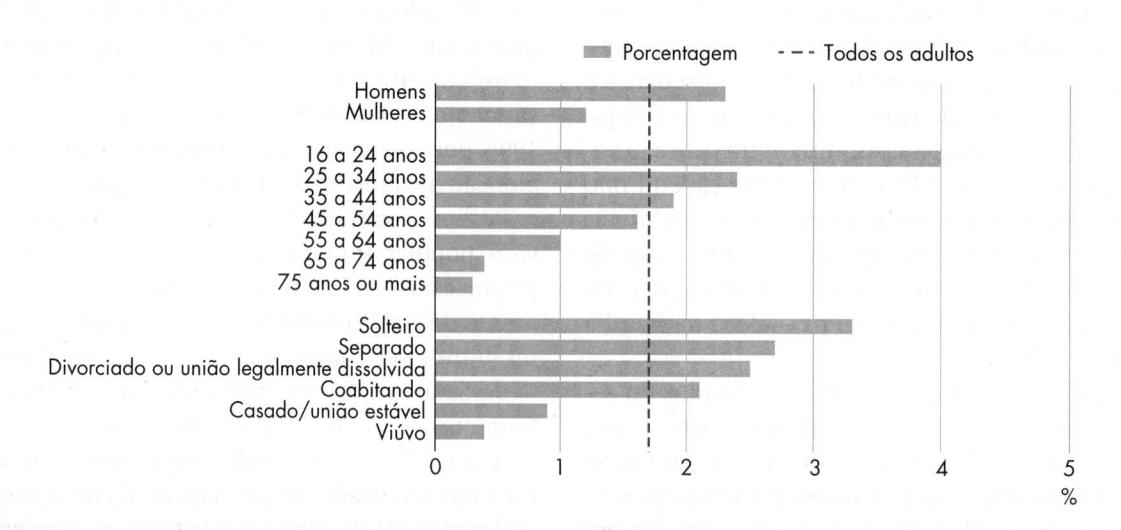

FIGURA 22.4 Características associadas a uma maior probabilidade de ser vítima de violência, Inglaterra e País de Gales, ano findo em março de 2018.
Fonte: ONS (2019m: 24).

librada do envolvimento dos jovens no crime e no desvio de conduta. Em 2017-2018, os jovens de 16 a 24 anos eram mais propensos a serem vítimas de violência do que os grupos mais velhos.

Apesar de representarem apenas 13% da população, os jovens representam 26% de todas as vítimas de crimes violentos registrados pela polícia na Inglaterra e no País de Gales.

Nos últimos anos, o abuso de crianças e jovens por adultos se tornou uma questão importante no Reino Unido. Anteriormente, as vozes das crianças eram, em grande parte, ignoradas e não se acreditava em suas alegações sobre o comportamento abusivo de adultos. Por exemplo, diversos inquéritos revelaram o abuso generalizado de crianças em asilos e outros ambientes institucionais nas décadas de 1970 e 1980. Um dos mais sérios envolveu abusos contra crianças em várias casas de repouso nos condados de Clwyd e Gwynedd, no norte do País de Gales. Em meados de 2014, 283 pessoas apresentaram alegações de abuso, 11 pessoas foram acusadas de crimes e outras 56 foram identificadas pela polícia como possíveis suspeitos (Wales Online, 2014).

O abuso sexual organizado de crianças e jovens por parte dos adultos não pode ser relegado a casos históricos. Em 2018, 20 homens foram considerados culpados de envolvimento em uma gangue de aliciamento em Huddersfield; eles foram condenados por 120 crimes contra 15 meninas em uma "campanha de estupro e abuso" entre 2004 e 2011 (BBC News, 2018a). Gangues de tráfico sexual semelhantes estavam operando em Derby, Oxford, Bristol e em outros lugares.

Em Rotherham, pelo menos 1.400 crianças com idades entre 10 e 16 anos, predominantemente meninas, foram abusadas sexualmente por uma gangue de tráfico organizado entre 1997 e 2013 (Jay, 2014). A escala e a brutalidade do abuso chocaram a todos:

> Elas foram estupradas por vários perpetradores, traficadas para outras cidades do norte da Inglaterra, sequestradas, espancadas e intimidadas. Houve exemplos de crianças que foram encharcadas de gasolina e ameaçadas de serem incendiadas, ameaçadas com armas, obrigadas a testemunhar estupros brutalmente violentos e ameaçadas de serem as próximas se contassem a alguém. Meninas de até 11 anos foram estupradas por um grande número de agressores do sexo masculino. Esse abuso não se limita ao passado, mas continua até hoje. (Ibid.: 1)

O abuso em Rotherham destacou muitas falhas no sistema de assistência social e no policiamento. Em particular, apesar da maioria das vítimas descreverem os perpetradores como "asiáticos", os profissionais de saúde disseram no inquérito que estavam "nervosos" em discutir a etnia dos perpetradores por medo de serem vistos como "racistas", enquanto os conselheiros locais apenas esperavam que "o problema" desaparecesse.

Podemos concluir que a conexão de senso comum entre juventude e delinquência é claramente imprecisa. Como mostram os casos de abuso sexual, os crimes cometidos por idosos podem ser muito mais graves do que os cometidos por jovens. A criminalidade juvenil é frequentemente associada a atividades que, estritamente falando, não infringem a lei penal. Comportamento antissocial, atividade subcultural e não conformidade podem ser considerados desvio ou delinquência, mas nenhum deles é conduta *criminosa*, e eles podem ser considerados comportamentos muito comuns, incômodos, que fazem parte do "crescimento". Somente nos últimos anos a imagem dos jovens como "demônios populares" foi mostrada como estereotipada e altamente enganosa.

Crimes de "colarinho branco"

O termo **crime de "colarinho branco"** foi introduzido por Edwin Sutherland em 1949. Ele se refere a crimes cometidos por indivíduos dos setores mais ricos da sociedade, muitas vezes contra os interesses das empresas para as quais trabalham. Croall (2001: 17) o define como "um abuso de uma posição profissional legítima que é regulada por lei". O crime de "colarinho branco", portanto, cobre muitos tipos de atividade, incluindo fraude fiscal, práticas comerciais ilegais, fraudes em ações e territoriais, enriquecimento ilícito, fabricação ou venda de produtos perigosos, bem como o roubo explícito.

A maior empresa de comércio de energia do mundo, a Enron, entrou em colapso em 2001 após a descoberta de que a contabilidade falsa estava disfarçando dívidas enormes. A falência causou a perda de milhares de empregos em todo o mundo, e muitos funcionários seniores da empresa, incluindo o fundador, Kenneth Lay, foram presos. Um escândalo semelhante na gigante das comunicações WorldCom, em 2002, mostra que pessoas ricas e poderosas cometem crimes cujas consequências podem ser mais abrangentes e danosas do que os crimes dos pobres. É claro, a maioria dos crimes de "colarinho branco" não é tão grande quanto o que ocorreu na Enron ou na WorldCom.

A distribuição do crime do "colarinho branco" é ainda mais difícil de medir do que outros tipos de crime, e muitos desses crimes não fazem parte das estatísticas oficiais. Podemos distinguir entre crimes de "colarinho branco" e crimes dos poderosos. O primeiro tipo envolve principalmente o uso de uma posição de classe média ou profissional para se envolver em atividades ilegais para ganho pessoal. O segundo se refere àqueles em que a autoridade conferida por um cargo é usada de forma criminosa — como quando um funcionário aceita um suborno para favorecer uma determinada política.

Embora alguns crimes de "colarinho branco" sejam tolerados pelas empresas e as forças policiais não patrulhem rotineiramente os locais onde esses crimes podem ser cometidos, o custo desse crime é enorme. Muito mais pesquisas foram realizadas sobre o assunto nos Estados Unidos do que na Grã-Bretanha e na Europa. O custo econômico bruto do crime de "colarinho branco" (incluindo fraude de seguros, roubo de funcionários e peculato) é estimado em, pelo menos, US$ 200 bilhões por ano, muito maior do que crimes de "rua", como roubos, arrombamentos, furtos, falsificações e roubos de carros, que o FBI calculou entre US$ 10 bilhões e US$ 13,5 bilhões (Potter e Miller, 2002: 2-3).

Crime corporativo

Ao contrário do crime de "colarinho branco" para ganho pessoal, o **crime corporativo** se refere aos tipos de infrações que são cometidas pelas grandes corporações e inclui poluição ilegal, informações incorretas em produtos e violações das normas de saúde e segurança. O poder e a influência cada vez maiores das grandes corporações, bem como seu alcance global em rápido crescimento, significam que nossas vidas são tocadas por elas de muitas maneiras. As corporações produzem os dispositivos que usamos e a comida que comemos. Elas também têm um impacto enorme sobre o ambiente natural e os mercados financeiros. Os crimes corporativos nos mostram que o crime não pode ser visto como algo cometido exclusivamente por indivíduos contra outros indivíduos, mas está embutido no sistema econômico que confere às corporações capitalistas o poder de evitar processos (ver "Usando sua imaginação sociológica 22.2").

USANDO SUA IMAGINAÇÃO SOCIOLÓGICA

22.2 Corporações criminogênicas do capitalismo?

Stephen Box (1983) argumenta que, em economias capitalistas, em que as empresas competem entre si, as corporações são inerentemente "criminogênicas" — ou seja, são forçadas a considerar o uso de atos criminosos para ganhar vantagens competitivas e tendem a considerar o dano que causam como um simples cálculo do risco financeiro.

Gary Slapper e Steve Tombs (1999) revisaram estudos quantitativos e qualitativos sobre o crime corporativo e concluíram que muitas corporações não aderem às normas legais que se aplicam a elas. Como Box, eles afirmam que o crime corporativo não se limita a algumas "maçãs podres", mas é global e disseminado. Outros estudos revelaram seis tipos de infrações relacionadas com as grandes corporações: administrativas (burocráticas e descumprimento de normas), ambientais (poluição, infrações de licenças), financeiras (infrações fiscais, pagamentos ilegais), trabalhistas (condições de trabalho, práticas de contratação), manufaturais (segurança dos produtos, rotulação) e práticas comerciais injustas (anticompetitivas, falsa publicidade).

> **REFLEXÃO CRÍTICA**
>
> Cite alguns dos fatores que tornam o monitoramento, a detecção e a repressão da criminalidade corporativa tão difícil para as forças policiais. Sugira maneiras pelas quais os políticos poderiam intervir para melhorar o monitoramento, a detecção e a repressão de crimes corporativos.

Os efeitos do crime corporativo costumam ser sentidos de forma desigual na sociedade. Aqueles que vivem em situação de desvantagem por causa de outras formas de desigualdades socioeconômicas tendem a sofrer desproporcionalmente. Por exemplo, os riscos à segurança e à saúde no local de trabalho tendem a se concentrar mais em ocupações mal pagas, enquanto muitos dos riscos associados a produtos de saúde e farmacêuticos têm um impacto maior nas mulheres do que nos homens. Desprezar as normas relacionadas com o preparo de novos fármacos e ignorar a segurança no local de trabalho e a poluição ambiental são fatores que podem causar danos físicos ou a morte para muitas pessoas. As mortes causadas por perigos no trabalho são muito mais comuns do que os assassinatos, embora seja difícil obter estatísticas precisas sobre acidentes de trabalho. É claro que não podemos supor que todas ou mesmo a maioria dessas mortes e lesões resultem de negligência dos empregadores. Não obstante, existe base para supor que muitas se devem à negligência de regulamentações legais de segurança por parte de empregadores ou gerentes.

Os padrões de vitimização no crime corporativo não são claros. Às vezes, existem vítimas "óbvias", como no caso do envenenamento por gás de trabalhadores e residentes do entorno da fábrica química em Bhopal, na Índia, que explodiu em 1984, ou os riscos à saúde que os implantes de silicone trazem para as mulheres. Nos casos em que as companhias foram negligentes, como nos acidentes de trem no Reino Unido, os feridos ou parentes dos mortos exigiram que os executivos responsáveis pelos trilhos e trens fossem levados a julgamento.

Porém, com muita frequência, as próprias vítimas de crimes corporativos não se consideram vítimas. Isso ocorre porque, em crimes "convencionais", a proximidade física entre a vítima e o agressor é muito maior — é difícil não reconhecer que você foi roubado. Porém, no caso do crime corporativo, as distâncias maiores no tempo e no espaço significam que as vítimas podem não entender que foram vitimizadas, ou podem não saber como buscar reparação para o crime. Também é mais difícil saber quem culpar quando as decisões prejudiciais são tomadas por grupos de executivos em vez de indivíduos isolados. Para os sistemas jurídicos fundamentados no princípio da responsabilidade individual, as infrações corporativas representam problemas específicos, que são muito difíceis de resolver.

Crime estatal

Outra forma de criminalidade, que não recebeu tanta atenção quanto outros tipos, é o **crime estatal** — "crime por e para o benefício do Estado" (Doig, 2011). Essa definição de trabalho concisa pode parecer muito simples e clara, mas, na verdade, ela esconde alguns problemas de definição difíceis, que têm atrasado o trabalho sobre esse tema. O que queremos dizer com "o Estado", e os erros do Estado são realmente "crimes" ou eles se enquadram na categoria mais ampla de "dano"? O "Estado" é simplesmente o governo, a polícia, os militares e vários órgãos públicos "financiados pelo Estado"? Devemos incluir empresas que realizam contratos financiados pelo governo, como fabricantes de armas e trabalho militar privado? Dados os diferentes departamentos de Estado e as decisões tomadas no terreno por funcionários, gestores e comandantes, não é fácil descobrir quem toma as decisões finais.

Da mesma forma, o *crime* estatal pode ser restrito às ações de Estados e funcionários do Estado que violam as próprias leis do Estado ou o Direito Internacional. Por exemplo, um inquérito oficial sobre o envolvimento dos Países Baixos na invasão do Iraque em 2003 concluiu que o governo holandês *violou* o Direito Internacional. No Reino Unido, alguns sugeriram que levar o país a uma "guerra ilegal" no Iraque tornava o então primeiro-ministro Tony Blair um criminoso de guerra que deveria ser julgado como tal. Em 1998, foi criado o Inquérito Saville para investigar o "Domingo Sangrento" — o assassinato de 13 pessoas em uma manifestação pelos direitos civis por soldados britânicos em Derry, na Irlanda do Norte, em 1972. Em 2019, um ex-soldado foi acusado de assassinato e tentativa de assassinato, enquanto 16 outros não enfrentaram nenhuma acusação. A decisão de atirar foi tomada por um oficial superior no dia ou foi parte de uma política de Estado deliberada, preparada por políticos de alto nível? Em todos esses casos, o foco está em saber se foi violada a lei doméstica ou internacional.

No entanto, como o Estado é o guardião da fronteira entre crime e legalidade e pode definir e redefinir o que constitui "crime", essa definição pode ser muito restrita em qualquer contexto nacional. Consequentemente, alguns criminologistas procuram estender a definição. Ross (2000: 5-6) define crimes estatais como "encobrimentos, corrupção, desinformação, irresponsabilidade e violações de leis domésticas e/ou internacionais. Isso também inclui aquelas práticas que, embora não sendo oficialmente declaradas ilegais, são percebidas pela maioria da população como ilegais ou socialmente prejudiciais (por exemplo, exploração de trabalhadores)". Essa definição inclui "atos de omissão" (como o não cumprimento de regras do local de trabalho) juntamente com a prática ativa de crimes e abrange "danos" definidos publicamente, bem como crimes.

Outros veem esse tipo de definição como muito ampla para ser útil. Sharkansky (2000: 39) argumenta que o termo "crime estatal" tem sido usado tão indiscriminadamente por pesquisadores que se tornou "apenas mais um epíteto para *atividades indesejáveis*". Essas disputas de definição têm perseguido o estudo do crime estatal e servido para restringir o crescimento desse subcampo. Como sugere Doig (2011: 44), "é verdade que o estudo do crime estatal continua a ser uma atividade de nicho. Mesmo dentro desse nicho, no entanto, existem divergências em várias questões."

O crime no contexto global

Redes internacionais de grupos organizados de criminosos existem há muitos anos, coordenando suas atividades através das fronteiras nacionais e dos territórios legislativos. No entanto, os processos de globalização intensificados e o rápido desenvolvimento da tecnologia da informação criaram oportunidades que não existiam anteriormente e também permitiram que crimes convencionais — como fraude, estelionato e roubo — migrassem para ambientes *on-line*. Para alguns, as redes transnacionais do crime organizado são *a* principal característica definidora do crime no mundo do século XXI (Albanese e Reichel, 2013).

O crime organizado

O **crime organizado** se refere a formas de atividades que têm muitas das características de negócios ortodoxos, mas são ilegais. Albanese (2011) o define como "empresas criminosas contínuas que trabalham racionalmente para lucrar com atividades ilícitas que, muitas vezes, estão em grande demanda pública. Sua existência continuada é mantida por meio do uso de força, ameaças, controle de monopólio e/ou corrupção de funcionários públicos." Entre outras atividades, o crime organizado inclui contrabando, tráfico de pessoas, tráfico de drogas, prostituição, roubo em larga escala e extorsões. Embora o crime organizado tenha se desenvolvido tradicionalmente em países individuais de maneiras específicas àquela cultura, ele se tornou cada vez mais transnacional.

O alcance do crime organizado é sentido hoje em muitos países ao redor do mundo, mas, historicamente, ele é particularmente forte em algumas poucas nações. Nos Estados Unidos, por exemplo, o crime organizado é um negócio enorme, rivalizando com alguns dos principais setores ortodoxos da atividade econômica. As organizações criminosas nacionais e locais proporcionam bens e serviços ilegais para o consumo de massa. O jogo ilícito relacionado com as corridas de cavalos, as loterias e os eventos esportivos representa a maior fonte de renda gerada pelo crime organizado nos Estados Unidos. O crime organizado provavelmente se tornou tão significativo na sociedade norte-americana por causa de uma associação inicial com — e, em parte, uma modelagem das — atividades dos "barões ladrões" industriais do final do século XIX. Muitos dos primeiros industrialistas fizeram fortuna explorando a mão de obra imigrante, ignorando as regulamentações legais sobre as condições de trabalho e usando uma mistura de corrupção e violência para construir seus impérios industriais.

O crime organizado é muito mais complexo do que era 30 anos atrás, e não existe uma organização nacional conectando diferentes grupos criminosos. Algumas das maiores organizações criminosas têm maneiras de lavar dinheiro por meio dos grandes bancos de compensação, apesar dos procedimentos criados para coibi-los, usando seu dinheiro "limpo" para investir em negócios legítimos.

A nova face do crime organizado

Castells (1998) argumenta que as atividades de grupos do crime organizado e a coordenação de ati-

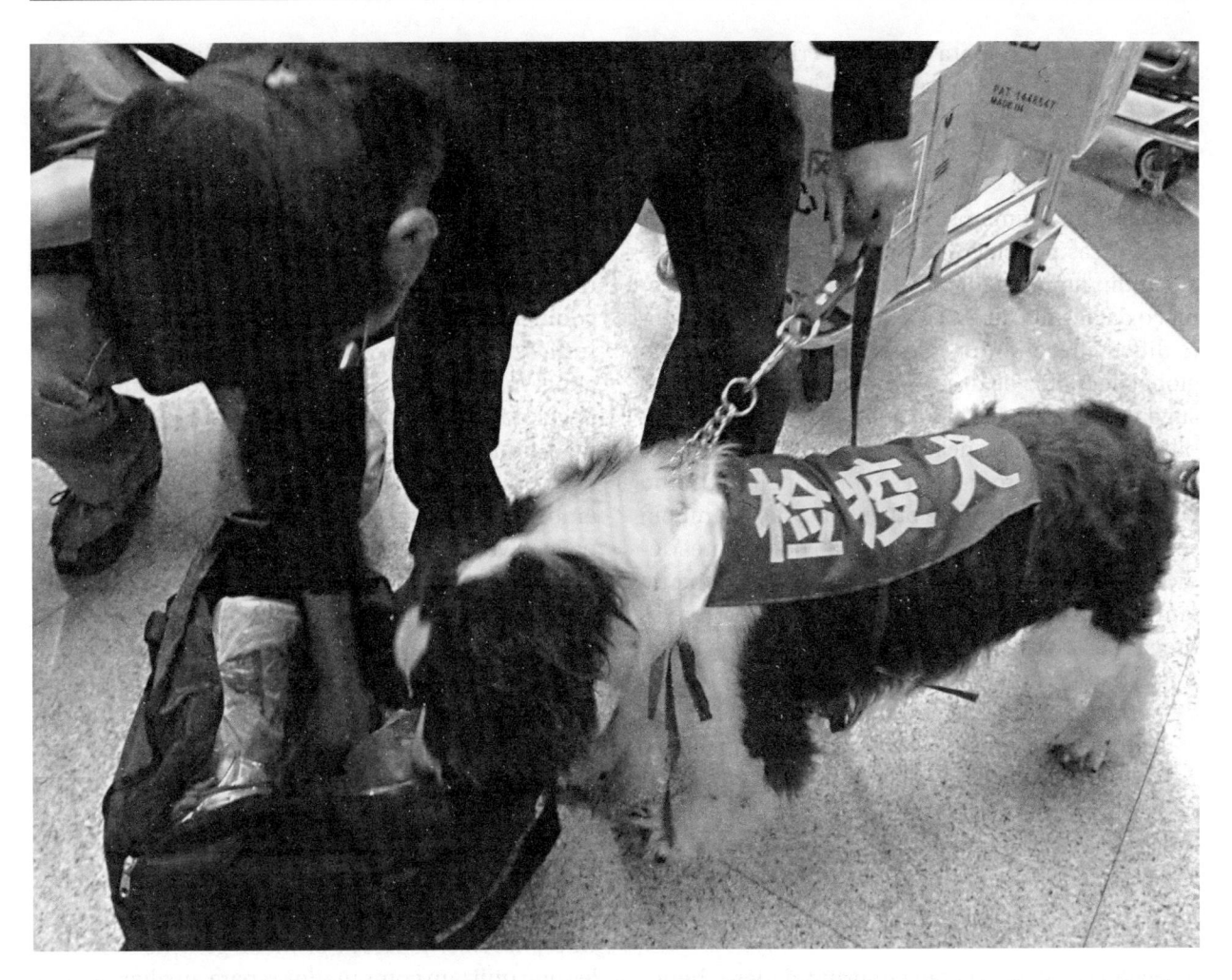

As autoridades aduaneiras passam muito tempo rastreando e tentando interceptar o movimento de drogas através das fronteiras nacionais.

vidades criminosas através de fronteiras — com a ajuda de novas tecnologias da informação — estão se tornando um aspecto central da nova economia global. Envolvidos em atividades desde o comércio de narcóticos e falsificação ao contrabando de imigrantes e órgãos humanos, os grupos do crime organizado hoje operam em redes internacionais flexíveis, em vez de atuarem apenas dentro de seus limites territoriais.

Embora tenhamos poucas informações sistemáticas sobre o crime organizado no Reino Unido, sabe-se que existem extensas redes criminosas na maioria das grandes cidades do mundo, muitas com conexões internacionais. Algumas das principais redes criminosas transnacionais são a Máfia Italiana, as Tríades (Hong Kong), a Yakuza (Japão), as gangues de drogas mexicanas, como o Cartel de Sinaloa, e os sindicatos do crime organizado na Rússia, na Europa Oriental e na África Ocidental (Obokata e Payne, 2018: 3). Segundo Castells, os grupos criminosos estabelecem alianças estratégicas entre si para estender seu alcance global. O comércio internacional de narcóticos, o tráfico de armas, a venda de material nuclear e a lavagem de dinheiro se tornaram "ligados" por intermédio das fronteiras e dos grupos criminosos. As organizações criminosas costumam alocar suas operações em países de "baixo risco", onde existem menos ameaças a suas atividades. A antiga União Soviética tem sido um dos principais pontos de convergência para o crime organizado internacional. A natureza flexível de suas redes criminosas torna relativamente fácil para os grupos criminosos fugirem do alcance das iniciativas de aplicação da lei. Se um "paraíso" do crime se torna mais arriscado, a "geometria organizacional" pode mudar e formar um novo padrão.

Apesar das numerosas campanhas dos governos e das forças policiais, o comércio de narcóticos se expandiu rapidamente na década de 1980 e no começo da década de 1990. Embora seja notoriamente difícil chegar a um valor exato para o mercado global de tráfico de drogas, as melhores estimativas sugerem que, em 2014, foi entre US$ 426 e US$ 652 bilhões (Global Financial Integrity, 2017). As redes de tráfico de heroína se espalham pelo Extremo Oriente, particularmente no Sul da Ásia, e também se localizam na África Setentrional, no Oriente Médio e na América Latina. As linhas de fornecimento também passam por Paris e Amsterdã, de onde as drogas costumam ser levadas para a Grã-Bretanha. A atividade criminosa organizada tem o potencial de perturbar a vida da comunidade e a ordem social, promover a corrupção política e a fraude financeira e normalizar a violência extrema contra os cidadãos. Impedir que ela se instale em outro lugar é uma tarefa extremamente vital.

O crime cibernético

A revolução digital oferece oportunidades e benefícios interessantes para todos, mas também pode aumentar a vulnerabilidade das pessoas ao crime e facilitar as atividades das gangues do **crime organizado**. Existem muitas definições de crime cibernético, mas é melhor começar com um conceito amplo como o de Thomas e Loader (2000: 3): "Crime cibernético pode ser considerado como atividades mediadas por computador que são ilegais ou consideradas ilícitas por certas partes e que podem ser conduzidas por meio de redes eletrônicas globais." E, embora seja difícil quantificar com precisão a extensão do crime cibernético, é possível delinear algumas das principais formas que ele assumiu até o momento.

Athique (2013: 230-231) lista 26 tipos possíveis de crimes cibernéticos, incluindo transações financeiras ilegais, chantagem e intimidação, tráfico e escravidão, falsificação de identidade, vigilância não autorizada, *flaming* e crimes de netiqueta, infecção de computador, roubo de dados, crimes de ódio *on-line*, fraude de cartão de crédito *on-line*, pirataria de mídia, roubo de identidade, disseminação de pedofilia, *cyberstalking*, liberação de programas de computador com vírus, ciberterrorismo e publicação de informações restritas.

Diversas categorias de criminosos cibernéticos também foram identificadas, como *hackers* (que realizam invasões por meio de sistemas digitais), codificadores virais (que produzem e disseminam *softwares* para atacar computadores), piratas digitais (que copiam, compartilham ou transmitem ilegalmente o material protegido por direitos autorais), fraudadores cibernéticos (que cometem as antigas práticas de fraude e truques de confiança em ambientes *on-line*), *voyeurs on-line* (que, em alguns países, veem pornografia ilegalmente), pedófilos (que aliciam e abusam de crianças e/ou divulgam pornografia infantil *on-line*), *cyber-stalkers* (que assediam vítimas por *e-mail*, salas de bate-papo, mídias sociais e assim por diante), *cyber-bullies* e gangues de ódio (que têm como alvo indivíduos ou grupos em crimes de ódio) e ciberterroristas (que disseminam propaganda e atacam a infraestrutura de TI do Estado) (Athique, 2013: 233-240).

Wall (2007) argumenta que houve três fases sucessivas do crime cibernético, intimamente ligadas ao desenvolvimento da tecnologia da comunicação. Os *crimes cibernéticos de primeira geração* são aqueles que utilizam computadores para auxiliar os tipos tradicionais de infrações. Por exemplo, os traficantes de drogas utilizam todas as formas de comunicação existentes e, mesmo na ausência de computadores, continuariam a comprar e vender drogas. Da mesma forma, encontrar informações sobre como construir armas ou bombas pode ser mais fácil na internet, mas ainda existem fontes convencionais disponíveis. Os *crimes cibernéticos de segunda geração* são aqueles em que a internet abriu novas oportunidades globais para crimes muito convencionais. Alguns exemplos são o comércio global de pornografia, fraudes e roubos internacionais e fraudes por meio de *sites* de leilões na internet. Os crimes cibernéticos de segunda geração são, portanto, "híbridos" — delitos tradicionais dentro de um novo ambiente global de rede.

Os *crimes cibernéticos de terceira geração* ou "*verdadeiros*" são aqueles que são apenas produto da internet e que podem ocorrer apenas no ciberespaço. Alguns exemplos são o compartilhamento ilegal de músicas e filmes, o vandalismo de ambientes virtuais, o *phishing* e os *e-mails* de *spam* contendo anexos com vírus. Esse último é um exemplo da automatização do cibercrime, em que *botnets* permitem o controle sobre o computador infectado, permitindo, assim, o recolhimento de informações pessoais para futuros roubos de identidade. Os crimes cibernéticos de terceira geração foram muito facilitados pela banda larga mais rápida e barata, que permite que as pessoas permaneçam *on-line* por períodos muito mais longos, abrindo novas oportunidades criminosas.

> **REFLEXÃO CRÍTICA**
>
> Veja novamente a lista de possíveis crimes cibernéticos acima. Quais deles são crimes cibernéticos "puros" ou de "terceira geração", segundo os termos de Wall, e quais são simplesmente crimes antigos que passaram para ambientes *on-line*?

Existem indicações de que o cibercrime está aumentando, particularmente quando novas formas de mídia digital continuam a ser desenvolvidas, embora seja difícil chegar a conclusões firmes. Uma enquete realizada em 2005 pela YouGov mostra que uma em cada 20 pessoas havia perdido dinheiro em golpes *on-line*, enquanto um levantamento de 2001 revela que 52% das empresas entrevistadas disseram que a fraude na internet lhes trazia problemas reais (Wall, 2007). A fraude de cartão de crédito e débito aumentou rapidamente desde a década de 1990, chegando a quase £610 milhões em 2008. No entanto, a introdução de novas ferramentas de triagem de fraude por varejistas e os processos de autenticação *on-line* intensificados levaram a uma grande queda, para £ 341 milhões em 2011, antes de as perdas começarem a aumentar novamente. O UK Finance (2018: 3) informou que houve mais de 1 milhão de casos de fraude não autorizada nos primeiros seis meses de 2018 (10% acima de 2017), incorrendo em perdas de £ 358 milhões. Os bancos também impediram £ 705,7 milhões em tentativas de fraude no mesmo período.

À medida que as empresas tomam medidas para evitar fraudes conhecidas com cartões bancários, os criminosos criam novos métodos. Por exemplo, houve um grande aumento nos golpes *autorizados* de "pagamento à vista", nos quais os titulares de contas são enganados, persuadidos ou incentivados de outra forma a transferir dinheiro para uma conta mantida pelos fraudadores. Nos primeiros seis meses de 2018, 34.128 casos de fraude de pagamento à vista foram registrados no Reino Unido, e £ 145,4 milhões foram perdidos (ibid.). Vários outros métodos de fraude de cartão são bem conhecidos. A "fraude enganosa" por criminosos que se passam por funcionários de bancos ou policiais envolve enganar os titulares de cartões, por telefone ou pessoalmente, para fornecer os detalhes de segurança do cartão ou até mesmo entregar o cartão e a senha. A fraude de "cartão não presente" ocorre quando os dados do titular do cartão são roubados e usados para fazer "compras remotas" *on-line* ou por telefone. À medida que as compras *on-line* e os serviços bancários se tornam aspectos normais da vida, parece provável que as oportunidades para esse tipo de fraude continuem a aumentar.

O alcance global do crime *on-line* apresenta desafios específicos para a imposição da lei. Atos criminosos perpetrados em um país têm o poder de afetar vítimas em todo o mundo, e isso tem implicações preocupantes para detectar e processar crimes. É preciso que as polícias dos países envolvidos determinem a jurisdição em que ocorreu o ato e concordem em extraditar os infratores e fornecer as provas necessárias. Embora a cooperação policial através das fronteiras nacionais possa melhorar com o crescimento do crime cibernético, atualmente os criminosos cibernéticos têm uma grande margem de manobra.

Em uma época em que os sistemas financeiro, comercial e produtivo nos países ao redor do mundo estão sendo integrados eletronicamente, os níveis crescentes de fraude na internet e invasões eletrônicas sem autorização e a ameaça constante de vírus de computador estão servindo como sinais de aviso potentes para a vulnerabilidade dos sistemas de segurança existentes para os computadores. Do Federal Bureau of Investigation (FBI) até a nova força policial anti-hacker do governo japonês, os governos estão lutando para combater as novas e esquivas formas de atividade computadorizada transnacional.

Embora as vítimas de crimes cibernéticos como fraude financeira, "sextorsão", *cyberbullying* e perseguição sofram danos muito reais, traumas e sofrimento emocional, o advento dos crimes cibernéticos não deve nos levar a esperar um futuro distópico de criminalidade cada vez maior e vitimização. Como Jane e Martellozzo (2017: 3) argumentam, "sem querer subestimar os danos reais causados pelo crime e pela vitimização *on-line*, é importante lembrar que a maior parte do engajamento e das interações *on-line* são banais, muitas vezes assumindo formas como compras, operações bancárias, conversas com amigos e pedir a um ente querido que pegue um lanche no caminho do trabalho para casa.

Conclusão: globalização, desvio e ordem social

A globalização e a revolução digital em curso continuam a transformar o cenário do crime, criando novas demandas aos órgãos policiais e reguladores, a maioria se desenvolvendo em contextos locais ou nacionais. A ascensão da *darknet* — uma parte da internet que os mecanismos de busca comuns não alcançam e que só pode ser acessada com um navegador "Tor", que permite comunicação anônima — facilita a venda de armas, medicamentos ilegais e prescritos e detalhes de cartões de crédito roubados e o compartilhamento de pornografia infantil. Monitorar e policiar a *darknet* é apenas um dos novos desafios para as autoridades hoje, ao lado do crime organizado, das redes terroristas e do crime internacional patrocinado pelo Estado (Roth, 2017).

Seria um erro considerar o crime e o desvio unicamente sob uma luz negativa. Qualquer sociedade que reconheça que os seres humanos têm preocupações e valores diversos deve encontrar espaço para indivíduos e grupos cujas atividades não estão em conformidade com as normas seguidas pela maioria. As pessoas que desenvolvem novas ideias na política, na ciência, na arte ou em outros campos costumam ser vistas com desconfiança ou hostilidade. Os ideais políticos desenvolvidos na Revolução Americana, por exemplo — a liberdade do indivíduo e a igualdade de oportunidades — sofreram uma forte resistência de muitas pessoas na época, mas hoje são aceitos no mundo todo. Desviar das normas dominantes em uma sociedade é algo que exige coragem e determinação, mas, muitas vezes, é crucial para garantir processos de mudança que, mais adiante, serão considerados de interesse geral. Mas será que o "desvio nocivo" é o preço que a sociedade deve pagar quando oferece considerável liberdade de ação para as pessoas buscarem caminhos contrários às normas seguidas pela maioria? Serão as elevadas taxas de violência criminal inevitáveis para que os cidadãos tenham sua liberdade pessoal?

Tais questões nos levam de volta às ideias de Émile Durkheim e aos primeiros estudos sociológicos do crime e do desvio de conduta. Embora se possa imaginar que teorias inteiramente novas sejam agora necessárias para entender as novas formas de crime e desvio cobertas neste capítulo, devemos lembrar que mesmo os crimes cibernéticos ainda são cometidos por pessoas e grupos individuais, e (ainda) não por computadores ou formas de inteligência artificial. Como Downes et al. (2016: 20) argumentam: "Nenhuma perspectiva teórica em particular pode cobrir todas as facetas do crime e do desvio e, ainda assim, permanecer prática e coerente, embora sempre haja aqueles que proclamam que uma única teoria deve dominar. As teorias mais antigas, ocasionalmente fora de moda, também não são necessariamente tão fracas quanto seus críticos posteriores querem que se acredite." Assim, as teorias sociológicas estabelecidas ainda têm muito a oferecer nesse complexo campo de investigação.

Revisão do capítulo

1. Dê uma definição de "crime". Por que as definições de crime não podem ser restringidas a ações que violam a lei criminal?
2. Quais são as principais diferenças entre a sociologia do crime e do desvio e a criminologia?
3. Durkheim sugere que um certo nível de desvio não é apenas inevitável, mas funcional para a sociedade. Como os sociólogos poderiam medir os níveis de disfuncionalidade?

4. Explique a "teoria da tensão" de Robert Merton sobre a criminalidade. Dada a recente crise financeira e as medidas de austeridade tomadas pelos governos, a tese de Merton prevê o aumento ou a diminuição dos níveis de "crime aquisitivo"? Ele estava certo?

5. Os teóricos da rotulação se concentram no desvio secundário. Por que eles faziam isso? Crie um argumento a favor do estudo do desvio primário para entender a motivação individual para cometer delitos.

6. Como a "nova criminologia" tentou oferecer uma teoria "totalmente social" do crime? Em que base essa teoria foi desafiada pelos "realistas de esquerda"?

7. As criminologias ambientais se concentram no projeto de ambientes resistentes ao crime. Cite alguns exemplos. Que papel, se houver, há para os sociólogos nesse processo?

8. Por que os números de crimes registrados pela polícia não são uma imagem precisa da extensão do crime? De que forma os estudos feitos com as vítimas são mais confiáveis?

9. Descreva o padrão de gênero do crime usando evidências das estatísticas criminais neste capítulo. Que razões foram oferecidas para o número desproporcional de homens cometendo crimes?

10. Explique a diferença entre crime de "colarinho branco" e crime corporativo. Como se pode argumentar que o crime corporativo é mais prejudicial à sociedade em todos os aspectos do que o "crime de rua"?

11. Defina o que se entende por "verdadeiro crime cibernético" e dê alguns exemplos. Como a globalização facilitou o crescimento do crime organizado?

Pesquisa na prática

As prisões costumam ser chamadas de "universidades do crime", nas quais os infratores podem aprender a se tornar melhores criminosos. Altos níveis de reincidência parecem dar suporte a essa caracterização, ainda que seja exatamente o oposto dos objetivos oficiais do sistema prisional. Diversos estudos de pesquisa também descobriram que o encarceramento tem muitos efeitos negativos e prejudiciais sobre as famílias dos prisioneiros. No entanto, um número menor de estudos aponta para o potencial de as relações familiares melhorarem durante o período de encarceramento de um de seus membros. O artigo a seguir explora por que isso pode acontecer.

McCarthy, D. e Adams, M. (2019). "Can family-prisoner relationships ever improve during incarceration? Examining the primary caregivers of incarcerated young men", *British Journal of Criminology*, 59(2): 378-395; https://academic.oup.com/bjc/article/59/2/378/5106170.

1. Como você caracterizaria esse estudo? O que os pesquisadores estavam tentando descobrir?

2. O estudo se concentrou em "cuidadores primários". Quem são eles e por que são vistos como particularmente importantes? Como a equipe obteve acesso a esse grupo?

3. De que forma os entrevistados sugeriram que o encarceramento teve consequências inesperadas e positivas para seus relacionamentos familiares?

4. Quais são as evidências de que os cuidadores primários respondem de forma diferente ao encarceramento de seu familiar do que outros membros da família? Como isso poderia ser explicado?

5. Sugira maneiras pelas quais os resultados desse estudo poderiam ser usados como informação para a política penal, a fim de ajudar a reduzir a reincidência.

Pensando sobre isso

Robert Reiner (2015) sugere que definir o que significa "crime" não é tão simples quanto a retórica dos políticos geralmente supõe. Ele argumenta que há "pelo menos" cinco construções de crime:

- *legal* — ações ou omissões que são infrações puníveis por lei;
- *normativo* — ações que causam danos graves, sejam ou não puníveis por lei;
- *social/cultural* — aqueles atos que são amplamente considerados desviantes dentro de uma determinada sociedade;
- *justiça criminal* — aqueles crimes processados pelo sistema de justiça criminal que resultam em uma amostra não representativa, sendo rotulada como "criminosos";
- *mídia de massa* — os delitos, os perpetradores e as vítimas que aparecem com mais frequência nos meios de comunicação de massa e que podem ter pouca relação com as estatísticas oficiais.

Cite alguns exemplos de "crime" com base em cada versão. Essas cinco construções do crime são simplesmente diferentes e incompatíveis? Em que construção ou construções as perspectivas teóricas do crime — funcionalista, interacionista, teoria do conflito, teoria do controle — costumam se concentrar? Tente elaborar uma única definição ou construção de crime com a qual todas as perspectivas poderiam funcionar.

Sociedade nas artes

Assista ao filme *NEDS*, de Peter Mullan (2010), que conta a história de John McGill crescendo no centro da cidade de Glasgow nos anos 1970. A jornada de McGill o leva de "idiota" da escola a membro de gangue, envolvido em violência, cultura de faca, crime e o que hoje seria chamado de comportamento antissocial. Explique o que o filme tem a dizer sobre os seguintes temas:

- a gravidade do dano causado pelo comportamento antissocial;
- o papel da polícia e das agências de controle social na prevenção ou no aumento dos níveis de crime e desvio de conduta;
- o efeito impeditivo do sistema prisional nas escolhas e decisões dos jovens;
- o processo interacional de rotulação e seu papel na criação de identidades desviantes;
- teorias do crime e desvio dos jovens.

Esse filme, supostamente "socialmente realista", é realmente apoiado por evidências de pesquisa da criminologia e da sociologia do desvio?

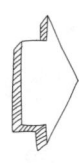

Outras leituras

Um bom lugar para começar é *Crime and deviance* (Basingstoke: Palgrave Macmillan), de Tony Lawson e Tim Heaton (2009). *Crime: the mystery of the common-sense concept* (Cambridge: Polity), de Robert Reiner (2016), oferece um guia conciso para os diversos significados de "crime". *Shades of deviance: a primer on crime, deviance and social harm* (2014), editado por Rowland Atkinson (Abingdon: Routledge), é diversificado, com muitos capítulos úteis, e *Criminology: the basics* (2. ed., Abingdon: Routledge), de Sandra Walklate (2011), é um livro muito útil que trata de teorias e pesquisas criminológicas.

Para o crime no contexto britânico, *Crime and society* (2. ed., London: Longman), de Hazel Croall (2011), é uma excelente pesquisa. Outro livro abrangente é *Criminology: a sociological introduction* (2014), de Eamonn Carrabina, Pamela Cox, Pete Fussey, Dick Hobbs, Nigel South, Darren Thiel e Jackie Turton (3. ed., London: Routledge). Para teorias de crime e desvio, *Understanding deviance* (7. ed., Oxford: Oxford University Press), de David Downes, Paul Rock e Eugene McLaughlin (2016), é provavelmente o melhor recurso.

Duas boas obras de referência são *The Sage Dictionary of criminology* (2019), editado por Eugene McLaughlin e John Muncie (3. ed., London: Sage), que é exatamente o que o título diz (um dicionário de criminologia). Em seguida, o texto de maior autoridade é a coleção indispensável de ensaios de Alison Liebling, Shadd Maruna e Lesley McAra (2017), em *The Oxford handbook of criminology* (6. ed., Oxford: Oxford University Press).

Para ver uma seleção de leituras originais sobre crime e desvio de conduta, consulte *Sociology: introductory readings* **(4. ed., Cambridge: Polity, 2021).**

Links da internet

Em **loja.grupoa.com.br**, acesse a página do livro por meio do campo de busca e clique em Material Complementar para ver as sugestões de leitura do revisor técnico à edição brasileira, além de outros recursos (em inglês).

The British Journal of Criminology — uma das principais revistas de criminologia do mundo:
https://academic.oup.com/bjc

Critical Criminology (USA) — para a "nova" criminologia e seu desenvolvimento posterior:
www.critcrim.org/

Centre for Crime and Justice Studies — uma organização de "caridade de interesse público" independente, que promove a centralidade da justiça social, com sede em Londres, no Reino Unido:
www.crimeandjustice.org.uk

EU Agency for Fundamental Rights — alguns materiais úteis sobre crimes de ódio na UE:
https://fra.europa.eu/en/themes/hate-crime

World Prison Brief — uma base de dados internacional de estatísticas prisionais hospedada pelo Institute for Criminal Policy Research em Birkbeck, na Universidade de Londres:
www.prisonstudies.org/

The Howard League for Penal Reform — organização de caridade para reforma penal no Reino Unido:
https://howardleague.org

NACRO — organização de caridade no Reino Unido voltada para a prevenção do crime e o bem-estar dos infratores:
www.nacro.org.uk

United Nations Office on Drugs and Crime — muita informação sobre diversos tipos de crimes em âmbito internacional e crime organizado:
www.unodc.org/unodc/index.html?ref=menutop

Glossário

Ação direta Uma forma de ação política, associada a novos movimentos sociais, na qual ativistas protestam no próprio local do problema em questão — por exemplo, ativistas de mudanças climáticas se prendem a aeronaves nas pistas, em vez de pressionar parlamentares.

Agências de socialização Grupos ou contextos sociais em que ocorrem os processos de socialização. A família, o grupo de amigos, as escolas, a mídia e o local de trabalho são agências importantes de socialização.

Agrisalhamento Termo usado para indicar que uma proporção cada vez maior da população de uma sociedade está se tornando idosa.

Aldeia global Uma noção associada a Marshall McLuhan, que via a disseminação da comunicação eletrônica (como TV e internet) como unindo o mundo em uma única comunidade consistente.

Alfabetização A capacidade de ler e escrever.

Alienação O sentimento de que estamos perdendo o controle sobre nossas próprias capacidades como seres humanos. Karl Marx considerava a alienação sob o capitalismo como a perda de controle por parte dos trabalhadores sobre as tarefas laborais, os produtos do seu trabalho, os outros trabalhadores e a sua "espécie essencial".

Alocação de recursos Como os diferentes recursos sociais e materiais são compartilhados *entre* e empregados *por* grupos sociais ou outros elementos da sociedade.

Ambiente construído Aqueles aspectos do mundo físico que derivam da aplicação de tecnologia, como cidades envolvendo estradas, linhas férreas, fábricas, escritórios, lares privados e outros prédios.

Amor confluente Amor ativo e contingente, ao contrário das qualidades "eternas" do amor romântico.

Amor romântico Diferenciada do amor apaixonado, a ideia do amor romântico emergiu no século XVIII e envolve a ideia de que o casamento se baseia na atração mútua, em vez de razões econômicas. É um prenúncio da ideia de um relacionamento puro, mas também está em tensão com ela.

Amostragem Uma proporção de indivíduos ou casos, a partir de uma população maior, como representativa dessa população como um todo.

Amostragem aleatória Um método de amostragem em que uma amostra é escolhida de modo que cada membro da população tenha a mesma probabilidade de ser incluído.

Amostragem bola de neve Um método de coletar uma amostra para projetos de pesquisa com base na ideia de os sujeitos da pesquisa recrutarem conhecidos e amigos para o estudo.

Amostragem de conveniência A seleção arbitrária de sujeitos para um estudo, com base na oportunidade simples, em vez de uma busca rigorosa por representatividade; usada para estudar grupos sociais difíceis de serem alcançados.

Amplificação do desvio As consequências que podem resultar quando um órgão de controle provoca, sem intenção, mais comportamento desviante (amplificando-o).

Análise conversacional O estudo empírico de conversas, empregando técnicas tiradas da etnometodologia. A análise conversacional analisa detalhes de conversas naturais para revelar os princípios organizacionais da fala e seu papel na produção e reprodução da ordem social.

Análise de *big data* O processo de análise de conjuntos de dados muito grandes para descobrir padrões, tendências e correlações.

Análise do discurso Termo geral que cobre várias abordagens ao estudo do impacto da linguagem sobre a sociedade. A maioria das versões sociológicas da análise do discurso visa a entender o uso da língua dentro de contextos sociais e históricos específicos.

Análise dramatúrgica Abordagem de Goffman do estudo das interações sociais baseada no uso de metáforas tiradas do teatro.

Animismo A crença de que os acontecimentos no mundo são causados pelas atividades de espíritos.

Anomia A falta de normas sociais. O conceito foi usado por Durkheim para descrever sentimentos de falta de finalidade e desespero causados pelas rápidas mudanças sociais no mundo moderno, que afrouxa o domínio das normas existentes.

Antropoceno Uma nova era geológica que recentemente se tornou amplamente aceita e que reconhece que a atividade humana se tornou uma influência fundamental nos sistemas planetários.

Apartheid O sistema oficial de segregação racista estabelecido na África do Sul em 1948 e praticado até 1994.

Aprendizagem ao longo da vida A ideia de que a aprendizagem e a aquisição de habilidades devem ocorrer em todos os estágios da vida do indivíduo, e não apenas no sistema educacional compulsório, formal. Programas de educação de adultos e educação continuada, treinamento em meio de carreira, oportunidades de aprendizagem baseadas na internet e "bancos de aprendizagem" comunitários são maneiras pelas quais os indivíduos podem buscar aprendizagem contínua.

Aprendizagem pela internet Atividade educacional conectada por meio da internet.

Aquecimento global O aumento gradual da temperatura do planeta Terra. Embora o "efeito estufa" ocorra naturalmente, o aquecimento global implica um efeito estufa maior como resultado da atividade humana.

Assédio sexual Propostas, comentários ou comportamentos sexuais de uma pessoa para outra que persistem mesmo que esteja claro que esses comportamentos são indesejados.

Assimilação A aceitação de um grupo minoritário por uma população majoritária, em que o grupo assume os valores e as normas da cultura dominante.

Atavismo Na criminologia, o argumento do século XIX de que os criminosos tinham traços transmitidos ao longo da história da evolução humana, que explicavam a sua criminalidade.

Autoconsciência Consciência da própria identidade social distinta, como uma pessoa separada das outras. Os seres humanos não nascem com autoconsciência, mas adquirem uma consciência de si mesmos como resultado da socialização precoce.

Automação Processos de produção monitorados e controlados por máquinas com supervisão mínima de pessoas.

Autoridade Seguindo Max Weber, é o poder legítimo que uma pessoa ou um grupo tem sobre outro. A autoridade depende da aceitação pelos subordinados do direito daqueles que estão acima deles de dar ordens ou diretrizes.

Benefícios por carência comprovada (*means-tested benefits*) Serviços de assistência social que são disponibilizados apenas a cidadãos que satisfazem certos critérios baseados não apenas na necessidade, mas também nos níveis de renda e economia.

Benefícios universais Os benefícios da assistência social que estão igualmente disponíveis para todos os cidadãos, independentemente do nível de renda ou *status* econômico, sem necessidade de comprovação.

Biodiversidade A diversidade de espécies e formas de vida no planeta Terra.

Bissexual Uma orientação de atividades sexuais ou sentimentos por pessoas de ambos os sexos.

Bode expiatório Um indivíduo ou grupo tratado como se fosse culpado por erros que geralmente surgem de mudança s socioeconômicas.

Brecha digital Desigualdade no acesso a dispositivos digitais, à computação, à internet e aos serviços *on-line*. A desigualdade digital prejudica particularmente as pessoas mais velhas, mas também tende a espelhar as desigualdades sociais existentes de classe, deficiência, raça e etnia.

Burocracia Uma organização hierárquica que assume a forma de uma pirâmide de autoridade. Segundo Weber, a burocracia moderna é o tipo mais eficiente de organização humana de grande escala, tendo, assim, mais chances de ser disseminada.

Cadeias produtivas globais Uma rede mundial de mão de obra e processos de produção que gera um produto acabado.

Campo No trabalho de Pierre Bourdieu, são os contextos sociais nos quais as pessoas disputam por vantagem competitiva e dominância, usando formas variadas de capital. Cada campo tem seu próprio conjunto de regras: por exemplo, o campo da arte e da fruição da arte tem um conjunto de regras muito diferente do campo dos negócios.

Capital cultural Tipos de conhecimento, habilidades e educação que conferem vantagens àqueles que os adquirem. O capital cultural pode ser incorporado (em formas de discurso ou comportamento corporal), objetificado (em produtos culturais como obras de arte) ou institucionalizado (em qualificações educacionais).

Capital econômico No trabalho de Pierre Bourdieu, são os recursos como dinheiro e propriedades que fazem parte de um sistema de troca material.

Capital simbólico No trabalho de Pierre Bourdieu, aqueles recursos que conferem um *status* elevado, distinção, honra e prestígio social às pessoas. Por exemplo, o trabalho voluntário de caridade pode levar uma pessoa a ser estimada de uma forma que ela não conseguiria por meio do seu emprego formal ou da propriedade de uma empresa.

Capital social O conhecimento e as conexões sociais que proporcionam que as pessoas realizem seus objetivos e ampliem sua influência.

Capitalismo Um sistema econômico baseado na busca de lucro e troca de mercado. O "capital" se refere a qualquer recurso, incluindo dinheiro, propriedade e máquinas, que possa ser usado para produzir bens para venda ou ser investido em um mercado na esperança de se obter lucro.

Capitalistas Aqueles que têm os meios de produção — empresas, terras ou ações —, usando-as para gerar retornos econômicos.

Casamento Um relacionamento de ordem sexual socialmente aprovado entre dois indivíduos. O casamento quase sempre envolve duas pessoas de sexos opostos, mas, em algumas culturas, certos tipos de casamento homossexual são permitidos. Recentemente, muitas sociedades passaram a aceitar o casamento *gay*.

Casta Uma forma de estratificação em que a posição social do indivíduo é fixa ao nascer e não pode ser mudada. O sistema de castas na Índia já existe há muito tempo.

Causação A influência causal de um fator sobre outro. Os fatores causais em sociologia incluem as razões que os indivíduos dão para o que fazem, bem como influências externas sobre seu comportamento.

Chão de vidro A capacidade de pais abastados nos grupos de classes sociais mais altas de usar seus recursos para proteger seus filhos da mobilidade descendente.

Ciberespaço Redes eletrônicas de interação entre indivíduos em diferentes terminais de computador, conectando pessoas em uma dimensão que não considera os limites territoriais ou a presença física.

Ciclo de vida A visão de senso comum de que todos os seres humanos passam pelos mesmos estágios biológicos do nascimento até a morte (em contraste com curso da vida).

Cidadania ecológica Uma extensão relativamente recente da cidadania para incluir os direitos e as responsabilidades de pessoas para com o meio ambiente natural, ou a "natureza".

Cidade Nos tempos modernos, a maior forma de assentamento humano. Na teoria sociológica, "uma entidade sociológica que é formada espacialmente", caracterizada por laços sociais frouxos e pelas atitudes racionais e práticas de seus habitantes.

Cidade global Uma cidade, como Londres, Nova Iorque ou Tóquio, que se tornou um centro organizador da nova economia global.

Cidade inteligente Uma cidade ou região da cidade projetada com tecnologias digitais incorporadas, com o objetivo de eliminar alguns dos problemas crônicos que atormentam as cidades convencionais, incluindo congestionamento, má qualidade do ar e falta de coordenação.

Cidade sustentável Um tipo de cidade projetada para minimizar a entrada de energia e outros recursos e reduzir sua produção de resíduos, incluindo CO_2 e poluentes. As cidades sustentáveis visam a reduzir seu impacto ambiental na medida do possível.

Ciência A ciência — e a sociologia como atividade científica — envolve a busca disciplinada de dados empíricos, combinada com a construção de abordagens teóricas e teorias que esclareçam ou expliquem esses dados.

Cisgênero Termo que indica pessoas cuja identidade de gênero e/ou desempenho corresponde ao que lhe é atribuído no nascimento ou de acordo com as normas dominantes de masculinidade e feminilidade.

Classe Para Marx, um grupo de pessoas que têm uma relação comum com os meios de produção, como proprietários ou não proprietários. Weber enxergava a classe como uma categoria econômica, mas enfatizava a sua interação com o *status* social e as afinidades de afiliação "partidária". Definições mais recentes enfatizam a ocupação, a posse de propriedades e a riqueza ou os estilos de vida.

Classe alta Uma classe social composta principalmente pelos membros mais abastados da sociedade, especialmente aqueles que herdaram fortuna ou possuem grandes empresas ou grandes quantidades de ações.

Classe de serviços Termo adotado por John H. Goldthorpe para descrever aqueles cujo emprego se baseia em um código de serviço, em vez de um contrato, e cujo trabalho, portanto, envolve um elevado grau de confiança e autonomia. A classe de serviços se refere a empregados profissionais, administrativos de nível superior e gerenciais de nível superior.

Classe etária O sistema nas culturas em pequena escala em que as pessoas de idades semelhantes pertencentes a um grupo são categorizadas juntas e têm direitos e obrigações semelhantes.

Classe média Um espectro amplo de pessoas que trabalham em ocupações profissionais, gerenciais e administrativas, com normas, valores e estilos de vida associados.

Classe trabalhadora Uma classe social composta principalmente por pessoas envolvidas em ocupações manuais e de "colarinho azul".

Coabitação Duas pessoas que vivem juntas em um relacionamento sexual com um certo grau de permanência, sem serem casadas.

Código elaborado Uma forma de discurso que envolve o uso deliberado e construído de palavras para designar significados precisos e adaptáveis a diversos ambientes culturais.

Código restrito Um modo de falar que se baseia em visões culturais fortemente desenvolvidas, de modo que muitas ideias não precisam ser — e não são — colocadas em palavras.

Cognição Processos de pensamento humano envolvendo a percepção, o raciocínio e a recordação.

Colonialismo Processo pelo qual as nações ocidentais estabelecem seu domínio em partes do mundo distantes de seus territórios domésticos.

Comportamento coletivo Atividades de pessoas e grupos sociais que normalmente emergem espontaneamente, como multidões, tumultos, pânico e assim por diante.

Compulsão por proximidade A necessidade que os indivíduos sentem de interagir com outras pessoas em situações presenciais, e não a distância.

Computação em nuvem A prática de usar um serviço pela internet, por meio de centros de processamento de dados (*data centers*) remotos que armazenam, gerenciam e processam dados, em vez de um dispositivo individual.

Comunicação A transmissão de informações de um indivíduo ou grupo para outro, incluindo a conversa cara a cara, o uso da linguagem e de pistas corporais e a mídia impressa e eletrônica, como as salas de bate-papo na internet e os *smartphones*.

Comunicação não verbal A comunicação entre indivíduos baseada na expressão facial ou nos gestos corporais, em vez do uso da língua.

Comunidade virtual Grupos baseados na internet, fundamentados em discussões públicas que são duradouras e contêm sentimentos humanos suficientes para constituir relacionamentos pessoais no ciberespaço.

Comunismo Teoricamente, uma sociedade caracterizada pela propriedade comunal dos meios de produção e distribuição. Geralmente associado a Karl Marx e usado para descrever a antiga União Soviética e grande parte da Europa Oriental.

Concepção materialista da história Visão desenvolvida por Marx, segundo a qual fatores "materiais" ou econômicos têm um papel predominante em determinar mudanças históricas.

Configurações Na sociologia figuracional, os padrões sociais formados pela interligação de pessoas que estão inevitavelmente em relações de interdependência umas com as outras.

Conjunto de *status* O grupo de *status* sociais de um indivíduo.

Consciência de classe O processo pelo qual as classes trabalhadoras nas sociedades capitalistas se tornariam conscientes de sua posição de classe subordinada e explorada. Na teoria marxista, esse é um passo necessário para a revolução.

Consenso moral Os valores compartilhados que os funcionalistas enfatizavam, os quais, segundo eles, são necessários para uma sociedade ordenada.

Consequências não intencionais Todos aqueles efeitos imprevistos que resultam de ações intencionais de pessoas, organizações e governos, especialmente aqueles que trabalham contra os objetivos originais dos atores envolvidos.

Construcionismo social Abordagem de pesquisa sociológica que considera a realidade social como criação da interação entre indivíduos e grupos.

Consumo coletivo Um conceito utilizado por Manuel Castells em referência a processos de consumo de bens comuns promovidos pela cidade, como os serviços de transporte e as instalações para lazer.

Controles Um meio estatístico ou experimental de manter certas variáveis constantes para examinar a influência causal de outras.

Conurbação Um agrupamento de cidades, formando um grande ambiente urbano contínuo.

Convergência de mídia O crescente entrelaçamento de formas de mídia anteriormente separadas e distintas.

Coorte Um grupo de pessoas que compartilha experiências comuns dentro de um certo período de tempo, usado geralmente em relação às "coortes natais" — pessoas que nasceram nos mesmos anos.

Corporações transnacionais Corporações empresariais localizadas em dois ou mais países. Mesmo quando as corporações transnacionais têm uma base nacional clara, elas são voltadas para mercados globais e lucros globais.

Correlação Uma relação regular entre duas dimensões ou variáveis, muitas vezes expressas em termos estatísticos. As correlações podem ser positivas ou negativas. Uma correlação positiva entre duas variáveis ocorre onde um nível elevado em uma variável é associado regularmente a um nível elevado na outra. Tem-se uma correlação negativa quando um nível elevado em uma variável é associado regularmente a um nível baixo na outra.

Cosmopolitismo Um conceito que descreve uma abordagem teórica que vai além do pensamento baseado no Estado-Nação para analisar o mundo humano como uma única comunidade.

Crime Qualquer ato que viole as leis estabelecidas por uma autoridade política.

Crime cibernético Atividades criminosas por meio de redes eletrônicas, ou envolvendo o uso de novas tecnologias da informação. Lavagem de dinheiro eletrônica, roubo de identidades pessoais, vandalismo eletrônico e monitoramento da correspondência eletrônica são alguns tipos de cibercrime.

Crime corporativo Crimes cometidos por grandes corporações na sociedade, incluindo poluição, falsa publicidade e violações de normas de saúde e segurança.

Crime de "colarinho branco" Atividades criminosas realizadas por indivíduos em empregos profissionais ou de "colarinho branco".

Crimes de ódio Atos criminosos (como agressões) direcionados a membros de um grupo social específico puramente por causa dessa associação. Os crimes de ódio incluem ataques a membros de grupos religiosos ou étnicos, *gays* e lésbicas, pessoas com deficiência e outros.

Crime estatal De um modo geral, atividades criminosas ou desviantes cometidas por governos ou agências estatais em benefício próprio.

Crime organizado Tipos de atividade que são semelhantes aos negócios ortodoxos, mas são ilegais, incluindo tráfico de seres humanos, jogo ilegal, comércio de drogas, prostituição, roubo em grande escala e esquemas de proteção.

Criminalização Os processos pelos quais certos indivíduos, grupos ou comportamentos são categorizados como criminosos e, portanto, sujeitos a sanções legais.

Criminologia O estudo de formas de comportamento que são sancionadas pela lei criminal e pelos sistemas de justiça.

Criminologia ambiental Uma abordagem para redução e prevenção do crime com foco em projetar ambientes resistentes ao crime, em vez de tentar reformar os criminosos.

Crise de masculinidade O argumento de que as formas tradicionais de masculinidade estão sendo solapadas e que os homens jovens não se sentem seguros de si mesmos e de seu papel na sociedade.

Culto Um agrupamento religioso fragmentário, ao qual os indivíduos se associam de forma livre, mas que não possui uma estrutura permanente. Os cultos muitas vezes se formam ao redor de um líder inspirador.

Cultura de dependência Termo popularizado por Charles Murray para descrever a forma como a dependência dos benefícios de bem-estar social prejudica a capacidade dos indivíduos de ganhar a vida por meio de seus próprios esforços.

Cultura de pobreza A tese de que a pobreza não é o resultado de inadequações individuais, mas o resultado de ser socializado em uma cultura mais ampla que transmite valores, crenças, estilos de vida, hábitos e tradições comuns entre pessoas em condições de privação material.

Cultura jovem Os atributos culturais específicos que muitos jovens apresentam em determinado período. A cultura jovem envolve normas de comportamento, códigos de vestuário, uso da língua e outros aspectos, muitos dos quais tendem a diferir da cultura adulta da época.

Cultura participativa Uma cultura com barreiras relativamente baixas à expressão artística e ao engajamento cívico que envolve compartilhamento e apoio ao compartilhamento e que desgasta a fronteira entre produtores ativos e consumidores passivos.

Currículo oculto Traços ou posturas comportamentais que são aprendidos na escola, mas que não estão incluídos no currículo formal. O currículo oculto é a "agenda tácita" da escolarização — transmitindo, por exemplo, aspectos de diferenças entre os gêneros.

Curso da vida As várias transições que as pessoas experimentam ao longo de suas vidas. Essas transições variam muito ao longo da história e das culturas, portanto, o curso de vida é moldado social e biologicamente (em contraste com o ciclo de vida).

Curva de Kuznets Uma fórmula que mostra que a desigualdade aumenta durante os primeiros estágios do capitalismo industrial, depois decai e, finalmente, se estabiliza em um nível relativamente baixo.

Curva idade-crime Descreve a constatação consistente de que o envolvimento na criminalidade aumenta durante a adolescência, atinge o pico em meados do final da juventude, mas depois volta a cair, diminuindo à medida que as pessoas chegam à idade adulta.

Customização em massa A produção em grande escala de objetos projetados para clientes específicos por meio do uso de novas tecnologias.

Cyberbullying A segmentação, o assédio e a ameaça de pessoas por meio de tecnologias digitais, incluindo mídias sociais, salas de bate-papo, *e-mail* e mensagens de texto.

Degradação do solo O processo pelo qual a qualidade da terra piora e seus elementos naturais valiosos são esgotados pelo uso excessivo, por secas ou pela fertilização inadequada.

Democracia Sistema político que proporciona a participação dos cidadãos no processo decisório político, muitas vezes pela eleição de representantes para as instituições governamentais.

Democracia liberal Um sistema de democracia baseado em instituições parlamentares, ligado ao sistema de livre mercado na área da produção econômica.

Democracia participativa Sistema de democracia em que todos os membros de um grupo ou uma comunidade participam coletivamente da tomada das principais decisões.

Democracia representativa Sistema político em que as decisões que afetam uma comunidade são tomadas não por seus membros como um todo, mas por pessoas que eles elegem para esse propósito.

Demografia O estudo das características de populações humanas, incluindo o tamanho, a composição e a dinâmica.

Denominação Seita religiosa que perdeu seu dinamismo revivalista e se tornou um corpo institucionalizado, buscando a adesão de um número significativo de pessoas.

Dependência da previdência Situação em que pessoas que recebem benefícios da previdência social, como aquelas que recebem seguro-desemprego, tratam isso como um "modo de vida", em vez de tentarem obter um emprego remunerado.

Desatenção civil O processo pelo qual indivíduos no mesmo ambiente físico de interação demonstram uns aos outros que estão cientes da presença do outro, sem ser ameaçadores ou excessivamente amigáveis.

Descomodificação No contexto da provisão de bem-estar social, o grau em que os serviços de bem-estar social são livres do mercado. Em um sistema descomodificado, serviços como educação e saúde são oferecidos a todos e não estão ligados a processos mercadológicos.

Desempregado O estado de estar fora do emprego formal remunerado. As taxas de desemprego medem a proporção de pessoas que são "economicamente ativas" e estão disponíveis para trabalhar. Uma pessoa que está "sem trabalho" não está necessariamente desempregada. As donas de casa, por exemplo, não recebem nenhum pagamento, mas geralmente trabalham muito.

Desenvolvimento sustentável A noção de que o crescimento econômico somente deve continuar se os recursos naturais forem reciclados, em vez de esgotados, a biodiversidade for mantida, e a água, a terra e o ar limpo sejam protegidos.

Desertificação Casos de degradação intensa da terra, resultando em condições desérticas sobre grandes áreas.

Desigualdade de gênero As diferenças de *status*, poder e prestígio que as mulheres e os homens têm em grupos, coletividades e sociedades.

Desigualdade econômica global Desigualdades de renda e padrões materiais de vida entre os Estados-Nações do mundo. Muitos estudos sobre a desigualdade econômica global enfocam as diferenças entre os mundos desenvolvido e em desenvolvimento.

Desigualdade social A distribuição estruturada e desigual de recursos, recompensas, oportunidades e direitos, enraizada em grandes divisões sociais como classe social, gênero, raça e etnia.

Desinstitucionalização Processo pelo qual indivíduos tratados em instalações estatais são devolvidos às suas famílias ou a residências junto à comunidade.

Deslocamento A transferência de ideias ou emoções de sua fonte verdadeira para outro objeto.

Desmatamento A destruição de terra florestada, geralmente por madeireiras comerciais.

Desqualificação Processo pelo qual as habilidades de trabalhadores são diminuídas ou, com o tempo, eliminadas, sendo substituídos por máquinas e/ou gerentes.

Desvio Modos de ação que não seguem as normas ou os valores da maioria dos membros de um grupo ou uma sociedade. O que é considerado "desviante" varia muito conforme a sociedade.

Desvio primário Um ato inicial de crime ou desvio. Segundo Lemert, atos no nível do desvio primário permanecem marginais à identidade pessoal do indivíduo.

Desvio secundário Uma ideia associada a Lemert. O desvio secundário ocorre quando um rótulo é atribuído ao indivíduo que realiza o ato, como quando a pessoa que furta a uma loja é rotulada como "ladrão".

Diáspora A dispersão de uma população étnica de uma terra original para áreas estrangeiras, muitas vezes de maneira forçada ou em circunstâncias traumáticas.

Discriminação Ações que negam aos membros de um determinado grupo os recursos ou as gratificações que estão disponíveis para a maioria.

Discursos O modelo de pensamento em uma determinada área da vida social. Por exemplo, o discurso da criminalidade se refere a formas de pensamento dominantes das pessoas a respeito do crime.

Disforia de gênero Uma situação em que um indivíduo experimenta angústia devido à percepção de incompatibilidade entre sexo biológico e identidade de gênero.

Disfunção Aspectos da vida social que desafiam ou criam tensão em um sistema social.

Divisão do trabalho A divisão de um sistema de produção para tarefas ou ocupações especializadas, criando interdependência econômica.

Dualismo Literalmente, a condição de ser dividido em duas partes. Na teorização sociológica, os dualismos incluem mente e corpo, indivíduo e sociedade, estrutura e agência, micro e macro.

Ecoeficiência O desenvolvimento de tecnologias que geram crescimento econômico, mas que o fazem a um custo mínimo para o meio ambiente.

Ecologia urbana Uma abordagem ao estudo da vida urbana baseada em uma analogia com a adaptação de plantas e organismos ao ambiente físico. Segundo os teóricos ecológicos, os diversos bairros e zonas dentro das cidades são formados como resultado de processos naturais de adaptação por parte das populações urbanas, à medida que competem por recursos.

Economia O sistema de produção e trocas que provê as necessidades materiais de indivíduos que vivem em uma determinada sociedade. Os sistemas econômicos diferem bastante; o capitalismo se tornou o sistema mais dinâmico e mais adotado no mundo contemporâneo.

Economia do conhecimento Uma sociedade que não se baseia mais principalmente na produção de bens materiais, mas na produção do conhecimento em universidades e instituições de pesquisa, que é aplicado à produção.

Economia *gig* Um setor da economia caracterizado por contratos de curto prazo, zero hora ou *freelance*, em que os trabalhadores são pagos por tarefa, em vez de serem funcionários permanentes.

Economia informal Transações econômicas realizadas fora da esfera do emprego remunerado convencional.

Economia política Estudo das maneiras pelas quais as instituições políticas do governo e os sistemas econômicos influenciam uns aos outros.

Economia religiosa Um arcabouço teórico dentro da sociologia da religião, que postula que as religiões podem ser compreendidas como organizações que competem entre si por recursos e seguidores.

Educação Uma instituição social que promove e possibilita a transmissão de conhecimento e habilidades ao longo das gerações.

Educação superior Educação além do nível escolar, em faculdades ou universidades.

Efeito estufa O acúmulo de gases que retêm o calor dentro da atmosfera terrestre. Embora um efeito estufa "natural" mantenha as temperaturas da Terra em um nível confortável, o acúmulo de concentrações elevadas de gases de efeito estufa por meio das atividades humanas foi ligado ao aquecimento global mais acelerado.

Efervescência coletiva A sensação de energia enaltecida gerada em reuniões e rituais coletivos, usado por Durkheim para explicar a experiência religiosa como algo essencialmente social.

Egocêntrico O pensamento egocêntrico envolve a compreensão de objetos e eventos no ambiente exclusivamente em termos da posição de uma criança muito jovem.

Elite Um pequeno grupo social mais ou menos coeso que governa a maioria das pessoas em uma sociedade.

Emigração O movimento de pessoas para fora de um país, para se fixarem em outro.

Encontro A reunião entre dois ou mais indivíduos em uma situação de interação presencial. Nas sociedades modernas, muitos dos encontros que temos com outras pessoas envolvem estranhos, em vez de amigos e família.

Endogamia A proibição de casamento ou relações sexuais fora do grupo social do indivíduo.

Endógenas Em sociologia, coisas que se desenvolvem ou se originam dentro da sociedade em estudo, em vez de serem introduzidas de fora (exógenas).

Entrevistas Conversas a dois visando a evocar informações sobre algum aspecto da vida social. As entrevistas podem ser estruturadas, semiestruturadas ou abertas, dependendo do tipo de informação desejado.

Envelhecimento Combinação de processos biológicos, psicológicos e sociais que afetam as pessoas à medida que envelhecem.

Epidemia A ocorrência de uma doença infecciosa que se espalha rapidamente por uma comunidade específica.

Epidemiologia O estudo da distribuição e da incidência de doenças e enfermidades dentro da população.

Equidade intergeracional Um conceito baseado na ideia de que a igualdade e a justiça devem ser aplicadas ao longo das gerações. A preocupação atual está relacionada às desvantagens sentidas pelas gerações mais jovens.

Escolarização Um processo formal de instrução, geralmente em ambientes organizacionais especializados — as escolas. A escolarização transmite os tipos de habilidades e conhecimentos por meio de um currículo definido.

Escolhas de estilo de vida Decisões que os indivíduos tomam sobre seu consumo de bens, serviços e cultura; muitos sociólogos consideram as escolhas de estilo de vida como reflexões importantes da posição na hierarquia de classe.

Escravidão Uma forma de estratificação social em que alguns indivíduos literalmente são pertencentes a outros como suas propriedades.

Escravidão moderna Todas as formas de práticas semelhantes à escravidão que são comuns no mundo contemporâneo, incluindo tráfico sexual, trabalho doméstico forçado, casamento forçado e servidão por dívida.

Esfera pública Uma ideia associada ao sociólogo alemão Jürgen Habermas. A esfera pública é a arena do debate e da discussão públicos nas sociedades modernas.

Espaço pessoal O espaço físico que os indivíduos mantêm entre si mesmos e os outros.

Essencialismo A suposição de que o comportamento humano e/ou os fenômenos sociais podem ser explicados com referência a uma "natureza humana" fixa ou algum outro elemento biológico universal e imutável.

Estabilização da personalidade Segundo os funcionalistas, a segurança emocional fornecida pela família nuclear convencional para os indivíduos adultos que a constituem.

Estado Um aparato político (instituições governamentais, mais funcionários públicos) que governa um determinado território, com uma autoridade respaldada por lei e a capacidade de usar a força. Nem todas as sociedades são caracterizadas pela existência de um Estado. O surgimento do Estado destaca uma transição marcante na história humana, pois a centralização do poder político envolvido na formação do Estado introduz novas dinâmicas nos processos de mudança social.

Estado de bem-estar social Sistema político que proporciona uma ampla variedade de benefícios da assistência social a seus cidadãos.

Estado-Nação Um tipo particular de estado em que um governo tem poder soberano dentro de uma área territorial definida e a massa da população são cidadãos que se reconhecem como parte de uma única comunidade nacional.

Estados autoritários Sistemas políticos em que as necessidades e os interesses do Estado têm prioridade sobre os dos cidadãos médios e a participação popular em questões políticas é negada ou severamente limitada.

Estágio operacional concreto Um estágio de desenvolvimento cognitivo, conforme formulado por Piaget, em que o pensamento da criança se baseia principalmente na percepção física do mundo, e não em conceitos abstratos ou situações hipotéticas.

Estágio operacional formal Segundo a teoria de Piaget, um estágio de desenvolvimento cognitivo em que a criança em desenvolvimento se torna capaz de entender conceitos abstratos e situações hipotéticas.

Estágio pré-operacional Um estágio de desenvolvimento cognitivo, na teoria de Piaget, no qual a criança avançou suficientemente para dominar modos básicos de pensamento lógico.

Estágio sensório-motor Segundo Piaget, um estágio do desenvolvimento cognitivo humano em que a consciência da criança sobre seu ambiente é dominada pela percepção e pelo tato.

Estamento Uma forma de estratificação envolvendo desigualdades entre grupos de indivíduos estabelecida por lei.

Estereótipo Caracterização fixa e inflexível de um grupo de pessoas com base em nenhuma ou pouca evidência.

Estigma Qualquer característica física ou social considerada degradante.

Estratificação social A existência de desigualdades estruturadas entre grupos na sociedade, em termos de seu acesso a gratificações materiais ou simbólicas. Embora todas as sociedades envolvam algumas formas de estratificação, a forma mais característica de estratificação nas sociedades modernas envolve divisões de classes.

Estrutura social Padrões de interação entre indivíduos, grupos e instituições. A maioria das nossas atividades é estruturada: elas são organizadas de maneira regular e repetitiva.

Estruturação O processo bidirecional pelo qual moldamos nosso mundo social por meio de nossas ações individuais, mas em que também somos moldados pela sociedade.

Estudos configuracionais Uma perspectiva teórica, partindo da obra de Norbert Elias, que dispensa as formas filosóficas de pensamento, insistindo que a sociologia é uma disciplina distinta que estuda as pessoas e as relações interdependentes que elas formam umas com as outras.

Estudos de deficiência Campo de pesquisa que investiga a posição de pessoas com deficiência nas sociedades, incluindo as experiências, a história e as campanhas de pessoas com deficiência e suas organizações.

Estudos de vitimização Levantamentos que visam a revelar a proporção da população que foi vitimizada pelo crime durante um certo período. Os levantamentos de vítimas tentam compensar os "números obscuros do crime não informado", concentrando-se diretamente na experiência das pessoas com o crime.

Estudos-piloto Experimentos de teste em pesquisas.

Etarismo Discriminação ou preconceito contra uma pessoa por motivos de idade.

Etnia Termo usado por Anthony Smith para descrever um grupo que compartilha noções de uma ancestralidade comum, uma identidade cultural comum e uma relação com uma pátria específica.

Etnicidade Uma forma de identidade social relacionada a "diferenças de ancestralidade e culturais" que se tornam efetivas ou ativas em certos contextos sociais.

Etnocentrismo Entender as ideias ou práticas de outra cultura segundo a sua própria cultura. O etnocentrismo julga outras culturas negativamente em comparação com a cultura local.

Etnografia O estudo de pessoas em primeira mão, usando observação participante ou entrevistas.

Etnometodologia O estudo de como as pessoas conferem sentido ao que os outros dizem e fazem no decorrer das interações sociais cotidianas. A etnometodologia se preocupa com os "etnométodos" pelos quais os seres humanos fazem trocas significativas uns com os outros.

Eutanásia O fim intencional da vida de uma pessoa para aliviar o sofrimento extremo.

Evangelicalismo Uma forma de protestantismo caracterizada pela crença no renascimento espiritual ("nascer de novo").

Evolução social Teoria utilizada originalmente por estudiosos do século XIX que buscavam usar a teoria evolucionista da biologia para estudar o desenvolvimento de sociedades no longo prazo.

Exclamações de reação Exclamações aparentemente involuntárias que os indivíduos fazem quando, por exemplo, são pegos de surpresa, deixam cair algo sem querer ou expressam prazer.

Exclusão social O resultado de diversas privações que impedem os indivíduos ou grupos de participar plenamente da vida social, econômica e política da sociedade onde se localizam.

Exibições familiares Todas as maneiras pelas quais as pessoas demonstram aos outros que estão engajadas em práticas e relacionamentos "familiares" apropriados.

Expectativa de vida O tempo que as pessoas podem esperar viver, em média. Especificamente, refere-se ao número de anos que se pode esperar que um recém-nascido viva se os padrões predominantes de mortalidade permanecerem iguais ao longo da sua vida.

Experimento Método de pesquisa em que é possível testar uma hipótese de maneira controlada e sistemática, seja em uma situação artificial construída pelo pesquisador ou em ambientes de ocorrência natural.

Exploração Uma relação social ou institucional em que uma das partes se beneficia às custas da outra por meio de um desequilíbrio de poder.

Fake news Informações, apresentadas como notícias, que são totalmente falsas ou contêm elementos deliberadamente enganosos no conteúdo.

Família Um grupo de indivíduos relacionados entre si por laços de sangue, casamento ou adoção e que formam uma unidade, cujos membros adultos são responsáveis pela educação dos filhos.

Família ampliada Um grupo familiar constituído por mais de duas gerações de parentes próximos que vivem na mesma casa ou em relações estreitas e contínuas entre si.

Família nuclear Um grupo familiar que consiste em mãe, pai (ou um deles) e filhos dependentes.

Família reconstituída Família em que pelo menos um dos adultos tem filhos de uma união anterior. As famílias reconstituídas também são conhecidas como "famílias adotivas" ou "famílias mistas".

Famílias binucleares Uma estrutura familiar em que a criança tem pais vivendo em dois lares diferentes após se separarem, ambos envolvidos na criação da criança.

Fase adulta madura Nas sociedades modernas, o período de vida do indivíduo entre os trinta e tantos anos e a idade da aposentadoria, geralmente caracterizado pelo emprego formal e pela formação de uma família.

Fatores de repulsão e atração Nos primeiros estudos sobre a migração global, as forças internas e externas que se acreditava influenciarem os padrões de migração. Os "fatores de repulsão" se referem à dinâmica dentro do país de origem, como o desemprego, a guerra, a fome ou a perseguição política. Os "fatores de atração" descrevem aspectos dos países de destino, como mercado de trabalho flutuante, densidade populacional mais baixa e padrão de vida elevado.

Fatos sociais Segundo Emile Durkheim, os aspectos da vida social que condicionam nossas ações como indivíduos. Durkheim acreditava que os fatos sociais podem ser estudados por meios científicos.

Fechamento social O processo pelo qual os grupos sociais mantêm suas vantagens por meio da implementação de critérios que controlam e excluem quem tem permissão para ingressar no grupo. Frequentemente visto em corpos profissionais em ocupações de alto *status*.

Fecundidade Medição do número de filhos que uma mulher é biologicamente capaz de produzir.

Feminilidade enfatizada Nos escritos de R. W. Connell, a feminilidade enfatizada é um complemento importante à masculinidade hegemônica, pois é orientada para acomodar os interesses e as necessidades dos homens. Muitas representações de mulheres nos meios de comunicação e nas propagandas incorporam a feminilidade enfatizada.

Feminilidade resistente Termo associado aos escritos de Raewyn Connel. As mulheres que incorporam a feminilidade resistente rejeitam as normas convencionais de feminilidade da sociedade ("feminilidade enfatizada") e adotam estilos de vida e identidades liberais. O feminismo e o lesbianismo, por exemplo, são formas de feminilidade resistente.

Feminismo liberal Uma forma de teoria feminista que acredita que a desigualdade de gênero é produzida pelo acesso reduzido para mulheres e garotas aos direitos civis. As feministas liberais costumam buscar soluções por meio de mudanças na legislação.

Feminismo negro Uma linha de pensamento feminista que enfatiza as diversas desvantagens baseadas no gênero, na classe e na raça que definem as experiências de mulheres não brancas. As feministas negras rejeitam a ideia de uma opressão de gênero unificada experimentada igualmente por todas as mulheres.

Feminismo pós-moderno O feminismo pós-moderno envolve, entre outras coisas, a oposição ao essencialismo no estudo do gênero e uma crença nos modos plurais de conhecimento.

Feminismo radical Forma de teoria feminista que acredita que a desigualdade de gênero é resultado da dominação masculina em todos os aspectos da vida social e econômica.

Feminismo socialista Uma perspectiva baseada na ideia de que as mulheres são tratadas como cidadãos de segunda classe em sociedades capitalistas patriarcais e de que a posse dos meios de produção e a experiência social das mulheres devem ser transformadas.

Fenomenologia Uma perspectiva sociológica centrada na compreensão de como o mundo social dado como certo é experimentado de forma variada pelos indivíduos.

Fertilidade Número médio de filhos nascidos vivos produzidos por mulheres em idade fértil em uma determinada sociedade.

Filosofia da ciência Um ramo da filosofia que trata da base e das práticas da ciência em comparação com outras formas de conhecimento.

Fonte primária Todas as fontes que são produzidas originalmente no período de tempo que os pesquisadores desejam estudar (em contraste com fonte secundária).

Fordismo Sistema de produção e consumo, criado por Henry Ford, envolvendo a introdução da linha de montagem móvel e conectando métodos de produção em massa de maneira crucial para o cultivo de um mercado de massa para as mercadorias produzidas, como o carro Modelo T da Ford.

Fortalecimento de alvos Técnicas de impedimento do crime que visam a tornar mais difícil que o crime ocorra, utilizando-se de intervenções diretas em situações de crimes potenciais. Alguns exemplos são imobilizadores de veículos e câmeras de circuito fechado.

Funcionalismo Perspectiva teórica baseada na noção de que os fatos sociais podem ser explicados em termos das funções que cumprem — ou seja, as contribuições que fazem para a continuidade da sociedade.

Funcionalismo estrutural Uma perspectiva teórica em sociologia baseada no trabalho de Talcott Parsons. O funcionalismo estrutural analisa as sociedades como sistemas sociais em que diversas instituições sociais realizam funções específicas, garantindo a operação tranquila do sistema como um todo.

Funções latentes Consequências funcionais que não são pretendidas ou reconhecidas pelos membros do sistema social em que ocorrem.

Funções manifestas As funções de um tipo de atividade social que são voluntárias e conhecidas pelos indivíduos envolvidos na atividade.

Fundamentalismo A crença religiosa no retorno aos significados literais dos textos das escrituras; o termo também é usado para descrever os movimentos baseados nessa crença.

Gênero Expectativas sociais sobre o comportamento consideradas apropriadas para membros de cada sexo, convencionalmente masculino e feminino.

Genocídio A tentativa planejada e sistemática de destruir um grupo racial, político ou cultural.

Gentrificação Processo de remoção urbana em que prédios antigos e decadentes são renovados por pessoas abastadas que se mudam para a área.

Geração Todo grupo de indivíduos que nascem e vivem na mesma época. As gerações não apenas nascem em uma determinada sociedade, como sua experiência é determinada por tal sociedade.

Gerenciamento da impressão A tentativa das pessoas de "gerenciar" ou controlar as impressões que os outros têm delas, escolhendo o que ocultar e o que revelar.

Gerontologia social O estudo do envelhecimento e dos idosos.

Globalização A interdependência cada vez maior entre diferentes povos, regiões e países do mundo, à medida que as relações sociais e econômicas se estendem ao redor do mundo.

Glocalização A mistura de processos globalizantes e contextos locais que leva, muitas vezes, ao fortalecimento, em vez da diminuição, de culturas locais e regionais.

Governança global O arcabouço de regras necessárias para lidar com os problemas globais, e o conjunto diverso de instituições necessárias para garantir esse arcabouço de regras.

Governo Podemos falar de "governo" como um processo, ou de "o governo" em referência às autoridades políticas que coordenam a implementação de suas políticas pelos funcionários. Na maioria das sociedades modernas, as autoridades políticas são eleitas, e seus funcionários são selecionados com base em sua experiência e suas qualificações.

Grandes teorias Teorias que tentam chegar a uma explicação geral para a vida social e/ou o desenvolvimento social. A teoria de Karl Marx sobre as lutas de classe sucessivas como a força motriz da história é um exemplo de uma grande teoria.

Greve Uma interrupção no trabalho ou evasão da mão de obra por um grupo de trabalhadores, para fins específicos.

Grupo de amigos Um grupo de amigos composto por indivíduos de idade e *status* social semelhantes.

Grupo de minoria Um grupo de pessoas que, devido a suas características físicas ou culturais, encontra-se em situações de discriminação ou desigualdade. Os grupos de minorias étnicas não são necessariamente a minoria numérica.

Grupo de referência Um grupo ao qual outros grupos ou indivíduos se comparam para fins de avaliação.

Grupo fechado O meio pelo qual um grupo estabelece um limite claro para si mesmo e, assim, se separa de outros grupos.

Grupo focal Um pequeno grupo de pessoas, selecionadas a partir de uma amostra maior, para participar de uma discussão sobre tópicos de interesse para o pesquisador.

Grupo social Conjunto de indivíduos que interagem de maneiras sistemáticas uns com os outros. Os grupos podem variar de associações muito pequenas a organizações ou sociedades em grande escala. É uma característica definidora de um grupo, qualquer que seja seu tamanho, que seus membros tenham consciência de uma identidade comum.

Guerra O choque entre duas forças armadas organizadas que buscam destruir o poder uma da outra e especialmente sua disposição para resistir, principalmente matando membros da força oposta.

Guerra Fria A situação de conflito entre os Estados Unidos e a União Soviética, juntamente com seus aliados, que existiu do final da década de 1940 até a de 1990. Foi uma guerra "fria" porque os dois lados nunca realmente se envolveram em um confronto militar entre si.

Habitus Na obra de Pierre Bourdieu, o conjunto de disposições (incluindo modos de pensar e agir) que os membros de determinados grupos sociais e classes sociais adquirem, principalmente de maneira inconsciente, em virtude de viverem em condições objetivas semelhantes.

Heteronormatividade É o conjunto de atitudes em uma sociedade e a suposição dominante de que existem dois gêneros (masculino e feminino) e que a heterossexualidade é a norma "natural".

Heterossexualidade Orientação de atividade sexual ou sentimentos em relação a pessoas do sexo oposto.

Hiper-realidade A "mais real que a real", a hiper-realidade resulta da disseminação das comunicações eletrônicas, pois não há mais uma "realidade" separada à qual as representações se referem.

Hipótese Uma ideia, ou uma suposição informada, sobre um determinado estado de coisas, proposta em termos exatos para proporcionar a base para a testagem empírica.

História oral Informações colhidas por meio de entrevistas com pessoas sobre fatos que testemunharam ou vivenciaram anteriormente em suas vidas.

Histórias de vida Estudos sobre as vidas de indivíduos, baseados em autoinformação e em documentos como cartas ou diários.

Homofobia Um medo irracional ou ódio em relação a homossexuais.

Homossexualidade Orientação de atividade sexual ou sentimento em relação a pessoas do mesmo sexo.

Iatrogenia "Doença causada pelo médico". Ivan Illich considerou formas clínicas, sociais e culturais. A iatrogenia clínica é quando as pessoas adoecem como consequência do tratamento médico. A iatrogênese social e cultural ocorre à medida que a medicina se torna poderosa e dominante, desqualificando as pessoas comuns, que se tornam dependentes dos profissionais médicos.

Idade adulta jovem Um estágio do curso da vida entre a adolescência e a idade adulta madura. A idade adulta jovem não é considerada um estágio universal do curso da vida, mas o conceito tem uma certa aceitação nas sociedades desenvolvidas.

Idade social As normas, os valores e os papéis que são culturalmente associados a uma determinada idade cronológica.

Identidade As características do caráter das pessoas que se relacionam com quem são e o que é significativo para elas. Algumas das principais fontes de identidade são o gênero, a orientação sexual, a nacionalidade ou etnicidade e a classe social.

Identidade primária Aquelas identidades formadas no início da vida, como gênero e etnicidade.

Identidade secundária Uma identidade que é principalmente aprendida; identidades secundárias incluem papéis e *status* alcançados.

Ideologia Ideias ou crenças compartilhadas que servem para justificar os interesses de grupos dominantes.

Igreja Um grande grupo de pessoas que pertencem a uma organização religiosa estabelecida. As igrejas geralmente têm uma estrutura formal, com uma hierarquia de autoridades religiosas.

Imaginação sociológica A aplicação do pensamento imaginativo para fazer e responder perguntas sociológicas. A imaginação sociológica envolve o indivíduo "se perder no pensamento" em relação às rotinas familiares da vida cotidiana.

Imigração O movimento de pessoas de um país para outro com o propósito de se estabelecerem.

Imperialismo midiático Uma versão de imperialismo possibilitada pela tecnologia das comunicações, que alguns afirmam ter produzido um império cultural em que o conteúdo oriundo de países industrializados é imposto sobre nações menos desenvolvidas, que não possuem os recursos necessários para manter sua independência cultural.

Incesto Atividade sexual entre familiares próximos.

Incorporação Em sociologia, a noção de que a experiência e a identidade do *self* estão ligadas a corpos individuais, que expressam e definem parcialmente as identidades pessoais.

Individualismo afetivo A crença no vínculo romântico como base para contrair vínculos matrimoniais.

Indução Um modelo de prática científica que postula que os cientistas coletam evidências de quais padrões podem ser observados. Podem seguir-se teorias gerais que fornecem explicações para as observações e os padrões.

Industrialização A substituição do trabalho humano e animal por máquinas, começando com o desenvolvimento de formas modernas de indústria em fábricas, máquinas e processos de produção em larga escala.

Inexpressividade masculina As dificuldades que os homens têm para expressar ou falar sobre seus sentimentos com outras pessoas.

Infância O período inicial da vida de uma pessoa, geralmente dividido em estágios (como bebê, criança, jovem) que conduzem à idade adulta. A infância está sempre sujeita à construção social.

Informalização O processo social pelo qual os códigos formais de maneiras e comportamentos, característicos de um período anterior, perdem o costume entre a população, resultando em uma variedade mais ampla de comportamentos aceitáveis.

Inquietação social O estágio de insatisfação com a sociedade existente, que pode dar vazão a comportamentos coletivos e movimentos sociais concentrados.

Insegurança no emprego Uma sensação de apreensão que os empregados experimentam em relação à estabilidade de sua posição ocupacional e seu papel no local de trabalho.

Instituições totais Termo popularizado por Erving Goffman em referência a instalações como asilos, prisões e monastérios, que impõem sobre seus residentes um sistema de residência forçosamente regulado, em isolamento completo do mundo exterior.

Inteligência artificial (IA) Máquinas computadorizadas que são capazes de realizar tarefas que normalmente exigiriam inteligência humana, como tomada de decisão, reconhecimento de fala e percepção visual.

Interação focada Interação entre indivíduos envolvidos em uma atividade comum ou em uma conversa direta entre si.

Interação não focada Interação que ocorre entre pessoas presentes no mesmo local, mas que não se envolvem em comunicação direta, cara a cara.

Interação social Qualquer forma de encontro social entre indivíduos. A interação social se refere a situações formais e informais em que as pessoas se encontram. Um exemplo de uma situação formal de interação social é uma sala de aula escolar; um exemplo de interação informal é quando duas pessoas se encontram na rua ou em uma festa.

Interacionismo simbólico Uma abordagem teórica em sociologia, desenvolvida por G. H. Mead, que coloca forte ênfase no papel dos símbolos e da língua como elementos fundamentais de toda a interação humana.

Interdependência econômica O resultado da especialização e da divisão do trabalho, quando acaba a autossuficiência, e os indivíduos dependem de outras pessoas para as coisas de que necessitam para sustentar suas vidas.

Internet das Coisas A inserção da capacidade da internet em objetos e dispositivos cotidianos (e novos dispositivos) que permitem o envio e o recebimento de dados sem envolvimento humano adicional.

Internet Um sistema global de conexões entre computadores que permite que as pessoas se comuniquem entre si e encontrem informações na rede mundial de computadores (*worldwide web*) por meios visuais, sonoros e textuais.

Interseccionalidade O estudo de múltiplas opressões e seu impacto. Por exemplo, onde classe e etnia ou gênero e classe se sobrepõem, as pessoas podem enfrentar formas mais profundas e complexas de desigualdade.

Investigação empírica Investigação factual realizada em uma determinada área de estudo sociológico.

Justiça ambiental A noção de que todas as pessoas têm direito a um ambiente saudável e sustentável. As campanhas por justiça ambiental se concentram em remover o risco desproporcional de poluição ambiental sobre as comunidades pobres.

Legitimidade A aceitação por parte dos governados de que determinada situação é justa e válida.

Lei de ferro da oligarquia Termo cunhado por Robert Michels, significando que as grandes organizações tendem à centralização do poder nas mãos de poucos, dificultando a democracia.

Lesbianismo Atividades ou vínculos homossexuais entre mulheres.

Levantamento (*survey*) Método de pesquisa sociológica que geralmente envolve a aplicação de questionários a uma população em estudo e a análise estatística de suas respostas para encontrar padrões ou regularidades.

Limpeza étnica A criação de territórios etnicamente homogêneos por meio da expulsão em massa de outras populações étnicas.

Linha da pobreza Uma medida oficial que os governos usam para definir aqueles que vivem abaixo de um determinado nível de renda, como indivíduos em situação de pobreza.

Macrossociologia O estudo de grupos, organizações ou sistemas sociais de grande escala.

Malthusianismo A ideia, proposta inicialmente por Thomas Malthus em 1798, de que o crescimento populacional tende a esgotar os recursos que o sustentam. Malthus argumentava que as pessoas devem limitar a frequência de suas relações sexuais para evitar o crescimento populacional excessivo e um futuro de miséria e fome.

Masculinidade O conjunto de normas e comportamentos esperados e de atributos e características associados a homens e meninos em uma determinada sociedade. A masculinidade não é fixa, mas muda ao longo do tempo.

Masculinidade cúmplice Termo de Raewyn Connell para um tipo de masculinidade incorporada por muitos homens na sociedade, que não seguem eles mesmos o ideal de "masculinidade hegemônica", mas que se beneficiam de sua posição dominante na ordem de gênero.

Masculinidade hegemônica Na obra de Raewyn Connell, a forma dominante de masculinidade dentro da hierarquia de gênero. Na maioria das sociedades ocidentais atuais, a masculinidade hegemônica é associada à raça branca, à heterossexualidade, ao casamento, à autoridade e à força física.

Masculinidade homossexual De acordo com Connell, formas de masculinidade associadas a homens *gays* que são estigmatizadas e localizadas na base da hierarquia de gênero para homens.

Mediana O número localizado no ponto intermediário em uma sequência de números — um modo de calcular a tendência central que pode ser mais proveitoso do que calcular a média.

Medicalização O processo pelo qual comportamentos "normais", como hiperatividade em crianças, passam a ser definidos e tratados como condições médicas.

Medicina alternativa Diversas terapias que estão fora da prática biomédica ortodoxa e tendem a adotar uma abordagem holística da saúde e da doença.

Megacidades Um termo utilizado por Manuel Castells para descrever espaços urbanos grandes e intensamente concentrados que servem como pontos de conexão para a economia global.

Megalópole A "cidade de todas as cidades", um termo cunhado na Grécia Antiga em referência a uma cidade-Estado que fora planejada para ser invejada por todas as civilizações, mas usada nos tempos modernos em referência a conurbações muito grandes — ou grandes demais.

Meio ambiente O mundo natural, não humano, dentro do qual as sociedades humanas existem. Em seu sentido mais amplo, o meio ambiente é o planeta Terra.

Meios de produção Os meios pelos quais a produção de bens materiais ocorre em uma sociedade, incluindo não apenas a tecnologia, mas as relações sociais entre os produtores.

Melting pot Um modelo de migração baseado na ideia de que as diferenças étnicas podem ser combinadas para criar novos padrões de comportamento baseados em fontes culturais diversas.

Meritocracia Sistema cujas posições sociais são preenchidas com base no mérito e nas realizações individuais, em vez de critérios atribuídos, como riqueza herdada ou origem social.

Metanarrativas Teorias ou crenças amplas e gerais sobre o funcionamento da sociedade e a natureza da mudança social.

Método hipotético-dedutivo Um modelo de prática científica que postula que a ciência começa com uma hipótese ou teoria geral sobre o mundo a partir da qual hipóteses específicas e testáveis podem ser deduzidas e testadas contra evidências observáveis.

Métodos de pesquisa Os métodos de investigação usados para coletar material empírico (factual). Existem muitos métodos de pesquisa diferentes em sociologia, e há uma tendência para os "métodos mistos".

Métodos de pesquisa qualitativos Métodos que coletam dados ricos e detalhados com o objetivo de obter uma compreensão maior dos fenômenos sociais em estudo.

Métodos de pesquisa quantitativos Métodos sociológicos que permitem que os fenômenos sociais sejam mensurados e analisados com o uso de modelos matemáticos e técnicas estatísticas.

Métodos mistos O uso de métodos de pesquisa quantitativa e qualitativa como parte de um único projeto de pesquisa.

Microssociologia O estudo do comportamento humano em contextos de interações presenciais.

Mídia de massa Formas de comunicação em larga escala, como jornais, revistas, rádio e televisão, criadas para alcançar audiências de massa.

Mobilidade intergeracional Movimento ascendente ou descendente ao longo de uma hierarquia de estratificação, de uma geração para a outra.

Mobilidade intrageracional Movimento ascendente ou descendente ao longo de uma hierarquia de estratificação, no decorrer de uma carreira pessoal.

Mobilidade lateral Movimento de indivíduos de uma região de um país para outra, ou entre países.

Mobilidade social Movimento de indivíduos ou grupos entre diferentes posições socioeconômicas. A mobilidade vertical se refere ao movimento ascendente ou descendente ao longo de uma hierarquia em um sistema de estratificação. A mobilidade lateral é o movimento físico de indivíduos ou grupos de uma região para outra.

Mobilidade vertical Movimento ascendente ou descendente ao longo de uma hierarquia de posições em um sistema de estratificação social.

Mobilidades Uma perspectiva sociológica que analisa o movimento de coisas, pessoas e informações, em vez de se concentrar nas relações entre sociedades nacionais estáticas.

Modelo biomédico O conjunto de princípios subjacentes a práticas e sistemas médicos ocidentais. A biomedicina define as doenças de maneira objetiva, segundo a presença de sintomas reconhecidos, e trata a enfermidade de acordo com princípios científicos.

Modelo de três mundos Um modelo mais antigo dividindo o mundo em primeiro, segundo e terceiro mundos: um primeiro mundo de países com altos níveis de desenvolvimento econômico, um segundo mundo de economias emergentes e um terceiro mundo de países mais pobres do Hemisfério Sul, com pouco ou nenhum desenvolvimento industrial.

Modelo de valor agregado dos movimentos sociais O modelo de estágios de Neil Smelser para o desenvolvimento dos movimentos sociais, em que cada estágio sucessivo "agrega valor" ao desenvolvimento geral do movimento.

Modelo individual da deficiência Um modelo que sustenta que as limitações individuais são a principal causa dos problemas por que passam as pessoas com deficiência: acredita-se que a "anormalidade" corporal causa algum grau de "deficiência" ou limitação funcional.

Modelo social da deficiência Teoria que localiza a causa da deficiência na sociedade, em vez do indivíduo. Não são as limitações do indivíduo que causam a deficiência, mas as barreiras que a sociedade coloca no caminho da participação plena para as pessoas com deficiência.

Modernidade O período após o Iluminismo europeu de meados do século XVIII, que se caracterizava pela combinação de secularização, racionalização, democratização, individualismo e a ascensão do pensamento científico.

Modernização ecológica Desenvolvimento econômico que incorpora políticas positivas para proteger o meio ambiente. Os defensores da modernização ecológica afirmam que o crescimento econômico e a proteção ecológica não são incompatíveis.

Modo de produção No marxismo, a característica constitutiva de uma sociedade baseada no sistema socioeconômico predominante dentro dela — por exemplo, capitalismo, feudalismo ou socialismo.

Monarquias Sistemas políticos encabeçados por uma única pessoa, cujo poder é transmitido para sua família ao longo das gerações.

Monopólio Situação em que uma única empresa domina um determinado setor.

Monoteísmo A crença em um único Deus.

Mortalidade A taxa de mortes em uma sociedade, geralmente expressa como número de mortes por mil habitantes.

Morte assistida Uma opção que está sendo buscada por ativistas que permitiria que pessoas com doenças terminais (atendendo a certos critérios) tomassem medicamentos prescritos para acabar com a vida.

Movimento de acomodação ao mundo Um movimento religioso que enfatiza a importância da vida religiosa interior e da pureza espiritual sobre preocupações mundanas.

Movimento de afirmação do mundo Um movimento religioso que busca aumentar a capacidade dos seguidores de vencer no mundo exterior, ajudando-os a revelar o seu potencial humano.

Movimento de rejeição ao mundo Um movimento religioso que é exclusivo em sua natureza, altamente crítico do mundo exterior e exigente com seus membros.

Movimento dos Não Alinhados Um grande grupo de países que não se alinham nem *com* nem *contra* grandes blocos de poder, como os EUA ou a Rússia/antiga União Soviética. O movimento foi formado em 1955 e hoje conta com 120 membros.

Movimento social Tentativas coletivas de buscar um interesse comum ou alcançar um objetivo comum fora da esfera das instituições políticas estabelecidas. Os movimentos sociais visam a gerar ou impedir mudanças sociais e normalmente existem em relações de conflito com organizações às quais eles frequentemente se opõem em relação aos seus objetivos e às suas perspectivas.

Movimentos de alterglobalização Uma coalizão internacional ou global de grupos e redes de protesto que se opõe à economia dominante, neoliberal e global, mas defende formas alternativas de globalização cooperativa sob o *slogan* "Outro mundo é possível".

Mudança climática antropogênica Qualquer mudança significativa no clima global (principalmente aquecimento global) provocada total ou parcialmente por atividades humanas.

Mudança social Alteração nas estruturas básicas de um grupo social ou uma sociedade. A mudança social é um fenômeno onipresente na vida social, mas se tornou especialmente intensa na era moderna.

Multiculturalismo Adoção pelo Estado de uma política de incentivo e facilitação do pluralismo cultural, que permite a todos os grupos étnicos participarem igualmente da vida econômica e política.

Mundo da vida O mundo cotidiano da rotina, da experiência vivida. Um conceito concebido por Alfred Schutz que constitui o assunto básico da sociologia fenomenológica.

Mundos da maioria/minoria Termos abrangentes para descrever coletivamente as sociedades do Sul Global, que constituem a maioria da população mundial, e as do Norte Global, que formam a minoria; uma conceituação alternativa ao uso dos termos "países desenvolvidos" e "países em desenvolvimento", comumente utilizados.

Nação Um grupo de pessoas unidas por um forte senso de características culturais e valores compartilhados, como a língua e a religião, e a percepção de uma história comum.

Nacionalismo Um conjunto de crenças, ideias políticas e movimentos que expressam a identificação com uma determinada comunidade nacional e busca os interesses daquela comunidade.

Nações sem Estados Casos em que os membros de uma nação não têm soberania política (um Estado) sobre a área que reivindicam como sua.

Não binários Identidades de gênero que não são exclusivamente masculinas nem exclusivamente femininas e estão fora dessa distinção binária.

Natureza Atualmente é considerada o ambiente não humano de animais, plantas, mares e terras.

Neoliberalismo A crença econômica de que as forças do livre mercado, alcançadas pela minimização das restrições governamentais às empresas, são a única rota para o crescimento econômico.

Netiqueta O conjunto emergente de conselhos, regras e normas que regem as comunicações *on-line*, particularmente aquelas em *e-mails* e *sites* de mídia social.

Nível *meso* Um nível de realidade social entre o micro e o macro. Muitas vezes, diz-se que inclui famílias, grupos e organizações.

Normas básicas Regras de comportamento que refletem ou incorporam os valores de uma cultura, seja pela prescrição de um determinado tipo de comportamento ou por sua proibição.

Norte Global/Sul Global Desenho em linhas gerais da divisão geográfica das sociedades do mundo que destaca as desigualdades globais, especialmente entre o Norte, principalmente industrializado, e os países pós-coloniais do hemisfério sul.

Nova criminologia Os "novos criminologistas" diziam que o crime e o desvio somente poderiam ser compreendidos no contexto do poder e da desigualdade na sociedade. O crime, portanto, normalmente é considerado como algo de caráter político.

Nova mídia Todas as formas de mídia baseadas na tecnologia digital e na digitalização — celulares e *smartphones*, internet, TV digital, rádio e *videogames*.

Nova migração Um termo que se refere a mudanças nos padrões de migração na Europa após o final da Guerra Fria e a queda do Muro de Berlim, alterando a dinâmica entre os "países de origem" e "países de destino" originais.

Nova sociologia da infância Um paradigma que surgiu no final dos anos 1980 e nos anos 1990, que parte da premissa de que a infância é uma construção social que difere entre as sociedades.

Nova sociologia urbana A partir da década de 1970, uma abordagem ao estudo da vida urbana e do desenvolvimento que se baseia em Marx, no marxismo e na economia política, em vez da perspectiva da ecologia urbana da Escola de Chicago.

Novo racismo Atitudes racistas, também chamadas de racismo cultural, que se baseiam em diferenças culturais ou religiosas, em vez de diferenças biológicas.

Novos movimentos religiosos (NMR) A ampla variedade de grupos, cultos e seitas religiosas e espirituais que emergiu juntamente com as religiões vigentes.

Novos movimentos sociais (NMS) Um conjunto de movimentos sociais que surgiram nas sociedades ocidentais desde a década de 1960, como os movimentos estudantis, a segunda onda do feminismo, o ambientalismo, o movimento antinuclear e as demonstrações "antiglobalização". Os NMs apresentam novas questões sociais, uma forma organizacional frouxa, uma base de classe média e um repertório de ação não violenta.

Observação participante Um método de pesquisa usado amplamente em sociologia e antropologia, no qual o pesquisador participa das atividades de um grupo ou uma comunidade em estudo.

OCDE Organização para Cooperação e Desenvolvimento Econômico — uma organização internacional formada em 1961. A OCDE visa a ajudar seus membros a buscarem "crescimento econômico sustentável" e emprego.

Ocupação Qualquer forma de emprego remunerado em que um indivíduo trabalha de maneira regular.

Offshoring A realocação de empresas, operações comerciais ou tarefas de trabalho de um país para outro. A prática se espalhou recentemente do setor manufatureiro para o setor de serviços, amplamente facilitada pela revolução digital.

Olhar médico Na medicina moderna, a abordagem distanciada e sem juízo de valor que os especialistas médicos adotam ao atender e tratar um paciente doente.

Ordem de gênero Termo associado à obra de R. W. Connell para representar os padrões de relações de poder entre masculinidades e feminilidades disseminadas pela sociedade.

Organismos geneticamente modificados (OGM) Os OGM são plantas ou grãos que foram produzidos pela manipulação dos genes que os compõem.

Organização governamental internacional (OGI) Organização internacional estabelecida por tratados entre governos com o propósito de fazer negócios entre as nações que formam seus membros.

Organização não governamental internacional Organização internacional estabelecida por acordos entre indivíduos ou organizações privadas que formam seus membros.

Orientação sexual A direção da atração sexual ou romântica do indivíduo.

Outro generalizado Um conceito na teoria de George Herbert Mead, segundo o qual o indivíduo assume os valores gerais de um determinado grupo ou sociedade durante o processo de socialização.

Outsourcing A contratação do trabalho de uma empresa, que antes era realizado internamente, desde tarefas simples, como a produção de uma parte de um produto, até o trabalho de departamentos inteiros.

Países centrais Segundo a teoria dos sistemas mundiais, os países industriais mais avançados, que ficam com a maior parte dos lucros do sistema econômico mundial.

Países desenvolvidos Aqueles países de alta renda que passaram por um processo de industrialização e têm um PIB *per capita* relativamente alto e altos padrões de vida.

Países em desenvolvimento Aqueles países de baixa renda que têm um PIB *per capita* relativamente baixo e ainda não se industrializaram tão completamente quanto as sociedades desenvolvidas.

Países periféricos Países que têm um papel marginal na economia mundial e, assim, são dependentes das sociedades centrais produtoras em suas relações comerciais.

Países recentemente industrializados Aqueles países em desenvolvimento, como Coreia do Sul, Taiwan, Brasil e Cingapura, que desenvolveram rapidamente uma forte base industrial e econômica.

Países semiperiféricos Países que fornecem as fontes de mão de obra e matéria-prima para os países industriais centrais e a economia mundial, mas que não são plenamente industrializados.

Pandemia De acordo com a Organização Mundial da Saúde, uma epidemia que ocorre em todo o mundo, ou em uma área muito ampla, cruzando fronteiras internacionais e afetando um grande número de pessoas.

Pânico moral Expressão popularizada por Stan Cohen para descrever uma reação exagerada da sociedade para um certo grupo ou tipo de comportamento que é considerado sintomático do distúrbio social geral.

Papéis de gênero Papéis sociais atribuídos a cada sexo e rotulados como masculinos ou femininos.

Papel de doente Um termo, associado a Talcott Parsons, para descrever os padrões de comportamento que uma pessoa doente adota para minimizar o impacto perturbador de sua doença sobre as pessoas.

Papel social O comportamento esperado de um indivíduo que ocupa uma determinada posição social. Em cada sociedade, os indivíduos desempenham vários papéis sociais diferentes, segundo os contextos variados de suas atividades.

Paradigma Na ciência, uma estrutura de pressupostos teóricos sobre o mundo dentro da qual a prática científica e o treinamento de novos cientistas ocorrem.

Parceria civil Uma relação legalmente sancionada entre duas pessoas do mesmo sexo. Confere aos casais do mesmo sexo o reconhecimento de seu relacionamento e alguns ou todos os direitos dos indivíduos casados.

Parentesco Relação que conecta os indivíduos por laços de sangue, matrimônio ou adoção. As relações de parentesco, por definição, fazem parte do casamento e da família, mas se estendem muito além dessas instituições.

Partido Um grupo de indivíduos que trabalham juntos porque têm origens, metas ou interesses comuns. Segundo Weber, o partido é um dos fatores que definem os padrões de estratificação social, juntamente com a classe e o *status*.

Partido político Uma organização estabelecida com o objetivo de alcançar o poder governamental por meios eleitorais e usar esse poder para perseguir um programa específico.

Patriarcado Um tipo de organização social baseada na autoridade doméstica central do pai, envolvendo o domínio generalizado dos homens sobre as mulheres.

Pauperização Literalmente, tornar paupérrimo, ou empobrecer. Marx usava o termo para descrever o processo pelo qual a classe trabalhadora se torna cada vez mais empobrecida.

Perguntas comparativas Questões relacionadas com a realização de comparações entre contextos em uma sociedade, ou exemplos contrastantes de diferentes sociedades, para fins de teoria ou pesquisa sociológica.

Perguntas evolutivas Questões que os sociólogos postulam quando analisam as origens e o caminho do desenvolvimento de instituições sociais do passado ao presente.

Perguntas factuais Situações que suscitam questões triviais, em vez de questões teóricas ou morais.

Perguntas teóricas Questões colocadas pelo sociólogo quando busca explicar uma variedade específica de eventos observados. A postulação de questões teóricas é crucial para nos permitir fazer generalizações sobre a natureza da vida social.

Pesquisa biográfica Pesquisa que tem vidas ou históricos de vida de indivíduos como foco principal. Os métodos biográficos envolvem histórias orais, histórias de vida, autobiografias, biografias são alguns exemplos.

Pesquisa comparativa Pesquisas que comparam um conjunto de observações em uma sociedade com o mesmo tipo de observações em outras sociedades.

Pesquisa social aplicada Pesquisa cujos objetivos não são apenas entender ou explicar um problema social, mas também contribuir para resolvê-lo.

Pessoas sem-teto Aquelas que não têm residência permanente e dormem com amigos e familiares, que são temporariamente alojadas pelo Estado ou que dormem em abrigos gratuitos ou locais públicos. Uma pequena proporção dos sem-teto são "moradores de rua".

Pluralismo cultural A coexistência de várias subculturas dentro de uma determinada sociedade em termos iguais.

Pobreza absoluta Pobreza definida em termos dos requisitos mínimos necessários para sustentar uma existência saudável.

Pobreza relativa Pobreza definida em referência ao padrão de vida geral em uma dada sociedade.

Poder Poder é um conceito controverso. Para Weber, é a capacidade de indivíduos ou grupos de atingir seus objetivos ou promover seus interesses, mesmo contra a oposição. Outros enxergam o poder como um aspecto penetrante de todas as relações humanas, que podem ser tanto produtivas quanto destrutivas (ver Foucault).

Política O meio pelo qual o poder é empregado e contestado para influenciar a natureza e o conteúdo de atividades governamentais. A esfera do "político" inclui as atividades dos indivíduos do governo, mas também as ações e os interesses contrários de muitos outros grupos e indivíduos.

Política da austeridade O quadro de discussão ou *discurso*, que se desenvolveu após a crise financeira global de 2008, que se concentra na redução dos déficits orçamentários dos governos por meio de uma combinação de corte de gastos públicos e aumento de impostos.

Política de pós-verdade Uma forma de cultura política caracterizada pela desconfiança em especialistas, conhecimentos e uma série de *establishments* e figuras do *establishment*, em favor de apelos ao "senso comum" e às emoções.

Política de tolerância zero Uma abordagem de prevenção e controle da criminalidade que enfatiza o processo contínuo de manter a ordem como a chave para reduzir os crimes sérios.

Populismo nacional Uma ideologia política "magra" que combina nacionalismo e posições políticas de direita. E também os partidos políticos enraizados nessa posição ideológica.

Pós-desenvolvimento Uma perspectiva crítica sobre as principais teorias de desenvolvimento, que procura promover modos alternativos de progresso nos países em desenvolvimento às ideias ocidentais dominantes de capitalismo e industrialização.

Pós-estruturalismo Uma abordagem à ciência social derivada do campo da linguística e popularizada na sociologia na obra de Michel Foucault. Os pós-estruturalistas rejeitam a ideia de que é possível descobrir verdades absolutas sobre o mundo, argumentando que as interpretações plurais da realidade são inevitáveis.

Pós-fordismo Um termo geral usado para descrever a transição da produção industrial em massa, caracterizada por métodos fordistas, para formas mais flexíveis de produção que favoreçam a inovação e buscam satisfazer as demandas do mercado de nicho por produtos customizados.

Posição social A identidade social que um indivíduo tem em um determinado grupo ou sociedade. As posições sociais podem ser gerais em natureza (aquelas associadas aos papéis de gênero) ou podem ser mais específicas (posições ocupacionais).

Positivismo lógico Uma filosofia da ciência que se concentra no raciocínio dedutivo e na verificação empírica e adota uma teoria de correspondência da verdade que exige que as declarações científicas sejam "verdadeiras" apenas se corresponderem exatamente aos fenômenos do mundo real.

Positivismo Em sociologia, a visão de que o estudo do mundo social deve ser conduzido segundo os princípios da ciência natural. A abordagem positivista à sociologia sustenta que é possível obter conhecimento objetivo por meio da observação cuidadosa, da comparação e da experimentação.

Pós-modernismo Uma perspectiva baseada na ideia de que a sociedade não é mais governada pela história ou pelo progresso, mas é altamente pluralista e diversa, sem nenhuma "grande narrativa" orientando o seu desenvolvimento.

Práticas familiares Todas as atividades realizadas pelas pessoas que elas percebem estar relacionadas à vida familiar.

Precariado Classe social emergente do século XXI, composta por diversos grupos sociais e indivíduos cujas oportunidades de vida são marcadas pela insegurança, pela imprevisibilidade e pela instabilidade.

Preconceito Ideias preconcebidas sobre um indivíduo ou grupo, ideias que são resistentes à mudança mesmo ante novas informações. O preconceito pode ser positivo ou negativo.

Prevenção situacional do crime Uma abordagem da prevenção do crime que se concentra na criação de ambientes e comunidades resistentes ao crime, para reduzir as oportunidades para se cometerem crimes. Baseia-se nos princípios da vigilância e do fortalecimento de alvos.

Princípio da precaução O pressuposto de que, quando existem dúvidas suficientes sobre os possíveis riscos de novos caminhos, é melhor manter as práticas existentes do que mudá-las.

Privação relativa A tese de que os sentimentos subjetivos de privação das pessoas não são absolutos, mas relacionados com sua avaliação de si mesmos em comparação com os outros.

Processo civilizador Uma teoria da mudança social na obra de Norbert Elias, ligando a formação de Estados-Nações europeus com a pacificação da sociedade, as mudanças nos controles emocionais internalizados dos indivíduos e os códigos sociais de boas maneiras.

Processos de paz Todas aquelas atividades destinadas a prevenir a violência em situações de pós-conflito, sejam esforços oficiais de profissionais ou ações informais de grupos da sociedade civil.

Produção em massa A produção de grandes quantidades de bens usando a mecanização. A produção em massa foi um dos resultados da Revolução Industrial.

Produção flexível Processo em que computadores projetam e são diretamente utilizados na produção de produtos customizados para o mercado de massa.

Produto interno bruto (PIB) Todos os bens e serviços produzidos pela economia de um país em um determinado ano.

Profano Aquilo que pertence ao mundo terreno e cotidiano.

Proletariado Para Karl Marx, a classe trabalhadora sob o capitalismo.

Prostituição A concessão de favores sexuais em troca de ganho monetário.

Provedor masculino Até recentemente, em muitas sociedades industrializadas, o papel tradicional do homem de prover sustento à família, trabalhando fora de casa. O "modelo do provedor masculino" perdeu significância com as mudanças nos padrões familiares e o crescimento contínuo no número de mulheres que entram para o mercado de trabalho.

Questões ambientais Todas as questões na sociedade que envolvem relações sociais e fenômenos naturais não humanos — ou seja, elas são híbridas de sociedade e natureza.

Raça Um conjunto de relações sociais que permite localizar indivíduos e grupos e designar competências e atributos com base em aspectos biológicos.

Racialização Processo pelo qual entendimentos sobre a "raça" são usados para classificar indivíduos ou grupos de pessoas, para vantagem de uns e desvantagem de outros.

Racialização diferencial A história e a experiência de diferentes grupos étnicos em relação aos estereótipos e às caracterizações deles implantados em vários momentos pelos grupos dominantes nas sociedades.

Racionalização Conceito usado por Max Weber em referência ao processo pelo qual modos precisos de cálculo e organização, envolvendo regras e procedimentos abstratos, vêm a dominar cada vez mais o mundo social.

Racismo A atribuição de características de superioridade ou inferioridade a uma população que compartilha certas características fisicamente herdadas, geralmente a cor da pele. As posturas racistas se tornaram arraigadas durante o período de expansão colonial do ocidente, mas parecem se basear em mecanismos de preconceito e discriminação encontrados em muitos contextos de sociedades humanas.

Racismo institucional O fracasso coletivo das organizações em fornecer serviços às pessoas por causa de sua cor, sua cultura ou sua origem étnica. Isso pode envolver processos, atitudes e comportamentos e pode, intencionalmente ou não, gerar preconceito, ignorância, descuido e estereótipos racistas que prejudicam as minorias étnicas.

Razão de dependência A razão de pessoas de idades dependentes (crianças e idosos) para pessoas de idades economicamente ativas. As razões para *idosos* e *jovens* podem ser calculadas independentemente.

Realismo crítico Uma abordagem científica que insiste na existência de uma realidade externa objetiva que é acessível à investigação (contrasta com o construcionismo social). Os realistas críticos entendiam que a tarefa da ciência é trazer à luz as causas subjacentes de fatos observáveis, que não costumam ser observados diretamente.

Realismo de direita Na criminologia, o realismo de direita liga a escalada percebida de crime e delinquência a um declínio na responsabilidade individual e à degeneração moral. Para os realistas de direita, crime e desvio de conduta são uma patologia individual — um conjunto de comportamentos destrutivos e sem lei ativamente escolhidos e perpetrados pelo egoísmo individual e pela falta de autocontrole e moralidade.

Realismo de esquerda Uma linha da criminologia, popularizada na década de 1980 pelo trabalho de Lea e Young, que se concentra nas vítimas de crimes e conclama a criminologia socialista a se envolver com questões de controle da criminalidade e políticas sociais.

Recessão econômica Normalmente, o declínio da atividade econômica — geralmente medido pelo PIB — por dois ou mais meses consecutivos.

Reciclagem urbana A revitalização de bairros deteriorados, incentivando a renovação de prédios antigos e a construção de novos em terras anteriormente ocupadas, em vez de ampliar para novos locais.

Reflexividade social A reflexão crescente e contínua das pessoas sobre as circunstâncias de suas próprias vidas e as escolhas que devem fazer.

Reflexividade Em estudos de pesquisa sociológica, a consciência dos pesquisadores de como sua própria etnia, sua classe, seu gênero ou suas visões políticas podem impactar em sua prática, juntamente com estratégias para mitigar ou eliminar tais impactos.

Refugiado Uma pessoa que solicitou refúgio em um país estrangeiro por medo de perseguição religiosa ou política em seu país de origem.

Região de fundo Uma área longe dos comportamentos da "região frontal" (como as salas de descanso nos restaurantes), onde os indivíduos podem relaxar e agir de maneira informal.

Região frontal Um ambiente de atividade social onde os indivíduos fazem uma "apresentação" definida para outras pessoas.

Regime de gênero A configuração das relações de gênero em um determinado ambiente, como uma escola, uma família ou um bairro.

Regionalização Divisões de tempo e espaço que podem ser usadas para "ordenar" atividades em um nível muito local e doméstico; ou a divisão maior da vida social e econômica em ambientes ou zonas regionais em uma escala acima ou abaixo da escala do Estado-Nação.

Relação causal Uma relação em que um estado de coisas (o efeito) é causado por outro (a causa).

Relacionamento puro Uma relação de igualdade sexual e emocional.

Relações de gênero As interações entre homens e mulheres que são padronizadas pela sociedade.

Religião vicária A situação em que uma minoria ativa de pessoas frequenta a igreja regularmente em nome e com a aprovação tácita da maioria não ativa.

Rendimento nacional bruto (RNB) O RNB soma a renda líquida obtida do exterior com propriedade (juros, aluguéis, dividendos e lucros). O termo RNB tem sido usado no lugar de PNB — produto nacional bruto —, que é uma medida mais antiga.

Representativa Uma amostra de uma população maior que é estatisticamente típica daquela população.

Reprodução cultural A transmissão de valores e normas culturais de geração para geração. A reprodução cultural se refere aos mecanismos pelos quais a continuidade da experiência cultural é mantida ao longo do tempo.

Reprodução social O processo pelo qual uma sociedade reproduz sua continuidade institucional e estrutural por um longo período.

Revitalização urbana Revitalizar bairros deteriorados por meio de processos como reaproveitar a terra e os prédios existentes, melhorar o ambiente urbano, administrar melhor as áreas locais, com a participação dos cidadãos locais, e usar verbas públicas para regenerar a área e atrair novos investimentos privados.

Revolução Processo de mudança política, envolvendo a mobilização de um movimento social de massa que consegue derrubar um regime existente. As revoluções se distinguem dos golpes de Estado porque envolvem um movimento de massa. Elas podem envolver violência, mas, nos últimos tempos, algumas também foram essencialmente pacíficas, ou "revoluções de veludo".

Revolução digital Uma mudança e suas consequências sociais, iniciadas na segunda metade do século XX, de dispositivos analógicos, mecânicos e eletrônicos para a eletrônica digital, particularmente em sistemas informatizados.

Revolução Industrial O espectro amplo de transformações sociais e econômicas que envolveu o desenvolvimento de formas modernas de indústria da metade do século XVIII ao início do século XX.

Risco externo Perigos que advêm do mundo natural e não estão relacionados com as ações dos seres humanos, como secas, terremotos, escassez de alimentos e tempestades.

Risco manufaturado Perigos que são criados pelo impacto da tecnologia e do conhecimento humanos sobre o mundo natural. Exemplos de risco manufaturado são o aquecimento global e os alimentos geneticamente modificados.

Rituais Modos formalizados de comportamento em que os membros de um grupo ou uma comunidade se envolvem regularmente. A religião representa um dos principais contextos em que os rituais são praticados, mas o alcance do comportamento ritual se estende para muitas outras esferas da vida.

Sagrado Aquilo que inspira atitudes de admiração ou reverência entre os fiéis em um determinado conjunto de ideias religiosas.

Salafismo Uma escola do islamismo sunita com diversas vertentes, todas as quais insistem que o comportamento dos muçulmanos deve corresponder, na medida do possível, ao das três primeiras gerações após a morte do profeta Maomé.

Sanção Um modo de gratificação ou punição que reforça formas socialmente esperadas de comportamento.

Secularização Um processo de declínio na influência da religião. A secularização pode se referir a níveis de envolvimento com organizações religiosas, à influência social e material das organizações religiosas e ao grau em que as pessoas têm crenças religiosas.

Segregação ocupacional de gênero A maneira como homens e mulheres se concentram em diferentes tipos de trabalhos, com base na compreensão prevalecente do que é trabalho apropriado para homens e mulheres.

Seita Um movimento religioso que rompe com a ortodoxia.

***Self* social** A base da autoconsciência em indivíduos humanos, segundo a teoria de G. H. Mead. O *self* social é a identidade conferida ao indivíduo pelas reações das outras pessoas.

Sexo As diferenças anatômicas que separam homens e mulheres. Os sociólogos diferenciam o sexo do gênero, que se refere a normas construídas pela sociedade e associadas a homens e mulheres.

Sexualidade Um termo amplo que se refere às características sexuais e ao comportamento sexual de seres humanos.

Sexualidade plástica Sexualidade liberada das necessidades de reprodução e modelada pelo indivíduo.

Simulações No mundo da hiper-realidade evocado por Jean Baudrillard, as simulações são cópias de objetos cujos originais não existem.

Sistemas de alta confiança Organizações, ou locais de trabalho, onde os indivíduos têm um nível elevado de autonomia e controle sobre suas tarefas.

Sistemas de baixa confiança Uma organização ou um ambiente de trabalho em que os indivíduos têm pouca responsabilidade ou controle pela tarefa em questão.

Soberania O direito ao poder supremo de um monarca, líder ou governo sobre uma área com uma fronteira clara.

Socialização Os processos sociais pelos quais as crianças desenvolvem a percepção das normas e dos valores sociais e atingem um senso distinto de *self*. Embora os processos de socialização sejam particularmente significativos na infância, eles continuam por toda a vida até um certo grau.

Socialização da natureza Processo pelo qual controlamos fenômenos considerados "naturais", como a reprodução.

Socialização do gênero Como os indivíduos desenvolvem diferentes características de gênero no decorrer dos processos de socialização.

Socialização primária Processo pelo qual as crianças aprendem as normas culturais da sociedade em que nasceram. A socialização primária ocorre principalmente na família.

Sociedade Um sistema de relações sociais estruturadas e institucionais dentro de um território limitado. As sociedades podem ser pequenas, contendo algumas dezenas de pessoas, ou muito grandes, com centenas de milhões de pessoas.

Sociedade civil Domínio de atividade entre o Estado e o mercado, incluindo a família, as escolas, as associações comunitárias e as instituições não econômicas.

Sociedade de consumo Um tipo de sociedade que promove o consumo de produtos produzidos em massa, em parte por meio da ideologia do consumismo, que pressupõe que o consumo de massa cada vez maior é benéfico para todos.

Sociedade de risco Uma noção associada a Ulrich Beck, que argumentava que a sociedade industrial criou muitos perigos novos de riscos desconhecidos em eras passadas, como o aquecimento global.

Sociedade do conhecimento Outro termo comum para a sociedade da informação — uma sociedade baseada na produção e no consumo de conhecimento e informação.

Sociedade pós-industrial Uma sociedade pós-industrial se baseia em serviços e na produção de informações, em vez de bens materiais. Nesse sentido, a maioria das sociedades desenvolvidas é pós-industrial.

Sociedades agrárias Sociedades cujo meio de subsistência se baseia na produção agrícola (cultivo de alimentos).

Sociedades de caça e coleta Sociedades cujo modo de subsistência é obtido com a caça de animais, a pesca e a coleta de plantas comestíveis.

Sociedades industriais Sociedades em que a maior parte da força de trabalho atua na produção industrial ou nos setores de emprego associados.

Sociedades pastoris Sociedades cuja subsistência deriva da criação de animais domesticados, embora muitas vezes haja a necessidade de migrar, de acordo com as mudanças sazonais.

Sociedades pós-violência São sociedades que sofreram guerra ou violência comunal interna e estão se movendo em direção à não violência.

Sociologia O estudo científico das interações, dos grupos humanos e das sociedades inteiras. A sociologia é uma em um grupo de ciências sociais, que também inclui a antropologia, a economia, a ciência política e a geografia humana.

Sociologia digital Um campo da sociologia que estuda (e envolve) o uso de mídia digital na vida cotidiana, muitas vezes empregando dados *on-line* (como *blogs*, postagens de mídia social etc.) para entender melhor a vida social.

Sociologia do conhecimento Ramo da sociologia que estuda a relação entre o conhecimento humano e o contexto social do qual ele emerge e se desenvolve.

Sociologia do corpo O ramo da sociologia que se concentra em como nossos corpos são afetados por influências sociais e como a incorporação influencia as vidas individuais.

Sociologia do desvio O ramo da sociologia preocupado com o estudo do comportamento desviante e em entender por que certos comportamentos são identificados como desviantes.

Sociologia econômica O estudo dos fenômenos econômicos, incluindo mercados, corporações, finanças e trabalho, usando teorias e conceitos sociológicos.

Sociologia interpretativa Diversas abordagens do estudo da sociedade, incluindo o interacionismo simbólico e a fenomenologia, que investigam o caráter significativo da vida social para seus participantes.

Sociologia masculina A maioria das teorias e pesquisas sociológicas antes das intervenções feministas da década de 1960 e posteriores, que davam pouca atenção às mulheres ou às questões das relações de gênero.

Solidariedade Para Durkheim, as forças internas de coesão social, que podem ser divididas em formas "mecânicas" e "orgânicas".

Solidariedade mecânica Segundo Durkheim, uma forma primitiva de solidariedade social caracterizada por semelhanças e pela subsunção do individualismo dentro da coletividade.

Solidariedade orgânica Segundo Emile Durkheim, a coesão social que resulta das diversas partes de uma sociedade que funciona como um todo integrado, particularmente por meio da divisão estendida do trabalho.

Status A honra ou prestígio social conferido a uma pessoa ou um grupo específico por outros membros de uma sociedade. Os grupos de *status* normalmente envolvem estilos de vida distintos — padrões de comportamento que os membros de um grupo seguem. O privilégio ao *status* pode ser positivo ou negativo.

Status **alcançado** *Status* social baseado no esforço do indivíduo, e não em fatores ou características biológicas. Exemplos de *status* alcançado são o de "veterano", "graduado" ou "doutor".

Status **atribuído** *Status* social baseado em fatores biológicos como raça, sexo ou idade.

Status **principal** Os *status* que geralmente têm prioridade sobre outros indicadores da posição social e determinam a posição geral de uma pessoa na sociedade.

Subalternos Todos aqueles grupos sociais que foram marginalizados e silenciados pelo domínio do poder imperial e colonial ocidental e suas construções discursivas do "outro" como seres inferiores.

Subclasse Uma classe de indivíduos situada na base do sistema de classe, composta com frequência por pessoas de minorias étnicas.

Subcultura Qualquer segmento da população que é distinguível da sociedade mais ampla por seu padrão cultural.

Subdesenvolvimento Conceito usado nas ciências sociais para descrever o estado econômico das sociedades que foram exploradas e/ou colonizadas por países ocidentais. O subdesenvolvimento sugere um processo pelo qual Estados poderosos e ricos exploram ativamente os pobres e menos poderosos.

Subempregado Situação em que os trabalhadores não conseguem trabalhar o número de horas que desejam ou que é típico desse setor.

Suburbanização O desenvolvimento de subúrbios, áreas de residências de pouca altura fora dos centros urbanos.

Superdiversidade Um conceito usado em estudos de diversidade racial e étnica dentro de uma sociedade para descrever um nível de complexidade que supera qualquer coisa que tenha sido experimentada anteriormente.

Sweatshops Um termo pejorativo para uma fábrica ou loja em que os empregados trabalham por muitas horas por um salário baixo e em más condições.

Taxa bruta de mortalidade Uma medida estatística que representa o número de mortes que ocorrem anualmente em uma determinada população, calculada normalmente como a razão de mortes por mil pessoas.

Taxa bruta de natalidade Uma medida estatística que representa o número de nascimentos em uma determinada população por ano, calculada normalmente em termos do número de nascimentos por mil pessoas.

Taxa de mortalidade infantil O número de bebês que morrem durante o primeiro ano de vida, a cada mil nascidos vivos.

Taylorismo Um conjunto de ideias, também chamadas de "administração científica", desenvolvidas por Frederick Winslow Taylor, segundo as quais a produtividade pode ser imensamente aumentada com a decomposição de tarefas industriais em uma série de operações simples que possam ser cronometradas precisamente e coordenadas de maneira ideal.

Tecnologia A aplicação do conhecimento do mundo material à produção. A tecnologia envolve a criação de instrumentos materiais (como máquinas) usados nas interações humanas com a natureza.

Tecnologia da informação Formas de tecnologia baseadas no processamento de informações e que exigem circuitos microeletrônicos.

Tecnologia reprodutiva Técnicas usadas para influenciar o processo reprodutivo humano.

Tecnologias de saúde Intervenções materiais (como próteses de membros e ultrassonografia) e sociais (como jejum e dieta) destinadas a alcançar um estado de "boa saúde" socialmente definido.

Telecomunicações A comunicação de informações, sons ou imagens a distância por intermédio de um meio tecnológico.

Tempo de duplicação O tempo que leva para um determinado nível de população dobrar.

Teoria A tentativa de identificar propriedades gerais que expliquem eventos observados regularmente. Embora as teorias costumem estar ligadas a abordagens teóricas mais amplas, elas também são muito influenciadas pelos resultados das pesquisas que ajudam a gerar.

Teoria *crip* Um ramo da teoria da deficiência que examina os produtos literários e artísticos, bem como a vida cotidiana, revelando os pressupostos "capacitistas" embutidos e tácitos dentro deles. A teoria *crip* se baseia na teoria *queer* para desestabilizar os discursos existentes de deficiência, que são vistos como "capacitistas".

Teoria crítica da raça (TCR) Uma perspectiva sobre as relações étnicas que parte da premissa de que o racismo está embutido em sistemas legais e outras instituições sociais e é a experiência normal e cotidiana de muitos grupos étnicos minoritários.

Teoria da mobilização de recursos (TMR) Uma abordagem norte-americana de estudos de movimentos sociais que parte da premissa teórica de que os movimentos precisam de recursos para terem sucesso. Estudar como os movimentos obtêm os recursos variados de que necessitam em um campo competitivo de movimentos sociais é a base da teoria.

Teoria da modernização Uma versão da teoria do desenvolvimento orientada para o mercado que argumenta que as sociedades de baixa renda se desenvolvem economicamente se adotarem instituições econômicas modernas, tecnologias e valores culturais que enfatizam a poupança e o investimento produtivo.

Teoria da rotulação/etiquetagem Uma abordagem ao estudo do desvio que sugere que as pessoas se tornam "desviantes" porque as autoridades e outras pessoas atribuem certos rótulos ao seu comportamento.

Teoria de controle Uma teoria que considera o crime como resultado de um desequilíbrio entre impulsos para a atividade criminal e controles que a impedem. Os criminosos são vistos como seres racionais que agem para maximizar suas gratificações, a menos que sejam impedidos por controles sociais ou físicos.

Teoria do desengajamento Teoria funcionalista do envelhecimento que sustenta que é funcional a sociedade remover pessoas de seus papéis tradicionais quando se tornam idosas, liberando, assim, esses papéis para outras pessoas.

Teoria dos sistemas mundiais Criada por Immanuel Wallerstein, essa teoria enfatiza as interconexões entre países com base na expansão de uma economia mundial capitalista. Essa economia é formada por países centrais, países semiperiféricos e países periféricos.

Teoria *queer* A partir da década de 1990, teorias e discursos que se opõem ao essencialismo de gênero, inicialmente com o objetivo de desconstruir os conceitos estabelecidos de sexualidade e gênero. Os teóricos *queer* veem a sexualidade e o gênero como socialmente construídos, e, portanto, as identidades de gênero e sexuais são plurais, fluidas, performativas e carecem de qualquer localização "natural" ou fixa na biologia humana.

Teorias centradas no Estado Teorias sobre o desenvolvimento que postulam que as políticas governamentais apropriadas não interferem no desenvolvimento econômico, mas podem desempenhar um papel fundamental nele.

Teorias do conflito Uma perspectiva sociológica que se concentra nas tensões, nas divisões e nos interesses opostos presentes em todas as sociedades humanas, à medida que os grupos disputam para ter acesso e controlar recursos escassos.

Teorias feministas Perspectiva sociológica que enfatiza a centralidade do gênero na análise do mundo social. Todas as linhas de teorias feministas têm em comum o desejo de explicar as desigualdades de gênero na sociedade e de tentar superá-las.

Teorias orientadas para o mercado   Teorias sobre o desenvolvimento econômico que pressupõem que teremos as melhores consequências econômicas possíveis se os indivíduos estiverem livres para tomarem suas próprias decisões econômicas, sem serem inibidos por restrições do governo.

Teorias pós-coloniais   Teorias sociais que buscam tanto expor o legado colonial implícito embutido na teoria e nos conceitos sociais dominantes quanto transformá-los em direções distintamente pós-coloniais, trazendo as vozes e os relatos esquecidos dos colonizados.

Teorias sociais   Teorias da sociedade que não necessariamente se desenvolvem dentro da sociologia e muitas vezes têm críticas normativas ou políticas sobre a ordem social existente.

Teorias sociológicas   Teorias da sociedade ou aspectos da sociedade que são desenvolvidos a partir da sociologia profissional, usando métodos científicos e visando a evitar vieses normativos.

Terceira via   Uma filosofia, iniciada pelo novo trabalhismo e favorecida por outros líderes democráticos centristas, que está comprometida com a preservação dos valores do socialismo enquanto endossa as políticas de mercado para gerar riqueza e acabar com a desigualdade econômica.

Terrorismo   Geralmente, atos violentos projetados para instilar medo em uma população, com finalidades políticas.

Tese do aburguesamento   O processo pelo qual aspirações burguesas e um padrão e estilo de vida burgueses são institucionalizados na classe trabalhadora.

Teto pegajoso   O fenômeno de crianças nascidas de famílias ricas e profissionais no topo da escala de renda terem alta probabilidade de permanecerem lá, o que reduz a mobilidade social a partir de baixo.

Tipificação   Conceito usado por Alfred Schutz para descrever a maneira como as pessoas julgam indivíduos com base em seus pressupostos sobre o caráter e o comportamento típicos de categorias de pessoas.

Tipo ideal   Um "tipo puro" construído ao se enfatizarem certos traços de um determinado objeto social em um modelo analítico que não existe necessariamente em nenhum lugar na realidade. Um exemplo é o tipo ideal de organização burocrática postulado por Max Weber.

Totemismo   Um sistema de crença religiosa que atribui propriedades divinas a um tipo específico de animal ou planta.

Trabalhador por portfólio   Um trabalhador que tem uma diversidade de habilidades ou qualificações e, portanto, é capaz de mudar facilmente de trabalho.

Trabalho   A atividade pela qual os seres humanos produzem a partir do meio natural e, assim, garantem a sua sobrevivência. Nas sociedades modernas, ainda existem muitos tipos de trabalhos, incluindo o trabalho doméstico, que não envolvem o pagamento direto de salário.

Trabalho doméstico   O trabalho não remunerado realizado, geralmente, por mulheres, em casa: tarefas domésticas como cozinhar, limpar e fazer compras.

Trabalho sexual   Todas as formas de trabalho envolvendo a prestação de serviços sexuais em uma troca financeira entre adultos conscientes.

Tráfico humano   O movimento forçado de pessoas através das fronteiras nacionais ou dentro de países para fins de exploração sexual, trabalho, mendicância, adoção ou delinquência. A maioria das pessoas traficadas são mulheres, adultos jovens e crianças.

Transgênero   Um termo que abrange uma variedade de pessoas que exibem "variância de gênero", incluindo aquelas cuja identidade de gênero e/ou desempenho de gênero diverge daquela atribuída no nascimento ou esperada de acordo com as normas sociais dominantes de feminilidade e masculinidade.

Transição de saúde   A mudança de doenças infecciosas agudas para doenças não infecciosas crônicas como a principal causa de morte em uma sociedade.

Transição demográfica   Interpretação da mudança populacional, que sugere uma série de estágios na relação entre nascimentos e mortes, culminando na estabilidade da população quando um certo nível de prosperidade econômica foi alcançado.

Triangulação O uso de métodos de pesquisa múltiplos como forma de obter dados empíricos mais confiáveis do que seriam obtidos com um único método.

Turismo sexual Viagens internacionais orientadas à prostituição e aos serviços sexuais. O termo normalmente descreve as práticas de homens de países desenvolvidos que viajam em busca da oportunidade de ter relações sexuais com mulheres e crianças.

Urbanismo Um termo usado por Louis Wirth para denotar características específicas da vida social urbana, como sua impessoalidade.

Urbanização O desenvolvimento de cidades e cidadelas.

Valores Ideias de indivíduos ou grupos humanos sobre o que é desejável, adequado, bom ou mau. Os valores diferentes representam aspectos fundamentais das variações na cultura humana. Aquilo que os indivíduos valorizam é muito influenciado pela cultura específica em que eles vivem.

Vandalismo interacional A subversão deliberada das regras tácitas da conversação.

Variável Dimensão ao longo da qual um objeto, indivíduo ou grupo pode ser categorizado, como renda ou altura, permitindo fazer comparações específicas com outros ou ao longo do tempo.

Variável dependente Uma variável, ou fator, influenciada causalmente por outra (a variável independente).

Variável independente Uma variável, ou fator, que tem influência causal sobre outra (a variável dependente).

Vida útil O tempo máximo de vida que é biologicamente possível para um membro de uma determinada espécie.

Viés Geralmente, uma preferência ou inclinação, especialmente aquela que inibe o juízo imparcial. Na amostragem ou no teste em estatística, um erro causado pelo favorecimento sistemático de certos resultados sobre outros.

Vigilância A supervisão das atividades de certos indivíduos ou grupos por outros para garantir o comportamento complacente.

Vigilância de dados A prática de seguir uma trilha de dados, ou coletar dados relativos a indivíduos e grupos, para fins de monitoramento de atividades, geralmente para fins comerciais ou como parte da vigilância estatal.

Visões comuns Os pressupostos comuns que as pessoas sustentam e que lhes permitem interagir de forma sistemática umas com as outras.

Zemiologia Em criminologia, o estudo de todas as várias causas de danos sociais, e não apenas os danos causados por crimes e atos criminosos.

Referências

Abbott, P., Wallace, C., and Tyler, M. (2005) *An Introduction to Sociology: Feminist Perspectives* (3rd edn, London: Routledge).

Abeles, R., and Riley, M. W. (1987) 'Longevity, Social Structure and Cognitive Aging', in C. Schooler and K. W. Schaie (eds), *Cognitive Functioning and Social Structure Over the Lifecourse* (Norwood, NJ: Ablex).

Abrahamson, M. (2014) *Urban Sociology: A Global Introduction* (New York: Cambridge University Press). Acharya, A. (2018) *The End of American World Order* (2nd edn, Cambridge: Polity).

Acheson, D. (1998) *Independent Inquiry into Inequalities in Health* (London: HMSO). Adorno, T. (1976 [1950]) *Introduction to the Sociology of Music* (New York: Seabury Press).

Advanced Television (2020) 'Study: TV Still Tops Time Spent', 28 February. https://advanced-television. com/2020/02/28/study-time-spent-with-traditional-tv-greater-than-all-other-media/.

Africa Centre for Disease Control and Prevention (2021) 'Africa CDC Dashboard', 4 January, https://africacdc. org/covid-19/.

Agence France-Presse (2019) '"Chilling": Singapore's "Fake News" Law Comes into Effect', *The Guardian*, 2 October; www.theguardian.com/world/2019/oct/02/chilling-singapores-fake-news-law-comes-into-effect.

Agerholm, H. (2018) 'Windrush: Government Admits 83 British Citizens May Have Been Wrongfully Deported Due to Scandal but Will Only Apologise to 18', 21 August, *The Independent*, www.independent.co.uk/ news/uk/home-news/windrush-government-deportations-british-citizens-uk-caribbean-home-office-rudd-javid-a8501076.html.

Agyeman, J., Bullard, R. D., and Evans, B. (2003) *Just Sustainabilities: Development in an Unequal World* (London: Earthscan).

Ajak, M. (2020) 'South Sudan Rival Leaders Agree to Form Coalition Government', *Associated Press*, 20 February, https://apnews.com/0aaffc8fc70010ec8d3e6af68cf0e7da.

Akintoye, S. (1976) *Emergent African States: Topics in 20th Century African History* (London: Longman).

Alatas, S. F. (2006) 'Ibn Khaldun and Contemporary Sociology', *International Sociology*, 21(6): 782–95. Albanese, J. S. (2011) *Transnational Crime and the 21st Century: Criminal Enterprise, Corruption and Opportunity* (New York: Oxford University Press).

Albanese, J., and Reichel, P. (eds) (2013) *Transnational Organized Crime: An Overview from Six Continents* (Thousand Oaks, CA: Sage).

Albrow, M. (1997) *The Global Age: State and Society Beyond Modernity* (Stanford, CA: Stanford University Press).

Aldridge, A. (2013) *Religion in the Contemporary World: A Sociological Introduction* (3rd edn, Cambridge: Polity).

Aldridge, H., Kenway, P., and Born, T. B. (2015) *What Happened to Poverty under the Coalition?* (London: New Policy Institute); http://npi.org.uk/files/5214/3031/5186/What_happened_to_poverty_under_the_ Coalition_FINAL.pdf.

Alexander, J. C. (1985) *Neofunctionalism* (London: Routledge).

Alexander, J. C. (ed.) (1997) *Neofunctionalism and After: Collected Readings* (Oxford: Blackwell).

Alexander, Z. (1999) *The Department of Healath Study of Black, Asian and Ethnic Minority Issues* (London: Department of Health).

Alleyne, R. (2011) 'Child Brain Scans to Pick out Future Criminals', *The Telegraph*, 22 February; www.telegraph. co.uk/news/science/8339772/Child-brain-scans-to-pick-out-future-criminals.html.

Alonso, S., Keane, J., and Merkel, W. (2011) 'Editors' Introduction: Rethinking the Future of Representative Democracy', in S. Alonso, J. Keane and W. Merkel (eds), *The Future of Representative Democracy* (New York: Cambridge University Press): 1–22.

Alper, B. A. (2015) 'Millennials are Less Religious than Older Americans but Just as Spiritual', 23 November, www.pewresearch.org/fact-tank/2015/11/23/millennials-are-less-religious-than-older-americans-but-just-as-spiritual/.

Alvesson, M. (2013) *The Triumph of Emptiness, Consumption, Higher Education, and Work Organization* (Oxford: Oxford University Press).

Alwin, D. F., McCammon, R. J., and Hofer, S. M. (2006) 'Studying the Baby Boom Cohorts within a Demographic and Developmental Context: Conceptual and Methodological Issues', in S. K. Whitbourne and S. L. Willis (eds), *The Baby Boomers Grow Up: Contemporary Perspectives on Midlife* (Mahwah, NJ: Lawrence Erlbaum): 45–71.

Alzheimer's Society (2020) 'Who Gets Alzheimer's Disease?', www.alzheimers.org.uk/about-dementia/types-dementia/who-gets-alzheimers-disease.

American Psychological Association (2010) *Report of the APA Taskforce on the Sexualization of Girls*, www.apa.org/pi/women/programs/girls/report-full.pdf.

Amin, A. (ed.) (1994) *Post-Fordism: A Reader* (Oxford: Blackwell).

Amin, A., and Thrift, N. (2002) *Cities: Reimagining the Urban* (Cambridge: Polity). Amin, A., and Thrift, N. (2017) *Seeing Like a City* (Cambridge: Polity).

Amsden, A. H. (1989) *Asia's Next Giant: South Korea and Late Industrialization* (New York: Oxford University Press).

Amsden, A. H., Kochanowicz, J., and Taylor, L. (1994) *The Market Meets its Match: Restructuring the Economies of Eastern Europe* (Cambridge, MA: Harvard University Press).

Anable, J. (2005) 'Complacent Car Addicts or Aspiring Environmentalists? Identifying Travel Behaviour Segments Using Attitude Theory', *Transport Policy*, 12(1): 65–78.

Andersen, M. L., and Collins, P. H. (eds) (2009) *Race, Class, and Gender: An Anthology* (7th edn, Belmont, CA: Wadsworth).

Anderson, B. (2006 [1983]) *Imagined Communities: Reflections on the Origin and Spread of Nationalism* (rev. edn, London: Verso).

Anderson, E. (1990) *Streetwise: Race, Class, and Change in an Urban Community* (Chicago: University of Chicago Press).

Andreasson, K. (ed.) (2015) *Digital Divides: The New Challenges and Opportunities of e-Inclusion* (Boca Raton, FL: CRC Press).

Andrews, D., and Leigh, A. (2009) 'More Inequality, Less Social Mobility', *Applied Economics Letters*, 19: 1489–92.

Angstrom, J. (2005) 'Introduction: Debating the Nature of Modern War', in I. Duyvesteyn and J. Angstrom (eds), *Rethinking the Nature of War* (London: Frank Cass).

Annandale, E. (2009) *Women's Health and Social Change* (London: Routledge).

Appadurai, A. (1986) 'Introduction: Commodities and the Politics of Value', in A. Appadurai (ed.), *The Social Life of Things* (Cambridge: Cambridge University Press).

Appelbaum, R. P., and Christerson, B. (1997) 'Cheap Labor Strategies and Export-Oriented Industrialization: Some Lessons from the East Asia/Los Angeles Apparel Connection', *International Journal of Urban and Regional Research*, 21(2): 202–17.

Appelbaum, R. P., and Henderson, J. (eds) (1992) *States and Development in the Asian Pacific Rim* (Newbury Park, CA: Sage).

Appleby, J., and Schlepper, L. (2019) 'The Gender Pay Gap in the English NHS: Analysis of Some of the Underlying Causes', Briefing, May; www.nuffieldtrust.org.uk/files/2019-05/gender-pay-gap-briefing-ne1883-5.pdf.

Araujo, A. L. (2017) *Reparations for Slavery and the Slave Trade: A Transnational and Comparative History* (London: Bloomsbury).

Arber, S., and Ginn, J. (2004) 'Ageing and Gender: Diversity and Change', *Social Trends 34* (London: HMSO). Arber, S., and Thomas, H. (2005) 'From Women's Health to a Gender Analysis of Health', in W. Cockerham (ed.), *The Blackwell Companion to Medical Sociology* (Oxford: Blackwell).

Archer, L., and Francis, B. (2007) *Understanding Minority Ethnic Achievement: Race, Gender, Class and 'Success'* (London: Routledge).

Archer, M. (1995) *Realist Social Theory: The Morphogenetic Approach* (Cambridge: Cambridge University Press).

Archer, M. (2003) *Structure, Agency and the Internal Conversation* (Cambridge: Cambridge University Press). Ariès, P. (1965) *Centuries of Childhood* (New York: Random House).

Arnot, M. (2001) 'Bernstein's Sociology of Pedagogy: Female Dialogues and Feminist Elaborations', in K. Weiler (ed.), *Feminist Engagements: Reading, Resisting and Revisioning Male Theorists in Education and Cultural Studies* (New York: Routledge).

Ashcroft, M. (2016) 'How the United Kingdom Voted on Thursday . . . and Why', 24 June, *Lord Ashcroft Polls*, http://lordashcroftpolls.com/2016/06/how-the-united-kingdom-voted-and-why/.

Ashford, W. (2018) 'Fourth Man Jailed for iCloud Celebrity Hacking', *Computer Weekly*, 30 August, www.computerweekly.com/news/252447812/Fourth-man-jailed-for-iCloud-celebrity-hacking.

Ashworth, A. E. (1980) *Trench Warfare, 1914–1918* (London: Macmillan). Askwith, R. (2003) 'Contender', *The Observer*, 6 April.

Atchley, R. C. (2000) *Social Forces and Aging: An Introduction to Social Gerontology* (Belmont, CA: Wadsworth). Athique, A. (2013) *Digital Media and Society: An Introduction* (Cambridge: Polity).

Atkinson, R., and Bridge, G. (2005) *Gentrification in a Global Context: The New Urban Colonialism* (London: Routledge).

Atlantic Cable (2010) 'Cable Signalling Speed and Traffic Capacity', www.atlantic-cable.com/Cables/speed.htm.

Attali, J. (1985) *Noise: The Political Economy of Music* (Minneapolis: University of Minnesota Press). Atwan, A. B. (2015) *Islamic State: The Digital Caliphate* (London: Saqi Books).

Audickas, L., Cracknell, R., and Loft, P. (2020) *UK Election Statistics 1918–2019: Century of Elections*, House of Commons Briefing Paper CBP7529, 27 February; https://commonslibrary.parliament.uk/research-briefings/cbp-7529/.

Augar, P., et al. (2019) *Independent Panel Report to the Review of Post-18 Education and Funding*, https://assets.publishing.service.gov.uk/government/uploads/system/uploads/attachment_data/file/805127/Review_of_post_18_education_and_funding.pdf.

Avert (2019) 'HIV and AIDS in China', 3 October, www.avert.org/professionals/hiv-around-world/asia-pacific/china.

Back, L. (1995) *Ethnicities, Multiple Racisms: Race and Nation in the Lives of Young People* (London: UCL Press).

Back, L., and Ware, V. (2001) *Out of Whiteness: Color, Politics and Culture* (Chicago: University of Chicago Press).

Bäckström, A., and Davie, G. (2010) 'A Preliminary Conclusion: Gathering the Threads and Moving On', in A. Bäckström and G. Davie (eds), *Welfare and Religion in 21st Century Europe*, Vol. 1: *Configuring the Connections* (Farnham: Ashgate): 183–92.

Baggs, M. (2019) 'Blue Story: UK Cinema Ban Called Institutionally Racist', *BBC News*, 26 November, www.bbc.co.uk/news/newsbeat-50543213.

Bagguley, P. (2002) 'Contemporary British Feminism: A Social Movement in Abeyance?', *Social Movement Studies*, 1(2): 169–85.

Bailey, J., Steeves, V., Burkell, J., and Regan, P. (2013) 'Negotiating with Gender Stereotypes on Social Networking Sites: From "Bicycle Face" to Facebook', *Journal of Communication Inquiry*, 37(2): 91–112.

Bailey, R. (2011) *Letting Children Be Children: Report of an Independent Review of the Commercialisation and Sexualisation of Childhood* (London: Department for Education).

Bakir, V., and McStay, A. (2018) 'Fake News and the Economy of Emotions: Problems, Causes, Solutions', *Digital Journalism*, 6(2): 154–75.

Bales, K., Trodd, Z., and Kent Williamson, A. (2009) *Modern Slavery: The Secret World of 27 Million People* (Oxford: OneWorld).

Ball, S. (2013) 'Free Schools: Our Education System has Been Dismembered in Pursuit of Choise', *The Guardian*, 23 October, www.theguardian.com/commentisfree/2013/oct/23/education-system-dismembered-choice.

Bancroft, A., Zimpfer, M. J., Murray, O., and Karels, M (2014) 'Working at Pleasure in Young Women's Alcohol Consumption: A Participatory Visual Ethnography', *Sociological Research Online*, 19(3): 20, www.socresonline.org.uk/19/3/20.html.

Banerjee, A. V., and Duflo, E. (2019) *Good Economics for Hard Times: Better Answers to Our Biggest Problems* (London: Allen Lane).

Bangkok Post (2020) 'Sweden Admits Failure to Protect Elderly in Care Homes', 10 May, www.bangkokpost.com/world/1915636/sweden-admits-failure-to-protect-elderly-in-care-homes.

Banister, D. (1992) 'Energy Use, Transport and Settlement Patterns', in M. Breheny (ed.), *Sustainable Development and Urban Form* (London: Pion): 160–81.

Banks, C. (2013) *Youth, Crime and Justice* (Abingdon: Routledge).

Banton, M. (2015) *What We Know about Race and Ethnicity* (Oxford: Berghahn Books). Barash, D. (1979) *The Whisperings Within* (New York: Harper & Row).

Barfield, T. (ed.) (2000) *The Dictionary of Anthropology* (Oxford: Blackwell).

Barker, E. (1999) 'New Religious Movements: Their Incidence and Significance', in B. Wilson and J. Cresswell (eds), *New Religious Movements: Challenge and Response* (London: Routledge): 15–32.

Barker, E. (2010) 'The Cult as a Social Problem', in H. Titus (ed.), *Religion and Social Problems* (New York: Routledge): 198–212.

Barker, M. (1981) *The New Racism: Conservatives and the Ideology of the Tribe* (Frederick, MD: University Publications of America).

Barker, R. (1997) *Political Ideas in Modern Britain* (London: Routledge).

Barn, R., Ladino, C., and Rogers, B. (2006) *Parenting in Multiracial Britain* (London: National Children's Bureau).

Barnard, H., and Turner, C. (2011) *Poverty and Ethnicity: A Review of the Evidence* (York: Joseph Rowntree Foundation).

Barnes, C. (1991) *Disabled People in Britain and Discrimination* (London: Hurst).

Barnes, C. (2003) 'Disability Studies: What's the Point?', paper given at a conference at the University of Lancaster, 4 September, www.lancs.ac.uk/fass/events/disabilityconference_archive/2003/papers/barnes2003.pdf.

Barret-Ducrocq, F. (1992) *Love in the Time of Victoria: Sexuality and Desire among Working-Class Men and Women in Nineteenth-Century London* (Harmondsworth: Penguin).

Barry, J. M. (2005) *The Great Influenza: The Story of the Deadliest Pandemic in History* (New York: Penguin). Barth, F. (1969) *Ethnic Groups and Boundaries* (London: Allen & Unwin).

Bartle, J., and Allen, N. (eds) (2010) *Britain at the Polls 2010* (London: Sage).

Bastani, A. (2019) *Fully Automated Luxury Communism: A Manifesto* (London: Verso). Bates, L. (2014) *Everyday Sexism* (London: Simon & Schuster).

Bates, L. (2018) *Misogynation: The True Scale of Sexism* (London: Simon & Schuster).

Batty, E., Beatty, C., Foden, M., Lawless, P., Pearson, S., and Wilson, I. (2010) *The New Deal for Communities Experience: A Final Assessment* (London: HMSO).

Baudrillard, J. (1983) *Simulations* (New York: Semiotext(e)).

Baudrillard, J. (2004 [1991]) *The Gulf War Did Not Take Place* (Sydney: Power Publications). Bauman, Z. (1976) *Socialism: The Active Utopia* (New York: Holmes & Meier).

Bauman, Z. (1982) *Memories of Class: The Pre-History and After-Life of Class* (London: Routledge & Kegan Paul).

Bauman, Z. (1989) *Modernity and the Holocaust* (Cambridge: Polity). Bauman, Z. (1992) *Intimations of Postmodernity* (London: Routledge). Bauman, Z. (1997) *Postmodernity and its Discontents* (Cambridge: Polity). Bauman, Z. (2000) *Liquid Modernity* (Cambridge: Polity).

Bauman, Z. (2003) *Liquid Love: On the Frailty of Human Bonds* (Cambridge: Polity). Bauman, Z. (2007) *Liquid Times: Living in an Age of Uncertainty* (Cambridge: Polity). Baym, N. K. (2015) *Personal Connections in the Digital Age* (2nd edn, Cambridge: Polity).

BBC (2002) 'Falwell "Sorry" for Mohammed Remark', 13 October, http://news.bbc.co.uk/1/hi/world/americas/2323897.stm.

BBC (2004) 'Official Downloads Chart Launches', 28 June, http://news.bbc.co.uk/1/hi/entertainment/music/3846455.stm.

BBC (2007) 'Cambodia's Brutal Khmer Rouge Regime', 19 September, http://news.bbc.co.uk/1/hi/world/asia-pacific/7002629.stm.

BBC (2008) 'How "Gay" Became Children's Insult of Choise', 18 March, http://news.bbc.co.uk/1/hi/7289390.stm.

BBC (2010) 'Q & A: Professor Phil Jones', 13 February, http://news.bbc.co.uk/1/hi/sci/tech/8511670.stm.

BBC (2011) 'Rwanda: How the Genocide Happened', 17 May, www.bbc.co.uk/news/world-africa-13431486.

BBC News (2012a) 'Life Term for Cambodia Khmer Rouge Jailer Duch', 3 February, www.bbc.co.uk/news/world-asia-16865834.

BBC News (2012b) 'Teachers Warn on Rise of Academies', 7 April, www.bbc.co.uk/news/-education-17637793. BBC News (2013) 'Oldest Man in History Jiroemon Kimura dies at 116', 12 June, www.bbc.co.uk/news/world-asia-22851848.

BBC News (2014a) 'Ebola: How Bad Can it Get?', 6 September, www.bbc.co.uk/news/health-29060239.

BBC News (2014b) 'Ebola: Kofi Annan "Bitterly Disappointed" by Response to Ebola', 16 October, www.bbc.co.uk/news/health-29654784.

BBC News (2014c) 'Sir Elton John and David Furnish Marry', 21 December, www.bbc.co.uk/news/-entertainment-arts-30568634.

BBC News (2014d) 'China Village Petitions to "Isolate" HIV Positive Boy', 18 December, www.bbc.co.uk/news/world-asia-china-30527652.

BBC News (2015a) 'EU Leaders Agree to Relocate 40,000 Migrants', 26 June, www.bbc.co.uk/news/world-europe-33276443.

BBC News (2015b) 'Myanmar's President Promises Smooth Transfer of Power', 15 November, www.bbc.co.uk/news/world-asia-34825998.

BBC News (2018a) 'Huddersfield Grooming: Twenty Guilty of Campaign of Rape and Abuse', 19 October, www.bbc.co.uk/news/uk-england-45918845.

BBC News (2018b) 'Kent Police Stop Using Crime Predicting Software', 26 November, www.bbc.co.uk/news/uk-england-kent-46345717.

BBC News (2018c) 'The Sunday Assembly – "a Church with No Religion"', 16 July, www.bbc.co.uk/news/av/uk-scotland-44811343/the-sunday-assembly-a-church-with-no-religion.

BBC News (2018d) 'Rich List 2018: Jim Ratcliffe is UK's Richest Man', 13 May, www.bbc.co.uk/news/uk-44096507.

BBC News (2018e) 'Audi Fined £700m over Diesel Emissions Scandal', 16 October, www.bbc.co.uk/news/business-45876624.

BBC News (2018f) 'Viktor Orban: Hungary PM Re-elected for Third Term', 9 April, www.bbc.co.uk/news/world-europe-43693663.

BBC News (2019a) 'Sam Smith Changes Pronouns to They/Them', 14 September, www.bbc.co.uk/news/entertainment-arts-49688123.

BBC News (2019b) 'Trump Says "Climate Change Goes Both Ways"', 5 June; www.bbc.co.uk/news/world-us-canada-48531019.

BBC News (2019c) 'China's UK Ambassador: Uighur Camps Leak is "Fake News"', 25 November, www.bbc.co.uk/news/av/world-asia-china-50550535/china-s-uk-ambassador-uighur-camps-leak-is-fake-news.

BBC News (2019d) 'London Bus Attack: Boys Told Couple "To Show How Lesbians Have Sex"', 29 November, www.bbc.co.uk/news/uk-england-london-50600887.

BBC News (2019e) 'Labour: 673 Anti-Semitism Complaints in 10 Months', 11 February, www.bbc.co.uk/news/uk-politics-47203397.

BBC News (2019f) 'Rwanda Genocide: 100 Days of Slaughter', 4 April, www.bbc.co.uk/news/world-africa-26875506.

BBC News (2020a) 'Australia Fires: Is Arson to Blame?', 17 January, www.bbc.co.uk/news/world-51125898.

BBC News (2020b) 'Aung San Suu Kyi: Myanmar Democracy Icon Who Fell From Grace', www.bbc.co.uk/news/world-asia-pacific-11685977.

BBC News (2020c) 'Afghan Conflict: US and Taliban Sign Deal to End 18-Year War', www.bbc.co.uk/news/world-asia-51689443.

BBC News (2020d) 'Coronavirus: Care Homes Felt "Completely Abandoned"', 14 May, www.bbc.co.uk/news/uk-52660490.

BBC News (2020e) 'Samira Ahmed Wins BBC Equal Pay Tribunal', 10 January, www.bbc.co.uk/news/entertainment-arts-50599080.

BBC Sport (2019) 'Bulgaria Fans' Racism: Racist Abuse of England Fans Leads to Stadium Ban', 29 October, www.bbc.co.uk/sport/football/50212951.

Beall, J. (1998) 'Why Gender Matters', *Habitat Debate*, 4(4).

Beasley, C. (1999) *What Is Feminism?* (Thousand Oaks, CA: Sage). Beck, U. (1992) *Risk Society: Towards a New Modernity* (London: Sage). Beck, U. (1999) *World Risk Society* (Cambridge: Polity).

Beck, U. (2002) *Ecological Politics in an Age of Risk* (Cambridge: Polity). Beck, U. (2006) *Cosmopolitan Vision* (Cambridge: Polity).

Beck, U. (2009) *World at Risk* (Cambridge: Polity).

Beck, U., and Beck-Gernsheim, E. (1995) *The Normal Chaos of Love* (Cambridge: Polity).

Beck, U., and Beck-Gernsheim, E. (2001) *Individualization: Institutionalized Individualism and its Social and Political Consequences* (London: Sage).

Beck, U., and Grande, E. (2007) *Cosmopolitan Europe* (Cambridge: Polity).

Becker, H. (1950) *Through Values to Social Interpretation* (Durham, NC: Duke University Press). Becker, H. S. (1963) *Outsiders: Studies in the Sociology of Deviance* (New York: Free Press).

Becker, H. S. (1982) *Art Worlds* (Berkeley: University of California Press).

Beckett, K., and Herbert, S. (2010) *Banished: The New Social Control in Urban America* (New York: Oxford University Press).

Beckford, J. A. (2008) *Social Theory and Religion* (Cambridge: Cambridge University Press).

Beer, D., and Burrows, R. (2007) 'Sociology and, of and in Web 2.0: Some Initial Considerations', *Sociological Research Online*, 12(5): 17, www.socresonline.org.uk/12/5/17.html.

Beer, D., and Geesin, B. (2009) 'Rockin' with the Avatars: "Live" Music and the Virtual Spaces of Second Life', in D. Heider (ed.), *Living Virtually: Researching New Worlds* (New York: Peter Lang): 111–30. Beevor, A. (2007) *Berlin: The Downfall 1945* (London: Penguin).

Beggs, C. (2009) *Energy: Management, Supply and Conservation* (Oxford: Butterworth-Heinemann).

Bell, D. (1974) *The Coming of Post-Industrial Society: A Venture in Social Forecasting* (Harmondsworth: Penguin).

Bell, D. (1987) 'The World and the United States in 2013', *Daedalus*, 116(3): 1–31.

Bell, M. M. (2004) *An Invitation to Environmental Sociology* (2nd edn, Newbury Park, CA: Pine Forge Press).

Bell, M. M. (2011) *An Invitation to Environmental Sociology* (4th edn, Thousand Oaks, CA: Sage).

Bellah, R. N., Madsen, S., Sullivan, W. M., Swidler, A., and Tipton, S. M. (2008 [1985]) *Habits of the Heart: Individualism and Commitment in American Life* (Berkeley: University of California Press).

Benhabib, S. (2006) *Another Cosmopolitanism: Hospitality, Sovereignty and Democratic Iterations* (New York: Oxford University Press).

Benhabib, S., and Resnik, J. (eds) (2009) *Migrations and Mobilities: Citizenship, Borders and Gender* (New York: New York University Press).

Bennett, K., and LeCompte, M. (1990) *How Schools Work: A Sociological Analysis of Education* (New York: Longman).

Benton, T. (1994) *Natural Relations: Ecology, Animal Rights and Social Justice* (London: Verso).

Benton, T., and Craib, I. (2001) *Philosophy of Social Science: The Philosophical Foundations of Social Thought* (Basingstoke: Palgrave).

Berberoglu, B. (2005) *An Introduction to Classical and Contemporary Social Theory: A Critical Perspective* (Lanham, MD: Rowman & Littlefield).

Beresford, P., and Wallcraft, J. (1997) 'Psychiatric System Survivors and Emancipatory Research: Issues, Overlaps and Differences', in C. Barnes and G. Mercer (eds), *Doing Disability Research* (Leeds: Disability Press).

Berger, M. T., and Guidroz, K. (eds) (2009) *The Intersectional Approach: Transforming the Academy through Race, Class, and Gender* (Chapel Hill: University of North Carolina Press).

Berger, P. L. (1963) *Invitation to Sociology* (Garden City, NY: Anchor Books).

Berger, P. L. (1986) *The Capitalist Revolution: Fifty Propositions about Prosperity, Equality, and Liberty* (New York: Basic Books).

Berger, P. L., Davie, G., and Fokas, E. (2008) *Religious America, Secular Europe? A Theme and Variations* (Aldershot: Ashgate).

Berman, M. (1983) *All That Is Solid Melts into Air: The Experience of Modernity* (London: Verso).

Bernstein, B. (1975) *Class, Codes and Control*, Vol. 3: *Towards a Theory of Educational Transmissions* (London: Routledge).

Bernstein, B. (1990) *Class, Codes and Control*, Vol. 4: *The Structuring of Pedagogic Discourse* (London: Routledge).

Bernstein, E. (2018) *Brokered Subjects: Sex, Trafficking, and the Politics of Freedom* (Chicago: University of Chicago Press).

Berrington, A. (2020) 'Expectations for Family Transitions in Young Adulthood among the UK Second Generation', *Journal of Ethnic and Migration Studies*, 46(5): 913–35.

Bertelson, D. (1986) *Snowflakes and Snowdrifts: Individualism and Sexuality in America* (Lanham, MD: University Press of America).

Berthoud, R. (1998) *The Incomes of Ethnic Minorities*, ISER report 98-1 (Colchester: University of Essex, Institute for Social and Economic Research).

Berthoud, R. (2000) *Family Formation in Multi-Cultural Britain: Three Patterns of Diversity*, Working Paper 2000–34 (Colchester: University of Essex, Institute for Social and Economic Research).

Beynon, H., and Nichols, T. (eds) (2006) *Patterns of Work in the Post-Fordist Era: Fordism and Post-Fordism*, 2 vols (Cheltenham: Edward Elgar).

Bhambra, G. K. (2007) 'Sociology and Postcolonialism: Another "Missing" Revolution?', *Sociology*, 41(5): 871–84.

Bhambra, G. K. (2014) *Connected Sociologies* (London: Bloomsbury).

Bhattacharya, S. (2003) 'Global Warming "Kills 160,000 a Year"', *New Scientist*, 1 October; www.-newscientist.com/article/dn4223-global-warming-kills-160000-a-year.html.

Birren, J. E., and Schaie, K. W. (eds) (2001) *Handbook of the Psychology of Aging* (5th edn, San Diego and London: Academic Press).

Black, J. (2011) *Slavery: A New Global History* (London: Constable & Robinson).

Blanden, J., Goodman, A., Gregg, P., et al. (2002) *Changes in Intergenerational Mobility in Britain* (London: Centre for the Economics of Education, London School of Economics and Political Science).

Blau, P. M. (1963) *The Dynamics of Bureaucracy* (Chicago: University of Chicago Press).

Blau, P. M., and Duncan, O. D. (1967) *The American Occupational Structure* (New York: Wiley). Blauner, R. (1964) *Alienation and Freedom* (Chicago: University of Chicago Press).

Blaxter, M. (2010) *Health* (2nd edn, Cambridge: Polity). Blinder, A. S. (2006) 'Fear of Offshoring', *Foreign Affairs*, 85(2).

Blokland, T. (2017) *Community as Urban Practice* (Cambridge: Polity).

Blumer, H. (1969) *Symbolic Interactionism: Perspective and Method* (Englewood Cliffs, NJ: Prentice-Hall). Blumer, H. (1970 [1933]) *Movies and Conduct* (New York: Arno Press).

Boatcă, M., and Costa, S. (2010) 'Postcolonial Sociology: A Research Agenda', in E. G. Rodríguez, M. Boatcă and S. Costa (eds), *Decolonizing European Sociology: Transdisciplinary Approaches* (Farnham: Ashgate): 13–32.

Boden, D., and Molotch, H. (1994) 'The Compulsion to Proximity', in R. Friedland and D. Boden (eds), *NowHere: Space, Time, and Modernity* (Berkeley: University of California Press).

Boffey, D. (2011) 'Lord Lawson's "Misleading" Climate Claims Challenged by Scientific Adviser', *The Guardian*, 27 March; www.guardian.co.uk/environment/2011/mar/27/lord-lawson-climate--scientific-adviser.

Bonacich, E., and Appelbaum, R. P. (2000) *Behind the Label: Inequality in the Los Angeles Garment Industry* (Berkeley: University of California Press).

Bone, K. M. (2017) 'Trapped Behind the Glass: Crip Theory and Disability Identity', *Disability and Society*, 32(9): 1297–314.

Bonger, W. A. (2019 [1905]) *Criminality and Economic Conditions* (Sacramento, CA: Creative Media Partners). Bonney, N. (1992) 'Theories of Social Class and Gender', *Sociology Review*, 1(3): 2–5.

Boocock, S. (1980) *Sociology of Education: An Introduction* (2nd edn, Boston: Houghton Mifflin). Boorstin, D. (1961) *The Image: A Guide to Pseudo-Events in America* (New York: Vintage).

Booth, A. (1977) 'Food Riots in the North-West of England, 1770–1801', *Past and Present*, 77: 84–107.

Booth, R. (2019) 'Wellcome Trust Drops Plans to Trial Four-Day Working Week', *The Guardian*, 12 April; www.theguardian.com/uk-news/2019/apr/12/wellcome-trust-drops-plans-to-trial-four-day-working-week.

Bootle, R. (2011) *The Trouble with Markets: Saving Capitalism from Itself* (London: Nicholas Brealey).

Borja, J., and Castells, M. (1997) *Local and Global: The Management of Cities in the Information Age* (London: Earthscan).

Boseley, S. (2006) 'Ritalin Heart Attacks Warning Urged after 51 Deaths in US', *The Guardian*, 11 February; www.guardian.co.uk/society/2006/feb/11/health.medicineandhealth.

Boswell, J. (1995) *The Marriage of Likeness: Same-Sex Unions in Pre-Modern Europe* (London: Fontana). Boukli, A., and Kotzé, J. (eds) (2018) *Zemiology: Reconnecting Crime and Social Harm* (Basingstoke: Palgrave). Bourdieu, P. (1986) *Distinction: A Social Critique of the Judgement of Taste* (London: Routledge & Kegan Paul).

Bourdieu, P. (1988) *Language and Symbolic Power* (Cambridge: Polity). Bourdieu, P. (1990) *The Logic of Practice* (Cambridge: Polity).

Bourdieu, P. (1992) *An Invitation to Reflexive Sociology* (Chicago: University of Chicago Press). Bourdieu, P. (2001) *Masculine Domination* (Cambridge: Polity).

Bourdieu, P., and Passeron, J. C. (1977) *Reproduction in Education, Society and Culture* (London: Sage). Bowles, S., and Gintis, H. (1976) *Schooling in Capitalist America: Educational Reform and Contradictions of Economic Life* (New York: Basic Books).

Box, S. (1983) *Power, Crime and Mystification* (London: Tavistock).

Boyd-Barrett, O., and Mirrlees, T. (2020) 'Introduction: Media Imperialism: Continuity and Change', in O. Boyd-Barrett and T. Mirrlees (eds), *Media Imperialism: Continuity and Change* (London: Rowman & Littlefield): 1–10.

Boyer, R., and Drache, D. (1996) *States against Markets: The Limits of Globalization* (London: Routledge). Boyle, K. (2019) *#MeToo, Weinstein and Feminism* (Cham, Switzerland: Springer Nature).

Bradford, B. (2017) *Stop and Search and Police Legitimacy* (Abingdon: Routledge). Brannen, J. (2003) 'The Age of Beanpole Families', *Sociology Review*, 13(1): 6–9.

Braun, B., and Castree, N. (eds) (1998) *Remaking Reality: Nature at the Millennium* (London: Routledge). Braverman, H. (1974) *Labor and Monopoly Capital: The Degradation of Work in the Twentieth Century* (New York: Monthly Review Press).

Breen, R., and Goldthorpe, J. H. (1999) 'Class Inequality and Meritocracy: A Critique of Saunders and an Alternative Analysis', *British Journal of Sociology*, 50: 1–27.

Brennan, T. (1988) 'Controversial Discussions and Feminist Debate', in N. Segal and E. Timms (eds), *The Origins and Evolution of Psychoanalysis* (New Haven, CT: Yale University Press).

Brewer, J. D. (2010) *Peace Processes: A Sociological Approach* (Cambridge: Polity).

Brewer, R. M. (1993) 'Theorizing Race, Class and Gender: The New Scholarship of Black Feminist Intellectuals and Black Women's Labor', in S. M. James and A. P. A. Busia (eds), *Theorizing Black Feminisms: The Visionary Pragmatism of Black Women* (New York: Routledge).

Brindle, D. (2018) 'Hospices Care for 200,000 People a Year, but They're Powered by a Voluntary Effort', *The Guardian*, 8 October; www.theguardian.com/society/2018/oct/08/hospices-care-200000-people-year-powered-voluntary-effort.

Brinkley, I., and Lee, N. (2006) *The Knowledge Economy in Europe – A Report Prepared for the 2007 EU Spring Council* (London: Work Foundation).

Britton, D. (2011) *The Gender of Crime* (Lanham, MD: Rowman & Littlefield). Brooker, P. (2013) *Non-Democratic Regimes* (3rd edn, New York: Palgrave Macmillan).

Brown, D. A. (2007) *Critical Race Theory: Cases, Materials and Problems* (2nd edn, Eagan, MN: Thompson West).

Brown, P., and Lauder, H. (1997) *Education: Culture, Economy, Society* (Oxford: Oxford University Press). Browne, K. (2005) *An Introduction to Sociology* (3rd edn, Cambridge: Polity).

Browning, S. (2019) 'I Drive in the Bus Lane', 24 May, www.bbc.co.uk/news/business-48400271. Brownmiller, S. (1975) *Against our Will: Men, Women and Rape* (London: Secker & Warburg). Brubaker, R. (2005) 'The "Diaspora" Diaspora', *Ethnic and Racial Studies*, 28(1): 1–19.

Brubaker, R. (2006) *Ethnicity without Groups* (Cambridge, MA: Harvard University Press).

Brubaker, R. (2017) 'Between Nationalism and Civilizationism: The European Populist Moment in Comparative Perspective', *Ethnic and Racial Studies*, 40(8): 1191–226.

Bruce, S. (1996) *Religion in the Modern World: From Cathedrals to Cults* (Oxford: Oxford University Press). Bruce, S. (2011) *Secularization: In Defence of an Unfashionable Theory* (Oxford: Oxford University Press). Bruce, S., and Voas, D. (2010) 'Vicarious Religion: An Examination and Critique', *Journal of Contemporary Religion*, 25(2): 243–59.

Brumberg, J. J. (1997) *The Body Project* (New York: Vintage).

Bruneforth, M. (2006) 'Interpreting the Distribution of Out-of-School Children by Past and Expected Future School Enrolment', Background paper for *EFA Global Monitoring Report 2007* (Paris: UNESCO).

Bryman, A. (2015) *Social Research Methods* (4th edn, Oxford: Oxford University Press).

Bryson, V. (1993) 'Feminism', in R. Eatwell and A. Wright (eds), *Contemporary Political Ideology* (London: Pinter).

Buckingham, D. (2000) *After the Death of Childhood: Growing up in the Age of Electronic Media* (Cambridge: Polity).

Budd, J. W. (2011) *The Thought of Work* (Ithaca, NY: Cornell University Press).

Buffett, W. E. (2011) 'Stop Coddling the Super-Rich', *New York Times*, 14 August 14; www.nytimes.com/2011/08/15/opinion/stop-coddling-the-super-rich.html.

Bull, P. (1983) *Body Movement and Interpersonal Communication* (New York: Wiley).

Bullard, R. D. (ed.) (1993) *Confronting Environmental Racism: Voices from the Grassroots* (Cambridge, MA: South End Press).

Bullivant, S. (2018) *Europe's Young Adults and Religion: Findings from the European Social Survey (2014–16) to Inform the 2018 Synod of Bishops*, Benedict XVI Centre for Religion and Society, www.stmarys.ac.uk/research/centres/benedict-xvi/docs/2018-mar-europe-young-people-report-eng.pdf.

Bullock, J. (2018) *The Sociology of the Sunday Assembly: 'Belonging without Believing' in a Post-Christian Context*, PhD thesis, Kingston University, https://eprints.kingston.ac.uk/41775/.

Burawoy, M. (2005) 'For Public Sociology: 2004 Presidential Address', *American Sociological Review*, 70: 4–28. Burbridge, M., and Walters, J. (1981) *Breaking the Silence: Gay Teenagers Speak for Themselves* (London: Joint Council for Gay Teenagers).

Burchell, B., et al. (1999) *Job Insecurity and Work Intensification: Flexibility and the Changing Boundaries of Work* (York: York Publishing Services).

Burgoon, J. K., Buller, D. B., and Woodall, W. G. (1996) *Nonverbal Communication: The Unspoken Dialogue* (2nd edn, New York: McGraw-Hill).

Burke, J. (2004) *Al-Qaeda: The True Story of Radical Islam* (New York: I. B. Tauris). Burke, J. (2015) *The New Threat from Islamic Militancy* (London: Bodley Head).

Burkitt, I. (1999) *Bodies of Thought: Social Relations, Activity and Embodiment* (London: Sage). Burkitt, I. (2008) *Social Selves: Theories of Self and Society* (2nd edn, London: Sage).

Butler, J. (1990) *Gender Trouble: Feminism and the Subversion of Identity* (London: Routledge). Butler, J. (1993) *Bodies that Matter: On the Discursive Limits of 'Sex'* (New York: Routledge).

Butler, J. (1997) *Excitable Speech: A Politics of the Performative* (London and New York: Routledge). Butler, J. (2004) *Undoing Gender* (London: Routledge).

Butler, P. (2019) '"They Just Dump You Here": The Homeless Families Living in Shipping Containers', *The Guardian*, 23 August; www.theguardian.com/society/2019/aug/23/they-just-dump-you-here-the-homeless-families-living-in-shipping-containers.

Butler, T., with Robson, G. (2003) *London Calling: The Middle Classes and the Re-Making of Inner London* (Oxford: Berg).

Butler, T., and Savage, M. (1995) *Social Change and the Middle Classes* (London: UCL Press).

Byman, D. (2015) *Al Qaeda, The Islamic State, and the Global Jihadist Movement: What Everyone Needs to Know* (Oxford: Oxford University Press).

Bynner, J., Ferri, E., and Shepherd, P. (eds) (1997) *Twenty-Something in the 1990s: Getting on, Getting by, Getting Nowhere* (Aldershot: Ashgate).

Bytheway, B. (1995) *Ageism* (Buckingham, and Bristol, PA: Open University Press).

CACE (Central Advisory Council for Education) (1959) *15 to 18* (London: HMSO) [Crowther Report]; www.educationengland.org.uk/documents/crowther/.

Cahill, S. E., Distler, W., Lachowetz, C., Meaney, A., Tarallo, R., and Willard, T. (1985) 'Meanwhile Backstage: Public Bathrooms and the Interaction Order', *Journal of Contemporary Ethnography*, 14(1): 33–58.

Calarco, J. M. (2018) *Negotiating Opportunities: How the Middle Class Secures Advantages in School* (New York: Oxford University Press).

Calhoun, C. (1993) '"New Social Movements" of the Early Nineteenth Century', *Social Science History*, 17(3): 385–427.

Calhoun, C. (2005) 'The Promise of Public Sociology', *British Journal of Sociology*, 56(3): 355–63.

Cameron, A., and Palan, R. (2004) *The Imagined Economies of Globalization* (London: Sage).

Camp, J. T., and Heatherton, C. (eds) (2016) *Policing the Planet: Why the Policing Crisis Led to Black Lives Matter* (New York: Verso).

Campbell, C. (1992) *The Romantic Ethic and the Spirit of Modern Consumerism* (Oxford: Blackwell). Campbell, L. (2019) 'Why Blue Story Shouldn't be Banned from Cinemas', *The Guardian*, 25 November; www.theguardian.com/news/shortcuts/2019/nov/25/blue-story-film.

Canning, A. (2019) 'Starbucks Has a Slave Labor Problem', *Fairworld Project*, 17 June. Cant, C. (2020) *Riding for Deliveroo: Resistance in the New Economy* (Cambridge: Polity).

Cantle, T. (2001) *Independent Report of the Community Cohesion Review Team* (London: Home Office).

Cao, S. (2019) 'Forbes Billionaires List 2019: Top 10 Dropouts and Newcomers', 3 May, *The Observer*, https:// observer.com/2019/03/forbes-2019-billionaires-list-dropouts-newcomers/.

Capps, W. H. (1995) *The New Religious Right: Piety, Patriotism, and Politics* (rev. edn, Columbia: University of South Carolina Press).

Caraway, T. L. (2007) *Assembling Women: The Feminization of Global Manufacturing* (Ithaca, NY: Cornell University Press).

Carbon Brief (2019) 'COP 25: Key Outcomes Agreed at the UN Climate Talks in Madrid', 15 December, www. carbonbrief.org/cop25-key-outcomes-agreed-at-the-un-climate-talks-in-madrid.

Cardoso, F. H., and Faletto, E. (1979) *Dependency and Development in Latin America* (Berkeley: University of California Press).

Carlen, P. (1983) *Women's Imprisonment: A Study in Social Control* (London and Boston: Routledge & Kegan Paul).

Carr, E. H. (1962) *What is History?* (New York: Alfred A. Knopf).

Carroll, W. K. (2004) *Corporate Power in a Globalizing World: A Study in Elite Social Organization* (Oxford: Oxford University Press).

Carsten, J. (ed.) (2000) *Cultures of Relatedness: New Approaches to the Study of Kinship* (Cambridge: Cambridge University Press).

Cashmore, E. (2006) *Celebrity Culture* (London: Routledge).

Castells, M. (1983) *The City and the Grass Roots: A Cross-Cultural Theory of Urban Social Movements* (London: Edward Arnold).

Castells, M. (1991) *The Informational City: Economic Restructuring and Urban Development* (Oxford: Blackwell).

Castells, M. (1992) 'Four Asian Tigers with a Dragon Head: A Comparative Analysis of the State, Economy, and Society in the Asian Pacific Rim', in R. P. Appelbaum and J. Henderson (eds), *States and Development in the Asian Pacific Rim* (Newbury Park, CA: Sage).

Castells, M. (1996a) *The Information Age*, Vol. 1: *Economy, Society and Culture* (Oxford: Blackwell). Castells, M. (1996b) *The Rise of the Network Society* (Oxford: Blackwell).

Castells, M. (1997) *The Information Age*, Vol. 2: *The Power of Identity* (Oxford: Blackwell). Castells, M. (1998) *The Information Age*, Vol. 3: *End of Millennium* (Oxford: Blackwell).

Castells, M. (2001) *The Internet Galaxy: Reflections on the Internet, Business, and Society* (Oxford: Oxford University Press).

Castells, M. (2006) *The Network Society: From Knowledge to Policy* (Baltimore: Johns Hopkins University Press).

Castells, M. (2015) *Networks of Outrage and Hope: Social Movements in the Internet Age* (2nd edn, Cambridge: Polity).

Castles, S., and Miller, M. J. (2019 [1993]) *The Age of Migration: International Population Movements in the Modern World* (6th edn, Basingstoke: Palgrave Macmillan).

Catton, W., Jr., and Dunlap, R. E. (1978) 'Environmental Sociology: A New Paradigm', *American Sociologist*, 13: 41–9.

Cavanagh, M. (2011) 'Youth Unemployment Must be Addressed', *New Statesman*, 10 August; www.newstatesman.com/blogs/the-staggers/2011/08/youth-unemployment-police-long.

Cayton, H. (2000) 'Alzheimer's: Looking Ahead in the Twenty-First Century', from personal correspondence, Buckingham Palace.

Centers for Disease Control (2014) 'Severe Acute Respiratory Syndrome', www.cdc.gov/sars/about/faq.html.

Centre for Contemporary Cultural Studies (1982) *The Empire Strikes Back: Race and Racism in 70s Britain* (London: Hutchinson).

Chaguaceda, A. (2016) 'The Putin System: Russian Authoritarianism Today', *Revista mexicana de análisis político y administración pública*, 5(1): 75–92.

Chambers, D. (2006) *New Social Ties: Contemporary Connections in a Fragmented Society* (Basingstoke: Palgrave Macmillan).

Chambers, D., and Gracia, P. (2021) *A Sociology of Family Life: Change and Diversity in Intimate Relations* (2nd edn, Cambridge: Polity).

Chambers, P., Allan, G., and Phillipson, C. (2009) *Family Practices in Later Life* (Bristol: Policy Press). Chambliss, W. J. (1978) *On the Take: From Petty Crooks to Presidents* (Bloomington: Indiana University Press). Chapkis, W. (1997) *Live Sex Acts: Women Performing Erotic Labour* (London: Routledge).

Chaplin, E. (1994) *Sociology and Visual Representation* (London: Routledge).

Charlton, J. I. (1998) *Nothing about Us without Us: Disability Oppression and Empowerment* (Berkeley: University of California Press).

Chase-Dunn, C. (1989) *Global Formation: Structures of the World Economy* (Oxford: Blackwell).

Chatterjee, P., Bailey, D., and Aronoff, A. (2001) 'Adolescence and Old Age in 12 Communities', *Journal of Sociology and Social Welfare*, 28(4): 121–59.

Chatterjee, S. (2005) 'Introduction', in S. K. Das (ed.), *Peace Processes and Peace Accords* (New Delhi: Sage India): 17–19.

Chen, X. (2009) 'Introduction: A Globalizing City on the Rise: Shanghai's Transformation in Comparative Perspective', in X. Chen (ed.), *Shanghai Rising: State Power and Local Transformations in a Global Megacity* (Minneapolis: University of Minnesota Press): xv–xxxv.

Child Poverty Action Group (2019) 'Child Poverty Facts and Figures', https://cpag.org.uk/child-poverty/child-poverty-facts-and-figures.

Children's Commissioner (2019) *Bleak Houses: Tackling the Crisis of Family Homelessness in England* (London: Children's Commissioner for England); www.childrenscommissioner.gov.uk/wp-content/uploads/2019/08/cco-bleak-houses-report-august-2019.pdf.

Chiles, D. P. (2013) *Principles of Netiquette* (CreateSpace Independent Publishing).

Chiozza, G. (2002) 'Is there a Clash of Civilizations? Evidence from Patterns of International Conflict Involvement, 1946–97', *Journal of Peace Research*, 39(6): 711–34.

Chodorow, N. (1978) *The Reproduction of Mothering* (Berkeley: University of California Press). Chodorow, N. (1988) *Psychoanalytic Theory and Feminism* (Cambridge: Polity).

Chomsky, N. (1991) *Media Control: The Spectacular Achievements of Propaganda* (New York: Seven Stories Press).

Chowdry, H., Crawford, C., and Goodman, A. (2010) 'Outcomes in the Secondary School Years: Evidence from the Longitudinal Study of Young People in England', in A. Goodman and P. Gregg (eds), *Poorer Children's Educational Attainment: How Important Are Attitudes and Behaviour?* (York: Joseph Rowntree Foundation): 34–43.

Church of England Research and Statistics (2017) *Ministry Statistics 2016* (London: Research and Statistics); www.churchofengland.org/sites/default/files/2018-08/Ministry%20Statistics%202017_final%20report_v2.pdf.

CIA (2007) *The World Factbook*, www.umsl.edu/services/govdocs/wofact2007/index.html.

CIA (2012) *The World Factbook 2012*, www.cia.gov/library/publications/the-world-factbook/index.html. Ciabattari, T. (2016) *Sociology of Families: Change, Continuity, and Diversity* (Thousand Oaks, CA: Sage). Cixous, H. (1976) 'The Laugh of the Medusa', *Signs*, 1(4): 875–93.

Clark, D. (ed.) (1993) *The Sociology of Death: Theory, Culture, Practice* (Oxford: Blackwell). Clausewitz, C. von (1993 [1832]) *On War* (London: Everyman's Library).

Clisby, S., and Holdsworth, J. (2016) *Gendering Women: Identity and Mental Well-Being through the Lifecourse* (Bristol: Policy Press).

CNN (2001) 'Falwell Apologizes to Gays, Feminists, Lesbians', 14 September, https://edition.cnn.com/2001/US/09/14/Falwell.apology/.

Cockerham, W. C. (2020) *Social Causes of Health and Disease* (3rd edn, Cambridge: Polity).

Coghlan, A. (2015) 'Nitrogen Oxides in Car Exhaust Kill Tens of Thousands in UK', *New Scientist*, 28 September; www.newscientist.com/article/dn28245-nitrogen-oxide-is-not-so-harmless-and-could-damage-human-health/.

Cohen, A. (1955) *Delinquent Boys* (London: Free Press).

Cohen, R. (1997) *Global Diasporas: An Introduction* (London: UCL Press).

Cohen, S. (2003 [1972]) *Folk Devils and Moral Panics: The Creation of the Mods and Rockers* (Oxford: Martin Robertson).

Cohen, S. (2017) *The Sustainable City* (New York: Columbia University Press).

Cole, T. R. (1992) *The Journey of Life: A Cultural History of Aging in America* (Cambridge: Cambridge University Press).

Collier, P. (2007) *The Bottom Billion: Why the Poorest Countries Are Failing and What Can be Done about It* (Oxford: Oxford University Press).

Collins, J. (2000) 'Quality by Other Means', unpublished manuscript, Department of Sociology, University of Wisconsin-Madison.

Collins, P. H. (2000) *Black Feminist Thought: Knowledge, Consciousness and the Politics of Empowerment* (New York: Routledge).

Colquhoun, I. (2004) *Design Out Crime: Creating Safe and Sustainable Communities* (Amsterdam: Elsevier).

Committee on Climate Change (2018) *Reducing UK Emissions: 2018 Progress Report to Parliament*, www.theccc.org.uk/wp-content/uploads/2018/06/CCC-2018-Progress-Report-to-Parliament.pdf.

Connell, R. (1987) *Gender and Power: Society, the Person and Sexual Politics* (Cambridge: Polity).

Connell, R. (2001) *The Men and the Boys* (Berkeley and Los Angeles: Allen & Unwin).

Connell, R. (2005) *Masculinities* (2nd edn, Cambridge: Polity).

Connell, R. (2007) *Southern Theory: The Global Dynamics of Knowledge in Social Science* (Sydney: Allen & Unwin).

Connell, R. (2011) *Confronting Equality: Gender, Knowledge and Global Change* (Cambridge: Polity).

Connell, R. (2018) 'Decolonizing Sociology', *Contemporary Sociology: A Journal of Reviews*, 47(4): 399–401.

Connelly, R., Gayle, V., and Lambert, P. S. (2016) 'A Review of Occupation-Based Social Classifications for Social Research', *Methodological Innovations*, 9: 1–14.

Conrad, P. (2002) 'A Mirage of Genes', in S. Nettleton and U. Gustafsson (eds), *The Sociology of Health and Illness Reader* (Cambridge: Polity): 76–87.

Cook, K. S., Snijders, C., Buskers, V., and Cheshire, C. (eds) (2009) *eTrust: Forming Relationships in the Online World* (New York: Russell Sage Foundation).

Coontz, S. (1992) *The Way We Never Were: American Families and the Nostalgia Trap* (New York: Basic Books).

Cooper, H. (2002) 'Investigating Socio-Economic Explanations for Gender and Ethnic Inequalities in Health', *Social Science & Medicine*, 54(5): 693–706.

Corbin, J., and Strauss, A. (1985) 'Managing Chronic Illness at Home: Three Lines of Work', *Qualitative Sociology*, 8(3): 224–47.

Corrigan, P. (1997) *The Sociology of Consumption: An Introduction* (London: Sage).

Corsaro, W. (2005) *The Sociology of Childhood* (2nd edn, Thousand Oaks, CA: Pine Forge Press).

Corson, P. W., and Andersen, A. E. (2002) 'Body Image Issues among Boys and Men', in T. F. Cash and T. Pruzinsky (eds), *Body Image: A Handbook of Theory, Research and Clinical Practice* (New York: Guildford Press): 192–9.

Coser, L. A. (1977) *Masters of Sociological Thought: Ideas in Historical and Social Context* (New York: Harcourt, Brace, Jovanovich).

Cotgrove, S., and Duff, A. (1980) 'Environmentalism, Middle Class Radicalism and Politics', *Sociological Review*, 28(2): 333–51.

Cotton, B. (2019) 'Why Did Sir James Dyson Really Move his HQ to Singapore?', *Business Leader*, 10 April; www.businessleader.co.uk/why-did-sir-james-dyson-really-move-his-hq-to-singapore/63498/.

Council on Foreign Relations (2020a) 'Civil War in South Sudan', 20 March, www.cfr.org/interactive/global-conflict-tracker/conflict/civil-war-south-sudan.

Council on Foreign Relations (2020b) 'Civil War in Syria', www.cfr.org/interactive/global-conflict-tracker/ conflict/civil-war-syria.

Council on Foreign Relations (2020c) 'The Rohingya Crisis', 23 January, www.cfr.org/backgrounder/rohingya-crisis.

Courts and Tribunals Judiciary (2018) *Judicial Diversity Statistics 2018*, 12 July, www.judiciary.uk/wp-content/ uploads/2018/07/judicial-diversity-statistics-2018-1-2.pdf.

Cousins, B., Borras Jnr, S. M., Sauer, S., and Ye, J. (2018) 'BRICS, Middle-Income Countries (MICs), and Global Agrarian Transformations: Internal Dynamics, Regional Trends, and International Implications', *Globalizations*, 15(1): 1–11.

Coward, R. (1984) *Female Desire: Women's Sexuality Today* (London: Paladin). Cowen, N. (2001) *Global History: A Short Overview* (Cambridge: Polity).

Cowie, J., and Heathcott, J. (eds) (2003) *Beyond the Ruins: The Meanings of Deindustrialization* (Ithaca, NY: Cornell University Press).

Cox, O. C. (1959) *Class, Caste and Race: A Study in Social Dynamics* (New York: Monthly Review Press).

Crenshaw, K. W. (1991) 'Mapping the Margins: Intersectionality, Identity Politics and Violence against Women of Color', *Stanford Law Review*, 43(6): 1241–99.

Crenshaw, M. (2011) *Explaining Terrorism: Causes, Processes and Consequences* (Abingdon: Routledge). Croall, H. (2001) *Understanding White Collar Crime* (Buckingham: Open University Press).

Croall, H. (2011) *Crime and Society in Britain* (2nd edn, London: Longman).

Crompton, R. (2006) *Employmentandthe Family: The Reconfigurationof Work and Family Life in Contemporary Societies* (Cambridge: Cambridge University Press).

Crompton, R. (2008) *Class and Stratification: An Introduction to Current Debates* (3rd edn, Cambridge: Polity).

Crompton, R., Brockmann, M., and Lyonette, C. (2005) 'Attitudes, Women's Employment and the Domestic Division of Labour: A Cross-National Analysis in Two Waves', *Work, Employment and Society*, 19(2): 213–33.

Crook, S., Pakulski, J., and Waters, M. (1992) *Postmodernization* (London: Sage).

Crossley, N. (2002) *Making Sense of Social Movements* (Buckingham: Open University Press).

Crossley, R. (2014) 'Will Workplace Robots Cost More Jobs Than They Create?', www.bbc.co.uk/news/tech nology-27995372.

Crouch, C. (2017) 'Globalization, Nationalism and the Changing Axes of Political Identity', in W. Outhwaite (ed.), *Brexit: Sociological Responses* (London: Anthem Press): 101–10.

Crouch, C. (2019a) *The Globalization Backlash* (Cambridge: Polity). Crouch, C. (2019b) *Will the Gig Economy Prevail?* (Cambridge: Polity).

Crutzen, P. J., and Stoermer, E. F. (2000) 'The "Anthropocene"', *Global Change Newsletter*, 41: 17–18. Cumberbatch, G., and Negrine, R. (1992) *Images of Disability on Television* (London: Routledge).

Cumings, B. (1987) 'The Origins and Development of the Northeast Asian Political Economy: Industrial Sectors, Product Cycles, and Political Consequences', in F. C. Deyo (ed.), *The Political Economy of the New Asian Industrialism* (Ithaca, NY: Cornell University Press).

Cumings, B. (2005) *Korea's Place in the Sun: A Modern History* (rev. edn, New York: W. W. Norton).

Cumming, E., and Henry, W. E. (1961) *Growing Old: The Process of Disengagement* (New York: Basic Books).

Cunningham, K. (2011) *The Bubonic Plague* (Edina, MN: ABDO).

Curran, J., and Seaton, J. (2003) *Power without Responsibility: The Press, Broadcasting and New Media in Britain* (London: Routledge).

Cylke, F. K. (1993) *The Environment* (New York: HarperCollins).

Dados, N., and Connell, R. (2012) 'The Global South', *Contexts*, 11(1): 12–13.

Daly, G. (2013) *Homeless: Policies, Strategies and Lives on the Streets* (3rd edn, Abingdon: Routledge).

Damaske, S. (2011) *For the Family? How Class and Gender Shape Women's Work* (Oxford: Oxford University Press).

D'Anieri, P., Ernst, C., and Kier, E. (1990) 'New Social Movements in Historical Perspective', *Comparative Politics*, 22(4): 445–58.

Darby, J. (2001) *The Effects of Violence on Peace Processes* (Washington, DC: US Institute of Peace Press). Das, S. K. (2005) *Peace Processes and Peace Accords* (New Delhi: Sage India).

Data Center Knowledge (2017) 'Google Data Center FAQ Part 3', 19 March, www.datacenterknowledge.com/ data-center-faqs/google-data-center-faq-part-3.

David, M. E. (2003) *Personal and Political: Feminisms, Sociology and Family Lives* (Stoke-on-Trent: Trentham Books).

Davidson, M. (2008) *Concerto for the Left Hand: Disability and the Defamiliar Body* (Ann Arbor: University of Michigan Press).

Davie, G. (1994) *Religion in Britain since 1945: Believing without Belonging* (Oxford: Blackwell).

Davies, B. (1991) *Frogs and Snails and Feminist Tales* (Sydney: Allen & Unwin).

Davies, J. B., Sandström, S., Shorrocks, A., and Wolff, E. N. (2007) *Estimating the Level and Distribution of Global Household Wealth*, Research Paper no. 2007/77 (Helsinki: UNU-WIDER).

Davies, N. (2009) 'Prostitution and Trafficking: The Anatomy of a Moral Panic', *The Guardian*, 20 October; www. theguardian.com/uk/2009/oct/20/trafficking-numbers-women-exaggerated.

Davis, H. (2004) *Understanding Stuart Hall* (London: Sage). Davis, K. (1949) *Human Society* (New York: Macmillan).

Davis, K. (1965) 'The Urbanization of the Human Population', *Scientific American*, 213 (September): 41–53.

Davis, M. (1990) *City of Quartz: Excavating the Future in Los Angeles* (London: Vintage).

Davis, M. (2006) *City of Quartz: Excavating the Future in Los Angeles* (2nd edn, London: Verso).

Davis, S. M. (1988) *2001 Management: Managing the Future Now* (London: Simon & Schuster).

Dawood, F. S., Iuliano, A. D., Reed, C., et al. (2012) 'Estimated Global Mortality Associated with the First 12 Months of 2009 Pandemic Influenza A H1N1 Virus Circulation: A Modelling Study', *The Lancet Infectious Diseases*, 12(9): 687–95.

Day, E. (2015) 'Lives Transformed: Do Famous Transgender People Help the Cause?', *The Guardian*, 23 August; www.theguardian.com/society/2015/aug/23/famous-transgender-help-the-cause-caitlyn-jenner-laverne-cox-kellie-maloney.

DBEIS (Department for Business, Energy and Industrial Strategy) (2019) *Trade Union Membership: Statistical Bulletin*, 30 May, https://assets.publishing.service.gov.uk/government/uploads/system/uploads/attach ment_data/file/805268/trade-union-membership-2018-statistical-bulletin.pdf.

De Groot, J. (2019) 'A History of Ransomware Attacks: The Biggest and Worst Ransomware Attacks of All Time', *Digital Guardian*, 24 October; https://digitalguardian.com/blog/history-ransomware-attacks-biggest-and-worst-ransomware-attacks-all-time.

De Ruyter, A., and Brown, M. (2019) *The Gig Economy* (Newcastle: Agenda).

De Swaan, A. (2001) *Words of the World: The Global Language System* (Cambridge: Polity).

De Vaus, D. (2008) 'Australian Families: Social and Demographic Patterns', in C. B. Hennon and S. M. Wilson (eds), *Families in a Global Context* (New York: Routledge): 379–406.

De Witte, H., and Näswall, K. (2003) '"Objective" versus "Subjective" Job Insecurity: Consequences of Temporary Work for Job Satisfaction and Organizational Commitment in Four European Countries', *Economic and Industrial Democracy*, 24(2): 149–88.

Deem, R. (ed.) (1980) *Schooling for Women's Work* (London: Routledge & Kegan Paul).

Deery, J. (2015) *Reality TV* (Cambridge: Polity).

Defra (2016) *Digest of Waste and Resource Statistics* (London: Defra); www.gov.uk/government/collections/ digest-of--waste-and-resource-statistics.

Defra (2019a) *Clean Air Strategy 2019* (London: Defra); https://assets.publishing.service.gov.uk/govern ment/uploads/system/uploads/attachment_data/file/770715/clean-air-strategy-2019.pdf.

Defra (2019b) *UK Statistics on Waste: 2019 Update* (London: Defra); www.gov.uk/government/statis tical-data-sets/env23-uk-waste-data-and-management.

Delamont, S. (2003) *Feminist Sociology* (London: Sage).

Delanty, G. (1997) *Social Science: Beyond Constructivism and Realism* (Buckingham: Open University Press).

Delbès, C., Gaymu, J., and Springer, S. (2006) 'Women Grow Old Alone, but Men Grow Old with a Partner: A European Overview', *Population & Societies*, 419 (January).

Delderfield, R. (2018) *Male Eating Disorders: Experiences of Food, Body and Self* (Basingstoke: Palgrave Macmillan).

Delgado, R., and Stefancic, J. (2001) *Critical Race Theory: An Introduction* (New York: New York University Press).

Della Porta, D., and Diani, M. (2020) *Social Movements: An Introduction* (Oxford: Blackwell).

Della Salla, V. (2011) 'A Less Close Union? The European Union's Search for Unity amid Crisis', in C. Calhoun and G. Derluguian (eds), *The Deepening Crisis: Governance Challenges after Neoliberalism* (New York: New York University Press): 135–56.

DeLong-Bas, N. J. (2004) *Wahhabi Islam: From Revival and Reform to Global Jihad* (New York: I. B. Tauris).

Demographia (2020) World Urban Areas, www.newgeography.com/content/006693-demographia-world-urban-areas-2020-tokyo-lead-diminishing.

Dennis, A., Philburn, R., and Smith, G. (2013) *Sociologies of Interaction* (Cambridge: Polity).

Dennis, K., and Urry, J. (2009) *After the Car* (Cambridge: Polity).

DeNora, T. (2000) *Music in Everyday Life* (Cambridge: Cambridge University Press).

Denver, D. (2011) *The Scottish Parliament Elections of 2011: Report to the Electoral Commission*, www.elector alcommission.org.uk/media/3713.

Denzin, N. K. (1970) *The Research Act in Sociology* (Chicago: Aldine).

Denzin, N. K., Lincoln, Y. S., and Tuhiwai Smith, L. (eds) (2008) *Handbook of Critical and Indigenous Methodologies* (New York: Sage).

Dermott, E., and Seymour, J. (eds) (2011) *Displaying Families: A New Concept for the Sociology of Family Life* (Basingstoke: Palgrave Macmillan).

Derrida, J. (1976) *Of Grammatology* (Baltimore: Johns Hopkins University Press).

Derrida, J. (1978) *Writing and Difference* (London: Routledge & Kegan Paul).

Derrida, J. (1981) *Positions* (London: Athlone Press).

Desilver, D. (2019) 'Despite Global Concerns about Democracy, More Than Half of Countries Are Democratic', *Pew Research Center*, 14 May, www.pewresearch.org/fact-tank/2019/05/14/more-than-half-of-countries-are-democratic/.

Devall, B. (1990) *Simple in Means, Rich in Ends: Practising Deep Ecology* (London: Green Print).

Deyo, F. C. (1989) *Beneath the Miracle: Labor Subordination in the New Asian Industrialism* (Berkeley: University of California Press).

DfE (Department for Education) (2014) *Academies Annual Report 2012–2013*, July, https://assets.publish ing.service.gov.uk/government/uploads/system/uploads/attachment_data/file/328436/Academies_ Annual_Report_2012-13.pdf.

DfE (Department for Education) (2015) 'NEET Statistics Quarterly Brief: January to March 2015', www.gov.uk/ government/statistics/neet-statistics-quarterly-brief-january-to-march-2015.

DfE (Department for Education) (2018a) 'Early Years Foundation Stage Profile Results in England, 2018', https://assets.publishing.service.gov.uk/government/uploads/system/uploads/attachment_data/ file/748814/EYFSP_2018_Main_Text.pdf.

DfE (Department for Education) (2018b) 'Permanent and Fixed Period Exclusions in England: 2016 to 2017', https://assets.publishing.service.gov.uk/government/uploads/system/uploads/attachment_data/ file/726741/text_exc1617.pdf.

DfE (Department for Education) (2019) *The Proportion of Pupils in Academies and Free Schools, in England, in October 2018*, https://assets.publishing.service.gov.uk/government/uploads/system/uploads/attach ment_data/file/772809/Proportion_of_pupils_in_academies_and_free_schools.pdf.

DfE (Department for Education) (2020a) *Guidance: Critical Workers Who Can Access Schools or Educational Settings*, 14 May, www.gov.uk/government/publications/coronavirus-covid-19-maintaining-educational-provision/guidance--for-schools-colleges-and-local-authorities-on-maintaining-educa tional-provision.

DfE (Department for Education) (2020b) 'Pupil Premium: Policy Paper', 30 January. www.gov.uk/government/ publications/pupil-premium/pupil-premium.

DHSS (Department of Health and Social Security) (1980) *Inequalities in Health* (London: DHSS) [Black Report].

Di Stasio, V., and Heath, A. (2019) 'Are Employers in Britain Discriminating against Ethnic Minorities? Summary of Findings from the GEMM Project', *Centre for Social Investigation*, 18 January, http://csi. nuff.ox.ac.uk/wp-content/uploads/2019/01/Are-employers-in-Britain-discriminating-against-ethnic-minorities_final.pdf.

Dickens, P. (1996) *Reconstructing Nature: Alienation, Emancipation and the Division of Labour* (London: Routledge).

Dickens, P. (2004) *Society and Nature: Changing Nature, Changing Ourselves* (Cambridge: Polity).

Diehl, M., and Dark-Freudeman, A. (2006) 'The Analytic Template in the Psychology of Aging', in D. J. Sheets, D. B. Bradley and J. Hendricks (eds), *Enduring Questions and Changing Perspectives in Gerontology* (New York: Springer).

Dimock, M. (2019) 'Defining Generations: Where Millennials End and Generation Z Begins', *Pew Research Center*, 17 January; www.pewresearch.org/fact-tank/2019/01/17/where-millennials-end-and-genera tion-z-begins/.

Dobash, R. E., and Dobash, R. P. (1992) *Women, Violence and Social Change* (London: Routledge).

Dobson, A., and Bell, D. (eds) (2006) *Environmental Citizenship* (Cambridge, MA: MIT Press).

Dockterman, E. (2016) 'Barbie's Got a New Body', *Time*, 28 January, https://time.com/barbie-new-body-cover-story/.

Dodd, V. (2015) 'Stephen Lawrence: New Criminal Inquiry into Claims Police Shielded Killers', *The Guardian*, 16 October; www.theguardian.com/uk-news/2015/oct/16/stephen-lawrence-inquiry-hunts-police-alleged-to-have-shielded-killers.

Dodd, V., and Grierson, J. (2019) 'Fastest-Growing UK Terrorist Threat is from Far Right, Say Police', *The Guardian*, 19 September; www.theguardian.com/uk-news/2019/sep/19/fastest-growing-uk-terrorist-threat-is-from-far-right-say-police.

Dodds, A. (2018) *Comparative Public Policy* (2nd edn, London: Palgrave).

DoH (Department of Health) (2003) *Tackling Health Inequalities: A Programme for Action* (London: DoH).

DoH (Department of Health) (2006) *Smoking, Drinking and Drug Misuse among Young People in England in 2002* (London: DoH).

Doherty, P. C. (2013) *Pandemics: What Everyone Needs to Know* (Oxford: Oxford University Press).

Doig, A. (2011) *State Crime* (Abingdon: Willan).

Dolan, K. A. (2019) 'This is the Richest Person in the World', *Forbes*, 4 March, www.forbes.com/sites/kerryado lan/2019/03/04/this-is-the-richest-person-in-the-world/#27c0c5f936db.

Donnan, S., and Leatherby, L. (2019) 'Globalization Isn't Dying, It's Just Evolving', *Bloomberg*, 23 July, www. bloomberg.com/graphics/2019-globalization/.

Doogan, K. (2009) *New Capitalism? The Transformation of Work* (Cambridge: Polity).

Douglas, J. (2019) 'Working Effectively with African-Caribbean Young Women: An Intersectional Approach', in M. Robb, H. Montgomery and R. Thomson (eds), *Critical Practice with Children and Young People* (2nd edn, Bristol: Policy Press in association with the Open University): 91–108.

Douglas, M. (1994) *Risk and Blame* (London: Routledge).

Downes, D., Rock, P and McLaughlin, E. (2016) *Understanding Deviance: A Guide to the Sociology of Crime and Rule-Breaking* (7th edn, Oxford: Oxford University Press).

Doyal, L. (1995) *What Makes Women Sick: Gender and the Political Economy of Health* (London: Macmillan).

Drentea, P., and Moren-Cross, J. L. (2005) 'Social Capital and Social Support on the Web: The Case of an Internet Mother Site', *Sociology of Health and Illness*, 27(7): 920–43.

Drever, F., and Whitehead, M. (1997) *Health Inequalities* (London: The Stationery Office).

Du Bois, W. E. B. (1994 [1903]) *The Souls of Black Folk* (New York: Dover).

Du Bois, W. E. B. (2007 [1899]) *The Philadelphia Negro* (New York: Cosimo Books).

Du Gay, P. (2000) *In Praise of Bureaucracy: Weber, Organization, Ethics* (London: Sage).

Duerr, H. P. (1988) *Der Mythos vom Zivilsationsprozess*, Vol. 1: *Nacktheit und Scham* (Frankfurt am Main: Suhrkamp).

Duffett, M. (2014) 'Introduction', in M. Duffett (ed.), *Popular Music Fandom: Identities, Roles and Practices* (New York: Routledge): 1–15.

Duffy, B., and Frere-Smith, T. (2014) *Perceptions and Reality: 10 Things We Should Know about Attitudes to Immigration in the UK*, www.ipsos.com/sites/default/files/migrations/en-uk/files/Assets/Docs/Publi cations/sri-perceptions-and-reality-immigration-report-summary-2013.pdf.

Dugan, E. (2013) 'Olympics Legacy: Did the Games Succeed in Rejuvenating East London?', *The Independent,* 16 July; www.independent.co.uk/sport/olympics/olympics-legacy-did-the-games-succeed-in--reju venating-east-london-8711691.html.

Duneier, M. (1999) *Sidewalk* (New York: Farrar, Straus & Giroux).

Duneier, M., and Molotch, H. (1999) 'Talking City Trouble: Interactional Vandalism, Social Inequality, and the "Urban Interaction Problem"', *American Journal of Sociology*, 104(5): 1263–95.

Dunford, R., and Perrons, D. (2013) 'Power, Privilege and Precarity: The Gendered Dynamics of Contemporary Inequality', in M. Evans, C. Hemmings, M. Henry, H. Johnstone, S. Madhok, A. Plomien and S. Wearing (eds), *The Sage Handbook of Feminist Theory* (London: Sage): 465–82.

Dunlap, R. E., Buttel, F. H., Dickens, P., and Gijswijt, A. (eds) (2002) *Sociological Theory and the Environment: Classical Foundations, Contemporary Insights* (Oxford: Rowman & Littlefield).

Dupuy, K., and Rustad, S. A. (2018) 'Trends in Armed Conflict, 1947–2017', *Conflict Trends 5*, www.prio.org/ Publications/Publication/?x=11181.

Durkheim, E. (1952 [1897]) *Suicide: A Study in Sociology* (London: Routledge & Kegan Paul).

Durkheim, E. (1965 [1912]) *The Elementary Forms of the Religious Life* (New York: Free Press).

Durkheim, E. (1982 [1895]) *The Rules of Sociological Method* (London: Macmillan).

Durkheim, E. (1984 [1893]) *The Division of Labour in Society* (London: Macmillan).

Durkheim, E. (2011 [1925]) *Moral Education* (New York: Dover).

Dutt, M. (1996) 'Some Reflections on US Women of Color and the United Nations Fourth World Conference on Women and NGO Forum in Beijing, China', *Feminist Studies*, 22(3): 519–28.

DWP (Department for Work and Pensions) (2002) *Disabled for Life? Attitudes Towards, and Experiences of, Disability in Britain* (London: HMSO).

DWP (Department for Work and Pensions) (2005) *Family Resources Survey, 2004–5* (London: HMSO).

DWP (Department for Work and Pensions) (2007) *The Pensioners' Income Series, 2005–6* (London: HMSO).

DWP (Department for Work and Pensions) (2010) *Universal Credit: Welfare that Works* (London: HMSO).

DWP (Department for Work and Pensions) (2011) *Households below Average Income: An Analysis of the Income Distribution, 1994/5–2009/10* (London: HMSO).

DWP (Department for Work and Pensions) (2012) *Family Resources Survey: United Kingdom 2010/11* (London: DWP).

DWP (Department for Work and Pensions) (2014) 'Disability Prevalence Estimates, 2011–12', https://assets. publishing.service.gov.uk/government/uploads/system/uploads/attachment_data/file/321594/disabi lity-prevalence.pdf.

DWP (Department for Work and Pensions) (2019) *Pensioner Income*, 27 June, www.ethnicity-facts-figures. service.gov.uk/work-pay-and-benefits/pay-and-income/pensioner-income/latest.

Dwyer, P. (2004) 'Creeping Conditionality in the UK: From Welfare Rights to Conditional Entitlements?', *Canadian Journal of Sociology*, 29(2): 265–87.

Dyck, I. (1992) *William Cobbett and Rural Popular Culture* (Cambridge: Cambridge University Press).

Easton, P. B. (2006) *Creating a Literate Environment: Hidden Dimensions and Implications for Policy* (Hamburg: UNESCO Institute for Education).

Eatwell, R., and Goodwin, M. (2018) *National Populism: The Revolt against Liberal Democracy* (London: Pelican Books).

Eberstadt, N., and Satel, S. (2004) 'Health, Inequality and the Scholars', *The Public Interest*, no. 157 (Fall): 100–18. EBU (European Broadcasting Union) (2020) 'New Report Shows Broadcast Media Are Most Trusted', Press release, 30 April, www.ebu.ch/news/2020/04/new-report-shows-broadcast-media-is-most-trusted.

ECDC (European Centre for Disease Prevention and Control) (2020a) *Covid-19 Pandemic*, 23 April, www.ecdc. europa.eu/en/covid-19-pandemic.

ECDC (European Centre for Disease Prevention and Control) (2020b) *COVID-19 Situation Update Worldwide, as of 30 November 2020*, www.ecdc.europa.eu/en/geographical-distribution-2019-ncov-cases.

Eckersley, R. (1989) 'Green Politics and the New Class: Selfishness or Virtue?', *Political Studies*, 37(2): 205–23.

The Economist (2004) 'The Kindness of Strangers?', 26 February.

The Economist (2005) 'Backgrounder: EU Enlargement', 23 June.

The Economist (2020a) 'Germany is Belatedly Waking Up to the Threat of Far-Right Terrorism', 27 February, www.economist.com/europe/2020/02/27/germany-is-belatedly-waking-up-to-the-threat-of-far-right-terrorism.

The Economist (2020b) 'A Constitutional Ploy May Keep Vladimir Putin in Power until 2036', 10 March, www.economist.com/europe/2020/03/10/a-constitutional-ploy-may-keep-vladimir-putin-in-power-until-2036.

Edwards, R., Gillies, V., and Ribbens McCarthy, J. (2012) 'The Politics of Concepts: Family and its (Putative) Replacements', *British Journal of Sociology*, 63(4): 730–46.

Edwards, T. (1998) 'Queer Fears: Against the Cultural Turn', *Sexualities*, 1(4): 471–84. Efron, S. (1997) 'Eating Disorders Go Global', *Los Angeles Times*, 18 October.

EHRC (Equality and Human Rights Commission) (2010) *How Fair is Britain? Equality, Human Rights and Good Relations in 2010: The First Triennial Review*, www.equalityhumanrights.com/sites/default/files/ how-fair-is-britain.pdf.

EHRC (Equality and Human Rights Commission) (2019) *Is Britain Fairer? The State of Equality and Human Rights 2018*, www.equalityhumanrights.com/sites/default/files/is-britain-fairer-accessible.pdf.

Ehrenreich, B., and Ehrenreich, J. (1979) 'The Professional-Managerial Class', in P. Walker (ed.), *Between Labour and Capital* (Hassocks: Harvester Press).

Eibl-Eibesfeldt, I. (1973) 'The Expressive Behaviour of the Deaf-and-Blind Born', in M. von Cranach and I. Vine (eds), *Social Communication and Movement* (New York: Academic Press).

Ekman, P., and Friesen, W. V. (1978) *Facial Action Coding System* (New York: Consulting Psychologists Press).

Elder, G. H. J. (1974) *Children of the Great Depression: Social Change in Life Experience* (Chicago: University of Chicago Press).

Eldridge, J. (ed.) (1993) *Getting the Message: News, Truth and Power* (London: Routledge).

Electoral Commission (2019) 'Results and Turnout at the EU Referendum', www.electoralcommission.org.uk/who-we-are-and-what-we-do/elections-and-referendums/past-elections-and-referendums/eu-referendum/results-and-turnout-eu-referendum.

Elgin, D. (2010) *Voluntary Simplicity* (2nd edn, New York: HarperCollins).

Elias, N. (1978) *What is Sociology?* (New York: Columbia University Press).

Elias, N. (1985) *The Loneliness of the Dying* (London: Continuum).

Elias, N. (1987a) 'On Human Beings and their Emotions: A Process-Sociological Essay', *Theory, Culture and Society*, 4(2–3): 339–61.

Elias, N. (1987b) *Involvement and Detachment* (Oxford: Blackwell).

Elias, N. (1991) *The Society of Individuals* (New York: Continuum).

Elias, N. (2000 [1939]) *The Civilizing Process: Sociogenetic and Psychogenetic Investigations* (rev. edn, Oxford: Blackwell).

Ell, K. (1996) 'Social Networks, Social Support and Coping with Serious Illness: The Family Connection', *Social Science and Medicine*, 42(2): 173–83.

Elliott, L. (2013) 'Chinese Downturn Fuels Fears Crisis is Spreading East', *The Guardian*, 21 April; www.theguardian.com/business/2013/apr/21/chinese-downturn-fuels-fears-dangerous-crash.

Elliott, R., and Elliott, C. (2005) 'Idealized Images of the Male Body in Advertising: A Reader-Response Exploration', *Journal of Marketing Communications*, 11(1): 3–19.

Emmanuel, A. (1972) *Unequal Exchange: A Study the Imperialism of Trade* (New York: Monthly Review Press).

Enerdata (2019) 'Electricity Domestic Consumption, 2018', *Global Energy Statistical Yearbook 2019*, https://yearbook.enerdata.net/electricity/electricity-domestic-consumption-data.html.

Energy and Climate Intelligence Unit (2018) 'Net Zero: Why is it Necessary?', https://eciu.net/briefings/net-zero/net-zero-why.

Engels, F. (2010 [1884]) *The Origin of the Family, Private Property and the State* (London: Penguin).

Engender (2020) *Sex & Power in Scotland 2020*, January, www.engender.org.uk/content/publications/Engenders-Sex-and-Power-2020.pdf.

Epley, N. S., Hillis, K., and Petit, M. (eds) (2006) *Everyday eBay: Culture, Collecting and Desire* (New York: Routledge).

Epstein, D. (ed.) (1998) *Failing Boys? Issues in Gender and Achievement* (Buckingham: Open University Press).

Epstein, S. (2002) 'A Queer Encounter: Sociology and the Study of Sexuality', in C. L. Williams and A. Stein (eds), *Sexuality and Gender* (Oxford: Blackwell).

Equality Challenge Unit (2013) *Equality in Higher Education: Statistical Report 2013. Part 1, Staff* (London: ECU).

Ericson, R. (2005) 'Publicizing Sociology', *British Journal of Sociology*, 56(3): 365–72.

Ernst, E. (2018) *SCAM: So-Called Alternative Medicine* (Exeter: Imprint Academic).

Escobar, A. (1995) *Encountering Development: The Making and Unmaking of the Third World* (Princeton, NJ: Princeton University Press).

Esping-Andersen, G. (1990) *The Three Worlds of Welfare Capitalism* (Cambridge: Polity).

Esping-Andersen, G. (2009) *The Incomplete Revolution: Adapting to Women's New Roles* (Cambridge: Polity).

Estes, C. L., Biggs, S., and Phillipson, C. (2003) *Social Theory, Social Policy and Ageing* (Buckingham: Open University Press).

Estes, C. L., Binney, E. A., and Culbertson, R. A. (1992) 'The Gerontological Imagination: Social Influences on the Development of Gerontology, 1945–Present', *Aging and Human Development*, 35(1): 67–82.

Esteva, G. (1992) 'Development', in W. Sachs (ed.), *The Development Dictionary: A Guide to Knowledge as Power* (Johannesburg: Witwatersrand University Press).

EUFRA (European Union Agency for Fundamental Rights) (2007) *Trends and Developments in Racism, Xenophobia and Anti-Semitism, 1997–2005* (Vienna: EUFRA).

EUFRA (European Union Agency for Fundamental Rights) (2014) *EU LGBT Survey: Main Results*, https://fra.europa.eu/sites/default/files/fra-eu-lgbt-survey-main-results_tk3113640enc_1.pdf.

European Biotechnology (2017) 'Uniqure Withdraws €1m Drug Glybera from Market', 21 April, https://european-biotechnology.com/up-to-date/latest-news/news/uniqure-withdraws-eur1m-drug-glybera-from-market.html.

European Commission (2015a) 'Reducing Emissions from Transport', http://ec.europa.eu/clima/-policies/transport/index_en.htm.

European Commission (2015b) 'Acceding and Candidate Countries', http://ec.europa.eu/economy_finance/international/non_eu/candidate/index_en.htm.

European Commission (2019) 'Child Sexual Abuse', https://ec.europa.eu/home-affairs/what-we-do/policies/organized-crime-and-human-trafficking/child-sexual-abuse_en.

European Environment Agency (2013) *Managing Municipal Solid Waste: A Review of Achievements in 32 European Countries* (Copenhagen: EEA); www.eea.europa.eu/publications/managing--municipal-solid-waste.

European Parliament (2014) *European Parliament: Facts and Figures*, www.europarl.europa.eu/EPRS/EPRS-Briefing-542150-European-Parliament-Facts-and-Figures-FINAL.pdf.

European Parliament (2020) '2019 European Election Results', https://europarl.europa.eu/election-results-2019/en/turnout/.

European Values Study (2018) 'Religion', https://europeanvaluesstudy.eu/about-evs/research-topics/religion/.

Eurostat (2010) *Europe in Figures: Eurostat Yearbook 2010* (Luxembourg: European Union).

Eurostat (2011) 'Population Structure and Ageing', http://epp.eurostat.ec.europa.eu/statistics_explained/index.php/Population_structure_and_ageing.

Eurostat (2015a) 'People at Risk of Poverty or Social Exclusion', http://ec.europa.eu/eurostat/statistics-explained/index.php/People_at_risk_of_poverty_or_social_exclusion#Main_tables.

Eurostat (2015b) 'Crude Marriage and Divorce Rates, EU-28, 1970–2011', http://ec.europa.eu/eurostat/statistics-explained/index.php/File:Crude_marriage_and_divorce_rates,_EU-28,_1970%E2%80%932011_(%C2%B9)_(per_1_000_inhabitants)_YB15.png.

Eurostat (2018a) 'Tertiary Education Statistics', https://ec.europa.eu/eurostat/statistics-explained/index.php?title=Tertiary_education_statistics.

Eurostat (2018b) 'Population Structure and Ageing', https://ec.europa.eu/eurostat/statistics-explained/index.php/Population_structure_and_ageing#The_share_of_elderly_people_continues_to_increase.

Eurostat (2018c) *The Life of Women and Men in Europe: A Statistical Portrait*, https://ec.europa.eu/eurostat/web/products-digital-publications/-/KS-01-18-904.

Eurostat (2018d) *Households with Children in the EU*, 1 June, https://ec.europa.eu/eurostat/web/products-eurostat-news/-/EDN-20180601-1?inheritRedirect=true.

Eurostat (2019a) 'People at Risk of Poverty or Social Exclusion, 2017', https://ec.europa.eu/eurostat/statistics-explained/index.php/People_at_risk_of_poverty_or_social_exclusion.

Eurostat (2019b) *Gender Pay Gap Statistics 2018*, https://ec.europa.eu/eurostat/statistics-explained/index.php/Gender_pay_gap_statistics#Gender_pay_gap_levels_vary_significantly_across_EU.

Evandrou, M., Falkingham, J., Feng, Z., and Vlachantoni, A. (2016) 'Ethnic Inequalities in Limiting Health and Self-Reported Health in Later Life Revisited', *Journal of Epidemiology and Community Health*, 70(7): 653–62.

Evans, D. J. (1992) 'Left Realism and the Spatial Study of Crime', in D. J. Evans, N. R. Fyfe and D. T. Herbert (eds), *Crime, Policing and Place: Essays in Environmental Criminology* (London: Routledge).

Evans, G. (1992) 'Testing the Validity of the Goldthorpe Class Schema', *European Sociolgical Review*, 8(3): 211–32.

Evans, M. (2000) 'Poor Show', *The Guardian*, 6 March.

Evans, P. (1979) *Dependent Development* (Princeton, NJ: Princeton University Press).

Evans-Pritchard, A. (2015) 'Liquidity Evaporates in China as "Fiscal Cliff" Nears', *The Telegraph*, 4 March; www.telegraph.co.uk/finance/comment/ambroseevans_pritchard/11450691/Liquidity-evaporates-in-China-as-fiscal-cliff-nears.html.

Evening Standard (2014) 'The Ghost Town of the Super-Rich: Kensington and Chelsea's "Buy-to-Leave" Phenomenon', 21 March, www.standard.co.uk/lifestyle/london-life/the-ghost-town-of-the-super-rich-kensington-and-chelseas-buy-to-leave-phenomenon-9207306.html.

Ewing, J. A. (2017) 'Hollow Ecology: Ecological Modernization Theory and the Death of Nature', *Journal of World-Systems Research*, 23(1): 126–55.

Fainstein, S. (2001) *The City Builders: Property Development in New York and London, 1980–2000* (2nd edn, Lawrence: University Press of Kansas).

Fairclough, N. (1989) *Language and Power* (London: Longman).

Fairclough, N. (1992) *Critical Language Awareness* (London: Longman).

Fairclough, N. (2003) *Analysing Discourse: Textual Analysis for Social Research* (London: Routledge).

Fairclough, N. (2006) *Language and Globalization* (London: Routledge).

Fairhurst, G. T., and Zoller, H. (2008) 'Resistance, Dissent and Leadership in Practice', in S. Banks (ed.), *Dissent and the Failure of Leadership* (Cheltenham: Edward Elgar): 135–48.

Fairtrade Foundation (2020) 'Coffee Farmers', www.fairtrade.org.uk/Farmers-and-Workers/Coffee.

Faludi, S. (1991) *Backlash: The Undeclared War against Women* (London: Chatto & Windus).

FAO/IFAD/ILO (Food and Agriculture Organization/International Fund for Agricultural Development/ International Labour Organization) (2010) 'Breaking the Rural Poverty Cycle: Getting Girls and Boys out of Work and into School', www.fao.org/docrep/013/i2008e/i2008e07.pdf.

Farkas, J., and Schou, J. (2020) *Post-Truth, Fake News and Democracy: Mapping the Politics of Falsehood* (New York: Routledge).

Farquharson, C., Rasul, I., and Sibieta, L. (2020) 'Differences Between Key Workers', IFS Briefing Note BN285, *Institute for Fiscal Studies*, 23 April; www.ifs.org.uk/publications/14818.

Farrington, D. P. (2003) 'Advancing Knowledge about the Early Prevention of Adult Antisocial Behaviour', in D. P. Farrington and J. W. Coid (eds), *Early Prevention of Adult Antisocial Behaviour* (Cambridge: Cambridge University Press): 1–31.

Farrington, D. P., and Welsh, B. C. (2007) *Saving Children from a Life of Crime: Early Risk Factors and Effective Interventions* (Oxford: Oxford University Press).

Featherstone, M., and Hepworth, M. (1989) 'Ageing and Old Age: Reflections on the Postmodern Life Course', in B. Bytheway et al. (eds), *Becoming and Being Old* (London: Sage).

Featherstone, M., and Renwick, A. (eds) (1995) *Images of Aging: Cultural Representations of Later Life* (London and New York: Routledge).

Fein, E., and Schneider, S. (2013) *The New Rules: The Dating Dos and Dont's for the Digital Generation* (London: Piatkus).

Felson, M. (1994) *Crime and Everyday Life: Insights and Implications for Society* (Thousand Oaks, CA: Pine Forge Press).

Felstead, A., Jewson, N., and Walters, S. (2005) *Changing Places of Work* (Basingstoke: Palgrave Macmillan).

Fensom, A. (2015) 'Asia's Growth Gap: India Versus the Rest', *The Diplomat*, 15 April; http://thediplomat.com/2015/04/asias-growth-gap-india-versus-the-rest/.

Fenton, S. (2010) *Ethnicity* (2nd edn, Cambridge: Polity).

Ferrera, M. (2005) *The Boundaries of Welfare: European Integration and the New Spatial Politics of Social Protection* (Oxford: Oxford University Press).

Fetterolf, J. (2017) 'In Many Countries, at Least Four-in-Ten in the Labor Force are Women', 7 March, www.pewresearch.org/fact-tank/2017/03/07/in-many-countries-at-least-four-in-ten-in-the-labor-force-are-women/.

Feuerbach, L. (1957 [1853]) *The Essence of Christianity* (New York: Harper & Row).

Feyerabend, P. (1975) *Against Method* (London: Verso).

Figueres, C., Le Quéré, C., Mahindra, A., Bäte, O., Whiteman, G., Peters, G., and Guan, D. (2018) 'Emissions are Still Rising: Ramp Up the Cuts', *Nature*, 564: 27–30; www.nature.com/articles/d41586-018-07585-6.

Finch, J. (2007) 'Displaying Families', *Sociology*, 41(1): 65–81.

Finke, R., and Stark, R. (1988) 'Religious Economies and Sacred Canopies: Religious Mobilization in American Cities, 1906', *American Sociological Review*, 53(1): 41–9.

Finke, R., and Stark, R. (1992) *The Churching of America, 1776–1990: Winners and Losers in our Religious Economy* (New Brunswick, NJ: Rutgers University Press).

Finkelstein, J. (2002) *The Fashioned Self* (Cambridge: Polity).

Finkelstein, V. (1980) *Attitudes and Disabled People* (New York: World Rehabilitation Fund).

Finkelstein, V. (1981) 'To Deny or Not to Deny Disability', in A. Brechin et al. (eds), *Handicap in a Social World* (Sevenoaks: Hodder & Stoughton).

Firestone, S. (1970) *The Dialectic of Sex: The Case for Feminist Revolution* (London: Jonathan Cape).

Firth, R. W. (ed.) (1956) *Two Studies of Kinship in London* (London: Athlone Press).

Fischer, C. S. (1984) *The Urban Experience* (2nd edn, New York: Harcourt).

Fisher, P., and Nandi, A. (2015) *Poverty across Ethnic Groups through Recession and Austerity* (York: Joseph Rowntree Foundation).

Fiske, J. (1989) *Reading the Popular* (London: Unwin Hyman).

Flaherty, J., Veit-Wilson, J., and Dornan, P. (2004) *Poverty: The Facts* (5th edn, London: Child Poverty Action Group).

Flatley, J., Kershaw, C., Smith, K., Chaplin, R., and Moon, D. (eds) (2010) *Crime in England and Wales, 2009/10* (London: Home Office).

Fletcher, J. (1997) *Violence and Civilization: An Introduction to the Work of Norbert Elias* (Cambridge: Polity).

Fletcher, R. (2019) 'Ecotourism after Nature: Anthropocene Tourism as a New Capitalist "Fix"', *Journal of Sustainable Tourism*, 27(4): 522–35.

Florack, F. (2014) 'Free Schools in England: The Future of British Education?', in *4th International Conference on 'The Future of Education'*, Florence, Italy, 12–13 June: 219–22.

Forbes (2015) 'Mark Zuckerberg: Real Time Net Worth', www.forbes.com/profile/mark-zuckerberg/.

Ford, C. S., and Beach, F. A. (1951) *Patterns of Sexual Behaviour* (New York: Harper & Row).

Foresight (2011) *Future of Food and Farming: Final Project Report* (London: Government Office for Science); www.bis.gov.uk/assets/foresight/docs/food-and-farming/11-546-future-of-food-and-farming-report.pdf.

Forman, L. (2008) *Assisted Suicide* (Edina, MN: ABDO).

Foster, J. B. (2012) 'The Planetary Rift and the New Human Exemptionalism: A Political-Economic Critique of Ecological Modernization Theory', *Organization and Environment*, 25(3): 211–37.

Foucault, M. (1967) *Madness and Civilization: A History of Insanity in the Age of Reason* (London: Tavistock).

Foucault, M. (1973) *The Birth of the Clinic: An Archaeology of Medical Perception* (London: Tavistock). Foucault, M. (1975) *Discipline and Punish* (Harmondsworth: Penguin).

Foucault, M. (1978) *The History of Sexuality* (London: Penguin).

Foucault, M. (1988) 'Technologies of the Self', in L. H. Martin, H. Gutman and P. H. Hutton (eds), *Technologies of the Self: A Seminar with Michel Foucault* (Amherst: University of Massachusetts Press).

Fourie, E. (2012) 'A Future for the Theory of Multiple Modernities: Insights from the New Modernization Theory', *Social Science Information*, 51(1): 52–69.

Fox, J. E., and Miller-Idriss, C. (2008) 'Everyday Nationhood', *Ethnicities*, 8(4): 536–63.

Francis, B. (2000) *Boys, Girls and Achievement: Addressing the Classroom Issues* (London: Routledge).

Francis-Devine, B., Booth, L., and McGuinness, F. (2019) *Poverty in the UK: Statistics*, House of Commons Briefing Paper no. 7096, 5 September; https://dera.ioe.ac.uk//33753/1/SN07096.pdf.

Frank, A. G. (1966) 'The Development of Underdevelopment', *Monthly Review*, 18: 17–31.

Frank, A. G. (1969) *Capitalism and Underdevelopment in Latin America: Historical Studies of Chile and Brazil* (New York: Monthly Review Press).

Frank, D. J., and McEneaney, E. H. (1999) 'The Individualization of Society and the Liberalization of State Policies on Same-Sex Sexual Relations, 1984–1995', *Social Forces*, 7(3): 911–43.

Fraser, D. (2009) *The Evolution of the British Welfare State: A History of Social Policy since the Industrial Revolution* (4th edn, Basingstoke: Palgrave Macmillan).

Fraser, N. (1992) *Revaluing French Feminism: Critical Essays on Difference, Agency and Culture* (Indianapolis: Indiana University Press).

Freidson, E. (1970) *Profession of Medicine: A Study of the Sociology of Applied Knowledge* (New York: Dodd, Mead).

Freud, S. (1995 [1933]) *New Introductory Lectures on Psycho-analysis* (New York: W. W. Norton).

Frey, C. B., and Osborne, M. A. (2013) 'The Future of Employment: How Susceptible are Jobs to Computerization?', www.oxfordmartin.ox.ac.uk/downloads/academic/The_Future_of_Employment.pdf.

Frezzo, M. (2014) *The Sociology of Human Rights* (Cambridge: Polity).

Friedan, B. (1963) *The Feminine Mystique* (London: Victor Gollancz).

Friedlander, D., and Burtless, G. (1994) *Five Years After: The Long-Term Effects of Welfare-to-Work Programs* (New York: Russell Sage).

Fries, J. F. (1980) 'Aging, Natural Death, and the Compression of Morbidity', *New England Journal of Medicine*, 303(3): 130–5.

Frisby, D. (2002) *Georg Simmel* (rev. edn, London: Routledge).

FSIN (Food Security Information Network) (2019) *Global Report on Food Crises 2019: Joint Analysis for Better Decisions*, www.fsinplatform.org/sites/default/files/resources/files/GRFC_2019-Full_Report.pdf.

Fukuyama, F. (1992) *The End of History and the Last Man* (Harmondsworth: Penguin).

Fuller, B. (1978) 'Accommodating Human Unsettlement', *Town Planning Review*, 49 (January): 51–60.

Galka, M. (2016) 'From Jericho to Tokyo: The World's Largest Cities through History – Mapped', *The Guardian*, 6 December; www.theguardian.com/cities/2016/dec/06/world-largest-cities-mapped-through-history-data-viz.

Gallagher, J. (2019) 'Artificial Intelligence Diagnoses Lung Cancer', *BBC News*, 20 May, www.bbc.co.uk/news/health-48334649.

Gallup (2014) 'In U.S., 42% Believe Creationist View of Human Origins', 2 June, www.gallup.com/poll/170822/believe-creationist-view-human-origins.aspx.

Gallup (2019) 'Religion', https://news.gallup.com/poll/1690/religion.aspx.

Gamble, A. (1999) *Marxism after Communism: The Interregnum: Controversies in World Politics 1989–1999* (Cambridge: Cambridge University Press).

Gammons, H. (2011) *The Art of Music Publishing* (Oxford: Elsevier).

Gamson, J. (1994) *Claims to Fame: Celebrity in Contemporary America* (Berkeley: University of California Press).

Gans, H. J. (1962) *The Urban Villagers: Group and Class in the Life of Italian-Americans* (2nd edn, New York: Free Press).

Gardner, C. B. (1995) *Passing By: Gender and Public Harassment* (Berkeley: University of California Press).

Garfinkel, H. (1963) 'A Conception of, and Experiments with, "Trust" as a Condition of Stable Concerted Actions', in O. J. Harvey (ed.), *Motivation and Social Interaction* (New York: Ronald Press).

Garland, D. (2016) *The Welfare State: A Very Short Introduction* (Oxford: Oxford University Press).

Gassmann, O., Böhm, J., and Palmié, M. (2019) *Smart Cities: Introducing Digital Innovation to Cities* (Bingley: Emerald).

Gatto, J. T. (2002) *Dumbing Us Down: The Hidden Curriculum of Compulsory Schooling* (Philadelphia: New Society).

GaWC (2018) 'The World According to GaWC 2018', www.lboro.ac.uk/gawc/world2018t.html. Gellner, E. (1983) *Nations and Nationalism* (Oxford: Blackwell).

Gentleman, A. (2018) 'The Children of Windrush: "I'm Here Legally, but They're Asking Me to Prove I'm British"', *The Guardian*, 15 April; www.theguardian.com/uk-news/2018/apr/15/why-the-children-of-windrush-demand-an-immigration-amnesty.

Gentleman, A. (2019) *The Windrush Betrayal: Exposing the Hostile Environment* (London: Guardian Faber).

Gershuny, J. (1994) 'The Domestic Labour Revolution: A Process of Lagged Adaptation', in M. Anderson, F. Bechofer and J. Gershuny (eds), *The Social and Political Economy of the Household* (Oxford: Oxford University Press).

Gershuny, J. I., and Miles. I. D. (1983) *The New Service Economy: The Transformation of Employment in Industrial Societies* (London: Frances Pinter).

Gerstenfeld, P. B. (2010) *Hate Crimes: Causes, Controls and Controversies* (New York: Sage).

Geuss, M. (2018) 'Five Graphics from Google Show How Carbon-Intensive its Data Centers Really Are', *Ars Technica*, 10 November; https://arstechnica.com/information-technology/2018/10/googles-data-center-carbon-heat-maps-show-the-challenges-of-going-carbon-free/.

Gewirtz, S., Ball, S., and Bowe, R. (1995) *Markets, Choice, and Equity in Education* (Buckingham: Open University Press).

Gibbs, L. (2002) 'Citizen Activism for Environmental Health: The Growth of a Powerful New Grassroots Health Movement', *Annals of the American Academy of Political and Social Science*, 584: 97–109.

Gibson, W. (1993) 'Disneyland with the Death Penalty', *Wired*, 1 April, www.wired.com/1993/04/gibson-2/.

Giddens, A. (1984) *The Constitution of Society* (Cambridge: Polity).

Giddens, A. (1991a) *Modernity and Self-Identity: Self and Society in the Late Modern Age* (Cambridge: Polity).

Giddens, A. (1991b) *The Consequences of Modernity* (Cambridge: Polity).

Giddens, A. (1993) *The Transformation of Intimacy: Love, Sexuality and Eroticism in Modern Societies* (Cambridge: Polity).

Giddens, A. (1994) *Beyond Left and Right: The Future of Radical Politics* (Cambridge: Polity).

Giddens, A. (1998) *The Third Way: The Renewal of Social Democracy* (Cambridge: Polity).

Giddens, A. (ed.) (2001) *The Global Third Way Debate* (Cambridge: Polity).

Giddens, A. (2002) *Runaway World: How Globalisation is Reshaping our Lives* (London: Profile Books).

Giddens, A. (2006) 'Misunderstanding Multiculturalism', *The Guardian*, 14 October, www.theguardian.com/ commentisfree/2006/oct/14/tonygiddens.

Giddens, A. (2011) *The Politics of Climate Change* (2nd edn, Cambridge: Polity).

Gilleard, C., and Higgs, P. (2005) *Contexts of Ageing: Class, Cohort and Community* (Cambridge: Polity).

Gilligan, C. (1982) *In a Different Voice: Psychological Theory and Women's Development* (Cambridge, MA: Harvard University Press).

Gillis, J. (1996) *A World of Their Own Making: Myth, Ritual and the Quest for Family Values* (New York: Basic Books).

Gillis, S., Howie, G., and Munford, R. (2007) *Third Wave Feminism: A Critical Exploration* (2nd edn, Basing-stoke: Palgrave Macmillan).

Gillon, S. (2004) *Boomer Nation: The Largest and Richest Generation Ever, and How it Changed America* (New York: Free Press).

Ginn, J., and Arber, S. (2000) 'Ethnic Inequality in Later Life: Variation in Financial Circumstances by Gender and Ethnic Group', *Education and Ageing*, 15(1): 65–83.

Ginsberg, L., and Miller-Cribbs, J. (2005) *Understanding Social Problems, Policies, and Programs* (4th edn, Columbia: University of South Carolina Press).

Ginzburg, C. (1980) *The Cheese and the Worms* (London: Routledge & Kegan Paul).

Giroux, H. (1983) *Theory and Resistance in Education: A Pedagogy for the Opposition* (South Hadley, MA: Bergin & Garvey).

Glascock, J. (2001) 'Gender Roles on Prime-Time Network Television: Demographics and Behaviors', *Journal of Broadcasting & Electronic Media*, 45(4): 656–69.

Glaser, B. G., and Strauss, A. L. (1965) *Awareness of Dying* (Chicago: Aldine).

Glasgow University Media Group (1976) *Bad News* (London: Routledge).

Glasius, M., Kaldor, M., and Anheier, H. (eds) (2002) *Global Civil Society 2002* (Oxford: Oxford University Press).

Glass, D. (1954) *Social Mobility in Britain* (London: Routledge & Kegan Paul).

Global Financial Integrity (2017) 'Transnational Crime and the Developing World: Executive Summary', www.gfintegrity.org/wp-content/uploads/2017/03/Transnational_Crime-final-_exec-summary.pdf.

Global Witness (2018) 'Take the Future: Shell's Scandalous Deal for Nigeria's Oil', 26 November, www.globalwitness.org/en/campaigns/oil-gas-and-mining/take-the-future/.

Glover, I., and Hughes, M. (1996) *The Professional Managerial Class: Contemporary British Management in the Pursuer Mode* (Aldershot: Avebury).

Glover, J. (2011) 'Europeans are Liberal, Anxious and Don't Trust Politicians, Poll Reveals', *The Guardian*, 13 March; www.guardian.co.uk/world/2011/mar/13/guardian-icm-europe-poll-2011.

Glyn, A. (1990) 'Contradictions of Capitalism', in J. Eatwell, M. Milgate and P. Newman (eds), *The New Palgrave Marxian Economics* (London: Macmillan Press): 104–9.

Goffman, E. (1963) *Stigma* (Englewood Cliffs, NJ: Prentice-Hall).

Goffman, E. (1967) *Interaction Ritual* (New York: Doubleday/Anchor).

Goffman, E. (1968 [1961]) *Asylums: Essays on the Social Situation of Mental Patients and Other Inmates* (Harmondsworth: Penguin).

Goffman, E. (1971) *Relations in Public: Microstudies of the Public Order* (London: Allen Lane).

Goffman, E. (1990 [1959]) *The Presentation of Self in Everyday Life* (Harmondsworth: Penguin).

Goffman, E. (1981) *Forms of Talk* (Philadelphia: University of Pennsylvania Press).

Gold, T. (1986) *State and Society in the Taiwan Miracle* (Armonk, NY: M. E. Sharpe).

Goldenberg, S., Vidal, J., Taylor, L., Vaughn, A., and Harvey, F. (2015) 'Paris Climate Deal: Nearly 200 Nations Sign in End of Fossil Fuel Era', *The Guardian*, 12 December; www.theguardian.com/environment/2015/dec/12/paris-climate-deal-200-nations-sign-finish-fossil-fuel-era.

Golding, P., and Murdock, G. (eds) (1997) *The Political Economy of the Media* (Cheltenham: Edward Elgar).

Goldscheider, F. K., and Waite, L. J. (1991) *New Families, No Families? The Transformation of the American Home* (Berkeley: University of California Press).

Goldsmith, E. (1988) *The Great U-Turn: Deindustrialising Society* (Bideford: Green Books).

Goldsmith, E., et al. (1972) *A Blueprint for Survival* (London: Penguin).

Goldstein, M. A., Alinsky, R., and Medeiros, C. (2016) 'Males with Restrictive Eating Disorders: Barriers to Their Care', *Journal of Adolescent Health*, 59: 371–2.

Goldthorpe, J. H. (1968–9) *The Affluent Worker in the Class Structure*, 3 vols (Cambridge: Cambridge University Press).

Goldthorpe, J. H. (1983) 'Women and Class Analysis in Defence of the Conventional View', *Sociology*, 17(4): 465–76.

Goldthorpe, J. H. (2000) *On Sociology* (Oxford: Oxford University Press).

Goldthorpe, J. H., and McKnight, A. (2004) *The Economic Basis of Social Class*, CASE Paper 80 (London: Centre for Analysis of Social Exclusion, London School of Economics).

Goldthorpe, J. H., and Payne, C. (1986) 'Trends in Intergenerational Class Mobility in England and Wales 1972–1983', *Sociology*, 20: 1–24.

Goldthorpe, J. H., Llewellyn, C., and Payne, C. (1987 [1980]) *Social Mobility and Class Structure in Modern Britain* (2nd edn, Oxford: Clarendon Press).

Golombok, S., Zadeh, S., Imrie, S., Smith, V., and Freeman, T. (2016) 'Single Mothers by Choice: Mother–Child Relationships and Children's Psychological Adjustment', *Journal of Family Psychology*, 30(4): 409–18.

Goodbody, J. (2019) 'Magnificent Ken Jones, 85, Has Always Been in London Marathon for the Long Run', *The Times*, 28 April; www.thetimes.co.uk/article/magnificent-ken-jones-85-has-always-been-in-london-marathon-for-the-long-run-qrpl5r6r5.

Goode, W. J. (1963) *World Revolution in Family Patterns* (New York: Free Press).

Goodman, A., and Gregg, P. (eds) (2010) *Poorer Children's Educational Attainment: How Important Are Attitudes and Behaviour?* (York: Joseph Rowntree Foundation).

Goodwin, J., and Jasper, J. (eds) (2015) *The Social Movements Reader: Cases and Concepts* (Oxford: Wiley Blackwell).

Gordon, D., Levitas, R., Pantazis, C., et al. (2000) *Poverty and Social Exclusion in Britain* (York: Joseph Rowntree Foundation) [PSE survey].

Gorz, A. (1982) *Farewell to the Working Class* (London: Pluto Press).

Gorz, A. (1985) *Paths to Paradise: On the Liberation from Work* (London: Pluto Press).

Gosling, T. (2019) 'Europe's Populist Governments Have a Problem: Their Capitals', *Foreign Policy*, 4 November; https://foreignpolicy.com/2019/11/04/europes-populist-governments-have-a-problem-their-capital-cities-czech-republic-hungary-poland-slovakia/.

Gottdiener, M., Hutchison, R., and Ryan, M. T. (2018) *The New Urban Sociology* (5th edn, New York: Routledge).

Gottfredson, M. R., and Hirschi, T. (1990) *A General Theory of Crime* (Stanford, CA: Stanford University Press).

Goudsblom, J. (1992) *Fire and Civilization* (London: Allen Lane).

Government Equalities Office (2019) *National LGBT Survey: Summary Report*, www.gov.uk/government/publications/national-lgbt-survey-summary-report/national-lgbt-survey-summary-report#the-national-lgbt-survey.

Graef, R. (1989) *Talking Blues* (London: Collins).

Graham, H. (1987) 'Women's Smoking and Family Health', *Social Science and Medicine*, 25(1): 47–56.

Graham, H. (1994) 'Gender and Class as Dimensions of Smoking Behaviour in Britain: Insights from a Survey of Mothers', *Social Science and Medicine*, 38(5): 691–8.

Graham, L. (1995) *On the Line at Subaru-Isuzu* (Ithaca, NY: Cornell University Press).

Graham, S. (2010) 'When Infrastructures Fail', in S. Graham (ed.), *Disrupted Cities: When Infrastructure Fails* (London: Routledge): 1–26.

Graham, S. (2011) *Cities under Siege: The New Military Urbanism* (London: Verso).

Graham, S., and McFarlane, C. (eds) (2015) *Infrastructural Lives: Urban Infrastructure in Context* (Abingdon: Routledge).

Graham, S., Desai, R., and McFarlane, C. (2015) 'Water Wars in Mumbai', in S. Graham and C. McFarlane (eds), *Infrastructural Lives: Urban Infrastructure in Context* (Abingdon: Routledge): 61–85.

Graham-Harrison, E., Giuffrida, A., Smith, H., and Ford, L. (2020) 'Lockdowns around the World Bring Rise in Domestic Violence', *The Guardian*, 28 March; www.theguardian.com/society/2020/mar/28/lockdowns-world-rise-domestic-violence.

Granovetter, M. (1973) 'The Strength of Weak Ties', *American Journal of Sociology*, 78(6): 1360–80.

Gray, D., and Watt, P. (2013) *Giving Victims a Voice: Joint Report into Sexual Allegations Made against Jimmy Savile* (London: MPS/NSPCC); www.nspcc.org.uk/globalassets/documents/research-reports/yewtree-report-giving-victims-voice-jimmy-savile.pdf.

Gray, J. (1993) *Men are from Mars, Women are from Venus* (New York: HarperCollins).

Gray, J. (2003) *Al Qaeda and What it Means to Be Modern* (Chatham: Faber & Faber).

Gray, J., and Lotz, A. D. (2019) *Television Studies* (2nd edn, Cambridge: Polity).

Gray, J., Lee Harrington, C., and Sandvoss, C. (eds) (2007) *Fandom: Identities and Communities in a Mediated World* (New York: New York University Press).

Grebby, G. (2019) 'Racism in Football: A Return to the Bad Old Days?', 21 March, www.theredcard.org/blog/2019/3/21/racism-in-football-a-return-to-the-bad-old-days.

Greed, C. (1994) *Women and Planning: Creating Gendered Realities* (London: Routledge).

Green, D. G. (2000) *Institutional Racism and the Police: Fact or Fiction?* (London: CIVITAS).

Green, F. (2009) 'Job Quality in Britain', *Praxis*, no.1, November; https://dera.ioe.ac.uk/1413/1/A5%20Job%20Quality%20in%20Britain%20v6.pdf.

Green, L. (2015) 'Age and the Life Course: Continuity, Change and the Modern Mirage of Infinite Choice', in M. Holborn (ed.), *Contemporary Sociology* (Cambridge: Polity): 96–129.

Green, L. (2017) *Understanding the Life-Course: Sociological and Psychological Perspectives* (2nd edn, Cambridge: Polity).

Greenberg, J., Schimel, J., and Mertens, A. (2004) 'Ageism: Denying the Face of the Future', in T. D. Nelson (ed.), *Ageism: Stereotyping and Discrimination against Older Persons* (Cambridge, MA: MIT Press): 27–48.

Gregg, B. (2011) *Human Rights as Social Construction* (New York: Cambridge University Press).

Gregg, M. (2011) *Work's Intimacy* (Cambridge: Polity).

Gregg, P., and Washbrook, E. (2010) 'From Birth through Primary School: Evidence from the Avon Longitudinal Study of Parents and Children', in A. Goodman and P. Gregg (eds), *Poorer Children's Educational Attainment: How Important Are Attitudes and Behaviour?* (York: Joseph Rowntree Foundation): 26–33.

Gregori Signes, C. (2000) *A Genre Based Approach to Daytime Talk on Television* (Valencia: Universitat de València).

Grey, S., and Sawyer, M. (eds) (2008) *Women's Movements: Flourishing or in Abeyance?* (London: Routledge).

Grierson, J. (2018) 'Council Funding for Women's Refuges Cut by Almost £7 million since 2010', *The Guardian*, 23 March; www.theguardian.com/society/2018/mar/23/council-funding-womens-refuges-cut-since-2010-england-wales-scotland.

Griffin, C. (1985) *'Typical Girls': Young Women from School to the Job Market* (London: Routledge & Kegan Paul).

Griffin, L. (2020) 'Blue Story Creator Rapman Claims Vue Ban Was "Best Thing That Could Have Happened"', *Metro*, 14 April; https://metro.co.uk/2020/04/14/blue-story-creator-rapman-claims-12555516/.

Grint, K., and Nixon, D. (2016) *The Sociology of Work: An Introduction* (4th edn, Cambridge: Polity).

Grogan, S. (2008) *Body Image: Understanding Body Dissatisfaction in Men, Women and Children* (2nd edn, London: Routledge).

Grossman, C. L. (2010) 'Most Americans Believe in God, but Don't Know Religious Tenets', *USA Today*, 27 September.

Grusky, D. B., and Hauser, R. M. (1984) 'Comparative Social Mobility Revisited: Models of Convergence and Divergence in 16 Countries', *American Sociological Review*, 49: 19–38.

The Guardian (2011) 'How Likely are You to Live to 100?', 4 August; www.guardian.co.uk/news/ datablog/2011/aug/04/live-to-100-likely.

The Guardian (2020a) 'The Guardian View on the EU and Covid-19: Better Late Than Never', 24 April; www.theguardian.com/commentisfree/2020/apr/24/the-guardian-view-on-the-eu-and-covid-19-better-late-than-never.

The Guardian (2020b) 'Why Are the Oscars Still So White?', 7 February; www.theguardian.com/news/ audio/2020/feb/07/why-oscars-still-so-white-podcast.

Guibernau, M. (1999) *Nations without States: Political Communities in a Global Age* (Cambridge: Polity).

Haas, J. K. (2020) *Economic Sociology: An Introduction* (2nd edn, London: Routledge).

Habermas, J. (1981) 'New Social Movements', *Telos*, 49 (Fall): 33–7.

Habermas, J. (1983) 'Modernity – an Incomplete Project', in H. Foster (ed.), *The Anti-Aesthetic* (Port Townsend, WA: Bay Press).

Habermas, J. (1985) *The Philosophical Discourse of Modernity* (Cambridge: Polity).

Habermas, J. (1989 [1962]) *The Structural Transformation of the Public Sphere* (Cambridge, MA: MIT Press).

Habermas, J. (2008) 'Notes on Post-Secular Society', *New Perspectives Quarterly*, 25(4): 17–29.

Hackett, R. A., and Zhao, Y. (eds) (2005) *Democratizing Global Media: One World, Many Struggles* (Oxford: Rowman & Littlefield).

Hadden, J. (1997) 'New Religious Movements Mission Statement', http://web.archive.org/web/20060828113626/ http://religiousmovements.lib.virginia.edu/welcome/mission.htm.

Hafez, F. (2016) 'Comparing Anti-Semitism and Islamophobia: The State of the Field', *Islamophobia Studies Journal*, 3(2): 16–34.

Hafferty, F. W., and Castellani, B. (2011) 'Two Cultures: Two Ships: The Rise of a Professionalism Movement within Modern Medicine and Medical Sociology's Disappearance from the Professionalism Debate', in B. A. Pescosolido et al.

(eds), *Handbook of the Sociology of Health, Illness and Healing: A Blueprint for the 21st Century* (New York: Springer): 201-20.

Hajer, M. A. (1996) 'Ecological Modernisation as Cultural Politics', in S. Lash, B. Szerszynski and B. Wynne (eds), *Risk, Environment and Modernity: Towards a New Ecology* (London: Sage).

Hale, T., Angrist, N., Kira, B., Petherick, A., Phillips, T., and Webster, S. (2020) *Variation in Government Responses to Covid-19*, Blavatnik School of Government, Working Paper, version 5, 29 April; www.bsg.ox.ac.uk/research/publications/variation-government-responses-covid-19 [accessed 29 April 2020].

Hales, J., Nevill, C., Pudney, S., and Tipping, S. (2009) *Longitudinal Analysis of the Offending, Crime and Justice Survey 2003-06*, Research Report 19 (London: Home Office).

Hall, E. T. (1969) *The Hidden Dimension* (New York: Doubleday). Hall, E. T. (1973) *The Silent Language* (New York: Doubleday).

Hall, R., James, S., and Kertesz, J. (1984) *The Rapist who Pays the Rent* (2nd edn, Bristol: Falling Wall Press).

Hall, S. (1980) *Culture, Media, Language: Working Papers in Cultural Studies, 1972-79* (London: Hutchinson, in association with the Centre for Contemporary Cultural Studies, University of Birmingham).

Hall, S. (1991) 'Old and New Identities, Old and New Ethnicities', in A. D. King (ed.), *Culture, Globalization and the World-System: Contemporary Conditions for the Representation of Identity* (Basingstoke: Macmillan): 41-68.

Hall, S. (2006 [1989]) 'New Ethnicities', in B. Ashcroft, G. Griffiths, and H. Tiffin (eds), *The Post-Colonial Studies Reader* (2nd edn, London: Routledge): 199-202.

Hall, S., et al. (1978) *Policing the Crisis: Mugging, the State, and Law and Order* (London: Macmillan).

Halliday, F. (2002) *Two Hours that Shook the World: September 11, 2001: Causes and Consequences* (London: Saqi Books).

Halligan, J. (2012) 'Foreword', in R. M. Kowalski, S. P. Limber and P. W. Agatston, *Cyberbullying: Bullying in the Digital Age* (Chichester: John Wiley & Sons): vi-viii.

Halsey, A. H. (ed.) (1997) *Education: Culture, Economy, and Society* (Oxford: Oxford University Press).

Hamilton, M. C., Anderson, D., Broaddus, M., and Young, K. (2006) 'Gender Stereotyping and Under-Representation of Female Characters in 200 Popular Children's Picture Books: A Twenty-First Century Update', *Sex Roles*, 55(11-12): 757-65.

Handy, C. (1994) *The Empty Raincoat: Making Sense of the Future* (London: Hutchinson).

Haney, C., Banks, C., and Zimbardo, P. (1973) 'Interpersonal Dynamics in a Simulated Prison', *International Journal of Criminology and Penology*, 1: 69-97.

Hanlon, B., and Vicino, T. J. (2019) 'Introduction', in B. Hanlon and T. J. Vicino (eds), *The Routledge Companion to the Suburbs* (Abingdon: Routledge): 1-9.

Hannigan, J. A. (2006) *Environmental Sociology: A Social Constructionist Perspective* (2nd edn, London: Routledge).

Hannigan, J. A. (2014) *Environmental Sociology* (3rd edn, New York: Routledge).

Hanson, S. (1997) 'The Secularisation Thesis: Talking at Cross Purposes', *Journal of Contemporary Religion*, 12(2): 159-79.

Haraway, D. (1989) *Primate Visions: Gender, Race and Nature in the World of Modern Science* (New York: Routledge).

Haraway, D. (1991) *Simians, Cyborgs and Women: The Reinvention of Nature* (New York; Routledge).

Harman, S., and Williams, D. (2013) 'Introduction: Governing the World?' in S. Harman and D. Williams (eds), *Governing the World? Cases in Global Governance* (Abingdon: Routledge): 1-11.

Harman, V., and Cappellini, B. (2015) 'Mothers on Display: Lunchboxes, Social Class and Moral Accountability', *Sociology*, 49(4): 1-18.

Harper, D. (2010) *Visual Sociology: An Introduction* (London: Routledge).

Harrabin, R. (2015) 'Moroccan Solar Plant to Bring Energy to a Million People', 23 November; www.bbc.co.uk/news/science-environment-34883224.

Harrington, A. (2004) *Art and Social Theory* (Cambridge: Polity).

Harris, J. R. (1998) *The Nurture Assumption: Why Children Turn out the Way They Do* (New York: Free Press).

Harris, M. (1978) *Cannibals and Kings: The Origins of Cultures* (New York: Random House).

Harrison, M. (1985) *TV News: Whose Bias?* (Hermitage, Berks: Policy Journals).

Harrison, P. (1983) *Inside the Inner City: Life under the Cutting Edge* (Harmondsworth: Penguin).

Harvey, D. (1982) *The Limits to Capital* (Oxford: Blackwell).

Harvey, D. (1985) *Consciousness and the Urban Experience: Studies in the History and Theory of Capitalist Urbanization* (Oxford: Blackwell).

Harvey, D. (1989) *The Condition of Postmodernity* (Oxford: Blackwell).

Harvey, D. (1993) 'The Nature of Environment: The Dialectics of Social and Environmental Change', *Socialist Register*: 1-51.

Harvey, D. (2006) *Spaces of Global Capitalism: Towards a Theory of Uneven Geographical Development* (London: Verso).

Harvey, D. (2008) 'The Right to the City', *New Left Review*, 53: 23-40.

Harvey, G., Rhodes, C., Vachhani, S. J., and Williams, K. (2017) 'Neo-Villeiny and the Service Sector: The Case of Hyper Flexible and Precarious Work in Fitness Centres', *Work, Employment and Society*, 31(1): 19-35.

Hasler, F. (1993) 'Developments in the Disabled People's Movement', in J. Swain (ed.), *Disabling Barriers, Enabling Environments* (London: Sage).

Haughton, G., and Hunter, C. (2003) *Sustainable Cities* (London: Routledge).

Havel, V. (1988) 'Anti-Political Politics', in J. Keane (ed.), *Civil Society and the State: New European Perspectives* (London and New York: Verso).

Hawley, A. H. (1950) *Human Ecology: A Theory of Community Structure* (New York: Ronald Press).

Hawley, A. H. (1968) *Human Ecology* (Glencoe, IL: Free Press).

Haynes, C. (2020) 'Coronavirus: Disabled People "Forgotten" by Government Strategy', 1 May, www.bbc.co.uk/news/uk-politics-52504820.

Health Inequalities Unit, Department of Health (2009) *Tackling Health Inequalities: 2006-08 Policy and Data Update for the 2010 National Target*, https://webarchive.nationalarchives.gov.uk/20130124052533/http://www.dh.gov.uk/prod_consum_dh/groups/dh_digitalassets/@dh/@en/@ps/@sta/@perf/documents/digitalasset/dh_109468.pdf.

Heaphy, B. (2011) 'Critical Relational Displays', in J. Seymour and E. Dermott (eds), *Displaying Families: A New Concept for the Sociology of Family Life* (Basingstoke: Palgrave Macmillan): 19-37.

Hearn, J., and McKie, L. (2008) 'Gendered Policy and Policy on Gender: The Case of "Domestic Violence"', *Politics and Policy*, 36(1): 75-91.

Heath, A. (1981) *Social Mobility* (London: Fontana).

Heath, S., and Calvert, E. (2013) 'Gifts, Loans and Intergenerational Support for Young Adults', *Sociology*, 47(6): 1120-35.

Heath, S., and Cleaver, E. (2003) *Young, Free and Single? Twenty-Somethings and Household Change* (Basingstoke: Palgrave Macmillan).

Heath, S., McGhee, D., and Trevina, S. (2011) 'Lost in Transnationalism: Unraveling the Conceptualisation of Families and Personal Life through a Transnational Gaze', *Sociological Research Online*, 16(4): 12, www.socresonline.org.uk/16/4/12.html.

Hebdige, D. (1997) *Cut 'n' Mix: Culture, Identity, and Caribbean Music* (London: Methuen).

Heelas, P. (2002) 'The Spiritual Revolution: From "Religion" to "Spirituality"', in L. Woodhead, P. Fletcher, H. Kawanami and D. Smith (eds), *Religions in the Modern World* (London: Routledge): 357-77.

Heelas, P. (2015) 'Religion and Sources of Significance: The Dawning of a Secular Age?', in M. Holborn (ed.), *Contemporary Sociology* (Cambridge: Polity): 415-43.

Heidensohn, F. (1996) *Women and Crime* (2nd edn, Basingstoke: Palgrave Macmillan).

Held, D. (2004) *Global Covenant: The Social Democratic Alternative to the Washington Consensus* (Cambridge: Polity).

Held, D. (2006) *Models of Democracy* (3rd edn, Cambridge: Polity).

Held, D., Goldblatt, D., McGrew, A., and Perraton, J. (1999) *Global Transformations: Politics, Economics and Culture* (Cambridge: Polity).

Hemerijck, J. (2013) *Changing Welfare States* (Oxford: Oxford University Press).

Henderson, J., and Appelbaum, R. P. (1992) 'Situating the State in the Asian Development Process', in R. P. Appelbaum and J. Henderson (eds), *States and Development in the Asian Pacific Rim* (Newbury Park, CA: Sage).

Hendricks, J. (1992) 'Generation and the Generation of Theory in Social Gerontology', *Aging and Human Development*, 35(1): 31–47.

Henslin, J. M., and Biggs, M. A. (1997 [1971]) 'Behaviour in Public Places: The Sociology of the Vaginal Examination', in J. M. Henslin (ed.), *Down to Earth Sociology: Introductory Readings* (9th edn, New York: Free Press).

Hepworth, M. (2000) *Stories of Ageing* (Buckingham: Open University Press).

Heritage, J. (1984) *Garfinkel and Ethnomethodology* (Cambridge: Polity).

Herman, E. S., and McChesney, R. W. (2003) 'Media Globalization: The US Experience and Influence', in R. C. Allen and A. Hill (eds), *The Television Studies Reader* (London: Routledge).

Hern, A. (2020) 'Covid-19 Could Cause Permanent Shift towards Home Working?', *The Guardian*, 13 March; www.theguardian.com/technology/2020/mar/13/covid-19-could-cause-permanent-shift-towards-home-working.

Herz, R. (2006) *Single by Chance, Mothers by Choice: How Women are Choosing Parenthood without Marriage and Creating the New American Family* (New York: Oxford University Press).

HESA (Higher Education Statistics Agency) (2010) 'Staff at Higher Education Institutions in the United Kingdom, 2008/09', www.hesa.ac.uk/news/21-01-2010/sfr143-staff.

HESA (Higher Education Statistics Agency) (2019) 'Who's Studying in HE?', www.hesa.ac.uk/data-and-ana lysis/students/whos-in-he.

Hester, M. (2013) 'Who Does What to Whom? Gender and Domestic Violence Perpetrators in English Police Records', *European Journal of Criminology*, 10(5): 623–37.

Hewson, C., Yule, P., Laurent, D., and Vogel C. (2002) *Internet Research Methods: A Practical Guide for the Social and Behavioural Sciences* (London: Sage).

Hexham, I., and Poewe, K. (1997) *New Religions as Global Cultures* (Boulder, CO: Westview Press).

Heywood, A. (2017) *Political Ideologies: An Introduction* (6th edn, London: Palgrave).

Hickson, K. (2004) 'Equality', in R. Plant, M. Beech and K. Hickson (eds), *The Struggle for Labour's Soul: Understanding Labour's Political Thought since 1945* (London: Routledge).

Hill, A. (2015 [2004]) *Reality TV: Audiences and Popular Factual Television* (Abingdon: Routledge).

Hills, J. (2014) *Good Times, Bad Times: The Welfare Myth of Them and Us* (Bristol: Policy Press).

Hills, J., et al. (2010) *An Anatomy of Economic Inequality in the UK: Report of the National Equality Panel* (London: Government Equalities Office).

Hillyard, P., Pantazis, C., Tombs, S., and Gordon, D. (eds) (2004) *Beyond Criminology? Taking Harm Seriously* (London: Pluto Press).

Hines, S. (2019) 'The Feminist Frontier: On Trans and Feminism', in T. Oren and A. L. Press (eds), *The Routledge Handbook of Contemporary Feminism* (Abingdon: Routledge).

Hirschi, T. (1969) *Causes of Delinquency* (Berkeley: University of California Press).

Hirst, P. (1997) 'The Global Economy: Myths and Realities', *International Affairs*, 73(3): 409–25.

Hirst, P. (2001) *War and Power in the 21st Century: The State, Military Conflict and the International System* (Cambridge: Polity).

Hirst, P., and Thompson, G. (1992) 'The Problem of "Globalization": International Economic Relations, National Economic Management, and the Formation of Trading Blocs', *Economy and Society*, 21(4): 357–96.

Hirst, P., and Thompson, G. (1999) *Globalization in Question: The International Economy and the Possibilities of Governance* (2nd edn, Cambridge: Polity).

Hirst, P., Thompson, G., and Bromley, S. (2009) *Globalization in Question: The International Economy and the Possibilities of Governance* (3rd edn, Cambridge: Polity).

HM Government (2018) *2018 UK Annual Report on Modern Slavery*, https://assets.publishing.service.gov.uk/government/uploads/system/uploads/attachment_data/file/749346/2018_UK_Annual_Report_on_ Modern_Slavery.pdf.

HMIC (Her Majesty's Inspectorate of Constabulary) (2014) 'Police Force Figures on Rape Made Publicly Available', 31 January, www.justiceinspectorates.gov.uk/hmic/news/news-feed/police-force-figures-on-rape-made-publicly-available/.

Ho, S. Y. (1990) *Taiwan: After a Long Silence* (Hong Kong: Asia Monitor Resource Center).

Hobson, B. (2019) 'Meet Eileen Noble the Oldest Female Runner at the London Marathon', *Runner's World*, 29 April, www.runnersworld.com/uk/news/a27302824/oldest-woman-london-marathon/.

Hobson, D. (2002) *Soap Opera* (Cambridge: Polity).

Hochschild, A. (1989) *The Second Shift: Working Parents and the Revolution at Home* (New York: Viking).

Hochschild, A. (2012 [1983]) *The Managed Heart: Commercialization of Human Feeling* (updated edn, Berkeley: University of California Press).

Hodal, K. (2016) 'Nestlé Admits Slave Labour Risk on Brazil Coffee Plantations', *The Guardian*, 2 March; www.theguardian.com/global-development/2016/mar/02/nestle-admits-slave-labour-risk-on-brazil-coffee-plantations.

Holmes, H. (2019) 'Shell to Face Charges in the Netherlands for Nigerian Oil Deal', *Organized Crime and Corruption Reporting Project*, 4 March, www.occrp.org/en/daily/9304-shell-to-face-charges-in-the-netherlands-for-nigerian--oil-deal.

Holmes, M. (2011) 'Emotional Reflexivity in Contemporary Friendships: Understanding it Using Elias and Facebook Etiquette', *Sociological Research Online*, 16(1): 11, www.socresonline.org.uk/16/1/11.html.

Holmwood, J. (2010) 'Three Tiers for Sociology as Funding is Slashed', *Network* [newsletter of the British Sociological Association].

Home Office (2018) *Hate Crime, England and Wales, 2017–18*, 16 October, https://assets.publishing.service.gov.uk/government/uploads/system/uploads/attachment_data/file/748598/hate-crime-1718-hosb2018.pdf.

Home Office (2019a) *Forced Marriage Unit Statistics 2018*, https://assets.publishing.service.gov.uk/government/uploads/system/uploads/attachment_data/file/804044/Forced_Marriage_Unit_Statistics_2018_FINAL.pdf.

Home Office (2019b) *Police Workforce, England and Wales, 31 March*, Statistical Bulletin 11-19, 2nd edn, 18 July; https://assets.publishing.service.gov.uk/government/uploads/system/uploads/attachment_data/file/831726/police-workforce-mar19-hosb1119.pdf.

hooks, b. (1981) *Ain't I a Woman? Black Women and Feminism* (Boston: South End Press).

hooks, b. (1997) *Bone Black: Memories of Girlhood* (London: Women's Press).

Hopper, P. (2007) *Understanding Cultural Globalization* (Cambridge: Polity).

Horkheimer, M., and Adorno, T. W. (2002 [1947]) *Dialectic of Enlightenment: Philosophical Fragments* (Stanford, CA: Stanford University Press).

Horlick-Jones, T., Walls, J., Rowe, G., Pidgeon, N., Poortinga, W., Murdock, G., and O'Riordan, T. (2009) *The GM Debate: Risk, Politics and Public Engagement* (London: Routledge).

House of Commons, Home Affairs Committee (2016) *Prostitution: Third Report of Session 2016–17*, https://publications.parliament.uk/pa/cm201617/cmselect/cmhaff/26/26.pdf.

House of Lords, Select Committee on Intergenerational Fairness and Provision (2019) *Tackling Intergenerational Unfairness*, Report of Session 2017–2019; https://publications.parliament.uk/pa/ld201719/ldselect/ldintfair/329/329.pdf.

Howard, J. H., et al. (1986) 'Change in "Type A" Behaviour a Year after Retirement', *The Gerontologist*, 26(6): 643–9.

Howard, M., Garnham, A., Fimister, G., and Veit-Wilson, J. (2001) *Poverty: The Facts* (4th edn, London: Child Poverty Action Group).

Huang, Y. (2008) *Capitalism with Chinese Characteristics: Entrepreneurship and the State* (New York: Cambridge University Press).

Hughes, E. C. (1945) 'Dilemmas and Contradictions of Status', *American Journal of Sociology*, 50(5): 353–9.

Hughes, G. (1998) *Understanding Crime Prevention: Social Control, Risk and Late Modernity* (Buckingham: Open University Press).

Hughey, M. W. (2017) 'Bad Hombres? The Implicit and Explicit Racialization of Immigration', *Humanity and Society*, 41(1): 127–9.

Humphreys, L. (1970) *Tearoom Trade: A Study of Homosexual Encounters in Public Places* (London: Duckworth).

Hung, J. H., and Chen, Y. (eds) (2018) *The State of China's State Capitalism: Evidence of its Successes and Pitfalls* (Singapore: Palgrave Macmillan).

Hunt, P. (ed.) (1966) *Stigma: The Experience of Disability* (London: Geoffrey Chapman).

Hunt, S. (2017) *The Life-Course: A Sociological Introduction* (2nd edn, Basingstoke: Palgrave Macmillan).

Huntington, S. P. (1996) *The Clash of Civilizations and the Remaking of World Order* (New York: Simon & Schuster).

Hutchby, I. (2005) *Media Talk: Conversation Analysis and the Study of Broadcasting* (Buckingham: Open University Press).

Hutton, W. (1995) *The State We're in* (London: Jonathan Cape).

Hylton, K. (2009) *'Race' and Sport: Critical Race Theory* (London: Routledge).

Hyman, R. (1984) *Strikes* (2nd edn, London: Fontana).

IBRD (International Bank for Reconstruction and Development)/World Bank (2007) *Millennium Development Goals: Global Monitoring Report* (Washington DC: World Bank).

ICO (International Coffee Organization) (2018) *Development of Coffee Trade Flows*, 14 March, www.ico.org/documents/cy2017-18/icc-121-4e-trade-flows.pdf.

IFS (Institute for Fiscal Studies) (2011) *Poverty and Inequality in the UK: 2011* (London: IFS).

Iganski, P., and Payne, G. (1999) 'Socio-Economic Restructuring and Employment: The Case of Minority Ethnic Groups', *British Journal of Sociology*, 50(2): 195–215.

ILGA (International Lesbian, Gay, Bisexual, Trans and Intersex Association) (2019) *Sexual Orientation Laws in the World – 2019*, https://ilga.org/ilga-map-sexual-orientation-laws-2019.

Illich, I. (1971) *Deschooling Society* (Harmondsworth: Penguin).

Illich, I. (1975) *Medical Nemesis: The Expropriation of Health* (London: Calder & Boyars).

ILO (International Labour Organization) (1999) 'C182 Worst Forms of Child Labour Convention', www.ilo.org/wcmsp5/groups/public/---ed_norm/---declaration/documents/publication/wcms_decl_fs_46_en.pdf.

ILO (International Labour Organization) (2007a) *Global Employment Trends for Women, Brief, March 2007*, www.ilo.org/empelm/pubs/WCMS_114287/lang--es/index.htm.

ILO (International Labour Organization) (2007b) *Harvest for the Future: Agriculture without Children* (Geneva: ILO).

ILO (International Labour Organization) (2010) *Accelerating Action against Child Labour* (Geneva: ILO).

ILO (International Labour Organization) (2011a) *Global Employment Trends 2011: The Challenge of a Jobs Recovery* (Geneva: ILO).

ILO (International Labour Organization) (2011b) 'Eliminating Child Labour in Rural Areas through Decent Work', www.ilo.org/wcmsp5/groups/public/---ed_emp/documents/publication/wcms_165305.pdf.

ILO (International Labour Organization) (2012) *Worldof Work Report: Better Jobs fora Better Economy*, www.ilo.org/wcmsp5/groups/public/---dgreports/---dcomm/---publ/documents/publication/wcms_179453.pdf.

ILO (International Labour Organization) (2017a) *Global Estimates of Modern Slavery: Forced Labour and Forced Marriage* (Geneva: ILO).

ILO (International Labour Organization) (2017b) *Global Estimates of Child Labour: Results and Trends 2012–2016.* (Geneva: ILO).

ILO (International Labour Organization) (2018) *Women and Men in the Informal Economy: A Statistical Picture* (3rd edn, Geneva: ILO).

IMS (2013) 'Amazon Forges Another Competitive Advantage over Retailers', www.imsresultscount.com/resultscount/2013/10/amazon-forges-another-competitive-advantage-over-retailers.html.

Info Migrants (2019) 'Migrant Deaths: 19,000 in Mediterranean in Past 6 Years', www.infomigrants.net/en/post/20055/migrant-deaths-19-000-in-mediterranean-in-past-6-years.

Inge, S. (2018) 'What are Free Schools and Have They Been Successful?', *The Telegraph*, 25 July, www.telegraph.co.uk/education/0/free-schools-have-successful/.

Inglehart, R. (1977) *The Silent Revolution: Changing Values and Political Styles among Western Publics* (Princeton, NJ: Princeton University Press).

Inglehart, R. (1990) 'Values, Ideology, and Cognitive Mobilization', in R. J. Dalton and M. Kuechler (eds), *Challenging the Political Order: New Social and Political Movements in Western Democracies* (Oxford: Blackwell).

Inglehart, R. (1997) *Modernization and Postmodernization: Cultural, Economic and Political Change in 43 Societies* (Princeton, NJ: Princeton University Press).

Institute of Race Relations (2019) 'Racial Violence Statistics', www.irr.org.uk/research/statistics/racial-violence/.

International Organization for Migration (2012) 'Facts and Figures: Global Estimates and Trends', www.iom. int/jahia/ Jahia/about-migration/facts-and-figures/lang/en [accessed 15 May 2013].

Internet World Stats (2022) 'Internet Usage Statistics: The Internet Big Picture', www.internetworldstats.com/ stats.htm.

IPCC (Intergovernmental Panel on Climate Change) (2007) *Climate Change 2007: Synthesis Report*, Fourth Assessment Report, www.ipcc.ch/publications_and_data/publications_ipcc_fourth_assessment_report_ synthesis_report.htm.

IPCC (Intergovernmental Panel on Climate Change) (2015) *Climate Change 2014: Synthesis Report, Contribution of Working Groups I, II and III to the Fifth Assessment Report of the Intergovernmental Panel on Climate Change* (Geneva: IPCC).

IPCC (Intergovernmental Panel on Climate Change) (2019) *Special Report: Global Warming of 1.5°C: Summary for Policymakers*, www.ipcc.ch/sr15/.

Ipsos MORI (2015) 'How Britain Voted in 2015', www.ipsos.com/ipsos-mori/en-uk/how-britain-voted-2015.

Iriate, E. G., McConkey, R., and Gilligan, R. H. (2016) 'Disability and Human Rights: Global Perspectives', in E. G. Iriate, R. McConkey and R. H. Gilligan (eds), *Disability and Human Rights: Global Perspectives* (London: Palgrave): 1–9.

Irwin, A. (2001) *Sociology and the Environment: A Critical Introduction to Society, Nature and Knowledge* (Cambridge: Polity).

ISAAA (International Service for the Acquisition of Agri-Biotech Applications) (2017) *Biotech Crops Highlights in 2017* (Ithaca, NY: ISAAA); www.isaaa.org/resources/publications/pocketk/foldable/Pocket%20 K16%20(English)%20 2018.pdf.

ISNA (Intersex Association of North America) (2015) 'What is Intersex?', www.isna.org/faq/what_is_intersex/.

Israel, J. I. (2019) *The Enlightenment That Failed: Ideas, Revolution, and Democratic Defeat, 1748–1830* (Oxford: Oxford University Press).

ITU (International Telecommunication Union) (2017) '2017 Global Information and Communication Technology Facts and Figures', 31 July, www.itu.int/en/mediacentre/Pages/2017-PR37.aspx.

ITU (International Telecommunication Union) (2018) 'Measuring the Information Society Report: Executive Summary 2018', www.itu.int/en/ITU-D/Statistics/Documents/publications/misr2018/MISR2018-ES-PDF-E.pdf.

Jackson, L. B. (2018) *Islamophobia in Britain: The Making of a Muslim Enemy* (Cham, Switzerland: Palgrave Macmillan).

Jackson, M., and Goldthorpe, J. H. (2007) 'Intergenerational Class Mobility in Contemporary Britain: Political Concerns and Empirical Findings', *British Journal of Sociology*, 58(4): 525–46.

Jackson, S. (2001) 'Why a Materialist Feminism is (Still) Possible – and Necessary', *Women's Studies International Forum*, 24(3/4): 283–93.

Jackson, S., and Scott, S. (2017) *Trans and the Contradictions of Gender*, 6 June, https://discoversociety. org/2017/06/06/focus-trans-and-the-contradictions-of-gender/.

James, A., Jenks, C., and Prout, A. (1998) *Theorizing Childhood* (Cambridge: Polity).

Jamieson, L. (1998) *Intimacy: Personal Relationships in Modern Societies* (Cambridge: Polity).

Jamieson, L. (2013) 'Personal Relationships, Intimacy and the Self in a Mediated and Global Digital Age', in K. Orton--Johnson and N. Prior (eds), *The Palgrave Macmillan Digital Sociology: Critical Perspectives* (Basingstoke: Palgrave Macmillan): 13–33.

Jane, E. A., and Martellozzo, E. (2017) 'Introduction: Victims of Cybercrime on the Small 'i' Internet', in E. Martellozzo and E. A. Jane (eds), *Cybercrime and its Victims* (Abingdon: Routledge): 1–24.

Jay, A. (2014) *Independent Inquiry into Child Sexual Exploitation in Rotherham 1997–2013*, www.rotherham. gov.uk/downloads/file/279/independent-inquiry-into-child-sexual-exploitation-in-rotherham.

Jeffreys, S. (2014) *Gender Hurts: A Feminist Analysis of the Politics of Transgenderism* (London: Routledge).

Jeffreys, S. (2015) *Beauty and Misogyny: Harmful Cultural Practices in the West* (2nd edn, London: Routledge).

Jenkins, C. (1990) *The Professional Middle Class and the Origins of Progressivism: A Case Study of the New Education Fellowship 1920–1950*, CORE 14(1).

Jenkins, H. (2009) *Confronting the Challenges of Participatory Culture: Media Education for the 21st Century* (Cambridge, MA: MIT Press).

Jenkins, H., Ito, M., and boyd, d. (2016) *Participatory Culture in a Networked Era* (Cambridge: Polity).

Jenkins, P. (2001) *Paedophiles and Priests: Anatomy of a Contemporary Crisis* (Oxford: Oxford University Press).

Jenkins, R. (2008) *Social Identity* (3rd edn, London: Routledge).

Jenkins, S. P. (2011) *Changing Fortunes: Income Mobility and Poverty Dynamics in Britain* (Oxford: Oxford University Press).

Jenks, A. (2019) 'Crip Theory and the Disabled Identity: Why Disability Politics Needs Impairment', *Disability and Society*, 34(3): 449–69.

Jenks, C. (2005) *Childhood* (2nd edn, London: Routledge).

Jenks, M., and Jones, C. (eds) (2009) *Dimensions of the Sustainable City* (New York: Springer).

Jewell, H., and Bazeley, A. (2018) *Sex and Power 2018* (London: Fawcett Society); www.fawcettsociety.org.uk/sex-power-2018.

Joas, H., and Knöbl, W. (2012) *War in Social Thought: Hobbes to the Present* (Princeton, NJ: Princeton University Press).

Jobe, A. (2010) *The Causes and Consequences of Re-Trafficking: Evidence from the IOM Human Trafficking Database* (Geneva: International Organization for Migration).

Jobling, R. (1988) 'The Experience of Psoriasis under Treatment', in M. Bury and R. Anderson (eds), *Living with Chronic Illness: The Experience of Patients and their Families* (London: Unwin Hyman).

John, M. T. (1988) *Geragogy: A Theory for Teaching the Elderly* (New York: Haworth).

Johnson, B. (2007) 'Families of Abused Teenagers Sue MySpace', *The Guardian*, 19 January; www.guardian.co.uk/media/2007/jan/19/digitalmedia.usnews.

Johnson, G. (2009) 'W. E. B. Du Bois' "The Philadelphia Negro"', *Penn Today*, 2 July, https://penntoday.upenn.edu/node/149925.

Johnson, P. (2010) *Second Life, Media, and the Other Society* (New York: Peter Lang).

Joint Council for Qualifications (2019) 'A-level Entry: Gender, A*/A – A* & Regional Charts, Summer 2019', https://www.jcq.org.uk/wp-content/uploads/2019/08/GCE-Entry-gender-and-regional-charts-Summer-2019.pdf.

Jones, D. E., Doty, S., Grammich, C., et al. (2002) *Religious Congregations & Membership in the United States 2000: An Enumeration by Region, State and County Based on Data Reported for 149 Religious Bodies* (Nashville, TN: Glenmary Research Centre).

Jones, T., and Newburn, T. (2007) *Policy Transfer and Criminal Justice: Exploring US Influence over British Crime Control Policy* (Maidenhead: Open University Press).

Jónsson, Ö. D. (2010) *Good Clean Fun: How the Outdoor Hot Tub Became the Most Frequented Gathering Place in Iceland*, https://skemman.is/bitstream/1946/6754/1/243-249_%c3%96rn%20D%20Jonsson_VIDbok.pdf.

Judge, K. (1995) 'Income Distribution and Life Expectancy: A Critical Appraisal', *British Medical Journal*, 311: 1282–7.

Juhász, A., Molnár, C., and Zgut, E. (2017) *Refugees, Asylum and Migration Issues in Hungary* (Prague: Heinrich-Böll-Stiftung); https://politicalcapital.hu/pc-admin/source/documents/HUNGARY_BOOK_ENG_BOOK_ONLINE.pdf.

Kagan, M. (2011) '10 Essential Twitter Stats', http://blog.hubspot.com/blog/tabid/6307/bid/12234/10-Essential-Twitter-Stats-Data.aspx.

Kaldor, M. (2012) *New and Old Wars: Organized Violence in a Global Era* (3rd edn, Cambridge: Polity).

Kalyvas, S. N. (2006) *The Logic of Violence in Civil War* (Cambridge: Cambridge University Press).

Kamphuis, Y. (2017) 'Why I Won't Buy a House in Any Major City – and Neither Should You', *World Economic Forum*, 31 October, www.weforum.org/agenda/2017/10/end-of-cities-urbanization-housebuying/.

Kan, M. Y., and Laurie, H. (2018) 'Who is Doing the Housework in Multicultural Britain?', *Sociology*: 52(1): 55–74.

Kan M. Y., Sullivan, O., and Gershuny, J. (2011) 'Gender Convergence in Domestic Work: Discerning the Effects of Interactional and Institutional Barriers from Large-Scale Data', *Sociology* 45(2): 234–51.

Kanbur, R., and Sumner, A. (2011) *Poor Countries or Poor People? Development Assistance and the New Geography of Global Poverty*, Working Paper 2011-08 (Ithaca, NY: Cornell University).

Kaposi, I. (2014) 'The Culture and Politics of Internet Use among Young People in Kuwait', *Cyberpsychology: Journal of Psychosocial Research on Cyberspace*, 8(3): Article 9; https://doi.org/10.5817/CP 2014-3-9.

Karlsen, S. (2007) *Ethnic Inequalities in Health: The Impact of Racism*, Better Health Briefing 3 (London: Race Equality Foundation).

Karp, D. A., Stone, G. P., Yoels, W. C., and Dempsey, N. P. (2015) *Being Urban: A Sociology of City Life* (3rd edn, Santa Barbara, CA: ABC-CLIO).

Kasarda, J. D., and Janowitz, M. (1974) 'Community Attachment in Mass Society', *American Sociological Review*, 39: 328–39.

Kathiravelu, L. (2016) *Migrant Dubai: Low-Wage Workers and the Construction of a Global City* (Basingstoke: Palgrave Macmillan).

Katz, E., and Lazarsfeld, P. (1955) *Personal Influence* (New York: Free Press).

Katz, J., Rice, R. E., and Aspden, P. (2001) 'The Internet, 1995–2000: Access, Civic Involvement, and Social Interaction', *American Behavioral Scientist*, 45(3): 405–19.

Katz, S. (1996) *Disciplining Old Age: The Formation of Gerontological Knowledge* (Charlottesville and London: University Press of Virginia).

Kaufman, E. (2007) *The End of Secularization in Europe? A Demographic Perspective*, Working Paper (Birkbeck College, University of London).

Kautsky, J. (1982) *The Politics of Aristocratic Empires* (Chapel Hill: University of North Carolina Press).

Kaya, I. (2004) 'Modernity, Openness, Interpretation: A Perspective on Multiple Modernities', *Social Science Information*, 43(1): 35–57.

Keddie, A., and Mills, M. (2007) *Teaching Boys: Classroom Practices that Work* (Crow's Nest, NSW: Allen & Unwin).

Kelly, M. G. E. (2009) *The Political Philosophy of Michel Foucault* (New York: Routledge).

Kelly, M. P. (1992) *Colitis* (London: Tavistock).

Kendall, D. (2005) *Framing Class: Media Representations of Wealth and Poverty in America* (Lanham, MD: Rowman & Littlefield).

Kepel, G. (1994) *The Revenge of God: The Resurgence of Islam, Christianity and Judaism in the Modern World* (Cambridge: Polity).

Kiecolt, K. J., and Nelson, H. M. (1991) 'Evangelicals and Party Realignment, 1976–1988', *Social Science Quarterly*, 72: 552–69.

Kiely, R. (1999) 'The Last Refuge of the Noble Savage? A Critical Assessment of Post-Development Theory', *European Journal of Development Research*, 11(1): 30–55.

Kiernan, K., and Mensah, F. K. (2010) *Unmarried Parenthood, Family Trajectories, Parent and Child Well-Being* (Bristol: Policy Press).

Kilkey, M., Perrons, D., and Plomien, A. (2013) *Gender, Migration and Domestic Work: Masculinities, Male Labour and Fathering in the UK and USA* (Basingstoke: Palgrave Macmillan).

Kilminster, R. (2007) *Norbert Elias: Post-Philosophical Sociology* (London: Routledge).

Kim, C. E. (2012) 'Nonsocial Transient Behavior: Social Disengagement on the Greyhound Bus', *Symbolic Interaction* 35(3): 267–83.

Kinsey, A. C. (1948) *Sexual Behaviour in the Human Male* (Philadelphia: W. B. Saunders).

Kinsey, A. C. (1953) *Sexual Behaviour in the Human Female* (Philadelphia: W. B. Saunders).

Kirkwood, T. (2001) *Ageing Vulnerability: Causes and Interventions* (Chichester: Wiley).

Klobas, J. E., Mackintosh, B., and Murphy, J. (2015) 'The Anatomy of MOOCs', in P. Kim (ed.), *Massive Open Online Courses: The MOOC Revolution* (New York: Routledge): 1–22.

Knorr-Cetina, K., and Cicourel, A. V. (1981) *Advances in Social Theory and Methodology: Towards an Interpretation of Micro-and Macro-Sociologies* (London: Routledge & Kegan Paul).

Kochhar, R. (2015) *A Global Middle Class is More Promise than Reality: From 2001 to 2011, Nearly 700 Million Step Out of Poverty, but Most Only Barely*, 8 July (Washington, DC: Pew Research Center).

Kofman, E. (2004) 'Family-Related Migration: A Critical Review of European Studies', *Journal of Ethnic and Migration Studies*, 30(2): 243–62.

Kolakowski, L. (2005) *Main Currents of Marxism: The Founders, the Golden Age, the Breakdown* (New York: W. W. Norton).

Kolker, R. (2009) *Media Studies: An Introduction* (Chichester: Wiley Blackwell).

Kollock, P. (1999) 'The Production of Trust in Online Markets', *Advances in Group Processes*, vol. 16, ed. S. R. Thye et al. (Stamford, CT: JAI Press).

Kordos, M., and Vojtovic, S. (2016) 'Transnational Corporations in the Global World Economic Environment', *Procedia: Social and Behavioral Sciences*, 230: 150–8.

Korte, H. (2001) 'Perspectives on a Long Life: Norbert Elias and the Process of Civilization', in T. Salumets (ed.), *Norbert Elias and Human Interdependencies* (Montreal: McGill-Queen's University Press).

Koser, K., and Lutz, H. (1998) 'The New Migration in Europe: Contexts, Constructions and Realities', in K. Koser and H. Lutz (eds), *The New Migration in Europe: Social Constructions and Social Realities* (Basingstoke: Macmillan).

Koss, S. E. (1973) *Fleet Street Radical: A. G. Gardiner and the Daily News* (London: Allen Lane).

Kowner, R., and Skott, C. (2015) 'East Asians in the Linnaean Taxonomy: Sources and Implications of a Racial Image', in R. Kowner and W. Demel (eds), *Race and Racism in Modern East Asia*, Vol II: *Interactions, Nationalism, Gender and Lineage* (Leiden: Brill): 23–54.

Kraut, R., Brynin, M., and Kiesler, S. (eds) (2006) *Computers, Phones and the Internet: Domesticating Internet Technology* (Buckingham: Open University Press).

Krekó, P., Hunyadi, B., and Szicherle, P. (2019) 'Anti-Muslim Populism in Hungary: From the Margins to the Mainstream', 24 July, www.brookings.edu/research/anti-muslim-populism-in-hungary-from-the-margins-to-the-mainstream/.

Kristeva, J. (1977) *Polylogue* (Paris: Seuil).

Kristeva, J. (1984) *Revolution in Poetic Language* (New York: Columbia University Press).

Krolløke, C., and Sørensen, A. S. (2006) *Gender Communication Theories and Analyses: From Silence to Performance* (London: Sage).

Kuhn, T. (1962) *The Structure of Scientific Revolutions* (Chicago: University of Chicago Press).

Kulkarni, V. G. (1993) 'The Productivity Paradox: Rising Output, Stagnant Living Standards', *Business Week*, 8 February.

Kulz, C. (2017) *Factories for Learning: Producing Race and Class Inequality in the Neoliberal Academy* (Manchester: Manchester University Press).

Kumar, U. S. (2019) 'Mattel Posts Surprise Profit as Barbie Makeover Lifts Sales', Reuters, 7 February, https://uk.reuters.com/article/uk-mattel-results/mattel-posts-surprise-profit-as-barbie-makeover-lifts-sales-idUKKCN1PW2TD.

Kurz, D. (2013) *For Richer, For Poorer: Mothers Confront Divorce* (London: Routledge).

Kuznets, S. (1955) 'Economic Growth and Income Inequality', *Economic Review*, 45(1): 1–28.

Lacan, J. (1995) *Lacan's Four Fundamental Concepts of Psychoanalysis* (New York: SUNY Press).

Lahad, K. (2017) *Table for One: A Critical Reading of Singlehood, Gender and Time* (Manchester: Manchester University Press).

Laker, B., and Roulet, T. (2019) 'Will the 4-Day Workweek Take Hold in Europe?', *Harvard Business Review*, 5 August; https://hbr.org/2019/08/will-the-4-day-workweek-take-hold-in-europe.

Lakhani, N. (2019) 'Racism Dictates Who Gets Dumped On: How Environmental Injustice Divides the World', *The Guardian*, 21 October. www.theguardian.com/environment/2019/oct/21/what-is-environmental-injustice-and-why-is-the-guardian-covering-it.

Lakner, C., Mahler, D. G., Negre, M., and Prydz, E. B. (2018) *How Much Does Reducing Inequality Matter for Global Poverty?*, Policy Research Working Paper 8869 (Washington, DC: World Bank).

Land, K. C., Deane, G., and Blau, J. R. (1991) 'Religious Pluralism and Church Membership', *American Sociological Review*, 56(2): 237–49.

Landes, D. S. (2003) *The Unbound Prometheus: Technological Change and Industrial Development in Western Europe from 1750 to the Present* (2nd edn, New York: Cambridge University Press).

Lansley, S., and Mack, J. (2015) *Breadline Britain: The Rise of Mass Poverty* (London: Oneworld).

Laqueur, T. (1990) *Making Sex: Body and Gender from the Greeks to Freud* (Cambridge, MA: Harvard University Press).

Laqueur, W. (2000) *The New Terrorism: Fanaticism and the Arms of Mass Destruction* (New York: Oxford University Press).

Laqueur, W. (2003) *No End to War: Terrorism in the 21st Century* (New York: Continuum).

Lardy, N. R. (2014) *Markets over Mao: The Rise of Private Business in China* (Washington, DC: Peterson Institute for International Economics).

Lareau, A. (2003) *Class, Race and Family Life* (Berkeley: University of California Press).

Larsen, J., Urry, J., and Axhausen, K. (2006) *Social Networks and Future Mobilities: Report to the UK Department for Transport* (Lancaster: University of Lancaster and IVT, ETH Zurich).

Last, J. M. (ed.) (2001) *A Dictionary of Epidemiology* (4th edn, New York: Oxford University Press).

Laumann, E. O. (1994) *The Social Organization of Sexuality: Sexual Practices in the United States* (Chicago: University of Chicago Press).

Lauzen, M. M. (2018) *Boxed-In 2017–18: Women on Screen and behind the Scenes in Television*, September, https://womenintvfilm.sdsu.edu/wp-content/uploads/2018/09/2017-18_Boxed_In_Report.pdf.

Law, I. (2009) *Racism and Ethnicity: Global Debates, Dilemmas, Directions* (Harlow: Pearson Education).

Law, I., and Irwin, S. (2016) *Ethnicity and Education in England and Europe: Gangstas, Geeks and Gorjas* (London: Routledge).

Lawson, N. (2009) *An Appeal to Reason: A Cool Look at Global Warming* (London: Duckworth Overlook).

Le Roux, B., Rouanet, H., Savage, M., and Warde, A. (2007) *Class and Cultural Division in the UK*, Working Paper no. 40 (CRESC, University of Manchester).

Lea, J., and Young, J. (1984) *What Is to Be Done about Law and Order?* (London: Penguin). Leadbeater, C. (1999) *Living on Thin Air: The New Economy* (London: Viking).

Lebron, C. J. (2017) *Black Lives Matter: A Brief History of an Idea* (Oxford: Oxford University Press).

Lee, D., and Newby, H. (1983) *The Problem of Sociology* (London: Routledge).

Lee, E., and Kang, C. (2018) 'AT&T Closes Acquisition of Time Warner', *New York Times*, 14 June; www.nytimes.com/2018/06/14/business/media/att-time-warner-injunction.html.

Lee, N. (2001) *Childhood and Society: Growing Up in an Age of Uncertainty* (Buckingham: Open University Press).

Lee, R. B., and DeVore, I. (eds) (1968) *Man the Hunter* (Chicago: Aldine).

Lee, S. (2001) 'Fat Phobia in Anorexia Nervosa: Whose Obsession Is It?', in M. Nasser, M. Katzman and R. Gordon (eds), *Eating Disorders and Cultures in Transition* (New York: Brunner-Routledge).

Lee, Y. N. (2019) 'Malaysia, Following in China's Footsteps, Bans Imports of Plastic Waste', *CNBC*, 25 January; www.cnbc.com/2019/01/25/climate-change-malaysia-following-china-bans-plastic-waste-imports.html.

Lees, L., Slater, T., and Wyly, E. (eds) (2008) *Gentrification* (New York: Routledge).

Lees, L., Shin, H. B., and López-Morales, E. (2016) *Planetary Gentrification* (Cambridge: Polity).

Lees, S. (1993) *Sugar and Spice: Sexuality and Adolescent Girls* (London: Penguin).

Leisering, L., and Leibfried, S. (1999) *Time and Poverty in Western Welfare States* (Cambridge: Cambridge University Press).

Leitenberg, M. (2006) *Deaths in Wars and Conflicts in the 20th Century*, Occasional Paper no. 29 (3rd edn, Ithaca, NY: Cornell University Press).

Lelkes, O. (2007) *Poverty among Migrants in Europe* (Vienna: European Centre for Social Welfare Policy and Research).

Lemert, C. (2000) 'The Race of Time: DuBois and Reconstruction', *Boundary 2*, 27(3), http://works.bepress.com/clemert/60/.

Lemert, E. (1972) *Human Deviance, Social Problems and Social Control* (Englewood Cliffs, NJ: Prentice-Hall).

Lemkin, R. (1944) *Axis Rule in Occupied Europe: Laws of Occupation, Analysis of Government, Proposals for Redress* (New York: Carnegie Endowment for International Peace).

Lenhart, A., Smith, A., Anderson, M., Duggan, M., and Perrin, A. (2015) 'Teens, Technology and Friendships: Video Games, Social Media and Mobile Phones Play an Integral Role in How Teens Meet and Interact with Friends', *Pew Research Center*, 6 August; www.pewresearch.org/internet/2015/08/06/teens-technology-and-friendships/.

Lenski, G. (1963) *The Religious Factor* (New York: Doubleday). LeVay, S. (1993) *The Sexual Brain* (Cambridge, MA: MIT Press).

Levitas, R. (2005) *The Inclusive Society: Social Exclusion and New Labour* (2nd edn, Basingstoke: Palgrave Macmillan).

Levitsky, S., and Way, L. A. (2010) *Competitive Authoritarianism: Hybrid Regimes after the Cold War* (New York: Cambridge University Press).

Lev-On, A. (2009) 'Cooperation with and without Trust Online', in K. S. Cook, C. Snijders, V. Buskers and C. Cheshire (eds), *eTrust: Forming Relationships in the Online World* (New York: Russell Sage Foundation): 292–318.

Lewis, M. W. (1994) *Green Delusions: An Environmentalist Critique of Radical Environmentalism* (Durham, NC, and London: Duke University Press).

Lewis, P., and Newburn, T. (2012) *Reading the Riots* (London: Guardian Books). Lewontin, R. (1995) 'Sex, Lies and Social Science', *New York Review of Books*, 42: 24–9.

Ley, D., and Teo, S. Y. (2014) 'Gentrification in Hong Kong? Epistemology vs. Ontology', *International Journal of Urban and Regional Research*, 38: 1286–303.

Li, H., Lau, J. T. F., Holroyd, E., and Yi, H. (2010) 'Sociocultural Facilitators and Barriers to Condom Use During Anal Sex Among Men Who Have Sex with Men in Guangzhou, China: An Ethnographic Study', *AIDS Care: Psychological and Socio-Medical Aspects of AIDS/HIV*, 22(12): 1481–6.

Lidskog, R., and Waterton, C. (2016) 'Anthropocene – a Cautious Welcome from Environmental Sociology?', *Environmental Sociology*, 2(4): 395–406.

Liebes, T., and Katz, E. (1993) *The Export of Meaning: Cross-Cultural Readings of Dallas* (Cambridge: Polity).

Lim, L. L. (1998) *The Sex Sector: The Economic and Social Bases of Prostitution in Southeast Asia* (Geneva: International Labour Organization).

Lindeman, T. (2018) 'Will Norway's Electric-Vehicle Boom Outlast its Incentives?', www.citylab.com/environment/2018/12/norway-electric-vehicle-models-incentives-car-free-oslo/578932/.

Linz, J. J. (2000) *Totalitarian and Authoritarian Regimes* (Boulder, CO: Lynne Rienner).

Lipka, M., and Masci, D. (2019) 'Where Europe Stands on Gay Marriage and Civil Unions', 28 October, www.pewresearch.org/fact-tank/2019/10/28/where-europe-stands-on-gay-marriage-and-civil-unions/.

Lipset, S. M. (1991) 'Comments on Luckmann', in P. Bourdieu and J. S. Coleman (eds), *Social Theory for a Changing Society* (Boulder, CO: Westview Press): 185–8.

Lipset, S. M., and Bendix, R. (1959) *Social Mobility in Industrial Society* (Berkeley: University of California Press).

Liska, A., and Gallo, T. (2017) *Ransomware: Defending Against Digital Extortion* (Sebastopol, CA: O'Reilly Media).

Lister, C. R. (2015) *The Islamic State: A Brief Introduction* (Washington, DC: Brookings Institution Press).

Lister, R. (ed.) (1996) *Charles Murray and the Underclass: The Developing Debate* (London: IEA Health and Welfare Unit, in association with the Sunday Times).

Lister, R. (2011) 'The Age of Responsibility: Social Policy and Citizenship in the Early 21st Century', in C. Holden, M. Kilkey and G. Ramia (eds), *Analysis and Debate in Social Policy, 2011* (Bristol: Policy Press): 63–84.

Lister R. (2020) *Poverty* (2nd edn, Cambridge: Polity).

Livi Bacci, M. (2012) *A Concise History of World Population* (5th edn, Oxford: Wiley Blackwell).

Livi Bacci, M. (2017) *A Concise History of World Population* (6th edn, Chichester: Wiley).

Livingstone, S. (2009) *Children and the Internet: Great Expectations, Changing Realities* (Cambridge: Polity).

Livingstone, S., and Bovill, M. (1999) *Young People, New Media* (London: London School of Economics).

Livingstone, S., and Lunt, P. (1993) *Talk on Television: Audience Participation and Public Debate* (London: Routledge).

Locke, J., and Pascoe, E. (2000) 'Can a Sense of Community Flourish in Cyberspace?', *The Guardian*, 11 March; www.guardian.co.uk/theguardian/2000/mar/11/debate.

Loeber, R. (2012) 'Does the Study of the Age–Crime Curve Have a Future?', in R. Loeber and B. C. Welsh (eds), *The Future of Criminology* (Oxford: Oxford University Press): 11–19.

Lomborg, B. (2001) *The Skeptical Environmentalist: Measuring the Real State of the World* (Cambridge: Cambridge University Press).

Longworth, N. (2003) *Lifelong Learning in Action: Transforming Education in the 21st Century* (London: Kogan Page).

Lorber, J. (1994) *Paradoxes of Gender* (New Haven, CT: Yale University Press).

Lord, M. G. (2020) 'Barbie', *Encyclopaedia Britannica*, www.britannica.com/topic/Barbie.

Louie, M. C. Y. (2001) *Sweatshop Warriors: Immigrant Women Workers Take on the Global Factory* (Boston: South End Press).

Loungani, P. (2003) 'Inequality: Now You See it, Now You Don't', in *Finance and Development* (Washington, DC: International Monetary Fund).

Low Pay Commission (2009) *National Minimum Wage: Low Pay Commission Report 2009* (Norwich: The Stationery Office).

Lowery, Z., and Spalding, F. (2017) *The Rwandan Genocide* (New York: Rosen).

Lubienski, C. (2003) 'A Critical View of Home Education', *Evaluation and Research in Education*, 17(2–3): 167–78.

Lucas, K., Blumenberg, E., and Weinberger, R. (eds) (2011) *Auto Motives: Understanding Car Use Behaviours* (Bingley: Emerald Group).

Lukes, S. (2004 [1974]) *Power: A Radical View* (2nd edn, Basingstoke: Macmillan).

Lull, J. (1990) *Inside Family Viewing: Ethnographic Research on Television's Audiences* (London: Routledge).

Lull, J. (1997) 'China Turned on (Revisited): Television, Reform and Resistance', in A. Sreberny-Mohammadi et al. (eds), *Media in Global Context: A Reader* (London: Edward Arnold).

Lune, H. (2010) *Understanding Organizations* (Cambridge: Polity).

Lupton, D. (ed.) (1999) *Risk and Sociocultural Theory: New Directions and Perspectives* (Cambridge: Cambridge University Press).

Lupton, D. (2015) *Digital Sociology* (Abingdon: Routledge).

Lykke, N. (2011) 'Intersectional Invisibility: Inquiries into a Concept of Intersectionality Studies', in H. Lutz, T. H. Vivar and L. Supik (eds), *Framing Intersectionality: Debates on a Multi-Faceted Concept in Gender Studies* (Farnham: Ashgate): 207–20.

Lynch, M. (2006) *Voices of the New Arab Public: Iraq, Al-Jazeera, and Middle East Politics Today* (New York: Columbia University Press).

Lyon, C., and de Cruz, P. (1993) *Child Abuse* (London: Family Law).

Lyonette, C., and Crompton, R. (2015) 'Sharing the Load? Partners' Relative Earnings and the Division of Domestic Labour', *Work, Employment and Society*, 29(1): 23–40.

Lyotard, J.-F. (1984) *The Postmodern Condition* (Minneapolis: University of Minnesota Press).

Mac an Ghaill, M. (1994) *The Making of Men: Masculinities, Sexualities and Schooling* (Buckingham: Open University Press).

McCabe, J., Fairchild, E., Grauerholz, L., Pescosolido, B. A., and Tope, D. (2011) 'Gender in Twentieth-Century Children's Books: Patterns of Disparity in Titles and Central Characters', *Gender & Society*, 25(2): 197–226.

McCombs, M. (2020) *Setting the Agenda: Mass Media and Public Opinion* (3rd edn, Cambridge: Polity).

MacFarlane, A. (1990) 'Official Statistics and Women's Health and Illness', in H. Roberts (ed), *Womens' Health Counts* (London: Routledge): 18–62.

MacGregor, S. (2003) 'Social Exclusion', in N. Ellison and C. Pierson (eds), *Developments in British Social Policy 2* (Basingstoke: Palgrave Macmillan).

MacGregor, S., and Pimlott, B. (1991) 'Action and Inaction in the Cities', in *Tackling the Inner Cities: The 1980s Reviewed, Prospects for the 1990s* (Oxford: Clarendon Press).

McGrew, A. (2020) 'Globalization and Global Politics', in J. Baylis, S. Smith and P. Owens (eds), *The Globalization of World Politics: An Introduction to International Relations* (8th edn, Oxford: Oxford University Press): 19–37.

MacInnes, T., Aldridge, H., Bushe, S., Tinson, A., and Born, T. B. (2014) *Monitoring Poverty and Social Exclusion 2014* (York: Joseph Rowntree Foundation).

MacInnes, T., Tinson, A., Hughes, C., Born, T. B., and Aldridge, H. (2015) *Monitoring Poverty and Social Exclusion 2015* (York: Joseph Rowntree Foundation).

McIntosh, M. (1968) 'The Homosexual Role', *Social Problems*, 16(2): 182–92.

McIntyre, N., and Rice-Oxley, M. (2019) 'It's 34,361 and Rising: How the List Tallies Europe's Migrant Bodycount', *The Guardian*, 20 June; www.theguardian.com/world/2018/jun/20/the-list-europe-migrant-bodycount.

Mack, J., and Lansley, S. (1985) *Poor Britain* (London: Allen & Unwin).

Mack, J., and Lansley, S. (1992) *Breadline Britain 1990s: The Findings of the Television Series* (London: London Weekend Television).

McKeown, T. (1979) *The Role of Medicine: Dream, Mirage or Nemesis?* (Oxford: Blackwell).

McKinsey Global Institute (2017) 'What's Now and Next in Analytics, AI, and Automation', 11 May, www.mckinsey.com/featured-insights/digital-disruption/whats-now-and-next-in-analytics-ai-and-automation.

McKnight, A. (2015) *Downward Mobility, Opportunity Hoarding and the 'Glass Floor'*, Social Mobility and Child Poverty Commission, Research Report, June, www.gov.uk/government/publications/downward-mobility-and-opportunity-hoarding.

Maclean, M., Harvey, C., and Press, J. (2006) *Business Elites and Corporate Governance in France and the UK* (Basingstoke: Palgrave Macmillan).

McLellan, G. (2007) 'Suez and its Aftermath: The BBC Arabic Service and Egypt', in N. Brehony and El-Desouky (eds), *British–Egyptian Relations: From Suez to the Present Day* (London: Saqi Books): 184–99.

McLennan, G. (2010) 'Eurocentrism, Sociology, Secularity', in E. G. Rodríguez, M. Boatcă and S. Costa (eds), *Decolonizing European Sociology: Transdisciplinary Approaches* (Farnham: Ashgate): 119–34.

Mclennan, W. (2014) 'Sunday Times Rich List: Wealthiest Britons Own a Third of the Nation's Wealth', *The Independent*, 18 May; www.independent.co.uk/news/people/sunday-times-rich-list-wealthiest-britons-own-a-third-of-the-nations-wealth-9391634.html.

McLeod, J., and Yates, L. (2008) 'Class and the Middle: Schooling, Subjectivity, and Social Formation', in Weis (ed.), *The Way Class Works: Readings on School, Family, and the Economy* (New York: Routledge): 347–62.

McLuhan, M. (1964) *Understanding Media* (London: Routledge & Kegan Paul). Macnaghten, P., and Urry, J. (1998) *Contested Natures* (London: Sage).

McNamara, K. R. (2010) 'The Eurocrisis and the Uncertain Future of European Integration', in S. Patrick (ed.), *Crisis in the Eurozone: Transatlantic Perspectives* (New York: Council on Foreign Relations): 22–4.

Macnicol, J. (2010) *Ageing and Discrimination: Some Analytical Issues* (London: ILC-UK).

Macpherson, S. W. (1999) *The Stephen Lawrence Inquiry*, Cm 4262-I (London: HMSO); www.archive.official-documents.co.uk/document/cm42/4262/4262.htm [Macpherson Report].

McQuail, D. (2000) *McQuail's Mass Communication Theory* (London: Sage).

Macrae, S., Maguire, M., and Milbourne, M. (2003) 'Social Exclusion: Exclusion from School', *International Journal of Inclusive Education*, 7(2): 89–101.

McRobbie, A. (1991) *Feminism and Youth Culture: From Jackie to Just Seventeen* (Cambridge, MA: Unwin Hyman).

McRobbie, A., and Garber, J. (1975) 'Girls and Subcultures', in S. Hall and T. Jefferson (eds), *Resistance through Rituals: Youth Subcultures in Post-War Britain* (London: Hutchinson).

McRuer, R. (2006) Crip Theory: Cultural Signs of Queerness and Disability (New York: New York University Press).

McRuer, R. (2012) 'Cripping Queer Politics, or the Dangers of Neoliberalism', *The Scholar and Feminist Online*, 10.1–10.2, http://sfonline.barnard.edu/a-new-queer-agenda/cripping-queer-politics-or-the-dangers-of-neoliberalism/.

McVeigh, T. (2016) 'Sally Phillips's Film on Down's is "Unhelpful" for Families, Warns Antenatal Specialist', *The Observer*, 2 October; www.theguardian.com/society/2016/oct/01/downs-syndrome-screening-jane-fisher-expert-criticises-sally-phillips-bbc-documentary.

Maffesoli, M. (1995) *The Time of the Tribes: The Decline of Individualism in Mass Society* (London: Sage).

Maguire, M. B. (2008) *Lived Religion: Faith and Practice in Everyday Life* (Oxford: Oxford University Press).

Mahalingam, R., and McCarthy, C. (eds) (2000) *Multicultural Curriculum: New Directions for Social Theory, Practice and Social Policy* (London: Routledge).

Mahler, A. G. (2018) *From the Tricontinental to the Global South: Race, Radicalism, and Transnational Solidarity* (Durham, NC: Duke University Press).

Maier, E. (2011) 'Implicit Human–Computer Interaction by Posture Recognition', in V. G. Duffy (ed.), *Digital Human Modelling* (Heidelberg: Springer): 143–50.

Malakooti, A., and Davin, E. (2015) *Migration Trends across the Mediterranean: Connecting the Dots*, https://publications.iom.int/system/files/altai_migration_trends_accross_the_mediterranean.pdf.

Malešević, S. (2010) *The Sociology of War and Violence* (Cambridge: Cambridge University Press).

Malešević, S. (2015) 'Violence, Coercion and Human Rights: Understanding Organized Brutality', in M. Holborn (ed.), *Contemporary Sociology* (Cambridge: Polity): 534–65.

Malešević, S. (2019) *Grounded Nationalisms: A Sociological Analysis* (Cambridge: Cambridge University Press).

Maloney, K. (2015) *Frankly Kellie: Becoming a Woman in a Man's World* (London: Blink).

Malpass, P., and Murie, A. (1999) *Housing Policy and Practice* (5th edn, New York: Palgrave Macmillan).

Malthus, T. (1976 [1798]) *Essay on the Principle of Population* (New York: W. W. Norton).

Manevich, D. (2016) 'Hungarians Share Europe's Embrace of Democratic Principles but are Less Tolerant of Refugees, Minorities', *Pew Research Center*, 30 September; www.pewresearch.org/fact-tank/2016/09/30/ hungarians-share--europes-embrace-of-democratic-principles-but-are-less-tolerant-of-refugees-minorities/.

Mannheim, K. (1972 [1928]) 'The Problem of Generations', in P. Kecskemeti (ed.), *Essays on the Sociology of Knowledge* (London: Routledge & Kegan Paul).

Mannheim, K. (2003 [1936]) *Ideology and Utopia* (London: Routledge).

Marcus, A. D. (2014) 'Gene-Therapy Trial for "Bubble-Boy Syndrome" Shows Promise', *Wall Street Journal*, 8 October; www.wsj.com/articles/gene-therapy-trial-for-bubble-boy-syndrome-shows-promise-1412802002.

Marcuse, H. (1964) *One-Dimensional Man: Studies in the Ideology of Advanced Industrial Society* (London: Routledge & Kegan Paul).

Marcuse, H., and van Kempen, R. (eds) (2000) *Globalizing Cities: A New Spatial Order?* (Oxford: Blackwell).

Marres, N. (2017) *Digital Sociology: The Reinvention of Social Research* (Cambridge: Polity).

Marsh, I., and Melville, G. (2011) 'Moral Panics and the British Media: A Look at Some Contemporary "Folk Devils"', *Internet Journal of Criminology*, https://958be75a-da42-4a45-aafa-549955018b18.filesusr.com/ ugd/b93dd4_53049 e8825d3424db1f68c356315a297.pdf.

Marsh, S. (2019) 'Transgender People Face Years of Waiting with NHS under Strain', *The Guardian*, 20 November; www.theguardian.com/society/2019/nov/20/transgender-people-face-years-of-waiting-with-nhs-under-strain.

Marshall, A. J. (2007) *Vilfredo Pareto's Sociology: A Framework for Political Psychology* (Aldershot: Ashgate).

Marshall, G., and Firth, D. (1999) 'Social Mobility and Personal Satisfaction: Evidence from Ten Countries', *British Journal of Sociology*, 50(1): 28–48.

Marshall, G., et al. (1988) *Social Class in Modern Britain* (London: Hutchinson).

Marshall, L. (2015) 'Copyright', in J. Shepherd and K. Devine (eds), *The Routledge Reader on the Sociology of Music* (New York: Routledge): 287–98.

Marshall, T. H. (1973) *Class, Citizenship and Social Development* (Westport, CT: Greenwood Press).

Martell, L. (1994) *Ecology and Society: An Introduction* (Cambridge: Polity).

Martell, L. (2017) *The Sociology of Globalization* (2nd edn, Cambridge: Polity).

Martineau, H. (1962 [1837]) *Society in America* (New York: Doubleday).

Martocci, L. (2015) *Bullying: The Social Destruction of Self* (Philadelphia: Temple University Press).

Marx, K. (1938 [1875]) *Critique of the Gotha Programme* (New York: International).

Marx, K. (1970 [1859]) *A Contribution to the Critique of Political Economy* (Moscow: Progress).

Marx, K., and Engels, F. (1970 [1846]) *The German Ideology* (New York: International).

Marx, K., and Engels, F. (2008 [1848]) *The Communist Manifesto* (Rockville, MD: Wildside Press).

Masci, D., and DeSilver, D. (2019) *A Global Snapshot of Same-Sex Marriage*, www.pewresearch.org/fact-tank/2019/06/21/ global-snapshot-same-sex-marriage/.

Mason, D. (1995) *Race and Ethnicity in Modern Britain* (Oxford: Oxford University Press).

Mason, D. (2000) *Race and Ethnicity in Modern Britain* (2nd edn, Oxford: Oxford University Press).

Massey, D. (2007) *World City* (Cambridge: Polity).

Matsuura, J. H. (2004) 'Anticipating the Public Backlash: Public Relations Lessons for Nanotechnology from the Biotechnology Experience', *Nanotech*, 3: 491–3; www.nsti.org/publications/Nanotech/2004/pdf/B3-129. pdf.

Matthews, B., and Minton, J. (2018) 'Rethinking One of Criminology's "Brute Facts": The Age–Crime Curve and the Crime Drop in Scotland', *European Journal of Criminology*, 15(3): 296–320.

Matthews, R., and Young, J. (1986) *Confronting Crime* (London: Sage).

Matthews-King, A. (2018) 'NHS Stops Funding for Homeopathy at UK's Largest Alternative Medicine Hospital', *The Independent*, 13 March; www.independent.co.uk/news/health/nhs-homeopathy-uk-alternative-medicine-hospital--camden-royal-london-hospital-for-integrated-medicine-a8253061.html.

Mattioli, G. (2014) 'Where Sustainable Transport and Social Exclusion Meet: Households without Cars and Car Dependence in Great Britain', *Journal of Environmental Policy and Planning*, 16: 1–22.

Mauss, M. (1973) 'Techniques of the Body', *Economy and Society*, 2: 70–88.

Mauthner, M. L.(2005) *Sistering: Powerand Changein Female Relationships* (Basingstoke: Palgrave Macmillan).

May, S., and Sleeter, C. E. (eds) (2010) *Critical Multiculturalism: Theory and Praxis* (London: Routledge).

May, V. (2015) 'Families and Personal Life: All Change?, in M. Holborn (ed.), *Contemporary Sociology* (Cambridge: Polity): 472–98.

May, V., and Nordqvist P. (2019) 'Introducing a Sociology of Personal Life', in V. May and P. Nordqvist (eds), *Sociology of Personal Life* (2nd edn, London: Red Globe Press): 1–15.

Mead, G. H. (1934) *Mind, Self and Society from the Standpoint of a Social Behaviorist* (Chicago: University of Chicago Press).

Mead, M. (1978) *Culture and Commitment: A Study of the Generation Gap* (Garden City, NY: Natural History Press).

Meadows, D. H., et al. (1972) *The Limits to Growth* (New York: Universe Books).

Meadows, D. H., Meadows, D. L., and Randers, J. (1992) *Beyond the Limits: Global Collapse or a Sustainable Future?* (London: Earthscan).

Meadows, D. H., Meadows, D. L., and Randers, J. (2004) *Limits to Growth: The 30-Year Update* (White River Junction, VT: Chelsea Green).

Mega, V. (2010) *Sustainable Development, Energy and the City: A Civilization of Concepts and Actions* (New York: Springer).

Meijer, R. (2009) 'Introduction', in R. Meijer (ed.), *Global Salafism: Islam's New Religious Movement* (New York: Columbia University Press): 1–32.

Melucci, A. (1985) 'The Symbolic Challenge of Contemporary Movements', *Social Research*, 52(4): 781–816.

Melucci, A. (1989) *Nomads of the Present: Social Movements and Individual Needs in Contemporary Society* (London: Hutchinson Radius).

Mennell, S. (1996) 'Civilizing and Decivilizing Processes', in J. Goudsblom, E. Jones and S. Mennell, *The Course of Human History: Economic Growth, Social Process, and Civilization* (London: M. E. Sharpe): 101–16.

Mennell, S. (1998) *Norbert Elias: An Introduction* (Oxford: Blackwell).

Merrifield, A. (2013) 'The Urban Question under Planetary Urbanization', *International Journal of Urban and Regional Research*, 37(3): 909–22.

Merton, R. K. (1957) *Social Theory and Social Structure* (rev. edn, Glencoe, IL: Free Press).

Meyer, D. S., and Tarrow, S. (eds) (1997) *The Social Movement Society: Contentious Politics for a New Century* (Lanham, MD: Rowman & Littlefield).

Meyer, J. W., and Rowan, B. (1977) 'Institutionalized Organizations: Formal Structure as Myth and Ceremony', *American Journal of Sociology*, 83: 340–63.

Meyer, S., and Frost, A. (2019) *Domestic and Family Violence: A Critical Introduction to Knowledge and Practice* (Abingdon: Routledge).

Meyers, M. (1999) *Mediated Women: Representations in Popular Culture* (Cresskill, NJ: Hampton Press). MHCLG (Ministry of Housing, Communities and Local Government) (2020) 'Home Ownership, by Ethnicity', 4 February, www.ethnicity-facts-figures.service.gov.uk/housing/owning-and-renting/home-ownership/ latest#by-ethnicity.

Michels, R. (1967 [1911]) *Political Parties* (New York: Free Press).

Miles, H. (2005) *Al Jazeera: The Inside Story of the Arab News Channel that is Challenging the West* (New York: Grove Press).

Miles, R. (1993) *Racism after 'Race Relations'* (London: Routledge).

Miles, S. (2000) *Youth Lifestyles in a Changing World* (Buckingham: Open University Press). Mill, J. S. (1869) *The Subjection of Women* (New York: D. Appleton).

Miller, T. (2011) 'Falling Back into Gender? Men's Narratives and Practices around First-Time Fatherhood', *Sociology*, 45(6): 1094–109.

Miller, T. (2012) *China's Urban Billion: The Story behind the Biggest Migration in Human History* (London: Zed Books).

Mills, C. Wright (1956) *The Power Elite* (New York: Oxford University Press).

Mills, C. Wright (1970) *The Sociological Imagination* (Harmondsworth: Penguin).

Mills, M. P., and Huber, P. W. (2002) 'How Technology will Defeat Terrorism', *City Journal*, 12(1): 24–34.

Minkler, M., and Estes, C. L. (eds) (1991) *Critical Perspectives on Aging: The Political and Moral Economy of Growing Old* (Amityville, NY: Baywood).

Mirza, H. (1986) *Multinationals and the Growth of the Singapore Economy* (New York: St Martin's Press).

Misztal, B. A. (2013 [1996]) *Trust in Modern Societies: The Search for the Bases of Social Order* (Cambridge: Polity).

Mitchell, J. (1966) *Women: The Longest Revolution: Essays in Feminism and Psychoanalysis* (London: Virago). Mitchell, J. (1971) *Women's Estate* (London: Penguin).

Mitchell, J. (1975) *Psychoanalysis and Feminism* (New York: Random House).

Mithen, S. (2003) *After the Ice: A Global Human History 20,000–5,000 BC* (London: Orion Books).

Moberg, M., Granholm, K., and Nynäs, P. (2014) 'Trajectories of Post-Secular Complexity: An Introduction', in P. Nynäs, M. Lassander and T. Utriainen (eds), *Post-Secular Society* (New Brunswick, NJ: Transaction Books).

Modelski, G., and Devezas, T. (2007) 'Political Globalization is Global Political Evolution', *World Futures*, 63(5–6): 308–23.

Modood, T. (1994) 'Political Blackness and British Asians', *Sociology*, 28(4): 859–76.

Modood, T., Berthoud, R., Lakey, J., Nazroo, J., Smith, P., Virdee, S., and Beishon, S. (1997) *Ethnic Minorities in Britain: Diversity and Disadvantage* (London: Policy Studies Institute) [Fourth PSI Survey].

Mohammadi, A. (ed.) (2002) *Islam Encountering Globalization* (London: Routledge).

Mohanty, C. T. (1988) 'Under Western Eyes: Feminist Scholarship and Colonial Discourses', *Feminist Review*, 30: 61–88.

MoJ (Ministry of Justice) (2015) 'Prison Population Figures 2015', www.gov.uk/government/statistics/prison-population-figures-2015.

MoJ (Ministry of Justice) (2018) 'Statistics on Women and the Criminal Justice System 2017', https://assets. publishing. service.gov.uk/government/uploads/system/uploads/attachment_data/file/759770/ women-criminal-justice-system-2017.pdf.

Mol, A. P. J. (2001) *Globalization and Environmental Reform: The Ecological Modernization of the Global Economy* (Cambridge, MA: MIT Press).

Mol, A. P. J., and Sonnenfeld, D. A. (2000) 'Ecological Modernisation around the World: An Introduction', *Environmental Politics*, 9(1): 3–16.

Moore, B. (1966) *Social Origins of Dictatorship and Democracy: Lord and Peasant in the Making of the Modern World* (Boston: Beacon Press).

Moore, L. R. (1994) *Selling God: American Religion in the Marketplace of Culture* (New York: Oxford University Press).

Moore, R. (1995) *Ethnic Statistics and the 1991 Census* (London: Runnymede Trust).

Morais, A., Neves, I., Davies, B., and Daniels, H. (eds) (2001) *Towards a Sociology of Pedagogy* (New York: Peter Lang).

Moran, J. (2005) *Reading the Everyday* (London: Routledge).

Moran, L. J., and Skeggs, B., with Tyrer, P., and Corteen, K. (2004) *Sexuality and the Politics of Violence and Safety* (London: Routledge).

Morgan, D. H. J. (1996) *Family Connections: An Introduction to Family Studies* (Cambridge: Polity).

Morgan, D. H. J. (1999) 'Risk and Family Practices: Accounting for Change and Fluidity in Family Life', in E. Silva and C. Smart (eds), *The New Family* (London: Sage).

Morgan, D. H. J. (2011) *Rethinking Family Practices* (Basingstoke: Palgrave Macmillan).

Morgan, P. (1999) *Family Policy, Family Changes* (London: CIVITAS).

Morris, L. (1993) *Dangerous Classes: The Underclass and Social Citizenship* (London: Routledge).

Morris, L. (1995) *Social Divisions: Economic Decline and Social Structural Change* (London: Routledge).

Morrison, N. (2020) 'Online Learning Faces the Ultimate Test – but it's No Substitute for the Classroom', *Forbes*, 20 May; www.forbes.com/sites/nickmorrison/2020/03/20/online-learning-faces-the-ultimate-testbut-its-no-substitute-for--the-classroom/#31b11ce319f2.

Mort, M., May, C. R., and Williams, T. (2003) 'Remote Doctors and Absent Patients: Acting at a Distance in Telemedicine?', *Science, Technology and Human Values*, 28(2): 274–95.

Mosca, G. (1939 [1896]) *The Ruling Class* (New York: McGraw-Hill).

Mouzelis, N. P. (1995) *Sociological Theory: What Went Wrong? Diagnosis and Remedies* (London: Routledge).

Moynihan, D. P. (1993) 'Defining Deviancy Down', *American Scholar*, 62(1): 17–30.

Mudde, C., and Kaltwasser, C. R. (2017) *Populism: A Very Short Introduction* (Oxford: Oxford University Press).

Mueller, M. L. (2011) *Networks and States: The Global Politics of Internet Governance* (Cambridge, MA: MIT Press).

Mullan, P. (2002) *The Imaginary Time Bomb: Why an Ageing Population Is Not a Social Problem* (London: I. B. Tauris).

Müller, J.-W. (2017) *What is Populism?* (London: Penguin Books).

Muncie, J. (2009) *Youth and Crime* (3rd edn, London: Sage).

Muncie, J. (2015) *Youth and Crime* (4th edn, London: Sage).

Munshi, N., and Raval, A. (2020) 'Eni Chief Threatened with 8 Years Jail in Nigeria Corruption Trial', *Financial Times*, 21 July; www.ft.com/content/07045f6d-7912-412f-ba02-e6cf38244338.

Murdock, G. P. (1949) *Social Structure* (New York: Macmillan).

Murphy, J. (2011) 'Indian Call Centre Workers: Vanguard of a Global Middle Class?', *Work, Employment and Society*, 25(3): 417–33.

Murphy, J. D. (2013) *Mission Forsaken: The University of Phoenix Affair with Wall Street* (Cambridge, MA: Proving Ground Education).

Murphy, R. (1997) *Sociology and Nature: Social Action in Context* (Boulder, CO: Westview Press).

Murray, C. A. (1984) *Losing Ground: American Social Policy 1950–1980* (New York: Basic Books).

Murray, C. A. (1990) *The Emerging British Underclass* (London: Institute of Economic Affairs).

Najam, A., Huq, S., and Sokona, Y. (2003) 'Climate Negotiations beyond Kyoto: Developing Countries Concerns and Interests', *Climate Policy*, 3: 221–31.

Nanda, M. (2004) *Prophets Facing Backward: Postmodern Critiques of Science and Hindu Nationalism in India* (New Brunswick, NJ: Rutgers University Press).

Nasser, M. (2006) 'Eating Disorders across Cultures', *Psychiatry*, 5(11): 392–5.

NatCen (2017) 'British Social Attitudes: Record Number of Brits with No Religion', 4 September, www.natcen.ac.uk/news-media/press-releases/2017/september/british-social-attitudes-record-number-of-brits-with-no-religion/.

National Committee of Inquiry into Higher Education (1997) *Report* (London: Department for Education and Employment) [Dearing Report].

National Equality Panel (2010) *An Anatomy of Economic Inequality in the UK: Report of the National Equality Panel* (London: Government Equalities Office).

National Health Executive (2015) 'No Evidence Base for ADHD Over-Diagnosis', 1 October, www.national healthexecutive.com/Health-Service-Focus/no-evidence-base-for-adhd-over-diagnosis.

Nazroo, J. Y. (2003) 'The Structuring of Ethnic Inequalities in Health: Economic Position, Racial Discrimination, and Racism', *American Journal of Public Health*, 93: 277–84.

Nederveen Pieterse, J. (2004) *Globalization or Empire?* (London and New York: Routledge).

Negroponte, N. (1995) *Being Digital* (London: Hodder & Stoughton).

Negus, K. (1999) *Music Genres and Corporate Cultures* (London: Routledge).

Neslen, A. (2015) 'Morocco Poised to Become a Solar Superpower with Launch of Desert Mega-Project', *The Guardian*, 26 October, www.theguardian.com/environment/2015/oct/26/morocco-poised-to-become-a-solar-superpower--with-launch-of-desert-mega-project.

Nettleton, S. (2013) *The Sociology of Health and Illness* (3rd edn, Cambridge: Polity).

Nettleton, S. (2020) *The Sociology of Health and Illness* (4th edn, Cambridge: Polity).

Neumann, P. R. (2009) *Old and New Terrorism: Late Modernity, Globalization and the Transformation of Political Violence* (Cambridge: Polity).

New Schools Network (2019) 'Free Schools: The Basics', www.newschoolsnetwork.org/what-are-free-schools/ free-schools-the-basics.

New Scientist (2020) *Covid-19*, 14 April; www.newscientist.com/term/covid-19/.

Newburn, T. (2017) *Criminology* (3rd edn, London: Routledge).

Newman, K. S. (2000) *No Shame in my Game: The Working Poor in the Inner City* (New York: Vintage).

Newman, K. S. (2012) *The Accordion Family: Boomerang Kids, Anxious Parents, and the Private Toll of Global Competition* (Boston: Beacon Press).

Newman, L. H. (2020) 'Russia Takes a Big Step towards Internet Isolation', *Wired*, 5 January; www.wired.com/ story/ russia-internet-control-disconnect-censorship/.

Nicholas, S., Kershaw, C., and Walker, A. (2007) *Crime in England and Wales 2006/07*, Statistical Bulletin 11/07 (London: Home Office).

Nicolaou, E., and Smith, C. E. (2019) 'A #MeToo Timeline to Show How Far We've Come – & How Far We Need to Go', 5 October, *Refinery 29*, www.refinery29.com/en-us/2018/10/212801/me-too-movement-history-timeline-year-weinstein.

Niebuhr, H. R. (1929) *The Social Sources of Denominationalism* (New York: Henry Holt).

Nielsen, F. (1994) 'Income Inequality and Industrial Development: Dualism Revisited', *American Sociological Review*, 59(5): 654–77.

NOAA (National Oceanic and Atmospheric Administration) (2019) '2018 Was 4th Hottest Year on Record for the Globe', 6 February, www.noaa.gov/news/2018-was-4th-hottest-year-on-record-for-globe.

Noah, T. (2012) *The Great Divergence: America's Growing Inequality Crisis and What We Can Do about It* (New York: Bloomsbury Press).

Norwood, G. (2016) 'The Impact of "Buy-to-Leave" on Prime London's Housing Market', *Financial Times*, 12 February; www.ft.com/cms/s/0/6954f798-cb2c-11e5-a8ef-ea66e967dd44.html.

NPI (New Policy Institute) (2010) *Monitoring Poverty and Social Exclusion 2010* (York: Joseph Rowntree Foundation).

Nursing Times (2009) 'NHS Hospital Patient Deaths Due to Errors up 60% in England', 7 January; www.nursingtimes.net/ whats-new-in-nursing/nhs-hospital-patient-deaths-due-to-errors-up-60-in-england/1960339.article.

Oakley, A. (1974a) *Housewife* (London: Allen Lane).

Oakley, A. (1974b) *The Sociology of Housework* (Oxford: Martin Robertson).

Oakley, A. (1984) *The Captured Womb: A History of the Medical Care of Pregnant Women* (Oxford: Blackwell).

Oakley, A., et al. (1994) 'Life Stress, Support and Class Inequality: Explaining the Health of Women and Children', *European Journal of Public Health*, 4: 81–91.

Oberschall, A. (1973) *Social Conflict and Social Movements* (Englewood Cliffs, NJ: Prentice-Hall).

Obokata, T., and Payne, B. (2018) 'Introduction', in T. Obokata and B. Payne (eds), *Transnational Organized Crime: A Comparative Analysis* (Abingdon: Routledge): 1–8.

O'Brien, M., Alldred, P., and Jones, D. (1996) 'Children's Constructions of Family and Kinship', in J. Brannen and O'Brien (eds), *Children in Families: Research and Policy* (London: Falmer Press): 84–100.

Ó Dochartaigh, N. (2009) *Internet Research Skills: How to Do your Literature Search and Find Research Information Online* (2nd edn, London: Sage).

Odum, E. P. (1989) *Ecology and our Endangered Life-Support Systems* (Sunderland, MA: Sinauer Associates).

OECD (2005) *OECD Factbook 2005: Economic, Environmental and Social Statistics*, www.oecd-ilibrary.org/ economics/ oecd-factbook-2005_factbook-2005-en.

OECD (2006) *Environment at a Glance: Environmental Indicators 2006* (Paris: OECD).

OECD (2015) *Students, Computers and Learning: Making the Connection*, www.oecd-ilibrary.org/education/ students-computers-and-learning_9789264239555-en.

OECD (2018) *A Broken Social Elevator? How to Promote Social Mobility*, www.oecd.org/social/soc/Social-mobility-2018-Overview-MainFindings.pdf.

Ofcom (2015) *Adults' Media Use and Attitudes: Report 2015*, http://stakeholders.ofcom.org.uk/binaries/ research/media-literacy/media-lit-10years/2015_Adults_media_use_and_attitudes_report.pdf.

Ofcom (2017a) *Internet Use and Attitudes: 2017 Metrics Bulletin*, www.ofcom.org.uk/ data/assets/pdf_file/0018/105507/internet-use-attitudes-bulletin-2017.pdf.

Ofcom (2017b) *News Consumption in the UK: 2016*, 29 June, www.ofcom.org.uk/ data/assets/pdf_file/0016/103570/news-consumption-uk-2016.pdf.

Ofcom (2019) *Media Nations: UK 2019*, 7 August. www.ofcom.org.uk/ data/assets/pdf_file/0019/160714/ media-nations-2019-uk-report.pdf.

Ofcom (2020) *Adults Media Use and Attitudes Report 2020*, 24 June, www.ofcom.org.uk/ data/assets/pdf_file/0031/196375/adults-media-use-and-attitudes-2020-report.pdf.

Ohmae, K. (1990) *The Borderless World: Power and Strategy in the Industrial Economy* (London: Collins).

Ohmae, K. (1995) *The End of the Nation State: The Rise of Regional Economies* (London: Free Press).

Okwonga, M. (2019) 'Foul Play: How Racism towards Black Footballers is Moving Online', *The Guardian*, 15 December; www.theguardian.com/football/2019/dec/15/foul-play-how-racism-towards-black-footballers-is-moving-online.

Oliver, M. (1983) *Social Work with Disabled People* (Basingstoke: Macmillan). Oliver, M. (1990) *The Politics of Disablement* (Basingstoke: Macmillan).

Oliver, M. (1996) *Understanding Disability: From Theory to Practice* (Basingstoke: Macmillan).

Oliver, M., and Zarb, G. (1989) 'The Politics of Disability: A New Approach', *Disability, Handicap & Society*, 4(3): 221–40.

Olshansky, S., Passaro, D., Hershow, R., et al. (2005) 'A Potential Decline in Life Expectancy in the United States in the 21st Century', *New England Journal of Medicine* 352(11): 1138–45.

Olson, M. (1965) *The Logic of Collective Action* (Cambridge, MA: Harvard University Press).

Omi, M., and Winant, H. (1994) *Racial Formation in the United States from the 1960s to the 1990s* (2nd edn, New York: Routledge).

O'Neill, C. (2012) 'Are Your Facebook Friends Really Your Friends?', 23 April, www.npr.org/sections/picture show/2012/04/23/151201002/are-your-facebook-friends-really-your-friends.

O'Neill, J. (2013) *The Growth Map: Economic Opportunity in the BRICs and Beyond* (London: Portfolio Penguin).

O'Neill, M. (2000) *Prostitution and Feminism: Towards a Politics of Feeling* (Cambridge: Polity).

O'Neill, O. (2002) *The Reith Lectures: A Question of Trust*, www.bbc.co.uk/radio4/reith2002/.

O'Neill, R. (2002) *Experiments in Living: The Fatherless Family* (London: CIVITAS).

ONS (Office for National Statistics) (2000) *Social Trends 30* (London: HMSO).

ONS (Office for National Statistics) (2002) *Labour Force Survey*, Spring (London: ONS).

ONS (Office for National Statistics) (2003) *A Century of Labour Market Change* (London: ONS).

ONS (Office for National Statistics) (2004) *Social Trends 34* (London: HMSO).

ONS (Office for National Statistics) (2005) *Social Trends 35* (London: HMSO).

ONS (Office for National Statistics) (2010a) *Social Trends 40* (Basingstoke: Palgrave Macmillan).

ONS (Office for National Statistics) (2010b) *National Population Projections, 2008-Based* (London: ONS).

ONS (Office for National Statistics) (2011) *Population Estimates by Ethnic Group 2002–2009* (Newport: ONS).

ONS (Office for National Statistics) (2012) *Ethnicity and National Identity in England and Wales 2011*, www.ons.gov.uk/ons/dcp171776_290558.pdf.

ONS (Office for National Statistics) (2013) *The Health Gap in England and Wales, 2011 Census*, www.ons.gov. uk/ons/rel/census/2011-census-analysis/health-gaps-by-socio-economic-position-of-occupations-in-england--wales---english-regions-and-local-authorities--2011/info-health-gap.html.

ONS (Office for National Statistics) (2014a) *Crime in England and Wales, Year Ending March 2014*, www.ons. gov.uk/ons/dcp171778_371127.pdf.

ONS (Office for National Statistics) (2014b) *Annual Survey of Hours and Earnings 2014, Provisional Results*, www.ons.gov.uk/ons/dcp171778_385428.pdf.

ONS (Office for National Statistics) (2014c) *Chapter 4 – Intimate Personal Violence and Partner Abuse*, 13 February, www.ons.gov.uk/ons/dcp171776_352362.pdf.

ONS (Office for National Statistics) (2014d) *Crime in England and Wales, Year Ending March 2014*, www.ons.gov.uk/ons/dcp171778_371127.pdf.

ONS (Office for National Statistics) (2015a) *Poverty and Employment Transitions in the UK and EU, 2008–2012*, www.ons.gov.uk/ons/dcp171776_395768.pdf.

ONS (Office for National Statistics) (2015b) *Migration Statistics Quarterly Report, May 2015*, www.ons.gov.uk/ons/dcp171778_404613.pdf.

ONS (Office for National Statistics) (2015c) *Trend in Life Expectancy at Birth and at Age 65 by Socio-Economic Position based on the National Statistics Socio-Economic Classification, England and Wales: 1982–1986 to 2007–2011*, www.ons.gov.uk/peoplepopulationandcommunity/birthsdeathsandmarriages/lifeexpectancies/bulletins/trendinlifeexpectancyatbirthandatage65bysocioeconomicpositionbasedonthenational statisticssocioeconomicclassificationenglandandwales/2015-10-21.

ONS (Office for National Statistics) (2016) *Marriages in England and Wales, 2016*, www.ons.gov.uk/peoplepopulationandcommunity/birthsdeathsandmarriages/marriagecohabitationandcivilpartnerships/bulletins/ marriagesinenglandandwalesprovisional/2016.

ONS (Office for National Statistics) (2017) 'Reasons for Not Reporting Crime to the Police 2016–2017 Crime Survey England and Wales', www.ons.gov.uk/file?uri=/peoplepopulationandcommunity/crimeand justice/adhocs/007750reasonsfornotreportingcrimetothepolice2016to2017crimesurveyforenglandandw ales/reasonsfornotreportingtothepolice201617csew.xls.

ONS (Office for National Statistics) (2018a) *Divorces in England and Wales: 2017*, www.ons.gov.uk/peoplepopulationandcommunity/birthsdeathsandmarriages/divorce/bulletins/divorcesinenglandandwales/2017.

ONS (Office for National Statistics) (2018b) *Population of England and Wales*, www.ethnicity-facts-figures.service.gov.uk/uk-population-by-ethnicity/national-and-regional-populations/population-of-england-and-wales/latest.

ONS (Office for National Statistics) (2018c) *Wealth in Great Britain Wave 5: 2014 to 2016.* www.ons.gov.uk/peoplepopulationandcommunity/personalandhouseholdfinances/incomeandwealth/bulletins/wealthingreatbritainwave5/2014to2016.

ONS (Office for National Statistics) (2018d) *Domestic Abuse in England and Wales: Year Ending March 2018*, www.ons.gov.uk/peoplepopulationandcommunity/crimeandjustice/bulletins/domesticabuseineng landandwales/yearendingmarch2018.

ONS (Office for National Statistics) (2018e) *Sexual Offences in England and Wales: Year Ending March 2017*, 8 February, www.ons.gov.uk/peoplepopulationandcommunity/crimeandjustice/articles/sexualoffences inenglandandwales/yearendingmarch2017.

ONS (Office for National Statistics) (2019a) *Crime in England and Wales: Year Ending September 2018*, www.ons.gov.uk/peoplepopulationandcommunity/crimeandjustice/bulletins/crimeinenglandandwales/ yearendingmarch2018.

ONS (Office for National Statistics) (2019b) *Families and Households*, 3 April, www.ethnicity-facts-figures.service.gov.uk/uk-population-by-ethnicity/demographics/families-and-households/latest#title.

ONS (Office for National Statistics) (2019c) *Families and Households in the UK: 2018*, www.ons.gov.uk/people populationandcommunity/birthsdeathsandmarriages/families/bulletins/familiesandhouseholds/2018.

ONS (Office for National Statistics) (2019d) *Employment in the UK: August 2019*, www.ons.gov.uk/employ mentandlabourmarket/peopleinwork/employmentandemployeetypes/bulletins/employmentintheuk/august2019.

ONS (Office for National Statistics) (2019e) *Labour Market Overview, UK: October 2019*, www.ons.gov.uk/ employmentandlabourmarket/peopleinwork/employmentandemployeetypes/bulletins/uklabour market/october2019.

ONS (Office for National Statistics) (2019f) *Ethnicity Facts and Figures: Unemployment*, 16 October, www. ethnicity-facts-figures.service.gov.uk/work-pay-and-benefits/unemployment-and-economic-inactivity/ unemployment/latest#title.

ONS (Office for National Statistics) (2019g) *Labour Market Economic Commentary: July 2019*, www.ons.gov.uk/employmentandlabourmarket/peopleinwork/employmentandemployeetypes/articles/labour marketeconomiccommentary/july2019.

ONS (Office for National Statistics) (2019h) *Internet Users, UK: 2019*, www.ons.gov.uk/businessindustry andtrade/itandinternetindustry/bulletins/internetusers/2019.

ONS (Office for National Statistics) (2019i) *Internet Access – Households and Individuals, Great Britain: 2019*, 12 August, www.ons.gov.uk/peoplepopulationandcommunity/householdcharacteristics/homeinter netandsocialmediausage/bulletins/internetaccesshouseholdsandindividuals/2019.

ONS (Office for National Statistics) (2019j) *Families and Households in the UK: 2019*, www.ons.gov.uk/people populationandcommunity/birthsdeathsandmarriages/families/bulletins/familiesandhouseholds/ 2019.

ONS (Office for National Statistics) (2019k) 'Persistent Poverty in the UK and EU: 2017', 6 June, www.ons.gov.uk/ peoplepopulationandcommunity/personalandhouseholdfinances/incomeandwealth/articles/persis tentpovertyintheukandeu/latest.

ONS (Office for National Statistics) (2019l) Marriages in England and Wales, 2016, www.ons.gov.uk/people populationandcommunity/birthsdeathsandmarriages/marriagecohabitationandcivilpartnerships/ bulletins/marriagesinenglandandwalesprovisional/2013.

ONS (Office for National Statistics) (2019m) 'The Nature of Violent Crime in England and Wales: year ending March 2018', 7 February, https://www.ons.gov.uk/peoplepopulationandcommunity/crimeandjustice/ articles/thenatureofviolentcrimeinenglandandwales/yearendingmarch2018/pdf.

ONS (Office for National Statistics) (2020a) *Coronavirus (COVID-19) Related Deaths by Ethnic Group, England and Wales: 2 March to 10 April 2020*, 7 May, www.ons.gov.uk/peoplepopulationandcommunity/births deathsandmarriages/deaths/articles/coronavirusrelateddeathsbyethnicgroupenglandandwales/latest.

ONS (Office for National Statistics) (2020b) *Coronavirus (COVID-19) Related Deaths by Occupation, England and Wales: Deaths Registered up to and Including 20 April, 2020*, 11 May, www.ons.gov.uk/peoplepopula tionandcommunity/healthandsocialcare/causesofdeath/bulletins/coronaviruscovid19relateddeathsby occupationenglandandwales/deathsregistereduptoandincluding20april2020.

ONS (Office for National Statistics) (2020c) *Employment in the UK: February 2020*, 18 February, www.ons.gov. uk/employmentandlabourmarket/peopleinwork/employmentandemployeetypes/bulletins/employ mentintheuk/february2020.

Origo, F., and Pagani, L. (2009) 'Flexicurity and Job Satisfaction in Europe: The Importance of Perceived and Actual Job Stability for Well-Being at Work', *Labour Economics*, 16(5): 547–55.

Osborn, A., and Soldatkin, V. (2020) 'Russians Grant Putin Right to Extend His Rule until 2036 in Landslide Vote', 1 July, *Reuters*, www.reuters.com/article/us-russia-putin-vote/russians-grant-putin-right-to-extend-his-rule-until-2036--in-landslide-vote-idUSKBN24254A.

Osterhammel, J., and Petersson, N. P. (2005) *Globalization: A Short History* (Princeton, NJ: Princeton University Press).

Ottaway, M. (2003) *Democracy Challenged: The Rise of Semi-Authoritarianism* (Washington, DC: Carnegie Endowment for International Peace).

Outhwaite, W. (2015) 'Sociological Theory: Formal and Informal', in M. Holborn (ed.), *Contemporary Sociology* (Cambridge: Polity): 602–27.

Oxfam (2014) *Even it Up: Time to End Extreme Inequality* (Oxford: Oxfam GB).

Padmore, R. (2018) 'Nigeria Could Lose $6bn from "Corrupt" Oil Deal Linked to Fraud', 26 November, www. bbc.co.uk/news/business-46336733.

Paehlke, R. (1989) *Environmentalism and the Future of Progressive Politics* (New Haven, CT: Yale University Press).

Pahl, J. (1989) *Money and Marriage* (Basingstoke: Macmillan).

Pakulski, J., and Waters, M. (1996) *The Death of Class* (London: Sage).

Palmer, G., MacInnes, T., and Kenway, P. (2006) *Monitoring Poverty and Social Exclusion 2006* (York: Joseph Rowntree Foundation).

Palmore, E. B. (1985) *Retirement: Causes and Consequences* (New York: Springer).

Panyarachun, A., et al. (2004) *A More Secure World: Our Shared Responsibility: Report of the High-Level Panel on Threats, Challenges and Change* (New York: United Nations).

Papadakis, E. (1988) 'Social Movements, Self-Limiting Radicalism and the Green Party in West Germany', *Sociology*, 22(3): 171–92.

Papworth Trust (2013) *Disability in the United Kingdom 2013: Facts and Figures* (Cambridge: Papworth Trust).

Parashar, S. (2016) 'Feminism and Postcolonialism: (En)gendering Encounters', *Postcolonial Studies*, 19(4): 371–7.

Parekh, B. (2000) *Rethinking Multiculturalism: Cultural Diversity and Political Theory* (Basingstoke: Palgrave Macmillan).

Pareto, V. (1935 [1916]) *The Mind and Society: A Treatise on General Sociology*, 2 vols (New York: Harcourt, Brace).

Park, A., Bryson, C., Clery, E., Curtice, J., and Phillips, M. (eds) (2013) *British Social Attitudes: The 30th Report* (London: NatCen Social Research).

Park, R. E. (1952) *Human Communities: The City and Human Ecology* (New York: Free Press). Parke, R. D., and Clarke-Stewart, A. (2010) *Social Development* (Hoboken, NJ: John Wiley).

Parker, S. (2003) *Urban Theory and the Urban Experience: Encountering the City* (London: Routledge).

Parr, C. (2014) 'Women and Ethnic Minorities Still Marginalised at Top of Universities', *Times Higher Education*, 18 November; www.timeshighereducation.co.uk/news/women-and-ethnic-minorities-still-marginalised-at-top-of-universities/2017026.article.

Parsons, T. (1937) *The Structure of Social Action* (New York: McGraw-Hill). Parsons, T. (1952) *The Social System* (London: Tavistock).

Parsons, T., and Bales, R. F. (1956) *Family Socialization and Interaction Process* (London: Routledge & Kegan Paul).

Parsons, T., and Smelser, N. J. (1956) *Economy and Society* (London: Routledge & Kegan Paul).

Paul, K. (2020) 'Twitter Announces Employees Will Be Allowed to Work from Home "Forever"', *The Guardian*, 12 May; www.theguardian.com/technology/2020/may/12/twitter-coronavirus-covid19-work-from-home.

Pauwels, L. (2015) *Reframing Visual Social Science: Towards a More Visual Sociology and Anthropology* (Cambridge: Cambridge University Press).

Pawson, R. (2013) *The Science of Evaluation: A Realist Manifesto* (London: Sage).

Pearce, F. (1976) *Crimes of the Powerful: Marxism, Crime and Deviance* (London: Pluto Press).

Pearson, L. J., Newton, P. W., and Roberts, P. (eds) (2014) *Resilient Sustainable Cities: A Future* (New York: Routledge).

Peet, R., and Hartwick, E. (2015) *Theories of Development: Conditions, Arguments, Alternatives* (3rd edn, London: Guilford Press).

Peng, W. (2011) 'GM Crop Cultivation Surges, but Novel Traits Languish', *Nature Biotechnology*, 29: 302.

Pérez-Agote, A. (2014) 'The Notion of Secularization: Drawing the Boundaries of its Contemporary Scientific Validity', *Current Sociology*, 62(6): 886–904.

Perrone, A. (2019) 'Electric Vehicles Made Up Almost Half of All Cars Sold in Norway in 2019', *The Independent*, 7 July; www.independent.co.uk/news/world/europe/electric-cars-norway-2019-sales-hybrid-fossil-fuels-a8992546.html.

Perry, E., and Francis, B. (2010) *The Social Class Gap for Educational Achievement: A Review of the Literature* (London: RSA).

Petersen, A., and Lupton, D. (2000) *The New Public Health: Health and Self in the Age of Risk* (London: Sage).

Peterson, P. G. (1999) *Gray Dawn: How the Coming Age Wave will Transform America – and the World* (New York: Random House).

Peterson, R. A. (ed.) (1976) *The Production of Culture* (London: Sage).

Peterson, R. A., and Berger, D. G. (1975) 'Cycles in Symbol Production: The Case of Popular Music', *American Sociological Review*, 40(2): 158–73.

Pettinger, T. (2016) *Cracking Economics: You, This Book and 3,000 Years of Economic Theories* (London: Cassell). Pew Research Center (2019) *Same-Sex Marriage around the World*, www.pewforum.org/fact-sheet/gay-marriage-around-the-world/.

Philip, A. (2020) 'Scottish Independence Poll Shows 55% Back a Yes Vote', *Daily Record*, 19 August; www.dailyrecord.co.uk/news/politics/scottish-independence-poll-shows-55-22545563.

Philo, G., and Berry, M. (2004) *Bad News from Israel* (London: Pluto Press).

Philo, G., Miller, D., and Happer, C. (2015) 'The Sociology of the Mass Media: Circuits of Communication and Structures of Power', in M. Holborn (ed.), *Contemporary Sociology* (Cambridge: Polity).

Piachaud, D. (1987) 'Problems in the Definition and Measurement of Poverty', *Journal of Social Policy*, 16(2): 147–64.

Piaget, J. (1951) *Play, Dreams and Imitation in Childhood* (London: Heinemann).

Piaget, J. (1957) *Construction of Reality in the Child* (London: Routledge & Kegan Paul).

Pierson, C. (1994) *Dismantling the Welfare State? Reagan, Thatcher and the Politics of Retrenchment* (Cambridge: Cambridge University Press).

Pierson, J. (2010) *Tackling Social Exclusion* (2nd edn, London: Routledge).

Pierson, P. (2011) 'The Welfare State over the Very Long Run', https://econpapers.repec.org/paper/zbwz eswps/022011.htm.

Piketty, T. (2014) *Capital in the Twenty-First Century* (Cambridge, MA: Harvard University Press).

Pilcher, R., Williams, J., and Pole, C. (2003) 'Rethinking Adulthood: Families, Transitions and Social Change', *Sociological Research Online*, 8(4), https://doi.org/10.5153/sro.865.

Pilkington, A. (2002) 'Cultural Representations and Changing Ethnic Identities in a Global Age', in M. Holborn (ed.), *Developments in Sociology* (Ormskirk: Causeway Press).

Pilkington, A. (2015) 'Race, Ethnicity and Nationality: The Future of Multiculturalism in a Global Age', in M. Holborn (ed.) *Contemporary Sociology* (Cambridge: Polity): 65-95.

Pintelon, O. (2012) *Welfare State Decommodification: Concepts, Operationalizations and Long-Term Trends*, CSB Working Paper 10/12, www.researchgate.net/publication/306286114_Welfare_State_Decommodification_Concepts_Operationalizations_and_Long-term_Trends.

Pintor, R. L., and Gratschew, M. (2002) *Voter Turnout since 1945: A Global Report* (Stockholm: International Institute for Democracy and Electoral Assistance); www.idea.int/sites/default/files/publications/voter-turnout-since-1945.pdf.

Piore, M., and Sabel, C. F. (1984) *The Second Industrial Divide: Possibilities for Prosperity* (New York: Basic Books).

Piven, F. F., and Cloward, R. A. (1977) *Poor People's Movements: Why They Succeed, How They Fail* (New York: Pantheon Books).

Platt, L. (2013) 'Poverty', in G. Payne (ed.), *Social Divisions* (3rd edn, Basingstoke: Palgrave Macmillan): 305-31.

Player, E. (1989) 'Women and Crime in the City', in D. Downes (ed.), *Crime in the City* (Basingstoke: Macmillan): 122-5.

Plummer, K. (1975) *Sexual Stigma: An Interactionist Account* (London: Routledge & Kegan Paul).

Plummer, M. L., et al. (2004) '"A Bit More Truthful": The Validity of Adolescent Sexual Behaviour Data Collected in Rural Northern Tanzania Using Five Methods', *Sexually Transmitted Infections*, 80: 49-56.

Pogonyi, S. (2019) 'The Passport as Means of Identity Management: Making and Unmaking Ethnic Boundaries through Citizenship', *Journal of Ethnic and Migration Studies*, 45(6): 975-93.

Pollak, O. (1950) *The Criminality of Women* (Philadelphia: University of Pennsylvania Press).

Pollert, A. (1988) 'Dismantling Flexibility', *Capital and Class*, 34: 42-75.

Poon, L. (2018) 'Sleepy in Songdo, Korea's Smartest City', *CityLab*, 22 June; www.citylab.com/life/2018/06/sleepy-in--songdo-koreas-smartest-city/561374/.

Postman, N. (1986) *Amusing Ourselves to Death: Public Discourse in the Age of Show Business* (London: Heinemann).

Postman, N. (1995) *The Disappearance of Childhood* (New York: Vintage Books).

Potter, G. W., and Miller, K. S. (2002) 'Thinking about White-Collar Crime', in G. W. Potter (ed.), *Controversies in White-Collar Crime* (Abingdon: Routledge): 1-32.

Povey, D., Coleman, K., Kaiza, P., and Roe, S. (2009) *Homicides, Firearms Offences and Intimate Violence 2007/08 (Supplementary Volume 2 to Crime in England and Wales, 2007/08)*, Statistical Bulletin 02/09 (London: Home Office); https://assets.publishing.service.gov.uk/government/uploads/system/uploads/attachment_data/file/116512/hosb0111.pdf.

Powell, C. (2011) *Barbaric Civilization: A Critical Sociology of Genocides* (Montreal: McGill-Queen's University Press).

Procter, J. (2004) *Stuart Hall* (London: Routledge).

Prout, A. (2005) *The Future of Childhood: Towards the Interdisciplinary Study of Childhood* (London: Routledge).

Prout, A., and James, A. (eds) (1990) *Constructing and Reconstructing Childhood* (London: Falmer Press).

Przeworski, A. (2019) *Crises of Democracy* (New York: Cambridge University Press).

Puddington, A. (2011) 'Freedom in the World 2011: The Authoritarian Challenge to Democracy', www.freedomhouse.org/report/freedom-world-2011/essay-freedom-world-2011-authoritarian--challenge-democracy.

Putnam, R. (1995) 'Bowling Alone: America's Declining Social Capital', *Journal of Democracy*, 6(1): 65-78.

Putnam, R. (2000) *Bowling Alone: The Collapse and Revival of American Community* (New York: Simon & Schuster).

Quandt, M., Eder, C., and Mochmann, I. C. (2015) 'Editor's Introduction: Political Trust and Political Disenchantment in a Comparative Perspective', in C. Eder, I. C. Mochmann and M. Quandt (eds), *Political Trust and Disenchantment with Politics: International Perspectives* (Leiden: Brill): 1–18.

Rabinow, P. (1999) *French DNA: Trouble in Purgatory* (Chicago: University of Chicago Press).

Race, R. (2010) *Multiculturalism and Education* (London: Continuum).

Race Disparity Unit (2019) 'GCSE Results ("Attainment 8")', 22 August, www.ethnicity-facts-figures.service.gov.uk/education-skills-and-training/11-to-16-years-old/gcse-results-attainment-8-for-children-aged-14-to-16-key-stage-4/latest.

Race Disparity Unit (2020) 'Stop and Search', 19 March, www.ethnicity-facts-figures.service.gov.uk/crime-justice-and-the-law/policing/stop-and-search/latest.

Rachman, G., Mander, B., Dombey, D., Wong, S.-L., and Saleh, H. (2019) 'Leaderless Rebellion: How Social Media Enables Global Protests', *Financial Times*, 25 October; www.ft.com/content/19dc5dfe-f67b-11e9-a79c-bc9acae3b654.

Radway, J. A. (1984) *Reading the Romance* (Chapel Hill: University of North Carolina Press).

Rafi, M. A., and Alavi, A. (2017) 'Debate on Aging and Lifespan', *Bioimpacts*, 7(3): 135–7.

Ragnedda, M., and Muschert, G. W. (2013) *The Digital Divide: The Internet and Social Inequality in International Perspective* (Abingdon: Routledge).

Rahman, M., and Jackson, S. (2010) *Gender and Sexuality: Sociological Approaches* (Cambridge: Polity).

Rahnema, M. (1997) 'Towards Post-Development: Searching for Signposts, a New Language and a Paradigm', in M. Rahnema and V. Bawtree (eds), *The Post-Development Reader* (London: Zed Books): 277–404.

Raine, A. (2014) *The Anatomy of Violence: The Biological Roots of Crime* (London: Allen Lane).

Räisänen, U., and Hunt, K. (2014) *The Role of Gendered Constructions of Eating Disorders in Delayed Help Seeking in Men: A Qualitative Interview Study*, https://bmjopen.bmj.com/content/4/4/e004342.

Rake, K. (ed.) (2000) *Women's Incomes over the Lifetime* (London: HMSO).

Randeria, S. (2007) 'The State of Globalization: Legal Pluralities, Overlapping Sovereignties, and Ambiguous Alliances between Civil Society and the Cunning State in India', *Theory, Culture and Society*, 24(1): 1–33.

Ranis, G. (1996) *Will Latin America Now Put a Stop to 'Stop-and-Go?'* (New Haven, CT: Yale University, Economic Growth Center).

Rapoport, R. N., Fogarty, M. P., and Rapoport, R. (eds) (1982) *Families in Britain* (London: Routledge & Kegan Paul).

Ratcliffe, R. (2020) '"We're in a Prison": Singapore's Migrant Workers Suffer as Covid-19 Surges Back', *The Guardian*, 23 April; www.theguardian.com/world/2020/apr/23/singapore-million-migrant-workers-suffer-as-covid-19-surges-back.

Rattansi, A. (2011) *Multiculturalism: A Very Short Introduction* (Oxford: Oxford University Press).

Raz, A. E. (2002) *Emotions at Work: Normative Control, Organizations, and Culture in Japan and America* (Cambridge, MA: Harvard University Press).

Reay, D. (2017) *Miseducation: Inequality, Education and the Working Classes* (Bristol: Policy Press).

Redman, P. (1996) 'Empowering Men to Disempower Themselves: Heterosexual Masculinities, HIV and the Contradictions of Anti-Oppressive Education', in M. Mac an Ghaill (ed.), *Understanding Masculinities* (Buckingham: Open University Press).

Reeves, R. V., and Howard, K. (2013) 'The Glass Floor: Education, Downward Mobility, and Opportunity Hoarding', *Center on Children and Families at Brookings*, 13 November, www.brookings.edu/research/the-glass-floor-education-downward-mobility-and-opportunity-hoarding/.

Reign, A. (2020) '#OscarsSoWhite Creator: With a Mostly White Academy, What Could We Expect?', *Variety*, 15 January; https://variety.com/2020/film/news/oscarssowhite-nominations-diversity-april-reign-1203467389/.

Reiner, R. (2015) 'Crime: Concepts, Causes, Control', in M. Holborn (ed.), *Contemporary Sociology* (Cambridge: Polity): 566–97.

Reiner, R. (2016) *Crime: The Mystery of the Common-Sense Concept* (Cambridge: Polity).

Renold, E. (2005) *Girls, Boys and Junior Sexualities: Exploring Children's Gender and Sexual Relations in Primary School* (Abingdon: RoutledgeFalmer).

Reskin, B., and Roos, P. A. (1990) *Job Queues, Gender Queues: Explaining Women's Inroads into Male Occupations* (Philadelphia: Temple University Press).

Resnick, P., Zeckhauser, R., Swanson, J., and Lockwood, K. (2006) 'The Value of Reputation on eBay: A Controlled Experiment', *Experimental Economics*, 9(2): 79–101.

Reuters (2007) 'Young Keep it Simple in High-Tech World: Survey', 24 July, www.reuters.com/article/us-tech nology--teens/young-keep-it-simple-in-high-tech-world-survey-idUSL236796320070724.

Reuters (2015) 'Global Life Expectancy Rises, but People Live Sicker for Longer', 27 August, www.reuters. com/article/health-longevity/global-life-expectancy-rises-but-people-live-sicker-for-longer-idUSL5N 1112LF20150826.

Rheingold, H. (2000) *The Virtual Community* (Cambridge, MA: MIT Press).

Rhodes, C. (2020) *Manufacturing: Statistics and Policy*, House of Commons Library Briefing Paper no. 01942, 10 January, https://commonslibrary.parliament.uk/research-briefings/sn01942/.

Rice, C. (2014) *Becoming Women: The Embodied Self in Image Culture* (Toronto: University of Toronto Press).

Rich, A. (1980) *Compulsory Heterosexuality and Lesbian Existence* (London: Onlywomen Press).

Richardson, D., and May, H. (1999) 'Deserving Victims? Sexual Status and the Social Construction of Violence', *Sociological Review*, 47(2): 308–31.

Riesman, D., with Glazer, N., and Denney, R. (1961) *The Lonely Crowd: A Study of the Changing American Character* (New Haven, CT: Yale University Press).

Riley, M. W., Foner, A., and Waring, J. (1988) 'Sociology of Age', in N. J. Smelser (ed.), *Handbook of Sociology* (Newbury Park, CA: Sage).

Riley, M. W., Kahn, R. L., and Foner, A. (1994) *Age and Structural Lag: Changes in Work, Family, and Retirement* (Chichester: Wiley).

Ringrose, J., and Renold, E. (2010) 'Normative Cruelties and Gender Deviants: The Performative Effects of Bully Discourses for Girls and Boys in School', *British Educational Research Journal*, 36(4): 573–96.

Riots (Communites and Victims) Panel (2011) *5 Days in August: An Interim Report on the 2011 English Riots* (London: Riots Panel).

Rippon, G. (2020) *The Gendered Brain: The New Neuroscience that Shatters the Myth of the Female Brain* (London: Vintage).

Ritzer, G. (1983) 'The McDonaldization of Society', *Journal of American Culture*, 6(1): 100–7.

Ritzer, G. (1993) *The McDonaldization of Society* (Newbury Park, CA: Pine Forge Press).

Ritzer, G. (1998) *The McDonaldization Thesis: Explorations and Extensions* (London: Sage).

Ritzer, G. (2009) *Globalization: A Basic Text* (Oxford: Wiley Blackwell).

Ritzer, G. (2011) *Globalization: The Essentials* (Chichester: Wiley Blackwell).

Rix, S. (2008) 'Age and Work in the United States of America', in P. Taylor (ed.), *Ageing Labour Forces: Promises and Prospects* (Cheltenham: Edward Elgar).

Robertson, R. (1970) *The Sociological Interpretation of Religion* (Oxford: Blackwell).

Robertson, R. (1992) *Globalization: Social Theory and Global Culture* (London: Sage).

Robertson, R. (1995) 'Glocalization: Time-Space and Homogeneity-Heterogeneity', in M. Featherstone, S. Lash and R. Robertson (eds), *Global Modernities* (London: Sage).

Robinson, W. I. (2011) 'Globalization and the Sociology of Immanuel Wallerstein: A Critical Appraisal', *International Sociology*, 26(6): 723–45.

Rodrik, D. (2011) *The Globalization Paradox: Democracy and the Future of the World Economy* (New York: W. W. Norton).

Rodrik, D. (2018) 'Populism and the Economics of Globalization', *Journal of International Business Policy*, 1: 12–33.

Roe, S. (2010) 'Intimate Violence: 2008/09 British Crime Survey', in K. Smith and J. Flatley (eds), *Homicides, Firearms Offences and Intimate Violence 2008/09 (Supplementary Volume 2 to Crime in England and Wales 2008/09)*, Statistical Bulletin 01/10 (London: Home Office): 57–82.

Rogoway, M. (2016) 'Treehouse Returns to Five-Day Workweek Ending Another Experiment', *The Oregonian*, 9 January; www.oregonlive.com/silicon-forest/2016/09/treehouse_returns_to_five-day.html.

Rojek, C. (2003) *Stuart Hall* (Cambridge: Polity).

Romano, A. (2020) 'BTS, the Band That Changed K-Pop, Explained', 21 February, www.vox.com/culture/2018/6/13/17426350/bts-history-members-explained.

'Rona' (2000) 'Why We Need a Union', *Respect!: Journal of the International Union of Sex Workers*, no. 1.

Roof, W. C. (1993) *A Generation of Seekers: The Spiritual Journeys of the Baby Boom Generation* (San Francisco: Harper).

Roof, W. C., and McKinney, W. (1990) *American Mainline Religion: Its Changing Shape and Future Prospects* (New Brunswick, NJ: Rutgers University Press).

Rootes, C. (2005) 'A Limited Transnationalization? The British Environmental Movement', in D. Della Porta and S. Tarrow (eds), *Transnational Protest and Global Activism* (Lanham, MD: Rowman & Littlefield).

Rose, S., Kamin, L., and Lewontin, R. C. (1984) *Not in our Genes: Biology, Ideology and Human Nature* (Harmondsworth: Penguin).

Rosenau, J. N. (1997) *Along the Domestic–Foreign Frontier: Exploring Governance in a Turbulent World* (Cambridge: Cambridge University Press).

Ross, J. I. (ed.) (2000) *Controlling State Crime* (2nd edn, New Brunswick, NJ: Transaction Books).

Rossi, A. (1973) 'The First Woman Sociologist: Harriet Martineau', in *The Feminist Papers: From Adams to De Beauvoir* (New York: Columbia University Press).

Rostow, W. W. (1961) *The Stages of Economic Growth* (Cambridge: Cambridge University Press).

Roth, M. P. (2017) *Global Organized Crime: A 21st Century Approach* (2nd edn, New York: Routledge).

Rothman, R. A. (2005) *Inequality and Stratification: Class, Race and Gender* (5th edn, Upper Saddle River, NJ: Prentice-Hall).

Roudometof, V. (2018) 'Cosmopolitanism and Social Research: Some Methodological Issues of an Emerging Research Agenda', in G. Delanty (ed.), *Routledge International Handbook of Cosmopolitan Studies* (2nd edn, Abingdon: Routledge).

Roxborough, I. (2004) 'Thinking about War', *Sociological Forum*, 19(3): 505–28 [book reviews].

Rubin, L. B. (1990) *The Erotic Wars: What Happened to the Sexual Revolution?* (New York: Farrar).

Rudé, G. (1964) *The Crowd in History: A Study of Popular Disturbances in France and England, 1730–1848* (New York: Wiley).

Ruspini, E. (2000) 'Longitudinal Research in the Social Sciences', *Social Research Update*, no. 20; http://sru.soc.surrey.ac.uk/SRU28.html.

Russell, M. (2010) *The Independent Climate Change E-mails Review* (Norwich: University of East Anglia).

Russett, B. M., Oneal, J. R., and Cox, M. (2000) 'Clash of Civilizations or Realism and Liberalism Déjà Vu? Some Evidence', *Journal of Peace Research*, 37(5): 583–608.

Rydström, J. (2012) 'Introduction: Crip Theory in Scandinavia', *lambda nordica*, 17(1–2): 9–20; http://lamb-danordica.org/index.php/lambdanordica/article/view/328/315.

Sachs, J. (2000) 'A New Map of the World', *The Economist*, 22 June.

Sachs, W. (1992) *The Development Dictionary: A Guide to Knowledge as Power* (London: Zed Books).

Sadovnik, A. R. (ed.) (1995) *Knowledge and Pedagogy: The Sociology of Basil Bernstein* (Norwood, NJ: Ablex).

Sageman, M. (2004) *Understanding Terror Networks* (Philadelphia: Pennsylvania University Press).

Said, E. (1978) *Orientalism: Western Conceptions of the Orient* (London: Routledge & Kegan Paul).

Saks, M. (1992) *Alternative Medicine in Britain* (Oxford: Clarendon Press).

Salway, S., Platt, S., Chowbey, P., Harriss, K., and Bayliss, E. (2007) *Long-Term Ill Health, Poverty and Ethnicity* (York: Joseph Rowntree Foundation).

Sanders, T. (2008) *Paying for Pleasure: Men Who Buy Sex* (Cullompton, Devon: Willan).

Sanders, T., and Hardy, K. (2011) *The Regulatory Dance: Investigating the Structural Integration of Sexual Consumption in the Night Time Economy* (Swindon: Economic and Social Research Council); www.notbuyingit.org.uk/sites/default/files/Sanders%20Initial%20Findings.pdf.

Sandilands, C. (1999) *The Good-Natured Feminist: Ecofeminism and the Quest for Democracy* (Minneapolis: University of Minnesota Press).

Sarel, M. (1996) 'Growth in East Asia: What We Can and What We Cannot Infer', *IMF Economic Issues*, no. 1; www.imf.org/external/pubs/ft/issues1/

Sassen, S. (1998) *Globalization and its Discontents: Essays on the Mobility of People and Money* (New York: New Press).

Sassen, S. (2001) *The Global City: New York, London, Tokyo* (2nd edn, Princeton, NJ: Princeton University Press).

Sassen, S. (2013 [1991]) *The Global City: New York, London, Tokyo* (2nd edn, Princeton, NJ: Princeton University Press).

Saunders, P. (1990) *Social Class and Stratification* (London: Routledge).

Saunders, P. (1996) *Unequal but Fair? A Study of Class Barriers in Britain* (London: IEA Health and Welfare Unit).

Saunders, P. (2010) *Social Mobility Myths* (London: CIVITAS).

Savage, J. (2007) *Teenage: The Creation of Youth Culture* (New York: Viking).

Savage, M., and Burrows, R. (2007) 'The Coming Crisis of Empirical Sociology', *Sociology*, 41(5): 885–9.

Savage, M., et al. (1992) *Property, Bureaucracy, and Culture: Middle-Class Formation in Contemporary Britain* (London: Routledge).

Savage, M., et al. (2013) 'A New Model of Social Class? Findings from the BBC's Great British Class Survey Experiment', *Sociology*, 47(2): 219–50.

Sayers, J. (1986) *Sexual Contradiction: Psychology, Psychoanalysis and Feminism* (London: Tavistock).

Scarman, L. G. (1982) *The Scarman Report: The Brixton Disorders, 10–12 April 1981* (Harmondsworth: Penguin).

Schmiedek, F., Lövdén, M., and Lindenberger, U. (2013) 'Keeping it Steady: Older Adults Perform More Consistently on Cognitive Tasks than Younger Adults', *Psychological Science*, 24(9): 1747–54.

Schnaiberg, A. (1980) *The Environment: From Surplus to Scarcity* (New York: Oxford University Press).

Schuurman, B., Lindekilde, L., Malthaner, S., O'Connor, F., Gill, P., and Bouhana, N. (2019) 'End of the Lone Wolf: The Typology that Should Not Have Been', *Studies in Conflict and Terrorism*, 42(8): 771–8.

Scott, A. (2000) 'Risk Society or Angst Society? Two Views of Risk, Consciousness and Community', in B. Adam, U. Beck and J. van Loon (eds), *The Risk Society and Beyond: Critical Issues for Social Theory* (London: Sage).

Scott, J. (1991) *Who Rules Britain?* (Cambridge: Polity).

Scott, J., and Morris, L. (1996) 'The Attenuation of Class Analysis: Some Comments on G. Marshall, S. Roberts and C. Burgoyne, "Social Class and the Underclass in Britain and the USA"', *British Journal of Sociology*, 47(1): 45–55.

Scott, J. W. (2018) *Sex and Secularism* (Princeton, NJ: Princeton University Press).

Scott, S. (2009) 'Re-clothing the Emperor: The Swimming Pool as a Negotiated Order', *Symbolic Interaction*, 32(2): 123–45.

Scott, S. (2010) 'How to Look Good (Nearly) Naked: The Performative Regulation of the Swimmer's Body', *Body and Society*, 16(2): 143–68.

Scott, S. (2015) *Negotiating Identity: Symbolic Interactionist Approaches to Social Identity* (Cambridge: Polity).

Scott, S., and Morgan, D. (1993) 'Bodies in a Social Landscape', in S. Scott and D. Morgan (eds), *Body Matters: Essays on the Sociology of the Body* (London: Falmer Press).

Sechelski, A. N., and Story, C. V. (2018) 'So This is Why I'm Exhausted: Emotional Labor Explained', *Academic Advising Today*, 41(2); www.nacada.ksu.edu/Resources/Academic-Advising-Today/View-Articles/ So-This-Is-Why-Im--Exhausted-Emotional-Labor-Explained.aspx.

Segura, D. A., and Pierce, J. L. (1993) 'Chicana/o Family Structure and Gender Personality: Chodorow, Familism, and Psychoanalytic Sociology Revisited', *Signs*, 19: 62–91.

Seidman, S. (1997) *Difference Troubles: Queering Social Theory and Sexual Politics* (Cambridge: Cambridge University Press).

Selwyn, N. (2017) *Education and Technology: Key Issues and Debates* (2nd edn, London: Bloomsbury Academic).

Selwyn, N. (2019) *Should Robots Replace Teachers? AI and the Future of Education* (Cambridge: Polity).

Sen, A. (2001) *Development as Freedom* (Oxford: Oxford University Press).

Sen, A. (2007) *Identity and Violence: The Illusion of Destiny* (London: Penguin).

Sen, S., and Nair, P. M. (2004) *A Report on Trafficking in Women and Children in India, 2002–2003*, Vol.1 (New Delhi: Institute of Social Sciences/National Human Rights Commission/UNIFEM); https://nhrc.nic.in/ sites/default/files/ReportonTrafficking.pdf.

Sengers, E. (2012) 'The Concept of "Church" in Sociology and Global Society: Genealogy of a Word and Transformation of a Position', *International Journal for the Study of the Christian Church*, 12(1): 55–70.

Sennett, R. (1998) *The Corrosion of Character: The Personal Consequences of Work in the New Capitalism* (London: W. W. Norton).

Sennett, R. (2003 [1977]) *The Fall of Public Man* (Cambridge: Cambridge University Press).

Seth, S. (2019) 'The World's Top Ten Media Companies', 29 August, www.investopedia.com/stock-analy sis/021815/worlds-top-ten-media-companies-dis-cmcsa-fox.aspx.

Seung Lam, M., and Pollard, A. (2006) 'A Conceptual Framework for Understanding Children as Agents in the Transition from Home to Kindergarten', *Early Years*, 26(2): 123–41.

Shaheen, J. (1984) *The TV Arab* (Bowling Green, OH: Bowling Green State University Press).

Shaheen, J. (2001) *Reel Bad Arabs: How Hollywood Vilifies a People* (New York: Olive Branch Press).

Shakespeare, T., and Watson, N. (2002) 'The Social Model of Disability: An Outdated Ideology?', *Research in Social Science and Disability*, 2: 9–28.

Shang, H., and Zhang, L. (2015) 'MSM and HIV-1 Infection in China', *National Science Review*, 2(4): 388–91.

Sharkansky, I. (2000) 'A State Action May be Nasty but is Not Likely to be a Crime', in J. I. Ross (ed.), *Controlling State Crime* (2nd edn, New Brunswick, NJ: Transaction Books): 35–52.

Sharkey, H. J. (2004) 'Globalization, Migration and Identity: Sudan 1800–2000', in B. Schaebler and L. Stenberg (eds), *Globalization and the Muslim World: Culture, Religion and Modernity* (Syracuse, NY: Syracuse University Press).

Sharma, U. (1992) *Complementary Medicine Today: Practitioners and Patients* (London: Routledge).

Sharma, U. (1999) *Caste* (Buckingham: Open University Press).

Sharpe, S. (1994) *Just Like a Girl: How Girls Learn to be Women: From the Seventies to the Nineties* (London: Penguin).

Shaw, M. (2003) *War and Genocide: Organized Killing in Modern Society* (Cambridge: Polity).

Shaw, M. (2005) *The New Western Way of War: Risk-Transfer and its Crisis in Iraq* (Cambridge: Polity).

Shaw, M. (2015) *What is Genocide? A New Social Theory* (2nd edn, Cambridge: Polity).

Sheldon, W. A. (1949) *Varieties of Delinquent Youth* (New York: Harper).

Sheller, M., and Urry, J. (2004) *Tourism Mobilities: Places to Stay, Places in Play* (London: Routledge).

Shelter (2019) 'Shelter Briefing: General Debate on Social Housing', June, https://england.shelter.org.uk/ data/assets/pdf_file/0008/1778192/Shelter_Briefing_-_Social_Housing.pdf.

Shelton, B. A. (1992) *Women, Men, and Time: Gender Differences in Paid Work, Housework, and Leisure* (Westport, CT: Greenwood Press).

Shepard, W. (2017) 'Khorgos: The New Silk Road's Central Station Comes to Life', *Forbes*, 20 February, www. forbes.com/sites/wadeshepard/2017/02/20/khorgos-the-new-silk-roads-central-station-comes-to-life/#39158318c22e.

Shepard, W. (2019) 'Should We Build Cities from Scratch?', *The Guardian*, 10 July; www.theguardian.com/ cities/2019/jul/10/should-we-build-cities-from-scratch.

Sherry, M. (2013) 'Crip Politics? Just . . . No', *Feminist Wire*, www.thefeministwire.com/2013/11/crip-politics-just-no/.

Shildrick, T., MacDonald, R., Webster, C., and Garthwaite, K. (2012) *Poverty and Insecurity: Life in Low-Pay, No-Pay Britain* (Bristol: Policy Press).

Shine, R. (2020) 'Xi Jinping is Overreaching as Journalists Are Arrested in Hong Kong', 12 August, *Reaction*, https://reaction.life/xi-jinping-is-overreaching-as-journalists-are-arrested-in-hong-kong/.

Shiva, V. (1993) *Ecofeminism* (London: Zed Books).

Shorrocks, A., Davies, J., and Lluberas, R. (2018) *Global Wealth Report 2018* (Zurich: Credit Suisse Research Institute), www.credit-suisse.com/media/assets/corporate/docs/publications/research-institute/ global-wealth-report-2018--en.pdf.

Shove, E., Watson, M., and Spurling, N. (2015) 'Conceptualizing Connections: Energy Demand, Infrastructures and Social Practices', *European Journal of Social Theory*, 18(3): 274–87.

Silverman, B. (2014) 'Modern Slavery: an Application of Multiple Systems Estimation', https://www.gov. uk/government/uploads/system/uploads/attachment_data/file/386841/Modern_Slavery_an_appli cation_of_MSE_revised. pdf.

Silverstone R. (1994) *Television and Everyday Life* (London: Routledge).

Simmel, G. (1950 [1903]) 'The Metropolis and Mental Life', in K. H. Wolff (ed.), *The Sociology of Georg Simmel* (New York: Free Press).

Simmons, J., and Dodds, T. (2003) *Crime in England and Wales 2002/03* (London: Home Office).

Simpson, J. H. (1985) 'Socio-Moral Issues and Recent Presidential Elections', *Review of Religious Research*, 27(2): 115–23.

Sinclair, T. J. (2012) *Global Governance* (Cambridge: Polity).

Sissons, P., Green, A. E., and Lee, N. (2018) 'Linking the Sectoral Employment Structure and Household Poverty in the United Kingdom', *Work, Employment and Society*, 32(6): 1078–98.

Skeggs, B. (1997) *Formations of Class and Gender: Becoming Respectable* (London: Sage).

Skey, M. (2011) *National Belonging and Everyday Life: The Significance of Nationhood in an Uncertain World* (Basingstoke: Palgrave Macmillan).

Skinner, Q. (ed.) (1990) *The Return of Grand Theory in the Human Sciences* (Cambridge: Cambridge University Press).

Skocpol, T. (1979) *States and Social Revolutions: A Comparative Analysis of France, Russia and China* (Cambridge: Cambridge University Press).

Slapper, G., and Tombs, S. (1999) *Corporate Crime* (Harlow: Longman).

Slattery, M. (2003) *Key Ideas in Sociology* (Cheltenham: Nelson Thornes).

Sloan, L. M., Joyner, M. C., Stakeman, C. J., and Schmitz, C. M. (2018) *Critical Multiculturalism and Intersectionality in a Complex World* (2nd edn, New York: Oxford University Press).

Smart, C. (2007) *Personal Life: New Directions in Sociological Thinking* (Cambridge: Polity).

Smart, C., and Neale, B. (1999) *Family Fragments?* (Cambridge: Polity).

Smart, C., Neale, B., and Wade, A. (2001) *The Changing Experience of Childhood: Families and Divorce* (Cambridge: Polity).

Smelser, N. J. (1962) *Theory of Collective Behavior* (London: Routledge & Kegan Paul).

Smith, A. (1991 [1776]) *The Wealth of Nations* (London: Everyman's Library).

Smith, A. D. (1986) *The Ethnic Origins of Nations* (Oxford: Blackwell).

Smith, A. D. (1998) *Nationalism and Modernity: A Critical Survey of Recent Theories of Nations and Nationalism* (New York: Routledge).

Smith, D. (1990) *Stepmothering* (London: Harvester Press).

Smith, D. (2009) 'Caster Semenya Row: "Who are White People to Question the Makeup of an African Girl? It is Racism"', *The Guardian*, 23 August; www.theguardian.com/sport/2009/aug/23/caster-semenya-athletics-gender.

Smith, M. (2018) 'Can We Predict When and Where a Crime Will Take Place?', 30 October, www.bbc.co.uk/news/business-46017239.

Smith, M. J. (1998) *Ecologism: Towards Ecological Citizenship* (Buckingham: Open University Press).

Smith, M. J., and Pangsapa, P. (2008) *Environment and Citizenship: Integrating Justice, Responsibility and Civic Engagement* (London: Zed Books).

Smith, P., and Prior, G. (1997) *The Fourth National Survey of Ethnic Minorities: Technical Report* (London: National Centre for Social Research).

Smith, P. K., Mahdavi, J., Carvalho, M., Fisher, S., Russell, S., and Tippett, N. (2008) 'Cyberbullying: Its Nature and Impact in Secondary School Pupils', *Journal of Child Psychology and Psychiatry*, 49(4): 376–85.

Smith, S. L., and Cook, C. A. (2008) *Gender Stereotypes: An Analysis of Popular Films and TV* (Los Angeles: Geena Davis Institute for Gender and Media).

Smooth, W. G. (2010) 'Intersectionalities of Race and Gender and Leadership', in K. O'Connor (ed.), *Gender and Women's Leadership: A Reference Handbook*, Vol. 1 (London: Sage): 31–40.

Snowdon, C. (2010) *The Spirit Level Delusion: Fact-Checking the Left's New Theory of Everything* (Ripon: Little Dice).

Social Mobility and Child Poverty Commission (2014) *Elitist Britain?* (London: SMCPC).

Social Mobility Commission (2019) *State of the Nation 2018–19: Social Mobility in Great Britain*, April, www.gov.uk/government/publications/social-mobility-in-great-britain-state-of-the-nation-2018-to-2019.

Solomos, J., and Back, L. (1996) *Racism and Society* (Basingstoke: Macmillan).

Soothill, K., and Walby, S. (1991) *Sex Crime in the News* (London: Routledge).

Sosinsky, B. (2011) *Cloud Computing Bible* (Indianapolis: Wiley).

Southall, R. (2004) 'The ANC and Black Capitalism in South Africa', *Review of African Political Economy*, 100: 313–28.

Soyka, P. A. (2012) *Creating a Sustainable Organization: Approaches for Enhancing Corporate Value through Sustainability* (Upper Saddle River, NJ: FT Press).

Spencer, S. (2014) *Race and Ethnicity: Culture, Identity and Representation* (Abingdon: Routledge).

Spender, D. (1982) *Invisible Women: The Schooling Scandal* (London: Writers and Readers Publishing Cooperative Society).

Spivak, G. (1987) *In Other Worlds: Essays in Cultural Politics* (London: Routledge).

Sreberny-Mohammadi, A., Winseck, D., McKenna, J., and Boyd-Barrett, O. (eds) (1997) *Media in Global Context: A Reader* (London: Hodder Arnold).

Srnicek, N. (2016) *Platform Capitalism* (Cambridge: Polity).

Standing, G. (2011) *The Precariat: The New Dangerous Class* (London: Bloomsbury).

Stanley, L., and Wise, S. (1993) *Breaking Out Again: Feminist Ontology and Epistemology* (new edn, London: Routledge).

Stanley, L., and Wise, S. (2002) 'What's Wrong with Socialization?', in S. Jackson and S. Scott (eds), *Gender: A Sociological Reader* (London: Routledge): 273–9.

Stanworth, M. (1983) *Gender and Schooling* (London: Hutchinson).

Stanworth, M. (1984) 'Women and Class Analysis: A Reply to John Goldthorpe', *Sociology*, 18(2): 159–70.

Stark, R., and Bainbridge, W. S. (1980) 'Towards a Theory of Religious Commitment', *Journal for the Scientific Study of Religion*, 19: 114–28.

Stark, R., and Bainbridge, W. S. (1985) *The Future of Religion: Secularism, Revival, and Cult Formation* (Berkeley: University of California Press).

Stark, R., and Bainbridge, W. S. (1987) *A Theory of Religion* (New Brunswick, NJ: Rutgers University Press).

Starkey, C., and Davie, G. (2020) 'A Tsunami of Love for a Gay Bishop', *Church Times*, 17 January; www.church times.co.uk/articles/2020/17-january/comment/opinion/a-tsunami-of-love-for-a-gay-bishop.

Stassen, M. (2019) 'The Global Record Industry Generated $18.8 bn Last Year – With 31% Going to Universal Music Group', *Music Business Worldwide*, 13 March; www.musicbusinessworldwide.com/the-global-record-industry-generated-18-8bn-last-year-with-31-going-to-universal-music-group/.

Statham, J. (1986) *Daughters and Sons: Experiences of Non-Sexist Childraising* (Oxford: Blackwell).

Statista (2020) 'Annual Number of Accompanied Suicides to Dignitas in Switzerland from Great Britain from 2002 to 2019', www.statista.com/statistics/1095576/dignitas-accompanied-suicides-from-gb/.

Steinberg, R. (1990) 'Social Construction of Skill: Gender, Power and Comparable Worth', *Work and Occupations*, 17(4): 449–82.

Steinberg, S., with Brown, D. (2013) *Netiquette Essentials: New Rules for Minding Your Manners in a Digital World* (Lulu.com).

Stephens, P. (2014) 'Gene Therapy Effective to Treat "Bubble-Boy" Syndrome', 9 October, www.bbc.co.uk/news/health-29534859.

Stephen-Smith, S. (2008) *Routes In, Routes Out: Quantifying the Gendered Experience of Trafficking to the UK* (London: Poppy Project).

Stewart, H. (2015) 'Has George Osborne Really Introduced a Living Wage?', *The Guardian*, 8 July; www.theguardian.com/society/reality-check/2015/jul/08/george-osborne-budget-national-living-wage.

Stewart, S. (2010) *Culture and the Middle Classes* (Farnham: Ashgate).

Stillwaggon, E. (2000) 'HIV Transmission in Latin America: Comparisons with Africa and Policy Implications', *South African Journal of Economics*, 68(5): 985–1011.

Stokes, J. (2000) *On-Screen Rivals: Cinema and Television in the United States and Britain* (Basingstoke: Macmillan Press).

Stone, L. (1980) *The Family, Sex, and Marriage in England, 1500–1800* (New York: Harper & Row). Stonewall (2003) *Profiles of Prejudice: The Nature of Prejudice in England* (London: Stonewall).

Storr, M. (2002) 'Sociology and Social Movements: Theories, Analyses and Ethical Dilemmas', in P. Hamilton and K. Thompson (eds), *Sociology and Society*: Vol. 4: *The Uses of Sociology* (Buckingham: Open University Press).

Strand, G. (2008) 'Keyword: Evil: Google's Addiction to Cheap Electricity', *Harper's Magazine*, March.

Strand, S. (2011) 'The Limits of Social Class in Explaining Ethnic Gaps in Educational Attainment', *British Journal of Educational Research*, 37(2): 197–229.

Strangleman, T. (2015) 'Work: Experience, Identities and Meanings', in M. Holborn (ed.), *Contemporary Sociology* (Cambridge: Polity): 134–64.

Straus, M. A., and Gelles, R. J. (1986) 'Societal Change and Change in Family Violence from 1975 to 1985 as Revealed by Two National Surveys', *Journal of Marriage and the Family*, 48(3): 465–79.

Stulberg, L. M. (2018) *LGBTQ Social Movements* (Cambridge: Polity).

Sturge, G. (2018) *UK Prison Population Statistics*, House of Commons Library Briefing Paper SN04334, 23 July, https://researchbriefings.files.parliament.uk/documents/SN04334/SN04334.pdf.

Sulehria, F. (2018) *Media Imperialism in India and Pakistan* (New York: Routledge).

Sullivan, O. (2000) 'The Domestic Division of Labour: Twenty Years of Change', *Sociology*, 34(3): 437–56.

Sumner, A. (2010) *Global Poverty and the New Bottom Billion*, IDS Working Paper (Sussex: Institute of Development Studies).

Sumption, M., and Vergas-Silva, C. (2019) 'Briefing: Net Migration to the UK', https://migrationobservatory.ox.ac.uk/wp-content/uploads/2016/04/Briefing-Net-Migration-to-the-UK.pdf.

Sunday Times (2010) 'The Sunday Times Rich List: Fortunes of Super-Rich Soar by a Third', 25 April.

Surtees, R. (2005) *Second Annual Report on Victims of Trafficking in South-Eastern Europe* (Geneva: International Organization for Migration).

Sutton, P. W. (2000) *Explaining Environmentalism: In Search of a New Social Movement* (Aldershot: Ashgate).

Sutton, P. W. (2007) *The Environment: A Sociological Introduction* (Cambridge: Polity).

Sutton, P. W., and Vertigans, S. (2005) *Resurgent Islam: A Sociological Approach* (Cambridge: Polity).

Sutton, P. W., and Vertigans, S. (2006) 'Islamic New Social Movements? Al-Qa'ida, Radical Islam, and Social Movement Theory', *Mobilization: An International Journal of Social Movement Research*, 11(1): 101–16.

Suwandi, I., Jonna, R. J., and Foster, J. B. (2019) 'Global Commodity Chains and the New Imperialism', *Monthly Review: An Independent Socialist Magazine*, 70(10); https://monthlyreview.org/2019/03/01/global-commodity-chains-and-the-new-imperialism/.

Svensson, N. L. (2006) 'Extraterritorial Accountability: An Assessment of the Effectiveness of Child Sex Tourism Laws', *Loyola of Los Angeles International and Comparative Law Review*, 28: 641–64; http://digitalcommons.lmu.edu/ilr/vol28/iss3/6.

Swann Committee (1985) *Education for All: Report of the Committee into the Education of Ethnic Minority Children* (London: HMSO).

Swingewood, A. (1977) *The Myth of Mass Culture* (London: Macmillan).

Syn, J. (2014) 'The Social Licence: Empowering Communities and a Better Way Forward', *Social Epistemology*, 28(3–4): 318–39.

Szasz, A. (1994) *EcoPopulism: Toxic Waste and the Movement for Environmental Justice* (Minneapolis: University of Minnesota Press).

Szitanyi, S. (2020) *Gender Trouble in the US Military: Challenges to Regimes of Male Privilege* (Cham, Switzerland: Palgrave Macmillan).

Tan, A., and Ramakrishna, K. (eds) (2002) *The New Terrorism* (Singapore: Eastern Universities Press).

Tarrow, S. (1998) *Power in Movement: Social Movements, Collective Action and Politics* (Cambridge: Cambridge University Press).

Tarrow, S. (2005) *The New Transnational Activism* (New York: Cambridge University Press).

Tasker, Y., and Negra, D. (eds) (2007) *Interrogating Postfeminism: Gender and the Politics of Popular Culture* (Durham, NC: Duke University Press).

Taylor, C. (1992) *Sources of the Self: The Making of the Modern Identity* (Cambridge: Cambridge University Press).

Taylor, C. (2007) *A Secular Age* (Cambridge, MA: Harvard University Press).

Taylor, I., Evans, K., and Fraser, P. (1996) *A Tale of Two Cities: Global Change, Local Feeling and Everyday Life in the North of England: A Study in Manchester and Sheffield* (London: Routledge).

Taylor, I., Walton, P., and Young, J. (1973) *The New Criminology: For a Social Theory of Deviance* (London: Routledge & Kegan Paul).

Taylor, J. K., Lewis, D. C., and Haider-Markel, D. P. (2018) *The Remarkable Rise of Transgender Rights* (Ann Arbor: University of Michigan Press).

Taylor, M. W. (1992) *Men versus the State: Herbert Spencer and Late Victorian Individualism* (Oxford: Clarendon Press).

Taylor, Y., and Hines, S. (2012) *Sexualities: Past Reflections, Future Directions* (Basingstoke: Palgrave Macmillan).

Taylor-Gooby, P. (2013) *The Double Crisis of the Welfare State and What We Can Do about It* (Basingstoke: Palgrave Macmillan).

Taylor-Gooby, P., and Stoker, G. (2011) 'The Coalition Programme: A New Vision for Britain or Politics as Usual?', *Political Quarterly*, 82(1): 4–15.

Teixeira, F. (2019) 'Picked by Slaves: Coffee Crisis Brews in Brazil', *Reuters*, 12. December; www.reuters.com/ article/us--brazil-coffee-slavery/picked-by-slaves-coffee-crisis-brews-in-brazil-idUSKBN1YG13E.

Tempest, R. (1996) 'Barbie and the World Economy', *Los Angeles Times*, 22 September.

Therborn, G. (2004) *Between Sex and Power: Family in the World, 1900–2000* (London: Routledge).

Therborn, G. (2011) *The World: A Beginner's Guide* (Cambridge: Polity).

Thomas, C. (1999) *Female Forms: Experiencing and Understanding Disability* (Buckingham: Open University Press).

Thomas, C. (2002) 'Disability Theory: Key Ideas, Issues and Thinkers', in C. Barnes, L. Barton and M. Oliver (eds), *Disability Studies Today* (Cambridge: Polity).

Thomas, D., and Loader, B. D. (2000) 'Introduction', in D. Thomas and B. D. Loader (eds), *Cybercrime: Law Enforcement, Security and Surveillance in the Information Age* (London: Routledge): 1–13.

Thomas, G. C. (2007) 'Globalization: The Major Players', in G. Ritzer (ed.), *The Blackwell Companion to Globalization* (Oxford: Blackwell): 84–107.

Thomas, H. (1997) *The Slave Trade: The History of the Atlantic Slave Trade 1440–1870* (London: Macmillan).

Thomas, K. (1984) *Man and the Natural World: Changing Attitudes in England 1500–1800* (London: Penguin).

Thomas, N. (2009) 'Sociology of Childhood', in T. Maynard and N. Thomas (eds), *An Introduction to Early Childhood Studies* (2nd edn, London: Sage): 33–46.

Thomas, W. I. (with Thomas, D. S.) (1928) *The Child in America: Behavior Problems and Programs* (New York: Knopf).

Thomas, W. I., and Znaniecki, F. (1966 [1918–20]) *The Polish Peasant in Europe and America: Monograph of Our Immigrant Group*, 5 vols (New York: Dover).

Thompson, J. (2017) *Should Current Generations Make Reparation for Slavery?* (Cambridge: Polity).

Thompson, J. B. (1990) *Ideology and Modern Culture* (Cambridge: Polity).

Thompson, J. B. (1995) *The Media and Modernity: A Social Theory of the Media* (Cambridge: Polity).

Thompson, W. C. (2015) *Western Europe: The World Today Series, 2015–2016* (34th edn, Lanham, MD: Rowman & Littlefield).

Thompson, W. S. (1929) 'Population', *American Journal of Sociology*, 34: 959–75.

Thorne, B. (1993) *Gender Play: Girls and Boys in School* (New Brunswick, NJ: Rutgers University Press).

Tidy, J. (2019) 'Hated and Hunted: The Perilous Life of the Computer Virus Cracker Making Powerful Enemies Online', March, www.bbc.co.uk/news/resources/idt-sh/hated_and_hunted_the_computer_virus_ malware_ransomware_cracker.

Tikkanen, A. (2019) 'University of Phoenix', *Encyclopaedia Britannica*, www.britannica.com/topic/University-of-Phoenix.

Tilly, C. (1978) *From Mobilization to Revolution* (London: Longman).

Tilly, C. (1995) 'Globalization Threatens Labor's Rights', *International Labor and Working-Class History*, 47: 1–23.

Tinkler, P. (2013) *Using Photographs in Social and Historical Research* (London: Sage).

Tipple, G., and Speak, S. (2009) *The Hidden Millions: Homelessness in Developing Countries* (Abingdon: Routledge).

Tizard, B., and Hughes, M. (1984) *Young Children Learning, Talking and Thinking at Home and at School* (London: Fontana).

Toke, D. (2004) *The Politics of GM Food: A Comparative Study of the UK, USA, and EU* (New York: Routledge).

Tolson, A. (2005) *Media Talk: Spoken Discourse on TV and Radio* (Edinburgh: Edinburgh University Press).

Tomlinson, D. (2019) 'Union Membership is Rising Again – but Will it Last?', *Resolution Foundation*, 31 May; www.resolutionfoundation.org/comment/union-membership-is-rising-again-but-will-it-last/.

Tonkiss, F. (2006) *Contemporary Economic Sociology: Globalisation, Production, Inequality* (London: Routledge).

Tönnies, F. (2001 [1887]) *Community and Civil Society*, trans. J. Harris and M. Hollis (Cambridge and New York: Cambridge University Press).

Tormey, R. (2019) *Populism: A Beginner's Guide* (Oxford: Oneworld).

Toshkov, D. (2018) 'The "Global South" is a Terrible Term: Don't Use It!', 6 November, http://re-design.dimiter.eu/?p=969.

Tough, J. (1976) *Listening to Children Talking* (London: Ward Lock).

Touraine, A. (1971) *The Post-Industrial Society: Tomorrow's Social History: Classes, Conflict and Culture in the Programmed Society* (New York: Random House).

Touraine, A. (1981) *The Voice and the Eye: An Analysis of Social Movements* (Cambridge: Cambridge University Press).

Townsend, M. (2020) 'Revealed: Surge in Domestic Violence during Covid-19 Crisis', *The Guardian*, 12 April; www.theguardian.com/society/2020/apr/12/domestic-violence-surges-seven-hundred-per-cent-uk-coronavirus.

Townsend, P. (1979) *Poverty in the United Kingdom* (Harmondsworth: Penguin).

Travis, A. (2011) 'Young Black Men Make up Four in Ten of Youth Jail Population', *The Guardian*, 26 October; www.guardian.co.uk/society/2011/oct/26/young-black-men-youth-jails.

Traynor, I. (2004) 'Hague Rules Srebrenica Was Act of Genocide', *The Guardian*, 20 April; www.guardian.co.uk/world/2004/apr/20/warcrimes.

Troeltsch, E. (1981 [1931]) *The Social Teaching of the Christian Churches*, 2 vols (Chicago: University of Chicago Press).

Tuchman, G. (1978) 'Introduction: The Symbolic Annihilation of Women by the Mass Media', in G. Tuchman, A. K. Daniels and J. Benét, *Hearth and Home: Images of Women in the Mass Media* (New York: Oxford University Press).

Tunstall, J. (1977) *The Media Are American: Anglo-American Media in the World* (London: Constable).

Tunstall, J. (2007) *The Media Were American: US Mass Media in Decline* (New York: Oxford University Press).

Tunstall, R., Bevan, M., Bradshaw, J., et al. (2013) *The Links Between Housing and Poverty: An Evidence Review* (York: Joseph Rowntree Foundation).

Turkle, S. (2017) *Alone Together: Why We Expect More from Technology and Less from Each Other* (New York: Basic Books).

Turner, B. S. (1974) *Weber and Islam: A Critical Study* (London: Routledge).

Turner, B. S. (1990) 'Outline of a Theory of Citizenship', *Sociology*, 24(2): 189–217.

Turner, B. S. (1993) *Max Weber: From History to Modernity* (London: Routledge).

Turner, B. S. (1995) *Medical Power and Social Knowledge* (London: Sage).

Turner, B. S. (2006) *Vulnerability and Human Rights* (University Park: Pennsylvania State University Press).

Turner, G. (2004) *Understanding Celebrity* (London: Sage).

Turner, G., and Tay, J. (2009) 'What is Television?', in G. Turner and J. Tay (eds), *Television Studies after TV: Understanding Television in the Post-Broadcast Era* (Abingdon: Routledge): 7–8.

Turner, J. (2019) 'Shell and Eni's OPL 245 Deal: A Catalogue of Scandal', *Offshore Technology*, 22 May; www.offshore-technology.com/features/shell-and-enis-opl-245-deal-a-catalogue-of-scandal/.

Tyler, T. R. (2006) *Why People Obey the Law* (Princeton, NJ: Princeton University Press).

Ugwu, R. (2020) 'The Hashtag That Changed the Oscars: An Oral History', *New York Times*, 11 February; www.nytimes.com/2020/02/06/movies/oscarssowhite-history.html.

UK Finance (2018) '2018 Half Year Fraud Update: Unauthorised Payment Card, Remote Banking and Cheque Fraud and Authorised Push Payment Scams', September, www.ukfinance.org.uk/system/files/2018-half-year-fraud-update--FINAL.pdf.

UN (1948) *The Universal Declaration of Human Rights*, www.un.org/en/universal-declaration-human-rights/.

UN (2006) *World Population Prospects: The 2006 Revision* (New York: UN Department of Economic and Social Affairs).

UN (2010) *World Urbanization Prospects: The 2009 Revision* (New York: UN Department of Economic and Social Affairs, Population Division).

UN (2011) 'Press Release: World Population to Reach 10 Billion by 2100 if Fertility in All Countries Converges to Replacement Level', 3 May; https://grist.files.wordpress.com/2011/09/press_release_wpp2010.pdf.

UN (2016) *10th Anniversary of the Adoption of Convention on the Rights of Persons with Disabilities (CRPD)*, www.un.org/development/desa/disabilities/convention-on-the-rights-of-persons-with-disabilities/ the-10th-anniversary-of-the-adoption-of-convention-on-the-rights-of-persons-with-disabilities-crpd-crpd-10.html.

UN (2018) *Global Issues: AIDS*, www.un.org/en/sections/issues-depth/aids/.

UN(2019a) *World Economic Situationand Prospects 2019*, www.un.org/development/desa/dpad/wp-content/ uploads/sites/45/WESP2019_BOOK-web.pdf.

UN (2019b) *The Sustainable Development Goals Report 2019*, https://unstats.un.org/sdgs/report/2019/The-Sustainable-Development-Goals-Report-2019.pdf.

UN Commission on Global Governance (2005 [1995]) 'A New World', in R. Wilkinson (ed.) *The Global Governance Reader* (London: Routledge): 26–44.

UN Convention on the Rights of Persons with Disabilities (2006), preamble, www.un.org/development/desa/ disabilities/convention-on-the-rights-of-persons-with-disabilities/preamble.html.

UN DESA (2014) *World Urbanization Prospects: The 2014 Revision, Highlights*, https://population.un.org/ wup/Publications/Files/WUP2014-Methodology.pdf.

UN DESA (2017) *World Population Prospects 2017 Revision: Data Booklet*, https://population.un.org/wpp/ Publications/Files/WPP2017_DataBooklet.pdf.

UN DESA (2018) *The World's Cities in 2018: Data Booklet*, www.un.org/en/events/citiesday/assets/pdf/ the_worlds_cities_in_2018_data_booklet.pdf.

UN DESA (2019a) *World Urbanization Prospects 2018: Highlights* (ST/ESA/SER.A/421). https://population. un.org/wup/Publications/Files/WUP2018-Highlights.pdf.

UN DESA (2019b) *World Population Prospects 2019: Highlights*, https://population.un.org/wpp/Publications/ Files/WPP2019_Highlights.pdf.

UN DESA (2019c) 'Growing at a Slower Pace, World Population is Expected to Reach 9.7 Billion in 2050 and Could Peak at Nearly 11 Billion Around 2100', 17 June, www.un.org/development/desa/en/news/popula tion/world-population--prospects-2019.html.

UN DESA (2019d) *World Economic Situation and Prospects*, Monthly Briefing no. 125, 1 April; www.un.org/ development/desa/dpad/wp-content/uploads/sites/45/publication/wesp_mb125.pdf.

UN Millennium Ecosystem Assessment Board (2005) *Living Beyond our Means: Natural Assets and Human Well-Being* (Washington, DC: Island Press).

UN Women (2019) *Facts and Figures: Ending Violence against Women*, www.unwomen.org/en/what-we-do/ ending--violence-against-women/facts-and-figures.

UNAIDS (2008) *Report on the Global AIDS Epidemic 2008: Executive Summary* (Geneva: UNAIDS).

UNAIDS (2014) *The Gap Report* (Geneva: UNAIDS).

UNDP (2004) *Human Development Report: Cultural Liberty in Today's Diverse World* (New York: UN Development Programme).

UNDP (2007) *United Nations Development Programme, Annual Report 2007* (New York: UN Development Programme).

UNDP (2010) *Human Development Report 2010: The Real Wealth of Nations: Pathways to Human Development* (Basingstoke: Palgrave Macmillan).

UNDP (2014) *Human Development Report 2014: Sustaining Human Progress: Reducing Vulnerabilities and Building Resilience* (New York: UNDP).

UNDP (2015) *Human Development Report 2015: Work for Human Development* (New York: UNDP).

UNDP (2016) *Human Development Report 2016: Human Development for Everyone* (New York: UNDP); http://hdr.undp.org/en/content/human-development-report-2016.

UNDP (2019a) *Human Development Data: Gender Inequality.* http://hdr.undp.org/en/composite/GDI. UNDP (2019b) *Human Development Report 2019: Beyond Income, Beyond Averages, Beyond Today: Inequalities in Human Development in the 21st Century*, http://hdr.undp.org/sites/default/files/hdr2019.pdf.

UNESCO (1978) *Declaration on Race and Racial Prejudice*, http://portal.unesco.org/en/ev.php-URL_ID=13161&URL_DO=DO_TOPIC&URL_SECTION=201.html.

UNESCO (2008) *EFA Global Monitoring Report: Strong Foundations, Early Childhood Care and Education* (Paris: UNESCO); https://en.unesco.org/gem-report/report/2007/strong-foundations-early-childhood-care-education.

UNESCO (2009) *Water in a Changing World: UN World Water Development Report 3* (London: Earthscan).

UNESCO (2010) *EFA Global Monitoring Report: Reaching the Marginalised: Summary* (Paris: UNESCO); https://en.unesco.org/gem-report/report/2010/reaching-marginalized.

UNESCO (2014) *Teaching and Learning: Achieving Equality for All* (Paris: UNESCO).

UNESCO (2018) *Global Education Monitoring Report 2019: Migration, Displacement and Education: Building Bridges Not Walls* (Paris: UNESCO).

UNESCO (2019) 'New Methodology Shows that 258 Million Children, Adolescents and Youth are Out of School', Fact Sheet no. 56, September; https://uis.unesco.org/sites/default/files/documents/new-methodology-shows-258-million-children-adolescents-and-youth-are-out-school.pdf.

UNESCO Institute for Statistics (2017) *Literacy Rates Continue to Rise from One Generation to the Next*, Fact Sheet no. 45, September 2017; http://uis.unesco.org/sites/default/files/documents/fs45-literacy-rates-continue-rise-generation-to-next-en-2017_0.pdf.

UNFPA (2011) *State of the World Population 2011: People and Possibilities in a World of 7 Billion* (New York: UNFPA); https://www.unfpa.org/sites/default/files/pub-pdf/EN-SWOP2011-FINAL.pdf.

Unger, R. M. (2019) *The Knowledge Economy* (London: Verso).

UNICEF (2000) *The State of the World's Children, 2000* (New York: UNICEF).

UNICEF (2012) *Global Initiative on Out-of-School Children: Nigeria Country Study* (Abuja: UNICEF).

UNICEF (2014) 'History of Child Rights', www.unicef.org/crc/index_30197.html.

UNICEF (2017) 'Dependency Ratio, China 1950–2100', www.unicef.cn/en/figure-115-dependency-ratio-19502100.

UNICEF/WHO (2015) *Progress on Sanitation and Drinking Water: 2015 Update and MDG Assessment* (Geneva: WHO).

Universities UK (2018) *Patterns and Trends in UK Higher Education 2018* (London: Universities UK); www.universitiesuk.ac.uk/facts-and-stats/data-and-analysis/Pages/Patterns-and-trends-in-UK-higher-education-2018.aspx.

UNODC (2010) *The Globalization of Crime: A Transnational Organized Crime Threat Assessment*, www.unodc.org/documents/data-and-analysis/tocta/TOCTA_Report_2010_low_res.pdf.

UPIAS (1976) *Fundamental Principles of Disability* (London: Union of Physically Impaired Against Segregation).

Urry, J. (2000) *Sociology beyond Societies: Mobilities for the Twenty-First Century* (London: Routledge).

Urry, J. (2002) *The Tourist Gaze: Leisure and Travel in Contemporary Societies* (2nd edn, London: Sage).

Urry, J. (2003) 'Social Networks, Travel and Talk', *British Journal of Sociology*, 54(2): 155–75.

Urry, J. (2007) *Mobilities* (Cambridge: Polity).

Urry, J. (2011) *Climate Change and Society* (Cambridge: Polity).

Urry, J., and Larsen, J. (2011) *The Tourist Gaze 3.0* (3rd edn, London: Sage).

US Census Bureau (2011) *Statistical Abstract of the United States: 2011* (130th edn, Washington, DC: Census Bureau).

Vaitheeswaran, V. (2017) 'What China Can Learn from the Pearl River Delta', *The Economist*, 6 April; www.economist.com/special-report/2017/04/06/what-china-can-learn-from-the-pearl-river-delta.

Valk, A. M. (2008) *Radical Sisters: Second-Wave Feminism and Black Liberation in Washington, DC* (Urbana: University of Illinois Press).

Vallas, S. P., and Beck, J. P. (1996) 'The Transformation of Work Revisited: The Limits of Flexibility in American Manufacturing', *Social Problems*, 43(3): 339–61.

Van der Veer, P. (1994) *Religious Nationalism: Hindus and Muslims in India* (Berkeley: University of California Press).

Van Dijck, J., Poell, T., and de Waal, M. (2018) *The Platform Society: Public Values in a Connective World* (Oxford: Oxford University Press).

Van Dijk, T. A. (1997) *Discourse Studies: A Multidisciplinary Introduction*, 2 vols (London: Sage).

Van Krieken, R. (1998) *Norbert Elias* (London: Routledge).

Vatican (2004) 'Letter to the Bishops of the Catholic Church on the Collaboration of Men and Women in the Church and in the World', 31 May, www.vatican.va/roman_curia/congregations/cfaith/documents/ rc_con_cfaith_doc_20040731_collaboration_en.html.

Vaughan, D. (1990) *Uncoupling: Turning Points in Intimate Relationships* (New York: Vintage).

Veit-Wilson, J. (1998) *Setting Adequate Standards* (Bristol: Policy Press).

Vertigans, S. (2008) *Terrorism and Societies* (Aldershot: Ashgate).

Vertigans, S. (2011) *The Sociology of Terrorism: People, Places and Processes* (Abingdon: Routledge).

Vertovec, S. (2006) *The Emergence of Super-Diversity in Britain*, Centre on Migration, Policy and Society, Working Paper no.25, University of Oxford.

Vertovec, S. (2007) 'Super-Diversity and its Implications', *Ethnic and Racial Studies*, 30(6): 1024–54.

Vertovec, S., and Cohen, R. (eds) (2002) *Conceiving Cosmopolitanism: Theory, Context and Practice* (Oxford: Oxford University Press).

Victor, C. (2005) *The Social Context of Ageing: A Textbook of Gerontology* (London: Routledge).

Vincent, J. (2003) *Old Age* (London: Routledge).

Visgilio, G. R., and Whitelaw, D. M. (eds) (2003) *Our Backyard: A Quest for Environmental Justice* (Lanham, MD, and Oxford: Rowman & Littlefield).

Vlachantoni, A., Feng, Z., Evandrou, M., and Falkingham, J. (2015) *A South Asian Disadvantage? Differences in Occupational Pension Membership in the UK* (Southampton: ESRC Centre for Population Change).

Voas, D. (2009) 'The Rise and Fall of Fuzzy Fidelity in Europe', *European Sociological Review*, 25(2): 155–68.

Voas, D., and Crockett, A. (2005) 'Religion in Britain: Neither Believing Nor Belonging', *Sociology*, 39(1): 11–28.

Vogel, P. (2015) *Generation Jobless? Turning the Youth Unemployment Crisis into Opportunity* (Basingstoke: Palgrave Macmillan).

Vygotsky, L. (1986 [1934]) *Thought and Language* (Cambridge, MA: MIT Press).

Wagar, W. (1992) *A Short History of the Future* (Chicago: University of Chicago Press).

Wainwright, O. (2019) 'The Next Era of Human Progress: What Lies behind the Global New Cities Epidemic?', *The Guardian*, 8 July, www.theguardian.com/cities/2019/jul/08/the-next-era-of-human-progress-what-lies-behind-the-global-new-cities-epidemic.

Wakefield, J. (2019) 'Russia "Successfully Tests" its Unplugged Internet', 24 December, www.bbc.co.uk/news/ technology-50902496.

Walby, S. (1986) 'Gender, Class and Stratification: Towards a New Approach', in R. Crompton and M. Mann (eds), *Gender and Stratification* (Cambridge: Polity).

Walby, S. (1990) *Theorizing Patriarchy* (Oxford: Blackwell). Walby, S. (2011) *The Future of Feminism* (Cambridge: Polity).

Wales Online (2014) 'North Wales Child Abuse Inquiry: Two More Men Charged by Police', www.walesonline.co.uk/news/wales-news/north-wales-child-abuse-inquiry-7659247.

Walker, A. (2019) 'Stop and Search Up by Almost a Third in England and Wales', *The Guardian*, 24 October; www.theguardian.com/law/2019/oct/24/stop-and-search-up-by-almost-a-third-in-england-and-wales.

Wall, D. (2007) *Cybercrime: The Transformation of Crime in the Information Age* (Cambridge: Polity).

Wall, M. (2014) 'Ebola: Can Big Data Analytics Help Contain its Spread?', 15 October, www.bbc.co.uk/news/ business-29617831.

Wallerstein, I. (1974) *The Modern World-System*, Vol. 1: *Capitalist Agriculture and the Origins of the European World--Economy in the Sixteenth Century* (New York: Academic Press).

Wallerstein, I. (1980) *The Modern World-System*, Vol. 2: *Mercantilism and the Consolidation of the European World--Economy, 1600–1750* (New York: Academic Press).

Wallerstein, I. (1989) *The Modern World-System*, Vol. 3: *The Second Era of Great Expansion of the Capitalist World-Economy, 1730–1840s* (New York: Academic Press).

Wallis, R. (1984) *The Elementary Forms of New Religious Life* (London: Routledge & Kegan Paul).

Walsh, B. (2012) 'Anthropocene: Do We Need a New Environmentalism for a New Age?', *Time*, 18 December; https://science.time.com/2012/12/18/do-we-need-a-new-environmentalism/.

Walter, A. (1994) *The Revival of Death* (London and New York: Routledge).

Walter, A. (1999) *On Bereavement: The Culture of Grief* (Buckingham: Open University Press).

Walton, P., and Young, J. (eds) (1998) *The New Criminology Revisited* (London: Macmillan).

Warner, S. (1993) 'Work in Progress toward a New Paradigm for the Sociological Study of Religion in the United States', *American Journal of Sociology*, 98: 1044–93.

Warren, B. (1980) *Imperialism: Pioneer of Capitalism* (London, Verso).

Waters, M. (2001) *Globalization* (2nd edn, London: Routledge).

Watson, T. J. (2008) *Sociology, Work and Industry* (5th edn, London: Routledge).

Watts, J. (2019a) '"The Beginnings of Great Change": Greta Thunberg Hails School Climate Strikes', *The Guardian*, 15 February; www.theguardian.com/environment/2019/feb/15/the-beginning-of-great-change-greta-thunberg-hails-school-climate-strikes.

Watts, J. (2019b) 'Teachers and Students Stage Mock Climate Classes in Whitehall', *The Guardian*, 22 February; www.theguardian.com/environment/2019/feb/22/teachers-and-students-stage-mock-climate-classes-national-curriculum.

Watts, M. (1997) 'Black Gold, White Heat: State Violence, Local Resistance and the National Question in Nigeria', in S. Pile and M. Keith (eds), *Geographies of Resistance* (New York: Routledge).

Watts, R. (2018) 'The Rich List: At Last the Self-Made Triumph over Old Money', *Sunday Times*, 13 May; www.thetimes.co.uk/article/sunday-times-rich-list-2018-at-last-the-self-made-triumph-over-old-money-0qx8tqvjp.

WCED (World Commission on Environment and Development) (1987) *Our Common Future* (Oxford: Oxford University Press) [Brundtland Report].

Weaver, M. (2001) 'Urban Regeneration – the Issue Explained', *The Guardian*, 19 March.

Weaver, M., and Lyons, K. (2019) 'Donald Trump Tells Prince Charles US Has a "Clean Climate"', *The Guardian*, 5 June; www.theguardian.com/us-news/2019/jun/05/donald-trump-tells-prince-charles-us-is-clean-on-climate-change.

Weber, M. (1948) *From Max Weber: Essays in Sociology*, ed. H. H. Gerth and C. W. Mills (London: Routledge & Kegan Paul).

Weber, M. (1951) *The Religion of China* (New York: Free Press).

Weber, M. (1952) *Ancient Judaism* (New York: Free Press).

Weber, M. (1958) *The Religion of India* (New York: Free Press).

Weber, M. (1963) *The Sociology of Religion* (Boston: Beacon Press).

Weber, M. (1979 [1925]) *Economy and Society: An Outline of Interpretive Sociology* (Berkeley: University of California Press).

Weber, M. (1992 [1904–5]) *The Protestant Ethic and the Spirit of Capitalism* (London: Allen & Unwin).

Weeks, J. (1986) *Sexuality* (London: Methuen).

Weeks, J. (1999) *Making Sexual History* (Cambridge: Polity).

Weeks, J., Heaphy, B., and Donovan, C. (2004) 'The Lesbian and Gay Family', in J. Scott, J. Treas and M. Richards (eds), *The Blackwell Companion to the Sociology of Families* (Oxford: Blackwell).

Weinberg, S. (1998) 'The Revolution that Didn't Happen', *New York Review of Books*, 45(15): 48–52.

Weinberg, T. (2008) *The Ultimate Social Media Etiquette Handbook*, www.techipedia.com/2008/social-media-etiquette-handbook/.

Weiss, T. G., and Thakur, R. (2010) *Global Governance and the UN: An Unfinished Journey* (Bloomington: Indiana University Press).

Weitzer, R. (2000) *Sex for Sale: Prostitution, Pornography, and the Sex Industry* (New York: Routledge).

Wellcome Trust (2013) *Summary Report of Qualitative Research into Public Attitudes to Personal Data and Linking Personal Data*, July, https://wellcome.ac.uk/sites/default/files/wtp053205_0.pdf.

Wessendorf, S. (2014) *Commonplace Diversity: Social Relations in a Super-Diverse Context* (Basingstoke: Palgrave Macmillan).

Westergaard, J. (1995) *Who Gets What? The Hardening of Class Inequality in the Late Twentieth Century* (Cambridge: Polity).

Wetherell, M., and Edley, N. (1999) 'Negotiating Hegemonic Masculinity: Imaginary Positions and Psycho-Discursive Practices', *Feminism & Psychology*, 9(3): 335–56.

Wharton, A. S. (2012) *The Sociology of Gender: An Introduction to Theory and Research* (2nd edn, Chichester: John Wiley).

Wheeler, D. L. (2006) *The Internet in the Middle East: Global Expectations and Local Imaginations in Kuwait* (Albany: State University of New York Press).

Whelehan, I. (1999) *Modern Feminist Thought: From the Second Wave to 'Post-Feminism'* (Edinburgh: Edinburgh University Press).

White C., van Galen, F., and Huang Chow, Y. (2003) 'Trends in Social Class Differences in Mortality by Cause, 1986 to 2000', *Health Statistics Quarterly*, 20(4): 25–37.

Whitten, S. (2019) 'Mattel Shares Soar after Strong Barbie Sales Fuel Surprise Profit', www.cnbc.com/2019/ 02/07/mattel-jumps-17percent-after-earnings-and-revenue-beat-.html.

WHO (World Health Organization) (2006a) *Preventing Child Maltreatment: A Guide to Taking Action and Generating Evidence* (Geneva: WHO).

WHO (World Health Organization) (2006b) *Constitution of the World Health Organization* (45th edn, Supplement), www.who.int/governance/eb/who_constitution_en.pdf.

WHO (World Health Organization) (2011) *World Report on Disability: Summary*, http://apps.who.int/iris/ bitstream/10665/70670/1/WHO_NMH_VIP_11.01_eng.pdf.

WHO (World Health Organization) (2014) 'WHO: Ebola Response Roadmap Update, 10 October', http://apps. who.int/iris/bitstream/10665/136161/1/roadmapupdate10Oct14_eng.pdf?ua=1.

WHO (2017a) 'HIV/AIDS', www.who.int/gho/hiv/en/.

WHO (2017b) 'Violence against Women', www.who.int/en/news-room/fact-sheets/detail/violence-against-women.

WHO (2018a) 'Age-Standardized Suicide Rates (per 100,000 population), Both Sexes, 2016', www.who.int/ mental_health/suicide-prevention/Global_AS_suicide_rates_bothsexes_2016.png?ua=1.

WHO (2018b) 'Disability and Health', www.who.int/news-room/fact-sheets/detail/disability-and-health.

WHO (2018c) 'Life Expectancy', www.who.int/gho/mortality_burden_disease/life_tables/situation_trends_ text/en/.

WHO (2021) 'Coronavirus Disease (Covid-19) Pandemic', 5 January, www.who.int/emergencies/diseases/ novel-coronavirus-2019.

Wicks, R. (2004) 'Labour's Unfinished Business', in *Overcoming Disadvantage: An Agenda for the Next 20 Years*
(York: Joseph Rowntree Foundation); www.jrf.org.uk/system/files/1859351433.pdf.

Wikström, P. (2019) *The Music Industry: Music in the Cloud* (3rd edn, Cambridge: Polity).

Wiktorowicz, Q. (2006) 'Anatomy of the Salafi Movement', *Studies in Conflict and Terrorism*, 29(3): 207–39.

Wilcox, B., Dew, J., and ElHage, A. (2019) 'Cohabitation Doesn't Compare: Marriage, Cohabitation, and

Relationship Quality', *Institute for Family Studies*, 7 February; https://ifstudies.org/blog/cohabitation-doesnt-compare--marriage-cohabitation-and-relationship-quality.

Wilkins, L. T. (1964) *Social Deviance: Social Policy Action and Research* (London: Tavistock).

Wilkinson, A., and Barry, M. (2020) 'Understanding the Future of Work', in A. Wilkinson and M. Barry (eds), *The Future of Work and Employment* (Cheltenham: Edward Elgar): 2–18.

Wilkinson, R. (1996) *Unhealthy Societies: The Afflictions of Inequality* (London: Routledge).

Wilkinson, R., and Pickett, K. (2010) *The Spirit Level: Why Equality is Better for Everyone* (London: Penguin).

Wilkinson, R., and Pickett, K. (2018) *The Inner Level: How More Equal Societies Reduce Stress, Restore Sanity and Improve Everyone's Well-Being* (London: Penguin).

Will, C. M., Armstrong, D., and Marteau, T. M. (2010) 'Genetic Unexceptionalism: Clinician Accounts of Genetic Testing for Familial Hypercholesterolaemia', *Social Science and Medicine*, 71(5): 910–17.

Williams, C. D. (2003) *Tales from Sacred Wind: Coming of Age in Appalachia* (Jefferson, NC: McFarland).

Williams, R. (1987) *Keywords: A Vocabulary of Culture and Society* (London: Fontana).

Williams, R., Hewison, A., Stewart, M., Liles, C., and Wildman, S. (2012) '"We Are Doing Our Best": African and African--Caribbean Fatherhood, Health and Preventive Primary Care Services, in England', *Health and Social Care in the Community*, 20(2): 216–23.

Williams, S. J. (1993) *Chronic Respiratory Illness* (London: Routledge).

Williams, S. J. (2010) 'New Developments in Neuroscience and Medical Sociology', in W. C. Cockerham (ed.), *The New Blackwell Companion to Medical Sociology* (Chichester: Wiley Blackwell): 530–51.

Willis, P. (1977) *Learning to Labour: How Working-Class Kids Get Working-Class Jobs* (London: Saxon House).

Wilson, B. (1982) *Religion in Sociological Perspective* (Oxford: Clarendon Press).

Wilson, E. (2002) 'The Sphinx in the City: Urban Life, the Control of Disorder, and Women', in G. Bridge and S. Watson (eds), *The Blackwell City Reader* (Oxford: Blackwell).

Wilson, J. Q., and Kelling, G. L. (1982) 'Broken Windows: The Police and Neighbourhood Safety', *Atlantic Monthly*, March.

Wilson, W. J. (1978) *The Declining Significance of Race: Blacks and Changing American Institutions* (Chicago: University of Chicago Press).

Wilson, W. J. (1999) *The Bridge over the Racial Divide: Rising Inequality and Coalition Politics* (Berkeley: University of California Press).

Wilson Center (2019) 'Timeline: The Rise, Spread, and Fall of the Islamic State', 28 October, www.wilsoncenter.org/article/timeline-the-rise-spread-and-fall-the-islamic-state.

Windebank, J., and Martinez-Perez, A. (2018) 'Gender Divisions of Domestic Labour and Paid Domestic Services', *Service Industries Journal*, 38(11–12): 875–95.

WIN-Gallup International (2012) 'Global Index of Religion and Atheism: Press Release', https://sidmennt.is/wp-content/uploads/Gallup-International-um-tr%C3%BA-og-tr%C3%BAleysi-2012.pdf.

Wirth, L. (1938) 'Urbanism as a Way of Life', *American Journal of Sociology*, 44(1): 1–24.

Wolfe, N. (2011) *The Viral Storm: The Dawn of a New Pandemic Age* (London: Allen Lane).

Women and Equality Unit (2004) *Women and Men in the Workplace* (London: Department of Trade and Industry).

Wood, J. (1984) 'Groping towards Sexism: Boys' Sex Talk', in A. McRobbie and M. Nava (eds), *Gender and Generation* (London: Macmillan).

Wood, M., Hales, J., Purdon, S., Sejersen, T., and Hayllar, O. (2009) *A Test of Racial Discrimination in Recruitment Practice in British Cities* (Norwich: The Stationery Office).

Wood, S. (1989) *The Transformation of Work? Skills, Flexibility and the Labour Process* (London: Unwin Hyman).

Woodcock, J., and Graham, M. (2020) *The Gig Economy: A Critical Introduction* (Cambridge: Polity).

Wooden, C. (2020) 'Pope Francis Attacks "Evil" of "Gender Theory"', *The Tablet*, 5 February; www.thetablet.co.uk/news/12451/pope-francis-attacks-evil-of-gender-theory.

Woodrum, E. (1988) 'Moral Conservatism and the 1984 Presidential Election', *Journal for the Scientific Study of Religion*, 27(2): 192–210.

Woodward, K. (2015) 'Sex, Gender and Sexuality: The Case for Critical Analysis', in M. Holborn (ed.), *Contemporary Sociology* (Cambridge: Polity): 35–64.

World Bank (1995) *Workers in an Integrating World* (New York: Oxford University Press).

World Bank (1997) *World Development Report 1997: The State in a Changing World* (New York: Oxford University Press).

World Bank (2000) *Attacking Poverty: World Development Report 2000/1* (New York: Oxford University Press).

World Bank (2004) *World Development Report: Making Services Work for Poor People* (New York: Oxford University Press).

World Bank (2011) *World Development Indicators 2011* (Washington, DC: World Bank).

World Bank (2013) 'Education Expenditures: A Global Report', https://datatopics.worldbank.org/education/StateEdu/StateEducation.aspx https://data.worldbank.org/indicator/SE.XPD.TOTL.GB.ZS.

World Bank (2015) 'Morocco to Make History with First-of-its-Kind Solar Plant', www.worldbank.org/en/news/ feature/2015/11/20/morocco-to-make-history-with-first-of-its-kind-solar-plant.

World Bank (2017) 'International Tourism', https://data.worldbank.org/indicator/ST.INT.ARVL; and https:// data.worldbank.org/indicator/ST.INT.XPND.CD.

World Bank (2018a) 'Classifying Countries by Income', 9 September, http://datatopics.worldbank.org/world-development-indicators/stories/the-classification-of-countries-by-income.html.

World Bank (2018b) 'New Country Classifications by Income Level: 2018–2019', I July, https://blogs.worldbank. org/opendata/new-country-classifications-income-level-2018-2019.

World Bank (2019) 'Population Growth: Annual %', https://data.worldbank.org/indicator/SP.POP.GROW.

World Bank (2020a) 'World Bank Country and Lending Groups', https://datahelpdesk.worldbank.org/knowl edgebase/articles/906519-world-bank-country-and-lending-groups.

World Bank (2020b) 'Government Expenditure on Education, Total (% of GDP)', https://data.worldbank.org/ indicator/SE.XPD.TOTL.GD.ZS.

World Food Programme (2001) 'News Release: WFP Head Releases World Hunger Map and Warns of Hunger "Hot Spots" in 2001', 9 January, https://reliefweb.int/report/afghanistan/wfp-head-releases-world-hunger-map-and--warns-hunger-hot-spots-2001.

World Food Programme (2018) 'Hunger Map – 2018', www.wfp.org/publications/2018-hunger-map.

World Population Review (2015) 'Shanghai Population', http://worldpopulationreview.com/world-cities/ shanghai--population/.

World Population Review (2020) 'Newly Industrialized Countries, 2020', https://worldpopulationreview.com/ country--rankings/newly-industrialized-countries.

World Weather Attribution (2020) 'Attribution of the Australian Bushfire Risk to Anthropogenic Climate Change', 10 January, www.worldweatherattribution.org/bushfires-in-australia-2019-2020/.

Worrall, A. (1990) *Offending Women: Female Law-Breakers and the Criminal Justice System* (London: Routledge).

Wouters, C. (2002) 'The Quest for New Rituals in Dying and Mourning: Changes in the We–I Balance', *Body and Society*, 8(1): 1–27.

Wouters, C. (2004) *Sex and Manners: Female Emancipation in the West 1890–2000* (London and New York: Sage).

Wright, C. (1992) *Race Relations in the Primary School* (London: David Fulton). Wright, E. O. (1978) *Class, Crisis and the State* (London: New Left Books).

Wright, E. O. (1985) *Classes* (London: Verso).

Wright, E. O. (1997) *Class Counts: Comparative Studies in Class Analysis* (Cambridge: Cambridge University Press).

Wrigley, E. A. (1968) *Population and History* (New York: McGraw-Hill).

Wuthnow, R. (1988) 'Sociology of Religion', in N. J. Smelser (ed.), *Handbook of Sociology* (Newbury Park, CA: Sage).

Wykes, M., and Gunter, B. (2005) *The Media and Body Image* (London: Sage).

Yanhai, W., Ran, H., Ran, G., and Arnade, L. (2009) 'Discrimination against People with HIV/AIDS in China',
Equal Rights Review, 4: 15–25; www.equalrightstrust.org/ertdocumentbank/china.pdf.

Yinger, J. M. (1970) *The Scientific Study of Religion* (London: Routledge).

Young, I. M. (1980) 'Throwing Like a Girl: A Phenomenology of Feminine Body Comportment, Motility and Spatiality', *Human Studies*, 3: 137–56.

Young, I. M. (1990) *Throwing Like a Girl and Other Essays in Feminist Philosophy and Social Theory* (Bloomington: Indiana University Press).

Young, I. M. (2005) *On Female Body Experience: Throwing Like a Girl and Other Essays* (New York: Oxford University Press).

Young, M. D., and Willmott, P. (1957) *Family and Kinship in East London* (London: Routledge & Kegan Paul).

Young, M. D., and Willmott, P. (1973) *The Symmetrical Family: A Study of Work and Leisure in the London Region* (London: Routledge & Kegan Paul).

Zald, M., and McCarthy, J. (1987) *Social Movements in an Organizational Society: Collected Essays* (New Brunswick, NJ: Transaction Books).

Zammuner, V. L. (1986) 'Children's Sex-Role Stereotypes: A Cross-Cultural Analysis', in P. Shaver and C. Hendrick (eds), *Sex and Gender* (Beverly Hills, CA: Sage).

Zamudio, M. M., Russell, C., Rios, F. A., and Bridgeman, J. L. (eds) (2011) *Critical Race Theory Matters: Education and Ideology* (New York: Routledge).

Zayani, M. (ed.) (2005) *The Al Jazeera Phenomenon: Critical Perspectives on New Arab Media* (New York: Paradigm).

Zelizer, V. A. (2017 [1997]) *The Social Meaning of Money: Pin Money, Pay Checks, Poor Relief and Other Currencies* (Princeton, NJ: Princeton University Press).

Zhang, C., Li, X., Liu, Y., Qiao, S., Zhang, L., Zhou, Y., Tang, Z., Shen, Z., and Chen, Y. (2016) 'Stigma against People Living with HIV/AIDS in China: Does the Route of Infection Matter?', PLOS ONE, 11(3); https:// doi.org/10.1371/journal.pone.0151078.

Ziai, A. (ed.) (2007) *Exploring Post-Development: Theory and Practice, Problems and Perspectives* (London: Routledge).

Zimbardo, P. G. (1969) 'The Human Choice: Individuation, Reason, and Order versus Deindividuation, Impulse, and Chaos', in W. J. Arnold and D. Levine (eds), *Nebraska Symposium on Motivation* (Lincoln: University of Nebraska Press).

Zimbardo, P. G. (2008) 'The Journey from the Bronx to Stanford to Abu Ghraib', in R. Levine, A. Rodrigues and L. Zelezny (eds), *Journeys in Social Psychology: Looking Back to Inspire the Future* (New York: Psychology Press): 85–104.

Žižek, S. (2011) *Living in the End Times* (rev. edn, London: Verso).

Žižek, S. (2012) *Less than Nothing: Hegel and the Shadow of Dialectical Materialism* (London: Verso).

Zolfagharifard, E. (2014) 'Meet Bob, Britain's First ROBOTIC Security Guard: Droid Roams Offices Looking for Suspicious Behaviour – and Calls for Backup', 16 June, www.dailymail.co.uk/sciencetech/article-2659036/ Meet-Bob-Britains-ROBOTIC-security-guard-Droid-roams-offices-looking-suspicious-behaviour-calls-backup.html.

Zuboff, S. (1988) *In the Age of the Smart Machine: The Future of Work and Power* (New York: Basic Books).

Zuboff, S. (2019) *The Age of Surveillance Capitalism* (London: Profile Books).

Créditos das figuras

Capítulo 1
- 3 Jeff Holmes/JSHPIX/Shutterstock
- 6 Mariusz Szczawinski/Alamy Stock Photo
- 7 UK Dept for International Development/Flickr
- 10 Google Art Project/Wikimedia Commons
- 16 Neil Cummings/Wikimedia Commons
- 19 Rawpixel.com/Shutterstock
- 24 monkeybusinessimages/iStock

Capítulo 2
- 33 tbradford, iStock
- 38 Marjorie Kamys Cotera/Bob Daemmrich Photography/Alamy Stock Photo
- 39 Aaron Bacall, Cartoonstock
- 40 joyt/iStock
- 42 The New Yorker Collection 1986 J. B. Handelsman from Cartoonbank.com. All rights reserved
- 45 Doonesbury Copyright 1985 & 1980 G. B. Trudeau. Reprinted with permission of Universal Press Syndicate. All rights reserved
- 47 Peanuts 1993 Copyright UPS
- 48 Basicdog/Shutterstock
- 51 Jason Love, Cartoonstock
- 52 Eddie Gerald/ Alamy Stock Photo
- 55 Philip Zimbardo/Stanford University
- 58 Associated Press

Capítulo 3
- 70 Piblet/Flickr
- 74 Fran, Cartoonstock.com
- 76 dpa picture alliance/Alamy Stock Photo
- 78 Bettmann/Corbis
- 83 Photononstop/Alamy Stock Photo
- 86 Sean Locke/iStock
- 90 Nabita Mujusson. Courtesy of Southall Black Sisters
- 92 Karel Tupý/Alamy Stock Photo
- 96 Chensiyuan/Wikimedia Commons
- 103 IAEA Imagebank, Greg Webb/Flickr

Capítulo 4
- 111 NASA/GSFC/Flickr
- 115 Woodlouse/Flickr
- 123 Hirarchivum Press/Alamy Stock Photo
- 125 Wikimedia Commons
- 130 Laiotz/Shutterstock
- 133 pixzzle/iStock
- 135 RomitaGirl67/Flickr
- 141 Barbaragin/Flickr

Capítulo 5
- 153 Mark Thomas/Shutterstock
- 155 Poussin, 'Landscape during a Thunderstorm with Pyramus and Thisbe', Wikimedia Commons
- 158 Alan Levine/Flickr
- 167 Wiley Miller, Cartoonstock.com
- 174 Bruno Giuliani/iStock
- 181 Fiona Bradley, Wikimedia Commons
- 187 Kelly/Pexels
- 188 jimiknightley/iStock

Capítulo 6
- 200 Dave Allocca/Starpix/Shutterstock
- 203 Dean Conger/Corbis
- 211 Jonas Gratzer/LightRocket via Getty Images
- 222 Emmanuel Dyan/Flickr
- 225 stockstudioX/iStock
- 235 pieter/Shutterstock

Capítulo 7
- 243 Nalidsa Sukprasert/iStock
- 246 Bob Mankoff, Cartoonstock.com
- 250 Jrmodugno/Wikimedia Commons
- 253 Alfa Lifestyle Productions
- 255 Martin/Flickr
- 258 Chronicle/Alamy Stock Photo
- 265 Gabriela Galván/Pexels
- 269 HomoCosmicos/iStock
- 279 Pesto Maria/Shutterstock

Capítulo 8
- 287 Michael Steele/NMC Pool/PA Images/Alamy Stock Photo
- 296 PA Photos
- 307 Ethan Wilkinson/Unsplash
- 311 william87/iStock
- 318 Popperfoto/Getty Images
- 323 Fishman64/Shutterstock
- 328 Lorraine Boogich/iStock

Capítulo 9
- 336 monkeybusinessimages/iStock
- 337 Trevor Collens/Alamy Stock Photo
- 340 38 Degrees/Flickr
- 343 Thomas Schoch/Wikimedia Commons
- 349 Wavebreakmedia/iStock
- 353 MIA Studio/Shutterstock
- 356 Malcolm McGookin, Cartoonstock.com
- 357 Doris Pecka/Pixabay
- 361 Mike Kemp/In Pictures via Getty Images
- 368 Monkey Business Images/Shutterstock

Capítulo 10
- 382 Pixel-shot/Alamy Stock Photo
- 384 e Toilet of Venus' c. 1613 Rubens. Private Collection, copyright Giraudon/Bridgeman Art Library
- 386 New Yorker Collection 2001/David Sipress from Cartoonbank.com
- 390 Phanie/Alamy Stock Photo
- 393 VillageHero/Flickr
- 397 Intel Free Press/Wikimedia Commons
- 402 martin_vmorris/Flickr
- 406 UNMEER/Flickr
- 417 US Army/Flickr
- 421 Mats/Flickr

Capítulo 11
- 430 Simon Dack/Alamy Stock Photo
- 435 Joel Carillet/iStock
- 436 Photofusion Library/Alamy
- 443 Commission for Racial Equality (now incorporated into the Equality and Human Rights Commission)
- 447 PA Images/Alamy Stock Photo
- 452 EyeMark/iStock
- 453 Daniel Ross/iStock
- 459 Ken Pyne
- 464 Fotomaton/Alamy Stock Photo

Capítulo 12
- 472 gorodenko /iStock
- 476 Paul Ekman
- 478 Tim Russell/iStock
- 480 Mike Stokoe/Cartoonstock.com
- 485 cagkansayin/iStock
- 486 Jacques Langevin/Sygma/Corbis
- 491 funstock/iStock
- 494 Lisa F. Young/Shutterstock
- 500 Casimiro/Alamy Stock Photo

Capítulo 13
- 507 aomam/iStock
- 510 south/Flickr
- 515 Werner Bayer/Flickr
- 519 Andrew Fox/Corbis
- 527 IR_Stone/Flickr
- 532 Hilary h/Flickr
- 537 Shutterstock
- 542 eset38/iStock

Capítulo 14
- 549 Ian Shaw/Alamy Stock Photo
- 551 RODNAE Productions/Pexels
- 555 SolStock/iStock
- 561 Henry Diltz/Corbis
- 565 nemke/iStock
- 568 JohnnyGreig/iStock
- 573 Lisa Wollett/Photofusion Picture Library
- 581 Karsten Schley, Cartoonstock.com
- 583 Ground Picture/Shutterstock

Capítulo 15
- 593 Geo Smith/Alamy Stock Photo
- 597 Monkeybusiness images/iStock
- 603 PeopleImages/iStock
- 607 Photofusion/Shutterstock
- 614 Jonathan Banks/Rex Features
- 621 Mike Baldwin, Cartoonstock.com
- 622 Mint Images Limited/Alamy Stock Photo
- 628 Kevin Chodzinski/Flickr

Capítulo 16
- 637 School Strike 4 Climate/Flickr
- 638 HANNA FRANZEN/EPA-EFE/Shutterstock
- 641 Duncan Hill/Flickr
- 643 R Neil Marshman/Wikimedia Commons
- 654 Homer Sykes/Alamy
- 658 DavidF/iStock
- 662 Janine Weidel Photo Library/Alamy
- 673 yvonnestewarthenderson/Shutterstock
- 677 David Humphreys/Alamy Stock Photo

Capítulo 17
- 686 NEIL HALL/EPA-EFE/Shutterstock
- 692 ClassicStock/Alamy Stock Photo
- 697 [l] Roger Viollet/Shutterstock
- 697 [r] imageBROKER/Alamy Stock Photo
- 700 Sion Touhig/Corbis
- 704 Studio-Annika/iStock
- 708 chombosan/Alamy Stock Photo
- 710 Marty Bucella, Cartoonstock.com
- 714 Jacob Lund/Alamy Stock Photo
- 721 david pearson/Alamy Stock Photo

Capítulo 18
- 730 roger parkes/Alamy Stock Photo
- 732 Matushchak Anton/Shutterstock
- 736 truthseeker08/Pixabay
- 745 Robin Utrechtt/Shutterstock
- 753 Nigel Roddis/EPA/Shutterstock
- 760 Ebrahim Noroozi/AP/Shutterstock
- 762 Faruk Melik ÇEVİK/Unsplash

Capítulo 19
- 769 simon leigh Alamy Stock Photo
- 776 Marcus Harrison – business/Alamy Stock Photo
- 783 George Milton/Pexels
- 785 Mike Baldwin, Cartoonstock.com
- 787 Paul Piebinga/iStock
- 792 Lehtikuva Oy/Rex Features
- 798 Jim West/ZUMA Wire/Shutterstock
- 806 Somrerk Kosolwitthayant/Shutterstock
- 808 PA Photos

Capítulo 20
- 816 [l] The Photo Access/Alamy Stock Photo

Créditos das figuras 1041

816 [r] Clifford Norton/Alamy Stock Photo
817 Fran, Cartoonstock.com
823 Astrelok/Shutterstock
829 bkang83/Flickr
834 Erik Pendzich/Alamy Stock Photo
837 Igal Shkolnik/Shutterstock
843 William Gibson/Unsplash
849 Michael Nigro/Pacific Press/Shutterstock
852 George Cracknell Wright/LNP/Shutterstock

Capítulo 21

864 Zsolt Szigetvary/EPA-EFE/Shutterstock
867 Stephen Chung/LNP/Shutterstock
870 Neil Ward/Flickr
874 SolStock/iStock
880 Sven Tor nn/Panos Pictures
883 Bettmann/Corbis
891 Bruce Adams/ANL/Shutterstock

Capítulo 22

900 Kent Police
901 travelibUK/Alamy Stock Photo
903 Mati Sánchez/Pixabay
904 Chris Howes/Wild Places Photography/Alamy Stock Photo
909 New Yorker Collection 1997 Michael Mastin/Cartoonbank.com
913 vidguten/Shutterstock
916 mikeinlondon/iStock
925 Steve Holroyd/Alamy Stock Photo
935 AFP/Getty Images

Índice

Os números de página em *itálico* se referem a figuras e imagens; em **negrito**, eles indicam tabelas.

Abbott, P. 22, 88-9
abordagem unitarista 313-314
Abrahamson, M. 512-3, 514-15, 523-4
abuso sexual de crianças 606-7, 931
abuso/violência doméstica 600, 607-9, 926
    LGBTQIA+ 928
    pandemia da covid-19 402, 609
academias municipais 670-2
"ação comunicativa", teoria 79
Acheson Report 411-12
ações diretas 265, 855
Acordo de Paris (COP24) 169-170
administração da impressão 483-5
Adorno, T. 78, 781-2, 792
Afeganistão
    invasão liderada pelos EUA 760-1, 837-8
    Talibã 833, 837-8
África
    colonialismo, nacionalismo e estados pós-coloniais 872-3
    consequências em potencial do aquecimento global 162
    crescimento da população urbana *511-2*
    doença do vírus Ebola (EVD) 407-10
    emprego na agricultura **117**
    HIV/aids 211, 221, 570
    participação eleitoral **842**
    subnutrição e causas da crise alimentar 212
    ver também países específicos
África do Sul, sistema *apartheid* 299-301, 342, 887, 888
África Ocidental: doença do vírus Ebola (EVD) 407-10
Afro-americanos
    conceito de raça 290
    dispositivos de exclusão 299-300
    movimento Black Lives Matter 848, *849*, 917
    movimento de direitos civis 20-1, 739-41, 848, 850-2
    subclasse 361-3
    urbanos 20, 512-14, 532-3
Afro-caribenhos
    crianças 612, 661-2, *662-3*
    escândalo de Windrush 317-318, 318-21
    famílias 612
    ver também racismo; *entradas com termos como* negro; étnico; racial
agressão sexual e estupro 926-7
água potável segura 170-2

Al Jazeera 808-9
Albanese, J. S. 933-4
aldeia global 771
Aldridge, A. 731, 732
Alemanha
    ataque terrorista solitário 889-90
    Escola de Frankfurt de teoria crítica 77-8, 781-2, 792-3, 794-5, 820
    migrantes turcos 326-8
    Muro de Berlim, demolição do *837*
    ver também Holocausto
Alexander, J. C. 83
alfabetização 213
    e analfabetização 666-8
alienação 24, 345, 692-3, 710
    e religião 734-5
alocação de recursos e grupos fechados 299-301
al-Qaeda 760-1, 833, 857-8, 889-3
    ataques de 11 de setembro 104, 318-320, 755-59, 760-1, 887
Alzheimer, doença 572
Amazon 200-1, 699, 708
    Amazon Video 776-8, 779-80
ambientes letrados, criando 667-9
América do Norte
    consequências potenciais do aquecimento global 163-4
    crescimento da população urbana *511-2*
    participação do eleitor **842**
América Latina
    civilizações tradicionais 117
    consequências potenciais do aquecimento global 162
    crescimento da população urbana *511-2*
    desnutrição 212
    guerra às drogas no México 938-9
    participação do eleitor **842**
    teorias de dependência 229-31
American Psychological Association 247
American Sociological Association 26
Amigos da Terra 190
Amin, A. 516-18, 537-8
amor
    "caos normal" do 614-15
    confluente 613
    líquido 615-17
    romântico 594, 613, 629

amostragem
  aleatória 51-2
  bola de neve 52
  de conveniência 52
  levantamentos (*surveys*) 51-2
  representativa 51
amplificação do desvio 909
análise conversacional 492-3
análise crítica do discurso *ver* análise do discurso; discursos
análise de dados *ver* análises de *big data*
análise do discurso
  globalização 137
  mídia 789-90
"análise dramatúrgica" 85-6, 484-5, 486-7
análise populacional: demografia 216-17
  principais conceitos 218-19
análises de *big data*
  PredPol 901
  vigilância de telefone celular 408-10
analogia orgânica da sociedade 19-21, 99
Anderson, B. 532-3
Anderson, E. 482-3
Andrews, D. 375-6
Annan, K. 409-10, 847
anomia
  crime e desvio de conduta 905, 907
  e mudança social 13-16
anorexia nervosa e distúrbios de alimentação 382-4, 396
antissemitismo *295-296*, 298-299
Antropoceno, era 191-2
antropologia 93
apartheid, África do Sul 299-301, 342, 887, 888
apoio intergeracional 579-81, 626-7
aposentadoria
  "aposentadoria parcial" 576
  do Estado 575, 576, 578
  mudanças de idade 577
  privada/ocupacional 573-4, 575-6
aprendizagem ao longo da vida e TIC 677-8
aquecimento global/mudança climática 159-61
  consequências potenciais do 162-4, 173-174
  definição de 161-2
  e sociedade de risco 103
  impacto sobre países de baixa renda 213
  incêndios florestais na Austrália 770
  interesses nacionais e ação global 858-59
  negação do 70-1
  questionando a ciência 164-6
  respondendo ao 166-8
  ver também mudança climática
árabes
  representações da mídia 803
  ver também Israel-Palestina; Oriente Médio
Archer, M. 98

AROPE, medição 434
Ashworth, A. E. 57
Ásia
  consequências potenciais do aquecimento global 162
  crescimento populacional urbano *511-2*
  movimentos de democracia 838
  participação do eleitor **842**
  ver também países específicos
asiático-britânicos *874*, 875, 931
  ver também etnicidade
assaltos 912
assassinatos
  e racismo 296-8, *849*
  e violência doméstica 608
assédio sexual 258, 265, 488
Assembleias Dominicais, não religiosas 730-1, 744-5
assistência social: famílias monoparentais 621
assistentes virtuais inteligentes (IVA) 717-18
Associação Internacional de Lésbicas, Gays, Bissexuais, Trans e Intersexuais (ILGA) 272, *273*
ataques com motivações raciais 296-297, 306-307
ataques terroristas de 11 de setembro 104, 318-320, 755-9, 760-1, 887
atavismo 904
ateísmo 742-3, 743-4, 755-6, 763
aterros sanitários *158*, 171-3, 173-174, 538
atividade solar *versus* mudança climática antropogênica 165
ativismo ambiental 153-4, 157, 177-9, 206, 833
  greves escolares pelo clima 637-9, 642-6
  movimento por justiça ambiental 190-1, 538
  ver também grupos específicos
ativismo *ver* novos movimentos sociais (NMS); movimentos sociais; *grupos e questões específicas*
ativismo/movimento das pessoas com deficiência 416-18, 420-22
Atlassian, companhia de *software* 337
atração e repulsão, teorias de migração 326-327
atração sexual/corpos idealizados 247, *255*, 256, 383-4
Attali, J. 781-2
audiência ativa 799-801
audiências e representações 799-804
Augar, P. 673-4
Aum Shinrikyo, culto no Japão 752-3
aumentos do nível do mar 164
Aung San Suu Kyi 822
ausência de resposta nos levantamentos 53
Austrália
  aquecimento global 162-3, 770
  povos aborígenes/indígenas 124, 289, 736-7, 737-8, 887
  ver também Oceania
autoconhecimento e movimentos sociais 26
autoconhecimento, desenvolvimento do 550-2
autoformação e socialização 550-60

automação
botnets e cibercrime 936-7
inteligência artificial e robótica 76, 77, 707-12, 722-3, 723-4
automonitoramento e "cuidado de si" 390
autoridade
ceticismo e desconfiança 844
confucionismo 225
estados pós-coloniais 872
Estados-Nações 389
médica 821
movimentos religiosos 750-1
patriarcal 266-7
professores 643-6, 648-9, 647, 651-2
tradição *versus* ciência 126
tradicional, carismática e racional-legal 819
autoritarismo
e democracia 822, 836, 838-9
formas de 822-4
"autoritarismo competitivo" 824
autoritarismo militar 822-3

baby boomers 562
cultura jovem *hippie* 561
e *millenials* 567-8
economia religiosa 757
Bailey, J. 246
Bailey, R. 564
"baixa renda absoluta" e "baixa renda relativa" 443-6
Ball, S. 671-2
Banco Mundial 122, 132
classificação dos países 121, 206, 207, 223
definição de pobreza 432
energia solar 187
gastos do governo com educação *664*
relatório *Sino-Singapore Tianjin Eco-City* 541
Bangladeshi, minoria *ver* etnicidade
Banton, M. 290
Barbie e o desenvolvimento de cadeias produtivas globais 134-6
Barcelona: renovação urbana 531-2
Barnard, H. 442, 442-3
Barnes, C. 418-19, 804
"barões da imprensa" 786
e magnatas da mídia 788-9
Bascos, Espanha 869-70, 871-3, 889-90
Bastani, A. 77
Batty, E. 531
Baudrillard, J. 91, 92, 796-9
Bauman, Z. 56, 91-2, 583-4, 585-6, 615-16, 796, 828, 829, 876
sobre Holocausto 882
Bazeley, A. *374*, 375

BBC
câmeras robóticas 708
disparidades salariais entre homens e mulheres 705
levantamento de classe social 364-365
Beall, J. 513-14
Beck, U. 103-5, 177, 178-9, 362-3, 409-10, 616, 744-5
Becker, H. 749-50, 795
teoria da rotulação 908-09
Beckford, J. 733
Beck-Gernsheim, E. 614-15, 616
Beckham, D. *357-359*
Beddington, J. 165
Beer, D. 500
Bell, D. 191
Bellah, R. N. 745-8
bem-estar social liberal, regime 457
Bendix, R. 369
benefício habitacional 465
benefícios por carência comprovada (*means-tested benefits*) 457, 460
Berger, D. G. 781-3
Berners-Lee, T. 772-3
Bernstein, B. 644-8, 650-1, 652-3
Berrington, A. 610
Bettencourt, L. 203
Beveridge, plano (1942) 458, *459*
Bezos, J. 200-1
Biggs, M. A. 486-7
bilionários/indivíduos super-ricos 200-1, 202, *337*, 338
biotecnologia
alimentar 173-6
saúde 396-8
Birmingham Centre for Contemporary Cultural Studies 300-2, 912
bispos/sacerdotes 752-5
Black Lives Matter, movimento 848, *849*, 917
Black Report (DHSS) 409-10, 410-12
Blair, T. 932-4
Blanden, J. 372
Blau, P. 367-9
Blauner, R. 710, 711
Blinder, A. S. 721-2
Blokland, T. 522-23
Blue story (filme) 802-3
Blumer, H. 85, 849-50
bode expiatório, grupos étnicos 293-295, 298-300, 320-322
Bonger, W. A. 911
Bootle, R. 847
Borja, J. 532, 541-2
Boswell, J. 594
Bourdieu, P. 363, 364-5, 365-6, 560, 648-51, 651-2, 652-3, 653-6

Bovill, M. 780-1
Bowles, S. 641-6
Box, S. 932-3
Branch Davidian, seita (Waco, Texas) 749-50
Brannen, J. 626-7
Braverman, H. 711-12
brechas digitais 774-5
Breen, R. 375
Brewer, J. D. 886-7
brinquedos
    "Barbie" 134-6
    preferências de gênero 556
British Academy of Film and Television Arts (Bafta) 803
British Crime Survey *ver* Crime Survey for England and Wales (CSEW)/(BCS)
British Household Panel Survey (BHPS) 448-9, 449-50
British Nationality Act (1981) 317-318, 318-319
British Social Attitudes Surveys 584-6, 605
British Sociological Association 27
Brubaker, R. 292-293, 312-313, 328-329, 865
Bruegel: *Provérbios holandeses* 10
Brundtland, relatório (WCED) 183-5
Budd, J. W. 688
Budismo 734-5, 735, *736-7*, 742-3, *806*
    movimento da Nova Era 750-1, 751-2
Buffett, W. *200*, 201
Bullivant, S. *755-6*, 755-6
bullying
    cyberbullying 473-4
    e assédio 473
Burawoy, M. 26-7
burocracia 18
    e democracia 827-30
Burrows, R. 61
Bush, G. H. W. 798-9
Bush, G. W. 887
Butler, J. 89, 262, 479
Bynner, J. 373-5

cadeias produtivas globais 136
    "Barbie" 134-6
café 5-8, 9
Cahill, S. 484
Calarco, J. M. 651-2
Calvinismo 84, 749-50
Camboja: regime do Khmer Vermelho 880-1
Cameron, D. 415-16, 816-17
campo, conceito de 648-50
Cannon-Brookes, M. *337*
capacidades, abordagem 821
capacidades do computador e miniaturização 771-3
capital cultural 363, 364-365, 648-50, 653-6
    adquirindo 650-2
    aniquilação cultural *versus* 887
    e formação do "*habitus*" 648-51

capital econômico 363, 364-365, 648-50, 653-6
capital simbólico 363, 648-50
capital social 363, 364-365, 648-50
    migrantes 326-8
    televisão e declínio do 779-80
capitalismo
    "capitalismo de plataforma" 717-18
    "capitalismo de vigilância" 717-18
    China 234
    e a teoria da modernização ecológica (ME) 189
    e comunismo 833, 834, 836
    e crime corporativo 931-3, 932-3
    e democratização 839
    e desigualdade global 202-4
    e mídia global 807
    e tecnologia 124, 525-6, 711-12
    mercado de trabalho e deficiência 418-19
    ver também Escola de Frankfurt de teoria crítica; Marx, K.; marxismo/teoria marxista; Weber, M.
Cappellini, B. 602-3
Cardoso, F. H. 229-31
Caribe
    aumentos do nível do mar 164
    crescimento da população urbana *511-2*
Carmichael, S. 296-297
carros
    autônomos 708
    dependência de 167
    elétricos 181-2
    emissões 170-71
        controles 186
    posse 180-2
casamento
    após coabitação 627
    arranjado 610
    do mesmo sexo/parcerias civis 273-4, 594-5, 621-4, 627, 928
    famílias com dupla renda 365-367, 461-2
    forçado, Sul da Ásia 611
    história das famílias e 594, 599-600, 612-13, 630-1
    individualismo afetivo 613
    segundo casamento 624-5
    Sul da Ásia 610-11
    ver também divórcio; família(s)
castas, sistema 341-2, *343*
Castells, M. 522-3, 525-7, 532, 534-5, 541-2, 774-5, 775-6, 776-8, 856-8, 889-90, 934-6
Castles, S. 315-316, *324*, 325-7
catexia e ordem de gênero 267
causa biológica do crime e da delinquência 904-5
causa e correlação 46-9
    controles 47-8
    identificando causas 48-9
    mecanismos causais 46-7
causas estruturais da pobreza 446-9

Chambers, D. 495-6, 595, 601
Chambers, P. 601
chances de vida desiguais 210-16
chão de vidro 338
   e teto pegajoso 373
Chase-Dunn, C. 230-231
Child Poverty Act (2010) 441
Child Poverty Action Group 441, 442
Children Act (1989) 620, 621
Children's Commissioner 454
China
   cadeias de mercadorias globais 134-135, 136
   capitalismo 234
   Conferência da ONU sobre as Mulheres, Pequim (1995) 266
   confucionismo 735-9
   desenvolvimento
      em meio à desigualdade 234
      país de renda média (GNI) 206, 207, 222
   e EUA: estudos de atividade do mesmo sexo/HSH 33-6, 37, **38**
   e Hong Kong 838, 856-7
   estado nacional *versus* mídia global 777
   meio ambiente
      emissões e qualidade do ar 166-7, *537*
      proibição de importação de resíduos 172-173
   migração rural-urbana 535
   muçulmanos uigures 770
   pandemia
      covid-19 399-400, 401, *537*, 609, 858-59
      HIV/aids, estigma de 405
   população envelhecendo 580
   produção da mídia 807
   protesto da Praça da Paz Celestial 836
   revolução social 58-9
   urbanização 535-6, 540
      cidades sustentáveis 541
Chodorow, N. 559-60
Chomsky, N. 789
"choque de civilizações" 760-1
cibercrime 934-9
ciberespaço 774-5, 775-6
"cibermaneiras"/netiqueta 496-7
ciborgues 583
Cicourel, A. 87
cidadania
   britânica 317-318, 318-319
   característica dos Estados-Nações 819
   cosmopolita 104-5
   direitos e responsabilidades 456, 876
   ecológica 191
      justiça ambiental e 190-1
   evolução da 456

cidades 507-9
   asiáticas 530
   globais 513-18, 542
   industrialização e urbanização 509-12
   inteligentes: Songdo, Coreia do Sul 507-8, 528
   modernas, desenvolvimento 512-14
   na era global 540-2
   "novas" 507-8
   sustentáveis 538-40, 541, *542*
   Sul Global: poluição do ar 536, *537*
   ver também entradas contendo urbano
ciência
   clima *ver* Painel Intergovernamental sobre Mudanças Climáticas (IPCC)
   e ideologia 830-1
   e religião 734-5
   e secularização 126
   e sociologia/sociologia científica 27, 36-43, 71
      ver também pesquisa
   médica *ver* modelo biomédico; *entradas contendo* médico
   positivismo 12, 39-40, 74-5
ciência e tecnologia
   capitalismo 124
   riscos 103-4, 192
   sociedade industrial 18
   teoria da modernização ecológica (ME) 186, 187, 192
ciência médica
   e envelhecimento 583, 583-4
   e telemedicina *397*
   ver também modelo biomédico
ciência natural e sociologia científica 41-3, 71
"ciência revolucionária" 41
cientologia 751-2
cinco trabalhos das mulheres 706
Cingapura
   autoritarismo brando 823-4
   Tianjin Eco-City 541
Círculo de Viena 39
city academies 671-2
civilização europeia e racismo 288-9
civilizações antigas/tradicionais 117, *118*, 119, 124, 509, 888
civis
   alvos 877, 885, 888
   "dano colateral" 878
classe alta 353-6
classe de serviços 356-358, 359-360
classe média
   crime de "colarinho branco" 931-3
   expansão 356-60
   mães e exibições familiares 602-3
   tese do aburguesamento 359-61
   ver também profissões; trabalhadores de "colarinho branco"

classe social
　categorias 353-61
　definição de 343-4
　e educação 653-6, 671-2
　　etnicidade 660-1, 661-2, 663-4
　　mobilidade social 336-8
　　reprodução cultural 644-50
　e estilos de vida 362-5
　e estruturas familiares 610
　e justiça ambiental 190
　e linguagem 644-8
　e mídia
　　representações 801
　　teorias da recepção 800
　e ocupação 350-3
　e saúde 409-13, 411-12
　meritocracia e persistência da 375-6
　morte da 364
　teorias 344-50
　ver também conflito de classes; consciência de classe; classe média; classe trabalhadora
classe trabalhadora
　a desidentificação das mulheres com a 365-366
　delinquência/criminalidade 81-3, 906, 907-08
　fracasso escolar e trabalho braçal 647-9, 647-8
　mudança na 359-61
　ver também trabalhadores de "colarinho azul"; conflito de classes
classificação do mundo da maioria/minoria 121, 122, 205
classificação dos países como renda alta/média/baixa 123, 206-7
classificações
　biológicas de raça 288, 289, 298-299
　classe social 353-61
　de desigualdade global 204-5
　de etnicidade 308-10
　de idade 554
　de raça 288-9, 290, 298-299
　de sociedades 119-23, 204-7
　estratificação social 338-44
Clausewitz, C. von 877, 879
ClimaGate, caso 165-6
Clinton, H. 817
Cloward, R. A. 853-4
coabitação 625-7
Cockerham, W. C. 304-306, 409-10, 412-13, 414-15
códigos de boas maneiras "civilizados" 97
códigos de discurso 644-8
coesão social e saúde 414-16
Cohen, A. 906
Cohen, R. 326-9, 382-3
Cohen, S. 539, 540, 795, 910-11
Collier, P. 222-3
Collins, P. H. 261, 348

colonialismo 121-2
　britânico *123, 125*, 126
　e comércio de escravos pelo Atlântico 291-2, 298-299
　e Cristianismo 734-41
　e descolonização 204
　e gentrificação no Sul Global 533
　e migração
　　diáspora global 326-9
　　países da Comunidade 315-316, 316-18, 318-320
　　países europeus 320-3
　educação e alfabetização 668-9
　imperialismo midiático 805-7
　lutas pela independência 121-2, 889
　nacionalismo 872-3
　rastafarianismo e *reggae* 142
　Ruanda 315
　teorias da dependência 229-230
　ver também Marx, K.; *entradas contendo* pós-colonial
comércio de escravos pelo Atlântico 291-2, 298-299
Comissão da Verdade e Reconciliação (TRC), África do Sul 300-301
Comissão de Igualdade e Direitos Humanos (EHRC): *Revisão Trienal* 298-299, 705
Commonwealth Immigrants Act (1962) 316-18
"comportamento transitório não social" 494-5
compressão do tempo e do espaço 130-131
compulsão por proximidade *versus* mundo virtual 499-500
computação em nuvem 189, 774-5
computer-aided design (CAD) e *computer-aided manufacture* (CAM) 698-9
Comte, A. 12-13, 19-21, 39, 74-5, 79, 124
comunicação mediada por computador (CMC) 497-8
comunicação não verbal 475-81
　expressões faciais 475-7, 479, 481, 482
　gênero, gestos e movimento 477-9
　personificação e identidades 479-81
comunicações por satélite 129-130, 771-2
　Marrakech, Marrocos *141*
　sistemas militares de mira 883
　televisão, proibição nos países islâmicos 809
comunidade/comunidades
　"comunidade internacional" e fluxos globais de informações 131
　"comunidade moral" 734-5
　"comunidades imaginadas" 291-292, 616
　fictícias 800
　urbanas 516-19, 522-3
　virtuais 775-8
comunismo 17, 77, 79
　e capitalismo 833, 834, 836
　primitivo 76
　queda do 835-8
　regime do Khmer Vermelho, Camboja 880-1
　ver também China; União Soviética/Europa Oriental

condição intersexual 249
condições de saúde autorrelatadas 409-10, 412-13, 413-14
conectividade 616
conectividade global de cidades 508-9
confiança, crise de 844
confidencialidade
　internet 61
　pesquisa 36
conflito
　de classes 17, 76-7, 128-9, 178, 344, 345-6
　de papéis e mídias sociais 497
　e globalização 140
　étnico/limpeza étnica 314-16
　industrial e greves 694, 695, 790, 791
　religioso 22, 734-5
　ver também genocídio; terrorismo; guerras
confucionismo 224-5, 735-9
conhecimento
　e poder 91, 821
　sociologia do 830-1
conjunto de *status* 483
Connell, R. W. 12, 93, 122, 204, 245, 247, 248, 266-71, 652-3
consciência de classe 202, 345, 346
consenso moral 21
consenso *versus* conflito 99-100
consentimento informado na pesquisa 36
consequências não intencionais das políticas 26, 361-362
Consórcio Internacional de Jornalistas Investigativos (ICIJ) 770
construção de confiança *on-line* 497-9
construcionismo social 36
　curso da vida 560
　direitos humanos 876
　etarismo 581
　gênero 245
　　e teoria *queer* 262
　gênero e sexualidade 248-54
　　visão biológica *versus* 247-8, 249
　infância 562-3
　questões ambientais 157-9
　religião 733
　teoria crítica da raça (TCR) 301-302
consumismo
　aterros sanitários *158*
　e a era do Antropoceno 192
　e cultura jovem 565
　e dano ambiental 157, 179-83
　e envelhecimento 583-4
　e o fim das classes 364
　"*kits* de identidade" 744-5
　produção em massa e 696-7
　teoria da modernização ecológica (ME) 187-8
　trabalho no setor de serviços 693

contabilidade falsa 931-3
contato visual 482, 486, 487, 650-1
　e gênero 478, 479
contratos de zero hora 715-16, 718-19, 720-2, 723-4
　ver também economia *gig*/"trabalho flexível"
controles na pesquisa 47-8
convergência de mídia 771
Cook, C. A. 247
Cook, K. S. 498
coortes 560-1
　e estruturas familiares 610
Corbyn, J. 831
Coreia do Norte 822, *823*
Coreia do Sul
　"K-pop" 784
　Songdo 507-8, 528
"cornucopiana", teoria do desenvolvimento capitalista 202
corpo
　analogia da sociedade 19-21, 99
　dessexualização 486, 487
　gestos e movimento 477-9
　idealizado 247, *255*, 256, 383-4
　incorporação e identidades 479-81
　"pós-humano" 583
corporações
　reestruturação e "*downsizing*" 370
　riqueza das 356-358
　ver também corporações transnacionais (TNC)
corporações multinacionais *ver* corporações transnacionais (TNCs)
corporações transnacionais (TNC) 133-6, 229-230, 693, 845
　mídia 804-5
　ver também corporações específicas
corpos "pós-humanos" 583
correlação *ver* causa e correlação
cosmopolitismo 104-5
"costumes": conhecimentos e práticas tradicionais 11
covid-19, pandemia
　e educação
　　aprendizagem *on-line* 673-4, 674-6
　　educação superior 673-4
　e Estado de bem-estar social 455, 465
　e globalização 112, 399-403, 409-10
　e medicina científica 394
　e mídia
　　fontes de informação 780-1
　　"K-pop" 784
　　uso da internet 774
　e qualidade do ar, China *537*
　e rotinas cotidianas 474-5
　e trabalho
　　desemprego 722-3
　　estrutura temporal do 688

trabalhadores essenciais 686-7
trabalho doméstico 713-14
etnicidade 401, 402, 413-14
gênero 412-13
   abuso/violência doméstica 402, 609
medidas de *lockdown*/ordens de "fique em casa" 401, 402-3
política
   Cingapura 823-4
   resposta dos governos 818, 857-59
   resposta global 858-9
Cox, J. 889-90
Crédito Universal 463-4
Crenshaw, K. 261, 348
crescimento da população urbana 510-12, 539
crescimento econômico
   estágios do 226-8
   modelando os limites do 184-5
   sustentabilidade ecológica *versus* 185-6
   taxas e retornos líquidos sobre o investimento 202-3
   teoria da modernização ecológica (ME) 186
crescimento populacional
   global 112, 216
   países de baixa renda 207
   tempo de duplicação 217
   urbano 510-12
Creutzfeld-Jakob, doença (CJD) 160
criação de filhos
   classe social e capital cultural 650-2
   pós-divórcio/separação 620-1
criacionismo 755-6
crianças
   abuso sexual de 606-7, 931
   afro-caribenhos 612, 661-2, *662-3*
   comercialização e sexualização de 564
   criação pós-divórcio/separação 620-1
   cuidados e apoio financeiro por parte dos idosos 579-81
   de famílias adotivas/mistas 625
   de mães solteiras 620
   direitos das 563-4
   e jovens
      crime 909-10, 928-31
      mundo desenvolvido 549-50
      televisão 780-1
   política do filho único, China 580
   risco de pobreza 441
   sem-teto 454
   sul-asiáticas 610
   ver também educação
   violência contra 609
crime autorrelatado 608, 921
crime e desvio de conduta
   cibercrime 934-9
   conceitos básicos 902-3

contexto global 933-39
dark web/Darknet 776-8, 938-9
e populismo 831-2
estatísticas 918-23
teorias
   conflito 911-14
   controle 914-18
   funcionalismo 905-6
   interacionismo simbólico 906-11
tipos
   "colarinho branco", corporativo e estatal 931-4
   crianças e jovens 929-31
   gênero e sexualidade 923-8
ver também categorias específicas de crime, infrator e vítima
crime não denunciado e não registrado 919-21, 927
crime organizado 933-4, *935-6*
Crime Survey for England and Wales (CSEW)/(BCS) 918-20, 921, **922**, 926-7
crimes de ódio **928**
   comunidade LGBTQIA+ 271-2, 927-28
   islamofobia 298-299
criminalização, conceito de 903, 906-08
criminologia 903
criminologias ambientais 916-18
crise da democracia 839-45
crise da zona do euro 140, 844, 847, 857-8
crise de confiança 844-5
crise de encefalopatia espongiforme bovina (EEB) 160
crise de gênero 268-9
"crise de masculinidade" 647-8, 657-9
"crise de meia-idade" 567
crise financeira (2008) 102, 132, 138-9, 140, 857-8
   asiática (1997-8) 225
   decadência do centro da cidade 529
   desigualdades 201-2, 446-8, 573
   e imigração 320-322
   esquema de revitalização urbana 531
   forças do mercado e o papel do governo 847
   mensalidades 673-4
   NIC do Leste Asiático 226
   sindicalismo 695
   zona do euro 140, 844, 847, 857-8
Cristianismo/Igreja Cristã
   como "religião de salvação" 735-9
   como culto e movimento 749-50, 750-1
   e colonialismo 735-41
   e envelhecimento 538
   e secularização 739-45
   e seitas 748-50
   gênero e sexualidade 250, 254, 752-5
Croall, H. 903, 931-3
Crouch, C. 127, 716-17, 893-4
cuidados com as crianças, papel 579, 604, 605-6, 626-7
culpar a vítima 927

cultos
    Aum Shinrikyo, Japão 752-3
    Cristianismo 749-50, 750-1
    e denominações 749-50
"cultura da banheira de hidromassagem" 487
cultura das celebridades 786-7
cultura de adolescentes e jovens 564-6
cultura de dependência/dependência da previdência 361-362, 444-6, 460
cultura jovem/subculturas 565-6
    "cultura do quarto" 780-1
    delinquente/criminalizada 906, 908-09, 910-11, 913-14
    e pânico moral 795, 910, 928-9
    fãs de música 782-3
    hippie 561
    uso de drogas 908-09, 929-31
    ver também grupos de amigos
culturas e economias, interligação 131-6
culturas participativas 800-1
curdos 871
currículo oculto 642-7
curso da vida 560-2, 585-7
    autoformação e socialização 550-60
    cultura adolescente e jovem 564-6
    e estruturas de família 610
    e pessoas solteiras 627-8
    idade adulta jovem 566-7
    idade adulta madura 567-8
    infância 562-4
    ver também envelhecimento; morte e morrer
Curva de Kuznets 369
curva idade-crime 928-9
custos habitacionais (AHC/DHC), medidas de pobreza 442, *443-4, 444-5*
cyberbullying 473-4

Dados, N. 122
Dalits/intocáveis, Índia 341-2, *343*
dark web/Darknet 776-8, 938-9
Darwin, C. 476
Davie, G. 739-41, 744-5, 754-5
Davis, M. 523-4
De Groot, J. 937-8
"de risco de pobreza ou exclusão social" (AROPE), medição 434
Dearing Report 672-3
decadência do centro da cidade 528-9
deficiência
    brechas digitais 774
    lei e política pública 422-4
    modelo biomédico/individual 415-16, 416-18
    modelo social e críticas 416-21
    mundial 423-4
    Pagamento de Independência Pessoal (PIP) 464-5
    pandemia da covid-19 402-3
    prevalência
        global 423-4
        Reino Unido *422-3*
    representações da mídia 803-4
    ver também interseccionalidade
Delamont, S. 89
Delgado, R. 301-302
delinquência
    classe trabalhadora jovem 81-3, 906
    conduta criminosa *versus* 931
    história da 928-9
Deliveroo 695, 716-17
Dell Computers 699
delta do rio Pearl (PRD), China 535-6
democracia 824-5
    e autoritarismo 822, 836, 838-9
    e burocracia 827-30
    e elites 825-7, 844-5
    em crise 839-45
    grupos voluntários e movimentos sociais 102
    participativa 825
    representativa 825
democracias pós-coloniais 839
democratização 835
    influências 838-9
    queda do comunismo 835-8
demografia
    definições de 217, 389
    principais conceitos de 218-19
    ver também entradas contendo população
demônios populares e pânicos morais 910-11
Dennis, A. 474, 488
Dennis, K. 182
DeNora, T. 782-4
Denzin, N. K. 62
Departamento de Educação (DfE) 656-8, *657-9*, 661-2, 670-1, 671-2, 719-20
Department for Work and Pensions (DWP) 418-19, 422-4, 434, *440*, 463, 464, 575
dependência da previdência 361-362, 444-6, 460
desapego/objetividade na pesquisa 35
desatenção civil 474
    e "comportamento transitório não social" 494-5
    interações focadas 482
    interações não focadas 481
descolonizando a sociologia *ver* pós-colonialismo
descomodificação da mão de obra e do sistema de bem-estar social 455-7
desconfirmação, princípio da 40
desconstrução: feminismo pós-moderno 261
desempenho da identidade de gênero 479
desemprego 718-23
    de jovens 718-20
    estatísticas 718-19, 719-23
    friccional e estrutural 719-20

longo prazo 362-363
raça/etnicidade 302-4, 720-3
desenvolvimento
  abordagem das capacidades 821
  em meio à desigualdade 234-6
  econômico e mudança social 124
  em meio à desigualdade 235-6
  infantil, teorias 550-3
  sustentável 164, 183-6, 540
desertificação 173-174
desescolarização da sociedade 643-7
desigualdade de gênero 256-71
  brecha digital 774-5
  educação 663-4
    diferença de desempenho 655-60
    educação superior 658-60
    mudança de padrão 653-61
    reproduzindo divisões 651-3
  família 598-9, 600, 604-6
  mobilidade social 373-5
  saúde 382-4, 409-10, *410-11*, 412-14
  trabalho *ver sob* mulheres
desigualdade econômica dentro dos países **223**, 432
desigualdade global 199-201, 204, 524-5
  chances de vida desiguais 210-16
  desenvolvimento em meio à desigualdade 234-6
  discursos e classificação da 204-5
  e teoria da modernização ecológica (ME) 189-90
  extremos da 201-4
  Índice de Desenvolvimento Humano (IDH) 121, 207-9, 236-237
  medição da 205-7
  mudança populacional humana 216-21
  perspectivas futuras 236-237
  teorias do desenvolvimento e críticas 221-36
desigualdade social xii-xiii
  brechas digitais 774-5
  "cidades de quartzo" 523-4
  declínio nas sociedades baseadas em classes 369
  dentro dos países **223**, 432
  desigualdades entre países, dentro dos países e globais 223
  e classificação dos países 122
  e industrialização 13
  exclusão social 462
  expectativa de vida e envelhecimento da população 569-70
  pobreza 446-8
  velhice 573-4
  ver também deficiência; etnicidade; desigualdade de gênero; desigualdade global; desigualdades de saúde; interseccionalidade; raça; racismo; *entradas contendo* racial; classe social

desigualdades de saúde 409-10, 414-16
  classe social 409-13, 411-12
  ver também sob etnicidade; desigualdade de gênero
desindustrialização 186, 539
desnutrição 211-12
desnutrição, fome e escassez 211-13
dessexualização do corpo 486, 487
desvio
  definição de 902
  e crime, distinção 903
  normalização 905-6
  primário e secundário 902, 909
  sociologia do 903
  ver também crime e desvio de conduta
DfE *ver* Departamento de Educação
diásporas 326-9
diásporas globais 326-9
diferenças culturais
  espaço pessoal 487
  consciência de 25-6
diferenciação estrutural e adaptação funcional 75
digitalização de dados 771-2
dióxido de carbono (CO_2) 162
  emissões 153-4, 157, 161, 164, 166-7
  ver também carros
direito de morrer 584-5
direitos civis
  e cidadania 456, 876
  e movimentos sociais 848
  em regimes semiautoritários 822
direitos dos *gays* e homofobia 271-4
direitos dos transgêneros 274-6
direitos humanos
  desenvolvimento e conceito global 875-6
  guerra às drogas no México 939
direitos políticos 456
direitos sociais 456
Disability Discrimination Act (DDA) (1995) 422-3
discriminação racial 293-6, 302-303
discurso "medicalizado" da homossexualidade 250
discurso de ódio 298-299
discursos 821
  desenvolvimento 232-233
  desigualdade global 204-5
  e ideologia 90-1, 834
  gênero e sexualidade 250, 262
  saúde 821
disforia de gênero 244
disfunções
  funções e 22
  instituições 83
disparidade salarial de gênero 604, 705-6
distúrbios alimentares 382-4, 396

diversidade da mídia 771-8
diversidade étnica 308-13
divisão do trabalho 13, 691, 692-4
   ver também divisão doméstica do trabalho
divisão doméstica do trabalho 598, 600, 701
   mudanças 706-7
   ver também papel de cuidado; trabalho doméstico
divisão entre "especialistas" "leigos" 102
divórcio 615
   e famílias monoparentais 627
   e segundo casamento 624-5
   e separação
      estudo de criação 620-1
      estudo de separação 619
   normalização do 617-18
Dobson, A. 191
doença mental e desinstitucionalização 906
doença sexualmente transmissível (DST) 252
doenças infecciosas
   e antibióticos 391
   e vacinações 211
   ver também pandemia da covid-19; HIV/aids; pandemias
Doherty, P. C. 408-9
Doig, A. 932-3, 933-4
"dono de casa", papel de 269
Downes, D. 938-9
dramas de televisão 801, 802, 803-4, 806-7
drogas
   tráfico internacional 934-6
   usuários 908-09, 929-31
Du Bois, W. E. B. 20, 512-13
du Gay, P. 828-30
dualismos 96-7
Dubai: cidade global 514-15
Duncan Smith, I. 446-8, 463-4
Duncan, O. D. 367-9
Duneier, M. 362-363, 492-3
Dunford, R. 706
Durkheim, E. 13-16, 18, 19-21, 71, 81, 87, 99
   crime e desvio de conduta 905, 906, 938-9
   divisão do trabalho 13, 691, 693
   educação 639-40, 641
   estrutura e atuação 95
   homens e mulheres 87-8
   nacionalismo 866
   nível social da realidade 79-80
   religião 734-5, 744-5, 745-6
      e rituais 735, 736-9, 739-41
   suicídio 14-15, 46
DWP *ver* Department for Work and Pensions

eBay: sistema de gerenciamento de reputação 498
Ebola, evitando uma pandemia de 407-10
ecoeficiência 540

ecologia urbana 518-23, 525-7, 916
economia
   do conhecimento 710-13
   e culturas, mistura de 131-6
   "eletrônica" 132
   gig/"trabalho flexível" 446-8, 550, 695-6, 714-19, 723-4
   informal 688-9
   política 126
      e envelhecimento 577
      e mídia 788-91
   religiosa 757
   sem peso 132, 189
Economic and Social Research Council (ESRC) 373-5
educação
   antirracista 662
   definições de escolarização e 639-40
   desigualdades
      etnicidade 660-4, *664*, 670-2
      ver também sob desigualdade de gênero; classe social
   digitalização (TIC) 674-9, 680
   e nacionalismo 866-7
   no contexto global 664-9
      alfabetização e analfabetismo 666-9
      alfabetização e trabalho infantil 213-16
      gastos do governo 664-9
      matrículas na escola primária 665-6
   secundária 668-72
   teorias 639-41
      capitalismo 641-6
      currículo oculto 642-7
      reprodução cultural 644-54
      socialização 640-2
   ver também educação superior
educação científica (disciplinas STEM) 670-1
   e etnicidade 663-4, *664*
   e gênero 652-3, 655-7, 658-60, 660
   financiamento da educação superior 673-4
educação multicultural 661-3
educação superior 671-5
   e aprendizado *on-line* (TIC) 673-4, 676-9
   e etnicidade 663-4
   e gênero 658-60
Education Act (1944) 458, 668-70
EEB (crise de encefalopatia espongiforme bovina), crise 160
efeito estufa 161
"efeito Hawthorne" 54
efervescência coletiva/cerimônias 736-8
EGP, esquema de classes 350, 351-2, 365-367
Eibl-Eibesfeldt, I. 477
Ekman, P. 476-7
eleições
   Hungria 866-7
   participação do eleitor 839-44
   presidenciais, EUA 181, 800, 816, 817

Elias, N. 35, 96-7, 98, 248, 475, 476, 583-4, 884
  The civilizing process 868-9
elite(s)
  e a teoria da elite 825-7
  e precariado 364-365
  erosão da confiança 844-5
  exclusão 451-2
e-mails 774
"emissões de sobrevivência" e "emissões de luxo" 157, 167
empreendedorismo 338, 356-358
emprego na agricultura 115, **117**
  trabalho infantil 214-15
empresas farmacêuticas 395–6
encontros 481-3
energia renovável 540
energia solar 187
Engels, F. 257, 597-8, 598
  Marx, K. e 17, 75, 77, 88, 228-229, 257, 830-1
Enron 931-3
entrevistas: etnografia 49
envelhecimento 568
  aspectos do 572-6
  biológico 571
  famílias de um único aposentado 627
  política do 577-82
  processo 570-2
  psicológico 571-2
  social 572
  teorias do 576-7
  ver também morte e morrer; pessoas mais velhas; envelhecimento da população
envelhecimento da população
  e sistema de bem-estar social 460
  global 569-70, 577-81
epidemiologia social 409-10
equidade intergeracional 550
equilíbrio trabalho-cuidado 604
era pós-guerra
  conceito global de direitos humanos 875-6
  educação 668-70
  imigração 298-300, 315-316, 316-18, 318-20, 320-3
Erikson-Goldthorpe-Portocarero (EGP), esquema de classe 350, 351-2, 365-367
Ernst, E. 392-3
escassez de alimentos
  e biotecnologia 173-6
  fome, desnutrição e escassez 211-13
escassez, fome e desnutrição 211-13
Escobar, A. 232-233
Escócia: referendo de independência *843*, 871-2
Escola de Chicago 85
  comportamento coletivo e agitação social 849-50
  ecologia urbana 518-23, 525-7, 916
  urbanismo como modo de vida 520-2

Escola de Frankfurt de teoria crítica 77-8, 781-2, 792-3, 794-5, 820
escolarização e educação, definições de 639-40
escolas
  "de fundação"/mantidas por subsídios 670-1
  gratuitas 671-2
  mantidas por subsídios 668-71
  masculinidade e sexualidad*e em 270*
  públicas, Reino Unido 654
  secundárias 668-72
  socialização secundária em 554, 640-2
  ver também educação
escolhas de estilo de vida 8, 363, 364-365, 394
escravidão
  colonialismo e comércio de escravos 291-2, 298-299
  desigualdade racial e ativismo pelos direitos civis dos negros 20
  e cristianismo 739-41
  estratificação social 339-41
escravidão moderna 340-1
esfera pública
  nova 797
  queda da 793, 794-5
esferas privada e pública 597
espaço pessoal 487–8
Espanha
  Barcelona, revitalização urbana 531-2
  bascos 869-70, 871, 889-90
  festival "Tomatina" *903*
especialistas, médicos 390, 391, 395
Esping-Anderson, G. 455-7
espiritualidade 751-2, 752-3
  religiões orientais 735-9
esportes
  futebol 287-9, *357-359*, 732-3
  processo de "verificação de gênero" 262-3
  velocista paralímpico *416-18*
esquemas de classe "relacionais" 350
essencialismo de gênero 249
Estado de bem-estar social 454-5
  novos desafios para o 465-6
  Reino Unido
    era da austeridade (2010-presente) 462-5
    financiamento 458-9
    modelos institucional e residual 457-8
    reforma (1979-1997) 459-62
    reforma (1997-2010) 461-2
  teorias do 455-7
Estado Islâmico (EI) 760-1, 833, 876, 889-90, 893
  ascensão e queda do 892
Estado nacional *versus* acesso à internet global, China e Rússia 777
Estado, definição de 819
estados autoritários 822-4
Estados pós-coloniais 122, 872-3

Estados Unidos (EUA)
　Academy Awards: #OscarsSoWhite 803
　Agência de Proteção Ambiental (EPA) 162, 170-71
　assistência ao trabalho 463
　ataques terroristas de 11 de setembro 104, 318-320, 755-9, 760-1, 887
　e China: estudos de atividade do mesmo sexo/HSH 33-6, 37, **38**
　eleições presidenciais 181, 800, 816, 817
　estudo de viagens de ônibus da Greyhound 494-5
　grãos GM 175-6
　imperialismo da mídia 805-7
　justiça ambiental 190
　Los Angeles: desigualdades sociais 523-4
　pesquisa de práticas sexuais (Kinsey) 250, 251
　riqueza 355-356
　　bilionários 200-1, 338
　secularização e religiosidade 754-8
　subclasse 360-63
　ver também afro-americanos; Escola de Chicago; América do Norte; *guerras específicas*
Estados, nações sem 871-2
Estados: sociedades feudais 342-3
Estados-Nações 119
　características dos 819
　e cosmopolitismo 104-5
　e instituições de governança global 136
　globalização e direitos humanos 873-6
　governos nacionais e globalização 137-9, 140, 146-7
　saúde pública 389-90
　teoria da modernização ecológica (ME) 186
　velhas e novas guerras 883-4
estágio de desenvolvimento egocêntrico 553
estágio operacional concreto do desenvolvimento infantil 553
estágio operacional formal do desenvolvimento infantil 553
estágio pré-operacional do desenvolvimento infantil 553
estágio sensório-motor do desenvolvimento infantil 552-3
estágios do desenvolvimento cognitivo 552-3
estática social (padrões institucionais estáveis) 124
estereótipo "perturbador": crianças afro-caribenhas 661-2, *662-3*
estereótipos raciais 293-295, 482, *662-3*
estigma 404-5
　deficiência 416-18, 480-1
　desestigmatização da morte e do morrer 584-6
　HIV/aids na China 405
　homossexualidade, China 34
estilo de vida e classe social 362-5
estilos de vida jovens 566
estratégia de ar limpo (2019) 170-171
estratificação social, sistemas de 338-44

estrutura social 8-9
　e atuação humana 95-9, 448-50
Estudo da Mobilidade de Essex 371-2
Estudo da Mobilidade de Oxford 371
estudo de automação de padaria 710-12
estudo de dançarinas de colo 280
estudos de deficiência 418-19
estudos do cérebro: gênero e sexualidade 245, 249
estudos transnacionais de famílias 602
estudos-piloto 53
estupro 265, 926-7
"estupro conjugal" 926
etarismo 581-2
ética protestante e capitalismo (Weber) 17-18, 83-5, 125, 735-8
"ética romântica" do consumismo 182-3
etnias
　e nacionalismo 869-71, 875-7
　nações sem Estados 873-4
etnicidade
　"novas etnicidades" 294
　classificação de 308-10
　conceito de 290-3
　e educação 660-4, *664*, 670-2
　e envelhecimento 575-6
　e estruturas de família 610-12
　e pobreza 442-3, *443-4*
　e saúde 413-15
　　habitação 304-306
　　pandemia da covid-19 401, 402, 413-14
　emprego 302-4, 442-3, 720-3
　identidades híbridas 874-5
　"novas etnicidades" 294
　representações da mídia 802-3
　trabalho doméstico 598
　ver também asiáticos-britânicos; interseccionalidade; raça; racismo
etnocentrismo 299-300, 661-2
etnografia 49-51
etnometodologia 87, 488
　visões comuns 489-90
"*e*-universidades" 678-9
eurocentrismo 94
Europa
　consequências potenciais do aquecimento global 163
　crescimento da população urbana *511-2*
　envelhecimento e gênero da população *574*, 575
　participação do eleitor 842-3
　religião e adultos jovens 755-6
　riqueza 355-356
　secularização 739-45
　subclasse, conceito de 362-363
Europa Central e Oriental
　participação do eleitor **842**
　ver também União Soviética/Europa Oriental

Europa Oriental *ver* Europa Central e Oriental; União Soviética/Europa Oriental
eutanásia 584-5
Evandrou, M. 414-15
evangelicalismo 755-6
   ver também fundamentalismo cristão
Everyday Sexism Project 265, 480
evolução social 75
exames médicos 486-7
exclamações de reação na interação social 493
exclusão social 362-363, 449-54
   definição e conceito de 449-51
   dimensões da 450-3
   e crime 913-14
   e desigualdade social 462
   e falta de moradia 451-4
   e medição da pobreza (AROPE) 434
exibições familiares 602-3
ex-Iugoslávia
   conflito étnico 314-315
   Guerra da Bósnia e genocídio de Srebrenica 884
expectativa de vida 219
   aumentando 549, 550, 568
   gênero e classe social 409-10, *410-11*
   global 409-10, 569
   países de alta renda 213
   países de baixa renda 211
      África 570
"experiência de vida", doença como 388-9
experimentos **50**, 53-4
expressão emocional 476-7
expressões faciais 475-7, 479, 481, 482
Extinction Rebellion (XR) 153-4, 164, 177, *852*

fabricação de roupas 699
faculdades de tecnologia municipais 668-71
fake news 769-70
Faletto, E. 229-31
falta de moradia 451-4
   e acomodação de emergência 430-1, 454
   e privatização da habitação social 460
Falwell, Rev. J. 755-9
família(s)
   abaixo da renda média 434, 444-6
   abordagem feminista/desigualdade de gênero 598-9, 600, 604-6
   ampliada 629
   beanpole 626-7
   binucleares 625
   com dupla renda 365-367, 461-2, 554, 591, 610-11, 702, 706, 707
   contexto global 629-31
   declínio do modelo tradicional 599-600
   "disfuncionais" 609
   diversificando *versus* mesclando padrões 630-1

   do Sul da Ásia 610-11
   estruturas diversas 609-12
      famílias mistas/adotivas 625
      parentesco 628-9
      trepadeiras de família 626-7
   funções 595-8
   história do casamento e 594, 599-600, 612-13, 630-1
   idealizada *597*, 599-600
   mistas/adotivas 625
   modelo do provedor masculino 459, 598, 600, 610-11, 701, 706
   monoparentais 618-21
      afro-caribenhas 612
   mudanças estruturais 461-2
   nuclear 595-8, 630
   práticas 600-4
   reformas da previdência 464
   socialização primária 553-4, 596, 640-1
   ver também divórcio; relacionamentos íntimos; casamento
   violência 606-9
Farquar, S. *337*
fascismo 77-8
"fatalismo" 227-228
fatos sociais 80, 99
   definição de 13
   etnometodologia 87
   suicídio 14
Featherstone, M. 567, 583
fechamento social e de grupo 298-299, 299-301, 359-360
fecundidade 218-19
feminilidade enfatizada 268
feminilidades resistentes 268
feminilidades subordinadas 268
feminismo
   da primeira onda 263
   da segunda onda 263-4, 265, 281, 630, 690
   da terceira onda 264-5
   liberal 256-7
   marxista 257
   negro 89, *90*, 259-61, 264
   pós-moderno e teoria *queer* 261-3
   radical 257-9
      "feministas radicais transexcludentes" 276
   socialista e marxista 257
feminização
   da vida adulta 574-5
   do trabalho 701-7
fenomenologia 86-7, 474
fertilidade 216, 218-19
   queda no índice global 631
feudalismo 76, 345
   Estados 342-3
Feuerbach, L. 734-5

Feyerabend, P. 41, 43, 46
fibra óptica 771-2
ficção infantil, papéis de gênero 557
Filadélfia: afro-americanos 20, 512–14, 532–3
filmes
    ativismo feminista 265
    Bollywood 806
    etnicidade 802-3
    policiamento preditivo 900
    pós-modernos 796
    representações de gênero 247
filosofia da ciência 41
    e positivismo 39-40
"fim da história", política e o 836
financiamento
    educação superior 672-4
    pesquisa 35, 36
financistas capitalistas 356-358
Firestone, S. 258, 264
Firth, D. 369-70
fluidez de gênero 243, 276, 558-60
fluxos de informação 131, 525-6
fogo, domesticação do 113
fome, desnutrição e escassez 211-13
fontes primárias 57
fontes secundárias 57
Forbes, revista 200-1, 338
Ford Modelo T 696, 698
Ford, H. 696-7, 698
fordismo
    e taylorismo 696-8
    ver também pós-fordismo
formas de capital 363, 364-365, 648-50
formas ilegais de imigração 315-316
fortalecimento de alvos 916-18
Fóruns Sociais Mundiais (FSM) 857-8
Foucault, M. 90-1, 94, 232-233, 250, 262, 389-90, 396, 776-8, 834, 869
    sobre poder 819-22
Fourie, E. 94
"fragilidade dos vínculos humanos" 615, 616
Fraser, D. 458
Fraser, N. 793
fraude de cartão bancário 936-7
fraude de cartão de crédito e débito 936-7
Freedom House 839
Freinkel, S. 171
Freud, S. 552, 556-8, 559
Friedan, B. 600
Fukushima Daiichi, usina nuclear no Japão *103*, 156, 157
Fukuyama, F. 836
funcionalismo 19-22, 24, 80
    crime e desvio de conduta 905-6
    doença 386-8
    educação 640-2

envelhecimento 576
Estado de bem-estar 455
estrutural 81-3
estudo dos movimentos sociais 850-1
família 596, 598, 631
mídia 788
nacionalismo 866-7
religião 735
funções manifestas e latentes 21-2, 83
fundadores da sociologia 11-18, 20-1
fundamentalismo religioso 755-62, 833
futebol 287-9, *357-359*, 732-3
futurologia 236-237

Gana, trabalho *gig* em 716-17
Gandhi, M. *125*, 126
gangues 802-3, 906
    aliciamento/tráfico 931
    ransomware 937-8
Gardner, C. B. 480
Garfinkel, H. 87, 488, 489-90
Garland, D. 455
gases do efeito estufa 162
    alvos de emissão 167-8
    controles de emissão 186
    fontes de emissões 170-71
    ver também poluição do ar; dióxido de carbono
gases fluoretados 162
Gates, B. 201, 203
Gatto, J. T. 642-6
Gay Liberation Front (GLF) 856
"*gay*" e "lésbica"
    conceitos 262
    vítimas de violência 271-2
Geesin, B. 500
Gellner, E. 866-7
Gemeinschaft e *Gesellschaft* 516-19
Gender Identity Research and Education Society (GIRES) 244
gênero
    crime e desvio de conduta 923-28
    cristianismo 752-5
    definição de 245
    e estratificação 364-7
    espaço pessoal 488
    gestos corporais e movimento 477-9
    representação na mídia 247, 258, 801-2
    sexo e sexualidade 245-56, 281
    taxa de analfabetismo global 667-8
    taxas de criminalidade 923-5
    ver também teorias e perspectivas feministas; interseccionalidade; mulheres
gênero biológico e diferenças sexuais 245
    versus construcionismo social 247-8, 249
    versus gênero *performativo* 479

genocídio 878-81
  Ruanda 315, *880*
  Srebrenica 884
  ver também Holocausto
Gentleman, A. 318-319, 318-320
gentrificação 524-5
  e reciclagem urbana 532-4
gerações 561-2
  "geração bumerangue" 566
  mudança no comportamento sexual 252-4
  mudança nos valores 854
  ver também entradas relativas a intergeracional
gerenciamento científico *ver* taylorismo
gerontofobia 582-3
gerontologia social 571
gestos e movimento: diferenças de gênero 477-9
Gibbs, L. 190
Giddens, A. 9, 98-9, 102, 161, 314-315, 461, 613, 615, 714-15, 744-5, 856-7
Gilligan, C. 558, 651-2
Gintis, H. 641-6
Glass, D. 370, 373
Global Witness 231-2
globalização x-xi
  cidades do Sul Global 536, 537
  conceito de 126-7
  consequências da 140-6
  definição de 112
  e desigualdade global 234-236
  e distúrbios alimentares 383
  e educação superior 678-9
  e migração 323-9
  e novas guerras 884-5
  e ordem de gênero 266, 269-71
  e reestruturação econômica 446-8, 447-9
  e religião 747-9, 752-4, 760-2
  e risco 177-9
  e sistema de castas 342, 344
  e sociedade sem classes 364
  e tecnologias digitais 201, 528, 722-4, 784-5, 827, 838, 856-8, 938-9
  e teorias pós-coloniais 94
  elementos da 127-37
  Estados-Nações e cidadania 456
  estruturação do debate 137-40
  futuro do trabalho 722-4
  identidade nacional e direitos humanos 873-6
  ideologias em desenvolvimento 833
  Marx/teoria marxista 131, 229-230, 346
  novos movimentos sociais (NMS) 856-8, 889-90
  pandemia 398-409-10
    ver também pandemia da covid-19
  política 136-7
  relações entre crianças e adultos 564
  sociedades e civilizações antigas 113-17

  tráfico humano e trabalho sexual 276-81
  transformação das sociedades 117-26
Globalization and World Cities Research Centre (GaWC) 508-9
glocalização 101, 141-4, 807
Goffman, E. 85-6, 404-5, 474, 480-1, 482, 483, 484-5, 486, 493
Goldsmith, E. 183, 538, 539
Goldthorpe, J. H. 350, 351-2, 356-358, 359-360, 360-361, 365-367, 371, 372, 375
Goode, W. J. 630, 631
Google
  acesso à China 777
  carros autônomos 708
  consumo de eletricidade 539
Gorbachev, M. 836
Gordon, D. 438, **439**, 441-2, 450-1
Gorz, A. 714-16
Gottdiener, M. 512-13
Goudsblom, J. 113
governança global 146-7
  instituições 136, 845, 847, 858-59
  perspectivas e realidade 845-7
governo 818-19
  gastos em educação 664-6
governo de coalizão conservador-liberal democrata (2010-2015) 441, 462-5, 670-2
governos conservadores/Partido Conservador
  liberalização econômica 695
  pobreza infantil 441
  políticas de revitalização urbana 531
  referendo da UE 816-17, 844
  reformas da educação 668-71
  reformas da previdência 459-61, 465
  saúde 411-12, 415-16
governos trabalhistas 441
  classe social e saúde 411-12
  políticas de revitalização urbana 531
  reforma da previdência (1997-2010) 461-2, 463
  reformas educacionais 668-70, 670-1
Graham, H. 412-14
Graham, L. 700
Graham, M. 715-17
Graham, S. 523-5, 538, 917
grandes teorias 72, 76-7
gravidez e parto, medicalização 395
Gray Panthers 572
Green, L. 560-1, 562, 566, 585-6
Greenpeace 856-7
Gregg, B. 876
greves
  conflito industrial e 694, 695, 790, 791
  escolares pelo clima 637-9, 642-6
Greyhound, estudo das viagens de ônibus 494-5
"gripe espanhola" 399

grupos britânicos negros 442
grupos de amigos
 "*lads*"/"*macho lads*" 647-9, 647-8
 socialização de gênero 555-6
 socialização secundária 554
grupos de minoria étnica 292-5
"grupos de *performance*" 484
grupos étnicos minoritários *ver* grupos de minoria étnica; *entradas contendo* étnico
"grupos étnicos mistos" 310
grupos fechados/fechamento social 298-299, 299-301, 359-360
grupos focais 50-1
grupos sociais 13
 suicídio 14-15
 teoria do conflito social (Ibn Khaldun) 21
Guerra Civil Americana 339
guerra da Bósnia e genocídio em Srebrenica 884
Guerra do Golfo (1990-1) 760-1, 798-9, 809, 871
Guerra Fria 119, 204
 corporações de propaganda e mídia 789
 desenvolvimento da internet 772-3
 fim da 136, 232-233, 836, 884, 885
 NICs do Leste Asiático 224
guerras 876-7
 alvos civis e "danos colaterais" 877, 878, 885, 888
 definições de 877
 natureza mutável das 878-83
 novas e velhas 883-5
 processos de paz 885-7
 totais 883
 ver também genocídio; terrorismo
guerras civis
 África 873
 como "novas guerras" 884
Gutenberg, J. 771
Guterres, A. 169-170

Habermas, J. 79, 92, 763, 793, 794-5, 855
habilidades e automação 707-12
habitação
 privatização da habitação social 460, 465
 proprietários/compradores 303-5, 522-3
 ver também falta de moradia
habitus
 conceito de 648-50
 formação do 648-51
Hackett, R. A. 807
Hackney, London 529
Hadza, tribo da África Oriental *115*
Hall, E. T. 487-8
Hall, R. 926
Hall, S. 294, 800, 802, 803, 912
Halligan, J. 473
Hardy, K. 280

Harman, V. 602-3
Harrison, M. 791
Harrison, P. 791
Harvey, D. 156, 522-3, 524-5, 525-7, 697
Harvey, G. 717-18
Hawley, A. H. 520-21
HBAI *ver* famílias abaixo da renda média
Headmasters' Conference (HMC) 654
Heelas, P. 743-5, 763
Held, D. 137, **138**, 139, 784, 804-5, 847
Hemerijck, J. 466
Henslin, J. M. 486-7
Hepworth, M. 567, 583
Heritage, J. 488, 499
heteronormatividade 245, 598
heterossexualidade 245
"heterossexualização" nas escolas 652-3
Hill, A. 778-9
hinduísmo 734-5, 735, 735-9, 750-1
 e conflito muçulmano 755-9
 e movimento da Nova Era 750-1
 e sistema de castas 341-2
hiperglobalizadores 137-8
hiper-realidade 91, 796-9
hipótese 40
 teste 53
Hirschi, T. 914
história oral 57
histórias de vida 54
Hitler, A. 126, 882
HIV/aids
 África 211, 221, 570
 mudanças em normas e comportamento sexual 252, 272
 pandemia 403-7, 409-10
Hobbes, T. 81
Hochschild, A. 23, 482, 605
Holocausto
 burocracia 828, 829
 Convenção do Genocídio 878
 migração 316-317
 resistência *883*
homens *gays*
 cristianismo 754-5
 estudantes 270
 HIV/aids 405
homeopatia 392, 393
homofobia
 direitos dos *gays* e 271-4
 e crime de ódio 928
homossexualidade
 biologia *versus* construção social 249-50
 e masculinidade hegemônica 267-8
 estudo do cérebro 249
 teoria *queer* 262

tipos de 271
ver também entradas contendo gay; mesmo sexo
Hong Kong 535-6
  e China 838, 856-7
hooks, b. 259-61, 264
Horkheimer, M. 78
hospice, movimento 583-5, 585-6
House of Lords 550
Humphreys, L. 34, 35-6, 38, 49, 62
Hungria: nacionalismo 864-5
Hunt, P. 416-18
Huntington, S. 760-1
Husserl, E. 86
Hutton, W. 446-8, 447-8

iatrogênese 391-2
Ibn Khaldun 21
idade adulta
  estável *versus* tornando-se 563
  jovem 566-7
  madura 567-8
idealizado, corpo 247, *255*, 256, 383-4
identidade(s) xiv-xv
  abordagem unitarista 313-314
  britânica 874
  cisgênero 244
  coletivas e individuais 481
  cultural local e fluxos globais de informações 131
  de gênero 245-8, 556-8
  e consumismo 744-5
  e personificação 479-81
  híbridas 874-5
  individuais e coletivas 481
  individualismo reflexivo 144-6
  mídia tradicional e nova 775-6
  música e construção de 782-4
  negra e "novas etnicidades" 294
  não binária 243
  primárias 481
  secundárias 481
  sociais *ver* identidade(s); *tipos específicos*
  transgênero 244, 558-9
  ver também tipos específicos
ideologia(s)
  ambientalista 833
  consenso *versus* conflito 99
  conservadora 830-1
  família 595-600
  feminista 833
  liberal 830-1
  nacionalismo 870
  política(s) 830-4
  políticas 830-4
  socialista 830-1
  viés da mídia 789-91

Igreja Anglicana 754-5
Igreja Católica 125, 607, 754-5
Igreja da Cientologia 751-2
Illich, I. 391-2, 642-6, 643-7
Iluminismo europeu 73-4, 92
imaginação sociológica 5-8, 25-6
imigração/migrantes
  cidades, Sul Global 536
  e diversidade étnica 308-12
  EUA 831-2
  Hungria 865
  modelos de integração 312-15
  parentesco 610, 612
  pós-guerra 298-300, 315-316, 316-18, 318-20, 320-3
  referendo da UE, Reino Unido 313-314, 318-319, 318-22
  risco de pobreza 441
  ver também migração
imperialismo da mídia 805-7
Império Chinês 117
Império Romano 117
imposto
  financiamento da educação superior 672-3
  "imposto do quarto" 465
  políticas de redução de impostos 461
  sobre a riqueza 203-4
incêndios na Austrália 770
incesto 606-7
Índia
  classe média
  filmes de Bollywood 806
  Gandhi e colonialismo britânico *125*, 126
  país de renda média 206, 207, 222
  pobreza *222*
  produção da mídia 807
  sistema de castas 341-2, *343*
  ver também hinduísmo
Índice de Desenvolvimento Humano (IDH) 121, 207-9, 236-237
índice de privação 436-7
individualismo afetivo 613
individualismo reflexivo e globalização 144-6
individualização
  realização educacional 640-1, *641-2*
  relacionamentos íntimos 613, 615, 616
  religião e secularização 744-7
indústria cultural 792-3
industrialismo
  e solidariedade 80
  teoria do (Marx) 77
industrialização/sociedades industriais 117-18
  conceito de natureza 155-6
  e urbanização 509-12
  evolução social 75
  música 781-2

organização social do trabalho 691-3
padrões de migração 316-317
sindicatos 693-4
sistemas de casta e classe 344
tecnologia industrial 118-19
ver também países desenvolvidos/em desenvolvimento
Indymedia (Independent Media Center) 807-8
"inexpressividade masculina" 560
infância 562-4
infraestrutura urbana 537-8
Inglehart, R. 854
integração sociocultural nas cidades 542
inteligência artificial e robótica *76*, *77*, 675-6, 707-12, 722-3, *723-4*
interação mediada/semi-interação 795-6
interação social
    atores, cenários e papéis complementares 481-8
    compulsão por proximidade *versus* mundo virtual 499-500
    espaço pessoal 487-8
    mídia social e interação *on-line* 472-4
        normas 495-9
    nível micro 474-5
    regras de 488-95
    ver também comunicação não verbal
interacionismo simbólico 23-4, 85-6, 551
    crime e desvio de conduta 906-11
    doença 388-9
    mídia 793-6
interações/encontros focados 481-3
interações não focadas 481
interdependência econômica 138-9, 692
International Union of Sex Workers (IUSW) 280
internet 772-8
    aspectos de tempo e espaço 495
    avaliação da 774-8
    consumo de energia 539
    dispositivos 771-2, *772-3*
    disseminação do uso 129-31
    "economia sem peso" 189
    educação superior 673-4, 676-9
    Kuwait 143-4
    movimentos sociais/ativismo social 774-5, 856-8
    serviços de *download* e *streaming* de música 784-5
    serviços de *streaming* de televisão e *lives* 776-9, 779-80
    telemedicina *397*
    ver também tecnologias digitais; tecnologia da informação e da comunicação (TIC); rede social
Internet das Coisas 60, 717-18
    cibercrime 943
    cidades inteligentes 507, 528

interseccionalidade 88, 261, 304-306, 348-50
    crime 924
    curso da vida 560
    envelhecimento 577
    pobreza 442-4
intocáveis/*Dalits*, Índia 341-2, *343*
investigação empírica 42
Iraque
    Guerra do Golfo (1990-1) 760-1, 798-9, 809, 871
    invasão (2003) 876-7
        e Al Jazeera 808, 809
        e Estado Islâmico (EI) 892
        oposição ao 818, 819, 820, 845-6, 932-4
Irlanda e Reino Unido 889, 889-90, 933-4
irmãs, relação entre *628*, 629
Irwin, A. 159
islã 750-1
    e secularismo na Turquia *762*
    minoria muçulmana rohingya, Mianmar 315, 822-3
    muçulmanos uigures na China 770
    xiita e sunita 758-61
islamismo sunita e xiita 758-61
islamofobia 298-299
    fundamentalismo cristão 755-9
Israel-Palestina 867-9
    conflito *870*, 887
        notícias da televisão 790-1
        terrorismo 888
    respostas de audiência da mídia 806-7

Jackson, L. B. 298-299
Jackson, M. 372
Jackson, S. 22, 88, 89, 249, 262
Jane, E. A. 937-9
Japão
    budismo 742-3
    culto Aum Shinrikyo 752-3
    indústria automobilística 697-8, 700
    Tóquio 510, 514-16
    usina nuclear de Fukushima Daiichi *103*, 156, 157
Jeffreys, S. 275
Jenkins, H. 800-1
Jenkins, R. 479-80
Jenkins, S. P. 448-9, 449-50
Jewell, H. *374*, 375
Joas, H. 877
Jobe, A. 277
Jogos Olímpicos e revitalização urbana 532
Johnson, B. 844
Johnson, P. 500
Jones, P. 166
Jónsson, Ö. D. 487
jornais 785-7

"jornalistas cidadãos" 131
jovens *ver* crianças e pessoas jovens
judaísmo 734-5, 735
judeus
   antissemitismo *295-296*, 298-299
   diáspora global *326-328*
   imigração 316-317
   ver também Holocausto; Israel-Palestina
just-in-time, princípio 699
juventude negra 308-309, 802-3, 912
juventude, valorização da 582-3, 583-4

Kaldor, M. 884-5, 889-90
Kant, I. 78, 288-9
Kaposi, I. 143
Katz, J. 497
Kaya, I. 94
Kendall, D. 801
Khmer Vermelho, regime no Camboja 880-1
Kim, C. E. 494-5
Kinsey, A. C. 249-50, 251, 252
Knöbl, W. 877
Kochhar, R. 355-356
Kofman, E. 602
Kolker, R. 775-6
Koresh, D. 749-50
Krolløke, C. 264
Kuhn, T. 40
Kulz, C. 670-2
Kuwait
   glocalização 143-4
   Guerra do Golfo (1990-1) 760-1
Kuznets, S. 202, 369

"laços fracos" e avanços tecnológicos 827
lancheiras: mães de classe média e exibições familiares 602-3
Landes, D. 118
Lansley, S. 431, 434, 435, 438
Lareau, A. 650-52
Larson, S. ("sheilaísmo") 746-8
Lauzen, M. M. 802
Lawrence, Stephen (Investigação e Relatório Macpherson) 296-8, 304-306
Lawson, N. 164-5
Le Roux, B. 364
Leadbeater C. 712-13
Lei da Igualdade (2010) 928
   definição de deficiência 422-4
lei de ferro da oligarquia 826-7
Lei de Justiça Criminal (2003) 928
Lei de Liberdade de Informação (2000) 166, 584-6
Lei de Nacionalidade, Imigração e Asilo (2002) 277, 317-318
Lei de Ofensas Sexuais (2003) 926

lei do ar limpo (1956) 169-71
Lei do Terrorismo (2000) 304-306
Leigh, A. 375-6
leis/legislação
   deficiência 422-4
   judiciário independente e 825
   status dos LGBTQIA+ no mundo 273-4, *273*
   trabalho sexual 278
   ver também leis específicas
Lemert, C. 20, 795
Lemert, E. 909
Lemkin, R. 878
Lenhart, A. 472-3
lésbicas 250, 262, 271-2
levantamentos **50**, 51-3
   questionários padronizados *versus* abertos 53
   amostragem 51-2
   vantagens e desvantagens 52-3
LeVay, S. 249
Levitas, R. 462
Levitsky, S. 824
LGBTQ+
   crimes de ódio 271-2, 927-28
   direitos civis 271-6
   e normas de gênero tradicionais/identidades 558-60
   identidades e práticas 255-6
   parcerias 621-4
Li, H. 34-5, 36, 49
liberdade do trabalho, inovação tecnológica e 714-16
licença social, conceito de 190-1
liderança e mudança sociocultural 125-6
líderes religiosos carismáticos 750-2
língua francesa 869
linguagem(ns)
   da deficiência 416-18, 420-1
   diferença de desempenho de gênero 658-60
   e classe social 644-8
   e globalização 140-1
   e interacionismo simbólico 23
   educação e nacionalismo 866-7, 869-70
   ver também análise do discurso; discursos
Lipset, S. M. 369
"lista dos ricos" global 355-356
Livingstone, S. 780-1, 797
livros didáticos escolares 655-7
Loader, B. D. 934-6
Lombroso, C. 904
Londres
   como cidade global 514-16
   decadência do centro da cidade 529, 530
   Docklands 533
   Jogos Olímpicos 532
   suburbanização 528
   trabalho *gig* em 716-17
Lorber, J. 255-6

Los Angeles: desigualdades sociais 523-4
Love Canal, comunidade em Niagara Falls, Nova York 190
Low Pay Commission 442
lugares públicos
　dessexualização do corpo em 487
　estudos de atividade do mesmo sexo/HSH, EUA e China 33-6, 37, **38**
　sexismo em 480
Luke, S.: "visão radical" do poder 820-1
Lunt, P. 797
Lupton, D. 61
Lyotard, J.-F. 796

Mac an Ghaill, M. 270, 647-8, 650-1
MacInnes, T. 434
Mack, J. 431, 434, 435, 438
MacLeod, J. 348
Macpherson, Investigação e Relatório 296-8, 304-306
macrossociologia 25
Maffesoli, M. 744-6
Maguire, M. B. 746-8
Mahler, A. G. 122
Major, J. 338
Malešević, S. 870, 875, 886
Maloney, F./K. 244
Malthus, T./malthusianismo 217-18
Mandela, N. 300-301, 342, 888
Manifesto comunista (Marx e Engels) 17
Mannheim, K. 27, 561, 562, 830-1, 831, 833-4
"*manspreading*" 478
manufatura
　e sindicatos 693, 695
　ver também fordismo; pós-fordismo
Mapa da Fome Mundial *212*
mapa da riqueza mundial *199*
Maratona de Londres 568
Marcuse, A. D. 799, 820
Marcuse, H. 78
Marrakech, Marrocos *133, 141*
Marres, N. 61
Marrocos *133, 141*, 187
Marshall, G. 369-70, 371-2
Marshall, T. H. 455, 456
Martell, L. 131, 137
Martellozzo, E. 937-9
Martineau, H. 20
Martocci, L. 473, 476
Marx, K. 16-17, 18, 71, 75-9, 93, 648-50, 692-3
　capitalismo global/globalização 202, 221, 229-230, 346
　comunismo 17, 77, 79
　conflito de classes 17, 76-7, 128-9, 178, 344, 345-6
　consciência de classe 202, 345, 346
　deficiência 418-19
　e Engels, F. 17, 75, 77, 88, 228-229, 257, 830-1
　economia política 126
　ideologia 789, 830-1
　materialismo histórico 75-6
　mobilidade global e etnicidade 329-330
　nacionalismo 866
　processos de globalização e pandemia 409-10
　relações de gênero 88
　religião 378-9, 734-5, 737-8
　teoria do conflito 22
marxismo/teoria marxista
　globalização 131
　neomarxismo *ver* Escola de Frankfurt de teoria crítica
　e ciência *40*
　Estado de bem-estar 455
　família 597-8
　escolarização 641-6
　inovação tecnológica e desqualificação da força de trabalho 711-12
　movimento de direitos civis dos negros 20-1
marxistas, regimes 346
Marx-Weber, debate e síntese 100-2, 347-8
masculinidade(s) 269-71
　"crise de masculinidade" 647-8, 657-9
　e patriarcado 266
　hegemônica 267-8
　tipos de 270, 272
Massive Open Online Course (MOOC) 678-9
materialismo histórico 75-6
maternidade 559
　classe média 602-3
　solteira 620
　Sul da Ásia 610-11
matrículas na escola primária: contexto global 665-6
Mauss, M. 477
Mauthner, M. L. 629
McCabe, J. 557
McDonald's, Marrakech, Marrocos *133*
McDonaldização 101, 828
McFarlane, C. 538
McIntosh, M. 249-50
McKeown, T. 391
McKinsey Global Institute 709-10
McLennan, G. 94
McLuhan, M. 771, 776-8, 796
McNamara, K. R. 847
McQuail, D. 788
Mead, G. H. 23, 85, 561-2
Meadows, D. H. 184-5
Media Group da Universidade de Glasgow (GMG) 789, 790-1
medicalização 391-2, 395-6
medicalização do parto 395
medicina alternativa/complementar 392-3, 394-5
medicina complementar/alternativa 392-3, 394-5

medidas de *lockdown*/ordens de "fique em casa", pandemia de covid-19 401, 402-3
megacidades 534-5
megalópole 510
meio ambiente
　cidades sustentáveis 538-40
　infraestrutura urbana, Sul Global 538
　questões 159-76
　relação natureza-sociedade 154-9
　teoria sociológica 176-91
meios de produção 17, 345, 648-50
melting pot, modelo de integração 312-313
Melucci, A. 855
Membros do Parlamento (MP), escândalo de gastos 844-5
meninos com baixo desempenho/"meninos fracassados" 656-9, 658-60
mensalidades 672-4
mercados de ações 19
　sistemas financeiros globais e 771-2
mercados e a teoria da modernização ecológica (ME) 186
merenda escolar gratuita (FSM) 660-1, 661-2, 671-2
meritocracia e persistência de classe social 375-6
Merkel, A. 314-315
Merton, R. K. 21-2, 72, 81-2, 906, 913
　crime e decadência do sonho americano 907-08
mesmo sexo (homens que fazem sexo com homens/HSH), atividade 250
　em lugares públicos, EUA e China 33-6, 37, **38**
metanarrativas 91, 796
metano (CH$_4$) 162
metodismo 749-50
método hipotético-dedutivo 39
métodos de pesquisa quantitativos e qualitativos 49
#MeToo, movimento 833, *834*
México: guerra às drogas 938-9
Meyer, D. S. 857-8
Mianmar 838
　minoria muçulmana rohingya 315, 822-3
Michels, R. 826
microssociologia 25
mídia 91, *92*, 769-71, 810
　abordagens teóricas 787-99
　alternativa 807-9
　audiências e culturas participativas 799-801
　comercialização e sexualização de crianças 564
　cultura ocidental 629
　desigualdades
　　classe social 800, 801
　　deficiência 803-4
　　etnicidade 802-3
　　gênero 247, 258, 801-2
　evangelicalismo 755-6
　família idealizada *597*, 600
　global 804-9, 838

　impressa 771-2
　posse e poder 804-7
　revolução digital 771-7
mídia de notícias
　Al Jazeera 808-9
　relatos de guerra 798-9
　televisão 779-81
　jornais 785-7
migração
　declínio do Império Britânico e política de imigração do governo 316-22
　e globalização 323-9
　estatísticas do Reino Unido *320-322*
　estatísticas globais 315-316
　modelos 315-316
　origens humanas e 113-15
　pesquisa de mobilidades 328-30
　rural-urbana na China 535
　subclasse 362-363
　UE 140, 320-5, 831-2
　ver também imigração/migrantes
migrantes turcos, Alemanha 326-8
Miles, S. 566
Mill, J. S. 256
Millennials 561, 567-8, 755-6
Millennium survey of poverty and social exclusion (levantamento PSE) 438
Miller, M. 315-316, *324*, 325-7
Miller, T. 535
Mills, C. W. 5, 25
minoria paquistanesa *ver* etnicidade
minorias asiáticas *ver entradas contendo* etnia
Minority report (filme) 900
mobilidade intergeracional *371*, 372-3
mobilidade social
　britânica 370-3
　definição e tipos de 367-368
　descendente 370
　e gênero 373-5
　e pobreza 448-50
　estudos comparativos 367-70
　meritocracia e persistência da classe social 375-6
modafinil 395
modelagem e previsão por computador (IPCC) 165
modelo biomédico 390-1
　críticos do 391-6
　da deficiência 415-16, 416-18
　　versus modelo social 417-19
　saúde pública 389-90, 391
　tecnologias de saúde 398
modelo
　clássico da migração 315-316
　colonial de migração 315-316
　da gratificação de audiências 800
　de valor agregado dos movimentos sociais 850-2

dos três mundos 119, 204-5, 221-3
hipodérmico de resposta da audiência 799-800, 806-7
individual de deficiência 415-16, 416-18
interpretativo de resposta da audiência 800
social da deficiência 416-21
modelos de integração étnica 312-15
modernidade 74, 92, 93, 94
   autoridade de pessoas idosas 567
   e globalização 144-5
   e nacionalismo 866-72
   e o Holocausto 882
   e tecnologia industrial 118-19
   metanarrativas 91, 796
   relações econômicas capitalistas 124
"modernidade líquida" 92
Modood, T. 294, 303-304, 611
modos de produção 75-6, 77
   sucessivos 76-7
Mohammadi, A. 809
Molotch, H. 492-3
monarquias 822
   absolutistas 868
Monsanto 175, 176
Moon, Rev. S. M. ("Moonies") 750-2
moralidade e diferenças de gênero 558
"mordomia" na Terra 192
Morgan, D. H. I. 600-2, 604, 629
Morris, L. 362-363, 364
morte e morrer 582-3
   desestigmatizando a 584-6
   morte assistida 584-5
   teorias da 582-5
morte/taxas de mortalidade
   bruta 219
   e distribuição de renda 414-16
   etnicidade 413-14
   infantil 208-9, 211, 216, 219, 221, 391
   materna 211
   modelo de transição demográfica 220-1
   pandemia de covid-19 400-1, 413-14
Mosca, G. 826
Moser, S. 508
movimento anticapitalista/antiglobalização 201, 807, 833
   "Ocupação" *16*, 201, 857-8
movimento da Nova Era 750-1, 751-2
movimento de direitos civis 20-1, 739-41, 848, 850-2
movimento dos "99%" 201
Movimento dos Não Alinhados (NAM) 204
movimento Eurocidades 530
movimentos de acomodação ao mundo 752-3
movimentos de afirmação do mundo 751-2
movimentos de alterglobalização 140
"movimentos de pessoas pobres", EUA 853-4
movimentos de protesto *ver* novos movimentos sociais (NMS); movimentos sociais

movimentos de rejeição ao mundo 751-3
movimentos feministas 263-6, 848
movimentos religiosos 750-3
movimentos sociais 847
   características e influência dos 848
   e consumo coletivo 525-8
   globalização e "sociedade dos movimentos sociais" 856-8
   novos 854-9
   teoria da modernização ecológica (ME) 186
   teorias dos 848-54
movimentos sociais em rede 856-8
Moynihan, D. P. 905-6
MTV Networks/Nickelodeon, pesquisa 495
muçulmanos *ver* islã
mudança climática *ver* aquecimento global/mudança climática
mudança populacional
   dinâmica da 217-19
   transição demográfica 219-21
mudança social 13-16
   desenvolvimento econômico 124
   organização política 126
   processos 123-4
   sociocultural 125-6
   ver também globalização; transformação
mulheres
   classe social 365-7, 409-10, *410-11*, 412-14
   crimes contra 925-7
   criminosas 924-5
   cristianismo 752-5
   etnicidade 303-304, 413-14, 598
   gravidez e parto 395
   mais velhas 574-5
   pobreza 441-2
   primeiro socióloga (Martineau) 20
   trabalho 303-304, 365-7, 701-7
      alto *status*/profissional *374*, 375, 802
      bispos/sacerdotes 753-5
      cinco trabalhos das mulheres 706
      disparidade salarial 604, 705-6
      força de trabalho global 702, *703*
      meio período 365-367, 605-6, 660-1, 701, 702, 706, 720-2
      remunerado e não remunerado 442, 598-9
      segregação ocupacional 442, 704-5
      Segunda Guerra Mundial 600
      tráfico humano e trabalho sexual 276-81
   ver também teorias e perspectivas feministas; gênero
multiculturalismo 312-15
"múltiplos racismos" 298-299
Muncie, J. 928-9
mundo da vida 86
mundo descontrolado 102, 144-5, 714-15, 856-7
mundo material, conceito de natureza 155

mundo virtual *versus* compulsão por proximidade 499-500
Murdoch, G. 248
Murray, C. 361-362, 444-8, 460
música 780-5
  globalização e digitalização da 784-5
  produção amadora de 785
  ver também música popular
música popular 781-3, 796
  "K-pop" 784
  reggae 142

nacionalismo 819, 893-4
  e globalização 893
  e modernidade 866-72
  Hungria 864-5
  populismo nacional 817, 831-3
  Sul Global 872-3
nações sem Estados 871-2
Nações Unidas (ONU) 136, 137, 409-10
  Assuntos Econômicos e Sociais (UN DESA)
    crescimento da população 112, 217
    desemprego 718-19
    fertilidade total *218*
    população urbana *511-2, 534*, 539
  Avaliação Ecossistêmica do Milênio 185
  Comissão Eleitoral Independente 838
  Conferências para Mulheres e Plataforma de Ação de Pequim 266
  Conselho de Segurança 845-6
  Convenção e Protocolo relacionados com o *Status* de Refugiados 318-320
  Convenção para Prevenção e Repressão do Crime de Genocídio 878
  Convenção sobre os Direitos da Criança (UNCRC) 563-4
  Convenção sobre os Direitos das Pessoas com Deficiência 423-4
  Convenção-Quadro sobre Mudanças Climáticas e COPs 167-8
  Declaração Universal de Direitos Humanos 875-6
  Estado Islâmico 876
  Fundo das Crianças (Unicef) 171-172, 213, 563, 580
  Objetivos de Desenvolvimento do Milênio (ODG) 170-2
  Objetivos de Desenvolvimento Sustentável (ODG) 171-172, 185
  Organização para a Educação, a Ciência e a Cultura (Unesco) 171-172
    crianças em idade primária fora da escola 665-6
    Declaração sobre Raça e Preconceito Racial 289
    gasto do governo em educação 664-6
    taxas de alfabetização e analfabetismo 666-8
  participação nas eleições 838-9
  previsão da população global 216
  Programa para o Desenvolvimento (UNDP) 120, 211, 236-237

  desigualdades de gênero 412-13, 604
  educação 213, *214*
  fome 212, 213
  indicadores de privação humana contínua *210*
  Índice de Desenvolvimento Humano (IDH) 121, 207-9, 213, *214*
  participação na eleição 838-9
  Relatório Brundtland/*Nosso futuro comum* (WCED) 183-5
namoro 253, 593-4
National Assistance Act (1948) 458
National Equality Panel *371*, 372-3
National Health Act (1946) 458
National Insurance Act (1946) 458
National Society for the Protection of Cruelty to Children (NSPCC) 606
natureza
  definições de 154-6
  e sociedade 154-9
nazismo 77-8
  ver também Holocausto
Neale, B. 620-1
neoliberalismo 228-229, 695
neomarxismo: Escola de Frankfurt de teoria crítica 77-8, 781-2, 792-3, 794-5, 820
"neotribos" 744-6
neovilania 717-18
Netflix 776-8, 779-80
netiqueta/"cibermaneiras" 496-7
New Deal for Communities (NDC), esquema de regeneração 530, 532
New Policy Institute (NPI): relatórios e estudo da pobreza 434, 441
Níger: homem de Wodaabe *269*
Nigéria
  companhia de petróleo Shell 190, 231-2
  frequência escolar 639-40
  guerra civil 873
níveis de análise 25
normas
  e sanções 902
  e valores 8
  gênero *925*
  interação *on-line* 495-9
  interação social 488-95
  sexuais 252, 256, 258, 272
Norte Global
  tendências urbanas no 528-34
  ver também Sul Global e Norte Global
Noruega
  "lobo solitário", terrorismo 888
  posse de carro elétrico 181-2
noticiários de televisão 779-81
  Media Group da Universidade de Glasgow (GMG) 790-1

nova criminologia, teoria 911-12
"Nova Direita Cristã" 755-9
nova mídia 775-6
nova sociologia da infância 562-3
Nova Sociologia Urbana 522-3
Nova Iorque 514-16, 518
Nova Zelândia
   consequências potenciais do aquecimento global 162-3
   ver também Oceania
novo racismo 297-300
novos movimentos religiosos (NMR) 750-3
novos movimentos sociais (NMS) 854-9, 889-90
núcleo, semiperiferia e periferia, modelo 128-9, 230-231

O'Neill, O. 844
Oakley, A. 395, 412-13, 689, 690-1
Obama, B. 817
obesidade 212-13
"objetificação" das mulheres 258
objetividade na pesquisa 35
Objetivos de Desenvolvimento do Milênio (ODM) 170-2
Objetivos de Desenvolvimento Sustentável (ODSs) 171-172, 185
observação do participante 36, 49
OCDE *ver* Organização para Cooperação e Desenvolvimento Econômico
Oceania
   crescimento da população urbana *511-2*
   participação do eleitor **842**
   ver também Austrália; Nova Zelândia
"ocupação", movimento *16*, 201, 857-8
ocupações
   alto *status*, mulheres *374*, 375
   esquemas de classe 350-3
   pandemia da covid-19 401-2
Odum, E. 539
Ofcom 778-9, 780-1
Offending, Crime and Justice Survey (OCJS) 928-9
Office for National Statistics (ONS)
   classe social
      e saúde 409-10
      esquema 351, 352
   coabitação 627
   contratos de zero hora 718-19, 723-4
   crime 918-19, 926-7, *931*
   desemprego 720-2
   distribuição da riqueza 353, *354-356*
   etnicidade
      classificação 308-10
      e educação superior 663-4
   famílias monoparentais 619
   feminilização da velhice 574
   gênero
      e saúde 412-13
      e taxas de emprego *702*
   idosos 442-3
   medida da pobreza 434, 441, 448-9
   mídia
      jornais 786
      usuários e usos da internet 774-5
   pandemia da covid-19 401-2
   parcerias civis 623
   pessoas solteiras 627
   taxa de dependência dos idosos 578, *579*
   taxas de casamento e divórcio *617*
   tipos de família 611, 612
   trabalho doméstico 690
   violência doméstica 607-8
Office of Population, Censuses and Surveys (OPCS) 417-18
offshoring/terceirização 721-2
OING *ver* organizações internacionais não governamentais (OINGs)
"olhar do turista" 132-3, *155*
"olhar masculino" 802
"olhar médico" 391
Oliver, M. 417-19
ondas de calor 160
Open University 676-8
Orbán, V. 864-5
ordem de gênero 266-71
ordem social, problema de 81-3
organismos geneticamente modificados (OGM)/culturas GM 175-6, 186
Organização Internacional do Trabalho (OIT) 214-16, 340, *340*, 689, 702, *703*
Organização Mundial da Saúde (OMS)
   água potável *171-172*
   deficiência, prevalência global 423-4
   definição de saúde 385
   doença do vírus Ebola 407-9
   expectativa de vida ao nascer 409-10, *569*
   maltrato infantil 606
   pandemia da covid-19 400, 858-59
   pandemia de HIV/aids 404-405, 405-7
   violência doméstica 608
Organização para Cooperação e Desenvolvimento Econômico (OECD)
   cidades, Sul Global 536
   deficiência 423-4
   imposto e provisão do Estado de bem-estar social 455
   indústrias extrativas 231-232
   mobilidade social 373
   sala de aula digital 674-5, 675-6
organização política e mudança social 126
organizações governamentais internacionais (OGI) 136-7
organizações internacionais não governamentais (OING) 136-7
   e novos grupos terroristas 889-90

organizações religiosas 748-50
orientação sexual
   identidades e práticas 255-6
   ver também homossexualidade; lésbicas; LGBTQIA+; *entradas contendo gay*
Orientalismo (Said) 93-4
Oriente Médio
   civilizações tradicionais 117
   Dubai: cidade global 514-15
   globalização da mídia 808-9
   participação do eleitor **842**
   sociedades nômades e sedentárias 21
   ver também Iraque; Israel-Palestina; Kuwait
origens humanas e migração 113-15
Outhwaite, W. 72
"Outro" 93-4, 874
óxido nitroso (N_2O) 162, 170, 171

Painel Intergovernamental sobre Mudanças Climáticas (IPCC) 153-4, 160, 161, 177
   críticas 164-6
   Relatórios de Avaliação 161, 162-4, 165
países de alta renda 207
países de baixa renda 206-7
   desnutrição e crise alimentar 212, 213
   "fatalismo" 227-228
   saúde 211
   subdesenvolvidos 229-230
países de renda média 207
países desenvolvidos e em desenvolvimento
   classificação 119-20, 121, 122, 205
   deficiência 423-4
   expectativa de vida e envelhecimento da população 569-70
   questões ambientais
      emissões de CO2 157, 166-7
      resíduos sólidos e reciclagem 171-4
   ver também desigualdade global
países islâmicos: globalização da mídia 808-9
países recentemente industrializados (NIC) 120, 223
Pakulski, J. 364
Palmer, G. 438, *440*
pandemia
   e globalização 398-410
   ver também pandemia de covid-19
pânico moral 658-60, 751-2, 795
   jovens negros 308-309, 912
   subculturas jovens 795, 910-11, 928-9
pan-ótico 776-8
panorama cosmopolita 125
Papa Francisco 754-5
Papa João Paulo II 754-5
papéis complementares 486-7
papéis de gênero e estereótipos 246-7, 248-9, 556, 557, 801-2

papéis sociais 249, 481, 483
papel da família na estabilização da personalidade 596
papel de cuidado 579-80, 599, 604, 605-6, 626-7
"papel de doente" 386-8
papel de reprodução cultural da educação 644-54
paradigma e mudança de paradigma 40-1
"paradoxo de Giddens" 167
parcerias civis 274, 595, 622-4
parcerias civis do mesmo sexo 274, 594-5, 622-4
Parekh, B. 313-314
Pareto, V. 81, 826
paridade de poder de compra (PPC) 206, 664-5
Park, R. E. 518-19, 519-20
Parlamento Europeu, participação nas eleições 839, **840**
Parsons, T. 21, 72, 81, 83, 248, 249, 386-8, 576, 640-1, 850
   crime 914-15
   funções da família 595, 596
   participação do eleitor 839-44
   religião 735
Partido Trabalhista 298-299, 465, 831
partido, definição de 347
paternidade 605-6
patriarcado
   classe social e trabalho doméstico 691
   e capitalismo 89, 257
   e famílias 630-1
   e feminismo radical 257-9
   e masculinidade 266
   e violência doméstica 608
   reconceituação de 259, 260
pauperização 345
Pauwels, L. 60
Pawson, R. 41-2
pentecostalismo 752-3
perguntas evolutivas na pesquisa 37, **38**
perguntas factuais 37, **38**
perguntas teóricas 37, **38**
Perrons, D. 706
personalidade urbana 516-19
personificação e identidades 479-81
perspectiva de senso comum 62, 63
perspectivas históricas
   casamento e famílias 594, 599-600, 612-13, 630-1
   ciência 40-1
   delinquência 928-9
   demografia 216-21
   Estado de bem-estar 458-9
   guerras 877
   infância 563-4
   natureza, conceitos de 154-6
   sociedades e civilizações antigas 113-17
   tecnologia da informação e da comunicação (TIC) 127-31
   terrorismo 887-88

pesquisa 33-5
  biográfica 54
  comparativa e histórica 54-7
  comparativa de mobilidades 329-30
  compreendendo causa e efeito 46-9
  documental **50**
  histórica 56-7
  influência da sociologia 62-3
  métodos 49-62
  processo 43-6
  questões 36-7, **38**
  questões éticas 35-6, 55-6
  social aplicada 63
pesquisa de métodos mistos 49
  triangulação e 62
pesquisa sobre práticas sexuais 250-2
  fontes de evidência 252-4
"pessoal é político" 88, 263
pessoas idosas
  aposentados e pobreza 443-6
  etnicidade e saúde 414-15
  Universidade da Terceira Idade (U3A) *677*, 676-8
"pessoas perigosas", encontrando 482-3
pessoas solteiras 627-8
peste bubônica 399
Peterson, R. A. 781-3
Piaget, J. 552-3
PIB *ver* produto interno bruto
Pickett, K. 415-16
Piketty, T. 202-4
Pilkington, A. 873-5
Piven, F. F. 853-4
Platt, L. 441
pluralismo cultural 312-14
pobreza
  definições de 432-3, 435
  e mobilidade social 448-50
  explicações da 444-9
  falta de necessidades/itens essenciais **439**, *440*
  grupos de alto risco 438-41
    crianças 441
    grupos de minoria étnica 442-3, *443-4*
    interseccionalidade 442-4
    mulheres 441-2
    pessoas idosas 443-6
  medidas de 433-8
    antes e depois dos custos de habitação (AHC/DHC) 442, *443-4*, 444-5
    oficiais 433-5
    privação relativa 435-8
  tirando o "bilhão inferior" da 222-3
  ver também exclusão social; Estado de bem-estar social
pobreza persistente, definição de 432-3

pobreza relativa
  e pobreza absoluta 432-3
  medidas de 443-6
poder 819-22
  e conhecimento 91, 821
  e discurso 91, 821
  e ideologia 789
poder e autoridade masculinos *ver* patriarcado
poderes para abordar e revistar 304-7, *307-308*, 530
Pol Pot 880, 881
polícia/policiamento
  crime registrado **922**, 926-7
  gangues de *ransomware* 937-8
  poderes ampliados 915
  poderes para abordar e revistar 304-7, *307-308*, 530
  políticas 914
  preditivo 900-2
  racismo 296-8, 306-8, 848, *849*, 917
  tolerância zero 917-18
Policy Studies Institute (PSI) 302-4
política de pós-verdade 770
política, conceito questionado de 818
política, impacto e consequências não intencionais da 26, 361-362
políticas de austeridade 202, 462-5
políticas de controle populacional 630
  China 580
políticas de tolerância zero 917-18
políticos da Terceira Via 461
poluição
  água 170-2
  ver também poluição do ar
  Sul global 536, *537*
Poor Law Amendment Act (1834) 458
Poor Laws (1601) 458
Popper, K. 39-40, 41
população rural e urbana *511-2*
populismo/populismo nacional 817, 831-3
"portfólio de habilidades" 712-14
pós-colonialismo 11-12, 93-4
pós-desenvolvimento, teoria do 232-4
  avaliação da 233-4
pós-estruturalismo 90-1
pós-feminista, era 265
pós-fordismo 698, 698-701
  críticas do 701
  e sociedade pós-industrial 710-13
  produção em grupo, flexibilidade e produção global 698-700
posições de classe contraditórias 347-8
positivismo 12, 39-40, 74-5
positivismo lógico 39
pós-modernidade 91-3
"pós-modernos", estilo de vida 363-4

pós-secularismo 763
Postman, N. 779-80, 797
Poverty and social exclusion (PSE), levantamento 438, 441-2, 450-1
povos indígenas
   África *115*, 190, *269*
   "aniquilação cultural" 887
   Austrália 124, 289, 736-7, 737-8, 887
   culturas e conhecimento locais 232-233
   e colonialismo 94, 668-9
práticas de sexo seguro 34-5
precariado 364-365, 444-8, 722-3
PredPol 900-2
prevenção ao crime situacional 916
Primavera Árabe 58, 99-100, 125, 856-7, 857-8
Primeira Guerra 119, 204-5
Primeira Guerra Mundial 57, 315, 865, 878
   e gênero 574, 630, 701
   "gripe espanhola" 399
princípio da precaução 176, 191
princípio de correspondência de escola e trabalho 641-6
princípios de mercado em serviços públicos 460
privação relativa
   e crime 907, 908, 913-14
   medidas de pobreza 435-8
privacidade e internet 61, 774-5
processo de civilização 868-9
processo de indução na pesquisa 39
processo de verificação de gênero 262-3
processos de paz 885–7
procriação, tendências de idade 562
produção de alimentos: mal da vaca louca 160
"produção de cultura", perspectiva na música 781-3
produção em grupo 700
produção em massa 692
   e consumo em massa 696-7
   e customização em massa 698-9, *700*
produção flexível 698-9
produção global 699
produtividade econômica e competitividade 542
produto interno bruto (PIB) 205, 206
   e corporações transnacionais 134
   e gastos do governo com a educação 664-5
   países desenvolvidos e em desenvolvimento 119, 120
profissionalismo 359-360
profissões
   disparidade salarial de gênero 705-6
   educação e etnicidade 663-4
   educação e gênero 660-1
   formação em sociologia 26
   gerentes e administradores 357-60, 363
   médicas 359-360
   mulheres 802
Programa Alimentar Mundial: definição de fome 212
programas de assistência ao trabalho 462, 463

"projeto de vida", busca do 616
proletariado/trabalhadores 17, 76-7, 345
propriedade privada da mídia 804
proprietários/compradores de casas 303-5, 522-3
prostituição *ver* trabalho sexual
Protocolo de Quioto 167
Prout, A. 564
Przeworski, A. 839
psicanálise freudiana *40*
psicofarmacêutica 395
puritanismo 84
Putin, V. 777, 824
Putnam, R. 779-80

Quênia: ativismo de trabalhadoras do sexo *279*
questionários 51
   padronizados *versus* abertos 53
questões comparativas 37, **38**
questões empíricas/factuais 37, **38**
questões éticas na pesquisa 35-6, 55-6

raça
   classificações de 288-9, 290, 298-299
   conceito de 89-90
   e subclasse 361-3
   ver também interseccionalidade; *entradas contendo* étnico
racialização 290
   diferencial 301-302
racionalização 18
   como McDonaldização 101
racismo 294, 295-296
   ativistas antirracistas e política britânica de imigração 316-18
   e educação 660-4, *664*, 670-2
   e futebol 287-8
   formas "antigas" e "novas" 297-300
   institucional 295-8
   teorias sociológicas do 299-302
"racismo ambiental" 190, 538
racismo biológico 297-298
racismo institucional 295-8, 414-15, 661-2
rádio 755-6, 785
Rahman, M. 22, 88, 89, 249, 262
rastafarianismo e *reggae* 142
razão de dependência e envelhecimento 577-81
"realismo ambiental" 159
realismo crítico: questões ambientais 159, 160
realismo de direita: crime e delinquência 915-18
realismo de esquerda e crime 912-14
reality shows 797
Reay, D. 652-4
reciclagem urbana 532-4
reciclagem *ver* resíduo sólido e reciclagem; reciclagem urbana

"rede de segurança do Estado de bem-estar social" 457
rede mundial de computadores 772-4
rede social
   culturas participativas 800
   e interação *on-line* 472-4
      normas 495-9
   estereótipos de gênero 246
   fake news 770
   Kuwait 143-4
   movimentos sociais 856-7
   netiqueta/"cibermaneiras" 496-7
   preocupações 496
   versus notícias da televisão 779-81
redes, "laços fracos" e avanços tecnológicos 827
redes/relações de parentesco 628-9
   etnicidade 610, 612
   trepadeiras de família 626-7
reestruturação do espaço urbano
   movimentos sociais e consumo coletivo 525-8
   vigilância e desigualdade 522-5
reestruturação econômica 446-8, 447-9
referendo da União Europeia (UE), Reino Unido 816-18
   assassinato de Jo Cox 889-90
   corporações empresariais 845
   e eleições gerais, participação do eleitor 839-41, 844
   e negociações 465
   grupos para "sair" e "permanecer" *867*
   identidade nacional 875
   política pós-verdade 770
   populismo 818, 831-2, 833
   questão da imigração 313-314, 318-319, 318-22
   soberania nacional 817, 846
reflexividade
   etnografia 50
   risco e teoria cosmopolita 102-5
   social 102
reforma educacional abrangente 668-70
refugiados 318-320, 322-323
regeneração e desenvolvimento urbano 526-8
reggae 142
regime de bem-estar social conservador-corporativo 457
regime de gênero 267
regimes semiautoritários 824
regionalização 139
"relação", conceito mais amplo de 629
relacionalidade 161
relacionamento puro, ideal de 613
"relacionamentos de bolso" 616
relacionamentos do mesmo sexo
   e cristianismo 754-5
   reconhecimento legal entre os países 273-4
relacionamentos íntimos
   namoro 253, 593-4
   transformação dos 612-17

relações de poder
   nas famílias 599
   ver também ordem de gênero
relações sociais
   exclusão de 451-3
   internet 774-8
relatório Foresight 173-5
Relatórios de Riqueza Global 200
relatos de guerra 798-9
religião
   definições de 731-3
   e capitalismo 83-5
   e estruturas familiares 630
   e globalização da mídia 808-9
   e migração 315-316
   e mudança sociocultural 125
   rastafarianismo 142
   sexualidade e moralidade 254-6
   sociologia da 731, 733-4
      clássica 734-41
   tendências contemporâneas e desafios 752-62
   ver também secularismo/secularização
   vicária 739-41
   "vivida" 745-8
Religiões orientais 735-9
   ver também religiões específicas
renda
   distribuição e desigualdades de saúde 414-16
   etnicidade 303-304, 442-3
      e envelhecimento 575-6
   ver também renda nacional; pobreza, medidas de; riqueza
renda nacional
   classificação dos países 206-7
   renda nacional bruta (RNB) 121, 205, 206, 207, 209
Renwick, A. 583
representação política e administração 542
reprodução social 553
resíduo químico tóxico 170-171, 190
resíduo sólido e reciclagem 171-4, 540
   teoria da modernização ecológica (ME) 188-9
resíduos plásticos 173-174
   e consumismo 180
   poluição da água 170-171
   proibição chinesa de importação para reciclagem 172-173
responsabilidade pessoal pela exclusão social 450-1
revitalização urbana 531-2
Revolução Americana 875
Revolução Francesa 11, 58-9, 73-4, 866, 875, 887-88, 938-9
Revolução Industrial 11, 73, 418-19, 866
   e era do Antropoceno 191-2
revolução islâmica no Irã *759-60*
revoluções sociais, comparação de 58-9

Rheingold, E. 775-8
Rice, C. 556
Riots Panel: *5 dias em agosto*, relatório 530
Rippon, G. 245
riqueza 199
  classe alta 353-6
  corporação 356-358
  individual e nacional 200-1
riqueza individual e nacional 200-1
risco fabricado 176, 177-9
risco/sociedade de risco 103-4
  pandemia 409-10
  questões ambientais 177-9
riscos à segurança e à saúde no local de trabalho 931-3
Ritalina 396
rituais
  de interação 487
  informais de luto 584-6
  luto, informais 585-6
  religiosos 735, 736-9, 739-41
Ritzer, G. 101, 828
RNB *ver* renda nacional
Robertson, R. 143
robótica
  "*botnets*" e cibercrime 936-7
  e inteligência artificial *76, 77*, 707-12, 722-3, 723-4
rohingya, minoria muçulmana em Mianmar 315, 822-3
Ross, J. I. 933-4
Rostow, W. W. 226-8
rota de migração pelo Mediterrâneo 322-323
Rotherham: caso de abuso sexual infantil 931
Roudometof, V. 105
Ruanda: genocídio 315, *880*
Rubens: *A toalete de Vênus 384*
Rubin, L. B. 252-3
rudeza na interação social 491-2
Russell Review 166
Rússia
  "autoritários competitivos" 824
  e Chechênia 893
  e Ucrânia 875
  Estado nacional *versus* mídia global 777
  revolução social 58-9

sacerdotes/bispos 752-5
Sachs, W. 232-233
Saddam Hussein 760-1, 798-9, 871, 892
sagrado e profano, distinção 736-8
Said, E. 93-4
salafismo 759-61, 833
salário mínimo nacional 442
  "salário digno nacional" 465
  trabalhadores essenciais 687
Samaritan Radar, aplicativo 61
sanções, definição de 902

Sanders, T. 280
saneamento 171-172
Saro-Wiwa, K. 190
SARS (síndrome respiratória aguda grave) 399
Sassen, S. 508, 513-4, 514-16, 524-5
saúde e doença
  definições sociais e biológicas de saúde 384-5
  mudança no contexto social 423-4
  países de baixa renda 211
  pandemia 398-409-10
    ver também pandemia de covid-19
  perspectivas sociológicas sobre doença 385-9
  ver também modelo biomédico; deficiência; *entradas relacionadas a* saúde
saúde pública 389-90, 391
  melhorias e desigualdades 409-10
Saunders, C. 583-5
Saunders, P. 375
Savage, J. 565
Savage, M. 61, 363-4, 364-365
Scarman, Relatório 531
Schengen, zona de *323-325*
Schutz, A. 86, 474
Schuurman, B. 889
Scott, J. 356-358, 364
Scott, S. 491, 492, 262
Second life 500
secularismo/secularização 739-45, 762-3
  Assembleias Dominicais 730-1, 744-5
  avaliação 747-9
  avaliação alternativa 744-8
  ciência e 126
  e religiosidade americana 754-8
  rituais de luto informais 584-6
segregação ocupacional
  grupos étnicos 442-3
  mulheres 442, 704-5
segregação racial na África do Sul 299-301, 342, 887, 888
Segunda Guerra Mundial
  educação 668-70
  emprego de mulheres 600
  Estado de bem-estar social universalista 458
  tecnologia militar 878
  terrorismo de Estado 888
  ver também Holocausto; era pós-guerra
segundo casamento 624-5
Segundo Mundo 119, 204
segurança/insegurança no trabalho 714-19
seitas 748-50
self social 85, 551
Selwyn, N. 60
Semenya, C. 263
Sen, A. 233-234, 234, 313-314, 821
Sennett, R. 710-12, 793
sentenças 306-307, 915, 923-4

"separação"/rompimento 619
serviço de entrega de alimentos: Deliveroo 695, 716-17
serviços
   acesso a 450-2
   infraestrutura urbana 537-8
serviços de saúde mental 391
serviços públicos, princípios de mercado em 460
setor de serviços
   e consumismo 693
   e gênero 702
   offshoring/terceirização 721-2
   "trabalho emocional" 23-4, 482
sexismo 265, 480, 652-3
sexo, definições de 245
sexualidade 245, 389
   religião e moralidade 254-6
   ver também interseccionalidade
sexualidade plástica 613
Shaheen, J. 803
Shakespeare, T. 418-19
Shaw, M. 877, 878, 879, 881
"sheilaísmo" 746-8
Sheldon, B. A. 904
Shell, companhia de petróleo na Nigéria
   e acordo OPL 245 231-2
     povo Ogoni e ativismo ambiental 190
Sherry, M. 420-1
Silverstone, R. 778-9
Simmel, G. 85, 513-4, 517-18, 520-21
simulações e hiper-realidade 799
sindicalismo *ver* sindicatos
sindicatos
   declínio 693-6
   trabalhadoras do sexo 280
síndrome respiratória aguda grave (SARS) 399
Sino-Singapore Tianjin Eco-City 541
Síria: Estado Islâmico (EI) 760-1, 892
Sistema de Codificação da Ação Facial (FACS) 476-7
sistema de justiça criminal 915
   gênero 923-5
   raça/etnicidade 304-9
   ver também polícia/policiamento
sistema democrático de bem-estar social 457
sistema mundial moderno 128-9
sistema social e subsistemas 81, *82*
sistemas de baixa e alta confiança, trabalho 698
sistemas de comunicação e mudança sociocultural 125
sistemas monetários mundiais e mercados de ações 771-2
sistemas *on-line* de gerenciamento de reputação 498
Skeggs, B. 365-366
Skocpol, T. 58-9
Slapper, G. 932-3
"SlutWalks", Canadá 264
Smart, C. 615, 616, 620-1

smartphones/telefones móveis 131, 408-10, 771-2, 776-8, *806*
Smelser, N. 850-2
Smith, Adam 696
Smith, Anthony 867-9
Smith, M. J. 191
Smith, P. K. 473
Smith, S. 243-4
Smith, S. L. 247
soberania nacional 819
   e UE 136, 816-17, 846
"sociação" 85
Social Mobility and Child Poverty Commission 336-8
Social Mobility Commission 373, 376
socialização
   agências de 553-6, 640-1
   autoformação e 550-60
   da natureza 396
   "digital" 561-2
   educação como 640-2
   gênero 246, 247, 248-9, 555-60
   primária 553-4, 596
sociedade(s)
   agrárias 114, 115
   civil 26-7, 855
   de caça e coleta 114
     Austrália 124
     declínio das *116*
     desenvolvimento da horticultura 115
     tribo Hadza, África Oriental *115*
   do conhecimento 132, 676-8
   em rede 889-90
   nômades e sedentárias 21
   pastoris 114–15
   pós-industrial 710-13
   pós-violência 886-7
   pré-moderna, tipos de **114**
   "quebrada" 415-16
   "sociedades descartáveis" 171-3, 173-174
sociologia
   ambiental 159
   convencional 88-9
   crítica 26
   definição de 4
   digital 60-2
   econômica 697, 698
   figurativa 96-7
   política 26, 818-34
   profissional e pública 26-7
   pública e profissional 26-7
   usos da 25-7
   visual 57-60
solidariedade 13, 80
   e multiculturalismo 314-315
   e religião 734-5, 735

mecânica 13, 80
orgânica 13, 80
Solidariedade, movimento na Polônia 125, 739-41
"somatotipos", teoria de crime e delinquência 904
Songdo, Coreia do Sul 507-8, 528
Sørensen, A. S. 264
Spencer, H. 75, 79
Srebrenica, genocídio 884
Standing, G. 446-8, 722-3
Starkey, C. 754-5
status 346-7
   atribuído e alcançado 483-4
   principal 485, 909
Stefancic, J. 301-302
STEM, disciplinas *ver* educação científica
Stoker, G. 465
Stone, L. 612-13
Storr, M. 853-4
subalternos 93-4
subclasse 360-63
subculturas
   mesmo sexo 271
   urbanas 521-22
subdesenvolvimento 205, 232-233
suburbanização 513-14, 522-3, 528-9
Sudão
   guerra civil 873
   limpeza étnica 315-16
suicídio 13, 14-15, 46
   Samaritan Radar, aplicativo 61
   altruísta 15
   anômico 15
   egoísta 15
   fatalista 15
Sul Global
   deficiência 423-4
   desenvolvimento espacial urbano 523-4
   exploração e colonialismo 12
   gentrificação e reciclagem urbana 533
   infraestrutura urbana 538
   nações e nacionalismo 872-3
   urbanização 534-7
     desafios da 536-7, 540
Sul Global e Norte Global 122
   crescimento da população urbana 511-13
   feminismo 259, 266
   imperialismo midiático 805-7
   offshoring/terceirização 721-2
   padrões de trabalho e emprego 689
   pobreza absoluta e relativa 432-3
   tese da secularização 747-9
   trabalhadoras do sexo 278
superdiversidade 310-12, 315-316
super-ricos *ver* bilionários/super-ricos
Sutherland, E. 931-3

Sutton, P. W. 159, 758-9, 856-7, 857-8, 889-90
sweatshops 689, 699

Talibã 833, 837-8
Tarrow, S. 857-8
taxas de mortalidade infantil 208-9, 211, 216, 219, 221, 391
taxas de mortalidade materna 211
taxas de mortalidade *ver* morte/taxas de mortalidade
taxas de natalidade
   brutas 218
   e urbanização 537
   modelo de transição demográfica 220-1
   pós-guerra 562
Taylor, C. 314-315, 743-4, 762-3
Taylor, F. W. 696
Taylor, I. 911-12
Taylor-Gooby, P. 462-3, 465
taylorismo 711
   e fordismo 696-8
TDAH (transtorno de déficit de atenção e hiperatividade) 396
tecnologia(s)
   a cabo 127-9, *130*
   da informação e da comunicação (TIC) 124
     compulsão por proximidade *versus* mundo virtual 499-500
     e reestruturação do capitalismo 525-6
     economia do conhecimento 710-13
     economia *gig* 716-18
     história e desenvolvimento 127-31
     modelo de negócios de plataforma *on-line* 715-18
     normas de interação 495-9
     projeto e manufatura assistidos por computador 698-9
     sistemas monetários mundiais e mercados de ações *19*, 771-2
     teoria da modernização ecológica (ME) 20
     trabalhadores por portfólio e trabalho em casa 712-15
     ver também automação; tecnologias digitais; internet; rede social
   de contracepção 221
   de saúde 396-8, 707-9
   digitais xiii-xiv
     cibercrime 934-9
     educação 673-4, 674-8, 678-9, 680
     Estado Islâmico (EI) 892
     glocalização 141-3
     mídia 771, 771-87
     PredPol 900-2
     ver também automação; tecnologia da informação e da comunicação (TIC); internet; rede social
   empreendedores *ver indivíduos específicos*
   industrial 118-19

inovadores, adotantes e desconectados 234-236
militar 708, 878, 883
   ARPANET 772-3
   e poder 119, 121
sociais 396
telemedicina baseada na internet *397*
televisão
  digital 776-81
  nova esfera pública 797
  representações de gênero 247
tempo e espaço na interação social 494-5
tendências urbanas
  Norte Global 528-34
  Sul Global 534-7
tensão estrutural: modelo de valor agregado dos movimentos sociais 850-2
teoria crítica da raça (TCR) 301-302
teoria crítica: Escola de Frankfurt 77-8, 781-2, 792-3, 794-5, 820
teoria da estratificação etária 576-7
teoria da estruturação 9, 98-9
teoria da mobilização de recursos (TMR) dos movimentos sociais 853-4
teoria da modernização ecológica (ME) 186-90, 192
teoria da modernização, orientada ao mercado 226-8
teoria da rotulação 908-11
teoria das janelas quebradas no crime 917
teoria de correspondência da verdade 39
teoria do desengajamento do envelhecimento 576
teoria dos sistemas mundiais 230-231, 233-234
teoria e política *crip* 420-1
teoria pós-moderna da mídia 796-9
teoria *queer* 88, 261-3
  e teoria *crip* 420-22, *421*
"teoria social das celebridades" 72
teorias da recepção de audiências 800
teorias de controle do crime e do desvio de conduta 914-18
teorias de dependência 229-31, 233-234
teorias de modernização orientadas para o mercado 226-8, 233-234
teorias do conflito 22-3, 24
  crime e delinquência 911-14
  mídia 788-93
  racismo 300-2
teorias do desenvolvimento 221-6
  avaliação 233-4
  críticas pós-desenvolvimento 232-4
  tipos 226-33
teorias do desenvolvimento centradas no Estado 231-3, 233-234
teorias e perspectivas 9-11, 71-3
  cronologia 72, **73**
  desafiando a sociologia convencional 87-94
  desenvolvimento de perspectiva sociológica 73-9

  dilemas duradouros 95-100
  estabelecendo a sociologia 79-87
  fundadores da sociologia 11-18, 20-1
  níveis de análise 25
  sociedades e sociologia em transformação 100-5
  teorias "formais", "menos formais" e "informais" 72
  teorias sociológicas e sociais, distinção 71
  tradições teóricas 18-25
teorias e perspectivas feministas 88-90, 256-63
  crime e desvio de conduta 914, 923, 924-5
  direitos dos transgêneros 274-6
  família 598-9, 600
  natureza generificada da esfera pública 793
  pós-colonialismo 94
  sociologia crítica 26
  sociologia profissional 27
  teoria do conflito 24
  teoria freudiana do desenvolvimento psicossexual 558
  trabalho sexual 280
  ver também gênero
  violência doméstica 608-9
terapia genética 396-8
Terceiro Mundo 119, 204-5, 232-233
terremotos 156, 157
terrorismo 887
  definição e história do 887-88
  e refugiados 318-320
  islâmico *ver* al-Qaeda; Estado Islâmico (EI)
  novo 889-93
  risco 104
  tipos ideais 18, 893
  velho 889-91
terrorismo de Estado 888
terroristas individuais/solitários 888-9, 889-90
tese do aburguesamento 359-61
teste genético 397-8
teto pegajoso e chão de vidro 373
textos, mídia 789-90, 800
Thatcher, M. 459-60, 461, 465, 668-70
The Ecologist, revista 183
Therborn, G. 127, 630-1
Thomas, D. 934-6
Thomas, H. 291
Thomas, W. I. 54, 289
Thompson, J. B. 789, 794-6
Thompson, W. S. 219, 220-1
Thorne, B. 555-6
"*three strikes laws*", EUA 915
Thrift, N. 516-18, 537-8
Thunberg, G. 638-9
tibetanos 871
TIC *ver* tecnologia da informação e da comunicação
Tidy, J. 937-8
tipificações 86

tipos ideais 18
　autoridade 819
　igrejas e seitas 748-50
　terrorismo 18, 893
Tombs, S. 932-3
Tönnies, F. 516-19, 522-3
Tóquio 510, 514-16
tornar-se, estado contínuo de 563
Toshkov, D. 122, 123
totemismo, aborígenes 736-7, 737-8
Townsend, P. 435, 436-8
trabalhadores convidados 326-8
　modelo de migração 315-316
trabalhadores de "colarinho azul"
　e trabalhadores de "colarinho branco" 347-8, 359-61, 369, 370, 371, 693
　ver também classe trabalhadora
trabalhadores essenciais 686-7
trabalhadores por portfólio e trabalho em casa 712-15
trabalho
　e exclusão do mercado de trabalho 450-1
　e movimento operário 16-17
　e ordem de gênero 266
　imigração pós-guerra 298-300, 315-316, 316-18, 318-20, 320-3
　infantil 214-15, 563
　ver também trabalho e emprego
trabalho de campo **50**
trabalho doméstico 598, 604-6, 689, *692*
　e papel da dona de casa 690-1
trabalho e emprego
　cidades do Sul Global 536
　comparação entre setor e pobreza 448-50
　Crédito Universal 463-4
　definições e tipos de 687-91
　e causas estruturais da pobreza 446-9
　e Estado de bem-estar social 459
　e teoria da dependência do envelhecimento 579
　etarismo 581
　futuro(s) do 722-4
　grupos étnicos 302-4, 442-3, 720-3
　história e organização social do 691-3
　"pobreza no trabalho" 434
　programas de assistência ao trabalho 462, 463
　transformações 696-714-15
　ver também emprego na agricultura; trabalho; segregação ocupacional; ocupações; sindicatos; desemprego; mulheres
trabalho emocional
　famílias 599
　parcerias LGBTQIA+ 624
　setor de serviços 23-4, 482
"trabalho flexível" *ver* economia *gig*/"trabalho flexível"
trabalho infantil 214-15, 563
trabalho sexual 278-81

tráfico humano 322-323, *324*
　abuso sexual de crianças 931
　e trabalho sexual 276-81
transformação
　de sociedades 117-26
　　e da sociologia 100-5
　trabalho 696-714-15
　ver também mudança social
　visão da globalização 139
"transição da saúde" 393-4
transição de gênero 244
transição demográfica 219-21
transmissão cultural de religião 755-9
transporte público
　estudo das viagens de ônibus da Greyhound 494-5
　"*manspreading*" 478
transporte *ver* carros; transporte público
transtorno de déficit de atenção e hiperatividade (TDAH) 396
triangulação
　de dados 62
　e métodos mistos 62
　investigativa 62
　metodológica 62
　teórica 62
Tribunal Penal Internacional 847, 884
Troeltscher, E. 748-50
Trump, D. J. 70-1, 169-170, 769, 770, 817, 818
　Estado Islâmico (EI) 892
　pandemia da covid-19 858-59
　populismo 831-2
　slogan da eleição 875
tsunamis 156, 157
"tumultos"
　conflito industrial 694
　decadência do centro da cidade 529-30
turismo internacional 131-3
turismo sexual 276-7
Turkle, S. 497-8
Turner, B. S. 387-8, 875, 876
Turner, C. 442, 442-3
Turquia: secularismo e islã *762*
Tyler, T. R. 915

Ucrânia 875
UKIP (Partido da Independência do Reino Unido) 318-22, 816-17
União Europeia (UE) 136, 139
　abuso sexual de crianças 606
　agrupamento de soberania 846
　assédio e discriminação contra LGBTQIA+ 272
　como modelo de governança global 846-7
　crise financeira (2008) 140
　desemprego 718-19
　economia do conhecimento 712-13

eleições parlamentares 839-41
faixas etárias, estrutura da população por 570
famílias monoparentais 618
gênero
   disparidade salarial 604
   e educação 655-7
   e trabalho doméstico 604, *605*
índices de casamento e divórcio 617, *618*
migração 140, 320-5
   e definição legal de família 60
minorias nacionais 872-3
nacionalismo/populismo nacional 817, 831-2
pobreza
   definição 434
   índices 432, *433*
   medições 434
políticos, erosão da confiança nos 844
questões ambientais
   emissões de gases do efeito estufa 170-171
   gerenciamento de resíduo sólido 171-3
velhice
   desigualdade na 573
   razão de dependência 578
União Soviética/Europa Oriental, queda da 119, 136, 322-323, 833, 834, 835-7, 875
   ver também Rússia
Union of Physically Impaired Against Segregation (UPIAS) 416-18, 421
Universidade da Terceira Idade (U3A) *677*, 676-8
Universidade de Phoenix, aprendizagem *on-line* 676-9
universidades
   assédio sexual e estupro 265
   feministas radicais "impedidas" 276
   internet 772-3
   ver também educação superior
urbanismo como meio de vida 520-2
urbanização
   e industrialização 155-6
   ver também cidades
Urry, J. 132-3, 138, *155*, 177, 182, 328-30
usina eólica *offshore*, Mar do Norte *188*
uso de preservativo 34-5

Vale do Silício 234-236
valores
   e moralidade 21, 551-2
   e mudança social 13-16
   e normas 8
   educação e transmissão de 640-2
   mudança geracional nos 854
   religiosos 17-18, 21, *741*, 742-3
vandalismo interacional 490-3
variável, definição de 46
variável dependente 47
variável independente 47

Vaughan, D. 619
ver também cultura jovem/subculturas
verificação 39-40
Vertigans, S. 758-9, 857-8, 889-90
Vertovec, S. 310, 311-312
vida mental e metrópole 517-18
vida na prisão, psicologia social da 55-6
vida útil
   e curso da vida 560, 585-6
   limites à 571
viés
   da não resposta 45
   do observador 45
   mídia 789, 791
   modelo de desenvolvimento 121
   pesquisa 45
   sociologia masculina 88-9
vigilância
   dados e tecnologia digital 61, 408-10, 771-2, 776-8
   democracia e burocracia 828
   em cidades 523-5
   fortalecimento de alvos e policiamento com tolerância zero 916-18
   Indymedia (Independent Media Center) 808
   local de trabalho 698, 700
   policiamento preditivo 902
   trabalho doméstico 713-15
vínculo, separação e identidades de gênero 559-60
violência contra os filhos 609
violência masculina contra mulheres 253, 258
visão cética da globalização 138-9
"visão radical" de poder 820-1
visões comuns na interação social 488-90
vítimas de crime/vitimização 913, 921-3
   crime corporativo 931-3
   jovens e crianças 929-31
Volkswagen 170-71
"voo branco" 522-3
Vygotsky, L. 553

wahabismo 760-1, 833
Wainwright, O. 508
Walby, S. 259, 260, 265
Wallerstein, I. 128-9, 230-231
Waters, M. 364
Watson, N. 418-19
Way, L. A. 824
Weber, M. 17-18, 23, 71, 81, 87, 99
   burocracia e racionalização 18
   classe, *status* e partido 344-7
   debate e síntese de Marx-Weber 100-2, 347-8
   organizações religiosas 748-9
   religiões
      e capitalismo (ética protestante) 17-18, 83-5, 125, 735-8

    e mudança social 735-8, 739-41
    líderes carismáticos 750-1
    orientais 735-9
  tipos ideais 819, 827-8, 893
Welfare Reform Act (2012) 464-5
Wellcome Trust 61
Wessendorf, S. 315-316
Westergaard, J. 352
Wheeler, D. 143
WHO *ver* Organização Mundial da Saúde
wi-fi 771-2
Wikström, P. 785
Wilkins, L. T. 909
Wilkinson, R. 414-16
Williams, C. 11
Williams, R. 154
Williams, S. J. 395
Willis, P. 647–9, 647, 650-1, 652-3
Wilson, W. J. 361-3
Windrush, escândalo 317-318, 318-21
Wirth, L. 520-2, 538
Woodcock, J. 715-17
Woodward, K. 262-3

Woolfe, N. 399
"*world music*" 784
WorldCom 931-3
Wouters, C. 253-4
Wright, C. 661-2
Wright, E. O. 347-8, 350

Xi Jinping 838

Yanhai, W. 405
Yates, L. 348
Yinger, J. M. 732
Young, I. M. 477-8

Zammuner, V. L. 556
zemiologia 912
zero líquido, emissões 164
Zhao, Y. 807
Zimbardo, P. G. 55-6, 917
Žižek, S. 79
Znaniecki, F. 54
Zuboff, S. 717-18
Zuckerberg, M. 338